RÉPERTOIRE GÉNÉRAL.

JOURNAL DU PALAIS.

Le RÉPERTOIRE GÉNÉRAL DU JOURNAL DU PALAIS est publié sous la direction de **M. LEDRU-ROLLIN**, docteur en droit, ancien avocat à la Cour de Cassation et au Conseil d'État, membre de la Chambre des Députés;

ASSISTÉ DE MM.

J.-A. LEVESQUE, docteur en droit, avocat à la Cour royale de Paris;
F. NOBLET, avocat à la Cour royale de Paris;
AM. BOULLANGER, avocat à la Cour royale de Paris;
GOUJET, avocat à la Cour royale de Paris;
TH. GELLE, ancien magistrat, avocat à la Cour royale de Paris,

ET AVEC LA COLLABORATION DE

MM.

AD. BILLEQUIN, avocat à la Cour royale de Paris;
LIGNIER, avocat à la Cour royale de Paris;
BERTIN, avocat à la Cour royale de Paris;
D'AUVILLIERS, avocat à la Cour royale de Paris;
BENOIT, avocat auteur du *Traité de la Dot, etc.*;
CH. ROYER, avocat à la Cour royale de Paris;
DOMENGET, docteur en droit, avocat à la Cour royale de Paris;
FABRE, ancien avocat avoué à la Cour royale de Paris;
TIXIER DE LA CHAPELLE, docteur en droit, avocat à la Cour royale de Paris;
RÉQUÉDAT, docteur en droit, avocat à la Cour royale de Paris;
FAVERIE, avocat à la Cour royale de Paris;
BARNOUVIN, avocat à la Cour royale de Paris;
CAUCHOIS, avocat à la Cour royale de Paris;
PEYRUSSE, avocat à la Cour royale de Paris;
HECTOR LECONTE, avocat à la Cour royale de Paris;
RICHARD, avocat à la Cour royale de Paris;
F. HOUSSET, docteur en droit, avocat à la cour royale de Paris;
A. GOUIFFÈS, docteur en droit, avocat à la Cour royale de Paris;

MM.

GARNIER-DUBOURGNEUF, directeur des affaires civiles et du sceau au Ministère de la Justice;
MEYNARD DE FRANC, substitut du procureur du roi près le Tribunal de la Seine;
JOUAUST, président du Tribunal civil de Rennes;
SOUËF, avocat général à la Cour royale de Montpellier;
MONGIS, substitut du procureur du roi, près le Tribunal de la Seine;
SULPICY, procureur du roi à Coulommiers;
MOURIER, substitut du procureur du roi à Coutances;
CHEVILLOTTE, docteur en droit, substitut du procureur du roi à Philippeville (Algérie), ancien avocat à la Cour royale de Paris;
CAPMAS, professeur-suppléant à la Faculté de droit de Toulouse.
MAILHER DE CHASSAT, ancien magistrat, avocat à la cour royale de Paris, auteur de différens ouvrages;
Et plusieurs autres magistrats et jurisconsultes.

PARIS. — IMPRIMERIE LANGE LÉVY ET COMP., RUE DU CROISSANT, 16.

JOURNAL DU PALAIS.

RÉPERTOIRE GÉNÉRAL

CONTENANT

LA JURISPRUDENCE DE 1791 A 1846,

L'HISTOIRE DU DROIT,

LA LÉGISLATION ET LA DOCTRINE DES AUTEURS,

PAR

M. LEDRU-ROLLIN,

DOCTEUR EN DROIT, ANCIEN AVOCAT A LA COUR DE CASSATION ET AU CONSEIL D'ÉTAT,
MEMBRE DE LA CHAMBRE DES DÉPUTÉS.

PUBLIÉ PAR
M. F.-F. PATRIS,
Propriétaire du *Journal du Palais*.

TOME CINQUIÈME.

D.

PARIS,
AU BUREAU DU JOURNAL DU PALAIS,
rue des Grands-Augustins, 7.

1846

JOURNAL DU PALAIS.

RÉPERTOIRE GÉNÉRAL.

D

DALLES (Marchands de).

Patentables de sixième classe. — Droit fixe basé sur la population, et droit proportionnel du vingtième de la valeur locative de l'habitation et des lieux servant à l'exercice de la profession.

DAMASQUINEURS.

Patentables de sixième classe. — Droit fixe basé sur la population, et droit proportionnel du vingtième de la valeur locative de l'habitation et des lieux servant à l'exercice de la profession.

DANSE.

V. BALS PUBLICS, OUTRAGE A LA PUDEUR.

DATE.

Table alphabétique.

DATE. — 1. — C'est l'indication du temps, et quelquefois en outre du lieu où un fait a eu lieu, où un acte a été passé.

2. — Cette expression est venue de ce qu'autrefois les actes étaient écrits en latin, et qu'avant d'exprimer le jour où ils étaient passés, on mettait le mot *datum*, donné, quelquefois *datum et actum*, que nous rendons en français par *fait et passé le*, etc. — Durand de Maillane, *Dictionn. dr. canonique*, v° *Date*; Toullier, *Dr. civ.*, t. 8, n° 81.

3. — La date est une formalité nécessaire à la perfection des actes, soit judiciaires, soit extrajudiciaires; car, outre qu'elle peut servir à éclaircir des faits importans et prévenir bien des fraudes et des suppositions, la priorité de temps est souvent un titre, suivant la règle : *Qui prior tempore potior est jure.* — Merlin, *Rép.*, v° *Date*, n° 1er.

4. — La date fait essentiellement partie des actes publics; mais l'omission de la date n'entraîne pas le même effet pour tous.

5. — Dans les actes notariés, la date est tellement de rigueur que son omission emporte nullité. En effet, d'après les art. 12 et 68, L. 25 vent. an XI, l'acte notarié est, à défaut de date, nul comme acte notarié, mais il vaut comme acte sous signature privée lorsqu'il est signé par toutes les parties contractantes. — Merlin, *Rép.*, v° *Date*, n° 4. — V. ACTE NOTARIÉ, n°s 514 et suiv.

6. — La date de la notification de la liste des jurés est une formalité substantielle dont l'absence vicie l'acte qui en est dépourvu. — *Cass.*, 24 oct. 1822, Sublet; 28 janv. 1832, Grasset.

7. — Des jugemens ne seraient pas nuls par défaut de date, et ils ne le seraient pas non plus, si la date était fausse. — Merlin, *Rép.*, v° *Date*, n° 9, et *Quest.*, v° *Jugement*, § 1er.

8. — Les actes sous seing-privé n'étant assujétis à aucune formalité proprement dite, la date n'est pas nécessaire à peine de nullité pour ces sortes d'actes (V. ACTE SOUS SEING-PRIVÉ, n°s 42 et suiv.). — Qu'importe, en effet, entre vous et moi, entre nos héritiers ou ayant-cause, quelle est la date d'une obligation contractée en votre faveur, d'une vente que je vous ai consentie, etc., lorsque l'existence de cette vente est certaine? — Telle était, au surplus, la disposition du droit romain, qui fut constamment suivie en France. — L. 34, § 1, ff., *De pignor. et hyp.*; — Denisart, v° *Billet*; Merlin, *Rép.*, v^is *Acte sous seing-privé*, n° 2, et *Date*, n° 6; Toullier, t. 8, n° 259; Favard, *Rép.*, v° *Acte sous seing-privé*, sect. 1re, § 4, n° 6; Duranton, t. 13, n° 127.

9. — Toutefois, la mention de la date est extrêmement utile pour connaître la priorité de titre, si un acte a été souscrit en temps de minorité ou de majorité, si une femme, qui l'a signé, était ou non en puissance de mari; et s'il y avait lieu de croire que la date a été omise parce que le signataire de l'acte était alors sous la puissance d'autrui, et afin de dissimuler son incapacité, l'acte pourrait être déclaré nul. — Nouveau Denisart, v° *Billet*, n° 6; Merlin, *Rép.*, v° *Date*, n°s 6 et 7; Rolland de Villargues, *Rép. du notar.*, v° *Date*, n°s 3 et 4; *Dict. du notar.*, v° *Date*, n° 17.

10. — Le principe que l'énonciation de la date n'est pas absolument nécessaire dans les actes sous-seing privé souffre exception relativement : 1° aux testamens olographes. — C. civ., art. 970. — V. TESTAMENT.

11. — ... 2° Aux lettres de change, aux billets à ordre et aux endossemens de ces effets. — C. comm., art. 110, 112, 137, 138 et 188. — V. BILLET A ORDRE, ENDOSSEMENT, LETTRE DE CHANGE.

12. — ... 3° Aux contrats ou polices d'assurance. — C. comm., art. 332. — V. ASSURANCE MARITIME.

13. — La date doit indiquer en général le *jour*, le *mois* et l'*année* où l'acte est passé. — C. civ., art. 34; arg. C. civ., art. 1328, 1750, 2148, etc.; C. procéd., art. 61; L. 25 vent. an XI, art. 12; — Merlin, *Rép.*, v° *Testament*, sect. 2e, § 1er, art. 6, n° 5; Favard, *Rép.*, v° *Date*.

14. — Le jour est, comme on l'a vu (v° CALENDRIER), tout l'espace de temps qui s'écoule depuis minuit jusqu'au minuit suivant. Tous les actes passés dans cet intervalle sont réputés avoir été faits dans le jour. — Merlin, *Rép.*, v° *Date*, n° 2. — Il en était de même chez les Romains. — L. 8, ff., *De feriis*.

15. — L'art. 12, L. 25 vent. an XI, ne parle que du *jour* et de l'*année* pour les actes notariés; mais il est évident que le jour ne serait pas suffisamment indiqué, s'il n'était pas dit de quel *mois* ce jour fait partie. La loi entend parler, non du jour de la semaine, mais du jour du mois, du jour de l'année, qui se divise par mois. — Merlin, *Rép.*, v° *Testament*, sect. 2e, § 1er, art. 6, n° 5; Rolland de Villargues, n° 13.

16. — Il est néanmoins des cas où le jour de la semaine peut être indiqué : c'est lorsqu'il s'agit d'actes qui ne peuvent être passés ni les dimanches, ni les jours fériés. De là est venu l'usage d'indiquer le jour de la semaine dans les inventaires et procès-verbaux de comparution. — Rolland de Villargues, n° 14.

17. — L'indication du jour et du mois pourrait être remplacée par des équivalens. Ainsi seraient régulièrement datés des actes datés de la *veille de l'Assomption*, du *lendemain de Noël*, et même du *premier de l'an* 1846. — Toullier, t. 8, n° 281; Merlin, *Rép.*, v° *Testament*, sect. 2e, § 1er, art. 6, n° 5.

18. — La date doit-elle indiquer l'*heure* où l'acte a été passé? — L'art. 34, C. civ., l'exige pour les actes de l'état civil.

19. — L'ord. de Blois, art. 167, exigeait que les actes notariés indiquassent s'ils étaient faits *avant* ou *après midi*. — Mais le silence de la loi du 25 vent. an XI annonce assez que cette énonciation n'est plus nécessaire. Cependant il est des cas où l'indication de l'heure est utile, par exemple en matière de testament, et dans toute autre circonstance où peut s'agiter une question de priorité. — Merlin, *Rép.*, v° *Date*, n° 3.

20 — L'ord. de Blois, art. 173, exigeait également que les huissiers et sergens énonçassent, dans leurs exploits de saisie-exécution ou saisie-arrêt, s'ils les avaient faits avant ou après midi; et cette disposition avait été renouvelée par l'ord. de 1667, tit. 19, art. 15, et tit. 33, art. 4. — Aujourd'hui que les lois de procédure sont muettes sur ce point, il s'ensuit que les exploits et procès-verbaux n'ont pas besoin, à la rigueur, d'indiquer l'heure. Cependant, de même que pour les actes notariés, il est des cas où cette indication est nécessaire.

21. — En général, la désignation de l'heure est en usage pour certains actes, et, par exemple, pour les testamens, pour les inventaires, ventes aux enchères, procès-verbaux et actes dont la confection peut exiger plusieurs séances, et où il est nécessaire d'indiquer à chaque séance l'heure

du commencement et celle de la fin. — Décr. 10 brum. an XIV.

22. — Le contrat d'assurance doit énoncer s'il est passé avant ou après midi. — C. civ., art. 332. — V. ASSURANCE MARITIME, nos 457 et suiv.

23. — La mention du lieu est indispensable dans les actes publics, lorsqu'ils doivent porter avec eux-mêmes la preuve qu'ils ont été reçus par des officiers publics ayant le droit d'instrumenter dans le lieu où ils ont été rédigés. — C. civ., art. 1317.

24. — Ainsi l'indication du lieu est nécessaire pour les actes notariés. — L. 25 vent. an XI, art. 12. — Autrefois les ordonn. de juin 1589 et de mai 1579 exigeaient d'indiquer même la maison où les actes étaient passés.

25. — Quant aux autres actes, cette mention n'est que de pure précaution, pour donner, s'il est possible, plus de certitude à la date; mais elle n'est pas essentielle.

26. — Ainsi, le Code civil n'exige point, à peine de nullité, que le testament olographe contienne la mention du lieu où il a été fait. — *Nîmes*, 20 janv. 1810, Picat; *Cass.*, 6 janv. 1814, de Lavy c. Belloc.

27. — Dans les actes de l'état civil, aucune date ne peut être mise en chiffres. — C. civ., art. 42. — V. ACTES DE L'ÉTAT CIVIL, no 112.

28. — A l'égard des actes notariés, la date doit être mise en *toutes lettres*, à peine de 20 fr. d'amende (ci-devant 100 fr.). — L. 25 vent. an XI, art. 13, et 16 juin 1824, art. 27. — L'énonciation de la date en chiffres n'entraînerait pas la nullité de l'acte notarié. — *Dict. not.*, vo *Date*, no 34; Rolland de Villargues, *Rép.*, vo *Date*, nos 24 et 25. — V. ACTE NOTARIÉ, nos 281 et suiv.

29. — La date d'un exploit doit être mise en toutes lettres. Cependant, l'exploit ne serait pas nul si cette date était mise en chiffres. — V. CHIFFRES, nos 13 et 14.

30. — Il est convenable d'énoncer la date en *toutes lettres* dans les actes sous seing-privé, pour prévenir les altérations et les fraudes. Toutefois, l'énonciation de la date en toutes lettres n'est pas rigoureusement exigée, la date en chiffres suffit même dans les testamens olographes. — Toullier, no 366; Duranton, t. 9, no 88; *Dict. not.*, vo *Date*, nos 3 et 4. — V. CHIFFRES, no 10.

31. — La loi n'ayant point ordonné d'apposer la date plutôt à la fin qu'au commencement des actes, il s'ensuit qu'elle peut être indifféremment mise à l'un de ces deux endroits. Mais le mieux est de la mettre à la fin de l'acte dont elle est le complément. — *Dict. not.*, vo *Date*, no 12; Rolland de Villargues, *ibid.*, no 27.

32. — Dans les actes notariés, toute date surchargée est nulle. — L. 25 vent. an XI, art. 16.

33. — Par conséquent, est également nul l'acte de donation qui porte une date surchargée. — *Agen*, 20 juin 1807, N...

34. — Quand, dans un acte notarié, la dernière partie d'un mot exprimant une date a été surchargée de manière que la première partie restante forme un nombre, le mot doit néanmoins être anéanti tout entier. — *Agen*, 20 juin 1807, N...

35. — Les mêmes principes devraient être appliqués en matière d'exploit; ainsi, la surcharge de la date sur la copie de la notification de la liste des jurés à l'accusé a pour effet, lorsqu'elle n'est pas régulièrement approuvée, de faire considérer les mots surchargés comme non avenus, et de rendre par conséquent l'exploit nul. — *Cass.*, 28 janv. 1832, Raymond-Grasset.

36. — S'il s'agit d'un acte sous seing-privé, les *surcharges* dans la date n'influeront pas sur la validité de l'acte, puisque la date n'en est pas une formalité essentielle. — V. *suprà* no 8.

37. — Lorsqu'à la suite d'un acte sous seing-privé, tel qu'un testament olographe, il se trouve un *post-scriptum*, il peut être considéré comme étant de la même date, s'il apparaît, d'ailleurs, qu'il a été écrit immédiatement après l'acte. — Rolland de Villargues, *ibid.*, no 28; — *Arr. du parlem. de Paris*, 19 juill. 1782; — *Metz*, 10 juill. 1816, Blandin. — V. TESTAMENT.

38. — Au surplus, les erreurs ou omissions qui se glissent dans les dates des actes ne sont pas suffisantes pour les faire annuler, lorsqu'on peut facilement les réparer à l'aide des énonciations que l'acte renferme, et des faits constans qui se rattachent à ces énonciations. — L. 92, ff., *De reg. jur.*; — Merlin, *Rép.*, vo *Testament*, sect. 2e, § 1er, art. 5, nos 9 et 10; Toullier, t. 8, no 88, et t. 5, no 362; *Dict. not.*, vo *Date*, nos 8, 9 et 10; Rolland de Villargues, *ibid.*, nos 31, 32 et 33.

39. — Mais peut-on prouver par témoins la date d'un acte? — Oui, car la loi ne prohibe que la preuve des conventions, et non de leur date, qui est un *simple fait*, indépendant des conventions elles-mêmes. L'acte sous seing-privé forme, d'ailleurs, par lui-même un commencement de preuve par écrit, qui doit suffire pour faire admettre la preuve par témoins de la date. — Danty, chap. 1er, no 9; Pothier, no 761; Duparc Poullain, t. 9, no 281; Toullier, t. 9, nos 224 et suiv.; *Dict. not.*, vo *Date*, nos 13 et 14; Rolland de Villargues, *ibid.*, nos 35 et suiv.; — *Arr. du parlem. de Paris*, 29 déc. 1716, cité par Pothier, *Tr. de la prescript.*, no 99. — V. ACTE SOUS SEING-PRIVÉ, nos 112 et 123.

40. — La date apposée aux actes sous seing-privé ne fait foi qu'entre ceux qui les ont souscrits, leurs héritiers et ayant-cause. — C. civ., art. 1322.

41. — Les actes sous seing-privé n'ont de date contre les tiers que du jour où ils ont été enregistrés, du jour de la mort de celui ou de l'un de ceux qui les ont souscrits, ou du jour où leur substance est constatée dans des actes publics, tels que procès-verbaux de scellé ou d'inventaire. — C. civ., art. 1328.

42. — Dans ces différens cas, on dit que l'acte a une *date certaine*. — Relativement aux effets de cette date certaine à l'égard des tiers, V. ACTE SOUS SEING-PRIVÉ, nos 102 et suiv.

43. — Il résulte de ce qui précède que tout acte sous seing privé a nécessairement une double date puisqu'à l'égard de ceux qui l'ont souscrit et à l'égard de leurs héritiers ou ayant-cause, il fait foi de la date qu'il porte, tandis qu'à l'égard des tiers, il est réputé passé le jour seulement d'une des circonstances énoncées dans l'art. 1328, C. civ. — Rolland de Villargues, *Rép. du not.*, vo *Date*, no 44.

44. — Quelquefois aussi des héritiers et ayant-cause de celui qui a souscrit un acte sous seing-privé sont eux-mêmes admissibles, comme des tiers, à contester la sincérité de la date de cet acte. C'est lorsqu'ils prétendent que cet acte a été fait au préjudice de leurs droits. — V. AYANT-CAUSE.

45. — Les ordres des lettres de change et billets à ordre ne peuvent être antidatés, à peine de faux. — C. comm., art. 139 et 187. — V. ENDOSSEMENT, LETTRE DE CHANGE.

46. — Une sentence arbitrale fait-elle foi de sa date? — V. ARBITRAGE, nos 576 et suiv.

V. aussi ABRÉVIATION, ACTE NOTARIÉ, ACTE SOUS SEING-PRIVÉ, ASSURANCE MARITIME, ASSURANCE TERRESTRE, AYANT-CAUSE, BILLET A ORDRE, BLANC, CERTIFICAT DE VIE, CHOSE JUGÉE, COMMENCEMENT DE PREUVE PAR ÉCRIT, CONNAISSEMENT, COPIE DE TITRES ET ACTES, ENDOSSEMENT, ENREGISTREMENT, EXPLOIT, LETTRE DE CHANGE, PROTÊT, RÉPERTOIRE.

DATE CERTAINE.

1. — C'est celle qui, dans un acte sous seing-privé, est devenue telle par l'une des circonstances indiquées par la loi.

2. — Ces circonstances sont : 1o l'enregistrement de l'acte; — 2o la mort de l'un de ceux qui l'ont souscrit; — 3o enfin, sa constatation dans un acte public. — C. civ., art. 1328. — V. DATE, nos 41 et 42.

3. — Quant à l'appréciation des circonstances légales et autres donnant ou pouvant donner date certaine, et aux effets de cette date certaine à l'égard des tiers, V. ACTE SOUS-SEING PRIVÉ, nos 102 et suiv.

V. aussi ACTE AUTHENTIQUE, ANTICHRÈSE, ASSURANCE TERRESTRE, AYANT-CAUSE, BILLET A ORDRE, CONTRE-LETTRE, ENDOSSEMENT, ENREGISTREMENT, SUBROGATION.

DATION.

1. — Acte par lequel on donne quelque chose.

2. — La *dation* diffère de la *donation* en ce que celle-ci indique une libéralité, au lieu que la *dation* s'entend d'une chose cédée sans libéralité. La *donation en paiement* n'est qu'une dation. — Denisart, vo *Dation*; Rolland de Villargues, *Rép. du notar.*, vo *Dation*, no 1er. — V. DATION EN PAIEMENT.

3. — Le mot *dation* s'emploie aussi quelquefois pour exprimer l'action de conférer une fonction, un titre; ainsi on dit la *dation* d'un tuteur, d'un conseil judiciaire, etc.

DATION EN PAIEMENT.

1. — C'est l'acte par lequel un débiteur donne à son créancier, qui l'accepte, une chose en paiement d'une autre qui était due.

2. — Sans doute le créancier ne peut être contraint de recevoir une autre chose que celle qui lui est due (C. civ., art. 1243); mais quand les deux parties consentent, l'une à recevoir, l'autre à donner une chose au lieu d'une autre, un tel paiement est, sans contredit, valable et éteint l'obligation. C'est ce qu'on appelle dation en paiement, *datio in solutum*. — Pothier, *Vente*, part. 7e, art. 1er; Toullier, t. 7, no 46; Rolland de Villargues, *Rép. du not.*, vo *Dation en paiement*, no 1er. — V. PAIEMENT.

3. — Lorsque l'acheteur, ne pouvant payer en argent, donne en paiement une autre chose, ce n'en est pas moins un contrat de vente. — L. 9, Cod., *De rescind. vend.*; — Pothier, *Vente*, no 50; Troplong, *Vente*, no 147.

4. — Il y a dation en paiement quand le débiteur d'une chose, s'étant réservé la faculté de donner telle autre chose en paiement, use de cette faculté. — Mais il n'en est plus de même quand le débiteur d'une obligation alternative donne l'une ou l'autre des choses dues. — Rolland de Villargues, nos 2 et 3.

5. — La dation en paiement est, en général, un contrat qui est l'équivalent d'une véritable vente (L. 4, ff., *De evictionibus*); en effet, tout ce qui est essentiel à une vente s'y rencontre; le consentement, la chose et le prix. — Merlin, *Rép.*, vo *Dation en paiement*.

6. — Si la chose donnée était une créance, l'acte serait alors une *délégation* ou un *transport*. Il serait un *échange* si une chose était donnée au lieu d'une autre. — Toullier, t. 12, no 46. — Suivant M. Duranton (t. 12, no 80), la dation en paiement a beaucoup d'affinité avec la vente ou l'échange, sans être toutefois ni une vente ni un échange proprement dits.

7. — Dès-lors, pour déterminer les effets de la dation en paiement, il faut suivre les règles particulières à chacun de ces contrats. — Toullier, t. 7, no 46.

8. — La dation en paiement ayant pour effet, comme la vente, le transport ou l'échange, de transporter au créancier la propriété de la chose donnée, il s'ensuit qu'elle diffère de la cession de biens ordinaire, qui n'ôte point au débiteur la propriété des choses abandonnées, et laisse cette propriété sur sa tête jusqu'à la vente. — Toullier, t. 7, no 241. — V. CESSION DE BIENS, nos 24 et 43.

9. — La donation rémunératoire est une dation en paiement quand les services sont appréciables à prix d'argent, et que la valeur des choses données n'excède pas celle des services. Si les services n'étaient pas appréciables, elle est donation pour le tout. S'ils étaient appréciables, mais que la donation excédât la valeur des services, ce serait un acte *mixte*, c'est-à-dire une dation en paiement jusqu'à concurrence de la valeur des services, et une donation pour le surplus. — Delvincourt, *Cours de Code civil*, t. 3, p. 129; Toullier, t. 5, no 186; Rolland de Villargues, no 8.

10. — Pour que la dation en paiement soit valable, il faut avoir la capacité requise, non plus seulement pour faire un paiement ordinaire, mais pour aliéner la chose qui en est l'objet. — Duranton, *Oblig.*, no 761; Rolland de Villargues, vo *Dation en paiement*, no 11.

11. — Le majeur pourrait aussi se faire restituer pour erreur, violence ou fraude, et même pour lésion au delà des sept douzièmes, si le paiement contenait une vente d'immeubles. — L. 50, ff., *De solut.*; — Toullier, t. 7, no 46.

12. — Le mineur lésé par la dation en paiement qu'il a imprudemment acceptée, lui ou son tuteur, peut se faire restituer. — L. 26, ff., *De liberat.*; — Toullier, t. 7, no 46.

13. — La dation en paiement détruit virtuellement l'ancienne obligation et opère novation. — L. 24, ff., *De pigner. act.*; L. 9, ff., *Quib. mod. pignor.*; — Toullier, t. 7, nos 282 et 301; Grenier, *Hypoth.*, no 501. — V. NOVATION.

14. — De ce que la dation en paiement est le plus souvent un contrat de vente (V. *suprà* no 5), il suit que le débiteur est tenu de garantir celui à qui il a donné une chose en paiement des charges réelles qu'il ne lui aurait pas déclarées, et des vices rédhibitoires dont cette chose se trouverait entachée, de la même manière qu'un vendeur en est tenu. — C. civ., art. 1626 et 1641; — Pothier, no 604; Rolland de Villargues, vo *Dation en paiement*, no 23.

15. — Il est également tenu, ainsi que le vendeur, des dommages-intérêts de son créancier à qui il a donné une chose en paiement, lorsqu'elle n'a pas toute la contenance déclarée. — C. civ., art. 1616; — Pothier, no 604; Rolland de Villargues, no 24.

16. — En cas d'éviction, le créancier n'agit plus en vertu de la première obligation, mais en vertu du contrat de vente : c'est la conséquence de la novation. — C. civ., art. 2038; — Toullier, t. 7, nos 300 et 301; Grenier, *Hypoth.*, no 502.

17. — S'il était, par la suite, découvert que celui

qui a donné une chose en paiement ne devait rien au prétendu créancier, cette chose pourrait être répétée par l'action *condictio indebiti*, ou *condictio sine causâ*; et c'est en quoi la dation en paiement diffère du contrat de vente. En effet, si, au lieu d'une dation en paiement, le débiteur avait vendu la chose pour une somme déterminée qui devait éteindre par compensation une autre somme qu'il aurait reconnu devoir, et qu'il fût ultérieurement reconnu qu'il ne devait rien, il ne pourrait pas répéter la chose qu'il aurait vendue, mais seulement le prix dont il aurait, par erreur, consenti la compensation avec une somme qu'il ne devait pas. — Il avait alors l'action *ex vendito, quæ datur ad pretium consequendum*. — Pothier, n° 603; Delvincourt, t. 3, p. 129; Holland de Villargues, n° 30. V. au surplus ANTICHRÈSE, CESSION DE BIENS, ENREGISTREMENT, INDICATION DE PAIEMENT, PAIEMENT.

DÉBARQUEMENT.

V. AVARIES, BATEAU A VAPEUR, CAPITAINE DE NAVIRE.

DÉBATS (Matière criminelle).

1. — On donne ce nom à la partie de l'instruction qui, en matière criminelle, a lieu oralement devant le juge appelé à statuer sur les poursuites.

2. — Aux termes de l'art. 55 de la Charte de 1830, « Les débats doivent être publics en matière criminelle, à moins que cette publicité ne soit dangereuse pour l'ordre et les mœurs; et, dans ce cas, le tribunal le déclare par un jugement. »

3. — Les dispositions de cet article 55, statuant d'une manière générale sur tout ce qui concerne les matières criminelles, c'est-à-dire les infractions aux lois qualifiées par le Code pénal, selon la gravité des circonstances, crimes, délits ou contraventions, les tribunaux de simple police peuvent donc, comme les cours d'assises, ordonner que les débats auront lieu à huis-clos, lorsque la publicité leur paraît dangereuse pour l'ordre et les mœurs. — *Cass.*, 9 juill. 1825, Ed. Bellanger. — V. COUR D'ASSISES, TRIBUNAL CORRECTIONNEL, TRIBUNAL DE SIMPLE POLICE.

DÉBATS DE COMPTE.

On entend par débats d'un compte les contredits que l'oyant élève contre le compte établi par le rendant. Les soutènemens sont les dires faits par le rendant pour défendre son compte. — C. procéd., art. 538. — V. REDDITION DE COMPTE.

DÉBAUCHE.

V. ADULTÈRE, ATTENTAT A LA PUDEUR, EXCITATION A LA DÉBAUCHE, OUTRAGE A LA PUDEUR, PROSTITUTION, VIOL.

DÉBET.

1. — C'est ce qu'un comptable se trouve devoir sur ses recettes après la vérification de la régie et l'arrêté de son compte. — V. COMPTABLE. — En matière civile, le débet du rendant compte prend plutôt le nom de reliquat. — C. procéd. civ., art. 540.

2. — Les débets des comptables de deniers publics portent intérêts. — Avis cons. d'état 9 juill. 1818, approuvé le 20.

3. — Il y a des formalités qui ont lieu en *débet*, lorsque les droits auxquels elles donnent lieu ne sont pas perçus sur-le-champ et sont à recouvrer. — V. CONTRAINTE ADMINISTRATIVE, CONTRIBUTIONS DIRECTES, ENREGISTREMENT, TIMBRE.

DÉBIT.

1. — Lorsque deux négocians sont en compte courant, chacun porte au crédit de l'autre toutes les sommes ou valeurs reçues de lui ou pour lui, et au débit toutes les sommes payées et toutes les traites à quelque échéance qu'elles soient faites ou acceptées pour son compte. — Pardessus, *Dr. commercial*, t. 2, n° 475.

2. — Pour que la balance des comptes portés sur les livres d'un commerçant puisse s'opérer facilement, il est d'usage, dans une tenue de livres régulière, que tout ce qui entre chez un commerçant le rende *débiteur*, envers la personne par qui la chose est fournie, lors même qu'elle lui était due; et que tout ce qui sort de chez un commerçant le rende *créditeur* de celui chez qui passe cette chose, même lorsqu'il ne fait qu'exécuter son obligation. — Pardessus, n° 85.

3. — C'est de cette manière seulement que les livres d'un commerçant peuvent présenter, par la relation du *doit* et de l'*avoir*, l'ensemble de ses opérations.

DÉBIT. — DÉBITANT.

1. — On nomme débit, en matière de contributions indirectes, le lieu consacré à la vente en détail des boissons, cartes, poudres, tabacs, et débitans ceux qui tiennent des débits.

2. — Sont considérées comme ventes en détail toutes ventes de boissons en cercles, en quantité inférieure à l'hectolitre, soit en bouteilles non réunies en caisses ou paniers fermés et emballés selon les usages du commerce, même réunies en caisses et paniers lorsque la vente est faite soit par un marchand en gros, si la quantité est moindre de vingt-cinq, soit par un débitant. — L. 28 avr. 1816, art. 57, 98 et 102 — D'Agar, *Manuel des contrib. indir.*, v° *Débitans de boissons*.

3. — Tout débit de boissons doit être désigné par une enseigne ou bouchon. — L. 1816, art. 50.

4. — Le prix des boissons en vente doit être inscrit sur une affiche placée dans le lieu le plus apparent du débit. — L. 1816, art. 48.

5. — Sont réputés débitans par le fait seul de la profession qu'il exercent, et, comme tels, soumis à toutes les obligations imposées par la loi à cette classe de redevables, les cabaretiers, aubergistes, traiteurs, restaurateurs, maîtres d'hôtels garnis, cafetiers, liquoristes, buvetiers, débitans d'eau-de-vie, concierges et autres donnant à manger au jour, au mois ou à l'année. — L. 28 avr. 1816, art. 50.

6. — Les débitans de boissons sont soumis à des obligations particulières ayant pour objet d'assurer le recouvrement des droits dont sont frappées les boissons consommées chez eux. — Ainsi, notamment, ils doivent faire une déclaration à la régie de leur intention d'exercer la profession de débitans et être munis d'une licence, produire aux préposés de la régie, à la première réquisition, les congés, acquits à caution, ou passavans, qui accompagnaient les boissons introduites dans leurs caves ou celliers, représenter les quittances des droits d'entrée et d'octroi dans les lieux qui y sont sujets, déclarer les prix de leurs ventes à toutes réquisitions, enfin, souffrir les visites et exercices des employés.

7. — Toutefois, les débitans peuvent s'affranchir d'une partie de ces obligations au moyen d'un abonnement. — V. ABONNEMENT.

8. — Il leur est, de plus, défendu de recéler des boissons dans leurs maisons (L. 28 avr. 1816, art. 61); d'avoir entre leurs caves ou maisons des portes de communication avec les maisons voisines (art. 61); de recevoir et avoir chez eux des boissons en vaisseaux de moindre contenance que l'hectolitre, à moins d'une autorisation spéciale (art. 58); de faire aucun remplissage sur les tonneaux marqués ou démarqués hors la présence des commis; d'enlever de leurs caves les pièces vides sans qu'elles aient été démarquées, et de substituer de l'eau ou autre liquide aux boissons reconnues dans les fûts qui sont en leur possession (art. 59); d'avoir des râpes de copeaux ou de paille (art. 60); d'établir le débit des vins et eaux-de-vie sur des vaisseaux contenant plus de cinq hectolitres (L. 1816, art. 58); de mettre en vente ni d'avoir en perce plus de trois pièces de chaque espèce de boisson (art. 58). — V. au surplus BOISSONS.

DÉBITEUR.

1. — C'est celui qui doit une somme ou une chose quelconque.

2. — Le terme de *débiteur* est corrélatif de celui de *créancier*, le créancier étant celui à qui la somme ou la chose est due.

3. — Comme nous avons exposé (v° CRÉANCIER) quels sont les droits du créancier, il faut nécessairement se reporter à ce mot pour voir quelles sont les obligations du débiteur.

V. aussi AYANT-CAUSE, CHOSE JUGÉE, CRÉANCE, DETTE, ENREGISTREMENT, NOVATION, OBLIGATION, PAIEMENT, SUBROGATION, TIMBRE.

DEBITIS.

1. — Lettres de chancellerie, autrefois en usage dans quelques provinces de France, et notamment en Franche-Comté, et ayant pour objet de donner force exécutoire à des actes qui, quoique authentiques, n'emportaient pas exécution parée. — V. Denisart, v° *Debitis*. — Suivant quelques auteurs, on nommait anciennement *lettres de debitis* les *pareatis* accordés dans les chancelleries près les parlemens.

2. — Aujourd'hui l'usage de ces lettres est aboli dans toute la France.

DÉBOISÉ — DÉBOISEMENT.

C'est l'action de détruire un bois en partie. Il ne faut pas confondre le déboisement avec le défrichement, qui est la destruction, non plus partielle, mais entière, d'un bois. — V. DÉFRICHEMENT, FORÊTS.

DÉBORDEMENT.

V. DIGUES, INONDATION, NAVIGATION, REFUS DE SERVICES LÉGALEMENT DUS, USINES.

DÉBOURSÉS.

1. — Avances faites par un avoué, ou par tout autre officier ministériel, pour le compte de son client.

2. — Le tarif ne comprend que l'émolument net des avoués, les déboursés sont payés en outre. — Décr. 16 fév. 1807, art. 151.

3. — Les déboursés ne peuvent passer en taxe qu'autant que la somme que l'on justifie avoir payée était légalement due. — Sudraud-Desisles, *Man. du juge taxateur*, v° *Déboursés*, n° 77; V. Fons, p. 271.

4. — Si les déboursés s'appliquent à un acte inutile à la cause, à une dépense qu'on eût pu éviter, le juge peut refuser de le passer en taxe.

5. — Dans les états de frais, les déboursés doivent être distingués des émolumens; le 2e décret du 16 fév. 1807 veut en effet que ces états aient deux colonnes, l'une consacrée aux honoraires et l'autre aux déboursés. — V. FRAIS ET DÉPENS, TAXE.

DÉBOUTÉ.

1. — Vieux mot de pratique encore en usage aujourd'hui pour exprimer que la demande d'une partie a été rejetée par un motif tiré du fond du procès. Ainsi, ce n'est pas lorsqu'une partie est non-recevable qu'on la déboute, c'est parce qu'elle est mal fondée dans sa prétention.

2. — On nomme *débouté d'opposition* le jugement par lequel la cour ou le tribunal rejette l'opposition formée par le défendeur à un jugement par défaut pris contre lui. — V. JUGEMENT ET ARRÊT PAR DÉFAUT.

3. — Le débouté ne doit pas être confondu avec le hors de cause. — V. HORS DE CAUSE.

DÉBOUTS A ÉTEINTE DE CHANDELLES.

C'est ainsi qu'on nommait autrefois, en Bretagne, les enchères et surenchères qui se faisaient pour l'adjudication des immeubles. Cette forme d'adjudication, particulière à la Bretagne, est à peu près celle que l'on suit encore aujourd'hui dans les ventes judiciaires. Seulement, au lieu de chandelles, on se sert de *bougies*. — V. ADJUDICATION, SAISIE IMMOBILIÈRE, VENTE JUDICIAIRE.

DÉBRIS.

V. NAUFRAGE, NAVIRE.

DÉBRIS OU CHAIRS D'ANIMAUX.

Les dépôts, ateliers ou fabriques où ces matières sont préparées par la macération, ou desséchées pour être employées à quelque fabrication, sont rangés, eu égard à l'odeur très-désagréable qui s'en exhale, dans la première classe des établissemens insalubres. — V. ÉTABLISSEMENS INSALUBRES (nomenclature).

DÉBUTS.

V. THÉATRE.

DÉCADE. — DÉCADI.

1. — La décade était, sous le calendrier républicain, une des divisions du mois en trois parties de dix jours chacune. (V. CALENDRIER, n° 43.) — Le décadi était le dixième jour de chaque décade. (V. *ibid.*, n° 44.) Ce jour était ordinairement un jour férié.

2. — Ces expressions se trouvent consignées dans des lois qui sont encore en vigueur aujourd'hui.

3. — Ainsi, le mot *décade* est employé, dans les art. 18, 37, et 65 de la loi du 22 frim. an VII, sur l'enregistrement. — Depuis le rétablissement du calendrier grégorien, cette expression de la loi est

considérée comme indiquant un intervalle de dix jours. — V. ENREGISTREMENT, RÉPERTOIRE.

4. — Le mot *décadi* est employé dans l'art. 25 de la même loi du 22 frim. an VII comme indiquant un jour férié revenant tous les dix jours.

5. — Depuis que les décadis ont été remplacés par les dimanches (V. L. 18 germin. an X, tit. 1er, art. 57), la disposition de la loi du 22 frim. an VII a été considérée comme applicable aux dimanches. — V. ENREGISTREMENT, JOUR FÉRIÉ.

DÉCAPITATION.

1. — Genre de supplice fort ancien, et qui consiste à trancher la tête de celui qui a été condamné par autorité de justice à subir cette peine.

2. — La décapitation ou décollation était employée autrefois indistinctement envers les nobles et les roturiers. Mais depuis la fin du dix-septième siècle elle avait été particulièrement réservée aux gentilshommes. « Les vilains étaient pendus, les nobles décapités », dit Loisel (liv. 6, tit. 2, max. 28); — et en effet la décollation n'emportait point note d'infamie.

3. — Cependant, lorsque le crime était bas et avilissant, tel que le vol avec effraction, l'assassinat, le poison, etc., les gentilshommes étaient condamnés à la potence ou à la roue, comme l'auraient été de simples roturiers. — Guyot, *Rép.*, v° *Décapiter*.

4. — La loi du 21 janv. 1790 effaça sur ce point toute distinction entre les nobles et les non nobles.

5. — L'art. 1er de cette loi porte expressément que : « Les délits du même genre seront punis par le même genre de peine, quels que soient le rang et l'état des coupables. »

6. — Aussi le Code pénal de 1791 ordonna-t-il que tout condamné à mort aurait la tête tranchée. — Art. 3.

7. — C'est encore la prescription du Code pénal actuel. — Art. 12.

8. — Le mode de décapitation aujourd'hui usité, proposé par le docteur Guillotin, de l'assemblée constituante, le 1er déc. 1789, ne fut néanmoins consacré définitivement, sur l'avis du sieur Louis, secrétaire perpétuel de l'académie de chirurgie, que par le décret du 25 mars 1792.

DÉCATISSEURS.

Patentables de cinquième classe. — Droit fixe basé sur la population, et droit proportionnel du vingtième de la valeur locative de l'habitation et des lieux servant à l'exercice de la profession.

DÉCÈS.

1. — Ce mot s'entend plus spécialement, sous le rapport grammatical, de la mort *naturelle* (et *non violente*) d'une personne. — Mais, sous le rapport légal, la mort, quelle qu'en soit d'ailleurs la cause, prend indifféremment le nom de décès.

2. — Lorsqu'un individu vient à mourir, la loi veut que son décès soit constaté, et cette constatation a lieu suivant les formes par elle indiquées. — L'acte qui est dressé par suite de l'accomplissement de ces formalités fait preuve du décès. — V. à cet égard, ACTES DE L'ÉTAT CIVIL.

3. — En outre, si la mort a été violente, ou s'il existe à cet égard des doutes réels, c'est à la justice qu'il appartient de les éclaircir, et la loi lui donne à cet égard des pouvoirs étendus. — V. INSTRUCTION CRIMINELLE. — V. aussi AUTOPSIE, nos 2 et suiv.

4. — Il existe, d'ailleurs, quant aux inhumations, des règles spéciales qui sont expliquées vis CIMETIÈRE et INHUMATION.

5. — Le décès d'une personne donne ouverture à certains droits que la loi y a attachés. — V. notamment COMMUNAUTÉ, DOT, LEGS, SUCCESSION, TESTAMENT, etc. — V. aussi ABSENCE, RENTE VIAGÈRE.

6. — En outre, au décès de tout citoyen, il y a lieu, au profit du fisc, à la perception du droit de succession, et les représentans du défunt sont tenus, à cet égard, de faire une déclaration dans un délai déterminé. — V. ENREGISTREMENT.

7. — Mais le décès ne délie que des obligations attachées à la personne. — V. MANDAT, OBLIGATION, SOCIÉTÉ.

8. — Le décès de la personne engagée dans une instance a de l'influence sur la marche de la procédure. — V. APPEL, CASSATION, REPRISE D'INSTANCE, etc.

9. — Le décès du criminel éteint le crime, mais n'en efface pas toujours les suites. — V. ACTION CIVILE, ACTION PUBLIQUE, RESPONSABILITÉ.

10. — Le décès rompt le mariage et donne à celui des époux qui survit le droit de convoler en d'autres noces, sauf l'accomplissement de certaines formalités et l'observation de certains délais légaux. — V. MARIAGE.

V. au surplus, entre autres mots, ALIMENS, ARBITRAGE, ASSURANCE MARITIME, ASSURANCE TERRESTRE, AVOUÉ, AIL, CADAVRE, CAPITAINE DE NAVIRE, CERTIFICAT DE VIE, CONFISCATION, CONTRIBUTIONS DIRECTES, CONTRIBUTIONS INDIRECTES, CONTUMACE, DOMAINE EXTRAORDINAIRE, DISSECTION, ÉLECTIONS, ÉMIGRÉ, EXHUMATION, FAILLITE, INTERDICTION, ORDRE, PEINE, PÉREMPTION D'INSTANCE, PRESCRIPTION, SAISIE IMMOBILIÈRE, TIERCE-OPPOSITION, TUTELLE, USUFRUIT, VENTE, VOL.

DÉCHARGE.

1. — Acte par lequel on reconnaît qu'une personne a remis les sommes, effets mobiliers ou pièces dont elle était dépositaire. — On appelle aussi *décharge* la libération qu'on obtient de quelque obligation, charge ou commission.

2. — Le mot *décharge* s'emploie souvent comme synonyme *de quittance*; ainsi, pour exprimer qu'une personne est libérée, on dit qu'elle est *quitte et déchargée*. — Rolland de Villargues, *Rép. du notar.*, v° *Décharge*, n° 1er.

3. — Cependant, le mot *décharge* semblerait avoir plus d'étendue que celui de *quittance*. Ainsi, en parlant de la manière dont le mineur émancipé ou l'individu pourvu d'un conseil judiciaire peuvent toucher un capital, la loi se sert de ces mots *donner décharge* (C. civ., art. 482, 499 et 513), ce qui s'entendrait de toutes les manières dont un capital peut entrer dans les mains de l'incapable. Ainsi, la *décharge* serait le genre, et la *quittance* ne serait que l'espèce. — Rolland de Villargues, n° 2.

4. — A la différence de la décharge, la quittance doit donc s'entendre plus spécialement de l'acte constatant le paiement d'une dette déterminée ou appréciable. — Rolland de Villargues, n° 3. — V. QUITTANCE.

5. — C'est, au reste, ce qui résulte de l'emploi même que fait la loi du mot *décharge* dans quelques-unes de ses dispositions.

6. — La caution peut, même avant d'avoir payé, agir contre le débiteur pour être par lui indemnisée, lorsque ce débiteur s'est obligé de lui rapporter sa décharge dans un certain temps. — C. civ., art. 2032 2°. — V. CAUTIONNEMENT.

7. — La caution est déchargée lorsqu'elle ne peut plus, par le fait du créancier, être subrogée dans les droits, hypothèques et privilèges de ce dernier. — C. civ., art. 2037. — V. CAUTIONNEMENT.

8. — Les juges et les avoués sont déchargés des pièces cinq ans après le jugement des procès; les huissiers le sont après deux ans depuis l'exécution de la commission ou la signification des actes dont ils étaient chargés. — C. civ., art. 2276.

9. — Le juge rapporteur dans une affaire mise en délibéré ou instruite par écrit est déchargé des pièces qui lui ont été remises, par la seule radiation de sa signature sur le registre des productions. — C. procéd., art. 114.

10. — Le gardien, dans une saisie-exécution, peut dans certains cas demander décharge. — C. proc., art. 605 et 606. — V. SAISIE-EXÉCUTION.

11. — Lorsque l'officier chargé de l'exécution d'un mandat d'arrêt ou de dépôt remet le prévenu au gardien de la maison d'arrêt, celui-ci doit lui en donner décharge. — C. inst. crim., art. 111. — V. MANDAT D'ARRÊT, MANDAT DE DÉPOT.

12. — Quelquefois encore le mot *décharge* s'emploie comme équivalent de celui de *déchargement* en parlant d'un navire. — C. comm., art. 256.

V. ACQUIT A CAUTION, AVOUÉ, BREVET (Acte en), CAPITAINE DE NAVIRE, CAUTION, CONTRIBUTIONS DIRECTES, CONTRIBUTIONS INDIRECTES, DOUANES, ENREGISTREMENT, FAUX, FORÊT, GREFFE (droit de), MANDAT, PAIEMENT, QUITTANCE, PRESCRIPTION, RÉPERTOIRE, TIMBRE, VOIRIE.

DÉCHARGE D'ACQUIT A CAUTION.

1. — Remise des obligations qui, en matière de contributions indirectes et de douanes, résultent, à la charge de l'expéditeur et de sa caution, de l'acquit à caution moyennant lequel a eu lieu l'enlèvement, la circulation, l'introduction ou la sortie de marchandises ou denrées sujettes aux droits ou prohibées en tout ou en partie.

2. — Cette remise ou décharge n'a lieu que lorsqu'il est constaté régulièrement que lesdites marchandises ou denrées sont arrivées à destination.

3. — Le certificat constatant l'arrivée des marchandises et contenant décharge est inscrit sans frais, au dos des acquits à caution; il est signé par deux employés, au moins, des douanes ou des contributions indirectes, et enregistré au lieu de destination. — Ord. 11 juin 1816, art. 3.

4. — L'acquit à caution contenant soumission de représenter les marchandises au bureau de destination ou de passage dans un délai déterminé, le certificat de décharge ne peut être délivré que dans ce délai; après son expiration, les marchandises sont en effet considérées comme n'étant pas accompagnées d'expédition valable, ce qui constitue une contravention. — Ord. 11 juin 1816, art. 4.

5. — Si, après vérification, le certificat de décharge est reconnu faux, le soumissionnaire ou sa caution n'est tenu que des condamnations purement civiles, conformément à leur soumission, sans préjudice à exercer par qui de droit, comme à l'égard des falsifications ou altérations d'écritures publiques. — Ord. 11 juin 1816, art. 7.

6. — Lorsqu'un individu a rapporté, dans le délai fixé, la décharge de l'acquit à caution qu'il avait pris pour un transport de boissons, il n'est passible d'aucune action, si la fausseté du certificat de décharge n'est pas prouvée. — *Cass.*, 6 juill. 1824, Lasne. — V. au surplus ACQUIT A CAUTION, DOUANES.

DÉCHARGEMENT.

V. ASSURANCE MARITIME, AVARIES, BARATERIE, BOIS ET CHARBONS, BOISSONS, CAPITAINE DE NAVIRE, CHARTE-PARTIE, PRISES MARITIMES.

DÉCHÉANCE.

1. — C'est, en général, la perte d'un droit pour défaut d'accomplissement d'une condition ou d'une formalité dans un délai déterminé par la loi.

2. — On désigne aussi par cette expression une sorte de prescription établie au profit du trésor public, et qui anéantit les droits des créanciers de l'état dont les créances n'ont pas été liquidées, ordonnancées et payées dans le délai déterminé par les lois. — V. DETTE DE L'ÉTAT.

3. — Sur les différences qui existent entre la déchéance et la prescription, V. PRESCRIPTION.

4. — C'est principalement en matière d'exercice d'action ou de procédure que le mot *déchéance* est employé. Le législateur, pour empêcher le renouvellement d'anciens abus, a pris soin de déclarer qu'aucune des déchéances prononcées dans le Code de procédure n'est comminatoire. — C. procéd., art. 1029.

5. — Pour bien faire comprendre par des exemples ce que c'est que la déchéance, nous rappellerons que les délais d'appel emportent déchéance. — C. procéd., art. 444.

6. — L'art. 366, C. procéd., prononce la déchéance de plein droit contre le demandeur en règlement de juges qui n'assigne pas le défendeur dans les délais fixés par l'art. 365, C. procéd.

7. — L'action en supplément ou en diminution de prix à raison d'erreur dans la contenance de l'objet vendu doit être intentée dans l'année, à peine de déchéance. — C. civ., art. 1622.

8. — On trouve des exemples de déchéance dans l'art. 650, C. procéd., relatif à la saisie de rentes constituées, dans les art. 728 et 729 du même Code, relatifs aux moyens de nullité opposés à la poursuite de saisie immobilière.

9. — La déchéance de l'appel correctionnel à raison de l'inobservation des délais est réglée par les art. 203 et 205, C. inst. crim.

10. — La demande en dommages intérêts formée par l'accusé contre son dénonciateur, est aussi frappée de déchéance lorsqu'elle n'est pas portée à la cour d'assises avant la fin de la session. — C. inst. crim., art. 359.

11. — Il y a déchéance du recours en cassation pour défaut de consignation de l'amende. — C. inst. crim., art. 419.

12. — La déchéance est aussi appliquée aux découvertes industrielles. — V. BREVET D'INVENTION.

13. — Pour d'autres exemples de déchéance, V. ASSURANCE MARITIME, AUTORISATION DE PLAIDER, CASSATION, CONSEIL D'ÉTAT, PROTÊT, SURENCHÈRE.

14. — Enfin, le mot *déchéance* s'applique à la perte du trône. — Ainsi, un décret du 16 juill. 1791 ordonne la rédaction d'un projet sur tous les cas où le roi pourrait encourir la déchéance du trône.

15. — Les décrets de l'assemblée nationale du 10 août 1792, qui suspendaient Louis XVI de ses fonctions de chef du pouvoir exécutif, prononcèrent en réalité la déchéance de ce monarque.

16. — La déchéance du trône a été prononcée contre Napoléon Bonaparte, par un décret du sénat, 3-4 avr. 1814, et par un acte du corps législatif, 4-9 avr. 1814.

17. — Relativement à Charles X, une ordonnance du duc d'Orléans, lieutenant-général du royaume, en date du 2-5 août 1830, a prescrit le dépôt de l'acte d'abdication de ce monarque aux archives de la chambre des pairs. Cet acte a été adressé à la chambre des députés, le 6 août, dans la séance du soir. Le président ayant demandé à la chambre si elle avait l'intention d'ordonner le dépôt de cette pièce dans ses archives un député (M. Mauguin) soutint que la victoire avait prononcé la déchéance, que l'acte d'abdication était nul, qu'il n'y avait rien à abdiquer et par conséquent rien à déposer dans les archives. Néanmoins, la chambre a ordonné que l'acte serait déposé aux archives.

DÉCHET.

1. — C'est la diminution d'une chose provenant de son vice propre ou d'une cause étrangère.

2. — En matière d'assurances maritimes, le déchet est compris dans les détériorations en général. — V. ASSURANCE MARITIME.

V. ASSURANCE MARITIME, CONTRIBUTIONS INDIRECTES.

DÉCHETS DE COTON (Marchands de).

Patentables de septième classe. — Droit fixe, basé sur la population, et droit proportionnel du quarantième de la valeur locative de tous les locaux des patentables, mais seulement dans les communes de 20,000 ames et au-dessus.

DÉCHIREURS OU DÉPÉCEURS DE BATEAUX.

Patentables de cinquième classe. — Droit fixe, basé sur la population, et droit proportionnel du vingtième de la valeur locative de l'habitation et des lieux servant à l'exercice de la profession.

DÉCIME DE GUERRE.

1. — Impôt extraordinaire d'un décime par franc à percevoir sur certains droits.

2. — L'art. 1er, L. 6 prair. an VII, porte : « A compter du jour de la publication de la présente loi, il sera perçu au profit de la république, à titre de subvention extraordinaire de guerre, pour l'an VII, un décime par franc en sus des droits d'enregistrement, de timbre, hypothèque, droits de greffe, droits de voitures publiques, de garantie sur les matières d'or et d'argent, amendes et condamnations pécuniaires, ainsi que sur les droits de douane à l'importation, l'exportation et la navigation. »

3. — Sont, en conséquence, assujétis au décime par franc : 1° les amendes attribuées aux communes. — Inst. de la rég. de l'enreg. 24 vent. an X, n° 48.

4. — ... 2° Les amendes en matière de droit de pêche. — Inst. 16 therm. an XII, n° 246.

5. — ... 3° Celles concernant la voirie et le roulage. — Déc. min. fin. 21 oct. 1806; inst. 345.

6. — ... 4° La totalité de l'amende prononcée au profit du trésor public, par la loi du 3 fruct. an III. — *Rouen*, 13 oct. 1806, Enregist. c. Juillot. — ... Et même la moitié de cette amende qui est attribuée à la partie civile. — *Cass.*, 29 mars 1806, Enregist. c. Juillot; *Rouen*, 13 oct. 1806, mêmes parties.

7. — ... 5° Les perceptions de droits de timbre, d'enregistrement, de greffe et d'hypothèques relatives aux majorats. — Av. cons. d'état 13 sept. 1808; inst. 413, § 10.

8. — ... 6° Les droits perçus par le secrétaire général du conseil d'état, en vertu de l'ord. du 18 janv. 1826, sous le titre de frais de greffe, qui doivent être versés par lui dans la caisse du receveur de l'enregistrement et profitent à l'état. — L. 24 avr. et 28 juin 1833; inst. 1431.

9. — Le décime a dû être perçu, même sur les amendes prononcées antérieurement à la loi du 6 prair. an VII. — Déc. min. 20 fruct. an X; instr. 87.

10. — Mais le décime par franc ne se perçoit pas : 1° sur les dommages-intérêts prononcés en même temps que les amendes, notamment en matière de délits forestiers. — Circ. de la rég. 2 fruct. an VII, n° 1643.

11. — ... 2° Sur les amendes prononcées contre les adjudicataires de coupes de bois qui ne se libèrent pas à l'échéance. — Instr. 24 messid. an XII, n° 236.

12. — ... 3° Sur l'indemnité de 150 fr. payable au défendeur en cassation, par suite de rejet du pourvoi. — Circ. de la régie 2 sept. 1809; Inst. 1537, sect. 3, n° 7. — *Secùs* pour l'amende. — V. CASSATION (mat. civ.), n° 1304, et CASSATION (mat. crim.), n° 718.

13. — Aujourd'hui, la majeure partie des droits de timbre n'est plus sujette au décime pour franc, d'après les lois des 28 avr. 1816, art. 67, et 14 déc. 1830, art. 2. — Masson de Longpré, *C. de l'enreg.*, nos 3288 et suiv.

14. — Le décime de guerre établi par la loi du 6 prair. an VII sur le dixième du prix des voitures publiques a été supprimé par l'ordonnance du 27 avril 1814. — *Cass.*, 3 mars 1817, Contr. indir. c. adm. des messageries.

15. — Et il n'a pas été maintenu par la loi du 21 déc. 1814. — *Cass.*, 6 juill. 1818, Contr. indir. c. adm. des messageries.

16. — La subvention du décime par franc doit être perçue en même temps que le principal et par les mêmes préposés, sans donner lieu à aucune retenue pour ceux-ci. — L. 6 prair. an VII, art. 2.

17. — Les receveurs de l'enregistrement doivent donner quittance du décime, en le distinguant du droit principal. — Circ. de la régie 11 prair. an VII, n° 1574.

18. — Jugé que, la subvention de guerre du décime pour franc établie par la loi du 6 prair. an VII étant de sa nature temporaire, le souverain avait pu l'abroger seul, sans le concours du pouvoir législatif. — *Cass.*, 3 mars 1817, Contr. indir. c. adm. des mess.

19. — Mais une pareille décision ne saurait être rendue aujourd'hui que la perception du décime de guerre a été formellement ou autorisée ou établie par différentes lois sur des matières spéciales et que les dispositions de ces lois sont maintenues par les lois annuelles de finances.

20. — Ainsi la loi des finances du 19 juill. 1845 porte (art. 7) : Continuera d'être faite, pour 1846, au profit de l'état, et conformément aux lois existantes, la perception d'un décime pour franc sur les droits qui n'en sont point affranchis, y compris les amendes et condamnations pécuniaires, et sur les droits de greffe perçus en vertu de l'ord. du 18 janv. 1826, par le secrétaire-général du conseil d'état.

V. AMENDE (crim), BOISSONS, CARTES A JOUER, CHEMINS VICINAUX, ENREGISTREMENT, GREFFE (Droits de), LETTRES PATENTES, TONNAGE (Droits de), TIMBRE.

DÉCISION ADMINISTRATIVE.

1. — Cette dénomination s'applique indistinctement à toutes les décisions prises par les divers organes de l'administration dans l'exercice de leurs attributions.

2. — Dans l'ordre administratif pur, les ministres, les directeurs généraux, les préfets, les maires, etc., et parfois même les conseils généraux de département, les conseils municipaux, sont sans cesse appelés à régler par leurs décisions la marche de l'administration et à prononcer sur les intérêts des administrés.

3. — Les mêmes agens, dans de certains cas, et plus généralement les ministres, le conseil de préfecture et le conseil d'état, sont encore appelés à prendre, sur les droits des mêmes administrés, des décisions contentieuses qui sont également des décisions administratives.

4. — Ces décisions ont généralement par elles-mêmes autorité et force exécutoire. Dans certains cas néanmoins, les décisions des administrateurs inférieurs ne deviennent obligatoires que par l'approbation de leurs supérieurs dans l'ordre hiérarchique.

5. — Dans tous les cas, les décisions de ces administrateurs sont susceptibles de recours devant l'autorité supérieure; celles même des ministres responsables peuvent être attaquées devant le conseil d'état, lorsqu'elles sont viciées d'incompétence et d'excès de pouvoir, ou lorsqu'elles ont un caractère contentieux.

6. — Tant qu'une décision administrative n'a pas d'ailleurs été réformée, elle forme obstacle à ce que les tribunaux puissent en arrêter l'exécution ou statuer sur le même objet.

V. au surplus ACTE ADMINISTRATIF, ARRÊTÉ ADMINISTRATIF, COMPÉTENCE ADMINISTRATIVE, CONFLIT, DÉCISION MINISTÉRIELLE.

DÉCISION MINISTÉRIELLE.

1. — C'est l'acte par lequel un ministre prononce sur un objet qui rentre dans ses attributions.

2. — Plus particulièrement et dans la pratique la dénomination de *décision ministérielle* n'est donnée qu'aux décisions par lesquelles un ministre statue en vertu du pouvoir qui lui est propre, sur un objet déterminé, soit en prenant lui-même l'initiative, soit que la décision ait été provoquée par une demande ou une réclamation.

3. — Les dispositions réglementaires que les ministres arrêtent en vertu de certaines lois ne sont pas généralement appelées décisions ministérielles. — V., au surplus, ARRÊTÉ ADMINISTRATIF.

4. — C'est à tort d'ailleurs que l'on confond souvent sous le même nom les circulaires, instructions et autres actes qui, en dehors de la compétence ministérielle, n'ont aucune force obligatoire. V., relativement aux décisions de cette nature, CIRCULAIRES MINISTÉRIELLES.

5. — Il y a deux sortes de décisions ministérielles : 1° celles que les ministres prennent sur des objets de pure administration; 2° celles par lesquelles ils statuent comme juges, en certains cas, du contentieux administratif, sur les difficultés qui ressortissent à leur juridiction. — V., quant à l'étendue du pouvoir des ministres sous ce double point de vue, MINISTRE.

6. — Dans l'un et l'autre cas, on ne doit considérer comme décisions ministérielles que les décisions qui émanent directement du ministre responsable. Une décision prise par un sous-secrétaire d'état n'a point ce caractère et ne peut avoir d'autorité que par l'approbation du ministre. — *Cons. d'état*, 15 juill. 1842, concessionn. du pont du Carrousel.

7. — Aucune disposition de loi ou de réglemens n'a déterminé d'une manière générale le mode d'instruction des affaires soumises à la décision des ministres, non plus que la forme des décisions. — Ils jugent quand ils le veulent et ordonnent pour s'éclairer les mesures d'instruction qu'ils trouvent convenables. — Trolley, *Cours de dr. adm.*, t. 1er, n° 175.

8. — Tantôt le ministre statue spontanément, tantôt il est saisi par les pétitions et mémoires que lui adressent les intéressés. Ces pétitions et mémoires sont d'ordinaire enregistrés dans un bureau spécial du ministère; mais il n'en est pas donné récépissé.

9. — Les ministres prennent leurs décisions ou sur le rapport d'une commission spéciale, ou sur la proposition des directions générales ou sur l'exposé des bureaux; dans l'usage, les demandes et réclamations sont renvoyées, en passant par tous les degrés de la hiérarchie, à l'agent de l'administration placé sur les lieux, et reviennent ensuite avec ses renseignemens et avis. Le plus ordinairement on consulte, en outre, le comité du conseil d'état attaché au département ministériel. — Dufour, *Droit adm.*, t. 1er, n° 45.

10. — Aucune forme n'est prescrite non plus pour ces décisions; quelquefois elle est motivée, le plus souvent elle ne l'est pas : parfois le ministre se borne à approuver et à signer le rapport qui lui est soumis. — Trolley, t. 1er, n° 175.

11. — Cette irrégularité dans l'instruction et dans la forme des décisions ministérielles a été l'objet de vives critiques, et l'on a souvent exprimé le désir de voir régulariser sur ce point par un réglement la procédure administrative. — Cormenin, *Droit adm.*, t. 1er, p. 179; Macarel, *Tribunaux adm.*, p. 451; Dufour, *Droit adm.*, t. 1er, n° 45.

12. — M. Serrigny (*Compét. et proc. adm.*, t. 2, n° 986) pense, au contraire, qu'un pareil réglement n'est pas possible. Outre que les ministres, dit-il, doivent conserver la liberté de leurs mouvemens, sous la seule garantie de leur responsabilité et du recours au conseil d'état, on rencontrerait dans l'application les plus graves difficultés. « Il y a bien, ajoute-t-il, certaines matières qui sont reconnues d'avance pour contentieuses, et que l'on pourrait soumettre à ces formes; mais, dans une infinité de cas, les ministres eux-mêmes ne savent point *à priori* si la décision qu'on leur demande constituera une décision de nature contentieuse, pouvant être l'objet d'un recours au conseil d'état, ou si elle sera de nature purement administrative; ils ne sauraient donc pas s'ils doivent la soumettre aux formes tracées pour les affaires contentieuses, ou la traiter selon les règles des affaires purement administratives. »

13. — Les décisions ministérielles ont toute la force des actes de l'autorité et celle même des jugemens, lorsqu'elles prononcent au contentieux dans les limites de la juridiction ministérielle. — V. COMPÉTENCE ADMINISTRATIVE, MINISTRE.

14. — La décision doit être notifiée; elle n'est

point exécutoire et les délais ne courent pas contre les parties qui ne la connaissent pas. — Trolley, n° 175.

15. — La partie doit être appelée à s'expliquer, sinon elle peut attaquer, soit par la voie de l'opposition, soit par celle de la tierce-opposition, les décisions rendues sans qu'elle ait été mise à même de se défendre. — Le recours devant l'autorité supérieure ne pourrait même être exercé tant qu'une opposition régulière ne serait pas venue éclairer le ministre et le mettre à portée de se réformer s'il s'est trompé. — Trolley, n° 175.

16. — Les décisions sont susceptibles de recours devant le conseil d'état, lorsque par leur nature elles appartiennent au contentieux, ou lorsqu'elles sont entachées d'incompétence ou d'excès de pouvoir. — V. COMPÉTENCE ADMINISTRATIVE, CONSEIL D'ÉTAT.

17. — Lorsqu'une décision ministérielle n'a d'effet qu'entre l'administration représentée par le ministre et le particulier qui se plaint, le ministre de qui elle émane est toujours maître de la rapporter; mais cette mesure n'est jamais possible à l'égard des décisions qui intéressent des tiers; dès qu'elles sont émises, elles constituent un titre qu'il ne dépend plus du ministre d'anéantir. — Dufour, *ubi suprà*, n° 48. — V. ACTE ADMINISTRATIF, ARRÊTÉ ADMINISTRATIF, COMPÉTENCE ADMINISTRATIVE, MINISTRE, etc.

DÉCISOIRE (Serment).

V. SERMENT.

DÉCLARATION.

1. — C'est, en général, toute manifestation par une personne, soit de sa volonté, soit d'un fait qui est à sa connaissance.

2. — On conçoit, dès-lors, que le mot de *déclaration* soit employé dans une foule de dispositions de lois.

3. — Ainsi, dans un testament authentique, si le testateur déclare qu'il ne sait ou ne peut signer, il doit être fait mention expresse de sa déclaration. — C. civ., art. 973. — V. TESTAMENT.

4. — Ainsi encore, les officiers de l'état civil ne peuvent insérer rien, dans les actes qu'ils reçoivent, que ce qui doit être déclaré par les comparants. — C. civ., art. 35. — V. ACTES DE L'ÉTAT CIVIL.

5. — Les déclarations faites par un individu peuvent tantôt faire preuve complète contre lui (V. AVEU), tantôt former au moins un commencement de preuve par écrit (V. ce mot). Quelquefois les déclarations des deux parties ont entre elles l'effet d'un contrat. — V. CONTRAT JUDICIAIRE.

6. — Il y a un assez grand nombre de cas dans lesquels des déclarations doivent être faites au bureau de l'enregistrement. En voici les principaux :

7. — Dans le cas de mutation d'immeubles à titre onéreux, dont on ne présente pas d'acte, les parties sont tenues de faire une déclaration détaillée et estimative des biens et du prix de la vente, dans les trois mois de l'entrée en possession, à peine du droit en sus. — L. 27 vent. an IX, art. 4.

8. — De même que pour les biens transmis par décès, la valeur ainsi que le détail des biens donnés doivent aussi être déclarés. — L. 22 frim. an VII, art. 14, n° 8, et art. 15, nos 7 et 8.

9. — Les parties sont également tenues à des déclarations estimatives lorsqu'il s'agit d'objets en nature, dont le prix ne peut être réglé que par les mercuriales. — L. 22 frim. an VII, art. 14, n° 9, et art. 15, n° 1er.

10. — Lorsque les sommes ou valeurs ne se trouvent pas déterminées dans un acte ou un jugement donnant lieu au droit proportionnel, les parties sont tenues d'y suppléer, avant l'enregistrement, par une déclaration estimative certifiée et signée au pied de l'acte. — L. 22 frim. an VII, art. 16.

11. — En cas de fausseté ou d'inexactitude dans ces différentes déclarations, les préposés de la régie ont divers moyens de constater les faits. — L. 22 frim. an VII, art. 17, 19 et 39.

12. — Il y a enfin la déclaration que tout officier public chargé de procéder à une vente publique d'objets mobiliers doit faire préalablement au bureau de l'enregistrement, afin que les préposés puissent veiller aux intérêts du fisc. — L. 22 pluv. an VII. — V. au surplus ENREGISTREMENT.

13. — Quant aux déclarations à faire en matière de douanes et de contributions indirectes, V. BOISSONS, CARTES A JOUER, CONTRIBUTIONS INDIRECTES, DOUANES, MATIÈRES D'OR ET D'ARGENT, OCTROI, TABACS, VOITURES PUBLIQUES.

14. — Pour les déclarations de changement de domicile, V. DOMICILE.

15. — En ce qui concerne les déclarations d'hypothèques, V. HYPOTHÈQUE, PURGE, TIERS-DÉTENTEUR.

DÉCLARATION (Lettres de).

Lettres-patentes accordées à ceux qui rentrent en France après en avoir été assez long-temps absens pour qu'ils puissent être considérés comme ayant abdiqué la patrie; — n'étant point étrangers, ils n'ont pas besoin, pour purger le vice de cette longue absence, de lettres de naturalité, mais seulement de *lettres de déclaration*.

DÉCLARATION D'ABSENCE.

V. ABSENCE.

DÉCLARATION AFFIRMATIVE.

1. — Déclaration par laquelle le tiers-saisi fait connaître au créancier saisissant s'il est ou non débiteur de la partie saisie, et, en cas d'affirmative, les causes et le montant de la dette, les paiemens à-compte, les oppositions formées en ses mains, l'acte ou les causes de libération. Les pièces justificatives doivent être annexées à la déclaration. — V. SAISIE-ARRÊT.

2. — La déclaration affirmative doit être faite au greffe et affirmée; elle peut être faite par un mandataire, porteur d'une procuration spéciale.

3. — Les receveurs, dépositaires ou administrateurs des caisses ou deniers publics ne font point de déclaration affirmative, mais ils délivrent un certificat constatant s'il est dû à la partie saisie et énonçant la somme, si elle est liquide.

4. — Si le tiers-saisi ne fait pas sa déclaration affirmative, il est déclaré débiteur pur et simple des causes de la saisie. — V. SAISIE-ARRÊT.

DÉCLARATION D'ADJUDICATAIRE, D'AMI, DE COMMAND.

1. — C'est l'acte par lequel un acquéreur déclare n'avoir pas acquis pour lui, mais pour une personne qu'il désigne.

2. — Au moyen de cette déclaration, la personne désignée se trouve substituée au déclarant, et obligée, pour le tout ou pour la portion qui la concerne, aux clauses et conditions imposées par le vendeur, soit pour le paiement du prix, soit pour l'accomplissement des autres obligations contenues au contrat. — *Dict. des dr. d'enregist.*, v° *Déclaration d'adjudicataire*, etc.

3. — La déclaration doit être faite sous les mêmes conditions que celles de la vente. S'il y a changement ou novation dans les clauses et conditions du contrat, l'acte n'est plus une déclaration de command. — *Dict. des dr. d'enregist.*, *ibid.*

V. COMMENCEMENT DE PREUVE PAR ÉCRIT, ENREGISTREMENT, VENTE.

DÉCLARATION DE DÉCÈS.

V. ACTES DE L'ÉTAT CIVIL.

DÉCLARATION DE DÉPENS.

V. FRAIS ET DÉPENS.

DÉCLARATION DES DROITS DE L'HOMME ET DU CITOYEN.

V. DROITS DE L'HOMME ET DU CITOYEN (DÉCLARATION DES).

DÉCLARATION DE FAILLITE.

V. FAILLITE.

DÉCLARATION DE GROSSESSE.

1. — Un édit de Henri II, du mois de février 1556, prescrivait à toute fille ou veuve enceinte de déclarer sa grossesse, sous peine d'être condamnée comme complice d'infanticide, par cela seul qu'elle aurait célé sa grossesse et son accouchement, et que l'enfant aurait disparu. — Nouveau-Denisart, v° *Déclaration de grossesse*.

2. — Cet édit, qui avait pour but de prévenir les infanticides, mais qui offrait de graves inconvéniens, a été abrogé implicitement par nos lois nouvelles.

3. — Aujourd'hui la déclaration de grossesse ne peut être que volontaire. — Faite devant notaire, elle équivaut à la reconnaissance expresse de l'enfant. — *Grenoble*, 18 janv. 1840 (t. 2 1840, p. 284), Cheval c. Demaine.

4. — Faite dans un écrit sous seing-privé, elle forme un commencement de preuve par écrit pour la recherche de la maternité.

5. — Faite verbalement par une femme mariée, après le décès de son mari, elle suffit pour motiver la nomination d'un curateur au ventre. — *Aix*, 10 mai 1807, Chiousse. — V. CURATEUR AU VENTRE, ENFANT NATUREL, LÉGITIMITÉ.

DÉCLARATION DE GUERRE.

1. — Avant 1789, c'était par le roi seul qu'était exercé le droit de déclarer la guerre; mais dès que le pouvoir royal se trouva contrebalancé par la représentation nationale, devait s'élever la question de savoir si le droit de guerre appartenait au pouvoir exécutif ou au pouvoir législatif, et si, dans ce cas, c'était au roi, comme fraction du pouvoir législatif, que devait appartenir l'initiative de la résolution.

2. — Aussi, dans les séances de l'assemblée nationale, des 20, 21 et 22 mai 1790, cette grande question fut-elle admirablement débattue par Mirabeau et Barnave. Mirabeau soutenait que le roi devait avoir l'initiative et concourir comme pouvoir exécutif au droit de guerre et de paix; Barnave refusait tout concours au roi. Mirabeau avait obtenu de grands applaudissemens; le discours de Barnave fut accueilli avec transport, la plus grande partie de l'assemblée voulut aller de suite aux voix. Cazalès proposa le renvoi au lendemain. Mirabeau l'appuya vivement; l'assemblée décréta que la question serait décidée le lendemain sans désemparer. Le 22 mai, Mirabeau parut à la tribune, un de ses amis lui mit sous les yeux un infâme libelle annonçant la *grande trahison du comte de Mirabeau*. Le grand orateur en lut le titre: « J'en sais assez, répondit-il, on m'emportera de l'assemblée triomphant ou en lambeaux. » Jamais l'éloquence de cet homme prodigieux ne s'était élevée à une pareille hauteur. Chacun a lu le discours dans lequel il attaque Barnave corps à corps, brise les uns après les autres ses argumens les plus décisifs et ne lui laisse pas même la réplique. Le décret proposé par Mirabeau devint la loi du 22-27 mai 1790, et plus tard passa dans la constitution de 1791.

3. — Le droit de la paix et de la guerre appartient à la nation, dit cette loi. — L. 22-27 mai 1790, art. 1er.

4. — Cette même proclamation législative du 22-27 mai 1790 déclare que la nation française renonçait à entreprendre aucune guerre dans la vue de faire des conquêtes, et qu'elle n'emploierait jamais ses forces contre la liberté d'aucun peuple.

5. — D'après la constitution du 3 sept. 1791, chap. 3, sect. 1re, art. 2, la guerre ne pouvait être décidée que par un décret du corps législatif rendu sur la proposition formelle et nécessaire du roi, et sanctionné par lui. Dans le cas d'hostilités imminentes ou commencées, d'un allié à soutenir, ou d'un droit à conserver par la force des armes, le roi devait en donner, sans aucun délai, la notification au corps législatif et en faire connaître les motifs. Si le corps législatif était en vacances, le roi devait le convoquer aussitôt. — Si le corps législatif décidait que la guerre ne devait pas être faite, le roi devait prendre sur-le-champ des mesures pour faire cesser ou prévenir toutes hostilités. Les ministres demeuraient responsables des délais. Si le corps législatif trouvait que les hostilités commencées étaient une hostilité coupable de la part des ministres ou de quelque autre agent du pouvoir exécutif, l'auteur de l'agression était punissable criminellement. Pendant tout le cours de la guerre, le corps législatif pouvait requérir le roi de négocier la paix, et le roi était tenu de déférer à cette réquisition.

6. — Réglant la forme de ces déclarations, la constitution du 3 sept. 1791, tit. 3, chap. 4, sect. 3e, art. 2, portait : « Toute déclaration de guerre sera faite en ces termes : *De la part du roi des Français, au nom de la nation.* »

7. — Sous la constitution du 5 fructid. an III, la guerre ne pouvait être décidée que par un décret du corps législatif, sur la proposition formelle et

nécessaire du directoire exécutif. — Art. 326. — Les deux conseils législatifs concouraient dans les formes ordinaires au décret par lequel la guerre était décidée. — Art. 327.

8. — D'après l'art. 50, constit. 22 frim. an VIII, les déclarations de guerre étaient proposées, discutées, décrétées et promulguées comme des lois. Seulement les discussions et délibérations sur ces objets, tant dans le tribunat que dans le corps législatif, se faisaient en comité secret quand le gouvernement le demandait.

9. — L'empereur ne paraissait guère disposé à soumettre ses projets belliqueux à l'autorisation préalable du corps législatif, et cependant, d'après le sénatus-consulte du 28 flor. an XII, art. 41, l'archi-chancelier d'état devait faire les fonctions de chancelier pour les déclarations de guerre.

10. — L'art. 25 du projet d'acte constitutionnel, présenté par la chambre des représentans le 29 juin 1815, portait que les déclarations de guerre seraient présentées à l'approbation des chambres.

11. — Mais la charte de 1830 a respecté la partie de l'art. 14 de la charte de 1814 qui avait chargé le roi de déclarer la guerre sans le concours des chambres. — Cependant il est vrai que, si les chambres n'ont pas à intervenir dans l'acte même de déclaration de guerre, elles peuvent, en refusant d'allouer les impôts nécessaires à la continuation des opérations militaires, obliger le pouvoir royal à discontinuer les hostilités engagées à la suite de sa déclaration de guerre.

V., au surplus, GUERRE, ROI.

DÉCLARATION D'IMPRIMEUR.

V. IMPRIMERIE.

DÉCLARATION DE JUGEMENT COMMUN.

1. — Disposition par laquelle le tribunal ou la cour déclare que le jugement ou l'arrêt prononcé sera commun avec telle ou telle partie.

2. — Lorsqu'une partie ne figure pas dans une instance qui l'intéresse et qu'elle ne veut pas y intervenir, le demandeur peut la mettre en cause et l'assigner en déclaration de jugement commun. — C'est le moyen d'éviter que des contestations ne s'élèvent sur l'exécution du jugement et qu'un nouveau procès ne soit nécessaire. — V. INTERVENTION, JUGEMENT ET ARRÊT.

DÉCLARATION DU JURY.

V. COUR D'ASSISES.

DÉCLARATION DE NAISSANCE.

V. ACTES DE L'ÉTAT CIVIL.

DÉCLARATION DU ROI.

1. — On nommait ainsi l'acte par lequel le roi expliquait, réformait ou révoquait un édit, une ordonnance, une loi, ou une coutume. — Guyot, *Rép.*, v° *Déclaration du roi.*

2. — Les déclarations du roi étaient des lettres-patentes de grande chancellerie, qui commençaient par ces mots : *A tous ceux qui ces présentes lettres verront*; elles étaient datées du jour, du mois et de l'année, et scellées en cire jaune sur parchemin. — Nouveau Denisart, v° *Déclaration du roi*, n° 2.

3. — Elles différaient donc des édits, qui commençaient par ces mots : *A tous présens et à venir*, étaient datés seulement du mois et de l'année, et scellés en cire verte sur lacs de soie verte et rouge. — Nouv. Denisart, *loc. cit.*

4. — Cependant ces différences entre les déclarations et les édits ne paraissent pas avoir été observées exactement, car l'édit de Crémieu du 19 juin 1539, par exemple, a été rédigé en forme de déclaration. — *Encycl. méthod.*, v° *Déclaration du roi.*

5. — Ces déclarations, étant des lois, devaient être enregistrées dans les parlemens et publiées par leur autorité. — Merlin, *ubi suprà.*

6. — Les déclarations du roi n'avaient point d'effet rétroactif. — Brillon, *Dict. des arrêts not.*, v° *Déclaration du roi.*

7. — Aujourd'hui, les lois qui expliquent, réforment ou révoquent les lois antérieures, portent, comme celles-ci, la dénomination pure et simple de *loi*. Cette innovation a été introduite par le décret de l'assemblée constituante du 9 nov. 1789. — V. au surplus, sur le point de savoir comment se fait aujourd'hui l'interprétation des lois, le mot LOIS.

DÉCLARATION SEIGNEURIALE.

1. — On comprenait sous le nom de déclarations seigneuriales tous les actes récognitifs que le seigneur était en droit d'exiger en cette qualité. — Merlin, *Rép.*, v° *Déclaration seigneuriale.*

2. — Ces déclarations étaient de plusieurs sortes et prenaient des noms particuliers suivant leur forme et l'objet auquel elles s'appliquaient. — Ainsi, la déclaration d'un fief se nommait *aveu* ou *dénombrement*. — V. FIEF. — Celle d'un héritage tenu en censive *reconnaissance censuelle*. — V. BAIL A CENS.

3. — Depuis l'abolition du régime féodal, il ne peut plus exister de déclarations seigneuriales.

DÉCLARATION DE VENTE A L'ENCAN.

V. VENTE PUBLIQUE DE MEUBLES.

DÉCLINATOIRE.

1. — Exception par laquelle le défendeur demande le renvoi de la cause devant un autre tribunal que celui saisi par le demandeur.

2. — La loi reconnaît trois causes différentes de *déclinatoire*, savoir : 1° *incompétence* du tribunal saisi, soit à raison de la matière, soit à raison du domicile des parties ou de la situation de l'objet litigieux (V. INCOMPÉTENCE); — 2° la *connexité* (V. CONNEXITÉ); — 3° la *litispendance* (V. LITISPENDANCE).

2. — Le renvoi de la cause devant un autre tribunal que celui où elle a été portée peut encore être demandé pour cause de parenté ou d'alliance du juge avec l'une des parties, d'insuffisance du nombre des juges ou des avoués, de suspicion légitime ou de sûreté publique. — V. RENVOI D'UN TRIBUNAL A UN AUTRE.

4. — Mais ces demandes ne constituent pas, à proprement parler, des déclinatoires, quoique l'on décline la juridiction saisie par le demandeur.

5. — Par le *déclinatoire*, en effet, le défendeur se borne à contester la compétence du tribunal devant lequel l'instance a été introduite, et il conclut simplement à ce que ce tribunal se déclare incompétent.

6. — Par la *demande en renvoi*, au contraire, on conclut tout à la fois à ce que le tribunal se dessaisisse de l'affaire et à ce qu'il la renvoie devant un autre tribunal spécialement désigné.

7. — En outre, le jugement qui fait droit à une demande en renvoi maintient l'ajournement, et l'on n'est pas obligé de saisir par une nouvelle assignation le tribunal devant lequel l'affaire est renvoyée (Boncenne, t. 3, p. 312), tandis que le jugement qui accueille un déclinatoire proprement dit ne laisse pas subsister l'ajournement; il en faut un nouveau pour saisir du litige les juges compétens. — V. EXCEPTIONS, RENVOI D'UN TRIBUNAL A UN AUTRE.

8. — Le Code de procédure range dans la classe des exceptions, sous le nom de *renvois*, les déclinatoires proprement dits. — C. procéd. civ., liv. 2, tit. 9, § 2, art. 168 et suiv.

9. — Ce nom de *renvoi* donné aux déclinatoires a été critiqué par le savant auteur de la *Théorie de la procédure civile*. « Il y a, dit-il au titre des *Exceptions*, un paragraphe 4 pour les *exceptions dilatoires*. Fallait-il donc emprunter le terme de *renvoi* à ces querelles féodales où les seigneurs venaient revendiquer leurs justiciables, pour en intituler le paragraphe 2, qui traite des exceptions. « Du reste, ajoute cet auteur, la demande en *renvoi* se nomme *exception d'incompétence* dans l'art. 178, puis elle redevient l'ancienne *exception déclinatoire*, dans les art. 83, 424 et 425. » — Boncenne, t. 3, p. 211 et suiv.

10. — Les demandes en renvoi pour cause de parenté ou d'alliance sont réglées par les art. 368 et suiv., C. procéd. civ. — V. RENVOI D'UN TRIBUNAL A UN AUTRE.

11. — Devant les tribunaux civils de première instance, toute demande tendant à déclinatoire doit être jugée sommairement, sans qu'elle puisse être réservée ni jointe au principal. » — C. procéd., art. 172. — V. EXCEPTIONS.

DÉCOMPTE.

V. BIENS NATIONAUX, DOMAINE DE L'ÉTAT.

DÉCONFITURE.

Table alphabétique.

DÉCONFITURE. — 1. — Etat d'un débiteur non commerçant qui, à raison de l'insuffisance de son actif, est dans l'impossibilité de payer ses dettes.

2. — Selon l'art. 180, cout. Paris, il y avait déconfiture quand les biens du débiteur, tant meubles qu'immeubles, ne suffisaient pas aux créanciers apparens : « c'est, dit Ferrière (*Nouveau comm. sur la cout. de Paris*, t. 1er, p. 391), lorsqu'un homme est en déconfiture, c'est-à-dire, est ruiné et insolvable et ne peut satisfaire à ses créanciers même après la distraction de ses immeubles. »

3. — Déconfiture signifiait donc la même chose qu'insolvabilité. — Denisart, v° *Déconfiture*, n° 2. — L'emploi que nos Codes ont fait de ce mot démontre que la législation moderne lui a conservé son ancienne acception.

4. — L'art. 165, ord. de janv. 1629, voulait que la disposition de la coutume de Paris sur l'effet de la déconfiture eût lieu dans tout le royaume, sans préjudicier aux priviléges sur les meubles et aux hypothèques sur les immeubles; mais cette loi, selon Denisart (v° *Déconfiture*, n° 6), n'avait pu avoir lieu dans les pays où les meubles étaient susceptibles d'hypothèque comme les immeubles. Cette ordonnance n'avait pas d'ailleurs force de loi dans le ressort du parlement de Paris, attendu l'irrégularité de son enregistrement.

5. — De simples présomptions, la notoriété même d'insolvabilité du débiteur, sont insuffisantes pour caractériser la déconfiture; il faut que des saisies mobilières ou immobilières attestent l'impuissance du débiteur non commerçant à satisfaire à ses engagemens. — *Rennes*, 24 mars 1812, Fabré.

6. — L'état de déconfiture du mari n'est pas suffisamment constaté, pour motiver la séparation de biens demandée au nom de la femme, par un procès-verbal de carence. — *Cass.*, 21 mars 1822, Lamarque c. Mille.

7. — La cession de biens judiciaire établit l'impuissance où se trouve le débiteur de satisfaire à ses engagemens. La cession de biens volontaire ne donne pas le même résultat, surtout si elle décharge complètement le débiteur. — Bioche, v° *Déconfiture*, n° 4.

8. — La déconfiture diffère de la faillite; d'abord elle ne s'applique qu'au débiteur non commerçant; tandis que la faillite ne peut atteindre que le commerçant.

9. — Il a été, il est vrai, jugé qu'il n'est pas essentiellement nécessaire d'être négociant pour être déclaré en faillite, et que les inscriptions prises dans les dix jours qui ont précédé la faillite peuvent être attaquées, tant à l'égard d'un non commerçant qu'à l'égard d'un commerçant. — *Bruxelles*, 17 fév. 1810, Daneels c. Albert N... — Mais cette décision n'a pas fait jurisprudence, et elle a été au contraire contredite par de nombreuses décisions opposées.

10. — C'est ainsi qu'il a été décidé que l'état de faillite ne peut être confondu avec l'état de dé-

confiture dans lequel se trouve celui qui, étranger à la profession du commerce, ne peut payer les effets qu'il a souscrits. — *Paris*, 21 mars 1810, Delagarde.

11. — ... Car la souscription de billets à ordre, quoique pour des sommes considérables, ne constitue pas le commerçant. — *Rennes* (et non *Rouen*), 24 mars 1812, Fabré.

12. — Décidé aussi que les règles relatives aux faillites ne s'appliquent pas à la déconfiture d'un individu non négociant. — *Nancy*, 5 déc. 1811, Papillon c. Viguon et Guillaume; *Rennes*, 24 mars 1812, Fabré.

13. — L'insolvabilité d'un individu qui a été dans le commerce ne suffit pas pour le faire déclarer en état de faillite, lorsqu'il n'est pas reconnu qu'il est actuellement commerçant. — C. comm., art. 437; — *Cass.*, 16 mars 1818, Lambert c. Saint-Denis. — Il y aurait lieu seulement à la déconfiture. — Pardessus, n° 1322; Goujet et Merger, *Dict. de dr. comm.*, v° *Déconfiture*, n° 8.

14. — La déconfiture diffère encore de la faillite à raison du fait qui la constitue et qui consiste dans l'insolvabilité du débiteur, tandis que la faillite résulte de la cessation de paiemens qui n'implique pas nécessairement l'insolvabilité. — Goujet et Merger, *Dict. de dr. comm.*, v° *Déconfiture*, n° 3.

15. — Les créanciers n'ont pas d'action pour faire déclarer leur débiteur en déconfiture, et faire nommer un curateur ou syndic à l'administration de ses biens, quand il serait dans un état complet d'insolvabilité. — Ils ne peuvent réclamer que les effets attachés à la déconfiture, par les art. 1865, 1913, 2003, 2032 et autres, C. civ. — *Bruxelles*, 8 déc. 1815, D...

16. — Bien qu'il soit tombé en déconfiture, le débiteur n'est pas dessaisi de l'administration de ses biens, ainsi que le prescrit l'art. 443, C. comm., pour le cas de faillite. — Goujet et Merger, *loc. cit.*, n° 9; Pardessus, n° 1322.

17. — Aussi n'admettons-nous pas la doctrine de l'arrêt qui a jugé que le débiteur non commerçant est réputé incapable de disposer au préjudice de ses créanciers, du moment où son état de déconfiture est avéré. — *Bruxelles*, 23 mars 1811, créanciers D... c. Quirini.

18. — L'état de déconfiture n'enlève pas, comme l'état de faillite, le droit de consentir des aliénations de ses biens. — *Cass.*, 26 avr. 1834, Duprat c. Laroque et Ferrand.

19. — Les créanciers d'un individu non commerçant ne peuvent demander la nullité des aliénations faites par cela seul qu'elles ont eu lieu pendant sa déconfiture. — *Cass.*, 2 sept. 1812, Brissac c. Prudhomme.

20. — La vente faite par un non commerçant de ses immeubles, les transcriptions des contrats par les tiers-acquéreurs, et les inscriptions prises par quelques uns de ses créanciers, postérieurement à cet état de déconfiture, ne sont pas nulles, *ipso jure*, et sans qu'il soit besoin de prouver qu'il y a eu fraude de la part de l'aliénataire. — *Paris*, 21 mars 1810, Delagarde; *Rennes*, 24 mars 1812, Fabré; *Cass.*, 11 févr. 1813, Raynauld c. Davescens.

21. — Les art. 2146, C. civ., et 443, C. comm., qui annulent les inscriptions hypothécaires requises depuis l'ouverture de la faillite du débiteur, ou dans les dix jours qui l'ont précédée, ne sont pas applicables au cas de déconfiture d'un débiteur non commerçant. — *Toulouse*, 20 avr. (et non août) 1811, Davescens-Moncalm c. Carcenac et Raynaud; *Cass.*, 11 fév. 1813, Raynaud c. Davescens; *Paris*, 18 août 1812, Adnet c. Sandre; 9 juin 1814, Dussaux et Bernard c. Lefrançois; — Delvincourt, t. 3, p. 584 et 585; Grenier, t. 1er, n° 123; Persil, *Régime hypoth.*, t. 2, art. 2146, n° 11, et *Questions*, t. 1er, p. 307; Troplong, *Hypoth.*, t. 3, n° 661; Duranton, t. 20, n° 80; Victor Pannier, *Traité des hypoth.*, p. 207.

22. — Mais la fraude, si elle a été pratiquée, ne demeure pas pour cela impunie, seulement elle doit être prouvée par les créanciers qui l'allèguent, et elle ne saurait être présumée à raison de la proximité de l'acte d'aliénation avec la déconfiture.

23. — Les autres présomptions que le créancier demandeur pourrait invoquer sont les présomptions graves, précises et concordantes dont l'appréciation est laissée à la prudence du juge. — Pardessus, n° 1323.

24. — Le créancier qui prétend que son débiteur est en déconfiture peut, pendant le temps nécessaire pour arriver à en fournir la preuve, pratiquer, à ses risques et périls, une saisie-arrêt sur ce débiteur. — *Bruxelles*, 28 juill. 1829, D... c. P...

25. — L'état de déconfiture enlève au débiteur le droit de réclamer le bénéfice du terme. — C. civ., art. 1188.

26. — On peut opposer à cette proposition que le texte de l'art. 1188, C. civ., ne parle pas de la déconfiture, et n'applique la déchéance du bénéfice du terme qu'à l'état de faillite; mais l'esprit de la disposition de l'art. 1188, C. civ., oblige à suppléer au texte et à combler l'omission qu'on y remarque.

27. — En effet, M. Bigot Préameneu, exposant les motifs de l'art. 1188, C. civ., s'est exprimé de façon à ne laisser aucun doute. « On ne peut pas induire de la stipulation d'un terme que le débiteur puisse altérer son obligation, et elle serait altérée s'il avait diminué les sûretés qu'il a données par le contrat; sur ce fait comme sur toutes les clauses des contrats, l'équité guidera le juge; mais il est évident qu'en cas de faillite *ou de déconfiture*, le débiteur ne doit plus être autorisé à réclamer le bénéfice du terme. » — Fenet, *Trav. préparat. du C. civ.*, t. 13, p. 245.

28. — Aussi a-t-il été jugé que la déconfiture du débiteur a pour effet de rendre exigibles les créances non échues. — *Toulouse*, 20 nov. 1835, Peyras c. Soum; *Bruxelles*, 28 juill. 1829, D... c. P...; *Lyon*, 3 août 1833, Greppo c. Deville; *Paris*, 24 déc. 1842 (t. 1er 1843, p. 364), M... c. C... et J...; *Cass.*, 10 mars 1845 (t. 2 1845, p. 540), Péclet c. Declercq; — Duranton, *Cours de dr. franç.*, t. 2, n° 117; Goujet et Merger, *loc. cit.*, n° 11.

29. — La stipulation qu'une donation faite par un père à sa fille en avancement de ses droits successifs ne sera exigible qu'au décès du donateur, constitue un terme et non une condition, en telle sorte que le paiement peut en être réclamé du vivant même du donateur, si ce dernier vient à tomber en faillite ou en déconfiture. — *Toulouse*, 20 nov. 1835, Peyras c. Soum.

30. — Décidé que c'est le cas de valider contre le débiteur en pleine déconfiture une saisie pour total des créances, sans distinction des sommes échues et de celles qui ne le sont pas. — *Lyon*, 3 août 1833, Greppo c. Deville.

31. — La déconfiture de l'un des débiteurs solidaires donne au créancier le droit de poursuivre le codébiteur, sans que ce dernier puisse lui opposer le bénéfice du terme. — *Rouen*, 16 août 1842 (t. 1er 1843, p. 642), Lebreton c. Berthe.

32. — La décision de la cour royale de Rouen ne nous paraît pas à l'abri de toute critique. Cette cour s'est fondée sur ce qu'en principe général les codébiteurs solidaires sont tenus de la même manière, et que ce n'est que par exception, et en cas de stipulation formelle, que l'art. 1201, C. civ., permet d'établir entre eux une inégalité de termes. Mais on peut répondre qu'en matière d'obligation solidaire comme en toute autre, nul ne peut être obligé sans son fait ou son consentement, et que la peine de déchéance encourue à raison du fait d'insolvabilité ou du désordre d'un des débiteurs solidaires, ne peut venir frapper les autres; — que si les codébiteurs solidaires sont censés réciproquement associés ou mandataires pour effectuer le paiement, ou pour perpétuer la dette en recevant les interpellations faites par le créancier, il est incontestable que nul d'entre eux n'a le pouvoir d'aggraver la position de ses codébiteurs et de diminuer la somme d'avantages qu'ils se sont réservés en contractant. Il est tout simple, d'ailleurs, que le fait personnel à l'un d'eux laisse les autres dans une situation différente de la sienne, ainsi qu'aurait pu le faire la stipulation particulière autorisée par l'art. 1201, C. civ. — V., au reste, Pothier, *Tr. des oblig.*, n° 236.

33. — C'est, au reste, l'application d'un principe analogue, suivant lequel la caution peut n'être tenue de garantir qu'une partie de la dette, qui a fait juger — que la déconfiture du débiteur principal n'influe en rien sur la position de la caution, qui continue de n'être tenue de payer que dans l'ordre et aux échéances fixés les portions de la dette qu'elle a garanties; que la caution conserve également le bénéfice des stipulations énoncées au contrat sur le mode d'imputation des sommes ou à-comptes payés par le débiteur principal, bien qu'à l'égard de ce dernier, par le fait de sa déconfiture, les sommes ou à-comptes doivent, en général et en l'absence de convention contraire, s'imputer proportionnellement sur toutes les parties de la dette, et que, réciproquement, elle demeure soumise aux charges et conditions du contrat primitif. — *Paris*, 24 déc. 1842 (t. 1er 1843, p. 364), M... c. C... et J...

34. — Lorsqu'un bail à ferme a été consenti conjointement et solidairement aux deux époux comme cofermiers, la déconfiture du mari n'emporte pas à l'égard de la femme, qui a obtenu la séparation de biens et qui a renoncé à la communauté, la résiliation du bail. — L'obligation qui en dérive est divisible de sa nature. — *Nancy*, 13 déc. 1844 (t. 2 1845, p. 364), Grison c. Millon.

35. — Le créancier qui a déchargé le débiteur par qui a été faite la délégation a un recours contre ce débiteur, si le délégué était tombé en déconfiture au moment de la délégation. — C. civ., art. 1276.

36. — Les créanciers de la femme, qui n'auraient pu, sans le consentement de celle-ci, provoquer sa séparation de biens, peuvent, en cas de déconfiture du mari, exercer les droits de leur débitrice jusqu'à concurrence du montant de leurs créances. — C. civ., art. 1446.

37. — L'état de déconfiture de l'acheteur dispense de faire la délivrance de l'objet vendu le vendeur, que l'insolvabilité de l'acheteur mettrait en danger imminent de perdre le prix. — C. civ., art. 1613.

38. — La déconfiture de l'un des associés met fin à la société civile. — C. civ., art. 1865.

39. — Le capital de la rente constituée en perpétuel devient exigible par la déconfiture du débiteur rentier. — C. civ., art. 1913.

40. — La déconfiture soit du mandant, soit du mandataire, met fin au mandat. — C. civ., art. 2003.

41. — La déconfiture du débiteur principal donne à la caution le droit, lorsque le débiteur est en déconfiture, d'agir pour être indemnisée par lui. — C. civ., art. 2032.

42. — Pour le surplus, la position respective du créancier et du débiteur reste ce qu'elle était avant la déconfiture : ils n'ont l'un et l'autre ni plus ni moins de droits.

43. — « Si, pour empêcher la contribution, ajoutait l'art. 180, cout. Paris, se meut différends entre les créanciers apparens sur la suffisance ou insuffisance des biens, les premiers en diligence qui prennent les deniers de meubles par eux arrêtés doivent bailler caution de les rapporter pour être mis en contribution, au cas que lesdits biens ne suffisent. »

44. — Il n'y aurait rien de pareil aujourd'hui dans la procédure à suivre par les créanciers pour arriver à partager entre eux le produit des biens de leur débiteur déconfit. Le premier saisissant n'aurait plus de privilége, et les sommes réalisées devraient être déposées à la caisse des consignations, en attendant la distribution par contribution. — V. DISTRIBUTION PAR CONTRIBUTION.

45. — On comprend qu'en l'absence de dispositions légales sur ce point, la déconfiture ne concentre pas les intérêts de l'ensemble des créanciers; qu'il n'y a pas, comme en matière de faillite, association des intérêts de la masse; que les droits de la généralité des créanciers ne sont pas nécessairement confiés pour leur exercice à des mandataires ou syndics, et que chaque créancier reste le maître d'exercer ses actions comme bon lui semble. — Goujet et Merger, *loco cit.*, n° 14.

46. — Les poursuites exercées par le créancier depuis que l'état de déconfiture a rendu sa créance exigible sont valables, quand même le débiteur aurait été ultérieurement déclaré en faillite, alors du moins qu'il s'agit d'une créance non commerciale, d'un débiteur non commerçant par profession, et que le créancier ignorait les actes qui pouvaient exposer ce débiteur (un notaire) à une mise en faillite. On ne saurait, dans ce cas, considérer la faillite comme effaçant les effets de la déconfiture antérieure. — *Cass.*, 10 mars 1845 (t. 2 1845, p. 540), Peclet c. Declercq.

47. — Il suit de la règle posée *suprà* (nos 8 et 12) que l'abandonnement volontaire qu'un débiteur fait de ses biens doit être consenti par la totalité de ses créanciers (C. civ., art. 1267), et que les contrats passés avec les trois quarts en somme ne sont exécutoires contre tous les créanciers qu'en matière de faillite. — C. comm., art. 519; — *Paris*, 14 mai 1812, Hubert c. Pascal.

48. — De ce que les règles de la faillite sont inapplicables à la déconfiture, il nous semble qu'on devrait repousser l'application, en cette matière, des dispositions du Code de commerce relatives à la distribution entre créanciers hypothécaires et chirographaires.

49. — Les contestations auxquelles la déconfiture peut donner lieu sont de la compétence du tribunal civil, à moins que le débiteur n'ait fait un acte de commerce qui, pour ce cas spécial, le rendrait justiciable du tribunal de commerce. — C. comm., art. 631; — Locré, *Esprit du Code comm.*, t. 5, p. 18; Goujet et Merger, *loco cit.*, n° 15.

V. PAIEMENT.

DÉCORATION.

Table alphabétique.

DÉCORATION. — 1. — Ce mot désigne généralement un insigne accordé à ceux qui, pendant la guerre ou durant la paix, ont rendu des services à leurs pays. — Ce nom est aussi quelquefois donné aux marques distinctives dont sont revêtus certains officiers publics. — L. 15 sept. 1792. — V. COSTUME.

§ 1er. — *Des diverses décorations.*

2. — L'usage de décerner à celui qui avait fait une action d'éclat ou qui avait rendu d'importans services à son pays une récompense manifestée par le port public d'insignes extérieurs existait chez les anciens, et s'est perpétué dans les temps modernes.

3. — Il serait inutile, au point de vue de pratique et d'application qui nous occupe, d'énumérer ici les diverses décorations qui ont été instituées par nos rois. Il suffit de rappeler que le décret du 30 juillet-6 août 1791 a supprimé en France tout ordre de chevalerie ou autre, toute décoration, tout signe extérieur qui suppose des distinctions de naissance, et avait interdit d'en établir de semblables à l'avenir.

4. — Dans le même temps, l'assemblée nationale se réservait de statuer s'il y aurait une décoration unique qui pourrait être accordée aux vertus, aux talens et aux services rendus à l'état; et en attendant qu'elle eût statué sur cet objet, elle décréta que les militaires pourraient continuer de porter et de recevoir la décoration militaire alors existante, laquelle semble n'être pas autre que la croix de Saint-Louis. — L. 1er-7 janv. 1791.

5. — Plusieurs décrets ultérieurs fixèrent les conditions d'obtention de cette décoration pour les officiers des armées de terre et de mer, des régimens coloniaux, les vétérans, les commissaires des guerres, les officiers des gardes nationales, volontaires, etc. — LL. 9 janv., 5 fév., 21 fév., 20 sept. 1791, 30 avr. et 8 mai 1792, etc.

6. — Mais la convention, revenant sur ces divers actes législatifs, décida, par décret du 28-29 brum. an II, que tous les citoyens ci-devant décorés de la croix de Saint-Louis ou autres décorations qui ne les auraient pas déposés à leur municipalité avec les titres de ces ci-devant décorations, dans le délai de huit jours, seraient suspects par le fait, et chargea les municipalités, comités révolutionnaires et autres autorités de les faire arrêter sous leur responsabilité.

7. — Ce fut la constitution du 22 frim. an VIII qui, la première, sous l'ère républicaine, posa en principe, par son art. 87, qu'il serait décerné des récompenses nationales aux guerriers qui auraient rendu des services éclatans en combattant pour la république.

8. — Presque immédiatement, par arrêté du 4 niv. an VIII, le gouvernement consulaire décida que des armes d'honneur seraient données aux militaires pour actions d'éclat.

9. — Bientôt après l'institution de la Légion-d'Honneur fut créée dans le double but de récompenser les services militaires et les vertus civiles. — L. 29 flor. an X, art. 1er. — V. LÉGION-D'HONNEUR.

10. — Mais ce fut spécialement pour récompenser les services militaires que Napoléon institua l'ordre des trois Toisons-d'Or.

11. — L'ordre impérial de la Réunion, créé par décret du 18 oct. 1811, fut destiné à récompenser les services rendus dans l'exercice des fonctions judiciaires ou administratives et dans la carrière des armes. La croix de la Réunion était suspendue à un ruban bleu de ciel.

12. — Le même décret prononça la suppression de l'institution existant dans les départemens de la Hollande, sous le nom d'ordre royal de l'Union, ainsi que la suppression de tous les ordres des autres pays réunis à l'empire français. Les personnes décorées des ordres supprimés étaient habiles à être admises dans l'ordre de la Réunion.

13. — La première restauration rétablit les ordres de Saint-Louis et du Saint-Esprit, et créa en outre, pour la garde nationale, la décoration du Lys. — Ord. 5 août 1814.

14. — L'institution du mérite militaire créé par l'édit du 10 mars 1759, fut rétablie par l'ordonnance du 28 nov. 1814, et déclarée applicable à tous les officiers de terre et de mer qui ne professaient pas la religion catholique. Le ruban était le même que celui de l'ordre de Saint-Louis.

15. — Une ordonnance du 19 juillet 1814 prononça l'annulation des ordres dits d'Espagne et de Westphalie et fit défense à tout Français d'en prendre le titre et d'en porter la décoration.

16. — Mais Napoléon à son retour de l'île d'Elbe, par un décret daté du 13 mars 1815 et promulgué le 21, prononça la suppression de la décoration du Lys, des ordres de Saint-Louis, du Saint-Esprit et de Saint-Michel.

17. — La seconde restauration, pour laquelle cette suppression était chose non avenue, ne tarda pas à modifier elle-même les décorations.

18. — Ainsi deux ordonnances du 28 juillet 1815 ont annulé la décoration dite des Deux-Siciles, aboli l'ordre de la Réunion et fait à tout Français défense d'en prendre le titre et d'en porter la décoration.

19. — Par ordonnance du 5 février 1816 on substitua à la décoration du Lys une croix dite de la Fidélité, spécialement destinée à la garde nationale de Paris.

20. — Deux ordonnances des 20 juin 1814 et 2 mars 1816 réglèrent les formes à suivre pour les demandes en autorisation de porter les ordres étrangers.

21. — L'ordre de Saint-Michel fut rétabli par l'ordonnance du 16 novembre 1816 comme spécialement destiné à servir de récompense et d'encouragement à ceux qui se seraient distingués dans les lettres, les sciences et les arts, ou par des découvertes, des ouvrages et des entreprises utiles à l'état.

22. — L'ordre royal et militaire de Saint-Louis reçut aussi une nouvelle organisation. — V. ORDRE DE SAINT-LOUIS.

23. — L'ordonnance royale du 16 avril 1824 porte: Art. 1er: Toutes décorations ou ordres, quelle qu'en soit la dénomination ou la forme, qui n'auraient pas été conférés par nous ou par les souverains étrangers sont déclarés illégalement et abusivement obtenus, et il est enjoint à ceux qui les portent de les déposer à l'instant.

24. — L'art. 2 ajoute: Tout Français qui, ayant obtenu des ordres étrangers, n'aura pas reçu de nous l'autorisation de les accepter et de les porter, conformément à notre ordonnance du 26 mars 1816, sera pareillement tenu de les déposer sans préjudice à lui de se pourvoir s'il y a lieu auprès du grand chancelier de notre ordre royal de la Légion-d'Honneur, selon ladite ordonnance, pour solliciter cette autorisation.

25. — La loi du 13 décembre 1830 décida qu'une décoration spéciale serait accordée à tous les citoyens qui s'étaient distingués dans les journées de juillet, et qu'une médaille serait décernée à ceux que désignerait la commission des récompenses nationales. La liste de ceux qui doivent la porter a été dressée par la commission des récompenses nationales et soumise à l'approbation du roi.

26. — La forme et le ruban de cette décoration ont été déterminés par ordonnance royale du 30 avril 1831, et la liste des citoyens qui ont le droit de la porter a été arrêtée par les ordonnances des 30 avril, 13 mai, 11 juin, 10 juillet 1831 et 17 juillet 1832.

27. — L'ordonnance royale du 10 février 1831 a, par son article premier, abrogé toutes ordonnances portant création de décorations à l'occasion ou à la suite des événemens de 1814 et 1815.

28. — L'art. 2 de la même ordonnance révoque toutes autorisations collectives ou individuelles de porter des décorations de cette nature.

29. — Enfin, l'art. 3 dispose que toutes personnes qui, après la publication de cette ordonnance, continueraient de porter ces décorations, seront poursuivies conformément aux lois.

30. — La prohibition portée par l'ordonnance du 10 fév. 1831 porte incontestablement sur les croix du Lys, de la Fidélité, du Saint-Esprit, de Saint-Michel, du Mérite militaire, mais elle ne paraît pas devoir être étendue à la croix de Saint-Louis.

§ 2. — *Port illégal de décoration.*

31. — L'art. 259, C. pén., porte: toute personne qui aura publiquement porté une décoration qui ne lui appartiendra pas, sera punie d'un emprisonnement de six mois à deux ans.

32. — Le port illégal de décorations est considéré nominativement par le Code pénal dans ses rapports avec l'autorité publique qu'il offense, et rangé parmi les attentats contre la paix publique. Dans ses rapports avec la propriété, il n'a pas de qualification qui lui soit propre, mais il peut servir d'élément à une autre infraction, et par exemple à l'escroquerie (art. 405, C. pén.), ou au vol qualifié (C. pén., art. 381). — Chauveau et Hélie, *Théor. du C. pén.*, t. 4, p. 498; Morin, *Dict. de dr. crim.*, vo *Usurpation de fonctions*, p. 782.

33. — Il n'est pas nécessaire, pour que le port illégal d'une décoration soit punissable, qu'il ait été fait un coupable usage de cette décoration ou du signe qui la caractérise. La circonstance du port illégal de la décoration suffit pour constituer le délit puni par l'art. 259, C. pén., lorsqu'elle est jointe à l'intention criminelle relative, c'est-à-dire à l'intention de faire croire que l'on était en possession du titre annoncé par le signe extérieur de la décoration.

34. — Pour qu'il y ait délit, il faut que la décoration ait été portée publiquement, parce que la publicité seule constitue le danger. — Chauveau et Hélie, t. 4, p. 503 et 504; Carnot, t. 1er, p. 711, no 1er et 3.

35. — Ces mots UNE *décoration*, qu'emploie l'art. 259, C. pén., indiquent quelque chose qui doit être spécial, déterminé aux yeux du public, et reconnu et décrété par les lois ou réglemens. Ainsi, celui qui porterait une décoration de fantaisie ne commettrait pas le port *illégal* d'une décoration, et ne tomberait pas sous l'application de l'art. 259, C. pén. — Rauter, t. 1er, p. 538. — On a vu *suprà*, nos 23 et suiv., quelles décorations sont aujourd'hui autorisées.

36. — Au 1er août 1830, le pouvoir royal avait cessé d'exister dans la personne de Charles X. En conséquence, Charles X n'ayant pu conférer valablement à cette époque la décoration de la Légion-d'Honneur, le port public d'une décoration ainsi obtenue constitue le délit prévu par l'art. 259, C. pén. — *Cass.*, 25 août 1832, Taffart Saint-Germain; — Chauveau et Hélie, *Th. du C. pén.*, t. 4, p. 504.

37. — Le fait d'avoir porté induement la décoration de la Légion-d'Honneur constitue un délit commun de la compétence du tribunal correctionnel, et non un délit politique dont la connaissance doive être attribuée aux cours d'assises. — *Cass.*, 6 janv. 1831, Housset; — de Grattier, t. 2, p. 220, note.

38. — Le prévenu de port illégal de la décoration de la Légion-d'Honneur peut être affranchi de toute peine, s'il est reconnu avoir agi de bonne foi. — *Cass.*, 29 mars 1833, Taffard de Saint-Germain.

39. — L'arrêt qui acquitte un individu de la prévention de port illégal de la Légion-d'Honneur, ne fait point obstacle à des poursuites nouvelles, si le même individu continue de porter cette décoration (C. instr. crim., art. 260). — *Cass.*, 29 mars 1833, Taffart de Saint-Germain.

40. — Le port illégal d'un ruban qui représente le plus ordinairement la décoration de la Légion-d'Honneur constitue un délit comme le port illégal de la décoration elle-même. — *Cass.*, 27 juin 1834. Guichard.

41. — Le port de la décoration antérieurement la prestation de serment de celui à qui elle a été légalement conférée, ne constituerait pas le port illégal puni par l'art. 259. — Morin, *Dictionn. de dr. crim.*, vo *Usurpation de fonctions*, p. 783.

42. — L'art. 259, C. pén., est applicable aux Français et aux étrangers qui portent des décorations qui ne leur appartiennent pas, alors même que ces décorations seraient étrangères. — *Paris*, 9 déc. 1837 (t. 1er 1838, p. 143), Mac-Lean; *Cass.*, 19 janv. 1839 (t. 1er 1839, p. 393), Belin; — Rauter, t. 1er, p. 539. — *Contrà* Carnot, t. 1er, p. 712, no 6.

43. — La décoration qui a pu être accordée à un Français en pays étranger ne peut légalement être considérée en France comme lui appartenant que quand il a obtenu du roi l'autorisation de l'accepter, et le Français qui la porte publiquement sans avoir cette autorisation se rend coupable du délit puni par l'art. 259, C. pén. — *Cass.*, 19 janv. 1839

(t. 1er 1830, p. 393), Belin ; — Morin , *Dictionn. de dr. crim.*, p. 783.

44. — Dans le cas où une amnistie n'est pas pleine et entière, en ce qu'elle aurait réservé la surveillance de la haute police à l'égard de ceux auxquels elle s'applique, et qui avaient été condamnés à des peines afflictives et infamantes, elle n'a d'autre résultat que de rendre l'amnistié à la liberté, et de lui restituer pour l'avenir l'exercice de ses droits civils; mais elle ne le réintègre pas dans la qualité de membre de la Légion-d'Honneur dont il avait été déchu par suite de sa condamnation. En conséquence, lorsque cet amnistié est trouvé portant la décoration de cet ordre, il doit être déclaré coupable du délit de port illégal de cette décoration. — *Cass.*, 16 août 1845 (t. 2 1845, p. 757), Gaillard de Kersausie. — V. AMNISTIE.

DÉCORATIONS (Théâtre).

V. BIENS, n° 122. — V. aussi THÉATRE.

DÉCORS ET ORNEMENS D'ARCHITECTURE (Marchands de).

Patentables de quatrième classe. — Droit fixe basé sur la population, et droit proportionnel du vingtième de la valeur locative de l'habitation et des lieux servant à l'exercice de la profession.

V. PATENTE.

DÉCOUPEURS D'ÉTOFFES OU DE PAPIERS.

Patentables de huitième classe. — Droit fixe basé sur la population, et droit proportionnel du quarantième de la valeur locative de tous les locaux des patentables, mais seulement dans les communes de vingt mille ames et au-dessus.

V. PATENTE.

DÉCOUPOIRS (Fabricans de).

1. — Fabricans pour leur compte: — patentables de sixième classe. — Droit fixe basé sur la population, et droit proportionnel du vingtième de la valeur locative de l'habitation et des lieux servant à l'exercice de la profession.

2. — Fabricans à façon : — patentables de huitième classe. — Droit fixe, et droit proportionnel du quarantième de tous les locaux des patentables, mais seulement dans les communes de vingt mille ames et au-dessus.

V. PATENTE.

DÉCOUVERT.

On appelle ainsi, en matière d'assurances, la partie pour laquelle l'assuré n'a pas fait assurer sa chose. — V. ASSURANCE MARITIME, ASSURANCE TERRESTRE.

DÉCOUVERTE.

V. BREVET D'INVENTION, nos 26 et suiv.

DÉCOUVERTE (Enregistrement).

1. — C'est l'action de constater qu'un droit d'enregistrement ou de timbre n'a pas été payé, qu'une contravention a été commise et une amende encourue.

2. — Les préposés de l'enregistrement peuvent employer, pour faire des découvertes, tous les moyens que la loi n'interdit pas. Ainsi, ils peuvent faire des recherches dans des dépôts publics, retenir les actes qui leur sont présentés ou s'en faire donner des copies. — L. 13 brum. et 22 frim. an VII.

V. ENREGISTREMENT, TIMBRE.

DÉCRET.

Table alphabétique.

DÉCRET. — 1. — Nom donné à tout réglement ou arrêté, soit général, soit particulier, rendu pour l'exécution des lois ou sur des affaires privées. — Sur les décrets des empereurs romains, V. CONSTITUTION DES EMPEREURS ROMAINS.

2. — La dénomination de *décret* était d'abord commune aux actes du gouvernement et à ceux des administrations, tant départementales que communales.

3. — Mais l'assemblée constituante déclara, le 24 juin 1790, que nul corps administratif ne pourrait employer, dans l'intitulé et dans le dispositif de ses délibérations, l'expression de *décret*, réservée aux actes du corps législatif. On s'est, depuis lors, habitué généralement à appeler *arrêtés* (V. ce mot) les délibérations des corps administratifs; cette dénomination leur a même été expressément attribuée par la loi en forme d'instruction du 12 août 1790, chap. 1er, § 1er.

4. — On s'est souvent demandé quelle différence il y avait entre les décrets rendus par la constituante et les assemblées qui l'ont suivie, et les lois. Il résulte d'un décret du 9 nov. 1789 que le nom et l'intitulé de *lois* étaient spécialement réservés pour ceux des décrets qui avaient été revêtus de la sanction du chef du gouvernement, du pouvoir exécutif. Et il est à remarquer que cette sanction était imprimée spécialement aux décrets qui consacraient des principes. Les décrets proprement dits étaient donc ceux qui appliquaient ou développaient les conséquences des lois, et en déterminaient le mode d'exécution. Le pouvoir de rendre ces décrets appartint successivement à nos assemblées nationales elles-mêmes, au pouvoir exécutif, au chef du gouvernement.

5. — Le nom particulier de décrets désignait, d'après l'art. 56 de la Constitution du 24 juin 1793, les actes du corps législatif concernant l'établissement annuel des forces de terre et de mer; la permission ou la défense du passage des troupes étrangères sur le territoire français; l'introduction des forces navales étrangères dans les ports de la république; les mesures de sûreté et de tranquillité générale; la distribution annuelle et momentanée des secours et travaux publics; les ordres pour la fabrication des monnaies de toutes espèces; les dépenses imprévues et extraordinaires; les mesures locales et particulières à une administration, à une commune, à un genre de travaux publics; la défense du territoire; la ratification des traités; la nomination et la destitution des commandans en chef des armées; la poursuite et la responsabilité des membres du conseil exécutif, des fonctionnaires publics; l'accusation des prévenus de complots contre la sûreté générale de la république; tout changement dans la distribution partielle du territoire français; les récompenses nationales.

6. — Ces décrets différaient des lois que le corps législatif, tel que l'organisait l'acte constitutionnel du 24 juin 1793, proposait, et qui ne devenaient lois qu'autant qu'elles étaient acceptées comme telles par le défaut de réclamations des assemblées primaires dans un délai déterminé.

7. — Sous la convention nationale, le pouvoir de faire exécuter les lois n'était pas l'attribut exclusif de cette assemblée. Il fut aussi dévolu à des comités qu'elle institua à cet effet. Ces comités avaient également le droit de statuer sur certaines affaires. Les actes intervenus dans les limites de leur compétence furent qualifiés d'*arrêtés*. Ces arrêtés devaient être adressés immédiatement au corps législatif (L. 8 germ. an IV, art. 1er) qui prononçait lui-même sur les difficultés si les arrêtés étaient des actes de législation (art. 2), et, dans le cas contraire, renvoyait aux autorités compétentes (art. 3). Après l'expiration de six mois, à compter du jour de la publication de la loi du 8 germ. an IV, ces arrêtés étaient devenus irrévocables (art. 4).

8. — Les motifs généraux consignés dans les décrets d'*ordre du jour* par lesquels la convention nationale statuait sur un objet particulier, et le décret rendu par la même assemblée sous la simple forme d'un décret passé à l'ordre du jour, étaient considérés comme lois. — Merlin, *Quest. de droit*, v° *Retrait féodal*, § 1er.

9. — Jugé notamment que le décret du 22 germ. an II, qui fixait le lieu où un acte de mariage pouvait être reçu, avait la force et l'autorité de la loi, quoique rendu dans la forme de passé à l'ordre du jour. — *Cass.*, 28 flor. an II, Macker. — Merlin, *Quest. de droit*, v° *Mariage*, § 4.

10. — Sous le directoire, les actes du gouvernement relatifs à l'exécution des lois ou intervenus sur une affaire particulière, furent, comme les actes des comités sous la convention nationale, appelés *arrêtés*. Cette dénomination fut également appliquée aux actes faits dans les mêmes circonstances par le gouvernement consulaire.

11. — Les décrets ou arrêtés des représentans du peuple en mission avaient-ils force de loi? Une loi de la convention nationale du 17 juill. 1793 les avait qualifiés de *lois provisoires*. Mais ont-ils conservé ce caractère après que la convention nationale a cessé d'exister? — Merlin (*Quest. de droit*, v° *Loi*, § 2) enseigne que les décrets ou arrêtés des représentans du peuple en mission n'étaient plus, sous le directoire, que de simples réglemens. Il se fonde sur ce qu'un décret du 20 vend. an IV avait remplacé la dénomination de *représentans du peuple* par celle de *commissaires du gouvernement*, et sur ce que le directoire exécutif a lui-même annulé ou modifié des décrets ou arrêtés des représentans du peuple en mission, par des arrêtés qui ont été publiés au *Bulletin des lois*, sans aucune réclamation, quoique le corps législatif se fût réservé le pouvoir de les réformer (L. 25 vent. an IV).

12. — Quant aux arrêtés du gouvernement consulaire, il a été décidé qu'ils ne pouvaient être, sous quelque prétexte que ce fût, soumis à la censure des tribunaux; au sénat conservateur seul appartenait le droit de les annuler pour cause d'inconstitutionnalité, lorsqu'ils lui étaient déférés par le tribunat dans le délai fixé par la constitution du 22 frim. an VIII, art. 21, 28 et 37. — *Cass.*, 23 flor. an X, Commissaire de la marine à Nantes c. Lévesque.

13. — Depuis le sénatus-consulte du 28 flor. an XII, organique du gouvernement impérial, jusqu'à la charte de 1814, les réglemens faits par l'empereur pour l'exécution des lois, ou les décisions rendues sur des affaires particulières, le Conseil d'état entendu, portèrent le nom de *décrets impériaux*.

14. — Napoléon, régnant en maître souverain, outrepassa très souvent les pouvoirs qui lui avaient été conférés, et rendit, sous le nom de décrets, de véritables lois.

15. — Quelle est, en ce cas, l'autorité des décrets impériaux? — Selon Merlin (*Rép.*, v° *Loi*, § 3, n° 2 *in fin.*), ces décrets avaient cela de commun avec les lois, qu'il n'était pas plus permis aux magistrats de l'ordre judiciaire qu'aux fonctionnaires publics de l'ordre administratif de s'écarter de ceux-là que de celles-ci. Le pouvoir législatif seul était, en effet, compétent pour en prononcer l'inconstitutionnalité. — V. Constitution du 22 frim. an VIII. — Lorsque le délai de dix jours fixé par l'art. 37 de cette constitution s'était écoulé sans qu'ils fussent déférés au pouvoir législatif, les tribunaux étaient sans mission pour refuser de les appliquer. Leur autorité a été reconnue par MM. de Villèle, Pasquier, Manuel (V. *Moniteur* du 26 janv. 1819), par la commission chargée de la révision des anciennes lois (*Moniteur* du 25 déc. 1825, *Rapp. au roi*), et par une foule d'arrêts de la cour de Cassation et une foule d'auteurs.

16. — Ainsi, il a été jugé que les décrets du gouvernement impérial obtenaient force de loi, lorsque, après avoir été promulgués en la forme ordinaire, ils n'étaient point dénoncés par les corps politiques de l'état chargés soit de concourir à la confection des lois, soit de veiller au maintien de celles qui fixaient les limites des pouvoirs constitutionnels. — *Cass.*, 6 juill. 1827, Jacques Pelicat; 25 mai 1829, Roucairol c. Bérard. — V. aussi en ce sens Zachariæ, *Cours de dr. civ. franç.*, t. 1er, p. 6; Morin, *Dict. dr. crim.*, v° *Décret*; Duvergier, *Collect. des lois*, 2e édit., t. 1er, Introduction, p. 7 et 8; Favard de Langlade, *Rép.*, v° *Décret*; Elouin, Trébuchet et Labat, *Dict. police*, *eod. verb.*

17. — La charte de 1814 (art. 68) et celle de 1830 (art. 70), en n'abrogeant que les lois et ordonnances qui se trouvaient contraires aux dispositions par elles adoptées, ont laissé subsister toutes

autres dispositions législatives; d'où il suit que les décrets impériaux, considérés et exécutés comme lois de l'état, ont conservé leur caractère de loi et force d'exécution depuis la promulgation soit de la charte de 1814, soit de celle de 1830, s'ils n'ont été légalement révoqués ou modifiés, ou s'ils ne sont abrogés par une des dispositions de ces chartes, ou contraires à l'un de leurs textes. — *Cass.*, 27 mai 1819, Lecabec; 19 nov. 1819, Jean Belloir; 3 fév. 1820, Contrib. indir. c. Potelle; 14 juin 1821, Nicolas Devaux; 3 oct. 1822, Berton; 4 août 1827, Bry; 26 avr. 1828, Raphaël Cheminel; 23 mai 1828, Frion; *Paris*, 5 mars 1835, Gervais.

18. — Ainsi, notamment, ont conservé force de loi sous la charte constitutionnelle : 1° le décret du 23 pluv. an XIII, concernant la vente et la détention d'armes et de poudre de guerre. — V. *Cass.*, 3 fév. 1820, Potelle; 1er sept. 1831, Royer; 24 août 1832, de Maquillé; 7 juin 1833, Leboulanger; 25 sept. 1835, Richer. — V. ARMES, POUDRE ET MUNITIONS DE GUERRE.

19. — ... 2° Le décret du 7 germ. an XIII, ayant pour but de remettre aux mains des évêques l'enseignement de la foi catholique. — *Paris*, 25 nov. 1842 (t. 1er 1843, p. 722), Dufaure c. Angé.

20. — ... 3° Le décret du 14 déc. 1810, sur la profession d'avocat. — V. ce mot. — *Cass.*, 3 oct. 1822, Berton.

21. — ... 4° Le décret du 2 fév. 1811, relatif aux demandes en nullité de procédures postérieures à l'adjudication préparatoire. — V. SAISIE IMMOBILIÈRE.

22. — ... 5° Le décret du 15 avr. 1811, concernant la déclaration et le martelage des arbres nécessaires au service de la marine. — *Cass.*, 12 déc. 1823, Forêts c. Anquetil.

23. — ... 6° Celui du 18 juin 1811, sur les frais en matière criminelle. — *Cass.*, 27 mai 1819, Lecabec.

24. — ... 7° Le décret du 26 août 1811, qui établit une peine qu'aucune loi ne prononce. — V. le mot FRANÇAIS, nos 119 et suiv.

25. — ... 8° Le décret du 15 nov. 1811, concernant le régime de l'université. — *Cass.*, 19 nov. 1819, Jean Belloir; 14 juin 1821, Devaux; *Cour des pairs*, 20 sept. 1831, Montalembert, de Coux et Lacordaire; *Aix*, 5 juill. 1832, Amic; *Paris*, 5 mars 1835, Gervais.

26. — ... 9° Le décret du 4 mai 1812 (aujourd'hui abrogé), sur les permis de port d'armes de chasse. — *Cass.* 18 nov. 1831, Blum; 3 mai 1834, Meunier; 8 avr. 1831, Connard. — V. CHASSE.

27. — ... 10° Le décret du 22 mars 1813, qui, avant la loi du 10 déc. 1830, permettait de placer des juges-auditeurs dans les tribunaux de plus de trois juges. — *Cass.*, 4 avr. 1829, Louis Laborie; 28 juin 1830, Escoffier c. Fauvin.

28. — ... 11° Le décret du 15 déc. 1813, sur le commerce des vins dans Paris. — *Cass.*, 7 juill. 1827, Pichenot; 4 août 1829, Bry; 20 mars 1828, Panseron; 26 avr. 1827, Raphael-Cheminel; 1er mai 1828, Collin; 23 mai 1828, Frion.

29. — Jugé que l'impératrice Marie-Louise n'a pu, durant sa régence, rendre un décret sur une matière législative. — *Cass.*, 13 mars 1832, Gentil c. Pierre.

30. — Spécialement, on ne doit pas considérer comme obligatoire le décret du 12 fév. 1814, qui ajoute de nouvelles formalités à celles prescrites par les art. 42 et suiv., C. comm., pour la publication des sociétés commerciales. — Même arrêt. — V. *contrà Cass.*, 27 janv. 1830, Gentil c. Pierre; *Nîmes*, 9 déc. 1829, Moustardier c. Pleindoux.

31. — Jugé aussi que les droits de propriété d'un marais reconnu par une loi appartenir à certaines personnes ne peuvent être révoqués par un simple décret. — *Cons. d'état*, 24 déc. 1814, Latour-d'Auvergne.

32. — Lorsqu'un décret ne contient aucune pénalité pour inexécution de ses dispositions, il ne peut être suppléé à cette omission en vertu des dispositions analogues d'une loi postérieure. — *Bruxelles*, 24 nov. 1831, Binchon.

33. — Les décrets qui ont acquis force de loi avant 1814 n'ont pu, depuis cette époque, être abrogés ou modifiés par une simple ordonnance. — *Paris*, 27 juin 1831, Université c. Loriol et Liévyns.

34. — Mais les décrets qui, renfermés dans leurs limites légales, n'ont pour objet que l'exécution des lois et ne contiennent point de dispositions législatives, peuvent être changés, modifiés et abrogés, sans le concours du pouvoir législatif, par de simples ordonnances royales. — Favard, *Rép.*, vo *Décret*.

35. — De quel jour les décrets impériaux devenaient-ils obligatoires? — Les dispositions de l'art. 1er du Cod. civ. ne s'appliquaient pas aux décrets impériaux. Ces décrets étaient soumis, sous le rapport de leur promulgation, à des règles spéciales. Ainsi, ceux qui étaient textuellement insérés au *Bulletin des lois* devenaient obligatoires, dans chaque département, du jour où le Bulletin avait été distribué au chef-lieu, conformément à l'art. 12 de la loi du 12 vendém. an IV. Ceux, au contraire, qui n'étaient pas insérés au *Bulletin des lois*, ou qui n'y étaient indiqués que par leur titre, ne devenaient obligatoires que du jour où ils avaient été portés à la connaissance des personnes qu'ils concernaient. — V. avis cons. d'état, 12-15 prair. an XIII; — Zachariæ, t. 1er, p. 49; Proudhon, *État des personnes*, édit. de 1842, t. 1er, p. 19.

36. — Quant aux décrets rendus sur des contestations particulières, et le conseil d'état entendu, ils ont entre les parties la force et les effets de véritables jugemens, soit définitifs ou provisoires, soit contradictoires ou par défaut; l'exécution en a donc lieu suivant les formes et dans les conditions prescrites pour les jugemens.

37. — Lorsqu'il ressort de l'instruction qu'il ne peut être statué sur un litige que par l'interprétation d'un décret, que cette interprétation est d'ailleurs demandée par les deux parties litigantes, elle ne peut être donnée que par le conseil d'état; le conseil de préfecture est sans pouvoir sur ce point. — *Cons. d'état*, 6 fév. 1839, Département de l'Ain c. Domaine.

38. — Le nom de *décret* a cessé d'être usité, à partir de la restauration, pour faire place à celui d'*ordonnance*; cependant on trouve encore, à la date du 26-28 avr. 1814, une décision intitulée *décret*, rendue par le comte d'Artois, comme lieutenant-général du royaume, pour abolir la cour prévôtale des douanes. — V. ORDONNANCE DU ROI.

DÉCRET (Matière criminelle).

1. — Nom donné autrefois, en matière criminelle, à l'ordonnance du juge par laquelle il était enjoint à un accusé de subir son interrogatoire sur l'accusation dont il était l'objet, soit même pour s'assurer de sa personne. — Guyot, vo *Décret*.

2. — On distinguait trois sortes de décrets : le décret d'assigné pour être oui, celui d'ajournement personnel, le décret de prise de corps. — V. AJOURNEMENT PERSONNEL, ASSIGNÉ POUR ÊTRE OUI, PRISE DE CORPS.

DÉCRET COLONIAL.

C'est aux colonies un acte législatif émané du conseil colonial sur certaines matières, d'après la proposition du gouverneur. — L. 24 avr. 1833, art. 4. — V. COLONIES, nos 73 et suiv.

DÉCRET D'IMMEUBLES.

1. — Dans l'ancien droit, on entendait par décret la vente judiciaire des immeubles saisis réellement sur un débiteur. — Dans un sens moins étendu c'était le jugement qui prononçait l'adjudication du bien saisi.

2. — On distinguait deux espèces de décrets 1° le décret forcé; — 2° le décret volontaire.

3. — *Le décret forcé* était la vente judiciaire et forcée qu'un créancier faisait faire des immeubles de son débiteur.

4. — Cette procédure, qui se suivait originairement devant le tribunal de la situation, a été, par l'arrêt de réglement du 23 nov. 1598, déférée au juge dont on exécutait le jugement, ou qui devait connaître de l'exécution du contrat en vertu duquel on saisissait. Cependant, en Bretagne, les saisies et adjudications d'héritages avaient continué à être faites devant le juge de la situation.

5. — Les formalités multipliées qu'exigeaient les décrets forcés étaient tracées par l'édit de François 1er, de 1539, par l'édit de Henri II, de sept. 1551 et par l'arrêt de réglement du 21 nov. 1551. Chaque coutume avait, en outre, sur cette matière des usages différens auxquels il fallait se conformer pour les immeubles de leur ressort.

6. — Les décrets d'immeubles n'étaient pas en usage dans les provinces de Bresse, Bugey, Gex, Provence. — Denisart, vo *Décret d'immeubles*, nos 68 et suiv.

7. — Sans entrer dans tous les détails de cette procédure, nous nous bornerons à faire connaître les principaux actes dont se composait cette saisie réelle ou main-mise de l'immeuble du débiteur sous la main de justice.

8. — Après un commandement de payer fait au débiteur, il était dressé procès-verbal de la saisie réelle, de la saisie des immeubles du débiteur. Le procès verbal était enregistré au greffe de la juridiction qui devait connaître de la poursuite, et signifié à la partie saisie. Les immeubles saisis devenaient l'objet de baux judiciaires, ou l'on convertissait en baux judiciaires les baux conventionnels. On apposait ensuite des affiches et on faisait, à plusieurs intervalles, des criées ou proclamations. Les créanciers ou autres tiers intéressés formaient opposition au décret, afin de conserver, de distraire, de charge, d'annuler, de sous-ordre. Sous le nom de *congé d'adjuger* intervenait un jugement qui, après avoir écarté les nullités proposées, et validé les actes de la poursuite, ordonnait que l'immeuble serait incessamment adjugé. Le poursuivant mettait alors sur les biens saisis une première enchère dite enchère de quarantaine avec déclaration de toutes les charges qui, outre le prix, seraient imposées à l'adjudicataire. Après l'apposition des placards indicateurs de la vente, et l'adjudication sous quinzaine, l'adjudication définitive au plus offrant et dernier enchérisseur, était prononcée par un jugement d'audience qui formait le décret proprement dit.

9. — Cette forme de vente avait pour effet de purger l'immeuble de toutes les hypothèques et autres charges réelles qui le grevaient, à l'exception, toutefois, des droits non ouverts, tels que le douaire. — Acte de notoriété du 9 février 1754.

10. — Cette forme d'exécution est demeurée en usage jusqu'à la loi du 11 brum. an VII sur l'expropriation forcée, qui a été elle-même remplacée par le Code de procédure.

11. — Le *décret volontaire* était une procédure purement fictive faite par un grand nombre d'acquéreurs d'immeubles pour purger les hypothèques, droits réels, ou servitudes auxquels ces biens pouvaient être affectés.

12. — L'acquéreur qui voulait se mettre à l'abri des hypothèques ou des droits réels procédant du chef de son vendeur, stipulait dans son contrat qu'il pourrait faire un décret volontaire et qu'il ne serait tenu de payer le prix de son acquisition qu'après que ce décret aurait été scellé sans aucune opposition.

13. — L'acquéreur passait, à cet effet, à une personne affidée une obligation dont il retirait à l'instant une contre-lettre ou une quittance. Cette obligation étant mise en forme exécutoire, on remplissait la requête de ce créancier simulé et contre l'acquéreur toutes les formalités usitées dans les décrets forcés, à quelques différences près sur lesquelles on peut consulter un acte de notoriété du Châtelet du 9 janv. 1726, rapporté au recueil de Denisart.

14. Ainsi, par exemple, on ne procédait point à des baux judiciaires et l'adjudication se faisait au profit de l'acquéreur pour jouir, conformément à son contrat d'acquisition. — Denisart, vo *Décret d'immeubles*, no 3.

15. — Ce décret s'appelait volontaire, parce que la saisie réelle et les autres poursuites auxquelles il donnait occasion étaient faites d'accord avec le débiteur, à la différence de celles qui avaient lieu dans les décrets forcés.

16. — Un décret volontaire pouvait devenir forcé lorsque la vente avait été faite à vil prix. Il n'était pas même nécessaire d'en venir à faire une estimation des biens vendus pour constater cette vilité, il suffisait que le créancier l'alléguât et offrît quelque chose de plus que le prix porté par le contrat, lorsque l'enchère se publiait. — Pour forcer un décret volontaire il fallait avoir une hypothèque sur l'immeuble vendu.

17. — Le décret volontaire ne purgeait pas la propriété parce que l'adjudication n'opérait dans ce cas-là qu'un seul et même titre avec le contrat d'acquisition. Il ne purgeait pas non plus les droits réels et domaniaux du roi, ni le droit qu'avait le roi de retirer les domaines engagés ni les droits de servitude visibles. — Denisart, vo *Décret d'immeubles*, no 54.

18. — Quelque utile que pût être le décret volontaire, il entraînait des longueurs et des frais qui rendaient les acquisitions onéreuses. Aussi, pour remédier à ces inconvéniens d'une manière qui opérât les mêmes effets, un édit du mois de juin 1771 a substitué à cette formalité l'obtention des lettres de ratification remplacées depuis par les formalités de la loi du 11 brum. an VII et du Code civ.

DÉCRÉTALES.

1. — « On appelle ainsi les épîtres des papes, faites en forme de réponses aux questions qu'on leur a proposées, à la différence des constitutions qu'ils rendent de leur propre mouvement et qu'on appelle *décrets*. » — L'abbé André, *Dict. de dr. can.*, vo *Décrétales*.

2. — Les décrétales se divisent en décrétales *antiques*, antérieures au pontificat de Grégoire IX, qui réunit dans une seule compilation les décré-

tales de ses prédécesseurs; et décrétales *nouvelles*, celles rendues depuis cette époque.

3. — C'est à l'occasion des décrétales antiques que s'agite entre les canonistes la question des fausses décrétales, question qui consiste à savoir quelle créance on doit accorder à ces documens; matières, du reste, complétement étrangères à notre examen.

4.—Rappelons seulement qu'autrefois on s'était à plusieurs reprises demandé quelle autorité devaient avoir en France les décrétales, et qu'une jurisprudence constante leur refusait toute force en France. — Guyot, *Rép.*, vº *Décrétales.* — V. CANON D'ÉGLISE, CLÉMENTINES (Recueil des), DROIT CANON.

DÉCRI.

Cri public par lequel on défend de faire usage dans le commerce de certaines monnaies d'or, d'argent, etc. — Merlin, *Rép.*, vº *Décri.* — V. MONNAIES.

DECROIRE.

V. DUCROIRE.

DÉCROTTEURS EN BOUTIQUE.

Patentables de huitième classe. — Droit fixe basé sur la population, et droit proportionnel du quarantième de la valeur locative de tous les locaux des patentables, mais seulement dans les communes de 20,000 ames et au-dessus. — V. PATENTE.

DÉCRUEURS DE FIL.

Patentables de septième classe.—Droit fixe basé sur la population, et droit proportionnel du quarantième de la valeur locative de tous les locaux des patentables, mais seulement dans les communes de 20,000 ames et au-dessus.

DÉDIT.

1.— *Dédit* (du latin *dedictum*, dérivé de l'infinitif *dedicere*, se dédire) indique, en fait de convention, le refus que quelqu'un fait de tenir sa promesse, la rétractation qu'il fait de sa parole et de son obligation : *à pactione discessio, dictorum revocatio.* — Merlin, *Rép.*, vº *Dédit.*

2. — On donne aussi le nom de *dédit* à la peine stipulée dans un acte contre celui des contractans qui ne voudra pas l'exécuter. — Merlin, *ibid.*

3. — Le dédit diffère de la clause pénale en ce que la stipulation de dédit forme à elle seule une obligation principale, tandis que la clause pénale ne forme qu'une obligation accessoire. — Rolland de Villargues, *Rép. du notar.*, vº *Dédit*, nº 1er.

4. — On peut citer comme un exemple fréquent de la convention de dédit, la dation d'arrhes. — V ARRHES, VENTE.

5. — La peine d'un dédit, en la supposant valablement stipulée, ne peut consister que dans le paiement d'une somme d'argent, ou dans la privation de l'exercice de quelque action, de quelque faculté ou autre droit. Cette peine ne peut jamais être ni afflictive, ni infamante. — Merlin, *Rép.*, vº *Dédit.*

6. — Les clauses de dédit s'emploient dans les promesses de mariage, dans les compromis, dans les transactions et ventes, contrats et marchés. — V. PROMESSE DE MARIAGE.

7. — Autrefois, sous la très ancienne coutume de Normandie, il était permis de se dédire dans les vingt-quatre heures qui suivaient la signature du contrat; on donnait ce temps pour délibérer si l'on se tiendrait ou non au contrat. Le délai passé, la convention devenait irrévocable. De là cet usage de dire que c'était un privilége de Normandie de pouvoir se dédire. Mais ce privilége est aujourd'hui aboli (Merlin, *ibid.*). Il l'est notamment par l'art. 1134, C. civ. — Favard, *Rép.*, vº *Dédit.* — V. ENREGISTREMENT.

DÉDUCTION.

V. AVARIES, nºs 184 et 192, BOISSONS, ENREGISTREMENT, OFFRES RÉELLES.

DÉFAILLANT.

1. — C'est celui qui ne comparaît pas sur une assignation ou une sommation à lui faite.

2. — Devant les tribunaux civils, le défaillant est celui qui ne constitue pas avoué. — V. JUGEMENT PAR DÉFAUT.

DÉFAUT.

1. — Non-comparution sur une assignation ou une sommation extrajudiciaire.

2. — On donne aussi ce nom au jugement rendu contre une partie qui ne comparaît pas, ou qui n'a pas constitué avoué.

3. — On appelle *défaut congé* le jugement par défaut pris contre le demandeur.

4. — On appelle *défaut profit joint* le jugement qui intervient lorsqu'il y a plusieurs défendeurs, et que les uns comparaissent, tandis que les autres font défaut. Dans ce cas, le tribunal ordonne la réassignation des défaillans, et commet un huissier pour les ajourner.

5. — Le Code de procédure distingue le *défaut faute de comparaître* du *défaut faute de plaider* ou *défaut contre avoué.*

6. — Le défaut faute de comparaître est celui qui est prononcé contre une partie qui n'a pas constitué d'avoué.

7. — Le défaut contre avoué est celui qui est prononcé contre la partie qui a constitué avoué, mais qui n'a pas posé qualités.

8. — *Donner défaut*, c'est donner acte de la non comparution.

9. — *Rabattre un défaut*, c'est ne pas porter sur la feuille ou rapporter le jugement par défaut, prononcé contre une partie qui n'avait pas posé qualités, mais qui le fait dans le cours de l'audience même où le défaut avait été pris. — V. JUGEMENT PAR DÉFAUT.

DÉFAUT D'INTÉRÊT.

V. ACTION, APPEL, CASSATION, EXCEPTIONS, JUGEMENT ET ARRÊT.

DÉFAUT DE MOTIFS.

V. APPEL, CASSATION, JUGEMENT ET ARRÊT.

DÉFENDS, DÉFENSABILITÉ, DÉFENSABLE.

1. — On dit qu'un bois est *défensable* lorsqu'il est assez fort et assez haut, quel qu'en soit, du reste, l'âge, pour se défendre contre la dent des bestiaux, envoyés en pâturage. On dit, au contraire, que le bois est *en défends* lorsqu'à cause de sa jeunesse l'entrée en est défendue aux bestiaux, qui pourraient en brouter les bourgeons. — V. BOIS.

2. — Toutefois, bien que les taillis fussent assez forts pour n'avoir rien à craindre de la dent des bestiaux, cela ne suffirait pas pour rendre le bois défensable; il faudrait de plus que la défensabilité eût été expressément déclarée, même pour les bois des particuliers, par l'administration forestière. — C. forest., art. 67 et 119. — V. FORÊTS, USAGE.

3. — Le propriétaire peut toutefois introduire ses bestiaux dans ses propres bois, quel qu'en soit l'âge, et sans déclaration préalable de défensabilité. — Avis du cons. d'état, 18 brum. an XIV, approuvé le 16 frim. suivant.

4.— L'âge auquel la défensabilité des taillis doit être déclarée varie suivant les localités. L'ordonnance des eaux et forêts n'avait pas fixé ce temps; elle s'en rapportait, à cet égard, à la prudence des grands-maîtres et des officiers de maîtrise.

5. — Les grands-maîtres et les maîtrises des eaux et forêts, ayant été supprimés, l'arrêté du directoire, 5 vendém. an VI, supposait, art. 4, que c'était aux agens forestiers à prononcer la défensabilité. Un avis du cons. d'état, 18 brum. an XIV, approuvé le 16 frim. suivant, est plus explicite à cet égard. Il porte « que les administrateurs généraux des forêts tiennent la place des grands-maîtres; et qu'il leur appartient de déterminer, dans chaque localité, d'après l'avis des conservateurs, le temps et l'âge où les bois seront défensables. » — V. au surplus USAGE.

6. — La maîtrise des eaux et forêts d'Orléans avait, par réglem. 20 janv. 1720, fixé ce temps à cinq ans pour les bêtes aumailles et à trois ans pour les chevaux. Il résulte de l'arrêté et de l'avis que nous venons de citer que ce réglement peut être modifié, s'il ne l'est déjà, par l'administration forestière.— Merlin, *Rép.*, vº *Défensable.*

7. — On doit excepter des lieux défensables les endroits où il y a eu délivrance de chablis ou d'autres arbres, à raison des rejetons qui poussent sur les souches. — Merlin, *ibid.*

8.—Il résulte d'un arrêt du conseil, 29 juin 1528, qui, après un incendie considérable arrivé dans la forêt de Fontainebleau, avait fait défense aux usagers de mener, avant quatre ou cinq ans, paître leurs bestiaux dans les lieux incendiés, qu'on peut, après un incendie arrivé dans une forêt, la mettre en défends pour un certain temps. — Merlin, *ibid.*

9.—Sous certaines coutumes, on désignait sous le nom de *défensables* les héritages qui n'étaient jamais sujets au pâturage de la communauté, ou ne s'y trouvaient assujétis que pendant certaine partie de l'année. — Merlin, vº *Défensable.*

DÉFENDEUR.

1. — Partie contre laquelle la demande est formée.

2. — En appel, le défendeur s'appel *intimé.* — V. APPEL.

3.— Le défendeur doit, en général, être assigné devant le tribunal de son domicile. — *Actor sequitur forum rei.* — V. COMPÉTENCE.

4.— Lorsqu'il y a plus de deux défendeurs assignés, la cause est dispensée du préliminaire de conciliation. — V. CONCILIATION.

V. au surplus, APPEL, AUTORISATION DE PLAIDER, CASSATION, CONCILIATION, COMPÉTENCE, CONCLUSIONS, EXPLOIT, PÉREMPTION D'INSTANCE.

DÉFENSE, — DÉFENSEUR.

Table alphabétique.

DÉFENSE, DÉFENSEUR. — **1.** — On appelle défense l'ensemble des moyens employés par une partie pour repousser une action, une demande intentée contre elle.—Le défenseur est celui qui est chargé de présenter la défense devant la justice.

2. — Le droit de défense est consacré par nos lois de la manière la plus absolue. En toute matière, il est de principe fondamental que nul ne peut être légalement atteint dans sa personne ou dans ses biens sans s'être défendu ou sans avoir été mis à portée de se défendre. — *Pau*, 1er sept. 1828, L...

3. — Mais l'exercice de ce droit varie suivant qu'il s'agit de matières civiles ou de matières criminelles.

4. — Il importe donc d'étudier séparément ce qui a trait à la défense dans l'un et l'autre cas; mais il faut observer, avant tout, que c'est principalement en matière criminelle que ce qui concerne le droit de défense et son étendue appelle un examen plus sérieux.

CHAPITRE Ier. — *Défense en matière civile.*

5. — En matière civile, le droit de défense touche à des intérêts moins graves et d'un ordre moins élevé qu'en matière criminelle; cependant, considéré en lui-même, il n'est pas moins sacré, car il repose sur les mêmes principes de justice naturelle. — Ainsi, comme nous l'avons dit plus haut, en matière civile, comme en matière criminelle, nul ne peut être condamné sans avoir été entendu, ou du moins sans avoir été appelé à se défendre.

6. — Ainsi, est nul comme violant le droit de la défense, le jugement rendu sur la requête de l'une des parties, sans que l'autre ait été appelée.—*Cass.*, 3 brum. an VIII, Glouteau.

7. — Il a été jugé, il est vrai, que l'avoué de première instance condamné d'office par la cour royale aux frais d'une procédure frustratoire, sans avoir été ni partie au procès, ni appelé, ni entendu, ne peut pas se pourvoir en cassation contre l'arrêt de la cour. — *Cass.*, 7 mars 1831, Waust.

8. — Mais il ne résulte nullement de là qu'au mépris du principe général posé ci-dessus (no 2) cet avoué soit obligé de subir sans réclamation la condamnation prononcée contre lui. Il pourrait former tierce-opposition contre l'arrêt de la cour royale, s'il venait à lui être opposé. — V. TIERCE-OPPOSITION.

9. — C'est ainsi qu'il a été jugé que les procédures ou actes frustratoires peuvent être laissés à la charge de l'huissier qui les a faits, sans qu'il soit nécessaire d'appeler en cause cet officier ministériel; mais que, dans ce cas, l'huissier peut former opposition au jugement rendu contre lui. — *Rennes*, 11 avr. 1835, Thierré c. Doceul.

10. — Si, considéré en lui-même, le droit de défense est sacré, il n'en faut pas conclure cependant qu'il soit absolu et illimité. Le législateur en a soumis l'exercice à certaines règles que nous allons faire connaître.

11. — Mais, comme ces règles ne sont pas les mêmes devant les diverses juridictions qui peuvent être appelées à connaître d'un litige, il nous paraît utile de traiter d'abord du droit de défense devant les tribunaux ordinaires de premier et de second degré, c'est-à-dire devant les tribunaux civils de première instance et les cours royales, puis d'examiner ensuite quelles dérogations ont été faites à ces règles en ce qui concerne chacune des autres juridictions.

Sect. 1re. — *Juridictions ordinaires.*

12. — C'est une conséquence nécessaire du droit de défense que le demandeur soit tenu d'articuler sa demande et les motifs sur lesquels elle est fondée, puisque, s'il ne le faisait pas, le défendeur se trouverait dans l'impuissance d'exercer son droit. — Aussi le Code de procéd. (art. 61, § 3) a-t-il prescrit, à peine de nullité, de faire connaître dans l'exploit d'ajournement l'objet et les moyens de la demande. — V. EXPLOIT.

13. — Quant au défendeur, il doit avant tout constituer avoué. Cette constitution est, en général, la condition préalable et nécessaire de toute défense.

14. — Toutefois cette règle reçoit plusieurs exceptions. Il est en effet des cas où le ministère de l'avoué est facultatif, il en est d'autres où il est interdit. — V. à cet égard AVOUÉ, nos 157 et suiv.

15. — Quant au délai dans lequel la constitution d'avoué doit être faite et aux conséquences de l'inobservation de ce délai, V. CONSTITUTION D'AVOUÉ, nos 7 et suiv.; JUGEMENT ET ARRÊT PAR DÉFAUT.

16. — Ce serait en vain que le défendeur connaîtrait l'objet et les moyens de la demande, s'il ne pouvait requérir la communication des titres et pièces sur lesquels elle est fondée. — Aussi l'art. 188, C. proc., reconnaît-il aux parties respectivement le droit de demander communication des pièces employées contre elles. — V. COMMUNICATION DE PIÈCES.

17. — Mais ce droit ne doit pas dégénérer en abus. C'est donc aux juges qu'il appartient de décider, d'après les faits de la cause et les erremens de la procédure, si la communication de toutes les pièces nécessaires à la défense a eu lieu. — *Cass.* (dans ses motifs), 23 nov. 1829, Schirmer c. Reibell.

18. — Ainsi, les juges n'entravent pas le droit de défense en jugeant que les parties ont eu tout le temps nécessaire à la communication des pièces utiles à leur défense. — Même arrêt.

19. — Le droit de requérir la communication des pièces ne s'étend pas aux livres d'un commerçant; il est facultatif au juge d'en ordonner la production (C. comm., art. 15), et s'il la refuse sous prétexte qu'elle est frustratoire, sa décision ne peut, sur ce point, donner ouverture à cassation. — *Cass.*, 13 août 1833, Luzet c. Boulard-Deslandes. — V. LIVRES DE COMMERCE.

20. — Les moyens par lesquels une partie repousse les demandes formées contre elle sont de deux sortes : ou bien, sans s'occuper du fond de l'affaire, on prétend que le demandeur ne peut être admis à établir le mérite de ses prétentions, et l'on conclut à ce qu'il soit déclaré non-recevable; ou bien on prétend que la demande est mal fondée et l'on conclut à ce que celui qui l'a formée en soit débouté.

21. — Dans le premier cas, les moyens prennent le nom d'exceptions, fins de non-recevoir (V. EXCEPTION, FIN DE NON-RECEVOIR); dans le second ils s'appellent défense au fond.

22. — En règle générale, les exceptions et fins de non-recevoir doivent être proposées avant la défense au fond, en sorte que celle-ci rend la partie qui pourrait se prévaloir des premières non-recevable à les invoquer. — V. ACQUIESCEMENT, APPEL, CASSATION (mat. civ.), CAUTION JUDICATUM SOLVI, EXCEPTION.

23. — La défense se produit sous une double forme : elle est écrite ou orale.

24. — La défense écrite comprend 1° les conclusions et requêtes qui sont prises devant les juges ou signifiées dans le cours d'une instance; — 2° les mémoires, précis, notes ou consultations qui peuvent être distribués aux magistrats pour les éclairer sur les contestations qu'ils sont appelés à juger.

25. — Les conclusions et requêtes sont dans le domaine exclusif de l'avoué. — Toutes les règles relatives à ces conclusions et requêtes ont été exposées ailleurs; il serait inutile, dès lors, de les répéter ici. — V. à cet égard CONCLUSIONS, DÉFENSES (conclusions).

26. — Nous devons seulement faire observer que les conclusions prises et signées par l'avoué sont censées prises par la partie elle-même et par conséquent obligent cette dernière, sauf pour elle le droit de le désavouer, dans certains cas, s'il agit sans pouvoir spécial. — V. à cet égard DÉSAVEU.

27. — Les mémoires, notes, précis, etc., peuvent être rédigés et signés indistinctement par l'avoué ou par l'avocat. Ils peuvent l'être même par la partie elle-même. — Nous devons dire, toutefois, que le plus souvent ils sont rédigés par l'avocat.

28. — Quant à la défense orale, elle est en général le privilége de l'avocat. — V. AVOCAT.

29. — Toutefois, il est certains cas dans lesquels la défense orale peut, tout aussi bien que la défense écrite, être présentée par l'avoué. — V. AVOUÉ.

30. — De plus, les parties peuvent toujours, assistées de leurs avoués, se défendre elles-mêmes. — C. procéd., art. 85.

31. — Toutefois, le tribunal peut leur interdire ce droit s'il reconnaît que la passion ou l'inexpérience les empêche de discuter leur cause avec la décence convenable et la clarté nécessaire pour l'instruction des juges. — Même article.

32. — Mais pour que le tribunal puisse régulièrement prendre cette mesure, il faut que les inconvéniens de la défense personnelle se soient révélés à l'audience même, par un commencement de plaidoirie. — Demiau-Crouzilhac, *Expl. somm. du C. proc.*, p. 85; Chauveau sur Carré, *Quest.*, 418.

33. — Ainsi, est nul le jugement rendu contre une partie qui demandait à plaider elle-même et qui n'a pas été entendue. — *Bourges*, 17 août 1829, Quenisset c. Guiller.

34. — Les femmes ne sont point exclues du droit qui en général appartient à toutes parties de se défendre elles-mêmes. — Arg. *à fortiori Cass.*, 31 mars 1807, Gracieux de Lacoste; — Boncenne, *Th. procéd. civ.*, t. 2, p. 297; Carré, *Lois de l'organis. et de la comp.*, t. 1er, n° 37; *Lois de la procéd.*, *Quest.* 418; Thomine-Desmazures, t. 1er, p. 197.

35. — Le mineur, l'interdit, ont-ils le droit de se défendre eux-mêmes? — M. Thomine-Desmazures, *Comment. sur le C. procéd. civ.*, t. 1er, p. 198, répond négativement. — Mais nous ne voyons pas de raison pour leur refuser ce droit que la loi reconnaît *aux parties* sans distinction; un mineur, un interdit dans un intervalle lucide peuvent être en état de se défendre aussi bien qu'un majeur ou une personne saine d'esprit; et d'ailleurs le tribunal peut toujours leur interdire la parole, s'ils en font un usage contraire à leur intérêt. — V. en ce sens Chauveau, sur Carré, *Quest.* 418.

36. — La partie qui n'use pas du droit que lui reconnaît l'art. 85, C. procéd., de se défendre elle-même doit charger de sa défense un avocat, ou bien un avoué dans le cas où ceux-ci ont le droit de plaider. — V. AVOCAT, AVOUÉ.

37. — Mais elle ne peut, en général, charger de sa défense une personne qui n'aurait ni le titre d'avocat ni la qualité d'avoué. Il n'y a d'exception au droit exclusif qui appartient aux avocats et dans certains cas aux avoués, qu'en matière criminelle, lorsque le président, conformément à l'art. 295, C. instr. crim., accorde à l'accusé la permission de prendre pour conseil un de ses parens ou amis. — Carré, *L. de la procéd.*, *Quest.* 420; Delaporte, *Pand. franç.*, t. 1er, p. 99.

38. — Ainsi, jugé qu'un père qui n'est ni avocat ni avoué ne peut plaider la cause de sa fille, alors même qu'elle est défenderesse en séparation de corps pour cause d'adultère. — *Cass.*, 22 août 1822, Mercaux.

39. — Toutefois la cour de Cassation a, depuis, admis un fils qui n'était point avocat, à soutenir devant elle le pourvoi de sa mère contre l'arrêt qui avait prononcé la séparation de corps. — *Cass.*, 8 nov. 1830, Montal. — V. *contrà* Chauveau sur Carré, *Quest.* 420.

40. — M. Thomine-Desmazures (t. 1er, p. 198) enseigne qu'un tuteur qui ne serait point avocat ne pourrait point plaider pour sa pupille, attendu que la cause ne lui est pas personnelle. — Mais cette doctrine nous semble trop rigoureuse. La loi reconnaît d'une manière générale *aux parties* le droit de plaider elles-mêmes sans exiger qu'elles aient dans la cause un intérêt personnel; or, le tuteur est partie dans la cause de son pupille. Il ne fait avec ce dernier qu'une même partie. — V. en ce sens Chauveau sur Carré, *Quest.* 420.

41. — En matière criminelle, lorsqu'une partie n'a pas d'avocat, il lui en est nommé un d'office, lequel ne peut refuser la mission qui lui est confiée, à moins de faire approuver ses motifs d'excuse ou d'empêchement. — V. AVOCAT. — En matière civile, lorsqu'une partie ne trouve pas d'avocat qui veuille se charger de sa cause, il lui en est également nommé un d'office, mais cet avocat peut accepter ou refuser comme bon lui semble; il n'a là d'autre juge que sa conscience; son ministère est entièrement libre.

42. — Ainsi jugé qu'en matière civile l'avocat ne peut jamais être forcé de plaider une cause sur la désignation du tribunal ou du conseil de l'ordre, quoiqu'il ait conseillé d'intenter le procès; et qu'on ne peut lui faire rendre compte de ses motifs d'abstention. — *Riom*, 11 juill. 1828, Min. publ. c. T.

43. — Mais il semble que, dans ce cas, on ne puisse refuser à la partie le droit de confier sa défense à qui bon lui semble. — V. en ce sens Bloche, *Dict. de procéd.*, v° *Défense*, n° 27.

44. — Les parties ne peuvent charger de leur défense, soit verbale, soit par écrit, même à titre de consultation, les juges en activité de service, procureurs généraux, procureurs du roi, leurs substituts, même dans les tribunaux autres que ceux près lesquels ils exercent leurs fonctions. — C. proc. civ., art. 86.

45. — Peuvent néanmoins les juges, procureurs généraux, avocats généraux, procureurs du roi, substituts des procureurs généraux et du roi plaider dans tous les tribunaux leurs causes personnelles et celles de leurs femmes, parens ou alliés en ligne directe, et de leurs pupilles. — C. proc. civ., art. 86, *in fine*.

46. — L'art. 86 ne prononçant la prohibition de plaider qu'à l'égard des juges *en activité de service*, on s'est demandé si cette prohibition était applicable aux juges pendant le temps des vacances. — L'affirmative ne saurait être douteuse. Ces mots, *en activité de service*, n'ont été employés que pour distinguer les juges en titre, qui sont toujours en activité de service, des juges suppléans qui n'exercent les fonctions de juge qu'accidentellement et qui, par conséquent, peuvent remplir celles d'avocat. — Carré, *L. de la procéd.*, *Quest.* 422.

47. — La défense orale et la défense écrite ne sont pas exclusives l'une de l'autre; au contraire, en principe, elles existent cumulativement dans toutes matières.

48. — Ainsi, jugé que l'art. 27, L. 14 vent. an VII, portant que, dans les contestations entre l'état et les particuliers sur la propriété des domaines engagés, les juges devront procéder au jugement sur simples mémoires respectivement remis, n'exclut pas, par cette disposition, la défense orale, *qui est de droit public et absolu*. — *Cass.*, 7 déc. 1825, préf. de la Marne; *Toulouse*, 19 juin 1832, préf. de la Haute-Garonne c. de Taurlac.

49. — ...Que d'ailleurs, en admettant que l'art. 27 dont il s'agit eût cette signification, il eût été abrogé par les dispositions combinées du Code de procédure. — *Colmar*, 8 janv. 1830, préf. du Haut-Rhin c. de Vignacourt.

50. — Lorsque le préfet se contente de faire valoir les droits de l'état par la simple production d'un mémoire, il ne s'ensuit pas que ses parties adverses doivent suivre le même mode de défense et renoncer à la plaidoirie. — Même arrêt.

51. — L'art. 14, arrêté 7 messid. an IX, en ordonnant que les affaires concernant les domaines et les rentes cédés aux hospices par le gouvernement seraient jugées sommairement et sans frais, n'a pas interdit les plaidoiries. — *Limoges*, 18 mai 1828, Blanchard. — V. au surplus DOMAINE DE L'ÉTAT.

52. — Mais, en matière d'enregistrement, la plaidoirie orale est formellement interdite; l'instruction des affaires se fait par simples mémoires respectivement signifiés. — L. 22 frim. an VII, art. 65. — V. ENREGISTREMENT.

53. — La durée des plaidoiries est abandonnée au pouvoir discrétionnaire des juges. « Lorsque les juges, porte l'art. 34, décr. 30 mars 1808, trouveront qu'une cause est suffisamment instruite, le président devra faire cesser la plaidoirie. »

54. — En conséquence, une partie ne peut se faire un moyen de cassation de ce que les juges n'auraient accordé qu'une seule audience à un avocat et lui auraient refusé la réplique. — *Cass.*, 30 avr. 1807, Douhault c. de Champignolles. — V. conf. Merlin, *Rép.*, v° *Chose jugée*, § 15; Carré, *Lois de l'organis. et de la compét.*, t. 1er, n° 35; Chauveau sur Carré, *Lois de la procéd.*, *Quest.* 418 *bis*.

55. — Mais, comme nous l'avons déjà vu (*suprà*, n°s 32 et 33), le pouvoir des magistrats ne va pas jusqu'à refuser absolument la parole à une partie défenseur. — Merlin, *loc. cit.*; Carré, *loc. cit.*; Chauveau sur Carré, *loc. cit.*

56. — Ils ne doivent même user qu'avec une extrême réserve du droit qu'ils ont de limiter la durée des plaidoiries. C'est là une observation que recommandent les plus graves autorités. « J'accorde tout le temps qu'on me demande, disait Pline le Jeune; car je dois surtout à ma religion, comme juge, d'écouter avec cette patience qui est elle-même une grande partie de la justice. » Et de même Loysel s'exprimait ainsi en ses *Institutes coutumières* (liv. 6, tit. 3, § 12) : « Sage est le juge qui écoute, et tard juge. Car de fol juge briève sentence. Et qui veut bien juger écoute partie. »

57. — Le magistrat doit se garder d'interrompre une plaidoirie par des interpellations, des injonctions qui tendraient à lui donner une autre direction que celle qui convient à la partie ou à son défenseur. — Carré, *Lois de l'organis. et de la comp.*, t. 1er, n° 35. — « Tant que la défense dure, dit M. Dupin (*Lettre sur la liberté de la défense*), le juge, religieux auditeur de cette défense, ne doit pas plus en troubler le cours, qu'il ne s'est permis d'interrompre ou de critiquer l'accusation. »

58. — Toutefois ce principe, juste en soi, doit être renfermé dans de sages limites : sans doute la défense doit être libre, mais elle ne doit pas l'être jusque dans ses écarts; dans ce cas, c'est aux magistrats qu'il appartient de la faire rentrer dans ses bornes légitimes. — Victor Foucher sur Carré, *Organis. et comp.*, t. 1er, p. 246, note *a*.

59. — Bien que les magistrats ne soient point obligés d'accorder les renvois qui leur sont demandés, ils ne doivent pas cependant se montrer trop sévères sur ce point. Refuser des renvois fondés sur le besoin de méditer des moyens qui n'avaient pas été prévus, de vérifier des autorités, ce serait entraver la liberté de la défense. — Carré, *Organis. et comp.*, t. 1er, n° 35.

60. — Aux termes de l'art. 87, décr. 30 mars 1808, le ministère public une fois entendu, aucune partie ne peut prendre la parole après lui, mais seulement remettre sur-le-champ de simples notes, comme il est dit en l'art. 111, C. procéd. civ., c'est-à-dire énonciatives des faits sur lesquels le ministère public aurait été incomplet ou inexact.

61. — Mais cette règle ne doit s'entendre que des cas où le ministère public agit comme partie jointe. Lorsqu'il est partie principale, il plaide, et l'avocat de l'autre partie lui répond. — Boncenne, *Th. procéd. civ.*, t. 2, p. 288.

62. — La disposition de l'art. 87, Décr. 30 mars 1808, précité, qui permet aux parties, après l'audition du ministère public, de remettre au président des notes rectificatives a donné lieu à de justes critiques. En effet, ces notes remises par une partie ne sont pas communiquées à l'autre, et ce peut être un moyen, à l'instant solennel de la délibération, de glisser dans l'esprit des juges une impression d'autant plus dangereuse qu'elle arrive silencieusement et presque inaperçue. — Boncenne, *Théor. procéd. civ.*, t. 2, p. 289.

63. — Justement frappés de cet inconvénient, les rédacteurs de la nouvelle loi de procédure pour le canton de Genève ont inséré dans cette loi une disposition qui accorde la parole aux parties lorsqu'il s'agit de rectifier un fait ou de répondre à un moyen nouveau. — V. l'exposé des motifs de la loi sur la procédure civile pour le canton de Genève, par M. Bellot.

64. — Quoi qu'il en soit, il a été jugé, par application de l'art. 87, décr. 30 mars 1808, que les parties ne peuvent, après l'audition du ministère public, remettre que de simples notes, sans pouvoir prendre aucunes conclusions subsidiaires, encore bien qu'elles soient relatives à une pièce communiquée seulement à l'audience. — *Grenoble*, 20 juin 1832, Bugnon.

65. — ... Que la partie qui ne produit une pièce qu'après les conclusions du ministère public et la clôture des débats, n'est pas recevable à se plaindre que les juges devant lesquels la production a été faite aient refusé d'y avoir égard. — *Cass.*, 28 août 1834, Gauthier c. Clausel.

66. — Mais l'art. 87, décr. 30 mars 1808, n'est pas applicable au cas où, par un réquisitoire spécial, le ministère public porte une dénonciation, une imputation imprévue, soit contre l'une des parties, soit contre l'un des officiers ministériels constitués dans la cause. — *Cass.*, 7 août 1822, Callaud.

67. — Ainsi, lorsqu'un officier ministériel a été suspendu de ses fonctions par un arrêt, sans que les réquisitions du ministère public aient été communiquées, il peut faire annuler cette décision par voie de cassation pour violation du droit de défense, sans avoir besoin de se pourvoir par voie d'opposition ou de réquisition. — Même arrêt.

68. — Jugé toutefois qu'en matière civile les parties ne peuvent, après l'audition du ministère public, produire aucun mémoire, encore bien qu'il s'agisse de répondre à des reproches contenus dans le réquisitoire. — *Rennes*, 26 janv. 1835, Desmorliers.

69. — ... Qu'on ne peut être admis à parler après le ministère public, lorsqu'il n'est que partie jointe, encore bien qu'il relève d'office un moyen d'ordre public. — *Agen*, 20 déc. 1824, Desblans.

70. — En matière électorale, la loi du 2 juill. 1828 (art. 18) portait que lorsqu'il serait appelé devant la cour royale d'une décision rendue par le préfet en conseil de préfecture, la cause serait jugée sommairement, toutes affaires cessantes, et sans qu'il fût besoin du ministère d'avoué; que l'affaire serait rapportée en audience publique par un des membres de la cour, et que l'arrêt serait prononcé après que le ministère public aurait été entendu.

71. — Sous l'empire de cette loi, la cour de Besançon (10 juin 1830, Defresne) avait jugé qu'en matière électorale les plaidoiries étaient interdites, et que l'avocat de l'électeur ne pouvait que remettre après le rapport de simples notes au président.

72. — Mais cette jurisprudence n'était pas généralement suivie. — V., à cet égard, *Angers*, 20 mars 1829, Olivier c. préfet de la Mayenne; 3 mai 1830, Gallet-Azémar c. préfet de Maine-et-Loire; *Orléans*, 9 juin 1830, Gravier-Dejean. — Ces arrêts ne jugent pas la question *in terminis*, mais les décisions qu'ils contiennent impliquent le droit de plaidoirie orale.

73. — La question ne peut plus s'élever aujourd'hui. En effet, la loi du 19 avr. 1831 (art. 33) porte que, dans le cas dont nous nous occupons, l'affaire sera rapportée en audience publique par un des membres de la cour, et que l'arrêt sera prononcé après que *la partie ou son défenseur* et le ministère public auront été entendus.

74. — Mais l'art. 87, décr. 30 mars 1808, est-il applicable ici? En d'autres termes, la partie ou son avocat peuvent-ils répliquer au ministère public? — Cette question n'a pas été uniformément résolue.

75. — Ainsi, jugé qu'en matière électorale, comme en tout autre matière civile, la partie, ou son avocat, ne peut prendre la parole après que le ministère public a conclu. — *Angers*, 20 mars 1829, Olivier c. préfet de la Mayenne; *Orléans*, 9 juin 1830, Gravier-Dejean.

76. — Jugé, au contraire, qu'en matière électorale, l'avocat du réclamant peut être admis à répliquer au ministère public. — *Angers*, 3 mai 1830, Gallet-Azémar.

77. — La première de ces deux solutions paraît plus conforme aux principes généraux, puisque en matière électorale, le ministère public n'est point partie principale au procès, mais seulement partie jointe. — Duvergier, *Coll. des lois*, 1831, p. 235, note 5.

78. — Et elle a été adoptée par un arrêt de la cour de Cassation qui la consacre en termes formels. — *Cass.*, 29 avr. 1846 (t. 2 1846), Brunet de Privazac c. préfet d'Ille-et-Vilaine.

79. — Le même arrêt juge que, dans le cas où en concluant, le ministère public a fait usage d'une pièce non communiquée, l'arrêt qui, sans admettre la partie ou son défenseur à répliquer, ordonne que la pièce lui sera communiquée et l'autorise, en renvoyant la cause à une autre audience, à produire telles observations qu'il jugera convenable, respecte suffisamment les droits et intérêts de la défense. — Même arrêt.

80. — Lorsqu'un tribunal, après avoir prononcé la clôture des débats oraux, a continué la cause à une autre audience pour rendre son jugement, il a la faculté d'accueillir ou de rejeter, suivant les circonstances, les productions qui sont faites dans l'intervalle par l'une des parties. — *Colmar*, 23 avr. 1836 (t. 2 1838, p. 611), Kœchlin.

81. — Mais lorsqu'au lieu d'être un simple redressement des élémens sur lesquels a porté la discussion, la production a pour objets des conclusions nouvelles préjudicielles à celles primitivement prises, le rejet n'en est pas facultatif, et il doit être rigoureusement ordonné. — Même arrêt.

82. — La loi du 20 avril 1810 (art. 7) déclare nuls les arrêts qui ont été rendus par des juges qui n'ont pas assisté à toutes les audiences de la cause. — Il est évident en effet que la participation de ces juges à l'arrêt constitue une atteinte au droit de la défense, puisque alors les parties se trouvent jugées par des magistrats qui n'ont point entendu ou qui n'ont entendu qu'en partie leur défense.

83. — Toutefois, l'arrêt auquel a concouru un conseiller qui n'avait pas assisté à toutes les audiences de la cour, n'est pas nul lorsqu'il est constaté qu'à la dernière audience les parties *ont été ouïes et qu'elles ont même choisi leurs conclusions.* — *Cass.*, 15 nov. 1830, Pichery c. comm. de Montfaucon. — V. au surplus JUGEMENT ET ARRÊT.

84. — Lorsqu'un arrêt porte que les avoués des parties ont été entendus et qu'ils ont pris des conclusions, elles ne peuvent en demander la cassation, sous prétexte qu'il ne mentionne point que leurs avocats ont plaidé, surtout si elles n'ont demandé aucune remise pour les faire entendre. En pareil cas, il y a présomption qu'elles se sont bornées à l'audition de leurs avoués. — *Cass.*, 31 déc. 1834, Bret c. Evrard.

85. — Nous avons dit (*suprà* nos 47 et suiv.) qu'en général la défense écrite et la défense orale, bien loin de s'exclure l'une l'autre, se produisaient cumulativement. — Toutefois il est des procès tellement compliqués de comptes, de calculs, de chefs de demande et de titres justificatifs, que leurs détails exposés à l'audience échapperaient indubitablement à l'attention la plus soutenue. Dans ces cas, le tribunal peut ordonner qu'au lieu d'être plaidée oralement l'affaire sera instruite par écrit, pour en être fait rapport par l'un des juges, nommé par le jugement. — C. procéd. civ., art. 95.

86. — La défense consiste alors en production de requêtes et de pièces à l'appui dont les formes et les délais seront expliqués au mot INSTRUCTION PAR ÉCRIT.

87. — Bien que le droit de récuser les juges dans certains cas ou de demander le renvoi de l'affaire à un autre tribunal pour parenté ou alliance se rattache aux garanties générales que la loi accorde aux justiciables plutôt qu'au droit de défense en particulier, nous croyons cependant devoir le mentionner ici comme l'une des sauvegardes sous lesquelles les parties peuvent se placer dans les cas prévus par la loi.

88. — Nous n'avons point à nous occuper ici des cas dans lesquels la récusation peut être exercée ou le renvoi demandé, ni des formes suivant lesquelles il est statué sur de telles demandes. — V. à cet égard RÉCUSATION, RENVOI POUR PARENTÉ OU ALLIANCE. — Faisons remarquer toutefois que le jugement qui prononce sur la réquisition ou sur la demande en renvoi est rendu sur le rapport d'un juge commis et sur les conclusions du ministère public, sans que les parties soient appelées. — C. procéd., art. 377 et 394.

89. — Jugé, en conséquence, qu'en matière de récusation d'un juge de tribunal de première instance, le demandeur en récusation ne peut, après le rapport, être entendu, soit par lui-même, soit par l'organe d'un défenseur. — *Grenoble*, 13 fév. 1826, S...

90. — Jusqu'ici, nous avons supposé que le défendeur actionné devant les tribunaux prenait, dans les délais voulus, les mesures nécessaires à sa défense, et que dès lors se poursuivait régulièrement entre les parties le débat contradictoire sur lequel les magistrats devaient prononcer. Mais il n'en est pas toujours ainsi; il arrive quelquefois que le défendeur garde le silence sur l'assignation qui lui est donnée.

91. — Quel que soit le respect du législateur pour le droit de la défense, l'action de la justice ne pouvait se trouver paralysée par le mauvais vouloir des particuliers. Aussi, le Code de procédure dispose-t-il (art. 149) que si le défendeur ne constitue pas avoué, ou si l'avoué constitué ne se présente pas à l'audience au jour indiqué, pour conclure au nom du défendeur, il sera donné défaut, et (art. 150) que les conclusions de la partie qui requiert le défaut lui seront adjugées si elles se trouvent justes et bien vérifiées.

92. — Toutefois, les effets de ce jugement ne sont pas définitifs; la loi ouvre à la partie jugée sans avoir été entendue la voie de l'opposition contre la décision obtenue en son absence par son adversaire. Si la partie défaillante use de ce moyen, un débat contradictoire s'ouvre, sur son opposition, entre elle et le défendeur, et, à la suite de ce débat, il est rendu un jugement qui, alors, ne peut plus être attaqué que par la voie d'appel, ou, s'il y a lieu, par les moyens extraordinaires de réformation. Si, au contraire, la partie défaillante laisse passer les délais fixés sans former opposition, le jugement acquiert alors toute la force d'un jugement définitif. Il en est de même si, après avoir formé opposition, la partie défaillante fait une seconde fois défaut : les contestations judiciaires doivent avoir un terme. — V. au surplus JUGEMENT ET ARRÊT PAR DÉFAUT.

93. — Un arrêt rendu par défaut avant le jour auquel la cause avait été d'abord renvoyée par ordonnance du président ne peut pas être attaqué en cassation par le défaillant, pour violation du droit de légitime défense, lorsque c'est sur la demande de l'avoué de ce dernier qu'a été avancé le jour où la cause devait être appelée. — *Cass.*, 20 mars 1828, Delivet c. Morin.

94. — Envisagé d'une manière générale, le droit de la défense comprend la faculté de se faire assister ou représenter devant la justice dans tous les cas, dans tous les incidens de procédure où la loi ne l'a point interdit.

95. — Ainsi, le mari cité en la chambre du conseil, pour expliquer les motifs de son refus d'autoriser sa femme à accepter une succession peut faire exposer ces motifs par l'organe d'un avocat ou d'un mandataire. — *Pau*, 30 juin 1837 (t. 1er 1838, p. 103), Lafonta.

96. — Dans les enquêtes qui se font devant un juge commissaire, les parties ont le droit de se faire assister de leurs avocats. — *Rouen*, 26 déc. 1827, M...

97. — Jugé également que les parties peuvent, même en matière de séparation de corps, se faire assister par leurs avocats dans les enquêtes à faire entre elles. — *Bruxelles*, 22 nov. 1816, Taboule c. Claude.

98. — Mais il en est autrement dans les interrogatoires sur faits et articles. L'art. 333, C. procéd., porte que la partie répondra en personne, sans pouvoir lire aucun projet de réponse par écrit, *et sans assistance de conseil*. En effet, l'assistance de ce conseil, sans être d'aucune utilité pour la découverte de la vérité, ne pourrait que nuire à la spontanéité et à la sincérité qui doivent caractériser les réponses de la partie interrogée.

Sect. 2e. — *Juridictions exceptionnelles.*

§ 1er. — *Justices de paix.*

99. — Devant le juge de paix, les parties n'ont besoin d'être assistées d'aucun officier ministériel ou conseil, et même l'intention de la loi est qu'autant que possible elles présentent elles-mêmes leurs explications.

100. — Néanmoins la loi n'exige pas comme indispensable la présence des parties en personne. « Au jour fixé par la citation ou convenu entre les parties (dit à cet égard l'art. 9, C. procéd. civ.), elles comparaîtront en personne, ou par leurs fondés de pouvoirs, sans qu'elles puissent faire signifier aucune défense. »

101. — Cette dernière disposition de l'article portant que les parties ne peuvent signifier aucune défense, c'est-à-dire aucun de ces actes de procédure usités devant la juridiction ordinaire, n'a besoin d'aucune explication. — En effet, la juridiction des juges de paix ayant été établie dans la vue d'éviter les frais, il n'est rien passé en taxe pour la défense des parties. — V. Pigeau, *Procéd. civ.*, t. 1er, p. 153; Boncenne, t. 1er, p. 265; Bioche, vo *Juge de paix*, sect. 3, nos 151 et suiv.; Chauveau sur Carré, sur les art. 8 et suiv., C. proc.; Thomine-Desmazures, t. 1er, sur les mêmes articles; Berriat Saint-Prix, t. 1er, p. 12, 50 et 138; Delzers, t. 1er, p. 10; Lonchampt, vo *Comparution*.

102. — Les parties doivent donc comparaître directement et sans ministère d'avoués, et lorsqu'elles choisissent des mandataires, le mandat est toujours considéré comme gratuit, en ce sens qu'il n'est pas permis à la partie qui obtient gain de cause de répéter contre l'autre partie ce qu'elle aura payé pour le prix du mandat.

103. — Il faut que le mandat donné par une partie pour paraître en son nom devant le juge de paix soit formel; le Code de procédure parle en effet de *fondés de pouvoirs*, et le décret du 6-27 mars 1791, art. 16, voulait que les mandataires des parties fussent revêtus de *pouvoirs suffisans pour transiger*; le décret du 18-26 oct. 1790 avait employé la même expression que le Code de procédure : *fondés de pouvoirs*.

104. — Néanmoins il a été jugé qu'un mari peut, sans procuration de sa femme, se présenter pour elle au bureau de paix. — *Cass.*, 6 prair. an II, Rousse c. Robert; 7 pluv. an X, Montcharmon c. Letourneur. — La raison en est que le mari est en principe et essentiellement fondé de pouvoirs pour tout ce qui concerne les intérêts de sa femme, tant que celle-ci le laisse agir et ne le contredit pas. — Berriat-Saint-Prix, t. 1er, p. 189; Carré, *Lois de la procéd.*, t. 1er, p. 93; Pigeau, *Comment.*, t. 1er, p. 140.

105. — Jugé même qu'un mari peut représenter sa femme au bureau de paix, sans pouvoir de celle-ci, encore que la conciliation aurait pour objet une action immobilière intéressant exclusivement elle seule. — *Cass.*, 10 mars 1814, Chousségnoux c. Sarragot.

106. — Cette dernière décision est critiquée par Carré et Pigeau (*ubi suprà*). — Mais nous ne saurions partager leur avis. En effet le mari, en paraissant en conciliation sur une action immobilière qui intéresse sa femme, ne fait qu'un acte conservatoire, une démarche utile et nécessaire, qui même lui est prescrite par l'art. 1428, C. civ., puisque sans cela sa femme serait passible de l'amende, faute d'avoir comparu en conciliation. Le mari n'a donc pas besoin de pouvoir de son épouse pour faire un acte commandé par la justice elle-même, et qui, loin de compromettre les droits de sa femme, tend à les conserver.

107. — Aux termes de l'art. 16, décr. du 6-27 mars 1791, aucuns avoués, greffiers, huissiers et ci-devant hommes de loi ou procureurs, ne pouvaient représenter les parties aux bureaux de paix. — Cette disposition n'était au surplus, en quelque sorte, que le commentaire de celle insérée dans le décr. du 18-26 oct. 1790, qui défendait aux parties de se faire assister ou représenter par aucune des personnes qui, à quelque titre que ce soit, sont attachées à des fonctions relatives à l'ordre judiciaire.

108. — Le Code de procédure ne reproduisit pas cette prescription, et en conséquence on décida que l'on pouvait, devant le juge de paix, se faire assister d'un défenseur ou conseil (homme de loi ou autre); la disposition de l'art. 1er, tit. 3, L. 18-26 oct. 1790, qui défendait aux parties de se faire assister ou représenter par aucune des personnes qui, à quel titre que ce fût, étaient attachées à des fonctions judiciaires, ayant été abrogée par l'art. 9, C. procéd. — *Trib. civ. de Chinon*, 25 mai 1832, comm. de Savigny c. comm. de Saint-Germain.

109. — Il est vrai qu'une circulaire du garde des sceaux, du 15 mars 1822, s'appuyant sur l'art. 9, C. procéd., émet l'avis que les parties ne pourraient se faire représenter par un avoué, ou se faire assister d'un avocat. Mais évidemment cette opinion du ministre était erronée, et rien dans l'art. 9 ne prohibe l'assistance de conseils choisis dans l'ordre judiciaire.

110. — Et il a été décidé spécialement que le juge de paix ne peut refuser la parole à un avoué qui se présente pour son client, en ce qu'il ne serait pas muni d'un pouvoir. — *Trib. civ. Chinon*, 25 mai 1832, comm. de Savigny.

111. — Jugé encore, sous l'empire du Code de procédure, que les huissiers et gens de loi pouvaient représenter et défendre les parties au bureau de paix. — *Cass.*, 2 fév. 1825, Nettement c. Neppel.

112. — Cependant, des réclamations s'étaient élevées en ce qui concerne la faculté accordée aux huissiers de représenter ou défendre les parties devant le tribunal de paix et, en conséquence, lorsque fut soumis aux chambres le premier projet de la loi sur les justices de paix, devenu depuis la loi du 25 mai 1838, la commission de la chambre des députés proposa d'ajouter à ce projet une disposition ainsi conçue : « Aucun huissier ne pourra, à peine d'une interdiction de quinze jours à trois mois, exercer les fonctions de procureur fondé ou défenseur, dans les causes portées en justice. »

113. — Lors de la seconde présentation du projet, le gouvernement, adoptant cette pensée, proposa d'en assurer la sanction par une amende de 50 fr., somme que la commission nouvelle n'accepta que comme *maximum*, abaissant le *minimum* de l'amende à 25 fr.

114. — Ces propositions nouvelles excitèrent des réclamations : « Il fut observé, non sans raison, dit M. Curasson (*Tr. de la compét. des juges de paix*, t. 2, p. 643), que si dans les villes des hommes instruits consentent souvent à venir plaider devant la justice de paix, il n'en est pas de même dans les campagnes : là on est obligé de choisir entre deux classes d'hommes, les huissiers et quelques mauvais praticiens, qui, n'ayant aucune considération, servent quelquefois de recors. Que les huissiers qui exploitent dans l'affaire, ne puissent se constituer en même temps défenseurs des parties, ce serait, disait-on, une exclusion raisonnable; mais prononcer une exclusion générale et absolue contre tous les huissiers, c'est signaler une classe d'officiers publics comme indigne de la confiance des parties. D'après ces considérations, la commission pensa qu'il suffisait de borner la prohibition aux huissiers *qui auraient exploité dans la cause.* »

115. — Toutefois, la prohibition fut maintenue d'une manière générale : « Dans les causes portées devant la justice de paix, dit l'art. 18, L. 1838, aucun huissier ne pourra ni assister comme conseil, ni représenter les parties en qualité de procureur fondé, à peine d'une amende de 25 à 50 fr., qui sera prononcée sans appel par le juge de paix. » — En outre, l'art. 19 confère au juge de paix un droit de suspension de quinzaine à raison de cette infraction, s'il s'agit d'un huissier du canton.

116. — Il n'est fait exception, par l'art 18, qu'à l'égard de l'huissier qui se trouverait dans l'un des cas prévus par l'art. 86, C. procéd. civ., c'est-à-dire qui se présenterait pour lui-même, sa femme, ses parens ou alliés en ligne directe ou ses pupilles.

117. — Cette incapacité, qui frappe l'huissier, en vertu de l'art. 18, L. 25 mai 1838, n'a trait, évidemment qu'à l'assistance devant le juge de paix et non aux conseils donnés avant l'audience à l'une des parties.

118. — Mais, ainsi étendue, s'applique-t-elle à toutes affaires quelle que soit leur nature, ou seulement aux affaires contentieuses? La question est controversée, ainsi que nous l'avons vu déjà (V. CONCILIATION, n° 235). — M. Curasson (t. 2, p. 645) soutient la négative; mais cette interprétation nous paraît forcée. — V. au surplus HUISSIER, JUSTICE DE PAIX.

119. — Ce sera aussi sous ces mots que nous examinerons si, en admettant que la prescription de l'art. 18 a trait aux citations en conciliation comme aux affaires contentieuses, elle s'applique aux affaires de juridiction purement gracieuses, telles que la participation aux assemblées de conseil de famille, les levées de scellés et les inventaires qui ne sont plus, à proprement parler, des *causes*. — V. Benech, *Tr. des just. de paix*, p. 471.

120. — Mais, à part ce qui concerne les huissiers, la loi du 25 mai 1838 n'a rien changé aux dispositions du Code de procédure, en ce qui concerne le droit pour les parties de se faire représenter devant la justice de paix ou d'y être assistées par qui bon leur semble.

121. — Il est vrai que deux amendemens furent proposés, l'un tendant à autoriser le juge de paix à refuser comme fondés de pouvoirs toutes personnes qu'ils jugeraient à propos, à moins qu'elles ne fussent parentes ou amies, l'autre ayant pour but d'introduire dans la loi une disposition qui forçât les parties à comparaître en personne.

122. — Mais ces amendemens, dictés par le désir d'éloigner de l'audience des justices de paix ces prétendus hommes de loi que le rapporteur de la chambre des députés qualifiait de fléaux pour la société toute entière, furent rejetés comme trop absolus.

123. — Toutefois, il résulte des discussions qui eurent lieu à ce sujet qu'il est dans l'esprit du Code de procédure que la comparution en personne des parties ait lieu autant que possible, et la circulaire du garde des sceaux enjoint aux juges de paix de veiller avec soin à ce qu'il en soit ainsi. (V. Duvergier, *Coll. lois*, 1838, p. 359 et suiv.) — V. au surplus, sur tous ces points, JUSTICE DE PAIX.

§ 2. — *Tribunaux de commerce.*

124. — Comme devant les tribunaux de paix, la procédure y a lieu sans le ministère d'avoués. — C. procéd. civ., art. 414; C. comm., art. 627.

125. — Et la règle qui dispense les justiciables

du ministère des avoués devant les tribunaux de commerce s'étend aux tribunaux civils lorsqu'ils en remplissent les fonctions. — Orillard, *Compét. des trib. de comm.*, n° 17.

126. — De même aussi que devant la justice de paix, les parties ne sont pas tenues de comparaître en personne, elles peuvent se faire représenter ou assister par un fondé de pouvoirs.

127. — Mais nul ne peut plaider pour une partie devant le tribunal de commerce, si la partie présente à l'audience ne l'autorise ou s'il n'est muni d'un pouvoir spécial. Ce pouvoir, qui pourra être donné au bas de l'original ou de la copie de l'assignation, sera exhibé au greffier avant l'appel de la cause et par lui visé sans frais. — C. comm., art. 627.

128. — En fait, et principalement dans les lieux où le nombre des affaires commerciales est fort multiplié, il existe des personnes qui, sous l'agrément du tribunal, font profession de défendre les causes des parties qui veulent leur confier leur mandat.

129. — Mais ces personnes n'ont, à proprement parler, aucun caractère légal; et à la différence de ce qui a lieu pour les officiers ministériels, elles sont assujéties à justifier d'un pouvoir spécial, et nul n'est forcé de recourir à leur ministère. — *Bordeaux*, 11 mai 1839 (t. 1er 1844, p. 478), Delouche c. Garde. — V. AGRÉÉ.

130. — Il a été jugé que l'avoué mandataire devant le tribunal de commerce, n'agissant point en sa qualité d'officier ministériel, une partie ne peut former une demande en désaveu, suivant la forme établie par l'art. 353, C. procéd., contre un avoué ou tout autre mandataire qui s'est présenté pour elle devant un tribunal de commerce; elle n'a contre cet officier ministériel qu'une action en dommages-intérêts. — *Bruxelles*, 7 déc. 1812 (et non 1821), Constantini c. Lombard; *Lyon*, 9 janv. 1832, Remeyer c. Bonnard. — V. d'ailleurs DÉSAVEU.

131. — Nul agréé ou autre ne peut plaider devant un tribunal de commerce sans pouvoir spécial, lorsque la partie n'est pas présente. — *Rouen*, 1er mars 1811, Tharel c. Larsonnier; *Rennes*, 10 juill. 1820, Duchesne c. Desjardin.

132. — Et il a été décidé que la délibération par laquelle un tribunal de commerce arrête provisoirement, jusqu'à ce qu'il ait été ordonné autrement par l'autorité supérieure, qu'un mandat donné à un tiers pour représenter le mandant dans toutes les affaires commerciales qu'il peut avoir devant le tribunal, *est suffisamment spécial*, est illégale et doit être annulée comme contraire au principe qui défend au juge de prononcer par voie de disposition générale et réglementaire. — *Cass.*, 19 juill. 1825, tribun. comm. de Reims.

133. — Un jugement du tribunal de commerce, rendu contre une partie représentée par un tiers, lorsqu'il n'est pas prouvé que ce dernier avait un mandat spécial ou même tacite, est par défaut. — *Aix*, 26 janv. 1836, Boinet. c. Piche.

134. — Spécialement, lorsque devant un tribunal de commerce un avoué se présente sans mandat pour une partie, et y reconnaît une dette en son nom, le jugement qui a condamné cette partie est par défaut et susceptible d'opposition, encore bien qu'il soit qualifié contradictoire. Il n'y a lieu ni d'en interjeter appel, ni d'intenter une action en désaveu contre l'avoué. — *Metz*, 23 août 1822, Boucher c. Desroches; *Nimes*, 24 mars 1830, Sequelin c. Martin.

135. — De même, lorsqu'il n'est pas constaté que l'agréé sur la demande duquel un tribunal de commerce a accordé un délai par jugement ait eu un pouvoir spécial de la partie, et qu'il l'ait représenté au greffier, ce jugement doit être réputé rendu par défaut. — *Rouen*, 1er juill. (et non juin) 1826, Chéron c. Desjardins.

136. — Jugé néanmoins que lorsque le mari et la femme se trouvent simultanément assignés, l'agréé qui est muni de la copie de l'assignation peut être réputé les représenter tous deux, quoiqu'il ne soit assisté que de la femme, et que celle-ci ait seule signé le pouvoir qui se trouve au bas de l'assignation. — *Rennes*, 9 mai 1810, Brouillard c. Boucard.

137. — ... Qu'en conséquence, la déclaration faite par l'agréé devant le tribunal de commerce qui avait représenté le mari sans y être autorisé, ne peut pas rendre admissible l'opposition du mari comme s'il s'agissait d'un jugement par défaut. — Même arrêt.

138. — En effet, les procédures faites avec les fondés de pouvoirs régulièrement, sont réputées contradictoires, de sorte que si, après avoir comparu à une audience, ils ne se présentaient plus, les jugemens rendus en l'absence des mandataires ne seraient pas considérés comme des jugemens par défaut, faute de comparaître. — *Cass.*,

18 janv. 1820, Viollot c. Maillot; 26 déc. 1821, Fumagalli c. Crémieux; 5 mai 1824, Hubert c. Licquiez; 7 nov. 1827, Philipot c. Puille. — V. Pardessus, *Dr. comm.*, t. 6, n° 1343. — V. au surplus JUGEMENT PAR DÉFAUT, TRIBUNAUX DE COMMERCE.

139. — L'art. 627, C. comm., tel qu'il était rédigé lors de sa première promulgation, ne contenait du reste aucune restriction quant à la liberté du choix du mandataire ou conseil devant les tribunaux de commerce.

140. — Néanmoins la jurisprudence, se fondant sur l'arrêté du 18 thermid. an XI, qui déclare formellement les fonctions d'huissier incompatibles avec celles de défenseur officieux, et sur le décret du 14 juin 1813, qui prescrit aux huissiers de se renfermer dans les bornes de leur ministère, s'était prononcée contre l'admission des huissiers en qualité de mandataires ou conseils des parties devant la juridiction commerciale. — *Riom*, 2 avr. 1830, Achard; *Amiens* (et non *Riom*), 24 juill. 1833, Holleville c. Thoret.

141. — Aucun doute n'est plus possible depuis que la loi du 3 mars 1840 sur les tribunaux de commerce a établi en cette matière et pour ce qui concerne les huissiers, la même incapacité que celle résultant de la loi du 25 mai 1838 sur les justices de paix.

142. — La disposition suivante a donc été ajoutée à l'art. 627, C. comm. : « Dans les causes portées devant les tribunaux de commerce, aucun huissier ne pourra, ni assister comme conseil, ni représenter les parties, en qualité de procureur fondé, à peine d'une amende de 25 à 50 fr., qui sera prononcée, sans appel, par le tribunal, sans préjudice des peines disciplinaires contre les huissiers contrevenans. »

143. — Néanmoins « cette disposition n'est pas applicable aux huissiers qui se trouveront dans l'un des cas prévus par l'art. 86, C. procéd. civ. » — V. *suprà* n° 116. — V. HUISSIER.

144. — Du reste, à part ce qui concerne les huissiers, les parties, comme devant la justice de paix, sont entièrement libres dans le choix de leurs mandataires ou conseils.

145. — Et il a été jugé même qu'un juge du tribunal de commerce peut être mandataire d'un négociant qui plaide devant le même tribunal. — *Rennes*, 10 juill. 1820, Duchesne c. Desjardin. — V., sur tous ces points, TRIBUNAUX DE COMMERCE.

146. — Le ministère des avocats est admis devant la juridiction commerciale comme devant la juridiction civile. Et lorsque les avocats se présentent assistés soit de la partie elle-même, soit d'un agréé ou mandataire ayant pouvoir régulier, on n'exige d'eux aucune autre justification.

§ 3. — *Conseils de prud'hommes.*

147. — Aux termes du décret du 11 juin 1809, organique des conseils de prud'hommes, tout justiciable de ces conseils, appelé devant le bureau général ou particulier est tenu, sur une simple lettre du secrétaire, de s'y rendre *en personne*, au jour et à l'heure fixés, sans pouvoir se faire remplacer, hors le cas d'absence ou de maladie. — Décr. 11 juin 1809, art. 29.

148. — Et le décret ajoute qu'alors « seulement, il sera admis à se faire représenter par l'*un de ses parens, négociant ou marchand exclusivement*, porteur de sa procuration. » — *Ibid.*

149. — Aucune défense ne peut être signifiée par les parties (Même décret, art. 36). — La procédure extrêmement sommaire suivie devant les conseils de prud'hommes offre au surplus beaucoup d'analogie avec celle qui est pratiquée devant les tribunaux de commerce. — V. PRUD'HOMMES.

§ 4. — *Arbitres.*

150. — L'art. 1009, C. procéd., porte que les parties suivront, dans la procédure, les délais et formes établis pour les tribunaux, si les parties n'en sont autrement convenues. — Nous avons vu, en traitant de l'arbitrage, quel sens il faut donner à cet article. — V. ARBITRAGE, n°s 583 et suiv.

151. — Notons seulement que, si les parties peuvent, au lieu de comparaître en personne, se faire représenter devant les arbitres, ou si, présentes, elles peuvent se faire assister d'un conseil, en principe, l'assistance du mandataire ou conseil n'est jamais obligatoire, et celui-ci n'a qualité qu'en vertu du pouvoir qui lui est donné.

152. — Jugé spécialement que le ministère d'un avoué n'est pas nécessaire devant des arbitres, et que, s'il y comparaît, ce n'est qu'en tant que mandataire ou conseil, et non comme officier ministériel. — *Cass.*, 7 fév. 1810, Montabenc c. N... — V. conf. Berriat, p. 42, n° 24; Demiau-Crouzilhac, p. 675; Chauveau sur Carré, n° 3289.

153. — Les avocats sont admis à plaider devant la juridiction arbitrale de même que devant la juridiction commerciale.

154. — Il faut du reste appliquer ici tout ce que nous avons dit au sujet de la défense devant les tribunaux de commerce. — V. *suprà* n°s 139 et suiv. — Néanmoins on peut se demander si l'incapacité qui frappe les huissiers à l'égard de la juridiction commerciale (V. *suprà* n° 142) et des justices de paix (V. *suprà* n°s 107 et suiv.), existe lorsqu'il s'agit d'un tribunal arbitral.

155. — Pour la négative, on peut faire remarquer que ces incapacités qui frappent l'huissier ne résultent que de lois spéciales, et qu'en conséquence on ne saurait, par analogie, étendre au cas d'arbitrage des incapacités et des peines qui n'ont été établies qu'à l'égard des justices de paix et des tribunaux de commerce.

156. — Ne peut-on pas, d'un autre côté, se fonder sur l'analogie complète qui existe entre ces divers cas? Ne peut-on pas ajouter que, s'il n'existe pas de texte spécial et formel qui prononce l'incapacité, il en était de même à l'égard des tribunaux de commerce avant la loi du 3 mars 1840, et que cependant la jurisprudence ne tenait pas pour constante l'incapacité des huissiers. — V. aussi HUISSIER. — V. au surplus sur tous ces points ARBITRAGE.

§ 5. — *Cour de Cassation.*

157. — En matière civile le pourvoi doit être signé par un avocat à la cour de Cassation à peine de nullité. — Réglem. de 1738, 1re partie, tit. 4, art. 2. — V. CASSATION (mat. civ.), n° 1140.

158. — Ces avocats sont exclusivement chargés de postuler, instruire, discuter, consulter et plaider devant la cour de Cassation. — Il n'y a, comme nous le verrons plus bas (V. *infrà* n° 547), d'exception qu'en matière de grand criminel.

159. — Néanmoins il ne faudrait pas conclure de là que la partie ne peut elle-même présenter à la barre de la cour ses moyens de pourvoi, ce que la loi exige seulement, c'est l'assistance de l'avocat.

160. — C'est ainsi qu'il a été jugé que même une femme peut, en matière civile, être admise à plaider sa propre cause devant la cour suprême en audience solennelle. — *Cass.*, 31 mars 1807, Gracieux de Lacoste c. N...

161. — ... Et encore qu'un fils peut, sans être avocat, être admis à soutenir devant la cour de Cassation le pourvoi de sa mère contre l'arrêt qui a prononcé la séparation de corps. — *Cass.*, 8 nov. 1830, Demontal. — V. AVOCAT A LA COUR DE CASSATION ET AUX CONSEILS DU ROI, CASSATION (mat. civ.), COUR DE CASSATION.

§ 6. — *Conseil d'état.*

162. — L'art. 1er du décret réglementaire du 22 juill. 1806 veut que le recours des parties au conseil d'état en matière contentieuse soit formé par requête d'un avocat au conseil, sauf dans quelques cas exceptionnels, où leur intervention n'est pas requise. — V. CONSEIL D'ÉTAT, n°s 402 et suiv.

163. — Ces avocats, qui sont les mêmes que devant la cour de Cassation, ont devant ces juridictions droit exclusif de postuler, instruire, discuter et plaider pour les parties.

164. — Il est du reste incontestable que, de même que devant la cour de Cassation, les parties assistées de leurs avocats, pourraient présenter elles-mêmes les moyens à l'appui de leur pourvoi. — V. AVOCAT A LA COUR DE CASSATION ET AUX CONSEILS DU ROI, CONSEIL D'ÉTAT.

§ 7. — *Conseils de préfecture.*

165. — Aucun officier ministériel n'existe près les conseils de préfecture; d'un autre côté la défense orale n'y est point appliquée; les conseils jugent sur mémoires et observations présentés par les parties ou leurs fondés de pouvoirs.

166. — Tous les arrêtés que prend un conseil de préfecture en matière contentieuse doivent viser la demande et les pièces ou observations produites par les parties; à défaut du premier *visa*, l'arrêté serait annulé comme entaché d'abus de pouvoir; à défaut du second, il serait pris par défaut. — V. CONSEIL DE PRÉFECTURE.

§ 8. — *Cour des comptes.*

167. — Il n'y a pas d'avocats à la cour des comptes pour l'instruction des affaires. L'art. 20 du décret du 28 sept. 1807 porte : « Que les parties ou *leurs fondés de pouvoirs* seront admis devant elle. » — V. COUR DES COMPTES.

CHAPITRE II. — *Défense en matière criminelle.*

168. — Quelle que soit la nature de l'accusation portée contre un individu, à quelque juridiction que soit déférée l'infraction qui lui est reprochée, le droit de la défense est également sacré, et doit s'exercer avec liberté complète.

169. — Est nul, en conséquence, le jugement qui prononce des condamnations, sur le simple réquisitoire du ministère public, contre un prévenu qui n'a été ni entendu ni même appelé. — *Cass.*, 14 brum. an VIII, Norbert.

170. — Un tribunal criminel ne pourrait, sans usurpation de pouvoirs, condamner même comme civilement responsable d'un délit un individu qui n'a été ni entendu ni appelé. — *Cass.*, 21 prair. an XI, Matheron.

171. — Jugé même, et avec raison, que toute formalité qui a pour objet de mettre un prévenu en état de se défendre est censée avoir été omise, lorsque l'accomplissement n'en est pas constaté. — *Cass.*, 15 janv. 1814, Guillot.

172. — Toutefois, c'est principalement dans ces accusations graves, qui mettent en question l'honneur, la liberté et parfois la vie de celui qui en est l'objet, que le droit de défense doit être assuré et respecté, et qu'il convient d'en déterminer la nature et l'étendue.

173. — Aussi porterons-nous surtout notre examen sur la défense présentée en matière de grand criminel et devant la cour d'assises, sauf à indiquer ensuite séparément ce qui intéresse la défense devant les autres juridictions criminelles.

Sect. 1re. — *Cours d'assises.*

§ 1er. — *Défenseur. Communication avec l'accusé.*

174. — « Le principe de la défense étant incontestable, il faut, pour qu'il ne soit pas stérile, que l'accusé qui souvent n'a pas le talent ou la présence d'esprit nécessaires pour se défendre lui-même puisse se choisir un conseil. » — Dupin, *De la libre défense des accusés*, § 3.

175. — L'assistance d'un défenseur et la liberté du choix de ce défenseur doivent donc être considérées comme la base essentielle du droit de défense.

176. — Ces droits furent consacrés par les législations les plus anciennes. Ainsi, chez les Hébreux, s'il arrivait qu'un accusé eût été condamné sans que sa défense eut été présentée, le législateur voulait qu'au moment où il était conduit au supplice un héraut demandât à haute voix si parmi les assistans il se trouvait quelqu'un qui pût justifier l'accusé; et si, en effet, quelqu'un s'offrait pour prendre sa défense, il était sursis à l'exécution, et l'affaire était l'objet d'un nouvel examen. — Pastoret, *Hist. de la législat.*, t. 4, p. 116.

177. — Les Grecs regardèrent toujours l'assistance d'un défenseur comme un droit pour l'accusé, et il n'y a guère d'exemples que cette assistance ait été jamais refusée.

178. — Il en fut de même à Rome; le préteur y comptait même au nombre de ses devoirs de donner un défenseur à celui qui n'en avait pas : — *Si non habebunt advocatum, ego dabo.* » — L. 1, § 4, ff., *De postulando.*

179. — L'esclave lui-même ne devait pas être abandonné sans défenseurs : « *Servus etiam per procuratorem domini æque, ac per dominum, defendi potest.* » L. 11, ff., *De publicis judiciis.* « *Si non defendantur servi à dominis, non utique statim ad supplicium deducuntur, sed permittetur eis defendi vel ab alio, et qui cognoscit debebit de innocentiâ eorum quærere.* » L. 11, ff., *De pœnis.*

180. — Le droit pour l'accusé d'être assisté d'un défenseur se retrouve également dans les anciens monumens de notre législation, et l'histoire témoigne, par de fréquens et notables exemples, du respect dont il fut presque constamment l'objet. « Depuis la création des parlemens, dit M. Dupin (*loc. cit.*, § 7), nous voyons que dans tous les procès d'état, complots, trahisons, crimes de lèse-majesté, les plus fameux avocats ont libéralement entrepris et glorieusement soutenu la cause des plus illus-

DÉFENSE, DÉFENSEUR, ch. 2, sect. 1re.
DÉFENSE, DÉFENSEUR, ch. 2, sect. 1re.

tres accusés. Et leur nom, transmis avec éloge à la postérité, nous prouve que l'estime publique a été la récompense de leur noble dévoûment. »

181. — Toutefois, au seizième siècle, le principe de la liberté de la défense fut profondément atteint par l'ordonnance de 1539, laquelle voulut que désormais l'accusé ne pût être assisté d'un défenseur. — Jusque-là ce n'était que fort rarement, et contrairement à toutes les règles reçues, que certains accusés s'étaient vus, par suite d'abus de pouvoirs, privés de défenseurs; on peut citer comme exemples les plus fameux de la violation des droits de la défense le procès d'Enguerrand de Marigny et celui de Jacques Cœur.

182. — On sait, du reste, qu'une des premières applications de cette ordonnance de 1539 fut faite précisément à son auteur, le chancelier Poyet; et qu'alors qu'il se plaignait d'être ainsi livré à l'accusation sans moyens de justification, il lui était justement répondu : « *Patere legem quam ipse tulisti.* »

183. — Quoi qu'il en soit, et malgré le blâme universel dont elle avait été l'objet, l'interdiction pour l'accusé de l'assistance d'un défenseur fut maintenue dans l'ordonnance de 1670, et l'on ne tint aucun compte des réclamations faites à ce sujet par Lamoignon.

184. — L'art. 8, tit. 14, ordonn. de 1670, disposa, en effet, « que les accusés de quelque qualité qu'ils fussent seraient tenus de répondre par leur bouche, sans le ministère de conseil, qui ne pourrait leur être donné, même après la confrontation, nonobstant usage contraire. »

185. — Néanmoins, cette règle souffrait exception dans les cas de péculat, concussion, banqueroute frauduleuse, vol de commis et associés en fait de finances ou de banque, fausseté de pièces, supposition de part et autres crimes où il s'agissait de l'état des personnes, parce que, dans ces sortes de crimes, l'accusé pouvait avoir besoin d'un conseil, soit pour se procurer les pièces indispensables à sa défense, soit pour discuter les questions de droit qui surgiraient. — Jousse, *Just. crim.*, t. 3, nº 58; Rousseaud de Lacombe, *Mat. crim.*, p. 461, nº 2.

186. — Des restrictions aussi iniques ne pouvaient manquer de disparaître au moment où l'assemblée nationale fut appelée à réformer la législation criminelle.

187. — Aussi, dès le premier jour, et avant même de procéder à cette réforme entière, l'assemblée, « considérant qu'un des principaux droits de l'homme qu'elle a reconnus, est celui de jouir, lorsqu'il est soumis à l'épreuve d'une poursuite criminelle, de toute l'étendue de liberté et de sûreté qui peut se concilier avec l'intérêt de la société, qui commande la punition des délits », décréta : « L'accusé décrété de prise de corps pour quelque crime que ce soit, aura le droit de choisir un ou plusieurs conseils, avec lesquels il pourra librement conférer en tout état de cause, et l'entrée de la prison sera toujours permise aux dits conseils. — Dans le cas où l'accusé ne pourrait pas en avoir un par lui-même, le juge lui en nommera un d'office, à peine de nullité. » — Décr. 8 et 9 oct. 1789.

188. — La constitution du 3 sept. 1791 (tit. 3, chap. 5, art. 9) porta également qu'on ne pourrait refuser aux accusés le secours d'un conseil; et, par application de ce principe, la loi du 16 sept. 1791 (tit. 6, art. 13) voulut que tout accusé pût faire choix d'un ou de deux amis pour l'aider et lui servir de conseil dans sa défense; sinon le président devait lui en désigner un.

189. — Même au milieu de ses plus grands excès, le gouvernement révolutionnaire respecta toujours le droit de la défense; une seule loi le méconnut, celle du 22 prair. an II, qui, dans son art. 16, disait : « La loi donne pour défenseur aux patriotes calomniés des jurés patriotes; la loi n'en accorde point aux conspirateurs. » — Mais cette loi disparut bientôt avec les circonstances qui l'avaient fait naître.

190. — Comme les lois précédentes, le Code du 3 brum. an IV (art. 321) voulut que l'accusé pût choisir un ou plusieurs conseils pour l'assister dans sa défense. — A défaut de choix de sa part, lors de son interrogatoire, le président ou le juge qui l'interrogeait devait lui désigner un conseil sur-le-champ à peine de nullité, cette désignation devenant du reste nulle, si avant l'ouverture des débats, l'accusé avait choisi lui-même un conseil.

191. — Le Code d'instruction criminelle reproduit cette disposition à peu près dans les mêmes termes; après avoir parlé de l'interrogatoire préalable de l'accusé par le président des assises, il ajoute, art. 294 : « L'accusé sera interpellé de déclarer le choix qu'il aura fait d'un conseil pour l'aider dans sa défense; sinon le juge lui en désignera un sur-le-champ, à peine de nullité de tout ce qui suivra. — Cette désignation sera comme non avenue, et la nullité ne sera pas prononcée, si l'accusé choisit un conseil. »

192. — Le Code du 3 brum. an IV (art. 321) autorisait l'accusé à choisir un ou plusieurs conseils, tandis que le Code d'inst. crim. (art. 294) se borne à dire qu'il sera interpellé d'en choisir *un*. « Il ne résulte point de là, dit Carnot (sur l'art. 294, C. inst. crim.), que l'accusé ne puisse confier sa défense qu'à *un seul* conseil, *qu'un seul* conseil puisse se présenter aux débats pour parler en sa faveur. Tout ce qui résulte de ce changement de rédaction, c'est que le Code d'inst. crim. laisse à la prudence et à la sagesse du président à décider si l'accusé doit se faire assister de plusieurs conseils, tandis que le Code de l'an IV ne permettait pas aux cours de justice criminelle de prendre aucune détermination qui pût priver l'accusé de tel nombre de conseils dont il voulait se faire assister; d'où il pouvait naître de grands abus. »

193. — D'accord avec cet auteur sur le principe, et sans nous arrêter à la crainte des abus dont nous apercevons difficilement le danger, nous différons essentiellement sur son application. Aussi, lorsque, répondant à l'interpellation du président, un accusé a déclaré avoir choisi deux défenseurs, de quel droit le président en restreindrait-il le nombre? Ce ne sera point en vertu de son pouvoir discrétionnaire, qui ne commence qu'à l'ouverture des débats, ni en vertu de l'art. 294, C. inst. crim., car cet article et ceux qui le suivent parlent seulement d'une manière énonciative et n'ont rien de limitatif. L'accusé est, au contraire, fondé à réclamer l'assistance de deux conseils, en vertu du droit de la défense, qui est le plus sacré de tous, et par la raison qu'aucune loi ne lui en interdit la faculté ni n'en subordonne l'exercice à l'agrément du président.

194. — Si, au débat, un second défenseur non désigné par l'accusé se présentait, le président pourrait sans nul doute l'écarter comme étant sans mission. Mais si l'accusé demandait que ce défenseur fût entendu, la cour d'assises aurait seule le droit de prononcer. Ce serait, en effet, abuser des termes de la loi que de confondre le nombre des défenseurs, soit avec les actes d'instruction relatifs à la manifestation de la vérité (C. inst. crim., art. 269), soit avec ce qui tend à prolonger inutilement le débat. — Art. 270.

195. — S'il arrivait cependant que le second défenseur ne se livrât qu'à des redites ou à des discussions oiseuses, le président d'abord, et, en cas de réclamation, la cour d'assises pourraient, selon les circonstances, lui retirer la parole, de même qu'au premier défenseur, et le principe n'en souffrirait point.

196. — M. Carnot (sur l'art. 215, C. inst. crim., t. 2, p. 166, nº 6) s'exprime ainsi : « La défense du prévenu doit être pleine et entière, sous peine de nullité. Cependant, aujourd'hui il n'y aurait pas lieu d'annuler un arrêt de la cour d'assises parce que la parole n'aurait pas été accordée à un second défenseur, le Code n'ayant autorisé l'accusé qu'à s'en choisir un seul. »

197. — Nous pensons comme lui que la nullité ne saurait être prononcée; mais nous ne partagerions point son avis, s'il était établi que, par suite de l'élimination du second conseil, la défense n'avait pas été complète. Cette restriction, fondée en raison et conforme à l'esprit de la jurisprudence, nous semble indispensable pour conserver intacts les intérêts du prévenu.

198. — En effet, les droits ne sont pas tous sanctionnés par la peine de nullité. Or, le refus d'entendre un second défenseur, sans que la défense en devienne incomplète, ne viole aucune loi; et le droit que nous avons reconnu à l'accusé n'est pas du nombre de ceux qui, aux termes de l'art. 408, nº 2, C. inst. crim., donnent ouverture à cassation, parce que, s'il existe dans le silence de la loi, on ne peut cependant pas dire qu'il soit *accordé* par elle.

199. — Jugé, sous l'empire du Code du 3 brum. an IV, et cette décision serait encore aujourd'hui applicable, qu'un accusé ayant le droit de se choisir un ou plusieurs défenseurs, un tribunal criminel ne peut refuser la parole au second défenseur, sous le prétexte qu'il n'a pas assisté aux dépositions orales des témoins. — *Cass.*, 3 thermid. an X, Martin Flamans.

200. — Le Code du 3 brum. an IV n'avait du reste imposé aucune condition au choix du défenseur, que l'accusé pouvait prendre parmi toutes les classes de citoyens. Au contraire, le Code d'instruction criminelle a voulu que le conseil de l'accusé ne pût être choisi par lui ou désigné par le juge que parmi les avocats ou avoués de la cour royale ou de son ressort, à moins que l'accusé n'obtienne du président de la cour d'assises la permission de prendre pour conseil un de ses parens ou amis. — C. inst. crim., art. 295.

201. — Sous un rapport, la disposition de l'art. 295 ne peut être l'objet d'aucune critique; quoique paraissant restrictive des droits de l'accusé, elle n'a eu d'autre but que son propre intérêt. Depuis la suppression de l'ordre des avocats, la défense des accusés était fréquemment confiée à des hommes sans capacité, choisis dans toutes les classes de la société. Frappés des abus qui en étaient résultés sous l'empire des codes de 1791 et de l'an IV, les rédacteurs du Code d'instruction criminelle limitèrent le choix aux avocats et avoués rétablis par les lois des 27 vent. an VIII et 22 vent. an XII. — Bourguignon, *Man. d'inst. crim.*, t. 1er, p. 383, note 4; *Jurispr. C. crim.*, t. 2, p. 5; Carnot, *Inst. crim.*, t. 2, p. 413, nº 1er.

202. — Mais pourquoi limiter le choix de l'accusé en ce sens qu'il ne lui est loisible de choisir son défenseur que parmi les avocats ou avoués exerçant dans un ressort déterminé? « Ce cercle, disait l'orateur du gouvernement, est assez grand pour que l'accusé puisse facilement trouver un défenseur digne de sa confiance. » — Il nous semble que l'exclusion des défenseurs sans titre ne nécessitait point cette dernière restriction, qui n'est d'ailleurs nullement justifiée.

203. — En effet, comme l'observe M. Dupin (*loc. cit.*), « que l'avocat désigné d'*office* ne puisse être choisi que sur les lieux, je le conçois; aucun lien ne l'attache à l'accusé; tout devient indifférent à celui qui, pouvant choisir, ne l'a pas voulu; et d'ailleurs, il ne serait pas juste que, sur une désignation d'office, un conseil fût obligé de se déplacer. — Mais quand l'accusé se choisit lui-même un défenseur, pourquoi l'astreindre à ne le prendre que dans le ressort de la cour qui doit le juger? Pourquoi exiger, en pareil cas, une permission du président, qui, s'il peut permettre, pourra donc aussi refuser à l'avocat, au parent, à l'ami?... Le médecin, le chirurgien domicilié à Paris ont-ils besoin d'une autorisation de la faculté pour aller guérir un homme en province? Les infirmes des départemens sont-ils réduits à se faire panser et traiter par le frater de leur village? Leur est-il défendu d'élever leur confiance? »

204. — A l'époque où parurent ces observations (1815), elles avaient d'autant plus d'importance que le décret du 14 déc. 1810 interdisait aux avocats inscrits au tableau d'un tribunal de première instance de plaider hors du département sans l'autorisation du ministre de la justice.

205. — L'autorisation fut même plus d'une fois refusée; son obtention était, du reste, soumise à des conditions difficiles; c'est ainsi notamment que, par une circulaire du 25 avr. 1821, le ministre déclarait ne vouloir désormais accorder l'autorisation que sur l'attestation que l'avocat n'avait été puni d'aucune peine de discipline, et des renseignemens particuliers sur *ses opinions*.

206. — Et c'est par application du décret de 1810 qu'il fut interdit au général Berton d'être assisté devant la cour d'assises de la Vienne par Me Mesnard, avocat du barreau de Rochefort, ville située dans le ressort de la cour de Poitiers; le pourvoi formé par le général contre ce refus fut rejeté. — *Cass.*, 3 oct. 1822, Berton.

207. — Enfin, l'ordonnance du 20 nov. 1822 vint encore ajouter, comme conditions pour l'autorisation de plaider hors le ressort, l'avis du conseil de discipline de l'avocat et l'agrément du premier président. — Ord. 20 nov. 1822, art. 39.

208. — Mais ces entraves du décret de 1810 et de l'ordonnance de 1822 au droit de plaider hors le ressort ont été supprimées par l'ordonnance du 27 août 1830. — V. AVOCAT. — Seule, la restriction apportée au choix du défenseur par l'art. 295, C. d'inst. crim., resta en vigueur, une ordonnance royale ne pouvant abroger un article de loi. — Il est fâcheux que le législateur n'ait point, lors de la révision du Code d'instruction criminelle en 1832, mis l'art. 295 de ce Code en harmonie avec l'ordonnance du 27 août 1830, qui consacre les vrais principes.

209. — Il est à remarquer, du reste, qu'en fait, depuis 1830, on ne connaît pas d'exemples de refus opposé par le président de la cour d'assises au défenseur demandé par l'accusé comme appartenant à un autre ressort.

210. — Du reste, l'art. 295 doit recevoir sa complète application, et il a été jugé même, sous l'empire du décret du 14 déc. 1810 et de l'ordonnance du 20 nov. 1822, que la faculté de choisir son défenseur parmi les avoués de la cour royale et de son ressort n'a été détruite ni modifiée par aucune disposition des lois et réglemens postérieurs au Code, et qu'ainsi la prohibition faite aux avoués par les ordonnances des 27 fév. et 20 nov. 1822 doit

être restreinte à la plaidoirie des affaires civiles. — *Paris*, 31 juill. 1826, Benoist; *Cass.*, 23 juin 1827, mêmes parties. — V. conf. Legraverend, t. 2, p. 399, n° 6. — V. aussi Carnot, *Inst. crimin.*, t. 2, p. 416, n° 3.

211. — Néanmoins, il a été jugé que les avoués n'ont caractère qu'auprès du tribunal auquel ils sont attachés, et que l'accusé ne peut, dans son choix, enfreindre cette règle. Ainsi, dans le chef-lieu de la cour royale, dont la cour d'assises est une section, les avoués près cette cour excluent ceux de tous autres tribunaux; dans les chefs-lieux de département où siége la cour d'assises, les avoués du lieu excluent ceux des autres tribunaux du département. — *Cass.*, 7 mars 1828, Fichet.

212. — Il n'est pas nécessaire que l'accusé qui veut se faire défendre par un parent ou par un ami, présente sa demande au moment de l'interrogatoire par le président. L'omission qu'il en aurait faite ou son retard n'élèvent contre lui aucune fin de non-recevoir. — Carnot, t. 2, p. 413, n° 3. — La permission peut toujours être demandée tant que la défense n'est pas complète.

213. — Mais le pouvoir du président est discrétionnaire et absolu : l'accusé ne saurait se plaindre de ce que le président lui a refusé de se faire défendre par un parent ou un ami. — *Cass.*, 28 juin 1811, Passelems. — Carnot, sur l'art. 295, C. instr. crim., t. 2, p. 414, n° 4; de Serre, *Manuel des cours d'assises*, t. 1er, p. 88; Morin, *Dict. de droit crim.*, v° *Défense*.

214. — Cependant, lorsque la personne proposée par l'accusé offre des garanties suffisantes de moralité et de capacité, le président ne doit pas refuser de l'admettre. — Bourguignon, *Jurispr. C. crim.*, t. 2, p. 5.

215. — C'est ainsi qu'il y a quelques années, dans un pays voisin du nôtre, et régi par nos lois criminelles, la Belgique, un exemple remarquable a été donné du respect dû à la liberté du choix du défenseur. — Me Chaix-d'Est-Ange, bâtonnier de l'ordre des avocats à la cour royale de Paris, fut, sans aucune contestation, et quoique *non national*, admis à présenter comme *ami* la défense d'un accusé devant la cour d'assises du Brabant méridional; toutefois, et pour satisfaire aux prescriptions de la loi, un avocat belge prit également place au banc de la défense.

216. — Lorsqu'une cour d'assises a refusé d'entendre un avoué choisi par l'accusé pour son défenseur, sur le motif qu'il n'est point licencié en droit, sauf au président à lui accorder la parole à titre d'ami, si l'accusé le demandait, celui-ci ne peut tirer de ce refus un moyen de cassation, lorsqu'il est établi que sa défense a été présentée par un autre avoué nommé d'office, et qu'il n'a point usé de la faculté qui lui avait été réservée de s'adresser au président. — *Cass.*, 20 fév. 1824, Courbejon.

217. — Mais l'avoué qui a été désigné par un accusé pour son conseil, s'il est empêché de plaider en cour d'assises, et déclaré sans qualité, est recevable à se pourvoir en cassation, en son nom personnel. — *Cass.*, 23 juin 1827, Benoist.

218. — Au surplus, il convient d'observer que, quand le Code d'instruction criminelle parle de l'assistance des avoués, c'est en tant que conseils et non comme officiers ministériels qu'il les considère.

219. — En effet, en matière criminelle (et ici nous prenons ce mot dans l'acception la plus générale), les conseils et défenseurs des accusés n'ont pas besoin du ministère d'avoués pour prendre des conclusions et former les demandes qu'ils estiment convenables dans l'intérêt de leurs clients. — *Cass.*, 12 mars 1812, Campion; 17 fév. 1820, Fredly.

220. — Il en est de même pour la partie civile en ce qui concerne son droit d'intervention. — *Cass.*, 17 fév. 1826, Fredly.

221. — Une cour d'assises ou un tribunal correctionnel commettrait donc un excès de pouvoirs en refusant la parole à l'avocat de la partie civile sous prétexte qu'il n'est pas assisté d'un avoué. — Même arrêt.

222. — Mais le pourvoi en cassation formé par une partie civile est non-recevable, si son mémoire, signé d'elle seule, a été présenté sans le concours d'un avocat à la cour de Cassation. — *Cass.*, 18 sept. 1828, Dumas de Pascaud.

223. — Le rôle du défendeur consiste du reste à assister l'accusé et non à le remplacer; nul devant la cour d'assises ne peut se faire représenter par procureur, car il s'agit d'une accusation qui, en cas de culpabilité reconnue, frappe le condamné dans sa personne. — C. inst. crim., art. 185. — V. *infrà* nos 497 et suiv.

224. — Toutefois, en matière de presse, et quoique ces affaires soient du ressort de la cour d'assises, il est fait exception à cette règle. — *Ass. de la Seine*, 22 mai 1835, Bichat; aff. de la *Tribune*. — V. DÉLITS DE PRESSE, nos 637 et suiv.

225. — L'art. 294, C. inst. crim., qui en cela encore ne fait que reproduire la disposition du Code de brumaire an IV, veut que, si l'accusé n'a pas fait choix d'un défenseur, il lui en soit désigné un d'office par le président des assises; et l'art. 295 détermine sur quelles personnes peut porter cette désignation.

226. — L'omission faite par le président de nommer un conseil à l'accusé qui n'en a pas choisi lors de son interrogatoire est une cause de nullité. — *Cass.*, 14 prair. an VII, Nathier; 14 prair. an VII, Dieu; 16 prair. an VII, Maurice; 16 prair. an VII, Pichon; 21 vendém. an VIII, Antoumari.

227. — La loi qui ne permet pas qu'un accusé reste sans conseil dispose impérativement et doit être exécutée lors de son interrogatoire; quand même il déclarerait n'en point vouloir et n'en avoir pas besoin. — *Cass.*, 27 vendém. an VIII, Coppens.

228. — Il en est ainsi lors même qu'après la cassation d'un premier arrêt de condamnation l'accusé a été renvoyé devant une autre cour d'assises qui n'a plus qu'à statuer sur l'application de la peine. — *Cass.*, 22 avr. 1813, Bortayre.

229. — Mais le renvoi de l'affaire d'une session à l'autre ne nécessite pas la désignation d'un nouveau conseil à l'accusé auquel il en a été déjà désigné un, lors de son arrivée dans la maison de justice. — *Cass.*, 6 nov. 1840 (t. 1er 1841, p. 604), Ronyer.

230. — Carnot (t. 2, p. 412, n° 11) pense que la première désignation serait suffisante, si l'accusé n'en réclamait pas une nouvelle; mais qu'en cas de réclamation de sa part, la nullité serait encourue à défaut d'une désignation nouvelle, si le premier défenseur n'assistait pas l'accusé aux débats. Cette opinion qui se réduit à une simple application de l'art. 408, C. inst. crim., est contraire à l'ensemble de la jurisprudence.

231. — Le même auteur dit encore (t. 2, p. 407, n° 5) que le président de la cour d'assises peut réparer l'omission qu'il aurait faite de désigner un défenseur à l'accusé lors de son interrogatoire; mais que, si l'accusé avait demandé le renvoi à une autre session, en se fondant sur la tardiveté de cette désignation, et que la cour d'assises eût passé outre aux débats, la nullité serait encourue. L'art. 294 prononce en effet cette peine dans des termes qui paraissent s'appliquer à la désignation tardive comme au défaut de désignation. Toutefois, la jurisprudence a reconnu que l'irrégularité pouvait être couverte. Appliquant ici les principes qu'elle a consacrés, nous dirons que l'accusé qui a été assisté d'un conseil est non-recevable à se plaindre d'avoir été soumis aux débats nonobstant sa réclamation; mais que s'il n'a pas été défendu, la nullité n'est pas couverte. — Carnot, *Inst. crim.*, t. 2, p. 415.

232. — L'absence d'un conseil n'est pas réparée par l'assistance d'un interprète. — *Cass.*, 22 avr. 1813, Bortayre.

233. — Lorsque le conseil choisi par l'accusé est appelé comme témoin par le ministère public, il doit être remplacé dans ses fonctions de défenseur par un autre conseil, pendant son audition, à peine de nullité. — *Cass.*, 4 janv. 1821, Paul Polacci.

234. — Mais l'accusé qui a choisi pour défenseur l'un des témoins entendus dans l'instruction écrite ne peut se faire un moyen de nullité de ce que son défenseur aurait été cité comme témoin aux débats, à la requête du ministère public, surtout lorsque pendant l'absence ou la déposition de ce témoin il lui en a été nommé un autre d'office. — *Cass.*, 30 avr. 1835, Lambert et Robert.

235. — Comme aussi, lorsque deux individus sont accusés du même crime, et que leur défense est commune, le président de la cour d'assises remplit suffisamment le vœu de la loi en nommant à chacun d'eux le même défenseur. — *Cass.*, 22 mai 1818, Servat.

236. — Lorsqu'il est établi que des moyens de défense sur l'accusation et sur l'application de la peine ont été présentés pour deux accusés, avant et après la déclaration du jury, l'un d'eux est non-recevable à se plaindre de ce que le président ne lui a pas nommé un défenseur, ou ne l'a pas interpellé sur le choix qu'il aurait pu faire, conformément à l'art. 294, C. inst. crim. — *Cass.*, 3 avr. 1818, Lewy.

237. — Les coaccusés qui ont été défendus par le même avocat, sans opposition de leur part, sont non-recevables à se faire un moyen de nullité de ce qu'il aurait dû leur être donné à chacun un défenseur particulier, sous le prétexte que leur intérêt pouvait être en opposition. — *Cass.*, 23 déc. 1826, Heurtaux et Daguet.

238. — De nombreuses décisions ont du reste été

rendues sur les conséquences du principe établi par la loi relativement à la défense d'office, et il résulte de l'ensemble de cette jurisprudence que ce qui est prescrit à peine de nullité, c'est la désignation du défenseur, et que du reste l'assistance de ce même défenseur devient un fait, sinon indifférent, du moins incapable de produire une nullité.

239. — Ainsi, jugé que l'absence du conseil de l'accusé aux débats n'est point une cause de nullité; il suffit, pour remplir le vœu de la loi, que le président se soit assuré que l'accusé a fait choix d'un conseil, ou qu'il lui en ait désigné un d'office. — *Cass.*, 9 fév. 1816, Simonin.

240. — Il suffit que le président de la cour d'assises ait nommé un défenseur à l'accusé pour que le vœu de la loi soit rempli, et que l'accusé ne puisse tirer un moyen de nullité de ce que son défenseur n'aurait pas assisté à l'audition du premier témoin. — *Cass.*, 26 nov. 1829, Durand.

241. — L'absence du défenseur de l'accusé au moment où la cour d'assises demande à ce dernier s'il a quelque chose à dire sur le réquisitoire du ministère public, ne peut pas être une cause de nullité, lorsqu'elle ne provient du fait ni du ministère public ni de la cour d'assises. — *Cass.*, 18 juin 1830, Coupat.

242. — L'accusé qui a répondu à l'interpellation du président, après les réquisitions du ministère public pour l'application de la peine, ne peut se faire un moyen de nullité de ce qu'il n'était plus assisté de son défenseur qui s'était retiré. — *Cass.*, 12 juill. 1832, Canitrot.

243. — Il importe, au surplus, de remarquer que l'obligation imposée au président de nommer à l'accusé un défenseur d'office n'existe qu'autant que l'accusé n'a pas fait choix d'un défenseur.

244. — D'où il suit que lorsque le défenseur dont l'accusé a fait choix refuse de l'assister à l'audience, le président n'est pas obligé de lui en désigner un second d'office. — *Cass.*, 12 juill. 1810, Maigne.

245. — Il est vrai que cette décision a été rendue dans une espèce où il s'agissait de l'application du Code du 3 brum. an IV; mais évidemment la solution ne saurait différer depuis la publication du Code d'instruction criminelle.

246. — Jugé, en effet, depuis la publication de ce Code, que lorsque le conseil dont l'accusé a fait choix ne se présente pas aux débats pour le défendre, l'accusé ne peut se faire un moyen de nullité de ce que le président ne lui en a pas désigné un autre. — *Cass.*, 25 fév. 1813, Aubin; 9 fév. 1816, Simonin.

247. — L'accusé qui a été assisté d'un défenseur de son choix, ne peut se plaindre ni du défaut d'interpellation de la part du président, ni du défaut de nomination d'un défenseur d'office, conformément à l'art. 294, C. inst. crim. — *Cass.*, 12 fév. 1818, Lestrade.

248. — A plus forte raison, l'accusé qui a été assisté d'un conseil dès la première audience et pendant tout le cours des débats est non-recevable à se faire un moyen de cassation de ce que le président ne lui en a pas nommé un d'office. — *Cass.*, 21 août 1818, comte de Sainte-Hélène.

249. — Carnot (sur l'art. 294, C. inst. crim., t. 2, p. 406, n° 2) reconnaît que si c'est l'accusé lui-même qui a choisi son conseil, il ne peut imputer qu'à lui seul d'avoir mal placé sa confiance. « Mais, continue-t-il, si c'était le conseil nommé d'office qui ne se fût pas présenté, et que l'accusé eût réclamé la nomination d'un autre conseil, nous doutons que le refus qui lui en aurait été fait n'emportât pas la nullité de l'arrêt de condamnation; car le Code veut, sous peine de nullité, qu'il soit nommé un conseil à l'accusé, ce qui n'est pas une simple *formalité*. D'où suit que lorsque le conseil qui a été donné à l'accusé ne se présente pas pour le défendre, c'est comme s'il ne lui en avait pas été nommé, et, par suite, que ce serait violer *indirectement* la loi que de ne pas faire remplacer ce conseil, sur la demande qui en serait formée par l'accusé. » — Le président qui, par négligence ou par mauvaise volonté, laisserait un accusé sans défenseur, méconnaîtrait le devoir le plus sacré que sa conscience pût lui inspirer; mais commettrait-il une nullité en refusant de désigner un nouveau défenseur? Nous ne le pensons pas : par la nomination du premier, il aurait satisfait au vœu de l'art. 294, C. inst. crim. La loi n'exige pas autre chose : elle ne l'oblige pas à pourvoir indéfiniment à la défense de l'accusé, elle ne subordonne pas la validité des débats à l'assistance d'un défenseur. Une fois que le président a fait la désignation prescrite, c'est à l'accusé à faire le reste. Il suffit qu'aucune atteinte ne soit portée au droit qui lui appartient personnellement de pourvoir à sa défense. La jurispru-

dence n'admet point la distinction proposée par Carnot; il nous semble même que s'il y avait nullité dans un cas, il devrait nécessairement y avoir nullité dans l'autre.

250. — Toutefois, il a été jugé avec raison que lorsque le défenseur de l'accusé ne se présente pas à l'audience, le président de la cour d'assises peut, sans qu'il en résulte une nullité, en désigner un autre pour le remplacer. — *Cass.*, 6 août 1824, Palopin.

251. — Suivant nous, non seulement il ne résulte aucune nullité de cette nomination d'office, mais il nous paraît être du devoir sinon légal, du moins moral du président de l'ordonner. C'est, au surplus, ce qui dans la pratique se fait toujours.

252. — Ce devoir, au surplus, de nommer un nouveau défenseur à l'accusé paraît avoir été implicitement reconnu par la cour de Cassation dans une espèce où, le défenseur d'office s'étant trouvé indisposé pendant les débats, le président en avait nommé un nouveau. — *Cass.*, 12 avr. 1832, Dournac.

253. — Aucune loi n'exige, du reste, dans ce cas, que la désignation du nouveau défenseur d'office soit faite publiquement. — Même arrêt.

254. — L'accusé ne saurait se faire un moyen de cassation de ce que l'avocat par lui choisi n'aurait pas présenté de défense, alors qu'il a été constaté qu'il a été défendu d'office. — Cette défense d'office suppose nécessairement que l'avocat choisi par l'accusé était absent lors des débats. — *Cass.*, 19 janv. 1837 (t. 2 1840, p. 95), Dersonville.

255. — En effet, il ne résulte pas de nullité de ce que l'accusé aurait été assisté à l'audience d'un défenseur autre que celui d'office nommé lors de son interrogatoire. — *Cass.*, 17 déc. 1836 (t. 1er 1838, p. 50), Jean-Louis.

256. — Ainsi, l'accusé à qui il a été nommé un avocat d'office, et qui a été défendu par un autre avocat, ne peut tirer un moyen de nullité de ce que la cause de cette substitution ne serait pas mentionnée au procès-verbal des débats. — *Cass.*, 31 déc. 1829, Martin.

257. — L'accusé ne peut se faire un moyen de nullité de ce que le défenseur qu'il a choisi, et qui a reçu, lorsqu'il s'est présenté à la première séance, l'avertissement prescrit par l'art. 311, C. inst. crim., n'a point, à la seconde séance, continué de l'assister, alors qu'il a été, dès cet instant et pour la plaidoirie, remplacé par un autre défenseur, qui a également reçu l'avertissement voulu par la loi. — *Cass.*, 2 sept. 1830, Groucelle.

258. — L'accusé est sans doute libre, pendant le cours de l'instruction et même pendant les débats, de refuser le défenseur qui lui a été nommé d'office. — Carnot, t. 2, p. 407, no 4.

259. — Mais il ne saurait se plaindre devant la cour de Cassation de n'avoir pas été assisté, pendant tout le cours des débats, du défenseur qu'il avait désigné dans l'interrogatoire par lui subi, conformément à l'art. 206, lorsqu'il n'a élevé aucune réclamation à ce sujet dans les débats, et qu'il a été constamment assisté d'un autre avocat dont il n'a pas refusé le ministère. — *Cass.*, 22 janv. 1841 (t. 1er 1842, p. 262), Raynal et Puel.

260. — L'accusé ne peut encore se plaindre de n'avoir point été défendu, lorsque sept jours avant l'ouverture des débats, et sur la déclaration du défenseur de son choix qu'il ne pouvait s'occuper de sa défense, le président de la cour d'assises lui a donné d'office un autre défenseur, qui l'a constamment assisté pendant tous les débats, a plaidé pour lui et fait tout ce que la défense pouvait exiger. — *Cass.*, 16 sept. 1831, Buret.

261. — En tout cas, un accusé ne peut se faire un moyen de cassation contre l'arrêt de mise en accusation de ce qu'il n'avait point eu assez de temps pour préparer sa défense. — *Cass.*, 3 fév. 1831, Servant.

262. — La cour d'assises peut refuser de renvoyer l'affaire à une autre session, malgré la maladie du défenseur de l'accusé, et alors qu'elle constate que le défenseur accepté par l'accusé en remplacement du premier a eu le temps suffisant pour prendre connaissance des pièces. — *Cass.*, 2 juin 1831, Chadrin.

263. — Lorsque le défenseur nommé d'office à l'accusé n'a pas rempli ou n'a rempli que partiellement le mandat qui lui a été conféré, il suffit, pour la régularité de la procédure, qu'il n'ait pas été mis dans l'impossibilité d'assister l'accusé par un fait personnel au procureur général ou au président de la cour d'assises. — *Cass.*, 3 oct. 1822, Breton.

264. — Lorsque les avocats des prévenus ont abandonné la défense et quitté l'audience, sans que leur retrait ait été le fait, soit de la cour d'assises, soit de son président, les prévenus sont non-recevables à se plaindre d'être restés sans défen-

DÉFENSE, DÉFENSEUR, ch. 2, sect. 1re.

seur, si le président leur en a désigné un d'office qui a été repoussé par eux, et même obligé de s'abstenir par suite de leur refus. — *Cass.* 27 fév. 1832, Raspail.

265. — Il ne résulte également aucune nullité de ce qu'après une observation du président sur la valeur d'un moyen présenté, le défenseur se serait refusé à rester aux débats, malgré les insistances réitérées du ministère public, et de ce que les défenseurs des autres accusés auraient refusé de suppléer à son silence. — *Cass.*, 22 sept. 1826, Raynard.

266. — Comme aussi, la déclaration du défenseur de ne plus vouloir continuer à défendre, et celle de l'accusé de ne plus vouloir donner de réponse, d'abord, parce que sa demande en renvoi avait été rejetée, et ensuite parce qu'il n'avait plus son défenseur, n'ont pu empêcher que les débats n'aient été régulièrement continués et l'arrêt prononcé conformément à la loi. — *Cass.*, 2 juin 1831, Chadrin.

267. — La disposition de l'art. 295 qui veut que le défenseur soit choisi parmi les avocats et avoués de la cour royale ou de son ressort a donné lieu à un pourvoi dans des circonstances particulières et qui, du reste, ne peuvent plus se rencontrer aujourd'hui : pourvoi fondé sur ce que l'avoué défenseur nommé d'office n'avait pas prêté le serment prescrit par la loi du 31 août 1830.

268. — Le pourvoi fut rejeté par le double motif : 1o qu'il n'apparaissait pas que le serment prescrit fût exigé des avoués; — qu'en supposant que ce serment fût exigé des avoués, en fait la défense avait été présentée à une époque antérieure à l'expiration du délai prescrit pour la prestation du serment. — *Cass.*, 23 sept. 1830, Voise.

269. — Mais la cour n'a point décidé la question de savoir si un accusé pourrait se pourvoir en cassation sur le motif que le défenseur à lui nommé d'office ne rentrerait pas dans la catégorie de ceux indiqués par l'art. 295, C. inst. crim.

270. — Nous ne pensons point que le pourvoi soit, en ce cas, recevable : sans doute l'accusé pourrait refuser l'assistance du défenseur nommé d'office, en se fondant sur ce que ce défenseur ne remplirait point les conditions prescrites par la loi; et, dans ce cas, il devrait lui être nommé un nouveau défenseur à peine de nullité. — Mais s'il n'a pas réclamé, n'y a-t-il pas eu de sa part acquiescement, et cet acquiescement ne doit-il pas suffire pour faire rejeter son pourvoi, surtout si l'on réfléchit qu'au fond l'assistance d'un *avocat* ou *avoué* n'est pas indispensable, mais seulement celle d'un *conseil*, et que la loi permet, avec l'assentiment du président, de prendre ce conseil dans toutes les classes de la société ?

271. — Le droit d'être assisté d'un défenseur serait évidemment pour l'accusé un bénéfice illusoire, si la libre communication ne pouvait exister entre eux.

272. — Aussi le décret du 8 oct. 1789, en même temps qu'il établissait la nécessité de l'assistance d'un défenseur, voulait-il que ce défenseur pût conférer librement en tout état de cause avec l'accusé, et que l'entrée de la prison lui fût toujours permise. — Décr. 8 et 9 oct. 1789, art. 10.

273. — Le Code du 3 brum. an IV maintint le principe de la communication de l'accusé avec son défenseur; néanmoins, comme cette communication *en tout état de cause* pouvait présenter des inconvéniens pour la direction de l'instruction criminelle, il fut prescrit qu'elle ne pourrait avoir lieu qu'après l'interrogatoire. — Code 3 brum. an IV, art. 322.

274. — Cette disposition même n'était guère que la reproduction de l'art. 13, tit. 6, décr. 16 sept. 1791, lequel prescrivait que la communication du défenseur avec l'accusé ne pourrait avoir lieu qu'après que celui-ci aurait été entendu.

275. — Mais le Code du 3 brum. an IV alla plus loin en ajoutant dans son art. 323 : « Le président peut, lorsqu'il le juge utile pour découvrir la vérité, différer ou suspendre cette communication, et tenir l'accusé au secret pendant un temps déterminé, pourvu qu'il lui laisse un espace suffisant pour préparer ses moyens de défense avant l'assemblée du jury de jugement. — En cas de difficulté, le tribunal criminel en décide. »

276. — Evidemment, et malgré la faculté de recours au tribunal, cette disposition prêtait trop à l'arbitraire; aussi n'a-t-elle pas été maintenue par le Code d'instruction criminelle, qui reproduit seulement la prescription de l'art. 322 : « Le conseil pourra communiquer avec l'accusé après son interrogatoire. » — C. inst. crim., art. 302.

277. — L'art. 613, C. inst. crim., qui autorise le président des assises à donner dans les prisons les ordres qu'il croit nécessaires pour le jugement, ne doit pas être entendu en ce sens que ce ma-

DÉFENSE, DÉFENSEUR, ch. 2, sect. 1re.

gistrat puisse interdire la communication de l'accusé avec son conseil. — Carnot, *Inst. crim.*, t. 2, p. 438, no 1er.

278. — Toutefois il faut remarquer que, si l'art. 302, C. inst. crim., autorise la communication de l'accusé avec son défenseur après son interrogatoire, elle ne l'ordonne pas comme devant avoir lieu nécessairement.

279. — D'où la cour de Cassation a conclu que la disposition de l'art. 302, C. inst. crim., portant que le conseil de l'accusé pourra communiquer avec lui après son interrogatoire, n'est pas prescrit à peine de nullité. — *Cass.*, 21 août 1818, comte de Sainte-Hélène.

280. — ... Qu'ainsi il suffit, pour remplir le vœu de la loi, qu'après l'ouverture des débats une remise ait été accordée à l'accusé pour se mettre en communication avec son défenseur. — Même arrêt.

281. — ... Et que même il peut être défendu aux accusés de communiquer avec leur conseil dans l'intervalle d'une séance à l'autre. — *Cass.*, 5 mars 1812, N...

282. — Carnot (sur l'art. 302, C. inst. crim., t. 2, p. 439, no 2) cite ce dernier arrêt pour le combattre. Il fait remarquer, en effet, que la solution donnée par la cour de Cassation, si elle n'est pas contraire au texte formel de la loi, est évidemment opposée à son esprit, et ne saurait, en conséquence, être approuvée. — V. encore Bourguignon, *Jurispr. C. crim.*, t. 2, p. 20, no 1er.

283. — Cependant, la cour de Cassation a encore été plus loin, en ce qui concerne les restrictions du droit de communication, et elle a jugé, soit sous l'empire du Code 3 brum. an IV, soit depuis, que la loi laisse à la disposition du procureur général et du président de la cour d'assises le droit d'environner de toutes les mesures de sûreté que les circonstances peuvent nécessiter les communications de l'accusé avec son conseil après son interrogatoire. — *Cass.*, 12 juill. 1810, Maigne; 3 oct. 1822, Berton.

284. — ... Qu'ainsi, ils peuvent ordonner que les communications de l'accusé avec son défenseur n'auront lieu qu'en présence du geôlier et de deux gendarmes. — Mêmes arrêts.

285. — Tous les auteurs s'élèvent avec force contre ces décisions. — « Nous ferons observer, dit Bourguignon (*Jurispr. des Codes crim.*, sur l'art. 302, C. inst. crim., t. 2, p. 20, no 1er), que lorsque des mesures de ce genre sont jugées indispensables, elles doivent être prises de manière que l'accusé puisse conférer avec son conseil, *sans être entendu*. Il y aurait une sorte de barbarie à gêner la défense, en interposant un espion entre l'accusé et son conseil. » — Carnot (sur le même article, t. 2, p. 443, *Observ. addit.*) dit qu'il ne résulte ni de l'art. 302 ni de l'art. 613 que le procureur général puisse établir un pareil espionnage. — Legraverend (t. 2, chap. 11, p. 617) dit aussi qu'il lui est impossible de ne pas combattre comme injuste et contraire à la loi un mode de procéder qui tend à priver un accusé du droit de défense qui lui appartient, dans quelque position qu'il soit.

286. — Comme ces auteurs, nous ne saurions trop flétrir un odieux espionnage qui n'entre évidemment point dans l'esprit de la loi, et qui ne peut pas être considéré comme une conséquence des mesures de précaution nécessaires ou indispensables. Mais est-il de nature à engendrer une nullité? Voilà la véritable question. Les auteurs l'ont entièrement négligée. Or, si la loi n'a pas autorisé une pareille entrave, elle ne l'a cependant pas interdite. L'art. 302, C. inst. crim., se borne à permettre la communication de l'accusé avec son conseil sans en régler le mode. Il faudrait donc, non seulement suppléer une nullité qui n'est pas exprimée, mais encore attacher cette peine à tel mode de communication plutôt qu'à tel autre, tandis qu'il suffit qu'en fait la communication ait eu lieu ou n'ait pas été rendue impossible. Dans tous les cas, aux termes de l'art. 408, C. inst. crim., la nullité ne pourrait être prononcée qu'autant qu'il y aurait eu réquisition expresse, et que l'omission ou le refus de statuer seraient régulièrement constatés, ce qui présente les plus grandes difficultés.

287. — Quant au secret qui doit présider aux relations entre l'accusé et son défenseur, et aux droits et obligations de ce dernier sur ce point, V. DIVULGATION DE SECRETS.

§ 2. — *Défense avant l'audience.*

288. — L'assistance d'un défenseur et sa libre communication avec l'accusé sont sans doute déjà des garanties bien grandes en faveur de la liberté

de la défense. Néanmoins, par elles-mêmes, elles ne sont pas suffisantes, et c'est en vain que la loi aurait reconnu à l'accusé le droit d'être assisté d'un défenseur à l'audience, si à cette même audience l'accusé et son défenseur arrivaient totalement étrangers à l'instruction, et dans une ignorance plus ou moins complète des charges établies par l'accusation.

289. — Telle n'a point été l'intention du législateur, et dans l'intérêt de l'accusé, il a autorisé ou prescrit diverses mesures qui toutes ont pour but de faciliter la défense pour le jour décisif de l'audience; ces mesures consistent notamment dans la communication donnée à l'accusé des pièces de l'instruction, dans la copie qui lui est délivrée de quelques unes de ces pièces, enfin dans son intervention même dans l'instruction.

290. — 1° *Communication des pièces.* — L'art. 302, C. inst. crim., porte que le défenseur pourra prendre communication de toutes les pièces sans déplacement et sans entraver l'instruction.

291. — Autrefois, la procédure criminelle était toujours secrète. Les anciennes ordonnances défendaient aux greffiers de communiquer les informations aux accusés. — Divers arrêts de règlement avaient même déterminé les pièces qui devaient rester secrètes. L'ordonnance de 1670, tit. 6, art. 16, renouvela cette défense et y ajouta celle de communiquer les autres pièces du procès, à peine d'interdiction contre le greffier et de 100 liv. d'amende. — V. aussi le règlement du 28 juin 1738, part. 2e, tit. 6, art. 10.

292. — Il paraît cependant que le secret n'était pas bien observé, ainsi que l'attestent Ayrault (*Instruction judiciaire*, liv. 3, part. 3e, n° 51), et Jousse (*Justice crim.*, t. 3, p. 148, n° 17). — Le premier de ces auteurs ajoute même naïvement que « si les parties ou leurs avocats tâchent d'avoir communication de la procédure, il ne faut pas en faire un péché contre le Saint-Esprit. »

293. — La défense de communiquer les pièces du procès avait lieu non seulement pendant l'instruction, mais aussi après la confrontation, et même en cas d'appel. — V. arr. régl. du parlem. Paris, 3 sept. 1667.

294. — Toutefois, le magistrat instructeur devait donner connaissance à l'accusé des dépositions faites contre lui. Cet usage fut rétabli par la loi du 7 pluv. an IX.

295. — Que décider sous le Code d'instruction criminelle, qui pose bien en principe dans l'art. 302 le droit de l'accusé quant à la communication des pièces, mais qui ne dit pas à quelle époque de la procédure criminelle cette communication doit avoir lieu?

296. — Il n'existe aucun texte de loi qui ordonne d'une manière tant soit peu explicite le secret des informations criminelles, et cependant l'usage en est généralement établi.

297. — Et c'est une jurisprudence constante que la procédure reste secrète, en matière criminelle, jusqu'au moment où l'accusé renvoyé devant la cour d'assises a été interrogé par le président de cette cour ou par le juge qui le remplace. — *Cass.*, 19 mai 1827, Gaumont; *Poitiers*, 30 janv. 1832, Germain; *Aix*, 21 juill. 1832, aff. du *Carlo-Alberto*; 4 mars 1837 (t. 1er 1837, p. 225), Vernier c. Brick.

298. — Cette jurisprudence n'est pas du reste incontestée: quelques partisans d'une liberté largement entendue veulent que tous les actes de l'instruction soient communs à l'accusé, qu'il ait la faculté de suivre la marche de la procédure et de combattre les charges, à mesure qu'elles surgissent. Les droits de la défense commencent pour lui, dit-on, à l'instant même où la société fait usage du droit de l'accuser.

299. — Ce n'est que par induction, continue-t-on, que l'on prétend rendre la procédure secrète; or, s'il ne faut que des inductions, l'art. 217, C. inst. crim., n'en fournit-il pas des plus imposantes en faveur de l'accusé? Il lui reconnaît le droit d'adresser un mémoire à la chambre des mises en accusation. Comment veut-on qu'il puisse le rédiger, s'il ignore les charges qui s'élèvent contre lui et souvent même les chefs d'accusation? car l'affaire a pu changer de face depuis la notification du mandat d'amener ou de dépôt. La faculté d'adresser un mémoire suppose donc nécessairement le droit, conforme, d'ailleurs, à la justice et à la raison, de prendre connaissance du dossier. — Carnot, sur l'art. 302, t. 2, p. 439, n° 3.

300. — Ces observations toutefois n'ont jamais prévalu dans la pratique, et le ministre de la justice, consulté en 1832 par le procureur général près la cour de Poitiers, lui répondait: « M. le procureur général, je pense comme vous que, d'après la disposition formelle de l'art. 302, C. inst. crim., ce n'est qu'après que l'accusé a été interrogé par le président des assises ou par le magistrat qui le remplace, que le défenseur peut prendre connaissance des pièces; jusque là la procédure est essentiellement secrète; ce qui ne met pas obstacle à ce que le prévenu présente un mémoire à la chambre d'accusation sur les faits qu'on lui impute, faits dont il a obtenu connaissance soit par les interrogatoires que le juge d'instruction lui a fait subir, soit par l'énonciation qui s'en trouve dans le mandat d'arrêt dont copie lui a été délivrée, conformément aux art. 96 et 97, C. inst. crim. » — V. conf. Legraverend, t. 2, p. 156.

301. — En tout cas, il est certain que la publication des actes d'une procédure criminelle pendante devant le juge d'instruction est contraire à la loi, qui prescrit le secret de la procédure criminelle. — *Cass.*, 4 mars 1837 (t. 1er 1837, p. 225), Vernier c. Brick.

302. — Comme aussi, en sens inverse, il ne pourrait résulter une nullité de ce que les pièces de la procédure auraient été communiquées, à tort, au défenseur de l'accusé. — *Cass.*, 31 août 1833, Letayé.

303. — Les magistrats, en effet, doivent toujours être libres, s'ils le jugent à propos, de permettre la communication de la procédure à l'accusé et à son défenseur pendant le cours de l'instruction.

304. — Jugé, dans un cas spécial, qu'aucune disposition du Code d'instruction criminelle ne prescrit de donner communication entière du dossier à l'accusé qui a refusé l'assistance d'un avocat et veut se défendre lui-même, alors surtout que cet accusé a reçu la copie des pièces indiquées par l'art. 305, C. inst. crim., et que toutes les communications légales ont été faites au défenseur qui avait été nommé d'office. — *Cass.*, 4 sept. 1840 (t. 1er 1846, p. 506), Fournet de Marsilly.

305. — 2° *Copie de pièces.* — L'art. 305, C. inst. crim., est ainsi conçu: « Les conseils des accusés pourront prendre ou faire prendre à leurs frais copie de telles pièces du procès qu'ils jugeront utiles à leur défense. — Il ne sera délivré gratuitement aux accusés, en quelque nombre qu'ils puissent être, et dans tous les cas, qu'une seule copie des procès-verbaux constatant le délit, et des déclarations écrites des témoins. — Les présidens, les juges et le procureur général sont tenus de veiller à l'exécution du présent article. »

306. — Tout ce qui a trait à la copie de pièces à délivrer à l'accusé ou à son défenseur, a été l'objet d'un examen spécial, sous le mot COPIES DE PIÈCES. Nous nous bornerons donc à renvoyer à ce mot.

307. — Rappelons seulement qu'il est de jurisprudence constante que la disposition de l'art. 305, § 2, C. inst. crim., relative à la remise à l'accusé d'une copie des pièces de l'instruction, n'est pas prescrite à peine de nullité. — V. notamment *Cass.*, 8 oct. 1840 (t. 2 1845, p. 561), Mirebeau.

308. — 3° *Intervention dans l'instruction.* — Nous nous sommes déjà occupés de l'intervention de l'accusé et de son défenseur pendant l'instruction sous les mots: CHAMBRE DU CONSEIL et CHAMBRE DES MISES EN ACCUSATION. — V. ces mots. — Nous reviendrons sur ce sujet au mot INSTRUCTION CRIMINELLE. — V. ce mot.

§ 3. — *Défense à l'audience.*

309. — Parmi les droits concédés à l'accusé avant l'audience, dans l'intérêt de sa défense, l'un des principaux est le droit de récusation qu'il exerce soit par lui-même, soit par l'organe de son défenseur, lors du tirage du jury de jugement en la chambre du conseil. — C. inst. crim., art. 399 et suiv.

310. — Nous n'avons point à nous occuper ici de l'étendue et des limites de ce droit, si utile dans certains cas pour l'accusé. — V. JURY. — Nous devons plus spécialement envisager ce qui a trait à la défense proprement dite à l'audience.

311. — Or, la garantie la plus essentielle du libre exercice de la défense est sans contredit la publicité des débats criminels, publicité autrefois refusée, et que le décret des 8 et 9 oct. 1789 (art. 21) établit comme une des réformes les plus urgentes de l'instruction criminelle.

312. — Depuis, la publicité des débats criminels a toujours été reconnue comme règle fondamentale, et la charte constitutionnelle lui a donné une consécration nouvelle. — « Les débats, porte son art. 55, seront publics en matière criminelle, à moins que cette publicité ne soit dangereuse pour l'ordre et les mœurs; et dans ce cas le tribunal le déclare par un jugement. »

313. — Autrement le principe de la publicité est absolu, et sa violation entraîne nullité de la décision rendue, fût-ce même le jugement d'une simple contravention. — *Cass.*, 12 messid. an XI, Ramel c. Bardier.

314. — Quant aux règles à suivre lorsque l'audience est déclarée non publique et aux conséquences du *huis-clos*, V. HUIS-CLOS. — V. encore COUR D'ASSISES, nos 463 et suiv.

315. — Notons seulement qu'il est incontestable que le défenseur de l'accusé ne saurait être écarté par l'effet de l'ordonnance de huis-clos, qui ne peut lui être appliquée.

316. — A plus forte raison en est-il de même quant à l'accusé; la présence de ce dernier à tous les actes du débat est indispensable.

317. — Aussi a-t-il été jugé que les jurés ne peuvent, sans violer le droit de légitime défense de l'accusé ainsi que la publicité du débat, se transporter de l'audience sur la place du palais, en vertu de l'autorisation du président pour y examiner, en l'absence de la cour d'assises et de l'accusé, une voiture dans laquelle avait été placée une boîte volée et vérifier de quelle manière le vol a pu être commis. — *Cass.*, 25 sept. 1828, Pissard. — V. conf. *Cass.*, 16 fév. 1838 [et non 1839] (t. 1er 1838, p. 358), Massiani.

318. — Néanmoins, dans deux cas l'accusé peut être écarté de l'audience, sans pour cela que l'affaire cesse d'être réputée jugée contradictoirement. — Le premier de ces cas est prévu par l'art. 327, C. inst. crim., l'autre est établi et réglé par la loi du 9 sept. 1835 (art. 8 et suiv.) sur les cours d'assises.

319. — 1° « Le président, porte l'art. 327, C. inst. crim., pourra avant, pendant ou après l'audition d'un témoin, faire retirer un ou plusieurs accusés, et les examiner séparément sur quelques circonstances du procès; mais il aura soin de ne reprendre la suite des débats généraux qu'après avoir instruit chaque accusé de ce qui sera fait en son absence et de ce qui en sera résulté.

320. — D'après les termes mêmes de l'article, l'examen séparé ne peut avoir pour objet que quelques circonstances particulières du procès. Le président excéderait son pouvoir discrétionnaire et donnerait à la loi une extension qu'elle ne comporte pas, s'il se permettait de diviser ou de singulariser le débat. — Carnot, *Inst. crim.*, t. 2, p. 541, n° 1er, et Bourguignon, *Manuel d'inst. crim.*, t. 1er, p. 411, note *a*. — Ce serait violer le droit de la défense.

321. — Nous n'avons pas à nous occuper ici de ce qui concerne l'exercice du droit que l'art. 327, C. inst. crim., accorde au président (V. COUR D'ASSISES, nos 1338 et suiv.), mais seulement des précautions que la loi a cru devoir prendre pour assurer la défense de l'accusé.

322. — Le pouvoir d'examiner séparément les accusés était implicitement compris dans la disposition générale de l'art. 268; mais l'art. 327 impose à son exercice l'obligation, pour le président, de *rendre compte à l'accusé qu'il a fait retirer, de ce qui s'est passé en son absence.*

323. — Cette formalité est essentielle, et son inobservation entraînerait nullité. — Il est vrai que d'abord il fut jugé que la disposition de l'art. 327, C. inst. crim., n'était pas prescrite à peine de nullité. — *Cass.*, 3 avr. 1818, Lewy; 10 avr. 1819, Morel; 22 juin 1820, Terrein.

324. — Mais depuis, revenant avec raison sur sa jurisprudence, la cour de Cassation a décidé que lorsque, après avoir fait retirer de l'audience un accusé pendant l'interrogatoire de son coaccusé, le président de la cour d'assises reprend les débats sans l'instruire de ce qui a été fait en son absence, cette omission opère une nullité radicale. — *Cass.*, 16 avr. 1823, Danjean; 15 juill. 1825, Tronc; 17 sept. 1829, Massé; 2 juill. 1835, Gazay. — V. conf. Carnot, t. 2, p. 541, n° 2.

325. — Selon Carnot (t. 2, p. 542, n° 4), si le président avait fait retirer l'un des accusés pendant l'audition d'un témoin, il ne suffirait pas de rendre compte à cet accusé de ce que le témoin aurait déclaré, il faudrait faire réitérer la déposition, car elle fait partie des débats généraux, dans lesquels la présence de l'accusé est une formalité substantielle. L'art. 327 n'en autorise que la suspension.

326. — Cependant il faut observer que la loi parle de la reprise des débats généraux, et non des débats particuliers à chaque accusé. — D'où il suit que le président peut procéder à l'interrogatoire de l'accusé qu'il a fait retirer de l'audience, avant de lui rendre compte de ce qui s'est passé en son absence, pourvu que ce soit avant de reprendre les débats généraux. — *Cass.*, 13 avr. 1832, Blache; 18 avr. 1833, Demarcé; 16 juin 1836, Pierrot; 30 avr. 1841 (t. 1er 1842, p. 526), Monnet.

327. — Le procès-verbal des débats doit mentionner, à peine de nullité, que le président a rendu compte aux accusés qu'il avait fait retirer de l'audience de ce qui s'est passé en leur absence. — *Cass.*, 10 mars 1831, Defeule; 21 janv. 1841 (t. 1er 1842, p. 238), Fraigneau.

DÉFENSE, DÉFENSEUR, ch. 2, sect. 1re.
DÉFENSE, DÉFENSEUR, ch. 2, sect. 1re.

328. — Il y aurait nullité si, au lieu de constater l'accomplissement de cette formalité, le procès-verbal des débats mentionnait seulement le doute du président à cet égard et l'incertitude des souvenirs de la cour. — *Cass.*, 2 juill. 1835, Cazay.

329. — En tous cas, le pouvoir de faire retirer de l'audience un accusé n'emporte pas celui de faire retirer aussi son défenseur. Le président peut bien lui interdire la parole pendant le débat particulier, mais il porterait une atteinte grave au droit de défense en privant l'accusé de la surveillance que son conseil doit exercer sur l'ensemble des débats. — V. Carnot, *C. inst. crim.*, t. 2, p. 542, no 3.

330. — 2o La seconde dérogation au principe que nul, en matière criminelle, ne peut être jugé contradictoirement s'il n'est présent, a été établie par la loi du 9 sept. 1835, sur les cours d'assises, loi rendue sans doute à l'occasion d'événemens politiques, et qui eut pour but principal d'augmenter la célérité de la poursuite de certains crimes, mais dont quelques dispositions sont déclarées par elle applicables au jugement de tous les crimes et délits devant toutes les juridictions. — L. 9 sept. 1835, art. 12.

331. — Le but du législateur a été d'offrir au corps judiciaire un moyen de vaincre les résistances violentes et désespérées que tenteraient ces accusés pour se soustraire à une condamnation contradictoire.

332. — Remarquons, du reste, que ces dispositions de la loi de 1835 n'ont été établies que lorsque la poursuite a pour objet un *crime* ou un *délit*; d'où il suit qu'elles ne sont pas applicables s'il s'agit d'une simple *contravention*.

333. — L'art. 9 de ladite loi est ainsi conçu : « Au jour indiqué pour la comparution à l'audience, si les prévenus ou quelques-uns d'entre eux refusent de comparaître, sommation d'obéir à la justice leur sera faite, au nom de la loi, par un huissier commis à cet effet par le président de la cour d'assises, et assisté de la force publique. L'huissier dressera procès-verbal de la sommation et de la réponse des prévenus. »

334. — La commission de la chambre des pairs avait proposé de dire expressément que *chaque jour* il serait fait une nouvelle sommation et dressé un nouveau procès-verbal. Le garde-des-sceaux fit observer que cette obligation dérivait de l'art. 8 parce que l'affaire recommence en quelque sorte à chaque nouvelle audience. — Duvergier, *Collect. des lois*, 1835, p. 276.

335. — « Si les prévenus, porte l'art. 9, n'obtempèrent point à la sommation, le président pourra ordonner qu'ils soient amenés par la force devant la cour; il pourra également, après lecture, faite à l'audience, du procès-verbal constatant leur résistance, ordonner que, nonobstant leur absence, il soit passé outre aux débats. »

336. — Jugé que le refus de l'accusé, par suite duquel la loi autorise à passer outre aux débats, est suffisamment constaté par la déclaration du défenseur de l'accusé que ce dernier est dans l'impossibilité de comparaître, et par le procès-verbal de l'huissier qui l'a sommé d'obéir à la justice, lequel porte qu'il l'a trouvé étendu sur son lit, ne voulant faire aucune réponse. — *Cass.*, 12 déc. 1840 (t. 2 1842, p. 622), veuve Lafarge.

337. — Dans le cours de la discussion de la loi, on avait paru supposer qu'il y aurait toujours nécessité de faire amener l'accusé dans la chambre du conseil pour le tirage au sort des jurés. M. le garde-des-sceaux, interpellé à ce sujet, répondit que si l'accusé refusait d'aller à la chambre du conseil, il ne croyait pas qu'on pût l'y contraindre, par la raison que c'est dans son intérêt qu'il y est appelé. « Au surplus, a-t-il ajouté, je n'ai jamais vu la question s'élever. La contrainte ne me semble pouvoir commencer qu'avec l'audience. » — Duvergier, *ibid.*, p. 275.

338. — A la chambre des pairs, M. le duc de Bassano et M. Cousin allèrent même jusqu'à proposer que l'art. 8 contînt mention formelle que l'accusé serait toujours contraint de comparaître le premier jour des débats, afin que son identité fût constatée, et que les témoins ou jurés pussent le voir. — En sens contraire, à la chambre des députés, M. Hennequin demandait la suppression de la partie de l'art. 8 relative au droit de contrainte par la force, sauf à passer outre aux débats au cas de refus de comparaître fait par l'accusé.

339. — Contre ces deux propositions, le gouvernement fit remarquer que tous les inconvéniens que signalaient leurs auteurs disparaissaient en présence de la faculté laissée au président d'ordonner ou non la comparution forcée de l'accusé. Ces observations prévalurent.

340. — Pareillement fut rejetée la proposition faite par la commission de la chambre des pairs de confier le pouvoir d'ordonner la comparution de l'accusé par la force à la cour, et non au président. Il en est différemment au cas de l'art. 10. — V. *infrà* no 348.

341. — Et M. le garde des sceaux ajoutait : « Quoique l'article ne parle pas du ministère public, le droit de faire amener de force le prévenu ne lui en appartient pas moins. Jamais on ne le lui a contesté. En effet, le procureur général a non seulement le droit, mais l'obligation, d'exécuter l'ordonnance de prise de corps ou le mandat d'arrêt délivré contre l'accusé, et il peut, lui tout seul, faire ramener l'accusé à l'audience. »

342. — Il a, du reste, été bien entendu que, malgré les dispositions qui permettent de passer outre au jugement hors de la présence de l'accusé, le président a toujours, et à toutes les périodes de la procédure, le droit d'ordonner qu'il soit conduit de vive force à l'audience.

343. — Après chaque audience, il sera, par le greffier de la cour d'assises, donné lecture aux prévenus qui n'auront point comparu du procès-verbal des débats, et il leur sera signifié copie des réquisitoires du ministère public, ainsi que des arrêts rendus par la cour, qui seront tous réputés contradictoires. » — Art. 9.

344. — La signification à l'accusé du réquisitoire du ministère public tendant à l'application de la loi du 9 sept. 1835 n'est pas exigée par cette loi; il suffit qu'il soit donné à l'accusé copie du réquisitoire tendant à l'application de la peine. — *Cass.*, 12 déc. 1840 (t. 2 1842, p. 622), Lafarge.

345. — Lorsque, dans le cours des débats, l'accusé ne peut ou ne veut se rendre à l'audience, la loi du 9 sept. 1835 n'exige pas qu'il lui soit donné lecture par le greffier du procès-verbal des débats antérieurs à son absence; il suffit qu'il lui soit donné connaissance de ce qui s'est passé à l'audience depuis qu'il a cessé d'y paraître. — *Cass.*, 12 déc. 1840 (t. 2 1842, p. 622), Lafarge.

346. — Il va sans dire que l'accusé est toujours libre de cesser de s'abstenir de se présenter à l'audience; mais dans ce cas, il est nécessairement tenu de prendre les débats au point où ils se trouvent. La commission de la chambre des pairs avait d'abord proposé à ce sujet un paragraphe additionnel à l'art. 9; il fut rejeté comme surabondant.

347. — Enfin la loi du 9 sept. 1835 porte encore : « La cour pourra faire retirer de l'audience et conduire en prison tout prévenu qui, par des clameurs ou par tout autre moyen propre à causer du tumulte, mettrait obstacle au libre cours de la justice, et, dans ce cas, il sera procédé aux débats et au jugement comme il est dit aux deux articles précédens. » — Art. 10.

348. — Remarquons ici que le droit de faire retirer de l'audience n'appartient plus au président seul; c'est la *cour* qui doit l'ordonner. Dans le projet, ce droit était accordé au président; mais cette mesure a paru trop grave dans ses effets; et pour donner plus de garanties à la défense de l'accusé, l'intervention de la cour d'assises a été exigée.

349. — La présence de l'accusé aux débats et la publicité de ces mêmes débats posées en principe, ainsi que l'assistance d'un défenseur, étaient sans doute des garanties déjà bien grandes assurées à la défense; toutefois il en est encore une autre que le Code d'instruction criminelle accorde à l'accusé : « L'accusé comparaîtra libre et seulement accompagné de gardes pour l'empêcher de s'évader. » — C inst. crim., art. 310.

350. — Cependant il entre dans les attributions du président, et s'il le croit nécessaire pour l'ordre de l'audience et la sûreté des personnes, d'ordonner que l'accusé sera conduit à l'audience avec des menottes aux mains. — *Cass.*, 7 oct. 1830, Metz. — V. *infrà* no 463. — S'il troublait l'audience, la cour pourrait même ordonner de le reconduire en prison. — V. *suprà* no 347.

351. — Nous avons déjà eu occasion (V. COUR D'ASSISES, nos 537 et suiv.) de faire observer que cette disposition fut un progrès véritable sur l'ancienne législation, sous l'empire de laquelle l'accusé paraissait devant ses juges chargé de fers et mis sur la *sellette*, à moins qu'il ne fût de condition distinguée, auquel cas un escabeau différent de la sellette lui était donné pour s'asseoir.

352. — Du reste, ainsi que nous l'avons vu (*cod. verb.*), de même qu'il n'est pas nécessaire de mentionner la présence des gardes qui doivent accompagner l'accusé (*Cass.*, 7 oct. 1824; Vaquet); de même, on peut se dispenser de mentionner au procès-verbal des débats que l'accusé a été amené libre à chacune des audiences; il y a présomption légale que la loi a été exécutée lorsque rien n'indique le contraire. — *Cass.*, 13 août 1829, Trenque.

353. — Et tel fut le respect dont le Code du 3 brum. an IV entourait l'accusé, qu'il prescrivait au président de dire à l'accusé de s'asseoir. — C. 3 brum. an IV., art. 341. — Cette disposition n'est pas reproduite par le Code d'instruction criminelle; en fait, néanmoins, et après l'interrogatoire terminé (et même, pendant l'interrogatoire, dans quelques circonstances exceptionnelles, telles que la longueur de l'interrogatoire ou l'état de santé de l'accusé), le président dit à ce dernier de s'asseoir.

354. — Au surplus, et en règle générale, lorsqu'un accusé demande qu'il soit pris, pour faciliter sa défense, des mesures particulières autres que celles ordonnées par la loi en faveur de tous, il appartient au président, et en cas de contestation à la cour d'assises, de juger jusqu'à quel point ces mesures sont conciliables avec la disposition des lieux et la police de l'audience; sans que les décisions prises à ce sujet puissent jamais fournir d'ouverture à cassation. — *Cass.*, 4 sept. 1840 (t. 1er 1846, p. 506), Fournel de Marsilly.

355. — Mentionnons encore qu'une des réformes opérées par le décret des 8 et 9 oct. 1789, comme étant des plus urgentes, a été l'abrogation de la disposition de l'art. 7, tit. 14, ord. 1670, suivant lequel l'accusé, avant son interrogatoire, devait prêter serment de dire la vérité. En cas de refus on procédait contre lui comme contre un muet volontaire, c'est-à-dire qu'on lui faisait des interpellations et que l'on constatait son refus de répondre. — Jousse, *Just. crim.*, t. 2, p. 259, no 13, et p. 700, nos 9 et suiv.; Rousseaud de Lacombe, *Mat. crim.*, p. 459 et 557.

356. — Du reste, et en fait, ce serment n'était devenu qu'une simple formalité, car on reconnaissait que l'accusé n'était point obligé d'avouer son crime. — Rousseaud de Lacombe, *loc. cit.*, p. 466, no 15.

357. — L'abrogation de cette disposition immorale par le décret des 8 et 9 oct. 1789, est devenue définitive et complète; et il faut remarquer qu'elle s'applique à toute matière criminelle.

358. — Ainsi, un tribunal de police ne peut, sans usurpation de pouvoirs, faire prêter serment à un prévenu pour procéder à son interrogatoire. — *Cass.*, 12 messid. an XI, Ramel c. Bardin.

359. — Sans doute, les prévenus offrent quelquefois spontanément de certifier par le serment la sincérité de leurs déclarations : le tribunal ne doit pas admettre une pareille affirmation; à plus forte raison doit-il s'abstenir de l'exiger. Nous ne pensons point, cependant, qu'au premier cas il puisse y avoir nullité. Le prévenu ne saurait être recevable à se prévaloir d'une irrégularité qui est son propre ouvrage, et sa conduite démontre, d'ailleurs, suffisamment qu'il n'éprouve aucun préjudice. Mais si le serment lui avait été imposé, le tribunal n'aurait pas seulement excédé ses pouvoirs en créant pour ce prévenu une obligation que repoussent tout à la fois et l'esprit et le silence de la loi, il aurait de plus porté une grave atteinte à la liberté de sa défense. *Nemo tenetur edere contrà se*, dit une maxime de droit et aussi de morale; les déclarations ne sont pas, en matière criminelle, comme en matière civile, sous la sauvegarde du principe qui rend l'aveu indivisible. — C. civ., art. 1356. — Tout ce qui appartient si intimement aux droits et à la liberté de la défense est sacré. On ne saurait douter qu'une violence physique autorisât les tribunaux à prononcer la nullité comme substantielle. Il n'existe aucune raison de décider autrement à l'égard de la violence morale.

360. — Dans tout ce que nous avons vu jusqu'ici aucune difficulté sérieuse ne peut s'élever; les textes de lois sont précis, et établissent le droit de la défense, son étendue et ses limites. — Mais dans d'autres cas il est difficile de déterminer d'une manière précise les limites du droit de défense, et le plus souvent on est obligé de s'en remettre sur ce point à la prudence du magistrat qui dirige les débats.

361. — En effet, l'art. 311, C. inst. crim., qui enjoint au président d'avertir le conseil de l'accusé qu'il ne peut rien dire contre sa conscience ni contre le respect dû aux lois, et qu'il doit s'exprimer avec décence et modération, est d'une grande élasticité et prête singulièrement à l'interprétation.

362. — Le Code du 3 brum. an IV, art. 342, exigeait de la part du conseil de l'accusé la promesse de n'employer que la vérité dans sa défense. Le Code d'instruction criminelle se contente d'un simple avertissement qu'il charge le président de lui donner.

363. — Et encore a-t-il été jugé que l'avertissement que le président de la cour d'assises doit donner au défenseur de ne rien dire contre sa conscience, n'est pas prescrit à peine de nullité. —

DÉFENSE, DÉFENSEUR, ch. 2, sect. 1re.

Cass., 14 sept. 1837 (t. 1er 1840, p. 123), Saintyves.

364. — Bourguignon (*Manuel d'inst. crim.*, t. 1er, p. 398, note *a*) trace une formule d'avertissement calquée sur le texte même de la loi. C'est ainsi, en effet, qu'il convient de procéder. Néanmoins, dans la pratique, le président se borne à inviter le défenseur à se conformer aux dispositions de l'art. 311, sans en rappeler les termes.

365. — Si le conseil de l'accusé manquait au respect dû aux lois, et s'il ne s'exprimait pas avec décence et modération, le président devrait le rappeler à l'ordre, il pourrait même lui retirer la parole s'il en abusait davantage. — Carnot, *Inst. crim.*, t. 2, p. 472, nº 2.

366. — Lorsque le président de la cour d'assises se voit dans la nécessité de retirer la parole au défenseur de l'accusé, il doit, quoique la loi ne l'y oblige pas, inviter l'accusé à en choisir un autre, et même, à son défaut, lui en désigner un d'office. — Carnot, *Inst. crim.*, t. 2, p. 472, nº 3.

367. — Une des parties les plus délicates de ce droit de direction du président consiste dans l'application de l'art. 319, qui permet à l'accusé et à son défenseur de questionner les témoins par l'organe du président.

368. — Jugé que l'accusé a une faculté indéfinie de questionner les témoins entendus aux débats, et que cette faculté ne peut être restreinte sans nuire à sa défense; que, dès-lors, il y a nullité si, malgré sa demande, l'exercice de ce droit lui est refusé. — *Cass.*, 6 fructid. an VII, Vital Berrante.

369. — Un tribunal criminel ne peut, à peine de nullité, refuser à un accusé le droit de faire des interpellations à un témoin, sous le prétexte que, ayant par erreur assisté aux débats comme partie plaignante, quoiqu'il ne dût être considéré que comme témoin, il ne pouvait pas être entendu à ce dernier titre. — *Cass.*, 26 thermid. an VIII, Gourdel.

370. — En déterminant le moment où l'accusé questionne les témoins, la loi a seulement réglé la place ordinaire de ces sortes d'interpellations, et ne lui a pas interdit l'exercice de son droit après le réquisitoire du ministère public. — *Cass.*, 26 germ. an IX, Vandevelde. — L'accusé conserve ce droit tant que durent les débats, et jusqu'au moment où le président en prononce la clôture pour commencer le résumé. — V. *infrà* nos 436 et suiv.

371. — Le président n'est, du reste, pas tenu, à peine de nullité, de demander à l'accusé s'il veut répondre à ce qu'ont dit les témoins; la nullité ne pourrait résulter que du refus de recevoir les observations qu'il voudrait faire. — *Cass.*, 31 mars 1836, Arrighi; 3 déc. 1836 (t. 1er 1838, p. 37), Dejunnay; 1er fév. 1839 (t. 1er 1840, p. 199), Deluvier.

372. — Il est vrai que précédemment et dans un cas spécial il avait été jugé que lorsque, postérieurement à la plaidoirie du défenseur de l'accusé, un nouveau témoin a été entendu en vertu du pouvoir discrétionnaire du président, sans que l'accusé ou son conseil aient été mis en demeure de s'expliquer sur sa déclaration, les débats sont nuls, ainsi que l'arrêt de condamnation. — *Cass.*, 9 avr. 1835, Isnardi.

373. — Mais cette décision avait fait une application trop rigoureuse de la loi. L'art. 335, C. inst. crim., porte : « L'accusé ou son conseil *pourront répondre*. » — Le silence du procès-verbal ne prouve point qu'ils aient été empêchés de répondre, ni même qu'ils aient réclamé la parole. On doit présumer qu'ils ont trouvé leur défense complète, et qu'ils n'avaient rien à y ajouter. — V. au surplus *infrà* nº 444.

374. — On comprend que le droit conféré par cet article à l'accusé et à son défenseur ne peut autoriser des attaques injustes contre les témoins et sans aucune utilité pour la défense.

375. — Jugé, sous le Code du 3 brum. an IV, que la faculté accordée au prévenu de dire tout ce qu'il veut sur la moralité des témoins, ne l'autorise pas à faire des preuves testimoniales sur les imputations qu'il élève contre eux. — *Cass.*, 7 germ. an VII, Pagès.

376. — Et cependant les termes du Code de brum. étaient très généraux, et permettaient à l'accusé et à ses conseils de questionner les témoins, et de dire tant contre eux que contre leur témoignage tout ce qu'il *jugeait* utile à sa défense. — Cod. 3 brum. an IV, art. 353.

377. — A plus forte raison doit-on décider ainsi sous le Cod. d'inst. crim., qui ne permet pas à l'accusé de dire tout ce qu'*il juge* mais tout ce qui *est* réellement utile à sa défense. — Bourguignon, *Man. d'inst. crim.*, t. 1er, p. 405, note *a*; *Jurisp.*, *C. crim.*, p. 45, nº 1er; Carnot, *Inst. crim.*, t. 2, p. 500, nº 7; p. 501, nos 8 et 9.

378. — Ainsi l'accusé ne peut se faire un moyen de cassation du refus fait par le président de la cour d'assises d'interroger un témoin à décharge sur ce qu'il pense de la moralité d'un témoin à charge. — *Cass.*, 28 mai 1813, Beaumé; — Bourguignon, *Jurisp. des Cod. crim.*, t. 2, p. 46.

379. — C'est à la cour d'assises qu'il appartient de décider, en cas de contestation, si la question ou l'interpellation que veut faire l'accusé à un témoin est ou non utile à sa défense, afin d'éviter toute investigation sur la conduite de ce témoin qui, n'ayant aucun rapport avec les faits de l'accusation, pourrait dégénérer en diffamation ou injure. — *Cass.*, 18 sept. 1824, Morel; 22 sept. 1827, Proust; 1er oct. 1829, Vannier; 5 oct 1822, Fromage; 21 oct. 1835, Galine; 14 avr. 1837 (t. 2 1840, p. 332), Gambier.

380. — Spécialement, est à l'abri de la cassation l'arrêt par lequel la cour d'assises refuse d'adresser à un témoin une question faite par l'accusé, sur le fondement qu'elle renferme une calomnie grave et un outrage aux mœurs d'autant plus coupable que la question n'a pas d'utilité pour la défense. — *Cass.*, 22 sept. 1827, Proust.

381. — Mais lorsque les questions ou les interpellations que l'accusé veut faire aux témoins à décharge se rapportent aux faits de l'accusation et tendent à établir l'innocence de l'accusé, la cour d'assises ne peut, sans restreindre le droit sacré de la défense, refuser de les adresser aux témoins, quoiqu'elles soient de nature à compromettre les témoins à charge. — *Cass.*, 18 sept. 1824, Morel. — V. conf. Chauveau et Hélie, *Th. du Cod. pén.*, t. 4, p. 415; Carnot, *Inst. crim.*, t. 2, p. 501, nº 10. — *Contrà* Legraverend, t. 2, p. 203, note 5.

382. — Ainsi, il y a nullité lorsque, sur la demande d'un accusé d'incendie, la cour d'assises a refusé de faire expliquer un témoin sur le point de savoir si l'opinion publique n'accuse pas le propriétaire de la maison incendiée d'y avoir mis lui-même le feu. — *Cass.*, 18 sept. 1824, Morel.

383. — De même, lorsqu'un individu prévenu d'avoir outragé publiquement un fonctionnaire public dans l'exercice de ses fonctions demande que les témoins soient interpellés sur le point de savoir si ce fonctionnaire n'était pas en état d'ivresse au moment où il l'a outragé, l'interpellation doit être ordonnée, comme tendant à produire une circonstance atténuante en faveur du prévenu. — *Ass. du Cantal*, 26 nov. 1833, Trélat.

384. — Il ne faut pas confondre le droit d'adresser des interpellations aux témoins avec les observations que l'accusé voudrait présenter aux jurés après les dépositions. C'est au président de la cour d'assises qu'il appartient d'apprécier l'opportunité des observations que l'accusé veut présenter aux jurés après l'audition d'un témoin : l'accusé ne peut se faire un moyen de nullité de ce que le président lui aurait interdit cette faculté. — *Cass.*, 21 oct. 1835, Galine.

385. — Comme aussi il ne résulte aucune nullité de ce que, malgré la demande de l'accusé, la cour d'assises a refusé d'ordonner la comparution personnelle de la partie civile, pour donner des explications sur les faits principaux, sauf au président à l'appeler en vertu de son pouvoir discrétionnaire. — *Cass.*, 27 déc. 1811, Barbié. — V. conf. Merlin, *Rép.*, vº *Intervention*, § 2.

386. — L'accusé ne doit pas être plus interrompu dans ses observations que le témoin dans sa déposition; il doit avoir pour établir sa défense la même latitude que celle qui est accordée au témoin qui l'accuse. — Carnot, t. 2, p. 499, nº 2.

387. — Cependant, en autorisant l'accusé et son conseil à dire tant contre les témoins que contre leur témoignage, tout ce qui pourra être utile à la défense, la loi n'a pas entendu leur permettre de se livrer à des calomnies, en plaidant ou écrivant des faits inutiles à la défense autant qu'injurieux à l'égard des témoins. — *Cass.*, 12 mars 1812, Campion c. Morel.

388. — Le droit accordé par l'art. 319, C. inst. crim., à l'accusé d'adresser aux témoins toute interpellation qui pourrait être utile à la défense est subordonné à l'appréciation de la cour d'assises sur l'utilité ou la convenance de l'interpellation. — *Cass.*, 21 oct. 1835, Gatine.

389. — Ainsi, la loi n'a point entendu permettre les invectives et les injures qui ne sauraient donner un résultat favorable à l'accusé. — *Cass.*, 6 mars 1812, Crisi, dit Columbo; — Chassan, *Tr. des délits de la parole*, p. 93, nº 13; Bourguignon, *Jurisp. des Codes crim.*, t. 2, art. 317, p. 45; Carnot, sur l'art. 319, t. 2, p. 501, nos 7, 8 et 9.

390. — Ainsi, il n'y a pas entrave apportée à la liberté de la défense lorsque l'avocat est interrompu dans sa plaidoirie par le président de la cour d'assises parce qu'il se permet de diffamer un témoin à charge, et cela sans utilité pour son client. — *Cass.*, 6 mars 1812, Crisi; 28 déc. 1837 (t. 1er 1840, p. 146), Texier.

391. — Il est en effet du droit et du devoir du président d'arrêter toute allégation contre la personne des témoins ou leur déposition, si ces allégations dépassent les bornes d'une légitime défense, et la cour d'assises peut même à cet égard prononcer des peines et dommages-intérêts s'il y a lieu. — *Cass.*, 23 août 1838 (t. 1er 1839, p. 40), Delormel c. Martin.

392. — Néanmoins s'il n'y a pas eu répression immédiate, le témoin qui prétend avoir été diffamé par les explications présentées par l'accusé ne peut ultérieurement actionner celui-ci devant le tribunal correctionnel qu'autant que la cour d'assises a réservé l'action. — Lorsque la cour d'assises n'a ni réprimé ni réservé l'action, il y a présomption que l'accusé n'est pas sorti des bornes d'une défense légitime. — Même arrêt.

393. — Cette dernière solution était du reste déjà appliquée sous l'empire du Code du 3 brum. an IV, où l'on jugeait qu'il appartenait au président de faire rentrer le défenseur dans les bornes d'une légitime défense, s'il s'en écartait, et que, dans tous les cas, la plainte du tiers qui se prétendait diffamé ne pouvait être l'objet que d'une action incidente formée à l'instant même devant le tribunal saisi du procès, et non d'une action principale devant un autre tribunal. — *Cass.*, 26 (et non 18) flor. an VII, Duronceroy c. Chauvin.

394. — Mais la disposition de l'art. 319, C. inst. crimin., qui permet à l'accusé et à son conseil de dire contre les témoins tout ce qui pourra être utile à sa défense, n'a pour objet que la discussion orale, et ne s'étend pas à des écrits qui seraient distribués pour la défense de l'accusé. — *Cass.*, 11 août 1820, Cabet c. Byssey.

395. — La loi n'ayant pas admis la défense écrite devant les cours d'assises, les mémoires publiés pour la défense d'un accusé, devant cette juridiction, ne peuvent jamais avoir le caractère d'écrits produits devant les tribunaux, dans le sens de l'art. 23, L. 17 mai 1819. En conséquence, les témoins sont recevables à exercer une action en diffamation à raison des imputations faites contre eux dans un mémoire publié pour la défense de l'accusé, quoiqu'ils n'aient pas réclamé dans le débat. — *Cass.*, 11 août 1820, Cabet c. Byssey. — V. conf. Mangin, t. 1er, p. 322, nº 153; Chassan, t. 1er, p. 77 et 94; Carnot, sur l'art. 319, C. inst. crim., t. 2. p. 503, nº 2.

396. — Une cour d'assises ne viole aucune loi en prononçant la suppression des passages d'un mémoire produit par l'accusé, comme étant injurieux envers les témoins et inutiles à la défense. — *Cass.*, 12 mars 1812, Campion c. Morel.

397. — Il est évident que les allégations du ministère public, qui peuvent être discutées et combattues par l'accusé et son défenseur, ne peuvent être considérées comme des entraves apportées à la défense.

398. — Ainsi, l'opinion émise par le ministère public qu'une fille qui se trouve parmi les accusés a, s'il en croit des renseignemens particuliers, plus d'énergie que certains hommes, ne porte pas atteinte aux droits de la défense, alors même qu'il se refuse à faire connaître quels sont les renseignemens qui ont motivé cette opinion. — *Cass.*, 12 avr. 1839 (t. 1er 1840, p. 198), Breton.

399. — Le ministère public peut régulièrement être admis à prouver par témoins, à l'audience de la cour d'assises, que l'accusé est le même qu'un individu qui a déjà subi une condamnation sous un autre nom, et sur la preuve acquise de son identité, à requérir l'application des peines de la récidive. — L'accusé ne saurait se plaindre de n'avoir pas eu le temps nécessaire pour préparer sa défense. — *Cass.*, 10 juill. 1828, Louis (ou Léonard.)

400. — Il ne peut résulter une nullité de ce que, dans les développemens donnés à l'audience, le ministère public aurait fait usage de déclarations faites dans une affaire autre que celle dont la cour d'assises était saisie, alors que l'accusé, ayant pu prendre communication de ces déclarations, qui étaient jointes par extrait au dossier, et ayant eu toute liberté pour combattre les conséquences qu'en voulait tirer le ministère public, n'a éprouvé aucun préjudice dans son droit de défense. — *Cass.*, 7 fév. 1833, Hue.

401. — L'accusé et son conseil ont le droit de *lire* tout ce qui peut être utile à la défense, à l'exception des déclarations écrites des témoins, pourvu que le défenseur ne dise rien contre sa conscience ou le respect dû aux lois, qu'il s'exprime avec décence et modération et qu'il ne se livre pas à des divagations étrangères à la cause. — *Cass.*, 20 juill. 1826, Gaillard.

402. — Ainsi une cour de justice criminelle ne peut interdire au défenseur de l'accusé la faculté de lire aux jurés de jugement une consultation de

médecin ayant pour objet d'établir un fait contraire à celui contenu dans un procès-verbal constatant le corps du délit. — *Cass.*, 11 août 1808, Petit; — Carnot, sur l'art. 205, C. inst. crim., t. 2, p. 165, n° 6, et sur l'art. 335, même Code, t. 2, p. 566, n° 2. — V. COUR D'ASSISES.

403. — Dans une affaire d'infanticide, le défenseur a le droit de *lire* une consultation délibérée par deux médecins et deux chirurgiens de la ville où se tient la cour d'assises, tendant à établir l'innocence de l'accusé, ou l'impossibilité physique que l'enfant prétendu homicidé lui appartienne. — *Cass.*, 20 juill. 1826, Gaillard.

404. — Aucun article du Code d'inst. crim. n'interdit la lecture, à l'audience, des certificats délivrés aux accusés, lorsqu'ils peuvent contribuer à l'éclaircissement des faits de la cause. — *Assises d'Ille-et-Vilaine*, 11 nov. 1824, Roussel.

405. — C'est donc à tort qu'il a été jugé que le refus fait par la cour d'assises de permettre la lecture aux jurés d'une consultation de médecins délibérée sur le fait de l'accusation sans mandat de justice, et sur la demande privée de l'accusé ne porte aucune atteinte au droit de défense. — *Cass.*, 15 mars 1822, veuve Mary.

406. — Une cour d'assises ne peut refuser d'ordonner la lecture des déclarations d'un co-accusé mis en liberté, sous le prétexte que ces déclarations sont celles du père de l'accusé. — *Cass.*, 10 avr. 1828, Lebourgeois.

407. — Mais le président d'une cour d'assises ne porte aucune atteinte à la libre défense de l'accusé en ne permettant pas à son défenseur de lire devant le jury des articles de journaux relatifs à des décisions rendues par d'autres jurés dans des circonstances analogues, mais étrangères à l'accusation actuelle. — *Cass.*, 28 août 1829, Floriot.

408. — Comme aussi dans un délit, en matière de presse, le droit de donner lecture au jury des articles incriminés, après la lecture de l'arrêt de renvoi et de l'acte d'accusation, où ils sont relatés par les mots qui les commencent et par ceux qui les terminent, appartient au greffier et non au prévenu. — *Assises de la Seine*, 31 janv. 1831, Lamennais.

409. — Quelque sacré que soit le droit de la défense, il est des cas dans lesquels le président peut et doit engager le défenseur à s'abstenir de discussions complètement étrangères aux intérêts qu'il est chargé de défendre.

410. — Ainsi, ce président ne porte aucune atteinte aux droits de la défense en interdisant aux défenseurs de l'accusé d'entrer dans des discussions contraires à la liberté et à l'indépendance de la tribune. — *Cass.*, 20 mai 1831, Geslin et Duez.

411. — Il peut également, sans porter atteinte aux droits de la défense, interdire au défenseur des accusés d'entrer dans des considérations de droit étrangères aux attributions du jury. — *Cass.*, 20 mai 1831, Valentini.

412. — Spécialement, il n'y a pas atteinte au droit de la défense dans l'interdiction faite pendant les débats à l'avocat de l'accusé de donner lecture d'une lettre écrite par la femme de celui-ci. — *Cass.*, 18 juill. 1844 (t. 2 1844, p. 536), Deniau.

413. — On s'est demandé si le défenseur avait le droit de plaider le système de l'omnipotence du jury. — Cette question a dû principalement son importance à la loi du 20 avr. 1825, sur le sacrilége, qui a été frappée d'une réprobation tellement générale qu'on ne pourrait citer qu'un très petit nombre de déclarations de culpabilité intervenues sur les poursuites qu'elle a fait naître. Le jury a donc largement usé, dans cette circonstance, de l'omnipotence que tous les organes de la presse d'alors s'efforçaient d'inculquer dans tous les esprits.

414. — Cependant, toute puissance a ses bornes; et dire qu'en droit le jury dont les attributions ont été limitées par la loi, est omnipotent, c'est évidemment proclamer une erreur que nos institutions et le simple bon sens repoussent. Les jurés ne peuvent pas tout, car ils sont enchaînés par le serment qu'ils prêtent de ne trahir ni les intérêts de la société ni ceux des accusés, et de décider suivant leur conscience. Or, lorsqu'ils sont interrogés sur l'existence d'un crime ou d'un délit, leur conscience leur fait un devoir de répondre affirmativement, s'il leur est démontré que ce crime ou ce délit existe avec le degré de criminalité qui le rend punissable. Sans doute, en fait, il en peut être autrement, et la réponse peut être négative, mais alors le jury méconnaît la loi de son institution et manque au serment qu'il a prêté. Nous savons qu'il est des circonstances où les jurés pourront avoir de la répugnance à rendre une déclaration de culpabilité qui doit amener l'application d'une loi qu'ils désapprouvent, mais ils ne doivent pas oublier qu'ils sont juges et non législateurs; que les juges doivent respecter la loi tant qu'elle existe; qu'ils doivent, eux surtout, la respecter puisque son appréciation et son application ne leur a pas même été soumise, et que, si elle est vicieuse, il appartient à un autre pouvoir de la réformer. — Ces observations nous semblent plus que jamais fondées aujourd'hui que la tribune et la presse, affranchies de toute entrave, peuvent demander et obtenir la modification ou l'anéantissement de lois vicieuses.

415. — Il est évident que, si les jurés ne sont pas omnipotens, le défenseur n'a pas le droit de plaider le système de l'omnipotence du jury. — *Ass. de la Seine*, 2 fév. 1830, Couet.

416. — Mais le défenseur peut-il faire connaître au jury la disposition pénale applicable à l'accusé en cas de condamnation? — Avant la révision des lois pénales en 1832, la négative ne pouvait faire l'objet d'aucun doute.

417. — Et l'on décidait, en conséquence, que la cour d'assises faisait une juste application de la loi en ne permettant pas au défenseur de l'accusé de mettre sous les yeux des jurés le texte de la loi pénale, de leur expliquer l'influence des faits sur l'étendue de la peine et les modifications qu'elle pouvait subir selon les circonstances. — *Cass.*, 26 déc. 1823, Louis Ravel.

418. — ... Que le président d'une cour d'assises n'apportait aucune restriction au droit de défense en refusant d'ordonner la lecture de la loi pénale aux jurés, qui ne devaient s'attacher qu'aux faits constitutifs de l'accusation. — *Cass.*, 8 déc. 1826, Delhumeau.

419. — ... Que le président de la cour d'assises ne violait aucune loi, lorsqu'au lieu de permettre au défenseur de l'accusé de lire au juré les dispositions pénales, il lui enjoignait de se renfermer dans l'examen des faits constitutifs de l'accusation, en lui réservant de faire valoir tous les moyens qui pouvaient militer en faveur de l'accusé. — *Cass.*, 18 fév. 1831, Prunière.

420. — ... Et encore que le président d'une cour d'assises ne portait aucune atteinte au droit de défense, en interdisant au conseil de l'accusé la faculté d'exposer au jury une prétendue disproportion entre la durée de la peine et le peu de gravité du crime qui lui était imputé. — *Cass.*, 31 mars 1825, Faure.

421. — La loi du 28 avr. 1832 semblait avoir dérogé à cette jurisprudence en accordant au jury le pouvoir de faire abaisser la peine d'un degré, au moyen d'une déclaration de circonstances atténuantes. Mais cette concession, commandée peut-être par le besoin de prévenir de scandaleux acquittemens, ne saurait, sans danger, recevoir une nouvelle extension. Tout ce qui concerne la peine est dans le domaine exclusif du juge. L'art. 342, C. inst. crim., en contient la disposition expresse. La loi du 28 avr. 1832 n'y a point dérogé. Rien donc, par exemple, ne s'opposerait à ce que le défenseur de l'accusé tirât tout le parti possible de l'exiguité de l'objet volé pour démontrer au jury que les circonstances sont atténuantes; mais dès qu'il se permet d'aborder l'application de la peine et d'établir une comparaison entre le fait et sa répression, il enfreint l'art. 341, C. inst. crim., en excitant les jurés à transgresser à leur tour la prohibition contenue dans l'art. 342, même Code.

422. — La jurisprudence est donc toujours restée la même depuis la loi de 1832, et on continue à juger, comme par le passé, que le défenseur de l'accusé n'a pas le droit de faire connaître au jury la peine dont, en cas de culpabilité, son client pourrait être frappé. — *Cass.*, 25 mars 1836, Lefeurne.

423. — ... Et qu'il ne doit exprimer devant les jurés, de quelque manière que ce soit, ni la nature, ni l'étendue de la gravité de la peine encourue, pour les porter à y rechercher des circonstances atténuantes. — *Ass. Ille-et-Vilaine*, 29 nov. 1836 (t. 1er 1837, p. 631), Taillandier; *Ass. du Cher*, 26 janv. 1837 (t. 1er 1837, p. 631), Me Michel.

424. — Toutefois, l'infraction qu'il commettrait à cet égard n'entraînerait pas la nullité des débats; elle n'aurait d'autre effet que de provoquer contre lui, soit une injonction du président, soit, en cas d'insuffisance, l'application d'une peine disciplinaire. — Mêmes arrêts. — S'il en était autrement, le défenseur pourrait, en enfreignant ses devoirs et en résistant aux injonctions du président, ménager à son client un moyen de nullité.

425. — En tout cas, l'avertissement donné aux jurés par le président de la cour d'assises, sur les conséquences de leur déclaration, quant à l'application de la peine, ne peut être une cause de nullité, alors qu'il n'a pour but que de rectifier quelques assertions du défenseur qui auraient pu induire les jurés en erreur. — *Cass.*, 10 sept. 1835, Biard.

426. — Quelque étendu que soit le droit du président sur la défense, ce droit n'est pourtant pas sans limite, et dès qu'il est démontré que l'usage en a été préjudiciable à l'accusé, et que sa défense s'est trouvée interdite ou tronquée sans motif légitime, la nullité de la condamnation doit être prononcée.

427. — Cette nullité devrait, selon nous, être prononcée, alors que le président aurait empêché l'accusé de présenter ses moyens de défense par le motif que la forme qu'il avait adoptée n'était pas celle employée ordinairement.

428. — Ainsi, c'est à tort qu'il a été jugé comme principe que l'interdiction faite à un accusé de présenter sa défense en vers n'entravait point la défense de ce prévenu. — *Cass.*, 13 (et non 9) juin 1834, Bastide. — Et peu importe, suivant nous, dans ce cas, que la défense ait été présentée par l'avocat que l'accusé avait choisi. En effet, l'accusé a le droit de présenter lui-même sa défense; aucune disposition de loi ne l'oblige à parler en prose plutôt qu'en vers. C'est donc ajouter à la loi que de proscrire les discours en vers. La cour d'assises ne peut retirer la parole à l'accusé qu'autant qu'il en abuse.

429. — Mais il ne peut résulter une nullité de ce que le président de la cour d'assises aurait arrêté le défenseur dans le cours de sa plaidoirie, si cette interruption n'a pas eu pour effet d'entraver la défense. — *Cass.*, 12 janv. 1833, Jean Perrin.

430. — Il ne résulte également aucun moyen de cassation de ce que le conseil de l'accusé aurait été interrompu dans sa plaidoirie par le président, sur le motif *qu'il avait adopté un système de défense peu convenable*, ni de ce qu'il se serait refusé à compléter sa plaidoirie, malgré les instances réitérées du ministère public, et de ce que les défenseurs des autres accusés auraient aussi refusé de suppléer à son silence. — *Cass.*, 22 sept. 1826, Raynard.

431. — Spécialement, l'avertissement donné par le président aux défenseurs des accusés, qu'un quart d'heure semblait devoir suffire à chacun d'eux pour répliquer au ministère public ne peut être considéré comme une restriction illégale de la défense, alors surtout qu'il est constant que les défenseurs ont prononcé et terminé leur plaidoirie sans que la parole leur ait été retirée. — *Cass.*, 3 déc. 1836 (t. 1er 1838, p. 37), François Demiannay.

432. — Le prévenu condamné par la cour d'assises pour les écarts qu'il s'est permis dans sa défense ne peut se plaindre d'avoir été gêné dans sa défense, lorsque, au lieu d'attribuer à la chaleur de l'improvisation les paroles incriminées, il a déclaré y persister, après avoir été mis à portée de les rétracter. — *Cass.*, 27 fév. 1832, Raspail.

433. — Le prévenu d'un délit de la presse qui reproduit dans sa défense les propositions pour lesquelles il est poursuivi, et qui les maintient en les aggravant, commet un nouveau délit passible de nouvelles peines. — *Lyon*, 18 juin 1832, Bœuf.

434. — L'accusé n'est point fondé à se faire un moyen de cassation de ce qu'il aurait été interrompu dans sa défense par le président de la cour d'assises, lorsque rien dans le procès-verbal ne constate cette interruption, et qu'au contraire on y voit que lui et son conseil ont présenté la défense et ont eu la parole les derniers. — *Cass.*, 16 sept. 1831, Buret.

435. — Il est d'ailleurs non recevable à se plaindre lorsque, sa défense ayant été présentée par l'avocat qu'il avait choisi, il a déclaré n'avoir rien à y ajouter. — *Cass.*, 9 (et non 13) juin 1834, Bastide.

436. — La disposition qui veut que l'accusé ou son conseil aient toujours la parole les derniers, s'applique non seulement à la défense proprement dite, mais encore à tous les incidens qui peuvent s'élever dans le cours des débats et qui peuvent intéresser la défense ou la justification de l'accusé, soit qu'une ordonnance du président, soit qu'un arrêt doivent terminer ces incidens. — *Cass.*, 5 mai 1826, Renault; 28 janv. 1830, Moutie.

437. — Il a été jugé, il est vrai, qu'un accusé ne pouvait se faire un moyen de nullité de ce qu'il n'avait pas eu la parole le dernier. — *Cass.*, 8 avr. 1813, Klaaseabels. — Mais, quoique l'art. 335 ne porte pas expressément la peine de nullité, le droit qu'il confère à l'accusé nous paraît substantiel. Cette peine devrait donc être suppléée s'il était établi que l'accusé eût demandé et n'eût pas obtenu la parole le dernier. — Carnot, t. 2, p. 567, n° 6; Legraverend, t. 2, p. 214.

438. — Toutefois, le président n'est pas obligé de demander à l'accusé s'il a des observations à présenter sur chaque incident qui s'élève dans le

débat; il suffit qu'aucun obstacle ne soit apporté au droit qui lui appartient de prendre la parole. — *Cass.*, 22 janv. 1841 (t. 1er 1842, p. 263), Raynal.

439. — Ce serait donc à tort qu'il a été jugé que lorsque, après les plaidoiries terminées, un nouveau témoin a été entendu en vertu du pouvoir discrétionnaire du président, il y a nullité si l'accusé ou son conseil n'ont pas été mis en demeure de s'expliquer sur sa déclaration. — *Cass.*, 9 avr. 1835, Isnardi. — Cet arrêt fait une application trop rigoureuse de la loi; il suffit que l'accusé ou son conseil aient pu répondre.

440. — Spécialement, il n'est pas nécessaire, à peine de nullité, de demander à l'accusé s'il a quelque chose à dire contre les conclusions prises par le ministère public, tendant à ce qu'il soit passé outre aux débats, nonobstant l'absence de plusieurs témoins. — *Cass.*, 23 juin 1832, Véron.

441. — De ce que la cour d'assises a, sur la réquisition du ministère public et par arrêt ordonné le dépôt au greffe d'objets présentés par un témoin, sans que l'accusé ni son défenseur aient été entendus, il ne saurait y avoir de nullité, alors que l'accusé présent au débat n'a élevé aucune réclamation à ce sujet, et n'a pas été empêché de présenter les observations qu'il aurait cru devoir faire dans son intérêt. — *Cass.*, 12 déc. 1840 (t. 2 1842, p. 622), Lafarge.

442. — Jugé cependant que lorsqu'un individu qui n'était pas inscrit au nombre des témoins ni appelé en vertu du pouvoir discrétionnaire du président, a été admis à déposer une pièce nouvelle qui a été ensuite remise au jury sans avoir été signée du greffier, et sans qu'il soit constaté que l'accusé ait été mis à même de la combattre, les débats, tout ce qui s'en est suivi, et notamment l'arrêt de condamnation sont nuls. — *Cass.*, 30 déc. 1830, Desornos.

443. — Le président n'est même point tenu d'interpeller l'accusé immédiatement avant de prononcer la clôture des débats pour savoir de lui s'il n'a rien à ajouter à sa défense. — *Cass.*, 16 juin 1836, Pierrot.

444. — En tous cas, lorsque le procès-verbal constate qu'après la réplique du ministère public, le président a demandé à l'accusé s'il n'avait rien à ajouter aux moyens présentés pour lui par son conseil, l'accusé est censé avoir eu la parole le dernier. — *Cass.*, 2 sept. 1830, Gromelle.

445. — Le résumé du président d'une cour d'assises est considéré comme un des moyens de défense accordés aux accusés, et dont l'omission produit une nullité radicale et substantielle. Il y a donc nullité lorsque le procès-verbal des débats ne mentionne pas que le président ait fait un résumé. — *Cass.*, 18 déc. 1823, Egrain.

446. — Mais ce résumé ne peut être interrompu par aucune observation ou réclamation, soit du ministère public, soit des parties, soit de leurs défenseurs, sauf à ceux qui y auraient intérêt, dans le cas seulement où le président aurait présenté des faits nouveaux ou des pièces nouvelles, à demander après la fin du résumé que la clôture des débats et ce qui s'en est suivi soient annulés, afin d'être entendus sur ces faits ou sur ces pièces. — *Cass.*, 28 avr. 1820, Lavendier.

447. — Les interruptions que l'avocat de l'accusé se permet de faire au résumé du président, et les conclusions qu'il prend, hors le cas où elles sont légitimes, peuvent, selon les circonstances, constituer une irrévérence ou même une injure qui donne lieu contre lui à des peines disciplinaires. — Même arrêt.

448. — Il est vrai que précédemment il avait été jugé que lorsque le président se permet de lire, dans son résumé, des pièces qui n'ont pas encore fait partie de la procédure, et que les défenseurs des accusés s'opposent à cette lecture, il porte atteinte à la liberté de la défense en leur refusant la parole sous le prétexte que les débats sont terminés. — *Cass.*, 9 fructid. an IX, Otto.

449. — Il semblerait donc résulter de cet arrêt que la cour de Cassation aurait reconnu pour l'accusé ou son défenseur la faculté d'interrompre le président lorsqu'il se permet de lire, dans son résumé, des pièces qui n'ont pas encore fait partie de la procédure; mais il ne faut prendre dans cet arrêt que la partie qui consacre en faveur de l'accusé le droit d'être entendu sur les pièces nouvellement produites. Si aucune atteinte ne doit être portée aux droits de la défense, il ne convient pas non plus que l'audience dont la police appartient exclusivement au président, soit troublée par des interruptions qui ne peuvent point profiter à la défense.

450. — C'est un point hors de contestation que le ministère public et les accusés doivent être admis à faire des observations sur la manière dont les questions ont été posées au jury par le président, quoique le Code d'inst. crim. ne contienne aucune disposition à cet égard. — *Cass.*, 28 mars 1820, Lavendier. — Tout ce qui concerne la position des questions a du reste fait l'objet d'un examen détaillé au mot COUR D'ASSISES. — V. spécialement, quant aux réclamations sur la position des questions, COUR D'ASSISES, nos 2346 et suiv.

451. — Notons seulement que l'accusé ou son défenseur n'est plus recevable, après la déclaration du jury, à demander à répondre à la réfutation que le président aurait faite, dans son résumé, d'un des argumens de la défense. — *Cass.*, 13 avr. 1837 (t. 1er 1838, p. 321), Faranet.

452. — Une dernière prescription du Code d'inst. crim., établie en faveur de la défense, est celle qui veut qu'après la déclaration du jury et le réquisitoire du ministère public pour l'application de la peine, il soit demandé à l'accusé s'il n'a rien à ajouter pour sa défense.

453. — Cette obligation n'existe, il faut le remarquer, qu'après que le ministère public a requis l'application de la peine. — Ainsi, la cour d'assises ne viole pas le droit de défense en renvoyant, sur les conclusions du ministère public, les jurés dans la chambre de leurs délibérations pour compléter leur déclaration avant la lecture à l'accusé, sans entendre ce dernier et même sans l'interpeller de faire ses observations. — *Cass.*, 28 juin 1832, Veron.

454. — Le droit de l'accusé de présenter des observations après la déclaration du jury l'autorise même à plaider sur la question de savoir si le fait déclaré constant est punissable; on ne saurait le réputer non-recevable quant à ce, faute par lui de s'être pourvu contre l'arrêt de renvoi, et d'avoir soumis son exception au jury. — *Cass.*, 17 déc. 1836 (t. 1er 1838, p. 50), Giraud.

455. — Mais l'obligation imposée au président de lui demander s'il n'a rien à ajouter à sa défense, doit-elle être considérée comme essentielle, et son inobservation serait-elle une cause de nullité?

456. — La nullité ne se trouve pas, il est vrai, textuellement insérée dans l'art. 363; aussi en a-t-on conclu que cet article n'est pas prescrit à peine de nullité. — *Cass.*, 26 juill. 1822, Duport; 17 juin 1830, N...

457. — Mais cette solution ne nous paraît pas admissible, et, à part les deux arrêts que nous venons de citer, la jurisprudence décide constamment que l'interpellation prescrite par l'art. 363 est une formalité substantielle dont l'inobservation emporte nullité. — *Cass.*, 19 sept. 1828, Lewy; 20 sept. 1828, Rotenburger; 9 avr. 1829, Bruchet; 17 mai 1832, Chevalier; 16 août 1832, Bressolles. — V. conf. Carnot, *Inst. crimin.*, t. 2, p. 732, no 1er.

458. — Toutefois, il ne faudrait pas arbitrairement et sans cause prononcer la nullité. Ainsi, le président de la cour d'assises ne doit demander à l'accusé s'il a quelque chose à dire pour sa défense, après la déclaration du jury, qu'autant qu'il a été reconnu coupable. — *Cass.*, 23 fév. 1837 (t. 2 1837, p. 145), Brière.

459. — De même, l'accusé qui n'a été condamné qu'au minimum de la peine par lui encourue, serait non recevable à se plaindre de ce qu'il n'a pas reçu l'avertissement prescrit par l'art. 363, C. inst. crim. — *Cass.*, 17 juin 1830, N...; 2 déc. 1830, Ferland; 17 août 1837 (t. 1er 1840, p. 94), Bonnet.

460. — L'accusé ne peut tirer un moyen de nullité de ce que l'interpellation prescrite par l'art. 363 ne lui aurait été faite qu'au moment où le président énumérait les dispositions de la loi pour l'application de la peine, s'il est établi qu'après l'avoir mis à même de faire ses observations, la cour a procédé à une nouvelle délibération. — *Cass.*, 2 fév. 1837 (t. 2 1837, p. 154), Goubert; 17 août 1837 (t. 1er 1840, p. 94), Bonnet.

461. — Il suffit que l'accusé ait été interpellé de déclarer s'il n'avait rien à ajouter à sa défense: le président n'est pas tenu de faire la même interpellation à son défenseur. — *Cass.*, 5 fév. 1835, Dejean.

462. — Il ne faudrait pas conclure de cette décision que le rôle du défenseur est épuisé. En effet, non seulement le défenseur de l'accusé a le droit d'assister à la première lecture de la déclaration du jury; mais il doit de plus, à peine de nullité, avoir la parole sur tous les incidens qui peuvent s'élever à l'occasion de cette lecture. — *Cass.*, 28 janv. 1830, Moulte.

463. — La traduction de l'accusé avec des menottes, pour entendre la lecture de la déclaration du jury, ne peut être considérée comme une atteinte portée à l'exercice de son droit de légitime défense, alors qu'après cette lecture il a fait les observations qu'il a jugé convenable, et que, les menottes lui ayant été ôtées avant l'arrêt de condamnation, il a répondu négativement au président qui lui demandait de nouveau s'il voulait ajouter quelque chose à sa défense. — *Cass.*, 7 oct. 1830, Metz.

464. — Le président de la cour d'assises qui demande à haute voix au conseil de l'accusé, en présence de celui-ci, s'il n'a rien à ajouter à sa défense, satisfait pleinement à la disposition de l'art. 363, C. inst. crim., et l'accusé ne peut prétendre qu'il a été porté atteinte au droit de la défense. — *Cass.*, 30 juin 1831, Brunet.

465. — Le silence du procès-verbal des débats sur l'interpellation que le président doit faire à l'accusé, n'est pas une cause de nullité, s'il résulte de ce document que le défenseur de l'accusé a recommandé son client à l'indulgence de la cour. — *Cass.*, 21 sept. 1837 (t. 1er 1840, p. 133), Bertrand.

466. — Lorsque, au lieu de constater formellement qu'après les réquisitions du ministère public, pour l'application de la peine, le président de la cour d'assises a demandé à l'accusé s'il n'avait rien à dire pour sa défense, le procès-verbal des débats mentionne seulement que l'accusé n'a rien dit, il résulte implicitement de ces mots que l'accusé a été mis en demeure de faire ses observations. — *Cass.*, 11 sept. 1828, Lamur.

467. — Lorsque le procès-verbal des débats constate que le président de la cour d'assises a demandé à l'accusé s'il n'avait rien à dire contre le réquisitoire du ministère public, pour l'application de la peine, il y a présomption légale que l'accusé n'a fait aucune réponse, et il ne peut résulter une nullité de ce que le procès-verbal n'en contiendrait pas la mention. — *Cass.*, 15 mars 1832, Baillère.

468. — Lorsque, sur l'interpellation du président, l'accusé garde le silence, la cour doit passer outre et délibérer sur l'application de la loi. — Carnot, *Instr. crim.*, t. 2, p. 731, no 3.

469. — Le procureur général et la partie civile peuvent répliquer; mais l'accusé doit, lorsqu'il le demande, avoir la parole le dernier. — Carnot, *ibid.*

Sect. 2e. — *Juridictions autres que les cours d'assises.*

470. — Les règles que nous venons d'exposer bien que plus spécialement relatives à la défense devant la cour d'assises, sont néanmoins généralement applicables à la défense devant les autres juridictions criminelles.

471. — Il nous suffira donc d'indiquer les dérogations qui ont été apportées aux principes généraux de la défense criminelle devant ces juridictions.

§ 1er. — *Tribunaux correctionnels.*

472. — Le principe fondamental que nul ne doit être condamné sans avoir été mis à même de se défendre, existe devant les tribunaux correctionnels comme devant les cours d'assises, et le tribunal correctionnel qui refuserait d'entendre la défense d'un prévenu traduit devant lui commettrait une flagrante violation de la loi.

473. — Ce principe a toujours été reconnu; c'est ainsi que, sous l'empire de la loi du 24 août 1790, on jugeait qu'un tribunal ne pouvait faire des injonctions à une personne non appelée ni entendue, ni prononcer contre elle aucune condamnation. — *Cass.*, 12 janv. 1792, Durozé; 26 sept. 1793, Longuer.

474. — Sous le Code du 3 brum. an IV, et par application des art. 184 et 200 de ce Code, la jurisprudence consacra encore par de nombreuses décisions le principe du respect dû à la défense devant les tribunaux correctionnels soit en première instance, soit en appel. — *Cass.*, 25 fructid. an IV, Warméjaville c. Mousset; 6 niv. an VII, Bouisse; 9 germ. an VII, Hugues c. Bayle; 4 mai 1807, Borelly.

475. — Bien que le Code d'instruction criminelle n'ait pas prescrit, comme le faisait celui du 3 brum. an IV, *à peine de nullité*, que l'accusé soit mis à même de présenter sa défense, néanmoins on n'a jamais hésité à considérer ce point comme essentiel, et devant être observé à peine de nullité. — *Cass.*, 24 juill. 1818, Marseille.

476. — Spécialement, un tribunal correctionnel violerait la loi, en condamnant aux frais une commune qui n'était dans la cause ni partie poursuivante, ni partie présente ou citée. — *Cass.*, 20 juin 1828, Fauvelle.

477. — L'administration des douanes ne peut être tenue des dépens d'une poursuite exercée d'office contre un de ses préposés, prévenu d'a-

DÉFENSE, DÉFENSEUR, ch. 2, sect. 2e.
DÉFENSE, DÉFENSEUR, ch. 2, sect. 2e.

voir, dans l'exercice de ses fonctions, blessé un délinquant, poursuite à laquelle elle n'a pris aucune part, si ce n'est pour autoriser la mise en jugement de ce préposé. — *Cass.*, 19 mars 1830, Douanes c. Baumann.

478. — La première condition exigée pour qu'un prévenu soit régulièrement jugé, c'est que la citation à comparaître lui ait été remise dans les délais prescrits par la loi; par là il est mis à même de présenter sa défense. — *Cass.*, 15 oct. 1835, Barthélemy.

479. — Cependant, s'il prétend que ce délai est insuffisant, il peut en demander un nouveau : mais le tribunal est le maître d'accorder ou de refuser ce nouveau délai, sans que sa décision puisse jamais donner ouverture à cassation. — Même arrêt.

480. — A la différence de ce qui a lieu pour la cour d'assises, nulle part la loi n'impose au juge correctionnel la nécessité de désigner un défenseur d'office à l'accusé, qui n'en a pas choisi lui-même; et cette distinction se justifie parfaitement si l'on considère la différence qui existe dans la nature de l'accusation.

481. — Ce n'est pas, du reste, à la nature de la juridiction, mais bien à celle de l'accusation qu'il faut s'attacher pour savoir s'il y a lieu ou non de désigner un défenseur d'office à l'accusé.

482. — Ainsi, l'obligation imposée au président de la cour d'assises de nommer un défenseur à l'accusé ne s'applique qu'au cas où le titre de l'accusation porte sur un crime, et non à celui où le prévenu n'est poursuivi que pour un simple délit correctionnel. — *Cass.*, 10 déc. 1831, Merson; 27 fév. 1832, Raspail.

483. — Cependant la désignation d'un défenseur d'office, si elle n'est pas obligatoire en matière correctionnelle, reste toujours facultative pour les juges, qui peuvent, dans l'intérêt du prévenu, commettre d'office un défenseur pour l'assister.

484. — L'avocat désigné est sans doute *moralement* obligé d'accepter la défense du prévenu; mais c'est simplement pour lui une obligation *morale*; quant à l'obligation *légale*, elle n'existe pour lui qu'en matière *criminelle* et lorsqu'il s'agit d'un *accusé* traduit devant la cour d'assises. — V. AVOCAT, n° 540.

485. — C'est en ce sens qu'il a été jugé que l'avocat nommé d'office en matière correctionnelle, quoique obligé *moralement* d'accepter la défense qui lui est confiée, peut néanmoins s'abstenir si le prévenu refuse son assistance. — *Orléans*, 28 mars 1838 (t. 2 1838, p. 536), M. G...

486. — Dans l'espèce jugée par la cour d'Orléans, l'arrêt contient l'appréciation par la cour des motifs d'abstention émis par l'avocat désigné; or, sur ce point, la décision de la cour d'Orléans ne nous paraît pas à l'abri de toute critique.

487. — En fait, qu'un avocat, par déférence pour les magistrats qui l'ont désigné, leur soumette les motifs de son refus, rien de plus juste; mais dans la rigueur des principes, puisqu'en matière correctionnelle il n'y a pour l'avocat nommé d'office qu'une obligation morale de se présenter, son refus, quelle qu'en soit la raison, doit être accueilli, et ne peut faire, comme devant la cour d'assises, l'objet, pour les magistrats, d'une appréciation qui se traduise en décision judiciaire.

488. — C'est donc surabondamment au moins, suivant nous, que la cour, après avoir reconnu le caractère *purement moral* du devoir de l'avocat, a cru devoir prononcer sur les motifs de son *abstention* et l'*autoriser* à s'abstenir; on pourrait conclure de là, à tort, qu'il eût été dans ses pouvoirs de contraindre l'avocat, en rejetant son excuse, à prêter son ministère, si son refus ne lui avait pas paru suffisamment justifié.

489. — De même que devant les cours d'assises, les prévenus peuvent faire présenter leur défense par un avoué, les ordonnances des 27 fév. et 20 nov. 1822 n'étant relatives qu'à la plaidoirie en matière civile. — *Cass.*, 12 janv. 1828, Ploix; 25 janv. 1828, Tahlon.

490. — Du reste, ainsi que nous l'avons déjà dit (*suprà* nos 219 et suiv.), devant les tribunaux correctionnels comme devant la cour d'assises, le ministère des avoués en tant qu'officiers ministériels est simplement facultatif, tant pour l'accusé que pour la partie civile. — *Cass.*, 17 fév. 1826, Fredly; 31 janv. 1833, Brieu.

491. — Le prévenu qui comparaît en personne n'a pas besoin d'employer le ministère d'un avoué pour conclure à des dommages-intérêts. Bourguignon (*Jurispr.*, t. 1er, p. 423, n° 2) avait induit le contraire d'une circulaire du ministre de la justice du 10 avr. 1810; cette opinion était partagée par Carnot (*Inst. crim.*, t. 2, p. 38, n° 1er); mais aucune disposition de loi n'a rendu obligatoire le ministère des avoués en matière correctionnelle.

492. — Le tribunal ne peut évidemment désigner un défenseur d'office que parmi les avocats, ou, dans certains cas, à défaut d'avocats, parmi les avoués, suivant les règles établies. — V. AVOCAT, AVOUÉ. — Mais le choix de l'accusé est-il aussi restreint?

493. — Carré (*Tr. de l'organisat. judic.*, t. 1er, p. 250 et suiv., *Quest.* 38) soutient qu'aucune disposition n'ayant interdit aux parties de faire présenter leur défense en matière correctionnelle par une personne de leur choix, il y a lieu de recourir au principe général, posé dans la loi du 24 août 1790. L'art. 295, C. inst. crim., qui subordonne le choix de l'accusé au consentement du président, ne concerne que les cours d'assises; c'est, dit-il, une exception qui confirme la règle au lieu de l'affaiblir.

494. — Mais M. Victor Foucher, son annotateur (*ibid.*, p. 257, note *b*), répond que le principe posé dans la loi du 24 août 1790 a été modifié par les lois et réglemens postérieurs; il pense que les motifs donnés par l'orateur du gouvernement à l'appui de l'art. 295, C. inst. crim., s'appliquent *à fortiori* aux tribunaux correctionnels, beaucoup plus nombreux que les cours d'assises et d'un exercice plus constant; enfin, il soutient que dans le silence du Code, ce n'est point à la loi de 1790 qu'il faut se reporter, mais à la loi de vent. an XII et aux ordonnances plus récentes sur la profession d'avocat.

495. — Nous ferons remarquer, à notre tour, que l'art. 14, tit. 2, L. 16-24 août 1790, qui accorde à tout citoyen le droit de *défendre lui-même sa cause*, soit verbalement, soit par écrit, et non pas de la faire plaider *par un défenseur de son choix*, est toujours en vigueur, et qu'il constitue la prérogative la plus essentielle du droit de défense. — C. inst. crim., art. 190 et 210. — Le silence de la loi sur le choix du défenseur ne suffit pas, selon nous, pour rendre ce choix illimité. On trouve une règle beaucoup plus sûre dans la disposition de l'art. 295, C. inst. crim., qui présente la plus parfaite analogie. C'est donc le cas de l'appliquer aux matières correctionnelles.

496. — Aussi est-ce à tort, selon nous, qu'il a été jugé que dans les tribunaux de police correctionnelle, les prévenus ne peuvent pas être admis, comme les accusés, devant les cours d'assises à faire présenter leur défense par un ami de leur choix. — *Bruxelles*, 16 juin 1832, C...

497. — Aux termes de l'art. 185, C. inst. crim., « Dans les affaires relatives à des délits qui n'entraîneront pas la peine de l'emprisonnement, le prévenu pourra se faire représenter par un avoué; le tribunal pourra néanmoins ordonner sa comparution en personne. »

498. — Cette disposition du Code d'instruction criminelle est entièrement nouvelle. Le Code du 3 brum. an IV exigeait nécessairement, et en tous cas, la présence du prévenu. — C. 3 brum. an IV, art. 184 et 189. — *Cass.*, 26 brum. an VII, Waguerer.

499. — Jugé, en conséquence, sous l'empire de ce Code, qu'un prévenu en matière correctionnelle ne pouvait pas se faire représenter à l'audience par sa femme. — *Cass.*, 23 frim. an VII, Jaunet.

500. — ... Ou par un fondé de procuration. — *Cass.*, 26 niv. an VII, Valérie.

501. — ... Ou par un défenseur officieux. — *Cass.*, 25 brum. an VII, Lapicoterie; 28 pluv. an VII, Zolla.

502. — Toutefois, même sous l'empire du Code du 3 brum. an IV, on jugeait que, encore bien que le délit entraînât une peine d'emprisonnement, le prévenu n'était obligé de comparaître en personne que pour le jugement du fond; on lui reconnaissait la faculté de se faire représenter par un avoué ou par un avocat pour le jugement de toutes les exceptions ou questions préjudicielles.

503. — A plus forte raison doit-on dire aujourd'hui que l'obligation de comparaître en personne de la part du prévenu d'un délit, emportant la peine d'emprisonnement (art. 185, C. inst. crim.), n'existe que lorsqu'il s'agit du jugement du fond de la prévention ou des exceptions qui en sont inséparables. Mais s'il ne s'agit que d'exceptions purement préjudicielles, le prévenu peut, sans comparaître en personne, se faire représenter par un avocat. — *Cass.*, 13 juin 1829, Guise; 15 oct. 1831, d'Arnavon c. Garnaud; 29 août 1840 (t. 1er 1841, p. 68), Laparra.

504. — Il n'a été dérogé à cette règle, en matière de presse, ni par l'art. 2, L. 8 avr. 1831, ni par l'art. 28, L. 9 sept. 1835, qui contient une disposition analogue. — *Cass.*, 15 oct. 1831, d'Arnavon. — V. DÉLITS DE PRESSE.

505. — Le Code d'instruction criminelle se borne à dire que le prévenu pourra se faire représenter par un avoué. Il n'en faut point conclure qu'il exclut tout mandataire. — Carnot, *Inst. crim.*, t. 2, p. 39, n° 4. — Le tribunal ne peut se refuser d'admettre ceux que le Code civil déclare capables d'être chargés d'un mandat.

506. — Mais il a été jugé que les syndics d'une faillite n'ont pas qualité pour représenter le failli sans un pouvoir de sa part, même sous le rapport des réparations civiles qui peuvent être la suite de l'amende par lui encourue. — *Cass.*, 6 avr. 1822, Richard-Jacques c. Forcis.

507. — Cette proposition ne souffre aucune difficulté en ce qui concerne l'amende, parce que les peines sont personnelles, et qu'elles ne perdent point ce caractère lors même que, consistant en réparations pécuniaires, elles devraient retomber à la charge de la masse du prévenu failli. — Mais à l'égard des réparations civiles, le fond du droit et la qualité des parties sont régis par les principes du droit civil. La juridiction seule est changée. La partie lésée serait elle-même obligée d'exercer son action contre les syndics, si elle laissait juger définitivement l'action publique sans réclamer. Pourquoi n'interviendraient-ils pas en police correctionnelle? Les deux actions étant distinctes, il pourrait être statué par défaut contre le prévenu sous le rapport des condamnations pénales, et contradictoirement avec les syndics sous le rapport des intérêts civils.

508. — Jugé encore que le prévenu ne peut être admis à se faire représenter par un avoué qu'autant qu'il a été déjà interrogé. — *Grenoble*, 13 nov. 1823, Jouclar.

509. — Cet arrêt est motivé sur ce que l'art. 190, qui porte que le prévenu sera interrogé, est postérieur à l'art. 185; mais il faut concilier les deux dispositions; or, l'art. 185 suppose au contraire que le prévenu admis à se faire représenter par un avoué n'a pas encore été interrogé; car pourquoi autoriserait-il les juges à ordonner sa comparution, si ce n'est pour l'interroger?

510. — La présence du prévenu n'étant exigée qu'en sa faveur, on décidait, même sous le Code du 3 brum. an IV, que lorsque le prévenu avait obtenu gain de cause, nul n'était recevable à lui opposer son défaut de comparution. — *Cass.*, 7 mess. an VII, Bérenger c. Hébert.

511. — Et depuis le Code d'instruction criminelle, il a été jugé que le prévenu qui a été admis à tort à se faire représenter devant le tribunal de police correctionnelle par un avoué ou par un avocat, quoique le fait fût de nature à entraîner une peine d'emprisonnement, ne peut se faire un moyen de nullité de ce qu'il n'a pas été interrogé. — *Cass.*, 11 août 1827, Ancillon c. Avins; 18 juill. 1828, Magnoncourt.

512. — Le Code n'accorde au tribunal aucun moyen coërcitif contre le prévenu qui refuse de comparaître en personne. Le tribunal doit donc se borner à le juger par défaut, conformément à l'art. 186, dans les affaires qui entraînent un emprisonnement. — Carnot, *Inst. crim.*, t. 2, p. 39, n° 3.

513. — Mais lorsque le délit n'est passible que d'une condamnation à l'amende, si le prévenu ne comparaît pas malgré l'injonction du tribunal, il suffit que son défenseur continue à se présenter pour qu'on ne puisse pas donner défaut contre lui, sauf au tribunal à avoir tel égard que de raison à son refus de comparaître, dans l'appréciation du fait incriminé. — Carnot, *Inst. crim.*, t. 2, p. 39, n° 2, et p. 41, n° 1er.

514. — Dans les affaires de police correctionnelle, le prévenu a-t-il droit d'obtenir communication des pièces? — Aucune disposition de loi ne le prescrit, et, en conséquence, la cour de Grenoble a jugé que le prévenu n'avait pas le droit d'exiger cette communication, soit à lui, soit à son conseil, même sans déplacement et par la voie du greffe. — *Grenoble*, 17 mai 1826, Blanc.

515. — Nous ne pouvons partager cette doctrine : en effet, la communication est pour lui un droit inné, un droit tellement incontestable, qu'il n'a pas besoin d'être écrit dans la loi pour exister. C'est sans doute parce que le législateur n'a pas imaginé qu'on pût le mettre en question qu'au lieu d'en faire l'objet d'une disposition spéciale il s'est confié, à cet égard, à la loyauté des magistrats chargés de veiller à cette communication. Sans elle, en effet, non seulement la lutte n'est pas égale, mais toute défense est impossible. Comment le prévenu discutera-t-il les preuves tirées du corps du délit, s'il ne connaît pas le procès-verbal qui les constate? Comment combattra-t-il l'avis des experts, si leur rapport lui est celé? Comment dressera-t-il la liste de témoins à décharge, s'il ignore les noms des témoins qui pourront lui être opposés et ce qu'ils ont déclaré dans l'instruction? Comment s'expliquera-t-il sur le compte de ces derniers, et comment relèvera-t-il les contradic-

tions dans lesquelles ils sont tombés, s'il ne lui est pas permis de puiser ce renseignement dans l'instruction écrite? On dit que la véritable instruction est celle qui se fait à l'audience et que la loi n'admet pas d'autres preuves que celles produites par le débat oral; mais la défense n'en sera pas moins paralysée, puisque le débat oral est lui-même produit par l'information écrite, et qu'il peut arriver que la condamnation ait pour base principale des papiers saisis soit chez le prévenu, soit partout ailleurs, ou d'autres pièces du dossier. Enfin, dans les instances d'appel où les témoins sont rarement entendus, il faut de toute nécessité communiquer la procédure aux prévenus ou à leurs défenseurs. Si la règle est suivie en appel, elle doit l'être aussi en première instance, car la loi est absolument la même.

516. — C'est donc avec raison qu'il a été jugé par la cour suprême qu'en matière correctionnelle on ne peut refuser au prévenu de prendre communication des pièces. — *Cass.*, 14 mai 1835, Hugounet.

517. — Cette communication doit d'ailleurs se faire sans déplacement, au greffe, et non au parquet. — Même arrêt.

518. — Dans les affaires correctionnelles, en appel comme en première instance, c'est le ministère public qui doit avoir la parole le premier; surtout lorsque le ministère public et le prévenu se sont tous les deux rendus appelans. — *Cass.*, 11 août 1827, *Précurseur de Lyon*.

519. — L'art. 210, C. inst. crim., renvoie à l'art. 190, qui accorde en premier lieu la parole au ministère public. Cet arrêt fait donc une juste appréciation de la loi. Néanmoins, lorsqu'il n'y a d'appel que de la part du prévenu, la raison veut qu'il commence par exposer ses griefs, et que le ministère public lui réponde. C'est ainsi même que cela se pratique le plus généralement pour ne point obliger le ministère public à prendre deux fois la parole. On remarquera, au surplus, que l'interversion de l'ordre tracé par l'art. 190, C. inst. crim., n'est pas de nature à engendrer une nullité.

520. — C'est seulement dans les affaires qui se jugent par jurés qu'il est ordonné par la loi que l'accusé ou son conseil aient toujours la parole les derniers. Cette disposition est inapplicable aux matières correctionnelles. Ainsi, le prévenu condamné ne peut se faire un moyen de cassation de ce que le ministère public aurait parlé le dernier. — *Cass.*, 18 avr. 1806, Flachat.

521. — Merlin (*Rép.*, v° *Appel*, sect. 2e, § 8) dit que la question ne pourrait pas être aujourd'hui jugée de même, et il renvoie aux art. 190 et 211, C. inst. crim. — Si la disposition du premier de ces articles n'existait pas dans le Code du 3 brum. an IV, elle entrait parfaitement dans son esprit; et elle ne fait que confirmer le droit préexistant du prévenu, de répliquer au résumé du ministère public. Nous ferons donc remarquer qu'on ne lit point dans cet article, comme dans l'art. 335, que *l'accusé ou son conseil auront toujours la parole les derniers*. Cette différence essentielle n'indique-t-elle pas une différence dans la solution? Il suit de là, selon nous, qu'en matière de grand criminel, il faut, à peine de nullité, que l'accusé obtienne la parole le dernier, quand il la demande, sauf au président à la lui retirer ensuite, s'il y a lieu, en vertu de l'art. 270, C. inst. crim. (V. l'art. 408, même Code); tandis qu'en matière correctionnelle il ne suffirait pas que le prévenu demandât à avoir la parole le dernier, pour que le tribunal fût tenu de la lui accorder; il faudrait, pour que la nullité fût encourue, que le prévenu n'eût pas été admis à répliquer au résumé du ministère public. Si cependant il a été établi que la défense n'avait pas été complète, la nullité devrait être prononcée; mais ce serait comme substantielle, et non parce que le prévenu n'aurait pas eu la parole le dernier.

522. — Il ne résulte aucune nullité de ce que, en matière correctionnelle, les prévenus n'ont pas eu la parole les derniers, s'ils n'ont élevé aucune réclamation à cet égard. — L'art. 335, C. inst. crim., n'est applicable qu'aux matières criminelles, et non aux matières correctionnelles. — *Cass.*, 7 nov. 1840 (t. 2 1841, p. 393), Gallès.

523. — Spécialement, en matière correctionnelle, un témoin à charge peut être entendu après les conclusions du ministère public, et le prévenu a la faculté de prendre la parole après la déposition additionnelle de ce témoin; mais son silence implique la renonciation à cette faculté. — *Cass.*, 20 août 1840 (t. 2 1840, p. 405), Goulard.

524. — Du reste, l'art. 190, aux termes duquel le prévenu a droit de répliquer au ministère public, ne distingue pas entre la discussion du fond et celle des exceptions. Ce droit ne peut être refusé, à peine de nullité. — *Cass.*, 28 août 1841 (t. 2 1841, p. 665), Lequevel c. Gaillard.

525. — En matière correctionnelle, les juges ont le droit et le devoir d'empêcher que la défense du prévenu et les déclarations des témoins ne portent sur des faits sur lesquels le débat ne peut pas être établi. — *Cass.*, 2 mai 1834, Coudray.

§ 2. — *Tribunaux de police.*

526. — Quelque peu graves que soient dans leurs conséquences les infractions aux lois que les tribunaux de police sont appelés à réprimer, il n'en faut pas moins tenir pour constant que devant cette juridiction le droit de défense est aussi sacré que devant la juridiction criminelle. — *Cass*, 25 germin. an XI, Mesnard; 22 thermid. an XII, Paris-Labrosse; 9 fév. 1809, Garaud; 13 nov. 1809, N...; 26 juin 1812, Barbier; 17 sept. 1819, Farise; 14 sept. 1819, Jacquet; 14 août 1830, Chavannes; *Metz*, 2 juill. 1821, Sartrover.

527. — C'est par application de ce principe que, sous l'empire du Code du 3 brum. an IV, on tenait pour nul le jugement de police municipale rendu contre un prévenu qui n'avait été ni cité devant le tribunal, ni entendu publiquement, et qui avait été seulement interrogé par le juge de paix, sur un mandat d'amener. — *Cass.*, 7 vendém. an VII, Bousten.

528. — ... Qu'un tribunal de simple police excédait ses pouvoirs en prononçant des condamnations contre des tiers qui ne sont pas parties au procès. — *Cass.*, 9 fév. 1809, Garaud.

529. — On doit aussi déclarer nul le jugement qui condamne un individu prévenu d'une contravention, sans l'admettre à fournir la preuve que les faits qui lui sont imputés ont eu lieu par nécessité. — *Cass.*, 14 nov. 1840 (t. 2 1841, p. 433), Lecellier.

530. — ... Ou celui qui juge un individu, qui n'a pas comparu sur un simple avertissement à lui donné, mais n'a pas été cité régulièrement par exploit d'huissier. — *Cass.*, 4 mars 1826, Sulpicy.

531. — Sous le Code du 3 brum. an IV, la partie citée devant le tribunal de police devait comparaître par elle-même ou par un fondé de procuration spéciale, sans pouvoir être assistée d'un défenseur officieux ou conseil. — C. 3 brum. an IV, art. 161.

532. — Le texte de la loi était, comme on le voit, impératif et formel; aussi le tribunal de Cassation annulait-il constamment les décisions émanant des tribunaux de police, alors qu'il était constaté que le prévenu s'était fait assister d'un défenseur. — *Cass.*, 22 pluv. an VII, Trinité; 28 messid. an VIII, Boulé; 1er germin. an XII, Everuerts.

533. — Jugé encore qu'un tribunal de simple police commettait un véritable excès de pouvoir en admettant les parties à se faire respectivement représenter par des défenseurs officieux, et que la nullité du jugement pouvait, en ce cas, être prononcée sur la demande de l'une d'elles. — *Cass.*, 8 août 1807, Chatel.

534. — Toutefois, la jurisprudence du tribunal de Cassation ne fut pas toujours aussi rigoureuse, et elle admit notamment que le prévenu qui, en comparaissant au tribunal de police, ne pouvait pas se faire assister d'un défenseur officieux, pouvait néanmoins, en ne comparaissant pas, s'y faire représenter par un défenseur officieux, comme chargé de sa procuration. — *Cass.*, 4 flor. an VII, Landry.

535. — ... Et qu'il n'était point interdit aux personnes attachées à des fonctions relatives à l'ordre judiciaire, et particulièrement à des avocats, de comparaître pour des parties plaignantes devant le tribunal de simple police en qualité de mandataires. — *Cass.*, 31 oct. 1806, Balazuc.

536. — Quel que soit le mérite de ces décisions, elles n'ont plus aujourd'hui d'application. — En effet, le Code d'instr. crim. a rendu aux parties la faculté qui leur avait été refusée par le Code du 3 brum. an IV de se faire assister par un défenseur devant le tribunal de simple police. — *Cass.*, 20 nov. 1823, Hubert Payeur.

537. — Mais il faut que le mandat donné pour représenter le prévenu soit régulier; ainsi, lorsqu'il est établi par un procès-verbal régulier qu'un individu s'est rendu coupable d'une contravention de police, le tribunal ne peut, sur l'allégation de cet individu que la contravention a été commise par son domestique, prononcer une peine contre ce dernier qui n'est représenté à l'audience que par un prétendu mandataire verbal, sans avoir été régulièrement cité. — *Cass.*, 2 août 1828, Chabanneaux.

§ 3. — *Tribunaux militaires et maritimes.*

538. — Dans l'origine, le choix d'un défenseur devant la juridiction militaire fut restreint dans des limites rigoureuses. Le prévenu ne pouvait choisir son défenseur que parmi les militaires, s'il était militaire; et parmi les employés ou attachés à la suite des armées, s'il en faisait partie. — L. 2e jour complémentaire an III, art. 13.

539. — En outre, cette loi ne mentionnait nullement qu'il fût nécessaire de nommer un défenseur d'office à l'accusé qui n'en avait pas choisi lui-même.

540. — La loi du 13 brum. an V apporta plus de garantie au droit de défense devant la justice militaire. Cette loi, dont les dispositions sont encore en vigueur sur ce point, veut que le rapporteur, après avoir clos l'interrogatoire, demande au prévenu s'il a fait choix d'un ami pour défenseur. — Elle ajoute que le prévenu aura la faculté de choisir ce défenseur dans toutes les classes de citoyens présens sur les lieux, et que, s'il déclare qu'il ne peut faire ce choix, le rapporteur le fera pour lui. — L. 13 brum. an V, art. 15.

541. — Dans l'usage, cette désignation d'un défenseur d'office est faite parmi les avocats exerçant près la cour ou le tribunal de la ville où siége le conseil de guerre. — Toutefois, ainsi que nous l'avons déjà fait observer (V. AVOCAT, nos 540 et 542), bien qu'il y ait pour l'avocat nommé d'office pour défendre un accusé devoir *moral* de répondre à l'appel qui lui est fait, toutefois il n'est pas tenu *légalement* d'y déférer, sauf, s'il en est requis, à soumettre les causes de son abstention au conseil de discipline de son ordre. — *Cass.*, 13 juill. 1823, Roussel.

542. — Le principe du respect dû au droit de défense a fait même décider que les jugemens des conseils de guerre extraordinaires créés par le décret du 1er mai 1812 pouvaient être annulés par la cour de Cassation pour violation des formes ayant pour objet d'assurer la défense des prévenus. — *Cass.*, 15 janv. 1814, Guillot.

543. — Spécialement, un jugement de condamnation devait être annulé, lorsqu'il ne contenait pas la preuve que l'information eût été lue au prévenu après son interrogatoire. — Même arrêt.

544. — Il y a atteinte portée au droit de la défense, et par conséquent nullité, lorsque le demandeur en révision a été empêché d'examiner les pièces de la procédure et de communiquer avec son défenseur. — *Cass.*, 26 nov. 1842 (t. 2 1843, p. 529), Fabus.

545. — Les règles suivies devant les tribunaux militaires sont également observées devant les tribunaux maritimes. — Les réflexions que nous avons faites relativement aux premiers sont donc communes à ceux-ci, les mêmes solutions doivent être appliquées aux deux juridictions.

§ 4. — *Cour de Cassation.*

546. — Aucune loi n'établit la nécessité de la présence d'un défenseur à l'audience, même dans les affaires de grand criminel; toutefois, suivant un arrêté du conseil de discipline de l'ordre des avocats, qui a reçu l'approbation de cette cour, deux avocats sont désignés chaque semaine pour défendre d'office devant la cour les pourvois de tous les condamnés à la peine capitale qui n'ont pas fait choix d'un défenseur. — Godart de Saponay, *Man. de la cour de Cass.*, p. 145, *in fine*.

547. — Comme aussi dans les matières de grand criminel, le condamné qui se pourvoit peut prendre son défenseur non seulement dans les barreaux autres que celui de la cour de Cassation, mais même parmi les personnes étrangères à l'étude des lois. — V. AVOCAT A LA COUR DE CASSATION, nos 43 et suiv., 52 et suiv.

§ 5. — *Cour des pairs.*

548. — Une ordonnance du 30 mars 1835, « considérant que les réglemens sur la discipline du barreau ne contiennent aucune disposition spéciale sur l'exercice de la profession d'avocat devant la cour des pairs, et qu'il convient d'y pourvoir dans l'intérêt de la défense et de l'ordre public », a réglé de la manière suivante ce qui est relatif à la défense devant la cour des pairs.

549. — « Tout avocat inscrit au tableau d'une cour ou d'un des tribunaux du royaume pourra plaider devant la cour des pairs. — Néanmoins, les avocats près la cour royale de Paris pourront seuls être désignés d'office par le président de la cour des pairs, conformément à l'art. 294, C. inst. crim. » — Art. 1er.

550. — « Les avocats appelés à remplir leur ministère devant la cour des pairs y jouiront des mêmes droits et seront tenus des mêmes devoirs que devant les cours d'assises. » — Art. 2.

551. — « La cour des pairs et son président demeurent investis, à l'égard des avocats, de tous les pouvoirs qui appartiennent aux cours d'assises et aux présidens de ces cours. » — Art. 3.

552. — Les deux derniers articles de l'ordonnance ne pouvaient faire l'objet d'aucune observation, leurs dispositions ne méritaient qu'une approbation complète, et confirmaient, du reste, ce que l'usage avait consacré.

553. — De même encore, nul ne peut songer à se plaindre de ce que l'art. 1er de l'ordonnance reconnaissait aux avocats près les tribunaux de première instance le droit de plaider concurremment avec les avocats près les cours royales devant la cour des pairs; cette dernière cour étant unique en France, il était juste d'admettre tous les avocats de France à plaider devant elle.—Mollot, *Profession d'avocat*, p. 238, note 1re.

554. — Mais il n'en a pas été de même de la deuxième partie de l'art. 1er en ce qui concerne l'obligation imposée aux avocats près la cour royale de Paris de déférer à la nomination d'office faite par le président de la chambre des pairs.

555. — Le barreau de Paris protesta contre l'ordonnance, qu'il prétendit illégale, attendu que les avocats institués devant les juridictions ordinaires ne peuvent être contraints d'exercer leur ministère devant les juridictions exceptionnelles, où il ne peut y avoir pour eux qu'un devoir moral de comparaître; le conseil de discipline argumentait notamment de l'arrêt de la cour de Cassation du 13 juill. 1825, en matière de défense devant la juridiction militaire.

556. — Par suite de cette décision, les avocats nommés d'office écrivirent au président de la cour des pairs que, vu le refus fait par les accusés de les accepter pour défenseurs, ils ne croyaient pas devoir se présenter à la barre de la cour.

557. — La plupart des barreaux de France, et notamment ceux de Rouen et de Nancy, adhérèrent à la décision prise par le barreau de Paris. Cependant, des poursuites disciplinaires ayant été exercées, les délibérations des conseils de discipline furent annulées pour excès de pouvoirs. —V. notamment *Cass.*, 5 avr. 1841 (t. 1er 1841, p. 657), avocats de Rouen; même jour, avocats de Nancy.

558. — Depuis, la résistance des avocats a cessé, et le président de la cour des pairs a usé sans aucune contradiction du droit de nommer des défenseurs d'office. — V. Mollot, p. 236 et suiv.

559. — Jugé que le président de la cour des pairs peut, en vertu de l'art. 295, C. inst. crim., se refuser à autoriser la présence d'un défenseur, qui n'est ni avocat, ni avoué. — *Cour des pairs*, 5 mai 1835 (sous 22 mai 1836), attentat d'avril. — V. AVOCAT, nos 375 et suiv.; COUR DES PAIRS, nos 194 et suiv.

§ 6. — *Matières disciplinaires.*

560. — Le principe qui veut que tout accusé soit assisté d'un conseil, n'a pas toujours été admis dans les matières disciplinaires, du moins en ce qui concerne les magistrats poursuivis disciplinairement.

561. — Il fut en effet d'abord jugé que le magistrat cité devant la cour de Cassation par mesure disciplinaire pour donner des explications sur des faits qui lui sont personnels, mais qui ne constituent ni crime, ni délit, n'a pas le droit de se faire assister d'un défenseur. — *Cass.*, 28 nov. 1820, Madier de Montjau.

562. — Mais le vice de cette jurisprudence, signalé par Carnot (*Disc. jud.*, p. 21, nos 35 et suiv.), a depuis été reconnu par la cour de Cassation qui, dans diverses circonstances, a autorisé le magistrat prévenu à se faire assister d'un conseil. — *Cass.*, 14 janv. 1833, Baudoin; 9 janv. 1844 (t. 2 1844, p. 176), Defontaine.

563. — Du reste, il a toujours été jugé, à l'égard des officiers ministériels, qu'aucune peine disciplinaire ne saurait être prononcée contre eux, s'ils n'ont pas été mis à même de se défendre. — *Cass.*, 7 août 1822, Callaud; 25 nov. 1823, L...; 30 août 1824, L...

564. — ... Qu'ainsi le recours en cassation est ouvert contre l'arrêt qui prononce des peines de discipline contre un officier ministériel incidemment à un procès lors duquel il n'a été ni appelé ni entendu; en vain dirait-on que le demandeur devait user de la voie d'opposition ou de tierce opposition. — Mêmes arrêts. — V. Bioche et Goujet, *Dict. de procéd.*, vo *Avocat*, no 159.

565. — ... Que l'art. 87, décret du 30 mars 1808, qui interdit la parole aux parties quand le ministère public a été entendu, n'est pas applicable au cas où, par un réquisitoire spécial, le ministère public porte une dénonciation, une imputation imprévue, soit contre l'une des parties, soit contre l'un des officiers ministériels constitués dans la cause. — *Cass.*, 7 août 1822, Callaud.

566. — Les mêmes solutions sont applicables aux avocats. — Ainsi, l'arrêt par lequel une cour d'assises prononce par défaut des peines disciplinaires contre un avocat est susceptible d'être attaqué par la voie de l'opposition. — *Cass.*, 20 fév. 1823, Drault.

567. — Mais l'avocat qui était présent lorsque le ministère public a requis contre lui des peines de discipline, et qui n'a pas demandé la parole pour sa défense, est non-recevable à se plaindre de n'avoir pas été entendu. — *Cass.*, 28 avr. 1820, Lavandier. — V. Bioche et Goujet, *Dictionn. de procéd.*, vo *Discipline*, no 159. — V. AVOCAT, AVOUÉ, DISCIPLINE, OFFICE.

§ 7. — *Garde nationale.*

568. — L'art. 115, L. 22 mars 1831, porte que le garde national cité devant le conseil de discipline y comparaîtra par lui-même ou par un fondé de pouvoirs. — Et l'article ajoute encore que le garde national cité pourra être assisté d'un conseil.

569. — Un garde national qui comparaît sur une deuxième citation, après avoir fait défaut sur la première, ne peut être condamné à une peine plus forte que s'il eût comparu d'abord, le droit de faire défaut faisant partie de la défense. — *Cass.*, 14 juill. 1832, Chollet.

570. — Est nul le jugement rendu par un conseil de discipline de la garde nationale, comme violant le droit de défense, lorsqu'il a refusé de donner lecture au prévenu du rapport dressé contre lui. — *Cass.*, 13 juin 1835, Dureau de la Buffardière.

571. — Aux termes de l'art. 118 de la même loi du 22 mars 1831, l'inculpé ou son fondé de pouvoirs et son conseil peuvent proposer leurs observations après que le rapporteur a donné ses conclusions.

572. — Jugé, en conséquence, que le jugement rendu par un conseil de discipline contre un garde national est nul, s'il ne fait pas mention que le prévenu, après une exception préjudicielle par lui présentée, a été entendu dans sa défense sur le fond. — *Cass.*, 14 juill. 1832, Girardot.

573. — Mais il n'est pas nécessaire que le jugement rapporte les moyens de défense du prévenu; il suffit qu'il fasse mention qu'il a été entendu. — *Cass.*, 6 avr. 1833, Lepillier.

574. — Toutefois, quelque favorable que soit la défense, elle doit être renfermée dans de justes limites: ainsi le président du conseil de discipline qui rappelle le cité aux questions de la cause, et lui interdit de censurer les actes du jury de révision, ne porte point entrave à la défense.

V. au surplus AVOCAT, AVOUÉ, COPIE DE PIÈCES (mat. crim.), COUR D'ASSISES, COUR DES PAIRS, DÉFENSEUR OFFICIEUX, GARDE NATIONALE, TRIBUNAL CORRECTIONNEL, TRIBUNAUX MILITAIRES, TRIBUNAUX MARITIMES, TRIBUNAL DE SIMPLE POLICE.

DÉFENSES (Sur appel).

1. — Arrêt par lequel le tribunal d'appel empêche l'exécution provisoire d'une sentence ordonnée par le juge du premier degré hors des cas prévus par la loi.

2. — Les défenses s'obtiennent à l'audience sur assignation à bref délai, et jamais sur requête non communiquée.— V. APPEL (mat. civ.), EXÉCUTION PROVISOIRE.

DÉFENSES (Conclusions).

1. — On donne ce nom aux moyens opposés à une demande par la partie contre laquelle cette demande est formée.

2.— Bien que le mot défenses s'applique plus ordinairement aux moyens présentés par le défendeur, il comprend aussi ceux invoqués par le demandeur, puisque celui-ci devient lui-même défendeur par rapport à la défense de son adversaire.

3. — Les défenses des parties se proposent devant le juge, soit verbalement, soit par écrit, sous forme de conclusions motivées ou de requêtes.

4. — Nous ne reviendrons pas sur ce que nous avons dit, au mot CONCLUSIONS, sur les différentes sortes de défenses écrites qui sont ouvertes aux parties.

5. — La loi, s'occupant du délai dans lequel les défenses doivent être présentées, dispose que, dans la quinzaine du jour de la constitution d'avoué, le défendeur doit faire signifier ses défenses signées de son avoué; ces défenses doivent contenir offre de communiquer les pièces à l'appui, ou à l'amiable d'avoué à avoué, ou par la voie du greffe.—C. procéd., art. 77.—V. COMMUNICATION DE PIÈCES.

6. — Dans la huitaine suivante, le demandeur est tenu de faire signifier sa réponse aux défenses. — C. procéd., art. 78.

7. — A défaut, par le défendeur, d'avoir fourni ses défenses dans le délai de quinzaine, le demandeur peut poursuivre l'audience sur un simple acte d'avoué à avoué. — C. procéd., art. 79.— V. AVENIR.

8. — Après l'expiration du délai accordé au demandeur pour faire signifier sa réponse, la partie la plus diligente peut poursuivre l'audience sur un simple acte d'avoué à avoué; le demandeur peut même poursuivre l'audience après la signification des défenses et sans y répondre. — C. procéd., art. 80.

9. — Tous ces délais pour la signification des défenses ne sont pas tellement de rigueur que la partie ne soit toujours recevable à réparer sa négligence tant que le jugement n'est pas rendu.

10. — Aucunes autres procédures ni significations n'entrent en taxe. —C. procéd., art. 81.— V. FRAIS ET DÉPENS.

11. — La signification des défenses ou contredits, dit Jousse, sur l'art. 12 du tit. 14 de l'ordonnance de 1667, quand il y a plusieurs parties au procès, ne doit être faite qu'au procureur de celui dont la production a été contredite, et non aux autres. Car c'est une maxime générale, en matière de procédure, qu'on ne doit jamais rien signifier qu'à ceux dont on conteste les droits, ou contre lesquels on prend des conclusions. Dès-lors, si cette signification était faite aux procureurs des autres parties, elle ne devrait point passer en taxe. — A ce sujet, il cite à l'appui de son opinion une délibération de la communauté des procureurs du parlement de Paris du 28 nov. 1693, rapportée au recueil des réglemens concernant cette communauté, p. 164, édit. de 1693.

12. — Il a été jugé que, dans les instances où il y a plusieurs parties, il ne doit être signifié de défenses au nom d'une partie qu'à celles qui ont un intérêt opposé au sien. Les significations faites à des parties ayant le même intérêt que celle-ci ne doivent point entrer en taxe. — *Limoges*, 7 déc. 1843 (t. 1er 1844, p. 742), S... et avoués près la Cour de Limoges.

13. — Indépendamment des défenses dont il vient d'être parlé et qui sont *les défenses écrites*, les parties ont le droit de présenter des défenses verbales, soit personnellement, soit par le ministère d'avocat, soit dans certains cas par le ministère d'avoués. — V. au surplus AVOCAT, AVOUÉ, DÉFENSE, DÉFENSEUR.

V. aussi AVOUÉ, CONCLUSIONS, FRAIS ET DÉPENS.

DÉFENSE (Légitime).

V. LÉGITIME DÉFENSE.

DÉFENSES GÉNÉRALES.

V. LETTRES DE RÉPIT.

DÉFENSE D'OFFICE.

V. DÉFENSE, DÉFENSEUR.

DÉFENSE PERSONNELLE.

V. ARMES, PORT D'ARMES.

DÉFENSE DE RÉCIDIVER.

1. — Il arrive quelquefois que le juge, en prononçant la condamnation ou l'absolution d'un prévenu, lui fait en même temps *défense de récidiver*, c'est-à-dire de commettre à l'avenir le fait qui a motivé sa poursuite ou un fait semblable.

2. — Le juge a-t-il le droit de faire une pareille défense? N'est-ce pas là statuer d'une manière générale et par voie de disposition réglementaire, contrairement aux prescriptions formelles de la loi, et notamment de l'art. 5, C. civ.? — V. POUVOIR JUDICIAIRE.

DÉFENSEUR OFFICIEUX.

1. — Mot créé par l'Assemblée constituante pour remplacer la dénomination d'*avocat*, qu'elle supprima. — « Je n'ai jamais pu concevoir, dit M. Berryer père (*Souvenirs*, t. 1er, p. 115), par quelle morosité l'Assemblée constituante s'était décidée à anéantir l'ordre des avocats et à étendre la proscription jusqu'au titre même d'avocat. Elle a employé une année entière à adopter une dénomination pour désigner ceux qui, dans les nouveaux tribunaux, devaient porter la parole en faveur de leurs concitoyens. »

2. — Les défenseurs officieux ne furent soumis à aucune condition de capacité; ils n'avaient aucun caractère officiel et ne portaient point de costume.

3. — « Ce fut un des premiers abus de la liberté, dit M. Berryer père (*loc. cit.*), que la faculté laissée au premier venu, sans examen ni apprentissage quelconque, d'exercer les professions libérales, la profession surtout où la confiance devait être le mieux éprouvée avant de lui livrer la fortune et l'honneur des familles, le sort de la veuve et de l'orphelin. Une telle latitude, dans l'exercice de fonctions aussi délicates, éloigna seule du barreau le plus grand nombre des avocats inscrits au tableau 77.

4. — Les défenseurs officieux devaient être assistés du client ou justifier d'un pouvoir pour être entendus. — L. 6-27 mars 1791, art. 36.

5. — Leurs fonctions étaient incompatibles avec celles d'huissier. — Décr. 18 thermid. an XI.

6. — Et ils ne pouvaient les exercer devant les tribunaux de simple police. — C. 3 brum. an IV, art. 161.

7. — La convention imposa aux défenseurs officieux l'obligation de se munir d'un certificat de civisme.

8. — La loi du 22 vent. an XII (art. 18) accorda le diplôme de licencié aux défenseurs officieux qui exerçaient leurs fonctions devant les tribunaux civils ou criminels, d'appel ou de cassation, depuis trois ans sans interruption. — Elle permit aux autres de continuer provisoirement l'exercice de leur profession et leur accorda jusqu'au 1er vendém. an XV pour se munir d'un diplôme, après examen sur la capacité. — Ce délai, malgré quelques réclamations, ne fut pas prorogé. — Avis cons. d'état 23 janv. 1806.

9. — L'art. 1597, C. civ., porte que les défenseurs officieux ne peuvent devenir cessionnaires des procès, droits et actions litigieux qui sont de la compétence du tribunal dans le ressort duquel ils exercent leurs fonctions, à peine de nullité et des dépens, dommages et intérêts. — Cette disposition ne s'applique plus aujourd'hui qu'aux avocats, bien qu'il y ait encore dans quelques justices de paix des praticiens qui se donnent le titre de *défenseurs officieux*. — V. au surplus AVOCAT, VENTE.

DÉFENSEURS DE LA PATRIE.

V. ABSENT (militaire).

DÉFICIT.

1. — Ce mot s'applique indistinctement à la situation de toute personne qui, comptable de deniers ou d'objets matériels quelconques, ne les représente pas, sans pouvoir justifier régulièrement de leur disparition.

2. — Le comptable qui ne représente pas les sommes qu'il a dû recevoir et qui devaient exister dans sa caisse, est en *déficit*; il est seulement en *débet* lorsque la somme dont il est déclaré reliquataire est le résultat d'un jugement rendu à la suite de l'examen de son compte. — V., au surplus, COMPTABLES PUBLICS.

3. — L'adjudicataire de coupes de bois qui, lors du procès-verbal de récolement de sa coupe, ne représente pas tous les arbres indiqués par le cahier des charges comme devant être réservés est nullement en *déficit*, et, à ce titre, passible d'amende (C. forest., art. 34). — V. FORÊTS.

4. — Enfin, l'on dit aussi, en matière de boissons, qu'il y a *déficit* lorsque dans les quantités de vins ou autres liquides à la charge d'un marchand ou débitant, il y a des déchets ou des manquans qui ne sont pas justifiés. — V. BOISSONS.

DÉFINITIF (Jugement).

V. APPEL, CASSATION, JUGEMENT.

DÉFINITIF (Réglement).

V. DISTRIBUTION PAR CONTRIBUTION, ORDRE.

DÉFLORATION.

Acte par lequel on prive une fille de sa virginité. — Ce fait peut, suivant les circonstances dans lesquelles il a eu lieu, constituer un crime ou un délit. — V. à cet égard VIOL.

DÉFRICHEMENT.

Table alphabétique.

DÉFRICHEMENT. — 1. — Le défrichement est l'action de mettre en valeur un terrain inculte. En matière forestière, le défrichement est l'essartement et la conversion du sol en terre arable.

—

CHAPITRE Ier. — *Défrichement des terres incultes.*

2. — Le défrichement des terres incultes a toujours été, dans l'intérêt de l'agriculture, encouragé par le législateur.

3. — On peut voir, quant aux priviléges et exemptions accordés aux particuliers ayant défriché des terres incultes, l'édit de Henri IV, du 8 avr. 1599, enregistré au parlement de Paris le 15 novembre suivant; un autre édit de Louis XIII, enregistré le 25 août 1613; deux déclarations des 4 mai 1641 et 20 juill. 1643; une autre déclaration donnée par Louis XV, le 14 juin 1764, et enfin la déclaration du 13 août 1766. — Guichard, *Des landes, bruyères, friches et marais, des défrichemens et desséchemens*, p. 166.

4. — Cette dernière loi réputait terres incultes celles, de quelque qualité et espèce qu'elles fussent, qui, depuis quarante ans, n'auraient donné, selon la notoriété publique des lieux, aucune récolte.

5. — Ceux qui, après l'accomplissement de certaines formalités prescrites par les art. 2 et 3 de cette déclaration, avaient défriché des terres incultes, étaient exemptés, à raison de celles-ci, des dîmes, de la taille et de toute autre imposition, pendant quinze ans, à compter du mois d'octobre qui avait suivi la déclaration par eux faite, conformément à la prescription de la loi, des terres qu'ils prétendaient défricher. Mais ces priviléges étaient refusés à ceux qui, propriétaires, usufruitiers ou fermiers de terres actuellement en valeur, en auraient abandonné la culture pour entreprendre des défrichemens.

6. — Les dispositions qui précèdent ne s'appliquaient pas aux défrichemens des montagnes, landes et bruyères, ou places vaines ou vagues étant aux rives des bois et forêts : cette matière était réglée par l'ordonnance du mois d'août 1669, et les autres arrêts et réglemens y ayant rapport.

7. — Les étrangers occupés au défrichement des terres incultes ou qui venaient en France pour y travailler comme entrepreneurs, fermiers ou simples journaliers, étaient réputés régnicoles et, comme tels, appelés à jouir de tous les avantages accordés à ces derniers. Ceci n'avait lieu toutefois qu'à la condition pour ces étrangers d'élire leur domicile ordinaire sur les lieux où se faisaient les défrichemens, et de déclarer devant les juges du ressort qu'ils entendaient y résider au moins pendant six années; ils devaient de plus, après ce temps, justifier devant ces mêmes juges, dans les formes prescrites, qu'ils avaient été employés sans discontinuation aux défrichemens.

8. — Ces expressions de l'art. 2 de la déclaration

de 1766 « *tous ceux qui voudront défricher ou faire défricher des terres incultes* » auraient pu faire penser que partout où il existait des terres en friche ou laissées incultes depuis quarante ans, il était permis à tout individu quelconque de les défricher à son profit; aussi le parlement de Paris en enregistrant, le 22 août 1766, la déclaration dont il s'agit, ajouta-t-il cette restriction : « A la charge qu'il ne pourra être entrepris aucun défrichement que du gré, consentement ou concession des propriétaires des terrains incultes, ou des seigneurs à l'égard des terres abandonnées. »

9. — Nonobstant cette explication, nombre de particuliers se ruèrent à l'envi sur les friches qui étaient à leur convenance, et un arrêt du parlement de Grenoble, du 5 juin 1768, fit inhibitions et défenses, sous telle peine qu'il appartiendrait, à toutes sortes de personnes autres que les propriétaires, d'entreprendre des défrichemens dans les terres incultes. — Guichard, p. 170.

10. — Des lettres-patentes du 30 mai 1767, un arrêt du conseil du 26 août 1768, des lettres-patentes du 17 nov. 1770, ont accordé des priviléges semblables à ceux mentionnés dans la déclaration du 13 avr. 1766 aux personnes qui entreprendraient des défrichemens ou dessèchemens dans la *province d'Artois*. — Une déclaration du 6 juin 1768 a également accordé pour la *Bretagne* des priviléges semblables à ceux dont jouissaient, dans le reste du royaume, ceux qui défrichaient et mettaient en valeur des terres incultes et inondées. — On peut encore consulter sur ce sujet : — *Pour le pays de Bordeaux* : la déclaration du 29 avr. 1768, enregistrée au parlement de Bordeaux le 7 juillet suivant; l'arrêt du conseil du 12 janv. 1772; la déclaration du 7 nov. 1775, et l'arrêt du conseil du 2 oct. 1776. — ... Pour *le pays des Trois-Evêchés* : l'édit de juin 1762. — ... Pour *le Languedoc* : la déclaration du 5 juill. 1770. — ...Pour *la Bourgogne* : l'édit de janvier 1774. — ...Et pour les généralités d'Auch et de Pau, les arrêts du conseil des 5 mai et 10 juill. 1770, 28 oct. 1771, 9 mai 1773 et 25 oct. 1777. — Merlin, *Rép.*, v° *Défrichement*, § 1er; Guichard, *Des landes*, etc., p. 170.

11. — Depuis la révolution, l'intérêt de l'agriculture a encore dicté au législateur diverses mesures propres à favoriser les défrichemens des terres incultes.

12. — Le décret du 23 nov.-1er déc. 1790, relatif à la contribution foncière, porte, tit. 3, art. 6, que « la cotisation des terres vaines et vagues depuis vingt-cinq ans, et qui seraient mises en culture, ne pourra être augmentée pendant les quinze premières années après leur défrichement. » Ce décret ajoute (art. 7) que « la cotisation des terres en friche depuis vingt-cinq ans, qui seront plantées ou semées en bois, ne pourra non plus être augmentée pendant les trente premières années de semis ou de plantation, » et (art. 8) que « la cotisation des terrains en friche depuis vingt-cinq ans, et qui seront plantés en vignes, mûriers ou autres arbres fruitiers, ne pourra être augmentée pendant les vingt premières années. » — Guichard, p. 172.

13. — Il était, en outre, dit par l'art. 13 que « les terrains précédemment défrichés, et qui, conformément à l'édit de 1664 et autres sur les défrichemens, jouissaient de l'exemption d'impôt, ne seront taxés qu'à raison d'un sou par arpent, mesure d'ordonnance, jusqu'au temps où l'exemption d'impôt devait cesser. » Pour jouir de ces faveurs, la loi exigeait que les travaux fussent précédés d'une déclaration au secrétariat de la municipalité.

14. — La loi du 3 frim. an VII, concernant la répartition, l'assiette et le recouvrement de la contribution foncière, a, pour favoriser l'agriculture, renouvelé, en les modifiant, ces dispositions. Elle décide que la cotisation des terres vaines et vagues depuis quinze ans, qui seraient mises en culture, ne peut être augmentée pendant les dix premières années après le défrichement et pendant les vingt premières années de la plantation, si elles ont été plantées en vignes, mûriers ou autres arbres fruitiers. Quant aux terres en friche depuis dix ans, qui seraient plantées ou semées en bois, la cotisation ne peut être augmentée pendant les trente premières années du semis ou de la plantation (art. 112, 113 et 114). — Guichard, p. 172.

15. — Le propriétaire doit, pour jouir de ces avantages, et à peine d'en être privé, faire au secrétariat de l'administration municipale dans le territoire de laquelle les biens sont situés, avant de commencer les défrichemens, une déclaration détaillée des terrains qu'il veut ainsi améliorer. — Cette déclaration est reçue par le secrétaire de l'administration municipale, sur un registre ouvert à cet effet, coté, paraphé, daté et signé comme celui des mutations : elle est signée tant par le secrétaire que par le déclarant ou son fondé de pouvoirs; copie de cette déclaration est délivrée au déclarant, moyennant la somme de vingt-cinq centimes, non compris le papier timbré et autres droits légalement établis. — Art. 117, 118. — V. aussi décret du 23 nov. 1790, tit. 3, art. 11 et 12.

16. — Dans la décade qui suit la déclaration, l'administration municipale charge l'agent municipal de la commune, ou son adjoint, ou un officier municipal dans les communes de 5,000 habitans et au-delà, d'appeler deux des répartiteurs, de faire avec eux la visite des terrains déclarés, de dresser procès-verbal de leur état présent, et de le communiquer, ainsi que la déclaration, aux autres répartiteurs; ce procès-verbal est affiché pendant deux décades, tant dans la commune de la situation des biens qu'au chef-lieu de canton : il est rédigé sans frais et sur papier non timbré. — Art. 119.

17. — Il est libre aux répartiteurs et à tous autres contribuables de la commune de contester la déclaration, et même de faire à l'administration municipale des observations sur le procès-verbal de l'état présent des terrains ; et si la déclaration ne se trouve pas sincère, l'administration prononce que le déclarant n'a pas droit aux avantages précités; si, au contraire, la déclaration est reconnue sincère, l'administration municipale arrête que le propriétaire a le droit de jouir de ces avantages ; on peut, dans tous les cas, recourir à l'administration centrale du département, qui réforme, s'il y a lieu, l'arrêté de l'administration municipale. — Art. 120.

18. — Les terrains défrichés avant la loi ou plantés en bois ou en vignes, et qui jouissaient de quelque exemption ou modération de contributions en vertu de lois antérieures, sont déclarés, par l'art. 121, continuer d'en jouir jusqu'au temps où cette exemption ou modération devait cesser.

19. — La disposition de la déclaration du 13 août 1766 portant, en faveur de tous ceux qui défricheraient des terres incultes, exemption du droit proportionnel de contrôle sur tous les actes passés par eux relativement à ces biens, a cessé d'être applicable depuis la loi organique du 22 frim. an VII. — *Cass.*, 2 avr. 1806, Enregist. c. société Perache.

20. — Les déclarations à faire à la municipalité, dans les termes de la loi du 3 frim. an VII, relativement à la contribution foncière, sont exemptes d'enregistrement. — Rolland de Villargues, *Rép. du not.*, v° *Défrichement*, n° 11, 2e édit.

21. — Une commune ne peut revendiquer, comme biens communaux, des terres autrefois vaines et vagues, mais que des tiers possesseurs ont fait défricher en conséquence de la déclaration du 13 août 1766, et après avoir rempli les formalités qu'elle prescrit. — L'art. 7, L. 10 juin 1793, fait une exception expresse aux dispositions de l'art. 1er, susdite loi, en ce qu'il maintient formellement les possesseurs de terrains desséchés et défrichés aux termes et en exécution de l'édit et de la déclaration du 14 juin 1764, et du 13 août 1766. — Cette exception est distincte et indépendante de celles énoncées aux art. 9 et 10, L. 10 juin 1793. — *Cass.*, 9 déc. 1813, comm. de Cluny c. Gacon et Dumonceau; — Guichard, *Des landes*, etc., ch. 9, n° 2. — V. COMMUNE, nos 1032 et suiv. — V. aussi TERRES VAINES ET VAGUES.

22. — Ceux des terrains incultes, palus ou marais, qui autrefois ont pu faire partie du domaine de la couronne et qui ont été concédés par nos rois à titre d'inféodation, d'accensement ou d'arrentement, ne sont pas susceptibles d'être revendiqués par les agens du fisc comme inaliénables de leur nature, ni passibles d'aucun droit de confiscation, ainsi que les autres sortes de terrains détachés de l'ancien domaine, et qu'on nomme communément domaines engagés. En effet, ces anciennes concessions, en ce qui concerne les terres originairement vaines et vagues du domaine, autrement dit le *petit domaine*, ont été exceptées de toutes les révocations prononcées par les diverses lois de la révolution. — Guichard, *Des landes*, p. 280. — V., au reste, DOMAINES ENGAGÉS.

23. — Quoiqu'une concession ait eu lieu avec faculté de rachat, les concessionnaires peuvent néanmoins être considérés comme engagistes et déclarés propriétaires, à la charge de payer le quart des biens lorsqu'ils ont *défriché* et planté les terrains et qu'ils ont construit dessus. — *Cons. d'état*, 21 déc. 1808, comm. de Maroilles; — Chevalier, *Jurisp. adm.*, v° *Domaine engagé*, t. 1er, p. 403; Latruffe, *Dr. des comm.*, t. 1er, p. 132.

24. — On estime l'étendue des terres qui ne reçoivent pas une culture régulière à 8,000,000 d'hectares environ, dont le plus fort contingent est fourni par la Gascogne, la Bretagne, la Touraine, le Berri, le Limousin et le Poitou.

25. — Le ministre de l'intérieur a, par une circulaire du 6 nov. 1817, appelé l'attention des préfets sur le défrichement des landes et terres incultes, en les invitant à y faire procéder, soit en les partageant entre les habitans, soit en en faisant la concession partielle ou générale, temporaire ou définitive. Cette circulaire les prémunissait toutefois contre le danger des défrichemens sur des pentes trop rapides. En effet, dans les pays de montagne et sur les terrains d'une grande déclivité, l'expérience a prouvé que des défrichemens imprudens peuvent avoir des suites funestes. Des pluies abondantes qu'aucun obstacle ne retenait, ont précipité dans le fond des vallées les terres assemblées par le labour et les flancs des montagnes sont demeurés nus, pelés et stériles pour des siècles.

26. — Depuis lors, diverses autres circulaires émanées du ministère de l'intérieur ont engagé les préfets à hâter le défrichement des terres incultes. — V., sur les moyens pratiques à appliquer au défrichement et sur les capitaux qui seraient nécessaires, Jacques de Valserre, *Man. du droit rural*, p. 442.

CHAPITRE II. — *Défrichement des bois et forêts.*

27. — Si le défrichement des terres incultes est une opération utile à la prospérité nationale, celui des bois, loin de présenter un pareil avantage, ne peut avoir, le plus souvent, que des suites désastreuses. Aussi le législateur a-t-il, de tout temps, pris des mesures pour surveiller ces derniers défrichemens et les empêcher dans plusieurs circonstances.

Sect. 1re. — *Historique et législation.*

28. — Si dans les premiers temps de la monarchie les défrichemens étaient encouragés, parce que les peuples avaient besoin de percer les bois qui les environnaient et les pressaient de toutes parts, on comprit bientôt le danger de ces défrichemens et on se borna à les tolérer.

29. — On alla plus loin ensuite, et on s'inquiéta sérieusement des conséquences que pouvait entraîner cette faculté illimitée de transformer, en les faisant disparaître, les bois qui ne couvraient déjà plus qu'une faible partie du sol, et des ordonnances très anciennes attestent les appréhensions qu'on avait conçues.

30. — Charles V dit, dans le préambule d'une ordonnance : *Ça et en arrière les forêts ont été petitement visitées et grandement foulées et endommagées.* Il prit, à ce sujet, de sages dispositions, auxquelles Charles VI reconnut la nécesité d'ajouter encore.

31. — Mais l'ordre, dans cette matière, ne s'établit guère que sous François Ier. Pour la première fois, les nouvelles ordonnances rendues furent applicables aux forêts des princes, prélats, nobles, etc. — Ord. de 1518.

32. — C'est surtout sous les règnes de Henri II (ord. de 1588), François II et Charles IX que le système restrictif prit consistance et se développa. Il ne fut plus permis aux particuliers de couper leurs bois avant dix ans, et l'obligation de certaines réserves leur fut imposée. — Les communes durent laisser croître en futaie une portion de leurs bois, dont Louis XIV fixa l'étendue au quart de la masse.

33. — L'ordonnance des eaux et forêts d'août 1669 défend, en outre, aux propriétaires des bois sujets aux droits de gruerie, grairie, tiers et danger, de défricher aucune partie de leurs bois sans une permission expresse du roi, sous les peines portées par les ordonnances (ce sont celles de 1518 et 1588).

34. — Par l'art. 18, tit. 3, l'ord. du mois d'août 1669 fit défense aux grands maîtres de permettre qu'il fût fait aucun défrichement dans les forêts du roi, sous peine d'amende, de tous dépens et de dommages-intérêts.

35. — Défense de défricher fut également faite aux ecclésiastiques et particuliers, par arrêts du conseil des 28 juin 1701, 9 nov. 1713, 4 juill. 1716, 12 mai 1722, 16 mai 1724, 22 fév. 1729, 29 mars 1735, 25 fév. 1749, 12 oct. 1756 et 2 mai 1780. Ces arrêts se trouvent rapportés dans Baudrillart et le *Dictionnaire forestier* de Chailland.

36. — Les arrêts particuliers qui autorisaient les défrichemens forçaient habituellement les propriétaires à replanter pareille étendue de terrain, ainsi que le démontrent les arrêts des 20 janv.

1778, 16 fév. 1788 et 14 mars 1789. — Baudrillart, *Dict. des eaux et forêts*, t. 1er, vo *Défrichement*, no 7.

37. — Un arrêt du parlement de Dauphiné, rendu le 21 mai 1728, prohibe tout défrichement sur les lieux penchans et montueux, à peine de 30 fr. d'amende contre les contrevenans, et de confiscation des fruits provenant des lieux défrichés. — Baudrillart, *ibid.*, no 8.

38. — La loi du 15-29 sept. 1791, relative à l'administration des forêts, soumit les bois des communes à l'administration forestière, et défendit suffisamment par là de les défricher sans l'autorisation du gouvernement. L'arrêté du 19 vent. an X assimila, en outre, ces bois et ceux des établissemens publics aux bois de l'état.

39. — Mais la loi du 15-29 sept. 1791 (tit. 1er, art. 6) accorda à chaque propriétaire de bois la liberté de les administrer et d'en disposer à l'avenir comme bon lui semblerait.

40. — L'exercice de cette liberté amena les plus désastreux résultats. Les défrichemens se multiplièrent d'une manière effrayante dans les bois des communes et des particuliers, et l'on n'épargna pas même les bois placés sur les montagnes et les coteaux. L'imprévoyance et l'avidité sacrifièrent l'avenir à l'intérêt du moment. De 1789 à l'an XI, c'est-à-dire en moins de quatorze ans, cinq cent mille hectares de futaies ou de taillis disparurent du sol. Aussi reconnaissait-on généralement la nécessité de s'arrêter bientôt dans une voie qui conduisait à la perturbation du climat, au tarissement des sources, au fléau des inondations, en même temps qu'elle nous menait à rendre notre marine, pour ses approvisionnemens, tributaire de l'étranger.

41. — La loi du 9 flor. an XI (29 avr. 1803) vint, en conséquence, mettre un terme à la fureur des défrichemens. Pendant vingt-cinq ans, porte son art. 1er, le défrichement de toute espèce de bois ne pourra avoir lieu que six mois après la déclaration faite par le propriétaire devant le conservateur forestier de l'arrondissement de la situation du bois.

42. — Durant ce délai, l'administration forestière pouvait mettre opposition au défrichement des bois, à la charge d'en référer, avant six mois au ministre des finances, sur le rapport duquel le gouvernement statuait définitivement dans le même espace de temps.

43. — Le propriétaire qui défrichait, sans autorisation, était soumis à une amende qui pouvait être égale au vingtième du bois arraché, et condamné, en outre, à replanter une contenance égale à celle qui avait été livrée à la culture. On n'exceptait de la règle prise par la loi, que les bois ayant moins de deux hectares, et ceux entourés de murs qui faisaient corps avec une maison d'habitation. Quant à ceux situés sur le penchant des montagnes ou des côtes abruptes, le défrichement en était rigoureusement interdit.

44. — Les demandes en défrichement n'en furent pas moins nombreuses, et trop souvent le gouvernement les prit en considération. Cette condescendance de l'administration fut bien vite constatée, et, dès 1808, le gouvernement proposait lui-même un nouveau mode à suivre pour les autorisations à concéder. Toute demande, d'après le second projet du Code rural, devait être soumise à une enquête *de commodo et incommodo* : ce Code reconnaissait aussi à quiconque devait souffrir du défrichement, le droit d'y former opposition. Le préfet devait, en outre, avant d'accorder les demandes, obtenir l'avis conforme du conseil municipal de la commune. — Jacques de Valserre, *Man. du dr. rural*, p. 117.

45. — Une circulaire du directeur de l'administration forestière fut adressée, en 1817, aux agens forestiers, pour leur enjoindre d'examiner avec sévérité les demandes en défrichement, de refuser toute permission aux propriétaires qui auraient laissé abroutir leurs bois, d'empêcher rigoureusement les défrichemens opérés sans autorisation. — Jacques de Valserre, *loc. cit.*; Dupin, p. 795 et 796.

46. — Les défrichemens n'en furent pas moins permis dans une notable étendue, et le sol forestier n'a pas cessé de se réduire de jour en jour. On lit, en effet, dans l'exposé des motifs du projet de loi présenté cette année aux chambres par le ministre des finances (V. *infrà*) que le sol forestier, qui était en 1791 de 9,589,000 hectares, avait en l'an XI (1803) diminué de près de 500,000 hectares; que de 1803 à 1827 il a diminué de 175,000 hectares; qu'enfin de 1827 à 1844, son étendue s'est encore réduite de 150,000 hectares. Il n'est plus aujourd'hui que d'environ 8,785,000 hectares; il a donc, dans le cours d'un demi-siècle, perdu un douzième environ de son étendue. Sur la masse restante, les particuliers possèdent 5,700,000 hectares. On voit, par-là, l'intérêt qu'a le pays à ce que le défrichement ne leur soit permis qu'avec la plus grande réserve.

47. — Il faut reconnaître, du reste, que le gouvernement a, dans certaines circonstances, favorisé lui-même les défrichemens. Une circulaire du ministre des finances, en date du 15 oct. 1831, annonçait aux citoyens que le gouvernement ne repousserait désormais aucune demande de défricher les bois d'une étendue au-dessous de 12 hectares situés en plaine. En 1833, M. Humann, alors ministre des finances, voulant rendre plus profitable la vente que la loi du 25 mars 1831 avait permis de faire d'une partie des bois de l'état, fit ces aliénations, qui comprenaient 63,000 hectares de bois, avec faculté de défricher. De 1827 à 1844, le gouvernement a, en outre, autorisé les communes et les établissemens publics à défricher 24,423 hectares de bois.

48. — Quoi qu'il en soit, et malgré les inconvéniens que présentait la loi de l'an XI, ses dispositions furent presque entièrement reproduites par le Code forestier, promulgué le 31 juill. 1827, lequel s'occupe, art. 91, du défrichement des bois des communes et des établissemens publics, et, art. 219 et suiv, du défrichement des bois appartenant à des particuliers.

Sect. 2e. — *Défrichement des bois communaux.*

49. — La défense faite aux communes et aux établissemens publics de défricher, sans autorisation, tout un pâtis de leurs bois, est absolue, générale, et pour un temps illimité. « Les communes et établissemens publics, porte l'art. 91, C. forest., ne peuvent faire aucun défrichement de leurs bois sans une autorisation expresse et spéciale du gouvernement; ceux qui l'auraient ordonné ou effectué sans cette autorisation, seront passibles des peines portées au titre 15, contre les particuliers, pour les contraventions de cette nature. » — V. § 3. — Cette disposition, en mettant les communes dans une incapacité perpétuelle, relativement à la faculté de défricher leurs bois, est fondée sur la position particulière de celles-ci, placées par la loi dans un continuel état de minorité. Elles ne peuvent donc défricher sans l'intervention de leur tuteur légal, le gouvernement.

50. — La défense portée par l'arrêt du conseil du 12 oct. 1756, de défricher les bois, n'a jamais été invoquée quant aux bois communaux. — *Cass.*, 9 juill. 1807, Trétiral. — V. *suprà* no 12.

51. — Il résulte de la discussion qui eut lieu à la chambre des députés (séance du 28 mars 1827), que par le mot *gouvernement*, employé par l'art. 91, il faut entendre une décision ministérielle.

52. — Une décision du ministre des finances, 27 avr. 1821, défend de défricher, sans permission du gouvernement, les pâtis communaux plantés de bois.

53. — La peine qui doit atteindre ceux qui ordonnent ou effectuent le défrichement, ne saurait être appliquée aux ouvriers employés à celui-ci, suivant MM. Coin-Delisle et Frédérich (sur l'art. 92). Elle ne doit frapper, disent ces auteurs, que l'entrepreneur du défrichement ou les habitans qui se seraient réunis pour l'effectuer. Mais cette interprétation est repoussée par M. Meaume (*Comm. du C forest.*, t. 2, p. 18, no 716), comme contraire à la lettre et à l'esprit de la loi : « Sans doute, dit cet auteur, lorsque les instigateurs du défrichement seront connus (et ils le seront presque toujours), l'administration se gardera de mettre en cause des instrumens passifs et aveugles; mais cette indulgence dans l'exercice de l'action ne peut préjudicier au droit qui appartient certainement à l'administration de poursuivre et de faire condamner tous ceux qui ont pris part, soit intellectuellement, soit matériellement, à une destruction illégale des bois communaux. Cette hypothèse n'a rien de commun avec le cas prévu par l'art. 219, dont les dispositions atteignent uniquement le propriétaire. » — V. *infrà* *Cass.*, 14 mars 1835, Clément.

54. — L'amende portée en cas de défrichement doit être calculée à raison de 500 fr. au moins, et de 1,500 fr. au plus par hectare de bois défriché. — C. forest., art. 220. — Mais s'il n'y a que quelques centiares de défrichés, l'amende devient illusoire à raison de sa médiocrité. Cela importe peu quant au particulier qui dispose de sa forêt d'une manière absolue; l'opération du défrichement pour lui constitue seule un délit. Mais il n'en est pas de même du défrichement opéré dans un bois communal. L'action de défricher consiste et dans la coupe des arbres, et dans l'arrachis des plants, actes punis par les art. 192 et 195. On devrait donc condamner ceux qui, pour défricher, auraient coupé des arbres d'une certaine dimension, à l'amende résultant de cette coupe; s'ils avaient arraché seulement des plants sur une faible étendue, il y aurait lieu d'appliquer l'art. 195; l'art. 91 ne serait applicable qu'en cas de notable défrichement. — Curasson, *C. forest.*, t. 1er, p. 382.

55. — La poursuite d'un délit de défrichement commis dans un bois communal est-elle soumise à la prescription établie par l'art. 222, C. forest., ou à la prescription ordinaire? — Suivant Curasson (p. 382), cette dernière peut seule être appliquée, l'art. 224 n'étant qu'une exception, devant dès-lors être restreinte au cas pour lequel elle a été établie. — M. Meaume (t. 2, p. 18, no 717) pense que c'est là une question à peu près sans intérêt. « En effet, dit-il, ou le délit a été constaté par un procès-verbal, ou il ne l'a pas été. Dans le premier cas, l'action en réparation du délit prend son cours à dater du procès-verbal qui le constate, et elle doit être intentée dans les délais fixés par l'art. 185, C. forest.; dans le deuxième cas, l'art. 185 est évidemment inapplicable. C'est alors seulement qu'on peut douter si la prescription doit être réglée par l'art. 224, C. forest., ou par les art. 638 et suiv., C. inst. crim. Nous pensons néanmoins, ajoute-t-il, avec MM. Coin-Delisle et Frédérich, que l'effet de l'art. 222 doit être limité au cas où il s'agit d'une action relative à un défrichement effectué en contravention à l'art. 219. »

56. — Il ne faut pas confondre le cas où le défrichement a été commis dans un intérêt communal avec celui où il a eu lieu dans l'intérêt personnel de celui qui l'a opéré; l'art. 91, C. forest., ne s'applique évidemment qu'au premier cas. — Meaume, t. 2, p. 19, no 718.

57. — Dans le cas où le défrichement aurait lieu dans un bois communal non soumis au régime forestier, l'art. 91 n'en serait pas moins applicable. C'est ce que décide un arrêt inédit de la cour royale de *Nîmes*, 20 juin 1838, rapporté par Meaume (t. 2, no 719, à la note), et à la doctrine duquel cet auteur se range.

58. — Cet auteur décide, en outre, que l'art. 91 s'applique à l'habitant de la commune qui a opéré le défrichement d'un bois communal, et qu'il n'est pas besoin que les autorités de la commune aient ordonné ce défrichement.

59. — L'art. 91, en décidant que les communes ne pourront défricher leurs *bois*, ne saurait s'appliquer aux *prés-bois* ou terrains parsemés d'arbres, dont la destination principale est le pâturage des bestiaux, et que les communes peuvent défricher sans que l'administration forestière ait à intervenir. — Meaume, t. 2, p. 20, no 720; Curasson, *C. forest.*, t. 2, p. 196.

60. — Mais si le procès-verbal portait que le défrichement a été fait sur un terrain *en nature de bois*, il y aurait lieu d'y ajouter foi jusqu'à inscription de faux, et le délinquant ne pourrait prouver par témoins que le terrain défriché n'était pas de cette nature. — V. *infrà* nos 97 et suiv.

Sect. 3e. — *Défrichement des bois des particuliers.*

61. — Le gouvernement avait, dans le projet de Code forestier, communiqué par lui aux autorités, proposé de rendre indéfinie la prohibition du défrichement dans les bois des particuliers. La plupart des autorités administratives et judiciaires, appelées à émettre leur opinion sur le Code, avaient été du même avis. Cependant le gouvernement, dans le projet soumis aux chambres, ne proposa qu'une prohibition momentanée qu'il fixa à vingt ans. — Baudrillart, *Code forestier*, p. 397 et 398.

62. — Nous allons énumérer, en premier lieu, quelles sont les obligations qui ont été imposées aux propriétaires à l'égard des défrichemens; nous verrons ensuite les exceptions que le législateur a cru devoir apporter à la défense de défricher.

§ 1er. — *Obligations imposées au propriétaire qui veut défricher.*

63. — Pendant vingt ans, porte l'art. 219, C. forest., à dater de la promulgation de la présente loi, aucun particulier ne pourra arracher ni défricher ses bois qu'après en avoir fait préalablement la déclaration à la sous-préfecture au moins six mois d'avance, durant lesquels l'administration pourra faire signifier au propriétaire son opposi-

tion au défrichement. Dans les six mois à dater de cette signification, il sera statué sur l'opposition par le préfet, sauf recours au ministre des finances. — Si, dans les six mois après la signification de l'opposition, la décision du ministre n'a pas été rendue et signifiée au propriétaire des bois, le défrichement pourra être effectué. — V. ord. 1669, tit. 24, art. 4; tit. 25, art. 8; tit. 26, art. 1er; Jousse, sur ces articles; — arrêt du conseil 12 oct. 1756; — Baudrillart, p. 402; — L. 9 flor. an XI, art. 1er et 2.

64. — Cet article a soulevé de vives discussions. La commission voulait que les mots *le conseil de préfecture, sauf le recours au conseil d'état*, fussent substitués à ceux-ci : *le préfet, sauf le recours au ministre des finances*; mais cet amendement fut rejeté. — V. *Moniteur*, nº 101, p. 578, an 1827.

65. — C'est d'après la proposition de la commission de la chambre des députés, qui avait choisi pour son rapporteur M. Favard de Langlade, que la déclaration doit être faite à la sous-préfecture, au lieu de l'être devant l'agent forestier local, comme le portait le projet du gouvernement. — Gagneraux, *C. forest.*, t. 1er, p. 433 et suiv.

66. — On ne considère pas comme un défrichement, soumis à l'autorisation, ce qui est fait dans un bois ou dans une forêt, soit pour son embellissement ou son amélioration, soit pour son exploitation régulière, soit pour changer le mode d'exploitation établi. — Discuss. à la chambre des pairs. — Chauveau, *C. forest.*, p. 637; Gagneraux, *loc. cit.*; Curasson, *C. forest.*, t. 2, p. 197, nº 2.

67. — Ainsi, un propriétaire à qui il convient d'exploiter une futaie par éclaircies, ou d'ouvrir des routes dans un taillis, n'est pas soumis à l'autorisation préalable pour les défrichemens qui résultent de ces opérations. — Mêmes autorités.

68. — La déclaration faite par le propriétaire de sa volonté de défricher doit être faite en double minute, dont l'une visée par le sous-préfet est rendue au déclarant, tandis que l'autre est transmise à l'agent supérieur de l'arrondissement. La déclaration doit indiquer le nom, la situation et l'étendue des bois qu'on se propose de défricher. — Ord. d'exéc., art. 192.

69. — L'agent forestier procède à la reconnaissance de l'état et de la situation des bois, et en dresse un procès-verbal, auquel il joint un rapport détaillé indiquant les motifs d'intérêt public qui sont de nature à influer sur la détermination à prendre à cet égard. Il remet le tout, sans délai, au conservateur, avec la déclaration du propriétaire. — Ord. d'exéc., art. 193.

70. — Si le conservateur estime que le bois ne doit pas être défriché, il fait signifier au propriétaire une opposition au défrichement, et en réfère au préfet, en lui transmettant les pièces avec ses observations. Dans le cas contraire, le conservateur en réfère, sans délai, au directeur général des forêts, qui en rend compte au ministre des finances. — Ord. d'exéc. 1er août 1827, art. 194.

71. — Le préfet statue sur l'opposition dans le délai d'un mois, par un arrêté énonçant les motifs de sa décision. Dans le délai de huit jours, il fait signifier cet arrêté à l'agent forestier supérieur de l'arrondissement, ainsi qu'au propriétaire des bois, et le soumet, avec les pièces à l'appui, au ministre des finances, qui rend et fait signifier au propriétaire sa décision définitive dans les six mois, à dater du jour de la signification de l'opposition. — Ord. d'exéc. 8 août 1827, art. 195.

72. — Les significations dont parlent les art. 219, C. forest., 194 et 195 de l'ord. réglementaire doivent être faites par huissier ou par les gardes : de simples communications par la voie administrative ne sauraient suffire du moment où la loi exige une signification. — Curasson, *C. forest.*, t. 2, p. 198, nº 4.

73. — Jugé ainsi, que la décision ministérielle qui prohibe un défrichement peut être signifiée par un agent forestier; mais l'acte de cette signification doit constater, à peine de nullité, la qualité de celui qui l'a faite. — *Cass.*, 2 mars 1832, Pariset.

74. — L'acte de cette signification doit aussi, à peine de nullité, contenir la copie certifiée de cette décision, sans qu'il suffise d'en énoncer l'existence et la date dans cet exploit. — Même arrêt, et *Metz*, 4 avr. 1832, Anchelin.

75. — Les contraventions en matière de défrichement sont constatées par les gardes forestiers et même par les maires et adjoints. C'est ce qui résulte, en effet, de l'art. 196 de l'ord. d'exéc., portant que lorsque des maires et adjoints ont dressé des procès-verbaux pour constater des défrichemens effectués en contravention au titre 15, C. forest., ils sont tenus, indépendamment de la remise qu'ils doivent faire au procureur du roi, d'en adresser une copie certifiée à l'agent forestier local.

76. — La défense portée par l'arrêt du conseil du 12 oct. 1756 de défricher les bois n'a jamais été révoquée quant aux bois communaux. Ce n'est que pour les bois des particuliers que l'art. 6, tit. 1er, L. 29 sept. 1791, avait implicitement permis le défrichement; mais cette permission a été révoquée par la loi du 9 flor. an XI. — *Cass.*, 9 juill. 1807, Trétiral.

77. — Ainsi, l'exception de propriété ne peut autoriser à surseoir sur la poursuite exercée contre celui qui a fait un défrichement contrairement à une prohibition expresse de la loi. — Même arrêt, et *Cass.*, 21 oct. 1832, Benoît Bessière.

78. — Celui qui a défriché sans déclaration préalable à l'administration une partie de terrain où il existait des souches de bois éparses çà et là, ne peut pas être acquitté, sous le prétexte que le terrain est aquatique, et que le bois n'y peut pas prospérer. — *Cass.*, 29 mars 1811, Vaugirard; 20 oct. 1832, Bessière; — Merlin, *Rép.*, vº *Défrichement*, § 2, nº 2.

79. — En général aucun défrichement ne peut avoir lieu sans autorisation, sauf les cas prévus par l'art. 223, C. forest., alors même que le défrichement aurait pour objet la replantation plus ou moins immédiate des parties de bois sur lesquelles il aurait été effectué. — C. forest., art. 219; — même arrêt, Bessière; — Mangin, *De l'act. publ.*, t. 1er, p. 508, nº 209.

80. — Le bois non clos, situé sur la pente très rapide d'une montagne, est, par ce fait seul, soumis à la déclaration prescrite par l'art. 219, C. forest., préalablement à tout défrichement. — *Cass.*, 14 janv. 1830, Odon.

81. — Avant le Code forestier, le délai de six mois accordé à l'administration forestière pour prendre une détermination sur une déclaration qu'un propriétaire voulait défricher un bois, ne commençait à courir que du jour où cette déclaration avait été faite devant le conservateur. La déclaration faite devant tout autre agent, même devant l'inspecteur forestier, ne faisait point courir le délai. — *Cass.*, 15 fév. 1828, Hecquet. — Aujourd'hui, cette déclaration doit être faite à la sous-préfecture.

82. — Les formalités prescrites pour la déclaration de défrichement sont toutes exigées à peine de nullité, et ne peuvent être suppléées par des équivalens. — *Cass.*, 23 fév. 1828 (t. 2 1839, p. 340), Mertian.

83. — Il en est de même de l'opposition de l'administration au défrichement; elle ne peut pas être suppléée par la signification de l'arrêté du préfet faite avant les six mois, à partir de cette déclaration. — *Cass.*, 15 mai 1830, de l'Espée.

84. — L'accomplissement de ces formalités doit être constaté judiciairement et ne peut être établi par de simples présomptions. Par suite, le propriétaire de bois dont la déclaration de défrichement est irrégulière ou irrégulièrement constatée (spécialement en ce qui touche le dépôt à la sous-préfecture) ne peut opérer valablement le défrichement, quoique l'administration forestière ait gardé le silence pendant six mois après l'opposition par elle formée au défrichement. — *Cass.*, 23 fév. 1838 (t. 2 1839, p. 340), Mertian.

85. — Ainsi, après une déclaration régulière, lorsque dans le délai de six mois, après l'opposition de l'administration forestière à un défrichement, il n'a pas été signifié au propriétaire du bois copie de la décision ministérielle, et que l'administration s'est bornée à lui faire connaître la date de cette décision, le vœu de l'art. 219, C. forest., n'étant point rempli, le propriétaire est en droit de faire opérer le défrichement. — *Metz*, 7 mai 1832, Parizet.

86. — Lorsque la décision ministérielle qui prohibe un défrichement n'est que provisoire, elle ne peut avoir d'effet qu'autant qu'elle a été suivie d'une décision définitive régulièrement notifiée avant l'expiration des six mois. — *Metz*, 4 avr. 1832, Anchelin.

87. — Lorsqu'un propriétaire de bois a formé une demande en défrichement, qui, sur l'opposition de l'administration, a été rejetée par le préfet, si, pendant que l'arrêté du préfet est soumis à l'approbation du ministre, ce propriétaire reproduit sa demande avec offres de conditions nouvelles, comme de planter, dans d'autres communes, pareille quantité de bois à celle qu'il demande à défricher, l'administration n'est pas tenue de renouveler son opposition; en conséquence, le demandeur qui a reçu notification de la décision confirmative du minstre ne pourrait procéder au défrichement, à l'expiration du délai de six mois depuis sa nouvelle demande, sans se mettre en contravention avec l'art. 219, C. forest. — *Cass.*, 30 août 1834, Rosfaing.

DÉFRICHEMENT, ch. 2, sect. 3e.

88. — Lorsque le sens de la déclaration faite par un propriétaire de bois pour arriver au défrichement présente quelque incertitude sur la marche à suivre pour y arriver, et que néanmoins l'administration forestière a notifié son opposition au défrichement, cette opposition prouve que l'administration a connu la déclaration, qui, dès-lors, ne peut être considérée comme non avenue. — *Cass.*, 14 mars 1835, Clément.

89. — En conséquence, si, dans ce cas, il n'a point été statué sur l'opposition dans le délai voulu par la loi, et qu'alors le défrichement ait été commencé, le propriétaire ne peut être poursuivi en contravention. — Même arrêt.

90. — La signification, au propriétaire d'un bois, de l'arrêté du préfet qui statue sur l'opposition de l'administration forestière au défrichement, n'est point exigée à peine de nullité. — *Cass.*, 26 janv. 1839 (t. 2 1839, p. 343), Aeder.

91. — Par suite, et quoique la signification de cet arrêté ne lui ait point été faite, si, dans les six mois après la signification de l'opposition, la décision ministérielle qui rejette la demande en défrichement lui a été signifiée, le propriétaire du bois ne peut opérer le défrichement. — Même arrêt.

92. — On ne peut considérer comme un défrichement, dans le sens de l'art. 219, C. forest., le fait par un propriétaire de débarrasser certaines parties de son bois, planté essence de chêne, des pins, mort-bois, ronces et lavandes, si en le faisant il ne change pas la nature du sol forestier; et l'on objecterait en vain qu'en employant la disjonctive *ni*, à la différence de la loi du 9 flor. an XI, l'art. 219 défend non seulement le défrichement, mais encore l'arrachis seul de toute essence de bois. — *Cass.*, 23 fév. 1839 (t. 2 1846), Brunet-Lasalle.

93. — Mais le propriétaire qui, après avoir coupé un taillis à blanc étoc, y fait ensuite pacager ses bestiaux, lesquels détruisent les nouvelles pousses, commet le délit de défrichement prévu par l'art. 219, C. forest. — *Riom*, 11 fév. 1846 (t. 2 1846), Forêts c. Mornet. — V. conf. Instr. du 10 sept. 1817, rapportée par Baudrillart, *Dict. des eaux et forêts*, vº *Défrichement*, nº 15. — V. *infrà* nº 129.

94. — Les préposés ne doivent toutefois pas perdre de vue que, d'après l'avis du conseil d'état du 18 brum. an XIV, il n'y a pas lieu de s'opposer à ce que les propriétaires introduisent des bestiaux dans leurs propres bois, avant qu'ils soient déclarés défensables, à moins qu'il n'en résulte des abus graves. — Baudrillart, *ibid.* — V. DÉFENSABILITÉ, FORÊTS.

95. — Dans le cas où un particulier a défriché comme lui appartenant une portion de bois que des agens forestiers prétendent avoir été anticipée sur les forêts de l'état, il faut d'abord faire juger au civil la question de propriété. — Décis. min. fin. 5 avr. 1820.

96. — Mais le propriétaire lui-même ne pouvant défricher son propre fonds, sans une autorisation, le tribunal ne peut, ainsi que nous l'avons dit plus haut, que surseoir à statuer sur un délit de cette nature, sous le prétexte d'une exception préjudicielle de propriété. — *Cass.*, 20 oct. 1832, Benoît Bessière.

97. — Les procès-verbaux réguliers en la forme font preuve jusqu'à inscription de faux, des faits matériels qu'ils constatent. Ainsi, lorsqu'un procès-verbal constate qu'un défrichement a été fait sur un terrain *en nature de bois*, on ne peut admettre celui auquel le délit est imputé à prouver par témoins que le terrain défriché n'était pas de cette nature. — *Nîmes*, 14 mai 1840 (t. 2 1840, p. 8), Rocher et Gouzy.

98. — Pareillement, lorsqu'il est établi par un procès-verbal régulier, que le terrain défriché par le prévenu était en nature de bois, le tribunal ne peut déclarer le contraire, sans violer la foi due à ce procès-verbal. — *Cass.*, 14 janv. 1830, Antoine Odon.

99. — L'art. 219, C. forest., en défendant aux propriétaires de défricher leurs bois, n'a pu vouloir parler des terrains nommés *prés-bois*, très communs dans certains pays, et dans lesquels on extirpe souvent une partie des arbres qui, par leur trop grande quantité, pourraient étouffer l'herbe, principal produit de ce genre de propriété. — Curasson, *Code forest.*, t. 2, p. 196; Rogron, sur l'art. 223, p. 340. — V. FORÊTS.

100. — La décision du ministre dont il est question dans la seconde disposition de l'art. 219 ne peut être attaquée devant le conseil d'état par la voie contentieuse. — Avis cons. d'état, 20 fév. 1822 et 23 juill. 1823; — Baudrillart, *Dict. des eaux et forêts*, vº *Défrichement*, nº 23; Gagneraux, *C. forest.*, t. 1er, p. 438, § 6; de Vaulx et Fœlix, *C. forest.*,

2e part., p. 696, no 8. — V. cependant Curasson, *C. forest.*, t. 2, p. 197, no 3; Rogron, *C. forest.*, sur l'art. 219, *in fine*.

101. — Mais les parties peuvent, si elles s'y croient fondées, recourir au roi par toute autre voie. — *Cons. d'état*, décisions précitées; — Gagnereaux, *loc. cit.* — On voit par l'exposé des motifs du nouveau projet de loi que les décisions sur demande de défrichement ne sauraient être attribuées aux conseils de préfecture, sauf recours au conseil d'état, ces décisions n'ayant rien de contentieux, et devant être motivées sur des considérations administratives et non sur des droits acquis. La proposition de procéder suivant ce mode, faite par le rapporteur du Code de 1827, n'avait pas été admise.

102. — Les déclarations pour défrichemens qu'exige l'art. 219, C. forest., peuvent être rédigées sur papier non timbré, ces déclarations étant plus dans l'intérêt de l'état que dans celui des particuliers. — Déc. min. fin. 10 juill. 1829; inst. gén. 30 oct. suiv.; — Rolland de Villargues, *Rép. du not.*, vo *Défrichement*, no 8.

103. — M. Rolland de Villargues (*loc. cit.*) cite en outre une déc. min. du 18 juill. 1832, portant que les actes d'opposition aux défrichemens de bois, émanés de l'administration en vertu de l'art. 219, C. forest., doivent être visés pour timbre et enregistrés gratis. — V. aussi *Cass.*, 2 avr. 1806 (précité no 19).

104. — En cas de contravention à l'art. 219, C. forest., le propriétaire sera condamné à une amende calculée à raison de 500 fr. au moins et de 1,500 fr. au plus par hectare de bois défriché, et, en outre, à rétablir le lieu en nature de bois dans le délai qui sera fixé par le jugement, et qui ne pourra excéder trois années. — C. forest., art. 220.

105. — Un amendement avait été présenté qui demandait de porter l'amende au double lorsque la contravention aux dispositions de l'art. 219 aurait eu lieu sur le sommet ou la pente des montagnes. Mais cet amendement ne fut pas appuyé.

106. — La prescription du délit de défrichement fait en contravention de la loi du 9 flor. an XI ne peut opérer d'autre effet que d'éteindre la peine du délit et la réparation civile : elle n'éteint pas l'obligation de replanter une surface égale à celle qui a été indûment défrichée. — *Cass.*, 8 janv. 1808, Brigaud; — Merlin, *Rép.*, vo *Restitutions pour délits forestiers*, no 4; Favard de Langlade, *Rép.*, vo *Prescription*, sect. 5e, § 2, no 6.

107. — Ainsi, celui qui a fait un défrichement sans déclaration peut être condamné à remettre en nature de bois le même terrain qu'il a défriché. Il en était déjà ainsi sous la loi du 9 flor. an XI, qui ne parlait que d'une quantité égale de terrain. — *Cass.*, 22 juin 1826, Coste. — Aujourd'hui, le propriétaire serait forcé, dans tous les cas, de remettre en nature de bois le même terrain défriché par lui. Il ne pourrait, comme sous la loi de l'an XI, être condamné seulement à replanter même quantité de terrain situé en d'autres lieux. Le législateur de 1827 a voulu empêcher par là que les propriétaires n'éludassent, comme cela leur arrivait souvent, au moyen d'une plantation incomplète ou de promesses illusoires, l'obligation que leur imposait la loi.

108. — En cas de défrichement illégal, les poursuites doivent être dirigées, non pas contre l'agent comme auteur, et contre le propriétaire comme civilement responsable du délit, mais directement et seulement contre le propriétaire comme auteur réel du délit. — *Cass.*, 14 mars 1835, Clément. — V. *suprà* no 26.

109. — Lorsque, pour fixer le montant d'une amende, il est nécessaire de constater préalablement un fait, notamment, en cas de défrichement illégal, le nombre d'hectares défrichés, le tribunal correctionnel peut, après avoir déclaré le fait constant, ordonner, avant faire droit sur l'amende, l'opération nécessaire à la détermination. — *Cass.*, 30 août 1834, Rostaing c. Forêts.

110. — Celui qui a opéré illégalement un défrichement est non-recevable à se plaindre d'avoir été arbitrairement condamné à l'amende, lorsque l'amende prononcée n'excède pas le *maximum* fixé par la loi. — *Cass.*, 22 juin 1826, Coste.

111. — Faute par le propriétaire d'effectuer la plantation ou le semis dans le délai prescrit par le jugement, il y sera pourvu à ses frais par l'administration forestière, sur l'autorisation préalable du préfet, qui arrêtera le mémoire des travaux faits et le rendra exécutoire contre le propriétaire. — C. forest., art. 221. — Cet article n'est que la reproduction de l'art. 4, L. 9 flor. an XI.

112. — L'art. 221 déclare qu'il sera procédé aux plantations et semis par l'administration, aux frais du condamné; mais les agens forestiers n'ayant aucuns deniers publics à leur disposition, sur quel crédit les fonds seront-ils pris? — Curasson (t. 2, p. 199, no 6) exprime le désir qu'une ordonnance déterminât dans quelle caisse devront être puisées les avances pour le salaire des ouvriers. « En attendant, ajoute-t-il, nous croyons que l'agent forestier local doit s'adresser au préfet pour faire mettre les travaux en adjudication au compte du propriétaire. »

113. — Nous pensons qu'il devrait être procédé ainsi que l'autorise la législation en matière de voirie. Par exemple, les travaux pourraient être exécutés, sinon par l'administration forestière, du moins par un entrepreneur et des ouvriers préposés par elle, et dont les mémoires rendus exécutoires contre un propriétaire délinquant par un arrêté du préfet seraient recouvrés par voie de contrainte.

114. — L'agent forestier ne doit pas, dans tous les cas, faire exécuter les plantations et semis sans avoir mis le propriétaire en demeure, en lui notifiant la décision du préfet. — Curasson, *loc. cit.*

115. — Les dispositions des art. 219, 220 et 221 sont applicables aux semis et plantations exécutés, par suite de jugemens, en remplacement de bois défrichés. — C. forest., art. 222.

116. — La prohibition de défricher faite aux particuliers sans en avoir au préalable fait la déclaration à l'autorité administrative, et la faculté attribuée à l'administration de s'opposer aux défrimens n'ont été portées par le Code forestier que pour un laps de vingt années, qui doit donc se trouver révolu le 31 juill. 1847.

117. — Il était, par suite, du devoir du gouvernement d'examiner si le régime provisoire auquel la propriété forestière avait été assujétie pour vingt-cinq ans, d'abord par la loi de l'an XI, puis pour vingt ans par le Code de 1827, devait continuer d'être en vigueur, ou s'il convenait d'émanciper complètement cette propriété en rendant à ceux qui la possèdent le droit d'en user et d'en abuser. C'est pour trancher cette question que le ministre des finances a présenté à la chambre des pairs, séance du 12 fév. 1846, un projet de loi tendant à modifier l'art. 15, C. forest., relatif au défrichement des bois des particuliers, et à rendre définitives; après les avoir modifiées, les dispositions temporaires contenues dans les art. 219 à 224, C. forest. Ce projet de loi est en tout point conforme aux vœux émis par la majorité des conseils généraux, qui se sont occupés de cette question pendant les sessions de 1844 et 1845.

118. — La commission de la chambre des pairs, qui avait choisi M. le comte Beugnot pour son rapporteur, crut, comme le ministre, qu'il fallait sortir du provisoire (la question étant assez bien connue), soit en libérant de toute entrave la propriété forestière, soit en la maintenant soumise à des règles dont le but principal est de conserver la fertilité des vallées, en prévenant la dénudation des montagnes.

119. — Seulement, le ministre voulait maintenir les règles sous lesquelles la propriété forestière a été constituée, a existé et s'est transmise de main en main jusqu'à nos jours, empêcher par là le renouvellement de tous les désordres, de toutes les dévastations qui ont été le résultat de la loi du 29 sept. 1791, désordres dont témoignent toutes les vallées situées au pied des montagnes, qui ont vu leurs sources se tarir, ainsi que les montagnes elles-mêmes, dont les crêtes couvertes autrefois de verdure ne présentent plus que des cimes dénudées, creusées par les torrens, dont les pentes ouvrent un cours rapide et torrentiel aux pluies que les bois sont destinés à retenir, afin qu'elles pénètrent dans le sein de la terre et qu'elles ne parviennent dans les vallées que pour les fertiliser par des sources et des cours d'eau paisibles. Il pensait aussi qu'au point de vue particulier, il ne peut être permis au propriétaire du terrain supérieur de causer la ruine du propriétaire du terrain inférieur par des défrichemens qui, comme le défrichement des forêts, changent la nature du sol. Quant au point de vue général, il croyait que l'état ne peut tolérer que, contrairement au titre fondamental de la propriété, des particuliers dans un intérêt privé, souvent mal entendu, plus souvent momentané, arrivent à détruire le sol propre à la végétation dans la vallée, qui ne leur appartient pas, en y faisant déboucher des torrens, et sur le penchant de la montagne, qui leur appartient, en dénudant les rochers, et en détruisant les forêts qui les couvrent, par des actes de mauvaise administration. — Projet de loi.

120. — Il proposait en conséquence de modifier les art. 219 et 222, C. forest., ainsi qu'il suit : — Art. 1er. « Les dispositions transitoires contenues dans les art. 219 et 222, C. forest., continueront à recevoir leur exécution jusqu'à ce qu'il en soit autrement ordonné, sauf les modifications ci-après » — Art. 2. « Dans les cas où, conformément à l'art. 219, il y aura recours des parties au ministre des finances, l'avis du préfet sera accompagné de celui des conseils municipaux de la commune où les bois seront situés, et des communes limitrophes. » — Art. 3. « Le rejet des demandes de défrichement sera prononcé par ordonnance royale, insérée en extrait au *Bulletin des lois*. »

121. — C'était, on le voit, rendre définitive la prohibition faite aux particuliers de défricher leurs bois, quelle qu'en soit la position, sans avoir obtenu une autorisation du gouvernement.

122. — Mais le rapporteur de la commission nommée par la chambre des pairs, M. le comte Beugnot, demandait, au nom de cette commission, que le principe de la liberté du défrichement fût consigné dans la loi. Il s'appuyait sur l'espérance qu'avaient dû faire naître les paroles de M. de Martignac, commissaire du roi, qui disait, dans l'exposé des motifs du Code forestier : « Tout permet d'espérer qu'à l'expiration du terme fixé par les articles transitoires, la liberté pourra être rendue tout entière à la propriété, avec les seules précautions qu'exigera toujours la situation des montagnes et des terrains penchans et ardus. » — M. Beugnot ajoutait qu'en 1831, sans y être provoqué par les chambres, le gouvernement avait annoncé aux citoyens, par une circulaire du ministre des finances, en date du 15 oct., qu'il ne refuserait désormais aucune demande de défricher les bois d'une étendue au-dessous de douze hectares situés en plaine, comme s'il avait voulu, en diminuant la rigueur du régime transitoire établi par le Code de 1825, mieux préparer les citoyens à la jouissance de la liberté. Il rappelait les diverses propositions faites à la chambre des députés, en 1834, 1835, 1836, 1838 et 1839, par M. Anisson-Duperron, et toujours prises en considération, propositions tendant à modifier le tit. 15, C. forest., et à rendre immédiatement aux citoyens la libre disposition de leurs bois, quand ceux-ci ne seraient situés ni sur le sommet ni sur le penchant des montagnes. Il concluait de ces précédens que le gouvernement, en proposant de retirer définitivement aux citoyens le droit de défricher leurs bois, sans présenter aucun argument ni aucun fait nouveau à l'appui de sa proposition, reproduisait une question déjà décidée non seulement en 1791, mais en 1803 et en 1827; car à ces deux dernières époques le droit des citoyens ne fut pas nié, mais seulement suspendu; réfutant ensuite les raisons présentées par le ministre, et se fondant sur des considérations tirées du respect dû au droit sacré de la propriété; sur ce que les bois aliénés, en vertu de la loi du 25 mars 1835, avec faculté de défricher, ont été vendus un tiers environ de plus que les autres, ce qui fait que la prohibition de défricher réduit d'un tiers la valeur du sol forestier de la France; sur l'intérêt qu'il y a pour le pays de voir exploiter les terres de la manière la plus productive, et pour la classe agricole de remplacer, dans les pays de plaine, en terres arables les bois et forêts, etc.; M. Beugnot se résumait en disant que le système prohibitif était contraire au droit et aux intérêts des citoyens, nuisible aux progrès de l'agriculture, à la bonne conservation des forêts, aux plantations et aux reboisemens, ainsi qu'à l'accroissement du capital et du revenu national, et qu'on pouvait bien alléguer en sa faveur des théories surannées, des craintes sans fondement, mais non l'utilité publique.

123. — Après avoir ainsi décidé la question en principe, le rapporteur s'est attaché à résoudre une question d'application d'autant plus grave qu'elle a long-temps préoccupé et qu'elle a même partagé les commissions de la chambre des députés qui ont précédemment étudié cette matière; nous voulons parler de celle qui concerne la conservation des forêts situées sur le penchant ou le sommet des montagnes. Cette conservation, exigée par de nombreux motifs, est incontestablement d'utilité publique. L'intérêt de tous doit donc l'emporter sur l'intérêt de quelques-uns. Mais comment définir exactement et d'une manière générale ce que l'on entend par le *sommet* ou le *penchant d'une montagne*? Ici la montagne se termine brusquement, là elle prolonge au loin ses pentes, qui s'abaissent insensiblement pour se confondre avec la plaine. Comment indiquer le lieu précis où cesse la pente et où commence la plaine? La loi, disait M. Beugnot, est impuissante en cette matière, et il faut remettre à l'autorité publique le soin de décider si un bois n'est pas situé sur une pente, et si, étant situé sur une pente, son défrichement peut nuire à l'intérêt public. La définition d'un terrain en pente ne pouvant donc être donnée par la loi, il convient d'attribuer soit au pouvoir central, soit aux autorités locales, le droit de prononcer sur les cas particuliers à mesure qu'ils se présenteront. Reconnaissant ensuite l'impossibilité de dresser, ainsi que quelques uns le proposaient, le tableau des bois situés sur le sommet ou le penchant des montagnes, d'en déclarer la conservation d'utilité publique, et d'affranchir ensuite tous les autres, la commission a pensé que la législation actuelle, légèrement modifiée, pouvait satisfaire à tous les besoins du nouveau régime à établir.

124. — Elle a, en conséquence, ainsi amendé le projet de loi présenté par le gouvernement : — Art. 1er. « Aucun particulier ne pourra arracher ni défricher ses bois qu'après en avoir fait la déclaration, au moins six mois d'avance, à la sous-préfecture et à la mairie de la commune où les bois sont situés. La déclaration sera publiée et affichée par les soins du maire. — L'administration forestière pourra, dans ce délai de six mois, faire signifier au propriétaire son opposition au défrichement si le bois est situé sur le sommet ou le penchant d'une montagne, sur des dunes ou à une distance du Rhin moindre de cinq kilomètres. Il ne pourra être fait d'opposition pour aucun autre motif. »

125. — Ainsi, d'après la commission, l'administration forestière pourra s'opposer au défrichement si les bois sont situés sur le sommet ou le penchant d'une montagne; mais le préfet et le ministre devront, suivant elles, examiner deux faits distincts, à savoir, si les bois sont effectivement situés sur le sommet ou le penchant d'une montagne, et si leur conservation est d'intérêt public.

126. — Et quoiqu'il soit peu probable que les particuliers songent à défricher des bois situés sur des dunes, la commission propose, pour plus de sûreté, de maintenir la prohibition pour ce genre de forêts. Quant à l'interdiction de défricher sans autorisation les bois situés à une distance du Rhin moindre de cinq kilomètres, elle est la conséquence du droit accordé à l'administration par l'art. 136, C. forest., de se fournir de bois dans les forêts des particuliers pour l'endiguage et le fascinage des bords de ce fleuve, en cas d'insuffisance des bois de l'état et de ceux des communes.

127. — La commission, considérant que le seul inconvénient réel du mode de procéder actuellement en vigueur consiste en ce que le préfet et le ministre ne peuvent pas appuyer leurs décisions sur une enquête publique réunissant tous les caractères de l'impartialité, car il ne suffit pas qu'un acte du pouvoir soit juste, il faut encore que chacun ait la conviction qu'il l'est, propose, en conséquence, non pas, comme l'ont fait les commissions de la chambre des députés de 1835 et de 1836, de déférer au conseil d'état la décision définitive, en ne laissant au ministre que le droit de prononcer en premier ressort, mais demande que le préfet, avant de prononcer, prenne l'avis d'une commission.

128. — Voici quelles sont les dispositions que la commission propose à cet égard : — Art. 2. « Quand l'opposition lui sera parvenue, le préfet convoquera une commission, qui examinera si les bois dont le défrichement est déclaré se trouvent dans la catégorie de ceux indiqués en l'art. 1er, et si leur conservation est d'intérêt public. » — Art. 3. « La commission sera composée du juge de paix du canton de la situation des bois, du membre du conseil général de département et du membre du conseil d'arrondissement qui représentent le même canton, du maire de la commune où sont situés les bois et de l'ingénieur de l'arrondissement. La présidence appartiendra au juge de paix. — Le préfet pourvoira au remplacement des membres de la commission absens ou empêchés. — Si les bois sont situés dans plusieurs cantons, l'enquête sera faite par la commission du canton où se trouve la plus forte portion de ces bois. » — Art. 4. « Après avoir reçu le procès-verbal de la commission, le préfet statuera sur l'opposition, sauf le recours au ministre des finances. » — Art. 5. « Cet article est la reproduction textuelle du § 2 de l'art. 219. » — Art. 6, 7 et 8. Ces trois articles ne sont que la reproduction des art. 220, 221 et 222, C. forest.; seulement, pour mettre ce dernier article en concordance avec la division par articles du projet de loi, il est ainsi conçu : « Les dispositions des art. 1er, 6 et 7 sont applicables, etc. »

129. — Le projet de loi présenté par le gouvernement, voulant assurer l'exécution complète de la loi relative au défrichement, en empêchant les propriétaires de l'éluder par différens moyens, portait, art. 4 : « Les coupes à blanc étoc dans les bois résineux, et toute exploitation qui aurait pour résultat la destruction des bois, quelle que soit leur nature, seront considérées comme défrichement. » — Nous avons rapporté (*suprà* n° 93)

un arrêt de Riom, du 11 fév. 1846, décidant qu'il y a délit de défrichement, aux termes de l'art. 219, C. forest., dans le fait du propriétaire qui coupe ses taillis à blanc étoc et y fait ensuite pacager ses bestiaux. — La commission, considérant cet article comme en désaccord avec son système, n'a pas cru devoir le reproduire.

130. — Les compagnies de défrichement sont dans la classe des patentables. — Droit fixe de 300 fr.; droit proportionnel du quinzième de la valeur locative de l'habitation et des lieux servant à l'exercice de la profession.

§ 2. — *Exceptions à la défense de défricher.*

131. — L'art. 223, C. forest., porte : Seront exceptés des dispositions de l'art. 219 : 1° les jeunes bois, pendant les vingt premières années après leur semis ou plantation, sauf le cas prévu en l'article précédent; — 2° les parcs ou jardins clos et attenant aux habitations; — 3° les bois non clos, d'une étendue au-dessous de quatre hectares, lorsqu'ils ne feront point partie d'un autre bois qui compléterait une contenance de quatre hectares, ou qu'ils ne seront pas situés sur le sommet ou la pente d'une montagne. — V. en outre, sur ce point, L. 9 flor. an XI, art. 5 et 6; déc. min. 12 avr. 1820.

132. — L'exception résultant des deux derniers paragraphes de l'art. 223, doit s'entendre de toute espèce de clôtures et non pas seulement des clôtures de murs. — Disc. ch. des pairs; Chauveau, *C. for.*, p. 640.

133. — Le troisième paragraphe de l'article portait, dans le projet, deux hectares, comme la loi de l'an XI; mais la quantité a été augmentée sur la proposition de la commission de la chambre des députés. — Rapp. de M. Favard de Langlade.

134. — Le bois non clos, situé sur la pente très rapide d'une montagne, est, par ce fait seul, soumis à la déclaration prescrite par l'art. 219, C. forest., préalablement à tout défrichement, quoique d'ailleurs son étendue soit au-dessous de quatre hectares. — *Cass.*, 14 janv. 1830, Antoine Adam; même jour, Louis Thomé.

135. — Aucun défrichement ne peut avoir lieu sans autorisation, sauf les cas prévus par l'art. 223, C. forest., alors même que le défrichement aurait pour objet la replantation plus ou moins immédiate des parties de bois sur lesquelles il aurait été effectué. — *Cass.*, 20 oct. 1832, Benoît Bessière.

136. — Un propriétaire de bois qui a obtenu une autorisation de défrichement transmet à son acquéreur le bénéfice de cette concession. Dans le cas où l'autorisation n'indique pas la partie du bois qui devra être défrichée, le concessionnaire pourrait choisir lui-même les emplacemens qu'il juge les plus propres à être convertis en terres labourables; il est libre de diriger les travaux de défrichement de manière à convertir la portion restante de la forêt en boquetaux épars, sans aucune liaison les uns avec les autres, et chacun au-dessous d'une contenance de quatre hectares. — *Nancy*, 9 janv. 1835, Hacholle.

137. — S'il a fait ainsi opérer ce premier défrichement au vu et au su de l'administration forestière, et sans aucune opposition de sa part, il peut ensuite faire défricher, sans une nouvelle concession, les fragmens de bois isolés qui composent le reste de la forêt; le silence du ministre sur la portion du terrain à laquelle l'autorisation serait spécialement applicable ayant laissé le concessionnaire maître absolu de se placer dans les conditions du dernier paragraphe de l'art. 223, C. forest. — Même arrêt.

138. — La disposition qui excepte de l'interdiction de défricher sans déclaration préalable les parcs ou jardins clos attenant à l'habitation principale, ne doit s'entendre que d'une habitation actuellement existante, et non d'un ancien château qui a été démoli et qui n'a été remplacé que par une loge destinée à servir d'abri aux ouvriers. — *Cass.*, 22 juin 1826, Coste.

139. — Pour qu'un bois clos soit réputé parc et puisse être défriché ou arraché sans déclaration préalable, il ne suffit pas qu'il s'y trouve une habitation, il faut qu'il soit l'accessoire de cette habitation. Si donc les habitations n'y sont établies que pour sa garde et son exploitation, le propriétaire ne peut procéder au défrichement qu'en se conformant aux règles prescrites par l'art. 219, C. forest. — *Cass.*, 11 mars 1836, Pajot.

140. — Il ne suffit pas que le bois soit entouré de fossés ou d'une autre clôture, il faut encore qu'il soit destiné à servir, sinon uniquement au plaisir du propriétaire, du moins à son agrément, combiné avec son intérêt. — *Nancy*, 22 nov. 1834, Collignon.

141. — Les bois appartenant à des particuliers, pour être défrichés sans autorisation préalable du ministre des finances, doivent réunir les deux conditions exigées par l'art. 223, n° 2, C. forest., c'est-à-dire former des parcs, lesquels soient attenans à des habitations, et il faut que ces habitations soient habitées ou actuellement habitables. — Même arrêt.

142. — L'art. 223, C. forest., qui prohibe le défrichement des bois non clos d'une étendue au-dessous de quatre hectares, dès que par contiguïté avec d'autres bois ils complètent cette étendue de quatre hectares, est applicable lorsque ces bois contigus appartiennent aux mêmes propriétaires comme lorsqu'ils appartiennent à des propriétaires différens, et atteint toutes et chacune des parcelles de bois qui, par une réunion avec d'autres, composent un ensemble de quatre hectares au moins. — Cette interprétation ne peut être combattue par aucune explication contraire émanée même du ministre des finances. — *Cass.*, 8 janv. 1836, Ducasse. — V. conf. Baudrillart. — V. cependant décision du ministre des finances du 12 avr. 1820; — Rogron, *C. forest.*, sur l'art. 223, p. 389; Curasson, t. 2, p. 200, n° 3. — Il eût été convenable que le projet présenté par le gouvernement fît cesser cette controverse, mais il est muet à cet égard.

143. — La disposition de l'art. 223, § 3, C. forest., qui ne permet de défricher les bois non clos, d'une étendue au-dessous de quatre hectares, qu'autant qu'ils ne sont pas situés sur le sommet ou la pente d'une *montagne*, ne s'applique pas à de pareils bois situés sur la pente d'un *coteau*, quelle que soit d'ailleurs la déclivité du sol défriché. — *Grenoble*, 20 nov. 1839 (t. 2 1846), Robert.

144. — Nous ne saurions nous ranger à cette décision; les raisons qui ont fait défendre le défrichement des pentes de montagne nous paraissent conserver toute leur valeur pour les pentes des coteaux ou collines, surtout lorsque, comme dans l'espèce, la pente du coteau ou de la colline est très rapide. Et comment distinguer, du reste, une montagne d'un coteau? à quelle hauteur commence la première? où cesse le second? Faut-il laisser à la partie à décider ce point? Mais c'est là créer forcément une cause de procès, et tel ne peut être le rôle de la loi. Faut-il abandonner ce soin à l'administration? Mais c'est là lui faire le plus fâcheux cadeau. L'interdiction de défricher impose toujours, en effet, à l'intérêt privé un sacrifice ou réel ou imaginaire qu'il ne subit pas volontiers. C'est dans les affaires de cette sorte, où l'intérêt privé lutte contre l'intérêt général, qu'il est avantageux pour tous, et surtout pour l'administration, que la loi règle tout ce qu'elle peut régler. Aussi, comme il est presque impossible de poser ici une définition précise, nous verrions avec plaisir abandonner à l'administration le choix de décider, dans tous les cas, s'il y a lieu ou non de procéder au défrichement. La conservation des bois situés en plaine n'est-elle pas, du reste, ou ne peut plus profitable souvent dans l'intérêt de l'agriculture, de certaines cultures spécialement; les forêts ne sont-elles pas toujours indispensables pour la formation des sources et la conservation des petits cours d'eau si utiles à l'irrigation, et qui, mis à sec par l'entier défrichement des plaines, porteraient le plus rude coup à l'agriculture, dans un temps où l'on reconnaît si impérieusement surtout le besoin d'augmenter par l'agrandissement des prairies la production animale du pays? Et ne sont-ce pas ces petits cours qui alimentent nos rivières navigables? Les besoins toujours croissans de la consommation ne mettent-ils pas en outre le gouvernement dans l'obligation de veiller à l'accroissement du sol forestier au lieu d'en permettre la réduction? Ce sont là des questions, du reste, que nous aurons occasion de traiter de nouveau au mot REBOISEMENT, en examinant ce qui aura été fait dans ce dernier but par la loi à intervenir sur les défrichemens.

145. — Comme il est juste de laisser au propriétaire dont l'essai ne réussit pas la faculté de donner une autre destination à son terrain, le projet de la commission de la chambre des pairs a reproduit (art. 9) le 1er § de l'art. 223, C. forest., avec l'exception qu'il contient. La réserve faite par l'art. 9 peut, d'après le rapport de M. Beugnot, être appliquée sans inconvénient aux plantations exécutées sur le sommet ou la pente des montagnes.

146. — Le gouvernement, pour empêcher les propriétaires d'éluder la loi en établissant des clôtures et des habitations de peu de valeur, et de placer ainsi leurs bois dans le cas d'exception prévu par le § 2, art. 223, C. forest., a, dans le projet présenté à la chambre des pairs, proposé de revenir aux termes de la loi de flor. an XI, en déclarant

que l'exception ne sera applicable qu'aux parcs et jardins clos attenant à l'habitation principale. De plus, comme, pour des bois d'une étendue considérable, il pourrait y avoir encore profit à éluder la loi, même en rapportant les fruits de la construction d'une habitation qui pourrait d'ailleurs trouver après le défrichement un emploi utile, le projet de loi a cherché un surcroît de garantie dans la condition que l'habitation fût construite depuis dix ans au moins pour que le défrichement pût être effectué. Cette double disposition qui forme l'art. 5 du projet, est ainsi conçue : « L'exception mentionnée dans le § 2, art. 223, ne sera applicable qu'aux parcs et jardins clos de murs, de haies ou de fossés, et attenant à une habitation principale, construite depuis dix ans au moins. » — Ni cette disposition, ni le § 2, art. 223, ne sont reproduits par le projet amendé de la commission de la chambre des Pairs. Il était toutefois entendu par le rapport qu'il peut y avoir intérêt public à ne pas détruire les bois situés sur des pentes de montagnes, alimentant des sources, modérant le cours des eaux pluviales, lorsqu'ils sont renfermés dans des parcs. — Quant au § 3, art. 223, le projet de la commission le rend inutile.

147. — Un terrain boisé, clos et attenant à une habitation, forme un *parc* et non pas un *jardin*, ainsi que le remarque Curasson, *C. forest.*, t. 2, p. 200 : « On a donc lieu de s'étonner, dit cet auteur, que la loi ait employé cette dernière expression ; car, quelle que soit l'étendue d'un jardin fruitier ou d'agrément, qu'il tienne à une habitation ou qu'il en soit séparé, on ne conçoit guère comment le propriétaire pourrait être empêché d'arracher les arbres forestiers ou arbustes qui y ont été plantés. » — Cette remarque s'applique aussi, on le voit, à l'art. 5 du projet présenté par le gouvernement.

§ 3. — *Prescription.*

148. — Les actions ayant pour objet des défrichemens commis en contravention à l'art. 219 se prescriront par deux ans, à dater de l'époque où le défrichement aura été consommé. — C. forest., art. 224 ; L. 29 sept. 1791, tit. 9, art. 8. — Cette disposition forme l'art. 10 du projet amendé par la commission. Ce projet reproduit aussi (art. 11) l'art. 225 du Code forestier, relatif au *reboisement* (V. ce mot.) — Aussi, en remplaçant les mots *Dispositions transitoires*, placés en tête du tit. 5, C. forest. ; par ceux-ci : *Du défrichement des bois appartenant aux particuliers*, ce projet de loi, qui respecte l'économie du tit. 15, n'apporterait, suivant le rapporteur de la chambre des pairs, aucun trouble dans l'ordonnance des lois forestières à la suite desquelles il viendrait naturellement se placer.

149. — La prescription des délits forestiers était de trois mois avant le Code de 1827, aux termes de la loi du 29 sept. 1791, tit. 9, art. 8. — *Cass.* (sol. impl.), 8 janv. 1808, Brigaud.

150. — En admettant la prescription, les tribunaux n'en devaient pas moins, sous la loi de l'an XI, ordonner le reboisement du terrain. — Même arrêt, dans ses motifs. — Nous avons déjà dit plus haut qu'ils doivent toujours l'ordonner, aux termes du Code forestier et du projet de loi amendé par la chambre des pairs.

151. — La décision implicite de l'arrêt de 1808 ne serait plus admise non plus, maintenant que la loi donne un délai de deux ans pour reconnaître, constater et poursuivre les défrichemens. Le reboisement prescrit par l'art. 220 est, d'ailleurs, une peine ajoutée à l'amende, laquelle, devant être prononcée par le même tribunal, se trouve conséquemment prescrite en même temps que l'autre. — Curasson, t. 2, p. 203 ; Rogron, sur l'art. 224, C. forest.

V. COMMUNE, FORÊTS, PARCOURS, PATURAGE, REBOISEMENT.

DÉGAT.

1. — On appelle ainsi, en termes de police rurale et forestière, les ravages commis par les bestiaux dans les héritages et dans les forêts. — V., à cet égard, ANIMAUX, CHÈVRES, DÉLIT RURAL, FORÊTS.

2. — Le mot *dégât* s'entend aussi du dommage causé par les personnes aux propriétés d'autrui. — V. DESTRUCTION DÉGRADATION ET DOMMAGES.

3. — Indépendamment de la répression pénale qu'ils peuvent entraîner, selon les circonstances, les dégâts donnent lieu, contre ceux qui en sont auteurs ou responsables, à l'action civile ouverte par les art. 1382 et suiv., C. civ. — V. RESPONSABILITÉ. — V. aussi ASSURANCE TERRESTRE, nos 180 et suiv.

DÉGRADATION (Dommage).

V. DESTRUCTION DÉGRADATION ET DOMMAGES.

DÉGRADATION (Peine).

1. — C'est la destitution infamante d'un ordre, d'une dignité ou d'une qualité.

2. — Autrefois, les ecclésiastiques qui étaient condamnés à mort ne pouvaient être exécutés sans dégradation préalable. — L'ordonnance de 1571 contenait à cet égard une disposition formelle ; on craignait, disaient les anciens auteurs, de profaner la sainteté de l'ordre, tant que le condamné en portait les marques.

3. — La dégradation des ecclésiastiques consistait à les dépouiller en public, après leur avoir reproché leur indignité, de leurs habits et ornemens ecclésiastiques. — Merlin, *Rép.*, vo *Dégradation.*

4. — « Toutefois, dit Merlin (*loc. cit.*), les obstacles que les évêques apportaient à l'exécution des ecclésiastiques condamnés à mort ont fait abolir l'usage de la dégradation. Les prélats différaient souvent cette cérémonie, et suspendaient ainsi le supplice des criminels. On a regardé qu'il pouvait résulter de très grands abus de l'ancien usage de la dégradation préalable, et ce motif en a déterminé l'abolition. »

5. — La dégradation était également applicable aux officiers et dignitaires, lorsqu'ils avaient commis quelque délit blessant l'honneur de leur place ou quelque prévarication dans leur fonction, ou enfin quelque action contraire aux règles de la délicatesse et de l'honneur que leurs charges exigeaient.

6. — Elle consistait à dépouiller ignominieusement le délinquant de l'office ou de la dignité dont il était revêtu et à le priver de toutes les prérogatives qui s'y trouvaient attachées.

7. — Lorsqu'une personne constituée en dignité était condamnée à mort ou à quelque peine infamante, on lui ôtait, avant l'exécution, les marques d'honneur dont elle était revêtue.

8. — Enfin, la dégradation était encore appliquée aux magistrats qui avaient commis quelque crime déshonorant pour leur caractère.

9. — Entre autres exemples de dégradation, Merlin (*loc. cit.*) rapporte que, le 15 avr. 1693, un conseiller au parlement de Paris fut dégradé publiquement pour les cas résultant du procès. « Il fut, dit-il, amené de la Conciergerie, où il était prisonnier, à la Grand'Chambre, sur les neuf heures. Toutes les Chambres du parlement étaient assemblées et les portes étaient ouvertes ; il était revêtu de sa robe rouge et il avait son bonnet carré à la main. Il entendit d'abord la lecture de son arrêt, qui le bannissait à perpétuité, ordonnait que sa robe et autres marques de magistrature lui seraient ôtées par les huissiers de service, et le condamnait à une amende envers le roi et à une réparation envers la partie. Après la lecture de l'arrêt, il remit son bonnet entre les mains d'un huissier et laissa tomber sa robe. Il sortit ensuite de la grand'chambre par le parquet des huissiers, descendit par le grand escalier et rentra dans la Conciergerie. »

10. — Lorsque les tribunaux voulaient imprimer une plus grande flétrissure à un juge qu'ils condamnaient à la dégradation, ils ordonnaient que sa robe et sa soutane seraient déchirées par la main du bourreau. — Merlin, vo *Dégradation.*

11. — Le Code pénal du 25 sept. 1791 (1re part., tit. 1er, art. 35) a virtuellement supprimé cette peine accessoire qui n'a été reproduite ni dans le Code pénal de 1810 ni dans la loi du 28 avr. 1832.

12. — Le magistrat ou fonctionnaire frappé d'une condamnation déshonorante ne subit donc plus la dégradation solennelle ; mais il s'opère nécessairement en lui, par le fait même de la condamnation, une incapacité qui le rend indigne de conserver plus long-temps le caractère public dont il était revêtu. — V. au surplus DISCIPLINE, FONCTIONNAIRE PUBLIC, OFFICIER MINISTÉRIEL.

13. — Toutefois, la dégradation a été conservée dans notre législation actuelle pour certains cas spéciaux.

14. — Ainsi, en premier lieu, aucune peine infamante ne peut être exécutée contre un membre de la Légion-d'Honneur, sans qu'il ait été préalablement dégradé. Pour cette dégradation, le président du tribunal prononce immédiatement, après la lecture du jugement, la formule suivante : « Vous avez manqué à l'honneur : je déclare, au nom de la Légion, que vous avez cessé d'en être membre. » — Arr. gouvern. 24 vent. an XII, art. 5 et 6. — V. encore ord. 26 mars 1816, art. 57 et 58. — V. LÉGION-D'HONNEUR.

15. — Il y a peu de temps, dans un procès relatif à un attentat commis contre la personne du roi par un individu membre de la Légion d'honneur (Pierre Lecomte), on agita, dans le sein de la cour des pairs, le point de savoir si l'arrêt de condamnation à mort prononcerait en même temps la dégradation du condamné. — Le président toucha la question en disant qu'il était inutile de prononcer la dégradation, puisqu'elle était la conséquence nécessaire de toute condamnation afflictive et infamante, et que, d'ailleurs, il n'était pas dans les usages de la chambre des pairs de prononcer la peine accessoire. — Le président se trompait doublement : car, d'une part, l'arrêté précité renferme une prescription formelle et applicable à tous les cas où il s'agit d'une peine infamante, et d'autre part, les précédens judiciaires de la cour des pairs attestent que la prononciation de la dégradation n'a rien de contraire à ses usages.

16. — Le décret du 15 nov. 1811 veut que, lorsqu'un membre de l'Université est condamné pour un crime, sa dégradation de membre de l'Université soit prononcée par le président après sa condamnation. — Décr. 15 nov. 1811, art. 163 et 164. — V. UNIVERSITÉ.

17. — Aux termes de la loi du 21 brum. an V, tit. 8, art. 21, toute condamnation d'un militaire à la peine des fers emporte dégradation aussitôt la peine rendue.

18. — Et M. de Chénier (*Guide des tribunaux militaires*, t. 1er, p. 341) fait observer avec raison que cet article est applicable en principe à toute condamnation à l'une des peines afflictives ou infamantes des fers ou des travaux forcés à perpétuité, des fers ou des travaux forcés à temps, ou de la réclusion.

19. — Mais il n'en serait pas de même, selon cet auteur, en cas de condamnation aux peines de la déportation, de la détention ou du bannissement, et cela, dit-il, parce que l'art. 22, C. pén., auquel ces peines sont empruntées, ne prescrit point l'exposition ou carcan pour ces sortes de condamnations ; et que, la dégradation étant le seul genre de flétrissure qui puisse être infligé aux gens de guerre, elle ne peut être appliquée que dans les cas où le carcan est subi par les individus qui n'appartiennent pas à l'armée.

20. — Cette doctrine est en désaccord avec les principes posés par la cour de Cassation dans les motifs d'un arrêt du 10 juin 1830 (Bonnefoi) : « Attendu, dit cet arrêt, que la dégradation est, à l'égard d'un militaire, un préalable obligé de toute condamnation à une peine afflictive et infamante ; » or, la déportation et la détention sont rangées, par l'art. 7, C. pén., au rang des peines *afflictives et infamantes*. Dès-lors, il faut dire, d'après la doctrine de la cour de Cassation, que la dégradation en est un préalable obligé.

21. — Pendant long-temps, les tribunaux militaires, hésitant à considérer la peine de la dégradation comme remplaçant d'une manière absolue et générale pour les militaires celle de l'exposition, ont cru pouvoir distinguer entre le cas où ils appliquaient le Code pénal ordinaire et celui où ils appliquaient la législation militaire, et prononcer dans le premier cas l'exposition, et dans le second la dégradation.

22. — Mais la cour de Cassation a repoussé cette distinction en décidant que le conseil de guerre, qui, dans le silence des lois militaires, est obligé de recourir au Code pénal ordinaire, ne peut appliquer que la peine proprement dite, et non l'accessoire relatif à l'exécution déterminée par les lois militaires. — *Cass.*, 10 juin 1830, Bonnefoi.

23. — ... Et qu'en conséquence, le conseil de guerre qui condamne des militaires aux travaux forcés à temps pour vols commis avec violence et de complicité, doit seulement ordonner la dégradation (préalable obligé pour les militaires de toute condamnation à une peine afflictive et infamante), et ne peut y ajouter l'exposition au carcan. — Même arrêt.

24. — Lors donc que le conseil de guerre a prononcé contre un militaire une peine afflictive et infamante, le commissaire du roi doit immédiatement requérir la condamnation à la dégradation.

25. — Et le rapporteur doit sans retard en informer l'officier commandant, pour que celui-ci indique le lieu et l'heure de la dégradation, qui, d'ordinaire, a lieu à la parade de la garde montante.

26. — La dégradation militaire étant le commencement de l'exécution de la peine afflictive et infamante, l'indication du jour et de l'heure de cette dégradation, quand elle a eu lieu, doit être portée sur les minutes des jugemens.

27. — Toutefois il faut remarquer que des circonstances spéciales, telles que la maladie du condamné, pouvant ajourner le moment de la dégra-

dation, retardaient, par cela même, l'époque où commençait à courir la peine. Cet inconvénient n'existe plus depuis la loi qui a révisé les lois pénales en 1832, d'après laquelle les peines courent du jour où la condamnation est devenue irrévocable. — V. PEINE.

28. — Observons encore, en terminant, qu'il est un cas où la dégradation militaire a été établie comme peine principale à l'égard des commandans traduits devant les tribunaux militaires pour capitulation, et à l'égard des quels il a été reconnu des circonstances atténuantes ; dans ce cas, la peine de la dégradation peut être substituée à celle de mort. — Décr. 1er mai 1812, art. 8.

DEGRADATION CIVIQUE.

Table alphabétique.

DÉGRADATION CIVIQUE. — 1. — La dégradation civique consiste : 1° dans la destitution et l'exclusion des condamnés de toutes fonctions, emplois ou offices publics ; — dans la privation du droit de vote, d'élection, d'éligibilité, et, en général, de tous les droits civiques et politiques, et du droit de porter aucune décoration ; — 3° dans l'incapacité d'être juré-expert, d'être employé comme témoin dans des actes, et de déposer en justice autrement que pour y donner de simples renseignemens ; — 4° dans l'incapacité de faire partie d'aucun conseil de famille, et d'être tuteur, curateur, subrogé-tuteur ou conseil judiciaire, si ce n'est de ses propres enfans, et sur l'avis conforme de la famille ; — 5° dans la privation du droit de port d'armes, du droit de faire partie de la garde nationale, de servir dans les armées françaises, de tenir école ou d'enseigner, et d'être employé dans aucun établissement d'instruction, à titre de professeur, maître ou surveillant. — C. pén., art. 34.

2. — Sous l'empire du Code pénal de 1791, la dégradation civique avait une manifestation extérieure ; elle se produisait aux yeux de tous. — L'art. 31 (tit. 1er, partie 1re) portait, en effet, que le coupable qui aurait été condamné à la peine de la dégradation civique serait conduit au milieu de la place publique de la ville où siége le tribunal criminel qui l'aurait jugé ; que le greffier du tribunal lui adresserait ces mots à haute voix : « *Votre pays vous a trouvé convaincu d'une action infâme ; la loi et le tribunal vous dégradent de la qualité de citoyen français.* » — Le condamné devait ensuite être mis au carcan et y rester exposé pendant deux heures ; sur un écriteau devaient être tracés en gros caractères ses noms, son domicile, sa profession, le crime qu'il avait commis et le jugement rendu contre lui.

3. — Si le coupable du crime auquel la loi attachait la peine de la dégradation civique était une femme ou une fille, ou un étranger, ou un Français déjà repris de justice, et, par conséquent, déjà déchu du droit de citoyen, le jugement ne le condamnait pas à cette peine, mais simplement à celle du carcan ; et, lorsqu'il était conduit sur la place publique, le greffier ne lui adressait que ces mots : « Le pays vous a trouvé convaincu d'une action infâme. » — Merlin, *Rép.*, v° *Dégradation civique.*

4. — Aujourd'hui aucun signe ne vient révéler au dehors la dégradation civique ; elle prend sa source dans le jugement même de condamnation ; c'est le prononcé de ce jugement qui la constitue. — Chauveau et Hélie, *Th. C. pén.*, t. 1er, p. 162 ; Morin, *ubi suprà.*

5. — Elle est encourue du jour où la condamnation est devenue définitive, et ce n'est qu'en cas de condamnation par contumace qu'elle n'est encourue qu'à partir du jour de l'exposition par effigie. — *Cass.*, 13 oct. 1842 (t. 1er 1843, p. 169), Couret.

6. — Il suit de là que le ministère public n'a point (hors le cas de l'emprisonnement accessoire. — V. *infrà* nos 8, 21 et suiv.) à s'occuper de l'exécution de la dégradation civique ; il devrait, dès-lors, se borner à informer de la condamnation, quand elle est définitive, l'autorité supérieure de laquelle dépendrait le condamné, soit comme fonctionnaire, employé, préposé, garde national, militaire, marin, etc., ou le préfet du département dans lequel il exercerait des droits électoraux, ferait partie du jury, etc. etc. — Ch. Berriat Saint-Prix, *De l'exécution des jugemens et arrêts et des peines en mat. crim., correct. et de police*, p. 53, n° 81.

7. — Le législateur de 1832 a aggravé la peine de la dégradation civique ; ainsi, aux incapacités déjà établies par le Code de 1810, il a ajouté la privation de certains droits et a complété la nomenclature de quelques autres sur lesquels ne s'expliquaient suffisamment ni l'ancien art. 34 ni l'art. 28 aujourd'hui abrogé. — Ce sont : le droit de vote, d'élection, d'éligibilité, et en général tous les droits civiques et politiques, et de porter aucune décoration ; — le droit de faire partie d'aucun conseil de famille et d'être conseil judiciaire ; — le droit de faire partie de la garde nationale, de tenir école, ou d'enseigner et d'être employé dans aucun établissement d'instruction à titre de professeur, maître ou surveillant.

8. — Outre ces incapacités, la loi de 1832 a ajouté à la dégradation civique un emprisonnement que la cour d'assises a la faculté de prononcer, et qui ne peut excéder cinq ans. — C. pén., art. 35. — V. *infrà* nos 21 et suiv.

9. — Enfin, la dégradation civique a été rendue applicable à un plus grand nombre de cas. — C'est avec ces modifications qu'elle a été substituée à la peine principale du carcan. — V. CARCAN.

10. — On a reproché à cette peine son caractère de perpétuité ; on lui a reproché également d'être en désaccord, dans la plupart de ses dispositions, avec les crimes pour lesquels elle est encourue. Ainsi, pourquoi priver des droits de famille ou de chasse le magistrat qui s'est immiscé dans un pouvoir étranger à ses attributions (C. pén., art. 127), du droit de servir dans l'armée ou de tenir école les fonctionnaires qui, de concert, ont donné leur démission, etc. ? — N'eût-il pas été plus rationnel de permettre au juge de décomposer l'ensemble des incapacités qui constituent la peine pour n'appliquer à chaque crime que celles d'entre elles qui auraient avec lui le plus de rapports ? C'est, du reste, ce que permet le Code de la Louisiane. — Chauveau et Hélie, *Th. C. pén.*, t. 1er, p. 163 et suiv.

11. — La privation des droits politiques peut, à l'égard de certaines personnes, revêtir un assez haut degré de gravité, car chaque jour leur exercice acquiert plus d'importance ; mais il est nécessaire de mettre dans son application beaucoup de circonspection pour que cette peine ne puisse jamais devenir un auxiliaire des partis dans les luttes politiques. — Duvergier, *Codes crim. annotés*, sous l'art. 34, C. pén., n° 2.

12. — L'interdiction des droits civils rationnellement appliquée peut produire de bons effets ; évidemment le faussaire, le voleur sont inaptes à être tuteurs, membres d'un conseil de famille, etc. ; les critiques qu'en ont faites MM. Rossi (*Tr. de dr. pén.*, t. 3, p. 208), et Bérenger (au conseil d'état) s'adressent moins à la peine en elle-même qu'aux applications vicieuses qui en ont été faites. — Duvergier, *ibid.*, n° 3.

13. — L'incapacité de déposer en justice était déjà consacrée contre les repris de justice par notre ancien droit, qui, en ce point, n'avait fait que suivre la doctrine romaine. — L. 3, § 5, ff., *De testam.* ; — Muyart de Vouglans, p. 787. — Carnot (*C. pén.*, art. 28, n° 5) voudrait l'étendre même aux simples renseignemens que les condamnés pourraient être appelés à donner ; il y a exagération dans cette proposition : la justice ne doit raisonnablement point se priver des lumières qu'un malfaiteur peut posséder seul et que peut-être il n'a aucun intérêt à dissimuler : d'ailleurs, avertis de ses antécédens, les juges peuvent se tenir en garde contre ses déclarations et les apprécier à leur juste valeur. — C'est cette doctrine que concourent à consacrer l'art. 269, C. inst. crim., qui ne limite aucunement à cet égard le pouvoir discrétionnaire des présidens d'assises, et la jurisprudence de la cour de Cassation, d'après laquelle l'audition en qualité de témoin, et sous la foi du serment, d'un individu précédemment condamné à des peines afflictives et infamantes n'est pas un vice irritant dont puisse résulter la nullité de la procédure, s'il n'y a eu opposition ni de la part de l'accusé ni du ministère public. — V. not. *Cass.*, 18 nov. 1819, Kerleu ; 22 janv. 1825, Paris ; — Merlin, *Quest.*, v° *Témoin judiciaire*, § 9 ; Chauveau et Hélie, *Th. C. pén.*, t. 1er, p. 168 ; Duvergier, *C. crim. annotés*, art. 34, C. pén., n° 4. — V. néanmoins Legraverend (t. 2, ch. 6, sect. 7, p. 283, note 4e), qui paraît pencher pour l'avis de Carnot.

14. — Le droit de port d'armes est tout à la fois un droit naturel à l'homme et un droit civil appartenant à tous les citoyens. — Les restrictions établies anciennement par les édits d'août 1561, du 4 déc. 1679 et du 18 juill. 1716, ont dû disparaître avec les priviléges abolis le 4 août 1789 ; reconnu formellement par la loi du 30 avr. 1790 (art. 15), et virtuellement par l'art. 34, C. pén., le droit de porter des armes existe pour tous ceux à qui une disposition spéciale soit législative soit judiciaire ne l'a pas interdit. — Ces interdictions, peu nombreuses, ont toutes pour cause des motifs de sûreté ou de sécurité publiques : elles concernent notamment les gens sans aveu et les vagabonds (décr. 20 août 1789), ou s'appliquent soit aux armes de guerre (L. 24 mai 1834), soit aux armes dites *prohibées*. — C. pén., art. 314 ; ord. 23 fév. 1837. — Les restrictions apportées au port d'armes de chasse se fondent uniquement sur un intérêt fiscal, elles sont consacrées par le décr. du 4 mai 1812, remplacé aujourd'hui par la loi sur la chasse du 3 mai 1845.

15. — L'exclusion de la garde nationale prononcée explicitement par l'art. 34, C. pén., résultait déjà virtuellement de l'art. 13, L. 22 mars 1831, ainsi conçu : « ... Sont exclus de la garde nationale : 1° les condamnés à des peines afflictives et infamantes ; — 2° les condamnés en police correctionnelle pour vol, escroquerie, pour banqueroute simple, abus de confiance, pour soustraction commise par des dépositaires publics et pour attentats aux mœurs, prévus par les art. 331 et 334, C. pén. ; — 3° les vagabonds et gens sans aveu déclarés tels par jugement. »

16. — L'incapacité de servir dans les armées françaises a été également consacrée par l'art. 2, L. 21 mars 1832, sur le recrutement.

17. — Quant au droit de tenir école ou d'enseigner et d'être employé dans aucun établissement d'instruction à titre de professeur, maître ou surveillant, la privation prononcée par le Code pénal en a été renouvelée par l'art. 5, L. 28 juin 1833, sur l'instruction primaire.

18. — Toutes les incapacités encourues par le condamné en vertu de l'art. 34, cessent de plein droit à partir du jour de sa grace ou de sa réhabilitation : c'est la décision formelle de l'art. 633, C. inst. crim. — Ch. Berriat Saint-Prix, *De l'exécution des jugemens et arrêts et des peines en matière crim.*, n° 81, p. 53.

19. — Le plus souvent, la dégradation civique constitue une peine accessoire, car elle se joint nécessairement aux travaux forcés à temps, à la détention, à la réclusion ou au bannissement. — C. pén., art. 28.

20. — Quelquefois, cependant, elle est prononcée comme peine principale.

21. — Dans ce cas, elle peut, d'après l'art. 35, être accompagnée d'un emprisonnement dont la durée, fixée par l'arrêt de condamnation, ne doit pas excéder cinq ans.

22. — La peine de l'emprisonnement étant facultative et n'ayant pas de *minimum*, le juge a le double choix de l'appliquer ou de la répudier, et de l'abaisser, s'il le veut, jusqu'au taux des peines de police. — Chauveau et Hélie, t. 1er, p. 175.

23. — « Cet emprisonnement facultatif, a dit M. Dumon, rapporteur de la loi à la chambre des députés, pour expliquer le but de la disposition, a pour objet d'atteindre les coupables trop peu punis par les incapacités : la dégradation et l'exclusion de tous emplois publics sont une peine très grave dans certaines positions ; mais ce n'est qu'une peine nominale dans des situations moins élevées. L'emprisonnement accessoire frappera ceux que la peine principale n'aurait pas frappés. » — Chauveau, *C. pén. progr.*, art. 35.

24. — Le vague ou plutôt l'arbitraire de cette peine a cependant été justement critiqué : « Avec une pareille latitude, dit M. Alauzet (*Essai sur les peines*, p. 66), c'est le juge, à proprement parler, qui fait la loi ; il l'appliquera quand il voudra et comme il le voudra ; car il n'est pas possible d'apercevoir la fixation d'un minimum et d'un maximum dans une disposition qui permet de prononcer facultativement un jour et cinq ans : il faudrait évidemment quelque chose de mieux dé-

fini. » — V. aussi Chauveau et Hélie, *Th. du C. pén.*, t. 1er, p. 173.

25. — « Si le coupable est un étranger, porte le deuxième paragraphe de l'art. 35, ou un Français ayant perdu la qualité de citoyen, la peine de l'emprisonnement devra toujours être prononcée. » — Ce paragraphe diffère du premier en ce que la peine est ici obligatoire et non facultative; seulement elle reste toujours illimitée quant au minimum.

26. — Cette disposition est rationnelle; car quelle application aurait pu avoir la dégradation civique sur des étrangers ou des Français ayant perdu cette qualité? — M. Gaillard de Kerbertin avait proposé de substituer, dans ce cas, la peine du bannissement, et non celle de l'emprisonnement, à la dégradation civique; il faisait remarquer qu'il résultait de la disposition proposée cette conséquence choquante qu'un Français jouissant de ses droits devait toujours subir une peine infamante à laquelle pouvait se joindre l'emprisonnement, tandis que l'étranger qui, violant les lois de l'hospitalité, est peut-être plus coupable, ne subit jamais que la peine simplement correctionnelle de l'emprisonnement. — Mais l'amendement a été repoussé : on a répondu que l'emprisonnement accessoire remédiait à l'inégalité qui résulte de la nationalité, comme il remédie à l'inégalité qui résulte de la situation morale, et que cette peine serait même plus réelle que le bannissement; car bannir un étranger, qu'est-ce autre chose que le renvoyer chez lui? — Chauveau, *C. pén. progr.*, art. 35.

27. — Les faits auxquels le Code pénal applique la dégradation civique comme peine principale sont prévus : 1° par l'art. 111 (V. ÉLECTIONS); 2° par l'art. 114 (V. ATTENTAT À LA LIBERTÉ, nos 19 et suiv.); 3° par l'art. 119 (même mot, nos 56 et suiv.); 4° par l'art. 121 (V. même mot, no 82, FONCTIONNAIRE PUBLIC et MINISTÈRE PUBLIC); 5° par l'art. 126 (V. COALITION DE FONCTIONNAIRES, no 22); 6° par l'art. 127 (V. FORFAITURE); 7° par l'art. 130 (V. FONCTIONNAIRE PUBLIC); 8° par l'art. 143 (V. CONTREFACTION DES SCEAUX, TIMBRES ET POINÇONS DE L'ÉTAT); 9° par l'art. 167 (V. FORFAITURE); 10° par les art. 177 et 183 (V. CORRUPTION DE FONCTIONNAIRES et FORFAITURE); 11° par l'art. 228 (V. BLESSURES ET COUPS); 12° par l'art. 263 (V. CULTE); 13° par les art. 362 et 365 (V. FAUX TÉMOIGNAGE et SUBORNATION DE TÉMOINS); 14° par l'art. 366 (V. SERMENT).

28. — L'art. 35 avait, dans le Code de 1810, pour but de fixer le jour à compter duquel devait se compter la durée du bannissement (c'était de celui où l'arrêt était devenu irrévocable). — Mais cette disposition devenant inutile par suite de la nouvelle rédaction de l'art. 23, C. pén., qui fixe le point de départ de toutes les peines et par conséquent de celle du bannissement, les prescriptions actuelles ont été substituées à l'ancien art. 35.

29. — Que la dégradation civique soit considérée comme peine accessoire ou comme peine principale, sa durée est perpétuelle et constitue pour le condamné qui l'a encourue un état permanent. — Morin, *Dict. de dr. crim.*, vo *Peines*, p. 576; Boitard, *C. pén.*, p. 181; Berriat Saint-Prix, *De l'exécution des jugemens et arrêts et des peines en matière criminelle*, p. 53, no 81.

30. — En conséquence, la cour d'assises ne pourrait, en condamnant l'accusé à cinq ans de réclusion, limiter la durée de la dégradation civique à celle de la réclusion. — *Cass.*, 24 mars 1836, Parseille; 21 avr. 1836, Philippon; 31 mars 1842 (t. 2 1846, p. 47), Brunel; 9 avr. 1842 (t. 2 1846, p. 47), Michel.

31. — Il suit de là encore que la dégradation civique est imprescriptible. — Berriat Saint-Prix, *loco cit.*

32. — Du reste, comme peine principale, la dégradation civique est bien rarement appliquée; il résulte, en effet, d'un relevé fait sur les comptes annuels de justice criminelle que depuis l'année 1825 jusqu'à 1843, c'est-à-dire en dix-sept ans, elle n'a été prononcée que dix-huit fois. — Berriat Saint-Prix, no 81, note 2e.

33. — Tous les arrêts qui portent la peine de la dégradation civique doivent être imprimés par extrait et être affichés dans la ville centrale du département, dans celle où l'arrêt a été rendu, dans la commune du lieu où le délit a été commis, dans celle où se fait l'exécution, et dans celle du domicile du condamné. — C. pén., art. 36.

34. — Il est inutile de dire que, par la dégradation civique, le condamné n'encourt pas la mort civile, mais seulement la privation des droits spécialement et limitativement déterminés par l'art. 34 précité.

V. CITOYEN FRANÇAIS, DROITS CIVILS, DROITS POLITIQUES, ÉTRANGER, GRACE.

DÉGRADATION MILITAIRE.

V. DÉGRADATION (peine). — V. aussi TRIBUNAUX MILITAIRES.

DÉGRADATION DE MONUMENS.

V. DESTRUCTION DÉGRADATION ET DOMMAGES.

DÉGRADATION DES MONUMENS ET OBJETS D'UTILITÉ OU D'ORNEMENT PUBLICS.

1. — Le fait dont il est ici question, et que la loi a rangé sous la section relative aux manquemens *envers l'autorité publique*, est l'action volontaire de *détruire, abattre, mutiler* ou *détériorer* d'une manière quelconque des monumens, statues et autres objets destinés à l'*utilité* ou *à la décoration publique*, et élevés par l'autorité publique ou avec son autorisation.

2. — La loi du 6 juin 1793 punissait de deux ans de fers quiconque aurait dégradé les *monumens des arts dépendant des propriétés nationales*.

3. — Cette disposition est aujourd'hui remplacée par l'art. 257, C. pén., ainsi conçu : « Quiconque aura détruit, abattu, mutilé ou dégradé des monumens, statues ou autres objets destinés *à l'utilité ou à la décoration publique*, et élevés par l'autorité publique, ou avec son autorisation, sera puni d'un emprisonnement d'un mois à deux ans et d'une amende de 100 francs à 500 francs.

4. — Le fait dont il s'agit ici est, comme on le voit, un simple délit : mais le délit se changerait en crime s'il empruntait les caractères prévus par les art. 95, 96 et 434, C. pén. — V. BANDES ARMÉES, CRIMES CONTRE LA SURETÉ DE L'ÉTAT, INCENDIE.

5. — Le rapport fait au corps législatif fait connaître l'intention du législateur et le but qu'il s'est proposé par l'art. 437. Nous croyons utile d'en citer quelques expressions :

6. — « Les monumens destinés à *l'utilité et à la décoration publiques*, disait le rapporteur, sont sous la sauve-garde de tous les citoyens; ils sont l'embellissement de leurs villes; ils rappellent la grandeur des peuples qui nous ont précédés, les grands talens de leurs artistes, la magnificence de leurs souverains; ils appartiennent aux siècles futurs comme aux temps présens, et ils sont la propriété de tous les âges. Ceux qui sont créés de nos jours doivent nous être plus chers encore; ils attesteront à nos successeurs les faits glorieux du plus grand des monarques, et serviront à en éterniser la mémoire. Mais quand les nombreuses cités qui composent ce vaste empire s'empressent à l'envi de transmettre à la postérité par des monumens pompeux leurs sentimens d'amour et d'admiration pour sa personne auguste et sacrée; quand nos artistes, animés par son génie, rivalisent avec les anciens pour éterniser son grand nom, la loi ne peut rester muette, elle doit déployer sa sévérité contre les sacriléges mains qui oseraient mutiler, dégrader ou détruire ces belles créations du génie, défendre avec le même soin les restes précieux de l'antiquité et les produits des temps modernes, et empêcher que le vandalisme qui a si long-temps souillé nos contrées y rapporte encore ses ravages. »

7. — De ces explications il résulte évidemment que l'art. 257 a pour objet dominant l'intérêt de l'art; et MM. Chauveau et Hélie font remarquer (*Th. C. pén.*, t. 4, p. 494) que, s'il faut comprendre dans cette protection toutes les œuvres d'art, quelles qu'elles soient, servant à la décoration des cités, et qui deviennent, dès-lors, une propriété publique, il faut en écarter tous les monumens, toutes les constructions qui n'ont pas ce caractère.

8. — Ainsi, dit M. Morin (*Dict. dr. crim.*, vo *Monumens*), chaque fois que l'intérêt de l'art dominera l'intérêt matériel de conservation, quel que soit le mode de destruction ou de dégradation, il y aura lieu à l'application de l'art. 257; chaque fois, au contraire, que l'intérêt matériel de conservation sera seul en cause ou dominera l'intérêt de l'art, cet article sera inapplicable.

9. — Ajoutons, néanmoins, que le texte même de l'art. 257 indique qu'il a également pour but de protéger les monumens et objets qui, sans être précisément des objets d'art et de décoration, auraient un but d'*utilité publique*.

10. — A cet égard, la cour de Cassation a décidé que le fait d'avoir enlevé de la porte d'une prison *une guérite* dont une vitre s'est brisée dans le transport, ne constitue pas le délit prévu par l'art. 257, C. pén. (attendu qu'on ne peut « sous prétexte qu'une guérite est destinée à mettre une sentinelle à l'abri des injures du temps, la ranger dans la classe *des objets d'utilité publique élevés par l'autorité publique*, dont parle ledit article). » — *Cass.*, 22 mai 1818, jeunes gens de Vitré; — Chauveau et Hélie, *loc. cit.*; Carnot, sur l'art. 257, no 8.

11. — Elle a également refusé de faire rentrer dans la disposition protectrice de l'art. 257 des jalons placés momentanément par l'administration des ponts et chaussées sur un terrain particulier, dans le but d'arriver au redressement d'une route royale. — *Cass.*, 4 mars 1818, Mayet.

12. — De même, on ne peut assimiler au délit de dégradation de monumens prévu par l'art. 257, C. pén., le fait de l'individu qui, pour sortir d'une chambre appartenant à une commune où il était illégalement détenu, a détaché une planche servant de clôture à un grenier, par lequel il s'est évadé. — *Poitiers*, 2 janv. 1832, Picault.

13. — En effet, un édifice ne peut pas être considéré comme un *monument*, par cela seul qu'il appartient à une commune. Il faut faire une distinction entre les objets destinés à l'utilité ou à la décoration publiques, élevés par l'autorité publique, et les propriétés simplement communales. Une fontaine, un portique, une tour, etc., peuvent constituer un monument dans le sens de la loi, tandis que les chambres d'une maison appartenant à la commune n'ont d'autre caractère que celui d'une propriété privée quoique communale.

14. — Le projet primitif de l'art. 257 ne contenait pas les mots *et autres objets* qui suivent ceux « *monumens et statues.* » La commission du corps législatif fit observer « qu'il est une espèce de monumens qui ne sont pas indiqués dans l'article : des raisons faciles à saisir semblent devoir permettre de l'y rappeler, parce que leur destruction et mutilation peut nuire à la tranquillité publique lorsque le gouvernement ou ses agens en ont autorisé l'exécution. Tels sont les croix, les oratoires et autres objets de vénération religieuse commis à l'extérieur des temples sur les places et routes par les communes. La protection qui leur serait accordée ne nuirait en rien à la liberté des cultes; confiés à la foi publique, érigés avec autorisation, leur mutilation ou destruction peut entrer, sans inconvénient, dans un article qui a pour objet une protection spéciale pour tout ce qui porte le caractère de monument. »

15. — La commission allait même jusqu'à proposer une disposition formelle qui mentionnait spécialement : « *Les signes et objets de culte érigés à l'extérieur des temples avec autorisation.* » Mais le conseil d'état a préféré ajouter un terme plus général en se servant des mots *autres objets*, etc.

16. — La cour de Douai a reconnu que l'art. 257 est applicable au cas de déplacement d'une croix ayant un caractère de monument religieux. — *Douai*, 10 août 1839 (t. 2 1839, p. 305), Coquel.

17. — On jugeait sous le Code du 3 brum. an IV et la loi du 26 sept.-6 oct. 1791, que le fait d'avoir, à la tête d'un attroupement, renversé les décorations du temple décadaire, de les avoir ensuite livrées aux flammes, d'avoir renversé et culbuté les bancs destinés aux autorités constituées dans le même temple, n'était pas une simple voie de fait de la compétence du tribunal de simple police, mais un délit correctionnel aux termes de l'art. 39, sect. 2e, tit. 2, part. 1re de ladite loi. — *Cass.*, 28 prair. an VIII, Lapanne.

18. — La loi du 20 avr. 1825 (sur le sacrilége) avait ajouté, en ce qui concerne les objets consacrés à la religion de l'état, une pénalité nouvelle à celle édictée par l'art. 257. L'art. 14 disait que dans les cas prévus par l'art. 257, C. pén., si les monumens, statues, ou autres objets détruits, abattus, mutilés ou dégradés, étaient consacrés à la religion de l'état, le coupable serait puni d'un emprisonnement de six mois à deux ans, et d'une amende de 200 à 2,000 fr., et que la peine serait d'un an à cinq ans d'emprisonnement, et de 1,000 à 5,000 fr. d'amende, si le délit avait été commis dans l'intérieur d'un édifice consacré à la religion de l'état. — En outre, l'art. 15 écartait l'application de l'art. 463 (sur les circonstances atténuantes) au délit prévu par l'art. 14; — et l'art. 16 écartait les dispositions de ce dernier article aux délits commis dans les édifices consacrés aux cultes généralement reconnus en France. — On sait que la loi de 1825 a été abrogée par celle du 11 oct. 1830. — V. SACRILÉGE. — L'art. 257 a donc retrouvé son application primitive.

19. — On a jugé sous cette loi (de 1825) que, si la destruction d'une cloche d'église qui n'était pas consacrée *exclusivement* à un usage religieux, mais qui était employée à divers usages civils, ne constituait pas le délit qu'elle prévoit, elle rentrait dans les prévisions de l'art. 257, C. pén. — *Cass.*, 1er avr. 1826, Simonin.

20. — Ainsi qu'on l'a vu plus haut, il est indis-

pensable, pour que l'art. 257 trouve son application, que le monument ou l'objet d'art ait été élevé *par l'autorité publique ou avec son autorisation.*

21. — La première rédaction de l'art. 257 ne comprenait dans ses termes que *les monumens élevés par l'autorité du gouvernement ou des administrations départementales ou municipales.* Au conseil d'état, on fit observer que cette disposition devait être étendue généralement à tous les monumens élevés par des corporations autorisées, telles, par exemple, que les bourses de commerce. — Cambacérès ajouta qu'elle devait être en outre appliquée aux monumens que les particuliers élèvent *avec l'autorisation du gouvernement.* La première rédaction proposée fut, en conséquence, remplacée par celle-ci : *élevés par l'autorité publique ou avec son autorisation.* — Procès-verbaux du cons. d'état, séance du 19 août 1809.

22. — Ainsi, bien qu'une croix ait le caractère d'un monument religieux, celui qui l'a déplacée de dessus sa propriété, où elle n'avait été élevée *ni par l'autorité publique ni avec son autorisation*, ne peut être passible des peines portées par l'art. 257, C. pén. — *Douai*, 10 août 1839 (t. 2 1839, p. 305), Coquet.

23. — On voit donc que l'art. 257 ne s'occupe nullement des monumens élevés par des particuliers sans autorisation. — Cambacérès ayant proposé au conseil d'état de réserver l'action en dommages-intérêts au cas de destruction ou de mutilation de ces monumens privés, M. Berlier fit observer que, les réparations civiles étant de droit commun pour tous les dommages causés par délit ou autrement, cette réserve était dès-lors inutile. — V. au surplus DESTRUCTION D'ÉDIFICES ET CONSTRUCTIONS.

24. — Il ne faut pas non plus étendre l'art. 257 aux édifices élevés par les particuliers même avec l'autorisation du gouvernement, mais sans intention de les faire servir à l'utilité et à la décoration publique. — A plus forte raison doit-on en dire autant des monumens construits dans l'intérieur des maisons. — Carnot, sur l'art. 257, nos 5 et 6.

25. — Une condition indispensable pour que le fait de destruction, dont il est ici question, ait le caractère de criminalité prévu par l'art. 257, c'est qu'il ait été commis à dessein, c'est-à-dire avec une méchante intention. — Carnot, n° 3.

26. — Ainsi, un accident, une maladresse, une imprudence, ne pourraient donner lieu qu'à une action civile en dommages-intérêts.

27. — Et la cour de Douai, par un arrêt déjà cité, a reconnu ce principe en jugeant que la translation d'une croix du milieu d'un champ, *sans mauvais dessein, et dans le but seulement de mettre sa récolte à l'abri de l'invasion à laquelle elle était livrée à l'occasion de pèlerinages religieux*, ne constitue pas le délit puni par l'art. 257, C. pén. — *Douai*, 10 août 1839 (t. 2 1839, p. 305), Coquet.

28. — Un autre élément du délit prévu par l'art. 257, C. pén., c'est qu'il y ait destruction, abattage, mutilation ou dégradation. — Mais la tentative légale n'équivaudrait pas au fait lui-même. — C'est d'ailleurs ce qui, dans l'absence de toute disposition spéciale, résulte du caractère même du fait incriminé et de l'art. 3 C. pén. — V. TENTATIVE.

29. — S'il s'agissait de dégradation des signes publics de l'autorité royale, opérée en haine ou au mépris de cette autorité, le délit sortirait de l'application de l'art. 257 pour rentrer dans celle de l'art. 5, L. 17 mai 1819, et de l'art. 9, L. 25 mars 1822. — V. SIGNES DE L'AUTORITÉ ROYALE.

DÉGRAISSEURS.

1. — Patentables de septième classe. — Droit fixe basé sur la population, et droit proportionnel du quarantième de la valeur locative de tous les locaux des patentables, mais seulement dans les communes d'une population de 20,000 âmes et au-dessus. — V. PATENTE.

2. — Quant aux établissemens des dégraisseurs-teinturiers, ils présentent très peu d'inconvéniens, et ne sont, par suite, rangés que dans la troisième classe des établissemens insalubres. — V. ÉTABLISSEMENS INSALUBRES (nomenclature).

DÉGRAS (Fabrique de).

Les fabriques de dégras ou huile épaisse à l'usage des tanneurs, exhalant une odeur très désagréable et présentant des dangers d'incendie, sont rangées dans la première classe des établissemens insalubres. — V. ÉTABLISSEMENS INSALUBRES (nomenclature).

DEGRÉS DE JURIDICTION.

Table alphabétique.

DEGRÉS DE JURIDICTION. — 1. — Ces mots servent à exprimer l'ordre hiérarchique des tribunaux devant lesquels on peut porter successivement la même affaire. — En effet, la connaissance d'une affaire n'est pas toujours confiée à un seul tribunal; au contraire, les parties peuvent en général soumettre la décision d'un premier tribunal à l'examen d'un autre, d'un rang plus élevé, qui est appelé à confirmer ou à infirmer sa décision. — V. Berriat, t. 1er, p. 10.

CHAPITRE Ier. — *Historique.*

2. — On comptait jadis en France trois classes de tribunaux ordinaires : les justices seigneuriales ou prévôtés, les bailliages ou sénéchaussées, et les parlemens. — V. BAILLIAGE, JUSTICE SEIGNEURIALE, PARLEMENS, PRÉVOTÉ.

3. — Ces tribunaux formaient trois degrés de juridiction; mais dans quelques provinces on en comptait jusqu'à cinq, parce que les justices seigneuriales s'y divisaient en basses, moyennes et hautes. — Loyseau compte même jusqu'à six degrés dans quelques lieux. — V. *Tr. de l'abus des just. de village*, p. 7, 16, etc...

4. — Cette multiplicité des degrés de juridiction avait de tels inconvéniens, que nos rois tentèrent, à différentes époques, d'y porter remède; mais les réformes qu'ils essayèrent furent toujours timides et incomplètes, à cause du principe de la patrimonialité des justices seigneuriales auquel on ne voulait porter aucune atteinte.

5. — L'anéantissement du régime féodal et les changemens fondamentaux introduits dans l'organisation judiciaire de la France, en 1789 et 1790, permirent au législateur de réduire à deux le nombre des degrés de juridiction. — L. 1er mai 1790.

6. — Encore ce ne fut qu'après une vive et longue discussion que le principe des deux degrés l'emporta. — V. APPEL. — Comme on ne voulait pas de tribunaux supérieurs les uns aux autres, on avait proposé de proscrire l'institution de l'appel; l'assemblée constituante n'y voulut pas consentir, et adopta un système dont nous n'avons pas à nous occuper ici, mais qui consistait à permettre, dans certains cas, de soumettre une affaire jugée en premier ressort à une seconde juridiction dont les décisions étaient également soumises à l'appréciation d'un tribunal de même degré.

7. — Que cette combinaison ait été assez mal accueillie et ait donné lieu à d'inextricables difficultés, c'est ce qui importe peu; nous avons seulement à constater que la loi du 1er mai 1790 avait restreint à deux le nombre des degrés que pouvait parcourir la même affaire, avant de recevoir une décision définitive.

8. — Il y avait, du reste, un grand nombre d'affaires qui, à raison de leur nature ou de leur faible importance, n'étaient pas soumises à l'appel, et qui étaient jugées par le tribunal compétent en premier et dernier ressort.

9. — Tels sont encore les principes sous l'empire desquels nous vivons aujourd'hui, et il n'y a été porté aucune atteinte par l'institution de la cour de Cassation, car la mission de ce tribunal suprême ne consistant pas à juger le fond des affaires qui lui sont déférées, il en résulte qu'il ne forme pas un troisième degré de juridiction. — V. CASSATION, COUR DE CASSATION.

10. — Des considérations qui précèdent il suit que les tribunaux sont tous appelés, selon les circonstances, à juger soit en premier soit en dernier ressort. — V. COMPÉTENCE.

11. — C'est la loi même qui a fixé les conditions suivant lesquelles il est permis de parcourir les deux degrés de juridiction.

12. — Ces conditions se réduisent à deux principales, qui ne sont pas exigées ensemble, mais au contraire s'appliquent isolément : — 1º l'importance pécuniaire du litige; — 2º la faveur de la cause même, sa nature spéciale.

13. — Lorsque l'on se trouve en dehors de ces conditions, le procès ne subit qu'un seul jugement, qui est appelé *jugement en premier et dernier ressort*. — Dans le cas contraire, le premier tribunal ne statue qu'en *premier ressort*, et le second est appelé à juger en *dernier ressort*.

14. — En pareille matière, le principe est en faveur du recours à l'appel. Ainsi, à moins que la cause ne soit expressément, à raison des circonstances, dans la catégorie de celles qui doivent être jugées souverainement par le tribunal du premier degré, elle est susceptible d'appel, et le jugement de première instance peut être déféré à la cour. — V. APPEL.

15. — Ce principe est applicable non seulement aux matières de la compétence des tribunaux civils d'arrondissement, mais encore à celles placées dans les attributions spéciales des juges de paix et des tribunaux de commerce. — V. COMPÉTENCE COMMERCIALE, JUSTICE DE PAIX.

16. — Il régit les tribunaux administratifs de même que les tribunaux civils. — V. CONSEIL DE PRÉFECTURE, CONSEIL D'ÉTAT, TRIBUNAUX ADMINISTRATIFS.

17. — Enfin, il doit encore être suivi en matière correctionnelle ou de simple police. Les affaires *de grand criminel*, soumises aux cours d'assises ou à des juridictions spéciales, sont seules affranchies d'une manière absolue du double degré de juridiction. — V. COMPÉTENCE CRIMINELLE, COUR D'ASSISES, COUR DES PAIRS, TRIBUNAL CORRECTIONNEL, TRIBUNAL DE SIMPLE POLICE, TRIBUNAUX SPÉCIAUX.

18. — Le principe des deux degrés de juridiction est considéré comme d'ordre public. — Les parties peuvent, en général, s'en prévaloir en tout état de cause, et sa violation constitue un moyen de cassation. — V. CASSATION.

19. — Les limites du dernier ressort se sont modifiées, selon les époques, bien que le principe restât le même. — La dépréciation des signes monétaires a rendu l'appel plus difficile dans les causes où l'on considérait uniquement la valeur du litige pour fixer le ressort. — La faveur de la liberté a, en sens inverse, rendu susceptibles de deux degrés de juridiction des procès que leur importance pécuniaire aurait fait restreindre à un seul degré.

20. — De là naît une difficulté assez grave, pour classer dans un ordre méthodique des décisions qui, d'une époque à l'autre, se contredisent absolument. — On présentera, en conséquence, d'un côté les règles arbitraires que le législateur modifie selon le besoin du temps, et de l'autre les principes généraux qui s'appliquent à la loi d'hier, comme à la loi d'aujourd'hui.

CHAPITRE II. — *Compétence des tribunaux en premier et dernier ressort.*

21. — Quoique l'appel soit de droit commun, et que cette voie de recours soit généralement ouverte contre les erreurs des juges inférieurs, il y a cependant des affaires d'une importance si mince, comme le fait très bien observer Boncenne (*Théor. procéd.*, t. 1er, p. 92), « que l'objet du litige ne supporterait pas, sans être absorbé, le déchet inévitable des frais d'une seconde instruction et d'un second jugement. »

22. — C'est ce qu'avait déjà fait remarquer le député Thouret, dans la séance du 24 mars 1790. — « La compétence en premier et dernier ressort, disait-il, est fondée sur l'intérêt du plaideur, qui

DEGRÉS DE JURIDICTION, ch. 2, sect. 1re.
DEGRÉS DE JURIDICTION, ch. 2, sect. 1re.

n'a rien gagné réellement, même en gagnant sa cause, lorsqu'il a plaidé par appel pour un petit intérêt, s'il calcule ce qu'il lui en a coûté en perte de temps, en dépenses de déplacement et en faux frais de procédure. C'est protéger l'intérêt particulier que de refuser l'appel dans tous cas où, par la modicité de l'objet en litige, son avantage n'est qu'illusoire quand il n'est pas ruineux ; et plus on donne de latitude à cette base de l'organisation judiciaire, plus il devient facile d'en simplifier le système général. »

23. — Aussi la loi a-t elle eu soin de déterminer les circonstances dans lesquelles un procès ne serait pas susceptible d'appel, et c'est d'après la nature de la cause ou la valeur de l'objet du litige, ainsi qu'il a été dit plus haut, qu'elle a fixé les limites du dernier ressort.

24. — Ces limites ont varié. — D'abord posées pour les matières civiles par la loi du 24 août 1790, elles ont été plus tard reculées par suite de changement survenu dans les signes monétaires, dans le but de faciliter l'expédition des affaires. Il faut, par conséquent, tenir compte des diverses phases de la législation pour bien apprécier la jurisprudence.

25. — Des considérations d'une autre nature ont fait attribuer aux cours royales la connaissance en premier et dernier ressort de certaines contestations qui peuvent être portées *de plano* devant elles, sans avoir subi l'épreuve du premier degré de juridiction. — V. COUR ROYALE.

26. — Telles sont : 1° les demandes nouvelles formées par le défendeur, et qui ne sont qu'une défense à l'action principale. — V. DEMANDE NOUVELLE.

27. — ... 2° Les demandes intentées par des officiers ministériels pour le paiement des frais par eux faits devant une cour royale. — V. COUR ROYALE, FRAIS ET DÉPENS.

28. — ... 3° Les interventions de la part de personnes qui auraient droit de former tierce opposition à l'arrêt à intervenir. — V. INTERVENTION.

29. — ... 4° Les tierces-oppositions formées devant un tribunal d'appel. — V. TIERCE-OPPOSITION.

30. — Mais les demandes en garantie ne peuvent être présentées pour la première fois en appel. — V. DEMANDE NOUVELLE, GARANTIE.

31. — ... 5° Les contestations sur lesquelles il a été rendu en première instance un jugement interlocutoire et infirmé par la cour, et qui sont en état d'être jugées au fond. — V. ÉVOCATION.

Sect. 1re. — *Juridiction civile.*

ART. 1er. — *Compétence en premier et dernier ressort à raison de la nature de la cause.*

32. — Le législateur a étendu, au profit des tribunaux civils d'arrondissement, la compétence en premier et dernier ressort, sans tenir compte de la somme en litige, dans quelques cas particuliers qu'avant tout il faut rappeler ici.

33. — Ainsi, la loi du 6 sept. 1790, tit. 14, art. 2, veut que les actions entre le trésor et les contribuables, relatives à la perception des impôts indirects, soient jugées en premier et dernier ressort par les tribunaux d'arrondissement. — Benech, *Trib. civ.*, p. 420. — V. CONTRIBUTIONS INDIRECTES, DOUANES.

34. — Ce principe est constant. — Toutefois il a été jugé qu'on ne peut considérer comme contestations relatives à la perception des impositions indirectes, pour apprécier, dans le sens des lois des 11 sept. 1790 et 5 vent. an XII (art. 88), si les tribunaux de première instance peuvent en connaître en dernier ressort, les actions qui n'ont d'autre objet qu'une déclaration d'exemption de droits. — *Pau*, 9 août 1839 (t. 1er 1840, p. 613), Laplace c. Contrib. indir.

35. — Jugé aussi que, bien qu'aux termes des lois des 22 frim. an VII, art. 65, et 5 vent. an XII, art. 88, les tribunaux de première instance soient tenus de juger en dernier ressort toutes les contestations qui existent entre la régie des contributions indirectes et les citoyens, sur la perception des droits établis, néanmoins le jugement est sujet à l'appel lorsqu'à ces conclusions se joint une demande en dommages-intérêts rentrant dans la limite du premier ressort, dont la cause est antérieure à la perception contestée, et résulte, par exemple, non de l'exercice suivi par les employés de la régie, mais de l'arrêté en vertu duquel l'exercice a eu lieu. — *Cass.*, 13 nov. 1839 (t. 1er 1840, p. 359), Anglade c. Contrib. indir. et ville de Toulouse.

36. — Par une consécration nouvelle du principe exceptionnel écrit dans la loi spéciale du 6 sept. 1790, la loi du 22 frim. an VII, art. 64 et 65, a décidé également que les contestations relatives à la perception des droits d'enregistrement seraient jugées, en premier et dernier ressort, par les tribunaux de première instance. — Boitard, *Procéd. civ.*, édit. 2e, t. 3. — V. ENREGISTREMENT.

37. — Jugé même que, lorsque, sur une poursuite formée par la régie de l'enregistrement pour dissimulation de prix dans un acte de vente à réméré, l'acquéreur a appelé le vendeur en garantie, le jugement rendu sur la demande de la régie et sur l'action en recours est en dernier ressort, même sur ce dernier chef, si les parties n'ont proposé aucun déclinatoire et ont adopté la marche suivie par la régie dans l'exercice de ses actions. — *Cass.*, 24 mars 1835, Despierres c. de Cairon et Rideray.

38. — Cependant il a été jugé que les tribunaux de première instance ne peuvent pas juger en dernier ressort les contestations relatives aux amendes prononcées par les cours criminelles spéciales, lorsqu'elles excèdent 1,000 fr. — *Cass.*, 10 juin 1806, Enregistr. c. Goumenault ; — Teste-Lebeau, *Dict. analyt. des arrêts d'enregistr.*, v° *Instance*, n° 28.

39. — ... Que le jugement rendu sur une demande en subrogation de poursuites de saisie mobilière formée par la régie de l'enregistrement doit être attaqué par la voie de l'appel et non par celle du recours en cassation, quand il s'agit d'une somme excédant 1,000 fr. — *Cass.*, 25 janv. 1815, Enregistr. c. Bour ; — Instr. de la régie du 5 juin 1837, art. 1537, n° 325 ; *Dict. des dr. d'enregistr.*, vis *Cassation*, n° 6, et *Instance*, § 2, n° 35.

40. — ... Enfin, que le jugement rendu sur des droits d'enregistrement, non pas seulement entre la régie et ses redevables, mais entre les particuliers poursuivis par elle et des tiers appelés en garantie, est susceptible d'appel, s'il s'agit d'une somme supérieure à 1,000 fr. — *Orléans*, 1er juin 1821, Brunet c. Marteau.

41. — L'exception relative à la perception des droits d'enregistrement ne s'applique pas aux affaires domaniales. Ainsi, l'on a constamment jugé que les affaires domaniales sont soumises aux deux degrés de juridiction ; que c'est donc par l'appel et non par le recours en cassation qu'on doit attaquer un jugement rendu en premier ressort. — *Cass.*, 10 flor. an XI, Domaine c. Barthez ; *Cass. belge*, 15 juin 1835, Domaine c. Delimborgh. — V. BIENS NATIONAUX, DOMAINE DE L'ÉTAT.

42. — ... Qu'en matière domaniale, il doit être interjeté appel d'un jugement, même qualifié en dernier ressort, lorsqu'il prononce sur un objet dont la valeur excède 1,000 fr. — *Cass.*, 6 juill. 1812, Enregistr. c. Baudoin.

43. — ... Que les demandes de la régie des domaines en paiement de revenus domaniaux supérieurs à 1,000 fr. sont susceptibles de subir deux degrés de juridiction. — *Cass.*, 23 mars 1808, Enregistr. c. Renaud et Lefèvre.

44. — ... Qu'il en est de même de la demande en paiement d'arrérages de rentes formée par la régie des domaines. — *Cass.*, 2 germ. an IX, Enregistr. c. Giquel ; 10 juill. 1813, Domaine c. Géhau-Chevalier.

45. — Mais les tribunaux de première instance jugent en dernier ressort les demandes de l'administration des domaines en recouvrement d'amendes et de frais pour délits forestiers ; en conséquence, l'administration ne peut appeler du jugement qui ordonne au profit d'un tiers revendiquant la restitution des meubles qu'elle a saisis sur un redevable. — *Besançon*, 3 juin 1809, Domaine c. Charrière.

46. — L'administration des domaines s'est longtemps obstinée à vouloir faire revenir la cour de Cassation sur sa jurisprudence ; sa prétention a toujours été repoussée par les tribunaux et par les auteurs.

47. — Ainsi, il a été jugé que les tribunaux de première instance ne peuvent juger en dernier ressort les oppositions à des contraintes décernées par la régie des domaines, non pour recouvrement d'impôts indirects, mais en paiement du prix d'un bail de biens d'émigré, si les sommes qu'elle réclame excèdent le taux ordinaire du premier ressort. — *Cass.*, 12 mess. an VIII, Blanchon c. les Domaines. — Lett. min. just., 4e complém. an IX ; — Merlin, *Quest.*, v° *Dernier ressort*, § 1er, n° 2 ; *Rép.*, v° *Domaine public* ; Berriat, t. 1er, p. 54 ; Pigeau, t. 1er, p. 523.

48. — ... Que les actions intentées par la régie des domaines en paiement des fermages d'un domaine national doivent subir deux degrés de juridiction, si ses fruits excèdent 1,000 fr. — *Cass.*, 4 germ. an IX, Enregistr. c. Jadot ; 13 (et non 15) mess. an IX, Enregistr. c. Goulet ; 18 prair. an X, Domaines c. Taillefer ; 15 mess. an XI, Valignot c. Enregistr. ; 22 niv. an XI, Montcharmant c. Enregistr. ; 19 vendém. an XII, Gombard. c. Régie des domaines ; 21 mess. an XIII, Enregistr. c. Rouquayrol.

49. — Jugé de même que la question de savoir si le fermier d'une ancienne abbaye devenue propriété nationale a payé valablement par anticipation aux religieux de cette abbaye des fermages s'élevant au-dessus de 1,000 fr., doit subir deux degrés de juridiction. — *Cass.*, 3 flor. an IX, Régie des Domaines c. Dawans.

50. — ... Que les tribunaux de première instance ne peuvent, en matière de vente de biens nationaux, prononcer en dernier ressort sur un objet mobilier de plus de 1,000 liv. — *Cass.*, 6 flor. an X, Domaine c. Verdier.

51. — ... Que la demande en paiement du reliquat du prix d'adjudication d'un bien national est susceptible d'appel, si son objet excède 1,000 fr. — *Cass.*, 28 oct. 1807, Dupont c. Domaine.

52. — ... Qu'un jugement qui prononce la déchéance d'un adjudicataire de biens nationaux dont la valeur s'élève à plus de 1,000 fr. ne peut être attaqué que par l'appel et non par la voie du recours en cassation. — *Cass.*, 16 avr. 1818, Enreg. c. Angevin.

53. — ... Que la demande formée par la régie des domaines en paiement de coupes de bois nationaux est susceptible de deux degrés de juridiction, si elle excède 1,000 fr. — *Cass.*, 9 juill. 1812, Enregistr. c. Baudoin.

54. — Lorsqu'il s'agit d'incompétence, l'appel est recevable, encore que le jugement ait été qualifié en dernier ressort. — C. procéd. civ., art. 454. — V. APPEL.

ART. 2. — *Compétence en premier et dernier ressort, à raison de la valeur de l'objet du litige.*

§ 1er. — 1re *période.* — *Loi du 16-24 août 1790.*

55. — Sous l'empire de la loi du 16-24 août 1790, comme sous celle du 11 avr. 1838, pour déterminer dans quel cas les tribunaux civils peuvent juger en premier et dernier ressort, il faut, avant tout, distinguer les matières mobilières des matières immobilières, car les bases d'appréciation ne sont pas les mêmes dans les deux cas.

56. — Du reste, ce n'est point par la loi existant à l'époque de l'acte qui donne lieu au litige que doit être réglée la compétence en premier ou en dernier ressort, mais bien par celle en vigueur au moment où l'instance a été introduite. — *Montpellier*, 25 août 1840 (t. 2 1840, p. 799), Bouquier c. Cot.

57. — *Matière mobilière.* — Pour déterminer le ressort en matière mobilière, il ne faut avoir égard qu'au capital et jamais au revenu. — Cette règle domine les deux périodes que nous devons parcourir dans la législation.

58. — La loi du 24 août 1790, tit. 4, art. 5, a décidé que les tribunaux d'arrondissement (alors tribunaux de district), connaîtraient en premier et dernier ressort de toutes affaires personnelles et mobilières, jusqu'à la valeur de *mille livres* de principal.

59. — Il convient, avant tout, de préciser le sens de ces mots, mille livres. — Mille livres tournois ne représentent que 987 fr. 65 c. — Mille francs, au contraire, valent 1,012 livres tournois. — On s'est demandé si les deux expressions pouvaient se substituer, si les mille livres dont parle la loi de 1790 devaient s'entendre comme si l'on lisait 1,000 fr. — Les motifs les plus sérieux ont fait prévaloir l'affirmative.

60. — Trois ans, en effet, après la loi de 1790, le 24 août 1793, fut introduit le principe de la réforme monétaire, et le mot *franc* fut adopté. La loi du 17 flor. an VII compléta ce système, et décida que désormais, dans tous les rapports de l'état avec les particuliers, même réglés en vertu de lois antérieures, le nom de *livre* s'entendrait de celui de *franc* ; qu'il en serait de même dans les rapports des particuliers entre eux. — Le Code de procédure a gardé le silence sur la question, par la raison fort simple qu'il ne contient pas de titre sur la compétence ; mais lorsqu'il a réglé la procédure des affaires sommaires, il a pris pour base le chiffre de mille francs. — Enfin, le Code de commerce a organisé la compétence des tribunaux consulaires, et le dernier ressort y est fixé à 1,000 fr.

61. — C'est donc avec raison qu'on a jugé que les tribunaux de première instance peuvent prononcer en dernier ressort sur une affaire qui excède 1,000 liv. tournois, mais qui est au-dessous de 1,000 fr. — *Rennes*, 21 août 1812, Maillot c. Lemesne ; 8 avr. 1815, Mandel c. N... ; 9 juill. 1817, Reiball c. Davy ; *Metz*, 17 déc. 1819, Morbois c. Bression ; *Toulouse*, 24 juill. 1827, Hebray et Durègne c. de Marin ; *Caen*, 7 nov. 1827, Pesquerel c. Gravel ; *Poitiers*, 7 août 1828, Mariteau c. Bourreau ;

Bordeaux, 13 déc. 1831, Royère c. Faure.—V. conf. Carré, *Compét.*, t. 4, n° 282 (2e édit.); Boncenne, t. 1er, p. 286; Thomine-Desmazures, t. 2, p. 370; Pigeau, t. 1er, p. 512.

62.— Cependant, il a été jugé que, la loi du 16-24 août 1790 ayant fixé à 1,000 liv. la limite du dernier ressort des tribunaux de première instance, le jugement qui prononce sur une demande en paiement de 1,000 fr., laquelle forme 1,012 liv. 10 s. tournois, est sujet à l'appel.—*Amiens*, 14 déc. 1823, Delettre c. Dourlens; *Nancy*, 9 janv. 1826, Delhaye c. Menu et Tournier.

63. —Lorsqu'il s'agit de déterminer si un jugement statuant sur une obligation souscrite aux colonies, et payable en France, est en dernier ou en premier ressort, il faut considérer le montant de cette obligation en argent de France et non des colonies.—*Bordeaux*, 12 août 1831, Chaput c. Cornet.

64. — Lorsqu'une demande consiste en denrées dont le prix est réglé par les mercuriales, il n'est pas nécessaire qu'elle soit liquidée pour que le jugement à intervenir soit en dernier ressort.—*Grenoble*, 17 mars 1817, N...

65.— Voici quelques espèces dans lesquelles les tribunaux supérieurs ont eu à faire application du principe écrit dans la loi du 16-24 août 1790. — On ne peut appeler d'un jugement interlocutoire rendu dans une contestation dont l'objet n'est pas au-dessus de 1,000 fr. — *Rennes*, 26 janv. 1826, Mogis c. Morel.

66.—Le tribunal de première instance peut juger en dernier ressort toutes les demandes personnelles et mobilières qui ne s'élèvent pas à 1,000 fr. — *Rennes*, 30 nov. 1813, Sizun c. Lebronnec et Favence.

67.—Le jugement qui déclare valable la cession de partie d'une pension alimentaire accordée par la justice, quand le montant de la cession est inférieur à 1,000 fr., n'est pas susceptible d'appel. — *Bourges*, 28 août 1820, Grouard c. Marcel.

68. — Est en dernier ressort le jugement rendu sur la demande en ratification d'une rente d'un setier de blé-seigle de 3 fr. en argent, et de vingt-neuf ans d arrérages. — *Riom*, 17 juin 1809, Delecler c. hospice de Saint-Flour.

69. — Lorsque le capital d'une rente de 37 liv. 10 s. réuni aux arrérages réclamés s'élève à moins de 1,000 fr., le tribu al de première instance peut connaître de la contestation en dernier ressort, quand même la rente serait attaquée comme entachée de féodalité. — *Paris*, 22 août 1809, Enreg. c. Fontaine.

70.—La demande ayant pour objet le paiement des arrérages d'une rente foncière de 5 fr., et le renouvellement du titre constitutif de la rente, peut être jugée en dernier ressort par les tribunaux de première instance. — *Paris*, 20 janv. 1810, hospices de Troyes c. Blondel ; — Merlin, *Rép.*, v° *Dernier ressort*, § 2; *Quest.*, *eodem verbo*, § 2; Carré, *Lois compét.*, t. 4, p. 326, n° 307 (2e édit.), et édit. in-4°, t. 2, p. 45 et suiv.

71. — Quand la quotité des arrérages réclamés d'une rente convenancière dont l'existence n'est pas contestée peut être évaluée, d'après les mercuriales, à une somme qui n'excède pas celle de 1,000 fr., le jugement qui intervient, soit sur la demande principale, soit sur la demande en garantie, est en dernier ressort. — *Rennes*, 18 mai 1810, N...

72.—Le jugement rendu sur une demande tendant à faire déclarer féodale une rente dont les arrérages n'excèdent pas pour vingt années la somme de 1,000 fr., n'est pas susceptible d'appel. —*Rennes*, 7 déc. 1814, Violette c. Lalasseur.

73. — Est en dernier ressort le jugement statuant sur la demande en passation du titre notarié d'une rente au capital de 675 fr., et en paiement de trois ans d'arrérages. — *Bourges*, 8 avr. 1817, Mouton c. Durand.

74. — Lorsque la contestation entre un créancier de rente constituée et son débiteur n'a pour objet que la retenue des impositions, et que le montant annuel de cette retenue n'excède pas 50 fr., les tribunaux d'arrondissement peuvent juger en dernier ressort, quoique le capital de la rente s'élève au-dessus de 1,000 fr. — *Cass.*, 19 août 1818, Darracq c. Paraige.

75. — Lorsque, sur une demande en paiement des arrérages d'une rente, il n'y a contestation que sur le montant de la somme sur laquelle doit être exercée la retenue non contestée du cinquième, et que la différence qui fait l'objet de la discussion est au-dessous de 50 fr. de revenu, le tribunal peut prononcer en dernier ressort. — *Liége*, 15 mars 1824, Delheid c. Joiris.

76.—Lorsque le demandeur des arrérages d'une rente en denrées les a évalués par sa demande, sans contradiction du défendeur, et qu'ils ne s'élèvent pas à 50 fr., le jugement qui intervient est en dernier ressort.—*Bruxelles*, 23 avr. 1829, Cromphout c. Nickens.

77. — Lorsque la demande en paiement d'une somme fixe, due sous condition, tend uniquement à savoir si la condition exprimée au contrat est accomplie, sans que la validité du contrat lui-même soit contestée, l'objet du litige est alors déterminé, et si la somme réclamée est inférieure au taux du dernier ressort, le jugement intervenu n'est pas susceptible d'appel.—*Cass.*, 6 mars 1838 (t. 2 1838, p. 305), Arnaud c. Joyard.

78. — *Matière immobilière.* — La loi du 16-24 août 1790 a fixé les limites de la compétence en premier et dernier ressort, pour les tribunaux de première instance, en matière immobilière, à 50 liv. de revenu, déterminé soit en rentes, soit par prix de bail. — Ainsi, ce n'est plus ici le capital, c'est le revenu, qui doit être pris en considération pour fixer le taux du dernier ressort.

79. —Le jugement qui statue sur une demande en maintien de possession d'un immeuble donné à location perpétuelle pour une rente fixée à 10 fr. par bail authentique est donc en dernier ressort. — *Nîmes*, 10 fév. 1819, N...; — Carré, *Compét.*, t. 4, p. 238, art. 281.

80. — Toutefois, il a été décidé que, lorsque le tribunal ordonne l'exécution d'un bail consenti pour trois, six ou neuf années, moyennant 300 fr. annuellement, le jugement est en dernier ressort, surtout si le bailleur, en demandant l'exécution du bail, s'est restreint à une somme de 1,000 fr. pour le défaut d'exécution. — *Riom*, 3 janv. 1817, Delsol c. Mègemont.

81. — La fixation du revenu doit résulter, pour avoir un caractère légal, d'un contrat de rente, ou de louage. S'il n'y a ni rente ni bail, le revenu est indéterminé, il y a lieu aux deux degrés de juridiction.

82. — L'art. 5, tit. 4, L. 1790, conforme à l'édit de 1777, défendait qu'il y eût expertise.—V. Boncenne, *Th. de la procéd. civ.*, Introd., p. 342; Benech, p. 215.—Le principe est le même sous l'empire de la loi du 11 avr. 1838.

83. — Aussi, jugé à tort que les juges d'appel peuvent, pour savoir si ceux de première instance ont statué en dernier ou en premier ressort sur la revendication d'un immeuble, faire évaluer par expert cet immeuble, si la valeur n'en est déterminée ni par bail ni par rente. — *Trèves*, 6 fév. 1811, N...

84. — Le bail doit exister au moment de l'instance. La loi suppose que le prix est *actuellement* déterminé.

85. — Jugé, en effet, que, pour que le tribunal puisse juger en dernier ressort, il suffit qu'à l'époque de la contestation, l'objet en litige ne rende pas plus de 50 fr de revenu, déterminé en rente ou par prix de bail, bien que le revenu puisse venir à augmenter par la suite.—*Bruxelles*, 23 avr. 1829, Cromphont c. Nickens.

86. — Le prix du bail est valablement constaté par un acte sous seing-privé : seulement, il faut le revêtir de la formalité de l'enregistrement. - L'aveu des parties capables, sur l'existence du bail, serait également recevable.

87 — Mais le prix du bail ne fixe absolument le ressort qu'entre les personnes qui l'ont contracté. Si un usurpateur a loué le terrain d'autrui à un fermier, moyennant 50 fr., le propriétaire dépouillé est recevable à critiquer ce chiffre, en tant qu'il doit régler la compétence, et à prouver que l'immeuble présente un revenu supérieur. — Les conventions ne font loi qu'entre ceux qui les ont consenties.

88. — Jugé, d'après ce principe, qu'on ne peut, pour fixer le taux du dernier ressort, se fonder sur une évaluation de l'objet litigieux qui a été faite dans un acte étranger à l'une des parties. — *Bruxelles*, 2 juill. 1831, Hoorick c. Nauwelaerts.

§ 2. — 2e période. — *Loi du 11 avril* 1838.

89.— La loi 11 avr. 1838 est venue satisfaire à la nécessité, qui se faisait sentir, d'élever le taux de la compétence en dernier ressort des tribunaux d'arrondissement.

90. — L'art. 1er est ainsi conçu : « Les tribunaux civils de première instance connaîtront, en dernier ressort, des actions personnelles et mobilières, jusqu'à la valeur de 1,500 fr. de principal. » — Ainsi, la compétence en dernier ressort s'est élevée de 1,000 fr. à 1,500 fr. — La question des mots *franc* et *livre* a disparu. Le texte de la loi la tranche formellement.

91. — Nul doute que cette élévation de compétence ne s'étende aux demandes en référé, comme aux demandes ordinaires. Il n'y a dans la loi aucune restriction.

92. — Aussi a-t-il été jugé que l'appel d'une ordonnance de référé, qui ordonne l'exécution d'un jugement portant condamnation à une somme inférieure à 1,500 fr., est non-recevable. — *Paris*, 23 avr. 1842 (t. 1er 1842, p. 737), Valot c. Gambette. — Bioche et Goujet, *Dict. de procéd.*, v° *Appel*, n° 40.

93. — Aujourd'hui, le jugement qui intervient sur la demande en main-levée d'une inscription prise pour sûreté d'une obligation moindre de 1,500 fr., est en dernier ressort. — La demande, dans ce cas, est personnelle et mobilière, et n'a rien d'indéterminé.—*Caen*, 13 nov. 1839 (t. 1er 1840, p. 664), Bidel c. Delabruyère.

94. — Aux termes de l'article précité de la loi de 1838, en matière immobilière, les tribunaux civils de première instance connaissent, en dernier ressort, des actions immobilières jusqu'à *soixante* francs de revenu, déterminé soit en rentes, soit par prix de bail. — Il ne s'est pas élevé de difficultés sur ces limites précises, mais seulement sur la manière de les poser.

Sect. 2e. — *Juridiction commerciale.*

95. — La législation commerciale a suivi de près la législation civile dans les variations du taux du ressort. Les principes qui régissent les tribunaux de commerce en cette matière sont les mêmes que ceux qui s'appliquent dans les tribunaux civils; mais les lois qui les consacrent sont différentes.

96. — Dans le premier état des choses, on n'eut qu'à suivre le texte de la loi du 16-24 août 1790, qui fixait à mille livres le taux du dernier ressort. — La substitution des francs aux livres se fit comme en matière civile, plus facilement peut-être, car il n'y a point ici d'arrêts sur la question.

97. — On décidait alors qu'un tribunal de commerce commet un double excès de pouvoir lorsqu'il prononce en dernier ressort une condamnation à une amende excédant 1,000 fr., et qu'il fait défense à un individu qu'il condamne de continuer l'exercice des fonctions d'agent de change.— *Cass.*, 2 pluv. an IX, Gennetry.

98. — Plus tard, le Code de commerce de 1807, dans l'art. 639, fixa à *mille francs* la compétence des tribunaux consulaires en premier et dernier ressort. — Cette décision s'appliquait à la juridiction arbitrale, en matière de société, aussi bien qu'à la juridiction des tribunaux proprement dits.

99. — On jugeait donc que les arbitres forcés, en matière de société commerciale, étaient juges en dernier ressort des contestations dont l'objet n'excédait pas 1,000 fr. — *Metz*, 15 fév. 1823, N... *Lyon*, 31 mars (et non mai) 1823, Fournier c. Pirord ; — Locré, *Esprit C. de procéd.*, t. 4, p. 386 et suiv.; Merlin, *Quest.*, v° *Tribunal d'appel*, § 3, p. 381 ; Bioche et Goujet, *Dict. de procéd*, v° *Arbitrage*, n° 514, édit. 2e. — V. ARBITRAGE.

100. — Mais quand la compétence civile se trouva élevée à 1,500 fr. pour le dernier ressort, on songea naturellement à la mettre en harmonie avec la compétence commerciale. — Ce fut l'œuvre de la loi du 3 mars 1840.

101. — Les tribunaux de commerce, porte cette loi, jugent en dernier ressort : 1° toutes les demandes dans lesquelles les parties justiciables de ces tribunaux, et usant de leurs droits, auront déclaré vouloir être jugées définitivement et sans appel; — 2° toutes les demandes dont le principal n'excédera pas la valeur de 1,500 fr.; — 3° les demandes reconventionnelles ou en compensation, lors même que, réunies à la demande principale, elles excéderaient 1,500 fr. Si l'une des demandes principale ou reconventionnelle s'élève au-dessus des limites ci-dessus indiquées, le tribunal ne prononcera sur toutes qu'en premier ressort. Néanmoins il sera statué en dernier ressort sur les demandes en dommages-intérêts, lorsqu'elles seront fondées exclusivement sur la demande principale elle-même — Pour ce qui concerne les demandes reconventionnelles, V. *infrà* nos 473 et suiv.

102 — Les règles qui précèdent sont communes aux jugemens rendus par les consuls aux Echelles du Levant En conséquence, ces jugemens ne sont pas sujets à l'appel dans les demandes n'excédant pas 1,500 fr. — *Aix*, 3 mai 1845 (t. 1er 1846, p. 234), Laslugues c. Artus. — V. CONSUL.

103. — Avant le Code de procéd., les tribunaux de commerce jugeaient en dernier ressort les déclinatoires présentés dans les causes dont la valeur n'excédait pas 1,000 fr. —*Cass.*, 18 mars 1806, Vincent c. Chartel; 9 vendém. an XIII, Ligné. — Il n'en serait plus de même aujourd'hui. — *Liége* 5 mars 1812, Germain; *Rennes*, 19 août 1819, Duy.

104. — Il y a lieu à la compétence en dernier ressort toutes les fois que l'objet direct de la condamnation n'excède pas 1,000 fr., alors même que

la demande serait fondée sur un fait ou sur une qualité dont les conséquences sont indéterminées. — Pardessus, n° 1360.

105. — Ainsi, un tribunal de commerce statue en dernier ressort et sur la demande et sur l'exception, quand la demande, ne dépassant pas le taux du premier ressort, est formée contre un individu qu'on prétend associé de tel autre, et que cet individu conteste la qualité qu'on lui attribue. — *Cass.*, 1er niv. an IX, Adamar. — V. Merlin, *Quest.*, v° *Dernier ressort*, § 18, et v° *Héritier*, § 8 ; Carré, *Comp.*, t. 2, p. 67, n° 322.

106. — Jugé de même que, si, devant un tribunal saisi d'une demande principale susceptible d'être jugée en dernier ressort, formée par une compagnie d'assurance contre l'un des associés, celui-ci oppose la nullité des statuts de la société, cette demande en nullité, quoique d'une valeur indéterminée, n'empêche pas le taux du dernier ressort. — *Cass.*, 7 juin 1826, Dumont. — V. du reste *infrà* chap. 4.

107. — Avant la loi d'avr. 1832, il a été jugé avec raison que le tribunal de commerce, compétent pour juger en dernier ressort une affaire, l'est aussi pour prononcer la contrainte par corps en dernier ressort dans cette affaire. — *Rennes*, 18 janvier 1815, N... ; 11 mars 1813, Bombard ; *Trèves*, 12 mai 1813, N... ; *Paris*, 20 mai 1813, Volnay. — Maintenant on devrait juger le contraire. — V. CONTRAINTE PAR CORPS.

Sect. 3e. — *Juridiction des juges de paix.*

108. — La compétence des juges de paix, en ce qui concerne le premier et le dernier ressort, fut d'abord fixée par la loi du 16-24 août 1790, tit. 3, art. 9 et 10, qui a été depuis abolie et remplacée par la loi du 25 mai 1838. — V. JUSTICE DE PAIX.

109. — D'après la loi du 16-24 août 1790, les juges de paix pouvaient connaître, *sans appel*, des causes purement personnelles et mobilières, jusqu'à la valeur de *cinquante livres* (tit. 3, art. 9).

110. — L'art. 10 de la même loi décidait, en outre, que le juge de paix connaîtrait, sans appel, jusqu'à la valeur de 50 livres : 1° des actions pour dommages faits aux champs, fruits et récoltes ; — 2° de toutes actions possessoires ; — 3° des réparations locatives ; — 4° des indemnités pour non jouissance, quand le droit d'indemnité n'est pas contesté ; — et des dégradations alléguées par le propriétaire ; — 5° du paiement des salaires des gens de travail, des gages des domestiques, et de l'exécution des engagemens respectifs des maîtres et de leurs domestiques ou gens de travail ; — 6° des actions pour rixes, injures et voies de fait, quand les parties ne se seraient point pourvues par la voie criminelle.

111. — La loi du 25 mai 1838 a modifié d'une manière importante le taux de la compétence des juges de paix.

112. — Le juge de paix connaît en premier et dernier ressort, jusqu'à concurrence de 100 fr. : 1° de toutes les actions purement personnelles et mobilières ; — 2° des contestations entre voyageurs et hôteliers, entre voyageurs et voituriers, entre voyageurs et carrossiers, le tout pour dépenses, accidens et faits de voyage (art. 2) ; — 3° des réclamations dues au fermier pour non jouissance, provenant du fait du propriétaire, quand le droit n'est pas contesté ; — 4° des dégradations et pertes prévues par les art. 1732 et 1733 du Code civ., sauf restriction (art. 4) ; — 5° des actions en paiement de loyers et fermages : à Paris, quand le prix de location est de quatre cents francs au plus, partout ailleurs, s'il est de deux cents francs (art. 8) ; — 6° des actions pour dommages causés aux biens ruraux ; — 7° de l'exécution de quelques servitudes non contestées en droit ; — 8° des réparations locatives ; — 9° des contestations entre les maîtres et les gens de travail ou domestiques, à raison de leurs engagemens respectifs ; — 10° des contestations relatives au paiement des nourrices ; — 11° des actions pour injures et diffamation, autrement que par la voie de la presse, — ou pour voies de fait. — Le tout, quand les parties ne se sont pas pourvues par la voie criminelle. — (art. 5). — V. JUSTICE DE PAIX.

CHAPITRE III. — *Compétence des tribunaux en premier ressort.*

113. — La compétence des tribunaux en premier ressort est corrélative à la compétence des tribunaux en premier et dernier ressort. En effet, une fois que la loi a fixé les limites en deçà desquelles les jugemens échappent au recours en appel, il est évident qu'elle a, par cela même, fait connaître aussi quelles sont les affaires qui sont susceptibles des deux degrés de juridiction.

Sect. 1re. — *Juridiction civile.*

ART. 1er. — 1re *période.* — *Loi du* 16-24 *août* 1790.

114. — *Matière mobilière.* — Les tribunaux de première instance ne devant connaître des affaires mobilières, en premier et dernier ressort, que jusqu'à concurrence de 1,000 francs de principal, et le revenu n'étant jamais la base du taux du ressort, en matière mobilière, il s'ensuit que la demande en paiement du capital des arrérages d'une rente de 150 livres par année est susceptible de deux degrés de juridiction. — *Cass.*, 28 mess. an VI, Lagouline c. Daspe.

115. — ... Qu'un tribunal de première instance ne peut statuer qu'en premier ressort sur le mode de paiement d'une rente de 400 liv. au capital de 8,000 liv. — *Cass.*, 11 vend. an VII, Langlois c. Marc ; — Merlin, *Rép.*, t. 3, p. 576 ; *Quest.*, t. 3, p. 204, § 22 ; Carré, *Compét.*, t. 2, art. 281 et suiv. ; Pigeau, t. 1er, p. 514.

116. — ... Que la demande en remboursement d'une rente supérieure à 1,000 francs ne peut être jugée en premier et dernier ressort. — *Cass.*, 5 vend. an VII, L'Etienne c. Duperron.

117. — ... Que la demande tendant au remboursement en papier-monnaie et suivant l'échelle de dépréciation d'une rente supérieure à 50 fr., est susceptible de deux degrés de juridiction, bien que le débiteur offre une somme inférieure à 50 fr. par suite de la réduction, surtout si le mode de libération est contesté. — *Cass.*, 2 mess. an X, Mariés Christi c. Brejeant. — Carré, *Compét.*, t. 2, p. 48 ; Pigeau, t. 1er, p. 514.

118. — ... Qu'un tribunal de première instance ne peut juger en dernier ressort une demande en réduction d'une pension supérieure à 1,000 fr., sous prétexte qu'il peut juger de la sorte un appel formé incidemment et joint à cette demande. — *Cass.*, 24 therm. an VIII, Balan ; — Merlin, *Quest.*, v° *Dernier ressort*, § 12.

119. — ... Qu'un tribunal ne peut statuer qu'en premier ressort sur les contestations concernant l'exécution d'une condamnation au paiement de sommes excédant 1,000 fr. — *Cass.*, 27 frim. an XII, Vidal c. Lustre.

120. — ... Qu'un tribunal de première instance ne peut juger en dernier ressort que, lorsque, d'après la loi sur le papier-monnaie, un capital de 3,000 fr., produisant un revenu de 150 fr., était réductible, les intérêts inférieurs à 1,000 étaient aussi réductibles d'après la même loi. — *Cass.*, 26 niv. an XIII, Boulet c. Larivière et Fabre.

121. — ... Qu'un jugement du tribunal de première instance saisi d'une demande principale de 1,600 liv. et d'une demande reconventionnelle de 470 fr. est susceptible d'appel. — *Cass.*, 4 oct. 1808, Itard c. Pourcin.

122. — ... Qu'un tribunal de première instance ne peut juger en dernier ressort une demande en dommages-intérêts excédant 1,000 fr. — *Cass.*, 5 oct. 1808, N...

123. — ... Que le jugement qui statue sur la demande en retenue du dixième d'une rente de 200 fr. est susceptible d'appel. — *Riom*, 5 mai 1814, v° Goiffier c. Duvernin ; — Carré, *Compét.*, t. 4, p. 335.

124. — Les ordonnances de référé sont, comme les jugemens de première instance, sujettes à l'appel, lorsque la valeur de l'objet litigieux excède 1,000 fr. — *Poitiers*, 16 fév. 1807, N... — V. RÉFÉRÉ.

125. — Les dispositions précédentes sont applicables aux tribunaux des colonies, sauf la quotité de la somme jusqu'à concurrence de laquelle ces tribunaux prononcent en dernier ressort, laquelle a été fixée pour les colonies par des ordonnances particulières. — *Cass.*, 11 avr. 1831, Dalcial c. Coulange.

126. — *Matière immobilière.* — On a vu plus haut, sous l'empire de la loi de 1790, que la compétence des tribunaux civils en premier et dernier ressort, était reglée, pour les matières immobilières, à 50 livres de revenu, déterminé soit en rentes, soit par prix de bail : tout litige d'une importance supérieure à cette somme était donc susceptible de deux degrés de juridiction.

127. — Il a été jugé, en conséquence, que la demande de maintenue en jouissance d'un bail d'un prix annuel excédant 50 liv. est susceptible de deux degrés de juridiction. — *Cass.*, 4e complément. an IV, Conflans c. Pagonne.

128. — ... Que le jugement rendu sur des droits immobiliers dont le revenu, déterminé par le prix d'un bail, excède 50 liv., est susceptible d'appel. — *Cass.*, 14 vend. an X, Humieu c. Leroux.

129. — ... Que la demande en déchéance d'une adjudication intentée contre l'acquéreur pour défaut de paiement du prix s'élevant au-dessus de 1,000 fr. doit subir deux degrés de juridiction. — *Cass.*, 23 frim. an X, Baudot c. Dance.

130. — On remarque que, dans cet arrêt, il n'est pas question de l'appréciation du revenu par prix de bail, et cependant on décide que la cause est susceptible de deux degrés de juridiction. Cela est tout simple. Du moment que la base fixée par la loi pour le cas exceptionnel n'existe pas, force est d'appliquer le principe général. Or, d'après ce principe, on devait juger, comme on l'a fait, que la cause était susceptible d'appel.

ART. 2. — 2e *période.* — *Loi du* 11 *avril* 1838.

131. — Dans cette deuxième période un seul point est à signaler, c'est que la loi du 11 avril 1838 a reculé d'une manière notable les limites du premier et dernier ressort. — Depuis la promulgation de cette loi, il n'y a lieu au second degré de juridiction que : 1° lorsqu'une action mobilière dépasse 1,500 francs de principal ; — 2° quand une action immobilière met en litige un immeuble de plus de 60 francs de revenu, déterminé comme précédemment.

Sect. 2e. — *Juridiction commerciale.*

132. — Dans l'origine, la compétence en premier ressort des tribunaux consulaires embrassait toutes les contestations commerciales dont l'objet excédait mille livres.

133. — On décidait alors sans difficulté qu'un tribunal de commerce ne peut juger qu'à charge d'appel la demande en remise de trois traites de 1,500 fr. que le défendeur refuse de rendre, par le motif qu'il n'est point payé des frais de protêt ni des intérêts échus. — *Cass.*, 8 frim. an XI, Genot et Dubois-Sarran c. Breton.

134. — ... Que les tribunaux de commerce ne peuvent statuer en dernier ressort sur une demande excédant 1,000 fr. ou indéterminée. — *Cass.*, 2 prair. an XII, Jogues Desfois c. Beer.

135. — ... Qu'un jugement arbitral est toujours susceptible d'appel, dès que l'objet de la société excède 1,000 fr. — *Grenoble*, 28 juin 1817, Chapelain c. Fouillet.

136. — Mais la loi du 3 mars 1840 ayant élevé à 1,500 fr. le taux de la compétence en premier et dernier ressort pour les tribunaux de commerce, l'objet du litige doit aujourd'hui dépasser cette somme, pour que l'appel soit possible.

137. — Ainsi, lorsqu'un associé s'est rendu adjudicataire, sous son nom personnel, d'une entreprise, moyennant un prix déterminé, s'il s'élève plus tard la question de savoir à qui cette entreprise appartient, de la société ou de l'associé adjudicataire, il suffit, pour que des arbitres ne puissent prononcer en dernier ressort, que le prix alloué pour l'entreprise excède 1,500 fr. — *Bordeaux*, 30 déc. 1841 (t. 1er 1842, p. 385), Framinet c. Morel et Courlarie.

Sect. 3e. — *Juridiction des juges de paix.*

138. — La compétence en premier ressort des juges de paix a subi, comme leur compétence en premier et dernier ressort, d'importantes modifications.

139. — L'art. 9, tit. 3, L. 1790, attribuait aux juges de paix la connaissance des causes purement personnelles et mobilières, en premier ressort, jusqu'à la valeur de *cent livres*.

140. — L'art. 10 du même titre accordait aux juges de paix, en premier ressort, à quelque valeur que la demande puisse monter, la connaissance d'une série d'affaires, qui sont : 1° les actions pour dommages faits aux champs, fruits et récoltes ; — 2° toutes les actions possessoires ; — 3° les réparations locatives ; — 4° les indemnités pour non-jouissance quand le droit d'indemnité n'est pas contesté, et les dégradations alléguées par le propriétaire ; — 5° le paiement du salaire des gens de travail, des gages de domestiques, et de l'exécution des engagemens respectifs des maîtres et de leurs domestiques ou gens de travail. — Les actions pour rixes, injures et voies de fait, quand les parties ne s'étaient pas pourvues par la loi criminelle.

141. — Le système de la loi de 1838 est plus compliqué. — On aperçoit quatre catégories d'affaires, dont chacune a des limites qui lui sont propres. — *Première catégorie.* — Elle comprend les affaires soumises au juge de paix en premier ressort depuis la somme de 100 fr. jusqu'à celle de 200 fr. — Au-dessus de 200 fr., le juge n'est plus compétent, même en premier ressort. — *Deuxième catégorie.* — Elle comprend les affaires soumises au juge de paix en premier ressort, depuis la somme de 100 fr. jusqu'au taux de la compétence en dernier ressort des tribunaux de première instance. — *Troisième catégorie.* — Elle comprend les affaires

soumises au juge de paix en premier ressort, depuis la somme de 100 fr. jusqu'à l'infini, sans limitation de valeur. — *Quatrième catégorie.* — Elle comprend les affaires dont le juge de paix ne peut jamais connaître qu'en premier ressort, quelle que soit la valeur du litige.

142. — Sont rangées dans la première classe toutes les actions purement personnelles et mobilières, depuis la somme de 100 fr. jusqu'à celle de 200 fr.

143. — Sont rangées dans la deuxième classe : 1° les contestations entre hôteliers et voyageurs (V. HÔTELIERS); — 2° entre voyageurs et voituriers (V. VOITURIERS); — 3° entre voyageurs et carrossiers; le tout, pour dépenses, accidens et faits de voyage; — 4° les réclamations d'indemnité due au fermier pour non-jouissance, quand le droit n'est pas contesté (V. BAIL); — 5° les dégradations et pertes prévues par les art. 1732 et 1733 du C. civ. (V. BAIL).

144. — Sont rangées dans la troisième classe : 1° les actions en paiement de loyers et fermages, (V. BAIL), à Paris, quand le prix de location est de 400 fr. au plus; partout ailleurs, s'il est de 200 fr.; — 2° les actions pour dommage causé aux biens ruraux; — 3° l'exécution de quelques servitudes non contestées en droit (V. SERVITUDE); — 4° l'action qui a pour objet les réparations locatives (V. BAIL); — 5° les contestations entre les maîtres et les gens de travail ou domestiques, à raison de leurs engagemens respectifs (V. DOMESTIQUE); — 6° celles qui sont relatives au paiement des nourrices (V. NOURRICE); — 7° les actions pour injures et diffamation, autrement que par la voie de la presse, ou pour voies de fait (V. DIFFAMATION); le tout quand les parties ne se sont pas pourvues par la voie criminelle.

145. — Enfin, il est des affaires dont le juge de paix ne connaît jamais qu'en premier ressort, quel que soit le montant du litige. Ce sont : 1° les actions possessoires (V. ACTION POSSESSOIRE); — 2° celles qui sont relatives au bornage, aux plantations d'arbres ou de haies, sans contestation de propriété (V. BORNAGE); — 3° l'exercice du droit de mitoyenneté, quand le droit n'est pas contesté; — 4° les demandes en pension alimentaire de 150 fr. et au-dessous (V. ALIMENS, JUSTICE DE PAIX).

CHAPITRE IV. — *Règles communes à toutes les juridictions pour fixer le ressort.*

146. — Après avoir parcouru les dispositions diverses qui, dans chaque juridiction, assignent au ressort des limites spéciales, il importe de rechercher les principes généraux qui, en cette matière, reçoivent application, quel que soit le tribunal saisi.

147. — En effet, il ne suffit pas que le taux du ressort soit fixé, il faut qu'on sache d'après quelles règles on le détermine; il faut, en un mot, qu'on ait une base certaine pour apprécier la valeur du litige.

Sect. 1re. — *Conclusions des parties.*

ART. 1er. — *S'attacher aux conclusions et non aux condamnations.*

148. — Un premier principe constant, c'est qu'on doit recourir aux conclusions des parties pour savoir si le jugement qui intervient est ou n'est pas susceptible des deux degrés de juridiction.

149. — Ce sont les conclusions, et non le montant des condamnations, qui déterminent la compétence du tribunal en premier ou en dernier ressort. La jurisprudence est unanime sur ce point. — *Agen*, 11 janv. 1806, Méjane c. Agard; — Merlin, *Quest. de dr.*, vo *Dernier ressort*, § 4, et vo *Jugement*, § 13; *Répert.*, vo *Dernier ressort*, § 12; Carré, *Compét.*, t. 2, p. 317 (1re édit.); Henrion de Pansey, *Autorité judic.*, p. 85; Pigeau, t. 1er, p. 517, 6e règle.

150. — Ainsi, il a été jugé qu'un tribunal de première instance ne peut condamner, en dernier ressort, à payer une somme moindre de 1,000 fr., si le demandeur a conclu à une condamnation supérieure à cette dernière somme. — *Cass.*, 21 fruct. an XI, Arpin c. Dubois.

151. — La demande en restitution d'un billet de 2,000 fr., et en paiement de 600 fr., est susceptible de deux degrés de juridiction, quoique le défendeur ait offert 876 liv. et que les juges ne l'aient condamné à payer que le montant de cette offre. — *Cass.*, 3 germin. an X, Gasteau c. Mercier.

152. — Un tribunal de première instance n'a pu condamner en dernier ressort à 24 liv. de dommages-intérêts, pour violences, la partie assignée devant lui en paiement de 1,200 liv. pour cette cause. — *Cass.*, 18 frim. an II, Petitot c. Varney; — Merlin, *Quest. de dr.*, vo *Dernier ressort*; Henrion, *Compét. des juges de paix*, p. 280.

153. — Le jugement qui, sur une demande en paiement de 1,430 fr., auxquels le demandeur a réduit en numéraire sa créance de 6,518 fr. en assignats, réduit cette créance à 80 fr., est susceptible d'appel. — *Cass.*, 1er niv. an X, Sénaux c. Négret.

154. — Ne peut être rendu en dernier ressort le jugement qui, sur la demande en paiement de 3,000 fr. de dommages-intérêts, condamne le défendeur à en payer 800. — *Cass.*, 7 thermid. an XI, Sollier c. Besson.

155. — Est susceptible d'appel le jugement prononçant une condamnation de moins de 1,000 fr., si le demandeur réclamait au-delà de cette somme. — *Agen*, 20 janv. 1807, Laure c. Fauro; 11 janv. 1806, Méjane c. Agard; *Cass.*, 20 janv. 1807, Chassi c. Bouas; *Bruxelles*, 12 déc. 1807, N....; *Nîmes*, 5 fév. 1811, Lahondes; *Grenoble*, 1er fév. 1812, N...; *Rennes*, 9 mars 1812, Cormerais c. Etienne; 23 août 1819, Corbeil c. Desaisie; 15 mars 1821, Saint-Aignan c. Lecorre; *Cass.*, 11 avr. 1831, Dalcial c. Coulange.

156. — Jugé encore, d'après le même principe, qu'on peut appeler du jugement condamnant à payer une somme inférieure à 1,000 fr., si le demandeur a assigné en paiement d'une somme de 1,072 fr., quoique dans l'assignation il ait déclaré en avoir reçu 750. — *Paris*, 24 niv. an X, Tétu c. Behagle.

157. — ... Que, lorsque le jugement attaqué a prononcé des condamnations excédant 1,000 fr., l'appel est recevable, bien que cet appel n'ait pour objet final que d'obtenir une réduction moindre de 1,000 fr. — *Poitiers*, 6 juill. 1824, Doré c. Ranger.

158. — ... Que, lorsqu'une demande se composait originairement de plusieurs chefs contestés excédant ensemble la somme de 1,000 fr., l'appel du jugement rendu sur cette demande est recevable, quoiqu'il ne porte que sur l'un de ces chefs en particulier, dont l'objet était inférieur à 1,000 fr. — *Limoges*, 24 mars 1817, Bousselv.

159. — A plus forte raison, n'est point en dernier ressort le jugement qui, sur la demande d'une somme excédant 1,000 fr. (actuellement 1,500 fr.), à laquelle le défendeur oppose un règlement soldé en billets au moyen duquel il prétend devoir moins de 1,000 fr., annule ce règlement ainsi que les billets, et condamne le défendeur à payer toute la somme demandée. — *Cass.*, 26 fév. 1838 (t. 1er 1839, p. 200), Fouladoux c. Bérisset.

160. — La déclaration d'une partie qu'elle s'en rapporte à justice sur un chef de demande n'équivaut pas de sa part, alors même qu'elle serait demanderesse, à une renonciation à ce chef : dès lors, si la demande primitive excède le taux du dernier ressort, elle demeure sujette à appel, bien que, par le rejet de ce chef, la condamnation se trouve inférieure à ce taux. — *Cass.*, 27 juin 1842 (t. 2 1842, p. 376), Tallavignes c. Foing; *Bruxelles*, 6 déc. 1810, Guislen c. Aerts.

161. — Le jugement qui statue sur une demande en paiement d'une somme excédant 1,000 fr. (aujourd'hui 1,500 fr.) est susceptible d'appel, alors même qu'il serait constant qu'à raison d'un paiement partiel, antérieur à la demande, la contestation ne frappait plus que sur une somme inférieure à ce chiffre, si d'ailleurs la demande primitive n'a pas été restreinte dans le cours de l'instance engagée devant les premiers juges. — *Cass.*, 20 mars 1843 (t. 1 1843, p. 520), Guesl c. Emo.

162. — Lorsque les conclusions du demandeur tendaient à la condamnation à une somme supérieure au taux du premier ressort, et que les juges y ont statué sans qu'il apparaisse qu'aucune restriction y ait été apportée, l'appel de leur jugement est recevable, encore bien qu'avant ce jugement le défendeur ait payé à titre provisoire une somme qui réduisait celle réclamée à un taux inférieur à celui du dernier ressort. — *Bourges*, 18 janv. 1843 (t. 2 1843, p. 765), Olivré c. Fournier.

163. — La demande en garantie est soumise aux mêmes règles que la demande principale. — En conséquence, lorsque la demande principale a pour objet une condamnation à une somme supérieure à 1,500 fr., l'appel est recevable de la part du garant, bien qu'il n'y ait eu contre le défendeur principal, et par suite contre le garant, qu'une condamnation inférieure à 1,500 fr. — *Paris*, 20 avr. 1844 (t. 1er 1844, p. 574), Pauwels c. Archier.

164. — Il a même été décidé que, quand la somme réclamée excède l'attribution du dernier ressort par l'effet d'une erreur matérielle et évidente, d'après l'addition des sommes, objet de la demande, mais que, dans la réalité, elle est inférieure à 1,000 fr., on ne doit pas s'arrêter aux causes réelles de l'action, mais s'attacher uniquement au quantum de l'exploit introductif d'instance, et rejeter la fin de non-recevoir tirée contre l'appel de ce que le jugement était en dernier ressort. — *Orléans*, 6 fév. 1822, Wast c. Moreau.

ART. 2. — *S'attacher aux dernières conclusions.*

165. — A côté du principe que c'est d'après les conclusions des parties, et non d'après la condamnation, qu'on doit fixer le taux du ressort, il en est un autre qu'il importe également de rappeler; c'est que l'on ne doit avoir égard pour cette appréciation qu'aux *dernières conclusions*.

166. — En effet, comme les parties ont toujours le droit de modifier leurs demandes, il arrive souvent que, dans le cours de l'instance, les conclusions soient changées : que certaines prétentions soient abandonnées; que la demande primitive ait été réduite. De même, il peut arriver aussi que la somme réclamée soit augmentée. — Dans ces deux cas, c'est par les dernières conclusions qui fixent l'état définitif du litige que l'on doit apprécier si la cause est ou non susceptible des deux degrés de juridiction. — V. conf. Carré, *Compét.*, t. 4, p. 246, no 289 (2e édit.); Berriat, t. 1er, p. 239; Merlin, *Quest. de Dr.*, vo *Dernier ressort*, § 4; *Rép.*, vo *Dernier ressort*, § 5.

167. — Cette règle est consacrée par une jurisprudence constante. — *Cass.*, 17 fructid. an XII, Vial c. Suchet; *Grenoble*, 20 déc. 1809, André c. Torin; *Cass.*, 4 sept. 1811, Debaise c. Chapsal; *Grenoble*, 25 fév. 1812, N...; *Rennes*, 25 juill. 1814, N...; *Bourges*, 15 avr. 1815, Rabussier c. Jouesne; *Orléans*, 2 av. 1819, Raimbault c. Lefranc; *Toulouse*, 9 fév. 1820, Armieux c. Boyer; *Metz*, 22 août 1821, Barrois c. Coche; *Limoges*, 20 juill. 1822, Bureau c. Chatenet; *Rennes*, 4 mars 1823, Kerh c. Bouvier; *Agen*, 4 juill. 1824, de Linarès et Chaunac c. Carrière de Brimont; 29 déc. 1824, N...; *Bourges*, 2 déc. 1830, Coulon-Debans c. Bourgoin; 24 mars 1831, Dumazel c. Vieillot; *Cass.*, 11 avr. 1831, Dalcial c. Coulange; *Douai*, 17 juin 1834, Dutilleux-Parent c. Bastien; *Rennes*, 16 déc. 1834, d'Argent c. Duplan; *Montpellier*, 28 nov. 1835, Foing c. Talavigne; *Orléans*, 11 juin 1840 (t. 2 1840, p. 339), Chassinat c. Laurent; *Bourges*, 23 fév. 1844 (t. 1er 1845, p. 708), Bernet c. Coquelin.

168. — Peu importe que l'abaissement du litige au-dessous du taux du dernier ressort résulte de la rédaction de sa demande primitive ou d'un acquiescement partiel du défendeur à cette demande. Il suffit, pour que l'appel ne soit pas recevable, que le débat ne porte plus, au moment du jugement, que sur une valeur inférieure à 1,500 fr., soit par l'acquiescement partiel du défendeur, soit par de nouvelles conclusions du demandeur. — *Caen*, 11 mars 1824, Brossard c. Asselin; 6 avr. 1824, de Chazot c. Quétteville; 4 août 1825, Tanquerey-les-Rocher c. Girard; 24 janv. 1826, Liais c. Lecrosnier; *Bourges*, 7 mars 1826, N...; *Aix*, 16 fév. 1828, Demay c. Teisseire.

169. — Jugé, d'après ce principe, qu'il n'y a pas lieu à appel lorsque le demandeur, après avoir conclu au paiement de plus de 1,000 fr., a offert de porter en déduction ce qu'il devait au défendeur, et qu'il a été reconnu par un calcul fait entre eux que l'action a été réduite au-dessous de cette somme. — *Orléans*, 3 avr. 1819, Boulet c. Langlois Vermer.

170. — ... Que le jugement rendu sur une demande d'abord indéterminée, mais qui se trouve fixée par une expertise à une somme moindre de 1,000 fr., est en dernier ressort. — *Bourges*, 24 févr. 1815, Charpin c. Martin.

171. — Ainsi, n'est pas recevable l'appel d'un jugement rendu sur une demande en paiement de dégradations à déterminer par experts, si les experts en ont fixé le montant au-dessous de 1,000 fr., et si le demandeur a conclu à l'homologation de leur opération. — *Nîmes*, 21 mai 1819, Rebuffat c. Cabrières.

172. — Lorsque, après avoir demandé la validité d'une vente, le prétendu acquéreur réduit ses conclusions au paiement d'une somme par lui donnée en à-compte, inférieure à 1,000 fr., le jugement qui statue sur ces conclusions réduites est en dernier ressort. — Peu importent les moyens employés pour obtenir cette condamnation, même quand le prétendu acquéreur accuserait le vendeur de stellionat. — *Bourges*, 13 juill. 1821, Julien c. Boblet.

173. — Le jugement rendu contre le vendeur d'un immeuble qui, après avoir demandé un arpentage pour déterminer un supplément du prix à lui dû, conclut, en se fondant sur un arpentage antérieur, à ce que l'acheteur soit condamné à lui payer 776 fr. pour ce supplément, est en dernier ressort. — *Nancy*, 11 nov. 1831, Minon c. Béreiger.

174. — Au contraire, une cause ne peut être jugée en dernier ressort, quoique le demandeur réclame moins de 1,000 fr. dans son exploit introductif d'instance, si les juges ordonnent un compte par le résultat duquel il se porte créancier d'une somme supérieure. — *Bourges*, 23 janv. 1832, Desaix c. Gagnet.

175. — Est en premier ressort et sujet à appel le jugement qui, validant une saisie-gagerie, ordonne, conformément aux dernières conclusions du demandeur, le paiement d'une somme de plus de 1,000 fr., pour loyers échus au jour du jugement, quoique dans l'exploit introductif d'instance on n'eût réclamé que 892 fr. — *Bordeaux*, 6 mai 1834, Leydet c. Bourbon.

176. — Toutefois, les conclusions rectificatives ne doivent être prises en considération qu'autant qu'elles ont été signifiées au défendeur. Lorsque ce dernier fait défaut, la demande demeure irrévocablement fixée par l'exploit introductif d'instance. — *Cass.*, 6 juil. 1814, Raulin c. Saudez.

ART. 3. — *S'attacher à l'objet du litige.*

177. — Il ne suffit pas toujours de se reporter aux conclusions définitives de la demande pour déterminer si le jugement qui intervient est en premier ou dernier ressort; il faut aussi considérer sur quel point porte la contradiction des parties, il faut rechercher quel est exactement l'objet du litige.

178. — Souvent, en effet, une demande qui contient plusieurs chefs n'est contestée que sur un seul point; souvent on passe condamnation sur une partie des conclusions pour ne résister que sur l'autre; et si, dans ce cas, l'objet du litige se trouve n'avoir qu'une valeur inférieure au dernier ressort, le jugement n'est pas susceptible d'appel, encore bien que la demande s'élevât à une somme supérieure à 1,500 fr.

179. — En sens inverse, il peut y avoir procès susceptible de deux degrés de juridiction sur une demande dont le chiffre se réduit au-dessous du taux du dernier ressort, parce que le défendeur oppose, comme moyen de défense, une demande reconventionnelle qui excède ce taux (V. *infrà* sect. 3e, art. 4). — Il importe donc d'examiner, d'une manière scrupuleuse, les véritables limites du débat.

180. — Néanmoins, il faut uniquement s'attacher à l'importance de l'objet même réclamé, et non aux conséquences non exprimées dans les conclusions qui pourraient en résulter. — *Rouen*, 20 janv. 1845 (t. 1er 1845, p. 381), Dadu c. Bastard.

181. — C'est la demande qui lie le juge, et non les moyens que l'on invoque à l'appui. — *Cass.*, 16 janv. 1843 (t. 1er 1843, p. 664), Framinet c. Michaud.

182. — Ainsi, par exemple, en matière de revendication sur saisie-brandon, ce n'est pas par le montant des causes de la saisie, mais bien par celui de la valeur des fruits revendiqués, que doit se décider la question de savoir si le jugement est ou non en dernier ressort. Dès-lors, si les fruits revendiqués sont d'une valeur indéterminée, le jugement est en premier ressort, encore bien que les causes de la saisie soient inférieures à 1,500 fr., et même que la valeur des fruits ait été estimée dans un acte de vente au-dessous de cette somme. — *Montpellier*, 4 mai 1842 (t. 1er 1843, p. 265), Moulins c. Turrel. — V. SAISIE-BRANDON.

183. — Au contraire, une demande en nullité de saisie-brandon doit être jugée en dernier ressort, lorsque la somme pour laquelle cette saisie a été pratiquée par le créancier au préjudice du débiteur est inférieure à 1,500 fr. — *Poitiers*, 6 janv. 1843 (t. 2 1843, p. 240), Bossuet c. Adrien. — V. SAISIE-BRANDON.

184. — Est en dernier ressort la sentence arbitrale qui a statué sur une demande en paiement de 800 fr. pour la part nette de bénéfices faits dans une société, quand bien même les débats auraient porté sur les élémens mêmes de la société, si, d'ailleurs, il n'en était résulté aucune augmentation dans la quotité de la somme demandée, et qu'il n'eût été pris, de part ni d'autre, aucune conclusion à ce sujet. — *Pau*, 22 juill. 1837 (t. 1er 1838, p. 144), Carbonnet c. Thonnein.

185. — Il en est de même du jugement qui, statuant sur une demande en paiement de loyer inférieure à 1,000 fr. : ce jugement est en dernier ressort, alors même que le tribunal se serait livré à l'interprétation d'un acte de vente immobilière. — *Cass.*, 16 août 1831, Fischer c. Jacques.

186. — Il faut décider, d'après ces principes, que lorsque l'objet de la demande n'excède pas 1,000 fr., le paiement qui intervient est en dernier ressort, quoique cet objet forme le reliquat d'une créance excédant cette somme. — *Cass.*, 27 déc. 1830, Bigeard c. Perrin; *Bruxelles*, 23 janv. 1810, Keymolin c. Brullemens; *Cass.*, 15 mars 1813, Seitz c. Thuninger; *Bourges*, 12 fév. 1814, Jamet c. Barbarin; *Amiens*, 22 mars 1822, Barras c. Bligny-Parisis; *Metz*, 27 janv. 1821, Bataille c. Duretête.

187. — Jugé de même que le jugement rendu sur la demande en paiement d'une somme inférieure à 1,000 fr., cédée sur une créance supérieure à 1,000 fr., est en dernier ressort, encore bien que le défendeur conteste la totalité de la dette, si, le cédant n'étant point en cause, il n'a été ni pu être formé contre lui aucune demande reconventionnelle. — *Cass.*, 23 avr. 1835, Mayne c. Laborde.

188. — .... Que le jugement qui intervient sur une demande au-dessous de 1,000 fr. est en dernier ressort, alors même que la demande a été formée pour restant de sommes plus considérables, et qu'il a été besoin, pour y faire droit, d'examiner des factures, quittances ou autres pièces se référant à des fournitures excédant 1,000 fr. — *Riom*, 28 janv. 1820, Delolme c. Rames.

189. — ... Qu'il en est de même du jugement qui statue sur une demande en déclaration affirmative formée contre un tiers saisi que le saisissant reconnaît débiteur seulement d'une somme de 500 fr., encore bien que cette somme de 500 fr. soit déclarée avoir fait partie d'une dette originaire de 3,000 fr. réduite depuis, par voie de compensation, à cette somme de 500 fr. — *Pau*, 18 janv. 1838 (t. 2 1840, p. 45), Nadalon c. les Postes.

190. — Jugé cependant que, lorsqu'une partie demande une somme inférieure au taux du dernier ressort, mais, selon elle, restant due sur une obligation d'une somme excédant ce taux, qu'elle conclut à la reconnaissance de la signature de l'obligation, et que le débiteur oppose la nullité de l'acte, le tribunal de première instance ne peut statuer qu'à la charge de l'appel. — *Colmar*, 2 août 1811, R... c. S...

191. — ... Que la demande en paiement d'une somme inférieure à 1,000 fr., mais formant le reliquat du prix d'une vente que le demandeur prétend avoir été de 1,000 fr. supérieur à celui que porte le contrat, ne peut être jugée en première instance qu'à la charge d'appel. — *Besançon*, 31 mars 1827, Ploux c. Poichet.

192. — ... Que lorsque, pour repousser une demande inférieure à 1,000 fr., le défendeur excipe d'une convention qui excède cette somme, le jugement qui intervient ne peut être rendu qu'à la charge de l'appel. — *Bourges*, 22 avr. 1825, Kriger c. Desfosses.

193. — ... Qu'un tribunal de première instance ne peut point prononcer en dernier ressort sur une demande en résolution d'un contrat dont la valeur excède 1,000 fr., encore bien qu'il ne soit réclamé qu'un reliquat moindre que cette somme. — *Orléans*, 21 déc. 1822, Jacquereau c. Loré.

194. — Suivant certains arrêts, le taux du ressort est fixé par la totalité de la somme dont le demandeur ne réclame qu'une portion, comme héritier seulement pour partie, si cette demande met toute la somme en litige. — *Riom*, 26 déc. 1808, Creuzot c. Tachard.

195. — Et réciproquement, lorsque, sur la demande faite à un héritier en paiement d'une somme de 600 fr. faisant partie d'une obligation de 1,200 fr. souscrite par le défunt, cet héritier soutient que l'obligation contient une donation déguisée, le jugement à intervenir n'est qu'en premier ressort. — *Toulouse*, 5 déc. 1821, Bourrel; *Riom*, 27 déc 1830, Ricard c. Jaubert.

196. — Selon la cour de Bourges, c'est au contraire le taux de la somme demandée, et non pas le taux réel de la créance, qui doit servir à déterminer le degré de juridiction. Si donc le créancier d'une succession, pour une somme excédant 1,000 fr., forme une saisie-arrêt contre l'un des héritiers seulement pour sa part, qui est inférieure à 1,000 fr., le jugement qui intervient est en dernier ressort, encore bien que la légitimité de la créance entière ait été mise en question. — *Bourges*, 30 déc. 1836, Langlois c. Louapt.

197. — Décidé dans le même sens qu'il faut réputer en dernier ressort le jugement rendu sur la demande d'un héritier contre son cohéritier en paiement d'une somme inférieure à 1,000 fr., quoique cette somme soit une portion de celle d'un remplacement militaire, que le défendeur doit rapporter à la succession de l'auteur commun, et qui est supérieure au taux du dernier ressort. — *Limoges*, 3 fév 1817, Fournier.

198. — ... Ainsi que le jugement intervenu sur la demande en paiement d'une somme de 660 fr. réclamée par des cohéritiers à un cohéritier, à raison et par suite d'un rapport de 2,600 fr. qu'ils prétendent devoir être fait par celui-ci à la succession de leur auteur commun. — *Douai*, 31 déc. 1840 (t. 1er 1841, p. 188), Lefebvre c. Basset.

199. — Par la raison inverse, le jugement qui intervient sur la demande formée indivisément pour une somme de 8,000 fr. contre la succession du débiteur est en premier ressort, encore bien que, si la somme réclamée était divisée entre chacun des héritiers, elle fût inférieure à 1,500 fr. — *Caen*, 8 déc. 1845 (t. 1er 1846, p. 435), Barbay c. Mangon.

200. — Lorsqu'à une demande en validité d'offres d'une somme inférieure à 1,000 fr. on oppose la nullité d'un acte dont l'intérêt est supérieur à 1,000 fr., le jugement qui statue sur ces deux prétentions respectives est en premier ressort. — *Bourges*, 11 nov. 1829, Dapremont c. Saintherand.

201. — Un jugement qui prononce sur une contestation au-dessous de 1,000 fr. est cependant en premier ressort, s'il repose sur un titre qui a été contesté dans toutes ses parties, et qui présente des valeurs au-dessus de 1,000 fr., ou des valeurs indéterminées. — *Grenoble*, 28 juin 1828, Nugues et Jacquier c. Bresse.

202. — Lorsque, sur une demande à fin de réduction au-dessous de 1,000 fr. d'une obligation qui excède cette somme, le défendeur conclut de son côté à ce que l'obligation soit maintenue, le jugement qui intervient n'est pas en dernier ressort. — *Amiens*, 30 nov. 1821, Donnet c. Bardet.

203. — Le jugement qui statue sur l'opposition à un précédent jugement par défaut, rendu sur la demande d'une somme supérieure au taux du dernier ressort, est susceptible d'appel, encore bien que, dans l'intervalle d'un jugement à l'autre, le remboursement ordonné par le premier ait eu lieu, et qu'il ait été dit dans la quittance qu'il ne restait plus de contestations entre les parties que relativement aux frais adjugés par le jugement par défaut, et montant seulement à 851 fr., si, d'ailleurs, les conclusions des parties ont porté sur toute la demande. — *Bourges*, 6 juin 1840 (t. 2 1841, p. 126), Julien c. de Latingy.

204. — On peut appeler d'un jugement, quoique rendu sur une demande réduite par le demandeur à une somme inférieure à 1,000 fr., si la défense du défendeur repose sur des faits graves pouvant constituer un délit. — *Montpellier*, 20-21 juin 1814, Loubes c. Farines.

205. — Le tribunal de première instance ne peut statuer en dernier ressort sur la demande en paiement de centimes par franc, promis en sus du prix d'une vente excédant 1,000 fr., lors même que la somme réclamée pour les centimes serait inférieure au taux du premier ressort. — *Cass.*, 21 avr. 1807, Tschaun c. Shemitt. — Dans ce cas, en effet, c'est la validité de la vente qui est contestée.

206. — Lorsque plusieurs parties ont vendu une créance, et que l'acheteur évincé les a appelées en garantie, celles de ces parties qui n'avaient qu'un droit inférieur à 1,000 fr. dans la créance vendue ne peuvent prétendre que le jugement qui intervient sur la garantie doive être, relativement à elles, un jugement en dernier ressort, surtout si l'acquéreur n'a pas été averti des différens droits de ses vendeurs. — *Rennes*, 23 août 1823, Capon c. Bugarré.

207. — Dans la contestation relative à un bail, lorsqu'un commandement est fait pour réclamer des fermages échus d'une valeur moindre de 1,000 fr., il n'y a lieu au dernier ressort, si l'ensemble des conclusions embrasse toutes les années de la durée du bail. — *Orléans*, 14 déc. 1816, N...

208. — Lorsque le preneur réclame, à raison de la non jouissance d'un objet compris dans son bail, une indemnité de tant par chaque année de ce bail, on doit, pour déterminer le premier ou dernier ressort, additionner toutes les indemnités annuelles, au lieu de ne considérer que le montant de la somme demandée pour chaque année. — *Cass.*, 11 avr. 1831, Dalicat c. Coulange.

209. — Quand le créancier d'une rente foncière créée par un titre commun à plusieurs détenteurs assigne ceux-ci en paiement des arrérages, le jugement intervenu sur cette assignation est susceptible d'appel s'ils prétendent que le titre constitutif est nul et alors même que la portion d'arrérages réclamée à quelques uns d'entre eux ne s'élèverait pas à 1,000 fr. — *Cass.*, 8 vent. an VIII, Marquès c. Schawenbourg. — Merlin (*Rép.*, vo *Dernier ressort*, § 7) critique cette décision, en ce que la cour de Cassation a fait dépendre la fixation du dernier ressort de la cause de l'obligation contestée, tandis que cette cour a souvent jugé que c'est uniquement la somme demandée qu'il faut considérer. — « On peut ajouter, dit Chauveau (*Dict. de procéd.*, vo *Ressort*, no 45), que la nullité du contrat n'était opposée que par exception, et par conséquent on ne devait pas y avoir égard pour la fixation du dernier ressort. »

210. — Le créancier d'une rente *dont le titre est*

contestable et qui a demandé le paiement d'arrérages échus qui, joints au capital, excèdent 1,000 fr. ne peut, pour obtenir un jugement en dernier ressort, restreindre ses conclusions à deux années d'arrérages et au remboursement du capital formant ensemble une somme inférieure à 1,000 fr. — *Bruxelles*, 25 avr. 1808, Noiset c. Lyon.

211. — Un tribunal de première instance ne peut statuer en dernier ressort sur la demande en paiement d'une annuité de rente inférieure à 1,000 fr., lorque la propriété de la rente est contestée au créancier, et que le montant de l'annuité joint au capital de la rente excède 1,000 fr. — *Liége*, 3 juill. 1812, Defooz c. Gathon.

212. — Est susceptible d'appel le jugement intervenu sur une demande inférieure à 1,000 fr., si la somme réclamée est une portion du capital d'une rente supérieure à cette somme, et si les défendeurs ont conclu à ce que le titre fût modifié. — *Bourges*, 9 avr. 1815, Peremet c. Macé.

213. — Il en de même du jugement qui condamne à payer une somme de 3 florins 60 cents, prix d'une année de dîme, si l'existence même de la redevance a été mise en question et prise en considération par le juge dans la décision du différend. — *La Haye*, 3 avr. 1829, N...

214. — Jugé cependant que, lorsque, sur une demande en remboursement d'un capital et d'arrérages de rente, montant à plus de 1,000 fr., le demandeur, sur le refus du défendeur de lui reconnaître qualité pour cette réclamation, la réduit à une valeur inférieure au taux du premier ressort, le jugement rendu en première instance est en dernier ressort, bien que le fait de l'existence ou de la non existence de la rente ait été débattu entre les parties. — *Bruxelles*, 29 avr. 1830, de Croeser c. N...

215. — Quelque constans que soient les principes rappelés plus haut, il arrive quelquefois qu'ils se trouvent contredits par des arrêts isolés, motivés du reste, la plupart du temps, par des circonstances particulières qui ont entraîné les magistrats.

216. — Ainsi, bien qu'il soit incontestable que les dernières conclusions des parties doivent seules être prises en considération pour fixer le ressort, parce que seules elles déterminent l'objet réel du litige (Benech, *Comm.* L. 11 avr. 1838, p. 81), il a été décidé qu'un jugement n'est pas en dernier ressort, quoique, une partie de la créance réclamée ayant été reconnue, la difficulté n'ait plus porté que sur une somme inférieure au taux du dernier ressort, si les juges ont cumulativement statué sur les deux sommes. — *Colmar*, 2 mars 1815, Hartmann c. Dreyfuss; — Carré, *Lois de compét.*, t. 4, p. 262 (éd. Foucher).

217. — ... Qu'un jugement est susceptible d'appel *s'il est rendu* sur une demande primitive excédant 1,000 fr., quoique des déclarations et explications données par les parties il résulte qu'il resterait dû seulement un reliquat moindre de 1,000 fr. — *Metz*, 20 août 1812, Moyen c. Bodson.

218. — On rencontre, dans les diverses espèces résolues, des nuances plus ou moins tranchées, dont le juge doit souvent tenir compte dans l'appréciation du ressort. Quel que soit, du reste, le mérite des distinctions faites dans certains arrêts, le principe que nous avons posé n'en est pas moins incontestable, car, même lorsqu'ils se sont trompés dans leurs décisions, les magistrats ont eu la prétention de l'appliquer.

219. — Ceci bien entendu, complétons le tableau de la jurisprudence par le rapprochement d'un certain nombre d'arrêts, qui viennent à l'appui de notre thèse. — C'est un point incontestable que le jugement d'un tribunal de commerce rendu sur une demande en paiement de 8,000 fr. à laquelle les défendeurs, loin de se reconnaître débiteurs, opposent, au contraire, qu'ils sont eux-mêmes créanciers de 432 fr., est susceptible d'appel. — *Cass.*, 12 mai 1806, Poncet c. Bertrand. — En effet, les conclusions du défendeur, loin de diminuer l'importance de la demande primitive, ont ajouté à la valeur du litige.

220. — Mais lorsque, sur une demande contenant plusieurs chefs qui, réunis, excèdent 1,000 fr., il n'y a eu, en définitive, contestation qu'à l'égard d'un chef d'une valeur au-dessous de 1,000 fr., le jugement est en dernier ressort. — *Bastia*, 30 (et non 20) nov. 1830, Conforlini c. Cagnazzoli.

221. — De même, le tribunal de première instance peut prononcer en dernier *ressort* sur une demande qui se compose de deux chefs dont la réunion excède 1,000 fr., si l'un d'eux n'est pas contesté, et que l'objet de l'autre rentre dans le taux du dernier ressort. — *Cass.*, 7 juin 1810, Monnier c. Lecardé.

222. — Lorsque la demande a pour objet le paiement d'une somme de 9,221 fr. 36 cent., sauf réduction des paiemens antérieurs justifiés par quittances écrites ou verbales, et sauf également remise de 10 p. 100 sur le prix de certaines fournitures livrées, il n'y a pas lieu à appel, lorsque, ces réductions opérées, la dette se trouve inférieure à 1,500 fr. — *Douai*, 5 mai 1841 (t. 1er 1842, p. 100), Lefebvre et Coquerel c. Joseph Deron.

223. — Lorsque l'objet de la demande est supérieur au taux du dernier ressort, mais qu'au moyen des déductions consenties par le demandeur, elle se trouve réduite à une moindre somme, le jugement est en dernier ressort. — *Bruxelles*, 31 juill. 1810, Boulard c. Fontaine; *Toulouse*, 24 juill. 1827, Debernat c. Lartigue.

224. — Est en dernier ressort le jugement intervenu sur une demande originairement s'élevant à 1,500 fr., mais réduite à 300, si la contestation n'a plus porté que sur cette dernière somme. — *Besançon*, 19 messid. an XIII, Bucman c. Garnier; *Colmar*, 9 juill. 1842 (t. 1er 1843, p. 103), Belzung c. Specet.

225. — On doit tenir compte, pour la fixation du ressort, de la déduction consentie par le demandeur de sommes qu'aurait pu payer le défendeur pour certaines causes déterminées, et cela, bien que la liquidation du chiffre à déduire n'aurait lieu que par suite d'une communication de pièces et d'une instruction opérées devant la cour. — *Caen*, 3 juin 1845 (t. 2 1845, p. 620), Laigniez c. Dupont.

226. — Par la même raison, lorsque le montant des articles contestés dans un compte n'excède pas 1,000 fr., le jugement qui règle ces débats est en dernier ressort, bien que d'ailleurs la somme des recettes et des dépenses de ce compte excède 1,000 fr. — *Amiens*, 30 déc. 1825, Chevallier c. Reusse.

227. — Est sujet à l'appel le jugement qui, sur la demande en réduction d'un état d'inscription formée contre le conservateur des hypothèques, ordonne cette réduction ou rectification, et cela encore bien que le montant des droits dont le conservateur est privé ne s'élève pas à 1,000 fr., si les créances dont la réduction est demandée sont supérieures à cette somme. — *Angers*, 9 fév. 1827, Lieutaud c. Camain.

228. — Réciproquement, un jugement rendu sur une demande en affectation d'hypothèque pour une créance au-dessous de 1,000 fr. n'est pas susceptible d'appel. — Dans ce cas, la fin de non-recevoir contre l'appelant n'est pas couverte par la défense au fond, sous le prétexte que la compétence en matière de juridiction est d'ordre public. — *Riom*, 25 août 1812, Blanc c. Vésian.

229. — Le jugement qui statue sur une demande en main-levée d'une inscription hypothécaire prise pour sûreté d'une somme inférieure à 1,000 fr. est en dernier ressort. — *Orléans*, 27 mai 1836, Dutard c. Ballot Lemay.

230. — Lorsqu'un créancier hypothécaire a formé contre plusieurs détenteurs une demande en paiement d'une somme inférieure, respectivement à chacun d'eux en particulier, à 1,000 fr., et qu'un seul conteste le jugement qui a statué sur la seule demande contestée, il n'en est pas moins susceptible d'appel. — *Liége*, 26 nov. 1829, Noireaux c. N.....

231. — Jugé qu'en matière de faillite le ressort se règle d'après la masse du passif, et non d'après les sommes que les créanciers réclament individuellement. — *Amiens*, 3 janv. 1826, Lesueur-Yot c. syndics Fournier. — V. FAILLITE.

Sect. 2e. — *Conclusions du demandeur.*

232. — Jusqu'ici, pour déterminer le ressort, nous n'avons considéré les conclusions des parties qu'à un point de vue général; nous allons maintenant examiner *isolément* quelle est l'influence, relativement à la fixation du point litigieux, des conclusions du demandeur et de celles du défendeur.

233. — Rappelons d'abord qu'en thèse générale c'est le demandeur qui, par le chiffre de sa demande, détermine la valeur du procès; mais que cette détermination n'est que provisoire; — qu'il lui est loisible de modifier ses conclusions en tout état de cause; — et qu'il peut aussi bien augmenter que restreindre ses conclusions, pourvu que ces additions soient une suite naturelle de sa demande originaire.

234. — Maintenant recherchons quels sont les chefs de conclusions qui influent sur la fixation du ressort.

235. — La loi du 11 avr. 1838, art. 1er, dit que les tribunaux de première instance sont compétens en premier et dernier ressort, jusqu'à la valeur de 1,500 fr. de *principal*.

236. — Par ces expressions : 1,500 fr. *de principal*, qui n'étaient pas dans le premier projet, on voit que le législateur a voulu maintenir la doctrine consacrée sous la loi du 16-24 août 1790.

237. — Cette doctrine se résume ainsi : — Il peut y avoir, dans les conclusions sur lesquelles le juge est appelé à prononcer, deux parties bien distinctes qu'il importe de ne pas confondre, à savoir : un chef *principal* et des chefs *accessoires*. L'objet du chef principal entre seul en considération pour fixer le ressort; on ne doit pas tenir compte des accessoires.

238. — Mais quels sont ces accessoires qu'il faut écarter dans la supputation de la valeur du litige? — La jurisprudence, comme on le verra plus bas, a donné à cet égard les solutions les plus opposées.

239. — Quant à présent, constatons seulement que c'est un point certain qu'il ne faut pas comprendre dans le montant de la demande les frais de l'instance, ni les intérêts ou les fruits échus postérieurement à l'assignation.

ART. 1er. — *Demande principale.*

240. — Comme on l'a dit ci-dessus, c'est à la demande principale qu'il faut s'attacher pour juger si l'appel est recevable. — *Liége*, 20 fév. 1812, Montigny c. Ferrard.

241. — Cependant le demandeur ne peut se soustraire à l'appel ou se le réserver en fixant arbitrairement le montant de sa demande. — *Trèves*, 29 niv. an XIII, S... c. N.....

242. — Ainsi, l'évaluation du demandeur devrait être repoussée, si elle contredisait les élémens d'appréciation constans au procès. — Le litige tomberait sous la règle des demandes indéterminées, s'il n'y avait aucune base d'évaluation, et que celle du demandeur ne fût pas acceptable.

243. — Lorsque les conclusions du demandeur renferment plusieurs chefs principaux, faut-il les cumuler pour déterminer le taux de la compétence? — La jurisprudence et les auteurs décident l'affirmative; néanmoins il est nécessaire de faire quelques distinctions.

244. — Si les chefs de demande procèdent d'une source unique, d'un seul titre, nul doute qu'ils ne doivent être cumulés. — Boitard, t. 3, p. 22, 1re édit.; Henrion, *Compét. jug. de paix*, ch. 13; Merlin, *Répert.*, vo *Dern. ressort*, § 6; *Quest. de droit*, t. 3, p. 179; Pigeau, t. 1er, p. 515; Carré, *Compét.*, t. 2, art. 281 et 346.

245. — A la vérité, sous l'ancienne jurisprudence, Rebuffe et Henrys étaient d'avis que, si le demandeur distinguait dans sa demande les différentes sommes dont elle se composait, au lieu de les présenter en masse et confusément de manière à ce qu'elles ne formassent qu'un tout sans division, le juge ne pouvait pas cumuler les divers chefs de demande pour déterminer le dernier ressort. — Henrys, liv. 2, ch. 4, quest. 15. — Mais Boutaric nous apprend que l'opinion contraire avait prévalu, et que la compétence de dernier ressort se déterminait par le montant de la demande, soit que les différentes sommes dont elle se composait eussent été séparées, soient qu'elles eussent été réunies. — Cette opinion, adoptée par Jousse, est encore celle qu'on suit aujourd'hui.

246. — En effet, on a constamment jugé qu'un tribunal ne peut juger en dernier ressort une demande dont les chefs s'élèvent à plus de 1,000 liv. — *Cass.*, 28 déc. 1792, Legrand et Boisle c. Chauvot; 26 avr. 1793, Louvet c. Lagage-Monthaut; 22 brum. an VII, Auberry c. Renaut; 1er niv. an VIII, Fleurat Laveyssière c. Puybonnieux; *Bourges*, 10 fév. 1844 (t. 1er 1845, p. 230), Girard c. Riberolle.

247 — ... Que, lorsqu'un délit a été commis sur le territoire d'une commune, on doit, pour fixer le dernier ressort, cumuler les dommages-intérêts adjugés à la partie lésée et l'amende prononcée au profit de la république. — *Cass.*, 2 flor. an IX, comm. de Pernes c. Traverse.

248 — ... Qu'il faut considérer comme susceptible de deux degrés de juridiction l'action par laquelle un individu réclame 1o la nullité, en la forme, d'un emprisonnement effectué pour obtenir paiement d'une dette supérieure à 1,000 fr.; 2o la validité des offres de 806 fr. faites pour payer le reliquat de sa dette, laquelle s'élevait à 1,794 fr.; 3o 950 fr. à titre de dommages-intérêts. — *Cass.*, 3 pluv. an XII, Delilia c. Berger.

249. — Néanmoins, lorsque le demandeur a réclamé 925 fr. d'une part et telle autre somme qu'il plaira au tribunal lui adjuger pour un autre chef, si le tribunal adjuge, pour ce dernier chef, une somme qui, réunie à la première, n'excède pas 1,000 fr., ce jugement est en dernier ressort. — *Grenoble*, 24 juin 1818, Clavel c. Bilhard.

250. — Si les différens chefs de demande proviennent de plusieurs titres, la question est plus douteuse. En effet, on peut dire que chacune des

demandes, étant séparée, pouvait et devait former, par sa nature, la matière d'un litige et d'un procès distinct, et que la réunion accidentelle, dans un exploit commun, de deux chefs de demande parfaitement isolés, n'empêche pas que le tribunal ne statue sur chacun d'eux sans appel, si chacun d'eux ne dépasse pas les limites du dernier ressort.

251. — Malgré ces considérations, il faut décider avec M. Boitard (t. 3, p. 23) que, l'intérêt du litige étant supérieur à 1,500 (autrefois 1,000), le jugement qui intervient peut être frappé d'appel.

252. — Jugé en ce sens qu'une demande qui a pour objet une somme au-dessus de 1,000 fr., encore bien qu'elle soit fondée sur plusieurs billets dont chacun est au-dessous de cette somme, est susceptible de deux degrés de juridiction. — *Bastia*, 2 mai 1837 (t. 1er 1840, p. 302), Ristani c. Susini.

253. — ... Que, lorsqu'une saisie-arrêt a été pratiquée pour sûreté d'une créance principale de 800 fr., et d'une somme de plus de 200 fr. pour dépens adjugés par un précédent jugement, le jugement qui intervient est susceptible d'appel, bien que la distraction des dépens dont le saisissant poursuit le recouvrement ait été faite en faveur de l'avoué. — *Cass.*, 22 nov. 1832, Frémont-Adeline c. Parinite.

254. — Faut-il cumuler les demandes formées par exploits séparés? — Sur ce point, la doctrine change, et avec raison; car deux demandes distinctes, formées dans deux exploits séparés, constituent deux procès; et il est clair que la jonction matérielle des causes, destinée seulement à faciliter l'instruction, ne saurait préjudicier à l'évaluation du ressort.

255. — En conséquence, lorsqu'un porteur de diverses traites, toutes inférieures à 1,500 fr., et souscrites par le même individu, a formé des demandes en paiement, et les a introduites pour chaque traite par exploits séparés, la jonction de ces demandes, quel que soit le taux auquel leur réunion s'élève, n'empêche pas qu'il ne doive être statué en dernier ressort par le tribunal de commerce qui en a été saisi. — *Bourges*, 8 mai 1840 (t. 1er 1841, p. 308), Laurent et Comp. c. Laroche; *Cass.*, 19 avr. 1830, Fouet c. Calvet et Boussié.

256. — La condamnation en garantie de plusieurs demandes séparées, chacune au-dessous de 1,000 fr., mais qui, réunies, excèdent cette somme, peut être prononcée en dernier ressort. — *Bruxelles*, 9 frim. an XIV, Bronier c. Muret.

257. — Cependant la Cour de Grenoble a jugé, mais à tort, qu'on peut appeler d'un jugement rendu sur plusieurs demandes formées par actes séparés, et inférieures à 1,000 fr., mais qui réunies dépassent cette somme. — *Grenoble*, 6 mars 1810, N..... c. N.....

258. — Faut-il cumuler les demandes pour évaluer le ressort, quand il y a plusieurs demandeurs? — Quelques distinctions sont encore nécessaires.

259. — Quand plusieurs demandeurs agissent ensemble contre un seul défendeur, il faut rechercher si la demande dérive d'intérêts distincts ou d'intérêts communs. — Dans le premier cas, la communauté d'instance est purement matérielle, et ne conduit pas le procès au deuxième degré de juridiction. — Dans le second, il faut encore distinguer. — La dette est-elle *solidaire* ou *indivisible*, la compétence est réglée par le montant intégral de la demande. — Il est inutile d'expliquer ici pourquoi, dans le cas de dette solidaire ou indivisible, la division des demandes ne peut avoir lieu. Nous devons seulement rappeler un principe déjà expliqué: c'est que le ressort se règle d'après l'objet *contesté*. — Et, quand la dette est solidaire ou indivisible, elle est nécessairement contestée dans son intégralité. — Au contraire, la dette n'est-elle ni solidaire ni indivisible, il y a autant de procès distincts qu'il y a de demandeurs, et par conséquent le taux du ressort doit se déterminer d'après le chiffre de chacune des demandes isolément considérées.

260. — En résumé, 1° il ne faut pas cumuler la valeur des demandes, quand l'intérêt des demandeurs est distinct; — 2° il ne faut pas cumuler la valeur des demandes, lorsque l'intérêt des demandeurs est commun, mais que la dette n'est ni solidaire ni indivisible; — 3° il faut cumuler la valeur des demandes, lorsque l'intérêt des demandeurs est commun et que la dette est solidaire ou indivisible.

261. — Nous allons retrouver l'application des deux premières règles dans les monumens de la jurisprudence; quant à la troisième, si elle n'a donné lieu à aucun arrêt, c'est qu'elle découle d'un principe évident que nul n'oserait contester.

262. — 1re RÈGLE. — Lorsque plusieurs parties se réunissent pour former, par le même exploit, des demandes distinctes et particulières à chacune d'elles, mais fondées sur des moyens communs à toutes, dont aucune n'excède 1,000 fr., mais qui, réunies, s'élèvent au-dessus de cette somme, il y a lieu au dernier ressort. — *Cass.*, 11 fructidor an XI, Collot c. Barrat; — Jousse, *Tr. des Présidiaux*, part. 1re, ch. 1er, § 2, no 2; Carré, *Compétence*, t. 4, p. 276, no 293 (2e édit.); Boitard, t. 3, p. 21; Merlin, *Rép.*, vo *Dernier ressort*, § 7.

263. — N'est pas susceptible d'appel le jugement d'un tribunal de première instance qui taxe les frais de l'avoué et les honoraires de l'avocat d'une partie, lorsque les sommes allouées à chacun d'eux prises séparément ne dépassent pas 1,000 fr., quoique réunies elles l'excèdent. — *Florence*, 15 juin 1810, Curli c. Piccioli.

264. — Est en dernier ressort le jugement qui statue sur deux demandes formées simultanément par deux parties différentes, bien que ces demandes réunies excèdent le taux du dernier ressort, si chacune d'elles, prise isolément, a pour objet une somme inférieure à ce taux. — *Paris*, 26 déc. 1810, Tondu c. Leuba; *Rouen*, 23 fév. 1843 (t. 2 1843, p. 50), Leboutre c. Massiel; *Lyon*, 8 août 1826, d'Aubigny c. Deregis; *Aix*, 17 déc. 1838, Guilbert c. B...; *Toulouse*, 27 fév. 1836, Soulque c. Dejean; *Besançon*, 26 mars 1838 (t. 1er 1839, p. 319), Mathey c. Grézely; *Aix*, 17 déc. 1838 (t. 1er 1839, p. 319), Guilbert c. B...

265. — Quoique plusieurs demandes soient formées par un même exploit, elles doivent être divisées, pour connaître le ressort de chacune d'elles, si chaque demandeur n'a pris que des conclusions à lui personnelles; peu importe que ces demandes soient appuyées sur les mêmes moyens; peu importerait même qu'il n'y eût qu'un seul titre, si elles avaient des causes différentes. — *Bourges*, 10 nov. 1823, Dumont-Millet c. Barthélemy; *Grenoble*, 11 fév. 1824, Roche c. Falque; *Rennes*, 7 mars 1826, Nogues c. Michel.

266. — Ainsi est en dernier ressort le jugement qui statue sur la demande formée conjointement par plusieurs cessionnaires partiels d'une même créance, et quoique leurs créances réunies dépassent le taux du dernier ressort, si l'intérêt de chacun d'eux est inférieur à ce taux, et que le titre commun ne contienne aucune stipulation de solidarité à leur profit. — *Nancy*, 10 juill. 1841 (t. 2 1842, p. 722), Rouyer c. Thomas.

267. — A plus forte raison un jugement est rendu en dernier ressort, bien que la demande soit supérieure à 1000 fr., et ait été introduite par un même exploit, lorsque les demandeurs ont conclu à des sommes distinctes et séparées, et même sur plusieurs articles, pour des causes différentes, et non communes, et que chacune des demandes n'excède pas 1,000 fr. — *Besançon*, 8 juill. 1825, Berrard c. Sajot.

268. — Lorsque plusieurs actions formées dans la même instance, par des parties différentes, sont distinctes, et ne peuvent donner lieu à compensation, l'une de ces actions est jugée en dernier ressort, si elle a pour objet moins de 1,000 fr., quoique, relativement aux autres, le jugement soit sujet à l'appel. — *Rennes*, 20 mars 1826, Guillou.

269. — Est en dernier ressort le jugement qui rejette une demande en privilège formée par plusieurs créanciers d'un même débiteur, en vertu de titres distincts et personnels, si la créance de chacun d'eux n'excède pas 1,000 fr. — *Agen*, 13 août 1831, Barrié c. Rangouze.

270. — Si plusieurs individus, créanciers chacun de sommes inférieures à 1,500 fr., se réunissent pour présenter une requête afin de former une saisie-arrêt sur un débiteur commun, le jugement rendu sur la poursuite des créanciers ainsi réunis est en dernier ressort, bien que le total des diverses créances excède 1,500 fr. — Peu importe que le débiteur ait répondu à cette demande collective sans distinguer entre les divers créanciers, ou même qu'il ait formé contre eux une demande reconventionnelle tendant à les faire condamner solidairement à des dommages-intérêts dont le chiffre serait supérieur à 1,500 fr. — *Rouen*, 31 août 1839 (t. 2 1839, p. 523), Bérard c. Bringeon.

271. — L'action des experts en paiement de leurs honoraires et déboursés est personnelle et divisible; d'où il suit que, quoiqu'ils aient réuni leurs réclamations, et qu'il n'y ait eu, dans leur intérêt commun, qu'une instance unique, le jugement qui intervient est en dernier ressort si, conformément à l'art. 1er, L. 11 avr. 1838, la part afférente à chacun d'eux ne dépasse pas la somme de 1,500 fr.; n'importe que le coût entier de l'expertise la dépasse, alors surtout qu'ils ont déterminé ce qui leur revenait individuellement. — *Bourges*, 13 avr. 1840 (t. 2 1840, p. 618), Bergeron c. Dossois.

272. — L'appel d'un jugement qui statue sur la demande collective de plusieurs ouvriers en paiement de sommes dont le total est supérieur à 1,500 fr., mais dont les parties afférentes à quelques-uns d'entre eux sont inférieures à cette somme, est non recevable à l'égard de ces derniers. — *Paris*, 4 janv. 1842 (t. 1er 1842, p. 78), Hérodier c. Gorel.

273. — Cependant il a été jugé, mais à tort, que l'on peut appeler du jugement rendu sur la demande de plusieurs personnes réunies qui ont réclamé une somme supérieure à 1,000 fr., lors même que la portion revenant à chacune d'elles serait inférieure à cette somme. — *Turin*, 7 prair. an XI, Guy-Ambrone; *Metz*, 26 mai 1823, Percheron.

274. — Il a encore été décidé que le jugement rendu sur deux demandes intentées par deux porteurs de lettres de change différentes dont chacune n'excède pas 1,000 fr., si ces demandes ont été réunies du consentement des parties et s'il s'agit de savoir si le défendeur doit 3,000 fr. ou si les traites n'en forment qu'une de 1,000 fr., est susceptible d'appel. — *Cass.*, 23 mai 1808, Dubasque c. Dupeyron.

275. — Il faut toutefois admettre que le jugement rendu sur la demande formée collectivement par tous les héritiers, dans l'intérêt de l'hérédité, à fin du paiement d'une créance indivise résultant d'un titre unique au profit du défunt, est susceptible d'appel, encore bien que la part de chacun de ces héritiers soit au-dessous de 1,500 fr. — *Douai*, 27 déc. 1843 (t. 1er 1844, p. 208), Prévost c. Thuilliez; *Lyon*, 5 mars 1830, Montagnon c. Staron; 2 mars 1833, Einpl. de l'octroi c. Merle; *Toulouse*, 2 avril 1833, Carbonnel c. Tellier. — Il en serait toutefois autrement si la demande n'était formée par les héritiers qu'après le partage; alors ce ne serait plus une hérédité, mais chaque héritier personnellement, qui serait partie au procès.

276. — 2e RÈGLE. — Lorsque, après le partage d'une succession, divers co-héritiers demandent une somme en provenant et supérieure à 1,000 fr., mais dont chacun d'eux n'a, par l'effet du partage, la propriété que pour une portion d'une valeur de 988 fr., le jugement qui repousse leur demande n'est pas susceptible d'appel de leur part. — *Poitiers*, 17 mars 1831, Dubois c. Dardillac.

277. — Il a même été décidé que, lorsque plusieurs cohéritiers se réunissent pour former une demande supérieure à 1,000 fr., qui a pour objet le reliquat d'un compte fait entre eux, le jugement qui intervient n'est rendu qu'en premier ressort, quoique la portion qui revient à chaque demandeur soit inférieure à 1,000 fr. — *Besançon*, 26 mars 1827, Comte c. Jorand.

278. — ... Et, dans une autre espèce, que le jugement qui statue sur une demande formée par deux personnes, fondée sur le même titre et les mêmes faits, n'est point en dernier ressort, si cette demande excède 1,000 fr. et n'a pas été divisée par elles, en sorte que chacun des demandeurs eût une part inférieure au taux du dernier ressort. — *Douai*, 2 juin 1819, Alys.

279. — Le jugement qui prononce sur une demande formée par les héritiers d'un créancier, contre ceux d'un débiteur, pour une somme excédant 1,500 fr., est en dernier ressort si, par suite de la division des créances et des dettes entre héritiers, la portion due par chacun des défendeurs à chacun des demandeurs est inférieure à ce taux. — *Toulouse*, 17 juin 1840 (t. 1er 1841, p. 429), Pomiers c. Bagneris.

280. — Sous l'empire de la loi de 1790, la demande formée par la veuve, commune en biens, et par les héritiers du créancier, devait être jugée en dernier ressort quand l'intérêt de chacun des ayant-droit dans la créance était inférieur à 1,000 fr., encore qu'ils eussent agi conjointement et dans un même intérêt. — *Poitiers*, 28 janv. 1842 (t. 1er 1842, p. 255), Pageon c. Guérin.

281. — Lorsque des intérêts, d'abord distincts et divisés, se réunissent sur la même tête, il faut cumuler les divers chefs de demande pour fixer la compétence. — Boitard, t. 3, p. 22.

282. — Ainsi, quand un créancier a compris dans une demande ce qui lui est dû personnellement et ce qu'il répète comme cessionnaire d'un tiers, le jugement qui intervient est sujet à l'appel, si les deux objets réunis excèdent 1,000 fr., quoique chacun de ces objets divisés soit au-dessous de cette somme. — *Bruxelles*, 15 janv. 1813, Vandamme c. Vandenberg.

283. — La condamnation à une somme excédant 1,000 fr., mais composée de plusieurs sommes dont chacune est inférieure à ce taux, ne peut être prononcée en dernier ressort, si ces sommes, originairement dues à plusieurs, se trouvent réunies dans les mains d'un seul cessionnaire. — *Cass.*, 10 août 1813, Roux c. Deleuil.

284. — Faut-il cumuler les demandes pour évaluer le ressort, quand il y a en cause plusieurs défendeurs? — Une distinction est indispensable;

il faut rechercher : 1° s'il s'agit de dettes communes ou particulières; — 2° si, dans le cas où la dette est commune, il y a ou n'y a pas solidarité ou indivisibilité. — Benech, *loc. cit.*, p. 152 et suiv.

285. — Quand les dettes réclamées sont distinctes, et que chaque défendeur agit dans un intérêt qui lui est propre, il est certain que l'on doit examiner séparément ce que l'on demande à chacun d'eux, pour évaluer le ressort.

286. — Lorsque, au contraire, la dette est commune aux défendeurs, il est deux cas dans lesquels on devra évaluer le ressort d'après la valeur des demandes réunies. Dans les autres, le principe de la division des dettes devra prévaloir. — Il faudra cumuler les demandes : 1° dans le cas de solidarité; car le procès mettra toute la dette en question; — 2° si la dette est indivisible. — Dans tous les autres cas de dette commune, la compétence du tribunal se détermine selon la part de chaque défendeur.

287. — Conformément à la règle qui maintient la division de la dette commune, quand elle n'est ni solidaire, ni indivisible, on a jugé que les demandes formées par la même partie et le même exploit contre deux ou plusieurs personnes sur des titres particuliers à chacune d'elles et non communs, doivent être considérées séparément pour déterminer la compétence en premier ou dernier ressort, lors même qu'il aurait été statué sur toutes ces demandes par un seul et même jugement; qu'en conséquence, aucune de ces demandes n'est susceptible de deux degrés de juridiction si elle n'excède pas 1,000 fr. — *Cass.*, 17 niv. an XIII, Dufreix c. Bradier et Banciat; *Orléans*, 5 janv. 1844 (t. 1er 1844, p. 218), Marcel Marchenoir c. Beigt.

288. — ...Que les tribunaux de première instance peuvent statuer en dernier ressort sur la demande formée contre un co-débiteur non solidaire, en paiement d'une somme moindre de 1,000 fr. pour sa part personnelle, quoique la totalité de la somme due excède 1,000 fr. — *Cass.*, 12 août 1806, Chenais c. Chevalier.

289. — ...Que, lorsqu'à la suite de plusieurs commandemens dirigés contre autant d'individus différens, il y a eu opposition de la part de chacun de ceux-ci, et que toutes ces instances ont été jointes, le jugement est en dernier ressort, si l'intérêt particulier de chacun des opposans est inférieur à 1,000 fr. — *Montpellier*, 9 déc. 1825, Fouet c. Calvet et Boissier; *Cass.*, 19 avr. 1830, Fouet c. Calvet et Boissier; *Bruxelles*, 23 avr. 1829, Gromphont c. Nickens; *Toulouse*, 16 fév. 1839 (t. 2 1839, p. 291), Collinet c. Daran et Rouzès.

290. — ...Que le jugement rendu sur une demande contre plusieurs co-héritiers, en paiement d'une somme supérieure à 1,000 fr., mais pour laquelle chacun d'eux n'est tenu que pour une portion inférieure, n'est pas susceptible d'appel. — *Toulouse*, 18 mars 1833, Syndics Carol c. héritiers Romestin.

291. — ...Enfin, que la demande formée par un seul et même exploit contre divers assureurs, en paiement de la part contributive de chacun d'eux dans une avarie, est jugée en dernier ressort par le tribunal à l'égard de ceux des assignés dont la part contributive est inférieure à 1,000 fr., bien que les sommes réclamées contre eux tous s'élèvent en masse à un taux plus considérable. — *Bordeaux*, 8 mars 1841 (t. 1er 1841, p. 709), Bernard c. Assureurs. — V. *contrà Bordeaux*, 24 nov. 1829, Arrigunaga c. Assureurs.

292. — Contrairement à cette jurisprudence, bien établie, il a été décidé, mais à tort, que lorsque deux particuliers sont assignés conjointement en paiement de sommes qui, réunies, excèdent le taux du dernier ressort, le jugement qui statue est en premier ressort vis-à-vis de tous deux, bien que, pris divisément, l'intérêt de chacun n'excède pas ce taux. — *Turin*, 26 fév. 1812, Galli et Reggio c. Gros.

293. — ...Que le taux du ressort se détermine par la quotité de la somme réclamée par le demandeur, quoique plusieurs parties aient chacune un intérêt distinct au-dessous de ce taux. — *Rennes*, 18 sept. 1813, N...

294. — ...Qu'on peut appeler du jugement qui statue sur l'opposition faite par un seul acte contre deux jugemens par défaut qui prononcent chacun une condamnation au-dessous de 1,000 fr., mais dont les deux condamnations réunies dépassent 1,000 fr., si le demandeur n'en a pas réclamé la division. — *Rouen*, 8 fév. 1820, Mesnil c. Goujon.

295. — Jugé également que, quoique le créancier d'une somme supérieure à 1,000 fr. ait divisé son action entre ces divers débiteurs, le jugement qui statue contre un d'eux sur une demande moindre de 1,000 fr. est néanmoins susceptible d'appel. — *Toulouse*, 29 nov. 1819, Descoin c. Rielle.

296. — 3e RÈGLE. — Quant à la règle posée sur les dettes solidaires et indivisibles, elle est consacrée par un arrêt qui décide que la demande en garantie formée par un défendeur assigné en paiement d'une somme due par plusieurs, mais excédant par son indivisibilité le taux du dernier ressort, est susceptible de deux degrés de juridiction. — *Riom*, 5 mai 1809, Blatin c. St. Priest.

ART. 2. — *Contestations incidentes.*

297. — Les contestations incidentes au principal doivent-elles influer sur le ressort, en s'ajoutant au litige préexistant? — Nous n'entendons parler ici que des conclusions du demandeur, ou de celles qui seraient prises par un tiers autre que le défendeur.

298. — La réponse à cette question peut offrir, même dans un cercle étroit, quelque difficulté. Ni les arrêts, ni les auteurs ne sont absolument d'accord

299. — Il faut d'abord rechercher de quelle nature peuvent être les contestations soulevées incidemment soit par des tiers, soit par le demandeur principal

300. — De la part des tiers, il peut y avoir intervention active ou passive. — *Active*, quand des tiers forment eux-mêmes une demande en intervention. — *Passive*, quand ils sont mis en cause par l'une des parties. — Dans les deux cas, la solution nous paraît être d'une grande simplicité. — Il faut, en effet, examiner si les conclusions des tiers augmentent les valeurs du litige et, dans ce cas, les ajouter aux conclusions principales

301. — A plus forte raison y a-t-il lieu à appel lorsque la demande de l'intervenant excède le taux du dernier ressort. Ainsi, quand l'exploit introductif d'instance a pour objet une somme inférieure à 1,000 fr., mais qu'une partie intervenante forme une demande excédant 1,000 fr., le jugement qui intervient est sujet à l'appel entre toutes les parties. — *Bruxelles*, 5 avr. 1823, Lamberts et H. Winnepeninckx c. N...

302. — Une demande inférieure au taux du dernier ressort ne cesse pas d'avoir ce caractère et ne devient pas sujette à appel par cela seul que dans le cours de l'instance on a soulevé une question intéressant des tiers et portant sur une valeur supérieure à ce taux, alors que, ces tiers n'étant pas partie en cause, le jugement ne pouvait produire aucun effet à leur égard. — *Cass.*, 15 juin 1842 (t. 2 1842, p. 310), de Berny c. Indemme et Morel.

303. — De la part du demandeur, il peut y avoir des demandes incidentes, suscitées par le système de défense de son adversaire. — Sur ces demandes, on juge en général que la demande incidente est un pur accessoire, qui doit suivre le sort du principal, sans influer sur les degrés de juridiction qu'il devra parcourir. — *Colmar*, 16 avr. 1808, Fruhe c. Gsell.

304. — Cette proposition est exacte en thèse générale. — Carré (*Compét.*, art. 285) établit que le juge, autorisé par la loi à statuer en dernier ressort, a le droit de prononcer de la même manière sur tous les *incidens* et *exceptions* qui surviennent dans le cours du procès; et il se fonde, avec d'Aguesseau, sur ce que ces accidens de la cause n'en sont que l'accessoire, et doivent, par conséquent, suivre le sort principal. — Mais quel est le sens des mots *incidens* et *exceptions?* — Suivant Carré, c'est toute exception ou contestation, tout événement, qui, s'élevant dans le cours d'une instance, s'attache à la demande et s'y identifie de manière que la contestation sur le principal et celle sur l'incident ne composent qu'une seule et même instance. De ce nombre sont les interventions, les récusations d'experts ou de juges, les constitutions de nouvel avoué, les demandes en reprise d'instance, les péremptions, les exceptions dilatoires de toute espèce, etc. — V. conf. Merlin, *Rép.*, vo *Dernier ressort*, § 14, et *Quest. de droit*, *eod. verbo*, § 2; Bigeau, t. 1er, p. 518, 2e alin. — « Cependant, dit Chauveau, cette opinion trouve de la contradiction dans quelques cas particuliers qu'il importe de signaler. Et d'abord faut-il l'appliquer aux cas de faux incident civil et de vérification d'écritures? Il faut distinguer : si le tribunal devant lequel cet incident est soulevé se trouve incompétent *ratione materiæ*, il devra s'abstenir et renvoyer devant le juge qui doit en connaître, sauf à statuer au fond, après le jugement de l'incident. Ainsi, dans ce cas, l'*accessoire* ne suivra pas le sort du principal; la nature des choses et le texte de la loi y répugnent. » — V. art. 14 et 27, C. procéd.; Carré, *Compét.*, t. 2, p. 67, no 322; Merlin, *Rép.*, vo *Dernier ressort*, § 14. — Si, au contraire, le tribunal a pu statuer sur l'exception, on devra, ce semble, ne considérer cet incident que comme un pur accessoire, qui ne doit point influer sur la fixation du dernier ressort; cependant nous devons dire que, même dans ce cas, il s'élève encore quelque opposition. — La difficulté est encore plus grande lorsque la contestation incidente porte sur la qualité à donner aux parties, par exemple, celle d'héritier, de donataire, etc ; ou enfin, lorsqu'à une demande déterminée et en dernier ressort le défendeur oppose la nullité du titre sur lequel elle repose.

305. — Quoi qu'il en soit, lorsque l'action principale ne peut être jugée qu'en premier ressort, tous les incidens qui s'y rattachent, quelles qu'en soient la nature et la valeur, sont également en premier ressort. — *Metz*, 17 juill. 1823, Roncin c. Bausseron.

306. — Réciproquement, bien que, pour parvenir à la décision d'une cause qui, d'après la valeur de la demande, est inférieure à 1,000 fr., il soit nécessaire que les juges examinent des questions de propriété qui par leur nature excéderaient l'attribution du dernier ressort, cet examen, n'étant fait qu'incidemment à l'action principale, n'en peut détruire le principe qui reste toujours la base unique du procès dont la décision n'est pas susceptible d'appel. — *Orléans*, 14 déc. 1820, Lemaître c. Pingot.

307. — En conséquence, la demande en validité d'offres d'une somme inférieure à 1,000 fr., faite par un avoué à un huissier, pour honoraires et déboursés d'une signification, doit être jugée en dernier ressort par le tribunal de première instance, quoique l'huissier ait soulevé, à l'occasion de cette demande, la question de savoir à qui, des avoués ou des huissiers, est dû le droit de copie d'un jugement signifié. — *Bordeaux*, 20 fév. 1834, Martinon c. Gasqueton.

308. — Lorsqu'une partie a fixé par acte à une somme au-dessous de 1,000 fr. des droits résultant d'un bail, et que, ensuite, sur la demande en paiement de la somme promise, elle conclut à la nullité de l'acte, le tribunal civil, en déclarant l'acte nul, peut prononcer en dernier ressort, quoique le bail excédât 1,000 fr. — *Nîmes*, 2 avr. 1818, Gibert c. Rolland.

309. — Quand, sur la poursuite d'une saisie-arrêt pratiquée pour une somme n'excédant pas 1,000 fr., le saisissant forme incidemment, comme exerçant les droits du saisi contre le tiers saisi, une demande en désistement et en partage, et n'ayant d'autre but que le paiement de sa créance, le jugement à intervenir est en dernier ressort. — *Riom*, 1er déc. 1815, Garcelon c. Veyssière.

310. — Le jugement sur la demande en nullité d'une enquête n'est pas susceptible d'appel, lorsque l'objet de cette enquête est d'obtenir une condamnation d'une valeur au-dessous de 1,000 fr. — *Grenoble*, 2 mars 1822, Curt c. Pellet.

311. — On ne peut appeler d'un jugement qui statue sur une inscription de faux incident, si l'objet de la demande n'excède pas 1,000 fr. — *Caen*, 14 déc. 1821, Lemaître c. N...; *Toulouse*, 13 avr. 1825, Angely; *Bordeaux*, 6 juill. 1826, Marty c. Laborie; *Montpellier*, 20 nov 1828, Costaing c. Barascut.

312. — Jugé, toutefois, que lorsqu'à la suite d'une demande dont l'objet est moindre de 1,000 fr., il y a lieu à une inscription de faux incident, à l'occasion de laquelle l'une des parties réclame des dommages-intérêts excédant cette somme, il ne peut être prononcé en dernier ressort par le tribunal de première instance. — *Orléans*, 24 janv. 1816, N... c. N...; *Paris*, 11 juill. 1807, Maubourge c. Denogent.

313. — Lorsque, accessoirement à une instance en premier ressort, il s'élève un incident relativement à la vérification d'un titre de créance inférieure à 1,000 fr., dont la signature est méconnue, le jugement qui statue sur cet incident est aussi en premier ressort. — *Metz*, 27 juin 1823, Gentil c. Caffarj.

314. — Mais le jugement qui prononce sur une demande en renvoi pour connexité, incidente à un procès qui n'excède pas le taux du dernier ressort, n'est pas sujet à l'appel. — *Bruxelles*, 15 avril 1830, Bertaut c. André.

ART. 3. — *Demandes accessoires.*

315. — Maintenant il s'agit de savoir s'il y a à distinguer les demandes *accessoires* des demandes *incidentes*, et dans quels cas ces demandes doivent concourir à fixer le taux du dernier ressort.

316. — L'édit des présidiaux du mois d'août 1777 portait textuellement : « Les juges présidiaux auront la connaissance, en dernier ressort, des demandes de sommes fixes et liquides qui n'excéderont pas la somme de 2,000 livres, tant pour le principal que pour les *intérêts et arrérages échus avant la demande*. — A l'égard des intérêts, arrérages ou restitutions de fruits *échus* DEPUIS *la demande, dépens, dommages-intérêts*, ILS NE SERONT

PAS COMPRIS DANS LA SOMME QUI DÉTERMINE LA COMPÉTENCE. »

317. — Il est fâcheux, sans doute, que ni la loi du 16-24 août 1790, ni celle du 11 avr. 1838 n'aient prévu la même difficulté, ou du moins qu'elles ne l'aient pas tranchée d'une manière aussi explicite. Cependant Merlin ne doute pas que l'intention du législateur n'ait été de consacrer une distinction aussi judicieuse. — Merlin, *Quest.*, vo *Dernier ressort*, § 10, p. 183, 1re col.; *Rép.*, vo *Dernier ressort*, § 11, p. 387, 2e col. — V. aussi Carré, *Compét.*, t. 2, p. 62, art. 284, no 320; Pigeau, t. 1er, p. 513, 3e régl.; Benech, *ubi suprà*, p. 73.

318. — « Les intérêts, dit ce dernier auteur, les fruits échus, les frais faits depuis la demande, les dommages-intérêts résultant de faits postérieurs à l'instance, n'étant que des accessoires de la demande principale, ne doivent pas être cumulés avec celle-ci pour la détermination du ressort. Cependant, par la raison contraire, les intérêts et arrérages échus, les frais faits avant la demande, les dommages-intérêts qui dérivent d'une cause antérieure au litige, forment l'objet d'une demande principale, et doivent entrer en ligne de compte pour fixer l'étendue des pouvoirs du juge. »

319. — Cette doctrine a été plusieurs fois adoptée par la jurisprudence, soit depuis la loi de 1790, soit depuis celle du 11 avr. 1838.

320. — Ainsi il a été jugé, en thèse générale, que, pour déterminer le dernier ressort, il faut s'attacher à la valeur de l'objet principal de la demande, sans avoir égard à une réclamation accessoire non échue au moment où la demande principale a été formée. — *Lyon*, 27 avr. 1839 (t. 1er 1840, p. 176), Roblin c. Bernard; — Merlin, *Quest.*, vo *Dernier ressort*, § 11; Carré, no 288; Henrion de Pansey, *Aut. jud.*, p. 246.

321. — ... Que les fournitures faites au moment de la demande peuvent seules servir à déterminer le premier ou le dernier ressort; mais que celles à faire ne doivent pas être comptées pour cet objet; qu'il en est de même de toutes les demandes accessoires ou conditionnelles qui, en les supposant formées isolément, ne seraient ni recevables ni fondées au moment de l'assignation. — *Douai*, 22 juin 1842 (t. 2 1842, p. 217), Camen c. Frison-Vienne et Demeestère; — Bioche et Goujet, *Dict. de proc.*, vo *Ressort*, no 14.

322. — Ainsi, le principe est reconnu par les auteurs et par la jurisprudence; la distinction indiquée dans l'édit des présidiaux prévaut; toutefois, il est certaines applications du principe qui souffrent plus de difficultés que les autres, et, par cette raison, il est nécessaire de ne pas les confondre toutes dans le même paragraphe.

§ 1er. — *Intérêts de la somme litigieuse en général.*

323. — Relativement aux intérêts en général, il n'y a, en quelque sorte, aucune difficulté d'application; il n'y a qu'une seule chose à examiner, à savoir si ces intérêts sont échus avant la demande et forment un capital particulier, ou si, au contraire, ils ne sont échus que postérieurement: dans le premier cas, ils servent à déterminer le taux de la compétence; dans le second cas, ils sont de purs accessoires dont on ne doit tenir aucun compte pour fixer le taux du ressort.

324. — Ainsi les intérêts d'une somme d'argent, échus avant la demande, doivent être joints à la somme principale pour déterminer le taux du dernier ressort. — *Aix*, 28 germin. an XIII, Langier c. Cartier; *Cass.*, 1er vent. an XIII, Mallet c. Pressurat et Jonasse; *Grenoble*, 21 mai 1806, Rousselle c. Gresse; *Cass.*, 22 juill. 1807, Varès c. Galtier; *Rennes*, 29 juin 1816, Guillaume c. Conor; *Cass.*, 18 août 1830, Natalini c. Giuseppi; *Riom*, 27 déc. 1830, Ricard c. Jaubert; *Montpellier*, 30 juill. 1840 (t. 1er 1841, p. 26), Bouby c. Sirven; *Bordeaux*, 13 juin 1837 (t. 2 1840, p. 289), Seure c. Berger; — Merlin, *Rép.*, vo *Dernier ressort*, § 11; Poncet, *Tr. des Jugem.*, t. 1er, p. 293; Carré, *Lois comp.*, art. 284.

325. — La demande en paiement d'une somme de 1,252 fr., ou en radiation de l'hypothèque prise pour cette somme, est susceptible de deux degrés de juridiction, lors même que la somme due consisterait dans le capital d'une rente foncière évalué à 720 fr., et en intérêts échus. — *Cass.*, 3 pluv. an XII, Morelle c. Trummeau.

326. — Il suffit même, pour rendre l'appel recevable, que les intérêts aient été réclamés avant le procès, bien qu'ils ne fussent pas dus. — *Pau*, 18 janv. 1838 (t. 2 1840, p. 45), Nadalon c. les Postes.

327. — Pour établir le dernier ressort, on doit joindre au principal les intérêts échus et les frais faits (V. *infrà* no 424) antérieurement à la demande, quoique le demandeur qui, au principal, a conclu au-dessous de 1,000 fr., n'ait pas fixé le montant des intérêts qu'il a réclamés en outre, ni

fait connaître s'ils étaient échus antérieurement à la demande. — *Rennes*, 9 juill. 1817, Reibell c. Davy.

328. — Le taux du premier ou dernier ressort se détermine, non pas seulement par le principal de la demande, mais bien par la somme des intérêts joints au principal, lors même que la quotité de ces intérêts n'est fixée que par le nombre d'années pour lesquelles on les réclame. — *Metz*, 10 mars 1819, Bourg c. N...

329. — Jugé cependant qu'il ne suffit pas de joindre à une demande principale inférieure au taux du dernier ressort une demande accessoire en paiement des intérêts dus et échus pour que le jugement soit en premier ressort; qu'il faut qu'il soit démontré 1o que des intérêts étaient dus, et 2o que leur quotité échue au moment de la demande était telle, que, jointe au capital réclamé, le chiffre total de la répétition s'élevait au-dessus du taux du dernier ressort. — *Colmar*, 23 fév. 1839 (t. 1er 1839, p. 551), Hirtz c. Bauer.

330. — Il faut encore admettre, conformément aux principes ci-dessus posés, que la demande en remboursement d'un constitut, avec les *intérêts suivant la loi*, s'entend des arrérages échus avant l'action, et que ces arrérages doivent être réunis au capital pour déterminer le dernier ressort. — *Rennes*, 2 juill. 1821, Binet c. Grosseau.

331. — ... Que lorsqu'une instance a été engagée sur l'opposition faite à un commandement en paiement d'une somme capitale de 1,000 fr. avec les intérêts, l'appel du jugement rendu sur cette opposition est recevable. — *Toulouse*, 7 mai 1824, Ausseuac c. Bataran.

332. — ... Qu'on peut appeler du jugement accueillant, pour les trois quarts seulement, la demande tendant à faire déclarer le défendeur débiteur d'une rente de 50 fr. au capital de 1,000 fr., à le faire condamner à payer cinq ans d'arrérages et à en passer titre nouvel. — *Poitiers*, 16 déc. 1830, Fruchon.

333. — ... Que le jugement rendu sur la demande en passation du titre nouvel de la moitié d'une rente de 40 fr. n'est pas en dernier ressort, si en même temps on réclame les arrérages de cette rente s'élevant à plus de 1,000 fr. — *Paris*, 26 nov. 1835, Paris et Fèvre c. Manigot.

334. — Au contraire, les intérêts courus pendant l'instance ne peuvent servir à fixer le taux du dernier ressort, qui doit être déterminé par la demande principale. — *Agen*, 19 août 1820, Cholon c. Cornède; *Colmar*, 16 (et non 10) fév. 1810, Hirtz c. Erhard.

335. — On ne doit point faire entrer en ligne de compte, pour la fixation du taux du dernier ressort, les intérêts échus depuis la demande originaire jusqu'aux conclusions réduites. — *Metz*, 20 déc. 1811, N...; *Amiens*, 30 déc. 1825, Chevalier c. Reusse.

336. — Le jugement qui statue sur des demandes en paiement de reliquats de compte qui, réunis, sont inférieurs à 1,000 fr., est en dernier ressort; et les intérêts non réglés avant la demande, ni les frais, ne peuvent être joints au capital pour élever la valeur au delà du dernier ressort, non plus que les dépenses qui pourraient avoir été faites par l'une des parties pour sa gestion et la reddition de son compte, lesquelles doivent être l'objet d'une action séparée. — *Amiens*, 4 avr. 1823, Jourdain c. Tellier.

337. — Lorsqu'il n'y a pas eu de protêt d'une lettre de change de 1,000 fr., et que le porteur demande les intérêts à dater du jour où la traite aurait dû être acquittée, le tribunal de commerce n'est pas compétent pour statuer en dernier ressort. — *Bastia*, 17 nov. 1828, Giuseppi c. Natalini.

§ 2. — *Intérêts du principal des effets à ordre échus depuis le protêt.*

338. — Sans contester les principes que nous avons posés plus haut, on a quelquefois soutenu qu'il fallait distinguer les intérêts que fait courir un protêt des intérêts ordinaires. Le protêt, a-t-on dit, n'est pas une demande judiciaire, et par conséquent les intérêts qu'il fait courir étant antérieurs à l'action, on doit les compter pour fixer le taux du dernier ressort.

339. — Cette distinction n'a pas prévalu, et la jurisprudence, sauf de rares dissidences, a toujours assimilé les intérêts courus depuis le protêt aux intérêts ordinaires; en un mot, elle considère le protêt comme le premier acte de l'instance judiciaire. — V. Merlin, *Rép.*, t. 3, p. 588; Carré, *Compét.*, t. 2, art. 392, no 532, p. 644; Pardessus, t. 5, p. 39, part 6, tit. 2, ch. 3 (5e édit.); Despréaux, *Compét. des trib. de commerce*, no 685; Goujet et Merger, *Dict. de droit commerc.*, vo *Compétence*, no 231.

340. — Jugé, en conséquence, que les frais de

protêt d'un effet de commerce et les intérêts échus depuis cette époque ne doivent point concourir à fixer le taux du dernier ressort. — *Bruxelles*, 20 nov. 1809, Terwagen c. Vandeuberghe; *Colmar*, 23 fév. 1810, Hirtz Aron c. N...; *Turin*, 1er août 1811, Heysch c. Baudino et Biodo; *Bruxelles*, 22 avr. 1812, N... c. N...; *Orléans*, 27 juin 1817, Daudé c. Mainfrais; *Poitiers*, 12 août 1819, N... c. N...; *Amiens*, 29 avr. 1822, Suterre Carpentier c. Carlier; *Orléans*, 30 janv. 1824, Foucher c. Danguillecourt; *Agen*, 20 fév. 1824, Donnadieu c. Lafitte; *Liége*, 6 avr. 1824, Lemaire c. Saint-Gory; *Rouen*, 28 nov. 1826, Perrier c. Dubosc; *Caen*, 7 nov. 1827, Pesquerel c. Gravel; *Paris*, 8 déc. 1827, Courtois c. Capdepont; *Bordeaux*, 3 juin 1831, Emery c. Martin; 12 août 1831, Chapul c. Cornet; 13 déc. 1831, Royère c. Faure; *Lyon*, 16 janv. 1836, Poncin c. Bret; *Bordeaux*, 1er juin 1837 (t. 2 1837, p. 559), Bossais c. Faillite Barraud.

341. — ... Que la compétence, soit du premier, soit du dernier ressort, se détermine régulièrement par les premiers actes qui ont saisi la juridiction inférieure, et ne peut pas être dénaturée par une demande postérieure d'intérêts, lorsque surtout cette demande n'a été formée que pour élever le taux de la compétence au-dessus du dernier ressort. — *Agen*, 10 juin 1824, Landes c. Andral.

342. — ... Que les intérêts dus par suite d'un protêt ne doivent pas être joints avec le principal pour déterminer *le dernier ressort*, lorsque l'assignation se rattache au protêt, de telle sorte que le protêt ait été l'introduction de l'instance commerciale. — *Grenoble*, 10 fév. 1825, Barbier c. Périer et Proby.

343. — ... Que les tribunaux de première instance prononcent en dernier ressort sur la demande en paiement d'une lettre de change de 1,000 fr., lors même qu'on demande en même temps les intérêts et les dépens, que les intérêts à compter du jour du protêt et les dépens, n'étant que de simples accessoires, ne sont d'aucune considération pour la détermination du premier ou dernier ressort; qu'il en serait de même, encore bien que le titre qui sert de fondement à la demande soit argué de fraude et de simulation. — *Bordeaux*, 16 mars 1841 (t. 1er 1841, p. 724), Mounissens c. Bertrin.

344. — Que les frais de protêt, ceux de compte de retour, et les intérêts échus depuis le protêt, sont des accessoires de la condamnation principale, et ne doivent pas dès lors compter pour la fixation du ressort. — *Caen*, 5 fév. 1840 (t. 2 1845, p. 310), Clouet c. Lefrançois; *Paris*, 21 juill. 1842 (t. 1er 1843, p. 154), Chatel c. Getty; *Cass.*, 2 juin 1845 (t. 1er 1845, p. 767), Renaux c. Delassaux.

345. — Mais si les frais du protêt du rechange étaient réclamés par un endosseur qui aurait été contraint au paiement, ils devraient être comptés pour fixer le taux du dernier ressort, car à son égard ils ne forment avec la traite qu'un seul et même capital. — *Cass.*, 18 nov. 1807, Gardette c. Mazat; *Bordeaux*, 3 janv. 1840 (t. 1er 1840, p. 408), Henry c. Changeur; *Orléans*, 4 juill. 1817, Vaslin c. Villerot. — Bioche et Goujet, *Dictionn. de procéd.*, vo *Ressort*, no 28; Goujet et Merger, *Dict. de droit commercial*, vo *Compétence*, no 231.

346. — Quelques décisions ont contredit cependant, par intervalles, une jurisprudence si constante, sans méconnaître néanmoins le principe de la distinction des intérêts antérieurs et postérieurs à la demande.

347. — Ainsi il a été jugé, mais à tort, que les intérêts d'une lettre de change échus depuis le protêt, doivent être ajoutés au principal de la demande pour déterminer s'il a été statué en premier ou en dernier ressort. — *Toulouse*, 25 janv. 1810, Gisclard c. Pipou; *Riom*, 8 août 1810, N...; *Bourges*, 26 mars 1843, Fromentean c. Angineau.

348. — ... Que les frais de protêt, intérêts et autres accessoires doivent être ajoutés au capital pour établir le taux du dernier ressort. — *Rouen*, 5 nov. 1827, Feret c. Levillain; *Bourges*, 3 juill. 1844 (t. 2 1845, p. 310), Parnajon c. Duméuy.

349. — Du reste, la cour de Nancy a jugé avec raison, dans une espèce particulière, que la demande en paiement d'une lettre de 1,000 fr., avec les intérêts et les frais, formée par le porteur contre l'huissier qui a négligé de faire le protêt dans le délai de la loi, était susceptible des deux degrés de juridiction. Il est évident, en effet, que dans ce cas les intérêts ne sont plus un accessoire, mais un des élémens du dommage causé par l'huissier, dommage antérieur à la demande dirigée contre cet officier ministériel. — *Nancy*, 29 janv. 1831, Houette c. C...

§ 3. — *Dommages-intérêts réclamés par le demandeur.*

350. — Les dommages-intérêts ne sont que l'in-

demnité qui est due pour défaut d'exécution des obligations ou pour retard dans l'exécution. Ils doivent donc s'adjoindre au principal, s'ils procèdent d'une cause antérieure à la demande.

351. — C'est ce qu'enseigne Merlin dans ses *Questions de droit*, vº *Dernier ressort*, § 10. Pourquoi, dit-il, les dommages-intérêts, les dépens, les fruits et les intérêts échus depuis la demande ne doivent-ils pas entrer en ligne de compte? C'est parce qu'ils ne sont que les accessoires du principal. Mais les intérêts et les arrérages échus avant la demande forment de véritables capitaux; et la loi 51, § 1er, ff., *De petitione hæred.*, prouve clairement qu'on doit les considérer comme tels. On doit donc les joindre à la somme principale pour juger si cette somme excède ou non le taux du dernier ressort accordé aux juges de première instance. — V. aussi dans ce même sens Carré, *Compét.*, t. 2, p. 97 (1re édit.), art. 284, nº 330; Poncet, t. 1er, *Tr. des jugem.*, nº 293; Pigeau, t. 1er, p. 517, 7e règle, 3e alin.

352. — C'est un principe consacré par la jurisprudence qu'une somme réclamée à titre de dommages-intérêts, pour cause antérieure à la demande principale, doit être jointe à celle-ci pour déterminer le taux du ressort. — *Colmar*, 15 nov. 1815, Trapler c. Richert; 2 mars 1815, Hartmann c. Dreyfus; *Cass.*, 11 vent. an IX, Albert c. Bastian; *Metz*, 20 déc. 1811, N...; *Cass.*, 7 mai 1829, Didlon c. Chalez; *Bourges*, 2 déc. 1830, Coulon-Debans c. Bourgoin; *Bordeaux*, 25 nov. 1831, Rault c. Merle; *Rennes*, 26 déc. 1833, Allaire c. Demoy; *Bordeaux*, 6 août 1838 (t. 1er 1839, p. 37), Deffarges c. Moncorgé.

353. — En conséquence, les dommages-intérêts réclamés pour l'inexécution d'un marché doivent s'ajouter au principal pour déterminer le dernier ressort. — *Bourges*, 11 fév. 1825, Gorand c. Chaumaison et Thibault.

354. — Il faut considérer comme ayant une cause antérieure à l'introduction de l'instance la demande en dommages-intérêts fondée sur des injures écrites dans une réponse au protêt d'une lettre de change formant l'objet de la demande principale. — *Nîmes*, 8 mars 1813, Saint-Martin c. Pical; 29 août (et non avril) 1813, Dufau c. Marre.

355. — Ces règles sont applicables depuis la loi de 1838, comme sous l'empire de l'ancienne législation. Le doute pourrait naître de ce que l'art. 2 de cette loi défend de joindre les dommages-intérêts à la demande principale pour arbitrer le taux du premier ou du dernier ressort; mais il résulte formellement de la discussion qui a eu lieu sur cet article qu'il n'a eu en vue que des dommages-intérêts réclamés reconventionnellement par le défendeur. La commission de la chambre des pairs avait même introduit dans cet art. 2 une disposition formelle pour expliquer qu'il ne concernerait que les dommages-intérêts réclamés *par le défendeur*; mais M. le garde des sceaux a fait remarquer qu'il n'y a que le défendeur lui-même qui puisse former une demande en dommages-intérêts fondée sur la demande principale, puisque celui qui a formé la demande principale ne peut fonder sur sa propre demande une action en dommages-intérêts; que dès-lors la rédaction primitive était suffisamment claire. Sur cette observation, la commission a retiré sa rédaction. — Duvergier, *Coll. des lois*, année 1838, p. 209; — *Bourges*, 15 juill. 1843 (t. 2 1844, p. 501), Picheran c. Hours; *Limoges*, 10 fév. 1844 (t. 2 1844, p. 501), Prouilhac c. Buffières; *Bordeaux*, 10 mai 1843 (t. 2 1844, p. 501), Besse et Aubry c. Héro; *Rouen*, 19 nov. 1840 (t. 1er 1841, p. 301), comm. de Buchy c. Barcq; 25 fév. 1843 (t. 2 1843, p. 50), Leloutre c. Massiel. — V. *contrà Rouen*, 18 mars 1840 (t. 2 1844, p. 501), Vernier c. Blanche.

356. — Mais quand les dommages-intérêts procèdent d'une cause postérieure à la demande, ils cessent de pouvoir être comptés dans le calcul du ressort. — *Cass.*, 26 mai 1836 (t. 1er 1837, p. 91), Minvielle c. Rinchan.

357. — Ainsi, une demande incidente en dommages-intérêts ne rend pas susceptible d'appel le jugement à intervenir, si la demande principale n'excède pas le taux du dernier ressort. — *Caen*, 21 janv. 1811, Poret c. N...

358. — Est en dernier ressort le jugement rendu sur une demande en paiement de moins de 1,000 fr., quoique le demandeur ait conclu plus tard à des dommages-intérêts, si ces dommages ne faisaient point partie de l'objet de la demande originaire. — *Rennes*, 4 mai 1819, N...; *Turin*, 4 vent. an X, Billetta c. Rogliano; *Rennes*, 22 juill. 1820, Galbois c. Besnard; *Lyon*, 11 déc. 1832, Billotey et Desprez c. Golzard.

359. — Les dommages-intérêts réclamés par le demandeur, à raison de la production en cause par son adversaire d'une quittance contre laquelle il s'inscrit en faux, ne sauraient empêcher le tribunal saisi de prononcer en dernier ressort tant sur ces dommages-intérêts, bien qu'ils n'aient pas été déterminés, que sur la demande principale. — *Besançon*, 30 nov. 1843 (t. 2 1844, p. 68), Marandet c. Ardiet.

360. — On ne doit pas, pour fixer le taux du ressort, ajouter à la demande principale la somme demandée à titre de dommages-intérêts pour chaque jour de retard dans l'exécution. — *Metz*, 6 déc. 1811, N...; *Nancy*, 20 juill. 1840 (t. 1er 1845, p. 240), Limousine c. Bonamy; *Cass.*, 19 nov. 1844 (t. 1er 1845, p. 239), Vergers c. Pujol.

361. — Les dommages-intérêts réclamés comme suite et accessoires d'une action ne doivent point être comptés pour fixer la compétence du premier ou dernier ressort. — *Caen*, 13 mars 1816, Jouanne c. N...; *Toulouse*, 9 fév. 1820, Armieux c. Boyer.

362. — Une demande à fin de visite d'un pressoir dont la valeur est fixée à moins de 1,000 fr. doit être jugée en dernier ressort, quoique en outre il soit demandé le prix de la pierre qui a servi au posage de ce pressoir et des dommages-intérêts excédant 1,000 fr., faute d'avoir obtempéré à la demande principale. — *Cass.*, 7 (et non 2) avr. 1807, Broyer c. Mardy.

363. — Lorsqu'une somme de 1,000 fr. est demandée pour dommages-intérêts, le jugement qui les réduit à 500 fr. est rendu en dernier ressort, quoique la suppression de l'écrit injurieux qui a donné lieu à la demande de dommages-intérêts ait été prononcée et son auteur condamné aux dépens. — *Rennes*, 18 juill. 1820, Dussault c. Houet.

§ 4. — *Frais accessoires de la chose litigieuse.*

364. — Les frais sont incontestablement un accessoire de la demande et ne peuvent, en général, servir à déterminer le taux du dernier ressort. — Cependant, quand il s'agit de frais spéciaux antérieurs à la demande, et formant un capital distinct, il faut en tenir compte pour la fixation de la compétence.

365. — En conséquence, est susceptible de deux degrés de juridiction la demande en nullité d'un acte notarié par lequel une partie s'est engagée à payer 1,000 fr. et à rembourser les frais de cet acte. — *Cass.*, 13 frim. an XIV, femme Lainé c. Chaillot.

366. — Dans une demande en paiement du prix d'une caisse de marchandises, il faut joindre les frais de transport au principal du prix, pour fixer le dernier ressort. — *Turin*, 28 août 1811, Botta c. Piatti.

367. — Il a même été jugé que l'amende payée pour contravention à la loi du timbre en cas de protêt d'un billet à ordre écrit sur papier libre doit être ajoutée au montant du billet pour déterminer le dernier ressort. — *Bordeaux*, 7 janv. 1831, Fialdès c. Metayer.

368. — ... Et que, lorsqu'à la demande en paiement d'une somme de 1,000 fr. se trouve jointe la demande en remboursement du coût de l'enregistrement du titre, le tribunal de première instance ne peut statuer sur cette action qu'en premier ressort. — *Paris*, 7 nov. 1825, Muret c. Jacquemot.

369. — Mais la cour de Cassation a condamné cette doctrine. Selon cette cour, les droits d'enregistrement du titre, le coût de sommations ou autres actes extrajudiciaires, même antérieurs à l'introduction de l'instance, mais s'y rattachant, ne doivent pas être joints au principal pour déterminer le dernier ressort, encore bien que, par sa demande, le créancier ait conclu au paiement de toutes ces sommes réunies. — *Cass.*, 5 mai 1840 (t. 2 1840, p. 588), de Fouchier c. Beucher.

370. — Pour déterminer le premier ou le dernier ressort, on ne doit entendre *par demande principale* que la somme originairement due, et les accessoires nés avant l'action, sans y comprendre les frais faits pour introduire la demande. — *Bourges*, 16 mai 1823, Péroux et autres c. Lejay.

371. — Par conséquent est en dernier ressort la demande en paiement d'une somme de 1,000 fr. et d'une autre somme pour frais d'expédition d'un contrat. — *Metz*, 17 déc. 1819, Morbois c. Bression.

372. — Les frais d'offres réelles et de consignation ne doivent pas être joints à la demande principale pour fixer le taux du dernier ressort. — *Rennes*, 26 août 1820, Penven c. Jouin.

373. — Le coût de la signification faite en exécution de l'art. 877, C. civ., aux héritiers du débiteur, ne doit point entrer dans la computation de la somme dont la quotité détermine la compétence, quant au premier ou au dernier ressort. — *Bourges*, 16 mai 1823, Péroux c. Lejay.

374. — Les frais d'enregistrement d'une cession ne peuvent être cumulés avec la somme qui peut rester due sur cette cession pour fixer le taux de la compétence des premiers juges. — *Dijon*, 5 janv. 1830, Daguin c. Caroillon.

375. — Quant aux frais de protêt, ils donnent lieu à la même controverse que les intérêts courus depuis le protêt; c'est à dire que, quelquefois, on a voulu les considérer comme des frais antérieurs à la demande; mais la jurisprudence a repoussé cette distinction.

376. — Elle a généralement admis que les frais de protêt et accessoires faits à l'occasion de billets ne doivent point entrer dans la quotité de la somme fixée pour déterminer le dernier ressort. — *Nancy*, 9 janv. 1826, Delhaye c. Menu et Tournier; *Cass.*, 5 mars 1807, Larcher-Saint-Lot c. Ricordeau; *Colmar*, 23 fév. 1810, Hirtz Aron c. N...; *Turin*, 1er août 1811, Heysch c. Bandino; *Bruxelles*, 22 avr. 1812, N...; *Orléans*, 27 juin 1827; *Lyon*, 23 juill. 1823, Donez c. Saillard. — Jugé cependant, en sens contraire, que le jugement rendu sur la demande en paiement d'une lettre de change de 1,000 fr., et des frais de protêt et de retour faits par le demandeur, est susceptible d'appel. — *Bourges*, 13 janv. 1816, N... — Que les frais de protêt et les droits de rechange doivent être ajoutés au principal de la lettre de change pour déterminer la compétence en premier ou en dernier ressort du tribunal de commerce. — *Toulouse*, 13 mars 1835, Fitte c. Dupin; *Bordeaux*, 3 janv. 1840 (t. 1er 1840, p. 408), Henry et Cie c. Changeur.

§ 5. — *Contestations relatives aux dépens.*

377. — On parle ici des dépens, quoique le défendeur ait, aussi bien que le demandeur, la chance de les subir, parce que ces matières se placent d'une manière assez naturelle après les questions qui viennent d'être examinées.

378. — Les dépens forment un accessoire inévitable du principal. Mais faut-il en conclure que l'affaire est susceptible des deux degrés de juridiction, même au point de vue des dépens, toutes les fois que le principal n'est jugé qu'en premier ressort? Ou doit-on, pour porter l'affaire à un deuxième degré de juridiction, examiner si les dépens du chef desquels on appelle forment un capital dépassant les limites du dernier ressort?

379. — On a décidé quelquefois que l'appel qui ne porte que sur les dépens auxquels une partie a été condamnée en première instance, n'est pas recevable, si ces dépens ne s'élèvent pas au-dessus du taux fixé pour le dernier ressort. — *Bruxelles*, 4 févr. 1811, Vandendriesche c. Vandenbosch; *Besançon*, 24 fév. 1811, N...; *Limoges*, 31 janv. 1838 (t. 1er 1839, p. 473), Maillat c. Beaule.

380. — Mais la doctrine contraire est généralement adoptée. — *Cass.*, 8 août 1808, Kercado c. Etchegoyen; *Rennes*, 2 juill. 1810, Erhel c. Marjo; *Amiens*, 23 juin 1822, Grouzelle c. Godet; *Colmar*, 27 mai 1833, Lazarus c. Schlumberger-Steiner et compag., et Gaeuffert Guillard c. Morichon; — Carré, *Compét.*, t. 2, nos 292 et 293; Poncet, *Des jugemens*, t. 1er, nº 293; Delaporte, t. 2, p. 133; Berriat, t. 2, p. 463; Bioche et Goujet, *Dict. proc.*, vº *Appel*, nº 26.

381. — « C'est, dit d'Aguesseau, une maxime certaine, dans l'ordre judiciaire comme dans d'autres matières, que l'accessoire suit la nature du principal, ou que le principal entraîne nécessairement l'accessoire; d'où il suit que, les dépens n'étant que l'accessoire du fond de la contestation, celui qui n'est pas juge du fond en dernier ressort ne peut être juge en dernier ressort des dépens... Ainsi, le fond des demandes qui ont été portées devant votre tribunal par la dame N... n'étant point de votre compétence, au moins comme juges en dernier ressort, il est sans difficulté que vous n'avez pu rendre un jugement sans appel sur l'article des dépens. — Vainement dirait-on qu'*en droit romain on n'était pas recevable à appeler du chef du jugement, si on reconnaissait que la sentence a bien jugé au fond.* » En effet, l'acquiescement est divisible comme le jugement lui-même, et le jugement n'obtient force de chose jugée que relativement aux chefs auxquels l'acquiescement a été donné. — V. Bioche et Goujet, *Dict. procéd.*, vº *Acquiescement*, nº 130; Chauveau, *Dict.*, même mot, nos 210 et 223. — Vainement encore dirait-on que, *si on acquiesce à tous les autres chefs, on n'est pas recevable à appeler de la condamnation aux dépens, si cette condamnation n'excède pas 1,000 fr.*; car lorsqu'une sentence a statué sur plusieurs chefs qui, par leur réunion, s'élèvent au-dessus du taux du dernier ressort, on peut cependant n'appeler que d'un seul de ces chefs, quoique inférieur à ce taux. — Enfin, pour répondre à une objection qu'on pourrait tirer de l'art. 6, décr. 16 fév-

1807, déclarant non susceptible d'appel le jugement qui statue sur l'opposition à une taxe de dépens même liquidés à une somme supérieure au taux du dernier ressort, nous dirons avec Carré (*loc. cit.*) qu'il faut faire une distinction entre la *condamnation* aux frais et la *liquidation* même. Ainsi, dans un jugement qui condamne à payer des dépens liquidés à 300 fr., il y a deux chefs : le premier qui *condamne* à payer ces dépens, et dont on peut appeler si en principal il s'agissait de plus de 1,500 fr. ; et le deuxième qui les *liquide*, et auquel on ne peut que former opposition.

382. — Du reste, il n'est pas douteux que l'appel formé uniquement contre le chef qui prononce la condamnation aux dépens est recevable, lorsque ces dépens s'élèvent, en principal et accessoires, à une somme supérieure au taux du dernier ressort. — *Colmar*, 27 mai 1833, Lazarus c. Schlumberger-Steiner et Gaeuffert.

383. — Mais le jugement qui statue sur l'opposition à un exécutoire de dépens n'est pas susceptible d'appel, bien que les dépens excèdent 1,000 fr., si ce jugement n'est intervenu qu'après un arrêt définitif sur le fond. — *Rouen*, 20 mai 1822, Guttinguer c. de Cairon.

384. — Un semblable jugement est en dernier ressort, encore qu'il ait pour objet une valeur de plus de 1,000 fr., et que dès-lors il puisse être *de plano* déféré à la cour de Cassation. — *Cass.*, 28 nov. 1826, Dupuis c. de Bouqueval. — V. FRAIS ET DÉPENS.

385. — Il est, au surplus, certain que lorsqu'il s'agit des dépens d'une instance précédente, ces dépens forment une créance principale, à laquelle il faut avoir égard pour déterminer le ressort. — *Cass.*, 11 vent. an IX, Albert c. Sartiau ; 18 nov. 1807, Gardelle c. Mozat ; 22 nov. 1832, syndics Fumon-Adeline c. Parmit ; — Merlin, *Rép.*, vo *Dernier ressort*, § 11 ; *Quest. de droit*, *eod verb.*, § 10.

Sect. 3e. — *Conclusions du défendeur.*

386. — Il ne nous reste plus qu'à étudier les difficultés que présentent les conclusions du défendeur, dans le calcul du ressort. Ici, non seulement les décisions sont diverses, mais la législation elle-même a subi des modifications.

387. — Si nous cherchons à classer les différens chefs des conclusions du défendeur, en raison des diverses hypothèses qui peuvent se présenter, nous trouvons les quatre divisions suivantes : le défendeur peut 1o acquiescer en partie à la demande ou la contester tout entière ; 2o proposer des exceptions proprement dites contre la demande ; 3o proposer des défenses pour se faire renvoyer de l'action ; 4o former, de son côté, des demandes reconventionnelles.

ART. 1er. — *Acquiescement.*

388. — Il n'est pas question ici de l'acquiescement pur et simple ; car, dans ce cas, le litige est éteint et le juge n'a pas de mission à remplir. Quant à l'acquiescement partiel, il a pour effet de réduire la valeur du litige, et conséquemment, le ressort doit suivre les conséquences de cette réduction. — V. *suprà* no 168.

389. — Ainsi, quand, sur deux chefs de demande, un seul est contesté, le montant de ce dernier peut seul être pris en considération pour fixer le taux du dernier ressort. — *Douai*, 8 avr. 1818, N... ; *Rennes*, 6 mai 1812, Desbouillons c. Mercier.

390. — Lorsque, sur une demande de plus de 1,000 fr., le défendeur a reconnu une partie des droits du demandeur, le litige, se trouvant réduit au-dessous de 1,000 fr., doit être jugé en dernier ressort. — *Poitiers*, 28 mai 1834, Regnault c. Laurier ; *Lyon*, 26 janv. 1825, Mignot c. Métras ; *Bruxelles*, 28 nov. 1831, N... ; *Toulouse*, 12 juill. 1828, d'Hautpoul c. Ville et de Lordat.

391. — Il en est de même quand des offres réelles ont réduit le litige à moins de 1,000 fr. — *Besançon*, 26 mars 1828, Henri Colas c. Blum ; *Dijon*, 1er fév. 1830, Arveux c. Lefèvre ; *Poitiers*, 27 janv. 1831, Weber c. Venant-Charrier ; *Lyon*, 23 mars 1831, Bonnand c. Praleux et Forge.

392. — Ainsi, et à plus forte raison, faut-il réputer en dernier ressort le jugement rendu sur la demande en paiement d'un legs de 750 fr. avec 412 fr. d'intérêts, si dans l'instance l'héritier a offert 750 fr. au légataire qui a accepté cette offre. — *Limoges*, 22 déc. 1819, Avril c. Gérard.

393. — Lorsque l'adhésion du défendeur aux conclusions prises contre lui réduit le litige à une question de dépens, le jugement est en dernier ressort, encore bien que la demande fût indéterminée, si ces dépens sont inférieurs à 1,500 fr. — *Agen*, 4 janv. 1844 (t. 1er 1845, p. 614), Couillac c. Dissès.

394. — Ce principe est applicable sous l'empire de la loi du 11 avril 1838 comme sous l'ancienne législation. — *Aix*, 19 janv. 1842 (t. 2 1842, p. 197), Courrat c. Garnier.

395. — Il est tellement absolu qu'on a même jugé que lorsque, par suite des offres des défendeurs, l'objet de la contestation qui les divise descend au-dessous du taux du dernier ressort, qu'il dépassait dans l'origine, le jugement à intervenir n'est pas susceptible d'appel, *quoiqu'il condamne à payer le montant de la demande excédant ce même taux.* — *Liége*, 6 févr. 1811, Tyrelle c. During.

396. — Mais faut-il que le demandeur accepte la reconnaissance partielle de la dette, ou les offres qui lui ont été faites ? — Pour la négative, on peut dire que, le ressort ne subsistant en réalité que jusqu'à concurrence des valeurs contestées, le jugement n'est plus susceptible des deux degrés de juridiction, du moment que les conclusions du défendeur ont réduit le chiffre de la demande originaire au-dessous du taux du dernier ressort. — Benech, p. 90 et 91. — Lorsque l'objet de la demande originaire excédant la somme ou valeur de 1,000 fr. s'est trouvé, par suite des offres, quoique non acceptées, faites par le défendeur, réduit à une somme moindre avant le jugement, le tribunal doit alors prononcer en dernier ressort. — *Poitiers*, 7 juill. 1825, Dille c. François ; *Amiens*, 4 août 1838 (t. 1er 1838, p. 583), Gromart c. Gervoise.

397. — Cependant, l'opinion opposée a prévalu, par la raison que, tant qu'il n'y a pas acceptation des offres, le contrat judiciaire n'est pas formé, le défendeur peut modifier ses conclusions, et le litige conserve, par conséquent, toute son importance. — V., dans ce sens, *Bruxelles*, 3 nov. 1818, Verspaille c. d'Hespel ; *Rennes*, 31 juill. 1820, Moreau c. Lépine ; *Amiens*, 12 avr. 1826, Richard c. Regnault ; *Douai*, 9 juin 1841 (t. 1er 1842, p. 97), Goyer de Senneterre c. Lequier ; *Bourges*, 12 fév. 1830, Vallet c. Thiraut ; *Cass.*, 20 juill. 1841 (t. 2 1841, p. 465), Toussaint Prénel c. Adam ; *Limoges*, 13 juin 1845 (t. 1er 1846, p. 106), Chaumiel c. Dumay.

398. — A plus forte raison, des offres conditionnelles non acceptées ne peuvent avoir pour effet de réduire le taux du litige. — Ainsi, est en premier ressort le jugement qui intervient sur une demande en paiement de 2,400 fr., encore bien qu'il ait été fait des offres réelles de 1,500 fr., si ces offres, faites comme libérant le défendeur de toutes les causes de la demande, n'ont pas été acceptées. — *Douai*, 19 avr. 1840 (t. 2 1840, p. 564), Stoquart c. Guislain ; *Cass.*, 30 juin 1841 (t. 2 1841, p. 555), Maubacq c. Marée.

399. — L'offre verbale du défendeur, qui reconnaît devoir une partie de la somme réclamée, ne peut avoir pour effet de faire descendre le litige au-dessous du taux du dernier ressort, lorsqu'il n'y a eu ni acceptation ni réalisation. — *Cass.*, 27 juin 1842 (t. 2 1842, p. 376), Tallavigne c. Foing.

400. — Jugé même que, lorsqu'une demande comprend deux sommes distinctes, les offres faites par le défendeur de payer l'une des sommes réclamées au demandeur qui en a requis acte à l'audience, en concluant toutefois à l'adjudication de toute sa demande originaire, n'ont pas l'effet de distraire du procès la somme offerte, en sorte que si celle contestée n'excède pas 1,000 fr., le tribunal civil puisse prononcer en dernier ressort. — *Orléans*, 28 avr. 1815, Monnet c. Noiret.

401. — Mais quand, sur l'opposition à un jugement par défaut qui adjuge les conclusions d'une demande supérieure à 1,500 fr., il a été rendu deux jugemens, l'un qui, scindant la demande, condamne au paiement d'une somme dont le défendeur se reconnaît débiteur, l'autre qui le condamne au paiement d'une autre somme contestée, il ne peut être interjeté appel seulement du jugement par défaut, et de celui qui statue sur la dette contestée, laquelle est inférieure à 1,500 fr., alors que le jugement relatif à la dette avouée a été exécuté par l'appelant. — *Paris*, 5 oct. 1842 (t. 2 1843, p. 696), Jallot c. Cardinet.

402. — Un tribunal de première instance ne peut statuer en dernier ressort, quoique, sur une demande de plus de 1,000 fr., le défendeur offre une somme déterminée, dont la différence avec celle demandée n'excède pas 1,000 fr. Dans ce cas, en effet, il y a contestation sur la somme réclamée, laquelle est supérieure en tout au dernier ressort. — *Orléans*, 21 août 1817, Junny c. Marteau ; — Carré, *Compét.*, t. 4, p. 264, no 291, éd. Foucher.

403. — Le jugement qui statue sur la question de savoir si la consignation d'une somme excédant 1,000 fr. est suffisante, doit être réputé rendu en premier ressort, bien que la différence entre la somme consignée et celle qui est réclamée soit inférieure à 1,000 fr. — *Caen*, 8 mai 1827, Claude c. Bailleul.

404. — Un tribunal de première instance ne peut point statuer en dernier ressort sur une demande en validité d'offres qui excèdent 1,000 fr., quoique la différence qui existe entre les offres et la somme réclamée par le créancier ne soit que d'une somme moindre de 1,000 fr. — *Bourges*, 18 août 1824, Merle et Foin c. Pannetrat.

405. — Lorsqu'un jugement a annulé des offres comme insuffisantes, ou les a déclarées suffisantes, on peut en interjeter appel si l'objet des poursuites excède la valeur de 1,000 fr., quoique les offres l'aient réduit au-dessous de ce taux. — *Poitiers*, 6 mars 1828, Philipot c. Coutineau.

ART. 2. — *Exceptions.*

406. — Il est de principe que les exceptions opposées par le défendeur aux prétentions de la demande n'entraînent aucune élévation du ressort.

407. — Ainsi, lorsque le défendeur à une demande précise et déterminée, qui n'excède pas 1,000 fr., se borne à opposer une exception au demandeur, sans y joindre aucune demande reconventionnelle, quelque indéterminé que puisse paraître l'objet de cette exception considérée isolément, le tribunal de première instance doit statuer en dernier ressort sur l'objet de la contestation. — *Toulouse*, 23 juill. 1824, Cabardos c. Cladous.

408. — Le juge compétent pour prononcer en dernier ressort sur la demande principale l'est également pour statuer, de la même manière, sur l'exception qui y est opposée. — *Amiens*, 18 mars 1826, Deleseluse c. Baudoin.

409. — Lorsque, sur une demande principale de 500 fr., le défendeur a formé une demande incidente tendant à obtenir une communication de pièces sous une contrainte de plus de 1,500 fr., le jugement qui intervient sur le tout est rendu en dernier ressort. — *Rouen*, 30 déc. 1840 (t. 1er 1841, p. 598), Lenud c. Legrand.

410. — Cependant il convient de distinguer les exceptions de procédure de celles qui sont opposées par le défendeur à l'action elle-même.

411. — Il n'y a pas de difficulté sérieuse quant aux exceptions suivantes de la première catégorie, savoir : 1o l'exception *judicatum solvi* ; — 2o les demandes en nullité d'exploit, ou péremptoires de l'instance ; — 3o les exceptions dilatoires proprement dites ; toutes ces exceptions doivent suivre le sort du principal, c'est-à-dire être jugées en dernier ressort ou à charge d'appel, selon que le principal reste en deçà ou s'élève au-delà des limites du dernier ressort.

412. — En effet, dit M. Benech (p. 425), la caution *judicatum solvi* ayant pour but de garantir au Français défendeur le paiement des frais et des dommages auxquels pourra l'exposer l'action de l'étranger demandeur principal ou intervenant dans une cause autre qu'une affaire commerciale, et ces frais et ces dommages étant ceux auxquels l'instance donnera lieu, cette demande incidente est purement accessoire.

413. — Quant aux nullités d'exploit ou d'acte de procédure, elles ne peuvent offrir évidemment un intérêt supérieur à celui de l'action au fond.

414. — De même, les exceptions dilatoires étant incidentes à la contestation principale, doivent lui être subordonnées.

415. — Mais il en est autrement des exceptions d'incompétence. Quoique purement incidentes, ces exceptions sont régies par une disposition exceptionnelle qui rend l'appel recevable, même lorsque le jugement a été qualifié en dernier ressort. — C. procéd., art. 454. — V. APPEL, EXCEPTIONS, INCOMPÉTENCE.

416. — Ainsi, l'exception d'incompétence est toujours susceptible de deux degrés de juridiction, même lorsque le tribunal l'a accueillie d'*office*.

417. — Cependant il ne faut pas ranger dans la classe des exceptions d'incompétence proprement dites les demandes en renvoi pour connexité et litispendance. Suivant M. Benech (p. 429 et suiv.), ces exceptions ne sont pas régies par l'art. 454, C. procéd. Ainsi, lorsque le principal est dans les limites du dernier ressort, le tribunal est souverain sur la question de savoir s'il accueillera ou repoussera la demande en renvoi. — *Bruxelles*, 15 avr. 1830, Bertaud c. André ; — *Contrà* Carré, *Lois de la procéd.*, *Quest.* 734 ; *Compét.*, t. 2, p. 107 et suiv. — V. EXCEPTIONS, LITISPENDANCE, RENVOI.

418. — Quant aux exceptions qui ne sont, à tout prendre, que des défenses propres à faire renvoyer le défendeur absous, telles que la chose jugée, la prescription, la contestation sur la qualité en laquelle le demandeur procède, etc..., elles ne peuvent influer en rien sur la compétence, quoiqu'il y ait des circonstances où cela soit contesté.

419. — L'exception qui consiste à opposer la nullité du titre dont se prévaut le demandeur est en-

core un incident qui peut souvent être considéré comme purement *accessoire*; cependant c'est un point sur lequel il y a eu souvent des controverses. — V. *suprà* no 106.

420. — En conséquence, quand un défendeur à la demande en paiement de billets montant à une somme moindre de 1,000 fr., oppose la nullité de tous les billets qu'il a souscrits et qui excèdent 1,000 fr., cette exception n'est applicable qu'à concurrence de la somme demandée, et n'empêche pas le tribunal de prononcer en dernier ressort. — *Cass.*, 20 brum. an XIV, Lamy c. Vacher.

421. — Avant la loi du 11 avr. 1838, était en dernier ressort le jugement rendu sur une demande en paiement d'arrérages moindres de 1,000 fr., si le titre de la rente n'avait été mentionné dans l'exploit que comme moyen d'établir la demande, et n'avait été contesté par le défendeur que par voie d'exception. — *Bruxelles*, 2 juill. 1810, Dewinter c. Lejeune.

422. — Un tribunal de première instance peut prononcer en dernier ressort, lorsque, incidemment à une demande en paiement d'une somme de moins de 1,000 fr., on oppose la nullité du titre qui sert de fondement à la demande. — *Florence*, 2 mars 1812, Martelli c. Cheri.

423. — Est en dernier ressort le jugement qui, *incidemment* à une demande en paiement de 1,000 fr., formée contre un saisissant par un tiers, pour la valeur des objets saisis et vendus, prononce la nullité du titre sur lequel le demandeur se fondait pour revendiquer la propriété des objets saisis. L'exception de nullité proposée en ce cas par le saisissant n'est qu'un *moyen de défense* à la demande principale, qui ne peut influer sur son importance. — *Amiens*, 8 avr. 1826, Dumaisny c. Houde.

424. — Lorsque, sur l'appel d'un jugement de justice de paix, le défendeur oppose, comme moyen de défense à l'action principale, une demande en nullité d'un acte, demande d'une valeur indéterminée, le jugement que rend alors le tribunal civil n'en est pas moins en dernier ressort. — *Cass.*, 7 juin 1826, comp. d'assur. d'Amiens c. Dumont.

425. — N'est pas susceptible d'appel le jugement rendu sur l'action en nullité d'une donation d'une valeur indéterminée et d'une opposition à une saisie, lorsque cette action en nullité n'a été intentée que pour repousser l'exécution d'un jugement portant condamnation à une somme demandée moindre de 1,000 fr. — *Douai*, 6 nov. 1815, Dumont c. Duverger. — V. conf. Bioche et Goujet, *Dict. procéd.*, vo *Appel*, no 293, édit. 2e.

426. — La demande en nullité d'un acte au-dessous de 1,000 fr. n'est pas susceptible d'appel, quels que soient les moyens dont on ait excipé. — *Bordeaux*, 11 juill. 1833, Bonnimond c. Viellefosse.

ART. 3. — *Contestations incidentes au principal.*

427. — Quelle sera, sur le ressort, l'influence des contestations élevées par le défendeur incidemment à la demande? — Cette question comporte une solution complexe, car ces contestations incidentes peuvent être de diverse nature.

§ 1er. — *Contestations sur la qualité des parties.*

428. — Si le défendeur conteste la qualité qui lui est attribuée par le demandeur, dans une instance qui devait ne subir qu'un seul degré de juridiction, cette contestation modifie-t-elle le ressort? — On pourrait soutenir, en faveur de l'affirmative, que la demande tendant à faire juger une question de qualité devient indéterminée, et par là susceptible des deux degrés de juridiction. — Mais la raison de décider, adoptée par la jurisprudence, c'est qu'une contestation élevée incidemment à la question principale n'est qu'un accessoire du procès, que la qualité attribuée au défendeur n'est qu'un moyen à l'appui de la demande, et que, dès-lors, elle ne doit exercer sur le ressort aucune influence.

429. — Ainsi, est en dernier ressort le jugement rendu sur une somme au-dessous de 1,000 fr., quoiqu'il ait statué sur la qualité de l'une des parties, s'il n'a prononcé sur cette qualité qu'accessoirement. — *Grenoble*, 28 août 1812, Bertray c. Lanfray; *Cass.*, 9 mars 1824, Darmay c. Garnier.

430. — Toutefois, plusieurs arrêts ont cru devoir faire une exception à ce principe dans le cas où la qualité d'héritier se trouve contestée, même incidemment, dans le procès. — D'autres, au contraire, et en plus grand nombre, ont décidé que, lorsque la qualité d'héritier se trouve contestée incidemment à une demande dont l'objet n'excède pas 1,000 fr., le tribunal de première instance devant lequel cette demande est portée peut la juger en dernier ressort. — *Cass.*, 8 frim. an XI, Mercier c. Rigault; 18 niv. an XII, Roccaix c. Terradau; *Pau*, 21 août 1810, Mesplé c. Samouzet; *Liége*, 3 juill. 1811, N...; *Cass.*, 24 mars 1812, Lange-Comnène c. Kenor; *Agen*, 21 août 1812, Graulière c. Labarthe; *Limoges*, 23 janv. 1821, Vedrine c. Dayras; *Bourges*, 16 mai 1823, Peroux c. Lejay; 27 oct. 1825, Berthelot c. Sauvageot; *Poitiers*, 28 juill. 1826, Mallet c. Habrioux; *Montpellier*, 14 nov. 1835, Deltour c. Couderc; *Limoges*, 16 juin 1838 (t. 2 1838, p. 482), Fautre; *Toulouse*, 28 avr. 1841 (t. 2 1841, p. 310), Raignaguet.

431. — Jugé, contrairement aux arrêts ci-dessus, mais à tort, qu'on peut appeler d'un jugement portant une condamnation de 600 fr. et attribuant une qualité d'héritier contestée entre les parties. — *Rouen*, 26 prair. an XIII, Bourdais c. Piel.

432. — ...Que le jugement qui condamne un héritier bénéficiaire au paiement des arrérages d'une rente inférieurs au taux du dernier ressort n'en est pas moins susceptible d'appel, s'il emporte l'obligation d'en payer le principal en cas d'exigibilité, et s'il statue sur la qualité d'héritier bénéficiaire contestée à l'une des parties. — *Rennes*, 20 oct. 1810, Anizon c. Desray.

433. — ...Qu'une demande au-dessous de 1,000 fr. n'est pas jugée en dernier ressort par le tribunal de première instance quand le défendeur nie être l'héritier du débiteur. — *Bourges*, 19 déc. 1818, Pinet c. de Puirazeau; *Riom*, 10 janv. 1820, Anglade c. Anjolras; *Bruxelles*, 7 nov. 1823, N...; *Riom*, 18 avr. 1825, Giraud c. Morin; 17 nov. 1841 (t. 2 1842, p. 722), Desroziers c. Bournezelles.

434. — Toutefois, le jugement qui reconnaît incidemment à un individu la qualité d'héritier ne peut avoir d'autorité qu'entre les parties et relativement à la demande qui a fait l'objet de la contestation. — *Paris*, 18 juin 1840 (t. 2 1840, p. 97), Bisson c. Rocco; *Toulouse*, 1er avr. 1844 (t. 2 1844, p. 389), Scié; *Bruxelles*, 9 déc. 1815, Desemblancx c. Dwitte; *Toulouse*, 7 mars 1840 (t. 2 1841, p. 387), Pénavayre.

435. — Cette dernière question se rattache intimement à la précédente. On comprend, en effet, que, suivant que la portée du jugement sera plus ou moins étendue, suivant que ses conséquences seront uniquement relatives à l'intérêt de celui qui l'aura obtenu, ou qu'elles existeront dans l'intérêt de tous, le litige qui s'élèvera incidemment à une demande principale sur la qualité d'héritier sera déterminé ou indéterminé, et dès-lors susceptible ou non d'être jugé en dernier ressort. — Or, la difficulté sur la question de savoir si la qualité d'héritier une fois jugée existe d'une manière indélébile et opposable par tous naît de la combinaison de l'art. 800, qui paraît général, absolu (*L'héritier peut se porter héritier bénéficiaire s'il n'existe pas de jugement passé en force de chose jugée qui le condamne en qualité d'héritier pur et simple*), et de l'art. 1351, suivant lequel la chose jugée n'a d'effet qu'entre les parties qui ont figuré au jugement. — L'interprétation qui reconnaît à l'art. 800 un effet général et absolu compte parmi ses partisans MM. Maleville (*Anal. du C. civ.*, art. 783), Malpel (*Successions*, nos 194 et suiv.), Favard de Langlade (vis *Exception*, § 4, no 2, et *Renonciation*, § 1er, no 16), Vazeille (*Conférence sur les successions*, art. 800, t. 1er, p. 207, no 2); Merlin (*Quest.*, vo *Héritier*, § 8), — Et ces auteurs décident que la qualité d'héritier, qu'elle soit jugée principalement ou accessoirement, étant indéterminée de sa nature, ne peut être jugée qu'en premier ressort. — « Au reste, dit M. Merlin, la disposition de l'art. 800, soit qu'il s'agisse de jugemens contradictoires, soit qu'il s'agisse de jugemens par défaut, nous conduit nécessairement à une conséquence aussi importante que remarquable : c'est que l'on ne peut plus, sous le Code civil, statuer en dernier ressort sur une demande formée contre un prétendu héritier qui en dénie la qualité, quoique d'ailleurs l'objet de cette demande ne s'élève pas au-dessus de 1,000 fr. — Comment ai-je pu, d'après cela, le 28 janv. 1806, par le réquisitoire qui est rapporté dans le *Répertoire de jurisprudence*, au mot *Dernier ressort*, § 12, soutenir que le jugement du 12 messid. an XII, rappelé dans ce réquisitoire, était valablement rendu en dernier ressort? Et comment la cour de Cassation elle-même a-t-elle pu le considérer comme tel lors de l'arrêt qu'elle a rendu sur ce réquisitoire le 15 juill. suivant? c'est que ni la cour de Cassation ni moi n'avons alors fait attention au changement que l'art. 800, C. civ., avait apporté en cette matière au prétendu principe qui avait déterminé les précédens arrêts des 8 frim. an XI et 18 niv. an XII? » — Mais l'opinion contraire paraît plus généralement adoptée. — V. Pothier, *Successions*, ch. 3, sect. 5; Jousse, *Tr. des présid.*, p. 181; Carré, *Compét.*, t. 2, p. 67, art. 286, p. 324; Chabot de l'Allier, *Successions*, 5e édit., t. 2, p. 612 (il avait d'abord adopté l'opinion contraire); Duranton, t. 7, no 25; Toullier, t. 10, no 235; Delvincourt, t. 2, p. 296, note 16e; Merlin, *Rép.*, vo *Dernier ressort*, § 12 (mais il a depuis rétracté cette opinion); Pardessus, *Droit comm.*, t. 4, part. 6e, tit. 2, ch. 3. — On peut se reporter avec fruit aux discussions développées de MM. Toullier, Chabot et Vazeille, sur la question. — V. aussi Benech, p. 95 et suiv.

436. — Lorsque d'autres questions de qualité se sont élevées devant les tribunaux, la doctrine que nous adoptons a été constamment consacrée.

437. — Ainsi, l'on a décidé, en thèse générale, que lorsque, en réponse à une demande dont l'objet rentre dans les limites du dernier ressort, le défendeur oppose au demandeur une exception tirée du défaut de qualité, cette exception, qui n'est qu'un moyen de repousser la demande, ne rend pas le litige susceptible des deux degrés de juridiction; — Qu'un jugement rendu dans une espèce semblable n'a pas l'autorité de la chose jugée sur la qualité incidemment attribuée à l'une des parties, soit à l'égard des tiers pour le même objet, soit au profit même de celui qui l'a obtenu ou contre qui il a été rendu pour d'autres objets. — *Limoges*, 9 avr. 1840 (t. 2 1840, p. 161), Ventadour c. Espinouze.

438. — Le jugement rendu sur une contestation inférieure à 1,000 fr. est en dernier ressort, encore bien qu'il statue sur la question de savoir si l'une des parties a la qualité de donataire universel. — *Agen*, 11 mars 1823, Savy c. Bergère.

439. — Il en est de même du jugement intervenu sur une contestation inférieure à 1,000 fr., quoiqu'on ait opposé incidemment une séparation de biens, sur la validité de laquelle le tribunal a eu à prononcer. — *Toulouse*, 3 déc. 1829, Albarel et Carivenc c. Bousinac; *Poitiers*, 11 juin 1829, Thibault c. Cormeau.

440. — La question de savoir si deux personnes sont associées n'est point susceptible de deux degrés de juridiction quand elle est élevée par le défendeur incidemment à une demande principale d'une somme inférieure à 1,000 fr. — *Cass.*, 1er niv. an IX, Hadamar c. Gerardin.

441. — Lorsque la qualité de syndic est contestée incidemment à une demande dont l'objet n'excède pas 1,500 fr., le tribunal saisi de l'action principale prononce en dernier ressort, alors même qu'il ne statuerait que sur l'incident. — *Paris*, 23 fév. 1842 (t. 1er 1842, p. 326), Titiel c. Poullain.

§ 2. — *Demandes en garantie.*

442. — Les demandes incidentes formées par le défendeur suivent, en général, la règle que nous avons reconnue pour les contestations de qualité.

443. — Mais parmi les demandes incidentes il faut mentionner à part les demandes en garantie, à l'égard desquelles il peut y avoir difficulté.

444. — Cependant, la jurisprudence, fidèle à ses erremens, subordonne le sort de la demande incidente à celui de la demande principale. Si cette dernière est jugée en dernier ressort, la demande en garantie ne peut obtenir un deuxième degré de juridiction.

445. — En conséquence, une demande moindre de 1,000 fr. à laquelle se joint une exception opposée par le défendeur principal au demandeur appelé en garantie, n'en est pas moins susceptible du dernier ressort. — *Rennes*, 1er déc. 1815, Desnoyers c. Sagnet.

446. — Une demande en garantie est, comme la demande principale, susceptible d'être jugée en dernier ressort, quand la somme est déterminée. — *Rennes*, 26 août 1820, Penven c. Jouin.

447. — La demande en garantie ne peut donner lieu à appel lorsque l'action principale n'y est pas soumise, et cela encore bien que cette demande en garantie ait incidemment pour objet de faire statuer sur la propriété de la chose pour laquelle ont été faites les fournitures dont le paiement motive l'action principale. — *Douai*, 22 juin 1842 (t. 2 1842, p. 217), Camen c. Frison-Vienne.

448. — Mais sur ce premier point la doctrine s'écarte des arrêts, et leur oppose des raisons dignes d'être examinées. — Selon quelques auteurs, la demande en garantie présente des caractères spéciaux, qui devaient la soustraire aux règles générales des demandes incidentes. — En effet, c'est, à bien dire, une demande principale vis-à-vis de l'appelé en garantie. Et de l'unité de procédure, que l'on a établie pour accélérer les affaires, il pourrait être dangereux de conclure à l'unité du ressort.

449. — La question n'a, du reste, d'intérêt que quand la demande principale a été accueillie par le tribunal, et qu'elle est placée dans les limites du dernier ressort; tandis que la demande en garantie dépasse, par sa valeur, les limites ordinaires du dernier ressort. — Dans ce cas certains auteurs dé-

cident que la demande en garantie doit être jugée seulement à charge d'appel. — Benech, *Des Trib. de première instance*, p. 495.

450. — Jugé, conformément à ces principes, que l'on peut appeler d'un jugement qui accueille la demande en garantie intentée soit à raison des intérêts, soit à raison d'une partie d'un capital, quoique ces intérêts et cette partie n'excèdent pas 1,000 fr., si en accueillant cette demande il a jugé que la partie condamnée devait la totalité de l'obligation. — *Dijon*, 23 janv. 1817, Plaige.

451. — Cette doctrine ne nous semble pas devoir être adoptée. — A plus forte raison faut-il bien se garder, selon nous, d'admettre l'opinion de M. Pigeau qui tendrait à faire admettre l'appel, non seulement sur la demande en garantie, mais encore sur la demande originaire; ce serait, en effet, donner à l'accessoire le rôle du principal. — Pigeau (éd. de Crivelli), t. 1er, p. 587.

452. —Dans tous les cas, le défendeur principal, condamné à payer 750 fr. réclamés par le demandeur, ne peut appeler de cette condamnation; sous prétexte qu'il aurait lui-même demandé une somme supérieure contre son garant; cette demande n'a point de connexité avec la demande principale. —*Rennes*, 20 fév. 1816, Jason c. Haranchipy.

453. — Dans l'espèce contraire, c'est-à-dire, lorsque la demande principale dépasse les limites du dernier ressort, tout le monde s'accorde à dire que la demande en garantie pourra subir les deux degrés de juridiction. — En effet, la garantie suppose l'obligation principale. Tant que le sort de celle-ci n'est pas irrévocablement fixé, la garantie ne saurait l'être. — *Montpellier*, 7 fév. 1828, Germa c. Labrousse.

454. — Ainsi, lorsque plusieurs demandes formées par un même exploit excèdent 1,000 fr., l'appel est recevable, même contre le garant qui n'avait été mis en cause que pour la garantie d'un objet inférieur à 1,000 fr. — *Grenoble*, 20 avr. 1818, Thivolier c. Poncet.

455. — La demande en garantie formée contre plusieurs parties pour une somme inférieure à 1,000 fr. ne peut être jugée qu'à charge d'appel, si la demande principale excédait le taux du dernier ressort. —*Amiens*, 30 août 1822, Dubus c. Guinet.

ART. 4.— *Demandes en compensation, demandes reconventionnelles et en dommages-intérêts.*

456.—Sous l'ancienne législation, la coutume de Paris, qui formait, à cet égard, le droit commun de la France, autorisait le défendeur à former des demandes reconventionnelles ou en compensation, lorsque ces demandes dérivaient de l'action originaire, et étaient la défense à la demande principale. — V. cout. de Paris, art. 106.

457. — Cependant on distingua bientôt la compensation de la reconvention. La première n'était admise que pour dettes liquides, mais elle pouvait ne pas dériver de la même cause que la demande originaire. La reconvention, au contraire, pouvait être formée pour une créance non liquide, mais il fallait qu'elle dérivât de la même cause que la demande principale.

458. — La loi du 16-24 août 1790 laissa les choses en cet état, et le Code civil, aussi bien que le Code de procédure, garda le silence sur la reconvention, quoique la cour de Cassation, dans ses observations, eût demandé que cette lacune fût comblée.

459. — La jurisprudence fit ce que n'avait pas fait le législateur. Elle admit les demandes en compensation et les reconventions, bien que celles-ci dérivassent d'une cause étrangère à l'action primitive. Elle répudia en cela les traditions de l'art. 106 de la cout. de Paris.

460. — Elle décida, en outre, que, pour déterminer le taux du dernier ressort, il fallait cumuler la demande reconventionnelle avec la demande originaire. — Elle excepta toutefois les demandes reconventionnelles en dommages-intérêts, lorsque ces demandes reposaient exclusivement sur la demande principale.

461. — Cette disposition, conforme aux art. 7 et 8, L. 25 avr. 1838 (V. JUSTICE DE PAIX), forme aujourd'hui la règle de la matière. — L'art. 2, L. 11 avr. 1838, est en effet ainsi conçu : « Lorsqu'une demande reconventionnelle ou en compensation aura été formée dans les limites de la compétence des tribunaux civils de première instance en dernier ressort, il sera statué sur le tout sans qu'il y ait lieu à appel. — Si l'une des demandes s'élève au-dessus des limites ci-dessus indiquées, le tribunal ne prononcera sur toutes les demandes qu'en premier ressort. — Néanmoins, il sera statué en dernier ressort sur les demandes en dommages-intérêts, lorsqu'elles seront fondées exclusivement sur la demande principale. »

§ 1er. — *Demandes en compensation.*

462. — Nous séparons la compensation de la reconvention, parce qu'elles ont eu dans la jurisprudence un sort tout différent, quoique le législateur les ait placées sur la même ligne dans l'art. 2, L. 11 juill. 1838.

463. — Dans le silence de la loi de 1790 et du Code civ., on avait assez d'embarras à régler la juridiction, lorsque la compensation était opposée à l'action principale. — Fallait-il décider que la compensation n'est que la défense à l'action principale et ne tenir aucun compte de la créance alléguée à titre de compensation? Fallait-il, au contraire, cumuler les deux sommes?

464. — La cour d'Orléans s'était prononcée dans le premier sens. — *Orléans*, 25 juill. 1823, N...

465. — Mais la jurisprudence la plus générale conservait un moyen-terme qui a été postérieurement adopté par la loi. — Si les deux sommes étaient d'une valeur inférieure au taux du dernier ressort, le procès ne devait subir qu'un seul degré de juridiction. — Si, au contraire, l'une des deux sommes dépassait les limites du dernier ressort, le procès n'était jugé qu'en premier ressort.

466. — En conséquence, était susceptible d'appel le jugement qui prononçait la compensation de la somme de 10,000 fr. avec celle de 1,000 réclamée par le demandeur. — *Cass.*, 28 vent. an VIII, Créanciers unis de Duclos-Lange c. Dubusc.

467. —...Ainsi que le jugement qui, statuant sur une demande inférieure à 1,000 fr., repoussait la compensation tirée d'un obligation excédant 1,000 fr. — *Bourges*, 29 août 1826, Ballot c. Roger.

468. — Mais si le défendeur assigné en paiement d'une somme de 1,000 fr. ou au-dessous opposait la compensation d'une créance qui n'excédait pas cette somme, le tribunal statuait en dernier ressort, bien que les deux sommes réunies dépassassent le taux du dernier ressort. — *Cass.*, 26 pluv. an XI, Cardin c. Chabot; 25 fév. 1818, Guibert c. Tournatoris; *Agen*, 19 juin 1823, Cayrel c. Cérède.

469. — Lorsqu'à la demande en paiement de 1,000 fr. le débiteur opposait une quittance dont la validité était contestée, le jugement qui intervenait était rendu en dernier ressort, bien que la réunion de la somme demandée au montant de la quittance s'élevât au-dessus de 1,000 fr. — *Cass.*, 14 germin. an XI, Dobousquet c. Barbani; — Merlin (*Rép.*, v° *Dernier ressort*, § 10) s'étonne que la question ait été agitée sérieusement.

470. — L'art. 2 précité, L. 11 avr. 1838, a fixé cette jurisprudence par une disposition précise, et toute difficulté a disparu.

471. — Depuis il a été décidé implicitement qu'un jugement est rendu à charge d'appel, bien que la demande principale soit dans les limites du dernier ressort, par exemple, d'une somme de 378 fr., si le défendeur oppose la compensation à valoir sur une somme qui était soumise aux deux degrés de juridiction, lors même qu'il ne conclut pas à la condamnation du surplus. — *Cass.*, 3 août 1840 (t. 2 1840, p. 310), Pousson et Mauriac c. Pervieu.

472. — Répétons que, pour que la compensation puisse être opposée, il n'est pas nécessaire qu'elle provienne de la même cause que la demande principale. — V. COMPENSATION.

§ 2. — *Demandes reconventionnelles.*

473. — On a vu (*suprà* n° 457) que la reconvention dans l'ancien droit s'appliquait limitativement aux demandes formées par le défendeur, même pour créances non liquides, pourvu qu'elles dérivassent de la même cause que la demande principale. — Mais cette règle fut mal observée, ainsi que l'atteste Denisart. — L'identité de cause ne fut pas exigée dans la suite; il suffit, pour admettre la reconvention, que les demandes ne fussent pas absolument étrangères.

474. — Lorsque les présidiaux furent créés par l'édit de 1551, les auteurs examinèrent l'influence de la reconvention sur le ressort de cette juridiction nouvelle. Et l'on sait, d'après le témoignage de Jousse, que les présidiaux jugeaient en premier et dernier ressort, si les deux demandes individuellement étaient dans les limites du dernier ressort. — Ainsi l'on ne cumulait pas la demande principale et la demande reconventionnelle pour le taux de la compétence.

475. — Après la loi de 1790 et le Code civil, qui avaient le tort de garder sur la reconvention le silence le plus absolu, la jurisprudence et la doctrine hésitèrent sur ce point difficile. Toutefois elles admirent, contrairement à la coutume de Paris, les demandes reconventionnelles qui n'avaient aucune connexité d'origine avec la demande principale.

476. — D'autre part, on décida que pour apprécier le degré de juridiction, il fallait réunir la valeur de la demande reconventionnelle à la valeur de la demande originaire. — On fit seulement une exception à l'égard des demandes reconventionnelles en dommages-intérêts, fondées exclusivement sur la demande principale.

477. — Ainsi, jugé que l'on doit annuler le montant de la demande reconventionnelle avec la demande principale pour fixer le ressort. — *Cass.*, 23 flor. an VIII, Desgorsses c. Garcelbeuf; 22 juill. 1806, Hayn c. Haas; 26 août 1807, Thouret c. Deray et Guidon; 2 déc. 1807, Gallet c. Perrier; *Rennes*, 15 janv. 1810, N...; *Paris*, 18 oct. 1810, Gaillard c. Bricard; *Rennes*, 18 déc. 1811, Drouadaine c. Boudé; *Metz*, 12 mai 1812, Martinet-Pignolet c. Deroche; 9 déc. 1817, Collignon c. Mangeot; 25 nov. 1819, Degembre c. Pothier; *Toulouse*, 29 nov. 1819, Descoins c. Bielle; *Cass.*, 18 avr. 1821, Selves c. Sorel; 17 juill. 1827, Laurent c. Rouget; *Bordeaux*, 24 juin 1828, Lespine c. Richard; *Bruxelles*, 3 déc. 1830, N...; 7 mai 1831, Dewit c. Legge; *Bordeaux*, 20 déc. 1832, Masmontet c. Eymeric.

478. — Par exemple, quand, sur une demande principale, le défendeur présentait une demande reconventionnelle à laquelle le demandeur originaire opposait une autre demande aussi reconventionnelle, et que la réunion de ces demandes offrait une valeur supérieure à 1,000 fr., les juges de première instance ne pouvaient statuer qu'en premier ressort. — *Cass.*, 24 vendém. an XII, Vigneras c. Beauvais.

479. — Si un mandant formait une demande en reddition de compte envers son mandataire, sinon au paiement de 743 fr. montant du mandat, et que le défendeur formât une demande reconventionnelle de 320 fr. pour frais faits dans l'exécution de ce mandat, ces deux demandes devaient être cumulées pour fixer le taux du ressort. — *Cass.*, 27 mai 1807, Leroy c. Barré.

480. — Lorsqu'il avait été convenu entre un locataire principal et un sous-locataire que le prix de la sous-location serait le même que celui de la location, si le sous-locataire assignait le locataire et demandait la restitution de 525 fr. qu'il prétendait avoir payés en sus du prix de la location, et si le locataire lui redemandait reconventionnellement 945 fr. pour trois termes échus, le jugement à intervenir était susceptible d'appel. — *Paris*, 27 nov. 1818, Chegaray c. Soubdès.

481. — Lorsque deux individus avaient formé en même temps deux demandes l'un contre l'autre, l'un en paiement d'ouvrages par lui faits et livrés, l'autre afin qu'il fût tenu de reprendre les ouvrages par lui confectionnés qu'il soutenait n'être pas propres à leur destination, et pour le faire condamner à des dommages-intérêts, le jugement qui décidait cette contestation était susceptible d'appel, si les deux demandes réunies s'élevaient à une valeur de plus de 1,000 fr. — *Colmar*, 9 juill. 1822, Hantzmertzger c. Hoss.

482. — Jugé toutefois que lorsque la demande principale et la demande reconventionnelle sont inférieures à 1,000 fr., et qu'une nouvelle demande excédant le taux du dernier ressort est formée par l'une des parties, le jugement n'est pas susceptible d'appel si le tribunal a rejeté cette demande additionnelle comme n'ayant aucune connexité avec l'objet du procès. — *Rennes*, 13 juin 1835, Berthelot c. Costard.

483. — La loi du 11 avril 1838 est revenue aux erremens de l'ancien droit, en ce qui concerne l'évaluation du ressort. Elle a formellement décidé, dans l'art. 2, comme on l'a déjà vu, que l'on examinerait séparément la demande principale et la demande reconventionnelle; mais que si l'une des deux dépassait le taux du dernier ressort, le tribunal ne prononcerait sur le tout qu'en premier ressort.

484. — Au surplus, on a toujours admis que lorsque la demande reconventionnelle excédait le taux du dernier ressort, le procès tout entier ne pouvait être jugé qu'en premier ressort.

485. — Décidé, en conséquence, que le tribunal saisi d'une demande principale en délaissement d'un domaine et de la demande reconventionnelle en remboursement de la valeur des édifices et superfices ne peut statuer qu'en premier ressort. — *Cass.*, 18 vendém. an XII, Le Guillermie c. Loz-de-Coat-Courhaut.

486. — Est susceptible d'appel le jugement intervenu sur une demande principale inférieure à 1,000 fr., si le défendeur originaire a conclu reconventionnellement à la restitution à son profit d'une somme excédant le taux du dernier ressort, et à la nullité d'un contrat de vente. — *Cass.*, 21 avr. 1807, Chevalier c. Chevallot.

487. — ...Que lorsque le défendeur, assigné en reddition de compte d'une somme au-dessous de 1,000 fr., a conclu reconventionnellement à 1,500 fr. de dommages-intérêts, bien qu'il se soit ensuite rapporté à l'arbitrage du juge, le jugement qui alloue 1,000 fr. de dommages-intérêts au défendeur est sujet à l'appel. — *Liége*, 3 fév. 1824, Brundseaux.

488. — Est en premier ressort le jugement qui a statué sur une demande reconventionnelle excédant 1,000 fr., bien que la demande principale fût inférieure à ce taux. — *Rennes*, 11 juin 1835, Deshayes c. Mulot.

489. — Toute demande dont la valeur est indéterminée est susceptible des deux degrés de juridiction. Si donc le défendeur oppose à la demande originaire d'une importance inférieure au taux du dernier ressort une demande indéterminée, il faut appliquer les règles qui viennent d'être posées pour le cas où la demande reconventionnelle déterminée s'élève au-dessus de 1,500 fr. (ou de 1,000 fr., sous l'empire de la loi de 1790).

490. — Il suit de là que le tribunal de première instance saisi de la demande d'une somme moindre de 1,000 fr. ne peut statuer en dernier ressort, lorsque le défendeur demande reconventionnellement un compte de la société qu'il prétend avoir existé entre lui et le demandeur. — *Agen*, 15 juill. 1812, Ribis c. Pujos.

491. — Lorsque, sur la demande d'un cohéritier en délivrance de meubles dépendant d'une succession et ne valant que 112 fr., les cohéritiers détenteurs de ces meubles demandent reconventionnellement le partage de cette succession, pour se dispenser de les rendre, le jugement qui intervient sur cette double demande est susceptible d'appel. — *Limoges*, 7 juin 1814, Puivert c. Prévost.

492. — Lorsqu'une partie demande moins de 1,000 fr. pour intérêts d'une créance à elle transportée, et que l'autre partie prétend que, non seulement elle ne doit pas les intérêts, mais qu'elle est en avances avec le cédant sur le principal de la créance et, par suite, qu'elle conclut reconventionnellement à ce qu'il soit fait un compte de ces avances pour déterminer l'importance du transport, le jugement qui intervient est susceptible d'appel. — *Amiens*, 23 fév. 1820, Longuet c. Saint-Acheul.

493. — Dès qu'à une demande inférieure à 1,000 fr. s'est jointe une demande reconventionnelle indéterminée, le jugement est susceptible d'appel. — *Cass.*, 16 mars 1825, Domaines c. Monier.

494. — Tel est le cas où le demandeur en paiement d'une rente a conclu, pour le cas où l'acte constitutif de la rente serait annulé, à l'envoi en possession de l'immeuble à raison duquel la rente avait été établie. — *Cass.*, 21 nov. 1831, Jouanne c. Berruyer.

495. — Lorsqu'à une demande en paiement d'honoraires inférieure à 1,000 fr. le défendeur oppose reconventionnellement une demande en restitution de pièces, la demande reconventionnelle doit être jointe à la demande principale, et la cause devient susceptible des deux degrés de juridiction. — *Aix*, 12 mars 1834, Fortoul c. Digue.

496. — Aujourd'hui, il est incontestable que, lorsque, sur une demande inférieure à 1,500 fr., le défendeur excipe de reconvention, il ne peut être statué qu'à la charge de l'appel, si l'exception reconventionnelle dépasse le taux du dernier ressort ou est indéterminée. — *Bordeaux*, 6 janv. 1840 (t. 1er 1840, p. 412), Tymbau c. Lafargue.

497. — Lorsque le défendeur a conclu reconventionnellement contre le demandeur à une condamnation d'une valeur indéterminée, en demandant, par exemple, qu'il soit tenu d'exécuter certains travaux, le jugement qui intervient n'est qu'en premier ressort, encore bien que la demande introductive soit inférieure au taux du dernier ressort. — *Cass.*, 6 août 1840 (t. 1er 1841, p. 28), comm. de Goult c. Laugier.

498. — Cependant, ce principe peut souffrir exception dans le cas où la demande, indéterminée de sa nature, se trouve déterminée par accident, par exemple, par les conclusions des parties.

499. — Par exemple, lorsque les deux parties concluent chacune au paiement par l'autre d'une somme fixe, si les deux demandes n'excèdent pas 1,000 fr., le tribunal de première instance juge en dernier ressort, lors même que les deux créances ont pour cause le résultat d'un compte à faire entre les parties. — *Bourges*, 28 mai 1824, Bavouzet c. Girault et Bottin.

500. — Avant la loi de 1838, de même que sous cette loi, on ne pouvait faire entrer dans le calcul du ressort une demande reconventionnelle qui n'ajoutait rien à la valeur du litige. — *Orléans*, 7 fév. 1817, de Beaussier c. Deschamps.

501. — En conséquence, un tribunal de première instance peut juger en dernier ressort une demande de 750 fr., à laquelle le défendeur oppose une demande en renvoi devant les arbitres pour régler les comptes d'entre les parties. — *Rennes*, 26 sept. 1818, Kuhuminich c. N...

502. — Lorsque, sur la demande en paiement d'un billet de 1,000 fr., le défendeur conclut reconventionnellement à la remise du billet, comme étant un simple effet de complaisance, cette dernière demande est sans influence quant à la compétence. — *Bordeaux*, 1er juin 1837 (t. 2 1837, p. 559), Bossais c. faillite Barraud.

503. — Lorsqu'à une demande en paiement de moins de 1,000 fr., le défendeur oppose incidemment une demande en nullité du titre, le jugement est néanmoins en dernier ressort. — *Grenoble*, 3 mai 1827, Ageron c. Mallein.

504. — On allait plus loin, et on considérait comme ne pouvant influer sur le ressort une demande reconventionnelle qui avait la même cause que la demande principale. — V. dans ce sens *Orléans*, 21 mai 1819, Herbelin c. Deschamps; *Grenoble*, 13 août 1832, Patton c. Vidard.

505. — La loi du 11 avr. 1838 ne distingue pas pour l'admission des demandes reconventionnelles entre celles qui sont connexes ou non connexes à la demande principale. On laisse de côté l'origine : il suffit que l'action du défendeur tende à anéantir celle du demandeur.

506. — Avant cette loi, on avait décidé que la demande reconventionnelle formée contre le demandeur principal par l'individu appelé en garantie, et qui est étrangère à la cause engagée, ne doit pas être prise en considération pour fixer le taux du dernier ressort. — *Cass.*, 6 avr. 1808, Amilhau c. Lignières.

507. — Du reste, il faut appliquer aux demandes reconventionnelles le principe posé plus haut pour l'appréciation des demandes principales, et déduire, des sommes réclamées par le défendeur, celles dont le demandeur originaire se reconnaît débiteur.

508. — En conséquence, lorsque, sans contester la demande principale qui est inférieure à 1,000 fr., le défendeur forme une demande reconventionnelle, et conclut seulement à ce que la somme à laquelle s'élève l'action reconventionnelle soit compensée avec la demande principale, le taux du ressort ne se détermine que par l'excédant de la demande reconventionnelle; si donc cet excédant, seul objet du litige, ne dépasse pas 1,000 fr., le jugement à intervenir n'est pas susceptible d'appel. — *Grenoble*, 29 mars 1808, Guias c. David; 22 janv. 1811, Gouvemai c. Goy.

509. — Lorsque la demande principale n'est pas contestée par le défendeur, et que la demande reconventionnelle de celui-ci n'excède pas le taux du dernier ressort, le jugement à intervenir n'est pas susceptible d'appel. — *Rennes*, 6 août 1811, N...

510. — On ne doit point, pour fixer le taux du ressort, joindre à la demande principale le montant des conclusions reconventionnelles du défendeur qui ne sont pas contestées. — *Liége*, 30 déc. 1812, Gauduseur c. Camus.

511. — La demande reconventionnelle en nullité d'une obligation de plus de 1,000 fr., mais dont l'importance se réduit à une moindre somme au moyen de paiemens déjà faits, et dont la restitution n'est pas demandée, doit être jugée en dernier ressort. — *Cass.*, 15 mars 1813, Seitz c. Thurninger.

512. — Il est encore une circonstance qui peut empêcher la demande reconventionnelle d'élever par sa valeur le ressort du litige : c'est le défaut de jonction de celle-ci à la demande principale. — Il faut observer, en effet, que la demande reconventionnelle, pour être admise, doit porter sur un objet tel, que si le jugement l'accueille, elle puisse amener une compensation. — Dans le cas contraire, le tribunal devrait se dessaisir d'office de la demande reconventionnelle, qui n'exercerait, dès lors, aucune influence sur le ressort de la demande originaire. — V. RECONVENTION.

513. — Il est également possible que la demande reconventionnelle soit de nature à être jugée avant la demande principale.

514. — Cela a lieu, par exemple, quand, sur une demande en paiement de billets s'élevant à 750 fr., le défendeur intente devant le même tribunal, mais par action séparée, une demande en nullité non seulement de ces billets, mais de tous autres qu'il a souscrits, et s'élevant au-dessus de 1,000 fr., le tribunal peut statuer en dernier ressort sur la première demande si la jonction des deux instances n'a pas été ordonnée, et s'il n'a été conclu qu'à une remise de cause pour attendre le jugement de la demande en nullité. — *Cass.*, 20 brum. an XIV, Lamy c. Vacher.

515. La disjonction n'est pas moins indispensable, quand le juge de la demande principale est frappé d'incompétence absolue, pour la demande reconventionnelle.

516. — Ainsi, dans le cas où, sur la demande reconventionnelle, l'incompétence du juge est matérielle, le tribunal doit juger la demande principale et renvoyer devant qui de droit la demande reconventionnelle. — *Bourges*, 23 déc. 1831, Lafont c. Dessony.

517. — Les auteurs inclinent également à penser que si la demande reconventionnelle devait entraîner des longueurs et des difficultés de procédure, elle devrait être disjointe de la demande originaire, toutes les fois que celle-ci serait d'une solution prompte et facile. — V. RECONVENTION.

518. — Enfin, la tardiveté de la demande reconventionnelle, formée dans le cours d'une procédure, pourrait empêcher une jonction utile à l'élévation du ressort.

519. — En conséquence, un jugement qui a statué sur un incident de procédure élevé au sujet d'une demande principale inférieure à 1,000 fr. ne devient pas susceptible d'appel, si le défendeur forme plus tard une demande reconventionnelle qui élève la valeur du litige, de telle sorte que le fond ne puisse plus être jugé qu'en premier ressort. — *Toulouse*, 7 juill. 1829, Solacroup c. Dalquié.

520. — Mais il serait peut-être bien hardi d'admettre que la demande reconventionnelle doive être séparée de la demande principale, quand les conclusions contradictoires ont été prises à l'audience, ou quand la reconvention n'intervient que sur une opposition à un jugement par défaut. — On doit pouvoir, en principe, former une demande reconventionnelle tant qu'il est permis au demandeur ou au défendeur de modifier leurs conclusions primitives.

521. — Quoi qu'il en soit, les observations précédentes ne sauraient trouver leur place, s'il s'agissait de demandes reconventionnelles qui, par leur origine, ne seraient que la défense même à l'action principale. — A plus forte raison en serait-il de même s'il s'agissait de demandes en compensation, qui peuvent être proposées en tout état de cause, même en cause d'appel. — C. procéd., art. 464.

§ 3. — *Demandes en dommages-intérêts.*

522. — D'après l'ancienne jurisprudence, comme d'après la loi du 11 avr. 1838, il faut distinguer les demandes reconventionnelles, en général, des demandes reconventionnelles en dommages-intérêts.

523. — Pendant long-temps on avait éprouvé quelques doutes sur ce point, et plusieurs tribunaux avaient décidé que les demandes en dommages-intérêts émanées du défendeur devaient être complétement assimilées aux demandes reconventionnelles ordinaires.

524. — C'est ainsi qu'il avait été jugé par la cour de Cassation que lorsque sur une demande relative à la validité d'une saisie immobilière, les débiteurs demandent reconventionnellement des dommages-intérêts excédant 1,000 fr., cette dernière ne peut être jugée qu'en premier ressort. — *Cass.*, 16 thermid. an X, Barthelmy c. Andreau.

525. — ...Par celle de Grenoble que la demande en main-levée d'une saisie-exécution, avec 1,200 fr. de dommages-intérêts, ne donne pas lieu au dernier ressort, encore que la cause de la saisie fût moindre de 1,000 fr. — *Grenoble*, 20 mai 1813, N...

526. — ...Et que le jugement rendu sur la demande en validité d'une saisie faite pour une somme inférieure à 1,000 fr. et sur la demande reconventionnelle du saisi en dommages-intérêts excédant cette somme est susceptible d'appel. — *Grenoble*, 6 juill. 1810, Terrat c. Latour.

527. — ...Par celle de Riom, que la demande en dommages-intérêts formée reconventionnellement, et motivée sur une saisie-revendication qui fait l'objet du litige, doit être réunie à la demande principale pour régler le ressort. — *Riom*, 30 août 1826, Veysset c. Toulet.

528. — ... Et que le jugement rendu sur une saisie-exécution pratiquée pour moins de 1,000 fr., si le saisi argüe de nullité le titre du saisissant, et demande reconventionnellement 1,200 fr. de dommages-intérêts, n'est pas en dernier ressort. — *Riom*, 22 juin 1812, Giraud c. Ledieu. — V. conf. *Bordeaux*, 29 août 1829, Fayolle c. Lespinasse; *Agen*, 13 mars 1819, Savy c. Lajoux.

529. — Mais ce système avait un inconvénient immense, qui fut promptement aperçu; c'est qu'il dépendait du défendeur de ravir au demandeur le bénéfice d'un jugement en dernier ressort par des conclusions en dommages-intérêts que rien ne justifiait. Aussi une distinction ne tarda-t-elle pas

à prévaloir. On continua à assimiler la demande en dommages-intérêts à une demande reconventionnelle ordinaire lorsqu'elle avait une cause antérieure à la demande principale; mais on ne tint aucun compte, pour la fixation du taux du dernier ressort, de la demande en dommages-intérêts basés sur la demande même.

530. — Ainsi, d'après la jurisprudence antérieure à 1838, comme depuis, une demande reconventionnelle en dommages-intérêts, à raison de l'exécution des conventions qui ont causé la demande principale, doit être jointe à celle-ci pour déterminer le taux du ressort. — *Grenoble*, 22 fév. 1811, N...

531. — Le jugement rendu en première instance sur une demande en paiement de dommages-intérêts fixés par par l'exploit introductif d'instance au-dessous même du taux du dernier ressort est susceptible d'appel, si le défendeur a demandé reconventionnellement des dommages-intérêts indéterminés et dont la cause était antérieure à l'instance. — *Rennes*, 25 nov. 1811, Brochier c. Major.

532. — Est susceptible d'appel le jugement rendu en validité d'une saisie pratiquée pour moins de 1,000 fr. et sur la demande reconventionnelle du saisi en dommages-intérêts fondée sur le défaut de livraison totale de valeurs indéterminées. — *Liége*, 13 mai 1815, Riga c. Meesen.

533. — La valeur de la demande principale doit être réunie à celle de la demande reconventionnelle en dommages-intérêts pour fixer le taux du ressort, si ces dommages-intérêts sont réclamés pour une cause antérieure à l'instance. — *Bruxelles*, 27 mai 1818, Vandenkerckhoven c. Vermeir; *Toulouse*, 21 nov. 1823, Sansot c. Larroque; *Poitiers*, 20 juill. 1825, Chollet c. Texier; *Bruxelles*, 11 avr. 1829, D. B...

534. — Lorsque, incidemment à une demande en dernier ressort, le créancier forme une plainte contre son débiteur, et que ce dernier, après avoir été renvoyé absous, revient devant les tribunaux civils, et conclut reconventionnellement à des dommages-intérêts excédant le taux du dernier ressort, le jugement qui statue sur le tout est susceptible d'appel. — *Rouen*, 15 avr. 1826, Duval c. Chardine.

535. — Quand, sur une demande inférieure à 1,000 fr., une demande reconventionnelle en dommages-intérêts est formée pour retard dans l'exécution du contrat, cette demande reconventionnelle doit être jointe à la demande principale pour déterminer le dernier ressort. En pareil cas, la reconvention est réputée avoir pris naissance dans un fait antérieur à la demande principale et indépendant de cette même demande. — *Bastia*, 21 déc. 1830, Carbuccia c. Bonifoli.

536. — Est principale et excède le taux du dernier ressort la demande en validité d'une opposition et en 1,500 fr. de dommages-intérêts, à raison d'actes de poursuite antérieurs à cette demande. — *Poitiers*, 3 mars 1831, Cormenu c. Thibault.

537. — Est en premier ressort le jugement qui statue sur une demande en saisie-brandon faite pour somme moindre de 1,000 fr., lorsque le saisi a en outre conclu, à raison du préjudice par lui éprouvé *antérieurement à l'instance*, à des dommages-intérêts qui, réunis à la demande principale, excèdent le taux du dernier ressort. — *Bordeaux*, 12 avr. 1835, Dunoguès de Castelgaillard c. de Géraud.

538. — Au contraire, la demande reconventionnelle en dommages-intérêts ne doit pas être prise en considération pour déterminer la compétence des premiers juges, si ces dommages-intérêts sont subordonnés au sort de la demande principale, et n'en sont qu'un accessoire futur et incertain. — *Bourges*, 7 août 1808, Chenu c. Hospice de Bourges.

539. — ... Qu'ainsi, lorsque dans une instance qui avait pour objet le paiement d'une somme de 600 fr., le défendeur a demandé une somme de 3,000 fr. pour réparation des injures contre lui proférées par le demandeur, cette demande en dommages-intérêts est, comme l'action principale, jugée en dernier ressort. — *Cass.*, 22 oct. 1807, Chedron c. Moranville.

540. — ...Que la demande reconventionnelle de dommages-intérêts, quelque considérable qu'elle soit, pour injures contenues dans des conclusions relatives à une affaire dont l'objet n'a pas une valeur de 1,000 fr., ne donne pas ouverture à l'appel. — *Cass.*, 11 mai 1813, Remy c. Maingonnat; *Rennes*, 2 juin 1818, N...; *Bordeaux*, 11 juill. 1833, Bonnimond c. Viellefosse.

541. — Il en est de même de la demande en dommages-intérêts formée par un saisi pour le préjudice qu'a pu lui causer la saisie dont il demande la nullité. — *Grenoble*, 25 prair. an XI, N...;

Bruxelles, 11 déc. 1806, Vanholder c. Robin; *Cass.*, 30 juin 1807, Brisard c. Lecomte; *Grenoble*, 17 mars 1812, N...; *Bruxelles*, 25 mars 1812, N...; *Riom*, 25 août 1812, Ranvier c. Mullet; *Grenoble*, 24 juill. 1813, N...; *Bourges*, 11 mai 1822, Guérin c. Cros; *Lyon*, 26 nov. 1822, Corraza c. Debons; *Agen*, 10 juin 1824, Landes c. Andral; *Bourges*, 18 déc. 1824, Coutant c. Allebi; *Poitiers*, 17 mars 1831, Dubois c. Dardillac; *Nancy*, 24 mai 1831, N...; *Cass.*, 5 avr. 1836, Jallas c. Debord.

542. — Lorsqu'un individu demande la nullité d'un commandement, comme fait pour une chose non due, et conclut à des dommages-intérêts, le jugement à intervenir est en dernier ressort, si la créance qui a donné lieu au commandement n'excède pas 1,000 fr. — *Agen*, 27 avr. 1820, Tujague-Contot c. Despaux.

543. — En matière de saisie-exécution, c'est le commandement et non l'opposition à ce commandement qui constitue la demande introductive d'instance, et les dommages-intérêts réclamés par le demandeur en opposition pour l'injure et les vexations résultant du commandement, ne doivent pas être pris en considération pour l'appréciation du dernier ressort : ils sont un accessoire de l'opposition. — *Nancy*, 29 nov. 1827, Colin c. Paturet; *Cass.*, 28 fév. 1821, Blanc c. Bosq; *Agen*, 10 janv. 1828, Barrère c. Davan.

544. — Les dommages-intérêts réclamés par un défendeur, à raison des poursuites dirigées contre lui, ne doivent pas être joints à la demande principale pour fixer le taux du ressort. — *Bourges*, 25 juin 1810, Menu c. Courcier; *Cass.*, 19 avr. 1830, Fouet c. Calvet et Boussie.

545. — La demande reconventionnelle en dommages-intérêts formée par la partie opposante au commandement de payer une somme de 1,000 fr. ne doit point être prise en considération pour déterminer le taux du ressort. — *Grenoble*, 9 août 1808, Escoffier c. Baret; *Orléans*, 12 mai 1820, Lecomte c. Dion.

546. — Est en dernier ressort le jugement rendu sur l'opposition à une contrainte décernée par la régie des domaines pour une somme de 85 fr., quoique le défendeur ait conclu à 20,000 fr. de dommages-intérêts. — *Cass.*, 18 avr. 1810, Domaines c. Thouvenot.

547. — En un mot, lorsqu'un tribunal prononce sur une demande principale inférieure à 1,000 fr. et sur une demande reconventionnelle au-dessus de 1,000 fr., qui a pour objet un dommage causé par les faits du procès, son jugement est en dernier ressort. — *Paris*, 17 mai 1830, David c. de Balathier; *Rennes*, 9 juill. 1817, Reibell c. Davy; *Grenoble*, 26 janv. 1818, Bouvier c. Guillaudin; *Rennes*, 3 août 1819, N...; *Agen*, 7 janv. 1820, Bissières c. Huard; *Metz*, 20 déc. 1822, Lorson-Scaillette; *Poitiers*, 11 avr. 1826, Beaufinet c. Deuguet; *Paris*, 21 mai 1830, Pagot c. Doyen.

548. — Une demande reconventionnelle en dommages-intérêts ne change la compétence, quant au dernier ressort, que lorsque les dommages-intérêts ont leur fondement sur un fait antérieur à la demande. — *Toulouse*, 12 juill. 1823, Sarrand c. Severac; *Caen*, 4 janv. 1815, Vauvert; *Toulouse*, 3 juin 1817, Mouniot c. Broc; *Riom*, 26 août 1817, Monteléon c. Parades; *Cass.*, 25 fév. 1818, Guibert c. Tournatoris; 3 août 1820, Garbe c. comm. de Brimeux.

549. — A plus forte raison la simple protestation de reconvenir en dommages-intérêts, n'étant pas suivie de conclusions précises, ne peut-elle changer la compétence du tribunal. — *Grenoble*, 25 fév. 1812, Perret c. Perrotin.

550. — Jugé cependant que le jugement qui statue sur la demande de dommages-intérêts excédant 1,000 fr., fondée sur le préjudice causé par une saisie-exécution faite irrégulièrement, est susceptible d'appel, bien que la cause de cette saisie-exécution soit inférieure à 1,000 fr. — *Bruxelles*, 2 nov. 1815, Thialens c. Passenbronder. — Mais il faut bien observer que, dans cette cause, il ne s'agissait pas d'une demande en nullité d'une saisie pratiquée pour moins de 1,000 fr. et en dommages-intérêts réclamés par le saisi *incidemment* et *accessoirement* dans l'instance sur le mérite de la saisie; demande qui ne doit point être prise en considération pour fixer le taux du ressort. Il s'agissait d'une demande *principale* en dommages-intérêts pour une vente judiciaire faite sans formalités de justice, et qui était la suite à la vente, mais en dehors de la saisie-exécution pratiquée par le vendeur. La valeur des causes de cette saisie était indifférente, car, comme l'a dit la cour de Bruxelles, il ne s'agissait point de savoir si elle devait avoir lieu ou non.

551. — La loi du 11 mai 1838 a donné une nouvelle sanction à la jurisprudence ci-dessus rappelée, en décidant (art. 2) qu'il doit être statué en dernier ressort sur les demandes en dommages-intérêts,

lorsqu'ils sont exclusivement fondés sur la demande principale elle-même.

552. — On a donc jugé, depuis cette loi, comme on le faisait antérieurement, d'une part, qu'une demande reconventionnelle en dommages-intérêts doit compter pour régler le ressort, lorsqu'elle a une cause antérieure à la demande principale. — *Montpellier*, 30 juill. 1840 (t. 1er 1841, p. 26), Bonby c. Sirven.

553. — ... Et d'un autre côté, que le jugement qui statue sur l'opposition à un commandement ou sur la demande en nullité d'une saisie est en dernier ressort, si les poursuites n'étaient exercées que pour une somme inférieure à 1,500 fr., encore bien que le défendeur ait reconventionnellement réclamé des dommages-intérêts supérieurs à ce chiffre. — *Bourges*, 16 nov. 1839 (t. 2 1840, p. 312), Limosin c. Mariola; 29 mai 1840 (t. 2 1840, p. 637), Lemoine c. Renaut, et Chambiant c. de Tillière; *Orléans*, 2 juin 1843 (t. 2 1843, p. 524), Pannetrat c. Juris.

554. — Les termes dont se sert la loi de 1818, *dommages-intérêts fondés* SUR LA DEMANDE PRINCIPALE pouvaient faire naître quelques difficultés sur ce point. — Il s'agissait, en effet, de décider si l'on devait considérer comme *une demande principale* un simple acte d'exécution non accompagné d'une action en justice, d'un exploit introductif d'instance?

555. — M. Persil, rapporteur de la loi de 1838, s'était prononcé pour l'affirmative lors de la discussion, et il s'appuyait même sur cette considération pour combattre la disposition qui a été adoptée malgré ses efforts : « Je soutiens, disait-il, que vous me devez la somme de 1,200 fr.; je forme opposition sur vous; je vous assigne en condamnation devant le juge de première instance, il ne s'agit que de 1,200 fr.; il a le droit de juger en dernier ressort. Vous vous présentez, et, pour toute défense, vous dites que vous ne devez pas, et vous le prouvez. Mais vous ajoutez que, par l'opposition que j'ai formée sur vous, je vous ai porté un immense préjudice; que, par exemple, je vous ai fait faillir en vous empêchant, par mon opposition, de payer vos créanciers. Vous concluez à 100,006 fr. de dommages-intérêts. Eh bien, d'après la disposition qu'on vous propose, le tribunal, jugeant que mon opposition est mal fondée, me condamne en dernier ressort à 100,000 fr. de dommages-intérêts. Je crois que cette disposition est mauvaise. »

556. — M. Pascalis, au contraire, soutenait l'opinion opposée, à la chambre des députés : « Supposez, disait-il, qu'à l'occasion d'une saisie faite au préjudice d'un négociant, d'un homme jouissant d'une grande considération, il soit allégué que cette saisie nuit à son crédit, et qu'en conséquence une demande en dommages-intérêts soit formée; cette demande en dommages-intérêts est alors principale. Remarquez qu'il n'y a pas, dans ce cas, demande formée de la part du saisissant; il n'existe en son nom aucune action en justice; il y a une procédure en saisie. La demande en dommages-intérêts du saisi est donc alors principale, et non incidente ou accessoire. Cette demande se trouve par conséquent régie par les règles ordinaires; elle est sujette à l'appel, si, par son chiffre, elle excède le taux du dernier ressort. »

557. — Tel est aussi l'avis de M. Duvergier (*Collect. des lois*, t. 38, sur l'art. 2, L. 11 mai 1838); on ne pourrait plus, ajoute cet auteur, reproduire aujourd'hui, en présence du texte de la loi, tel qu'il a été rédigé, ce langage tenu par M. Persil; car, dans ce cas, la demande en dommages-intérêts ne serait pas fondée exclusivement sur la demande en condamnation ou en validité de la saisie-arrêt; elle aurait pour cause véritable la saisie elle-même.

558. — Mais on répond qu'en pareille matière la saisie ayant pour but d'obtenir le paiement d'une dette, c'est la somme réclamée qui forme en réalité l'objet principal du litige, et qu'en conséquence la demande en dommages-intérêts n'en est qu'un incident et un accessoire, qu'ainsi elle doit suivre le sort du principal. Cette interprétation, consacrée maintenant par la jurisprudence, n'est peut-être pas rigoureusement conforme aux principes du droit, car il est certain que, dans le langage judiciaire, un acte d'exécution n'a jamais été considéré comme une demande principale, et que, par ces derniers mots, on a toujours entendu une demande introductive d'instance; mais elle est heureuse en ce qu'elle met un frein aux chicanes des débiteurs de mauvaise foi, sans compromettre leurs droits, attendu qu'indépendamment de leur exagération, les demandes en dommages-intérêts fondées sur les actes d'exécution n'ont presque toujours d'autre but que d'échapper au dernier ressort, et, par le moyen d'un appel, de retarder indéfiniment le paiement.

559. — Les dommages-intérêts demandés par le défendeur contre un prétendu garant doivent-ils, lorsqu'ils ne sont motivés que par la poursuite originaire, être considérés comme fondés exclusivement sur la demande principale, et dès-lors être sans influence sur le degré de juridiction? — Oui, suivant les cours de *Colmar*, 4 août 1820, Thierry c. Hueber et Schavanne; *Besançon*, 13 nov. 1844 (t. 1er 1845, p. 773), Sage c. Tréhand; *Poitiers*, 24 nov. 1840 (t. 1er 1845, p. 240), Dubost c. de Beauvert et Viaud; *Cass.*, 19 nov. 1844 (t. 1er 1845, p. 239), Vergers c. Pujol. — La raison en est qu'en déclarant que les dommages-intérêts fondés exclusivement sur la demande principale ne seraient pas pris en considération pour déterminer le ressort, la loi n'a entendu parler que des dommages-intérêts réclamés par le défendeur contre le demandeur originaire.

Sect. 4e. — *Contestations en matière de saisie, de contributions et d'ordre. — Renvoi.*

560. — On décide généralement que les règles tracées dans les sections précédentes sont applicables aux contestations élevées sur les saisies mobilières, et qu'il faut consulter uniquement l'importance de la créance du saisissant pour déterminer la compétence de premier ou de dernier ressort du tribunal appelé à statuer sur le litige. — V. SAISIE-ARRET, SAISIE-BRANDON, SAISIE-EXÉCUTION.

561. — Ainsi, en matière de saisie-arrêt, c'est la quotité de la créance du saisissant qui fixe la compétence. — En conséquence, est en dernier ressort le jugement qui statue sur la demande en validité d'une saisie-arrêt formée pour obtenir le paiement d'une somme inférieure à 1,500 fr., alors même que le débiteur y a répondu par une demande en nullité de la saisie, et en condamnation de plus de 1,500 fr. de dommages-intérêts. — *Orléans*, 27 nov. 1844 (t. 1er 1845, p. 15), Cortray c. Mongel; *Cass.*, 15 mai 1839 (t. 1er 1839, p. 595), Guenot c. Jeannoutot.

562. — Le jugement qui prononce sur une saisie-arrêt dont la cause est bien au-dessous de 1,500 fr., et, par exemple, ne s'élève qu'à 100 fr., est en dernier ressort, bien que la somme saisie-arrêtée excède 1,500 fr., alors d'ailleurs qu'il n'y a aucune contestation sur la déclaration affirmative. — *Cass.*, 18 juill. 1844 (t. 2 1844, p. 606), Ibry c. Labrousse.

563. — Mais il en serait autrement si le saisissant avait demandé contre le tiers saisi la condamnation personnelle au paiement des causes de la saisie et aux dépens occasionnés par la saisie et l'instance en validité, si ces dépens étaient indéterminés, ou bien si, accumulés avec les causes de la saisie, ils excédaient le taux du dernier ressort. — *Bourges*, 11 juill. 1840 (t. 2 1841, p. 126), Julien c. Latinges. — V. SAISIE-ARRET.

564. — De même, en matière de saisie-exécution, est en dernier ressort le jugement qui statue sur la demande en nullité de la saisie, si la créance du saisissant est inférieure à 1,500 fr. — Peu importe qu'à la demande principale il ait été joint une demande *en tels dommages-intérêts qu'il appartiendra*. — *Angers*, 14 août 1840 (t. 1er 1843, p. 740), Quillet c. Godron; *Bordeaux*, 25 janv. 1839 (t. 2 1839, p. 562), Michaud et Moure c. Gaillard; *Nîmes*, 2 déc. 1833, Gendarme c. Guichard. — V. *contrà Paris*, 21 juin 1845 (t. 1er 1846, p. 208), syndic Daru c. Donnay. — V. SAISIE-EXÉCUTION.

565. — Néanmoins, quoique en principe général la compétence du dernier ressort doive se déterminer par les conclusions de la demande originaire, s'il s'agit de statuer sur le mérite d'une opposition à une saisie pratiquée pour moins de 1,000 fr., cette demande exceptionnelle, dont le but est de se soustraire à la saisie, devient principale, et les juges ne peuvent prononcer qu'à la charge de l'appel. — *Orléans*, 20 nov. 1815, Tanchon c. Neveu.

566. — Jugé encore que, quand un commandement est suivi d'une saisie-exécution, et que ces poursuites sont dirigées pour obtenir le paiement d'une créance inférieure à 1,000 fr., si l'opposition faite par le débiteur a pour but d'obtenir la distraction et la revendication des objets saisis, cette action est indéterminée de sa nature, elle forme le véritable acte introductif d'instance. Alors le tribunal n'a plus à juger qu'une contestation indépendante des premières poursuites, ce qui repousse la fin de non-recevoir du dernier ressort. — *Orléans*, 16 janv. 1818, Baudouin c. Bauhaire.

567. — Ces principes sont également applicables dans le cas de saisie-brandon. — V. SAISIE-BRANDON.

568. — Cependant lorsqu'un créancier a fait une saisie-brandon sur plusieurs immeubles pour avoir paiement d'une somme inférieure à 1,000 fr., le jugement rendu sur l'opposition à cette saisie n'en est pas moins susceptible d'appel, si cette opposition est fondée sur ce que le débiteur avait vendu avant la saisie les immeubles à un tiers, et si le jugement statue sur le mérite de cette vente. — *Agen*, 9 févr. 1813, Fourtel c. Barats.

569. — Il en est autrement quand la contestation s'engage non plus entre le saisissant et le saisi, mais entre le saisissant et un tiers qui revendique la propriété des objets saisis. Le litige portant alors sur la propriété des objets saisis, c'est, en effet, la valeur de ces objets qui doit déterminer le ressort. — V. SAISIE-ARRET, SAISIE-BRANDON, SAISIE-EXÉCUTION.

570. — En conséquence, la demande d'un tiers en main-levée d'une saisie comprenant des objets d'une valeur indéterminée est susceptible de deux degrés de juridiction. — *Grenoble*, 31 juill. 1807, Trouillet c. Morel-Colombe.

571. — L'opposition d'un usufruitier à la vente des meubles saisis sur le nu propriétaire est susceptible de deux degrés de juridiction, quoique la saisie soit faite pour une somme inférieure au taux du dernier ressort. — *Florence*, 14 déc. 1811, Giorgi c. Messeri.

572. — Celui qui a acheté des bestiaux d'un contribuable et qui a demandé la nullité de la saisie pratiquée sur ces meubles pour des contributions dues par son vendeur, peut appeler du jugement qui valide la saisie, quoiqu'elle soit pratiquée pour moins de 1,000 fr. — *Limoges*, 29 déc. 1812, Farge c. Laval.

573. — La demande en revendication de meubles saisis entre les mains d'un tiers ne peut être jugée qu'à la charge d'appel, lorsque les meubles revendiqués n'ont pas été évalués par les parties et alors même que leur valeur paraîtrait aux juges inférieure à 1,000 fr. — *Metz*, 9 juin 1819, Périn c. Bertrand; *Cass.*, 28 prair. an XIII, Sarrus et Fajon c. Ducasse; *Bourges*, 27 août 1819, Ménestrier c. Godefroy; *Bruxelles*, 24 mars 1820, Vanderbeken c. Vanhalewzk; *Montpellier*, 27 mars 1839 (t. 2 1839, p. 129), Bergounhous c. Buncarel; *Bordeaux*, 27 nov. 1828, Lebat c. Charou; *Cass.*, 22 juill. 1839 (t. 2 1839, p. 60), Hubert c. Lasseron; *Limoges*, 17 déc. 1839 et 9 janv. 1840 (t. 1er 1840, p. 532), Hubert c. Biré, et Levadour c. Fageol; *Paris*, 31 août 1836, Pruneau c. Sergent; *Toulouse*, 11 janv. 1838 (t. 1er 1838, p. 301), Mangardon c. Blanadet; *Bordeaux*, 25 janv. 1839 (t. 2 1839, p. 562), Michaud et Maurin c. Guillard; *Toulouse*, 21 mars 1829, Cabrol c. Sénégas; 4 déc. 1829, Rieu-Bessouré c. Cabaud; *Colmar*, 29 mars 1824, Hergel c. Runacher et Schirmann; *Toulouse*, 5 juin 1827, Puntour-Bessons c. Merilans-Poutau; *Paris*, 19 mars 1836, Jacquemart c. Brunet; *Toulouse*, 24 janv. 1840 (t. 1er 1840, p. 605), Cassel c. Lairt.

574. — Lorsqu'une saisie-exécution a été pratiquée sur des effets mobiliers d'une valeur indéterminée, pour une créance inférieure à 1,000 fr., et que la saisie est arguée de nullité par un tiers qui revendique la propriété des objets saisis, et conclut à des dommages-intérêts qui excèdent 1,000 fr., le jugement intervenu sur cette contestation est susceptible d'appel. — *Grenoble*, 20 mars 1824, Boissieu c. Olivet et Vial.

575. — Est susceptible d'appel, comme statuant sur une demande dont la valeur est indéterminée, le jugement qui déclare valable la saisie-revendication, entre les mains d'un tiers, d'un certain nombre de barriques de vin, encore que ce tiers les ait achetées moins de 1,000 fr. — *Bordeaux*, 15 mai 1834, Bière c. Laurent.

576. — ...Est susceptible des deux degrés de juridiction la demande en revendication d'objets mobiliers saisis, formée par un tiers, bien que la saisie ait eu lieu pour une somme moindre de 1,000 fr., et que, dans l'acte translatif de propriété passé précédemment entre le saisi et tiers, ces meubles aient été évalués au-dessous de cette somme. — *Bastia*, 26 mai 1834, Matlagli c. Marcoturchino.

577. — Décidé, au contraire, qu'un tribunal de première instance statue en dernier ressort sur l'opposition formée par un tiers à une saisie, quoique ce tiers soutienne qu'elle a été faite sur ses meubles, et non sur ceux du débiteur, si la créance cause de la saisie s'élève à moins de 1,000 fr. — *Nancy*, 21 mars 1826, Ferry c. Dobras.

578. — ...Et qu'on ne peut appeler d'un jugement qui, dans une instance en revendication de récoltes saisies et vendues, statue sur des conclusions réduites tendant, de la part du revendiquant, 1° à ce que l'opposition à la saisie-brandon soit déclarée bonne et valable; 2° à ce que le saisissant soit condamné, envers le revendiquant, à 500 fr., pour tenir lieu à celui-ci de la valeur des

récoltes saisies, si mieux n'aime le saisissant en payer le prix à dire d'experts; — et de la part du créancier saisissant, à la nullité du titre en vertu duquel la revendication est exercée. — *Amiens*, 18 mars 1826, Delescluses c. Baudoin.

579. — On peut attaquer par la voie de l'appel un jugement qui condamne le gardien d'objets saisis, et dont la valeur est indéterminée, à en faire la représentation, quoique la somme pour laquelle la saisie a été faite soit au-dessous de 1,000 fr. — *Nîmes*, 11 juin 1819, Chabart c. Pigeyre.

580. — Un séquestre peut appeler du jugement qui le condamne à payer au saisissant une somme inférieure au taux du dernier ressort pour le cas où il ne représenterait pas les objets saisis, parce que cette condamnation est subordonnée à la représentation des effets saisis et indéterminés. — *Grenoble*, 4 janv. 1812, N...

581. — Dans le cas de saisie-immobilière, une grande divergence s'est manifestée dans la jurisprudence. — Certains arrêts appliquent, en effet, les principes précédens; mais un plus grand nombre décident qu'une pareille poursuite constitue une action réelle qui tend à dépouiller le saisi de biens immobiliers d'une valeur la plupart du temps indéterminée, et que, dès-lors, il y a lieu à deux degrés de juridiction, quelque minime que soit la créance des poursuivans. — V. SAISIE-IMMOBILIÈRE.

582. — En matière de distribution par contribution ou par voie d'ordre, les uns pensent qu'il faut avoir égard uniquement au montant de la somme à partager. — Les autres, au contraire, soutiennent que ce sont les sommes réclamées et contestées qui peuvent seules déterminer le ressort. — V. DISTRIBUTION PAR CONTRIBUTION, ORDRE.

Sect. 5e. — *Demandes indéterminées.*

§ 1er. — *Règles générales.*

583. — La valeur du litige peut être indéterminée, soit à raison de la nature particulière du procès qui ne porte pas sur un intérêt d'argent, soit parce que cet intérêt ne saurait être apprécié d'après les bases fixées par la loi; la demande est alors susceptible des deux degrés de juridiction.

584. — « Si la valeur de l'objet en litige, dit M. Benech (p. 135), n'est par elle-même ni liquide ni certaine, ou si le demandeur et le défendeur ne tombent pas d'accord sur ces valeurs, n'admettons, pour déterminer le ressort, ni l'estimation du juge ni l'estimation faite par experts, ni les évaluations du demandeur avec ou sans option, et encore moins l'évaluation du défendeur seul. — La demande est indéterminée, et, par suite, la cause est susceptible de parcourir les deux degrés de juridiction. »

585. — Ainsi, ajoute le même auteur, un tribunal de première instance ne saurait prononcer qu'à charge d'appel sur l'état des personnes, qui est toujours inappréciable; sur les séparations de corps et de biens; sur les obligations de faire ou de ne pas faire; sur la puissance des droits que garantissent la cité et la famille; et plus généralement sur tout ce qui n'est pas susceptible d'une évaluation fixe et déterminée.

586. — Le revenu étant l'élément essentiel de fixation pour les actions immobilières, la juridiction sera en premier ressort toutes les fois que le revenu sera indéterminé, quand bien même le prix de l'immeuble serait inférieur au taux du premier ressort. — V. *suprà* nos 78 et suiv.

587. — Un point assez débattu, c'est celui de savoir à quelle limite doit s'arrêter la présomption et l'évaluation, sur les demandes dont la valeur n'est pas déterminée *à priori* d'une manière précise. — Selon nous, il est plus conforme aux principes de faire une part étroite aux présomptions, et de déclarer demande indéterminée tout litige dont la valeur ne peut se fixer par des bases certaines.

588. — Ces bases existent quelquefois pour une demande indéterminée. — Ainsi, la demande non déterminée, mais dont le montant est fixé par des réglemens publics, doit être jugée en dernier ressort, si elle n'excède pas 1,000 fr. — *Bourges*, 27 juin 1810, Regaudet c. Guillemain.

589. — Mais un jugement est en premier ressort si la valeur de la demande n'a pas été déterminée, encore que, d'après des calculs certains, elle ne doive pas excéder le taux du dernier ressort. — *Rennes*, 18 juin 1810, N...; *Limoges*, 14 juill. 1813, Cantonin c. Turenne. — V. conf. Pigeau, t. 1er, p. 516; Carré, *Compét.*, t. 2, p. 8, n° 283.

590. — Il a cependant été décidé que le jugement rendu sur une demande qui n'est pas d'une valeur déterminée, mais que cependant les parties

ont appréciée antérieurement, est en dernier ressort.—*Grenoble*, 20 fév. 1808, Tournois c. Bellissard.

591. — ... Et que, bien que la valeur d'un objet en litige ne soit déterminée par aucun acte du procès, cependant, lorsque des circonstances indiquent qu'elle n'excède pas 1,000 fr., le jugement doit être rendu en dernier ressort. — *Bruxelles*, 28 janv. 1830, Terrier c. Brulein.

592.— L'option laissée par le demandeur au défendeur de payer une somme inférieure au taux du dernier ressort ne modifie pas la compétence quand la demande principale est indéterminée.

593. — Ainsi, est susceptible d'appel le jugement qui statue sur une demande d'une valeur indéterminée, encore qu'elle soit accompagnée de l'option de payer une somme inférieure à 1,000 fr. — *Colmar*, 28 juill. 1832, Meyer c. Illis; *Cass.*, 23 prair. an XII, Laporte c. Richer; *Orléans*, 30 août 1821, Boué c. Roger; *Bourges*, 15 déc. 1821, Derancourt c. Papillon; *Orléans*, 17 mai 1822, N...; *Liége*, 16 juin 1824, Leclercq c. Melin; *Paris*, 18 mars 1826, Fourquin c. Prevôts; *Caen*, 3 juill. 1826, Jouvin c. Delamarre; *Grenoble*, 25 juin 1827, Roches c. Revol-Magnan; *Nancy*, 23 mars 1829, Gougenheim c. Weldel; *Colmar*, 20 juill. 1832, Meyer c. Illis; *Douai*, 3 juill. 1834, Desfosses; *Toulouse*, 19 avr. 1839 (t. 2 1839, p. 332), Mulet c. Ausas; *Bourges*, 25 juill. 1840 (t. 1er 1841, p. 472), Desbois c. Charantan; *Bordeaux*, 5 janv. 1843 (t. 1er 1844, p. 475), Saint-Seurin.

594. — Lorsque, dans une demande alternative, l'un des objets demandés est d'une valeur indéterminée, le jugement qui statue sur le litige ne peut être rendu en dernier ressort. — *Rouen*, 3 fév. 1845 (t. 1er 1845, p. 409), Gillot c. Leboisne; *Colmar*, 15 nov. 1815, Trapier c. Bichert.

595. — Par exemple, une demande alternative formée contre un héritier bénéficiaire en paiement d'une somme inférieure à 1,000 fr., ou en reddition de compte, est essentiellement sujette à l'appel. — *Orléans*, 17 mai 1822, N...

596. — V. cependant, en sens contraire, *Rennes*, 8 juin 1812, Vallerie c. Gatebois; *Bourges*, 28 fév. 1821, Bourdot c. Chavanton; 11 fév. 1832, Servais c. Prévôt; *Bruxelles*, 26 août 1833, Lenhez c. Liégeois; *Limoges*, 16 janv. 1839 (t. 2 1839, p. 293), Chauvard c. Puissallon; *Bordeaux*, 6 mars 1833, Bothez; *Riom*, 9 mars 1843 (t. 1er 1844, p. 476), Celarier c. Belin;—Boncenne, t. 1er, p. 336; Carou, *Des Just. de paix*, nos 114-115; Benech, p. 46; Bioche, vo *Appel*, no 221.

597. —Jugé également, dans ce sens, que l'appel d'un jugement qui a statué sur une demande d'une somme inférieure à 1,000 fr., *si mieux on n'aimait délivrer une pièce de terre telle qu'elle avait été décrite dans un contrat de vente*, est non-recevable, lorsque surtout, d'après les conventions des parties consignées dans le contrat, la valeur de la pièce de terre a été déterminée à une somme au-dessous de 1,000 fr. — *Paris*, 5 juin 1824, Gascou c. Carrère.

598. —Est, à plus forte raison, susceptible d'appel le jugement qui condamne une partie à faire réparer un dommage, sous la contrainte d'une somme inférieure à 1,500 fr., alors que la partie adverse est autorisée, dans le cas où la condamnation ne serait pas exécutée, à préposer elle même des ouvriers pour le salaire desquels elle aurait recours contre le débiteur, sans aucune limitation de somme. — *Caen*, 8 août 1842 (t. 1er 1843, p. 68), Quesnée c. Thouroude.

599. — Lorsque la demande se compose de plusieurs chefs de conclusions, dont l'un est indéterminé, les tribunaux de première instance ne doivent juger qu'en premier ressort. — *Rennes*, 12 août 1814, Soupe c. Fercoq; *Bordeaux*, 16 janv. 1846 (t. 1er 1846, p. 477), Bret c. Nougueyrède.

600. — Spécialement, lorsqu'à la demande d'une somme de 271 fr. s'en joint une autre d'une valeur indéterminée, le jugement qui intervient est susceptible d'appel, même au chef relatif aux 271 fr. — *Bourges*, 10 fév. 1844 (t. 1er 1845, p. 280), Girard c. de Riberolles.

601 — Lorsqu'à une demande principale d'une valeur inférieure à 1,500 fr. le demandeur a joint une demande en dommages-intérêts d'une somme indéterminée, il ne peut être statué sur le tout qu'en premier ressort. — *Orléans*, 1er fév. 1845 (t. 1er 1845, p. 710), Clauderais.

602. — La demande qui conclut à la fois à des dommages-intérêts en argent à raison d'injures verbales proférées contre le demandeur, et à l'affiche du jugement, est nécessairement indéterminée en ce qui concerne ce dernier chef, alors même qu'elle limiterait le nombre des affiches à apposer. Le tribunal saisi de l'appel du jugement qui accueille cette demande ne peut, pour arriver à déclarer que ce jugement a été rendu en dernier ressort, suppléer à l'indétermination du chef relatif à l'affiche, en évaluant en argent le montant des dommages-intérêts représentés par cette affiche.— *Cass.*, 14 janv. 1845 (t. 1er 1845, p. 529), Bourgeois c. Houvenaghel.

603. — On doit, pour fixer la compétence des premiers juges en premier ou dernier ressort, prendre pour base la demande principale, formée à raison d'une obligation dont la valeur est indéterminée, et non la demande subsidiaire tendant à la résolution du contrat pour cause de son inexécution, et par laquelle le demandeur aurait restreint toutes ses réclamations à 300 fr. de dommages et intérêts. — *Metz*, 4 juin 1825, Célerier c. Latrange-Marchot.

604. — Lorsque de deux chefs compris dans une demande, l'un est indéterminé, le tribunal ne peut, quelque minime que soit sa valeur, prononcer qu'à la charge de l'appel; dès-lors, s'il est procédé à une enquête, il doit, à peine de nullité tant de cette enquête que du jugement qui en est la suite, être dressé procès-verbal des dépositions des témoins. — *Nancy*, 17 juill. 1839 (t. 2 1839, p. 520), Heitz c. Engel.

605.—Bien que l'objet de la demande soit d'une valeur inférieure au taux du dernier ressort, s'il y est joint des conclusions subsidiaires relatives à des chefs d'une valeur indéterminée, le jugement qui intervient sur la demande principale n'est rendu qu'à la charge d'appel, encore qu'il ait omis de statuer sur les chefs de conclusions subsidiaires. —*Paris*, 21 oct. 1841 (t. 2 1841, p. 476), de Linac c. Hémery.

606. — Dès que la demande principale, étant indéterminée, se trouve sujette à parcourir un deuxième degré de juridiction, peu importe que les conclusions d'appel portent uniquement sur une valeur inférieure aux taux du dernier ressort.

607. — Ainsi, le jugement qui statue sur une valeur indéterminée peut être frappé d'appel, encore que l'appel ne porte que sur les dépens taxés à une somme au-dessous de 1,000 fr., et bien qu'il y ait acquiescement sur le fond.—*Bourges*, 25 nov. 1822, Poubeau.

608. — L'appel d'un jugement qui a statué sur plusieurs chefs de demande, dont l'un ou plusieurs étaient d'une valeur indéterminée, est recevable, bien que cet appel ne porte plus que sur une contestation pour une somme de 450 fr. — *Metz*, 5 juill. 1838 (t. 2 1839, p. 505), Dereims.

609. — Ce n'est pas, comme on sait, le jugement qui fixe le ressort. Il peut cependant arriver qu'un chef du jugement soit susceptible d'appel, quoiqu'il y ait au fond jugement en dernier ressort. Mais alors l'intérêt des parties reste étranger à cette élévation de la compétence.

610.—Ainsi, lorsqu'un tribunal, en statuant sur une demande, fait une injonction à un officier ministériel et le condamne personnellement aux dépens de l'instance, son jugement est, sous ce rapport, sujet à l'appel, lors même qu'il serait en dernier ressort quant à l'objet de la demande. — *Metz*, 27 août 1822, M... — Au surplus, on remarquera que cet arrêt ne déroge même pas aux principes que nous avons posés, puisque l'appel est ouvert, dans l'espèce, non aux parties en cause, mais à un tiers.

611.—Aussi a-t-il été jugé, et avec raison, qu'un jugement, statuant sur une demande inférieure à 1,000 fr., n'est pas susceptible d'appel de la part de la partie condamnée et vis-à-vis de *son adversaire*, par cela seul qu'il contient, *sur la réquisition du ministère public*, une injonction à la partie condamnée d'être plus circonspecte à l'avenir dans l'exercice de ses fonctions. —*Cass.*, 17 fév. 1812, Beaumont Dixie c. Schmitz.

612.—Ces explications données, il ne nous reste qu'à rappeler les nombreux arrêts qui, dans des espèces diverses, ont consacré les points de doctrine que nous avons exposés. Nous rangerons ces arrêts dans l'ordre adopté par nos Codes, car c'est le meilleur moyen de faciliter les recherches.

§ 2. — *Code civil.*

613. — *Tutelle.* — Le jugement rendu sur un compte de tutelle est susceptible d'appel, quoique le reliquat de compte réclamé par le demandeur n'excède pas le taux du dernier ressort.—*Bourges*, 4 avr. 1821, Devouroux c. Mouron.

614.—Une demande de compte de tutelle et d'une provision de 3,000 fr. n'est pas susceptible du dernier ressort, encore que, par l'examen des griefs, la somme due ne s'élève pas à 1,000 fr. — *Rennes*, 3 août 1819, N...

615. — *Biens immeubles.* — En matière réelle, les tribunaux de première instance ne peuvent prononcer en dernier ressort qu'autant que le revenu de l'immeuble a été fixé, soit en rente, soit par prix de bail. — *Cass.*, 15 mars 1824, Benazet c. Rouch.

616. — Une action réelle est soumise aux deux degrés de juridiction lorsque le bail de l'immeuble objet de la contestation contient une redevance annuelle en denrées non déterminée à prix d'argent. — *Amiens*, 16 juin 1841 (t. 1er 1845, p. 222), Trocmé c. Ségard.

617. — En conséquence, le jugement qui statue sur une contestation relative à un immeuble dont le revenu est indéterminé est en premier ressort, bien que l'immeuble lui-même ne soit estimé que 1,000 liv. — *Paris*, 15 nov. 1816, Couttin c. Marche; — Carré, *Comp.*, no 279; Pigeau, t. 1er, p. 512; Merlin, *Rép.*, vo *Dernier ressort*, § 3 *bis*.

618. — Une action immobilière, d'une valeur indéterminée, ne peut être jugée en dernier ressort par les tribunaux de première instance. — *Rennes*, 19 fév. 1821, Saupin c. Martin.

619.— Il y a lieu à appel, quoique l'immeuble en litige, dont le revenu n'est pas déterminé, ne soit cependant imposé sur le rôle des contributions que pour 25 cent. — *Orléans*, 31 mai 1820, Bordier c. Badaire.—Lors de la discussion de la loi du 11 avr. 1838, M. Gillon proposa de prendre pour base de la compétence le principal de la contribution foncière. Mais cette proposition fut rejetée. M. Parant fit ressortir les dangers de l'adoption de la contribution, qui, outre qu'elle n'est qu'une représentation souvent mensongère de la valeur du fonds, ne pourrait jamais s'appliquer à toutes les actions qui n'auraient pas des fonds pour objet direct, par exemple, aux servitudes (V. *Moniteur* des 22 et 23 fév. 1838, et Foucher, *Comment. de la loi*, p. 545).

620. — Bien que le prix d'un immeuble soit inférieur à 1,000 fr., cependant la contestation relative à un changement à opérer sur cet immeuble, et destiné à en diminuer la valeur, ayant, par exemple, pour but (cet immeuble étant un moulin à eau) de supprimer ou de diminuer un cours d'eau se rendant à ce moulin, est par sa nature d'une valeur indéterminée, et par conséquent soumise à l'appel. — *Rennes*, 11 juin 1835, Daubigny c. Duboldéru et Godard.

621. — La compétence en dernier ressort, pour les actions immobilières, ne peut, à défaut de fixation du revenu en rente ou par prix de bail, être déterminée par l'évaluation donnée à ce revenu dans un acte de conclusions (alors surtout qu'elle n'a pas été acceptée).—Dès-lors, dans ce cas, le tribunal ne peut statuer qu'à la charge d'appel. — *Douai*, 1er juill. 1840 (t. 1er 1841, p. 116), comm. de Monchel c. Bouillez.

622. — Jugé cependant que le jugement sur une demande en restitution d'immeubles que le demandeur lui-même a estimés moins de 1,000 fr. n'est pas susceptible d'appel. — *Douai*, 12 fév. 1820, N...

623. — La cour de Rennes a également décidé qu'un tribunal de première instance peut juger en dernier ressort la question de propriété d'un arbre, quoiqu'il y ait été joint une demande subsidiaire de dommages-intérêts, à raison de poursuites correctionnelles. — *Rennes*, 8 avr. 1815, Tieugon. — Mais « la cour de Rennes, dit Chauveau, n'aurait-elle pas été trop préoccupée, dans cette cause, de la modicité de l'objet de la demande, et cette circonstance n'aurait-elle pas exercé trop d'influence sur la décision qu'elle a rendue? — Il est certain que la valeur du châtaignier, objet du litige, n'excédait pas 1,000 fr.; mais cela ne suffisait pas pour repousser l'appel. Il fallait, suivant la loi, que cette valeur fût déterminée par la demande, et même qu'elle le fût en rente, ou par prix de bail, à une somme inférieure au taux du dernier ressort, ce qui certainement ne se rencontrait pas dans l'espèce. —Le procès roulait sur une question de propriété, la matière était réelle; le montant du revenu indéterminé : conséquemment il y avait lieu aux deux degrés de juridiction.—Nous ne saurions donc approuver l'arrêt qu'en ce qu'il décide que la demande de dommages-intérêts ne devait pas être prise en considération pour fixer le dernier ressort. »

624.— Nous ne saurions pas non plus admettre, avec la cour de Bruxelles, qu'une demande en revendication d'une portion d'un immeuble peut, d'après les circonstances de la cause, être considérée comme n'excédant pas le taux du dernier ressort, lorsqu'il est évident que la portion revendiquée ne produit pas un revenu supérieur à 50 fr.— *Bruxelles*, 31 déc. 1828, Jacobs c. Paridaens.

625.— Les tribunaux de première instance ne peuvent statuer en dernier ressort sur la tierce opposition dirigée contre une sentence arbitrale rendue en dernier ressort, sous la loi du 10 juin 1793, surtout si la demande a pour objet la réintégration dans un immeuble d'une valeur indéterminée. — *Cass.*, 29 nov. 1820, commune de Cirey c. Barthelat. — Peu importe, comme le fait très bien remarquer Carré (*Comp.*, no 306), « que le jugement entrepris par la voie de la tierce opposition ait été rendu en premier ou en dernier ressort, dès-lors que la demande qui donne lieu au pourvoi est au-dessus ou au-dessous du dernier ressort. Il ne peut résulter du caractère du jugement attaqué par un tiers et rendu sur une demande formée par une autre partie que ce tiers puisse être privé ou de l'avantage du premier ressort ou de celui du dernier, avantage dont il eût incontestablement joui si, au lieu de se pourvoir par tierce opposition, il avait formé une demande principale et dans la forme ordinaire. Ainsi le jugement à rendre sur une tierce opposition sera ou en dernier ou en premier ressort, suivant la valeur du litige à vider sur la tierce opposition. » — V. aussi Merlin, *Quest.*, v° *Tierce opposition*, § 5.

626. — *Propriété.* — La demande en revendication d'un terrain dont la valeur n'est pas déterminée est susceptible de deux degrés de juridiction. — *Cass.*, 25 vend. an VI, Bottelier c. Chambeaud; 12 vendém. an V, Boudet c. Combe; 29 brum. an V, Bernard c. Chané; 12 juin 1810, Chedal c. Colcanton.

627. — En cas de revendication d'un terrain d'une valeur évidemment inférieure à 1,000 fr., il faut, pour déterminer le taux du ressort, considérer non seulement cette valeur, mais encore celle que le terrain peut avoir d'après sa situation et les domaines auxquels il se joint. Cette indétermination d'une valeur précise repousse l'exception du dernier ressort. — *Orléans*, 13 août 1812, Croquet c. Carignan.

628. — La demande par laquelle un individu, qui, ayant acquis un immeuble en commun avec un autre individu, réclame la jouissance commune de certains objets que le coacquéreur prétend lui appartenir exclusivement, est susceptible de deux degrés de juridiction. — *Cass.*, 4 vent. an XI, Lervoire c. Longuet.

629. — La demande tendant à voir dire que le demandeur sera déclaré avoir toujours été propriétaire d'une place en rocaillerie est susceptible de deux degrés de juridiction. — *Cass.*, 18 germin. an XIII, Thinon c. Dionot.

630. — La demande relative à la propriété d'immeubles dont le revenu n'est déterminé ni en rente ni par prix de bail est susceptible de deux degrés de juridiction. — *Cass.*, 18 thermid. an XIII, Boucher c. Gervaise.

631. — La contestation sur la propriété d'un pré est susceptible de deux degrés de juridiction. — *Cass.*, 13 janv. 1806, Gilles c. Dessales.

632. — Lorsqu'en concluant au paiement de la valeur d'arbres abattus et estimés moins de 1,000 fr., on conclut aussi à être déclaré propriétaire du terrain où sont plantés d'autres arbres, le jugement à intervenir est sujet à l'appel. — *Bruxelles*, 13 mai 1807, Cornet-de-Grez c. Walkiers et Vanisterdael.

633. — Jugé même que, lorsque, sur une demande en paiement de 132 fr. pour la valeur d'arbres abattus, et de 300 fr. de dommages-intérêts, le tribunal a déclaré le demandeur propriétaire des arbres, comme ayant la propriété du sol qui les portait, le jugement n'est pas en dernier ressort. — *Cass.*, 16 mars 1836, Lebrun c. Pierre.

634. — Un tribunal de première instance ne peut juger en dernier ressort une demande ayant pour objet le recouvrement d'animaux dont la valeur n'est pas déterminée. — *Cass.*, 27 oct. 1806, Abdon Fite c. Guitard.

635. — *Servitudes.* — Les demandes relatives à l'exercice d'une servitude, à sa reconnaissance, sont nécessairement indéterminées et par là même susceptibles de deux degrés de juridiction. — *Cass.*, 24 flor. an II, N...; 11 messid. an II, Suquet c. Maraval; 18 brum. an II, Cochet c. Benoit.

636. — En conséquence, la demande en suppression de barrières posées aux bouts d'un chemin, ou en paiement de 500 fr. à titre de contrainte, ne peut être jugée en premier et dernier ressort si la valeur de l'objet litigieux n'est déterminée ni en rente ni par prix de bail. — *Cass.*, 30 flor. an XIII, Maignan c. Marais.

637. — Le jugement qui a prononcé sur une demande en servitude de passage est susceptible d'appel, lors même qu'il aurait condamné le défendeur à des dommages-intérêts inférieurs à 1,000 fr., surtout si ces dommages sont indépendans du droit de servitude, et si le demandeur n'avait conclu qu'à une contrainte inférieure à 1,000 fr. — *Cass.*, 21 messid. an XIII, Machelet.

638. — Est susceptible de deux degrés de juridiction la demande en maintenue d'un droit de passage sur un terrain dont la valeur et le revenu sont indéterminés, et en démolition d'un mur interceptant ce passage. — *Cass.*, 27 avr. 1807, Gélie c. Leroy.

639. — Le jugement qui statue sur une demande en paiement du prix de la mitoyenneté d'un mur est en premier ressort, bien que la somme réclamée soit inférieure à 1,000 fr., alors d'ailleurs qu'il n'est pas établi légalement que le mur soit d'une valeur au-dessous de 50 fr. de revenu. — *Bordeaux*, 20 juin 1828, Laloubeyre c. Duprat.

640. — *Successions.* — L'action de la régie des domaines en pétition d'une hérédité, quoique restreinte à une partie de la totalité de la succession, est susceptible de deux degrés de juridiction s'il s'agit de savoir si le défendeur a seul droit à cette succession, comme ayant rétracté une répudiation qu'il en avait faite, ou si la régie est cohéritière avec lui. — Ainsi, lorsque la régie, étant aux droits d'un héritier émigré, forme contre le cohéritier une demande au dessous de 1,000 fr. pour la part qu'elle prétend lui revenir dans une plus forte somme touchée par le cohéritier sur un débiteur de l'hérédité, un tribunal de première instance ne peut statuer en dernier ressort sur une demande de cette nature. — *Cass.*, 23 brum. an XII, Caseneuve c. Régie des domaines.

641. — Mais un créancier d'une succession ne peut appeler d'un jugement qui rejette la demande en paiement d'une somme inférieure à 1,000 fr. qu'il a formée contre un successible; lors même que ce jugement serait fondé sur la répudiation que celui-ci aurait faite de la succession. — *Riom*, 8 août 1814, Richer c. Chevalier.

642. — L'action intentée par un héritier, aux fins d'écarter du partage un étranger, cessionnaire de droits successifs, doit subir deux degrés de juridiction, lors même que le prix de la cession a été moindre de 1,000 fr. — *Cass.*, 27 juill. 1808, Desessard c. Lacroix; 3 fruct. an V, Ridet c. Lemaréchal.

643. — Jugé encore qu'on peut se pourvoir par appel contre le jugement qui condamne des successibles à payer une dette de leur auteur même inférieure à 1,000 fr., s'il déclare nulle, comme frauduleuse, la répudiation qu'ils ont faite de la succession. — *Cass.*, 24 frim. an II, Chabrier c. Delsue.

644. — A l'appui de cette opinion on soutient que, du moment que la qualité d'héritier est mise en question, le litige acquiert une valeur indéterminée, parce que cette qualité est indivisible. — Mais nous pensons que c'est là une erreur. Le jugement qui intervient ne saurait avoir l'autorité de la chose jugée ni contre les tiers ni même contre les parties, relativement à une autre contestation; la qualité d'héritier appliquée indûment à un litige quelconque n'ajoute donc rien à l'importance du débat et n'a aucune influence sur le ressort. — V. *suprà* nos 430 et suiv.

645. — Toutefois, le tribunal de première instance saisi de plusieurs instances réunies, dont l'objet total est au-dessus de 1,000 fr., mais dont aucune ne s'élève à cette somme, ne peut statuer en dernier ressort, lorsque surtout la qualité du défendeur est un des objets de la contestation. — *Colmar*, 5 mai 1810, Leypold c. Breton.

646. — *Partage.* — La demande en partage d'une succession d'une valeur indéterminée doit subir deux degrés de juridiction, surtout lorsque le demandeur a déterminé ultérieurement ses prétentions à plus de 1,000 fr. — *Cass.*, 12 thermid. an XII, Mederlet c. Kouhu.

647. — Les juges de première instance saisis d'une demande en partage de succession et en remise de titre ne peuvent statuer en dernier ressort, quoique le demandeur ait réduit sa demande, s'il persiste à exiger la remise des titres. — *Cass.*, 3 pluv. an XIII, Perrochin.

648. — Est susceptible d'appel le jugement rendu sur une demande en partage, en compte de sommes et en restitution de fruits. — *Cass.*, 19 germ. an IV, Millet c. Mercier.

649. — Il en est de même de la demande en partage d'un immeuble dont la valeur n'est déterminée ni en rente ni par prix de bail. — *Cass.*, 26 oct. 1808, Fritsch c. Weigner; 19 août 1806, Jarnan c. Abrest.

650. — Les jugemens d'homologation d'un partage, alors même que la liquidation a été réglée et l'homologation prononcée sans contestation, sont soumis au droit commun et aux dispositions qui établissent deux degrés de juridiction. — *Paris*, 23 juill. 1840 (t. 2 1840, p. 689), Racine c. Bourgeois.

651. — N'est pas en dernier ressort le jugement qui statue sur une demande en partage d'une succession, formée par le créancier d'un des cohéritiers, encore bien que la créance du demandeur ne s'élève pas à 1,000 fr. — *Rennes*, 14 janv. 1825, Bedouin c. Briant; *Orléans*, 16 déc. 1842 (t. 1er 1843, p. 146), Rolpot c. Tillout.

652. — Est susceptible d'appel le jugement qui, quoique rendu sur une demande en paiement seulement de 300 fr. contre un donataire, paraît soumettre celui-ci à supporter toutes les dettes à venir du donateur. — *Grenoble*, 15 vent. an XII, Gaudoy c. Chaillon.

653. — Cependant on a décidé que l'action en paiement d'une somme moindre de 1,000 fr., exercée en vertu d'une donation dont on réclame en même temps l'exécution, ne constitue pas une demande d'une valeur indéterminée, susceptible d'appel. — *Bourges*, 11 août 1826, Rulland.

654. — Un jugement n'est pas rendu en dernier ressort, lorsque, statuant sur la demande en délivrance d'un legs d'une valeur inférieure à ce taux, il impose au légataire successible l'obligation d'opter entre sa qualité d'héritier et celle de légataire. — *Metz*, 31 janv. 1811, Cailly c. Villain.

655. — La demande en délivrance d'une somme d'argent inférieure à 1,000 fr., comprise en un legs avec d'autres objets, est susceptible des deux degrés de juridiction, lorsque les héritiers, opposant la nullité du testament, mettent ainsi en question la validité de tous les legs. — *Metz*, 23 mars 1820, Marchal c. Bosquillon. — « Cette question, dit avec raison M. Chauveau (*Journ. des avoués*, t. 19, p. 161), d'après Carré (*Comp.*, t. 2, art. 281, n° 299), doit être décidée conformément au principe que si la validité du titre est l'objet direct et principal de la demande il y a lieu à l'appel, parce qu'alors l'objet du litige est indéterminé; tandis que si, au contraire, la contestation sur la nullité du titre n'est soulevée qu'incidemment à une demande principale au-dessous de 1,000 fr., le jugement est en dernier ressort. »

656. — Jugé dans le même sens que la demande en nullité d'un testament dans son entier est indéterminée, et le jugement qui intervient sur cette action est en premier ressort, bien que les défendeurs soient légataires de sommes inférieures à 1,500 fr. — *Paris*, 6 fév. 1846 (t. 1er 1846, p. 314), Camuset.

657. — *Obligations.* — Est en premier ressort le jugement qui prononce une condamnation au-dessous de 1,000 fr., si cette condamnation est subordonnée à la validité d'un titre excédant cette somme. — *Colmar*, 3 déc. 1808, Roi c. Klinglin.

658. — L'appel d'un jugement qui a statué sur une demande d'une somme inférieure à 1,000 fr. est recevable, lorsque, pour apprécier une exception proposée par le défendeur, le tribunal de première instance a eu à statuer sur les effets d'un blanc-seing. On peut dire que, dans ce cas, il a prononcé sur une valeur indéterminée. — *Grenoble*, 8 mars 1837 (t. 2 1837, p. 481), Chabre c. Pellissier. — V. toutefois *suprà* nos 406 et suiv.

659. — Le jugement qui prononce envoi en possession d'un fonds, faute de paiement dans un délai fixé, et, en ce cas, réserve à poursuivre pour le paiement des intérêts et intérêts des intérêts, est susceptible d'appel, encore que la condamnation principale n'excède pas 1,000 fr. — *Caen*, 3 juill. 1826, Jouvin c. Delamarre.

660. — La demande tendant à un enlèvement de décombres, au rétablissement d'une porte et à la restitution d'un chenal, doit subir deux degrés de juridiction. — *Cass.*, 21 flor. an X, Merle c. Segris.

661. — Un tribunal saisi de la demande en démolition d'une construction ne peut statuer en dernier ressort, lors même que le demandeur restreindrait plus tard à 1,000 fr. le montant de sa demande. — *Cass.*, 23 prair. an XII, Laporte c. Richer; — Merlin, *Rép.*, v° *Dernier ressort*, § 3; Carré, *Compét.*, t. 2, p. 50, art. 281, n° 310.

662. — La demande en réparation d'un mur est susceptible de deux degrés de juridiction, si la valeur des réparations n'a pas été déterminée. — *Cass.*, 3 pluv. an XII, Bourse c. Lesage.

663. — Est susceptible d'appel le jugement qui statue sur la demande d'une femme tendant au paiement des frais de ses couches et à une pension pour l'entretien de son enfant. — *Cass.*, 4 prair. an II, Cailleux c. Lhuillier.

664. — *Dommages-intérêts.* — La demande en dommages-intérêts d'une somme inférieure au taux du dernier ressort est soumise à l'appel, lorsqu'elle comprend la défense de récidiver à l'avenir. — *Douai*, 26 fév. 1825, Simon c. Vamwormhondt.

665. — On peut appeler du jugement qui n'accorde que des dommages-intérêts inférieurs à 1,000 fr., si ces dommages ont été demandés d'une manière indéterminée et à dire d'experts. — *Cass.*, 26 vendém. an XI, Meimeval c. Batillot.

666. — Un jugement n'est pas rendu en dernier ressort, quoique l'intérêt de celui qui l'a obtenu s'élève à moins de 1,000 fr., si, dans l'exploit introductif d'instance, la demande formée contre plusieurs était supérieure à cette somme, si le demandeur concluait aussi à des dommages-intérêts qui, joints au principal, surpassaient 1,000 fr., et si surtout il a été statué par les premiers juges sur la validité d'actes opposés qui présentaient un intérêt indéterminé. — *Bourges*, 31 mai 1824, Champion c. Renault.

667. — La demande en dommages-intérêts rela-

tive à l'inexécution d'un jugement qui ordonne la confection d'ouvrages dont le quantième n'est pas déterminé, ne peut être repoussée par la fin de non-recevoir du dernier ressort, quoique les dommages soient réclamés pour une somme réellement inférieure à 1,000 fr. — *Orléans*, 13 fév. 1817, comm. de Cellette c. Jousselin.

668. — Un tribunal de première instance ne peut juger en dernier ressort la demande tendant au paiement d'une somme de 1,000 fr. de dommages-intérêts et à l'affiche de la condamnation à intervenir. — *Cass.*, 7 janv. 1806, Chopin c. Benoit. — V. *suprà* no 602.

669. — Au contraire, la demande en paiement d'une somme inférieure à 1,000 fr., à titre de dommages-intérêts, n'est pas susceptible des deux degrés de juridiction, quoiqu'elle porte : *Si mieux n'aime le défendeur faire les réparations convenables.* — *Bourges*, 13 fév. 1832, Servais c. Prévot.

670. — La demande reconventionnelle de dommages-intérêts indéterminés formée par un tiers appelé en cause dans une instance civile contradictoire, à raison d'inculpations graves de la part de l'une des parties principales, ne peut être jugée qu'en premier ressort par le tribunal de première instance. — *Metz*, 21 janv. 1812, Beaudeux c. Vincent.

671. — *Communauté.* — La demande en partage d'une communauté doit subir deux degrés de juridiction. — *Cass.*, 23 brum. an XII, Laumain.

672. — *Séparation de biens.* — Est en dernier ressort le jugement qui prononce sur une demande en nullité d'une séparation de biens provoquée par un créancier d'une somme de 500 fr. — *Bordeaux*, 3 mai 1826, Favereau c. Martin. — V. toutefois *suprà* no 585.

673. — *Vente.* — La question de savoir quelles sont les réserves que le vendeur d'une coupe de bois a pu faire lors de la vente est indéterminée; dès-lors elle ne peut être jugée en dernier ressort, encore que le prix de la vente soit inférieur à 1,000 fr. — *Bourges*, 8 avr. 1825, Clavier c. Clerjault.

674. — Est susceptible d'appel la demande intentée contre son vendeur par l'acheteur d'un cheval morveux, en remboursement du prix de vente, lequel est inférieur à 1,000 fr., en condamnation à la réparation des écuries infectées et en garantie des actions en indemnité que les tiers pourront exercer à raison des vices de ce cheval. — *Cass.*, 9 sept. 1806, Legrand c. Triquet.

675. — Mais lorsque l'acheteur d'un cheval, pour un prix inférieur à 1,000 fr., actionne son vendeur en restitution de ce prix, et conclut en outre au remboursement des frais de pansemens, de médicamens et voyages nécessités par la maladie du cheval, cette dernière demande doit être considérée comme accessoire, et dès-lors ne doit pas être être prise en considération pour fixer la compétence en dernier ressort du tribunal de commerce. — *Cass.*, 21 déc. 1825, Lévy c. Desroches.

676. — La demande en nullité de la vente d'un immeuble est susceptible de deux degrés de juridiction, si l'étendue du prix, quoique fixée dans le contrat à 1,000 fr., dépend de la durée de l'usufruit que le vendeur s'est réservé. — *Cass.*, 2 nov. 1808, Somnesson c. Chiboust.

677. — Est susceptible d'appel le jugement qui a déclaré n'y avoir lieu à résolution d'une vente d'immeubles, quoique le contrat fixât un prix inférieur au taux du dernier ressort. — *Liége*, 19 janv. 1811, Ruwelte c. Fagard.

678. — La demande en résolution de la vente d'un immeuble est susceptible de deux degrés de juridiction, quoique le prix de cette vente soit inférieur à 1,000 fr., si les parties ne conviennent pas de la valeur de l'immeuble vendu. — *Bourges*, 29 juin 1814, Blondot c. Franc.

679. — Est en premier ressort le jugement qui intervient sur la demande formée par le tiers détenteur en résolution de la vente, pour le cas où l'acquéreur primitif ne paierait pas, alors même qu'il s'agirait d'une somme inférieure à 1,000 fr. — *Montpellier*, 7 fév. 1828, Germa c. Labrousse et Ducasse.

680. — Le jugement sur la demande en nullité ou en rescision de la vente d'un immeuble dont le revenu n'est point déterminé n'est rendu qu'en premier ressort, lors même que dans l'instance cet immeuble a été évalué moins de 1,000 liv. — *Cass.*, 18 thermid. an V, Krelsinger c. Bousch.

681. — Un tribunal ne peut statuer en dernier ressort sur la demande en rescision, pour cause de lésion, d'une vente d'immeubles évalués par experts à plus de 1,000 fr., lors même que le supplément du prix qu'il ordonnerait de payer au vendeur serait inférieur à cette somme. — *Cass.*, 21 niv. an VI, Delours c. Lavergne.

682. — Un tribunal de première instance ne

peut prononcer *en dernier ressort* sur la demande en rescision ou en nullité de la vente d'un immeuble dont le prix, évalué dans le cours de l'instruction ou fixé dans le contrat, n'excède pas 1,000 fr., si d'ailleurs le revenu de cet immeuble n'est déterminé ni en rente ni par prix de bail. — *Cass.*, 11 oct. 1808, Bonjean.

683. — *Vente à réméré.* — La demande en désistement d'un fonds vendu à réméré est susceptible de deux degrés de juridiction, si le revenu des fonds n'est déterminé ni en rente ni par prix de bail. — *Cass.*, 14 germin. an X, Chabrié c. Robert.

684. — L'action qu'un créancier forme contre l'acquéreur d'un immeuble en déguerpissement ou en dégagement d'un réméré doit subir les deux degrés de juridiction, alors même qu'elle a pour cause le non-paiement d'une somme inférieure à 1,000 fr. — *Metz*, 26 fév. 1819, Obitz c. Christnacker.

685. — Toutefois, quand un immeuble a été vendu au-dessous de 1,000 fr. avec faculté de rachat, et que, par suite de cette faculté, le vendeur rentre dans son bien, on ne peut, s'il s'élève une contestation à cause du réméré, dire que le prix stipulé n'est que provisoire, et que, pour fixer le taux du ressort, il faut apprécier la valeur réelle de l'immeuble. — *Orléans*, 29 juill. 1812, Guelles c. Archambaud.

686. — Quand devant un tribunal de commerce un négociant est sommé de livrer ses marchandises valant plus de 1,000 fr., sinon de payer à titre de dommages-intérêts une somme moindre de 1,000 fr., si le tribunal ordonne avant faire droit la preuve du marché, son jugement est sujet à l'appel, tant comme interlocutoire, que comme excédant le taux du dernier ressort. — *Orléans*, 1er avr. 1814, Baulu c. Chenic.

687. — *Louage.* — La demande en paiement du prix d'un bail consistant en denrées indéterminées doit subir deux degrés de juridiction. — *Cass.*, 4 niv. an II, Jarreuze.

688. — La demande tendant à faire rétablir une boutique ou en procurer une autre est susceptible de deux degrés de juridiction si la valeur n'en a pas été déterminée dans l'instance. — *Cass.*, 11 brum. an XI, Lefenetre ; — Henrion de Pansey (*Compét.*, chap. 16, p. 109) dit avoir lu dans des notes recueillies par un magistrat de cassation que, dans cette affaire, il paraissait évident que la valeur de l'objet litigieux était au-dessous de 1,000 fr., *mais que, malgré son regret bien exprimé dans le cours des opinions, la section civile a cédé à l'autorité du principe et a cassé.*

689. — On peut appeler d'un jugement qui a prononcé sur des contestations relatives à un bail qui porte, outre le prix principal de 50 fr., des charges dont la valeur, quoique modique, n'est pas déterminée. — *Bruxelles*, 12 fév. 1810, Drabander c. Vanderhagen.

690. — Mais quand une instance est dirigée contre un fermier, à raison d'une récolte qu'il a faite indûment, la valeur de cette jouissance peut être appréciée d'après le bail fait en argent pour fixer le taux du ressort; on ne doit point regarder la demande comme indéterminée sous prétexte que la récolte d'un cultivateur ne peut être évaluée que par lui-même, parce que son industrie en fait toujours un objet de spéculation. — *Orléans*, 13 mai 1819, Sallé c. Madre.

691. — Au contraire est indéterminée, et comme telle susceptible de deux degrés de juridiction, la demande dans laquelle, après avoir conclu au paiement d'une somme moindre de 1,000 fr., pour prix d'une récolte, on ajoute : *si mieux n'aime le défendeur à dire d'experts.* — *Bourges*, 15 déc. 1821, Derancourt c. Papillon.

692. — La demande qui a pour but de faire condamner le fermier à laisser les pailles et engrais à sa sortie est de sa nature indéterminée, et le jugement rendu sur une pareille demande est sujet à appel. — *Rennes*, 18 déc. 1831, Ertault de la Bretonnière c. Grelier.

693. — Est susceptible d'appel le jugement rendu sur une demande en paiement d'une redevance annuelle d'une somme inférieure à 1,000 fr., si le défendeur est convenu qu'il doit la redevance comme rente et non comme fermage, le véritable objet de la contestation étant, dans ce cas, de savoir si le défendeur est propriétaire ou fermier. — *Liége*, 10 août 1808, Despireux c. Germeau.

694. — La demande en résiliation d'un bail ou en validité de congé est-elle susceptible d'appel, lorsque tous les loyers qui restent à courir ne s'élèvent pas à 1,500 fr.? — Cette question divise la jurisprudence. — V. pour l'affirmative *Cass.*, 15 fév. 1819, Lecardé c. Lebouchur ; *Amiens*, 8 avr. 1823, Tranchard c. Bourniche ; *Bruxelles*, 5 mai 1808, Philippi c. Tilly ; *Limoges*, 2 janv. 1844 (t. 1er 1845, p. 200), Membret c. Chauvial ; *Douai*,

30 juin 1842 (t. 2 1844, p. 403), Thomas c. Tahon.

695. — D'après la cour de Limoges, 22 juill. 1839 [t. 2 1839, p. 397] (Peyrot c. Maingassou), est en premier ressort le jugement qui statue sur une demande en résiliation de bail et à fin de dommages-intérêts, si les loyers annuels pour toute la durée du bail et les dommages-intérêts demandés ne s'élèvent pas à 1,000 fr.

696. — Enfin, on a considéré comme en dernier ressort le jugement qui déboutait un tiers qui se prétendait propriétaire de neuf chars de foin et mille gerbes de blé, même non déterminées, et qui déclarait nul le bail d'après lequel il disait en avoir la propriété. — *Riom*, 7 fév. 1809, Marcconnet c. Pralong.

697. — Mais l'opinion opposée est consacrée par un plus grand nombre de décisions.

698. — Il a été jugé, en effet, que les tribunaux de première instance ne peuvent statuer en dernier ressort sur une demande en résiliation de bail, quelque modique que soit le prix du bail et encore que la réunion de tous les fermages ne forme pas une somme de 1,000 liv. — *Bruxelles*, 15 niv. an XIII, Debacher c. Devleschoudère ; *Cass.*, 9 niv. an 2, Gaillard c. Bouvier et Guillaume ; *Limoges*, 28 janv. 1824, Chardin c. Lefebvre ; *Bourges*, 9 déc. 1830, Leclerc-Lagurenne c. Desnoyers ; *Pau*, 23 juill. 1834, Bordenave c. Bédouret ; *Douai*, 4 mars 1843 (t. 2 1844, p. 493), Lallard c. N... ; 7 août 1844 (t. 2 1844, p. 493), N... ; *Bastia*, 3 fév. 1845 (t. 1er 1846, p. 345), Bernachi c. Ve Sodini.

699. — ... Que, en matière de résiliation de bail, la demande est susceptible de deux degrés de juridiction, lors même que le prix du bail est inférieur à 1,000 fr., surtout si l'éviction a lieu à une époque où la rareté des logemens peut rendre le dommage inappréciable. — *Metz*, 16 déc. 1828, Pothier c. Marache.

700. — ... Que, lorsqu'une demande en paiement de fermages est au-dessous de 1,000 fr., et qu'elle est accompagnée d'une demande en validité d'un congé donné par le fermier, cette action, quoique récursoire, vient s'identifier à la demande principale, et ne peut plus s'en séparer; alors le contrat judiciaire se formant sur des intérêts de valeur indéterminée, il est hors des attributions du dernier ressort. — *Orléans*, 29 janv. 1824, Boileau c. Lemoine.

701. — A plus forte raison l'action en expulsion d'un locataire, encore que le bail fût au-dessous de 1,000 fr., accompagnée d'une demande d'expertise, afin de constater les dégradations, est susceptible d'appel. — *Rouen*, 6 oct. 1825, Lepesqueur c. Thérard.

702. — Lorsqu'à une demande principale inférieure à 1,000 fr. se joint une demande en garantie indéterminée de sa nature, et de plus une demande en nullité d'un sous-bail appréciable non seulement par le prix du fermage, mais encore par le bénéfice que le preneur peut faire sur le produit, rien ne peut plus constater que tous ces intérêts réunis n'excèdent point le taux du dernier ressort. Il y a donc lieu à l'appel. — *Orléans*, 27 juill. 1820, Durand c. Debart.

703. — Le jugement d'une demande en restitution de la valeur des loyers de vingt journées de terre ne peut être rendu en dernier ressort. — *Cass.*, 9 fév. 1793, Gérardin c. Thibault et Joannès.

704. — Mais l'action en validité d'une saisie tendant au paiement de 749 fr., pour fermages échus, n'est pas susceptible de deux degrés de juridiction, alors même que l'exploit d'assignation et le jugement ajouteraient qu'ils ont lieu aussi pour fermages à échoir. — *Bourges*, 2 avr. 1811, N...

705. — *Bail à domaine congéable.* — Un tribunal de première instance ne peut, en général, juger en dernier ressort en matière de congément contesté. — *Rennes*, 28 avr. 1813, N... ; 19 juill. 1814, N... — Le contrat de congément a beaucoup de rapport avec le contrat de louage ; cependant on y remarque un caractère de réalité qui ne se trouve pas dans celui-ci, et qui rend plus difficile la détermination du dernier ressort. Il nous semble qu'on ne peut pas déterminer à l'avance et pour tous les cas, comme une règle certaine, qu'en matière de congément il n'y a jamais lieu au dernier ressort : cela dépend des circonstances. Sans doute, et en général, la matière est réelle et l'action indéterminée ; mais il est facile de supposer des cas où il en serait autrement, et alors le principe posé par la cour de Rennes ne s'appliquerait plus. Il faut donc se garder de faire un principe général et absolu de la décision ci-dessus.

706. — *Remplacement militaire.* — L'action en paiement des intérêts du prix d'un remplacement militaire, quoiqu'elle soit inférieure à 1,000 fr., est néanmoins susceptible de deux degrés de juridiction, parce qu'elle n'est qu'un commencement

d'exécution du contrat de remplacement dont la valeur excède cette somme. — *Orléans*, 15 mai 1816, Lagarde c. Cointepas.

707. — *Société.* — Est en dernier ressort la demande en résolution d'une société, et en paiement d'une indemnité inférieure à 1,000 fr., stipulée par les parties pour le cas où l'une d'elles n'exécuterait pas la convention. — *Grenoble*, 11 janv. 1831, Bressot Javit c. Durd.

708. — *Rente.* — Un tribunal de première instance ne peut juger en dernier ressort sur la question de savoir si les codétenteurs d'un immeuble grevé d'une rente foncière en grains ou autres denrées, non évaluée en argent d'après les mercuriales ou par les conclusions respectives des parties, peuvent être contraints solidairement au paiement des arrérages échus de cette rente. — *Cass.*, 6 mess. an XII, Lajard c. Vaihlé.

709. — Si la quotité des offres réelles d'une rente dont la validité est contestée n'excède pas la compétence en dernier ressort du tribunal, mais si, incidemment à cette première question, a été agitée celle de savoir en quel lieu devait être servie la rente dont le capital excède 1,000 fr., le jugement rendu sur ce double objet est susceptible d'appel. — *Paris*, 10 avr. 1813, Duchauffour c. Wafflard.

710. — Les demandes en paiement d'une somme moindre de 1,000 fr. pour arrérages d'une rente annuelle de plus de 50 fr., prix d'un bail à albergue, sont susceptibles de deux degrés de juridiction. — *Cass.*, 21 mess. an XIII, Enregist. c. Rouquayrol.

711. — Le jugement qui statue sur une demande en paiement d'arrérages de rente viagère dont le montant est inférieur à 1,500 fr., n'est cependant qu'en premier ressort, si le capital de la rente est supérieur à cette somme. — *Orléans*, 28 déc. 1843 (t. 1er 1844, p. 433), Aubert c. Barré et Bourdel; *Dijon*, 22 janv. 1845 (t. 1er 1845, p. 198), Mercey c. Lambert.

712. — Jugé même qu'on peut appeler d'un jugement rendu sur une action tendant au paiement de cinq années d'arrérages d'une rente de 32 liv., et à la continuation du service de ladite rente, ou à la résolution du contrat du bail à rente en cas de non-paiement. — *Poitiers*, 10 mai 1825, Chauveau c. hospice de Loudun.

713. — Les contestations relatives à une rente en nature sont susceptibles de deux degrés de juridiction, si elles ne sont pas évaluées en argent, quand bien même il serait évident qu'elles sont d'une valeur annuelle inférieure à 50 fr. — *Cass.*, 14 prair. an XIII, Weber c. Gaspitzheim; 16 juin 1807, Baguenard c. Fernagu; *Metz*, 14 août 1821, Mackeld c. Jacquin; *Cass.*, 25 juill. 1808, Tison d'Argence c. Chaboreau.

714. — Les prestations en nature, à titre de rente foncière, dont la valeur (ordinairement inférieure à 50 fr.) est subordonnée aux mercuriales, étant nécessairement variables d'année en année, rentrent dans la classe des objets indéterminés, pour lesquels, en cas de contestation, la loi a établi le double degré de juridiction. — *Colmar*, 24 août 1822, Domaines c. Steiner.

715. — Mais le jugement qui a statué sur la demande d'une redevance en grains n'est point sujet à appel, si cette demande, bien que indéterminée, n'est, d'après les mercuriales, que d'une valeur au-dessous de 1,000 fr. — *Liége*, 9 juin 1831, N...

716. — Est susceptible de deux degrés de juridiction la demande en paiement d'une rente d'un setier d'épeautre, si ce setier fait partie de plusieurs muids hypothéqués sur des biens-fonds, ce qui peut donner lieu à une action hypothécaire. — *Liége*, 25 janv. 1809, Cajot c. Dombret. — « Cet arrêt, dit un arrêtiste, nous semble s'écarter des principes : au lieu de fixer la compétence seulement par le montant de la demande, qui était évidemment susceptible du dernier ressort, il considère les causes de l'action, et ses suites possibles, objets étrangers à la détermination du premier ou dernier ressort. » — Nous pensons, au contraire, que l'appel était recevable, parce que l'objet de la demande était indéterminé, car le demandeur ne l'avait pas évalué en argent.

717. — N'est pas en dernier ressort le jugement qui, statuant sur une question de retenue d'impositions, sur les arrérages d'une rente, prononce de telle sorte qu'il devra faire titre entre les parties pour les arrérages à venir. — *Cass.*, 1er messid. an II, Soubeyre c. Demastres.

718. — Le jugement qui autorise à consigner comme valablement offertes 600 livres pour le capital d'une rente et trois cartes et demie de seigle pour les arrérages ne peut être rendu en dernier ressort. — *Cass.*, 7 messid. an IV, Vigeaux c. Caihol.

719. — N'est qu'en premier ressort le jugement d'un tribunal de première instance statuant sur une action en déguerpissement, dont le mérite dépend de la preuve de la propriété du possesseur du fonds, lorsque d'ailleurs le revenu et la valeur de ce fonds ne sont déterminés par aucun titre. — *Bruxelles*, 7 mars 1810, Michels.

720. — Lorsqu'un individu, poursuivi en paiement d'arrérages d'une rente inférieure à 1,000 fr. appelle en garantie des acquéreurs qui, par leur contrat, s'étaient chargés du service de la rente, et conclut solidairement contre eux à ce que, faute de rembourser les arrérages échus, ils soient tenus de délaisser les immeubles à eux vendus, et dont le revenu n'a été déterminé ni en rente ni par prix de bail, le jugement qui intervient sur cette action réelle est en premier ressort. — *Cass.*, 16 mars 1824, Bonvallet c. Houdaille.

721. — La demande en paiement d'une rente dont le capital n'est pas déterminé est susceptible de deux degrés de juridiction, surtout si le défendeur soutient qu'elle est anéantie comme seigneuriale, frappée de prescription et réclamée par un autre que le représentant du créancier. — *Cass.*, 6 mai 1807, Marais c. Couvert.

722. — Avant la loi du 11 avr. 1838, on pouvait appeler du jugement statuant sur une action 1° en paiement de 232 fr. d'argent échus d'une rente, au capital de 1,000 flor.; 2° en supplément d'hypothèque, que le débiteur de la rente s'était engagé à fournir pour plus de sûreté, et, à défaut de ce supplément, en remboursement du capital de la rente. — *Bruxelles*, 23 mai 1810, Saligo c. Desuter.

723. — *Pension alimentaire.* — Doit subir deux degrés de juridiction la demande en réduction d'une pension viagère de 650 liv. — *Cass.*, 19 prair. an X, Roquefort c. Catherine Pichon.

724. — ... Ainsi que celle en réduction à 150 fr. d'une rente annuelle et viagère de 450 fr. — *Cass.*, 22 vend. an X, Bouteille c. Alexandre Crespin.

725. — Il en est de même de la demande d'une pension alimentaire de 1,000 fr. — *Cass.*, 26 prair. an X, Sabathier c. Laforgue.

726. — *Hypothèque.* — La demande en délaissement par action hypothécaire doit subir deux degrés de juridiction, quoique la créance hypothéquée n'excède pas 1,000 fr. — *Grenoble*, 2 germin. an XI, Carret c. Perrier; *Cass.*, 2 vent. an IV, Valet c. Courand; *Agen*, 26 juill. 1810, Gironde c. Chanute et Cahuzac; *Grenoble*, 22 août 1834, Rolland-Garagnol c. Jourdan.

727. — Peu importe la valeur réelle de l'immeuble, si elle n'est pas déterminée en rente ou par prix de bail. — *Cass.*, 23 nov. 1807, Megret c. Ponthieu; 10 avr. 1811, Fiando c. Delprato; *Grenoble*, 20 avr. 1818, Thivolier c. Poncet; *Nîmes*, 5 fév. 1820, Perrier c. Cavalier; *Liége*, 16 juin 1824, Leclercq c. Melin; *Paris*, 18 mars 1826, Fourquin c. Prévot; *Grenoble*, 25 juin 1827, Rochas c. Revol-Magnan et Vernet; *Nancy*, 25 mars 1829, Gougenheim c. Weldel; *Douai*, 3 juill. 1834, Desfosses.

728. — L'action contre le tiers détenteur ne devient pas personnelle par cela seul que ce tiers, non obligé personnellement, offre une certaine somme, si cette offre n'est point acceptée. — *Agen*, 12 juill. 1814, Bonpas c. Lacoste.

729. — Jugé cependant que lorsque, sur une demande en déclaration d'hypothèque, la partie demanderesse a conclu et que le tribunal a condamné au paiement d'une somme au-dessous de 1,000 fr., *si mieux n'aime le tiers détenteur délaisser*, le jugement qui accueille ces conclusions n'est pas susceptible d'appel. — *Bruxelles*, 7 déc. 1812, Vanelbrouck c. Schollaert.

730. — *Main-levée.* — Est susceptible d'appel le jugement qui, sur la demande en main-levée de l'inscription hypothécaire prise sur les détenteurs d'un domaine chargé d'une rente viagère de 600 fr., condamne ces détenteurs solidairement à passer titre de cette rente et à payer dix années d'arrérages, lors même que cette rente serait réclamée par la régie des domaines. — *Cass.*, 1er frim. an IX, Poupart c. Régie des domaines.

731. — Est en dernier ressort le jugement rendu sur une demande en main-levée d'une inscription prise pour une somme inférieure à 1,500 fr. — *Orléans*, 27 mai 1836, Dutard c. Ballot-Lemay; 29 août 1844 (t. 2 1844, p. 416), Nait c. Heiler; *Bordeaux*, 6 fév. 1844 (t. 1er 1846, p. 33), Génestat c. Soulié et Simonnet; *Agen*, 30 janv. 1845 (t. 1er 1846, p. 20), Molié c. Perrin.

732. — Décidé au contraire que le jugement rendu sur la demande en main-levée d'une inscription requise par un acquéreur sur les biens du vendeur pour garantie de tous troubles et évictions, alors même que l'inscription aurait été prise provisoirement pour une somme moindre de 1,500 fr., est en premier ressort. — L'action est alors tout à la fois réelle et indéterminée. — *Caen*, 18 nov. 1839 (t. 1er 1840, p. 664), Bidel c. Delabruyère et Herpin.

733. — En effet, pour reconnaître si une demande en main-levée d'inscription est ou non susceptible d'être jugée en dernier ressort, il faut distinguer : ou la main-levée est réclamée par le motif que la créance est éteinte, ou elle est demandée par la raison que l'hypothèque n'a jamais existé ou ne subsiste plus. — Dans le premier cas, c'est la quotité de la créance inscrite qui doit servir à déterminer la valeur du litige, parce qu'en pareille circonstance c'est cette créance, et non l'inscription, qui n'en est que l'accessoire, qui est le véritable objet du litige; d'où il suit que l'action est personnelle, mobilière et déterminée, et qu'ainsi le jugement qui intervient doit être rendu en dernier ressort, si la créance qui est l'objet de la contestation est inférieure à 1.500 fr. — Dans le second, au contraire, c'est la nature du droit contesté qui doit servir à fixer la compétence, parce qu'en effet c'est ce droit qui est alors le principal objet du litige, et non la créance, qui peut continuer de subsister, malgré l'extinction de l'hypothèque. Or, comme le droit que confère une hypothèque est un droit réel et indéterminé, puisqu'il peut avoir pour résultat la dépossession d'un immeuble qui est lui-même d'une valeur indéterminée, il s'ensuit que l'action qui a pour but d'enlever ce droit au créancier est une action réelle et indéterminée qui ne peut dès-lors être jugée qu'en premier ressort, quelle que soit la quotité de la créance hypothécaire. En effet, pour déterminer la valeur d'une action, et par suite la qualification qui devra être attribuée au jugement à rendre, il faut considérer quelle en est la portée, non seulement par rapport au demandeur, mais encore par rapport au défendeur, et c'est par ce motif qu'en matière de saisie immobilière c'est la valeur de l'immeuble saisi, et non la quotité de la créance du saisissant, qui sert à déterminer la compétence, parce que, si, au regard du créancier, l'action en expropriation n'a pour but que d'obtenir le paiement d'une somme mobilière, quelquefois même inférieure à 1,500 fr., au regard du débiteur, elle a pour résultat de le dépouiller d'une chose immobilière indéterminée. C'est encore par le même motif que la cour d'Orléans a décidé (31 juil. 1844 [t. 2 1844, p. 413], Blanc c. Bonneau. — Foucher) qu'on ne pouvait juger qu'à la charge de l'appel l'opposition d'un créancier au jugement qui déclare son débiteur en état de faillite, parce que, si, relativement au premier, la demande est déterminée, elle est indéterminée relativement au second. Ajoutons que, puisque l'action en déclaration d'hypothèque est réelle et indéterminée de sa nature, et ne peut par suite être jugée qu'en premier ressort, il est rationnel que l'action négatoire de cette hypothèque ne soit également jugée qu'à la charge d'appel. Peu importe, au surplus, que des poursuites en expropriation ne soient pas actuellement exercées; il suffit que le droit réclamé ou contesté donne le pouvoir d'en exercer pour que l'action soit réelle et indéterminée, attendu que le caractère d'une action se détermine d'après ses conséquences possibles, et non pas seulement d'après ses conséquences actuelles. C'est ainsi encore que l'action en déclaration d'hypothèque est qualifiée d'action réelle indéterminée, quoiqu'au moment où elle est exercée il ne s'agisse pas encore, de la part du demandeur, d'obtenir la concession d'une hypothèque, peut-être même pour une créance inférieure à 1,500 fr., et quoique des poursuites en expropriation ne seront peut-être jamais exercées. Mais si l'hypothèque est accordée, elle conférera le droit de saisir l'immeuble sur lequel elle frappera, et cela suffit pour que l'action qui a pour but d'obtenir cette hypothèque ne puisse être rangée que dans la classe des actions réelles indéterminées.

734. — *Purge.* — Lorsqu'une demande en nullité et en paiement des frais tant d'une sommation de payer ou de délaisser, faite par un créancier inscrit à l'adjudicataire de l'immeuble hypothéqué à sa créance, que des notifications qui l'ont suivie, est fondée sur la négation du droit hypothécaire, le jugement qui intervient ne peut être rendu qu'en premier ressort, alors même que ces frais n'excèdent pas 1,500 fr. — *Orléans*, 7 fév. 1845 (t. 1er 1845, p. 531), Pelletier c. Delaunay.

735. — Jugé, cependant, que le jugement qui rejette la demande en nullité d'une notification de contrat de vente n'est pas sujet à appel, lorsque le demandeur n'est créancier que d'une somme de 400 fr. — *Paris*, 25 juill. 1826, Moisseron c. Fournier.

736. — *Surenchère.* — Tout jugement qui statue sur la validité d'une surenchère est susceptible d'appel, bien qu'elle soit faite pour une somme in-

férieure à 1,500 fr. — *Bordeaux*, 27 mai 1845 (t. 2 1845, p. 311), Lacquier c. Guerguichon.

737. — ... Et que le débat ait eu également pour objet la suffisance d'offres inférieures au taux du dernier ressort, faites par l'acquéreur au surenchérisseur. — *Bourges*, 23 janv. 1841 (t. 2 1841, p. 541), Breton c. Durand. — V. SURENCHÈRE.

738. — Le taux du dernier ressort dans une question de nullité de surenchère est fixé par le montant de toutes les créances inscrites, et non par la quotité de la créance du surenchérisseur. — *Bordeaux*, 7 avr. 1834, Boisdon c. Coste et Candé.

739. — *Privilége.* — L'appel d'un jugement qui statue sur une demande en admission par privilége dans une faillite d'une créance inférieure à 1,500 fr. est non-recevable. — *Paris*, 13 nov. 1845 (t. 2 1845, p. 695), Lamidiaux c. de Beaurecueil. — C'est, en effet, la valeur de l'objet demandé qui détermine le degré de juridiction, abstraction faite des conséquences non exprimées dans la demande qui pourraient en résulter.

§ 3. — *Code de procédure.*

740. — *Justice de paix.* — Le juge de paix ne peut statuer en dernier ressort sur une action pour dommage causé par des bestiaux, si la quotité du dommage n'a pas été déterminée par la partie. — *Cass.*, 21 pluv. an X, Duhamel c. Patin; — Henrion de Pansey, *Compétence des juges de paix*, chap. 16; Augier, *Encyclopédie des juges de paix*, v° *Compétence*, § 1er, n° 9.

741. — *Tribunal de première instance.* — Le tribunal qui a rendu en premier ressort un jugement interlocutoire ne peut statuer sur le fond en dernier ressort, si l'objet de la contestation est resté indéterminé. — *Cass.*, 6 avr. 1807, Garnier c. Billard.

742. — *Retrait de pièces.* — Il n'y a pas lieu au dernier ressort, lorsqu'il s'agit d'une demande en retrait de pièces, qui, par sa nature, est d'une valeur indéterminée. — *Besançon*, 28 juill. 1823, N...

743. — Avant le Code de procédure, on ne pouvait appeler d'un jugement rejetant un déclinatoire, si l'objet de la contestation n'excédait pas 1,000 fr. — *Cass.*, 3 vendém. an X, Lanteyre Layelle c. Chateignier; 13 vendém. an X, N...; 9 vendém. an XIII, Ligné et Dardel c. Bombart; 7 frim. an XIII, Laureau c. Coutin.

744. — Mais, depuis le Code de procéd., l'appel d'un jugement pour incompétence est recevable, bien qu'il s'agisse d'une somme au-dessous de 1,000 fr. — *Bruxelles*, 18 juin 1808, Puttemans c. Claes; *Liége*, 22 avr. 1809, N...; *Paris*, 25 fév. 1829, Loiseau c. Gouré; *Cass. belge*, 15 juin 1835, Domaine c. Delimbourgh; *Limoges*, 30 juill. 1819, N...; *Rennes*, 19 août 1819, Daly c. Loyer.

745. — Ainsi, la question de savoir à quel tribunal doit être portée une cause pendante devant un tribunal supprimé est susceptible de deux degrés de juridiction. — *Cass.*, 7 juill. 1808, N...

746. — On peut appeler pour incompétence d'un jugement statuant sur une demande qui ne s'élève pas au-dessus du taux du dernier ressort. — *Liége*, 5 mars 1812, Germain c. Bombaye.

747. — Seulement, l'appel d'un jugement rendu sur une question d'incompétence n'est pas recevable au chef qui statue sur le fond de la contestation si, d'après les conclusions prises, il s'agit d'une somme inférieure à 1,500 fr. — *Caen*, 3 juin 1845 (t. 2 1845, p. 620), Laigniez c. Dupont. — V. APPEL, nos 215 et suiv.

748. — On peut appeler, pour cause d'incompétence, des jugemens des tribunaux de commerce, bien qu'ils aient statué au fond sur un objet n'excédant pas le taux du dernier ressort. — *Paris*, 20 fév. 1812, Bajard c. Lachot.

749. — ... Ou d'une ordonnance de référé rendue sur un objet valant même moins de 1,000 fr. — *Limoges*, 29 mai 1819, N...; *Bruxelles*, 27 juin 1807, Lippman c. Ventusol.

750. — Lorsqu'un jugement par défaut a été rendu sur une demande en paiement d'une somme inférieure à 1,000 fr., et que l'opposition à ce jugement est fondée sur un moyen d'incompétence, l'appel du jugement qui rejette l'opposition est recevable. — *Metz*, 8 mai 1824, Peroche c. Taton-Hénon.

751. — Jugé toutefois, mais à tort, que l'appel d'un jugement qui a prononcé sur une demande inférieure à 1,000 fr., n'est pas recevable, même pour incompétence, à raison de la matière, si cette incompétence n'a pas été proposée devant les premiers juges. — *Grenoble*, 13 déc. 1823, Belluard c. Fuzier-Perrin.

752. — *Litispendance.* — Les jugemens rendus sur exception d'incompétence pour cause de litispendance sont, comme ceux en matière d'incompétence à raison de la personne ou de la matière, nécessairement en premier ressort, quelle que soit l'importance du litige. — *Amiens*, 19 fév. 1840 (t. 2 1841, p. 738), Duru c. Constant.

753. — *Renvoi.* — Mais, lorsque l'objet de la demande et de la condamnation n'est pas supérieur au taux du dernier ressort, on ne peut se pourvoir par appel, en se fondant sur ce que le jugement a été rendu par une autre chambre du tribunal que celle qui se trouvait originairement saisie de la contestation. — *Colmar*, 8 déc. 1813, Mahler c. N...

754. — *Garantie.* — Le jugement qui statue sur une demande principale à fin de garantie doit être réputé en premier ressort, lorsque l'exploit introductif d'instance ne fixe pas le montant en principal, intérêts et frais, des condamnations dont la garantie est demandée. Il en est ainsi surtout lorsque les juges d'appel ont déclaré que des calculs auxquels ils se sont livrés il résulterait que les condamnations, cause de la garantie, excédaient le taux du dernier ressort. Cette déclaration constitue une appréciation de fait qui ne donne pas ouverture à cassation. — *Cass.*, 3 janv. 1842 (t. 1er 1842, p. 649), Félip c. Bonet.

755. — *Péremption d'instance.* — La demande en péremption est *indéterminée*; en conséquence, le jugement qui statue sur cette demande est en premier ressort, quel que soit l'objet de l'instance dont elle a pour but de faire prononcer l'extinction. — *Colmar*, 18 mars 1837 (t. 2 1837, p. 59), Daniel Sée c. Weyh.

756. — On ne peut appeler du jugement qui statue sur une demande en péremption, si l'objet de la demande originaire n'excède pas le taux du dernier ressort. — *Agen*, 19 déc. 1812, Labadie et Castex c. Labadie. — V. PÉREMPTION.

757. — La demande en reddition d'un compte est susceptible de deux degrés de juridiction. — *Cass.*, 9 germ. an XI; Bertheaume c. Mongirand; *Orléans*, 13 nov. 1823, N... — V. REDDITION DE COMPTE.

758. — Le jugement qui statue sur une demande moindre de 1,000 fr., mais subordonnée au règlement d'un compte offrant un intérêt supérieur à cette somme, est susceptible d'appel. — *Bourges*, 8 janv. 1814, Toupiln c. Rétif.

759. — La demande en remise d'un compte et d'une obligation restés entre les mains d'un comptable est susceptible de deux degrés de juridiction. — *Cass.*, 17 brum. an XI, Boyevon-Dusue c. Charve.

760. — Lorsque, sur une demande en réglement d'un compte excédant 1,000 fr., les parties ont reconnu que le reliquat de ce compte devait être seulement de 406 fr., le tribunal de première instance ne peut statuer qu'en premier ressort. — *Besançon*, 14 nov. 1826, Remand c. Meunier.

761. — Est en premier ressort le jugement statuant sur la validité d'offres réelles inférieures à 1,000 fr., mais faites pour arrêter une action en résolution d'une vente d'immeubles. — *Nancy*, 14 nov. 1828, Guéret c. Lecoq.

762. — *Seconde grosse.* — La demande en délivrance d'une seconde grosse d'un contrat est une demande indéterminée qui, quelle que soit la somme portée au contrat, ne peut être jugée qu'en premier ressort. — *Bordeaux*, 20 janv. 1831, Cousinon c. Montgenet.

763. — Le jugement qui statue sur une demande en cession de biens, formée par un débiteur contre ses créanciers, est en premier ressort, et comme tel susceptible d'appel, même de la part de créanciers de sommes inférieures à 1,000 fr. — *Bordeaux*, 13 mars 1828, Datin c. Pelletant.

764. — Est en premier ressort, et conséquemment susceptible d'appel, le jugement qui statue sur la demande formée par une femme en nullité d'une instance poursuivie contre elle, sans qu'elle ait été *autorisée* à ester en justice, encore que l'instance primitive n'ait porté que sur une valeur rentrant dans le taux du dernier ressort. — *Toulouse*, 20 août 1827, Simon c. Mazuc et Figarol; — Bioche et Goujet, *Dict. de procéd.*, v° *Ressort*, n° 143.

765. — Un tribunal de première instance ne peut juger en dernier ressort la demande en nullité de la vente des biens d'un mineur. — Cette demande doit être accueillie si la vente a eu lieu, dans un département méridional, sans les formalités prescrites par les lois romaines. — *Cass.*, 2 niv. an II, Veissier c. Victor.

766. — Le jugement qui prononce sur la demande en nullité d'une décision arbitrale fondée sur ce que les arbitres auraient statué, soit sur choses hors du compromis, soit sur choses non sujettes à compromis, est susceptible d'appel, bien que l'objet de la contestation ne s'élève pas à 1,000 fr. — *Nîmes*, 17 nov. 1828, Arsac c. Ignare.

767. — Le jugement qui annule une sentence arbitrale, comme rendue sans compromis, est susceptible d'appel, par application de l'art. 454, C. procéd., encore qu'il s'agisse d'une somme inférieure à 1,000 fr. — *Paris*, 10 juin 1812, Billard c. Deladreue. — V. ARBITRAGE.

V. ACTIONS POSSESSOIRES, APPEL, ARBITRAGE, BIENS NATIONAUX, CASSATION, COMPÉTENCE, COMPÉTENCE COMMERCIALE, CONSEIL D'ÉTAT, CONSEIL DE PRÉFECTURE, CONTRIBUTIONS INDIRECTES, COUR ROYALE, CONSUL, DOMAINES DE L'ÉTAT, DOUANES, ENREGISTREMENT, FRAIS ET DÉPENS, JUSTICE DE PAIX, TRIBUNAUX ADMINISTRATIFS.

DEGRÉ DE PARENTÉ.

Distance qui existe entre les personnes unies entre elles par les liens du sang. — V. ADOPTION, ALIÉNÉS, ALLIANCE, CONTRAINTE PAR CORPS, MARIAGE, ORGANISATION JUDICIAIRE, PARENTÉ, RÉCUSATION, SUCCESSION, TÉMOIN, TESTAMENT.

DEGRÉS DE SUBSTITUTION.

V. SUBSTITUTION.

DÉGRÈVEMENT.

1. — Le mot *dégrèvement* exprime également, en matière de contributions directes, la *décharge*, la *réduction*, la *remise* et la *modération* de la cote imposée.

2. — Quant aux différences qui existent entre ces diverses espèces de dégrèvement, aux cas dans lesquels on peut les demander, à la marche à suivre pour les obtenir et aux conséquences qui en résultent, V. CONTRIBUTIONS DIRECTES.

DÉGUERPISSEMENT.

1. — Acte par lequel l'acquéreur d'un héritage à rente foncière déclarait se désister de la propriété et de la possession de ce même héritage pour se décharger de la rente.

2. — Dans la pratique, on confondait le déguerpissement avec le simple délaissement par hypothèque. Cependant il y avait entre eux des différences.

3. — Ainsi, le déguerpissement n'avait lieu qu'en matière de rente foncière, lorsque celui qui était personnellement obligé à la rente abandonnait l'héritage en faveur du crédit-rentier qui était l'ancien propriétaire ou le représentait. Le déguerpissement dépouillait celui qui le faisait de la propriété de l'héritage et en investissait le crédit-rentier, qui, s'il ne craignait pas le recours des créanciers personnels de celui qui avait déguerpi, devenait, sans qu'il fût besoin de décret, propriétaire incommutable de l'immeuble.

4. — Au contraire, le délaissement par hypothèque se faisait sous l'ancien droit et se fait encore aujourd'hui sous le Code civil, à raison des hypothèques grevant l'héritage que possède un acquéreur poursuivi par les créanciers de son vendeur. Le délaissement par hypothèque ne dépouille pas le tiers détenteur de la propriété de l'immeuble et ne la transmet pas au créancier qui réclame de l'acquéreur son paiement, parce que le créancier n'a jamais eu droit à la propriété.

5. — Aussi, sous l'ancien droit français, le tiers détenteur qui avait délaissé l'héritage hypothéqué pour des sommes dépassant le prix de son acquisition, n'était dépouillé de la propriété qu'autant qu'il y avait eu vente faite par décret après le délaissement par le curateur nommé au délaissement. La propriété et la possession civile de l'héritage restaient donc au moins fictivement sur la tête du tiers détenteur. — V. Loyseau, *Tr. du déguerpissement*, liv. 1er, § 2, n° 13; Brodeau, sur l'art. 79, coutume de Paris.

6. — Le Code civil (art. 2172 et suiv.) a consacré des principes analogues en matière de délaissement par hypothèque. — V. HYPOTHÈQUE, PURGE, RENTE FONCIÈRE, TIERS DÉTENTEUR.

DÉGUISEMENT.

1. — Action de se vêtir d'un costume bizarre et de fantaisie, ou de prendre l'habit d'une fonction, d'une profession ou d'un sexe qui ne sont pas les nôtres. — Quand à cette action se joint celle de se couvrir la figure d'un masque, le déguisement prend le nom de *mascarade*.

2. — Au point de vue légal, l'action de se déguiser peut, ou bien constituer un fait entièrement licite (par exemple : lorsqu'il a lieu dans un but de divertissement, à certains jours ou époques déterminés par des ordonnances de police), ou devenir une circonstance aggravante de certains faits prohibés.

3. — Nous dirons d'abord quelques mots du déguisement pris abstraction faite de toute action coupable de la part de la personne déguisée, ou comme moyen de divertissement.

4. — L'usage de se déguiser paraît remonter aux temps les plus anciens, puisque la Bible contient une disposition formelle pour le défendre : « *Non induetur mulier veste virili, nec vir utetur veste fœmineâ : abominabilis enim apud Deum est qui facit hæc.* » Deuteron., chap. 22, vers. 5. — Ce texte est un de ceux dont les Anglais ont si odieusement abusé pour mettre Jeanne d'Arc à mort.

5. — Autrefois on se déguisait surtout à certaines époques de l'année, qui se passaient en fêtes et en divertissemens. — C'était, chez les anciens, pendant les saturnales, qui se célébraient le 17 décembre et auxquelles ont succédé des fêtes qui, chez nos pères, se donnaient à Noël et à l'Epiphanie, et pendant les bacchanales que notre carnaval a remplacées.

6. — Les mascarades qui se faisaient à ces diverses époques ne furent point d'abord prohibées même par l'église, qui allait jusqu'à tolérer qu'elles eussent pour objet les mystères et les cérémonies de la religion dont elles offraient au peuple la représentation et le plus souvent la parodie, et pour théâtre les lieux mêmes consacrés au culte. — Cependant, vers le milieu du quinzième siècle, le clergé commençait à bannir au moins des églises et des cimetières les jeux profanes qui les avaient envahis. — On trouve dans le *Recueil gén. des conciles* (t. 13, p. 1304) le texte d'un synode tenu à Rouen le 15 déc. 1445 et dont l'art. 11 est ainsi conçu : « *Item et, ut honestè ac sanctè Creatori nostro serviatur, prohibet hæc sancta synodus ludos qui fatuorum vulgò nuncupantur, cum larvatis faciebus, et aliàs inhonestè fieri* in ecclesiis aut cœmeteriis; *cùm tales ludi honestatem ecclesiasticam deturpent; omnes et singulos qui scelus habere præsumerint, excommunicationis pœnæ subjiciens.* » — D'un autre côté, les désordres qui accompagnaient les mascarades provoquèrent l'intervention de l'autorité civile. — Papon (liv. 23, tit. 7, n° 1), en rapportant un arrêt du parlement de Paris, du 25 avr. 1514, qui défend à tous marchands de plus vendre ou tenir masques, même à Paris et au palais, ajoute que « la cour lors eut avertissement certain que telle marchandise, outre qu'elle ne peut porter profit aucun, est cause de mille maux, à scavoir : farces, adultères, voleries, meurtres et autres maux. » — Une ordonnance de François Ier, du 9 mai 1539, défend à toutes personnes, de quelques qualités et conditions qu'elles soient, d'aller par les villes, bourgs, forêts et chemins du royaume, masquées ou déguisées sous quelque cause ou occasion que ce soit, à peine de confiscation de corps et de biens, sans aucune exception de personne. — La même ordonnance défend également à toutes personnes de recevoir, loger ni récéler telles gens en leurs hôtelleries ou maisons sous les mêmes peines, et enjoint de les déférer à justice, à peine d'être punis comme fauteurs et complices.

7. — Jousse (dans son *Tr. de la Just. crim.*, 4e part., tit. 35, n° 3) cite un arrêt du parlement de Toulouse de l'année 1626, qui a condamné par contumace deux jeunes gens de famille de cette ville à avoir la tête tranchée pour s'être déguisés en ermites pendant le carnaval et avoir distribué des chapelets avec des médailles obscènes et des livres et des images impurs.

8. — La sévérité de cet arrêt est évidemment motivée bien plus par l'esprit de dérision qui avait présidé à la mascarade que par la mascarade elle-même; car l'habitude de se déguiser à l'époque du carnaval continua de subsister malgré les ordonnances, et l'autorité se borna à prohiber, en vertu des anciens réglemens, tout ce qui aurait pu porter atteinte au respect dû à la religion et aux bonnes mœurs, et à maintenir par des dispositions nouvelles l'ordre et la tranquillité publics.

9. — Une ordonnance du lieutenant général de police Hérault, du 21 janv. 1729, défendit aux personnes masquées de porter ou faire porter des épées, bâtons ou autres armes. — Une autre ordonnance du 11 déc. 1742 défendit à toute personne masquée ou non masquée qui n'aurait pas été invitée aux repas, festins de noces ou assemblées qui se font chez les traiteurs et les marchands de vin, soit de jour, soit de nuit, de s'y introduire avec violence, à peine d'être poursuivis comme perturbateurs du repos public, et à cet effet d'être arrêtés et conduits en prison.

10. — La loi du 24 août 1790 a trouvé et laissé les choses dans cet état. — Par la disposition générale de l'art. 3, tit. 11, n° 3, elle charge l'autorité municipale de maintenir le bon ordre dans les endroits où il se fait de grands rassemblemens d'hommes, tels que... *les réjouissances* et cérémonies publiques, *spectacles, jeux...* — C'est donc aux réglemens municipaux (dont l'exécution est assurée par l'art. 471, n° 15, du C. pén.) qu'il appartient de déterminer la police des masques proprement dite, c'est-à-dire la fixation *des lieux, du temps* et *des heures* où ils pourront se montrer; et les lois générales de l'état protègent contre leurs attaques la religion, les bonnes mœurs, l'autorité royale et les droits des citoyens.

11. — Cette double garantie suffit pour ôter tout inconvénient à une espèce d'amusement qui n'a lieu qu'à une certaine époque de l'année, et que défend son antiquité même. — Mais l'autorité judiciaire méconnaîtrait ses devoirs si elle affaiblissait cette garantie en excusant la contravention à un arrêté municipal qui défendrait d'être masqué et travesti sur la voie publique, par des considérations tirées soit de l'ancienneté de ce divertissement en temps de carnaval, soit de l'ignorance de l'arrêté, soit enfin de la bonne foi des contrevenans et de leur conduite habituellement paisible et régulière. — *Cass.*, 9 mars 1838 (t. 1er 1840, p. 345), Grelot.

12. — Il existe pour Paris une ordonnance de police du 25 fév. 1835, relative aux masques, qui, chaque année, est de nouveau publiée aux approches du carnaval.

13. — Cette ordonnance, rendue d'après la loi du 16-24 août 1791, tit. 11, l'arrêté du gouvernement du 3 brum. an IX, les art. 86, 287, 330, 471, nos 11 et 15, et l'art. 479, n° 8, C. pén., les art. 1er et 8, L. du 17 mai 1819, et les dispositions de la loi du 29 nov. 1830, pour prévenir tout accident et tout désordre pour les divertissemens du carnaval, « défend notamment aux personnes qui veulent se montrer masquées, déguisées ou travesties dans des lieux publics, de porter ni armes ni bâtons » (art. 1er). — En outre, elle fixe les heures auxquelles on peut paraître sous le masque dans les lieux publics (art. 2); elle prohibe tous costumes de nature à troubler l'ordre public ou à blesser la décence et les mœurs (art. 3); elle défend à toutes personnes masquées, déguisées ou travesties, 1° d'insulter qui que ce soit par des invectives, des mots grossiers ou des provocations injurieuses; — 2° de s'arrêter sur la voie publique pour y tenir des discours indécens, et provoquer les passans par des gestes ou paroles contraires à la morale publique; — 3° de jeter dans les maisons, voitures et sur les personnes, aucun objet ou substance de nature à blesser, endommager ou salir les passans (art. 4, 5, 6). — Enfin l'art. 7 oblige toute personne masquée, déguisée ou travestie, invitée par un officier de police ou par un agent de la force publique à le suivre, à se rendre au bureau de police le plus voisin pour y donner des explications; et l'art. 8 dispose que les contrevenans aux règles ci-dessus seront conduits à la préfecture de police pour être avisé ainsi que de droit.

14. — Ainsi qu'on le voit, l'autorité règle, mais la loi ne défend pas les déguisemens et les masques pris comme moyen de plaisir : il en est autrement de ceux qui serviraient à commettre des crimes et des délits.

15. — Dans ce cas, comme il a été dit plus haut, la loi (au moins quant à certains de ces crimes ou délits) considère le fait de se déguiser et masquer comme une circonstance aggravante de la pénalité.

16. — L'ordonnance de Blois (art. 198) permettait de courir sus à toute personne masquée ayant commis vol, meurtre ou assassinat.

17. — L'art. 381, C. pén., range parmi les circonstances aggravantes d'un vol le cas où le voleur se serait revêtu de l'uniforme ou du costume d'un fonctionnaire public, ou d'un officier civil ou militaire. — V. VOL.

18. — Les délits de chasse prévus par la loi du 3 mai 1844 sont punis au double s'ils ont été commis par des individus *déguisés* ou *masqués*. — V. CHASSE, n° 471.

19. — D'un autre côté, tandis que l'art. 25, L. 3 mai 1844 (qui n'est que la reproduction de l'art. 7, L. 30 avr. 1790), dispose que les délinquans ne pourront être saisis ni désarmés; il ajoute que « néanmoins, s'ils sont *déguisés* ou *masqués*, ils seront conduits devant le maire ou le juge de paix, qui s'assurera de leur individualité. — V. CHASSE, n° 572.

20. — L'art. 277, C. pén., prononce une peine spéciale contre les *vagabonds* et *mendians* qui auront été saisis *travestis* d'une manière quelconque. — V. MENDICITÉ, VAGABONDAGE.

21. — Les hôteliers, aubergistes, loueurs de maisons garnies pourraient se refuser à recevoir chez eux les personnes qui s'y présenteraient masquées. — Ces personnes sont, en effet, suspectes et peut-être dangereuses pour l'ordre public. — V. HOTELIER, LOUEUR EN GARNI.

22. — Une loi du 7 août 1793, art. 2, punissait de mort tout homme qui serait surpris dans des rassemblemens *déguisé en femme*.

23. — Cette loi n'a pas survécu aux temps orageux au milieu desquels elle était née; mais celui qui prendrait d'autres habits que ceux de son sexe s'exposerait aux recherches de la police.

24. — A Paris et dans quelques grandes villes, certaines femmes qui, à raison de la nature de leurs travaux, portent habituellement des habits d'hommes, s'y font autoriser par l'autorité municipale.

DÉGUSTATEUR.

V. BOISSONS, COURTIERS, EXPERTISE, GOURMETS PIQUEURS DE VIN, VENTE.

DÉGUSTATION.

1. — Essai que l'on fait des liquides et autres choses en les goûtant.

2. — La dégustation est principalement en usage à l'effet de faciliter la perception des contributions indirectes. — V. CONTRIBUTIONS INDIRECTES. — A cet égard, l'art. 33, décr. impér. 5 mai 1806, porte que « les commis ne pourront faire que les dégustations nécessaires pour assurer la perception des droits sur les diverses espèces de boissons. »

3. — La dégustation est encore en usage dans les ventes des choses qu'on a l'habitude de goûter avant d'en faire l'achat. — L'art. 1587 dit, à l'égard de ces choses, qu'il n'y a de vente qu'autant qu'elles ont été goûtées et agréées.

4. — Le Code civil (art. 1587) cite comme exemple de ces choses le vin et l'huile. Mais cette énumération est incomplète, et l'on peut encore citer généralement les eaux-de-vie, le vinaigre, le beurre, etc. Au surplus, cela dépend des usages locaux. — Troplong, *Vente*, n° 96; Delvincourt, t. 3, p. 62, note 1re. — V. VENTE.

DEHORS (Fortifications).

1. — Nom général qu'on donne à tous les ouvrages qui se construisent au-delà du fossé de la place; tels sont les ouvrages à cornes, les demi-lunes, les contregardes, les grandes et les petites lunettes, etc.

2. — Les capitales des dehors servent aussi bien que celles de l'enceinte de la place à déterminer les zones des servitudes militaires. — V. PLACES DE GUERRE, SERVITUDES MILITAIRES.

DÉLAI.

Table alphabétique.

DÉLAI. — 1. — Temps accordé par la loi, par le juge ou par les parties, pour faire un acte quelconque.

2. — Les cas dans lesquels la loi a fixé des délais sont trop nombreux pour qu'il soit possible de les énumérer ici.

3. — L'observation des délais fixés par la loi est généralement appuyée pour sanction de la déchéance ou de la nullité, et on compte très peu de cas dans lesquels les délais fixés par la loi

puissent être réputés purement comminatoires. On pourrait peut-être citer comme exemple le délai fixé, en matière de saisie-arrêt, à un tiers saisi, pour faire au greffe la déclaration affirmative des sommes dont il est débiteur envers la partie saisie.

4. — Mais il n'est pas inutile de remarquer que si les délais fixés par nos lois criminelles se composent et se comptent comme les délais fixés par les lois civiles, et que si la loi criminelle, s'arrêtant moins que notre procédure civile au détail des formalités des actes, s'est montrée beaucoup plus avare de la sanction de la nullité et de la déchéance, il est cependant des cas dans lesquels des droits importans peuvent se trouver compromis par l'inobservation d'un délai, et qu'alors l'instruction est entachée d'une nullité substantielle qui en entraîne l'anéantissement.

5. — Les délais fixés par la loi sont régis par la loi en vigueur à l'époque où ils ont commencé à courir. Si le délai est fixé par la convention, il est soumis à la loi qui subsistait au moment où la convention a été arrêtée.

6. — Il est divers cas dans lesquels la loi a accordé des délais, sans toutefois en déterminer la durée, laissant au juge le soin de faire cette fixation. Ainsi la loi a formellement décidé que le défendeur pourrait demander un délai pour mettre garant en cause ou pour prendre communication des pièces sur lesquelles le demandeur appuie sa demande. Mais c'est au juge à fixer l'étendue du délai nécessaire aux parties.

7. — Un délai peut être accordé par le juge pour le paiement d'une obligation, aux termes de l'art. 1244; c'est ce qu'on appelle *délai de grace*.

8. — Mais les juges ne sont comptables qu'à leur conscience de l'usage qu'ils font de la faculté discrétionnaire à eux conférée d'accorder des délais au débiteur qu'ils condamnent. Dès lors, en cas de refus, celui-ci ne saurait se faire un moyen d'appel de ce refus. — *Bourges*, 14 avr. 1812, Bru c. Meyre. — V. DÉLAI DE GRACE.

9. — Le juge fixe la durée du délai qu'il accorde pour faire une option ou pour remplir une formalité. — Il a le droit, en ce cas, de déclarer que l'expiration du délai emportera déchéance. — Bloche, v° *Délai*, n° 6.

10. — C'est surtout de la loi civile que résulte pour le juge le pouvoir de fixer des délais. L'application des lois criminelles tenant de beaucoup plus près à l'ordre public, le juge n'aurait pas la faculté de tempérer l'urgence de la réparation d'un préjudice causé à l'ordre social. Ainsi le juge ne pourrait, après avoir appliqué la peine à un prévenu déclaré coupable de contravention à un alignement, lui accorder un délai pour opérer la démolition de la *besogne mal plantée*. — On comprend qu'il en doit être autrement quand c'est la loi elle-même qui a fixé le délai dans lequel la réparation doit être donnée, comme, par exemple, dans le cas de l'art. 11, L. 9 juin 1819, qui, en matière de presse, détermine à un mois le délai dans lequel le gérant d'un écrit périodique est tenu d'insérer dans sa publication extrait de l'arrêt de condamnation prononcé contre lui. — V. ÉCRITS PÉRIODIQUES.

11. — En principe général, l'exécution des obligations pures et simples peut être exigée sans délai; mais les conventions des parties peuvent déroger à cette règle. Il faut donc dire que les délais fixés par les conventions dépendent en général des stipulations qui ont été faites.

12. — Il ne faut pas, au surplus, confondre le délai durant lequel on a la faculté de faire une chose, avec le terme, qui, lorsqu'il a été stipulé au profit du créancier, ne peut être devancé par le débiteur. — C. civ., art. 1187.

13. — La durée des délais varie suivant les diverses procédures que la contestation nécessite. D'ordinaire, c'est la loi qui a fixé cette durée; cependant, dans quelques cas, le délai est fixé par le juge.

14. — Le délai ne peut être abrégé par le juge qu'en cas de nécessité, et qu'autant que la loi l'y autorise. — V. ABRÉVIATION DE DÉLAI, EXPLOIT.

15. — Le Code de procédure (art. 1033), indépendamment du délai ordinaire pour les exploits et significations, accorde une prolongation proportionnelle à la distance entre le lieu où l'on procède et celui où la signification doit être faite.

16. — Le délai d'augmentation, à raison de la distance, est accordé pour le temps qu'exige le transport des parties ou la transmission d'un acte ou de pièces. Ce délai est, en général, d'un jour par trois myriamètres (V. C. procéd., art. 1033); il est double lorsqu'il y a lieu à voyage ou envoi et retour. — Même article. — V. EXPLOIT.

17. — En matière de délais, lorsqu'il y a plusieurs défendeurs, les lois de la procédure veulent que l'on compte en partant du domicile le plus éloigné du lieu où la comparution doit avoir lieu.

18. — Les délais des distances sont-ils susceptibles d'abréviation? — V. EXPLOIT, ÉLECTIONS.

19. — Les délais peuvent être fixés par année (V. notamment C. civ., art. 1304, 1622, 2265, etc.); par mois (V. notamment C. civ., art. 184; C. procéd., art. 15 et 16); par jour (V. C. civ., art. 55); ou par heure (V. C. procéd., art. 711; C. comm., art. 436; L. 9 flor. an VII, art. 6 et 10, etc.).

20. — Dans les délais on ne compte point ordinairement par heures, mais par jours. — V. PRESCRIPTION.

21. — Les délais par heures se comptent *de momento ad momentum*, et non *de die ad diem* (Chauveau et Carré, *Lois de la procédure*, t. 6, sur l'art. 1033); c'est-à-dire que la formalité qui doit être accomplie dans les vingt-quatre heures à partir d'un acte, doit être remplie non durant tout le jour qui suit le premier acte, mais dans les vingt-quatre heures qui suivent l'heure dont cet acte porte la date. — V., pour exemple, *Cass.*, 5 janv. 1809, Lallemant.

22. — Les juges de paix, de commerce, de référé peuvent permettre d'assigner d'heure à heure. — C. procéd., art. 417 et 418.

23. — Mais lorsque le premier acte n'est pas soumis par la loi à porter l'indication de l'heure à laquelle il a été fait, on doit présumer qu'il a été fait à la dernière heure du jour dont il porte l'indication, et, dès-lors, on doit jouir pour accomplir la seconde formalité de tout le jour suivant. — Berriat Saint-Prix, *Cours de procédure*, p. 150.

24. — Le jour s'entend, en général, du laps de temps qui s'écoule de minuit à minuit. — L. 8, ff., *De feriis*; Dunod, *Tr. de la Prescription*. — Mais on comprend que lorsqu'il s'agit, pour faire un acte, d'employer le ministère soit d'un fonctionnaire public, soit d'un officier ministériel, le laps de vingt-quatre heures est restreint par les lois et réglemens qui, dans des vues d'ordre public et d'intérêt général, ont interdit de faire certains actes, si ce n'est à des heures déterminées. C'est ainsi que les huissiers ne peuvent faire des significations que pendant un nombre d'heures fixé par l'art. 633, et que les conservateurs des hypothèques et les greffiers ne sont tenus de laisser leurs bureaux ouverts que durant un nombre d'heures déterminé par chaque jour. — V. CONSERVATEUR DES HYPOTHÈQUES.

25. — Lorsque les délais se comptent par jour, il est tenu compte du jour bissextile, qui, au contraire, dans les délais par mois et par année, est censé ne faire qu'un avec le jour précédent. — L. 98, ff., *De verb. signif.*; Merlin, *Rép.*, v° *Jour bissextile*.

26. — Dans le temps d'un délai quelconque, tous les jours sont continus et se comptent *utilement*, sans distinction des fêtes et dimanches.

27. — Les délais dans lesquels doivent être faits les actes judiciaires, les exploits et significations, ne doivent pas être augmentés lorsque le dernier jour du délai est un jour férié. — V. EXPLOIT, JOUR FÉRIÉ. — Cependant, lorsque le délai n'est que d'un jour ou de vingt-quatre heures, il y a lieu à prorogation, parce que autrement il serait impossible de satisfaire à la prescription de la loi. Ainsi, par exemple, pour les déclarations de command (V. ENREGISTREMENT); pour les protêts des lettres de change et billets à ordre (V. PROTÊT).

28. — En matière de procédure, le jour qui sert de point de départ au délai (*dies à quo*) ne compte pas dans la computation du délai. Le dernier jour du délai (*dies ad quem*) y est compris tout entier.

29. — Le jour *à compter duquel* le délai commence à courir n'est donc jamais compté dans le délai. — Arg. C. civ., art. 2260; — Merlin, *Rép.*, v° *Délai*; Toullier, t. 6, n° 682; Berriat, p. 146 et 147.

30. — Ainsi, les mots *à compter de tel jour* signifient à compter de l'expiration de tel jour à moins d'une disposition contraire. — Toullier, t. 6, n° 684; Berriat Saint Prix, p. 146.

31. — La même interprétation doit s'appliquer au mot *depuis tel jour*, que l'on regarde comme synonyme de *à compter de tel jour*. — Brillon, v° *Délai*, § 1er; Merlin, v° *Loi*, § 5; Toullier, t. 6, n° 684; Rolland de Villargues, v° *Délai*, n° 29.

32. — En matière d'ajournemens, de citations, sommations et autres actes faits à personne ou domicile, le jour de la signification ni celui de l'échéance ne sont jamais comptés dans le délai. — Art. 1033, C. procéd. — Dans ces divers cas le délai est *franc*. — V. EXPLOIT.

33. — Les délais déterminés par des mois doivent se compter non par le nombre fixe de trente jours, mais bien par l'espace de temps du quantième d'un mois au quantième correspondant du mois suivant, sans avoir égard au nombre de jours dont les mois sont composés. — Arg. C. civ., art. 2261; C. comm., n° 172. — *Cass.*, 12 mars 1816, Dandigné c. Libault; — Merlin, *Rép.*, v° *Mois*; Toullier, t. 6, n° 683.

34. — Le dernier jour de l'année fait partie de l'année. — L. 42, ff., *De verb. oblig.*; — Pothier, *Tr. des obligations*, n° 231.

35. — Les expressions *quand le débiteur pourra*, *quand il en aura les moyens*, *quand il voudra*, expriment un délai indéterminé, et, à défaut de la convention des parties, c'est au juge qu'il appartient d'intervenir pour fixer un terme à ce délai. — C. civ., art. 1901.

36. — Le délai ne court qu'en faveur de la partie qui a fait la signification et non pas contre elle, en vertu de l'ancienne maxime: *Nul ne se forclot soi-même*. — V. APPEL, CASSATION, REQUÊTE CIVILE. — Cependant, en matière d'enquête, les délais courent même contre celui qui a signifié le jugement qui l'ordonne. — V. ENQUÊTE.

37. — En général, on ne peut profiter des diligences faites par des tiers et s'en prévaloir pour faire courir des délais à son profit; mais il en est autrement en matière solidaire ou indivisible. — V. INDIVISIBILITÉ, SOLIDARITÉ.

38. — Quelquefois, l'inobservation des délais emporte déchéance; dans d'autres circonstances, elle ne donne lieu qu'au rejet de la taxe de l'acte tardivement signifié. — V. APPEL, CASSATION, ENQUÊTE, EXCEPTION, EXPLOIT, FRAIS ET DÉPENS, REQUÊTE CIVILE.

39. — Il est des événemens qui, comme la force majeure, ne permettent pas de faire cependant le délai ce qui était prescrit, et par conséquent en opèrent la suspension. — V. ABSENT (militaire), APPEL, FORCE MAJEURE, SURENCHÈRE.

40. — Une règle générale en matière de délais, c'est que celui à qui un délai est accordé doit en jouir dans toute son intégrité, et qu'il ne peut être mis en demeure tant que le délai n'est pas entièrement expiré. — Domat (*Lois civiles*, liv. 1er, tit. 1er, sect. 3e, n° 7) pose la même règle qu'il justifie ainsi: « On ne peut pas dire qu'il n'a point satisfait jusqu'à ce que le délai entier soit écoulé. Ainsi celui qui doit dans une année, dans un mois, dans un jour, a pour son délai tous les momens de l'année, du mois et du jour. »

41. — La loi permet, dans certains cas, de demander la prorogation d'un délai pour cause d'insuffisance; mais il faut, en général, que cette demande soit faite avant l'expiration du délai primitivement fixé. — V. ENQUÊTE, GARANTIE.

42. — Lorsque les tribunaux sont autorisés à accorder des délais de grace pour l'exécution de leurs jugemens (V. DÉLAI DE GRACE), ils doivent le faire par le jugement même qui statue sur la contestation et motiver spécialement cette partie de leur décision. — C. procéd., art. 122. — V. JUGEMENT.

43. — Lorsque les juges ont accordé un délai, la partie qui l'a obtenu peut-elle en demander un nouveau et le tribunal accueillir cette demande? — V. JUGEMENT.

44. — Quelquefois, les tribunaux fixent un délai, accordent une remise *toutes choses demeurant en état*; dans ce cas, les poursuites sont suspendues pendant le délai accordé. — V. EXÉCUTION, TRIBUNAUX DE COMMERCE.

45. — Toute exception fondée sur l'échéance d'un délai fatal doit être assimilée à la prescription, en ce qui touche la faculté de la proposer en tout état de cause; à moins toutefois qu'on ne doive, d'après les circonstances, être présumé y avoir renoncé. C'est ce qui résulte implicitement d'un arrêt de la cour de *Limoges* du 5 juin 1823, Bernard et Audoine c. Tixier et Duchez. — Cependant V. EXCEPTION.

V. aussi ABRÉVIATION DE DÉLAI, ALGÉRIE, APPEL, ASSURANCE MARITIME, ASSURANCE TERRESTRE, CASSATION, CAUTIONNEMENT, ENQUÊTE, EXPLOIT, FORCLUSION, PRESCRIPTION, REQUÊTE CIVILE, SAISIE IMMOBILIÈRE, SIGNIFICATION.

DÉLAI POUR FAIRE INVENTAIRE ET DÉLIBÉRER.

Table alphabétique.

DÉLAI POUR FAIRE INVENTAIRE ET DÉLIBÉRER. — 1. — Laps de temps accordé par la loi à l'héritier ou à la femme commune pour faire l'inventaire des biens composant la succession ou la communauté et pour délibérer sur le parti à prendre afin d'accepter la communauté ou la succession, ou afin d'y renoncer. — C. civ., art. 797, et C. procéd., art. 174.

—

Sect. 1re. — *Nature du délai.*

2. — L'héritier, à qui une succession est dévolue, en connaît rarement les forces ; il lui serait très souvent difficile de porter un jugement sur l'état même approximatif de la fortune du défunt. Il peut être éloigné des lieux où sont situés les biens, il est donc juste de lui accorder un délai suffisant pour s'instruire des forces de la succession et pour examiner s'il doit accepter ou répudier la succession.

3. — Des raisons de même nature peuvent être invoquées par la femme commune en biens au moment où la communauté se dissout. Souvent, en effet, le mari lui cache l'état de ses affaires, et la situation de la communauté lui est aussi inconnue que celle de la succession l'est à l'héritier.

4. — Mais à côté de l'intérêt de l'héritier ou de la femme commune, surgit un autre intérêt opposé ; c'est celui des créanciers de la succession ou de la communauté dont on ne saurait indéfiniment paralyser les droits.

5. — Le législateur devait donc accorder à l'héritier et à la femme commune un délai pour faire inventaire et délibérer et suspendre pendant ce délai l'exercice des droits des tiers ; mais à l'expiration du terme fixé les créanciers peuvent agir contre les représentans de leur débiteur comme ils auraient agi contre ce dernier.

6. — « L'héritier, porte l'art. 174, C. procéd., la veuve, la femme divorcée ou séparée de biens, assignée comme commune, auront trois mois, du jour de l'ouverture de la succession ou dissolution de la communauté pour faire inventaire, et quarante jours pour délibérer. Si l'inventaire avait été fait avant les trois mois, le délai de quarante jours commencera du jour qu'il aura été parachevé. — S'ils justifient que l'inventaire n'a pu être fait dans les trois mois, il leur sera accordé un délai convenable pour le faire, et quarante jours pour délibérer ; ce qui sera réglé sommairement. L'héritier conserve néanmoins, après l'expiration des délais ci-dessus accordés, la faculté de faire encore inventaire et de se porter héritier bénéficiaire s'il n'a pas fait d'ailleurs acte d'héritier, ou s'il n'existe pas contre lui de jugement passé en force de chose jugée, qui le condamne en qualité d'héritier pur et simple. »

7. — Des termes de l'article précité il résulte que la loi accorde : 1° un délai pour faire inventaire ; 2° un délai pour délibérer ; 3° un nouveau délai juridique, si les habiles justifient que l'inventaire n'a pu être fait dans les trois mois. — Chabot, *Comm. sur les succ.*, art. 795, n° 2 ; Bellot, *Tr. du contr. de mariage*, t. 2, p. 269.

8. — Nous avons vu que le délai n'est limité qu'à cause de l'intérêt des tiers ; et comme chacun peut renoncer à son droit, il s'ensuit que les habiles seront dans les délais si les intéressés ne contestent pas ; ils pourront donc accepter ou renoncer en tout temps si nul ne s'y oppose.

9. — Selon certains auteurs les légataires universels ou à titre universel sont assimilés aux héritiers et jouissent des mêmes droits. — V. *infrà* n°s 58 et suiv.

10. — Le délai pour faire inventaire et délibérer constitue une exception dilatoire proprement dite ; il est inscrit sous cette rubrique dans le Code de procédure civile. — Bioche, *Dict. de proc.*, v° *Exception*, n° 9 ; Boncenne, *Th. de la proc. civ.*, t. 3, p. 308 et suiv.

11. — Il se distingue de toutes les autres exceptions ou exceptions incidentes, en ce que ces dernières font, il est vrai, gagner du temps ; mais ils n'ont point pour but direct et avoué l'ajournement de la demande, la suspension de l'instance.

12. — Au contraire, l'exception qui naît du délai pour faire inventaire et délibérer, annonce hautement l'intention formelle et avouée de solliciter un délai ; c'est le but vers lequel elle tend au nom de la loi. Elle écarte momentanément la demande dirigée contre l'héritier ou la femme commune ; l'instance reste au tribunal saisi ; mais son cours est suspendu jusqu'à ce que la position et la qualité du défendeur soient fixées par rapport à l'affaire pendante. C'est là le signe caractéristique d'une véritable exception dilatoire : or, il appartient éminemment à l'exception qui résulte du délai pour faire inventaire et délibérer. — Boncenne, *Théor. de la proc. civ.*, t. 3, p. 308 et suiv.

13. — Cette exception a un caractère d'ordre public. — Nulle disposition particulière ne saurait, par conséquent, priver de son bénéfice soit total, soit partiel, l'héritier ou la femme commune ; la loi ayant jugé que les délais qu'elle accorde étaient nécessaires, ce serait la violer que de les restreindre par une convention ; on rendrait ainsi illusoire le bénéfice d'inventaire, qui est d'ordre public. — Pothier, t. 8, *Tr. des succ.*, p. 126, édit. de M. Bugnet.

14. — Pothier (*Contr. de mariage*, n° 555) pensait qu'on pourrait stipuler par contrat de mariage que la femme aurait, pour faire inventaire et délibérer, un délai plus long que celui de trois mois et quarante jours. Dans ce cas, suivant le même auteur, la stipulation était obligatoire à l'égard du mari et de ses héritiers ; mais elle était nulle vis-à-vis des tiers.

15. — Cette distinction nous paraît inadmissible ; nous pensons que la stipulation devrait être considérée comme non avenue vis-à-vis de toutes les parties. Si, en effet, il était permis de prolonger indéfiniment les délais accordés à la femme, l'exercice légitime des droits du mari ou de ses héritiers se trouverait entravé. — Bellot, *Contr. de mar.*, t. 2, p. 277 ; Battur, *Contr. de mar.*, t. 2, p. 380.

Sect. 2e. — *Etendue du délai.*

16. — *Héritiers.* — A Rome, l'héritier institué n'avait dans l'origine aucune exception à opposer aux créanciers ou aux légataires de la succession qui l'actionnaient. Cependant, s'il acceptait l'hérédité, il était tenu de payer toutes les dettes au défunt, même au-delà des biens qui la composaient. — *In princ.* Cod., L. 22, *De jure delib.*

17. — Cette perspective faisait souvent répudier des institutions, et comme les mœurs romaines attachaient une sorte d'infamie au défaut d'héritier, on chercha un remède à l'inconvénient qui existait. Les testateurs accordèrent dans ce but un délai à l'héritier, afin d'aviser avant de prendre un parti. Ce fut là l'origine de la *crétion*, qui constituait une espèce d'exception dilatoire.

18. — Mais la crétion n'avait lieu que dans les successions testamentaires et quand le testateur l'avait imposée. — Gaïus, *Comm.* 2, § 164 et suiv. ; Ulpien, *Fragm.*, tit. 22, § 25 et suiv.

19. — Plus tard, le préteur établit dans son édit qu'il accorderait lui-même un délai au profit de l'héritier. Ce délai ne devait pas être moindre de cent jours ; s'il était insuffisant, il pourrait être prorogé. — ff., L. 2, 3 et 4, *De jure delib.*

20. — Justinien accorda cette exception et organisa la matière. L'héritier eut trois mois pour faire inventaire, et même un an, si les biens étaient situés dans un lieu éloigné de sa résidence. Ce délai commençait à courir, non pas comme le dit M. Ortolan (*Expl. hist. des inst.*, t. 1er, p. 623, 3e éd.), à partir de la connaissance que l'institué avait de ses droits, mais bien du jour du décès du testateur, ce qui pouvait être très différent pour la durée de l'exception. — Cod., L. 22, § 3, *De jure delib.* ; — Pothier, *Tr. des succ.*, ch. 3, § *De l'inventaire.*

21. — Mais pour jouir de la faveur du premier délai, la loi n'exigeait que la confection de l'inventaire fait dans les formes légales — *Ibid.*, § 2. — C'est donc à tort, ce nous semble, qu'un auteur dit que « ce bénéfice devait être demandé à l'empereur et accordé par lui (Cod., L. 22, *De jure delib.* ; arg. Pothier, *Tr. des success.*, ch. 1er, sect. 1re, § 3) : c'est confondre l'exception avec la règle.

22. — En France, dans les pays de droit écrit et dans ceux régis par certaines coutumes, il suffisait d'une déclaration de la volonté d'user du bénéfice d'inventaire pour jouir des délais qu'exigeait la confection de ce même inventaire et, par suite, de l'exception. Quand les statuts des coutumes ne renfermaient aucune disposition particulière à cet égard, l'héritier ne pouvait obtenir de délai que par des lettres du prince ou lettres royaux ; elles devaient être entérinées par le tribunal dans le ressort duquel la succession était ouverte. — Guyot, v° *Inventaire* ; Pothier, t. 8, *Tr. des success.*, ch. 3, sect. 5e.

23. — Une ordonnance d'avril 1667 (tit. 7, art. 1er) accordait à tout héritier un délai de trois mois depuis l'ouverture de la succession, pour faire inventaire, et quarante jours pour délibérer sur le parti qu'il prendrait. — Pothier, *Tr. des success.*, ch. 3, sect. 5e.

24. — Si l'inventaire était achevé avant les trois mois, le délai de quarante jours pour délibérer commençait à courir du jour de la confection de l'acte. — Ord. 1667 *ibid.* ; — Pothier, *Tr. des success.*, ch. 3, sect. 5e. — Si le délai imparti par la loi n'était pas suffisant pour s'instruire des forces de la succession, le juge pouvait en accorder un nouveau. — Art. 4, tit. 7, ord. d'avril 1667 ; — Guyot, v° *Délai* ; Pothier, *Tr. des success.*, ch. 3, sect. 5e.

25. — Toutefois, l'ordonnance de 1667 laissa subsister la nécessité des lettres royaux dans les coutumes dont les statuts n'en dispensaient point formellement. — Pothier, *Tr. des success.*, ch. 3, sect. 1re, § 3. — Des édits postérieurs à cette ordonnance l'imposèrent même à des provinces qui n'avaient point cet usage. — Guyot, *Rép.*, v° *Bénéfice d'inventaire.*

26. — Ces lettres cessèrent d'exister vers la fin de septembre 1790 ; dès-lors, pour le bénéfice d'inventaire, on dut se conformer aux lois des pays qui ne les requéraient point. — L. 7 sept. 1790, art. 15, 17 et 21.

27. — Notre droit actuel accorde à l'héritier, comme l'ordonnance de 1667, trois mois pour faire inventaire, et quarante jours pour délibérer. — C. civ., art. 795 et 798.

28. — L'héritier a donc deux délais : l'un pour faire inventaire, c'est-à-dire pour rechercher et faire constater solennellement la valeur du mobilier, les dettes actives et passives, pour examiner les titres, les papiers, et connaître les immeubles de la succession ; l'autre, pour aviser au parti qu'il devra choisir. — Boncenne, *Th. de la procéd. civile*, t. 3, ch. 14, p. 318.

29. — De ce que le délai pour délibérer est distinct du délai pour faire inventaire, il s'ensuit qu'il ne commence que lorsque le premier est complétement expiré.

30. — L'inventaire, en effet, a été introduit dans les lois pour procurer à l'héritier les moyens d'obtenir les renseignemens dont il a besoin pour accepter ou répudier la succession. Il lui fournit les élémens pour connaître la valeur de l'hérédité ; et ce n'est qu'après avoir acquis cette connaissance qu'il pourra prendre un parti. — C. procéd., art. 174, et C. civ., art. 797.

31. — Fixe, quant à son point de départ, ce délai est variable quant à sa durée. Il date du jour de l'ouverture de la succession ; il peut être moindre de trois mois et atteindre ce terme ou le dépasser. — C. civ., art. 795, et C. procéd., art. 174.

32. — La disposition qui abrége les délais et par suite le temps de l'exception, dans le cas où l'inventaire est parachevé, se justifie aisément. « Ces délais, dit Pothier (*Tr. des succ.*, ch. 3, sect. 5e), sont accordés tant en faveur de l'héritier qu'en faveur des créanciers et légataires. » Or, l'héritier possède, dès que l'inventaire est parachevé, tous les élémens nécessaires pour se consulter à l'effet de prendre un parti ; l'intérêt des créanciers et des légataires serait donc en souffrance sans aucun intérêt, du moins plausible, de la part

de l'héritier, s'il pouvait proroger encore un délai qui a été suffisant.

33. — Mais si les biens de la succession peuvent quelquefois, à cause de leur moindre importance, être inventoriés avant l'expiration des trois mois; dans d'autres circonstances ils exigeront un laps de temps plus long, il peut d'ailleurs arriver qu'au moment de l'ouverture de la succession, l'héritier soit retenu au loin par un voyage, des affaires majeures, une mission ; le juge accorde alors à l'héritier un nouveau délai pour faire inventaire. La durée de l'exception variera avec ces délais. — Pothier, *Tr. des Succ.*, chap. 3, sect. 5e.

34. — Du reste, l'héritier n'ayant besoin de demander cette prorogation que lors des poursuites dirigées contre lui, rien ne l'oblige à réclamer un nouveau délai tant qu'il n'est point actionné. — Chabot, *Comm. sur les succ.*, art. 798, n° 2.

35. — Le tribunal saisi de la contestation a le droit d'accorder ou de refuser le délai; il se détermine suivant les circonstances de l'affaire et selon sa prudence. — Pothier, *Tr. des Succ.*, chap. 3, sect. 5e; — Chabot, art. 798, n° 4.

36.— A l'expiration du délai supplémentaire par lui fixé, il a la faculté d'en accorder encore un nouveau, s'il lui paraît nécessaire.

37. — Le but de l'inventaire, en effet, est de faire connaître à l'héritier les forces et les charges de la succession qui lui est déférée. Il est donc de toute justice que le délai soit prorogé, en faveur de l'héritier, si le temps accordé déjà par le juge n'a pas permis de faire l'inventaire. — Cod., L. 22, § 2 et 4, *De jure delib.*; — Chabot, art. 795, n° 2.

38. — Mais si l'héritier demandait un second délai sans nécessité, le juge repousserait sa demande. Quand il n'y a aucune faute de la part de l'héritier, les frais semblent ne point devoir être à sa charge personnelle; on ne saurait avec équité l'en rendre passible s'il n'avait pu ni les éviter ni les prévoir. —Duranton, *Droit français*, t. 7, liv. 3, n° 21; Bellot, *Tr. du Contr. de mar.*, t. 2, p. 280.

39.—Le délai pour délibérer ne peut être moindre de quarante jours. La loi, en effet, dans le délai légal qu'elle accorde, dit que l'héritier aura quarante jours pour délibérer.—C. civ., art. 795, et C. procéd., art. 174.

40. — Ainsi, outre les nouveaux délais que le juge peut bien accorder, en cas d'insuffisance des premiers, pour faire inventaire, l'héritier doit avoir encore un délai de quarante jours pour délibérer.

41. — Par conséquent, si le juge accordait un délai de deux mois, pour faire inventaire, sans indiquer celui pour délibérer, il faudrait conclure que, les deux mois expirés, le délai de quarante jours pour délibérer commencerait à courir. On ne pourrait priver l'héritier du bénéfice de l'exception que la loi lui accorde pour délibérer.

42. — *Femme commune.*—Ce que nous avons dit de l'héritier est en partie seulement applicable à la femme commune.

43. — La communauté entre époux, inconnue chez les Romains, existait dès les premiers temps de la monarchie; mais la femme ne pouvant renoncer n'avait aucun droit à opposer l'exception dilatoire.

44. — Ce n'est qu'à l'époque des croisades que la renonciation à la communauté étant permise à la femme noble, on dut lui impartir un délai pour prendre une détermination. Ce délai fut court; la veuve devait renoncer le jour des obsèques de son mari.

45. — Plus tard le privilége devint droit commun. La femme noble ou non noble put renoncer à la communauté et exciper, par conséquent, de l'exception dilatoire que supposait la concession des délais.

46. — Le temps de ces délais différait suivant les coutumes; celles-ci accordaient la huitaine, celles-là vingt jours, quelques unes quarante, d'autres un plus grand nombre. — Guyot, *Rép.*, v° *Communauté*.

47. — Cette variété de délais disparut en 1667. L'ordonnance d'avril porta une règle universelle et spéciale à la matière; elle accorda une même exception dans toute l'étendue du royaume. La veuve assignée en qualité de commune, eut pour faire inventaire et pour délibérer les mêmes délais que l'héritier, c'est-à-dire trois mois et quarante jours. — Art. 1er et 7.

48. — Aux termes de l'art. 174, C. procéd., la veuve, la femme divorcée ou séparée de biens, assignée comme commune, a également trois mois du jour de la dissolution de la communauté pour faire inventaire, et quarante jours pour délibérer.

49. — Ce délai est-il fatal? Peut-il être prorogé? — V. COMMUNAUTÉ, ch. 3, sect. 5e, art. 3, § 2.

50. — La veuve est présumée accepter la communauté; l'art. 1459, en effet, lui accorde, comme une faveur, la faculté de renoncer. — La raison est que la veuve est restée en possession, elle n'a rien à demander, à déclarer, si elle accepte. Son silence implique naturellement l'acceptation.—Boncenne, *Th. de la procéd. civ.*, t. 3, p. 327.

51. — La femme séparée, au contraire, est présumée devoir renoncer à la communauté. En effet, bien différent de ce que dit l'art. 1459, C. civ., de la veuve, l'art. 1463 dispose : «La femme divorcée ou séparée de corps qui n'a point, dans les trois mois et quarante jours après le divorce ou la séparation, accepté la communauté, *est censée y avoir renoncé*. — V. DIVORCE, SÉPARATION.

52. — Cette disposition est fondée sur ce que la femme qui a plaidé pour obtenir la séparation ou le divorce, est hors de la maison conjugale; c'est le mari qui possède les effets communs; elle n'y peut rien prétendre qu'en acceptant. — Boncenne, *Th. de la procéd. civ.*, t. 3, p. 327.

53. — Aussi a-t-on décidé que le délai de trois mois donné à la femme séparée était absolu, et qu'en conséquence la femme séparée de corps qui n'a pas dans les trois mois et quarante jours après la séparation définitivement prononcée, accepté la communauté, est censée y avoir renoncé et se trouve frappée de la déchéance prononcée par la disposition de l'art. 1463, Cod. civ. — *Cass.*, 21 juin 1831, Guilin; *Paris*, 22 avr. 1840 (t. 1er 1840, p. 672), Ruelle-Pomponne; *Poitiers*, 23 fév. 1842 (t. 2 1842, p. 82), Rioux.

54. — Le délai pour délibérer peut-il être prorogé? — Pour la négative on dit : La seconde disposition de l'art. 174, C. procéd., ne parle de la prorogation qu'en ce qui concerne l'inventaire; l'inventaire fait, la femme a dû avoir le temps de se déterminer pendant les quarante jours qui se sont écoulés; c'est là une sorte de prescription.—Carré, *C. de procéd.*, art. 174. — Pour l'affirmative, au contraire, on dit que le délai de quarante jours est accordé pour acquérir de nouveaux renseignemens. S'il a été impossible à la femme de s'occuper de cette recherche, s'il y a eu force majeure, il paraît juste de lui accorder un nouveau délai pour délibérer. L'art. 1458 porte, en effet, que la veuve peut, suivant les circonstances, demander une prorogation du délai prescrit par l'art. 1457 pour sa renonciation, c'est-à-dire une prorogation du délai de trois mois et quarante jours. L'art. 1458 se rapporte donc à deux délais, à celui pour délibérer comme à celui pour faire inventaire; elle peut donc obtenir des délais pour délibérer; l'art. 1459 le suppose nécessairement, car elle a encore la faculté d'accepter la communauté ou d'y renoncer. — Bellot, *Contr. de mar.*, t. 2, p. 272.

55. — Cette dernière opinion nous paraît préférable. Supposons, en effet, que l'inventaire parachevé, la femme se trouvant encore dans les délais pour délibérer, tombe dangereusement malade, elle est dans l'impossibilité morale, peut-être même physique, de prendre un parti. Cependant les délais expirent, les créanciers accourent, ils la poursuivent comme commune. Si elle ne peut plus obtenir de prorogation, elle devra tous les frais faits contre elle jusqu'à sa renonciation; ce qui serait évidemment injuste.—La prorogation est, du reste, supposée par l'art. 1459. Il y est dit, en effet, que la femme commune qui ne s'est point immiscée, qui a fait inventaire et qui n'a point renoncé dans le délai prescrit ci-dessus (le délai de l'art. 1458), n'est pas déchue de la faculté de renoncer, et qu'elle peut être poursuivie comme commune jusqu'à ce qu'elle ait renoncé. Si elle peut renoncer elle est dans les délais; or, les délais de quarante jours sont passés, puisqu'elle peut être poursuivie, elle peut donc obtenir encore des délais; ces délais ne sont point pour faire l'inventaire, qui existe, ils doivent être pour délibérer.

56. — La femme qui n'a pas demandé et obtenu cette prorogation, et qui n'a pas fait inventaire dans les délais prescrits, est déchue du droit de renoncer. Il eût été, en effet, superflu que la loi (art. 1456 et 1458, C. civ., combinée avec l'art. 174, C. procéd.) eût autorisé la prorogation judiciaire, s'il n'avait pas été dans l'esprit du législateur de prescrire pour l'inventaire un délai fatal. — Cette conséquence est consacrée par la troisième disposition de l'art. 174; la disposition est limitée à l'héritier en termes formels. — Toullier, t. 13, p. 200, n° 137; Merlin, v° *Inventaire*, § 5, n° 3.

57. — La femme d'un condamné à une peine emportant mort civile jouit des délais qui sont accordés par l'art. 174 à la femme veuve séparée ou divorcée, puisque la succession est ouverte (art. 25, C. civ.) et le mariage dissous. D'ailleurs, elle est veuve de fait si son mari est mort, et si la peine infligée au mari n'est point capitale, le mariage est dissous quant à ses effets civils. C'est d'ailleurs la disposition formelle de l'art. 1462, C. civ.

58. — Le légataire universel ou à titre universel peut-il se prévaloir de l'exception dilatoire accordée à l'héritier?

59. — La solution de cette question dépend, ce nous semble, de celle de savoir si ces légataires sont assimilés ou non aux héritiers. En effet, l'exception n'est accordée par la loi qu'à l'héritier, à la veuve et à la femme séparée ou divorcée (art. 795, 797, C. civ., et 174, C. procéd.). Si donc ces légataires ne rentrent point dans une de ces espèces, il n'ont pas droit à l'exception.

60. — Mais s'ils sont assimilés aux héritiers, cette faculté ne saurait leur être refusée; ils sont alors héritiers.

61. — Les auteurs ne sont point d'accord quant à cette assimilation.—Trois opinions distinctes ont été émises.

62. — La première nie complétement l'assimilation entre les légataires et les héritiers, et, par conséquent, elle refuse l'exception. Les légataires universels ou à titre universel, dit-on, n'étant tenus des dettes que jusqu'à concurrence de l'émolument, ne courent aucun risque d'accepter purement et simplement (Pigeau, t. 1er, p. 160). Ce système manque par sa base; la raison sur laquelle on se fonde ne saurait être d'aucune considération pour la solution de la question.—Chauveau sur Carré, t. 2, v° *Exceptions*, art. 174.

63. — La seconde accorde aux légataires universels et à titre universel le bénéfice d'inventaire, et, par conséquent, l'exception dilatoire; cette opinion s'appuie sur la maxime : *ii qui in universum jus defuncti succedunt hæredis loco habentur*, applicable aujourd'hui, dit-on, dans toute son intensité aux légataires universels et à titre universel. Le légataire n'est plus, en effet, comme dans l'ancienne jurisprudence, un simple successeur aux biens : il succède *in universum jus defuncti*. Il représente le défunt, et le Code civil l'assimile aux héritiers. En effet, l'art. 873, C. civ., qui a trait à ceux-ci, est conçu dans les mêmes termes que les art. 1009 et 1012, qui concernent le légataire universel et à titre universel; le légataire est une sorte de cohéritier : car s'il n'y a point de légitimaires, la loi (art. 1006, C. civ.) lui accorde une saisine légale. Il suit donc de là qu'il est assimilé à l'héritier; par suite il a le droit d'accepter sous bénéfice d'inventaire, et, s'il est assigné comme tenu des dettes de la succession, il peut opposer l'exception dilatoire accordée par l'art. 174, C. procéd.—Merlin, *Rép.*, v° *Légataire*, § 7, art. 2, nos 16 et 17; Favard de Langlade, t. 2, p. 463, v° *Exceptions*, § 4, n° 1er; Carré, *Lois de la procéd. civ.*, art. 174, *Quest.* 755.

64. — Le troisième système distingue entre le légataire universel et le légataire à titre universel. Celui-ci ne représente pas le défunt; il est donc affranchi des dettes de la succession *ultra vires*. Quant au légataire universel, on examine s'il existe des héritiers légitimaires. Ces héritiers existent-ils, le légataire ne représente pas d'une manière absolue le défunt, il ne tient pas lieu d'héritier, il n'aura point l'exception; dans le cas contraire, il représente le défunt et doit jouir de l'exception comme l'héritier *ab intestat* lui-même. — Chabot, *Tr. des success.*, t. 2, art. 774, n° 14; Delvincourt, t. 2, p. 573, note 1re; Toullier, t. 5, n° 556; Duranton, t. 9, n° 2017; Chauveau sur Carré, t. 2, art. 174, *Quest.* 756, p. 247.

65. — *Héritiers des habiles.* — Si l'héritier, la veuve, la femme séparée meurent avant l'expiration des délais qui leur sont accordés pour prendre qualité, leurs héritiers personnels ont droit à un délai spécial.

66. — Pour le délai accordé aux héritiers de la veuve, V. COMMUNAUTÉ, chap. 3, sect. 5e, art. 3, § 2, nos 1110 et suiv.

67. — Quant à l'étendue des délais accordés à l'héritier de la femme séparée ou divorcée ou de l'héritier, V. DIVORCE, SÉPARATION.

68. — *Supputation des délais.*—On vient de voir que les délais durant lesquels l'exception dilatoire peut être opposée se comptent tantôt par mois, tantôt par jours. Pour savoir ce que la loi entend par mois et jour, V. MOIS, JOUR.

69. — Nous dirons toutefois qu'il a été jugé que les délais déterminés par mois doivent se compter non par le nombre fixe de trente jours, mais bien par l'espace de temps du quantième d'un mois au quantième correspondant du mois suivant, et que, par conséquent, les trois mois dont se compose le délai en matière civile doivent être suivant le calendrier grégorien, c'est-à-dire de quantième à quantième, et sans égard au nombre de jours dont chaque mois est composé. — *Cass.*, 12 mars 1816, Dandigné c. Libault; 27 déc. 1811, Forêts c. Conti; 12 avr. 1817, Trognon; *Turin*, 13 fév. 1812, Ponte de Lombriasco c. Audiffredi; *Colmar*, 16 fév. 1810, Hirtz c. Erhard.

70. — La jurisprudence semble avoir fixé les opinions à cet égard d'une manière irrévocable. — Carré, *Lois de la procéd.*, art. 443; Pigeau, t. 1er, p. 664; Bioche et Goujet, *Dict. de procéd.*, vº *Appel*, nº 95 (2ᵉ édit.); Berriat, p. 150; Carnot, sur l'art. 205, C. inst. crim., t. 2, p. 126, nº 2; Merlin, *Rép.*, vº *Mois*.

71. — Dans les délais, le *jour* s'entend d'un jour franc, il commence à minuit. Il ne suffirait pas qu'il se fût écoulé vingt-quatre heures. — Souquet, *Dict. des temps légaux*, Introduct., chap. 1er, sect. 1re, nº 5; Dunod, p. 146; Troplong, *Prescript.*, t. 2, nº 813.

72. — Le jour duquel on compte doit être considéré comme une limite ou point de départ qu'il ne faut point comprendre dans la durée du temps, de même qu'on ne comprend pas dans l'espace à parcourir le point d'où l'on part. — Grenier, *Tr. des hypoth.*, t. 1er, p. 211 (3ᵉ édit.); Toullier, t. 6, nº 682, et t. 13, nº 54; Berriat, p. 146; Troplong, *Des hypoth.*, t. 1er, p. 293 à 314; Pigeau, t. 1er, p. 544; Carré, t. 1er, p. 391; Souquet, *Dict. des temps lég.*, Introd., chap. 2, nº 76. — *Contrà* Merlin, vº *Délai*, sect. 1re; Mangin, t. 2, nº 319.

73. — Il a été jugé souvent, en effet, que lorsque la loi dispose qu'un délai courra *à compter de tel jour*, le jour à compter duquel court le délai n'est pas compris dans le délai. — *Paris*, 21 mai 1814, Palay c. Brancas; *Colmar*, 30 juill. 1813, Dettwilliers c. Weyl; *Nîmes*, 7 mars 1826, Salles c. Rodier; *Bordeaux*, 23 janv. 1826, Viaud c. Sabrier; *Besançon*, 20 mars 1809, Magnoncourt c. Suaret; *Caen*, 19 fév. 1825, Poignant c. Bureau de bienfaisance; *Rouen*, 3 déc. 1821, Neuville c. Leblanc; *Cass.*, 6 janv. 1822, Marchal c. Texon; 5 avr. 1825, Féret c. Cottin.

74. — D'un autre côté, le dernier jour du terme est toujours compris dans le délai. — *Bruxelles*, 26 juin 1813, Mathieu c. Demarez; *Paris*, 21 mai 1814, Palay c. Brancas; *Colmar*, 30 juill. 1813, Dettwilliers c. Weyl; *Nîmes*, 7 mars 1826, Salles c. Rodier. — Ce point n'a jamais été controversé en France.

75. — Ainsi, lorsque la succession s'ouvre le 1er janvier, le dernier jour du délai pour faire inventaire est le 1er avril, et le délai pour délibérer court à compter du 2 avr.

76. — Ces délais ne sont pas de jours *utiles*; tous les jours y sont compris, les fêtes et les dimanches comme les autres. — Pothier, *Tr. des succ.*, ch. 3, sect. 5ᵉ, p. 147.

Sect. 3ᵉ. — *Effets du délai.*

77. — Au moyen de l'exception dilatoire résultant du délai pour faire inventaire et délibérer, l'héritier et la femme commune écartent momentanément l'action du demandeur. — C. civ., art. 797 et 1459.

78. — En effet, durant les délais accordés par la loi ou par le juge, l'héritier ou la femme commune ne sauraient être contraints à prendre qualité; les créanciers, les légataires ne peuvent obtenir aucune condamnation contre eux, ce serait leur attribuer une qualité encore incertaine. — C. procéd. civ., art. 174, 797, 1456 et 1459; — Pothier, *Tr. des succ.*, t. 8, ch. 3, sect. 5ᵉ.

79. — L'effet de l'assignation est suspendu si l'héritier le requiert; mais la demande n'est point nulle. Les délais expirés, les poursuites reprennent leur cours sans nouvel ajournement. — Pothier, *Tr. des succ.*, t. 8, ch. 3, sect. 5ᵉ; Pigeau, *Comm.*, t. 1er, p. 395; Chauveau sur Carré, t. 2, art. 174, quest. 756; Thomine-Desmazures, t. 1er, p. 328.

80. — Mais ceux auxquels l'art. 174, C. procéd., accorde l'exception dilatoire ne sauraient l'invoquer s'ils n'étaient assignés que sur des demandes purement conservatoires. Ils ont eux-mêmes la faculté, sans prendre qualité, de former des demandes conservatoires. Les créanciers doivent jouir d'un pareil droit. — *Cass.*, 10 juin 1807, Gérès c. Puységur; — Pigeau, t. 1er, p. 162; Thomine Desmazures, t. 1er, p. 328; Carré, quest. 757; Merlin, *Rép.*, vº *Héritier*, § 1er, sect. 2ᵉ, nº 2, et vº *Protêt*, § 6.

81. — Il résulte de là que les créanciers peuvent notifier leurs titres aux héritiers immédiatement après l'ouverture de la succession pour rendre exécutoire contre eux et faire courir le délai dont parle l'art. 877. — *Paris*, 29 déc. 1814, Chaumin c. Dorlin; — Chauveau sur Carré, t. 2, art. 174, quest. 757, p. 249; Delvincourt, t. 2, p. 374, nº 2; Vazeille, *Success.*, art. 877, nº 2; Berriat, *Procéd.*, p. 717, note 4ᵉ, nº 3.

82. — En effet, l'art. 877, C. civ., dit Chabot, ne fixant pas l'époque à laquelle doit être faite la signification des titres, rien ne s'oppose à ce qu'elle ait lieu, même pendant les délais accordés pour faire inventaire et délibérer. Le but de la loi est atteint, lorsque les titres ont été notifiés à l'héritier huit jours avant le commencement de l'exécution.

83. — Mais quoique les huit jours depuis la signification des titres soient expirés, l'héritier ne peut, aux termes de l'art. 797, être contraint à l'exécution pendant les délais fixés pour faire inventaire et délibérer. — Chabot, *Comm. sur les succ.*, t. 3, art. 877, nº 3.

84. — Cette exécution ne peut même avoir lieu après l'expiration des délais, si les poursuites commencées pendant les délais n'ont été continuées.

85. — Ainsi, il a été jugé spécialement, dans une espèce où le titre avait été notifié dans les délais, que la saisie-exécution postérieure à l'expiration des délais devait être considérée comme non avenue, et que les poursuites commencées devaient être continuées. — *Paris*, 29 déc. 1814, Chaumin c. Dorlin.

86. — La signification aux héritiers des titres souscrits par le défunt, dit Chabot (*Comm. sur les succ.*, t. 3, art. 877, nº 2), doit être pure et simple, et ne peut valoir comme commandement; car le commandement est un commencement d'exécution, et l'exécution ne peut être commencée que huit jours après la signification des titres.

87. — Cette opinion est conforme aux règles de la procédure; mais elle ne saurait être admise sans restriction, car elle pourrait aller jusqu'à l'injustice. Il est rigoureusement interdit au créancier de se livrer à aucun acte d'exécution avant l'expiration du délai accordé à l'héritier; cela est vrai; mais il a aussi le droit de faire tous actes conservatoires à l'effet de prévenir une prescription près de s'accomplir. Et si, comme dans le cas de l'art. 2244, C. civ., il faut, pour interrompre la prescription, une citation en justice, un commandement ou une saisie, le créancier n'a pas d'autre ressource que le commandement; il fait alors un acte conservatoire. — Conflans, *Jurisprud. sur les succ.*, p. 528.

88. — C'est pourquoi il a été jugé, à bon droit, selon nous, que le commandement fait à l'héritier par l'acte même contenant signification des titres exécutoires contre le défunt, et non huit jours après cette signification, était valable comme acte interruptif de prescription. — *Cass.*, 22 mars 1832, Conduché c. Bezombes.

89. — Il a même été décidé que le propriétaire locateur d'un immeuble peut poursuivre contre l'héritier du preneur la saisie-gagerie pratiquée contre le défunt, sans notifier préalablement le bail à cet héritier. — *Bourges*, 15 janv. 1814, Poulain c. Champese.

90. — D'où il résulte que les créanciers qui peuvent avoir intérêt à ne pas attendre l'expiration du délai, soit pour interrompre une prescription (art. 2259, C. civ.), soit dans tout autre but, ne contreviennent à aucune loi en actionnant l'héritier immédiatement après l'ouverture de la succession. — *Paris*, 29 déc. 1814, Chaumin c. Dorlin; — Pigeau, *Comm.*, t. 1er, p. 395; Boitard, t. 2, p. 57; Chauveau sur Carré, t. 2, art. 174, quest. 757, p. 249.

91. — Mais les actes conservatoires doivent demeurer étrangers aux biens de l'habile durant les délais, car il n'est pas encore considéré comme personnellement obligé. — *Aix*, 11 déc. 1827, arrêt cité par Chauveau sur Carré, quest. 757, t. 2.

92. — Tant qu'on ne conclut à aucune condamnation, il n'y a qu'une action conservatoire qui n'oblige point l'héritier à prendre qualité. — Toullier, *Dr. civ.*, t. 4, nº 367; Chabot, *Comm. sur les succ.*, art. 797, nº 2.

93. — Il en est de même à l'égard de la veuve commune; elle est présumée acceptant tant qu'elle n'a pas renoncé; les demandes peuvent donc être valablement dirigées contre elle pendant les délais, sauf à ajourner les condamnations. — C. civ., art. 1456; — Boitard, t. 2, p. 69 et suiv.; Chauveau sur Carré, t. 2, art. 174, quest. 756, p. 249.

94. — Mais on doit décider autrement à l'égard de la femme séparée. La présomption de l'art. 1463 étant que la femme est censée renoncer tant qu'elle n'accepte pas, il faut donc, pour l'actionner, attendre qu'elle se soit formellement prononcée. — Boitard, *loc. cit.*; Chauveau sur Carré, t. 2, *loc. cit.*

95. — L'héritier, s'il existe contre lui un jugement passé en force de chose jugée qui le condamne en qualité d'héritier pur et simple, est-il réputé tel, non seulement à l'égard du créancier qui a obtenu le jugement, mais encore à l'égard des tiers? — Pour l'affirmative, on dit que l'art. 174, C. procéd., a répété les termes de l'art. 800, C. civ., sans faire la distinction qu'aurait exigée l'art. 1351, C. civ., si l'art. 800 n'avait pas dû être entendu dans le sens que présentent ses expressions générales. Les rédacteurs auraient saisi l'occasion de faire disparaître l'antinomie; donc les art. 800 et 174 font exception à l'art. 1351, et mettent sur la même ligne l'acte d'héritier et le jugement rendu contre l'héritier en qualité d'héritier pur et simple; c'est, du reste, faire acte d'héritier que de laisser passer en force de chose jugée une condamnation prononcée en cette qualité. — Carré, *Lois de la proc. civ.*, art. 174, quest. 763, note; Malleville, t. 2, p. 261; Chabot, *Comm. sur les succ.*, t. 2, art. 800. — Mais on répond que c'est un principe que la chose jugée ne peut avoir de force que contre les parties. Or, les termes des art. 174, C. proc., et 800, C. civ., ne sont point assez précis pour établir une exception à un principe aussi formel. — Pigeau, t. 1er, p. 161; Chauveau sur Carré, t. 2, art. 174, quest. 763, p. 252.

96. — Lorsqu'il n'y a pas de meubles, un procès-verbal supplée à l'inventaire; et le délai pour délibérer court à compter de sa confection. L'héritier ne pourrait donc pas opposer aux créanciers qu'il n'a pu faire inventaire dans le délai prescrit par la loi. — Chauveau et Carré, t. 2, art. 174, quest. 759, p. 250.

97. — La femme commune doit-elle être admise à opposer l'exception dilatoire à la demande qui lui est faite de payer des dettes contractées par la communauté lorsqu'elle en a profité personnellement? — Nous pensons que cette faculté ne saurait lui être refusée. En effet, la femme renonçante est déchargée de toute contribution aux dettes de la communauté, soit à l'égard du mari, soit à l'égard des créanciers (art. 1494, C. civ.). Cette disposition est bien fondée; le mari a les biens de la communauté à sa disposition; il jouit de ceux de la femme, il a la charge de nourrir sa femme, de l'entretenir de tout ce qui lui est nécessaire pendant la communauté; il supporte seul ces frais quand la femme vient à renoncer à la communauté. Il n'y aurait donc aucune justice à faire payer à la femme qui renonce aucune des dettes de la communauté. — Renusson, *Tr. de la comm.*, part. 2ᵉ, ch. 6, nº 53; Lebrun, *Tr. de la comm.*, liv. 2, ch. 3, nº 60; Pothier, *Tr. de la comm.*, t. 2, part. 3, ch. 2, art. 2, § 5, nº 574. — Or, tant qu'elle n'a pas accepté et qu'elle est dans les délais, sa qualité est incertaine; elle doit être assimilée à la femme renonçante.

98. — Néanmoins, il a été jugé que la femme qui renonce à la communauté peut être tenue au paiement des dettes contractées pendant la communauté, lorsque ces dettes ont pour cause des fournitures dont la femme a profité personnellement. — *Paris*, 14 nov. 1818, de Medary c. Bertin.

99. — La raison déterminante de cette décision était que la femme, ayant profité de ces fournitures, était tenue personnellement de les acquitter, malgré sa renonciation à la communauté, sauf son recours contre son mari. Cette conséquence nous paraît inadmissible. Toute femme profite plus ou moins des fournitures faites à la communauté, elle devrait donc être tenue de les payer jusqu'à concurrence du profit qu'elle en retirerait. Or, s'il en était ainsi, que deviendrait la responsabilité de l'administrateur légal et unique?

100. — L'exception du délai pour faire inventaire ou délibérer doit être présentée avant toute exception. L'héritier ou la femme qui n'ont point encore accepté la succession ou communauté sont sans qualité pour répondre à la demande; ils ne pourraient présenter de réponse qu'autant qu'ils auraient fait acte d'acceptation. — *Bordeaux*, 20 mars 1826, Delassalle c. Delaveau; — Bioche, *Dict. de proc.*, vº *Exception*, nº 15; Carré, *Lois de la proc. civ.*, art. 174, quest. 758; Chauveau sur Carré, t. 2, même art., même quest., p. 250.

101. — La partie qui ne l'oppose pas est censée y renoncer. — *Rennes*, 11 sept. 1818, Picholat.

102. — La demande est réglée sommairement. — C. procéd., art. 174.

103. — Elle doit être formée par requête grossoyée, signifiée d'avoué à avoué; pour la taxe, elle est limitée à six rôles (Tarif, art. 75). On répond à cette requête par l'avenir pour plaider, soit qu'il s'agisse d'obtenir la suspension de l'instance pendant le délai, soit qu'il s'agisse de demander la prorogation de ce délai, en vertu de la deuxième disposition de l'art. 174, C. procéd. — Carré, *Lois de la procéd. civ.*, art. 174, quest. 760; Chauveau, *Comm. du Tarif*, t. 1er, p. 239, nºs 29 et 32.

DÉLAI DE GRACE.

C'est celui que, dans certains cas, le juge accorde à la partie condamnée, pour satisfaire à la condamnation. — V. PAIEMENT.

DÉLAISSEMENT.

1. — C'est l'abandon que l'assuré fait à l'assureur de la chose assurée et de tous les droits qu'il a

à l'occasion de cette chose, pour être payé du montant de l'assurance. — V. ASSURANCE MARITIME (nos 743 et suiv.).

2. — La faculté de délaisser n'est point, à moins d'une stipulation contraire, applicable aux assurances terrestres. — V. ASSURANCE TERRESTRE (nos 245 et suiv.).

DÉLAISSEMENT HYPOTHÉCAIRE.

V. DÉGUERPISSEMENT, HYPOTHÈQUE, PURGE, TIERS DÉTENTEURS.

DÉLATEUR.

1. — C'est celui qui dénonce à l'autorité administrative ou judiciaire un crime, un délit, ou une contravention, et qui en désigne l'auteur sans se rendre partie civile.

2. — La qualification de délateur et celle de dénonciateur représentent la même chose; cependant la première a quelque chose de plus odieux que la seconde. — V. DÉNONCIATION.

DÉLATION DE SERMENT.

V. SERMENT.

DÉLÉGATION.

Table alphabétique.

DÉLÉGATION. — 1. — C'est l'acte par lequel un débiteur donne à son créancier un autre débiteur qui s'oblige à sa place. — L. 11, ff., *De novat.*

—

§ 1er. — *Principes généraux.*

2. — En règle générale, toute espèce d'obligation, soit civile soit naturelle, peut être l'objet d'une délégation. — V. NOVATION.

3. — Ainsi, il a été décidé qu'on doit considérer comme valable la délégation qu'un débiteur fait à son créancier de fermages non encore échus. — *Rouen*, 28 nov. 1825, Nourrit c. Nicolas.

4. — ...Mais aussi, qu'on devait réputer nulle la délégation faite avec garantie pour acquitter une lettre de change souscrite par suite d'une dette de jeu. — *Limoges*, 9 juin 1819, Martin c. Chabodie.

5. — V. au surplus OBLIGATION et JEU.

6. — La substitution d'un nouveau débiteur, qui s'oblige de payer le créancier, peut avoir lieu, 1° entre le créancier et le débiteur déléguant, sans le concours du débiteur délégué; — 2° entre le débiteur déléguant et le débiteur délégué, sans le concours du créancier délégataire, c'est-à-dire de celui au profit de qui la délégation est faite; — 3° entre le débiteur déléguant, le créancier délégataire et le débiteur délégué. — Toullier, t. 7, nos 284, 286 et 290; Rolland, *Rép.*, vo *Délégation*, no 1.

7. — Cette dernière espèce est ce qu'on appelle une délégation *parfaite* qui opère novation (V. *infrà* nos 21 et suiv.). Au contraire, dans les deux premiers modes, il n'y a qu'une simple indication d'un tiers, à qui le débiteur pourra payer, ou dont il pourra recevoir, et qui n'opère aucune novation. La délégation est alors *imparfaite* et ne renferme qu'une *indication de paiement*. — Nous parlerons d'abord de cette espèce de délégation.

§ 2. — *De la délégation imparfaite.*

8. — Lorsque la délégation se fait entre le créancier et le débiteur déléguant sans le concours du débiteur délégué, il n'y a là que l'indication faite par le débiteur d'une personne qui doit payer en sa place (C. civ., art. 1277). Ce n'est qu'un simple *mandat* donné au créancier pour recevoir. L'obligation du débiteur reste intacte; il n'y a point de novation. C'est le cas de tous les effets de commerce passés par un débiteur à l'ordre de son créancier au moyen d'un endossement. — Toullier, t. 7, no 284.

10. — Mais si le créancier acceptait *pour seul débiteur* le tiers indiqué, et déchargeait le premier débiteur, la novation existerait, et, dans ce cas, la convention, bien que faite sous le nom de délégation ou d'indication de paiement, constituerait un véritable transport de créances, qui suit les règles tracées par les art. 1689 et suiv. du C. civ. — Toullier, t. 7, no 285; Delvincourt, t. 2, p. 567. — V. TRANSPORT-CESSION.

11. — Lorsqu'un débiteur est substitué à un autre, sans le concours du créancier délégataire, ce n'est encore là que l'indication d'une personne qui doit recevoir pour le créancier déléguant (art. 1277). Il n'y a point de novation.

12. — Une pareille délégation n'établit aucun lien de droit entre le créancier indiqué pour délégataire et le débiteur délégué. Le déléguant reste seul créancier de celui-ci.

13. — Aussi, cette délégation imparfaite n'est point un titre de créance pour le créancier indiqué comme délégataire, au moins jusqu'à ce qu'il se le soit rendu propre, comme nous le verrons plus loin. — Toullier, t. 7, no 286.

14. — D'où il résulte qu'il ne peut critiquer les paiemens faits au déléguant ou à d'autres personnes du consentement de ce dernier. — *Cass.*, 22 avr. 1807, Halbout et Hayes c. Bazin.

15. — Par la même raison, le déléguant peut révoquer la délégation faite dans un acte où n'était pas partie le créancier indiqué pour délégataire. — Toullier, t. 7, no 286; Duranton, t. 12, no 321.

16. — Jugé, néanmoins, qu'une délégation imparfaite, en ce que, par exemple, elle n'aurait point été acceptée par le délégataire, ne peut être révoquée par le déléguant seul, lorsqu'elle a été stipulée par le délégué et dans son intérêt particulier. — *Bordeaux*, 3 mai 1832, Audouin c. Lignac.

17. — Bien que la délégation imparfaite puisse être révoquée, elle est, néanmoins, de nature à procurer certains avantages au créancier indiqué pour délégataire. Ainsi, 1° l'énonciation de sa créance dans un titre émané de son débiteur peut lui servir pour faire rejeter la prescription qui lui serait opposée. — Toullier, t. 7, no 287. — V. PRESCRIPTION.

18. — 2° De même, s'il n'avait pas de preuve écrite de sa créance, cette énonciation pourrait lui servir de commencement de preuve par écrit. — Toullier, t. 7, no 287. — V. COMMENCEMENT DE PREUVE PAR ÉCRIT.

19. — Jugé même que l'acte de vente dans lequel le vendeur se déclare débiteur d'un tiers absent, et lui délègue une portion du prix, devient un titre authentique en faveur de celui-ci, qui l'autorise à prendre inscription et à poursuivre immobilièrement l'acquéreur, faute par lui d'acquitter la délégation. — *Nîmes*, 5 août 1812, Portal.

20. — 3° Enfin, le créancier indiqué a le droit d'accepter la délégation, et lorsqu'il a déclaré qu'il veut en profiter, elle ne peut plus être révoquée (C. civ., art. 1121); alors il est propriétaire de la créance déléguée et seul créancier personnel du délégué. — Toullier, t. 7, no 287. — Sur le mode de l'acceptation, V. *infrà* nos 37 et suiv.

§ 3. — *De la délégation parfaite.*

21. — Pour être parfaite, la délégation doit se faire par le concours de trois personnes : 1° le *déléguant*, qui est le débiteur; — 2° le *délégataire*, ou créancier qui accepte la délégation; — 3° enfin, le *délégué*, qui s'oblige d'acquitter la dette, et qui par là devient débiteur personnel du créancier. — Toullier, t. 7, no 290; Duranton, t. 12, no 320.

22. — Elle ne produit, d'ailleurs, son effet qu'autant qu'elle a été acceptée par le créancier. — *Rennes*, 25 juill. 1817, Reibell et Davy c. Audicq.

23. — Il en était de même sous l'empire du droit écrit. — *Cass.*, 24 frim. an X, Laugier c. Calvy.

24. — Ainsi, la délégation *offerte* par le débiteur poursuivi, mais non acceptée par le créancier, ne peut point arrêter les poursuites. — *Paris*, 24 avr. 1809, Bourdon de Neuville c. Lepecheux.

25. — Ainsi encore la délégation ou indication de paiement contenue dans un contrat de vente au profit d'un créancier du vendeur ne rend l'acquéreur débiteur direct du délégataire qu'autant qu'elle a été acceptée. — En conséquence, en l'absence de cette acceptation, un acquéreur a pu, au cas d'émigration du vendeur, se libérer valablement en payant à la caisse du séquestre représentant le vendeur. — *Cass.*, 13 germin. an X, Maigrebarre c. Meiffren.

26. — Et le débiteur qui, par un traité fait avec un tiers, a chargé celui-ci du paiement de sa dette, n'est pas déchargé envers son créancier, quand même ce dernier aurait eu connaissance du traité, s'il n'y a pas adhéré. — *Cass.*, 19 déc. 1815, Audoux c. Lefebvre et Corniquet.

27. — Jugé que l'inscription hypothécaire prise sur les biens du débiteur délégué par le créancier délégataire avant l'acceptation par lui faite de la délégation, n'est pas valable à l'égard des tiers. — *Metz*, 24 nov. 1820, Cartier c. Brulé.

28. — Mais la délégation faite par un débiteur au profit de son créancier peut être acceptée après le décès du déléguant, quoique la succession de ce dernier n'ait été acceptée que sous bénéfice d'inventaire. — L'acceptation du créancier rétroagit au jour de la délégation. — *Montpellier*, 3 mai 1841 (t. 2 1841, p. 715), Anduze c. Debosque. — V. TRANSPORT-CESSION.

29. — Suivant M. Toullier (t. 7, no 288) et M. Rolland de Villargues (vo *Délégation*, no 19), l'acceptation de la délégation doit être expresse; une acceptation tacite serait insuffisante.

30. — Ainsi, ils décident que l'inscription hypothécaire que pourrait prendre le créancier indiqué pour délégataire, sur les biens du délégué, ne serait pas une acceptation suffisante de la délégation; une pareille inscription n'étant qu'un acte conservatoire, lequel suppose un titre préexistant, mais qui ne peut en servir ni le remplacer. — Toullier, t. 7, no 289.

31. — C'est ce qui a été reconnu par la jurisprudence. — *Cass.*, 21 fév. 1810, Sevin c. Collet et Saint-James; *Metz*, 24 nov. 1820, Cartier c. Brulé.

32. — Jugé aussi que les créanciers délégués du vendeur, pour lesquels il a été pris inscription d'office par le conservateur, n'ont pas, en vertu de cette inscription, un droit de préférence sur le prix de l'immeuble vendu, à l'encontre des créanciers non délégués du vendeur, ayant requis personnellement inscription sur le même bien. — *Cass.*, 22 avr. 1807, Halbout et Hayes c. Bazin.

33. — On décidait aussi, sous l'empire du droit écrit, que l'acceptation du délégataire ne résultait pas des poursuites qu'il pouvait diriger contre le délégué, si, dans un acte antérieur, il s'était expressément réservé tous ses droits contre le déléguant; en ce cas, il ne devait être considéré que comme le mandataire de ce dernier. — *Cass.*, 24 frim. an X, Laugier c. Calvy.

34. — Toutefois, il a été jugé que l'acceptation d'une délégation de prix de vente consentie par le vendeur à son créancier ne doit pas nécessairement, pour être valable, avoir été acceptée en termes formels par celui-ci dans l'acte même qui la contient. — Et spécialement l'arrêt qui décide que la preuve de l'acceptation d'une délégation résulte de diverses circonstances telles que 1° l'exécution partielle de cette délégation, 2° la notification de son contrat faite par l'acquéreur au créancier délégataire, avec offre d'acquitter sur-le-champ toutes les dettes, jusqu'à concurrence du prix, ne viole aucune loi, et ne peut encourir la cassation. — *Cass.*, 9 juill. 1834, Poullain c. Levrat.

35. — ... Que le créancier indiqué comme délégataire peut agir directement contre l'acquéreur, quoiqu'il n'ait pas accepté la délégation. — *Bruxelles*, 12 mai 1810, Delebecque c. Destoovère. — L'exécution donnée par le délégataire équivaut alors à acceptation.

36. — ... Que l'acceptation, par un créancier, d'une indication de paiement consentie à son profit par le débiteur, résulte suffisamment de poursuites exercées à la requête du créancier, en vertu de l'acte de délégation, contre le débiteur délégué. — *Montpellier*, 1er août 1832, Soubeyran c. Ollivier.

37. — Toullier (t. 7, no 288) enseigne que l'acceptation doit être faite par acte authentique, pour produire son effet à l'égard des tiers, tels que les autres créanciers du déléguant. Suivant lui, une acceptation sous seing-privé ne suffirait pas, parce que le déléguant et le créancier délégataire resteraient maîtres de lui donner telle date qu'ils voudraient au préjudice des autres créanciers.

38. — Il nous semble que rien ne s'oppose à ce que l'acceptation ait lieu par un acte sous seing-privé, en ayant soin de lui donner une date certaine au moyen de l'enregistrement.

39. — Et il a été jugé que l'inscription hypothécaire prise, sur les biens du débiteur délégué, par

le créancier délégataire, avant que l'acceptation par lui faite de la délégation ait acquis date certaine, n'est pas valable à l'égard des tiers. — *Cass.*, 21 fév. 1810, Sevin c. Saint-James.

40. — Enfin, l'acceptation doit être notifiée au débiteur délégué : jusque là celui-ci est réputé ne la point connaître, et peut payer au créancier déléguant. — Toullier, t. 7, nº 287.

41. — Jugé que la délégation qu'un débiteur fait à son créancier de fermages non encore échus ne pourrait être critiquée, au moins par les créanciers dont les créances seraient postérieures à sa notification. — *Rouen*, 28 nov. 1825, Nourrit c. Nicolas.

42. — Décidé que la délégation sur le prix de la vente d'un immeuble transmet au créancier délégataire le privilége du vendeur, bien que cette délégation n'ait pas été signifiée, ni au déléguant ni au délégué. — *Montpellier*, 1er août 1832, Soubeyran c. Ollivier.

43. — Cette décision, toutefois, ne doit s'entendre que sauf les droits des tiers et sauf le risque d'une révocation ultérieure.

44. — Bien que la délégation renferme le concours des personnes qui peuvent la rendre parfaite, elle n'opère point de novation, si le créancier n'a expressément déclaré qu'il entend *décharger* son débiteur, qui a fait la délégation (C. civ., art. 1275) ; car en agréant l'obligation du délégué le créancier est censé avoir voulu acquérir des sûretés et non perdre celles qu'il avait, à moins qu'il n'ait exprimé formellement son intention de libérer son ancien débiteur.

45. — Il en était de même avant le Code civil. — *Cass.*, 28 avr. 1818, Bourdon et Orly c. commission helvétique.

46. — Ainsi, la simple acceptation par le créancier d'une créance de son débiteur n'emporte pas novation de l'obligation originaire. — *Turin*, 11 juin 1808, Bocchio c. Belliardi.

47. — Il n'y a pas de termes sacramentels pour l'expression de cette décharge. Ainsi il y a décharge si le créancier dit qu'il accepte le délégué *pour son seul débiteur*. — Toullier, t. 7, nº 290. — Il y aurait doute, d'après le droit Romain, si le créancier dit seulement qu'il accepte le délégué *pour son débiteur*. — Duranton, t. 12, nº 323. — La décharge résulterait encore suffisamment de ces termes : *Pour faire plaisir au débiteur, je veux bien me contenter de la présente obligation d'un tel.* — Duranton, t. 12, nº 324.

48. — La délégation n'opère donc novation qu'autant que le délégataire a expressément libéré ou déchargé le déléguant, son débiteur. — *Turin*, 11 fév. 1811, Pigino c. Vitta; *Rennes*, 25 juill. 1817, Rebell et Davy c. Audicq.

49. — Jugé que la délégation opère novation, lorsque le délégué déclare *qu'il fait sa propre affaire du paiement auquel il s'oblige envers le délégataire*, et que celui-ci accepte cette obligation du nouveau débiteur, sans réserve d'aucun recours contre son débiteur originaire. — *Nîmes*, 2 juill. 1812, Roumelle c. Clavel.

50. — L'art. 1276 du Code civil dispose que le créancier qui a déchargé le débiteur par qui a été faite la délégation, n'a point de recours contre ce débiteur, si le délégué devient insolvable, à moins que l'acte n'en contienne une réserve expresse, ou que le délégué ne fût déjà en faillite ouverte, ou tombé en déconfiture au moment de la délégation. Ainsi disparaissent les incertitudes de l'ancien droit rappelées par Pothier, *Oblig.*, nº 604. — Duranton, t. 12, nº 325.

51. — Lorsqu'un créancier à qui une délégation est offerte ne l'accepte que sous la condition qu'elle n'apportera aucun préjudice à l'effet de ses titres, alors la délégation n'est point parfaite. — C. civ., art. 1275; *Parlem. Paris*, 1er fév. 1766, Pacot et Lafond; — Nouv. Denisart, vº *Délégation*, nº 7; Rolland, *Rép.*, vº *Délégation*, nº 32.

52. — Ainsi, il n'y a pas novation lorsque la libération du débiteur est subordonnée au paiement que fera le délégué. — *Bruxelles*, 23 juill. 1817, Horgnies-Renier c. Deceuleneer.

53. — L'acquéreur qui a été chargé de payer une partie du prix à un créancier du vendeur, et qui a promis à ce créancier d'effectuer ce paiement, peut, si un créancier hypothécaire, inscrit en premier rang, absorbe le prix de la vente, refuser de payer le délégataire, lorsque celui-ci n'a accepté la délégation qu'en se réservant tous ses droits et actions contre le vendeur. — *Toulouse*, 16 janv. 1829, Vergnes c. d'Aunous.

54. — La délégation faite par un débiteur à son créancier d'une somme équivalente à prendre sur le prix de vente d'un immeuble, n'opère ni novation ni extinction de la dette, si le créancier a toujours réservé ses droits contre le débiteur et ses ayant-cause; en conséquence, elle n'entraîne point caducité du legs de cette même créance. — *Cass.*, 12 déc. 1831, Bonnefoy.

55. — Il n'est pas nécessaire que le délégué soit débiteur du déléguant, quoique cela soit ordinaire. Je puis déléguer aussi à mon créancier celui qui veut bien me faire une libéralité ou m'ouvrir un crédit. — Duranton, t. 12, nº 319.

56. — Mais il faut que le délégué s'oblige. — Ainsi, il n'y a point délégation parfaite, et encore moins novation, dans un acte de vente par lequel le vendeur a simplement chargé son acquéreur, qui ne s'y est pas expressément obligé, de payer une portion du prix à l'un de ses créanciers. Dès lors, si l'acquéreur est troublé dans la jouissance de l'objet acheté, ou menacé d'éviction, il peut opposer au créancier de son vendeur, comme il aurait pu le faire à celui-ci, l'exception résultant de l'art. 1653, C. civ. — *Bruxelles*, 12 juill. 1821, Mollet c. Fontaine-Spitaels.

57. — Une fois que le délégué capable de contracter s'est obligé, en vertu de la délégation, il ne peut plus opposer au créancier les exceptions qu'il eût pu opposer au déléguant. — L. 19, ff., *De novat. et deleg.* — Ainsi, le délégué ne peut se défendre d'acquitter son obligation, en alléguant qu'elle est le résultat de l'erreur. Cette erreur ne peut nuire qu'à celui qui l'a commise, et non pas au créancier qui n'a fait que retirer ce qui lui était dû par son ancien débiteur qu'il a libéré : *suum recepit*. Le délégué, dans ce cas, a seulement son recours contre le déléguant. — L. 12, ff., *De novat.* — Pothier, *Oblig.*, nº 602; Delvincourt, t. 2, p. 568, notes; Toullier, t. 7, nº 291 et 309; Duranton, nº 334.

58. — Ainsi, le délégataire qui a reçu la somme à lui déléguée n'est point tenu à la restitution envers le débiteur délégué, s'il est ensuite reconnu que celui-ci n'était pas réellement débiteur du déléguant; la répétition ne peut avoir lieu que du délégué contre le déléguant. — *Bordeaux*, 2 avr. 1835, Ce Leali Assecuratori c. Lavau et Curtius.

59. — Il en serait autrement si celui envers qui le délégué s'est obligé n'était point créancier du délégant, soit que celui-ci ait cru par erreur lui devoir, soit que sachant qu'il ne lui devait rien, il ait voulu lui faire une libéralité; le délégué peut, en prouvant qu'il n'était point débiteur du déléguant, se refuser au paiement du montant de la délégation. — L. 7, § 1er, ff., *De doli except.*; L. 2, § 4, ff., *De donat.* — La raison de différence est que la personne au profit de qui la délégation est faite *certat de lucro captando*; le délégué, au contraire, *certat de damno vitando*. Le délégué doit donc être déchargé de son obligation, et s'il avait payé, on devrait lui accorder la répétition. — Toullier, t. 7, nº 291; Duranton, t. 12, nº 330 et suiv.

60. — Quant à la délégation qui est faite sous condition, et aux effets qui en résultent à l'égard des accessoires de la créance, tels que priviléges et hypothèques, V. NOVATION.

61. — La novation opérée par la délégation parfaite produit trois effets : 1º elle éteint l'obligation du déléguant envers son créancier délégataire; 2º elle éteint l'obligation du délégué envers le déléguant : le délégué n'est plus débiteur que du créancier délégataire; 3º le délégué étant devenu débiteur du créancier délégataire et obligé envers lui seul ne peut lui opposer les exceptions qu'il aurait pu opposer au déléguant. — Toullier, t. 7, nº 319; Delvincourt, t. 2, p. 173.

62. — Lorsqu'il n'y a pas novation, le débiteur délégué peut opposer au délégataire les exceptions qu'il a contre le déléguant, encore bien qu'il se soit engagé, même hypothécairement, à payer le délégataire. — *Turin*, 11 fév. 1811, Pigino c. Vitta.

63. — La délégation faite, même sans prix au moins apparent, dans un contrat de vente, par le vendeur en faveur d'un tiers qui accepte, est parfaite; en sorte que l'acquéreur n'est débiteur que du tiers délégué. — Et quoique rien n'apprenne dans l'acte quel a été le prix ou la cause de la délégation, le tiers délégataire ne peut pas être considéré comme simple mandataire du vendeur. Il devient créancier de la somme déléguée, tellement qu'elle ne peut plus être saisie sur le vendeur. — *Riom*, 11 janv. 1815, Delafaige c. de Moré et Tassy.

64. — Il a été jugé que le créancier à qui son débiteur a délégué, avec garantie, une somme à prendre sur un tiers peut, à défaut de paiement de cette somme, recourir contre le déléguant sans être tenu de discuter préalablement le tiers indiqué comme débiteur. — *Paris*, 17 frim. an XII, Feuillette c. d'Ormesson.

65. — Jugé cependant que le vendeur qui a accepté la délégation que lui a faite l'acquéreur, ne peut poursuivre ce dernier avant d'avoir discuté le débiteur délégué. — *Bordeaux*, 30 mai 1816, Lavergne-Peyredoule c. Peyredoule-Mirande.

66. — L'autorisation donnée à la femme, par le mari, de vendre un immeuble et de prélever tous ses droits sur le prix, constitue un véritable paiement, lorsque cette délégation est devenue irrévocable. — *Rennes*, 23 mai 1827, Doucet et Ronsard c. Maigret.

V. CAUTIONNEMENT, DOUBLE ÉCRIT, ENREGISTREMENT, NOVATION, TRANSPORT-CESSION.

DÉLÉGATION DE CONTRIBUTIONS.

V. ÉLECTIONS.

DÉLÉGATION DE JURIDICTION.

V. JURIDICTION.

DÉLÉGUÉS DES COLONIES.

1. — Ce sont des personnes qui, nommées par les conseils coloniaux et réunies en conseil, sont chargées de donner au gouvernement du roi les renseignemens relatifs aux intérêts généraux des colonies et de suivre auprès de lui l'effet des délibérations et des vœux des conseils coloniaux. — L. 24 avr. 1833, art. 19. — V. COLONIES, CONSEIL COLONIAL.

2. — Les colonies qui ont des délégués près le gouvernement du roi sont : la Martinique, qui en a deux ; la Guadeloupe, deux ; l'île Bourbon, deux, et la Guyane, un. — Même loi, art. 19.

3. — Tout Français âgé de trente ans, et jouissant des droits civils et politiques, peut être choisi pour délégué. — Art. 19.

4. — Les délégués de chaque colonie sont nommés, et leur traitement est fixé par le conseil colonial dans sa première session. — Art. 19.

5. — La durée de leurs fonctions est égale à la durée des fonctions du conseil colonial qui les a nommés. — Toutefois, ils ne cessent de les remplir que lorsqu'ils ont été remplacés. — Art. 19.

6. — La loi instituant un conseil de délégués et lui donnant le mandat de fournir au gouvernement du roi des renseignemens, et de suivre auprès de lui l'effet des délibérations et des vœux des conseils coloniaux, aucune ordonnance du roi, relative aux colonies, ne serait régulière et complétement légale, si les délégués n'avaient été préalablement consultés, et si l'ordonnance n'en faisait pas mention. — M. Gauthier (rapport. de la commission à la chambre des pairs).

7. — Cependant, les colonies avaient élevé leurs prétentions plus haut ; elles avaient réclamé, en faveur de leurs délégués, le droit d'être entendus dans les chambres, ou tout au moins dans les commissions, lors de la discussion des lois relatives aux intérêts de ces établissemens. Mais cette demande n'a pas été accueillie, parce que ce serait empiéter à la fois sur la prérogative royale et sur l'indépendance des chambres. — Même rapport.

DÉLIBATION.

1. — Expression employée dans l'ancienne jurisprudence pour indiquer la distraction d'une chose particulière sur la masse des biens d'une succession, d'une communauté.

2. — Ainsi le legs était appelé *delibatio hæreditatis*, parce qu'il se prend par distraction sur la masse des biens de la succession. — Rolland de Villargues, *Rép.*, vº *Délibation*, nº 1er. — V. LEGS, SUCCESSION.

3. — Le préciput se prend également par délibation ou distraction sur la masse des biens de la communauté avant qu'elle soit partagée. — Rolland, *ibid.*; Toullier, t. 13, nº 187. — V. PRÉCIPUT.

DÉLIBÉRATION.

1. — Résolution arrêtée par une personne ou par une assemblée.

2. — Les héritiers délibèrent pour savoir s'ils doivent accepter la succession ou y renoncer. La femme ou ses héritiers délibèrent sur le point de savoir s'ils doivent accepter la communauté. — V. COMMUNAUTÉ, DÉLAI POUR FAIRE INVENTAIRE ET DÉLIBÉRER, SUCCESSION.

3. — Le conseil de famille délibère sur les divers sujets que la loi a rangés dans ses attributions. — V. CONSEIL DE FAMILLE.

4. — Le conseil d'état, le conseil général de département, le conseil d'arrondissement, le conseil municipal, le conseil de préfecture et tous les autres conseils administratifs sont aussi appelés à prendre des délibérations. — V. CONSEIL D'ÉTAT, CONSEIL GÉNÉRAL DE DÉPARTEMENT, CONSEIL D'AR-

RONDISSEMENT, CONSEIL MUNICIPAL, CONSEIL DE PRÉFECTURE.

5. — Le jet à la mer d'une partie du chargement pour le salut du navire ne peut s'effectuer qu'en vertu d'une délibération à laquelle sont appelés les principaux de l'équipage. — C. comm., art. 412. — V. AVARIES.

6. — Ce n'est qu'après délibération que les corps judiciaires, tels que les cours et tribunaux, peuvent rendre leurs jugemens et arrêts, et que le jury peut faire connaître sa déclaration de culpabilité ou de non-culpabilité de l'accusé. — V. COUR D'ASSISES.

7. — En matière d'enregistrement, on entend par délibération les avis ou solutions donnés par le conseil d'administration, soit pour se conformer à la disposition de l'art. 63, L. 22 frim. an VII, soit pour déterminer d'avance le mode de perception à suivre dans un cas donné. — V. ENREGISTREMENT.

8. — Pour la validité d'une délibération en général, il faut que l'assemblée ait été convoquée dans les règles, que les suffrages aient été libres, et que la délibération ait été rédigée conformément à ce qui a été arrêté à la pluralité des voix. — Merlin, *Rép.*, vº *Délibération*.

9. — Les délibérations des fonctionnaires publics pour donner leurs démissions, ou sur le point de savoir si les lois seront exécutées, sont des infractions punies par les art. 126 et 127, C. pén. — V. COALITION DE FONCTIONNAIRES, FORFAITURE.

10. — Pour ce qui concerne les délibérations des créanciers en matière de faillite, V. FAILLITE.

DÉLIBÉRÉ.

Table alphabétique.

DÉLIBÉRÉ. — 1. — Ce mot, dans son acception la plus ordinaire, désigne la conférence secrète dans laquelle les juges, soit à l'audience, soit à la chambre du conseil, vont aux opinions et arrêtent les dispositions du jugement. — Dans un sens plus restreint, il s'emploie pour désigner un mode particulier d'instruction qui consiste dans l'examen des pièces du procès, dont est chargé l'un des juges avec mission de faire son rapport à l'audience et d'éclairer ainsi la conscience de ses collègues.

2. — Dans le premier sens, le délibéré est le préalable indispensable de tout jugement; nous traiterons de ce qui y est relatif sous le mot JUGEMENT. Nous ne nous occuperons dans cet article que du délibéré pris dans sa seconde acception, c'est-à-dire de la procédure tracée dans les art. 93 et 94, C. procéd.

3. — Les délibérés ou *vu de bureau* étaient usités dans l'ancienne procédure, et désignés sous le nom de *délibérés sur le registre*. Cette forme de procéder était différente de celle des appointemens, et ne procurait aux juges ni épices ni vacations. — Ord. 1667, tit. 5, art. 4, et tit. 17, art. 10.

4. — La loi ne dit pas dans quels cas il est permis au juge d'ordonner un délibéré avec rapport, c'est un point qu'elle abandonne à son appréciation et à sa conscience. — D'ordinaire, les tribunaux n'ont recours à ce mode d'instruction que dans les procès où le nombre des pièces produites et la complication des faits rendent nécessaire un examen attentif des dossiers. On nomme alors un rapporteur qui se charge de cette vérification, précise les faits, constate les inductions tirées des actes et contrôle les allégations des parties.

5. — Un délibéré peut-il être ordonné, même en matière sommaire? Cela n'est pas douteux, quoi qu'en disent Pigeau (*Comment.*, t. 1er, p. 251), et Berriat (p. 242, nº 2). — En effet, outre que la loi ne le défend pas, il serait déraisonnable de refuser à un tribunal la faculté d'examiner à loisir les pièces dont une lecture rapide ne lui a pas permis de saisir les rapports et l'ensemble, et de commettre un de ses membres pour lui en rendre compte. — Boncenne, *Théor. du Code procéd.*, t. 2, p. 231; Locré, *Esprit du Code procéd.*, t. 2, p. 101; Demiau, p. 88; Bioche et Goujet, vº *Délibéré*, nº 9. — Il en était ainsi même sous l'empire de l'ordonnance.

6. — Aussi a-t-il été jugé par la cour de Cassation que la faculté pour les juges d'ordonner un délibéré sur rapport n'est pas restreinte aux matières ordinaires; ils peuvent en user même lorsqu'il s'agit d'affaires sommaires. — *Cass.*, 5 juin 1839 (t. 1er 1839, p. 655), comm. de Flamanville c. comm. de Siouville.

7. — Ajoutons qu'en matière commerciale, les tribunaux ont souvent recours aux délibérés avec rapport, et qu'il y aurait une grave inconséquence à leur interdire cette faculté quand la loi leur permet de renvoyer les affaires dont ils sont saisis devant des arbitres rapporteurs. Personne n'osera soutenir apparemment que le mode autorisé par les art. 93 et 94 du Code de procéd. offre moins de garantie que celui dont il est question dans l'art. 429.

8. — Le délibéré avec rapport peut être ordonné non seulement lorsque l'affaire est contradictoire, mais aussi lorsque le défendeur fait défaut, puisque la loi veut que les conclusions du demandeur ne lui soient adjugées qu'autant qu'elles auront été trouvées justes et bien vérifiées (V. JUGEMENT PAR DÉFAUT); il n'y a pas de bonne raison pour refuser un délibéré si un délibéré est nécessaire. — Demiau-Crouzilhac, p. 89.

9. — La mise en délibéré au rapport d'un des juges peut être prononcée immédiatement après la pose des qualités, et sans autre plaidoirie, si les avoués gardent le silence et refusent de présenter des avocats. — Bioche, nº 42.

10. — Les juges peuvent, après les conclusions, et avant que les plaidoiries ne soient terminées, par exemple, si un seul des avocats a été entendu, ordonner la mise d'une cause en délibéré pour être instruite par écrit au rapport de l'un des juges. — *Cass.*, 25 juin 1840 (t. 2 1840, p. 738), Ivoye et Canu c. Pagny.

11. — Le jugement qui ordonne un délibéré ne peut être rendu qu'à l'audience; le défaut de publicité emporte nullité. — L. 20 avr. 1810, art. 7. — V. JUGEMENT.

12. — En ordonnant le délibéré, le tribunal doit commettre un juge pour faire le rapport, avec indication du jour auquel le rapport sera fait. — C. procéd., art. 93.

13. — Le rapporteur est choisi parmi les juges qui ont connu de l'affaire et assisté au jugement. — Souquet, *Dict. des temps légaux*, vº *Instruction par écrit*, col. 5e, nº 8.

14. — Toutefois un tribunal peut ordonner que des pièces lui seront communiquées ou rapportées par l'une des parties, sans nommer un juge rapporteur. Seulement le délibéré n'est, dans ce cas, qu'un délibéré ordinaire, régi par la disposition de l'art. 116, C. procéd. — *Cass.*, 31 août 1831, Notaires de Caen c. Hoguais. — V. JUGEMENT.

15. — Jugé qu'un arrêt rendu sur rapport ne peut être annulé par le motif qu'il n'a point été précédé d'un arrêt préparatoire ordonnant le délibéré et nommant le rapporteur, lorsque les avoués ont, avant la prononciation de l'arrêt, pris leurs conclusions sans aucune réclamation. — *Cass.*, 22 janv. 1838 (t. 2 1838, p. 148), Vian c. Serre.

16. — L'art. 93 veut que le jour où le rapport sera fait soit indiqué dans le jugement qui ordonne le délibéré; mais il ne fixe aucun délai. M. Thomine-Desmazures (t. 1er, p. 208) pense qu'un mois au plus doit suffire. Pourquoi cette restriction? Le plus souvent un mois sera un délai trop long, mais quelquefois il pourra n'être pas suffisant. Le mieux est de faire comme le législateur, qui a abandonné ce point à la discrétion du juge.

17. — Le défaut d'indication du jour auquel le rapport doit être fait entraîne-t-il la nullité du jugement à intervenir? — Sous l'empire de la loi du 3 brum. an II l'affirmative était certaine.

18. — On jugeait constamment, avant le Code de procédure, que le jugement qui ordonnait un délibéré sur rapport devait, à peine de nullité, désigner le jour où le rapport serait fait. — *Cass.*, 7 messid. an IV, Hernie-Niverveslc c. Briere; 25 germin. an IV, Leleizour-Robetto c. Lebrun; 14 vent. an IV, Bonnefoy c. Faure; 4 frim. an IV, Valogne c. Municipalité de Maurieux; 8 fructid. an IV, Hesse c. Viber; 13 vendém. an IV, Lapotaire et Vallée c. Bagot; 19 vendém. an V, Belhomme c. Gueret; 17 germin. an V, Nicaud c. Mallet; 11 vendémiaire an V, Treyflons c. Scheurrec; 14 niv. an VI, Crespin c. Chaillot; 27 niv. an VI, Desgranges c. Oudin; 21 pluv. an VI, Rochedragon c. Blanchard; 25 germin. an VII, Jolly c. Steinmetz; 17 vendém. an VIII, Commune d'Au c. Commune de Berg.

19. — Un seul arrêt de la cour de Cassation, en date du 29 brum. an XIII (Condelle c. Bayle) est en opposition avec cette jurisprudence.

20. — Depuis le Code, la question s'est encore présentée et a excité quelque controverse. On a soutenu que, le délibéré mettant fin à l'instruction et les parties ne pouvant plus modifier leurs conclusions ni présenter des observations nouvelles, leur présence au rapport n'avait rien d'indispensable. — Dans l'opinion contraire, on a prétendu qu'il suffisait que les parties eussent le droit d'adresser des notes au tribunal à la suite du rapport pour que le jugement fût nul, si le jour du rapport n'avait pas été indiqué. — V. en ce sens Boncenne, t. 2, p. 310; Chauveau, sur Carré, t. 1er, quest. 437 *ter*; Thomine Desmazures, t. 1er, p. 208; Bioche et Goujet, nº 17.

21. — Quoi qu'il en soit, la nullité résultant du défaut d'indication, dans le jugement qui ordonne le délibéré, du jour où le rapport aura lieu est couverte, si les parties ont été prévenues depuis du jour où viendrait l'affaire et ont comparu à l'audience.

22. — Ainsi jugé que les parties ne peuvent se prévaloir de l'omission contenue au jugement, lorsqu'elles ont comparu et repris leurs conclusions le jour où le rapport a été fait. — *Cass.*, 10 mai 1826, Dabbadie.

23. — Il suffit que le jour du rapport ait été fixé par un jugement subséquent, mais contradictoire. — *Cass.*, 1er févr. 1820, Carté c. Riquier-Larivière.

24. — Le changement du jour indiqué pour le rapport n'est pas une cause de nullité de l'arrêt qui l'ordonne, alors qu'il en a fait connaître le motif et que l'avocat et l'avoué de la partie plaignante y ont adhéré. — *Cass.*, 26 mars 1834, Louis Edmond c. Astorg.

25. — Il suffit, pour que le vœu de la loi soit rempli, que toutes les parties aient été présentes ou également représentées au jour du rapport. — *Cass.*, 17 juill. 1838 (t. 2 1838, p. 376), comm. de la Cavalerie c. Vernhette.

16. — Du reste, il est incontestable que l'art. 93, C. procéd., qui veut que le tribunal, lorsqu'il prononce un délibéré au rapport d'un juge qu'il nomme, indique *le jour auquel le rapport sera fait*, ne s'applique pas au cas où il ne prononce qu'un simple délibéré en la chambre du conseil. — *Cass.*, 24 juin 1818, Lallemant c. Basterreche.

27. — Dans la même hypothèse, c'est-à-dire dans le cas d'un simple délibéré, le tribunal qui ne prononce pas son jugement au jour indiqué pour la prononciation n'est point tenu, *à peine de nullité*, d'indiquer le nouveau jour auquel il a remis cette prononciation. — *Cass.*, 13 nov. 1834, Lafforre c. ville d'Oléron. — V. JUGEMENT.

28. — Le jugement qui ordonne un délibéré n'est qu'un simple préparatoire, qui doit être porté sur la feuille d'audience, mais sans être ni levé ni signifié. — C. procéd., art. 94.

28. — Suivant M. Thomine-Desmazures (t. 1er, p. 209), un semblable jugement n'a même pas besoin d'être motivé. — V. conf. Bioche, nº 28. — *Contrà* Chauveau sur Carré, t. 1er, nº 439 *bis*; Demiau, p. 89.

30. — Il ne peut être attaqué par la voie de l'appel. — *Cass.*, 12 fév. 1822, Chosson c. Teillard; — Carré, t. 1er, quest. 439; Demiau, p. 89; Lepage, p. 127.

31. — Si le jugement ordonnant le délibéré est rendu par défaut contre un des avoués, « rien n'empêche, dit Demiau (p. 89), qu'on ne le lui dénonce, sans cependant le lever, en lui indiquant le nom du rapporteur et le jour auquel le rapport sera fait, avec sommation de remettre son dossier, si bon lui semble. » — Carré, nº 440.

32. — Le jugement qui ordonne un délibéré termine l'instruction; c'est, dit Boncenne (t. 2, p. 312), l'annonce du *statu quo* de l'affaire. C'est ainsi qu'on l'entendait dans l'ancien droit. — Lettres patentes 18 juin 1769; — *Cass.*, 27 fructid. an VIII, Pontigny c. Sauvageot; — Berriat, p. 273, note 12; Chauveau sur Carré, t. 1er, nº 441. — V. cependant Pigeau, *Comment.*, t. 1er, p. 752; Favard, t. 3, p. 149; Carré, t. 1er, nº 441.

33. — Si le délibéré clot tout débat, il en résulte que les parties ne peuvent plus être admises à prendre des conclusions nouvelles ou à former des demandes incidentes. — Chauveau sur Carré, t. 1er, nº 441; Boncenne, t. 2, p. 314. — *Contrà* Carré, t. 1er, nº 443; Merlin, vº *Délibéré*.

34. — De même aussi, les tiers ne peuvent plus intervenir utilement; leur présence dans la cause serait sans objet, puisque le débat est terminé par le jugement qui ordonne le délibéré. — Thomine-Desmazures, t. 1er, p. 314; — Chauveau sur Carré, t. 1er, nº 444.

35. — L'intimé est non-recevable à interjeter

appel incident, nonobstant l'art. 443, C. procéd., qui lui accorde cette faculté *en tout état de cause*. En effet, former un appel incident, c'est prendre des conclusions nouvelles ; c'est rouvrir le débat et changer l'état de la cause. Or, cela ne se peut plus après le jugement qui ordonne un délibéré.— *Amiens*, 30 juin 1824, Duneuf-Germain.

36. — Toutefois, il a été jugé qu'on peut encore, après qu'une cause a été mise en délibéré, prendre des conclusions qui ne constituent pas une demande nouvelle, mais qui ne sont que le développement des premières;—spécialement, que les conclusions par lesquelles une partie demande, pour la première fois sur l'appel, et après un arrêt qui ordonne un délibéré, à être admise à prouver une possession plus que trentenaire, ne peuvent être écartées comme tardives, lorsqu'elles ne sont que le développement des conclusions prises avant l'arrêt de délibéré, et par lesquelles cette partie avait conclu à la confirmation du jugement qui l'admettait à cette preuve. — *Cass.*, 7 nov. 1827, Bauchelon c. Audion.

37. — Si l'une des parties ne remet pas son dossier, la cause est jugée sur les pièces de l'autre.— C. procéd., art. 94 et 113.

38. — Quand le délibéré est ordonné, les pièces sont remises au rapporteur ; elles peuvent l'être aussi au greffe, mais il n'est fait aucun inventaire, ni donné de récépissé.

39. — Tant que le rapport n'est pas fait, les pièces peuvent être remises au juge qui en est chargé. — Si le rapport avait eu lieu avant la remise des pièces, un nouveau rapport ne serait pas nécessaire, mais le tribunal pourrait l'ordonner s'il le jugeait utile, et si le retard dans la production était motivé.

40. — Les causes mises en délibéré sont distribuées par le président de la chambre entre les juges qui la composent. — Décr. 30 mars 1808, art. 32. — Le président peut aussi se réserver le rapport de certaines affaires dont il juge à propos de se charger.

41. — En cas de décès ou d'empêchement du rapporteur, le président en commet un autre sur la requête de la partie la plus diligente. — Cette requête et l'ordonnance qui y fait droit sont signifiées trois jours au moins avant le rapport, soit à avoué, soit à partie ou domicile, s'il n'y a pas d'avoué constitué.—V. INSTRUCTION PAR ÉCRIT.

42. — Le rapport doit être fait *à l'audience*, et il en est fait mention à peine de nullité. — *Cass.*, 11 thermid. an IX, Puris c. Crétin ; 13 mai 1806, communes de Rexousse et de Villiers c. commune de Leschaux ; 27 fév. 1822, Pasturin c. Barbas ; — Carré et Chauveau, t. 1er, no 475; Thomine-Desmazures, t. 1er, p. 221 ; Merlin, *Quest. de dr.*, *vo Rapport*, § 1er ; Boncenne, t. 2, p. 310 ; Pigeau, *Comment.*, t. 1er, p. 262 ; Favard, t. 3, p. 89 ; Berriat, p. 272, note 8e, *in fine*.

43. — Dans son rapport à l'audience, le rapporteur n'ouvre pas son avis, il se borne à résumer les faits et les moyens, et donne lecture des pièces qu'il croit essentielles pour la décision de la cause. — C. procéd., art. 111; décr. 30 mars 1808, art. 35 et 73;—Boncenne, t. 2, p. 340 ; Carré, no 475; Pigeau, t. 1er, p. 336; Bioche, no 40.

44. — Lorsque l'arrêt constate que le rapport a été fait publiquement à l'audience en présence des avoués des parties, sans qu'il y ait eu de réclamation, on est mal fondé à l'attaquer sur le motif que certaines pièces n'ont pas été lues. — *Cass.*, 31 déc. 1834, Brat c. Corard.

45. — Les avocats ne peuvent obtenir la parole après le rapport ; ils peuvent seulement remettre au président de simples notes pour signaler les erreurs ou les omissions du rapport. — C. procéd., art. 111.

46. — Mais il en est autrement du ministère public. Il peut être entendu après le rapport quoiqu'il ait déjà porté la parole avant le délibéré. — *Cass.*, 5 mars 1834, Delongchamp c. Papin-Rullier ; — Pigeau, t. 1er, p. 446. — *Contrà* Boncenne, t. 2, p. 231 ; Bioche, no 44.

47. — Le jugement sur délibéré est nul, si l'un des juges qui y ont participé n'a pas assisté à toutes les audiences où l'affaire a été plaidée et rapportée. — *Cass.*, 2 janv. et 24 avr. 1816, Guilhaumon c. Guarriguenc ; 26 vendém. an VIII, Bernard-Pieters c. Liévin Gyzelinck ; 5 mars 1834, Delongchamp c. Papin Rullier ; 23 juin 1834, Honorat c. Artigues ; — Carré et Chauveau, t. 1er, no 487 ; Pigeau, t. 1er, p. 446. — V. JUGEMENT.

48. — Mais la présence d'un nouveau juge ne vicierait pas le jugement, si les conclusions avaient été reprises, et le rapport fait devant lui. — *Cass.*, 25 avr. 1815, Darrieux c. Brizard ; 14 mars 1816, Seguy c. Reboul ; 1er fév. 1820, Corté c. Riquier-Larivière. — Carré et Chauveau, no 479 ; Pigeau, t. 1er, p. 489 ; Bioche, no 50.

49. — Quand un juge nommé rapporteur d'une cause mise en délibéré a passé, par suite du roulement, dans une autre chambre, il doit revenir faire son rapport devant la chambre qui l'a commis. — *Cass.*, 20 janv. 1829, comm. de Cormalin c. comm. de Confrançon.

50. — Tous les juges d'une chambre qui a renvoyé après vacations une cause sur délibéré, doivent se réunir pour entendre le rapport et statuer sur le fond, quoiqu'ils aient été attachés depuis à d'autres chambres. — *Cass.*, 1er juill. 1818, Dangeville c. comm. de Lompes; 18 août 1818, Raimont et Franchetti c. Caillat.

51. — Il n'est pas nécessaire, à peine de nullité, que le jugement rendu sur délibéré mentionne le jugement qui a ordonné le rapport. — *Cass.*, 14 nov. 1832, Duhamel c. Dayez. — Cependant cela est plus régulier.

52. — Ordinairement, les pièces sont remises aux avoués par le rapporteur ou par le greffier, sans sommation ni formalité. Il n'est pas nécessaire d'observer dans ce cas les formalités prescrites dans les instructions par écrit. — V. INSTRUCTION PAR ÉCRIT.

53. — La nomination d'un rapporteur, dans les cas non prévus par la loi, ne lie pas les juges, et n'empêche pas de juger sans rapport. — *Cass.*, 10 août 1829, Bizet c. Palé.

54. — D'après le Code de procédure et quelques lois spéciales, il y a une foule de cas dans lesquels un rapport est nécessaire, sans que les juges aient ordonné de délibéré. Pour ces procédures, il faut s'en référer aux dispositions spéciales de la loi. — V. ABSENCE, ACTES DE L'ÉTAT CIVIL, CONSEIL DE FAMILLE, ENREGISTREMENT, etc., etc.

DÉLIMITATION.

La délimitation est l'opération qui consiste à fixer la ligne sur laquelle doivent être placées les bornes d'héritages contigus. Cette opération est distincte du bornage, qui sert à constater cette ligne séparative par la plantation des bornes. — V. BORNAGE, nos 28 et suiv., et FORÊTS.

DÉLIRE.

1. — Égarement momentané de la raison produit ordinairement par quelque maladie.

2. — Les personnes qu'un excès de délire a privées momentanément de l'usage de la raison sont naturellement incapables de contracter pendant que dure ce délire. — Toullier, t. 6, no 112. — V. DÉMENCE, IVRESSE, OBLIGATION.

DÉLIT, DÉLINQUANT.

V. ACTION PUBLIQUE, CRIMES DÉLITS ET CONTRAVENTIONS, GRACE, MINISTÈRE PUBLIC, TRIBUNAL CORRECTIONNEL.

DÉLIT D'AUDIENCE.

Table alphabétique.

DÉLIT D'AUDIENCE. — 1. — On désigne sous cette dénomination tout fait répréhensible qui a eu lieu à l'audience : ce qui comprend non seulement les contraventions, les délits proprement dits et les crimes, mais encore certains manquemens contre lesquels la loi n'a pas édicté de peines, et qu'elle se borne à soumettre à des mesures d'ordre ou de police.

—

Sect. 1re. — *Diverses espèces de délits d'audience.*

2. — Le fait constitutif du délit d'audience est quelquefois dirigé directement contre le magistrat qui rend la justice, ou bien il a pour but de troubler l'audience ; il constitue alors une atteinte grave envers l'autorité et la majesté de la justice. D'autrefois il ne s'adresse ni à la justice, ni au magistrat ; il reste délit commun. Mais dans les deux hypothèses il s'est passé sous les yeux de la justice ; il y a eu insulte au moins indirecte à sa dignité; par conséquent l'outrage doit être réprimé avec éclat ; le juge est saisi à l'instant et venge sans désemparer l'offense faite à la loi.

3. — Toute juridiction doit posséder un tel pouvoir de coercition. En l'exerçant elle ne se fait pas justice elle-même ; elle défend l'ordre public attaqué. Aussi notre ancien droit tenait pour maxime (Jousse, *Tr. de la Justice crim.*, t. 1er, 2e part., tit. 2, p. 457 et suiv. édit. in-4o, Paris 1771) que tout juge connait de l'injure qui lui est faite dans ses fonctions et qu'il peut la punir lui-même.

4. — Les ordonnances de nos rois avaient prévu les divers cas de délits d'audience; délits contre les juges, contre la partie adverse et son défenseur, délits commis au lieu de la séance du tribunal par des personnes que la curiosité ou l'intérêt y attiraient.

5. — Une ordonnance de 1440 enjoignait la plus grande retenue aux avocats; elle autorisait la partie lésée à leur demander réparation sur-le-champ et à les prendre à partie. D'un autre côté il était expressément recommandé (Ord. 1507 et 1535) aux cours du parlement de *ne pas souffrir les magistrats être vitupérés par outrageuses paroles*. Les présidiaux (édit de mars 1551) avaient le pouvoir de condamner sans appel, comme en matière de police, quiconque dans l'auditoire manquait de respect ou troublait la tranquillité.

6. — Le délit commis à l'audience par des personnes étrangères à la cause pouvait être (selon Guyot, vo *Audience*) réprimé sur-le-champ et sans appel ; toute juridiction étant compétente à cet égard.

7. — Les peines prononcées étaient, suivant le genre d'infraction, l'amende honorable, l'amende pécuniaire et même la flétrissure et les galères — Guyot, vo *Audience*.

8. — Le Code de brumaire (art. 556, 557 et 558) consacrait aussi ce principe ; mais, prescrivant pour l'instruction et le jugement de chaque affaire des préliminaires et des formes incompatibles avec cette rapidité et ce court délai, il ne pouvait admettre cette manière sommaire de procéder. Le tribunal outragé ne prononçait jamais le jugement séance tenante et sans désemparer ; il ne pouvait, en outre, prononcer qu'un emprisonnement de huit jours, le coupable qui méritait une peine plus forte était ensuite renvoyé devant la juridiction ordinaire.

9. — Notre législation nouvelle a étendu la puissance du juge plus que ne l'avait fait le Code de l'an IV. Le Code d'instruction criminelle de 1808 a accordé au magistrat outragé sur son siége ou témoin d'un délit commis à son audience, le droit de statuer lui-même.

10. — Des peines d'une nature toute spéciale peuvent en outre être infligées par lui, si la faute commise à l'audience est imputable à un officier ministériel.

11. — Ce qui concerne les délits d'audience est réglé par les art. 10, 11, 89, 90, 91, 92 et 1036, C. proc. civ.; par les art. 504, 505, 506, 507 et 508, C. inst. crim.; par l'art. 23, L. 17 mai 1819; par l'art. 103, décr. 30 mars 1808, l'art. 39, décr. 14 déc. 1810, et les art. 16, 19 et 43, ordonn 20 nov. 1822. La juridiction exceptionnelle attribuée aux cours et aux tribunaux est pour eux un devoir autant qu'un droit ; elle est donnée dans l'intérêt de la dignité de la justice et dans l'intérêt de la vérité; le magistrat témoin du délit en est le meilleur appréciateur; il est aussi le juge le plus compétent.

12. — Les délits d'audience résultent, soit de gestes, menaces, paroles, actes ou écrits produits à l'audience. Ils peuvent se diviser en trois classes, savoir : 1o délits contraires au respect dû à la justice et à ses officiers; 2o délits autres que ceux relatifs au respect dû à la justice; 3o crimes.

Sect. 2e. — *Délits contraires au respect dû à la justice.*

13. — Dans certains cas le délit d'audience contraire au respect dû à la justice n'est réprimé par aucune peine proprement dite; et dans d'autres il est passible de véritables peines. L'interruption, le tumulte ou le trouble simples appartiennent à la première catégorie ; la seconde comprend les contraventions et les délits proprement dits.

§ 1er. — *Des délits pour lesquels la loi ne prononce aucune peine proprement dite.*

14. — *Simple interruption du silence.* — Le cas où le silence est simplement interrompu avait été prévu par le Code du 3 brum. an IV. L'art. 556, comme l'art. 89, C. procéd., qui en est la reproduction presque textuelle, voulait que la simple interruption du silence fût suivie d'un avertissement préalable. Les résistans dans les deux législations sont déposés dans la maison d'arrêt pour vingt-quatre heures.

15. — L'avertissement préalable exigé par le Code de brumaire et par l'art. 89, C. procéd., est facile à justifier; une simple interruption du silence n'exige de répression que lorsqu'elle dégénère en véritable irrévérence; or, l'irrévérence n'apparaît pas lorsque l'interruption n'est point renouvelée. — Chassan, *Tr. des délits de la parole*, t. 2, p. 511.

16. — L'art. 504, inst. crim., ne prévoit pas le cas de simple interruption du silence; l'espèce est donc régie par l'art. 89, C. procéd. civ., qui est applicable, soit qu'il s'agisse d'une audience publique ou tenue à huis-clos, soit qu'il s'agisse d'une opération publique ou non publique faite par un juge isolé ou un magistrat du ministère public. — Chassan, t. 2, p. 511 ; Carnot, sur l'art. 504, t. 3, p. 395 ; Lesellyer, *Actions publ. et priv.*, t. 4, no 1692.

17. — *Signes d'approbation ou d'improbation ou tumulte simple.* — Suivant l'art. 504, C. inst. crim., lorsqu'à l'audience ou en tout autre lieu où se fait publiquement une instruction judiciaire, l'un ou plusieurs des assistans donneront des signes soit d'approbation, soit d'improbation, ou exciteront du tumulte de quelque manière que ce soit, le président ou le juge les fera expulser; s'ils résistent à ses ordres ou s'ils rentrent, le président ou le juge ordonnera de les arrêter et de les conduire dans la maison d'arrêt ; il sera fait mention de cet ordre dans le procès-verbal, et sur l'exhibition qui en sera faite au gardien de la maison d'arrêt, les perturbateurs y seront reçus et retenus pendant vingt-quatre heures.

18. — Sous le Cod. de brum. an IV, les individus donnant des signes d'approbation ou d'improbation devaient être avertis avant de pouvoir être expulsés. L'art. 89, C. procéd., avait maintenu cette disposition. Elle se trouvait aussi dans le projet de l'art. 504, C. inst. crim. ; mais elle fut retranchée sur une observation faite par le chef du gouvernement. « L'avertissement préalable, disait-il, est inutile; il convient beaucoup mieux au bon ordre et à la dignité des tribunaux qu'on expulse d'abord ceux qui donnent des signes publics d'approbation ou d'improbation, ou qui excitent quelque tumulte; la rigueur qu'on déploie dans ce cas ne blesse pas les droits du citoyen. » — Le Sellyer, t. 4, no 1691 ; Chassan, t. 2, p. 505 ; Legraverend, t. 1er, p. 505, note 2e, p. 565; Carnot, sur l'art. 504, t. 3, p. 395; Carré, *Org. judic.*, t. 4, p. 145.

19. — Toutefois, Carnot (t. 3, p. 395) fait observer qu'il convient de donner l'avertissement préalable avant de prendre la mesure rigoureuse de l'expulsion, toutes les fois qu'il est probable que le calme se rétablira. — C'est en général ce qui a lieu dans la pratique.

20. — L'appel n'est pas recevable contre la mesure prise par le juge; l'expulsion n'est pas une peine, mais une mesure d'ordre; or, on n'appelle que d'un jugement.

21. — La loi ne prescrit point des formes particulières pour l'arrestation prévue par l'art. 504. — Cette arrestation a lieu en vertu d'un simple ordre indiquant le motif, il n'est point besoin d'autre formalité ou procédure. Il n'est pas même nécessaire qu'il soit dressé procès-verbal du manquement de respect qui a motivé l'arrestation, cette mesure n'étant point une peine, mais simplement un acte de discipline et de police intérieure. — Le Sellyer, t. 4, no 1690, 2o; Chassan, t. 2, p. 505; Legraverend, t. 1er, p. 533.

22. — Le droit de prendre les mesures dont il vient d'être parlé dans les cas prévus, appartient à tous les tribunaux et juges, civils, criminels, de commerce, maritimes, militaires. — Le Sellyer, t. 4, no 1693; Chassan, t. 2, p. 506; Legraverend, t. 1er, p. 566; Carré, *Org. judic.*, t. 4, art. 277, no 275; Carnot, sur l'art. 504, t. 3, p. 395; Bourguignon, *Jurisp. des Cod. crim.*, t. 2, p. 452, no 1er.

23. — Mais c'est à celui qui préside l'audience ou qui fait l'instruction judiciaire ainsi troublée, et à lui seul qu'il compète, et non au simple juge qui fait partie du tribunal. — Chassan, t. 2, no 2023.

24. — L'art. 509, C. inst. crim., porte que les préfets, sous-préfets, maires et adjoints, officiers de police administrative ou judiciaire, lorsqu'ils rempliront *publiquement* quelques actes de leur ministère, exerceront aussi les fonctions de police réglées par l'art. 504.

25. — Dans cette catégorie la loi comprend indistinctement les procureurs du roi et leurs substituts, les commissaires ordinaires et les commissaires généraux de police, les gardes-champêtres, les gardes forestiers et les officiers de gendarmerie; tous indistinctement ont les mêmes droits, car ils sont tous officiers de police administrative ou judiciaire. — C. inst. crim., art. 509 ; — Chassan, no 2024 ; Legraverend, t. 1er, p. 580.

26. — L'art. 504, C. inst. crim., relatif au cas de signes d'approbation ou d'improbation ou de tumulte accorde-t-il le droit d'arrestation, lorsque les juges sont retirés dans la chambre du conseil, ou lorsqu'ils font une instruction préliminaire en matière criminelle, ou bien lorsque le magistrat ne procède point publiquement ?

27. — Non, selon Legraverend (t. 1er, p. 532 et 533) et Bourguignon (*Jurispr. des Cod. crim.* sur l'art. 504, no 1er), parce que, dans ces différens cas, le tribunal ou le juge est la première cause de l'irrévérence; il ne devait laisser s'introduire aucune personne étrangère. De plus, la publicité peut être une garantie de la modération et de la sagesse du juge dans l'application de la peine. Or, cette garantie disparaît dans l'espèce ; le tribunal est seul témoin, partie et juge.

28. — Carnot combat cette opinion, à bon droit, selon nous, en ce qui concerne l'audience à huis clos. Il n'y a pas, sans doute, dans ce cas, publicité absolue; mais il y a néanmoins publicité dans ce sens que la cour ou le tribunal procède en la présence d'un certain nombre d'individus qui doivent nécessairement y assister, soit comme parties, soit comme défenseurs ou témoins, soit comme officiers ministériels. A ces motifs, donnés par Carnot, vient se joindre la circonstance que le lieu, lorsqu'il s'agit de l'audience d'un tribunal, est public par sa destination permanente. En outre, l'art. 504 est inapplicable à l'espèce ; il n'a trait qu'à l'audience publique. C'est à l'art. 89, C. procéd., qu'il faut se référer, dans sa disposition non abrogée. Or, en combinant les art. 88 et 89, on voit que celui ci est applicable à l'audience à huis-clos comme à l'audience publique ; l'un et l'autre ont la même raison d'être. L'art. 89 ne distinguant pas plus que l'art. 88 doit donc s'appliquer à l'audience publique comme à l'audience à huis-clos; mais alors il sera nécessaire de donner l'avertissement préalable. L'irrévérence, en effet, le tumulte est moindre lorsque l'audience est à huis-clos. — Chassan, t. 2, no 2028 ; Le Sellyer, t. 4, no 1688.

29. — Les mesures ainsi prises sont des actes de police; elles tiennent à la nature des fonctions que tout fonctionnaire désigné a le droit d'exercer; elles sont exercées sans autre procédure ou autres formalités ; il n'est nécessaire d'entendre aucune explication ni aucune défense ; il n'y a pas de jugement à prononcer, car il n'y a pas de peine proprement dite; il ne s'agit que de rétablir l'ordre

 DÉLIT D'AUDIENCE, sect. 2e. DÉLIT D'AUDIENCE, sect. 2e.

et le silence momentanément troublés. — Chassan, t. 2, nº 2026.

30. — Il suit de là que l'ordre d'arrestation n'est pas sujet à l'appel; l'art. 505, en effet, est exclusif de ce bénéfice; il n'autorise l'appel que lorsqu'une peine correctionnelle a été prononcée. — Chassan, t. 2, p. 548, nº 2128.

§ 3. — *Délits donnant lieu à de véritables peines. — Tumulte accompagné d'injures ou de voies de fait.*

31. — L'art. 505, inst. crim., règle la matière. Il dispose : « Lorsque le tumulte aura été accompagné d'*injures* ou de *voies de fait* donnant lieu à l'application de peines correctionnelles ou de police, ces peines pourront être, séance tenante, et immédiatement après que les faits auront été constatés, prononcées, savoir : — Celles de simple police, sans appel, de quelque tribunal ou juge qu'elles émanent; — et celles de police correctionnelle, à la charge de l'appel si la condamnation a été portée par un tribunal sujet à appel ou par un juge seul. »

32. — Toute attaque dirigée contre tous les fonctionnaires, proprement dits, dans l'exercice de leurs fonctions n'a plus que la dénomination d'outrages, soit que la répression se trouve dans le code pénal ou dans d'autres lois spéciales. — Parant, *Lois de la presse*, p. 141 ; Chassan, t. 1er, nos 541 et 551, t. 2, nº 2044.

33. — L'outrage consiste tant dans des expressions injurieuses ou diffamatoires que dans l'imputation ou l'allégation d'un fait de nature à blesser l'honneur, la considération ou la délicatesse d'une personne ; les propos constitutifs de la diffamation ou de l'injure sont un outrage ; le geste, la menace, s'ils ont ou s'ils indiquent un sens injurieux ou diffamatoire, sont encore un outrage. — Parant, p. 141 ; — Chassan, t. 1er, nº 540.

34. — Par conséquent, la diffamation verbale ayant eu pour objet un fonctionnaire public dans l'exercice de ses fonctions a le caractère d'outrage prévu par l'art. 222 C. pén. — *Cass.*, 7 déc. 1837 (t. 1er 1840, p. 446), Andrieux. — V. à cet égard DIFFAMATION-INJURE, OUTRAGE.

35. — Il s'agit encore, dans le cas prévu par l'art. 505, d'un incident survenu à une audience publique ou tout autre lieu où se fait publiquement une instruction judiciaire.

36. — La loi exige que le tumulte soit accompagné d'injures ou de voies de fait. S'il y avait tumulte seulement on rentrerait dans l'espèce de l'art. 504 (V. *suprà* nos 17 et suiv.). S'il y avait injures ou voies de fait sans tumulte, l'art. 505 serait inapplicable; la matière serait régie par les dispositions de l'art. 181; — Chassan, t. 2, nos 2040, 2042 et 2043.

37. — Si les injures ou les voies de fait ont pour objet le tribunal ou le juge, l'art. 505 est évidemment applicable ; le manque de respect à la justice est flagrant.

38. — Il en est de même si ces actes ont eu pour objet la personne du ministère public ou celle du défenseur qui sont le complément du tribunal, car l'injure se rapporte à ce qui s'est passé à l'audience ; elle atteint plus la dignité du tribunal que la personne injuriée. — Chassan, t. 2, nº 2040.

39. — L'art. 505 est encore applicable en cas d'injures accompagnées de tumulte, quelle que soit la personne injuriée et quels que soient la cause et le but de l'injure proférée en audience publique; car l'injure alors porterait directement atteinte au respect dû à la justice : de plus, il y aurait connexité avec le tumulte. — Chassan, t. 2, nos 2040 et 2042.

40. — Les tribunaux ont, dans le cas qui vient d'être prévu, le droit, presque le devoir de prononcer immédiatement et séance tenante. — Carnot, t. 3, nº 4, sur l'art. 505; Le Sellyer, t. 4, nº 1702.

41. — D'où il faut conclure que la poursuite de ces infractions n'est point subordonnée à une plainte de la part des personnes outragées; car, dans l'espèce, on considère moins l'offense personnelle que l'irrévérence grave faite à la justice.

42. — De là il résulte encore que le tribunal peut agir d'office et n'a pas besoin, pour être saisi, de l'intervention du ministère public, car il exerce en quelque sorte un droit de légitime défense. — Carnot, t. 3, sur l'art. 505, C. inst. crim.; Le Sellyer, t. 4, nos 1702 et 1703; Legraverend, t. 1er, p. 535 et 536 ; Chassan, t. 2, nº 2046.

43. — Cependant Carnot dit (t. 3, nº 4, sur l'art. 505, C. instr. crim.) que « lorsqu'il y a un officier du ministère public attaché au tribunal *qui se trouve dans le cas d'appliquer l'art.* 505, il doit être entendu dans ses réquisitions s'il est présent. » — Le Sellyer, t. 4, nº 1703.

44. — Telle est aussi l'opinion de Legraverend : Si au moment où le délit a eu lieu, dit-il (t. 1er, p. 536), un officier du ministère public était en fonction auprès du tribunal, celui-ci serait obligé de prendre ses conclusions. — Il y aurait certainement irrégularité dans l'omission de cette formalité préalable. — V. aussi Chassan, t. 2, p. 516, nº 2046.

45. — Toutefois nous ne voyons point que cette irrégularité pût s'entendre dans le sens de nullité, car l'audition du ministère public n'est point requise, sous peine de nullité, dans l'espèce de l'art. 505.

46. — Le délinquant saisi à l'instant même est amené devant le tribunal sur un simple ordre du président ou du juge. Aux termes de l'art. 504, ceux-ci peuvent ordonner l'arrestation du simple perturbateur ; ils ont donc doublement ce droit s'il y a tumulte accompagné d'injures ou voies de fait. Mais le prévenu doit être interrogé; nul ne peut être jugé sans être entendu dans ses défenses.

47. — M. Chassan (nº 2056, à la note) ajoute : « Il n'est pas nécessaire que le délinquant soit saisi dans l'enceinte même de l'audience ; s'il est arrêté hors de l'audience par ceux qui se sont mis à sa poursuite, il peut être ramené devant le tribunal et jugé à l'instant même contradictoirement ; c'est ce qui a eu lieu le 4 juin 1845 devant la cour d'assises de la Seine. » — En effet, un individu qui, en proférant quelques paroles *non injurieuses*, avait troublé l'audience de la cour d'assises, cherche à fuir; mais, appréhendé dans la salle des Pas-Perdus, il fut, en vertu du pouvoir que l'art. 504, C. inst. crim., confère au président, déposé pour vingt-quatre heures dans la maison d'arrêt.

48. — Toutefois il a été jugé que le président ou juge n'est pas tenu de lui donner un conseil ; car les art. 294 et 507, C. instr. crim., qui prescrivent la nomination d'un défenseur d'office, ne sont applicables qu'aux accusés de crimes, et non aux prévenus de délits ou de contraventions. — *Cass.*, 27 fév. 1832, Raspail.

49. — Le cas où le prévenu ne serait pas mis sous la main de la justice n'est point prévu par le Code d'instruction criminelle ; toutefois celui-ci veut qu'on puisse procéder séance tenante et immédiatement après la constatation des faits ; en outre il n'excepte point de cette procédure rapide l'espèce qui nous occupe ; la non-présence de l'inculpé n'est donc pas un obstacle au jugement. Or, l'art. 91, C. proc., serait alors seul applicable. — Il dispose que si le délinquant ne peut être saisi à l'instant, le tribunal prononcera contre lui dans les vingt-quatre heures. Il accorde au condamné dix jours pour former opposition au jugement en se mettant en état de détention, d'où il résulte, selon nous, que rien ne s'oppose, alors même que le délinquant s'est évadé, à ce que l'instruction et le jugement n'aient lieu séance tenante. — Chassan, t. 2, p. 521, nº 2056.

50. — La juridiction extraordinaire créée par l'art. 505 est accordée par sa généralité à tous les tribunaux, criminels, civils, de commerce, militaires, maritimes. — Le Sellyer, t. 4, nº 1695 ; Chassan, t. 2, nos 2048 et 2058.

51. — ... Et même à un simple juge procédant isolément, mais *publiquement*, à un acte de son ministère; au juge de paix, par exemple, ou au juge d'instruction faisant publiquement une instruction ; ce cas est prévu spécialement par l'art. 504. — Bourguignon, *Jurispr. des cod. crim.*, nº 2 sur l'art. 505 ; Legraverend, t. 1er, p. 536 ; Le Sellyer, t. 4, nº 1697 ; Chassan, t. 2, nº 2047.

52. — Ainsi la cour de Cassation, la cour des Comptes, la cour des Pairs, les conseils de guerre, les tribunaux de police des juges de paix et des maires, même dans le cas où le fait emporte une peine correctionnelle, sont compétens pour prononcer. — Le Sellyer, t. 4, nº 1696 ; Bourguignon, t. 2, p. 453, nº 1er ; Legraverend, t. 1er, p. 537 ; Carré, *Org. judic.*, t. 4, nº 275 ; Chassan, t. 2, nº 2048.

53. — Toutefois Carnot (t. 3, nº 1er sur l'art. 505) refuse cette compétence à la cour des Comptes ; il oppose que cette cour est une autorité *purement administrative* ; « or, dit-il, l'autorité judiciaire seule a compétence dans la juridiction extraordinaire créée par l'art. 505 inst. crim. » Mais Le Sellyer (t. 4, nº 1696, p. 542) répond que la cour des Comptes jouit des mêmes prérogatives (L. 16 sept. 1807) que la cour de Cassation ; que ses membres sont donc juges dans le sens de l'art. 388, inst. crim., et que, dès lors, ils doivent pouvoir user de la juridiction exceptionnelle de l'art. 505.

54. — Les conseils de guerre sont aussi de véritables tribunaux et les militaires qui y siégent de véritables juges. En conséquence ils sont investis de la juridiction extraordinaire créée par l'art. 505, et dès lors ceux qui les outragent, pendant qu'ils rendent la justice, doivent être punis des peines portées par l'art. 222, C. pén., contre l'outrage par paroles fait à des magistrats de l'ordre judiciaire dans l'exercice de leurs fonctions. — *Cass.*, 31 janv. 1845 (t. 1er 1845, p. 324), Schwartz. — V., au surplus, OUTRAGE.

55. — De quelques expressions glissées dans le discours du rapporteur de la commission du corps législatif il aurait pu sembler résulter que les tribunaux de simple police ne pouvant, en thèse générale, prononcer de peines correctionnelles, n'avaient point juridiction dans le cas extraordinaire de l'art. 505, inst. crim. Mais la généralité du texte l'attribue même à *un seul juge*. En effet, les peines de simple police sont *sans appel*, *de quelque tribunal ou de quelque juge qu'elles émanent*. Le juge de paix a donc juridiction comme juge civil ; or il n'est pas plus compétent, comme juge civil que comme juge de simple police, pour prononcer des peines correctionnelles ; d'où il faut conclure qu'en sa qualité de juge de simple police, il a la juridiction conférée par l'art. 505. — Le Sellyer, t. 4, nº 1695, p. 541 ; Legraverend, t. 1er, p. 536.

56. — Les maires siégeant en tribunal de police remplissent les mêmes fonctions que les juges de simple police ; ils ont donc les mêmes droits et la même compétence. — Legraverend, t. 1er, p. 537; Chassan, t. 2, nº 249.

57. — Elle appartient également au juge d'instruction ou au juge de paix procédant *publiquement* à une instruction. En effet, ils ont le caractère de juges, et même le propre de leur caractère de juge est d'être permanent. En outre, le cas de juges procédant publiquement à une instruction judiciaire est prévu spécialement dans l'espèce. — Le Sellyer, t. 4, p. 542, nº 1697 ; Chassan, t. 2, p. 519, nº 2052 ; Bourguignon, sur l'art. 505, t. 2, p. 453, nº 2; Carré, *Organ. jud.*, t. 4, p. 148, nº 276; Legraverend, t. 1er, p. 534.

58. — La juridiction extraordinaire créée par l'art. 505 est purement facultative. Le juge peut garder le silence ou appliquer la peine au délinquant immédiatement et séance tenante. — Legraverend, t. 1er, p. 535 ; Carnot, t. 3, sur l'art. 505, p. 397, nº 6 ; Bourguignon, t. 2, sur l'art. 505, p. 454 ; Carré, *Org. jud.*, t. 4, p. 149 ; Le Sellyer, t. 4, p. 537, nº 1693 ; Chassan, t. 2, p. 521, nº 2057.

59. — Si le juge veut user du droit que la loi lui confère, il doit se prononcer à l'instant même ; l'affaire qui l'occupe est suspendue. On dresse procès-verbal de l'infraction ; on interroge le prévenu, s'il est saisi ; on entend les témoins, et, l'incident vidé, le jugement prononcé, on continue l'instruction de l'affaire suspendue. L'on pense généralement que le tribunal se trouverait dessaisi s'il n'avait statué au moment fixé. — Legraverend, t. 1er, p. 535 ; Carnot, sur l'art. 505, inst. crim., t. 3, nº 2; Le Sellyer, t. 4, p. 538, nº 1693 ; Chassan, t. 2, p. 520, nº 2054 ; Bourguignon, *Jurisp. des Codes crim.*, sur l'art. 505, nº 3.

60. — Toutefois, Bourguignon (*Manuel*, sur l'art. 505) enseigne que le tumulte doit être, sans doute, immédiatement constaté, mais que le jugement peut être renvoyé. Suivant lui, s'il est nécessaire que le tumulte soit immédiatement réprimé et que les faits qui le constituent soient constatés sur-le-champ, ces motifs ne demandent pas que le jugement soit rendu à l'instant. Mais le même auteur professe une doctrine contraire dans sa *Jurisp. des Codes crim.*, nº 3, sur l'art. 505, et cette dernière opinion nous semble seule devoir être admise parce que la loi dit que les peines seront infligées *immédiatement après que les faits auront été constatés*. Si donc les juges veulent user de leur droit séance tenante, ils doivent surseoir au jugement de l'affaire principale et juger l'incident immédiatement ; il y aurait excès de pouvoir si l'incident était jugé après l'affaire primitive, et, par conséquent, recours utile en cassation. C'est le sentiment des auteurs précités.

61. — Que faudrait-il décider si l'incident était joint à l'affaire principale et jugé avec elle ?

62. — Legraverend (t. 1er, p. 535) et M. Le Sellyer (t. 4, p. 538, nº 1693) pensent que le tribunal excède ses pouvoirs si l'affaire principale n'est point suspendue, et s'il prononce sur l'incident *après ou en même temps*.

63. — Cette dernière opinion n'est point partagée par M. Chassan (t. 2, p. 520, nº 2054). « Il y aurait, sans doute, dit cet auteur, excès de pouvoir si l'on ne s'occupait de cet incident qu'après le jugement de l'affaire primitive ; mais il n'en saurait être de même si l'on prononçait en même temps. » C'est aussi ce qui se pratique assez souvent en prononçant en même temps sur le fonds et sur l'incident lorsque les réquisitions ou réser-

ves ont été faites d'abord ou qu'un procès-verbal a été dressé immédiatement après la perpétration de l'infraction.

64. — Compétens pour prononcer, séance tenante, immédiatement après que les faits auront été constatés, les peines encourues par l'infraction, le tribunal, le juge, sont sans juridiction s'ils ne procèdent pas sans désemparer ; la compétence attribuée par l'art. 505 leur échappe ; on doit suivre les voies ordinaires. — Chassan, t. 2, p. 525, no 2059; Carnot, sur l'art. 505, C. inst. crim., t. 3, p. 397, no 6 ; Legraverend, t. 1er, p. 535 ; Le Sellyer, t. 4, p. 538, no 1693.

65. — Ainsi, il a été jugé que lorsque les juges sont outragés en pleine audience, s'ils ne prononcent point séance tenante et immédiatement après avoir constaté les faits, la connaissance de l'affaire revient à la juridiction correctionnelle ordinaire. — *Cass.*, 19 mars 1812, Lebouvier.

66. — Le délit serait également réprimé suivant les formes et devant les tribunaux ordinaires s'il arrivait que l'incompétence du juge outragé eût été définitivement jugée dans le cas où il n'aurait été statué sur l'incident qu'après le jugement de l'affaire principale. — Chassan, t. 2, p. 521, no 2057.

67. — Rien, du reste, ne s'oppose à ce que le tribunal outragé, ne voulant pas juger l'incident, renvoie le prévenu en état de mandat d'amener devant le juge d'instruction. — Chassan, t. 2, p. 521, note 3e.

68. — Mais si le juge, usant du droit que lui accorde l'art. 505, procède séance tenante et immédiatement, peut-il être dessaisi pour cause de suspicion légitime?

69. — La cour de Cassation a décidé à cet égard que les tribunaux investis de la connaissance des outrages exercés soit contre eux collectivement, soit contre quelques-uns des membres qui les composent dans l'exercice de leurs fonctions, ne peuvent pas être dessaisis pour cause de suspicion légitime. — *Cass.*, 17 déc. 1824, Roques ; 27 août 1825, Lacurie. — Attendu « que le législateur s'est confié entièrement à l'honneur, à la délicatesse et à l'impartialité des magistrats. » — V. RENVOI POUR SUSPICION LÉGITIME.

70. — La juridiction des tribunaux ou du juge ne peut donc être déclinée ni à raison de leurs attributions, ni à raison de leurs opérations actuelles. — Legraverend, t. 1er, p. 534 ; Le Sellyer, t. 4, nos 1676, 1679, 1695 et suiv. ; Chassan, t. 2, p. 522, no 2058.

71. — Mais peut-elle être déclinée à raison de la qualité des délinquans? — En présence de l'art. 505, qui ne fait aucune distinction, Legraverend (t. 1er, p. 534), s'appuyant sur ce caractère de généralité, n'hésite pas à dire que cette juridiction ne peut être *déclinée à raison de la qualité des délinquans*.

72. — Par conséquent, d'après la doctrine de cet auteur, un magistrat, assistant comme simple particulier à l'audience, un pair de France, un député, durant son privilége, ne pourraient point exciper, pour se soustraire à la juridiction extraordinaire de l'art. 505, de leur qualité et se prévaloir, l'un des art. 479 et suiv., inst. crim., et les autres des art. 29, 43 et 44, Charte const.

73. — Telle est aussi l'opinion de Chassan. — « En effet, dit cet auteur (t. 2, p. 524, no 2058), contre le privilége on doit soutenir que la dignité de la justice est une loi constitutionnelle et qu'il importe à l'éclat de cette dignité que les atteintes qui lui sont portées soient à l'instant réprimées, quelle que soit la qualité du délinquant. — C'est ici une compétence particulière à laquelle la loi politique n'a pas plus entendu déroger qu'elle ne l'a voulu, en ce qui concerne les délits de publication et ceux dits politiques. Ces derniers délits, en effet, bien qu'attribués par la charte au jury, sont laissés à la décision du juge de l'audience, lorsqu'ils ont été commis en sa présence et dans l'enceinte même de l'audience ; la dérogation à la juridiction extraordinaire de l'art. 505, comme de l'art. 507, doit exister dans les deux hypothèses, ou elle ne doit être maintenue dans aucune. Or, comme la cour de Cassation juge avec raison qu'en ce qui concerne les délits politiques et ceux de publication commis à l'audience, la juridiction extraordinaire créée, soit par l'art. 505, soit par l'art. 181, C. inst. crim., est maintenue malgré la disposition de la charte de 1830 qui les attribue au jury, il faut penser qu'elle déciderait de la même manière en ce qui touche la qualité de magistrat, de pair ou de député dont pourrait exciper le délinquant ; et dès-lors il faut admettre que le juge devant lequel est commis le délit prévu par l'art. 505 peut en connaître à l'instant même, sans désemparer, sans être obligé de renvoyer devant une autre juridiction, ni d'attendre l'autorisation d'un corps politique, quelle que soit la qualité du délinquant. »

74. — On peut néanmoins présenter contre ce système quelques objections sérieuses.

75. — Ainsi, en ce qui concerne les magistrats, on ne peut oublier que l'art. 479, C. inst. crim., réglant une compétence spéciale, a disposé que, lorsqu'un juge de paix, un membre du tribunal correctionnel ou de première instance ou un officier du ministère public près l'un de ces tribunaux, sera prévenu d'avoir commis hors de ses fonctions un délit emportant une peine correctionnelle, il serait jugé par la cour royale.

76. — Or, la généralité des termes de cet article permet-elle de substituer à cette compétence toute spéciale et bien déterminée celle de l'art. 505, C. inst. crim.? — On peut hésiter à le penser et considérer comme plus conforme au texte de la loi le système qui reconnaît l'incompétence du tribunal ou du juge pour prononcer une peine contre le magistrat coupable d'injures ou voies de fait, avec tumulte en audience publique.

77. — D'un autre côté, l'art. 29, Charte constit., dispose qu'aucun pair ne peut être arrêté que de l'autorité de la chambre et jugé que par elle *en matière criminelle*. Le pair ne relève donc que de la chambre des pairs ; or, cette disposition n'est-elle pas dérogatoire à l'art. 505, C. inst. crim., à laquelle elle est postérieure? Et ne doit-on pas lui reconnaître d'autant plus de puissance qu'elle est écrite dans une loi constitutionnelle?

78. — Il est bien entendu, dans tous ces cas, que soit le magistrat, soit le pair de France, pourrait, dans le cas prévu par l'art. 504, être arrêté et conduit dans une maison d'arrêt s'il résistait aux ordres du président ou juge, ou s'il rentrait après avoir été expulsé ; la mesure ainsi prise n'étant point une peine mais une mesure de police.

79. — En ce qui concerne les députés, nous nous rangeons à l'opinion de M. Chassan, mais nous nous déterminons par une autre considération. Le député peut, sans l'autorisation préalable de la chambre, être poursuivi et arrêté, même pendant la durée du privilége, dans le cas de flagrant délit (art. 44, Charte constit.). Or, il s'agit bien ici d'un flagrant délit : le tribunal ou le juge est donc compétent à son égard, et il peut prononcer la peine séance tenante, malgré la qualité dont excipe le délinquant.

80. — Si l'outrage avait eu lieu en audience d'une cour d'assises, l'infraction serait jugée à l'exclusion du jury ; aussi a-t-il été jugé que la cour d'assises est compétente pour juger seule et sans le concours des jurés les délits commis à son audience. — *Cass.*, 27 fév. 1832, Raspail.

81. — Le Code d'instruction criminelle n'a point prévu le cas de menaces simples ni celui où le trouble est causé par un individu remplissant une fonction près le tribunal. Nous dirons quelques mots de l'un et de l'autre.

82. — Sous le rapport *des menaces*, il faut remarquer que, suivant l'art. 91, C. procéd., ceux qui menaceraient les juges *ou les officiers de justice* dans leurs fonctions doivent être saisis et déposés à l'instant dans la maison d'arrêt, interrogés dans les vingt-quatre heures et condamnés par le tribunal sur le vu du procès-verbal qui constatera le délit ; que les peines portées contre les délinquans sont une détention d'un mois au plus, et une amende de 25 fr. au moins et de 300 fr. au plus.

83. — Or, cet article aboli par l'art. 505, C. inst. crim., en ce qui concerne le tumulte, l'outrage accompagné de tumulte, et les voies de fait, demeure en vigueur en ce qui concerne les menaces ; nulle disposition législative qui l'ait abrogé sur ce point.

84. — Il suit de là que les simples menaces doivent être jugées et punies selon la juridiction et les formes réglées par l'art. 91, C. procéd.

85. — Or, comme dit très bien M. Chassan (t. 2, p. 531, no 2078), dans la catégorie des officiers de justice il faut ranger : 1o les membres du ministère public ; — 2o les greffiers ; — 3o les huissiers de l'audience ; — 4o les officiers ministériels ; — 5o les avocats. — V. aussi Carré, *Lois de la procéd.*, sur l'art. 90, t. 1er, p. 230, no 429.

86. — Il faut, d'après l'art. 91, distinguer entre l'arrestation et le jugement. C'est le président qui ordonne l'arrestation, mais le jugement est prononcé par le tribunal.

87. — D'où il faut conclure que si la menace est dirigée contre le président ou le juge-commissaire se livrant isolément à un acte de leur ministère, ils pourront faire saisir le coupable, mais qu'ils n'auront point de juridiction pour le juger.

88. — Deux hypothèses peuvent se présenter, dans le cas de l'art. 91, C. procéd. civ. — Ou bien le délinquant s'est évadé, ou il a été saisi.

89. — Si le délinquant s'est évadé, il peut être jugé sur le champ par le tribunal devant lequel il a commis l'infraction ; l'affaire est instruite séance tenante et la peine prononcée immédiatement ou au moins dans les vingt-quatre heures par le tribunal.

90. — La peine n'est prononcée que sauf l'opposition et le délai de cette opposition est de dix jours, mais pour qu'elle soit recevable le délinquant condamné doit se mettre en état de détention. — Art. 91, C. procéd.

91. — M. Massabiau (*Man. du proc. du roi*, t. 1er, no 211) dit que le jugement, quoique rendu par défaut, n'a pas besoin d'être signifié ; d'où il faut conclure que le délai de l'opposition court du jour du jugement.

92. — M. Chassan (t. 2, p. 131, no 2092) pense, malgré les termes de la disposition finale de l'art. 91, que le tribunal est libre de juger le délinquant qui n'est pas saisi ou de garder le silence ; d'où il conclut que, dans ce dernier cas, le délinquant sera ultérieurement poursuivi, dans la forme ordinaire, devant le tribunal de répression. Mais cette opinion peut être contestée.

93. — Il faut, en effet, remarquer la différence de rédaction qui existe entre l'art. 505 et cette disposition de l'art. 91. — Si, dans l'espèce de l'art. 505, la juridiction est facultative, c'est que le législateur dit que les juges *pourront* prononcer la peine ; mais il tient un autre langage dans le cas de l'art. 91 : il dit que si le délinquant ne peut être saisi, le tribunal *prononcera* dans les vingt-quatre heures, comme il dispose à l'art. 181, Inst. crim. : « Le tribunal, sans désemparer, *appliquera* les peines. » Or, d'après M. Chassan lui-même (t. 2, no 2057), les tribunaux sont investis d'une *juridiction forcée* dans l'espèce de l'art. 181. Ne peut-on pas penser qu'il en est de même dans le cas prévu par l'art. 91, qui enjoint aussi *impérativement* le jugement?

94. — Ne peut-on pas faire remarquer que la différence entre l'art. 181 et l'art. 91, c'est que l'art. 181 exige que les peines soient prononcées *sans désemparer*, tandis que l'art. 91 accorde un délai de vingt-quatre heures? On peut donc conclure de là que si le tribunal ne poursuit pas et n'a pas dressé procès-verbal de l'infraction, c'est qu'il n'a pas vu matière à poursuite, et que, s'il ne poursuit pas dans les vingt-quatre heures, quoiqu'il ait dressé procès-verbal, il y a là prescription en faveur du délinquant.

95. — Dans le cas où le délinquant est arrêté, M. Chassan (no 2086) pense également que le tribunal peut, comme dans le cas de sa non-présence, le juger même dans les vingt-quatre heures ; car c'est du même tribunal que s'occupent les deux paragraphes de l'art. 91, C. procéd.

96. — Au surplus, par ces mots *le tribunal*, le Code ne désigne pas nécessairement celui devant lequel l'infraction a été commise : ce qui le démontre, c'est que, bien qu'il exige que le prévenu soit interrogé dans les vingt-quatre heures, il ne détermine pas le délai dans lequel le tribunal doit prononcer, à la différence de l'art. 557, C. 3 brum. an IV, sur lequel est calqué l'art. 91, C. procéd., et qui portait que dans les vingt-quatre heures suivantes le tribunal condamnera, et non interrogera. Ainsi le jugement peut intervenir huit, quinze, vingt jours après. Une juridiction, pour être extraordinaire, devrait être rapide et s'exercer pour ainsi dire sur-le-champ et sans désemparer. Au reste, l'art 91 lui-même prévoit qu'il en pourra être ainsi, car il règle le mode de la preuve et exige qu'elle soit consignée sur le procès-verbal.

97. — Tous les tribunaux jouissent, dans le cas que nous venons de prévoir de l'art. 91, du privilége de la juridiction exceptionnelle créée par cet article.

98. — Les peines que le juge est autorisé à prononcer dans les cas qui précèdent, sont ou de simple police ou correctionnelles. — C. procéd. civ., art. 91 ; C. inst. crim., art. 505.

99. — Les peines de simple police sont ici prononcées sans appel, de quelque tribunal ou juge qu'elles émanent ; c'est une exception à la règle par laquelle les jugemens de simple police prononçant un emprisonnement ou des amendes, restitutions et autres réparations civiles excédant la somme de 5 fr., peuvent en général être attaqués par la voie de l'appel. — Le Sellyer, t. 4, p. 545 et 546, no 1699 ; Chassan, *Dél. et contrav. de la parole*, t. 2, p. 527, no 2064 ; Legraverend, t. 1er, p. 534.

100. — Mais les peines correctionnelles ne sont prononcées qu'à la charge de l'appel, si la condamnation a été portée par un seul juge ou par un tribunal sujet à l'appel. Cette décision doit être suivie lors même que ce tribunal serait celui du chef-lieu d'un département ; car ces tribunaux, compétens pour prononcer en dernier ressort sur les

appels de police correctionnelle, rendent des jugemens sujets à l'appel (C. inst. crim., art. 200 et 201), pour des délits commis dans leur propre ressort. — Carnot, t. 3, sur l'art. 505, n° 3; Bourguignon, *Jurispr. des C. crim.*, sur l'art. 505, n° 5; Le Sellyer, t. 4, p. 546, n° 1700; Legraverend, t. 1er, p. 534; Chassan, t. 2, p. 527 et 528, n° 2066.

101. — Mais le jugement prononcé en vertu de l'art. 505 serait susceptible de recours en cassation, cette voie étant ouverte contre tout jugement, même contre ceux non susceptibles d'appel; la loi n'apporte ici aucune exception à la règle générale. — Carnot, t. 3, sur l'art. 505, n° 3; Le Sellyer, t. 4, p. 546, n° 1701; Chassan, t. 2, p. 528, n° 2064.

102. — En ce qui concerne le cas où les délits sont commis par une personne exerçant quelque fonction près le tribunal, V. *infrà* nos 210 et suiv.

103. — 1° *Conseil d'état.* — Le conseil d'état n'a point la juridiction créée par l'art. 505. Les dispositions applicables à ses séances publiques sont celles des art. 89 et suiv., C. procéd. civ. — L. 22 juill. 1845, art. 26. — V. *suprà* nos 14 et suiv.

104. — Bien que les dispositions des art. 89 et 91, C. procéd., 504 et 505, C. inst. crim., soient, comme nous l'avons vu, applicables aux juges de paix, cependant les art. 10, 11 et 12, C. procéd., contiennent des dispositions qui ont été édictées uniquement en faveur de ces magistrats. — Chassan, t. 1er, p. 457, n° 576.

105. — Ainsi, aux termes de l'art. 10, les parties qui ne s'expliqueraient pas avec modération et respect doivent être rappelées à l'ordre par le juge. En cas de récidive, elles peuvent être condamnées à une amende qui ne doit pas excéder la somme de 10 fr., avec affiches du jugement, dont le nombre n'excède pas celui des communes du canton. — C. procéd., art. 10.

106. — Et l'art. 11 dispose que, dans le cas d'insulte ou d'irrévérence grave envers le juge, il en dressera procès-verbal, et pourra condamner à un emprisonnement de trois jours au plus.

107. — Cette compétence est encore en vigueur; elle est facultative. Elle s'applique à toutes les audiences tenues par le juge de paix; car la loi ne distingue point entre l'audience publique et l'audience à huis-clos. — Chassan, t. 2, p. 536, n° 2095.

108. — Le juge de paix peut donc prononcer, en vertu des art. 10 et 11, C. procéd., 1° une amende au maximum de 10 fr.; 2° affiches du jugement; 3° emprisonnement de trois jours au plus.

109. — Dans ces cas, les jugemens sont exécutoires par provision (C. pr., art. 12). Mais Carré (*Lois sur la procéd.*, sur l'art. 12, t. 1er, p. 23), Thomine Desmazures (t. 1er, p. 68), Chassan (p. 551, n° 2129) et Chauveau sur Carré (t. 1er, p. 52, art. 12, not. add.), pensent que le jugement est susceptible d'appel.

110. — On peut dire, en effet, à l'appui de ce système, qu'il s'agit d'un véritable jugement, d'une peine véritable, puisqu'il y a emprisonnement; qu'en outre l'amende, s'élevant déjà à 10 fr., peut s'aggraver de l'autorisation relative à l'affiche, et devenir une peine pécuniaire très forte. Or, la matière est appelable lorsqu'il existe une condamnation à 5 fr. d'amende. On peut ajouter que la circonstance que le jugement est exécutoire par provision ne paraîtrait pas de nature à faire un obstacle absolu à l'appel, puisque l'exécution provisoire n'est pas obligatoire et que la justice peut ne pas y recourir.

111. — Il paraît néanmoins résulter de la discussion qui a eu lieu au conseil d'état que l'ordonnance du juge de paix ne serait pas sujette à l'appel, même en cas d'emprisonnement de trois jours; mais qu'elle pourrait donner lieu à la prise à partie. — Locré, t. 21, p. 44.

112. — Mais le juge de paix doit toujours dresser procès-verbal. — Locré, t. 21, p. 181. — C. procéd., art. 11.

Sect. 3e. — *Délits autres que ceux relatifs au respect dû à la justice et à ses officiers.*

113. — Ces délits peuvent se présenter dans trois hypothèses, soit qu'il s'agisse 1° de délits communs; 2° de délits résultant de discours ou écrits produits à l'audience; 3° de délits disciplinaires.

§ 1er. — *Délits communs.*

114. — L'art. 181, C. inst. crim., dispose que « s'il se commet un délit correctionnel dans l'enceinte et pendant la durée de l'audience, le président dressera procès-verbal du fait, entendra le prévenu et les témoins, et le tribunal appliquera, sans désemparer, les peines prononcées par la loi. — Cette disposition aura son exécution pour les délits correctionnels commis dans l'enceinte et pendant la durée des audiences des cours, et même des audiences du tribunal civil, sans préjudice de l'appel de droit des jugemens rendus dans ces cas par les tribunaux civils ou correctionnels. »

115. — L'art. 181, C. inst. crim., ne parle que de délits correctionnels. Mais on pense généralement que les tribunaux, compétens pour les délits, le sont également pour les contraventions, et que, par conséquent, ils peuvent prononcer, séance tenante, les peines applicables aux délinquans. — On s'appuie sur la maxime *qui peut le plus peut le moins.* — Legraverend, t. 1er, p. 539; Carnot, sur l'art. 181, t. 2, p. 14; Bourguignon, sur l'art. 181, t. 1er, p. 413; Le Sellyer, t. 4, p. 255, n° 1678; Chassan, t. 2, p. 543, n° 2115.

116. — On peut cependant faire observer que l'art. 181 a un caractère exceptionnel; d'où il semble résulter que ce qui n'est pas classé expressément dans l'exception doit rentrer dans le droit commun. On peut objecter en outre que la maxime *qui peut le plus peut le moins* n'a pas de puissance lorsqu'il s'agit de juridiction; autrement que deviendrait la règle du double degré?

117. — Si des contraventions étaient commises à l'audience d'un tribunal de simple police, ces tribunaux ayant, par leurs attributions, le droit de prononcer en pareille matière, et pouvant même, aux termes des art. 147 et 169, être saisis sans citation préalable, il en résulte qu'ils seraient compétens pour les apprécier. — Le Sellyer, t. 4, p. 526, n° 1678; Carnot, *C. instr. crim.*, sur l'art. 181, t. 2, p. 14; Chassan, t. 2, p. 543, n° 2116.

118. — Toutefois M. Legraverend (t. 1er, p. 540), contrairement à l'opinion des auteurs précités, excepte le cas où ce serait le maire qui siégerait en tribunal de police, et où il s'agirait d'un fait du nombre de ceux qui appartiennent au tribunal de police, présidé par le juge de paix: car, dit-il, le lieu ne saurait lui donner une attribution que la loi lui refuse.

119. — Quant au juge de paix considéré comme juge civil, MM. Le Sellyer et Legraverend pensent qu'il ne saurait avoir cette attribution; aucun texte ne lui accorderait le droit de punir des contraventions autres que celles qui sont contraires au respect dû à la justice. — Le Sellyer, t. 4, p. 526, n° 1678; Legraverend, t. 1er, p. 540. — Au contraire Carnot (sur l'art. 181, t. 2, p. 14) pense qu'il est compétent; il se fonde sur le motif que le juge de paix réunit le double caractère de juge de paix et de juge de police, et que le renvoi n'aurait d'autre effet que d'entraîner une involution complétement inutile de procédure.

120. — Dans tous les cas, on ne saurait, même en matière de contravention commise à leur audience, reconnaître aucune attribution aux tribunaux de commerce, maritimes ou militaires; car ils n'ont par leur institution aucune compétence correctionnelle ou de simple police. — Le Sellyer, t. 4, p. 528; Carnot, sur l'art. 181, n° 6.

121. — Quant aux délits, la loi n'en exceptant aucun, les comprend tous, quels qu'ils soient. Dès qu'ils sont commis dans l'enceinte et pendant la durée de l'audience, ils sont justiciables du tribunal à l'audience duquel ils ont eu lieu et dans les attributions réglées par notre article. — Boitard, *Inst. crim.*, p. 294 et 295; Chassan, t. 2, p. 539 et 540, nos 2104 et suiv.

122. — Pour l'application de la peine édictée par l'art. 181, il faut le concours de ces trois circonstances: 1° qu'il s'agisse d'un délit correctionnel; — 2° qu'il ait été commis dans le lieu où le tribunal tient ses séances; — 3° qu'il l'ait été pendant la durée de l'audience. — Ces conditions sont exigées cumulativement par l'article lui-même, qui est un article d'exception et ne saurait être étendu. — Le Sellyer, t. 4, p. 533, n° 1687.

123. — Dans le cas de l'art. 181, la compétence n'est point facultative comme dans l'hypothèse de l'art. 505; elle est impérative et elle appartient au tribunal devant lequel le délit a été commis. Celui-ci a seul juridiction pour statuer. — Chassan, t. 2, p. 522 et 540, nos 2038 et 2104.

124. — Il en serait autrement si le tribunal n'avait point eu connaissance du délit; il peut se faire, en effet, que l'infraction ait lieu en l'absence du tribunal qui est retiré, par exemple, dans la chambre du conseil, ou que le fait coupable n'ait pas eu le moindre éclat. Dans ces hypothèses, le tribunal a pu ne pas porter un jugement; toutefois il y a délit; il y a lieu à l'application des peines édictées contre lui. Les tribunaux ordinaires pourront donc être saisis. — Chassan, t. 2, p. 540, note 2e.

125. — L'art. 181 est exceptionnel; ses dispositions ne doivent donc pas être étendues. Or, il n'accorde de juridiction qu'aux tribunaux ordinaires; il prend même soin de les désigner; ce sont: les cours et les tribunaux civils.

126. — Le mot *cours* comprend toutes les cours qui exercent une juridiction générale; car il est employé sans restriction par la loi; le privilége est applicable à toutes, et dès-lors à la cour de Cassation, aux cours royales et aux cours d'assises. — Legraverend, t. 1er, p. 538; Chassan, t. 4, p. 541, n° 2105; Le Sellyer, t. 4, p. 525, n° 1677.

127. — Faut-il en dire autant de la cour des comptes? — Non, suivant M. Legraverend (t. 1er, p. 539), attendu que cette cour ne connaît ordinairement que des matières de comptabilité, et qu'elle est une autorité purement administrative (Carnot, sur l'art. 505, t. 3, n° 1); or, l'autorité judiciaire est seule compétente pour appliquer des peines. — M. Le Sellyer est d'un avis contraire: il pense que cette cour est évidemment comprise dans l'expression *cours*; qu'elle jouit des mêmes prérogatives que la cour de Cassation (L. 16 sept. 1807, art. 7), ce qui s'applique, sans aucun doute, à l'art. 181, et que ses membres doivent être considérés comme juges dans le sens de l'art. 383, C. inst. crim.

128. — Les raisons sur lesquelles se fonde M. Le Sellyer ne nous paraissent point péremptoires. En effet, d'une part il semble évident que la loi n'a voulu parler que des cours *essentiellement judiciaires*, car l'art. 181 appartient au livre 2 portant pour rubrique: *De la justice*, et au chap. 2 qui s'occupe principalement des tribunaux en matière correctionnelle; et d'autre part, de ce que les membres de la cour des comptes devraient être considérés comme juges dans le sens de l'art. 383, C. inst. crim., et par suite exemptés des fonctions de jurés, il n'en résulterait pas la conséquence qu'ils ont compétence dans l'espèce de l'art. 181; car les juges de paix sont compris, sans difficulté, dans la disposition de l'art. 383; tout le monde le reconnaît (V. Le Sellyer, t. 3, p. 500, n° 1117); et cependant il faut décider que l'art. 181 n'est point applicable aux juges de paix.

129. — La nature exceptionnelle de l'art. 181 et son silence s'opposent à ce que la juridiction, qu'il attribue restrictivement au tribunal civil, soit étendue aux tribunaux de commerce, maritimes, militaires, et aux juges de paix. — Legraverend, t. 1er, p. 538 et 539; Le Sellyer, t. 4, p. 521, nos 1674, 1675 et 1676.

130. — La forme de procéder est simple et rapide. On dresse procès-verbal du fait incriminé; le prévenu est interrogé; les témoins sont entendus; le délit est jugé de suite et la peine appliquée, sans désemparer. — C. inst. crim., art. 181.

131. — Du reste, le procès-verbal n'est prescrit sous aucune peine de nullité; son absence ne serait donc pas un motif suffisant pour faire annuler un jugement ou un arrêt suffisamment motivés. — Carnot, t. 3, sur l'art. 181, n° 8; Le Sellyer, t. 4, p. 528, n° 1680; Chassan, t. 2, p. 542, n° 2107.

132. — Jugé, en effet, que le délit commis à l'audience d'un tribunal est constaté d'une manière suffisante par le jugement qui l'a réprimé à l'instant même, encore bien qu'il n'en ait pas été dressé procès-verbal. — *Cass.*, 10 avr. 1817, Savin.

133. — Les motifs qui requièrent un procès-verbal du délit demandent avec la même force l'insertion de l'interrogatoire du prévenu et de la déposition des témoins. Leur absence priverait une autre juridiction, appelée à prononcer, des élémens nécessaires pour prendre une résolution. — Carnot, t. 3, sur l'art. 181, n° 8; Le Sellyer, t. 4, p. 529, n° 1681.

134. — La poursuite du délit n'est point non plus subordonnée à la plainte de la partie lésée. La loi ne requiert pas cette intervention; de plus, le tribunal peut agir d'office. Néanmoins il est de principe que cette partie peut intervenir en tout état de cause jusqu'à la clôture des débats. — Le Sellyer, t. 2, nos 565 et suiv. — V. INTERVENTION.

135. — Il n'est pas nécessaire que la répression soit provoquée par le ministère public. Le tribunal peut, doit même agir d'office; l'art. 181 lui prescrit de juger sans désemparer. — Chassan, p. 542, n° 2109; Le Sellyer, t. 4, p. 530, n° 1683; Carnot, t. 3, sur l'art. 181, n° 10.

136. — Mais le ministère public devrait être entendu s'il demandait à prendre des conclusions. Et si le droit de conclure lui était refusé, le jugement pourrait même être annulé sur le motif de ce refus. Mais la nullité procéderait non de la violation de l'art. 181, mais bien de celle des art. 408 et 411, même code. — Le Sellyer, t. 4, p. 530 et 531, n° 1684; Carnot, t. 3, sur l'art. 181, n° 10. — V. MINISTÈRE PUBLIC.

137. — Si la partie lésée n'était pas intervenue à l'audience, serait-elle recevable à réclamer devant les tribunaux civils des dommages-intérêts contre le prévenu? — On pense généralement qu'elle aurait ce droit si le prévenu était con-

DÉLIT D'AUDIENCE, sect. 3e.

DÉLIT D'AUDIENCE, sect. 3e.

damné; cette opinion se fonde sur l'art. 3, d'après lequel l'action civile peut être poursuivie devant d'autres juges que l'action criminelle. — Carnot, t. 3, sur l'art. 181, no 11; Le Sellyer, t. 4, p. 531, no 1685; Chassan, t. 2, p. 542, no 2114.

138. — Mais ce droit lui appartiendra-t-il si le prévenu a été acquitté? — M. Le Sellyer (t. 4, p. 531, no 1685, et t. 5, p. 453 et suiv., no 2485) pense que la partie lésée ne pourra réclamer aucune indemnité devant les tribunaux civils. Du reste, la solution se lie intimement à la question de l'influence du criminel sur le civil. — V. CHOSE JUGÉE.

§ 2. — *Délits résultant de discours ou écrits produits en justice.*

139. — La défense doit être libre, et d'un autre côté le respect est dû à la vie privée; chacun de ces principes a ses exigences, et il est assez difficile de fixer leurs limites respectives. Il importait donc de tracer à cet égard quelques règles précises.

140. — L'art. 23, L. 17 mai 1819, dispose ainsi: « Ne donneront lieu à aucune action en diffamation ou injure les discours prononcés ou les écrits produits devant les tribunaux; pourront néanmoins les juges saisis de la cause, en statuant sur le fond, prononcer la suppression des écrits injurieux ou diffamatoires et condamner qui il appartiendra en des dommages-intérêts. — Les juges pourront aussi dans le même cas faire des injonctions aux avocats et officiers ministériels, ou même les suspendre de leurs fonctions. — La durée de cette suspension ne pourra excéder six mois; en cas de récidive, elle sera d'un an au moins et de cinq ans au plus. »

141. — Le même article ajoute: « Pourront toutefois les faits diffamatoires *étrangers à la cause* donner ouverture soit à l'action publique, soit à l'action civile des parties, lorsqu'elle leur aura été réservée par les tribunaux, et, dans tous les cas, *à l'action civile* des tiers. »

142. — On a mis en doute si l'art. 23 s'applique aux discours oraux; on a prétendu qu'il n'était applicable qu'aux écrits produits devant les tribunaux, la suppression ne pouvant frapper que les écrits. Le texte même de l'article réfute un pareil argument; il concerne les discours *prononcés* comme les discours *produits*. — Chassan, t. 2, p. 545, note 1re.

143. — Et c'est en effet ce qui a été formellement jugé par la cour de *Bordeaux*, le 7 août 1844 (t. 1er 1845, p. 539), Ballanger.

144. — En vertu du principe que la défense doit être libre, l'accusé a le droit de dire, tant contre la personne du témoin que contre sa déposition, tout ce qui peut être utile à sa défense; mais s'il sort en usant de ce droit des bornes d'une légitime défense, il appartient au président de l'y faire rentrer, et à la cour ou au tribunal de prononcer à cet égard des peines et des dommages-intérêts, s'il y a lieu. — *Cass.*, 23 août 1838 (t. 1er 1839, p. 40), Delormel c. Martin.

145. — Les plaidoiries doivent donc être modérées, exemptes surtout, comme l'indique la loi de 1819, de toute imputation injurieuse ou diffamatoire étrangère à la cause; la violation de ces règles donne lieu à des réparations qui peuvent ne point s'arrêter à la partie. — Chassan, t. 1er, p. 91; de Grattier, *Comment. sur les lois de la presse*, t. 1er, p. 232.

146. — Ainsi il a été jugé avec raison que des imputations injurieuses et diffamatoires produites dans une plaidoirie en la présence et sans opposition de la partie, donnent lieu contre celle-ci à des dommages-intérêts. — *Bordeaux*, 7 août 1844 (t. 1er 1845, p. 539), Ballanger.

147. — Par conséquent, un avocat ne peut, même en présence du client, plaider des faits diffamatoires étrangers à la cause, qui lui auraient été révélés par celui-ci. — *Rouen*, 7 mars 1835, Maubert c. Boudet. — Chassan, t. 1er, p. 91.

148. — Mais lorsque le défenseur d'un prévenu de diffamation soutient dans sa plaidoirie que les faits imputés sont vrais et s'efforce de les prouver, le tribunal ne peut considérer cette nouvelle imputation comme constituant de la part du prévenu, qui ne désavoue pas son avocat, un nouveau délit de diffamation; il n'y a lieu qu'à l'application des dispositions répressives de l'art. 23, L. 17 mai 1819. — *Lyon*, 16 fév. 1826, Bœuf.

149. — Ainsi qu'on l'a vu, les faits diffamatoires contenus dans des écrits produits en défense devant les tribunaux ne peuvent donner lieu à une plainte en diffamation qu'autant qu'ils sont *étrangers à la cause*. — *Cass.*, 2 avr. 1825, Thirrion. — V. conf. Chassan, t. 1er, p. 88; de Grattier, t. 1er, p. 274, no 41; Mangin, t. 1er, p. 335, no 155.

150. — Jugé que l'art. 23, L. 17 mai 1819, qui porte que les écrits produits devant les tribunaux ne donnent lieu à aucune action en diffamation, ne protége que les écrits produits dans un intérêt de légitime défense, et n'est pas applicable à une publication faite en dehors de tout débat judiciaire, et inutile à la défense. — *Cass.*, 23 mars 1844 (t. 2 1844, p. 149), Delauny.

151. — L'expression *écrits produits*, contenue dans l'art. 33, L. 17 mai 1819, ne peut être restreinte dans son application aux écrits signifiés: un écrit est censé produit, dans le sens de cet article, dès qu'il est constant qu'il a été distribué aux juges saisis de l'affaire, quand même il n'aurait été ni signé ni signifié. — *Cass.*, 27 déc. 1834, Biadelli c. Podesta; 12 sept. 1829, Michel; 3 juin 1825, Valade c. Chapoulaud; 6 fév. 1829, Thirion; — Chassan, t. 1er, p. 91, no 125; Mangin, *Act. publ.*, t. 1er, p. 327, no 153; de Grattier, t. 1er, p. 235, no 8.

152. — Mais si le mémoire, quoique répandu dans le public, n'avait pas été distribué aux juges, on ne pourrait leur en demander la suppression. Il faudrait suivre la voie ordinaire. — *Rouen*, 7 mars 1835, Chassan.

153. — Quant aux imputations diffamatoires, *étrangères à la cause*, elles ne donnent ouverture à l'action de la partie lésée ou à l'action publique qu'autant que cette action a été réservée. — L. 17 mai 1819, art. 23.

154. — Lorsque le juge n'a ni réprimé ni réservé l'action, il y a présomption que l'accusé n'est pas sorti des bornes d'une défense légitime. — *Cass.*, 23 août 1838 (t. 1er 1839, p. 40), Delormel c. Martin.

155. — Jugé spécialement qu'une plaidoirie ou un mémoire produit dans le cours d'un procès ne peuvent donner lieu à une action en diffamation qu'autant que cette action a été réservée par le tribunal saisi de la contestation, et que de plus il a été déclaré par ce tribunal que les faits diffamatoires étaient étrangers à la cause. — *Cass.*, 6 fév. 1829, Thirion c. Charbonnier; 3 mars 1837 (t. 2 1837, p. 35), Beaurin; — Chassan, t. 1er, p. 92 et suiv.

156. — On ne peut considérer comme un écrit produit en justice dans le sens de la loi précitée une plainte injurieuse pour un individu avec lequel le plaignant n'était pas en procès, par cela seul qu'elle a été déposée dans un greffe et suivie d'une ordonnance non contradictoire portant qu'il n'y avait lieu à suivre; et en conséquence l'action en diffamation est recevable à raison de cette plainte, quoiqu'elle n'ait pas été réservée par l'ordonnance. — *Cass.*, 22 août 1828, Clin c. Dienne.

157. — Bien qu'il soit vrai, comme il vient d'être dit, que, si l'action n'a pas été réservée, la poursuite ultérieure est irrégulière, ce principe néanmoins ne reçoit d'application que lorsqu'il s'agit des parties. — Car on a vu que *les tiers* sont toujours admis à se plaindre des imputations diffamatoires, et à se pourvoir par voie de réparation civile. Mais la doctrine et la jurisprudence se divisent dans l'application de cette règle par rapport aux témoins.

158. — D'une part, M. Chassan (t. 1er, p. 92) refuse l'action aux témoins lorsqu'elle ne leur a pas été réservée. — Au contraire, MM. de Grattier (sur l'art. 23, L. 17 mai 1819, t. 1er no 23) et Parant (p. 102) la leur accordent. Dans ce dernier système on dit que le témoin n'est point partie au procès; or, la loi fait une exception pour le tiers, et cette disposition doit profiter au témoin. — Dans l'autre système, on soutient que l'accusé a le droit de dire, tant contre la personne du témoin que contre sa déposition, tout ce qui peut être utile à sa défense, et que, si ses paroles prennent le caractère d'un délit, le tribunal doit prononcer; il a juridiction forcée, car le cas est réglé par l'art. 181.

159. — C'est dans ce sens que la cour de Cassation a prononcé: elle a jugé que, s'il n'y a pas eu répression immédiate des imputations dirigées par l'accusé contre les témoins dans l'intérêt de la défense, ceux d'entre eux qui se prétendent diffamés ne peuvent ultérieurement actionner celui-ci devant le tribunal correctionnel qu'autant que la cour d'assises a réservé l'action. — *Cass.*, 23 août 1838 (t. 1er 1839, p. 40), Delormel c. Martin.

160. — Jugé, en sens contraire, que le témoin qui prétend avoir été diffamé par les explications qu'a présentées dans le cours des débats un prévenu ou un accusé peut former plus tard une action en diffamation, bien que des réserves n'aient pas été prononcées en sa faveur, le témoin devant être considéré comme un tiers protégé par l'exception posée dans la loi. — *Caen*, 13 juin 1844 (t. 2 1844, p. 452), Bessin c. Lepetit.

161. — Au reste, il a été jugé que, lorsque la partie diffamée ou injuriée intente une action en dommages-intérêts, sans se l'être préalablement fait réserver, et que le défendeur, non seulement n'invoque pas cette fin de non-recevoir, mais défend au fond et forme même une demande reconventionnelle, il ne peut, s'il succombe en première instance, opposer pour la première fois en appel l'exception tirée du défaut de réserve. — *Cass.*, 7 août 1844 (t. 2 1844, p. 526), Jacques c. Sainson; — Chassan, t. 2, no 2124.

162. — L'art. 23, L. 17 mai 1819, qui met à l'abri de toute poursuite les discours prononcés devant les tribunaux, pour la défense des parties, ne s'applique qu'aux diffamations commises envers les parties ou des tiers, et ne couvre pas les discours qui constituent les délits politiques. — *Cass.*, 27 fév. 1832, Raspail; *Bourges*, 27 nov. 1823, Chauvrat; 19 mai 1827, Maréchal. — V. conf. Parant, p. 136; Chassan, t. 1er, p. 367.

163. — Si l'écrit incriminé attaque l'ordre public, les lois, par exemple, la religion, la morale, le gouvernement, il peut se présenter deux hypothèses: ou l'écrit n'a été distribué qu'aux juges et aux parties; ou, en outre, il a été distribué au public. Dans le premier cas, si l'écrit a été lu à l'audience, la compétence du tribunal est exclusive dans le sens de l'art. 181; il en serait autrement s'il avait déclaré l'action réservée; si l'écrit, quoique produit, n'a pas été lu, il peut être poursuivi, suivant les circonstances. Dans le second cas, l'écrit peut être poursuivi devant le tribunal compétent ordinaire. Le fait de cette distribution tombe sous la juridiction de droit commun, soit que le délit attaque l'ordre public, soit qu'il attaque les particuliers. — Chassan, t. 2, p. 546, no 2123.

164. — Sous l'empire du Code du 3 brum. an IV, c'était par voie de demande incidente devant le tribunal saisi de la contestation qu'un avoué ou défendeur injurié à l'audience par la partie adverse, soit dans les plaidoiries, soit dans les mémoires, devait se pourvoir en réparation. Il ne pouvait faire ultérieurement de sa plainte l'objet d'une action principale. — *Cass.*, 18 messid. an XII, Lecerf c. Blin; 18 flor. an VII, Duronceroy c. Chauvin; 3 brum. an X, Grandjean Beaucourt; 5 messid. an X, Jaubert; 18 prair. an XII, Guédet c. Labrouche; — Chassan, p. 89; Merlin, *Rép.*, vo *Injure*, § 6.

165. — Aujourd'hui, bien que l'avocat ne soit point partie dans la cause, comme il a la faculté de réclamer instantanément, il doit être entièrement assimilé aux parties; mais il n'y a que les faits diffamatoires étrangers à la cause qui puissent donner lieu à une action ultérieure; encore faut-il, comme il a été dit, qu'elle ait été réservée.

166. — Ainsi, la répression des injures proférées à l'audience par l'une des parties contre l'avocat de l'autre appartient à la police de l'audience, et c'est devant le tribunal saisi de la cause principale que l'avocat injurié doit en demander la réparation. A défaut de réclamation, il est présumé y avoir renoncé, et il n'est plus recevable à en faire l'objet d'une plainte ultérieure en injures verbales. — *Cass.*, 16 août 1806, Desperrier c. Dusseré; 25 mars 1807, Rivière c. Bellant.

167. — L'attribution que confère l'art. 233 s'étend à la calomnie; celle-ci se confond aujourd'hui avec la diffamation; il ne peut plus exister de distinction entre ces deux délits depuis la loi du 17 mai 1819, qui a abrogé formellement l'art. 377, C. pén. — V. CALOMNIE, DIFFAMATION.

168. — C'est pourquoi les tribunaux civils peuvent statuer sur les allégations et imputations qui constituent la *diffamation* (ou le prétendu délit de *calomnie*), comme ils statuaient sous l'empire de l'art. 377, C. pén. (aujourd'hui abrogé), à l'égard des imputations et des injures contenues dans les écrits relatifs à la défense des parties. — *Cass.*, 3 juin 1825, Valade c. Chapoulaud.

169. — Trois sortes de condamnations peuvent résulter des dispositions de l'art. 23, L. 17 mai 1819: 1o la suppression des écrits imprimés ou non; 2o des dommages-intérêts prononcés au profit des parties au procès; 3o des condamnations corporelles ou pécuniaires; 4o des condamnations disciplinaires.

170. — Les juges de la cause sont seuls compétens pour apprécier les discours prononcés et les écrits produits devant eux, pour réprimer disciplinairement les faits diffamatoires relatifs au procès, pour reconnaître s'il y en a d'étrangers à la cause, et pour réserver l'action à ce sujet. — *Bastia*, 27 déc. 1834, Biadelli c. Podesta.

171. — Quant aux écrits diffamatoires, il est requis qu'ils aient été distribués au tribunal, pour que celui-ci ait juridiction. On ne peut donc, incidemment à une instance, demander devant une cour la suppression d'un mémoire qui n'a point été distribué aux membres de cette cour. — *Rouen*, 7 mars 1835, Maubert c. Boudet; *Cass.*, 12 sept. 1829, Michel; 24 déc. 1830, Lacournade.

172. — L'attribution créée par l'art. 23, L. 17 mars 1819, appartient à tous les tribunaux, de quelque nature qu'ils soient, même ceux de la juridiction

extraordinaire. Cet article n'établit aucune distinction entre les écrits produits devant les tribunaux ordinaires et ceux qui sont produits devant les tribunaux d'exception ; la liberté de la défense doit être tout aussi entière et tout aussi complète devant les tribunaux d'exception que devant les autres. — *Cass.*, 21 juill. 1838 (t. 2 1838, p. 199), Mottet c. Grandjean.

175. — La cour d'assises est compétente pour juger seule, et sans le concours des jurés, les crimes ou délits commis à son audience, soit qu'ils l'aient été à l'occasion du fait de l'accusation, soit qu'ils proviennent d'un fait entièrement étranger. — *Pau*, 27 fév. 1832, Raspail. — V. conf. Chassan, t. 1er, p. 82.

174. — La suppression d'écrits produits devant les tribunaux ne peut être ordonnée par les juges saisis de la contestation que si ces écrits renferment des faits ou des imputations étrangères au procès et aux moyens de la cause, et si par cela même ils sont réputés n'avoir été produits que dans l'intention de diffamer. — *Colmar*, 5 mars 1845 (t. 2 1845, p. 269), Ostertay c. Ratisbonne ; *Cass.*, 16 nov. 1843 (t. 1er 1845, p. 127, Cornède-Miramont c. Boudousquié ; 23 mars 1844 (t. 2 1844, p. 149), Delahney c. de G... ; 7 août 1844 (t. 2 1844, p. 527), Jacques c. Sainson ; *Bordeaux*, 7 août 1844 (t. 1er 1845, p. 539), Ballanger.

175. — Le tribunal, mal à propos saisi d'une injure simple, est néanmoins compétent pour statuer sur le nouveau délit commis par le prévenu, en répétant à l'audience la même injure qui n'avait pas encore reçu de publicité. — *Cass.*, 10 avr. 1817, Savin.

176. — La cour de Cassation peut d'office ordonner la suppression des mémoires produits devant elle, lorsqu'ils contiennent des expressions injurieuses pour les juges qui ont rendu l'arrêt attaqué, ou pour les parties. — *Cass.*, 11 janv. 1808, Fox-Low ; 10 thermid. an X, Rocolle ; 14 brum. an XI, Tirel ; 28 fév. 1807, Chazot ; 17 mars 1808, Meunier ; — de Grattier, t. 2, p. 126.

177. — C'est là un point certain. Dans l'affaire du général Donadieu, la cour de Cassation supprima comme injurieuse envers l'un des membres de la cour qui avait rendu l'arrêt attaqué, l'adhésion apposée par l'un des avocats au bas d'une consultation produite à l'appui du pourvoi.

178. — Lorsque les discours proférés dans sa défense par un prévenu, en matière de presse, ne sont ni la reproduction ni les développemens des écrits incriminés, la cour d'assises peut les considérer comme constitutifs de délits nouveaux, différens de ceux de la poursuite, quoiqu'ils soient de même nature. — *Cass.*, 27 fév. 1832, Raspail.

179. — Ni la Charte de 1830 ni la loi du 8 oct. même année, n'ont modifié, à l'égard des délits politiques et de la presse commis à l'audience des cours ou tribunaux, la juridiction exceptionnelle et d'ordre public établie par l'art. 181, C. inst. crim. — *Cass.*, 27 fév. 1832, Raspail.

180. — Il a été jugé que le ministère public a le droit de demander la suppression d'un mémoire distribué à la cour en réponse aux conclusions qu'il a prises comme partie jointe et dans lequel se trouvent des termes injurieux et diffamatoires pour un des avocats de la cause, encore bien que l'avocat diffamé ne prenne pas de conclusions à cet égard. — *Rennes*, 12 juin 1834, Bourdonnay c. Charpentier.

181. — Cette décision devait d'autant plus recevoir son application dans l'espèce, que la cour crut devoir infliger une peine à l'auteur du mémoire. « Cet arrêt, qui n'est nullement motivé, dit, en le rapportant, M. Chassan (t. 1er, p. 87, no 119), n'en est pas moins fondé en droit. Les tribunaux, en effet, ont la police de leur audience ; ils sont revêtus d'un pouvoir coërcitif pour se faire respecter et pour maintenir l'ordre et la décence dans le lieu de leur réunion. *Cui jurisdictio data est, ea quoque concessa esse videntur sine quibus jurisdictio explicari non potuit.* L'exercice de ce pouvoir n'a pas besoin dès-lors d'être provoqué ; ils peuvent et doivent en user quand ils le jugent nécessaire. » — De Grattier, t. 1er, p. 241, no 15.

182. — La simple suppression des écrits, seule, sans dommages-intérêts ou condamnation pécuniaire, n'est pas susceptible d'appel ; cette suppression est une censure morale, mais non une peine. Mais l'appel, quant au principal, entraîne le droit d'appel en ce qui concerne la suppression. — Chassan, t. 2, p. 555, no 2139.

183. — L'appel, en ce qui concerne les dommages-intérêts, reste soumis aux règles ordinaires. — V. APPEL.

Sect. 4e. — *Crimes commis à l'audience.*

184. — Jusqu'ici le délit d'audience a été considéré sous un double aspect ; tantôt il est contraire au respect dû à la justice, tantôt il revêt un autre caractère. Il peut n'être qu'un simple manquement, une irrévérence peu grave, ou devenir un délit correctionnel proprement dit ; dans ces cas, la pénalité et la compétence varient avec le genre d'infraction.

185. — Mais le délit d'audience peut encore atteindre les proportions du crime. C'est un troisième point de vue sous lequel il doit être examiné. Quand l'infraction commise à l'audience est parvenue à cette gravité, il n'y a plus à distinguer si elle est contraire ou non au respect dû à la justice ; il variera peut-être dans ses circonstances, mais il conservera toujours sa nature ; il sera crime. Dès-lors, il n'existera qu'une seule juridiction, un seul mode de procéder.

186. — Les dispositions qui règlent la matière se trouvent dans les art. 506 et 507, C. inst. crim.

187. — Suivant l'art. 506, dans le cas d'un crime commis à l'audience d'un tribunal ou d'un seul juge, le tribunal ou le juge seront sans compétence pour la répression de ce fait. L'accusé est justiciable d'une autre juridiction. Mais le tribunal ou le juge doit faire arrêter le prévenu, dresser procès-verbal des faits, faire saisir, s'il y a lieu, le corps du délit, les instrumens du crime, les pièces à conviction. Ces préliminaires remplis, le prévenu, le procès-verbal et les pièces sont envoyés devant le juge compétent. — C. inst. crim., art. 506.

188. — Il est donc interdit au tribunal ou au juge de décerner contre l'inculpé le mandat de dépôt, comme le permettait l'art. 92, C. procéd. ; la juridiction est limitative. — Carnot, sur l'art. 506, no 3 ; Le Sellyer, t. 4, p. 548, no 1705 ; Rogron, sur l'art. 506, C. inst. crim. — V. cependant Massabiau, *Man. du proc. du roi*, no 222).

189. — C'est au procureur du roi de l'arrondissement où le crime a été commis, agissant d'office ou sur l'avis qui lui en est donné, si le crime n'a pas été commis en sa présence, à faire transférer l'inculpé devant le tribunal qui doit en connaître et à adresser au greffe de ce tribunal les pièces de la procédure. — Massabiau, *loc. cit.* ; Ortolan et Ledeau, *du Min. publ.*, t. 2, p. 227.

190. — Mais la loi n'exige pas, pour son application, que le crime ait été commis dans le lieu ordinaire des séances du tribunal ; elle est applicable, quel que soit le lieu où se ferait l'instruction judiciaire ; il y a, pour les deux espèces, parité de motifs. — Le Sellyer, t. 4, p. 548, no 1705 ; Carnot, sur l'art. 506, no 2.

191. — Une décision pareille devrait être adoptée, selon nous, lors même que l'audience serait à huis-clos ou non publique. En effet, lorsqu'il y a crime, il faut une répression ; or, l'art. 506 présente un moyen efficace dont la généralité de la loi n'exclut pas l'application à ce cas.

192. — Si le crime a été commis à l'audience de la cour de Cassation, d'une cour royale ou d'une cour d'assises, cette cour procède alors de suite et sans désemparer. — C. inst. crim., art. 507.

193. — Cet article est plus que tout autre dérogatoire au droit commun ; il ne doit donc pas être étendu ; par suite, la compétence est restreinte aux seules cours nommées par la loi. Toutefois, dans le mot *cour d'assises* n'est point compris le jury ; celui-ci resterait étranger à l'arrêt qui doit intervenir. C'est là, sans doute, une exception à ce principe général en vertu duquel le jury est seul compétent pour prononcer sur les faits déférés aux cours d'assises. Le motif en est l'élévation du tribunal devant qui le crime est commis et le besoin de le faire jouir de tout le respect qui lui est dû. — Le Sellyer, t. 4, p. 549, no 1706.

194. — Mais la cour des comptes doit-elle partager le privilége attribué aux autres cours ? — Nous avons dit que la juridiction de l'art. 507 ne saurait être étendue à d'autres tribunaux qu'à ceux énoncés par la loi. Si le législateur eût voulu y comprendre cette cour, il l'eût dit formellement ; elle existait lors de la promulgation de l'art. 507. D'ailleurs, l'art. 7, L. 16 sept. 1807, concernant la cour des comptes, et qui lui donne les mêmes prérogatives qu'à la cour de Cassation, est relatif à un autre ordre d'idées. — V. *contrà* Le Sellyer, t. 4, p. 552, no 1711.

195. — Le conseil d'état, les tribunaux militaires, maritimes ou de commerce sont, à plus forte raison, incompétens. Ils ne sauraient être compris sous la dénomination de cours. — Carnot, sur l'art. 507, nos 5 et 6 ; Le Sellyer, t. 4, p. 522, nos 1712 et 1713.

196. — Le caractère exceptionnel de la disposition se refuse aussi à ce qu'on étende la juridiction de l'art. 507 à d'autres crimes qu'à ceux commis à l'audience. La cour n'aurait donc pas compétence si le fait coupable avait eu lieu hors le temps de l'audience, bien qu'il eût été commis dans la salle destinée aux audiences. — Carnot, sur l'art. 507, no 1er ; Le Sellyer, t. 4, p. 549, no 1707.

197. — Mais la juridiction extraordinaire accordée à la cour d'assises souffre exception dans le cas de faux témoignage. Le prévenu, en effet, n'est point jugé par cette cour. Il est seulement mis en état d'arrestation, et on fait une instruction sommaire ; les pièces sont ensuite transmises à la cour royale pour y être statué sur la mise en accusation. — C. inst. crim., art. 33. — V. FAUX TÉMOIGNAGE.

198. — Cette exception est justifiée par la nature même du délit. « Les preuves du faux témoignage, dit Bourguignon (*Manuel*, no 4, sur l'art. 330), dépendent souvent de diverses pièces ou renseignemens qu'il n'est pas toujours facile de se procurer à l'instant ; d'ailleurs, le faux témoignage ayant toujours pour objet de sauver ou de perdre l'accusé, on ne pourrait absoudre ou condamner le faux témoin sans préjuger l'accusation principale sur laquelle il aurait déposé, ce qui serait un grave danger. »

199. — Les formes de procéder sont sommaires et rapides. La cour dresse ordinairement procès-verbal du délit et des circonstances ; mais son absence ne saurait motiver aucune nullité. Ces faits constatés, elle passe à l'audition des témoins, interroge le prévenu, l'entend dans sa défense ainsi que le conseil qu'il s'est choisi ou qu'on lui *a donné d'office* par suite du principe que la défense est de droit naturel et qu'elle ne peut jamais être interdite à celui qu'on accuse devant la justice. — Legraverend, t. 1er, p. 541.

200. — L'art. 507 n'exige ni mandat préalable, ni ordonnance de prise de corps, ni acte d'accusation. — Carnot, sur l'art. 507 ; Le Sellyer, t. 4, p. 550, no 1709.

201. — Mais il y a nécessité de rédiger un procès-verbal de la séance, afin de constater l'observation des formalités prescrites.

202. — La condamnation étant prononcée par une cour royale, le jugement n'est point susceptible d'appel. Il ne reste que la voie du recours en cassation. Mais l'arrêt ne peut être exécuté pendant le délai de ce recours. Il en serait autrement si l'arrêt avait été rendu par la cour de Cassation ; car il y n'y a point d'autorité judiciaire supérieure à celle-ci.

203. — Avant de rendre l'arrêt, la cour doit entendre les conclusions du ministère public ; le concours de la partie publique est, en effet, indispensablement nécessaire toutes les fois qu'il s'agit de la répression des crimes commis à l'audience. Mais, si le ministère public était absent, la cour ne serait point obligée de surseoir au jugement ; elle doit prononcer la peine sans désemparer. — Legraverend, t. 1er, p. 542.

204. — Ces formalités doivent être remplies publiquement. Ensuite, si la cour reconnaît la culpabilité du prévenu, elle applique la peine édictée par la loi ; l'arrêt doit être motivé. — C. inst. crim., art. 507.

205. — Cette dernière disposition est nécessairement requise ; car, le procès-verbal n'existant pas ou pouvant ne pas exister, il ne resterait aucune trace de la cause primitive de l'arrêt, et tout recours deviendrait dès-lors inutile et impossible.

206. — L'art. 507 a établi une punition prompte et des formes expéditives pour les crimes commis à l'audience des cours ; l'art. 508 tempère un peu cette rigueur ; il exige une majorité imposante pour la condamnation de l'accusé et lui donne une espèce de garantie pour la juste application de la peine. Il faut, en effet, pour sa condamnation : quatre voix lorsque les juges présens sont au nombre de cinq ou de six ; — cinq lorsqu'ils sont au nombre de sept ; — les trois quarts des voix si le nombre des juges est de huit ou au delà. Dans ce cas, les fractions sont appliquées en faveur de l'absolution, de sorte qu'alors il faut, — sept voix s'il y a neuf juges ; — huit s'il s'en trouve neuf ; — neuf s'il y en a douze ; — dix si les juges sont au nombre de treize ; — onze s'ils sont quatorze ; — douze s'ils sont au nombre de quinze, de sorte que ce qui resterait du nombre des juges après la division opérée par quatre sera appliqué en faveur de l'absolution. — Legraverend, t. 1er, p. 543 ; Le Sellyer, t. 4, p. 553 et suiv., no 1715 ; Bourguignon, *Manuel*, sur l'art. 508 ; Carnot, même art., no 2.

207. — Pour juger l'accusé dans le cas de l'art. 507, la cour doit rester composée telle qu'elle était au moment du crime. L'accusé a droit au bénéfice du nombre, qui peut lui être singulièrement favorable. En outre, nul ne peut non plus être remplacé ; le nouveau venu n'ayant point eu par lui-même connaissance des faits, ne pourrait se former une conviction que sur des renseignemens

étrangers. L'esprit de la loi serait méconnu. — Carnot, art. 508, no 3; Le Sellyer, t. 4, p. 555, no 1716.

208. — Toutefois, si un juge était valablement récusé, la cour serait compétente, pourvu qu'elle fût en nombre. Mais si elle n'était pas en nombre, les choses rentreraient dans le droit commun, et le prévenu devrait être renvoyé devant les juges ordinaires; il y aurait trop d'inconvéniens à le faire juger sans désemparer par un juge étranger.

209. — Les cours d'assises, quoique réduites au nombre de trois juges par la loi du 4 mars 1831, sont compétentes dans l'espèce de l'art. 507. En effet, la réduction au nombre de trois a été maintenue lors de la révision de 1832, et néanmoins le législateur a investi les cours d'assises de la juridiction exceptionnelle établie par l'art. 507. En outre, ces cours, en vertu de la règle générale par laquelle la majorité suffit dans tous les cas où la loi n'a pas décidé le contraire, peuvent condamner à la majorité de deux voix contre une. — Le Sellyer, t. 4, p. 56, no 1718; Rauter, t. 2, p. 529, note 1re.

Sect. 5e. — *Délits disciplinaires.*

210. — Des délits ou même des fautes peuvent être commis à l'audience par des personnes qui remplissent une fonction près du tribunal ou de la cour. Ces délits et ces fautes donnent lieu, en raison de la qualité du coupable, à une répression particulière. Tel est l'objet des dispositions des art. 90 et 1036, C. procéd.; de l'art. 103, décr. 30 mars 1808, et spécialement en ce qui concerne les avocats, des art. 39, décr. 14 déc. 1810, et des art. 16, 19 et 43 de celui du 20 nov. 1822.

211. — Il a de plus certaines dispositions spéciales relativement à la suppression des écrits injurieux et diffamatoires produits dans une affaire; les juges peuvent, en pareil cas, faire des injonctions aux avocats et aux officiers ministériels, ou même les suspendre de leurs fonctions. — C. procéd., art. 1036; L. 17 mai 1819, art. 23. — V. DIFFAMATION-INJURE.

212. — D'après l'art. 90, C. procéd., lorsque le trouble dont parle l'art. 89 est causé par un individu remplissant une fonction près le tribunal, il peut, outre la peine prononcée contre les simples particuliers, être suspendu de ses fonctions. La suspension pour la première fois ne peut excéder trois mois, et le jugement est exécutoire par provision.

213. — L'art. 1036 du même code de procédure donne, en outre, aux tribunaux le droit de prononcer des injonctions dans les causes dont ils sont saisis.

214. — Dans les cours et dans les tribunaux de première instance, chaque chambre connaît des fautes de discipline qui ont été commises ou découvertes à son audience. — Décr. 30 mars 1808, art. 103.

215. — Cet art. 103 du décr. du 30 mars 1808 doit être entendu dans ce sens que la juridiction disciplinaire d'une cour ou d'un tribunal ne peut s'exercer qu'à l'égard des officiers ministériels attachés par leur serment et par leurs fonctions près cette cour ou ce tribunal. — *Cass.*, 29 déc. 1845 (t. 1er 1846, p. 116), A... c. proc. gén. de Caen.

216. — Ainsi jugé qu'un avoué ne peut être condamné à des peines de discipline pour fautes commises et découvertes à l'audience, que par les magistrats devant lesquels elles ont été commises. — *Aix*, 8 sept. 1821, Me N...

217. — ... Qu'une cour royale est incompétente pour prononcer *de plano* des peines disciplinaires contre les avoués de première instance (même exerçant dans l'étendue de son ressort), sous prétexte que les faits imputés à ces officiers ministériels, et qui intéressaient l'administration de la justice, auraient été découverts à son audience. — *Cass.*, 29 déc. 1845 (t. 1er 1846, p. 116), A... c. proc. gén. de Caen.

218. — Jugé au contraire qu'une cour royale est compétente pour connaître des faits disciplinaires découverts à son audience, encore qu'ils aient été commis par un avoué de première instance et par un huissier dans la procédure antérieure au jugement dont est appel. — *Caen*, 27 déc. 1843 (t. 2 1844, p. 456), N...

219. — Mais l'art. 103 du décr. du 30 mars 1808 n'est pas applicable aux notaires, et en conséquence, même pour les fautes découvertes à l'audience, ils ne peuvent être traduits devant le tribunal de première instance que sur une poursuite intentée d'office à la requête du ministère public. — *Orléans*, 22 fév. 1845 (t. 1er 1845, p. 440), Lucas.

220. — De même, les art. 102 et 103 du décr. du 30 mars 1808, qui ont investi les cours royales du droit de statuer *omisso medio* sur les fautes commises par les officiers ministériels et découvertes à l'audience, ne sont pas applicables aux notaires. En conséquence, des peines disciplinaires ne peuvent être requises incidemment en appel contre des notaires; ces peines doivent être poursuivies devant le tribunal de la résidence des notaires inculpés, sauf l'appel devant la cour royale. — *Rennes*, 9 juill. 1834, Tessier; *Cass.*, 12 août 1835, Tessier; 29 mars 1841 (t. 1er 1841, p. 457), Thévard et Girard.

221. — Quels sont les faits qui peuvent constituer des délits d'audience ou des fautes disciplinaires? Ce sont là des questions que les magistrats qui siégent peuvent seuls résoudre.

222. — Des cours et tribunaux ont donc le pouvoir d'apprécier souverainement si les faits qui se passent à leur audience sont attentatoires ou non à la dignité de l'audience, et à la gravité des fonctions qui y sont exercées. — *Cass.*, 6 août 1844 (t. 1er 1845, p. 749), Imberdis et Pacros.

223. — Un avoué peut être suspendu par le tribunal près duquel il exerce, pour actes irrévérencieux commis dans l'auditoire public envers un membre de ce tribunal qui n'était pas alors dans l'exercice de ses fonctions. — *Cass.*, 15 déc. 1806, Soubiran; — Merlin, *Rép.*, vo *Discipline*, no 5.

224. — Ainsi qu'on l'a vu (vo COLONIES, no 640), c'est, de la part des avoués, s'écarter des devoirs qui leur sont prescrits *à l'audience*, que de rendre cette audience impossible pendant quelques jours à la suite de retraites concertées et prises entre eux dans un but offensant pour les magistrats, par exemple, sous prétexte de la longueur des délibérations de la cour. — *Cass.*, 2 août 1843 (t. 2 1843, p. 712), Marchet et Gandelat.

225. — En matière de faute de discipline commise à l'audience, la preuve doit être soumise aux mêmes règles qu'en matière de compte-rendu, c'est-à-dire, rejetée ou admise selon que les souvenirs des magistrats sont suffisans ou insuffisans pour établir leur conviction. — *Cass.*, 24 déc. 1836 (t. 1er 1837, p. 334), Dupont.

226. — Les juges de l'audience sont seuls compétens pour la répression, nulle autre juridiction n'a le droit de statuer sur ces infractions. — Ord. 1822, art. 16 et 43; — Chassan, t. 2, p. 569, no 2155.

227. — Les juges qui ont à prononcer des injonctions doivent le faire à l'instant même de l'offense, ou, s'ils diffèrent la prononciation de leur jugement à cet égard, ils doivent faire retenir et constater, par procès-verbal, la nature de cette offense, c'est-à-dire les expressions qui la constituent. — *Metz*, 20 mai 1820, N...

228. — Lorsque les juges font des injonctions pour cause d'offense ou irrévérence commise, ils doivent, à raison de la nécessité de motiver leur jugement, exprimer en quoi consiste l'offense ou irrévérence et rapporter les termes offensans et irrespectueux qui ont donné lieu à l'injonction. — *Metz*, 20 mai 1820, N...

229. — Dans le cas où des avoués sont inculpés d'un délit d'audience en ce qu'ils auraient rendu les audiences d'une cour impossibles par suite de retraites concertées entre eux, si au lieu d'appliquer immédiatement à ces officiers ministériels une peine disciplinaire malgré leur absence, la cour leur a accordé un délai pour se défendre, ils ne peuvent exciper, comme fin de non-recevoir contre la poursuite, de ce que la répression aurait dû avoir lieu sur-le-champ et audience tenante. — *Cass.*, 2 août 1843 (t. 2 1843, p. 712), Marchet et Gandelat.

230. — Aucune disposition de loi ne prescrit, surtout à peine de nullité, d'entendre le ministère public quand il s'agit de la répression disciplinaire de faits qui se sont passés à l'audience. — *Cass.*, 6 août 1844 (t. 1er 1845, p. 749), Imberdis et Pacros.

231. — Nous avons indiqué *suprà* les dispositions spéciales sur la répression des fautes disciplinaires commises par les avocats. On peut voir à cet égard vo AVOCAT, nos 789 et suiv., quel est le droit de surveillance et l'action du corps judiciaire sur l'ordre des avocats. Nous ajouterons ici quelques dispositions particulières en ce qui concerne les délits et les fautes d'audience.

232. — Postérieurement au décret réglementaire du 30 mars 1808, le décr du 14 déc. 1810 soumit les avocats à la juridiction particulière de leurs conseils de discipline. De là la question de savoir si l'art. 103 du décr. du 30 mars 1808 qui donne juridiction aux cours et tribunaux sur les fautes commises ou découvertes à leur audience s'appliquait encore aux avocats.

233. — Jugé que cet art. 103 s'appliquait aux avocats comme aux officiers ministériels. — Cette juridiction n'a été ni abolie ni restreinte par les dispositions du décr. du 14 déc. 1810, qui a accordé aux conseils de discipline des avocats une juridiction particulière. En conséquence, les cours et tribunaux ne sont pas obligés de renvoyer l'avocat devant le conseil de discipline de son ordre. — *Cass.*, 28 (et non 27) avr. 1820, Lavandier.

234. — Ce droit a, depuis, été consacré formellement par l'art. 16, ord. 20 nov. 1822, portant qu'il n'est point dérogé par les dispositions qui précèdent au droit qu'ont les tribunaux de réprimer les fautes commises à leur audience par les avocats.

235. — Ainsi, jugé constamment depuis que l'art. 103, décr. 30 mars 1808, qui attribue aux cours et tribunaux le droit de connaître des fautes de discipline *commises* et *découvertes* à leur audience, est applicable aux avocats comme aux officiers ministériels. — *Paris*, 5 déc. 1833, Parquin; *Aix*, 17 (et non 11) mars 1836, avoc. de Marseille; *Orléans*, 6 avr. 1837 (t. 2 1837, p. 464), Gaillard et Fouqueteau.

236. — ...Et que ce droit a été maintenu à l'égard des avocats par les art. 39, décr. 14 déc. 1810, et 16, ord. 20 nov. 1822. — *Cass.*, 8 janv. 1838 (t. 1er 1838, p. 43), Gaillard et Fouqueteau.

237. — Toute attaque qu'un avocat se permettrait de diriger dans ses plaidoiries contre la religion, les principes de la monarchie, la charte, les lois du royaume ou des autorités établies doit être réprimée immédiatement, sur les conclusions du ministère public, par le tribunal saisi de l'affaire, lequel prononce l'une des peines prescrites par l'art. 18, sans préjudice des poursuites extraordinaires, s'il y a lieu. — Ord. 20 nov. 1822, art. 43. — Cette disposition est à peu de chose près la reproduction textuelle de l'art. 39, décr. 14 déc. 1810.

238. — Le ministère public peut provoquer la répression; il peut agir, soit par voie d'action, soit par voie d'observation. La parole doit lui être donnée avant que le jugement soit prononcé; car la répression (ord. 1822, art. 43) doit avoir lieu sur ses conclusions. Toutefois, il n'est pas indispensable qu'il fasse des réquisitions. Le tribunal peut agir d'office. — Chassan, t. 2, p. 570, no 2159.

239. — Aucune peine de discipline ne peut être prononcée sans que l'avocat inculpé ait été entendu ou appelé avec délai de huitaine. — Ord. 20 nov. 1822, art. 19.

240. — Dès-lors la décision par laquelle un tribunal de commerce interdit sa barre à un avocat, sans l'avoir préalablement appelé ni entendu, doit être considérée comme une décision rendue par défaut contre lui et susceptible d'opposition. — *Lyon*, 18 août 1841 (t. 2 1841, p. 585), P... c. procureur général de Lyon.

241. — Le droit pour les cours et tribunaux de poursuivre un avocat pour fautes de discipline commises et découvertes à leur audience peut être exercé *de plano*, surtout lorsque le conseil de discipline a négligé de poursuivre le fait disciplinaire imputé à l'avocat. — *Cass.*, 8 janv. 1838 (t. 1er 1838, p. 43), Gaillard et Fouqueteau.

242. — L'avocat ainsi poursuivi devant une cour royale n'est pas recevable à demander un sursis, sous prétexte que, son maintien au tableau ordonné par un précédent arrêt étant remis en question par le pourvoi du ministère public contre cet arrêt, la compétence disciplinaire de la cour royale est, par cela même, devenue incertaine, et qu'il est nécessaire, conséquemment, d'attendre qu'il ait été statué sur le pourvoi. Il y a lieu de rejeter le sursis, si l'arrêt dont excipe l'avocat a été rendu sur un fait étranger à la poursuite disciplinaire. — Même arrêt.

243. — De ce que les cours et tribunaux ont, ainsi qu'on l'a vu *suprà* no 222, le pouvoir d'apprécier souverainement si les faits qui se passent à leur audience sont attentatoires ou non à la dignité de l'audience et à la gravité des fonctions qui y sont exercées, il suit qu'un tribunal a pu, sans violer aucune loi, censurer des avocats qui ont persisté à se présenter à l'audience en moustaches, nonobstant la prohibition à eux faite par le président. — *Cass.*, 6 août 1844 (t. 1er 1845, p. 749), Imberdis et Pacros.

244. — Lorsqu'une décision disciplinaire a été rendue contre un avocat, il a le droit d'en interjeter appel et de prouver, par des circonstances et des renseignemens, l'existence de cette décision, quoiqu'elle n'ait pas été inscrite sur les registres du greffe. — *Grenoble*, 7 juill. 1827, F...

245. — L'appel d'un jugement rendu publiquement par un tribunal correctionnel et prononçant une peine disciplinaire (la suspension) contre un avocat pour un fait d'audience, doit être porté non devant la cour royale jugeant en assemblée générale à huis-clos, mais bien en audience publique devant la chambre des appels de police correction-

nelle. — *Nîmes*, 21 (et non 28) avr. et 26 mai 1836, Baragnon ; — Bioche et Goujet, *Dict. de procéd.*, v° *Avocat*, n° 188.

246. — Les condamnations à des peines disciplinaires ne sont pas susceptibles d'être attaquées au fond devant la cour de Cassation. — *Cass.*, 8 janv. 1838 (t. 1er 1838, p. 43), Gaillard et Fouqueteau.

247. — Au surplus, dans tout ce qui vient d'être dit du pouvoir disciplinaire des tribunaux, sur les avocats et officiers ministériels, on sent qu'il ne peut être exercé qu'autant que le prévenu a agi dans la fonction dont il était revêtu, ou que cette fonction avait un caractère légal auprès des juges qui tiennent l'audience; car autrement l'avocat ou l'officier ministériel n'est plus qu'un simple particulier.

248. — Il suit de là 1° que les avocats ou avoués, lorsqu'ils plaident leur propre cause, ne doivent être considérés que comme *parties*, et que, dès-lors, les dispositions de la loi relatives aux injonctions à faire aux avocats et officiers ministériels cessent de leur être applicables. — *Metz*, 20 mai 1820, N...

249. — ... 2° Que la juridiction disciplinaire à l'égard des avocats et des officiers ministériels n'existe qu'au profit des tribunaux ordinaires. — Chassan, t. 2, p. 565.

250. — Toutefois, la cour des pairs et son président demeurent investis, à l'égard des avocats, de tous les pouvoirs qui appartiennent aux cours d'assises et aux présidens de ces cours. — Ord. 30 mars 1835, art. 3.

251. — Ce pouvoir disciplinaire n'a été créé par l'ordonnance qu'au profit de la cour des pairs ; en qualité de chambre, elle ne saurait réclamer ce privilége; c'est un défenseur plutôt qu'un avocat qu'elle admet à sa barre. — Chassan, t. 2, p. 567, n° 2153, note 1re.

DÉLIT FORESTIER.

1. — Infraction aux lois sur la conservation, la surveillance et la police des bois et forêts. — V. FORÊTS.

2. — La constatation des délits forestiers appartient aux agens de l'administration forestière, mais principalement aux gardes forestiers, c'est leur mission spéciale.

3. — Les délits forestiers donnent lieu, comme les autres délits, à deux actions, l'action civile et l'action publique.

4. — L'action en répression ou réparation de tout délit forestier est exercée par le ministère public concurremment avec l'administration forestière.

5. — Lorsque l'action en réparation est exercée par le ministère public, l'administration forestière a droit d'intervenir pour réclamer les dommages-intérêts que la loi lui accorde. — V. FORÊTS.

6. — Pour connaître les personnes punissables ou responsables à raison des délits forestiers, V. FORÊTS.

7. — Les peines que les délits forestiers entraînent sont l'emprisonnement, la confiscation et l'amende, suivant les cas divers dans lesquels ils se présentent. — V. FORÊTS.

8. — Lorsque la peine n'excède pas cinq jours d'emprisonnement ou 15 fr. d'amende, les contraventions forestières sont de la compétence des tribunaux de police. — Si la peine dépasse ce temps, la connaissance des délits forestiers appartient aux tribunaux correctionnels. — L'autorité administrative, quoique chargée de veiller à la conservation des forêts, n'a pas le droit de juger les délits forestiers et d'appliquer la peine.

9. — Les délits forestiers se prescrivent, comme les autres délits, par trois ans. S'ils n'ont que le caractère de contravention, et qu'il soit intervenu une condamnation pénale, la prescription est de deux ans. — C. inst. crim., art. 638 et 639. — C'est cette dernière prescription qui est notamment applicable aux délits de défrichement. — C. forest., art. 224. — V. DÉFRICHEMENT. — Quant aux espèces diverses des délits forestiers et à l'amnistie qui peut leur être appliquée, V. AMNISTIE, FORÊTS.

DÉLITS MARITIMES.

1. — Infraction justiciable des tribunaux maritimes.

2. — Les délits maritimes sont de trois sortes : les uns, de simple police, punissables par les capitaines de vaisseau, ou autres bâtimens (décr. 22 juill. 1806, tit 2, art. 16); les autres, plus graves, qui ne peuvent être jugés que par un conseil de justice composé de cinq officiers, y compris le président, assemblé et présidé par le capitaine du vaisseau ou autre bâtiment sur lequel est embarqué le prévenu (même décr.); les autres, enfin, qui sont justiciables des conseils de guerre maritimes (*ibid.*). — V. MARINE, TRIBUNAUX MARITIMES.

3. — Les délits maritimes de second ordre, plus graves que ceux de simple police, mais qui n'appartiennent pas au grand criminel, sont ceux qui entraînent la peine de la cale ou de la bouline. — V. BOULINE, CALE. — Il faut excepter cependant le délit de désertion, puni autrefois de la chaîne et aujourd'hui de la bouline. — Décr. 4 mai 1812. — V. DÉSERTION.

4. — L'énumération des divers délits maritimes et l'indication des peines qui leur sont applicables se trouvent contenues dans plusieurs lois et décrets dont la réunion forme le Code pénal maritime.

5. — Ainsi, l'assemblée nationale, jugeant incompatibles avec les principes nouveaux les peines qu'on infligeait pour les fautes et délits commis dans l'armée navale et dans les ports et arsenaux, rendit, le 21 août 1790, un décret qui régit l'ensemble de la matière.

6. — Les peines y sont divisées en peines de discipline, de simple correction et en peines afflictives. — C. pén., art. 1er. — Les autres délits et les crimes maritimes sont détaillés dans les articles suivans. Ils sont fort nombreux et se réfèrent principalement à la désobéissance des inférieurs aux ordres de leurs supérieurs, avec ou sans menaces; aux atteintes portées à la sûreté, à la liberté ou à l'autorité des chefs; aux menaces et aux coups dont ils seraient l'objet; aux complots, séditions, trahisons et actes de lâcheté qui auraient entravé le service ou compromis le salut du vaisseau ; au transport non autorisé à bord de marchandises ou matières inflammables; au refus de secours par un commandant de vaisseau, à un ou plusieurs bâtimens en détresse, amis ou ennemis : à la perte des bâtimens par impéritie ou négligence, par les commandans ou pilotes; aux vols commis à bord des vaisseaux ou des prises; à la désertion, etc.

7. — La loi du 20 sept. 1791 a soumis à la juridiction maritime d'autres délits spécifiés dans ses art. 2 et 3. — V. TRIBUNAUX MARITIMES.

8. — Le titre 2 de cette loi donne une énumération détaillée de ce qu'il faut entendre par *délits de police maritime*, et le titre 3 prévoit les autres délits et édicte les peines qui leur sont applicables.

9. — Le 6 niv. an II fut rendu un décret pour le rétablissement de la discipline à bord des vaisseaux de l'état. — Il contient une longue énumération des crimes et délits précédemment spécifiés, et en augmente ou diminue la peine, selon les cas où ils se commettent.

10. — Aux termes d'un décret du 1er messid. an II, est punissable de mort le commandant d'un vaisseau au poste duquel la ligne se trouve coupée; la même peine est prononcée, par un décret du 14 pluv. de la même année, contre celui qui aurait amené son pavillon en présence de l'ennemi, à moins que le vaisseau ne fût maltraité au point de couler bas, ou qui se serait rendu à une force qui ne serait pas au moins double de la sienne, et avant d'avoir éprouvé les mêmes avaries.

11. — Enfin, un décret du 23 avr. 1807 ajoute aux crimes maritimes le fait, par un Français, d'avoir été employé sur les vaisseaux ennemis.

12. — Un autre décret du 22 juill. 1806 est relatif à l'organisation des conseils de marine et à l'exercice de la police et de la justice à bord des vaisseaux ancrés; il ne change rien aux classifications des délits et crimes maritimes établies par les lois précédentes. Il modifie seulement la compétence dans certains cas. — V. TRIBUNAUX MARITIMES.

V. au surplus MARINE, PORTS ET ARSENAUX, TRIBUNAUX MARITIMES.

DÉLITS MILITAIRES.

Table alphabétique.

DÉLITS MILITAIRES. — 1. — L'art. 5, C. pén., déclare que les dispositions de ce Code ne s'appliquent pas aux contraventions, délits et crimes *militaires*. — Mais que doit-on entendre par *contraventions, délits et crimes militaires?* — Cette dénomination ne trouve son explication précise dans aucun texte de loi.

2. — Le projet du Code pénal essayait, il est vrai, une définition. « Les contraventions, crimes et délits *militaires*, portait le même article 5, sont *seulement* : 1° Ceux qui ont été commis, en quelque lieu que ce soit, par des militaires de terre ou de mer dans l'exercice de leurs fonctions militaires, ou en état de service militaire ; 2° ceux qui ont été commis *par quelque personne que ce soit* envers des militaires en exercice actuel d'une fonction militaire, comme, par exemple, envers un officier faisant actuellement sa ronde, ou envers un militaire actuellement en fonctions; 3° ceux qui ont été commis par quelque personne que ce soit dans un lieu actuellement et exclusivement affecté au service et aux fonctions militaires ; 4° l'espionnage et l'embauchage; 5° la désertion, le refus des requisitionnaires ou conscrits de rejoindre leurs drapeaux, et tout autre acte commis uniquement contre la discipline ou le service militaire. »

3. — Mais cette définition évidemment mauvaise, et qui avait pour résultat de déférer à la juridiction exceptionnelle des conseils de guerre un grand nombre de délits communs commis par des non militaires, ne fut pas sanctionnée, et le conseil d'état, en la retranchant, déclara (séances des 4 oct. 1808, 22 juill. 1809 [Locré, t. 29, p. 108 et 156]) que les bases de la juridiction militaire seraient posées par une loi séparée du Code.

4. — Cette promesse n'ayant pas reçu d'exécution, c'est donc à la législation spéciale, quelque confuse et incomplète qu'elle puisse être, qu'il faut recourir pour savoir ce que l'on doit entendre par délit militaire. — On comprend, d'ailleurs, que nous nous bornerons à poser ici quelques principes et à renvoyer pour plus amples détails soit à divers mots spéciaux, soit au mot TRIBUNAUX MILITAIRES.

5. — En principe, les mots *délit militaire* ne devraient, suivant M. Legraverend (*Tr. de procéd. milit.* et *Tr. de législ. crim.*, t. 2, p. 646), s'entendre que des délits commis *contre la discipline militaire*, ou de ceux qui sont commis *de militaire à militaire*, et telles furent, en effet, les bases principales d'un projet présenté en 1829 à la chambre des pairs sur l'organisation des tribunaux militaires. « La législation spéciale, disait l'exposé des motifs (*Moniteur* du 21 mai 1829, 2e supplément), ne doit comprendre dans son domaine rien de plus que ce que *le bien du service exige*. » Et M. de Bro

glie, rapporteur, ajoutait (*Moniteur* du 15 juin 1828, supplément) : « On doit restituer à la connaissance du droit commun les délits commis contre le droit commun par des individus appartenant à l'armée. »

6. — Et, en effet, on ne saurait perdre de vue : 1° Que nul, hors des rangs de l'armée, ne doit être sujet à la juridiction militaire ; 2° que les militaires eux-mêmes doivent être considérés sous deux aspects distincts : « Comme militaires, disent MM. Chauveau et Hélie, *Th. C. pén.*, t. 1er, p. 57, ils ont contracté des obligations d'un ordre tout spécial; ces obligations, lorsqu'ils y manquent, les exposent à des peines particulières, c'est à ce titre qu'ils sont réclamés par les tribunaux d'exception ; mais avant d'être militaires ils sont citoyens; ils sont soumis, comme les autres membres du corps social, aux lois générales qui régissent le pays : accusés, eux aussi ils ont droit à toutes les garanties que la loi assure à l'innocence en péril ; et, dans un intérêt opposé, s'ils ont failli, c'est à la justice du pays, à la justice ordinaire, qu'ils doivent réparation. »

7. — Mais ce ne sont là que des théories auxquelles la réalité de la législation spéciale donne souvent un démenti, et bien qu'il soit utile de distinguer, comme nous le verrons plus bas, entre les délits qui consistent dans des infractions militaires et qui constituent, à proprement parler, les délits militaires et ceux qui ne résident que dans des infractions aux lois générales, on peut dire que, d'après la législation en vigueur, le mot *Délits militaires* comprend tous ceux que la loi défère à la juridiction militaire.—Telle est aussi la définition donnée par MM. Chauveau et Hélie, t. 1er, p. 81.

8. — On remarquera, d'ailleurs, que le mot *Délit* se trouve pris ici dans son sens le plus large, et quelle que soit, d'ailleurs, la qualification légale qu'à raison de ses circonstances et de ses caractères on devrait reconnaître à l'infraction qui aurait été commise.

9. — Quels sont donc les délits que les lois défèrent aux tribunaux militaires ? — Jetons, à cet égard, un coup d'œil sur les divers textes dont la connaissance peut être nécessaire pour l'intelligence de la matière, en les faisant précéder d'un rapide aperçu historique.

10. — La juridiction militaire qui, dans l'ancien droit, était attribuée aux conseils de guerre dans les places et garnisons, au prévôt général dans les temps de guerre, et aux maréchaux de France dans les affaires relatives au point d'honneur, ne s'exerçait *que sur les gens de guerre.* — Edit de Henri III de déc. 1585 ; Ord. janv. 1529 ; — Muyart de Vouglans, p. 780 ; Jousse, t. 1er, p. 376.

11. — Les juges ordinaires connaissaient des délits communs commis par les soldats, à moins qu'ils ne fussent en campagne (ord. 15 juill. 1525), et même des excès et crimes par les gens de guerre dans les garnisons et dans les cours de service contre les habitans. — Ord. janv. 1629 et 1670, tit. 1er, art. 12.

12. — Et Jousse et Muyart de Vouglans (*loc. cit.*) définissaient les délits militaires « ceux qui étaient commis par les gens de guerre dans les camps et armées *et à l'occasion des fonctions militaires.* »

13. — L'ordonnance du 25 juill. 1665 attribuait aux officiers militaires la connaissance des délits commis de soldat à soldat, ou à l'occasion du service militaire, et dans lesquels il n'y avait aucun habitant intéressé.

14. — On exceptait de cette règle : 1° le crime de duel, dont la connaissance était attribuée aux juges royaux concurremment avec les prévôts des maréchaux et les lieutenans criminels de robe courte, à la charge de l'appel au parlement du ressort (édit d'août 1679, art. 19) ; — 2° les délits mis au nombre des cas royaux, dont les baillis et sénéchaux devaient connaître à l'exclusion de tous autres juges (ord. 1670, tit. 1er, art. 11) ; — 3° les cas prévôtaux, même de soldat à soldat, dont les prévôts des maréchaux et les présidiaux devaient connaître (ord. 1670 et décl. 5 fév. 1731).

15. — L'assemblée constituante avait, à son tour, posé quelques principes. — Ainsi, d'une part, la loi du 22 sept. 1790 défendait de juger militairement les délits civils, même ceux commis par un officier ou un soldat, sauf, suivant l'art. 3, lorsque l'armée était hors du royaume, cas dans lequel les personnes composant l'armée, celles attachées à son service ou qui la suivaient, et qui seraient prévenues de semblables délits, pouvaient être jugées par la justice militaire, et condamnées par elle aux peines prononcées par la loi civile.

16. — En outre, suivant la loi du 30 sept. 1791, dont l'art. 1er, tit. 1er, définissait les délits militaires « ceux qui consistent *dans la violation définie par la loi, du devoir militaire.* » Tout délit qui n'attaquait pas immédiatement le devoir était un délit commun, et d'un autre côté nul délit n'était militaire s'il n'avait été commis par une personne faisant partie de l'armée. — Art. 3 et 4.

17. — Et, aux termes de la même loi (art. 5, 6, 7), le complice, simple citoyen, attirait le procès devant les juges civils, et s'il y avait complication dans le même fait d'un délit commun et d'un délit militaire, ou si ces deux délits posaient, par suite de deux faits distincts, sur la même personne, la poursuite était portée devant les tribunaux ordinaires.

18. — Mais les lois de 1790 et de 1791 ne statuaient que pour le *temps de paix.* Au contraire, disent MM. Chauveau et Hélie (p. 61), la convention fit de l'état de guerre l'état normal ; et aux termes du décret du 3-18 pluv. an II, que changea la législation antérieure, non seulement tous les délits commis par les militaires, qu'ils fussent communs ou spéciaux, furent déférés à la juridiction militaire, mais encore les complices non militaires d'un fait commis par un militaire furent entraînés devant cette dernière juridiction. — Art. 3 et 4.

19. — L'art. 3, décr. 16 août 1793, avait disposé que « les tribunaux criminels ordinaires et les juges de paix civils connaîtraient des délits commis par les militaires *formant les dépôts*, en se conformant en tout au décret sur l'établissement des tribunaux militaires (12 mai 1793) et au Code pénal, en date du même jour. — *Cass.*, 7 prair. an VII, Louveau.

20. — Et plus tard la même compétence fut attribuée aux tribunaux criminels ordinaires et aux juges de paix, sous les mêmes obligations, pour les délits militaires commis *hors de l'arrondissement des armées*, soit que les auteurs ou complices fissent ou non partie *des dépôts* mentionnés en la loi du 16 août 1793. — L. 29 flor. an II, art. 1er.

21. — L'art. 2 du même décret ajouta qu'à l'égard des délits commis par des militaires dans l'arrondissement des armées, *quoique hors des camps, cantonnemens ou garnisons*, la connaissance en appartient aux tribunaux militaires.

22. — La loi du 22 messid. an IV, modifiant en partie l'état de choses créé par le décret du 3 pluv. an II, restreignit la compétence exceptionnelle de la juridiction militaire aux individus qui font partie de l'armée et déclara (art. 1er) que *nul délit commis par d'autres n'est militaire*, ce qui revenait à peu près à dire que tout délit commis par des militaires était militaire.

23. — La même loi ajouta (art. 2) que, si parmi deux ou plusieurs prévenus du même délit, il y a un ou plusieurs militaires et un ou plusieurs individus non militaires, la connaissance en appartient aux juges ordinaires.

24. — Ainsi, d'après cette loi, la compétence se décidait par la qualité des individus au lieu de se déterminer par la nature du fait.

25. — La législation aujourd'hui en vigueur réside dans la loi du 13 brum. an V (qui cependant ne devait durer que jusqu'à la paix), mais dont, à défaut d'autre loi qui soit venue la remplacer, la jurisprudence consacre l'application.

26. — Jugé en effet, comme application du principe que la désobéissance et l'injure de la part d'un militaire envers son supérieur sont punies *par l'art. 15, L. 21 brum. an V*, et non par l'art 11, sect. 4e, L. 12 mai 1793, qui a cessé d'être en vigueur. — *Cass.*, 10 juill. 1828, Lamarre.

27. — L'art. 9 de cette loi porte que nul ne sera traduit au conseil de guerre que *les militaires, les individus attachés à l'armée et à sa suite, les embaucheurs, les espions*, et les habitans du pays ennemi occupé par les armées de la république, pour les délits dont la connaissance est attribuée au conseil de guerre.

28. — Enfin, l'art 85 de la constitution de l'an VIII renvoie devant les tribunaux militaires tous les délits commis par les militaires, *soit contre la discipline soit contre le droit commun*, et l'avis du Cons. d'état du 7 fruct. an XII, que nous citerons plus bas, en renvoyant aux juges ordinaires, les délits communs commis par des militaires en congé ou hors de leur corps, confirme la juridiction militaire à l'égard des mêmes délits commis au corps ou sous les drapeaux. — Chauveau et Hélie, p. 63.

29. — De cet aperçu général des lois qui règlent la compétence des tribunaux militaires il faut donc tirer la conséquence que, dans l'état actuel, l'expression *Délit militaire* s'entend, sauf quelques exceptions qui seront signalées plus bas, sauf également ce qui sera dit de certains faits spéciaux, de tous les délits commis par des militaires sous les drapeaux ou par ceux que la loi leur assimile, qu'il s'agisse de faits touchant immédiatement à la règle ou à la discipline militaire ou de faits qualifiés par le code pénal et rentrant dans la catégorie des délits communs.

30. — Les faits qui constituent des infractions aux lois militaires et qui sont dès-lors plus spécialement des délits militaires, sont mentionnés dans les diverses lois rendues sur la matière et que nous avons citées v^is CODE PÉNAL MILITAIRE et COMPÉTENCE MILITAIRE et spécialement par celles du 30 sept. 1791 (intitulée *Code militaire*), du 12 mai 1793 (*Code pénal militaire*), du 21 brum. an V (intitulé *Code des délits et des peines pour les troupes de la république*), et par la loi du 15 juill. 1829 « relative à l'interprétation des lois pénales militaires. »

31. — Les principaux de ces délits sont la désertion (V. DÉSERTION), la trahison (V. TRAHISON), l'embauchage et l'espionnage (V. EMBAUCHAGE, ESPIONNAGE), la maraude (V. MARAUDE), le vol des armes et munitions appartenant à l'état, ou des deniers et effets quelconques appartenant à des militaires et à l'état, commis par des militaires ou non (V. EFFETS MILITAIRES), la dissipation, la mise en gage ou la vente par un militaire des effets d'équipement ou d'habillement qui lui auront été confiés pour son service (V. EFFETS MILITAIRES), l'insubordination, et sous ce mot se trouvent compris une foule d'infractions plus ou moins graves contre la discipline, et spécialement la révolte, la sédition ou la désobéissance combinée envers les supérieurs (V. SÉDITION), la violation de la consigne (V. CONSIGNE MILITAIRE), les menaces, insultes ou voies de fait par un inférieur contre son supérieur (faits punis de la peine de cinq ans de fers, ou de la peine de mort [L. 21 brum. an V, art. 5]), ou les voies de fait commises par un supérieur sur son subordonné, hors les cas de défense naturelle, de ralliement des fuyards ou de dépouillement des morts et blessés sur le champ de bataille; ce fait est puni de la destitution, d'un an de prison et même de mort si la mort a suivi les mauvais traitemens (même loi, art. 16) ; l'attentat commis en quelque lieu que ce soit par un militaire ou tout autre individu de l'armée à la sûreté ou à la liberté des citoyens, sans voies de fait ou bien avec voies de fait ou assassinat (la peine est de six mois de prison, de deux ans de fers ou de la mort). — C. pén., 12 mai 1793, tit. 1er, sect. 3e, art. 18.

32. — La loi du 21 brum. an V contient également, sous le titre de *Pillage, dévastation et incendie*, un grand nombre de dispositions destinées à protéger la propriété particulière et les personnes contre l'abus de la force de la part des militaires (V. au surplus INCENDIE, PILLAGE, VIOL), et les art. 5 et suiv., tit. 5, sont destinés à réprimer le fait d'avoir, pendant ou après la bataille, dépouillé, sans ordre du commandant, un homme tué au combat ou encore vivant et mis hors de combat, comme aussi le fait, de la part de tout vivandier ou autre individu attaché à l'armée et à sa suite, d'avoir recélé ou acheté le produit d'une pareille dépouille. Ces faits sont, suivant les circonstances, punis de cinq ou dix ans de fers et même de mort, si le dépouillement a été précédé de mutilations destinées à en assurer l'exécution.

33. — Quant au délit d'insoumission, que la loi du 21 mars 1832 déclare justiciable du conseil de guerre (art. 39), et qui consiste dans le fait de la part du jeune soldat qui aura reçu un ordre de route de ne pas être arrivé à destination au jour fixé par cet ordre, V. RECRUTEMENT.

34. — Arrivons maintenant et plus spécialement à l'exposé de quelques règles tracées par la loi et par la jurisprudence au sujet de l'attribution à la juridiction militaire des délits, soit spéciaux, soit communs, commis par les militaires.

35. — Pour que les délits commis par un individu puissent être réputés *militaires* et par suite tomber sous la juridiction des conseils de guerre, il faut qu'il soit *militaire*, et par cette dénomination on doit entendre tous ceux qui composent l'armée, sans distinction de grade.

36. — Mais à quelle époque commence cette qualité ? — Un arrêt de la cour de Cassation a décidé qu'un individu n'est pas censé appartenir à l'armée dès le commencement de l'année à laquelle se rattache le contingent dont il fait partie: il n'est réputé militaire que lorsque, désigné par le sort et déclaré apte au service, *il a reçu l'ordre de rejoindre un corps.* — *Cass.*, 2 juill. 1823, Canebus.

37. — Et MM. Chauveau et Hélie, s'appuyant sur cet arrêt, posent comme règle que c'est l'ordre de rejoindre le corps qui constitue l'état de militaire : « C'est cet ordre, disent-ils, qui lui confère la qualité qui devient la règle de la compétence. »

38. — Toutefois il est douteux que cette doctrine doive être admise dans ce qu'elle a de si absolu, et que, du moment où, le jeune soldat a reçu l'ordre de joindre un corps, tous les délits qu'il commet soient de la compétence de la juridiction militaire. N'est-il pas plus juste de dire que la compétence de cette juridiction ne commence à ce

moment que pour les délits purement militaires, tels que l'insoumission ; mais qu'à l'égard des délits communs ils restent dans la juridiction des tribunaux ordinaires, aux termes de l'avis du conseil d'état du 7 fructid. an XII, tant que le prévenu n'a pas rejoint son corps. La qualité de militaire que l'arrêt de la cour de Cassation lui reconnaît, dans l'espèce, pour régler les effets d'une amnistie, ne change rien aux règles de la compétence sur les délits communs.

39. — En ce qui concerne les engagés volontaires, la signature de l'acte d'engagement devant le maire ne suffit pas pour imprimer à celui qui l'a donnée la qualité de soldat et pour entraîner par suite la juridiction militaire. — Mais cette qualité s'acquiert par l'inscription sur le registre matricule du régiment. — *Cass.*, 12 déc. 1817, Bernard ; 10 janv. 1822, Ramel.

40. — Et une fois l'inscription opérée, la qualité de soldat saisit l'engagé et lui imprime un sceau indélébile. — Chauveau et Hélie, p. 66.

41. — Il a donc été jugé 1° que l'inscription d'un individu sur le registre matricule d'une légion suffit pour le rendre justiciable de la juridiction militaire à raison d'un faux commis par lui dans l'acte même de son inscription, — quelle que puisse être la nullité de son engagement. — *Cass.*, 10 janv. 1822, Ramel.

42. — ... 2° Que la seule circonstance qu'un individu est en activité de service comme soldat suffit pour le soumettre à la juridiction militaire qui reste compétente alors même que, sur une prévention de désertion, cet individu aurait été acquitté par le motif qu'il n'avait pas l'âge requis par la loi au moment de son enrôlement. — *Cass.*, 12 déc. 1817, Bernard.

43. — ... 3° Que le conseil de guerre ne peut se déclarer incompétent pour connaître des délits commis sous les drapeaux par un individu porté sur les contrôles de l'armée, recevant la solde et assujéti aux exercices, sous prétexte que par suite d'une condamnation antérieure il se trouverait déchu du droit de servir dans les armées. — *Cass.*, 6 avr. 1832, Raynal. — V. aussi 17 juin 1813, Vanesse, cité *infrà* n° 50.

44. — ... 4° Que, quelle que soit l'irrégularité de l'incorporation d'un individu (par exemple, d'un étranger), le conseil de guerre n'en est pas moins compétent pour apprécier les délits (par exemple, celui de détournement d'effets militaires) commis par lui. — *Cass.*, 26 avr. 1838 (t. 2 1838, p. 421), Pujol.

45. — ... 5° Que le crime commis envers ses chefs, par un jeune soldat mis définitivement en activité et arrivé au dépôt de recrutement, est de la compétence des tribunaux militaires et non de celle des tribunaux ordinaires. — *Cass.*, 4 août 1813, Donsimoni.

46. — Il a cependant été jugé que celui qui, après avoir été renvoyé d'un régiment *pour démence habituelle*, aurait été employé provisoirement comme recrue dans un autre régiment, ne serait pas justiciable du conseil de guerre, alors même qu'il y aurait eu engagement, *son état de démence rendant cet engagement nul.* — *Cass.*, 8 vent. an X, Potel.

47. — Mais cette décision, qui a presque littéralement suivi le réquisitoire de Merlin, nous paraît contrarier le principe que le fait de l'engagement suffit pour constituer l'état militaire, indépendamment de la validité même de l'engagement ; et elle ne se justifie pas par la circonstance de démence, car si la démence ôte au délit son caractère de criminalité, elle ne détruit nullement le fait de l'incorporation et de la présence au régiment. Il en est de cette cause de nullité de l'engagement comme de toute autre.

48. — Au surplus, divers arrêts ont consacré en principe que du moment où un individu est inscrit sur les rôles d'un équipage, d'une compagnie ou d'un régiment, qu'il touche la solde militaire, qu'il est assujéti aux exercices et soumis à la discipline du corps, il est militaire ou marin, et justiciable à ce titre des tribunaux, soit maritimes, soit militaires. — V. spécialement, en ce qui concerne les élèves trompettes d'une école militaire, portés sur les contrôles de l'armée, payés et entretenus comme soldats. — *Cass.*, 2 sept. 1836 (t. 1er 1837), p. 476, Fournier. — V. TRIBUNAUX MILITAIRES et TRIBUNAUX MARITIMES.

49. — C'est donc le fait seul de sa présence sous les drapeaux et de l'inscription sur les contrôles de l'armée qui suffit pour attribuer juridiction aux conseils de guerre, alors même que le temps de service du délinquant serait expiré et qu'il aurait dû obtenir son congé avant la perpétration du délit. — *Cass.*, 6 déc. 1833, Leignon ; 23 janv. 1829, Nicolas ; 3 oct. 1834, Reguillon.

50. — Jugé encore qu'il suffit que, dans le fait, le prévenu fût réellement militaire au moment du vol qui lui est imputé, et que ce délit ait été commis dans le lieu de sa garnison, pour que la connaissance en appartienne à la juridiction militaire, lors même que le prévenu aurait été précédemment dégradé et déclaré incapable de servir. — *Cass.*, 17 juin 1813, Vanesse. — V. aussi *suprà* l'arrêt 6 avr. 1832, Raynal, cité au n° 43.

51. — A côté des militaires proprement dits, la loi du 13 brum. an V place et déclare justiciables, comme ceux-ci, des conseils de guerre les individus attachés à l'armée et à sa suite, et l'art. 10 énumère ceux qui doivent *seuls* être réputés attachés à l'armée et à sa suite. (V. cette énumération, v° ARMÉE, n° 250.)

52. — La jurisprudence par interprétation de cet article 10 a déclaré justiciables des conseils de guerre : 1° le portier d'une ville de guerre accusé d'homicide dans l'exercice de ses fonctions. — *Cass.*, 15 prair. an VIII, Pouillon.

53. — ... 2° Le domestique d'un commissaire des guerres *en pays ennemi.* — *Cass.*, 28 pluv. an XI, Hypolyte.

54. — ... 3° Les musiciens gagés des régimens à raison des délits commis depuis leur incorporation. — *Cass.*, 4 avr. 1833, Montelier.

55. — Mais elle a considéré comme de la compétence des tribunaux ordinaires : 1° les délits commis par les domestiques d'un commissaire des guerres tenant garnison à l'intérieur. — *Cass.*, 5 mars 1818, Cora ; — Chauveau et Hélie, *Théor. C. pén.*, t. 1er, p. 75, n° 3.

56. — ... Les délits commis par les entrepreneurs de charrois militaires par voie d'adjudication. — *Cass.*, 12 avr. 1834, Toumelin. — V. au surplus TRIBUNAUX MILITAIRES.

57. — Jugé encore que n'est pas justiciable d'un conseil de guerre celui qui est dit seulement avoir été garde-magasin des subsistances militaires et être à la suite de l'armée, attendant de l'emploi, ni celui qui est dit avoir été employé à la suite de l'armée, ce qui ne permet pas de supposer qu'il le fût encore à l'époque du délit. — *Cass.*, 12 vendém. an XIV, Bavière.

58. — Il existe, relativement à la gendarmerie, des règles spéciales de compétence qui seront expliquées v° GENDARMERIE.

59. — La légion étrangère ayant cessé, en vertu de l'ordonnance du 29 juin 1835, de faire partie de l'armée française, le vol commis postérieurement, même en marche, par un soldat ayant fait partie de cette légion, est de la compétence des tribunaux ordinaires. — *Cass.*, 5 nov. 1835, André.

60. — Mais la qualité de militaire soumet-elle celui qui la porte légalement à la juridiction militaire d'une manière absolue et même à l'égard des délits qu'il commettrait n'étant pas sous les drapeaux ou à son corps ?

61. — Il faut, à cet égard, se reporter à un avis du conseil, 28 flor. an XI, rendu pour l'interprétation des dispositions relatives à la compétence des tribunaux militaires, et qui a été développé et étendu par un autre avis du conseil, 7 fruct. an XI, encore applicable aujourd'hui.

62. — Cette dernière décision, qu'il importe de citer textuellement, est ainsi conçue : « Considérant qu'on a toujours distingué dans les délits des militaires ceux qu'ils commettent en contravention aux lois militaires de ceux qu'ils commettent en contravention aux lois générales qui obligent tous les habitans de l'empire ; qu'on a ensuite distingué parmi ces derniers ceux qui sont commis aux armées, dans leurs arrondissemens, dans les garnisons ou au corps d'avec ceux qui sont commis hors du corps ou en congé ; que la connaissance des uns a été attribuée aux tribunaux militaires, et la connaissance des autres laissée aux tribunaux ordinaires ; que par ces mots : *Délits des militaires*, on ne peut entendre que les délits commis par les militaires contre leurs lois particulières ou contre les lois générales, lorsque, se trouvant sous les drapeaux ou leurs corps, ils sont astreints à une surveillance plus sévère ; que les délits qu'ils commettent hors de leur corps et de leur garnison, en cantonnement, ne sont pas des délits de militaire, mais des délits d'un infracteur des lois, quelle que soit sa qualité ou sa profession. »

63. — Toutefois, MM. Chauveau et Hélie font remarquer (p. 68), avec beaucoup de raison, que, même pendant la durée du congé ou de l'absence, le militaire ne devient justiciable des tribunaux ordinaires qu'à l'égard des *délits communs* qu'il a commis, mais que les infractions à ses devoirs de militaires continuent de l'entraîner devant les juges exceptionnels, et qu'il se trouve dans la même situation que les militaires en non activité et la gendarmerie. « Ainsi, disent-ils, il faut distinguer dans ce cas la nature du fait incriminé, et si ce fait est une infraction aux lois générales qui obligent tous les citoyens ou seulement aux lois spéciales qui n'obligent que les militaires. »

64. — C'est ce qu'on peut induire des termes d'un arrêt de la cour de Cassation, qui décide d'ailleurs que les délits commis par les militaires hors de leur corps en garnison ou cantonnement, sont de la compétence des tribunaux ordinaires, même lorsqu'ils ont été commis envers un officier de gendarmerie dans l'exercice de la surveillance des militaires en congé : « Attendu que ce droit de surveillance n'a aucun rapport avec les règles de la discipline à laquelle sont astreints les militaires sous leurs drapeaux, qu'il ne constitue pas les militaires en congé les subordonnés des officiers, sous-officiers et simples gendarmes, dans l'acception et les conséquences que les lois militaires attachent à la subordination, et qu'il n'est pas dès lors permis de voir dans le fait signalé une infraction aux *lois militaires.* » — *Cass.*, 1er déc. 1827, Glatigny.

65. — Et on lit dans un autre arrêt de la cour de Cassation ce motif très explicite : « Attendu que, d'après l'avis du conseil d'état, 7 fruct. an XII, il suffit, pour établir la compétence des tribunaux ordinaires, *qu'il s'agisse d'un délit commun* et que le prévenu ne soit pas présent à son corps. » — *Cass.*, 8 avr. 1842 (t. 2 1842, p. 230), Conchon.

66. — Jugé encore que la connaissance des délits communs commis par des militaires en congé ou hors de leur corps est de la compétence des tribunaux ordinaires, et non de la compétence des tribunaux militaires. — *Cass.*, 3 janv. 1846 (t. 1er 1846, p. 251), Mayer et Kramer.

67. — Quant à la question de savoir ce qu'on doit, dans les termes de l'avis du conseil d'état, entendre par les mots : « *Militaires en congé ou hors du corps* », elle a donné lieu aux décisions qui suivent :

68. — Il a été jugé que le militaire qui a quitté son corps en vertu d'un congé de libération provisoire est justiciable des tribunaux ordinaires, à raison des délits par lui commis depuis son départ du corps. — *Cass.*, 3 juill. 1829, François Mollard ; 28 juin 1836, Raugy ; — Chauveau et Hélie, *Théor. du Code pén.*, t. 1er, p. 67.

69. — ... Que le militaire en état de désertion qui s'est rendu coupable d'un crime ou d'un délit commis hors de son corps, est justiciable des tribunaux ordinaires, encore bien que son nom ait été maintenu pendant six mois sur les contrôles du régiment, et que le délit ait été commis dans le lieu même de sa garnison. — *Cass.*, 10 avr. 1829, Diéval ; 15 nov. 1811, Chabaud ; 22 fév. 1828, Gaffet.

70. — Mais il en est autrement de celui qui, étant en activité de service, s'est rendu coupable d'un crime avant d'avoir pu être réputé déserteur, encore bien qu'au moment où il l'a commis il eût dépassé le rayon d'attaque de la ville où il tenait garnison ; à son égard, la juridiction criminelle est seule compétente. — *Cass.*, 14 mars 1828, Dalstein.

71. — Et de même, c'est devant un conseil de guerre et non devant la juridiction ordinaire que doit être traduit le militaire qui a commis un crime (une tentative de viol) dans un moment où, marchant à la suite de son corps, il s'en était écarté *momentanément*, *sans l'abandonner*, encore qu'il s'en trouvât éloigné de quelques lieues. — *Cass.*, 5 janv. 1809, Toulouse ; — Merlin, *Rép.*, v° *Délit militaire*, n° 6 ; Chauveau et Hélie, *Th. Cod. pén.*, t. 1er, p. 67 ; Legraverend, *Lég. crim.*, t. 1er, p. 653, note 1re.

72. — Mais jugé aussi que les militaires qui ont abandonné leur corps et leur garnison doivent être considérés comme *hors de ce corps*, et sont dès-lors justiciables des tribunaux ordinaires à raison des délits et des crimes qu'ils peuvent commettre. Peu importe qu'à l'époque où les crimes ou délits ont été commis ces militaires *fussent dans le délai de grâce accordé au soldat déserteur pour se représenter.* — *Cass.*, 19 sept. 1844 (t. 2 1845, p. 459), Méjean.

73. — Un soldat condamné au boulet est justiciable des tribunaux criminels ordinaires, et non des conseils de guerre, à raison des délits communs (tels que vols) par lui commis même envers un autre militaire, pendant qu'il voyageait sous l'escorte de la gendarmerie pour se rendre aux ateliers militaires. — *Cass.*, 8 avr. 1842 (t. 2 1842, p. 230), Conchon.

74. — Jugé qu'il en devrait être ainsi à l'égard du délit commun commis par un soldat condamné au boulet, et voyageant sous l'escorte de l'autorité militaire pour se rendre à une compagnie de discipline, après avoir obtenu sa grâce. — *Cass.*, 22 juill. 1836, Mauge.

75. — Le délit commis par un remplaçant avant qu'il ait rejoint son corps, est justiciable du tribu-

nal correctionnel. — *Cass.*, 23 oct. 1840 (t. 2 1840, p. 627), Barquézeau.

76. — Que décider à l'égard des délits commis par un militaire à l'hôpital ou en prison ? — A cet égard, MM. Chauveau et Hélie (t. 1er, p. 68) font une distinction qui paraît basée sur l'esprit de la loi. « Si l'hospice, disent-ils, est dans le lieu même où réside le corps auquel appartient le prévenu, celui-ci est considéré comme n'ayant pas quitté ses drapeaux ; la juridiction militaire ne l'abandonne pas, elle le suit dans toute l'étendue de la garnison, soit à la prison, soit à l'hôpital ; elle ne lâche prise que lorsqu'il rentre pour ainsi dire dans la vie civile en s'éloignant du drapeau, en restant en arrière, en cessant d'en faire partie. »

77. — Et il a été jugé sous ce rapport : 1° que le délit d'escroquerie commis par un militaire sous les drapeaux est de la compétence du conseil de guerre, quoiqu'il ait eu lieu dans un hôpital civil hors du corps. — *Cass.*, 9 août 1834, Jouffre.

78. — ... 2° Qu'un militaire resté dans un hôpital lors du passage de son régiment, ne pouvant être considéré comme présent à son corps ou à la suite de ce corps, est justiciable des tribunaux ordinaires à raison du délit par lui commis dans cet hôpital. — *Cass.*, 29 avr. 1836, Reiners.

79. — ... 3° Que lorsque des condamnés militaires ont été momentanément déposés dans une prison non militaire pendant qu'ils se rendaient, sous la conduite de la gendarmerie, au lieu où ils devaient subir leur peine, ils ne sont réputés être ni présens sous les drapeaux, ni soumis à la discipline de leurs chefs, et que, dès lors, ils doivent, à raison des délits communs qu'ils y commettent, être soumis à la juridiction des tribunaux ordinaires. — *Cass.*, 10 juin 1843 (t. 2 1843, p. 527), de Fournel.

80. — Jugé encore que les jeunes Français appelés au service militaire sont, pendant la durée de cet appel, justiciables des tribunaux de l'armée pour toutes les infractions commises sous les drapeaux et *dans les établissemens soumis à l'autorité militaire*. — En conséquence, le soldat qui, dirigé sur le régiment dont il doit faire partie, s'est, dans le trajet, rendu coupable d'un délit commun réprimé par les tribunaux ordinaires et qui a été, par application des lois, détenu dans un pénitencier militaire, est justiciable des tribunaux militaires à raison des délits commis par lui pendant sa détention, son incorporation dans ce pénitencier équivalant à une incorporation dans un corps de l'armée, puisque c'est un établissement militaire. — *Cass.*, 2 avr. 1840 (t. 2 1840, p. 482), Euvesailles.

81. — Un autre avis du conseil d'état du 12 janv. 1811, intervenu sur le vu de celui du 7 fructid. an XII, déclare que les militaires en disponibilité doivent être regardés *comme en congé* jusqu'au moment où ils reçoivent une destination, et que dès lors, s'ils sont prévenus d'un délit commun, ils doivent être traduits devant les tribunaux ordinaires.

82. — Sur le point de savoir dans quels cas exceptionnels les délits commis par les gardes nationaux peuvent être déférés à l'autorité militaire, V. GARDE NATIONALE.

83. — Nous avons dit plus haut qu'à l'égard des militaires sous les drapeaux et à leur corps, la juridiction militaire était compétente, quelle que fût la nature des délits par eux commis et qu'il s'agît des délits communs ou spéciaux. — A ce sujet, il a été jugé :

84. — ... Que le délit de contrefaçon commis par un militaire en activité de service est, comme tout autre délit, de la compétence des tribunaux militaires. — *Cass.*, 9 fév. 1827, Dupont c. Muller. — Parant, *L. de la presse*, p. 265 ; Chauveau et Hélie, t. 1er, p. 70 ; de Grattier, *Comm. sur les lois de la presse*, t. 1er, p. 403, n° 2 ; Gastambide, *Tr. de la contrefaçon*, n° 137.

85. — Qu'il en est de même du délit de violation de domicile dont un officier s'est rendu coupable à son corps. — *Cass.*, 18 juill. 1828, Dejeigny.

86. — Et il en serait de même de tout autre délit ou crime, tels que les assassinat, vol, etc., etc.

87. — Néanmoins, cette règle souffre exception à l'égard de certains délits spéciaux, dont la connaissance est attribuée sans aucune exception à la juridiction ordinaire.

88. — C'est ainsi qu'il a été jugé que les militaires prévenus du délit de contrebande sont justiciables des tribunaux ordinaires, alors même qu'ils n'auraient aucuns complices non militaires. — *Cass.*, 18 sept. 1829, Campana.

89. — Jugé encore que les délits de fraude en matière d'octroi commis par des militaires présens à leur corps sont de la compétence des tribunaux ordinaires et non des conseils de guerre. — *Cass.*, 23 août 1833, Lemonnier.

90. — On déciderait de même pour d'autres contraventions de même nature ; ainsi en matière de contributions indirectes. — Chauveau et Hélie, p. 70.

91. — Et c'est également ce que décide un avis du conseil d'état du 4 janv. 1806 en matière de délit de chasse.

92. — Quelque générale que soit la règle qui rend les militaires justiciables des tribunaux ordinaires, même pour les délits communs qu'ils peuvent commettre, cependant il y a exception dans le cas où le prévenu militaire a des complices qui n'ont pas cette qualité. Dans ce cas, d'après le principe posé dans l'art. 2 de la loi du 22 mess. an IV, ceux-ci l'entraînent devant la juridiction ordinaire. — Chauveau et Hélie, p. 70.

93. — Ainsi jugé que le prévenu non militaire entraîne avec lui devant la juridiction ordinaire le militaire prévenu du même délit. — *Cass.*, 22 germ. an V, Vignières.

94. — ... Et que l'incompétence du conseil de guerre à l'égard de l'une des parties le rend incompétent à l'égard de tous. — *Cass.*, 12 vend. an IV, Bavière.

95. — Et dans ce cas peu importe que le délit soit commun ou militaire. — Et la cour de Cassation a jugé, dans une espèce où il s'agissait de la vente d'effets militaires faite par un militaire à un non militaire, que la qualité de non militaire de l'acheteur détermine la compétence des juges ordinaires à l'égard de tous. — *Cass.*, 2 mai 1817, Bardel ; — Chauveau et Hélie, *loc. cit.*

96. — On devrait dire également que c'est à la juridiction ordinaire qu'appartient la connaissance d'un crime commis par deux individus militaires, dont l'un se trouvait en congé dans le lieu où le crime a été commis, puisque le militaire en congé est remis sur la même ligne que les simples citoyens. — *Cass.*, 6 sept. 1811, Tombarelle ; — Chauveau et Hélie, *loc. cit.* ; Carnot, sur l'art. 133, C. inst. crim., t. 3, p. 522, n° 7. — V. aussi le réquis. de Merlin, *Quest. dr.*, v° *Militaire*, § 4.

97. — On sait qu'un projet de loi présenté en 1839 à la chambre des députés (et connu sous le nom de *loi de disjonction*), qui avait pour but de détruire dans certains cas le principe fondé par l'art. 2, L. 22 messid. an IV, a été repoussé.

98. — Mais pour que le militaire soit ainsi distrait de la juridiction du conseil de guerre, il faut qu'il y ait réellement complicité et connexité ; et il a été jugé qu'il en est autrement si le délit imputé au militaire est seulement corrélatif et non connexe à d'autres délits imputés à des individus non militaires. — *Cass.*, 18 juill. 1828, Dépigny. — V. CONNEXITÉ (mat. crim.), n° 93.

99. — Jugé également que le fait par des individus non militaires d'avoir acheté ou échangé des effets militaires distraits par un militaire constitue à leur égard un fait principal, dont la connaissance appartient exclusivement aux tribunaux ordinaires, encore bien que le militaire soit de son côté traduit devant la juridiction militaire pour désertion avec détournement d'effets. — *Cass.*, 25 juill. 1828, Bidal ; 2 sept. 1836, Foureur. — V. EFFETS MILITAIRES.

100. — Les tribunaux militaires institués pour prononcer sur l'action publique en tant qu'elle concerne les personnes soumises à leur juridiction peuvent-ils appliquer les peines qui ne feraient qu'atteindre les personnes ? Les tribunaux militaires peuvent-ils prononcer sur les réparations civiles ? — V. à cet égard TRIBUNAUX MILITAIRES.

101. — Il est donc de principe que l'individu non militaire ne peut être traduit devant les tribunaux militaires. — Et la cour de Cassation a consacré ce principe d'une manière éclatante en matière même d'état de siége. — V. ÉTAT DE SIÉGE, TRIBUNAUX MILITAIRES.

102. — Que doit-on cependant, en présence de l'art. 9, L. 13 brum. an V, décider pour le cas d'embauchage commis par des non militaires ? — V. EMBAUCHAGE. — V. aussi ESPIONNAGE.

103. — La manière dont il est procédé au jugement des délits militaires, ainsi que tout ce qui concerne la poursuite de ces délits, sera expliqué v° TRIBUNAUX MILITAIRES.

104. — Disons seulement qu'aux termes des articles 12 et suiv., L. 13 brum. an V (*relative à la manière de procéder au jugement des délits militaires*), c'est à l'autorité militaire qu'est confiée la poursuite et instruction à laquelle donnent lieu de pareils délits.

105. — Ainsi, quand le ministère public reçoit une plainte contre un militaire en activité de service, il doit se borner à recueillir les preuves du fait et les transmettre sans délai au lieutenant général commandant la division militaire, qui, seul, peut ordonner des poursuites. — L. 13 brum. an V, art. 12.

106. — S'il y a flagrant délit ou clameur publique, l'inculpé doit être saisi et arrêté, sauf, s'il justifie qu'il est justiciable du conseil de guerre, à être renvoyé avec la procédure commencée à instruire, devant le chef militaire chargé de le faire punir. Mais, hors le cas de flagrant délit et de clameur publique, l'officier de police judiciaire doit se borner à constater le délit commis et à prévenir le commandant de la division ou de la subdivision des soupçons qui planent sur le militaire inculpé, afin qu'il soit pris des précautions pour empêcher son évasion ; en un mot, il doit faire en sorte que le crime ne reste pas impuni. — Massabiau, *Man. proc. du roi*, n° 1403, qui cite des lettres du procureur général de Rouen des 27 mai 1811, 13 janv. 1812, 10 août 1824.

107. — Si le fait dénoncé est de la compétence des tribunaux ordinaires, le procureur du roi doit se borner à donner avis des poursuites au chef du corps auquel appartient le militaire inculpé. — Circ. min., 29 avr. 1822 ; — Massabiau, n° 1404.

108. — Les délits militaires qui n'auront pas été dénoncés et poursuivis dans l'espace de dix ans, à compter du jour où ils auront été commis, ou dont la poursuite, après avoir été commencée, aura été suspendue pendant le même espace de temps, seront prescrits et ne pourront plus être l'objet d'aucune plainte ni d'aucun jugement. — L. 22 sept. 1790, art. 89.

109. — Cette prescription spéciale n'a pas été détruite par l'art. 637, C. inst. crim., et il résulte, au contraire, de l'art. 643 que le Code a entendu maintenir les lois particulières relatives à la prescription de certains crimes, comme les lois pénales, militaires et maritimes. — Mangin, *Tr. de l'act. publ.*, n° 316. — V. au surplus PRESCRIPTION (mat. crim.).

110. — Par suite de la confusion faite, en ce qui concerne les militaires, entre les délits militaires proprement dits et les délits communs, le législateur s'est vu contraint de se reporter aux pénalités communes pour réprimer ces dernières. De là diverses dispositions successives qui prescrivent aux juges militaires d'appliquer les peines portées dans la loi commune, dans le Code pénal, à tous les cas que la loi militaire n'aura pas prévus. — L. 21 brum. an V, art. 22 ; 4 pluv. an II, tit. 13, art. 18 ; décr. 1er mai 1812, art. 10.

111. — « Étrange contradiction, disent MM. Chauveau et Hélie (t. 1er, p. 82), par laquelle le législateur reconnaît à la fois le caractère commun des délits et les livre aux tribunaux exceptionnels. De là il résulte, en définitive, que l'art. 5, qui déclare les dispositions du Code inapplicables aux délits militaires, ne doit pas être entendu en ce sens que ces dispositions seront appliquées par les tribunaux ordinaires seuls, car la loi elle-même en provoque l'application par les tribunaux exceptionnels. »

112. — Au reste, cette application des lois ordinaires par les tribunaux exceptionnels a fait naître quelques questions graves, notamment en ce qui concerne l'application des principes de la récidive. — V. RÉCIDIVE.

113. — De même, on s'est demandé si les tribunaux militaires pouvaient user de l'art. 463 sur les circonstances atténuantes, soit lorsqu'ils appliquent les lois spéciales, soit lorsqu'ils appliquent les lois générales à des délits communs dont ils sont saisis à raison de la qualité du délinquant. — V. à cet égard CIRCONSTANCES ATTÉNUANTES, n°s 221 et suiv.

114. — On s'est demandé également si, lorsque la loi militaire emprunte à la loi commune quelques-unes de ses peines, elle les emprunte telles que les règle et les définit le Code pénal, et avec toutes les conséquences qui s'y rattachent.

115. — Cette question grave s'est élevée au sujet de l'application de la loi du 15 juill. 1829, qui punit de *la réclusion* ou des *travaux forcés à temps* certains des crimes qu'elle prévoit (V. VOL MILITAIRE), et à cet égard il a été jugé que le militaire condamné à la réclusion par le conseil de guerre pour vol envers un camarade et pour vente d'effets d'équipement (crime prévu par la loi du 15 juill. 1829) est soumis de plein droit à la surveillance de la haute police à l'expiration de sa peine, encore bien que ces faits n'eussent été passibles que des peines du vol simple à l'égard des individus non militaires, et que, par conséquent, la surveillance n'eût été encourue qu'autant qu'elle eût été formellement prononcée. — *Cass.*, 12 août 1842 (t. 1er 1843, p. 158), Bouche ; *Montpellier*, 16 sept. 1843 (t. 1er 1844, p. 493), Blanc.

116. — Au contraire, la cour royale d'Orléans a décidé que la condamnation à la peine de la réclusion prononcée en vertu de la loi du 15 juill. 1829 contre un militaire déclaré coupable de vol d'effets appartenant à l'état n'emporte pas avec elle le placement du condamné sous la surveil-

lance de la haute police. — *Orléans*, 18 mars 1844 (t. 1er 1844, p. 494), Blanc. — Et c'est aussi ce qu'avait décidé la cour de Paris dans son arrêt du 19 août 1841, qui a été cassé le 12 août 1842. — V. le nº qui précède.

117. — Le principal argument de cet arrêt résultait de l'art. 5, C. pén., portant que les dispositions de ce Code *ne s'appliquent pas aux contraventions, délits et crimes militaires*.

118. — L'arrêt de la cour de Cassation et celui de la cour royale de Montpellier nous semblent plus conformes à l'esprit et au texte de la loi. A l'esprit, parce qu'il nous paraît résulter de ce qui a été dit aux deux chambres lorsque le rapport leur en a été fait, à l'une par M. d'Ambrugeac, à l'autre par M. Lobau, qu'il a été réellement dans l'intention des rédacteurs de celle loi d'appliquer aux vols qui sont l'objet des art. 1er et 2 les peines prononcées par les art. 19 et 20, C. pén., avec toutes leurs conséquences. Voici, en effet, ce que disait M. d'Ambrugeac, dans la séance de la chambre des pairs du 20 avril 1829 : « Nous vous avons proposé d'admettre les peines portées au Code pénal ordinaire pour chacun des crimes ou délits énumérés au présent Code. Toutes ces peines se trouvent comprises au nombre de celles dont les art. 1er et 2 de la présente loi autorisent l'application par les tribunaux militaires. »

119. — Et voici en outre ce que, dans la séance des députés du 2 juin, répondait M. Lobau à l'observation de quelques membres qui voyaient dans l'art. 1er, L. 1829, trop de latitude donnée aux juges, en même temps qu'ils trouvaient que les termes de *travaux forcés* étaient trop vagues alors qu'on ne disait pas à quel Code il fallait avoir recours pour en chercher la durée et en reconnaître les effets : « Les mots *travaux forcés*, qui se trouvent à l'art. 1er, ne sont pas vagues, car on a procédé dans le projet comme dans le Code pénal ordinaire, en indiquant seulement la nature de la peine et en laissant aux juges la faculté d'appliquer le *minimum* jusqu'au *maximum*. — Il ne peut non plus y avoir de doute sur le Code auquel il faut recourir pour reconnaître la durée des travaux forcés, car cette peine n'est reconnue que par le Code pénal ordinaire. Les lois militaires ne connaissent que les fers, et les fers ne sont pas les travaux forcés. »

120. — Nous disons que cette décision est plus conforme au texte de la loi, parce qu'en appliquant aux vols dont il s'agit les travaux forcés, ou, en cas de circonstances atténuantes, la réclusion, sans s'expliquer ni sur la durée de ces peines, ni sur leurs effets, les rédacteurs de la loi du 15 juill. 1829 ont suffisamment démontré qu'ils entendaient se référer purement et simplement au Code pénal. Autrement ils n'auraient pas manqué de s'en expliquer et de préciser sous quelles modifications ils voulaient que ces peines fussent appliquées. — Remarquons d'ailleurs que, si, malgré les termes si absolus de l'art. 5, C. pén., on a recours à ce Code pour fixer la durée des travaux forcés ou de la réclusion prononcée en vertu de la loi du 15 juill. 1829, la raison veut qu'on y ait également recours quand il s'agit d'apprécier les conséquences de ces peines, car il est impossible de séparer l'effet de la cause. — Enfin les vols prévus par les art. 1er et 2 de cette loi ne constituent pas des infractions aux lois militaires ; ce sont des délits communs, et dès-lors il est rationnel qu'ils soient punis par la loi commune. — V. au surplus TRIBUNAUX MILITAIRES. — V. aussi DISCIPLINE MILITAIRE.

DÉLITS POLITIQUES.

Table alphabétique.

DÉLITS POLITIQUES. — 1. — Le Code pénal de 1810, comme la législation qui l'avait précédé, avait fait rentrer dans la classe des infractions ordinaires les crimes et délits politiques, et, les soumettant aux mêmes juridictions, leur avait appliqué la même nature de peines afflictives perpétuelles, ou afflictives et infamantes, ou infamantes ou correctionnelles.

2. — Cependant, la raison publique avait déjà fait ses protestations contre une pareille assimilation, et M. Guizot s'en était rendu l'organe en écrivant (*De la peine de mort en matière politique*, p. 37) : « L'immoralité des délits politiques n'est ni aussi claire, ni aussi immuable que celle des crimes privés..., elle est sans cesse travestie ou obscurcie par les vicissitudes des choses humaines... elle varie selon les temps, les événemens, les droits et les mérites du pouvoir ; elle chancelle à chaque instant sous les coups de la force, qui prétend la façonner selon ses caprices et ses besoins. A peine trouverait-on dans la sphère politique quelque acte innocent ou méritoire qui n'ait reçu en quelque coin du monde ou du temps une incrimination légale. » — La même doctrine sur le caractère moral des crimes politiques est enseignée par MM. Chauveau et Hélie, *Théor. du C. pén.*, t. 2, p. 318.

3. — La consécration de cette distinction de moralité devait naturellement trouver sa place dans la Charte de 1830. Aussi, l'art. 69 de cette constitution rangea-t-il parmi les objets auxquels on déclarait qu'il y avait nécessité de pourvoir par des lois successives, l'attribution au jury des délits politiques.

4. — Ainsi, la Charte de 1830 est la première loi dans laquelle la dénomination *délit politique* ait été employée pour désigner une classe particulière d'infractions.

5. — Cette attribution de compétence faite au jury est aussi fondée sur un sentiment de défiance envers le pouvoir gouvernemental et ses agens, sentiment dont le législateur a déposé dans ses œuvres plus d'une manifestation. — Le pouvoir lui-même étant en cause lorsqu'il est procédé à la répression de délits politiques, on a pensé que déférer aux tribunaux ordinaires le jugement de ces délits ce serait mettre les prévenus sous le coup des agens de leurs adversaires, et qu'il ne pouvait y avoir d'autre juge impartial en pareille matière que le jury ; en effet les élémens variables peuvent être considérés comme réfléchissant toujours l'opinion du pays. — Serrigny, *Tr. du dr. pub. des Français*, t. 2, p. 174.

6. — La compétence n'a pas seule été modifiée en matière d'infractions politiques ; car, si la peine de mort est demeurée dans la loi, le gouvernement n'a pas craint de proclamer à la tribune qu'il ne serait pas fait application pour un crime purement politique de ce terrible châtiment, et la loi de révision du C. pén. du 28 avr. 1832 a institué une peine nouvelle, la détention dans une forteresse, qui est plus en harmonie avec la nature des délits qu'elle est désignée à punir et qui atteste la distance qui sépare les délits politiques des délits communs.

7. — L'organisation normale de la justice criminelle en France appelait déjà la cour d'assises, c'est-à-dire le jury, à connaître ordinairement des crimes politiques ; c'est pourquoi la Charte, comme la loi du 8 oct. 1830, n'avait à stipuler que pour les délits politiques.

8. — Remarquons que les crimes politiques ne doivent pas être confondus avec les crimes contre la paix publique dont le Code pénal traite dans le tit. 1er, liv. 3e. Tous les crimes politiques rentrent dans la catégorie des crimes publics ; mais tous les crimes publics ne sont pas politiques ; ainsi, les crimes des fonctionnaires dans l'exercice de leurs fonctions, les délits de rébellion envers l'autorité publique, les faux commis dans des passeports sont classés avec raison parmi les crimes contre la chose publique ; mais aucun de ces faits ne porte essentiellement en lui-même un caractère politique, ils peuvent puiser ce caractère dans leur but, dans les circonstances qui les accompagnent ; mais en dehors de ces circonstances ils n'en sont pas nécessairement empreints. — Chauveau et Hélie, *Th. du C. pén.*, t. 2, p. 313.

9. — Pour réaliser deux promesses de la charte, relativement à l'attribution au jury de la connaissance des délits de presse et des délits politiques, M. le comte Siméon fit, dans la séance de la chambre des pairs du 1er sept. 1830, une proposition qui fut l'origine de la loi du 8 oct. 1830. — V. DÉLITS DE PRESSE ET DE PUBLICATION.

10. — L'art. 6 de cette loi attribue aux cours d'assises la connaissance des délits politiques.

11. — Suivant l'art. 7, sont réputés politiques les délits prévus : 1º par les chap. 1er et 2, tit. 1er, liv. 3, C. pén., art. 75 à 108, *crimes et délits contre la sûreté de l'état*, et art. 109 à 131, *crimes et délits contre la charte constitutionnelle* ; — 2º par les §§ 2 et 4, sect. 3e, et par la sect. 7e, chap. 3 des mêmes livre et titre, art. 201, 202, 203, 207 et 208, *troubles apportés à l'ordre public par les ministres du culte* ; art. 291 et suiv., *associations ou réunions illicites* ; — 3º par l'art. 9, L. 25 mars 1822, *enlèvement des insignes de l'autorité* ; *port public de signes extérieurs de ralliement* ; *exposition de symboles séditieux*.

12. — La lettre de ces art. 6 et 7 aurait pu faire penser que la loi du 8 oct. 1830 devait être prise dans un sens purement démonstratif. On pourrait penser que, la charte ayant attribué au jury les délits politiques, sans exception, et les délits de cette nature étant vagues et indéfinissables et puisant leur caractère dans les circonstances qui les environnent, il était impossible de les limiter à des cas déterminés. L'art. 6 pouvait sembler, par sa rédaction, comprendre tous les délits politiques à raison des circonstances dans lesquelles ils ont été commis, tandis que l'art. 7 pouvait paraître attribuer le caractère de délits politiques à certains faits qui, par eux-mêmes, n'avaient pas ce caractère. Mais les phases qu'ont subies ces deux articles dans la discussion aux chambres démontrent qu'une pareille interprétation serait erronée.

13. — En effet, l'incrimination qui avait été introduite dans la charte, relativement aux délits qu'elle appelle *politiques*, ne se trouvant ni dans nos codes, ni dans la législation spéciale de la presse, on éprouva de grands embarras, lors de la discussion aux deux chambres du projet de la loi du 8 oct. 1830, pour déterminer quelles étaient les infractions qui devaient recevoir cette qualification spéciale, et l'on agita tout d'abord la question de savoir si la loi nouvelle devait contenir une énumération complète, et dès lors limitative des délits politiques, ou si, au contraire, il fallait se borner à une simple indication des principaux de ces délits, en laissant aux tribunaux le soin d'apprécier les circonstances qui pourraient donner à une infraction un caractère politique.

14. — L'auteur de la proposition à la chambre des pairs, M. Siméon, avait rédigé les art. 6 et 7 dans les termes suivans : « La connaissance des délits politiques est pareillement attribuée aux cours d'assises. Sont réputés délits politiques tous les délits prévus par les chapitres 1er et 2 du livre 3 du Code pénal, et par l'art. 9 de la loi du 25 mars 1822. » La commission, croyant qu'une exacte désignation de tous les actes qui peuvent constituer un délit politique était impossible, et que des délits qui n'étaient pas nécessairement politiques pouvaient recevoir ce caractère de circonstances diverses, ajouta aux deux phrases ci-dessus : *et tous autres délits commis à l'occasion d'assemblées, de discours, écrits, d'actes ou de faits politiques*. Les deux articles, ainsi conçus, furent adoptés par la chambre des pairs.

15. — Lorsque le projet fut porté à la chambre des députés, la commission de cette chambre pensa

qu'un arbitraire dangereux pouvait résulter de la rédaction à laquelle la chambre des pairs s'était arrêtée. M. de Martignac, rapporteur, disait : « Dans une loi qui modifie les juridictions, qui crée un ordre exceptionnel de délits, pour en attribuer la connaissance à un autre que le juge des délits en général, la première condition est la clarté et la précision. — Il faut nécessairement que la limite soit tracée de manière à ce que l'accusé sache quel est le juge que la loi lui a donné, et que rien sur cette grave matière ne soit livré à l'arbitraire. Sans doute, cette limitation est difficile à tracer, mais il vaut mieux qu'elle le soit imparfaitement par la loi que si elle l'était arbitrairement par le juge. » Aussi, la commission de la chambre des députés, tout en ajoutant à la nomenclature du projet l'indication d'autres délits, retranchait-elle la phrase générale qui avait été placée à la suite par la commission de la chambre des pairs. Le projet de loi, ainsi modifié, fut successivement adopté par les deux chambres (V. *Moniteur*, 19 sept. et 8 oct. 1830). — Parant, *L. de la presse*, p. 247; Chassan, *Tr. des délits de la parole, de l'écriture et de la presse*, 2e édit., t. 2, no 1350.

16. — Ainsi, il résulte tout à la fois de la discussion que nous venons de rappeler, et du texte de l'art. 7 de la loi du 8 oct. 1830, que cette loi n'a entendu reconnaître que des délits politiques *par leur nature*, et qu'elle en a donné, dans cette disposition, une nomenclature complète et limitative. Tel est, du reste, le sens que la doctrine et la jurisprudence se sont accordées à lui donner. — Parant, *loc. cit.*; Rauter, *Dr. crim.*, t. 2, § 3, p. 470; Chassan, nos 1350 et 1356; de Grattier, *Comment. sur les lois de la presse*, t. 2, p. 218 et suiv.; Morin, *Dict. dr. crim.*, vo *Délits politiques*; Chauveau et Hélie, *Th. C. pén.*, t. 2, p. 12 et suiv., 2e édit. — V. aussi *Paris*, 17 juin 1831, de Montalembert, de Coux et Lacordaire; *Grenoble*, 22 juill. 1831, Gabourd. — V. cependant en sens contraire Duvergier, *Coll. des lois*, 1830, t. 30, p. 105, note 2.

17. — Il a été jugé, par application du principe que l'art. 7 est limitatif : 1o que le fait d'avoir pris illégalement le titre de capitaine et porté indûment la décoration de la Légion-d'Honneur constitue un délit commun de la compétence du tribunal correctionnel, et non un délit politique dont la connaissance doive être attribuée aux cours d'assises. — *Cass.*, 6 janv. 1831, Housset. — En effet, les art. 256 et 259 du Code pénal ne figurent pas parmi les dispositions auxquelles renvoie l'art. 7.

18. — ... 2o Que le trouble apporté à l'exercice du culte et la résistance avec voies de fait envers les agens de l'autorité, punis par les art. 209 et 260, C. pén., ne peuvent être considérés comme constituant un délit politique, sous le prétexte que les auteurs ont agi dans un but politique. — *Grenoble*, 22 juill. 1831, Gabourd; — de Grattier, *Comment. sur les lois de la presse*, t. 2, p. 220; Chassan, *Délits de la presse*, t. 2, p. 167.

19. — ... 3o Que la rébellion, par plus de vingt personnes armées, contre la garde nationale et la gendarmerie, constitue un crime prévu par le Code pénal et non un délit politique, les délits politiques étant spécifiés dans la loi du 8 oct. 1830, et le délit dont il s'agit ne rentrant dans aucune de ses dispositions. — *Cass.*, 9 déc. 1830, Roquelaure.

20. — ... 4o Que la diffamation envers un fonctionnaire public ne saurait être classée au nombre des délits politiques. — *Cass.*, 22 sept. 1832, de Magnoncourt c. de Rancourt.

21. — ... 5o Que le délit de coalition d'ouvriers, prévu par les art. 414 et 415 du C. pén., n'est pas un délit politique, bien que la preuve et le but en puissent être établis par des écrits imprimés. — *Cass.*, 4 sept. 1834, Lebon.

22. — Parmi les dispositions du Code pénal auxquelles renvoie l'art. 7 de la loi du 8 oct. 1830, il en est un certain nombre qui prévoient et punissent des infractions appartenant à la classe des crimes. Nous avons fait observer que, dans tous les cas, ces infractions devaient être jugées par le jury, et que la loi du 8 oct. 1830, qui voulait seulement créer une compétence exceptionnelle en saisissant les cours d'assises de la connaissance de *délits correctionnels*, n'a pas dû s'occuper directement des crimes. Il résulte seulement de la discussion aux chambres qu'on a considéré comme crimes *politiques* les infractions dont nous parlons, sans que, du reste, cette qualification modifie en rien le caractère qu'elles ont reçu du Code pénal. Nous nous sommes déjà expliqués sur les crimes compris dans les dispositions dont l'indication se trouve sous les nos 1er et 2 de l'art. 7, aux mots ATTENTAT, COMPLOT et CRIMES CONTRE LA SURETÉ DE L'ÉTAT.

23. — L'art. 7, dans son no 1er, déclare délits politiques ceux dont s'occupent les deux premiers chapitres du tit. 1er du liv. 3 du C. pén. — Cette indication comprend les art. 75 à 131 inclusivement. Le chap. 1er réprime les crimes et délits contre la sûreté de l'état, le chap. 2, ceux commis contre la charte constitutionnelle. « La charte, disait M. Siméon dans son rapport, constitue l'existence politique de l'état, il est donc incontestable que les délits contre la charte constitutionnelle sont des délits politiques. Mais avant d'exister politiquement, il faut exister matériellement d'une manière quelconque. Voilà pourquoi le Code a mis au premier degré et avant les délits contre la charte les crimes et les délits contre la sûreté de l'état. J'en ai conclu que ce qui attaque l'existence même de l'état attaque, par voie de conséquence, son existence politique, qui n'est qu'un mode de son existence matérielle, et j'ai vu des délits politiques dans ce qui attaque la sûreté de l'état. »

24. — Ceux des articles placés dans les deux chapitres précités qui prévoient des *délits*, sont les art. 82, § dernier; 86, § dernier; 89, § dernier; 91, § dernier; 102 et suiv., 109, 112, 113, 120, 123, 128, 129, 131.

25. — Ainsi, celui qui, n'étant ni fonctionnaire public, ni agent ou préposé du gouvernement, a livré des plans de fortifications, arsenaux, ports ou rades français aux agens d'une puissance étrangère neutre ou alliée, en supposant que ces plans n'aient pas été soustraits par le coupable, mais se soient trouvés entre ses mains, est puni, aux termes de l'art. 82, § dernier, d'un emprisonnement de deux à cinq ans. — V. CRIMES CONTRE LA SURETÉ DE L'ÉTAT.

26. — Par suite de la réforme qu'a subie le Code pénal, par la loi du 28 avril 1832, des infractions d'un caractère essentiellement politique sont actuellement punies de peines correctionnelles par les art. 86, 89 et 91, C. pén. Ainsi, l'art. 86 punit d'un emprisonnement de six mois à cinq ans, et d'une amende de 500 à 10,000 fr. toute offense commise publiquement envers la personne du roi. Cet article doit recevoir son application toutes les fois que l'offense a été publique *d'une manière quelconque*, et il modifie, sous ce rapport, l'art. 9, L. 17 mai 1819, dont il n'est d'ailleurs que la reproduction littérale. — V. OFFENSE ENVERS LE ROI ET LA FAMILLE ROYALE.

27. — Celui qui a fait une proposition, laquelle n'a pas été agréée, de former un complot pour arriver aux crimes prévus par les art. 86 et 87, est, d'après l'art. 89, dernier alinéa, puni d'un emprisonnement d'un an à cinq ans. Le coupable peut de plus être interdit, en tout ou en partie, des droits mentionnés en l'art. 42.

28 — L'art. 91, § dernier, punit de même la proposition faite et non agréée de former un complot ayant pour but d'exciter à la guerre civile ou de porter la dévastation, le massacre et le pillage dans une ou plusieurs communes. — V. COMPLOT.

29. — Les trois dispositions qui précèdent ayant été introduites dans le Code pénal postérieurement à la loi du 8 oct. 1830, on s'est demandé si l'on pouvait leur appliquer le renvoi fait au Code pénal de 1810 par le no 1er de l'art. 7 de cette loi. MM. Parant (p. 178, à la note) et de Grattier (t. 2, p. 222, no 3) résolvent, avec raison, cette question par l'affirmative. En effet, ces infractions ont un caractère tout politique, et le législateur de 1830 a d'ailleurs dû prévoir que les incriminations du Code pénal et les pénalités qu'il édictait pourraient être modifiées. Il faut d'ailleurs remarquer, quant à l'offense publique au roi, que cette infraction, constituant en même temps un délit de publication, aurait été, à ce titre, déférée au jury, en vertu de l'art 1er, L. 8 oct. 1830.

30. — La cour de Cassation a jugé, conformément à l'opinion que nous venons d'exprimer, que le délit d'offense publique envers la personne du roi est un délit *politique* de la compétence de la cour d'assises. — *Cass.*, 31 juill. 1834, Bompart.

31. — La non révélation de certains crimes et complots était punie de peines correctionnelles par les art. 105 et 106, C. pén.; mais ces articles ont été abrogés par la loi de révision du 28 avr. 1832.

32. — L'empêchement apporté par attroupement, voies de fait ou menaces à l'exercice des droits civiques d'un individu, constituant le délit prévu par l'art. 109, C. pén., a, d'après l'art. 7, L. 8 oct. 1830, le caractère d'un délit politique, et dès-lors appartient à la juridiction des cours d'assises, aux termes de l'art. 6, même loi. — *Cass.*, 23 juin 1836, Etchebarne; — de Grattier, t. 2, p. 223, note 3o. — Ce délit est puni, d'après l'art. 109, d'un emprisonnement de six mois au moins et de deux ans au plus, outre l'interdiction du droit de voter et d'être éligible pendant cinq ans au moins et dix ans au plus. — V. DROITS CIVIQUES.

33. — Jugé, par application de l'art. 109, que l'expulsion d'un maire ou d'un adjoint de la mairie, où il devait présider les élections municipales, constitue un délit politique de la compétence de la cour d'assises. — *Cass.*, 3 mai 1832, Sarrand frères. — Parant (p. 168) semble émettre l'avis que le fait dont cet arrêt avait la répression pour objet constituait plutôt le délit réprimé par l'art. 228, C. pén., et que l'art. 109 n'est destiné à réprimer que des faits qui attentent à la liberté du citoyen.

34. — Les mêmes peines sont prononcées par l'art. 112 contre ceux qui, dans une élection, seraient surpris falsifiant des billets, ou en soustrayant de la masse, ou y en ajoutant, ou inscrivant sur les billets des votans non lettrés des noms autres que ceux qui leur auraient été déclarés.

35. — L'achat ou la vente dans les élections d'un suffrage à un prix quelconque est puni par l'art. 113 de l'interdiction des droits de citoyen et de toute fonction ou emploi public, pendant cinq ans au moins et dix ans au plus. Le vendeur et l'acheteur du suffrage sont, en outre, condamnés chacun à une amende double de la valeur des choses reçues ou promises.

36. — Divers cas de détention arbitraire sont punis par l'art. 120 d'un emprisonnement de six mois à deux ans, et d'une amende de seize francs à deux cents francs. — V. ATTENTAT A LA LIBERTÉ.

37. — La coalition de fonctionnaires sans circonstances aggravantes et certains cas d'empiétement des autorités administratives et judiciaires sont aussi frappés de peines correctionnelles par les art. 123, 128, 129 et 131. — V. COALITION DE FONCTIONNAIRES, POUVOIR JUDICIAIRE.

38. — L'art. 7, no 2, L. 8 oct. 1830, renvoie aux §§ 2 et 4 de la sect. 3e et à la sect. 7e du chap. 3 du liv. 3 du C. pén. Le § 2 de la sect. 3e traite des critiques, censures ou provocations dirigées contre l'autorité publique dans un discours pastoral prononcé publiquement; le § 4 de la même section, de la correspondance des ministres des cultes avec les cours ou puissances étrangères sur des matières de religion. Des délits politiques sont prévus par les art. 201, 202, placés sous le § 2, et par l'art. 207 placé sous le § 4. Enfin, la sect. 7e du même chapitre est relative aux associations ou réunions illicites et les art. 291, 292, 293 et 294, dont elle se compose, punissent des infractions qualifiées délits.

39. — Les ministres des cultes qui prononcent dans l'exercice de leur ministère ou en assemblée publique un discours qui contient la critique ou censure du gouvernement, d'une loi, d'une ordonnance royale, ou de tout autre acte de l'autorité publique, sont punis par l'art. 201 d'un emprisonnement de trois mois à deux ans.

40. — Aussi a-t-il été jugé que le fait d'avoir, le dimanche et en chaire, fait une censure publique du gouvernement ou des actes de l'autorité constitue un délit politique dont la connaissance appartient aux cours d'assises. — *Cass.*, 21 mai 1835, Larroque.

41. — Le discours qui contient une provocation directe à la désobéissance aux lois ou autres actes de l'autorité publique ou qui tend à soulever ou armer une partie des citoyens contre les autres, fait encourir à son auteur un emprisonnement de deux à cinq ans, lorsque la provocation n'a pas été suivie d'effet. — Art. 202.

42. — Le § 3 de la même sect. 3e, qui traite des critiques, censures ou provocations dirigées contre l'autorité publique dans un écrit pastoral, contient des infractions d'un caractère politique, comme celles que répriment les §§ 2 et 4; mais, ce § 3 ne comprenant que des *crimes*, la loi du 8 oct. 1830 n'a pas dû y renvoyer. — Chassan, t. 2, no 1354.

43. — Est passible d'une amende de 100 fr. à 500 fr. et d'un emprisonnement d'un mois à deux ans, tout ministre du culte qui a, sur des questions ou matières religieuses, entretenu une correspondance avec une cour ou puissance étrangère, sans en avoir préalablement informé le ministre du roi chargé de la surveillance des cultes et sans en avoir obtenu son autorisation. — Pour ces diverses infractions, V. CULTE.

44. — Les art. 201 et suiv., C. pén., s'appliquent à tous les ecclésiastiques, quels que soient leur rang et leur qualité. — De Grattier, t. 1er, p. 406, 407, no 10; t. 2, p. 223, no 4; Chassan, t. 2, no 1359.

45. — Il résulterait du renvoi qui est fait par la loi du 8 oct. 1830 aux art. 291, 292, 293 et 294, C. pén., relatifs aux associations illicites, que les infractions punies de peines correctionnelles qu'ils prévoient devraient être déférées au jury comme délits politiques. Mais, sous ce rapport, la loi du 8 oct. a été, par le fait, modifiée par celle du 10 avr. 1834 sur les associations. Cette dernière loi aggravant les pénalités a changé en même temps la compétence, et, revenant à l'organisation établie par le Code pénal, elle a, par son art. 4, rendu aux tribunaux correctionnels la connaissance des délits résultant de l'existence d'associations illicites

en réservant seulement au jury le jugement des délits politiques commis par ces associations.

46. — Néanmoins, l'art. 293, C. pénal, n'ayant pas été modifié par la loi du 10 avr. 1834, c'est devant le jury que devraient être traduits les chefs, directeurs ou administrateurs de ces associations, poursuivis à raison de provocation à des crimes ou délits faits dans leur sein par d'autres personnes. — Parant, p. 179. — V. ASSOCIATIONS ILLICITES.

47. — Le nº 3 de l'art. 7, L. 8 oct. 1830, déclare politiques les délits prévus par l'art. 9, L. 25 mars 1822. Cet article est ainsi conçu : « Seront punis d'un emprisonnement de quinze jours à deux ans et d'une amende de 100 fr. à 4,000 fr. : 1º l'enlèvement ou la dégradation des signes publics de l'autorité royale, opérés en haine ou mépris de cette autorité; 2º le port public de tous signes extérieurs de ralliement non autorisés par la loi ou par des réglemens de police; 3º l'exposition dans les lieux ou réunions publics, la distribution ou la mise en vente de tous signes ou symboles destinés à propager l'esprit de rébellion ou à troubler la paix publique. — V., pour ces trois infractions, DÉLITS DE PRESSE ET DE PUBLICATION.

48. — La compétence créée pour les délits politiques, par la loi du 8 oct. 1830, ne reçoit aucune exception à raison de la qualité des personnes auxquelles les infractions de cette nature seraient imputées. Sous ce rapport, cette loi est modificative de l'art. 10, L. 20 avr. 1810, sur l'organisation de l'ordre judiciaire et l'administration de la justice. Aux termes de cet art. 10, les grands officiers de la légion-d'honneur, les généraux commandant une division ou un département, les archevêques, évêques, présidens de consistoire, les membres de la cour de cassation, de la cour des comptes et des cours impériales (royales), doivent être jugés par ces dernières cours lorsqu'ils sont prévenus de délits correctionnels. Nonobstant cette compétence particulière, les délits politiques commis par ces personnes devraient être portés devant la cour d'assises. — Chassan, t. 2, nº 1360.

49. — Dans la discussion de la loi du 8 oct. 1830, à la chambre des députés, le principe fut nettement posé relativement aux magistrats qui, d'après l'art. 10 de la loi du 20 avr. 1810 et les art. 479 et 483, C. pén., sont justiciables des cours royales pour les délits correctionnels qu'on prétendrait avoir été commis par eux. La commission se prononçait pour le maintien de cette compétence exceptionnelle, et elle proposait une rédaction qui réalisait cette opinion ; mais la chambre, pensant que tous les citoyens, magistrats ou autres, devaient être jugés par le jury pour leurs délits politiques, a rejeté la proposition de la commission. — Duvergier, *Coll. des lois*, t. 30, p. 205, note 1re.

50. — La cour de Cassation a jugé que les délits connexes aux délits politiques doivent être portés avec ces derniers à la cour d'assises. — *Cass.*, 3 mai 1832, Sarrand.

51. — Mais ni la charte de 1830, ni la loi du 8 oct. 1830 n'ont modifié, à l'égard des délits politiques et des délits de la presse commis à l'audience des cours et tribunaux, la juridiction exceptionnelle et d'ordre public établie par l'art. 181, C. inst. crim. — *Cass.*, 27 fév. 1832, Raspail.

52. — En conséquence, les cours d'assises ont le droit de juger sans désemparer et sans le concours du jury les délits politiques commis à leur audience par le prévenu dans le cours de sa défense. — *Cass.*, 27 fév. 1832, Raspail; *Ass. du Rhône*, 18 juin 1832, Joseph Bœuf.

53. — Peu importe que les délits commis à l'audience de la cour d'assises l'aient été à l'occasion du fait de l'accusation ou qu'ils proviennent d'un fait entièrement étranger. — *Cass.*, 27 fév. 1832, Raspail.

54. — La législation ne s'est occupée des délits politiques que pour les désigner et pour en attribuer la connaissance à la cour d'assises. Elle est muette sur le caractère de l'action publique et de l'action privée en cette matière et sur la prescription qui peut les éteindre. Elle ne s'explique pas davantage sur la procédure à laquelle il faut avoir recours pour leur poursuite et leur jugement.

55. — Quant à l'action publique et à l'action civile, il faut, relativement aux règles qui leur sont applicables, distinguer entre les délits politiques qui sont en même temps des infractions commises par voie de presse et de publication, et ceux qui n'ont pas ce caractère. Les infractions de presse ou de publication dites politiques sont soumises sous ce rapport aux règles exposées sous le mot : DÉLITS DE PRESSE ET DE PUBLICATION. En conséquence, celles qui sont prévues par le Code pén. (V. ci-dessus les art. 86, 201, 202, 203, 207, 208) sont, quant à l'action, régies par le Code inst. crim. Celles, au contraire, qui sont définies par la législation spéciale à la presse, sont soumises aux prescriptions de la loi du 26 mai 1819, art. 19. Les délits politiques qui se commettent indépendamment de toute condition de publicité, relèvent du Code d'inst. crim., quant aux principes qui dominent l'action.

56. — En l'absence de toute disposition législative sur la procédure à suivre pour la répression des délits politiques, on doit se conformer au droit commun, c'est-à-dire, procéder par la voie de l'instruction préalable. — Parant, p. 195 et 446; de Grattier, t. 2, p. 268, nº 3. — C'est ce qui résulte des explications du rapporteur, à la Chambre des députés, sur le projet de la loi du 8 octobre 1830.

57. — Il est, du reste, constant que la loi du 8 avril 1831, qui donne au ministère public la faculté de saisir par une citation directe la Cour d'assises lorsqu'il s'agit de délits de presse, est étrangère aux délits politiques. C'est ce qui résulte de la rédaction de l'art. 1er, qui ne parle que des délits commis par la voie de la presse ou par les autres moyens de publication énoncés en l'art. 1er, L. 17 mai 1819. M. le baron Seguier disait dans la discussion de cette loi à la chambre des députés : « La raison pour laquelle on n'a pas étendu aux délits politiques la manière abrégée adoptée pour les délits de la presse est facile à comprendre. Un délit politique, un complot, est tramé sourdement, à la longue ; pour l'instruire, il faut pénétrer dans beaucoup de secrets, dans beaucoup de détails, indiquer les agens, les confronter ; et c'est souvent avec beaucoup de peine que l'on arrive ainsi à la vérité. Au contraire, un délit de la presse est né du jour au lendemain ; il paraît le matin, il cause dans l'instant un tort à la société, il est très urgent de le punir. » Il semble résulter de ces explications mêmes que rien n'empêche le ministère public d'employer la voie de la citation directe pour les infractions de publication énoncées dans l'art. 9, L. 25 mars 1822, et qualifiées politiques par celle du 8 oct. 1830. — Chassan, t. 2, nº 1634.

58. — La loi du 9 sept. 1835, qui a modifié celle du 8 avr. 1831, est une loi spéciale à la presse qui est également étrangère aux délits politiques qui ne sont pas en même temps délits de presse.

59. — La loi du 8 oct. 1830, en dérogeant, quant aux délits politiques, à la compétence établie par la loi du 20 avr. 1810 et les art. 479 et 483 du Code d'inst. crim. pour le jugement des délits correctionnels commis par des magistrats, ne dit rien de la procédure qui devra être employée lorsque des membres de la magistrature seront traduits devant une cour d'assises comme prévenus de délits politiques. — M. Duvergier, (*Coll. des lois*, t. 30, p. 205, note 1re) pense avec raison qu'il faudra observer, dans l'instruction, toutes les formes spéciales prescrites pour les poursuites effectuées contre ces personnes et qui ne seraient pas incompatibles avec le renvoi aux assises.

60. — Bien qu'en matière de délits politiques la procédure doive être instruite dans les formes ordinaires, elle reçoit nécessairement dans la pratique certaines modifications tirées de ce qu'il s'agit de faire juger par les cours d'assises des infractions d'un caractère purement correctionnel. C'est ainsi que les formalités à remplir pour amener le prévenu à l'audience ne peuvent avoir le même caractère de rigueur que lorsque l'infraction à juger constitue un crime. « Il faut, dit M. Chassan (t. 2, nº 1682), suivre le droit commun en le combinant du mieux qu'on le pourra avec les dispositions spéciales qui règlent la procédure à suivre à l'égard des délits de publication. » On peut en dire autant de la procédure devant la cour d'assises. — Chassan, t. 2, nº 1702.

61. — M. Chassan (t. 2, nº 1860) pense que le président de la cour d'assises n'est pas obligé de désigner un conseil au prévenu inculpé d'un délit politique et que les art. 294 et 311, Code d'inst. crim., ne s'appliquent qu'au cas où la cour d'assises est saisie de la connaissance d'un crime. Il est certain que lorsque le prévenu n'est pas soumis à la détention préventive, le président est dans l'impuissance de lui faire subir l'interrogatoire prescrit par l'art. 293, C. inst. crim., et, par conséquent, ne peut faire la nomination du défenseur prescrite par l'art. 294; mais nous pensons, et c'est, du reste, la règle suivie à Paris dans la pratique, que lorsque le prévenu est détenu ou subit l'interrogatoire dont nous venons de parler, il y a lieu à la nomination d'office d'un défenseur.

62. — Il faut remarquer que l'art. 14, L. du 25 mars 1822, permet aux tribunaux compétens de déclarer l'existence de circonstances atténuantes, lorsqu'ils jugent le délit d'enlèvement ou dégradation des signes publics de l'autorité royale : il n'en est pas de même pour les deux autres délits qui figurent dans l'art. 9 de cette loi. — Chassan, t. 1er, nº 305. — Au reste, les cours d'assises peuvent faire application de l'art. 463, Code pén., à tous les délits politiques prévus par ce Code. — V. CIRCONSTANCES ATTÉNUANTES.

63. — Aucune loi n'ayant prescrit de règle spéciale sur l'exécution des arrêts en matière de délits politiques, on ne peut que s'en référer aux règles écrites, à cet égard, dans le Code d'inst. crim.

64. — Décidé que l'ordonnance d'accusation du 26 août 1830 ne s'applique qu'aux délits politiques antérieurs, jugés ou non jugés, et non aux délits politiques commis postérieurement. — *Cass.*, 9 déc. 1830, Roquelaure.

DÉLITS DE PRESSE ET DE PUBLICATION.

Table alphabétique.

DÉLITS DE PRESSE ET DE PUBLICATION. — 1. — Infractions qui se commettent à l'aide de la presse ou d'autres moyens de publication. Employé dans ce sens général, le mot *délits* désigne la totalité de ces infractions, quels que soient leurs différens degrés de gravité d'après l'échelle de pénalité, et la classification établie par l'art. 1er, C. pén.

CHAPITRE Ier. — *Règles générales des délits de presse et de publication.*

Sect. 1re. — *Caractères généraux.*

2. — Le droit d'exprimer sa pensée n'a pas été donné à l'homme par la loi civile. C'est un droit que chacun possède naturellement et nécessairement. Mais lorsque la pensée humaine se traduit par des actions produisant des effets extérieurs, la société a le droit de rechercher si ces actions ne procèdent pas d'une intention coupable, et si elles ne causent pas un préjudice à autrui. La pensée jouit de sa liberté naturelle, et ce n'est qu'après que sa manifestation s'est produite qu'il y a lieu de réprimer les excès qu'elle a pu commettre.

3. — La loi romaine ne considérait pas la parole et l'écriture comme de simples instrumens de la manifestation de la pensée, et elle n'attachait pas à toutes deux une importance égale quant à la gravité des effets. L'injure *(contumelia)*, dénomination générique de l'infraction, se divisait en délit de parole *(convicium)* et délit d'écriture *(libellus famosus)*. Ce dernier délit était puni plus sévèrement que le *convicium*. Cette distinction a été adoptée par la loi anglaise, qui fait une différence entre le délit de la parole et celui qui résulte de la pensée écrite ou imprimée. Nos lois sur la presse et la publication l'ont, au contraire, rejetée, et elles ne voient en général dans ces moyens différens de rendre sa pensée que des modes équivalens comportant la même culpabilité et entraînant la même pénalité. — L. 17 mai 1819, art. 1er. — Ce système est-il fondé sur une appréciation exacte de la vérité des choses? — Chassan (*Tr. des délits et contraventions de la parole, de l'écriture et de la presse*, édit. 2e, t. 1er, n° 10) se prononce pour la négative sur cette question. On ne saurait contester, en effet, que les délits qui se commettent au moyen de l'écriture ou de la presse présentent, soit à raison de la permanence de l'acte de publication, soit à raison de la publicité plus grande à laquelle il atteint, de plus grands dangers que ceux qui résultent de la parole, et que les premiers supposent, plus que les seconds, une pensée réfléchie chez le coupable. Il semble donc que les uns et les autres ne devraient pas être considérés comme présentant le même degré de culpabilité. — V. dans le même sens Serrigny, *Traité du droit public des Français*, t. 2, p. 55.

4. — Les délits de presse ou de publication ont-ils la même nature que les délits définis par le droit commun, ou, au contraire, forment-ils une classe particulière de délits? — Le projet de la loi du 17 mai 1819 ne faisait résulter les délits de presse que des faits de *provocation* à un crime ou à un délit ordinaire. Si la provocation était suivie d'effet, elle constituait une complicité du crime ou du délit commis. Dans le cas contraire, elle était considérée comme une tentative de crime ou de délit. Et pour faire rentrer, autant que possible, tous les délits de publication dans ce système, un certain nombre de faits qui n'avaient pas par eux-mêmes le caractère de provocation étaient néanmoins *réputés* provocation à un crime ou à un délit. — L. 17 mai 1819, art. 4 et 5. — Aussi l'exposé des motifs présenté à la chambre des députés cherchait-il à établir qu'il n'y avait pas de délit particulier de la presse. « Il s'agit uniquement, disait M. de Serres, garde des sceaux, de recueillir dans les lois pénales les actes déjà incriminés auxquels la presse peut servir d'instrument, et d'appliquer à ces faits, lorsqu'ils ont été commis ou tentés par cette voie, la pénalité qui leur convient. » — Chassan, t. 1er, n° 12.

5. — On fut, néanmoins, par la force des choses, obligé de faire de nombreuses exceptions à ce système. Aussi la commission n'hésita-t-elle pas à rejeter la doctrine soutenue par M. de Serres. « La commission, disait en son nom M. de Courvoisier, répugne à penser qu'il n'y a pas de délits particuliers de la presse, qu'il n'y a pas lieu à instituer pour elle une législation pénale distincte... Si l'on adopte ces principes (ceux de l'Exposé des motifs), il faut en conclure que nulle publication n'est coupable si elle n'est empreinte du caractère de provocation ou de complicité; or, le projet de loi détruit lui-même cette conséquence, car l'auteur d'un outrage, d'une diffamation, d'une injure commet ces délits, sans être pourtant ni provocateur, ni complice. » La commission adopta néanmoins la rédaction du projet.

6. — La loi du 25 mars 1822, restituant leur véritable qualification aux faits que celle du 17 mai 1819 réputait provocation à un crime ou à un délit, punit ces faits en les considérant comme des délits spéciaux. « Il est évident, disait M. le comte Portalis, que de telles actions sont par elles-mêmes de véritables délits et non de simples délits par assimilation. »

7. — Depuis cette époque, on n'a plus contesté que les délits de presse n'eussent une nature propre et des caractères spéciaux, et si ceux de ces délits qui se lient, à titre de provocation ou de complicité, aux infractions définies par le droit commun, paraissent se rapprocher davantage de ces dernières, ils s'en différencient néanmoins par un caractère qui rend toute confusion impossible, la publicité. Cette doctrine a présidé à la rédaction de toutes les lois sur la presse postérieures à

celle de 1822. — V., du reste, Chassan, t. 1er, nos 11, 12, 13 et 14.

8. — Les délits de presse, recevant une influence nécessaire de la marche des idées et des changemens de l'esprit public, sont par leur nature même plus mobiles que les délits *communs*, et ils subissent des modifications plus fréquentes.

9. — Ces infractions ne consistant que dans la manifestation d'une pensée coupable, on ne rencontre pas, dans leur constatation, *de corps de délit*, du moins en prenant ce mot dans son sens le plus usuel (V. CORPS DE DÉLIT, no 2). Il faut ajouter qu'en général le préjudice qui en est la conséquence est moins saisissable et d'une appréciation plus difficile que celui qui résulte d'un délit ordinaire.

10. — Du reste, il ne saurait y avoir de *délit* de presse s'il n'est prouvé contre l'auteur du fait incriminé qu'en l'accomplissant il a été animé par des intentions coupables, ce principe de droit criminel s'appliquant à tous les délits proprement dits. — Chassan, t. 1er, nos 27 et suiv.; de Grattier, *Comment sur les lois de la presse*, t. 1er, p. 14 ; Portalis, Rapport au conseil des anciens (*Choix de rapports*, t. 16, p. 99).

11. — Mais on ne peut se dissimuler qu'en cette matière, comme en celle des délits politiques, le caractère de criminalité de l'intention est différent de l'immoralité qui inspire les infractions ordinaires.

12. — Il faut remarquer, cependant, que dans la matière des délits de presse il se rencontre un grand nombre de faits qui peuvent recevoir la qualification de *délits*, parce qu'ils sont frappés de peines correctionnelles, mais qui en eux-mêmes, et à raison des élémens qui les constituent, ne méritent que le nom de contravention. Ce sont les infractions aux dispositions législatives sur la *police* de la presse. Lorsque ces infractions sont l'objet de poursuites de la part du ministère public, la doctrine et la jurisprudence ont reconnu que le juge n'est pas appelé à faire une appréciation de l'intention bonne ou mauvaise de l'individu poursuivi, et que tout se borne à savoir s'il s'est conformé ou non aux dispositions de la loi de police, ce qui ne constitue que la vérification d'un fait matériel.

13. — Lorsqu'il s'agit d'un délit proprement dit, c'est au ministère public qu'incombe l'obligation de prouver contre le prévenu que la pensée de ce dernier a été condamnable. Cette preuve peut être faite, soit à l'aide de l'écrit incriminé, soit par des faits antérieurs ou postérieurs à sa publication. — Si l'écrit était si évidemment vicieux qu'il ne fût pas possible de croire au premier abord à la pureté des intentions de son auteur, il y aurait contre lui présomption de culpabilité, et il devrait prouver sa bonne foi. — Rapport de Portalis au conseil des Anciens, déjà cité ; Chassan, t. 1er, nos 40 et suiv.

14. — La publicité est un élément essentiel et constitutif des délits de presse ; c'est le signe caractéristique par lequel ils se révèlent ; aussi importe-t-il de savoir en quoi, d'après les lois sur la matière, consiste cette publicité. — Serrigny, *Tr. du droit public des Français*, t. 2, p. 57

15 — Les législateurs de 1819, ne voulant pas que ce point fût à l'avenir l'objet d'appréciations arbitraires, crurent devoir définir et préciser un certain nombre de circonstances qui seraient considérées comme constituant la publicité nécessaire pour rendre punissables les faits reprochés. — L'art. 1er, L. 17 mai 1819, porte : « Quiconque, soit par des discours, des cris ou menaces proférés dans des lieux ou réunions publics, soit par des écrits, des imprimés, des dessins, des gravures, des peintures ou emblèmes vendus ou distribués, mis en vente, ou exposés dans des lieux ou réunions publics, soit par des placards et affiches exposés aux regards du public, aura provoqué l'auteur ou les auteurs de toute action qualifiée crime ou délit à la commettre, sera réputé complice et puni comme tel. »

16. — C'est à cet art. 1er, L. 17 mai 1819, que renvoient presque toutes les dispositions des lois postérieures qui punissent les crimes ou délits commis à l'aide de publication.

17. — Jugé qu'un écrit n'est pas public, s'il n'a été ni vendu, ni distribué, ni mis en vente, ni exposé dans des lieux ou réunions publics, par placards et affiches, aux regards du public. — *Cass.*, 18 avr. 1823, Ducœur-Joly.

18. — Il résulte de la rédaction de cet art. 1er que les infractions commises par des discours et des cris ou exécutées à l'aide de menaces, ne sont *publiques* qu'autant 1o que ces discours, cris ou menaces ont été *proférés* ; — 2o qu'ils l'ont été dans des lieux ou réunions publics.

19. — Le mot *proféré* fut inséré dans l'article pour faire comprendre qu'on devait abandonner la théorie qui avait trouvé sa consécration dans le Code pénal, et qui, ne tenant pas compte des circonstances dans lesquelles les discours avaient été tenus ou les menaces faites, ne s'occupait que de la publicité du lieu ou de la réunion. — V. notamment l'ancien art. 367, C. pén., qui punissait le délit de calomnie commis dans des lieux ou réunions publics. — Chassan, t. 1er, no 64. — V., sur l'application des anciens art. 367 et suiv., C. pén., quant à la publicité, *Cass.*, 2 juill. 1812, François Broudelta ; 16 mars 1813, Ricci et Tabrini.

20. — Le projet de la loi du 17 mai 1819 portait lui-même : « Quiconque, soit par des discours *tenus*, soit par des cris ou des murmures proférés dans des lieux ou réunions publics. » — M. Jacquinot Pampelune demanda la suppression du mot *tenus*, comme pouvant prêter à une fausse interprétation. Le ministre de la justice adhéra à cette proposition en disant : « Le but de la loi est de punir seulement la publication, dans laquelle elle fait résider le délit : comme le mot *proféré*, qui se trouve après et qui alors se rapportera au mot *discours*, exprime mieux que les discours auront été tenus publiquement, il me paraît y avoir avantage à l'amendement. » Aussi les auteurs pensent-ils qu'il faut que les discours aient pu être entendus par les assistans. — Parant, p. 66, no 1er ; de Grattier, p. 117, no 4.

21. — Que faut-il entendre par un lieu public dans le sens de la loi de 1819 ? Les auteurs qui ont écrit sur la matière ont proposé divers systèmes. — M. Parant (*Lois de la presse en* 1836, p. 68 et 69) pense qu'un lieu est public dans son acception la plus générale, lorsqu'il est accessible à tout le monde, comme une rue, une place, etc. ; qu'il l'est dans une acception plus restreinte lorsque, dépendant du domaine privé, il est accessible à tous ceux qui veulent payer la rétribution au droit d'entrée, comme les salles de spectacle ou de bal ; enfin, qu'un lieu est public dans un sens plus étroit lorsqu'il est accessible moyennant rétribution et à la charge de remplir certaines conditions d'admissibilité, comme les colléges.

22. — M. Chassan (t. 1er, nos 83 et suiv.) reconnaît des lieux publics par leur nature, ce sont les places, promenades, etc. ; — des lieux publics par destination, tels que les temples, les églises, les musées, etc. ; les édifices ou établissemens de cette catégorie sont considérés comme des lieux privés dans les momens où le public n'y est pas admis ; — enfin, des lieux publics par accident, ce sont les lieux privés ouverts passagèrement au public, comme une maison prêtée ou louée pour une réunion électorale.

23. — M. de Grattier (*Comment. sur les lois de la presse*, t. 1er, p. 122) adopte un système analogue à celui de M. Chassan. La doctrine de ce dernier auteur nous paraît préférable à celle de M. Parant en ce qu'elle présente plus de précision. C'est, du reste, surtout par l'examen de la jurisprudence qu'il faut rechercher ce qu'il faut entendre par *lieux et réunions publics*.

24. — Une rue est donc par sa nature un lieu public. — *Cass.*, 26 mars 1813 (dans ses motifs), Ricci et Tabrini. — La même décision doit s'appliquer aux quais, aux ports, aux rades.

25. — Jugé que les chemins publics devaient être réputés lieux publics en matière de provocation à la guerre civile ou à la rébellion, dans le sens des anciens art. 102 et 217, C. pén., abrogés par la loi du 17 mai 1819. — *Cass.*, 10 mars 1814, N...

26. — D'après les motifs d'un arrêt de Metz du 7 nov. 1825 (Hugo), un champ est considéré comme lieu public dans l'acception de l'art. 6, L. 15 mars 1822. Mais cette décision générale ne nous paraît pas juste : un champ n'est public ni par sa nature ni par sa destination, il est au contraire, et par une conséquence du droit de propriété qui en interdit l'accès au public, un lieu privé.

27. — Aussi la même cour royale de Metz a-t-elle jugé, le 12 déc. 1826 (N...), que l'outrage proféré en présence de plusieurs personnes réunies dans les champs à la suite d'une discussion devant le juge de paix et en son absence, n'est pas réputé l'avoir été dans une réunion publique.

28 — A plus forte raison, un clos de vignes appartenant à plusieurs particuliers ne peut pas être considéré comme un lieu public, ni même comme contenant, au jour où on en fait la récolte, une réunion publique. — *Poitiers*, 19 déc. 1820, Champion c. Garcia.

29. — Une auberge est, par sa destination, un lieu public. — *Poitiers*, 11 mars 1843 (t. 2 1843, p. 825), Viaud.

30. — Et toutes les appartenances de l'auberge habituellement destinées à recevoir le public sont, comme l'auberge même, un lieu public, quoique momentanément occupées par une réunion de particuliers, sous la condition qu'eux seuls y seraient reçus pendant un banquet. — *Cass.*, 19 fév. 1825, Guyomard.

31. — Jugé cependant, avant la loi du 17 mai 1819, qu'une chambre d'auberge louée privativement, et où le locataire donnait à dîner à différentes personnes, n'est point un lieu public, quoique attenant à la salle à manger. — *Colmar*, 24 janv. 1816, N...

32. — Un hôpital, et particulièrement la salle de bains d'un hôpital sont des lieux publics. Il faut cependant excepter les logemens particuliers des chefs et des employés de l'établissement. — *Angers*, 4 janv. 1824, Joseph Boulay ; — de Grattier, *Comm. sur les lois de la presse*, t. 1er, p. 120, note 1re.

33. — On doit considérer comme lieu public le greffe d'un tribunal. — *Cass.*, 22 août 1828, Clin c. Dienne.

34. — ... Les bureaux d'une sous-préfecture. — *Cass.*, 4 août 1826, Gaillart Duvert ; — Parant, *Lois de la presse*, p. 70 ; de Grattier, *Comm. sur les lois de la presse*, t. 1er p. 121, note. — Il en est autrement du cabinet du sous-préfet.

35. — L'étude d'un notaire peut être considérée comme un lieu public alors seulement que tout le monde y est appelé, par exemple en cas d'adjudication, mais comme un lieu non public lorsqu'il n'y a dans l'étude que le notaire, son clerc, celui qui vient entretenir le notaire et une tierce personne. — *Bourges*, 22 juill. 1836, N... — V. dans ce sens Chauveau et Hélie, *Th. C. pén.*, t. 6, p. 120. — Chassan (t. 1er, no 84, note) pense au contraire qu'une étude de notaire étant toujours accessible au public aux jours et aux heures de travail est un lieu public.

36. — Incontestablement le cabinet du notaire ne participerait pas à la publicité de l'étude, surtout s'il en était séparé.

37. — Un presbytère n'étant destiné qu'au logement du curé et de sa famille, ne peut être considéré comme un lieu public. — *Cass.*, 2 août 1816, Duchemin. — Cette décision, rendue avant la loi du 17 mai 1819, est encore applicable

38. — Et la cour d'un presbytère n'est pas un lieu public, encore bien que le bois destiné aux troupes de la garnison y ait été momentanément déposé. — *Cass.*, 1er mars 1833, Guegain.

39. — Le premier conseil de guerre de Paris a jugé qu'une caserne est un lieu public pour l'armée, dans une affaire où il s'agissait d'offenses envers le roi, proférées dans la cour de la caserne occupée par la troupe. Le ministre de la guerre, dans une lettre du 18 nov. 1835, a approuvé cette décision comme juridique. — Chassan, t. 1er, no 84, note.

40. — On devrait, selon nous, considérer à plus forte raison comme remplissant la même condition un corps de garde, dans lequel doit être librement admis le public pour la sûreté duquel ce poste est établi.

41. — Une prison n'est pas réputée un lieu public. — *Cass.*, 31 mai 1822, N... ; 14 juin 1822, N...

42. — Les bureaux des employés des chemins de fer, ainsi que les stations qui en font partie, doivent être considérés comme des lieux publics, et cela bien qu'ils ne soient pas ouverts au public, mais seulement accessibles aux étrangers qui sont dans le cas de s'adresser aux employés pour objets de service. — *Cass.*, 28 avr. 1843 (t. 2 1843, p. 500), Comp. du chemin de fer de Strasbourg.

43 — Sous la loi du 25 sept.-6 oct. 1791, les peines de la provocation directe par discours ou conseils, etc., à commettre un crime ne pouvaient pas être prononcées si le jury n'avait pas été interrogé, et, par suite, n'avait fourni aucune déclaration sur la circonstance de la publicité de ces discours ou conseils. — *Cass.*, 27 prair. an VII, Godes et Poussin.

44. — La cour de Cassation a jugé qu'une voiture publique allant d'une ville à une autre n'est pas un lieu public. — *Cass.*, 27 août 1831, Pellegrin. — L'arrêt de la cour royale de Nîmes du 9 juill. 1831, qui était déféré à la cour de Cassation, avait considéré que, bien que la voiture dans laquelle avaient été proférés les discours fût au nombre de celles qu'on appelle publiques, il n'en était pas moins certain que, dès le moment où deux individus (le plaignant et le prévenu) réunis à trois autres, y avaient occupé les places qu'ils avaient retenues, elle avait cessé d'être à leur égard un lieu public, et qu'ils avaient acquis une sorte de copropriété pendant tout le temps qui avait séparé le point de départ de celui de leur arrivée à leur destination.

45. — L'opinion contraire est soutenue par M. Chassan (t. 1er, no 84) et par M. de Grattier (t. 1er, p. 121, note), qui s'appuie sur ce qu'une diligence est véritablement ouverte à tous les allans et venans qui se présentent pour prendre les places qui y vaquent en payant le prix convenu,

comme l'est un café, une auberge, un paquebot.

46. — Les lieux publics par accident étant ceux qui ne prennent ce caractère que par la circonstance qui les rend momentanément accessibles au public, on doit ranger dans cette classe une chambre prêtée ou louée pour un spectacle public, pour une réunion électorale, etc.

47. — Pour que les discours, cris ou menaces constituent un délit punissable, d'après la loi du 17 mai 1819, il ne suffit pas qu'ils aient été tenus *dans un lieu public*, il faut de plus qu'ils aient été proférés publiquement. — L. 17 mai 1819, art. 1er; — *Cass.*, 11 juin 1831, La Tour du Pin-Gouvernet. — Les explications données lors de la discussion de la loi de 1819, notamment par M. Jacquinot-Pampelune, ne laissent aucun doute sur la double condition de la publicité du lieu et de la publicité des propos.

48. — La nature publique du lieu dans lequel les discours ont été proférés ne suffit pas pour constater l'existence de la condition de publicité.

49. — Ainsi jugé que, de ce que les discours incriminés auraient été proférés dans *une auberge*, il ne résulterait pas suffisamment qu'ils auraient été *proférés publiquement*. — *Cass.*, 11 juin 1831, La Tour du Pin-Gouvernet.

50. — De même, les discours séditieux proférés dans un cabaret, mais dans un corridor écarté, et avec le secret d'une confidence faite à une ou deux personnes seulement, n'ont pas le caractère de publicité prévu par l'art. 1er, L. 17 mai 1819, et ne constituent ni crime ni délit. — *Cass.*, 1er fév. 1821, Desrochers.

51. — Décidé encore que les injures proférées dans la cuisine d'un cabaret, hors la présence de toute personne étrangère, n'ont pas le caractère de publicité nécessaire pour fonder la compétence de la juridiction correctionnelle. — *Limoges*, 21 août 1838 (t. 1er 1839, p. 90), Layraud c. Lapeyronie.

52. — Mais la condition de publicité peut résulter de la nature de la réunion où le discours est proféré. Or, une réunion est publique lorsque le public y est admis avec ou sans condition, gratuitement ou moyennant une rétribution.

53. — Ainsi, la classe d'une école secondaire ecclésiastique composée, non seulement d'élèves internes, mais encore d'élèves externes, constitue une réunion publique. — *Cass.*, 9 nov. 1832, Joubert; — Parant, p. 70; Chauveau et Hélie, t. 6, p. 119.

54. — Il en serait de même d'un collége, d'un musée public, d'une bibliothèque publique, d'un cours gratuit. — De Grattier, t. 1er, p. 121, note.

55. — Lorsqu'un individu a été mis en prévention d'avoir commis le délit d'offense à la personne du roi (L. 17 mai 1819, art. 9), il ne peut être acquitté sur le seul motif que l'atelier dans lequel il a tenu les discours incriminés n'est pas un lieu public; il faut, en outre, qu'il soit constaté que ces discours n'ont pas été tenus dans une réunion publique. — *Cass.*, 10 janv. 1824, Lazare Guinaud.

56. — Une réunion, quoique formée dans un lieu non public, peut devenir publique soit par le concours de personnes que rassemblent l'intérêt ou la curiosité, ou même un danger commun, soit par la présence des autorités locales appelées par la voix publique ou par des réclamations particulières, soit enfin par toute autre circonstance. — *Cass.*, 26 janv. 1826, Jacquot c. Collet.

57. — Et le jugement qui déclare que des discours diffamatoires ont été proférés publiquement quoique dans un lieu non public, décide par cela même qu'ils l'ont été dans une réunion publique. — Même arrêt.

58. — Les plus imposés réunis aux membres du conseil municipal dans la salle des délibérations de ce conseil forment une réunion publique. — *Orléans*, 18 juill. 1835, Rabier c. Chabaud.

59. — La cour de Cassation a même rejeté le pourvoi formé contre un arrêt qui avait décidé qu'une injure est réputée avoir été proférée dans une réunion publique lorsqu'elle l'a été dans l'intérieur d'une maison, en présence d'ouvriers pris au hasard jusque (en descendant l'escalier) dans une allée donnant sur la voie publique et de manière à être entendue d'une maison voisine. — *Cass.*, 10 juill. 1840 (t. 2 1841, p. 619), Natival c. Lecorsonnais.

60. — Mais une réunion d'amis, de connaissances, quelque nombreuse qu'elle soit, ne peut point constituer une réunion publique. — Parant, p. 69; de Grattier, t. 1er, p. 119, no 4.

61. — Les propos offensans pour la personne du roi, tenus dans la boutique d'un maréchal ferrant, en présence de ce maréchal, de son fils et d'un seul étranger, ne peuvent pas être considérés comme l'ayant été dans une réunion publique. — *Cass.*, 15 mars 1832, Gimbert; — de Grattier, t. 1er, p. 119.

62. — D'après le même art. 1er, L. 17 mai 1819, la publicité caractéristique des délits de presse ou de publication peut encore résulter de la vente, distribution, mise en vente ou exposition dans des lieux ou réunions publics d'écrits, d'imprimés, dessins, gravures, peintures ou emblèmes, ou d'exposition aux regards du public de placards et affiches. On comprend que c'est seulement par la vente, la mise en vente, la distribution ou l'exposition que les écrits, les imprimés, les peintures et emblèmes deviennent publics.

63. — Une lettre missive est un dépôt essentiellement secret, ce qui y est écrit n'a que le caractère de la pensée jusqu'à ce que par un fait autre que celui de la force majeure le secret en ait cessé. — *Cass.*, 6 déc. 1816, Redon, Albouï et Dupuy.

64. — La communication d'une lettre missive ou d'un écrit quelconque *non imprimé* ne pourrait être considérée comme un fait de distribution. — Chassan, t. 1er, no 77.

65. — Une lettre dont il a été fait trois copies qui ont été adressées à plusieurs personnes et dans plusieurs communes, est considérée comme un écrit distribué et rendu public dans le sens de l'art. 1er, L. 17 mai 1819. — *Liége*, 24 mai 1823, B..

66. — La loi n'a pas déterminé le nombre de copies ou d'exemplaires nécessaires pour déterminer une distribution. Sans doute une seule copie ne suffit pas, mais il ne peut guère y avoir de chiffre arrêté à l'avance; c'est aux tribunaux qu'il faut s'en remettre pour décider, d'après les faits de la cause, s'il y a eu réellement distribution et publication. — *Cass.*, 8 sept. 1824, Corréard et Barthelemy.

67. — Mais le fait d'avoir adressé une lettre aux électeurs d'un arrondissement constitue une distribution dans le sens de l'art. 1er, L. 17 mai 1819. — *Colmar*, 20 nov. 1823, Zickel. — Chassan, t. 1er, p. 40.

68. — La communication d'un imprimé serait au contraire un fait de publication d'après la jurisprudence de la cour de Cassation qui a jugé que la remise d'*un* ou de plusieurs exemplaires d'un écrit imprimé *à une personne* autre que l'auteur constitue dans le sens légal du mot un fait de distribution. — *Cass.*, 15 sept. 1837 (t. 1er 1838, p. 182), Raissac.

69. — La distribution clandestine d'un écrit faite à un nombre plus ou moins considérable de personnes peut être assimilée à la vente ou exposition dans des lieux publics. — *Cass.*, 17 août 1839 (t. 2 1839, p. 403), Fraboulet; — de Grattier, t. 1er, p. 126, no 13.

70. — Le dépôt d'un ouvrage en exécution de la loi du 21 oct. 1814 n'en constitue pas la publication. — *Cass.*, 8 sept. 1824, Corréard et Barthelemy.

71. — La vente d'un seul exemplaire d'un écrit, d'un imprimé, d'un dessin, etc., à une seule personne suffit pour constituer un fait de publication. C'est la conséquence qu'il faut tirer des termes de la loi.

72. — M. de Grattier (t. 1er, p. 125, no 12) et M. Chassan (t. 1er, no 76) pensent toutefois qu'il ne faudrait pas en conclure qu'il y eût publication dans le seul fait de la vente qu'un individu aurait faite d'un ouvrage *manuscrit*, quoique ce manuscrit dût être plus tard imprimé et publié. En effet, une pareille vente n'a rien de public par elle-même.

73. — La mise en vente constitutive de la publicité ne peut être considérée que comme une tentative de vente. — *Amiens*, 8 mars 1823, Vernot.

74. — Le fait de la publication est suffisamment caractérisé lorsqu'un ouvrage a simplement été annoncé comme mis en vente. — De Grattier, t. 1er, p. 126.

75. — Le fait seul d'un envoi de caisses de livres constituerait la mise en vente à l'égard de l'expéditeur quel qu'il fût. — De Grattier, t. 1er, p. 127.

76. — La distribution, la vente, la mise en vente d'un écrit ont par elles-mêmes un caractère suffisant pour les rendre punissables, indépendamment de la publicité de la réunion ou du lieu dans lequel ces actes sont accomplis. — Argum. *Cass.*, 16 août 1833, Alexandre Léon.

77. — Ainsi le marchand, le libraire ou le colporteur qui vend des ouvrages condamnables même dans une habitation privée, doivent être atteints par la loi du 17 mai 1819; mais le particulier qui vend l'écrit qu'il a acheté, qui distribue à quelques amis l'œuvre qu'il a composée, ne doit pas être considéré comme lui ayant donné une publicité punissable.

78. — Selon M. de Grattier (t. 1er, p. 127, no 15), la publication est suffisamment établie à l'égard des journaux ou écrits périodiques, par le dépôt au parquet d'un exemplaire signé du gérant, conformément à l'art. 8, L. 18 juill. 1828. — Nous ne pensons pas que le dépôt au parquet puisse être considéré légalement comme établissant la publication. Ce dépôt devant être effectué *au moment* de la publication, d'après les termes de la loi du 18 juillet 1828 et celle du 9 juin 1819, peut, jusqu'à un certain point, la faire présumer; mais, si le gérant du journal prouvait que ce dépôt n'a été ni accompagné ni suivi d'aucune publication, le délit manquerait d'un de ses caractères essentiels.

79. — La loi n'exige pas que les affiches ou placards aient été exposés dans *des lieux ou réunions publics*; il suffit qu'ils aient été exposés aux regards du public. — V. AFFICHE. — V. aussi DESSINS, EMBLÈMES, GRAVURE.

80. — L'exposition de signes séditieux faite seulement dans l'intérieur d'une maison n'a pas un caractère de publicité qui la rende punissable. Mais l'exposition des mêmes signes faite sur le toit de cette maison, dans un lieu apparent, est publique, et rentre dans l'application de l'art. 9, L. 25 mars 1822. — L'arrêt qui décide qu'une pareille exposition n'est pas publique ne peut échapper à la censure de la cour de Cassation, sous le prétexte qu'il ne juge qu'un point de fait. — *Cass.*, 20 sept. 1832, Debourg.

81. — Il est certains faits de publication qui peuvent être punis comme ayant eu lieu publiquement, bien que les circonstances dans lesquelles ils ont été commis puissent différer de celles prévues limitativement par l'art. 1er, L. 17 mai 1819.

82. — Ainsi, la loi du 25 mars 1822, art. 6, punit l'outrage fait publiquement d'*une manière quelconque*, soit à un membre de l'une des deux chambres, soit à un ministre de l'une des religions reconnues en France, soit à un juré ou à un témoin.

83. — En conséquence, il a été jugé que cette disposition de la loi de 1822 n'exigeant pas que la publicité réunisse les conditions requises par l'art. 1er, L. 17 mai 1819, il suffit de constater dans un jugement qui punit un outrage à un fonctionnaire public, que l'outrage a eu *la plus grande publicité*. — *Cass.*, 18 juill. 1822, de Magnoncourt c. de Raucourt.

Sect. 2e. — *De la responsabilité.*

ART. 1er. — *Des personnes responsables ou non responsables en général.*

84. — En principe général, chacun doit répondre de ses actes devant la justice, et cette responsabilité existe pour les paroles et les écrits comme pour les faits d'un autre ordre.

85. — Cette responsabilité atteint non seulement les auteurs principaux du délit de presse ou de publication, mais aussi tous ceux qui ont participé à leur infraction et qui ont été, d'après les règles des art. 59 et 60, C. pén., leurs complices. — V. aussi ÉCRIT PÉRIODIQUE, IMPRIMERIE.

86. — Bien que, sous un certain rapport, les délits de la presse soient des délits d'une nature particulière, ainsi que nous l'avons dit, *suprà* nos 4 et suiv., ils peuvent aussi, selon les circonstances, engendrer contre d'autres personnes que l'agent principal et ses complices, la responsabilité civile résultant des art. 1384 et suiv., C. civ.

87. — Comme en matière de droit pénal ordinaire, on doit admettre l'excuse résultant de la démence ou d'une contrainte exercée par une force à laquelle l'agent n'a pu résister. Nous ferons connaître, en entrant dans les détails de la matière, les cas dans lesquels la loi a autorisé l'adoucissement ou même l'affranchissement de la pénalité.

88. — Il convient de rappeler ici que l'art. 66, C. pén., qui décharge de toute responsabilité pénale du fait incriminé le mineur de seize ans qui serait déclaré avoir agi sans discernement, s'applique aux matières de presse et de publication comme aux autres parties du droit criminel. — Chassan, t. 1er, no 92. — Il en serait de même des articles qui mitigent la peine dans le cas où l'individu de moins de seize ans a agi avec discernement.

89. — Mais il est plusieurs classes de personnes qui, à raison de leur position particulière et du caractère dans lequel elles agissent, échappent d'une manière plus ou moins sensible à cette règle générale de responsabilité.

90. — Toutefois, les ministres du culte sont en principe responsables de leurs paroles et de leurs écrits. Leur responsabilité est seulement modifiée par le caractère dont ils sont revêtus. Lorsqu'on leur impute des infractions qui touchent plus l'or-

dre public que l'intérêt privé, le ministère public a le droit de les poursuivre directement devant les tribunaux ordinaires, qui appliquent, s'il y a lieu, les peines du droit commun. Si au contraire il s'agit d'un délit commis à l'égard d'un particulier, le fait reproché pouvant constituer un des cas d'abus prévus par la loi du 18 germinal an X, les ecclésiastiques ne peuvent être poursuivis qu'en vertu d'une autorisation du conseil d'état, qui, étant saisi de l'affaire, doit la retenir si le fait ne constitue qu'un abus simple, ou la renvoyer devant les tribunaux ordinaires, si l'abus a le caractère d'infraction à la loi pénale. — Chassan, t. 1er, nos 93 et suiv.—V., quant à la distinction qui précède, APPEL COMME D'ABUS, CULTE.

91.— La personne du roi est inviolable et sacrée (Charte de 1830, art. 12). Cette inviolabilité ou irresponsabilité est absolue et sans restriction. Elle ne peut dès-lors présenter aucune difficulté, quant aux discours ou aux écrits, pas plus que quant aux actes de toute autre nature émanant de la personne royale. — Chassan, t. 1er, no 100.

92. — Mais à côté de ce privilége « disait Cuvier, commissaire du roi (séance de la chambre des députés du 20 avr. 1819), la Charte a établi le remède, le prince ne peut agir que par des ministres responsables que la loi peut forcer à rendre compte de tous les actes dont ils ont été les agens légaux. » Ainsi, les discours et les écrits du roi engagent la responsabilité ministérielle.

93. — La liberté et l'indépendance de la tribune parlementaire sont des garanties que réclame impérieusement l'exercice du pouvoir législatif. Ce n'est pas seulement une prérogative, c'est un droit indispensable pour l'accomplissement du mandat que la souveraineté du peuple a délégué à ses organes constitutionnels. On ne pourrait d'ailleurs concevoir une autorité supérieure au pouvoir des chambres législatives, qui pût être investie du droit de surveiller, de censurer et de punir des actes ou des discours que les législateurs n'auraient pas incriminés : une pareille anomalie n'eût été rien autre chose que l'asservissement du pouvoir souverain.

94. — Les *discours tenus* sont les élémens de la discussion, disait Royer-Collard (séance de la chambre des députés du 20 avr.), la discussion est le moyen de la délibération. Si donc les discours tenus dans les chambres étaient soumis à une action extérieure quelconque, la délibération des chambres ne serait pas indépendante. Or, l'entière et parfaite indépendance des chambres est la condition de leur existence. C'est pourquoi c'est un axiome du gouvernement représentatif que la tribune n'est justiciable que de la chambre.

95.—Les mêmes principes étaient développés dans la même séance, par le commissaire du roi Cuvier. L'inviolabilité des chambres dans un gouvernement représentatif est motivée, disait-il, sur la nécessité de la liberté de leur concours aux lois. Si la chambre prise en masse n'était pas entièrement libre dans ses délibérations, elle deviendrait un soutien pour une autorité tyrannique, plutôt qu'elle ne serait établie pour la liberté. Le motif de l'inviolabilité des chambres est encore puisé dans une portion même de la souveraineté. Chacun des trois pouvoirs qui concourt à la loi n'en connaît aucun au-dessus de lui, et par conséquent il ne pourrait rendre compte de ses actes à personne. Mais ici le remède est à côté du mal. Si la chambre prise en masse agit contre l'intérêt de la nation, les élections en feront bientôt justice; si elle empiétait sur l'autorité royale, la dissolution serait encore le remède : les élections subséquentes seraient en quelque sorte la cour d'appel de ce jugement de première instance.

96. — Aussi l'art. 21, L. 17 mai 1819, porte : « Ne donneront ouverture à aucune action les discours tenus dans le sein de l'une des deux chambres, ainsi que les rapports ou toutes autres pièces imprimés par ordre de l'une des deux chambres. »

97. — Il importe cependant de remarquer que, comme le disait M. Guizot, commissaire du roi lors de la discussion à la chambre des députés de cet art. 21, il est résulté de la discussion ce principe fondamental que nul ne peut, dans l'exercice d'un droit qui conduirait à des actes punissables, être exempt de toute responsabilité; et on a reconnu que, si le député est exempt de la juridiction des tribunaux, c'est parce qu'il est placé sous celle de la chambre.

98. — L'immunité n'est accordée qu'aux discours tenus dans le sein des chambres, et ne peut être étendue au-delà des limites que la loi lui impose. C'est ce qui résulte d'abord du texte même de l'art. 21, et aussi de la discussion qui, à la chambre des députés, s'est engagée sur cet article.

99. — En effet, lors de la discussion de la loi du 17 mai 1819, M. Lainé avait demandé le privilége de l'inviolabilité pour les opinions écrites qui n'auraient pas pu être prononcées à la tribune, et que leurs auteurs auraient fait imprimer et distribuer. Cet amendement fut combattu par le garde des sceaux (M. de Serres), qui disait : « Rien ne serait plus inconstitutionnel que de donner à un citoyen, quel que fût d'ailleurs son rang dans l'état, le privilége de braver les lois et d'être coupable impunément. Si donc un député fait imprimer son opinion, il rentre dans le droit commun. Dès-lors ce député ne parle plus à la chambre, il ne veut plus agir sur elle, mais sur la multitude, et alors, citoyen ordinaire, il passe sous les lois communes à tous les citoyens. » L'amendement fut rejeté.

100. — « Nos paroles, disait Royer-Collard dans la même séance, sont soumises à votre juridiction, mais les écrits ne le sont pas, puisque vous ne les entendez pas : ne les entendant pas, vous ne pouvez pas les juger, s'ils sont coupables. La chambre répond sous certains rapports de ce que nous avons dit devant elle, et c'est uniquement parce qu'elle en répond que nous n'en répondons à personne; mais elle ne peut pas répondre sous les mêmes rapports de nos écrits, parce qu'elle n'est pas obligée de nous lire comme elle est obligée de nous entendre. Cela posé, la conséquence de l'amendement de M. Lainé serait que, relativement à la diffamation, le député qui n'est pas irresponsable quand il parle, qui peut être puni par la chambre s'il abuse de la parole, serait affranchi de toute responsabilité s'il écrivait au lieu de parler. A cette condition, il aurait le privilége de la diffamation; il serait inviolable. Privilége insolent! que nous devrions nous empresser d'abdiquer, si nous avions le malheur d'en être revêtus! »

101. — Aussi la cour des pairs a-t-elle jugé, dans une affaire célèbre, que l'immunité de la tribune ne s'applique qu'aux paroles qui y sont prononcées, qu'elle ne peut être étendue à un écrit qui, sans avoir été lu à la chambre, est rendu public par un pair, même dans le but de faire connaître les motifs de sa conduite de pair, et par exemple son refus de prêter le serment exigé par la loi du 31 août 1830. — Qu'en conséquence, le pair qui, dans cet écrit, commet les délits d'offense envers la personne du roi et d'excitation à la haine et au mépris du gouvernement du roi est passible comme tout autre citoyen des peines portées par la loi. — *Cour des pairs*, 24 nov. 1830, de Kergolay, de Brian, Genoude et Lubis.

102. — La loi du 17 mai 1819 ne protégeant contre toute action que les discours prononcés à la tribune et les pièces imprimées *par ordre de l'une des chambres*, MM. Chassan et Parant (t. 1er, no 104, p. 98) en concluent qu'un pair ou un député pourrait être l'objet d'une action publique ou privée, s'il avait reproduit sans l'ordre de la chambre à laquelle il appartient et au dehors de son enceinte un discours prononcé à la tribune. — Cette décision peut paraître rigoureuse au premier coup d'œil; mais quand on se rappelle que l'art. 21 n'a été porté que pour protéger la liberté de la discussion sur son terrain légal, c'est-à-dire à la tribune, quand on songe que le député, une fois son opinion émise dans le sein de la chambre, a strictement accompli son mandat, et que les actes ultérieurs n'émanent plus que d'un simple citoyen, on comprend qu'il n'y ait pas lieu d'étendre le privilége de l'art. 21.

103. — Cette solution est au surplus complétement justifiée par les paroles suivantes de M. de Serres, garde des sceaux : « ... Le discours livré tout seul à l'impression parcourra tout seul le royaume; cependant il n'a pas été proféré seul. S'il contient des offenses, il a pu y être répondu à l'instant même dans la chambre. Voilà l'avantage de vos délibérations, c'est qu'elles sont complètes. C'est que, si le mal est dit, il peut être réparé à l'instant... »

104. — Pour une publication ainsi faite, la responsabilité relative à un pair ne pourrait être poursuivie en matière criminelle ou correctionnelle que devant la chambre des pairs (Charte, art. 29), et avec l'autorisation de la chambre des députés, s'il s'agit d'une poursuite exercée contre un député pendant la durée de la session (Charte, art. 44).

105. — Selon M. de Grattier (t. 1er, p. 226, no 6), il ne suffirait pas que des discours eussent été tenus dans le sein des chambres pour qu'ils échappassent à toute action; le législateur n'ayant entendu protéger que les membres des assemblées législatives, l'immunité ne pourrait, selon cet auteur, s'étendre au commissaire du roi chargé de soutenir la discussion d'une loi.—Nous n'admettons ni le principe de M. de Grattier, ni la conséquence qu'il en tire. Les discours tenus dans le sein de la chambre par un individu appelé par la chambre à lui donner des explications, nous paraissent incorporés aux débats de la chambre, faire partie de sa séance, et pouvoir, dès-lors, être reproduits dans le compte-rendu de ses séances par les journaux. Les raisons d'indépendance et de souveraineté qui exemptent de tout contrôle judiciaire le compte-rendu fidèle s'appliquent également à ce cas. — Quant au commissaire du roi, ne doit-il pas jouir de la même indépendance que les organes du pouvoir royal, que les ministres qu'il représente?

106. — M. Manuel avait demandé, dans la séance du 20 avril, que les pétitions présentées à la chambre pussent jouir du même privilége. — Cet amendement a été rejeté par des motifs analogues à ceux qui ont soumis à la responsabilité du droit commun la publication des discours des députés publiés sans l'ordre de la chambre.

107. — Aussi Parant (p. 68) fait remarquer que l'inviolabilité parlementaire ne couvre pas l'auteur d'une pétition à la chambre des députés, et encore moins ceux qui la distribuent ou la publient (à l'exception des comptes-rendus de la séance des chambres de la part des journaux). S'il en était autrement, l'exercice du droit de pétition serait un moyen commode de commettre impunément des infractions à la loi.—MM. de Grattier (t. 1er, p. 227, no 7) et Chassan (t. 1er, no 101 à la note) expriment la même opinion.

108. — M. de Grattier ajoute qu'une pétition diffamatoire pourrait donner lieu à une poursuite, quoique revêtue de la signature d'un membre d'une des deux chambres, parce qu'en la signant il aurait agi comme simple particulier, et non en sa qualité de pair ou de député.

109. — Nous admettrions, cependant, comme une conséquence légale et nécessaire du droit reconnu par l'art. 45 de la Charte qu'une pétition peut être imprimée à un nombre d'exemplaires égal à celui des membres de la chambre à laquelle elle serait adressée; mais pour qu'il n'y eût aucune poursuite possible, il faudrait que le pétitionnaire justifiât que les exemplaires ont bien reçu leur destination législative, et qu'aucun d'eux n'a été détourné pour constituer dans le public une distribution qui serait alors, selon la nature de l'écrit, constitutive d'un délit.

110. — Il est superflu de dire qu'il pourrait y avoir lieu à poursuite de la part du ministère public, si les pièces lues, si les discours prononcés dans la séance d'une des chambres, et imprimés sans l'autorisation de cette chambre, étaient infidèlement reproduits et constituaient un délit.

111. — L'immunité accordée aux membres des deux chambres par l'art. 21, L. 17 mai 1819, ne donnerait pas à l'avocat député le droit de commettre impunément des délits d'audience. Si l'infraction commise par lui constituait un crime ou un délit, le ministère public ne serait pas désarmé; il n'aurait même pas besoin d'obtenir de la chambre des députés l'autorisation de poursuivre. —Chassan, t. 2, p. 524, no 2058. — V. DÉLIT D'AUDIENCE, nos 73 et suiv. — S'il ne s'agissait que d'une infraction disciplinaire, nul doute le tribunal ou la cour devant laquelle cette infraction aurait été commise, pourrait statuer immédiatement sans autorisation préalable de la chambre des députés.

112. — Quant au cas où un membre de l'une des deux chambres commettrait une offense soit envers l'autre chambre, soit envers celle à laquelle il appartient, V. OFFENSE ENVERS LES CHAMBRES.

113. — Les outrages par paroles commis, par exemple, dans le sein d'un conseil municipal ne sauraient être à l'abri de toute poursuite par l'effet d'une application abusive de l'art. 21, L. 17 mai 1819.— *Cass.*, 22 août 1840 (t. 2 1840, p. 578), Boubée.

114. — L'art. 21, L. 17 mai 1819, affranchit aussi de toute action le compte fidèle des séances publiques des chambres rendu dans les journaux. — V. COMPTE-RENDU.

115. — Ce privilége est légitimé par les paroles suivantes de M. Guizot, commissaire du roi (séance de la chambre des députés du 20 avril). « La publicité des débats de la chambre est dans la faculté donnée au public de venir entendre tout ce qui se dit dans cette chambre, d'assister à ses discussions. Que font les journalistes quand ils publient ce qui s'est dit et fait dans la chambre? Ils élargissent l'enceinte où le public est admis, ils font jouir la France entière d'un droit que tout le public ne peut exercer matériellement. Ainsi il n'y a pas délit dans la publication de ce qui est public de droit. Donc il n'y a pas délit dans la publication pure et simple des séances et des débats de la chambre. Voilà le principe. Mais une condition y est évidemment attachée, c'est la fidélité du jour-

naliste. Je ne parle pas ici d'une fidélité matérielle... c'est évidemment d'une fidélité morale qu'il s'agit, c'est la seule qu'il soit équitable et possible de demander aux journalistes.... Tant que le journal n'est qu'un instrument de la publication autorisée, et en quelque sorte le porte-voix des débats et des séances de la chambre, même quand la publication est fidèle, si le porte-voix est infidèle, s'il porte jusqu'aux extrémités de la France d'autres paroles ou d'autres impressions que celles qui doivent résulter des débats de la chambre, alors il peut être poursuivi. »

116. — L'irresponsabilité est étendue aux comptes-rendus avec *fidélité* et *bonne foi* par les journaux des audiences des tribunaux. — L. 25 mars 1822, art. 7. — Ce privilége est aussi une conséquence nécessaire de la publicité des audiences. — Chassan, t. 1er, no 159. — V. COMPTE-RENDU.

117. — « Les discours prononcés et les écrits produits devant les tribunaux ne donnent ouverture à aucune action en diffamation ou injure. Les juges saisis de la cause peuvent néanmoins, en statuant sur le fond, prononcer la suppression des écrits injurieux ou diffamatoires, et condamner les délinquans à des dommages-intérêts. Les faits diffamatoires étrangers à la cause peuvent donner ouverture, soit à l'action publique, soit à l'action civile des parties lorsqu'elle leur a été réservée par les tribunaux, et, dans tous les cas, à l'action civile des tiers. » — L. 17 mai 1819, art. 23.

118. — Les avocats, officiers ministériels, agréés, les plaideurs eux-mêmes ont, en vertu de cet art. 23, le privilége de n'être pas responsables des discours qu'ils prononcent et des écrits qu'ils produisent devant les tribunaux lorsqu'ils se sont renfermés dans les faits de la cause. Les avocats et officiers ministériels qui se permettraient des diffamations ou des injures pourraient seulement être l'objet d'injonctions de la part des tribunaux, ou même être suspendus par eux. — Même article. — Le privilége dont il s'agit ici, n'existant qu'à l'égard de l'action privée, appartient au mot DIFFAMATION, sous lequel nous en traiterons. — V. aussi AVOCAT, nos 371 et suiv., INJURE.

119. — Si l'avocat qui n'agit que dans un intérêt privé doit avoir le droit d'exercer librement son ministère, à bien plus forte raison le magistrat, qui ne doit avoir en vue que l'intérêt public, a-t-il besoin d'une grande latitude pour l'exercice de ses fonctions. *Qui jure publico utitur*, dit Ulpien, *non videtur injuriæ faciendæ causâ facere. Juris enim executio non habet injuriam.*

120. — Aussi l'art. 367, C. pén., affranchissait de toute poursuite pour calomnie l'auteur d'une imputation qui était, par la nature de ses fonctions ou de ses devoirs, obligé de révéler ou de réprimer certains faits. — V. CALOMNIE, no 40. — Il semblerait que depuis que l'art. 26, L. 17 mai 1819, a abrogé l'art. 367, C. pén., l'indépendance de la magistrature, sous ce rapport, n'est protégée par aucune loi écrite. Mais le principe consacré par l'art. 367 était un de ceux qui n'ont besoin d'être accrédités par aucune disposition expresse. — Chassan, t. 1er, no 140.

121. — La cour de Cassation a reconnu cette prérogative nécessaire du magistrat, en décidant qu'un plaideur n'est pas fondé à prendre une cour royale à partie, par cela seul qu'en appréciant un fait dont son adversaire s'était prévalu, elle l'avait qualifié d'une manière propre à porter atteinte à son honneur et à sa considération, et que la prise à partie devait être rejetée si, ce fait constituant un des élémens du procès, la cour royale avait pu se croire autorisée à l'apprécier et à consigner dans les motifs de son arrêt l'opinion qu'elle s'en était formée. — *Cass.*, 22 fév. 1825, de Forbin Janson c. cour royale de Paris.

122. — Mais le caractère du juge ne saurait cependant le mettre toujours et nécessairement à l'abri de toute responsabilité de ses paroles et de ses écrits, car nul ne doit pouvoir commettre impunément des infractions à la loi. Si donc, par des imputations dirigées calomnieusement contre un simple particulier, un juge causait à celui-ci un préjudice, il tomberait sous l'application de l'art. 1382, C. civ., qui veut que chacun soit tenu de réparer le dommage qu'il a causé par sa faute. « C'est sur ce principe sacré, dit Toullier (*C. civ. fr.*, t. 6, p. 165, no 182), que repose la responsabilité de tous les fonctionnaires publics, même les plus éminens, qui sont rigoureusement obligés de réparer le dommage que, par leur faute, dans l'exercice de leurs fonctions, ils causent aux particuliers.

123. — Aussi est-il de jurisprudence que, si les motifs d'un arrêt sont de nature à constituer une diffamation, la partie lésée peut se pourvoir contre le juge. — *Cass.*, 29 janv. 1824, Forbin Janson. — Mais il faudrait, pour qu'une condamnation pût être prononcée contre le juge, que la culpabilité de son intention fût bien avérée, car on ne doit pas supposer facilement qu'un magistrat a voulu commettre un délit. — Chassan, t. 1er, no 141.

124. — Il y aurait aussi ouverture à une action publique contre le juge qui se rendrait coupable de pareils faits. S'il y avait délit, le ministère public pourrait employer contre lui les voies criminelles. Seulement, comme les fautes sont personnelles, une condamnation ne pourrait intervenir à raison d'un jugement diffamatoire rendu par un tribunal que contre celui ou ceux des juges à qui la diffamation serait imputable. Aussi la poursuite, dans ce cas, serait-elle en fait impossible, soit parce qu'un jugement est réputé être l'œuvre du tribunal entier, soit parce que l'art. 483, C. inst. crim., et l'art. 10, L. 20 avr. 1810, ne concernent que les actes commis par un ou plusieurs juges individuellement. — Le Sellyer, *Tr. de dr. crim.*, t. 4, p. 483, no 1652; Chassan, t. 1er, no 152.

125. — Lorsque le ministère public exerce des poursuites contre un juge pour cause de diffamation commise par ce dernier, la partie lésée a le droit d'intervenir et de se joindre à l'action publique. Si celui qui se prétend diffamé par les termes d'un jugement veut agir contre le juge ou le tribunal qui l'a rendu, indépendamment de l'action publique ou en l'absence de celle-ci, c'est à la voie de la prise à partie qu'il doit avoir recours. — C. proc. civ., art. 505, § 1er; — Chassan, t. 1er, no 146; Carré, *Lois de la procéd.*, t. 2, p. 303; Rauter, *Cours de proc. civ.*, p. 295.

126. — Il faut remarquer que, si la prise à partie dirigée dans ce cas contre un tribunal était accueillie, il en résulterait que tous les juges qui auraient coopéré au jugement seraient indistinctement tenus des dommages-intérêts. Le principe que nous venons de rappeler sur la responsabilité individuelle des fautes en matière criminelle ne s'appliquerait plus ici.

127. — Le tiers qui n'aurait pas été partie au procès dans lequel aurait été rendu le jugement qui l'a injurié ou diffamé, pourrait également employer la voie de la prise à partie contre le juge ou le tribunal. — Chassan, t. 1er, no 147.

128. — Cette voie serait également ouverte contre un officier du ministère public. — Rauter, p. 296; Merlin, *Rép.*, vo *Prise à partie*; Toullier, t. 11, p. 267.

129. — Ce que nous venons de dire des magistrats s'appliquerait à tous ceux auxquels la loi commanderait de faire des révélations à l'autorité. Ces révélations ne pourraient les exposer à des poursuites publiques ou privées qu'autant que les faits seraient dénoncés mensongèrement et de mauvaise foi. Dans ce dernier cas, ils seraient responsables des conséquences des dénonciations qu'ils auraient faites. — *Cass.*, 12 mai 1827, Beurel et Cadot c. Marcadier. — V. DÉNONCIATION CALOMNIEUSE.

130. — La déposition d'un témoin sur les faits à raison desquels il est appelé devant la justice ne peut être l'objet d'une action en diffamation ou injure. La seule voie que puisse prendre celui qui se prétend diffamé ou injurié par la déposition est celle de la plainte en faux témoignage. — *Cass.*, 1er août 1806, Priault c. Berthon; — Carnot, sur l'art. 189, C. inst. crim., t. 1er, p. 585, no 24; Parant, p. 89; Chassan, t. 1er, no 158.

ART. 2. — *Personnes responsables des écrits d'autrui en qualité d'auteurs principaux de l'infraction.*

131. — Il y a une classe d'individus que la loi a déclarés responsables des écrits des autres, en qualité d'*auteurs principaux* de l'infraction. Ce sont : 1o les gérans signataires ou propriétaires des journaux ou écrits périodiques; — 2o les éditeurs; — 3o les imprimeurs; — 4o les vendeurs, crieurs et distributeurs; — 5o ceux qui réimpriment ou traduisent les ouvrages d'autrui. La responsabilité des premiers est absolue, celle des autres est restreinte à certains faits.

132. — Un grand nombre de journaux sont soumis à un cautionnement. Ces journaux ont un gérant responsable; d'autres n'ont pas de gérans responsables et ne sont pas cautionnés. Les journaux de cette dernière espèce sont tenus de déclarer à l'autorité les noms de leurs propriétaires : l'un de ces propriétaires signe le journal. Les gérans, propriétaires ou signataires du journal, quels qu'ils soient, ou, si le journal a paru sans signature, ceux qui auraient dû le signer, sont responsables de tous les articles qui y sont insérés, bien qu'il puisse être constant que ces articles n'ont pas été composés par eux. Cette responsabilité, appartenant à la constitution même du journalisme, sera examinée sous le mot ÉCRITS PÉRIODIQUES.

133. — La loi du 9 juin 1819, sur la publication des journaux ou écrits périodiques, appelait *éditeurs responsables* les signataires des journaux. Celles des 18 juill. 1828 et 9 sept. 1835 leur donnent le nom de *gérans* ou *signataires* responsables. La dénomination d'éditeur s'applique à celui qui, par lui-même, ou moyennant certaines stipulations, soit avec l'auteur, soit avec sa famille, soit avec l'imprimeur, se charge de publier un ouvrage, soit nouveau, soit ancien. L'éditeur est responsable du contenu de l'ouvrage, parce que c'est *lui* qui en est le publicateur, et que c'est la publication qui fait le délit de presse. — Chassan, t. 1er, no 173. — V. ÉDITEUR.

134. — L'imprimeur est responsable comme *auteur principal* des délits que renfermeraient les ouvrages qui sortent de ses presses, mais seulement lorsqu'il joue le rôle de publicateur, c'est-à-dire si le rédacteur de l'écrit est inconnu et encore s'il n'y a pas d'éditeur. Cette doctrine ressort des termes de l'art. 24, L. 17 mai 1819, sur la complicité des imprimeurs. — V. *infrà* nos 148 et suiv. — Chassan, t. 1er, no 175. — Si l'auteur est connu et que l'imprimeur ait imprimé sciemment des écrits coupables, ce n'est plus comme auteur principal qu'il est poursuivi, mais comme complice.

135. — Les crieurs, afficheurs, vendeurs ou distributeurs d'écrits ou d'imprimés peuvent être responsables comme auteurs principaux, bien que les écrits imprimés ou affichés soient l'œuvre d'autrui. Tel est le cas où il n'y aurait sur l'écrit publié d'une manière quelconque aucune indication ni du nom de l'auteur, ni de celui de l'imprimeur. L'art. 283, C. pén., punit d'une peine correctionnelle toute personne qui, dans ce cas, aura sciemment contribué à la publication ou à la distribution. — V. AFFICHEUR, no 9.

136. — Aux termes de l'art. 285 du même Code, si un écrit imprimé contient quelques provocations à des crimes ou délits, les crieurs, afficheurs, vendeurs et distributeurs sont punis comme complices des provocateurs, à moins qu'ils n'aient fait connaître ceux dont ils tiennent l'écrit contenant la provocation. En cas de révélation, ils n'encourent qu'un emprisonnement de six jours à trois mois; et la peine de la complicité n'est applicable qu'à ceux qui n'ont pas fait connaître les personnes dont ils ont reçu l'écrit imprimé, et à l'imprimeur, s'il est connu. — V. AFFICHEUR, no 10.

137. — Les auteurs ne sont pas d'accord sur le véritable sens de cet art. 285, et il s'est élevé la question de savoir si cette disposition suppose que les écrits ou imprimés desquels résulterait la complicité ne portaient ni nom d'auteur, ni nom d'imprimeur, ou si, au contraire, l'article se place dans l'hypothèse où il y aurait indication de l'un des deux noms.

138. — MM. Chauveau et Hélie (*Théor. du C. pén.*, t. 3, p. 374) estiment que l'art. 285 n'entend parler que des distributeurs de libelles qui ne portent ni le nom de l'auteur, ni celui de l'imprimeur. « Cet article se réfère, disent-ils, en ce qui concerne la nature de l'écrit imprimé, aux articles qui précèdent; il punit une espèce plus grave, mais elle est puisée dans la même hypothèse. »

139. — M. Chassan (t. 1er, no 180) pense au contraire que l'espèce prévue par l'art. 285 doit être renfermée dans ses termes, qui supposent, selon lui, que l'écrit imprimé contient le nom de l'auteur ou au moins celui de l'imprimeur. « Dans ce cas, ajoute M. Chassan, on comprend très bien que le fait de la distribution ne puisse constituer qu'une complicité, qui, pour être établie, doit toujours avoir eu lieu sciemment; complicité plus ou moins punie, selon que le vendeur ou distributeur fait ou non connaître celui de qui il tient l'écrit répréhensible. Mais si l'écrit imprimé ne contient pas le nom de l'auteur ou de l'imprimeur, il est évident que le vendeur ou le distributeur qui ne les a pas fait connaître doit être lui-même réputé auteur ou imprimeur de l'écrit, et puni comme auteur principal de l'infraction, s'il a su qu'il commettait un délit de distribution. » Nous ne pouvons qu'adhérer à cette opinion, qui avait été déjà enseignée par Carnot (*Comment. sur le C. pén.*, t. 1er, p. 663). — V. CRIEUR PUBLIC, DISTRIBUTION D'ÉCRITS OU D'IMPRIMÉS.

140. — L'acquittement qui serait intervenu sur les poursuites dirigées contre un ouvrage ne donnerait pas à l'auteur de cet ouvrage le droit de le publier de nouveau. Une édition nouvelle de l'œuvre serait un fait nouveau de publication indépendant du premier, constitutif d'un nouveau délit, et qui pourrait dès-lors donner lieu à un nouvel examen et à de nouvelles poursuites. — Chassan, t. 1er, no 186.

141. — Ce principe a été consacré à diverses re-

prises par la jurisprudence quant aux reproductions faites par des journaux d'articles déjà publiés dans d'autres journaux, même non poursuivis à raison de cette première publication. — *Cass.*, 22 avr. 1824, Hurez; *Ass. de Maine et Loire*, 17 août 1831, *Gazette d'Anjou*; *Cass.*, 21 oct. 1831, Hardouin (aff. *Gazette de Bretagne*); — Parant, p. 116; de Grattier, t. 1er, p. 524; Chassan, t. 1er, no 188.

142. — A plus forte raison, la vente, la réimpression et la distribution d'ouvrages déjà condamnés sont des faits que la loi ne pouvait laisser impunis. — L. 26 mai 1819, art. 26 et 27. — Ceux qui s'en rendraient coupables seraient poursuivis comme auteurs principaux de délits de presse, tous spéciaux, punis par des peines rigoureuses. — V. à cet égard OUVRAGES CONDAMNÉS.

ART. 3. — *Complicité.*

143. — Ce n'est pas seulement comme auteur principal d'un délit de presse qu'on peut être responsable de ce délit. En cette matière comme dans la plupart des matières criminelles, les infractions punissables peuvent être imputées à certaines personnes à titre de complicité.

144. — La législation spéciale de la presse a prévu et défini plusieurs cas spéciaux de complicité. Il est important de remarquer, à cet égard, que cette législation n'a nullement entendu innocenter ni affranchir de toutes peines les faits de complicité qui n'auraient pas été spécialement caractérisés par elle. Elle a, au contraire, réservé l'application à tous les délits de publication des principes de droit commun formulés dans les art. 59 et 60, C. pén. — L. 17 mai 1819, art. 26. — Il y a donc pour ces délits une complicité spéciale, et la complicité générale qui serait qualifiée dans les termes ordinaires du droit criminel. — Chassan, t. 1er, nos 200 et suiv.

145. — La complicité spéciale s'applique à trois classes de personnes : 1o aux imprimeurs ; — 2o aux rédacteurs de journaux ; — 3o aux vendeurs, libraires, distributeurs, crieurs et afficheurs d'écrits imprimés.

146. — On avait demandé, lors de la discussion de la loi du 17 mai 1819, que l'imprimeur ne pût pas être poursuivi lorsque l'auteur de l'écrit serait connu. Le garde des sceaux, M. de Serres, répondit avec raison que ce serait créer un privilége en faveur des imprimeurs, qui doivent être punis comme les autres lorsqu'ils sont reconnus complices. C'est à la suite de cette discussion que fut adopté l'art. 24, L. 17 mai 1819, qui veut que les imprimeurs d'écrits dont les auteurs seraient mis en jugement en vertu de ladite loi, et qui auraient rempli les obligations prescrites par la loi du 21 oct. 1814 sur la police de l'imprimerie, ne puissent être recherchés pour le simple fait d'impression de ces écrits à moins qu'ils n'aient agi *sciemment*, ainsi qu'il est dit à l'art. 60, C. pén., qui définit la complicité. — Parant, p. 104.

147. — Il semblerait que l'imprimeur qui sait qu'un écrit peut renfermer un délit devrait toujours être tenu d'apprécier ce qui est confié à ses presses ; que dès-lors, s'il a fait cet examen, il a consenti à prendre sur lui une partie de la responsabilité de la publication ; que, s'il ne l'a pas fait, il a commis une faute lourde de nature à être assimilée au délit. Mais il est certain, en fait, que les imprimeurs, surtout ceux des journaux, n'ont ni le temps ni les moyens de prendre connaissance de ce qu'ils impriment. D'autre part, le brevet des imprimeurs pouvant leur être retiré lorsqu'ils ont été condamnés, les considérer comme complices pour le seul fait de l'impression ce serait les forcer à refuser souvent aux écrivains l'usage de leurs presses, et dès-lors compromettre gravement la liberté de la presse ; c'est sous l'influence de ces considérations qu'a été rédigé l'art. 24, L. 17 mai 1819. — Chassan, t. 1er, no 204.

148. — Si la position de l'imprimeur n'était pas régulière en ce qu'il ne se serait pas conformé aux prescriptions de la loi du 21 oct. 1814 sur l'exercice de sa profession, la protection de la loi l'abandonnerait, et il pourrait être poursuivi soit comme complice, soit comme auteur principal, selon les circonstances, *pour le seul fait de l'impression.* — Chassan, *loc. cit.* — Nous avons vu (*suprà* no 134) que, si l'auteur de l'écrit est inconnu, l'imprimeur peut être recherché comme publicateur et auteur principal. Il en serait ainsi lors même qu'il aurait rempli les formalités exigées par la loi du 21 oct. 1814.

149. — Il résulte des termes de l'art. 24, L. 17 mai 1819, et des principes sur la complicité des imprimeurs, que lorsqu'ils sont recherchés comme complices d'un délit de publication, parce qu'ils auraient prêté le secours de leurs presses à l'écrivain, ils sont présumés avoir imprimé de bonne foi, et que le ministère public doit prouver contre eux qu'ils l'ont fait sciemment. La bonne foi comme la mauvaise foi de l'imprimeur sont des faits dont l'appréciation appartient au jury ou aux juges correctionnels, et il est impossible de tracer des règles à cet égard. — Chassan, t. 1er, p. 157, no 205, à la note.

150. — L'imprimeur qui aurait imprimé de mauvaise foi et avec connaissance un écrit contenant un délit d'injure ou de diffamation, pourrait être tenu de dommages-intérêts, par la voie civile, pour la réparation du préjudice causé par l'écrit ; et aux termes de l'art. 55, C. pén., et des principes du droit civil, il devrait être tenu solidairement de ces dommages-intérêts.

151. — Il est de principe, en droit commun, que pour qu'un complice puisse être poursuivi et condamné, il n'est pas nécessaire qu'il y ait eu condamnation ni même poursuite contre l'auteur principal. Cette règle s'appliquerait à l'imprimeur accusé de complicité. — *Cass.*, 15 oct. 1825, Catineau. — V. Bourguignon, sur l'art. 59, C. pén., p. 54, no 5 ; Chassan, t. 1er, no 207 ; de Grattier, t. 1er, p. 436, no 8.

152. — Les gérans des journaux, étant responsables de tout ce qui est inséré dans les feuilles qu'ils signent, ne peuvent évidemment prétendre, comme les imprimeurs, qu'ils n'ont pas pris connaissance des articles incriminés conformément à la disposition de l'art. 24 ci-dessus. — *Cass.*, 22 avr. 1824, Hurez. — V. L. 9 juin 1819, art. 2 ; L. 18 juill. 1828, art. 8.

153. — La complicité des rédacteurs de journaux est prévue par l'art. 8, L. 18 juill. 1828, sur les journaux et écrits périodiques. Cette disposition déclare les signataires de chaque feuille passibles de toutes les peines portées par la loi à raison de la publication des articles ou passages incriminés, sans préjudice de la poursuite contre l'auteur ou les auteurs desdits articles ou passages *comme complices*. En effet, le signataire, étant le seul et véritable publicateur, joue nécessairement le rôle d'auteur principal du délit de publication, et si l'auteur s'est associé à ce délit par la remise de l'article qu'il a composé, ce ne peut être qu'à titre de complicité et comme ayant fourni les moyens de commettre le délit. — V. ÉCRITS PÉRIODIQUES.

154. — V., quant aux vendeurs, libraires, distributeurs, crieurs et afficheurs, ce que nous avons dit (*suprà* nos 136 et suiv.) sur la complicité prévue par l'art. 283, C. pén. Il faut du reste remarquer que ces personnes ne pourraient être condamnées comme complices du délit de publication qu'autant que le ministère public prouverait contre eux qu'ils ont agi sciemment, et cela, soit qu'ils révèlent, soit qu'ils refusent d'indiquer le nom de celui de qui ils tiennent l'écrit incriminé. — Chassan, t. 1er, no 214.

155. — Nous avons dit que les lois sur la presse font réserve des cas où certains faits présenteraient les caractères de complicité définis par les art. 59 et 60, C. pén. L'applicabilité de ces articles en matière de presse est un point constant en jurisprudence.

156. — C'est ainsi qu'il a été jugé par la cour de Cassation que l'associé, quoique non breveté, d'un imprimeur, qui a dirigé l'impression d'un écrit, peut être poursuivi et condamné comme cet imprimeur lui-même, s'il a agi sciemment. — *Cass.*, 31 août 1832, Rivail. — V. aussi Chassan, t. 1er, p. 164, no 212, note 4.

157. — M. Rossi (*Traité de droit pénal*, t. 3, p. 37 à 39 et suiv.) fait observer que, si un mandat avait été donné pour commettre un délit de presse qui par suite eût été accompli, il y aura ouverture à une action publique et à une action privée selon les circonstances, tant contre le mandant que contre le mandataire. Tous deux auraient été en effet agens parfaitement libres et par conséquent responsables. Le mandant serait considéré comme complice du mandataire. — V. aussi Chassan, t. 1er, no 213.

158. — La complicité prévue par les art. 1er, 3, 4 et 5, L. 17 mai 1819, est examinée *infrà* nos 175 et suiv.

Sect. 3e. — *Pénalité, récidive, circonstances atténuantes, cumul de peines.*

159. — La plupart des peines prononcées par les lois sur la presse ne sont pas fixes, elles laissent au juge, par la détermination d'un maximum et d'un minimum, la faculté d'user d'indulgence ou de sévérité. Elles reçoivent en outre une modification nécessaire de certains faits constatés ou déclarés par le tribunal saisi de la répression, tels que l'état de récidive du délinquant ou l'admission de circonstances atténuantes.

160. — Les peines réservées à la récidive par le droit commun sont déterminées par les art. 56, 57 et 58, C. pén. Ces articles s'appliquant à tous les crimes ou délits prévus par le même code, c'est par eux que serait réglée la récidive pour les crimes ou délits de la parole, de l'écriture ou de la presse qualifiés par lui. — Chassan, t. 1er, no 223.

161. — Il est même de jurisprudence constante que ces articles, par la généralité de leurs termes, s'appliquent aux crimes et délits prévus par les lois spéciales antérieures ou postérieures à ce code. Aussi les crimes et délits définis par la législation spéciale à la presse tombent-ils sous leur application, mais avec une modification qui est indiquée par l'art. 25 L. du 17 mai 1819. Cet article dispose qu'en cas de récidive des crimes et délits prévus par ladite loi, *il pourra y avoir lieu* à l'aggravation des peines prononcées par les trois articles précités du Code pénal.

162. — Cette disposition contient une dérogation au droit commun en ce qu'elle déclare *facultative* seulement pour le juge l'application de peines que le Code pénal réserve à la récidive d'une manière obligatoire. En effet, l'art. 56 relatif à la récidive en matière de grand criminel est rédigé en termes impératifs. Les art. 57 et 58 statuant, le premier, sur le cas où un homme condamné précédemment pour un crime commet un délit, le second, sur le cas où un délit est commis postérieurement à une première condamnation correctionnelle à plus d'un an d'emprisonnement, infligent tous deux au récidiviste le maximum de la peine réservée au second fait. La condamnation au double du maximum est seule facultative.

163. — La jurisprudence a considéré sous ce rapport les lois de la presse postérieures à la loi du 17 mai 1819 comme n'étant que la suite et le développement de cette loi, et elle a étendu à tous les délits de presse l'application de son art. 25. — *Cass.*, 22 janv. 1824, Charles Bugeard ; 26 fév. 1835, Delvigne ; — de Grattier, t. 1er, p. 288, no 2.

164. — Mais il arrive souvent que la première condamnation a été prononcée pour crime ou délit *commun* et que le second fait seulement constitue un crime ou délit de la presse. La cour suprême a toujours tenu pour constant que les art. 56, 57 et 58, C. pén., étaient seuls applicables à cette espèce de récidive. — *Cass.*, 29 nov. 1828, Danielou et Monpeyre ; 8 janv. 1829, François Rousseau ; 12 sept. 1829 (int. de la loi), Jean Vallier ; 13 sept. 1832, Clausel ; 13 janv. 1830, François Rousseau. — V. Chassan, t. 1er, no 226. — V. aussi Chauveau et Hélie, *Théorie du C. pén.*, t. 1er, p. 356 et suiv., qui critiquent cette jurisprudence. — V. en ce dernier sens *Douai*, 11 déc. 1829, Ghémar.

165. — Les dispositions du Code pénal sur la récidive et celles de l'art. 25, L. du 17 mai 1819, devraient recevoir leur application par quelque juridiction que les deux condamnations successives fussent prononcées. Aussi la cour de Cassation a-t-elle jugé que la condamnation à plus d'une année d'emprisonnement, prononcée par la chambre des députés pour délit d'offense envers cette chambre, a le caractère d'une peine correctionnelle et doit servir de base légale à l'application des peines de la récidive, en cas de nouveau délit, comme la condamnation émanée de toute autre juridiction. — *Cass.*, 19 oct. 1833, Lionne (aff. de la *Tribune*). — Bourguignon, *Jurisp. des Codes crimin.*, sur l'art. 56, C. pén.

166. — La législation de la presse a frappé de peines rigoureuses et toutes spéciales les récidives qui se rattacheraient à des délits de la presse périodique. La loi du 9 juin 1819 sur les journaux ou écrits périodiques dispose qu'en cas de condamnation des propriétaires éditeurs responsables, auteurs ou rédacteurs de journaux, les mêmes peines leur seront appliquées qu'aux autres coupables de délits de presse, que toutefois les amendes pourront être élevées au double et en cas de récidive portées au quadruple (art. 10). Cette disposition a été maintenue par l'art. 15, L. 18 juill. 1828, et par l'art. 12, L. du 9 sept. 1835. — V. aussi L. 18 juill. 1828, art. 15, qui prononce la suspension du journal dans un cas spécial. — Ces dispositions seront examinées sous le mot ÉCRITS PÉRIODIQUES.

167. — Les délits de presse ne peuvent recevoir l'application de l'art. 463, C. pén., sur les circonstances atténuantes qu'autant que les lois de la presse s'en seraient expliquées formellement. Les délits qui sont dans cette catégorie sont en très petit nombre, et la législation sur la matière est muette sur cette applicabilité à la plupart des infractions qu'elle prévoit. Il faut remarquer du reste que toutes les fois qu'un des délits de presse dont la déclaration de circonstances atténuantes peut modifier la peine est porté devant la cour d'assises; c'est à la cour et non au jury qu'il appartient de faire cette déclaration. — V. les observations que nous avons faites à cet égard sous le mot CIRCONSTANCES ATTÉNUANTES.

168. — C'est un principe général de droit criminel que les peines prononcées contre un coupable par une première condamnation et celles qu'il encourt plus tard pour des faits accomplis antérieurement à cette première condamnation ne doivent pas se cumuler, mais qu'au contraire la plus forte absorbe les autres. — C. inst. crim., art. 365. — Ce principe s'appliquait sans restriction aux délits de presse comme aux infractions du droit commun avant la loi du 9 sept. 1835, qui a changé les conditions de son applicabilité aux premiers délits. — V., pour la jurisprudence, sur la période antérieure à la loi du 9 sept. 1835, *Cass.*, 2 août 1833, Mie; 3 oct. 1835, Jaffrenou.

169. — La cour de Paris a jugé, mais à tort, le 27 juin 1835 (Viderkelir [aff. du journal *la Justice*]), que le principe du non-cumul des peines ne s'étend pas aux amendes et peines pécuniaires portées par des lois spéciales.

170. — L'art. 12, L. 9 sept. 1835, dispose que les peines prononcées par ladite loi et les lois précédentes sur la presse et autres moyens de publication ne se confondront pas entre elles, et seront toutes intégralement subies lorsque les faits qui y donneront lieu seront postérieurs à la première poursuite.

171. — Cette disposition a pour but de mettre fin à un abus qui se renouvelait assez fréquemment. Le principe du non-cumul des peines s'appliquant aux matières de presse, il arrivait qu'après avoir obtenu de nombreuses remises de cause on se laissait enfin condamner par défaut, sauf à gagner encore, sur l'opposition, le plus de temps possible avant le jugement définitif. Il en résultait que les délits de presse, commis dans l'intervalle de la poursuite au jugement, se trouvaient souvent absorbés par la condamnation lorsqu'elle était portée au maximum. C'est ce qu'a voulu empêcher la loi du 9 sept. 1835. Le principe du non-cumul des peines continue du reste de s'appliquer aux faits *antérieurs* à la première poursuite. — Chassan, t. 1er, nos 255 et 256.

172. — Jugé que, la disposition de la loi du 9 sept. 1835 n'autorisant le cumul des peines que par exception, cette exception ne peut être étendue aux faits qui se sont successivement accumulés antérieurement à la première poursuite; qu'ainsi il ne peut être prononcé qu'une seule amende à raison de la publication de plusieurs numéros d'un journal faite en contravention à l'art. 8, L. 18 juill. 1828, relatif au dépôt au parquet du procureur du roi, si tous ces numéros sont antérieurs à la première poursuite du ministère public. — *Cass.*, 25 juill. 1839 (t. 2 1839, p. 477), Paya.

CHAPITRE II. — *Enumération et analyse des délits de presse et de publication.*

Sect. 1re. — *Crimes et délits.*

173. — Les infractions de la parole, de l'écriture et de la presse se divisent, comme les infractions du droit commun, en crimes, délits et contraventions. Nous avons déjà fait remarquer qu'en matière de presse la qualification de contravention s'appliquait et avec raison à des faits qui cependant étaient souvent punis de peines correctionnelles, mais qui, ne constituant que des irrégularités, ne pouvaient *par leur nature* être considérés comme des délits. — Nous nous occuperons d'abord des crimes et délits de la presse et ensuite des contraventions.

174. — En commençant l'énumération et l'analyse des délits de presse ou de publication, nous devons faire observer que les attaques de cette nature qui peuvent être dirigées contre les simples particuliers, ne doivent pas figurer dans cet article. Nous en faisons l'objet d'un examen spécial et séparé sous le mot DIFFAMATION-INJURE. — V. néanmoins ci-dessous nos observations sur les art. 1er, 2 et 3, L. 17 mai 1819.

ART. 1er. — *Provocation publique aux crimes et délits.*

175. — Nous avons indiqué ci-dessus (nos 15 et suiv.) quelles sont les conditions déterminées par l'art. 1er, L. 17 mai 1819, pour que la provocation qu'il punit puisse être réputée publique. Si cette provocation à un crime ou à un délit a été suivie d'effet, son auteur est *réputé* complice et puni comme tel aux termes du même art. 1er; si elle n'a été suivie d'aucun effet, il est puni : 1° d'un emprisonnement de trois mois à cinq ans et d'une amende de 50 à 6,000 fr., lorsque l'action à laquelle il a été provoqué est qualifiée crime (art. 2); 2° d'un emprisonnement de trois jours à deux ans et d'une amende de 30 à 4,000 fr., ou de l'une de ces deux peines seulement, lorsque cette action constitue un délit, sauf, dans ce dernier cas, si la loi prononce une peine moins grave contre l'auteur de l'action, à n'appliquer que cette peine au provocateur (art. 3 de la même loi). — *Cass.*, 13 juill. 1832, de Fleury (aff. de la *Gazette de France*); 3 mai 1834, Bertrand.

176. — La même loi du 17 mai 1819 avait, en outre, énuméré, dans ses art. 4 et 5, un certain nombre d'infractions qu'elle avait seulement assimilées à des provocations à des crimes ou délits, et qu'elle avait punies comme telles. Les lois postérieures se sont à leur tour expliquées sur ces incriminations, auxquelles elles ont rendu leur véritable caractère de délits spéciaux de la presse. — V. EMBLÈMES, SIGNES DE L'AUTORITÉ ROYALE, SIGNES DE RALLIEMENT.

177. — La provocation, suivie d'effet, dont s'occupe la loi du 17 mai 1819, est tout-à-fait distincte de celle que prévoit l'art. 60 du Code pénal comme caractérisant une complicité. On sait que la publicité est la condition essentielle et toute spéciale qui distingue la provocation punie par l'art. 1er, L. 17 mai 1819. Dans ce dernier cas, il ne s'agit pas d'une complicité *vraie*, mais d'une complicité *fictive*, d'actes réputés *complicité*.

178. — Il n'y a donc pas lieu de rechercher si la provocation a été commise par dons, promesses, menaces, abus d'autorité et machinations ou artifices coupables. — De Grattier, t. 1er, p. 106, no 3.

179. — Mais il est indispensable que cette provocation ait été accompagnée d'une instruction criminelle, circonstance constitutive des délits ordinaires. — *Paris*, 27 mars 1827, Isambert; — de Grattier, t. 1er, p. 141, no 3.

180. — Cependant, il n'est pas nécessaire, selon M. Chassan (t. 1er, no 430), qu'il en soit ici comme dans l'hypothèse de l'art. 60, C. pén., que le crime ou délit qui a suivi la provocation ait été dans la pensée du provocateur; il doit être *réputé* complice, et puni comme tel, s'il est démontré que la publication, quoique faite seulement dans le but criminel de remuer les passions, a été cependant la cause déterminante du crime ou du délit.

181. — Mais nous ne saurions adopter cette opinion, qui conduit à imputer arbitrairement à un prévenu une complicité avec des actes qui ne sont jamais entrés dans sa pensée et à le rendre responsable d'une prétendue intention criminelle qui n'a jamais été la sienne. — V. conf. Serrigny, t. 2, p. 61.

182. — Il est hors de doute que la disposition de l'art. 1er sur la provocation à toute action réputée crime ou délit est générale et absolue et s'applique à la provocation à tout crime ou délit quelconque. — *Cass.*, 27 sept. 1828, Drieux; — de Grattier, t. 1er, p. 129, no 20.

183. — Mais l'arrêt qui met un individu en prévention d'avoir, par des discours ou des écrits publiés, provoqué les auteurs d'un crime ou délit à le commettre, doit exprimer, à peine de nullité, le crime ou le délit auquel cette opération a provoqué. — *Cass.*, 6 janv. 1821 (dans ses motifs), Champigny-Pertuis.

184. — La disposition de l'art. 1er, L. 17 mai 1819, sur la provocation à toute action réputée crime ou délit, est générale et absolue; par conséquent, elle s'applique à la provocation à tout crime et délit quelconque. Si, dans son art. 5, la loi spécifie quatre faits particuliers qu'elle répute provocation au délit, ce n'est pas à ces faits seulement qu'elle restreint ce caractère de criminalité. — *Cass.*, 27 sept. 1828, Drieux; — de Grattier, t. 1er, p. 129, no 20.

185. — L'art. 1er embrasse, au surplus, la provocation à la tentative du crime ou du délit, dans le cas où la loi assimile cette dernière tentative au délit lui-même; c'est ce qui résulte de la discussion à la chambre des députés. — De Grattier, t. 1er, p. 129, no 20.

186. — L'art. 1er comprend même dans ses termes la provocation aux *contraventions* de presse punies de peines correctionnelles. — De Grattier, t. 1er, p. 129, no 18.

187. — Mais la provocation aux contraventions de police ne rentre pas dans l'art. 1er, qui ne parle que de crimes et de délits.

188. — La loi du 17 mai 1819, formant à elle seule la règle de la matière pour les infractions dont il s'agit, doit être considérée comme abrogative de celle du 18 juill. 1791, qui frappait d'une peine de *trois ans de chaîne* tout individu qui, dans un attroupement ou émeute, aurait fait entendre un cri de provocation au meurtre, si le meurtre ne s'en était pas suivi. — Chassan, t. 1er, no 428.

189. — Une autre loi du 27 germin. an IV portait des peines contre la provocation à la dissolution du gouvernement républicain. Il va sans dire qu'elle n'a plus qu'un intérêt historique.

190. — On jugeait, sous l'empire de cette loi, qu'elle n'était relative qu'aux discours ou écrits imprimés, et qu'elle ne pouvait pas être appliquée aux accusés qui n'étaient convaincus d'avoir provoqué à l'anéantissement de la république et au rétablissement de la royauté que par des cris ou des chansons. — *Cass.*, 23 pluv. an VIII, Auger.

191. — Qu'en conséquence, le fait par un prisonnier d'avoir écrit avec du charbon, sur le mur de sa prison, *vive Louis XVIII*, ne pouvait pas être considéré comme une provocation *par discours* ni comme une provocation par *des écrits imprimés* rentrant dans l'application des peines portées par soit art. 1er. — *Cass.*, 29 pluv. an VII, Demange.

192. — ... Que cet art. 1er n'était applicable qu'au cas de provocation au rétablissement de la royauté par des discours ou par des écrits imprimés, distribués ou affichés, et que la loi du 1er germin. an III était seule applicable à la provocation commise en chantant une chanson. — *Cass.*, 15 pluv. an VIII, Chapuis.

ART. 2. — *Attaques contre la vie ou la personne du roi ou des membres de la famille royale.*

§ 1er. — *Provocation à l'attentat.*

193. — Le crime le plus grave qui puisse être commis contre le roi ou les membres de la famille royale à l'aide des moyens spécifiés par les lois sur la presse, est prévu par l'art. 1er, L. 9 sept. 1835. Aux termes de cette disposition, toute provocation, par l'un des moyens énoncés en l'art. 1er, L. 17 mai 1819, aux crimes prévus par les art. 86 et 87, C. pén., soit qu'elle ait été ou non suivie d'effet, est un *attentat à la sûreté de l'état*. Si la provocation a été suivie d'effet, le provocateur est considéré comme complice, et puni comme tel. Si elle n'a pas été suivie d'effet, elle est punie de la détention et d'une amende de 10,000 à 50,000 fr. Dans l'un comme dans l'autre cas, elle peut être déférée à la chambre des pairs, conformément à l'art. 28 de la Charte. — V. Serrigny, t. 2, p. 68.

194. — Les crimes que réprime l'art. 86, C. pén., le seul qui doive nous occuper ici, sont les attentats contre la vie ou la personne, soit du roi, soit des membres de la famille royale. Nous nous sommes déjà expliqués sur ce qui caractérise cet attentats, sous le mot ATTENTATS CONTRE LE ROI ET SA FAMILLE.

195. — Les crimes prévus par l'art. 86, C. pén., sont compris parmi ceux auxquels s'appliquait l'ancien art. 102, même Code, abrogé par l'art. 26, L. 26 mai 1819. Cet art. 102 punissait comme coupables de certains crimes et complots ceux qui, par discours tenus dans des lieux ou réunions publics, soit par placards affichés, soit par des écrits imprimés, auraient excité directement les citoyens ou les habitans à les commettre. Si les provocations n'avaient pas été suivies d'effet, la peine était celle du bannissement. — *Cass.*, 20 avr. 1816, Gerbaud.

196. — On jugeait que, pour qu'il y eût lieu à l'application de cet art. 102, il ne suffisait pas que le jury eût déclaré que les discours provocatoires avaient produit quelque effet; qu'il fallait que sa déclaration exprimât les effets qui s'en étaient suivis. — *Cass.*, 13 avr. 1816, Cordon. — Cette décision est également applicable sous l'empire de l'art. 1er, L. 17 mai 1819, en ce sens que, pour caractériser la provocation, il est indispensable de constater préalablement le crime ou le délit auquel le prévenu a provoqué, et dont il est considéré comme le complice.

197. — Il faut remarquer que, la provocation suivie d'effet, punie par le § 1er de l'art. 1er de la loi du 9 sept. 1835, constituant une coparticipation dans le crime d'attentat prévu par l'art. 86, C. pén., cet art. 1er n'a rien innové en donnant à ce fait la qualification d'attentat, qui devait nécessairement lui appartenir. C'est pour la deuxième hypothèse de l'art. 1er, considérée comme constituant un crime principal, qu'a été créée spécialement cette qualification d'attentat à la sûreté de l'état, pour donner au gouvernement le droit de déférer ce crime à la juridiction de la cour des pairs. — Chassan, t. 1er, nos 271 et 279.

198. — L'ancien art. 102, C. pén., assimilait la provocation au *complot* contre la vie ou la personne du roi à la provocation à l'attentat. L'art. 1er, L. 9 sept. 1835, ne reproduit pas cette assimilation. Il n'en résulte cependant pas que la provocation au complot puisse rester impunie; elle serait évi-

demment atteinte par la disposition de l'art. 1er, L. 17 mai 1819. — Chassan, t. 1er, no 275. — V. COMPLOT.

199. — En traitant des attentats contre le roi et sa famille, nous avons expliqué quelles sont les personnes qui font légalement partie de la famille royale. Nous ne pouvons que renvoyer à ce que nous avons dit à cet égard vo ATTENTATS CONTRE LE ROI ET SA FAMILLE.

200. — Le Code pénal et la législation définissent en outre une classe particulière d'infractions qualifiées *offenses* envers le roi ou les membres de la famille royale. Il en sera traité dans un article spécial. — V. OFFENSE ENVERS LE ROI ET SA FAMILLE.

§ 2. — *Attaques contre l'inviolabilité de la personne du roi.*

201. — Parmi plusieurs délits successivement prévus par l'art. 2, L. 25 mars 1822, et l'art. 1er, L. 29 nov. 1830, figure l'attaque contre l'inviolabilité de la personne du roi. Cette inviolabilité, formulée dans l'art. 12 de la Charte, est absolue et sans condition. — Ce délit est puni par la loi du 29 nov. 1830, d'un emprisonnement de trois mois à cinq ans et d'une amende de 300 à 6,000 fr. — Chassan, t. 1er, no 292.

202. — Il a été jugé que le délit d'attaque à l'inviolabilité de la personne du roi n'ayant pas été défini par la loi, quant à ses élémens constitutifs, échappe à la censure de la cour de Cassation. — *Cass.*, 15 oct. 1825, Galineau.

§ 3. — *Imputation de blâme ou de responsabilité contre le roi à l'occasion des actes du gouvernement.*

203. — L'art. 4, L. 9 sept. 1835, porte : « Quiconque fera remonter au roi le blâme ou la responsabilité des actes de son gouvernement sera puni d'un emprisonnement d'un mois à un an et d'une amende de 500 à 5,000 francs. » C'est une sanction nouvelle du principe de l'irresponsabilité ou de l'inviolabilité royale. — Chassan, t. 1er, no 293.

204. — Le projet du gouvernement portait : « Il est interdit, dans la discussion des actes du gouvernement, de faire intervenir le nom du roi, soit directement, soit indirectement, et par voie d'allusion. » Cette rédaction a été remplacée par la formule actuelle : « L'élasticité de ces termes, disait, en parlant de la disposition du projet, le rapporteur à la chambre des députés, pouvait s'appliquer à des actes différens, quelquefois même à des intentions louables : celui qui mêle le nom du roi à une discussion, sans y joindre d'intentions injurieuses, peut manquer assurément au tact parlementaire, mais tant qu'il n'y a pas imputation de blâme ou de responsabilité, nous ne pouvons y voir un délit. » — Parant, p. 421.

205. — La publicité nécessaire pour que le délit prévu par cet art. 4 existe est celle qu'a définie l'art. 1er, L. 17 mai 1819. — Parant, *loc. cit.*; Chassan, no 296.

206. — Il ne serait pas permis de discuter pour savoir si le roi n'outrepasse pas ses droits, s'il a droit de régner ou de gouverner. M. de Broglie, alors président du conseil, disait : « Le but du projet de loi est, non pas de réprimer, mais de supprimer toute offense possible à la personne du roi, et d'interdire la discussion sur la personne du roi. C'est là le caractère essentiel de la loi. » — M. Chassan (t. 1er, no 299) estime cependant que l'on pourrait discuter et blâmer, dans une certaine mesure, les discours prononcés par le roi dans les solennités qui ont un caractère politique, comme ceux qu'il prononce devant les chambres. En effet, ces discours sont, en vertu d'une fiction, considérés comme appartenant exclusivement aux conseillers de la couronne.

207. — Mais il faut bien avouer que, si la discussion ne peut pas avoir pour objet direct l'empiétement que commettrait la personne royale, il est licite de discuter et même de blâmer les actes d'un ministère qui n'accomplirait pas ses devoirs dans toute leur étendue et, par une condescendance fâcheuse, abandonnerait une partie des droits dont la constitution lui a confié l'exercice.

§ 4. — *Attaques contre la dignité royale.*

208. — Il est une autre attaque contre le roi qu'il ne faut pas confondre avec aucune de celles dont il vient d'être parlé, c'est celle qui est dirigée contre la *dignité royale*. Elle est une de celles que prévoit l'art. 7, L. 29 nov. 1830. Elle était également prévue par l'art. 2, L. 25 mars 1822, art. que la loi du 29 nov. a abrogé. Ce délit est puni d'un emprisonnement de trois à cinq ans et d'une amende de 300 à 6,000 fr.

209. — Lors de la discussion de la loi du 25 mars 1822, le général Foy, croyant que l'attaque contre la dignité royale et l'offense à la personne du roi ne formaient qu'un seul délit, avait demandé la suppression des mots *dignité royale*. M. de Serres (séance du 26 janv. 1822) répondit : « L'attaque à la dignité royale est autre chose que l'offense à la personne même du monarque ; il suffit d'énoncer cette vérité pour la faire comprendre : les monarques se succèdent les uns aux autres ; la dignité royale, toujours la même, passe de monarque en monarque. » — Parant, p. 131 ; Chassan, t. 1er, no 304.

ART. 3. — *Attaques contre le pouvoir ou l'autorité du roi.*

§ 1er. — *Attaques contre l'autorité du roi.*

210. — Les lois de la presse distinguent chez le roi une autorité royale et une autorité constitutionnelle. L'art. 87, C. pén., auquel renvoie l'art. 1er, L. 9 sept. 1835, punit de mort l'attentat qui consiste à exciter les citoyens ou habitans à s'armer contre *l'autorité royale*. — D'autre part, l'attaque contre *l'autorité constitutionnelle* du roi est punie par l'art. 1er, L. 29 nov. 1830, d'un emprisonnement de trois mois à cinq ans et d'une amende de 300 à 6,000 fr. Ce dernier fait avait été précédemment qualifié par l'art. 4, L. 17 mai 1819, puis par l'art. 2 de celle du 25 mars 1822.

211. — Il existe, en effet, une différence entre l'une de ces autorités et l'autre. Par autorité royale la loi entend le pouvoir politique du prince, ce qu'on appelle habituellement le pouvoir exécutif. L'autorité constitutionnelle serait plutôt un pouvoir moral. Aussi, a-t-on prévu que l'attaque contre l'autorité royale pourrait avoir une gravité extrême, et l'a-t-on érigée en attentat dans un cas déterminé. Les atteintes portées à l'autorité constitutionnelle n'ont que les proportions d'un délit. — Chassan, t. 1er, nos 300 et suiv.

§ 2. — *Attaques contre les droits du roi.*

212. — L'attaque contre les *droits du roi* est encore un des délits qui ont été successivement réprimés par l'art. 2, L. 25 mars 1822, et l'art. 1er de celle du 29 nov. 1830.

213. — Il était tout simple que ces deux lois, portées sous l'empire de deux principes opposés, présentassent dans leur rédaction des différences essentielles. La loi du 25 mars 1822 a été votée sous le règne de Louis XVIII, dont la royauté se rattachait au droit divin. Aussi, cette loi du 25 mars 1822 punissait l'attaque contre les droits que le roi tenait de sa naissance et ceux en vertu desquels il avait donné la charte. La loi du 29 nov. 1830 a été votée, au contraire, sous l'empire du principe de la souveraineté du peuple proclamée par la charte de 1830. Aussi, cette loi du 29 nov. 1830 punit l'attaque contre les *droits que le roi tient du vœu de la nation française, exprimés dans la déclaration du 7 août 1830, et de la charte constitutionnelle acceptée et jurée par lui dans la séance du 9 août de la même année.*

214. — Cette rédaction de l'art. 1er, L. 29 nov. 1830, a été l'objet de critiques dans la discussion de la loi à la chambre des pairs. A propos de cette partie de l'article « *les droits que le roi tient du vœu de la nation française,* » on a demandé comment on pouvait tenir des droits d'un vœu. M. Guizot, ministre de l'intérieur, a répondu que cette formule était claire et précise et qu'elle avait l'avantage inappréciable de rappeler les faits tels qu'ils s'étaient passés. « Le roi a des droits, ajouta le ministre, ce sont ces droits que l'on entend mettre à l'abri de *toute* attaque. D'où tire-t-il ces droits ? Il les tire de l'acte du 7 août 1830, lequel est l'expression rationnelle du vœu de la nation française : je ne vois pas de vague. » — Chassan, t. 1er, no 307.

215. — Il est dans l'esprit de l'art. 1er, L. 29 nov. 1830, *d'interdire* formellement toute discussion ayant pour but de mettre en question les droits du roi et l'égalité de l'établissement constitutionnel du 7 août. Dans la discussion de la loi du 9 sept. 1835, dont l'art. 9 maintient purement et simplement les dispositions de celle du 29 nov. 1830, M. Thiers, ministre de l'intérieur, s'en est expliqué très nettement. — Chassan, t. 1er, no 308.

216. — Il y a délit d'attaque contre les droits du roi en même temps que délit d'excitation à la haine et au mépris du gouvernement dans le fait d'avoir dénié, dans un article de journal, que l'élévation de Louis-Philippe au trône ait été dans le vœu de la nation, exprimé par la déclaration du 7 août 1830, et d'avoir publié que cet acte n'a été que l'œuvre d'une coterie. — *Cass.*, 21 oct. 1831, Hardoin (aff. de la *Gazette de Bretagne*).

ART. 4. — *Attaques contre le régent.*

217. — Aux termes de l'art. 4, L. 30-31 août 1842, sur la régence, l'art. 12 de la Charte et toutes les dispositions législatives qui protègent la personne et les droits constitutionnels du roi sont applicables au régent. — « La personne du régent ainsi déterminée, disait le ministre qui a présenté la loi à la chambre des députés, aucun doute ne peut s'élever sur la nature des pouvoirs qui lui sont confiés. Il exercera dans toute sa plénitude l'autorité royale ; sa personne sera inviolable comme celle du roi ; il prêtera serment en présence des chambres réunies ; il ne sera pas responsable des actes de son gouvernement. » — Chassan, t. 1er, no 314.

218. — Le régent est saisi du plein et entier exercice de l'autorité royale à l'instant même de l'avénement du roi mineur, de manière qu'il n'y a aucune interruption du pouvoir royal. — L. 30 août 1842, art. 3. — V. Rapport de MM. Dupin et Duvergier, *Collect. des lois*, t. 42, p. 297.

219. — On devrait considérer comme offense envers le régent et punir comme telle l'imputation offensante dirigée contre lui relativement à des faits antérieurs à la régence. Son inviolabilité a, sous ce rapport, un caractère rétroactif. Cette inviolabilité est *absolue*. Elle couvre même les actes que ferait le régent en dehors de ses fonctions. M. Isambert avait appelé l'attention de la chambre des députés sur le danger qui pouvait résulter selon lui d'une irresponsabilité de cette étendue, mais son observation n'a pas été accueillie. — Chassan, t. 1er, no 318.

ART. 5. — *Attaques contre les souverains ou les chefs des gouvernemens étrangers.*

220. — L'attaque qui est commise par l'un des moyens énoncés dans l'art. 1er, L. du 17 mai 1819, envers la personne d'un souverain étranger ou envers celle d'un chef d'un gouvernement étranger, prend le nom d'*offense*, et elle est punie par l'art. 12 de cette loi d'un emprisonnement d'un mois à trois ans et d'une amende de 100 fr. à 5,000 fr.

221. — Il faut supposer que les gouvernemens étrangers, dans l'hypothèse prévue par cette disposition, ont été reconnus par la France ; car, dans le cas contraire, les personnes offensées ne pourraient se plaindre comme souverains ou chefs de gouvernement, et elles n'auraient que l'action en diffamation ou en injure comme les simples particuliers. — De Grattier, t. 1er, p. 174, no 3; Chassan, t. 1er, no 541.

222. — L'art. 12 dit : « *envers la personne* ». On a voulu exprimer, en se servant de ces mots, qu'on entendait réprimer l'offense seulement et non la critique ou la discussion des actes des souverains étrangers. C'est ce qu'a déclaré le garde des sceaux, M. de Serres. — Chassan, t. 1er, no 542.

223. — Il est indifférent que les chefs des gouvernemens soient collectifs ou uniques. La loi ne distingue pas. — De Grattier, t. 1er, p. 174, no 5.

224. — On avait proposé de subordonner la réparation à accorder pour l'offense faite à la personne d'un souverain au cas où la réciprocité de réparation pour le monarque français existerait dans la législation étrangère ; mais cet amendement fut rejeté sur les observations suivantes de M. le garde des sceaux (de Serres) : « Les gouvernemens absolus vivent sous l'arbitraire et nous nous vivons sous des lois ; dès lors, nos lois doivent être raisonnables, doivent graduer les peines selon les offenses. Je ne comprends pas qu'on nous propose de subordonner notre législation soit à celle des peuples qui nous sont plus ou moins inférieurs dans les progrès de la civilisation, soit, dans certains cas, à un des peuples barbares eux-mêmes. Il est de notre destinée de marcher en avant de la civilisation et de donner des exemples de bonne législation. »

225. — La cour de Paris a jugé, le 12 sept. 1834, que l'art. 12, L. 17 mai 1819, ne peut être invoqué par un souverain déchu contre l'auteur d'un écrit publié depuis sa déchéance et qui attaque les actes de sa souveraineté ; que le souverain déchu peut seulement demander aux tribunaux correctionnels français la répression des délits de diffamation et d'injures commis envers lui en France pendant qu'il y résidait, et la réparation du préjudice causé. — *Paris*, 12 sept. 1834, le duc Charles de Brunswick c. Chaltas. — Le pourvoi en cassation contre cet arrêt a été rejeté le 18 oct. 1834. — V. DIFFAMATION.

226. — M. de Grattier applique au cas d'*expiration des pouvoirs* du souverain la doctrine que l'arrêt de la cour de Paris adopte pour le cas de déchéance (t. 1er, p. 174, no 4).

ART. 6. — *Attaques contre le gouvernement.*

§ 1er. — *Provocation à la destruction du gouvernement ou au changement de l'ordre de successibilité. — Attaque contre le principe et la forme du gouvernement.*

227. — Nous avons dit que l'art. 1er, L. 9 sept. 1835, érigeait en attentat la provocation, suivie ou non d'effet, aux crimes prévus par les art. 86 et 87, C. pén., lorsque cette provocation avait eu lieu à l'aide des moyens de publicité énumérés par l'art. 1er, L. 17 mai 1819. L'attentat dont le but est, soit de détruire, soit de changer le gouvernement ou l'ordre de successibilité au trône, étant l'un de ceux que prévoit l'art. 87, C. pén., se trouve compris nécessairement dans la disposition de la loi du 9 sept. 1835. Si la provocation est suivie d'effet, elle constitue une complicité de l'attentat, et elle est punie de mort. Si elle n'a pas été suivie d'effet, elle entraîne les peines de la détention et d'une amende de 10,000 à 50,000 fr.

228. — La plus importante des modifications de l'infraction dont il vient d'être parlé est l'attaque *contre le principe ou la forme du gouvernement, dirigée dans l'intention et le but d'exciter à la destruction ou au changement du gouvernement*, crime prévu par l'art. 5, L. 9 sept. 1835, qui le punit des peines portées dans les deux derniers paragraphes de l'art. 1er de la même loi. En effet, cette attaque, entourée de toutes les circonstances qui viennent d'être indiquées, est, aux termes du même art. 5, un attentat à la sûreté de l'état.

229. — La provocation à la destruction ou au changement du gouvernement et l'attaque contre le principe ou la forme du gouvernement, *dans le but d'exciter* à sa destruction ou à son changement, sont donc deux crimes différens prévus par l'art. 5, L. 9 sept. 1835. Ils ont, à la vérité, un point commun, le but, qui, dans les deux cas, est le changement du gouvernement. Mais, dans le premier cas, ce but est formel et patent. Le provocateur veut l'atteindre d'une manière immédiate. Dans le second, l'attentat n'est révélé que par l'intention, qu'il est quelquefois difficile d'apprécier. Aussi la loi ne prévoit-elle pas que l'infraction définie par l'art. 5 puisse être *suivie d'effet*. — De Grattier, t. 2, p. 310; Chassan, t. 1er, no 356.

230. — Selon ces deux auteurs, si l'attaque punie par l'art. 5, L. 9 sept. 1835, était suivie d'effet, elle constituerait plutôt la provocation punie par l'art. 1er, L. 9 sept. 1835, que celle qualifiée par l'art. 5. Cette opinion ne nous paraît pas fondée; car, si le résultat peut motiver une aggravation de peine, il ne peut changer la nature du fait.

231. — L'attaque contre le principe et la forme du gouvernement, dépourvue des circonstances aggravantes qui viennent d'être indiquées, ne serait pas impunie. L'art. 6, L. 9 sept. 1835, ajoute: Toute autre attaque prévue par la loi du 29 nov. 1830 continuera d'être punie conformément aux dispositions de cette loi. — V. le rapport de la commission lors de la discussion de la loi du 9 sept. 1835. — *Cass.*, 18 août 1836, Aubry-Foucault; Parant, p. 423; Chassan, t. 1er, no 357.

232. — Lorsque la prévention porte sur le délit prévu par l'art. 5, L. 9 sept. 1835, et que la circonstance aggravante prévue par cet article est écartée par le jury, le prévenu peut être condamné à raison du délit puni par l'art. 1er, L. 29 nov. 1830, sans qu'il soit recevable à alléguer qu'il s'agit d'un délit nouveau non qualifié dans le réquisitoire. — *Cass.*, 18 août 1836, Aubry-Foucault; — Chauveau et Hélie, *Th. du Code pénal*, t. 2, p. 47.

233. — La loi du 9 sept. 1835, art. 5, punit l'attaque contre le principe ou la forme du gouvernement *tels qu'ils sont définis par la loi du 29 nov. 1830*. Il résulte de la discussion de la loi du 9 sept. 1835 que par ces mots : *le principe ou la forme du gouvernement*, cette loi a entendu parler de la *légalité* de l'établissement monarchique constitutionnel fondé en 1830, légalité qui repose, d'après la loi du 29 nov. 1830, sur *le vœu de la nation française, exprimé dans la déclaration du 7 août, et sur la charte constitutionnelle acceptée et jurée dans la séance du 9 août de la même année.* — De Grattier, t. 2, p. 310, no 3. — La *forme* du gouvernement est évidemment celle d'une monarchie constitutionnelle représentative. — Chassan, t. 1er, no 360.

234. — Bien que les lois du 29 nov. 1830 et 9 sept. 1835, en se servant du mot *attaque*, n'aient semblé proscrire qu'une critique violente et hostile du principe ou de la forme du gouvernement, il est constant qu'il a été dans la pensée de ces deux lois, et surtout de la dernière, d'interdire les discussions même décentes et calmes auxquelles on pourrait se livrer sur ce sujet. Le garde-des-sceaux (M. Persil), en présentant à la chambre des pairs le projet de loi du 9 sept. 1835, déjà adopté par l'autre chambre, disait : « Nous avons posé cette limite, élevée, suivant nous, par la Charte elle-même, que la discussion ne pourrait jamais porter sur la personne du roi, ni sur la forme de son gouvernement; nous nous sommes expliqués à cet égard clairement et franchement. Nous avons dit que nous ne cherchions pas seulement à punir les écarts de cette discussion, mais que notre intention, que le but que nous nous proposions était d'interdire de la manière la plus absolue la discussion elle-même de la personne du roi, de son autorité et de la forme du gouvernement. » — Chassan, t. 1er, no 360.

§ 2. — *Attaque contre l'ordre de successibilité au trône.*

235. — L'attaque simple contre l'ordre de successibilité au trône, sans aucune circonstance aggravante qui lui donne le caractère d'attentat, est, comme nous l'avons dit, un délit distinct prévu par l'art. 2, L. 25 mars 1822, puis par l'art. 1er de celle du 29 nov. 1830.

236. — La cour de Cassation a jugé que la disposition de l'art. 1er, L. 29 nov. 1830, embrasse toute attaque quelconque, directe ou indirecte, contre l'ordre de succession à la couronne établi par la Charte, et spécialement la manifestation, par la voie de la presse, d'un vœu et d'une annonce prophétiques contraires à cet ordre de succession; — Qu'en conséquence, il y a lieu d'annuler la décision qui a refusé de voir un délit dans un semblable vœu et une telle annonce, sous le prétexte qu'il n'est point établi que l'auteur ait eu l'intention de provoquer au changement de l'ordre de successibilité au trône et des droits que le roi tient de la nation française, et que l'émission d'un vœu ne peut être considérée comme une action tendant à obtenir ce résultat. — *Cass.*, 5 août 1831, Robert et Lacomté; — de Grattier, t. 2, p. 227 et suiv.

237. — ... Qu'il y avait délit d'attaque contre la dignité royale et l'ordre de successibilité au trône dans le fait d'avoir dit, dans une défense devant un conseil de discipline de la garde nationale, que l'ordre de choses actuel paraît funeste à la France, qu'on ne doit pas lui prêter volontairement appui, qu'en cas de guerre civile on se réunira aux partisans de la branche aînée des Bourbons. — *Cass.*, 7 juin 1832, Desavignac.

238. — ... Enfin, que prêter au roi le dessein de se soumettre à la réélection, de déposer sa couronne en faveur d'un homme qui serait plus digne que lui de la porter, c'est imputer au roi des actes qui, en même temps qu'ils constitueraient la violation du serment prêté le 9 août 1830, seraient une atteinte aux droits de successibilité au trône réglés par la Charte; que dire dans un article de journal qu'une ère nouvelle s'ouvre pour la France, et qu'aussi était-il impossible que l'état de choses durât plus long-temps; qu'ajouter encore dans un troisième article que Louis-Philippe ne ferait peut-être pas mal de retremper son autorité dans l'urne électorale; que la réélection, si toutefois elle avait lieu, lui donnerait certainement une grande force morale qui lui manque, c'est attaquer la dignité royale, l'ordre de successibilité au trône et les droits que le roi tient du vœu de la nation et de la Charte. — Chassan, t. 1er, no 340.

§ 3. — *Adhésion à une autre forme de gouvernement.*

239. — L'art. 7, L. 9 sept. 1835, punit d'un emprisonnement de trois mois à un an et d'une amende de 300 à 6,000 fr. (V. L. 29 nov. 1830, art. 1er) ceux qui auront fait publiquement acte d'adhésion à toute autre forme de gouvernement, soit en attribuant des droits au trône de France aux personnes bannies à perpétuité par la loi du 10 avr. 1832, ou à tout autre que Louis-Philippe et sa descendance, soit en prenant la qualification de républicain ou toute autre incompatible avec la Charte de 1830, soit en exprimant le vœu, l'espoir ou la menace de la destruction de l'ordre monarchique constitutionnel, ou de la restauration de la dynastie déchue.

240. — Cette disposition a pour objet de préciser certains faits comme donnant des exemples de ce que la loi entend par attaque contre le gouvernement établi. Aussi la pénalité est-elle la même que celle réservée à l'attaque simple contre le principe ou la forme du gouvernement. Ce sont des espèces rentrant dans un même genre. — Parant, p. 424.

241. — L'acte d'adhésion à une forme de gouvernement autre que celle établie par la Charte de 1830 n'est punissable qu'autant qu'il a eu lieu par l'un des trois modes de perpétration restrictivement énumérés par l'art. 7, L. 9 sept. 1835. En conséquence, ne peut servir de base à l'application d'aucune peine la déclaration du jury qui reconnaît un prévenu coupable d'avoir fait un acte public d'adhésion à une autre forme de gouvernement sans mentionner aucun des moyens spécifiés par cet art. 7, comme propres à constituer ce délit. — *Cass.*, 29 mars 1844 (t. 1er 1844, p. 607), de Léon des Ormeaux (aff. de l'*Hermine de Nantes*); — Chassan, t. 1er, no 363.

242. — L'individu qui, dans un lieu public, dit qu'il est républicain, qu'il s'en fait honneur et gloire, qu'il n'aime ni Louis-Philippe ni son gouvernement, qu'il a déjà été arrêté pour cause politique; que les institutions de Louis-Philippe sont révoltantes, et que plus il fera, plus vite il tombera, commet le délit prévu et puni par les art. 7, 8 et 9, L. 9 sept. 1835. — *Cass.*, 2 juin 1836, Carré.

243. — Mais la qualification de républicain prise par un étranger appartenant à un gouvernement républicain ne serait coupable que s'il y avait intention mauvaise. — De Grattier, t. 2, p. 312.

§ 4. — *Excitation à la haine et au mépris du gouvernement.*

244. — L'art. 4, L. 25 mars 1822, porte : « Quiconque, par l'un des moyens énoncés en l'art. 1er, L. 17 mai 1819, aura excité à la haine ou au mépris du gouvernement du roi, sera puni d'un emprisonnement d'un mois à quatre ans et d'une amende de 150 à 5,000 francs. La présente disposition ne peut pas porter atteinte au droit de discussion et de censure des actes des ministres. »

245. — Les dernières expressions de cet article ne modifient en rien l'application des art. 201 et 204, C. pénal, qui interdisent aux ministres des cultes la critique des actes du gouvernement ou de l'autorité publique, soit dans leurs instructions pastorales, soit dans leurs discours en assemblées publiques. — Parant, p. 132.

246. — On a remarqué avec raison que cette incrimination d'excitation à la haine et au mépris du gouvernement est beaucoup moins précise que celles dont nous venons de parler, et qu'il pouvait être à craindre, par cela même, qu'on n'en abusât contre les publicistes. Aussi, dit M. Chassan (t. 1er, no 371), est-il du devoir du gouvernement de n'en user qu'avec réserve.

247. — Que doit-on entendre par le mot *gouvernement*, employé par l'art. 4, L. 25 mars 1822? — La cour de Cassation a été appelée à se prononcer sur ce point, et elle a jugé que la disposition qui punit l'excitation à la haine ou au mépris du gouvernement n'a entendu parler que des ministres agissant collectivement sous l'autorité du roi et responsables de leurs actes. — *Cass.*, 27 mars 1830, Coudert. — V., dans le même sens, *Paris*, 1er avr. 1830, Bert.

248. — En effet, l'analyse des discussions qui se sont élevées dans les deux chambres sur le projet de la loi du 25 mars 1822, et surtout le rapport de M. Portalis à la chambre des pairs, semblent démontrer que tel est le sens qu'on a voulu attacher au mot *gouvernement*. M. de Grattier (t. 2, p. 41-44, no 2) adopte cette interprétation en reconnaissant que dans ce système la loi s'est servie d'une expression impropre qui n'est pas en harmonie avec la terminologie de la Charte. Cette opinion se fortifie de la rédaction de la disposition finale de l'art. 4, qui fait réserve du droit de critique et de censure des actes ministériels. M. Serrigny (t. 2, p. 104 et suiv.) se prononce dans le même sens.

249. — M. Chassan (t. 1er, no 376) pense, au contraire, que la loi du 25 mars 1822 n'a pu, en employant le mot *gouvernement*, vouloir désigner autre chose que ce que la Charte elle-même entendait par cette expression. Or, le gouvernement ne se compose pas exclusivement du ministère qui n'est qu'un de ses élémens. Le roi et les chambres en sont inséparables. L'attaque ne peut donc constituer le délit prévu par l'art. 4 de la loi qu'autant qu'elle est de nature à compromettre tous ces divers élémens dans l'opinion publique. Si, au contraire, l'attaque n'est dirigée que contre le roi, ou contre les chambres, ou contre les ministres ou le ministère, considérés isolément, il se formerait autant de délits particuliers, punis par autant de dispositions particulières, autres que celle de l'art. 4. Nous n'hésiterions pas à nous ranger à cette opinion s'il était possible de faire abstraction de l'*esprit* de la loi du 25 mars 1822, révélé par les travaux qui en ont préparé la rédaction et le vote.

250. — Du reste, en adoptant sur cette question la doctrine de la cour suprême, on devrait remarquer que dans tous les cas l'attaque contre *un* ministre ne pourrait tomber sous l'application de l'art. 4, L. 25 mars 1822 qu'autant qu'il aurait été

dans l'intention de son auteur de la diriger par le fait contre le ministère pris collectivement. — Chassan, *loc. cit.*

251. — Jugé que la plus odieuse imputation que l'on puisse faire à des ministres, c'est de les présenter comme ayant l'audacieux projet de renverser les bases des garanties constitutionnelles créées par la Charte, et de leur supposer l'intention d'imposer des contributions publiques par simple ordonnance, et que cette imputation constitue le délit d'excitation à la haine et au mépris du gouvernement. — *Paris*, 1er avr. 1830, Bert.

252. — Il y a également délit d'excitation à la haine ou au mépris du gouvernement dans le fait d'avoir dénié, dans un article de journal, que l'élévation de Louis-Philippe au trône ait été dans le vœu de la nation, et d'avoir publié que la déclaration du 7 août 1830 n'a été que l'œuvre d'une coterie. — *Cass.*, 21 oct. 1831, Hardouin (aff. de la *Gazette de Bretagne*).

253. — Il faut remarquer que la loi, n'ayant pas défini les caractères du délit d'excitation à la haine et au mépris du gouvernement du roi, en a nécessairement laissé l'appréciation à la conscience des juges du fond. — Ainsi est à l'abri de la cassation l'arrêt par lequel une cour royale décide qu'une association ayant pour but de refuser le paiement de tout impôt qui serait perçu illégalement par les ministres, renferme une provocation à la haine et au mépris du gouvernement du roi. — *Cass.*, 27 mars 1830, Coudert; — de Grattier, *Comment. sur les lois de la presse*, t. 1er, p. 436.

Art. 7. — *Attaques contre les chambres.*

254. — Les lois sur la presse définissent deux infractions qui peuvent être commises envers les chambres : l'*attaque* contre leurs droits et leur autorité, et l'*offense* dont on se serait rendu coupable à leur égard.

255. — Le délit d'attaque contre les droits et l'autorité des chambres a été successivement prévu par l'art. 2, L. 25 mars 1822 et par l'art. 1er, L. 29 nov. 1830. Ces deux dispositions ne l'ont cependant pas qualifié en employant les mêmes expressions. La loi du 25 mars 1822 réprimait l'attaque contre les droits *ou* l'autorité des chambres. Celle du 29 nov. 1830 porte « *les droits et l'autorité.* » Le projet de cette dernière loi employait la même formule. La commission craignant que le changement de rédaction ne présentât des inconvénients, parut désirer le rétablissement des termes adoptés par la loi du 25 mars 1822. Le ministre de l'intérieur (M. Guizot) déclara que la chose était indifférente, parce que les droits et l'autorité des chambres seraient également protégés par l'une ou l'autre formule. M. Benjamin Constant fit maintenir la rédaction du projet, qui lui parut plus claire que celle de la commission, parce que « les chambres n'ont d'autorité qu'en vertu de leurs droits. » — Chassan, t. 1er, no 321; de Grattier, t. 2, p. 227, no 7.

256. — L'exposé d'un système tendant à investir le gouvernement du droit de modifier la législation par une simple ordonnance ne sort pas des limites d'une controverse permise aux écrivains, et ne saurait constituer une attaque contre les droits et l'autorité des chambres. — *Paris*, 16 avr. 1830, Henrion (aff. du *Drapeau-Blanc*). — La question recevrait nécessairement une solution contraire, sous l'empire des art. 13 et 14, Charte 1830. Au surplus, et même sous la Charte de 1814, c'était évidemment attaquer l'autorité des chambres que de provoquer l'émission d'une ordonnance sur une matière qui ne pouvait être réglée que par une loi. Peu importait qu'on proposât, en même temps, de faire sanctionner l'illégalité de la mesure par une nouvelle assemblée législative. Les actes de cette assemblée devaient être infectés du même vice, et constituer une nouvelle violation de l'autorité constitutionnelle des chambres. Ces principes sont tellement clairs et positifs, qu'ils excluent toute controverse. L'écrivain avait donc fait, selon nous, une véritable attaque contre l'autorité des chambres.

257. — L'offense envers les chambres est punie par l'art. 11, L. 17 mai 1819. Ce délit résulte de toute manifestation publique ayant pour but de porter atteinte au respect qui leur est dû. Quant à tout ce qui concerne cette infraction, notamment la poursuite contre le délinquant et la compétence pour le jugement, V. le mot OFFENSE ENVERS LES CHAMBRES. — V. aussi COMPTE-RENDU.

Art. 8. — *Attaques contre les personnes agissant dans un caractère public.*

258. — Il est certaines classes de personnes auxquelles la loi devait accorder une protection particulière contre les manifestations *publiques*, dont elles pouvaient être l'objet : les unes sont revêtues de fonctions publiques, dont l'exercice réclame des garanties spéciales contre toute attaque par les voies de publication; les autres agissent seulement, dans certaines circonstances, dans un caractère public qui n'est pas attaché d'une manière fixe à leur personne. Les délits de presse ou de publication reçoivent une qualification différente, selon qu'ils sont commis à l'égard de certaines de ces personnes ou à l'égard de certaines autres.

259. — Les lois sur la presse ont conservé les qualifications générales de *diffamation* et d'*injure* pour désigner les attaques dirigées contre les cours, tribunaux, corps constitués, autorités ou administrations publiques et les dépositaires ou agens de l'autorité publique, les ambassadeurs, ministres, plénipotentiaires, envoyés, chargés d'affaires ou autres agens diplomatiques près du roi. Elles se sont contentées de réprimer ces faits par des pénalités spéciales qui varient suivant la gravité des cas. Les délits de presse et de publication, qui se classent dans cette catégorie, rentrent donc dans les matières que nous traitons sous le mot DIFFAMATION-INJURE.

260. — Dirigées contre d'autres personnes ayant aussi un caractère public, soit fixe, soit momentané, les mêmes infractions prennent le nom d'*outrages* (V. Chassan, t. 1er, no 509). C'est lorsqu'il s'agit des membres des deux chambres, des fonctionnaires publics, des ministres de l'une des religions dont l'établissement est légalement reconnu en France, des jurés et des témoins. Il y a outrage envers ces personnes lorsque l'attaque publique est faite dans l'exercice de leurs fonctions, ou à l'occasion ou à raison de leurs fonctions. — V. L. 17 mai 1819, art. 16, 17, 19; L. 25 mars 1822, art. 5, 6; C. pén., art. 221 et suiv. — V., pour ces infractions, OUTRAGE.

Art. 9. — *Attaques contre la morale publique et religieuse et contre les cultes.*

261. — L'art. 8, L. 17 mai 1819, porte : « Tout outrage à la morale publique et religieuse ou aux bonnes mœurs par l'un des moyens énoncés en l'art. 1er sera puni d'un emprisonnement d'un mois à un an et d'une amende de 16 à 500 francs. » — L'art. 8, L. 9 sept. 1835, autorise les tribunaux à élever cette peine jusqu'au double du maximum. — Enfin, l'art. 1er, L. 25 mars 1822, punit d'un emprisonnement d'un mois à cinq ans et d'une amende de 300 à 6,000 francs quiconque aura outragé ou tourné en dérision la religion de l'état ou toute autre religion dont l'établissement est légalement reconnu en France.

262. — La loi du 17 mai 1819 met ainsi en opposition d'une part l'outrage à la morale publique et religieuse, et d'autre part l'outrage aux bonnes mœurs. Il n'y a donc pas assimilation d'idées. — Le sens des mots *morale publique et religieuse* est expliqué par la discussion qui a précédé le vote de l'art. 8, L. 17 mai 1819. Le projet ne parlait que de la morale publique et on demanda l'addition des mots « et religieuse. » M. Cuvier, commissaire du roi, en combattant l'adjonction de ces derniers mots comme inutiles, disait : « Nous entendons que la base de la morale publique, la seule base de l'ordre social, consiste dans ce sentiment religieux qui commande à chacun de rendre au créateur de l'univers le culte qu'il croit lui devoir, qui fait chercher à chacun, *dans l'existence de la divinité et d'une vie à venir*, la sanction des devoirs qu'il doit remplir dans ce monde. C'est là ce que nous avons exprimé par les mots *morale publique.* » — Le mot *religieuse* fut cependant ajouté, mais il est désormais impossible de se méprendre sur le sens des mots *morale publique et religieuse*. Outre les préceptes de la morale proprement dite, ils comprenaient les principes religieux dont la notion existe chez tous les hommes, savoir : l'existence de Dieu et la croyance à une vie future. — Rauter, *Tr. du dr. crim. franç.*, t. 1er, p. 503, no 416; Chassan, t. 1er, no 400; Serrigny, t. 2, p. 407.

263. — Nous n'avons pas à nous occuper ici des infractions de la presse, dont le caractère serait d'outrager spécialement la morale religieuse. L'examen de toutes les questions qui appartiennent à cet ordre d'idées a déjà été fait sous le mot CULTE, auquel nous devons renvoyer purement et simplement. C'est également sous ce mot que nous avons traité de toutes les attaques dont la *liberté des cultes* serait l'objet, d'une manière publique. Ces attaques ou infractions particulières sont l'outrage envers toute religion, dont l'établissement est reconnu en France d'une manière légale, et la dérision dans le même cas.

264. — L'outrage aux bonnes mœurs diffère, ainsi que nous l'avons dit, de l'outrage à la morale publique. L'outrage aux mœurs ou aux bonnes mœurs, dit Chassan (t. 1er, no 402), comprend plus spécialement les outrages qui blessent la pudeur et s'adressent à l'esprit de licence et de débauche. — De Grattier, t. 1er, p. 163, no 11.

265. — L'exposition publique des gravures jointes à un ouvrage scientifique pour en expliquer le texte ne peuvent, en général, constituer un outrage aux bonnes mœurs; leur exposition séparée du texte ne serait un délit qu'autant qu'elle aurait été faite dans une intention criminelle.

266. — Il a été jugé que la distribution de cartes manuscrites annonçant qu'un individu tient une maison de débauche, constitue l'outrage public aux bonnes mœurs prévu par les art. 1er et 8, L. 17 mai 1819, alors même que ces cartes ne renfermeraient pas d'expressions obscènes ou de nature à blesser la pudeur; et que, la cour de Cassation ayant qualité, en ce qui concerne les délits résultant d'un écrit soit imprimé, soit manuscrit, publié et distribué, pour juger la qualification qui lui convient, cette cour peut décider qu'un écrit a pour but d'annoncer une maison de débauche. — *Cass.*, 17 juill. 1838 (t. 2 1838, p. 495), Tramecourt.

267. — L'art. 287, C. pénal, qui punissait l'exposition ou distribution de chansons, etc., contraires aux bonnes mœurs, est remplacé par la disposition précitée de la loi du 17 mai 1819. Mais l'art. 288, qui réduit dans certains cas à des peines correctionnelles, prononcées par l'art. 287, est toujours applicable. Cette réduction a lieu : 1o à l'égard des crieurs, vendeurs ou distributeurs, qui ont fait connaître la personne qui leur a remis l'objet du délit (V. *suprà* no 136 et CRIEURS PUBLICS); — 2o à l'égard de quiconque a fait connaître l'imprimeur ou le graveur; — 3o à l'égard de l'imprimeur ou du graveur qui ont fait connaître l'auteur ou la personne qui les a chargés de l'impression ou de la gravure.

268. — L'art. 289, C. pénal, qui dispose que, dans tous les cas d'outrage aux bonnes mœurs où l'auteur serait connu, il subira le maximum de la peine, doit être considéré comme abrogé, quoiqu'il ne soit pas compris dans l'énumération de l'art. 26, L. 17 mai 1819, qui énonce les articles du Code pénal dont cette loi entend prononcer formellement l'abrogation. Cet art. 289 est, en effet, par ses termes, en contradiction avec toutes les lois sur la matière; il est dès-lors atteint par l'abrogation tacite. — Carnot, *C. pén.*, sur l'art. 289, t. 1er, p. 667; de Grattier, t. 1er, p. 162; Parant, p. 78; Chassan, t. 1er, no 406. — V. cependant, Chauveau et Hélie, t. 3, p. 379.

Art. 10. — *Attaques contre la propriété, le serment, la loi ou contre une ou plusieurs classes de la société.*

269. — L'art. 8, L. 9 sept. 1835, porte : « Toute attaque contre la propriété, le serment, le respect dû aux lois; toute apologie de faits qualifiés crimes et délits par la loi pénale; toute provocation à la haine entre les diverses classes de la société, sera punie des peines portées par l'art. 8, L. 17 mai 1819. — Néanmoins dans les cas prévus par le paragraphe précédent et par l'art. 8 de la loi précitée, les tribunaux pourront, selon les circonstances, élever les peines jusqu'au double du maximum. »

270. — Cet article ne figurait pas dans le projet de loi; il y a été introduit par la commission qui l'a ainsi motivé : « Le silence du projet, nous ne pouvions le garder, quand nous voyons tous les jours attaquer ce qu'il y a de plus saint parmi les hommes, le mariage, la famille, la propriété, le serment; quand tous les crimes ont des apologies publiques, quand toutes les jalousies et les mauvaises passions sont ardemment excitées; quand le doute est partout et le frein nulle part, notre loi eût manqué son caractère, sans une éclatante réprobation de tous ces blasphèmes sociaux. La loi du 17 mai 1819 punit, il est vrai, l'outrage à la morale publique et religieuse; mais cette définition est trop vague pour n'avoir pas besoin d'être complétée par des expressions qui se réfèrent plus directement aux attaques de l'époque. Il faut aussi, suivant la gravité des cas, que la peine puisse être augmentée; c'est l'objet de l'article que nous vous proposons. »

§ 1er. — *Attaques contre la propriété.*

271. — L'art. 9, Charte de 1814, portait : « Toutes les propriétés sont inviolables sans aucune exception de celles qu'on appelle nationales, la loi ne mettant aucune différence entre elles. » Les garan-

ties données par cet article trouvèrent leur sanction dans la disposition de l'art. 5, L. 17 mai 1819, lequel réprimait par son § 4 l'attaque *formelle* contre le droit dont il s'agit.

272. — L'art. 3, L. 25 mars 1822, veut à son tour protéger l'inviolabilité des propriétés. Cette disposition n'exigea pas, comme la précédente, que l'attaque fût *formelle* pour devenir punissable. Puis l'art. 8, L. 9 sept. 1835, est venu enfin régir cette infraction.

273. — Par attaques contre la propriété, il est évident qu'il faut entendre les attaques dirigées contre *le droit* de propriété et non les voies de fait qui peuvent être dirigées contre l'état matériel de la propriété.

274. — La *discussion* sur la propriété ne doit pas être confondue avec l'attaque que la loi veut réprimer. Dans la discussion de la loi du 9 sept. 1835, M. de Salvandy s'expliquait ainsi, au nom de la commission, sur le caractère des délits punis par l'art. 8 : « Le droit de discussion sera, dit-on, anéanti en France !... Mais quand vous instituez un juge, vous croyez à son intelligence, à sa raison, à sa justice. Vous savez qu'il fera une distinction qu'établissent et les expressions et la volonté de la loi. Le juge comprend très bien que discuter n'est pas attaquer, que l'attaque n'est pas la discussion, que la discussion reste permise, que l'attaque seule est prohibée. » — Parant, p. 425.

275. — M. de Barante disait aussi : « Si des discussions abstraites ou philosophiques, qui ne s'adressent pas aux passions, qui n'ont pas un caractère d'excitation, pouvaient être poursuivies, ce serait une extension erronée et vexatoire qui n'est pas dans l'intention de la loi. » — V. *Moniteur du* 6 sept. 1835.

276. — MM. de Grattier (t. 2, p. 317) et Chassan (t. 1er, no 412) pensent que l'art. 3, L. 25 mars 1822 n'est pas abrogé et qu'il n'est remplacé par l'art. 8, L. 9 sept. 1835, que relativement à l'attaque contre le droit de propriété en général. La loi du 25 mars 1822 avait, en effet, pour but dans son article de protéger l'inviolabilité des propriétés dites *nationales*, et sous ce rapport elle peut continuer à recevoir son application. — V. aussi Serrigny, t. 2, p. 113.

§ 2. — *Attaques contre le serment.*

277. — Pareillement il n'y aurait attaque contre le serment qu'autant qu'on nierait sa force obligatoire. Mais la discussion sur le point de savoir, par exemple, si c'est à tort ou à raison que les lois actuelles imposent à l'électeur, au député, au fonctionnaire public, la prestation d'un serment, n'aurait rien de coupable et ne serait pas frappée des peines de l'art. 8, L. 9 sept. 1835. — C'est ce qui résulte, en effet, des paroles de M. de Salvandy, citées plus haut no 274. — *Moniteur du* 27 août 1837, séance du 28 août ; — Chassan, t. 1er, no 408 ; de Grattier, t. 2, p. 315 ; Parant, p. 426.

§ 3. — *Provocation à la désobéissance aux lois.*

278. — La provocation à la désobéissance aux lois était prévue et punie par l'art. 17, ch. 5 de la constitution de 1791. Le Code pénal de 1810 n'a qualifié ce délit qu'en le prenant dans un sens tout spécial. Les art. 202 et 203 punissent cette provocation lorsqu'elle a été faite par un ministre du culte dans un discours ou dans un écrit pastoral. L'art. 6, L. 17 mai 1819, disposant d'une manière générale sur ce délit de publication, le punit d'un emprisonnement de trois jours à deux ans, et d'une amende de 30 fr. à 4,000 fr. ou de l'une des deux peines seulement, selon les circonstances.

279. — La cour de Douai a jugé, mais à tort, selon nous, que l'art. 6, L. 17 mai 1819, s'appliquerait à une provocation qui aurait été faite de désobéir à une loi non promulguée à l'époque de la provocation. — *Douai*, 2 mai 1834, *l'Echo du Nord*.

280. — La disposition de cet art. 6 ne figurait pas dans le projet de loi. M. Jacquinot-Pampelune la proposa dans un amendement qu'il formulait ainsi : *La provocation à la désobéissance aux lois ou autres actes de l'autorité publique, etc.* M. de Serres, garde-des-sceaux, adhéra à l'amendement, mais en demandant le retranchement de la seconde disposition. « Si les actes de l'autorité publique, disait-il, sont faits en exécution des lois, désobéir, résister à ces actes, c'est désobéir aux lois elles-mêmes. Mais si ces actes n'étaient pas une exécution des lois, si même ils étaient contraires aux lois, dans ce cas faut-il prescrire l'obéissance, la prescrire sous des peines ? » — La seconde partie de l'amendement fut supprimée conformément à ces observations.

281. — M. de Grattier (t. 2, p. 317), sous le mot *lois*, comprend la Charte constitutionnelle, les actes législatifs émanés des trois pouvoirs, les ordonnances royales réglementaires, enfin tous les actes de l'autorité publique obligatoires pour les citoyens.

282. — Pour faire produire tous leurs effets à ces paroles si graves du garde-des-sceaux, on serait autorisé à poser en principe que lorsqu'un acte de l'autorité publique n'est pas conforme à la loi, aucune obéissance ne lui est due. Cette théorie est, en effet, professée par M. Chassan (t. 1er, no 416 et suiv.). Le même auteur examine la question de savoir si l'on est tenu de se soumettre à une loi qui serait contraire à la justice ou aux principes constitutionnels et il la résout négativement, en se fondant, quant à la seconde hypothèse, sur ce que le parlement en France étant toujours constituant, on ne saurait refuser obéissance aux lois qui émanent de lui par le motif qu'elles seraient inconstitutionnelles. — V. au reste LOIS.

§ 4. — *Attaques contre le respect dû aux lois.*

283. — L'attaque contre le *respect* dû aux lois punie par l'art. 8, L. 9 sept. 1835, diffère de la provocation à la désobéissance aux lois. En effet, on peut manquer de respect à la loi sans dire qu'il faut lui désobéir. La première application de la disposition de la loi du 9 sept. 1835 sur l'attaque contre le respect dû aux lois a été faite contre le journal le *Réformateur* qui fut condamné pour avoir nommé *Loi-Fieschi* cette loi elle-même. — Chassan, t. 1er, no 418.

284. — Au reste, blâmer une loi, soutenir qu'elle est mauvaise, en demander l'abrogation, ce n'est pas commettre une attaque contre le respect dû aux lois. — De Grattier, t. 2, p. 316 ; Parant, p. 426.

§ 5. — *Apologie d'un fait qualifié crime ou délit par la loi.*

285. — Nous avons vu que l'art. 8, L. 9 sept. 1835, punit encore l'apologie d'un fait qualifié crime ou délit par la loi pénale. M. de Salvandy définissait dans les termes suivans le caractère de ce délit : « Ne voit-on pas les journaux établir que la révolte est légitime ; que chacun, en vertu de mille sophismes, a le droit de se révolter sans cesse ; que chacun peut descendre dans la rue les armes à la main, tirer sur la milice civique ou sur l'armée, tirer sur la loi vivante ? On établit tous les jours que des actions abominables, que les massacres de septembre, par exemple, sont un digne modèle à méditer. Nous voulons qu'il soit établi que ce qui, par la loi, est crime en action, est crime en discours ; que le panégyrique n'est pas permis des actes défendus par la loi, condamnés par la morale publique, flétris par l'indignation universelle. »

286. — Les contraventions de simple police ne touchant en rien par elles-mêmes à la morale publique, il n'est pas étonnant que la loi du 9 sept. 1835 n'ait pas cru devoir s'occuper de l'apologie d'un fait qualifié contravention. Mais son art. 6 comprend les contraventions punies de peines correctionnelles qui sont toujours appelées *délits* dans les dénominations du Code pénal. L'apologie d'un fait qualifié contravention de simple police pourrait du reste être considérée comme une provocation à la désobéissance aux lois. — L. 17 mai 1819, art. 6 ; — Chassan, t. 1er, nos 434 et 435 ; de Grattier, t. 2, p. 318.

§ 6. — *Excitation à la haine ou au mépris envers une ou plusieurs classes de la société. — Provocation à la haine entre les diverses classes de la société.*

287. — L'art. 8, L. 9 sept. 1835, punit enfin la provocation à la haine entre les diverses classes de la société. Cette incrimination doit être rapprochée de l'art. 10, L. 25 mars 1822, qui punit d'un emprisonnement de quinze jours à deux ans et d'une amende de 100 fr. à 4,000 fr. quiconque, par l'un des moyens énoncés en l'art. 6, L. 17 mai 1819, aura cherché à troubler la paix publique en excitant le mépris ou la haine des citoyens contre une ou plusieurs classes de la société.

288. — « Par le mot *classe*, dit l'exposé des motifs du projet de la loi du 25 mars 1822, nous entendons toutes personnes prises collectivement, soit qu'on les désigne par le lieu de leur origine, par la religion qu'elles professent, par les opinions qu'on leur attribue, par le rang qu'elles occupent dans la société, par les fonctions qu'elles exercent, ou enfin de toute autre manière. La loi qui punit les attaques individuelles ne doit pas moins punir les attaques collectives qui ont la tendance et peuvent avoir le résultat de troubler la paix publique. » — Parant, p. 151.

289. — Il n'a du reste été dans la pensée ni de la loi du 25 mars 1822, ni de celle du 9 sept. 1835, de faire revivre les anciens ordres de l'état. On a seulement reconnu que si les droits de tous étaient égaux, les situations étaient nécessairement inégales, et ce sont ces différences de position ou de fortune qui constituent les classes. — Chassan, t. 1er, no 439.

290. — Pour qu'il y ait délit caractérisé par la disposition de la loi du 25 mars 1822, il faut donc qu'on ait cherché à troubler la paix publique et que les attaques aient été collectives et non individuelles. Ce délit a été souvent qualifié par la jurisprudence *trouble à la paix publique*. — Chassan, t. 1er, no 441.

291. — L'excitation du mépris ou de la haine des citoyens contre une classe de personnes, étant de nature à troubler la paix publique, la chambre des mises en accusation qui reconnaît qu'un article de journal tendait à cette excitation, ne peut renvoyer le gérant des poursuites sous le prétexte qu'il n'a pas eu l'intention de troubler la paix publique. — *Cass.*, 3 oct. 1834, Thoumas (journal l'*Ami des Lois*) ; — de Grattier, *Comment. sur les lois de la presse*, t. 2, p. 96, no 2.

292. — Jugé qu'exciter le mépris ou la haine des citoyens contre une portion d'entre eux, en les désignant sous le nom générique de *riches privilégiés*, de *bourgeois*, c'est chercher à troubler la paix publique et commettre le délit prévu par l'art. 10, L. 25 mars 1822. — *Cass.*, 27 fév. 1832, Raspail.

293. — Les gardes nationaux peuvent être considérés comme une classe de citoyens. — *Cass.* 29 avr. 1831, Ragon.

294. — Il faut en dire autant des banquiers capitalistes ou fabricans de l'armée de terre, du corps des officiers de marine militaire. Si, au lieu d'avoir un caractère de généralité, l'attaque s'adressait, par exemple, à certains gardes nationaux, à un régiment ou à une compagnie de l'armée, elle ne constituerait plus le délit de l'art. 10, L. 25 mars 1822. Ce serait une diffamation ou des injures envers des agens de l'autorité. — *Cass.*, 5 août 1831, Savary.

295. — La cour de Cassation a jugé que la désignation générale de citoyens *professant une même opinion politique* ne constitue pas une classe. — *Cass.*, 29 mai 1834, Rupert et de Curel. — Chassan (t. 1er, no 449) critique avec raison cette décision qui est contraire aux paroles précitées de l'exposé des motifs.

296. — Les décorés de juillet sont une classe de personnes dans le sens de l'art. 10, L. 25 mars 1822 (sol. imp.) — *Cass.*, 3 oct. 1834, Thomas (l'*Ami des lois*).

297. — Le délit d'excitation à la haine ou au mépris d'une classe de personnes, est tout-à-fait distinct de la diffamation et de l'injure. Aussi est-il de jurisprudence qu'on ne peut, comme dans le cas d'offense envers des personnes publiques, admettre la preuve des faits prétendus diffamatoires. — *Cass.*, 6 avr. 1832, Paul Bouchard ; — Chassan, t. 1er, no 450) ; de Grattier, t. 1er, p. 467, no 6.

298. — L'art. 10, L. du 25 mars 1822, est-il compatible avec l'art. 8 de celle du 9 sept. 1835, ou doit-il être considéré comme abrogé ou tout au moins comme modifié par ce dernier article ? M. de Salvandy, dans la discussion de la dernière de ces lois, a seulement dit que la commission, en introduisant dans le projet de loi l'art. 8, avait voulu modifier l'art. 10, L. 25 mars 1822, par la diminution de la pénalité. M. Sauzet, dans son rapport, ne s'est pas expliqué sur cette partie de l'art. 8. Il paraît évident, malgré l'observation faite par M. de Salvandy, que ces deux textes ne diffèrent pas seulement par la pénalité, et qu'ils définissent des délits différens.

299. — M. Parant (p. 488) reconnaît que la loi du 9 sept. 1835 ne parlant que de provocation à la haine, celle du 25 mars 1822 est toujours applicable toutes les fois qu'il y aura inculpation d'avoir excité *au mépris* d'une classe de la société. M. de Grattier (t. 2, p. 97, 98, no 2) se range à cette doctrine. MM. Rauter (t. 1er, p. 569, no 422 *bis*, note 1re) et Chassan (t. 1er, no 451) maintiennent au contraire l'applicabilité de l'art. 10, L. 25 mars 1822, dans son intégrité. Nous croyons que cette dernière opinion doit être suivie. La loi du 9 sept. 1835 réprime la provocation à la haine entre les diverses classes de la société, ce qui est différent de l'excitation à la haine contre une ou plusieurs classes, comme le prévoit la première loi. Il faut ajouter que les conditions de publicité réclamées par les deux dispositions ne sont pas les mêmes, ce qui ne permet pas de croire qu'elles aient voulu incriminer le même fait.

DÉLITS DE PRESSE, etc., ch. 3, sect. 1re.

Sect. 2e. — *Contraventions en matière de presse.*

300. — Nous avons à plusieurs reprises distingué les contraventions de presse des délits de la matière. Les contraventions, souvent punies de peines correctionnelles, sont des infractions toutes matérielles aux dispositions sur la police de la presse, et dont la seule constatation entraîne la condamnation de celui qui les a commises, indépendamment de toute appréciation de sa bonne ou de sa mauvaise foi. — Chassan, t. 1er, nos 660 et suiv.

301. — Il faut considérer comme lois sur la police de la presse (*lato sensu*) toutes les dispositions qui réglementent l'exercice des professions d'imprimeur et de libraire. — V. IMPRIMEUR, LIBRAIRE.

302. — Les contraventions aux dispositions de police relatives aux afficheurs, aux crieurs publics, à la distribution des écrits ou imprimés sont indiquées dans des articles spéciaux. Il faut remarquer seulement ici, à titre d'observation générale, que les personnes qui, n'étant ni libraires, ni imprimeurs, concourent à un fait de publication ou de distribution, sont soumises aux lois de police de la presse. — C. pén., art. 287 et suiv.; — Chassan, t. 1er, no 772.

303. — De nombreuses prescriptions relatives à la police de la presse périodique sont contenues dans les lois du 9 juin 1819, du 18 juill. 1828, et du 9 sept. 1835. Leur examen doit trouver place sous le mot ÉCRITS PÉRIODIQUES.

304. — La législation de la presse a imposé aux journaux d'autres obligations relatives au contenu de la publication plutôt qu'à la police même du journalisme. Telles sont les interdictions relatives : au compte-rendu des séances des chambres ou de certains procès, ou l'obligation d'insérer les réponses ou réclamations de personnes nommées dans les journaux. — V. pour les infractions à ces dispositions, COMPTE-RENDU, ÉCRITS PÉRIODIQUES, OFFENSE ENVERS LES CHAMBRES.

305. — L'art. 10, L. 9 sept. 1835, interdit de publier les noms des jurés, excepté dans le compte-rendu de l'audience où le jury aura été constitué, et ce, sous peine d'un emprisonnement d'un mois à un an, et d'une amende de 500 à 5,000 fr. — Sur cette contravention, qui concerne la presse en général, V. COMPTE-RENDU, no 62 et suiv.

306. — L'interdiction prononcée par le même article de rendre compte des délibérations intérieures, soit des jurés, soit des cours et tribunaux, n'est pas plus que la précédente spéciale à la presse périodique. — V. COMPTE-RENDU, no 69 et suiv.

307. — Il est interdit à la presse, soit ordinaire, soit périodique, d'ouvrir ou d'annoncer publiquement des souscriptions ayant pour but d'indemniser des amendes, frais, dommages-intérêts prononcés par des condamnations judiciaires, sous peine d'un mois à un an de prison et d'une amende de 500 à 2,000 fr. — L. 9 sept. 1835, art. 11.

308. — Le projet du gouvernement interdisait l'ouverture ou l'annonce publique de souscriptions tendant à *annuler* l'effet des condamnations judiciaires. — M. Sauzet disait, au nom de la commission qui a modifié le projet en lui donnant la rédaction qui a passé dans la loi : « On signalait depuis longtemps le scandale des souscriptions publiques destinées à l'indemnité ou plutôt au triomphe des condamnés politiques ; ainsi la condamnation restait frappée d'impuissance et le châtiment des lois devenait un titre de gloire. Le projet mit un terme à ces ovations anti-sociales. Le *législateur ne peut interdire des souscriptions particulières ; chacun est maître de ses sympathies* ; mais du moins on ne triomphera pas *publiquement* des lois et des magistrats. Votre commission a adopté, sans hésiter, l'art. 8 du gouvernement ; elle a seulement précisé davantage le but des souscriptions interdites ; ce sont celles qui tendent à *indemniser* de l'effet des condamnations judiciaires. Rien ne doit rester vague dans la définition d'une contravention *toute matérielle*. » — Ces paroles déterminent avec précision le véritable sens de l'art. 11.

309. — Les annonces diverses d'une souscription prohibée ne constituent pas un seul délit continu et successif, mais elles forment autant de délits particuliers qu'il y a eu d'annonces. — *Paris*, 14 juill. 1836, Vollet de Saint-Philbert (aff. de *la Mode*).

310. — On peut considérer comme des contraventions de presse les infractions aux dispositions suivantes : 1o aux interdictions relatives aux loteries prononcées par la loi du 21 mai 1836. — V. LOTERIE. — 2o A celles relatives aux annonces de remèdes secrets. — V. L. 21 germ. an XI, art. 32 et 36; L. interprétative du 29 pluv., 6 vent. an III, et REMÈDES SECRETS. — 3o A celles relatives à l'énonciation des poids et mesures réglés par la loi du 4 juill. 1834. — V. POIDS ET MESURES. — 4o A celles relatives aux brevets d'invention. — V. L. 5 juill. 1844, art. 33, et BREVET D'INVENTION, no 367.

311. — Des dispositions spéciales de police régissent tout ce qui concerne les dessins, gravures, lithographies et emblèmes. — V. chacun de ces mots. — Les infractions qui y seraient faites constituent des contraventions de presse.

312. — On peut rattacher aussi aux infractions commises par voies de publication celles qui régissent les théâtres et les pièces de théâtre. — V. THÉATRE.

CHAPITRE III. — *Poursuite et compétence.*

Sect. 1re. — *De l'action.*

ART. 1er. — *De l'action publique.*

313. — Les infractions qui se commettent par la presse ou par tout autre moyen de publication donnent, comme celles du droit commun, ouverture à deux actions, l'une qui n'appartient qu'aux officiers du ministère public et qui s'appelle action publique, l'autre qui compète exclusivement à la partie lésée. — Chassan, t. 2, no 1095 et suiv.; Parant, p. 206.

314. — Les formes tracées par le droit commun pour l'instruction criminelle eussent été souvent trop lentes pour la répression de délits dont l'actualité fait presque toujours le danger. Il y aurait eu d'autre part de grands inconvéniens à laisser à la volonté du ministère public et à entraver par les lenteurs de la procédure ordinaire l'exercice du droit accordé à chaque citoyen de publier librement son opinion. La loi spéciale a donc eu ce double but de concilier les intérêts de la société et les intérêts de l'écrivain.

315. — En principe général, le ministère public peut agir d'office, et ce n'est que dans les cas exceptionnels que son action est subordonnée à l'exercice de l'action privée. Cette règle est consacrée pour les délits de presse ou de publication par l'art. 1er, L. 26 mai 1819, et par l'art. 4, L. 8 oct. 1830. — Chassan, t. 1er, nos 1101 et suiv.; Serrigny, t. 2, p. 223; Parant, p. 106.

316. — Plusieurs dispositions de la loi du 26 mai 1819 subordonnent l'exécution de l'action publique à une provocation spéciale de la part des personnes lésées, ou à des formalités préalables. Ces dispositions doivent recevoir leur application. Quelques-unes de ces dispositions avaient cependant été abrogées par l'art. 17, L. 25 mars 1822; mais la loi du 8 oct. 1830 a prononcé à son tour l'abrogation de cet art. 17, et fait revivre par son art. 4 toute la loi du 26 mai 1819, notamment en ce qui concerne les conditions que mettait cette dernière loi à la mise en mouvement de l'action publique. — De Grattier, t. 1er, p. 306, note 2; Chassan, t. 2, no 1107; Mangin, *Tr. de l'action publ.*, t. 1er, p. 316, no 151; Parant, p. 204.

317. — Aussi, est-ce évidemment par erreur et sans tenir compte de l'art. 4, L. 8 oct. 1830, qu'il a été décidé par la cour de Cassation, postérieurement à cette loi, que la disposition des art. 4 et 5, L. 26 mai 1819, relativement aux corps constitués et à la nécessité de leur plainte et réquisition, pour autoriser les poursuites, a été abrogée par l'art. 17, L. 25 mars 1822, et ne peut plus être appliquée. — *Cass.*, 29 mars 1831, Ragon; — Mangin, t. 1er, p. 316, no 151; Chassan, t. 2, no 1107.

318. — Le ministère public doit s'abstenir jusqu'à ce que son action ait été directement provoquée dans les cas suivans. Dans le cas d'offense envers les chambres ou l'une d'elles, par voie de publication, la poursuite n'a lieu qu'autant que la chambre qui se croira offensée l'aura autorisée. — L. 26 mai 1819. — V. ACTION PUBLIQUE, no 190, OFFENSES ENVERS LES CHAMBRES.

319. — ... Dans le cas du même délit contre la personne des souverains et celle des chefs des gouvernemens étrangers, la poursuite ne peut avoir lieu que sur la plainte ou à la requête du souverain ou du chef du gouvernement qui se croira offensé. — Même loi, art. 3. — V. ACTION PUBLIQUE, no 189.

320. — ... Dans le cas de diffamation ou d'injure contre les cours, tribunaux ou autres corps constitués, la poursuite ne peut avoir lieu qu'après une délibération de ces corps, prise en assemblée générale et requérant les poursuites. — Même loi, art. 4. — V. ACTION PUBLIQUE, no 181, et DIFFAMATION.

321. — On entend par corps constitués ceux auxquels une portion quelconque de l'autorité ou de l'administration publique est dévolue par la constitution ou la loi organique; tels sont l'université, les conseils municipaux, les conseils généraux et d'arrondissement, les conseils de préfecture, les chambres consultatives du commerce, les conseils de prud'hommes, etc.

322. — ... Dans le cas de diffamation ou d'injure contre tout dépositaire ou agent de l'autorité publique, contre tout agent diplomatique étranger, accrédité près du roi ou contre tout particulier, la poursuite ne peut avoir lieu que sur la *plainte* de la partie qui se prétend lésée. — Même loi, art. 5. — V. ACTION PUBLIQUE, no 181, et DIFFAMATION.

323. — Pour les offenses faites à la garde nationale, qui n'est pas un corps constitué, le ministère public peut en poursuivre la répression sans plainte préalable. — Mangin, t. 1er, p. 310, no 151. — V. ACTION PUBLIQUE, no 184.

324. — La plainte préalable n'est pas exigée quand il s'agit du délit d'excitation à la haine ou au mépris envers une classe de personnes. — V. ACTION PUBLIQUE, no 183.

325. — Le ministère public a le droit de poursuivre d'office les outrages publics adressés à un desservant *dans l'exercice* de son ministère, mais il ne peut poursuivre les délits d'outrage commis envers un desservant, à raison de ses fonctions, que sur une plainte de la partie lésée. — *Cass.*, 10 janv. 1833, Godet; — Parant, p. 138, note 1re; de Grattier, t. 1er, p. 340.

326. — La disposition de l'art. 4 ne s'appliquerait pas à un cas d'*outrage* contre un tribunal commis à son audience. Cette infraction est régie par le Code pénal et non par la législation spéciale de la presse. — *Cass.*, 27 fév. 1832, Raspail; — Parant, p. 242; de Grattier, p. 337, no 5.

327. — Cet art. 4, L. 26 mai 1819, a fait naître la question de savoir si une réquisition préalable de la part des autorités et des administrations publiques est nécessaire pour que le ministère public commence la poursuite des attaques dirigées contre elles. Les art. 15, L. 17 mai, et 4, L. 26 mai 1819, ne prévoient que les injures ou diffamations dirigées contre les cours, tribunaux ou autres corps constitués; mais on s'aperçut qu'il y avait un grand nombre d'autorités et d'administrations publiques qui ne pouvaient être considérées comme des corps constitués, et cette lacune a été comblée par l'art. 5, L. 25 mars 1822, qui punit les mêmes délits commis envers les *autorités ou administrations publiques*. Mais sous le régime de la loi du 25 mars 1822, aucune réquisition préalable n'était nécessaire dans ces divers cas, l'art. 17 de cette loi ayant abrogé par le fait les art. 2, 3, 4 et 5 de celle du 26 mai 1819. — Cet art. 17 ayant été à son tour abrogé par la loi du 8 oct. 1830, toutes les dispositions de la loi du 26 mai 1819 sont redevenues applicables. Les délits précités commis envers les autorités ou administrations publiques n'ayant été punis que par la loi du 25 mars 1822, il semble en résulter que les prescriptions de l'art. 4 de celle du 26 mai 1819 ne sauraient s'y appliquer; telle est l'opinion de M. Chassan (t. 2, no 1134). — MM. Parant (p. 208 et 211) et de Grattier (t. 1er, p. 334), sont de l'avis contraire. C'est au système de M. Chassan que nous nous rallions, ne pensant pas qu'on puisse suppléer les restrictions qu'apporte, dans certains cas, la loi à l'exercice de l'action publique.

328. — Les observations qui précèdent peuvent s'appliquer à tous les cas prévus par l'art. 6, L. 25 mars 1822. Ce sont les outrages envers les membres des chambres, les ministres de l'une des religions dont l'établissement est légalement reconnu en France, les jurés et les témoins. Dans ces divers cas, l'initiative appartient au ministère public, qui n'a pas besoin de réquisition préalable. — Chassan, t. 1er, no 1136. — *Contrà* Parant, p. 211 et 212. — V. aussi Rauter, t. 2, p. 466.

329. — Toutefois, on pourrait admettre la nécessité d'une provocation préalable de l'action publique, lorsqu'il s'agit de délits qui ont été successivement qualifiés par la loi du 26 mai 1819, et celle du 25 mars 1822 : tels sont les délits d'injures ou diffamation contre les agens ou dépositaires de l'autorité publique, ce qui comprend tous les fonctionnaires publics, lesquels ont été punis par les lois des 17 et 26 mai 1819, et par l'art. 6 de celle du 25 mars 1822. — Chassan, t. 1er, no 1137.

330. — Dans les cas d'outrages envers les agens dépositaires ou commandans de la force publique et les officiers ministériels, délits prévus par les art. 224 et 225, C. pén., le ministère public peut agir spontanément. — De Grattier, t. 1er, p. 342, no 4; Chassan, t. 2, no 1138.

331. — C'est aussi par le Code pénal que sont réprimés les outrages commis envers les personnes désignées dans l'art. 6, L. 25 mars 1822, lorsque c'est *dans l'exercice de leurs fonctions* qu'ils ont eu lieu. Dans ce cas encore, la liberté d'action du ministère public est complète. — Rauter, t. 2, no 793

bis, p. 466. — Même observation pour les jurés, les témoins et les ministres d'un culte reconnu. Quant à ces derniers, l'art. 6, L. 25 mars 1822, prévoit à la vérité l'outrage fait dans l'exercice de leurs fonctions, mais la raison d'analogie avec les cas prévus par les lois de 1819 ne pourrait s'appliquer qu'à l'infraction commise à raison ou à l'occasion de l'exercice des fonctions et non *dans leur exercice*.

332. — Le ministère public peut poursuivre la répression des contraventions à la loi du 21 oct. 1814, sans dénonciation préalable du directeur général de la librairie (ou du fonctionnaire qui l'a remplacé). — *Cass.*, 2 nov. 1820, Charles Timon; 24 mai 1831, Gerson Lévy; 31 juill. 1823, Timon; 29 mars 1827, Goujon; 17 mars 1828, Lourdet.

333. — Jugé aussi que les bruits et tapages connus sous le nom de charivaris peuvent être punis sur la poursuite du ministère public, sans plainte préalable des particuliers (*Cass.*, 13 oct. 1836 [t. 1er 1837, p. 562], Goguet), et qu'il en est de même dans le cas de vente ou distribution non autorisée d'emblèmes quelconques. — *Douai*, 12 août 1844 (t. 2 1844, p. 522), Bion.

334. — Lorsque des discours ou écrits destinés à la défense des parties devant les tribunaux contiennent des diffamations ou injures, l'action publique et l'action civile sont suspendues jusqu'au jugement à intervenir sur le procès qui a été l'occasion du délit. — L. 17 mai 1819, art. 23; — Chassan, t. 1er, no 1153.

335. — Dans le cas de dénonciation calomnieuse, les deux actions sont suspendues jusqu'à ce qu'il soit intervenu sur les faits dénoncés une décision de l'autorité compétente, portant que les faits imputés sont faux ou n'existent pas. — V. DÉNONCIATION CALOMNIEUSE.

336. — Dans les poursuites exercées contre des agens du gouvernement ou contre des ministres des cultes, à raison de leurs fonctions ou de leur ministère, l'autorisation préalable du conseil d'état est nécessaire comme dans les autres matières, et les actions publiques et civiles sont suspendues jusqu'à l'obtention de l'autorisation.

337. — Le ministère public est-il tenu de déférer aux demandes qui lui sont adressées dans ces divers cas? — M. Chassan (t. 2, no 118) pense que le ministère public ne peut être dépouillé de son libre arbitre, et qu'il a toujours le droit et le devoir d'apprécier. — Parant (p. 221, 222), semble restreindre le droit de refus ou d'abstention du ministère public au cas où la provocation émane d'un simple particulier. — Il y aurait peut-être quelque gravité à reconnaître au ministère public le pouvoir de refuser son action lorsque la personne ou le corps constitué qui se prétend offensé ou lésé veut y avoir recours. Néanmoins, nous pensons avec M. Chassan que cette question n'étant pas tranchée par des dispositions de loi précises, il serait contraire à la dignité des fonctions du ministère public de lui imposer l'obligation de poursuivre alors que dans sa conviction il n'existe aucun délit; c'est, du reste, la solution déjà donnée à cette question, soulevée en thèse générale, au mot ACTION PUBLIQUE, no 75. — V. aussi Bourguignon, t. 1er, p. 166; Legraverend, *Législ. crim.*, t. 1er, p. 7 à 9; Carnot, *Inst. crim.*, t. 1er, p. 295, sur l'art. 64; Ortolan, *Min. publ.*, p. 125; Serrigny, t. 2, p. 227.

338. — Il n'est pas nécessaire, au surplus, pour l'exercice de l'action publique, que le plaignant se constitue partie civile; le dépôt de la plainte est pour le ministère public une garantie suffisante que la répression qu'il sollicite ne froissera pas des susceptibilités ou les intérêts de la partie lésée.

339. — Un étranger pour porter simplement une plainte, n'aurait pas besoin de fournir la caution *judicatum solvi* qui n'est exigée qu'autant que l'étranger qui exerce une action se constitue demandeur, c'est-à-dire dans l'espèce, partie civile; mais cette caution serait exigible, même d'un souverain étranger qui se constituerait partie civile, pour obtenir la répression d'une offense commise envers lui.

340. — La loi n'a imposé aucune forme particulière aux plaintes qui peuvent être portées, soit par des personnes publiques, soit par de simples particuliers; on comprend toutefois qu'il ne suffirait pas d'une plainte verbale et que les actes écrits ont seuls une existence légale. Les considérations qui se rattachent spécialement à celles qui émaneraient de simples particuliers seront examinées sous le mot DIFFAMATION.

341. — La plainte, une fois déposée, l'action du ministère public devient libre, et il n'est plus au pouvoir du plaignant d'éteindre cette action par un désistement. — V. ACTION PUBLIQUE, nos 161, 162 et 163. — Il est incontestable que le ministère public peut interjeter appel du jugement rendu en première instance, sans avoir besoin d'être saisi par une nouvelle plainte.

342. — L'art. 4, L. 26 mai 1819, exigeant que dans le cas de diffamation ou injure envers les cours, tribunaux ou autres corps constitués, la délibération qui requiert les poursuites soit prise en *assemblée générale*, il en résulte que si l'infraction a été commise envers une chambre ou section d'une cour ou d'un tribunal, une délibération de cette chambre ou section ne suffirait pas. — Chassan, t. 2, no 1178. — V. *contrà* Parant, p. 280.

343. — Aucune forme particulière, du reste, n'est prescrite pour la régularité de la délibération qui autorise ou requiert les poursuites. Il suffit de constater qu'elle a été prise en assemblée générale. — De Grattier, t. 1er, p. 338, no 6.

344. — La délibération d'un tribunal ne serait pas réputée prise en assemblée générale, si les juges suppléans n'avaient pas été convoqués.

345. — Lorsque l'organisation d'une administration publique ne comporte pas la forme d'une délibération, le chef de cette administration a qualité, surtout les agens de l'administration n'ayant pas été nommés ni individuellement désignés, pour rendre une plainte qui tient lieu de délibération. Ainsi la plainte portée par le préfet de police à raison de diffamations et injures commises envers ses agens, a pu servir de base légale à la poursuite du ministère public. — *Cass.*, 16 juin 1832, de Brian; — Parant, p. 92.

346. — Mais s'il s'agit d'une administration représentée par un conseil avec ou sans chef permanent, ce chef serait sans qualité pour rendre plainte au nom de cette administration; tels sont, par exemple, le président du conseil des postes, de l'administration des monnaies, etc.

347. — Celui qui remplace un fonctionnaire par intérim n'a pas qualité pour porter plainte à raison d'un délit de presse commis envers ce fonctionnaire, même à raison de ses actes administratifs. Ainsi, le doyen du conseil de préfecture, remplaçant par intérim le préfet, est non-recevable à rendre plainte des outrages proférés contre le préfet. — *Cass.*, 30 juill. 1835, Vomier. — Et réciproquement le titulaire ne pourrait pas porter plainte pour un délit commis envers l'intérimaire, qui seul peut apprécier l'opportunité de la poursuite.

348. — Jugé avant la loi du 21 mars 1831, que si des imputations offensantes avaient été dirigées contre un conseil municipal, et que ce conseil voulût provoquer l'action du ministère public, la délibération qu'il devait prendre n'étant pas un acte administratif, les adjoints pouvaient y figurer. — *Cass.*, 10 nov. 1820, Félix Pujos. — V. au surplus aujourd'hui la loi du 21 mars 1831, art. 3, 3e alinéa, qui dispose que les adjoints sont choisis dans le conseil municipal, et ne cessent pas pour cela d'en faire partie.

349. — Le prévenu peut critiquer la délibération qui sert d'autorisation aux poursuites du ministère public, et soutenir qu'elle ne remplit pas les conditions prescrites par la loi; et la juridiction saisie de la poursuite, si elle n'a pas compétence pour annuler cette délibération, a du moins le droit d'apprécier si elle a pu servir de base légale à l'action publique.

350. — L'action civile appartient à toute personne lésée par une infraction commise par la voie de la presse ou par tout autre moyen de publication. La législation spéciale de la presse n'a fait que consacrer sous ce rapport les principes du droit commun. — V. ACTION CIVILE, nos 38 et suiv.

351. — Le père, mari ou tuteur, pourrait rendre plainte à raison des offenses ou attaques commises envers le fils mineur, la femme mariée ou le pupille. Ce droit, selon M. Chassan (t. 2, no 1806), ne se puise cependant pas dans cette idée que l'offense faite au fils mineur est censée faite au père, etc. Le père, mari ou tuteur, n'agit qu'au lieu et place de la personne offensée et comme la représentant. — V. néanmoins Carré, *Le Dr. français dans ses rapports avec les justices de paix*, t. 2, p. 567; Bourguignon, t. 1er, p. 171. — V. aussi ACTION CIVILE, nos 58 et suiv.

352. — La personne à laquelle l'infraction de la presse a fait éprouver un préjudice, peut employer deux modes pour l'exercice de l'action que la loi lui confère. Conformément aux principes généraux sur l'action civile, elle peut saisir directement la juridiction répressive compétente ou bien se joindre à la poursuite intentée par le ministère public et se porter partie civile. — Chassan, t. 2, no 1211.

353. — Toutefois la partie lésée n'a le pouvoir de saisir directement la justice criminelle qu'autant que l'infraction est de la compétence des tribunaux correctionnels. Les cours d'assises ne peuvent être saisies que par les poursuites du ministère public. Ce dernier principe, qui est de droit ordinaire, a trouvé une confirmation spéciale dans la loi du 8 avril 1831.

ART. 3. — *Prescription de l'action publique et de l'action civile.*

354. — Une partie des crimes, délits et contraventions de la presse est régie par le Code pénal, et l'autre par des lois spéciales. Les infractions punies par le Code pénal sont soumises à des prescriptions qui ont été créées par les dispositions du Code d'instruction criminelle; les autres sont régies, même quant à la prescription, par les règles établies par la législation spéciale. Nous nous occuperons ici non des prescriptions établies par le Code d'instruction criminelle pour les crimes, délits et contraventions en général, mais seulement de celles qu'ont reconnues les lois sur la presse.

355. — Le droit romain admettait une prescription d'un an pour les délits de la parole, et une autre de vingt ans pour les délits de l'écriture. Notre ancien droit criminel avait aussi établi une prescription annale pour l'injure verbale seulement. La loi du 26 mai 1819 ne consacre pas de distinction de cette nature; elle n'en fait pas davantage entre les infractions commises par la presse ordinaire et celles de la presse périodique. Son art. 29 porte : « L'action publique contre les crimes et délits commis par la voie de la presse ou tout autre moyen de publication se prescrira par six mois révolus, à compter du fait de publication qui donnera lieu à la poursuite. Pour faire courir cette prescription de six mois, la publication d'un écrit devra être précédée du dépôt et de la déclaration que l'éditeur entend le publier; s'il a été fait dans cet intervalle un acte de poursuite ou d'instruction, l'action publique ne se prescrira qu'après un an, à compter du dernier acte, à l'égard même des personnes qui ne seraient pas impliquées dans ces actes d'instruction ou de poursuite. — Néanmoins, et dans le cas d'offense envers les chambres, le délai ne courra pas dans l'intervalle de leurs sessions. — L'action civile ne se prescrira, dans tous les cas, que par la révolution de trois années, à compter du fait de la publication. »

356. — Il est à remarquer que la loi du 26 mai 1819 n'a disposé que sur la prescription des *actions*, et que les *peines* une fois prononcées demeurent soumises à la prescription du droit commun. — De Grattier, t. 1er, p. 530, no 1er.

357. — Aux termes des art. 637 et 638, C. inst. crim., l'action publique et l'action civile se prescrivent toutes deux par dix ans lorsqu'il s'agit d'un crime, et par trois ans lorsqu'il s'agit d'un délit. C'est à ces dispositions qu'a entendu déroger, quant à l'action publique, l'art. 29, L. 26 mai 1819, qui s'applique aux crimes et aux délits. Dans l'exposé du projet de la loi, le ministre s'exprimait ainsi : « Il est dans la nature des crimes et délits commis avec publicité, et qui n'existent que par cette publicité même, d'être aussitôt aperçus et poursuivis par l'autorité et ses nombreux agens. Il est de la nature des effets de ces crimes et délits d'être rapprochés de leur cause. Elle serait tyrannique la loi qui, après un long intervalle, punirait une publication à raison de tous ses effets possibles les plus éloignés, lorsque la disposition toute nouvelle des esprits peut changer du tout au tout les impressions que l'auteur lui-même se serait proposé de produire dans l'origine; lorsque enfin le long silence de l'autorité élève une présomption si forte contre la criminalité de la publication. Il a donc paru convenable d'abréger beaucoup le temps de la prescription de l'action publique. »

358. — La prescription fondée par la loi du 26 mai 1819 embrasse, ainsi que le prouve la rédaction de l'art. 29, les délits commis par les divers modes de publication, et par conséquent par la voie de l'écriture, de la gravure, de l'impression, comme par les discours proférés publiquement.

359. — La prescription de six mois pour l'action publique s'applique à toute la législation spéciale de la presse, notamment aux lois postérieures à celle du 26 mai 1819, comme les lois des 15 mars 1822. — *Cass.*, 6 avr. 1829, Piétri, et 9 sept. 1835; — Mangin, *Act. publ.*, t. 2, p. 145, no 340; de Grattier, t. 1er, p. 532, no 6; Rauter, t. 2, no 859.

360. — Une prescription particulière a été créée par l'art. 13, L. du 9 juin 1819, pour la presse périodique. Cet article déclare prescriptibles par trois mois les infractions prévues par les art. 7, 8 et 11 de la même loi. Ce sont les comptes-rendus, sans autorisation, des séances secrètes des chambres (art. 7); le refus d'insérer les publica-

tions officielles qui seraient adressées par le gouvernement (art. 8); le refus fait par l'éditeur du journal ou écrit périodique d'insérer extrait du jugement ou arrêt intervenu contre lui (art. 11).

361. — L'art. 29 de la loi du 26 mai 1819 s'applique-t-il aux contraventions de presse? — La cour de Douai a jugé que cet article était inapplicable à ces contraventions. — *Douai*, 4 juin 1841 (t. 2 1841, p. 123), Abria.

362. — MM. Serrigny (*Traité du dr. pub.*, t. 2, p. 287); Mangin (*de l'Action publiq*, t. 2, nº 314); et de Grattier (t. 1er, p. 531 et 532, nº 5), embrassent cette opinion, qui est critiquée par M. Chassan (t. 2, nº 1245). — Ce dernier auteur fait remarquer qu'il serait choquant d'établir une prescription de six mois pour les crimes et délits de presse en soumettant les simples contraventions à une prescription de trois ans. N'est-ce pas une interprétation trop rigoureuse que de s'attacher au texte littéral de l'art. 29, et, parce qu'il ne parle que des crimes et des délits, de refuser de l'appliquer à des infractions qu'en définitive l'esprit général de la législation pénale classerait parmi les délits en considération de la peine correctionnelle qui les atteint, puisque c'est par la pénalité que l'art. 1er du C. pénal a basé l'échelle des diverses infractions.

363. — Il faut conclure des termes de l'art. 29 ci-dessus, quant à la déclaration et au dépôt des imprimés, que si ces deux formalités n'avaient pas été remplies, le publicateur ne pourrait plus invoquer que la prescription de *trois ans* du droit commun lorsqu'il s'agit de délits, à compter du fait de publication. — Mangin, t. 2, nº 311; Parant, p. 339; Chassan, t. 2, nº 1337; Rauter, t. 2, nº 859. — Il en serait de même pour les journaux soumis à la déclaration et au dépôt. — L. 18 juill. 1828, art. 6 et 8.

364. — Il est de jurisprudence constante que le dépôt d'un ouvrage n'en constitue pas la publication et que la publication est un fait qu'il appartient aux juges de déterminer; et qu'en conséquence, la prescription commence à courir du jour de la publication et non du jour du dépôt. — *Cass.*, 8 sept. 1824, Corréar et Barthelemy; 18 sept. 1829, Bertrand Vivès; 18 déc. 1835, Pagnerre; — de Grattier, *loc. cit.*, p. 535; Mangin, t. 2, nº 312; Serrigny, t. 2, p. 285.

365. — La prescription ne commençant à courir, d'après l'art. 29, L. 26 mai 1819, qu'à partir du *fait de publication*, cette disposition est étrangère aux diffamations et injures non publiques punies par le Code pénal. — Chassan, t. 2, nº 1221.

366. — L'art. 29, L. du 26 mai 1819, s'applique-t-il à la presse périodique? — Il faut distinguer à cet égard entre les écrits périodiques cautionnés et ceux qui ne le sont pas. Si l'on juge que le dépôt de ces derniers au parquet du procureur du roi ne doit pas avoir lieu, ils ont le même caractère que les imprimés ordinaires, quant à la prescription, et l'art. 29 les régit. Quant aux journaux cautionnés, M. Chassan (t. 2, nº 1225) pense que leur dépôt au parquet du procureur du roi devant avoir lieu en même temps que la publication, il y a dans le fait du dépôt une *présomption* que la publication a eu lieu.

367. — La prescription particulière établie par la loi du 26 mai 1819 reste d'ailleurs soumise pour tous les cas non prévus par cette loi aux règles du droit commun; ainsi l'absence et l'éloignement de la partie lésée ne peuvent pas plus en cette manière qu'en aucune autre prolonger la durée du délai de la prescription; c'est à celui qui quitte son domicile à charger durant son absence un tiers vigilant de soigner ses intérêts moraux et matériels.

368. — Mais quel sera le point de départ de la prescription relativement à la partie qui, domiciliée dans les colonies, se trouvera lésée par une publication faite à la métropole? Faut-il considérer la publication faite sur le continent ou la publication faite dans la colonie? — Si l'on s'arrêtait à la publication faite sur le continent, il est clair que le plus souvent la répression serait inutile pour l'habitant des colonies, qui ne pourrait jamais l'exercer; mais le fait de la publication se réitère dans la colonie; pour les habitans de cette contrée éloignée du lieu du dépôt, la publication n'existe que lorsqu'elle a lieu au milieu d'eux, autrement on les déclarerait déchus du droit de se plaindre avant qu'ils aient pu connaître le fait qui leur est nuisible. — De Grattier, t. 1er, p. 535, nº 10.

369. — Comme nous avons eu occasion de le dire (*suprà* nºs 140 et s.), chaque fait nouveau de publication constitue un nouveau délit, et dès-lors la prescription acquise à la première édition d'un ouvrage ne profite pas à une édition subséquente; aussi l'art. 29 fait-il courir la prescription à compter *du fait de la publication qui donne lieu à la poursuite.*

370. — De même le délit résultant de la vente d'exemplaires d'un ouvrage dont l'édition a déjà

été condamnée, se prescrit à compter de chaque fait particulier de vente ou de distribution. — *Cass.*, 23 avr. 1830, Langlois et Lebailly; *Toulouse*, 30 déc. 1836, N...

371. — Il ne faut donc pas confondre ces sortes de délits avec les délits successifs, qui sont ceux qui se renouvellent et se perpétuent par une série d'actes. — La prescription de ces derniers commence à courir non à partir du jour où ils se sont manifestés pour la première fois, mais à partir du jour où ils ont cessé.

372. — Au contraire la publication d'un journal sans déclaration préalable du changement introduit dans la périodicité établie précédemment ne constitue pas une contravention unique, mais bien une série de faits distincts, et, conséquemment, de délits successifs qui se renouvellent à chaque fait de publication. — Dès-lors, la prescription ne peut courir en faveur du gérant qu'autant qu'un délai de six mois s'est écoulé depuis la dernière publication. — *Toulouse*, 14 avr. 1842 (t. 2 1842, p. 409), Raulet, gérant de l'*Émancipation*.

373. — La poursuite d'une offense adressée à une des chambres ne pouvant être exercée que sur l'autorisation de cette chambre, il était tout simple que le délai de la prescription ne courût pas dans l'intervalle des sessions; c'est l'application de cette maxime du droit commun : *Contrà non valentem agere non currit prescriptio.*

374. — Depuis la loi du 26 mai 1819, il a été créé un délit spécial envers les chambres, c'est celui d'infidélité et de mauvaise foi dans le compte-rendu de leurs séances. La disposition de l'art. 29 relative à l'offense envers les chambres et à la suspension de la prescription dans l'intervalle des sessions, serait applicable par raison d'analogie à ce nouveau délit. — Chassan, t. 2, nº 1241.

375. — La suspension prononcée durant l'intervalle des sessions ne s'appliquerait pas à l'attaque dirigée non pas contre une chambre tout entière, mais seulement contre un député. — Il importe cependant d'observer que le point de savoir si la prescription aura été ou non suspendue dépendra beaucoup de la qualification qui sera donnée définitivement à la prévention, car il est telle attaque qui, bien que dirigée en apparence isolément contre un député, par exemple, de la majorité, devrait être considérée comme atteignant la chambre elle-même.

376. — C'est du jour où les chambres se sont constituées par la formation de leur bureau et non du jour de leur réunion que le délai de la prescription recommence à courir.

377. — Si avant l'expiration du délai de six mois depuis le fait de publication qui a donné lieu à la poursuite, il a été fait un acte de poursuite ou d'instruction, l'action publique ne se prescrit qu'après un an, à compter de ce dernier acte.

378. — L'année dont parle le 3e alinéa de l'art. 29, doit, comme les six mois dont s'occupe le 1er alinéa, être révolue pour opérer la prescription.

379. — Le troisième alinéa de l'art. 29, en prévoyant le cas d'un commencement d'instruction, ne dit pas, comme l'art. 637, C. inst. crim., que la prescription qu'il établit dans ce cas commencera à partir des actes d'instruction ou de poursuite *non suivis de jugement.* Il faut en conclure que cette prescription de l'art. 29 courrait, lors même qu'un jugement serait intervenu. — Chassan, t. 2, nº 1235.

380. — Ainsi jugé, qu'en matière de délit de la presse, lorsque, entre l'arrêt de renvoi sur cassation et la citation donnée au prévenu devant la nouvelle cour, dix-huit mois se sont écoulés sans poursuites, l'action publique est prescrite; mais l'action civile continue à subsister jusqu'à ce que la révolution de trois années, à compter du fait de la publication, se soit opérée. — *Cass.*, 22 sept. 1832, de Magnoncourt c. de Raucourt; — de Grattier, t. 1er, p. 537, nº 13.

381. — Il suit de l'arrêt que nous venons de citer que la prescription d'un an court également à compter du dernier acte durant l'instance d'appel.

382. — Les poursuites commencées interrompent la prescription de six mois, lors même qu'elles auraient été faites devant un juge incompétent. — *Cass.*, 18 janv. 1822, Cristinacce; 31 janv. 1833, Roi de la Chaise; — Parant, p. 340.

383. — La nullité qui entacherait un acte d'instruction n'aurait pas pour effet d'éteindre l'action publique. Les actes antérieurs n'en seraient pas moins valables et suffiraient pour interrompre la prescription. — Chassan, t. 2, nº 1259.

384. — Il est conforme aux principes du droit commun que la partie civile puisse porter son action devant les juges qui sont saisis de l'action publique. — V. ACTION CIVILE, nº 154. — Mais bien que déférées à la même juridiction, ces deux actions

n'en restent pas moins soumises aux exceptions et prescriptions qui leur sont propres.

385. — Ainsi, après avoir dit quelle était la courte prescription qui attaquait l'action publique, nous avons vu que l'action civile a été quant à la prescription soumise à un délai semblable à celui fixé pour les délits ordinaires. En effet, lorsqu'il a été fait des poursuites, elle se prescrit par trois ans à compter du dernier acte de poursuite. — *Cass.*, 20 mai 1842 (t. 2 1842, p. 635), Laurent et Vacherie c. Charreyron.

386. — L'expiration du délai de trois ans, à partir du fait de la publication n'entraîne pas la prescription de l'action civile, alors que, dans l'intervalle la partie lésée a porté plainte et a formé son action et qu'elle n'a pas laissé écouler depuis un délai de trois années, sans faire des actes interruptifs de la prescription. — Même arrêt.

387. — En matière de délits de presse où la durée de la prescription est plus longue pour l'action civile que pour l'action publique, l'action civile existante ne conserve pas l'action publique et ne l'empêche pas de périr par la prescription qui lui est propre. — Même arrêt.

388. — La prescription de l'action publique ne fait pas cesser quant à l'action civile la compétence du tribunal de répression alors que ces deux actions ont été simultanément engagées. — Même arrêt. — Chassan, t. 2, nº 1267. — V. COMPÉTENCE CRIMINELLE, nºs 347 et suiv.

389. — Mais lorsque les deux actions n'ont pas été engagées simultanément et que l'action publique est prescrite, l'action civile ne peut plus être portée que devant les tribunaux civils. — Mangin, t. 1er, nº 34.

Sect. 2e. — *Compétence.*

390. — La compétence en matière de délits de presse peut être envisagée de deux manières. Elle est *absolue*, c'est-à-dire qu'elle est fondée sur les limites posées entre les diverses juridictions par le législateur; ou bien elle est *relative*, c'est-à-dire qu'une fois la nature de l'affaire et l'ordre de juridiction connus, elle détermine entre les tribunaux du même ordre quel est celui qui doit être saisi. Ces deux espèces de compétence vont être, relativement aux délits de presse, appréciées dans les deux articles qui vont suivre et dans leurs subdivisions.

ART. 1er. — *Compétence absolue des juridictions.*

391. — La compétence absolue relative aux délits de presse n'a pas toujours été soumise à des règles uniformes. Nous allons indiquer, en nous occupant de chacune des juridictions, les variations de la législation.

§ 1er. — *Cours d'assises.*

392. — La législation criminelle de l'empire avait réglé la compétence en matière de délits de presse, conformément aux règles établies pour toutes les autres, et c'était suivant la nature de la peine infligée, selon qu'elle était correctionnelle ou infamante, qu'il y avait lieu de saisir la cour d'assises ou le tribunal correctionnel.

393. — La Charte de 1814 avait bien proclamé la liberté de la presse; mais laissant à des lois ultérieures le soin de régler l'exercice de ce droit constitutionnel, elle n'avait rien statué sur la compétence. Les premières lois portées sous la restauration laissèrent la compétence telle qu'elle résultait de la législation impériale.

394. — Ce fut la loi du 26 mai 1819 qui déféra à la cour d'assises la connaissance de tous les délits commis par la voie de la presse ou par tout autre moyen de publication (art. 13), sauf l'exception portée dans l'art. 14 de cette loi, c'est-à-dire sauf l'exception des délits de diffamation verbale ou injure verbale envers toute personne et de diffamation ou injure par une voie de publication quelconque envers les particuliers. Ces dernières infractions étaient réservées aux tribunaux correctionnels ou aux tribunaux de simple police, selon les cas.

395. — Les délits dont la connaissance a été attribuée aux cours d'assises, par la loi du 26 mai 1819, ont dû être portés devant cette juridiction, encore bien que l'instruction fût complète avant la publication de cette loi, s'il n'était point intervenu du jugement définitif. — *Cass.*, 25 nov. 1819, Legendre.

396. — Mais la loi du 25 mars 1822 enleva au jury l'attribution qui lui avait été faite pour rendre aux tribunaux correctionnels le jugement

DÉLITS DE PRESSE, etc., ch. 3, sect. 2e.
DÉLITS DE PRESSE, etc., ch. 3, sect. 2e.

des délits de presse (art. 17); c'est par une sorte de compensation que cette loi permit aux prévenus de porter leurs appels directement devant la cour royale où ils devaient être jugés par deux chambres réunies (même art. 17). — Parant, p. 202.

397. — Toutes les affaires de la presse dans lesquelles il n'était intervenu aucun arrêt de renvoi, lors de la promulgation de la loi du 25 mars 1822, ont été enlevées à la connaissance du jury et ont dû être jugées dans la forme prescrite par cette loi. — *Cass.*, 10 mai 1822, Delavie.

398. Sous l'empire de l'art. 17, L. 25 mars 1822, c'était devant la première chambre civile et la chambre correctionnelle réunies que devait être porté l'appel d'un jugement rendu en matière de presse, encore bien qu'il s'agît de l'exposition en vente d'un ouvrage imprimé précédemment condamné. — *Cass.*, 30 janv. 1829, Adrien Leclerc.

399. — La chambre correctionnelle d'une cour royale était régulièrement composée de cinq juges, lorsqu'elle se réunissait à la chambre civile, en exécution de l'art. 17, L. 25 mars 1822, pour le jugement d'un délit de la presse. — *Cass.*, 29 mai 1830, de Magnoncourt.

400. — Le ministère public qui, sur une action en diffamation envers un fonctionnaire public, poursuivie, sous la loi du 25 mars 1822, à la requête de ce fonctionnaire, avait interjeté appel incident contre le prévenu, a pu, nonobstant la survenance de la loi du 8 oct. 1830, qui a enlevé au ministère public l'initiative d'action en cette matière, donner suite à l'instance et assigner devant la cour le prévenu appelant pour faire statuer sur l'appel. — *Cass.*, 22 sept. 1832, de Magnoncourt c. de Raucourt.

401. — Tel était en 1830 l'état de la législation. La Charte nouvelle déclara (art. 69) que les délits de la presse ainsi que les délits politiques seraient déférés au jury. C'est en exécution de cette promesse que, sur la proposition faite par M. le comte Siméon, dans la séance de la chambre des pairs du 1er sept. fut rendue la loi du 8 oct. 1830.

402. — La loi du 8 oct. 1830, distinguant entre les infractions matérielles appelées *contraventions* et celles qui supposent une intention coupable, laisse les premières dans les attributions de la juridiction correctionnelle pour ne déférer que les secondes au jury. Elle excepte, en outre des cas dévolus à la cour d'assises, 1° les délits énumérés dans l'art. 14, L. 26 mai 1819; 2° les délits d'offense envers les chambres ou de comptes-rendus infidèles et de mauvaise foi de leurs séances, ou des audiences des cours et tribunaux, si les chambres, cours et tribunaux jugent à propos de réprimer eux-mêmes ces délits.

403. — La Charte ne parlait que des *délits de la presse*. La loi du 8 oct. 1830 attribue au jury non seulement ces délits, mais tous ceux qui se commettent à l'aide des moyens indiqués dans l'art. 1er, L. 17 mai 1819, ce qui comprend ceux de l'écriture et ceux de la parole. — Chassan, t. 2, n° 1387.

404. — L'attribution faite aux cours d'assises par la loi du 8 oct. 1830 des délits de la presse qui ne seraient pas encore jugés lors de sa promulgation, n'a pas compris ceux sur lesquels il existait un jugement frappé d'appel. — *Cass.*, 22 sept. 1832, de Magnoncourt c. de Raucourt.

405. — Aussi a-t-il été décidé que, encore bien que la loi du 8 oct. 1830 ait abrogé, en matière de délits de presse, la juridiction exceptionnelle des cours royales, chambres civile et de police correctionnelle réunies, ces deux chambres ont été compétentes pour statuer sur l'appel d'un jugement correctionnel antérieur à la loi du 8 oct. 1830. — Même arrêt.

406. — Les infractions qualifiées crimes sont nécessairement de la compétence des cours d'assises. Outre cette juridiction de droit commun, il en existe cependant une d'exception. C'est celle de la cour des pairs, à laquelle le gouvernement peut déférer les crimes définis par les art. 1er, 2 et 5, L. 9 sept. 1835.

407. — Les délits de presse que la loi du 8 oct. 1830 a placés dans les attributions des cours d'assises sont, ainsi que nous l'avons dit, ceux qui présentent véritablement ce caractère. Les contraventions de presse ont été laissées dans les termes du droit commun. Certains délits proprement dits appartiennent même à la juridiction de la police correctionnelle; ce sont ceux que le Code pénal a prévus. — Chassan, t. 2, n° 1342; Serrigny, t. 2, p. 171.

408. — Jugé que les cours d'assises seules peuvent connaître du délit de provocation par des discours tenus publiquement à commettre des délits et à la désobéissance aux lois. — *Cass.*, 7 fév. 1833, Vaultier.

409. — L'infraction relative à la réimpression, vente ou distribution d'un ouvrage condamné, constitue un délit et non une contravention. Elle suit, en conséquence, la juridiction compétente pour connaître du délit contenu dans l'ouvrage, et peut dès-lors, dans certains cas, être jugée par la cour d'assises. — Chassan, t. 2, n° 1347; Serrigny, t. 2, p. 173.

410. — Les offenses envers le roi doivent être jugées par les cours d'assises lorsqu'elles ne sont pas déférées à la juridiction de la cour des pairs dans le cas prévu par l'art. 2, L. 9 sept. 1835. Il en est de même dans le cas d'offense envers l'une des deux chambres, lorsque la chambre offensée ne juge pas à propos de réprimer elle-même le délit. — L. 8 oct. 1830, art. 3.

411. Si les chambres, cours ou tribunaux n'usaient pas du droit qu'ils ont conformément à la loi du 25 mars 1822, art. 16, et à celle du 8 oct. 1830, art. 3, de réprimer eux-mêmes le délit de compte-rendu infidèle et de mauvaise foi de leurs séances, ce délit ne pourrait être jugé, sur leur provocation, que par la cour d'assises.

412. — La loi du 8 oct. 1830 défère également par son art. 6 les délits dits politiques à la cour d'assises. — V. DÉLITS POLITIQUES.

413. — Les cours d'assises connaissent encore des délits qui, par leur nature même, ne peuvent être commis que par des ecclésiastiques et que punissent les art. 201 et suiv., C. pén. — Chassan, t. 2, n° 1359.

414. — La loi du 10 déc. 1830, sur les afficheurs et crieurs publics, défend par son art. 1er d'afficher, même avec autorisation, aucun écrit contenant des nouvelles politiques ou traitant d'objets politiques. En outre, elle prohibe la vente ou distribution de faux extraits de journaux, jugemens et actes de l'autorité (art. 4 et 5). Ces deux infractions, bien que frappées de peines correctionnelles, sont mises par cette loi dans les attributions de la cour d'assises. — V. AFFICHEUR, CRIEUR PUBLIC, DISTRIBUTIONS D'ÉCRITS OU IMPRIMÉS.

§ 2. — *Tribunaux correctionnels.*

415. — *Délits.* — La compétence des délits de presse prévus par le Code pénal est déterminée non par les lois spéciales à la presse, mais par le Code d'instruction criminelle. — V. C. pén., art. 222 et suiv., art. 262, etc.; — Parant, p. 251-252; Chassan, t. 2, n° 1409.

416. — L'art. 2, L. 8 oct. 1830, excepte des délits de presse déférés au jury par cette loi ceux que prévoit l'art. 14 de celle du 26 mai 1819. Ce sont, avons-nous dit, les délits de diffamation verbale ou d'injure verbale *contre toute personne*, et ceux de diffamation ou d'injure *par une voie de publication quelconque contre des particuliers*. Ces délits sont placés presque tous dans les attributions de la juridiction correctionnelle. Les tribunaux de simple police peuvent cependant connaître de quelques uns d'entre eux. Les questions de compétence auxquelles ces infractions donnent lieu, ne pouvant être résolues que par l'examen du caractère de chacune d'elles, seront traitées sous les mots DIFFAMATION-INJURE.

417. — Il convient de faire observer cependant qu'il ne résulte pas des mots *diffamation verbale ou injure verbale contre toute personne*, que toute attaque verbale contre *une classe* de personnes soit déférée aux tribunaux correctionnels. Les attaques verbales contre le roi ou contre les chambres qui portent le nom d'*offenses* sont considérées comme dirigées non contre des personnes, mais contre des pouvoirs constitutionnels, et dès-lors les cours d'assises peuvent seules en connaître. Il faut en dire autant des attaques de la même nature contre des classes de personnes ou de citoyens, punies par l'art. 10, L. 25 mars 1822, et par l'art. 8 de celle du 9 sept. 1835. — L'art. 14, L. 26 mai 1819, ne s'applique qu'aux individualités. — Chassan, t. 2, nos 1402 et suiv.

418. — M. Chassan (t. 2, n° 1407) pense que les diffamations ou injures *verbales* dirigées contre les corps constitués, les autorités ou administrations publiques (V. L. 25 mars 1822, art. 5) appartiennent à la juridiction correctionnelle. Cette opinion se fonde sur ce que ces infractions s'adressent dans ces divers cas à des *personnes* sinon réelles, du moins morales, et sur leur peu de gravité lorsqu'elles n'ont été commises que verbalement. — V., dans le même sens, Pégat, *Code de la presse*, p. 27 et 28.

419. — Une grave question s'est élevée à propos des faits qualifiés *outrages* et prévus par l'art. 6, L. 25 mars 1822. On s'est demandé si cette classe d'infractions pouvait rentrer dans les dénominations employées par l'art. 14, L. 26 mai, et si dès-lors elle devait être portée devant les tribunaux correctionnels, ou si au contraire elle devait être jugée par les cours d'assises, comme comprise dans l'attribution générale faite à cette dernière juridiction, par l'art. 1er, L. 8 oct. 1830. — Parant, p. 204. — Quant à la compétence pour toutes les infractions ainsi qualifiées, V. OUTRAGE.

420. — *Contraventions de presse.* — Il est hors de toute contestation que les contraventions de presse frappées par le Code pénal de peines correctionnelles sont de la compétence des tribunaux correctionnels.

421. — Ainsi jugé pour le délit de publication sans indication des noms de l'auteur ou de l'imprimeur. — *Bruxelles*, 11 mai 1833, G... — Cette décision doit avoir la même autorité en France. La loi du 8 oct. 1830 ne s'applique qu'au contenu des écrits; il ne s'agit ici que d'une contravention matérielle.

422. — Jugé cependant par la cour de Liége (11 juill. 1834, le journal *le Rappel*) que la publication d'un journal, sans désignation du nom de l'éditeur ou de l'imprimeur, constitue un délit de la compétence des cours d'assises et non de la police correctionnelle.

423. — Le même principe de la compétence correctionnelle s'applique aux contraventions prévues par les lois suivantes, dites *lois spéciales de la presse*. — Parant, p. 269 et suiv.; — Serrigny, *Tr. de dr. publ.*, t. 2, p. 193.

424. — L'art. 21, L. 21 oct. 1814, attribue aux tribunaux de police correctionnelle la connaissance des contraventions aux réglemens sur l'imprimerie et la librairie.

425. — Aux termes de l'art. 11, L. 26 mai 1819, les greffiers sont tenus de délivrer, à la première réquisition, un certificat constatant que la chambre du conseil ou la chambre d'accusation n'a pas statué dans le délai déterminé par cet article, et ce, à peine de 300 fr. d'amende. Le fait prévu par cette disposition est une contravention justiciable de la police correctionnelle. — De Grattier, t. 1er, p. 384, et la note.

426. — Il faut en dire autant des contraventions prévues par la loi du 9 juin 1819 sur la presse périodique. — *Cass.*, 21 avr. 1827, Goisbault Delebreton; *Paris*, 9 fév. 1831, Fazy; *Rennes*, 24 déc. 1835, Mangin; — De Grattier, t. 1er, p. 19, n° 10; Parant, p. 269.

427. — L'art. 11, L. 25 mars 1822, punit le refus d'insertion de la réponse de toute personne nommée ou désignée dans un journal. Bien que, depuis cette loi, les délits de presse aient été attribués au jury, cette infraction est restée dans la compétence des tribunaux correctionnels. — *Liége*, 5 mars 1833, T... c. *Courrier de la Meuse*; — Chassan, t. 2, n° 1416.

428. — Bien que la loi du 18 juill. 1828 sur la presse périodique n'ait attribué d'une manière expresse à la juridiction correctionnelle que les infractions punies par les art. 2 et 8, MM. de Grattier (t. 2, p. 191), et Chassan (t. 2, n° 1417) pensent qu'il doit en être ainsi de *toutes celles* que prévoit cette loi, car ce ne sont que des contraventions.

429. — Les tribunaux correctionnels peuvent seuls connaître des contraventions en matière d'affichage et de criage publics. — LL. 10 déc. 1830, art. 2, 3 et 7, et 16 fév. 1834, art. 1er et 2.

430. — C'est à leur juridiction qu'appartiennent enfin les infractions de même caractère prévues par plusieurs dispositions de la loi du 9 sept. 1835.

431 — Parmi les faits punissables caractérisés par cette dernière loi, on doit considérer comme contraventions justiciables des tribunaux correctionnels les infractions aux dispositions suivantes: l'interdiction pour les journaux ou écrits périodiques de rendre compte des procès pour outrages ou injures, et des procès en diffamation où la preuve des faits diffamatoires n'est pas admise par la loi; — l'interdiction de publier les noms des jurés, excepté dans le compte-rendu de l'audience où le jury aura été constitué; — V. *suprà* n° 305. celle de rendre compte des délibérations intérieures soit des jurés, soit des cours et tribunaux. — Art. 10. — V. *suprà* n° 306.

432. — ...L'interdiction relative aux souscriptions prohibées (art. 11). — V. *suprà*, n° 307.

433. — ...Les infractions aux dispositions des art. 16, 17 et 18, relatives à la presse périodique.

434. — ...Enfin, les interdictions relatives aux dessins emblèmes, gravures, lithographies, médailles et estampes, et celles relatives à la police des théâtres. — Art. 20 et 21.

435. — Il résulte de la discussion aux deux chambres de la loi du 8 oct. 1830, qu'on a voulu laisser dans la compétence de la juridiction correctionnelle, non seulement les contraventions établies par les lois des 9 juin 1819 et 18 juill. 1828, mais tou-

tes celles qu'ont pu prévoir d'autres lois spéciales. Peu importe donc la qualification que ces lois ont données aux infractions qui sont en elles-mêmes des contraventions, ou le silence qu'elles auraient gardé sur la juridiction compétente pour en connaître. — De Grattier, t. 2, p. 209 et 211, nº 6; Chassan, t. 2, nº 1418.

436. — Il faut mentionner comme contraventions punies correctionnellement par des lois spéciales celles relatives aux annonces de remèdes secrets, aux affiches, ou distributions d'écrits non timbrés, (L. 28 avr. 1816, art. 69), aux annonces de loteries prohibées, aux brevets d'invention.

§ 3. — *Tribunaux de simple police.*

437. — Les tribunaux de simple police ont compétence pour juger les injures qui ne contiennent aucune imputation d'un vice déterminé, ou les diffamations ou injures qui ne seraient pas publiques. — L. 17 mai 1819, art. 20, 26 mai 1819, art. 14; — C. pén., art. 376 et 471, nº 11; — Chassan, t. 2, nº 1431.

438. — Ils peuvent, accessoirement à la condamnation aux peines de simple police, prononcer des dommages-intérêts dont le chiffre n'est limité par aucune loi. — Chassan, t. 1ᵉʳ, nº 1432.

439. — Ils sont compétens pour connaître de l'infraction de réimpression, vente ou distribution d'un ouvrage condamné, si le contenu de l'ouvrage qui avait donné lieu à la condamnation peut être soumis à leur juridiction, par exemple, s'il s'agissait d'une injure publique ne contenant pas l'imputation d'un vice déterminé. — Chassan, t. 2, nº 1433. — V. *contrà* de Grattier, t. 1ᵉʳ, p. 523, et la note.

440. — Ils connaissent des bruits et tapages injurieux (C. pén., art. 479, nº 8), et des contraventions à l'art. 5 L. 4 juill. 1837, sur les énonciations publiques des poids et mesures.

§ 4. — *Tribunaux civils.*

441. — La question de savoir si celui qui a souffert un préjudice par suite d'un fait réprimé par les lois sur les délits de la parole, de l'écriture et de la presse, peut porter directement une action en réparation de ce préjudice, a donné lieu à diverses controverses. Nous rapporterons au mot DIFFAMATION les diverses décisions rendues sur cette question.

442. — Les tribunaux civils sont compétens pour connaître des contestations élevées entre les gérans des journaux et l'autorité administrative au sujet 1º de la déclaration prescrite par l'art. 6 de la loi du 18 juillet 1828; 2º de la déclaration des mutations survenues dans le journal, prescrite par le même article. — Chassan, t. 2, nº 1457.

§ 5. — *Compétence des juridictions exceptionnelles.*

443. — Les règles de compétence que nous venons d'exposer s'appliquent à tous les délits de presse et de publication qui n'ont pas été déférés par la loi à une juridiction extraordinaire. Nous avons eu déjà occasion de faire connaître un certain nombre des compétences spéciales et extraordinaires créées pour le jugement de certains délits de la matière. Il nous reste à compléter cette indication.

444. — Outre le droit de prendre les mesures nécessaires pour maintenir l'ordre dans leurs audiences, les cours et tribunaux ont celui de réprimer les infractions commises à ces audiences et qui constitueraient des outrages envers eux. La cour ou le tribunal outragé peut, immédiatement après que le délit a été commis, constater les faits et appliquer au délinquant les peines prévues par la loi. C'est par le Code d'inst. crim. que la magistrature a été investie de cette compétence extraordinaire que l'intérêt de sa dignité rendait indispensable. — V. notamment C. inst. crim., art. 505. — V. OUTRAGE

445. — Si des discours prononcés devant les tribunaux ou des écrits produits devant eux sont injurieux ou diffamatoires envers des personnes autres que les juges saisis, ces derniers peuvent prononcer la suppression des écrits et, s'il y a lieu, faire des injonctions aux avocats ou officiers ministériels, ou même les suspendre de leurs fonctions. — L. 17 mai 1819, art. 23. — V. DIFFAMATION.

446. — L'art. 16, L. 25 mars 1822, et l'art. 3 de celle du 8 oct. 1830 donnent, ainsi que nous avons vu, à chaque tribunal le droit de juger le délit de compte-rendu infidèle et de mauvaise foi de ses audiences. — V. COMPTE-RENDU.

447. — Le Code d'inst. crim., art. 479 et suiv., et la loi du 20 avr. 1810 et d'autres décrets ont attribué aux cours royales la connaissance des *délits* commis par les magistrats de l'ordre judiciaire, les préfets, les généraux, les évêques ou autres dignitaires, par des membres de l'Université et des étudians. Selon M. Chassan (t. 2, nºˢ 2287 et suiv.), les délits de presse imputés à ces personnes ne pourraient être réprimés que par cette juridiction. — Nous ne saurions adopter cette opinion. Le Code d'instr. crim. nous paraît avoir été abrogé par l'attribution formelle que la loi du 8 oct. 1830 a faite au jury de la connaissance des délits de la presse. Nous serions d'avis seulement, comme nous l'avons dit à propos des délits politiques, que l'instruction préparatoire à la mise en accusation et au renvoi devant le jury, fût suivie dans les formes et suivant la règle des art. 479 et suiv.

448. — Dans certains cas, des infractions du même ordre peuvent être jugées par des fonctionnaires de l'ordre administratif, tels que les préfets, les ministres, les conseils de préfecture, le conseil royal de l'instruction publique, le conseil d'état.

449. — Considérées quant à leur compétence pour la répression de certains crimes ou délits de presse ou de publication, les deux chambres législatives ne sont pas placées, sous tous les rapports, dans les mêmes conditions. Toutes deux peuvent, en vertu des art. 15 et 16, L. 25 mars 1822, lorsqu'elles ont été offensées, soit directement, soit au moyen d'un compte-rendu infidèle et de mauvaise foi de leurs séances, exercer un pouvoir qui n'a rien de juridictionnel, mais qui se rattache exclusivement à l'action de ces corps politiques. Mais la chambre des pairs seule peut se constituer en cour de justice, et nous avons vu que, parmi les attentats qui peuvent lui être dévolus, lorsqu'elle exerce un pouvoir judiciaire, il en est qui ont été définis par la législation spéciale de la presse. — V. COUR DES PAIRS, OFFENSE ENVERS LES CHAMBRES.

450. — C'est aux tribunaux militaires qu'il appartient de juger les délits de la parole, de l'écriture ou de la presse commis par des militaires, à moins que les délinquans ne soient inculpés comme complices de délits de cette nature déférés à une juridiction ordinaire. — V. TRIBUNAUX MILITAIRES.

ART. 2. — *Compétence relative ou territoriale.*

451. — En droit commun, la compétence du juge criminel se détermine par les principes qui régissent la compétence du juge d'instruction et celle du procureur du roi quant au territoire. La compétence territoriale comprend : 1º le lieu où l'infraction a été commise (*forum delicti commissi*); — 2º le lieu de la résidence de l'inculpé (*forum personale domicilii*), ce qui doit s'entendre de sa résidence habituelle; — 3º le lieu où il peut être trouvé (*forum deprehensionis*) ou sa résidence *accidentelle*. Lorsque l'action civile est portée devant les mêmes juges que l'action publique, elle est régie par les mêmes principes.

452. — Ces principes généraux s'appliquent indubitablement aux délits *de la parole*. Il n'en est pas de même de ceux qui se commettent au moyen de la presse. Ces délits ne se commettent pas nécessairement dans un lieu unique comme les premiers, et les imprimés coupables peuvent être transportés dans un grand nombre de localités différentes. Aussi a-t-il fallu leur assigner des règles spéciales quant à la compétence. La législation spéciale de la presse a aussi distingué, sous ce rapport, entre l'action publique et l'action civile auxquelles les délits de l'écriture ou de la presse donnent ouverture. — Chassan, t. 2, nº 1276.

453. — Dans les cas où les formalités prescrites par les lois et réglemens concernant le dépôt ont été remplies, les poursuites à la requête du ministère public ne peuvent être faites que devant les juges du lieu où le dépôt a été opéré ou de celui de la résidence du prévenu. En cas de contravention aux dispositions concernant le dépôt, les poursuites peuvent être faites, soit devant le juge de la résidence du prévenu, soit dans les lieux où les écrits ou autres instrumens de publication ont été saisis. — L. 26 mai 1819, art. 12.

454. — D'après le droit commun, lorsqu'une partie lésée par un délit intente son action en réparation devant les tribunaux civils, ce sont les règles de compétence déterminées par les lois sur la procédure qu'il faut appliquer. Mais il a été dérogé à ce principe par l'art. 12, L. 26 mai 1819, qui dispose que *dans tous les cas* la poursuite à la requête de la partie plaignante pourra être portée *devant les juges de son domicile* lorsque la publication y aura été effectuée. — *Paris*, 31 mars 1835, Cicéron c. Boitel; — Chassan, t. 2, nº 1463.

455. — Cette disposition ne fait aucune distinction entre les publications ordinaires et les publications périodiques. M. Jacquinot-Pampelune avait présenté un amendement d'après lequel les écrits périodiques ne pouvaient être poursuivis à la requête du ministère public que devant le juge du lieu de l'établissement périodique; mais cet amendement fut rejeté. — V. du reste L. 9 juin 1819, art. 9.

456. — On sait que le dépôt des journaux cautionnés doit être fait au parquet du procureur du roi, conformément à l'art. 8, L. 18 juillet 1828. — V. au reste ÉCRITS PÉRIODIQUES.

457. — Le projet du gouvernement ne déclarait compétent que le juge du lieu où le dépôt avait été opéré. La commission de la chambre des députés a signalé cette rédaction comme présentant une lacune, et les mots *ou de celui de la résidence du prévenu* ont été ajoutés au premier alinéa. On n'a pas voulu permettre à un écrivain de choisir d'avance le tribunal par le lieu où il effectuerait le dépôt. La *résidence* dont parle cet alinéa est, du reste, la résidence habituelle.

458. — La cour de Caen a jugé que la prison dans laquelle est enfermé un prévenu de délit de presse peut être considérée comme étant une résidence dans le sens de l'art. 12, L. 26 mai 1819. Sur le pourvoi dirigé contre cet arrêt, la cour de Cassation a déclaré qu'une pareille appréciation appartenait exclusivement aux juges du fond. — *Cass.*, 7 nov. 1834, Legenvre. — L'arrêt rendu par la cour de Caen était contraire à l'esprit de l'art. 12, qui n'a entendu parler que d'une résidence habituelle et volontaire. — Chassan, t. 2, nº 1282.

459. — Il faut remarquer que, dans l'hypothèse du second alinéa de l'art. 12, la loi ne s'occupe pas de l'intervention ni de la coopération du prévenu relativement au fait de publication. En l'absence du dépôt, le fait seul de la publication est attributif de compétence. — De Grattier, t. 1ᵉʳ, p. 388 et 389, nºˢ 1ᵉʳ et 2.

460. — Parant (p. 278) fait observer que les mots *et autres instrumens de publication* doivent s'entendre des écrits, gravures, etc. La saisie des presses et autres instrumens d'imprimerie n'est pas dans la pensée de la loi, qui ne s'occupe que des objets soumis au dépôt. Les presses ne pourraient être saisies que pour contravention aux lois de l'imprimerie. — V. aussi Chassan, t. 2 nº 1287; de Grattier, t. 1ᵉʳ, p. 392, nº 10.

461. — En se servant du mot *saisis* dans le second alinéa de l'art. 12, on n'a pas voulu parler d'une saisie régulière. Ce mot est ici synonyme d'arrêté, appréhendé. — Chassan, t. 2, nº 2888.

462. — L'art. 12 étant muet sur les délits de l'écriture, on doit en conclure que, sous le rapport de la compétence, ils restent soumis aux règles du droit commun. A la vérité, partout où l'écrit coupable aura pénétré, le publicateur pourra être poursuivi, mais l'auteur de l'écrit ne sera obligé de suivre ces compétences diverses qu'autant qu'il se sera associé à la publication dans chaque localité où l'écrit serait poursuivi. C'est l'application des règles générales sur les compétences. — *Cass.*, 18 sept. 1818, Dunoyer c. Béchu (aff. du *Censeur européen*).

463. — La compétence facultative créée pour l'exercice de l'action civile par le troisième alinéa de l'art. 12, L. 26 mai 1819, peut paraître exorbitante; mais on a pensé qu'il n'était pas juste de forcer un citoyen diffamé à s'éloigner de sa famille pour courir après le libelle qui est venu le chercher au sein de ses foyers. — V. Exposé des motifs à la chambre des pairs; — Parant, p. 280. — Le plaignant pourrait, du reste, porter son action devant le tribunal du lieu où le dépôt a été fait ou devant celui de la résidence du prévenu. — Chassan, t. 2, nº 1298.

464. — Le fait de la publication au domicile du plaignant pourra être établi par lui par la preuve testimoniale ou par tout autre moyen. — Chassan, t. 2, nº 1301. — La dernière disposition de l'art. 16 s'applique du reste à la presse périodique comme à la presse ordinaire.

465. — L'art. 12, dans sa dernière partie, paraît exiger textuellement que la partie plaignante se soit portée partie civile pour qu'il y ait attribution de juridiction par l'exercice de son action. C'est ce qu'avait jugé la cour de *Rennes* (15 fév. 1838 [t. 1ᵉʳ 1838, p. 294], électeurs de Vannes c. Mangin); mais son arrêt a été cassé par la cour suprême le 25 mai suivant (*Cass.* [t. 2 1838, p. 106]). — On peut, en effet, considérer cette disposition comme un retour au principe général sur la compétence du tribunal du lieu du délit, ce qui donne au ministère public le droit d'y exercer l'action publique sur la plainte de la partie lésée. — Serrigny, *Traité du droit public*, t. 2, p. 234.

CHAPITRE IV. — *Procédure et jugement.*

466. — La diversité de compétence en matière de délits de presse a obligé le législateur à tracer pour la procédure des règles variées et appropriées à la nature de la juridiction et aux droits légitimes de l'accusation et de la défense.

467. — Ainsi, la cour d'assises devant être investie de la connaissance et de la répression d'un délit de presse peut être saisie, soit à la suite d'une instruction préalable, dont les formes ont été réglées de manière à combiner les règles ordinaires de cette juridiction avec ce qu'exigeait la nature particulière des délits de presse, soit par la voie d'une citation qui appelle le prévenu directement devant la cour d'assises. Nous ferons suivre l'exposition de ces formes, qui constituent la procédure préalable à la comparution devant la cour d'assises, de l'analyse des règles relatives à la procédure devant la cour d'assises.

468. — Enfin les tribunaux correctionnels, les tribunaux de simple police, les tribunaux civils, ont aussi en cette matière une procédure qui leur est propre, et qui terminera ce chapitre.

Sect. 1re. — *Procédure en cas de poursuite devant la cour d'assises.*

ART. 1er. — *Procédure préalable à la comparution devant la cour d'assises.*

§ 1er. — *Poursuite par la voie de l'instruction préalable.*

469. — *Réquisitoire.* — Lorsque la répression d'une infraction de presse ou de publication justiciable de la cour d'assises est poursuivie par la voie de l'instruction préalable, le premier acte de la procédure est le réquisitoire du procureur du roi adressé au juge d'instruction. — Chassan, t. 2, no 1481.

470. — L'art. 6, L. 26 mai 1819, dispose que la partie publique, dans son réquisitoire, si elle poursuit d'office, ou le plaignant, dans sa plainte, seront tenus d'articuler et de qualifier les provocations, attaques, offenses, outrages, faits diffamatoires ou injures, à raison desquels la poursuite est intentée, et ce à peine de nullité de la poursuite. Nous avons déjà rappelé que les dispositions de la loi du 26 mai 1819 sur la procédure, abrogées par l'art. 17 de celle du 25 mars 1822, ont été remises en vigueur par l'art. 4, L. 8 oct. 1830.

471. — Il résulte de la rédaction de l'art. 6 qu'il faut *articuler*, c'est-à-dire énoncer et détailler le fait incriminé, et *qualifier*, c'est-à-dire indiquer l'infraction que le fait constitue. — Chassan, t. 2, no 1483.

472. — L'art. 6 s'applique du reste à tous les délits régis par les lois dites de la presse, et qui doivent être jugés conformément à la loi du 26 mai 1819. — Il s'applique notamment au délit de compte-rendu infidèle et de mauvaise foi des débats judiciaires. — *Cass.*, 7 déc. 1822, Guise et Legracieux; 14 juin 1834, J. Favre.

473. — S'il s'agit de la poursuite d'un discours oral, le réquisitoire doit rapporter le discours ou les passages incriminés, ou sa traduction s'il a été prononcé en langue étrangère. Il doit énoncer aussi, en tant que possible, le temps et le lieu de l'accomplissement de l'acte qui motive les poursuites, de telle sorte que l'inculpé ne soit pas exposé à une méprise à cet égard. — Chassan, t. 2, nos 1484 et 1485.

474. — La cour de Cassation a jugé que la poursuite pour prétendu compte-rendu infidèle et de mauvaise foi des audiences d'un tribunal est nulle, lorsque le réquisitoire du ministère public contient une erreur dans l'énonciation de l'article de journal incriminé. — *Cass.*, 14 juin 1834, J. Favre.

475. — M. Pegat (p. 82) prétend que si, dans le réquisitoire, il y avait erreur dans l'indication de l'article de loi qui punit le fait incriminé, cette erreur entraînerait la nullité de la poursuite. Cette opinion ne serait fondée que si le fait n'avait été *qualifié* que par la citation de l'article de loi qui s'y rapporte. Si le fait a été qualifié par la dénomination même du délit, la poursuite devrait être considérée comme régulière, la citation de la loi pénale étant un accessoire dont l'indication erronée ne peut vicier la qualification principale. — De Grattier, t. 1er, p. 353; Chassan, *loc. cit.*

476. — Il est de jurisprudence que le ministère public articule et qualifie suffisamment les faits, en indiquant dans son réquisitoire les articles de lois qui caractérisent le délit et les pages de l'ouvrage poursuivi où se trouvent les passages incriminés. — *Cass.*, 8 sept. 1824, Corréard et Barthélemy.

477. — ... Et que l'indication par les premiers et derniers mots des passages incriminés et la citation de l'article de la loi répressive du délit poursuivi sont une qualification suffisante des faits de la poursuite. — *Cass.*, 27 mars 1830, Coudert.

478. — Il est même convenable, selon M. de Berny (*Concordance des lois sur la presse*, p. 62) de n'indiquer que par les premiers et les derniers mots les articles incriminés, puisque les écrits condamnés doivent être détruits, aux termes de l'art. 26, L. 26 mai 1819. — Mais il nous semble que le juge ne sera pas, en cas de condamnation du prévenu, dans l'impuissance d'ordonner la destruction de l'écrit, parce que le réquisitoire aura seulement énoncé les passages qui constituent spécialement le délit, tandis que le prévenu, dans l'intérêt duquel en définitive l'articulation du passage incriminé a été ordonnée, pourrait voir sa défense, sinon entravée, du moins gênée dans sa préparation et dans le choix de ses moyens par une énonciation qui, au lieu de la précision exigée par la loi, offrirait un vague embarrassant.

479. — Lorsque l'action du ministère public est provoquée par une plainte de la partie lésée, il suffit que l'articulation et la qualification des faits incriminés se trouve dans le réquisitoire. Lorsque l'art. 6, L. 26 mai 1819, parle de plainte, il entend parler de celle de la partie civile qui poursuit directement, et non de celle qui, déposée au parquet, est destinée à provoquer l'action publique. — *Cass.*, 2 mars 1833, Brunet; — Pegat, p. 82; de Grattier, t. 1er, p. 354 et 355.

480. — Mais si l'articulation et la qualification étaient faites dans la plainte, il pourrait être dit dans le réquisitoire qu'on s'en rapporte à ces énonciations.

481. — Jugé, en conséquence, que la notification au prévenu du réquisitoire du ministère public, introductif de l'instance, constatant l'existence de la plainte et contenant l'articulation des faits, remplit le vœu de l'art. 6, L. 26 mai 1819. — *Cass.*, 2 mars 1833, Brunet; — de Grattier, t. 2, p. 351, no 3.

482. — La nullité du réquisitoire qui ne contiendrait pas l'articulation et la qualification des faits n'en devrait pas moins être prononcée, quoique le prévenu n'ait pas pu ignorer en fait l'objet de l'inculpation. — De Grattier, t. 1er, p. 355, no 5.

483. — Selon Carnot (*C. inst. crim.*, p. 400) et M. Chassan (t. 2, no 1492), cette nullité n'est pas de plein droit; elle pourrait être couverte par le silence du prévenu, si les faits étaient suffisamment articulés et qualifiés dans l'ordonnance de la chambre du conseil. Mais on peut opposer que l'articulation, dans l'ordonnance de la chambre du conseil, est inopérante, puisque le prévenu n'a le plus souvent pas connaissance de cette ordonnance.

484. — Au contraire, selon M. de Grattier (t. 1er, p. 358, no 7), cette nullité est absolue et radicale, et dès-lors les juges peuvent prononcer d'office la nullité résultant du défaut d'articulation et de qualification des faits.

485. — M. de Grattier (*ibid.*) présente, comme une conséquence de cette nullité radicale et absolue, l'arrêt par lequel la cour de Cassation a jugé que, lorsque des poursuites dirigées contre plusieurs prévenus, à raison de comptes-rendus infidèles par un journal de l'audience d'un tribunal, ont été présentées simultanément sous une prévention commune, il suffit que, dans le réquisitoire, il existe une nullité concernant un prévenu, pour que les poursuites entières soient annulées vis-à-vis même des autres prévenus. — *Cass.*, 14 juin 1834, Fabre; — de Grattier, t. 1er, p. 358; Rauter, t. 2, p. 355; Pégat, p. 82. — Mais en admettant la thèse de la nullité radicale, cette décision n'est pas à l'abri de toute controverse; car il n'y a aucune indivisibilité dans la poursuite; le prévenu à l'égard duquel le réquisitoire est régulier n'a éprouvé aucun préjudice; il semble dès-lors qu'il doit être non-recevable à invoquer une nullité qui lui est étrangère.

486. — La nullité prononcée par l'art. 6, L. 26 mai 1819, n'éteint pas l'action; elle ne frappe que la poursuite existante, et une nouvelle poursuite peut être intentée si la prescription n'est pas acquise.

487. — Le prévenu condamné pour plusieurs faits ne pourrait tirer un moyen de nullité du défaut d'articulation d'un de ces faits, qui n'a en rien aggravé la peine. — *Cass.*, 25 nov. 1831, Thoumar.

488. — Le ministère public peut, dans son réquisitoire, demander la saisie de l'écrit. Il peut aussi requérir une audition de témoins et même des visites domiciliaires pour la recherche de l'instrument du délit. — Parant, p. 284; de Grattier, t. 1er, p. 362, no 3; Chassan, t. 2, no 1494.

489. — *Saisie.* — Après avoir reçu le réquisitoire du procureur du roi, le juge d'instruction procède aux divers actes de l'instruction. Quand les lois de la presse ne contiennent aucune disposition particulière, c'est dans le Code d'instruction criminelle qu'il faut chercher les règles d'après lesquelles ces actes doivent être accomplis. — Chassan, t. 2, no 1496.

490. — L'art. 7, L. 26 mai 1819, qui ne fait que confirmer l'art. 63, C. inst. crim., porte : « Immédiatement après avoir reçu le réquisitoire ou la plainte, le juge d'instruction pourra ordonner la saisie des écrits, imprimés, placards, dessins, gravures, peintures, emblèmes ou autres instrumens de publication. L'ordre de saisir et le procès verbal de saisie seront notifiés, dans les trois jours de ladite saisie, à la personne entre les mains de laquelle la saisie aura été faite, à peine de nullité. »

491. — Dans la discussion de la loi du 26 mai 1819, on a critiqué cette mesure comme ayant un caractère préventif et comme causant au prévenu en faveur duquel semble toujours militer une présomption de non-culpabilité, un préjudice irréparable dans tous les cas. Cette opinion n'a pas été accueillie et l'on a cru devoir appliquer le principe de droit commun qui permet la saisie des instrumens du délit, à ces délits spéciaux de la presse qui, au surplus, existent déjà au moment de la saisie et ne sont dès-lors frappés que de mesures répressives. Cette saisie ne peut donc être assimilée à un acte de censure. — *Cass.*, 4 mars 1831, de Brian; — Chassan, t. 2, no 1500.

492. — Mais la saisie ne peut précéder la publication. En effet, d'après les lois sur la presse, c'est dans cette publication que résident les délits de la matière et l'on ne saurait agir légalement à une époque où le délit n'existe pas encore. — V. Exposé des motifs de la loi du 26 mai 1816; — Chassan, t. 2, no 1501; Rauter, t. 2, p. 355, no 705; Parant, p. 292; Serrigny, t. 2, p. 252.

493. — Le juge d'instruction n'a pas l'exercice de l'action publique, et dès-lors, quoique saisi directement de la plainte de la partie lésée, il ne peut ordonner la saisie avant que le ministère public, sur la communication de la plainte, n'ait requis une information. — V. dans ce sens de Grattier, t. 1er, p. 362, no 3; Chassan, t. 2, no 1503. — Nous croyons cependant avec M. Serrigny (*Tr. du dr. publ.* t. 2, p. 253) que, dans le cas de flagrant délit, le juge instructeur n'a pas besoin d'attendre le réquisitoire du procureur du roi pour ordonner la saisie. — C. inst. crim., art. 59 et 89.

494. — Dans tous les cas, pour que le juge d'instruction ait la faculté d'ordonner ou de pratiquer lui-même la saisie, il n'est pas nécessaire que dans le réquisitoire il soit conclu spécialement à ce que cette mesure soit prise. — Telle est l'opinion de M. Parant (p. 286) et de M. Chassan (t. 2, no 1504); elle est combattue par M. Rauter (t. 2, p. 355, no 705); mais nous croyons que c'est à tort en présence du texte de l'art. 7, qui exige seulement qu'il y ait eu réquisitoire. D'ailleurs le réquisitoire sera presque toujours conçu en termes assez généraux pour investir le juge d'instruction du droit de procéder à l'instruction et à l'information, et dès-lors pour légitimer toutes les mesures propres à la manifestation de la vérité. L'art. 59, C. inst. crim., ne lui confère-il pas d'ailleurs le droit d'agir en cas de flagrant délit.

495. — La rédaction de l'art. 7, L. 26 mai 1819, indique clairement que la saisie n'est pour le juge d'instruction qu'une mesure facultative. C'est donc avec raison qu'il a été jugé que la saisie n'est pas une formalité rigoureusement exigée pour servir de base à la poursuite. — *Lyon*, 5 juin 1834, Pitrat et Jomard (aff. de la *Gazette du Lyonnais*); *Cass.*, 16 nov. 1843 (t. 1er 1845, p. 127); Miramont c. Boudousquié.

496. — La présence du prévenu ou du détenteur des objets saisis au procès-verbal n'est pas nécessaire à la validité de l'opération. Il devrait cependant, s'il était détenu, être appelé ou représenté à la saisie.

497. — Quoiqu'il n'y ait pas eu de saisie régulière, on peut joindre l'ouvrage incriminé à la procédure quand on se l'est procuré par d'autres voies.

498. — La saisie qui appartient à la poursuite des crimes ou délits de la presse diffère essentiellement de celle qui serait pratiquée en matière de contravention aux lois sur la police de l'imprimerie ou de la librairie. — *Cass.*, 27 mars 1828, N...

499. — C'est par le juge d'instruction que la sai-

sie dont parle l'art. 7 peut être ordonnée; lui seul a qualité à cet effet. Tout officier de police judiciaire et, par exemple à Paris, le préfet de police serait incompétent à cet effet. — De Berny, p. 62.

500. — Ainsi il ne faut pas confondre la saisie effective ordonnée par le juge d'instruction avec la main-mise provisoire d'un officier ou d'un agent de la police judiciaire procédant en cas de flagrant délit. — De Berny, p. 62 et 63.

501. — M. de Berny (p. 62) fait remarquer que lorsque les officiers de police judiciaire procèdent à une main-mise sur plusieurs exemplaires ou sur une édition entière d'un ouvrage, ils doivent, pour opérer régulièrement, dresser procès-verbal sommaire, constituer gardien et se retirer *sur-le-champ* devant le magistrat compétent pour obtenir un ordre à l'aide duquel ils opéreront une saisie régulière. — Cette marche qu'approuve M. Chassan (t. 2, nº 1511), doit être très rigoureusement observée, et les fonctionnaires chargés de diriger et de surveiller les officiers de police judiciaire, doivent veiller à ce qu'on ne s'en écarte pas. La main-mise dont il est ici question est légitimée par le flagrant délit, mais si par un retard même involontaire un tel état qui n'est que provisoire se prolongeait au-delà du temps strictement nécessaire pour pratiquer une saisie légale autorisée par le juge d'instruction, il en pourrait résulter les abus les plus graves pour la liberté de la presse, et l'abus d'une pareille faculté qui est toute de tolérance, devrait donner lieu à des dommages-intérêts contre l'agent qui aurait ainsi excédé ses pouvoirs.

502. — La jurisprudence a aussi admis la distinction qui précède, et il a été jugé que la main-mise d'un officier de police judiciaire sur un placard diffamatoire suffit pour autoriser la production de cette pièce en justice, à l'appui de la plainte, quoiqu'il n'y ait point eu saisie régulière ordonnée par le juge d'instruction. — *Cass.*, 13 fév. 1835, Pipon; 6 mars 1824, Masson; — Chassan, t. 2, p. 258, nºs 11 et 12; Parant, p. 476.

503. — Si l'officier public porteur de l'ordre de saisie émané du juge d'instruction ne trouvait aucun exemplaire de l'ouvrage poursuivi, il devrait dresser procès-verbal de carence. La poursuite se trouverait arrêtée par cela même, et le procès-verbal n'aurait même pas besoin d'être notifié. Tel est l'avis de M. Chassan (t. 2, nº 1512).

504. — Jugé dans ce sens que c'est seulement en cas de saisie, et non lorsqu'il y a eu une simple perquisition infructueuse, que la poursuite des délits de la presse tombe en péremption, faute par la chambre du conseil d'avoir statué dans les dix jours de la notification du procès-verbal. — *Cass.*, 24 mai 1821, Gorson-Lévy; 8 sept. 1824, Corréard; — de Grattier, t. 1er, p. 84; Mangin, t. 2, p. 151, nº 313.

505. — La saisie doit être faite soit par le juge d'instruction lui-même, soit par un officier de police judiciaire délégué à cet effet. La délégation d'un huissier pour remplir cette mission serait irrégulière. — De Grattier, t. 1er, p. 364, nº 8; Chassan, t. 2, nº 1513. — *Contrà* Carnot, *C. inst. crim.*, p. 103.

506. — La loi n'exige point, en matière de délits de la presse, que l'ordonnance de saisie des articles incriminés contienne l'articulation et la qualification du délit qui en résulte. — *Cass.*, 4 mars 1831, de Brian.

507. — On s'est demandé ce qu'entendait la loi par ces expressions de l'art. 7 : « *ou autres instrumens de publication.* » — MM. Rauter (t. 2, p. 356, nº 705) et Chassan (t. 2, nº 1515) enseignent qu'il faut appliquer cette partie du texte à tout ce qui a servi *directement* et *immédiatement* à la publication. Ainsi on ne peut pas, selon ces auteurs, saisir la *presse*, mais on peut saisir la *composition*, c'est à dire les caractères encore *en forme*. S'il s'agit de gravures, on peut saisir la *planche* gravée; s'il s'agit de lithographie ou dessin, la *pierre* peut encore être saisie. — M. de Grattier (t. 1er, p. 363, nº 6, et p. 391, 392, nº 10,) pense cependant que, si les formes et les clichés étaient trouvés sous la presse au moment du tirage des exemplaires, la presse elle-même pourrait être saisie.

508. — Quant à nous, nous regardons comme vrai le principe posé par MM. Rauter et Chassan, qu'on ne doit qualifier instrumens de publication que ce qui a servi *directement* et *immédiatement* à la publication; mais nous croyons que c'est excéder les conséquences de ce principe que d'étendre la saisie aux caractères, même en forme, et à la presse de l'imprimeur. Nous pensons que la saisie des instrumens de publication ne peut pas s'appliquer à la presse et aux caractères. Nous empruntons la démonstration de cette opinion à un de ces documens qui sont toujours consultés avec fruit pour arriver à la saine interprétation de la loi. Voici ce que nous lisons dans le rapport fait par M. le marquis de Catelan à la chambre des pairs, le 19 mai 1819 : — « Votre commission a remarqué avec inquiétude une expression de l'art. 7 : cet article autorise le juge d'instruction à ordonner la saisie des *écrits imprimés, placards, dessins, gravures, peintures, emblèmes*; il est terminé par ces mots : *et autres instrumens de publication.* Quelques personnes pourraient craindre que, par ces derniers mots, on ne pût entendre les presses et les caractères et les comprendre dans la saisie. Si pourtant on lit avec attention l'art. 7 et ensuite l'art. 12, dans lequel le mot *instrument* est répété, on verra que, d'après l'esprit et le texte de ces deux articles, les presses ne peuvent être comprises dans la saisie. Ces articles ne parlent que des instrumens de publication; des presses, des caractères peuvent servir à imprimer, à créer un livre, mais ne peuvent être employés à le publier, à le répandre, et ce n'est que la publication que l'on veut arrêter. D'après cela, il nous a paru que ce serait dépasser les dispositions de l'article que de saisir les presses; on doit les comparer à l'écritoire dont se serait servi l'auteur pour composer un ouvrage offensif, comme les pinceaux qu'un peintre aurait pu employer à peindre un tableau indécent; d'autant qu'à l'époque de la saisie, les caractères seraient depuis long-temps séparés et éparpillés dans les casses de l'imprimerie; les presses sont des instrumens de composition et non de publication. » ... Désirons surtout, disait en terminant M. le rapporteur, que, par des instructions données aux procureurs généraux, les ministres rédacteurs du projet aillent au-devant des fausses interprétations que l'on pourrait faire des art. 7 et 12 du projet de loi. »

509. — La notification de l'ordre de saisie et du procès verbal de saisie doit être faite avec délivrance d'une copie entière de ces deux pièces, car le prévenu doit avoir les moyens de vérifier si elles ne peuvent pas être arguées de nullité.

510. — Mais l'art. 7, L. 26 mai 1819, qui prescrit, à peine de nullité, la notification dans les trois jours de l'ordre de saisir et du procès-verbal de saisie, ne s'applique qu'à la saisie faite ou ordonnée par le juge d'instruction, et non à celle opérée par un commissaire de police. — *Assises de la Seine*, 27 déc. 1837 (t. 1er 1838, p. 144), Lelièvre. — V. aussi *Cass.*, 6 mars 1824, Masson.

511. — Dans le cas où il n'y a eu que *main-mise* sur l'objet de la publication, M. Chassan (t. 2, nº 1518) pense qu'une simple indication de cette mesure pourrait être énoncée dans la notification de la saisie.

512. — La loi, en prescrivant de faire la notification dans les trois jours de la saisie, a fixé un délai de rigueur qui ne peut être augmenté du jour du terme. La maxime *dies termini non computatur in termino* n'est point applicable aux délais *dans* lesquels la loi a entendu que l'accomplissement d'une formalité fût rigoureusement rempli. — De Grattier, t. 1er, p. 367, nº 14. — Ainsi, pour compter le délai de la notification, il faut compter pour premier jour le lendemain du procès-verbal de saisie; le surlendemain forme le second jour, et, le troisième jour écoulé, la notification ne peut plus être valablement faite.

513. — Les termes de la seconde partie de l'art. 7, L. 26 mai 1819, indiquent que ce n'est pas nécessairement au prévenu lui-même que doit être faite la notification, lorsque ce n'est pas entre ses mains que la saisie a été opérée. Aussi la jurisprudence décide-t-elle que, dans ce cas, il peut ne pas être fait de notification de l'ordre et du procès-verbal de saisie au prévenu, et qu'il suffit qu'elle soit faite à la partie saisie. — *Cass.*, 12 juill. 1833, Lachassagne.

514. — Jugé que la notification de l'ordre de saisir et du procès-verbal de saisie, faite au gérant du journal incriminé, remplace la notification qui doit être faite à la personne entre les mains de laquelle la saisie a eu lieu. — *Assises de la Seine*, 26 mars 1834, Lionne.

515. — C'est à la chambre du conseil et, en cas d'opposition, à la chambre d'accusation, qu'il appartient de prononcer la nullité d'une saisie irrégulière. — De Grattier, t. 1er, p. 368, nº 17.

516. — La nullité dont parle l'art. 7 s'applique à la saisie seule. Elle ne peut s'étendre à la poursuite et encore moins à l'action. — *Assises de la Seine*, 26 mars 1834, Lionne; — Serrigny, t. 2, p. 254; Rauter, t. 2, p. 356, nº 705; de Grattier, t. 1er, p. 367, nº 15.

517. — L'arrêt précité de la cour d'assises de la Seine a jugé, en outre, que le prévenu est non-recevable à exciper du défaut de notification à la personne entre les mains de laquelle la saisie a été pratiquée. — MM. Chassan (t. 2, nº 1522) et de Grattier (t. 1er, p. 368, nº 16) critiquent avec raison cette décision. Le prévenu, étant le propriétaire des objets saisis, a le plus grand intérêt à pouvoir relever les nullités que pourrait présenter la saisie. Ajoutons que la nullité résultant du défaut de notification est une garantie en faveur de la liberté de la presse; les tiers n'ont d'ailleurs aucun intérêt à demander la nullité, et, par des saisies illégales, on pourrait ainsi arrêter toutes les publications si le prévenu n'était pas recevable à en proposer la nullité.

518. — La nullité résultant du défaut de notification étant exprimée textuellement dans la loi pourrait même être prononcée d'office par la chambre du conseil. — Chassan, t. 2, nº 1523; de Grattier, t. 1er, p. 368, nº 17.

519. — Il nous paraît incontestable que le juge d'instruction qui s'apercevrait qu'une irrégularité a été commise au moment où a été dressé un procès-verbal de saisie aurait le droit d'en faire pratiquer un nouveau sans attendre que la nullité eût été prononcée dans les formes ordinaires. La réitération régulière d'une formalité qui n'avait pas été légalement accomplie semble devoir assurer au prévenu les garanties que la loi lui a promises.

520. — Il faudrait absolument, avant la réitération de la saisie, opérer la restitution des objets primitivement saisis. — Rauter, t. 2, p. 356, nº 705; de Grattier, t. 1er, p. 370, nº 18.

521. — *Mandats.* — Tout ce qui se rattache au caractère des quatre espèces de mandats que peut décerner le juge d'instruction et à l'emploi qui peut être fait de chacun d'eux est l'objet des dispositions des art. 91 et suiv., C. inst. crim. Ces articles s'appliquent aux matières de presse. L'art. 28, L. 26 mai 1819, confirme le droit qu'a le juge d'instruction, dans toutes les matières criminelles spéciales qui ne dérogent pas au droit commun, d'avoir recours aux mandats de dépôt ou d'arrêt.

522. — Ce droit du juge d'instruction a cependant été contesté pour les délits de presse, et notamment en ce qui concerne le mandat d'amener. — M. Carrel ayant écrit en 1832, dans le *National*, un article dans lequel il déniait au juge d'instruction le droit de décerner ce mandat, fut traduit devant le jury sous l'inculpation de provocation à la rébellion et à la désobéissance aux lois, et il fut acquitté. Dans cette affaire, le jury ne pouvait être juge, ni en fait ni en droit, de la question soulevée par le prévenu; mais peu de temps après, un sieur Blondeau ayant porté plainte contre un juge d'instruction qui avait décerné contre lui un mandat d'amener pour un délit de presse, la chambre d'accusation décida, le 28 mars 1832, qu'aucun article de la loi n'interdit aux juges d'instruction la faculté de décerner des mandats d'amener et même de dépôt dans les délits de presse. — V. pour ces deux affaires, *Cour d'ass. de la Seine*, 18 mars 1832, Carrel; — *Paris*, 23 mars 1832, Blondeau; — Chassan, t. 2, nº 1531; Serrigny, t. 2, p. 258.

523. — *Liberté provisoire sous caution.* — Toute personne, porte l'art. 18, L. 26 mai 1819, inculpée d'un délit commis par la voie de la presse ou par tout autre moyen de publication, contre laquelle il aura été décerné un mandat de dépôt ou d'arrêt, obtiendra sa mise en liberté provisoire moyennant caution. La caution à exiger de l'inculpé ne pourra être supérieure au double du maximum de l'amende prononcée par la loi contre le délit qui lui est imputé.

524. — L'art. 18 ne fixe pas le minimum de la caution qui doit être fournie par le prévenu mis en liberté provisoire. Il faut s'en référer, à cet égard, à l'art. 119, C. inst. crim, qui fixe ce minimum à 500 fr. — Parant, p. 299 et 300; de Berny, p. 75, nº 261; Pegat, p. 82; Chassan, t. 2, nº 1536.

525. — Le droit de décerner les divers mandats peut être exercé par le juge d'instruction sans distinguer, à cet égard, entre la presse ordinaire et la presse périodique. Mais si le fait de l'accusation constitue un crime, la mise en liberté ne peut pas être ordonnée.

526. — *Interrogatoire.* — L'inculpé est tenu de comparaître en personne devant le juge d'instruction. C'est le droit commun. — Rauter, t. 2, p. 343, nº 698 et 344.

527. — *Chambre du conseil.* — La procédure qui doit s'accomplir successivement devant la chambre du conseil et devant celle des mises en accusation avant le jugement des délits de presse justiciables de la cour d'assises, est ainsi tracée par les art. 8, 9, 10, 11 et 15, L. 26 mai 1819.

528. — Dans les huit jours de la notification de la saisie, le juge d'instruction est tenu de faire son rapport à la chambre du conseil qui procède ainsi qu'il est dit au Code d'inst. crim., liv. 1er, ch. 9, sauf les dispositions ci-après (L. 26 mai 1819, art. 8).

529. — Si la chambre du conseil est unanimement d'avis qu'il n'y a pas lieu à poursuivre, elle prononce la main-levée de la saisie (art. 9). Dans le cas contraire, ou dans le cas de pourvoi du procureur du roi ou de la partie civile contre la décision de la chambre du conseil, les pièces seront transmises, sans délai, au procureur général près la cour royale, qui est tenu, dans les cinq jours de la réception, de faire son rapport à la chambre des mises en accusation, laquelle est tenue de prononcer dans les trois jours dudit rapport (art. 10).

530. — A défaut par la chambre du conseil du tribunal de première instance d'avoir prononcé dans les dix jours de la notification du procès-verbal de saisie, la saisie sera de plein droit périmée. Elle le sera également à défaut par la cour royale d'avoir prononcé sur cette même saisie dans les dix jours du dépôt en son greffe de la requête que la partie saisie est autorisée à présenter à l'appui de son pourvoi contre l'ordonnance de la chambre du conseil. Tous les dépositaires des objets saisis seront tenus de les rendre au propriétaire sur la simple exhibition du certificat des greffiers respectifs, constatant qu'il n'y a pas eu d'ordonnance ou d'arrêt dans les délais ci-dessus prescrits. — Les greffiers seront tenus de délivrer ce certificat à la première réquisition, sous peine d'une amende de trois cents francs, sans préjudice des dommages-intérêts, s'il y a lieu. — Toutes les fois qu'il ne s'agira que d'un simple délit, la péremption de la saisie entraînera celle de l'action publique (art. 11).

531. — La chambre du conseil du tribunal de première instance dans le jugement de mise en prévention, et la chambre des mises en accusation de la cour royale, dans l'arrêt de renvoi devant la cour d'assises, sont tenues d'articuler et de qualifier les faits à raison desquels lesdits prévention ou renvoi sont prononcés à peine de nullité desdits jugement ou arrêt (art. 15).

532. — S'il n'y a pas eu saisie de l'objet incriminé, le juge instructeur procède conformément au Code d'instr. crim.

533. — La péremption n'est attachée qu'au défaut de prononciation de la part de la chambre du conseil ou de la chambre d'accusation. Il ne faut pas l'étendre au défaut de *notification* de la décision. — *Cass.*, 16 nov. 1843 (t. 1er 1845, p. 127), Cornède-Miramont c. Boudousquié.

534. — Il faut reconnaître, par application des principes posés *suprà*, n° 500, que les art. 8 et 11 de la loi du 26 mai 1819 entendent parler d'une saisie *réelle* et régulière. S'il n'y a eu qu'une *main-mise*, ces articles ne reçoivent plus d'application. — Chassan, t. 2, nos 1543 et 1544.

535. — Jugé dans ce sens que l'art. 11, qui déclare les poursuites périmées et l'action publique éteinte, en matière de délits de la presse, lorsque la chambre du conseil n'a pas statué dans les dix jours de la notification du procès-verbal de saisie, ne s'applique qu'à la saisie ordonnée par le juge d'instruction et non à une simple main-mise opérée par un officier de police judiciaire, tel que le préfet de police à Paris; — Que du moins, lorsqu'une main-mise a été opérée par les ordres du préfet de police, sur des exemplaires d'un ouvrage, et que le juge d'instruction a fait ensuite une saisie des mêmes exemplaires déposés dans son cabinet, le jugement qui décide que le délai de la péremption établie par l'art. 11 n'a pas commencé à courir du jour de la main-mise opérée par le préfet de police, mais seulement du jour de la saisie faite par le juge d'instruction, ne viole aucune loi. — *Cass.*, 6 mars 1824, Masson. — Conf. Parant, p. 295, note 1re; Mangin, t. 2, p. 151, n° 313, et de Grattier, t. 1er, p. 378 et 387. — Legraverend (t. 2, chap. 4, p. 275) se prononce contre cette solution; mais il a confondu la saisie avec une simple main-mise de l'autorité en cas de flagrant délit.

536. — Même décision lorsqu'au lieu d'une saisie il y a eu seulement un procès-verbal de perquisition. — *Cass.*, 8 sept. 1824, Corréard et Barthélemy; 24 mai 1821, Gerson-Levy.

537. — La péremption de l'action publique par suite de celle de la saisie s'accomplissant de plein droit aux termes de l'art. 11, le prévenu peut invoquer cette péremption à l'audience de la cour d'assises. Il n'est pas obligé de se pourvoir d'abord devant la chambre d'accusation ou devant la cour suprême. — *Cass.*, 2 mai 1844 (t. 2 1844, p. 117), journal *la France*; — Chassan, t. 2, n° 1547.

538. — La chambre du conseil n'est obligée rigoureusement de statuer dans les dix jours de la notification que sur la validité et le maintien de la saisie. S'il était impossible de statuer dans ce délai tout à la fois sur la saisie et sur la culpabilité du prévenu, elle pourrait disjoindre, maintenir provisoirement la saisie ou en donner main-levée avant l'expiration des dix jours, sauf à statuer au fond plus tard. La loi n'a eu d'autre but que de protéger le droit de propriété du prévenu par une prompte décision sur la saisie. — *Paris*, 8 juin 1821, Paul-Louis Courrier; — de Berny, p. 64; de Grattier, t. 1er, p. 372, n° 4; Chassan, t. 2, p. 289.

539. — La cour des pairs a usé de cette faculté lors des poursuites qui furent dirigées en 1834 contre les journaux la *Tribune*, l'*Estafette* et l'*Écho-Français*, pour provocation à l'attentat d'avril. — V. *Cour des pairs*, 22 janv. 1836, Adam, Albert (aff. de l'att. d'avril 1834).

540. — Il faut que l'ordonnance de la chambre du conseil, qui statue dans ce cas de disjonction sur la validité de la saisie, constate les circonstances qui obligent les juges à procéder de cette manière. Autrement l'ordonnance serait irrégulière et l'action publique périmée. — *Cass.*, 2 mai 1844 (t. 2 1844, p. 117), journal *la France*.

541. — Lorsqu'il s'agit d'un crime commis à l'aide d'un moyen de publication, la péremption de la saisie n'éteint pas l'action publique : — l'art. 11 ne s'applique qu'aux délits.

542. — La péremption de l'action publique qui résulte des termes de l'art. 11, L. 26 mai 1819, est une mesure exorbitante du droit commun et même du droit spécial à la presse : on ne doit pas l'étendre à d'autres cas. Aussi lorsqu'une saisie a été faite pour une contravention à la loi du 21 oct. 1814, la péremption de la saisie, accomplie faute par le tribunal d'avoir statué dans la huitaine sur l'opposition à la saisie, ne frappe pas l'action publique. — L. 28 fév. 1817, art. unique, alin. 3e. — V. IMPRIMERIE.

543. — La chambre du conseil doit apprécier la régularité de la procédure, et s'il se rencontre une irrégularité de nature à entraîner, soit la nullité de la poursuite, soit la péremption de l'action publique, elle peut prononcer la nullité de la poursuite et doit déclarer la péremption de l'instance sans s'occuper du fond. — Chassan, t. 2, n° 1550.

544. — L'art. 15 veut que les faits soient articulés et qualifiés dans l'ordonnance de la chambre du conseil, et nous avons déjà vu ce qu'il fallait entendre par l'articulation et la qualification. — V. *suprà* nos 470 et suiv. — La nécessité de cette nouvelle qualification résulte de ce que les faits peuvent avoir changé de caractère depuis le réquisitoire ou la plainte. — Serrigny, t. 2, p. 258.

545. — La nullité résultant du défaut d'articulation et de qualification des faits ne frappe que l'ordonnance de la chambre du conseil, ou l'arrêt de la chambre d'accusation et les actes qui l'ont suivi; mais elle ne vicie point les actes antérieurs, réguliers par eux-mêmes, notamment le réquisitoire du ministère public. — *Cass.*, 8 sept. 1824, Corréard et Barthélemy; — Parant, p. 307; de Grattier, t. 1er, p. 431; Chassan, p. 293.

546. — M. Parant (p. 303) pense qu'en cas de nullité pour défaut d'articulation d'une ordonnance portant renvoi devant le tribunal correctionnel, il pourrait être suppléé à ce vice de la procédure par l'articulation et la qualification qui seraient faites dans la citation délivrée au prévenu par le procureur du roi. Cet auteur se fonde sur ce que dans ce cas c'est à la citation que s'en réfère le ministère public et non à l'ordonnance de la chambre du conseil. L'opinion contraire, embrassée par MM. Chassan (t. 2, n° 1560), et de Grattier, p. 431 à 434, n° 5), nous paraît préférable, car le ministère public n'a pas le droit de faire abstraction de l'ordonnance de la chambre du conseil.

547. — Lorsque l'ordonnance du conseil renvoie devant la chambre d'accusation, peu importe qu'elle ne qualifie pas les faits, car c'est dans l'arrêt de cette dernière chambre qu'on devra plus tard chercher les élémens de l'accusation. — Parant, p. 302.

548. — Si dans le cas de saisie l'ordonnance de la chambre du conseil n'avait pas statué dans les dix jours, l'action publique serait éteinte, et la chambre d'accusation devrait simplement déclarer qu'il n'y a lieu à suivre. — Parant, p. 303 et 304.

549. — L'ordonnance de la chambre du conseil, qui renvoie *de plano* devant le tribunal de police correctionnelle, sans qu'il y ait eu saisie, doit être notifiée au prévenu. Il faut appliquer à ce cas, par analogie, la disposition de l'art. 13, L. 26 mai 1819 (V. *infrà* n° 561), qui exige la notification de l'arrêt de renvoi au prévenu. — Chassan, t. 2, n° 1566.

550. — Si, dans le même cas, il y a eu saisie, le prévenu pouvant se pourvoir contre l'ordonnance, il faut la lui notifier. — Chassan, n° 1567. — L'ordonnance doit être également notifiée au prévenu et à la partie saisie si elle porte renvoi devant la chambre d'accusation, et s'il y avait une partie civile on devrait également la lui signifier.

551. — La disposition de l'art. 11, qui permet à la partie saisie de se pourvoir contre l'ordonnance de la chambre du conseil, est une dérogation au droit commun (C. inst. crim., art. 135), qui n'accorde cette faculté qu'au ministère public et à la partie civile. — Il a, cependant, été jugé par la cour de Cassation que cet art. 11 n'a conféré à la partie saisie aucun droit particulier, mais il paraît impossible de concilier cette doctrine avec le texte de l'article. — *Cass.*, 12 août 1836, Dentu. — V., contre la doctrine de cet arrêt, Bourguignon, *Jurisp. des Codes crim.*, sur l'art. 135, C. inst. crim., t. 1er, p. 308, note 1re; Rauter, t. 2, p. 356; Parant, p. 306; Chassan, t. 2, n° 1571. — V. CHAMBRE DU CONSEIL, n° 284.

552. — Le prévenu pourrait se pourvoir ainsi, bien qu'il ne fût pas *partie-saisie*, dans la vérité de cette qualification. C'est lui qui a véritablement intérêt à activer le procès et non la personne entre les mains de laquelle les objets ont été saisis. Telle est la pensée de l'art. 11 qui a raisonné dans l'hypothèse où la saisie aurait été pratiquée entre les mains du prévenu. — Parant, p. 296, § 3, n° 2.

553. — L'art. 11 n'explique pas dans quel délai le pourvoi contre l'ordonnance devra être porté devant la chambre des mises en accusation. Par analogie de ce qu'ordonne l'art. 135, C. inst. crim., il faut décider que le pourvoi doit être formé dans les vingt-quatre heures de la notification à la partie saisie et au prévenu.

554. — Jugé qu'en cette matière l'opposition par la partie civile à une ordonnance de non-lieu doit, à peine de nullité, être formée dans les vingt-quatre heures, et par acte authentique, notifié soit au greffe, soit au parquet du procureur du roi indistinctement; mais il n'est pas nécessaire qu'elle soit signifiée au prévenu personnellement. — *Cass.*, 17 août 1839 (t. 2 1839, p. 463), Fraboulet.

555. — En matière de presse, les ordonnances de la chambre du conseil qui statuent sur les saisies ne sont susceptibles d'acquérir l'autorité de la chose jugée que lorsqu'elles déclarent qu'il n'y a lieu de suivre : la chambre d'accusation peut, sans violer l'autorité de la chose jugée, réformer, pour insuffisance dans la qualification, les ordonnances de mise en prévention qui n'ont pas été attaquées par le ministère public. — *Cass.*, 16 août 1832, Paulin (aff. du *National*).

556. — *Chambre des mises en accusation.* — Lorsque la chambre des mises en accusation est saisie, elle examine la procédure, et si elle y constate une irrégularité qui en entraîne la nullité elle doit prononcer cette nullité.

557. — Il y a nécessité pour la chambre d'accusation d'articuler et de qualifier les faits, à peine de nullité, alors même que son arrêt renvoie en police correctionnelle; il en serait autrement si ces formalités se trouvaient déjà dans l'ordonnance de la chambre du conseil. — Chassan, t. 2, n° 1588. — *Contrà* Parant, p. 306, 307.

558. — Est entaché de contradiction et de nullité, l'arrêt par lequel une chambre d'accusation, sans s'expliquer sur l'existence et la qualification légale des provocations à la désobéissance aux lois, au mépris et à la haine d'une classe de citoyens, articulées par le ministère public, comme résultant d'un écrit distribué, déclare que cet écrit est subversif de tout ordre social établi, et cependant renvoie le prévenu des poursuites, sous le prétexte que les expressions de l'écrit échapperaient à l'application précise des dispositions pénales. — *Cass.*, 10 août 1833, Vidal.

559. — L'arrêt de la chambre des mises en accusation qui renvoie devant la cour d'assises ou devant le tribunal de police correctionnelle, ne peut être annulé que par la cour de Cassation. — C. inst. crim., art. 408, 416, § 1er. — Chassan, n° 1589; Parant, p. 308. — V. CHAMBRE DES MISES EN ACCUSATION.

560. — Il résulte de la rédaction de l'art. 11 que le délai de dix jours fixé pour la péremption de la saisie, ne court, devant la chambre des mises en accusation, qu'autant que la partie a présenté au greffe sa requête à l'appui du pourvoi qu'elle a formé contre l'ordonnance de la chambre du conseil. — *Cass.*, 17 août 1832, Vaillant; 12 juill. 1833, Lachassagne; — Conf. de Grattier, t. 1er, p. 378, n° 4, et p. 387, n° 13.

561. — L'arrêt de renvoi devant les assises rendu par la chambre des mises en accusation doit être notifié au prévenu (L. 26 mai 1819, art. 13), sans distinction entre les affaires correctionnelles et celles du grand criminel.

562. — Bien que la nullité ne soit pas expressément prononcée par la loi à raison du défaut de notification de l'arrêt de renvoi, cependant, comme cette formalité est substantielle et qu'elle intéresse les droits de la défense, la procédure suivie sans cette notification devrait être annulée.

DÉLITS DE PRESSE, etc., ch. 4, sect. 1re.

563. — *Pourvoi en cassation.* — Le délai pour le pourvoi en Cassation est de trois jours, conformément à l'art. 373, C. inst. crim., et ce délai court à compter de la signification de l'arrêt de renvoi aux assises. — *Cass.*, 18 juill. 1820, Legracieux. — On comprend que le défaut de notification de l'arrêt de renvoi qui, opposé après l'arrêt de condamnation, pourrait, comme nous venons de le dire, entraîner la nullité de la procédure, empêcherait, avant la comparution devant le jury, le délai du pourvoi en Cassation de courir.

564. — La cour de Cassation a été saisie par un grand nombre de pourvois contre des décisions de chambres de mises en accusation de la question de savoir s'il lui appartient d'apprécier et de rectifier au besoin la qualification donnée par ces chambres aux faits reconnus constans par elles, notamment en matière d'infractions commises par la parole, l'écriture ou la presse. Cette cour s'est prononcée pour l'affirmative sur la question de principe. — *Cass.*, 21 oct. 1831, Hardoin (aff. de la *Gazette de Bretagne*); 10 août 1833, Vidal; 22 fév. 1834, Louis Coulange (aff. de la *Gazette du Bas-Languedoc*); 29 mai 1834, Rupert et de Curel (aff. *Gazette de Metz*); 19 juill. 1838 (t. 2 1838, p. 494), Tramecourt. — V. CASSATION (mat. crim.), nos 487 et suiv.

565. — Mais elle ne s'est reconnu ce droit que dans le cas où il s'agit de délits sur le caractère desquels la loi s'est expliquée d'une manière précise. C'est ainsi qu'elle a considéré comme appartenant exclusivement au domaine des juges du fait les qualifications relatives aux délits d'outrage à la morale publique, et d'attaque à l'inviolabilité de la personne du roi (*Cass.*, 15 oct. 1825, Catineau); d'outrage simple (17 mars 1827, Touquet); de provocation à la sédition (29 déc. 1827, Bissette); d'excitation à la haine ou au mépris du gouvernement (4 nov. 1834, Rupert, aff. *Gazette de Metz*).

566. — *Délits de la presse périodique, journaux politiques.* — Elle a jugé encore que la loi n'ayant pas déterminé ce que l'on doit entendre par journaux *consacrés* en tout ou en partie à la politique, en a abandonné l'appréciation aux tribunaux. Ainsi, l'arrêt qui décide que par l'insertion d'un seul article politique dans son journal un éditeur l'a consacré en partie à la politique, ne viole aucune loi. — *Cass.*, 22 juin 1819, Huré. — V. aussi *Cass.*, 23 mai 1834, Louis Coulanges (aff. de la *Gazette du Bas-Languedoc*).

567. — Les arrêts des chambres des mises en accusation, en matière de délits de presse, ne peuvent être déférés à la cour de Cassation lorsqu'ils renvoient le prévenu non devant la cour d'assises, mais devant le tribunal correctionnel seulement. Toutefois, il en est autrement si le recours contre un tel arrêt porte sur la compétence même de la cour qui l'a rendu, ou du tribunal de renvoi. — *Cass.*, 17 août 1839 (t. 2 1839, p. 463), Fraboulet.

§ 2. — *Poursuite par voie de citation directe.*

568. — La loi du 8 avr. 1831 donne au ministère public le moyen d'abréger la procédure qui précède le jugement par les cours d'assises des délits de presse qui doivent leur être déférés. « Le ministère public, porte l'art. 1er de cette loi, aura la faculté de saisir les cours d'assises de la connaissance des délits commis par la voie de la presse ou par les autres moyens de publication énoncés par l'art. 1er, L. 17 mai 1819, en vertu de citation donnée directement au prévenu. La même faculté existera, en cas de poursuites contre les afficheurs et crieurs publics, en exécution des art. 5 et 6, L. 10 déc. 1830. »

569. — Aux termes de l'art. 2, le ministère public adresse un réquisitoire au président de la cour pour obtenir indication du jour auquel le prévenu sera sommé de comparaître. Il doit articuler dans le réquisitoire les provocations, attaques, offenses, outrages, faits diffamatoires ou injures à raison desquels la poursuite est intentée, et ce, à peine de nullité de la poursuite. La notification du réquisitoire et de l'ordonnance du président est faite au prévenu dix jours au moins avant celui de la comparution, outre un jour par cinq myriamètres de distance.

570. — La loi du 8 avr. 1831 a été modifiée par celle du 9 sept. 1835, en ce qui concerne la procédure qui précède le jour de l'audience. L'art. 24 de cette dernière loi réduit à trois jours le délai de dix jours établi par l'art. 2 de la première. Le même art. 24 autorise l'emploi de la citation, soit qu'il y ait eu, soit qu'il n'y ait pas eu saisie. Seulement, lorsqu'une saisie a été pratiquée, il exige que la notification du procès-verbal soit faite au prévenu. — Chassan, t. 2, no 1631.

571. — La loi du 9 sept. 1835, art. 24, ayant eu

pour but d'abréger le délai principal de citation directe, mais sans toucher au droit de citation, il en résulte que les dispositions de la loi du 8 avr. 1831, qui ne sont pas incompatibles avec la loi du 9 sept. 1835, sont encore en vigueur, et que, par exemple, bien que la loi du 9 sept. 1835 ne parle pas de l'augmentation du délai, à raison des distances, fixé par l'art. 2, L. 8 avr. 1831, cette augmentation n'en doit pas moins avoir lieu.

572. — L'irrégularité résultant de l'inobservation du délai de trois jours, n'emporterait nullité que relativement à la condamnation intervenue par défaut. Si le prévenu comparaît, il couvre l'irrégularité et conserve seulement le droit de réclamer une remise, pour combiner et compléter sa défense.

573. — Nous avons expliqué (*suprà* nos 470 et suiv.), ce qu'il fallait entendre par l'articulation des faits et leur qualification. La cour de Cassation a jugé, dans des espèces où la procédure était introduite, conformément à la loi du 8 avril 1831, que les faits sont suffisamment articulés et qualifiés par l'indication dans le réquisitoire des différens passages incriminés, et par l'énonciation des divers délits que ces passages renferment encore, bien qu'on n'ait pas spécifié le délit qui se rapporte à chaque article incriminé. — *Cass.*, 13 juill. 1832, de Floury.

574. — ...Que le prévenu condamné pour plusieurs faits ne peut se faire un moyen de nullité du défaut d'articulation de l'un de ces faits dans la citation directe qui a saisi la cour d'assises, alors que la déclaration de culpabilité sur ce chef n'a en rien aggravé la peine résultant des autres délits. — *Cass.*, 25 nov. 1831, Thoumar (*Ami des lois*).

575. — ...Que le ministère public articule et qualifie suffisamment les faits dans son réquisitoire, lorsqu'il y désigne par sa date chaque numéro du journal qui a publié les articles incriminés, et par ses premières et dernières expressions chaque article incriminé, en ajoutant que chacun de ces articles contient le délit d'excitation à la haine et au mépris du gouvernement du roi, et celui d'atteinte à l'ordre de successibilité au trône. — *Cass.*, 3 fév. 1832, Gazette de Bourgogne.

576. — ...Que également, le réquisitoire qui désigne par son commencement et sa fin l'article incriminé d'un journal, en ajoutant que le délit poursuivi résulte de l'ensemble dudit article, qualifie suffisamment le fait dans le sens de l'art. 2, L. 8 avr. 1831. — *Cass.*, 8 mars 1833, Pinondel (aff. Gazette de Franche-Comté).

577. — La voie de la citation directe ne peut être employée ni pour les *crimes* de presse, ni pour les délits politiques. — Parant, p. 195 et 446; de Grattier, t. 2, p. 268, no 3.

578. — Ce mode de procéder ne pouvait pas non plus être appliqué aux actions portées devant les tribunaux correctionnels.

579. — La loi du 8 avr. 1831 s'applique aux délits de presse et à ceux qui sont commis en matière de criage et d'affichage publics. Celle du 9 sept. 1835 n'est relative qu'aux créances ou délits de presse. Ne faut-il pas en conclure que la première n'a pas été modifiée par la seconde, quant aux crieurs ou afficheurs. — Telle est l'opinion de M. Chassan, t. 2, no 1635. — Mais M. Parant (p. 446-447) ne la partage pas.

580. — Nous avons déjà rappelé que la partie civile n'a pas le droit de saisir la cour d'assises par une citation directe. — De Grattier, t. 2, p. 267, no 2.

581. — Dans le cas de saisie, la signification du procès-verbal faite au prévenu, en vertu de l'art. 24 de la loi du 9 sept. 1835, ne dispense pas de la notification au *saisi* prescrite par l'art. 7 de celle du 26 mai 1819. — Chassan, t. 2, no 1638; Parant, p. 447. — On comprend en effet, comme nous avons déjà eu occasion de l'observer, que le saisi, c'est-à-dire le détenteur des objets saisis peut être autre que le prévenu, et la notification du procès-verbal dont parle l'art. 24, L. 9 sept. 1835, est une formalité substantielle, qui se lie intimement au droit de la défense.

582. — M. Parant (p. 447-448) pense que la signification au prévenu, conformément à l'art. 24, L. 9 sept. 1835, doit être faite dans les trois jours, comme la notification dont parle l'art. 7 de la loi du 26 mai 1819. La loi n'exige cependant rien de semblable, et l'on doit préférer l'avis de M. Chassan (t. 2, no 1640), qui considère cette signification comme régulière, toutes les fois qu'elle aura précédé la citation devant la cour d'assises. — C'est aussi l'avis de M. de Grattier, t. 2, p. 387, no 7.

583. — La notification du procès-verbal de saisie faite au prévenu préalablement à la citation directe, ne le priverait pas du droit de demander la nullité de l'instruction, à raison du défaut de si-

gnification du procès-verbal de saisie au détenteur dans les mains duquel la saisie a été faite. — De Grattier, t. 2, p. 286, no 6.

584. — On s'est demandé si le ministère public pourrait abandonner la voie de l'information, pour employer celle de la citation directe, dans le cas où le juge d'instruction aurait non-seulement fait opérer une saisie, mais dressé postérieurement d'autres actes.

585. — La cour de Cassation a jugé que le droit accordé au ministère public par l'art. 24, L. 9 sept. 1835, de citer directement devant la cour d'assises les prévenus d'un délit de presse, même lorsqu'il y a eu saisie préalable, ne cesse pas de lui appartenir, parce qu'après cette saisie il y a eu un ou plusieurs actes d'instruction. — *Cass.*, 17 sept. 1836, (int. de la loi), aff. de la Gazette de France. — Cette doctrine est approuvée par MM. Chassan (t. 2, no 1643), et de Grattier (t. 2, p. 389, no 7).

586. — Cette cour a même jugé qu'en matière de délits de presse, le ministère public qui a pris la voie de l'instruction préalable, peut prendre plus tard celle de la citation directe, alors même que les actes d'instruction auraient été suivis d'un arrêt de renvoi. — *Cass.*, 4 juin 1842, (t. 2 1842, p. 558), Aigueperse (aff. de la Gazette d'Auvergne).

587. — MM. Chassan (t. 2, no 1644) et de Grattier (t. 2, p. 389) refusent au ministère public le droit d'user de la citation directe, lorsque le juge d'instruction a décerné contre le prévenu un mandat de dépôt, parce qu'ils voient dans cette mesure un *acte définitif*. Ces auteurs auraient indubitablement blâmé la doctrine de l'arrêt que nous venons de rapporter s'ils s'étaient expliqués à son égard.

588. — La loi du 9 sept. 1835, craignant que la faculté donnée au ministère public de citer directement n'amenât de grands retards dans le jugement des délits de presse dans certains cas, dispose par son art. 27 que si, au moment où le ministère public exerce son action, la session de la cour d'assises est terminée, et s'il ne doit pas s'en ouvrir d'autres à une époque rapprochée, il sera formé une cour d'assises extraordinaires, par ordonnance motivée du premier président. Cette ordonnance doit prescrire le tirage des jurés, conformément à l'art. 388 du C. instr. crim., et désigner le conseiller qui présidera.

589. — C'est sur un réquisitoire présenté à cet effet que le ministère public obtient l'ordonnance du premier président dont il est parlé en cet art. 27. Si le juge d'instruction est déjà saisi, il faudra le dessaisir en lui notifiant le réquisitoire. — Chassan, t. 2, no 1650.

590. — Si le premier président de la cour Royale n'a pas usé du droit qui lui est conféré, ou si le président de la dernière assise auquel l'art. 81 du décr. du 6 juill. 1810 donne le droit de présider les assises extraordinaires est empêché, le ministre de la justice, en vertu des pouvoirs généraux que lui attribue l'art. 79 du même décret, nommera lui-même le président des assises extraordinaires, siégeant au chef-lieu de la cour Royale. — De Grattier, t. 2, p. 398.

591. — Dans les chefs-lieux de département où ne siégent pas les cours Royales, la présidence est de droit déférée par l'art. 27 au président du tribunal, mais sans préjudice, bien entendu, du droit de désignation du ministre ou du premier président, ou du droit du magistrat qui a présidé la dernière assise ordinaire.

592. — L'art. 7 de la loi du 26 mai 1819 exige, ainsi que nous avons vu, que le plaignant qui se porte partie civile, articule et qualifie les faits dans sa plainte. Toutefois, ces formalités ne sont indispensables qu'autant que la partie civile est partie *poursuivante*, ce qui n'arrive jamais devant la cour d'assises. Les formes établies par le Code d'instruction criminelle doivent au surplus être observées. — Chassan, t. 2, no 1664.

593. — La partie civile peut aussi intervenir dans l'instance commencée par le ministère public, conformément au droit ordinaire. Si après sa constitution comme partie, mais avant l'audience de la cour d'assises, le ministère public adoptait la voie de la citation directe, il devrait faire notifier à la partie civile le jour de l'audience. — Chassan, t. 2, no 1670.

ART. 2. — *Procédure devant la cour d'assises.*

§ 1er. — *Procédure dans les affaires jugées après instruction préalable.*

594. — L'arrêt de renvoi devant la cour d'assises étant devenu définitif par l'expiration des délais du pourvoi, ou par l'arrêt de la cour suprême qui a rejeté ce recours, la partie publique doit veiller à l'accomplissement des formalités qui

doivent amener la comparution du prévenu devant la cour d'assises. Ces formalités sont en principe celles tracées par le Code d'instruction criminelle pour les matières qui rentrent ordinairement dans la compétence de la cour d'assises. Cependant cette règle n'est pas absolue.

595. — Ainsi MM. Parant (p. 313) et Chassan (t. 2, nº 1597) estiment qu'il n'est pas nécessaire de dresser un acte d'accusation lorsqu'un ou plusieurs délits de presse sont déférés à la cour d'assises, l'arrêt de renvoi ayant articulé et qualifié les faits. — V. en ce sens *Cass.*, 4 mars 1831, de Brian. — Cette décision est aujourd'hui consacrée par une pratique uniforme.

596. — L'obligation imposée au président de la cour d'assises de nommer un défenseur à l'accusé ne s'applique qu'au cas où le titre de l'accusation porte sur un crime, et non à celui où le prévenu n'est poursuivi que pour un simple délit correctionnel. — *Cass.*, 10 déc. 1831, Merson ; 27 fév. 1832, Raspail ; — de Grattier, *Comment. sur les lois de la presse*, t. 1er, p. 446, § 8.

597. — En matière de délits correctionnels commis par la voie de la presse, la notification de la liste des jurés ne doit être faite à la personne même des prévenus, à peine de nullité, qu'autant qu'ils sont sous la main de la justice. Cette notification peut leur être régulièrement faite à leur domicile, en cas d'absence. — *Cass.*, 19 mai 1832, Corentin Carnaud ; 20 juill. 1832, Bailly.

598. — La liste des témoins doit également être notifiée conformément à l'art. 315, C. inst. crim. — Chassan, t. 2, nº 1605.

599. — Le président de la cour doit, sur la réquisition du ministère public, rendre une ordonnance qui fixe le jour de l'audience, et cette ordonnance doit être notifiée au prévenu au moins dix jours avant celui de l'audience, outre un jour par cinq myriamètres de distance. — L. 26 mai 1819, art. 17.

600. — S'il y a une partie civile, il faut lui notifier l'arrêt de renvoi et l'ordonnance qui fixe le jour du jugement. — Chassan, t. 2, nº 1609. — S'il y a seulement un plaignant, la même signification doit lui être faite au domicile qu'il a dû élire près la cour d'assises. — L. 26 mai 1819, art. 24.

601. — L'ordonnance du président n'est pas une formalité substantielle, mais une affaire d'ordre. Il suffit que le ministère public se soit entendu avec le président pour la fixation du jour de l'audience. — Parant, p. 314 ; de Grattier, t. 1er, p. 441, nº 3.

602. — Lorsque la voie de l'instruction préalable a été prise, il n'est pas nécessaire que la citation contienne l'articulation et la qualification des faits incriminés, lesquelles se trouvent dans l'arrêt de renvoi. — *Cass.*, 4 juin 1842 (t. 2 1842, p. 558), Aiguepersc.

603. — La citation qui indique le numéro du journal où se trouvent les articles incriminés, le commencement et la fin de chaque article, spécifie le délit, et cite la loi pénale, est suffisamment libellée. — *Cass.*, 11 mai 1833, Paulin ; 24 mai 1833, Cruchet.

604. — La copie d'une citation signifiée au gérant d'un journal est valablement remise dans ses bureaux à un employé de l'établissement. — *Cass.*, 2 mars 1833, Pierre Brunet. — V. conf. de Grattier, t. 1er, p. 182. — Mais il en serait autrement à l'égard de l'auteur de l'article incriminé. Il est possible que cet auteur soit étranger à la rédaction habituelle du journal, et qu'il n'y ait participé que pour cet article. Il ne doit évidemment être fait de signification qu'à son domicile ; celle qui lui serait faite au bureau du journal serait entachée de nullité et ne pourrait produire aucun effet.

605. — Lorsque la mise en accusation a été prononcée pour crimes commis par voie de publication et que l'accusé n'a pu être saisi, il est procédé contre lui dans les formes prescrites à l'égard des contumaces. — V. CONTUMACE.

606. — Le prévenu mis en demeure et dûment averti de l'inculpation qui est dirigée contre lui, peut user du droit de faire défaut ou bien accepter le débat contradictoire.

607. — *Arrêt par défaut.* — L'art. 17, L. 26 mai 1819, confirmatif du droit commun, dispose que, lorsque le renvoi à la Cour d'assises aura été fait pour délits spécifiés par ladite loi, le prévenu, s'il n'est présent au jour fixé pour le jugement par l'ordonnance du président, dûment notifiée audit prévenu ou à son domicile, dix jours au moins avant l'échéance, outre un jour par cinq myriamètres de distance, sera jugé par défaut.

608. — La faculté de faire défaut a été maintenue par l'art. 25, L. du 9 sept. 1835, pour le cas de citation directe comme pour celui où l'affaire a été poursuivie par la voie de l'instruction préalable. — V. Pegat, p. 85.

609. — On jugeait, sous l'empire exclusif de l'art. 17, L. du 26 mai 1819, et avant la loi du 9 sept. 1835, que le prévenu d'un délit de presse pouvait encore faire défaut après avoir assisté au tirage du jury et fait des récusations ; que ce droit ne cessait pour lui qu'après l'ouverture des débats. — *Cass.*, 9 mai 1832, Roche ; 24 août 1832, Lyonne.

610. — ... Que n'était pas contradictoire, mais par défaut, l'arrêt de condamnation rendu par une Cour d'assises contre un inculpé qui avait déclaré se retirer et faire défaut, après la formation du tableau du jury, sa réponse aux questions du président sur ses nom et prénoms, l'avertissement donné à son défenseur conformément à l'art. 311, C. inst. crim., et enfin après le jugement des moyens préjudiciels, mais avant les débats du fond. — *Cass.*, 8 nov. 1833, Aubry-Foucault c. Chichon.

611. — ...Que, lorsqu'un prévenu se bornait à présenter des moyens préjudiciels et refusait de défendre au fond, le jugement qui intervenait était par défaut au fond. — *Cass.*, 7 déc. 1822, Guise c. Legracieux.

612. — ...Que le prévenu qui se bornait, sur l'interpellation du président, à déclarer ses nom, prénoms, profession et domicile, pouvait se retirer et faire défaut. — *Cass.*, 8 sept. 1824, Corréard et Barthélemy. — Mais que le prévenu ne pouvait plus se retirer et faire défaut, après qu'il avait pris ses conclusions au fond et présenté des moyens de défense. — Même arrêt.

613. — Il résultait de cette manière d'appliquer l'art. 17, L. du 26 mai 1819, que le droit de faire défaut dépassait souvent ses limites véritables. Aussi l'art. 25, L. 9 sept. 1835, dispose-t-il que toute demande en renvoi doit être présentée à la Cour avant l'appel et le tirage au sort des jurés ; que lorsque cette dernière opération aura commencé en présence du prévenu, l'arrêt à intervenir sur le fond sera définitif et non susceptible d'opposition, quand même le prévenu se retirerait de l'audience après le tirage du jury, ou durant le cours des débats (§§ 4 et 5).

614. — Cependant l'art. 17, L. du 26 mai 1819, est toujours en vigueur, mais il doit être combiné avec les §§ 4 et 5 de l'art. 25 précité de celle du 9 sept. 1835. — Chassan, t. 2, nº 1692.

615. — Lorsque le prévenu fait défaut, la cour doit statuer sans assistance de jurés tant sur l'action civile que sur l'action publique. — L. 26 mai 1819, art. 17.

616. — Mais l'arrêt par défaut ne doit pas être prononcé sans examen. Après la lecture par le greffier de l'arrêt de renvoi, du réquisitoire du ministère public et de l'ordonnance du président indicative du jour de l'audience, le procureur-général expose l'affaire et requiert la condamnation, qui ne doit être prononcée qu'autant que les réquisitions du ministère public sont justes et bien vérifiées.

617. — *Opposition à l'arrêt par défaut.* — D'après l'art. 18, L. 26 mai 1819, le prévenu pouvait former opposition à l'arrêt par défaut dans les dix jours de la notification qui lui en avait été faite, ou à son domicile, outre un jour par cinq myriamètres de distance, à charge de notifier son opposition, tant au ministère public qu'à la partie civile.

618. — Mais les délais fixés par les art. 18 et 19 de la loi du 26 mai 1819 amenaient nécessairement d'assez longs retards : aussi, après la loi du 8 avril 1831, est venue la loi du 9 septembre 1835, qui les a modifiés pour accélérer la procédure. L'art. 25 de cette dernière loi porte, dans ses trois premiers paragraphes : « Si, au jour fixé par la citation, le prévenu ne se présente pas, il sera statué par défaut. — L'opposition à cet arrêt devra être formée dans les cinq jours, à partir de la signification, à peine de nullité. — L'opposition emportera, de plein droit, citation à la première audience. »

619. — Jugé, par application de cette disposition, qu'en matière de délit de presse, l'opposition à un arrêt par défaut rendu par la cour d'assises saisie, soit par un arrêt de renvoi *après instruction préalable*, soit par voie de *citation directe*, doit être formée par le prévenu, à peine de déchéance, dans le délai de cinq jours fixé par l'art. 25 de la loi du 9 septembre 1835, et non dans celui de dix jours établi par l'art. 18 de celle du 26 mai 1819. La loi nouvelle a, *quant à ce*, rapporté implicitement les dispositions des lois antérieures, notamment les art. 18 et 19 de la loi du 26 mai 1819. — *Cass.*, 21 avr. 1842 (t. 2 1842, p. 287), Pont.

620. — Déjà la loi du 8 avril 1831 (art. 3) avait réduit à cinq jours le délai pour former opposition ; mais, cette disposition disant *le prévenu pourra*, on se demandait si le délai ainsi fixé pouvait être considéré comme fatal. La cour de Cassation avait jugé la question dans le sens de l'affirmative. — *Cass.*, 28 août 1834, Laroze. — V. cependant en sens contraire *Cass.*, 22 mai 1832, Gaussuron-Despréaux et Beaumont. — La loi du 6 sept. 1835 ne permet plus aucun doute sur le caractère du délai de l'opposition.

621. — Jugé, avant la loi du 9 sept. 1835, que la partie qui s'est opposée tardivement à une condamnation par défaut en matière de presse, ne peut, pour la première fois, soutenir en cassation que la tardiveté de cet acte provient du fait de l'officier qu'elle en avait chargé. — *Cass.*, 28 août 1834, Laroze (aff. de la *Gazette du Maine*).

622. — Jugé cependant que le prévenu d'un délit de presse qui n'a formé opposition à un arrêt par défaut contre lui rendu qu'après l'expiration du délai fixé par la loi, peut être relevé de la déchéance par lui encourue, lorsqu'il est établi qu'il avait fait en temps utile les démarches nécessaires, et que le retard est l'effet d'une erreur de bonne foi. — L. 8 avr. 1831, art. 3. — *Cass.*, 22 mai 1832 Gaussuron-Despréaux et Beaumont.

623. — On jugeait encore, par application des lois du 26 mai 1819 et du 8 avril 1831, que, dans le cas d'opposition à un arrêt par défaut, en matière de presse, c'était le dépôt de la requête au greffe qu'il fallait considérer et non la date de cette requête pour déterminer si la déchéance prononcée par l'art. 19, L. 26 mai 1819, était encourue. — *Cass.*, 5 juill. 1833, Capry. — Parant, p. 325, et Celliez, *Code annoté de la presse*, p. 45, note 3e.

624. — ...Que les dispositions de l'art. 19, L. 26 mai 1819, reproduites par l'art. 4, L. 8 avr. 1831, qui, en matière de presse, n'autorisaient l'opposition à un arrêt par défaut de la cour d'assises qu'à la charge, par l'opposant, de déposer dans les cinq jours une requête au président de la cour, afin de faire fixer le jour du jugement, étaient impératives et de rigueur ; que l'inobservation de cette formalité devait faire réputer l'opposition non avenue. — *Ass. de la Seine*, 8 juill. 1831 Béraud. — V. *contrà Ass. de Seine-et-Oise*, 6 juin 1834, Havard.

625. — La signification de l'arrêt par défaut, faite en vertu de l'art. 25, L. 9 sept. 1835, doit être remise à personne ou domicile, comme cela avait lieu sous l'empire de la loi du 26 mai 1819. — Chassan, t. 2, nº 1707.

626. — La signification d'un arrêt par défaut, rendu contre le gérant d'un journal, est valablement faite au siége de ce journal, en parlant à un commis, quoique le gérant n'y demeure pas ; elle fait, dès-lors, courir le délai de l'opposition. — *Cass.*, 28 août 1834, Laroze ; 25 avr. 1846 (t. 2 1846), Zénon Moussard ; — Parant, p. 479 ; de Grattier, t. 1er, p. 449, nº 3, et t. 2, p. 182, nº 29.

627. — Si le prévenu est détenu, une signification à personne est nécessaire. — L. 26 mai 1819, art. 24.

628. — Jugé que la signification d'un arrêt par défaut, en matière de presse, est valable, quoique la copie de cet arrêt, mise en tête de l'exploit de signification, ne soit certifiée par personne, et que la copie de l'exploit, à la différence de l'original, n'indique ni la date ni le contenu de cet arrêt. — *Cass.*, 28 août 1834, Laroze.

629. — Bien que l'art. 25 de la loi du 9 sept. 1835 ne parle pas des délais de distance, le prévenu a droit, à raison de la nécessité physique, à ce qu'il lui en soit tenu compte (V. C. inst. crim., art. 187). La loi du 9 sept. 1835 a, quant à l'opposition aux arrêts par défaut, voulu simplement rentrer dans le droit commun en matière correctionnelle. — V. le Rapport de M. Sauzet ; Rauter, t. 2, p. 469, nº 793 *ter* ; Pégat, p. 85.

630. — M. de Grattier (t. 1er, p. 449, nº 6) est d'avis que le prévenu conserve encore sur un renvoi après cassation, la première déclaration du jury tenant, la faculté de former opposition à l'arrêt par défaut rendu par la cour d'assises de renvoi. — V. cependant Chassan, nº 1718.

631. — L'art. 19, L. 26 mai 1819, portait : « Dans les cinq jours de la notification de l'opposition, le prévenu doit déposer au greffe une requête tendante à obtenir du président de la cour d'assises une ordonnance fixant le jour du jugement de l'opposition : cette ordonnance fixe le jour aux plus prochaines assises ; elle doit être signifiée, à la requête du ministère public, tant au prévenu qu'au plaignant, avec assignation au jour fixé, dix jours au moins avant l'échéance. Faute par le prévenu de remplir les formalités ainsi mises à sa charge, ou de comparaître par lui-même ou par un fondé de pouvoir au jour fixé par l'ordonnance, l'opposition est réputée non avenue, et l'arrêt par défaut devient définitif. » — Les dispositions qui précèdent ont été modifiées par la loi du 8 avr. 1831 et par celle du 9 sept. 1835, en ce qui concerne le délai de l'opposition.

632. — De même, sous la loi du 9 sept. 1835, si, à l'audience qui suit l'opposition par lui formée, le prévenu ne comparaît pas, la cour doit rendre, sans assistance de jurés, un arrêt qui le déboutera de son opposition et qui sera définitif — Chassan, nº 1716.

633. — Il faut remarquer que les art. 18 et 19, L. 26 mai 1819, doivent avoir leur application quant à tous les points sur lesquels l'art. 25, L. 9 sept. 1835, ne s'est pas expliqué. — Chassan, nºs 1711 et suiv.

634. — Ainsi, il faut dire encore que le prévenu supporte les frais de l'expédition, et la signification de l'arrêt par défaut et de l'opposition, ainsi que de l'assignation et de la taxe des témoins appelés à l'audience pour le jugement de l'opposition. — L. 26 mai 1819, art. 18. — Cette disposition ajoute aux prescriptions que l'art. 187, C. inst. crim., a tracées pour le droit commun.

635. — L'art. 18, L. 26 mai 1819, dispose formellement que le prévenu supporte ces frais *sans recours*, c'est-à-dire que, même en cas d'acquittement, les frais dont il est question restent à sa charge.

636. — En matière de criage et d'affichage publics, les oppositions aux arrêts par défaut sont régies par la loi du 26 mai 1819 : c'est ce qui résulte de l'art. 6, L. 10 déc. 1830, rapproché de l'art. 4 de celle du 8 oct. 1830, auquel il renvoie. Nous avons déjà rappelé que la loi du 9 sept. 1835 est étrangère aux délits commis par la voie du criage ou de l'affichage publics.

637. — *Débats contradictoires.* — Il n'y a aucune raison pour refuser au prévenu le droit de se faire représenter par un fondé de pouvoirs à l'ouverture des débats. L'art. 19, L. 26 mai 1819, lui accorde cette faculté lorsqu'il est appelé à comparaître sur l'opposition par lui formée à un arrêt par défaut, et il y a parfaite analogie entre ces deux cas. — *Assises de la Seine*, 22 mai 1835, Bichat. — Parant, p. 327; de Grattier, t. 1er, p. 443, nº 4.

638. — Jugé que le prévenu d'un délit de presse peut se faire représenter en justice par un fondé de pouvoirs, lors même que ce délit doit entraîner la peine de l'emprisonnement. — *Assises de la Seine*, 22 mai 1835, Bichat. — Les discussions qui ont précédé l'adoption des art. 17 et 19, L. 26 mai 1819, nous apprennent que le législateur a entendu accorder aux prévenus, en matière de presse, la faculté de se faire représenter par un fondé de pouvoirs, pour les dédommager de l'obligation qui leur est imposée par l'art. 12, même loi, d'aller plaider loin de leur domicile et sur les divers points du royaume. — V. conf. Parant, p. 326; Chassan, t. 2, p. 386; de Grattier, t. 1er, p. 443, nº 4, et p. 454, nº 3; Henri Celliez, *C. annoté de la presse*, p. 45, note 2e.

639. — L'art. 25, L. 9 sept. 1835, n'a rien changé, sous ce rapport, bien que son premier paragraphe porte : « Si, au jour fixé par la citation, le prévenu ne se présente pas, il sera statué par défaut. » Rien dans la discussion de cette loi ne prouve qu'on ait voulu enlever au prévenu la faculté de se faire représenter. — Parant, p. 449 et 485 : Pégat, p. 85.

640. — L'art. 185, C. inst. crim., autorise le prévenu à se faire représenter devant le tribunal correctionnel, mais seulement par un avoué. La loi du 26 mai 1819 ne contenant aucune restriction de ce genre, le prévenu de délit de presse peut se faire représenter par toute autre personne. — *Assises de la Seine*, 23 juin 1835, Bichat.

641. — Il a été décidé par le même arrêt que le mineur *émancipé* ne peut représenter un prévenu devant la cour d'assises. Cette décision paraît inconciliable avec les termes de l'art. 1990, C. civ., qui permet aux mineurs émancipés d'accepter un mandat.

642. — L'avoué ou l'avocat porteur de la copie de la citation est admis à représenter le prévenu sans un pouvoir spécial. — De Grattier, t. 1er, p. 456, nº 4.

643. — Aucune forme n'est déterminée pour le pouvoir qui pourrait être régulièrement donné par acte sous seing-privé, si le ministère public reconnaissait la vérité de la signature du prévenu. La décision du litige à cet égard serait au surplus abandonnée à la sagesse des juges.

644. — La liberté laissée au prévenu de se faire représenter par telle personne qu'il lui plaît de choisir ne se réfère qu'au droit de se faire représenter et de faire prendre et signer les conclusions par le mandataire qui a la confiance du mandant. Mais cette liberté pour le prévenu n'est pas exclusive pour le président de la cour d'assises de n'admettre à présenter les développemens de la défense que les personnes désignées dans l'art. 295, C. inst. crim.

DÉLITS DE PRESSE, etc., ch. 4, sect. 1re.

645. — Il résulte du droit conféré par la loi au prévenu d'un délit de presse de se faire représenter à l'audience de la cour d'assises que cette cour ne peut exiger sa comparution en personne. — Parant, p. 329.

646. — Aussi a-t-il été jugé que les art. 17 et 19, L. 26 mai 1819, qui autorisent expressément tout prévenu d'un délit commis par la voie de la presse à se faire représenter par un fondé de pouvoirs, ont abrogé en cette matière les restrictions du Code d'instruction criminelle, qui ne s'y trouvent pas reproduites, et notamment celle de l'art. 185, qui réserve aux tribunaux correctionnels le droit d'ordonner dans tous les cas la comparution du prévenu en personne. — Qu'en conséquence, la cour d'assises peut, malgré la demande d'un prévenu, refuser d'ordonner la comparution en personne de son coprévenu, par le seul motif qu'elle n'a pas le droit de le faire. — *Cass.*, 19 déc. 1835, Sarraus.

647. — Le même arrêt a décidé que le prévenu qui a été représenté par un avocat est seul recevable à se plaindre de ce que cet avocat n'aurait pas été muni d'un pouvoir spécial : ce droit n'appartient point au coprévenu. — D'ailleurs, le prévenu qui a accepté le mandataire de son coprévenu en concourant avec lui aux récusations des jurés, en matière de presse, et en ne demandant pas que l'on procédât par défaut, s'est rendu par là non-recevable à se plaindre de ce que ce mandataire n'aurait point de pouvoir spécial.

648. — Mais, lorsque le prévenu, qui est dans les liens d'un mandat de dépôt, manifeste l'intention de ne pas être jugé actuellement, peut-on lui refuser la faculté de faire défaut? — La question a été jugée en matière de droit commun et la jurisprudence a d'abord décidé que le prévenu pouvait dans ce cas faire défaut. — *Paris*, 15 juin 1827, de Maubreuil. — Elle a ensuite limité ce droit au cas où le mandat de dépôt avait été décerné pour une affaire autre que celle qui amenait le prévenu devant la cour ou le tribunal. C'est ce qui a été jugé pour un délit déféré à un tribunal correctionnel. — *Paris*, 1er août 1833, Bruneler.

649. — La cour de Cassation saisie à son tour de la question a rejeté la distinction faite dans l'arrêt qui précède, et décidé que dans tous les cas le prévenu placé sous le coup d'un mandat de dépôt peut faire défaut s'il en manifeste la volonté. — *Cass.*, 12 déc. 1834, Lebon et Vignerie. — Le même principe devrait être appliqué aux délits de presse.

650. — Le prévenu comparaissant par lui-même ou par un fondé de pouvoirs, les demandes en renvoi doivent être présentées à la cour avant le tirage des jurés. — L. 9 sept. 1835, art. 25 ; C. inst. crim., art. 306 et 406.

651. — Dans la vue de faire cesser l'abus des moyens préjudiciels, l'art. 26 de la loi du 9 sept. 1835 dispose que le pourvoi en Cassation contre les arrêts qui auront statué, tant sur les questions de compétence que sur des incidens, ne sera formé qu'après l'arrêt définitif et en même temps que le pourvoi contre cet arrêt.

652. — Le prévenu, en acceptant le débat au fond, n'a besoin de faire aucune réserve de se pourvoir contre les arrêts qui auraient rejeté ses moyens préjudiciels, son droit est réservé par la seule force de la loi.

653. — Aux termes du même article, aucun pourvoi formé auparavant ne peut dispenser la cour d'assises de statuer sur le fond.

654. — Mais les dispositions de l'art. 26, L. 9 sept. 1835 ne concernent que les recours en cassation des arrêts rendus par les cours d'assises. En conséquence, l'appel d'un jugement contenant une disposition définitive est suspensif même en matière de presse, alors surtout qu'il s'agit d'incompétence. — *Paris*, 31 mars 1843 (t. 1er 1843, p. 601), Briet.

655. — Les demandes en sursis doivent être présentées avant le tirage des jurés. Il en serait autrement des moyens préjudiciels qui seraient d'ordre public, tels que la prescription. En cas de rejet de ces moyens, le pourvoi en cassation n'empêche pas la cour de statuer sur le fond et d'y statuer contradictoirement. — Chassan, t. 2, nº 1729.

656. — Une cause particulière de demande en sursis est prévue par l'art. 25 de la loi du 26 mai 1819, lequel est ainsi conçu : « Lorsque les faits imputés (par le prévenu à la personne outragée, injuriée ou diffamée) seront punissables selon la loi et qu'il y aura eu des poursuites commencées à la requête du ministère public, ou que l'auteur de l'imputation aura dénoncé ces faits, il sera, durant l'instruction, sursis à la poursuite et au jugement du délit de diffamation. » — V. à cet égard DIFFAMATION. — V. aussi DÉNONCIATION CALOMNIEUSE.

657. — Au reste, le prévenu, après avoir succombé dans ses moyens préjudiciels, peut encore faire défaut, pourvu qu'il les ait présentés avant la formation du tableau du jury ou qu'il n'ait pas assisté au tirage.

DÉLITS DE PRESSE, etc., ch. 4, sect. 1re.

658. — La loi du 26 mai 1819 ne contient qu'un très petit nombre de dispositions sur la manière de procéder devant la cour d'assises lorsque l'affaire est contradictoire. Il y a donc lieu d'appliquer à cette partie de la procédure les règles de droit commun.

659. — L'art. 20 de la loi du 26 mai 1819 statue sur la preuve des faits diffamatoires devant la cour et sur les cas où cette preuve est interdite au prévenu. L'examen des principes qui dominent les prescriptions de la loi sur cette phase de la procédure étant inséparable de celui des caractères du délit de diffamation lui-même, on trouvera tous les développemens qui s'y rattachent sous le mot DIFFAMATION.

660. — Il y a lieu d'appliquer au jugement des délits de presse les règles générales du droit criminel quant au mode d'audition des témoins, aux plaidoiries, au résumé du président, à la remise des pièces au jury.

661. — La cour de Cassation a pour jurisprudence que lorsque, d'après le procès-verbal des débats, les discours proférés dans sa défense par un prévenu, en matière de presse, ne sont ni la reproduction ni le développement des écrits incriminés, la cour d'assises peut les considérer comme constitutifs de délits nouveaux, différens de ceux de la poursuite, quoiqu'ils soient de même nature. — *Cass.*, 27 fév. 1832, Raspail.

662. — ... Et que le prévenu d'un délit de la presse qui reproduit dans sa défense les propositions pour lesquelles il est poursuivi, et qui les maintient en les aggravant, commet un nouveau délit passible de nouvelles peines. — *Ass. du Rhône*, 18 juin 1832, Joseph Bœuf.

663. — Le résumé du président remplit suffisamment le vœu de la loi, quoique après avoir parlé d'une manière générale des avantages et des abus de la presse, des devoirs des jurés et du bienfait du jury, ce magistrat se soit dispensé de reproduire les moyens de l'attaque et de la défense, et s'en soit référé à cet égard aux souvenirs des jurés. — *Cass.*, 2 fév. 1832, Lelard.

664. — Jugé que le droit de donner lecture au jury des articles incriminés, après la lecture de l'arrêt de renvoi et de l'acte d'accusation, où ils sont relatés par les mots qui les commencent et par ceux qui les terminent, appartient au greffier et non au prévenu. — *Ass. de la Seine*, 31 janvier 1831, Lamennais.

665. — Le Code du 3 frim. an IV avait défini plusieurs incriminations qui ont été depuis prévues avec des dénominations différentes par les lois de la presse. Ce Code déterminait les formes de procédure à suivre pour leur jugement par le jury.

666. — On jugeait sous son empire que, dans une accusation ayant pour cause l'insertion dans un journal d'un article qui provoquait à la dissolution du directoire exécutif, il ne suffisait pas de poser au jury la question de savoir si l'accusé était auteur, rédacteur ou imprimeur de cet article ; il fallait aussi poser celle de savoir s'il avait coopéré à la production, rédaction ou impression du même article. L'omission de ces questions rendait nul l'acquittement de l'accusé. — *Cass.*, 21 prair. an VII, Salgue.

667. — ... Que la question ainsi posée : *Ledit N... est-il convaincu d'avoir fait publier ce journal sous son nom?* était complexe et nulle, comme prenant trois faits différens : 1º la publication de l'art. provocatoire dans le journal ; — 2º la publication du journal lui-même ; — 3º la publication faite sous le nom du prévenu. — Même arrêt.

668. — ... Que la première question au jury, sur une accusation de propos tendant à l'avilissement du gouvernement, devait contenir matériellement ces propos, pour savoir s'ils étaient ou non constans, sauf à examiner ensuite s'ils tendaient à l'avilissement du gouvernement. — *Cass.*, 26 niv. an X, Paumier.

669. — Aujourd'hui encore, les lois sur l'instruction criminelle doivent être appliquées en ce qui concerne la position des questions, la délibération du jury et la majorité dont il doit se former. La jurisprudence a statué à plusieurs reprises sur cette application.

670. — La cour de Cassation reconnaît qu'en matière de délits de presse, il n'est pas nécessaire de poser au jury autant de questions distinctes qu'il y a de feuilles incriminées. — *Cass.*, 15 mars 1838 (t. 2 1839, p. 480), Danicourt. — ... Et que le jury, en résolvant affirmativement la question qui lui est soumise au sujet des diverses feuilles incriminées, apprécie suffisamment par là chacune desdites feuilles. — *Cass.*, 7 fév. 1833, Huc.

671. — Lorsqu'en matière de délit de la presse l'arrêt de renvoi indique les passages incriminés par la désignation des mots qui les commencent et de ceux qui les finissent, il suffit que la question résolue par le jury se réfère à la désignation de l'arrêt de renvoi. — *Cass.*, 7 fév. 1833, Hue.

672. — En matière de délits de la presse, le prévenu de complicité peut être déclaré coupable, encore qu'il y ait eu déclaration de non-culpabilité à l'égard du prévenu poursuivi comme auteur principal. — En pareil cas, quoique la déclaration affirmative du jury sur la question relative à la complicité n'énonce pas l'effet constitutif du délit, elle peut néanmoins servir de base à la condamnation du complice, si elle se réfère à la question concernant l'auteur principal, où ces faits sont énumérés. — *Cass.*, 30 août 1839 (t. 2 1839, p. 500), Jobard et Colas-Martinet c. Cunin-Gridaine.

673. — Lorsque le jury répond négativement aux questions relatives à l'éditeur d'un ouvrage incriminé, il ne saurait en résulter que le délit qui lui est déféré n'existe pas. L'auteur de l'ouvrage incriminé peut, en conséquence, être condamné aux peines déterminées par la loi s'il est déclaré coupable de complicité dans ce délit. — *Cass.*, 26 août 1837 (t. 2 1837, p. 200), Donnadieu; 7 sept. 1837 (t. 2 1837, p. 586), Laurent.

674. — Jugé de même qu'en matière de presse, la déclaration du jury que le gérant responsable du journal dont un article est incriminé n'est point coupable ne détruit point la culpabilité de cet article à l'égard de son auteur, compris dans la même poursuite. — *Cass.*, 8 sept. 1837 (t. 1er 1840, p. 124), Laurent (aff. de la *Gazette du Haut et Bas-Limousin*).

675. — Les art. 341 et 357, C. inst. crim., exigent qu'après la remise des pièces aux jurés l'accusé se retire de l'auditoire et qu'il y comparaisse de nouveau pour entendre la lecture du verdict par le greffier. Ces formalités doivent être exécutées lorsqu'il s'agit d'un crime commis par une voie de publication; mais, lorsqu'il ne s'agit que d'un délit, le prévenu est presque toujours en liberté, ce qui peut rendre ces formalités inexécutables. Aussi leur inobservation ne peut être dans ce cas une cause de nullité de la procédure. — Chassan, t. 2, nos 1876 et suiv.

676. — Quant à la question de savoir si la partie civile peut obtenir des dommages-intérêts contre le prévenu de diffamation acquitté, V. DIFFAMATION.

677. — « Tout arrêt de condamnation, porte l'art. 26, L. 26 mai 1819, contre les auteurs ou complices des crimes et délits commis par voie de publication, ordonnera la suppression ou la destruction des objets saisis, ou de tous ceux qui pourront l'être ultérieurement, en tout ou en partie, suivant qu'il y aura lieu pour l'effet de la condamnation. — L'impression ou l'affiche de l'arrêt pourront être ordonnées aux frais du condamné. — Ces arrêts seront rendus publics dans la même forme que les jugemens portant déclaration d'absence. »

678. — Cette disposition n'exige pas qu'il y ait eu condamnation pénale pour que la destruction des objets saisis puisse être ordonnée. Aussi, en plusieurs circonstances, les cours d'assises ont ordonné cette destruction ou suppression alors que le prévenu était acquitté. — Chassan, t. 2, no 1883; de Grattier, t. 1er, p. 500, no 2.

679. — Ainsi, il a été jugé que par arrêt de condamnation il faut entendre non pas seulement celui qui prononce des peines contre un prévenu, mais encore celui qui intervient sur une déclaration portant que l'écrit contient des délits quoique le prévenu soit absous. — *Paris*, 15 janv. 1825, Barba.

680. — Cependant la cour de Cassation a jugé le contraire en 1840 en cassant un arrêt de la cour d'assises qui, dans une espèce où les prévenus avaient été acquittés, bien que l'ouvrage eût été déclaré coupable par le jury, avait ordonné la suppression de l'ouvrage. — *Cass.*, 20 juin 1840 (t. 2 1840, p. 390), Lavigne. — Cet arrêt est vivement critiqué par les auteurs que nous venons de citer et par M. Tarbé, qui le considère comme contraire à la morale aussi bien qu'à l'esprit de la loi du 26 mai 1819. — Tarbé, *Lois et Règlemens à l'usage de la cour de Cassation*, p. 150, note 2.

681. — Il est certain du reste que, pour que cette mesure puisse être ordonnée, il faut que l'*écrit* ait été condamné si l'auteur est acquitté. S'il n'y avait de condamnation ni contre l'auteur ni contre l'écrit, la suppression devrait être refusée si le prévenu, maître de ses droits, n'y donnait son consentement. — De Grattier, t. 1er, p. 502, no 8.

682. — Le droit de prononcer la suppression de l'objet du délit ne peut appartenir qu'à une juridiction *répressive*. La chambre du conseil et celle d'accusation ne pourraient le faire sans l'assentiment de l'inculpé, lorsqu'elles décident qu'il n'y a lieu à suivre. — Chassan, t. 2, no 1887.

683. — L'impression et l'affiche peuvent être considérées comme des peines spéciales. On pourrait aussi cependant les ordonner à titre de dommages-intérêts pour la partie civile.

684. — Lorsque l'impression, l'affiche ou l'insertion d'un jugement ou arrêt ont été ordonnées conformément à l'art. 26 de la loi du 26 mai 1819 et à l'art. 1036, C. procéd., ces publications doivent contenir la *totalité* du texte porté sur la feuille d'audience; ce qui comprend l'énoncé des faits et du point de droit. — Chassan, t. 2, no 1896.

685. — Il n'en est pas de même des insertions d'arrêts ou jugemens, de condamnation rendus en matière de presse périodique « Les éditeurs d'un journal ou écrit périodique, porte la loi du 9 juin 1819, art. 11, seront tenus d'insérer dans l'une des feuilles ou des livraisons qui paraîtront dans le mois du jugement ou de l'arrêt intervenu contre eux, *extrait* contenant les motifs et le dispositif dudit jugement ou arrêt. »

686. — Cette dernière espèce d'insertion, étant prescrite par la loi dans des termes impératifs, n'a pas besoin d'être ordonnée par le tribunal de répression; on a vu que celle prévue par l'art. 26, L. 26 mai 1819, doit être ordonnée pour être obligatoire et que les juges peuvent ne pas l'ordonner. — Chassan, t. 2, no 1900; de Grattier, t. 2, p. 27, 28.

§ 2. — *Procédure dans les affaires introduites par citation directe.*

687. — La procédure qui a lieu à l'audience de la cour d'assises dans les affaires qui ont été poursuivies par la voie de la citation directe ne diffère que très peu de celle qui s'accomplit dans celles qui sont portées devant cette juridiction après avoir subi les formalités de l'instruction préalable. Néanmoins, ces deux hypothèses présentent quelques différences qu'il convient de signaler.

688. — Lorsqu'une affaire est dévolue à la cour d'assises par l'effet de l'arrêt de renvoi, rendu par la chambre d'accusation, les questions de compétence ont été vidées par cette chambre, et la cour d'assises n'a pas le droit de les soulever. Mais lorsqu'il a été procédé conformément aux lois des 8 avr. 1831 et 9 sept. 1835, les questions de cette nature étant entières lorsque les débats s'ouvrent devant la cour d'assises, il semble que cette cour doit avoir le droit d'examiner sa propre compétence et celle du jury. — Chassan, t. 2, no 1907.

689. — Cependant, la cour de Cassation avait jugé que, dans les affaires que la loi du 8 avr. 1831 permet au ministère public de porter par citation directe devant la cour d'assises, il n'est pas permis à cette cour de prendre connaissance des faits ni de les déclarer pour en conclure qu'elle et le jury ne sont pas compétens. — *Cass.*, 9 août 1832, Chambon.

690. — Cette question ne peut plus être discutée actuellement. Nous avons vu, en effet, qu'aux termes de l'art. 25, § 4, L. 9 sept. 1835, les demandes en renvoi doivent être proposées avant le tirage des jurés, ce qui comprend les questions de compétence. La cour d'assises a donc le droit d'apprécier sa propre compétence, et si, nonobstant les réclamations du prévenu sur une difficulté de cette nature, elle avait ordonné qu'il serait passé outre aux débats, le pourvoi contre son arrêt, ne pouvant être formé qu'avec celui qui frapperait l'arrêt définitif, ne pourrait avoir pour effet d'arrêter la procédure.

691. — La cour d'assises peut juger les nullités qu'on prétendrait relever dans la procédure introduite par la voie de citation directe. — *Assises de la Seine*, 14 mars 1838 (t. 1er 1838, p. 343), le gérant de *la Mode*; *Cass.*, 4 août 1831, Gallois; — Pegal, p. 87.

692. — Le prévenu ne peut se faire un moyen de cassation de ce qu'il aurait été assigné à trop bref délai devant la cour d'assises, s'il a comparu sur cette assignation sans proposer la nullité de l'exploit. — *Cass.*, 24 juill. 1834, le *Progressif de l'Aube*.

693. — Nous avons déjà eu occasion de dire que le prévenu condamné pour plusieurs faits ne peut se faire un moyen de nullité du défaut d'articulation de l'un de ces faits dans la citation directe qui a saisi la cour d'assises, alors que la déclaration de culpabilité sur ce chef n'a en rien aggravé la peine résultant des autres délits. — *Cass.*, 25 nov. 1831, Thoumar (*Ami des Lois*).

694. — S'il y a eu saisie, c'est la cour d'assises qui statue sur les moyens de nullité de cette saisie proposée par le prévenu. — *Cass.*, 4 août 1831, Gallois; — Parant, p. 448, no 4.

695. — Le prévenu traduit devant la cour d'assises par une citation directe a le droit de se faire représenter par un fondé de pouvoir, comme lorsque l'affaire a subi l'information ordinaire. On en doutait cependant en présence des termes de la loi du 8 avr. 1831 qui, par son art. 4, exigeait que le prévenu qui avait formé une opposition à un arrêt par défaut comparût *par lui-même* sur l'opposition au jour fixé par le président; d'où l'on concluait par voie d'analogie qu'il devait également comparaître en personne devant la cour sur la citation. — Parant, *loc. cit.* — Mais les formalités prescrites pour l'opposition par l'art. 4, L. 8 avr. 1831, ont été supprimées par la loi du 9 sept. 1835, art. 15, § 3. On se trouve ramené par là en présence des art. 17 et 19, L. 26 mai 1819, qui donnent au prévenu le droit de se faire représenter, et qui doivent être appliqués à la procédure qui se rattache à la citation directe. La difficulté disparaît ainsi. — Chassan, t. 2, no 1912.

696. — Cependant, il avait été jugé par la cour de Cassation, par interprétation de la loi du 8 avr. 1831, que l'obligation de se présenter en personne imposée au prévenu de délit emportant la peine de l'emprisonnement (C. inst. crim., art. 185) n'était relative qu'au jugement du fond et ne s'appliquait pas au jugement de la compétence et des autres questions préjudicielles, pour lequel le prévenu pouvait se faire représenter par un avoué. — *Cass.*, 15 oct. 1831, D'Arnavon c. Carnaud. — Cet arrêt ne paraît pas avoir sainement entendu les dispositions de cette loi.

697. — La procédure réglée par la loi du 8 avr. 1831 s'applique, ainsi que nous avons dit, aux délits commis en matière de criage ou d'affichage publics. La loi du 9 sept. est étrangère à cette classe de délits, dont elle ne s'est pas occupée.

698. — Les règles de procédure particulières aux délits de presse et de publication, pour le jugement desquels la loi a créé des compétences extraordinaires, seront expliquées sous chacun des mots spéciaux que nous avons indiqués *suprà* nos 449 et 450.

Sect. 2e. — *Procédure devant les tribunaux correctionnels et de simple police et devant les tribunaux civils.*

699. — *Tribunaux correctionnels.* — C'est un principe certain que, lorsqu'un délit de presse ou de publication justiciable des tribunaux correctionnels est prévu par le Code pénal, c'est dans le Cod. d'inst. crim. qu'il faut chercher les règles de procédure qui lui sont applicables. Mais quand un semblable délit est réprimé par les lois spéciales de la presse, il faut avoir recours aux dispositions de celle du 26 mai 1819.

700. — S'il s'agit d'une incrimination spéciale aux lois sur la presse, la chambre du conseil doit, dans le cas où elle décide qu'il y a lieu à suivre, renvoyer directement devant le tribunal correctionnel, conformément au droit commun. Les pièces ne doivent pas, dans ce cas, passer sous les yeux de la chambre des mises en accusation, malgré les termes de l'art. 10 de la loi du 26 mai 1819, car cet article n'a eu en vue que le cas où il s'agit d'un délit de la compétence de la cour d'assises. — Chassan, t. 2, no 1941. — *Contrà* de Grattier, t. 1er, p. 373 et 374, no 2.

701. — Lorsqu'une saisie a été pratiquée et qu'il s'agit de statuer sur sa validité, la chambre du conseil n'est pas obligée de renvoyer devant la chambre des mises en accusation, si le délit à juger appartient à la compétence du tribunal correctionnel. Cependant le prévenu, usant du droit que lui donne l'art. 11 de la loi du 26 mai 1819, pourra saisir la chambre d'accusation de la question de validité de la saisie. Le même droit est ouvert à la partie civile et au ministère public. — L. 26 mai 1819, art. 10. — Chassan, t. 2, nos 1943 et suiv.

702. — Les explications que nous avons données précédemment sur l'ordonnance de la chambre du conseil, sur l'arrêt de la chambre d'accusation, sur la péremption de la saisie et de l'action publique, retrouvent ici leur application et nous nous contentons d'y renvoyer le lecteur.

703. — Le ministère public et la partie civile peuvent saisir la juridiction correctionnelle par *citation directe*, comme le ministère public peut saisir la cour d'assises par la même voie pour les délits déférés à cette juridiction. Mais c'est dans le Code d'instr. crim., art. 182 et 183, que se puise ce droit, et non dans la loi du 8 avr. 1831, ou celle du 9 sept. 1835.

704. — L'art. 183, C. inst. crim., exige que la citation *énonce* les faits. — *Caen*, 21 juin 1824, Lecomte; *Bordeaux*, 21 fév. 1833, Rivière. — Cette disposition doit être combinée, quant aux délits de presse, avec l'art. 6 de la loi du 26 mai 1819. L'ar-

ticulation ou énonciation des faits serait également indispensable en matière de contravention à la police de la librairie, de l'imprimerie ou de la presse.

705. — La cour de Cassation a jugé que l'articulation et la qualification des faits n'est prescrite, à peine de nullité qu'en matière de délits prévus par les lois spéciales de la presse; que dès-lors, si les débats devant le tribunal correctionnel ne révèlent qu'un délit réprimé par le Code pénal, le tribunal ne doit pas prononcer la nullité de la citation pour absence de ces formalités. — *Cass.*, 20 fév. 1830, Paponet.

706. — L'art. 15 de la loi du 21 oct. 1814 porte qu'en cas de contravention aux dispositions sur la police de l'imprimerie ou de la librairie, il y aura lieu à *saisie* et *séquestre* de l'ouvrage qui a encouru la contravention. Le même art. ordonne également la saisie dans le cas où l'ouvrage est poursuivi pour son *contenu*. La loi du 28 fév. 1817 a réglé les formalités de la saisie dans les divers cas prévus par l'art. 15 de celle du 21 oct. 1814. Bien que la loi du 28 fév. 1817 ait été abrogée par l'art. 31 de celle du 26 mai 1819, elle doit toujours être appliquée aux *contraventions* d'imprimerie ou de librairie, car cette dernière loi n'a entendu disposer que sur les *délits*, c'est-à-dire sur les infractions résultant du *contenu* de l'ouvrage. — *Cass.*, 22 août 1823, Tremblay. — Ainsi les tribunaux correctionnels peuvent aussi apprécier la validité des procès-verbaux de saisie pratiqués en cas de contravention aux lois sur l'imprimerie et la librairie. — V. IMPRIMERIE.

707. — Il est incontestable que les tribunaux de police correctionnelle, étant compétens pour connaître des contraventions aux lois sur la police des journaux, le sont nécessairement aussi pour apprécier les faits et circonstances de nature à faire disparaître ces contraventions, et n'empiètent pas en cela sur les attributions de l'autorité administrative. — *Cass.*, 14 août 1824, Debaune de Puygiron (aff. de l'*Aristarque français*).

708. — Lorsque le tribunal correctionnel est saisi par une citation directe de la partie civile, les formes de la procédure antérieure au jour de l'audience sont les mêmes que celles qui sont imposées au ministère public. — Chassan, t. 2, no 1968.

709. — Le mode de procédure devant le tribunal correctionnel est le même, soit que la poursuite ait été dirigée par la voie de l'information préalable ou par celle de la citation directe, soit qu'elle ait été introduite par le ministère public ou par la partie civile. Toute cette procédure est réglée par le Code d'instr. crim. Quant à la preuve de la vérité des faits diffamatoires devant cette juridiction, V. DIFFAMATION.

710. — La faculté de se faire représenter par un fondé de pouvoirs appartient au prévenu aussi bien devant le tribunal correctionnel que devant la cour d'assises.

711. — C'est encore par le Code d'instr. crim. que sont réglés les appels des jugemens correctionnels rendus en matière de délits de presse, soit que ces délits soient définis par le Code pénal ou par des lois spéciales autres que celles de la presse, soit qu'ils soient prévus par la législation spéciale de la presse. — L'art. 17, L. 25 mars 1822, qui avait déféré les délits de presse à la juridiction correctionnelle, disposait que les appels en pareil cas seraient jugés par la chambre civile et la chambre correctionnelle de la cour royale réunies. Cet art. 17 ayant été abrogé par l'art. 5 de la loi du 8 oct. 1830, on est revenu par cela même au droit commun. — *Cass.*, 25 juin 1831, Bergé. — Duvergier, *Coll. des Lois*, année 1830, p. 274, note 1re.

712. — *Tribunaux de simple police.* — La procédure qui s'accomplit devant les tribunaux de simple police, lorsqu'un fait qualifié par les lois de la presse leur est déféré, est conforme aux règles ordinaires du droit commun.

713. — *Tribunaux civils.* — Toutes les fois que les tribunaux civils sont saisis de demandes en réparation de préjudice causé par des délits de presse ou de publication, la procédure relative à ces demandes est nécessairement réglée par le Code de procédure civile.

714. — Ce que nous avons dit pour l'impression ou l'affiche des arrêts ou jugemens qui prononcent des condamnations pour délits de presse s'applique aux tribunaux civils qui ont le droit de prescrire des publications de même nature. — *Cass.*, 29 janv. 1840 (t. 1er 1840, p. 244), Salmon et Richomme c. Parquin.

715. — M. de Grattier (t. 1er, p. 508 et 509, no 15) pense que la suppression et la destruction ordonnées par un tribunal civil ne doivent pas avoir les mêmes effets que les mêmes mesures ordonnées par le tribunal de répression, que notamment, si elles ont été prescrites par le tribunal civil, la réimpression, vente ou distribution de l'ouvrage ne peut être atteinte par l'art. 27, L. 26 mai 1819.

DÉLIT RURAL.

Table alphabétique.

DÉLIT RURAL. — 1. — On entend par délits ruraux les infractions aux lois qui protègent la propriété rurale et l'agriculture.

2. — La loi du 28 sept.-6 oct. 1791, connue sous le nom de Code rural, désigne par ce nom toutes les infractions aux lois sur la police rurale, quelle que soit la juridiction chargée de les juger.

3. — Mais la plupart des délits ruraux, ne donnant lieu, comme on le verra, qu'à des peines de simple police, doivent être qualifiés de contraventions, aux termes de l'art. 1er, C. pén.

—

§ 1er. — *Historique et législation.*

4. — Lorsqu'en 1791 l'Assemblée constituante entreprit de soumettre les intérêts agricoles à des règles législatives uniformes et générales, elle trouva sur tout le territoire les campagnes abandonnées à l'empire des traditions et des usages locaux. Cette assemblée ne se laissa pas arrêter par l'opinion de ceux de ses membres qui considéraient la confection d'un Code de l'agriculture comme une œuvre impossible à réaliser; et, après s'être éclairée par les travaux approfondis de son comité d'agriculture, elle décréta la loi du 28 sept.-6 oct. 1791.

5. — Cette loi se compose de deux titres. Le premier, intitulé : *Des biens et usages ruraux*, comprend sept sections relatives : 1o Aux principes généraux sur la propriété nationale; 2o aux baux des biens de campagne; 3o aux diverses propriétés rurales; 4o aux troupeaux, aux clôtures et au parcours et à la vaine pâture; 5o aux récoltes; 6o aux chemins, et 7o aux gardes champêtres. Le tit. 2 traite de la *police rurale*, et il contient une énumération qui comprend la plupart des délits dont nous avons à nous occuper dans cet article.

6. — « Tout délit rural (ci-après mentionné), porte l'art. 3, tit. 2, sera punissable d'une amende ou d'une détention, soit municipale, soit correctionnelle, ou de détention et d'amende réunies, suivant les circonstances et la gravité du délit, sans préjudice de l'indemnité qui pourra être due à celui qui aura souffert le dommage. Dans tous les cas, cette indemnité sera payable par préférence à l'amende. L'indemnité et l'amende seront dues solidairement par les délinquans. »

7. — « Les moindres amendes, ajoute l'art. 4, seront de la valeur d'une journée de travail, au taux du pays, déterminé par le directoire du département; toutes les amendes ordinaires qui n'excéderont pas le solde de trois journées de travail seront doubles en cas de récidive dans l'espace d'une année, ou si le délit a été commis après le coucher du soleil; elles seront triples quand les deux circonstances précédentes se trouveront réunies: elles seront versées dans la caisse municipale du lieu. »

8. — Enfin, l'art. 5 porte que le défaut de paiement des amendes et des dédommagemens ou indemnités n'entraînera la contrainte par corps que vingt-quatre heures après le commandement: que la détention remplacera l'amende à l'égard des insolvables; mais que sa durée en commutation de peine ne pourra excéder un mois; — Qu'enfin dans les délits pour lesquels cette peine n'est pas prononcée et dans les cas graves où la détention est jointe à l'amende, elle pourra être prolongée du quart du temps prescrit par la loi.

9. — Déjà la loi du 16-24 août 1790, en confiant aux corps municipaux l'exécution des lois et règlemens de police leur avait donné le droit d'ordonner un emprisonnement qui ne pouvait excéder trois jours dans les villes. — L. 16-24 août 1790, tit. 11, art. 1er et 5.

10. — Le Code des délits et des peines du 3 brum. an IV, en disposant, par ses art. 600 et 606, que les peines de simple police seraient l'amende de la valeur d'une journée de travail au moins et de trois journées au plus et l'emprisonnement d'un jour au moins et de trois jours au plus, ne modifia en rien les pénalités générales appliquées aux délits ruraux par la loi du 28 sept.-6 oct. 1791. Ce Code créa seulement les tribunaux de simple police dans la compétence desquels furent placés les délits dont connaissaient antérieurement les officiers municipaux. — Merlin, *Rép.*, vo *Délit rural.*

11. — Mais ces peines furent aggravées par la loi du 23 thermid. an IV, sur la répression des délits ruraux et forestiers. L'art. 2 de cette loi porte: « La peine d'une amende de la valeur d'une journée de travail ou d'un jour d'emprisonnement, fixée comme la moindre par l'art. 606 du Code des délits et peines, ne pourra, pour tout délit rural et forestier, être au-dessous de trois journées de travail ou de trois jours d'emprisonnement. »

12. — Cette loi du 23 thermid. an IV est encore en vigueur quant aux délits ruraux, et elle doit être appliquée à la répression de tous ceux de ces délits qui ont été prévus par la loi du 6 oct. 1791 et qui n'ont pas trouvé place depuis dans le Code pénal. C'est ce qu'a reconnu la cour de Cassation. — *Cass.*, 21 nov. 1828, Joseph Fischer.

13. — L'augmentation des peines prescrite par la loi du 23 thermid. an IV, pour les délits ruraux, a lieu également dans les cas où, après avoir prescrit une peine pour un délit, la loi du 28 sept.-6 oct. 1791 frappe un autre délit du double de cette peine. Dans ces divers cas, le délinquant doit dès-lors être condamné à six jours d'emprisonnement ou à une amende de six journées de travail. — *Cass.*, 8 oct. 1808, Parat.

14. — Le Code pénal de 1810, sans consacrer de système général sur les infractions qui constituent des atteintes à la propriété rurale, a reproduit quelques-unes des incriminations du Code rural de 1791, en changeant les pénalités; puis il en a créé quelques autres.

15. — De nouvelles modifications ont été apportées sous ce rapport à chacun de ces deux Codes par la loi du 24 juin 1824.

16. — Enfin, la loi du 21 avr. 1832, qui a fait subir une réforme importante à nos lois criminelles, a introduit dans le Code pénal des infractions de même nature que celles qui étaient réglées précédemment par la loi de 1791 ou par celle du 24 juin 1824.

17. — L'applicabilité actuelle de toutes les dispositions du Code rural de 1791 qui ne sont pas virtuellement abrogées par le Code pénal ne saurait être mise en doute. Elle résulterait, au besoin, de la disposition de l'art. 484 de ce dernier Code, qui maintient les lois et réglemens particuliers régissant les matières qu'il n'a pas réglées. — Morin, *Dict. de dr. crim.*, vo *Inondations.*

18. — D'après le Code rural de 1791, certaines personnes, qui étaient réputées avoir sous leur surveillance l'auteur du dommage, dans certains cas, étaient civilement responsables du délit. L'art. 7 du titre 2 dispose que les maris, pères, mères, tuteurs, maîtres, entrepreneurs de toute espèce, sont civilement responsables des délits commis par leurs femmes et enfans, pupilles, mineurs n'ayant pas plus de vingt ans et non mariés, domestiques, ouvriers, voituriers ou autres subordonnés.

19. — Cette responsabilité civile diffère, sous plusieurs rapports, de celle qu'établit l'art. 1384, C. civ., pour les dommages en général, notamment en ce que la disposition de l'art. 7 prévoit une responsabilité civile du mari pour les délits ruraux commis par la femme. Cet art. 7 doit encore s'appliquer à tous les délits ruraux qui sont encore régis par le Code rural, l'art. 1324, C. civ., étant étranger aux matières réglées par les lois spéciales. — *Cass.*, 13 janv. 1814, Forêts c. Edme Terrillon. — V. au surplus RESPONSABILITÉ.

20. — Une partie des infractions de la matière étant encore actuellement régie par le Code rural du 6 oct. 1791, nous devons passer en revue les délits ruraux qui sont définis par ce Code, en indiquant à mesure celles des incriminations que le Code pénal s'est appropriées et aussi les délits analogues que ce dernier Code aurait qualifiés pour la première fois. — Nous traiterons ensuite de la constatation de ces délits, puis de la compétence et des règles sur la poursuite et sur la prescription des actions qui en dérivent.

§ 2. — *Incriminations et pénalités.*

21. — Les prescriptions du tit. 2, L. 28 sept.-6 oct. 1791, peuvent se classer dans six divisions, savoir : 1° les dégâts en général ; — 2° les dispositions relatives aux bestiaux ou troupeaux ; — 3° les dégâts par inondation ; — 4° les maraudages et vols ; — 5° les destructions ou dégradations de clôture, et le passage sur le terrain d'autrui ; — 6° le glanage, le ratelage et le grapillage.

22. — 1° *Dégâts en général* — L'art. 9, C. rural, punissait d'une amende de six livres à vingt-quatre livres ceux qui négligeaient d'entretenir leurs fours ou cheminées dans les campagnes.

23. — En outre, l'art. 10 disposait que ceux qui auraient allumé du feu dans les champs plus près que cinquante toises des maisons, bois, bruyères, vergers, haies, meules de grains, de paille ou de foin, seraient condamnés à une amende de douze journées de travail, outre la réparation du dommage, s'il y en avait. Le délinquant pouvait de plus être condamné à la détention de police municipale.

24. — La pénalité de l'art. 9 est remplacée par une amende de 1 à 5 fr., appliquée au même fait par l'art. 471, n° 1er, C. pén.

25. — Les art. 9 et 10 doivent, en outre, être rapprochés de l'art. 458, C. pén., qui punit d'une amende de 50 fr. au moins et de 500 fr. au plus l'incendie des propriétés mobilières ou immobilières d'autrui qui aura été causé par la vétusté ou le défaut, soit de réparation, soit de nétoyage des fours, cheminées, forges, maisons ou usines prochaines, ou par des feux allumés dans les champs à moins de cent mètres des maisons, édifices, forêts, bruyères, bois, vergers, plantations, haies, meules, tas de grains, pailles, foins, fourrages, ou tout autre dépôt de matières combustibles, ou par des feux ou lumières portés ou laissés sans précaution suffisante, ou par des pièces d'artifice allumées ou tirées par négligence ou imprudence. — V. INCENDIE, INCENDIE (mesures contre l'). — V. aussi CHEMINÉE.

26. — L'art. 14, L. 28 sept. 1791, portait : « Ceux qui détruiront les greffes des arbres fruitiers ou autres, et ceux qui écorceront en tout ou en partie des arbres sur pied qui ne leur appartiendront pas, seront condamnés à une amende double du dédommagement dû au propriétaire, et à une détention de police correctionnelle qui ne pourra excéder six mois.

27. — L'art. 43 ajoutait : « Quiconque aura coupé ou détérioré des arbres plantés sur les routes, sera condamné à une amende du triple de la valeur des arbres, et à une détention qui ne pourra excéder six mois. »

28. — Ces dispositions ont été remplacées par celles des art. 445, 446, 447 et 448, C. pén. — V. DESTRUCTION ET DÉVASTATION DES RÉCOLTES, ARBRES ET PLANTS.

29. — Suivant l'art. 28, L. 28 sept. 1791, si quelqu'un, avant leur maturité, coupait ou détruisait de petites parties de blé en vert ou d'autres productions de la terre, sans intention manifeste de les voler, il devait, pour dédommagement au propriétaire, une somme égale à la valeur que l'objet aurait eue dans sa maturité ; il était en outre condamné à une amende égale à la somme du dédommagement et pouvait l'être à la détention de police municipale.

30. — Des délits analogues à ceux que prévoit cet art. 28 sont définis par les art. 449 et 450, C. pén., qui portent (art. 449) : Quiconque aura coupé des grains ou des fourrages qu'il savait appartenir à autrui, sera puni d'un emprisonnement qui ne sera pas au-dessous de six jours ni au-dessus de deux mois.

31. — L'emprisonnement sera de vingt jours au moins et de quatre mois au plus, s'il a été coupé du grain en vert. — Dans les cas prévus par le présent article et les cas précédens, si le fait a été commis en haine d'un fonctionnaire public et à raison de ses fonctions, le coupable sera puni du maximum de la peine établie par l'article auquel le cas se référera. — Il en sera de même, quoique cette circonstance n'existe pas, si le fait a été commis pendant la nuit. — Art. 450.

32. — Il résulte du rapprochement des dispositions qui précèdent et de celles du Code rural précitées que l'incrimination de l'art. 28, L. du 28 sept. 1791, est tout à la fois moins grave et plus générale que celles du Code pén. sur les délits de ce genre. Chacun de ces articles pourra donc recevoir son application selon les circonstances. — V. DESTRUCTION ET DÉVASTATION DE RÉCOLTES, ARBRES ET PLANTS.

33. — Il a été jugé que l'usurpation d'une partie de terre ne pourrait constituer le délit prévu par l'art. 28, tit. 2, L. 28 sept.-6 oct. 1791, qu'autant que le prévenu aurait coupé en même temps de petites parties de blé en vert ou d'autres productions de la terre. — *Cass.*, 1er mai 1828 (int. de la loi), Messier.

34. — Jugé aussi que celui qui a détruit du blé en vert, dont il ne se prétend pas propriétaire, ne peut pas être renvoyé de la prévention sur le motif que le fonds avait fait partie d'un communal qu'il avait défriché, et que ce défrichement, remontant à trois années, ne pouvait, quoique non connu jusqu'alors, donner lieu à aucune poursuite. — *Cass.*, 16 therm. an VII, Mounat.

35. — Quiconque, portait l'art. 29, L. 28 sept., sera convaincu d'avoir dévasté des récoltes sur pied, ou abattu des plants venus naturellement ou faits de main d'homme, sera puni d'une amende double du dédommagement dû au propriétaire, et d'une détention qui ne pourra excéder deux années.

36. — Les mêmes faits sont actuellement prévus par l'art. 444, C. pén., qui les punit de deux à cinq ans d'emprisonnement et facultativement de cinq à dix années de surveillance de la haute police. — V. DESTRUCTION ET DÉVASTATION DE RÉCOLTES, ARBRES ET PLANTS.

37. — Parmi les crimes punis par l'art. 434, C. pén., figure l'incendie des récoltes. Si les récoltes brûlées appartenaient à l'incendiaire, la peine est celle de la réclusion s'il a voulu causer un préjudice à autrui ; si les récoltes ne lui appartenaient pas, il doit être condamné aux travaux forcés à temps ; si l'incendie a fait périr une ou plusieurs personnes, la peine est la mort. — V. INCENDIE.

38. — L'art. 31, L. 28 sept 1791, réprimait la rupture ou destruction d'instrumens de l'exploitation des terres commise dans les champs ouverts. Elle punissait ce délit d'une amende égale à la somme du dédommagement dû au cultivateur et d'une détention d'un mois à six mois.

39. — Ce fait entre actuellement dans les prescriptions de l'art. 451, C. pén., portant : « Toute rupture, toute destruction d'instrumens d'agriculture, de parcs de bestiaux, de cabanes de gardiens, sera punie d'un emprisonnement d'un mois au moins, d'un an au plus. » — V. DESTRUCTION D'INSTRUMENS D'AGRICULTURE, PARCS ET CABANES.

40. — La dégradation ou détérioration des chemins publics ou l'usurpation sur leur largeur était punie par l'art. 40, tit. 2, L. 28 sept.-6 oct. 1791, d'une amende qui ne pouvait être moindre de trois livres, ni excéder vingt-quatre livres, indépendamment de la réparation du dommage.

41. — Le tribunal de police était incompétent pour en connaître. — *Cass.*, 14 brum. an XI, Tirel ; 8 therm. an XIII, Hugot et Blanchot ; même jour, Joseph Calard ; 30 janv. 1807, Duplessis ; 12 nov. 1807, Waubert ; 20 juill. 1809 (int. de la loi), Mercier ; 4 août 1809 (int. de la loi), Leverrier ; 30 mars 1810, Henri Guibon ; 28 déc. 1809, l'Estarquy ; 25 janv. 1810, Roux.

42. — On décidait que ce genre de délit rural ne devait pas être confondu avec le simple fait du passage illicite sur le terrain d'autrui. — *Cass.*, 29 messid. an VIII, Alexandre Duchâtel.

43. — La peine qu'il entraîne n'est plus aujourd'hui que de onze à quinze francs d'amende, en vertu du n° 11, ajouté à l'art. 479, C. pén., par la loi du 28 avr. 1832. — V. CHEMINS RURAUX, nos 46 et suiv.

44. — Le n° 12 du même art. 479, C. pén., comprend ceux qui, sans y être autorisés, auraient enlevé des chemins publics les gazons, terres ou pierres, ou qui, dans les lieux appartenant aux communes, auraient enlevé les terres ou matériaux, à moins qu'il n'existe un usage général qui l'autorise.

45. — Cette disposition, incorporée également en 1832 à l'art. 479, remplace l'art. 44, L. 28 sept. 1791, qui punissait les mêmes faits d'une amende de 3 à 24 livres, outre la réparation, et facultativement de la détention de police municipale. — V. ENLÈVEMENT DE GAZONS, PIERRES.

46. — 2° *Dispositions relatives aux bestiaux et troupeaux.* — La loi du 28 sept. 6 oct. 1791 et le Code pén. ont successivement prévu tout à la fois les dommages causés aux propriétés rurales par les animaux, et ceux qui seraient faits par mort ou blessures des bestiaux ou troupeaux.

47. — Les dégâts causés par les bestiaux abandonnés sont l'objet de l'art. 12, L. 28 sept.-6 oct. 1791, qui porte : « Les dégâts que les bestiaux de toute espèce laissés à l'abandon feront sur les propriétés d'autrui, soit dans l'enceinte des habitations, soit dans un enclos rural, soit dans les champs ouverts, seront payés par les personnes qui ont la jouissance des bestiaux. Si elles sont insolvables, ces dégâts seront payés par celles qui en ont la propriété. Le propriétaire qui éprouvera les dommages aura le droit de saisir les bestiaux, sous l'obligation de les faire conduire, dans les vingt-quatre heures, au lieu du dépôt qui sera désigné à cet effet par la municipalité. — Il sera satisfait aux dégâts par la vente des bestiaux, s'ils ne sont pas réclamés, ou si le dommage n'a point été payé dans la huitaine du jour du délai. — Si ce sont des volailles, de quelque espèce que ce soit, qui causent le dommage, le propriétaire, le détenteur ou le fermier qui l'éprouvera, pourra les tuer, mais seulement sur les lieux au moment du dégât. »

48. — Cette disposition est encore d'une applicabilité incontestable, le Code pénal ne punissant pas l'abandon de bestiaux.

49. — Toutefois, et de ce qu'elle ne prononce aucune peine pour le délit qu'elle définit, il n'en résulte pas que ce délit échappe à toute répression, car tous les délits ruraux régis encore par la loi du 28 sept.-6 oct. 1791 sont, en l'absence de toute pénalité spéciale, atteints par l'art. 3 de cette loi, combiné avec l'art. 2 de celle du 23 thermid. an IV. — *Cass.*, 10 nov. 1836 (t. 1er 1837, p. 236), Humblot ; 18 nov. 1824 (int. de la loi), Leclerc ; 4 mars 1842 (t. 2 1842, p. 641), Rousseau ; — Toullier, *Dr. civ.*, t. 11, p. 404, nos 300 et 301. — V. au surplus ANIMAUX, nos 83 et suiv., et 78 à 92.

50. — L'art. 13 de la loi, également en vigueur, exige que les bestiaux morts soient enfouis dans la journée, à quatre pieds de profondeur, par le propriétaire, et dans son terrain, ou voiturés à l'endroit désigné par la municipalité, pour y être également enfouis, sous peine, par le délinquant, de payer une amende de la valeur d'une journée de travail et les frais de transport et d'enfouissement. L'amende est élevée à la valeur de trois journées de travail par la disposition générale de la loi du 23 thermid. an IV, art. 2. — V. ANIMAUX, nos 23 et suiv.

51. — Les dégâts causés par les chèvres sont prévus par l'art. 18 de la loi. — V. ANIMAUX, n° 92.

52. — L'art. 22, L. 1791, interdit aux pâtres et bergers (dans les lieux de parcours ou de vaine pâture comme dans ceux où ces usages ne sont pas établis) de mener les troupeaux d'aucune espèce dans les champs moissonnés et ouverts moins de deux jours après la récolte entière, sous peine d'une amende de la valeur d'une journée de travail (trois journées, d'après la loi du 23 thermid. an IV). L'amende est portée au double si les bestiaux d'autrui ont pénétré dans un enclos rural. — V. PARCOURS, VAINE PATURE.

53. — L'art. 23, L. 28 sept. - 6 oct. 1791, porte : « Un troupeau atteint de maladie contagieuse qui sera rencontré au pâturage sur les terres du parcours et de la vaine pâture autres que celles qui auront été désignées pour lui seul, pourra être saisi par les gardes champêtres, et même par toute personne ; il sera ensuite mené au lieu du dépôt qui sera indiqué pour cet effet par la municipalité. — Le maître de ce troupeau sera condamné à une amende de la valeur d'une journée (trois journées) de travail par tête de bêtes à laine et à une amende triple par tête d'autre bétail. — Il pourra, en outre, suivant la gravité des circonstances, être responsable du dommage que son troupeau aurait occa-

sionné, sans que cette responsabilité puisse s'étendre au-delà des limites de la municipalité. — A plus forte raison, cette amende et cette responsabilité auront lieu, si ce troupeau a été saisi sur les terres qui ne sont pas sujettes au parcours ou à la vaine pâture. »

54. — Cette disposition doit être conférée avec les art. 459, 460 et 461, C. pén., qui sont ainsi conçus : « Tout détenteur ou gardien d'animaux ou de bestiaux soupçonnés d'être infectés de maladie contagieuse, qui n'aura pas averti sur-le-champ le maire de la commune où ils se trouvent, et qui, même avant que le maire ait répondu à l'avertissement, ne les aura pas tenus renfermés, sera puni d'un emprisonnement de six jours à deux mois, et d'une amende de 16 francs à 200 francs (art. 459). » — « Seront également punis d'un emprisonnement de deux mois à six mois, et d'une amende de 100 francs à 500 francs, ceux qui, au mépris des défenses de l'administration, auront laissé leurs animaux ou bestiaux infectés communiquer avec d'autres (art. 460). » — « Si de la communication mentionnée au précédent article il est résulté une contagion parmi les autres animaux, ceux qui auront contrevenu aux défenses de l'autorité administrative seront punis d'un emprisonnement de deux ans à cinq ans, et d'une amende de 100 francs à 1000 francs ; le tout sans préjudice de l'exécution des lois et réglemens relatifs aux maladies épizootiques et de l'application des peines y portées. » — V. ANIMAUX, n°s 23 et suiv., ÉPIZOOTIE et MALADIES CONTAGIEUSES.

55. — L'art. 24, L. 1791, défendait de mener sur le terrain d'autrui des bestiaux d'aucune espèce et en aucun temps dans les prairies artificielles, dans les vignes, oseraies, dans les plants de câpriers, dans ceux d'oliviers, de mûriers, de grenadiers, d'orangers et arbres du même genre, dans tous les plants ou pépinières d'arbres fruitiers ou autres, faits de main d'homme.

56. — Cette prescription a été littéralement reproduite par le n° 10 de l'art. 479, C. pén., lequel a été ajouté à cet article par la loi du 21 avril 1832. L'infraction qui y serait faite est donc une contravention de troisième classe punie de 11 à 15 francs d'amende. — V. ANIMAUX, n°s 62 et suiv.

57. — Aux termes de l'art. 25, les conducteurs de bestiaux revenant des foires ou les menant d'un lieu à un autre, ne peuvent les laisser pacager sur les terres des particuliers ni sur les communaux, sous peine d'une amende de la valeur de deux journées (trois journées) de travail outre le dédommagement. L'amende doit être égale au dédommagement si le dommage est fait sur un terrain ensemencé ou qui n'a pas été dépouillé de sa récolte, ou dans un enclos rural. — Cet article n'a été abrogé par aucune loi postérieure. — V. ANIMAUX, n°s 59 et suiv.

58. — Quiconque, porte l'art. 26, L. 28 sept.-6 oct. 1791, sera trouvé gardant à vue ses bestiaux dans les récoltes d'autrui, sera condamné, en outre du paiement du dommage, à une amende égale à la somme du dédommagement, et pourra l'être, suivant la circonstance, à une détention qui n'excédera pas une année. — C'est encore par cette disposition qu'est régi le délit de garde à vue de bestiaux dans les récoltes d'autrui. — V. ANIMAUX, n°s 71 et suiv.

59. — L'art. 30, L. 28 sept.-6 oct. 1791, punissait ceux qui avaient, de dessein prémédité, blessé ou tué des bestiaux ou chiens de garde sur le terrain d'autrui. L'art. 42 de la même loi infligeait une amende au voyageur qui, par la rapidité de sa voiture ou de sa monture, tuait ou blessait des bestiaux sur les chemins. Ces dispositions ont été remplacées presque entièrement par les art. 452, 453, 454 et 479, n°s 2, 3 et 4, C. pén. — V., pour tout ce qui concerne la mort donnée ou les blessures faites aux animaux d'autrui, ANIMAUX, n°s 98 et suiv.

60. — L'empoisonnement des chevaux ou autres bêtes de voiture, de monture ou de charge, des bestiaux à cornes, des moutons, chèvres ou porcs, est puni par l'art. 452, C. pén., d'un emprisonnement d'un an à cinq ans et d'une amende de 16 fr. à 300 fr. Les coupables peuvent être mis par l'arrêt ou le jugement sous la surveillance de la haute police pendant deux ans au moins et cinq ans au plus. — V. ANIMAUX, n°s 102 et suiv.

61. — L'art. 453 prévoit le cas où l'on aurait tué sans nécessité l'un des animaux qui viennent d'être indiqués. Si le délit a été commis dans les bâtimens, enclos et dépendances ou sur les terres dont le maître de l'animal tué était propriétaire, locataire, colon ou fermier, la peine est un emprisonnement de deux mois à six mois : s'il a été commis dans les lieux dont le coupable était propriétaire, locataire, colon ou fermier, l'emprisonnement est de six jours à un mois ; s'il a été commis dans tout autre lieu, l'emprisonnement est de quinze jours à six semaines. Le maximum de la peine est toujours prononcé en cas de violation de clôture. — Celui qui sans nécessité aurait tué un animal domestique dans un lieu dont l'individu à qui cet animal appartient est propriétaire, locataire, colon ou fermier, doit être puni d'un emprisonnement de six jours au moins et de six mois au plus. S'il y a eu violation de clôture, le maximum de la peine est prononcé. — C. pén., art. 454. — V. ANIMAUX, n°s 112 et suiv.

62. — 3° *Dégâts par inondation.* — L'inondation des chemins publics ou des propriétés par la faute des particuliers a été prévue et punie par les art. 15 et 16, L. 28 sept.-6 oct. 1791. L'art. 15 porte : « Personne ne pourra inonder l'héritage de son voisin, ni lui transmettre volontairement les eaux d'une manière nuisible sous peine de payer le dommage et une amende qui ne pourra excéder la somme du dédommagement. »

63. — L'art. 16 ajoute : « Les propriétaires ou fermiers des moulins ou usines construits ou à construire seront garans de tous dommages que les eaux pourraient causer aux chemins ou aux propriétés voisines, par la trop grande élévation du déversoir ou autrement. Ils seront forcés de tenir les eaux à une hauteur qui ne nuise à personne et qui sera fixée par le directoire du département, d'après l'avis du directoire du district. En cas de contravention, la peine sera une amende qui ne pourra excéder la somme du dédommagement. »

64. — Le Code pénal de 1810 s'est aussi occupé des dommages causés par les inondations dans certains cas. Son art. 457 punit d'une amende qui ne peut excéder le quart des restitutions et des dommages-intérêts ni être au-dessous de 50 fr., les propriétaires ou fermiers ou toute personne jouissant de moulins, usines ou étangs, qui, par l'élévation du déversoir de leurs eaux au-dessus de la hauteur déterminée par l'autorité compétente, auront inondé les chemins ou les propriétés d'autrui.

65. — L'art. 457, statuant sur la même hypothèse que l'art. 16, L. 28 sept.-6 oct. 1791, l'a virtuellement abrogé. L'art. 15 de cette loi conserve, au contraire, son applicabilité. Ces deux points ont été fixés par la jurisprudence. — V. INONDATIONS.

66. — 4° *Maraudage.* — Le maraudage diffère du vol simple en ce qu'il consiste dans l'enlèvement de productions de la terre *non encore détachées* du sol au moment où le délit est commis. — *Cass.*, 31 janv. 1828, Charles Hennebelle ; — Longchampt, p. 95.

67. — Les art. 34 et 35, L. de 1791, portent : « Quiconque maraudera, dérobera des productions de la terre qui peuvent servir à la nourriture des hommes, ou d'autres productions utiles, sera condamné à une amende égale au dédommagement dû au propriétaire ou fermier : il pourra aussi, suivant les circonstances du délit, être condamné à la détention de police municipale. — Art. 34.

68. — Pour tout vol de récoltes fait avec des paniers ou des sacs, ou à l'aide des animaux de charge, l'amende sera du double du dédommagement, et la détention, qui aura toujours lieu, pourra être de trois mois, suivant la gravité des circonstances. — Art. 35.

69. — L'art. 35 de la loi ne s'entendait que de l'enlèvement de récoltes non encore coupées au moment où se commettait le délit. Le vol de récoltes coupées était réprimé par l'art. 4, L. 5 frim. an VIII. — *Cass.*, 10 avr. 1807, Fruchin.

70. — Cet art. 35, de même que le précédent, ne prévoyait donc que des maraudages. — Longchampt, p. 95.

71. — Les différentes hypothèses énoncées dans l'art. 35 ont été comprises depuis dans les prescriptions de l'art. 13, L. 24 juin 1824. Cette dernière disposition frappait des peines prévues dans l'art. 401, C. pén., les vols et tentatives de vols de récoltes et autres productions utiles de la terre, qui, avant d'avoir été soustraites, n'étaient pas encore détachées du sol, commis soit avec des paniers ou des sacs, soit à l'aide de voitures ou d'animaux de charge, soit de nuit par plusieurs personnes.

72. — La loi du 21 avr. 1832 a transporté le texte de l'art. 13, L. 24 juin 1824, à la suite de l'art. 388, C. pén., en changeant seulement la peine applicable, qui a été réduite à un emprisonnement de quinze jours à deux ans et à une amende de 16 fr. à 200 fr.

73. — L'art. 475, C. pén., également modifié par cette loi, a reçu l'augmentation d'un numéro additionnel s'appliquant à ceux qui, sans aucune des circonstances prévues en l'art. 388, dérobent des récoltes ou autres productions utiles de la terre, qui, avant d'être soustraites, n'étaient pas encore détachées du sol (art. 475, n° 15). Les art. 34 et 35, L. 6 oct. 1791, doivent donc être considérés comme abrogés.

74. — En outre, l'art. 471, n° 9, punit d'une amende de 1 à 5 fr. le fait d'avoir, sans autre circonstance prévue par les lois, cueilli ou mangé sur le lieu même des fruits appartenant à autrui. — V. au surplus sur ces divers points MARAUDAGE.

75. — Quant aux maraudages dans les bois, qualifiés par les art. 36, 37 et 38, L. 6 oct. 1791, V. FORÊTS.

76. — 5° *Vols dans les champs.* — Aux termes de l'art. 33, L. 1791, celui qui, sans la permission du propriétaire ou fermier, enlevait des fumiers, de la marne ou tous autres engrais portés sur les terres, devait être condamné à une amende qui ne pouvait excéder la valeur de six journées de travail, en outre du dédommagement, et pouvait l'être à la détention de police municipale. L'amende devait être de douze journées, et la détention pouvait être de trois mois si le délinquant avait fait tourner à son profit lesdits engrais.

77. — Mais le vol de productions de la terre, détachées du sol au moment de l'enlèvement, n'était pas prévu par le Code rural.

78. — Certains vols aux champs étaient punis par le Code pénal du 25 sept. 1791, partie 2, sect. 2e, art. 27. C'étaient des vols de charrues, instrumens aratoires, chevaux et autres bêtes de somme, bétail, ruches et abeilles ou effets exposés sur la foi publique, soit dans la campagne, soit sur les chemins.... La peine était de quatre années de détention et de six années si le vol avait été commis la nuit. L'art. 11, L. 25 frim. an VIII, avait réduit la peine à deux années d'emprisonnement. — Jacques de Valserre, *Man. de dr. rur.*, p. 695.

79. — L'ancien art. 388, C. pén., punissait de la réclusion le vol dans les champs de chevaux ou bêtes de charge, de voiture ou de monture, gros et menus bestiaux, des instrumens d'agriculture, des récoltes ou meules de grains faisant partie des récoltes. L'art. 2, L. 24 juin 1824, abaissa cette pénalité exorbitante et punit les mêmes faits des peines de l'art. 401, C. pén.

80. — Enfin, la loi du 21 avr. 1832, modifiant l'art. 388, C. pén., a changé de nouveau les peines applicables à ces différens vols et donné à cet article la rédaction suivante : « Quiconque aura volé ou tenté de voler dans les champs des chevaux ou bêtes de charge, de voiture ou de monture, gros et menus bestiaux, ou des instrumens d'agriculture, sera puni d'un emprisonnement d'un an au moins et de cinq ans au plus, et d'une amende de 16 à 500 francs..... Quiconque aura volé ou tenté de voler dans les champs des récoltes ou autres productions utiles de la terre, déjà détachées du sol, ou des meules de foin faisant partie de récoltes, sera puni d'un emprisonnement de quinze jours à deux ans, et d'une amende de 16 à 200 fr. Si le vol a été commis soit la nuit, soit par plusieurs personnes, soit à l'aide de voitures ou d'animaux de charge, l'emprisonnement sera d'un à cinq ans, et l'amende de 16 à 500 fr. — V. VOL.

81. — 6° *Destruction ou dégradation de clôtures et passage sur le terrain d'autrui.* — Les art. 17, 27, 32 et 41, C. rural de 1791, définissaient les atteintes portées à la propriété rurale par les violations de clôtures et le passage sur le terrain d'autrui. Quant aux dégats causés par le passage des bestiaux sur les terres, V. *suprà* n°s 47 et suiv.

82. — « Il est défendu à toutes personnes, porte l'art. 17, C. rural, de recombler les fossés, de dégrader les clôtures, de couper les branches de haies vives, d'enlever des bois hors des haies, sous peine d'une amende de la valeur de trois journées de travail. Le dédommagement sera payé au propriétaire et suivant la gravité des circonstances ; la détention pourra avoir lieu au plus pour un mois. »

83. — L'art. 32, même loi, s'occupait des déplacemens de bornes ou arbres faisant limites entre les héritages.

84. — Ces deux dispositions ont été abrogées virtuellement, la première en partie seulement et la seconde en totalité, par l'art. 456, C. pén., qui est ainsi conçu : « Quiconque aura en tout ou en partie comblé des fossés, détruit des clôtures, de quelques matériaux qu'elles soient faites, coupé ou arraché des haies vives ou sèches ; quiconque aura déplacé ou supprimé des bornes ou pieds-corniers, ou autres arbres plantés ou reconnus pour établir les limites entre différens héritages, sera puni d'un emprisonnement qui ne pourra être au-dessous d'un mois ni excéder une année, et d'une amende égale au quart des restitutions et des dommages-intérêts, qui, dans aucun cas, ne pourra être au-dessous de 50 fr. »

85. — La cour de Poitiers a jugé que la disposi-

tion de l'art. 17, L. 6 oct. 1791, qui punit la simple *dégradation* de clôture, n'avait pu être abrogée par l'art. 456, C. pén., qui ne prévoit que la *destruction* de clôture; qu'en conséquence le fait d'avoir dégradé une clôture se prescrit par un mois, conformément à cette loi. — *Poitiers*, 18 déc. 1830, Foucqueteau; — Neveu Derotrie, p. 461.

86. — La même distinction peut être faite entre ces deux dispositions relativement à la destruction et à la dégradation simple de haies vives ou sèches. — V. DESTRUCTION DE CLOTURE ET DÉPLACEMENT DE BORNES.

87. — L'art. 41, C. rural, veut que tout voyageur qui déclôra un champ pour se faire un passage dans sa route paie le dommage fait au propriétaire, et de plus une amende de la valeur de trois journées de travail, à moins que le juge de paix ne décide que le chemin public était impraticable; et alors les dommages et les frais de clôture sont à la charge de la communauté. — La jurisprudence a reconnu l'applicabilité entière de cet article, aucune loi postérieure n'ayant statué sur l'hypothèse dont il s'occupe. — V. CHEMIN IMPRATICABLE.

88. — L'art. 27, C. rural 28 sept. 1791, punissait le passage à cheval ou en voiture dans un champ ensemencé, et le passage même à pied, lorsque les blés étaient en tuyaux. Ses prescriptions ont été remplacées par celles des art. 471, n° 13, et 475, n°s 9 et 10, C. pén. — V. ANIMAUX, n°s 37 et suiv.; CHAMPS ENSEMENCÉS; PASSAGE SUR LE TERRAIN D'AUTRUI.

89. — 7° *Glanage, ratelage et grapillage.* — Le glanage et le ratelage consistent à ramasser dans les champs, avec ou sans rateaux, les épis laissés par les moissonneurs après la récolte. Le grapillage est le fait de prendre sur les ceps, après les vendanges, les raisins qui y ont été oubliés. — Longchampt, p. 75 et suiv.

90. — L'art. 21, L. 1791, dispose que les glaneurs, les rateleurs et les grapilleurs, dans les lieux où les usages de glaner, de rateler ou de grapiller sont reçus, n'entreront dans les champs, prés et vignes récoltés et ouverts, qu'après l'enlèvement entier des fruits. En cas de contravention, les produits du glanage, du ratelage et du grapillage doivent être confisqués, et suivant les circonstances, il peut y avoir lieu à la détention de police municipale.

91. — Le même article ajoute que le glanage, le ratelage et le grapillage sont interdits dans tout enclos rural, tel qu'il est défini à l'art. 6, sect. 4e, tit. 1er, même loi.

92. — Aux termes de la disposition rappelée par les derniers mots de l'art. 21, un héritage est réputé clos lorsqu'il est entouré d'un mur de quatre pieds de hauteur avec barrière ou porte, ou lorsqu'il est exactement fermé et entouré de palissades ou de treillages, ou d'une haie vive, ou d'une haie sèche faite avec des pieux ou cordelée avec des branches, ou de toute autre manière de faire les haies en usage dans chaque localité, ou enfin d'un fossé de quatre pieds de large au moins à l'ouverture et de deux pieds de profondeur.

93. — L'art. 471, n° 13, C. pén., punit de 1 à 5 fr. d'amende ceux qui, sans autre circonstance, auront glané, ratelé ou grapillé dans les champs non encore entièrement dépouillés et vidés de leurs récoltes, ou avant le moment du lever ou après le coucher du soleil. Aux termes de l'art. 473, la peine de l'emprisonnement de trois jours au plus peut être prononcée contre les coupables. — V. GLANAGE.

94. — La dernière partie de l'art. 21, L. 6 oct. 1791, relative à l'interdiction de glaner, rateler ou grapiller dans un enclos rural, paraît avoir conservé son applicabilité.

95. — Le chaumage ou enlèvement du chaume qui aurait lieu avant la fin de la récolte, paraît être également atteint par la disposition de l'art. 471, n° 13. — V. CHAUMAGE.

96. — Outre les infractions qui précèdent, le Code pénal a prévu quelques cas particuliers dans lesquels on ne peut voir que des contraventions à la police rurale.

97. — Ceux qui négligent d'écheniller dans les campagnes ou jardins où ce soin est prescrit par la loi ou les réglemens, sont punis par le Code pénal de 1 à 5 fr. d'amende. — C. pén., art. 471, n° 8. — V. ÉCHENILLAGE, POLICE RURALE.

98. — Sont punis d'amende depuis 6 fr. jusqu'à 10 fr. inclusivement, ceux qui ont contrevenu aux bans des vendanges ou autres bans autorisés par les réglemens. — C. pén., art. 475, n° 1. — V. BANS DE VENDANGE.

99. — Sont aussi punis de la même peine ceux qui ont jeté des pierres ou autres corps durs ou des immondices contre les maisons, édifices et clôtures d'autrui ou dans les jardins ou enclos. — C. pén., art. 475, n° 8. — V. JET (dommage).

100. — On peut considérer aussi les embarras commis sur les chemins publics, dans la campagne, comme constituant des délits ruraux. — *Cass.*, 1er déc. 1827, Audard Gourel; 24 avr. 1829, Geay. — V. EMBARRAS DE LA VOIE PUBLIQUE.

§ 3. — *Constatation des délits, poursuite, compétence et prescription.*

101. — *Constatation des délits ruraux.* — Le Code rural donnait aux gardes champêtres la mission de constater les délits ruraux. Ils devaient veiller à la conservation des propriétés rurales et des récoltes. Ils déposaient leurs rapports entre les mains du juge de paix du canton ou de l'un de ses assesseurs, ou faisaient devant l'un ou l'autre leurs déclarations. Ces rapports ou déclarations, lorsqu'ils ne donnaient lieu qu'à des réclamations pécuniaires, devaient faire foi en justice pour tous les délits ruraux, sauf la preuve contraire. — C. rural du 28 sept.-6 oct. 1791, tit. 1er, sect. 7e, art. 1er et 6. — V. GARDE CHAMPÊTRE.

102. — La police des campagnes était aussi sous la surveillance de la gendarmerie nationale. Les officiers municipaux avaient enfin qualité pour constater certains délits (tit. 2, art. 1er et 9).

103. — L'art. 9 disait que les officiers municipaux veilleraient à la tranquillité, à la salubrité et à la sûreté des campagnes; qu'ils seraient tenus particulièrement de faire, au moins une fois par an, la visite des fours et cheminées de toutes maisons et de tous bâtimens éloignés de moins de cent toises d'autres habitations: que ces visites seraient préalablement annoncées huit jours d'avance, et qu'après la visite ils ordonneraient la réparation ou la démolition des fours et cheminées qui se trouveraient dans un état de délabrement qui pourrait occasionner un incendie ou d'autres accidens. — V., à cet égard, CHEMINÉE, n°s 51 et suiv.

104. — Sous l'empire du Code d'instruction criminelle, les gardes champêtres ne sont pas les seuls fonctionnaires ayant qualité pour procéder à cette constatation. Les commissaires de police, et dans les communes où il n'y en a pas, les maires ou adjoints peuvent rechercher les contraventions de police qui sont sous la surveillance spéciale des gardes champêtres, à l'égard desquels ils ont concurrence et même prévention. — C. inst. crim., art. 11, 16.

105. — Les gardes champêtres ne peuvent exercer que dans le territoire pour lequel ils sont assermentés leurs fonctions d'officiers de police judiciaire pour la constatation des délits ruraux. — Art. 16.

106. — Jugé, qu'il appartient aux gardes champêtres de constater les embarras commis sur les chemins publics dans la campagne. — *Cass.*, 1er déc. 1827, Médard Gourel; 24 avr. 1829, Geay.

107. — Lorsqu'un garde champêtre a constaté par procès-verbal un délit rural, il ne peut être condamné aux dépens, lors même que le prévenu est acquitté. — *Cass.*, 14 juin 1822 (int. de la loi), Brucy.

108. — Les procès-verbaux contenant constatation de délits de cette nature sont, du reste, soumis aux formalités générales prescrites pour ces actes, lorsqu'ils sont dressés par les officiciers de police judiciaire. — V. PROCÈS-VERBAL.

109. — *Poursuites.* — Le Code rural de 1791 portait à l'art. 8 de la section 7 du tit. 1er : « La poursuite des délits ruraux sera faite, au plus tard, dans le délai d'un mois, soit par les parties lésées, soit par le procureur de la commune ou ses substituts, s'il y en a, soit par des hommes de loi commis à cet effet par la municipalité, faute de quoi il n'y aura pas lieu à poursuite. »

110. — Sous l'empire du Code d'instruction criminelle, le ministère public peut poursuivre spontanément la répression des délits ruraux en vertu du principe général écrit dans l'art. 1er de ce Code, que ces délits soient encore régis par le Code rural du 6 oct. 1791, ou qu'ils le soient par le Code pénal. Aussi un jugement qui avait déclaré non recevable le ministère public, requérant l'application de l'art. 26, C. rural, par le motif que la partie lésée ne se plaignait pas, a-t-il été cassé par la cour suprême. — *Cass.*, 31 oct. 1822, Claude Moreau. — V., au surplus, ACTION PUBLIQUE.

111. — Jugé encore que le ministère public peut poursuivre la répression de la contravention, consistant dans le fait d'avoir cueilli des pêches et raisins dans une vigne sans autorisation du propriétaire, quand bien même la partie lésée n'aurait pas voulu donner suite au procès-verbal qui la constate. — *Cass.*, 29 déc. 1837 (t. 2 1838, p. 9), Beaumont.

112. — Jugé, d'un autre côté, que le fait par des bestiaux *laissés à l'abandon* d'avoir pénétré dans un champ cultivé, et d'y avoir causé du dégât, constitue, à l'égard des personnes qui ont la jouissance de ces bestiaux, un délit rural pour lequel elles peuvent être valablement citées devant le tribunal de simple police par la partie lésée qui conclut à une réparation civile, sauf les réquisitions du ministère public. — *Cass.*, 8 sept. 1837 (t. 1er 1840, p. 102), Quentin c. Mouton.

113. — Il est certain que le fait allégué ne rentre dans aucune des dispositions du Code pénal, et que, d'un autre côté, il est formellement prévu et qualifié *délit rural* par la loi du 28 sept.-6 oct. 1791. (V. *suprà* n°s 47 s.). Toute la question était donc de savoir si le silence du Code pénal n'emportait pas abrogation tacite de cette loi; c'est dans la solution qu'elle a reçue que se trouve la véritable portée de l'arrêt que nous recueillons. En effet, étant une fois admis que l'introduction des bestiaux dans le champ d'autrui, même sans le concours du maître de ces bestiaux ou de ses préposés, constitue un délit rural, il est évident que le propriétaire de l'héritage envahi peut demander directement devant le tribunal de simple police la réparation du dommage qu'il a souffert, sauf les réquisitions du ministère public.

114. — Il a été jugé qu'en cas de poursuite exercée d'office contre un individu, pour anticipation sur un chemin public, si le prévenu élève la question préjudicielle de propriété, le tribunal de simple police doit lui imposer l'obligation de justifier cette exception. — *Cass.*, 12 juill. 1834, Ducorail. — V. QUESTION PRÉJUDICIELLE.

115. — Les formes qui doivent être observées pour l'exercice des actions publique et civile, sont celles qu'indique le Code d'instr. crim. — Longchampt, p. 307. — V. ACTION CIVILE, ACTION PUBLIQUE.

116. — Les délits ou contraventions en matière rurale doivent être instruits et jugés conformément aux principes généraux du droit criminel. — V. INSTRUCTION CRIMINELLE.

117. — L'art. 463, C. pén., sur les circonstances atténuantes, ne saurait s'appliquer aux délits qui sont encore régis par le Code rural de 1791. — Longchampt, *Pol. rur.*, p. 323.

118. — *Compétence.* — Aux termes de l'art. 2, tit. 2, L. 1791, tous les délits ruraux prévus par cette loi devaient être jugés, soit par les juges de paix, soit par la municipalité du lieu ou ils étaient commis.

119. — Ces deux compétences étaient déterminées quant à leur objet par l'art. 6 du même titre, portant : « Les délits mentionnés au présent décret qui entraîneraient une détention de plus de trois jours dans les campagnes et de plus de huit jours dans les villes seront jugés par la voie de police correctionnelle; les autres le seront par voie de police municipale. »

120. — Les délits ruraux doivent être portés devant les tribunaux correctionnels ou devant ceux de simple police, selon que les peines qui leur sont appliquées, soit par le Code rural de 1791, soit par le Code pénal, les classent parmi les délits ou parmi les contraventions.

121. — Il est de jurisprudence qu'un tribunal de simple police est incompétent pour connaître d'un délit rural lorsque ce délit est passible d'une amende égale au dédommagement et que ce dédommagement n'a pas été déterminé. — *Cass.*, 1er août 1818, Brousse c. Thiberg-Castel; 31 oct. 1822, Moreau; 19 déc. 1822, Ronnat; 15 fév. 1828 (int. de la loi), Debra; 28 nov. 1828, Giraud.

122. — C'est, en effet, un principe général que le juge de simple police n'a compétence pour juger un fait coupable qu'autant qu'il a le droit de prononcer le maximum des peines réservées à ce fait, que dès-lors il doit se déclarer incompétent si ce maximum n'a pas été déterminé, puisqu'il pouvait arriver qu'il le dépassât. — V. cependant Merlin, *Rép.*, v° *Délit rural*, § 3, t. 4, p. 348.

123. — Jugé que les délits ruraux spécifiés dans le titr. 2, L. 28 sept.-6 oct. 1791, qui n'entraînent que l'application des peines de simple police peuvent, comme les autres contraventions, être jugés par les tribunaux correctionnels, si la partie publique ou la partie civile n'a pas demandé le renvoi. — *Cass.*, 13 janv. 1837 (t. 2 1837, p. 58), Min. publ. c. Dupuy-Monbet.

124. — Lorsque la partie lésée provoque l'action publique ou se joint au ministère public exerçant des poursuites spontanément, le juge du délit statue sur le mérite de l'action civile conformément aux règles ordinaires.

125. — Au contraire, quand l'action en réparation du préjudice causé par le délit est portée séparément devant la juridiction civile, c'est le juge de paix qui doit en connaître, si le dégât dont on

se plaint constitue un dommage aux champs, fruits ou récoltes.—L. 25 mai 1838, art 5.—Dans les autres cas, c'est aux tribunaux de première instance qu'il appartient de statuer sur les dommages-intérêts. — V. DOMMAGE AUX CHAMPS.

126. — Jugé que le tribunal de police devant lequel un individu est cité comme ayant illégalement fait pâturer les bestiaux sur un terrain communal est compétent pour apprécier l'exception tirée d'une qualité personnelle (celle d'habitant dans l'espèce) pouvant donner droit au pâturage contesté; ce n'est pas là une question préjudicielle qu'il doive renvoyer au juge civil.— *Cass.*, 11 mai 1838 (t. 1er 1838, p. 598), Belot.

127. — *Prescription.* — Les délits ruraux sont, quant à la prescription, soumis aux règles établies par le Code rural de 1791 ou à celles qu'a consacrées le Code pénal de 1810, selon qu'ils sont régis par l'un ou par l'autre de ces Codes. — C. inst. crim., art. 643.

128. — La loi du 6 oct. 1791 ou Code rural dispose que les actions résultant d'un délit rural sont prescrites par l'expiration d'un mois sans poursuites de la part de l'autorité compétente ou de la partie lésée. — Art. 8, sect. 7e, tit. 1er.

129. — Cette prescription spéciale pour les actions nées de délits ruraux ne se trouva pas d'accord avec le système qui fut plus tard consacré pour les prescriptions en matière criminelle par le Code des délits et peines du 3 brum. an IV. L'art. 9 de ce Code déclara les actions civile et publique à raison d'un délit prescriptibles par trois ans seulement, à compter du jour où l'existence en avait été connue et légalement constatée, lorsque dans cet intervalle il n'avait été fait aucune poursuite. Lorsque des poursuites avaient été commencées dans les trois ans, les deux actions étaient prescrites, s'il s'écoulait six années à partir de la constatation du délit sans condamnation du coupable. — Art. 10.

130. — La cour de Cassation décida par plusieurs arrêts que l'art. 8, sect. 7e, tit. 2, C. rur., avait été abrogé par les deux dispositions ci-dessus du Code des délits et peines.— *Cass.*, 17 brum. an VIII, Lazen; 11 brum. an VI, Gérard c. Marguerotte.

131. — Mais elle abandonna cette jurisprudence et jugea plus tard que le Code des délits et peines avait laissé subsister la prescription spéciale d'un mois appliquée par le Code rural aux actions résultant des délits ruraux prévus et punis par la loi de 1791. — *Cass*, 16 flor. an XI, Saintaud; 13 janv. 1837 (t. 2 1837, p. 58), Dupuy-Mondet; — Merlin, *Quest. de dr.*, vo *Délit rural.*

132. — Jugé, entre autres exemples, que, la disposition de la loi du 28 sept.-6 oct. 1791, relative au délit de dégradation de clôture, n'ayant pas été abrogée par l'art. 456, C. pén., qui n'est applicable qu'au cas de destruction de clôture, le fait d'avoir dégradé une clôture se prescrit par un mois, conformément à l'art. 8, sect. 7e, tit. 1re, L. 28 sept.-6 oct. 1791. — *Poitiers*, 18 déc. 1830, Foucqueteau.

133. — Mais en même temps la jurisprudence reconnait que les délits ruraux, aujourd'hui prévus par le Code pénal, sont soumis à la prescription établie par le Code d'instruction criminelle pour les délits ou contraventions ordinaires. — Et il en est ainsi, en général, des faits qui, prévus autrefois par des lois spéciales, sont devenus des délits communs. — V. PRESCRIPTION (criminelle).

134. — En donnant un délai d'un mois à la partie lésée comme à la partie publique pour poursuivre, le Code rural avait nécessairement abrogé les anciens réglemens qui n'accordaient à la partie civile qu'un très court délai pour la constatation du dommage, à peine de déchéance.—Lonchampt, p. 340.

135. — Le délai d'un mois, fixé par la loi de 1791, court à partir du jour où le délit a été commis, et non pas seulement à partir de celui où il a été constaté. — *Bourges*, 15 juill. 1830, Boisgilbaut; *Cass.*, 12 août 1808 (dans son premier motif), Martin Lacoste.

136. — Les délits ruraux incriminés par les dispositions du Code pénal sont soumis, quant à la prescription, aux règles générales du Code d'instruction criminelle. En conséquence, lorsqu'il s'agit de délits punis de peines correctionnelles, les deux actions se prescrivent par trois ans à partir de la perpétration, et par trois ans à partir du dernier acte de procédure, s'il a été commencé une instruction ou poursuite dans le premier délai (C. inst. crim., art. 637-638). — S'il s'agit d'une infraction en matière rurale punie de peines de simple police, les deux actions se prescrivent par un an, si dans cet intervalle il n'intervient pas de condamnation, et, en cas de condamnation par un an, à partir de la notification de l'appel qui serait interjeté. — C. inst. crim., art 640. — V. PRESCRIPTION (criminelle).

137. — La cour suprême jugeait, avant le Code pénal de 1810, que la prescription en matière de délits ruraux ne pouvait être interrompue contre le prévenu que par une citation directe devant le tribunal; qu'en conséquence une dénonciation faite dans le mois au magistrat de sûreté, visée par le directeur du jury, ne pouvait seule l'empêcher de s'accomplir. — *Cass.*, 2 messid. an XIII, Lasmartre c. Savez.

138. — Il a été cependant décidé par la même cour qu'on doit entendre par *poursuites*, dans le sens du Code rural, tit. 1er, sect. 7, art. 8, tous les actes qui sont faits en justice par les personnes que la loi autorise, et dont le but est de constater le délit, à en connaître et à en faire punir l'auteur; que spécialement il suffit, pour interrompre la prescription, que le juge de paix ait dressé dans le mois procès-verbal du délit, que des experts aient estimé la valeur, et qu'un grand nombre de témoins aient été entendus, quand même la citation n'aurait pas été donnée au prévenu dans le même délai. — *Cass.*, 18 août 1809, Dodino; — V. conf. *Cass.*, 28 déc. 1809, Buits.

139. — Une plainte déposée par la partie lésée par un délit rural dans les délais exigés pour interrompre les prescriptions établies soit par le Code rural de 1791, soit par le Code d'instruction criminelle, ne semble pas devoir avoir un effet interruptif, car elle ne peut équivaloir à une citation au prévenu. Il en serait autrement si le plaignant se portait partie civile dans la plainte même, qui alors deviendrait une véritable demande. — Legraverend, *C. inst. crim.*, t. 1er, chap. 1er, p. 78; Merlin, *Quest.*, vo *Délits ruraux*, § 3.

140. — Il a été jugé que la citation pour un délit rural, bien qu'elle ait été donnée devant un tribunal correctionnel compétent, n'interrompt pas néanmoins la prescription, si ce tribunal s'est déclaré incompétent, et a en conséquence annulé la citation par jugement passé en force de chose jugée. — *Cass.*, 13 janv. 1837 (t. 2 1837, p. 58), Dupuy Mondet. — V. PRESCRIPTION (criminelle).

DÉLIT SUCCESSIF.

1. — On appelle ainsi tout délit qui, se perpétuant et se renouvelant à chaque instant, se continue sans interruption aussi long-temps que dure l'acte qui constitue le délit, et met ainsi celui qui s'en rend coupable dans un état de délit permanent. — Carnot, *Inst. crim.*, art. 637; Legraverend, *Législ. crim.*, t. 1er, p. 80.

2. — Il ne faut pas confondre le délit successif avec le *délit collectif*, consistant dans l'ensemble de certains actes dont chacun pris isolément ne constitue aucun fait punissable, mais qui prennent par leur seule réunion le caractère de délit: ainsi l'usure, l'excitation à la débauche, le logement des malfaiteurs sont des délits collectifs. Dans le délit successif, au contraire, le délit existerait lors même qu'il n'y aurait pas de succession d'actes de délinquer.

3. — Par suite, le délit successif commencé en France et continué en pays étranger, ou réciproquement, est punissable en France; tandis que le délit collectif commencé en France et terminé à l'étranger ne pourrait être puni en France, si, isolément, les actes qui y ont été perpétrés et, abstraction faite de ce qui s'est passé en pays étranger, ne suffisaient pas pour constituer par eux-mêmes un délit. — Rauter, *Tr. du dr. crim.*, t. 2, no 128.

4. — Les criminalistes anciens et modernes mettent le *rapt* au rang des délits successifs; car il se perpétue tant que le ravisseur tient en sa puissance la personne qu'il a enlevée. — Jousse, *Tr. de la just. crim.*, t. 1er, p. 585; Mangin, *Tr. de l'act. pub. et civ.*, no 324.

5. — Toutefois Legraverend (*Lég. crim.*, t. 1er, p. 81) pense que, le code pénal ne punissant que l'*enlèvement* ou le *déplacement* des mineurs, et lorsqu'il est opéré par fraude ou par violence, ou l'enlèvement, même avec le consentement de la personne enlevée, lorsqu'il s'agit d'une fille au-dessous de l'âge de seize ans, le rapt cesserait d'avoir le caractère de délit successif, dans le premier cas, lorsque depuis l'enlèvement les mineurs sont parvenus à leur majorité, et dans le deuxième, lorsque la jeune fille a atteint sa seizième année. « La raison, dit-il, en est que, si le fait se passait alors, il ne serait plus criminel aux yeux de la loi, et ne pourrait pas donner lieu à des poursuites. » — V. DÉTOURNEMENT ET ENLÈVEMENT DE MINEURS.

6. — L'*arrestation illégale* et la *séquestration de personnes* sont aussi des délits successifs; car ils se perpétuent avec le même caractère tant que la victime est privée de la liberté. — C. pén., art. 117, 342 et 343. — V. ARRESTATION ILLÉGALE ET SÉQUESTRATION DE PERSONNES, no 21.

7. — Il en est de même de la *désertion*, de l'*évasion des détenus, forçats*, etc., des crimes commis par *un rassemblement armé* contre la force légale ou contre des citoyens (Legraverend, *loc. cit.*; Mangin, *loc. cit.*), — de l'*abus de blanc-seing* (*Cass.*, 21 avr. 1821, Serraphin c. Ponsony); — et de l'usage fait sciemment d'une pièce fausse (*Cass.*, 24 juin 1813, Larsonneur). — Mêmes auteurs. — V. cependant Carnot, *Instr. crim.*, sur l'art. 637. — V. ABUS DE BLANC-SEING, no 34, DÉSERTION, ÉVASION DE DÉTENUS, FAUX.

8. — Mais la *bigamie* n'est pas un délit successif, car ce délit ne consiste pas dans l'abandon de l'époux légitime, dans la cohabitation illégale; il consiste dans le fait seul de la célébration du second mariage; il se forme, il se consomme à l'instant même du frauduleux engagement contracté devant l'officier de l'état-civil. — *Cass.*, 5 sept. 1812, Schmitz; 4 juill. 1816, Raffil; 30 déc. 1819, Segretain; — Rauter, *loc. cit.*; Carnot, *Inst. crim.*, sur l'art. 637; Mangin, *Tr. de l'act. publ. et civ.*, t. 2, no 322. — V. BIGAMIE, nos 91 et suiv.

9. — De même, les *anticipations* ou les *usurpations* commises sur les chemins vicinaux, bien qu'elles soient permanentes, ne peuvent être considérées comme le renouvellement continuel du fait qui les constitue, ni assimilées par conséquent à un délit successif, puisque la perpétration de ce fait ne se reproduit plus après qu'elle a été consommée. — *Cass.*, 16 déc. 1842 (t. 2 1843, p. 266), Bourre.

10. — Il importe de bien distinguer les délits successifs, car la règle établie par l'art. 637, inst. crim., reçoit une exception pour le cas où il s'agit de ces sortes de délits; toutefois, ainsi que le fait observer Carnot (*loc. cit.*), c'est plutôt par application des principes de la matière que par une dérogation aux dispositions de l'article cité; car du moment que la prescription ne doit commencer à courir que du jour que le crime *a été commis*, elle ne doit réellement courir que de l'instant qu'il *a cessé de se commettre*; et les crimes successifs ne cessent de se commettre que lorsque celui qui s'en est rendu coupable est parvenu aux fins qu'il s'était proposées. — V. PRESCRIPTION.

11. — « Ce principe, dont l'exactitude ne peut être contestée, dit Mangin (*Tr. de l'act. publ. et civ.*, no 321), présente néanmoins des difficultés dans son application, parce qu'on est exposé à confondre les *crimes* avec les *conséquences* qui en résultent, conséquences qui peuvent se perpétuer et qui ne doivent pas cependant rapprocher le point de départ de la prescription. » « Ainsi, continue le même auteur, le vol rend le coupable possesseur de la chose qu'il a soustraite; cette possession est assurément illégitime, et cependant elle n'est pas un obstacle à la prescription, pourquoi cela? parce que ce n'est point la détention illégale de la chose que la loi qualifie vol, mais seulement l'acte, la soustraction frauduleuse qui est l'origine et la cause de cette détention injuste. »

12. — Il faut donc, avant tout, examiner avec soin le fait que la loi a entendu punir. — Dès que ce fait est accompli, le délit est entièrement consommé et la prescription commence, à moins que le fait lui-même ne soit de nature à se perpétuer. — V. au surplus PRESCRIPTION.

DÉLIVRANCE.

1. — C'est en général la mise en possession d'un droit ou d'une chose quelconque à celui qui en est devenu propriétaire. — V. OBLIGATION, TRADITION.

2. — En matière de vente, la délivrance est le transport de la chose vendue en la puissance et possession de l'acheteur. — V. C. civ., art. 1604 et suiv. — V. aussi VENTE.

3. — Toute personne peut se faire délivrer par les dépositaires des registres de l'état civil des extraits de ces registres. — C. civ., art. 45. — V. ACTES DE L'ÉTAT CIVIL.

4. — Il en est de même en ce qui concerne les registres tenus par les conservateurs des hypothèques. — C. civ., art. 2196. — V. CONSERVATEUR DES HYPOTHÈQUES.

5. — Sur le droit qu'ont les notaires et autres officiers publics de délivrer des copies des actes dont ils sont dépositaires, à qui ils peuvent ou ne peuvent pas faire cette délivrance, V. BREVET (acte en), COPIE DE TITRES ET ACTES, EXPÉDITION, NOTAIRE.

DÉLIVRANCE (Forêts).

1. — Ce mot signifie le dessaisissement, la mise

en possession, la délivrance d'une coupe, d'une vente de bois, d'un droit d'usage; c'est l'action de mettre l'adjudicataire, l'usager en possession des arbres contenus dans la coupe ou dans la vente; c'est la permission donnée aux usagers de jouir du droit qu'ils ont à exercer. — V. FORÊTS, USAGE (droits d').

2. — Les grands-maîtres et les officiers des eaux et forêts étaient seuls compétens autrefois pour faire les délivrances; mais le grand-maître ni aucun officier ne pouvait les faire seul, s'il n'y était expressément autorisé par le conseil. Quant à la manière dont la délivrance doit se faire aujourd'hui, V. FORÊTS, USAGE (droits d').

DÉLIVRANCE DE LEGS.

C'est la remise de l'objet compris dans un legs, et que le légataire est tenu de demander à l'héritier du testateur. — V. LEGS. — V. aussi ENREGISTREMENT.

DEMANDE.

1. — Prétention portée en justice par une partie contre une autre. — Celui qui intente la demande prend le nom de *demandeur*, et celui qui y défend le nom de *défendeur*.

2. — La demande est *principale*, *accessoire*, *incidente*, *subsidiaire*, *alternative* ou *reconventionnelle*.

3. — La demande *principale* ou *originaire* est celle qui sert de fondement à l'instance; elle est ainsi qualifiée par opposition à la demande *accessoire*, qui ne porte que sur un point se rattachant à la demande primitive, telle que celle qui a pour objet les *intérêts*, les *dépens*, etc., ou par opposition à la demande *reconventionnelle*, c'est-à-dire à celle qui est formée par le défendeur contre le demandeur.

4. — La demande est *alternative*, lorsqu'elle tend à faire condamner le défendeur, soit à une chose, soit à une autre, à son choix. Il en est ainsi, par exemple, lorsqu'un créancier hypothécaire, agissant contre un tiers détenteur, conclut à ce que celui-ci déguerpisse, si mieux n'aime payer le montant de la créance hypothéquée sur l'immeuble qu'il détient.

5. — La demande est *subsidiaire*, quand les conclusions ont plusieurs chefs, et que l'adjudication des uns n'est requise que dans le cas où le chef principal serait jugé mal fondé. C'est ce qui a lieu notamment lorsque le demandeur conclut à ce qu'une obligation soit déclarée *prescrite*, et, dans le cas où la prescription serait écartée, à ce que cette obligation soit déclarée *nulle* comme illicite ou immorale.

6. — La demande est *incidente* lorsqu'elle est formée dans le cours de l'instance et se rattache à la demande principale. — V. INCIDENT.

7. — La demande est *indéterminée* lorsqu'elle a pour objet une chose ou un fait dont la valeur n'est pas précisée dans les conclusions; et, dans ce cas, la demande est soumise aux deux degrés de juridiction. — V. DEGRÉS DE JURIDICTION.

8. — On connaît encore en procédure les demandes en garantie. — V. GARANTIE.

9. — ... Et les demandes *ordinaires*, par opposition aux demandes *sommaires*. — V. MATIÈRES SOMMAIRES.

10. — La demande est *préjudicielle* lorsqu'elle tend à obtenir une mesure préalable.

11. — On peut au surplus, pour la distinction des diverses sortes de demandes, consulter le mot CONCLUSIONS.

12. — Deux demandes, quoique distinctes, peuvent être jointes afin qu'il y soit statué par un seul jugement, lorsqu'elles concernent les mêmes parties et qu'elles ont entre elles une certaine connexité. — V. CONNEXITÉ, JONCTION DE CAUSES.

13. — Une partie peut, dans le cours du procès, modifier les fins de sa demande (V. CONCLUSIONS, nº 24 et suiv.), mais elle ne peut former de demandes nouvelles en appel hors des cas prévus par l'art. 464, C. procéd. — V. DEMANDE NOUVELLE.

14. — Aucune demande principale introductive d'instance entre parties capables de transiger, et sur des objets qui peuvent être la matière d'une transaction, ne peut être reçue dans les tribunaux de première instance, que le défendeur n'ait été préalablement appelé en conciliation devant le juge de paix. — Pour le cas où il y a dispense, V. CONCILIATION.

15. — Dans certains cas, la demande ne peut être intentée qu'en vertu d'une autorisation préalable. — V. AUTORISATION DE PLAIDER, COMMUNE, ÉTABLISSEMENS PUBLICS, FABRIQUE.

16. — La femme mariée doit aussi, pour l'exercice de ses actions judiciaires, être assistée de son mari ou autorisée par lui ou par la justice. — V. AUTORISATION DE FEMME MARIÉE.

17. — La demande s'introduit ordinairement par un exploit (V. EXPLOIT), et quelquefois par une requête. — Elle fait courir les intérêts et est interruptive de la prescription. — V. INTÉRÊTS, PRESCRIPTION.

18. — En procédure, on assimile à une demande proprement dite, et l'on considère comme une véritable instance les appels, les saisies, les réquisitions d'ordres et de distributions et les contraintes en matière d'enregistrement et de contributions. — V. APPEL, CONTRAINTE ADMINISTRATIVE, DISTRIBUTION PAR CONTRIBUTION, ORDRE, SAISIE-EXÉCUTION, SAISIE IMMOBILIÈRE.

19. — Il est de principe que la demande doit être portée devant le juge du domicile du défendeur; mais ce principe reçoit de nombreuses exceptions. — V. AVOUÉ, COMPÉTENCE COMMERCIALE, ÉTRANGER, EXPLOIT, FAILLITE, FRAIS ET DÉPENS, GARANTIE, SAISIE-ARRÊT, SOCIÉTÉ, SUCCESSION.

20. — C'est, en général, l'objet de la demande qui sert à déterminer si le procès est ou non en dernier ressort. — V. DEGRÉS DE JURIDICTION.

21. — On peut demander plus qu'il n'est dû, la plus-pétition dans notre droit n'est jamais une cause de déchéance. — V. PLUS-PÉTITION. — V. aussi ACTION, nºs 278 et suiv., 308 et suiv.; COMPÉTENCE.

DEMANDE EN ADHÉSION.

On appelait ainsi, dans les officialités, l'action formée par le mari contre sa femme, pour la faire condamner à venir habiter avec lui, et réciproquement l'action formée par la femme contre son mari pour le faire condamner à la recevoir chez lui et à la traiter maritalement. — V. MARIAGE.

DEMANDE NOUVELLE.

Table alphabétique.

DEMANDE NOUVELLE. — 1. — On nomme demande nouvelle celle qui est formée pour la première fois en appel, et qui n'est ni un accessoire de l'action originaire, ni un moyen de défense contre cette action.

—

Sect. 1re. — *Règles générales.*

2. — En principe, toute demande est soumise aux deux degrés de juridiction, sauf les exceptions prévues par la loi. — L. 1er mai 1790. — V. DEGRÉS DE JURIDICTION.

3. — Mais il y a une distinction à établir entre les demandes qui sont réellement distinctes de l'action originaire et celles qui n'en sont en quelque sorte qu'une dépendance, une conséquence.

4. — Les premières constituent des demandes nouvelles; elles ne peuvent être formées pour la première fois en cause d'appel. — C. procéd., art. 464. — *Rennes*, 10 mars 1813, N... c. N...

5. — Les secondes, au contraire, simples accessoires de la demande primitive, sont recevables pour la première fois devant le tribunal du second degré. — C. procéd., art. 464-2°.

6. — On ne doit pas non plus considérer comme demandes nouvelles : 1° celles qui ont pour but de modifier, en la restreignant, la demande originaire. — Talandier, *ibid.*, no 350.

7. — ... 2° Celles sur lesquelles les premiers juges ont omis de statuer, et qui sont reproduites en cause d'appel. — Carré et Chauveau, no 1673; Talandier, *ibid.*, no 349.

8. — ... 3° Celles qui sont contenues virtuellement dans les conclusions primitives.

9. — ... 4° Les moyens nouveaux. — *Cass.*, 21 déc. 1840 (t. 2 1846), de Villeneuve c. Roux.

10. — A l'égard du défendeur, l'art. 464, C. procéd., reproduit et complète l'art. 7, L. 3 brum. an II, qui n'affranchissait expressément du double degré de juridiction que les demandes accessoires, sans s'expliquer sur les demandes en compensation et sur celles qui ne sont qu'une défense à l'action principale.

11. — Ces distinctions, qui n'ont rien d'arbitraire, ont leur origine dans les lois romaines : « *Per hanc divinam sanctionem decernimus, ut licentia quidem pateat, in exercendis consultationibus, tàm appellatori quàm adversæ parti, novis etiam assertionibus utendi vel exceptionibus quæ non ad novum capitulum pertinent, sed ex illis oriuntur, ex illis conjunctæ sunt, quæ apud anteriorem judicem noscuntur propositæ... (Ex lege 4 Cod. De temp. et reparat. Appel.)* — Talandier, *ibid.*, p. 357.

12. — Mais il est à remarquer que l'art. 464, C. procéd., est conçu en termes facultatifs, quant aux demandes nouvelles qu'il autorise. Les parties sont libres de faire parcourir à ces demandes les deux degrés de juridiction. — Chauveau sur Carré, no 1677 *octies*.

13. — Ainsi, celui qui a obtenu un jugement de condamnation contre son débiteur peut, durant l'appel qui en est interjeté par celui-ci, l'assigner devant les premiers juges en paiement d'intérêts échus depuis le jugement attaqué. — *Cass.*, 18 fév. 1819, Junca c. Esprenc.

14. — Lorsqu'une demande nouvelle est portée directement devant la cour, elle n'est pas assujettie à l'épreuve de la conciliation.

15. — Jugé spécialement qu'une demande reconventionnelle tendante à combattre une demande principale n'a pas besoin d'être précédée du préliminaire de conciliation. — *Cass.*, 17 août 1814, Dupuy-Daubignac c. Aldebert.

16. — L'incompétence des juges d'appel pour connaître des nouvelles demandes est-elle d'ordre public, ou seulement établie dans l'intérêt des plaideurs, en sorte qu'elle puisse être couverte par le silence ou le consentement de ceux-ci? — Les deux chambres de la cour de Cassation sont divisées sur cette question, très controversée d'ailleurs parmi les auteurs.

17. — Selon les uns, la juridiction des tribunaux supérieurs est bien universelle, mais elle n'est pas immédiate; institués pour réformer les injustices ou les erreurs des juges de première instance, ils doivent se borner à apprécier le bien ou mal-jugé des tribunaux inférieurs. S'ils statuaient sur une demande principale, n'ayant pas subi le premier degré de juridiction, ils commettraient un excès de pouvoir. Leur incompétence, à cet égard, est absolue et d'ordre public. — Merlin, *Quest.*, vo *Appel*, § 14, art. 1er, no 22, 2°; Chauveau sur Carré, no 1676; *Encycl. du dr.*, vo *Appel* (en matière civile), no 146.

18. — « Cette règle, dit Merlin, *loc. cit.*, tient même à l'essence de la constitution des cours d'appel; et elle était, par cette raison, généralement reconnue avant le code de procédure civile. Aussi un arrêt du Parlement qui y avait contrevenu fut-il cassé par un arrêt du conseil du 22 oct. 1777. »

19. — La chambre civile de la cour de Cassation a consacré ce système en décidant que, lorsqu'une cour d'appel a terminé un procès entre un demandeur, un défendeur principal et un appelé en garantie, ce dernier ne peut actionner *de plano* devant elle une autre partie en garantie. — *Cass.*, 26 mars 1811, Jouhannot c. Stensel.

20. — ... Qu'une cour d'appel ne peut, en infirmant un jugement du tribunal de commerce, statuer sur un objet qui était hors de la compétence de ce tribunal et qui ne se rattachait qu'implicitement à la question qui lui était soumise. — *Cass.*, 12 juill. 1809, Capelin c. Perret. — En effet, cet objet, par cela seul que le tribunal de commerce était incompétent pour en connaître, n'avait pas subi le premier degré de juridiction.

21. — Le même principe se trouve reproduit, mais d'une manière moins explicite, dans les arrêts de la même chambre des 9 oct. 1811, Mens c. Lansberg; 18 juin 1817, Dequeux c. dame Duchâtelet.

22. — D'autres soutiennent, au contraire, que la règle des deux degrés ne concerne point l'intérêt général. Ce qui est d'ordre public, c'est la nature des juridictions qui ne permet pas de porter devant un tribunal de commerce, par exemple, ce qui doit être soumis à un tribunal civil. Mais il s'agit ici d'une règle établie uniquement dans l'intérêt privé, à laquelle il est permis de renoncer. C'est ainsi que les parties peuvent proroger la juridiction du juge de paix (C. procéd., art. 7), renoncer au second degré de juridiction. — Talandier, no 355; Carré, no 1676; Bioche, vo *Demande nouvelle*, no 71 et nos 28 et suiv.

23. — Ces principes ont été admis par la chambre des requêtes de la cour de Cassation par arrêts des 1er juill. 1818, Dangeville c. comm. de Lompes; 16 juin 1824, Pasteur d'Etreillis c. Choisnard; 4 fév. 1829, Douanes c. Lalanne. — V. aussi *Cass.*, 14 oct. 1806, de Navailles c. Lombard-Cabris.

24. — Pour combattre ce dernier système, on peut dire que de ce qu'il est permis de renoncer au second degré de juridiction, on ne saurait conclure qu'on a la faculté de franchir le premier.

— En effet, après la convention des plaideurs de ne point interjeter appel, le tribunal ne jugera toujours que ce qu'il aurait jugé, si elle n'était pas intervenue. Il statuera sur le même objet et au même point de vue. Aucune loi ne sera violée, parce qu'aucune loi n'impose aux parties l'obligation de relever appel des jugemens. — Au contraire, lorsqu'une cour est appelée à juger une affaire non encore examinée, il y a déplacement de pouvoir, violation des règles de la compétence, atteinte à l'ordre public.

25. — Jugé cependant que celui qui, en appel, a formé une demande nouvelle, est non recevable à se prévaloir devant la cour de Cassation de ce que la cour royale a statué sur sa demande. — *Cass.*, 14 oct. 1806, de Navailles c. Lombard-Cabris.

26. — ... Et réciproquement, que la partie contre laquelle une demande nouvelle a été présentée en appel, et qui n'a pas conclu au renvoi de cette demande devant les juges de première instance, ne peut reprocher au tribunal d'appel d'y avoir fait droit, et, par suite, de l'avoir privée du premier degré de juridiction. — *Spécialement*, le préfet actionné seulement en garantie en première instance par un fermier de l'état, qui, pour la première fois en appel, conclut contre lui à des dommages-intérêts à raison de l'inexécution de son bail, ne peut, s'il n'a demandé le rejet de ces conclusions comme nouvelles, soutenir devant la cour de Cassation que les juges d'appel ne devaient pas en connaître. — *Cass.*, 24 déc. 1838 (t. 1er 1839, p. 67), Préf. des Bouches-du-Rhône c. Mouriez.

27. — M. Talandier (*loc. cit.*), tout en adoptant le second système, reconnaît que les juges d'appel ne sont pas tenus de statuer sur une demande qui est formée pour la première fois devant eux. — Arg. *Cass.*, 11 fév. 1819, Sellier c. Heydet et Crare.

28. — En tout cas, lorsque, par un arrêt infirmatif d'un jugement interlocutoire, il est ordonné une instruction plus ample devant la cour, les parties ne peuvent, si cet arrêt a acquis l'autorité de la chose jugée, invoquer le bénéfice des deux degrés de juridiction, et demander le renvoi devant les premiers juges. — *Cass.*, 16 juin 1819, Mazure c. Manessier; — Talandier, no 355; Merlin, *Quest.*, vo *Appel*, § 14, art. 1er, no 22; Chauveau sur Carré, no 1676. — En effet, dit M. Chauveau, l'autorité de la chose jugée couvre tous les vices, toutes les nullités, tous les excès de pouvoir.

29. — Quand un appel est déclaré non-recevable, la cour royale ne peut s'occuper des nouvelles demandes des appelans. — *Rennes*, 18 juill. 1820, Dussault c. Houet.

30. — Si un arrêt renferme un passage qui présente de l'ambiguité, il peut être formé devant la cour qui l'a rendu une demande en interprétation qui ne doit point être déclarée non-recevable comme contenant un moyen nouveau. — *Paris*, 23 avr. 1831, Garat c. Gémond et Deschamps.

31. — Les demandes nouvelles que l'art. 464 autorise, ainsi que les exceptions du défendeur, ne peuvent être formées que par de simples actes de conclusions motivées. — C. procéd., art. 465.

32. — L'adversaire a également le droit d'y répondre par un simple acte. — Pigeau, *Procéd. civ.*, t. 1er, p. 585; Carré et Chauveau, no 1678.

Sect. 2e. — *Demandes nouvelles réellement distinctes de l'action originaire.*

33. — Toute demande dont l'objet, déterminé d'une manière claire et précise, n'a aucun rapport avec la question décidée en première instance, constitue une demande nouvelle, non-recevable pour la première fois, en cause d'appel.

34. — Doivent être considérées comme nouvelles : 1o l'action en désistement d'une instance pendante devant d'autres juges. — *Cass.*, 11 déc. 1809, Bouchereau c. Leguen.

35. — ... 2o Celle des intérêts du prix d'un immeuble vendu. — *Rennes*, 15 mai 1821, Desbos c. Tostirin. — Cette décision n'est point en contradiction avec la disposition de l'art. 464, C. procéd., qui autorise, en appel, la demande des intérêts *échus depuis le jugement*. Dans l'espèce, les intérêts couraient bien depuis la vente (C. civ., art. 1652); mais ils avaient également couru avant le jugement et ils n'avaient pas été réclamés.

36. — ... 3o Celle qui a pour objet de faire déchoir un héritier du bénéfice d'inventaire. — *Bordeaux*, 26 mars 1841 (t. 2 1841, p. 668), Larrission c. de Grailly.

37. — ... 4o Celle du créancier qui, s'étant borné en première instance à demander une collocation directe, requiert en cause d'appel une collocation en sous-ordre contre la femme du saisi, sur le fondement qu'à raison des charges du ménage, elle est débitrice de son mari. — *Bordeaux*, 24 janv. 1837 (t. 2 1838, p. 433), Guy Labarthe c. Guiraud.

38. — ... 5o Les conclusions par lesquelles, tout en acquiesçant au jugement qui détermine la largeur d'un passage litigieux, l'appelant met à cet acquiescement des conditions dont il n'a pas été question devant les premiers juges et qui ont pour but de faire déterminer l'état dans lequel le passage, réduit à cette largeur, sera entretenu. — *Cass.*, 29 mai 1843 (t. 2 1843, p. 498), Schneider c. Linck.

39. — ... 6o Celles par lesquelles une partie, après s'être bornée en première instance à former une demande en partage, en offrant toutefois d'exécuter une donation ou transaction qui rendrait le partage inutile, conclut, en appel, à la validité et à l'exécution forcée de cette donation ou transaction, surtout si l'on a reconnu la nullité de cet acte dans les écritures du procès. — *Nancy*, 22 janv. 1838 (t. 2 1843, p. 326), André c. Masson.

40. — La demande en distraction d'un immeuble saisi, bien qu'elle puisse être intentée en tout état de cause, est soumise aux degrés de juridiction et ne peut être pour la première fois présentée en appel. — Ainsi, la partie qui a formé une demande en sursis de l'adjudication définitive d'un immeuble saisi dont elle se prétend co-propriétaire dans le but de faire procéder au partage de cet immeuble ne peut, sur l'appel du jugement qui a rejeté sa demande en sursis, y substituer une demande en distraction. — *Cass.*, 11 nov. 1840 (t. 1er 1841, p. 126), Randoin c. de Sécher.

41. — Il y a encore demande nouvelle lorsque, dans une instance relative à la validité d'un bail, on demande, pour la première fois en appel, l'exécution d'un sous-bail. — *Angers*, 29 janv. 1840 (t. 1er 1844, p. 468), Simon c. Baranger.

42. — ... Lorsqu'il est formé, en cause d'appel, une action en désaveu contre un avoué, tandis qu'en première instance on s'était borné à contester le chiffre des frais. — *Bordeaux*, 31 mai 1839 (t. 2 1846), Piton c. Roux.

43. — La régie ne peut réclamer en cassation un supplément de droits qu'elle n'a point jusqu'alors demandé, sauf à elle à le réclamer ultérieurement, si elle s'y croit encore recevable. — *Cass.*, 16 juin 1824, Enregistrement c. Hemin et Labatte.

44. — La réclamation d'une dette qui est personnelle aux héritiers du mari, faite par la femme dans une instance en partage de la communauté, constitue une demande nouvelle. — *Bastia*, 26 fév. 1840 (t. 2 1842, p. 436), Picraggi.

45. — Il en est de même des réclamations élevées par les héritiers à raison d'objets qui n'auraient pas été compris dans leurs conclusions devant les premiers juges ou de soustractions qu'ils imputeraient à la veuve. — Même arrêt.

46. — Lorsqu'en première instance la demande formée par des filles contre leurs frères et leur mère tendait seulement à faire prononcer la nullité de la renonciation qu'elles avaient faite à la succession paternelle et au partage de cette succession, les juges d'appel n'ont pu ordonner le partage de la communauté qui avait existé entre le défunt et sa veuve, père et mère des demanderesses. — *Cass.*, 3 brum. an VII, Cante.

47. — On ne peut, pour la première fois en appel, arguer une enquête de nullité. — *Bruxelles*, 8 août 1808, comm. d'Estainbourg c. N.; *Metz*, 19 avr. 1811, Macheray c. Delviche; *Grenoble*, 19 déc. 1811, Dussaud c. Jaquemin; *Toulouse*, 30 nov. 1815, Lafond c. Pontier; 6 mai 1819, Bordes c. Dulion. — V. cependant *Toulouse*, 9 mai 1817, Subra c. Sicard.

48. — Toutefois, il en serait autrement si la nullité tenait à l'ordre public; par exemple, si le juge-commissaire était sans pouvoir. — *Amiens*, 8 fév. 1822, Lavisse c. Debaves. — Ou si l'on avait entendu un témoin frappé de mort civile. — Berriat, p. 299.

49. — On serait encore non recevable à demander un partage définitif sur le fondement que le partage attaqué n'était que provisionnel. — *Agen*, 29 déc. 1812, Dechuisener c. Roques.

50. — ... A former la demande d'un prélèvement au profit de l'un des époux, encore bien qu'elle ne fût présentée que comme subsidiaire à la demande principale. — *Cass.*, 3 août 1831, Soucaret c. Maydieu.

51. — ... A conclure à ce que les parties qui ont partagé en vertu du jugement attaqué par la voie de l'appel déguerpissent les héritages qui ne leur sont pas échus. — *Rennes*, 13 fév. 1811, Lefeuvre c. Pagrimaud.

52. — ... A provoquer la licitation d'une propriété indivise, lorsqu'en première instance il ne s'est agi que du règlement de jouissance de cette propriété. — *Nancy*, 20 fév. 1826, Schmitt c. Irroy.

53. — ... A prétendre qu'une vente à réméré ne constituait en réalité qu'un contrat pignoratif ou usuraire. — *Toulouse*, 12 août 1818, Ravaille c. Solages.

54. — ... A invoquer une erreur de compte. — *Rennes*, 29 mars 1817, Chardel c. Leboulanger; 20 avr. 1820, Leroy. — V. cependant *contrà Rennes*, 17 fév. 1821, Lebesque.

55. — Ainsi, la partie qui, en première instance, a prétendu qu'un compte n'était que provisoire et pouvait être recommencé, ne peut être admise sur l'appel à demander la rectification des erreurs d'un compte, ce qui constituerait une demande nouvelle. — *Nancy*, 2 mai 1826, Athier c. Miraux.

56. — Celui qui, devant le premier juge, n'a ni méconnu ni dénié l'écriture et la signature d'une pièce à lui communiquée et produite par son adversaire, à l'effet d'administrer une preuve imposée, n'est plus recevable à venir, pour la première fois en appel, dénier cette écriture et cette signature. — *Bruxelles*, 24 oct. 1829, Vloers c. Degroef.

57. — Le renvoi devant arbitres, en vertu d'une convention entre les parties, ne peut pas être demandé pour la première fois devant la cour royale. — *Cass.*, 14 nov. 1833, préfet de la Moselle c. de Dietrich.

58. — On ne saurait en général procéder en appel sous une qualité différente de celle qu'on a prise en première instance; par exemple, celui qui a demandé en première instance une chose en qualité de fermier, ne peut, en appel, la réclamer en qualité de percepteur. — *Agen*, 28 janv. 1813, Fournel c. Lisferme.

59. — La femme d'un absent qui, en première instance, a demandé à être admise au partage d'une succession, en qualité d'administrateur des biens de son mari, ne peut, pour la première fois en appel, réclamer ce même droit personnellement, comme héritière de l'un de ses enfans. — *Rennes*, 2 avr. 1827, Dubois.

60. — La partie qui a été qualifiée héritière pure et simple dans les qualités d'un jugement, ne peut, alors qu'elle n'a pas formé opposition, prétendre, sur l'appel, qu'elle n'est qu'héritière bénéficiaire. — *Limoges*, 30 juin 1825, Roche c. Jarasse.

61. — Jugé au contraire que le défendeur à une demande en délaissement d'un immeuble, qui a plaidé en première instance comme propriétaire de ce bien, peut en appel plaider comme créancier du véritable propriétaire et exerçant ses droits; ce changement de qualité n'est qu'une nouvelle exception à la demande originaire. — *Cass.*, 8 avr. 1812, Ducasse c. Casse. — V. les conclusions de Merlin, rapportées au *Rép.*, vo *Testament*, sect. 5e.

62. — ... Que lorsque, sur une action en reconnaissance d'un droit de copropriété, l'un des défendeurs a déclaré, en première instance, adhérer à la demande, en se qualifiant de copropriétaire, qualité qui ne lui a pas été contestée par l'autre défendeur, on a pu, sur l'appel interjeté par ce dernier contre lui et le demandeur, considérer comme ne formant pas une demande nouvelle celle par laquelle ce défendeur a conclu à être reconnu copropriétaire. — *Cass.*, 1er août 1837 (t. 1er 1840, p. 529), Mallez c. Devaux et Werhague.

63. — ... Que l'émigré qui poursuit contre l'acquéreur de ses biens le remboursement de créances simulées que celui-ci a fait admettre par l'état en paiement de son acquisition, ne forme pas une demande nouvelle, sujette aux deux degrés de juridiction, lorsque, après avoir procédé en première instance, comme représentant l'état, *actione venditi*, il réclame en appel, de son chef, *actione mandati*, le remboursement des mêmes valeurs. — *Cass.*, 5 fév. 1827, Troche c. Sanzillon.

64. — ... Enfin, que les parties peuvent, devant la cour saisie de la connaissance d'une contestation par suite d'un renvoi de la cour de Cassation, se prévaloir d'une qualité dont elles n'avaient pas argumenté antérieurement. — *Cass.*, 29 avr. 1837 (t. 1er 1837, p. 404), Parquin c. Richomme.

65. — Le désaveu de paternité n'est pas proposable sur l'appel, alors qu'en première instance on s'est borné à contester la quotité de la pension alimentaire demandée par la mère de l'enfant, surtout si l'enfant, qui a une possession d'état conforme à son acte de naissance, lequel n'est pas même attaqué, n'est point en cause. — *Colmar*, 11 mars 1819, Schmitt c. Beck.

66. — De même, une contestation d'état, élevée en cause d'appel, peut être rejetée, par ce seul motif qu'elle n'a pas été soumise aux premiers juges, alors même qu'elle est en quelque sorte explicative de la demande. — *Cass.*, 18 avr. 1820, Magon de Saint-Elier c. Emma.

67. — On a décidé, d'après le même principe,

que, lorsqu'une question d'état s'élève incidemment dans une instance d'appel, la cour doit, à cause de son importance, renvoyer les parties à la faire juger en premier degré de juridiction. — *Orléans*, 23 avr. 1807, N...; *Bruxelles*, 22 mars 1822, Martroye c. Van-Vambeke.

68. — Les demandes en nullité, en résolution ou en rescision constituent des demandes nouvelles ou seulement des moyens de défense, selon qu'elles sont formées par le demandeur ou par le défendeur. Proposées par le demandeur, elles sont non-recevables pour la première fois en appel. — Il en est autrement lorsque c'est le défendeur qui les oppose comme moyens de défense. — V. *infrà* nos 275 et suiv.

69. — Ainsi, le demandeur ne peut réclamer en appel l'annulation d'un acte de partage qu'on n'a point attaqué en première instance. — *Nîmes*, 3 mai 1813, Arnaud c. Pasquier.

70. — La demande en résolution du contrat de vente formée pour la première fois sur l'appel par le créancier privilégié qui s'était borné en première instance à demander la collocation de sa créance, est une demande nouvelle. — *Amiens*, 27 nov. 1824, Chasnel c. Locquet.

71. — La femme qui a demandé en première instance à être colloquée dans un ordre ouvert sur son mari pour le prix de ses biens dotaux aliénés ne peut pas demander pour la première fois en appel la révocation de la vente de ces mêmes biens. — *Caen*, 5 déc. 1836 (t. 1er 1837, p. 469), de Moloré c. Chapelain.

72. — Le créancier opposant qui s'est borné à demander en première instance la validité de la saisie-arrêt faite à sa requête ne peut, pour la première fois, en appel, conclure à la mainlevée, à son profit, des sommes dont les tiers saisis peuvent être débiteurs. — *Bordeaux*, 10 fév. 1837 (t. 1er 1837, p. 431), Pulhod c. Bodard.

73. — L'individu qualifié *cultivateur* dans le jugement de première instance, aux qualités duquel il n'a point formé opposition, n'est pas recevable en appel à demander la nullité d'un billet pour défaut de *bon* ou *approuvé* en toutes lettres de la somme à payer. — *Bruxelles*, 25 avr. 1822, Vanreeth c. Janssens.

74. — Les mêmes demandes ne peuvent également se produire incidemment sur l'appel d'un jugement qui a statué sur un tout autre objet que la validité ou la nullité des actes.

75. — En conséquence, on ne saurait, pour la première fois en appel : 1° proposer la nullité d'un compte de tutelle, incidemment à la question de savoir si l'hypothèque légale du mineur subsiste après le compte rendu, pour les erreurs et omissions contenues dans ce compte. — *Toulouse*, 18 juill. 1839 (t. 2 1839, p. 231), Dernis c. Muguet.

76. — ... 2° Demander la résolution d'un échange, incidemment à une instance qui a pour objet d'établir que cet échange a eu lieu. — *Limoges*, 26 fév. 1840 (t. 2 1840, p. 55), Fontanges c. Redon.

77. — ... 3° Demander la nullité d'une vente ou un supplément de prix, après avoir formé en première instance une demande en rescision du contrat de vente pour cause de dol. — *Bruxelles*, 9 mars 1832, Coenen c. Domaine.

78. — ... 4° Proposer, sur l'appel, la nullité d'une recommandation faite en vertu d'un jugement rendu par défaut qu'on prétend périmé faute d'exécution dans les six mois. — *Paris*, 6 juill. 1826, Grangent c. Bossy.

79. — ... 5° Présenter surtout, en l'absence du donateur, une demande tendante à la révocation ou à la restriction d'une donation, incidemment à l'ordre ouvert sur le prix des charges stipulées dans la donation. — *Cass.*, 2 mars 1840 (t. 1er 1840, p. 280), Laurens c. Verhnette.

80. — Il y a plus, les demandes en nullité étant tout autre chose que les demandes en résiliation, puisque les premières attaquent l'acte en soi, dans sa forme ou dans son essence, tandis que les autres le supposent originairement valable, on comprend qu'on ne puisse, pour la première fois en appel, demander la résiliation d'un bail, lorsque, devant les premiers juges, on n'en a proposé que la nullité. — *Cass.*, 8 pluv. an XIII, Vaumoine c. Domaine.

81. — Réciproquement, on ne peut proposer la nullité d'un acte dont on n'a demandé que la rescision en première instance. — *Agen*, 29 déc. 1812, Dechulsener c. Roques.

82. — ... Ou conclure à la résolution d'une transaction après en avoir demandé la nullité en première instance. — *Liége*, 23 déc. 1816, Defavereau c. Jaymaert.

83. — Décidé, par application des mêmes principes, que, lorsque l'héritier n'a demandé, en première instance, la nullité du testament que pour défaut de capacité du testateur, il ne peut attaquer, en appel, ce testament pour défaut de formes. — *Liége*, 16 déc. 1812, Tils et Goebbels c. Prehl.

84. — ... Que l'héritier qui a demandé la nullité d'un testament olographe n'est pas recevable à demander pour la première fois en appel à faire la preuve de la suppression d'un testament postérieur. — *Riom*, 17 mars 1807, Delort c. Boutarel.

85. — Lorsqu'il a été formé une demande en nullité ou en résolution d'un contrat, fondée sur telles et telles causes déterminées, on ne peut, en instance d'appel, faire valoir une nouvelle cause de nullité ou de résolution, qui n'a pas été présentée en première instance. — *Bruxelles*, 14 mars 1826, D'Amercœur c. Bastin.

86. — A plus forte raison est-on non-recevable à demander la rescision d'un partage pour cause de lésion de plus du quart, lorsqu'on n'avait demandé aux premiers juges que le partage de la succession. — *Bourges*, 19 mai 1824, Guyot c. L'Hoste.

87. — La demande en nullité d'une ordonnance d'*exequatur*, tirée de ce qu'elle n'a pas été rendue dans le tribunal même ni signée du greffier, doit être rejetée comme nouvelle, si on la présente pour la première fois en appel. — *Toulouse*, 30 avr. 1824, Durrieux c. Larès et Loumagne; *Poitiers*, 20 janv. 1832, Guérin c. Bertrand.

88. — Les allégations d'erreur, de fraude, de dol ou de violence, constituent également une demande nouvelle qui tend à établir une action en rescision.

89. — Conséquemment, on ne peut, pour la première fois en appel, arguer un acte de dol, de fraude ou d'erreur, lorsque devant les premiers juges on l'a attaqué dans sa forme et par point de droit. — *Colmar*, 14 juin 1811, Linck c. Ebert; *Rennes*, 3 janv. 1817, N...; 14 janv. 1817, N...

90. — L'époux qui, en première instance, n'attaquait son mariage que pour défaut d'âge compétent à l'époque où il a été contracté, est non-recevable à proposer pour la première fois, en cause d'appel, le moyen de violence. — *Cass.*, 4 nov. 1822, Loncouat c. Pierre Cassagnau.

91. — Celui qui a succombé en première instance sur sa demande en nullité d'un contrat pour cause de dol ne peut sur l'appel attaquer subsidiairement le contrat pour cause de lésion.

92. — Il a été jugé que le demandeur en nullité d'une saisie-exécution ne peut, pour la première fois en cause d'appel, prétendre que l'acte en vertu duquel on le poursuit est simulé et cache un prêt usuraire. — *Besançon*, 24 juill. 1828, Millot c. Hébert. — Mais cette solution nous paraît rigoureuse : le demandeur en nullité de la saisie n'était réellement que défendeur aux poursuites et devait par ce motif être admis à prouver la simulation et l'usure.

93. — Lorsque le mari s'est borné, en première instance, à demander la nullité, pour défaut d'exécution en temps utile, du jugement qui prononce la séparation de biens, il n'est pas recevable, en cause d'appel, à en demander subsidiairement la rétractation pour mal jugé. — *Toulouse*, 23 août 1827, Montaut c. Garnau.

94. — Quand, après un jugement définitif qui prononce la séparation de biens, le mari a formé une demande en séparation de corps, et qu'une ordonnance du président a renvoyé les parties devant le tribunal pour instruire aux termes du droit, le mari qui n'a point réclamé contre cette disposition de l'ordonnance prononçant le renvoi ne peut, en appelant du jugement de séparation, proposer sa demande en séparation de corps comme reconventionnelle, et prétendre qu'il doit être statué sur les deux demandes par le même arrêt. — *Cass.*, 26 mars 1828, Chatellier.

95. — L'époux contre lequel la séparation de corps est demandée ne peut pas être admis à critiquer pour la première fois devant la cour les faits articulés dans la requête, en ce que ces faits ne seraient pas suffisamment énoncés. — *Rennes*, 24 nov. 1820, Pageau.

96. — Le mari défendeur à la demande en divorce ne pourrait se plaindre pour la première fois en appel de ce que l'apposition de scellés faite sur ses meubles aurait eu lieu par sa femme, sans autorisation de justice. — *Amiens*, 13 fructid. an XI, Duffort.

97. — La *réformation* et la *nullité* d'un jugement étant choses bien différentes, lorsqu'on a appelé d'un jugement pour en obtenir la réformation seulement, on n'est pas recevable ensuite à en demander la nullité. — *Cass.*, 27 avr. 1826, Mallet c. Mestreou.

98. — On ne peut point, sur l'appel d'un jugement définitif, demander la réformation d'un jugement interlocutoire dont on n'a pas émis un appel régulier. — *Bourges*, 3 janv. 1829, Bourdiaux c. de Castriès.

99. — ...Ni critiquer devant la cour royale un jugement préparatoire dont on n'a pas relevé appel. — *Rennes*, 13 mai 1820, Thomas c. Rouxel.

100. — Lorsqu'un arrêt a annulé le jugement en vertu duquel a été prise une inscription hypothécaire, la demande en radiation de cette inscription formée ultérieurement est une action principale qui doit subir les deux degrés de juridiction, et ne peut être directement portée devant la cour royale. — *Paris*, 23 mai 1817, Fauvel c. Riobé.

101. — En matière de saisie immobilière, on ne peut, sur l'appel, proposer des moyens de nullité qui n'ont pas été présentés en première instance. — C. procéd., art. 732. — V. SAISIE IMMOBILIÈRE.

102. — Déjà, avant la nouvelle loi sur les ventes immobilières, on avait fait l'application de ce principe en décidant qu'on ne peut, en cause d'appel, invoquer contre une saisie immobilière des moyens de nullité autres que ceux qui ont été proposés en première instance. — *Bruxelles*, 26 juin 1832, N.

103. — ...Par exemple, que si, devant les premiers juges, on n'a présenté contre un procès-verbal de saisie immobilière de biens ruraux que des moyens de nullité tirés d'erreurs de contenance et de confrontations, on n'est pas recevable à venir en appel opposer d'autres nullités. — *Bordeaux*, 13 mars 1832, Thiac c. Fourcade.

104. — ... Qu'un débiteur saisi ne peut présenter en appel des moyens de nullité contre les procédures antérieures à l'adjudication préparatoire, qu'autant qu'il les a expressément exposés en première instance, en telle sorte que le saisissant ait pu les discuter et le tribunal les apprécier. Il ne suffisait pas d'avoir demandé au tribunal que *la saisie fût déclarée nulle, comme faite sans titre et sans droit*. — *Bourges*, 27 mai 1831, Morin c. Labrousse.

105. — ... Et que, lorsque divers moyens de nullité présentés contre une saisie immobilière ont été rejetés en première instance, il n'en peut être présenté un nouveau pour la première fois en appel. — *Bordeaux*, 12 fév. 1831, Chatard c. Paupardin.

Sect. 3e. — *Demandes nouvelles pouvant se rattacher d'une manière quelconque aux conclusions prises en première instance.*

§ 1er. — *Demandes accessoires.*

106. — On ne doit pas considérer comme demande nouvelle tout ce qui n'est qu'une dépendance, une conséquence de l'action principale.

107. — Sont considérés comme conséquences de la demande principale, et comme telles peuvent être demandé pour la première fois en appel : les intérêts, arrérages, loyers et autres accessoires échus depuis le jugement de première instance et les dommages-intérêts pour le préjudice souffert depuis ledit jugement. — C. procéd., art. 464.

108. — Les juges d'appel statuent sur de pareilles demandes sans violer le principe *tantùm devolutum quantum appellatum*. Ce n'est pas là empiéter sur la juridiction du tribunal de première instance, qui n'a pu connaître d'aucune de ces questions, quoique toutes fussent relatives au procès principal. — Carré, *Lois de la procéd.*, art. 464.

109. — *Intérêts*. — On a le droit, non seulement de réclamer les intérêts échus depuis le jugement, mais encore de conclure à la capitalisation de ces intérêts. — *Cass.*, 7 fév. 1843 (t. 1er 1843, p. 537), Cisterne c. Dupin.

110. — Vainement opposerait-on qu'il faut une demande pour faire produire des intérêts aux intérêts échus. — V. cependant *contrà* Toullier, t. 6, p. 318; Merlin, *Rép.*, vo *Intérêts*, § 4, no 8; Talandier, p. 381.

111. — On n'est pas, néanmoins, recevable à conclure pour la première fois, en cause d'appel, aux intérêts de chacun des articles dont on a été crédité dans un compte, parce que ce serait former une demande nouvelle, et contrevenir, dès-lors, à l'art. 464, C. procéd., qui ne permet en ce cas que la réclamation des intérêts échus depuis le jugement attaqué. — *Bordeaux*, 18 juill. 1840 (t. 2 1840, p. 360), Gauteyron.

112. — *Loyers*. — Le locataire assigné en paiement de loyers peut, pour la première fois en appel, demander la réduction desdits loyers. — *Paris*, 15 juin 1844 (t. 1er 1845, p. 168), Duval c. Perrier.

113. — *Accessoires*. — On a considéré comme accessoires : la demande en démolition d'une grange construite sur une portion de terrain litigieux depuis l'action en restitution de ce terrain portée en première instance. — *Cass.*, 2 déc. 1828, Deloret c. Debruille.

114. — ... La demande en destruction ou enlè-

vement de constructions, formée contre le détenteur actionné en éviction, surtout si les faits donnant naissance à l'éviction ont été avoués seulement en appel. — *Cass.*, 12 juill. 1837 (t. 2 1837, p. 152), Valery c. Berthelier et Barnaud.

115. — ... Les demandes en provision formées à raison de besoins nés pendant l'instruction de l'appel. — Carré et Chauveau, no 1675 ; Merlin, *Rép.*, vo *Appel*, sect. 1re, § 9, nos 7 et 8.

116. — Ainsi, la femme demanderesse en séparation de corps peut, pour la première fois en appel, demander une provision. — *Cass.*, 2 niv. an IX, Corbin ; 14 juill. 1806, Laturbie ; *Bordeaux*, 8 janv. 1826, Chenaud.

117. — Il en était de même de la femme demanderesse en divorce. — *Cass.*, 5 juill. 1809, Darracq.

118. — La femme est également recevable à demander, soit une nouvelle provision, soit un supplément de pension : ce n'est là qu'un accessoire de l'action principale. — *Paris*, 17 févr. 1845 (t. 1er 1845, p. 390), Serre.

119. — Les juges supérieurs sont autorisés à adjuger, en considération des circonstances survenues depuis l'appel, un supplément de provision, sans pour cela être obligés de réformer le jugement qui avait accordé une provision trop faible. — Carré, no 1675.

120. — Mais la mère poursuivie en déchéance de l'usufruit légal des biens de ses enfans mineurs ne peut, pour la première fois en appel, réclamer contre ses enfans une pension alimentaire. C'est là une demande nouvelle dans le sens de l'art. 464, C. procéd. — *Limoges*, 23 juill. 1824, veuve L... c. Jean D...

121. — On ne peut demander, pour la première fois en appel, une provision dans une instance en partage de succession. — *Cass.*, 14 vent. an VI, Victor Rey c. Benoît Rey.

122. — Jugé cependant que la demande à fin de pension alimentaire formée pour la première fois en appel par un individu qui, en première instance, réclamait la qualité d'enfant naturel, n'est pas une demande nouvelle. — *Angers*, 17 juill. 1828, Lefaucheux c. Maurat.

123. — La demande en séparation des patrimoines faite par les créanciers est admissible, même lorsqu'elle est formée pour la première fois en cause d'appel. — *Liége*, 10 fév. 1807, Vecqueral c. N... ; — Carré, t. 1er, p. 209 ; Pigeau, *Comm.*, t. 2, p. 41 ; Merlin, *Quest.*, vo *Séparation de patrimoines*.

124. — Il a également été décidé qu'il n'y a pas demande nouvelle lorsqu'un particulier contre lequel une commune réclame un droit de pâturage a fait clore ses propriétés durant l'instance d'appel, et que la commune a pris contre lui de nouvelles conclusions à ce sujet ; la cour royale peut, en déclarant la commune mal fondée dans sa prétention au droit de pâturage, décider que le défendeur avait le droit de se clore. — *Cass.*, 12 nov. 1828, commune de Chemilly c. de Varange.

125. — ... Ou lorsque, après avoir demandé en première instance une expertise pour la fixation des bases d'un cantonnement, on conclut en appel à ce que la cour les détermine elle-même, c'est-à-dire sans expertise préalable. — *Cass.*, 23 mai 1832, Ville de Schelestadt c. comm. de Kintzheim.

126. — *Dommages et intérêts.* — La disposition de l'art. 464, C. procéd., relative aux dommages-intérêts, est applicable au préjudice souffert depuis un arrêt interlocutoire. — *Cass.*, 12 avr. 1817, Noël c. Lagnier ; — Chauveau sur Carré, no 1674 *quinquies*.

127. — Mais il faut remarquer que cette disposition n'excepte de la prohibition générale que le préjudice souffert depuis le jugement.

128. — Conséquemment, on n'est pas recevable à former, en cause d'appel, pour faits antérieurs au jugement, une demande en dommages-intérêts qui n'a point été soumise au tribunal de première instance. — *Cass.*, 31 août 1830, Thirion c. Panis ; — Chauveau sur Carré, no 1674 *quinquies*.

129. — ... Ni à conclure à des dommages et intérêts plus élevés qu'en première instance. — *Nancy*, 17 avr. 1839 (t. 2 1839, p. 606), Tridon et Florentin.

130. — Néanmoins, en matière de revendication, le demandeur qui n'a pas, devant les premiers juges, conclu aux dommages-intérêts résultant du procès qui le prive de la jouissance de sa chose, peut, sur l'appel du jugement qui l'a débouté, conclure à ce que ces dommages-intérêts lui soient alloués, et le tribunal d'appel a le droit de les lui adjuger. — *Cass.*, 2 niv. an XII, veuve Vanbomel c. veuve Vandinter. — Mais alors on ne doit avoir égard qu'au préjudice éprouvé par l'appelant depuis le jugement, pour fixer le montant de ses dommages-intérêts.

131. — L'appelant peut, devant les juges d'appel, conclure à des dommages-intérêts pour le tort qui n'a été que la conséquence du jugement de première instance. — *Douai*, 24 janv. 1838 (t. 2 1839, p. 348), Lyon et Elias c. Warin Delahaye.

132. — De même, la demande en réparation d'un préjudice causé dans le cours d'une instance à une partie intervenante par un concert frauduleux entre les parties principales peut être formée en cause d'appel. — *Cass.*, 13 nov. 1833, Bardot c. Moreau.

133. — On peut aussi, sur l'appel, en matière de délaissement de biens immeubles, conclure aux dommages-intérêts soufferts depuis l'époque fixée par les premiers juges jusqu'à la réintégration effective : ces dommages-intérêts ne constituent pas une demande nouvelle qui, par sa nature, doive être soumise aux degrés de juridiction, mais un accessoire de la demande principale. — *Cass.*, 11 fév. 1840 (t. 1er 1840, p. 618), Girard c. Violot.

134. — Du reste, l'art. 464 ne s'applique qu'au préjudice qui découle des faits sur lesquels la demande originaire a été fondée ; des faits nouveaux, quoique identiques par leur nature à ceux qui font la base de la condamnation première, ne peuvent donner lieu qu'à une action nouvelle. — Ainsi, les notaires qui ont obtenu en première instance des dommages-intérêts contre un huissier pour les ventes de fruits pendans par racines pratiquées par lui, ne peuvent, devant la Cour royale, demander des dommages-intérêts supplémentaires pour les ventes faites par cet huissier depuis le jugement de première instance. — *Amiens*, 7 mars 1839 (t. 2 1840, p. 681), Raige et Breton c. les notaires de Provins.

135. — Les nouveaux dommages-intérêts réclamés en appel par l'intimé, à raison de nouveaux faits commis par l'appelant depuis le jugement de première instance, constituent une demande nouvelle non recevable pour la première fois en appel, alors qu'ils reposent sur une cause différente de celle soumise aux premiers juges, et que leur appréciation nécessiterait une instruction préalable. — *Cass.*, 26 janv. 1841 (t. 1er 1841, p. 640), Lahérard c. Decroix.

136. — Les mêmes raisons ont fait décider que, lorsque, des travaux entrepris et livrés par un ouvrier ayant été reconnus en partie réguliers, en partie défectueux, l'ouvrier a été condamné à refaire la partie défectueuse, sans lui adjuger d'hors et déjà le paiement de la partie régulière, l'ouvrier ne peut pas, sur l'appel du chef qui lui refuse le paiement partiel, demander le paiement de la partie défectueuse qu'il aurait régularisée ou reconstruite avant l'arrêt. C'est là une demande nouvelle qui ne peut être proposée pour la première fois en appel. — *Bordeaux*, 15 mars 1834, Canteloup c. Dufau et Villegente.

137. — La demande subsidiaire en dommages-intérêts, pour le cas où la demande principale ne serait pas admise, ne peut être proposée pour la première fois en appel. C'est là une demande nouvelle dans le sens de l'art. 464, C. proc. civ. — *Cass.*, 18 mai 1841 (t. 2 1841, p. 82), De Puyferrat c. de Serigny.

138. — Une cour royale qui déclare un appel non recevable, l'intérêt du litige n'excédant pas le dernier ressort, ne peut statuer sur une demande en dommages-intérêts formée à raison de cet appel. — *Paris*, 5 juin 1840 (t. 2 1840, p. 121), Delair c. Roy.

139. — Lorsqu'un arrêt contre lequel on s'est pourvu en cassation a été mis à exécution nonobstant le pourvoi, la cour royale saisie par renvoi après cassation du premier arrêt est compétente pour statuer sur les dommages-intérêts réclamés par la partie qui a souffert un préjudice de ladite exécution. — *Paris*, 13 mai 1844 (t. 1er 1844, p. 765), Cousin c. Fleury-Delorme.

140. — Bien que la loi ne parle pas des fruits, on a cependant fait une juste application des dispositions de l'art. 464, C. procéd., en jugeant qu'on peut, pour la première fois en appel, demander les fruits d'un fonds litigieux. — *Besançon*, 25 août 1826, préfet du Doubs c. Besson ; *Cass.*, 11 frim. an X, N...

141. — ... Et que les juges d'appel, saisis d'une demande en délaissement d'immeubles, peuvent accorder au demandeur la restitution des fruits perçus et une provision pour subvenir aux frais d'une expertise qu'ils ordonnent, lors même qu'il n'y aurait pas été conclu en première instance. — *Cass.*, 21 vendém. an X, Dubarry c. Lonjon.

142. — On ne saurait évidemment considérer comme demande nouvelle la requête à l'effet de faire ordonner l'exécution provisoire lorsqu'elle n'a pas été prononcée dans le cas où elle était autorisée. — C. procéd., art. 458.

143. — C'est là un principe général qui n'admet aucune distinction. Conséquemment, l'exécution provisoire peut être obtenue en appel, quoiqu'elle n'ait pas été demandée en première instance. — *Nîmes*, 28 janv. 1833, Anglesy c. Maillet ; *Liége*, 12 juin 1834, Drion c. Despretz ; *Poitiers*, 7 avr. 1837 (t. 2 1837, p. 316), Gillet ; *Paris*, 27 sept. 1838 (t. 1er 1839, p. 663), Coubard c. Sensier ; — Chauveau sur Carré, no 1656 ; Bioche et Goujet, vo *Appel*, no 304. — V. *contrà Limoges*, 13 mars 1816, Loullier c. Boussaler ; *Grenoble*, 9 fév. 1818, Treschence c. Manuel ; *Douai*, 11 oct. 1834, N... ; — Carré, no 1656 ; Pigeau, *Comment.*, t. 1er, p. 324 ; t. 2, p. 36 ; Favard de Langlade, t. 1er, p. 180, no 3 ; Thomine-Desmazures, t. 1er, p. 264 ; Loret, t. 3, p. 169. — V. EXÉCUTION PROVISOIRE.

§ 2. — *Demandes qui ont pour but de modifier l'action originaire.*

144. — Les conclusions qui modifient, en la restreignant, l'action principale, se trouvent nécessairement comprises dans la demande plus étendue qui a été soumise au tribunal de première instance. On serait donc non recevable à prétendre qu'elles n'ont pas subi le premier degré de juridiction. — Chauveau sur Carré, no 1677 *quinquiès* ; Merlin, *Quest.*, vo *Appel*, § 14, art. 1er, no 16, 18o et 19o ; Talandier, no 350.

145. — Ainsi, lorsqu'une demande n'est que la suite ou la modification de la demande principale, elle peut être, pour la première fois, présentée sur l'appel. — *Cass.*, 22 mai 1822, caisse Lafarge c. Lafarge et Miloufiet.

146. — Par exemple, demander en cause d'appel, à titre de servitude, ce qu'on a demandé en première instance, à titre de propriété, ce n'est pas former une demande nouvelle, dans le sens de l'art. 464, C. procéd. — *Cass.*, 7 mars 1826, Chabé c. commune de Lumbres.

147. — Il en est de même de la demande formée pour la première fois en appel d'une servitude de pacage sur un terrain dont en première instance on demandait le délaissement. — *Pau*, 14 fév. 1836, commune de Bescat c. Carrère-Gabaret.

148. — On peut aussi, après avoir, en première instance, *demandé* et obtenu la *propriété* d'une chose, restreindre subsidiairement, sur l'appel, sa réclamation à un simple droit d'*usage*. — *Cass.*, 26 fév. 1838 (t. 2 1838, p. 469), section de Corréo c. Mondet.

149. — On peut invoquer, en sens contraire, un arrêt de la chambre des requêtes du 23 janv. 1838 (t. 1er 1838, p. 535, Deretz et Chapelain c. section de Serviès), qui a décidé qu'après avoir, en première instance, revendiqué la propriété de plusieurs immeubles, on ne peut conclure pour la première fois en appel à la maintenue dans un simple droit d'usage sur une partie de ces immeubles.

150. — Mais par arrêt postérieur du 8 mai 1838 (t. 1er 1838, p. 636, Clement et Alquier c. Bourgeret), la même chambre est revenue à sa première jurisprudence.

151. — Toutefois, il y avait cette différence entre l'espèce de ce dernier arrêt et celle du 23 janv., qu'il ne s'agissait pas d'un demandeur revendiquant d'abord un droit de propriété, puis en appel un droit d'usage, mais d'un défendeur, qui, attaqué au possessoire, se défendait au double titre alternatif de propriétaire et d'usager.

152. — Celui qui, en défense à une demande tendant à le faire déclarer sans aucun droit ni de copropriété, ni d'usage dans une forêt, s'est borné en première instance à exciper de son droit de copropriété, peut en appel restreindre ses prétentions à l'exercice de droits d'usage et de pacage. — *Cass.*, 22 août 1843 (t. 1er 1844, p. 316), Delaizer c. Chanet.

153. — Soutenir, en défendant à une action concernant la propriété d'un terrain, que, si on n'est pas propriétaire, on a du moins un droit de passage sur le terrain litigieux, ce n'est pas former une demande nouvelle ; dans ce cas, le préliminaire de conciliation n'est pas indispensable. — *Cass.*, 16 nov. 1829, Ponroy c. Bosredon.

154. — Jugé encore que ce n'est pas former une demande nouvelle, mais seulement modifier la demande principale, que de demander en appel, pour la première fois, qu'une partie qui réclame un droit de pacage sur un marais soit condamnée à payer une partie des impôts et des frais d'entretien de ce marais. — *Cass.*, 23 fév. 1835, Marcotte c. ville de Doullens.

155. — Quand une commune a, devant les premiers juges, conclu au maintien d'un droit de pacage, et qu'elle a demandé en même temps d'une manière générale et indéterminée d'être

maintenue dans l'exercice des droits que lui conféraient ses titres, on ne peut lui opposer une fin de non-recevoir et faire rejeter, comme contenant une demande nouvelle, les conclusions par lesquelles, expliquant et réduisant sa demande, elle précise plus tard le droit particulier auquel elle prétend. — *Pau*, 3 déc. 1836 (t. 2 1837, p. 295), Lengoust c. la comm. de Barcus.

156. — Celui qui, en première instance, a demandé à être maintenu dans la possession du droit de passer *avec voitures*, peut, en appel, restreindre sa demande au *droit de passage à pied et à cheval*. — *Cass.*, 14 juill. 1824, Vauxchelles c. com. de Bellancourt.

157. — Mais celui qui, en première instance, a réclamé une servitude d'aspect, n'est pas recevable à demander pour la première fois, en appel, qu'on lui accorde au moins la servitude de jour. — *Orléans*, 24 déc. 1840 (t. 2 1841, p. 312), Berruyer c. Colas-Desfrancs.

158. — Celui qui, en première instance, a demandé la nullité d'une donation, peut n'en demander que la réduction en appel. — *Bourges*, 1er juill. 1816, Delafond c. Lagrave.

159. — Après avoir obtenu en première instance la totalité d'une succession, l'intimé peut restreindre sa demande à une portion seulement de cette même succession. — *Montpellier*, 15 therm. an XI, Sue.

160. — De même, la demande en restitution de fruits à laquelle se restreint en appel la partie originairement demanderesse, ne peut être considérée comme une demande nouvelle interdite devant la cour Royale. — *Cass.*, 19 fév. 1840 (t. 1er 1840, p. 641), Ferrier c. Chabert.

161. — Ce n'est pas non plus former une demande nouvelle que de restreindre en appel à son seul intérêt une action possessoire qu'on avait intentée au nom de plusieurs collectivement, et de conclure pour soi seul à la même somme demandée en dommages-intérêts pour tous en première instance. — *Cass.*, 1er sept. 1813, Bocca c. Pozzoli. — C'est en effet ne rien demander de plus qu'en première instance; c'est au contraire restreindre la demande en de justes limites. — Pigeau, *Procéd.*, t. 1er, p. 612; Carré, no 1679; Berriat, p. 428; Bioche et Goujet, *Dict. de procéd.*, vo *Appel*, no 247; Merlin, *Quest.*, vo *Appel*, § 14, art. 1er, no 18.

162. — La demande subsidiaire en paiement du prix de travaux pour dessèchement de marais n'est pas une demande nouvelle, lorsqu'on a demandé au principal le délaissement des marais. Elle constitue seulement une modification de la demande principale. — *Grenoble*, 30 mars 1832, Mortel c. comm. de Saint Symphorien d'Ozon.

163. — La partie qui, en première instance, demande qu'un créancier soit éliminé de l'ordre, et qui, en appel, ne réclame que la préférence de sa créance sur celle qu'il avait contestée, ne forme pas une demande nouvelle. — *Cass.*, 30 déc. 1828, Pellier c. Escalier de Ladevèze.

164. — Jugé également que, si en première instance on a modifié ses conclusions, sans cependant abandonner ses conclusions primitives, on peut en appel reproduire les premières conclusions, sans qu'il y ait violation des deux degrés de juridiction. — *Cass.*, 11 juill. 1833, Pagès.

165. — Mais, lorsqu'en première instance une partie a abandonné une demande à fin de paiement en numéraire et sans réduction, pour ne conclure ensuite qu'au paiement d'après l'échelle de dépréciation, les juges d'appel ne peuvent pas prononcer sur la première de ces deux demandes, reprise seulement devant eux. — *Cass.*, 12 messid. an IX, Roger c. Fages.

166. — Quand l'appelant n'a pas persisté par les conclusions de l'exploit d'appel dans ses conclusions primitives; il ne peut, en plaidant, renouveler une prétention soulevée devant les premiers juges, mais sur laquelle l'acte d'appel garde le silence. — *Bourges*, 28 avr. 1832, Masseron c. Cordaillat.

167. — On ne peut, en appel, changer ses conclusions de manière à soumettre à la cour des questions qui n'auraient pas été agitées en première instance. — *Rennes*, 18 déc. 1819, Levalois c. N...

168. — Celui qui a réclamé en première instance un droit de servitude ne peut changer son action en appel, et réclamer en vertu de l'art. 682, C. civ., un passage nécessaire à titre d'enclave, et moyennant une indemnité, s'il n'a pas pris de conclusions à cet égard devant les premiers juges. — *Besançon*, 10 mai 1811, Poinsard; *Amiens*, 30 juin 1828, Froment c. Antoine.

169. — Le maire d'une commune qui, dans une première instance, a fait reconnaître, au profit des habitans *ut singuli*, l'existence de certains droits d'usage, n'est pas recevable à demander, par voie d'interprétation de l'arrêt, que la décision soit commune aux habitans *ut universi*. C'est là une action nouvelle qui doit être soumise aux règles ordinaires de juridiction. — *Colmar*, 18 janv. 1844 (t. 1er 1845, p. 552) le maire de Marmoutiers c. l'état. — Il est bien certain qu'une partie ne peut invoquer à son profit une décision, de même qu'on ne saurait la lui opposer qu'autant qu'elle y a figuré. Or, dans l'espèce, le maire, n'ayant d'abord agi qu'au nom privatif des habitans, ne pouvait pas être admis, comme représentant de la commune, à demander en cette qualité l'interprétation d'un arrêt auquel cette commune était demeurée étrangère.

170. — La demande qui n'a été proposée en première instance que par forme de réserve, et sans conclusions directes, est réputée nouvelle en appel et non recevable. — *Bourges*, 9 déc. 1830, Leclerc-Lagarenne c. Desnoyers.

171. — Lorsqu'un contrat de prêt à la grosse aventure a été annulé par les premiers juges comme simulé, le demandeur originaire ne peut, sur l'appel, conclure au paiement de contrats à la grosse antérieurs, bien qu'il prétende que le dernier n'en soit que le renouvellement, et que ce fait ait été déjà allégué en première instance. — *Cass.*, 17 fév. 1824, Dupont et Ancessy c. Delamarre.

172. — Au surplus, s'il est permis de restreindre en appel les conclusions soumises aux premiers juges, toute modification qui tendrait à les augmenter devrait être repoussée, parce que la partie de la demande qui excèderait l'action primitive n'aurait pas subi les deux degrés de juridiction. — Chauveau, sur Carré, no 1677 *quinq.*

173. — Ainsi on ne peut, en appel, invoquer un droit de propriété, après s'être borné, en première instance, à demander un droit d'usage. — *Cass.*, 13 fructid. an VIII, Calquet-Travail c. comm. de Saon.

174. — ...Transformer une demande en reddition de compte en une demande en rectification d'un compte précédemment rendu. — *Orléans*, 21 fév. 1845 (t. 1er 1845, p. 529), Pétard c. Milet.

175. — ...Demander à titre de supplément de légitime une somme qu'on a réclamée en première instance à titre de réserve. — *Limoges*, 9 juin 1820, Farger c. Bernard.

176. — ... Conclure à la solidarité contre plusieurs débiteurs, après avoir demandé en première instance le paiement de la part et portion de chacun d'eux. — Chauveau sur Carré, no 1677 *quinquies.*

177. — On ne peut, sur l'appel d'un jugement relatif à la propriété d'une portion de terrain, demander pour la première fois le bornage de la portion qui sera reconnue appartenir à chacune des parties : c'est là une demande nouvelle. — *Rennes*, 5 mars 1835, Barbier c. Laurent.

178. — De même, la demande tendante à transporter l'exercice d'une servitude de passage sur un lieu autre que celui où elle s'exerçait originairement est une demande nouvelle qui ne peut être pour la première fois présentée devant la cour royale saisie de l'appel d'un jugement qui a statué sur l'existence de la servitude. — *Grenoble*, 23 fév. 1829, Demorel c. Tournier; — Bioche et Goujet, *Dict. de procéd.*, vo *Appel*, no 280.

179. — On est non recevable à conclure à ce qu'un individu soit déclaré associé commanditaire d'une société, lorsqu'en première instance on avait conclu à ce qu'il fût déclaré associé en nom collectif; c'est former une demande nouvelle qui, à ce titre, n'est pas recevable. — *Liége*, 9 juill. 1821, Imer c. Simonis.

180. — Le fermier d'un droit de place ne peut, en appel, demander le paiement de la location pour de nouvelles marchandises arrivées pendant l'instance. — *Bordeaux*, 25 juill. 1832, Conseil c. Astruc.

181. — Lorsque les premiers juges ont été appelés à statuer sur une demande en délivrance de minerai, formée par un maître de forges contre le propriétaire, celui-ci ou ses cessionnaires intervenant dans l'instance ne peuvent, en appel, transformer cette demande en une question de concours entre plusieurs maîtres de forges et de répartition entre eux de ce minerai. — *Douai*, 29 août 1838, sous *Cass.*, 13 nov. 1839 (t. 2 1839, p. 535), Lefranc c. Dumont.

182. — Celui qui, appelé en garantie dans un procès engagé entre deux communes à propos d'un droit d'usage réclamé par l'une d'elles, dans une forêt dont l'autre se prétend propriétaire, s'est borné à demander sa mise hors de cause, ne peut, pour la première fois en appel, revendiquer la propriété de la forêt. — *Cass.*, 27 déc. 1824, comm. d'Oyonax c. de Douglas.

183. — Après avoir demandé en première instance le partage d'une succession en douze lots on ne saurait, en cause d'appel, demander qu'il fût fait en six lots seulement. — *Bordeaux*, 2 juin 1838 (t. 2 1838, p. 557), Gentil c. Chapelou.

184. — ... La demande par laquelle celui qui a assigné un tiers détenteur en délaissement de la totalité d'un immeuble conclut à ce que du moins il soit procédé au partage de cet immeuble entre lui et le détenteur est une demande nouvelle, qui ne peut être reçue pour la première fois en appel. — *Cass.*, 29 janv. 1840 (t. 1er 1840, p. 576), Manine c. Henrion.

185. — Lorsque après avoir cédé ses droits dans diverses successions, un héritier forme une demande en rescision relativement à quelques unes des successions seulement, il est non-recevable à étendre, dans le cours de l'instance et par de simples conclusions additionnelles, sa demande aux autres successions. — *Cass.*, 26 nov. 1833, Poulard c. Rivals-Dumas.

186. — A plus forte raison, s'il est permis au demandeur de modifier à la barre, dans certaines limites, les conclusions prises dans l'exploit introductif d'instance, cette faculté ne peut aller jusqu'à substituer à ces conclusions d'autres conclusions constituant un litige nouveau et différent à la fois par sa nature, et même par la juridiction à laquelle il appartient. — Ainsi, celui qui a formé devant un tribunal de commerce une action en contrefaçon, laquelle eût été de la compétence du tribunal correctionnel, ne peut, à la barre du tribunal saisi, et pour justifier sa compétence, substituer à la demande principale une autre demande tendant à obtenir des dommages-intérêts résultant de l'inexécution d'une vente. — *Lyon*, 17 juill. 1844 (t. 2 1845, p. 387), Martin et Fleury c. Grenet.

§ 3. — *Demandes sur lesquelles les premiers juges ont omis de statuer.*

187. — L'appel a été institué, non seulement pour remédier aux erreurs, mais encore pour réparer les omissions des premiers juges. Aussi ne doit-on pas considérer comme demande nouvelle la reproduction, en appel, des conclusions sur lesquelles les premiers juges ont omis de statuer. — Chauveau sur Carré, no 1677 *sept.*; Talandier, *Tr. de l'appel*, no 350; Berriat Saint-Prix, p. 101 et 429.

188. — Ainsi, une cour royale peut et doit même statuer sur une demande mobilière en garantie présentée en première instance et sur laquelle les premiers juges ont omis de prononcer. — *Cass.*, 4 juin 1833, de Plinval c. Roger et d'Ussy.

189. — Lorsque de deux faits dont la preuve est offerte, savoir : 1o la démence du vendeur, 2o la suggestion et le dol de la part de l'acquéreur, la preuve du premier seulement a été admise par un jugement qui a prononcé sur ce chef, en se réservant de statuer sur toutes les qualités des parties, on a pu, sur l'appel, reproduire le second de ces faits, et l'arrêt qui l'a accueilli, sans même en ordonner la preuve, n'a violé, ni la chose jugée, le jugement contenant des réserves, ni la règle des deux degrés de juridiction, le moyen ayant déjà été présenté en première instance, ni les art. 252 et 256, C. procéd., ces articles laissant à l'appréciation des cours royales les questions de nécessité ou de surabondance des preuves testimoniales offertes. — *Cass.*, 3 juill. 1828, Mejan c. de Calvière.

190. — Celui qui a obtenu gain de cause en première instance par des moyens de fond, sans que le tribunal ait statué sur les moyens de forme qu'il opposait, est recevable, sur l'appel principal interjeté par son adversaire, et sans avoir besoin d'appeler incidemment, à proposer de nouveau ces moyens de forme. — *Bourges*, 23 avr. 1825, Prengnat c. Burat-Dubois; — Talandier, *ib.*, p. 350.

191. — Jugé cependant qu'on ne peut, sur l'appel, adjuger des conclusions prises en première instance et devant la cour par l'intimé, si, les premiers juges n'ayant rien statué à cet égard, il n'y a pas, sous ce rapport, appel de leur jugement. — *Rennes*, 19 mai 1813, Lucas-Pouhaert.

192. — Quoi qu'il en soit, lorsque les premiers juges ont omis de statuer à l'égard des conclusions de l'une des parties qui a figuré au procès, mais qui ne figure pas dans les qualités du jugement, cette partie ne peut reproduire ses conclusions devant la cour par voie d'intervention sur l'appel interjeté par l'une des parties en cause. C'est par action principale qu'elle doit se pourvoir, et devant le tribunal de première instance. — *Cass.*, 11 déc. 1833, Tournard et Théodon c. Boulanger.

193. — L'époux qui, après avoir demandé et fait ordonner une application de titres par lui produits, à l'effet de déterminer si certains biens lui sont propres, refuse, au moment de l'opération, de produire de nouveau ses titres, peut, lorsque sur son refus le tribunal a décidé que les biens

DEMANDE NOUVELLE, sect. 3e.

sont des acquêts, être déclaré non-recevable à renouveler en cause d'appel sa demande en application de titres. — *Bourges*, 28 fév. 1832, Boulu c. Jacquet.

194. — Jugé encore que le demandeur qui, après avoir assigné un individu devant le tribunal de commerce comme solidairement tenu d'une dette en qualité d'associé de celui qui s'est obligé, a soutenu ensuite et s'est fait admettre à prouver que le défendeur avait cautionné l'obligation, ne peut plus, sur l'appel interjeté par celui-ci contre le jugement qui a repoussé le déclinatoire par lui proposé, reprendre son premier système et se faire admettre à la preuve de l'existence de la société. — *Colmar*, 21 juill. 1842 (t. 1er 1843, p. 104), Ottmann c. Vix.

195. — Mais, lorsque les premiers juges ont sursis à faire droit à une demande en dommages-intérêts, ce n'est pas former une nouvelle demande en appel que de conclure à ce qu'il soit statué sur ces mêmes dommages-intérêts. — *Cass.*, 25 juill. 1838 (t. 2 1838, p. 483), Sirey c. Roy.

§ 4. — *Demandes contenues virtuellement dans les conclusions primitives.*

196. — La demande qui se trouvait virtuellement comprise dans l'action portée devant les premiers juges ne doit pas être considérée comme nouvelle. — Merlin, *Quest.*, vo *Appel*, § 14, art. 1er; Talandier, *ibid.*, p. 357 et 358; Chauveau sur Carré, no 1677 *ter*.

197. — Ainsi, la demande en partage d'une succession étant censée comprendre tout ce qui en dépend, les copartageans peuvent former, en appel, une demande en rapport qu'ils n'ont pas proposée en première instance. — *Agen*, 8 janv. 1824, Cazaneuve; *Bourges*, 3 mai 1824, Bedeau c. Pirot; *Bastia*, 14 avr. 1834, Franceschini.

198. — On peut aussi, dans une instance en partage, demander pour la première fois devant la cour royale que l'on comprenne dans la masse à partager des biens dont il y a eu vente simulée à un des copartageans par l'auteur commun. — *Grenoble*, 13 août 1830, Chappuis c. Prompsal.

199. — La demande tendante à ce qu'il soit déclaré que dans le cas où un immeuble de la communauté, légué à l'un des héritiers, viendrait à tomber dans le lot de la femme, celui-ci soit indemnisé par ses cohéritiers, se lie aussi à l'action en partage et peut, dès-lors, être faite en tout état de cause. — *Bastia*, 26 fév. 1840 (t. 2 1842, p. 436), Pieraggi.

200. — Aussi on doit admettre, par voie de conséquence, qu'une cour royale a droit de statuer sur des contestations élevées devant elle pour la première fois, relativement à l'homologation d'un partage de succession. — *Paris*, 20 fév. 1832, Buissy.

201. — Le tribunal de première instance ne prononçant l'homologation d'un procès-verbal de partage qu'après l'examen et l'appréciation de la régularité des pièces, la cour royale peut statuer sur des questions élevées sur ce procès-verbal, encore bien qu'elles n'aient pas été soumises aux premiers juges. — *Paris*, 12 avr. 1834, Massabau c. Thiébault.

202. — Il a encore été décidé qu'il n'y a pas demande nouvelle de la part du cohéritier qui, après avoir demandé en première instance que son cohéritier soit privé de sa part dans des effets par lui divertis, demande en appel qu'il soit déchu des divers droits qu'il peut avoir dans la succession. — *Cass.*, 5 avr. 1832, Gemond c. Garat.

203. — La demande en paiement d'un legs ou d'une légitime rentre dans la demande en paiement de tous droits dans une succession, et ne forme point une demande nouvelle. — *Cass.*, 13 fév. 1838, Albarel.

204. — La demande d'indemnités pour engrais laissés sur les terres est comprise dans celle qui avait été formée en première instance relativement aux impenses et améliorations. — *Cass.* (dans ses motifs), 30 mai 1837 (t. 1er 1837, p. 475), Sommariva c. Perreau.

205. — Le créancier qui, dans un ordre, a contesté le réglement provisoire, est recevable à critiquer pour la première fois en appel la préférence accordée sur lui à un autre créancier. — *Orléans*, 28 fév. 1844 (t. 1er 1844, p. 456), Chauveau c. Malherbe.

206. — Jugé cependant que le créancier contestant ne peut proposer pour la première fois en appel un moyen qui ne se rattache en aucune façon aux contredits présentés en première instance. — *Bourges*, 4 mars 1831, Burat-Dubois c. Pacton.

207. — On peut, après avoir en première instance formé une demande en paiement des arrérages échus d'une rente, demander pour la première fois en appel que la rente soit aussi servie pour l'avenir. — *Colmar*, 24 août 1822, Domaines c. Steiner.

208. — Si l'exécution d'un jugement en dernier ressort, qui condamne un associé à payer à son coassocié sa part de diverses créances sur l'état, au fur et à mesure des recouvremens, donne lieu à de nouvelles contestations, le coassocié qui n'a point demandé en première instance les intérêts échus desdites créances est recevable à les réclamer sur l'appel et à prétendre que ce n'est pas là une nouvelle demande, mais un errement de la première. — *Cass.*, 28 juin 1825, Semidei c. Furiani.

209. — Ce n'est pas, de la part de celui qui poursuit une interdiction, former en appel une demande nouvelle que de conclure, d'après les enquêtes, à ce qu'il soit déclaré que les causes de l'interdiction existaient antérieurement à une certaine époque. — *Rennes*, 4 juill. 1814, Roullier c. Aussan.

210. — La demande subsidiaire d'un conseil pour la personne dont on provoque l'interdiction peut également être faite pour la première fois en cause d'appel. — *Paris*, 26 thermid. an XII, Delagrue c. Trumeau.

211. — Mais on ne peut, par des conclusions nouvelles, substituer à une demande en interdiction pour démence une demande en dation de conseil judiciaire pour prodigalité. — *Orléans*, 19 déc. 1806, N... c. N...

212. — Lorsque le juge de première instance sur le possessoire a ordonné la preuve de la possession annale du droit exclusif de faire le curage d'un ruisseau et de profiter de la vase extraite, si le jugement d'appel déclare que le lit lui-même de ce ruisseau est susceptible de prescription, ce jugement ne peut pas être réputé avoir statué sur demande nouvelle, et par conséquent avoir violé l'art. 464, C. procéd. civ., alors qu'il s'est borné à ordonner la preuve demandée, sans statuer sur la possession. — *Cass.*, 7 déc. 1842 (t. 1er 1843, p. 317), Verny-Lamothe c. Tantillon.

213. — La demande formée par l'acquéreur contre son vendeur, en garantie de toutes condamnations *principales et accessoires* qui pourraient intervenir contre lui dans un procès en éviction, comprend non seulement des dommages-intérêts, mais encore la restitution du prix de la vente. — En conséquence, si le jugement de première instance n'a statué sur l'action en garantie que relativement aux dommages-intérêts, sans ordonner la restitution du prix, les juges d'appel ne peuvent se refuser à prononcer sur ce dernier chef de demande, sous prétexte qu'il n'aurait pas été présenté en première instance. — *Cass.*, 24 flor. an XII, Fusch c. Bleicher; — Pigeau, *Comment.*, t. 2, p. 42.

214. — Jugé que celui qui, prétendant qu'une violation de propriété a été commise, à son préjudice, par plusieurs habitans d'une commune agissant par ordre du maire, a formé contre ce dernier une simple action en délaissement du terrain usurpé, n'est pas recevable à demander incidemment, et surtout en cause d'appel, que, dans le cas où il ne serait pas prouvé qu'on eût agi par ordre du maire, la commune fût néanmoins déclarée responsable, aux termes de la loi du 10 vendém. an IV. Ce serait changer la nature de la demande originaire. — *Bordeaux*, 3 janv. 1839 (t. 1er 1839, p. 499), le maire de Bordeaux c. Taffard de Saint-Germain.

215. — Mais la demande qui n'a été présentée en première instance que par forme de réserve et sans conclusions directes est réputée nouvelle en appel, et par suite non-recevable. — *Bourges*, 9 déc. 1830, Leclerc-Lagarenne c. Desnoyers. — En effet, se réserver le droit de former une demande, c'est reconnaître qu'on ne la forme pas actuellement. — Chauveau sur Carré, no 1677 *ter*.

216. — Jugé cependant que la partie qui, dans son exploit introductif d'instance, n'a pas réclamé de dommages-intérêts, mais a déclaré en même temps se réserver la faculté de changer et d'augmenter ses conclusions, est fondée à demander, dans le cours de l'instance, des dommages-intérêts. — *Metz*, 5 juin 1833, Boulet-Ducolombié c. comm. de Sainte-Ruffine.

217. — La demande à l'effet d'être remboursé du prix de ses matériaux et de sa main-d'œuvre, ou d'être autorisé à l'enlèvement de ses matériaux, au choix du propriétaire, ne peut être formée en appel par le constructeur dont le privilége a été rejeté en première instance. — *Bordeaux*, 26 mars 1834, Montluguet c. Apiau.

218. — La fin de non-recevoir tirée de ce qu'une demande incidente n'a aucun rapport avec la demande principale et devait être formée par une action distincte, ne peut être opposée pour la première fois en appel. — *Bordeaux*, 24 juill. 1844 (t. 1er 1845, p. 758), Gay c. Laugère.

219. — La demande d'intérêts d'un capital qui n'en produit pas de plein droit n'est pas virtuellement contenue dans la demande en paiement du capital. — Talandier, p. 379; Merlin, *Quest.*, vo *Appel*, § 14, art. 1er, no 16-17o; Chauveau sur Carré, no 1677 *quater*.

220. — On n'est pas non plus recevable à demander, en cause d'appel, que les frais extraordinaires de poursuite soient payés par privilége sur le prix lorsque cette demande n'a pas été formée en première instance. — *Toulouse*, 17 févr. 1841 (t. 1er 1841, p. 687), Flambant c. Lavavé.

221. — De même, l'acquéreur d'un immeuble est non-recevable à réclamer en appel, contre le surenchérisseur, le remboursement des frais et loyaux coûts du contrat, quand il n'a pas conclu à ce remboursement devant les premiers juges. — *Bordeaux*, 8 août 1832, Charrier c. Sieuzac.

222. — Les conclusions par lesquelles une femme qui poursuit l'annulation d'une vente de ses biens dotaux demande à être remise au même et semblable état qu'avant ladite vente, impliquent la demande en restitution de fruits de l'immeuble vendu; on ne peut donc, s'il est conclu formellement à ce chef en instance d'appel, considérer ces conclusions comme une demande nouvelle. — La partie qui n'a pas prétendu devant la cour royale que des conclusions prises par son adversaire constituaient une demande nouvelle est non-recevable à proposer pour la première fois ce moyen devant la cour de Cassation. — *Cass.*, 23 juin 1846 (t. 2 1846, p. 13), Clavières c. Girard.

§ 5. — *Moyens nouveaux.*

223. — Justifier, en appel, à l'aide de moyens négligés en première instance, une demande qu'on avait d'abord mal ou imparfaitement soutenue, ce n'est pas violer l'art. 464 C. proc., qui ne prohibe que les conclusions tendantes à obtenir des condamnations sur des objets dont il n'avait pas été question devant les premiers juges.

224. — « Personne ne doute, dit Merlin, que le demandeur originaire ne puisse, soit qu'il ait triomphé, soit qu'il ait succombé en première instance, ajouter en cause d'appel de nouveaux moyens à ceux qu'il a fait valoir devant les premiers juges. Ainsi, après m'être fondé en première instance, pour vous évincer d'un immeuble que vous détenez, sur un contrat par lequel Pierre m'a vendu ce fonds, je puis, en cause d'appel, pour défendre à l'exception que vous avez tirée contre moi de ce que ce fonds n'a jamais appartenu à Pierre, alléguer soit que Pierre, soit que Paul, qui en était le véritable propriétaire, me l'a vendu ou donné, soit que j'en avais prescrit la propriété par une possession suffisante, avant qu'il tombât entre vos mains. » *Positiones factæ in causâ principali possunt mutari in causâ appellationis, et ideò admittitur variatio, — ut si egi ex venditione in primâ instantiâ et volui probare quod res petita pertinebat ad me jure domini ex traditione mihi factâ à Sejo, nunc potero variare et dicere quòd fuit mihi tradita à Mævio, vel quòd ad me spectat per præscriptionem vel ex legato.* » — Scaccias, *De appellationibus*, quœst. 2, no 28.

225. — On peut donc, en général, proposer tous moyens nouveaux, produire toutes pièces nouvelles, demander toutes nouvelles voies d'instruction, pourvu qu'on ne change pas le dispositif des conclusions au fond. — Chauveau sur Carré, no 1677; Merlin, *Quest.*, vo *Appel*, § 14, art. 1er et 12; Pigeau, *Proc. civ.*, liv. 2, part. 4, tit. 1er, chap. 1er, sect. 3, § 11, no 5; Thomine-Desmazures, t. 1er, p. 705; Boitard, t. 3, p. 128; Talandier, p. 358.

226. — Lorsque les nouvelles conclusions prises en appel portent sur le même fait et n'ont pour objet que d'en rectifier la qualification, elles ne peuvent pas être repoussées, sous le prétexte qu'elles n'ont pas subi le premier degré de juridiction. — *Pau*, 24 déc. 1829, Forêts c. Larazet et autres.

227. — Il a même été décidé que, lorsque les conclusions nouvelles prises en appel ne sont que la reproduction, sous une autre forme, de celles sur lesquelles il a été statué en première instance, l'arrêt qui déclare adopter les motifs des premiers juges doit être réputé suffisamment motivé, quant au rejet de ces conclusions nouvelles, sans qu'il soit nécessaire de donner, à cet égard, des motifs particuliers. Spécialement, lorsqu'une partie demande, pour la première fois en appel, à être admise à la preuve des faits par elle articulés à l'appui de ses prétentions, l'arrêt qui confirme au fond, en adoptant les motifs des premiers juges, sans s'expliquer particulièrement sur la preuve demandée, ne peut être déclaré nul pour défaut

de motifs. — *Cass.*, 19 nov. 1834, Lesueur c. Marchand; 12 fév. 1835, Parquet c. Dupuis.

228. — Ce n'est pas former une demande nouvelle que de présenter en appel de nouveaux argumens à l'appui d'une demande dont le but est toujours le même. — *Cass.*, 29 mars 1842 (t. 1er 1842, p. 470), Brivezac c. Laliman.

229. — ...Par exemple, de présenter pour la première fois un moyen tiré de la qualité des personnes, à l'effet de justifier une exception d'incompétence fondée sur la nature de l'obligation et déjà proposée devant les premiers juges. — *Cass.*, 22 avr. 1828, Rasset c. Rimbert.

230. — L'héritier du testateur, après avoir demandé en première instance la révocation d'un legs pour cause d'ingratitude du légataire, résultant d'un vol commis après le décès du testateur au préjudice de la succession, peut, en appel, conclure à la révocation du legs pour la même cause, mais résultant d'un vol commis au préjudice et avant le décès du testateur, sans que ces conclusions puissent être considérées comme une demande nouvelle, sujette aux deux degrés de juridiction. — *Cass.*, 24 déc. 1827, Chantereau c. la Baume.

231. — Les héritiers d'un donateur qui ont attaqué la donation comme nulle pour défaut d'insinuation peuvent opposer pour la première fois en appel la caducité de cette donation; c'est là un moyen nouveau, et non une demande nouvelle. — *Cass.*, 24 janv. 1822, Roux c. Deidié.

232. — Les créanciers d'une succession qui ont demandé la séparation des patrimoines implicitement pendant l'ordre en première instance, peuvent en appel préciser et développer leur demande. Ce n'est pas là présenter un nouveau chef de conclusions, c'est un moyen de conserver la préférence qui a été requise en première instance. — *Cass.*, 17 oct. 1809, Gouadin et Apion c. Loumier et autres; *Liége*, 10 fév. 1807, créanciers Vecquerai c. N...; — Merlin, *Quest.*, vo *Séparation de patrimoines*; Pigeau, *Comment.*, t. 2, p. 41; Bioche et Goujet, *Dict. de procéd.*, vis *Appel*, no 302, et *Demande nouvelle*, no 20.

233. — Après avoir demandé en première instance la nullité d'un acte comme fait par une personne sans qualité, on peut en demander la nullité en appel comme portant sur une succession future. — *Montpellier*, 4 août 1832, Aribaud c. Lafage.

234. — Après avoir, devant les premiers juges, critiqué, sous un rapport, la délibération d'un conseil de famille, on a le droit d'exciper pour la première fois en appel de l'illégalité de sa composition. — *Bruxelles*, 24 nov. 1820, Pinson.

235. — On peut aussi, sur l'appel, prétendre qu'un acte est simulé, alors même qu'en première instance on se serait borné à en écarter l'effet, soit par des fins de non recevoir, soit par des nullités de forme. — *Cass.*, 1er messid. an XI, Marie Brandi c. Judes-Larivière.

236. — On est également recevable à proposer contre une inscription hypothécaire un moyen de nullité qui n'a pas été invoqué en première instance. — *Cass.*, 6 juin 1810, Coste-Champeron c. Marty et Roussel-Folmont.

237. — Par exemple, lorsqu'en première instance l'on s'est borné à demander la nullité d'une inscription hypothécaire, faute de mention de l'époque de l'exigibilité, on peut, sur l'appel, substituer à ce moyen celui pris de la prescription de l'hypothèque. — *Toulouse*, 22 mars 1821, Ruinier c. Bourdarios; *Cass.*, 3 fév. 1824, Tournier c. Pélissier.

238. — ...Ou bien opposer la péremption d'une inscription hypothécaire qui sert de base à des poursuites en saisie immobilière dont la nullité a été demandée en première instance par d'autres moyens. — *Toulouse*, 20 mai 1828, Fonquernie c. Causson.

239. — La partie qui a formé opposition à l'ordonnance d'*exequatur* d'une sentence arbitrale, en se fondant sur ce que les arbitres ont prononcé hors des termes du compromis, peut, sur l'appel du jugement qui a rejeté cette opposition, proposer un moyen de *nullité du compromis* non invoqué devant les premiers juges. — *Montpellier*, 15 nov. 1830, Boudet c. Béteille.

240. — L'intimé peut, sur l'appel du jugement rendu sur sa demande, et décidant qu'il existait entre ses adversaires une association en participation, soutenir devant la Cour que cette association était en nom collectif. — *Colmar*, 18 janv. 1844 (t. 2 1844, p. 690), Blum c. Nicolet.

241. — Celui qui, en première instance, a opposé à la demande formée contre lui la prescription établie par telle disposition de loi ou de coutume, peut, en cause d'appel, opposer à cette même demande la prescription établie par telle autre disposition. — *Bruxelles*, 10 mai 1827, S... c. V...

242. — Le cessionnaire écarté du partage par suite du retrait peut se prévaloir en cause d'appel d'une donation faite à son profit depuis l'appel interjeté. — *Lyon*, 17 juin 1825, Champavère et Brunon c. Montagnier.

243. — Le débiteur qui a demandé en première instance la nullité de son emprisonnement peut pour la première fois en appel opposer un moyen tiré de ce que le créancier n'aurait pas fait élection de domicile dans l'acte d'écrou. — *Aix* (dans ses motifs), 23 août 1826, Meyer Cadet c. Suchet et Moncorgé.

344. — Lorsqu'on s'est borné en première instance à demander la nullité d'une surenchère pour insuffisance de la caution, on peut, sur l'appel, demander la nullité de la même surenchère, sur le motif qu'elle était inadmissible, par ce qu'il s'agissait d'une vente à réméré. — *Bourges*, 26 janv. 1822, Delagrange et Marthé c. Cotton.

245. — Après avoir demandé la nullité d'un concordat, par le motif qu'il n'était pas sincère, on peut, en appel, fonder sa demande sur ce qu'il est le résultat d'un dol. — *Cass.*, 21 déc. 1840 (t. 2 1846), Devilleneuve c. Roux.

246. — Lorsqu'un associé a opposé, en première instance, la nullité de l'acte de société à l'égard de certaines clauses, et qu'ensuite il conclut, en appel, à ce que la nullité de cet acte soit prononcée pour défaut de publicité, il n'y a pas de sa part demande nouvelle. — *Cass.*, 12 juill. 1825, Fontenilliat père c. Fontenilliat fils. — V. conf. Merlin, *Rép.*, vo *Curateur*, § 2; Bioche et Goujet, *Dict. de procéd.*, vo *Demande nouvelle*, no 14.

247. — On doit encore considérer comme un moyen nouveau, et non comme une demande nouvelle la demande, de la part d'un adjudicataire qui a été chargé de recouvrer les loyers sans garantie, d'imputer ces loyers sur son prix comme ayant été employés par un locataire en réparation de l'immeuble adjugé, quoique en première instance il se soit borné à prétendre les compenser avec son prix comme ayant été payés. — *Cass.*, 20 janv. 1830, Bardin c. Santerre.

248. — Il en est de même des conclusions par lesquelles une partie demande pour la première fois en appel qu'une quittance dont on lui conteste la sincérité vaille au moins comme donation. — *Agen*, 27 déc. 1811, Lagarrigue c. Marabelle.

249. — En matière d'ordre, les créanciers qui réclament le maintien de la collocation provisoire peuvent invoquer pour la première fois en appel la forclusion résultant de ce que le contredit n'a été formé qu'après l'expiration du délai fixé. — *Grenoble*, 18 août 1834, sous *Cass.*, 21 avr. 1828, Duvilard c. Colomb et Magnan.

250. — On peut aussi alléguer en cause d'appel un fait qui n'a point été présenté en première instance; quand ce fait constitue seulement un moyen nouveau à l'appui de la demande principale. — *Cass.*, 25 juin 1817, Courby c. Joubert.

251. — ... Par exemple, quand il tend à fixer des dommages-intérêts qu'on a réclamés devant les premiers juges. — *Rennes*, 28 fév. 1824, Haranchipy c. Ficher Desmaisons.

252. — On est également recevable à produire pour la première fois en appel des pièces non produites en première instance, encore bien qu'il doive en résulter de nouveaux moyens, si les conclusions restent les mêmes. — *Cass.*, 26 nov. 1834, Duplessis c. Chérizey; 29 flor. an VI, Grier c. Simon.

253. — Ainsi, on ne peut regarder comme nouvelle, dans le sens de l'art. 464, C. procéd., une demande qui, rejetée par le premier tribunal, est reproduite à la cour d'appel sous une autre face et en vertu d'un titre dont on n'avait point fait usage en première instance, bien qu'il existât. — *Cass.*, 26 juill. 1825, Carel c. Domaines.

254. — En conséquence, la partie contre laquelle est demandé le partage de biens dont elle a eu jusqu'alors la possession, peut, pour la première fois en appel, produire un testament qui justifie de la légitimité de sa possession. — *Cass.*, 12 août 1839 (t. 2 1839, p. 457), Cenac c. Cenac-Menjotte.

255. — Un cohéritier actionné pour voir ordonner le partage des biens de la succession, par portions égales, peut se prévaloir pour la première fois en cause d'appel d'une institution contractuelle faite à son profit et qui change les bases du partage, sans qu'une pareille exception puisse être considérée comme une demande nouvelle sujette aux deux degrés de juridiction. — *Bordeaux*, 28 mars 1831, Montastier c. Jollivet.

256. — L'héritier institué qui, défendant à la demande en nullité d'un testament qui l'institue, produit pour la première fois en appel un nouveau testament confirmant ladite institution, ne fait que présenter un moyen de défense et non une demande nouvelle proscrite par l'art. 464, C. procéd. — *Cass.*, 23 janv. 1810, Losée c. Legros.

257. — Celui qui, demandant en France l'exécution d'un contrat de mariage passé à l'étranger, a été répoussé, *quant à présent*, faute de justification suffisante de ce contrat, est recevable à le produire en appel : ce n'est pas là une demande nouvelle qui doive être renvoyée devant le tribunal de première instance. — *Pau*, 13 déc. 1836 (t. 2 1837, p. 359), Saint-Aubin d'Hernani c. Brioc.

258. — Lorsque, en première instance, une déchéance a été prononcée sur le fondement d'une signification dont ultérieurement l'existence n'est pas reconnue en appel, la production d'une seconde signification postérieure au jugement attaqué, dont l'absence aurait de nouveau fait encourir la déchéance, ne peut être considérée comme constituant une demande nouvelle qui aurait dû subir le premier degré de juridiction. — *Cass.*, 3 mars 1830, Pillé-Grenet c. Renaud.

259. — Lorsqu'une indemnité pour terrain retranché a été offerte, à la charge de justifier d'une propriété libre et régulière, et qu'un jugement est intervenu dans ces termes, la production, faite en appel, d'un titre établissant qu'il n'est dû aucune indemnité, ne peut pas être repoussée comme constituant une demande nouvelle. — Ce n'est là qu'un moyen nouveau destiné à démontrer que la condition imposée aux offres n'était pas accomplie. — *Paris*, 16 janv. 1844 (t. 1er 1844, p. 181), préf. de la Seine c. Tiers

260. — Il a cependant été jugé que le demandeur en revendication de meubles saisis qui est débouté en première instance, par jugement contradictoire, ne peut faire réformer ce jugement en produisant pour la première fois en appel les titres établissant son droit de propriété. — *Paris*, 9 germ. an XI, Seignerolles c. Thorel.

261. — ...Qu'on ne peut, sans violer le principe des deux degrés de juridiction, fournir, en cause d'appel, un compte qui n'a pas été présenté devant les premiers juges. — *Rennes*, 27 avr. 1818, Leclech c. Gallois.

362. — ... Que le plaignant en contrefaçon qui, en première instance, a produit à l'appui de sa plainte un brevet de perfectionnement, forme une demande nouvelle, sujette aux deux degrés de juridiction, si pour la première fois en cause d'appel il se prévaut d'un brevet d'invention antérieur au brevet de perfectionnement. — *Cass.*, 8 févr. 1827, Adam c. Pastre.

263. — ...Qu'on ne peut, devant la cour royale, reprocher au jugement dont est appel de n'avoir pas ordonné une représentation de livres et un renvoi devant arbitres, lorsqu'on n'a pas pris de conclusions à cet égard devant les premiers juges. — *Rennes*, 2 juill. 1816, Robert c. Fauchet.

264. — Mais, lorsqu'il est formé en appel une demande qui a pour objet de relever des omissions, faux ou doubles emplois, dans des comptes précédemment débattus devant des arbitres, ce n'est point là une demande nouvelle qui doive être renvoyée devant les premiers juges. — *Rennes*, 29 août 1810, Pilet c. Richer.

265. — La partie qui s'est laissé condamner par défaut en première instance peut, quoiqu'elle n'ait point représenté ses titres justificatifs sur son opposition, les exhiber en appel, mais en supportant les frais faits jusqu'à leur production. — *Paris*, 9 flor. an XI, Habert c. Ters.

266. — On est admissible, en appel, à faire une preuve non offerte devant les premiers juges, lorsque cette preuve n'est qu'un moyen à l'appui d'une demande présentée en première instance. — *Agen*, 12 av. 1809, Dumas c. Barreau; *Rennes*, 19 août 1817, Quilleveré; *Agen*, 12 mai 1830, Mercié c. Cassaigne; *Rouen*, 13 (et non 23) juill. 1813, Bourdon c. Catelain; *Cass.*, 21 juin 1837 (t. 2, 1837 p. 314), de L'Épine c. Guerbouin.

267. — Cependant la preuve testimoniale de certains faits allégués par une partie n'est pas permise, si cette partie a laissé procéder à l'enquête demandée en première instance par son adversaire, sans protestations ni réserves. — *Cass.*, 18 avr. 1821, Langlois c. Morin.

268. — Il résulte de ces principes qu'on peut, en appel, demander à faire preuve de la vente des effets d'une communauté, lorsque la demande principale formée devant les premiers juges tend à faire considérer le demandeur comme renonçant à cette communauté. — *Rennes*, 11 août 1817, Lambert c. N.

269. — A plus forte raison, lorsqu'en première instance une action en séparation de corps n'a pas été accueillie et que, depuis le jugement, l'époux demandeur a éprouvé de nouveaux outrages, il est recevable à en offrir la preuve devant la cour.

qui ne saurait la repousser comme demande nouvelle. — *Poitiers*, 18 fév. 1825, Goguet c. Morin; *Cass.*, 15 juin 1836 (t. 1er 1837, p. 25), d'Etruchat.

270. — Mais on ne peut, pour la première fois en appel, demander à faire preuve des reproches qu'on a articulés devant le juge commissaire. — *Bruxelles*, 14 oct. 1820, B. — V. ENQUÊTE.

271. — Au surplus, la preuve testimoniale ainsi proposée en appel ne doit être admise que bien difficilement. — *Rennes*, 27 août 1821, Giraudeau c. Iviquel.

272. — Jugé que la partie qui a conclu sur le fond en première instance, et même sur l'appel, peut encore demander la vérification des écriture et signature du titre qu'elle conteste, si elle s'est réservé ce droit dans ses conclusions. — *Paris*, 8 avril 1811, de Saint-Cyr c. Lora.

273. — ... Qu'on est recevable à s'inscrire en faux incident, devant la cour, contre un testament après en avoir seulement demandé la nullité en première instance. — *Montpellier*, 28 fév. 1810, Barrau c. Girard.

274. — ... Enfin que, dans le cas où un jugement a été rendu sur pièce fausse, la cour royale appelée à le reviser, aux termes de l'art. 448, C. proc., déclare valablement la pièce fausse, bien que le tribunal de première instance n'ait pas eu à statuer sur ce point. — *Limoges*, 30 juin 1836 (t. 1er 1837, p. 391). Gamory c. Barrière; *Cass.*, 10 avr. 1838 (t. 2 1838, p. 149), mêmes parties.

Sect. 4e. — *Demandes nouvelles formant défenses à l'action principale.*

§ 1er. — *Défenses proprement dites.*

275. — La défense étant de droit naturel, les parties doivent avoir la faculté de proposer leurs moyens de défense quand et comme elles le jugent convenable. — Carré, no 1673.

276. — Ce principe avait été consacré par la loi du 3 brum. an II. On jugait sous l'empire de cette loi qu'un acheteur pouvait opposer en appel qu'il s'était libéré du prix de son acquisition en le déposant, à la charge des oppositions, dans les caisses du district, lors même qu'en première instance il avait seulement articulé qu'il en avait fait le versement entre les mains d'un notaire. — *Cass.*, 12 frim. an X, Deshaires c. Durieux.

277. — De même, sous la loi du 2 therm. an III, un fermier condamné à payer en grains une partie de ses fermages était reçu à faire valoir, même pour la première fois, en appel le moyen tiré de ce qu'il ne récoltait pas de grains, ce qui le mettait dans le cas de l'exception consacrée par les art. 8 et 11 de ladite loi. Ce n'était là que le développement d'un moyen de défense et non une demande nouvelle. — *Cass.*, 22 brum. an V, Lefauqueux et Groult c. Joret.

278. — La même règle se trouve reproduite dans la disposition de l'art. 464, C. procéd., qui autorise en cause d'appel toute demande qui n'est qu'une défense à l'action principale.

279. — Mais à quels caractères reconnaîtra-t-on qu'une demande n'est qu'une défense à l'action principale? — Nous croyons difficile de donner à cet égard des règles bien précises. Cependant la cour de Cassation a décidé que les juges d'appel apprécient souverainement la question de savoir si une demande formée devant eux a le caractère d'une demande nouvelle. — *Cass.* (dans ses motifs), 6 juin 1831, Virnot c. Decroix.

280. — En principe, toute demande reconventionnelle autre que l'exception de compensation et n'ayant aucun rapport avec l'action originaire constitue une demande nouvelle. — Arg. *Cass.*, 9 déc. 18 4, Huchon c. Herrier.

281. — Ainsi une demande reconventionnelle en dommages et intérêts formée pour la première fois en cause d'appel est inadmissible comme demande nouvelle si elle n'a pas son principe dans l'acte qui a motivé l'action principale en dommages-intérêts. — *Cass.*, 1er mars 1830, comp. des Salins c. Cuppeau.

282. — Jugé même que la demande formée pour la première fois en appel et reconventionnellement contre l'intimé n'est pas recevable, lorsqu'elle dérive du traité même qui a servi de base à la condamnation prononcée en première instance contre l'appelant. — *Cass.*, 6 juin 1831, Virnot c. Decroix.

283. — Mais la demande reconventionnelle qui n'est formée qu'à l'audience, et qui est présentée comme défense et en compensation avec la demande principale, est recevable si elle est liquide et suffisamment justifiée. — *Limoges*, 30 août 1820, N..

284. — De même, lorsque, sur une demande à fin de paiement de leurs gages, intentée par des marins contre des armateurs, ceux-ci ont formé comme moyen de défense une demande reconventionnelle en dommages-intérêts pour la rupture du voyage occasionnée par les demandeurs au principal, cette demande peut être jugée définitivement en appel. — *Cass.*, 4 juin 1834, Viard et Charlet c. François et Rivalz.

285. — La contrainte par corps est-elle régulièrement demandée pour la première fois en appel? — Nous ne le pensons pas. L'art. 20, L. 17 avr. 1832, fait de la contrainte par corps un chef qui est toujours susceptible du double degré de juridiction. Ce principe avait d'ailleurs déjà été consacré par la cour de Rennes. — *Rennes*, 23 juill. 1819, Leroy c. Ksalaun. — Coin-Delisle, *Contrainte par corps*, p. 42, no 8; Bioche, *eod. verb.*, no 26. — V. CONTRAINTE PAR CORPS, no 34.

286. — L'opinion contraire avait néanmoins été adoptée par la cour de Grenoble, par le motif que la contrainte constitue plutôt un moyen d'exécution qu'une demande nouvelle. — *Grenoble*, 8 mars 1824, Boyanez.

287. — L'étranger domicilié de fait en France, contre lequel une condamnation a été prononcée avec contrainte par corps, peut se prévaloir d'une ordonnance du roi qui l'autorise à fixer son domicile en France, pour être déchargé de la contrainte par corps, encore bien que les poursuites et le jugement de condamnation soient antérieurs à l'obtention de l'ordonnance. — *Paris*, 25 avr. (et non *Cass.*, 2 mai) 1834, Boode c. Blanc.

288. — On a pourtant décidé, mais à tort selon nous, que celui qui n'a pas excipé devant les premiers juges de la cession de biens qui l'affranchissait de la contrainte par corps ne peut en exciper utilement en appel pour faire réformer, à cet égard, le jugement rendu contre lui. — *Colmar*, 31 mars 1813, Guimpel c. Nerkin.

289. — Sont considérées comme défenses à l'action principale: 1o la demande en retrait de droits litigieux (*Cass.*, 3 mai 1832, Hugues c. comm. de Champoléon; 29 avr. 1834, Decollet c. Douessy; 28 janv. 1836, Perès et Dupouy c. comm. de Tilhouse); — encore bien que les conclusions des parties aient porté sur le fond des droits cédés (*Grenoble*, 19 mai 1828, comm. de Champoleon c. Hugues); — ou que la cession soit postérieure au jugement de première instance (*Rouen*, 1er déc. 1826, Payen c. Blin).

290. — ... 2o La demande en retrait successoral. — *Limoges*, 20 mai 1816, Faure c. Boudet.

291. — ... 3o La demande en réduction de la réserve de l'enfant naturel, faite par les héritiers légitimes comme défense à l'action principale en partage formée par cet enfant. — *Nancy*, 22 janv. 1838 (t. 2 1843, p. 326), André c. Masson.

292. — On peut également, dans une instance en partage de succession, former devant la cour royale une demande en rapport dont n'avaient pas connu les premiers juges. — *Colmar*, 4 juin 1845 (t. 1er 1846, p. 635), Brunschwig c. Bloch et Gross.

293. — A plus forte raison, l'héritier légataire contre qui la réduction du legs à la quotité disponible a été demandée peut pour la première fois en appel conclure au rapport à la masse de la succession des choses données à ses cohéritiers. — *Cass.*, 29 août 1826, Bonnevalière c. Turquetil.

294. — L'héritier qui, assigné en délivrance de diverses parts de la succession, en vertu d'une donation et d'un legs au profit de la même personne, s'est borné, en première instance, à opposer la nullité du legs, peut, pour la première fois en appel, opposer la nullité de la donation, surtout si la cause de cette nullité n'était pas connue en première instance. — *Bourges*, 20 juill. 1819, Bonamy et Martin c. Marié et Latour.

295. — ... 4o La demande d'imputation de dons manuels sur la quotité disponible, formée à l'occasion d'une action en rapport. — *Cass.*, 12 août 1844 (t. 1er 1845, p. 38), Gazagnaire.

296. — On peut aussi, pour la première fois en appel, demander l'annulation d'un testament opposé en première instance. — *Grenoble*, 25 juill. 1810, Jacolin c. Fayot.

297. — Le cohéritier défendeur à une demande en partage peut pour la première fois en appel conclure à ce que le demandeur soit tenu de prendre dans la succession d'autres biens que ceux réclamés par celui-ci. — *Cass.*, 23 frim. an IX, Venot c. Roi.

298. — ... 5o La demande en délivrance d'un préciput et en rapport d'un objet donné à l'un des cohéritiers, opposée comme défense à une action en partage. — *Bordeaux*, 14 mars 1831, Parretié c. Mazin et Queyrieix.

299. — Jugé cependant qu'on ne peut former pour la première fois en cause d'appel, par voie d'exception et comme défense à une action en partage, une demande en délivrance de legs. — *Bordeaux*, 11 mars 1831, Barreau c. Baffet.

300. — ... 6o La fin de non-recevoir élevée contre l'opposition à un jugement qui statue sur le profit joint d'un défaut. — *Colmar*, 17 mai 1828, Grisey c. Rossée.

301. — L'intimé qui a excipé au bureau de paix de la tardiveté de l'appel interjeté par son adversaire peut, après avoir obtenu par défaut un jugement confirmatif, présenter pour la première fois cette exception aux juges d'appel, si l'appelant fait opposition de ce jugement. — *Cass.*, 3 niv. an VIII, Beysselance c. Lambert; *Angers*, 15 janv. 1829, Grimoux c. Moreau.

302. — ... 7o Celle qui est tirée de ce qu'une action en rescision serait tardivement formée, alors même qu'en première instance on se serait borné à repousser la demande par le motif que la lésion n'était pas établie. — *Cass.*, 2 mai 1827, Quesnel c. Vatinelle.

303. — Jugé que le débiteur, bien qu'il se soit borné en première instance à demander la réduction d'une rente perpétuelle, sur le motif que le capital n'en aurait pas été intégralement fourni, peut en appel, et pour la première fois, attaquer comme usuraire un contrat de rente viagère dont les arrérages non acquittés ont été mis en compte, et ont servi à compléter le capital de la rente perpétuelle contestée. — *Cass.*, 31 déc. 1833, Havas c. Capey.

304. — ... Que la partie qui, sur une instance relative à la propriété d'un immeuble, formée contre elle, n'a revendiqué que la copropriété de cet immeuble, est recevable, en appel, à en réclamer la propriété entière, sans qu'on puisse lui reprocher d'avoir porté devant la cour royale une demande nouvelle. — *Caen*, 9 mars 1826, sous *Cass.*, 26 déc. 1832, comm. de Portosville et de Saint-Pierre d'Arthéglise c. comm. de Valdécie.

305. — On ne considère pas non plus comme demandes nouvelles les mesures purement conservatoires. Ainsi, on peut former pour la première fois en appel une demande en nomination de séquestre. — *Toulouse*, 22 juin 1831, Gleyses c. Dourel.

306. — La partie assignée en nullité d'un acte de vente, avec restitution des biens vendus et des fruits perçus, peut conclure subsidiairement, et pour le cas où la vente serait déclarée nulle, à ce que le demandeur soit, avant tout, tenu de lui restituer le prix d'achat. — *Bruxelles*, 11 mars 1828, M.. c. syndicat d'amortissement.

307. — Celui contre qui, en première instance, une donation a été déclarée révoquée, prend valablement, pour le cas d'infirmation du jugement quant à la révocation, telles conclusions qu'il juge convenable relativement à l'étendue et aux effets de cette donation. — Dans tous les cas, la partie qui ne se serait pas prévalue devant la cour royale de ce que, par de semblables conclusions, son adversaire aurait en réalité formé une demande nouvelle, ne saurait s'en prévaloir pour la première fois en cour de cassation. — *Cass.*, 24 déc. 1844 (t. 1er 1845, p. 65), Lepetit de Montfleury c. Réméon de Longueveau.

308. — Le défendeur à une action réelle au possessoire qui articule une possession annale et promiscue, et se prétend en possession en vertu de titres, peut, même pour la première fois sur l'appel, se *défendre* au double titre alternatif d'*usager* ou de copropriétaire: ce n'est pas là une demande nouvelle, mais simplement un moyen de défense qui peut être accueilli, sans qu'il y ait violation de la règle des deux degrés de juridiction. — Dans tous les cas, le défendeur au possessoire qui, pour justifier sa possession *animo domini* d'un droit réel qu'on lui conteste, excipe d'un titre de copropriété, et qui, plus tard, sur l'appel du jugement interlocutoire, invoque ce même titre comme lui conférant, sinon des droits de copropriété, au moins des droits d'usage, sans que son adversaire lui oppose l'exception de demande nouvelle à raison de la prétention subsidiaire relative aux droits d'usage, n'a plus à craindre l'exception tirée de l'art. 464, C. procéd., lorsque, sur l'appel du jugement définitif, il continue à se prévaloir de son titre sous ce double rapport. Il y a alors fin de non-recevoir acquise contre l'exception. — *Cass.*, 8 mai 1838 (t. 1er 1838, p. 636), Clément et Alquier c. Bourgeret.

309. — Toutefois, celui qui, actionné au possessoire, est convenu devant le juge de paix que le trouble ne remontait pas à un an, en se bornant à discuter la nature et le caractère de ce trouble, ne peut, en appel, être admis à prouver qu'il remontait à plus d'un an. — *Cass.*, 5 fév. 1838 (t. 1er 1838, p. 234), Goislard de Villebresme c. Augereau.

310. — On doit ranger les *exceptions* dans la classe des moyens de défense; mais toutes les exceptions ne sont pas proposables pour la première fois en

appel. Il convient d'établir, à cet égard, une distinction entre les exceptions absolues et les exceptions relatives. — V. d'ailleurs EXCEPTIONS.

311. — *Exceptions absolues.* — Elles tiennent à l'ordre public et peuvent être opposées pour la première fois en cause d'appel. — Telles sont : l'exception d'incompétence *ratione materiæ.* — C. procéd., art. 170. — V. EXCEPTIONS.

312. — ... L'incompétence de l'autorité judiciaire sur des matières qui sont dans les attributions de l'autorité administrative. — *Amiens*, 1er août 1821, Ledoux c. comm. de Brye.

313. — ... L'exception de la chose jugée qui n'a pu être proposée devant les premiers juges. — *Rennes*, 15 mars 1821, Martin de la Bigotière c. Visdelou de la Villelhéart.

314. — ... L'exception d'incapacité d'un légataire. — *Martinique*, 9 août 1834, Hodebourg et Vanschalkwick c. Magill; *Cass.*, 1er fév. 1837 (t. 1er 1837, p. 84), mêmes parties.

315. — ... L'exception de dol. — *Angers*, 22 mai 1829, syndics Lantaigne c. Moreau.

316. — ... L'exception tirée du défaut de qualité du demandeur. — *Bruxelles*, 22 mars 1822, Mantroye c. Van Wambeke; *Cass.*, 10 juill. 1827, Randon et Seur c. Hang et Gouyon; 31 août 1831, notaires de Caen c. Hoguais; *Rennes*, 11 juin 1833, Bourgeois c. Le Bigaignon; *Bordeaux*, 27 juin 1833, Doussot c. Doumeing; *Limoges*, 15 fév. 1836 (t. 1er 1837, p. 191), Dubois c. Braquillange; — Chauveau sur Carré, no 1677 *bis*. — V. cependant *Colmar*, 28 janv. 1831, Lienhart c. l'évêque de Strasbourg.

317. — Par suite, la disposition de l'art. 465, C. civ., portant que l'autorisation du conseil de famille est nécessaire au tuteur pour provoquer un partage est d'ordre public; dès-lors, le défaut d'autorisation peut être opposé au tuteur en instance d'appel, bien qu'il ne l'ait point été devant le premier juge. — Mais celui qui oppose pour la première fois en appel ce défaut d'autorisation peut être condamné à une partie des frais qui n'auraient point été faits s'il l'eût opposé devant le premier juge. — *Bruxelles*, 23 fév. 1826, N.

318. — Jugé, au contraire, que l'exception tirée de ce que le tuteur n'a pas demandé l'autorisation du conseil de famille avant d'introduire l'action en partage d'une succession échue à son pupille, ne peut être proposée pour la première fois en cause d'appel. — *Grenoble*, 21 juill. 1836 (t. 2 1837, p. 503), Guinard c. Marchand. — Mais il est à remarquer que, dans l'espèce, l'adversaire du mineur avait déclaré s'en rapporter à justice sur l'action en partage, ce qui faisait supposer qu'il considérait l'autorisation de la justice comme l'équivalent de celle du conseil de famille.

319. — ... Que la partie qui a plaidé au fond contre une section de commune en première instance n'est pas recevable, pour la première fois en appel, à invoquer le défaut de qualité de son adversaire, résultant de ce que son existence comme section de commune ne serait pas établie. — *Bourges*, 19 déc. 1838 (t. 1er 1839, p. 619), comm. de Nançay c. section de Souesmes; *Cass.*, 17 déc. 1838 (t. 1er 1839, p. 345), Guyot c. commune de Ville-lès-Aulesy. — V. COMMUNE, no 537.

320. — ... Que l'appelant n'est pas recevable à proposer pour la première fois devant la Cour la nullité de la demande formée contre lui en ce que cette demande, qui intéresse une commune, ne pouvait être intentée qu'après que la commune, appelée à délibérer, aurait refusé ou négligé d'exercer l'action qui lui appartenait. — *Grenoble*, 27 mai 1844 (t. 1er 1845, p. 216), Morin c. comm. de Montellier et Escoffier.

321. — Lorsqu'en première instance on n'a pas opposé à une commune son défaut d'autorisation, peut-on, en appel, se faire un moyen de ce défaut d'autorisation? — V. AUTORISATION DE PLAIDER, nos 256 et suiv.

322. — Lorsque des communes, appelantes d'un jugement qui les a déclarées simples usagères d'un terrain, persistent devant la cour royale à se prétendre propriétaires, l'intimé peut demander le cantonnement comme exception et défense contre la prétention des communes, sans qu'on puisse lui opposer que cette demande n'a pas été soumise au premier degré de juridiction, surtout si, dans son exploit introductif d'instance, il avait conclu au cantonnement. — *Cass.*, 15 juill. 1828, comm. de Vougeay c. Montmort.

323. — Jugé qu'on peut opposer en appel l'exception de pérégrinité. — *Rennes*, 1er juin 1832, Dubois-Jalié c. Bertheis. — V. ÉTRANGER.

324. — Cependant l'incompétence des tribunaux français pour statuer sur une demande en séparation de corps entre étrangers peut-elle être proposée pour la première fois en appel? — V. ÉTRANGER, SÉPARATION DE CORPS.

325. — Lorsqu'une femme autorisée à vendre a fait une donation déguisée sous la forme d'une vente, elle peut, pour la première fois en appel, proposer la nullité de cet acte, sur l'action en délaissement des biens prétendus vendus. — *Pau*, 19 mars 1831, Soulé c. Capdestaing.

326. — Réciproquement, lorsque l'acquéreur dont on attaque le contrat comme renfermant une donation déguisée offre, pour la première fois en appel, de prouver la capacité de donner et de recevoir que l'on conteste aux contractans, la cour royale ne peut s'abstenir de statuer sur cette exception et annuler l'acte de vente en renvoyant les parties devant les premiers juges pour faire prononcer sur l'état de la personne prétendue incapable. — *Cass.*, 23 avr. 1827, Lafontaine c. Payerne.

327. — Le donateur peut aussi, en défense à l'action du donataire, exciper, pour la première fois en appel, de l'indignité même de ce donataire. — *Cass.*, 17 mars 1835, Ozenne.

328. — Le défaut d'autorisation de la femme mariée pour ester en jugement peut lui être opposé pour la première fois en cause d'appel, alors même que c'est son mari qui plaide contre elle. — *Toulouse*, 8 fév. 1823, Baron c. O...

329. — La renonciation à la communauté faite en cause d'appel pour repousser la fin de non-recevoir opposée à la femme, tirée de sa qualité de commune, ne doit pas être considérée comme une demande nouvelle, mais comme une exception à la fin de non-recevoir. — *Grenoble*, 12 fév. 1830, Rostaing c. Eyme et Ronin.

330. — Mais le demandeur serait-il également recevable à contester, pour la première fois en appel, la qualité du défendeur? — Merlin (*Quest.*, vo *Appel*, § 14, art. 1er, no 16-12o) propose la distinction suivante : « 1o Le demandeur originaire conclut-il directement à ce qu'il soit déclaré que le défendeur n'a pas l'état qu'il s'attribue, et à défaut duquel il serait sans qualité pour lui disputer la chose litigieuse? — Nul doute que de pareilles conclusions ne soient inadmissibles. En effet, elles forment véritablement une demande nouvelle, et par conséquent elles sont comprises dans la prohibition portée par l'art. 464, C. procéd. Qu'importe qu'elles aient pour objet d'appuyer l'action principale intentée en première instance? L'art. 464 n'excepte de la prohibition qu'il prononce que les demandes nouvelles qui combattent cette action; il n'en excepte pas celles qui l'appuient; et ne point les excepter, c'est les y soumettre. »

331. — « 2o Mais le demandeur originaire conclut-il seulement, en cause d'appel, à ce que sa demande principale lui soit adjugée, attendu que le défendeur n'a pas l'état qu'il s'attribue, et que, par suite, il est sans qualité pour lui disputer l'objet du litige? En d'autres termes, son but, en contestant l'état du défendeur, n'est-il pas d'y faire statuer par le dispositif du jugement à intervenir, mais seulement par les motifs de ce jugement, et de manière que la question de savoir si tel est ou n'est pas véritablement l'état du défendeur reste entière entre les deux parties, et puisse encore être jugée directement dans une autre instance? — Alors point de prétexte pour ne pas admettre de pareilles conclusions; car elles ne forment en cause d'appel, de la part du demandeur originaire, qu'un moyen pour appuyer son action principale; elles ne constituent pas une demande proprement dite, et personne ne doute que le demandeur originaire ne puisse ajouter en cause d'appel de nouveaux moyens à ceux qu'il a fait valoir devant les premiers juges. » — M. Talandier (no 352) paraît adopter cette distinction.

332. — Pour nous, nous préférons le système de M. Chauveau (no 1677 *bis*), qui enseigne que, toutes les fois que la demande primitive ne suppose pas, dans la personne du défendeur, la reconnaissance d'une qualité dont le défendeur vient plus tard à se prévaloir comme moyen de défense, le demandeur est recevable à faire déclarer que cette qualité n'appartient pas au défendeur. Ainsi, une personne assignée en qualité de légataire est condamnée à délaisser la succession; sur l'appel, elle prétend être plus proche héritière du sang que le demandeur, celui-ci peut alors lui contester cette qualité et faire déclarer par le dispositif de l'arrêt qu'elle ne lui appartient pas.

333. — On ne peut, au contraire, en appel, conclure à ce qu'un successible soit condamné à payer comme héritier pur et simple, si en première instance on a conclu seulement à ce qu'il le fût comme héritier bénéficiaire. — *Cass.*, 29 janv. 1835, Thévenard c. Barré de Saint-Venant; — Chauveau sur Carré, no 1677 *bis*.

334. — On peut proposer pour la première fois en appel la nullité résultant d'un vice de composition dans un conseil de famille convoqué pour donner son avis sur une demande en interdiction. — *Cass.*, 24 fév. 1825, Roberjot c. Pollet.

335. — La prescription peut aussi être invoquée pour la première fois en appel. — *Rennes*, 12 juin 1817, Leroy c. N...

336. — Ainsi, on peut en appel invoquer la prescription d'une dette, après avoir seulement excipé en première instance de sa compensation, avec une dette du demandeur. — *Besançon*, 10 janv. 1820, N...

337. — Mais une partie n'est pas recevable à proposer, sur l'appel, l'exception de prescription, lorsqu'en première instance elle a spontanément concouru à des expertises et autres opérations qui ont fourni une preuve suffisante de propriété en faveur de l'autre partie. — Au moins, une cour royale a pu, sans contrevenir à l'art. 2224, C. civ., déclarer inadmissible l'exception de prescription, sur le fondement que la partie qui propose ce moyen a provoqué elle-même devant les premiers juges une mesure qui a produit un résultat opposé à celui de la prescription. — *Cass.*, 19 mai 1829, Basset c. de Kergorlay. — V. PRESCRIPTION.

338. — *Exceptions relatives.* — Les exceptions relatives, qui ne touchent qu'à l'intérêt privé, doivent être opposées à des époques déterminées.

339. — Ainsi, la caution *judicatum solvi* ne peut être demandée en cause d'appel contre un étranger (demandeur primitif et intimé sur l'appel), lorsque l'on a négligé de la demander en première instance. — *Bruxelles*, 8 oct. 1831, N...; — Bourguignon, *Manuel du jury*, p. 508, no 332 *bis*; Legraverend, *Lég. crim.*, t. 2, p. 234. — V. CAUTION JUDICATUM SOLVI.

340. — On ne peut opposer, pour la première fois en appel, l'incompétence du premier juge, *ratione personæ*, après s'être borné en première instance à conclure au déboutement du demandeur tant par fin de non-recevoir qu'autrement. — *Besançon*, 26 mai 1815, N... — V. INCOMPÉTENCE.

341. — Il en est de même 1o de l'exception de litispendance. — *Cass.*, 27 avr. 1837 (t. 2 1837, p. 168), De la Villedieu c. Marconnay. — V. LITISPENDANCE.

342. — En conséquence, est non-recevable une demande nouvelle formée sur l'appel d'un jugement du tribunal de commerce, surtout s'il y a litispendance sur l'objet de cette demande devant le tribunal civil. — *Bruxelles*, 27 août 1822, Baugniet c. Vautier.

343. — ... 2o De l'exception de connexité. — V. CONNEXITÉ.

344. — ... 3o De celle de discussion. — *Bourges*, 31 déc. 1830, Préville c. Davidière; *Cass.*, 27 janv. 1835, Pety c. Danis. — V. *contrà* Pailliet, sous l'art. 2022, C. civ.; Favard de Langlade, vo *Cautionnement*, sect. 1re, § 2, art. 1er; Chauveau sur Carré, no 789 *bis*, § 2e. — V. CAUTIONNEMENT.

345. — ... 4o Des demandes en garantie (*Bordeaux*, 1er mars 1826, Versaveu c. Brouillet); — même quand le garanti aurait obtenu gain de cause en première instance (*Lyon*, 6 août 1829, comm. de Champdor c. Bourgeot); — surtout lorsque le recours aux premiers juges est encore possible (*Cass.*, 27 fév. 1821, Salefranque c. Gestas). — V. au surplus GARANTIE.

346. — Le principe qu'on ne peut, en appel, former une demande contre des parties qui n'étaient pas en cause devant les premiers juges reçoit son application, même alors qu'il s'agit de droits ou créances solidaires et indivisibles. — *Riom*, 10 mars 1836, Constant c. Chalus et Dumiral; *Cass.*, 15 janv. 1839 (t. 1er 1839, p. 169), mêmes parties. — V. GARANTIE.

347. — Jugé même que celui qui, mis en cause en vertu d'un jugement, a figuré en première instance sans qu'aucunes conclusions fussent prises contre lui, ne peut, en cause d'appel, être l'objet de conclusions principales. — *Cass.*, 25 mai 1841 (t. 2 1841, p. 209), Dubreuil c. Laporte et Montouroy.

348. — ... Que l'action en recours de l'acquéreur contre le mari, qui a garanti la vente des biens de sa femme, ne peut être formée pour la première fois en appel. — *Caen*, 22 mars 1839 (t. 2 1846), Chedrue c. Dudouet.

349. — ... En conséquence, qu'une demande en garantie, formée seulement en cause d'appel, contre un individu qui était spontanément intervenu en première instance et s'était même reconnu garant, mais dont l'intervention avait été écartée par les premiers juges, n'est point recevable quand elle est ainsi formée tardivement devant les juges supérieurs. — *Paris*, 9 nov. 1825, de Saint-Sauveur c. Taillepied de Bondy.

350. — Celui qui a donné mandat à un huissier de poursuivre le recouvrement d'une somme ne peut, sur l'appel du jugement qui a déclaré valable le paiement fait par le débiteur à l'huissier,

conclure *de plano* devant la cour, par voie subsidiaire, à ce qu'il lui soit accordé un recours contre le mandataire, une telle demande doit être considérée comme principale, et, à ce titre, subir les deux degrés de juridiction, et être portée devant le tribunal du domicile du défendeur. — *Bordeaux*, 19 fév. 1839 (t. 2 1839, p. 556), Joly c. Bidanchon.

351. — Lorsque après un commandement fait à un détenteur d'une rente, celui-ci y forme une opposition, et appelle en garantie celui dont il tient la rente qu'il affirme avoir été remboursée, si ce dernier ne fait aucune diligence pour former aussi sa demande en garantie, il n'est plus recevable à la présenter en cour d'appel, parce qu'alors cette action devient principale et reste soumise aux deux degrés de juridiction. — *Orléans*, 17 juill. 1816, N...

352. — Celui qui, en première instance, ne prend de conclusions en garantie que conditionnellement, c'est-à-dire dans le cas où le défendeur ne comparaîtrait pas, est non-recevable à venir devant la cour présenter cette action récursoire, par la raison que cette demande n'ayant eu aucun effet devant les premiers juges, on ne peut la reproduire en appel que dans le même état où elle a été formée et qu'enfin elle ne se trouve point liée à l'action principale. — *Orléans*, 24 juin 1818, N...

353. — Lorsque, sur une demande en résiliation de bail formée par le preneur pour trouble à sa possession, les auteurs du trouble ont été mis en cause par le preneur, qui a seul conclu contre eux en première instance, le bailleur ne peut, sur l'appel du jugement qui prononce la résiliation, conclure contre eux au déguerpissement en prenant le fait en cause du preneur. C'est là, en effet, à l'égard des auteurs du trouble, non une défense à l'action principale, mais une demande nouvelle, et cette demande ne peut, par suite, être opposée au preneur contre l'action en résiliation. — *Cass.*, 7 juin 1837 (t. 2 1837, p. 458), Gerf c. Mathias.

354. — Mais lorsque, en cause d'appel, la demande en garantie proposée pour la première fois devant la cour n'est qu'une suite de la demande principale, la cour peut, sans violer les règles de sa compétence, statuer sur la demande principale et sur la demande en garantie. — *Cass.*, 24 janv. 1828, Balguerie c. Ferbos.

355. — De même, celui qui, en première instance, a défendu à une demande en nullité d'une donation faite à son profit, peut, sur l'appel et pour la première fois, exercer son recours en garantie contre une autre partie en cause. — En d'autres termes, cette demande en garantie constitue une défense à l'action principale en nullité de la donation plutôt qu'une demande nouvelle. — *Cass.*, 9 déc. 1829, Louchet c. Obissacq.

356. — La demande en intervention dans une instance de partage, formée par le créancier d'un co-partageant, est non-recevable si elle est formée pour la première fois en cause d'appel. — *Limoges*, 21 mai 1823, Patheyron c. N...

357. — Une demande en sursis pour faire statuer sur l'interprétation d'un acte administratif doit subir deux degrés de juridiction, et ne peut, dès-lors, être pour la première fois proposée en appel. — *Aix*, 29 nov. 1824, De Régusse c. Gardon.

358. — On a vu plus haut que les demandes en nullité et en résolution, lorsqu'elles sont proposées par le défendeur, sont des moyens de défense, et, comme tels, sont recevables pour la première fois en appel.

359. — Cependant, il faut établir une distinction entre les nullités de procédure et les nullités relatives aux titres. — Les premières doivent être proposées avant toute défense ou exception autre que les exceptions d'incompétence. — C. procéd., art. 173.

360. — Ainsi, une partie ne peut, en appel, demander la nullité d'un procès-verbal d'experts, comme n'indiquant pas les lieu et heure de sa rédaction, surtout si elle y a assisté et si elle n'a pas invoqué ce moyen en première instance. — *Montpellier*, 19 juill. 1821, Teullier c. N...; *Cass.*, 6 oct. 1806, N. c. Laudan.

361. — Mais il suffit que, devant les premiers juges, il ait été conclu à l'annulation d'un procès-verbal de rapport d'experts, même sans détailler les moyens de nullité, pour qu'on soit recevable en appel à les détailler et à s'en prévaloir. — *Bourges*, 12 mai 1830, Simon c. Lacaud.

362. — Quand en première instance on s'est borné à proposer l'incompétence du tribunal, on peut, sur l'appel du jugement qui a consacré cette exception, faire valoir la nullité de l'exploit de demande. — *Orléans*, 20 juill. 1827, Boudet c. Louvet.

363. — Jugé au contraire que, lorsque la question d'incompétence a seule été soulevée devant le premier juge et résolue par lui, les nullités contenues dans l'exploit introductif d'instance ne peuvent être *de plano* soumises à la cour. — *Bruxelles*, 6 déc. 1830, L.

364. — A l'égard des nullités relatives aux titres, au contraire, on peut, pour la première fois en appel, les proposer comme défenses à l'action principale. — *Limoges*, 11 juill. 1822, Dumas c. Chandergue; *Orléans*, 28 fév. 1844 (t. 1er 1844, p. 456), Chauveau c. Malherbe; — Chauveau sur Carré, no 1674. — V. d'ailleurs Boncenne, *Théorie de la procédure civile*, t. 3, p. 265 et suiv.

365. — Ainsi, la nullité du titre en vertu duquel il a été procédé à une saisie-exécution peut être invoquée pour la première fois en appel par le garant du saisi. — *Cass.*, 29 août 1832, Laborde c. Bordenave.

366. — Le débiteur au préjudice duquel une saisie-arrêt a été pratiquée peut, pour la première fois en appel, invoquer la nullité du titre du saisissant. — *Limoges*, 30 janv. 1822, Moreau c. Serre.

367. — On peut, pour la première fois sur l'appel, proposer la nullité d'une saisie-arrêt faite sans titre, et non suivie d'une demande en validité. — *Rennes*, 29 avr. 1816, Soymié C. de la Varangerie.

368. — L'acte de protestation dont parle l'art. 153, C. comm., n'est point un acte de procédure dont la nullité ne puisse être proposée sur l'appel, quoiqu'elle ne l'ait point été devant le premier juge. — *Toulouse*, 29 avr. 1829, Carayon c. Jammes.

369. — La nullité prise de ce qu'il ne peut être pratiqué de saisie-arrêt entre les mains du caissier d'un théâtre peut être proposée pour la première fois en appel, quoique cet employé ait fait sa déclaration affirmative. — *Paris*, 18 juin 1831, Lhenry c. Geoffroy.

370. — On est recevable à opposer devant la cour la nullité d'un jugement de séparation de biens, lorsqu'elle n'a pas été proposée devant les premiers juges. — *Toulouse*, 7 fév. 1831, Baron c. Cazeaux.

371. — Le créancier qui défend à la demande en radiation d'inscription formée par un donataire peut, pour la première fois en appel, demander la nullité de la donation faite en fraude de ses droits. — *Grenoble*, 5 mars 1825, Albrand c. Perrin.

372. — Celui contre lequel on argumente en cour d'appel d'un testament, pour écarter ses prétentions, ne fait pas une nouvelle demande en opposant la nullité. — *Agen*, 12 juill. 1844, Capoulade et Pauliac c. Calmel.

373. — Le vendeur à réméré qui, sur la demande en délaissement formée par l'acquéreur, s'est borné à soutenir en première instance la validité de ses offres pour l'exercice du réméré, est recevable à demander pour la première fois, sur l'appel, la nullité de la vente pour cause de simulation. — *Cass.*, 18 janv. 1814, Dessouche c. Motsch.

374. — Le défendeur qui, sur la demande en exécution d'une vente, s'est réduit, en première instance, à réclamer un sursis, est recevable à proposer pour la première fois, sur l'appel, la nullité de cette vente. — *Cass.*, 10 juill. 1827, Delamarre c. Dupont.

375. — De même, on peut, sur l'appel d'un jugement qui a ordonné la collocation d'un créancier inscrit, demander pour la première fois la nullité de l'inscription de ce créancier. — *Cass.*, 26 oct. 1808, Richard c. Muller et Aubés.

376. — Le défendeur peut aussi, en cause d'appel, former une demande nouvelle fondée sur le dol et la fraude du demandeur. — *Rennes*, 9 août 1817, de Plennes c. Bruc.

377. — Il n'y a pas demande nouvelle lorsque après avoir, en première instance et comme défense à une action principale, conclu à la nullité d'une vente pour cause de lésion, une partie conclut ensuite, en appel, à la nullité de cette même vente comme simulée et frauduleuse. — *Cass.*, 20 juin 1837 (t. 1er 1840, p. 510), Wieland c. Genty.

378. — S'en rapporter à justice n'est pas acquiescer à la décision à intervenir; dès-lors, celui qui s'en est rapporté à justice est recevable à attaquer en appel la décision des premiers juges, sans qu'on puisse lui opposer que c'est là former une demande nouvelle. — *Cass.*, 7 mai 1834, Menetreau c. Delaremanichère.

379. — Lorsqu'un jugement de condamnation a été rendu au profit et sur la poursuite du tiers-porteur d'une lettre de change, le cessionnaire peut être admis à conclure sur l'appel à la confirmation du jugement. — *Cass.*, 24 fév. 1806, Mouton c. Bruneau et Duvadan.

380. — Mais on ne peut proposer pour la première fois devant la cour les motifs de récusation d'un magistrat de première instance, comme moyens de nullité du jugement auquel il a concouru. — *Bordeaux*, 13 mars 1833, Pellissier c. Ladugine. — V. RÉCUSATION.

381. — De même, on ne peut proposer en appel contre des experts des moyens de récusation qu'on n'a pas présentés en première instance. — *Bourges*, 24 juill. 1832, Bénédit c. Pot.

382. — Encore bien que l'art. 464, C. procéd., dispose qu'aucune demande nouvelle ne peut être formée en appel, à moins qu'elle ne soit la défense à l'action principale, le demandeur peut former en appel une demande nouvelle, si elle est la défense à *la défense du défendeur*. — *Bourges*, 4 déc. 1830, Duveyret et Devalagnon c. Coulon et Nicolas; — Chauveau sur Carré, no 1674.

383. — Ainsi, la nullité invoquée par le demandeur en partage contre un acte que le défendeur oppose à sa demande ne constitue pas une demande nouvelle, mais bien une défense ou exception qui peut être proposée pour la première fois en appel. — *Rennes*, 2 août 1841 (t. 2 1841, p. 519), Lepetit de Montfleury c. de Reméon.

384. — Lorsque, sur une demande en dommages-intérêts pour indu passage sur un chemin, le défendeur, tout en avouant le fait, prétend avoir le droit de passer et offre la preuve de sa possession annale, le demandeur peut conclure à ce que le passage, ne constituant qu'une servitude discontinue, soit à l'avenir interdit au défendeur, sans qu'on puisse faire considérer ces conclusions comme une demande nouvelle dont le juge n'était pas saisi. — *Cass.*, 1er fév. 1830, Volleraux c. Laplante.

385. — L'intimé peut également conclure à la nullité d'un acte que les appelans lui opposent pour la première fois en appel, à titre de fin de non-recevoir contre son action. — *Caen*, 10 mars 1841 (t. 2 1846), Nonet.

§ 2. — *Compensation.*

386. — La compensation est moins une demande qu'une exception. On ne peut répondre d'une manière plus directe à la partie qui exige l'accomplissement d'une obligation, qu'en lui objectant qu'elle est éteinte. Refuser un moyen aussi péremptoire, ce serait donc autoriser un procès frustratoire.

387. — Aussi la compensation peut-elle être opposée pour la première fois sur l'appel. — C. procéd., art. 464. — V. COMPENSATION, nos 249 et suiv.

388. — Il n'y a même, dans le silence de la loi, aucune distinction à établir entre la compensation dont le titre, qui n'a point été opposé en première instance, existait avant le jugement, et celle qui n'est devenue possible que depuis ledit jugement. — Chauveau sur Carré, no 1674 *bis*; Favard de Langlade, vo *Appel*, no 6.

389. — ... Ni entre le cas où la créance à compenser serait supérieure à la dette. — On objecterait en vain qu'on ne peut considérer comme défense à l'action principale la demande en condamnation de l'excédant; car, si la demande en compensation est autorisée en cause d'appel, ce n'est pas simplement comme défense ou exception; elle n'aurait pas eu besoin d'une mention spéciale dans l'art. 464, C. procéd., qui autorise d'une manière générale tous les moyens de défense ordinaires. En permettant les demandes en compensation, le législateur a voulu rendre ces demandes recevables dans leur entier, qu'elles demeurent défensives, ou qu'elles deviennent agressives, peu importe. — Chauveau sur Carré, no 1674 *ter*.

390. — ... Ou inférieure à la dette. Ainsi, la partie dont la consignation est attaquée comme insuffisante peut se prévaloir, pour la première fois en appel, de la compensation qui réduirait la dette au-dessous du chiffre des sommes consignées. — *Metz*, 12 août 1845 (t. 2 1845, p. 578), Waultain et Lacretelle c. Thévenin et Wolff.

391. — Toutefois, selon M. Chauveau sur Carré (no 1674 *ter*), si le titre qui sert de base à la compensation était contesté, il y aurait deux procès parfaitement distincts, et la demande en compensation ne pourrait être formée pour la première fois en appel, sans violation des deux degrés de juridiction.

392. — Mais cette opinion nous paraît contraire au texte de l'art. 464, qui ne fait aucune distinction.

Sect. 5e. — *Matières criminelles.*

393. — Les principes qui régissent les demandes nouvelles formées en appel devant les tribunaux civils sont, en général, applicables en matière criminelle.

394. — Ainsi, lorsqu'en première instance, l'administration forestière a borné son action à un

délit de pêche dans une rivière navigable, elle ne peut, devant la cour royale, l'étendre au fait d'avoir pêché en temps et avec des engins prohibés. — *Cass.*, 29 avr. 1830, Forêts c. Latapy.

395. — Encore bien que deux contraventions aux lois sur les contributions indirectes aient été constatées à la charge du même prévenu par le procès-verbal qui a donné lieu aux poursuites, il suffit qu'une seule de ces contraventions ait été déférée aux premiers juges pour que le tribunal d'appel ne puisse se permettre de prendre connaissance de l'autre. — *Cass.*, 5 déc. 1828, Contrib. indir. c. Treyve.

396. — Est nul l'arrêt qui, sur l'appel d'un jugement condamnant un individu cité uniquement pour vagabondage, s'abstient de statuer sur le délit de vagabondage, et s'attribue la connaissance du délit de désobéissance au ban de surveillance, pour lequel le prévenu n'avait reçu aucune citation. — *Cass.*, 24 juin 1836, M. P. c. Rocher.

397. — La nullité résultant de ce qu'il n'a pas été donné copie au prévenu, tant de l'acte d'affirmation que du procès-verbal d'un délit forestier, étant substantielle, ne se couvre pas par la comparution du prévenu, ni par des défenses au fond, et peut être proposée, même en appel, pour la première fois. — *Cass.*, 26 mai 1832, Forêts c. Hernier.

398. — Au contraire, lorsque les nouvelles conclusions prises en appel portent sur le même fait et n'ont pour objet que d'en rectifier la qualification, elles ne peuvent pas être repoussées, sous le prétexte qu'elles n'ont pas subi le premier degré de juridiction. — *Pau*, 24 déc. 1829, Forêts c. Larazet.

399. — Quand le fait poursuivi présente le double caractère d'une contravention aux lois sur les contributions indirectes et d'une contravention à un règlement de police sur l'heure de la fermeture des cabarets, le ministère public peut, quoiqu'il ne se soit pas occupé en première instance de cette seconde contravention, en faire sur l'appel l'objet de réquisitions subsidiaires. — *Cass.*, 18 janv. 1828, Roy.

400. — La preuve testimoniale pour établir un délit doit être admise en instance d'appel comme en instance principale, lorsqu'elle est offerte par la partie qui a le droit d'en poursuivre la réparation, pour suppléer à un procès-verbal nul ou insuffisant. — *Cass.*, 1er déc. 1826, M. P. c. Louis Guillaumet.

401. — La partie plaignante en contrefaçon qui n'a pas produit ses titres de propriété en première instance est recevable à les produire en cause d'appel. — *Cass.*, 5 flor. an XIII, Buisson c. Joly.

402. — Lorsqu'en première instance le fait disciplinaire reproché à un notaire, et motivant les réquisitions du ministère public, n'a porté que sur *la dissimulation du traité réel* intervenu entre lui et son vendeur, et qu'en appel, indépendamment de ce fait, la cour royale, pour appliquer une peine disciplinaire, s'est fondée sur *l'usage* de ce traité, on ne peut soutenir, distinguant entre les deux élémens de ce grief, que le second (*l'usage*) constituait une demande nouvelle de nature à être soumise au premier degré de juridiction avant d'être portée devant la cour royale. — *Cass.*, 20 juill. 1841 (t. 2 1841, p. 255), W. c. min. publ.

V. ACTIONS POSSESSOIRES, APPEL, CASSATION, CONCILIATION, DEGRÉS DE JURIDICTION, DIVORCE, EXÉCUTION PROVISOIRE, FAILLITE, FAUX INCIDENT, HYPOTHÈQUE, NULLITÉ, ORDRE, PRESSE, PREUVE LITTÉRALE, QUESTION PRÉJUDICIELLE, REPRISE D'INSTANCE, REQUÊTE CIVILE, RESPONSABILITÉ, SAISIE-ARRÊT, SAISIE IMMOBILIÈRE, SÉPARATION DE CORPS, SÉPARATION DE PATRIMOINES, STELLIONAT, SURENCHÈRE, TÉMOINS, TESTAMENT, TRANSACTION, TRANSPORT, VENTE, VÉRIFICATION D'ÉCRITURE.

DEMANDE EN PAIEMENT DE FRAIS.

V. AGRÉÉ, AVOUÉ, FRAIS ET DÉPENS, HUISSIER.

DÉMEMBREMENT DE FIEF.

V. FIEF.

DÉMÉNAGEMENS (Entrepreneurs de).

Entrepreneurs de déménagemens avec une ou plusieurs voitures : — Patentables, dans le premier cas, de sixième classe, et dans le second cas, de troisième classe. — Droit fixe basé sur la population et droit proportionnel du vingtième de la valeur locative de l'habitation et des lieux servant à l'exercice de la profession.

DÉMENCE.

Table alphabétique.

DÉMENCE. — 1. — La démence est l'état d'une personne privée de raison au point de ne pouvoir discerner le bien et le mal, ni apprécier le caractère et la portée de ses actes.

2. — La démence, par cela même qu'elle exclut la volonté, est une cause d'annulation des actes faits par celui qui en est atteint. — V. DISPOSITION ENTRE VIFS, OBLIGATION, TESTAMENT.

3. — De même, elle laisse sans conséquences pénales les actes auxquels s'est livré celui qui est privé de raison.

4. — La démence est une cause d'interdiction. — V. INTERDICTION.

5. — Tout ce qui a trait à l'influence de la démence sur les actes ou obligations émanés des individus qui en sont atteints sera traité sous les mots précités. — Nous avons également parlé au mot ALIÉNÉ de ce qui concerne : 1° les mesures à prendre pour procurer aux aliénés les soins que leur position réclame; 2° les dispositions propres à assurer la société contre leurs fureurs; 3° les précautions nécessaires pour garantir leur liberté individuelle.

6. — Il nous reste à examiner ce qui regarde la démence au point de vue criminel.

7. — Considérée à ce point de vue, la démence peut, soit exister déjà au moment de l'action incriminée, soit survenir après l'action, mais avant le jugement, ou bien enfin ne se déclarer que depuis la condamnation; chacune de ces hypothèses doit faire l'objet d'un paragraphe distinct.

§ 1er. — *Démence au moment de l'action* (n° 8).

§ 2. — *Démence survenue depuis l'action, mais avant le jugement* (n° 65).

§ 3. — *Démence postérieure à la condamnation* (n° 73).

—

§ 1er. — *Démence au moment de l'action.*

8. — Tout crime ou délit se compose de deux élémens essentiels : 1° le fait; 2° l'intention. A défaut de l'un ou de l'autre, il n'y a point de délit; or, aucune intention ne pouvant exister chez un prévenu qui ne jouit pas de ses facultés intellectuelles, on ne saurait le réputer criminel. C'est ce qu'exprime l'art. 64 du Code pénal de la manière la plus formelle.

9. — « Il n'y a ni crime ni délit, porte cet article, lorsque le prévenu était en état de démence *au moment de l'action.* »

10. — Ce principe est hors de toute controverse, et il a été admis par toutes les législations : — romaine (L. 3, § 1er, ff., *De inj. et fam.*); — prussienne (Code, art. 16 et 18); — autrichienne (C. pén., art. 2, § 1er); — anglaise, des Etats-Unis, etc.,

11. — Mais quand un individu est-il en démence dans le sens de la loi, et comment le reconnaître et le constater? — Le Code est et a dû être muet sur ces questions, c'est à la pratique à les résoudre d'après les phénomènes observés et les circonstances dans lesquelles ils se produisent.

12. — Dans le droit romain et dans l'ancien droit français, les aliénés étaient divisés en deux classes : *mente capti* (ceux dont l'intelligence est faible ou nulle), et *furiosi* (les malades agités et furieux). — On trouve encore dans nos Codes les expressions de *démence, imbécillité, fureur*, mais sans aucune distinction; et le code prussien présente cette même division de la folie. En Angleterre, on reconnaît trois espèces d'aliénation mentale : l'*idiotisme*, la *folie*, le *lunatisme*. — *Medical Jurisprudence by Paris et Foublanque.*

13. — Chez nous la science distingue diverses sortes de maladies mentales : 1° *l'idiotisme et l'imbécillité (fatuitas)*, état de ceux dont l'intelligence ne s'est jamais développée ou ne s'est développée que d'une manière incomplète; — 2° la *folie* ou *aliénation mentale*, état de ceux dont l'intelligence s'est *troublée, affaiblie* ou *éteinte* accidentellement et après avoir acquis son développement. — La folie ou aliénation mentale est elle-même divisée en *monomanie, manie, démence*, suivant que le délire est partiel, général avec excitation, général avec affaiblissement des facultés.

14. — Nous empruntons aux *Leçons de médecine légale* de M. Orfila, t. 2, p. 46 et suiv., les trois définitions suivantes : — *Monomanie*, idée déraisonnable, passion ou affection morale maladive, exclusive, dominante; — *Manie*, délire général, variable, roulant sur toute sorte d'objets, avec excitation intellectuelle, production rapide d'idées fausses et incohérentes, illusions des sens, hallucinations, dispositions à parler beaucoup, à crier, à s'emporter et souvent à se mettre en fureur; — *Démence*, faiblesse ou nullité des facultés intellectuelles et des qualités morales

15. — On a distingué plusieurs variétés dans la monomanie : les plus fréquentes sont celles qui conduisent au *vol* et à l'*homicide*. Sur la première, M. Pinel (*Tr. de l'aliénation mentale*, p. 101) dit qu'il pourrait citer plusieurs exemples d'aliénés de l'un et de l'autre sexe, connus d'ailleurs par une probité sévère durant leurs intervalles de calme, et remarquables pendant leurs accès par un penchant à dérober et à faire des tours de filouterie. — V. aussi Esquirol, *Dict. des sciences médicales*, v° *Folie*; Gall, t. 4; Fodéré, *Méd. lég.*, t. 1er, p. 236.

16. — Quant à la *monomanie homicide*, elle a donné lieu aux remarques suivantes : « La plupart de ces malades sont poussés à répandre le sang par des motifs imaginaires qui agissent puissamment sur leur esprit; quelques uns seulement éprouvent un instinct sanguinaire, une impulsion plus ou moins violente et souvent irrésistible à l'homicide, avec conscience de leur état. Les premiers tuent pour se venger de prétendus ennemis, d'espions, de génies malfaisans, de diables, pour obéir à une voix intérieure, à un commandement de Dieu, pour arracher d'innocentes créatures à la corruption de ce monde, à la méchanceté des hommes, à une misère imaginaire, etc. » — Orfila, *Méd. lég.*, t. 2, p. 52.

17. — On distingue aussi la *monomanie incendiaire*, celle qui pousse celui qui en est atteint à mettre le feu; et Gall (*loco cit.*) rapporte un fait qui prouverait que ce genre de démence se gagne par une sorte de contagion. — V. au surplus Orfila, *loco cit.*

18. — Il est évident que, dans les termes et l'esprit de l'art. 64, C. pén., le mot *démence* doit être pris avec son acception la plus large, et qu'il faut entendre par là toute espèce de lésion des facultés intellectuelles ou morales, et que dès lors la loi est applicable à l'idiotisme, à l'imbécillité, à toute espèce de manie ou de monomanie et à la démence proprement dite. — En effet, aucune disposition n'en limite l'application à une aliénation *habituelle* et *continue*; mais alors c'est au prévenu qui, pour sa défense, allègue une maladie de cette nature, à en établir l'existence. — Chauveau et Hélie, *Th. c. pén.*, t. 2, p. 222 et 224.

19. — Quelques doutes se sont néanmoins élevés au sujet de l'état mental connu sous le nom de *monomanie*. Dans une affaire tristement célèbre (Papavoine), où la question de la monomanie se trouvait nettement soulevée, M. l'avocat général Peyronnet fils soutenait que « la *folie partielle* est insuffisante pour faire absoudre un accusé. » Mais MM. Briant et Ernest Chaudé (*loco cit.*) s'élèvent avec force contre cette opinion, qu'ils considèrent comme une erreur réprouvée à la fois par la raison et par la loi, laquelle, disent-ils, n'a pas distingué entre l'aliénation générale ou partielle, et dispose pour tous les cas de folie, quels qu'en soient d'ailleurs le genre et l'étendue.

20. — Et la chambre des mises en accusation de la cour de Riom, appliquant l'art. 64 à un cas de monomanie, a refusé d'ordonner des poursuites contre un accusé de violences et d'homicide, par les motifs qui suivent : « Considérant que Mounin aurait attaqué et maltraité tous ceux qu'il rencontrait, et qu'il aurait homicidé trois individus, *sans être mu par aucune des passions qui caractérisent le crime*, mais par une fatale frénésie qui le portait à verser le sang de qui que ce fût; que de tels ho-

micides, de tels actes de *violence irréfléchie* donnent évidemment à connaître dans leur auteur un *désordre complet des facultés mentales, une absence de volonté morale*, surtout en rattachant à l'horrible catastrophe dont il s'agit d'autres faits antérieurs de folie et d'aveugle fureur manifestés par Mounin, atteint depuis long-temps d'épilepsie....; dit qu'il n'y a lieu à poursuivre. » — *Gaz. des Trib.* du 24 juin 1826.

21. — Lorsque la *folie* et l'*idiotisme* sont entiers, il ne peut s'élever aucun doute sur l'absence de criminalité des actes commis par ceux qui en sont atteints. — Mais ces maladies ont des degrés d'intensité fort inégaux, et il arrive un point où l'intelligence laissant appercevoir quelques lueurs, il devient incertain si l'acte est ou non susceptible d'incrimination. — L'art. 64 ne fait que poser une règle dont l'application dépend alors d'une appréciation toute de fait, et si le juge ou le jury a la conviction que le prévenu ait été assez privé de sa raison pour que la volonté soit restée étrangère à son action, l'art. 64 reste applicable, et le prévenu est justifié tout aussi complétement que si la démence avait été absolue.

22. — La loi romaine (L. 14, ff., *De off. præs.*), et après elle les auteurs (Farinacius, *De pæn. temp.*, quæst. 94, nº 6; Muyart de Vouglans, p. 25) considéraient les individus atteints d'une démence intermittente comme responsables des actes par eux commis dans des intervalles lucides. — Il en est de même du Code pénal autrichien actuel (part. 1re, art. 2, §§ 1 et 2).

23. — Notre Code pénal est muet sur ce point; aussi y a-t-il controverse. — Carnot (art. 64, nº 4), s'appuyant sur le texte de cet article, dit qu'il ne suffirait point d'établir que le prévenu aurait été dans un état habituel de démence, qu'il pourrait avoir été dans un moment lucide lorsqu'il s'est rendu coupable, et il semble par là autoriser la poursuite.

24. — Au contraire, MM. Chauveau et Hélie (t. 2, p. 217) enseignent que le maniaque qui, dans une intermittence, commet un crime, ne doit pas, *en général*, être mis en jugement. « Pourrait-on, disent-ils, soutenir qu'il n'y a pas eu démence au temps de l'action par cela seul que le malade aurait agi dans une intermittence de la maladie, si l'influence de cette démence a pu s'exercer même dans un moment prétendu lucide, si l'état habituel d'affaissement ou de perturbation des facultés morales du prévenu a pu réagir, même d'une manière inaperçue, sur son action. »

25. — Il serait peut-être difficile de résoudre cette question en principe; il est évident, en effet, que si les momens lucides laissés au malade par certains genres de folie le rétablissent dans la jouissance pleine et entière de ses facultés intellectuelles, dans d'autres cas la lésion qui affecte l'intelligence n'est que diminuée et suspendue dans la gravité de ses effets, sans pour cela disparaître complétement. — Dans la première hypothèse, il faudra adopter l'opinion de Carnot, et, dans la seconde, celle de MM. Chauveau et Hélie. — Mais cette question, comme on le voit, rentre principalement dans le domaine de la science.

26. — C'est d'ailleurs ce que reconnaissent MM. Briant et Ernest Chaudé dans leur *Manuel de médecine légale*, p. 497, lorsque après avoir dit qu'un accès de folie passé depuis long-temps n'exclut pas la culpabilité, et que, s'il peut en résulter une présomption d'aliénation, cette présomption ne saurait équivaloir à une preuve, ils ajoutent : « Cette présomption aurait d'autant plus de force que la folie se serait déjà renouvelée plusieurs fois; et, dans ce cas, lors même que la folie serait périodique, et que le fait imputé aurait été commis dans un temps ordinairement lucide, ce fait pourrait d'autant plus être attribué à la folie, que, dans les maladies mentales comme dans les maladies physiques, les périodes ne sont pas invariables, les accès peuvent avancer ou reculer. »

27. — Au surplus, la cour de Cassation a jugé que, la démence devant exister *lors de l'action* pour qu'il n'y ait ni crime ni délit, un accusé ne pouvait se faire un moyen de nullité de ce que les poursuites auraient été exercées nonobstant son état d'interdiction pour cause d'aliénation mentale, l'interdiction relative seulement aux actes civils n'étant pas un moyen d'excuse dans les affaires criminelles. — *Cass.*, 5 sept. 1828, Aubry.

28. — De ce que le mot *démence*, renfermé dans l'art. 64, n'a pas un sens restrictif, en résulte-t-il qu'il soit permis, au point de vue légal, de confondre avec la démence ou la monomanie des perturbations momentanées apportées dans l'intelligence par certains accidens dont les effets ne sont point complétement étrangers à ceux produits par l'aliénation proprement dite: notamment par les passions, la colère ou par l'ivresse?

29. — « Il est, disait à cet égard M. Bellart (depuis procureur général) plaidant pour S. Gras, accusé d'avoir homicidé *par jalousie* la femme Lefèvre, il est des fous que la nature a condamnés à la perte de leur raison, et d'autres qui ne la perdent qu'instantanément par l'effet d'une grande douleur, d'une grande surprise ou de toute autre cause pareille. Il n'est de différence entre ces deux folies que celle de la durée, et celui dont le désespoir tourne la tête pour quelques jours ou pour quelques heures est aussi complétement fou pendant son agitation éphémère que celui qui délire pendant beaucoup d'années. — Cela reconnu, ce serait suprême injustice de juger et surtout de condamner l'un ou l'autre de ces deux insensés pour une action qui leur échappe pendant qu'ils n'avaient pas l'usage de leur raison. Vainement dira-t-on que, lorsqu'il a été commis un crime ou un délit, ce crime ou ce délit doit être puni. Lorsqu'un maniaque a causé quelque grand malheur, l'enfermer c'est justice et précaution, l'envoyer à l'échafaud ce serait cruauté. Si dans l'instant où Gras a tué la femme Lefèvre, *il était tellement dominé par une passion* qu'il lui fût impossible de savoir ce qu'il faisait *et de se laisser guider par sa raison*, il est impossible de le condamner à mort. » — *Choix des plaidoyers, discours et mémoires* de Bellart, t. 1er, p. 18.

30. — Toutefois, il y aurait un grave inconvénient à considérer les passions violentes comme des aliénations passagères et à en conclure que les passions excluent la culpabilité. — En effet, les emportemens les plus furieux de la passion, le paroxysme de la colère n'enlèvent à l'homme ni les notions du bien et du mal, ni la conscience de ses actions; son jugement reste entier, son intelligence n'est point suspendue, et s'il est entraîné, du moins peut-il résister et vaincre.

31. — Aussi a-t-il été jugé avec raison que l'exaltation ou le désordre moral de l'esprit causé par la jalousie, la colère ou toute autre passion violente, ne constitue point la démence dont parle l'art. 64, C. pén. — *Orléans*, 25 août 1840 (t. 2 1840, p. 520), M....

32. — Néanmoins, il est impossible de se dissimuler que les passions, bien que ne détruisant pas la raison, la troublent et l'obscurcissent. — Aussi pourrait-on, suivant les cas, y voir une cause de circonstances atténuantes, et même un motif d'écarter la circonstance, souvent si grave, de la préméditation.

33. — La colère même, produit instantané d'une excitation violente, sera parfois considérée comme une excuse. Mais ce n'est qu'autant que la source en aura été jugée légitime. Telle était déjà la doctrine consacrée par la loi romaine (L. 48, ff., *De div. reg. jur.*; L. 38, § 8, ff., *Ad leg. jul. de adulter*; L. 16, ff., *De pœnis*; L. 2, Cod., *De abol.*), et enseignée par les anciens auteurs (Tiraqueau, *De pæn. temp.*, p. 15; Farinacius, quæst. 98, nº 77; Baldus, sur la loi *Impub.*, Cod., *De impub.*; J. Clarus, quæst. 61, nº 7), d'après la maxime *Ira furor brevis*.

34. — Notre Code pénal excuse également la colère et, par suite, les actes qu'elle a produits lorsqu'ils ont été provoqués par des coups ou violences (art. 321), par l'adultère de la femme (art. 324), ou par un outrage violent à la pudeur (art. 325). — V. PROVOCATION, LÉGITIME DÉFENSE. — Hors ces cas, la colère, comme les autres passions, ne peut que rentrer dans la classe des circonstances atténuantes. — Chauveau et Hélie, *Th. du C. pén.*, p. 230.

35. — Quant à l'ivresse, qui, suivant ses divers degrés d'intensité, surexcite, trouble ou détruit l'intelligence, la loi a craint d'en faire une cause d'excuse, car presque toujours elle est le résultat de la volonté, et constitue seule une faute. — Cependant, il est évident que le juge pourra et devra parfois, au moins dans certaines limites, la prendre en considération. — V. au surplus le mot IVRESSE.

36. — A côté des passions viennent se placer certains phénomènes et états maladifs que la science signale comme de nature à produire parfois une sorte de démence accidentelle.

37. — Ainsi des doutes se sont élevés aussi sur l'imputabilité des actes commis pendant le somnambulisme : en général, on n'en rendait point responsables leurs auteurs, en vertu de l'axiome : *Dormiens furioso æquiparatur.* — Tiraqueau, p. 15; Farinacius, quæst. 98, nº 63; Muyart de Vouglans, p. 29.

38. — MM. Chauveau et Hélie (t. 2, p. 234) écartent également l'imputabilité des actes commis pendant le somnambulisme, à raison de l'absence ou tout au moins de l'incertitude de volonté chez le somnambule, sauf à l'accusé qui allègue le somnambulisme à l'établir, et aux juges à déjouer toute simulation.

39. — Toutefois Muyart de Vouglans, Fodéré et Hoffbauer ont prétendu que, si le somnambule avait commis, en état de somnambulisme, un attentat contre un individu connu pour être son ennemi capital, on devrait le lui imputer à crime et le déclarer coupable, attendu que cet attentat ne serait alors que l'exécution de projets criminels précédemment conçus et nourris dans sa pensée. — D'autres auteurs ont aussi voulu excepter le cas où l'accusé connaissant sa maladie, n'aurait pris aucune précaution pour en prévenir les suites possibles, et celui où, après son réveil, il aurait ratifié l'acte incriminé. — Farinacius, quæst. 98, nº 70; Menochius, *De arb.*, *Quæst.*, lib. 2, cas. 327, nº 8.

40. — Mais MM. Briant et E. Chaudé (p. 523) combattent avec raison la première de ces propositions, en disant que ce serait n'arriver que par des présomptions à une intention certaine, et que, même en admettant des projets formés pendant l'état de veille, la culpabilité serait encore contestable, puisqu'il faut, pour qu'il y ait crime, le concours simultané et non successif du fait et de la volonté. — Ajoutons aussi que le défaut de précautions prises par le somnambule, ne constituant qu'une imprudence, ne pourrait équivaloir à un acte criminel.

41. — Un état voisin du somnambulisme est celui du passage du sommeil à la veille. « Il est évident, disent MM. Briant et Chaudé (*loc. cit.*), que dans cet état l'homme ne jouit pas de suite du libre et complet exercice de ses sens, et qu'il n'a pas toujours, dès le premier moment, la conscience de ses actions. » Et, en effet, ces auteurs rapportent le cas d'un individu s'éveillant subitement au milieu de la nuit, croyant voir un spectre s'avancer, saisissant une hache, et frappant sa femme qui se trouvait près de lui. — Aussi ces auteurs disent-ils que celui qui commet un crime dans un pareil état ne doit pas toujours en être responsable, et qu'il faudrait (ce qui nous semble incontestable) qu'un examen attentif du caractère de l'individu, de l'intérêt qu'il peut avoir, et de toutes les circonstances du fait, éclairât la conscience des magistrats et des jurés.

42. — Chez les épileptiques la liberté morale est totalement suspendue pendant les attaques; aussi doit-on reconnaître qu'un épileptique qui commet un homicide pendant un accès de maladie n'a pas eu d'intention criminelle et ne peut, dès lors, encourir aucune responsabilité.

43. — Et la cour de Cassation a jugé que la déclaration portant qu'au moment où il a commis un homicide l'accusé était atteint de maladie d'épilepsie qui lui avait occasionné des transports de rage et de fureur excluait l'intention criminelle et ne pouvait motiver une condamnation. — *Cass.*, 8 frim. an XIII, Guillaume.

44. — On peut aussi considérer comme venant en aide à cette observation l'arrêt précité (nº 20) de la chambre des mises en accusation de la cour de Riom (Mounin).

45. — Au reste, ce qui est dit ici de l'épilepsie peut être dit également de toutes les maladies qui peuvent occasionner des cas de démence accidentelle, et spécialement du délire.

46. — Et même MM. Briant et Ernest Chaudé ajoutent qu'il serait injuste de faire peser sur les malades atteints d'épilepsie toute la responsabilité des actions qu'ils peuvent commettre immédiatement ou après les attaques; et que les auteurs s'accordent pour reconnaître que, pour peu que celles-ci soient fréquentes ou qu'elles se soient déjà réitérées à des intervalles plus ou moins rapprochés, la raison ne recouvre jamais tout son empire. Dès lors, si leur existence est bien prouvée, elles doivent, dans tous les cas, être prises en considération. — C'est là, au surplus, un point sur lequel la science devra venir en aide à la justice.

47. — Quant aux sourds-muets, il est certain que leur état, pris en lui-même, n'a pas de rapport avec la démence; mais on peut dire que, leur intelligence et leur sens moral n'étant pas d'ordinaire développés au même degré que chez les individus qui jouissent de l'ouïe et de la parole, et en outre l'expérience venant démontrer qu'ils sont en général plus enclins à la colère, à la jalousie, etc., et que l'éducation parvient difficilement à réprimer les défauts de leur caractère, leur infirmité doit, dans certains cas, diminuer singulièrement la responsabilité de leurs actes : ce dont les jurés et les magistrats seront souverains appréciateurs. — On a même demandé s'il n'y avait pas lieu de poser à leur égard, comme pour les mineurs, la question de discernement. — V. à cet égard DISCERNEMENT.

48. — S'il y a doute sur l'existence de la démence au moment de l'action, le premier acte de la procédure doit avoir pour but de la vérifier, puis-

qu'une fois constatée, il n'y a plus crime et toute poursuite doit prendre fin.

49. — Anciennement, il n'appartenait qu'aux premiers juges de statuer sur l'existence de la démence au temps de l'action (Jousse, *Comm. ord.* 1670, tit. 28, art. 1er, § 4). L'art. 15, L. 7 pluv. an IX, attribuait ce droit au directeur du jury; aujourd'hui le juge d'instruction ne pourrait seul exercer ce pouvoir qui n'est dévolu, d'après les art. 128 et 229, C. instr. crim., qu'aux chambres du conseil et des mises en accusation.

50. — Ces chambres ne pourraient même surseoir à statuer jusqu'à ce que le juge civil eût prononcé sur l'interdiction du prévenu. — C'est ce qui résulte d'un arrêt de la cour de Cassation, jugeant que la loi qui donne au juge le droit de décider s'il y a crime ou délit lui donne par cela même le droit de juger si le prévenu était en état de démence au moment de l'action ; — Qu'en conséquence, le point de savoir si le prévenu était en état de démence ne présentait pas une question préjudicielle réservée aux juges civils. — *Cass.*, 9 déc. 1814, Delalande.

51. — Jugé de même, sous la loi de vendém. an IV, que l'état de démence d'un accusé, sous le rapport du délit qui lui est imputé, ne peut être examiné séparément de l'action criminelle, ni soumis à d'autres juges qu'aux jurés ; qu'ainsi il y a excès de pouvoirs dans l'ordonnance du directeur du jury qui renvoie devant le tribunal civil pour faire vérifier l'état mental d'un accusé. — *Cass.*, 15 frim. an VIII, Verdolle.

52. — Dès lors, les cours d'assises et tribunaux correctionnels ne doivent être appelés à apprécier l'état des facultés de l'accusé que lorsqu'il laisse assez d'incertitude pour que la chambre du conseil et celle d'accusation n'aient pas cru devoir le faire elles-mêmes. — Mais alors est-il nécessaire de poser la question de démence au juge? — La cour de Cassation a toujours répondu négativement, et décidé que la démence, faisant disparaître complètement la culpabilité, se rattache au fond de l'accusation et rentre nécessairement dans la question principale; d'où la conséquence qu'elle n'a pas besoin d'être constatée par une réponse spéciale du jury, et ne saurait faire l'objet d'une question d'excuse. — *Cass.*, 19 juin 1807, Remy; 24 nov. 1811, N... ; 11 mars 1813, Leconartrer; 26 oct. 1815, Pigeon; 17 janv. 1817, Chaussepied ; 10 oct. 1817, Osouf; 28 mai 1818, Servat; 11 oct. 1821, Gurione; 9 sept. 1825, Rouf ; 9 juin 1834, Laurent ; 12 nov. 1841 (t. 1er 1842, p. 589), Henry. — V. aussi *Cass.*, 5 sept. 1828, Aubry; *Grenoble*, 18 nov. 1823, Laurent ; — Carnot, *C. pén.*, art. 64, n° 5, et *C. inst. crim.*, art. 350, n° 10 ; Bourguignon, *Man. du jury*, p. 462.

53. — Au contraire, MM. Legraverend (t. 1er, ch. 13, p. 468), Chauveau et Hélie (t. 2, p. 247), Berriat (*C. dr. crim.*, ch. 1er, p. 6, note 14e), pensent qu'il serait préférable de poser une question spéciale sur la démence, lorsqu'elle est formellement requise, attendu qu'il importe que les jurés ne puissent concevoir aucun doute sur la portée de leur réponse.

54. — La jurisprudence de la cour de Cassation paraît à M. Berriat sujette à bien des difficultés, et surtout donner lieu à des conséquences fort dangereuses. « Elle fait dépendre, dit-il, l'existence d'un accusé du plus ou moins d'aptitude des jurés à faire des distinctions métaphysiques assez subtiles ; il pourra s'en rencontrer beaucoup qui ne sauront pas reconnaître si la volonté nécessaire à la culpabilité est exclusive de la démence. »

55. — Quoi qu'il en soit, cette jurisprudence nous paraît conforme à la législation actuelle. On remédie facilement, dans la pratique, à ses inconvéniens, en avertissant les jurés qu'ils doivent déclarer l'accusé non coupable s'ils pensent qu'il était en démence au moment du délit.

56. — Mais y aurait-il nullité si la question relative à l'état mental de l'accusé était posée au jury? Il faudrait répondre négativement par induction de la jurisprudence adoptée par la cour de Cassation en matière de contrainte. — V. CONTRAINTE.

57. — Par contre, la déclaration du jury qui reconnaît la culpabilité de l'accusé implique nécessairement qu'au moment du crime il n'était pas en démence. — *Cass.*, 6 juin 1839 (t. 2 1839, p. 76), Gilbert.

58. — Cependant, il n'y aurait aucune contradiction dans la réponse par laquelle le jury aurait déclaré que l'accusé est coupable d'avoir commis volontairement un homicide et qu'il était en état de démence au moment où il l'a commis. Cette déclaration devant être entendue en ce sens que l'accusé n'a apporté dans cet homicide qu'une volonté d'homme en démence et quasi-animale. — *Cass.*, 4 janv. 1817, Philippe ; — Chauveau et Hélie, *Th. C. pén.*, t. 2, p. 248 ; Carnot, *Inst. crim.*, art. 350, n° 10.

59. — Quelques arrêts de la cour de Cassation semblent néanmoins contraires à ces principes. — *Cass.*, 8 vendém. an VII, Thézat ; 12 frim. an XII, Widersbach. — Mais il ne faut point perdre de vue que ces arrêts ont été rendus sous l'empire du Code du 3 brum. an IV, dont l'art. 374 voulait que les jurés fussent interrogés non seulement sur le fait matériel, mais encore sur l'intention criminelle et sur toutes les circonstances proposées par l'accusé dans l'intérêt de sa défense. — On comprend qu'alors la question de démence dût être spécialement répondue. — Mais les exigences de la loi ayant changé par la mise en vigueur des art. 337 et suiv., C. inst. crim., la jurisprudence a dû se conformer à leurs nouvelles dispositions.

60. — Lorsque devant une cour de justice criminelle l'accusé a excipé de son état de démence au moment de l'action, il ne suffit pas que la cour le déclare *atteint et convaincu* du fait qui lui est imputé ; cette déclaration n'embrassant que le fait matériel, et ne prononçant ni directement ni indirectement sur la circonstance morale de la démence. — *Cass.*, 24 oct. 1822, Salicetti.

61. — Il en serait autrement si l'accusé avait été déclaré *coupable*, car, suivant la jurisprudence constante de la cour de Cassation, le mot *coupable* porte tout à la fois sur le fait et sur l'intention.

62. — La démence prouvée excluant toute pénalité, l'accusé doit être *acquitté* et non pas seulement *absous*. — D'où la conséquence qu'il ne pourrait être condamné aux dépens. — *Limoges*, 24 fév. 1839 (t. 1er 1839, p. 578), Puybras; *Ass. de la Seine*, 5 oct. 1831, Louis Alexandre; *Cass.*, 29 avr. 1837 (t. 1er 1838, p. 553), Daunaygon ; 10 mai 1843 (t. 1er 1844, p. 12), Ferré ; — Legraverend, *Lég. crim.*, t. 1er, p. 92 ; Chauveau et Hélie, *Th. C. pén.*, t. 1er, p. 295 et suiv. ; Mangin, *Act. publ.*, t. 2, n° 297.

63. — Cependant, la cour de Cassation a jugé que lorsqu'il est reconnu par le jury que le fait accompli par un individu, sans constituer un crime prévu par la loi, a cependant occasionné des frais ou dommages, la cour d'assises peut, sans violer aucune loi, le condamner aux frais de la procédure. — *Cass.*, 7 janv. 1830, Jehlen.

64. — ... Et que, par suite, l'accusé déclaré coupable, mais absous pour cause de démence, devait néanmoins être condamné aux frais, alors surtout que cette démence n'était pas établie au temps des poursuites. — *Cass.*, 2 juin 1834, Beauvais. — V. ACQUITTEMENT.

§ 2. — *Démence survenue depuis l'action, mais avant le jugement.*

65. — Si la démence est postérieure au crime, toute poursuite devient impossible, car l'accusé est hors d'état de se défendre. — Les anciens auteurs professaient déjà cette doctrine (Julius Clarus, quæst. 60, n° 7 ; Farinacius, quæst. 94, n° 22 ; Rousseaud de Lacombe, *Traité des mat. cr.*, p. 39 ; Jousse, t. 2, p. 621 ; Muyart de Vouglans, p. 28), qui est également consacrée par les législations étrangères, notamment celles du Brésil et de la Louisiane, et est enseignée par nos criminalistes modernes. — Chauveau et Hélie, *Th. C. pén.*, t. 2, p. 250 ; Merlin, *Rép.*, v° *Démence*, § 2, n° 4 ; Legraverend, *Lég. cr.*, t. 1er, ch. 8, p. 437 ; Carnot, *C. pén.*, art. 64 ; Rauter, *Dr. crim.*, t. 2, p. 377 ; Mangin, *Act. publ.*, t. 2, p. 175.

66. — De même, il faudrait interrompre l'instruction, si déjà elle était commencée, et cette interruption durerait autant que la maladie, dont les intervalles lucides, surtout s'ils étaient courts et rares, ne suffiraient point pour en autoriser la reprise. — Tiraqueau, caus. 3, n° 1 ; Farinacius, quæst. 94, n° 16 ; Chauveau et Hélie, *Th. C. pén.*, t. 2, p. 250.

67. — La solution serait encore identique dans le cas où la démence ne se révélerait qu'après l'instruction, avant l'ouverture des débats, ou pendant les débats même. — Au premier cas, le président de la cour d'assises devrait renvoyer l'affaire à la session suivante. — Dans la seconde hypothèse, ce serait à la cour d'assises à l'ordonner. — Il y a toujours même raison de ne point soumettre l'accusé aux débats.

68. — Et même, si l'état d'aliénation n'était pas purement accidentel, et s'annonçait comme devant persister, la cour devrait prononcer, non plus seulement un simple renvoi à la session suivante, mais un sursis jusqu'à ce que cet état ait cessé. — *Cass.*, 19 janv. 1837 (t. 1er 1838, p. 22), Bonnet.

69. — Comme le point de savoir si l'accusé se trouvait en état de démence lors du jugement est étranger à l'existence du crime, il ne peut faire l'objet d'une question au jury, qui est incompétent pour y statuer ; c'est à la cour d'assises seule qu'il appartient de la résoudre. — *Cass.*, 15 fév. 1816 (et non 14 mars 1813), Lucauarzer ; — Bourguignon, *Jur. C. crim.*, t. 3, p. 74 ; Chauveau et Hélie, *ibid.*, t. 2, p. 254.

70. — Au reste, l'accusé est réputé avoir été en état de subir jugement, lorsque la cour d'assises y a procédé sans qu'aucune réclamation ait été élevée sur son prétendu état de démence, soit par lui, soit par le ministère public. — Même arrêt.

71. — On admettait autrefois que, si la folie ne se manifestait qu'après les preuves acquises du délit, l'accusé pouvait néanmoins être condamné à des peines pécuniaires, sinon à des peines corporelles. — Julius Clarus, quæst. 60 ; Farinacius, quæst. 94, n° 18. — Mais MM. Chauveau et Hélie font observer, avec raison, que cette solution, utile peut-être à une époque où toute l'instruction était écrite, reste sans application aujourd'hui que les élémens du jugement ne peuvent se puiser que dans les débats oraux, ce qui rend assez impossible la supposition que la folie éclaterait précisément dans le court moment qui sépare les débats du jugement. — Chauveau et Hélie, *Th. C. pén.*, t. 2, p. 252.

72. — Lorsqu'il a été sursis pour cause de démence au jugement d'un accusé, il n'est pas nécessaire, avant de reprendre les débats, de signifier une seconde fois l'acte d'accusation, de procéder à un nouvel interrogatoire et de faire constater l'état mental de l'accusé. — *Cass.*, 6 juin 1839 (t. 2 1839, p. 76), Gilbert. — V. ACTE D'ACCUSATION.

§ 3. — *Démence postérieure à la condamnation.*

73. — D'après les principes précédens, si l'aliénation mentale n'éclate ou n'a été constatée qu'après la condamnation, la cour de Cassation peut surseoir à statuer sur le pourvoi du condamné jusqu'à ce que son état de démence ait cessé. — *Cass.*, 25 janv. 1839 (t. 1er 1839, p. 79), Gilbert.

74. — Il faut, *quant à l'exécution*, distinguer les peines pécuniaires des peines corporelles. On a toujours pensé que l'exécution de ces dernières ne devait point avoir lieu. — Julius Clarus, quæst. 60, n° 8 ; Farinacius, quæst. 94, n° 13 ; Baldus, *in l. hum.*, § 46, Cod., *De impub.* ; Tiraqueau, caus. 3, n° 1. — Cependant Rousseaud de la Combe veut que, pour l'exemple, le condamné à mort soit exécuté (*Tr. des mat. crim.*, p. 39), et Muyart de Vouglans approuve cette décision pour les crimes de *lèse-majesté* (*L. crim.*, p. 28).

75. — Mais nous nous rangeons, avec MM. Chauveau et Hélie (t. 2, p. 252), à la première opinion, qui nous paraît seule humaine, seule morale ; et nous pensons, dès lors, que l'exécution des peines corporelles doit rester suspendue tant que dure l'état de démence du condamné. Conduire un aliéné au supplice, disent MM. Briant et Ern. Chaudé, serait le fait d'une insigne barbarie : *furiosus furore solum punitur*.

76. — Mais s'il y avait des intervalles lucides, nous croyons que l'exécution pourrait avoir lieu. — Carnot, *C. pén.*, art. 64.

77. — MM. Chauveau et Hélie (*Th. C. pén.*, t. 2, p. 253) sont d'un avis contraire. « La justice, disent-ils, doit-elle courir l'horrible chance d'exécuter un maniaque? Est-il de sa dignité d'épier la lueur d'une raison vacillante pour préparer son glaive? Il semble qu'une guérison complète peut seule restituer le condamné à la peine qu'il doit subir? »

78. — Relativement aux amendes et autres condamnations pécuniaires, l'exécution peut toujours avoir lieu. — Le jugement de condamnation a créé, soit au profit de l'état, soit au profit des parties intéressées, un droit, une créance qui, aussi bien que ceux résultant d'un contrat volontaire, trouvent dans les biens du condamné une garantie sur laquelle les accidens postérieurs ne peuvent aucunement influer. — Chauveau et Hélie, *Th. C. pén.*, t. 1er, p. 258, et t. 2, p. 254.

79. — Il résulte d'un arrêt de la cour de Cassation que, pendant les interruptions ou arrêts qu'éprouve la poursuite dirigée contre un prévenu en démence, le cours de la prescription n'est pas suspendu et se continue en sa faveur. — *Cass.*, 22 avr. 1813, Harlog-Heymen. — Cette doctrine est également enseignée par MM. Legraverend, *Lég. crim.*, t. 1er, chap. 1er, p. 82 ; Mangin, *Act. publ.*, t. 2, n° 334 ; Bourguignon, *Jur. C. cr.*, t. 2, p. 526 ; Chauveau et Hélie, *Th. C. pén.*, t. 2, p. 254. — V. aussi Merlin, *Rép.*, v° *Prescription*, sect. 3e, § 7, n° 5 *bis*.

80. — Après l'acquittement de l'accusé en démence, et si sa mise en liberté pouvait être dangereuse, la loi romaine et l'ancienne jurisprudence permettaient de le retenir en prison. — L. 9,

ult., ff., *Ad. leg. Pomp. de parric.*; L. 13, ff., *De off. præs.*; — Jousse, *Mat. crim.*, t. 2, p. 622; Rousseaud de la Combe, p. 89; Farinacius, quæst. 94, nº 25.

81. — Il en est de même encore aujourd'hui en Angleterre, en Russie et en Autriche.

82. — Chez nous, ce pouvoir était, avant la loi du 30 juin 1838, exercé par l'autorité municipale en vertu de l'art. 3, § 6, du tit. 2 de la loi du 16-24 août 1790, lequel confie à la vigilance et à l'autorité des corps municipaux « le soin d'obvier ou remédier aux événemens fâcheux qui pourraient être occasionnés par les insensés ou les furieux laissés en liberté. » — Mais les termes de cet article avaient peut-être été trop étendus et donné, par suite, lieu à de nombreux abus. MM. Chauveau et Hélie auraient voulu que, comme au cas d'absolution d'un mineur de seize ans ayant agi sans discernement, les tribunaux fussent seuls appelés à statuer sur la nécessité de détenir les insensés, sauf à en permettre l'élargissement si leur mise en liberté ne semblait plus menaçante pour la tranquillité publique.

83. — La loi du 30 juin 1838 a régularisé, à cet égard, les pouvoirs de l'administration et fixé le sort des aliénés. — D'après les art. 18 et 19, le préfet de police à Paris et, dans les départemens les préfets, ordonneront d'office le placement dans un établissement d'aliénés de toute personne interdite ou non interdite, dont l'état d'aliénation compromettrait l'ordre public ou la sûreté des personnes (art. 18), et, en cas de danger imminent attesté par le certificat d'un médecin ou par la notoriété publique, les commissaires de police à Paris et les maires dans les autres communes ordonneront, à l'égard des personnes atteintes d'aliénation mentale, toutes les mesures provisoires nécessaires, à la charge d'en référer dans les vingt-quatre heures au préfet, qui statuera sans délai (art. 19). — Rien ne sera donc plus facile au procureur du roi, si la mise en liberté d'un prévenu en démence lui paraît offrir du danger, que de donner immédiatement avis de son état au sous-préfet ou au préfet, qui ordonneront sa détention dans un des établissemens dont la création est ordonnée par la même loi.

84. — Lorsque l'état de cette personne n'inspirera plus d'inquiétudes pour la sûreté publique, l'art. 29 de ladite loi autorise le tribunal du lieu où est détenu l'aliéné, à ordonner sa sortie de l'établissement, sur la demande, soit des personnes intéressées, soit du procureur du roi lui-même. — Dans aucun cas, les aliénés ne peuvent être conduits avec les condamnés ou les prévenus, ni exposés dans une prison. — Art. 24. — V. ALIÉNÉS.

DEMEURE.

1. — Ce mot a une double signification. — Tantôt il indique le lieu de l'habitation d'une personne; alors il est l'équivalent de domicile. — V. DOMICILE. — V. aussi ACTE NOTARIÉ, CAPITAINE DE NAVIRE, EXPLOIT.

2. — Tantôt il indique le retard ou délai qui s'écoule depuis le terme auquel un débiteur devait satisfaire à son obligation.

3. — Sous le droit romain, quand une obligation fixait un terme précis, on était tenu d'y satisfaire sans qu'il fût besoin, à ce sujet, d'aucune sommation. *Dies interpellabat pro homine.* — L. 12, Cod., *De contrah. et committ. stip.*

4. — Chez nous, il en est autrement : un débiteur n'est exactement en retard de payer, de donner ou de faire ce qu'il doit, que du jour qu'il a été judiciairement interpellé à cet effet, à moins qu'il n'y ait eu stipulation précise que l'obligation sera remplie dans tel temps, ou que la nature de la convention ne doive faire regarder comme fatal le terme assigné pour l'exécution de l'obligation. — Merlin, *Rép.*, vº *Demeure.* — V. MISE EN DEMEURE.

DEMEURE (Mise en).

V. MISE EN DEMEURE.

DEMI-FRÈRES. — DEMI-SŒURS.

1. — C'était le nom qu'on donnait autrefois dans quelques coutumes, aux frères et sœurs consanguins et utérins considérés relativement aux frères et sœurs germains.

2. — Ils étaient ainsi appelés parce qu'on les considérait comme n'étant issus que d'un *demi-lit.* — V. ce mot. — Merlin, *Rép.*, vº *Demi-frères.*

DEMI-LIT.

1. — Se disait, dans quelques coutumes, lorsqu'un homme ou une femme avaient été mariés plusieurs fois et qu'il y avait des enfans des différens lits ou différens mariages.

2. — Les enfans qui n'étaient pas issus du même père et de la même mère, mais seulement du même père ou de la même mère, étaient considérés comme ne formant qu'un *demi-lit*, relativement aux autres enfans avec lesquels ils n'étaient que *demi-frères* ou *demi-sœurs.* — V. ces mots.

3. — Par cette expression *demi-lit*, on faisait entendre que le lit de l'époux qui s'était remarié avait été partagé successivement entre son premier et son second époux. — Merlin, *Rép.*, vº *Demi-lit.*

DÉMISSION (Office).

Acte par lequel on déclare vouloir cesser les fonctions que l'on exerce. — V. COLONIES, FONCTIONNAIRE PUBLIC, OFFICE.

DÉMISSION DE BIENS.

Table alphabétique.

DÉMISSION DE BIENS. — 1. — C'était, dans l'ancien droit, une disposition par laquelle un individu, devançant l'ouverture de sa succession, faisait à ses héritiers présomptifs l'abandon de l'universalité de ses biens.

2. — La démission de biens ne constituait : 1º ni une donation entre-vifs, puisqu'on y disposait de sa succession, c'est-à-dire d'un objet qui ne devait avoir d'existence qu'après la mort du disposant; — 2º ni une donation à cause de mort, puisqu'elle contenait un dessaisissement actuel des biens présens. — C'était une espèce de disposition considérée comme faisant classe à part et qui, par cette raison, n'était sujette ni aux formalités des donations entre-vifs, ni à celles des testamens. — Pothier, *Cout. d'Orléans*, append. sur le tit. *Des success.*; Merlin, *Quest.*, vº *Démission de biens.*

3. — Bien que paraissant avoir quelque conformité avec les partages d'ascendans (V. ce mot) autorisés par la législation actuelle, les démissions de biens en diffèrent essentiellement. En effet, ces partages sont soumis aux formalités, conditions et règles des donations entre-vifs ou des testamens (C. civ., art. 1076); ce sont de véritables *donations* ou *testamens* selon la forme de l'acte qui a été adoptée. — Rolland de Villargues, *Rép. du notariat*, vº *Démission de biens*, nº 21.

4. — Cependant il est à remarquer que, dans l'usage, on se sert quelquefois des mots *démission de biens* dans le sens de *partage d'ascendans*; on en trouve même un exemple dans un arrêt de cassation du 12 août 1840 (t. 1er 1841, p. 460), Leroux c. Quinzac. — Mais un pareil emploi dans le langage juridique est vicieux.

5. — La démission de biens ne devait pas contenir de partage, à moins qu'il ne fût en tout conforme aux lois des successions *ab intestat.* — Coin-Delisle, *Donat. et test.*, introd., nº 28. — « Pour connaître, dit Boullenois (vº *Démission de biens*, quest. 7), si le partage est conforme à la loi, il faut le considérer *dans le moment du décès du démettant, et non pas dans le moment de la démission*, parce que la démission n'est qu'un partage anticipé, une dessaisine prématurée, qui doit avoir pour règle la saisine légale. Or, la loi ne saisissant définitivement que par le décès, c'est le moment du décès que la loi met en action, et c'est par l'opération que la loi fait en ce moment que l'on peut connaître si l'opération de l'homme se trouve d'accord avec l'opération de la loi. »

6. — Les démissionnaires étaient tenus des dettes des démettans antérieures à la démission.

7. — La démission de biens devait être acceptée par tous ceux à qui elle était faite.

8. — Cependant, une démission de biens, sous l'empire de la coutume de Bretagne, était une succession anticipée qui profitait à tous les enfans du démettant, tant à ceux nés lors de la démission qu'à ceux survenus depuis. — *Rennes*, 17 déc. 1810, Coutrisse c. Bohay. — Cette solution, du reste, était fort controversée. — Duparc-Poullain, *Princ. du dr.*, t. 4, p. 520; d'Argentré, sur l'art. 266, *ancienne cout. Bretagne*; Hévin, 27e consultation.

9. — On ne peut considérer comme une démission de biens révocable un pacte de famille par lequel une mère a abandonné à ses enfans la nue-propriété de ses biens, et a reçu en échange la jouissance pendant sa vie de tous ceux qui composaient la succession de son mari. — *Paris*, 24 niv. an XIII, Voguet.

10. — On a pu considérer, non comme une convention réciproquement obligatoire, mais comme une démission de biens essentiellement révocable, l'acte par lequel un père, en réglant avec ses enfans leurs droits dans la succession de leur mère prédécédée, s'est démis de tous ses immeubles. — *Cass.*, 6 (et non 26) frim. an XIV, Brun c. Chalin.

11. — L'acte par lequel un père abandonne la plus grande partie de ses biens à ses enfans moyennant une pension en nature, et en se réservant la jouissance de quelques immeubles, est une démission de biens. — *Besançon*, 27 déc. 1810, Charasson.

12. — Quand la démission intervertissait l'ordre des successions, il fallait qu'elle fût revêtue des formes prescrites pour les donations entre-vifs. — Ord. 1731, art. 1er.

13. — Ainsi, les démissions de biens faites par un père en faveur de ses enfans, devaient, sous l'ancien droit, être passées devant notaires et en minute, à peine de nullité. — *Cass.*, 19 août 1833, Barbotte c. Hamard et Caillebotte. — V. aussi *Cass.*, 31 janv. 1844 (t. 2. 1844, p. 629), Hamard c. Barbotte.

14. — Décidé de même sous l'empire de la coutume de Normandie. — *Cass.*, 18 fruct. an XIII, Frémont c. Luce.

15. — Il a été cependant jugé, en sens inverse, qu'avant le Code civ. il n'était pas nécessaire que la démission de biens fût faite par acte passé devant notaires. — *Cass.*, 11 juin 1835, Hartmann c. Sutter.

16. — Sous le régime de l'ord. de 1735, les partages faits par les père et mère, entre leurs enfans, de leur future succession, devaient, à peine de nullité, être signés de deux témoins, lorsqu'ils étaient reçus par un seul notaire. — *Cass.*, 17 (et non 7) fév. 1808, Maître; — Merlin, *Rép.*, vº *Partage d'ascendant.*

17. — A défaut de représentation de l'acte sous seing-privé justifiant une démission de biens consentie par le père et la mère communs au profit de tous leurs enfans, son existence peut être constatée par d'autres actes signés de celui qui la nie. L'arrêt qui, en ne s'appuyant que sur divers actes émanés des parties et sur la série des faits, a décidé que le partage de biens d'une succession avait été consommé entre tous les ayant-droit, échappe à la censure de la cour de Cassation. — *Cass.*, 11 juin 1835, Hartmann c. Sutter.

18. — Sous la coutume de Normandie, les actes de démission de biens, ayant le caractère de donations entre-vifs, ne pouvaient être valablement faits dans des contrats de mariage sous seings-privés, quoique ces contrats de mariage fussent valables en Normandie. — *Cass.*, 18 fruct. an XIII, Fremont c. Luce; 21 avr. 1818, Freron c. Barbotte; 28 juill. 1818, Picot c. Lemarquant.

19. — Jugé dans le même sens sous l'empire de la coutume de Bretagne. — *Cass.*, 19 août 1833, Barbotte c. Hamard.

20. — Lorsqu'un acte de démission de biens contenant donation à l'un des enfans de tous les immeubles du donateur n'a pas été soumis à la formalité de la transcription, ce défaut de transcription ne peut être opposé par la femme créancière, pour ses reprises dotales, de l'un des enfans entre lesquels la démission de biens a été faite. — *Paris*, 21 nov. 1840 (t. 2 1840, p. 620), Fouque c. Meunier.

21. — La démission de biens était généralement considérée comme irrévocable dans deux cas : 1º lorsque la démission n'était pas universelle, mais bornée à une quotité des biens, et qu'elle se trouvait revêtue des formalités des donations

entre-vifs. Car, en pareil cas, on ne pouvait plus la considérer comme une démission véritable. — Ricard, *Des donat.*, part. 1re, n° 995 ; Merlin, *Quest.*, v° *Démission de biens*, § 3.

22. — ... 2° Lorsque la déposition se faisait par contrat de mariage en faveur des personnes qui se mariaient. — Chopin, *Cout. de Paris*, liv., tit. 2, n° 30 ; Coquille, *Cout. du Nivernais*, tit. *Des donations*, art. 12 ; Taisand, *Cout. de Bourgogne*, tit. 7, art. 8, n° 4 ; Lebrun, *Success.*, liv. 4, chap. 1er, n° 14 ; Boullenois, sur les *Démissions de biens*, quest. 17.

23. — Hors ces deux cas, la question de savoir si la démission de biens était révocable au gré du démettant partageait les opinions des jurisconsultes et les décisions des arrêts. — Merlin, *Quest.*, v° *Démission de biens*, § 3.

24. — Une démission de biens faite avant le Code civil était révocable. — *Cass.*, 6 frim. an XIV, Brun c. Chalm ; 9 août 1837 (t. 2 1837, p. 169), Barreau c. Gambier ; *Besançon*, 9 janv. 1810, Voitot ; *Paris*, 18 mai 1816, Levieux c. Hottenier ; *Bordeaux*, 1er avr. 1833, Barreau c. Gambier.

25. — Les démissions de biens étaient révocables de leur nature dans la province de Franche-Comté. — *Besançon*, 27 déc. 1810, Charasson.

26. — De même, d'après la coutume du Nivernais (tit. 34, art. 17), la démission de biens faite par le père à ses enfans était révocable jusqu'à son décès. — *Cass.*, 8 messid. an XI, Marotte.

27. — Le partage des biens paternels fait sous l'empire de l'ancienne jurisprudence, entre les enfans, en présence et du consentement de leurs père et mère, est révoqué de plein droit par le testament de ceux-ci, quoiqu'une loi postérieure l'ait frappé de nullité. — *Agen*, 10 mars 1810, Dagussan.

28. — Une démission de biens faite avant la loi du 17 niv. an II, dont l'auteur est décédé depuis la publication de cette loi, a été révoquée de plein droit en faveur des enfans ex-religieux devenus habiles à succéder. — *Cass.*, 8 messid. an XI, Marotte. — V. les conclusions de Merlin dans cette affaire, *Quest.*, v° *Démission de biens*, § 4.

29. — Le partage anticipé d'une succession entre deux héritiers institués se trouve révoqué par le décès de l'un d'eux avant l'instituant, encore qu'il ait été fait en présence et du consentement de ce dernier. — *Riom*, 2 janv. 1824, Amblard c. Charrier.

30. — Il a été jugé cependant que la démission de biens n'est pas révoquée, parce qu'un démissionnaire décède avant le démettant : la part du prédécédé se réunit à la masse des biens pour être partagée entre les autres démissionnaires, sans qu'aucun acte postérieur, soit du démettant, soit des démissionnaires, puisse empêcher cet effet de la démission. — *Bourges*, 27 avr. 1812, Allegrain c. Guimard.

31. — Bien que les démissions de biens faites par les père et mère en faveur de leurs enfans soient en général révocables *ad nutum*, cette règle cesse lorsque les choses ne sont plus entières ; quand, par exemple, il y a eu vente des biens démissionnés et transactions intervenues sur la démission par les paiemens faits pour la confirmer. — *Besançon*, 9 janv. 1810, Voitot.

32. — En effet, dans les pays de coutume, cette démission, quoique presque toujours révocable, comme la donation à cause de mort, avait néanmoins, comme la donation entre-vifs, un effet actuel. — Cout. du Nivernais, tit. *Des successions*, art. 17 ; cout. du Bourbonnais, art. 216 ; Billuart, sur l'art. 63, cout. de Châlons. — V. aussi l'arrêt du conseil du 5 juill. 1740, sur les représentations des états de Bourgogne de 1737 ; Pothier, *Cout. d'Orléans*, introd. au tit. 17, appendice ; Lebrun, *Des success.*, liv. 1er, ch. 1er, sect. 5e, n° 26 ; Bourjon, t. 1er, liv. 5, ch. 4.

33. — Jugé, en ce sens, que, sous l'empire des coutumes qui admettaient en faveur des ascendans la faculté de révoquer la démission de biens par eux faite à leurs descendans, cette démission opérait au profit des descendans une transmission de propriété qui, pour être résoluble, n'en était pas moins pleine et entière à partir de la démission ; que, dès-lors, le partage que les démissionnaires opéraient entre eux, par convention spéciale, des biens abandonnés, devait être, sauf l'action révocatoire, considéré comme définitif en ce qui les concernait mutuellement, et comme susceptible d'être attaqué par voie de demande en rescision pour cause de lésion. — *Cass.*, 9 août 1837 (t. 2 1837, p. 169), Gambier c. Barreau ; *Bordeaux*, 1er avr. 1833, Barreau c. Gambier.

34. — L'action en rescision pour cause de lésion devait, à peine de déchéance, être formée dans les dix ans de l'acte de partage, et non pas seulement dans les dix ans de l'ouverture de la succession du démettant. — *Bordeaux*, 1er avr. 1833, Barreau c. Gambier. — Cet arrêt a été confirmé par un rejet de la chambre des requêtes du 9 août 1837 (t. 2 1837, p. 169).

35. — En Bretagne, en Normandie et sous la coutume de Metz, la démission des biens était irrévocable. — V. Lebrun, *Success.*, liv. 1er, ch. 1er, sect. 5 ; Merlin, *Rép.*, v° *Démission de biens*, n°s 3, 4 et 5 ; Bourjon, *Dr. comm.*, liv. 5, tit. 1er ; Robert, *Capacité des femmes*, p. 156 et suiv. ; cout. de Bretagne, art. 299 et 537 ; cout. de Normandie, art. 434.

36. — Ainsi jugé que, sous la cout. de Normandie, la démission de biens était irrévocable et opérait dessaisissement actuel ; que conséquemment elle devait être considérée comme une véritable donation entre-vifs et être faite pardevant notaire, à peine de nullité. — *Cass.*, 18 fruct. an XIII, Fremont c. Luce ; 21 avr. 1818, Frerou c. Barbotte ; 28 juill. 1818, Picot c. Lemarquant.

37. — Lorsque, sous la cout. de Normandie, le père a fait une démission de ses biens en faveur de ses garçons et donné à sa fille un mariage avenant, ce ne sont pas les lois nouvelles qui doivent régler les droits successifs de celle-ci, quand bien même le père serait décédé sous l'empire de ces lois. — *Cass.*, 2 pluv. an XII, Duval c. Leprevôt ; 4 mai 1807, Mignot c. Hardy.

38. — Les motifs de ces arrêts, dit Chabot, *Quest. transit.*, v^{is} *Démiss. de biens*, t. 1er, p. 159, et *Rapp. à success.*, t. 2, p. 200), doivent évidemment s'appliquer sous l'empire du Code civ., comme sous l'empire de la loi du 17 niv. an II, puisque le Code, par son art. 2, comme la loi du 17 pluv. an V, par son art. 1er, a maintenu toutes les dispositions irrévocables faites avant sa promulgation ; qu'en conséquence les démissions de biens irrévocables doivent être exécutées dans les successions ouvertes sous l'empire du Code, comme elles durent l'être dans les successions ouvertes sous l'empire de la loi du 17 niv., et qu'ainsi les individus qui n'ont acquis la qualité d'héritiers qu'en vertu des lois postérieures à ces démissions ne peuvent, pas plus sous l'empire du Code qu'ils ne l'auraient pu sous la loi du 17 niv., réclamer une portion héréditaire dans les biens donnés irrévocablement par les démettans, parce qu'ils feraient également rétroagir leurs droits sur des choses qui étaient définitivement acquises aux démissionnaires.

39. — Dans les pays de droit écrit, si un père faisait une démission de biens présens au profit de ses enfans, et que ceux-ci acceptassent cette libéralité, c'était une donation irrévocable. — Forgole, n° 171.

40. — Sous l'ancienne jurisprudence, la renonciation à une succession future était valable quand l'héritier renonçant avait reçu d'avance sa part dans la succession, par suite de démission de biens de ses père et mère. — *Metz*, 22 mai 1817, Risse.

41. — En exposant les motifs des art. 1075 et suiv., M. Bigot de Préameneu s'exprimait ainsi contre le principe de révocabilité admis dans les démissions de biens : « C'était laisser dans les pactes de famille une inexactitude qui causait les plus graves inconvéniens. Le démissionnaire qui avait la propriété sous la condition de la révocation, se flattait toujours que cette révocation n'aurait pas lieu ; il traitait avec des tiers, il disposait, il aliénait ; et la révocation n'avait presque jamais lieu sans des procès qui empoisonnaient le reste de la vie de celui qui s'était démis, et qui rendaient sa condition pire que s'il eût laissé subsister cette démission : on a supprimé cette espèce de disposition, elle est devenue inutile.

42. — Aussi a-t-il été jugé que le Code civ. n'autorise pas les démissions de biens. — *Cass.*, 6 (et non 26) fruct. an XIV, Brun c. Chalin.

43. — Ce mode de disposer est aboli implicitement par l'art. 893, C. civ., et par la L. du 30 vent. an XII, art. 7 ; et ce n'est qu'à quelques égards qu'il a été remplacé par le partage d'ascendans. — V. PARTAGE D'ASCENDANS. — Grenier, *Donat.*, *Observations préliminaires* ; Merlin, *Quest.*, v° *Démission de biens* ; Favard, *Rép.*, v° *Partage d'ascendans* ; Duranton, t. 9, n° 628.

44. — Néanmoins, une démission de biens peut valoir comme donation entre-vifs, si elle est revêtue des formalités prescrites pour cette espèce d'acte. — *Rennes*, 10 août 1812, Mazurais.

45. — Depuis le Code civ., l'acte sous seing-privé par lequel une mère se départ en faveur de ses enfans de tous ses biens, sous la réserve d'une pension alimentaire et d'un logement, ne peut être qualifié de démission de biens, et est valable comme arrangement de famille. — *Cass.*, 2 mars 1808, v° Dumouchel ; *Agen*, 4 août 1824, Dunes ; — Toullier, *Droit civil*, t. 8, n°s 135 et suiv., et Rolland de Villargues, *Rép. du not.*, v° *Double*, n° 44.

DÉMISSIONNAIRE.

V. FONCTIONNAIRE PUBLIC, SERMENT.

DÉMOLITION.

1. — Action de détruire des constructions. On comprend aussi sous cette dénomination les matériaux provenant de ce qu'on a démoli.

2. — La démolition peut être exigée soit dans un intérêt d'ordre public, soit dans un intérêt privé.

3. — La démolition est ordonnée dans un intérêt d'ordre public, quand elle a pour objet des constructions élevées soit en contravention à l'alignement administratif là où il existe, soit sans l'autorisation des autorités compétentes pour les voies publiques à l'égard desquelles il n'a pas été dressé de plans d'alignement régulièrement approuvés. — V. ALIGNEMENT, VOIRIE.

4. — Dans ces deux cas, la démolition est considérée, sinon comme une peine, du moins comme une réparation, et elle est ordonnée par les tribunaux.

5. — L'autorité administrative est compétente pour faire démolir, pour cause de sûreté publique, des édifices appartenant à des particuliers, lorsque ces édifices sont reconnus en état de dégradation et de vétusté par deux experts nommés, l'un par l'administration, l'autre par le propriétaire. — V. VOIRIE.

6. — C'est encore dans l'intérêt public que l'autorité administrative peut, lorsque l'incendie d'une propriété privée menace, par ses progrès rapides, de communiquer la destruction à un grand nombre de maisons voisines, ordonner la démolition des constructions contiguës pour isoler et circonscrire le foyer de l'incendie. — V. INCENDIE (mesures contre l').

7. — La force majeure, l'imminence du péril, emportent en ce cas avec elles la justification de la mesure extraordinaire qui devient indispensable, et on comprend que l'urgence rend impossible l'accomplissement d'aucune formalité judiciaire.

8. — La défense des places de guerre contre les attaques de l'ennemi rend quelquefois nécessaire la démolition de constructions élevées dans un certain rayon autour des fortifications. — V. PLACE DE GUERRE.

9. — C'est la protection due par la loi à l'intérêt privé qui a fait autoriser un propriétaire à exiger la démolition des constructions élevées sans droit sur son terrain par un tiers. — V. ACCESSION, POSSESSION, PROPRIÉTÉ.

10. — La démolition des ouvrages qui, élevés sans droit, engendrent un préjudice pour les tiers, peut être demandée par les tiers, soit par action principale devant les tribunaux ordinaires, soit par action possessoire et par dénonciation de nouvel œuvre. — V. ACTION POSSESSOIRE.

11. — La démolition d'une construction appuyée sur un mur mitoyen ne peut pas être commencée sans qu'il en ait été préalablement donné avis au voisin. Pour les détails relatifs à cet avertissement et la forme dans laquelle il doit être donné, V. MITOYENNETÉ.

12. — La démolition d'une construction sur laquelle un tiers exerce un droit de servitude ne peut être effectuée sans que ce tiers ait été appelé pour acquiescer à la démolition ou pour s'y opposer.

13. — Les matériaux provenant d'une démolition sont meubles, et lors même que la vente d'une construction destinée à être démolie est faite au propriétaire du sol, cette vente n'est frappée, comme les autres ventes mobilières, que du droit de 2 %.

14. — La démolition des murs, planchers, toits et autres constructions peut aussi, à raison de l'intention et du but qui le fait accomplir, constituer la circonstance aggravante d'un vol (V. VOL), ou une infraction d'une nature spéciale (V. DESTRUCTIONS DÉGRADATIONS DOMMAGES).

DÉNÉGATION D'ÉCRITURE.

1. — Celui auquel on oppose un titre qu'on prétend émané de lui ou de son auteur peut dénier l'écriture ou ne la reconnaître pas, et, dans ce cas, le titre ne peut servir de base à une condamnation qu'après que l'écriture a été vérifiée par des experts. — C. civ., art. 1323 et 1324 ; C. procéd. civ., art. 195.

2. — S'il est prouvé que la pièce est écrite ou signée par celui qui l'a déniée, il est condamné à 150 fr. d'amende envers le domaine, outre les dépens, dommages-intérêts de la partie, et peut être condamné par corps même pour le principal. — C. procéd., art. 213. — V. CONTRAINTE PAR CORPS, n°s 258 et suiv., VÉRIFICATION D'ÉCRITURES.

DÉNI DE JUSTICE.

Table alphabétique.

DÉNI DE JUSTICE. — 1. — Refus que fait un juge de rendre la justice, quand elle lui est demandée.

2. — A Rome, le juge ne pouvait, dans l'origine, prononcer sur une contestation qu'autant qu'il en avait reçu l'ordre du magistrat qui ne devait délivrer de formule à cette fin qu'autant que le cas litigieux avait été formellement prévu par la loi. Ce ne fut que plus tard que les préteurs prenant sur eux de donner extraordinairement, sous leur responsabilité, des formules aux parties, même pour des cas non prévus par la loi, le droit dit prétorien prit naissance et subsista à côté du droit civil.

3. — Chez nous, des principes tout opposés ont été admis : le droit de demander justice appartient à tous, d'une façon illimitée et sans restriction; le devoir de la rendre est imposé au magistrat, qui, sous aucun prétexte, ne peut s'y soustraire; et si la loi est vraiment muette, il doit y suppléer, soit par des inductions tirées de la loi elle-même, soit en recourant à la jurisprudence, à la doctrine, soit même d'après ses propres lumières et les principes de la raison et de l'équité : il devient, dit Toullier (éd. Duvergier, t. 1er, nº 146, p. 48) un ministre d'équité, il est la loi parlante, *lex loquens.* » — V. aussi Marcadé, *Elem. dr. civil français*, sous l'art. 4, C. civ., nº 1er.

4. — Déjà l'art. 1er, tit. 25, ord. 1667, enjoignait à tous les juges « de procéder sans retardement au jugement des causes, des instances et des procès qui étaient en état de recevoir leur décision, à peine de répondre en leur nom des dépens, dommages-intérêts des parties. »

5. — Aujourd'hui, aux termes des art. 4, C. civ. et 506, C. procéd., le déni de justice peut avoir lieu dans trois cas distincts : 1º Quand les juges refusent de juger, sous prétexte du silence, de l'obscurité ou de l'insuffisance de la loi. — C. civ., art. 4.

6. — .... 2º Lorsqu'ils refusent de répondre les requêtes qui leur sont présentées. — C. procéd., art. 506.

7. — .... 3º Lorsqu'ils négligent de juger les affaires en état et en tour d'être jugées. — Même art.

8. — Selon quelques auteurs, ce ne serait qu'en matière civile que l'art 4, C. civ., serait applicable, la matière criminelle étant régie par un principe tout différent, consacré déjà par la déclaration des droits de 1791 (art. 8) et par le code du 3 brum. an IV (art. 4) recueilli enfin par l'art. 364, C. instr. crim., principe d'après lequel le juge ne peut plus suppléer au silence de la loi, et si le fait incriminé ne rentre dans les prévisions d'aucun code pénal l'inculpé doit être absous. — V. Marcadé, *Él. de dr. civ. français*, sous l'art. 4, nº 1; Toullier, t. 1er, nº 147. — M. Demolombe, *Cours de Code civil*, t. 1er, nº 112, n'admet pas entièrement cette théorie. « Si, dit-il, on veut dire que le juge ne peut pas alors étendre la loi, l'appliquer par induction, par analogie d'un cas à un autre, cela est incontestable (C. pén., art. 4; C. instr. crim., art. 364), mais le juge, saisi en matière criminelle, ne doit pas moins aussi nécessairement prononcer sur la cause qui lui est soumise. Seulement, s'il n'y a pas de loi applicable au fait, il renverra l'accusé ou le prévenu; mais en cela même il statuera, il jugera entre le ministère public et l'accusé. »

9. — Par application de ces dispositions, il a été jugé qu'il y a déni de justice dans le jugement par lequel un tribunal de police ordonne, avant faire droit, que le commissaire du gouvernement produira la loi qui prononce les peines auxquelles il a conclu. — *Cass.*, 28 frim. an VIII, Desmoulins.

10. — .... — Que le tribunal criminel auquel un procès a été renvoyé par le tribunal de cassation, commet un déni de justice, en déclarant qu'il ne peut ni ne doit prononcer sur le réquisitoire du commissaire du pouvoir exécutif près le tribunal dont le jugement a été cassé. — *Cass.*, 16 vend. an VIII, Min. public.

11. — .... Que le tribunal de police saisi d'une plainte en injures verbales ne peut, sans commettre un déni de justice, refuser de statuer sur l'action publique sous le prétexte que le plaignant avait pris des conclusions à fin de réparations civiles, qui étaient jugées ne pas devoir lui être accordées. — *Cass.*, 22 flor. an XI, Nicolas c. Robert.

12. — Il y a encore déni de justice, lorsqu'un tribunal renvoie à faire droit sur une partie non contestée de la demande, jusqu'à ce que la partie litigieuse de cette demande soit en état d'être jugée. — *Turin* 28 (et non 23) juin 1807, Bruno c. Operti; — Carré et Chauveau, t. 4, nº 1809; Berriat, p. 468; Pigeau, t. 1er, p. 708.

13. — Un tribunal de simple police qui, après avoir ordonné un premier sursis sur une plainte en injures, renvoie la décision de la cause à un temps indéterminé, commet par excès de pouvoir un déni de justice. — *Cass.*, 31 janv. 1811, Millot c. Gouy.

14. — Un tribunal commet un déni de justice, lorsque dans un procès correctionnel où il y a une partie civile, il statue expressément sur l'action publique et s'abstient de prononcer sur l'action civile. — *Cass.*, 11 juill. 1823, Gémont c. Garat; — Bioche, *Dict. de procéd.*, vº *Prise à partie*, nº 34.

15. — Un juge de paix qui, au mépris des récusations à lui notifiées, juge les contestations qui lui sont soumises, sans statuer également sur la demande en sursis formée devant lui jusqu'au jugement des récusations se rend coupable de dol et de déni de justice. — *Amiens*, 23 mars 1825, Bonnefond; — Carré et Chauveau, *loc. cit.*

16. — Il y a déni de justice, lorsqu'un tribunal, après avoir reconnu que, de l'aveu de toutes les parties, un acte ne forme aucun lien légal, et ne peut renfermer qu'un engagement d'honneur, se refuse à en prononcer la nullité. — *Cass.*, 25 fév. 1835, Calvimont c. Baritault.

17. — Mais une cour royale qui s'est déclarée incompétente, a pu, sans commettre un déni de justice, se refuser à donner acte d'un aveu relatif au fond du procès. — *Cass.*, 14 mai 1834, Despine c. Demidoff.

18. — De même le refus de la part d'une cour d'assises de donner acte au ministère public des réserves par lui faites de poursuivre un accusé à raison d'un autre délit, ne constitue pas un déni de justice. — *Cass.*, 2 avr. 1829, Boucherat.

19. — Quant à la question de savoir si on peut voir un déni de justice dans le refus d'un tribunal de juger des parties qui, bien que n'étant pas ses justiciables, consentent à plaider devant lui, c'est un point très controversé. — V. à cet égard PROROGATION DE JURIDICTION, JUGE DE PAIX.

20. — Au surplus, il ne suffit pas qu'un juge ait tardé à répondre une requête ou qu'un tribunal n'ait pas jugé aussitôt qu'un plaideur aura cru la cause en état, pour qu'il y ait déni de justice : la loi veut que le déni de justice soit constaté par deux *réquisitions* faites, en la personne du greffier, au juge, de répondre la requête, ou au tribunal, de juger. — Art. 507 et 508, C. procéd. — V. Marcadé, *Él. de dr. civ. français* sous l'art. 5, nº 2. — V. aussi Chauveau et Hélie, *Th. du C. pén.* (2e éd.) t. 3, p. 24.

21. — L'art. 2, tit. 25 de l'ordonnance de 1667 portait aussi que, « si les juges refusaient ou négligeaient de juger la cause, instance ou procès qui serait en état, ils seraient *sommés* de le faire. »

22. — « Mais, disait M. Bigot de Préameneu, dans l'exposé des motifs du Code de procédure, ces sommations de juger ne pouvaient être faites qu'aux juges dont la juridiction n'était pas en dernier ressort; on n'avait à l'égard de ceux dont les jugemens étaient souverains d'autre ressource que de porter ses plaintes au chancelier ou au conseil du roi. On arrêtait ainsi le cours de la justice pour la dignité des magistrats. — Mais la dignité de la justice elle-même ne serait-elle pas dégradée, si, en considération de ses ministres, sa marche était variable ou chancelante ? Ne doit-on pas encore observer que des juges souverains, ordinairement placés dans un plus grand tourbillon d'affaires, et moins rapprochés des plaideurs que les autres juges, sont plus exposés à laisser, contre leur intention, des parties en souffrance ? — Peut-être, aussi, avait-on peine à concilier l'idée du respect envers les magistrats avec l'idée qu'emportait l'expression même de *sommation*. — Un acte de *réquisition* ne pourra blesser la dignité d'aucun juge. » — Merlin, *Rép.*, vº *Déni de justice*.

23. — Les sommations dont parle l'ordonnance de 1667 devaient être faites aux juges à leur domicile ou au greffe de leur juridiction, en parlant au greffier ou au commis du greffe. — Guyot, vº *Déni de justice*.

24. — Une seule sommation ne suffisait pas; il en fallait deux : elles devaient être faites de huitaine en huitaine pour les juges ressortissant nûment aux cours souveraines, et de trois en trois jours pour les autres siéges. — Guyot, *loc. cit.*

25. — Aujourd'hui, aux termes de l'art. 507, C. procéd., « le déni de justice doit être constaté par *deux réquisitions* faites aux juges en la personne du greffier, et signifiées de trois en trois jours au moins, pour les juges de paix et de commerce, et de huitaine en huitaine au moins, pour les autres juges. »

26. — Si le greffier est trouvé hors de son greffe, les réquisitions lui sont valablement faites parlant à sa personne : la loi n'exige pas que l'acte ait lieu au greffe. — Pigeau, t. 1er, p. 684; Carré et Chauveau, t. 4, nº 1810; Bioche, *Dict. de proc.*, vº *Prise à partie*, nº 39. — Le greffier doit viser l'original.

27. — Les réquisitions sont indispensables pour établir légalement le déni de justice. Ainsi il a été jugé que, quoiqu'un juge de paix commis pour une enquête, ait déclaré par écrit que c'était faute par lui d'avoir délivré, dans le délai, l'ordonnance pour faire entendre les témoins que le demandeur a été déchu du droit de faire son enquête, cependant ce juge ne pouvait être constitué en état de déni de justice, si aucune sommation ne lui avait été faite de délivrer son ordonnance. — *Grenoble*, 15 févr. 1828, Labbé c. Perret.

28. — Dans l'ancienne législation, si dans un temps raisonnable, après la dernière sommation, comme de huitaine ou tout au plus de quinzaine, suivant la nature de l'affaire et le plus ou moins de célérité qu'elle exigeait, le juge n'avait pas eu d'égard aux réquisitions à lui faites, la partie pouvait alors appeler comme de déni de justice, et cet appel se portait devant le juge supérieur de celui qui avait fait refus de satisfaire aux sommations de juges. — Guyot, vº *Déni de justice*. — La partie pouvait encore, si elle voulait, prendre en même temps le juge à partie, pour obtenir des dommages-intérêts. — *Ibid.*, note 2.

29. — Aujourd'hui la voie de la prise à partie est le seul moyen que donne la loi pour poursuivre et faire condamner un juge au paiement de dommages intérêts, ou de dépens pour faits relatifs à ses fonctions. — *Cass.*, 7 juin 1810, Barberini c. Tornani; 25 août 1825, Blain c. Gras de Peigne; — Carré et Chauveau, t. 4, nº 1807 *bis*; Favard, *Rép.*, vº *Prise à partie*; Poncet, t. 2; p. 395; Merlin, *Quest.*, vº *Tribunal d'appel*, § 6; Berriat, p. 161. — V. cependant *infrà* nº 36. — On ne peut donc plus appeler comme de déni de justice.

30. — Et, en effet, ainsi que le fait remarquer Merlin (*Rép.*, vº *Déni de justice*), de deux choses l'une : ou l'affaire dont il s'agit est de nature à être jugée en dernier ressort par le tribunal de première instance devant lequel elle a été portée, ou elle est de nature à subir deux degrés de juridiction. Au premier cas, il est clair qu'on ne peut pas la porter par appel devant le tribunal supérieur, et que celui-ci serait, *ratione materiæ*, incompétent pour en connaître. Au deuxième cas, le tribunal supérieur ne pourrait en connaître qu'après qu'elle aurait subi un premier degré de juridiction. — Quel sera donc, au cas de déni de justice, le moyen de faire juger le fond ? Il faudra se pourvoir, comme dans le cas où un tribunal se trouve, par le défaut d'un nombre suffisant de juges, dans l'impuissance de remplir ses fonctions, c'est-à-dire par la voie de *réglement de juges*. — Carré et Chauveau, nº 1808; Thomine-Desmazures, t. 1er, p. 761; Bioche, *Dict. de procéd.*, vº *Prise à partie*, nº 43.

31. — Néanmoins, le tribunal supérieur pourrait juger le fond, si le déni de justice résultait d'un jugement par lequel le tribunal de première instance se serait mal à propos dessaisi d'une affaire disposée à recevoir une décision définitive. — *Cass.*, 27 août 1806, Clément c. Aubry; — mêmes auteurs. — V. au surplus PRISE A PARTIE.

32. — Mais, outre la poursuite civile par la voie de la prise à partie, afin d'obtenir les dommages-intérêts du préjudice causé au plaideur, le déni de justice donne lieu aussi à une poursuite pour l'application de la disposition de l'art. 185, C. pén., ainsi conçu : « Tout juge ou tribunal, tout administrateur ou autorité administrative qui, sous quelque prétexte que ce soit, même du silence ou de l'obscurité de la loi, aura dénié de rendre la justice qu'il doit aux parties après en avoir été requis, et qui aura persévéré dans son déni après avertissement ou injonction de ses supérieurs, pourra être poursuivi, et sera puni d'une amende

de 200 francs au moins et de 500 fr. au plus, et de l'interdiction de l'exercice des fonctions publiques depuis cinq ans jusqu'à vingt. »

33. — L'art. 4, C. civ., ne prévoyait le déni de justice que de la part des juges : l'art. 185, C. pén., a en quelque sorte complété ces dispositions en les étendant aux fonctionnaires soit de l'ordre administratif soit de l'ordre judiciaire qui, investis du pouvoir, sinon de juger, du moins de prononcer dans certains cas sur les intérêts des citoyens, ont montré le même mauvais vouloir. Il y a donc déni de justice, dans le sens de cet art. 185, toutes les fois que l'autorité publique a refusé de prononcer sur une affaire qui, portée devant elle, rentrait dans le cercle de ses attributions. — Carnot, *C. pén.*, art. 185, n° 8 ; Chauveau et Hélie, *Th. C. pén.* (2e édit.), t. 3, p. 23.

34. — On voit, d'après cet article, que les poursuites au criminel ne peuvent être exercées qu'après que le juge a été mis en demeure non-seulement par une réquisition des parties, mais encore par une injonction de ses supérieurs. Si, au contraire, il ne s'agit que d'une action civile en prise à partie, il n'est pas besoin d'injonction préalable ; il suffit de suivre les règles énoncées dans l'art. 507, C. procéd.

35. — L'injonction prescrite par l'art. 185, C. pén., doit être faite à la cour de Cassation par le ministre de la justice, à une cour royale par la cour de Cassation, à un tribunal d'arrondissement par la cour royale du ressort, et enfin à une justice de paix par le tribunal de l'arrondissement dans l'étendue duquel elle siége. Si l'injonction doit être adressée à un membre d'une cour ou d'un tribunal, le président ou celui qui le remplace a le droit de la faire, comme supérieur immédiat de chacun des membres composant sa compagnie. Mais le ministère public ne peut faire directement ou officiellement à un tribunal ou à un juge l'injonction dont il s'agit ; il ne peut que la provoquer de la part du magistrat supérieur, soit d'office, soit sur la réquisition d'une partie. — Carré, *Lois de la compét.*, t. 1er, p. 228, ch. 1er, n° 32.

36. — Nous avons vu (*suprà* n° 29) que la voie de la prise à partie était le seul moyen que donnait la loi pour obtenir la réparation civile du dommage causé par le déni de justice. Faut-il en conclure que la partie qui aurait à se plaindre d'un déni de justice ne pourrait former son action en réparation civile devant les juges criminels chargés de statuer sur ce déni, en exécution de l'art. 185, C. pén. ? Non, les règles particulières que renferme le Code de procédure ne concernent que l'action en prise à partie formée en justice civile à l'effet d'obtenir du juge la réparation du préjudice qu'il a causé par abus de son ministère ; et nulle disposition, soit de ce même Code, soit de la loi criminelle, ne porte que ces règles recevront leur application dans le cas où l'action publique, pour répression du délit, étant exercée par le ministère public, la partie civile viendrait concourir dans son intérêt privé. Or, ce concours, qui est de droit commun et qui ne pourrait être interdit dans le cas de prise à partie que par une disposition expresse de la loi est nécessairement régi par les règles ordinaires. — Carré, *Lois de la compét.*, t. 1er, p. 221, n° 32.

DÉNI DE RENVOI.

1. — On appelait ainsi le refus par un juge de renvoyer devant une autre juridiction une affaire portée devant lui. — Merlin, *Rép.*, v° *Déni de renvoi* ; Guyot, *Rép.*, *eod. verb.* ; Denisart, *eod. verb.*, *Encyclopéd. méth.*, *Jurisp.*, *eod. verb.*

2. — L'ordonnance de 1667, sur la procédure civile (tit. 6, art. 2), défendait à tous les juges royaux, ainsi qu'aux juges ecclésiastiques et des seigneurs de retenir aucunes causes, instances ou procès dont la connaissance ne leur appartenait pas, et leur enjoignait de renvoyer les parties devant les juges qui devaient en connaître, ou d'ordonner qu'elles se pourvoiraient, à peine de nullité des jugemens. En cas de contravention, les juges pouvaient être intimés et pris à partie.

3. — L'ordonnance de 1670, sur la procédure criminelle (tit. 2, art. 4), enjoignait pareillement aux juges de renvoyer les procès et les accusés qui ne seraient pas de leur compétence devant les juges qui devaient en connaître, dans les trois jours après qu'ils en auraient été requis, à peine de nullité des procédures faites depuis la réquisition, d'interdiction de leurs charges et des dommages-intérêts des parties qui auraient demandé le renvoi.

4. — Lorsqu'un juge avait refusé le renvoi d'une affaire, on se pourvoyait, pour faire réformer sa décision, par voie d'appel contre le jugement qui constatait son refus. C'est ce qu'on nommait un appel comme de déni de renvoi. — Merlin, *Rép.*, v° *Déni de renvoi* ; Guyot, *Rép.*, *eod. verb.* ; Denisart, *eod. verb.*, § 2, n° 1er.

5. — Suivant l'ordonnance de 1667, les appels comme de déni de renvoi devaient être portés directement au parlement et être jugés sur l'avis d'un des avocats généraux. En matière criminelle, il avait été décidé, par arrêt du 2 juin 1687, rapporté par Serpillon, *Code criminel*, que l'appel comme de déni de renvoi devait être porté à la grand'-chambre du parlement. Toutefois, l'usage contraire est attesté par Jousse, Muyard de Vouglans et Prévôt, *Lois criminelles*. — *Encyclop. méth.*, *Jurisp.*, v° *Déni de renvoi* ; Guyot, *Rép.*, *eod. verb.* ; Denisart, *eod. verb.*

6. — Ces appels devaient toujours être portés devant le parlement, lors même que le tribunal qui avait rendu la décision attaquée pour cause de déni de renvoi ne ressortissait pas immédiatement de cette juridiction. On se pourvoyait alors *omisso medio*. — Denisart, *eod. verb.*

7. — Toutefois, la décision d'un juge ecclésiastique qui refusait un renvoi, n'était pas attaquable devant le parlement par voie d'appel comme de déni de renvoi. Il fallait avoir recours à l'appel comme d'abus. — Denisart, v° *Déni de renvoi*.

8. — Le renvoi était valablement demandé, non seulement par une partie intéressée, mais aussi par le procureur du roi de la juridiction compétente ou par le seigneur lui-même, lorsqu'il s'agissait d'une justice non royale. L'appel comme de déni de renvoi pouvait être interjeté par les mêmes parties. L'action des juges réclamant eux-mêmes leurs justiciables s'appelait revendication. — Guyot, *Rép.*, v° *Deni de renvoi* ; Denisart, *eod. verb.* — V. RENVOI.

9. — En matière civile, l'appel comme de déni de renvoi avait pour effet de suspendre le jugement de l'affaire. En matière criminelle, il n'était pas suspensif. — Denisart, v° *Déni de renvoi* ; Guyot, *Rép.*, *eod. verb.*

DENIER.

1. — C'était autrefois la dernière subdivision des monnaies. — V. MONNAIES.

2. — Ce mot s'emploie aussi pour indiquer le taux des rentes. — V. RENTE.

DENIERS.

1. — Ce mot s'emploie pour indiquer une somme d'argent. — Ainsi l'on dit :

2. — ... Les *deniers dotaux* pour désigner ceux qui forment la dot d'une femme.

3. — ... Les *deniers pupillaires*, en parlant de ceux qui appartiennent à des pupilles et à des mineurs.

4. — ... Les *deniers communaux*, pour indiquer ceux qui appartiennent à une commune.

5. — ... Les *deniers publics*, pour désigner ceux qui appartiennent à l'état et qui proviennent de la perception des impôts ou de toute autre branche du revenu public. — Autrefois, quelques-uns de ces impôts, levés au nom du roi, portaient le nom de *deniers royaux*.

6. — On appelle *deniers immobilisés* ceux que l'on répute immeubles par fiction.

7. — ... *Deniers ameublis*, ceux qui entrent dans une communauté, par opposition à ceux qui en sont exclus.

8. — ... *Deniers réalisés*, ceux dont on a fait l'emploi en fonds.

9. — ... *Deniers francs* ou *francs deniers*, ceux que l'on doit recevoir exempts de déduction ou de retenue.

10. — ... *Deniers clairs et liquides*, ceux qui se trouvent en nature dans une communauté, dans une succession, dans une société, etc.

DENIER (Fort).

1. — C'est le taux qui excède le taux ordinaire des rentes ou intérêts, dans l'estimation d'un objet par rapport à son produit annuel. — V. RENTE.

2. — Le mot *fort denier* se dit aussi des modiques fractions qui excèdent une somme. — V. FRACTION.

DENIERS A DÉCOUVERT.

Ce sont ceux que l'on exhibe réellement en offrant le paiement. — V. OFFRES RÉELLES.

DENIER A DIEU.

1. — On appelle ainsi une pièce de monnaie que, dans certaines conventions verbales, l'un des contractans donne comme signe de l'engagement.

2. — Autrefois, indépendamment de plusieurs cas spéciaux qu'il serait sans intérêt de faire connaître ici, il était d'usage général que le denier à Dieu fût donné par l'acheteur au vendeur dans les ventes verbales, par le locataire au propriétaire ou principal locataire dans les baux faits sans écrit, et enfin par les maîtres aux domestiques qu'ils engageaient à leur service. — Guyot, *Rép.*, v° *Denier à Dieu* ; *Encyclop. méthod.* (Jurisprud.), v° *Denier à Dieu*.

3. — Le *denier à Dieu* n'est usité aujourd'hui que dans ces deux derniers cas.

4. — On l'appelle *denier à Dieu* (et non, comme le dit Pothier, *Denier d'adieu*) parce que dans l'origine il consistait en un denier, et que, dans l'intention de celui qui le donnait, au lieu de profiter à celui qui le recevait, il devait, au cas où il ne serait pas retiré, être converti en un usage pieux, comme une aumône. — Guyot, *Rép.*, v° *Denier à Dieu* ; *Encyclop. méthod.*, *eod. verb.* ; Troplong, *Vente*, n° 139, note.

5. — Dans les locations verbales ce n'est plus au propriétaire ou principal locataire, mais au portier, qu'on donne le denier à Dieu. — C'est, dit M. Duvergier (*Louage* n° 59) une espèce de gratification pour la peine qu'il a prise en montrant l'appartement, ou, si on veut, une prime que lui accorde le propriétaire sur les locations qui sont confiées à ses soins.

6. — Le denier à Dieu présente avec les arrhes une analogie évidente, surtout dans les rapports du maître avec le domestique en ce que le maître le perd quand il se désiste ; mais il en diffère 1° en ce qu'il ne peut jamais être imputé sur le prix ; 2° en ce qu'il ne peut être la matière d'une restitution au double dans le cas où l'engagement ne s'accomplit pas. — Nouv. Denisart, v° *Arrhes*, § 3, n° 4 ; Troplong, *Vente*, *loc. cit.* et *Louage*, n° 849 ; Duvergier, *loc. cit.* — V. aussi ARRHES.

7. — Dans l'usage le *denier à Dieu* est le signe que l'engagement a été contracté, mais les parties peuvent se dédire dans les vingt-quatre heures, le bailleur en renvoyant et le locataire en reprenant le denier à Dieu. Après les vingt-quatre heures, l'engagement est définitif et irrévocable. — Duvergier *Louage*, n° 53.

8. — Du reste, la dation du denier à Dieu n'ajoute au bail verbal aucune force nouvelle ; elle n'influe en rien sur l'application des principes posés en cette matière par le Code civil.

9. — Ainsi, comme nous l'avons vu, v° *Bail*, n° 215, lorsque l'existence d'un bail verbal est déniée, on ne peut éluder la prohibition de la prouver par témoins en prétendant qu'on a donné un denier à Dieu et en demandant à en faire la preuve testimoniale. — V. en outre LOUAGE D'OUVRAGE ET D'INDUSTRIE.

DENIERS DOTAUX.

V. DOT.

DENIERS D'ENTRÉE.

1. — Somme donnée en sus du prix d'un bail, d'un marché, d'une vente. — On les appelle aussi *épingles*, *étrennes*, *pot-de-vin*.

2. — Les deniers d'entrée diffèrent du *denier à Dieu* et des *arrhes* en ce qu'ils ne sont qu'une suite de l'accomplissement de la convention, tandis que le denier à Dieu et les arrhes se donnent, le plus souvent, avant que la convention soit arrêtée. — V. ARRHES, VENTE.

3. — Les deniers d'entrée doivent toujours être ajoutés au prix pour la liquidation des droits d'enregistrement. — *Dict. des dr. d'enregist.*, v° *Deniers d'entrée*. — V. ENREGISTREMENT.

DENIZATION.

1. — On désigne sous ce nom la concession de l'exercice de certains droits, faite, en Angleterre, aux étrangers, appelés dans ce cas *Denizon* ou *Denizen* (des deux mots normands *Deins née*, selon Houard (*Sur les institutes* de Littleton, sect. 198, note 2), et Ducange (gloss., v° *Denisatio*), parce que les lettres qu'obtenait l'aubain le mettaient au rang de ceux qui étaient dans le royaume), qui manifestent l'intention de fixer leur demeure dans le pays. On nomme *Lettres de denization* les lettres-patentes par lesquelles le souverain accorde cette concession.

2. — Les avantages résultant des lettres de denization sont : 1° d'être réputé, tenu et gouverné

comme les fidèles sujets du roi nés en Angleterre; 2° d'acquérir et de posséder dans ses états des propriétés immobilières, et d'exercer tous les droits qui s'y rattachent; 3° enfin, de jouir des libertés, franchises et priviléges du royaume, à condition toutefois de payer les droits pour les propriétés mobilières que payent les étrangers, et de ne jamais devenir maîtres de navires. — D. B. Leroy, *Thémis*, t. 2, p. 265.

3. — La dénization n'attribue à celui qui l'obtient aucun des droits qui appartiennent aux citoyens anglais. Ainsi, il ne peut succéder aux biens-fonds, être membre de l'une ou de l'autre chambre du parlement, faire partie du conseil privé du souverain, ou occuper un emploi soit civil ou militaire, soit un office de la couronne. — Blackstone, *Comment. sur les lois anglaises*, t. 1er, liv. 1er, chap. 10.

4. — Elle ne doit donc pas être confondue avec la *naturalisation* qui seule peut conférer ces droits, et ne saurait résulter que d'un bill du parlement, en présence duquel l'individu qui l'obtient doit prêter le serment appelé *of allegiance and supremacy*. — Blackstone, *ibid.*

5. — La naturalisation en Angleterre ne peut résulter que d'un bill du parlement; des lettres du roi, dites de dénization sont insuffisantes à cet égard. — *Rennes*, 3 déc. 1834, Onfray c. préfet d'Ille-et-Vilaine.

6. — ... Dès-lors, l'art. 17, C. civ., exigeant pour que la naturalisation en pays étranger fasse perdre la qualité de Français qu'elle soit *acquise*, la simple dénization ne saurait avoir pour effet de priver de sa qualité le Français qui l'aurait obtenue. — V., en ce sens, Merlin, *Répert.*, v° *Dénization*; — Guichard, *Tr. des dr. civ.*, édit. de 1821, nos 302, *in fin.*, et 306; Legat, *C. des étrangers*, édit. de 1832, p. 23 et suiv.; Coin-Delisle, *De la jouissance et privation des dr. civ.*, *Comment.* sur l'art. 17, n° 11; Demolombe, *Cours de C. civ.*, n° 179, t. 1er, p. 191.

7. — Jugé de même que la qualité de Français ne se perd point par l'obtention des lettres de dénization délivrées à un Français par le roi de la Grande-Bretagne, qui ne constituent point une naturalisation parfaite. — *Cass.*, 19 janv. 1819 (et non 19 fév. 1820), Brunet c. Crewe; *Paris*, 17 juill. 1820, mêmes parties; — *Cass.*, 29 avr. (et non août) 1822, mêmes parties. — V. aussi D. B. Leroy, *Thémis*, t. 2, p. 265. — V. cependant *Rouen* 17 (et non 27) août 1817, Brunet c. Crewe.

8. — Il en était de même sous l'ancienne législation. — V. Merlin, *ubi suprà*, qui cite, d'après Basnage et Boucher d'Argis, un arrêt du parlement de Rouen, du 8 août 1647.

9. — Mais si la dénization n'est pas la naturalisation et n'en produit pas les effets, ne doit-on pas du moins la considérer comme étant un indice certain, une présomption légale d'un établissement fait à l'étranger sans esprit de retour, circonstance qui, aux termes du § 1er de l'art. 17, entraîne, comme la naturalisation, la perte de la qualité de Français?

10. — On s'est fondé principalement, pour faire prévaloir cette opinion, sur ce que, dans l'état actuel de la législation anglaise, la dénization n'est indispensable que pour l'exercice de certains arts mécaniques, établir des usines, des fabriques; or, dit-on, si elle est inutile pour établir une maison de commerce, faire la banque, la commission ou toute opération commerciale, le soin qu'a mis un Français de se la faire accorder ne peut être considéré que comme une preuve de son désir de se fixer à toujours en pays étranger, et par conséquent de la perte de tout esprit de retour.

11. — Nous ne pensons point qu'on doive tirer nécessairement du seul fait de la dénization demandée et obtenue une conséquence aussi exorbitante, et que les circonstances seules doivent guider les magistrats dans la solution d'un point de fait aussi délicat; à cet égard, nous disons avec M. Coin-Delisle (*loc. cit.*) que, comme la loi ne défend pas à l'artisan français d'exploiter son industrie en pays étranger, pourvu que ce ne soit pas avec l'intention de nuire à l'industrie française (C. pén., art. 417 et 418), son silence suffit pour qu'on ne puisse présumer un abandon de sa qualité et de ses droits originaires dans un acte qui, en définitive, peut être utile à l'exercice non illicite de son industrie.

DÉNOMBREMENT.

Le dénombrement était une description, un état, que le vassal devait donner à son seigneur de tous les héritages et droits qu'il tenait de lui à titre de fief. — Pothier, *sur Orléans*, *Introd. aux fiefs*, n° 102; Dumoulin, *sur Paris*, § 8, n° 1. — V. FIEF.

DÉNONCIATION.

1. — Déclaration à la justice d'un crime, d'un délit, ou d'une contravention, soit en désignant soit en n'en désignant pas l'auteur ou les auteurs. — Legraverend, *Législat. crim.*, t. 1er, p. 187.

2. — Il y a cette différence entre la dénonciation et la plainte, que le droit de dénonciation appartient à tous ceux qui ont connaissance d'un délit, tandis que le droit de porter plainte n'appartient qu'à ceux qui ont été lésés par ce délit. — Le Sellyer, *Act. publ. et privée*, t. 2, p. 287. — V. PLAINTE.

3. — Ainsi tout citoyen a la faculté de dénoncer à la justice les faits coupables dont il a connaissance. — Les officiers du ministère public ne peuvent se refuser à admettre les dénonciations à eux faites. — Legraverend, t. 1er, p. 189.

4. — La dénonciation devient même une obligation imposée par la loi dans les cas prévus par les art. 29 et 30, C. inst. crim.

5. — Ces articles sont ainsi conçus: — Art. 29. « Toute autorité constituée, tout fonctionnaire ou officier public qui, dans l'exercice de ses fonctions, acquerra la connaissance d'un crime ou d'un délit, sera tenu d'en donner avis sur-le-champ au procureur du roi près le tribunal dans le ressort duquel ce crime ou ce délit aura été commis, ou dans lequel le prévenu pourra être trouvé, et de transmettre à ce magistrat tous les renseignemens, procès-verbaux et actes qui y sont relatifs. »

6. — Art. 30. « Toute personne qui aura été témoin d'un attentat soit contre la sûreté publique, soit contre la vie ou la propriété d'un individu, sera tenu d'en donner avis au procureur du roi, soit du lieu du crime ou du délit, soit du lieu où le prévenu pourra être trouvé. » — V. INSTRUCTION CRIMINELLE.

7. — Le Code de brum. an IV (art. 83 et suiv.) qualifiait de *dénonciation officielle* celle que devaient faire les fonctionnaires publics des délits qui venaient à leur connaissance dans l'exercice de leurs fonctions. Il désignait la dénonciation émanée du particulier sous le nom de *dénonciation civique*: — (Art. 87 et suiv.) — Le Code d'instruction criminelle, en reproduisant les dispositions de ce Code de l'an IV, n'a pas maintenu cette distinction, mais elle continue de subsister en fait. — Boitard, *Leçons sur le C. inst. crim.*, p. 305; Carnot, *loc. cit.*

8. — L'art. 29 précité ne parle pas des contraventions parce que le procureur du roi n'est pas chargé de leur poursuite, et que d'ailleurs elles n'intéressent pas aussi essentiellement l'ordre public que les crimes et les délits; si cependant un fonctionnaire public acquérait la connaissance de contraventions assez graves pour mériter des poursuites d'office, ce serait pour lui un devoir d'en prévenir, suivant les cas, le commissaire de police ou le maire de la commune. — Carnot, sur l'art. 29, C. inst. crim., n° 4.

9. — Le mot *attentat* dont se sert l'art. 30 a quelque chose de général, qui, dans certains cas, peut embrasser les contraventions. — V. Carnot, sur l'art. 30, C. inst. crim., n° 2. — Toutefois il y a lieu de penser que dans l'art. 30 le législateur n'a eu en vue que les crimes et les délits dont la poursuite appartient aux procureurs du roi, auxquels cet article prescrit de faire les dénonciations. — Néanmoins, selon Legraverend (t. 1er, p. 189), les particuliers devraient, comme les fonctionnaires publics, dénoncer les contraventions dont ils auraient été témoins, dans les cas où elles acquerraient de la gravité et pourraient constituer des attentats contre les propriétés. — Carnot, *loc. cit.* — V. au surplus INSTRUCTION CRIMINELLE.

10. — Pour les crimes et délits dont les fonctionnaires acquièrent connaissance en dehors de l'exercice de leurs fonctions, ces fonctionnaires rentrent dans la classe des simples particuliers, et ils n'ont plus d'autres obligations que celles imposées par l'art. 30. — Carnot, sur l'art. 29, C. inst. crim., observations additionnelles, n° 1er.

11. — Aucune sanction ne garantit, au surplus, l'exécution des prescriptions qui précèdent. On a pensé que l'emploi de la rigueur pour obliger soit les simples particuliers, soit même les fonctionnaires publics, à faire des dénonciations, présenterait trop de dangers. La crainte d'encourir les peines prononcées eût pu, en effet, porter des personnes défiantes ou préoccupées à faire des dénonciations qui auraient injustement compromis la tranquillité des particuliers. — Carnot, *C. inst. crim.*, sur l'art. 29, n° 1er, p. 219; Legraverend, t. 1er, p. 188.

12. — Il y a d'ailleurs des cas où des sentimens de morale et d'honneur ne permettent pas à un citoyen de se porter dénonciateur. C'est ce qu'a parfaitement compris le législateur de 1832. Le Code pénal de 1810 avait, dans certains cas, frappé de peines sévères le défaut de révélation des crimes spéciaux; ces peines n'ont pas été conservées. — V. COMPLOT, COMPLICITÉ, FAUSSE MONNAIE, RÉVÉLATION.

13. — Toutefois, il faut dire, en ce qui concerne les fonctionnaires publics, que l'obligation à eux imposée trouve une sanction indirecte dans leur position particulière vis-à-vis de l'autorité à laquelle ils doivent compte de tous leurs actes. — Boitard, *Leçons sur le Code d'inst. crim.*, p. 306. — V. FONCTIONNAIRES PUBLICS.

14. — Le législateur ne s'est pas contenté d'éviter tout ce qui pourrait pousser à faire des dénonciations hasardées et téméraires; il a voulu de plus les empêcher autant qu'il était possible.

15. — Pour faire sentir aux dénonciateurs la responsabilité qu'ils encourent et l'importance de leurs dénonciations, il en prescrit la signature au bas de chaque feuillet. — C. inst. crim., art. 30. — V. INSTRUCTION CRIMINELLE.

16. — Il est vrai que, peut-être à tort, le Code de 1808 n'a pas maintenu la nullité que l'ordonnance de 1670, et les Codes de 1791 et de brum. an IV attachaient au défaut de signature de la dénonciation par son auteur; mais dans le cas où le dénonciateur s'est refusé à signer, l'appréciation de l'importance de la dénonciation est laissée à la sagesse des magistrats. — Legraverend, t. 1er, p. 189. — V. INSTRUCTION CRIMINELLE.

17. — De plus, le dénonciateur est rendu responsable des conséquences de sa dénonciation. Outre les poursuites criminelles qui peuvent être exercées contre l'auteur ou les auteurs d'une dénonciation calomnieuse, la personne ou les personnes dénoncées à tort et renvoyées de la plainte ou acquittées peuvent se pourvoir pour faire condamner leurs dénonciateurs à des dommages-intérêts, non seulement lorsqu'ils ont agi par méchanceté, mais encore quand leur conduite est le résultat de l'imprudence ou de la légèreté. — V. DÉNONCIATION CALOMNIEUSE, nos 151 et suiv.

18. — Aussi l'art. 358, C. inst. crim., impose-t-il au procureur général l'obligation de faire connaître à l'accusé acquitté par la cour d'assises l'auteur de la dénonciation qui a motivé les poursuites exercées. — Dans le cas où la dénonciation n'aurait été suivie que d'une instruction terminée par une ordonnance de non-lieu ou d'un procès correctionnel terminé par un acquittement, la même obligation doit, par analogie, malgré le silence de la loi, être remplie par les procureurs du roi et procureurs généraux; sans cela, la dénonciation calomnieuse resterait souvent impunie.

19. — Cette obligation de faire connaître son dénonciateur au prévenu acquitté ou renvoyé de la plainte devrait également être remplie par tout fonctionnaire qui aurait reçu la dénonciation, notamment par le maire ou le commissaire de police dans le cas de dénonciation relative à une contravention.

20. — Ne peuvent être reçues les dépositions des dénonciateurs dont la dénonciation est récompensée pécuniairement par la loi. — C. inst. crim., art. 322. — V. COUR D'ASSISES, nos 963 et suiv.

21. — Les dénonciateurs, autres que ceux récompensés pécuniairement par la loi, peuvent être entendus en témoignage; mais les jurés doivent être avertis de leur qualité de dénonciateur. — C. inst. crim., art. 323. — V. COUR D'ASSISES, nos 980 et suiv.

22. — Pour tout ce qui concerne la forme des dénonciations, les fonctionnaires compétens pour les recevoir, les formalités exigées par la loi et les questions qu'elles font naître, V. INSTRUCTION CRIMINELLE.

DÉNONCIATION CALOMNIEUSE.

Table alphabétique.

DÉNONCIATION CALOMNIEUSE. — 1. — Acte par lequel un individu dénonce, de mauvaise foi, à un officier de justice ou de police administrative ou judiciaire un fait faux, ou dont la preuve ne peut pas être fournie.

—

CHAPITRE Ier. — *Historique. — Législation.*

2. — Il est du devoir de tout homme de porter à la connaissance de la justice les faits répréhensibles qui seraient de nature à troubler l'ordre public, et la législation a donné à ce devoir le caractère d'une obligation légale (C. instr. crim., art. 30); mais lorsque, loin d'obéir à un sentiment louable, le dénonciateur, égarant la justice par des allégations mensongères, n'a provoqué son action que pour l'associer, à son insu, à des haines privées, il n'y a plus là qu'un acte blâmable, condamné par la morale, et que la loi ne pouvait laisser impuni. — L'art. 373 du Code pénal est ainsi conçu : « Quiconque aura fait par écrit une dénonciation calomnieuse contre un ou plusieurs individus, aux officiers de justice ou de police administrative ou judiciaire, sera puni d'un emprisonnement d'un mois à un an, et d'une amende de

DÉNONCIATION CALOMNIEUSE, ch. 1er.

100 fr. à 3,000 fr. — Le délit prévu par cette disposition n'est caractérisé qu'autant que les deux conditions suivantes se trouvent réunies. Il faut 1o : que l'autorité compétente ait été saisie par une véritable dénonciation; 2o que cette dénonciation soit calomnieuse. Cette dernière condition ne saurait exister qu'autant qu'il y a tout à la fois fausseté ou défaut de preuve des faits dénoncés, et mauvaise foi du dénonciateur. — V. Mangin, *Traité de l'act. publ.*, t. 1er, p. 546; Chauveau et Hélie, *Théorie du C. pén.*, t. 6, p. 495. — La dénonciation calomnieuse a donc des élémens propres qui ne permettent pas de la confondre avec d'autres délits qui ont avec elle quelques points d'analogie.

3. — Avant que le délit de calomnie, puni par les art. 367 et suiv., C. pén., eût disparu devant les qualifications nouvelles introduites par les lois des 17 et 26 mai 1819, la dénonciation calomnieuse n'était guère qu'une phase particulière de ce délit. Cependant elle s'en distinguait en ce que, à la différence de la calomnie, qui ne pouvait exister sans publicité, la dénonciation est secrète. Les deux délits différaient en outre par quelques principes sur la preuve des faits imputés et par la pénalité. (V. anciens art. 367 à 372 du C. pén.). — L'incrimination de calomnie ayant été abolie par ces deux lois, l'art. 373, respecté par elles, a continué de régir le délit de dénonciation calomnieuse, isolé désormais dans la loi pénale. — Le délit de diffamation défini pour la première fois par ces deux lois, et qui embrasse dans sa généralité les faits qualifiés antérieurement *calomnie*, ne peut être confondu avec la dénonciation calomnieuse. La diffamation consiste dans l'imputation d'un fait déshonorant lors même qu'il serait vrai, et elle suppose l'emploi de la publicité. La dénonciation calomnieuse, au contraire, n'existe qu'autant que les faits imputés sont faux, et la publicité n'est pas un de ses élémens. — Chauveau et Hélie, t. 6, p. 482. — Enfin, le délit de dénonciation calomnieuse diffère d'une manière non moins tranchée du faux serment, par la raison qu'il ne suppose pas de prestation de serment.

4. — Chez les Egyptiens, les dénonciateurs calomnieux subissaient la peine qu'ils avaient voulu faire infliger à l'homme qu'ils avaient accusé. — Les Juifs avaient adopté le même principe. C'était une application de la loi du talion, qui dominait toute leur législation; et, comme la peine du dénonciateur calomnieux étant celle qu'il avait voulu faire infliger pouvait être la peine capitale, il était jugé par vingt-trois juges. — Hennequin, *Des Juifs*, t. 1er, p. 603, et t. 2, p. 428. — A Athènes, l'accusateur ou dénonciateur qui n'obtenait pas la cinquième partie des suffrages à l'appui de l'accusation payait une amende de 1,000 dragmes.

5. — Les Romains, en punissant les calomniateurs de peines sévères, appliquaient cette qualification, non aux coupables de calomnies qui s'étaient produites extrajudiciairement, mais à ceux qui avaient suscité des procès infamans par des dénonciations calomnieuses. — *Calumniatores appellati sunt quia per fraudem et frustrationem alios vexarunt litibus* (L. 1, § 1, ff., *De verborum significatione.*) — *Calumniari est falsa crimina intendere* (L. 1. § 1, ff., *ad senat. cons. Turpillianum*). — *Quandò quis sciens aut scire debens aliquem esse innocentem proponit contrà eum accusationem aut querelam* (*Julius Clarus*, *Prac. crim.*, *quæst.* 62, *num.* 1.) — La calomnie, comme nous l'entendons, s'appelait *contumelia* ou *maledictum*. — V. CALOMNIE.

6. — La loi des Douze Tables prononçait la peine du talion contre les dénonciateurs de mauvaise foi ou calomniateurs. — Guyot, *Rép.*, vo *Calomniateur*, § 2.

7. — Plus tard les lois romaines distinguèrent trois cas : — ou le dénonciateur avait été de mauvaise foi, — ou bien il avait été de bonne foi, mais imprudent, — ou bien, enfin, les faits reprochés s'étant trouvés faux, on n'avait cependant à lui imputer ni mauvaise foi ni témérité. — Lorsque l'accusation était mensongère et inspirée par la méchanceté, on appliquait au calomniateur les dispositions de la loi Remnia. — V. CALOMNIE, no 7.

8. — L'accusateur de bonne foi, mais téméraire était exempt de toute peine, mais l'accusé absous avait contre lui l'action *injuriarum*, pour le faire condamner à des dommages-intérêts. — Alexandre, l. 4, *Cons.* 11, no 4; Menochius, *De arbitrariis casibus*, lib. 2, § 321, no 33.

9. — Le dénonciateur qui, de bonne foi, et sans imprudence, avait imputé des faits qu'il n'avait cependant pu prouver, était à l'abri de toute peine, et n'était pas tenu des dommages intérêts du dénoncé. — *Non utique qui non probat quod intendit, protenus calumniari videtur.* (L. 1, § 3, ff., *Ad senat. cons. Turpillianum.*) — *Non si reus absolutus est ex eo solo etiàm accusator qui potest justam habuisse veniendi ad crimen rationem, calumniator*

DÉNONCIATION CALOMNIEUSE, ch. 1er.

credendus. (L. 3, Cod. *de Calumniatoribus*), *Covarruvias*, prac., quest., cap. 27, no 3; *Farinacius* quest. 16, no 13; *Julius Clarus*, prac. crim., quest. 62, num. 6. — Merlin, *Rép.*, vo *Répar. civ.*, § 2, t. 15, p. 16, 17.

10. — Constantin abrogea plus tard la loi Remnia, et depuis ce prince, les peines qui frappaient les accusateurs de mauvaise foi furent arbitraires et subordonnées aux circonstances qui accompagnaient chaque dénonciation. — Guyot, *Rép.*, vo *Calomniateur*, t. 2, p. 612.

11. — Les lois des nations germaniques qui s'emparèrent des Gaules punissaient les accusateurs ou dénonciateurs de mauvaise foi. Chez ces nations, l'accusateur était tenu de donner caution jusqu'à l'issue du procès. Si la plainte était jugée calomnieuse, le plaignant subissait la peine du talion. — Rauter, *Traité de droit crim.*, t. 1er, p. 78, et Portalis, sur la loi salique, *passim*.

12. — L'ancienne jurisprudence française antérieure à l'ordonnance de 1670, avait suivi les erremens du droit romain postérieur à Constantin; elle laissait toute latitude au juge pour l'appréciation de la peine qui devait être infligée aux accusateurs calomnieux; le droit du dénoncé à des dommages-intérêts dépendait des circonstances du fait. — V. Ord. de Philippe-le-Bel de janv. 1303, art. 12; ord. de François Ier de 1539, art. 88.

13. — Les accusateurs et dénonciateurs, portait l'ordonn. de 1670, tit. 3, art. 7, qui se trouveront mal fondés, seront condamnés aux dépens et dommages-intérêts des accusés, et à plus grande peine, s'il y échet, ce qui aura lieu aussi à l'égard de ceux qui se seront rendus parties, ou qui, s'étant rendus parties, se seront désistés, si leurs plaintes sont jugées calomnieuses. — Cette plus grande peine, dont parle l'ordonnance, était quelquefois l'amende honorable, l'amende pécuniaire, le blâme, le bannissement et même la mort, suivant les circonstances. — Guyot, *Rép.*, vo *Calomniateur*, t. 2, p. 612; Rousseaud de Lacombe, *Traité des mat. crim.*, part. 3, ch. 18; Serpillon, *Code crim.*, tit. 3, art. 7, no 1er; Jousse, *Justice crim.*, t. 3, p. 192.

14. — Depuis cette époque, la calomnie et la dénonciation calomnieuse furent confondues et soumises aux mêmes règles. L'ordonnance d'Orléans, art. 73, imposait au ministère public l'obligation de nommer à l'accusé son dénonciateur, lorsque celui-ci en avait fait la demande. — Carnot, *C. inst. crim.*, art. 358, no 7, t. 2, p. 701. — V. CALOMNIE, no 13.

15. — Les procureurs du roi ou procureurs-fiscaux qui avaient poursuivi en vertu de dénonciations faites par des gens sans aveu pouvaient être condamnés à des peines sévères et aux dommages-intérêts des parties.

16. — Le Code pénal du 25 sept. 1791, muet sur la calomnie proprement dite, ne s'expliquait pas davantage sur la dénonciation calomnieuse. Aussi n'y avait-il d'autre moyen de répression contre le dénonciateur que les dommages-intérêts que pouvait réclamer la personne dénoncée.

17. — Le Code des délits et peines du 3 brum. an IV garda le même silence sur le délit de dénonciation calomnieuse, il ouvrit seulement à l'accusé une action en dommages-intérêts contre son dénonciateur. L'art. 426 portait : « Tout individu acquitté peut poursuivre son dénonciateur pour ses dommages-intérêts. » L'art. 432 ajoutait : « Les juges prononcent ensuite et sans désemparer la peine établie par la loi, ou acquittent l'accusé, si le fait dont il est convaincu n'est pas défendu par elle. Dans l'un et l'autre cas, ils statuent sur les dommages-intérêts prétendus par la partie plaignante ou par l'accusé. Ils ne peuvent, à peine de nullité, y statuer que par le même jugement.

18. — Jugé que, sous ce Code, la fausse dénonciation ne pouvait être assimilée au faux témoignage, et qu'elle ne constituait ni crime ni délit. — *Cass.*, 19 prair. an VIII, Bourricau.

19. — ... Et que la dénonciation mal fondée ne donnait pas lieu à l'amende, mais seulement à des dommages-intérêts contre le dénonciateur. — *Cass.*, 11 brum. an VIII, André Pinçon.

20. — ... Que les tribunaux criminels n'avaient la faculté de prononcer sur les dommages-intérêts que relativement aux parties plaignantes et à l'accusé; ils ne pouvaient en accorder contre un simple dénonciateur. — *Cass.*, 29 vendém. an V, Quéelin c. Delaine; même jour, Théot c. Fleury.

21. — ... De même, que lorsque le dénonciateur n'était point partie au procès, c'est-à-dire lorsqu'il n'était pas en même temps partie plaignante, le tribunal criminel ne pouvait pas connaître des dommages-intérêts prétendus contre lui par l'accusé acquitté; il ne pouvait pas surtout prononcer des condamnations contre un individu qui n'avait été ni entendu ni légalement appelé. —

Cass., 25 fructid. an IV, Warméjanville c. Moussel.

22. — Réciproquement, des juges criminels ne pouvaient condamner un accusé à des dommages-intérêts envers son dénonciateur, si celui ci n'était point partie au procès criminel. — *Cass.*, 9 fév. 1806, N...

23. — L'action en dommages-intérêts était soumise, quant à la compétence, aux règles ordinaires, et pouvait être portée devant la justice civile. Il a été jugé par le tribunal de Cassation (11 brum. an VIII, André Pinçon) qu'aucune loi ne conférant aux tribunaux, soit de police municipale, soit de police correctionnelle, la connaissance des demandes en dommages-intérêts pour cause de dénonciation que les tribunaux criminels avaient trouvé mal fondée, ces demandes étaient laissées dans la classe des actions ordinaires lorsqu'elles n'avaient pas été portées devant le tribunal criminel contre le dénonciateur partie au procès.

24. — Conformément à l'ancienne jurisprudence, lorsque, les poursuites ayant été faites d'office contre le dénoncé, il était reconnu que la dénonciation n'était pas calomnieuse, le dénonciateur ne pouvait être condamné à aucuns dommages-intérêts envers l'inculpé renvoyé des poursuites par ordonnance du directeur du jury. — *Paris*, 16 nov. 1811, Jacques Malo c. Renaudon.

25. — Mais l'individu mis en liberté par ordonnance du directeur du jury avait une action en dommages-intérêts contre son dénonciateur, comme s'il avait été acquitté par le jury. — *Paris*, 24 fév. 1807, Authénac c. Petit.

26. — Cette législation a été remplacée par les art. 3, 358 et 359 du Code d'inst. crim. promulgué en 1808, qui ont maintenu et régularisé l'action civile en dommages-intérêts contre le dénonciateur de mauvaise foi, et par l'art. 373, C. pén. 1810, qui punit la dénonciation calomnieuse de peines correctionnelles. Ce sont encore ces dispositions qui régissent la matière.

27. — Les lois des 17 et 26 mai 1819 et 25 mars 1822, sur les crimes et délits commis par la voie de la presse ou par tout autre moyen de publication, en effaçant de la loi pénale le délit de calomnie pour le faire rentrer dans une qualification nouvelle et plus générale, ont cependant maintenu le délit de dénonciation calomnieuse tel qu'il existait, bien qu'il ne constituât guère qu'une espèce particulière de calomnie, quant à son caractère moral. La dénonciation étant secrète et ne supposant aucune publicité, les rédacteurs de ces trois lois ne pensèrent pas qu'ils dussent s'en occuper. L'art. 374, relatif à une partie de la pénalité, a seul été abrogé par elles.

28. — Ainsi, les lois des 17 et 26 mai 1819, qui n'envisagent le délit de diffamation ou d'injure qu'en tant qu'il serait accompagné de publicité, sont sans application au délit de dénonciation calomnieuse. — *Colmar*, 19 mars 1823, Jœger c. Wolff; *Cass.*, 25 fév. 1826, Alix. — V. conf. *Cass.*, 7 mars 1823, Maire et adjoint de Fraze c. Georges Pommier; 18 avr. 1823, Gross; Rouen, 22 avr. 1825, Jorre. — Carnot, sur l'art. 373, C. pén., t. 2, p. 227, no 1er, et de Grattier, *Comm. sur les lois de la presse*, t. 1er, p. 181.

29. — Toutefois, l'art. 374, C. pén., portant que le dénonciateur calomnieux sera interdit pendant cinq ans au moins et dix ans au plus des droits mentionnés en l'art. 42, C. pén., a été abrogé par l'art. 26, L. 17 mai 1819. — *Cass.*, 7 déc. 1833, Holleaux c. Lambert.

CHAPITRE II. — *Elémens constitutifs du délit.*

Sect. 1re. — *Conditions nécessaires de la dénonciation.*

§ 1er. — *Caractères généraux.*

30. — Pour constituer le délit de dénonciation calomnieuse il ne suffit pas qu'une accusation quelconque de mauvaise foi soit portée contre un tiers, auprès des magistrats compétens, il faut en outre que la déclaration du dénonciateur soit faite spontanément et que les faits dénoncés aient une certaine gravité.

31. — *Spontanéité de la dénonciation.* — La communication ou déclaration faite à l'autorité compétente de faits répréhensibles, n'est une dénonciation qu'autant qu'il y a spontanéité chez son auteur. — V. DÉNONCIATION.

32. — On ne peut donc considérer comme un dénonciateur calomnieux l'individu qui, sans former une plainte, a seulement donné au ministère public les renseignemens qu'il lui demandait sur un crime parvenu à sa connaissance, et dont cet individu a été la victime. Autrement, l'action du ministère public serait paralysée. — *Metz*, 22 août 1818, Poinsignon c. Deshayes.

33. — La dénonciation faite au maire, par un individu qui s'est présenté devant lui, sur son invitation, n'a pas le caractère de spontanéité nécessaire pour rendre punissable celle qui est calomnieuse, encore bien qu'il soit énoncé dans le procès-verbal que le maire avait été informé que cet individu voulait lui rendre plainte. — *Cass.*, 3 déc. 1819, Martin. — V. conf. Legraverend, t. 1er, chap. 5, p. 193; Chauveau et Hélie, t. 6, p. 490.

34. — Par application du même principe, on ne peut assimiler aux dénonciations mentionnées dans l'art. 323, C. inst. crim., les témoins qui, au lieu de se porter dénonciateurs volontaires, ont été appelés devant le juge d'instruction et n'ont fait leur déclaration que sur l'interpellation de ce magistrat. — *Cass.*, 26 mai 1826, Virpullot.

35. — Mais il y aurait dénonciation, dans le sens de l'art. 373, lors même que le révélateur de mauvaise foi prétendrait n'avoir fait qu'indiquer des faits coupables dont la dénonciation est obligatoire aux termes de la loi criminelle. Les art. 103 et suiv., 136, 137 et 144, C. pén. 1810, punissaient de diverses peines la non-révélation de certains crimes. Ces dispositions ont été abrogées par la loi du 28 avr. 1832, comme n'étant plus en harmonie avec nos mœurs. Maintenant encore, l'art. 30, C. inst. crim., contient une obligation analogue qu'il généralise en l'étendant à tous les attentats contre les personnes ou les propriétés, mais cet article n'a reçu aucune sanction pénale. Il est de toute évidence que ces divers textes ont supposé que dans les dénonciations, dont ils faisaient un devoir aux citoyens, il y aurait, de la part des révélateurs, conviction de la vérité des faits révélés et qu'ils n'ont pu vouloir encourager la calomnie.

36. — Aussi a-t-il été jugé que la dénonciation d'un fait ou d'un crime que la loi oblige de déclarer aux autorités publiques peut, si elle est reconnue calomnieuse et dictée par la haine ou le désir de la vengeance, donner lieu contre son auteur aux peines prononcées par l'art. 373, C. pén. — *Cass.*, 10 oct. 1816, Duverdier.

37. — Le principe s'appliquerait avec non moins de vérité aux fonctionnaires d'ordres divers qui, aux termes de l'art. 29, C. inst. crim., doivent dénoncer officiellement les crimes et délits dont ils ont connaissance, si ces fonctionnaires s'étaient permis de faire une dénonciation calomnieuse contre un particulier. — Chauveau et Hélie, *Th. du C. pén.*, t. 6, p. 513; Carnot, *C. pén.*, art. 373, nos 5 et 7; Legraverend, *Lég. crim.*, t. 1er, p. 193; Chassan, *Tr. des délits de la par.*, t. 1er, p. 110, no 1.

38. — La disposition de l'art. 358, C. inst. crim., qui ne permet pas d'accorder des dommages-intérêts contre les membres des autorités constituées, à raison des avis qu'ils sont tenus à donner, concernant les délits dont ils ont acquis la connaissance dans l'exercice de leurs fonctions, n'exclut pas la voie de la plainte ni l'action publique, dans le cas où les dénonciations faites par ces fonctionnaires sont calomnieuses. — *Spécialement*, le président d'un tribunal qui, dans un rapport officiel au ministre de la justice, révèle de prétendus abus dans l'administration de la justice de son ressort, et signale comme auteurs de ces abus un juge de paix et un notaire, peut, dans le cas où ces faits seraient reconnus mensongers, et dictés par un sentiment de haine personnelle, être poursuivi comme coupable de dénonciation calomnieuse. — *Cass.*, 12 mai 1827, Beuret et Cadot c. Mareadier. — V. conf. *Cass.*, 22 déc. 1827, mêmes parties.

39. — A plus forte raison l'auteur d'une dénonciation calomnieuse ne peut invoquer la protection accordée par la loi aux fonctionnaires publics, qui sont obligés de signaler à l'autorité compétente les délits dont ils ont eu connaissance dans l'exercice de leurs fonctions, s'il avait cessé les siennes à l'époque où la dénonciation a été faite. — *Cass.*, 8 août 1825, Flandin c. Tholozé.

40. — *Gravité des faits dénoncés.* — Mais, lors même qu'elle aurait été faite spontanément, la révélation ne saurait constituer une dénonciation calomnieuse, si les faits indiqués à l'autorité n'étaient pas d'une gravité suffisante pour entraîner un préjudice pour le dénoncé. Si les faits allégués n'avaient pas de portée par eux-mêmes, si imputés à un fonctionnaire, par exemple, ils ne devaient exposer ce fonctionnaire à aucune conséquence fâcheuse quand même ils seraient vrais, leur indication ne serait pas une dénonciation dans le sens légal. Le préjudice possible est, en effet, un des élémens du délit prévu par l'art. 373, C. pén.

41. — Néanmoins, pour constituer une dénonciation calomnieuse, il n'est pas nécessaire qu'elle ait pour objet de provoquer des poursuites judiciaires; il suffit qu'elle ait pour but de provoquer des mesures administratives contre un fonctionnaire, telles qu'une révocation, une translation ou un changement de résidence. — *Cass.*, 7 déc. 1833, Holleaux c. Lambert.

42. — Ainsi, il suffit, pour constituer le délit de dénonciation calomnieuse, que les faits mensongers imputés à un maire soient attentatoires à la délicatesse et à la probité de tout citoyen, et de nature à lui faire perdre la confiance de ses administrés, et même à entraîner sa destitution, quoiqu'ils ne soient pas punissables suivant la loi. — *Rouen*, 22 avr. 1825, Jorre; *Bourges*, 13 nov. 1845 (t. 2 1845, p. 602), Bert c. Picot.

43. — Spécialement celui qui a porté plainte contre un individu, en lui imputant d'avoir apposé une fausse signature au bas d'une obligation, ne peut être renvoyé des poursuites en dénonciation calomnieuse par le motif que les traits apposés au pied du titre n'offraient aux yeux aucune signature appréciable, et ne pouvaient dès-lors, dans aucun cas, constituer un faux en écriture privée. — *Cass.*, 8 juin 1844 (t. 2 1844, p. 493), Camus.

44. — ... Décidé, dans le même sens, que pour constituer le délit de dénonciation calomnieuse contre un fonctionnaire public, il suffit que les faits imputés soient de nature à exposer celui qui en est l'objet à une répression administrative, quoiqu'ils ne soient pas prévus par la loi pénale; ainsi, il suffit que dans une plainte adressée au préfet contre un maire de son département, on ait imputé à cet officier municipal d'avoir dressé des procès-verbaux et dirigé des poursuites dans un esprit de partialité et de vexation. — *Cass.*, 3 juill. 1829, Heuchel c. Bisschoff.

45. — Jugé également qu'il n'est pas nécessaire, pour constituer le délit de dénonciation calomnieuse contre un fonctionnaire public, que la dénonciation porte sur des faits précis; il suffit qu'elle contienne l'imputation de toutes sortes de vices et de défauts, et qu'elle soit de nature à lui faire perdre la confiance et le respect. — *Bruxelles*, 26 nov. 1821, Lecomte.

46. — MM. Chauveau et Hélie (*Th. du C. pén.*, t. 6, p. 496 et s.) pensent que, pour qu'il y ait dénonciation proprement dite contre un fonctionnaire, il ne suffirait pas que les faits imputés l'exposassent à perdre l'estime et la confiance de ses supérieurs, mais qu'ils doivent être de nature à appeler contre lui soit des poursuites judiciaires, soit la suspension ou la destitution. Il faut remarquer cependant que bien que la dénonciation soit secrète pour le public, cette clandestinité n'empêche pas qu'il ne puisse y avoir préjudice pour celui qui en est l'objet lorsque c'est un fonctionnaire public, car il lui importe de conserver l'estime de ses supérieurs qui ont connaissance de la dénonciation soit directement, soit parce qu'ils sont consultés sur son contenu. Il semble donc que le fonctionnaire dénoncé doive avoir, dans ce cas, le droit d'exercer contre le prétendu révélateur l'action ouverte par l'art. 373, C. pén.

47. — La déclaration faite à un officier de police judiciaire d'un délit qui n'a pas été commis ne constitue pas une dénonciation calomnieuse si le plaignant n'a signalé aucun individu comme étant l'auteur du prétendu délit. — *Paris*, 30 déc. 1834, Lafond.

48. — Pour constituer le délit de dénonciation calomnieuse, il est nécessaire qu'il y ait non pas seulement énonciation de soupçons, mais imputation positive d'un fait, et qu'en outre cette imputation ait été faite méchamment, de mauvaise foi, et dans l'intention de nuire. — C. pén., art. 373. — Le plaignant qui, dans une plainte en vol, déclare faire porter ses soupçons contre telle ou telle personne, ne commet donc pas le délit de dénonciation calomnieuse envers cette personne. — *Paris*, 17 juin 1843 (t. 2 1843, p. 267), Meunier c. d'Ivry.

§ 2. — *Forme de la dénonciation.*

49. — La dénonciation n'est régulière qu'autant qu'elle est faite par écrit. Une communication purement verbale, quelques paroles fugitives et susceptibles de plusieurs interprétations ne sauraient suffire pour servir de base au délit. Un document écrit pouvait seul prouver chez le révélateur une volonté réfléchie de faire une dénonciation, et il fallait que ce document pût être représenté. — Chauveau et Hélie, *Théor. du C. pén.*, t. 6, p. 484.

50. — Mais il n'est pas nécessaire, pour constituer le délit de dénonciation calomnieuse, que la dénonciation ait été faite dans la forme prescrite par l'art. 31, C. inst. crim. La seule condition in-

dispensable, c'est qu'elle soit rédigée par écrit. — Cass., 2 sept. 1825, N...; — Parant, *L. de la presse*, p. 467.

51. — Ainsi, la lettre par laquelle on dénonce au procureur général un crime dont on désigne l'auteur peut constituer une dénonciation calomnieuse, quoique non revêtue des formes voulues par l'art. 31, C. inst. crim., si elle a donné lieu à une instruction criminelle suivie d'une ordonnance de non lieu. — *Cass.*, 5 fév. 1830, Lenay. — V. conf., t. 6, p. 488, Chauveau et Hélie.

52. — Des écrits adressés spontanément au ministre de l'intérieur peuvent être considérés comme constituant une dénonciation calomnieuse, quoiqu'ils ne remplissent pas les conditions prescrites par l'art. 31, C. inst. crim. — *Cass.*, 8 août 1835, Flandin c. Tholozé.

53. — Cette jurisprudence a sainement interprété l'art. 373. Affranchir de toute responsabilité pénale les calomniateurs qui n'auraient pas rédigé leur dénonciation dans une forme déterminée, c'eût été leur donner un moyen facile d'éluder l'application de la loi, et encourager les dénonciateurs anonymes que le législateur paraît avoir voulu atteindre. — Legraverend, *L. crim.*, t. 2, p. 193; Carnot, *C. pén.*, art. 373, nº 7, t. 2, p. 228, Chauveau et Hélie, *Th. du C. pén.*, p. 485.

54. — Celui qui a fait une dénonciation calomnieuse dans une pétition adressée à un ministre sur un objet de ses attributions ne peut pas être acquitté, sous le prétexte que cette pétition constitue une correspondance privée, et que le secret des lettres est inviolable. — *Cass.*, 7 déc. 1833, Holleaux c. Lambert.

55. — La dénonciation peut être réputée calomnieuse, bien qu'elle ait été écrite par une main étrangère, si elle a été signée par le dénonciateur.

56. — Aucune forme n'ayant été prescrite, pour qu'une dénonciation fût réputée faite par écrit, on peut considérer comme telle, dans le sens de la loi qui punit les dénonciations calomnieuses, une simple note non signée, contenant des renseignemens sur le fait dénoncé, et remise à un officier de police judiciaire. — *Cass.*, 10 oct. 1816, Duverdier et Godard c. Lorette.

57. — Jugé, dans le même sens, que la dénonciation calomnieuse est punissable, quoique faite dans un écrit anonyme; il n'est pas nécessaire que l'écrit qui la contient soit signé pour constituer le délit. — *Metz*, 16 mai 1825. N...

58. — Il faut cependant que l'acte émane du dénonciateur d'une manière quelconque, soit qu'il l'ait écrit, soit qu'il l'ait signé, car sa volonté de faire une dénonciation doit être constante. Tel est le sens de la décision qui suit.

59. — La seule dénonciation qui, lorsqu'elle est calomnieuse, donne lieu à l'application des peines de l'art. 373, C. pén., est celle qui a été écrite par le dénonciateur, ou du moins rédigée en sa présence avec les formes prescrites pour suppléer à son écriture et à sa signature. — *Spécialement*, on ne peut considérer comme dénonciation faite par écrit celle qui n'a pas été signée par le dénonciateur, ni écrite en sa présence, et dont il ne lui a même pas été donné lecture. — *Cass.*, 3 déc. 1819, Martin.

60. — Puisque la dénonciation prévue par l'art. 373 n'est soumise à aucune forme intrinsèque particulière, rien n'empêche qu'elle se produise sous forme de plainte. — Legraverend, t. 1er, chap. 11, p. 427, et t. 2, chap. 4, p. 377; Chauveau et Hélie, *Th. du C. pén.*, p. 491.

61. — Aussi la cour de Cassation a-t-elle jugé qu'une plainte portée en justice peut constituer une dénonciation calomnieuse comme toute autre dénonciation faite par lettres ou autres écrits sous seing-privé adressés à des fonctionnaires publics, soit que le dénonciateur ait pris la qualité de plaignant ou seulement celle de dénonciateur, soit qu'il ait pris la qualité de partie civile. — *Cass.*, 12 nov. 1813, Maillezat c. Sarrazin-Lamy; — Chauveau et Hélie, t. 6, p. 491.

62. — C'est à tort qu'il a été jugé que la plainte des parties qui se prétendent lésées n'est pas comprise dans l'art. 373, C. pén., sous l'expression de *dénonciation* qui ne s'entend que de la déclaration faite par ceux qui n'éprouvent pas de dommage personnel du fait dénoncé; qu'en conséquence, elle ne peut donner lieu à une action en dénonciation calomnieuse. — *Bourges*, 21 juill. 1821, Guibert c. Turbat.

§ 3. — *Dépôt entre les mains des officiers de justice ou de police.*

63. — Une troisième condition est requise par l'art. 373 pour qu'il y ait dénonciation régulière. Il faut que l'acte par lequel les faits imputés sont signalés au pouvoir répressif, soit remis à l'un des officiers de justice ou de police judiciaire ou administrative. Cette remise assure le résultat de la dénonciation et lui imprime son véritable caractère.

64. — Il a été jugé cependant par la cour de Cassation que lorsque des lettres diffamatoires envers un tiers ont été rendues publiques par la personne à qui elles étaient adressées, s'il est reconnu qu'elles ne constituaient qu'une dénonciation faite à l'autorité d'une manière indirecte et qu'elles n'étaient confidentielles que relativement au nom et à la signature du dénonciateur, les tribunaux peuvent, sans violer aucune loi, condamner ce dernier à des dommages-intérêts, en réparation du tort qu'il a causé. — *Cass.*, 16 fév. 1829, Pasquier c. Watelier. — Mais il nous paraît impossible d'attribuer à ces faits le caractère d'une dénonciation calomnieuse.

65. — Les officiers de justice et ceux de police judiciaire sont énumérés dans l'art. 9, C. inst. crim. La première qualification paraît s'appliquer plus justement aux juges d'instruction. Les fonctionnaires chargés de la recherche et de la poursuite des délits et crimes sont plus particulièrement les procureurs généraux et leurs substituts (C. inst. crim., art. 174 et 175), et les procureurs du roi et leurs substituts. Ils ont pour officiers auxiliaires les juges de paix, les officiers de gendarmerie et les commissaires de police. — C. inst. crim., art. 48.

66. — La police administrative est exercée par le ministre de l'intérieur pour toute la France; et dans les départemens par les préfets, dans les arrondissemens par les sous-préfets, dans les communes par les maires, à Paris par le préfet de police, et enfin par les commissaires de police dans les villes où il en existe. — Favard de Langlade, vº *Police*, t. 4, p. 273.

67. — Le roi étant le chef du pouvoir judiciaire et en même temps celui du pouvoir exécutif, la dénonciation qui lui serait remise directement aurait une régularité incontestable. — Merlin, *Rép.*, vº *Injure*, § 2, *in fine*.

68. — Les ministres, dont l'autorité n'est qu'une émanation du pouvoir royal, doivent être considérés comme des officiers de police administrative dans le sens de l'art. 373. Le ministre de la justice représentant le pouvoir judiciaire, a évidemment compétence pour recevoir une dénonciation. Il est vrai qu'au conseil d'état on parut ne pas vouloir comprendre les ministres dans les termes de l'art. 373. Du moins les mots, *soit au gouvernement*, figuraient dans le projet de loi, et le conseil accueillit un amendement qui retranchait ces mots. Mais il y a des raisons si puissantes pour reconnaître aux ministres compétence pour recevoir les dénonciations dirigées contre leurs subordonnés qu'il paraît impossible de décider que celles qu'on déposerait entre leurs mains seraient irrégulièrement faites. — *Cass.*, 7 déc. 1833, Holleaux c. Lambert. — V. Chauveau et Hélie (*Th. C. pén.*, t. 6, p. 492), et Bourguignon (*Jurisp. des codes crim.*, sur l'art. 373, C. pén., t. 3, p. 346), qui est d'un avis contraire.

69. — Ainsi, la dénonciation calomnieuse adressée au ministre de l'intérieur contre un maire et un adjoint est réputée faite à un officier de police administrative. — *Cass.*, 25 oct. 1816, Maury c. Labesse et Rullon.

70. — Les dénonciations calomnieuses adressées au ministre des finances et aux administrateurs des eaux et forêts contre un conservateur, un inspecteur et un garde général des forêts, sont réputées faites à des officiers de police administrative. — *Rouen*, 13 août 1824, Tocqueville.

71. — La dénonciation faite contre un juge de paix au ministre de la justice est tout aussi punissable que si elle avait été soumise à des officiers de justice ordinaire, et doit entraîner les mêmes conséquences lorsqu'elle est calomnieuse. — *Rennes*, 16 avr. 1834, Peulhière.

72. — Les préfets sont officiers de police administrative, ainsi qu'il a été dit plus haut (nº 66); de plus, ils ont le droit de requérir les officiers de police judiciaire (C. inst. crim., art. 10). Ils ont donc qualité pour recevoir une dénonciation.

73. — Il en résulte qu'une dénonciation adressée par un préfet contre un maire peut constituer le délit de dénonciation calomnieuse, et qu'on ne saurait lui refuser ce caractère par le motif qu'elle n'a pas été écrite au préfet en sa qualité d'officier de police, mais seulement en celle d'administrateur; cette distinction est inadmissible. — *Cass.*, 31 août 1815, Jackson. — V. sur cet arrêt Carnot, art. 373, nº 9, t. 2, p. 231. — V. conf. *Rouen*, 22 avr. 1825, Jouro.

74. — La jurisprudence a considéré comme officiers de police administrative, dans le sens de l'art. 373, des fonctionnaires qui, par eux-mêmes, n'ont pas ce caractère, mais qui exercent un pouvoir disciplinaire sur leurs subordonnés.

75. — MM. Chauveau et Hélie (*Th. C. pén.*, t. 6, p. 494) pensent également qu'il suffit que le fonctionnaire à qui la dénonciation est adressée soit investi d'un pouvoir disciplinaire sur la personne dénoncée, et qu'il puisse, sur cette dénonciation, adopter des mesures répressives, telle que la suspension ou la destitution; ils font, au surplus, remarquer que la même décision doit s'appliquer aux fonctionnaires des diverses administrations publiques qui sont investis d'un semblable pouvoir, lorsque la dénonciation concerne leurs subordonnés.

76. — Par exemple, on a décidé que le directeur général des contributions indirectes étant nécessairement officier de police administrative à l'égard des agens et préposés dont la direction et la surveillance lui sont attribuées, la dénonciation calomnieuse qui lui est faite contre un de ces agens est passible de la peine portée par l'art. 373, C. pén. — *Cass.*, 23 juill. 1835, Tison.

77. — Le recteur d'une académie doit être considéré, à l'égard des fonctionnaires de l'université placés sous sa direction et sous sa surveillance, comme un officier de police administrative. — En conséquence, l'auteur d'une dénonciation calomnieuse par écrit adressée au recteur contre un instituteur doit être puni des peines portées par l'art. 373, C. pén. — *Bourges*, 18 août 1838 (t. 1er 1839, p. 232), B... c. Miot.

Sect. 2e. — *Caractère calomnieux de la dénonciation.*

78. — Lorsque l'acte par lequel l'autorité compétente a été saisie réunit toutes les conditions de régularité exigées par l'art. 373 pour constituer une dénonciation, il y a lieu de rechercher son caractère moral et d'examiner si, rapproché du but que s'est proposé son auteur, il contient les élémens du délit de dénonciation calomnieuse.

79. — La dénonciation n'est calomnieuse qu'autant qu'il est démontré : 1º que les faits indiqués par le dénonciateur sont faux matériellement ou qu'ils ne sont pas prouvés; — 2º que l'auteur de la prétendue révélation était de mauvaise foi. — V. CALOMNIE.

80. — L'existence du fait matériel qui a donné lieu à une dénonciation exclut toute présomption de calomnie, de la part du dénonciateur. — *Paris*, 13 juill. 1818, Fouchier et d'Arlois c. Thierry.

81. — Mais de ce que quelques unes des imputations sur lesquelles repose une dénonciation seraient reconnues bien fondées, il ne s'ensuit pas que l'auteur de cette dénonciation ne puisse être condamné à raison de celles qui seraient jugées calomnieuses. — *Cass.*, 23 nov. 1835, de Magnoncour c. Dejoux.

82. — La preuve de la fausseté d'une dénonciation résulte virtuellement d'un arrêt de la chambre d'accusation déclarant qu'il n'y a lieu à suivre, par le motif qu'il n'est point établi que l'inculpé soit auteur ou complice des faits dénoncés....., et cet arrêt peut servir à lui seul de base légale à une action en dénonciation calomnieuse intentée par l'inculpé devant le tribunal correctionnel. — *Cass.*, 4 nov. 1843 (t. 1er 1844, p. 601), Lemeur c. Moulin et Baron. — V. conf. *Cass.*, 8 août 1835, Flandin c. Tholozé; — Chassan, t. 1er, p. 360, nº 13.

83. — La dénonciation aux officiers de police ou de justice reconnue fausse ne prend le caractère de délit que lorsqu'elle a été faite sans motif légitime, méchamment ou à dessein de nuire. — *Cass.*, 11 sept. 1817, Delambert c. Godefroi. — V. conf. *Cass.*, 18 avr. 1823, Gross; *Bruxelles*, 13 nov. 1822, P... et B...; *Cass.*, 6 août 1825, Guillemin. — Chassan, t. 1er, p. 373.

84. — Si l'intention coupable est toujours présumée de droit dans les imputations qui sont l'objet de l'art. 367, C. pén., il n'en est pas ainsi d'une dénonciation à l'autorité, parce qu'elle peut avoir été faite dans un but utile à la société. — *Cass.*, 25 oct. 1816, Maury c. Labesse et Rullon. — Parant, *Lois de la presse*, p. 86, et Chassan, t. 1er, p. 373.

85. — Ainsi, lorsque des officiers ministériels (spécialement des commissaires-priseurs) légalement réunis en chambre de discipline, après avoir inutilement demandé des explications à l'un de leurs confrères, ont dénoncé au procureur du roi des faits de prévarication qui n'ont pas été confirmés par l'instruction qui s'en est suivie, cette dénonciation ne présente pas le caractère d'une intention criminelle et ne constitue pas de délit. — *Rouen*, 8 juill. 1818, commissaires-priseurs de Rouen c. Blanpain.

86. — Les lois des 17 et 26 mai 1819 n'ayant pas

été introduites dans la législation belge, le délit de calomnie, prévu par les art. 367 et suiv., C. pén., existe encore en Belgique. Ainsi, lorsqu'un individu a, dans un écrit imprimé, qui a été vendu et distribué, imputé à un autre des faits faux qui, s'ils existaient, l'exposeraient à des poursuites criminelles ou correctionnelles, ou seulement au mépris et à la haine de ses concitoyens, cette imputation réunirait, dans ce pays, tous les caractères du délit de calomnie. — En France, ils constitueraient maintenant une diffamation. — *Bruxelles*, 13 nov. 1822, P... et B...

87. — Celui qui, par les renseignemens qu'il fournit, provoque méchamment et calomnieusement les recherches de la justice contre quelqu'un, peut être condamné comme dénonciateur calomnieux. — *Cass.*, 23 juill. 1813, Adjacent.

88. — La dénonciation faite par un maire contre un de ses administrés ne peut servir d'excuse à la dénonciation calomnieusement faite par ce dernier contre le maire. — *Nîmes*, 27 nov. 1829, Roux c. Gasquet.

89. — Il y a dénonciation calomnieuse, bien que cette dénonciation se trouve comprise dans un mémoire présenté par son auteur pour la défense de ses intérêts, alors surtout que les faits dénoncés sont complétement étrangers à cette défense. — *Bourges*, 13 nov. 1845 (t. 2 1845, p. 602), Bert c. Piquot.

CHAPITRE III. — *Jugement du délit de dénonciation calomnieuse.*

Sect. 1re. — *Compétence. — Poursuite.*

90. — L'art. 373, C. pén., ayant rangé la dénonciation calomnieuse dans la classe des délits, en la punissant de peines correctionnelles, a nécessairement attribué compétence aux tribunaux correctionnels pour en connaître. — *Cass.*, 7 mars 1823, Maire et adjoint de Frazé c. Georges Pommier. — V. conf. de Grattier, *Comment. sur les lois de la presse*, t. 1er, p. 409, no 13.

91. — La cour de Cassation a jugé qu'en cas de sursis au jugement d'une demande en dommages-intérêts formée devant le juge de paix pour imputations injurieuses, sursis fondé sur l'allégation des défendeurs, qu'ils ont dénoncé les faits au procureur du roi, celui qui avait formé cette demande était recevable, après que la plainte dirigée contre lui avait été déclarée fausse par l'autorité judiciaire, à porter plainte en dénonciation calomnieuse devant le tribunal correctionnel, et que ce tribunal ne pouvait se déclarer incompétent, sous le prétexte qu'une action civile aurait déjà été formée ; que cette action était tout-à-fait distincte de l'action criminelle. — *Cass.*, 28 janv. 1819, Menil Drey.

92. — On s'est demandé cependant si cette compétence était absolue et s'il fallait la reconnaître même dans l'hypothèse prévue par l'art. 358, C. inst. crim. Cet article se réfère au cas où, par suite de la dénonciation, celui contre qui elle a été dirigée, traduit devant une cour d'assises, a été jugé par elle et acquitté, et il donne alors à l'accusé le droit de former devant la cour d'assises une demande en dommages-intérêts contre ce dénonciateur *pour fait de calomnie*. — L'art. 358, explicite sur les dommages-intérêts que peut prétendre l'accusé, est muet sur l'action publique pour provoquer la répression du délit de dénonciation calomnieuse dont l'allocation des dommages intérêts supposerait l'existence. Le ministère public doit-il prendre des réquisitions devant la cour et provoquer un arrêt de condamnation contre le dénonciateur calomnieux aux peines portées par l'art. 373 ? — Nous ne le pensons pas. La cour d'assises n'étant saisie d'aucune procédure régulière instruite contre le dénonciateur et n'ayant reçu mission de l'art. 358 que pour se prononcer sur les dommages-intérêts, serait incompétente pour juger le délit lui-même. Le silence de la loi laisse aux principes généraux tout leur empire, et le ministère public ne pourra procéder régulièrement qu'en faisant des réserves devant la cour pour le jugement du délit et en saisissant ensuite la juridiction correctionnelle par une information séparée. — Bourguignon, t. 2, p. 172, no 5.

93. — Il est, du reste, certain que l'art. 358, C. inst. crim., qui charge la cour d'assises de statuer sur les dommages-intérêts de l'accusé acquitté contre son dénonciateur, pour fait de calomnie, ne pourvoit qu'à l'intérêt de l'action civile et ne met aucun obstacle à ce que le calomniateur soit condamné, dans l'intérêt de la vindicte publique, aux peines portées par la loi. — *Cass.*, 12 nov. 1813, Maillezac c. Sarrazin-Lamy.

94. — Le tribunal de simple police auquel sont soumis des faits pouvant constituer une dénonciation calomnieuse ne peut se borner à renvoyer devant qui de droit l'appréciation du caractère de la dénonciation ; il doit se déclarer incompétent. — *Cass.*, 9 août 1844 (t. 2 1844, p. 545), Hubert.

95. — Le tribunal de police saisi d'une plainte en dénonciation calomnieuse, à raison de deux mémoires publiés par le prévenu, peut apprécier aussi, sur les conclusions du ministère public et de la partie civile, les imputations contenues dans un troisième mémoire qui aggrave les premières. — *Cass.*, 12 fév. 1819, Sombret c. Richomme.

96. — Le délit de dénonciation calomnieuse diffère quant aux principes qui régissent l'action publique de ceux de diffamation et injure définis depuis par les lois des 17 et 26 mai 1819, et 25 mars 1822. Aux termes de l'art. 5, L. 26 mai, dans le cas de diffamation ou d'injures contre un particulier, la poursuite ne peut avoir lieu que sur la plainte de la partie qui se prétendra lésée. L'action du ministère public contre le diffamateur est donc subordonnée à l'exercice de l'action privée. Le dénonciateur calomnieux peut, au contraire, être l'objet de poursuites spontanées de la part du ministère public conformément aux principes généraux. Les lois précitées s'appliquant spécialement aux crimes et délits qui se commettent à l'aide de la publicité, sont, comme on l'a déjà dit, restées étrangères à la dénonciation calomnieuse. — Legraverend (*Lég. crim.*, t. 1er, chap. 1er, p. 9), semble être d'une opinion contraire.

97. — Jugé, en conséquence, que le ministère public peut, sans plainte préalable, exercer d'office des poursuites contre l'auteur d'une dénonciation calomnieuse. — *Cass.*, 3 juin 1813, Catherine Boddi.

98. — La cour royale de Rennes a décidé à tort que le ministère public est non-recevable à poursuivre un individu pour fait de dénonciation calomnieuse, avant qu'il existe une déclaration judiciaire, signalant la calomnie de la dénonciation. Il y a ici confusion ; la vérité ou la fausseté des faits dénoncés peut bien donner lieu à une question préjudicielle, mais il n'appartient qu'au tribunal saisi de la plainte en calomnie de déclarer calomnieuse la dénonciation. — *Rennes*, 20 mars 1824, Perrine Coidreau.

99. — Le particulier qui a été victime d'une dénonciation calomnieuse a évidemment le droit de déférer le délit aux tribunaux correctionnels, soit par voie de citation directe, soit par voie de plainte.

100. — Lorsque, sur une dénonciation portée contre un fonctionnaire public, à raison d'un crime ou d'un délit, il est intervenu une ordonnance rendue en conseil d'état qui refuse d'autoriser la poursuite, cette décision ne prive pas celui qui a été dénoncé du droit de former l'action en dénonciation calomnieuse, sauf au tribunal saisi à apprécier les moyens de défense du prévenu. — *Cass.*, 10 mars 1842 (t. 1er 1842, p. 678), Sabouraud.

Sect. 2e. — *Question préjudicielle. — Constatation de la vérité ou de la fausseté des faits dénoncés.*

§ 1er. — *Sursis au jugement du délit.*

101. — La fausseté ou le défaut de preuve des faits imputés étant un des élémens du délit (V. *suprà* no 79), il en résulte comme conséquence nécessaire que le tribunal auquel il a été déféré ne peut prononcer de condamnation contre le prévenu qu'autant que la fausseté des faits dénoncés est constante ou que l'impossibilité de rapporter la preuve de leur existence est certaine. Ce principe est consacré par les décisions qui suivent. — V. l'ancien art. 372, C. pén., et l'art. 25 de la loi du 26 mai 1819.

102. — En matière de dénonciation calomnieuse, les tribunaux correctionnels n'étant chargés d'apprécier que le caractère moral de la dénonciation, c'est seulement après la décision de l'autorité compétente sur la vérité ou la fausseté des faits dénoncés que peut s'ouvrir l'action en dénonciation calomnieuse devant eux. — *Cass.*, 25 fév. 1826, Général Allix.

103. — Une dénonciation ne pouvant être déclarée calomnieuse qu'autant que les faits dénoncés ont été déclarés faux par l'autorité compétente, il y a lieu de surseoir à statuer sur la dénonciation jusqu'à ce que cette décision soit intervenue. — *Cass.*, 7 fév. 1835, Soum, Roques.

104. — Il ne peut être statué par le tribunal correctionnel, sur une plainte en dénonciation calomnieuse, qu'après que les faits imputés par la dénonciation ont été déclarés faux ou non prouvés par l'autorité ayant caractère pour en connaître. Jusqu'à cette décision, la plainte est prématurée. — *Cass.*, 23 oct. 1816, Maury c. Labesse. — Bourguignon, *Jurisp. des C. crim.*, sur l'art. 373, C. pén., t. 3, p. 346 ; Legraverend, t. 1er, chap. 5, sect. 2e, p. 194 ; Parant, p. 107 ; Chassan, t. 1er, p. 360. — V. conf. *Cass.*, 11 sept. 1817, Delambert ; 25 sept. 1817, Lavanière ; 25 fév. 1826, Alix ; 12 mai 1827, Beuret ; 22 déc. 1827, Beuret ; 26 mai 1832, Dutard ; 7 fév. 1835, Soum ; *Rennes*, 16 avr. 1834, Pruihière ; *Bruxelles*, 8 juin 1833, Blaison c. Coiron.

105. — Il ne faudrait pas pourtant entendre d'une manière trop littérale le principe qui se formule dans les décisions qui précèdent, ni penser que la cour de Cassation a considéré comme radicalement nulles les poursuites exercées contre le dénonciateur, avant la décision par laquelle l'autorité compétente a statué sur la vérité des faits dénoncés. La cour n'entend annuler que le jugement sur le délit de dénonciation calomnieuse, qui serait rendue avant cette décision. Si des poursuites seulement avaient été commencées avant la vérification des faits, il y aurait simplement lieu à surseoir jusqu'à ce que cette vérification eût été faite régulièrement.

106. — Au surplus, le tribunal saisi d'une poursuite en dénonciation calomnieuse n'est pas tenu de surseoir au jugement, sur la simple allégation du prévenu, qu'il est survenu des charges nouvelles, depuis l'ordonnance de la chambre du conseil portant qu'il n'y avait lieu à suivre sur les faits par lui dénoncés. — *Cass.*, 11 mars 1819, Gautier ; — Mangin, *Tr. de l'action publ.*, t. 1er, p. 556, no 230.

107. — Celui qui a fait à des officiers de police administrative une dénonciation calomnieuse est non-recevable à demander le sursis aux poursuites exercées contre lui, jusqu'à ce qu'il ait été statué par la chambre du conseil sur les faits par lui imputés dont il n'a point saisi la police judiciaire. — *Rouen*, 13 août 1824, Tocqueville ; *Cass.*, 11 sept. 1817, Delambert.

108. — Le tribunal correctionnel saisi d'une plainte en dénonciation calomnieuse est incompétent pour connaître des charges nouvelles survenues depuis l'ordonnance de la chambre du conseil, qui a déclaré n'y avoir lieu à suivre sur la dénonciation ; il ne peut, sur le fondement de ces nouvelles charges, prononcer le sursis, tant qu'elles n'ont pas été dénoncées au procureur du roi et au juge d'instruction. — *Cass.*, 2 août 1822, Gorris c. Béthune. — V. conf. Mangin, *Tr. de l'action publ.*, t. 1er, p. 557, no 230.

109. — Le tribunal saisi d'une plainte en dénonciation calomnieuse doit ordonner même d'office le sursis pendant l'instruction, lorsque l'auteur de l'imputation a dénoncé les faits imputés. — *Bruxelles*, 8 juin 1833, Blairon c. Cairon.

110. — Jugé avant les lois des 17 et 26 mai 1819 que pour que la dénonciation pût avoir l'effet de suspendre la poursuite en calomnie, il fallait que les faits dénoncés fussent identiquement ceux imputés à la partie qui se prétendait calomniée et dont elle avait rendu plainte. — *Cass.*, 9 juin 1815, Selves. — V. conf. Mangin, t. 1er, p. 567, no 233.

111. — Il n'y aurait pas lieu à surseoir, si la personne dénoncée était décédée après le commencement des poursuites dirigées contre elle, par suite de la dénonciation. L'action publique serait en effet éteinte à son égard.

112. — Le sursis ne devrait plus être prononcé, si le fait dénoncé était couvert par la prescription ou par une amnistie. — Carnot (C. pén., t. 2, p. 225 et 226) rappelle qu'il en était ainsi, lorsque, sous l'empire du Code pénal, une plainte en calomnie ayant été formée, le prévenu avait dénoncé les faits qu'il avait articulés, et provoqué des poursuites dont le résultat devait faire apprécier la sincérité de sa dénonciation. — C. pén., art. 372.

113. — La cour royale de Bourges a décidé que si celui qui est inculpé d'avoir fait une dénonciation calomnieuse par des lettres écrites sous un faux nom nie être l'auteur de ces lettres, une simple vérification d'écriture ne suffit pas pour servir de base à sa condamnation. Il y a lieu de surseoir jusqu'au jugement du faux qui lui est imputé. — *Bourges*, 21 juill. 1821, Guibert c. Turbat. — Nous ne saurions approuver la doctrine consacrée par cet arrêt. Sans doute, le sursis serait nécessaire, si le ministère public poursuivait l'auteur des lettres comme prévenu de faux ; mais jusqu'à cette poursuite, et tant que le ministère public n'a manifesté aucune intention de l'exercer, le tribunal ne peut refuser de statuer sur la plainte dont il est régulièrement saisi. La vérification d'écriture est un élément d'instruction auquel il a le droit de recourir, par cela seul qu'aucune disposition de la loi ne lui en interdit l'usage.

§ 2. — *Compétence pour vérifier les faits.*

114. — Les principes sur la compétence des divers pouvoirs pour statuer sur la vérité ou la fausseté des faits dénoncés préalablement au jugement du délit de dénonciation calomnieuse, se déduisent du caractère particulier des faits dénoncés.

115. — Ainsi, ce n'est pas exclusivement aux tribunaux, mais à l'autorité dans les attributions de laquelle rentre la connaissance des faits imputés par la dénonciation, qu'il appartient de statuer sur la vérité ou la fausseté de ces faits. — *Cass.*, 11 sept. 1817, Delambert c. Godefroi.

116. — Deux règles fondamentales dominent cette matière : la première, c'est que l'autorité judiciaire est seule compétente pour constater la vérité ou la fausseté des faits dénoncés, lorsqu'ils sont qualifiés crimes ou délits par la loi pénale; la seconde, c'est que le pouvoir administratif a qualité pour vérifier les faits imputés aux fonctionnaires publics, lorsque ces faits ne sont pas punis par la loi pénale et qu'ils ont trait à la gestion de ces fonctionnaires. Quant à la question de savoir si les décisions de l'administration ont un caractère définitif et absolu et si elles sont obligatoires pour les tribunaux, V. *infrà* nos 219 et suiv.

117. — Jugé, d'après ces principes, que lorsqu'une dénonciation est adressée à l'autorité administrative contre un maire dans l'exercice de ses fonctions, il faut distinguer ceux qui ont le caractère de crime ou de délit de ceux qui ne seraient que des actes de simple gestion : ceux-ci ne peuvent être déclarés vrais ou faux que par l'autorité administrative, tandis que l'autorité judiciaire est exclusivement compétente pour déclarer la vérité ou la fausseté des premiers. — *Cass.*, 7 fév. 1835, Soum et Roques.

118. — Lorsque celui qui est prévenu de dénonciation calomnieuse, pour avoir signalé au préfet des malversations et des concussions imputées à un maire, a dénoncé les faits au procureur du roi, il doit être sursis au jugement de la plainte en dénonciation calomnieuse, jusqu'à ce que, par l'autorité judiciaire, il ait été prononcé sur la réalité ou la fausseté des faits imputés, encore bien que, par une lettre au maire, le préfet les ait déclarés faux et calomnieux. — *Colmar*, 19 mars 1823, Jaeger c. Wolff.

119. — Lorsque l'autorité judiciaire étant saisie par la dénonciation, des poursuites ont été dirigées par le dénoncé et que le dénonciateur est à son tour l'objet d'une plainte dans les termes de l'art. 373, c'est à l'autorité judiciaire qu'il appartient de vérifier les faits dénoncés; mais cette autorité ne saurait être le tribunal devant lequel l'action en dénonciation calomnieuse a été portée.

120. — « Il semble, dit Mangin (*Tr. de l'act. publ.*, t. 1er p. 546), que, d'après le principe que le juge saisi de la prévention est compétent pour prononcer sur tous les élémens du délit, le tribunal correctionnel saisi de la plainte en dénonciation calomnieuse a toute juridiction pour statuer sur l'existence ou la non-existence des faits imputés et sur le caractère qu'ils peuvent présenter. Cependant, quand on réfléchit sur cette opinion, on découvre bientôt qu'elle entraîne de grandes difficultés. Si le tribunal correctionnel a le droit de prononcer sur l'existence ou la non-existence du délit ou du crime qui fait la matière de la dénonciation, il faut qu'il ait en même temps le droit de procéder à une information, de décerner des mandats, de faire subir des interrogatoires; il faut l'investir des attributions dévolues au juge d'instruction et à la chambre du conseil; il faut admettre contre la décision qu'il rendra toutes les voies de réformation que la loi a ouvertes contre les ordonnances des chambres du conseil. Or, une pareille procédure est tout-à-fait en dehors des règles établies par le Code d'instruction. » On peut ajouter que si les faits imputés par la dénonciation constituaient un crime, il serait contraire à l'ordre des juridictions de reconnaître à un tribunal de police correctionnelle le droit de prononcer sur leur existence.

121. — Lorsqu'une dénonciation calomnieuse a été adressée aux officiers de police administrative, il suffit, pour autoriser des poursuites contre le dénonciateur, que l'administration supérieure ait statué sur le fond de la dénonciation. — *Rouen*, 13 août 1824, Tocqueville.

122. — Si une dénonciation incriminée comme calomnieuse a été dirigée contre un membre de l'administration, c'est au fonctionnaire dont le dénoncé est le subordonné qu'il appartient de vérifier les faits indiqués dans la dénonciation.

123. — Ainsi, le ministre de l'intérieur à qui une dénonciation a été faite contre un maire et un adjoint, a caractère pour rendre sur les faits imputés la décision préalable à la plainte en dénonciation calomnieuse que voudraient former les fonctionnaires dénoncés. — *Cass.*, 25 oct. 1816, Maury c. Labesse et Rullon.

124. — Le principe est le même lorsque la dénonciation a été faite contre un membre de l'ordre judiciaire.

125. — Dans ce cas, c'est au ministre de la justice et non aux tribunaux qu'il appartient de prononcer sur la vérité ou la fausseté des faits imputés; et réciproquement, c'est aux tribunaux qu'il appartient d'apprécier la mauvaise foi du dénonciateur. — *Cass.*, 22 déc. 1827, Marcadier, Beuret et Cadot.

126. — Il est même passé en jurisprudence que l'exercice d'un pouvoir disciplinaire est suffisant pour attribuer à l'autorité qui en est investie compétence pour vérifier les faits.

127. — Ainsi, en matière de dénonciation calomnieuse, la chambre de discipline des avoués et le procureur du roi sont compétens pour statuer sur la vérité ou la fausseté des faits contenus dans une plainte qui leur a été adressée contre un avoué, lorsque ces faits sont de nature à entraîner une répression disciplinaire. — *Cass.*, 18 sept. 1830, Morel c. Bergé.

128. — Quand la chambre de discipline des avoués et le procureur du roi ont déclaré mal fondée une plainte portée contre un avoué pour des faits relatifs à ses fonctions, le tribunal saisi d'une poursuite en dénonciation calomnieuse exercée contre le plaignant, est tenu de statuer et ne peut surseoir au jugement, jusqu'à ce que la dénonciation ait été jugée calomnieuse. — Même arrêt.

129. — Mais si le tribunal saisi de la connaissance du délit de dénonciation calomnieuse, ne se jugeant pas suffisamment éclairé par la décision rendue par le pouvoir administratif sur la vérité des faits dénoncés, croyait devoir faire lui-même cette vérification, en aurait-il le droit? — Mangin (*Act. publ.*, t. 1er, no 549) ne pense pas qu'il puisse appartenir au pouvoir judiciaire de procéder ainsi, et il considère la décision rendue par l'administration comme souveraine, même vis-à-vis du tribunal, juge du délit de dénonciation calomnieuse. « Quels moyens, dit-il, aura le tribunal pour apprécier les faits dénoncés et prendre connaissance des pièces? où trouvera-t-il le principe de sa compétence pour statuer sur des actes administratifs? Si la dénonciation porte sur des faits qui constituent des fautes de discipline imputées à un fonctionnaire public ou à un magistrat, le tribunal pourra-t-il s'arroger un droit d'examen que la loi n'attribue qu'à des ministres, qu'à une cour royale, qu'à des fonctionnaires supérieurs dans l'ordre administratif?

130. — La cour de Cassation a embrassé cette doctrine et l'a consacrée par une jurisprudence constante jusqu'à ce jour, en déclarant la vérification préalablement faite par le pouvoir administratif, obligatoire pour le tribunal correctionnel; elle s'est déterminée principalement par l'autorité du principe de la séparation des deux pouvoirs judiciaire et administratif et par les grandes difficultés que rencontrerait le tribunal pour apprécier des faits relatifs à la gestion d'un fonctionnaire public.

131. — ... Ainsi elle a jugé que, lorsqu'une plainte a été adressée à un préfet contre un maire de son département, la décision du préfet sur l'existence ou la fausseté des faits imputés à ce dernier fonctionnaire est obligatoire pour le tribunal saisi d'une action en dénonciation calomnieuse, qui n'a plus qu'à juger si la dénonciation a été faite méchamment et à dessein de nuire. — *Cass.*, 26 mai 1832, Dutard c. Pardé. — V. conf. *Cass.*, 25 sept. 1817, Lavenière; 25 fév. 1826, Allix; — V. aussi Parant, *Lois de la presse*, p. 466, note 1re.

132. — La même cour a décidé que, lorsque le ministre de la justice a prononcé sur la fausseté des faits imputés à un juge de paix et à un notaire dans une dénonciation, il ne reste plus aux tribunaux, après cette décision, qu'à apprécier la moralité de la dénonciation et à juger si elle a été faite sans motifs légitimes, de mauvaise foi et dans une intention coupable. — *Cass.*, 12 mai 1827, Beuret et Cadot c. Marcadier. — V. conf. *Cass.*, 22 déc. 1827, mêmes parties. — V. aussi, sur ces deux arrêts, Mangin (*Traité de l'act. publ.*), t. 1er, p. 550, no 228.

133. — MM. Chauveau et Hélie (*Th. C. pén.*, t. 6, p. 500 et s.) s'élèvent contre cette jurisprudence. C'est une règle de droit criminel, disent-ils, que le juge saisi doit apprécier tous les élémens du délit et ne peut être obligé de se déterminer par une décision étrangère aux débats. Constituer l'administration juge exclusif de la vérité des faits dénoncés, ce serait distraire de ses juges naturels le prévenu de dénonciation calomnieuse. L'enquête administrative se fait d'ailleurs secrètement et sans contradiction, tandis que le prévenu aurait grand intérêt à une constatation publique des faits imputés. La bonne foi du dénonciateur est intimement liée au fait matériel, et il est certain que le juge criminel est compétent pour décider toutes les questions préjudicielles qui se rattachent au fait de la prévention. Enfin le tribunal, incompétent pour prononcer une censure à raison d'un fait administratif contre son auteur, ne commettrait néanmoins aucun empiétement en faisant seulement la constatation de ce fait, sans l'apprécier autrement et sans en rendre responsables ni l'administration ni le fonctionnaire dénoncé.

134. — Sans nous dissimuler quel imposant appui la jurisprudence de la cour de Cassation prête à l'opinion professée par M. Mangin, nous estimons que le système adopté par MM. Chauveau et Hélie se défend mieux au point de vue des principes généraux. Nous pensons, avec ces auteurs, que la règle qui renferme chacun des pouvoirs judiciaire et administratif dans une sphère spéciale n'est pas violée quand un tribunal procède à la simple constatation d'un fait relatif aux fonctions d'un membre de l'administration, si ce fait est un des élémens nécessaires d'un délit déféré à ce tribunal, et si son appréciation se lie intimement à celle de l'intention coupable reprochée au prévenu. Néanmoins, on ne saurait nier que la vérification d'un fait administratif à laquelle le tribunal voudrait se livrer par lui-même et sans s'arrêter à la décision rendue par l'administration supérieure, rencontrerait de très grandes difficultés d'exécution, et l'on comprend que la cour de Cassation ait été amenée à considérer ce système comme impraticable.

135. — La cour suprême elle-même n'attribue, du reste, compétence au pouvoir administratif pour se prononcer sur la vérité des faits imputés à un fonctionnaire que lorsque les faits se rattachent à la gestion de ce dernier.

136. — Lorsque les faits imputés ne concernent que la vie privée du fonctionnaire plaignant, c'est aux tribunaux seuls qu'il appartient de prononcer sur l'exactitude de ces faits comme sur l'intention du dénonciateur. — *Cass.*, 7 déc. 1833, Holleaux c. Lambert.

§ 3. — *Preuve des faits dénoncés.*

137. — Après avoir recherché quels sont les principes sur la compétence des divers pouvoirs pour constater régulièrement la vérité ou la fausseté des faits dénoncés, il importe d'examiner quelle est la partie qui doit rapporter devant le tribunal correctionnel la preuve de cette constatation préalable, et de quels documens cette preuve peut résulter.

138. — En général, lorsqu'un homme est traduit devant une juridiction criminelle, le plaignant est obligé de prouver, contre le prévenu, l'existence du délit qui lui est imputé. Mais lorsqu'il s'agit du délit prévu par l'art. 373, le plaignant auquel des faits répréhensibles ont été imputés dans la dénonciation ne fait en réalité que se défendre contre le dénonciateur, et l'on ne saurait le forcer à administrer une preuve négative.

139. — Aussi la cour de Cassation a-t-elle jugé que, bien que l'art. 20, L. 26 mai 1819, et l'art 5, L. 8 oct. 1830, ne mettent la preuve des faits de diffamation à la charge du prévenu que lorsqu'elle a lieu par voie de publication, il résulte tant des principes du droit commun que de l'art. 373, C. pén., que, dans le cas de dénonciation calomnieuse par écrit prévu par cet article, la preuve doit être également à la charge du prévenu, et non à la charge du plaignant. — *Cass.*, 7 déc. 1833, Holleaux c. Lambert.

140. — L'acquittement du dénoncé est, de toutes les preuves, la plus péremptoire de la fausseté des faits imputés.

141. — Lorsque, l'action de l'autorité judiciaire ayant été provoquée par la dénonciation, des poursuites ont été commencées contre le dénoncé, la preuve de la fausseté des faits imputés peut également résulter d'une ordonnance de la chambre des mises en accusation déclarant qu'il n'y a lieu à suivre. — *Cass.*, 8 août 1835, Flandin c. Tholozé. — V. conf *Cass.*, 1er fév. 1828, Lagard c. Bourguignon; — Chassan, *Tr. des délits de la parole*, t. 1er, p. 360, no 13.

142. — Lorsqu'une dénonciation contre un fonctionnaire public a été suivie d'une ordonnance de non lieu, la vérité des faits qu'elle contenait ne peut plus être discutée devant le tribunal correctionnel où est postérieurement traduit le dénonciateur : ce dernier n'a plus qu'à se défendre sur la question intentionnelle. — *Cass.*, 2 mai 1834, Coudray. — V. conf. Mangin, *Traité de l'act. publ.*, t. 1er, p. 555 no 230; Chauveau et Hélie, *Th. du*

Code pénal, tome 6, page 499.

143. — La cour de Cassation a jugé dans le même sens que, lorsqu'un individu poursuivi pour dénonciation calomnieuse prétend que depuis l'ordonnance de la chambre du conseil qui a déclaré n'y avoir lieu à suivre sur les faits par lui dénoncés, il est survenu des charges nouvelles, il ne peut obtenir le sursis qu'autant qu'il a fait connaître ces nouvelles charges au ministère public, et que le ministère public a consenti à reprendre les poursuites. — *Cass.*, 18 avr. 1823, Gross.

144. — Mais on ne saurait adopter la solution consacrée par la cour royale de Douai, qui a décidé que, pour qu'une plainte soit réputée calomnieuse, il faut qu'elle ait été déclarée telle par une chambre du conseil. — *Douai*, 15 oct. 1832, Valque c. Daniel. — Ce n'est point à la chambre du conseil saisie de l'examen des poursuites faites contre le dénoncé qu'il appartient de déclarer la dénonciation *calomnieuse*; elle ne peut prononcer que sur le fait imputé, et le déclarer vrai ou faux.

145. — Cet arrêt a jugé que la déclaration écrite par un membre du ministère public, sur le dossier d'une plainte en vol à lui remise, que cette plainte est mal fondée, ne saurait équivaloir à un jugement définitif sur la plainte, de telle sorte que le tribunal saisi de l'action civile intentée plus tard contre le plaignant comme coupable de la calomnie soit tenu de statuer sur cette action, sans pouvoir ordonner une instruction préalable sur la plainte dont il s'agit.

146. — Au contraire, l'arrêt par lequel une chambre d'accusation déclare qu'il n'y a ni preuve ni indice du fait imputé à un individu est une base légale pour juger que la dénonciation qui en a été faite n'a pas de fondement, et que, d'après les circonstances du procès, elle est calomnieuse. — *Cass.*, 12 fév. 1819, Sombret c. Richomme. — « Il faut que cela soit ainsi, dit Mangin (*Tr. de l'action publ.*, t. 1er, p. 556, no 230); car, interdire l'action sous prétexte que de nouvelles charges peuvent survenir, ce serait vouloir que le délit de dénonciation calomnieuse restât impuni, parce que les imputations ont été tellement dénuées de preuves, ou que leur fausseté a été tellement évidente, qu'il n'y a pas eu lieu à renvoyer l'inculpé devant les tribunaux. La mauvaise foi de la dénonciation serait précisément ce qui affranchirait de toute réparation le dénonciateur. »

147. — Il est indispensable que l'appréciation que l'administration a dû faire des faits imputés à un fonctionnaire par un dénonciateur ait le caractère d'une véritable décision, sans quoi elle ne saurait faire preuve.

148. — On ne peut considérer comme une décision administrative sur la vérité ou la fausseté des faits imputés à un sous-préfet dans une dénonciation adressée au procureur du roi, la simple lettre par laquelle le ministre de l'intérieur, après avoir examiné les renseignemens qu'il a demandés, déclare que les plaintes n'ont aucun fondement. — *Cass.*, 25 fév. 1826, général Allix.

149. — De même, la lettre par laquelle un préfet déclare que la dénonciation qui lui a été faite contre un maire n'a aucun fondement, n'a pas le caractère d'une décision administrative, et ne suffit pas pour établir d'hors et déjà la fausseté des faits imputés. — *Nîmes*, 27 nov. 1829, Roux c. Gasquet.

150. — On doit considérer comme une décision du préfet sur la vérité ou la fausseté des faits imputés à un maire, hors de l'exercice comme dans l'exercice de ses fonctions, une lettre par lui écrite au sous-préfet, dans laquelle il déclare, *en se prononçant sur chacun des faits imputés*, que la dénonciation lui paraît mal fondée. — *Cass.*, 26 mai 1832, Dutard c. Pardé.

Sect. 3e. — *Jugement des dommages-intérêts réclamés contre le dénonciateur.*

151. — Lorsque la preuve de la fausseté des faits dénoncés a été faite contre le prévenu de dénonciation calomnieuse, ou lorsqu'il n'a pu parvenir à en prouver la vérité, le tribunal saisi de la connaissance du délit n'a plus qu'à apprécier la question de bonne foi et à faire application de l'art. 373, si la mauvaise foi du dénonciateur résulte des débats. Le tribunal statue en même temps sur les dommages-intérêts prétendus par la partie lésée.

152. — En effet, celui qui a éprouvé un préjudice par suite d'une dénonciation calomnieuse dirigée contre lui, a, conformément aux principes généraux du droit, la faculté de réclamer la réparation du dommage qu'il a souffert.

153. — Il n'y a pas de distinction à faire entre la plainte et la dénonciation : l'une comme l'autre, quand elles sont jugées calomnieuses, peuvent donner lieu à des dommages-intérêts. — *Nîmes*, 22 juill. 1841 (t. 2 1841, p. 162), Cysseric c. Maillan.

154. — Il peut même être prétendu des dommages-intérêts contre le dénonciateur calomnieux, même de la part de celui qui n'aurait pas été désigné nominativement dans la dénonciation, si ce dernier en a éprouvé un préjudice.

155. — Celui qui a fait partie d'une commission dont les membres ont été collectivement l'objet d'une dénonciation calomnieuse, quoiqu'il n'ait pas été nominativement désigné, et ceux qui ont été signalés comme leurs complices, quoique aucunes poursuites n'aient été exercées contre eux, ont droit à des dommages-intérêts, si, par suite de la dénonciation, ils ont souffert dans leur crédit et dans leur considération. — *Cass.*, 8 août 1835, Flandin c. Tholozé.

156. — Toutefois, il ne saurait rigoureusement y avoir lieu à dommages-intérêts que lorsque les juges devant lesquels ils sont prétendus reconnaissent à la dénonciation un caractère *calomnieux*. La jurisprudence a cependant, conformément aux anciens principes (V. *suprà* nos 12 et suiv.), considéré l'imprudence et la légèreté de la dénonciation comme une cause suffisante de dommages-intérêts au profit de celui qui en avait été l'objet.

157. — Jugé, d'après ces principes, que la déclaration du jury portant que l'accusé n'est pas coupable, ne suffit pas pour justifier la condamnation du dénonciateur à des dommages-intérêts. Il faut, pour qu'il y ait lieu à cette condamnation, qu'on ne puisse imputer la dénonciation qu'à la méchanceté, ou au moins qu'elle soit l'effet de l'indiscrétion, de la légèreté ou de l'inconsidération. — *Cass.*, 23 mars 1821, Chateauneuf c. Desjardins. — V. Legraverend, t. 1er, chap. 5, sect. 2e, *in fine*, p. 194. — V. aussi Carnot, sur l'art. 358, C. inst. crim., t. 2, p. 706, no 7; de Grattier, *Comment. sur les lois de la presse*, t. 1er, p. 180.

158. — ... Et que la cour d'assises ne peut adjuger des dommages-intérêts à l'accusé acquitté qu'autant qu'elle reconnaît que la dénonciation a été calomnieuse et téméraire; qu'elle n'en doit point allouer lorsqu'il résulte des circonstances que la dénonciation a été faite de bonne foi. — *Cass.*, 30 déc. 1813, Reynier et Boissière c. Michel.

159. — Dans les termes du droit commun, tout homme qui a souffert un dommage à cause d'un fait qualifié crime ou délit par la loi pénale a le choix ou de porter une demande en dommages-intérêts devant la juridiction criminelle saisie de la connaissance de ce fait ou de réclamer devant la juridiction civile la réparation du préjudice qu'il a éprouvé.

160. — En disposant sur le droit qu'aurait la personne victime d'une dénonciation calomnieuse de demander des dommages-intérêts contre le dénonciateur, la loi pénale a distingué entre le cas où, par suite de la dénonciation, le dénoncé aurait été traduit devant la judiction correctionnelle, et celui où il aurait été jugé par une cour d'assises. Faisant exception aux principes généraux pour ce dernier cas par les art. 358 et 359, C. inst. crim. (V. *infrà* nos 164 et suiv.), et en rendant le dénoncé acquitté passible de certaines déchéances, la loi est restée fidèle au droit commun lorsque des poursuites correctionnelles ont été provoquées par la dénonciation.

161. — Cette distinction a été consacrée par la cour de Cassation, qui a jugé que celui qui a été poursuivi en police correctionnelle par suite d'une dénonciation calomnieuse, et qui a été renvoyé de la plainte, peut former une demande en dommages-intérêts, soit devant le tribunal correctionnel, soit devant le tribunal civil à son choix. — *Cass.*, 23 fév. 1838 (t. 1er 1839, p. 231), B... c. Miot. — V. conf. *Bourges*, 18 août 1838 (t. 1er 1839, p. 232), mêmes parties.

162. — ... Que le prévenu acquitté par une chambre du conseil ou une chambre d'accusation peut porter sa demande en dommages-intérêts contre son dénonciateur devant le tribunal civil. — *Lyon*, 18 janv. 1828, Dubreuil c. Teissier.

163. — ... Et que, dans les matières du ressort de la police correctionnelle, la partie qui se prétend lésée par des poursuites dirigées contre elle peut citer directement devant le tribunal correctionnel pour dénonciation calomnieuse; qu'on ne saurait lui opposer qu'en omettant de réclamer des dommages-intérêts contre ses dénonciateurs dans l'instance même où a été débattue et déclarée mal fondée l'inculpation dirigée contre elle, elle a perdu le bénéfice de son action. — *Cass.*, 23 fév. 1838 (t. 1er 1840, p. 405), Buteau c. Miot. — V. conf. *Nîmes*, 22 juill. 1841 (t. 2 1841, p. 162), Cysseric c. Maillan; *Bruxelles*, 8 juin 1833, Blairon c. Clairon.

164. — L'art. 358, C. pén., est ainsi conçu : « Lorsque l'accusé aura été déclaré non coupable, le président prononcera qu'il est acquitté de l'accusation, et ordonnera qu'il soit mis en liberté s'il n'est retenu pour autre cause. — La cour statuera ensuite sur les dommages-intérêts respectivement prétendus, après que les parties auront proposé leurs fins de non-recevoir ou leurs défenses, et que le procureur général aura été entendu. — La cour pourra néanmoins..... — L'accusé acquitté pourra aussi obtenir des dommages-intérêts contre ses dénonciateurs, pour fait de calomnie; sans néanmoins que les membres des autorités constituées puissent être ainsi poursuivis à raison des avis qu'ils sont tenus de donner concernant les délits dont ils ont cru acquérir la connaissance dans l'exercice de leurs fonctions et sauf contre eux la demande en prise à partie, s'il y a lieu. — Le procureur général sera tenu, sur la réquisition de l'accusé, de lui faire connaître son dénonciateur. »

165. — L'art. 359 dispose : « Les demandes en dommages-intérêts formées, soit par l'accusé contre ses dénonciateurs, ou la partie civile contre l'accusé ou le condamné, seront portées devant la cour d'assises. — La partie civile est tenue de former sa demande en dommages-intérêts avant le jugement; plus tard, elle sera non-recevable. — Il en est de même de l'accusé, s'il a connu son dénonciateur. — Dans le cas où l'accusé n'aurait connu son dénonciateur que depuis le jugement, mais avant la fin de la session, il sera tenu, sous peine de déchéance, de porter sa demande à la cour d'assises; s'il ne l'a connu qu'après la clôture de la session, sa demande sera portée au tribunal civil. — A l'égard des tiers qui n'auraient pas été parties au procès, ils s'adresseront au tribunal civil. »

166. — La jurisprudence a dû faire, à plusieurs reprises, application de ces articles.

167. — Ainsi il a été jugé que l'art. 358, C. inst. crim., portant que l'accusé pourra obtenir des dommages-intérêts contre son dénonciateur, est applicable aux fonctionnaires eux-mêmes qui ont fait la dénonciation dans l'exercice de leurs fonctions, sauf à procéder par le mode spécial de la prise à partie. — *Cass.*, 22 déc. 1827, Marracher, Beuret et Cadot.

168. — ... Que le dénonciateur qui ne s'est pas porté partie civile peut valablement être condamné aux dommages-intérêts de l'accusé, immédiatement après son acquittement, sans avoir été appelé au procès par une citation, s'il est présent à l'audience et s'il fournit ses défenses, sur les conclusions de l'accusé. — *Cass.*, 23 juill. 1813, Adjacent; — Merlin, *Rép.*, vo *Réparation civile*, § 7, no 2.

169. — La cour de Cassation a également décidé que, lorsque le dénonciateur a été appelé aux débats en qualité de témoin, par le ministère public, l'accusé peut, sans citation préalable, conclure contre lui devant la cour d'assises à des dommages-intérêts, et que le dénonciateur ainsi appelé, et qui a comparu, peut, quoique absent, être considéré comme toujours présent jusqu'au jugement, et être condamné, sans autre citation, aux dommages-intérêts de l'accusé. — *Cass.*, 31 mai 1816, Roger c. Moulin. — Nous ne saurions nous ranger au principe consacré par la deuxième partie de cette décision. — De ce que l'accusé qui connaît son dénonciateur est tenu de former sa demande en dommages-intérêts avant le jugement, en l'absence comme en présence du dénonciateur, pour ne point encourir une déchéance, il ne faut pas conclure que la cour d'assises puisse procéder, même par défaut, contre une partie qui n'a été appelée qu'en la qualité de témoin, et qui n'a pas été avertie des intentions du demandeur : ce serait se mettre en contradiction avec les principes les plus sacrés du droit et de l'équité. Vainement réserverait on à l'absent la voie de l'opposition. Il faudrait une disposition expresse pour établir une exception de telle nature au droit commun. La loi n'exige point que le jugement de l'action civile précède celui de l'action criminelle; elle exige seulement que la demande soit formée avant que la cour d'assises ait épuisé sa mission; il suffira donc de donner acte à l'accusé et de renvoyer à un autre jour pour être statué sur la citation qui devra être notifiée au défendeur.

170. — L'accusé qui a connu son dénonciateur, et qui a encouru la déchéance pour n'avoir point formé sa demande en dommages-intérêts devant les juges du crime ou du délit, ne peut puiser le principe d'une action dans la disposition des art. 1382 et 1383, C. civ. — *Paris*, 13 juill. 1818, Fouchier c. Thierry. — Toutefois cette décision n'est exacte qu'autant qu'on la restreint au cas où il s'agit d'un accusé acquitté par une cour d'assises dans les termes de l'art. 359, C. inst. crim.

171. — Indépendamment des condamnations correctionnelles et pécuniaires ci-dessus indiquées,

Il est un cas où la dénonciation calomnieuse peut entraîner contre son auteur la déchéance d'un droit important régi par la loi civile. — L'art. 727, C. civ., déclare, en effet, indigne de succéder celui qui a porté contre le défunt une accusation capitale jugée calomnieuse.

DÉNONCIATION DE NOUVEL ŒUVRE.

1. — C'était, en droit romain, une action ayant pour objet de faire suspendre les travaux commencés par un propriétaire sur son propre fonds, et étant de nature à nuire aux droits du voisin.

2. — Cette action a-t-elle été conservée dans notre droit? Est-elle possessoire, a-t-elle un caractère propre? — Pour la solution de ces questions, V. ACTION POSSESSOIRE, ch. 2, sect. 2e, art. 3.

DÉNONCIATION DE PROTÊT.

C'est l'acte par lequel le porteur d'un effet de commerce dénonce au tireur ou souscripteur et aux endosseurs qu'il a fait protestation faute de paiement ou d'acceptation de cet effet. — V. PROTÊT.

DENRÉES COLONIALES.

1. — C'est sous ce nom qu'on désigne en général les productions des colonies, telles que sucre, café, coton, indigo, etc., sans distinction de leurs différentes espèces ou qualités. — Monbrion, *Dict. du commerce, de la Banque et des manufactures*.

2. — Sauf quelques cas exceptionnels prévus par la circul. du 23 mai 1816, et la loi du 21 avr. 1818, les denrées coloniales ne peuvent être importées que par mer. — L. 28 avr. 1816; circul. 1er mai 1816.

3. — Et encore elles ne peuvent l'être que par les ports d'entrepôt. — L. 28 avr. 1816; Circul. min. 1er mai 1816. — Sauf les cas où il s'agit de marchandises saisies, naufragées ou formant les restes des provisions de voyage des passagers, lorsque les directeurs jugent à propos de les admettre sans paiement de droits. — Circul. 23 mai 1816 et 18 août 1818.

4. — Elles ne peuvent être importées que sur des navires français de soixante tonneaux au moins sur l'Océan, et de quarante tonneaux au moins pour la Méditerranée. — L. 28 avr. 1816, art. 22; 21 avr. 1818; 1er mai 1845, art. 3; 17 juill. 1822, art. 15; circul. 28 juill. 1822 et 20 janv. 1829.

5. — Les maîtres ou capitaines de bâtimens de mer au-dessous de ce tonnage qui, hors le cas de relâche forcée, aborderaient avec des denrées coloniales désignées par la loi du 28 avr. 1816, même dans les ports ouverts à leur importation, seraient passibles d'une amende de 500 fr., pour sûreté de laquelle les navires et marchandises pourraient être retenus. Cette peine doit être prononcée par le juge de paix. — L. 21 avr. 1818, art. 36.

6. — Les denrées coloniales provenant des colonies françaises sont généralement admises en France avec une modération de droits calculée de manière à leur assurer l'avantage sur les produits de même nature provenant des colonies et pays étrangers. — L. 26 avr. 1816; 17 mars 1817; 5 juin 1820; 17 mai 1826; 1er mai 1845. — V. COLONIES, DOUANES.

7. — Cette modération de droits et les produits qui en jouissent ne sont pas, du reste, les mêmes pour toutes les colonies. — L. 17 mai 1826. — Ainsi les denrées coloniales expédiées de la Guadeloupe et de la Martinique à destination de France, sont affranchies de tous droits à la sortie de ces îles. — L. 1er mai 1845, art. 4; ord. 25 juill. 1837, art. 3; circul. 2 août 1837, no 1645.

8. — Mais pour jouir de la modération de droits ou *privilége colonial*, il est nécessaire de remplir plusieurs conditions; nous avons vu déjà qu'elles devaient venir par mer, par navires français, et par les seuls ports d'entrepôt.

9. — Il est, de plus, nécessaire qu'elles soient du crû du sol des colonies françaises; toutes celles qui en proviendraient sans remplir cette condition seraient, quoique accompagnées d'expéditions, considérées et traitées comme marchandises étrangères.

10. — En général, la preuve que les denrées coloniales sont du crû des colonies françaises résulte des déclarations contenues au manifeste dont le capitaine est porteur, qu'au rapport de mer et aux acquits à caution remis dans les ports de chargement, et des quittances des droits de sortie. — Pasquel, *Résumé analytique des lois et réglemens des douanes*, p. 206, no 1539. — En cas de doute, les experts du gouvernement sont appelés pour prononcer sur la véritable origine des marchandises. — L. 27 juill. 1822, art. 19. — V. DOUANES.

11. — Elles doivent être accompagnées d'un certificat d'origine, délivré par l'autorité supérieure, lorsqu'elles proviennent de Cayenne, de Bourbon, ou des établissemens français de la côte occidentale d'Afrique. — L. 20 mars 1791, art. 6 et 10; 17 juill. 1791, art. 17 et 21; 1er mai 1845, art. 3; décis. du 16 juin 1808; ord. 22 oct. 1817; circul. 29 oct. 1817.

12. — Ces denrées doivent arriver *en droiture* aux ports d'entrepôt sans faire escale à l'étranger, sauf le cas de force majeure dûment justifié. — L. 7 déc. 1815, art. 2; 17 juill. 1791, art. 2; 27 juill. 1822, art. 15; et circul. no 740; L. 1er mai 1845.

13. — Mais il n'est pas nécessaire, pour que les denrées du crû des colonies françaises soient reçues en modération de droits, qu'elles forment à elles seules le chargement du navire; d'autres marchandises peuvent y être chargées sans que les premières perdent leur privilége, pourvu que la condition du transport direct des colonies en France soit régulièrement accomplie. — Décis. admin. 27 déc. 1822.

14. — Les denrées coloniales contenues dans la déclaration du capitaine jouissent seules du privilége, celles omises ne pourraient profiter du même avantage. — L. 3 août 1816.

15. — Lorsque des denrées coloniales ont été *chargées sous voiles*, et sont admises *au privilége colonial*, elles acquittent en France, à titre de droits accessoires, les droits spéciaux qu'elles auraient pu avoir à payer à la sortie de la colonie. — L. 17 juill. 1791; circul. 16 fév. 1818. — V. COLONIES, DOUANES.

DENRÉES COLONIALES (Marchands de).

Marchands en gros; — patentables de première classe. — Droit fixe basé sur la population, et droit proportionnel du quinzième de la valeur locative de l'habitation et des lieux servant à l'exercice de la profession. — V. PATENTE. — V. aussi DOUANES, COLONIES.

DENRÉES CORROMPUES.

V. COMESTIBLES ET DENRÉES CORROMPUS ET NUISIBLES.

DENTELEURS DE SCIES.

Patentables de septième classe. — Droit fixe basé sur la population, et droit proportionnel du quarantième de la valeur locative de tous les locaux des patentables, mais seulement dans les communes de 20,000 ames et au-dessus.

DENTELLES (Marchands de).

1. — Marchands en gros; — patentables de première classe. — Droit fixe basé sur la population, et droit proportionnel du quinzième de la valeur locative de l'habitation et des lieux servant à l'exercice de la profession.

2. — Les marchands en demi-gros sont rangés dans la deuxième classe, les marchands en détail dans la quatrième, les facteurs dans la sixième classe. Tous sont soumis, sauf la différence de classe, au droit fixe, et au droit proportionnel du vingtième de la valeur locative de l'habitation et des lieux servant à l'exercice de la profession.
V. PATENTE.

DENTISTE.

1. — M. Favard de Langlade, dans son *Rép. de lég. et de jurispr.*, vo *Dentiste*, définit le dentiste un *chirurgien*, qui ne s'occupe que de ce qui concerne les dents. — Telle est également la définition donnée par le *Rép. de jurisprudence*, vo *Dentiste*, et par le Dictionnaire de l'Académie, qui appelle *chirurgien dentiste* celui qui s'occupe du soin des dents et de la bouche.

2. — Les maîtres de la science tiennent le même langage. Ainsi, dans le *Dictionnaire de médecine*, rédigé par les hommes les plus distingués, M. Marjolin s'exprime ainsi : « DENTISTE, s. m., *qui dentibus operam dat*, celui qui exerce cette partie de la médecine et de la chirurgie qui a pour objet le traitement des maladies de la bouche et particulièrement de celles des dents... — Aujourd'hui surtout, où l'exercice de cet art demande tant de connaissances, on conçoit qu'il est plus que jamais nécessaire qu'il soit pratiqué par des personnes qui en fassent l'unique objet de leurs études ; car on n'est pas dentiste pour reconnaître l'altération la plus évidente d'une dent, et pour faire sur elle les opérations les plus simples et les plus grossières manœuvres. *Il faut à la connaissance précise de l'anatomie de la bouche*, et *particulièrement de celle des dents*, *réunir des notions générales d'anatomie et de physiologie*, *de médecine*, *d'hygiène et de mécanique*, et de plus, encore, celle d'un grand nombre d'opérations d'orfévrerie. Comment, en effet, sans le secours de ces connaissances, parvenir à distinguer les maladies purement locales de la bouche de celles qui ne sont que le symptôme d'une affection générale, à déterminer l'influence des divers agens qui peuvent contribuer à produire ces maladies, à classer chacune de ces dernières d'après les modifications survenues dans les propriétés vitales des organes affectés, et à choisir, d'après ces différences, le traitement qui convient à chacune d'elles? Comment enfin *prescrire les médicamens dont on doit faire usage*, si l'on n'est pas instruit de leurs propriétés? Celui qui serait étranger à toutes ces connaissances ne pourrait pas plus se flatter de posséder son art, qu'un charlatan ou un garde-malade de savoir la médecine. » — V. aussi le *Manuel de médecine opératoire*, de M. Malgaigne (4e édit., p. 93-107), et le *Précis de médecine opératoire* de M. Lisfranc, t. 1er, p. 487.

3. — De cette définition et des développemens qui l'accompagnent il résulte que l'art du dentiste est une *branche de la chirurgie*, d'où la conséquence que nul ne devrait pouvoir l'exercer sans être pourvu du titre de docteur en médecine ou tout au moins d'officier de santé, conformément à la loi du 19 vent. an XI. — V. MÉDECINE ET CHIRURGIE.

4. — Tel est, en effet, l'avis général des praticiens, tel est également celui de l'administration; car, dans un procès récent, on citait une lettre de M. le ministre du commerce et de l'agriculture (M. Cunin-Gridaine) dans laquelle on remarque le passage suivant : « Toutes les fois que l'administration a été consultée sur la question de savoir s'il faut être docteur en médecine ou officier de santé pour exercer la profession de dentiste, elle a répondu affirmativement. Il lui a paru que, l'art du dentiste étant une branche de la chirurgie, nul ne devait être autorisé à le pratiquer sans avoir justifié des connaissances exigées du chirurgien, et qu'il y avait lieu d'appliquer aux contrevenans les dispositions des art. 35 et 36, L. 19 vent. an XI. »

5. — Cependant des doutes se sont élevés à cet égard : de ce que la loi du 19 vent. an XI ne mentionne pas *spécialement* la profession de *dentiste*, on a prétendu en conclure que ceux *qui se bornent à exercer* la profession de dentiste, c'est-à-dire à extraire et à poser des dents, mais sans se livrer au *traitement des maladies de la bouche*, n'ont pas besoin de se pourvoir d'un diplôme. — Cette distinction est-elle admissible?

6. — Autrefois, on le sait, il était exigé pour l'exercice de la profession de dentiste un brevet spécial. C'est ce qui résulte de la déclaration du roi du 24 fév. 1730 et surtout de l'édit du mois de mai 1768, art. 126. Cet art. 126 portait, en effet, en termes formels, que ceux qui ne voulaient se livrer qu'à la *cure des dents* étaient tenus de se présenter devant le collége de chirurgie de Paris, et de s'y faire recevoir *experts dentistes*.

7. — Si la loi de l'an XI ne mentionne pas spécialement *les dentistes*, n'est-ce donc pas parce que l'institution des experts-dentistes avait été comprise dans la suppression prononcée par la loi du 18 août 1792? D'ailleurs était-il d'absolue nécessité que la loi du 19 vent. s'occupât d'une manière particulière de la profession de dentiste? Par les mots *docteur en médecine ou en chirurgie et officier de santé*, n'entendait-elle pas indubitablement embrasser *les diverses branches de l'art de guérir*, et n'est-il pas juste de dire que chacune de ces diverses branches, que son objet soit plus ou moins étendu, a été protégée par elle contre les atteintes des empiriques et des charlatans?

8. — Est-il d'ailleurs possible d'établir une distinction bien nette entre l'exercice de la profession *de dentiste* réduite à l'extraction et à la pose des dents, et l'exercice de cette branche de la médecine ou de la chirurgie qui consiste à traiter les maladies de la bouche? Est-ce que les extractions de dents ne se rattachent pas nécessairement aux maladies de la bouche dont elles ne sont qu'une conséquence? Est-ce que avant d'*extraire* il n'est pas indispensable de juger si l'*extraction* est nécessaire, c'est-à-dire s'il existe ou non une maladie de la bouche? et l'extraction elle-même ne devra-t-elle pas être dirigée différemment suivant la conformation, l'aptitude et le tempérament des sujets?

9. — « Je pense, disait M. le docteur Reveillé-Parise, que la profession de dentiste, exercée convenablement et légalement, exige des connaissances étendues et approfondies sur les causes *des maladies des dents*, sur *leurs effets* et *les moyens de les combattre*; que les opérations qui les concer-

ment ont les mêmes bases et les mêmes règles générales de doctrine médicale que celles qui se pratiquent *sur les autres parties du corps*; que la partie scientifique et théorique doit s'allier nécessairement au manuel opératoire, quelque varié et indispensable qu'il soit d'ailleurs. En conséquence, mon opinion formelle est que la profession du dentiste doit être considérée comme une des branches de la médecine opératoire, et qu'il est impossible de l'en séparer sans rompre l'unité de l'art et les principes qui le constituent. »

10. — Cependant, par un premier arrêt, la cour de Cassation, se fondant sur ce que la loi du 19 vent. an XI n'avait pas reproduit la disposition de l'art. 126 de l'édit de 1768 et sur ce que cette loi ne concernait *que ceux qui voulaient exercer l'art de guérir dans son intégrité*, a décidé que celui qui se bornait à exercer la profession de dentiste n'était pas soumis à l'obligation de se munir d'un diplôme. — *Cass.*, 23 fév. 1827, Delpeuch.

11. — Cette jurisprudence a été vivement critiquée comme contraire au texte et à l'esprit de la loi de l'an XI, et il semblait que la cour de Cassation s'était rendue à ces critiques lorsque, par un arrêt postérieur, elle décidait que « la prohibition portée par la loi de l'an XI d'exercer la médecine ou la chirurgie sans être pourvu de diplôme, de certificat ou de lettre de réception, est *générale et absolue*, et que, dès-lors, elle s'applique nécessairement à l'art de *l'oculiste*, lequel se rattache tout à la fois à l'exercice de la médecine et à celui de la chirurgie, puisque le traitement des maladies des yeux est susceptible d'exiger, suivant leur nature, l'emploi de médicamens tant internes qu'externes, et qu'il peut aussi, dans un grand nombre de cas, nécessiter des opérations chirurgicales. » — *Cass.*, 20 juill. 1833, Williams.

12. — On pouvait également considérer comme un nouvel hommage rendu à la généralité de la loi de l'an XI l'arrêt rendu dans l'espèce suivante : Un sieur Laffont exerçait sans diplôme ce que l'on appelle vulgairement la *profession de bailleul*, c'est-à-dire l'art de réduire les luxations et les fractures des os. La cour de Toulouse, pour le relaxer de la poursuite, s'était fondée sur ce que « ceux qui exercent l'état de bailleul professent en quelque sorte un art de guérir qui est multiplié et toléré depuis longues années, et qui rend de grands services à l'humanité, surtout dans la classe indigente ; que Laffon l'exerce avec zèle, et qu'il ne se livre pas à la profession de médecin et de chirurgien. » La cour de Cassation, annulant cet arrêt, a proclamé qu'il avait *admis des excuses et créé des exceptions non autorisées par la loi*, puisque l'art de réduire les luxations et les fractures constitue une *partie* importante de la chirurgie, et que, par conséquent, l'individu qui l'exerce sans se trouver dans les conditions prescrites par l'art. 35, L. 19 vent. an XI, contrevient audit article. — *Cass.*, 1er mars 1844 (t. 2 1846), Laffont.

13. — Mais, appelée de nouveau à prononcer sur la question spéciale aux dentistes, la cour de Cassation a persisté à relever ceux qui se bornent à exercer la profession de dentiste sans se livrer au traitement des maladies de la bouche, de l'obligation de se pourvoir de diplôme. — *Cass.*, 15 mai 1846 (t. 2 1846), Williams Rogers.

14. — Et ce système a été, sur le renvoi prononcé par la cour de Cassation, adopté par la cour d'Amiens, en juin 1846 (t. 2 1846), mêmes parties.

15. — Cette jurisprudence nous semble mauvaise et dangereuse. Il est évident, en effet, que l'art du dentiste demande des connaissances trop générales de médecine ou de chirurgie, nécessite de trop grandes précautions, peut avoir de trop funestes conséquences, pour que le législateur de l'an XI ait eu l'intention de dispenser ceux qui se destinent à l'exercice de cet art des études préparatoires et des épreuves propres à donner des garanties de leur capacité.

16. — Il en est d'ailleurs de l'art du dentiste comme de toutes les autres branches de la chirurgie. La chirurgie, on le sait, admet plus que la médecine proprement dite, à laquelle cependant elle se lie intimement, *les spécialités*. Les uns sont spécialement et même exclusivement *oculistes* ou *orthopédistes*. D'autres se livrent particulièrement à la *lithotritie*, d'autres à la *chirurgie herniaire*. Il est enfin des individus qui s'occupent spécialement de réduire les luxations ou fractures des os, ce qui s'appelle vulgairement exercer la *profession de bailleul*. Toutes ces spécialités seraient-elles donc livrées sans aucune garantie au premier venu, abandonnées à tout charlatan auquel il plairait de les adopter, pour être dispensé de tout examen et de toute surveillance ! .... Le législateur, qui a proclamé lui-même l'étendue du mal auquel il voulait porter remède, ne saurait avoir été imprévoyant à ce point ; et, de fait, il n'a pas admis des exceptions qui détruiraient la règle établie.

17. — Et ce que la cour de Cassation a cru devoir réprimer lorsqu'il s'agit des *oculistes* et de ceux qui exercent la profession de *renoueurs, rebouteurs ou bailleuls*, pourquoi le laisserait-elle impuni en ce qui concerne les *dentistes* ? — On a peine à saisir une raison plausible qui justifie cette distinction.

18. — Nous devons dire, d'ailleurs, que, malgré l'autorité de la cour de Cassation, les tribunaux hésitent encore à se ranger à la doctrine par elle consacrée (V. notamment *Trib. corr. de Boulogne-sur-Mer*, 13 juin 1846 [*Gaz. des trib.* du 28 juin]. — Et ce jugement est rendu dans une espèce d'autant plus remarquable qu'à un fait d'exercice illégal de la *chirurgie dentaire*, se joignait un acte d'impéritie qui avait compromis la santé de la personne opérée : peut-on admettre, après cela, que les opérations dentaires puissent être ainsi livrées au premier venu qui voudra se parer du titre de *dentiste*? — V. conf. Briand et E. Chaudé, *Man. comp. de médec. lég.*, p. 837 et 842 ; Morin, *Dict. dr. crim.*, v° *Art de guérir*, p. 75.

19. — Ajoutons que la loi de l'an XI a été considérée par les chambres elles mêmes, comme applicable aux dentistes, lorsque, par la loi du 25 avril 1844, elles ont affranchi les dentistes, comme tous autres médecins et chirurgiens, de la patente que tous avaient jusqu'alors payée ; car la commission de la chambre des députés avait expressément déclaré que l'exemption devait profiter à tous : « médecins, chirurgiens, officiers de santé, oculistes, *dentistes*, sages-femmes » ; et c'est pour conserver les expressions mêmes de la loi de l'an XI, qui comprennent *toutes les classes*, que M. Bouillaud a fait adopter la rédaction suivante : « Les docteurs en médecine, les docteurs en chirurgie, les officiers de santé et les sages-femmes. » — V. Duvergier, *Collect.* 1844, p. 242.

20. — Au surplus, et s'il est vrai (ce que nous ne pouvons croire) qu'il existe à l'égard des dentistes une lacune, l'intérêt de la santé publique exige qu'elle soit comblée.

21. — V., pour plus amples développemens sur la loi de l'an XI et sur son application, MÉDECINE ET CHIRURGIE.

DÉPAISSANCE.

1. — Le droit de dépaissance est la faculté de faire paître des bestiaux sur l'héritage d'autrui.

2. — C'est aux tribunaux et non à l'autorité administrative qu'il appartient de connaître des contestations relatives à ce droit. — Magnitot et Delamarre, *Dict. de dr. admin.*, v° *Dépaissance*. — V. COMPASCUITÉ, DÉLIT RURAL, FORÊTS, PARCOURS, VAINE PATURE.

DÉPART.

V. ASSURANCE MARITIME.

DÉPARTAGER. — DÉPARTITEUR.

V. ARBITRAGE, JUGEMENT.

DÉPARTEMENT.

Table alphabétique.

DÉPARTEMENT. — 1. — Ce mot, dérivé de *partie*, *départir*, signifie, dans son acception la plus large, *division*, soit qu'il s'agisse d'une division administrative ou d'une division territoriale.

2. — Lorsqu'on l'emploie pour désigner une division administrative, il est synonyme d'attribution. C'est ainsi qu'on dit, les *départemens ministériels*, le ministre au *département de la justice*, *de l'intérieur*, etc.

3. — Pris comme division territoriale, il sert à désigner les diverses circonscriptions entre lesquelles se répartit au premier degré l'administration du royaume. — C'est à ce point de vue, du reste, le plus usuel, que nous examinons ici l'organisation et le régime du département.

—

Sect. 1re. — *Organisation administrative des départemens avant la législation actuelle.*

4. — L'ancienne division provinciale qui, jusqu'en 1789, a servi de base à l'organisation administrative de la France, s'était, en quelque sorte, faite d'elle-même, presqu'au hasard des circonstances, et à mesure que les différentes provinces qui composaient le royaume y avaient été réunies.

5. — Chaque province, même depuis sa soumission au pouvoir royal, avait à peu près conservé, avec son individualité, ses lois, ses franchises, ses coutumes, et formait, en quelque sorte, sous le même souverain, un état distinct.

6. — Partout, le défaut d'unité nationale était un obstacle insurmontable à l'uniformité de l'administration, et il ne fallut rien moins que les irrésistibles entraînemens de 1789, pour faire accepter par tous les esprits l'idée d'une organisation commune.

7. — Une nouvelle division du territoire *par départemens* fut le plus puissant moyen pour arriver à ce résultat, en faisant disparaître, sans retour, ces individualités provinciales dont le nom seul réveillait parfois de vieilles idées d'antagonisme, et en leur créant, avec une autre existence, des relations nouvelles.

8. — Ce fut dans le décret du 22 décembre 1789-janvier 1790 que l'assemblée constituante posa les bases de cette nouvelle organisation.

9. — Dès cette époque, le département a pris dans l'état la place qu'il y occupe encore aujourd'hui, et est devenu le point intermédiaire qui sert à la fois de centre aux intérêts des localités et à l'action du pouvoir. Son organisation intérieure a seule varié en raison des diverses formes de gouvernement qui se sont succédé.

10. — Ainsi, le premier vœu de l'assemblée constituante, en adoptant la nouvelle division, fut qu'elle servît « tant pour la représentation que » pour l'administration. » — Décr. 22 déc. 1789-janvier 1790, art. 1er.

11. — Dès ce moment, en conséquence, la nomination des représentans à l'assemblée nationale fut faite par département. — *Ibid.*, art. 4.

12. — Dès ce moment aussi furent organisés par circonscription départementale, et confiés aux administrations de départemens, sous l'inspection et l'autorité du corps législatif ou du roi : la répartition de toutes les contributions directes imposées à chaque département, la confection des rôles d'assiette et de cotisation et la surveillance des mouvemens; l'administration générale; la surveillance de l'éducation publique; la manutention et l'emploi des fonds destinés dans chaque département à l'encouragement de l'agriculture et de l'industrie; la direction des travaux de confection des routes; le maintien de la salubrité, de la sûreté et de la tranquillité publique; le service des gardes nationales, etc., en un mot, tous les services publics destinés à pourvoir à tous les besoins des citoyens. — *Ibid.*, sect. 3e, art. 1er et 2.

13. — Il fut d'ailleurs formellement déclaré qu'il n'y aurait aucun intermédiaire entre les administrateurs de département et le pouvoir exécutif suprême. — *Ibid.*, art. 9.

14. — Enfin, l'on proclama pour la première fois ce grand principe que les administrations ne pourraient être troublées dans l'exercice de leurs fonctions administratives par aucun acte du pouvoir judiciaire. — *Ibid.*, art. 7.

15. — Le département fut subdivisé intérieurement en *districts*, *cantons* et *municipalités* (art. 2, 3 et 7). — V. ces mots et ORGANISATION ADMINISTRATIVE. — Remarquons seulement ici que ces subdivisions ne portaient aucune atteinte à l'unité départementale, qui les dominait toutes.

16. — On établit au chef-lieu de chaque département une assemblée administrative supérieure sous le titre d'*administration de département*. — Décr. précité, art. 5.

17. — Les membres de cette assemblée, au nombre de trente-six, étaient élus par les électeurs qui nommaient les représentans à l'assemblée nationale, et choisis parmi les citoyens payant une contribution égale au moins à la valeur de dix journées de travail. — *Ibid.*, sect. 2e, art. 1er et 12.

18. — Ces assemblées étaient permanentes; les membres en étaient renouvelés par moitié, de deux ans en deux ans, et restaient ainsi quatre ans en exercice. — *Ibid.*, art. 13.

19. — Ils élisaient entre eux un président et un secrétaire. — *Ibid.*, art. 19.

20. — Chaque administration de département, ainsi constituée, se divisait en deux sections, l'une sous le titre de *conseil de département*, l'autre sous celui de *directoire de departement*. — *Ibid.*, art. 20.

21. — Le conseil de département devait tenir une session annuelle pour fixer les règles de chaque partie de l'administration, ordonner les travaux et les dépenses générales des départemens et recevoir le compte de la gestion du directoire (*Ibid.*, art. 21). Il remplissait, comme on le voit, les fonctions dévolues depuis aux conseils généraux. — V. CONSEIL GÉNÉRAL.

22. — Le directoire de département était toujours en activité pour l'expédition des affaires, et devait rendre tous les ans compte de sa gestion au conseil de département. — *Ibid.*, art. 22.

23. — Il y avait en outre dans chaque administration de département un *procureur général syndic* qui était nommé par les mêmes électeurs et dans les mêmes formes que les autres membres de l'assemblée, et qui devait, comme eux, rester quatre ans en fonctions. — *Ibid.*, art. 14 et 15.

24. — Le procureur général syndic, qui était l'agent actif de l'administration, avait séance aux assemblées générales ainsi qu'à celles du directoire, avec voix consultative seulement. Mais il ne pouvait être fait aucun rapport sans qu'il en eût eu communication, ni pris aucune délibération sur ces rapports sans qu'il eût été entendu. — *Ibid.*, art. 17 et 18.

25. — Les administrations de district étaient organisées à peu près de la même manière, mais elles étaient entièrement subordonnées, ainsi que leurs directoires, aux administrations et directoires de département. — *Ibid.*, art. 28.

26. — Telle fut la première organisation que reçurent les administrations départementales; organisation que confirma plus tard la constitution du 3 sept. 1791.

27. — Quant aux règles qu'elles avaient à suivre dans l'exercice de leurs fonctions, on posa d'abord le principe qu'elles étaient tenues de se conformer à celles établies par la constitution et aux décrets des législatures sanctionnés par le roi. — Décr. 22 déc. 1789, sect. 3e, art. 4.

28. — On ajouta que les délibérations des assemblées de département sur tous les objets qui intéresseraient l'administration générale ou sur des entreprises nouvelles et des travaux extraordinaires ne pourraient être exécutées qu'après avoir reçu l'approbation du roi. — *Ibid.*, art. 5.

29. — Enfin, on interdit aux administrateurs de département et de district d'établir aucun impôt, pour quelque cause et sous quelque dénomination que ce soit, d'en répartir aucun au-delà des sommes et du temps fixé par le corps législatif, comme de faire aucun emprunt sans autorisation. — *Ibid.*, art. 6.

30. — L'ensemble des dispositions que nous venons d'analyser rapidement a été souvent critiqué. On a fait remarquer la complication du mécanisme donné à l'administration départementale; le défaut d'action qui était la conséquence inévitable d'un pouvoir remis aux mains d'une assemblée collective dont les membres ne pouvaient guère d'ailleurs, par le mode de leur choix, réunir les connaissances et les qualités nécessaires à des administrateurs actifs; l'impossibilité morale des procureurs syndics de donner l'impulsion et la vie à une telle administration, par suite de leur instabilité et de leur défaut d'influence réelle sur les directoires. — V. Foucart, t. 2, nos 572 et 573.

31. — Un inconvénient grave résulte encore de la faible part faite au roi dans l'administration départementale. Les membres du directoire, n'étant ni nommés ni révoqués par lui, se trouvaient, en effet, placés dans une position complètement indépendante, et son intervention se réduisait en définitive à accorder ou à refuser son autorisation dans les cas assez rares où elle était exigée. — *Ibid.*, no 574.

32. — L'organisation des assemblées départementales répondait trop à l'esprit de l'époque pour qu'on en reconnût de suite les inconvéniens. C'était, d'ailleurs, un essai dans lequel il fallait persévérer quelque temps avant de l'abandonner. Toutefois, on ne tarda pas à reconnaître la nécessité d'augmenter la force du pouvoir central, et de mieux définir le pouvoir des corps administratifs. Ce fut l'objet de la loi du 15-27 mars 1791, et de la constitution du 3 sept. suivant.

33. — Et, d'abord, pour éviter une confusion qui eût pu présenter de graves inconvéniens, il fut défendu aux directoires ou conseils de département ou de district d'intituler leurs actes *décrets*, *ordonnances* ou *proclamations*; ces actes durent porter seulement le nom d'*arrêtés*. — L. 15-27 mars 1791, art. 1er.

34. — Il fut déclaré que les administrateurs de département ne pouvaient, ni s'immiscer dans l'exercice du pouvoir exécutif, ou suspendre l'exécution des lois, ni rien entreprendre sur l'ordre judiciaire, ni sur les dispositions ou opérations militaires. — Constit. 3 sept. 1791, tit. 3, ch. 4, sect. 2e, art. 3.

35. — On donna au roi le droit d'annuler les actes des administrateurs de départemens contraires aux lois ou aux ordres qu'il leur avait adressés et celui de suspendre les administrateurs de leurs fonctions dans le cas d'une désobéissance persévérante et s'ils compromettaient par leurs actes la sûreté et la tranquillité publique. — L. 15-27 mars 1791; Constit. 3 sept. même année.

36. — Le procureur général syndic et les directoires de département furent, dans de certaines circonstances, investis des mêmes pouvoirs sur les actes et les membres des administrations de district, à la charge d'en instruire immédiatement le pouvoir supérieur exécutif. — *Ibid.*

37. — Le roi peut aussi directement, à défaut des administrateurs de département, annuler les actes des sous-administrateurs et les suspendre de leurs fonctions; mais dans tous les cas où il avait ordonné ou confirmé une suspension, il devait en instruire le corps législatif, qui avait le droit de lever ou de confirmer la suspension ou même de dissoudre l'administration coupable, et de renvoyer, s'il y avait lieu, ces administrateurs devant les tribunaux criminels. — *Ibid.*

38. — A la constitution de 1791 succéda, comme on sait, la constitution du 24 juin 1793, qui remplaça les administrations départementales précédentes par des *administrations de district* et des *administrations centrales*, dont les membres électifs devaient être renouvelés tous les ans par moitié. — Art. 78 et 81.

39. — Puis bientôt après survint le décret du 19 vendém. an II, qui établit le *gouvernement révolutionnaire* et plaça tous les corps constitués sous la surveillance du *comité de salut public*. Les districts

devaient correspondre alors directement avec les comités de salut public et de surveillance de la convention. — Décr. 14 frim. an II, art. 6 et 8.

40. — De plus, des représentans furent envoyés en mission dans les départemens avec des pouvoirs tellement extraordinaires, que la convention, annulant une délibération du département de la Dordogne, établit en principe que nulle autorité, excepté la convention, ne pouvait porter atteinte aux arrêtés des représentans du peuple. — Décr. 17-23 juill. 1793; — Foucart, t. 2, no 575.

41. — La constitution du 5 fruct. an III reconstitua le département sur des bases toutes nouvelles. — Art. 174 à 201.

42. — Un directoire de département composé, à l'instar du directoire exécutif supérieur, de cinq membres élus, renouvelés touslesans par cinquièmes, fut chargé seul de l'administration départementale. — Art. 174 et suiv.

43. — Les districts furent supprimés et remplacés par des administrations municipales de canton. — *Ibid.*

44. — Auprès de chaque administration départementale fut placé un commissaire nommé par le directoire exécutif et révocable à sa volonté, lequel était chargé de surveiller et de requérir l'exécution des lois. — Art. 191.

45. — Enfin, survint la loi du 28 pluv. an VIII, qui est restée la base de l'organisation départementale actuelle, dont nous allons indiquer le mécanisme.

46. — On doit seulement remarquer ici que, sous l'empire de cette loi, l'administration départementale devint complétement dépendante du pouvoir par le peu d'action propre qui lui avait été laissé, et surtout par le mode de nomination de ses membres, dont le choix, perdant désormais tout caractère représentatif, appartenait exclusivement au chef du gouvernement.

47. — Cet état de choses a traversé la restauration; mais la révolution de 1830 devait le faire cesser. La loi du 22 juin 1833 a rendu aux conseils départementaux le caractère représentatif, en remettant leur élection aux départemens eux-mêmes; la loi du 10 mai 1838 les a appelés à prendre une plus large part à l'administration, en étendant le cercle des attributions départementales.

48. — « Ainsi, dit M. Foucart, notre système administratif actuel a reçu de l'assemblée constituante l'indépendance du pouvoir judiciaire et du pouvoir administratif, l'unité administrative, la subordination hiérarchique des agens de l'autorité, l'élection des membres des conseils de département et d'arrondissement; il a emprunté au gouvernement impérial les préfets et sous-préfets, entre les mains desquels repose l'action administrative, et les conseils de préfecture, qui jugent les questions du contentieux. » — Foucart, t. 2, no 578.

Sect. 2e. — *Organisation actuelle.*

§ 1er. — *Circonscription et division territoriale.*

49. — Le nombre des départemens, fixé à quatre-vingt-trois par le décret du 26 févr.-4 mars 1790, a subi depuis différentes modifications par la constitution de l'an III; il fut porté à quatre-vingt-neuf, non compris les colonies, qui devaient, aux termes du même acte, former quatre départemens au moins et six au plus. La loi du 28 pluv. an VIII le fixa à quatre-vingt-dix-huit, par suite de diverses modifications introduites dans la division territoriale et de quelques adjonctions. Les conquêtes de l'empire élevèrent ce nombre à cent vingt-sept, en 1808, et même, au moment de la chute de Napoléon, jusqu'à cent trente. Depuis 1814, époque qui a fait rentrer la France dans des limites plus restreintes, le royaume est divisé en quatre-vingt-six départemens.

50. — Chaque département se divise en plusieurs arrondissemens, dont le nombre et la circonscription ont été déterminés par la loi du 28 pluv. an VIII.

51. — Les limites de chaque département et arrondissement ont été fixées par la loi, de sorte qu'il ne peut s'élever aucune difficulté sur des questions de compétence territoriale. — L. 26 fév.-4 mars 1790; Foucart, t. 2, no 579.

52. — Lorsqu'une rivière est indiquée comme limite entre deux départemens ou deux arrondissemens, il est entendu que les deux départemens ou les deux arrondissemens ne sont bornés que par le milieu du lit de la rivière. — L. 26 fév.-4 mars 1790, art. 3.

53. — La circonscription des départemens et des arrondissemens ne peut être modifiée que par une loi. — L. 18 juill. 1837, art. 4.

54. — Cette loi doit elle-même être précédée d'une enquête, de l'avis des conseils municipaux des communes intéressées, ainsi que des conseils d'arrondissemens et de l'avis du conseil général. — L. 18 juill. 1837, art. 2; 10 mai 1838, art. 6 et 41.

55. — Chaque département et chaque arrondissement possède un *chef-lieu* qui est le siége de l'administration de département et d'arrondissement. — L. 26 fév., 4 mars 1790.

56. — Les chefs-lieux ne peuvent être changés sans que le conseil général ou le conseil d'arrondissement aient été appelés préalablement à donner leur avis. — L. 10 mai 1838, art. 6 et 41. — V. au surplus DIVISION TERRITORIALE.

§ 2. — *Organisation administrative.*

57. — Il y a dans chaque département un préfet, un conseil de préfecture et un conseil général de département. — L. 28 pluv. an VIII, art. 2.

58. — Le préfet est chargé seul de l'administration. — *Ibid.*, art. 3.

59. — Ses attributions ont un double caractère. Il est à la fois, dans ce qui touche aux intérêts généraux et à l'exécution de tous les services publics, le représentant du gouvernement; dans ce qui concerne les intérêts départementaux, il est l'administrateur du département. — V. au surplus PRÉFET.

60. — Le conseil de préfecture prononce sur toutes les difficultés qui peuvent s'élever en matière administrative dans toute l'étendue du département, et est, en outre, appelé dans certaines circonstances à éclairer par ses avis la marche de l'administration. — *Ibid.*, art. 4. — V. CONSEIL DE PRÉFECTURE.

61. — Le conseil général est une assemblée de membres élus dont la mission consiste à répartir entre les divers arrondissemens le contingent de contributions directes mis à la charge du département, soit à délibérer, dans les circonstances déterminées par la loi, sur les objets qui touchent aux intérêts particuliers du département. Il est en outre appelé dans certains cas à donner son avis sur divers objets d'administration. — V. CONSEIL GÉNÉRAL DE DÉPARTEMENT.

62. — Il y a dans chaque arrondissement un sous-préfet et un conseil d'arrondissement. — L. 28 pluv. an VIII, art. 8.

63. — Le sous-préfet exerce, dans toute l'étendue de son arrondissement et sous l'autorité du préfet, la plus grande partie des fonctions administratives attribuées à celui-ci. Il n'a pas, sauf dans quelques cas rares, d'autorité propre, et n'est, à bien dire, que le délégué du préfet. — V. PRÉFET et SOUS-PRÉFET.

64. — Le conseil d'arrondissement est, comme le conseil général, une assemblée de membres élus chargés de représenter les intérêts particuliers de l'arrondissement; mais, sauf la répartition entre les communes du contingent des contributions assignées aux arrondissemens par le conseil général, il n'exerce guère que des fonctions purement consultatives, et est seulement appelé, dans certains cas, à donner un avis sur les questions qui intéressent l'arrondissement. — V. CONSEIL GÉNÉRAL et CONSEIL D'ARRONDISSEMENT. — V. encore ORGANISATION ADMINISTRATIVE.

Sect. 3e. — *Départemens considérés comme personnes civiles.*

§ 1er. — *Existence civile des départemens.*

65. — Jusqu'à la loi du 10 mai 1838, on a regardé comme assez incertain, en droit, le point de savoir si les départemens devaient être considérés comme des personnes civiles.

66. — La loi du 22 déc.-janv. 1790 ainsi que celle du 26 fév.-4 mars 1790 attestent que l'intention de l'assemblée constituante avait été de n'adopter cette division « que pour l'exercice du pouvoir administratif. »

67. — La loi du 12-17 avr. 1791 acheva de développer cette pensée, en mettant à la charge de la nation les dettes des ci-devant pays d'état, et en déclarant, par voie de conséquence, que toutes les propriétés, tant mobilières qu'immobilières, appartenant à ces provinces, étaient devenues domaines nationaux.

68. — Cependant, et presque en même temps, le législateur fut poussé, par la force des choses, à reconnaître aux départemens une sorte d'individualité.

69. — Ainsi, la loi précitée du 22 déc. 1789-janv. 1790, en permettant (sect. 3e, art. 6) aux administrations de département et de district « de pourvoir à l'établissement des moyens propres à leur procurer les fonds nécessaires *au paiement des dettes et des dépenses locales*, et aux besoins imprévus et urgens, » admit par cela même une première distinction entre les charges du département et celles de l'état.

70. — La loi du 16-30 janv. 1791, en statuant sur la destination à donner aux édifices qui servaient précédemment à loger les commissaires départis, les gouverneurs, les commandans et autres fonctionnaires publics, ainsi qu'aux hôtels affectés aux administrations des ci-devant pays d'état, autorisa, d'après les mêmes idées, les directoires de département et de district « à acheter ou louer, et chacun *aux frais de leurs administrés respectifs*, ce qui pourrait leur être nécessaire pour leurs établissemens. »

71. — La distinction devint complète par l'effet de la loi du 28 messid. an IV, qui disposa (art. 2) que « les dépenses des administrations centrales, des corps judiciaires, de la police intérieure et locale; de l'instruction publique et des prisons, seraient à la charge des départemens, sous le nom de dépenses d'administration. » — « Il y sera pourvu, ajoute le même article, par un prélèvement en sous additionnels, qui, dans aucun département, ne pourra excéder le cinquième de ces contributions. »

72. — Le système dont cette loi avait posé les bases fut confirmé et développé par les lois des 15 frim. an VI et 11 frim. an VII, qui déterminèrent le mode des dépenses et régularisèrent la comptabilité des départemens.

73. — Enfin, la loi du 2 vent. an XIII, en créant un *budget départemental*, dont elle laissa le réglement aux conseils généraux eux-mêmes, dans de certaines limites, consacra d'une manière formelle l'individualité du département.

74. — Plus tard, un décret du 9 avr. 1811 reconnut l'existence du domaine départemental, en concédant gratuitement *aux départemens*, arrondissemens et communes la pleine propriété des édifices et bâtimens nationaux alors occupés pour le service de l'administration des cours et tribunaux et de l'instruction publique.

75. — C'est là au surplus un point aujourd'hui hors de toute controverse, en présence des dispositions de la loi du 10 mai 1838, qui a précisément pour objet de régler l'administration du domaine départemental.

76. — Mais il importe de remarquer que, malgré tous les points de ressemblance qui se présentent au premier abord, les arrondissemens n'ont point, comme les départemens, une individualité qui puisse les faire reconnaître comme personnes civiles, du moins dans notre organisation actuelle.

77. — « Les arrondissemens, dit M. Foucart (t. 2, no 582), ne sont pas considérés comme propriétaires : leurs biens sont ceux des départemens; ils n'ont pas de ressources qui leur soient propres; ils ne peuvent s'imposer eux-mêmes; le prix de leurs biens vendus, le montant des contributions spéciales qu'ils paient d'après le vote du conseil général, entre dans la caisse du département, et, d'un autre côté, il est pourvu à leurs dépenses par le budget départemental; ce n'est point à l'aide d'une contribution spéciale, mais avec les fonds alloués par les conseils généraux, que sont acquittées même les dépenses d'un intérêt tout local, telles, par exemple, que la construction d'un palais de justice, d'un hôtel de sous-préfecture, etc. »

78. — La question de la personnalité des arrondissemens a, au surplus, été examinée lors de la discussion de la loi du 10 mai 1838; elle a été résolue négativement, et de manière à ne plus laisser aucun doute. — Rapport de M. Mounier à la chambre des pairs, *Monit.*, 1838, p. 869.

§ 2. — *Domaine départemental.*

79. — Le domaine départemental diffère complétement par son origine et sa composition du domaine communal. Les communes n'ont pas seulement parmi leurs propriétés des immeubles affectés à des services publics; elles ont des biens patrimoniaux dont les revenus figurent dans leurs budgets au premier rang de leurs ressources ordinaires, et dont les habitans peuvent se partager la jouissance en nature; l'origine de la propriété départementale, au contraire, remonte exclusivement aux nécessités du service public, et ce n'est qu'accidentellement qu'elle comprend des biens dont la destination n'est pas déterminée.

80. — « La propriété départementale, disait à ce sujet M. de Montalivet lors de la discussion de la loi de 1838 (Séance de la chambre des députés du 2 mars 1838), la propriété départementale n'est réellement pas une propriété du genre de la propriété communale; ce n'est pas, à parler vrai, une propriété privée, c'est une propriété transitoire, acci-

dentelle, qui est renfermée entre son origine et le moment possible où elle reviendra à un service public; car le département ne conserve d'immeubles productifs de revenu que par la considération que dans un moment donné ils lui seront utiles pour un service public. »

81. — En résumé, cependant, le domaine départemental comprend des immeubles, des meubles et des droits incorporels. — Macarel et Boulatignier, *De la fortune publique*, t. 2, n° 469.

82. — Une circulaire ministérielle du 23 nov. 1831 prescrit aux préfets de faire dresser un état des immeubles affectés à des services départementaux, en distinguant les propriétés d'origine domaniale de celles qui ont été acquises par les départemens, et une autre circulaire du 23 fév. 1838 prescrit la révision de cet état et ordonne de dresser un inventaire de la propriété mobilière.

83. — *Immeubles et bâtimens.* — Le point de départ de cette propriété a été, comme on l'a vu, la disposition de la loi du 16-30 janv. 1791, qui prescrivait aux directoires de département d'achever, *aux frais de leurs administrés*, les bâtimens nécessaires à l'établissement des nouvelles administrations. Quelques bâtimens furent dès-lors acquis pour le compte des départemens, et sont restés depuis propriétés départementales.

84. — Ce premier patrimoine s'est accru et s'accroît encore journellement des acquisitions faites par les départemens en vue des divers services auxquels ils ont à pourvoir, pour les prisons départementales, les écoles normales primaires et les écoles modèles, les asiles d'aliénés, les casernes de gendarmerie, les dépôts de mendicité, et généralement tous les établissemens qui entraînent la nécessité pour les départemens d'avoir, soit en propriété, soit à loyer, une propriété immobilière. Nous verrons *infrà*, en traitant des *contrats des départemens*, les règles qui régissent ces acquisitions.

85. — Mais c'est surtout au décret du 9 avr. 1811 que les bâtimens départementaux doivent leur importance.

86. — « Nous concédons gratuitement, porte ce décret, aux départemens, arrondissemens ou communes la pleine propriété des édifices et bâtimens nationaux, actuellement occupés pour le service de l'administration, des cours et tribunaux et de l'instruction publique. » — Art. 1er.

87. — « La remise de la propriété desdits bâtimens sera faite, par l'administration de l'enregistrement et des domaines, aux préfets, sous-préfets et maires, chacun pour les établissemens qui le concernent. » — Art. 2.

88. — « Cette concession est faite à la charge par lesdits départemens, arrondissemens ou communes, chacun en ce qui le concerne, d'acquitter à l'avenir la contribution foncière, et de supporter aussi à l'avenir les grosses et menues réparations, suivant les règles et dans les proportions établies pour chaque local, par la loi du 1er frim. an VII, sur les dépenses départementales, municipales et communales, et par l'arrêté du 27 flor. an VIII, pour paiement des dépenses judiciaires. » — Art. 3.

89. — Cette concession, importante surtout pour les départemens, a présenté plusieurs difficultés d'interprétation sur lesquelles le conseil d'état a eu à se prononcer.

90. — Ainsi, décidé notamment que, pour qu'un département puisse invoquer le bénéfice de la concession, il est indispensable que les locaux auxquels il prétend avoir droit se soient trouvés à l'époque du décret affectés à un service public de la nature de ceux indiqués. Les parties d'édifice qui n'avaient pas alors cette affectation sont restées la propriété de l'état. — *Cons. d'état*, 17 mai 1837, ville de Villers-Coterets c. Min. des fin.

91. — La concession ne porte d'ailleurs que sur les édifices dont l'établissement et l'entretien étaient à la charge spéciale des départemens et des communes. — *Cons. d'état*, 20 juin 1844, département de la Moselle.

92. — Elle ne s'étend pas, en conséquence, aux édifices destinés aux cours d'appel, dont l'état n'a pas cessé d'avoir à sa charge les dépenses de construction et de grosses réparations. — *Ibid.*

93. — Ainsi, un département ne peut se prétendre propriétaire de bâtimens de cette nature, alors même qu'il invoquerait un acte de délivrance et de mise en possession consenti par l'administration des domaines. — *Ibid.*

94. — Le casernement de la gendarmerie ayant été déclaré charge départementale par le décret du 11 juin 1810, les édifices nationaux qui se trouvaient, au moment de la publication du décret du 9 avr. 1811 affectés à cette destination, doivent être considérés comme compris dans la concession faite aux départemens. — *Cons. d'état*, 31 août 1837, département de Seine-et-Oise c. le min. des fin.

95. — Mais un département ne peut réclamer, en vertu du décret du 9 avr. 1811, la propriété d'un édifice national mis précédemment à la disposition du ministre de l'intérieur pour y former un dépôt de mendicité, alors même que ce département aurait été chargé des dépenses de premier établissement concurremment avec l'état, et exclusivement des dépenses d'entretien. — *Cons. d'état*, 26 août 1831, min. de l'intérieur.

96. — Le décret du 9 avr. 1811 n'a pu concéder à un département des immeubles occupés par la préfecture et les tribunaux, mais qui lors de sa publication se trouvaient compris dans l'état des biens formant la dotation de la liste civile impériale. — *Cons. d'état*, 19 août 1835, département de Seine-et-Oise c. l'état.

97. — Vainement se prévaudrait-on aujourd'hui de ce que la loi du 2 mars 1832 a fait sortir ces immeubles de la dotation de la couronne pour les faire rentrer dans le domaine de l'état. — *Ibid.*

98. — On n'a pu appliquer le décret du 9 avr. 1811 à un bâtiment qui avait été affecté précédemment par un décret spécial au service du culte, encore bien que, lors de la publication dudit décret de 1811, ce bâtiment se trouvât occupé, avec la tolérance de l'état, par un tribunal de département. — *Cons. d'état*, 25 août 1841, ministre des finances.

99. — Les anciens émigrés ne peuvent revendiquer contre un département ou une commune des propriétés confisquées sur eux, et qui se trouvaient, à l'époque du décret de 1811, affectées à des services de la nature de ceux que le décret a eus en vue; ici ne peut s'appliquer l'art. 7, L. 5 déc. 1814, qui prescrivait la remise aux émigrés de ceux de leurs biens dont l'état n'avait pas disposé. — *Cons. d'état*, 17 nov. 1819, comm. de Pontrieux; 6 déc. 1820 et 12 fév. 1823, comm. de Rostrenen c. Gicquel de N-do; 14 août 1837, duchesse d'Uzès.

100. — Il en est ainsi, surtout lorsque l'administration des domaines a fait remise des immeubles revendiqués aux départemens, qui en ont pris possession et joui sans contestation. — *Ibid.*

101. — La formalité d'un procès-verbal de remise, prescrite par l'art. 2 du décret n'est point indispensable pour assurer l'effet de la concession. Ce procès-verbal peut être dressé à toute époque sans faire obstacle à la pleine exécution de l'art. 1er. — *Cons. d'état*, 14 août 1837, duchesse d'Uzès.

102. — En tout cas, il n'est pas nécessaire à l'égard des départemens ou communes qui se trouvaient en possession au moment de la concession. Ces localités se sont trouvées saisies de la propriété des bâtimens par la seule publication du décret. — *Cons. d'état*, 6 juin 1830, ville de Laon c. duc d'Orléans.

103. — Quant à la compétence, il n'appartient ni aux tribunaux ni au conseil de préfecture d'apprécier l'étendue et de déterminer les effets du décret du 9 avr. 1811. L'interprétation de cet acte souverain appartient exclusivement au roi en conseil d'état. — *Cons. d'état*, 6 mars 1835, département de la Dordogne c. l'état; 6 mai 1836, préfet du Pas-de-Calais; 6 fév. 1839, département de l'Ain c. l'état; 3 mars 1841, ministre de la guerre; 25 août 1841, ministre des finances; 20 juin 1844, département de la Moselle.

104. — La valeur des propriétés immobilières des départemens a été évaluée, comme l'avait prescrit une circulaire ministérielle du 23 fév. 1838, à 40,883,082 fr. — Macarel et Boulatignier, *De la fortune publique*, t. 2, n° 546.

105. — *Mobilier.* — Le mobilier départemental consiste dans tous les meubles qui sont affectés aux besoins des divers services dont le département est chargé.

106. — Il comprend le mobilier des préfectures, des bureaux des sous-préfectures, des écoles normales primaires, de certains palais de justice, de certaines prisons, de certains hospices et asiles, des cours d'accouchement, de la partie du mobilier des évêchés et archevêchés acquise sur les fonds départementaux. — Macarel et Boulatignier, *De la fortune publique*, t. 2, n° 472.

107. — Il faut y ajouter les bibliothèques et les collections d'objets d'art et de science qui peuvent appartenir aux départemens, et généralement toutes les valeurs mobilières qui sont acquises des deniers départementaux ou qui proviennent de dons et legs faits aux départemens.

108. — On peut consulter, pour ce qui concerne le mobilier des préfectures, deux arrêtés du 17 vent. an VIII, art. 2 et 4 du premier, et art. 3 du second; un décr. du 25 mars 1811, discuté au conseil d'état, mais qui est resté inédit (il se trouve cependant dans la collection des lois et ordonnances de M. Isambert, vol. de 1822, p. 219); deux ordonnances royales, l'une du 17 déc. 1818, l'autre du 3 fév. 1830; et trois instructions ministérielles du 30 déc. 1818, 1er sept. 1825, 30 mars 1830 et 16 août 1838. — *Recueil des circul. du minist. de l'int.*, t. 3, p. 392; t. 5, p. 415; t. 6, p. 328; et *Bulletin officiel du minist. de l'int.*, t. 1er, p. 272.

109. — *Droits incorporels.* — Les droits incorporels appartenant aux départemens se composent *des droits et perceptions concédés* aux départemens par les lois. — L. 10 mai 1838, art. 10.

110. — Ces droits sont de trois espèces : 1° droits de péage sur les ponts (L. 10 août 1839, art. 4, n° 2); — 2° droits de péage pour la correction des rampes sur les routes départementales (mêmes loi et art.); — et 3° de rentes sur l'état. — Macarel et Boulatignier, *De la fortune publique*, t. 2, n° 547.

§ 3. — *Contrats des départemens.*

111. — *Acquisitions, aliénations, échanges, destination des édifices départementaux.* — Toutes les acquisitions, aliénations ou échanges de propriétés, effectués pour le compte du département, doivent être précédés d'une délibération du conseil général. — L. 10 mai 1838, art. 4.

112. — Lorsque ces opérations intéressent particulièrement un arrondissement, et par exemple, lorsqu'il s'agit d'acquisitions, aliénations ou échanges de bâtimens destinés à la sous-préfecture, au tribunal de première instance, à la maison d'arrêt, etc., le conseil d'arrondissement peut en outre être appelé à donner son avis. — Même loi, art. 42.

113. — Dans tous les cas, la délibération du conseil général doit être approuvée.

114. — Cette approbation est donnée par une ordonnance royale rendue après que le conseil d'état a été entendu, lorsqu'il s'agit d'acquisitions, aliénations ou échanges d'une valeur excédant 20,000 fr. — Loi précitée, art. 29

115. — L'autorisation du préfet, en conseil de préfecture, est suffisante lorsqu'il ne s'agit que d'une valeur n'excédant pas 20,000 fr. — *Ibid.* — Ad. Chauveau, *Principes de compét. administrat.*, n° 946-1°.

116. — Dans tous les cas, l'acte d'autorisation ne peut être attaqué devant le conseil d'état par des particuliers, agissant soit comme habitans du département, soit comme se prétendant adjudicataires des biens qu'il s'agit d'aliéner. — *Cons. d'état*, 28 fév. 1845, Valin.

117. — Les difficultés qui peuvent s'élever en matière de ventes ou baux consentis dans la forme administrative des biens des départemens, sur l'interprétation des actes de vente ou de bail rentrent dans la compétence des conseils de préfecture. — V. BAIL ADMINISTRATIF, CONSEIL DE PRÉFECTURE, VENTE ADMINISTRATIVE.

118. — Les changemens de destination ou d'affectation des édifices départementaux doivent être délibérés par le conseil général, et approuvés par une ordonnance royale, le conseil d'état entendu. — L. 10 mai 1838, art. 4, n° 3, et art 29.

119. — Un département est non recevable à se pourvoir devant le conseil d'état contre la destination donnée par ordonnance royale à un édifice départemental, alors que par plusieurs allocations annuelles de fonds le conseil général a adhéré à cette affectation. — *Cons. d'état.*, 3 sept. 1844, dép. du Finistère.

120. — *Dons et legs.* — L'acceptation des dons et legs faits au département doit être également soumise à la délibération du conseil général. — Même loi, art. 4, n° 7.

121. — L'acceptation ou le refus ne peuvent être autorisés que par une ordonnance royale, le conseil d'état entendu. — *Ib.*, art. 31.

122 — Cette autorisation est nécessaire, quelle que soit la valeur de la libéralité qu'il s'agit d'accepter ou de refuser. Une commission de la chambre des pairs avait proposé d'établir, par analogie avec la loi du 18 juill. 1837 sur l'administration municipale (art. 48), que l'autorisation du préfet serait suffisante, s'il ne s'agissait que d'une valeur n'excédant pas 3,000 fr., et s'il n'y avait pas de prétendant droit à la succession. Cette proposition a été repoussée comme contenant une dérogation formelle à l'art. 910, C. civ., et comme tendant, d'ailleurs, à limiter le droit de délégation qui est de l'essence du pouvoir exécutif et de la responsabilité publique. — Macarel et Boulatignier, *De la fortune publique*, t. 2, n° 552.

123. — Mais le préfet peut toujours, à titre conservatoire, accepter les legs et dons faits au département. L'ordonnance d'autorisation, qui intervient ensuite, a effet du jour de l'acceptation. — L. 10 mai 1838, art. 31.

124. — Bien que l'ordonnance du 2 avr. 1817 relative aux dons et legs faits aux établissemens publics, n'ait pas parlé des départemens qui alors

n'étaient pas formellement reconnus comme personnes morales, plusieurs de ses dispositions leur sont cependant applicables. Ainsi, les notaires dépositaires de testamens qui contiennent des legs au profit des départemens sont tenus d'en avertir les préfets pour les mettre à même de faire les actes conservatoires nécessaires. — Foucart, *Droit adm.*, 2e éd., t. 2, no 635.

125. — L'acceptation, après l'accomplissement des formalités ci-dessus indiquées, est faite par le préfet. — *Ibid.*

126. — L'ordonnance d'autorisation détermine l'emploi des sommes données, lorsque le testateur ou le donateur ont omis d'y pourvoir. — *Ibid.*

127. — Enfin, l'autorisation administrative ne fait nullement obstacle à ce que des tiers intéressés se pourvoient par les voies de droit contre les dispositions dont l'acceptation est autorisée. — *Ibid.*

128. — Ajoutons, par voie de conséquence, qu'il faut, en résumé, appliquer ici, relativement aux réclamations qui pourraient être adressées au gouvernement, à l'effet des dispositions des ordonnances royales portant refus d'autorisation ou réduction des libéralités, et à l'accomplissement de la volonté des testateurs ou donateurs, les principes que nous avons déjà développés vo COMMUNE, nos 285 et suiv.

129. — Il faut considérer comme faits aux départemens les dons et legs faits à des établissemens d'utilité départementale qui, n'ayant pas par eux-mêmes d'existence légale, seraient incapables de recevoir, tels, par exemple, que les écoles normales, les prisons, les dépôts de mendicité, etc. Ces libéralités doivent donc être acceptées au nom du département, avec affectation spéciale au service qu'a eu en vue le donateur dont la volonté se trouve ainsi respectée. — V., dans ce sens, Macarel et Boulatignier, *De la fortune publique*, t. 2, no 552. — V., au surplus, INSTRUCTION PRIMAIRE, MENDICITÉ, PRISONS.

130. — *Constructions et travaux.* — Les constructions, reconstructions ou réparations des édifices départementaux sont effectués sur les projets, plans et devis dont le conseil général a délibéré l'adoption. — L. 10 mai 1838, art. 4, 9o.

131. — Les instructions ministérielles recommandent de faire de tout projet l'objet d'études approfondies, et de consulter les chefs de service que les travaux intéressent. — Inst. minist. 26 déc. 1838.

132. — Lorsque la dépense est évaluée à plus de 50,000 fr., les projets et les devis doivent être préalablement soumis au ministre chargé de l'administration des communes : dans l'organisation ministérielle actuelle, au ministre de l'intérieur. — L. 10 mai 1838, art. 32.

133. — Il suffit, lorsque la dépense est au-dessous de 50,000 fr., de l'approbation du préfet.

134. — Les préfets peuvent néanmoins soumettre à l'examen du ministre les projets dont l'approbation leur est réservée par la loi, lorsque la décision à prendre leur paraît présenter des difficultés sérieuses. — Instr. minist. 26 déc. 1838.

135. — Ils doivent même, et par exception, transmettre au ministre tout projet de prison ou d'asile d'aliénés, quel que soit le chiffre de la dépense. — *Ibid.*

136. — Dans tous les cas, l'exécution des travaux est soumise aux conditions déterminées par l'ordonnance royale du 4 déc. 1836, relative aux marchés passés au nom de l'état. Les départemens ne peuvent déroger à cette ordonnance sans une autorisation expresse du ministre. — *Ibid.*

137. — Les conseils généraux sont seulement appelés à délibérer préalablement sur la concession des travaux à des associations, des compagnies ou des particuliers. — L. 10 mai 1838, art. 4, 11o.

138. — Généralement, la direction de tous les travaux des départemens est confiée à un architecte spécialement attaché au département. Cet agent doit être nommé par le ministre sur la proposition des préfets. — Instr. préc.

139. — Les préfets doivent veiller à ce que les architectes et les entrepreneurs exécutent fidèlement, sous leur responsabilité, les projets approuvés par l'administration. — *Ibid.*

140. — *Emprunts.* — Aucun emprunt ne peut être contracté pour subvenir aux dépenses du département qu'en vertu d'un vote du conseil général approuvé par une loi. — L. 10 mai 1838, art. 34.

§ 4. — *Procès et transactions.*

141. — L'exercice des actions appartenant aux départemens est réglé par des dispositions analogues à celles arrêtées par la loi du 18 juill. 1837, relativement à l'exercice des actions communales.

142. — C'est d'abord le conseil général qui délibère sur le point de savoir s'il y a lieu d'intenter les actions ou d'y défendre. — L. 10 mai 1838, art. 4, 5o.

143. — Lorsque le département est demandeur, il faut en outre l'autorisation du roi au conseil d'état. — Même loi, art. 36. — V., à cet égard, AUTORISATION DE PLAIDER, nos 308 et suiv.

144. — Les actions sont exercées par le préfet dans les cas ordinaires. — *Ibid.*

145. — Mais, en cas de litige entre l'état et le département, le préfet qui peut seul représenter l'état devant les tribunaux ne saurait en même temps y représenter le département ; la loi dispose donc que, dans cette occurrence, l'action est intentée ou soutenue au nom du département par le membre du conseil de préfecture le plus ancien en fonctions. — *Ibid.*

146. — Le choix du doyen du conseil de préfecture pour représenter le département n'a pas été sans être critiqué, et il semblerait en effet plus naturel que la défense des intérêts du département fût attribuée à un membre du conseil général. C'était même ce qu'avait proposé la commission de la chambre des députés en 1838. Mais la proposition fut écartée comme contraire à la division des pouvoirs. Le conseil général, a-t-on dit, est seulement un corps délibérant ; les actes d'exécution ne lui appartiennent pas ; d'ailleurs ses fonctions ne durent que pendant la session ; ce serait lui donner une sorte de permanence que de conférer à l'un de ses membres le pouvoir d'agir, en son nom, en dehors de la session. Le doyen du conseil de préfecture a, par suite, été choisi comme étant le remplaçant légal du préfet en cas d'empêchement. — Macarel et Boulatignier, *De la fortune pub.*, t. 2, no 556.

147. — Quant aux formalités imposées aux particuliers qui veulent intenter des actions contre le département, V. encore AUTORISATION DE PLAIDER, nos 313 et suiv.

148. — La loi, prévoyant le cas où il pourrait être de l'intérêt du département de transiger sur ses droits, a déterminé les formes dans lesquelles il pourrait être recouru à ce moyen de terminer un procès. Les transactions, pour être valables, doivent être délibérées par le conseil général et autorisées par ordonnance du roi, le conseil d'état entendu. — L. 10 mai 1838, art. 4, 6o, et art. 38.

149. — Il est utile de remarquer ici que ces formes doivent être suivies, quelle que soit la valeur du litige que la transaction a pour but de terminer. A la chambre des pairs, la commission avait proposé d'accorder le droit d'autorisation aux préfets, lorsqu'il s'agirait d'une valeur n'excédant pas 3000 fr. Mais on a fait remarquer que, en matière de droits litigieux, il est fort difficile d'apprécier si leur valeur peut s'élever exactement à telle ou telle somme. D'ailleurs, la chambre ayant adopté le principe de la nécessité de l'autorisation royale, relativement aux dons et legs (V. *suprà* no 121), elle a pensé qu'il y avait ici mêmes raisons de ne remettre la décision qu'au pouvoir central supérieur. — Macarel et Boulatignier, *ubi suprà*, no 557.

Sect. 4e. — *Dépenses, recettes, budget, comptabilité.*

§ 1er. — *Dépenses.*

150. — Jusqu'en 1838, on a classé indistinctement comme dépenses départementales toutes les dépenses ayant pour objet les services départementaux.

151. — Sous le titre de *dépenses fixes* figuraient les traitemens et indemnités accordés aux fonctionnaires administratifs des départemens, préfets, sous-préfets, secrétaires généraux, conseillers de préfecture, etc., l'abonnement des préfectures pour frais d'administration, etc.

152. — On désignait les autres dépenses des services départementaux sous la dénomination de *dépenses communes*, parce qu'elles se reproduisaient dans tous les départemens, ou de *dépenses variables*, par opposition aux dépenses fixes, et parce que leur quotité pouvait changer d'une année à l'autre.

153. — Mais en 1838 on a pensé, et avec raison, que, parmi les services qui constituent l'administration départementale, il convenait de distinguer ceux qui, intéressant en même temps l'administration générale, devaient plus naturellement être mis à la charge de l'état.

154. — Par suite, les dépenses que l'on appelait *fixes* ont été inscrites au budget général de l'état, et ont cessé, bien que les services qu'elles concernent continuent d'être désignés comme *services départementaux*, d'être comptées au nombre des dépenses départementales.

155. — Les dépenses qui sont restées à la charge des départemens ont été ainsi classées par la loi du 10 mai 1838 ; ce sont : 1o les dépenses *ordinaires* ; 2o les dépenses *facultatives* d'utilité départementale ; 3o les dépenses *extraordinaires* ; 4o les dépenses qui sont mises à la charge des départemens ou autorisées par des lois spéciales. — Art. 9.

156. — *Dépenses ordinaires et obligatoires.* — Les dépenses dites *ordinaires* ont pour objet d'assurer les services indispensables. Ainsi que le fait justement remarquer M. Foucart (*ubi suprà*, no 627), on peut aussi leur donner le nom plus significatif d'*obligatoires*, parce qu'elles ont un tel caractère d'utilité publique que, si le conseil général n'y pourvoyait pas, ou ne leur attribuait qu'une allocation insuffisante, elles pourraient être inscrites ou augmentées d'office par l'ordonnance royale qui règle le budget. — L. 10 mai 1838, art. 14.

157. — Voici l'énumération qu'en fait la loi de 1838, et sur laquelle il est essentiel de s'arrêter, parce qu'elle résume les obligations des départemens, et qu'il ne peut y être rien ajouté qu'en vertu d'une loi. — V. Foucart, *ubi suprà* no 627.

158. — Ce sont : 1o les grosses réparations et l'entretien des édifices et bâtimens départementaux. Ce que nous avons dit *suprà* nos 130 et suiv. à propos des constructions, est ici applicable.

159. — ... 2o Les contributions dues par les propriétés du département. — V., sur le principe de l'imposition et sur les exemptions dont les départemens peuvent en certains cas réclamer le bénéfice, vo CONTRIBUTIONS DIRECTES.

160. — ... 3o Le loyer, s'il y a lieu, des hôtels de préfecture et de sous-préfecture.

161. — ... 4o L'ameublement et l'entretien du mobilier de l'hôtel de préfecture et des bureaux de sous-préfecture. — V. PRÉFET, PRÉFECTURE.

162. — ... 5o Le casernement ordinaire de la gendarmerie. — V. GENDARMERIE.

163. — ... 6o Les dépenses ordinaires des prisons départementales. — V. PRISONS.

164. — ... 7o Les frais de translation des détenus, des vagabonds et des forçats libérés. — V. PRISONS.

165. — Il faut observer que lorsque ces individus voyagent pour comparaître devant un tribunal, soit comme prévenus, soit comme témoins, les frais de translation sont à la charge du ministère de la justice comme frais de justice criminelle. — Foucart, *ubi suprà*, no 627.

166. — D'un autre côté, les lois de finances depuis 1843 comprennent, sous le titre : *Services départementaux à la charge des fonds généraux du budget*, le transport des condamnés au bagne et à plus d'un an de détention, ainsi que les reprises d'évadés. L'obligation des départemens ne s'étend pas, en conséquence, à ces divers cas.

167. — ... 8o Les loyer, mobilier et menues dépenses des cours et tribunaux, et les menues dépenses des justices de paix.

168. — Cette disposition, en ce qui concerne les cours royales, avait été entendue en ce sens que, bien que la juridiction d'une cour s'étendît à plusieurs départemens, les dépenses de loyer et de mobilier devaient être supportées par celui dans le ressort duquel elle se trouvait ; on voyait là une compensation de l'avantage qu'il avait d'être chef-lieu judiciaire. — Foucart, *ubi suprà*.

169. — Mais il faut remarquer encore sur ce point que les lois de finances depuis 1842 comprennent au nombre des services départementaux à la charge des fonds généraux du budget, sous la rubrique : *Matériel des cours royales, les loyers, entretien et réparations de bâtimens, mobiliers et menues dépenses des cours royales.*

170. — L'obligation des départemens se trouve donc aujourd'hui restreinte au loyer et aux menues dépenses des tribunaux et aux menues dépenses des justices de paix. On sait d'ailleurs que le loyer et le mobilier de ces derniers tribunaux sont mis à la charge des communes chefs-lieux de canton, par l'art. 30, § 10, L. 18 juill. 1837. — V. COMMUNE, no 1189.

171. — ... 9o Le chauffage et l'éclairage des corps-de-garde des établissemens départementaux.

172. — ... 10o Les travaux d'entretien des routes départementales et des ouvrages d'art qui en font partie. — V. ROUTES.

173. — ... 11o Les dépenses des enfans trouvés et abandonnés, ainsi que celles des aliénés, pour la part afférente au département, conformément aux lois. — V. ALIÉNÉS, nos 193 et 203, ENFANS TROUVÉS.

174. — ... 12o Les frais de route accordés aux voyageurs indigens. — V. INDIGENS.

DÉPARTEMENT, sect. 4e.

DÉPARTEMENT, sect. 4e.

175. — ... 13° Les frais d'impression et de publication des listes électorales et du jury.

176. — ... 14° Les frais de tenue des colléges et des assemblées convoqués pour nommer les membres de la chambre des députés, des conseils généraux et des conseils d'arrondissemens. — V. ÉLECTIONS LÉGISLATIVES et DÉPARTEMENTALES, JURY.

177. — ... 15° Les frais d'impression des budgets et des comptes des recettes et dépenses du département. — V., relativement à la nécessité et au mode de cette publication, *infrà* nos 258 et s.

178. — ... 16° La portion à la charge des départemens dans les frais des tables décennales de l'état civil. — V. ACTES DE L'ÉTAT CIVIL, nos 86 et 88.

179. — ... 17° Les frais relatifs aux mesures qui ont pour objet d'arrêter le cours des épidémies et des épizooties. — V. ÉPIDÉMIES, ÉPIZOOTIES.

180. — ... 18° Les primes fixées par les réglemens d'administration publique pour la destruction des animaux nuisibles. — V. LOUVETERIE.

181. — ... 19° Les dépenses de garde et conservation des archives du département.

182. — Ainsi que nous l'avons déjà indiqué, toutes les dépenses que nous venons d'énumérer sont obligatoires et peuvent être inscrites ou augmentées d'office ; mais seulement, bien entendu, jusqu'à concurrence du montant des recettes destinées à y pourvoir. — L. 10 mai 1838, art. 14.

183. — La loi a du reste pris soin (art. 13) de déterminer les ressources au moyen desquelles elles doivent être acquittées et de manière à ce que les services nécessaires se trouvassent assurés, en même temps que les conseils départementaux pussent disposer librement, pour les dépenses facultatives, des autres ressources du département. C'est ce que nous verrons au surplus en parlant des recettes départementales. — V. *infrà* nos 199 et s.

184. — Indépendamment des dépenses destinées à assurer les services ordinaires et indispensables, les départemens peuvent avoir à faire face à d'autres dépenses également obligatoires, et qui, à défaut d'un vote du conseil général, pourraient être, comme les dépenses ordinaires, inscrites d'office au budget départemental. Ce sont celles qui résultent des engagemens contractés par le département lui-même, ou qui sont mises à sa charge par des lois spéciales.

185. — Ainsi, en première ligne, les dettes qui auraient été contractées par le département pour des dépenses ordinaires sont soumises à toutes les règles applicables à ces dépenses et doivent nécessairement être ajoutées. — L. 10 mai 1838, art. 20.

186. — Les dettes contractées pour pourvoir à d'autres dépenses sont également obligatoires, et dans le cas où le conseil général aurait omis ou refusé de les inscrire au budget, il y serait pourvu au moyen d'une contribution extraordinaire établie par une loi spéciale. — *Ibid.*

187. — *Dépenses facultatives.* — Les dépenses facultatives sont, ainsi que l'indique leur dénomination, celles que la loi laisse au libre arbitre des conseils généraux.

188. — Toutefois, dans la pratique, on ne désigne généralement ainsi que les dépenses qui sont faites sur le produit des ressources libres auxquelles aucune affectation spéciale n'a été donnée, c'est-à-dire qui correspondent aux centimes additionnels facultatifs ou au revenu des propriétés départementales non affecté à un service départemental. — L. 10 mai 1838, art. 17. — V. encore *infrà* nos 213 et suiv.

189. — Ainsi sont considérées comme facultatives les dépenses qui ont pour objet : les travaux neufs des édifices départementaux et des routes départementales; les subventions aux communes, les encouragemens divers, les cultes, les secours contre la mendicité, les dépenses diverses, etc., qui ont lieu sur les fonds que nous venons d'indiquer.

190. — Mais lorsque les dépenses, bien que facultatives dans le principe, ne peuvent être affectées qu'à l'aide de ressources extraordinaires, et non sur les fonds disponibles du département, elles prennent la qualification de dépenses *extraordinaires.* — V. *infrà* nos 192 et suiv.

191. — Lorsque encore les dépenses correspondent à des ressources mises *ad hoc* à la disposition du conseil général par la loi ou sont faites sur les produits des services que précisément elles ont en vue, c'est dans la classe des dépenses *spéciales* qu'elles doivent être rangées. — V. *infrà* nos 194 et suiv.

192. — *Dépenses extraordinaires.* — Ce sont celles qui sont imputables sur le produit des centimes additionnels extraordinaires ou des emprunts autorisés par des lois particulières.

193. — Les circonstances déterminent leur application ; généralement elles ont pour objet le service des intérêts ou le remboursement des emprunts, les travaux extraordinaires que les ressources disponibles du budget ne permettent pas de faire, le traitement ou les remises accordés à cet effet aux architectes ou aux ingénieurs, etc.

194. — *Dépenses spéciales.* — Ce sont, comme nous l'avons déjà fait remarquer : 1° les dépenses en vue desquelles les conseils généraux sont autorisés à voter des centimes spéciaux, ou pour lesquelles le département pourrait être imposé d'office dans les cas où la loi l'ordonne; 2° celles qui correspondent aux produits de certains services spéciaux propres aux départemens.

195. — On doit ranger dans la première catégorie les dépenses faites sur le produit des centimes additionnels spéciaux votés pour les chemins vicinaux ou des subventions et souscriptions fournies au département pour la même destination par les communes et les particuliers; les dépenses de l'instruction primaire; les dépenses du cadastre.

196. — Dans la seconde viennent se classer : les dépenses des établissemens thermaux appartenant aux départemens; les frais de visite des pharmaciens, des boutiques et magasins des droguistes et épiciers-herboristes; l'entretien des pépinières départementales (pour la portion à la charge du département); les encouragemens à l'agriculture donnés sur les fonds de subventions ou les revenus particuliers des sociétés d'agriculture, les bourses, secours ou souscriptions pour les cours d'accouchement, etc. ; dépenses qui toutes ont un produit correspondant.

197. — Quelques unes des dépenses spéciales de la première catégorie peuvent être imposées d'office. Telles sont, par exemple, les dépenses de l'instruction primaire. — V. INSTRUCTION PRIMAIRE.

198. — Mais cette imposition d'office ne peut jamais être établie que lorsque la loi l'autorise expressément. Dans tout autre cas, la dépense reste facultative pour le conseil général.

§ 2. — *Recettes.*

199. — Les départemens n'ayant généralement que très peu de biens productifs, leurs ressources consistent principalement dans le produit des impôts qui sont perçus à leur profit par voie de centimes additionnels aux contributions directes.

200. — Ces centimes sont votés, partie par les chambres, partie par les conseils généraux.

201. — Les centimes votés par les chambres ont pour double objet : 1° d'assurer, concurremment avec les autres ressources départementales à ce destinées, les services d'utilité générale qui composent les dépenses ordinaires énumérées plus haut; — 2° de pourvoir à l'exécution des lois spéciales qui mettent certains autres services également obligatoires à la charge des départemens.

202. — Mais, comme le produit de ces centimes est proportionné à l'impôt général payé par chaque département, il en résulte que dans les uns ils excèdent les dépenses auxquelles ils sont destinés à pourvoir, tandis que dans d'autres, ils leur sont de beaucoup inférieurs. Pour remédier à cette irrégularité et combler le déficit des départemens pauvres avec l'excédant des départemens riches, les chambres votent en sus un certain nombre de centimes additionnels, qui ne sont pas, comme les précédens, consacrés aux dépenses des départemens dans lesquels ils sont perçus, mais qui sont centralisés au trésor et forment un *fonds commun* à tous les départemens, lequel est distribué entre eux, eu égard à leurs besoins. — Foucart, *ubi suprà*, n° 617.

203. — Une portion de ce *fonds commun*, déterminée par les lois de finances, est spécialement affectée aux dépenses ordinaires et répartie entre tous les départemens par ordonnance royale. — Chauveau, *Principes de compét. administrative*, n° 1073, 6°.

204. — Une autre portion également déterminée par les lois de finances est destinée à venir en aide aux dépenses facultatives votées par les conseils généraux et est répartie à titre de secours aux départemens par le réglement des budgets départementaux. — L. 1838, art. 17. — V. au surplus, CONTRIBUTIONS DIRECTES, nos 448 et suiv.

205. — Les autres recettes départementales comprennent tous les produits éventuels qui sont propres à chaque département et s'appliquent, suivant leur nature, aux diverses dépenses, ci-dessus indiquées, ordinaires, facultatives, extraordinaires ou spéciales.

206. — Il convient de classer toutes ces ressources dans le même ordre que les dépenses pour se faire une idée plus exacte du système de la comptabilité départementale.

207. — *Recettes ordinaires.* — Ce sont celles qui sont destinées à couvrir les dépenses ordinaires énumérées ci-dessus, nos 156 et suiv.

208. — Elles se composent, 1° du produit des centimes additionnels aux contributions directes affectés par la loi des finances aux dépenses dont il s'agit, et de la part allouée pour le même objet au département, dans le *fonds commun.* — L. 10 mai 1838, art. 10 et 13.

209. — ... 2° Du revenu et du produit des propriétés du département, tant mobilières qu'immobilières, autres que celles qui se trouvent sans affectation à un service départemental. — *Ibid.*

210. — Dans les produits de cette catégorie viennent se classer : les revenus particuliers des prisons départementales; le produit des arbres abattus ou élagués sur les routes départementales; celui des ventes de matériaux de démolition ou de rebut, ou d'autres objets provenant des routes départementales ou d'établissemens publics départementaux; le produit de la vente du mobilier des préfectures et des bureaux des sous-préfectures reconnu hors de service, etc., et généralement tous les produits qui, par leur origine, se rattachent aux propriétés du département dont l'entretien figure parmi les dépenses obligatoires.

211. — ... 3° Du produit des expéditions d'anciennes pièces ou d'actes de la préfecture déposés aux archives. — L. 10 mai 1838, art. 10 et 13

212. — ... 4° Du produit des droits de péage autorisés par le gouvernement au profit du département, ainsi que des autres droits et perceptions concédés au département par les lois. — *Ibid.*

213. — *Recettes affectées aux dépenses facultatives.* — Ce sont les recettes disponibles que le conseil général peut employer facultativement, sauf l'approbation de l'autorité supérieure, aux dépenses d'utilité départementale.

214. — Elles se composent.... 1° du produit des centimes votés avec cette destination par les conseils généraux dans les limites fixées par la loi de finances. — L. 10 mai 1838, art. 10 et 17.

215. — ... 2° Du revenu et du produit des propriétés du département non affectées à un service départemental. — L. 10 mai 1838, art. 10 et 17.

216. — ... 3° De la part dans le fonds commun allouée au département, par le gouvernement pour la même destination. — L. 10 mai 1838, art. 10 et 17.

217. — Les départemens ne peuvent obtenir cette allocation qu'après épuisement du *maximum* des centimes facultatifs employés à des dépenses autres que les dépenses spéciales et des ressources énoncées ci-dessus nos 205 et s., elle n'est accordée qu'à titre de secours et pour complément de la dépense des travaux de construction des édifices départementaux d'intérêt général et des ouvrages d'art dépendant des routes départementales. — L. 10 mai 1838, art. 17.

218. — *Recettes extraordinaires.* — Elles consistent.... 1° dans le produit des centimes additionnels extraordinaires imposés ou votés en vertu de lois spéciales. — L. 10 mai 1838, art. 10 et 19.

219. — ... 2° Dans le produit des emprunts autorisés par des lois particulières.

220. — Toute contribution extraordinaire doit être votée par le conseil général et autorisée par une loi. — *Ibid.*, art. 33.

221. — *Recettes spéciales.* — Ces dernières recettes emportent avec elles-mêmes, comme on l'a vu (*suprà*, nos 194 et suiv.), une destination précise.

222. — On y comprend le produit des centimes additionnels spéciaux votés par les conseils généraux pour dépenses des chemins vicinaux de grande communication et autres; ainsi que les contingens communaux et les souscriptions particulières fournis pour la même destination; le produit des centimes votés pour les dépenses du cadastre; ceux affectés à l'instruction primaire.

223. — Il faut y ajouter certains produits spéciaux que n'indique pas la loi du 10 mai 1838, et notamment le revenu des établissemens d'eaux minérales appartenant aux départemens; l'excédant des droits d'examen et de réception des officiers de santé, pharmaciens et herboristes, par les jurys médicaux ; le produit des rétributions payées par les pharmaciens, les épiciers, les droguistes et les herboristes, pour la visite de leurs établissemens ; le revenu des pépinières des départemens; le produit de la vente de chevaux, ou taureaux, étalons, appartenant aux départemens; celui des subventions et revenus particuliers des sociétés d'agriculture et des comités agricoles; le produit des souscriptions pour les cours d'accouchement, etc. On a vu *suprà* nos 194 et suiv., quelles sont les charges correspondant à ces recettes.

§ 3. — *Budget départemental.*

224. — Le budget du département est présenté

par le préfet, délibéré par le conseil général et réglé définitivement par ordonnance royale. — L. 10 mai 1838, art. 11.

225. — Si le conseil général ne se réunissait pas, ou s'il se séparait sans avoir arrêté le budget des dépenses ordinaires du département, le préfet, en conseil de préfecture, établirait d'office ce budget, qui serait réglé par une ordonnance royale. — *Ibid.*, art. 28.

226. — Dans tous les cas, l'ordonnance royale peut rectifier les irrégularités et illégalités qui se rencontreraient dans le budget du département. — Ce n'est pas qu'aucune disposition le dise d'une manière précise, mais cela résulte implicitement des art. 10, 12, 13, 14, 15, 16, 17, 18 et 19, L. 10 mai 1838, combinés avec l'art. 11. — D'ailleurs, considérées comme excès de pouvoir, ces irrégularités pourraient toujours être réprimées par le roi en vertu de la loi du 22 juin 1833. — Trolley, *Cours de droit administr.*, nº 1531, t. 3, p. 490.

227. — Comme le budget de l'état, il comprend à la fois les recettes et les dépenses. Les dépenses sont votées avant les recettes. — *Encycloped. du droit*, vº *Budget du département.*

228. — Il est divisé en sections. — L. 10 mai 1838, art. 11.

229. — La première section comprend les dépenses ordinaires que nous avons énumérées *suprà* nos 156 et suiv. — *Ibid.*, art. 12.

230. — Nous avons indiqué nos 207 et suiv., les recettes qui correspondent à ces dépenses et qui doivent y faire face.

231. — Les dépenses qui doivent figurer dans cette section peuvent, à défaut d'un vote ou d'une allocation suffisante de la part du conseil général, y être inscrites, ou être augmentées d'office, jusqu'à concurrence des recettes destinées à y pourvoir, par l'ordonnance royale qui règle le budget. — *Ibid.*, art 14.

232. — On doit d'ailleurs y ajouter, comme soumises aux mêmes règles, les dettes départementales qui auraient été contractées pour des dépenses ordinaires. — *Ibid.*, art. 20.

233. — Mais aucune dépense facultative ne peut y être inscrite. — *Ibid.*, art. 15.

234. — La seconde section comprend les dépenses facultatives d'utilité départementale indiquées *suprà* nos 187 et suiv. — *Ibid.*, art. 16.

235. — On a vu, nos 213 et suiv., les recettes au moyen desquelles il peut y être pourvu.

236. — Le conseil général peut, s'il le juge nécessaire, porter dans cette seconde section les dépenses ordinaires qui font l'objet de la première. — L. 10 mai 1838, art. 16.

237. — Mais aucune dépense ne peut y être inscrite d'office, et les allocations qui y sont portées par le conseil général ne peuvent être ni changées ni modifiées par l'ordonnance royale qui règle le budget. — *Ibid.*, art. 19.

238. — Toutefois, les dettes qui auraient été contractées pour d'autres dépenses que les dépenses ordinaires, doivent y être inscrites par le conseil général, et, à défaut par lui de faire cette inscription, il y serait pourvu au moyen d'une contribution extraordinaire établie par une loi spéciale. — *Ibid.*, art. 20.

239. — Des sections particulières comprennent les dépenses imputées sur des centimes spéciaux ou extraordinaires. — *Ibid.*, art. 19.

240. — Aucune dépense ne peut y être imputée que sur les ressources destinées par la loi à y pourvoir. — *Ibid.*

241. — Nous avons d'ailleurs dit (nos 192 et suiv.; 218 et suiv.) en quoi consistent ces dépenses et au moyen de quelles recettes il y est pourvu, indépendamment des centimes additionnels votés par le conseil général.

242. — Une fois le budget voté et approuvé, les allocations qu'il contient deviennent définitives.

243. — Les fonds qui n'auraient pu recevoir leur emploi dans le cours de l'exercice sont répartis, après clôture, sur l'exercice en cours d'exécution, avec l'affectation votée par le conseil général, et les fonds restés libres sont cumulés avec les ressources du budget nouveau, suivant la nature de leur origine. — L. 10 mai 1838, art. 21.

244. — Toutefois les réglemens de la comptabilité autorisent, mais seulement pour les dépenses de la première section, des viremens de crédits d'un chapitre à un autre, et les augmentations d'allocations qui seraient reconnues nécessaires après le réglement du budget. Ces viremens de crédits et augmentations doivent être autorisés par des décisions ministérielles. — Ces décisions sont notifiées aux préfets et aux payeurs, qui les produisent à la cour des comptes avec les copies du budget départemental. — Ord. 31 mai 1838, art. 410.

245. — Les revenus et les charges des départemens étant compris dans le budget de l'état et dans les comptes généraux rendus annuellement par les ministres (V. ord. 31 mai 1838, art. 428), il s'ensuit que le budget des départemens est soumis aux mêmes règles que celui de l'état, quant à la durée et à la clôture des exercices, aux délais de l'ordonnancement et du paiement des dépenses, à l'apurement définitif, etc. — V. BUDGET.

§ 4. — *Comptabilité.*

246. — *Perception des revenus.* — Les receveurs généraux des finances sont chargés de recouvrer : 1º la portion des centimes additionnels imposés dans les rôles des contributions directes pour les dépenses départementales ; 2º et les divers produits accidentels et extraordinaires qui sont destinés aux mêmes dépenses et qui appartiennent aux budgets des départemens. — Ord. 31 mai 1838, art. 417.

247. — Le comptable chargé du recouvrement des ressources éventuelles est tenu de faire, sous sa responsabilité, toute la diligence nécessaire pour la rentrée de ces produits. — L. 10 mai 1838, art. 22.

248. — Les rôles et états de produits sont rendus exécutoires par le préfet, et par lui remis au comptable. — *Ibid.*

249. — Les oppositions, lorsque la matière est de la compétence des tribunaux ordinaires, sont jugées comme affaires sommaires. — *Ibid.*

250. — Les receveurs doivent délivrer aux parties versantes des récépissés à talon. — Ord. 31 mai 1838, art. 419.

251. — *Acquittement des dépenses.* — Les dépenses départementales sont acquittées par les payeurs des départemens, sur les mandats des préfets et en vertu des ordonnances du ministre chargé de l'administration départementale. — Ord. 31 mai 1838, art. 421.

252. — Ces comptables ne doivent payer que sur les mandats délivrés par le préfet dans la limite des crédits ouverts pour le budget du département. — L. 10 mai 1838, art. 23.

253. — Lorsque la dépense qu'ils ont à acquitter est soumise à une approbation de l'autorité supérieure, ils doivent exiger préalablement toutes les justifications nécessaires pour assurer la régularité du paiement.

254. — Du reste, les règles prescrites par l'ordonnance du 14 sept. 1822, pour le paiement des dépenses de l'état, s'appliquent aux dépenses des départemens. — Ord. 31 mai 1838, art. 424. — V. COMPTABILITÉ.

255. — *Reddition des comptes.* — Le conseil général entend et débat les comptes d'administration qui lui sont présentés par le préfet : 1º des recettes et dépenses conformément aux budgets du département ; — 2º du fonds de non-valeurs ; — 3º du produit des centimes additionnels spécialement affectés par des lois générales à diverses branches du service public. — L. 10 mai 1838, art. 24.

256. — Les observations du conseil général sur les comptes présentés à son examen sont adressées directement par son président au ministre chargé de l'administration départementale. — *Ibid.*

257. — Ces comptes, provisoirement arrêtés par le conseil général, sont définitivement réglés par ordonnances royales. — *Ibid.*

258. — Lorsque les budgets et les comptes du département ont été définitivement réglés, ils sont rendus publics par la voie de l'impression. — L. 10 mai 1838, art. 25.

259. — Cette publication est faite par les soins du préfet, en deux parties, dont l'une comprend les budgets du département et les états des fonds mis en réserve, et l'autre les comptes et les budgets de report. — Circul. 19 nov. 1835.

260. — Des exemplaires sont ensuite distribués aux membres du conseil général, des conseils d'arrondissement, aux conseillers de préfecture et aux sous-préfets. Il en est adressé trois au ministre de l'intérieur et deux au payeur du département. — Magnitot et Delamarre, *Dict. de droit administ.*, vº *Budget du département.*

V. CONSEIL D'ARRONDISSEMENT, CONSEIL GÉNÉRAL DE DÉPARTEMENT, CONSEIL DE PRÉFECTURE, CONTRIBUTIONS DIRECTES, DIVISION TERRITORIALE, ORGANISATION ADMINISTRATIVE, PRÉFET, ROUTES, TRAVAUX PUBLICS, etc., etc.

DÉPECEURS.

1. — Dépeceurs de voitures. — Patentables de sixième classe. — Droit fixe basé sur la population, et droit proportionnel du vingtième de la valeur locative de l'habitation et des lieux servant à l'exercice de la profession.

2. — Quant aux dépeceurs de bateaux, V. DÉCHIREURS DE BATEAUX.

DÉPENDANCES.

1. — C'est ce qui dépend, ce qui est l'accessoire d'une chose ou d'un droit quelconque.

2. — Ainsi, dans la vente d'une chose, est compris tout ce qui en dépend, et c'est ce qu'on entend par ces termes usités en style de pratique, *appartenances, circonstances et dépendances.*

3. — Les dépendances de tous terrains de fortifications, des places de guerre ou postes militaires sont propriété nationale. — L. 8 et 10 juill. 1791, tit. 1er, art. 13. — V. PLACES DE GUERRE.

4. — Sous l'ancien droit, *dépendance* se prenait aussi quelquefois pour *mouvance*. Ainsi, on disait qu'un tel fief était de la dépendance de telle seigneurie. — Merlin, *Rép.*, vº *Dépendances.*

5. — Par *dépendances* des colonies on entend des îles ou établissemens de moindre importance qui sont régis par la législation spéciale d'une colonie principale, ou au moins sont soumis à l'administration du gouverneur de cette même colonie pour l'application des ordonnances particulières qui peuvent les concerner. — V. COLONIES, nº 46. — Ainsi, l'île Bourbon et la Guadeloupe ont des dépendances. — V. BOURBON (île), GUADELOUPE.

DÉPENS.

V. FRAIS ET DÉPENS.

DÉPENSES.

1. — C'est l'argent qu'on paie pour quelque chose que ce soit.

2. — Le mot *dépense* est fréquemment employé par la pratique dans la même acception que le mot *impense*. Cependant si l'on prend chacune de ces expressions dans son sens exact et rigoureux, le mot *dépense* indique la somme payée relativement à celui qui la débourse, tandis que le mot *impense* signifie la somme payée relativement à la chose dans l'intérêt de laquelle il en est fait emploi.

3. — Considérées sous ce dernier point de vue, les dépenses sont de trois sortes : *nécessaires*, quand elles ont pour objet l'entretien ou la conservation de la chose ; *utiles*, quand elles ont pour objet l'amélioration ; *voluptuaires*, enfin, quand elles sont faites uniquement pour l'embellissement ou l'agrément de la chose.

4. — Les dépenses faites relativement à un immeuble soulèvent, dans certains cas, des questions dont la solution n'est pas sans difficulté. Ainsi notamment, lorsque, pendant qu'une succession était indivise, l'un des cohéritiers a fait des dépenses pour la conservation, l'amélioration ou l'embellissement des immeubles qui en dépendent, lorsqu'un usufruitier en a fait pour les immeubles faisant l'objet de son usufruit, un bailleur pour les biens loués, etc., doit-il en être tenu compte à celui qui les a faites par celui ou ceux qui en profitent? — Ce sont là des questions qui ont été ou seront examinées sous les mots BAIL, INDIVISION, USUFRUIT, etc. — V. ces mots. — V. aussi IMPENSES.

5. — On appelle aussi *dépenses* le chapitre d'un compte où l'on fait mention de l'emploi qui a été fait de ce que l'on a reçu. — V. COMPTE.

DÉPLACEMENT DE BORNES.

V. BORNAGE, DESTRUCTION DE CLOTURES.

DÉPLACEMENT DE MINUTES.

V. MINUTES.

DÉPORT D'ARBITRES.

V. ARBITRAGE, COMPROMIS.

DÉPORT DE JUGE.

1. — Déclaration d'un magistrat qu'il entend s'abstenir d'un acte de ses fonctions.

2. — Le premier devoir d'un juge c'est l'impartialité. Si des motifs graves font craindre qu'il ne soit porté à se prononcer en faveur d'une partie ou contre elle, l'équité exige que les plaideurs puissent refuser de s'en rapporter à sa décision.

3. — De là le droit de récusation pour les causes prévues par la loi. — V. RÉCUSATION.

4. — Mais il n'est pas nécessaire que le juge

qui sait avoir en lui une cause de récusation attende que les parties l'éloignent de son siége. La délicatesse exige qu'il aille au devant de la récusation et se déporte de son propre mouvement.

5. — La loi lui impose même l'obligation d'agir ainsi, dans l'intérêt de la dignité de la magistrature, qui a toujours quelque chose à souffrir d'une récusation judiciaire.

6. — Tout juge, porte l'art. 380, C. procéd., qui saura cause de récusation en sa personne sera tenu de le déclarer à la chambre (du tribunal dont il fait partie), qui décidera s'il doit s'abstenir.

7. — Par le mot *juge*, employé dans cet article, il faut entendre tout magistrat chargé de rendre la justice, quelle que soit sa place dans la hiérarchie judiciaire. — V. RÉCUSATION.

8. — Les magistrats du ministère public pouvant, comme les juges, être récusés et pour les mêmes causes, lorsqu'ils sont parties jointes (art. 381, C. proc. civ.), doivent aussi se déporter lorsqu'ils aperçoivent des causes de récusation en leur personne. Mais ces magistrats pouvant toujours se faire remplacer par leurs substituts, il n'y avait aucune règle à poser à leur égard.

9. — Les dispositions du Code de procédure en matière de déport de juges sont applicables en matière criminelle, correctionnelle et de police, comme en matière civile. — *Cass.*, 8 oct. 1819, Viterbi; 14 oct. 1824, Jouffreau et Delperré.

10. — Les arbitres, étant en réalité de véritables juges, doivent également se déporter s'ils ont en eux une cause de récusation prévue par la loi. Cependant, une fois leurs opérations commencées, ils ne peuvent se dispenser de les mettre à fin si ce n'est pour causes survenues depuis le compromis. — V. ARBITRAGE, nos 460 et suiv.

11. — Le juge qui, sans être dans un cas de récusation légale, craint que son impartialité puisse être suspectée, est, sans aucun doute, fondé à soumettre sa raison à ses collègues pour être autorisé à s'abstenir. — Carré et Chauveau, quest. 1388; Bourbeau, t. 1er, p. 509 et suiv.; Goujet et Merger, *Dict. de dr. commerc.*, vo *Récusation*, no 15.

12. — Le rejet d'une récusation, notamment quand il est motivé sur une fin de non-recevoir, n'empêche pas que le juge qui en a été l'objet puisse soumettre à ses collègues les raisons qu'il croit susceptibles de justifier son abstention. — *Cass.*, 3 déc. 1828, Jénot c. Chotlin.

13. — Il en est surtout ainsi lorsqu'il reste assez de juges pour composer le tribunal. — *Cass.*, 2 juin 1832, Thévenot.

14. — M. le conseiller Tripier, rapporteur dans l'affaire sur laquelle a été rendu l'arrêt précité, 2 juin 1832, s'exprimait ainsi : « Existe-t-il une telle identité entre la récusation et l'abstention, que cette dernière mesure ne puisse être employée que dans le cas où la première serait autorisée par la loi? Toutes les règles établies pour la première doivent-elles s'appliquer à la deuxième? De ce qu'il n'y aurait pas lieu à récusation, doit-on conclure que l'abstention a été illégale et constitue une violation de la loi? Les magistrats sont obligés de s'abstenir dans tous les cas où ils pourraient être récusés. Mais n'ont-ils le droit de s'abstenir que dans ce cas, ne sont-ils pas juges des faits et des circonstances qui motivent leur retraite, lorsqu'ils ont un scrupule légitime qui leur fait craindre de ne pas remplir leurs fonctions avec toute l'impartialité qu'elles exigent, lorsqu'ils redoutent l'effet des impressions qu'ils ont reçues à une époque antérieure au jugement d'une contestation portée devant eux? Sont-ils obligés de violenter leur conscience et de rester juges malgré leurs honorables scrupules? »

15. — Il ne faut pas conclure de ces paroles que le magistrat soit seul juge des raisons qui peuvent motiver son abstention, il doit nécessairement consulter la chambre. — Favard de Langlade, vo *Récusation*; Pigeau, t. 1er, p. 515.

16. — Il a été jugé que cette chambre peut refuser l'abstention suivant les circonstances, alors même qu'elle est fondée sur une cause légale de récusation. — *Toulouse*, 5 janv. 1835, Servat; — Carré et Chauveau, sur l'art. 380, quest. 1390.

17. — Il en était ainsi sous l'empire de l'ordonnance de 1667 : l'art. 18, tit. 24, disposait « qu'aucun juge ne peut se déporter du rapport et jugement des procès, qu'après avoir déclaré en la chambre les causes pour lesquelles il ne peut demeurer juge, et que, sur sa déclaration, il n'ait été ordonné qu'il s'abstiendra. »

18. — Toutefois, Rodier déclare que cette disposition ne s'exécutait pas à la rigueur dans le ressort de plusieurs parlemens, notamment en Bretagne; et il approuve l'usage qui s'était introduit pour le cas où les juges restent assez nombreux pour que le déport ne rende pas un renvoi nécessaire. — Il est d'ailleurs sans inconvénient, dit Duparc-Poullain (t. 9, p. 205), tandis qu'il y en aurait quelquefois à ordonner que le juge déclarera les causes de son déport. Cependant, si l'une des parties ou la partie publique exige que le juge déclare son motif de déport, ses collègues ne pourraient pas se dispenser de l'ordonner, et s'ils en jugeaient les causes insuffisantes, le juge serait contraint de connaître de la contestation.

19. — Cette opinion nous semble encore devoir être suivie aujourd'hui. — V. conf. Carré, quest. 1387; Pigeau, *Comment.*, t. 1er, p. 658; Favard, vo *Récusation*.

20. — La décision est rendue par la chambre du conseil telle qu'elle se trouve composée au moment où le juge fait sa déclaration, sans qu'il soit nécessaire de compléter le nombre des juges requis pour rendre un jugement. — *Cass.*, 15 oct. 1829, Denis et Ravina; 6 août 1844 (t. 1er 1845, p. 749), Imberdis et Pacros. — Bourbeau, t. 1er, p. 518.

21. — Il n'y a même lieu de faire mention de la décision sur le plumitif et dans le jugement auquel le juge déporté n'a pas pris part qu'autant qu'il est devenu nécessaire d'appeler un suppléant pour compléter le tribunal. — *Cass.*, 15 oct. 1829, Denis et Ravina; 2 juin 1832, Thévenot; *Limoges*, 26 janv. 1824, Mingonnat c. Beby. — Carré et Chauveau, quest. 1387.

22. — La décision ne doit, dans aucun cas, être signifiée aux parties, qui sont non recevables à y former opposition ou à en appeler. — *Paris*, 18 mars 1808, Cohin et Boulmer; — Berriat, p. 325; Favard, vo *Récusation*, t. 4, p. 765. — Pigeau (*Comment.*, t. 1er, p. 659) pense que le tribunal peut ordonner la communication de sa décision, s'il la croit utile dans l'intérêt des parties, et il autorise leur opposition. — Mais cette opinion ne saurait être admise. Il s'agit, en effet, d'un acte de discipline intérieure, il ne doit jamais y avoir de communication. — Carré et Chauveau, sur l'art. 380, quest. 1389.

23. — Jugé en ce sens, 1o qu'en matière criminelle et en matière civile, lorsqu'un magistrat fait la déclaration d'une cause de récusation en sa personne, il n'est pas nécessaire d'interpeller la partie pour savoir si elle consent à être jugée par ce magistrat; et 2o que la décision qui prononce sur une abstention n'est pas un jugement, et par conséquent n'est susceptible ni d'opposition ni d'appel; qu'il n'est pas nécessaire qu'elle soit motivée ni prononcée publiquement. — *Cass.*, 15 oct. 1829, Denis et Ravina.

24. — Du reste, la décision prise par la chambre ne préjudicie en aucune façon aux droits des parties. Elles peuvent toujours, pour le cas où la chambre n'aurait pas décidé qu'il y a lieu à déport, proposer la récusation contre le juge, lors même que ce serait pour le même motif. — Carré et Chauveau, *loc. cit.*

25. — La loi ne fixe aucun délai dans lequel le juge doive s'abstenir, il peut le faire en tout état de cause. — *Cass.*, 3 déc. 1828, Jénot c. Chotlin; — Carré et Chauveau, quest. 1390; Favard, vo *Récusation*, § 2; E. Cadrès, p. 267; Goujet et Merger, *Droit comm.*, vo *Récusation*.

26. — Il est, en effet, possible que le juge apprenne seulement dans le cours des débats qu'il a en lui une cause de récusation. — Carré et Chauveau, quest. 1390.

27. — La peine de la nullité n'est pas attachée au défaut d'abstention de la part d'un juge sujet à récusation ; la partie qui n'aurait pas exercé de récusation à son égard ne pourrait pas se faire de son silence un moyen contre le jugement. — *Cass.*, 14 vent. an X, Gillet; 22 frim. an XI, Gayling et préfet du Bas Rhin c. commune de Nidernodern; 18 fév. 1828, Papillon c. hospices de Paris; 18 juin 1828, Humbert; 11 nov. 1829, propriétaires du pré des Graviers et Grandgirard; 17 janv. 1832, Delacroix et Chouland; 30 juill. 1833, Gugoine c. Niort; *Besançon*, 27 fév. 1807, Martinet; *Orléans*, 31 mai 1811, Mignon c. Bordier; *Rennes*, 8 juill. 1819, Fercoq; *Toulouse*, 13 mai 1826, Lapeyre c. Sauliens; *Bordeaux*, 18 mars 1833, Pélissier c. Ladugine; — Carré et Chauveau, sur l'art. 380, quest. 1392; Favard, *Rép.*, vo *Récusation*, § 1er; Bourbeau, t. 1er, p. 511. — V. RÉCUSATION.

28. — Mais s'il s'agissait d'un suppléant ou d'un avocat appelé seulement à l'audience, et pour lesquels la partie n'aurait pas pu présenter de récusation dans les formes voulues par la loi, ne s'attendant pas à les avoir pour juge, leur défaut de déport pourrait être invoqué comme cause de nullité en appel et en cassation. — Carré et Chauveau, sur l'art. 380, quest. 1392.

29. — Toutefois, pour qu'on puisse en matière criminelle se faire un moyen de nullité du défaut de déport d'un juge ainsi appelé, qui a participé à l'arrêt de condamnation, il faut que le motif de récusation soit personnel à la personne et non à son coaccusé. — *Cass.*, 15 oct. 1829, Denis et Ravina.

30. — La nullité pourrait encore être proposée si un juge était sciemment intéressé à la cause. — *Bourges*, 18 mars 1828, Dubosc de Cussy.

31. — Le juge qui s'est déporté ne peut pas, lorsque les causes du déport ont cessé, reprendre la connaissance de l'affaire. — Carré et Chauveau, quest. 1391. — C'était l'opinion du chancelier d'Aguesseau (*Lettre* du 7 août 1731, t. 12, p. 24, nouv. édit.) : le déport ne pouvait être ni conditionnel ni limité à un certain temps. Des raisons non seulement de bienséance, mais de règle, obligent le juge qui s'est une fois déporté de s'abstenir de toute connaissance ultérieure du procès.

DÉPORTATION.

Table alphabétique.

DÉPORTATION. — 1. — Peine afflictive et infamante qui consiste à transporter l'individu que l'on y a condamné hors de sa patrie, dans un lieu déterminé où il est contraint de résider

2. — La déportation était déjà usitée chez les Romains; elle y était perpétuelle, infamante, entraînait la confiscation des biens et la perte des droits de cité (Julius Clarus, quest. 91). Selon Dion Cassius (liv. 55), elle fut adoptée sous Auguste pour remplacer la peine de l'interdiction du feu et et de l'eau.

3. — Les nations modernes l'ont souvent employée, soit pour remplacer la peine de mort, soit pour utiliser au profit de leurs possessions lointaines les criminels et les vagabonds dont la présence dans l'intérieur était une source de dangers et de désordres. C'est ainsi que les Portugais fondèrent en Afrique les fameux *présides*, premières colonies pénales qui furent créées, et que les Espagnols conservèrent, lorsque, sous Philippe II, ils devinrent maîtres du Portugal.

4. — On voit après eux les Russes créer en Sibérie et au Kamtschatka des établissemens de même nature où les criminels, rejetés par la déportation du sein de la mère-patrie, sont employés à l'exploitation des mines.

5. — L'Angleterre, qui, jusqu'en 1776, envoyait dans ses possessions de l'Amérique du nord une grande partie de ses criminels, a fondé plus tard dans l'Australie la célèbre colonie de Botany-Bay, qui est devenue le lieu de déportation le plus considérable de nos temps modernes.

6. — On peut lire, sur la déportation en Angleterre, quelques détails dans l'ouvrage de M. Taillandier, intitulé *Lois pénales de France et d'Angleterre*, p. 143 et suiv.

7. — Dans l'ancienne législation criminelle française, la déportation ne paraît pas avoir jamais été admise, du moins comme moyen déterminé de répression et d'une manière constante. Suivant Jousse, Muyart de Vouglans, Dumoulin et d'autres auteurs, elle était remplacée par le bannissement à perpétuité.

8. — Cependant Merlin (*Rép.*, vº *Déportation*) fait remarquer qu'elle était mise au nombre des cas de haute justice et distinguée du bannissement par la coutume d'Auxerre, qui portait (tit. 1er, art. 1er) que « celui qui a haute justice a juridiction et connaissance des cas pour lesquels échoient peine de mort, incision des membres, fustiger, flétrir, pillorier, écheller, bannir, *déporter* et autres semblables. »

9. — Par un édit du mois de décembre 1556, dans lequel se voit l'intention de créer une colonie pénale à l'instar de celles déjà fondées par les Portugais et les Espagnols, Henri II disposa aussi que ceux qui seraient convaincus de crime emportant mort civile ou bannissement « seraient condamnés à aller servir le roi en Corse, et à toujours ou à temps, ainsi que nos cours et juges, en leur loyauté et conscience, verront lesdits délinquans avoir mérité. » — On ne voit pas que cette mesure ait jamais reçu son exécution.

10. — La même intention d'adopter la déportation comme peine légale et comme moyen de répression se retrouve encore dans une déclaration du 8 janv. 1719, par laquelle le duc d'Orléans, alors régent du royaume, en renouvelant les défenses portées précédemment contre les vagabonds et gens sans aveu répandus dans Paris et dans les environs, comprit dans ces défenses ceux qui avaient été condamnés aux galères et au bannissement, et défendit aux uns et aux autres, après leur libération, d'habiter la ville de Paris, ses faubourgs et sa banlieue : « Comme, d'ailleurs, ajoute la déclaration, nous sommes dans la nécessité d'envoyer des hommes dans nos colonies pour y servir comme engagés et travailler à la culture des terres et aux autres ouvrages, sans lesquels notre royaume ne tirerait aucun fruit du commerce de ces pays soumis à notre domination, nous avons cru ne pouvoir rien faire de plus convenable au bien de notre état que d'établir contre les hommes qui contreviendraient tant à la présente déclaration qu'à celles des 31 mai 1682, 29 avril 1687 et 27 août 1701, la peine d'être transportés dans nos colonies. »

11. — Mais, à part ces deux actes principaux, restés sans exécution ou mal exécutés, la déportation ne se présente plus dans notre ancien droit que comme une mesure de police dépourvue de tout caractère légal, et qui, sous le prétexte de pourvoir aux besoins des colonies en même temps que l'on débarrasserait le royaume de gens réputés dangereux pour sa tranquillité intérieure, donna souvent lieu aux abus les plus crians. A diverses époques, on disposa ainsi arbitrairement, et quelquefois avec violence, des condamnés renfermés dans les prisons du royaume et même des accusés et des simples prévenus; des gens réputés vagabonds ou sans aveu; des mendians valides, des filles perdues, etc., que l'on faisait enlever, sans aucune forme de procès, et transporter aux colonies; et l'on ne se borna pas toujours à l'enlèvement de cette population dangereuse, souvent il arriva que l'on enleva « des gens qui n'étaient pas *de la qualité prescrite*, mais dont on voulait se défaire, en disant le mot à l'oreille et mettant de l'argent dans la main des préposés aux enlèvemens. (Mém. de Saint Simon.) »

12. — La déportation, devenue dès-lors odieuse, et flétrie par les parlemens, ne pouvait trouver place dans notre législation pénale. Il ne fallut rien moins que la révolution de 1789, et la réforme opérée par l'assemblée nationale pour y ramener les esprits.

13. — Dès les premières réformes introduites dans notre législation pénale, la déportation prit place dans l'échelle des peines dont se composa le nouveau système de répression. On la voit figurer dans le code pénal du 25 sept.-6 oct. 1791, et plus tard dans celui du 3 brum. an IV.

14. — Mais ces deux codes ne firent, à bien dire, qu'adopter le principe du choix d'un lieu de déportation, encore assez incertain d'ailleurs sur le rang qu'il convenait d'assigner à cette peine, nouvelle pour nous, le législateur renvoya à d'autres temps à se prononcer sur son application.

15. — Comme exemple de la difficulté que l'on éprouva à se fixer sur le caractère même de la peine, on peut remarquer que le code pénal de 1791 ne la classait dans l'échelle pénale qu'après *la mort, les fers, la réclusion, la gêne* et *la détention*; n'ayant dès-lors au-dessous que la *dégradation civique* et *le carcan* (Code 25 sept. 1791, tit. 1er, art. 1er); tandis que dans le Code de l'an IV, elle prend rang immédiatement après *la mort* et précède *les fers, la réclusion, la gêne* et *la détention*. — C. 3 brum. an IV, art 603.

16. — Une des premières idées qui se présentèrent fut d'employer la déportation à la répression de la mendicité; on pensait jeter ainsi les premiers fondemens d'une colonie pénale analogue à celles de l'Angleterre et de divers autres états; ce fut l'objet du titre 4, L. 24 vendém. an II.

17. — Aux termes de cette loi, par laquelle on s'était proposé d'arriver à l'extinction de la mendicité par l'emploi de moyens largement combinés de secours et de répression, tout mendiant domicilié, repris en troisième récidive; tout mendiant ou vagabond, arrêté une première fois, mis dans une maison de répression pour causes aggravantes, puis repris une seconde fois; enfin, tous les mendians mis dans les maisons de répression et qui n'auraient pu justifier d'aucun domicile, après un an de détention, devaient être condamnés à la transportation dans une colonie désignée à cet effet. — L. 24 vendém. an II, tit. 4, art. 1 à 5.

18. — La peine de transportation ne pouvait être moindre de huit années. Elle ne devait avoir lieu que pour les mendians au-dessus de dix-huit ans et au-dessous de soixante. Elle pouvait être prolongée si la mauvaise conduite du banni le méritait, comme elle pouvait être abrégée, dans le cas seulement d'un service distingué rendu à la colonie. — *Ibid.*, art 7.

19. — D'autres dispositions réglaient les conditions du travail des déportés, les rétributions qui devaient leur être accordées, et dont partie devait être réservée pour l'époque de leur liberté; cette époque arrivée, ils devaient recevoir, outre le montant des économies dont il vient d'être parlé, une portion de terrain telle, qu'en travaillant, leur subsistance pût être assurée. Aucun transporté ne pouvait revenir en France qu'il ne se fût écoulé un an entre le moment de sa liberté et celui de son retour. — *Ibid.*, art. 9 à 18. — V. au surplus MENDICITÉ.

20. — Par suite de cette loi, et en même temps pour assurer l'exécution des lois précédentes relatives à la déportation, un décret du 11 brum. an II désigna pour recevoir tous les déportés la partie sud. quart sud-est de l'île de Madagascar, au lieu dit précédemment le *Fort Dauphin*, et nommé dorénavant le *Fort de la loi*.

21. — Mais les intentions que l'on avait eues en faisant entrer la déportation dans notre législation pénale, intentions qui se manifestent encore dans les dispositions que nous venons de rapporter de la loi du 24 vendém. an II, se perdirent malheureusement dans le tourbillon révolutionnaire. La déportation, dont le but se trouva dès-lors manqué, ne fut plus en réalité qu'un moyen de proscription destiné à venir en aide aux passions politiques.

22. — Des actes législatifs des 27 mai et 26 août 1792, 21 et 24 avr., 19 juill., 1er août et 17 sept. 1793, la prononcèrent contre tous les membres de la famille des Bourbons, et contre les prêtres qui, ayant refusé de prêter le serment exigé par la constitution, n'auraient pas quitté le territoire de la république dans des délais fixés.

23. — La Guyane française fut choisie par les mêmes actes pour recevoir ces derniers proscrits.

24. — Le décret du 10 mars 1793, en instituant le tribunal révolutionnaire, l'autorisa à prononcer la déportation contre « ceux qui seraient convaincus de crimes ou délits qui n'auraient pas été prévus par le Code pénal et les lois postérieures, ou dont la punition ne serait pas déterminée par les lois, et dont l'incivisme et la résidence sur le territoire de la république auraient été un sujet de trouble public et d'agitation. »

25. — Ce pouvoir fut étendu à tous les tribunaux criminels par le décret du 7 juin suivant.

26. — Jugé que le décret de la convention du 7 juin 1793, rapporté le 29 niv. an III, n'autorisait les tribunaux criminels à prononcer la peine de la déportation que contre les hommes dangereux accusés de crimes dont ils seraient convaincus, mais qui ne seraient point compris dans le Code pénal; il ne les autorisait pas à prononcer cette peine contre des individus accusés de crimes classés dans les lois pénales, et qui n'en seraient pas pleinement convaincus. — *Cass.*, 19 juin 1813, Levie.

27. — Enfin, la loi du 27 germ. an II, en instituant les commissions populaires pour la répression des conspirations, les autorisa également à prononcer la déportation. — « Si celui qui sera convaincu désormais, porte l'art. 23 de cette loi, de s'être plaint de la révolution, vivait sans rien faire, et n'était ni sexagénaire, ni infirme, il sera déporté à la Guyane : ces sortes d'affaires seront jugées par les commissions populaires. »

28. — La fin du gouvernement révolutionnaire mit un terme à ces lois de proscription qui, après une série de mesures destinées à en arrêter les effets, furent définitivement rapportées par la loi du 7 fructid. an V.

29. — Peu de jours après, cependant, on vit la peine de la déportation reparaître et frapper jusque dans le sein de la représentation nationale tous ceux que l'on présumait avoir activement participé au mouvement de réaction qui faillit renverser le gouvernement directorial. Ce fut l'objet de la loi du 19 fructid. an V. Une partie des individus que cette loi atteignait furent transportés à Cayenne; un arrêté du 28 niv. an VII désigna plus tard l'île d'Oleron comme lieu de détention provisoire de ceux qui s'étaient soustraits jusque-là à la déportation, ou qui avaient quitté le lieu où ils avaient été déportés.

30. — On sait comment, sous le consulat, les portes de la patrie se rouvrirent pour les émigrés. Diverses mesures individuelles, et, en dernier lieu, l'arrêté du 5 niv. an XI, autorisèrent successivement leur rentrée.

31. — Telle fut la déportation, en France, pendant les temps révolutionnaires. Il importe d'ajouter que les lois qui la prononcèrent ou l'autorisèrent, pendant cette période, ne lui donnèrent pas toujours le même caractère et les mêmes effets.

32. — Le décret précité du 7 juin 1793 avait disposé que la déportation pourrait être « temporaire ou à vie, suivant les circonstances et la nature des délits. » — Mais cette disposition fut abrogée par la loi du 5 frim. an II, qui porta que la déportation ne pourrait plus être prononcée que pour la vie entière.

33. — La convention décréta, par la loi du 17 sept. 1793, que les dispositions législatives existant alors contre les émigrés étaient de tous points applicables aux déportés, qui se trouvèrent ainsi à cette époque frappés de la mort civile, et dont les biens furent appréhendés par la nation.

34. — La déportation prononcée par la loi du 19 fructid. an V ne dut pas produire les mêmes effets. On voit seulement, par l'art. 13 de cette loi, que les biens des déportés devaient être séquestrés jusqu'à la preuve authentique de leur arrivée au lieu de leur destination; un arrêté du directoire, du 19 pluv. an VI, rendu en exécution de cette loi, accorda en conséquence main-levée du séquestre apposé sur les biens de ceux dont l'arrivée à Cayenne, lieu de la déportation, avait été constatée.

35. — Ces conséquences de la loi du 17 sept. 1793 sont surtout importantes à l'égard des prêtres insermentés que les actes législatifs avaient précédemment condamnés à la déportation.

36. — A compter de ce jour même, 17 sept. 1793, les prêtres insermentés qui étaient restés en France ont été frappés de mort civile, par la seule force de la loi et sans qu'il fût besoin de jugemens ou d'arrêtés administratifs qui prononçassent cette mort civile. Ils n'ont pu, par suite, à partir de la même époque, disposer valablement de leurs biens par donations entre vifs. — *Cass.*, 9 fructid. (et non 5 messid.) an XIII, Gaulhier c. Tourrès. — V., au surplus, MORT CIVILE, RELIGIONNAIRES.

37. — La déportation prit place dans l'échelle des peines admises par le Code pénal de 1810, où elle vient immédiatement après la mort et les travaux forcés à perpétuité. — Art. 7.

38. — Elle consiste, aux termes de l'art. 17, C. pén., à être transporté et à demeurer à perpétuité dans un lieu déterminé par la loi hors du territoire continental du royaume.

39. — Si cette peine, dit M. Taillandier (*Lois pén. de France et d'Anglet.*, nº 438), était exécutée telle que le législateur l'a voulu, il faut convenir qu'elle ne serait pas aussi cruelle que beaucoup d'autres qui sont rangées cependant dans l'échelle des peines au-dessous d'elle : le condamné demeure libre d'exercer son industrie; il ne reste ni détenu ni confiné dans une étroite prison, et comme, d'après le Code pén. de 1810 (V. *infrà* nos 57 et suiv.), ce ne sont pas des crimes qui annoncent la bassesse de l'âme qui sont punis de la déportation, mais au contraire des actions qui, bien qu'elles méritent une punition sévère, prouvent souvent des sentimens élevés et nullement susceptibles d'être assimilés à ceux des criminels ordinaires, il est évident que, le feu des passions finissant par s'amortir, ils peuvent abdiquer des er-

reurs et des haines passagères et ne plus être regardés comme des sujets coupables et dangereux.

40. — En conservant dans nos nouveaux codes la peine de la déportation, on voulut en faire une peine qui fût exclusivement applicable aux délits politiques, et complétement distincte des peines portées contre les délits ordinaires.

41. — « Les crimes d'état qui ne sortent pas d'une ame atroce, disait M. Target, mais de fausses idées politiques, de l'esprit de parti, d'une ambition mal entendue, seront efficacement réprimés par un châtiment sévère et sans terme qui ravit au condamné pour jamais honneurs, fortune, jouissance, relations, existence civile et patrie. » — Locré, *Observ. sur le projet de Code*, t. 29, p. 17.

42. — On a tellement voulu, d'ailleurs, conserver à la déportation son caractère de peine politique et toute spéciale que l'on a évité avec soin, dans tous les cas où il y a lieu à aggravation ou à diminution de peine, par suite de récidive ou de circonstances atténuantes, de la confondre dans l'échelle de gradation, avec les autres peines applicables aux délits ordinaires. — C. pén., art. 56 et 463.

43. — Aucun lieu n'ayant été désigné depuis 1810 pour l'exécution de la peine de la déportation, il en résulta que cette peine était commuée dans la pratique en une détention dans un lieu déterminé. — Et c'est ainsi qu'une ordonnance du 2 avr. 1817 décida que les condamnés à la déportation seraient détenus dans la maison centrale du mont Saint-Michel « jusqu'à leur départ pour le lieu de déportation définitive, qui serait ultérieurement déterminé. »

44. — Cette ordonnance donna lieu, dans le sein de la chambre des pairs, à une proposition de M. de Barbé-Marbois, tendante à supplier le roi de proposer un projet de loi qui substituât à la peine de la déportation, dont l'exécution était reconnue impossible, une autre peine proportionnée à la nature et à la gravité des crimes auxquels elle était appliquée. — Mais la chambre ordonna l'ajournement de la proposition.

45. — On vit alors les condamnés à la déportation, détenus dans la maison du mont Saint-Michel, adresser une pétition au gouvernement, et lors de la discussion de cette proposition, M. le garde des sceaux (V. le *Moniteur* du 17 avr. 1821) prononça ces paroles : « Le gouvernement se trouve fort embarrassé, n'ayant pas de lieux de déportation. Il a eu sur ce point des communications fréquentes avec le ministère de la marine, qui a fait plusieurs travaux desquels résulte l'extrême difficulté qu'on a rencontrée dans les tentatives faites pour établir le lieu de déportation, c'est une sorte de colonie d'un genre tout différent que les autres qu'il faudrait établir. Les possessions françaises qui auraient pu convenir à cet objet présentent ou un sol malsain ou un sol trop ardent pour permettre de le cultiver, de sorte qu'on aurait envoyé les déportés sinon à une mort certaine, du moins à un état de misère affreux. »

46. — C'est en présence de ces difficultés qu'en 1832, lors de la révision du Code pénal le gouvernement proposait de supprimer la déportation, et de substituer à une peine nominale celle qui s'exécutait réellement; mais on parut craindre que cette suppression ne préjugeât la question de la création d'une colonie pénale française, et pour réserver ce point, on maintint la peine en principe, tout en lui substituant dans l'exécution celle de la détention perpétuelle. — Chauveau et Hélie, *Th. C. pén.*, t. 1er (2e éd.), p. 111.

47. — L'art. 17, C. pén., successivement modifié par la loi du 28 avr. 1832, et par celle du 9 sept. 1835, se termine, en effet, ainsi : « Tant qu'il n'aura pas été établi un lieu de déportation, le condamné subira à perpétuité la peine de la détention, soit dans une prison du royaume, soit dans une prison située hors du territoire continental, dans l'une des possessions françaises, qui sera déterminée par la loi, selon que les juges l'auront expressément décidé par l'arrêt de condamnation. — Lorsque les communications seront interrompues entre la métropole et le lieu de l'exécution de la peine, l'exécution aura lieu provisoirement en France. »

48. — Cette disposition laisse, comme on peut le remarquer, au gouvernement la désignation du lieu où les condamnés à la déportation peuvent être détenus dans l'intérieur du royaume. Dans l'origine, et en vertu d'un décret du 10 mars 1807, ces condamnés étaient déposés provisoirement dans la prison connue sous le nom de Chartreuse de Pierre-Châtel (Ain). — Une ordonnance royale du 2 avr. 1817 remplaça, comme nous l'avons déjà dit, cette maison par le Mont-Saint-Michel auquel succéda, en vertu d'une autre ordonnance du 22 juill. 1833, la citadelle de Doullens (Somme). A défaut de désignation nouvelle, il faut donc regarder comme étant encore en vigueur cette dernière ordonnance.

49. — Aux termes de l'art. 17 : « si le déporté rentre sur le territoire du royaume, il sera, sur la seule preuve de son identité, condamné aux travaux forcés à perpétuité. » — *Ibid.*

50. — Toutefois, suivant M. Rauter (*Dr. crim.*, t. 1er, n° 162), il faut, pour qu'il y ait lieu à cette aggravation de peine, que le déporté ait enfreint son ban volontairement; ainsi, s'il avait été jeté sur le territoire par la tempête, la disposition de la loi ne lui serait pas applicable; il devrait seulement être reconduit au lieu de la déportation. — — V. cependant, dans un sens contraire, Chauveau et Hélie, *Théorie du C. pén.*

51. — Le déporté qui rentre sur le territoire du royaume doit être envoyé à la disposition du ministère public attaché à la cour qui a prononcé la condamnation pour qu'il soit procédé conformément aux art. 518 et suiv., C. instr. crim., à l'application du § 2, de l'art. 17, C. pén.; — Ch. Berriat Saint-Prix, *De l'exécution des jugemens et arrêts et des peines*, n° 75.

52. — Le même art. 17 ajoute que « le déporté qui ne sera pas rentré sur le territoire du royaume, mais qui sera saisi dans des pays occupés par des armées françaises sera conduit dans le lieu de sa déportation. »

53. — La déportation, examinée en elle-même, a beaucoup préoccupé les criminalistes. Les uns lui ont attribué l'avantage de prévenir les crimes en préservant la métropole de la corruption et des entreprises des condamnés, comme aussi de contribuer à l'amendement des coupables. — D'un autre côté, on lui reproche son inefficacité et son défaut d'exemplarité.

54. — On peut consulter sur les détails de cette grave question criminelle M. Barbé-Marbois (*Observations sur la déportation*); Bentham (*Th. des peines*); de Beaumont et de Tocqueville (*Appendice au système pénitentiaire*); Ch. Lucas (*Du système pénal*); Chauveau (*C. pén. progressif*, p. 96 et suiv.)

55. — M. Taillandier (*Lois pénales de France et d'Angleterre*, p. 139) dit que la peine de la déportation, prononcée comme elle l'est par le Code pénal pour des crimes politiques, est une loi juste et nécessaire, et qu'il serait à désirer qu'elle fût étendue aux crimes politiques du premier degré.

56. — Il est évident toutefois que, pour être complétement bonne, il faudrait qu'elle fût réduite à cette nature spéciale de crimes. Autrement, comme le fait remarquer M. Rossi (*Tr. du droit pénal*, t. 3, p. 186) : « Si on la prend dans le sens d'une peine consistant à transporter une grande masse de condamnés dans un même lieu déjà peuplé, tel qu'une île, une colonie, pour y demeurer soit à perpétuité soit à temps, c'est une peine d'une tendance immorale; car cette peine infeste de tous les scélérats que vomit une grande métropole une innocente colonie, un territoire étroit, une population peu nombreuse, et qui a besoin plus que toute autre d'ordre, de régularité, de mœurs et d'économie. — Cette peine est mauvaise en soi, en tant qu'elle nuit à des innocens à l'occasion des coupables. »

57. — La déportation est prononcée par le Code pénal contre toute personne (autre que les fonctionnaires ou agens du gouvernement) qui aurait livré à l'ennemi ou à un gouvernement étranger les plans des fortifications, arsenaux ou rades. — C. pén., art. 81, 82. — V. CRIMES CONTRE LA SURETÉ DE L'ÉTAT, nos 92 et suiv.

58. — ... Contre celui qui par des actions hostiles, non approuvées par le gouvernement, aurait entraîné l'état dans une guerre. — *Ib.*, art. 84. — V. même mot, nos 110 et suiv.

59. — ... Contre ceux qui seraient entrés dans des complots, suivis d'actes d'exécution contre le roi et le gouvernement. — *Ibid.*, art. 89. — V. COMPLOT.

60. — ... Contre tout individu saisi dans des bandes séditieuses. — *Ibid.*, art. 99. — V. BANDES ARMÉES.

61. — ... Contre ceux qui pouvant disposer de la force publique l'auraient employée contre la levée des gens de guerre. — *Ibid.*, art. 94. — V. COMMANDEMENT MILITAIRE, CRIMES CONTRE LA SURETÉ DE L'ÉTAT.

62. — ... Contre les fonctionnaires publics qui se seraient coalisés pour prendre de concert des mesures contraires aux lois. — *Ibid.*, art. 124. — V. COALITION DE FONCTIONNAIRES.

63. — La peine de la déportation ne peut être appliquée qu'en vertu d'une disposition de la loi; elle ne pourrait donc pas l'être à celui qui, condamné aux travaux forcés à temps, réclamerait le changement de cette peine en celle de la déportation. Sans doute le gouvernement pourrait, en vertu du droit de grâce, envoyer le condamné dans le lieu de la déportation des déportés; mais le condamné ne serait pas pour cela un déporté dans le sens des art. 17 et 18, C. pén. — Rauter, *Dr. crim.*, t. 1er, n° 162.

64. — La déportation ne peut être prononcée contre aucun individu âgé de soixante-dix ans accomplis au moment du jugement; elle est, dans ce cas, remplacée de droit par la détention à perpétuité. — C. pén., art. 70, 71.

65. — La cour de Cassation a jugé, sous l'empire de la loi du 23 flor. an X, que, cette loi n'ayant établi la flétrissure en cas de récidive que par substitution à la peine de la déportation et jusqu'à ce que cette dernière peine pût être pratiquée, un tribunal criminel ne pouvait, en vertu de cette loi et de celle du 6-25 oct. 1791, prononcer cumulativement la flétrissure et la déportation. — *Cass.*, 22 pluv. an XI, Charavel.

66. — On ne saurait également aujourd'hui prononcer la peine de l'exposition en même temps que la déportation; mais par un autre motif, c'est que l'art. 22, C. pén., ne prononce l'exposition que contre les condamnés aux travaux forcés à perpétuité, aux travaux forcés à temps ou à la réclusion, et non contre les déportés.

67. — La condamnation à la déportation emporte la mort civile; néanmoins, le gouvernement peut accorder au condamné l'exercice des droits civils ou de quelques uns de ces droits. — C. pén., art. 18; L. 28 avr. 1832.

68. — Aux termes de l'art. 26, C. civ., les condamnations criminelles n'emportent la mort civile qu'à compter du jour de leur exécution; mais à partir de quel jour est censée exécutée la peine de la déportation?

69. — Carnot (*C. pén.*, art. 17, n° 5) prétend que la mort civile est encourue à compter des ordres donnés par le gouvernement pour la translation du condamné. Cela est impossible, car les ordres restent ignorés jusqu'à ce qu'on les exécute. Le départ aurait plutôt seul une publicité, une notoriété suffisante pour valoir *notification à la société*, selon l'expression de Toullier (*Dr. civ.*, t. 1er, n° 273).

70. — Selon MM. Boitard (*C. pén.*, p. 409) et Ch. Berriat Saint Prix (*De l'exéc. des jugem. et arrêts, et des peines*, n° 92, p. 59), ce serait l'arrivée dans la maison de détention qui opérerait la mort civile.

71. — M. Duranton (4e édit., t. 1er, n° 223) dit que, d'après les dispositions de la loi du 9 sept. 1835, on pourrait regarder la mort civile comme encourue à compter du jour où le condamné a *été transféré* dans le lieu où il doit subir sa peine, comme pour les condamnés aux travaux forcés à perpétuité qui n'ont pas subi l'exposition publique.

72. — De ce qui vient d'être exposé il résulte que, sous l'empire du Code de 1810, qui n'avait pas déterminé, comme l'ont fait depuis les lois de 1832 et de 1835, un mode d'exécution, d'après lequel la peine de la déportation peut être réputée exécutée, aucune mort civile n'a pu être encourue par les condamnés à la déportation. — Boitard, *C. pén.*, p. 409.

73. — Jugé, en effet, avant 1832, que la condamnation à la déportation n'était réputée exécutée, et conséquemment la mort civile n'était encourue qu'à compter du jour de la translation du condamné hors du territoire continental de la France. On ne pouvait considérer comme constituant l'exécution sa translation dans la maison du Mont-Saint-Michel, qui n'était affectée que provisoirement aux condamnés à la déportation. — *Toulouse*, 21 août 1820, Escoubès c. Negrié.

74. — Par la même raison, la publication et l'affiche du jugement de condamnation à la déportation ne constituaient point un acte d'exécution ayant pour effet de fixer le commencement de la mort civile. — Même arrêt; — Merlin, *Rép.*, v° *Mort civile*, § 1er, art. 5, n° 4.

75. — Toutefois, sous l'empire de ce Code, M. Duranton, ainsi que M. Delvincourt, étaient disposés à considérer la mort civile comme encourue à compter de l'affiche du jugement, parce qu'à défaut d'exécution par la déportation réelle, il fallait cependant bien fixer une époque où la mort civile commencerait à être encourue. Mais nous avons vu (*suprà* n° 71) que M. Duranton avait modifié son opinion depuis la loi de 1835, qui fixe un mode d'exécution de la peine.

76. — Mais si, le déporté n'ayant pas été saisi, son exécution avait lieu par effigie, la mort civile serait encourue du jour de cette exécution, conformément à l'art. 18, C. pén. — Rauter, *Dr. crim.*, t. 1er, n° 161. — V. au surplus MORT CIVILE.

77. — Du reste, la déportation, telle qu'elle est aujourd'hui organisée, n'impose à celui qu'elle frappe ni la nécessité d'un travail physique, ni le régime spécial auquel le réglement et l'organisation des maisons de force assujétissent ceux qui

y sont détenus. — Boitard, *Leçons sur le Code pén.*, p. 78.

DÉPOSITAIRE.

Personne chargée d'un dépôt. — V. DÉPOT, DÉPOT PUBLIC, DÉPOSITAIRES PUBLICS.

DÉPOSITAIRE INFIDÈLE.

1. — On appelle dépositaire infidèle celui qui détourne à son profit la chose qui fait l'objet du dépôt.

2. — Au point de vue du droit civil, le dépositaire infidèle est tenu d'indemniser le déposant de la valeur de l'objet dont il l'a privé. — Il peut même, pour l'exécution de cette obligation, être soumis à la contrainte par corps. — Enfin, suivant l'art. 1945, le bénéfice de cession lui est refusé. — V., sur tous ces points, le mot DÉPÔT.

3. — Sous le rapport pénal, le dépositaire infidèle est passible des peines édictées par l'art. 408, C. pén. — V., à cet égard, VIOLATION DE DÉPÔT.

DÉPOSITAIRES PUBLICS.

Table alphabétique.

DÉPOSITAIRES PUBLICS. — 1. — Autrefois, les soustractions commises par les dépositaires publics constituaient ce que l'on appelait le crime de *péculat*. — On comprenait sous cette dénomination le vol ou la dissipation des deniers royaux ou publics par les receveurs et autres officiers publics qui en avaient le maniement, ou à qui le dépôt en avait été confié, ou même par les magistrats qui en avaient été les ordonnateurs. — Jousse, *Traité des mat. crim.*, t. 4, p. 26; Serpillon, *C. crim.*, t. 1er, p. 98. — Quant au détournement des deniers privés par les mêmes officiers, il ne constituait pas le même crime, alors même que ces deniers leur avaient été confiés à raison de leurs fonctions. — Muyart de Vouglans, p. 157.

2. — L'ord. de 1629, dans ses art. 390 à 398, déclarait coupable de péculat et frappait de peines très sévères, telles que les galères, le bannissement perpétuel avec confiscation des biens, ou même la mort, tous ceux qui, étant préposés pour le maniement des deniers royaux, emportaient les deniers dont la recette leur était confiée, ou les détournaient de leur caisse, ou sortaient du royaume sans en avoir rendu compte, ou faisaient de faux emplois ou des omissions dans leurs comptes, ou bien encore se trouvaient débiteurs de fortes sommes sans pouvoir vérifier la cause de leurs pertes. — V. aussi ord. 1er mars 1545; décl. 26 nov. 1633; celles des 5 mai 1690 et 3 juin 1701.

3. — Quant aux particuliers complices du détournement de deniers publics, la décl. du 5 mai 1790 ne les signalait que comme passibles d'une action civile en restitution des sommes détournées.

4. — La loi du 25 sept. - 6 oct. 1791 disposa en ces termes : « Tout fonctionnaire public qui sera convaincu d'avoir détourné les deniers publics dont il était comptable sera puni de la peine de quinze ans de fers. » (Art. 11). — « Tout fonctionnaire public qui sera convaincu d'avoir détourné ou soustrait des deniers, effets, actes, pièces ou titres dont il était dépositaire à raison des fonctions publiques qu'il exerce, et par l'effet d'une confiance nécessaire, sera puni de la peine de douze années de fers. » — Art. 12.

5. — En outre, la loi du 19-29 sept. 1790, tit. 12, art. 1er et 3, déféra la connaissance de ces crimes à des jurés spéciaux, et le Code des délits et des peines (art. 142) en attribua ensuite la poursuite au directeur du jury d'accusation.

6. — Le Code pénal a distingué 1° les détournemens ou soustractions de deniers, titres et effets commis par les dépositaires publics qui, sans être fonctionnaires, ont le maniement et le dépôt de certaines choses ou effets (art. 169); 2° ceux commis par les fonctionnaires ou officiers publics qui se trouvent dépositaires, en leur qualité et à raison de leurs fonctions, d'une chose ou effet (art. 173); 3° ceux commis par les officiers que la loi commet à la garde d'*un dépôt public*, et qui ne sont dépositaires qu'en vertu des fonctions qu'ils exercent relativement à ce dépôt (art. 254). — Chauveau et Hélie, t. 4, p. 80. — V. sur ce dernier point v° DÉPOT PUBLIC.

7. — *Comptables et dépositaires même non fonctionnaires.* — L'art. 169, qui concerne les comptables ou dépositaires publics, même non fonctionnaires, qui ont reçu, en vertu de leurs fonctions, des deniers ou des effets, est ainsi conçu : « Tout percepteur, tout commis à une perception, dépositaire ou comptable public, qui aura détourné ou soustrait des deniers publics ou privés, ou effets actifs en tenant lieu, ou des pièces, titres, actes, effets mobiliers qui étaient entre ses mains en vertu de ses fonctions, sera puni, etc., etc. »

8. — La cour a fait l'application de cette disposition : 1° à l'huissier qui procède à une vente publique de meubles et en reçoit les deniers, « attendu qu'étant spécialement désigné par la loi pour faire publiquement les ventes mobilières, il devient dépositaire et comptable public de deniers privés. » — *Cass.*, 18 déc. 1812, Cogez.

9. — ... 2° Au régisseur intéressé d'un octroi qui détourne ou divertit les deniers de sa recette, « attendu que l'arrêté du gouvernement du 19 vendém. an XII déclare les receveurs des droits d'octroi soumis aux dispositions des lois relatives aux comptables des deniers publics, et à leur responsabilité. » — *Cass.*, 21 janv. 1813, Branzon.

10. — ... 3° Au piqueur des ponts et chaussées qui détourne tout ou partie des sommes qu'il a reçues des caisses publiques pour en faire la distribution aux ouvriers et fournisseurs employés pour le compte de l'administration. — *Cass.*, 29 avr. 1825, Leclerc.

11. — ... 4° A l'économe d'un collége royal qui détourne ou soustrait les deniers publics ou privés qui sont en ses mains en vertu de ses fonctions, « attendu qu'il doit être considéré comme dépositaire ou comptable public. » — *Cass.*, 4 sept. 1835, Noblot.

12. — ... 5° Aux receveurs des hospices. Il a été jugé que, ces receveurs étant des comptables de deniers publics, le détournement par eux commis de sommes excédant 3,000 fr. constitue le crime prévu par l'art. 169, C. pén., et non le simple délit d'abus de confiance. — *Cass.*, 30 juin 1842 (t. 2 1842, p. 465), Champy.

13. — On devrait encore, suivant MM. Chauveau et Hélie (*Th. C. pén.*, t. 4, p. 80), faire application de l'art. 169 aux percepteurs des deniers des communes et aux comptables des établissemens publics.

14. — ... Mais non à l'économe d'un collége indépendant de l'université (car ce n'est pas un comptable ou dépositaire *public*). — Chauveau et Hélie, *loc. cit.*

15. — ... Ni au percepteur d'un droit de péage concédé à une compagnie (lequel n'est pas non plus un comptable ou dépositaire *public*). — Chauveau et Hélie, *loc. cit.*

16. — Le texte précis de l'art. 169 n'inculpant que *les commis à une perception*, il en résulte qu'on ne peut faire rentrer sous son application les commis des dépositaires et comptables; il n'en est pas de ce cas comme de celui de l'art. 173. — V. *infrà* nos 35 et suiv.

17. — Bien que l'art. 169 incrimine la soustraction des pièces, titres, actes et effets mobiliers aussi bien que celle des deniers, ce n'est toutefois qu'en supposant à ces pièces et effets une valeur monétaire; ainsi que cela ressort : 1° de la spécialité des fonctions qu'ont en vue les art. 169 et suiv.; — 2° de la disposition qui gradue la peine d'après la valeur même des objets soustraits (V. *infrà* nos 35 et suiv.); — 3° de cette circonstance que l'art. 169 n'a trait qu'au détournement et à la soustraction, et non, comme l'art. 173, à la suppression et à la destruction des pièces et effets. — Chauveau et Hélie, *loc. cit.*; Morin, v° *Forfaiture*, p. 352.

18. — De là, il résulte que l'application de cet article est subordonnée à l'existence d'un préjudice d'un côté et d'un lucre de l'autre. — Morin, *loc. cit.*

19. — L'art. 169 ne doit-il recevoir application qu'autant qu'il y a soustraction ou détournement frauduleux, manifesté par le refus ou l'impossibilité de restitution? Il en est à cet égard comme du cas de violation de dépôt ou d'abus de mandat, délit dont la soustraction prévue par l'art. 169 n'est que l'aggravation. — V. ABUS DE CONFIANCE, nos 16 et suiv.

20. — Cet article comprend dans son incrimination le détournement de deniers *publics* ou *privés*, pourvu que ce soit en vertu de leurs fonctions que les comptables ou dépositaires les aient reçus.

21. — L'existence d'un déficit étant la base de l'inculpation régie par l'art. 169, il en résulte qu'il ne peut y avoir de condamnation qu'autant que ce déficit est reconnu. Et la constatation de ce déficit ne peut être faite que par l'autorité qui juge habituellement la comptabilité du comptable, et sous les ordres de laquelle il se trouve placé.

22. — C'est par application de ce principe que la cour de Cassation a décidé que le comptable qui a requis l'examen préjudiciel de sa comptabilité ne peut être condamné comme coupable de dilapidation de deniers publics, avant d'avoir été déclaré reliquataire par l'autorité compétente ; et qu'elle a cassé, comme incompétemment rendue, une décision d'un conseil de révision qui, sans avoir égard à la demande en examen préjudiciel de sa comptabilité formée par un quartier-maître accusé de dilapidation de deniers publics, avait déclaré la juridiction militaire compétente. — *Cass.*, 15 juill. 1819, Fabry.

23. — Mais peu importerait que le compte eût été arrêté en l'absence du comptable ; il ne peut, en effet, par des refus ou des lenteurs calculées, paralyser l'action de la justice. — *Cass.*, 28 mars 1816, Branzon; — Mangin, *Act. publ.*, n° 237.

24. — Au surplus, un décret du 16 mars 1807 déclare que les *ex-comptables*, rétentionnaires de deniers publics, peuvent être traduits devant les tribunaux criminels sur la simple dénonciation du ministre du trésor public au ministre de la justice, et sans qu'il soit nécessaire d'une autorisation préalable du conseil d'état. — Duvergier, *Coll.*, t. 16, p. 127. — V. FONCTIONNAIRE PUBLIC.

25. — Et la poursuite est recevable lorsque, d'une part, le ministre des finances déclare qu'il ne s'y oppose pas, et que, d'autre part, le déficit qui l'a motivée est reconnu par l'ex-comptable lui-même. — *Cass.*, 17 oct. 1840 (t. 1er 1844, p. 329), Durand.

26. — S'il y a contestation, de la part du dépositaire, sur le fait même du dépôt de deniers privés, cette contestation peut, comme lorsqu'il s'agit de la violation d'un dépôt méconnu, être appréciée par les tribunaux criminels saisis de l'inculpation. — Chauveau et Hélie, t. 4, p. 86. — V. ABUS DE CONFIANCE.

27. — Et dans ce cas, comme dans le cas d'abus de confiance, les juges criminels ne peuvent recevoir d'autres preuves du dépôt que celles qui seraient reçues devant les tribunaux civils. — Chauveau et Hélie (*loc. cit.*) — *Contrà* (mais à tort) Legraverend (t. 1er, p. 43), qui pense que « tous les genres de preuves peuvent être employés pour prouver la culpabilité des *dépositaires publics*, et que le *Code pénal contient à leur égard des dispositions spéciales.* » Ces dispositions spéciales, quant à la preuve, n'existent nullement.

28. — Dans le cas prévu par l'art. 169, la peine est celle des travaux forcés à temps, si les choses détournées ou soustraites sont d'une valeur au-dessus de 3,000 fr. — La peine des travaux forcés à temps doit être également prononcée, quelle que soit la valeur des deniers ou des effets détournés ou soustraits, si cette valeur égale ou excède soit le tiers de la recette ou du dépôt, s'il s'agit de deniers ou effets une fois reçus et déposés, soit le cautionnement, s'il s'agit d'une recette ou d'un dépôt attaché à une place sujette à cautionnement, soit enfin le tiers du produit commun de la recette pendant un mois, s'il s'agit d'une recette composée de rentrées successives et non sujette à cautionnement. — Art. 170.

29. — Si la chose détournée ou soustraite est d'une valeur moindre de 3,000 fr., et, en outre, inférieure aux mesures exprimées, ainsi qu'il a été dit au n° qui précède, la peine doit être d'un emprisonnement de deux ans au moins, et de cinq ans au plus, et le condamné doit, de plus, être déclaré à jamais incapable d'exercer aucune fonction publique. — C. pén., 171.

30. — Enfin, dans les cas différens qui viennent d'être exprimés, le condamné doit toujours être condamné à une amende égale, en *maximum*, du quart, et, en *minimum*, au douzième des restitutions et indemnités. — C. pén., art. 172.

31. — MM. Chauveau et Hélie (*Th. C. pén.*, t. 4, p. 96) exposent ainsi qu'il suit les motifs de l'art. 169 : « En thèse générale, la gravité du préjudice

est un des élémens de la gravité de la peine. Une différence qui saisit aussitôt la conscience sépare l'agent qui, dans l'espoir même déçu plus tard de le réparer, fait un léger emprunt à la caisse dont il est le dépositaire, et celui qui s'enfuit avec toutes les sommes qui lui ont été confiées. Une différence moins grave, mais également certaine, se fait encore remarquer entre le fonctionnaire qui n'a détourné qu'une faible somme, et celui dont les détournemens successifs et habilement calculés ont creusé un vaste déficit. »

32. — De ce que la loi proportionne à la valeur ou à la quotité des objets soustraits la peine et par suite la juridiction applicable aux soustractions commises par ceux qui, sans être fonctionnaires publics, sont constitués dépositaires, par l'autorité publique, de certaines choses ou effets, il résulte que les chambres d'accusation doivent déterminer ces valeur ou quotité dans leurs réglemens de compétence; autrement, ces arrêts n'ont aucune base, et doivent, par cela seul, être cassés. — *Cass.*, 10 juin 1813, Moroni; — Legraverend, t. 1er, p. 42, note 5e.

33. — En établissant une différence de peine contre les comptables qui ont détourné des deniers publics, selon que les sommes détournées sont supérieures ou inférieures à 3000 fr., les art. 169 et 170, C. pén., ont eu en vue le total des détournemens faits, et non le chiffre restreint de chaque détournement partiel. — *Cass.*, 17 oct. 1840 (t. 1er 1844, p. 329), Durand.

34. — Par application de ces articles, il a été jugé que l'huissier qui a procédé à une vente de meubles et en a reçu les deniers, et qui en est devenu ainsi dépositaire public (V. *suprà* no 8) encourt les peines portées par l'art. 170, C. pén., s'il détourne ou soustrait ces deniers, *et s'ils excèdent le montant du cautionnement de son office.* — *Cass.*, 18 oct. 1812, Cogez.

35. — *Dépositaires fonctionnaires ou officiers publics.* — L'art. 173 (qui s'applique aux fonctionnaires et aux officiers publics) prévoit et punit le cas où « un juge, administrateur, fonctionnaire ou officier public, aura *détruit, supprimé, soustrait* ou *détourné* les actes et titres dont il était dépositaire en cette qualité, ou qui lui auront été remis ou communiqués à raison de ses fonctions; et le cas où des agens, préposés ou commis, soit du gouvernement, soit des dépositaires publics, se seront rendus coupables des mêmes soustractions. »

36. — A la différence de l'art. 169, l'art. 173 s'occupe de la soustraction des actes et titres qui, quelle que soit leur importance, n'ont pas une valeur déterminée et précise; aussi n'a-t-il pas pris cette valeur en considération dans la gradation de la peine. D'un autre côté, si l'art. 169 ne s'occupe que du détournement et de la soustraction des pièces et actes, l'art. 173 prévoit de plus leur destruction ou leur suppression. C'est ce que font remarquer les auteurs. — Chauveau et Hélie, t. 4, p. 89; Carnot, t. 1er, p. 448, nos 1 et 2; Morin, *Dict. dr. crim.*, p. 332.

37. — En outre, l'art. 173 fait planer la pénalité sur la tête de tous les agens secondaires qui sont placés sous les ordres des fonctionnaires publics, et qui, dépositaires de la même confiance, doivent supporter la même responsabilité. — Chauveau et Hélie, t. 4, p. 92.

38. — Enfin, à la différence de l'art. 254, relatif aux vols dans les dépôts publics (V. DÉPÔT PUBLIC), la loi ne punit ici que l'intention frauduleuse du dépositaire et non sa simple négligence. — Chauveau et Hélie, t. 4, p. 190; Carnot, t. 1er, p. 448, no 3.

39. — Il y a suppression d'un acte ou d'un titre par cela même que le dépositaire le retient sans qu'on puisse le recouvrer; il n'est pas nécessaire que l'on prouve un fait matériel de destruction par lacération ou autrement, comme l'exige l'art. 439 de la part d'un simple particulier. — V. DESTRUCTION DE TITRES.

40. — La loi n'entend parler que d'actes utiles, dont la soustraction ou la perte peut préjudicier à des tiers. — La perte de la copie d'un titre ou d'un acte dont l'original existe ne donnerait pas lieu évidemment à l'application de l'art. 173. — Chauveau et Hélie, *loc. cit.*; Carnot, t. 1er, p. 449, no 4; Morin, *Dict. dr. crim.*, p. 332.

41. — De même que l'art. 169 incrimine également le détournement des deniers publics et celui des deniers privés, pourvu que le détournement soit un *abus de confiance de l'état*, de même l'art. 173 reçoit son application, soit que le dépôt d'actes ou titres ait été reçu de l'état, soit qu'il ait été reçu en vertu de la confiance attachée au caractère public du dépositaire. — Morin, *Dict. dr. crim.*, vo *Forfaiture*, p. 358.

42. — Il faut, pour que l'art. 173 ait son application, que le fonctionnaire ou officier public ait reçu le dépôt des actes en sa qualité et à raison de ses fonctions, sans qu'il soit néanmoins indispensable qu'il l'ait reçu en vertu d'une confiance nécessaire. — Bourguignon (*Jurispr. des C. crim.*, t. 3, p. 176) cite comme exemple le cas où un avoué, après avoir *reçu de confiance*, des mains du greffier, un procès-verbal d'ordre, aurait détruit deux contredits compris dans ce procès-verbal; et il indique, comme ayant vu dans ce fait le crime puni par l'art. 173, un arrêt de la cour de Cassation du 10 mai 1823.

43. — Au nombre des *officiers publics* (rentrant dans la classe des personnes énumérées dans l'art. 173) il faut comprendre les officiers ministériels, et notamment les *avoués*, attendu, disent les auteurs, qu'ils sont officiers établis près les tribunaux et nommés par le roi pour représenter en justice les parties de qui ils sont tenus d'instruire et faire juger les procès; qu'ils sont assermentés; que les particuliers qui ont des procès civils, soit en demandant, soit en défendant, sont forcés de recourir à leur ministère, et que dès-lors ils sont officiers publics, par cela même qu'ils sont officiers ministériels. — *Cass.*, 10 mai 1823 (cité par Bourguignon, *loc. cit.*); — Chauveau et Hélie, t. 4, p. 91; Rauter, t. 1er, p. 485, no 351.

44. — Mais il a été jugé aussi que, comme il n'entre pas dans les fonctions des notaires de recevoir en dépôt des actes sous seing-privé, qui peuvent avoir pour résultat de modifier ou de détruire l'effet des actes notariés, un tel dépôt doit être considéré comme étranger à la qualité du notaire, et que dès-lors la suppression de l'acte par ce dernier ne constitue qu'un simple abus de confiance, et non pas le crime prévu par l'art. 173. — *Cass.*, 24 juin 1841 (t. 2 1844, p. 477), Auriol.

45. — Carnot (*C. pén.*, t. 2, p. 517) soutient que le notaire qui divertit les fonds qui lui ont été remis pour payer l'enregistrement d'un acte passé devant lui, se rend coupable du crime prévu par les art. 169 et 173, parce que, la loi du 22 frim. an VII (art. 29) ayant chargé le notaire du versement des droits d'enregistrement, les parties sont dans l'obligation de les en rendre dépositaires; de sorte qu'à raison de ce dépôt les notaires sont de véritables dépositaires publics. — Cette décision ne nous paraît pas fondée; le notaire qui reçoit l'argent destiné à l'enregistrement d'un acte de son ministère n'est pas tenu de le garder ni de le rendre en nature. La remise qui lui en est faite ne constitue donc pas un dépôt, et surtout un dépôt public. La loi du 22 frim. an VII ne change rien à ces principes. Au surplus, la cour de Cassation a considéré ce fait de la part du notaire comme un simple abus de confiance. — V. ABUS DE CONFIANCE.

46. — Au nombre des agens préposés ou commis du gouvernement, auxquels l'art. 173, C. pén., puisse être applicable, la jurisprudence a classé les facteurs à la poste aux lettres. — En conséquence, il a été décidé que le facteur de la poste qui soustrait des valeurs renfermées dans une lettre qu'il était chargé de remettre à son adresse, est passible des peines portées par l'art. 173. — *Cass.*, 23 avr. 1813, Snilts-Laar; — Merlin, *Rép.*, vo *Vol*, sect. 2e, § 3; Chauveau et Hélie, t. 4, p. 93; Morin, *Dict. dr. crim.*, p. 353.

47. — Comme il a été dit, l'art. 173, à la différence de l'art. 169, prévoit la suppression et la destruction des titres et actes, indépendamment de leur soustraction et détournement. Dans ce cas, la preuve testimoniale est admissible pour prouver le fait de la destruction ou de la suppression; encore qu'elle emporte avec elle celle de l'existence de l'acte supprimé ou détruit. — Il y a lieu d'appliquer au surplus ici les règles exposées au mot DESTRUCTION DE TITRES.

48. — La peine applicable au cas prévu par l'art. 173 est, à l'égard de tous ceux qui y sont dénommés, celle des travaux forcés à temps. — C. pén., art. 173.

49. — Jugé qu'un notaire condamné pour avoir détruit, supprimé ou détourné plusieurs de ses minutes, ne peut, par suite de la représentation de toutes ces minutes, faire tomber sa condamnation, sous le prétexte qu'elle n'aurait plus de cause: le fait de détournement n'étant pas inconciliable avec la représentation postérieure des objets détournés. — Il n'est pas possible, d'ailleurs, de réviser l'interprétation et la décision du jury. — *Cass.*, 27 janv. 1838 (t. 1er 1840, p. 203).

DÉPOSITION DE TÉMOINS.

V. COUR D'ASSISES, ENQUÊTE, FAUX TÉMOIGNAGE, INSTRUCTION CRIMINELLE, SUBORNATION DE TÉMOINS, TÉMOINS, TRIBUNAL CORRECTIONNEL, TRIBUNAL DE SIMPLE POLICE.

DÉPOT.

Table alphabétique.

DÉPOT. — 1. — Le dépôt est un contrat par lequel un individu confie un objet à un autre qui se charge gratuitement de le garder et s'engage à le rendre lorsqu'il en sera requis.

2. — Le terme de dépôt se prend non seulement pour le contrat, mais aussi pour la chose déposée.

3. — Il y a deux principales espèces de dépôt : le dépôt simple et le séquestre. — Pour ce qui concerne le SÉQUESTRE, V. ce mot.

4. — Le dépôt simple se divise lui-même en *dépôt volontaire* et en *dépôt nécessaire*. — Il sera traité dans des chapitres séparés 1o de la nature du contrat de dépôt en général ; — 2o des règles spéciales au dépôt volontaire et au dépôt nécessaire.

—

CHAPITRE 1er. — *De la nature du contrat de dépôt en général.*

5. — Il n'y a dépôt proprement dit qu'autant que la garde de la chose déposée est la fin du contrat. (Pothier, no 9). Cette fin est le caractère essentiel du contrat de dépôt qui le distingue des autres contrats. — Troplong, *Du dépôt*, no 23.

6. — Dès-lors, si les parties s'étaient proposé *principalement* par leur convention et la remise d'un objet quelque autre chose que la simple garde, il n'y aurait pas *dépôt*, dans le sens légal du mot, encore que l'obligation de garder se trouvât comprise *secondairement* dans celles de la personne à qui l'objet serait confié. — Ce pourrait être là, suivant les circonstances particulières, une autre sorte de contrat. — Duranton, t. 18, no 12 ; Zachariæ, t. 3 ; Delvincourt, t. 3, p. 200, note 2 ; Duvergier, *Du dépôt*, no 399.

7. — Ainsi, celui qui remet ses titres à son avoué pour la défense de sa cause ne fait pas un dépôt, mais un mandat, car il n'opère pas cette remise uniquement ni principalement *custodiæ causâ*, mais pour qu'il s'en serve dans un but déterminé. — L. 8, ff., *Mand.* ; — Pothier, *Du dépôt*, no 9 ; Duranton, Delvincourt, *loc. cit.* ; Troplong, nos 23 et suiv.

8. — Il en est de même de celui qui donne de l'argent ou d'autres choses à quelqu'un pour qu'il le porte ou fasse parvenir à un tiers. — *Cass.*, 7 thermid. an VIII, Bouvier ; — Pothier, *loc. cit.* ; Duranton, no 13 ; Delvincourt, *loc. cit.* ; Troplong, nos 23 et suiv.

9. — Et la décision serait la même encore que la personne à laquelle l'objet confié est adressé ne voulût pas la recevoir et que celui à qui elle a été remise fût, ce cas échéant, et *en vertu de la convention*, obligé de la garder ; car alors ce n'est que *secundario* que la garde de la chose a été stipulée. — L. 1, § 12, ff., *Depos.* ; — Pothier, no 9.

10. — Il a été jugé, d'après ce principe, que celui qui a reçu des lettres de change *pour en faire* le recouvrement au compte de celui qui les lui a remises ne doit pas être considéré comme dépositaire, mais comme mandataire. — *Cass.*, 20 mai 1814, Delacour c. Lemoncel.

11. — Jugé toutefois qu'il en est autrement de la remise d'effets sur le trésor faite à un individu pour les rendre au propriétaire ou les convertir en or ou en argent ou même en marchandises, dans le cas où la chose serait possible ; alors d'ailleurs que par une lettre particulière le propriétaire des effets a écrit à celui qui s'en chargeait de conserver la somme pour la remettre soit à lui-même soit à un fondé de pouvoirs. — *Cayenne*, 5 janv. 1822, sous *Cass.*, 4 janv. 1825, Faulk c. Power.

12. — La remise de fonds à un notaire pour en opérer le placement doit être considérée comme dépôt volontaire. — *Paris*, 16 nov. 1833, Barré c. Heloin.

13. — On peut même décider que cette remise constitue un dépôt, quoique le notaire soit soumis au paiement des intérêts jusqu'au jour du placement ; cette circonstance n'imprime pas nécessairement au contrat le caractère d'un prêt. L'arrêt qui le juge ainsi échappe à la censure de la cour de Cassation. — *Cass.*, 18 nov. 1834, Barre c. Gambier.

14. — Jugé toutefois que le notaire qui a reçu d'un entrepreneur de bâtimens les capitaux empruntés par son ministère à la charge de les appliquer au paiement des créanciers, fournisseurs, ouvriers au fur et à mesure des constructions exécutées par cet entrepreneur n'est pas un dépositaire dans l'acception légale du mot, mais un simple mandataire. — *Cass.*, 10 fév. 1832, Rivet c. Joanon.

15. — Jugé de même à l'égard du notaire chargé de recevoir pour le compte de son client diverses sommes provenant de prix d'immeubles ou de recouvrement de créances avec indication d'emploi. — *Paris*, 18 janv. 1834, Godeschal c. Charlot.

16. — Au surplus, lorsque le but *principal* du contrat est la garde de la chose, la circonstance que celui à qui elle est remise à titre de dépôt a quelque chose à faire, ne change pas la nature du contrat. Il en est, par exemple, ainsi dans le cas du dépôt d'un cheval auquel le dépositaire doit donner des soins et la nourriture. — Duranton, t. 18, no 15 ; Duvergier, no 400.

17. — L'objet du contrat de dépôt étant la garde de la chose *remise*, ce contrat n'est parfait que par la remise ou *tradition* d'une chose. — C. civ., art. 1919 ; — Duvergier, no 382. — Aussi les lois romaines mettaient-elles le dépôt au nombre des contrats *réels* : le § 3, Inst., *Quib. mod. re contrah. oblig.*, le dit en termes exprès.

18. — Pothier (*Du dépôt*, no 20) et Delvincourt (t. 3, p. 194, 207) lui donnent la même qualification ; mais M. Duvergier (no 383) critique cette expression, par le motif que dans notre droit actuel il n'existe pas de contrats réels.

19. — La remise de l'objet déposé est réelle ou feinte. Elle est feinte (*traditio brevis manus*) lorsque le dépositaire se trouve déjà nanti à quelque autre titre de la chose que l'on consent à lui laisser à titre de dépôt. — C. civ., art. 1919 ; — Pothier, *Dépôt*, no 7 ; Toullier, t. 7, no 279 ; Duvergier, no 384.

20. — Le déposant est censé faire la remise au dépositaire, soit qu'il la fasse par lui-même, soit qu'elle soit faite en son nom par un autre, de son ordre ou avec son approbation. — Pothier, no 7 ; Duranton, no 7.

21. — En sens inverse, la tradition est censée faite au dépositaire, soit que celui-ci reçoive la chose par lui-même, soit qu'elle soit reçue en son nom, par un autre, de son ordre ou avec son approbation. — Pothier, no 7 ; Duranton, no 8.

22. — Il y a également dépôt, dit M. Duranton, (no 6) lorsque je porte quelque chose chez un voisin, *au vu et su de celui-ci*, qui se charge *tacitement* de la garder, par cela seul qu'il ne la refuse pas. — Mais il faut que son intention de la garder *à titre de dépôt* ne soit pas douteuse. — Pothier, no 14.

23. — Peu importe, en général, que le déposant se soit trompé sur la chose qu'il a cru déposer ; et *vice versâ*, que le dépositaire se soit trompé sur la chose qui lui a été remise. Dans l'un comme dans l'autre cas, le contrat de dépôt sera valable ; c'est la chose remise, et cette chose seulement, qui formera la matière du contrat. — Duranton, t. 18, no 9 ; Pothier, *Dépôt*, no 17 ; Troplong, no 37.

24. — De même, l'erreur sur la personne de l'un des contractans n'empêche pas le contrat d'être valable. — Pothier, no 17 ; Duranton, no 10 ; Troplong, no 38.

25. — Toutefois cette opinion ne doit être admise qu'avec une certaine réserve. — Si celui qui a cru prendre en dépôt une chose dont la garde n'avait aucun inconvénient, a effectivement reçu des matières dont la détention n'est pas exempte de danger, ou exige des soins tout particuliers, l'erreur peut, selon les circonstances, être une cause de nullité du contrat. — Duvergier, no 398 ; Troplong, no 38.

26. — De même, ajoute M. Duvergier (*loc. cit.*), si j'ai accepté un dépôt dans la pensée qu'il était fait par un ami à qui j'étais heureux de rendre service, et que dans la réalité je l'aie reçu d'un homme qui m'est inconnu ou indifférent, c'est bien le cas de dire que la considération de la personne a été pour moi la cause principale de la convention, et que, par suite de l'erreur, le contrat est nul. — Il en serait de même, à plus forte raison, si, au lieu de confier un dépôt à une personne digne de ma confiance, je le remettais à une personne d'une probité douteuse.

27. — Le dépôt proprement dit, porte l'art 1917, est *essentiellement gratuit*. — C'est un service d'ami, dit Pothier, no 13.

28. — S'il y avait un salaire stipulé, le contrat cesserait de constituer un dépôt pour revêtir un autre caractère. « *Si vestimenta servanda balneatori data perierunt, si quidem nullam mercedem servandorum vestimentorum accepit, depositi eum teneri... si accepit ex conducto.* — Ulpien, L. 1, § 8, ff., *Dépôs* ; — Domat, *Lois civ.*, liv. 1er, tit. 17, sect. 1re, no 2 ; Denisart, vo *Dépôt*, § 1er, no 8 ; Malleville, sur l'art. 1917 ; Duvergier, no 408.

29. — Toutefois, l'art. 1928, C. civ., suppose que le dépositaire a pu stipuler un salaire. Dans ce cas, dit M. Duranton (no 20), le dépôt a quelque chose d'irrégulier qui n'altère pas la règle essentielle tracée par l'art. 1917. — Delvincourt (t. 2, note 8, p. 200), en présence de la liberté laissée de stipuler un salaire, pense, au contraire, qu'il eût été plus juste de dire que la *gratuité* est de la *nature* et non de l'*essence du dépôt*.

30. — Mais M. Duvergier (no 409) enseigne, mal-

gré l'art. 1928, que la stipulation d'un salaire dénature le contrat de dépôt. — Que dit cet article? Que la règle qui oblige le dépositaire à donner à la garde de la chose déposée les mêmes soins qu'à la garde des siennes, doit être appliquée avec plus de rigueur, si le dépositaire a stipulé un salaire; et Pothier professe la même doctrine, par la raison que, dans ce cas, le *contrat n'étant pas gratuit*, n'est pas un vrai contrat de dépôt, mais plutôt un contrat qui tient du louage. — V. conf. Troplong, *Du dépôt*, nos 11, 12 et 13.

31. — Quoi qu'il en soit, Pothier (no 13) décide que, bien qu'il soit de l'essence du dépôt d'être gratuit de la part du dépositaire, néanmoins les présens que le dépositaire reçoit du déposant en reconnaissance du bon office qu'il lui rend en se chargeant de la garde de la chose, n'altèrent pas la nature du contrat de dépôt, si le dépositaire ne les a pas exigés. — Troplong, no 16.

32. — Le dépôt proprement dit ne peut avoir pour objet que des choses *mobilières* (c'est ce qui distingue le dépôt du séquestre). — C. civ., art. 1918. — Le droit romain n'offrait pas de textes positifs sur le point de savoir si l'on peut faire le dépôt d'immeubles. — Pothier (*Du dépôt*, no 3) le résout négativement. — A cet égard le Code est formel.

33. — Le dépôt ne peut porter que sur des choses corporelles, celles-là seulement étant susceptibles de garde. — Ainsi les droits de créance, etc., ne peuvent faire la matière d'un dépôt: il en est autrement des titres qui constatent ces droits, *ipsa instrumentorum corpora*, — ce sont choses corporelles. — Pothier, no 2; Delvincourt, t. 2, p. 200, note 4e.

34. — Le dépôt est d'un *objet certain* et non *d'une quantité*. Ainsi le numéraire, les choses fongibles peuvent être l'objet d'un dépôt; mais à condition que celui qui les reçoit devra les restituer en nature et tels qu'il les aura reçus; — s'il devait seulement en rendre autant de mêmes nature et bonté, ce ne serait plus un dépôt; mais un prêt de consommation. — Duranton, t. 18, nos 23; Zachariæ, t. 3, § 401; Duvergier, no 402 et suiv.

35. — Il est de l'essence du contrat de dépôt que l'on spécifie les espèces ou les pièces de monnaie qui composent la somme déposée, et non pas seulement la quotité de cette somme, autrement cet acte ne constituerait qu'un simple prêt. — *Besançon*, 13 nov. 1811, Arcelin c. Roch.

36. — C'est ainsi qu'il a été jugé que le refus de payer une somme d'argent que le titre énonce avoir été reçue à titre de dépôt en pièces de six livres et de trois livres, avec l'obligation de la rendre *en mêmes espèces* dans le terme d'un an, ne constitue pas un abus de confiance, la convention ne présentant d'autre caractère que celui d'un simple prêt, et non d'un dépôt véritable, malgré la qualification que les parties lui ont donnée. — *Cass.*, 26 avr. 1810, Rabel c. Beteucourt.

37. — Rien n'empêche, il est vrai, que le déposant ne permette au dépositaire de se servir de la chose déposée (Pothier, no 10). — Mais, s'il s'agit d'argent ou d'autres choses qui *se consomment par l'usage*, l'autorisation de s'en servir ne laisse subsister le contrat comme dépôt que tant que le dépositaire n'a pas usé de l'autorisation. *Si pecunia apud te ab initio hac lege deposita sit ut si voluisses uteris*, PRIUSQUAM UTARIS, *depositi teneberis*. — L. 1, § 34, ff., *Depos.* — Si la *consomption* a eu lieu, le contrat de dépôt n'existe plus. — Pothier, no 11; Duranton, no 245; Duvergier, no 404.

CHAPITRE II. — *Du dépôt volontaire.*

Sect. 1re. — *Formation du contrat et preuve de son existence.*

§ 1er. — *Formation du contrat. — Capacité des parties contractantes.*

38. — Le dépôt *volontaire* est celui qui, ainsi que son nom l'indique, résulte de la *volonté libre* et *réciproque* des parties. — C'est là ce qui le distingue du dépôt *nécessaire*. — C. civ., art. 1921.

39. — La volonté libre et réciproque peut se manifester soit expressément, si elle porte sur le dépôt lui-même, soit implicitement, si elle porte sur un fait qui devait naturellement amener le dépôt.

40. — Ainsi il a été jugé que, lorsque rien n'oblige un individu à en nourrir un autre dans son domicile, les objets qui y sont apportés par ce dernier ne constituent qu'un dépôt volontaire. — *Colmar*, 26 juill. 1809, H. c. S.

41. — L'art. 1922, C. civ., dit que le dépôt volontaire ne peut être régulièrement fait que par le propriétaire de la chose déposée, ou de son consentement exprès ou tacite. — Le mot de *propriétaire* employé par cet article ne doit pas être pris d'une manière absolue, car, pour disposer, il suffit d'avoir sur une chose un droit légitime de rétention: ainsi l'usufruitier, le gagiste, le dépositaire lui-même seraient habiles à donner en dépôt la chose dont ils auraient l'usufruit, le nantissement ou le dépôt.

42. — Il ne faut pas non plus conclure de l'art. 1922 que le dépôt de la chose d'autrui fait sans le consentement du propriétaire soit nul. — La validité d'un tel dépôt ressort nécessairement de l'art. 1938, qui défend au dépositaire d'exiger du déposant la preuve *qu'il est propriétaire de la chose déposée*. Il en résulte seulement, suivant M. Duranton (no 27), que si le véritable propriétaire se présente et réclame sa chose, comme c'est à lui qu'elle doit être restituée de préférence, le dépositaire par cela même se trouve dégagé envers le déposant comme s'il n'y avait pas eu de dépôt; et, suivant Zachariæ (t. 3, § 402), que le dépositaire, s'il savait que le déposant n'avait pas la propriété de la chose, ne peut exercer contre le propriétaire l'action *depositi contraria*. — Tout au plus pourrait-il exercer celle *negotiorum gestorum*.

43. — Ordinairement, dit M. Duvergier (no 387), les choses sont déposées par celui qui en est propriétaire, mais elles peuvent l'être par celui qui n'en a que la jouissance, et même par celui qui la détient indûment. Seulement, et dans ce dernier cas, les obligations du dépositaire sont modifiées par la connaissance qu'il acquiert du droit de tiers sur la chose déposée.

44. — Mais, pour que le contrat de dépôt soit valable, il faut que la chose déposée n'appartienne pas au dépositaire; car, dans ce cas, l'art. 1946 dit qu'il n'y a pas de dépôt. Et toutefois le contrat serait valable d'après le principe ci-dessus posé, si le déposant avait un droit légitime de rétention sur la chose. Ainsi, le dépôt fait par l'usufruitier entre les mains d'un propriétaire, serait très valable. — Pothier, no 4; Duvergier, nos 388, 389.

45. — Le dépôt volontaire ne peut, comme tous les contrats, avoir lieu qu'entre personnes capables de contracter. — C. civ., art. 1925.

46. — Néanmoins, si une personne capable de contracter acceptait le dépôt fait par un incapable, elle serait tenue de toutes les obligations d'un véritable dépositaire, et elle pourrait être poursuivie par le tuteur ou administrateur de la personne qui aurait fait le dépôt. — Même article.

47. — Au contraire, si le dépôt avait été fait par une personne capable à un incapable, le déposant n'aurait que l'action en revendication de la chose déposée tant qu'elle existerait dans les mains du dépositaire, ou une action en restitution jusqu'à concurrence de ce qui aurait tourné au profit de ce dernier. — C. civ., art. 1926.

48. — Bien que, dans l'hypothèse prévue par le numéro qui précède, le Code ne parle que du dépôt fait *par une personne capable* à un *incapable*, il en serait évidemment de même du dépôt fait *par un incapable à un incapable*. — Sous ce rapport, la rédaction de l'art. 1926 est vicieuse. — Zachariæ, § 402; Duvergier, no 393.

49. — De l'art. 1926, il résulte que le dépositaire incapable n'est pas tenu de sa faute et que l'action en dommages-intérêts à raison de cette faute ne serait pas ouverte contre lui. — Duranton, t. 18, no 34; Zachariæ, § 402.

50. — Mais le dépositaire *incapable* serait passible de dommages-intérêts si, ayant agi avec discernement, il avait frauduleusement détourné la chose déposée, *encore bien que la chose ne lui eût pas profité*. — L. 1, § 15, *Depositi vel contr.*; — Cujas, sur la loi 2, *Commodati*; Voët, *Ad pand.*, tit. *Dep. vel contr.*, no 5. — C'est aussi ce qui résulte de l'art. 1310, C. civ., et des art. 408, 66 et 67, C. pén. — Duranton, no 35; Zachariæ, § 402; Duvergier, no 394; Toullier, t. 8, p. 585. — La raison en est que, dans ce cas, l'action en dommages-intérêts prend sa source non dans le contrat de dépôt, mais dans le délit de violation de dépôt. — Aussi, dit Zachariæ (*loc. cit.*), se prescrirait-elle par trois ans. — C. inst. crim., art. 2.

51. — Dans tous les cas, lorsque le dépôt est fait à un incapable, l'action en restitution jusqu'à concurrence de ce qui lui a profité, n'est recevable qu'autant que l'acte constatant le dépôt eût pu valablement obliger le dépositaire, s'il eût été capable de recevoir le dépôt. — *Cass.*, 12 janv. 1814, Changarnier c. Cormier.

§ 2. — *Forme de l'acte. — Preuve de l'existence du contrat.*

52. — Le dépôt volontaire doit être prouvé par écrit (C. civ., art. 1923): la preuve testimoniale n'est admissible qu'autant que la valeur de la chose déposée n'excède pas 150 fr. — Telle était également la prescription de l'ordonnance de 1667. — *Cass.*, 1er juillet 1806, Panier c. Messier. — Ce principe a été reconnu par de nombreux arrêts. — *Cass.*, 16 janv. 1808, Stevens c. Xenoncou; *Amiens*, 17 avr. 1822, Delarue c. Delaunay; *Cass.*, 1er août 1817, Girardon; 1er sept. 1832, Becq c. Hayard. — V. aussi VIOLATION DE DÉPOT.

53. — Jugé en conséquence qu'on ne peut établir par la preuve testimoniale le dépôt volontaire de blanc-seings. — *Cass.*, 18 janv. 1831, Lambert c. Hua.

54. — Il a même été décidé que le fait du dépôt à un huissier de titres pour en opérer le recouvrement, ou d'une somme supérieure à 150 fr. pour en faire des offres ne peut être prouvé par témoins. — *Cass.*, 6 nov. 1838 (t. 2 1838, p. 608), Demontmort c. Troque.

55. — Toutefois on peut soutenir, en pareil cas, que, la garde des objets confiés à l'huissier n'étant pas l'objet principal du contrat, il n'y a pas dépôt proprement dit. — Duvergier, nos 405 et 406. — V. VIOLATION DE DÉPOT.

56. — Lorsque la loi déclare la preuve testimoniale inadmissible, elle défend par cela même aux juges de se baser sur des présomptions. Ces présomptions ne peuvent être accueillies qu'autant que la preuve testimoniale est recevable. — *Cass.*, 18 mars 1807, Vaucheret c. Piquet.

57. — Du reste, il n'est pas nécessaire que la reconnaissance du dépôt soit authentique (*Paris*, 21 thermid. an XI, Crillon), ni qu'elle soit faite en double original, bien que le contrat de dépôt puisse, en ce qu'il établit des obligations réciproques, être considéré comme synallagmatique. — En effet, il est de la classse des contrats synallagmatiques imparfaits, car il n'y a que l'obligation du dépositaire qui soit principale. — Celles du déposant ne sont qu'incidentes. — Pothier, *Du dépôt*, no 21; Duvergier, no 421; Troplong, no 50.

58. — Elle peut résulter notamment d'un testament même irrégulier quant à la signature. — *Pau*, 13 juill. 1822, sous *Cass.*, 23 mars 1824, Serdobin c. évêque de Bayonne.

59. — Néanmoins, si l'acte n'est pas écrit en entier de la main du dépositaire, il doit contenir un *bon ou approuvé* en toutes lettres de la somme et de la quantité des choses remises en dépôt, conformément à l'art. 1326, sauf les exceptions exprimées dans cet article et résultant de la qualité du dépositaire. — *Cass.*, 12 janv. 1814, Changarnier c. Cormier; — Duranton, t. 18, no 32; Rolland de Villargues, *Dict. not.*, vo *Dépôt*, no 35; Duvergier, no 420; Toullier, t. 8, no 304.

60. — En l'absence d'une preuve écrite d'un dépôt excédant 150 fr., celui qui est attaqué comme dépositaire en est cru sur sa déclaration, soit pour la chose qui en faisait l'objet, soit pour le fait de sa restitution. — *Colmar*, 26 juill. 1809, H...

61. — Ainsi, jugé que dans ce cas les juges ne peuvent, contre la déclaration du dépositaire, se décider par des présomptions, soit *sur la nature du dépôt*, soit sur le *fait de la restitution*. — Ils ne peuvent également, dans ce cas, examiner si le dépôt a été plus ou moins soigneusement gardé. — *Cass.*, 18 mars 1807, Vaucheret c. Piquet.

62. — L'arbitre volontaire auquel des pièces ont été confiées est un véritable dépositaire volontaire, et sa déclaration seule suffit, à défaut de preuve contraire, pour faire pleine foi de la restitution. — *Lyon*, 23 fév. 1842 (t. 2 1842, p. 200), Seurre c. Favre.

63. — De ce principe il résulte que le déposant peut toujours déférer le serment au prétendu dépositaire. — Cette délation ne serait pas inadmissible comme portant sur un délit, car la seule dénégation d'un dépôt dans le but de se soustraire à l'obligation de restituer la chose déposée ou d'en rembourser la valeur, ne constitue pas un délit. — C. pén., art. 408. — Zachariæ, t. 3, § 402; Troplong, no 46.

64. — Sous l'ord. de 1667, comme sous le Code, la prohibition de la preuve testimoniale s'appliquait à la restitution aussi bien qu'à l'existence du dépôt. — *Cass.*, 1er juill. 1806, Panier c. Massier.

65. — Néanmoins, la foi due à la simple déclaration du dépositaire paraît devoir être restreinte dans les limites expressément indiquées par l'art. 1924.

66. — Ainsi, il a été jugé que lorsque l'existence d'un dépôt volontaire est avouée, les tribunaux ne sont pas tenus d'ajouter foi entière à la déclaration du dépositaire *sur ce qui tient au mode* de restitution. — Spécialement, si le dépositaire prétend avoir été contraint par la force majeure à convertir en assignats les objets déposés, et s'il soutient en outre que les assignats qu'il représente sont

dentiquement les mêmes que ceux qu'il a reçus, cette déclaration ne lie pas les juges : ici ne s'appliquent ni les dispositions qui veulent que le dépositaire soit cru sur le fait et l'objet du dépôt et sur le fait de la restitution, ni les principes sur l'indivisibilité de l'aveu. — *Cass.*, 6 oct. 1806, Perrand c. de Rohan.

67. — Jugé de même que, si, dans un dépôt qui, excédant 150 fr., n'est pas prouvé par écrit, le dépositaire en est cru sur sa déclaration, ce n'est qu'en ce qui tend *à établir sa libération* ; mais que cette déclaration ne peut faire foi pour établir les conventions des parties. — *Bordeaux*, 27 janv. 1816, Grelon c. Gaillardon.

68. — En conséquence, quand même la preuve d'un dépôt volontaire ne résulte que de l'aveu du dépositaire, les juges peuvent ne pas ajouter foi à la déclaration de celui-ci, relative à une prétendue promesse de salaire et à la quotité de ce salaire. Il n'y a pas lieu, dans ce cas, de faire application du principe de l'indivisibilité de l'aveu. — *Colmar*, 26 juin 1816, Hirtz et Moïse c. Cetty.

69. — Mais il a été décidé que, lorsque le dépôt n'est pas prouvé par écrit, le dépositaire est cru sur son affirmation pour *l'emploi des sommes déposées*. — *Riom*, 26 déc. 1808, Creuzet c. Tachard.

70. — ... Que lorsque celui qui reconnaît qu'un dépôt volontaire a été fait entre ses mains déclare en même temps représenter les objets déposés dans l'état où il les a reçus, son aveu ne peut être divisé, en telle sorte que le propriétaire des objets déposés, ainsi dispensé d'établir, *par écrit*, le fait du dépôt, puisse ensuite être admis à prouver *par témoins* que les objets déposés ont été détériorés par le fait du dépositaire. — *Cass.*, 10 janv. 1832, Baille c. Rappart.

71. — ...Que lorsque celui qui est inculpé d'avoir violé un dépôt non prouvé par écrit avoue ce dépôt, mais soutient que les objets qu'il représente sont les mêmes que ceux à lui confiés, le tribunal ne peut admettre le plaignant à prouver par témoins de quelles choses le dépôt était composé. — *Cass.*, 26 sept. 1823, Combes c. Bressort.

72. — ... Que lorsqu'un dépôt a eu lieu du consentement des deux parties entre les mains d'un tiers, la déclaration de ce tiers relative aux circonstances et conditions d'après lesquelles le dépôt devait être remis à l'une ou l'autre fait foi en justice, alors surtout que rien n'en fait suspecter la sincérité. — *Angers*, 25 mars 1819, Bodereau c. Gauthier et Dry.

73. — ... Enfin, que dans le cas d'un dépôt fait avec indication d'un tiers auquel la restitution devrait être faite, le dépositaire qui, après le décès du déposant, aurait restitué non à l'héritier de celui-ci, mais au tiers indiqué, pourrait être cru sur la question de savoir si le droit de ce tiers ne résultait pas d'une convention qui rendît le déposant inhabile à retirer la chose à son gré. — *Nîmes*, 3 déc. 1822, Molinier c. Simon.

74. — Cependant, il a été jugé que le dépôt fait par les parties chez un notaire, des deux doubles d'un acte qu'elles ont signé, n'attribue pas qualité au notaire pour faire des déclarations ayant foi en justice, sur la nature et la réalité des conventions contenues dans cet acte. — *Paris*, 10 fév. 1831, Debast et Lemoine c. Mazel.

75. — Le principe d'inadmissibilité de la preuve testimoniale est applicable toutes les fois qu'il s'agit *d'un dépôt civil* : mais il subit exception quand le dépôt est *commercial*. — Dans ce cas, le dépôt peut, comme un contrat ordinaire, être prouvé par témoins, à quelque somme que sa valeur puisse s'élever. — *Cass.*, 5 août 1822, Coinon c. Cécile; *Rouen*, 9 jan. 1829, D... c. Duruflé; — Goujet et Merger, *Dict. de dr. comm.*, vº *Dépôt*, nº 20.

76. — Mais il ne suffirait pas que le dépositaire fût *négociant* pour que la preuve testimoniale fût admissible, si d'ailleurs le dépôt avait eu lieu à tout autre titre que celui d'opération commerciale, par exemple, à raison de la confiance que sa probité inspirait ; dans ce cas, en effet, le dépôt serait *civil* et non commercial. — *Bourges*, 17 août 1822, Regnaudin c. Belle.

77. — Une autre exception au principe d'inadmissibilité de la preuve testimoniale existe encore pour le cas où il y a un commencement de preuve par écrit. — *Cass.*, 16 janv. 1808, Stevens c. Xenomond ; 31 juill. 1812, Bourgeay ; 3 déc. 1818, Lefèvre c. Salançon ; 1er sept. 1832, Becq c. Havard ; 6 nov. 1838 (t. 2 1838, p. 608), Demonmort c. Troque ; — Duranton, t. 18, nº 31 ; Duvergier, nº 419 ; Troplong, nº 48. — V. aussi *Cass.*, 1er juill. 1806, Panier c. Messier.

78. — Il n'est pas nécessaire que l'écrit dont on veut induire un commencement de preuve par écrit d'un dépôt volontaire soit signé et daté par celui à qui on l'oppose ; il suffit que cet écrit soit émané de lui, et qu'il rende vraisemblable le fait allégué. — *Cass.*, 3 déc. 1818, Lefèvre c. Salançon.

79. — Jugé qu'un testament même irrégulier dans lequel un dépôt est reconnu par le testateur peut au moins être considéré comme un commencement de preuve par écrit de l'existence du dépôt. — *Pau*, 13 juill. 1822, sous *Cass.*, 23 mai 1824, Serdobin c. sémin. de Bayonne.

80. — Lorsqu'un individu (par exemple, un notaire) a reconnu être dépositaire d'un billet de telle somme, *autant que sa mémoire pouvait le lui rappeler*, souscrit par une personne au profit d'une autre, sans toutefois que rien n'indique quand et comment le billet est arrivé dans son étude ni l'emploi qui a dû en être fait, cette déclaration établit contre celui qui l'a faite non seulement un commencement de preuve par écrit, mais encore une présomption légale de la détention du billet. — *Cass.*, 9 mai 1831, Rousseau c. Compomeru.

81. — L'aveu de la part d'un individu accusé de détournement de dépôt que la somme à lui remise ne lui a pas été confiée à titre de prêt, équivaut à un commencement de preuve par écrit de l'existence du dépôt. — *Cass.*, 6 oct. 1826, Rey.

82. — La déclaration par un dépositaire actionné en restitution de dépôt qu'il n'a entre les mains que les objets qu'il offre de remettre ne peut former un commencement de preuve par écrit qui permette la preuve testimoniale à l'égard d'autres objets qui lui sont en outre réclamés et qu'il nie avoir à rendre. — *Cass.*, 6 nov. 1838 (t. 2 1838, p. 608), Demontmort c. Troque.

83. — Dans le cas où le dépositaire avouait le dépôt, mais déclarait en même temps l'avoir restitué, on ne pouvait considérer comme commencement de preuve par écrit de la non-restitution quelques différences entre ses déclarations successives, lorsqu'elles n'étaient pas de nature à faire soupçonner le dol ou la fraude. — *Cass.*, 1er juill. 1806, Panier c. Messier et Masse.

84. — La preuve testimoniale serait encore admissible si le déposant n'avait pu se procurer une preuve écrite du dépôt. — C. civ., art. 1348 ; — Duvergier, nº 418 ; Troplong, nº 48.

85. — Jugé, en ce sens, que le fait qu'un individu aurait, par des manœuvres frauduleuses, provoqué et déterminé la remise entre ses mains de valeurs qu'il aurait ensuite détournées, peut, alors même qu'il s'agirait de valeurs au-dessus de 150 fr., être prouvé par témoins. — Il ne s'agit pas, en effet, dans ce cas, d'une obligation résultant d'un dépôt volontaire, mais bien d'une obligation résultant d'un délit, pour laquelle, d'ailleurs, il n'a pas été possible au créancier de se procurer une preuve écrite, ce qui motive l'application de l'art. 1348, C. civ. — *Cass.*, 27 mai 1837 (t. 1er 1838, p. 373), Lezin Delpech c. Vianès ; 22 août 1840 (t. 2 1844, p. 478), Dubois.

86. — Jugé, dans tous les cas, que lorsque le fait du dépôt est constant, la preuve testimoniale est admissible pour savoir quel en est l'auteur, encore que l'objet déposé soit d'une somme ou valeur excédant 150 fr. — *Cass.*, 9 juill. 1806, Bourras c. Gallier.

Sect. 2e. — *Obligations du dépositaire.*

87. — Le dépositaire a deux obligations principales : 1º celle de *garder* la chose ; — 2º celle de la *rendre*. — Chacune de ces deux obligations fera l'objet d'un article séparé.

ART. 1er. — *Obligation de garder la chose.*

88. — La première obligation que le dépositaire contracte par le contrat de dépôt, c'est de garder avec fidélité la chose qui lui a été confiée. — Cette obligation est tellement rigoureuse qu'on ne pourrait pas convenir que le dépositaire ne serait tenu pour aucune cause de la perte des choses déposées, même pour défaut de fidélité à la garde du dépôt. Cette convention serait contraire aux bonnes mœurs. — Pothier, *Du dépôt*, nº 24 ; — L. 1, § 7, ff., *Depos.*

89. — Il doit apporter dans cette garde *les mêmes soins* que dans la garde des choses qui lui appartiennent. — C. civ., art. 1927. — C'est ce que disait aussi la loi 32, ff., *Depos.* : *Nec enim salvâ fide minorem iis (rebus apud se depositis) quàm suis rebus diligentiam præstabit.*

90. — L'art. 1927 modifie ainsi, dans l'intérêt du dépositaire, le principe général posé par l'art. 1137, qui impose l'obligation de conserver la chose en y apportant tous les soins d'un bon père de famille. — Cette dernière obligation est plus étendue que celle qui résulte de l'art. 1927. — Zachariæ, *Cours de dr. civ. franç.*, t. 3, § 403.

91. — De ce que le dépositaire ne doit à la chose déposée que *les mêmes soins* qu'il devrait à ses propres affaires, on conclut généralement qu'il n'est tenu que des fautes *lourdes* et non des fautes *légères*. — Chacun en effet, dans la conduite de ses propres affaires, est exposé à commettre *des fautes légères*. — L. 5, § 2, *De commod.* ; L. 23, ff., *De reg. jur.* ; Inst., tit. *Quib. mod. De contrah. oblig.*, § 3 ; — Troplong, nº 65.

92. — Toutefois, pour apprécier le caractère de gravité de la faute commise, il faut avoir égard à la capacité et aux habitudes du dépositaire. — Pothier, nº 27 ; Troplong, nºs 67, 68 et 69 ; Duvergier, nº 427. — Le Code civil en prescrivant au dépositaire l'obligation de garder la chose déposée *comme la sienne*, laisse aux juges une entière liberté d'appréciation.

93. — L'obligation résultant pour le dépositaire de l'art. 1927 n'entraîne pas celle d'apporter à la conservation du dépôt *plus* de soin qu'à la conservation de sa chose, ni même, en cas de danger de perte de l'un ou de l'autre, de *préférer* la conservation du dépôt. — Pothier, nº 29 ; Duranton, nº 38 ; Delvincourt, t. 3, p. 202, note 2e ; Troplong, nº 71 ; Duvergier, nº 428.

94. — Ainsi, dans le cas d'un incendie, s'il n'avait pas eu assez de temps pour sauver sa chose et le dépôt, on ne pourrait lui imputer à faute d'avoir sauvé préférablement sa chose ; — à moins que le dépôt ne fût d'un bien plus grand prix que cette chose elle-même, auquel cas il devrait préférer le dépôt, sauf à se faire indemniser du sacrifice de sa chose personnelle. — Pothier, Delvincourt et Duranton, *loc. cit.* ; Troplong, nº 72 ; Duvergier, nº 429.

95. — Le principe de l'art. 1927 doit être appliqué plus rigoureusement, c'est-à-dire que le dépositaire ne pourrait s'excuser en alléguant les fautes qu'il aurait commises dans ses propres affaires : — 1º s'il s'était offert lui-même pour recevoir le dépôt ; — 2º s'il avait stipulé un salaire pour la garde du dépôt ; — 3º si le dépôt avait été fait *uniquement* pour son intérêt ; — 4º s'il avait été convenu expressément qu'il serait tenu de toute espèce de faute. — C. civ., art. 1928. — Toutes ces exceptions sont conformes à l'opinion de Pothier, nºs 30, 31 et 32.

96. — Il ne suffirait pas, pour l'application de l'art. 1928, que le dépositaire eût *reçu* du déposant quelques présens faits en vue de la garde. — Il faut qu'il ait exigé une récompense : en un mot qu'il y ait eu *stipulation* de salaire. — Pothier, nº 31.

97. — L'art. 1928 parle du cas où le dépôt est fait dans l'intérêt *unique* du dépositaire. Et Pothier, qui pose le même principe, avait donné pour exemple le cas où un individu prié de prêter une somme à un autre pour une circonstance déterminée, aurait, en partant pour un voyage, laissé la somme en dépôt à cette personne, avec stipulation que, la circonstance prévue échéant, le dépôt se convertirait en prêt. — L. 4, ff., *De reb. cred.* — M. Duranton (nº 39) pense qu'une pareille convention contient plutôt un *commodat qu'un dépôt* : il ajoute au surplus qu'il est très difficile de concevoir un dépôt fait *uniquement* dans l'intérêt du dépositaire.

98. — *En aucun cas* le dépositaire n'est tenu des accidens de force majeure, à moins qu'il n'ait été mis en demeure de restituer la chose déposée. — C. civ., art. 1929 ; — Pothier, nº 33.

99. — Cette disposition est générale et s'applique même quand le dépôt a eu lieu *uniquement* dans l'intérêt du dépositaire. — Duranton, nº 40, note 1re.

100. — L'état de guerre civile légalement constaté, et le pillage des propriétés appartenant au dépositaire, sont des événemens de force majeure, de nature à dispenser celui-ci de la restitution de la chose déposée, alors même que la perte de cette chose ne serait pas autrement constatée, lorsque, d'ailleurs, il n'a pas été mis en demeure antérieurement au désastre. — *Poitiers*, 24 avr. 1807, de Sourdis c. de Boissy.

101. — Jugé aussi que lorsqu'un effet de commerce a été déposé chez un notaire, sans qu'on lui donné mandat exprès pour en recevoir le montant, il n'est pas responsable du défaut de paiement survenu ultérieurement *par la faillite des débiteurs*. Il n'est tenu que de la restitution de la traite telle qu'il l'avait reçue. — *Cass.*, 5 déc. 1825, Coudol c. Mathieu.

102. — Mais de ce que le dépositaire est responsable de la perte survenue par sa faute, il faut conclure que, si, pouvant prévoir et éviter les conséquences de l'événement de force majeure, il ne l'a pas fait, il ne peut plus se prévaloir de cette force majeure. — Duranton, nº 40 (note).

103. — Ainsi des dépositaires publics sont responsables de la perte des deniers déposés entre leurs mains, alors même qu'elle serait survenue en temps de guerre, s'il y a de leur part défaut de zèle et de précaution. — *Poitiers*, 26 ther-

midor an X, Coudraye c. Cousseau de Montreau.

104. — La preuve de la force majeure est à la charge du dépositaire, surtout s'il se trouve dans l'une des exceptions de l'art. 1928. — Troplong, nº 95. — Ainsi il a été jugé que le propriétaire de laines ou autres marchandises, qui les a perdues par suite de l'incendie survenu dans les ateliers de celui à qui il les avait confiées pour mettre en œuvre, *moyennant salaire*, a une action en indemnité contre ce dernier, sans être tenu de prouver que le feu a pris par sa négligence ou par son imprudence. — C'est au dépositaire des marchandises, qui veut éviter la responsabilité, à prouver que le feu a été causé par un événement de force majeure qu'il était impossible de prévoir et d'empêcher. — *Metz*, 24 déc. 1825, Parpaite c. Gilmaire; *Cass.*, 14 juin 1827, mêmes parties.

105. — Même dans le cas où le dépositaire aurait été mis en demeure de restituer la chose (C. civ., art. 1929), il ne serait pas tenu de la force majeure, si la perte de la chose eût dû également arriver chez le déposant, dans la supposition que la restitution eût été faite, à moins qu'il n'eût pris à sa charge les cas fortuits. — La disposition générale de l'art. 1302, C. civ., reçoit ici son application. — L. 12, § 3, et L. 14, § 1er, ff., *Depos.*; — Pothier, nº 33; Duranton, t. 18, nº 40; Troplong, nº 90; Duvergier, nº 441.

106. — Le dépositaire ne peut se servir de la chose déposée sans la permission du déposant. — C. civ., art. 1920.

107. — Pothier (nº 34) et les lois romaines (L. 3, Cod., *Depos.*; L. 1, § 8, ff., *De furt.*) considèrent le fait d'user de la chose déposée sans le consentement du déposant comme un vol de l'usage de cette chose : « *Furtum est contrectatio rei fraudulenta lucri faciendi gratiâ vel ipsius rei*, vel etiam usus ejus, *possessionisve*; *quod lege naturali prohibitum est admittere.* » — L. *De furt.* — V., en droit pénal, art. 408, C. pén., et ci-après le mot VIOLATION DE DÉPOT.

108. — La permission du déposant peut être *expresse* ou *présumée*. — C. civ., art. 1930.

109. — La présomption résultera des circonstances, et principalement de la nature des choses déposées ainsi que des relations qui existeront entre le déposant et le dépositaire. — On la présumera très difficilement s'il s'agit de choses sujettes à détérioration ou de choses qui se consomment par l'usage, comme de l'argent, puisque, dans ce dernier cas, l'usage convertirait le dépôt en prêt. — V. *suprà* nºs 35 et suiv.; — Duranton, t. 18, nº 41; Duvergier, nº 446.

110. — Pothier (nºs 34, 35, 36 et 37) énumère divers cas dans lesquels le consentement du déposant devra ou non être présumé. Entre autres, il cite celui où le dépositaire se trouverait dans l'alternative ou de laisser périr un homme ou de violer la foi du dépôt. Et il décide qu'il peut se servir de la chose déposée (fût-ce même une somme d'argent), car il a juste sujet de croire que le déposant a assez d'humanité pour permettre qu'on se serve de sa chose pour sauver la vie d'un homme.

111. — L'usage fait indûment de la chose déposée rend le dépositaire passible de tous les dommages qui en sont résultés, même de la force majeure, si elle n'a atteint le dépôt que dans cet usage. — Rolland de Villargues, *Dictionn. du not.*, vº *Dépôt*, nº 53. — V. encore Aublet de Maubuy, *Tr. du dépôt*, p. 69. — Sans préjudice des peines encourues par le dépositaire infidèle. — V. VIOLATION DE DÉPOT.

112. — Le dépositaire est tenu de payer le loyer des choses employées à son usage. — Aublet de Maubuy, p. 69. — *Contrà* Rolland de Villargues, vº *Dépôt*, nº 54.

113. — S'il s'agit d'une somme d'argent, il en doit de plein droit les intérêts à compter du jour où il s'en est servi. — Troplong, nº 104; Duranton, nº 63; Delvincourt, t. 2, p. 203, note 2e. — Mais il ne saurait être obligé à restituer au déposant, en outre des intérêts, les avantages et profits qu'il a retirés de l'usage du dépôt. — Troplong, nº 105; Aublet de Maubuy, p. 41; Rolland de Villargues, vº *Dépôt*, nº 63. — V. encore Dumoulin, *Tract. de usur.*, p. 83, nº 628.

114. — Puisqu'il est interdit au dépositaire de se servir de la chose déposée, il est évident qu'il ne peut prêter, louer ou vendre cette chose à un tiers. — Troplong, nº 106.

115. — La fidélité que le dépositaire doit à la garde du dépôt l'oblige à ne pas chercher à connaître quelles sont les choses qui lui ont été déposées lorsqu'elles lui ont été confiées dans un coffre fermé ou sous enveloppe cachetée. — C. civ., art. 1931; — Pothier, nº 38.

116. — C'est là un conseil donné à la probité. Mais de plus, si de l'ouverture du coffre, de la cassette ou de l'enveloppe, il résultait quelque dommage pour le déposant, le dépositaire en serait tenu. — Malleville, sur l'art. 1931.

117. — Quelquefois, cependant, il est nécessaire qu'un dépositaire soit instruit de ce que contiennent les coffres qui lui ont été déposés. Il en est par exemple ainsi, lorsqu'il s'agit de marchandises dont la conservation exige des soins particuliers ou dont le voisinage peut être nuisible. Toutefois ce n'est pas là une raison qui justifierait une curiosité indiscrète. Aussi le dépositaire ne doit, en pareil cas, procéder à l'ouverture des coffres qu'avec les formalités d'usage, après en avoir fait reconnaître la nécessité. — Dans ce cas, les conséquences du manque de confiance retomberaient sur le déposant. — Pardessus, nº 496; Goujet et Merger, nº 29.

118. — Dans des circonstances extraordinaires, dit M. Duvergier (nº 449), l'intérêt même du déposant pourra exiger qu'on ouvre ce qui était scellé ou fermé. En obéissant à cette nécessité, le dépositaire n'a encouru ni reproche ni responsabilité.

119. — Il semble, au surplus, que si, en confiant au dépositaire un coffre fermé, le déposant lui remettait les clés de ce coffre, il l'autoriserait par cela même à l'ouvrir. — Pardessus, nº 497; Goujet et Merger, nº 30.

120. — De même, le dépôt de paquets scellés, avec mission de les expédier par une voie qui exige qu'on déclare la nature et l'espèce des choses à transporter, implique l'autorisation de vérifier le contenu. — Pardessus, *loc. cit.*; Goujet et Merger, *loc. cit.*

121. — Bien que le déposant ait donné connaissance au dépositaire des choses déposées, celui-ci ne doit pas les faire connaître à d'autres. — Duranton, nº 427; Troplong, nº 109; Duvergier, nº 447. — Alors surtout qu'il s'agit de choses de nature à rester cachées; par exemple, d'un testament. — Pothier, nº 39; Nouveau Denisart, vº *Dépôt*, § 1er, nº 11. — V. aussi Delvincourt, t. 2, p. 202, nº 47; Rolland de Villargues, vº *Dépôt*, nº 57.

122. — Toutefois, le dépositaire qui a connu, soit par le déposant, depuis la remise du dépôt, soit par un événement quelconque, la nature des objets à lui déposés sous scellés, peut être relevé de l'obligation de garder le secret, si ces objets sont de telle nature que leur simple détention l'expose à des peines ou des amendes. Il doit seulement alors chercher, tout en ne compromettant pas ses intérêts, à ménager ceux du déposant. — Goujet et Merger, nº 31.

ART. 2. — *Obligation de restituer la chose.*

123. — La seconde obligation du dépositaire est celle de rendre la chose. — C. civ., art. 1932.

124. — Pothier (nº 25) enseigne qu'on doit considérer comme licite la convention par laquelle le déposant s'en rapporterait entièrement à la bonne foi du dépositaire pour la restitution du dépôt sans qu'il puisse intenter contre lui aucune action pour l'y contraindre. — C'est aussi ce que décide la loi romaine. — L. 27, § 3, ff., *De pact.*; L. 7, § 15, ff., *eod. tit.* — Cette décision peut paraître en contradiction avec ce que dit Pothier lui-même de la convention qui tendrait à relever le dépositaire de la fidélité qu'il doit à la garde du dépôt. — V. *suprà* nº 122. — Mais elle se justifie par la considération que le déposant s'interdisant toute action en restitution, le dépositaire ne commet pas d'infidélité s'il dispose de l'objet déposé, puisqu'il en a reçu l'autorisation. — Troplong, nº 75.

125. — Une autre clause, qui tient de la précédente, a lieu lorsque le déposant dirige contre ses héritiers la prohibition d'intenter l'action. — Il semble que, puisque le déposant s'interdit valablement l'action *depositi*, il peut, à plus forte raison, l'interdire à ses héritiers. — On se demande toutefois si une telle clause ne serait pas en opposition avec l'article 1939, C. civ., qui veut que, dans le cas de décès du déposant, le dépôt soit remis à ses héritiers de préférence à toute autre personne indiquée. — La raison de décider se puise dans une distinction. — Si la défense d'intenter l'action est insérée dans un acte de dernière volonté, valable en la forme, elle peut se soutenir à titre de legs. Ce n'est qu'autant qu'elle serait contenue dans un acte entre-vifs qu'elle serait susceptible de critique. — Troplong, nº 73.

126. — Jugé que, bien qu'en fait de meubles la possession vaille titre, les tribunaux peuvent, malgré la déclaration du possesseur qu'il est nanti par l'effet d'un don manuel, s'aider des circonstances pour le condamner, en qualité de dépositaire, à rendre les objets dont il s'agit. — *Bourges*, 30 juill. 1828, Chauvé c. Philipponet.

§ 1er. — *De ce qui fait l'objet de la restitution du dépôt.*

127. — Le dépositaire doit rendre *identiquement* (*in individuo*) la chose qu'il a reçue, alors même qu'il s'agirait de choses fongibles ou d'une somme d'argent. — *Cass.*, 5 therm. an V, Worms c. Lehmann. — Pothier, nº 40.

128. — Ainsi, quand il s'agit de sommes monnayées, le dépôt doit être rendu dans *les mêmes espèces* qu'il a été fait, tellement que s'il est survenu depuis le dépôt une augmentation ou une diminution sur les monnaies, c'est celui qui a donné la somme de deniers en dépôt qui doit profiter de l'augmentation ou souffrir de la diminution. — C. civ., art. 1932; — Pothier, nº 40; Aublet de Maubuy, *Tr. du dépôt*; Troplong, nº 111; Duvergier, nº 451.

129. — Pour que la règle de l'art. 1932 reçoive facilement son application, il est nécessaire que les parties spécifient dans l'acte de dépôt ou dans un bordereau séparé, signé du dépositaire, la nature et la quantité des espèces déposées. — Duranton, nº 45; Duvergier, nº 455; Troplong, nº 111. — A défaut de bordereau, le dépositaire devrait être cru sur la nature aussi bien que sur la quantité des espèces d'après la règle de l'art. 1924. — Pothier, nº 42; Troplong, nº 111.

130. — Ce serait seulement dans le cas où le dépôt aurait une valeur inférieure à 150 fr. que la preuve testimoniale serait admissible. — Pothier, nº 61; Troplong, nº 111. — Il faudrait alors, pour déterminer cette valeur, avoir égard à la demande du déposant, si le dépôt était nié, ou à la somme sur laquelle les parties seraient en contestation, si le dépôt était avoué et qu'il n'y eût débat que sur le nombre et l'espèce des pièces remises. — Delvincourt, t. 3, p. 431; Duvergier, nº 456.

131. — Au surplus, si le dépositaire avait été autorisé à se servir pour son usage de la somme déposée, comme le dépôt dégénérerait en prêt, il y aurait lieu à l'application des règles relatives à cette sorte de contrat. — V. PRÊT.

132. — De ce que le dépositaire doit rendre la chose identiquement, il résulte qu'il doit la rendre entière, et non par parties. Par conséquent, si le contrat a constitué plusieurs dépositaires d'un corps certain, leur obligation est indivisible. — Troplong, nº 112. — Il en est autrement si le dépôt est d'une chose matériellement divisible, comme de l'argent déposé dans un sac non cacheté. — Troplong, *ibid.*

133. — Le dépositaire n'est tenu de rendre la chose déposée que dans l'état où elle se trouve au moment de la restitution. — C. civ., art. 1933.

134. — Jugé, en ce sens, que celui qui a reçu un remboursement en assignats tant pour lui que pour ses cohéritiers, n'en étant que *dépositaire*, n'est tenu, envers ces derniers, qu'à la restitution des assignats eux-mêmes, sans l'être de leur valeur représentative d'après l'échelle des dépréciations. — *Bruxelles*, 3 messid. an XIII, Van-Wyndellens c. Van-Outrion; *Cass.*, 11 janv. 1808, mêmes parties.

135. — Jugé encore que le dépositaire d'effets sur le trésor n'est tenu qu'à la restitution des effets reçus, quoiqu'ils aient éprouvé une dépréciation. — *Cayenne*, 5 janv. 1822, sous *Cass.*, 4 janv. 1825, Faulk c. Power.

136. — Les détériorations ne sont à la charge du dépositaire qu'autant qu'elles proviennent de son fait. — C. civ., art. 1933.

137. — Le dépositaire auquel la chose a été enlevée par un événement de force majeure dont il ne serait pas responsable est déchargé de l'obligation de la rendre. — C. civ., art. 1934.

138. — Mais s'il lui en est resté quelque chose, il doit rendre ce qui est resté. — Ainsi, le dépositaire d'un cheval doit, en cas de mort de ce cheval, rendre la peau, les fers et l'équipage. — Pothier, nº 44.

139. — De même, s'il avait reçu un prix ou quelque chose en échange, il devrait restituer la chose par lui reçue. — C. civ., art. 1934. — Pothier (nº 45) donne pour exemple le cas où le dépositaire d'une quantité de blés serait, en temps de disette, forcé par le magistrat de la vendre : le dépositaire devrait rendre la somme d'argent qui en formerait le prix.

140. — Le dépositaire qui, de mauvaise foi, a vendu la chose qui lui a été donnée en dépôt est-il déchargé de l'obligation de la rendre lorsque l'ayant depuis rachetée pour la garder comme auparavant il l'a perdue sans sa faute? — La loi 1, § 25, ff., *Dep.*, et Pothier (nº 44) résolvent cette question négativement, par la raison que par la vente illicite la chose s'est trouvée infectée *du vice de vol* qui ne se purge pas jusqu'à ce qu'elle soit rendue à son propriétaire, le voleur étant censé en perpétuelle demeure de rendre la chose. — Conf. Duranton, nº 49; Duvergier, nº 465.

141. — L'héritier du dépositaire est tenu, comme

celui-ci, de l'obligation de restituer la chose déposée : mais s'il l'a vendue *de bonne foi* dans l'ignorance du dépôt, il n'est tenu de rendre *que le prix qu'il a reçu* ou de céder son action contre l'acheteur s'il n'a pas encore touché le prix. — C. civ., art. 1935. — Et cela quand même l'acheteur serait insolvable ou qu'il aurait vendu la chose au-dessous de sa valeur. — La raison en est qu'en vendant il n'a rien fait contre la bonne foi due au dépôt. — Pothier, no 46. — LL. 1, § ult., et 2, ff., *Depos.*

142. — L'action dont parle l'art. 1935 et qui doit être cédée au déposant n'est qu'une action en paiement du prix ou en nullité de la vente, mais non une action en revendication. Le tiers détenteur ne pourrait être inquiété par cette voie ; il serait protégé par l'art. 2279 qui dit qu'en fait de meubles possession vaut titre. — *Bordeaux*, 14 juill. 1832, Veillon c. Lartigue ; *Paris*, 16 mars 1833, Franchessin c. Lavareille ; — Delvincourt, t. 3, p. 203, note 1re ; Duranton, no 48. — V. *contrà* Pothier, no 45. — V. au surplus *infrà* nos 202 et suiv.

143. — Toutefois le tiers qui se serait fait mettre en possession de la chose déposée en vertu de jugemens annulés depuis, aurait succédé aux obligations du dépositaire et devrait restituer la chose en nature au déposant ou au propriétaire du dépôt. — *Cass.*, 5 thermid. an V, Worms c. Lehmann.

144. — Si, au lieu de vendre, l'héritier du dépositaire avait, de bonne foi, consommé ou donné l'objet du dépôt, il devrait simplement en payer la valeur au moment de la consommation ou de la donation, quand même au moment de la restitution elle vaudrait davantage. — Duranton, t. 18, no 48 ; Zachariæ, t. 3, § 403 ; Duvergier, no 463.

145. — Il n'est pas douteux, dit M. Duranton (*loc. cit.*), que si le dépositaire ou son héritier a vendu la chose, qu'il l'ait ensuite rachetée et qu'il la possède encore, le déposant n'ait le droit de se la faire rendre, même dans le cas où l'héritier l'aurait vendue de bonne foi et rachetée plus cher : pouvant la livrer, le motif de la faveur que lui accordait la loi ne se fait plus sentir. — V. conf. Duvergier, no 464.

146. — M. Troplong partage complétement cette opinion (nos 128, 129). Il pense même que, si l'héritier a la faculté de racheter la chose par lui vendue, le déposant est fondé à le contraindre au rachat.

147. — Remarquons, au surplus, que l'art. 1935 ne dispose qu'en faveur de l'héritier de bonne foi. — L'héritier de mauvaise foi serait assimilé au dépositaire infidèle.

148. — Indépendamment de la chose elle-même, le dépositaire doit restituer les accessoires qu'elle a reçus et les fruits qu'il en a perçus. — C. civ., art. 1936.

149. — Cette disposition, conforme à la loi 1, § 24, ff., *De locati* : « *Fructus et partus et omnis causa in hac actione veniunt* », reçoit son application au cas, par exemple, où une jument ou une vache déposée, aurait mis bas chez le dépositaire : le poulain ou le veau devrait être rendu, à moins qu'il n'eût péri sans la faute de celui-ci. — Pothier, no 47 ; Duranton, no 49.

150. — Pothier (*loc. cit.*) décide également que le dépositaire d'une vache devrait tenir compte du lait donné par elle. Et (no 73) il étend sa décision à tous les cas où le dépôt est une chose *frugifère*. Cette solution pourrait souffrir difficulté, surtout en l'absence d'une convention qui chargeât le dépositaire de faire valoir ce produit et d'en tirer argent. — Dans tous les cas il y aurait lieu d'apprécier l'intention des parties et de voir s'il n'a pas dû être entendu entre elles que le dépositaire userait des produits et surtout de ceux quotidiens et non susceptibles de conservation. Sinon, le dépositaire pourrait être tenu d'en imputer la valeur sur ses dépenses.

151. — Si le dépôt consiste en argent comptant, le dépositaire n'en doit évidemment pas les intérêts, puisqu'il n'en a ni perçu ni pu percevoir, ne lui étant pas permis de toucher à la somme déposée (Pothier, no 45) ; mais il les doit à partir de la mise en demeure de rendre la somme. — C. civ., art. 1936 ; — Pothier, *loc. cit.*

152. — Cette *mise en demeure* consiste dans une *simple sommation* (art. 1139) et non dans une demande en justice. — Le fait qu'il s'agit d'une somme d'argent ne rend pas applicable l'art. 1153, car dans le cas de dépôt l'obligation n'est pas considérée comme une obligation ordinaire de somme, mais comme une obligation de *corps certain*. — Duranton, t. 18, no 51 ; Zachariæ, t. 3, § 403.

153. — Si le dépositaire s'était servi de la somme déposée, *avec autorisation*, il devrait les intérêts à partir du jour convenu dans l'acte, et à défaut de stipulation, à compter du jour de la mise en demeure ; dans ce cas, le contrat ayant pris le caractère de *prêt*, on devrait appliquer les règles spéciales à ce contrat. — Toutefois Zachariæ (§ 403) pense que même en ce cas, d'après la combinaison de l'art. 1936 et de l'art. 1944, une simple sommation constituerait une mise en demeure de nature à faire courir les intérêts. S'il s'en était servi *sans autorisation*, il devrait les intérêts *à compter du jour de l'emploi*. — Delvincourt, t. 2, p. 203, note 2e ; Troplong, no 104 ; Duranton, no 53 ; — LL. 3 et 4, Cod., *Depos.* ; — Arg. des art. 1846 et 1996, C. civ. — V. *contrà* Duvergier, no 470. — Mais il ne saurait être obligé à restituer au-delà. — Troplong, no 105 ; Rolland de Villargues, vo *Dépôt*, no 60 ; de Maubuy, p. 41. — En effet, d'une part, le déposant ne peut réclamer que la réparation du dommage qui lui a été causé, et de l'autre il serait rigoureux de priver le dépositaire qui d'ailleurs a couru les risques de la chose en devenant responsable de sa perte, des bénéfices qui pourraient être dus à son travail.

154. — Le dépositaire ne rend que les fruits *perçus*, alors même qu'il aurait pu en percevoir d'autres. — Mais dès qu'il est mis en demeure, il est tenu de tous ceux qu'il aurait pu percevoir, quoiqu'il ne les ait pas recueillis. — Pothier, no 47.

§ 2. — *A qui la chose déposée doit être rendue.*

155. — Le dépositaire doit restituer la chose déposée à celui qui la lui a confiée, si le dépôt a eu lieu au nom de celui-ci. — C. civ., art. 1937.

156. — Si le dépôt avait été fait *au nom d'une tierce personne*, c'est à cette personne que la remise devrait être faite ; elle ne pourrait alors avoir lieu entre les mains du déposant. — *Ibid.*

157. — Le dépositaire ne peut exiger de celui qui a fait le dépôt, ou de celui au nom duquel il a été fait, la preuve qu'il était propriétaire de la chose déposée. — C. civ., art. 1938. — La disposition contraire, dit M. Duranton (no 59), eût été une source d'abus. D'ailleurs, ce n'est pas sur le droit de propriété que se fonde le déposant pour redemander la chose, mais sur la remise qu'il en a faite, et sur la foi promise par le dépositaire.

158. — Le dépôt doit donc être rendu au déposant, alors même qu'il l'aurait volé. « *Si prædo vel fur deposuerit et hos Marcellus putat recte depositi acturos*. » — L. 1re, § 39, ff., *Depos.* — Pothier, no 51.

159. — Toutefois, l'art. 1938 ajoute que si le dépositaire découvre que la chose a été volée, et quel en est le véritable propriétaire, il doit dénoncer à celui-ci le dépôt qui lui a été fait, avec sommation de le réclamer dans un délai déterminé et suffisant. Si celui auquel la dénonciation a été faite néglige de réclamer le dépôt, le dépositaire est valablement déchargé par la tradition qu'il en a faite à celui duquel il l'a reçu. — Pothier, no 51. — L. 31, § 1er, ff., *Depos.*

160. — Cette disposition de l'art. 1938 serait-elle applicable au cas où la chose déposée aurait été *perdue*, et où le dépositaire connaîtrait le véritable propriétaire ? — M. Duranton (no 58) soutient l'affirmative, la raison, dit-il, étant la même que dans le cas de vol : il pense donc que le dépositaire devrait dénoncer le dépôt au propriétaire, avec sommation de le retirer. — V. conf. Duvergier, no 475 ; Delvincourt, t. 3, p. 204, not. 2e. — Et cette opinion paraît devoir être suivie par induction de l'art. 2279, qui met sur la même ligne *la perte* et *le vol*. — Cependant Zachariæ (t. 3, § 403) et M. Troplong (no 144) décident en sens contraire par le motif que l'art. 1938, dérogeant au principe général de l'art. 1937, doit être restreint au cas pour lequel il dispose expressément, et que, d'ailleurs, les considérations d'ordre public sur lesquelles il est fondé ne se présentent pas pour les choses perdues comme pour les choses volées. — LL. 1, § 39 ; et 31, § 1er, ff., *Depos.*

161. — Si le dépositaire, connaissant le vol ou la perte ainsi que le véritable propriétaire, négligeait de dénoncer le dépôt à celui-ci, il serait passible envers lui de dommages-intérêts sans préjudice (le cas échéant) des peines portées contre la complicité du vol ou le recel. — Duranton, no 58.

162. — Du reste, la dénonciation dont parle l'art. 1938 ne dispense pas le dépositaire d'appeler le déposant à la restitution. C'est même à la fois un devoir et une mesure de prudence qui seule peut mettre sa responsabilité à couvert, dans le cas où il y aurait contestation entre le déposant et la personne prétendue volée sur la question de propriété. — Duranton, no 58 ; Zachariæ, t. 3, § 403 ; Duvergier, no 477 ; Troplong, nos 142-143.

163. — La chose déposée ne doit être rendue au déposant, ou à celui au nom duquel le dépôt a été fait, qu'autant que celui-ci n'a pas changé d'état, et a toujours *capacité* pour la retirer. — C. civ., art. 1940.

164. — Ainsi, le dépôt fait par la femme qui s'est mariée depuis ne peut lui être restitué que dans les limites de capacité que lui assurent ses conventions matrimoniales. — Delvincourt, t. 3, p. 204, not. 1re. — Celui fait par une personne interdite depuis ne peut être rendu qu'à son tuteur. — Il en est de même de tous autres cas analogues dans lesquels le déposant aurait perdu l'administration de ses droits et de ses biens ; la restitution ne devrait être faite qu'à celui qui a cette administration. — C. civ., art. 1940 ; — Pothier, no 52.

165. — De même, si le dépôt avait été fait par un tuteur, un mari, ou un administrateur dans l'une de ces qualités, il devrait, en cas de cessation de la gestion ou administration, être restitué à la personne que ce tuteur, ce mari ou cet administrateur représentaient. — C. civ., art. 1941.

166. — Mais si le dépositaire, ignorant le changement d'état du déposant, a rendu le dépôt à la personne même qui l'avait effectué, au lieu de le remettre à son représentant, il peut être déclaré valablement libéré. — Troplong, no 162.

167. — Le déposant a pu désigner un tiers pour recevoir le dépôt, et, dans ce cas, c'est à ce tiers que la restitution doit être faite. — C. civ., art. 1940. — *Quod jussu alterius solvitur, pro eo est, quasi ipsi solutum esset.* — L. 180, ff., *De reg. jur.* ; — Pothier, no 52.

168. — Jugé, par application de ce principe, que celui qui a reçu en dépôt une somme dont il a su que la destination avait été réglée et arrêtée avec des tiers, dans l'intérêt desquels le dépôt était fait, et qui s'est même engagé envers ces tiers à conserver pour eux, n'a pu, sans le concours ou l'assentiment de ces tiers, et alors même qu'ils ne seraient pas intervenus au dépôt, remettre au déposant la somme déposée. — *Cass.*, 26 août 1813, Renard c. Boutfol.

169. — Jugé encore que lorsque, de l'aveu du dépositaire, la chose déposée doit être remise à un tiers, celui-ci a qualité et droit pour la réclamer, sans que le dépositaire soit fondé à s'y refuser, sous prétexte que des conditions qu'il n'indique pas peuvent avoir été apposées à la remise. — Le dépositaire ne peut être recherché par suite d'une telle remise, lorsqu'elle n'a eu lieu que sur l'ordre de justice. — *Cass.*, 9 mai 1831, Rousseau c. Poupouneau.

170. — Jugé toutefois que le dépositaire chargé de remettre l'objet déposé à un tiers, mais hors sa présence, ne peut se dispenser de le restituer au déposant, qui l'exige, avant que ce dépositaire ait contracté aucun engagement envers le tiers intéressé. — *Riom*, 5 janv. 1814, Giron Souchon c. Charbos.

171. — En cas de désignation d'un tiers chargé de recevoir le dépôt, le changement d'état consistant dans la mort civile, l'interdiction ou la déconfiture de ce tiers ferait-il obstacle à l'exécution de cette clause ? Nous ne le pensons pas au moins dans le cas où le dépôt aurait eu lieu dans *l'intérêt de ce tiers*, il semblerait alors plus naturel d'appliquer le principe de l'art. 1940. — V. *suprà* no 168.

172. — Le nom du tiers auquel le dépôt doit être remis peut rester secret entre le déposant et le dépositaire. — Denisart (vo *Dépôt*) dit à ce sujet qu'on ne peut obliger le dépositaire à révéler les conditions du dépôt lorsqu'il déclare avoir été assujéti au secret ; mais il ajoute qu'il doit affirmer qu'il n'est pas chargé de rendre *à personne prohibée*. Il cite, en ce sens, un arrêt du 14 mai 1705. — V. aussi un arr. du 1er déc. 1708, rapporté par Augeard, édit. in-fo, t. 2, no 49.

173. — Jugé, en ce sens, que lorsqu'un dépôt a été fait avec condition de remise à un tiers dont le nom est resté secret entre le déposant et le dépositaire, celui-ci ne peut, lorsqu'il en est requis, se refuser à déclarer si le dépôt a été fait en faveur d'une personne *incapable* ; il ne lui suffirait pas de déclarer qu'il l'a rendu à la personne désignée pour le recevoir. — *Riom*, 25 janv. 1811, Jabain c. Fournaux de Crehert.

174. — En cas de mort naturelle ou civile du déposant ou de celui au nom duquel le dépôt a été fait, la chose déposée ne peut être rendue *qu'à son héritier*. — C. civ., art. 1939.

175. — S'il y a plusieurs héritiers *et que la chose soit divisible*, elle doit être rendue à chacun d'eux pour leur part et portion. — Même article. — D'où il résulte que le dépositaire qui remettrait le dépôt en totalité à l'un des héritiers seulement, sans que celui-ci fût muni de la procuration des autres, ne serait pas libéré. — Duranton, no 59 ; Duvergier, no 479.

176. — Lorsque la chose déposée, *quoique parfaitement divisible* (par exemple de l'argent), avait été remise dans un sac cacheté ou dans un coffre scellé, la loi romaine (L. 1, § 36, ff., *Depos. vel contr.*), voulait que si tous les héritiers ne se pré-

sentaient pas ensemble pour retirer le tout en même temps, on tirât du sac ou du coffre, en présence du magistrat ou de personnes honnêtes (*coram prætore vel intervenientibus honestis personis*), la part de celui qui la réclamait; après quoi le reste demeurait entre les mains du dépositaire. — Pothier nº 54; Delvincourt, t. 3, p. 203, note 6e. — Chez nous, dit M. Duranton (nº 59), il conviendrait d'ouvrir le sac ou le coffre devant le président du tribunal qui le recachetterait ou le refermerait après en avoir tiré la part du réclamant — Duvergier, nº 481.

177. — Si la chose déposée est *indivisible*, les héritiers doivent s'accorder entre eux pour la recevoir (C. civ., art. 1939), et s'ils ne peuvent y parvenir, le dépositaire peut ou garder la chose, ou se faire autoriser par justice à la remettre en quelque lieu ou entre les mains d'un tiers désigné. — Duranton, nº 60. — Dans ce cas, la loi romaine voulait que la restitution se fît à celui ou à ceux qui avaient la plus grande part dans la succession, à la charge par eux de donner caution au dépositaire de le défendre contre les autres héritiers. — L. 14, ff., *Depos.*; — Pothier, nº 54.

178. — Le mot *indivisible* dont se sert l'art. 1939 doit s'entendre dans une acception différente de celle que lui attribue l'art. 1217, pour désigner une chose qui n'est pas susceptible de division *matérielle*, quoiqu'elle puisse être divisée *intellectuellement*. — Zachariæ, t. 3, § 403; Duranton, nº 60; Delvincourt, t. 3, p. 203, note 7e.

179. — Lorsque celui qui a fait le dépôt ou au nom duquel le dépôt a été opéré en a fait l'objet d'un legs particulier ou l'a compris dans un legs universel, le dépositaire ne peut plus le restituer qu'au légataire après la signification qui lui est faite de la sentence qui saisit celui-ci : mais avant cette signification, il peut restituer valablement aux héritiers. — Pothier, nº 55.

180. — Si le dépôt avait été fait par plusieurs personnes, on procéderait comme il vient d'être dit pour le cas du décès du déposant laissant plusieurs héritiers, à moins qu'il n'eut été convenu lors du dépôt que chacun des déposans pourrait retirer la chose. — Dans ce cas, il n'y aurait pas à tenir compte de la divisibilité ou de l'indivisibilité de la chose, et la remise faite à l'un des déposans libérerait le dépositaire vis-à-vis de tous. — Duranton, nº 61; Zachariæ, t. 3, § 403.

181. — En cas d'indication d'un tiers pour recevoir le dépôt, si le déposant meurt avant que la remise n'ait été faite, doit-elle avoir lieu entre les mains de son héritier ou de la personne indiquée? — Voici ce que disait, sur cet article, Favard, orateur du tribunat, dans la séance du corps législatif du 23 vent. an XII : « Il semble d'abord que la chose déposée devrait être remise à la personne indiquée pour la recevoir, parce qu'elle est censée y avoir une espèce de droit acquis; mais, en y réfléchissant, on voit que le déposant a conservé jusqu'à sa mort la propriété du dépôt; qu'il a pu le retirer à volonté, et que la destination projetée n'ayant pas eu son exécution, il en résulte que l'héritier du déposant lui succède dans la plénitude de ses droits; qu'ainsi le dépositaire ne peut pas, à l'insu de l'héritier, disposer du dépôt en faveur de la personne qui lui aurait été désignée, parce que le dépôt serait un fidéicommis qui aurait souvent pour but de cacher des dispositions prohibées. Le législateur a dû écarter soigneusement tout ce qui pouvait favoriser la violation de la loi sur la disponibilité des biens, surtout après lui avoir donné la latitude qu'elle devait avoir dans nos mœurs. On ne peut donc qu'approuver la disposition du projet, qui porte qu'en cas de mort de celui qui a fait le dépôt, la chose déposée ne peut être rendue qu'à son héritier. » — V. observ. sur l'art. 1939.

182. — Cette solution, conforme aux principes de l'ancienne jurisprudence (V. Denisart, vº *Dépôt*; L. 31, ff., § 1er, *De donat*; Cujas, liv. 12, *Res. pap. in leg.*, 31, § 1er; Serres, *Inst.*, p. 335. — V. cependant loi 26, ff., *Depos. vel. contr.*), a prévalu sous le Code civil. — Duvergier, nº 483; Troplong, nº 146.

183. — Ainsi, jugé en matière de dépôt fait avec destination que le déposant, et ses héritiers après lui, conservent le droit, tant que le montant n'en a pas été remis en totalité à la personne indiquée pour le recevoir, de réclamer ce qui reste entre les mains du dépositaire. — En conséquence, le dépôt fait entre les mains d'un tiers d'une certaine somme, pour être distribuée aux pauvres d'une paroisse, ne donne pas à ces pauvres un droit de propriété sur la somme déposée, de telle sorte qu'après la mort du déposant ils aient une action pour la revendiquer au préjudice et contre la volonté des héritiers. — *Cass.*, 22 nov. 1819, Pouzol c. Latour; *Paris*, 1er mars 1826, Dupont c. Crosnier; *Cass.*, 16 août 1842 (t. 2 1842, p. 256), Ruffin c. Bérard.

184. — ... Et le dépositaire qui aurait indûment (quoique de bonne foi) remis l'objet au tiers désigné serait personnellement obligé d'en tenir compte aux héritiers. — Même arrêt de 1842.

185. — Il a encore été jugé, dans le même sens, qu'un paquet cacheté, déposé entre les mains d'un tiers pour être remis, après le décès du déposant, à son enfant naturel, peut être ouvert à la réquisition de l'héritier de ce déposant, à l'effet de vérifier s'il ne contient pas un avantage indirect. — *Paris*, 15 prair. an XIII, Bergeret c. Bernard-Adolphe.

186. — Toutefois il en serait autrement, et la restitution devrait être faite à la personne indiquée, et non aux héritiers du déposant, si le dépôt était le résultat d'une convention synallagmatique, de telle sorte que le déposant lui-même n'eût pas été le maître de le retirer à son gré. — *Nîmes*, 3 déc. 1822, Molinier c. Simon.

187. — Jugé également que le dépôt fait avec désignation d'un tiers pour le recevoir au décès du déposant doit être remis, ce décès arrivant, au tiers désigné, et non à l'héritier, lorsque le dépôt consiste en titres souscrits au profit de ce tiers par le déposant. — *Paris*, 19 janv. 1843 (t. 1er 1843, p. 347), de Roys c. Cayeux.

§ 3. — *Où doit se faire la restitution du dépôt.*

188. — Si le contrat de dépôt désigne le lieu dans lequel la restitution doit être faite, le dépositaire est tenu d'y porter la chose déposée. — Les frais de transport sont à la charge du déposant. — C. civ., art. 1942. — L. 12, ff., *Depos.*; — Pothier, nº 56.

189. — Si le contrat ne désigne pas le lieu de la restitution, elle doit être faite dans *le lieu même du dépôt*. — C. civ., art. 1943.

190. — Que doit-on entendre par *lieu du dépôt?* — M. Duranton (nº 67) dit que ces mots sont ambigus en ce qu'ils peuvent se comprendre aussi bien du lieu où le dépôt (contrat) a été passé que de celui où le dépôt (la chose déposée) se trouve au moment de la restitution. — Dans le doute, il pense qu'il faut suivre la décision de la loi romaine, suivant laquelle la restitution doit être faite au lieu *où se trouve la chose*. — V. L. 12, § 1er, ff., *Depos.* — Pothier, nº 57; Troplong, nº 168; Duvergier, nº 488. — Cette opinion paraît devoir être suivie. Cependant la rédaction grammaticale de l'art 1944 pourrait donner à penser que la restitution doit être faite où le dépôt a eu lieu. — Delvincourt, t. 3, p. 203, note 3e. — Quoi qu'il en soit, comme il ne serait pas juste que le dépôt tournât au préjudice du dépositaire, il faudrait en tout cas décider que si le dépositaire avait eu quelque juste sujet de transporter la chose ailleurs, ce serait aux frais du déposant qu'on l'en ferait revenir. C'est l'application de ce principe d'équité : *Officium suum nemini debet esse damnosum*. — Pothier, nº 56; Malleville, sur l'art. 1943.

191. — A cette condition, le dépositaire ne saurait refuser, sur la demande du déposant, de lui restituer ce dépôt dans le lieu où il a été fait. — Troplong, nº 170; Duvergier, nº 489.

§ 4. — *Quand doit se faire la restitution du dépôt.*

192. — Le dépôt doit être remis au déposant aussitôt qu'il le réclame, lors même que le contrat aurait fixé un délai déterminé pour la restitution. — C. civ., art. 1944. — La raison en est : 1º que le délai n'ayant été fixé que dans l'intérêt du déposant, celui-ci peut toujours changer de volonté. — 2º que le dépositaire n'ayant la chose que pour la garder, n'a ni droit ni intérêt à la retenir. — L. 1, § 45, ff., *Depos.* — Pothier, nº 58.

193. — Cette règle devrait, en principe, recevoir son application, alors même que le dépôt aurait eu lieu dans l'intérêt du dépositaire, ainsi que le permet l'art. 1928; car l'art. 1944 ne contient aucune distinction. — Duranton, nº 68; Troplong, nº 172. — Toutefois, l'obligation pour le dépositaire de rendre la chose *aussitôt* qu'elle lui est demandée, résultant de ce qu'il ne peut s'en servir et de ce qu'il doit toujours ainsi la tenir à disposition, il s'ensuit que le principe pourrait fléchir dans le cas où l'autorisation qu'il aurait reçue de se servir de la chose déposée rendrait impossible la restitution immédiate. — Il en serait de même si l'obstacle à cette restitution provenait soit des circonstances du dépôt lui-même, soit de quelque cause non imputable à l'infidélité du dépositaire. Dans ces cas il devrait lui être accordé un délai. — Duranton, nº 68; Troplong, nº 172; Duvergier, nos 492 et suiv.

194. — Il est, du reste, certains cas où le dépositaire peut et doit se dispenser de restituer le dépôt. — V., à cet égard, nos 124 et suiv.

195. — La faculté d'avancer le terme fixé pour la restitution du dépôt existe-t-elle pour le dépositaire aussi bien que pour le déposant? — M. Rolland de Villargues (vº *Dépôt*, nº 89) soutient l'affirmative, et il dit qu'en principe le dépositaire doit pouvoir se décharger du dépôt quand bon lui semble, *à moins qu'il ne doive en résulter un dommage pour le déposant*. — V. conf. Troplong, nº 178. — Cette décision ne nous semble pas devoir être suivie, car elle fait la règle de ce qui doit être l'exception. — La règle, suivant nous, c'est que le bénéfice du terme n'est censé exister qu'en faveur du déposant. Quant au dépositaire, il est lié par la règle *voluntatis est suscipere mandatum, necessitatis consummare*. — L'exception, c'est que dans certains cas, et pour empêcher que le dépôt ne devienne trop à charge au dépositaire, il pourrait être autorisé à avancer le terme s'il y a très juste cause (*nisi ex justissimâ causâ*, disent les Lois 5 et 7, ff., *Depos.*). — Il paraît même que l'autorisation ne devrait pas être accordée, si, par suite de la stipulation d'un salaire, le dépôt avait cessé d'être, à proprement parler, un service d'ami. — Remarquons, au surplus, que l'art. 1944 ne dispose qu'en faveur du déposant, et non du dépositaire, etc. — Malleville (sur cet article) dit que l'article a été rédigé en présence des observations de la cour de Cassation et de Cambacérès, tendantes à ce que le dépositaire pût se décharger du dépôt *à volonté*. — V. en ce sens Zachariæ, t. 3, § 403; Locré, t. 15, p. 187.

§ 5. — *De l'action qui naît du dépôt au profit du déposant, de ses suites, et des exceptions qui peuvent lui être opposées.*

196. — De l'obligation de rendre le dépôt, expliquée dans les paragraphes qui précèdent, naît contre le dépositaire l'action connue sous le nom de *depositi directa*.

197. — Cette action existe soit au profit du déposant, soit de celui au nom et dans l'intérêt duquel le dépôt a été fait, et qui se trouve ainsi être le véritable déposant, ou de leurs héritiers. — V., sur ces divers points, les règles tracées au § 2.

198. — Le propriétaire de la chose déposée n'a pas l'action *depositi directa*, si ce n'est pas en son nom que le dépôt a été fait. Il n'a que le droit de former opposition entre les mains du dépositaire; — sauf l'action en dommages-intérêts qu'il pourrait avoir contre celui-ci, en cas de non dénonciation. — V. *suprà*, nº 159.

199. — L'action est *personnelle*; elle peut être exercée soit contre le dépositaire, soit contre ses héritiers.

200. — En cas de dépôt fait à deux dépositaires, il n'y a solidarité entre eux que si elle a été stipulée. Leur obligation se règle d'après les principes ordinaires. En l'absence de solidarité, le dol de l'un n'obligerait pas l'autre. — Duranton, nº 63. — V. aussi Pothier, nº 64.

201. — Si le dépositaire venait à mourir laissant plusieurs héritiers, chacun d'eux ne serait tenu du dépôt que pour sa part héréditaire, soit dans le cas où le dépôt aurait péri par le fait du défunt, soit dans le cas où ils détiendraient la chose en commun. — Mais celui qui la détiendrait seul pourrait être poursuivi pour le tout comme détenteur. — Et si l'un d'eux avait fait périr le dépôt sans la faute des autres et avant que ceux-ci fussent en demeure, cet héritier pourrait être poursuivi pour le tout à raison de son dol; mais les autres ne pourraient l'être pour aucune partie, attendu que le fait de leur cohéritier leur serait étranger et ne constituerait à leur égard qu'un cas fortuit dont ils ne devraient pas plus répondre que si un tiers eût fait périr la chose. — Duranton, t. 18, nº 62, et t. 11, nº 284. — V. encore Pothier, nº 65. — Si le dol qui empêche la restitution de la chose était commune aux héritiers, ils pourraient être poursuivis *solidairement*. — L. 22, ff., *Depos.* — Pothier, *loc. cit.*, et *Oblig.*, nos 306, 307.

202. — De ce que l'action est personnelle, il résulte qu'elle ne peut être exercée contre celui qui, de bonne foi, détiendrait, comme l'ayant reçue du dépositaire, la chose donnée en dépôt : ce tiers serait protégé par la règle : Possession vaut titre. — *Bordeaux*, 14 juill. 1832, Veillon c. Lartigue; *Paris*, 16 juill. 1833, Franchessaine c. Lavareille. — V. Delvincourt, t. 3, p. 203, note 1re; Duranton, nº 48. — *Contrà* Pothier, nº 63.

203. — La revendication toutefois serait admissible contre le tiers détenteur, s'il était de mauvaise foi. — Delvincourt, *loc. cit.*; Duranton, *loc. cit.*

204. — La loi romaine accordait encore au déposant le droit d'agir directement contre celui à qui le dépositaire aurait lui-même donné la chose

en dépôt, et cela *celeritate conjungendarum actionum.—Si quis rem penès se depositam apud alium deposuerit, tam ipse directam quàm is qui apud eum deposuit utilem actionem depositi habere possunt.* — Paul, sent, lib. 2, tit. 12, § 8 ; — Pothier, n° 63. — Cette décision ne paraîtrait devoir être suivie dans notre droit qu'autant que le déposant agirait contre le tiers, non en son nom personnel, mais comme exerçant les droits et actions du dépositaire direct, son débiteur, aux termes de l'art. 1166.

205. — Le contrat de dépôt donne lieu à l'action en revendication de la chose déposée, et non à un privilége sur les biens du dépositaire. — *Paris*, 27 mai 1840 (t. 2 1840, p. 120), Méry c. Spréafico.

206. — En matière de dépôt volontaire le dépositaire ne peut être condamné par corps à la restitution du dépôt, car la loi défend de prononcer la contrainte par corps en matière civile hors des cas spécialement indiqués par elle, et l'art. 2060 ne parle que du dépôt nécessaire. — Troplong, n° 181; Duvergier, n° 500.—Jugé en conséquence avec raison que le tribunal civil qui condamne un notaire à la restitution d'un dépôt ne peut, même en se fondant sur les art. 52 et 408, C. pén., le condamner par corps. — *Cass.*, 18 nov. 1834, Barre c. Gambier. — *Contrà Paris*, 16 nov. 1833, Barre c. Héloin.

207. — Toutefois cette prohibition peut paraître en contradiction avec la disposition de l'art. 1945 qui déclare le dépositaire infidèle non admissible au bénéfice de cession. Aussi pensons-nous, avec M. Coin-Delisle (sur l'art. 2060, n° 37), que si le déposant au lieu de conclure *directement* à la restitution du dépôt, dans le cas où l'objet de ce dépôt aurait été dissipé, concluait au paiement de l'équivalent à titre de dommages-intérêts, la condamnation par corps (si la somme excédait 300 fr.) pourrait être prononcée. — C. proc., art. 126. — V. CONTRAINTE PAR CORPS, n° 216.

208. — Le dépositaire qui aurait frauduleusement détourné ou dissipé la chose déposée serait, indépendamment de la peine prononcée pour violation de dépôt, passible de la contrainte par corps pour le paiement des dommages-intérêts dus au déposant. — C. pén., art. 52 et 408.— Arg. des art. 1945 et 1270 ; —Zachariæ, t. 3, § 403; Troplong, n° 182.

209. — Le dépositaire peut résister à l'action dirigée contre lui en restitution de la chose déposée lorsqu'il existe entre ses mains une saisie-arrêt ou opposition à la restitution ou au déplacement de la chose déposée. — C. civ., art. 1944.

210. — Dans ce cas, il peut et même il doit, sous peine de responsabilité, surseoir à la restitution jusqu'à ce que main-levée de la saisie-arrêt ou opposition lui ait été apportée.

211. — Peu importe d'ailleurs qu'il s'agisse d'une saisie-arrêt, portant *spécialement* sur la chose donnée en dépôt, ou d'une saisie-arrêt générale sur toutes choses appartenant au débiteur et qui sont entre les mains du dépositaire; peu importe aussi que la saisie soit ou non fondée. Le dépositaire ne saurait être juge ici de la portée ni de la validité de cette saisie. — Pothier, n° 59.

212. — Jugé, toutefois, que l'art. 1944, C. civ., qui autorise le dépositaire à retenir la chose déposée, s'il existe une saisie-arrêt entre ses mains, n'est pas applicable au cas où il s'agit d'une saisie-arrêt générale sur tout ce qu'il peut devoir au déposant, alors qu'à cette époque le dépositaire se trouve, à un autre titre, débiteur envers le déposant de sommes plus que suffisantes pour satisfaire aux causes de la saisie, et alors surtout qu'il est constant que le saisissant est désintéressé. — *Cass.*, 26 janv. 1835 (et non 1834), Thivas c. Marcheseau. — Mais cette décision, comme on le voit, est rendue dans des circonstances de fait qui ne sauraient la faire considérer comme un arrêt de principe sur la question.

213. — Serait-il valablement libéré s'il se dessaisissait avant que la contre-dénonciation lui eût été faite (art. 565), dans le cas où cette contre-dénonciation serait tardive? — V. SAISIE-ARRET.

214. — Le dépositaire pourrait encore surseoir à la restitution, jusqu'à ce que celui qui la demanderait justifiât de sa qualité, par exemple, s'il s'agissait d'un héritier ou d'un légataire, — Pothier, n° 59.

215. — Au surplus, comme il ne serait pas juste qu'un fait qui n'est pas le sien prolongeât au-delà du terme convenu les obligations du dépositaire, il a la faculté de se faire autoriser à remettre ce dépôt, entre les mains d'un tiers qui en reste chargé comme sequestre. — Duranton, n° 57.

216. — Le dépositaire peut encore, dans certains cas, et pour la conservation de ses droits personnels contre le déposant, refuser la restitution.— V. *infrà* n° 241.

217. — Il résiste valablement à l'action *deposit.* lorsqu'il prouve qu'il est propriétaire de la chose déposée; alors, en effet, le dépôt ne peut plus subsister, les obligations qui devaient en découler cessent d'*exister*. — C. civ., art. 1946.

218. — Pothier (n° 67) ajoute qu'il faut que le dépositaire administre cette preuve *promptement*, parce qu'autrement la présomption serait en faveur du déposant, et qu'il y aurait lieu seulement alors à restitution *provisoire*, sauf *revendication ultérieure*, le cas échéant. Aujourd'hui, l'art. 1946 parlant du dépositaire qui prouve son droit de propriété, mais sans imposer aucune condition à cette justification, les juges ont à apprécier si cette preuve est faite, ou tout au moins si la déclaration est sérieuse et si le dépositaire n'oppose pas l'exception de propriété comme un moyen de se soustraire à la restitution. — Troplong, n° 184. — Ils peuvent, en tout cas, et jusqu'à l'événement de la contestation, ordonner la consignation de la chose déposée entre les mains d'un sequestre, ou prendre telles mesures conservatoires que de raison.

219. — Du reste, si le déposant avait le droit de jouir de la chose qu'il a confiée au propriétaire à titre de dépôt (par exemple, s'il en était usufruitier), le dépositaire ne pourrait se dispenser d'en faire la restitution.

220. — Le dépositaire et ses héritiers poursuivis en restitution du dépôt existant encore entre leurs mains, ne sauraient, pour y échapper, invoquer la prescription même trentenaire, et prétendre être devenus, par ce moyen, propriétaires de la chose. La raison en est que ceux qui possèdent pour autrui (et le dépositaire est dans ce cas), ne prescrivent jamais par quelque laps de temps que ce soit la chose détenue par eux. — C. civ., art. 2236-2237.— Duranton, n° 71. — V. aussi Pothier, n° 68.

221. — Mais si la chose était sortie de leurs mains et avait été perdue par suite d'une faute dont ils fussent responsables, ils pourraient prescrire l'action en dommages-intérêts comme toute autre action. — La différence entre ce cas et celui énoncé au numéro qui précède vient de ce qu'il s'agirait, dans la seconde hypothèse, d'une prescription à *fin de se libérer*, d'une action personnelle, et non d'une prescription à fin d'acquérir la chose détenue pour autrui. — Duranton, n° 71 ; Delvincourt, t. 3, p. 202, note 8e.

222. — Si le dépositaire *nie* que la chose soit encore en sa possession, c'est au déposant à prouver le contraire, car, dans ce cas, la présomption de restitution résulte de la prescription de l'action née du contrat de dépôt. — Duranton, n° 71.

223. — Mais s'il était prouvé que le dépositaire est encore en possession de la chose ou s'il avouait lui-même cette possession, tout en prétendant qu'après la restitution qu'il en avait faite, elle lui serait venue par la voie du commerce, ce serait à lui à prouver le fait de la restitution.—En effet, quant on a commencé à posséder pour autrui, on est censé avoir continué de posséder au même titre s'il n'y a preuve du contraire.—C. civ., art. 2231 ;—L. 3, § 19, ff., *De adquir. poss.*; L. 2, § 1, ff., *Pro hæred. et patrim.* —Pothier, n° 68 ; Duranton, n° 71.—V. PRESCRIPTION.

224. — De même, le dépositaire ne peut invoquer, pour se prétendre libéré de l'obligation de restituer le dépôt, l'exception de compensation.— C. civ., art. 1293.

225. — Ce principe est rigoureux et ne saurait être méconnu, même par voie indirecte.—Ainsi jugé que lorsque le dépositaire, créancier du déposant, a cédé sa créance à un tiers, ce tiers ne peut pas plus saisir-arrêter le dépôt entre les mains du cédant dépositaire, que celui-ci n'aurait pu saisir-arrêter en ses propres mains, attendu que ce serait autoriser par une voie détournée la compensation en matière de dépôt:—*Aix*, 24 fév. 1818, Bérard c. Gordes; — Roger, *Saisie-arrêt*, n° 203.

226. — Jugé aussi qu'on ne peut confondre la somme confiée en dépôt au mari et celle reçue par sa femme, qui en a donné reconnaissance et s'est obligée à en payer l'intérêt comme fondée de pouvoir de son mari; en conséquence, le dépositaire ne peut imputer sur le dépôt le paiement de cette dernière somme. — *Rennes*, 9 sept. 1814, Castellot c. Huguenot.

Sect 3e.—*Obligations du déposant.—Droits qui en résultent en faveur du dépositaire.*

227. — Le contrat de dépôt n'entraîne de la part du déposant aucune obligation *directe* et *immédiate* : mais celui-ci peut se trouver obligé *ex post facto* à raison du dépôt. — Et cette obligation ouvre contre lui, au profit du dépositaire, l'action connue sous le nom de *depositi contraria*.

228. — Le déposant est d'abord tenu de rembourser au dépositaire toutes les dépenses qu'il a faites pour conservation de la chose déposée. — C. civ., art. 1947. — Pothier, n° 69 ; — L. 5 et 23. *Depos.*

229. — Pothier (*loc. cit.*) donne pour exemple le cas où le dépôt consisterait en un cheval : il est évident que le déposant devrait rembourser les frais de nourriture, et, si l'animal avait été malade, les frais de pansement et de médicamens. — V. conf. Troplong, n° 189. — On devrait ajouter les frais de logement, si, pour garder le dépôt, le dépositaire avait été astreint à quelques dépenses spéciales et nécessaires.— Ces principes seraient applicables à tous les cas analogues.

230. — Les dépenses ne sont dues au dépositaire qu'autant qu'elles étaient nécessaires.—Or, la question de nécessité sera appréciée suivant la nature de la chose déposée, son utilité, le degré d'affection que le déposant pouvait lui porter; on comprend qu'il est impossible de tracer à cet égard de règle absolue. — Toutefois, on peut dire qu'il ne suffirait pas que la dépense eût paru, même de bonne foi, nécessaire au dépositaire, et que personnellement il eût agi de même pour chose semblable à lui appartenant, pour que cette dépense lui fût toujours allouée si elle n'avait d'ailleurs réellement aucun caractère de nécessité. En ce cas, on devra plutôt examiner si la dépense eût raisonnablement dû paraître nécessaire au déposant, et être faite par lui s'il était resté détenteur de sa chose. L'art. 1927 porte bien, il est vrai, que le dépositaire doit apporter à la chose déposée les mêmes soins qu'à sa chose; mais cela veut dire seulement qu'il ne veillera pas moins à la conservation du dépôt qu'à celle de sa chose, et non qu'il pourra et devra, dans tous les cas, agir de même pour l'un et pour l'autre. Au surplus, cette question devra, surtout en cas de bonne foi (laquelle sera facilement présumée), être examinée avec faveur pour le dépositaire d'après la règle déjà citée : *Officium suum nemini debet esse damnosum*.

231. — En général, le dépositaire, à moins qu'il n'y ait urgence, doit s'abstenir, par motif de prudence, de faire sur la chose, sans en prévenir le déposant, des dépenses considérables.—Il doit surtout s'en abstenir lorsque la dégradation à laquelle les dépenses auraient eu pour objet de porter remède existait déjà lors du dépôt; car, dans ce cas, il est à présumer que le déposant ne voulait pas les faire.

232. — Si les dépenses n'étaient *qu'utiles* et non *nécessaires*, le déposant ne serait tenu que d'une somme égale à la plus-value que la chose en aurait éprouvée.— Duranton, n° 73 ; Zachariæ, t. 3, § 403.

233. — Quant aux dépenses voluptuaires, le dépositaire ne pourrait les répéter. sauf à faire usage de la faculté que l'art. 599, al. 3e, accorde à l'usufruitier.—Zachariæ, t. 3, § 403.

234. — Le déposant doit, en outre, indemniser le dépositaire de *toutes* les pertes que le dépôt peut lui avoir occasionées.—C. civ., art. 1947.

235. — On peut, comme exemple, citer le cas où un cheval donné en dépôt aurait, sans la faute du dépositaire, causé un dommage dont celui-ci aurait ou souffert personnellement ou dû accorder réparation à ceux qui en auraient été victimes : évidemment alors le dépositaire pourrait réclamer une indemnité proportionnée au dommage.

236. — De même, il y aurait *perte* occasionnée par le dépôt, et conséquemment lieu à indemnité, si le dépositaire avait laissé périr sa chose pour sauver celle du déposant, d'une valeur supérieure à la sienne.—Pothier, n° 29; Duranton, n° 38; Delvincourt, t. 3, p. 202, note 2e.

237. — L'appréciation de ce qu'on doit considérer comme *perte occasionnée par le dépôt* rentre dans le domaine des juges.—Mais il ne semble pas que ces mots doivent être pris dans un sens absolu, et qu'on doive y faire rentrer, par exemple, celles qui d'avance ont pu être considérées comme conséquence nécessaire de l'état normal du dépôt.

238. — En tous cas, si la perte occasionnée par le dépôt pouvait être imputée à la faute du dépositaire, il ne lui serait pas dû d'indemnité. — Pothier, n° 71; Duranton, n° 73; Duvergier, n° 503 ; Troplong, n° 191.

239. — Les sommes que le dépositaire aurait pu avancer pour le déposant ne produisent pas intérêts de plein droit, à moins de stipulation contraire. — En effet, le principe général est que les intérêts ne courent pas de plein droit quand ni la convention ni la loi ne dit le contraire : or, en matière de dépôt, la loi est muette sur ce point, tandis qu'elle dispose expressément en ce qui concerne l'intérêt des avances faites par le mandataire.—C. civ., art. 2009.

240. — Mais il ne faut pas en conclure que le dépositaire doive toujours et nécessairement perdre l'intérêt de ses avances. S'il est vrai qu'en thèse ordinaire il ne puisse réclamer ses avances (et par conséquent faire courir les intérêts), avant le terme fixé pour la restitution du dépôt, il semble qu'il ne doit en être ainsi qu'à l'égard des avances prévues nécessairement lors du contrat, et attachées à la nature même du dépôt (comme le seraient les frais de nourriture de l'animal déposé); mais on ne saurait sans rigueur appliquer ce principe aux avances imprévues, surtout si elles étaient importantes (comme pourraient l'être les frais de maladie de cet animal). Dans ce cas et même avant l'époque fixée pour la restitution, le dépositaire pourrait mettre le déposant en demeure de remboursement, et conséquemment faire courir les intérêts.

241. — Le dépositaire peut exercer l'action *depositi contraria*, à raison de ses avances ou de ses pertes, soit par une demande ordinaire, soit par voie de rétention du dépôt. — C. civ., art. 1948.

242. — Mais s'il avait rendu la chose sans exercer son droit de rétention, il ne conserverait plus qu'une simple créance. — Pothier, no 73.

243. — A l'égard des frais par lui faits pour la conservation de la chose, il peut exercer le privilége de l'art. 2102. — Troplong, no 195.

244. — On considère comme faites pour la conservation de la chose toutes les dépenses qui rentraient dans le devoir d'un bon administrateur. — Duvergier, no 507.

245. — Le dépositaire peut, après avoir succombé dans l'action qu'il avait intentée par erreur contre celui qu'il croyait l'auteur du dépôt, exercer son action contre le véritable propriétaire de l'objet déposé. — *Cass.*, 9 juill. 1806, Bourras c. Gallier.

CHAPITRE III. — *Du dépôt nécessaire.*

246. — Le dépôt *nécessaire* proprement dit est celui qui a été forcé par quelque accident, tel qu'un incendie, une ruine, un pillage, un naufrage ou autre événement imprévu. — C. civ., art. 1949. — Les lois romaines donnent aussi à ce dépôt le nom de *depositum miserabile*, parce que c'est le cas d'un malheur imprévu qui lui donne naissance.

247. — En outre, l'art. 1952 considère comme dépôt nécessaire celui qui a lieu chez les aubergistes ou hôteliers des effets apportés par les voyageurs qui logent chez eux.

248. — Il sera traité dans deux sections distinctes : 1o du dépôt nécessaire en général et des règles qui lui sont propres ; — 2o du dépôt fait dans les auberges et hôtelleries.

Sect. 1re. — *Du dépôt nécessaire en général et des règles qui lui sont propres.*

249. — Ce contrat, quant à sa formation, se distingue du dépôt volontaire en ce que, bien qu'il exige le consentement des parties, cependant de la part du déposant le consentement n'est pas libre, mais déterminé par une circonstance impérieuse à laquelle il n'est pas maître de se soustraire.

250. — Pour que le dépôt soit réputé nécessaire, il faut qu'il ait eu pour cause l'obligation de soustraire au péril la chose déposée; il ne suffirait pas qu'il eût été fait dans un temps de tumulte ou d'incendie, etc. — *Rennes*, 2 août 1819, Laguyader c. Quentin; — Rolland de Villargues, vo *Dépôt*, no 93.

251. — Ainsi, lorsqu'il est constant que l'objet se trouvait dans une autre maison que celle incendiée, et que ce ne peut être pour le préserver de l'incendie qu'on l'a enlevé et déposé ailleurs, l'action relative à sa soustraction illégale et frauduleuse ne peut être qualifiée dérivant du dépôt nécessaire. — Même arrêt.

252. — Le dépôt nécessaire est régi, quant aux actions et obligations qui en naissent, par les mêmes règles que le dépôt volontaire. — Duvergier, no 510; Troplong, no 206.

253. — Mais il diffère du dépôt volontaire par deux exceptions relatives, l'une à la preuve du contrat, l'autre à la responsabilité du dépositaire.

254. — Ainsi : 1o la preuve du dépôt nécessaire peut, tant en ce qui concerne le fait même du dépôt qu'en ce qui concerne la nature et la valeur des choses déposées, être faite par témoins, lors même que cette valeur dépasserait 150 fr. — C. civ., art. 1950. — Le motif en est qu'à raison des circonstances dans lesquelles ce dépôt est réputé fait, il n'a pas dû être au pouvoir du déposant de se procurer une preuve par écrit.

255. — ... 2o Le dépositaire est passible de la contrainte par corps pour *toutes* les condamnations qui peuvent être prononcées contre lui, soit à raison du détournement frauduleux des choses déposées, soit à raison de leur perte ou de leur détérioration arrivée par sa faute. — C. civ., art. 2060. — Zachariæ, t. 3, § 405.

256. — La même capacité est, du reste, exigée des parties pour pouvoir s'obliger que dans le contrat de dépôt volontaire. — Vainement opposerait-on que dans les momens de hâte qui accompagnent certaines catastrophes, on n'est pas libre de choisir le dépositaire. L'incapable ne saurait devenir capable par de pures circonstances fortuites. Mais si le dépôt ne vaut pas comme contrat, il vaudra toujours comme quasi-contrat, ayant force obligatoire pour astreindre l'incapable à la représentation de la chose déposée. — Troplong, no 308.

257. — En droit romain, l'infidélité du dépositaire nécessaire le rendait passible de la peine du double de la valeur des choses données en dépôt, parce que le malheur de celui qui a donné les choses en dépôt rend plus atroce la perfidie du dépositaire (*Tùm crescit perfidiæ crimen*). — L. 1, §§ 3 et 4, ff., *Deposit.* — Cette peine du double n'était pas en usage dans l'ancien droit français (Pothier, no 76); elle ne l'est pas non plus sous le Code actuel.

Sect. 2e. — *Du dépôt fait dans les auberges et les hôtelleries.*

258. — L'art. 1952 déclare *les aubergistes et hôteliers* responsables, comme dépositaires des effets apportés par le voyageur qui loge chez eux. Il ajoute que le dépôt de ces sortes d'effets doit être considéré comme un dépôt nécessaire.

259. — Par aubergistes et hôteliers on doit entendre tous ceux qui *louent des chambres garnies* à des voyageurs. — *Cass.*, 27 juin 1811, Collin.

260. — L'application de l'art. 1952 aux *logeurs* n'est pas contestable. — V. Troplong, no 228, qui cite un avis interprétatif du cons. d'état des 4-10 oct. 1811; et Duvergier, no 521. — Cette jurisprudence, au surplus, est confirmée par l'art. 2, L. 25 mai 1838, qui, en attribuant aux juges de paix juridiction pour connaître des contestations entre les hôteliers ou aubergistes et les voyageurs, pour pertes ou avaries d'effets déposés dans l'auberge, comprend dans la même disposition les procès entre logeurs et locataires en garni.

261. — Mais les propriétaires qui, pendant le temps d'une foire, louent, sans prendre patente, des appartemens garnis, ne peuvent, par cela seul, être considérés comme logeurs, et, comme tels, être soumis à l'application de l'art. 1952. — *Nîmes*, 18 mai 1825, Valette c. Contestin.

262. — Dès-lors on ne saurait réputer un tel propriétaire responsable du vol des effets d'un voyageur logé chez lui, dans une chambre où ce voyageur était reçu avec d'autres voyageurs, alors même que le propriétaire aurait eu la possession de la clé de la chambre pour soigner l'appartement. — Même arrêt.

263. — Doit-on assimiler aux logeurs les personnes qui tiennent des cafés, des tables de pension et autres établissemens de ce genre, où le public est indistinctement reçu? — Merlin (*Quest.*, vo *Dépôt nécessaire*), et M. Troplong (no 229) se prononcent pour l'affirmative, attendu que les raisons de décider sont absolument les mêmes. — Zachariæ (t. 3, § 406) et M. Duvergier (no 522) repoussent au contraire cette assimilation, et soutiennent que, par cela même que les art. 1952 et suiv. établissent une présomption contraire au droit commun, il faut la restreindre aux cas pour lesquels ils disposent expressément.

264. — Par le même motif, M. Duvergier (*loc. cit.*) pense que le dépôt d'effets dans *un bain public* par les *baigneurs* n'est pas un dépôt nécessaire dont la preuve testimoniale puisse être admise pour une valeur supérieure à 150 fr., ou qui puisse être prouvé par de simples présomptions?

265. — Merlin (*Quest.*, vo *Dépôt nécessaire*) a soutenu la thèse contraire dans un de ses réquisitoires. — M. Troplong (*loc. cit.*) adopte l'avis de Merlin.

266. — Quant à la cour de Cassation, sans adopter d'une manière expresse l'un ou l'autre de ces systèmes, elle s'est bornée à juger que le propriétaire de bains publics chez lequel un objet, par exemple une montre, a été oublié peut être déclaré responsable de cette perte, s'il résulte des circonstances que cette perte a été occasionnée par sa négligence. — *Cass.*, 4 juill. 1814, Ayma c. Feydel.

267. — La responsabilité s'étend aux vols commis non seulement dans l'hôtel même, mais encore dans les cours, étables, écuries et lieux adjacens qui en dépendent ou qui sont naturellement placés sous la surveillance de l'hôtelier. — M. Troplong (no 227) cite un arr. conf. du parlem. de Paris, du 14 août 1582, rapporté par Charondas, livre 6, ch. 80.

268. — On tient même pour constant que l'aubergiste est responsable non seulement des effets déposés dans son auberge, mais encore de ceux que le voyageur qui loge chez lui serait, de son consentement, exprès ou tacite, obligé, faute de place, *de laisser en dehors*. Dans ce cas, en effet, la portion de la voie publique sur laquelle restent déposés ces effets est considérée comme une dépendance de l'auberge. — Zachariæ, t. 3, § 406; Duranton, no 83; Troplong, *loc. cit.* — M. Duvergier (no 515) dit qu'on ne doit adopter cette opinion qu'avec réserve, en ce qu'il ne faut pas exiger des hôteliers l'impossible.

269. — Jugé, en ce sens, que l'aubergiste qui n'a pas de cour pour remiser les voitures des voyageurs qui descendent dans son auberge, et spécialement celles des rouliers auxquels sa maison est habituellement ouverte, doit faire veiller par des gardiens à la sûreté des voitures que ces voyageurs ou rouliers seraient obligés de laisser en dehors; et qu'en conséquence, il est responsable des vols qui pourraient être commis sur ces voitures. — *Paris*, 15 sept. 1808, Homo c. Raussin; 14 mai 1839 (t. 1er 1839), p. 584, Guerillon c. Chailloux.

270. — La responsabilité a lieu, alors même que la cour dans laquelle les effets du voyageur auraient été déposés, quoique dépendante de l'auberge, serait assujétie au profit d'un tiers à un droit de passage. — *Liége*, 17 avr. 1812, Frey c. Ehrard.

271. — La responsabilité s'étend, d'une manière générale et sans distinction, à toute espèce de soustractions ou de dommages dont peuvent devenir l'objet les effets ou marchandises apportés par le voyageur dans l'hôtel. — *Colmar*, 8 avr. 1845 (t. 2 1845, p. 732), Goulet et Royer c. Boucherat.

272. — L'aubergiste est responsable du vol des effets du voyageur ou du dommage qu'ils ont éprouvé, soit que le vol ait été commis ou que le dommage ait été causé par les domestiques et préposés de l'hôtellerie, *ou par les étrangers allant et venant dans l'hôtellerie.* — C. civ., art. 1953. — Sans doute, les aubergistes ne sont pas maîtres de fermer leur hôtel aux voyageurs qu'ils ne connaissent pas, et dès-lors il peut sembler dur de faire peser sur eux la responsabilité des personnes qu'ils n'ont pas choisies; mais la confiance, qui fait la base de leur commerce, exige, dans leur propre intérêt, qu'ils donnent au public cette garantie. — Troplong, no 231.

273. — Peu importe que les domestiques des voyageurs concourent avec ceux de l'hôtel au service de l'appartement de leur maître. — *Paris*, 29 août 1844 (t. 2 1846), de Magnoncourt c. Martin; — Goujet et Merger, *Dict. de dr. comm.*, vo *Hôtelier*, no 14.

274. — Mais si un maître voyageant avec son domestique était descendu dans un hôtel, et que ce domestique y eût volé son maître, l'hôtelier serait-il responsable? — M. Troplong (no 237) ne le pense pas. « Vainement, dit-il, s'attacherait-on à la lettre de l'art. 1953 pour soutenir que, ce domestique étant du nombre des étrangers allant et venant dans l'hôtellerie, l'aubergiste est garant de son fait. Cette responsabilité est effacée par celle du maître, qui ne doit s'en prendre qu'à lui-même de son mauvais choix, et qui est bien plus reprochable à cet égard que l'hôtelier. » C'est ce qu'enseignent les anciens auteurs, d'après un arrêt des grands jours de Clermont (Papon, art. 23, t. 6, no 4; Brillon, vo *Dépôt*, no 3), et la raison approuve cette distinction. — V. aussi Merlin, vo *Hôtellerie*.

275. — Le contrat entre l'hôtelier et les voyageurs se forme par l'apport que le *voyageur* fait de ses effets dans l'hôtel ou l'auberge.

276. — Bien que l'art. 1952 ne parle que des voyageurs qui *logent* dans l'auberge, il ne semble pas qu'on doive en refuser l'application au cas d'objets déposés par un voyageur qui n'y logerait pas. — *Liége*, 17 avr. 1812, Fray c. Ehrard; *Rennes*, 26 déc. 1833, Allaire c. Demoy.

277. — Le dépôt des effets peut précéder l'arrivée du voyageur, et, dans ce cas, il n'y en a pas moins dépôt nécessaire. — Ainsi jugé qu'on doit réputer nécessaire le dépôt de sommes fait entre les mains d'un aubergiste, par le mandataire d'un voiturier, et pour être remis à ce voiturier, qui a l'habitude de loger dans l'auberge. — *Paris*, 6 avr. 1829, Levastre c. Renaud.

278. — Mais il faut aussi reconnaître que la responsabilité résultant du dépôt nécessaire n'étant que corrélative aux rapports de l'aubergiste et du

voyageur *en cette qualité* doit nécessairement cesser dès que ces rapports n'existent plus.

279. — Ainsi, il a été jugé qu'on ne doit pas réputer dépôt nécessaire, aux termes de l'art. 1952, C. civ., le dépôt d'objets mobiliers effectué dans une auberge par un voyageur à la condition qu'ils seront remis *après son départ* à la personne à laquelle ils se trouvent appartenir. — *Cass.*, 10 janv. 1832, Baille c. Rappart. — Dans ce cas, en effet, le départ du voyageur a fait dégénérer le dépôt en un dépôt volontaire.

280. — De même, il n'y a pas lieu à l'application de l'art. 1952 dans le cas où un particulier vient habiter *en qualité de locataire* une auberge de la ville où il a sa résidence; il ne peut là, en effet, être considéré comme voyageur. — Zachariæ, t. 3, § 406.

281. — La responsabilité de l'aubergiste dure jusqu'à ce que les effets du voyageur aient été retirés de l'auberge. L'aubergiste ne serait pas déchargé par le seul fait de la remise qu'il en aurait faite au propriétaire, s'ils avaient continué à rester dans l'auberge. — *Rouen*, 14 août 1824, Ouvry c. Adam.

282. — La responsabilité de l'aubergiste s'étend à tous les *effets* apportés par le voyageur. — C. civ., art. 1952. — Par le mot *effets*, cet article ne dispose que d'une manière *énonciative* et non pas restrictive.

283. — Ainsi, il s'applique aux *marchandises*, *animaux et tous autres objets*. — *Rennes*, 26 déc. 1833, Allaire c. Demoy.

284. — Jugé qu'en recevant dans son auberge la voiture d'un messager, un aubergiste est responsable de tout ce qu'elle contient *en marchandises*. — *Rouen*, 13 germin. an X, Robine c. Osmont.

285. — On doit encore, en principe, considérer comme *effets* dont l'aubergiste soit responsable les objets précieux, tels qu'argent, bijoux et autres apportés par les voyageurs. — Même arrêt. — V. aussi les arrêts indiqués nos 289 et suiv.

286. — Nul doute, lorsqu'il s'agit d'effets ordinaires, que le simple apport des effets suffise pour former le contrat, sans que le voyageur ait eu besoin de déclarer à l'aubergiste qu'il les confiait à sa garde. — Zachariæ, t. 3, § 406; Troplong, nº 218. — Sous ce rapport, la loi s'est écartée de la doctrine de Pothier (nº 79).

287. — Ainsi, la responsabilité est encourue dès l'instant où la marchandise est entrée dans l'auberge, et a été par conséquent mise sous la surveillance de l'aubergiste. Peu importe que la marchandise n'ait pas été remise à celui-ci ou à ses préposés et que le conducteur de cette marchandise ait continué à la surveiller. — Spécialement, l'aubergiste est responsable lorsque l'incendie a consumé une marchandise peu de temps après son arrivée dans l'auberge, et que le feu s'est manifesté au moment même du déchargement. — *Colmar*, 8 avr. 1845 (t. 2 1845, p. 732), Goulet c. Boucherat.

288. — Mais, en ce qui concerne les objets précieux, certains auteurs et plusieurs arrêts ont présenté diverses distinctions.

289. — Ainsi, des arrêts ont décidé que la responsabilité de l'aubergiste ne s'étendait à de pareils objets qu'autant qu'ils avaient *été déclarés par le voyageur*. — *Paris*, 2 avr. 1811, Halimbourg c. Wolffardin; — arg. *Nîmes*, 18 mai 1825, Vallette c. Contestin. — Il est toutefois à remarquer que, dans l'espèce de l'arrêt de 1811, il y avait eu imprudence du voyageur en ne faisant pas usage d'une armoire fermant à clé qui se trouvait dans sa chambre. — V. en ce sens Toullier, t. 11, nº 255; Duvergier, t. 21, nº 519.

290. — Puis, plus tard, la cour royale de Paris a décidé que la responsabilité des aubergistes ne s'étend, *à moins de déclaration expresse*, qu'aux effets et valeurs que les voyageurs sont censés porter avec eux pour les nécessités du voyage. — *Paris*, 21 nov. 1836, Delore c. Bland-Wood.

291. — Puis enfin elle a jugé (et sa jurisprudence paraît fixée en ce sens) que, *même en l'absence de toute déclaration*, l'aubergiste est responsable de toutes les sommes apportées chez lui, pourvu qu'elles soient en rapport *avec la fortune et les besoins du voyageur*. — *Paris*, 7 mai 1838 (t. 1er 1838, p. 639), Mercier c. Desenard; 26 déc. 1838 (t. 1er 1839, p. 58), Jon c. Wright. — V. conf. Goujet et Merger, vº *Hôteliers*, nos 35 et suiv.

292. — M. Troplong (nº 225) repousse la nécessité de la déclaration préalable posée en thèse par Toullier; mais il pense néanmoins que l'art. 1952, C. civ., peut être atténué dans son application par des circonstances tirées, soit de la qualité des parties, soit de la nature et de l'importance de l'hôtel, soit de tout autre fait dont les juges seront appréciateurs.

293. — Au surplus, la question s'est présentée récemment devant la cour de Cassation, et cette cour a décidé, en cassant un arrêt de la cour de Douai, du 19 août 1842 (t. 2 1843, p. 313), que la responsabilité des aubergistes a lieu, encore bien que les effets volés ne lui aient pas été confiés, et qu'elle n'est pas subordonnée *à la nature et à la valeur* de ces effets. — *Cass.*, 11 mai 1846 (t. 2 1846, p. 56), Harris c. Mulberghe.

294. — Ainsi, dans le système de cet arrêt, le voyageur victime du vol n'a qu'une preuve à faire : c'est qu'il était réellement possesseur des objets dont il prétend avoir été dépouillé. — Or, il est évident que, relativement à cette preuve, les juges resteront souverains appréciateurs. — V., quant au mode de preuve, ce qui a été dit plus haut sur le dépôt nécessaire en général.

295. — Il a été jugé, il est vrai, qu'en cas de vol dans une auberge d'effets déposés par un voyageur, celui-ci est *cru sur son serment*, relativement *à la nature et à la valeur de ces effets*. — *Rouen*, 13 germin. an X, Robine c. Osmont. — V. *contrà* Toullier, t. 11, nº 254; Duvergier, nº 519.

296. — Mais cette proposition, acceptée d'une manière absolue, est inadmissible, puisqu'elle laisserait les aubergistes à la merci de la mauvaise foi. — D'ordinaire, dit M. Troplong (nº 245), le serment *ad litem* que l'on défère au voyageur est le moyen de preuve admis en pareil cas; mais le juge exige alors une déclaration détaillée et une affirmation assermentée de la sincérité de ce détail. Et encore si le juge estime que l'évaluation donnée par le voyageur est trop forte, il est dans son pouvoir discrétionnaire de la réduire dans de justes limites. — V. aussi Toullier, t. 11, nº 254.

297. — Il est certain que, si les circonstances faisaient douter, soit du vol, soit de la quotité de la somme volée, les juges pourraient repousser la réclamation du voyageur. — *Bourges*, 9 fév. 1820, Guénot c. Tardy.

298. — Jugé qu'en cas de vol d'argent dans une hôtellerie, le voyageur n'est pas tenu *de prouver exactement* le montant de la somme qui lui a été soustraite ; il suffit que, d'après sa position sociale et les circonstances de la cause, il soit présumé l'avoir eue en sa possession au moment du vol. — *Paris*, 7 mai 1838 (t. 1er 1838, p. 639), Mercier c. Desessards.

299. — La cour de Douai avait cru devoir décharger de la responsabilité l'aubergiste à qui aucune déclaration spéciale n'avait été faite, par le motif qu'un avis affiché dans les diverses chambres de l'hôtel avait prévenu les voyageurs qu'au-delà d'une somme déterminée, l'aubergiste n'entendait pas accepter la responsabilité des valeurs non déclarées (*Douai*, 19 août 1842, cité nº 293). — M. Troplong (nº 240) admet, en effet, que l'hôtelier peut ainsi (sauf dans certains cas exceptionnels) modifier les rapports créés entre lui et le voyageur, par l'art. 1952, C. civ. — Mais cette circonstance de fait, bien que constatée par l'arrêt de Douai, a été repoussée comme sans influence par M. l'avocat général Delangle; et la cour de Cassation (arrêt précité) ne s'y est pas arrêtée.

300. — Sous l'empire des lois romaines, les aubergistes et gardiens judiciaires n'étaient pas responsables des choses confiées à leur garde lorsqu'elles leur avaient été enlevées sans leur faute et par force majeure. — *Poitiers*, 20 flor. an XI, Desanaux c. Chevreau.

301. — Le Code civ. (art. 1954) décharge l'aubergiste de la responsabilité en cas de vols faits à *main armée* ou autre force majeure.

302. — C'est à lui à prouver la force majeure. Le voyageur n'a qu'une preuve à faire, c'est qu'il y a eu dépôt. — Troplong, nº 233. — *Contrà* Pothier, nº 83.

303. — Le vol commis par des personnes du dehors n'est pas par lui-même un cas de force majeure, car il laisse ordinairement supposer un défaut de prévoyance et de soin. Il ne prend le caractère de force majeure, suivant l'art. 1944, que lorsqu'il est accompagné de violence armée. C'est assez dire alors qu'il a fallu céder à une puissance supérieure et que la surveillance la plus minutieuse n'y pouvait rien. — Troplong, nº 234.

304. — L'effraction ne doit pas être assimilée à la force armée. — C'est ce qui avait été jugé par arrêt du parlem. de Toulouse du 26 févr. 1584 (Maynard, nº 8, liv. 33), attendu qu'il faut, pour qu'il y ait décharge de responsabilité, que l'hôtelier ait *été vaincu par la force*.

305. — Le vol accompagné de violence n'est, suivant M. Troplong (nº 236), un cas de défense qu'autant qu'il a été commis par des *personnes du dehors* : s'il était commis par des gens de l'hôtel ou par des étrangers reçus dans son sein et y allant et venant, le même auteur pense que l'aubergiste en serait responsable; car, dit-il, il est tenu envers le public, soit de ceux qu'il emploie, soit de ceux qu'il reçoit, et plus le crime de ces personnes est audacieux et coupable, plus il y a lieu de resserrer la responsabilité promise aux voyageurs.

306. — Quelques arrêts ont décidé que, pour que la responsabilité de l'aubergiste soit engagée, il faut que le voyageur ne puisse, à raison de sa négligence, être réputé avoir été la cause du vol ou perte de ses effets. — Arg. *Paris*, 7 mai 1838 (t. 1er 1838, p. 639), Mercier c. Desenard. — Ainsi, jugé que l'aubergiste n'est pas responsable du vol d'objets non déclarés, *alors surtout* que le voyageur n'a pas fait usage d'une armoire fermant à clé, où il pouvait mettre ces objets en sûreté. — *Paris*, 2 avr. 1811, Halinbourg c. Wolfferdin; *Bourges*, 9 fév. 1820, Guénot c. Tardy.

307. — Jugé encore que lorsqu'un voyageur laisse sous la remise de l'hôtelier et sur sa propre voiture un coffre plein d'objets précieux sans le dire à l'hôtelier, il est lui-même coupable de négligence et ne peut demander une indemnité contre l'hôtelier si le vol n'a pas été commis par des personnes affidées à l'hôtellerie. — *Grenoble*, 13 août 1813, Bordier c. Monessy.

308. — Et MM. Troplong (nº 238), Duvergier, (nº 520), Duranton (t. 18, nº 80), Goujet et Merger, (vº *Hôtelier*, nº 47) enseignent également que la négligence ou l'imprudence peuvent faire disparaître la responsabilité de l'aubergiste.

309. — Mais lors de l'arrêt de cassation précité (V. *suprà* nº 23), M. l'avocat général Delangle a présenté une distinction qui se trouvait à peu près indiquée par l'arrêt de la cour de Grenoble du 13 août 1813. — Ce magistrat a soutenu que l'imprudence du voyageur ne pouvait venir à la décharge de l'aubergiste qu'autant que le vol était imputable à des tiers étrangers à l'hôtel, et non lorsqu'il avait été commis par des gens de l'hôtel, puisque l'aubergiste répond de la probité de ses gens comme de la sienne propre, et qu'en ce qui les concerne, ses obligations sont, indépendamment des art. 1952 et 1953, rendues plus strictes encore par l'art. 1384, suivant lequel le maître répond des faits de ses domestiques et préposés, sans même pouvoir être admis à prouver qu'il lui a été impossible d'empêcher le fait susceptible de donner lieu à responsabilité.

310. — Il a été en conséquence jugé que l'aubergiste ne saurait se soustraire à la responsabilité qui pèse sur lui à raison d'un vol commis au préjudice d'un voyageur par un des domestiques de l'hôtel, sous prétexte que le voyageur aurait commis une faute en remettant à ce domestique un objet d'habillement renfermant des valeurs précieuses. — *Cass.*, 11 mai 1846 (t. 2 1846, p. 56), Harris c. Mulberghe.

311. — Ainsi qu'il a été dit plus haut, les principes sur la restitution du dépôt sont applicables au cas de dépôt chez un aubergiste.

312. — L'aubergiste à qui des effets ont été confiés pour les remettre à un voiturier est donc valablement déchargé, du moment que cette remise a été faite à la personne indiquée. — *Paris*, 19 thermid. an X, Richepin c. Lancelet.

313. — L'aubergiste à qui un voyageur a remis un sac fermé contenant de l'argent, mais sans lui déclarer ce qu'il renfermait, est libéré par la remise identique qu'il a faite de ce sac, sans réclamation du propriétaire. — *Colmar*, 14 avr. 1812, Lauer c. Schérer.

314. — L'hôtelier qui reçoit chez lui des bœufs ou autres animaux ne doit, sous peine de responsabilité, les remettre qu'au propriétaire ou à son fondé de pouvoir. — *Rennes*, 26 déc. 1833, Allaire c. Demoy.

V. ABUS DE CONFIANCE, CAISSE DES INVALIDES DE LA MARINE, CHOSE JUGÉE, COMMISSIONNAIRE, COMMISSIONNAIRE DE TRANSPORT, CONSIGNATION, CONSUL, ENREGISTREMENT, NOVATION, PROPRIÉTÉ, PRESCRIPTION, SAISIE-ARRÊT, TIMBRE.

DÉPOT (Violation de).

Tout ce qui concerne la violation de dépôt a été traité vis DÉPOT, ABUS DE CONFIANCE.

DÉPOT DES CORPS MILITAIRES.

1. — Tout régiment ou corps militaire appelé à entrer en campagne laisse sur le territoire de France, avant de le quitter, une fraction du corps qui prend le nom de dépôt.

2. — Le dépôt peut être plus ou moins nombreux; quelquefois un bataillon d'un régiment entier est appelé à le composer; les autres bataillons forment seuls les bataillons de guerre.

3. — Mais le plus souvent le dépôt n'est composé que d'un petit nombre d'hommes; en général sont

appelées à faire partie du dépôt les recrues qui, plus tard, sont réparties dans les bataillons de guerre, suivant les besoins.

4. — Au dépôt restent toutes les pièces de comptabilité, d'administration ou autres qui ne sont pas d'un usage journalier; l'administration du corps y demeure centralisée; c'est par ce motif que le major y est attaché.

5. — C'est au dépôt des bataillons de guerre que doivent être envoyés toutes les pièces et tous les documens qui doivent rester déposés aux archives du corps ou être transmis à celles du ministère de la guerre.

6. — Les militaires attachés au dépôt, officiers ou soldats, ne jouissent pas du reste des avantages de solde ou autres accordés aux troupes en campagne; par le même motif, tout ce qui concerne leur état civil reste soumis aux règles du droit commun. — V. ACTES DE L'ÉTAT CIVIL, chap. 6.

7. — De même que les corps de l'armée continentale, les troupes coloniales ont aussi des dépôts en France, lesquels sont répartis dans les différens ports militaires.

8. — Observons, en terminant, qu'en ce qui concerne les corps spéciaux établis pour servir hors du territoire continental, et qui ne font pas partie de l'armée régulière, leur dépôt n'est plus placé en France, mais dans une ville ou un poste du territoire où elles sont appelées à opérer; c'est ce qui a lieu en Algérie, par exemple, pour les corps des zouaves, des spahis, des chasseurs d'Afrique, des légions étrangères, etc. — V. ALGÉRIE.

V. ARMÉE, CONSEIL D'ADMINISTRATION (armée).

DÉPOT D'IMPRIMÉS.

V. BILBOQUETS, IMPRIMERIE.

DÉPOT DE MATÉRIAUX.

1. — Dans les zones des places de guerre, les décombres ne peuvent être déposés que dans les lieux indiqués par l'autorité. — Les fumiers et les engrais ne peuvent être déposés dans les mêmes zones qu'en évitant de les entasser. — V. PLACES DE GUERRE, SERVITUDES MILITAIRES.

2. — Les dépôts de matériaux sont encore interdits sur les voies publiques, et spécialement par la loi du 15 juill. 1845, dans un périmètre déterminé des chemins de fer. — V. CHEMINS DE FER, nos 335 et suiv.; CHEMINS VICINAUX, nos 963 et suiv.; ROUTES, VOIE PUBLIQUE, VOIRIE.

DÉPOT DE MENDICITÉ.

V. MENDICITÉ.

DÉPOT NÉCESSAIRE.

V. DÉPOT, chap. 3.

DÉPOT DE PIÈCES ET ACTES.

1. — C'est la remise que l'on fait de pièces et actes à un dépositaire public, soit pour que communication puisse en être prise par qui de droit, soit pour que ces pièces et actes demeurent parmi les autres pièces et actes du dépôt public.

2. — Dans le premier cas, le dépôt n'est que provisoire; mais dans le second, il est le plus souvent définitif, et les pièces et actes font partie des minutes du dépositaire.

3. — Tous actes et pièces peuvent être déposés chez des notaires, lorsqu'ils ne sont contraires ni aux lois de l'état ni aux mœurs. — Rolland de Villargues, *Rép. du notar.*, vo *Dépôt de pièces*, no 4.

4. — Le dépôt pour minute chez un notaire d'un acte sous-seing privé peut, dans certains cas, donner à l'acte déposé la même authenticité que s'il avait été reçu par cet officier public même. — V. ACTE AUTHENTIQUE, nos 57 et suiv.

5. — Le dépôt diffère de l'annexe en ce qu'il est l'objet principal de l'acte, et qu'il s'entend de la remise volontaire de la pièce déposée, tandis que l'annexe s'entend de la pièce jointe d'obligation à l'acte. — Rolland de Villargues, vo *Dépôt de pièces et actes*, no 6. — V. ANNEXE DE PIÈCES, no 4.

6. — Lorsque la pièce déposée est un brevet reçu par le notaire auquel se fait le dépôt, l'acte prend le titre de *rapport pour minute*, mais en réalité il est le même que celui ordinaire de dépôt. — V. RAPPORT POUR MINUTE.

7. — Des dépôts se font aux greffes dans un grand nombre de cas qu'il serait impossible d'énumérer complétement; il y a lieu entre autres à faire le dépôt des cahiers des charges pour parvenir aux ventes immobilières, des rapports d'experts, des sentences arbitrales, des extraits de contrats pour la purge des hypothèques légales, des pièces arguées de faux, etc. — V. au surplus GREFFE.

8. — En règle générale, toutes les fois que des actes et pièces sont déposés aux notaires ou aux greffiers, ils doivent en dresser un acte de dépôt à peine d'amende. — L. 22 frim. an VII, art. 43. — V. à ce sujet ENREGISTREMENT.

9. — Cependant il y a exception dans certains cas, par exemple, pour les testamens déposés chez les notaires par les testateurs (L. 22 frim. an VII, art. 43), et dans différentes autres circonstances indiquées vo ENREGISTREMENT.

10. — Tout contrat de mariage entre époux dont l'un est commerçant doit être remis par extrait dans le mois de sa date aux greffes des tribunaux civils et de commerce du domicile du mari pour être exposé au tableau à ce destiné, conformément à l'art. 872, C. procéd. civ. Pareil extrait doit également être remis et exposé en la chambre des avoués et des notaires. — C. comm., art. 67; C. procéd., art. 872. — V. CONTRAT DE MARIAGE, nos 62 et suiv.

V. ABUS DE CONFIANCE PAR SOUSTRACTION DE PIÈCES, ACTE AUTHENTIQUE, ACTE NOTARIÉ, ACTE SOUS-SEING PRIVÉ, ENREGISTREMENT, TESTAMENT, TIMBRE.

DÉPOT PUBLIC (Enlèvemens et destructions de pièces).

Table alphabétique.

DÉPOT PUBLIC. — 1. — « Un dépôt public, dit l'exposé des motifs des art. 254 et 255, C. pén., est un asile sacré, et tout enlèvement qui y est commis est une violation de la garantie sociale, un attentat contre la foi publique. »

2. — Aussi, la loi a-t-elle considéré la soustraction, destruction, ou enlèvement de pièces dans les dépôts publics, comme une violation de dépôt d'une nature particulière, et contre laquelle elle devait édicter des peines spéciales. Ce fait est rangé parmi les attentats à la paix publique, et classé spécialement parmi les manquemens envers l'autorité.

3. — Les art. 254 et 255 prévoient et punissent les « soustractions, destructions et enlèvemens de *pièces ou procédures criminelles, ou d'autres papiers, registres, actes et effets* contenus dans des *archives, greffes, ou dépôts* PUBLICS, ou remis à un *dépositaire* PUBLIC *en cette qualité.* »

4. — Cette soustraction peut être le fait ou de personnes étrangères à la conservation du dépôt, ou du dépositaire lui-même; chacun de ces faits est ou devait être l'objet d'une pénalité spéciale. — La loi, comme nous le verrons plus bas, a cru même devoir punir la simple négligence du dépositaire, lorsque la soustraction de pièces en aurait été la suite.

5. — L'infraction dont il est question ici (en ce qui concerne les dépositaires) a une assez grande analogie avec d'autres infractions prévues par les art. 169 et 173, C. pén. — Elle s'en distingue en ce que: 1o l'art. 169 prévoit les détournemens commis, soit par les dépositaires publics qui, *sans être fonctionnaires*, ont le maniement et le dépôt de certaines choses et effets; 2o l'art. 173 a en vue *les fonctionnaires ou officiers publics* qui se trouvent dépositaires, en leur qualité et à raison de leurs fonctions, d'une chose ou effet. — Au contraire, les art. 254 et 255 punissent les détournemens commis par les officiers que la loi commet à la garde *d'un dépôt public*, et qui ne sont dépositaires qu'en vertu de fonctions qu'ils exercent relativement à ce dépôt. — V., pour l'application des art. 169 et 173, DÉPOSITAIRES PUBLICS.

6. — Cette infraction, en ce qui concerne les personnes étrangères au dépôt, a également de l'analogie avec l'infraction prévue et punie par l'art. 439, et qui concerne la destruction des registres et titres de l'autorité publique. — Mais elle s'en distingue en ce que l'art. 439 a en vue la destruction commise *hors des greffes et dépôts publics*, tandis que les art. 254 et 255 disposent pour le cas de destructions, soustractions, etc., etc., de papiers, effets, titres, etc., contenus *dans ces greffes et dépôts.*

7. — En se servant du mot *effets*, la loi a disposé d'une manière fort générale, car il est peu de choses qui ne puissent se trouver comprises sous le terme *effets*. Il s'agit certainement, suivant la cour de Cassation, de tous les objets *quelconques* renfermés dans un dépôt public, et la même cour a fait l'application expresse de ce principe à un cas où il s'agissait d'un vol de livres dans une bibliothèque publique, ou d'objets d'arts dans un Musée. — *Cass.*, 25 mars 1819, Dardennes; 25 mai 1832, Noyer. — V. conf. *Paris*, 5 août 1840 (t. 2 1840, p. 157), D...; 10 sept. 1840 (t. 1er 1841, p. 58), Delaroche.

8. — Mais il est bien entendu que, pour que le vol commis dans des archives, greffes ou dépôts publics, soit passible de l'application des art. 254 et 255, C. pén., il faut que les objets volés y aient été déposés dans un but analogue à la destination *de ces lieux*. Tel ne serait pas le vol d'un meuble servant à l'ameublement du local, ou le vol d'un objet quelconque commis sur un individu qui se trouverait là présent. — En conséquence, dans une accusation de vol d'objets contenus dans un greffe, le président doit poser au jury la question de savoir si le dépôt de ces objets a été fait au greffe, dans un but correspondant à la destination de ce greffe. — *Cass.*, 19 janv. 1843 (t. 2 1843, p. 73), Boucheul.

9. — Mais d'abord, que doit-on entendre par *dépôts publics* et par *dépositaires?*

10. — *Dépôts publics.* — La loi (art. 254) se sert des mots: *archives*, *greffes* ou DÉPOTS PUBLICS. Cette dernière expression, rapprochée de la première partie du même article, comprend nécessairement les lieux publiquement institués pour y déposer des pièces, des procédures criminelles, des papiers, registres, actes et effets. — Chauveau et Hélie, t. 4, p. 486.

11. — Tels sont, par exemple, les bureaux des diverses administrations publiques, et spécialement les bureaux des payeurs généraux; c'est ce qui paraît résulter d'un arrêt de cassation du 25 juill. 1812 (Vassali). — Chauveau et Hélie, *loc. cit.*; Carnot, t. 1er, p. 704, no 4.

12. — Telles sont aussi les études de notaires (Chauveau et Hélie, *loc. cit.*). L'art. 254, qui range les notaires parmi les dépositaires publics, ne laisse aucun doute à cet égard.

13. — La cour de Cassation a considéré comme constituant le crime prévu par les art 254 et 255 l'enlèvement ou la tentative d'enlèvement d'une lettre qui se trouvait dans un navire mis sous la main de justice comme pièce de conviction, encore bien que cette lettre n'eût pas été spécialement confiée aux gardiens du navire. — *Cass.*, 22 déc. 1832, Joseph Delucchi.

14. — La cour de Cassation a également réputé *dépôts publics* les bibliothèques publiques, et elle a, en conséquence, considéré les vols de livres, soit imprimés, soit manuscrits, qui s'y commettaient, comme vols commis dans des dépôts publics, et non comme *vols simples*. — *Cass.*, 9 avr. 1813, Duverger; 25 mars 1819, Dardennes; 5 août 1819, Dardennes; — Legraverend, t. 2, ch. 2, p. 129.

15. — Sans désapprouver d'une manière absolue cette décision, MM. Chauveau et Hélie (*Th. C. pén.*, t. 4, p. 487) font cependant observer que, *par dépôts publics*, le législateur semble avoir voulu désigner seulement les dépôts d'actes, de titres, de registres publics, dont la soustraction peut entraîner la ruine des familles, et qui n'ont été remis dans ces lieux que sur la foi de la garantie sociale; qu'encore bien que la loi emploie le mot *effets*, qui, dans son acception légale, comprend les livres comme les titres, il est difficile de croire qu'elle y ait attaché un autre sens que celui du genre d'objets dont elle fait une désignation particulière; qu'enfin les dépôts de livres dans les bibliothèques n'offrent pas le caractère d'une confianec forcée qui a motivé l'aggravation de la peine du vol de titres et d'actes existant dans les dépôts publics.

16. — Quelle que soit la gravité de ces observations, nous pensons que les art. 254 et 255 sont conçus dans des termes trop généraux et trop positifs, pour qu'il soit possible d'en restreindre l'application. Il est d'ailleurs à remarquer qu'en livrant des volumes à l'usage du public, dans une bibliothèque, l'état les place sous la foi publique, et que la soustraction qui en est faite présente beaucoup plus de gravité que les différens vols prévus par l'art. 401, C. pén., qui serait seul applicable. — Ajoutons que les bibliothèques contiennent des manuscrits précieux et des documens rares, dont la conservation a pu paraître digne d'une protection particulière; et qu'à ce titre la loi a pu les considérer comme de véritables dé-

pôts; c'est ce que MM. Chauveau et Hélie reconnaissent eux-mêmes. — V. BIBLIOTHÈQUE, n°s 11 et suiv.

17. — Il a été jugé également que des tableaux sont des *effets*, et le musée du Louvre un dépôt public, dans le sens des art. 254 et 255, C. pén.; qu'en conséquence, le vol de tableaux au musée du Louvre ne constitue pas le délit de vol simple, prévu et puni par l'art. 401, C. pén., mais bien un crime passible de la peine de la réclusion. — *Cass.*, 25 mai 1832, Noyer; *Paris*, 5 août 1840 (t. 2 1840, p. 157), D...; 10 sept. 1840 (t. 1er 1841, p. 58), Delaroche.

18. — Mais on a refusé de considérer comme dépôt public, dans le sens de l'art. 254, la salle d'un hôtel de ville dans laquelle se trouvaient des fusils appartenant à la commune. — *Cass.*, 13 avr. 1837 (t. 1er 1838, p. 382), Chagneau.

19. — De même, le fait de l'établissement d'un gardien, après une saisie-exécution, ne fait pas un dépôt public du lieu dans lequel le gardien est établi. — *Cass.*, 14 mars 1813, Lemaire c. Thabuis.

20. — *Dépositaires publics.* — Les dépositaires publics sont les archivistes, greffiers, notaires et autres (art. 254). Cette énumération, purement énonciative, comprend nécessairement tout fonctionnaire, tout officier public chargé de la garde et de la conservation d'un dépôt de la nature déterminée par l'art. 254. — Chauveau et Hélie, t. 4, p. 489.

21. — Ainsi, le bibliothécaire préposé par l'autorité administrative à la surveillance d'une bibliothèque publique est, par la nature de ses fonctions, un dépositaire public, dans le sens de l'art. 254. — *Cass.*, 25 mars 1819, Dardennes.

22. — Il en est de même du conservateur d'un musée. — *Cass.*, 25 mai 1832, Noyer.

23. — Le rapporteur à qui on remet les pièces d'un procès devient un dépositaire public, et la loi protége ces pièces entre ses mains aussi bien que dans le dépôt même. C'est ce qui résulte de la discussion qui eut lieu au conseil d'état. — Chauveau et Hélie, t. 4, p. 489; Morin, *Dict. dr. crim.*, v° *Scellés*, p. 715; Rauter, t. 1er, p. 536.

24. — Mais il est nécessaire que les dépositaires aient un caractère public et soient établis dans un intérêt d'ordre public. — Aussi la cour de Cassation a-t-elle décidé que les gardiens de saisie établis par le ministère d'un huissier, étant établis dans un intérêt privé et étant censés tenir leur mission de la volonté privée du saisi et du saisissant, ne peuvent être assimilés aux dépositaires publics qui sont institués par l'autorité publique. — *Cass.*, 29 oct. 1812, Van-Esbeeck; 14 mai 1813, Lemère c. Thabuis; — Chauveau et Hélie, t. 4, p. 489; Merlin, *Rép.*, v° *Vol*, sect. 1re, n° 4; Carnot, t. 2, p. 517, note 6e.

25. — Jugé également que la remise faite à un armurier des clés d'une salle de l'hôtel-de-ville d'une commune, pour y réparer et entretenir les fusils appartenant à la commune qui se trouvent déposés dans cette salle, ne le constituent pas dépositaire public. Dès-lors la soustraction qu'il commet de ces fusils ne constitue qu'un simple délit. — *Cass.*, 13 avr. 1837 (t. 1er 1838, p. 382), Chagneau.

26. — Pour qu'un notaire puisse être atteint par les art. 254 et 255, à raison de la suppression d'actes déposés entre ses mains, il faut que le dépôt lui en ait été fait *en sa qualité*. Mais il a été jugé que, comme il n'entre pas dans les fonctions des notaires de recevoir en dépôt des actes sous seing-privé qui peuvent avoir pour résultat de modifier ou de détruire des actes notariés, un tel dépôt doit être réputé étranger à la qualité du notaire, et que dès-lors la suppression de l'acte par ce dernier ne constitue qu'un simple abus de confiance, et non le crime prévu par les art. 254 et 255, C. pén. — *Cass.*, 24 juin 1841, (t. 2 1844, p. 477), Auriol.

27. — *Pénalité.* — Toute personne qui se rend coupable de pareilles soustractions, destructions ou enlèvemens, soit dans un dépôt public, soit entre les mains d'un dépositaire public qui avait reçu en cette qualité l'objet volé, doit être punie de la réclusion. — C. pén., art. 255.

28. — Si le crime est l'ouvrage du dépositaire lui-même, la peine sera des travaux forcés à temps. — Même article.

29. — Bien que la loi ne dise pas d'une manière expresse que, pour être punissables, les soustractions doivent avoir été commises volontairement et dans le dessein de nuire, il est évident que cette condition essentielle de tout délit ou crime est exigé pour celui prévu par les art. 254 et 255, comme pour tout autre; c'est, au surplus, ce qui résulte de la disposition analogue de l'art. 439, qui, en punissant la destruction des registres et actes de l'autorité publique hors des dépôts publics, exige que cette destruction ait eu lieu volontairement. — Chauveau et Hélie, t. 4, p. 490. — V. DESTRUCTION DE TITRES.

30. — Si les soustractions, enlèvemens ou destructions de pièces ont été commis avec violences envers les personnes, la peine est *contre toute personne*, c'est-à-dire sans distinction des dépositaires et des personnes étrangères au dépôt, celle des travaux forcés à temps; sans préjudice de peines plus fortes, s'il y a lieu, d'après la nature des violences et des autres crimes qui y seraient joints. — C. pén., art. 256.

31. — Il ne s'agit pas dans cet article de simples voies de fait, mais de violences envers les personnes, commises dans le but de soustraire ou de détruire les pièces ou l'une des pièces du dépôt. — Chauveau et Hélie, t. 4, p. 491.

32. — Lorsqu'il s'agit du dépositaire, la loi, indépendamment de la fraude, punit aussi la négligence, si elle a eu la soustraction pour résultat. A cet égard, l'art. 254 dispose que, en cas de soustraction, etc., de pièces ou procédures criminelles, etc., etc., contenues dans les archives, etc., ou remises à un dépositaire public en cette qualité, les peines seront, contre les greffiers, les archivistes, notaires ou autres dépositaires *négligens*, de trois mois à un an d'emprisonnement et d'une amende de 100 à 300 fr.

33. — La seule soustraction faite dans un dépôt ne constitue pas nécessairement en faute le dépositaire; il faut de plus qu'un fait de négligence lui soit imputable et que ce fait soit prouvé. Il en est, au surplus, de ce cas comme de celui où il s'agit de gardiens de scellés. — Chauveau et Hélie, t. 4, p. 490. — V. BRIS DE SCELLÉS.

DÉPOT VOLONTAIRE.

V. ALGÉRIE, CAPITAINE DE NAVIRE, CONSIGNATION, CONSUL, DÉPOT, OFFRES RÉELLES, TIMBRE.

DÉPOUILLEMENT.

1. — C'est le relevé que l'on fait d'un registre, d'un compte, d'un inventaire et autres pièces. — V. COMPTE, INVENTAIRE, LIQUIDATION.

2. — Ce mot est encore employé comme synonyme de *dessaisissement*. — C. civ., art. 894. — V. DESSAISISSEMENT, DONATION ENTRE-VIFS.

DÉPRÉCIATION.

1. — C'est la diminution du prix qu'une chose a éprouvée, par exemple, parce que la mode en est passée.

2. — L'héritier bénéficiaire qui représente en nature les meubles de la succession n'est tenu que de la dépréciation causée par sa négligence. — C. civ., art. 805. — V. SUCCESSION BÉNÉFICIAIRE.

3. — Le papier-monnaie, durant son existence légale, fut en butte à une dépréciation toujours croissante, et sa valeur, à différentes époques et dans différens lieux, fut déterminée d'après des tableaux de dépréciation. — Arr. du conseil des Cinq-Cents, 13 frutid. an VI. — V. PAPIER-MONNAIE.

DÉPUTÉ.

V. CHAMBRE DES DÉPUTÉS, COLONIES, ÉLECTIONS LÉGISLATIVES.

DÉPUTÉS DE LA NATION.

1. — On désignait ainsi des commerçans immatriculés au consulat, qui étaient nommés dans l'assemblée annuelle de la nation. — V. ASSEMBLÉE DE LA NATION.

2. — Ils avaient le maniement des deniers nationaux et des affaires communes; le plus ancien d'entre eux remplaçait le consul en cas de vacance. Il fixait le montant des droits à percevoir, rendait avec le consul les jugemens civils et criminels. — Ord. 1781, art. 58, 59 et suiv.

3. — Mais aujourd'hui, l'usage de nommer des députés est tombé en désuétude. — V. CONSUL.

DÉRADAGE.

On dit d'un navire qu'il dérade lorsqu'il est obligé de quitter la rade et ses ancres par le mauvais temps. — V. AVARIES, ASSURANCE MARITIME.

DERNIER RESSORT.

V. DEGRÉS DE JURIDICTION.

DERNIER VIVANT TOUT TENANT.

1. — Expressions autrefois employées dans certaines provinces pour stipuler par contrat de mariage un don mutuel, soit en usufruit, soit en propriété, au profit du survivant des futurs époux. — V. DONATION ENTRE ÉPOUX, DONATION PAR CONTRAT DE MARIAGE.

2. — Ces expressions étaient encore usitées dans certaines coutumes (par exemple d'Artois et de Cambresis) pour exprimer l'état du survivant de deux époux qui, en faisant une acquisition, usaient de la faculté que leur accordaient ces coutumes, de stipuler que le dernier vivant en profiterait en totalité. — Merlin, *Rép.*, v° *Dernier vivant*; et *Quest.*, *eod. verb.*

3. — D'où il suivait qu'au décès du survivant, il n'y avait pas lieu de déclarer à la régie de l'enregistrement la moitié de l'immeuble acquis soit comme faisant partie de la succession du prédécédé, soit comme objet d'une libéralité au profit du survivant. — *Cass.*, 11 germin. an IX, Enreg. c. Jusserand.

4. — Un pareil mode de s'avantager, que l'art. 14 de la loi du 17 niv. an II avait étendu à toute la France, a été abrogé par l'art. 1097, C. civ. — Merlin, *Quest.*, v° *Dernier vivant.* — V. DONATION ENTRE ÉPOUX.

DÉROGATION.

1. — C'est l'action de déroger à une loi.

2. — Déroger à une loi, c'est en retrancher une disposition, ou y en ajouter une nouvelle; en un mot, c'est la modifier partiellement.

3. — La dérogation à une loi peut être légale ou conventionnelle. Elle est *légale*, lorsqu'elle émane de la volonté réelle ou présumée du législateur lui-même; *conventionnelle*, quand elle est fondée sur des conventions intervenues entre des particuliers et autorisées par la loi. — V. LOIS, OBLIGATION CONVENTIONNELLE.

DÉS A COUDRE (Fabricans de).

1. — Fabricans de dés à coudre en métal autre que l'or et l'argent, pour leur compte: — patentables de cinquième classe. — Droit fixe basé sur la population, et droit proportionnel du vingtième de la valeur locative de l'habitation et des lieux servant à l'exercice de la profession.

2. — Fabricans à façon: — patentables de huitième classe. — Droit fixe, et droit proportionnel du quarantième de la valeur locative de tous les locaux des patentables, dans les communes de 20,000 ames et au-dessus.

DÉSAVEU.

Table alphabétique.

DÉSAVEU. — 1. — Ce mot a une double acception : tantôt il signifie la désapprobation de la conduite d'un officier ministériel qu'on accuse d'avoir excédé ses pouvoirs ; tantôt il se prend pour l'acte judiciaire par lequel la partie manifeste sa désapprobation et la volonté de se soustraire aux conséquences de la procédure faite ou du consentement donné en son nom.

2. — Il y a deux sortes de désaveu, le *désaveu principal*, et le *désaveu incident*. Le *désaveu principal* a lieu contre un acte, indépendamment de toute instance ; le *désaveu incident* est formé contre un acte employé dans une instance. — Carré et Chauveau, t. 3, p. 247 ; Berriat, t. 1er, p. 391.

—

§ 1er. — *Personnes contre lesquelles peut être dirigée une action en désaveu.*

3. — La procédure en désaveu est une procédure spéciale qui, dans l'ancien droit, aboutissait à la requête civile, mais qui aujourd'hui, comme autrefois, ne peut être dirigée que contre le mandataire *ad lites*, et principalement contre les avoués.

4. — « Le contrat qui se forme entre la partie et l'avoué qu'elle s'est choisi participe, dit le tribun Perrin, à toutes les qualités, à toutes les prérogatives qui forment les attributs du mandat ; mais il a cela de particulier, qu'il doit être plus que tout autre surveillé dans son exécution, soit à raison de ce que la loi commande la confiance, en plaçant les avoués au rang des officiers publics dont le ministère est devenu nécessaire, soit à raison de la solennité que l'intérêt public attache aux contrats formés devant les tribunaux. »

5. — C'est donc contre le mandataire *ad lites* et non contre le mandataire ordinaire que l'action en désaveu peut être intentée. Il est facile, du reste, de se rendre compte de la raison de différence entre les deux cas.

6. — En effet, lorsque le mandataire ordinaire excède ses pouvoirs, le mandant n'a besoin, pour se soustraire aux obligations contractées en son nom, que d'exciper des termes de la procuration. Contre les tiers qui arguent des faits et des actes de son mandataire, il lui suffit d'opposer l'art. 1998, C. civ., aux termes duquel « le mandant est tenu d'exécuter les engagemens contractés par le mandataire *conformément au pouvoir qui lui a été donné*, et n'est tenu *de ce qui a pu être fait au-delà* qu'autant qu'il l'a ratifié expressément ou tacitement. » — V. MANDAT.

7. — Quant au mandataire *ad lites*, il ne peut pas en être ainsi ; d'abord parce qu'il est dans la nature de ce mandat de comporter une certaine latitude, et ensuite à cause du caractère public de celui qui en est revêtu. Contre celui-ci la disposition de l'art. 1998 est manifestement insuffisante ; il a donc fallu y suppléer par une garantie plus efficace, et cette garantie, c'est l'action en désaveu.

8. — Comme les pouvoirs du mandataire *ad lites* ne sont pas nettement définis, comme ils comportent une certaine extension, on a dû classer les actes émanés de ce mandataire en trois catégories distinctes, savoir : 1o les actes qu'il peut faire en vertu de ses seuls pouvoirs légaux ; — 2o ceux qu'il ne peut faire qu'en vertu d'une procuration spéciale ; — 3o enfin ceux qu'il est présumé avoir le droit de faire, mais à raison desquels il peut être désavoué.

9. — « L'avoué, dit M. Bourbeau (*Théorie de la procéd.*, t. 5, p. 246), puise dans ses pouvoirs généraux le droit incontestable de faire tous les actes ordinaires de la procédure, de signifier des moyens à l'appui des conclusions de l'ajournement ou des défenses pour les contester, de conclure devant le tribunal, de rédiger les qualités, d'y former opposition, de signifier même une opposition au jugement par défaut, faute de conclure, rendu contre la partie, ou de défendre à l'opposition signifiée. Ces actes sont, en effet, l'exécution directe du mandat *ad lites*... le mandataire ne fait que suivre la route déjà frayée et battue par les traces de tous les plaideurs qui ont abordé le prétoire... Aussi, dans tous ces cas, l'avoué n'a pas à craindre un désaveu. »

10. — Ce n'est pas qu'à raison de ces actes l'avoué ne puisse être soumis à un recours de la part du client, par exemple, dans le cas où il a commis des nullités, fait des actes frustratoires ou encouru des déchéances ; mais alors la responsabilité qui pèse sur lui ne provient pas de son défaut de pouvoir, mais de la manière dont il a accompli son mandat.

11. — Il en est autrement lorsque l'avoué se permet de faire certains actes, de donner des consentemens, de signifier des offres, des désistemens, etc., sans y avoir été spécialement autorisé par son client. Maître de la cause quant à l'instruction, l'avoué ne peut invoquer le caractère général de son mandat pour se permettre des actes qui peuvent être aussi compromettans pour la partie ; il doit donc avant de les faire, obtenir un pouvoir, sans quoi il s'expose à une action en désaveu. — Aussi les avoués prudens, même lorsqu'ils ont la conscience de n'agir que dans l'intérêt bien entendu du client, ont-ils soin de se faire donner un pouvoir écrit, dès qu'il s'agit d'un acte qui pourrait engager leur responsabilité.

12. — Jusqu'ici nous n'avons, en parlant du désaveu, considéré que l'avoué, qui est le mandataire *ad lites* par excellence, et, en effet, c'est à l'égard des avoués seulement que le Code de procédure a *textuellement* admis le désaveu. Il importe néanmoins de rechercher s'il n'y a pas d'autres officiers ou personnes contre lesquels la voie du désaveu puisse être ouverte.

13. — Il est d'abord constant que les avocats à la cour de Cassation doivent être rangés dans cette catégorie. En effet, par la nature de leurs fonctions, ils se rapprochent beaucoup, sous un certain point de vue, de la classe des avoués ; ils ont le même caractère, postulent comme eux, prennent des conclusions au nom de leurs cliens, enfin remplissent devant la cour de Cassation le rôle qui est dévolu aux avoués devant les autres tribunaux. Au surplus des textes formels les soumettent au désaveu. — Réglem. 28 juin 1738, tit. 9 ; décr. 22 juill. 1806, tit. 2, § 5.

14. — Mais M. Tarbé (*Cour de Cassation*, p. 224) dit qu'il est difficile de comprendre comment l'action en désaveu pourrait être suivie devant la cour de Cassation, attendu que les seuls aveux ou déclarations de fait que les parties puissent faire devant cette cour sont en matière d'inscription de faux ou de désistement, et que, dans toutes ces circonstances, l'avocat ne peut agir qu'en vertu d'un pouvoir spécial.

15. — Le désaveu est recevable non seulement contre un avoué ou un avocat à la cour de Cassation, mais aussi contre d'autres officiers ministériels ; l'art. 354, C. procéd., n'est pas restrictif.

16. — Ainsi, l'on peut, par exemple, diriger une procédure en désaveu contre un huissier qui a, comme l'avoué, la qualité d'officier ministériel, qui est constitué, comme lui, pour procéder à certains actes, et soumis également à la juridiction disciplinaire du tribunal devant lequel il exerce. Il y a mêmes motifs de décider dans ce cas que dans l'autre, la position de l'huissier est identique à celle de l'avoué. — Boitard, *Leçons de procéd.*, t. 2, p. 29.

17. — A l'appui de cette solution, nous dirons que, dans l'ancienne jurisprudence, l'huissier, aussi bien que le procureur, était soumis à l'action en désaveu (Pothier, *Mandat*, nos 128 et 129) ; et que, lors de la discussion du Code de procédure, il ne fut nullement question de déroger à ce principe. Loin de là, la section du tribunat déclara

que « les règles posées sont communes aux avoués et aux huissiers. » Aussi tous les auteurs qui ont écrit sur la procédure s'expliquent-ils dans le même sens que Boitard. — Carré et Chauveau, t. 3, p. 240, no 294 ; Thomine-Desmazures, t. 1er, p. 558 ; Favard de Langlade, t. 2, p. 72, no 1er ; Merlin, *Rép.*, vo *Désaveu* ; Pigeau, *Procéd.*, t. 1er, p. 411 ; Berriat, t. 1er, p. 350, note 4e ; Bourbeau, t. 5, p. 261 et suiv. ; Bioche et Goujet, *Dict. procéd.*, vo *Désaveu*, no 37.

18. — Conformément à cette doctrine, il a été jugé qu'on peut désavouer un huissier qui a signifié un jugement sans réserves, lorsque, par ce défaut de réserves, il a porté préjudice à celui au nom duquel cette signification a été faite. — *Bruxelles*, 24 mars 1810, Droeshèque.

19. — ... Qu'il y a lieu à désaveu contre un huissier qui, dans un exploit d'opposition, a requis terme et délai au nom d'un individu sans un pouvoir spécial de sa part, mais sur la demande d'un tiers qui lui a représenté un acte faux, mais non attaqué alors, par lequel ce tiers s'était constitué le gérant de l'affaire dont il s'agissait dans l'instance. — *Paris*, 7 fév. 1824, Marchais Dessablon c. Delassaigne.

20. — ... Que, l'huissier qui agit en cette qualité dans le cercle de ses attributions, pour l'exécution du titre dont il est porteur, obligeant par son fait le créancier, ce créancier ne peut méconnaître ce fait qu'en le faisant déclarer nul par la voie du désaveu. — *Cass.*, 3 août 1840 (t. 2 1840, p. 458), Faugeyroux c. Houeix.

21. — Mais jugé par le même arrêt que la voie du désaveu n'est nullement nécessaire lorsque l'huissier fait au nom du créancier un acte hors du cercle de ses attributions et en opposition avec le titre dont il est porteur, par exemple, s'il accepte un paiement en billets, au lieu du paiement en espèces stipulé dans le titre. — Dans ce cas, il suffit au créancier, pour ne pas être lié par le fait de l'huissier, de ne pas le ratifier.

22. — Avant le Code de procédure, un huissier ne pouvait être désavoué pour avoir, sans pouvoir spécial, donné une assignation, après remise de pièces, en vertu d'une ordonnance du juge ; alors surtout qu'il n'en était résulté aucun préjudice pour la partie. — *Paris*, 4 fév. 1808, Charles c. Quesney. — Il en serait de même sous le Code de procédure. — V. HUISSIER.

23. — Il a été jugé que la remise des pièces d'exécution faite à l'huissier, équivalant au mandat de poursuivre, rend non recevable l'action en désaveu de la partie. — *Bordeaux*, 20 déc. 1839 (t. 2 1840), Villetorte.

24. — Mais l'huissier qui a exploité à l'insu d'une partie de qui il ne tient pas directement les pièces, et sans prendre les précautions nécessaires pour avoir l'aveu de celle-ci, peut être désavoué. — *Paris*, 31 janv. 1815, Lefrançois c. Puissant.

25. — Lorsqu'un huissier énonce dans un exploit des faits étrangers à ce qui s'est passé en sa présence, il ne peut leur donner un caractère authentique, puisqu'ils ne sont pas de son ministère ; cependant, s'ils sont avancés par le mandataire du demandeur, leur allégation est censée l'œuvre de ce dernier, et, pour en détruire l'effet, il doit nécessairement désavouer l'huissier qui les a exprimés. — Chauveau sur Carré, quest. 1298 *bis* ; Berriat, p. 82, note 60e.

26. — Lorsqu'il est constant que l'exploit de signification d'un jugement a été rédigé par l'avoué d'une partie, l'action en désaveu intentée par celle-ci ne peut l'être contre l'huissier ; elle doit l'être contre l'avoué. — *Bruxelles*, 7 juill. 1820, Opsomer. — Au surplus, V. HUISSIER.

27. — En est-il du garde du commerce comme de l'huissier ? peut-il être désavoué ? — V. GARDE DU COMMERCE.

28. — Quant au notaire, MM. Bioche et Goujet pensent qu'il pourrait être désavoué si, sans mandat, il faisait des actes respectueux, des offres, des protêts.

29. — Mais dans les autres cas les notaires ne peuvent être désavoués, et leurs actes ne peuvent être attaqués que par une action en nullité, si les formes prescrites par la loi à peine de nullité n'ont pas été observées, et par celle de l'inscription de faux, s'ils renferment des énonciations mensongères qui portent préjudice. — Bioche et Goujet, *loc. cit.* ; Pigeau, t. 1er, p. 496 ; Boitard, t. 2, p. 294.

30. — Il en est de même des greffiers. — Mêmes auteurs.

31. — A l'égard des avocats, autres que les avocats à la cour de Cassation, le désaveu n'est pas nécessaire : la raison en est qu'ils n'ont pas le caractère d'officiers publics, qu'ils ne sont pas les représentans judiciaires des parties, et que leurs consentemens ou leurs paroles, ne peuvent compromettre les droits de ceux dont ils sont les

défenseurs. Leur position diffère essentiellement de celle des avoués.

32. — Le dire de l'avocat lie si peu la partie, qu'il a été décidé que les juges ne peuvent donner acte d'une déclaration faite par lui à l'audience. — *Rennes*, 18 janv. 1826, de Lanjamet c. de Piré.— V. aussi AVEU, n° 56 et suiv.

33. — Ce qui démontre que l'avocat ne peut être désavoué juridiquement, c'est qu'il n'est jamais armé d'un mandat; ses pouvoirs, il les emprunte à la présence de la partie ou de son mandataire, à l'assistance de l'avoué. — Comment lui appliquerait-on dès-lors les dispositions de l'art. 352 et suiv. C. procéd.? — Carré et Chauveau, t. 3, quest. 1295; Merlin, *Rép.*, v° *Avocat*, § 8, n° 2, et § 16, note 7; Pigeau, *Comment.*, t. 1er, p. 619; Thomine-Desmazures, t. 1er, p. 559; Boitard, t. 2, p. 30; Nouveau Denisart, v° *Désaveu*; Bourbeau, t. 5, p. 273.

34. — Il a été jugé, il est vrai, par la cour de Cassation, que les aveux faits par un avocat *assisté de l'avoué de la partie*, ne peuvent être critiqués par celle-ci devant la cour de Cassation si elle ne l'a *pas légalement désavoué*. — *Cass.*, 6 mars 1814, Allauze c. Delaqueille.

35. — ...Et que lorsque, à l'audience, un avocat renonce à un chef de conclusions *en présence de la partie et de l'avoué*, sans réclamation de leur part, cette renonciation a la même valeur que si elle était consignée dans des conclusions prises par l'avoué lui-même. — *Cass.*, 8 déc. 1829, Pieffort c. Custers.

36. — Mais ces arrêts confirment implicitement notre proposition; car si, d'un côté, ils opposent à la partie la reconnaissance de son avocat, ils ajoutent, de l'autre, que cette reconnaissance a eu lieu *devant l'avoué* mandataire légal de la partie, et qui n'a pas protesté contre la déclaration du défenseur; d'où la conséquence que ce sont moins les paroles de l'avocat que l'approbation de l'avoué qui nuit à la partie ce qui l'engage.

37. — Au surplus, de deux choses l'une : ou l'avocat, en faisant un aveu, agit sans l'assistance de l'avoué ou de la partie, et dans ce cas sa déclaration n'a rien de compromettant, et par conséquent le désaveu est inutile (V. AVEU, nos 56 et suiv.); ou l'aveu a été fait en présence de la partie ou de son avoué qui ne l'a pas contredit, et alors il est présumé avoir été autorisé, ce qui rend également le désaveu contre lui impossible. — V. aussi AVOCAT, nos 433 et suiv.

38. — Il est vrai que, dans quelques monumens judiciaires, tant anciens que modernes, on suppose qu'un avocat peut être désavoué (V. *suprà* v° AVOCAT, nos 436 et suiv.); mais il ne faut pas s'y tromper, ce n'est pas d'un désaveu proprement dit qu'il s'agit dans ces arrêts, mais d'une simple protestation. L'objet du désaveu est uniquement pour empêcher que l'on ne puisse exciper contre la partie des paroles de l'avocat; c'est une contradiction qui s'établit, et non une procédure incidente qu'on provoque.

39. — Jugé par la cour de Rennes qu'un avocat n'est ni sujet à désaveu, ni garant des conseils qu'il donne, si on ne peut lui reprocher aucun dol personnel. — *Rennes*, 17 août 1818, Dacosta de Fleuriais c. Fleuriais.

40. — Toutefois, si l'avocat prévariquait, s'il trahissait les intérêts confiés à sa probité, il pourrait être poursuivi, cela n'est pas douteux; sa responsabilité serait engagée; mais dans cette hypothèse même, il n'y aurait pas lieu à la procédure tracée dans le Code (liv. 2, tit. 18), l'action dirigée contre lui formerait une instance à part.

41. — L'action en désaveu est-elle ouverte contre les agréés? La difficulté sur cette question provient de ce que l'agréé n'a pas un caractère public et n'est pas un officier ministériel auquel on soit forcé de s'adresser; cependant on décide généralement qu'il est soumis au désaveu. « Ce n'est pas, en effet, dit M. Chauveau (*Lois de la procéd.*, t. 3, quest. 1296), à sa qualité, mais à la nature du mandat qu'il exerce que se rapporte cette faculté de désaveu, il est évident que tout mandataire chargé de la défense d'un procès doit jouir d'une certaine latitude pour sa direction; car le mandat primitif ne peut pas prévoir toutes les circonstances qui naîtront de la discussion; il est censé comprendre des pouvoirs suffisans pour aviser à tous les cas qui se présenteront; de là vient que le désaveu est toujours nécessaire pour éviter les conséquences des offres faites, des consentemens donnés par un mandataire *ad lites*, tel qu'un agréé. »

42. — Cette opinion, embrassée par MM. Favard de Langlade (v° *Désaveu*), Carré (*Lois de la procéd.*, quest. 1296o), Thomine-Desmazures (t. 1er, p. 558), Dalloz (*Dict.*, v° *Désaveu*, n° 4), Horson (*Encyclopédie du droit*, v° *Agréé*) et Bioche (v° *Désaveu*, n° 64), est combattue par M. Bourbeau (t. 5, p. 268), qui se prévaut de cette observation de la section du Tribunat : « Le mot *désaveu*, pris généralement, peut s'appliquer à toute espèce de mandataire qui a excédé ses pouvoirs; cependant telle n'est pas l'acception dans laquelle le terme de désaveu est employé dans ce titre : il n'a trait qu'aux *officiers ministériels* qui ont nui à leurs parties en excédant leurs pouvoirs. »

43. — M. Bourbeau reconnaît, avec M. Chauveau, que le mandat *ad lites*, quelle que soit la juridiction devant laquelle on procède, a toujours la même nature, et que son extension n'est pas modifiée; néanmoins il ne veut pas que la partie puisse faire tomber l'acte, l'aveu, le consentement qui compromettent ses intérêts, il lui accorde seulement une action en dommages-intérêts. — Dans ce système trop rigoureux, selon nous, il faudrait soutenir, pour être conséquent, que tout ce que l'agréé fait sans avoir un pouvoir exprès est nul de soi, ce qui paralyserait souvent l'administration de la justice. Nous préférons donc l'opinion de M. Chauveau qui a été consacrée par plusieurs arrêts.

44. — Ainsi, il a été jugé qu'un agréé près un tribunal de commerce doit, pour être à couvert d'un désaveu, être muni d'un pouvoir spécial, lorsque, sans contester la créance réclamée contre sa partie, il se borne à demander terme et délai pour le paiement. — *Rouen*, 1er mars 1814, Tharel c. Larsonnier.

45. — ... Qu'il y a eu lieu à désaveu contre un agréé qui dans des conclusions prises à l'audience a requis terme et délai, au nom d'un individu, sans un pouvoir spécial de sa part, mais sur la demande d'un tiers qui lui a représenté un acte faux, mais non attaqué alors, par lequel ce tiers s'était constitué le gérant de l'affaire dont il s'agissait dans l'instance. — *Paris*, 7 fév. 1824, Marchais-Dussablon c. Delassaigne.

46. — ... Que les agréés près les tribunaux de commerce sont soumis à l'action en désaveu, lorsque, sans un pouvoir spécial, ils font des aveux préjudiciables à leurs cliens. — *Nîmes*, 22 juin 1824, Marlier c. Giraudy et Soulier.

47. — Jugé en sens contraire qu'une partie peut intenter une action en dommages-intérêts, mais non en désaveu, contre l'agréé qui s'est présenté pour elle devant un tribunal de commerce. — *Lyon*, 9 janv. 1831, Bonnard c. Romeyer.

48. — La même difficulté se présente lorsqu'il s'agit, non d'un agréé, mais d'un simple mandataire, chargé de représenter une partie devant un tribunal de commerce.

49. — Selon M. Chauveau (*loc. cit.*), la question doit recevoir la même solution dans ces deux hypothèses, attendu que l'agréé n'est qu'un mandataire *ad lites*, sans caractère officiel, et qui doit toujours être muni du pouvoir de sa partie. — Nous ne voyons, en effet, aucune raison pour distinguer.

50. — Aussi décidait-on, avant le rétablissement des avoués, que le fondé de pouvoirs qui paraissait devant les tribunaux était un véritable mandataire *ad lites*, et pouvait à ce titre être désavoué. — *Paris*, 12 avr. 1806, Alaine c. Robert et Leclerc; 26 nov. 1811, N...

51. — Jugé aussi que le procureur fondé qui a pris des conclusions devant un tribunal de commerce dans l'intérêt d'une partie sans en être désavoué, est censé avoir été pourvu du pouvoir spécial prescrit par l'art. 627, C. comm. — *Toulouse*, 27 avr. 1820, Cezeauc c. Bèze.

52. — La cour de Metz a, il est vrai, jugé que, lorsque devant un tribunal de commerce un avoué se présente sans mandat pour une partie et y reconnaît une dette en son nom, le jugement qui a condamné cette partie est par défaut et susceptible d'opposition, sans qu'il soit besoin ni d'appeler ni d'intenter une action en désaveu contre l'avoué. — *Metz*, 23 août 1822, Desroches.

53. — Et il résulte en outre d'un article de la cour de Lyon qu'une partie ne peut former une demande en désaveu, suivant la forme établie par l'art. 353, C. procéd., contre un avoué qui s'est présenté pour elle devant un tribunal de commerce, et qu'elle n'a contre cet officier ministériel qu'une action en dommages-intérêts. — *Lyon*, 9 janv. 1832, Remeyer c. Bonnard.

54. — Mais M. Chauveau (*loc. cit.*) repousse l'autorité de ces deux arrêts et leur application à la question discutée, en ce qu'il n'apparaissait pas, dans les espèces qui y ont donné lieu, que le mandat *ad lites* eût été conféré par la partie, et qu'au contraire c'était précisément le pouvoir de comparaître qui était contesté.

55. — On lit, au surplus, dans un arrêt de la cour de Bruxelles, ce principe, nettement posé, que les actions auxquelles donnent naissance les excès de pouvoir commis par les mandataires que les parties emploient librement devant les tribunaux de commerce, doivent être réglées d'après les principes généraux du mandat. — *Bruxelles*, 7 déc. 1812, Constantine c. Lombard.

56. — Remarquons que, quel que soit le système qu'on adopte sur les deux questions qui précèdent, il faut tenir pour constant que, lorsqu'un agréé ou toute autre personne, fût-ce même un avoué, se présente devant le tribunal de commerce sans être muni d'un pouvoir, le jugement, s'il en est rendu, ne peut être opposé à la partie que comme un jugement par défaut. — V. TRIBUNAL DE COMMERCE, JUGEMENT PAR DÉFAUT. — Il n'est donc pas nécessaire, pour le faire tomber, de recourir au désaveu. — V., en ce sens, Bourbeau, t. 5, p. 268; Chauveau sur Carré, quest. 1296.

57. — Il a été jugé qu'on peut poursuivre en paiement du droit de mutation celui qui a acquis un immeuble par l'entremise d'un fondé de pouvoirs, encore bien qu'il prétende n'avoir pas donné à son mandataire pouvoir d'acquérir, s'il ne justifie d'*aucun désaveu judiciaire*. — *Cass.*, 9 fév. 1814, Enregist. c. Caguien. — V., au surplus, ENREGISTREMENT.

58. — On s'est demandé si les principes du désaveu sont applicables en matière criminelle ou correctionnelle, et l'on a fait remarquer qu'il ne saurait guère en être ainsi qu'en ce qui touche les intérêts pécuniaires du prévenu et de la partie civile, mais qu'ils n'ont aucun rapport à l'action publique ni au jugement, en tant qu'il statue sur cette action, attendu que la conviction du juge se forme, à l'égard de cette action, non sur les aveux des avoués, mais sur les dépositions des témoins et les déclarations des accusés nécessairement présens aux débats. — On a ajouté qu'on pourrait douter de l'admissibilité du désaveu, même en ce qui concerne les intérêts civils, si l'on considère que le ministère d'avoué n'est que facultatif devant les juridictions criminelles, où d'ailleurs la présence de l'accusé ou de la partie civile doit rendre le désaveu très rare de leur part.

59. — Il a été jugé néanmoins que de ce que l'individu qui est prévenu d'un délit correctionnel emportant peine de l'emprisonnement, doit être jugé par défaut s'il ne comparaît pas en personne, il ne faut pas conclure que lorsqu'il a été admis à tort à se faire représenter par un avocat, qu'il n'a pas désavoué, le jugement soit par défaut et susceptible d'opposition. — *Cass.*, 11 août 1827, Ancillou c. Aviac.

60. — La question peut se présenter plus fréquemment en matière de simple police à raison des droits que l'art. 152, C. inst. crim., accorde à l'inculpé de se faire représenter par un fondé de pouvoir qui peut n'être pas un officier ministériel. — Le mandataire chargé de représenter l'inculpé peut-il être frappé par une action de désaveu?

61. — M. Chauveau (sur Carré, quest. 1296 *bis*) soutient la négative, attendu la spécialité des règles de la procédure criminelle, desquelles il résulte que les voies de l'opposition, de l'appel ou de la cassation, sont les seules ouvertes contre les jugemens.

62. — « Mais, ajoute-t-il, s'ensuit-il que l'inculpé sera lié par les aveux du prétendu mandataire? — Il faut distinguer : ou l'inculpé n'avait donné aucun mandat, et alors il serait trop inique qu'une condamnation fût maintenue, lorsque non seulement elle aura été prononcée hors sa présence, mais encore qu'elle a pour base des aveux qui ne sont nullement de son fait : le jugement est alors nécessairement par défaut, et l'opposition est recevable; ou l'inculpé reconnaît avoir donné mandat de le représenter, mais se plaint que le mandataire en a excédé les bornes; il doit s'imputer à faute d'avoir mal choisi; la loi lui permet de se faire représenter, d'où il suit que quiconque se présente en son nom ne peut le faire que muni des pouvoirs nécessaires pour le remplacer : il serait dérisoire, en effet, qu'un mandataire comparût devant un tribunal de simple police avec pouvoir de répondre *négativement* à toutes les questions du juge : telle serait cependant la conséquence à laquelle on arriverait en prétendant que ce mandataire n'avait pas plein pouvoir; l'inculpé aurait alors seulement une action en dommages-intérêts devant les tribunaux civils. » — V. en ce sens Favard de Langlade, v° *Désaveu*, t. 2, p. 72 et 73; Legraverend, *Législ. crim.*, t. 2, p. 276 et suiv.

63. — Cette opinion peut paraître rigoureuse; et il semble sévère que la loi, en permettant à l'inculpé de se faire représenter, ne lui réserve qu'une action en dommages-intérêts, malgré laquelle la condamnation elle-même, provoquée par des aveux mensongers, continuerait de subsister. Et toutefois si le désaveu était admis en pareille matière, ne serait-ce pas créer, au profit de la partie, un nouveau moyen de recours contre le jugement?

§ 2. — *Cas dans lesquels il y a lieu à désaveu.*

64. — Nous avons expliqué (*suprà* nos 8 et 11) que l'avoué ne pouvait être désavoué que dans deux cas : 1° lorsqu'il fait sans procuration un acte pour lequel un pouvoir écrit est nécessaire ; 2° quand l'acte qu'on lui reproche, bien que présumé fait en vertu du mandat qu'il tient de la partie, n'a cependant pas obtenu l'assentiment de celle-ci, et compromet ses intérêts. Voyons dans quelles circonstances cette action peut être intentée.

65. — D'après l'art. 352, C. procéd. civ., aucunes *offres*, aucun *aveu* ou *consentement* ne peuvent être faits, donnés ou acceptés sans un pouvoir spécial, *à peine de désaveu.*

66. — Le sens de cette disposition est que la validité des actes qu'elle énumère ne peut être contestée que par celui au nom duquel ils ont été signifiés ; ainsi, *jusqu'à désaveu de sa part*, ils sont présumés faits avec son autorisation ; il suffit de son silence pour les valider. — Bourbeau, t. 5, p. 252.

67. — Le mandat dont parle l'art. 352 peut s'induire de la remise des pièces, d'une simple lettre ; on peut même le prouver par témoins s'il y a commencement de preuve par écrit, ou si l'objet du procès n'excède pas 150 fr. Mais il est prudent à l'officier ministériel d'exiger un mandat écrit et détaillé. — Bioche, nos 12 et 13.

68. — Il a été jugé, à cet égard, que l'officier ministériel qui demande à prouver qu'il a été autorisé par la partie ou son mandataire à faire l'acte qui donne lieu au désaveu ne peut être admis à faire cette preuve par témoins, si le procès dans lequel cet acte a été fait avait pour objet une valeur excédant 150 fr. — *Bruxelles*, 9 fév. 1822, Opsomer.

69. — Mais la circonstance qu'un aveu fait en justice par un avoué a été consigné dans un acte de la procédure, de la main de la partie elle-même ou de son mandataire, constitue le pouvoir spécial dont parle l'art. 352, C. procéd., et rend le désaveu non recevable. — *Douai*, 26 fév. 1820, Collet c. Soubise.

70. — Doit-on considérer comme limitative la disposition de l'art. 352, C. procéd. ? — L'affirmative est enseignée par M. Bourbeau (t. 5, p. 254) : « L'officier ministériel, dit-il, ne peut être exposé aux conséquences du désaveu qu'en vertu d'un texte précis. D'ailleurs, l'art. 352 fut rédigé sur la proposition de la section du tribunat, qui crut nécessaire de *spécifier les cas* pouvant donner lieu au désaveu. » — Locré, *Esprit du Code de procéd.*, t. 2, p. 16.

71. — Carré (*L. de la procéd.*, t. 3, quest. 1301) soutient aussi qu'il n'y a lieu à désaveu que pour les seuls cas prévus par l'art. 352. Suivant lui, dans les autres cas, la partie a seulement une action en dommages-intérêts, l'action *ex mandato*, contre l'officier ministériel qui a excédé ses pouvoirs ; mais l'acte reste obligatoire pour elle à l'égard de l'adversaire. — V. en ce sens Favard, v° *Désaveu*, t. 2, p. 73.

72. — Il est difficile d'adopter une doctrine si absolue ; aussi verrons-nous bientôt que M. Bourbeau lui-même ne va pas jusque-là et qu'il la modifie quelques pages plus loin.

73. — Suivant Boitard (*Leçons de procéd.*, t. 2, p. 30 et suiv.), l'action en désaveu est ouverte, non seulement dans les cas prévus par l'art. 352, mais encore lorsque l'avoué s'est constitué sans avoir reçu cette mission de la partie, par exemple, dans le cas où les pièces lui ont été remises, mais seulement pour avoir son avis sur le procès.

74. — Et comment, en effet, refuser dans ce cas à la partie une action en désaveu ? Y eut-il jamais, de la part d'un officier ministériel, une tentative plus grave, un excès de pouvoir plus évident ?... Dans l'ancien droit, on n'hésitait pas sur cette question. Il y a même cela de remarquable que Pothier, qui, dans son traité du mandat, s'occupe spécialement du mandat judiciaire et des rapports des cliens et des procureurs, ne donne pour exemples des cas de désaveu que les cas où le client soutient que tel procureur s'est constitué et a plaidé en son nom sans en avoir reçu le pouvoir. Aussi, malgré le silence du Code sur ce point, nul doute qu'il ne faille appliquer à cette hypothèse l'art. 352.

75. — Cela paraît si évident à Boitard qu'il croit pouvoir donner du désaveu cette définition générale : « Le désaveu est le démenti donné par une partie à un officier ministériel *qui a agi sans pouvoirs*, ou qui, ayant reçu des pouvoirs, en a dépassé volontairement la limite. »

76. — Au surplus, M. Bourbeau lui-même, tout en déclarant que la question est grave, n'hésite pas à adopter la solution de Boitard. « Il faut donc, dit-il, ajouter à la disposition de l'art. 352 l'hypothèse *non prévue* où l'avoué *se serait constitué sans pouvoir.* — Telle est aussi l'opinion de MM. Bioche et Goujet, v° *Désaveu*, n° 9 ; Demiau, art. 352 ; Berriat, p. 392 ; Chauveau sur Carré, t. 3, quest. 1301. — V. également Pothier, *Tr. du mandat*, nos 128 et 130, et les arrêts du parlement de Grenoble, 17 fév. 1662 et 30 janv. 1664.

77. — Jugé en ce sens que la partie qui prétend qu'un avoué s'est présenté pour elle sans mandat ne peut paralyser l'effet des actes qu'il a faits qu'en prenant la voie du désaveu. — *Bruxelles*, 29 mai 1833, Gheude c. Spruyt.

78. — Jugé aussi que l'avoué qui ne tient pas directement les pièces des mains de son client peut, suivant les circonstances, être désavoué. — *Nîmes*, 29 janv. 1822, Bouschet c. Pujolas ; — Merlin, *Rép.*, v° *Désaveu*, n° 3 ; Favard, *Rép.*, v° *Désaveu*, § 1er, n° 5 ; Berriat, *Procéd. civ.*, t. 1er, p. 350.

79. — Jugé à plus forte raison que l'avoué qui s'est constitué dans une instance pour une partie dont les pièces lui ont été remises, peut être désavoué par cette partie, lorsqu'elle établit que la remise de pièces n'a été faite que par le dol et la fraude d'un tiers et sans sa participation. — *Lyon*, 1er avr. 1824, Descombes c. Burtier.

80. — Mais il a été jugé que l'avoué porteur d'un ajournement mentionnant sa constitution justifie suffisamment du pouvoir qu'il a d'agir pour le demandeur, et que ce pouvoir doit être tenu pour valable aussi long-temps que le demandeur *n'a pas désavoué l'huissier* et fait juger le désaveu valable. — *Bruxelles*, 21 sept. 1831, Caron c. Schrauwen.

81. — Jugé de même que l'avoué constitué dans un acte d'appel ne peut, après l'arrêt, être désavoué comme ayant occupé sans pouvoir, lorsque surtout *l'huissier signataire et responsable de l'acte d'appel n'est pas désavoué.* — *Rennes*, 9 mars 1818, Guillois et Barbier c. Legal.

82. — Jugé aussi que celui qui a donné procuration à un huissier à l'effet de charger un avoué près une cour d'appel d'occuper pour lui, ne peut désavouer celui-ci, si, au lieu de demander la nullité du jugement de première instance pour incompétence, il prend des conclusions en infirmation du fond. — *Orléans*, 7 avr. 1813, Moreau c. Darblay.

83. — De même, le désaveu ne peut être admis contre un avoué qui, ayant été constitué par l'exploit de demande, et ayant reçu les pièces de la partie, les a remises à un autre avoué, pour que celui-ci se constituât en son lieu et place. — *Douai*, 26 fév. 1820, Collet c. Soubise.

84. — Bien plus, l'avoué d'appel auquel les pièces sont ainsi parvenues ne peut être désavoué, pour avoir postulé, sans constitution émanée directement de la partie, et pour avoir renouvelé un aveu qui était consigné dans la procédure de première instance, et dans l'acte d'appel. — Même arrêt.

85. — L'avoué du demandeur qui a obtenu un arrêt par défaut, faute de comparaître, devant occuper sur l'opposition à cet arrêt, s'il n'a pas été expressément révoqué, lors même qu'il déclare n'avoir plus ni pouvoir ni mission de sa partie, il en résulte que cet avoué, si d'ailleurs il n'a exercé son ministère qu'en déférant aux ordres de la cour, ne saurait être passible de l'action en désaveu. — *Cass.*, 1er août 1810, Lempereur Larochelle c. Poncel ; — Carré, quest. 1297.

86. — V. au surplus, sur la règle du mandat légal en ce qui concerne les avoués, AVOUÉ, nos 383 et suiv.

87. — Jugé d'une manière générale qu'il existe d'autres causes de désaveu que celles prévues par l'art. 352, C. procéd., et qu'ainsi un avoué qui, dans une instance en nullité d'une adoption, a reçu le mandat formel de faire d'abord statuer sur la nullité de celle-ci, pour inobservation des formalités substantielles dans les actes, avant de faire prononcer sur l'invalidité de cette adoption, tirée de l'incapacité de l'adopté, et qui a seulement conclu sur ce dernier chef, peut être désavoué. — *Montpellier*, 16 juill. 1844 (t. 2 1845, p. 630), Youret c. Cazenave.

88. — La partie qui a elle-même rédigé ou fait rédiger un exploit dans lequel elle a constitué un avoué, n'est pas recevable à désavouer cet officier ministériel à raison de cette même constitution qui n'est pas son ouvrage. — *Rennes*, 21 juill. 1816, Lebreton c. Fleuriais.

89. — De ce qu'un exploit désavoué porte qu'il a été fait *à la requête du désavouant*, il ne s'ensuit pas qu'il doive être réputé avoir été ordonné par lui, et que par conséquent il ne puisse donner lieu à un désaveu. — *Bruxelles*, 25 sept. 1821, Opsomer.

90. — Quoiqu'il soit constant que l'avoué qui a agi sans mandat peut être désavoué, il n'est pas toujours nécessaire de recourir à cette voie. — Par exemple, il a été jugé avec raison que la partie qui n'a pas donné de mandat à un avoué peut, en refusant de payer les frais faits par cet avoué et répétés contre elle, se dispenser de former une action en désaveu, et se borner à opposer le défaut de mandat. — *Cass.*, 23 juin 1835, Pierrot c. comm. de Château-Thierry.

91. — De même, l'avoué qui enchérit sans pouvoirs demeure adjudicataire pour son compte sans qu'il soit nécessaire d'exercer contre lui l'action en désaveu. Il suffit que celui contre qui la déclaration de command a été faite dénie le mandat. — *Aix*, 22 mars 1821, Chabaud c. Martin.

92. — De même encore, la partie au nom de laquelle des déclarations ont été faites devant un tribunal de première instance n'est pas obligée de prendre la voie du désaveu avant d'appeler, si ces déclarations n'ont pas été insérées dans les motifs du jugement, en sorte que la partie ait pu croire qu'elles n'avaient pas influé sur la décision rendue à son préjudice. — *Paris*, 12 avr. 1806, Alaine c. Robert.

93. — Jugé que, lorsque le mari et la femme se trouvent simultanément assignés, l'agréé muni de l'assignation peut être réputé les représenter tous deux, bien qu'il ne soit assisté que de la femme et que celle-ci ait seule donné pouvoir. La déclaration de l'agréé qu'il avait représenté le mari sans autorisation ne peut produire l'effet d'un *désaveu régulier et jugé*, et réduire le jugement rendu contre celui-ci à un simple jugement par défaut. — *Rennes*, 9 mai 1810, Brouillard c. Boucard.

94. — Est-il nécessaire de recourir au désaveu pour faire tomber les actes faits par un avoué révoqué ? Non, sans doute, si la révocation a été notifiée aux parties en cause ; car, à partir de cette notification, celles-ci ont bien pu suivre la procédure contre l'avoué révoqué, s'il n'a pas été remplacé, mais elles n'ont dû attribuer aucune valeur aux actes qu'il a pu signifier. — Chauveau, sur Carré, t. 3, quest. 1298 *ter* ; Bourbeau, t. 5, p. 249 ; Demiau, p. 72.

95. — Il y a lieu au désaveu d'un avoué qui déclare n'avoir pas eu mission d'occuper et n'avoir réellement pas occupé pour la partie désavouante, bien qu'il soit mentionné sur le plumitif qu'il a pris des conclusions, et que le greffier ait écrit sur le placet que le dispositif était passé d'accord avec cet avoué. — *Paris*, 27 mars 1806, Adam c. Boyer Fonfrède.

96. — Indépendamment des offres, aveux, consentemens indiqués par l'art. 352, et pour lesquels l'avoué a besoin d'un pouvoir ou s'expose à être désavoué, le Code énumère plusieurs cas où un pouvoir spécial est également nécessaire ; tels sont : 1° les récusations (C. procéd., art. 45, 309 et 370) ; — 2° les renvois (art. 384) ; — 3° les prises à partie (art. 511) ; — 4° la déclaration de vouloir se servir d'une pièce attaquée ou de s'inscrire en faux contre cette pièce (art. 216, 218) ; — 5° les désaveux (art. 353), etc.

97. — Il a été jugé par la cour de Bordeaux qu'un avoué n'a pas besoin d'un pouvoir spécial pour récuser un expert. — *Bordeaux*, 16 janv. 1833, Cacqueray de Dampierre c. Remier.

98. — Mais cette décision est contraire à un autre arrêt de la cour d'Orléans, qui nous paraît plus conforme aux prescriptions de la loi. — *Orléans*, 11 mai 1821, Courtin c. Boutel ; — Pigeau, *Comm.*, t. 1er, p. 562.

99. — L'acquiescement à un jugement définitif en premier ressort peut, comme les offres, aveux ou consentemens émanés d'un avoué, exposer celui-ci à l'action en désaveu. En effet, qu'est-ce qu'un acquiescement, sinon un consentement donné à l'exécution du jugement, une renonciation aux voies de recours ?

100. — C'est donc avec raison qu'il a été jugé que lorsque l'avoué d'une partie acquiesce à un jugement, cette partie n'en peut interjeter appel qu'en désavouant l'officier ministériel qu'elle avait revêtu de sa confiance. — *Aix*, 14 juin 1825, Raynouard c. Michel.

101. — Jugé de même que l'appel d'un jugement rendu par suite d'aveu ou consentement fait ou donné par l'avoué non muni de pouvoir spécial, mais qui n'est pas désavoué, n'est point recevable. — *Bruxelles*, 29 avr. 1823, N...

102. — Les déclarations faites par un avoué dans les qualités d'un jugement peuvent donner lieu contre lui au désaveu. Ces déclarations, en effet, engagent la partie, puisque même le simple défaut d'opposition aux qualités rendrait cette partie non recevable à contester ce qui y est énoncé. — Carré et Chauveau, *Lois de la procéd.*, t. 3, quest. 1304.

103. — En général, comme nous l'avons vu, lorsqu'une partie a constitué avoué, tout acte du mi-

nistère de celui-ci est, jusqu'à désaveu, réputé fait en vertu du pouvoir de la partie. — *Cass.*, 22 mai 1827, Leblanc de Sérigny c. Loison.

104. — Et il a été jugé que de ce que toutes les fois que la loi, en matière de procédure, n'exige pas la comparution personnelle des parties, leurs avoués ont qualité pour les représenter, il résulte que, spécialement en matière de reddition de compte, les acquiescemens et concessions émanés de ces avoués engagent les parties aussi bien que s'ils émanaient d'elles-mêmes, à moins qu'elles ne forment une action en désaveu. — *Cass.*, 24 juill. 1840 (t. 2 1840, p. 492), Saint-Albin c. Gras-Préville.

105. — Mais le principe lui-même admet certaines restrictions.

106. — Ainsi, il résulte d'un arrêt de la cour de Besançon que les pouvoirs donnés à un officier ministériel, quelque généraux qu'ils soient, ne renferment jamais, à moins d'autorisation précise, que la faculté de faire les actes qui sont dans les limites de son ministère; — et, spécialement qu'un avoué, quoique autorisé à faire tout ce qui serait dans l'intérêt de ses cliens et ce qu'ils pourraient faire eux-mêmes, ne peut, sans une autorisation spéciale, *déférer le serment à la partie adverse*; et que celle-ci peut refuser de prêter le serment, quoique aucun désaveu n'ait été formé contre l'avoué. — *Besançon*, 28 fév. 1827, Moine c. Caroillon de Vandeuil.

107. — Jugé dans le même sens que l'avoué qui défère le serment sur un nouveau chef doit présenter un nouveau pouvoir spécial indiquant l'objet sur lequel le serment doit porter. — *Turin*, 1 niv. an XI, Mentegazzi c. Trèves. — V. SERMENT.

108. — Jugé encore que l'avoué chargé par un acquéreur d'immeubles de notifier aux créanciers inscrits les contrats de vente, peut être désavoué si, sans un mandat spécial, il produit à un ordre sur un prix dont son client ne devait pas la représentation. — *Paris*, 22 juill. 1815, Rousseau c. Choquet.

109. — Jugé aussi que, le mandat donné à un avoué pour produire dans un ordre ne l'autorisant qu'à contredire les productions vicieuses en la forme, mais non d'attaquer au fond, et notamment pour cause de fraude, les titres produits par les créanciers, il en résulte que l'avoué qui, à défaut de mandat spécial, ne fait pas ce genre de contradiction, ne serait pas responsable, et que même, s'il le faisait, il s'exposerait à un désaveu. — *Bourges*, 27 juin 1831, Meillet c. Rollet.

110. — ... Et que l'avoué qui n'a point contredit un aveu fait en sa présence par l'avocat n'est point à l'abri du désaveu, par cette double raison que l'aveu a été ratifié par le mandataire général de son client, et que le droit des adversaires était prouvé par les pièces du procès, si les juges se sont décidés d'après cet aveu et non d'après les pièces. — *Cass.*, 26 avr. 1824, Voyer d'Argenson c. comm. de Bolwiller.

111. — Mais le désaveu est inadmissible contre l'avoué qui ne dénie pas à l'audience un fait allégué par l'adversaire de sa partie; surtout si celle-ci était présente à l'audience et s'il n'avait pas de pouvoir *ad hoc*. — *Bourges*, 10 août 1817, Brière c. Gangneron.

112. — A plus forte raison une partie ne peut désavouer son avoué à raison d'un acte qui ne lui a porté aucun préjudice et qui n'a pu influer sur la décision du juge, surtout s'il n'a fait que renouveler une offre qu'elle-même avait faite antérieurement. — *Besançon*, 4 août (et non avril) 1808, Millot c. Cautenet.

113. — La cour d'Orléans (10 juill. 1813, Leroy c. Girard) a posé en principe qu'un avoué ne peut être désavoué que pour faute grave.

114. — Il faut surtout, ainsi que nous l'avons dit, que l'acte qu'on lui reproche ait été préjudiciable à sa partie. — En effet, l'avoué est toujours censé avoir mandat de son client pour agir dans ses intérêts. Le désaveu est une mesure extrême qui ne doit être accueillie qu'autant qu'il y a intérêt réel à le faire. C'est ici surtout qu'il y a lieu d'appliquer la maxime: *Pas d'intérêt, pas d'action.*

115. — Jugé en conséquence qu'une demande en désaveu ne peut être formée contre un avoué, s'il n'a pas réellement porté préjudice à son client. — *Bruxelles*, 29 oct. 1818, Ducarme c. Dereine.

116. — Jugé aussi que l'avoué qui, au nom de la partie saisie immobilièrement, a demandé et obtenu différentes remises de l'adjudication, ne peut être désavoué, sous prétexte qu'il aurait agi sans mandat spécial, lorsque ces remises, loin d'être contraires au véritable intérêt de sa partie, lui étaient favorables. — *Paris*, 22 juin 1837 (t. 2 1837, p. 507), Debaudre c. Rose.

117. — ...Et que, dans la double circonstance: 1° que l'avoué en renonçant sans mandat spécial de son client à une exception ou fin de non-recevoir contre une opposition à l'exécution d'un arrêt par défaut a obtenu en retour la renonciation par l'avoué adverse au pourvoi contre ce même arrêt; 2° que le mandataire qui a reçu de ce client pouvoir de se désister et de transiger a ratifié ce traité réciproque, — le juge peut, sans violer les art. 1989, C. civ., et 352, C. procéd., rejeter la demande en désaveu. — *Cass.*, 26 mars 1834, Blondel c. Moulin-Dufresne.

118. — Jugé par la même raison que, lorsqu'une déclaration faite par un avoué l'a été dans l'intérêt de son client, qu'elle n'a causé aucun préjudice à celui-ci, et qu'elle était le meilleur moyen de défense possible dans la cause, elle n'est point un aveu dans le sens de l'art. 352, C. procéd., et par conséquent ne peut être l'objet d'un désaveu. — *Cass.*, 20 juin 1834, Bonneval c. Chesnau.

119. — De même encore (mais ce point est plus délicat), jugé qu'un officier ministériel ne peut être désavoué lorsque les aveux par lui faits sans un mandat spécial de son client sont fondés sur les pièces mêmes du procès, et que d'ailleurs il existe un appel encore pendant du jugement intervenu sur ces pièces. — *Nîmes*, 18 juill. 1827, Dalphine c. Castagnère.

120. — D'un autre côté, pour intenter une action en désaveu d'offres ou d'un consentement, il ne suffit pas que cet acte ait été signifié sans mandat, on doit prouver qu'il a servi de base au jugement ou à l'arrêt attaqué par voie de désaveu, et justifier que sans cela le tribunal aurait pu juger autrement. — *Besançon*, 31 juill. 1811, N... — V. impl. *Cass.*, 26 avr. 1824, Voyer d'Argenson c. comm. de Bolwiller.

121. — L'avoué dont les conclusions étaient la suite de son mandat ne peut être désavoué quoique des événemens inattendus aient rendu ces conclusions contraires aux intérêts de sa partie. — *Bruxelles*, 4 thermid. an XIII, Tongries.

122. — Il a été jugé aussi que lorsque l'avocat, sans dol ni fraude, a fait une déclaration préjudiciable aux intérêts du client, en présence de l'avoué, le désaveu n'est pas admissible contre celui-ci si la déclaration n'est que la conséquence nécessaire de pièces qui en établissent la vérité, ou si elle a été approuvée par le mandataire général et spécial de la partie, présent à l'audience. — *Colmar*, 22 déc. 1820, R...

123. — L'avoué qui a reçu des consultations et des pièces desquelles résulte qu'on ne peut soutenir la contestation quant au fond sur la demande en délaissement d'un immeuble, mais qu'on a droit à une indemnité pour améliorations, et qui, sans un pouvoir spécial, acquiesce à la demande au fond sous la condition d'une indemnité, ne peut être désavoué. — *Bruxelles*, 29 oct. 1818, Ducarme c. Deresne.

124. — Jugé aussi qu'un désaveu ne peut être formé contre un avoué qui a fait des offres au nom de son client, si celui-ci, présent à l'audience, n'a pas réclamé, et si, depuis l'arrêt qui a donné acte des offres, il a écrit à son avoué pour presser l'exécution de cet arrêt. — *Caen*, 29 nov. (et non 15 juin) 1822, Pointel c. Desnoyers.

125. — Du moins l'arrêt qui le décide ainsi ne présente qu'une juste application du principe que le mandat verbal, comme toute autre convention, peut résulter d'un commencement de preuve par écrit complété par des présomptions, et cet arrêt échappe à la censure de la cour de Cassation. — *Cass.*, 1er avr. 1824, mêmes parties.

126. — De même, lorsqu'une cour royale a rejeté une demande en désaveu contre un avoué, en se fondant uniquement sur ce que la partie avait adhéré aux actes faits par son avoué, cette décision est à l'abri de la censure de la cour suprême. — *Cass.*, 13 août 1827, Armaignac c. Partarieu.

127. — Un avoué ne peut être désavoué par ses cliens, sous prétexte que, pour la décision de la cause, il s'en est rapporté à la prudence des juges. — *Paris*, 13 mars 1810, Grandin et Delon; — Carré, *Lois de la procéd.*, t. 1er, p. 824, quest. 1297; Berriat, p. 350; Favard, v° *Désaveu*, t. 2, p. 73.

128. — Il a été jugé qu'un avoué de première instance s'expose au désaveu lorsque, sans mandat spécial, il exécute un jugement contenant des dispositions définitives contre sa partie. — *Paris* (et non *Pau*), 3 janv. 1810, N... — V. aussi *Bordeaux*, 23 nov. 1829, Desport c. Duroy.

129. — Favard de Langlade (*loc. cit.*), tout en approuvant cette décision, ajoute que s'il était établi que la partie n'avait aucun moyen de faire réformer le jugement, le désaveu ne devrait pas être admis à raison du défaut de préjudice, et, partant, d'intérêt. — Mais M. Chauveau n'admet cette opinion qu'avec une restriction. — « En effet; dit-il, qui appréciera le défaut de moyens?.. Tout ce que le tribunal saisi du désaveu pourrait décider c'est que les moyens d'appel lui *paraissent* mal fondés... Nous pensons donc que dès l'instant que l'avoue a exécuté sans pouvoir un jugement sujet à l'appel, il doit être désavoué, et que l'intérêt du client, ainsi privé du droit d'appeler, est toujours suffisant pour intenter l'action en désaveu; l'officier ministériel sera condamné aux dépens de l'instance en désaveu dans tous les cas et à des dommages-intérêts. »

130. — Il n'y a pas lieu à désaveu lorsque la partie adverse déclare ne pas vouloir profiter des offres, aveux ou consentemens émanés de l'officier ministériel. — Bioche, *Dict. de procéd.*, v° *Désaveu*, n° 26, édit. 2e.

131. — ... Ou lorsque la partie intéressée a exécuté volontairement le jugement ou ratifié l'acte à raison duquel l'action en désaveu lui est ouverte, car la ratification équivaut à un mandat lorsqu'elle est faite par la partie ou son fondé de pouvoir. — V. MANDAT, RATIFICATION.

132. — Jugé, en conséquence, que l'action en désaveu n'est plus recevable quand celui qui la forme a exécuté volontairement les jugemens rendus depuis les actes objet du désaveu. — *Nancy*, 27 août 1831, Petit c. Baillot.

133. — Jugé encore que la partie qui, postérieurement au jugement rendu sur un acte qu'elle veut désavouer, *paie les frais à son avoué*, devient non-recevable dans l'action en désaveu qu'elle aurait l'intention de former contre cet avoué. — *Rennes*, 17 août 1818, Dacosta de la Fleuriais c. Augeard; — Demiau, p. 210; Pigeau, *Procéd.*, t. 1er, p. 182, et *Comm.*, t. 1er, p. 620.

134. — Toutefois, disent MM. Bioche et Goujet (*Dict. de procéd.*, v° *Désaveu*, n° 17), la ratification ne doit pas se présumer légèrement. — Il faut donc, en matière de paiement de frais, faire une distinction. S'il s'agit du paiement des frais du procès que la partie a été condamnée à payer, il y a exécution du jugement, et, par conséquent, ratification. — Mais si la partie ne paie à son avoué que les frais faits dans son intérêt, on peut penser qu'elle ne le fait que pour retirer les pièces et examiner ses droits. — V. aussi Thomine-Desmazures, sur l'art. 352.

135. — Jugé, en ce sens, que le paiement de frais par une partie à l'avoué qui a occupé pour elle n'est pas un acquiescement aux procédures qui ont occasionné ces frais, et qu'elle est recevable à désavouer ces procédures. — Et spécialement que le paiement fait par un tiers acquéreur des frais d'un ordre auxquels il n'est pas condamné, mais qui doivent s'imputer sur son prix, ne le rend pas non-recevable à former une demande en désaveu contre son avoué, à raison d'une production qu'il aurait faite sans un mandat spécial. — *Paris*, 22 juill. 1815, Rousseau c. Choquet et Desert.

136. — En outre, on ne peut opposer comme fin de non-recevoir à l'action en désaveu la taxe faite des frais par l'avoué véritable du désavouant, surtout si elle n'a été faite par cet officier ministériel que sous la réserve des droits de son client. — *Paris*, 27 mars 1806, Adam c. Boyer-Fonfrède.

137. — Quoique la ratification ne se présume pas facilement, elle résulterait cependant du silence de la partie qui, présente à l'audience où l'offre est faite ou le consentement donné, n'élèverait pas de réclamation. — C'est ce qui résulte d'un arrêt déjà cité de la cour de Besançon, du 4 août 1808 (Millot c. Cauteret et Curasson). — V. aussi *Cass.*, 8 déc. 1829, Pieffort c. Custers; et l'arrêt précité, *Cass.*, 1er avr. 1824, Pointel c. Desnoyers.

138. — Et la cour de Bruxelles (29 juin 1808, Delvaux c. Declercq) a jugé que l'avoué est recevable à prouver la présence de la partie à l'audience.

139. — Toutefois, ajoutent avec raison MM. Bioche et Goujet (n° 18), on doit avoir égard au caractère et aux connaissances du client. La ratification suppose la connaissance du fait à ratifier: si le client était un homme simple et sans expérience des affaires, et que la déclaration fût assez compliquée pour qu'il ne pût en sentir l'importance, il serait contraire aux principes de déclarer le désaveu non-recevable.

140. — Si l'avoué, au lieu d'agir, laisse par négligence ou par dol prendre un jugement par défaut, il ne peut être désavoué, mais seulement appelé en garantie. La raison en est que le désaveu ne peut être formé que contre un acte d'un officier ministériel; et que, dans l'espèce, l'avoué n'a rien fait, il s'est seulement abstenu. — Chauveau, sur Carré, quest. 1301 *bis*; Pigeau, *Comment.*, t. 1er, p. 619; Bioche, v° *Désaveu*, n° 32.

141. — Si l'officier ministériel chargé d'intenter l'action en résolution d'une vente pour non paiement de prix s'en désiste après avoir accepté l'offre faite par l'acheteur de laisser prélever la somme réclamée sur le prix à provenir de la vente

des biens de celui-ci, il n'excède pas ses pouvoirs et n'est pas, dès-lors, exposé à l'action en désaveu, par le motif que le paiement du prix est assuré, et que l'action en résolution serait par conséquent sans objet. — *Lyon*, 30 juin 1831, Sigaud c. Prigeon ; — Bioche et Goujet, *verb. cit.*, n° 31.

142. — Des actes faits au nom du défendeur, et qui seraient de nature à couvrir la péremption, pourraient-ils être désavoués par lui? —Carré, qui pose cette question (quest. 1442), soutient la négative (contre les anciens auteurs. — V. Lange, ch. 24, p. 301), par le motif qu'aucune disposition de loi n'exige de pouvoir spécial pour faire des actes qui auraient l'effet de couvrir la péremption. — V. aussi, en ce sens, Chauveau (son annotateur); Berriat Saint-Prix, p. 357, note 13; Demiau-Crouzilhac, p. 291.

143. — Mais, ajoute-t-il, si un avoué avait reçu des ordres de demander la péremption, et qu'au lieu de les exécuter il fît des actes qui la couvrissent, il y aurait contre lui ouverture à une action en dommages-intérêts : c'est que la péremption peut procurer un grand avantage à une partie, en ce sens qu'elle fait cesser l'interruption de la prescription, d'après l'art. 2247, C. civ. — V. aussi, en ce sens, Chauveau, *loc. cit.*; Reynaud, *Tr. de la péremption*, p. 110; Boitard, t. 2, p. 325. —V. aussi PÉREMPTION.

144.—Un désaveu préalable n'est pas nécessaire pour poursuivre contre un avoué la réduction des frais réclamés par lui. — *Cass.*, 26 déc. 1837 (t. 1er 1838, p. 483), Calliaud c. Delaunay.

145. —Il a été jugé que de ce qu'aucun aveu, offre ou consentement ne peut être donné par l'avoué sans un pouvoir spécial, il ne s'ensuit pas que le ministère public puisse exiger la représentation de ce pouvoir, au moment où l'avoué fait une offre ou donne un consentement, mais seulement que l'avoué peut être désavoué par son client qui ne lui a pas donné le pouvoir spécial nécessaire. —*Bruxelles*, 27 avr. 1812, de Lafaille c. Vaucamp.

146.—Cette décision est approuvée par M. Chauveau, sur Carré (quest. 1300); mais cet auteur pense qu'elle cesserait d'être juste si la représentation du pouvoir spécial était, non pas demandée par le ministère public ou ordonnée d'office par le tribunal, mais demandée par la partie adverse.—Comment, en effet, lui refuserait-on ce droit, puisque c'est le seul moyen pour elle de se mettre à l'abri du désaveu qui viendrait annuler, même à son égard tout ce qui aurait été fait en suite de l'acte de désaveu. — V., en ce sens, Favard de Langlade, v° *Désaveu*, t. 2, p. 73.

147. — Il a été jugé néanmoins que la partie pour laquelle l'avoué se serait constitué sans être nanti de ses pièces pourrait seule le désavouer faute d'autorisation; mais cette action ne compète nullement à la partie adverse, qui ne saurait être fondée à exiger de cet avoué la représentation du pouvoir de son client.—Bioche et Goujet, *Dict. de procéd.*, v° *Avoué*, n° 151. — Ainsi, un nouvel avoué succédant à l'avoué qui occupait pour le client peut, en vertu d'une simple lettre de ce dernier, former une demande en péremption. — *Grenoble*, 9 déc. 1815, Tisserand c. Quenin Reynaud.

148. — Au surplus, cette dernière décision elle-même n'empêche pas, comme le fait remarquer Pigeau (t. 1er, p. 412), que, relativement aux actes qui pourraient être déclarés nuls par défaut d'une signature que la loi exige soit de la partie, soit de son fondé de pouvoir, la nullité de ces actes puisse être opposée par la partie adverse. — V. conf. Chauveau, *loc. cit.*

§ 3. — *Formes et délais du désaveu.* — *Compétence.*

149.—Le désaveu peut être formé dans le cours d'une instance encore pendante, il peut aussi n'être formé qu'après le jugement de l'instance, soit que ce jugement se trouve frappé d'appel, soit qu'étant en premier ressort, l'appel n'ait pas été interjeté, soit que le jugement prononcé en dernier ressort ait acquis l'autorité de la chose jugée.

150. —Enfin, le désaveu peut être dirigé contre un acte sur lequel il n'a jamais existé d'instance.

151. — Ces distinctions sont importantes, car elles entraînent des différences dans la compétence du tribunal appelé à statuer sur le désaveu, dans la forme de procéder, dans les délais pour se pourvoir, et dans les effets produits par le désaveu, s'il est déclaré valable.

152. — Il a été jugé que le désaveu formé sous le Code de procéd., d'actes de procédure rédigés en 1793, doit être jugé conformément aux principes de l'ancienne législation. — *Paris*, 9 mai 1812, Degestas. — V. en ce sens Chauveau, sur Carré, quest. 1306.

153. — Avant le Code, l'action en désaveu n'était soumise à aucun délai spécial : elle durait trente ans. — Même arrêt ; *Cass.*, 18 août 1807, Alaine c. Robert.

154. — Lors de la rédaction du Code de procédure, la cour de Grenoble demanda que le désaveu ne fût pas recevable un mois après le jugement de première instance et un mois après l'arrêt sur l'appel ; mais les rédacteurs ne fixèrent un délai que pour les désaveux dirigés contre un jugement exécuté (art. 362); d'où la conséquence qu'en tout autre cas le délai du désaveu est illimité.—Carré, sur l'art. 354, quest. 1038; Chauveau, *ibid.*; Pigeau, *Procéd. civ.*, t. 1er, p. 432, et *Comment.*, t. 1er, p. 610; Berriat, p. 372; Demiau, p. 264; Hautefeuille, p. 193.

155. — D'après l'art. 362, C. procéd. civ., si le désaveu est formé à l'occasion d'un jugement qui *a acquis force de chose jugée*, il ne peut être reçu après sa huitaine, à dater du jour où le jugement doit être réputé exécuté, aux termes de l'art. 159.

156. —On s'est demandé si l'art. 362 s'applique aux *jugemens contradictoires* comme aux jugemens par défaut. « Il est évident, ont dit à cet égard M. Delaporte (t. 2, p. 432) et les auteurs du commentaire inséré aux annales du notariat (t. 2, p. 432), qu'il s'agit en cet article des *jugemens par défaut* auxquels on peut former opposition lors du premier acte tendant à exécution, et, par conséquent, après la huitaine de la signification. »

157. —Mais l'opinion de ces auteurs, fondée sur le renvoi que fait l'art. 362 à l'art. 159, n'a pas prévalu. — La généralité des termes de l'art 362 repousse l'idée d'une pareille restriction.—Comment admettre, d'ailleurs, cette opinion, dit Carré (quest. 1318), puisque dans les jugemens par défaut dont parlent les auteurs précités il ne saurait y avoir lieu au désaveu de la part de la partie condamnée, puisqu'elle n'a pas constitué avoué.—Le renvoi à l'art. 159 n'a pas d'autre objet que d'indiquer des modes d'exécution qui, lorsqu'ils ont été suivis, rendent l'action en désaveu non-recevable. — V. en ce sens Boitard, t. 2, p. 310 et suiv.; Chauveau, sur Carré, *ibid.*; Thomine-Desmazures, t. 1er, p. 570 ; Bioche et Goujet, n° 47.

158. — Du reste, le délai fixé par l'art. 362, C. procéd., pour le désaveu, n'est pas applicable lorsque c'est l'officier ministériel désavoué qui a fait un acte d'exécution qui a pu être ignoré par la partie, et qu'il s'agit d'un jugement de première instance qui n'a été suivi d'aucun autre acte que d'une simple signification.—*Bruxelles*, 25 sept. 1821, Opsomer;—Bioche et Goujet, *Dict. de procéd.*, v° *Désaveu*, n° 46.

159. — Ces mots de l'art. 362, *jugement passé en force de chose jugée*, doivent-ils être entendus en ce sens qu'ils ne s'appliquent qu'aux jugemens contre lesquels toutes les voies tant ordinaires qu'extraordinaires de droit ont été épuisées. — M. Demiau (p. 269) soutient l'affirmative. — V., en ce sens, Bioche et Goujet, n° 47. — « Il serait injuste, en effet, disent-ils, de prononcer une déchéance contre celui qui préfère n'employer la mesure du désaveu qu'après le recours en cassation ou la requête civile; mais il est évident qu'il est libre à la partie d'intenter l'action en désaveu avant de recourir à ces voies extraordinaires et même immédiatement après la prononciation du jugement. »

160. — Carré pense au contraire (quest. 1319 *ter*) que la requête civile et le pourvoi en cassation ne peuvent proroger le délai fixé par l'art. 362 pour l'action en désaveu : « ni l'un ni l'autre, dit-il, ne font obstacle à l'exécution de la sentence contre laquelle ils sont dirigés : or, si cette exécution peut avoir lieu, la fin de non-recevoir créée par l'art. 362 sera évidemment acquise avant l'admission de la requête ou du pourvoi. — Ainsi, pendant tout le temps qui s'écoulera entre le huitième jour après celui où l'arrêt est réputé exécuté, et soit l'admission du rescindant, soit la cassation de l'arrêt, il n'y aura pas ouverture au désaveu, cet arrêt conservant toute l'autorité de la chose jugée. — Mais il n'en sera plus de même lorsque le rescindant aura été admis et la cassation prononcée, parce que cette admission, cette cassation auront pour effet de faire disparaître l'autorité de la chose jugée, de soumettre le fond de la contestation à une nouvelle appréciation, de rouvrir par conséquent aux parties toutes les voies d'attaque et de défense qu'elles auraient pu employer avant le premier jugement. — L'action en désaveu étant une de ces voies, elle est rouverte comme les autres.»

161. — Jugé que le désaveu contre un avoué, qui aurait pour effet, s'il était déclaré valable, d'entraîner l'annulation d'un jugement rendu sur des contestations en matière d'ordre, n'est pas recevable s'il n'a été formé dans les dix jours qui suivent la signification de ce jugement à avoué, — alors surtout que le désavouant a connu avant l'expiration de ce délai l'existence de ce jugement. Ce jugement est considéré comme exécuté à l'expiration du délai de l'appel, et comme ayant acquis l'autorité de la chose jugée par la seule signification à avoué, encore qu'il n'ait été suivi d'aucun des actes prescrits par l'art. 159, C. procéd. civ. — *Toulouse*, 10 fév. 1840 (t. 1er 1840, p. 616), Berthoumieu c. Cambon Tournier.

162. — Il a été jugé que la signification, par une partie, de l'arrêt qu'elle a obtenu, mais sous la réserve expresse de faire statuer ultérieurement sur un chef de conclusions omis par son avoué, bien qu'il ait été soumis aux premiers juges, ne constitue pas une exécution qui, dans les termes de l'art. 362, C. procéd., rend cette partie non-recevable à intenter hors du délai fixé par ces articles une action en désaveu contre l'avoué, à raison du préjudice que lui a causé l'omission de ce chef de conclusions. En vain, pour faire considérer une pareille signification comme une exécution de l'arrêt dans toutes ses parties, dirait-on (ce qui est erroné en droit) qu'un arrêt est indivisible dans son exécution, et que surtout, par rapport à l'action en désaveu, l'acquiescement partiel à cet arrêt est chose impossible. — *Cass.*, 12 mars 1843 (t. 1er 1843, p. 685), De Lynée c. Gaillard de Kerbertin.

163. — On jugeait avant le Code de procédure que l'action en désaveu formée incidemment à une demande principale était dispensée du préliminaire de conciliation. — *Cass.*, 24 thermid. an VIII, Rillzenlheller c. Huigrace et Hirtz Moïse.

164.— Sous le Code de procédure, les demandes en désaveu, qu'elles soient principales ou incidentes, sont dispensées du préliminaire de la conciliation. — C. procéd., art. 49, § 7.

165.—Elles doivent être formées, quelle que soit la nature du désaveu, par une déclaration faite au greffe du tribunal compétent pour en connaître. — C. procéd., art. 353.

166. — Et le même article ajoute que cette déclaration se fait par un acte *signé de la partie*, ou *du porteur de sa procuration spéciale et authentique.*

167. — Si la partie ne savait pas signer, le greffier suppléerait-il à ce défaut en mentionnant la cause de l'impossibilité? — M. Lepage (*Quest.*, p. 233 et 234) soutient l'affirmative.—V. aussi Hautefeuille, p. 190. — Mais l'opinion contraire est professée par la généralité des auteurs (Bourbeau, t. 5, p. 277, note 1re; Carré et Chauveau, t. 3, quest. 1306 ; Pigeau, *Procéd.*, t. 1er, ch. *Du désaveu* ; *Comm.*, t. 1er, p. 621 ; Bioche et Goujet, v° *Désaveu*, n° 49; Favard, t. 2, p. 73, n° 1er), qui se fondent sur la précision des termes de l'art. 353, et sur ce que le greffier n'a pas reçu de la loi le pouvoir de constater que la personne qui se présente pour désavouer ne sait pas signer, comme il l'a reçu dans le cas des art. 274 et 275, C. procéd. — «La différence, dit M. Chauveau (*loc. cit.*), vient de ce qu'il y a bien plus d'importance, en matière de désaveu, à reconnaître l'identité de la personne qui se présente. »

168.—Cependant, M. Dalloz (v° *Désaveu*, sect. 3e, n° 1er) est d'avis que si un fondé de pouvoir, porteur d'une procuration spéciale et authentique, se présentait au greffe pour faire un désaveu, et qu'il ne pût signer, dans ce cas, le greffier pourrait constater l'empêchement et suppléer ainsi à la signature en annexant la procuration à l'acte de désaveu. La procuration, dit-il, vient alors corroborer l'attestation du greffier.

169. — Cette opinion, dit Carré (*loc. cit.*), peut être suivie, mais l'opinion contraire est préférable. Elle écarte toute difficulté.

170. — Comme l'art. 353 exige que la procuration soit *spéciale*, il est clair qu'un fondé de procuration *générale* ne peut valablement signer un acte de désaveu. — *Cass.*, 1er fév. 1820, Thomas c. Dubois-Beauplan ; — Chauveau, sur Carré, t. 3, quest. 1306 *bis*; Bioche et Goujet, *Dict. de procéd.*, v° *Désaveu*, n° 50; Pigeau, *Comment.*, t. 1er, p. 621; Favard, t. 2, p. 73.

171. — Mais pourrait-on considérer comme *spécial* le mandat contenant pouvoir d'intenter ou de repousser une action? — Oui, suivant Carré, quest. 1306 *bis*; car, la procédure étant dirigée au nom du mandataire, c'est en quelque sorte lui-même qui se trouve partie au procès. Il représente du moins le véritable intéressé pour tous les actes et les incidens auxquels l'instance peut donner lieu.—V. aussi Pigeau, *Comm.*, t. 1er, p. 621. —V. toutefois Bioche et Goujet (n° 50), qui paraissent d'un avis contraire, attendu que la loi ne distingue pas.

172. — Dans tous les cas, on comprend qu'il est prudent d'énoncer dans la procuration donnée pour suivre un procès les principaux événemens qui peuvent se présenter dans le cours du procès en donnant pouvoir spécial au mandataire d'y aviser. — Carré, *loc. cit.*

173. — Et il est généralement admis (par argument de l'art. 933, C. civ.) qu'un pouvoir de faire tout désaveu suffit, sans qu'il soit besoin qu'il autorise tel ou tel désaveu en particulier. — Carré, *loc. cit.*; Pigeau, *loc. cit.*; Bioche et Goujet, *loc. cit.*

174. — L'acte de désaveu doit contenir les moyens, conclusions, et constitution d'avoué. — C. procéd., art. 353.

175. — Peut-on changer les conclusions prises dans l'acte de désaveu et substituer une nouvelle demande à la première? — Le doute, disent MM. Bioche et Goujet (nº 52), vient des termes de l'art. 354, qui porte que le désaveu sera signifié *sans autre demande*. — Mais, ajoutent-ils, la loi a seulement voulu dire que l'acte de désaveu serait notifié purement et simplement, sans requête et autre formalité. On peut donc, soit avant le jugement, soit sur l'opposition formée au jugement par défaut, joindre de nouveaux moyens à ceux énoncés dans l'acte de désaveu, en changer les conclusions, en un mot réparer les irrégularités qui le vicieraient. — V. aussi Thomine, art. 355.

176. — Au surplus, M. Chauveau, sur Carré, pense que l'omission de quelqu'une des formalités prescrites par l'art. 353 n'entraînerait la nullité de l'acte de désaveu qu'autant que l'irrégularité porterait sur un point essentiel, par exemple, sur la signature de la partie ou de son mandataire, et que dans tous les cas elle pourrait être réparée jusqu'au jugement; ainsi, d'après cette opinion, on serait admis à suppléer soit la constitution d'avoué, soit l'énoncé des moyens que l'acte au greffe ne contiendrait pas. — Chauveau, sur Carré, quest. 1306 *ter*; Thomine-Desmazures, t. 1er, p. 562.

177. — Toute demande en désaveu est communiquée au ministère public. — C. procéd., art. 359. — En effet, elle intéresse l'ordre public, puisqu'elle peut compromettre le caractère d'un officier ministériel et le soumettre à des peines plus ou moins graves. — Bourbeau, t. 5, p. 278.

178. — Lorsque le désaveu est formé dans le cours d'une instance, c'est-à-dire, lorsqu'il s'agit d'un désaveu *incident*, il doit être signifié, par acte d'avoué, tant à l'avoué contre lequel le désaveu est dirigé qu'aux autres avoués de la cause, et ladite signification vaut sommation de défendre au désaveu (C. procéd., art. 354). Cette double signification s'explique par l'intérêt qu'ont les parties adverses et l'officier désavoué à faire rejeter la demande.

179. — Ainsi, ce n'est pas par voie d'ajournement que s'introduit la contestation *incidente* sur le désaveu, c'est par un acte d'avoué, et la cause se trouve liée immédiatement; elle ne comporte que les délais nécessaires à la signification des défenses.

180. — Suivant l'art. 355, le désaveu est signifié *par exploit à domicile*, lorsque l'avoué n'exerce plus ses fonctions; et s'il est mort, le désaveu est signifié à ses héritiers avec assignation au tribunal où l'instance est pendante et notifié aux parties de l'instance, par acte d'avoué à avoué.

181. — Dans ce dernier cas, c'est-à-dire si l'officier ministériel est mort, Boitard (t. 2, p. 35) pense que le désaveu doit être signifié à ses héritiers *collectivement*, par un exploit laissé au domicile du défunt, en ce que le désavouant peut ne les pas connaître, et il raisonne ainsi par argument de l'art. 447, relatif au cas où un appel est notifié aux héritiers d'un intimé.

182. — Mais cette opinion est repoussée par Pigeau (*Comm.*, t. 1er, p. 624) et par M. Chauveau, sur Carré, qui pensent que l'exception de l'art. 447 est trop exorbitante du droit commun pour pouvoir être étendue au-delà du cas pour lequel elle a été faite et qu'une disposition expresse serait nécessaire pour la rendre applicable au cas de désaveu. — « Peut-on dire, d'ailleurs, ajoute M. Chauveau, sur Carré, que le désavouant n'est pas censé connaître les héritiers du désavoué, lorsqu'un créancier quelconque ne serait pas admis à se prévaloir du bénéfice d'une pareille présomption? »

183. — C'est en ce dernier sens que nous croyons devoir nous prononcer: et nous ajouterons aux motifs déduits par M. Chauveau que, si, dans le cas de l'art. 447, la loi se montre si facile, c'est que l'appelant est emprisonné dans un délai court et fatal, tandis qu'il en est autrement lorsqu'il s'agit de l'action en désaveu.

184. — Nul doute, du reste, qu'il ne faille assimiler le cas de mort civile au cas de mort naturelle de l'officier ministériel. — Carré, nº 1309; Favard, t. 2, p. 75; Chauveau, sur Carré, *loc. cit.*

185. — Lorsque le désaveu est dirigé contre l'avoué qui a cessé ses fonctions, est-ce par exploit *contenant ajournement* que l'action doit être dirigée contre lui? — L'affirmative n'est pas douteuse, car quoique ancien avoué, l'officier poursuivi n'est plus qu'un simple particulier qu'on ne peut mettre régulièrement en cause que par une assignation à personne ou domicile. C'est en ce sens que doit être interprétée et corrigée la rédaction évidemment fautive de l'art. 355. — V. conf. Carré et Chauveau, quest. 1309 *ter*.

186. — Cependant Pigeau (*Comment.*, t. 1er, p. 624) n'applique ces mots de l'art. 355: *avec assignation*, qu'au cas où le désaveu est signifié aux héritiers de l'officier désavoué, et il en donne pour raison que, l'avoué lui-même n'ayant pu perdre les connaissances de son état en l'abandonnant, on n'a pas besoin de l'appeler par une assignation, et qu'il est censé savoir ce qu'il a à faire du moment qu'il connaît le désaveu; mais cette opinion est certainement erronée.

187. — C'est par exploit que le désaveu, même incident, doit être formé lorsqu'il est dirigé contre un huissier, un agréé, ou un fondé de pouvoirs. — L'art. 354 ne s'applique, ainsi que ses termes le prouvent, qu'au désaveu formé contre un avoué. — Bioche et Goujet, nº 59.

188. — Le désaveu d'un agréé ou d'un mandataire que les parties emploient volontairement auprès d'un tribunal de commerce ne doit pas être instruit et jugé suivant les formes établies par le Code de procédure pour le désaveu d'un avoué. — *Bruxelles*, 7 déc. 1812, Constantini c. Lombard.

189. — Jugé aussi que les agréés près les tribunaux de commerce peuvent être soumis à l'action en désaveu sans qu'il y ait lieu, d'ailleurs, à suivre les règles tracées par le Code de procédure pour le désaveu contre les officiers ministériels. — *Toulouse*, 24 avr. 1841 (t. 2 1841, p. 80), Sabardy c. Gary et Dufour.

190. — Quant à la procédure qui doit être observée à la cour de Cassation, elle est déterminée par le réglement du 28 juin 1738, 2e partie, tit. 9, art. 339 à 417. — Tarbé, *Cour de Cassation*, p. 224.

191. — L'officier ministériel est toujours partie essentielle dans l'instance en désaveu. — Aussi a-t-il été jugé avec raison qu'avant le Code de procédure le désaveu contre un avoué dans une instance en requête civile devait être signifié à cet officier. — *Bruxellles*, 4 thermid. an XIII, Tongries.

192. — Et il a été également décidé à juste titre, sous le Code de procédure, que la partie qui appelle d'un jugement rendu sur une instance en désaveu doit intimer non seulement la partie qui a été son adversaire dans l'instance qui a donné lieu au désaveu, mais encore l'officier ministériel désavoué et qui a été renvoyé de la demande en désaveu; son appel serait nul si elle se bornait à assigner cet officier en intervention dans l'instance d'appel. — *Agen*, 21 nov. 1817, Dantras; — Bioche et Goujet, nº 70.

193. — En effet, d'après la remarque de M. Lébé, avocat-général, qui porta la parole dans la cause, 1º le désavoué est toujours partie essentielle et principale de l'instance en désaveu; — 2º celui qui, sans appeler contre le désavoué, appelle contre d'autres parties, enlève à celles-ci le droit de réclamer contre le désavoué des dommages-intérêts, le cas y échéant, puisque le désavoué mis en cause n'y serait alors que partie présente et devrait conserver toute l'utilité d'un jugement qui n'aurait pas été attaqué vis-à-vis de lui. La condition de l'autre intimé serait donc empirée par le fait de la partie qui l'assigne contre la règle: *non potest alteri per alterum iniqua conditio inferri*. Or, c'est par le fait de l'appelante que les choses ne furent plus entières par rapport à l'intimé, qui ne pouvait pas appeler contre l'officier ministériel désavoué dès qu'il avait gagné son procès en première instance.

194. — D'après l'art. 75 du Tarif, la défense en désaveu peut être fournie par voie de requête. — V. aussi Chauveau, *Comment. du tarif*, t. 1er, p. 359, nº 21.

195. — Le demandeur répond dans la huitaine, et aussi par requête. — *Ibid.*

196. — Lorsque le désaveu est formé après le jugement, comme il s'agit alors du *désaveu principal*, on signifie la demande par exploit à domicile; c'est alors une action principale. — Favard, t. 2, p. 75; Lepage, p. 232; Chauveau, sur Carré, quest. 1307 *bis*. — Et ces auteurs en donnent pour raison très simple que, l'instance n'existant plus, les parties n'étant plus en présence, l'acte d'avoué à avoué ne serait pas praticable.

197. — Toutefois, Pigeau (*Comment.*, t. 1er, p. 633) établit une distinction, et il pense que, dans le cas où l'avoué exerce encore ses fonctions, il doit occuper sur le désaveu, qu'il considère comme l'exécution du jugement, et il se fonde sur l'art. 1038, C. procéd. civ. — Mais M. Chauveau repousse cette opinion comme renfermant une grave erreur, en ce qu'il est impossible de considérer comme l'exécution d'un jugement la demande en nullité de ce même jugement; autrement il faudrait considérer aussi la prise à partie et la requête civile comme des exécutions, ce qui n'est pas admissible.

198. — Suivant l'art. 356, le désaveu est toujours porté au tribunal devant lequel la procédure désavouée a été instruite, lors même que l'instance dans le cours de laquelle il est formé serait pendante devant un autre tribunal.

199. — Et suivant le même article, le désaveu est dénoncé aux parties de l'instance principale, qui sont appelées dans celle du désaveu.

200. — Enfin, l'art. 358 veut que la demande soit portée au tribunal du défendeur, lorsque le désaveu concerne un acte sur lequel *il n'y a point d'instance*.

201. — Boitard (t. 2, p. 39) fait remarquer sur ces diverses dispositions que la compétence du tribunal qui doit connaître du désaveu ne doit pas varier selon que le désaveu est principal ou incident, mais selon qu'il s'agit d'un acte faisant ou ne faisant pas l'objet d'une instance. Dans le premier cas, que le désaveu soit incident ou principal, il doit toujours être porté au tribunal où l'instance a eu lieu; dans le second cas, le tribunal compétent est celui du défendeur.

202. — Et M. Bourbeau (t. 5, p. 285) dit qu'il faut bien se garder de confondre, relativement à la compétence, le cas où *il n'y a plus* d'instance et le cas où *il n'y en a jamais eu*; bien que l'instance soit terminée par un jugement, c'est toujours au tribunal devant lequel la procédure a été faite, soit au premier, soit au second degré de juridiction, à connaître du désaveu qu'elle aura fait naître plus tard. Par conséquent, c'est exclusivement dans le cas où *nulle instance n'a été introduite* que le domicile du défendeur fixe la compétence, sauf à appeler dans la cause ceux qui pourraient être intéressés au maintien de l'acte désavoué. — V. aussi Chauveau, sur Carré (quest. 1310), qui entre à cet égard dans de grands développemens.

203. — De l'art. 356 il résulte que, si le désaveu a lieu sous l'appel pour les procédures faites en première instance, ce sera devant ce dernier tribunal que l'action sera portée, sauf dénonciation de l'acte de désaveu aux parties de la cause principale à personne ou à domicile réel. — Lepage, *Quest.*, p. 232 et 233; Demiau, p. 267; Pigeau, t. 1er, p. 416; Carré, quest. 1310.

204. — Et il a été jugé en ce sens qu'une cour d'appel est incompétente pour statuer, incidemment à une contestation dont elle est saisie, sur une action en désaveu dirigée contre l'huissier, relativement à l'exploit de signification du jugement dont est appel. — *Bruxelles*, 24 mars 1810, Droesbèque.

205. — Mais de ce que l'acte d'appel fait partie de la procédure devant la cour royale il résulte que la demande en désaveu formée contre l'huissier, pour avoir notifié sans pouvoir un acte d'appel, doit être portée devant la cour saisie du désaveu intenté contre l'avoué d'appel qui a occupé pour l'appelant, et non devant le tribunal près lequel l'huissier est immatriculé. — *Douai*, 26 fév. 1820, Collet c. Soubise; — Bioche et Goujet, nº 67.

206. — Et le même arrêt décide que l'incompétence du tribunal de première instance est, dans ce cas, absolue et *ratione materiæ*; qu'elle peut être opposée en tout état de cause, et ne peut être couverte par le consentement des parties.

207. — Quel est le tribunal compétent pour prononcer sur le désaveu, lorsqu'il y a eu arrêt infirmatif ou renvoi de l'affaire devant un autre tribunal que celui qui a rendu le jugement, ou bien lorsqu'il y a eu réglement de juges? — Pigeau (*Comm.*, t. 1er, p. 625) pense que, si le jugement est infirmé, le désaveu doit être porté devant la cour d'appel par la raison que, si le tribunal de première instance en était saisi, il pourrait arriver qu'il annulât la décision d'un tribunal supérieur à lui, ce qui serait une *messéance* et aurait nécessairement lieu, si par l'admission du désaveu le jugement sur lequel l'arrêt infirmatif a été établi était déclaré non avenu. — Cet auteur excipe également des art. 475 et 476, C. procéd. civ., desquels il résulte, suivant lui, qu'un tribunal ne peut statuer sur la tierce opposition formée contre un jugement rendu par un tribunal supérieur.

208. — Telle n'est pas l'opinion de M. Chauveau sur Carré (quest. 1310 *bis*). « Le texte de l'art. 356, dit-il, est positif, et le motif du législateur évident. Le tribunal vraiment compétent pour examiner la conduite d'un avoué est celui près duquel il exerce; il est en quelque sorte son juge naturel. Plus que tout autre, il est à même d'apprécier les faits qui occasionnent le désaveu. Quant à la raison tirée de ce qu'un jugement de première instance aurait pour effet d'anéantir un arrêt, remar-

quons que cette nullité n'est que l'effet du jugement, mais n'est pas prononcée par le tribunal; n'en arrive-t-il pas autant, par exemple, dans le cas où une pièce vérifiée est tenue pour véritable par un arrêt, et postérieurement pour fausse par un jugement statuant sur une inscription de faux formée contre cette même pièce? — Que devient alors l'arrêt? — Son anéantissement est indirectement produit par le jugement. Il en est de même du cas de désaveu; et c'est ce qui sert en même temps à repousser l'objection tirée de l'analogie qu'on croit trouver dans les art. 475 et 476. — La différence est grande, au contraire, car lorsqu'un tribunal statue sur une tierce opposition, il annule directement le jugement attaqué; il serait alors contraire au principe des juridictions qu'un tribunal de première instance infirmât un arrêt; mais cette *messéance* n'a pas lieu lorsqu'il est statué sur un désaveu qui produit seul les effets qui doivent naturellement en résulter. — V. en ce sens, Bioche et Goujet, nº 68.

209. — Le désaveu formé contre un huissier, un agréé ou un mandataire, à raison d'un acte fait dans une instance pendante devant un tribunal de commerce, peut-il être porté à ce tribunal? — Cette question n'est pas sans difficulté.

210. — D'un côté, MM. Bioche et Goujet (nº 70) pensent que, malgré la généralité des termes de l'art. 356, portant que tout désaveu qui se rattache à une procédure doit être jugé par le tribunal devant lequel cette procédure a été faite, et l'analogie de motifs, les tribunaux civils sont seuls compétens pour prononcer sur un pareil désaveu: en ce que les tribunaux de commerce n'ont qu'une juridiction exceptionnelle qui ne saurait être étendue à une contestation civile que la loi n'a pas spécialement mise dans leurs attributions; en ce que, d'ailleurs, l'art. 359, qui exige l'audition du ministère public sur toute demande en désaveu, exclut, par cela même et nécessairement, la compétence des tribunaux de commerce. — V. conf. Carré, quest. 1311; Favard de Langlade, vº *Désaveu*, t. 2, p. 75.

211. — Et il a été jugé, en ce sens, que l'action en désaveu formée contre un agréé près le tribunal de commerce est de la compétence, non du tribunal de commerce devant lequel a été fait l'acte désavoué, mais du tribunal civil. — *Nîmes*, 22 juin 1824, Marlier c. Giraudy et Soulier; *Rennes*, 9 mai 1810, Brouillard c. Bourcard (dans ses motifs).

212. — Au contraire, M. Chauveau, sur Carré (*loc. cit.*), se prononce pour la compétence du tribunal de commerce. — Peu importe, suivant lui, que l'organisation des tribunaux de commerce ne comporte pas l'accompagnement de toutes les formalités et procédures tracées par la loi pour l'instruction du désaveu, puisque, sauf les exceptions formellement écrites dans la loi, ces tribunaux peuvent juger tous les genres d'incidens de procédure, sauf à modifier les formes, pour les mettre en rapport avec leur organisation particulière. — Peu importe aussi que la loi prescrive l'audition du ministère public. — N'en est-il pas de même en matière de requête civile (art. 498)? et cependant, ne juge-t-on pas que la requête civile a lieu devant les tribunaux de commerce? — V. REQUÊTE CIVILE. — En vain dirait-on, enfin, que l'action en désaveu est, par sa nature, en dehors de la compétence *ratione materiæ* qui appartient au tribunal de commerce, et que c'est une action personnelle, dérivant de l'inexécution d'un contrat civil, et essentiellement différente du fond de l'affaire qui avait donné lieu à la procédure désavouée. — Cet argument, dit M. Chauveau, n'est que spécieux. Il aurait une grande valeur si l'action en désaveu n'était dirigée que contre l'avoué, si elle ne tendait qu'à obtenir la réparation qui est due à la partie dont il aurait trahi ou faussé le mandat. — Mais elle a une bien autre portée, puisqu'aux termes de l'art. 360, si le désaveu est déclaré valable le jugement ou les dispositions relatives aux chefs qui ont donné lieu au désaveu demeureront annulés et comme non avenus. Le désaveu attaque donc le fond de la cause; il tend à lui faire donner une solution: or, cette cause est commerciale, elle est de la compétence du tribunal de commerce. »

213. — Et l'on peut considérer comme consacrant implicitement cette doctrine un arrêt de la cour royale de Rouen, qui a admis un désaveu formé directement devant un tribunal de commerce contre un agréé. — *Rouen*, 1er mars 1811, Tharel c. Larsonnier.

214. — Quant à M. Thomine-Desmazures (t. 1er, p. 565), il réserve au tribunal de commerce le droit de statuer sur le désaveu lui-même en vertu des termes précis de l'art. 356, sauf à renvoyer au tribunal civil ce que l'incident du désaveu pourrait offrir d'étranger à la juridiction commerciale, par exemple, les procédures en vérification d'écritures, l'action en responsabilité ou en dommages-intérêts qui pourraient en résulter, etc., etc. — Mais on sait que cette restriction s'applique à toute espèce de cause portée devant le tribunal de commerce.

215. — Il a été jugé qu'avant le Code de procédure, le tribunal civil saisi de l'appel d'un jugement de justice de paix pouvait prononcer en dernier ressort sur un désaveu formé incidemment dans le cours de l'instance. — *Cass.*, 5 thermid. an XIII, d'Houdetot c. Roi.

216. — Et MM. Bioche et Goujet (nº 71), généralisant cette solution, posent en principe que le désaveu incident (à la différence du désaveu qui, ayant pour objet non une procédure mais un acte extrajudiciaire, constitue alors une demande principale ordinaire) est jugé en dernier ressort par le tribunal saisi de l'action principale à laquelle il se rattache, lorsque la décision du tribunal à l'égard de cette action n'est elle-même susceptible d'aucun recours. — La raison qu'ils en donnent est que le tribunal compétent pour juger définitivement une demande principale peut juger en dernier ressort toutes les demandes qui s'y rattachent. D'ailleurs, l'art. 356 repousse l'idée que la demande en désaveu doive nécessairement subir les deux degrés de juridiction, puisque cette demande est de la compétence du tribunal devant lequel la procédure désavouée a été faite et qu'il est possible que ce tribunal soit la cour elle-même. — Enfin, ces auteurs ajoutent que cette solution est favorable aux officiers ministériels eux-mêmes en empêchant qu'il ne soient appelés devant des magistrats autres que ceux près desquels ils remplissent leurs fonctions. — V., en ce sens, Berriat, p. 353; Merlin, *Rép.*, vº *Désaveu*, nº 8.

217. — Mais cette doctrine est repoussée par Pigeau (t. 1er, p. 420) et Carré (quest. 1317), par le motif que l'action en désaveu n'est pas, à proprement parler, une demande incidente, au moins relativement à l'officier ministériel contre lequel elle est dirigée, et qu'il suffit, d'ailleurs, qu'elle intéresse son honneur et qu'elle l'expose à des peines graves pour qu'elle ne puisse être jugée en premier ressort, comme les récusations de juges. — V. aussi conf. Chauveau, sur Carré, *loc. cit.*; Favard de Langlade, vº *Désaveu*, t. 2, p. 76; Thomine, t. 1er, p. 569.

218. — Une cour royale ne peut, après avoir confirmé un jugement qui déclare le désaveu *irrégulier*, statuer elle-même sur les effets de ce désaveu, la matière n'étant pas en état et disposée à recevoir décision définitive, conformément à l'art. 473. — *Cass.*, 1er fév. 1820, Thomas c. Dubois Beauplan; — Bioche et Goujet, vº *Désaveu*, nº 78.

219. — Mais quand la poursuite en désaveu, dirigée contre l'avoué qui a fait signifier un jugement, est devenue sans objet parce que le tribunal d'appel a rejeté la fin de non-recevoir que l'intimé faisait résulter du prétendu acquiescement résultant de cette signification, et que les parties ont demandé qu'on passât outre à la décision du fond, la cour d'appel peut statuer immédiatement sur le fond de l'instance principale. — *Turin*, 20 mai 1809, de Marsaglia c. Torre.

§ 4. — *Effets du désaveu.*

220. — Les effets du désaveu sont de deux sortes: les uns sont produits par l'acte même de désaveu inscrit sur les registres du greffe; les autres résultent du jugement qui admet ou rejette le désaveu.

221. — Le premier effet de l'acte de désaveu est d'arrêter la cause principale: à cet égard, l'art. 357 dispose qu'il sera sursis *à toute procédure* et au jugement de l'instance principale, jusqu'à ce qu'il ait été statué sur le désaveu à peine de nullité. — C. procéd., art. 357.

222. — Jugé en conséquence que le désaveu, même formé sur l'appel contre l'avoué de première instance, suspend la procédure et le jugement de la cause principale pendant l'exercice de l'action en désaveu. — *Bruxelles*, 17 oct. 1821, Demolie c. Neyt.

223. — Il est clair que cet effet, attribué au désaveu par l'art. 357, ne s'applique de droit qu'au désaveu régulièrement formé, et que par conséquent le sursis ne pourrait être réclamé en vertu de la simple déclaration d'une partie *qu'elle a l'intention d'intenter une action en désaveu.* — Chauveau, sur Carré, quest. 1314 *bis*; Bioche et Goujet, nº 81.

224. — Et ce principe a été reconnu expressément par un arrêt de la cour de Grenoble, qui a jugé qu'une partie est non-recevable à interjeter appel d'un jugement rendu conformément aux conclusions prises par son avoué en première instance, quoiqu'elle déclare *vouloir exercer une action en désaveu contre cet avoué.* — *Grenoble*, 30 janv. 1823 (et non 1825), Gachet c. Clerc-Mathieu.

225. — Jugé toutefois que la cour saisie de l'appel d'un jugement rendu sur des actes que l'appelant *paraît être dans l'intention* de désavouer, peut, avant faire droit sur les fins de non-recevoir et les autres moyens opposés à cet appel par l'intimé, fixer un délai dans lequel l'appelant *s'expliquera définitivement sur le désaveu dont il a menacé son avoué.* — *Rennes*, 14 juill. 1819, Delamioz.

226. — Mais cet arrêt ne peut être considéré que comme un arrêt d'espèce; aussi M. Chauveau (*loc. cit.*) n'hésite-t-il pas à lui préférer l'arrêt de Grenoble. Il est incontestable, en effet, que la cour de Rennes, en ordonnant un sursis, par cela seul qu'il y avait eu menace de désaveu, a préjudicié aux intérêts d'une partie qui avait droit d'obtenir justice sans délai, puisque son adversaire n'y mettait aucun obstacle légal.

227. — Au surplus, la jurisprudence de la cour de Grenoble est également consacrée par un arrêt de la cour d'Agen duquel il résulte que la simple manifestation, au moment du jugement, de former un désaveu, mais sans recours aux formalités exigées pour ce désaveu, ne peut motiver un sursis. — *Agen*, 10 janv. 1820, Gouges c. Sernin.

228. — Il est donc clair que, pour que le sursis soit prononcé, il faut qu'on justifie du désaveu: et c'est avec raison qu'il a été jugé que, lorsque pendant l'instance d'appel, une partie forme un désaveu contre l'avoué qui a occupé pour elle en première instance, la cour royale ne peut être tenue de surseoir au jugement du fond, si *l'acte de désaveu n'est pas produit devant elle pour la mettre à même de l'apprécier.* — *Paris*, 22 juin 1837 (t. 2 1837, p. 597), Debaudre c. Rose.

229. — Mais si le désaveu exerce de l'influence sur une instance engagée devant un tribunal autre que celui où il est porté, l'exhibition de l'acte d'avoué à avoué ou de l'exploit suffit pour arrêter devant ce tribunal la marche de la procédure. — Bioche et Goujet, nº 81.

230. — Bien que les termes de l'art. 357 soient absolus, cependant MM. Bioche et Goujet pensent (nº 82) que les juges ont le droit de refuser de surseoir lorsque le désaveu, même admis, n'aurait aucune influence sur la cause principale. En effet, disent-ils, la partie peut avoir formé le désaveu seulement pour obtenir un délai (V. aussi Delaporte, t. 1er, p. 331), par application de la règle *frustrà probatur quod probatum non relevat.* Toutefois Carré (quest. 1312) est d'un avis opposé, « par le motif qu'il est difficile de supposer qu'une partie se porte jamais à désavouer des actes qui seraient indifférens à la décision du fond. » — Mais il est combattu par M. Chauveau, son annotateur, *loc. cit.*

231. — La cour de Montpellier a décidé que, quelque absolus que soient les termes de l'art. 357, C. procéd., qui prescrivent de surseoir au jugement de l'instance principale jusqu'après celui de désaveu, les juges peuvent cependant, avant d'accorder le sursis, examiner s'il y a matière à désaveu dans les faits invoqués par le désavouant, et si ce désaveu est de nature à exercer une influence directe sur le jugement du fond; et, au cas où il leur paraîtrait qu'il en est ainsi, ils doivent prononcer le sursis, sans pouvoir examiner au fond si l'objet du désaveu est sérieux, ou s'il a seulement pour but d'obtenir un délai. — *Montpellier*, 16 juill. 1844 (t. 2 1845, p. 630), Youret c. Cazenave.

232. — La cour de Metz a même jugé que les tribunaux peuvent se dispenser de surseoir au jugement, lorsque le désaveu ne repose pas sur un des moyens prévus par l'art. 352, et lui paraît évidemment inusité et inadmissible. — *Metz*, 15 janv. 1812, Habinois.

233. — Mais cette décision est inconciliable avec le texte de l'art. 357, qui ordonne aux juges de surseoir et de fixer un délai pour que l'action en désaveu soit jugée séparément. — Le juge du fond ne peut donc pas repousser cette action sous prétexte qu'elle serait inusitée et inadmissible. — Chauveau, sur Carré, quest. 1312; Favard de Langlade, vº *Désaveu*, t. 2, p. 75; Demiau, p. 267.

234. — Jugé que l'officier ministériel désavoué ne peut écarter l'action en désaveu sous prétexte que, l'exception tirée de l'acte désavoué n'ayant pas été accueillie, le désaveu peut devenir sans objet, et qu'il est prématuré. — *Bruxelles*, 25 sept. 1821, Opsomer.

235. — Jugé, dans tous les cas, que, malgré les termes de l'art. 357, C. procéd., le sursis en cas de désaveu peut ne pas être prononcé lorsque la

partie qui pourrait tirer avantage des conclusions désavouées a déclaré consentir à les considérer comme n'ayant pas existé. — *Cass.*, 12 août 1841 (t. 2 1841, p. 569), Lancey c. Dulacq. — Il est clair que, dans ce cas, le désaveu est inutile et que la question n'offre plus d'intérêt.

236. — Il semble que rien ne s'opposerait à ce que le tribunal statuât par le même jugement sur le désaveu et sur le fond, si l'instruction était en état sur l'un et sur l'autre; mais en principe il est plus prudent et plus légal de vider l'instance de désaveu séparément et avant la question du fond. — Carré, n° 1313; Favard, v° *Désaveu*, § 3, n° 2; Pigeau, *Proc. civ.*, à l'art. 7, au chapitre *Du désaveu*; Chauveau, sur Carré, *loc. cit.*

237. — Dans tous les cas, la partie qui a conclu à ce qu'une action en désaveu fût jointe à la demande principale ne peut se plaindre devant la cour de Cassation, de ce que la cour royale a statué sur le tout par le même arrêt. — *Cass.*, 13 août 1827, Armaignac c. Patarieu.

238. — Suivant M. Thomine-Desmazures, sous l'art. 359, nonobstant le sursis, les tribunaux peuvent autoriser les mesures conservatoires qui, sans porter préjudice aux parties, requièrent célérité. Dans tous les cas, ils ne doivent ordonner ces mesures qu'avec la plus grande réserve, et lorsque cela est absolument indispensable. — Bioche et Goujet, n° 83.

239. — Si le désaveu entraîne le sursis de l'instance qui est encore pendante, il n'en est pas de même de l'exécution du jugement, lorsque ce jugement est définitif. Ainsi ce désaveu ne saurait arrêter les poursuites tant qu'il n'a pas été admis par le tribunal. — *Paris*, 16 mai 1835, Brast c. Arnaud; — Chauveau, sur Carré, quest. 1312.

240. — M. Chauveau, sur Carré (*loc. cit.*), pense également que le désaveu ne suspend pas l'exécution des *jugemens interlocutoires* précédemment rendus. Nous avons peine à nous rendre à cet avis; les termes de l'art. 357, qui ordonne le sursis *à toute procédure*, sont si précis, qu'ils nous semblent exclure toute distinction. — V. Carré, n° 1312; Favard de Langlade, v° *Désaveu*, § 3, n° 2.

241. — Tout en accordant le sursis, le tribunal peut ordonner que le désavouant fera juger le désaveu dans un délai fixe, sinon qu'il sera fait droit. — *Paris*, 16 mai 1835, Brast c. Arnaud.

242. — Lorsque, conformément à l'art. 357, le tribunal a fixé un délai dans lequel le désavouant sera tenu de faire juger le désaveu, et que ce délai vient à expirer sans que le désaveu ait été jugé, le tribunal peut statuer au fond. — *Paris*, 2 août 1813, Fichet; — Berriat, p. 353; Chauveau, sur Carré, quest. 1312.

243. — « Toutefois, disent MM. Bioche et Goujet (n° 36), comme il ne dépend pas toujours de la partie d'obtenir jugement, il serait rigoureux de la déclarer déchue dans tous les cas; il y a là une question d'équité laissée à l'appréciation des magistrats. » — Cette observation est juste et confirmée par l'arrêt précité du 2 août 1813, puisque, dans l'espèce, cet arrêt n'a ordonné le passé-outre qu'après que plusieurs délais s'étaient successivement écoulés sans poursuites. — V. en ce sens Chauveau, sur Carré, *loc. cit.*

244. — Si, malgré la prohibition de la loi, la procédure a été continuée, soit par l'officier désavoué, soit par l'adversaire, comment faire tomber les actes dont on aurait dû s'abstenir?

245. — M. Chauveau, sur Carré (n° 1313 *bis*), pense qu'il faut distinguer. Si les actes n'ont pas été suivis de jugement, on doit en demander la nullité devant le tribunal où ils ont été faits. Si, au contraire, un jugement est intervenu, on doit se pourvoir par opposition ou appel, si ce recours est ouvert, sinon par requête civile ou par tierce opposition, selon que les parties ont été ou non dûment appelées. — V. aussi Bioche, v° *Désaveu*, n° 122.

246. — Si, au lieu de formaliser une demande en désaveu dans les cas prévus par l'art. 352, la partie appelait l'officier ministériel en garantie devant le tribunal saisi de l'affaire dans laquelle on opposerait un acte fait sans pouvoir, cette demande aurait-elle l'effet de l'action en désaveu? — M. Carré, qui pose cette question (n° 1314), la résout négativement. « La conséquence du désaveu étant, dit-il, de faire déclarer nul et non avenu l'acte contre lequel on s'est pourvu, on peut dire que l'avisagement, outre qu'il présente l'inconvénient majeur de suivre une autre forme que celle spécialement établie par la loi, présupposerait la validité de l'acte, du moins relativement au tiers, puisque celui qui souffre de cet acte conclurait à une libération qui suppose que ce même acte conserve son effet. Il est donc nécessaire de formaliser la demande en désaveu. » — Et M. Chauveau (*loc. cit.*) approuve cette solution.

247. — Indépendamment du sursis, premier effet du désaveu, le Code fait produire au jugement qui l'accueille des effets fort importans. Ainsi, l'art. 360 décide que, si le désaveu est déclaré valable, les actes ou jugemens, ou les dispositions relatives aux chefs qui ont donné lieu au désaveu, demeurent annulés et comme non avenus.

248. — En conséquence, dans le cas où le jugement annulé aurait été suivi d'un appel dont l'instance fût encore pendante, il faudrait produire devant la cour royale le jugement sur le désaveu, et conclure que, vu la nullité du jugement dont est appel, il fût dit qu'il n'y a pas lieu de prononcer sur l'appel interjeté. — Pigeau, t. 1er, p. 506; — Bioche et Goujet, n° 89.

249. — La nullité prononcée par l'art. 360 a lieu *de plein droit*, sans qu'il soit besoin qu'elle ait été expressément appliquée par le jugement. C'est ce qui résulte du texte de l'article, bien qu'il ne s'en explique pas d'une manière formelle. — Berriat, t. 1er, p. 394, note 19, Observ.; Carré et Chauveau, quest. 1316; Thomine-Desmazures, t. 1er, p. 369; Perrin, *Tr. des nullités*, p. 136.

250. — Dans l'ancien droit, l'on ne pouvait faire tomber le jugement qu'en l'attaquant par appel ou requête civile. Ainsi, après l'instance sur le désaveu, il en fallait une autre pour faire annuler la décision illégalement rendue, ce qui était une complication tout-à-fait inutile. Il ne peut s'élever aucun doute, dit M. Bourbeau (p. 298), sur l'intention qu'ont eue les rédacteurs du Code de répudier ces traditions.

251. — Toutefois, MM. Pigeau (t. 1er, p. 441) et Hautefeuille (p. 192) semblent s'y être rattachés, lorsqu'ils décident, l'un, que les juges qui déclarent nulle la procédure désavouée, *sont autorisés à déclarer en même temps nul le jugement*, et l'autre, que le jugement qui déclare le désaveu valable doit contenir *la prononciation formelle que le jugement est annulé*. — Or il semble résulter de ces expressions que, selon ces deux auteurs, le jugement n'est pas nul de plein droit, et que la nullité doit en être prononcée. — Mais, ainsi que nous l'avons dit, cette opinion contrarie les termes de l'art. 360.

252. — Des termes de l'art. 360, la cour de Cassation a conclu que le désaveu peut être formé contre un officier ministériel postérieurement au jugement rendu sur les actes attaqués par la voie du désaveu. — *Cass.*, 27 août 1835, Mie c. Bailly et Davesne.

253. — Le désaveu ne porte que sur les chefs du jugement qu'il frappe expressément, à moins de connexité ou d'indivisibilité. — Arg. C. procéd., art. 340; — Bioche, v° *Desaveu*, n° 125.

254. — L'art. 360 ne se borne pas à déclarer nul le jugement attaqué par le désaveu, il décide, en outre, que le désavoué sera condamné, envers le demandeur et les autres parties, en tous dommages-intérêts, même puni d'interdiction, ou poursuivi extraordinairement, suivant la gravité du cas et la nature des circonstances.

255. — Ainsi, en admettant le désaveu, les tribunaux doivent condamner l'huissier aux frais de tous les actes et à la garantie des condamnations qu'il a occasionnées à la partie qui le désavoue. — *Paris*, 31 janv. 1815, Lefrançois c. Puissant.

256. — Toutefois la jurisprudence s'accorde à décider que cette disposition de l'art 360 est facultative, et que les tribunaux peuvent, selon les circonstances, se dispenser de l'appliquer, tout en admettant le désaveu. — Carré, quest. 1317 *bis*.

257. — Ainsi, il a été jugé qu'un avoué contre qui un désaveu est dirigé peut être affranchi de la condamnation aux dépens et dommages-intérêts, s'il est prouvé qu'il a été induit en erreur par des machinations d'un tiers, et a dû croire qu'il avait un véritable mandat. — *Lyon*, 1er avr. 1824, Descombes c. Burlier. — V. en ce sens Pigeau, *Comment.*, t. 1er, p. 623, n° 8.

258. — Jugé aussi que, lors même que le désaveu est déclaré valable, l'officier ministériel peut n'être condamné à des dommages-intérêts qu'autant qu'il y a eu faute de sa part. — *Cass.*, 27 août 1835, Mie c. Bailly et Davesne.

259. — ... Et que, dans le cas contraire, il peut, à raison de sa bonne foi, n'être condamné qu'aux dépens. — *Paris*, 7 fév. 1824, Marchait Dussabloy c. Delassaiger.

260. — La cour de Paris a même décidé que le désavouant n'a pas droit à des dommages-intérêts, tant qu'il lui reste une voie légale pour faire réformer le jugement. — *Paris*, 12 avr. 1806, Alaine c. Robert et Leclerc.

261. — Mais cette décision, suivant M. Chauveau, sur Carré (quest. 1317 *bis*), ne doit pas être suivie aujourd'hui, puisque les jugemens rendus à la suite de l'acte de désaveu sont annulés de *plein droit*, et que dès-lors ce n'est pas l'existence de ces jugemens qui donne lieu à des dommages-intérêts, mais le préjudice porté à la partie en l'engageant dans une procédure chanceuse. — V. en ce sens Pigeau, *Comment.*, t. 1er, p. 632; Merlin, *Rép.*, v° *Désaveu*.

262. — On s'est demandé si, lorsque les tierces parties ont obtenu des dommages-intérêts contre l'officier désavoué, la partie de celui-ci doit être garante envers les autres du paiement des dommages. — M. Pigeau (*Comm.*, t. 1er, p. 630) résout cette question par la distinction suivante : Selon lui, s'il s'agit d'un désaveu intenté par une partie qui n'avait jamais donné pouvoir à l'officier de la représenter, cette partie n'a rien à s'imputer, et il serait dès lors injuste qu'elle fût exposée à aucun recours; mais lorsque le désaveu ne porte que sur certains actes faits par un officier d'ailleurs chargé de pouvoirs généraux, la partie en est responsable vis-à-vis du tiers, comme on l'est en vertu de l'art. 1384, C. civ., de tous dommages causés par son mandataire.

263. — Mais M. Chauveau, sur Carré (quest. 1317 *bis*) repousse cette distinction. « L'art. 1384, dit-il, ne déclare le commettant responsable des dommages causés que parce que ce commettant est obligé de ratifier tous les actes qui ont été faits par son préposé. Mais comment admettre que celui qui a le droit de désavouer un acte fait par son mandataire, de faire tomber les jugemens même obtenus par son adversaire et de lui occasionner par conséquent un dommage réel, sérieux, peut-être irréparable, sans pour cela, bien évidemment, être tenu d'aucune action en garantie, sera forcé de lui rembourser, à titre de dommages-intérêts, en vertu de l'art. 1384, les frais faits pour obtenir ces jugemens? » — C'est le cas d'appliquer la maxime : *Accessorium sequitur principale*.

264. — L'art. 360 porte que l'officier ministériel contre lequel un désaveu est admis peut être poursuivi *extraordinairement*, suivant les circonstances. Pour bien entendre cette disposition, il faut en chercher le commentaire dans l'exposé des motifs. L'orateur du gouvernement, M. Perrin, dans la séance du 14 avr. 1806, s'exprimait ainsi : « Il serait trop sévère d'attacher toujours l'idée de la prévarication à celle du désaveu, et de prononcer une peine aussi rigoureuse contre ce qui pourrait n'être l'effet que de l'inconsidération ou de l'excès du zèle, que contre l'effet de la collusion qu'on ne doit pas présumer. Cet objet est confié à la prudence du juge et à la surveillance autant active qu'impartiale du ministère public. »

265. — Si le désaveu est rejeté, le demandeur peut être condamné, envers le désavoué et les autres parties, en tels dommages et réparations qu'il appartiendra. — C. procéd., art. 361.

266. — Et pour donner à la réparation la même publicité et la même forme solennelle qu'à l'accusation, la loi veut que, dans tous les cas, il soit fait mention du jugement de rejet, en marge de l'acte de désaveu sur les registres du greffe. — Même article. — Bourbeau, t. 5, p. 293.

267. — Jugé que la faculté d'accorder des dommages-intérêts à l'officier ministériel injustement désavoué se convertit en une obligation rigoureuse pour la conscience du juge, lorsque le désaveu a causé un préjudice réel à l'officier désavoué. — *Rennes*, 9 mars 1818, Guillois et Barbier c. Legal. — « Evidemment, dit M. Pigeau (t. 1er, p. 441), un homme public mérite une autre réparation qu'un simple particulier. » — V. aussi Demiau, p. 269.

268. — Par arrêt du parlement de Paris, 21 fév. 1786, un désaveu fut déclaré nul avec 10 liv. de dommages-intérêts applicables *au pain des prisonniers de la conciergerie du Palais*.

269. — De ce qu'aujourd'hui les dommages-intérêts ne peuvent être attribués qu'à la partie lésée, sauf à elle à faire de la somme allouée tel usage que bon lui semblera, il résulte que l'avoué, défendeur à une demande en désaveu, ne peut conclure à des dommages-intérêts en faveur des hospices. — *Bruxelles*, 15 juill. 1819, Vangoidsenhoven c. Godart. — V. au surplus DOMMAGES-INTÉRÊTS.

270. — L'instance dans laquelle deux avoués ont obtenu des dommages-intérêts, à raison d'une action en désaveu intentée contre eux par le même client, n'a rien d'indivisible; dès-lors, quoique l'un acquiesce au jugement, l'autre peut en interjeter appel pour obtenir une indemnité plus considérable. — *Rennes*, 17 août 1818, Dacosta de la Fleuriais c. Augeard.

271. — Nous pensons avec M. Bioche (n° 133) que l'officier ministériel pourrait argumenter de l'art. 1036, C. procéd. civ., pour demander l'impression et l'affiche du jugement dans le cas où le désaveu contiendrait des inculpations contre son honneur.

Ce genre de réparation nous paraît, en général, préférable à une indemnité pécuniaire. — V. AFFICHE, nos 104 et suiv.

272. — On s'est demandé si les dommages-intérêts et les graves conséquences que peut entraîner le désaveu ne devaient pas soumettre, dans tous les cas, à l'appel le jugement de cette action. —Si les actes désavoués se rattachent à une procédure judiciaire, l'intérêt que présente le désaveu se trouve déterminé par le taux de la demande à laquelle se rattache le désaveu incident ou principal. Les dommages-intérêts ne sont ici qu'un accessoire qui ne doit pas entrer en ligne de compte pour fixer la compétence. —Il en serait autrement si le désaveu concernait un acte étranger à toute instance; l'intérêt de l'action devrait se déterminer par la somme des dommages-intérêts que la partie réclame. — Bourbeau, t. 5, p. 304. —V. DEGRÉS DE JURIDICTION.

273. — Il a été jugé que lorsqu'une partie a employé la voie du désaveu et que ce désaveu a été rejeté, elle s'est rendue non-recevable à invoquer l'art. 1989, qui défend au mandataire de rien faire au-delà de son mandat.—*Cass.*, 26 mars 1834, Blondel c. Salles.

274. — Cependant M. Bioche (no 131, 2e édit.) pense que le rejet du désaveu n'est pas exclusif d'une action en dommages-intérêts de son client, fondée sur ce que l'officier ministériel n'aurait pas suivi ses instructions et lui aurait causé un préjudice. « C'est précisément, dit-il, quand le désaveu n'est pas admis que le préjudice peut être plus considérable. » — Il est difficile de concilier cette décision avec le texte de la loi.

DÉSAVEU DE PATERNITÉ.

Acte par lequel un mari déclare ne pas être le père d'un enfant dont sa femme est la mère. — V. LÉGITIMITÉ.

DESCENDANS.

1. — On appelle ainsi ceux qui sont issus les uns des autres, comme les enfans, les petits-enfans, les arrière-petits-enfans, etc., sans distinction de sexe ni de degré.

2. — Le mot *descendans* est le corrélatif du mot *ascendans*. L'ascendant est celui qui a donné le jour au descendant. Le père est l'ascendant du fils; celui-ci du petit-fils; ce dernier de l'arrière-petit-fils, et ainsi des autres; de sorte que le même sujet est *descendant* à l'égard de celui dont il est issu, et ascendant à l'égard de celui à qui il a donné le jour.—Merlin, *Rép.*, vo *Descendans*.

3. — Quand un privilége a été conféré à un individu pour en jouir *lui et ses descendans*, ce privilége se borne au dernier des descendans, et ne passe point aux collatéraux, parce que les priviléges ne s'étendent pas de certaines personnes à d'autres. — Il n'en est pas de même des successions; quand les descendans finissent, les collatéraux reprennent. — Merlin, *ibid.* — V. ALIMENS, COMMUNAUTÉ, SUCCESSION, VOL.

DESCENTE SUR LES LIEUX.

Table alphabétique.

DESCENTE SUR LES LIEUX. — 1. — On désigne sous cette dénomination le transport d'un juge ou d'un agent de la police judiciaire dans un lieu quelconque, soit pour y recueillir des renseignemens nécessaires à la décision d'une contestation, soit pour y saisir le corps d'un délit, ou y constater une contravention.

2. — Il résulte de cette définition que la *descente sur les lieux* constitue une voie d'instruction autorisée tant en matière civile qu'en matière criminelle.

3. — En matière civile, la descente sur les lieux est appelée aussi quelquefois *accès de lieux*, ou *visite de lieux*. Le Code de procédure emploie notamment cette dernière expression pour désigner les descentes de lieux faites par les juges de paix.

CHAPITRE Ier. — *De la descente sur les lieux en matière civile.*

4. — La descente sur les lieux peut être ordonnée, soit par un tribunal de première instance, soit par un juge de paix ou un tribunal de commerce, soit enfin par un conseil de prud'hommes ou un jury d'expropriation pour cause d'utilité publique. Elle est soumise dans ces différens cas à des formalités spéciales que nous ferons connaître dans les cinq sections suivantes. Elle peut encore être ordonnée par une cour royale; mais dans ce cas les formes à suivre sont les mêmes que celles indiquées pour les tribunaux de première instance. — V. *infrà* sect. 1re.

Sect. 1re. — *Tribunaux de première instance.*

§ 1er. — *Nature de la descente. — Cas où elle doit avoir lieu.*

5. — La descente sur les lieux, telle que le Code de procédure autorise les tribunaux de première instance à l'ordonner, en matière civile, est le transport du juge, assisté du greffier, sur les lieux contentieux pour les examiner et dresser procès-verbal de son examen

6. — Cette opération a pour objet de procurer aux juges des notions qui ne peuvent être fournies que par l'inspection des lieux. Elle est donc une mesure d'instruction, et par conséquent, facultative pour le tribunal.

7. — Elle est ordonnée soit d'office, soit sur la demande des parties. — C. pén., art. 295.

8. — Toutefois, les juges ne peuvent la prescrire d'office dans les matières où il n'échoit qu'un simple rapport d'experts. En pareil cas, ils ne doivent même l'ordonner, sur la réquisition expresse des parties, qu'avec une extrême réserve.

9. — Sous l'empire de l'ordonnance de 1667, la descente ne devait point être refusée par le juge quand les parties y concluaient, sauf quelques exceptions. — Guyot, *Répert.*, vo *Descente*, p. 520; Delaporte, t. 1er, p. 289; Jousse, sur l'art. 1er, tit. 21, ord. 1667; Duparc-Poullain, t. 9, p. 471, no 4.

10. — Mais cette décision ne saurait être maintenue sous notre droit nouveau : le tribunal a la faculté d'accorder ou de refuser la descente selon qu'il la juge nécessaire ou inutile; il est arbitre de l'opportunité. La loi ne lui fait pas un devoir d'ordonner l'opération, elle dit : il *pourra l'ordonner*. Cette disposition est conforme à la raison et aux principes. Si la partie, en effet, est de mauvaise foi; si elle n'allègue aucun motif plausible et déterminant, elle ne saurait lier le juge et l'obliger à souscrire aveuglément à ses caprices. — Favard de Langlade, vo *Descente sur les lieux*, no 1er; Berriat-saint-Prix, p. 309, no 3; Chauveau sur Carré, no 1138; Bioche, *Dict. de proc.*, vo *Descente sur les lieux*, no 6.

11. — Lors donc qu'une partie conclut à ce qu'une descente sur lieux soit ordonnée, les juges peuvent refuser cette mesure s'ils sont suffisamment éclairés par les élémens de la cause, et décider au fond d'après ces élémens. — *Cass.*, 16 janv. 1839 (t. 1er 1839, p. 87), Carbonnier c. Beudon.

12. — Dans tous les cas, celui qui n'a pas conclu à ce qu'une descente sur lieux fût ordonnée, ne peut se faire un moyen de cassation de ce que les juges ne l'auraient pas prescrite. — *Cass.*, 11 déc. 1827, Meriel.

13. — Il faut donc rechercher si le différend est de nature à être décidé par un simple rapport d'experts, ou s'il exige que le juge voie, par ses propres yeux, les lieux contentieux, qu'il entende les dires des parties; dans la première hypothèse, il suffit d'une expertise; dans la seconde, on ordonne une descente.

14. — Si, par exemple, il s'agit uniquement d'estimer des travaux, de savoir s'ils ont été bien faits; si l'on a suivi les conditions du marché, si des dommages ont été causés à un héritage, c'est le cas d'un simple rapport d'experts. Vainement la descente serait-elle réclamée par les parties.

15. — La contradiction qui existerait entre deux rapports d'experts ne rendrait pas nécessaire une descente de lieux. Le juge a la faculté, pour obte-

nir de nouveaux éclaircissemens, soit de nommer de nouveaux experts, soit d'entendre les observations des parties; il peut même se borner à demander aux experts de s'expliquer sur certains points. — Merlin, v° *Experts*, n° 3; Bioche, *Dict. de procéd.*, v° *Descente*, n° 7.

16. — C'est encore une expertise et non une descente qu'il conviendrait de prescrire, si l'examen des lieux exigeait des connaissances spéciales pour apprécier, par exemple, la nature du terrain. Le juge, quelque talent qu'il ait, ne peut jamais faire les fonctions d'expert; c'est là un principe général.

17. — Néanmoins, en matière d'expropriation pour cause d'utilité publique, le tribunal n'a jamais le droit, dans le cas d'urgence de prise de possession préalable, de nommer des experts (*Monit. univ.*, 10 mars 1841, p. 601, et 25 avr., p. 1109). Il doit se transporter sur les lieux, ou commettre soit un de ses membres, soit un juge de paix du lieu, pour visiter les terrains et recueillir tous les renseignemens propres à en déterminer la valeur. — L. 3 mai 1841, art. 68.

18. — Quelquefois il est difficile de déterminer s'il convient de prescrire une descente ou une expertise, et la loi s'en rapporte à la sagesse et à la prudence du tribunal; sa décision est rarement susceptible d'être annulée. — Pigeau, *Comm.*, t. 1er, p. 551; Chauveau sur Carré, quest. 1137; Bioche, *Dict. de procéd.*, v° *Descente*, t. 3, p. 135, n° 4.

19. — Lorsqu'un jugement ordonne la descente sur les lieux contentieux d'un juge accompagné d'un homme de l'art pour l'éclairer, l'opération ne constitue pas une expertise, et la récusation de cet individu n'est pas recevable. — *Colmar*, 26 juin 1828, Thyss c. Weber.

20. — Jugé également qu'un juge de paix chargé par un tribunal de visiter les lieux contentieux n'a pas le caractère d'expert, et que les dispositions des lois qui règlent la matière d'expertise ne lui sont pas applicables. — *Cass.*, 17 janv. 1833, comm. de Fourche-Fontaine c. Nonat.

§ 2. — *Comment la descente est ordonnée.*

21. — La descente sur les lieux doit nécessairement être ordonnée par un jugement. — Arg. C. procéd., art. 295 et 296.

22. — Si un tribunal se transportait en corps sur les lieux contentieux sans avoir ordonné préalablement cette mesure d'instruction, ce transport devrait être regardé comme irrégulier, les parties ne pourraient, en effet, avoir connaissance des observations faites par les juges, et proposer leurs observations et leurs réflexions relativement aux motifs qui détermineraient le jugement.

23. — Doit, en conséquence, être annulé le jugement fondé sur une visite de lieux faite par le tribunal entier, sans que le transport ait été ordonné, ni que les parties l'aient demandé, et sans qu'un procès-verbal ait été dressé. — *Agen*, 7 déc. 1809, Laurent c. Barré; — Carré, *Lois de la procéd. civ.*, t. 1er, n° 1141; Thomine-Desmazures, t. 1er, p. 498; Boncenne, t. 4, p. 431 et suiv.

24. — Il en serait surtout ainsi dans le cas où les parties auraient conclu à une expertise. — *Riom*, 14 mars 1834, Lardy c. Saintigny.

25. — A plus forte raison un jugement est-il nul s'il se fonde sur un examen des lieux fait *proprio motu* par deux juges seulement, hors la présence des parties et sans procès-verbal. — *Cass.*, 16 janv. 1839 (t. 1er 1839, p. 87), Carbonnier c. Beudon; *Caen*, 23 mai 1835, Dazy c. Fourneaux.

26. — M. Chauveau sur Carré (n° 1141) critique ces décisions. « Il importe peu, dit-il, que les parties n'aient pas été mises en demeure d'assister à la descente; un simple avis, donné à l'audience, paraît d'ailleurs suffisant pour que les parties ou leurs avoués puissent assister à la descente; les art. 295 et 296 ne prononcent point la nullité, l'on ne saurait la suppléer. »

27. — Mais on peut répondre qu'il résulte de l'économie des art. 295 à 301, C. procéd., qu'il n'y a pas de descente sans jugement et sans procès-verbal dressé par le juge-commissaire, les parties dûment appelées. Peu importe que les art. 295 et 296 ne prononcent point la nullité en cas d'inobservation de leurs prescriptions; si les formalités prescrites sont omises, il n'y a pas de descente proprement dite pouvant servir de base à un jugement.

28. — Toutefois, un jugement rendu après une descente irrégulière ne laisserait pas d'être valable, s'il n'était pas motivé sur cette descente.

29. — Il a été jugé, en effet, que la simple inspection des lieux contentieux par les juges avant de rendre leur décision ne peut pas être assimilée à une descente sur lieux dans le sens du Code de procédure, et par conséquent qu'elle n'est pas soumise aux formalités qui régissent cette procédure. — *Cass.*, 22 fév. 1843 (t. 1er 1843, p. 620), Chaix c. Missiessi; *Rouen*, 25 mai 1838 (t. 1er 1839, p. 316), Laurent c. Huet.

30. — De même, il n'est pas défendu aux juges d'avoir égard, pour former leur opinion, à la visite que chacun d'eux aurait faite individuellement des lieux contentieux, sans jugement préalable. *On ne peut voir dans cette visite une descente de lieux*, dans le sens du Code de procédure. — *Cass.*, 21 juill. 1835, Ragon c. commune de Vauréal.

31. — Jugé encore que le transport du juge sur les lieux, la vérification d'actes administratifs sans jugement préalable à cet égard, ni mise en demeure des parties d'assister à cette opération, ne constituent pas une nullité, si le tribunal n'a reconnu l'utilité de ce transport et de l'examen de ces actes qu'après avoir mis la cause en délibéré, et si d'ailleurs il ne s'est déterminé que par les faits énoncés au procès-verbal constatant la contravention. — *Cass.*, 22 mars 1838 (t. 1er 1840, p. 402), Sorel-Lobligeois.

32. — Il arrive souvent, dans la pratique, que le tribunal remette, après la plaidoirie, la prononciation de son jugement à huitaine ou à quinzaine, afin de permettre à l'un ou à plusieurs des juges d'aller visiter les lieux contentieux. Mais alors on n'indique pas dans le jugement le résultat de l'examen fait par le magistrat. — Ce mode de procéder a l'avantage d'épargner aux parties les frais considérables d'une descente sur les lieux régulière.

33. — On a vu plus haut que la descente pouvait être ordonnée soit d'office, soit sur la demande de l'une des parties. — Le Code ne prescrit aucune forme pour cette demande. Il n'est donc pas nécessaire que la réquisition soit faite par écrit.

34. — Comme sous l'ord. de 1667, elle peut se faire par conclusions verbales à l'audience. Cette opinion est conforme à l'esprit de la loi; elle tend à diminuer la procédure et les frais; le tarif, en outre, ne taxe point de requête à cet effet. — Pigeau, *Comment.*, t. 1er, p. 435; Chauveau sur Carré, t. 3, n° 1140; Boncenne, t. 4, p. 425; Bioche, v° *Descente*, n° 5. — *Contrà* Berriat Saint-Prix, p. 309, n° 6.

35. — La descente peut-elle être ordonnée par défaut? — M. Boncenne (t. 2, p. 442) enseigne la négative. Il y a défaut, dit cet auteur, donc la situation des lieux n'est point niée, et les titres ne sont point contestés. Pourquoi alors le tribunal irait-il députer un de ses membres pour recueillir, à grands frais, des renseignemens qu'il possède? La loi n'a pu présumer une pareille décision.

36. — Mais l'opinion contraire est plus généralement admise. En effet, avant de donner défaut, le tribunal doit vérifier les conclusions du demandeur; il peut avoir besoin, pour cette vérification, d'une descente de lieux. Or, l'opération peut être requise par l'une ou par l'autre des parties. Rien ne saurait donc s'opposer à ce qu'elle soit ordonnée par défaut. Il dépendrait autrement de la partie qui craint le résultat de la descente d'écarter, à son gré, une preuve bien plus décisive vis-à-vis du tribunal que la preuve toute négative résultant du défaut. D'ailleurs, le défaut peut être forcé, et, par suite, ne pas prouver péremptoirement la vérité des conclusions du demandeur. — Lepage, p. 204, quest. 2e; Carré, sur l'art. 95; Bioche, v° *Descente*, n° 8.

37. — Sous l'ordonnance de 1667, la descente du juge pouvait être accompagnée de la visite des experts. Le tribunal avait même la faculté d'ordonner encore un plan configuratif des lieux. — Guyot, *Répert.*, v° *Descente*, p. 520. — Cette décision serait applicable sous notre Code; nul texte ne s'y oppose, et il y a parité de motifs.

38. — Si le jugement qui ordonne la descente est par défaut, il doit être signifié afin de faire courir le délai de l'opposition. La signification est faite à domicile. — Bioche, *Dict. de procéd.*, v° *Descente*, n° 10.

39. — Si le jugement est contradictoire, il y a lieu à distinguer: — quand la descente doit s'effectuer le jour même du jugement la signification est impossible; il suffit d'une simple sommation (Bioche, *Dict. procéd.*, v° *Descente*, n° 10); — quand le jugement ordonne que la descente aura lieu à une époque moins rapprochée ou indéterminée, les auteurs du *Praticien* (t. 2, p. 217) et M. Demiau (p. 123) pensent qu'il n'est pas nécessaire de le signifier, parce qu'il est quelquefois préparatoire. — D'ailleurs, le tarif (art. 70) n'exige qu'une requête, à fin d'obtenir l'ordonnance du juge. Par conséquent, celle-ci semble devoir suffire si le jugement a été contradictoire. L'objet de la descente est connu des parties et du juge-commissaire; la signification du jugement serait donc superflue. — Mais on répond que le silence du législateur ne prouve pas qu'il ait improuvé la signification; il a pu considérer cette formalité comme allant de droit. L'expédition est nécessaire aux parties et au juge, surtout s'il est étranger au tribunal, pour savoir sur quoi doit porter l'examen; il faudra donc signifier toujours le jugement; c'est le droit commun. — Boncenne, t. 4, p. 441; Favard de Langlade, t. 2, p. 57, n° 2; Thomine-Desmazures, t. 1er, p. 50, édit. in-4°; Bioche, *Dict. de procéd.*, v° *Descente*, n° 10; Chauveau, sur Carré, quest. 1146.

40. — Un arrêt qui, en matière domaniale, ordonne une visite de lieux entre un particulier ayant avoué et l'état qui n'en a pas constitué, est valablement signifié par l'état à la partie adverse sans signification préalable à son avoué. — *Paris*, 11 août 1834, Lebarrois de Lemmery c. préfet de l'Yonne. — La raison en est, suivant le jugement, que le ministère des avoués est facultatif dans les instances introduites vis-à-vis des préfets agissant dans l'intérêt de l'état.

41. — Le jugement qui ordonne une descente, doit commettre l'un des juges qui ont assisté pour procéder à l'opération. — C. procéd., art. 296.

42. — En effet, le juge qui a concouru au jugement est instruit d'avance du motif qui a déterminé le tribunal; il sait quels sont les renseignemens utiles à la cause; il peut les provoquer sûrement et à bon escient. Il est donc d'une utilité incontestable que le juge-commissaire soit pris parmi les juges qui ont ordonné la descente.

43. — Sous l'empire de l'ordonn. 1667, la distribution des descentes sur lieux devait se faire suivant l'ordre du tableau. Il ne pouvait toutefois être procédé à une descente que par un des officiers qui avaient assisté au jugement (art. 3, tit. 21), à moins que tous ceux qui étaient présens n'eussent refusé. — La cour souveraine et l'hôtel du palais ne pouvaient nommer commissaire le juge rapporteur dans les procès instruits par écrit; mais cette règle n'était point suivie par les bailliages et les autres juridictions.

44. — Aujourd'hui, la généralité des expressions de l'art. 296 s'oppose à ce qu'on doive suivre nécessairement l'ordre du tableau dans la nomination du juge-commissaire; le tribunal peut choisir celui de ses membres qu'il juge le plus propre à remplir cette mission, sans excepter le président. — Chauveau sur Carré, n° 1142; Bioche, *Dict. de procéd.*, t. 3, v° *Descente*, n° 20; Thomine-Desmazures, t. 1er, p. 500; Demiau, p. 235; Favard de Langlade, v° *Descente sur les lieux*, n° 2.

45. — Les expressions de l'art. 296, C. procéd., ne sauraient se prêter non plus à l'exclusion du juge-rapporteur. L'esprit de la loi y répugne aussi; le législateur, qui a voulu établir l'unité et l'harmonie dans la législation, n'a pu maintenir cette exclusion, qui n'était qu'un privilége réservé aux cours souveraines et à l'hôtel du palais. Le juge rapporteur peut donc être nommé commissaire. — Favard de Langlade, v° *Descente sur les lieux*; Demiau, p. 233; Thomine-Desmazures, t. 1er, p. 500.

46. — Mais faut-il induire des termes de l'art. 276 que le juge commissaire ne peut être étranger au tribunal qui a rendu le jugement? — Il est certain que le transport d'un membre du tribunal rentre mieux dans l'intention de la loi. Toutefois une grande distance, des frais considérables occasionnés par l'éloignement des lieux contentieux peuvent être autant d'obstacles. Dans de telles circonstances, le tribunal doit avoir la faculté de commettre un juge étranger. Ce pouvoir de délégation lui est confié par l'art. 1035, C. procéd. En effet « quand il s'agira de procéder à une enquête... *et généralement de faire une opération quelconque* en vertu d'un jugement, et que... les lieux contentieux seront trop éloignés, les juges pourront commettre un tribunal voisin, un juge, ou même un juge de paix. » Donc la descente des lieux est comprise dans la disposition de l'art. 1035.

47. — La nomination d'un juge étranger est même indispensable, quand les lieux sont situés hors du ressort du tribunal qui a ordonné la descente. Un juge, en effet, ne peut jamais exercer ses fonctions hors du ressort de sa juridiction. C'est à la fois un principe de compétence, d'organisation et d'ordre public. Ce serait farie une véritable violence à toutes les règles; et nulle loi ne l'autorise. — Chauveau, sur Carré, quest. 1144. — *Contrà* Pigeau, *Comm.*, t. 1er, p. 552; Boncenne, t. 4, p. 431.

48. — Un tribunal peut donc, en ordonnant une descente sur les lieux, commettre un juge de paix. — *Bordeaux*, 15 mars 1810 (et non 1809), Dupin c. Tyessoreau.

49. — Seulement alors, selon MM. Delaporte (t. 1er, p. 289), Thomine-Desmazures (t. 1er p. 489), et Bioche (v° *Descente*, n° 22), la me-

sure perd le caractère d'une descente sur les lieux; elle ressemble plutôt à une expertise ou à une commission rogatoire. Il n'y a pas néanmoins de différence quant à la forme; on procède de la même manière que dans la descente.

50. — Jugé que les juges peuvent, en donnant mission à un juge de paix de visiter les lieux contentieux et d'en vérifier l'état, l'autoriser à se faire représenter la place desdits lieux et à constater dans son procès-verbal si ce plan lui paraît fidèle; que ce n'est pas, de leur part, ordonner une expertise pour laquelle il soit nécessaire de suivre les formalités établies en cette matière par le Code de procédure, mais seulement une des opérations que l'art. 1035, C. civ., les autorise à déléguer. — *Cass.*, 10 juin 1835, comm. de Lignac c. de Lignac.

51. — Lorsqu'un arrêt a commis un juge de paix pour visiter des lieux contentieux, avec mission de se faire représenter les anciens plans et d'entendre les anciens du pays, une pareille mesure ne doit être considérée ni comme une enquête, ni comme une expertise, qui requière l'application soit de l'art. 261, soit de l'art. 315, C. procéd. civ. — *Cass.*, 19 juill. 1837 (t. 1er 1840, p. 517), Lebarrois de Lemmery c. préfet de l'Yonne.

52. — Dans tous les cas, le juge-commissaire doit être nommé par le jugement qui ordonne la descente; autrement, il serait sans mission, et, par conséquent, son opération, loin d'avoir un caractère légal, ne serait que l'attestation d'un juge, sur laquelle le tribunal ne pourrait se fonder pour décider la contestation.

53. — Il s'ensuit que, si le juge commis est empêché, il faut un nouveau jugement pour en commettre un autre à sa place. La subrogation ne pourrait être faite par le commissaire primitif. — Thomine-Desmazures, t. 1er, p. 499; Carré, *Lois de la procéd.*, quest. 1143; Bioche, vo *Descente sur les lieux*, no 21.

54. — Si la descente est annulée, le tribunal doit nommer, par jugement, le commissaire qui procédera à la nouvelle opération. La première étant terminée, la mission du juge commis est accomplie, et la seconde est tout-à-fait distincte de la première.

55. — Il a même été jugé que, lorsqu'une seconde visite est ordonnée après l'ouverture de la première, le même juge de paix ne peut être commis de nouveau (*Bordeaux*, 15 mars 1810 (et non 1809), Dupin c. Tyessoreau), parce que ce juge a en quelque sorte un intérêt personnel à la contestation.

56. — Le tribunal, au lieu de désigner un commissaire pour procéder à la descente, a la faculté d'en nommer plusieurs. — *Metz*, 3 janv. 1812, Pillart c. Jaumote.

57. — Rien ne s'oppose également à ce que le jugement qui statue qu'avant faire droit il sera procédé à une descente, ordonne que le tribunal entier se transportera sur les lieux contentieux. — *Cass.*, 9 fév. 1820, Vallat c. Fouris; — Bonnin, *Comm. de la procéd. civ.*, p. 241; Berriat Saint-Prix, *Procéd. civ.*, p. 349, note 9e; Favard de Langlade, t. 2, p. 76, no 1er; Bioche, vo *Descente*, no 15.

58. — Toutefois, le transport du tribunal en corps doit se faire sans frais; autrement on augmenterait les frais de la procédure; ce qui serait contraire à l'esprit de la loi. — Favard de Langlade, vo *Descente sur les lieux*, no 1er; Berriat Saint-Prix, no 9; Chauveau sur Carré, no 1141.

59. — En règle générale, le jugement qui ordonne la descente ne doit pas en préciser l'objet; il serait imprudent de faire connaître aux parties ce qui arrête la décision; elles pourraient pressentir l'opinion du tribunal et faire disparaître les traces de ce que l'on recherche, le but de la descente serait alors complètement manqué. — Thomine-Desmazures, art. 295; Boncenne, t. 4, p. 428.

60. — Carré (quest. 1145) combat pourtant cette opinion. « Il faut bien, dit-il, déterminer l'objet et les limites de la commission du juge; autrement il serait à craindre qu'il ne se livrât à des apuremens inutiles, et qui pourraient, d'ailleurs, donner lieu à de nouvelles discussions entre les parties. »

61. — Cette raison n'est nullement concluante quand le juge commissaire a assisté au jugement, car il est initié au secret de la délibération; il connaît le siége de la difficulté; il sait quels sont les faits à vérifier, et n'a pas besoin qu'on les lui indique en détail. Mais elle conserve toute sa force dans le cas où le juge commissaire est étranger au tribunal qui a ordonné la descente. Le juge commissaire ignore complétement quel est l'objet qui embarrasse le tribunal. Il est nécessaire pour lui que les points à examiner soient clairement énoncés dans le jugement; cette commission explicite peut, sans doute, présenter des dangers, mais ils sont inévitables. — Chauveau, sur Carré, quest. 1145; Bioche, *Dict.*, vo *Descente*, p. 436, no 9.

62. — Jugé que le chef du jugement qui ordonne le transport du juge sur les lieux contentieux pour examiner la nature et l'importance des anticipations soi-disant faites sur un grand chemin prétendu appartenir à une commune est purement préparatoire; en conséquence, appel en peut être interjeté avant le jugement définitif. — *Bordeaux*, 8 avr. 1839 (t. 2 1839, p. 178), Deschamps c. comm. de Gauriac.

§ 3. — *Formes de la descente.*

63. — Sur la requête de la partie la plus diligente, le juge-commissaire rend une ordonnance qui fixe les lieu, jour et heure de la descente; la signification en est faite d'avoué à avoué et vaut sommation. — C. procéd., art. 297.

64. — Les frais de transport sont avancés par la partie requérante. — C. procéd., art. 301. — V. CONSIGNATION, no 4.

65. — Sous l'empire de l'ord. de 1667, nulle descente ne pouvait avoir lieu sans *la réquisition* préalable de l'une des parties; en outre, la partie requérante devait *servir* au commissaire le jugement qui ordonnait la descente.

66. — En est-il de même aujourd'hui, ou bien le juge-commissaire peut-il procéder à l'opération de son propre mouvement, sans y être requis? — Pour la négative on dit : le silence des parties fait présumer une transaction entre elles; il n'y aurait pas d'ailleurs consignation préalable de frais. — Merlin, *Rép.*, vo *Descente sur les lieux*, p. 63; Carré, *Lois de la procéd.*, quest. 1148; Delaporte, p. 290. — Toutefois, on répond que la descente non précédée de réquisition ne saurait être frappée de nullité; elle est en faveur de la partie qui a requis le jugement; celle-ci ne pourrait donc s'en plaindre, et la partie adverse n'aurait pas plus de droit, car la descente avait été obtenue, on l'exécute, c'est justice.

67. — Cette décision serait incontestable si les parties avaient assisté à l'opération. — Thomine-Desmazures, t. 1er, p. 501; Chauveau sur Carré, quest. 1148.

68. — Si la descente ne s'opère point, la partie contre laquelle on l'a ordonnée peut mettre son adversaire en demeure de la faire effectuer, et, si celui-ci n'agit pas, elle a le droit de poursuivre l'exécution du jugement. — Boncenne, t. 4, p. 447; Chauveau sur Carré, quest. 1148.

69. — Lorsque la descente a été ordonnée d'office, nulle partie ne peut poursuivre le jugement définitif tant que la visite n'a pas eu lieu. En effet, le tribunal a décidé qu'elle était indispensable; il ne peut passer outre sans connaître le résultat qu'il attend pour se guider dans sa décision. Seulement, si les parties ne prennent point une détermination, il a la faculté, après un certain délai, de faire rayer la cause du rôle. — Boncenne, t. 4, p. 447; Chauveau sur Carré, quest. 1148; Bioche, vo *Descente*, no 12.

70. — Le jugement qui ordonne la descente ne doit pas être signifié au juge commissaire; le Code n'exige que la présentation d'une requête. — Carré, *Lois de la procédure*, quest. 1146.

71. — Sur le vu de cette requête, le juge commissaire rend une ordonnance qui fixe les lieu, jour et heure de la descente. — C. procéd., art. 297.

72. — L'ordonnance ainsi rendue est signifiée à la partie adverse, par acte d'avoué à avoué, et vaut sommation. — Même article.

73. — Lorsque la partie à qui la signification doit être faite n'a pas d'avoué, l'ordonnance du juge commissaire lui est signifiée à domicile, car il est de principe que, toutes les fois qu'il n'y a point d'avoué, la signification se fait à personne ou à domicile. D'ailleurs, la descente est une de ces opérations qui ne peuvent être régulières sans la présence des parties ou elles dûment appelées. — Pigeau, t. 1er, p. 355; Demiau, p. 123; *Praticien français*, t. 2, p. 317; Favard de Langlade, vo *Descente sur les lieux*, no 3; Chauveau sur Carré, quest. 1147.

74. — S'il y a plusieurs défendeurs et que l'un d'eux seulement fasse défaut, la signification doit être faite au domicile du défaillant; il y a mêmes motifs de décider; mais la signification, avec réassignation, du jugement de jonction est requise préalablement. — Lepage, *Quest.*, p. 205; Chauveau sur Carré, quest. 1149.

75. — Quelquefois, le jugement qui ordonne la descente renvoie à un tribunal étranger la nomination du juge commissaire. La partie intéressée provoque cette nomination par requête; elle doit être présentée au président et accompagnée de l'expédition du jugement. Le commissaire nommé, on procède comme dans le cas où le juge a été nommé par le tribunal qui a ordonné la descente.

76. — Néanmoins, si la partie se trouvait plus rapprochée que son avoué du lieu où doit avoir lieu l'opération, l'ordonnance serait valablement notifiée au domicile de la partie. Mais il n'y aurait point nullité si on se conformait à l'art. 297, C. procéd. — Carré et Chauveau, quest. 1150.

77. — L'ordonnance 1667 (art. 7) permettait de récuser le juge commis. Cette disposition est encore applicable aujourd'hui, selon l'art. 383, C. procéd. — Bioche, vo *Descente*, no 19. — V. RÉCUSATION.

78. — Le juge commis était tenu, sous le régime de l'ordonnance (art. 6), de partir dans le mois du jour de la réquisition de l'une des parties. Le Code n'a pas reproduit cette disposition; il n'y a donc pas de délai fixe et fatal dans lequel il soit obligé de procéder à la descente. Toutefois, le juge commis requis de procéder à la descente ne doit point mettre de négligence à répondre à la requête; s'il fixait un délai trop éloigné et préjudiciable à la partie poursuivante, celle-ci pourrait se pourvoir pour obtenir la nomination d'un autre juge commissaire. — Thomine-Desmazures, t. 1er, p. 500; Bioche, vo *Descente*, no 42. — Elle pourrait même prendre le juge à partie, car sa conduite constituerait un véritable déni de justice. — Chauveau sur Carré, 1013 *bis*.

79. — L'opération doit être terminée dans les cinq jours, à dater du jugement qui l'a ordonnée, si elle a lieu pour cause d'expropriation. — L. 3 mai 1841, art. 68.

80. — Il semblerait résulter des dispositions qui précèdent qu'un tribunal ne saurait ordonner qu'il se transportera le *jour même, à l'issue de l'audience*, sur les lieux contentieux. Cependant on peut répondre que la loi ne prescrit pas, à peine de nullité, l'exécution des dispositions de l'art. 297, et que l'invitation faite aux parties présentes à l'audience d'assister à la descente ordonnée supplée suffisamment à ces dispositions. — V. conf. *Cass.*, 9 fév. 1820, Vallac c. Fouric.

81. — Dans l'ancienne jurisprudence, les tribunaux usaient de cette faculté, et aujourd'hui certains tribunaux suivent le même usage, notamment à Toulouse. — Chauveau sur Carré, t. 3, p. 63, note 2; Bioche, vo *Descente*, no 16.

82. — Le juge commissaire peut recevoir des déclarations données en forme de renseignemens, par des tiers, dans le cas où les parties sont présentes et en font la réquisition formelle. — Hautefeuille, p. 169; Carré et Chauveau, t. 3, p. 72 et 73, note 1re.

83. — Mais, en général, il ne peut recevoir de renseignemens de personnes étrangères au procès que dans les limites du jugement qui a ordonné la descente. S'il en était autrement, le commissaire ferait une espèce d'enquête sans jugement d'appointement de preuve. — Carré et Chauveau, t. 3, no 1151.

84. — Il ne saurait donc dresser, de son autorité, un plan des lieux dans le cas où il penserait que son rapport ne suffirait pas pour éclairer le tribunal. — Merlin, *Rép.*, vo *Descente*, t. 3, p. 605; Favard de Langlade, vo *Descente sur les lieux*; Boncenne, t. 4, p. 444; Pigeau, t. 1er, p. 356.

85. — Mais, comme nous l'avons vu (*suprà*, no 50), le tribunal a la faculté, en donnant mission à un juge de paix de visiter des lieux contentieux et d'en visiter l'état, de l'autoriser à se faire représenter le plan desdits lieux et à constater dans son procès-verbal si ce plan lui paraît fidèle; ce n'est pas de leur part ordonner une expertise pour laquelle il soit nécessaire de suivre les formalités établies en cette matière par le Code de procédure, mais seulement une des opérations que l'art. 1035, C. civ., les autorise à déléguer. — *Cass.*, 10 juin 1835, commune de Lignac c. de Lignac; 10 fév. 1836, Benet c. Mille; 25 mai 1836, Latour c. commune de Lalanne; — Bioche et Goujet, *Dict. procéd.*, vo *Descente sur les lieux*, no 17.

86. — Les parties peuvent se faire représenter par un mandataire ou assister d'un conseil.

87. — Si l'opération ne peut se terminer le même jour, le juge commissaire remet la continuation de sa visite à un jour postérieur qu'il indique; il n'est pas nécessaire de faire de nouvelles significations ou sommations (arg. art. 1034, C. procéd.); alors même que la partie serait absente; si elle n'a point connu la remise de l'opération, c'est sa faute. — Pigeau, t. 1er, p. 356; Favard de Langlade, vo *Descente sur les lieux*; Boncenne, t. 4, p. 444.

88. — L'assistance du ministère public n'est nécessaire pour une descente sur lieux que lorsqu'il est partie en cause et non lorsqu'il agit par voie de simple réquisition. — C. procéd., art. 300.

89. — Ainsi, le ministère public n'est pas tenu

d'assister à une descente de lieux dans une cause intéressant une commune, et où il ne figure que comme partie jointe. — *Cass.*, 2 janv. 1834, compagnie de Rissart c. Marcoul.

90. — Mais il doit être présent lorsqu'il signe au nom et en qualité de demandeur, de défendeur ou d'intervenant, par exemple, quand il agit au nom d'un présumé absent, quand le roi est assigné pour ses domaines. — C. civ., art. 69 et 114.

91. — Le juge commissaire, en procédant à la visite des lieux litigieux, est assisté du greffier, qui rédige procès-verbal des opérations et constate la présence ou l'absence des parties ou de leurs avoués, leurs observations et la description des objets litigieux.

92. — Le procès-verbal doit faire mention des jours employés au transport, séjour et retour. — C. procéd., art. 298. — Cette mention est requise pour la liquidation des frais.

93. — La consignation de ces frais est faite au greffe, comme on l'a vu plus haut, par la partie la plus diligente. — C. procéd., art. 301.

94. — Telle était aussi la disposition de l'art. 5, tit. 21, ord. 1667. Mais, comme les commissaires ne pouvaient procéder à une descente sans la réquisition des parties, la plus diligente était, dans l'espèce, la partie requérante.

95. — Cette solution doit-elle également être admise sous ce Code? Une distinction est nécessaire. Si la descente a été requise, la consignation des frais doit être faite par la partie qui a provoqué la descente. — Pigeau, *Comm.*, t. 1er, p. 556; Delaporte, t. 1er, p. 291; Carré et Chauveau, quest. 1154, note 1re; Bioche, *Dict. de procéd.*, vo *Descente sur lieux*, no 31.

96. — Toutefois la partie qui a obtenu le jugement peut ne pas vouloir poursuivre l'opération; on ne saurait alors la forcer à consigner les frais. Si l'adversaire veut faire exécuter la descente, il est obligé de consigner lui-même les frais. La loi, en effet, a supposé le cas où la partie qui a provoqué la mesure la ferait exécuter; si, par exception, la partie adverse poursuit l'exécution, elle doit aussi, par exception, consigner les frais de transport.

97. — Jugé que les frais de transport pour une descente sur lieux doivent être avancés par la partie qui a provoqué le jugement prescrivant ce transport, et non par celle qui prend l'ordonnance du juge commissaire. — *Trèves*, 4 déc. 1812, Burkel c. Merckel. — Il est à remarquer que, dans l'espèce, la partie qui avait pris l'ordonnance offrait de consigner la moitié des frais.

98. — Si la descente a été ordonnée d'office, la partie requérante est celle qui poursuit l'exécution de la mesure. — Hautefeuille, p. 168; Carré, *Lois de la procéd.*, no 1154; Boncenne, t. 4, p. 446; Bioche, vo *Descente sur les lieux*, no 31. — Le tribunal ne pourrait enjoindre aux parties d'avancer les frais par moitié; il n'y a que la partie requérante qui doive cette consignation. — Arg. C. procéd., art. 301.

99. — Par frais de transport on comprend ceux des voyages, séjour et retour du commissaire et du greffier. — Pigeau, *Comm.*, t. 1er, p. 555; — Boncenne, t. 4, p. 445. — ... Et même les frais de l'huissier audiencier dont le juge commis a requis l'assistance. — Chauveau, sur Carré, quest. 1154 *bis*; Bioche, vo *Descente*, no 35.

100. — Le Code ne dit pas quelle est la somme à consigner pour le transport du juge et du greffier, mais cette lacune se trouve comblée par les art. 88 et 89, décr. 18 juin 1811, et par l'ord. du 4 août 1824. — Chauveau, *Comm. du tarif*, t. 1er, p. 256, no 13; Boucher d'Argis, *Taxe*, vo *Transport de magistrat*, p. 369; Bioche, vo *Descente*, nos 34 et 35. — L'indemnité allouée à l'huissier audiencier se détermine par l'art. 66 du Tarif. — Chauveau, sur Carré, quest. 1154 *bis*.

101. — Quant aux frais de transport qu'entraîne le déplacement des parties, ils ne doivent pas être consignés: ils ne sauraient être compris dans la taxe des dépens, à moins que la partie se trouve dans le cas prévu par l'art. 146, § 1er, du Tarif, et qu'elle ait rempli les formalités que cette disposition exige.

102. — On ne comprend jamais dans les frais de transport ceux du ministère public. Quand il n'est que partie jointe, sa présence n'est pas nécessaire (V. *suprà* no 88); les frais de transport ne sauraient donc entrer en taxe. S'il est partie principale, il représente une personne civile; c'est celle-ci qui doit consigner les frais. — Boncenne, t. 4, p. 448; Chauveau, sur Carré, quest. 1154 *bis*; Bioche, vo *Descente*, no 33.

103. — Les frais de descente sont en définitive à la charge de la partie qui succombe; peu importe qu'elle ait été ordonnée d'office ou sur la demande d'une seule partie; malgré les efforts de son adversaire; elle constitue une mesure d'instruction dont les frais entrent nécessairement dans les dépens de l'instance. — Carré et Chauveau, quest. 1139, note; Bioche, vo *Descente*, no 53.

104. — Quelques auteurs enseignent que cette règle doit souffrir exception dans le cas où la descente a été ordonnée dans une matière où il n'échéait qu'un simple rapport d'experts, parce qu'alors l'opération est autorisée dans l'intérêt unique de la partie qui la demande. — Denisart, *Rép.*, vo *Descentes de juges*; Lepage, *Questions*, p. 205; Boncenne, *Th. de la procéd.*, t. 4, p. 426. — Mais cette distinction ne nous paraît pas admissible. On a vu, en effet, que le tribunal est toujours maître de refuser la descente; si donc il l'a autorisée, c'est qu'il l'a cru nécessaire à la découverte de la vérité, et dès-lors elle a eu lieu dans l'intérêt de toutes les parties. Les frais qu'elle a occasionnés doivent par conséquent être compris dans les dépens.

105. — Lorsque le jugement définitif compense les dépens, la partie qui a fait l'avance des frais de transport a recours contre l'autre dans la proportion de la condamnation. — Bioche, *Dict. de procéd.*, vo *Descente*, no 53.

106. — Le procès-verbal n'est ouvert qu'au lieu indiqué pour la descente. — Pigeau, *Comm.*, t. 1er, p. 553; Bioche, *Dict. de procéd.*, vo *Descente*, no 46. — V. AVOUÉ, no 305.

107. — Il doit être déposé au greffe et enregistré dans les vingt jours à peine de double droit.

108. — La partie la plus diligente en lève expédition et la signifie aux avoués des autres parties. Trois jours après, l'audience peut être poursuivie sur un simple acte et sans écritures. — C. procéd., art. 299; arg. art. 70, Tarif.

109. — Il est convenable que le juge commissaire assiste et prenne part au jugement définitif, sa présence peut être très utile; par ses explications orales il complète les renseignemens recueillis dans le procès-verbal. Cependant, la loi n'exige pas expressément qu'il concoure au jugement; son absence ne serait donc point une cause de nullité. — Locré, t. 21, p. 472; Chauveau, sur Carré, quest. 1145 *bis*; Bioche, vo *Descente*, no 52.

110. — Jugé, en ce sens, qu'un jugement rendu après une visite de lieux est valable, quoique le magistrat qui a présidé à cette opération n'ait point assisté au rapport fait sur son procès-verbal, et n'ait pas participé au jugement. — *Cass.*, 2 janv. 1834, comp. de Rissart c. Marcoul.

Sect. 2e. — *Juges de paix.*

111. — Pour les procès de la compétence des juges de paix, la modicité des intérêts devait faire modifier les règles ordinaires; les formalités ont donc été abrégées.

112. — Lorsqu'il s'agira, porte l'art. 41, C. procéd., soit de constater l'état des lieux, soit d'apprécier la valeur des indemnités et dédommagemens demandés, le juge de paix ordonnera que le lieu contentieux sera visité par lui en présence des parties.

113. — Aux termes de l'art. 38 du même Code, dans tous les cas où une enquête est jugée nécessaire et où la vue des lieux peut être utile pour l'intelligence des dépositions, et spécialement dans les actions pour déplacemens de bornes, usurpations de terres, arbres, haies et autres clôtures, et pour entreprises sur les cours d'eau, le juge de paix se transporte, s'il le croit nécessaire, sur le lieu et ordonne que les témoins y seront entendus.

114. — Enfin, si l'objet de la visite ou de l'appréciation exige des connaissances qui soient étrangères au juge, il ordonne que des gens de l'art qu'il commet par le même jugement feront la visite avec lui et donneront leur avis. — C. pén., art. 42.

115. — Dans ces différens cas, le juge peut ordonner son transport soit d'office, soit sur la réquisition de l'une des parties. — Curasson, t. 1er, p. 112, no 23; Chauveau, sur Carré, t. 3, p. 184.

116. — Mais une réquisition expresse de l'une des parties est indispensable pour autoriser le juge à réclamer des frais de transport. — Tarif, art. 8; Pigeau, *Comment.*, t. 1er, p. 105; Chauveau, sur Carré, t. 3, p. 183.

117. — Le juge de paix reste au surplus maître de refuser la visite, quoiqu'elle soit requise; son transport sur les lieux contentieux est purement facultatif; il ne doit avoir lieu qu'autant qu'il le croit nécessaire. — *Cass.*, 26 avr. 1825, Guibert c. Imbert.

118. — Bien que l'art. 41 dise que *le lieu contentieux sera visité en présence des parties*, celles-ci ont la faculté de se faire représenter par des fondés de pouvoir. Il est même d'usage qu'elles se fassent assister de conseils dont on reçoit les dires, observations ou réquisitions. — Delaporte, t. 1er, p. 36; Carré et Chauveau, t. 3, art. 41, quest. 172 *bis*.

119. — La visite n'est pas seulement ordonnée dans le cas où il s'agit d'instruire au fond. Le juge de paix devant lequel un déclinatoire est proposé peut, avant de statuer sur l'exception, ordonner préalablement une vérification des lieux qui le mettra à même de s'éclairer sur la compétence. — *Cass.*, 7 janv. 1829, Vignon c. Boucherle; — Carré, quest. add. 172 *bis*; Chauveau, sur Carré, quest. 172 *bis*.

120. — Lorsque le juge a désigné des gens de l'art pour l'accompagner, M. Thomine (t. 1er, p. 115) pense que l'expertise ne peut avoir lieu qu'en sa présence; il est, en effet, l'expert indiqué par la loi; les gens de l'art ne sont que ses conseillers, ses aides; c'est ce qui résulte des expressions de l'art. 42, C. procéd.: « Les gens de l'art feront la visite avec lui, » et « le procès-verbal doit être signé par le juge, le greffier et les experts. » En outre, le Code ne trace aucune règle pour la confection ou le dépôt du rapport dans le cas où les experts procéderaient hors de la présence du juge.

121. — Mais l'opinion contraire est professée par MM. Pigeau (*Comm.*, t. 1er, p. 108 et 109) et Chauveau (sur Carré, t. 3, quest. 172 *ter*.). Le premier auteur l'adopte sans difficulté et sans discussion, le second s'appuie sur l'art. 8 du Tarif. « Le juge, dit-il, ne peut ordonner son transport que sur la réquisition de l'une des parties, à moins de s'exposer à supporter personnellement les frais de sa visite. Si l'expertise ne pouvait avoir lieu qu'en sa présence, il s'ensuivrait nécessairement qu'il ne pourrait non plus l'ordonner sans une semblable réquisition. Mais, quel moyen lui resterait-il si aucune partie ne requérait? l'obligerait-on à juger sans connaissance de cause? »

122. — M. Curasson (t. 1er, p. 113, no 25) adopte également ce système, qui paraît consacré par la cour de Cassation.

123. — Il a, en effet, été jugé qu'un juge de paix peut, sans incompétence ni excès de pouvoir, baser sa sentence sur une expertise, faite hors sa présence et celle des parties, si cette expertise a été précédée d'une visite de lieux contradictoire. — *Cass.*, 20 juill. 1837 (t. 2 1837, p. 383), Guérin c. Berrier.

124. — Les experts sont nommés par le jugement qui ordonne leur visite. — C. pén., art. 42.

125. — Mais on n'est pas d'accord pour savoir si le juge doit nommer ceux qui lui sont présentés par les parties, ou bien s'il a la faculté de les choisir d'office.

126. — D'un côté l'on dit: si les parties s'accordent à l'instant sur les gens de l'art, le juge nommera ceux qu'elles auront indiqués; mais les parties sont-elles absentes, s'élève-t-il des débats sur le choix, le juge choisira les experts d'office; la simplicité de la procédure l'exige ainsi. — Lepage, *Quest.*, p. 88; Delaporte, t. 1er, p. 37; Berriat Saint-Prix, *Procéd. civ.*, p. 203, note 9; Pigeau, *Comm.*, t. 1er, p. 105; Carré, *Lois de la procéd. civ.*, quest. 174.

127. — D'autre part on soutient que le juge n'est point tenu de suivre l'indication des parties: rien ne s'oppose à ce qu'il prenne leur avis; mais leur choix ne saurait le lier. L'art 42, en effet, renouvelle la disposition de l'art. 2, tit. 5, L. 26 oct. 1790; or, la formule de jugement donnée, dans l'instruction de cette loi, interprétait l'article en ce sens: — Bien plus si le juge s'était trompé dans le choix des experts, il pourrait les révoquer, pourvu que ce fût en présence des parties. — Chauveau et Carré, quest. 174; Thomine-Demazures, t. 1er, p. 115; Curasson, t. 1er, p. 113.

128. — Cette dernière opinion nous paraît préférable.

129. — Aucune loi positive n'oblige le juge à choisir un nombre donné d'experts; mais le but de la visite étant d'éclaircir la question, il est convenable de nommer un ou trois experts. Tel est d'ailleurs l'esprit du Code. (Arg., art. 303.) — Carré et Chauveau, quest. 175. — Toutefois, le juge de paix a, sur ce point, un pouvoir discrétionnaire. — Pigeau, *Comm.*, t. 1er, p. 106; Curassson, t. 1er, p. 112, no 24.

130. — Ainsi, il a été jugé que, hors les cas où la nécessité d'une expertise résulte soit de la demande formelle de l'une ou de l'autre des parties, soit d'une disposition légale qui la prescrive, les juges, pour obtenir des renseignemens, peuvent ne nommer qu'un seul expert, au lieu de trois, sans être tenus de laisser aux parties la faculté d'une option préalable, et sans avoir besoin non plus de leur consentement. — *Cass.*, 22 fév. 1837 (t. 2 1837, p. 382), comm. de Ciron c. Bélabre.

131. — Le Code n'établit pas non plus de procédure sur la récusation des experts choisis par le

juge. Evidemment ils ne seraient point récusables par les parties si celles-ci les avaient présentés ou agréés. Mais les auteurs conviennent généralement que les experts nommés d'office peuvent être récusés pour causes graves. S'il en était autrement, l'arbitraire et la partialité seraient trop à craindre.

132. — Au reste, le juge de paix est le maître d'avoir ou non égard à la récusation. Il serait, en effet, peu convenable de ne pas permettre au juge de peser lui-même, selon les circonstances, les motifs proposés; dans les affaires qui ne sont pas en dernier ressort, il ne reste jamais la ressource de l'appel. — Carré et Chauveau, quest. 176; Thomine-Desmazures, t. 1er, p. 115; Lepage, *Questions*, p. 89.

133. — Le juge de paix n'est point astreint à suivre l'avis des experts si sa conviction s'y oppose. — C. procéd., art. 323. — Les experts n'émettent qu'une opinion, et non pas une décision. Le juge peut s'en écarter suivant les circonstances. — Pigeau, *Comm.*, t. 1er, p. 109; Thomine-Desmazures, t. 1er, p. 116; Carré et Chauveau, t. 3, quest. 177.

134. — On ne donne de procès-verbal du transport que dans les causes sujettes à l'appel. — C. procéd., art. 42.

135. — Ce procès-verbal est rédigé par le greffier; il constate, s'il y a lieu, l'énonciation de la récusation des experts par les parties (arg. des art. 39 et 40), la prestation du serment par ces mêmes experts, les dires, observations ou réquisitions des parties ou de leurs fondés de pouvoir. Il est signé par le juge de paix, le greffier et les experts; il est fait mention du tout.

136. — Les parties ou leurs fondés de pouvoirs dont on a reçu les dires et observations, doivent également signer le procès-verbal; s'ils ne veulent ou ne peuvent signer, on fait mention de leur impuissance. Il en est de même à l'égard des experts. — Chauveau et Carré, quest. 172, 176, 178; Bioche, *Dict. de procéd.*, vo *Descente*, no 55; Delaporte, t. 1er, p. 36.

137. — Si la cause est en dernier ressort, le jugement énonce les noms des experts, la prestation du serment et le résultat de leur avis. — C. procéd., art. 43.

138. — On entend par résultat de l'avis des experts l'énoncé pur et simple de leurs avis sans aucune mention des motifs. — Pigeau, *Comm.*, t. 1er, p. 108; Thomine-Desmazures, t. 1er, p. 117; Carré, *Lois de la procéd. civ.*, quest. 181.

139. — Toutefois, même dans le cas où la cause est en dernier ressort, l'existence d'un procès-verbal n'emporterait point nullité. Mais, à moins qu'il n'eût été dressé sur la demande des parties, celles-ci pourraient se refuser à en payer les frais. — Bioche, vo *Descente*, no 55.

140. — Si le juge de paix ne statue pas sans désemparer, il doit, selon M. Biret (t. 2, p. 299), dresser un procès-verbal, quoique l'affaire soit de nature à être jugée en dernier ressort. Autrement, il ne resterait ni traces du transport du juge, ni constatation des lieux, ni appréciation des indemnités qui pourraient être dues, ni dépositions des témoins.

141. — MM. Carré et Chauveau (t. 3, quest. 180), professent une opinion contraire. L'art. 43, disent-ils, ne se borne pas seulement à dispenser le juge de dresser procès-verbal; il l'interdit formellement. Or, la lettre de la loi n'est point ici en opposition avec l'esprit; son but est d'économiser les frais. Les traces d'ailleurs dont parle M. Biret ne sont point nécessaires; il suffit de l'impression que les lieux ont opérée sur l'esprit du juge. Nous ajouterons que les parties ne sauraient être forcées à payer les frais de ce procès-verbal; il n'est ni commandé par l'art. 43, C. procéd., ni compris dans l'art. 8 du tarif.

142. — Le juge de paix peut rendre son jugement définitif sur les lieux même contentieux et sans désemparer. — C. procéd., art. 42.

Sect. 3e. — *Tribunaux de commerce.*

143. — Les tribunaux de commerce peuvent, comme les autres juridictions, ordonner une descente sur les lieux lorsqu'ils jugent ce mode d'instruction nécessaire à la découverte de la vérité. — Goujet et Merger, *Dict. de droit comm.*, vo *Visite de lieux*, no 1er.

144. — On suit, dans ce cas, les formes prescrites pour les descentes ordonnées par les tribunaux de première instance, sauf les modifications résultant de l'organisation différente de ces deux juridictions.

145. — Ainsi, les significations nécessaires doivent être faites à partie, au lieu d'être notifiées d'avoué à avoué.

Sect. 4e. — *Prud'hommes.*

146. — Les prud'hommes peuvent faire des visites chez les fabricans, chefs d'ateliers, ouvriers et compagnons, et doivent se transporter sur les lieux pour faire certaines vérifications. — L. 18 mars 1806, art. 10, 11, 12 et 13; décr. 20 fév. 1810, art. 46, 64 et 65.

147. — Les fonctions des prud'hommes sont purement gratuites (décr. 18 mars 1806, art. 30 et 32); par conséquent, leur transport est fait sans frais. Le jugement qui l'ordonne n'est même pas levé; on procède à l'opération sur le vu de la minute du jugement préparatoire. — Décr. 20 fév. 1810, art. 46.

148. — Le jugement qui ordonne la visite indique le lieu, le jour et l'heure, afin que les parties puissent y assister; la prononciation du jugement vaut citation. — Décr. 20 fév. 1810, art. 45.

149. — Il est nécessaire que le transport soit requis; les prud'hommes ne peuvent l'ordonner d'office; la loi exige que des plaintes préalables leur soient portées. Peu importe, du reste, que la réquisition des parties soit verbale ou écrite. — Arg. L. 18 mars 1806, art. 10, 11, 12 et 13.

150. — Ce transport n'est point obligatoire; les prud'hommes ont la faculté de l'accorder ou de le refuser suivant qu'ils le jugent utile ou inutile; l'art. 13, en effet, qui se réfère aux cas où il y a lieu à transport ou visite, dit : Les prud'hommes *pourront* faire des visites. — L. 18 mars 1806, art. 13.

151. — Le conseil procédant à une visite doit être au moins composé de deux prudhommes assistés du secrétaire. — Décr. 20 févr. 1810, art. 46.

152. — Il doit être dressé un procès-verbal de la visite, dans le cas où il s'agit de constater des infidélités ou des soustractions. — L. 18 mars 1806, art. 13. — La rédaction d'un procès-verbal ne paraît pas être exigée dans les autres cas. Toutefois, si l'affaire est susceptible d'appel, il peut être utile d'énoncer, dans le jugement définitif, le résultat de l'opération. — Bioche, *Dict. de procéd. civ.*, vo *Prud'hommes*, no 80. — V. d'ailleurs PRUD'HOMMES

Sect. 5e. — *Jury d'expropriation.*

153. — Le jury spécial, chargé de régler les indemnités en matière d'expropriation pour utilité publique, peut, pour rechercher les élémens qui doivent servir de base à sa décision, se transporter en corps sur les lieux ou déléguer à cet effet un ou plusieurs de ses membres. — L. 3 mai 1841, art. 37. — V. EXPROPRIATION POUR UTILITÉ PUBLIQUE.

CHAPITRE II. — *De la descente sur les lieux en matière criminelle.*

154. — Indispensable quelquefois, en matière civile, la descente sur lieux est plus impérieusement encore exigée en matière criminelle. En effet, l'inspection des lieux peut seule, en certaines circonstances, apporter la conviction dans l'esprit des juges encore indécis, mettre sous la main de justice le corps du délit, ou procurer la preuve matérielle des faits incriminés.

155. — Cette opération, le plus souvent exécutée par les officiers de police judiciaire ou les préposés de certaines administrations publiques, peut cependant être jugée utile par les tribunaux, qui alors peuvent y procéder eux mêmes.

Sect. 1re. — *Tribunaux.*

156. — La descente de lieux ne doit être opérée par les tribunaux de répression qu'autant qu'elle a été préalablement ordonnée; et la visite que les juges feraient *proprio motu* ne pourrait servir de base à une décision n'ayant aucun caractère juridique.

157. — Et, spécialement, le juge de police ne peut légalement motiver son jugement sur l'examen qu'il a fait des lieux sans avoir préalablement ordonné cette visite. — *Cass.*, 11 juin 1830, Voyron; 13 nov. 1834, Leluault-Mansellière; 6 avr. 1838 (t. 2 1839, p. 655), Franque.

158. — ... Surtout lorsque les résultats ont servi de base au jugement. — *Cass.*, 4 janv. 1839 (t. 2 1839, p. 655), Franque.

159. — Les tribunaux de simple police sont, en effet, par voie d'analogie, tenus d'observer la disposition de l'art. 41, C. procéd., portant que « lorsqu'il s'agit de constater l'état des lieux, le juge de paix ordonne que le lieu contentieux sera visité par lui en présence des parties. »

160. — Il est donc nécessaire également que les parties soient présentes ou dûment appelées. Le juge, autrement serait exposé à recevoir de fausses impressions à l'inspection des lieux contentieux; il peut être abusé par des rapports inexacts ou perfides. Or, en matière criminelle, la condamnation a une autre influence qu'en matière civile; il ne s'agit pas seulement d'intérêts pécuniaires. L'honneur, la réputation, le repos d'une famille entière sont en jeu; les conséquences peuvent devenir irréparables. Rien de ce qui est de nature à les prévenir ne doit donc être négligé.

161. — Ainsi, jugé que le tribunal de simple police ne peut donc baser son jugement sur une visite des lieux contentieux, qu'autant qu'elle a été faite en présence des parties. — *Cass.*, 6 déc. 1834, Mansbendel; 4 janv. 1838 (t. 2 1839, p. 655), Lemonnier c. Villaumez.

162. — Et le jugement énonçant que le tribunal a vu et accédé les lieux contentieux doit être annulé si rien n'établit que ce transport ait été préalablement ordonné, ni que les parties aient été présentes ou légalement mises en demeure d'y assister. — *Cass.*, 11 juin 1830, Voyron; 6 avr. 1838 (t. 2 1839, p. 655), Lemonnier c. Villaumez.

163. — Le ministère public doit être présent ou dûment appelé à la descente; il est partie, car il est le représentant de la société, que tout délit intéresse éminemment.

164. — Par suite, est nul le jugement du tribunal de police rendu après examen des lieux, si le ministère public n'y a pas été présent ou n'a pas été légalement mis en mesure d'y assister. — *Cass.*, 4 janv. 1839 (t. 2 1839, p. 655), Franque.

165. — Lorsque le ministère public a requis, avant faire droit, une descente de lieux, le tribunal de police ne peut, sans violer la loi et encourir la cassation, se dispenser de statuer sur sa réquisition. — *Cass.*, 13 nov. 1834, Minist. publ. c. Giraud.

166. — Le tribunal de simple police saisi d'un procès par un renvoi de la cour de Cassation, a juridiction pour faire une descente sur les lieux contentieux, quoiqu'ils soient situés hors de son ressort. — *Cass.*, 25 juin 1830, Sellier; 25 janv. 1821, Chesnel.

167. — Et la partie qui a assisté à une descente faite par le juge de simple police sur des lieux placés en partie seulement dans sa juridiction ne peut se faire un moyen de cassation de ce que, pour rendre son opération plus complète, ce juge l'a prolongée jusque dans la juridiction voisine, où était situé le surplus des lieux qu'il visitait. — *Cass.*, 9 déc. 1830, Maurice Duval c. Roy et Martin Duval.

168. — Le tribunal de simple police peut refuser d'entendre des témoins produits par le plaignant à l'appui du procès-verbal sur lequel il fonde son action, lorsqu'il résulte d'une visite des lieux faite par les juges en présence des parties, une connaissance de la vérité des faits qui rend inutile l'audition de ces témoins. — *Cass.*, 9 déc. 1830, Duval c. Roy.

169. — Les tribunaux correctionnels, les cours d'assises et le jury peuvent opérer une descente pour examiner les lieux, leur inspection étant de nature à jeter un nouveau jour sur les débats et influer sur le verdict du jury.

170. — La cour d'assises ne viole donc aucune loi en se transportant avec les jurés, l'accusé et son défenseur, dans une cour attenante au palais pour y procéder publiquement à des vérifications jugées nécessaires à la manifestation de la vérité. — *Cass.*, 22 mai 1834, Guitard.

171. — Mais il y aurait violation du droit de la défense, si cette vérification avait lieu hors la présence de l'accusé.

172. — De plus, le président de la cour d'assises a le droit de confier à l'un des assesseurs de cette cour le soin de recueillir toutes les déclarations qu'il juge utiles à la manifestation de la vérité, et de faire lever, d'après ces déclarations, un plan des lieux. — *Cass.*, 24 janv. 1839 (t. 1er 1839, p. 569), Muglioni c. Orsini.

Sect. 2e. — *Officiers de police judiciaire.*

173. — Les procureurs du roi font des descentes sur les lieux toutes les fois qu'un crime ou un délit y ayant été commis, ils jugent leur présence nécessaire pour la découverte de la vérité : « Dans tous les cas de flagrant délit, porte l'art. 32, C. inst. crim., lorsque le fait sera de nature à entraîner une peine afflictive ou infamante, le procureur du roi se transportera sur les lieux sans aucun retard, pour y dresser les procès-verbaux nécessaires à l'effet de constater le corps du délit, son état, l'état des lieux, et pour recevoir la déclaration des personnes qui auraient été présentes ou qui auraient des renseignemens à donner. — Le procureur du roi donnera avis de son trans-

port au juge d'instruction, sans être toutefois tenu de l'attendre pour procéder. »

174. — Les mêmes devoirs sont imposés au procureur du roi, soit lorsque le prévenu est possesseur de papiers ou autres pièces et effets qui puissent vraisemblablement établir la preuve du crime ou du délit (C. inst. crim., art. 36), soit toutes les fois que, s'agissant d'un crime ou délit même non flagrant commis dans l'intérieur d'une maison, le chef de cette maison a requis le procureur du roi de le constater (art. 46), soit enfin hors des cas énoncés dans les art. 32 et 46, si le procureur du roi a été prévenu par une dénonciation ou par toute autre voie qu'il a été commis dans son arrondissement un crime ou un délit. — Art. 47.

175. — Les officiers de la police judiciaire, auxiliaires du procureur du roi, ont, en son absence (art. 51), compétence pour faire des descentes dans les cas de flagrant délit ou de réquisition d'un chef de maison. — C. inst. crim., art. 49 et 50. — V. OFFICIERS DE POLICE JUDICIAIRE.

176. — Hors le cas de mort présumée violente ou de flagrant délit, le procureur du roi ne peut se transporter sur les lieux, sans être accompagné du juge d'instruction. — *Cass.*, 30 sept. 1826, Bobelin.

177. — Le procureur du roi est d'ordinaire accompagné dans son transport sur les lieux du greffier ou commis greffier du tribunal. Il peut également se faire accompagner d'un ou plusieurs huissiers. — Circ. min., 23 sept. 1811 et 11 fév. 1824.

178. — Le prévenu, s'il est sous la main de la justice, doit être présent à cette opération ; ses observations doivent être écoutées ; elles font partie du droit de défense qui appartient à tout accusé. — C. inst. crim., art. 39 et suiv.

179. — Le juge d'instruction peut faire directement et par lui-même, dans tous les cas réputés flagrant délit, tous les actes attribués au procureur du roi. — Il peut requérir la présence de ce fonctionnaire, sans aucun retard néanmoins des opérations prescrites par la loi. (C. inst. crim., art. 59.) — Dans le cours de toute instruction, le juge d'instruction peut se transporter sur les lieux, quand il le juge convenable ; mais alors il doit toujours être accompagné du procureur du roi (art. 62). Dans tous les cas, il est accompagné du greffier du tribunal. — Massabiau, *Manuel du procur. du roi*, t. 2, no 1629.

180. — Il est dû une indemnité pour frais de transport au juge d'instruction, au procureur du roi et au greffier, lorsqu'ils ont cru devoir procéder à une descente sur lieux : le juge de paix est parmi tous les autres officiers de police judiciaire, le seul qui y ait également droit. — Circul. min. just. 23 sept. 1812. — Massabiau, t. 2, no 1646.

181. — V. pour les règles à suivre, dans tous les cas de descente sur lieux, soit par le procureur du roi, soit par le juge d'instruction ou tout autre officier de police judiciaire, les mots FLAGRANT DÉLIT, INSTRUCTION CRIMINELLE.

Sect. 3e. — *Préposés des contributions indirectes ou des douanes.*

182. — Les préposés des douanes ont le droit de rechercher les marchandises prohibées et de se transporter, à cet effet, dans le domicile des citoyens, et de faire une descente sur les lieux ; mais ils doivent se faire accompagner d'un officier municipal ou d'un commissaire de police. — L. des douanes 28 avr. 1816, art. 59 et 60.

183. — L'obligation où sont les préposés des douanes de se faire assister d'un officier municipal dans leurs visites, n'est pas prescrite à peine de nullité. — Ils peuvent se faire assister par l'adjoint à défaut du maire. — *Cass.*, 21 août 1828, Douanes c. Gastenea.

184. — Ils ont le droit d'aller à bord de tout vaisseau, même de ceux de guerre (L. 4 germ. an II, tit. 2, art. 8), de rechercher et constater les dépôts de sel (régl. 11 juin 1806, art. 8), et de constater les fraudes sur le tabac. — L. 17 déc. 1814, art. 82.

185. — Les employés de l'administration des contributions indirectes peuvent faire des descentes chez les contribuables pour procéder à leurs exercices et vérifications, mais seulement pendant le jour. — L. 8 déc. 1814, art. 131 et 132.

186. — Toutefois, ils peuvent pénétrer chez les débitans de boissons pendant tout le temps que les lieux de débit sont ouverts au public, et même pendant la nuit, dans les brasseries et les distilleries, s'il résulte des déclarations que ces établissemens sont en activité. — L. 28 avr. 1816, art. 235.

187. — Quant aux formes et conditions de ces visites et descentes sur lieux, V. BOISSONS, CONTRIBUTIONS INDIRECTES, DOUANES.

DESCRIPTION.

1. — État ou dénombrement sommaire des meubles, effets, titres, papiers, etc.

2. — Le procès-verbal d'apposition des scellés doit contenir une description sommaire des effets qui ne sont pas mis sous les scellés ou qui sont nécessaires à l'usage des personnes qui restent dans la maison (C. procéd., art. 914-8o, et 924). — Si la cause de l'apposition des scellés vient à cesser, ces scellés sont levés sans description. — C. procéd., art. 940. — V. SCELLÉS.

3. — Lorsqu'on saisit un accusé, on fait une description des effets qu'on trouve sur lui.

4. — On décrit pareillement ceux qui se trouvent sur un cadavre dont on fait la levée, etc.

5. — Dans ces différens cas, la description est une espèce d'inventaire, mais elle en diffère à certains égards. La description se fait comme d'une manière provisoire et sans aucune prisée de chaque objet en particulier ; elle se fait quelquefois sans que les parties intéressées y soient présentes ni appelées ; elle ne nuit ni ne préjudicie aux droits de personne ; elle est toujours faite sauf le droit de qui il appartient ; elle est du ministère des officiers de justice. — Merlin, *Rép.*, vo *Description*. — V. INVENTAIRE.

6. — On entend encore par *description* la constatation de la forme extérieure et de l'état matériel d'un acte ou d'une chose.

7. — Telle est la description qui doit être faite par le président du tribunal de première instance de tout testament olographe ou mystique avant que ce testament puisse être mis à exécution. — C. civ., art. 1007. — V. TESTAMENT.

8. — Tel est encore l'état détaillé d'un domaine, d'une maison, connu sous le nom de *description* ou *état de lieux*. — V. BAIL.

DÉSERTION.

Table alphabétique.

DÉSERTION. — 1. — C'est le crime d'un militaire ou marin qui abandonne son corps ou son navire sans un congé.

2. — Autrefois la désertion était punie de mort, dans tous les cas. L'ord. du 12 déc. 1775 n'a maintenu cette peine qu'à l'égard de la désertion en temps de guerre et pour passer à l'ennemi.

3. — Après 1789, la législation, en matière de désertion, a été complètement changée, et ce délit militaire a été l'objet d'un très grand nombre de dispositions spéciales. — Nous distinguerons celles qui concernent l'armée de terre de celles qui se rapportent à l'armée navale.

—

CHAPITRE Ier. — *Législation et pénalités.*

§ 1er. — *Armée de terre.*

4. — Les art. 24 et 25, tit. 2, L. 30 sept. 1791, dite *Code militaire*, établissaient contre les déserteurs des peines dont la rigueur était graduée selon les circonstances qui avaient accompagné la désertion. Ces peines étaient l'emprisonnement, les fers et la mort.

5. — L'art. 26 de cette loi accordait au déserteur en temps de paix huit jours de repentir pour se représenter, ou prouver par une déclaration authentique que son intention était de revenir aux drapeaux. S'il était arrêté pendant ces huit jours, il devait être traité comme déserteur.

6. — Le *Code pénal militaire* du 12 mai 1793 a aggravé ces peines et prévu d'autres cas de désertion. Ce Code distingue entre la désertion à l'extérieur et la désertion à l'intérieur. Dans le premier cas, il prononce la peine de mort ; dans le second, il distingue entre la désertion avec armes et bagages, et la désertion accompagnée de vol fait à la troupe, et prononce, pour le premier genre de désertion, dix ans de fers, et quinze ans de la même peine pour le second genre. — Art. 1er et 2.

7. — D'après l'art. 3, la désertion à l'intérieur, mais sans armes, était punie de cinq ans de fers ; si le militaire était de service, la peine était élevée à dix ans.

8. — Les dispositions des lois du 22 sept. 1790 (concernant la compétence et l'organisation des tribunaux militaires, et le mode de procéder devant eux), et 30 sept. 1791, ont été rappelées et refondues dans le *Code des délits et des peines militaires* du 21 brum. an V, encore en vigueur aujourd'hui, sauf les modifications qui y ont été apportées et que nous ferons connaître.

9. — Le Code du 21 brum. an V, distinguant aussi la désertion à l'ennemi de la désertion à l'intérieur, répute déserteur à l'ennemi tout militaire ou autre individu attaché à l'armée ou à sa suite, qui, sans ordre ou permission par écrit de son supérieur, aura franchi les limites fixées par le commandant de la troupe dont il fait partie, sur les côtés par lesquels on pourrait communiquer avec l'ennemi ; ou encore celui qui sortira d'une place assiégée ou investie par l'ennemi. — Tit. 1er, art. 2 et 3.

10. — Ces articles prononcent contre le militaire coupable du fait ainsi déterminé la peine de mort.

11. — Les art. 4 et 5 punissent de la même peine 1o tout militaire qui, étant en faction ou en vedette en présence de l'ennemi, aura, sans avoir rempli sa consigne, abandonné son poste pour ne songer qu'à sa propre sûreté ; 2o tout militaire qui aura excité ses camarades à passer à l'ennemi, alors même que la désertion n'aurait pas eu lieu.

12. — Aux termes de l'art. 6, s'il y a eu complot dans ce but, et que le chef n'en soit pas connu, le plus élevé en grade, ou, à grade égal, le plus ancien de service doit être réputé chef du complot, et, comme tel, puni de mort.

13. — L'art. 7, L. 21 brum. an V, dispose que tout complice qui révèle un semblable complot ne peut être poursuivi ni puni à raison du crime qu'il a découvert.

14. — Ces articles, comme on le voit, sont muets à l'égard des chefs de complots de désertion à l'étranger ou à l'intérieur. — L'arrêté du 19 vend. an XII, dont nous parlons plus bas, garde sur ce point le même silence. Cette lacune a été remplie par un décret du 23 vent. an XIII, qui porte : « A

l'avenir, tout militaire ou autre individu employé à la suite de l'armée, qui sera convaincu d'avoir excité ses camarades à déserter, soit à l'ennemi, soit à l'étranger, soit à l'intérieur, sera réputé chef de complot, et, comme tel, puni de mort.

15. — Cette disposition est littéralement reproduite dans l'art. 1er du décret du 8 vendém. an XIV, et l'art. 2 de ce décret est la reproduction textuelle de l'art. 6 de la loi du 21 brum. an V.

16. — Le tit. 2, L. 21 brum. an V, s'occupe de la désertion à l'intérieur. Aux termes de l'art. 3 de ce titre, tout militaire qui, à l'armée, aura manqué aux appels faits d'un lever du soleil à l'autre, sans une permission par écrit de son chef, ou sans un congé, dans la forme prescrite par les lois militaires, est réputé déserteur à l'intérieur.

17. — Sont également réputés déserteurs à l'intérieur, et punis comme tels, suivant les circonstances du délit, 1° tout militaire qui, sans permission ni congé aura manqué, dans une place de guerre de première ligne, aux appels pendant trente-six heures (art. 4); 2° celui qui, sans congé ou permission, aura dépassé les limites fixées par le commandant du côté opposé à celui de l'ennemi, soit au camp, soit au cantonnement, soit à une place en état de siége (art. 5).

18. — Les peines déterminées pour la désertion à l'intérieur, par la loi du 21 brum. an V, résultent des art. 1er et 2 du titre 2, qui disposent: (art. 1er) tout militaire qui sera convaincu d'avoir déserté de l'armée ou d'une place de première ligne, sur la frontière menacée ou exposée, pour se retirer dans l'intérieur de la république, sera puni de cinq ans de fers; — (art. 2) tout militaire convaincu d'avoir déserté de l'armée ou d'une place de première ligne étant de service, sera puni de sept ans de fers; s'il a déserté étant en faction ou en vedette, la peine sera de dix ans de fers. Dans l'un et l'autre cas, la désertion avec armes et bagages sera punie de quinze ans de fers.

19. — Jusqu'ici les lois que nous avons parcourues ne s'occupaient de la désertion que d'une manière pour ainsi dire accessoire, puisqu'elles avaient pour but la législation pénale militaire tout entière. L'arrêté du 19 vendém. an XII a résumé toutes les dispositions précédentes, et s'est occupé de la désertion d'une manière spéciale.

20. — Cet arrêté établit un certain nombre de dépôts où devront être réunis les réfractaires, et en règle l'organisation et la discipline. Il établit aussi des conseils de guerre spéciaux pour juger les délits commis par ces réfractaires, conseils aujourd'hui sans objet. (Ordonn. 21 févr. 1816.) En outre, il explique quelques cas nouveaux de désertion, notamment la *désertion à l'étranger*, dont les lois précédentes ne parlaient pas.

21. — Aux termes de l'art. 71 de cet arrêté, est réputé déserteur à l'étranger tout sous-officier ou soldat qui, sans ordre ou permission par écrit de son supérieur, aura franchi les limites fixées par le commandant de la troupe à laquelle il appartient, et qui sera arrêté à deux lieues de l'extrême frontière, allant vers cette frontière, lorsque sa famille n'aura pas son domicile dans ledit espace et du côté où il se dirigeait.

22. — Pour les caractères de la désertion à l'ennemi, cet arrêté se réfère à la loi du 21 brum. an V. Il n'en est pas de même à l'égard de la désertion à l'intérieur.

23. — Suivant l'art. 73, tout militaire qui, pendant la guerre, aura abandonné son corps sans permission, ou qui, ayant obtenu un congé, ne rejoint pas à l'expiration de ce congé, est réputé déserteur. — Art. 73.

24. — Le même article ajoute: «Sera réputé avoir abandonné son corps celui qui, à l'armée ou dans une place de guerre, en sera absent depuis vingt-quatre heures et en tout autre lieu depuis quarante-huit heures. — Sera réputé n'avoir pas rejoint son corps après l'expiration de son congé, celui qui aura dépassé de huit jours la durée de ce congé.»

25. — Pendant la paix, doit être réputé déserteur tout sous-officier ou soldat qui, ayant plus de six mois de service, aura abandonné son corps depuis trois fois vingt-quatre heures dans un camp ou une place de guerre, et depuis huit jours dans tout autre lieu, ou qui aura dépassé de quinze jours la durée de son congé. — Art. 74.

26. — Toutefois celui qui, ayant moins de six mois de service, abandonne son corps dans un camp ou une place de guerre, n'est déclaré déserteur qu'après quinze jours d'absence, et qu'après un mois dans tout autre lieu. — Même article.

27. — De même, si l'individu qui a laissé expirer son congé et qui ne rejoint pas avait moins de six mois de service, il n'est déclaré déserteur qu'après

un mois du jour de l'expiration de son congé. — Même article.

28. — Les jours de repentir ainsi accordés aux individus ayant moins de six mois de service sont refusés à ceux qui, étant dans cette position, n'ont pas déserté seuls, ou qui ont déserté étant de service, ou qui ont emporté leur habit. Ils sont dénoncés comme déserteurs à l'expiration du temps fixé pour ceux qui ont plus de six mois de service. — Même article.

29. — Le titre 9 de cet arrêté est relatif aux peines en matière de désertion. Il porte: *Sera puni de mort*, 1° le déserteur à l'ennemi; — 2° tout chef de complot de désertion; — 3° tout déserteur en faction; — 4° tout déserteur qui aura emporté *ses armes* ou *celles de ses camarades*; — 5° tout déserteur à l'étranger, qui y aura pris du service, ou qui y sera passé une seconde fois; — 6° tout condamné au boulet ou aux travaux (publics), qui se sera rendu coupable de révolte ou de soulèvement contre ses surveillans, ses chefs ou la garde; — 7° le même, quand il aura commis un crime puni par le Code pén. ou le Code milit., de la mort ou des fers. — Art. 67.

30. — Seront punis de la peine du boulet: 1° le déserteur à l'étranger; — 2° le déserteur à l'intérieur qui aura emporté des vêtemens ou des effets appartenant à ses camarades; — 3° le déserteur à l'intérieur qui, à l'avenir, aura déserté plus d'une fois; — 4° le déserteur des travaux publics. — Art. 69.

31. — La durée de la peine du boulet sera toujours de dix ans, et sera augmentée de deux ans pour chacune des circonstances suivantes: 1° si la désertion n'a pas été individuelle; — 2° si le coupable était d'un service quelconque, ou s'il a escaladé les remparts; — 3° s'il a déserté de l'armée ou d'une place de première ligne. — Art. 70.

32. — La désertion à l'intérieur est punie des travaux publics. La durée de cette peine est toujours de trois ans; mais elle est augmentée de deux ans pour chacune des circonstances énumérées dans l'article précédent, et, de plus, s'il a emporté des effets fournis par l'état ou par le corps. — Art. 72.

33. — Les dispositions de l'arrêté du 19 vendém. an XII sur le fait de désertion joint au fait d'avoir emporté *ses armes* ou celles de ses camarades (art. 67, n° 4), ont été interprétées ainsi qu'il suit par un avis du conseil d'état du 22 vent. suivant, rapporté par Duvergier (*Coll.*, sous la loi du 15 juill. 1829, p. 315): «Sera puni de mort tout déserteur qui aura emmené son cheval ou celui d'un militaire quelconque; tout déserteur qui aura emporté son arme ou ses armes à feu; tout déserteur qui aura emporté soit une arme à feu, soit une arme blanche de l'un de ses camarades. L'enlèvement de la baïonnette ou celui du sabre sera considéré comme circonstance aggravante de la désertion, et en conséquence la durée de la peine du boulet et celle des travaux publics seront augmentées de deux ans contre le déserteur qui aura emporté son sabre ou sa baïonnette.»

34. — L'arrêté du 19 vendém. an II a été, en cette disposition, confirmé, ainsi que l'avis qui était venu l'interpréter par l'ord. du 21 fév. 1816.

35. — Au surplus, lorsque le fait de désertion se joint à celui de soustraction, détournement, dissipation, vente, etc., d'armes ou effets militaires, c'est à la loi du 15 juill. 1829 qu'il faut aujourd'hui recourir. — V. EFFETS MILITAIRES.

36. — L'arrêté du 19 vendém. an XII portait, art. 56, que, conformément à la loi du 17 vent. an VIII, tout déserteur serait condamné à une amende de 1,500 fr. — L'ord. du 21 fév. 1816 (art. 2) remplace cette amende par la condamnation aux frais de la poursuite, conformément à la loi du 18 germ. an VII.

37. — Deux autres lois du 4 niv. an IV se sont également occupées de la désertion. L'une d'elles était relative au jugement des déserteurs et à l'indemnité qu'ils pouvaient devoir à raison des effets par eux emportés; elle a été virtuellement abrogée par les lois postérieures.

38. — La seconde est relative à la provocation à la désertion (V. *infrà*) et à l'embauchage. — V. ce mot.

39. — La loi du 24 brum. an VI contient aussi des dispositions relatives à ceux qui ont favorisé la désertion.

40. — Il a été jugé que, les décrets impériaux n'étant obligatoires qu'autant qu'ils ont été promulgués, il n'y a pas lieu à l'application de celui du 21 déc. 1808, qui porte peine de mort pour désertion en temps de guerre contre les militaires faisant partie d'un régiment étranger au service de la France, *ce décret n'ayant point reçu de promulgation légale.* — *Cass.*, 12 juill. 1844 (t. 1er 1845, p. 19), Ruelle.

41. — Enfin, une ordonnance du 8 août 1814 concernant la discipline militaire dispose (art. 4) qu'à partir de ce jour tout militaire qui quitterait ses drapeaux sans permission sera arrêté et ramené de suite au corps pour y être jugé selon la rigueur des lois contre la désertion.

42. — Des dispositions précitées il résulte que, pour être en état de désertion, il faut avoir *abandonné le corps.* On ne peut donc considérer comme déserteur le jeune soldat qui a refusé de se rendre à son corps et qui n'a jamais été incorporé dans un régiment: c'est ce que paraît avoir consacré un arrêt de la cour de *Lyon*, 27 juill. 1826, Chataigner.

43. — Cet arrêt a, il est vrai, été cassé le 8 déc. 1826; mais on remarquera que la question à juger était non pas une question de désertion, mais bien de recel du retardataire; acquitté par l'arrêt de la cour de Lyon, le recéleur a été déclaré passible des peines portées par la loi du 24 brum. an VI, sur le recèlement des déserteurs, par le motif que cette loi prévoit également le cas de recel des conscrits réfractaires. Quant à la position personnelle du recélé, la cour de Cassation n'a pas, à vrai dire, eu à l'examiner, et nous croyons que si on lui eût formellement demandé: L'individu recélé qui a refusé de rejoindre son corps et qui n'y a jamais été incorporé, est-il un déserteur? la cour eût répondu négativement. En vain dirait-on, avec le réquisitoire qui a précédé cet arrêt et dont celui-ci déclare adopter les motifs, qu'aux termes de la loi du 10 mars 1818, tout individu inscrit sur les registres matricules du corps est censé appartenir à ce corps! Oui, si on entend par là qu'il est obligé de rejoindre le drapeau; non, s'il s'agit de lui appliquer les peines de la désertion. Ne pas rejoindre le régiment, ce n'est pas le quitter, l'abandonner. La fiction ne saurait aller jusque-là. Si l'inscription sur le registre matricule du corps suffisait pour constituer l'état militaire de l'individu qui ne veut pas rejoindre, à quoi servirait la distinction que fait l'art. 74 de l'arrêté du 19 vendém. an XII, entre ceux qui ont plus ou moins de six mois *de service?* La pensée évidente du législateur, c'est qu'il y a eu service commencé, service abandonné, disons le mot, service déserté.

44. — D'ailleurs, le doute ne saurait exister en présence du § 1er de l'art. 39, L. 21 mars 1832, qui punit comme *insoumis* le jeune soldat qui n'est pas arrivé au corps au jour fixé par l'ordre de route; et des termes d'une circulaire du 4 mai 1832 (art. 86) il résulte que cette disposition de l'art. 39 établit en principe qu'il n'y a *désertion* que lorsqu'il y a eu abandon du drapeau. Ainsi, tout jeune soldat qui ne se rend pas à sa destination désobéit à la loi et se met en état d'*insoumission*, mais il n'est pas coupable de *désertion.* — V. sur les insoumis, RECRUTEMENT.

45. — A côté de ces diverses dispositions vient se placer le décret du 8 fruct. an XIII sur la conscription, dont l'art. 58 porte que «les suppléans qui ne rejoindront pas ou qui déserteront après avoir rejoint seront dénoncés par le commandant du corps pour lequel ils étaient destinés ou dont ils faisaient partie pour être traduits devant un conseil de guerre spécial et être condamnés par ledit conseil à cinq ans de la peine du boulet.

46. — Il est résulté de cet article que les remplaçans déserteurs se sont trouvés placés sous l'empire d'une répression spéciale. — Mais comme cet art. 58 ne prévoyait aucun cas de circonstances aggravantes ni aucune augmentation de peine pour ces divers cas, il s'est élevé la question de savoir s'il fallait pour cette aggravation recourir aux dispositions générales de la loi du 19 vendém. an XII.

47. — Et cette question s'est présentée spécialement au cas où il s'agissait de la désertion à l'intérieur avec ces circonstances 1° que les coupables avaient déserté d'une place de première ligne ou étant de service; — 2° qu'ils avaient emporté des armes et effets d'habillement. Le conseil de guerre avait cru devoir ajouter à la peine de cinq ans de boulet une prolongation de trois ans de la même peine par application des art. 70 et 72, L. 19 vendém. an XII, combinés avec l'art. 8, L. 15 juill. 1829.

48. — Mais la cour de Cassation a écarté à la fois l'art. 70 (en ce que cet article ne s'applique pas au même genre de désertion que celui prévu dans l'espèce), et l'art. 72 en ce que, bien que relatif à la désertion à l'intérieur avec les circonstances aggravantes constituées à la charge des prévenus, il prononce une peine différente de celle (du boulet) prononcée par le décret du 8 fruct. an XIII. — Et il a décidé qu'il n'y avait lieu dans le cas prévu, qu'à l'application de l'art. 8, L. 15 juill. 1829, d'après lequel tout sous-officier ou soldat déclaré coupable de désertion et qui aura em-

porté, en désertant, son arme ou ses armes blanches ou celles qui lui étaient confiées pour son service devra être condamné à une année d'aggravation de la peine qu'il aurait encourue pour fait de désertion. — *Cass.*, 21 août 1834, Deury. — V. RECRUTEMENT et REMPLACEMENT MILITAIRE.

49. — Les art. 76, 77 et 78, arr. du 19 vendém. an XII, relatif à l'exécution des jugemens rendus en matière de désertion, disposent : 1° (art. 76) que tout déserteur condamné à mort sera exécuté ainsi qu'il a été dit par les lois antérieures. — V. PEINES.

50. — ... 2° (Art. 77) Que tout déserteur condamné au boulet sera conduit à la parade le lendemain du jour où il aura été jugé : qu'il y paraîtra traînant le boulet et revêtu de l'habillement des condamnés au boulet : qu'il entendra la lecture de sa sentence à genoux et les yeux bandés, et qu'il parcourra, toujours les yeux bandés, le front entier des gardes de son corps, qui sera en bataille : qu'enfin le corps dont il faisait partie défilera ensuite devant lui à la tête des gardes du jour, et que sa compagnie marchera la première.

51. — ... 3° (Art. 78) Que le déserteur condamné aux travaux publics arrivera à la parade revêtu de l'habillement prescrit aux condamnés aux travaux publics (V. TRAVAUX PUBLICS) ; qu'il entendra la sentence debout et n'aura point les yeux bandés ; qu'il ne parcourra ni le front de la parade, ni celui de son corps ; enfin, que les gardes et son corps défileront devant lui.

52. — Tout condamné aux travaux publics qui aura subi sa peine ou obtenu sa grace sera mis en liberté ; il recevra une cartouche sur papier blanc, portant qu'il a expié sa peine, et qu'il est, à compter de ce jour, à la disposition du gouvernement pendant huit ans. — Arr. 19 vendém. an XII, art. 83. — V. aussi CARTOUCHE MILITAIRE.

53. — Et le même article ajoute qu'il sera de suite placé dans le corps de troupes qui sera indiqué par le ministre de la guerre ; qu'il y sera inscrit, au moment de son arrivée, comme un recrue ordinaire et traité de même.

54. — De cette dernière disposition la cour de Cassation a conclu que la peine des travaux publics n'est ni afflictive ni infamante. — *Cass.*, 22 fév. 1828, Grasset ; 30 sept. 1825, Mathieu. — V. PEINE.

55. — Jugé aussi, par ce dernier arrêt, que celui qui, après avoir été condamné aux travaux publics pour fait de désertion, commet un crime ou un délit commun, n'est pas passible des peines de la récidive. — V. RÉCIDIVE, TRIBUNAUX MILITAIRES.

§ 2. — *Armée navale.*

56. — Dans l'armée de mer, les peines de la désertion sont la mort, la chaîne (maintenant le boulet) et la bouline. — Arr. 5 germ. an XII.

57. — Est puni de mort : 1° le marin déserteur à l'ennemi ; 2° tout chef de complot de désertion ; 3° tout marin qui aura déserté en présence de l'ennemi, étant commandé spécialement pour le service ; 4° tout marin qui aurait emporté des armes ou des munitions de son bord ou de l'arsenal. — Arr. 5 germ. an XII, art. 33.

58. — Sera soumis à la peine du boulet (qui a remplacé la chaîne, aux termes du décr. 4 mai 1812, art. 4) : 1° le marin déserteur à l'étranger ; 2° le marin déserteur à l'intérieur, qui sera redevable à l'état de tout ou partie d'avances qui lui auront été faites, soit sur sa solde, soit en effets d'habillement, ou qui aura emporté des vêtemens ou effets appartenant à ses camarades ; 3° le marin déserteur qui aura déserté plus d'une fois depuis la publication du présent arrêté. — Même arrêté, art. 34.

59. — Suivant le décret du 4 mai 1812 (art. 5), tout officier marinier, marin ou apprenti marin, provenant de l'inscription maritime ou de la conscription, qui, après avoir obtenu grace pour crime de désertion, ne se rendra pas au corps ou à la destination qui lui aura été assignée, ou qui en désertera après s'y être rendu, sera puni de mort et exécuté dans les vingt-quatre heures, à moins de sursis motivé par des circonstances atténuantes. — Art. 6 et 7.

60. — La durée de la peine du boulet est toujours de trois ans. Elle est doublée pour les déserteurs à l'étranger. — Art. 35. — Cet article ajoutait : *qui y auraient pris du service*. Ces mots ont été supprimés par une rédaction nouvelle qui résulte du décret du 1er flor. suivant.

61. — Ladite peine du boulet est augmentée seulement d'une année pour chacune des circonstances suivantes, 1° si la désertion n'a pas été individuelle, — 2° si le coupable était de service sur quelque embarcation, ou s'il était de quart ou de garde à bord. — Art. 35.

62. — Est réputé déserteur à l'étranger tout marin qui, n'étant muni d'ordre ni de permission, est arrêté dans la distance de deux lieues de l'extrême frontière, si sa famille n'a pas de domicile dans ledit espace de deux lieues et du côté où il se dirigeait. — Art. 36.

63. — La désertion pure et simple à l'intérieur est punie de la bouline (art. 37). Cette peine est augmentée d'une course si la désertion n'a pas été individuelle, ou si le bâtiment était en partance. — Art. 59.

64. — Est réputé déserteur à l'intérieur tout marin, 1° qui aura été absent de son bord pendant trois jours de suite sans permission ; — 2° qui aura déserté d'un bâtiment de l'état pour s'engager sur un bâtiment particulier ; — 3° qui, ayant reçu l'ordre du départ de son quartier, et ayant touché sa conduite, ne se sera pas rendu à sa destination dans le délai de trois jours après le jour fixé, s'il ne justifie pas en avoir été empêché par un motif légitime ; — 4° qui se sera évadé de la caserne des matelots ou de l'hôpital et qui n'aura pas reparu dans le délai de trois jours ; — 5° qui, ayant quitté l'hôpital avec un billet de sortie, ne se sera pas rendu, dans ledit délai, à son bord ou à sa destination ; — 6° ou enfin qui, ayant obtenu un congé limité, n'aura pas rejoint huit jours après l'expiration du temps fixé pour son retour. — Art. 38.

65. — L'art. 40 du même arrêté défend aux conseils de guerre maritimes spéciaux, sous peine de forfaiture, de commuer ni de diminuer les peines portées contre les déserteurs.

66. — On s'est demandé si, lorsqu'au fait de désertion vientse joindre, soit l'enlèvement d'armes ou de munitions, soit la soustraction d'effets appartenant à des camarades, on devait encore appliquer les dispositions rigoureuses des art. 33, n° 4, et 34, n° 2, de l'arrêté du 5 germin. an XII ou celles plus douces de la loi du 15 juill. 1829.

67. — Nous pensons que la loi de 1829, qui, dans les mêmes circonstances, a substitué des peines plus douces à celles qu'avaient édictées la loi du 12 mai 1793 et l'arrêté du 19 vendém. an XII, ne s'applique qu'à l'armée de terre. Et il est incontestable que les mêmes motifs d'humanité pourraient amener les mêmes modifications en ce qui concerne l'armée de mer, ces modifications n'ayant pas été apportées à la rigueur de la loi, il faudrait, le cas échéant, appliquer les dispositions des lois de 1793 et de l'an XII.

68. — Suivant l'art. 43, tout marin déserteur condamné à mort doit être exécuté à bord du bâtiment sur lequel il était embarqué, et, en cas d'empêchement, ou, si avant d'être mis en jugement il n'était pas embarqué, à bord de l'amiral ou dans le lieu indiqué par l'officier général ou supérieur commandant la division ou par le préfet maritime.

69. — Suivant l'art. 43, tout marin déserteur condamné au boulet est conduit, soit à bord du bâtiment d'où il a déserté, soit à terre, soit à bord de l'amiral, ou dans un lieu désigné à cet effet ; le lendemain du jour du jugement, il doit y paraître en présence de marins de divers bâtimens ou de la caserne avec le boulet au pied et revêtu de l'habillement des condamnés au boulet : il entend la lecture de sa sentence à genoux, passe devant les détachemens de marins placés comme il aura été ordonné par l'amiral, l'officier supérieur ou le préfet maritime, puis ces détachemens défilent ensuite devant lui.

70. — Le marin déserteur condamné à la bouline est conduit au lieu indiqué dans l'art. 43 ; il entend sa sentence debout, après quoi il subit sa peine en présence des détachemens de marins assemblés à cet effet. — Art. 44. — V. BOULINE (peine de la).

CHAPITRE II. — *Complicité. — Provocation. — Recélement de déserteurs.*

71. — *Complicité. — Provocation.* — La loi du 4 niv. an IV a prévu trois sortes de complicités du délit de désertion, 1° l'embauchage, ou la provocation à déserter pour l'ennemi, l'étranger ou les rebelles ; 2° la provocation à déserter sans embauchage ; et 3° le recèlement de déserteurs.

72. — L'art. 6 de cette loi soumet à la juridiction militaire les prévenus de ces délits ; mais cette disposition a été abrogée par l'art. 2, L. 22 messid. an IV, qui ne reconnaît de délits militaires que ceux qui sont commis par des individus faisant partie de l'armée.

73. — Et il a été jugé que la provocation à la désertion par un individu non militaire, s'il n'y a pas embauchage, est de la compétence des tribunaux ordinaires. — *Cass.*, 11 déc. 1812, Legros ; 28 oct. 1813, Joubert ; 21 mars 1823, Adelis. — V. aussi *Cass.*, 6 déc. 1811, Firminbac.

74. — Aux termes de l'art. 1er, L. 4 niv. an IV, *tout embaucheur* pour l'ennemi, pour l'étranger ou pour les rebelles est puni de mort. — V., au surplus, sur le point de savoir de quels tribunaux sont justiciables les embaucheurs *non militaires*, le mot EMBAUCHAGE.

75. — Le fait d'avoir, sans être embaucheur pour l'ennemi, l'étranger ou les rebelles, *engagé* les défenseurs de la patrie à quitter leurs drapeaux, est puni de neuf années de détention. — L. 4 niv. an IV, art. 4.

76. — Il a été jugé que la peine de la détention prononcée par l'art. 4, L. 4 niv. an IV, contre ceux qui ont provoqué à la désertion, n'a point été abrogée par le Code pénal, bien que ce dernier ne la mentionne pas au nombre des peines criminelles ou correctionnelles. — *Cass.*, 21 oct. 1831, Thomas.

77. — La peine de la détention ayant été rétablie dans le Code pén., art. 7 5°, par la loi du 28 avr. 1832, il en résulte que cette question ne peut plus se présenter, du moins dans les mêmes termes.

78. — Jugé également que la loi du 4 niv. an IV, concernant la provocation à la désertion, n'a été abrogée ni par la charte, ni par la loi de 1818, sur le recrutement, ni par celle du 17 mai 1819, qui punit tous les genres de provocation aux crimes et délits : en conséquence, elle est toujours applicable. — *Cass.*, 22 avr. 1831, Lalanne.

79. — Jugé que les tribunaux *correctionnels* sont incompétens pour connaître de la *provocation à la désertion* par un non militaire, ce fait étant puni d'une peine afflictive et infamante, les tribunaux criminels sont seuls compétens. L'art. 4, L. du 24 brum. an VI, sur la compétence des tribunaux correctionnels, ne s'applique qu'à ceux qui ne font que *favoriser* la désertion. — *Cass.*, 6 déc. 1811, Firminhac.

80. — La peine est moins grave lorsqu'au lieu de la *provoquer* à la désertion, le prévenu s'est borné *à la favoriser*. « Tout fonctionnaire public, dit l'art. 2 de la loi du 24 brum. an VI, convaincu d'avoir *favorisé la désertion*, empêché et retardé le départ des déserteurs et des citoyens de la réquisition, soit par des écrits, soit par des discours, sera, en outre de l'emprisonnement (deux années), condamné à une amende qui ne pourra être moindre de 500 fr., ni excéder 2,000 fr. » (maintenant 1,500 fr. — L. 17 vent. an VIII.)

81. — Et l'art. 1er de la même loi dit que tout administrateur de département ou de canton, officier de police judiciaire, accusateur public, commissaire du directoire exécutif, tout individu faisant partie de la gendarmerie nationale qui n'exécutera pas ponctuellement, en ce qui le concerne, les lois relatives aux déserteurs et à leurs complices, ou qui en empêchera au contraire l'exécution, sera puni de deux ans d'emprisonnement.

82. — En outre, suivant l'art. 4, est puni d'une amende de 500 fr. au moins et de 1,500 au plus (L. 17 vent. an VIII) et d'un emprisonnement d'un an tout individu coupable d'avoir favorisé l'évasion d'un déserteur.

83. — Enfin l'art. 7 déclare punissables des mêmes peines que les recéleurs (V. *infrà* nos 94 et suiv.) ceux qui seront convaincus d'avoir fait de fausses déclarations à l'administration du canton pour favoriser la désertion.

84. — L'ord. du 8 août 1814 (art. 6) précitée rappelle aussi l'exécution des lois contre tous les individus qui exciteraient à la désertion ou favoriseraient les déserteurs pour les soustraire à la police du royaume.

85. — Il a été jugé que les dispositions de la loi du 24 brum. an VI contre ceux qui favoriseraient la désertion n'ont été abrogées, ni par la loi de 1818 (*Cass.*, 13 mars 1823, Cabut) ; ni par la Charte de 1814, dont l'art. 12 abolit la conscription (même arrêt ; *Cass.*, 26 sept. 1822, Dommarie ; 6 juill. 1820, Delsey).

86. — Cette abrogation ne résulte même pas de la loi du 21 mars 1832, dont l'art. 50 n'abroge les lois antérieures qu'en ce qui touche le mode de recrutement de l'armée, objet sur lequel la loi de brum. est muette.

87. — Ainsi qu'on l'a vu, la loi de niv. an IV distingue formellement l'embauchage pour l'ennemi, l'étranger et les rebelles, de la simple provocation à la désertion. — Aussi a-t-il été jugé que l'individu acquitté par la cour d'assises comme non coupable d'avoir excité des soldats à passer à l'ennemi ou aux rebelles peut néanmoins être poursuivi de nouveau comme prévenu de provocation à la désertion sans qu'il en résulte une violation de la règle *non bis in idem*. — *Cass.*, 21 oct. 1831, Thomas.

 DÉSERTION, ch. 2. DÉSERTION, ch. 2.

88. — En ce qui concerne l'armée de mer, l'arrêté du 1er flor. an XII additionnel à celui du 5 germ. an XII renvoie devant les conseils de guerre maritimes spéciaux « tout individu attaché à l'armée navale ou au service des ports et arsenaux prévenu d'être *auteur* ou *complice* de désertion. »

89. — Et l'art. 47 dudit arrêté ajoute que, « s'il est convaincu d'avoir provoqué ou favorisé la désertion *à l'ennemi* d'un ou plusieurs marins, il sera puni de mort. »

90. — En outre, suivant l'art. 48, « s'il est convaincu d'avoir provoqué ou favorisé la désertion *à l'étranger* d'un ou de plusieurs marins, la peine est de six ans de chaîne (de boulet) si c'est en temps de guerre, et de trois ans si c'est en temps de paix. »

91. — La cour de Rennes a décidé que des marins qui, après avoir été consultés par le capitaine, ont consenti à l'embarquement de soldats insoumis, et les ont transportés en pays étrangers, doivent être considérés comme coupables d'avoir favorisé l'évasion de ces insoumis. — *Rennes*, 2 avr. 1835, Sevoy. — Cette décision serait évidemment applicable au cas où il s'agirait de déserteur.

92. — L'art. 7 du tit. 2, L. 21 brum. an V, prononçait la peine de deux ans de gêne et de deux ans de fers contre tout habitant de l'intérieur convaincu d'avoir recélé *sciemment* la personne d'un déserteur avec armes et bagages, d'avoir favorisé son évasion, ou de l'avoir, de quelque autre manière, soustrait aux recherches et poursuites ordonnées par la loi.

93. — Le § 2 du même article disposait que « tout habitant du pays ennemi occupé par les troupes de la république, convaincu du même fait, serait puni de la même peine que le déserteur, suivant la gravité des circonstances de la désertion. »

94. — La loi du 24 brum. an VI, par son art. 4, a abrogé le § 1er de l'article précité, L. 21 brum. an V, déféré la connaissance des faits qu'il prévoit aux tribunaux correctionnels, et prononcé contre ceux qui s'en rendent coupables une amende de 300 fr. au moins (aujourd'hui 300 fr., L. 17 vent. an VIII, art. 14) et de 3,000 fr. au plus (aujourd'hui 1,500 fr., même loi), et un emprisonnement d'un an. L'emprisonnement est de deux ans si le déserteur ou le réquisitionnaire a été recélé avec armes et bagages. — Cette disposition est confirmée par la loi du 17 vent. an VIII.

95. — L'art. 5, L. 24 brum. an VI, ne permet d'excuser celui qui a reçu le déserteur *en qualité de serviteur à gages*, que lorsqu'il l'aura préalablement présenté à l'administration municipale de son canton, pour l'interroger, examiner ses papiers et passeports, et s'assurer par tous les moyens possibles qu'il n'est pas en état de désertion.

96. — Et l'art. 6 dit que la négligence des administrations à cet égard sera punie, conformément à l'art. 1er (V. *suprà* n° 81) et conformément à l'art. 2 (V. *suprà* n° 80), en cas de connivence pour favoriser la désertion.

97. — On a jugé, par interprétation de la loi du 24 brum. an VI, 1° que celui qui avait reçu chez lui comme serviteur à gages un conscrit réfractaire, sans le présenter préalablement à la municipalité, *était réputé* l'avoir recélé sciemment quand même il n'aurait pas favorisé son évasion. — *Cass.*, 12 juin 1807, Serre.

98. — ... 2° Qu'à défaut de l'accomplissement de la formalité prescrite par la loi de l'an VI, celui qui avait reçu un déserteur en qualité d'ouvrier, et l'avait logé pendant trois mois, ne pouvait être acquitté sur le fondement qu'il ne l'avait pas caché, et qu'il avait été autorisé à ne pas regarder cet individu comme déserteur, parce qu'il l'avait vu fréquenter les cabarets et paraître publiquement dans le lieu. — *Cass.*, 5 juin 1806, Van-Minsel.

99. — ... 3° Que celui qui avait reçu à son service un déserteur sans le présenter à l'administration municipale, ne pouvait être excusé sous prétexte de sa bonne foi. — *Cass.*, 24 flor. an VII, Benoît et Rousseau.

100. — ... 4° Qu'on ne pouvait se soustraire aux peines de la loi en disant que l'individu qu'on avait employé n'était pas serviteur à gages, parce qu'on le payait *jour par jour ou par semaine, ou même à la tâche*. — *Cass.*, 16 janv. et 9 juin 1806, Janssens.

101. — ... 5° Que celui qui était employé chez un meunier, à l'effet de conduire ses chevaux et en avoir soin, à raison de tant par jour, et moyennant la nourriture et le coucher, devait être rangé dans la classe des domestiques, et non dans celle des simples journaliers. En conséquence, sous la loi du 24 brum. an VI, le maître qui l'avait ainsi pris à son service ne pouvait se soustraire aux peines du recélé d'un déserteur. — *Cass.*, 8 thermid. an XIII, Trochette.

102. — ... 6° Qu'il suffisait d'avoir reçu un déserteur fugitif sans le présenter à la municipalité et de l'avoir employé comme serviteur à gages, ou même comme simple journalier, lorsque le travail payé à la journée n'était pas momentané ou de circonstance pour être réputé l'avoir sciemment recélé. — *Cass.*, 18 juill. 1806, Desneux.

103. — ... 7° Qu'il y avait toujours *présomption légale d'avoir favorisé la soustraction aux armées d'un déserteur* lorsque le prévenu l'avait reçu chez lui en qualité de domestique à gages ou sous tout autre titre, sans le présenter au maire de sa commune. Le prévenu ne pouvait, en ce cas, être acquitté sous le prétexte du défaut de preuve qu'il eût agi sciemment. — *Cass.*, 23 mai 1806, Pineau; 18 niv. an IX, Cadilla; 6 fructid. an VII, Gamberon.

104. — ... 8° Qu'il suffisait qu'un prévenu eût gardé chez lui pendant deux mois, comme domestique à gages, un déserteur, sans l'avoir préalablement présenté à l'administration de son canton, pour *qu'il fût censé l'avoir recélé sciemment*. Cette présentation était la seule excuse qui fût admissible, et un tribunal ne pouvait en admettre d'autres sans violer la loi. — *Cass.*, 1er mai 1806, Marin.

105. — Mais ceux qui procuraient un travail public, accidentel et momentané à un déserteur habitant leur propre maison et se montrant journellement dans la commune, ne pouvaient pas être considérés comme l'ayant recélé. — *Cass.*, 12 juill. 1806, Maillard.

106. — On jugeait même que la loi du 24 brum. an VI s'appliquait indistinctement à tout habitant de l'intérieur de la France qui recélait un déserteur, et même à celui qui recélait *son propre frère*. — *Cass.*, 6 vent. an VII, Lançon.

107. — Toutefois, le père qui donnait des alimens chez lui à son fils, fugitif ou déserteur, ou le recevait dans sa maison n'était pas considéré comme l'ayant recélé. — *Cass.*, 22 août 1806, Riva.

108. — Il a été rendu, au surplus, sur l'application de la disposition de l'art. 5, L. 24 brum. an VI, et sur l'interprétation du mot *serviteur à gages*, un certain nombre d'arrêts dans des espèces où il s'agissait de la matière, analogue et réglée par les mêmes règles, du recèlement des conscrits réfractaires. — Ces arrêts seront rapportés v° RECRUTEMENT.

109. — Ainsi qu'on le voit, ces arrêts établissent la *présomption légale d'un recélé* fait sciemment sur le seul motif du défaut de présentation à l'administration municipale. — Et telle était la jurisprudence lorsque parut la loi du 30 déc. 1809.

110. — L'article unique de cette loi porte « que les peines portées contre les receleurs de déserteurs et conscrits réfractaires par les lois des 24 brum. an VI et 17 vent. an VIII auront lieu contre tout Français qui recevrait et garderait chez lui des déserteurs ou conscrits réfractaires du royaume d'Italie, *avec connaissance de leur désobéissance aux lois de leur pays*. »

111. — Cette loi, dit Merlin, *Quest.*, v° *Désertion*, n'est que l'application des principes de la loi de brum. an VI aux déserteurs italiens. Et l'auteur ajoute que la cour de Cassation l'a compris ainsi et que, même depuis sa promulgation, elle a considéré comme constituant la présomption de recel fait en connaissance de cause, le fait qu'il n'y avait pas eu présentation préalable à la municipalité, dans un assez grand nombre d'arrêts qui vont jusqu'à 1812. — Ces arrêts, rendus dans des espèces où il s'agissait (la disposition légale est commune) de conscrits réfractaires, seront rapportés v° RECRUTEMENT.

112. — Mais, plus tard, la cour de Cassation, reconnaissant à la loi de 1809 et spécialement à ces mots : « avec connaissance de leur désobéissance aux lois de leur pays » une portée interprétative de la loi de l'an VI, a décidé que, depuis cette loi, le seul fait matériel d'avoir reçu un déserteur en qualité de serviteur à gages, sans l'avoir préalablement présenté à l'administration municipale, n'a plus suffi *pour établir la présomption légale* d'un recélé fait sciemment. — *Cass.*, 6 juill. 1820, Delsey; 26 sept. 1822, Dommarie Furlin.

113. — ... Que le fait prévu par l'art. 5, L. 24 brum. an VI, ne peut constituer qu'une présomption ordinaire dont l'appréciation appartient aux tribunaux, et que les poursuites ne doivent être ordonnées qu'autant qu'il est établi que les prévenus ont reçu chez eux un déserteur avec connaissance de sa désobéissance aux lois du royaume. — Mêmes arrêts.

114. — Merlin critique cette nouvelle manière d'entendre la loi du 24 brum. an VI. — V. *Quest.*, v° *Désertion*, § 6.

115. — Jugé, par suite, que celui qui, de bonne foi, a reçu chez lui un soldat retardataire n'est passible d'aucune peine. — *Cass.*, 24 fév. 1827, Terrein.

116. — ... Et que le jugement ou l'arrêt qui prononce l'acquittement d'un individu prévenu d'avoir recélé un déserteur, sur le motif *qu'il ignorait que ce fût un déserteur*, est à l'abri de la censure de la cour de Cassation. — *Cass.*, 8 mai 1821, Muratel.

117. — La loi du 21 mars 1832 vient prêter un nouvel appui à la jurisprudence de la cour de Cassation, en portant, dans son art. 40, une peine contre quiconque sera reconnu coupable d'avoir pris un insoumis à son service ; ce qui démontre qu'elle veut autoriser le prévenu à faire la preuve de sa bonne foi, et empêcher que la seule constatation du fait matériel entraîne nécessairement l'application de la peine. — *Cass.*, 14 juill. 1838 et 14 fév. 1839 (t. 2 1838, p. 371 et t. 1er 1839, p. 163), Thibaut.

118. — Mais ces arrêts ont également jugé que c'était au prévenu à faire la preuve de la bonne foi et non au ministère public à établir l'intention coupable. — *Contrà Bourges*, 6 oct. 1838 (t. 2 1838, p. 537), Thibaut.

119. — Au surplus, cette loi du 21 mars 1832 ne peut être invoquée que par analogie, car elle ne s'applique qu'au cas de *recel d'insoumis* et elle n'a pas abrogé les dispositions de la loi du 24 brum. an VI, relatives au recel de déserteurs. C'est ce que la cour de Cassation a formellement reconnu le 14 juin 1844 (t. 1er 1845, p. 79), Brassac. — En ce sens, *Rennes*, 1er avr. 1835, Eon. — Cependant M. Duvergier, dans sa note sous l'art. 40, L. 21 mars 1832, dit (mais à tort, selon nous) que la loi du 24 brum. an VI *a été complètement abrogée* par celle de 1832. — V., en ce qui concerne l'application de la loi de 1832 en cas de recel d'insoumis, v° RECRUTEMENT.

120. — Et déjà la même cour avait jugé que les lois des 24 brum. an VI, 17 vent. an VIII et 30 déc. 1809, relatives au recel des déserteurs, n'ont été abrogées, ni par la loi du 10 mars 1818, sur le recrutement de l'armée, mais, au contraire, implicitement maintenues par l'art. 25 de cette loi (*Cass.*, 19 janv. 1821, Garrault; 6 juill. 1820, Delsey; 24 fév. 1827, Terrein), ni par la charte constitutionnelle de 1814 (mêmes arrêts et *Cass.*, 26 sept. 1822, Furlin; 13 mars 1823, Cabut; 8 déc. 1826, Chataignier; 4 août 1827, Lecocq).

121. — Au surplus, il n'est pas nécessaire pour que le fait de désertion soit légalement établi et puisse servir de base à une poursuite contre le receleur, que le déserteur ait été jugé et condamné par un conseil de guerre. — *Cass.*, 4 août 1827, Lecocq.

122. — ... Ni qu'il ait subi une condamnation : il suffit que son état de désertion ait été constaté d'une manière quelconque par l'autorité militaire. — *Rennes*, 1er avr. 1835, Eon.

123. — ... Par exemple, que cette autorité l'ait envoyé dans une compagnie de discipline. — *Cass.*, 4 août 1827, Lecocq.

124. — En effet, l'indulgence que, dans ce dernier cas, montre l'autorité militaire, en vertu des pouvoirs qui appartiennent aux officiers supérieurs, n'efface pas le délit de désertion, mais en adoucit seulement la punition. — Même arrêt.

125. — Mais il a été jugé (dans une espèce où il s'agissait d'une contestation pécuniaire entre un remplaçant et un remplacé) que le fait de la désertion d'un militaire, attesté par une lettre ministérielle, n'est pas tellement constant que les tribunaux ne puissent décider que ce fait est démenti par les circonstances de la cause. — *Limoges*, 5 juill. 1827, sous *Cass.*, 13 août 1828, Rigondaud.

126. — Jugé encore, dans une espèce semblable, que lorsque le ministre de la guerre délivre un certificat constatant la désertion d'un militaire en déclarant formellement que la pièce ne peut servir que de renseignement, les tribunaux civils peuvent, sans porter atteinte à l'acte administratif, s'appuyer des présomptions graves qu'ils puisent dans les faits et circonstances de la cause pour décider que le fait de désertion n'est pas constant à leurs yeux. — *Cass.*, 14 fév. 1838 (t. 1er 1838, p. 241), Guillaume c. Recloux.

127. — ... Et que l'appréciation des actes qui contiennent la preuve du fait de désertion rentre dans les attributions des cours royales dont la décision sur ce point est inattaquable et souveraine. — *Cass.*, 10 août 1818, Guille c. Lefèvre.

128. — V., au surplus, quant aux effets de la désertion sur le contrat de remplacement, v° REMPLACEMENT MILITAIRE.

129. — En tous cas, on ne peut condamner pour avoir recélé un déserteur celui qui a reçu chez lui un individu que le conseil de guerre a acquitté de la prévention de désertion. — *Cass.*, 7 mars 1806, Barré.

130. — Le point de savoir si l'individu recélé est ou non déserteur constitue une question préjudicielle pour la solution de laquelle la juridiction ordinaire est compétente. — Mangin, *Traité de l'act. publ.*, t. 1er, p. 513, n° 236.

131. — Jugé que la loi du 24 brum. an VI a dû être appliquée, non seulement au recèlement des déserteurs qui, ayant été incorporés dans un régiment, avaient abandonné leurs drapeaux, mais encore aux nouveaux soldats levés en exécution de la loi du 10 mars 1818. — *Cass.*, 8 déc. 1826, Chataigner.

132. — Aux termes des lois des 5 germin. et 1er flor. an XII (art. 47), tout armateur ou propriétaire de navire ou autres embarcations quelconques, ou tout habitant de l'intérieur, convaincu d'avoir recélé un marin déserteur ou favorisé son évasion, ou de l'avoir, de quelque manière que ce soit, soustrait au service de l'état ou aux recherches de sa personne, doit être dénoncé et jugé conformément à la loi du 24 brum. an VI, et condamné, par voie de police correctionnelle, à une amende de 300 à 3,000 fr., et à un emprisonnement d'un an.

133. — L'emprisonnement est de deux ans, si la désertion a eu lieu en temps de guerre. Si elle a eu lieu à l'ennemi, celui qui l'aura provoquée ou favorisée doit être jugé conformément au Code du 21 brum. an V, titre de l'*Embauchage*. — Décr. 5 germin. et 1er flor. an XII, art. 47.

134. — En outre, un décret du 9 messid. an XIII applique ces dispositions à tout capitaine de navire ou autre soumis à l'inscription maritime convaincu d'avoir recélé un marin déserteur, d'avoir favorisé son évasion, ou de l'avoir, de quelque manière que ce soit, soustrait au service de l'état ou aux recherches de sa personne ; et, en général, déclare applicables à tous les individus tenant à la marine les dispositions des art. 46, 47 et 48, arr. 1er flor. an XII.

135. — Par application de ces textes de loi, la cour de cassation a jugé que les dispositions qui prohibent le recélé des déserteurs doivent s'entendre de ceux de l'armée de mer comme de ceux de l'armée de terre. — *Cass.*, 27 déc. 1811, Ruelens.

136. — ... Et qu'en conséquence le patron d'un navire est considéré comme ayant tenté de soustraire un marin déserteur au service de l'état, s'il l'a reçu à son bord comme matelot, sans se faire exhiber son congé ni son certificat de mouvement, ni son casernet, et sans l'avoir fait inscrire sur le rôle général des gens de mer du syndicat. — Ce prévenu ne peut être excusé sous le prétexte qu'il ignorait que ce matelot fût compris dans la levée. — *Cass.*, 23 avr. 1812, de Biévre.

137. — ... Et que doivent être considérés comme ayant concouru au même délit les syndics de marine qui, sans se conformer aux lois et réglemens de la mer et sans vérifier ni ses papiers ni ses inscriptions, ont inscrit un marin déserteur comme matelot sur un rôle d'équipage d'un bateau de commerce, ou qui ont refusé de déférer aux réquisitions de l'autorité pour faire arrêter ce déserteur. — Même arrêt.

138. — On comprend que, par suite de la communauté de principes, le bénéfice d'interprétation acquis par la jurisprudence à la loi de l'an VI, en ce qui touche l'armée de terre, doit l'être également aux lois de l'an XII concernant l'armée de mer.

139. — Un décret du 12 avr. 1811 dispose (art. 1er) que « tout capitaine de bâtiment armé en course ou lettre de marque à bord duquel il sera trouvé des déserteurs de bâtimens de guerre sera condamné à 3,000 fr. d'amende pour chaque déserteur qui sera trouvé à son bord, sans préjudice des poursuites de droit contre le délit d'embauchage, s'il y a lieu. » — V. ARMEMENT EN COURSE, nos 29 et 34.

CHAPITRE III. — *Compétence. — Poursuites. — Prescription.*

140. — Il est incontestable que le fait de désertion ne rentre pas dans les attributions de la juridiction ordinaire, et la connaissance en est réservée aux tribunaux militaires. — *Cass.*, 22 flor. an XII, Dumas.

141. — Ainsi, le maréchal de logis de gendarmerie qui *déserte* en emportant les sommes qu'il a reçues soit pour la solde des gendarmes placés sous ses ordres, soit pour des gratifications accordées à sa brigade, soit pour des achats de fourrage, est justiciable d'un conseil de guerre et non des tribunaux ordinaires. — *Cass.*, 23 déc. 1819, Chaudun. — V. aussi TRIBUNAUX MILITAIRES.

142. — En cas de désertion de marins, c'est aux tribunaux maritimes que la connaissance du crime appartient.

143. — Mais quel est le tribunal militaire ou maritime chargé de statuer sur les accusations de désertion? Est-ce le conseil de guerre permanent qui doit être saisi? — Sur ce point, la législation a varié.

144. — Dans l'origine, tous les déserteurs militaires sans distinction de grade étaient jugés par les conseils de guerre permanens établis par le décret du 13 brum. an V.

145. — L'arrêté du 19 vendém. an XII, en laissant subsister cette juridiction pour les officiers de l'armée de terre, déféra les déserteurs sous-officiers et soldats à des conseils de guerre spéciaux.

146. — D'autre part, l'art. 1er de l'arrêté du 5 germin. an XII déclara que les officiers mariniers, matelots et novices embarqués ou levés pour être embarqués sur les bâtimens de l'état qui seraient accusés de désertion seraient jugés par un conseil de guerre maritime spécial.

147. — Ces conseils de guerre spéciaux, établis pour chaque affaire, et dissous aussitôt la décision rendue, jugeant définitivement et sans recours aucun, devaient évidemment prendre fin du moment où l'art. 63 de la Charte de 1814 déclarait qu'il ne pouvait plus être créé de commissaires et tribunaux extraordinaires.

148. — Cependant, suiv. l'art. 8 de l'ord. du 8 août 1814, les conseils de guerre spéciaux créés pour juger les déserteurs par la L. du 19 vendém. an XII devaient être convoqués partout où il serait nécessaire et procéder au jugement des déserteurs.

149. — Mais la cour de Cassation décida que les conseils de guerre spéciaux, n'étant que des tribunaux d'exception, n'avaient pu être établis depuis la promulgation de la charte de 1814, sans une violation de cette même charte. — *Cass.*, 12 oct. 1815, Mire.

150. — Au surplus, tout doute sur la question devint bientôt impossible ; car deux ordonnances, l'une du 21 fév. 1816, relative à l'armée de terre, l'autre du 22 mai 1816, sur l'armée de mer, déclarèrent en termes formels qu'il ne serait plus formé de conseils de guerre spéciaux pour juger le délit de désertion, dont la connaissance était restituée aux conseils de guerre permanens.

151. — Dès-lors, et par suite de l'abrogation, quant à la compétence, de l'arrêt du 5 germin. an XII par l'ord. du 22 mai 1816, on a dû considérer comme entaché de nullité radicale le jugement rendu pour fait de désertion par un conseil de guerre spécial assemblé à bord d'un navire. — *Cass.*, 2 déc. 1824, Lassery.

152. — Cette compétence des conseils de guerre permanens en matière de désertion n'a subi depuis aucune exception ; elle se trouve implicitement maintenue par la loi du 21 mars 1832 (art. 46) sur le recrutement.

153. — Jugé que, sous les lois des 18 pluv. an IX et 23 flor. an X, une cour spéciale saisie légalement d'un délit de rébellion envers la gendarmerie ne pouvait s'immiscer dans la connaissance d'un délit de récèlement de conscrit-déserteur, étranger à ses attributions, sous prétexte qu'il se trouvait lié à celui de rébellion. — *Cass.*, 20 fructid. an XIII, Vilain. — V. aussi *Cass.*, 18 fructid. an XIII, Louvion.

154. — Jugé aussi que, la désertion étant un délit purement militaire, les tribunaux ordinaires ne peuvent en connaître, quand même ce délit serait connexe à un autre délit de leur compétence, et que dès-lors la chambre des mises en accusation qui renvoie un individu à la cour d'assises comme accusé de crime commis à la suite de désertion, pour en favoriser l'exécution (circonstances aggravantes), viole les règles de compétence en ce qu'elle appelle le jury ou la cour d'assises à prononcer, au moins implicitement, sur l'existence du crime de désertion que rien ne justifie avoir été reconnu ni jugé par la juridiction militaire. — *Cass.*, 14 mai 1825, Ottevaer ; — Mangin, *Tr. act. publ.*, t. 1er, n° 236.

155. — Quant à la provocation à la désertion, au fait de l'avoir favorisée, et au récèlement de déserteurs, on a vu qu'ils ne constituent pas par eux-mêmes des délits militaires justiciables des tribunaux militaires ou maritimes, et que, s'ils sont commis par des individus non militaires, ils sont justiciables des tribunaux ordinaires.

156. — Aux termes de l'art. 23 de l'arrêté du 19 vendém. an XII, tout chef de corps ou de détachement militaire dont un sous officier ou soldat aura abandonné ou n'aura pas rejoint le drapeau, devra, sous peine de quinze jours d'arrêts forcés ou de peine plus forte s'il y a lieu, porter plainte dans les vingt-quatre heures qui suivront l'époque où le sous-officier ou soldat est réputé déserteur. — Cette disposition est renouvelée par l'art. 1er du décr. du 14 oct. 1811.

157. — De même le décret du 4 mai 1812, relatif à la recherche et à la punition des déserteurs de la marine, dispose aussi (art. 1er) que tout commandant de bâtiment, tout chef de corps ou de détachement, tout chef de service chargé par les lois et réglemens de dénoncer les déserteurs, devra, sous peine de dix jours d'arrêts, et de plus forte peine, s'il y a lieu, signaler le déserteur dans les vingt-quatre heures de son absence au ministre de la marine et au premier inspecteur général de la gendarmerie, pour qu'il soit recherché et arrêté.

158. — Un décret du 14 oct. 1811 défend (art. 1er) de rendre à l'avenir des jugemens par contumace en matière de désertion. Cet article a été expressément maintenu par l'art. 3 de l'ordonn. du 21 fév. 1816.

159. — De même, le décret du 4 mai 1812, relatif à la recherche et à la punition des déserteurs de la marine, dispose également, dans son art. 1er : « qu'il ne sera plus rendu de jugemens par contumace pour le délit de désertion soit dans les armées navales, soit dans les ports et arsenaux. »

160. — Et il a été jugé par suite qu'un militaire accusé de désertion ne peut être jugé par contumace. — *Cass.*, 28 fév. 1835, Figié.

161. — ... Et aussi que le conseil de guerre qui ne constate pas qu'un officier a déserté de l'armée ou d'une place de première ligne sur la frontière menacée ou exposée peut le condamner, même par contumace, à la destitution pour absence illégale de son corps pendant plus de trois mois, mais non à la peine de cinq ans de fers et de la destitution pour désertion. — Même arrêt.

162. — Par une conséquence du principe que la désertion ne peut être jugée par contumace, la cour de Cassation a cru devoir juger que la prescription de ce délit ne commence à courir que du moment où le déserteur s'est représenté ou a été arrêté. — *Cass.*, 7 fév. 1840 (t. 2 1840, p. 507), Froger. — V. Legraverend, t. 1er, p. 80 ; Mangin, *De l'act. publ.*, t. 2, p. 165, n° 326.

163. — Et le même arrêt, considérant que ce décret n'autorise d'autres diligences que l'envoi du signalement du déserteur au ministre de la guerre, pense que ces diligences n'ont aucun caractère juridique, et ne peuvent faire courir la prescription au profit du déserteur.

164. — Mais cette doctrine de la cour de Cassation est susceptible de critique, et, *en fait*, nous ferons remarquer que les conseils de guerre maritimes ont adopté une jurisprudence contraire à celle des autres conseils de guerre, et qu'ils ont constamment appliqué la prescription décennale édictée par la loi de 1790 pour tous les délits militaires en général.

165. — On peut, en effet, faire remarquer que les principes relatifs à la prescription posés dans la loi de 1790 sont généraux et s'appliquent à tous les délits militaires. D'où résulterait l'exception à l'égard de la prescription? Serait-ce de la nature de ce délit? — Quelques auteurs (Legraverend, *Lég. crim.*, t. 1er p. 80, et Mangin, *De l'act. publ.*, t. 2, p. 165) rangent, il est vrai, ce délit parmi les délits successifs ; mais n'est-ce pas là confondre le délit avec ses conséquences? La loi ne punit qu'un fait, l'abandon du drapeau ; et ce fait n'est pas de nature à se perpétuer. L'absence plus ou moins prolongée n'est-elle pas bien moins un des élémens du délit qu'une de ses conséquences nécessaires?

166. — L'exception résulterait-elle donc de la promulgation du décret du 14 oct. 1811? Mais ce décret ne parle en aucune manière de la prescription ; il défend à l'avenir les jugemens par contumace, voilà tout. Pour une dérogation aussi grave aux principes généraux du droit en matière de prescription, il aurait fallu de toute nécessité une disposition expresse qui déclarât le délit de désertion imprescriptible. Ni dans le décret de 1811, ni dans aucune autre loi, cette disposition ne se rencontre. Or, veut-on savoir ce que serait la prescription d'après le système de la cour de Cassation? Ce serait la négation de la prescription même. En effet, ou le déserteur se représentera ou il sera arrêté. S'il se représente, il sera jugé : à quoi bon la prescription? S'il est arrêté, ou ce sera pour le fait de désertion, ou pour un autre fait. Si c'est pour le fait même de désertion, c'est absolument comme s'il s'était représenté, et la prescription commençant à courir de ce moment est un non-sens, puisqu'elle se trouve interrompue à l'instant même par les poursuites. S'il est arrêté pour un autre fait, la prescription ne courra pas pour lui, puisque, dans le système de la cour de Cassation, les poursuites n'ont un caractère juridique qu'autant qu'elles se réfèrent à la désertion.

167. — Nous croyons donc que, ni le texte, ni

l'esprit du décret du 14 oct. 1811 n'autorisent à penser que l'art. 89, L. 22 sept. 1790, en ce qui touche la prescription du délit de désertion, ait été aboli. — V., en ce sens, la lettre du garde des sceaux sous l'arrêt précité, et les conclusions de M. le procureur général Dupin (*Réquisit.*, t. 5, p. 320).—M. le garde des sceaux se fonde par analogie sur la jurisprudence de la cour, qui considère la prescription du délit d'évasion comme courant du jour de l'évasion elle-même.—V. ÉVASION.

168. — Quant à la provocation à la désertion ou au recèlement de déserteurs, comme il s'agit là de délits ordinaires, la prescription se règle d'après les principes du droit commun. — V. PRESCRIPTION (crim.).

169.—Lorsqu'un prévenu de désertion arrêté en pays étranger prétend que son extradition a été effectuée contrairement à une convention diplomatique, cette défense présente une question préjudicielle qui oblige à surseoir jusqu'à ce qu'il ait été statué par le gouvernement sur la régularité de l'extradition; mais le conseil de guerre ne peut se déclarer purement et simplement incompétent. —*Cass.*, 6 juin 1822, Gramoisin; 15 mars 1822, Descamp; — Mangin, *Tr. act. publ.*, t. 1er, no 231. — V. EXTRADITION, QUESTION PRÉJUDICIELLE.

170.—De même, l'exception d'extranéité opposée par un soldat traduit devant un conseil de guerre comme accusé de désertion constitue une question d'état préjudicielle, dont les tribunaux civils peuvent seuls connaître. — *Cass.*, 15 avr. 1843 (t. 2 1843, p. 208), Lagua.

171. — Dès-lors, si cette exception est appuyée d'un commencement de preuve par écrit, le conseil de guerre doit, jusqu'à ce qu'elle ait été vidée par les tribunaux compétens, surseoir à statuer sur l'accusation de désertion. — Même arrêt.

172. — Jugé, en outre, que cette exception d'extranéité, étant d'ordre public, n'est pas couverte par le silence qu'a gardé le prévenu devant le conseil de révision lors de son incorporation dans l'armée. — Même arrêt.

173. — Mais lorsqu'un étranger dont l'enrôlement dans l'armée a été irrégulier a été traduit devant un conseil de guerre pour désertion, ce tribunal doit, non pas se déclarer incompétent, mais renvoyer purement et simplement le prévenu de la plainte. — *Cass.*, 26 avr. 1838 (t. 2 1838, p. 421), Pujol.

174. — Il résulte également d'un arrêt de la cour de Cassation que, si le prévenu de désertion excipe de la nullité de son engagement, par exemple, en ce qu'il aurait été contracté avant l'âge requis, la question de validité de cet engagement doit d'abord être jugée. — *Cass.*, 7 janv. 1826, Gros.

175. — L'usage fait par un déserteur d'un faux certificat qui n'a et ne peut avoir pour effet que de le soustraire au service militaire perd son caractère criminel par l'amnistie accordée au fait de désertion, et ne peut plus être l'objet d'une poursuite. — *Cass.*, 10 oct. 1822, Dupont. — V. AMNISTIE.

176. — D'après un avis du conseil d'état du 7 fructid. an XII, les délits commis par des militaires en congé ou hors de leur corps sont de la compétence des tribunaux ordinaires. Et la cour de Cassation a décidé qu'il en était de même, à plus forte raison, pour les crimes et délits commis par les déserteurs. — *Cass.*, 15 nov. 1811, Chabaud; 22 fév. 1828, Gaffut; — Chauveau et Hélie, *Th. C. pén.*, t. 1er, p. 76; Légraverend, t. 2, p. 652. — V. au surplus TRIBUNAUX MILITAIRES.

DÉSERTION D'APPEL.

Dans l'ancien droit, la partie était réputée déserter son appel lorsqu'elle ne le relevait pas dans le temps marqué par la loi. —La désertion d'appel n'était pas acquise de plein droit, il fallait la faire prononcer, et obtenir, à cet effet, en chancellerie, des lettres de désertion. — La désertion d'appel n'avait pas lieu dans les appels comme d'abus, ni en matière criminelle.

DÉSHÉRENCE.

Table alphabétique.

DÉSHÉRENCE. — 1. — C'est le droit pour l'état de recueillir les biens des successions abandonnées ou auxquelles ne se trouve appelée aucune des personnes désignées par la loi.

—

§ 1er.— *Historique.*

2. — Le droit de déshérence appartenait autrefois au roi ou au seigneur haut-justicier. C'était pour chacun d'eux le droit de prendre, dans sa haute justice, les biens délaissés par un régnicole français, né en légitime mariage, et décédé sans héritiers connus, habiles à lui succéder.

3. — Si le défunt était étranger, sa succession appartenait au roi seul à titre d'*aubaine*; et s'il était bâtard, les biens qu'il laissait appartenaient au roi ou au seigneur par droit de *bâtardise*.

4. — Le droit de déshérence a cessé d'exister au profit des seigneurs haut-justiciers, en vertu des lois des 4 août 1789, 22 nov.-1er déc. 1790 et 13-20 avr. 1791, art. 7.

5. — Toutefois, les articles 8 et 9 de cette dernière loi ont conservé aux ci-devant seigneurs les biens dont ils avaient pris publiquement possession par droit de déshérence avant la publication de la loi du 4 août 1789.

6.— D'où il suit qu'à l'égard de ces biens, la revendication pourrait encore être exercée aujourd'hui par les ci-devant seigneurs ou par ceux qui ont été mis à leurs droits, par exemple, par des communes. — V. COMMUNE.

7. — Mais en ôtant au droit de déshérence sa qualité de droit seigneurial, les lois des 4 août 1789, 22 nov.-1er déc. 1790 (art. 1er et 3), et 13-20 avr. 1791, ne l'ont pas supprimé; elles l'ont, au contraire, rétabli dans sa nature primitive; elles lui ont rendu son caractère de droit de souveraineté, et dès-lors l'état seul en a eu l'exercice.—Merlin, *Rép.*, vo *Déshérence*, no 7.

§ 2. — *Cas où il y a lieu à déshérence.*

8. — Aujourd'hui appartiennent à l'état, par droit de déshérence: 1o les biens vacans et sans maître (C. civ., art. 539 et 713), c'est-à-dire les choses abandonnées, *pro derelictis habitæ*.— V. au surplus ÉPAVES.

9. — ... 2o Les biens des personnes qui décèdent sans héritiers, ou enfant naturel, ou conjoint non divorcé. — C. civ., art. 539, 767, 768.

10. — ... 3o Ceux des personnes dont les successions sont abandonnées. — C. civ., art. 539.

11. — ... 4o Les biens acquis par le condamné depuis la mort civile, et dont il se trouve en possession au jour de sa mort naturelle, sauf au roi à faire, au profit de la veuve, des enfans ou parens du condamné, telles dispositions que l'humanité peut lui suggérer. — C. civ., art. 33.

12.—Enfin, on pouvait encore considérer comme une sorte de déshérence le droit qu'avait l'état de succéder aux étrangers qui ne laissaient pas de parens français habiles à leur succéder. Mais il n'en est plus ainsi depuis la loi abolitive du droit d'aubaine. — V. AUBAINE (droit d').

13. — De ces différentes manières pour l'état d'acquérir par droit de déshérence, celles qui peuvent donner lieu à quelques difficultés sont celles qui concernent les biens des personnes qui décèdent sans héritiers ou dont les successions sont abandonnées.

14. — Pour que l'état ait droit de recueillir les biens, il faut que le défunt n'ait laissé ni parens au degré successible, c'est-à-dire jusqu'au douzième degré inclusivement, ni héritier contractuel ou testamentaire, ni enfant naturel, ni conjoint non divorcé. — C. civ., art. 767, 768, 916, 1006.

15. — Alors la *succession* est *en déshérence*, et elle est déclarée acquise à l'état. — C. civ., art. 768.

16. — Mais ce terme de *succession* dont se sert le Code n'est-il pas impropre? — L'état ne succède point; il ne reçoit pas des biens à titre héréditaire; il n'en a pas la *saisie*; il prend les biens en vertu de son droit de souveraineté, qui lui attribue la propriété de toutes les choses abandonnées et sans maître particulier.

17. — Quoi qu'il en soit, pour qu'il y ait ouverture au droit de deshérence, il faut que l'on ne connaisse aucun héritier du défunt, peu importe que l'héritier ne se présente pas. Du moment qu'il existe un héritier *connu*, il ne peut pas y avoir lieu à deshérence. —Nouveau Denisart, vo *Deshérence*, § 2; Delvincourt, *Cours de dr. civ.*, t. 2, p. 108.

18. —Jugé, en ce sens, qu'il ne peut y avoir lieu au droit de deshérence, et conséquemment à l'envoi en possession au profit de l'état, tant qu'il y a des héritiers connus, bien qu'ils ne se présentent pas pour recueillir la succession. — *Paris*, 31 août 1822, Domaines c. Delaunay.

19. — Peu importerait que les héritiers au premier degré eussent renoncé. Dans ce cas, ceux qui se trouvent dans le degré subséquent, et cela successivement jusqu'au douzième, ne sont pas moins compris dans la vocation générale de la loi; ils sont héritiers à défaut des premiers. — Instr. gén. de l'enregistrement, 5 mars 1806, no 300; Rolland de Villargues, *Rép.*, vo *Déshérence*, no 5.

20. — Lors même qu'il n'existerait pas d'héritier connu, la succession ne devrait point par cela seul être réputée en deshérence; cette succession serait seulement *vacante*. — Une succession est réputée vacante, dit l'art. 811, C. civ., lorsque après l'expiration des délais pour faire inventaire et délibérer, il ne se présente personne qui la réclame, ou qu'il n'y a pas d'héritier connu, ou que les héritiers connus y ont renoncé. — V. SUCCESSION VACANTE.

21. — Ainsi, la succession est *vacante*, lorsqu'il ne se présente point d'héritiers, lorsqu'ils ne sont pas connus, et qu'on ignore s'il en existe. — Elle est en *déshérence* lorsqu'il est *constaté* qu'il n'en existe pas. — Toullier, t. 4, no 294.

22.—Aussi, dans l'instruction précitée du 5 mars 1806, no 300, le directeur général de l'enregistrement et des domaines faisait-il à ses préposés les observations et recommandations suivantes: « il est clair que l'absence des héritiers ou leur renonciation n'autorise pas les préposés à se présenter au nom de l'état pour recueillir une succession, puisque, dans ce cas, elle est vacante et non pas en déshérence, mais qu'il faut, pour agir régulièrement, qu'il soit constaté que l'état est appelé, parce qu'il n'y a ni héritiers successibles, ni enfans naturels, ni époux survivant non divorcé, comme le Code le porte. Hors ce cas, le directeur général recommande expressément aux préposés de ne point requérir, en leur nom, l'apposition des scellés sur aucune succession délaissée par un Français. Ceux qui contreviendraient à cet ordre compromettraient leur responsabilité. »

23. — Quant à l'expression *qu'il soit constaté que l'état est appelé*, elle ne doit pas être entendue dans un sens qui suppose une preuve juridique. Outre qu'il serait généralement impossible d'établir qu'il n'existe absolument aucune des personnes appelées par la loi pour recueillir avant l'état, une pareille preuve est implicitement réprouvée par les formalités mêmes que prescrit la loi dans le but unique de conserver les droits des héritiers qui peuvent se présenter par la suite. Il faut donc entendre par là un simple acte d'administration propre à éclairer la religion des domaines dans la résolution grave qu'ils ont à prendre.—Rolland de Villargues, *Rép. du notar.*, vo *Déshérence*, no 8; Toullier, t. 4, no 299; Chabot, *Success.*, art. 773, no 3.

24. — Les effets d'une personne décédée à l'hospice où elle était malade et dont la succession est abandonnée appartiennent à cet hospice et non pas au domaine à titre de déshérence. — Avis cons. d'état, 3 nov. 1809.

§ 3. — *Mode d'exercice du droit de déshérence.*

25. — L'administration des domaines qui prétend droit à une succession en déshérence est tenue de faire apposer les scellés et de faire inventaire dans les formes prescrites pour l'acceptation des successions sous bénéfice d'inventaire. — C. civ., art. 769.

26. — L'état, n'étant point, comme l'héritier du sang, saisi de plein droit de la succession, est obligé de se faire envoyer en possession par justice. — C. civ., art. 770.

27. — Les formes de cet envoi en possession sont réglées, tant par le Code civil que par une circulaire du ministre de la justice du 8 juill. 1806.

28. — L'envoi en possession doit être demandé au tribunal de première instance dans le ressort duquel la succession est ouverte; et le tribunal ne peut statuer sur la demande qu'après trois publications et affiches, dans les formes usitées et après avoir entendu le procureur du roi. — C. civ., art. 770.

29. — Ces publications doivent être faites dans le département où la succession est ouverte. — Décr. min. fin., juin 1817.

30. — A l'époque de sa demande, l'administration des domaines doit faire toutes les justifications nécessaires. Elle a donc à produire toutes pièces, certificats, actes de notoriété (V. ACTE DE NOTORIÉTÉ) tendant à établir qu'il n'y a ni héritiers naturels ou institués, ni enfans naturels, ni conjoint survivant.

31. — Le jugement d'envoi en possession ne doit être prononcé qu'un an après la demande, et jusque-là aucun acte translatif de jouissance ou de propriété ne peut être fait qu'après avoir été ordonné par le tribunal. — Décr. min. des fin., juin 1817.

32. — Le premier acte du tribunal, sur la demande d'envoi en possession, doit être inséré dans le *Moniteur*; mais une seule fois suffit. — Circ. min. justice 8 juill. 1806; décr. min. fin., juin 1817.

33. — Si l'administration des domaines n'a pas rempli ces formalités, elle peut être condamnée aux dommages-intérêts envers les héritiers, s'il s'en représente. — C. civ., art. 772.

34. — C'est au tribunal seul qui a rendu le jugement à connaître des contestations qui pourraient s'élever au sujet de la succession en déshérence. — Instr. gén. de la régie de l'enreg., n° 219.

§ 4. — *Effets de la déshérence.*

35. — Bien que l'art. 748, C. civ., dise que la *succession* en déshérence est acquise à l'état, cependant celui-ci n'a pas le titre d'héritier; il ne succède pas à la personne du défunt, il ne succède qu'à ses biens. — Rolland de Villargues, *Rép.*, v° *Déshérence*, n° 10.

36. — L'envoi de l'état en possession des biens de la succession n'ôte pas à l'héritier qui vient plus tard à se présenter le droit de réclamer l'hérédité qui lui était déférée par la loi. — C. civ., art. 771.

37. — Ce droit de réclamer pour l'héritier se prescrit au profit de l'état par la possession de trente ans. — Rolland de Villargues, *Rép. du notariat*, v° *Déshérence*, n° 20.

38. — Mais la possession par le domaine de l'état des biens composant une succession en déshérence ne peut servir de fondement à la prescription qu'à compter de l'envoi en possession prononcé dans les formes légales. — *Paris*, 2 févr. 1844 (t. 1er 1844, p. 272), Domaine c. Didier.

39. — De ce que l'héritier du défunt peut toujours réclamer l'hérédité jusqu'à l'expiration des trente ans, il suit que la propriété de l'état n'est que précaire, et qu'elle est soumise à une condition résolutoire. — Rolland de Villargues, n° 21.

40. — Mais, pour être précaire et soumis à une condition résolutoire, le droit de déshérence n'en est pas moins un véritable droit de propriété en faveur de l'état, car la propriété ne saurait rester en suspens. — Merlin, *Quest.*, v° *Substitution fidéicommissaire*, § 3; Rolland de Villargues, n° 22.

41. — Jugé, en ce sens, que le droit de déshérence forme au profit de l'état un titre de propriété. — *Cass.*, 5 (et non 12) avr. 1815, Haupechich c. Morel et Duvivier.

42. — D'où il suit que l'état peut agir, compromettre et disposer comme aurait pu le faire le défunt ou son héritier. — Même arrêt.

43. — ... Que les jugemens rendus avec l'état ne sont pas susceptibles de tierce opposition de la part des héritiers qui réclament dans les trente ans. — Même arrêt.

44. — Par une conséquence du même principe, l'état peut disposer des biens recueillis, les aliéner, les échanger, hypothéquer, etc., pourvu qu'il observe les formalités exigées par la loi. — Merlin, *Quest.*, v° *Héritier*, § 3; Rolland de Villargues, n° 25. — V. *contrà* Toullier, t. 4, n°s 287 et suiv.; Chabot, *Success.*, sur l'art. 773. — V., au surplus, HÉRITIER APPARENT.

45. — De ce que l'état possède, à titre de propriétaire, les biens recueillis par déshérence, il suit encore qu'il a le droit de faire les *fruits siens*, sans être tenu d'en rendre compte. — Arg. C. civ., art. 138; — Toullier, t. 4, n° 332; Chabot, sur l'art. 773; Rolland de Villargues, n° 62. — V. cependant *infrà* n° 63.

46. — L'état, n'étant point héritier, ainsi qu'on l'a vu, n'est point tenu indéfiniment des dettes du défunt, mais seulement jusqu'à concurrence de l'émolument de l'actif; il ne confond pas non plus les créances qu'il peut avoir contre l'hérédité. — Chabot, sur l'art. 773; Toullier, t. 4, n° 332; Rolland de Villargues, n° 27.

47. — L'état n'a pas même besoin de faire la déclaration d'acceptation prescrite à l'héritier bénéficiaire; car quand l'état est appelé à une succession par droit de déshérence, ses héritiers ne peuvent y renoncer, ni s'abstenir de la recueillir. Toutefois il est nécessaire de faire faire un inventaire régulier, et dans les formes tracées par le Code de procédure à l'égard des héritiers bénéficiaires. — Circul. min. justice, 8 juill. 1806; — Rolland de Villargues, n° 28.

48. — Lorsque le jugement d'envoi en possession a été rendu, les biens de la déshérence sont régis et administrés par le receveur des domaines du chef-lieu d'arrondissement, comme ceux appartenant à l'état. — Instr. gén. de la régie, n°s 219 et 552.

49. — Il fait vendre le mobilier immédiatement après le jugement d'envoi en possession et procéder ensuite à la liquidation et au paiement des dettes de la succession et des frais d'administration. — Instr. gén., n°s 219 et 517.

50. — En principe, le comptable chargé de l'administration d'une succession en déshérence n'a pas droit au remboursement des dépenses excédant les produits de la succession; mais ce remboursement peut, à titre de faveur, lui être accordé, suivant les circonstances. — *Cons.-d'état*, 20 janv. 1819, Jouvencel.

51. — L'administration peut poursuivre le recouvrement des créances exigibles de la succession en déshérence, avant même d'avoir obtenu le jugement d'envoi en possession, parce que le droit résulte de l'événement et non de cette formalité. — Lettre direct. gén. 30 juin 1808.

52. — Si les biens de la succession se trouvent grevés de dettes hypothécaires, il faut, après le jugement d'envoi en possession, faire procéder par l'administration à la liquidation des créances (Instr. gén., n° 517); si la vente des biens avait lieu avant cette opération, l'acquéreur serait fondé à refuser le paiement du prix. — Lettre dir. gén., 5 juin 1818.

53. — Les créances dûment ordonnancées sur les successions en déshérence ou recueillies à titre d'épave doivent être acquittées en numéraire, quoique antérieures à 1816. — Déc. min. fin. 27 nov. 1816; 26 fév. et 12 mai 1817.

54. — Pendant le séquestre, les immeubles ne pourraient être vendus qu'en justice sur la provocation des créanciers. — Instr. gén., n°s 517 et 552.

55. — Cependant l'administration doit faire vendre ces immeubles dans le cas de leur dépérissement (déc. min. just. et fin. 16 nov. 1811; Instr. gén., n° 552). Tel serait le cas encore où les réparations à faire aux bâtimens seraient trop considérables.

56. — Lorsque des biens se trouvent indivis entre l'état, possesseur à titre de déshérence, et d'autres particuliers, il ne peut plus en poursuivre la vente que devant les tribunaux et suivant les formes prescrites par le Code de procédure. La vente ne saurait en être faite administrativement parce que le titre de l'état est toujours précaire, et que le mode de vente administrative, même moins dispendieux, pourrait laisser craindre aux héritiers inconnus et aux créanciers quelque atteinte à leurs droits. — Avis cons. d'état 17 sept. 1811, approuvé le 26 du même mois.

57. — Les formalités à suivre sont celles prescrites par les Codes civil et de procédure pour la vente des immeubles dépendant des successions bénéficiaires. Ainsi, il faut qu'il y ait préalablement expertise et jugement qui ordonne la vente. — Déc. min. just. et fin. 16 nov. 1821; Instr. gén., n° 552.

58. — De ce que l'état n'est tenu des dettes que jusqu'à concurrence des biens, il en résulte que la régie est tenue d'ouvrir un compte des dépenses et des dettes qu'elle acquitte. — Inst. gén., n°s 219 et 300.

59. — Lorsque l'héritier se présente dans les trente ans, l'état doit lui restituer la succession. — Toullier, t. 4, n° 303.

60. — Et il le doit non-seulement pour les biens ou les sommes qu'il a recouvrées, mais encore pour tous les profits qu'il a retirés des biens de la succession jusqu'à concurrence de ce qu'il se trouve en profiter, *in quantum locupletior factus est.* — L. 22., ff., *De petit. hæred.*; — Rolland de Villargues, n° 41.

61. — Si les biens ont été vendus, il doit également compte du produit. — Rolland de Villargues, n° 42; Merlin, *Quest.*, v° *Héritier*, § 3.

62. — Mais l'état, étant possesseur de bonne foi alors qu'il a observé toutes les formalités prescrites par la loi, n'est pas tenu de restituer les fruits. — Toullier, t. 4, n° 312; Chabot, sur l'art. 773.

63. — Cependant, d'après les instructions de la régie, on restitue à l'héritier les revenus, comme tout ce qui a été reçu à titre de remboursemens, sous la déduction des dettes, charges et frais dont les remises sur la recette font partie. — Rolland de Villargues, n° 44.

64. — L'état n'est point tenu des pertes qu'il justifie avoir faites et qui sont arrivées par le fait ou par la faute de ses agens, parce qu'il n'est tenu de vendre que jusqu'à concurrence de ce dont il a profité. — L. 20, ff., *De petit. hæred.*; — Toullier, t. 4, n° 305; Rolland de Villargues, n° 45 et suiv.

65. — Enfin, l'état a, comme tout possesseur de bonne foi, le droit de déduire sur les sommes qu'il rend toutes les dépenses qu'il a faites, sans qu'elles puissent être critiquées comme ayant été sans utilité. — Toullier, t. 4, n° 306; Rolland de Villargues, n° 48.

V. ENREGISTREMENT.

DÉSIRADE (Ile de la).

Cette île est régie par les lois et ordonnances relatives à la Guadeloupe, dont elle est une des dépendances. — Ord. 9 fév. 1827, art. 206. — V. GUADELOUPE.

DESISTAT.

1. — Du latin *desistere*, se désister, se départir de quelque chose. — Le mot *desistat* était employé dans le style du palais au parlement de Toulouse et dans tout le ressort de ce parlement au lieu du mot *désistement*. — V. Denisart, *Collect. de jurisp.*, 8e édit., t. 12, v° *Desistat*; Guyot, *Rép.*, *eod. verb.*

2. — C'était un reste de l'ancien style, suivant lequel tous les actes judiciaires étaient rédigés en latin, avant l'ordonnance de 1539, qui enjoignit de rédiger en français toutes les procédures, jugemens, contrats et autres actes. — Mêmes auteurs, *loc. cit.*

3. — Avant cette ordonnance, lorsqu'on intentait une action au *pétitoire* contre le détenteur d'un immeuble, on concluait par sa demande *ut se desisteret* (à ce qu'il se désistât). De là l'action au *pétitoire* ou en *désistement* avait conservé le nom d'action ou demande en *desistat*. — Mêmes auteurs, *loc. cit.*

DÉSISTEMENT.

Table alphabétique.

DÉSISTEMENT. — 1. — Pris dans son acception la plus large, ce mot exprime une idée de renonciation, soit à un acte, soit à un droit ou à une réclamation quelconque.

2. — Le Code de procédure civile, qui a pour unique objet les règles relatives à l'introduction, la poursuite et la terminaison des procès, restreint nécessairement la signification du mot *Désistement* à l'instance. — Chauveau, sur Carré, quest. 1451 *bis*; Bourbeau, t. 1er, p. 673.

3. — Dans ses observations sur l'art. 167 du Code, la cour de Cassation avait nettement indiqué la différence qui existe entre le désistement de l'instance et le désistement de l'action. « Celui qui se désiste légalement d'une *instance* peut, derechef, en intenter une autre pour le même objet ; mais celui qui se désiste de son *action* renonce à la prétention sur laquelle il se fondait. »

—

Sect. 1re. — *Nature du désistement, ses diverses espèces, cas dans lesquels il peut intervenir.*

4. — Le désistement est un contrat qui ne peut produire d'effet qu'autant qu'il réunit les conditions essentielles pour la validité des conventions. — V. OBLIGATION.

5. — Comme tout contrat, il suppose le concours libre de deux volontés. — Bourbeau, t. 1er, p. 674.

6. — Il ne doit donc être entaché ni de dol, ni d'erreur, ni de violence; car de pareils vices dépouillent le consentement de toute valeur.

7. — On a fait une juste application de ces principes en décidant qu'un appelant est restituable contre un désistement qui a eu pour cause le dol personnel de son adversaire et la rétention de pièces décisives par celui-ci. — *Besançon*, 16 fév. 1808, Marson-d'Ivrey c. Magnin.

8. — Il suffit même qu'il soit constaté, en fait, qu'il a été usé de surprise relativement au désistement et aux actes qui l'ont suivi, pour que les magistrats puissent l'annuler et ne lui donner aucun effet. — *Cass.*, 9 déc. 1824, Vegrunnes c. Filhon.

9. — Il n'y a qu'une simple appréciation de faits dans la décision par laquelle les juges prononcent la nullité du désistement d'un appel comme ayant été rétracté antérieurement à toute signification ou acceptation, et comme étant d'ailleurs le résultat du dol et de la fraude. — *Cass.*, 19 août 1835, Vast c. Luc Tripier.

10. — Cependant, à défaut du concours libre des volontés des parties, la justice peut intervenir et donner acte du désistement.

11. — La simple offre du demandeur ne suffit pas pour former le contrat, parce qu'elle peut être faite de mauvaise foi, il faut qu'elle soit acceptée; le défendeur a intérêt à ce que l'instance soit terminée par la condamnation de son adversaire.

12. — Le désistement peut être rétracté tant qu'il n'a pas été valablement accepté ou admis. — *Cass.*, 9 déc. 1824, Vegrunnes c. Filhon; arg. *Dijon*, 17 déc. 1828, Adrien c. Rouyer; — Carré, sous l'art. 403; Chauveau, *Comm. du tarif*, t. 1er, p. 391, note 8. — ... Alors surtout qu'il s'agit d'un désistement d'action. — *Paris*, 17 avr. 1837 (t. 2 1837, p. 515), Dupleich c. Soulé.

13. — Ainsi, le désistement peut être rétracté par la partie qui l'a signifié, si l'avoué de la partie adverse ne l'a pas accepté en présence de celle-ci, ou si, pour l'accepter, cet avoué n'était pas muni d'un pouvoir spécial. — *Dijon*, 17 déc. 1828, Adrien c. Rouyer et Bernard.

14. — Lorsque, par des actes ayant date certaine, une partie a rétracté son désistement avant qu'il ne fût accepté, la cour peut l'annuler comme rétracté, alors même que l'acte de rétractation n'aurait été produit qu'à l'audience. — Arg. *Cass.*, 19 août 1835, Vast c. Luc Tripier.

15. — Il importe donc, pour déterminer laquelle doit être maintenue de la rétractation ou de l'acceptation intervenues le même jour, de les notifier à heure datée. Toutefois, cette formalité n'est point exigée et n'a rien d'essentiel.

16. — Quoique le désistement ait beaucoup d'analogie avec l'acquiescement, l'expédient, la prorogation de juridiction, la transaction et même avec la péremption et la prescription, il en diffère cependant sous plusieurs rapports. — V. ACQUIESCEMENT, nos 8 à 16; EXPÉDIENT; PÉREMPTION; PRESCRIPTION; PROROGATION DE JURIDICTION; TRANSACTION.

17. — Le désistement a pour objet soit d'empêcher une prescription de s'accomplir, soit de prévenir des condamnations, soit enfin d'éviter des frais. — Thomine, t. 1er, p. 618.

18. — Il est amiable ou judiciaire. — Il est *amiable* lorsque les parties s'accordent, le demandeur pour le donner, et le défendeur pour l'accepter.

19. — Il est *judiciaire* lorsqu'il est fait et accepté dans les termes de l'art. 402, C. procéd., ou lorsqu'à défaut d'acceptation volontaire, il en a été donné acte par arrêt ou jugement.

20. — Il y a plusieurs sortes de désistement : le désistement d'*action* ; le désistement d'*instance*, et le désistement d'un *acte isolé de procédure*.

21. — Il convient de se désister : 1° de l'action lorsqu'elle est mal fondée ; — 2° de l'instance, si elle a été engagée prématurément, si elle est irrégulière en la forme, ou enfin si elle a été soumise à un juge incompétent ; — 3° d'un acte de procédure, lorsqu'il est vicieux. — Bioche, *Dict. de procédure*, v° *Désistement*, n° 18.

22. — Le défendeur peut empêcher le désistement de l'instance ou d'un acte de procédure en renonçant à se prévaloir des irrégularités ou des nullités qu'ils renferment. — Pigeau, *Comm.*, t. 1er, p. 692.

23. — On distingue encore le désistement *exprès* et le désistement *tacite*. Le désistement est *exprès* lorsqu'il est constaté par un acte quelconque. — V. *infrà* nos 101 et s. — Il est *tacite* lorsqu'il résulte, soit du silence de la partie, soit de certains actes incompatibles avec l'intention de conserver, soit l'instance, soit le fond du droit.

24. — Toutefois, le silence n'emporte en général désistement de l'instance ou de l'action qu'autant qu'il s'est prolongé pendant le laps de temps requis pour la péremption ou la prescription. — V. PÉREMPTION, PRESCRIPTION.

25. — Un acte quelconque ne le fait présumer que lorsqu'il est absolument incompatible avec l'intention de continuer l'instance ou de faire usage du droit litigieux.

26. — Ainsi, le créancier d'une faillite qui se rend adjudicataire d'un immeuble du failli n'est pas, par cela seul, présumé s'être désisté de l'appel du jugement qui fixe l'ouverture de la faillite. — *Cass.*, 7 avr. 1819, Hauffman c. Collin.

27. — De même, le porteur d'une lettre de change qui, après avoir notifié dans le délai légal le protêt au tireur, avec citation en condamnation devant le tribunal de commerce, néglige de poursuivre un jugement sur cette citation, n'est pas réputé avoir abandonné son action, et ne doit pas en être déclaré déchu. — *Cass.*, 28 juill. 1824, Lefebvre c. Harel.

28. — Mais la déclaration de ne pas insister sur un chef de conclusions équivaut à un désistement formel. — *Rennes*, 17 fév. 1821, Lebesque c. armateurs du navire *le Jeune-Félix*.

29. — En principe, toute matière est susceptible de désistement.

30. — Cependant, quand il s'agit de matières qui intéressent l'ordre public, il faut distinguer entre le désistement de l'instance et le désistement de l'action. Ce dernier ne peut avoir lieu expressément. On ne saurait l'admettre que comme résultant du silence de la partie pendant le temps légal qui lui est accordé pour exercer ses droits. — V. ACQUIESCEMENT.

31. — Le désistement peut être donné en tout état de cause, soit en appel, soit en première instance, soit en cassation, jusqu'à la décision du litige. — *Angers*, 8 déc. 1818, Rousseau c. Fresnais ; — Nouveau-Denisart, v° *Désistement*, n° 5.

32. — Mais une partie ne peut se désister de sa demande, lorsqu'il est intervenu un jugement souverain qui a établi des droits réciproques entre elle et son adversaire. — Spécialement, lorsque, sur sa demande, l'administration a obtenu et exécuté contre un particulier un jugement portant expropriation pour cause d'utilité publique, par lequelle elle se trouve investie de la propriété, et que le règlement seul de l'indemnité est incertain, elle ne peut ensuite se désister de sa demande contre le gré de son adversaire, et le priver du droit qui lui est acquis. — *Bordeaux*, 16 janv. 1832, hospices d'Angoulême c. Gerbeaud ; — Merlin, *Rép.*, vis *Contrat judiciaire* et *Désistement* ; n° 3, et *Quest.*, v° *Tierce-opposition*, § 3 ; Berriat, p. 367, note 2e.

33. — De même, lorsque les parties, procédant sur l'appel d'un jugement provisoire, ont conclu et plaidé au fond devant la cour royale, l'appelant ne peut, en se désistant ensuite de son appel, sans se désister de sa demande au fond, empêcher les juges supérieurs de prononcer sur le fond, surtout si le désistement n'a pas été accepté par la partie adverse. — *Cass.*, 1er juill. 1818, d'Angeville c. comm. de Lompès.

34. — On ne peut non plus renoncer à un jugement rendu, parce qu'il y a alors contrat judiciaire ; mais après l'appel du condamné le désistement est valable ; l'intimé renonçant alors tacitement au contrat. — Berriat, *ibid.* — On pourrait aussi renoncer au droit d'exécuter le jugement ; mais on ne pourrait plus recommencer l'instance. — Merlin, v° *Contrat judiciaire*.

35. — Le désistement d'une saisie immobilière fait par le créancier saisissant, au profit d'un autre créancier qui demande la subrogation, est valable, quoique fait à la barre et hors la présence du débiteur légalement appelé, mais qui n'a point comparu. — *Cass.*, 12 mai 1818, Cauchois c. Johanne ; — Thomine, t. 2, n° 823.

36. — Un créancier inscrit sur plusieurs immeubles, qui a requis sa collocation dans l'ordre du prix de l'un d'eux, peut abandonner sa poursuite et se faire colloquer dans un autre ordre, malgré la réclamation des créanciers qui souffrent de cette alternative. — *Paris*, 31 août 1815, Lavandelle c. Villiers ; — Bioche, v° *Désistement*.

37. — Jugé que le désistement de l'appel d'un jugement qui prononce une *séparation* de corps est valable. — *Paris*, 19 janv. 1843 (t. 1er 1843, p. 345), Thiébault.

38. — ... Et que celui dont l'interdiction est poursuivie peut se désister de l'appel par lui interjeté du jugement qui l'interdit. — *Bordeaux*, 3 juill. 1829, Barbot c. Ledoux.

39. — Mais ces décisions nous paraissent contraires aux vrais principes. La loi n'admettant pas de séparation ni d'interdiction volontaires, l'acquiescement à une demande de cette nature serait évidemment nul ; or, le désistement de l'appel constitue un véritable acquiescement à la demande.

40. — Décidé, conformément à cette opinion, que l'époux qui a interjeté appel du jugement qui admettait la séparation de corps, ne peut se désister de son appel. — *Caen*, 13 déc. 1826, Benard.

Sect. 2e. — *Capacité en matière de désistement.*

§ 1er. — *Règles générales.*

41. — En principe, on ne peut renoncer à des droits qui compétent à autrui, et par suite, le désistement ne fait cesser le procès qu'entre la partie qui le donne et celle qui l'accepte.

42. — Lorsqu'il y a plusieurs demandeurs, le désistement de l'un ou de plusieurs d'entre eux ne nuit, ni ne profite aux autres. — Bonnin, *Comm. de la procéd. civ.*, p. 290.

43. — Mais si la matière est divisible, il a pour résultat de réduire la demande à la portion du litige concernant ceux des demandeurs qui ne se sont pas désistés.

44. — Ainsi, l'action en revendication d'un immeuble étant divisible, si quelques-uns des prétendans se désistent, la revendication ne peut, sur l'appel, être admise en faveur des autres que déduction faite des portions afférentes à ceux qui se sont désistés. — *Cass.*, 16 janv. 1811, Chevallier c. Berthelot.

45. — Si, au contraire, la matière est indivisible, le désistement de l'un des demandeurs ne met point obstacle à ce que les conclusions soient adjugées aux autres en entier, si elles sont fondées.

46. — Par exemple, lorsque deux propriétaires par indivis d'un terrain réclament une servitude sur un fonds voisin, les droits de l'un ne sont pas diminués par le désistement de l'autre, et la servitude doit être adjugée comme s'il n'était pas survenu de désistement. — Bonnin, *ibid.*, p. 290.

47. — De même, une saisie immobilière dont les placards ont été notifiés aux créanciers ne peut, sur le désistement du poursuivant, être radiée hors la présence de tous les créanciers ou sans qu'ils soient appelés. — *Nancy*, 2 mars 1818, Choiseul-Stainville c. Nicolas.

48. — Lorsqu'un créancier hypothécaire a poursuivi le tiers détenteur de l'immeuble sur lequel frappe son hypothèque, et que le vendeur est intervenu dans l'instance en expropriation forcée pour faire acquitter une partie du prix qui lui était encore due, l'instance ne peut pas être éteinte par le désistement, fait et accepté, du créancier poursuivant ; et le vendeur a le droit de continuer contre l'acquéreur les poursuites commencées. — *Cass.*, 30 août 1825, Sinetti c. Clerembault.

49. — Par la même raison, lorsqu'une péremption a été demandée au nom de tous les co-intéressés, l'un d'eux ne saurait, par un désistement postérieur, priver ses consorts du droit qui leur est acquis. — *Grenoble*, 14 févr. 1822, Blache c. Faure ; — Pigeau, *Comm.*, t. 1er, p. 690 ; Favard de Langlade, t. 2, p. 81 ; Carré et Chauveau, quest. 1454.

50. — Du principe que les décisions qui ont obtenu l'autorité de la chose jugée sont irrévocablement acquises à toutes les parties qui y ont figuré et que toutes peuvent respectivement s'en prévaloir, quelle que soit la qualité en laquelle elles y ont procédé (*Cass.*, 3 fév. 1841 [t. 1er 1841, p. 276], T...), il résulte que, lorsqu'un arrêt passé en force de chose jugée a prononcé l'annulation d'un partage fait sans l'observation des formalités légales celle des parties qui a obtenu cet arrêt ne peut, par un désistement, en anéantir les effets, sans le consentement de l'autre partie. — *Cass.*, 11 mai 1846 (t. 1er 1846, p. 767), Deuzy c. Beaumont.

51. — Mais le désistement fait au nom de plusieurs parties est valable, quoique signé par l'une d'elles seulement, tant en son nom que pour ses co-intéressés, si ceux-ci ont ratifié le mandat par une exécution pleine et entière du désistement. — *Toulouse*, 3 fév. 1832, Tournan c. Laforgue ; — Bioche, *eod. verb.*, n° 33.

52. — Aucun article de loi n'autorise le mari qui plaide conjointement avec sa femme à se désister seul, tant en son nom qu'au sien. Le désistement qui n'est pas signé par elle est nul. — *Besançon*, 17 fév. 1821, Maître Jean c. Perrin.

53. — Les mêmes motifs portent à décider qu'il est permis à des tiers de se faire subroger aux poursuites, nobstant le désistement, lorsque ce désistement a été donné en fraude de leurs droits. — Thomine-Desmazures, t. 1er, p. 619 ; Pigeau, *Comm.*, t. 1er, p. 694.

54. — Est nul le désistement d'une instance consenti en fraude des créanciers. — *Paris*, 24 fév. 1806, Dupuis c. Barabé et Segur ; — Pigeau, *Comm.*, t. 1er, p. 694 ; Favard de Langlade, t. 2, p. 81 ; Carré, n° 1453.

55. — Le créancier qui s'est opposé à ce que son débiteur, demandeur en rescision d'une vente pour cause de lésion, transigeât sur cette instance sans l'appeler, a le droit d'intervenir pour provoquer la nullité du désistement donné au nom de celui-ci et se faire subroger à la poursuite en son lieu et place. — Même arrêt.

56. — Jugé que l'appel interjeté par le syndic d'une faillite profite au failli aussi bien qu'aux créanciers, et que le désistement de cet appel par le syndic, agissant seulement au nom des créanciers, ne peut empêcher le failli de suivre sur l'appel en son nom personnel. — *Cass.*, 19 avr. 1826, Coffin-Besançon c. Levert.

57. — Au surplus, la capacité de donner un désistement varie selon qu'il s'agit de l'action, de l'instance ou d'un acte de la procédure.

§ 2. — *De la capacité de se désister d'une action.*

58. — Se désister d'une action, c'est aliéner le fond du droit et renoncer entièrement à s'en faire un titre contre la partie adverse ; il faut donc être capable d'aliéner le droit pour s'en désister valablement.

59. — En général, toute personne ayant capacité pour intenter une action peut également s'en désister.

60. — Mais tous ceux que la loi déclare d'une manière absolue incapables d'agir, ne peuvent se désister valablement d'une action. Tels sont : 1° le mineur. — Ainsi, le désistement d'une opposition formée par un mineur pour sûreté d'une créance donne essentiellement lieu à restitution en sa faveur, à moins qu'il ne soit établi que le mineur n'a été lésé sous aucun rapport, par suite de cette renonciation. — *Cass.*, 4 mars 1806, Nogués c. Duplan.

61. — Toutefois, le mineur émancipé a capacité pour se désister d'une action relative à un objet dont il a l'administration. — Arg. C. civ., art. 481. — Bioche, v° *Désistement*, n° 25.

62. — ... 2° L'interdit. — A son égard, le désistement est nul de plein droit. — Arg. C. civ., art. 502. — V. d'ailleurs INTERDICTION.

63. — Pareillement, les personnes qui, pour agir, soit pour elles-mêmes, soit pour autrui, ont besoin d'une autorisation expresse, n'ont pas capacité pour se désister d'une action sans cette autorisation ; à moins qu'il ne s'agisse d'une action relative à des objets dont ils ont l'administration entière et absolue. — Carré, quest. 1452 ; Pigeau, *Proc. civ.*, t. 1er, p. 482, et *Comm.*, t. 1er, p. 690 ; Berriat Saint-Prix, t. 1er, p. 367 ; Demiau, p. 293.

64. — Ainsi, doivent se faire autoriser avant de se désister : 1° la femme mariée. — Arg. C. civ., art. 215. — Peu importe qu'elle soit séparée de biens ou mariée sous le régime dotal ; la loi ne distingue pas. — Bioche, n° 28.

65. — ... 2° La personne qui a reçu un conseil judiciaire. — Mais il en serait autrement s'il s'agissait d'une action pour la poursuite de laquelle l'assistance du conseil ne fût pas expressément requise.

66. — ... 3° Ceux qui administrent pour autrui, spécialement le maire d'une commune. — La délibération d'un conseil municipal portant désistement d'un jugement frappé d'appel et reconnais-

sance des droits de l'appelant est nulle, et ne peut interrompre la péremption de l'instance pendante devant la cour, si elle n'a pas été prise dans les formes prescrites par l'arrêté du 21 frim. an XII. — *Cass.*, 31 janv. 1837 (t. 2 1837, p. 409), Marion c. comm. de Glatigny.

67. — Les fabriques d'église sont soumises aux mêmes principes que les communes. — Carré, no 538.

68. — Le désistement d'une action ne peut pas non plus être consenti par les syndics provisoires d'une faillite. — *Nancy*, 13 août 1839 (t. 2 1839, p. 530), Boulet-Leblanc c. Varin-Bernier.

§ 3. — *De la capacité de se désister d'une instance.*

69. — Il résulte des termes de l'art. 403, C. pén., que le désistement de l'instance ne porte aucun préjudice *direct* au fond même du droit, qui survit à l'instance. C'est un acte de pure administration dont le seul but est d'anéantir une procédure ou vicieuse ou inutile, pour lui en substituer une plus régulière.

70. — On peut donc poser en principe que tous ceux qui ont pouvoir d'administrer, soit pour eux-mêmes, soit pour le compte d'autrui, ont capacité pour se désister d'une instance. — Chauveau, sur Carré, quest. 1452; Pigeau, *Proc. civ.*, t. 1er, p. 454, et *Comm.*, t. 1er, p. 690; Bourbeau, t. 1er, p. 680.

71. — Ainsi, la femme qui est séparée de biens ou qui agit pour ses paraphernaux, le mineur émancipé, la personne pourvue d'un conseil judiciaire, le tuteur et, en général, tout administrateur peuvent se désister de l'instance qu'ils ont engagée.

72. — On prétendrait en vain qu'ayant eu besoin d'une autorisation pour engager l'instance, ils ne peuvent ensuite l'abandonner d'eux-mêmes sans une nouvelle autorisation. Il n'y a pas d'analogie entre les deux cas; intenter un procès présente des dangers qu'on ne trouve pas à l'abandonner, puisque le droit lui survit. Et qu'on ne dise pas qu'après le désistement, l'instance ne conserve plus le droit qui peut se trouver anéanti, si on néglige de la renouveler en temps utile; car le même inconvénient existe avec l'autorisation. L'autorisation n'a rien d'impératif; c'est une simple permission dont celui qui la réclame est libre d'user ou de ne pas user, sauf, bien entendu, sa responsabilité personnelle en cas de négligence de sa part. — Sans doute, le désistement peut paraître utile et ne l'être pas en réalité; mais c'est alors un acte d'administration mal entendu, dont les conséquences retombent sur qui de droit. — — V. *contrà* Berriat, p. 367; Demiau, sur l'art. 402; Bloche, no 36.

73. — On ne serait pas mieux fondé à soutenir que ces personnes étant incapables de transiger doivent l'être également pour se désister. — Les effets de la transaction n'ont rien de commun avec ceux du désistement; la transaction termine et l'instance et les prétentions respectives des parties; elle règle le fond du droit. Le désistement, au contraire, remet les choses au même et semblable état où elles étaient avant la demande. — C. procéd., art. 403.

74. — On a fait une juste application de ces principes en décidant que, quoique des syndics n'aient pas capacité pour transiger seuls sur les droits d'une faillite, ils peuvent se désister d'un jugement entaché de nullité, pour en obtenir un nouveau, alors surtout que ce désistement a été donné sous la réserve expresse du fond du droit et du maintien des procédures consommées. — *Cass.*, 27 juin 1843 (t. 1er 1844, p. 32), Caudron c. syndics Fresson et Cadot.

75. — ... Qu'un tuteur se désiste valablement de l'appel d'un jugement qui statue sur les droits mobiliers de son pupille. — *Grenoble*, 26 août 1825, Belluard et Busco c. Coillat.

76. — M. Bourbeau (t. 1er, p. 679), tout en professant la même doctrine que nous, voudrait que le désistement qui émane de ces personnes fût homologué par le tribunal.

77. — Cependant l'opinion contraire a de nombreux partisans. Ainsi, MM. Berriat-Saint-Prix, p. 367, § 1er; Demiau-Crouzilhac, p. 293; Carré, quest. 1452; Favard de Langlade, t. 2, p. 79, no 1er; Thomine-Desmazures, t. 1er, p. 618, et Bioche, vo *Désistement*, no 36, refusent aux incapables et aux administrateurs le droit de se désister d'une instance.

78. — La section du tribunat paraît avoir adopté ce système en posant en principe, d'une manière absolue, que le désistement ne peut être fait et accepté que par ceux qui ont la capacité de transiger et d'acquiescer. « Mais, dit M. Bourbeau (t. 1er, p. 680), il ne faut pas attacher trop d'importance à cette opinion, parce que le tribunat semble avoir considéré le désistement comme emportant dans tous les cas une renonciation au droit de former une nouvelle demande. »

79. — Jugé dans ce sens que l'individu pourvu d'un conseil judiciaire qui a formé une demande en justice conjointement avec ce dernier ne peut se désister seul de l'instance. — *Bruxelles*, 27 nov. 1823, N...

80. — Quoi qu'il en soit, le principe ci-dessus posé cesserait d'être applicable, si la perte du droit était la conséquence *indirecte* du désistement, par exemple, si le délai de la prescription s'était accompli dans l'intervalle écoulé depuis le premier exploit jusqu'au jour du désistement. Ce ne serait plus alors un simple acte d'administration; ce serait une aliénation, indirecte il est vrai, mais enfin une aliénation interdite aux incapables et aux administrateurs. — Pigeau, *Proc. civ.*, t. 1er, p. 454; Chauveau, sur Carré, quest. 1452; Bourbeau, t. 1er, p. 677 et suiv.

81. — De même, lorsque le désistement d'un appel a pour effet de donner au jugement de première instance l'autorité de la chose jugée, il équivaut à un acquiescement et ne peut, dans ce cas, être donné ni accepté par un incapable ni par un administrateur. — Bourbeau, t. 1er, p. 679.

82. — Il résulte de cette restriction qu'une femme ne saurait, sans autorisation de son mari ou de justice, se désister du pourvoi en cassation qu'elle aurait formé conjointement avec son mari contre un arrêt qui la concernait personnellement. — *Cass.*, 15 juill. 1807, Possel c. Ottevaere.

83. — La femme même séparée de biens ne peut, sans l'autorisation de son mari ou de la justice, se désister d'un appel, ni transiger sur la contestation qui compromettrait ses biens dotaux. — *Cass.*, 12 fév. 1828, Bellonel c. Delabrière.

84. — La femme autorisée par justice à former une action en séparation de biens contre son mari, n'a pas qualité pour s'en désister sans l'autorisation de la justice. — *Cass.*, 14 fév. 1810, Gonin.

85. — Un tuteur ne peut, sans l'autorisation du conseil de famille, se désister de l'appel qu'il a interjeté d'un jugement prononçant sur des droits immobiliers de son pupille. — *Rennes*, 1er juin 1813, Lemoigne-Rochefort. — *Contrà Agen*, 13 déc. 1844 (t. 2 1845, p. 583), Rodière-Tulbère c. Couderc. — ... Ni renoncer à l'opposition qu'il a formée à un arrêt par défaut. — *Bruxelles*, 23 nov. 1806, Vanvolxem; *Limoges*, 22 avr. 1839 (t. 2 1845, p. 607), Labesse c. Lagasne.

86. — Un maire qui, par mesure conservatoire, appelle sans y être autorisé, d'un jugement rendu contre sa commune, a besoin d'être autorisé pour se désister de cet appel. — *Toulouse*, 21 mars 1832, comm. Lécussan c. d'Uzès.

87. — Au surplus, il est bon, pour éviter toute difficulté, de n'accepter le désistement d'une instance donnée par une femme mariée, un tuteur, etc., qu'autant que l'autorisation de le faire est représentée. D'un autre côté, les tuteurs et autres administrateurs étant responsables du préjudice causé par leur négligence, agissent prudemment en se faisant eux-mêmes autoriser.

88. — En matière forestière, l'administration supérieure a seule le droit de se désister d'un pourvoi en cassation fait par l'un des inspecteurs. — *Cass.*, 4 août 1827, Forêts c. Mion. — La raison de douter vient de ce que l'art. 183 du C. forest. ne parle que de l'appel.

89. — Des principes particuliers font décider qu'un préfet peut renoncer à un appel qu'il a interjeté dans l'intérêt du domaine public. — *Nancy*, 15 nov. 1831, préf. de la Meurthe c. ville de Phalsbourg.

§ 4. — *De la capacité de se désister d'un acte de procédure.*

90. — Le désistement d'un acte irrégulier n'ayant pour but que de mettre à couvert la responsabilité de celui qui l'a fait, et ne portant d'ailleurs aucune atteinte ni à l'action ni à l'instance, doit être admis très-facilement.

91. — Ainsi, celui qui a intérêt à soutenir ou à contester la validité d'un acte de procédure, a qualité pour élever toutes les questions qui peuvent se rattacher à l'existence de cet acte. Spécialement, celui qui a interjeté un appel incident est recevable à opposer la nullité du désistement que l'appelant principal avait fait notifier antérieurement à cet appel. — *Cass.*, 16 avr. 1844 (t. 2 1844, p. 57), Usquin c. Solignac.

92. — L'avoué peut se désister de la procédure lorsqu'il reconnaît qu'elle est entachée d'une nullité, ou lorsqu'il a fait des aveux hors des termes de son mandat, et dont il n'a point encore été demandé acte.

93. — Les dispositions de l'art. 402, C. pén., ne sont pas applicables au désistement d'un acte isolé. Ainsi, l'avoué qui donne un semblable désistement n'a besoin ni de la signature de la partie ni d'un pouvoir spécial. En effet, il ne s'agit que de réparer des vices de forme; par suite, le pouvoir qui lui a été donné pour conduire l'instance est suffisant. — Carré et Chauveau, no 1455; Demiau-Crouzilhac, p. 293; Bourbeau, t. 1er, p. 683.

94. — Lorsque de la part d'un demandeur il n'y a eu d'autre acte de procédure que le seul exploit d'ajournement, et que le cité n'a pas encore constitué avoué, le premier peut signifier au second son désistement de la citation, sans que ce désistement, pour être valable, doive être fait et accepté dans les formes prescrites par les art. 402 et 403, C. procéd. — Par suite, si le même demandeur a fait assigner son adversaire devant un autre tribunal, ce dernier peut opposer à cette nouvelle demande l'exception de litispendance, motivée sur la première citation, dont le demandeur s'est ainsi désisté. — *Bruxelles*, 27 oct. 1824, N.....

95. — Ce ne serait que dans le cas où le désistement partiel d'un acte de procédure contiendrait des offres, un aveu ou un consentement, que l'avoué aurait besoin d'un pouvoir spécial, afin d'éviter l'action en désaveu. — C. civ., art. 352. — Carré, quest. 1455.

96. — Il est d'usage de faire signifier un acte régulier, en déclarant que le premier doit être considéré comme non avenu. — Carré, quest. 1455; Berriat Saint-Prix, p. 471.

97. — Les frais doivent rester à la charge de celui à qui l'irrégularité doit être imputée.

98. — La partie adverse peut se prévaloir de l'acte sur lequel porte le désistement et en tirer toutes les inductions qu'elle croit utiles à sa cause. — Au surplus, tout, à cet égard, dépend des circonstances. — Carré, quest. 1455.

Sect. 3e. — *Formes du désistement.*

99. — On a vu plus haut que le désistement est amiable ou judiciaire. — La loi ne trace aucune règle pour le désistement amiable. Il peut donc avoir lieu dans les formes et sous les conditions qu'il plaît aux parties de choisir. — Boitard, t. 2, p. 60, 8e édit.

100. — Il suffit qu'il soit fait et accepté verbalement, et qu'il ne soit point contesté pour être obligatoire. — Arg., C. procéd., art. 402.

101. — Quant au désistement judiciaire, il peut être fait par un simple acte signifié d'avoué à avoué. — C. procéd., art. 402.

102. — Le désistement signé par la partie et son avoué a, par sa signification, l'effet de conférer au jugement frappé d'appel l'autorité de la chose jugée. — *Bordeaux*, 19 mars 1841 (t. 2 1841, p. 270), Chatry c. Manan.

103. — Mais l'art. 402 précité est-il purement facultatif en ce sens que la partie au profit de laquelle le désistement est donné puisse exiger un jugement ou un arrêt qui lui en donne acte, au lieu de l'accepter par acte d'avoué à avoué. — L'affirmative a été consacrée par de nombreux arrêts.

104. — Ainsi, il a été décidé que le défendeur qui accepte le désistement peut, au lieu de signifier son acceptation par de simples actes, demander qu'il lui en soit donné acte à l'audience. — *Rouen*, 2 août 1842 (t. 2 1842, p. 689), Lefebvre c. Meslier. *Rennes*, 5 nov. 1830, Damesme c. de Mercy; *Grenoble*, 7 fév. 1834, Couthon c. Chancel. — ... Alors même qu'il lui aurait été signifié par acte d'avoué à avoué. — *Bourges*, 2 mai 1835, comm. de Challement c. Morlé.

105. — ... Qu'il en est ainsi surtout en matière de séparation de corps. — *Rennes*, 20 nov. 1816, Bernard.

106. — ... Que ce principe est, à plus forte raison, applicable en appel. — En conséquence, l'intimé peut exiger qu'il lui soit donné acte du désistement de l'appel signifié par l'appelant. — *Limoges*, 13 mars 1818, Parent c. Deswergnes, sous *Amiens*, 2 juin 1821, comm. de Crécy-au-Mont c. comm. de Jumancourt; *Nîmes*, 23 juin 1829, Sabatier; *Nancy*, 15 nov. 1831, préfet de la Meurthe c. ville de Phalsbourg; *Toulouse*, 30 janv. 1830, Caila c. Dupeyron; 19 fév. 1836 (t. 1er 1837, p. 81), Lafond; *Amiens*, 31 mars 1838 (t. 1er 1843, p. 432), Domaine c. comm. de Cerisy.

107. — ... Que la partie qui ne veut pas se contenter d'un simple acte de désistement d'appel, signé de sa partie adverse ou de son mandataire, peut, si d'ailleurs celle-ci ne sait pas écrire, exiger qu'un arrêt lui donne acte du désistement respectivement consenti et accepté. — *Limoges*, 17 juill. 1816, N... c. Bayle.

108. — ... Que le même droit appartient à l'appelant à qui l'intimé notifie un désistement du jugement de première instance. — *Caen*, 19 fév. 1823, Mallet de Mailly c. David; *Bruxelles*, 20 avr. 1809, Vincent c. Herbiniaux; *Rouen*, 18 nov. 1843 (t. 1er 1844, p. 119), Delestre c. Guenier.

109. — ... Surtout si l'intimé ne sait pas écrire. — *Toulouse*, 26 nov. 1834, Brat-Blanc c. Brunet et Mole.

110. — ... Ou si, lorsqu'il y a plusieurs appelans, on n'a laissé qu'une seule copie du désistement à leur avoué commun. — *Riom*, 7 juill. 1825, Grand c. Bonnevie.

111. — Jugé au contraire, mais à tort selon nous, que lorsqu'un désistement d'appel a été fait par acte d'avoué à avoué, l'intimé ne peut exiger l'obtention d'un arrêt qui concède acte de l'acceptation de ce désistement. — *Aix*, 1er fév. 1842 (t. 2 1842, p. 195), Solzmann c. Fitch. — V. conf. Hautefeuille, p. 212.

112. — Toutefois, il n'est pas absolument nécessaire qu'il soit donné, par un arrêt, acte du désistement d'appel, par cela seul que la partie à laquelle il est adressé ne sait pas signer, et ne peut ainsi fournir son acceptation par un simple acte. — *Bordeaux*, 19 mars 1841 (t. 2 1841, p. 270), Chatry c. Manan.

113. — Une question plus délicate est celle de savoir sur qui doivent retomber les frais du jugement qui tient le désistement pour accepté, lorsque l'adversaire a refusé de l'accepter par un simple acte.

114. — Suivant les uns, la partie à laquelle est signifié un désistement n'est en pleine sécurité que lorsque la minute de l'acte qui le constate doit, en cas de perte de la copie, se retrouver dans un dépôt public. Elle a donc le plus grand intérêt à le faire constater par jugement, et comme le désistement deviendrait une charge pour elle, si elle ne pouvait en demander acte qu'à ses frais, il faut décider que c'est sur le désistant que retombent les frais du jugement. Une solution opposée blesserait les principes de l'équité et violerait l'esprit et le texte de l'art. 403, C. procéd. — Carré, quest. 1459; Favard de Langlade, t. 2, p. 80, no 1er; Berriat Saint-Prix, p. 368, note 7e; Thomine Desmazures, t. 1er, p. 173; Hautefeuille, p. 212. — M. Bourbeau (t. 1er, p. 689 et suiv.) paraît également adopter cette doctrine.

115. — La plupart des arrêts ci-dessus cités sont prononcés dans le même sens. — *Bruxelles*, 20 avr. 1809, Vincent c. Herbiniaux; *Limoges*, 17 juill. 1816, N... c. Bayle; *Amiens*, 2 juin 1821, comm. de Crecy-au-Mont c. comm. de Jumancourt; *Rennes*, 5 avr. 1824, Bodin c. Vigneux; 5 nov. 1830, Damesme c. Merey; *Nancy*, 15 nov. 1831, préfet de la Meurthe c. ville de Phalsbourg; *Toulouse*, 26 nov. 1834, Brat-Blanc c. Brunet; *Limoges*, 13 mars 1818, Parent c. Desvergnes.

116. — Une conséquence nécessaire de ce système, c'est que l'avoué du défendeur a droit d'obtenir la distraction des dépens contre le désistant. — *Rouen*, 2 août 1842 (t. 2 1842, p. 689), Lefebvre c. Meslier.

117. — D'autres auteurs soutiennent que la loi n'impose point au désistant l'obligation de fournir à son adversaire d'autre garantie que celle qui résulte de la copie du désistement qu'il doit lui notifier. Sans doute il peut vouloir augmenter sa sécurité, mais ce doit être à ses dépens. D'un autre côté, le désistement équivaut à des offres, et assurément celui à qui elles sont faites serait non-recevable à exiger une reconnaissance solennelle de son droit. — D'ailleurs l'acte de désistement doit être enregistré; il se trouve donc dans un dépôt public; et puis la partie est parfaitement libre de déposer la copie qu'elle reçoit chez un notaire, si elle craint de la perdre. — Enfin, dans le cas où la partie ne saurait pas signer, ce ne serait pas encore une raison pour mettre les frais du jugement à la charge du désistant; elle devrait constituer un mandataire qui signerait pour elle. — Boucher d'Argis, *De la taxe en matière civile*, vo *Désistement*, p. 123; Chauveau sur Carré, quest. 1459; Pigeau, *Comment.*, t. 1er, p. 693.

118. — Nous admettons complétement cette opinion, qui nous paraît plus rationnelle et plus équitable. C'est, selon nous, aux tribunaux qu'il appartient d'apprécier, d'après les circonstances particulières de la cause, si l'on peut refuser d'accepter par acte d'avoué un désistement, et si, en conséquence, les frais faits à la suite de refus jusqu'au jugement qui donne acte du désistement doivent être mis à la charge de la partie qui s'est désistée. — *Rennes*, 25 janv. 1836, Martin.

119. — Par exemple, s'il est démontré que la partie qui refuse d'accepter le désistement par un simple acte n'agit ainsi que par mauvais vouloir et dans le but d'augmenter les frais de son adversaire, les juges doivent mettre à sa charge le coût du jugement ou de l'arrêt qui donne acte du désistement.

120. — Au contraire, si un désistement a été signifié trop tardivement pour que l'autre partie ait eu le temps de l'accepter par un simple acte, le jugement qui en donne acte doit demeurer à la charge de la partie qui s'est désistée. — *Bordeaux*, 18 mars 1830, Fronthame c. Desset.

121. — Il résulte de tout ce qui précède qu'un désistement peut être valablement accepté à l'audience (*Rennes*, 31 janv. 1811, N...); mais que les frais nécessités par ce mode d'acceptation restent, en général, à la charge de l'acceptant. — *Grenoble*, 7 fév. 1834, Couthon c. Chancel.

122. — Le désistement peut encore être donné par acte authentique ou sous seing-privé, par lettre missive et par acte extra-judiciaire. — Thomine, t. 1er, p. 620.

123. — Ainsi, un désistement est valable, quoique signifié par exploit à domicile, et non par acte d'avoué. — *Besançon*, 8 mai 1816, N...

124. — Un désistement d'appel, contenu dans un exploit d'offres réelles faites pour satisfaire aux condamnations prononcées par le jugement dont est appel et acceptées par celui qui avait obtenu le jugement, est valable, sans qu'il soit besoin de le signifier par acte d'avoué à avoué. — *Nîmes*, 27 mars 1817, N...; 27 mars 1819, Plataret c. Silbeyras.

125. — Le désistement peut même être fait à l'audience par l'avoué qui dépose des conclusions à cet effet, et demande acte du désistement. — V. *suprà* no 104.

126. — Jugé cependant que le désistement d'un pourvoi en cassation, par une simple lettre missive, n'a aucun caractère d'authenticité, et ne suffit pas pour autoriser la cour de Cassation à en donner acte à la partie. — *Cass.*, 21 nov. 1838, Berguer.

127. — Il y a des cas où l'art. 402 ne peut pas recevoir son application, par exemple, lorsque le défendeur n'a pas encore constitué avoué. Il faut alors, de toute nécessité, faire notifier le désistement par exploit à partie. — Pigeau, t. 1er, p. 454.

128. — Par la même raison, l'art. 402, C. procéd., n'est pas applicable au désistement d'une demande formée devant un tribunal de commerce, le ministère des avoués n'étant point reçu près ces tribunaux. — *Paris*, 25 mars 1813 (et non 1814), Fauvel c. Riobé. — *Contrà* Bioche, no 70.

129. — Le désistement consigné dans un procès-verbal dressé par un juge de paix incompétent est valable, si ce procès-verbal est signé des parties. — *Turin*, 23 juin 1807, Guglielmone c. Castellini.

130. — Le désistement signifié, non par acte d'avoué à avoué, mais par acte extrajudiciaire à la partie, ne rend point frustratoires les procédures faites ultérieurement par l'avoué de celle-ci. — *Montpellier*, 31 juill. 1821, Tournié.

131. — Un désistement d'instance fait par acte notarié, non contradictoire avec le défendeur, mais notifié à sa personne, ne peut rendre nulles des poursuites ultérieures faites par l'avoué, lorsque rien n'établit que cet avoué ait connu ce désistement. — *Riom*, 23 avr. 1816, Espenel.

132. — Lorsque le désistement a eu lieu par acte extrajudiciaire, il peut être notifié aux avoués par l'une ou l'autre des parties indifféremment.

133. — Au surplus, quelle que soit la forme qu'on adopte, le désistement doit, dans tous les cas, être signé de la partie ou de son mandataire. — Chauveau, sur Carré, quest. 1456.

134. — Cette formalité est donc exigée pour un désistement d'appel fait par acte d'huissier comme pour un désistement fait par acte d'avoué à avoué. — *Agen*, 28 janv. 1833, Tornon c. Ducasse.

135. — Jugé cependant, mais à tort selon nous, que l'art. 402, C. procéd., n'exige la signature des parties ou de leurs mandataires que lorsque le désistement a lieu par de simples actes d'avoué à avoué. — *Toulouse*, 3 fév. 1832, Tournan c. Laforgue; *Orléans*, 5 mai 1822, N...; — Bourbeau, t. 1er, p. 683 et suiv.

136. — ... Et que le désistement d'une opposition à un jugement par défaut n'est point soumis aux formes prescrites par l'art. 402, C. procéd., et peut être signifié par simple acte d'huissier, sans la signature de la partie et sans pouvoir spécial émané d'elle. — *Douai*, 3 juin 1835, Lens.

137. — Le désistement doit être signé par toutes les parties qui le donnent; il doit être considéré comme non avenu, s'il n'est signé que par l'une d'elles, encore bien qu'elle s'oblige de le faire ratifier par les autres. — *Agen*, 29 déc. 1824, Vaissié c. Leygue.

DÉSISTEMENT, sect. 3e.

DÉSISTEMENT, sect. 3e.

138. — La signature des parties est exigée à peine de nullité. — *Lyon*, 14 déc. 1810, Tissot; *Amiens*, 2 juin 1821, commune de Crécy-au-Mont c. commune de Jumancourt; — Chauveau, sur Carré, quest. 1456.

139. — Est nulle la déclaration non signée d'une partie et par laquelle son avoué renonce, après les plaidoiries, à soutenir sa demande, en se bornant à faire des réserves pour ses autres droits. — *Lyon*, 30 juin 1831, Sicaud c. Prignon.

140. — Au surplus, la partie qui a omis de signer un acte de désistement peut réparer cette omission par un écrit subséquent. — *Aix*, 3 mars 1807, Dubros c. Maunier.

141. — Si le désistement est donné à l'audience par la partie ou par son fondé de pouvoir, leur signature n'est pas exigée. On doit avoir foi dans le magistrat qui a mission d'attester et leur présence et leur consentement. — Pigeau, *Proc. civ.*, t. 1er, p. 455; Berriat Saint-Prix, p. 367; Carré et Chauveau, quest. 1458; Favard de Langlade, vo *Désistement*, t. 2, p. 79; Thomine, t. 1er, p. 620; Bioche, vo *Désistement*, no 83, 3e éd.

142. — Celui qui n'a pas, en première instance, proposé la nullité résultant du défaut de signature du désistement, n'est plus recevable à la présenter en appel. — *Rennes*, 24 déc. 1829, Guillemin c. Pollemer.

143. — Par exemple, la nullité du désistement de l'appel d'un jugement d'adjudication préparatoire, lors même que ce désistement n'a été donné qu'au moment de l'adjudication définitive, ne peut être opposée en appel qu'autant qu'elle a été présentée en première instance. — *Cass.*, 12 mai 1835, De Puget c. de Chateaugiron.

144. — La nullité du désistement pour défaut de signature du désistant est également couverte par l'acceptation du défendeur.

145. — Le désistement est un acte tellement important que le mandataire doit être muni d'un pouvoir spécial. — Berriat St-Prix, p. 367, note 6; Pigeau, *Proc. civ.*, t. 1er, p. 455; Carré et Chauveau, quest. 1456; Thomine, t. 1er, p. 618; Boitard, t. 2, p. 80, 3e édit.; Favard de Langlade, vo *Désistement*, t. 2, p. 80, no 3; Bourbeau, t. 1er, p. 681.

146. — Le défendeur peut même exiger que le pouvoir soit authentique. — Boitard, Pigeau et Favard de Langlade, *loc. cit.* — ... Ou que le pouvoir sous seing-privé soit déposé chez un notaire. — Bioche, vo *Désistement*, no 79. — *Contrà* Bourbeau, t. 1er, p. 681, note 1re; Chauveau sur Carré, quest. 1456.

147. — Jugé, conformément à ce principe, que, si l'art. 402, C. procéd., autorise les désistemens par simples actes signés des parties ou de leurs mandataires, et signifiés d'avoués à avoués, il faut que la partie à qui on signifie le désistement puisse s'assurer de la sincérité des signatures apposées à des mandats sous signature privée. Dès-lors, le désistement dans lequel on donnerait seulement copie d'un pouvoir sous signature privée, doit être déclaré insuffisant. — *Besançon*, 15 janv. 1824, Crestin c. Dahy.

148. — Le désistement signé seulement par un avoué est nul, si cet officier ne représente pas une procuration spéciale de sa partie. — *Besançon*, 20 fév. 1807, Lefranc c. Gérard.

149. — Le pouvoir de plaider et de relever appel ne comprend pas celui de se désister de l'appel interjeté. — *Cass.*, 16 avr. 1844 (t. 2 1844, p. 57), Usquin c. Solignac.

150. — Toutefois, l'avoué qui signifie un exploit de désistement n'est pas tenu d'y insérer ou indiquer l'acte notarié par lequel il a reçu des parties un pouvoir spécial à cet effet. Il suffit qu'à l'audience il en soit justifié. — *Pau*, 16 juin 1837 (t. 2 1840, p. 41), Bonnecarrère c. Dupont.

151. — Le pouvoir spécial donné au mandataire d'une société par quelques-uns de ses membres, de se désister d'un appel interjeté au nom de cette société, peut être déclaré insuffisant si tous les associés n'ont pas adhéré au désistement, ou si les représentans des membres absens n'étaient pas munis de pouvoirs suffisans. — Dans ce cas, si le désistement a été signifié, non pas individuellement au nom des associés signataires du pouvoir, mais au nom collectif de la société, il est indivisible comme celle-ci, et ne peut dès-lors être déclaré valable, même à l'égard des signataires. — *Cass.*, 16 avr. 1844 (t. 2 1844, p. 57), Usquin c. Solignac.

152. — Il a été décidé que la lettre par laquelle une partie donne pouvoir à son avoué de faire tout ce que les circonstances nécessitent, soit pour suivre, soit pour terminer le procès, autorise cet avoué à se désister de la demande qu'il a formée pour elle. — *Besançon*, 17 août 1814, N...; — Carré et Thomine, sous l'art. 402; Pigeau, *Procéd. civ.*, t. 1er, p. 545.

153. — Mais la lettre du directeur d'une régie

qui, d'après l'avis de son administration, pense qu'il convient de se désister d'une action, ne constitue point un véritable désistement. — *Besançon*, 12 mars 1807, N...—M. Chauveau cite, sous la date du 12 mars 1807, un arrêt conforme à cette notice, mais sans en donner le texte.

154. — La signature de la partie ou de son mandataire doit, à peine de nullité, être apposée sur la copie signifiée à la partie adverse. — *Bruxelles*, 25 mai 1810, Bosquet; — Pigeau, *Procéd. civ.*, t. 1er, p. 454; Berriat Saint-Prix, p. 367, note 6e; Carré et Chauveau, quest. 1457; Bourbeau, t. 1er, p. 681.

155. — Au contraire, suivant M. Bourbeau (*loc. cit.*), la signature sur l'original n'est pas rigoureusement exigée.

156. — Un désistement de conclusions ne peut être donné par un avocat. — Mais il serait validé si la partie avait assisté au barreau son avocat et son avoué. — *Bruxelles*, 29 juin 1808, Belvaux c. Declerck.

157. — L'acte de désistement est assujéti à l'enregistrement. — L. 22 frim. an VII, art. 68, § 2, no 8.

158. — Il est passible du droit fixe de 2 francs, lorsqu'il est pur et simple. — L. 28 avr. 1816, art. 43, no 12.

159. — S'il contient obligation de sommes ou transmission mobilière ou immobilière, il donne lieu au droit proportionnel.

160. — Il n'est pas distinct de l'acte de signification et n'est pas soumis à un enregistrement particulier. — Bioche, vo *Désistement*, no 178.

161. — Un acte de désistement dont la date est incertaine ne peut servir de point de départ pour le délai de la péremption. — *Lyon*, 25 févr. 1834, Biessy c. Classis.

Sect. 4e. — *Acceptation du désistement.*

162. — Le désistement doit, en général, être accepté pour devenir irrévocable. — Favard de Langlade, vo *Désistement*, t. 2, p. 80; Thomine Desmazures, t. 1er, p. 622; Pigeau, *Proc. civ.*, t. 1er, p. 456; Carré et Chauveau, quest. 1466; Bioche, vo *Désistement*, no 108.

163. — Néanmoins, l'acceptation n'est pas exigée lorsqu'il s'agit, 1o du désistement d'un acte isolé, si cet acte ne conférait à l'adversaire aucun droit né et actuel, parce qu'en effet ce désistement ne lui fait point grief. — Bourbeau, t. 1er, p. 686; Pigeau, *Comm.*, t. 1er, p. 691.

164. — Ainsi, le désistement de l'acte introductif d'instance n'a pas besoin d'être accepté pour produire son effet, à moins qu'il n'ait été donné pour saisir un autre tribunal. — Bourbeau, *ibid.*; Pigeau, *ibid.*

165. — Si le contrat judiciaire n'est pas formé, par exemple, si le tribunal n'est pas saisi, si le défendeur conteste la validité de l'assignation, le désistement n'a pas besoin d'être accepté. — Boitard, t. 2, p. 59, édit. 3e.

166. — De même, le désistement d'une première contrainte donnée par la régie de l'enregistrement est valable, encore bien qu'il n'ait pas été accepté. — *Liége*, 15 oct. 1823, Enregistrement c. N...

167. — ... 2o D'un désistement présentant les caractères d'une adhésion aux conclusions de l'adversaire, par exemple, lorsque le défendeur conclut à la nullité de la procédure et que le demandeur renonce à s'en servir. — Bourbeau, t. 1er, p. 687.

168. — Du reste, le créancier poursuivant une saisie immobilière peut renoncer aux erremens de la procédure, en se soumettant à tous les frais frustratoires, sans avoir besoin du consentement du saisi qui attaque cette procédure comme vicieuse. Il s'agit alors moins d'un désistement que d'un acquiescement pur et simple à une demande. — *Besançon*, 24 fév. 1813, N...

169. — Il a même été jugé que, lorsqu'un tribunal a été légalement saisi et que l'instance a été liée par divers actes de procédure, et même par l'intervention d'autres parties, le demandeur peut porter le litige devant un autre tribunal, en se désistant de sa première demande *en la forme*, quoique ce désistement ne soit pas accepté. — *Angers*, 8 déc. 1818, Rousseau c. Fresnais.

170. — Lorsque, après avoir formé devant le tribunal civil une double demande en paiement d'une somme et en validité d'une saisie-arrêt, un créancier se désiste de la première seulement, par acte signifié non à l'avoué, mais à la partie, et resté sans acceptation de la part de celle-ci, il ne peut se prévaloir du désistement de cette demande pour prétendre que, son débiteur étant marchand, il a pu valablement la reporter devant le tribunal de commerce. — Le jugement rendu par ce tribunal sur la demande dont s'agit doit être annulé pour cause de litispendance. — *Riom*, 5 déc. 1828, Achard c. Bonjour.

171. — Pour que le désistement d'une opposition à un jugement par défaut, signifié par une partie dans un acte contenant en même temps déclaration d'appel, produise son effet, il n'est pas nécessaire qu'il soit accepté : le désistant peut donc donner suite à son appel, sans être tenu de suivre sur son opposition. — *Angers*, 5 mai 1830, Gastineau c. Ecot et Duveau.

172. — Le désistement de l'instance d'appel doit-il être accepté pour produire ses effets? — Pour la négative, Merlin (*Rép.*, vo *Désistement d'appel*) s'exprime ainsi : « Remarquons bien que l'art. 403, C. procéd., ne porte que sur les désistemens de demandes. Or, la règle qu'il établit pour ces désistemens, peut-on l'étendre aux désistemens d'appel? Non, et il y en a une raison bien simple : c'est que tout désistement d'appel contient nécessairement, et par la force des choses, acquiescement à la sentence qui en est l'objet, et que jamais l'acquiescement à une sentence ou à une demande n'a eu besoin, pour être obligatoire et irrévocable, de l'acceptation, soit de la partie en faveur de laquelle cette sentence avait été rendue, soit de la partie qui avait formé cette demande. D'où vient cette différence entre le simple désistement d'une demande et l'acquiescement? Précisément de ce que, pour former un contrat, il faut le concours des volontés des deux parties. Dans le cas de l'acquiescement à une demande, ce concours existe évidemment, puisque le demandeur a, d'une part, exprimé son intention, et que, de l'autre, le défendeur y a souscrit. Il existe également dans le cas de l'acquiescement à une sentence, puisque, d'une part, celui en faveur duquel la sentence a été rendue a manifesté, en la provoquant, son intention d'en profiter, et que, de l'autre, celui que cette sentence a condamné s'est soumis à en exécuter les dispositions. Mais, dans le cas du désistement d'une demande, il n'y a encore que le demandeur qui ait parlé; il faut donc que le défendeur s'explique, il faut donc qu'il accepte le désistement pour que l'on puisse dire qu'il y a ce que les lois romaines appellent *consensus duorum in idem placitum*. Au surplus, quand nous disons que l'acquiescement à une sentence produit tout son effet sans acceptation, ce n'est pas d'après nous-mêmes que nous parlons. *Ad solutionem dilationem petentem adquievisse sententiæ manifeste probatur*. Ce sont les termes de la loi 5, C., *De re judicatâ*. Ainsi celui qui, étant condamné, demande un délai pour payer le montant de sa condamnation, acquiesce par cela seul à la sentence; il ne peut plus en alléguer le mal jugé. C'est la remarque de Godefroy sur ce texte : *Dilationem solvendi qui petit, tacitè sortem deberi fatetur, et sententiæ acquiescit.* La loi n'exige pas, comme vous le voyez, que le délai demandé ait été consenti par le créancier en faveur duquel a été prononcée la condamnation; il suffit que la demande en ait été faite pour qu'il y ait acquiescement, et par suite fin de non-recevoir contre toute espèce de recours. »

173. — Cette opinion a été consacrée par la jurisprudence. — *Cass.*, 18 mars 1811, Germain c. Dupré-Méry; 21 déc. 1819, Desmont-Vuillemet c. Boubée; *Besançon*, 22 mars 1821, N...; *Montpellier*, 23 mai 1828, Saint-Geniez; *Nancy*, 22 mai 1834, Saure c. Caillard.

174. — Avant le Code de procédure, il avait déjà été jugé que le désistement d'un appel était valable, quoiqu'il n'eût pas été accepté. — *Cass.*, 31 juill. 1817, Alzon.

175. — Le désistement d'un appel produit donc tous ses effets dès qu'il est signifié, et ne peut être révoqué avant qu'il ait été accepté. — *Limoges*, 31 déc. 1832, Moreau c. Poix.

176. — La signification d'un désistement d'appel pur et simple a pour effet d'éteindre immédiatement le procès, sans qu'il soit besoin d'une acceptation de la part de l'intimé; dès lors on doit considérer comme tardif et déclarer non recevable l'appel incident qui n'est émis qu'après le désistement signifié. — *Rouen*, 29 fév. 1844 (t. 1er 1844, p. 615), syndics Deglos c. Varnier.

177. — Jugé cependant que le désistement d'un appel qui n'a pas été accepté n'oblige pas celui qui l'a fait. — *Bordeaux*, 21 nov. 1828, Madéran.

178. — La partie qui, postérieurement à l'appel interjeté par elle d'un jugement, a fait signifier ce même jugement sans réserves et avec commandement d'y satisfaire, est censée s'être désistée de son appel et avoir acquiescé audit jugement. — *Bourges*, 17 déc. 1825, Fréhaut c. Lecomte.

179. — Le désistement pur et simple de l'appel constitue au profit de l'intimé un droit acquis à l'acquiescement au jugement, en telle sorte que l'appelant ne peut plus postérieurement restreindre ce désistement à l'acte d'appel seulement. — *Paris*, 6 déc. 1833, de Montholon c. Lafitte.

180. — Toutefois les règles que nous venons de poser cessent d'être applicables si l'appelant qui se désiste seulement de sa procédure d'appel est encore dans les délais pour attaquer le jugement de première instance, car alors le désistement n'emporte pas acquiescement à la décision des premiers juges. — Chauveau, sur Carré, quest. 1459 *ter*; Bourbeau, t. 1er, p. 688; Favard, vo *Désistement*.

181. — En pareil cas, le désistement n'est irrévocable qu'autant qu'il a été formellement accepté par l'intimé. — *Colmar*, 3 août 1837 (t. 1er 1838, p. 212), Lacroix c. comm. d'Étuffon.

182. — Il peut être rétracté par la partie qui l'a fait signifier, tant que l'autre partie ne l'a point accepté. — *Bordeaux*, 28 mars 1831, Montastier c. Jollivet.

183. — L'acceptation intervenue après la rétractation est tardive. — *Bordeaux*, 20 mai 1831, Abria-Dussaud c. Decour.

184. — Réciproquement, l'intimé a toujours le droit, tant qu'il n'a pas accepté le désistement signifié par l'appelant, de relever un appel incident. — *Montpellier*, 22 juill. 1842 (t. 1er 1844, p. 498), Usquin c. Solignac; *Agen*, 13 déc. 1844 (t. 2 1845, p. 583), Rodière Talbère c. Coudere.

185. — Mais, dans ce cas, l'appelant principal a droit, de son côté, de rétracter son désistement et de donner suite à son appel. — *Paris*, 15 nov. 1841 (t. 2 1841, p. 667), Ameline c. Casinberche.

186. — Au surplus, lorsque l'appelant se désiste de son appel, sans condition ni réserve, l'intimé n'est pas recevable à interjeter appel incident, s'il n'a pas de motifs légitimes pour refuser le désistement. Il doit être condamné aux dépens, s'il a contesté ce désistement. — *Rennes*, 16 mai 1820, Baron c. Legall.

187. — L'acceptation ne peut intervenir que dans les matières susceptibles de désistement, et ne peut être donné que par des personnes ayant capacité à cet effet. — Pigeau, *Procéd. civ.*, t. 1er, p. 451.

188. — Ainsi, une commune ne saurait accepter un désistement qu'après y avoir été formellement autorisée. — *Colmar*, 3 août 1837 (t. 1er 1838, p. 213), Lacroix c. comm. d'Etuffon.

189. — En matière indivisible, le défaut d'acceptation d'un désistement, de la part de quelques unes des parties auxquelles il a été signifié, met obstacle à ce que ce désistement produise effet, et forme contrat judiciaire à l'égard de ceux qui l'ont accepté isolément, alors surtout qu'il résulte des circonstances que l'offre de désistement était indivisible et avait pour objet de faire cesser le litige entièrement vis-à-vis de toutes les parties. — *Colmar*, 3 août 1837 (t. 1er 1838, p. 213), Lacroix c. comm. d'Etuffon.

190. — Le désistement signifié à deux défendeurs ayant agi conjointement dans une instance peut être rétracté, bien qu'il ait été accepté par l'un d'eux, lorsqu'il résulte des circonstances que l'offre de désistement était indivisible et avait pour objet de faire cesser le litige entièrement et vis-à-vis de toutes les parties. — *Pau*, 17 avr. 1837 (t. 2 1837, p. 515), Dupleich c. Soulé.

191. — Les juges du fond peuvent, sans que leur appréciation donne ouverture à cassation, décider qu'un désistement notifié sans réserve était néanmoins, dans l'intention du demandeur, subordonné, quant à ses effets, à l'acceptation unanime de tous les défendeurs. — Ainsi, lorsque, après avoir interjeté appel du jugement qui fixait les bases du cantonnement demandé collectivement par plusieurs communes à raison de droits d'usage exercés par elles en commun sur la même forêt, le demandeur se désiste de cet appel, l'arrêt qui décide que ce désistement est indivisible, en ce que l'appelant n'a pu, d'après la nature des choses, entendre diviser la procédure suivant la convenance ou à la volonté de chacune des communes, et qui, par suite, déclare valable la révocation qui en a été faite à l'égard de toutes les communes, malgré l'acceptation de plusieurs d'entre elles, échappe à la censure de la cour de Cassation. — *Cass.*, 25 août 1840 (t. 2 1840, p. 466), comm. d'Éloie c. Devillaine.

192. — Jugé que le désistement d'une demande donné en l'absence de la partie adverse, mais en présence de ses conseils, sous certaines conditions, ne peut plus être révoqué lorsque les conditions imposées à l'adversaire ont été par lui accomplies, bien qu'il n'y ait pas eu acceptation expresse. — *Bourges*, 13 déc. 1843 (t. 1er 1845, p. 734), Desnoyers c. Guyot.

193. — Le désistement peut être accepté par de

simples actes signés des parties ou de leurs mandataires et signifiés d'avoué à avoué.—C. procéd., art. 402.

194. — Mais cette forme n'est pas plus impérativement exigée pour l'acceptation que pour l'offre du désistement. — *Grenoble* (et non *Bruxelles*), 17 fév. 1832, Luc c. Maret.

195. — Toutefois, l'acceptation ne saurait résulter de documens qui seraient en la possession de l'une des parties et dont l'autre n'aurait pu avoir connaissance.—Même arrêt.

196. — L'acceptation du désistement ne se présume pas. Ainsi, une sommation, faite par l'avoué de l'intimé à celui du désistant, de comparaître à l'audience pour voir donner acte du désistement, ne peut être considérée comme un acte d'acceptation si l'avoué de l'intimé n'a pas reçu mandat exprès à cet égard. — *Agen*, 13 déc. 1844 (t. 2 1845, p. 583), Rodière-Talbère c. Couderc.

197. — Par la même raison, de ce qu'une partie a pris une expédition d'un acte notarié par lequel son adversaire s'est désisté d'une instance, et l'a signifié aux créanciers intervenans, il ne résulte pas qu'elle doive être réputée avoir accepté le désistement, si d'ailleurs elle n'a rien déclaré à cet égard. — *Caen*, 9 mai 1837 (t. 2 1840, p. 572), Bellanger c. Vallée.

198. — La partie à laquelle un désistement, même régulier, est notifié par un simple acte a la faculté d'exiger que ce désistement soit constaté par jugement. Mais les frais du jugement demeurent à sa charge, à moins qu'elle n'ait eu quelque raison particulière de refuser son acceptation amiable. — V. *suprà* nos 113 et suiv.

199. — Pour qu'une partie puisse être obligée d'accepter un désistement, il faut que ce désistement soit pur et simple, sans condition et sans réserve. — *Toulouse*, 18 janv. 1823, Ruffel c. Amat et Rey; *Bordeaux*, 22 août 1826, Guillorit c. Arlet.

200. — Le désistement qui n'est pas pur et simple, et qui contient des conditions et des restrictions, n'est pas admissible. — *Bordeaux*, 6 mars 1830, Cazabonne c. Jacomet; *Besançon*, 30 avr. 1816, Dumoulin c. Facio.

201. — Spécialement, un désistement d'appel est nul s'il contient des conditions contraires aux droits acquis par le jugement dont est appel. — *Riom*, 30 déc. 1819, Rougier c. Bénézit.

202. — De son côté, le désistant peut refuser l'acceptation du désistement qui n'est pas pur et simple.—Pigeau, *Comm.*, t. 1er, p. 691; Carré, sous l'art. 403, C. pén.

203. — L'offre du désistement d'un appel peut être rétractée si elle a été faite sous une condition que l'intimé n'a pas acceptée. — *Toulouse*, 25 mai 1831, Dedieu.

204. — Mais la partie qui accepte un désistement, à condition que celui qui l'a offert fera un tel acte de procédure ou exécutera un jugement attaqué dans un tel délai, ne doit pas être réputée avoir refusé d'accepter le désistement quant au fond. — *Cass.*, 18 mars 1811, Germain c. Dupré-Méry.

205. — Des réserves, même générales, autorisent l'adversaire à refuser le désistement. — *Agen*, 29 déc. 1824, Vaissié c. Leygne.

206. — Ainsi, des intimés peuvent refuser le désistement d'un appel donné sous toutes réserves, tant dans la forme qu'au fond. — *Rennes*, 16 fév. 1826, N...

207. — Est nul le désistement fait sous la réserve de tous droits, actions et répétitions.—*Paris*, 24 août 1810, Galliot c. Loyau.

208. — Il en est de même du désistement d'une demande, fait sous toutes réserves. — *Bourges*, 1er déc. 1821, Rondon c. Charles.

209. — ... Et du désistement d'un appel portant qu'il a pour effet de conduire à l'exécution pure et simple du jugement dont est appel, avec réserve de faire déclarer les intimés non-recevables dans le cas où ils l'attaqueraient eux-mêmes, et de reproduire en ce cas tous les griefs contre ce jugement. — *Grenoble*, 21 avr. 1832, Giraud c. Gérard.

210. — Le désistement d'un appel qui contient des réserves de droits successifs pour le cas où on pourrait ultérieurement les établir est conditionnel, et comme tel non-recevable si les intimés ne l'acceptent point. — *Cass.*, 28 janv. 1835, Morin c. Requier.

211. — N'est pas recevable le désistement de l'appel d'un jugement interlocutoire, sur le fondement qu'il n'est que préparatoire, et sous la réserve d'en interjeter appel avec celui du jugement définitif. — *Amiens*, 11 mai 1822, Clin Grouzelle c. Mennessier.

212. — De même, en matière administrative, il n'y a pas lieu d'admettre le désistement, lorsqu'il contient des réserves et n'est pas pur et simple, — *Cons. d'état*, 30 oct. 1834, Courvay de Cotte.

213. — Doit également être rejetée la requête par laquelle la partie qui a formé le pourvoi offre de s'en désister, si l'offre n'est faite que conditionnellement; dans ce cas, il y a lieu de maintenir le pourvoi. — *Cons. d'état*, 12 mai 1820, Swan c. Lubbert. — V. Chevalier, *Jurispr. adm.*, vo *Procédure*, t. 2, p. 349.

214. — Le désistement d'un recours au conseil d'état qui n'est pas pur et simple ne fait pas obstacle à ce qu'il soit passé outre à la décision de l'affaire. — *Cons. d'état*, 8 janv. 1836, Duval.

215. — Le ministre, en délivrant les ordonnances de paiement au créancier de l'état qui se désiste de son pourvoi au conseil d'état contre une décision ministérielle qui a rejeté sa demande, est présumé accepter ce désistement, qui ne peut plus être révoqué. — *Cons. d'état*, 6 fév. 1839, Desmarets.

216. — Jugé que le désistement ou la renonciation d'une partie à se servir d'un acte frauduleux peut même être refusé par la partie à qui on l'a offert, et n'empêche pas que celle-ci ne puisse obtenir des dommages-intérêts si le désistement ne répare pas suffisamment le préjudice par elle éprouvé. — *Cass.*, 13 nov. 1833, Bardot c. Moreau.

217. — La partie qui refuse un désistement conditionnel n'est passible d'aucuns dépens.

218. — Toutefois, si le désistement doit être pur et simple, ce n'est que quant à la matière qui fait l'objet de l'appel. Lorsqu'il contient des réserves relatives seulement aux points différens de ceux actuellement présentés en appel, il doit être accepté comme valable.—*Agen*, 8 janv. 1825, Jégun-Laroche c. Delaire.

219. — Le désistement donné de l'appel d'une sentence arbitrale, sous la réserve de l'attaquer par la voie de l'opposition à l'ordonnance d'*exequatur*, est pur et simple, quant à l'instance d'appel, et doit être admis. — *Bordeaux*, 30 juin 1835, Lafargue c. Rodrigues.

220. — Du principe que nous avons posé ci-dessus, que le désistement pur et simple ne porte que sur l'instance, nous concluons, avec M. Chauveau, sur Carré (quest. 1460), que l'action étant réservée de plein droit pour la faire valoir ultérieurement, le désistement n'est pas nul, parce que cette action serait expressément réservée.

221. — C'est donc à tort, selon nous, qu'on a déclaré nul le désistement d'un appel, si le désistant se réserve le droit de soutenir dans une autre instance la validité de son action. — *Turin*, 8 juill. 1807, Carignani; *Amiens*, 16 nov. 1821, Brebant c. Menot.

222. — Les juges peuvent valider un désistement régulier que la partie refuse d'accepter, bien que ce refus soit fondé sur ce que le désistant s'est réservé d'intenter une nouvelle action. — *Paris*, 11 janv. 1832, Talansier c. Loiseau; — Chauveau sur Carré, quest. 1459.

223. — Au surplus, il n'est pas nécessaire qu'un désistement soit réciproquement consenti par toutes les parties pour qu'il soit valable. La nécessité de le faire déclarer valable par jugement n'a lieu que lorsque la partie à laquelle il est signifié refuse de l'accepter en contestant la validité. — *Cass.*, 12 déc. 1820, Fresnais Delabriais c. Rousseau-Delabrosse.

224. — Un désistement n'est pas nul parce qu'il est accompagné de motifs, pourvu qu'il n'y ait pas de conditions. — *Amiens*, 23 mai 1826, d'Aremberg c. Brancas.

225. — Une partie ne peut refuser le désistement qui lui est signifié, lors même qu'il serait injurieux pour elle. Seulement, les juges peuvent, en confirmant le désistement, ordonner la suppression des termes injurieux et diffamatoires, et ordonner en même temps que l'arrêt qui prononce cette suppression soit écrit en marge de la minute du désistement. — *Paris*, 8 août 1809, Rebuffat c. Lespinasse; — Carré, *Lois de la procéd.*, t. 2, p. 40, quest. 1464, et Favard, vo *Désistement*, no 5.

226. — Mais le désistement ne doit pas être accueilli par le juge lorsqu'il est dénué de motifs légitimes et qu'il paraît n'être formé que dans l'intention de se soustraire au jugement en conservant son action. — *Douai*, 26 févr. 1825, Simon c. Vamwormhondt.

227. — ... Ou lorsque l'acte de désistement n'est pas revêtu des formalités exigées pour sa validité.

228. — Ainsi, le désistement d'un appel non signé ni accepté par l'intimé, n'est point valable et doit être rejeté. — *Lyon*, 14 déc. 1810, Tissot.

229. — La partie qui conteste la validité du désistement peut porter l'incident *de plano* à l'audience et obtenir un jugement. — *Bruxelles*, 25 mai 1810, Bosquet.

230. — Le défendeur qui refuse le désistement sans de justes motifs peut être condamné aux frais ultérieurs. — Thomine-Desmazures t. 1er, p. 620.

Sect. 5e. — *Effets du désistement.*

231. — Les effets du désistement varient selon qu'il porte sur un acte isolé, sur l'instance, ou sur l'action.

232. — Le désistement d'un *acte de procédure* annule cet acte et oblige la personne qui se désiste à en payer le coût.

233. — Le désistement d'une *instance* entraîne, de plein droit, main-levée des saisies et opposition qui ont été formées. — Observ. du tribunat sur les art. 402 et 403, C. procéd.

234. — Réciproquement, le désistement de l'opposition à l'ordonnance d'*exequatur* d'une sentence arbitrale suffit, alors même qu'il n'a point été accepté, pour autoriser des saisies-arrêts de la part de celle des parties qui a obtenu la sentence.—*Cass.*, 2 déc. 1828, Granger c. Descours.

235. — On ne peut plus invoquer l'instance dont on s'est désisté pour faire courir les intérêts, ni comme mise en demeure.

236. — L'interruption de la prescription qu'elle avait produite est regardée comme non avenue. — C. civ., art. 2247.

237. — Le désistement de *l'action* éteint tout à la fois l'action et la procédure. L'action ne peut plus être renouvelée pour toute autre cause.

238. — En conséquence, celui qui, après avoir intenté une demande en revendication d'une succession, a donné un désistement formel, fondé, non sur des actes de procédure, mais sur la justification, faite par le possesseur, de pièces, et, entre autres, de son acte de naissance, établissant sa qualité d'enfant naturel reconnu et légitimé, n'est pas recevable à reproduire plus tard son action en se basant sur la nullité de l'acte de naissance du défendeur. — *Cass.*, 11 janv. 1837 (t. 1er 1837, p. 497), Héher c. Delaissement.

239. — Mais celui qui, après avoir accepté le désistement à une action en restitution d'intérêts usuraires dirigée contre lui, offre, dans des conclusions postérieures prises sur une nouvelle instance, de justifier que le prêt n'a point excédé le taux légal de l'intérêt, et fait sommation à son adversaire de présenter des pièces et d'établir des calculs, n'est pas censé par là renoncer au bénéfice du désistement. — *Cass.*, 22 janv. 1833, Prévot c. Codevelle.

240. — Celui qui s'était rendu tiers opposant à un jugement peut encore l'attaquer par la voie de la cassation, lorsqu'il s'est valablement désisté de sa tierce opposition et que son désistement a été reçu par un jugement non attaqué. — *Cass.*, 1er juill. 1823, Drée c. commune de Lompnieux; — Berriat Saint-Prix, p. 771.

241. — Il ne peut plus être statué sur une demande dont une partie s'est désistée. — *Paris*, 25 mars 1813 (et non 1814), Faurel c. Riobé.

242. — Les juges doivent donner acte du désistement sans prononcer sur le fond. — *Rennes*, 24 déc. 1829, Guillemin c. Pollemet.

243. — Mais lorsqu'un désistement signifié sur un chef de conclusions n'a pas été accepté, on ne peut dire qu'il y ait eu contrat judiciaire entre les parties, et dès-lors l'arrêt qui statue sur ce chef de conclusions ne commet aucun excès de pouvoir. — *Cass.*, 5 déc. 1838 (t. 2 1838, p. 617), Bouillé, Robinot c. Bourdonnais-Duclesio et Durand Vaugaron.

244. — Au contraire, si un désistement signifié à deux parties n'a été attaqué que par l'une d'elles, celle qui n'a pas réclamé devient étrangère à la contestation, de sorte qu'il n'est pas nécessaire que l'arrêt qui intervient sur la validité du désistement fasse mention de ses conclusions. — *Cass.*, 16 avril 1844 (t. 2 1844, p. 57), Usquin c. Solignac.

245. — Quand une partie s'est désistée d'un jugement intervenu sur son opposition à un précédent jugement par défaut, les juges ne peuvent plus réformer la décision contenue en ce premier jugement. — *Cass.*, 27 avr. 1807, Cahours c. Lalmonnier.

246. — Les premiers juges ne peuvent connaître du désistement que fait de leur jugement la partie qui l'a obtenu, dès qu'il y appel par l'autre partie. Ils doivent se déclarer incompétens et non se borner à surseoir sur la nouvelle demande formée par celui qui avait obtenu le premier jugement. — *Bourges*, 27 nov. 1818, Borie c. Brissaut.

247. — Mais lorsque le désistement de l'appel d'un jugement par défaut contient opposition à ce jugement, la cour saisie de l'appel doit renvoyer devant les premiers juges pour faire statuer sur l'opposition.

248. — Le désistement *du droit* d'appel donne au jugement attaqué l'autorité de la chose jugée. — Bioche, vº *Désistement*, nº 139.

249. — Lorsque deux tribunaux sont également compétens, le premier qui a été saisi doit rester seul juge du litige, nonobstant le désistement du demandeur, qui a préféré ultérieurement porter son action devant l'autre tribunal. — *Cass.*, 19 mars 1812, Blanque et Meillan c. Cormier.

250. — Le tribunal saisi d'une demande par suite d'un désistement devant une autre juridiction ne doit pas, en cas de contestation sur la validité de ce désistement, renvoyer la cause devant le premier tribunal saisi; il doit simplement prononcer un sursis. — *Paris*, 11 janv. 1832, Talansier c. Loyseau.

251. — Mais lorsqu'il a été formé précédemment, à un autre tribunal, une demande pour le même objet, l'affaire doit être renvoyée devant le tribunal déjà saisi, nonobstant le désistement de la demande formée devant ce tribunal, si ce désistement n'a point été accepté. — *Rennes*, 21 nov. 1818, Rousseau de la Brosse c. Fresnais.

252. — Lorsque le désistement d'une action possessoire n'a pas été accepté par le défendeur ou qu'il n'en a pas été donné acte par le juge, l'action possessoire n'est pas vidée, et le demandeur est non-recevable à former une action pétitoire. — *Cass.*, 3 mars 1836, Pelletier c. Boudairon. — Carré, *Lois de la procéd.* sur l'art. 27; Aulanier, nº 245; Carou, *Principes des actions possess.*, nº 596.

253. — Lorsque, comme en matière de faux incident, l'intervention de la justice est exigée, le désistement n'a d'effet que du jour où il est homologué. — Observations du tribunat sur l'art. 402.

254. — Le désistement de la part de l'appelant principal n'ôte pas à l'intimé le droit de donner suite à l'appel incident. — *Paris*, 8 août 1809, Rebuffat c. Lespinasse.

255. — L'appel principal donnant à l'intimé le droit d'interjeter appel incident en tout état de cause, il ne peut appartenir à l'appelant principal de faire tomber l'appel incident régulièrement interjeté, en se désistant de l'appel principal pour quelque cause que ce puisse être. — *Paris*, 17 avr. 1845 (t. 1er 1845, p. 570), Thorel c. Guillaume; *Rennes*, 19 janv. 1814, B. c. époux E.; *Paris*, 29 déc. 1825, Jardin c. *Journal général des affiches*; *Aix*, 2 févr. 1826, fabricans de soude c. Cette; *Cass.*, 23 nov. 1836, Jamet c. Chollet.

256. — Le désistement de l'appel principal, s'il n'a pas été accepté par l'intimé, n'enlève même pas à celui-ci la faculté d'interjeter ultérieurement appel incident. — *Bordeaux*, 21 août 1827, de Laprada c. Ladevèse-Castera.

257. — Lorsqu'un désistement d'appel et un appel incident sont signifiés le même jour sans que rien établisse la priorité de ces actes, l'appel incident est recevable. — *Montpellier*, 31 juill. 1821, Tournié c. N.

258. — Par la même raison, le désistement pur et simple de la demande principale ne rend point le défendeur non-recevable à suivre sur une demande incidente par lui formée, si cette demande n'est pas une défense à l'action principale. — *Orléans*, 21 nov. 1834, Vanvinq c. Lecomte.

259. — Il en est surtout ainsi quand le désistement est conditionnel. — *Colmar*, 2 mars 1840 (t. 2 1841, p. 30), Hommel c. Zeug.

260. — Le désistement d'instance, lorsqu'il est accepté ou déclaré valable par un jugement, emporte de plein droit consentement à ce que les choses soient remises de part et d'autre au même état où elles étaient avant la demande. — C. procéd., art. 403.

261. — Toutefois, l'acceptation ne lie le désistant que lorsqu'elle lui a été notifiée, soit à sa personne, soit à son avoué. Jusqu'à ce moment, en effet, le contrat n'est pas formé. — Bourbeau, t. 1er, p. 685.

262. — Peu importe que le désistement soit donné en appel ou en première instance, la loi ne distingue pas. — Ainsi, le désistement d'un appel, dès qu'il est accepté, emporte de plein droit, sans qu'il soit besoin d'arrêt, consentement à ce que les choses soient remises au même état qu'avant l'appel. — *Rennes*, 2 juill. 1818, N...; 28 janv. 1813, N...

263. — Le désistement emporte, en outre, de plein droit, soumission de payer les frais. — C. procéd., art. 403.

264. — Toutefois, lorsque le désistement est le résultat d'une transaction, les frais peuvent être compensés. — Arg. C. procéd., art. 131.

265. — La soumission de payer les frais comprend ceux de demande en garantie, qui ne forme qu'un accessoire de la demande principale. — Bourbeau, t. 1er, p. 695.

266. — Ainsi, lorsqu'un appelant ou demandeur en cause principale, sur l'appel ou la demande duquel on a, en se désistant, exercé une demande en garantie, n'offre de payer les dépens qu'en ce qui le concerne, sauf au demandeur en garantie à faire valoir ses droits contre son garant, ce désistement est nul comme non entier. — *Orléans*, 29 avr. 1807, N...; — Hautefeuille, p. 212.

267. — Lorsque la régie du domaine déclare, en offrant de payer les dépens, se désister du bénéfice d'une décision ministérielle rendue sur un décompte, contestée et déférée au conseil d'état, il y a lieu de donner acte du désistement à la partie adverse. — *Cons. d'état*, 20 nov. 1815, Boudachier c. le Domaine; — Cormenin, vº *Mode de procéder devant le conseil*, t. 1er, p. 68; Chevalier, vº *Procédure*, t. 2, p. 349; Foucart, *Elém. de dr. publ. adm.*, t. 3, nº 440; Lemarquière, *Dr. procéd. et jurisp. adm.*, p. 211.

268. — Les dépens faits après la signification du désistement doivent être mis à la charge de la partie qui les a occasionnés par des contestations mal fondées. — Même décision.

269. — Avant le Code de procédure civile, l'appelant qui se désistait de son appel devait être condamné à l'amende, comme celui qui avait succombé. — *Bruxelles*, 9 déc. 1806, Tavernier c. Vandenhenden.

270. — Aujourd'hui il en est autrement. — *Bruxelles*, 28 janv. 1808, Rutens c. Bocage; — Favard de Langlade, vº *Appel*, sect. 1re, § 5; Pigeau, *Comm.*, t. 1er, p. 694.

271. — Mais le demandeur en cassation qui se désiste de son pourvoi n'est point fondé à réclamer la restitution de l'amende consignée. — *Cass.*, 24 fév. 1835, Mazé c. Marquer; 22 juin 1836, Desmortiers c. Crossac.

272. — En matière d'inscription de faux, l'amende est encourue si le désistement n'est donné qu'après l'admission de la demande. — C. procéd., art. 247.

273. — Celui qui, après avoir dénié sa signature, se désiste de sa dénégation, sous prétexte que la décision de la cause dépend de l'art conjectural des experts, n'en doit pas moins être condamné à l'amende et en dommages-intérêts. — *Colmar*, 26 janv. 1838 (t. 1er 1839, p. 126), Bollach c. Jeloch.

274. — Lorsque, deux parties ayant intenté chacune une action distincte, et les deux instances ayant été jointes, l'une des deux se désiste de son action et est renvoyée de l'action de son adversaire, elle doit être condamnée aux dépens de l'instance dont elle s'est désistée. — *Cass.*, 6 fév. 1828, Cretté c. Lenoble.

275. — Un intimé ne peut, après avoir accepté un désistement d'appel conditionnel, demander que les dépens par lui faits sur l'appel soient liquidés conformément à l'art. 403, C. procéd., qui les met à la charge du désistant. — *Florence*, 18 fév. 1811, Ranneci c. Mercanti.

276. — Si l'acceptation du désistement a lieu sans l'intervention des magistrats, ou si, ayant été reçus en justice, les frais ne peuvent, comme en matière sommaire, être liquidés par le jugement ou l'arrêt, le désistant est contraint à les payer sur simple ordonnance du président, mise au bas de la taxe, parties présentes ou appelées par acte d'avoué. — C. procéd., art. 403.

277. — L'avoué du défendeur dépose au greffe l'état des frais avec les pièces justificatives. — Décr. 16 fév. 1807.

278. — Il présente ensuite requête au président pour qu'il lui plaise commettre un juge à la taxe des dépens et rendre cette taxe exécutoire contre le désistant.

279. — Des termes de l'art. 76, § 6, 1er tarif, on peut conclure que la taxe doit être faite par un autre membre du tribunal ou de la cour que le président, puisqu'il est chargé seulement de la rendre exécutoire; néanmoins, rien ne s'oppose à ce que ce magistrat la fasse lui-même. — Boucher d'Argis, *De la taxe en matière civile*, vº *Désistement*, p. 124.

280. — Le poursuivant dénonce au désistant la requête et l'ordonnance du président avec sommation de se trouver devant celui-ci aux jour et heure indiqués dans l'ordonnance pour voir déclarer exécutoire la taxe des frais.

281. — Il n'est pas nécessaire de signifier en même temps l'état des dépens, car l'avoué du désistant peut en demander la communication au président lorsqu'il comparaît devant lui. Il peut même obtenir un délai afin de l'examiner et de fournir ses observations. — Boucher d'Argis, *ibid.*, p. 124.

282. — Le juge chargé de la taxe y procède en l'absence des parties.

283. — Au jour fixé, le président met au bas de la taxe son ordonnance, qu'il rend exécutoire. — C. proc., art. 403; Tarif, art. 70.

284. — A défaut par le président de prononcer l'exécution provisoire de l'ordonnance, cette exécution n'en a pas moins lieu. — Thomine Desmazures, t. 1er, p. 624.

285. — L'ordonnance est remise au greffier qui est chargé d'en délivrer une expédition en forme exécutoire.

286. — Cependant le président peut, en cas d'absolue nécessité, ordonner l'exécution de son ordonnance sur la minute. — C. proc., art. 811.

287. — L'ordonnance est susceptible d'opposition et d'appel si elle émane d'un président de première instance. — Arg. C. proc., art. 403.

288. — L'opposition est toujours recevable, que l'ordonnance soit contradictoire ou par défaut, parce qu'en effet la taxe n'a pas eu lieu en présence des parties, elle n'a subi aucune épreuve contradictoire. — Arg. *Cass.*, 2 avr. 1811, Pozzo-Lussini Passalaqua c. Brentoni; — Carré, quest. 1469; Favard de Langlade, t. 2, p. 83, nº 9, N. Carré, p. 166, nº 284; Bioche, *ibid.*, nº 170. — *Contrà Aix*, 11 avr. 1832, Gazino; — Chauveau sur Carré, quest. 1469; Boucher d'Argis, *ibid.*; Boitard, t. 2, p. 339.

289. — Cette opposition doit être formée dans les trois jours de la signification à avoué de l'ordonnance (arg. décr. 16 fév. 1806, art. 6), et portée devant le tribunal et non devant le président. — Carré, *ibid.*; Pigeau, *Proc. civ.*, t. 1er, p. 458; Debelleyme, t. 1er, p. 18. — V. *contrà* Boitard et Chauveau, *ibid.*

290. — L'affaire est jugée en la chambre du conseil. — Boucher d'Argis, *ibid.*, p. 124.

291. — Le président peut prendre part au jugement à intervenir sur l'opposition. — Pigeau, *Proc. civ.*, t. 1er, p. 458.

292. — Quant à l'appel, il n'est recevable que lorsque la taxe excède 1,500 fr. — L. 11 avr. 1838, art. 1er.

293. — Si l'ordonnance émane d'un président de cour royale, elle est susceptible d'opposition seulement. — Arg. C. procéd., art. 403. — On procède devant la cour comme devant le tribunal de première instance.

294. — La partie qui s'est désistée de l'appel d'un jugement et contre laquelle un exécutoire de dépens a été délivré, n'a pas le droit d'exiger, outre la remise de l'exécutoire, celle des pièces de la procédure, qui doivent rester entre les mains soit des avoués, soit de la partie pour le cas de requête civile ou de l'exercice de toute autre voie légale. — *Paris*, 26 janv. 1835, Fourmentin c. Josset.

295. — Si le désistement n'indique pas clairement l'objet auquel il se rapporte, on décide en général qu'il ne s'applique qu'à l'instance et non à l'action. — Nul n'est, en effet, présumé renoncer facilement à ses droits. — *Cass.*, 10 mai 1809, Youf; — Favard de Langlade, vº *Désistement*, nº 7; Pigeau, *Comm.*, t. 1er, p. 695; Demiau-Crouzilhac, p. 292; Berriat Saint-Prix, p. 368; Chauveau sur Carré, quest. 1451 *bis*; Bourbeau, t. 1er, p. 674; Boitard, t. 2, p. 57. — *Contrà Paris*, 22 juill. 1813, Caron c. Guignon.

296. — A plus forte raison, le désistement d'une instance n'emporte-t-il pas le désistement de l'action, quand il est fait avec réserve? — *Agen*, 31 mai 1811, Descamps c. Lavaux.

297. — Le désistement d'une demande par le motif qu'elle a été formée devant un tribunal incompétent n'équivaut même pas à l'abandon de cette demande, laquelle, par suite, conserve son caractère interruptif de prescription. — *Caen*, 8 fév. 1843 (t. 1er 1844, p. 569), Declerc c. de Broyes.

298. — Jugé, dans le même sens, que le désistement que donne la régie de l'enregistrement, d'une contrainte, n'emporte pas désistement de son action, s'il résulte des faits de la cause qu'en se désistant, elle n'a entendu renoncer qu'à un acte qui pouvait être déclaré irrégulier. — *Cass.*, 16 mai 1821, Enregistr. c. Roussel.

299. — Le désistement de la demande sur laquelle est déjà intervenu un jugement par défaut contre le demandeur, et où celui-ci s'est réservé l'exercice de son action au fond, n'a point pour effet d'entraîner l'extinction de cette demande et du jugement qui l'a suivie. — *Rouen*, 27 mai 1825, Deschamps c. Bucaille.

300. — L'adjudicataire d'un immeuble surenchéri qui se désiste de l'appel par lui formé contre le jugement qui valide la surenchère, en se réservant de prendre telles conclusions qu'il appartiendra sur l'appel également interjeté par le vendeur et ses ayant-cause, ne peut être censé avoir renoncé à son action en garantie contre ces derniers, alors surtout qu'il a fait des réserves expresses à cet égard. — Dès lors le vendeur ou ses ayant-cause ont encore intérêt, et par conséquent qualité, pour contester la surenchère. — *Paris*, 28 déc. 1843 (t. 1er 1844, p. 387), Dupuis c. Belay.

301. — Mais l'acte par lequel une partie déclare qu'après avoir vu et inspecté les titres de son adversaire, elle se désiste de ses conclusions, emporte le désistement de l'action même, et non pas seulement de l'instance. — *Cass.*, 21 germ. an X, Maton c. Bernier.

302. — On doit également considérer comme emportant renonciation non à la procédure seule, mais à l'action même, l'acte par lequel une partie déclare se désister de la demande formée à sa requête, si ce désistement est la suite d'une transaction antérieurement passée entre les parties sur leurs prétentions respectives. — *Cass.*, 22 janv. 1838, Prévot c. Codevelle.

303. — Est même présumé s'être désisté de l'action : 1° celui qui se désiste des fins et conclusions de sa requête.

304. — ... 2° Le débiteur qui après avoir demandé l'homologation d'un contrat d'atermoiement forme une demande en cession de biens.

305. — Le désistement de l'appel emporte nécessairement le désistement de l'opposition à l'arrêt par défaut qui avait été rendu contre l'appelant. — *Paris*, 19 janv. 1843 (t. 1er 1843, p. 345), Thiébault.

306. — Quand, après avoir argué de faux un testament, l'héritier qui avait intérêt à le contester, a renoncé au bénéfice du jugement qui en avait ordonné la vérification, et en a consenti l'exécution pleine et entière, ses ayant-droit ne sont pas recevables à demander plus tard même la simple réduction des dispositions qu'il contient. — *Cass.*, 14 mars 1837 (t. 1er 1837, p. 330), Delaunay c. Tempé.

307. — Jugé que l'enfant naturel qui, parvenu à sa majorité, a désavoué les poursuites dirigées par son tuteur en recherche de maternité, n'est pas recevable plus tard à suivre lui-même ces poursuites. — *Paris*, 3 juill. 1812, Brioude c. Angélique-Sophie.

308. — Par la même raison, lorsque celui qui a demandé et obtenu en première instance un jugement de désaveu de paternité ne l'a pas fait exécuter et ne conteste même pas sur l'appel, la cour peut faire résulter de ce silence le désistement de l'action intentée et annuler le jugement. — *Lyon*, 7 fév. 1839 (t. 1er 1839, p. 625), Duvivier c. Lambert.

309. — Au contraire, si par suite d'un désistement donné sous la réserve de former une nouvelle demande, un jugement passé en force de chose jugée, a déclaré le désistant non fondé dans sa demande et par conséquent dans les termes même de son désistement, ce jugement n'empêche pas qu'une nouvelle action ne puisse être intentée pour le même objet. — *Cass.*, 18 fév. 1823, Bonneau c. Rochechouart.

310. — Le Belge qui, condamné par un tribunal étranger, s'est désisté de l'appel qu'il avait interjeté de ce jugement devant le juge supérieur étranger, ne doit pas être censé avoir renoncé par ce désistement à la faculté que lui accorde l'arrêté du 9 sept. 1814, de débattre de nouveau ses droits devant les tribunaux belges. — *Bruxelles*, 11 avr. 1829, N... c. N...

311. — Quand une instance introduite en 1791 a été, en exécution de la loi du 10 juin 1793, portée devant les arbitres forcés et reprise ensuite d'après les erremens antérieurs à 1793, sans qu'aucune péremption d'instance ait été prononcée, la citation en arbitrage forcé ne peut être considérée comme un désistement de l'action originaire en justice. — Cette action n'est pas davantage éteinte par la prescription de cinq ans établie par l'art. 9, L. 28 août 1792. — *Cass.*, 5 mars 1818, N... c. commune de Rothbach.

312. — La décision des tribunaux, que le désistement se réfère soit à l'action, soit à l'instance, soit enfin à un acte isolé de la procédure, peut encourir la censure de la cour de Cassation, si l'interprétation porte sur un point de droit. — Bioche, v° *Désistement*, n° 5.

313. — Le désistement qui ne porte que sur l'instance, peut néanmoins avoir, dans certains cas, pour conséquence la perte de l'action elle-même, par exemple, lorsque la prescription s'est accomplie pendant le temps écoulé entre l'assignation et le désistement. — Arg. C. civ., art. 2247; — Bourbeau, t. 1er, p. 674.

V. BREVET (acte en), CHOSE JUGÉE, ENREGISTREMENT.

DÉSISTEMENT (Matière criminelle.

Table alphabétique.

DÉSISTEMENT (matière criminelle). — 1. — Devant les tribunaux criminels, le prévenu a souvent deux adversaires : le ministère public qui le poursuit au nom de la société, et la partie lésée qui demande réparation du préjudice qu'elle a éprouvé. Comme l'action de l'un est essentiellement différente de celle de l'autre, nous traiterons dans deux paragraphes distincts de ce qui concerne le désistement du ministère public et de ce qui est relatif au désistement de la partie civile. Enfin, dans un dernier paragraphe, nous examinerons les effets du désistement par lequel un individu abandonne un recours par lui formé contre la sentence qui l'a condamné.

—

§ 1er. — *Désistement du ministère public.*

2. — En principe, le ministère public ne peut jamais se désister de l'action qu'il a intentée; agent de la société, il ne peut plus rétracter les actes qu'il a faits en son nom et dans son intérêt; la loi s'en empare et les défère aux tribunaux qui seuls peuvent décider si l'action était bien ou mal fondée; tout ce qu'il peut faire, c'est de reconnaître que les charges sont insuffisantes. — Mangin, *Tr. de l'action publ.*, t. 1er, p. 60, n° 32; De Molènes, *Fonctions du procureur du roi*, t. 1er, p. 371.

3. — Peu importe d'ailleurs que *l'exercice* de l'action publique fût ou non subordonné à la plainte de la partie lésée.

4. — En conséquence, lorsqu'un tribunal de police est régulièrement saisi, le désistement du ministère public ne le dispense pas d'examiner et d'apprécier les charges existant contre chacun des prévenus. — *Cass.*, 25 sept. 1834, Madeleine Vian.

5. — De même, le tribunal saisi légalement de la poursuite a le droit de prononcer une peine, encore bien que le ministère public ait conclu à l'acquittement du prévenu. — *Cass.*, 14 pluv. an XII, Cuesn.

6. — Un tribunal de simple police ne peut même renvoyer le prévenu sur le seul motif que le ministère public a abandonné la prévention à son égard. — *Cass.*, 6 déc. 1834, Gaillard.

7. — A plus forte raison, le tribunal correctionnel, régulièrement saisi de la connaissance de plusieurs délits, ne peut-il s'abstenir de statuer sur un ou plusieurs d'entre eux, sous prétexte qu'à l'audience, le ministère public aurait gardé le silence à leur égard. — *Cass.*, 28 mars 1835, Vergnes.

8. — Il en est surtout ainsi, lorsqu'il y a une ordonnance de la chambre du conseil qui renvoie l'affaire en police correctionnelle. Les magistrats légalement saisis sont tenus de prononcer un jugement d'après la loi, les faits et leur propre conscience, encore bien que le ministère public ait conclu à l'acquittement du prévenu. — *Cass.*, 17 déc. 1824, Casimir Arnal.

9. — Le ministère public ne peut pas plus se désister d'un recours qu'il a formé dans l'intérêt de son action, que de l'action elle-même. — *Cass.*, 24 brum. an VII, Dumas; 3 janv. 1834, Garnier; 16 juill. 1836 (t. 1er 1837, p. 640), Caümette; 9 juill. 1840 (t. 2 1840, p. 165), N... — Mangin, *ibid.*

10. — Le désistement de la partie civile n'a même aucune influence sur l'action du ministère public. — *Jus publicum privatorum pactis mutari non potest.* — *Privatorum conventio juri publico non derogat.* — LL. 38, ff., *De pactis*, et 1, 45, § 1er, *ibid.*, *De regulis juris.* — Arg. C. civ., art. 2046; C. inst. crim., art. 4; — Le Sellyer, n° 2176.

11. — Par exemple, le désistement de la plainte portée par des employés des contributions indirectes, en ce qui concerne les injures et menaces relatées au procès-verbal, laisse néanmoins subsister la contravention de refus d'exercice dont la répression est à poursuivre, et ne porte aucune atteinte à la foi due audit procès-verbal relativement aux faits qui constituent cette contravention. — En conséquence, un semblable désistement ne peut motiver le renvoi des poursuites du contrevenant. — *Cass.*, 8 nov. 1839 (t. 2 1845, p. 88), Contrib. indir. c. Goulinet.

12. — Lorsque la partie civile renonce, à l'audience, à un chef de sa demande, sa renonciation est valable et produit immédiatement son effet en ce qui la concerne; mais le ministère public peut, nonobstant cette renonciation, se prévaloir du chef abandonné, et demander que le tribunal se déclare incompétent pour en connaître. — En pareil cas, le tribunal ne peut se dispenser de statuer sur le déclinatoire ainsi que sur le chef relevé, sous prétexte du désistement de la partie civile. — *Nancy*, 16 nov. 1842 (t. 1er 1843, p. 268), Lepetit c. Florentin.

13. — Ces principes ne reçoivent exception que dans le cas où l'action du ministère public est subordonnée à la plainte de la partie lésée, comme en matière d'adultère. — V. ADULTÈRE, n° 58 et suiv.

14. — Mais s'il ne peut se désister de l'action, le ministère public peut du moins se désister de l'instance ou d'un simple acte de procédure, pourvu toutefois que la perte de l'action ne soit pas la conséquence indirecte de ce désistement. — Bioche, v° *Désistement*, n° 22.

§ 2. — *Désistement de la partie civile.*

15. — La partie civile qui n'est en cause que quant à ses intérêts privés peut, sans aucun doute, se désister de ses poursuites devant les tribunaux criminels.

16. — Mais en est-il de ce désistement comme de celui qui a lieu devant les tribunaux civils ? Porte-t-il uniquement sur l'instance ou détruit-il l'action elle-même, lorsqu'il est pur et simple ? — Pour soutenir que le désistement ne porte que sur l'instance, on dit que la partie lésée avait incontestablement le droit de porter son action devant les tribunaux civils et que dans ce cas le désistement par elle signifié ne l'aurait pas empêchée de renouveler sa demande. Or, on ne concevrait pas pourquoi son droit se trouverait modifié par cela seul que l'action qui, vis-à-vis d'elle, a toujours un caractère civil, aurait été soumise à la juridiction criminelle. — *Bruxelles*, 28 déc. 1822, J.... c. Lantremange; — Le Sellyer, t. 5, p. 675 et s., n° 2199. — Dans l'autre système, on répond qu'en matière criminelle la loi n'exige pas, comme en matière civile, que le désistement soit accepté, pour produire tous ses effets. Dès-lors, il semble naturel de conclure qu'il n'est pas simplement l'abandon de l'instance, mais bien l'abandon du droit, car autrement, celui qui s'est porté partie civile pourrait enlever à son adversaire le bénéfice du jugement sur lequel ce dernier avait droit de compter, sauf à renouveler plus tard, à son gré, la même demande devant d'autres juges de la part desquels il espérerait une solution plus favorable. — C'est pour ces motifs que dans l'ancien droit le désistement pur et simple empêchait de pouvoir reprendre la même accusation. — Muyart de Vouglans, part. 2e, ch. 3, p. 65; Bornier, *Comm.* sur l'art. 5, t. 3, ord. 1670; Jousse, sur le même article et *Justice criminelle*, t. 2, p. 52, n° 19, et t. 3, p. 78, n° 178; Carnot, sous l'art. 66, C. inst. crim., n° 18; Boitard, *Leç. sur le C. inst. crim.*, p. 127 à 129; Bourguignon, *Manuel*, n° 8; *Jurisp. des C. crim.*, n° 3, sous l'art. 66; Legraverend, t. 1er, p. 200 et suiv.; Rauter, n° 685. — V. au surplus ACTION CIVILE, n°s 361 et suiv.

17. — Quoi qu'il en soit, lorsque la partie qui avait traduit un individu pour contravention devant le tribunal de simple police se désiste de son action, avec offre de payer les frais avant que la cause ait été liée devant le tribunal, et traduit ensuite le même individu devant le juge de paix jugeant civilement et à fins civiles, il n'y a pas litispendance et le juge de paix est fondé à statuer. — *Cass.*, 17 déc. 1839 (t. 1er 1840, p. 397), Valentin c. Des Essarts.

18. — En matière criminelle, comme en matière civile, le désistement peut intervenir en tout état

de cause et jusqu'à la clôture des débats. — Arg. *à contrario* art. 67, C. inst. crim.

19. — Quand le plaignant s'est désisté dans les vingt-quatre heures qui ont suivi sa déclaration de se porter partie civile, il n'est pas tenu des frais postérieurs à la notification de son désistement. — C. inst. crim., art. 66. — V. ACTION CIVILE, n°s 352 et suiv.

20. — Mais il n'est pas garanti par ce désistement des dommages-intérêts des prévenus, s'il y a lieu. — C. inst. crim., art. 66.

21. — Le plaignant qui s'est porté partie civile contre plusieurs prévenus, peut se désister à l'égard des uns seulement et poursuivre à l'égard des autres.

22. — En matière criminelle, comme en matière civile, le désistement emporte soumission de payer les frais faits jusqu'à sa signification, sans qu'il soit nécessaire que l'acte de désistement en contienne l'offre; il n'y a à cet égard aucune distinction à établir entre les frais antérieurs et ceux qui sont postérieurs à la déclaration de se porter partie civile. — Carnot, *ibid.*, n° 11.

23. — Toutefois, le désistant a un recours pour le remboursement de ces frais contre le prévenu, s'il est condamné. — Carnot, *ibid.*, n° 11.

24. — Le désistement donné dans le délai de l'art. 66, C. inst. crim., n'a pas besoin d'être accepté pour produire son effet. — Le Sellyer, n° 2095-3°.

25. — Jugé, d'une manière plus générale qu'en matière correctionnelle, il n'est pas nécessaire que le désistement, pour produire effet, soit accepté par la partie adverse. Ainsi la partie qui s'est désistée de l'opposition par elle formée au jugement qui la condamne par défaut, peut en interjeter appel, encore bien que son désistement n'ait pas été accepté. — *Bordeaux*, 23 juill. 1840 (t. 1er 1841, p. 413), Forton c. Montrose. — A plus forte raison en serait-il ainsi dans le cas où la cause ne serait pas encore liée devant le tribunal. — Arg. *Cass.*, 17 déc. 1839 (t. 1er 1840, p. 397), Valentin c. des Essarts.

26. — ... Jugé que, bien que celui qui a obtenu un jugement ait déclaré s'en désister, le tribunal de simple police excède ses pouvoirs en se permettant de statuer de nouveau sur la même affaire, sans que ce désistement ait été accepté par l'autre partie, et surtout sans que le ministère public y ait acquiescé, si le jugement a prononcé une peine d'amende. — *Cass.*, 31 août 1820, Vernhes c. Lanue. — Cet arrêt semble supposer que le tribunal de simple police aurait pu juger de nouveau si les parties et le ministère public y eussent consenti. Nous ne pensons pas qu'il soit permis d'aller jusque-là. Une fois le jugement rendu, l'action ne peut reprendre son cours que par les voies légales de l'opposition, de l'appel ou de la cassation. Les pouvoirs du tribunal de simple police sont épuisés, soit à l'égard des parties privées, parce qu'il ne connaît de l'action civile qu'accessoirement à l'action publique, soit à l'égard du ministère public, parce que les officiers qui en remplissent les fonctions n'ont pas le droit de renoncer à un jugement qui appartient à la société.

§ 3. — *Désistement de la partie condamnée.*

27. — Le désistement que donne le prévenu de l'appel qu'il a interjeté, ne paralyse point le droit du ministère public de se porter appelant de son côté devant la cour. — *Cass*, 13 fév. 1840 (t. 2 1840, p. 537), Trimaille.

28. — D'ailleurs, le désistement du prévenu ne dessaisit le tribunal d'appel qu'autant qu'il en a été donné acte. — Même arrêt.

29. — Lorsqu'un prévenu s'est désisté de son appel, la peine prononcée par les premiers juges ne commence à courir que du jour où il lui a été donné acte de son désistement. — *Cass.*, 11 juin 1829, Callois. — En effet, une condamnation pénale ne peut être exécutée que du jour où elle est devenue irrévocable. — C. pén., art. 23.

30. — Le tribunal qui n'est saisi par la citation du ministère public que pour lui donner acte du désistement fait par le prévenu de son appel, ne peut diminuer la peine en ordonnant qu'elle courra du jour du jugement de première instance. — *Cass.*, 11 juill. 1829, Callois.

31. — Jugé que le désistement d'un pourvoi en cassation, de la part d'un condamné, ne peut plus être utilement déclaré après que le rapport de l'affaire a été fait à l'audience. — *Cass.*, 2 oct. 1834, Soullet.

DÉSSAISISSEMENT.

1. — Ce mot indique l'action, par un particulier, de renoncer personnellement à la propriété ou à la possession d'une chose pour la transmettre à un tiers.

2. — Sous le Code civil, la transmission de la propriété d'une chose est parfaite entre les parties contractantes par leur seul consentement. — C. civ., art. 893, 1138, 1583 et 2183.

3. — Il est donc inutile que l'acte destiné à prouver la transmission de propriété contienne une clause formelle par laquelle celui qui transmet son droit à la propriété déclare s'en dessaisir. — V. DONATION, PROPRIÉTÉ, VENTE.

4. — Quant à la possession, qui n'est pas exclusivement incorporelle comme le droit de propriété, mais qui se compose du fait de la détention et de l'intention de détenir pour soi, le dessaisissement ne peut s'en opérer que par un acte matériel et volontaire. — V. POSSESSION.

DESSÉCHEMENT.

1. — C'est en parlant de marais, étangs et terres inondés, l'action de les rendre secs pour ensuite les cultiver et les mettre en valeur. — Guyot, *Rép.*

2. — A diverses époques, l'ancienne législation chercha à encourager les desséchemens. On peut voir, à cet égard, des édits de 1599 et de 1607; les déclarations du roi, des 5 juill. et 19 oct. 1613, 4 mai 1641 et 20 juill. 1643, et, enfin, la déclaration du 14 juin 1764, qui formait le dernier état de l'ancienne jurisprudence sur cette matière.

3. — Aux termes des lois des 1er mai et 26 déc. 1790, chaque assemblée de département fut chargée de s'occuper des moyens de faire dessécher les marais, les lacs et les terres de son territoire habituellement inondés, dont la conservation ne serait pas jugée d'une utilité préférable au desséchement, en commençant; autant que possible, les améliorations par les marais les plus nuisibles à la santé et dont le sol pourrait devenir le plus propre à la production des subsistances.

4. — La loi du 23 nov.-1er déc. 1790, portant établissement de la contribution foncière, dans le but de favoriser ces opérations, disposa (tit. 3, art. 5) que la cotisation des marais qui seraient desséchés ne pourrait être augmentée pendant les vingt-cinq premières années après leur desséchement, et cette disposition fut, plus tard, définitivement consacrée par la loi du 3 frim. an VII. — V. CONTRIBUTIONS DIRECTES, n°s 135 et suiv.

5. — Pendant un moment, on voulut plus encore, et une loi du 14 frim. an II fit du desséchement une mesure générale et absolue en disposant que tous les étangs et lacs qu'on était dans l'usage de mettre à sec pour les pêcher, ceux dont les eaux étaient rassemblées par des digues et chaussées, et tous ceux enfin dont la pente des terrains permettait le desséchement, seraient mis à sec pour ne pouvoir plus être remis en étangs, sous peine de confiscation.

6. — Mais cette mesure fut rapportée par une loi du 13 messid. an III. Il fut seulement disposé par cette dernière loi que le comité d'agriculture de la convention chargerait les administrations de département de faire reconnaître par des agens les moyens de faire prospérer l'agriculture, et de rendre l'air plus salubre dans les contrées connues ci-devant sous les noms de *Sologne*, *Bresse* et *Brenne*, d'y faire cesser, ainsi que dans toutes les autres parties de la république, les abus résultant de l'élévation des eaux pour le service des moulins; de donner aux rivières obstruées et encombrées un libre cours; d'indiquer les mesures les plus efficaces pour ordonner et faire maintenir les lois de police, tant sur les cours des eaux d'étangs que des marais qui se forment annuellement; enfin d'ouvrir dans les trois contrées ci-dessus désignées des canaux de navigation.

7. — Aujourd'hui, et aux termes de la loi du 16 septembre 1807, la propriété des marais est soumise à des règles particulières; le gouvernement a le droit d'en ordonner le desséchement toutes les fois qu'il le juge utile et nécessaire. Les desséchemens sont exécutés par lui ou par des concessionnaires et restent, dans tous les cas, sous la surveillance de l'autorité et de commissions administratives instituées spécialement. En conformité de la loi du 16 sept. 1807, ces commissions sont appelées à prendre, dans les cas prévus par la loi, des mesures et des décisions contre lesquelles le recours n'est ouvert qu'au conseil d'état. — V. MARAIS.

8. — Indépendamment du desséchement des marais, l'autorité administrative a toujours le droit, dans l'intérêt de la salubrité publique, d'ordonner le desséchement de tout amas d'eau, lac, étang ou mare, susceptible de causer des exhalaisons nuisibles. — L. 16-24 août 1790, tit. 11, art. 1er. — V. ÉTANG, LAC.

9. — Les dépenses auxquelles ces desséchemens peuvent donner lieu sont réparties entre les habitans comme taxes de ville et de police. — V. COMMUNE, n° 1352.

10. — Aux termes d'un décret du 11 sept. 1792, lorsque, d'ailleurs, les étangs, d'après les avis et procès-verbaux des gens de l'art, peuvent occasionner, par la stagnation de leurs eaux, des maladies épidémiques ou épizootiques, ou que, par leur position, ils sont sujets à des inondations qui envahissent les propriétés inférieures, les conseils généraux des départemens (aujourd'hui les préfets), sont autorisés à en ordonner la destruction sur la demande des communes et d'après les avis des administrateurs de district (aujourd'hui les sous-préfets).

11. — Lorsque les terrains avoisinant les places de guerre ou des fortifications ont été inondés pour la défense de ces places, les officiers du génie militaire sont exclusivement chargés d'en opérer le desséchement. — Décr. 13 fructid. an XIII, art. 3. — V. ÉTANGS, FORTIFICATIONS, LACS, MARAIS, etc.

DESSERVANT.

1. — Ecclésiastique préposé par l'évêque du diocèse à la direction d'une succursale.

2. — Tout ce qui concerne la position des desservans, leurs droits et obligations, a fait l'objet de notre examen sous le mot CURÉ-CURÉ. — V. ce mot.

DESSINS.

Table alphabétique.

DESSINS. — 1. — La législation s'est occupée sous un double rapport des dessins et des autres productions de l'esprit ou de l'art qui leur sont analogues. Elle a établi des formalités au moyen desquelles ceux qui les auraient produits pourraient s'en assurer la propriété et demander la répression des contrefaçons qui en seraient faites. D'autre part, redoutant le danger qui pourrait résulter de la publication des dessins dans certains cas, elle a soumis cette publication à des mesures préventives.

2. — Les auteurs de dessins, gravures, estampes, etc., sont propriétaires de leur œuvre comme l'auteur d'un écrit est propriétaire de la sienne; et ils peuvent agir de même contre les contrefacteurs qui porteraient atteinte à leur droit de propriété. — L. 19 juill. 1793; déc. 1er et 7 germ. an XIII, et 5 fév. 1810; C. pén., art. 415. — Tout ce qui se rattache à cette matière est traité sous le mot PROPRIÉTÉ LITTÉRAIRE. — V. aussi CONTREFAÇON, n°s 5, 7 et 11.

3. — La police spéciale des dessins et gravures n'a pas toujours été régie par les mêmes principes. La première loi qui soumit la publication de ces productions de l'art à la nécessité d'une autorisation préalable fut celle du 31 mars 1820, sur la publication des journaux et écrits périodiques. Cette loi punissait d'un emprisonnement d'un mois à six mois et d'une amende de deux cents à douze cents francs ceux qui publieraient, exposeraient, distribueraient ou mettraient en vente un dessin imprimé, gravé ou lithographié sans l'autorisation préalable du gouvernement. — Art. 5 et 8.

4. — L'ordonnance royale du 1er avr. 1820, rendue pour assurer l'exécution de cette loi, disposa, par son art. 12, que l'autorisation préalable pour la publication, exposition, distribution ou mise en vente de dessin en estampe, gravé ou lithographié serait délivrée en même temps que le récépissé du dépôt des cinq épreuves exigé par les art. 8 et 9 de l'ordonn. royale du 24 oct. 1814. Ce dépôt préalable avait été exigé jusque là, principalement dans l'intérêt des auteurs et pour assurer leur propriété. — V. L. 19 juill. 1793, art. 6, et le réquisitoire de M. l'avocat général Glandaz sur l'arrêt de la cour de Paris du 25 nov. 1837 (Schlesinger, t. 2, 1837, p. 592). — Quant aux formalités du dépôt, V. PROPRIÉTÉ LITTÉRAIRE.

5. — La loi du 31 mars 1820 n'avait qu'un caractère temporaire et elle devait cesser de plein droit d'avoir son effet à la fin de la session de 1820 (art. 10). Les proscriptions de ses art. 5 et 8 furent renouvelées par l'art. 12, L. 25 mars 1822, qui défendit toute publication, vente ou mise en vente, exposition, distribution, sans l'autorisation préalable du gouvernement, de dessins gravés et lithographiés, sous peine d'un emprisonnement de trois jours à six mois, et d'une amende de dix francs à cinq cents francs; et ce, sans préjudice des poursuites auxquelles pourrait donner lieu le sujet du dessin.

6. — Il était de jurisprudence, sous l'empire de la loi du 25 mars 1822, que la mise en vente, sans autorisation, de dessins gravés ou lithographiés, était un fait punissable, lors même que l'éditeur en aurait fait le dépôt préalable. — *Cass.*, 28 déc. 1827, Friston. — ... Et que la vente de dessins sans autorisation était punissable, encore bien que ces dessins n'eussent aucun caractère séditieux. — Même arrêt. — Ces deux points, qui ne pouvaient faire difficulté, devraient être encore décidés de même sous l'empire de la loi du 9 sept. 1835. — Parant, *Lois de la presse*, p. 443.

7. — Les formalités qui devaient accompagner la délivrance de l'autorisation furent déterminées par une ordonnance royale du 1er mai 1822, rendue pour assurer l'exécution de l'art. 12, L. 25 mars 1822. Les prescriptions de cette ordonnance ont passé presque textuellement dans celle du 9 sept. 1835, relative à l'exécution de l'art. 10, L. même jour. — V. *infrà* no 35.

8. — En 1828, le système de la censure fut abandonné pour les journaux et écrits périodiques qui purent se produire sans autorisation préalable. — (L. 18 juill. 1828, art. 1er). — Mais on ne songea pas à soustraire les dessins et gravures à ce régime. — Chassan, *Tr. des délits et contravent. de la parole, de l'écriture et de la presse*, 2e édit., t. 1er, no 1013; *Revue française*, mai 1828.

9. — Lorsqu'en 1830 la nouvelle charte fut rédigée, on proclama, dans son art. 7, que les Français ont le droit de publier et de faire imprimer leurs opinions en se conformant aux lois. M. Devaux, craignant qu'on n'abusât de ces mots, *en se conformant aux lois*, pour rétablir la censure de la presse, demanda qu'on ajoutât une déclaration que la censure ne pourrait jamais être rétablie. Cette proposition ayant été accueillie, l'art. 7 fut modifié dans ce sens.

10. — Mais il ne paraît pas qu'on ait alors voulu appliquer aux dessins, gravures, etc., la disposition de l'art. 7, de la Charte défendant le rétablissement de la censure; cette question ayant été soulevée dans la discussion de la loi du 8 oct. 1830, et l'opinion qui proscrivait toute censure des productions de ce genre ayant prévalu, on crut nécessaire d'abroger expressément l'art. 12, L. 25 mars 1822, qui les soumettait à l'autorisation préalable. Cette abrogation fut en conséquence écrite dans l'art. 5, L. 8 oct.

11. — De 1830 à 1835 les dessins et gravures purent se produire librement, leur publication n'étant assujettie qu'aux formalités de la déclaration et du dépôt préalable. Mais cette liberté ayant été l'occasion de nombreux délits que l'autorité judiciaire fut appelée à réprimer, le gouvernement proposa, par le projet de la loi du 9 septembre 1835 sur les crimes, délits et contraventions de la presse et des autres moyens de publication, le rétablissement de la censure des dessins.

12. — On éleva des doutes à la Chambre des députés sur la constitutionnalité de ce rétablissement. La minorité de la commission pensait que les dispositions de l'art. 7 de la Charte s'appliquaient à tous les modes de publication de la pensée, et aux dessins comme aux écrits. La majorité de cette commission a considéré, au contraire, la Charte comme complètement désintéressée dans la question, parce qu'elle ne faisait que garantir aux citoyens le droit de publier leurs opinions, ce qui ne pouvait être appliqué à des dessins sans forcer le sens des mots. — Duvergier, *Collect. des lois*, t. 35, p. 269, à la note; Chassan, t. 1er, no 1016.

13. — L'opinion qui repoussait le rétablissement de la censure des dessins a été rejetée par la chambre et le principe du projet de loi ayant été adopté s'est formulé dans l'article 20 de la loi qui est ainsi conçu : « Aucun dessin, aucunes gravures, médailles et estampes, aucun emblème, de quelque nature et espèce qu'ils soient, ne pourront être publiés, exposés ou mis en vente sans autorisation préalable du ministère de l'intérieur, à Paris, et des préfets dans les départemens. En cas de contravention, les dessins, gravures, lithographies, médailles, estampes ou emblèmes pourront être confisqués, et le publicateur sera condamné par les tribunaux correctionnels à un emprisonnement d'un mois à un an et à une amende de cent francs à mille francs, sans préjudice des poursuites auxquelles pourraient donner lieu la publication, l'exposition et la mise en vente desdits objets. »

14. — Il faut remarquer que cette disposition, en reproduisant le système que les lois du 31 mars 1820 et du 15 mars 1822 avaient précédemment consacré, généralise ce système plus que ces lois ne l'avaient fait, et qu'elle comprend dans ses termes les *emblèmes* et les *médailles* dont elle soumet la publication à la formalité de l'autorisation préalable.

15. — Bien que punie des peines correctionnelles, l'infraction prévue par l'art. 20 constitue par sa nature une *contravention* en matière de publication; aussi le prévenu ne peut-il échapper à une condamnation en invoquant sa bonne foi, tout se bornant, pour le tribunal, à rechercher si le fait est ou non constaté. — V. DÉLITS DE PRESSE ET DE PUBLICATION.

16. — Cette contravention est distincte de tout autre fait punissable. En conséquence, la publication non autorisée de dessins ou emblèmes injurieux pour un fonctionnaire public peut être poursuivie par le ministère public en vertu de cet art. 20 lors même que le fonctionnaire attaqué n'aurait pas déposé de plainte en injure ou diffamation. — *Douai*, 12 août 1844 (t. 1er, 1844, p. 522.) Bion.

17. — Tous les dessins sont soumis à la censure par l'art. 20 sans exception pour les dessins sur étoffe, M. Delespaul demanda si cette dernière espèce de dessins rentrait dans les termes de la loi. Cette interpellation étant restée sans réponse, le même député crut devoir proposer un amendement, pour soustraire les dessins sur étoffe à la formalité de l'autorisation préalable. Cet amendement, faiblement appuyé, fut rejeté. — Duvergier, t. 35, p. 269, à la note; Chassan, t. 1er, no 1016; de Grattier, t. 2, p. 360, no 4.

18. — L'emblème se distingue des autres moyens de publication dont parle l'art. 20 en ce qu'il s'entend plus particulièrement d'une image offrant à l'esprit la représentation symbolique d'une idée ou d'une chose.

19. — Des statuettes peuvent être considérées comme des emblèmes lorsqu'elles sont accompagnées d'écrits contenant des allusions et des sentences. — *Douai*, 13 août 1844 (t. 1er 1844, p. 522), Bion; — Chassan, t. 1er, no 691, note 3.

20. — L'art. 20, L. 9 sept. 1835, parle de lithographies. Indépendamment de la nécessité d'une autorisation préalable pour publier cette espèce particulière de dessins, les personnes qui ont pour industrie de les produire et de les vendre sont assujéties à toutes les conditions d'exercice et obligations auxquelles la législation soumet la profession d'imprimeur. — V. ord. royale du 8 oct. 1817 et le mot IMPRIMERIE.

21. — On doit entendre par estampe toute image tracée sur une matière plus ou moins molle par l'application d'un dessin tracé sur une autre matière plus dure, que cette dernière soit métallique ou non. Cette expression comporte une idée plus générale que le mot *gravure*.

22. — Les caractères de musique ne sont pas compris dans les termes de la loi du 9 sept. 1835, et aucune autorisation n'est nécessaire pour la publication et la vente de la musique gravée. — *Cass.*, 25 nov. 1837 (t. 2 1837, p. 592), Schlesinger. — Lorsque la musique est accompagnée d'un texte, elle est seulement soumise aux formalités de la déclaration et du dépôt préalable, conformément aux lois sur l'imprimerie. — V. IMPRIMERIE.

23. — L'exposition ou mise en vente des dessins, gravures, etc., intéresse la police de la voirie et à ce titre l'autorité aurait le droit de prohiber cette exposition en vertu des décrets de l'assemblée constituante sur la police municipale, lors même qu'elle ne tiendrait pas ce droit de la loi du 9 sept. 1835. C'est ce que reconnaissaient, à la chambre des députés, notamment MM. Dufaure et Auguis, qui étaient des adversaires du projet de loi. — V. *Moniteur* du 30 août, 1er supplément; — Chassan, t. 1er, no 1017.

24. — Quant à l'appréciation de la *publicité* qui rendrait punissable une exposition de dessins ou gravures non précédée d'une autorisation préalable, il faut se référer à la législation sur la presse et notamment à l'art. 1er de la loi du 17 mai 1819. — *Cass.*, 2 janv. 1845 (t. 1er 1845, p. 730), de Rohan-Chabot. — V. DÉLITS DE PRESSE ET DE PUBLICATION.

25. — L'exposition de dessins, etc., sans autorisation serait punissable lors même qu'ils n'auraient pas été mis en vente. — *Douai*, 12 août 1844 (t. 2 1844, p. 522), Bion.

26. — L'art. 20 de la loi du 9 sept. s'applique aux gravures, lithographies, etc., même étrangères. C'est ainsi qu'on entendait l'art. 12 de la loi du 25 mars 1822, contenant une disposition analogue. — De Grattier, t. 2, p. 363 et 401. — Circ. du directeur de la police du 22 mai 1823.

27. — Les gravures, lithographies, etc., ne sont pas affranchies de la censure parce qu'elles seraient publiées dans des ouvrages scientifiques. Une exception avait été demandée pour ce cas, mais, sur les observations du ministre de l'intérieur (M. Thiers), la chambre a rejeté cette proposition. — Chassan, t. 1er, no 1027; Duvergier, *loc. cit.*; de Grattier, t. 2, p. 363, no 4.

28. — On a agité la question de savoir si les gravures, lithographies, etc., qui, depuis la loi du 8 oct. 1830 jusqu'à celle du 9 sept. 1835, ont pû être publiées régulièrement au moyen de la déclaration et du dépôt préalable doivent, pour continuer à être exposées, vendues ou mises en vente, être soumises à l'autorisation prescrite par l'art. 20 de cette dernière loi.

29. — Une difficulté absolument semblable avait été déférée à la cour de Cassation sous l'empire de la loi du 25 mars 1822, et cette cour avait jugé que les gravures régulièrement publiées antérieurement à cette loi ne pouvaient être soumises à l'autorisation qu'elle exigeait, les lois n'ayant pas d'effet rétroactif. — *Cass.*, 17 janv. 1823, Engelmann.

30. — Mais depuis lors et sous l'empire de l'art. 20, L. 9 sept. 1835, la cour de Paris a jugé que l'exposition publique de gravures déjà publiées constituait un fait spécial qui devait être réglé par la loi existante à l'époque où cette exposition avait lieu, que dès-lors l'autorisation exigée par l'art. 20 était indispensable pour que ces gravures continuassent, sous la loi nouvelle, à être exposées et mises en vente. — *Paris*, 21 juill. et 26 nov. 1836, Lemière.

31. — Un pourvoi en cassation ayant été formé contre le premier de ces arrêts, la cour suprême après avoir rendu un arrêt de partage le 18 octobre a rejeté le pourvoi et maintenu la décision de la cour de Paris sur les conclusions de M. le procureur-général Dupin (arrêt du 9 déc. 1836). Elle s'est fondée sur ce que la loi du 9 septemb. 1835 était une de ces lois de police et de sureté qui obligent tous les citoyens à partir du jour de leur promulgation. — V. dans le même sens *Cass.*, 10 mars 1837 (t. 1er 1837, p. 368), Avanzo et Villedieu; — de Grattier t. 2, p. 364, 365, no 5; Chassan, t. 1er, no 1028.

32. — A bien plus forte raison, l'autorisation préalable est-elle nécessaire pour une nouvelle édition de dessins déjà publiés avant la loi du 9 sept. 1835.

33. — Lorsque l'autorisation préalable a été donnée conformément aux dispositions de la loi du 9 sept. 1835, par le ministre de l'intérieur, pour la publication et la vente des gravures et dessins, ces gravures et dessins peuvent être vendus dans toute la France sans une nouvelle autorisation. — *Cass.*, 10 mars 1837 (t. 1er 1837, p. 368), Avanzo et Villedieu; — de Grattier, t. 2, p. 367, no 8.

34. — Mais l'autorisation accordée seulement par un préfet ne peut valoir que pour la publication et la vente dans l'intérieur du département soumis à l'autorité de ce préfet. — Même arrêt.

35. — Une ordonnance royale du 9 sept. 1835 indique de quelle manière l'autorisation doit être délivrée. L'autorisation doit contenir la désignation sommaire du dessin, de la gravure, lithographie, estampe ou de l'emblème qu'on veut publier et le titre qui lui aura été donné. L'auteur ou l'éditeur est tenu de la représenter à toute réquisition. Lorsqu'il s'agit de gravure, lithographie, estampe ou emblème se multipliant par le tirage, l'auteur ou l'éditeur, en recevant l'autorisation, doit déposer au ministère de l'intérieur ou au secrétariat de la préfecture une épreuve destinée à servir de pièce de comparaison. Il certifie la conformité de cette épreuve avec celles qu'il se propose de publier. — Art. 1er.

36. — Bien que l'auteur ou l'éditeur soit tenu de représenter l'autorisation à la première réqui-

sition, on comprend que le défaut de représentation ne suffirait pas pour motiver une condamnation si l'autorisation existait réellement et était produite avant le jugement.

37. — Le dépôt d'une épreuve n'est pas exigé lorsqu'il s'agit de dessins qui ne se multiplient pas par le tirage.

38. — Le dépôt prescrit par la loi du 9 sept. 1835 est indépendant du dépôt prescrit pour assurer à l'auteur le droit de propriété sur l'œuvre qu'il a produite.

39. — Aux termes de l'art. 2, l'autorisation dont tout dessinateur, graveur ou autre individu est obligé de se pourvoir d'après l'arrêté du 26 mars 1804 et l'ordonnance du 24 mars 1832 pour faire frapper dans les ateliers du gouvernement les médailles de sa composition lui tient lieu de celle qui lui est imposée par la loi du 9 sept. 1835 pour la publication, exposition ou mise en vente de ces mêmes médailles dont un exemplaire doit préalablement être déposé au ministère de l'intérieur. — V. MÉDAILLE.

40. — Les autorisations délivrées à Paris et dans les départemens doivent être insérées chaque semaine par ordre alphabétique et de matières, dans le *Journal général de la librairie*. — Art. 3.

41. — Cette insertion au journal de la librairie n'est qu'un simple renseignement rendu public dans l'intérêt du commerce. Son omission ne prive donc pas l'éditeur du droit que lui confère l'autorisation qu'il a obtenue.

42. — Comme cette insertion a lieu à la diligence de l'administration, elle doit être en général considérée comme authentique; cependant, comme le journal de la librairie est une entreprise particulière, l'insertion qui y aurait été faite ne dispenserait l'éditeur de représenter l'autorisation même qu'autant que les circonstances de la cause établiraient que c'est sur l'ordre de l'administration que l'insertion a eu lieu.

43. — On s'est demandé si l'autorisation, lorsqu'elle est pure et simple, sans être restreinte à un cas ou à une personne, peut profiter à d'autres qu'à ceux qui l'ont obtenue, et si dès lors on pourrait publier dans un recueil des lithographies ou des gravures ayant reçu une autorisation sans limites en faveur d'autres personnes ou pour tout autre ouvrage. — Cette question paraît devoir être résolue négativement, car si des dessins ont pu être autorisés sans inconvénient pour être publiés à telle époque et en vue de tel ouvrage, il n'en résulte pas que leur publication à une autre époque ou dans un ouvrage différent ne puisse être dangereuse. C'est ainsi qu'en matière de presse une édition d'un ouvrage peut être poursuivie et condamnée, bien que les éditions précédentes n'aient été l'objet d'aucunes poursuites. — V., du reste, Chassan, t. 1er, no 1019.

44. — Il résulte de la rédaction de l'art. 20 que la confiscation des dessins, etc., n'est que facultative, tandis que la condamnation du contrevenant est obligatoire. On lisait dans le projet *seront confisqués.* Cette rédaction a été modifiée par la discussion aux chambres. — Duvergier, t. 35, p. 270, sur l'art. 20.

45. — La décision d'un préfet qui refuse l'autorisation pour un dessin, une gravure, etc., peut être réformée par le ministre de l'intérieur, mais dans aucun cas le pouvoir judiciaire ne peut contrôler, ne peut réformer les décisions de l'autorité administrative en pareille matière. — De Grattier, t. 2, p. 367, no 7; Chassan, t. 1er, no 1031.

46. — De même, si le ministre ou le préfet refusait de faire connaître leur décision, leur responsabilité serait engagée constitutionnellement, mais le pouvoir judiciaire serait incompétent pour suppléer à ce silence. — De Grattier, *loc. cit.*; Chassan, t. 1er, no 1032.

47. — La contravention prévue par l'art. 20, L. 9 sept. 1835, doit, dans tous les cas, être poursuivie contre le publicateur des gravures, lithographies, etc. Si la publication a eu lieu dans un journal cautionné, elle doit être poursuivie contre le gérant qui est légalement présumé publicateur de ce qui paraît dans le journal. S'il s'agit d'un ouvrage non périodique ou d'un journal non soumis au cautionnement, les poursuites doivent être exercées contre l'éditeur quel qu'il soit. Il est le véritable publicateur, et c'est à lui que l'ord. 9 sept. 1835 impose l'obligation de demander l'autorisation. — Chassan, t. 1er, nos 1033 et 1034.

48. — Il n'est question dans l'art. 20, L. 9 sept. 1835, que des infractions à la loi sur la *police* des dessins, gravures, lithographies, estampes, emblèmes et médailles. On pourrait se rendre coupable d'infractions d'une autre nature par les mêmes procédés, soit par complicité de crimes ou de délits (V. L. 17 mai 1819, art. 1er et 3), soit en commettant directement des offenses, outrages, diffa-

mations ou autres délits de publication. — V. DÉLITS DE PRESSE ET DE PUBLICATION.

DESSINS DE FABRIQUE.

1. — Dessin destiné à être imprimé sur une étoffe ou tissu avec elle, ou enfin à être, sur tout autre produit manufacturé, appliqué au moyen d'un procédé rapide et mécanique de reproduction.

2. — La présentation récente d'un projet de loi sur les modèles et dessins de fabrique, que la prochaine session convertira certainement en loi, nous a déterminé à renvoyer au mot *propriété industrielle* les développemens que cette matière comporte. — V. PROPRIÉTÉ INDUSTRIELLE.

DESSINATEURS.

1. — Dessinateurs pour fabrique: — patentables de sixième classe. — Droit fixe basé sur la population, et droit proportionnel du vingtième de la valeur locative de l'habitation et des lieux servant à l'exercice de la profession. — V. PATENTE.

2. — Les dessinateurs (artistes) qui ne vendent que le produit de leur art sont exempts de la patente. — L. 25 avr. 1844, art. 13.

DESTINATION DU PÈRE DE FAMILLE.

1. — Nom donné à la disposition ou arrangement qu'a fait ou, si les choses sont anciennes, conservé le propriétaire de plusieurs fonds pour leur usage respectif. — Pardessus, *Servitudes*, t. 2, no 288.

2. — Il n'y a destination du père de famille que lorsqu'il est prouvé que les fonds actuellement divisés ont appartenu au même propriétaire et que c'est par lui que les choses ont été mises dans l'état duquel résulte la servitude. — C. civ., art. 693.

3. — La destination du père de famille vaut titre à l'égard des servitudes continues et apparentes. — C. civ., art. 692.

4. — La destination du père de famille doit, selon M. Pardessus (no 288), être le résultat de signes permanens, sans cela on ne pourrait en induire une volonté de créer un véritable assujétissement d'un fonds envers un autre.

5. — Si le propriétaire de plusieurs héritages entre lesquels il existe un signe apparent de servitude dispose de l'un d'eux sans que le contrat contienne aucune convention relative à cette servitude, elle continue d'exister sur le fonds aliéné ou en sa faveur. — C. civ., art. 694. — V. au surplus SERVITUDES.

DESTITUTION.

C'est la privation qu'un officier public encourt de ses fonctions dans le cas de quelque faute grave. — V. FONCTIONNAIRE PUBLIC, OFFICE.

DESTRUCTION, DÉGRADATION ET DOMMAGES.

Table alphabétique.

DESTRUCTION, DÉGRADATION ET DOMMAGES. — 1. — La loi a réuni sous une même section (art. 434 à 462 du C. pén., qui porte le titre de *Destructions, dégradations, dommages*), certaines atteintes portées à la propriété et qui puisent leur principe plutôt dans la malveillance que dans la cupidité. — Nous allons les parcourir en renvoyant pour chacune de ces atteintes aux mots spéciaux sous lesquels elles seront examinées avec plus de détails.

2. — Ces atteintes sont: 1o le fait d'avoir incendié volontairement des édifices, navires, bateaux, magasins, chantiers, édifices servant à la réunion des citoyens, forêts, bois taillis, récoltes, etc., — et celui d'avoir menacé d'incendier une habitation ou toute autre propriété (art. 434 et 435). — V. INCENDIE.

3. — ... 2o Le fait d'avoir volontairement détruit ou renversé tout ou partie d'édifices, ponts, digues ou chaussées, ou autres constructions appartenant à autrui (art. 437). — V. DESTRUCTION D'ÉDIFICES ET CONSTRUCTIONS.

4. — ... 3o L'opposition par voie de fait aux travaux autorisés par le gouvernement. Les moteurs doivent subir le maximum de la peine (art. 438). — V. TRAVAUX AUTORISÉS PAR LE GOUVERNEMENT (OPPOSITION A).

5. — ... 4o Le fait d'avoir brûlé ou détruit d'une manière quelconque des registres, minutes ou actes originaux de l'autorité publique, des titres, billets, lettres de change, effets de commerce ou de banque contenant ou opérant obligation, disposition ou décharge (art. 439). — V. DESTRUCTION DE TITRES, ACTES, etc., etc.

6. — ... 5o Le pillage et le dégât de denrées ou marchandises, effets, propriétés mobilières, commis en réunion ou bande et à force ouverte: la peine est plus forte (art. 442) à l'égard des chefs, instigateurs et provocateurs, si les denrées pillées ou détruites sont des grains, grenailles ou farines, substances farineuses, pain, vin, ou autres boissons. — V. PILLAGE ET DÉGAT DE MARCHANDISES ET DENRÉES.

7. — ... 6o Le fait d'avoir, à l'aide d'une liqueur corrosive, ou par tout autre moyen, volontairement gâté des marchandises ou matières servant à la fabrication (art. 443). — V. PILLAGE ET DÉGAT DE MARCHANDISES ET DENRÉES.

8. — ... 7o La dévastation de récoltes sur pied ou de plants venus naturellement ou faits de main d'hommes (art. 444). — V. DESTRUCTION ET DÉVASTATION DE RÉCOLTES, ARBRES ET PLANTS.

9. — ... 8o L'abattage ou la mutilation d'arbres appartenant à autrui, et la destruction des greffes (art. 445, 446, 447 et 448). — V. DESTRUCTION ET DÉVASTATION DE RÉCOLTES, ARBRES ET PLANTS.

10. — ... 9o Le fait d'avoir coupé des grains et fourrages appartenant à autrui (art. 449 et 450). — V. DESTRUCTION ET DÉVASTATION DE RÉCOLTES, ARBRES ET PLANTS.

11. — ... 10o La rupture ou destruction d'instrumens d'agriculture, de parcs de bestiaux, de cabanes de gardiens (art. 451). — V. DESTRUCTION OU RUPTURE D'INSTRUMENS D'AGRICULTURE, PARCS OU CABANES.

12. — ... 11o Le fait d'avoir empoisonné des chevaux ou autres bêtes de voiture, de monture ou de charge, des bestiaux à corne, des moutons, chèvres ou porcs, ou des poissons dans des étangs, viviers ou réservoirs, et celui d'avoir: 1o sans nécessité, tué l'un des animaux ci-dessus indiqués; — 2o également sans nécessité, tué un animal domestique dans un lieu dont celui à qui appartient cet animal est propriétaire, locataire, colon ou fermier (art. 452, 453 et 454). — V. ANIMAUX, nos 98 et suiv.

13. — ... 12o La destruction de clôtures ou déplacement de bornes (art. 456). — V. DESTRUCTION DE CLOTURES ET DÉPLACEMENT DE BORNES, BORNAGE, nos 185 et suiv., et VOL.

14. — ... 13o L'inondation des chemins ou propriétés d'autrui (art. 457). — V. INONDATION.

15. — ... 14o L'incendie des propriétés mobilières ou immobilières, occasionné par certains actes de négligence ou d'imprudence spécialement indiqués par la loi (art. 458). — V. INCENDIE et INCENDIES (mesures contre les).

16. — ... 15o Le fait, de la part de tout détenteur ou gardien d'animaux soupçonnés d'être infectés de maladie contagieuse, d'avoir négligé d'avertir sur-le-champ le maire de la commune où ils se trouvent, et de ne pas les tenir renfermés, même avant que le maire ait répondu à l'avertissement (art. 459)... — Celui de laisser, au mépris des défenses de l'administration, des animaux infectés communiquer avec d'autres (art. 460 et 461). — V. ÉPIZOOTIE.

17. — Le premier de ces faits est puni d'un emprisonnement de six jours à deux mois et d'une

amende de 16 fr. à 200 fr. (art. 460), et le second d'un emprisonnement de deux à six mois et d'une amende de 100 fr. à 500 fr. (art. 461).

18. — Dans le cas de l'art. 461, si de la communication qui y est mentionnée il est résulté une contagion parmi les autres animaux, ceux qui ont contrevenu aux défenses de l'autorité administrative doivent être punis d'un emprisonnement de deux ans à cinq ans, et d'une amende de 100 fr. à 1,000 fr.; le tout sans préjudice de l'exécution des lois et réglemens relatifs aux maladies épizootiques et de l'application des peines y portées. — V. ANIMAUX, nos 25 et suiv., et ÉPIZOOTIE.

19. — Une remarque générale qu'il importe de faire sur les divers délits de police correctionnelle prévus par les dispositions qui précèdent, c'est que, s'ils ont été commis par des gardes champêtres ou forestiers, ou des officiers de police à quelque titre que ce soit, la peine d'emprisonnement doit être d'un mois au moins et d'un tiers au plus en sus de la peine la plus forte qui serait appliquée à un autre coupable du même délit. — C. pén., art. 462. — V. au surplus GARDE CHAMPÊTRE, GARDE FORESTIER, OFFICIERS DE POLICE.

20. — Indépendamment des prévisions spéciales résultant des divers articles qui précèdent, certaines autres atteintes également portées à la propriété, mais d'une nature moins grave, ont été réprimées par le législateur. — C'est ainsi, d'abord, que l'art. 479 (no 1er) du Code pénal punit d'une amende de 11 fr. à 15 fr. ceux qui, *hors les cas prévus depuis l'art. 434 jusques et y compris l'art. 462*, auront *volontairement* causé du dommage *aux propriétés mobilières* d'autrui.

21. — Le concours de *la volonté* exigée par l'art. 479 prouve qu'il s'agit ici moins d'une contravention que d'un délit moral qui a été réduit à la proportion d'une contravention à raison de la modicité présumée du dommage causé.

22. — Toutefois, comme la loi a rangé ce fait dans la classe des contraventions, il est évident que c'est le tribunal de police qui est compétent pour en connaître: c'est ce qui résulte, au moins implicitement, des motifs d'un arrêt de la cour de cassation du 17 août 1822, Brosse c. Noizet.

23. — Mais le concours de la volonté est indispensable pour l'application des dispositions dudit article 479. La négligence, l'imprudence ou le défaut de précaution ne laisserait place qu'à une action civile en réparation, sauf l'application des art. 319 et 320, C. pén., et de l'art. 479, §§ 2 et suiv. même code. — Chauveau et Hélie, t. 8, p. 400.

24. — Il suffit, au reste, pour l'application de l'art. 479, qu'un dommage quelconque soit constaté, pourvu qu'il ait atteint la propriété mobilière d'autrui, quelles que soient, d'ailleurs, la nature et la quotité de ce dommage.

25. — Et la cour de Cassation a reconnu qu'à défaut des circonstances exigées pour constituer le délit spécial prévu par l'art. 454 (V. ANIMAUX), le fait d'avoir tué volontairement des volailles appartenant à autrui rentre sous l'application de l'art. 479. — *Cass.*, 17 août 1822, Brosse c. Noizet.

26. — D'un autre côté, l'art. 475, no 8, C. pén., prévoit et punit d'une amende de 6 à 10 francs inclusivement le fait d'avoir jeté des pierres et autres corps durs ou des immondices contre les maisons, édifices et clôtures d'autrui, ou dans les jardins et enclos. — V. JET (dommage).

27. — C'est aussi parce qu'il porte atteinte au droit de propriété et qu'il amène nécessairement avec lui un dommage, que le fait d'avoir passé ou conduit ses bestiaux sur le terrain d'autrui est prévu et réprimé par les art. 475, nos 9 et 10, et 479, no 10, C. pén. — V. ANIMAUX, PASSAGE SUR LE TERRAIN D'AUTRUI.

28. — Le même art. 479 réprime le fait d'avoir occasionné la mort ou les blessures des animaux ou bestiaux appartenant à autrui : — 1o par l'effet de la divagation des fous ou furieux ou d'animaux malfaisans ou féroces, ou par la rapidité, la mauvaise direction, ou le chargement excessif des chevaux, voitures, bêtes de trait, de charge ou de monture (V. DIVAGATION [Fous et animaux]); — 2o par l'emploi ou l'usage d'armes sans précaution ou avec maladresse, ou par jet de pierres ou d'autres corps durs (V. JET); — 3o par la vétusté, la dégradation, le défaut de réparation ou d'entretien des maisons ou édifices, ou par l'encombrement ou l'excavation, ou telles autres œuvres dans ou près les rues, chemins, places ou voies publiques, sans les précautions ou signaux ordonnés ou d'usage. — V. aussi ANIMAUX.

29. — Aux termes de l'art. 257, C. pén., le fait d'avoir détruit, mutilé, abattu ou dégradé des monumens, statues et autres objets destinés à l'utilité ou à la décoration publique, et élevés par l'autorité publique ou avec son autorisation, est puni

d'un emprisonnement d'un mois à deux ans, et d'une amende de 100 à 500 fr. — V. DÉGRADATION DE MONUMENS ET OBJETS D'UTILITÉ OU D'ORNEMENT PUBLICS.

30. — Quant à la dégradation des signes de l'autorité royale prévue par les lois de 1819 et de 1822, V. SIGNES DE L'AUTORITÉ ROYALE.

31. — L'art. 479 punit aussi d'autres faits de dégradation qui attaquent des objets d'utilité publique, tels sont : la destruction opérée méchamment des affiches apposées par l'ordre de l'administration (V. AFFICHES); la dégradation ou détérioration, de quelque manière que ce soit, des chemins publics ou l'usurpation sur leur largeur (V. CHEMINS RURAUX); l'enlèvement, sans autorisation, sur les chemins publics, de gazons, terres ou pierres (V. CHEMINS RURAUX); ou bien encore l'enlèvement, dans les lieux appartenant aux communes, de terres ou matériaux, à moins d'usage général qui l'autorise. — V. ENLÈVEMENT DE TERRES MATÉRIAUX OU GAZONS.

32. — Indépendamment des peines qu'ils encourent, les auteurs de ces divers actes de destruction ou dégradation et des dommages qui en résultent encourent la responsabilité civile prévue par l'art. 1382, C. civ. — V. RESPONSABILITÉ. — V. aussi DOMMAGE AUX CHAMPS, FORÊTS.

DESTRUCTION DE CLOTURES ET DÉPLACEMENT DE BORNES.

Table alphabétique.

1. — Les législations les plus anciennes prévoyaient et réprimaient les destructions de clôtures et les déplacemens de bornes : *Non assumes et transferes terminos proximi tui quos fixerant priores in possessione tuâ* (Deuteron., cap. 19, v. 14). — « Ce fut, disent MM. Chauveau et Hélie (*Th. C. pén.*, p. 173), la première sanction du partage des terres, le premier délit peut-être, et long-temps le plus commun, des peuples primitifs. »

2. — D'après la loi romaine, le déplacement de bornes pouvait, suivant l'intention et le but de l'agent, constituer des délits différens : ainsi, cette loi distinguait selon que l'intention de l'agent avait été ou d'envahir la propriété de son voisin, ou de faire disparaître un élément de décision dans un procès pendant en justice, ou seulement de nuire à autrui, ou enfin de voler les matériaux qui forment la borne ou la clôture : suivant ces divers cas, la peine était de la relégation (L. 2, ff., *De termino moto*); — ou bien arbitraire (L. 3, § 2, ff., *eod. loc.*); — ou pécuniaire (même loi); — ou bien enfin elle pouvait aller jusqu'aux peines du vol ou à la fustigation (Gloss., in leg. 3, ff., *De termino moto*). — V. aussi Farinacius, quæst. 168, no 91 et suiv.; Menochius, cas. 393, nos 18 et suiv.

3. — Dans l'ancien droit français, la peine applicable à la destruction des limites ou des héritages était en général arbitraire ; les peines du fouet et du bannissement, ordinairement appliquées par la jurisprudence, étaient remplacées par celle des galères à temps, lorsque le déplacement avait eu lieu pour en tirer profit. — Muyart de Vouglans, *Lois crim.*, p. 313.

4. — L'art. 635 de la coutume de Bretagne portait aussi : « Ceux qui ôtent ou arrachent des bornes sciemment, et ceux qui mettent de fausses bornes, *doivent être punis comme larrons.* »

5. — Sans reproduire les distinctions qui précèdent, la loi du 28 sept.-6 oct. 1791 prévoyait séparément la dégradation des clôtures et leur destruction. — Ainsi, l'art. 17, tit. 2, était ainsi conçu : « Il est défendu à toutes personnes de recombler les fossés, *de dégrader les clôtures*, de couper des branches de haies vives, d'enlever des bois sur des haies, sous peine d'une amende de trois journées de travail. Le dédommagement sera payé au propriétaire, et, suivant la gravité des circonstances, la détention pourra avoir lieu, mais au plus pour un mois. »

6. — L'art. 32 de la même loi ajoutait : « Quiconque aura *déplacé ou supprimé* des bornes ou pieds corniers, ou autres arbres plantés ou reconnus pour établir les limites entre différens héritages, pourra, en outre du paiement du dommage et des frais de replacement des bornes, être condamné à une amende de la valeur de douze journées de travail, et sera puni par une détention dont la durée, proportionnée à la gravité des circonstances, n'excédera pas une année; la détention cependant pourra être de deux années s'il y a eu transposition de bornes à fin d'usurpation. »

7. — Le Code pénal, dans son art. 456, dispose que : « Quiconque aura, en tout ou en partie, comblé des fossés, *détruit des clôtures*, de quelques matériaux qu'elles soient faites, *coupé ou arraché* des haies vives ou sèches; quiconque aura *déplacé ou supprimé des bornes*, ou pieds corniers, ou autres arbres plantés ou reconnus pour établir les limites entre différens héritages, sera puni d'un emprisonnement qui ne pourra être au-dessous d'un mois ni excéder une année, et d'une amende qui, dans aucun cas, ne pourra être au-dessous de cinquante francs. »

8. — Les termes de l'art. 456 sont généraux et absolus; ils s'appliquent également à tous les actes de destruction de clôture, à tous les déplacemens et à toutes les suppressions de bornes, quel que soit le but de leurs auteurs.

9. — Ainsi, l'usurpation même de terrains, commise par la destruction ou le déplacement des clôtures ou bornes, constituant un véritable vol immobilier, lequel n'est prévu par aucune loi spéciale, rendrait son auteur passible seulement des peines prononcées contre les faits de destruction ou de déplacement de bornes. — Chauveau et Hélie, t. 8, p. 179.

10. — ... A moins cependant que l'enlèvement des bornes n'eût eu lieu avec l'intention de les voler, ce qui, dans ce cas, constituerait un vol et devrait dès-lors être puni comme tel. — V. VOL.

11. — Les faits compris dans l'art. 456 se divisent en deux catégories : les destructions de clôture et les déplacemens de bornes.

12. — Nous examinerons séparément ce qui concerne chacun de ces faits ; mais une remarque qui s'applique à l'un comme à l'autre, c'est que, pour l'existence du délit, il faut que l'agent ait su que les clôtures et bornes appartenaient à autrui. Il est évident, en effet, que l'art. 456 n'est pas applicable au propriétaire, qui peut, comme il lui plaît, combler ses fossés, détruire ses haies, abattre ses murs de clôture, sans que les voisins puissent s'en plaindre. — Carnot, sur l'art. 456, no 1er; Chauveau et Hélie, t. 8, p. 188.

13. — Et les mêmes auteurs pensent également que la destruction d'*une clôture mitoyenne* ne donne lieu qu'à une action civile et non à l'application de l'art. 456. — Carnot, sur l'art. 456, no 2; Chauveau et Hélie, *loc. cit.* — Seulement la question relative aux droits et à la qualité de celui à qui le fait est reproché est préjudicielle, et les parties doivent être renvoyées préalablement à fins civiles. — V. QUESTION PRÉJUDICIELLE.

14. — Ainsi, lorsque celui qui est poursuivi pour avoir abattu un mur de clôture construit par un tiers soutient qu'il est propriétaire du terrain sur lequel ce mur a été élevé, cette défense constitue une question préjudicielle dont la connaissance doit être renvoyée aux tribunaux civils. — *Cass.*, 8 janv. 1813, Copens.

15. — Le sursis ainsi demandé doit être ordonné, alors surtout que le plaignant n'a ni offert de prouver ni allégué sa possession annale. — Même arrêt.

16. — Mais Mangin (*Tr. de l'act. publ.*, no 210) pense que si le plaignant excipait de sa possession annale, comme cette possession est, aux yeux de la loi, une présomption juridique de propriété, et que la loi veut que cette possession soit respectée jusqu'à ce que la présomption légale ait été détruite par un jugement rendu au pétitoire, le prévenu du délit commis au préjudice de ce possesseur ne serait pas recevable à exciper d'un droit de propriété sur le terrain objet de ce délit, et à demander qu'il fût sursis au jugement de la prévention.

17. — Et il a été jugé, en effet, que celui qui a détruit une haie servant de clôture à un terrain dont un autre a la possession *animo domini* ne peut, en excipant d'un droit de propriété, élever une question préjudicielle qui oblige le tribunal à prononcer le sursis. — *Cass.*, 5 juill. 1828, Voury. — V. au surplus QUESTION PRÉJUDICIELLE.

18. — Le fait de comblement de fossé, etc., pré-

vu par l'art. 456 C. pén., n'est point punissable si le prévenu a agi sans méchanceté ni intention de nuire. — *Cass.*, 20 nov. 1840 (t. 2 1843, p. 737), Desmaisons c. Raveton.

19. — Les destructions de clôtures sont punies, qu'elles soient totales ou partielles et quels que soient les matériaux qui composent ces clôtures. — Seulement la loi désigne nominativement, comme constituant le délit qu'elle prévoit ainsi, le fait d'avoir comblé les fossés ou bien coupé ou arraché les simples haies sèches et vives. — Art. 456, C. pén.

20. — Jugé que la destruction partielle d'une haie justifie l'application de l'art. 456 C. pén., comme sa destruction totale. — *Cass.*, 6 mai 1826, Bourgeois. — V. aussi *Cass.*, 7 therm. an XII, Lucot.

21. — Jugé encore que le fait d'avoir enlevé le bois sec et arraché des arbustes et plantes vives qui formaient la clôture d'une prairie, rentre dans l'application de l'art. 456 : — que dès lors un tribunal de police ne peut, sans excès de pouvoir, connaître de ce délit qui est de la compétence du tribunal correctionnel. — *Cass.*, 24 oct. 1806, Combault.

22. — ... Et que le fait d'avoir coupé une haie formant la clôture d'une vigne et un arbre appartenant à autrui, ne rentre pas dans l'application du C. pén. de 1791 ; qu'il est, en conséquence, de la compétence, non du tribunal de simple police, mais du tribunal correctionnel. — *Cass.*, 10 sept. 1813, Royer.

23. — ...Que dès lors ce délit se prescrit non par un mois, mais par trois ans, conformément à l'art. 638, C. inst. crim. — Même arrêt. — V. PRESCRIPTION CRIMINELLE.

24. — De la généralité des termes de la loi il résulte que l'art. 456 s'applique à toutes les clôtures en général, même à celles des maisons, et non pas seulement aux ouvrages délimitatifs des héritages ruraux.

25. — C'est ainsi qu'il a été jugé que le fait d'avoir forcé avec un instrument de fer la porte d'un cellier, dans lequel le gardien avait déposé les blés saisis confiés à sa garde, constitue le délit de bris de clôture. — *Cass.*, 29 oct. 1813, Volligny. — V. Carnot, *C. pén.*, sur l'art. 456, n° 9.

26. — La cour suprême, donnant aux termes de la loi une acception encore plus large, a compris dans le mot de *clôtures* « tout ce qui est établi pour empêcher l'introduction dans tout ou partie des maisons habitées ou leurs dépendances. » — Et elle a décidé, en conséquence, qu'on devait réputer destruction partielle de clôture, dans le sens de l'art. 456, le fait d'avoir forcé les barreaux de la croisée d'une maison. — *Cass.*, 31 janv. 1822, Goudot; 23 sept. 1825, Lavareille.

27. — Jugé encore (dans l'intérêt de la loi) que le mot *clôtures* comprend dans son acception légale aussi bien les ouvrages faits pour empêcher qu'on ne s'introduise dans tout ou partie des édifices ou maisons, et conséquemment les *portes et fenêtres*, que les ouvrages délimitatifs des héritages ruraux; et, qu'en conséquence le bris, par jet de pierres, de la fenêtre d'une maison constitue le délit de destruction de clôtures, et non la simple contravention de jet de corps durs contre un édifice. — *Cass.*, 7 avr. 1831, Celabeheylty; 21 mars 1835, Conet.

28. — Jugé, au contraire, par la cour de Bruxelles, que le fait de casser les vitres d'une maison ne constitue qu'une simple contravention. — *Bruxelles*, 19 sept. 1814, Balthazard Cellier. — Mais il est à remarquer que la cour n'a pas examiné si le fait ainsi prévu pouvait constituer une destruction de clôture dans le sens de l'art. 457; et c'est parce qu'elle a repoussé (et avec raison) cette dernière qualification qu'elle a réduit le fait à une simple contravention, sans s'occuper de l'art. 456. — Cette décision n'a donc aucune autorité.

29. — Les auteurs de la *Théorie du C. pén.* (t. 8, p. 182) critiquent la jurisprudence de la cour de Cassation en soutenant qu'elle donne à la loi une extension qu'elle ne comporte pas. Ils se fondent sur ce que les dispositions de l'art. 31, tit. 2, L. 19-22 juill. 1791, ne s'appliquaient évidemment qu'à la destruction *des clôtures rurales* et qu'elles renvoyaient au Code de police rurale pour la répression de ce délit : or, disent-ils, l'art. 456 n'a fait que reproduire presque littéralement les mêmes dispositions. On ne peut donc en faire l'application aux propriétés urbaines ; d'ailleurs, les termes mêmes dont la loi s'est servie : *destruction de clôtures de quelques matériaux qu'elles soient faites*, ne prouvent-ils pas qu'elle n'a eu en vue que les propriétés rurales? « Les destructions de clôtures, ajoutent-ils, n'ont lieu que dans les campagnes : on force la clôture d'une maison, on fait effraction, on ne la détruit pas. »

30. — Le système de la cour de Cassation ne nous paraît pas cependant dénué de fondement, en présence des termes généraux de la loi, qui ne permettent guère de réduire ses prescriptions à tel ou tel genre de clôture et à telle ou telle nature de propriété. Mais même en admettant la généralité des dispositions de l'art. 456, on a prétendu que le jet d'une pierre contre une maison, ne constituant qu'une simple contravention de police, ne pouvait pas revêtir le caractère de délit par cela seul que la pierre aurait cassé un carreau de la fenêtre. — Ceci demande explication : une fenêtre est incontestablement une clôture; peu importe le plus ou moins de sécurité qu'elle procure; on s'en contente dans bien des lieux, parce qu'il faut un certain degré d'audace pour franchir, par une voie de fait, l'obstacle qu'elle oppose à toute introduction de l'extérieur. Les cours d'assises condamnent journellement comme coupables de vol avec effraction les individus qui ont brisé les vitres d'une fenêtre pour pénétrer dans une habitation : ainsi les vitres sont une clôture dans le sens naturel de ce mot. — Mais entre le délit de bris de clôture et la contravention de jet de pierres contre des édifices il existe une différence bien tranchée qui doit servir à résoudre la difficulté. Le délit ne se constitue que par le concours du fait matériel et d'une intention criminelle; la contravention, au contraire, se forme indépendamment de cette intention; il suffit que le fait soit volontaire. Les tribunaux auront donc à rechercher l'intention criminelle. S'ils reconnaissent que le bris de carreaux n'est que *l'effet imprévu* d'un jet de pierre, ils ne devront y voir qu'une simple contravention de police; il en serait de même dans le cas d'une tentative, bien qu'elle eût été accompagnée de l'intention criminelle, parce que la tentative n'est pas punissable; mais si le prévenu a brisé et voulu briser dans un but criminel les vitres servant à clore la croisée d'une maison, l'intention qui l'a dirigé aggrave évidemment sa culpabilité, qui ne peut pas être confondue avec les simples infractions à la police municipale.

31. — Carnot (sur l'art. 456, n° 8) dit que le détournement des eaux servant de limite à deux héritages rentrerait dans le cas de l'art. 456, et que ce serait une destruction de clôture, mais qu'il ne faudrait pas confondre avec ce délit la simple dérivation d'une partie des eaux séparatives.

32. — Il faut, pour qu'il y ait lieu à l'application de l'art. 456, qu'il s'agisse d'une clôture existante; il ne suffirait pas d'une clôture seulement commencée. — Aussi a-t-il été jugé que le fait de renverser quelques pierres d'un mur de clôture en voie de construction ne constitue pas le délit prévu par l'art. 456. — *Bordeaux*, 14 mai 1841 (t. 1er 1842, p. 444), Meynard c. Chaussé.

33. — Jugé que, quoique le fait d'avoir repris par violence la possession de sa maison dont le prévenu a été judiciairement expulsé ne soit passible d'aucune peine, il y a lieu à l'application de l'art. 456, C. pén., lorsque cette prise de possession a été effectuée à l'aide d'une destruction de la clôture. — *Cass.*, 5 fév. 1829, Armand. — V. encore avis cons. d'état 8 fév. 1812.

34. — Mais de ce que la destruction de clôture est un délit (ce qui suppose une intention malveillante de la part de l'agent) on a conclu que le fait de la part d'un fermier de détruire et enlever du fonds affermé des barrières, palissades et autres objets de clôture, ne le rend pas *nécessairement* coupable ni du délit de vol, ni du délit de destruction de clôture, prévus et punis par le Code pén. (art. 379, 401 et 456), alors surtout qu'il a agi sans fraude. Un tel fait peut, selon les circonstances, ne donner lieu contre lui qu'à une action purement civile. — *Bourges*, 12 juill. 1828, d'Aremberg c. Millot.

35. — Il a été jugé aussi que les dispositions des art. 456 et 479 concernant la destruction des clôtures et le dommage volontairement causé aux propriétés mobilières d'autrui, sont inapplicables au bris de prison commis par un détenu pour délits. — *Cass.*, 20 août 1824, Louis Carnot. — Le bris de prison est le moyen et non le but du détenu. Si l'évasion qu'il médite est exempte de criminalité aux yeux de la loi, il doit en être de même, *à fortiori*, du bris de prison envisagé isolément.

36. — La loi fait tomber sous l'art. 456 la *destruction* de clôtures, fossés et haies, qu'elle soit *totale ou partielle*. — Mais une simple dégradation peut-elle constituer la destruction *totale ou partielle* prévue par ledit article?

37. — MM. Chauveau et Hélie (t. 8, p. 285) se prononcent pour la négative, et ils pensent que la *simple dégradation* reste soumise à l'application de l'art. 17 précité du tit. 2, L. 28 sept.-6 oct. 1791. — V. aussi Carnot, sur l'art. 456, C. pén., n° 3.

38. — C'est également ce qui a été décidé par la cour de Poitiers, et cette cour a jugé en conséquence que le fait d'avoir *dégradé* une clôture se prescrit par un mois conformément à l'art. 8, sect. 7e, tit. 1er, L. 28 sept.-6 oct. 1791. — *Poitiers*, 18 déc. 1830, Fouqueteau.

39. — Cette décision nous paraît fondée. — En effet, l'art. 17, tit. 2, L. 28 sept.-6 oct. 1791, qui punissait spécialement *la dégradation* de clôtures, n'a été abrogé explicitement par aucun texte de loi. L'a-t-il été implicitement par l'art. 456? — Malgré la corrélation qui existe entre ces articles, on ne peut se dissimuler qu'il existe une bien grande différence entre la *dégradation* d'une clôture et sa *destruction partielle*. En effet, pratiquer des trous dans la paroi d'un mur pour en faciliter l'escalade, détacher le plâtre qui lui sert d'enduit, ébranler ou faire tomber quelques pierres en le franchissant, ce n'est certes pas détruire partiellement le mur, c'est seulement l'endommager, le dégrader. De même, briser des brins de bois dans une haie vive, en renverser d'autres, casser un pieu dans une haie sèche, couper le lien qui l'attachait aux autres, etc., ce n'est pas non plus la détruire partiellement; *une destruction partielle* suppose nécessairement que la clôture n'existe plus dans la partie détruite; c'est ce qui a lieu quand on sape la haie, quand on renverse le mur pour y pratiquer une brèche. Ainsi, la dégradation d'une clôture n'empêche pas l'héritage de rester clos, tandis qu'il cesse de l'être par une destruction, même partielle, de sa clôture. Dès qu'il existe entre les deux délits une différence aussi notable, il n'y a aucune incompatibilité entre les deux textes de loi qui les définissent et qui les répriment distinctement. On ne saurait donc trouver dans la loi nouvelle une abrogation implicite de la loi ancienne. Il suffit, au contraire, pour les concilier, de comparer leurs dispositions pénales: l'échelle des peines qu'elles prononcent est dans une juste proportion avec la gravité de chaque délit, et démontre de plus en plus la nécessité de leur existence simultanée.

40. — A côté de la destruction de clôtures la loi range aussi le déplacement ou la suppression des *bornes* ou *pieds corniers* ou *autres arbres* plantés ou reconnus pour établir les limites entre différents héritages.

41. — MM. Chauveau et Hélie (t. 8, p. 187) disent que l'art. 456 a un sens restrictif, et que sa protection ne doit, dès-lors, s'étendre qu'aux bornes, pieds corniers et arbres, puisque seuls ils y sont énumérés.

42. — Jugé que l'arrêt qui refuserait de faire l'application de cet art. 456 au déplacement d'une borne devrait être cassé. — *Cass.*, 18 juill. 1822, Genoli.

43. — Pour qu'un déplacement ou une suppression de borne rentre dans les prévisions de l'art. 456, il faut qu'il soit constant que cet arbre était planté ou reconnu pour servir de limite. — Carnot, sur l'art. 456, n° 7.

44. — Du reste, les bornes plantées par l'administration doivent être respectées comme celles qui l'auraient été par autorité de justice ou du consentement des parties. — Carnot, sur l'art. 456, n° 10.

45. — Mais il a été jugé que lorsqu'un individu a fait arracher une borne placée par le propriétaire voisin sur la limite de leurs héritages respectifs, d'après une convention antérieurement intervenue entre eux, ce fait ne constitue point le délit prévu par l'art. 456, C. pén., surtout s'il n'apparaît pas que cette borne ait été établie à l'endroit déterminé par la convention, et si, d'ailleurs, elle n'a point été placée contradictoirement avec le prévenu ou lui dûment appelé. — *Nancy*, 30 nov. 1830, N... c. N... ; même cour, 29 mai 1839 (t. 2 1839, p. 651), Collignon.

46. — Jugé que, pour établir l'existence du délit de déplacement de bornes, le ministère public peut prouver par témoins, non seulement que la borne a été déplacée, mais encore qu'elle avait le caractère de limite; et que, de son côté, pour échapper à l'application de la loi, le prévenu a le droit de prouver le contraire à l'aide du même moyen. — *Nancy*, 10 janv. 1844 (t. 2 1844, p. 42), Louis.

47. — La suppression *partielle ou la dégradation* des bornes ne rentre pas dans les prévisions de l'art. 456. — « La raison du silence de la loi à cet égard, disent MM. Chauveau et Hélie (t. 8, p. 187), est qu'une semblable suppression ou dégradation ne cause que peu de préjudice, puisque la partie existante suffit pour constater le droit, et qu'en outre ce fait est peu à craindre, puisque l'agent n'aurait aucun intérêt à le commettre. »

48. — Du reste, les mêmes auteurs pensent que l'art. 456 serait applicable alors même que l'auteur de la destruction ne saurait pas que la pierre ou l'arbre qu'il déplace sert de limite à des propriétés; et qu'il suffit qu'il ait voulu porter d'une manière quelconque préjudice à autrui.

49. — La peine de l'emprisonnement et celle de

...amende prononcée par l'art. 456 pour destruction de clôture ou suppression de bornes se cumulent, sauf l'application du dernier paragraphe de l'art. 463. — V. CIRCONSTANCES ATTÉNUANTES.
...o. — Les peines ainsi prononcées par la loi, à raison de faits prévus par l'art. 456, le sont sans préjudice des dommages-intérêts résultant du tort que la perpétration de ces faits peut causer à ceux qui en sont victimes.

DESTRUCTION ET DÉVASTATION DE RÉCOLTES, ARBRES ET PLANTS.

Table alphabétique.

1. — Le Code pénal a classé sous les art. 444 à 450 divers faits de dévastation qui ont un caractère commun, en ce qu'ils se rattachent à l'intérêt de l'agriculture et qu'ils concernent des objets confiés à la foi publique. — Nous croyons devoir les réunir ensemble par ce motif. — Tels sont les dévastations de récoltes sur pieds ou de plants venus naturellement ou faits de mains d'hommes; — le fait d'abattre ou de mutiler les arbres appartenant à autrui; — la destruction de greffes; — le fait de couper des grains ou fourrages appartenant à autrui.

2. — Sous le rapport de l'incrimination et de la pénalité, ces divers délits ont cela de commun : 1° qu'aux termes de l'art. 450, § 2 « s'ils ont été commis en haine d'un fonctionnaire public et à raison de ses fonctions, le coupable est puni du maximum de la peine établie par l'article auquel le cas se réfère. »

3. — ... 2° Et que, suivant le § 3 dudit art. 450 : « il en est de même si le fait a été *commis pendant la nuit*. »

4. — Sur la première de ces conditions, MM. Chauveau et Hélie (t. 8, p. 139) font remarquer que, l'aggravation de peine prononcée par la loi ayant pour but de *protéger les fonctions* de la personne lésée, il ne suffit pas que cette personne soit un fonctionnaire public, si ses fonctions n'ont pas été une cause déterminante du délit; — il est donc nécessaire de constater : 1° que le délit a été commis *en haine du fonctionnaire*; 2° qu'il l'a été *à raison de ses fonctions*.

5. — Ces auteurs ajoutent du reste (*loc. cit.*) que, même dans les cas prévus par l'art. 450, le maximum de la peine applicable au délit pourrait être réduit, en vertu de l'art. 463, même à un emprisonnement de six jours, s'il y avait des circonstances atténuantes. — V. CIRCONSTANCES ATTÉNUANTES, n° 270.

6. — Un autre caractère commun entre les divers délits qui vont être énumérés, et qui sont prévus par les art. 444 à 450, C. pén., c'est qu'il y a lieu de prononcer, outre la peine corporelle édictée par ces articles, une amende qui ne peut excéder le quart des restitutions et dommages-intérêts, ni être inférieure à 16 fr. — C. pén., art. 455.

7. — *Dévastations de récoltes et plants d'arbres.* — Le fait d'avoir dévasté des récoltes sur pied, ou abattu des plants venus naturellement ou faits de main d'homme était puni par la loi du 28 sept. 1791, tit. 2, art. 29, d'une amende double du dédommagement dû aux propriétaires, et d'une détention qui ne pouvait excéder deux années.

8. — L'art. 444, C. pén., qui est la reproduction presque littérale de cet article, a seulement modifié les peines. Il est ainsi conçu : « Quiconque aura dévasté des récoltes sur pied ou des plants venus naturellement ou faits de main d'homme sera puni d'un emprisonnement de deux ans au moins, de cinq ans au plus. Les coupables pourront de plus être mis, par l'arrêt ou le jugement, sous la surveillance de la haute police pendant cinq ans au moins et dix ans au plus. »

9. — *La dévastation* dont parle l'art. 444 consiste dans l'action de ruiner, de saccager des récoltes sur pied ou des plants, c'est-à-dire de détruire une certaine quantité de plants croissant ensemble sur le même terrain. Le délit n'existerait pas s'il y avait seulement destruction ou enlèvement de quelques plants, et si le fait se réduisait en définitive à de simples dégâts. — Rauter, t. 2, p. 207; Chauveau et Hélie, t. 8, p. 126; Carnot, sur l'art. 444, n° 2.

10. — De même, *la dévastation*, telle que la définit l'art. 444, consistant dans le fait de dévaster, non pour profiter aux dépens d'autrui, mais seulement pour lui nuire, il en résulte que l'enlèvement de quelques plants d'une portion de récoltes, *pour en faire son profit*, ne constitue point la dévastation, mais le vol ou le maraudage. — V. MARAUDAGE, VOL.

11. — Il a été jugé que le fait d'avoir coupé sur pied des tiges de millet et de les avoir enlevées pourrait, suivant la gravité du dommage causé à la récolte et l'intention du prévenu, constituer le délit de dévastation de récoltes prévu par l'art. 444, C. pén. — *Cass.*, 13 janv. 1815, Roderies. — Il importe néanmoins de remarquer que l'art. 444, C. pén., suppose un acte de méchanceté ou de vengeance, et non l'intention de s'approprier.

12. — On a agité la question de savoir si le fait d'avoir méchamment répandu une grande quantité d'ivraie dans le champ d'autrui préparé pour être ensemencé constitue la dévastation de récoltes. — MM. Chauveau et Hélie (t. 8, p. 127) résolvent cette question négativement, attendu : 1° que le délit de dévastation de récoltes suppose nécessairement une récolte existant au moment de la dévastation, circonstance qui manque lorsque le champ est simplement préparé pour l'ensemencement ou même ensemencé, si les productions n'apparaissent pas à la surface; 2° que celui qui sème de l'ivraie nuit bien à la récolte pour l'avenir, mais ne la saccage pas, et que même il peut se faire qu'il n'existe aucun dommage réel.

13. — Le fait prévu par l'art. 444 est un délit : ce qui suppose nécessairement l'intention de nuire; d'où il résulte, comme le font observer avec beaucoup de raison MM. Chauveau et Hélie (*loc. cit.*), que, si la dévastation a été le résultat d'un accident, par exemple, si l'agent l'a causé sans méchanceté, et en laissant, par négligence, ses bestiaux ou ses voitures sur un champ couvert de récoltes, il n'est passible que d'une peine de police. — C. pén., art. 471, nos 13 et 14, et 475, n° 10. — V. ANIMAUX, PASSAGE SUR LE TERRAIN D'AUTRUI.

14. — La dévastation n'est atteinte par l'art. 444 que si elle a porté sur des *récoltes sur pied ou des plants venus naturellement ou faits de main d'homme*, en champ ouvert ou dans les pépinières, mais non s'il s'agit de plants excrus dans les bois et forêts. — *Cass.*, 9 mai 1812, Thuandet; 22 fév. 1821, Espinasse c. Rigault; — Carnot, t. 2, p. 480, n° 3; Chauveau et Hélie, *loc. cit.*

15. — Le fait de dévaster des récoltes *abattues* ne rentrerait point dans les termes de l'art. 444 C. pén.; mais il pourrait, suivant les circonstances, constituer soit la contravention prévue par le n° 1er de l'art. 479, C. pén. (V. DESTRUCTION, DÉGRADATION ET DOMMAGE), soit le crime prévu par les art. 440 et suiv. (V. PILLAGE ET DÉGÂT DE DENRÉES ET MARCHANDISES).

16. — *Coupes et mutilations d'arbres et de greffes.* — L'art. 43 du titre 2 de la loi du 28 sept.-6 oct. 1791 punissait quiconque aurait coupé ou détérioré les arbres plantés sur les routes d'une amende triple de la valeur des arbres, et d'une détention qui ne pouvait excéder six mois.

17. — Le Code pénal, se montrant plus sévère, dispose, dans son article 445, que « quiconque aura abattu un ou plusieurs arbres *qu'il savait appartenir à autrui*, sera puni d'un emprisonnement qui ne sera pas au-dessous de six jours ni au dessus de six mois, à raison de chaque arbre, sans que la totalité puisse excéder cinq ans. »

18. — Lors de la discussion de cet article au conseil d'état, M. Pasquier fit remarquer l'extrême latitude accordée au juge qui peut étendre la peine de six jours, lorsqu'il n'y a qu'un arbre, à cinq ans lorsque ce nombre s'élève à dix. — Berlier répondit que la gradation, à raison du nombre, est, dans le cas de cet article, parfaitement conforme à la justice; qu'il peut être en effet douteux que celui qui a coupé ou rompu un jeune plant, l'ait fait dans des vues autres que de se procurer un sot amusement, mais qu'il est toujours certain, au contraire, que celui qui en a coupé ou rompu plusieurs, l'a fait *malo animo*. — V. procès-verbal du cons. d'état, séance du 27 déc. 1808.

19. — L'art. 445 exige, pour l'existence matérielle du délit, que les arbres aient *été abattus*; s'il y avait eu simple mutilation des arbres ou des greffes, il faudrait recourir aux art. 446 et suiv., lesquels disposent :

20. — ... 1° L'art. 446 : « que les peines portées en l'art. 445 seront les mêmes à raison de chaque arbre mutilé, coupé ou *écorcé de manière à le faire périr*. »

21. — ... 2° L'art. 447 : « que, s'il y a eu destruction d'une ou plusieurs greffes, l'emprisonnement sera de six jours à deux mois, à raison de chaque greffe, sans que la totalité puisse excéder deux ans. »

22. — Des prescriptions semblables à celles des art. 446 et 447 se trouvaient dans l'art. 14 du tit. 2 de la loi du 28 sept.-6 oct. 1791, lequel était ainsi conçu : « Ceux qui détruiront les greffes des arbres fruitiers ou autres, et ceux qui écorceront ou couperont, en tout ou en partie, les arbres sur pied qui ne leur appartiendront pas, seront condamnés à une amende double du dédommagement dû aux propriétaires, et à une détention de police correctionnelle, qui ne pourra excéder six mois. »

23. — Il est à remarquer que le fait de mutiler ne constituerait aucun délit, s'il n'était pas de nature *à faire périr l'arbre*. Aussi a-t-il été jugé que l'écorchure d'un arbre par l'essieu d'une voiture n'est passible d'une peine qu'autant qu'elle serait de nature à faire périr l'arbre. — *Cass.*, 29 fév. 1828, Mouton; — Carnot, sur l'art. 446, n° 3.

24. — ... A moins toutefois que, sans faire périr l'arbre, la mutilation n'ait détruit une greffe, cas auquel elle tombe sous l'application de l'art. 447. — Chauveau et Hélie, t. 8, p. 130.

25. — Il est incontestable que, dans le cas des art. 446 et 447, comme dans celui de l'art. 445, la mutilation ou la destruction de greffes n'est punissable que lorsqu'elle a été faite avec intention, dans le dessein de nuire, et sur des arbres que l'agent savait appartenir à autrui. — La combinaison des articles du Code conduit à cette conséquence, bien que l'art. 447, en ce qui concerne la greffe, ne mentionne pas spécialement la nécessité de cette circonstance.

26. — Ainsi, celui qui aurait abattu, mutilé, écorcé ou coupé ses propres arbres ou détruit ses greffes ne serait pas punissable.

27. — La connaissance acquise par l'agent que les arbres appartenaient à autrui est caractéristique du délit. — C'est donc à tort que la cour de Cassation a jugé que cette circonstance ne devait pas être explicitement constatée par le jugement. — *Cass.*, 6 mai 1826, Bourgeois. — Sans doute les termes de l'art. 445 ne sont pas sacramentels, mais, selon nous, un jugement de condamnation ne doit jamais laisser d'incertitude sur une circonstance tellement importante, qu'elle imprime au fait le caractère criminel sans lequel il n'y a pas délit. — V., en ce sens, Carnot, *C. pén.*, sur l'art. 445, note addit.; Chauveau et Hélie, t. 8, p. 131.

28. — De ce que la destruction ou la mutilation involontaire ou sans intention de nuire n'est pas un délit, on a conclu que le fermier qui, en faisant au pied de différens arbres les labours dont il était tenu, a coupé ou endommagé des racines, n'est pas passible des peines applicables aux auteurs du délit de destruction et de mutilation d'arbres, alors d'ailleurs qu'il ne se joint à ce fait aucune circonstance de nature à le faire dégénérer en délit. — Les pertes occasionnées par la culture ne peuvent donc donner lieu qu'à une action civile en dommages-intérêts. — *Cass.*, 18 flor. an X, Guesnier c. Lesage.

29. — Mais il ne faudrait pas tirer de cet arrêt la conséquence que le fermier se trouve, à raison de sa qualité, en dehors de l'art. 445. — Il a au contraire été jugé que celui (le fermier) qui, sans y être autorisé par le bail, abat des arbres contre le gré du propriétaire sur le fonds affermé, tombe sous l'application de l'art. 445 comme tout autre individu. — *Metz*, 1er mai 1819, Maurice.

30. — Jugé de même que le fermier qui mutile des arbres qu'il savait appartenir au maître de la ferme, est passible des peines portées aux art. 445 et 446, encore bien que son bail lui ait attribué le droit d'élagage. — *Cass.*, 13 juin 1818, Se ves c. Seigle.

31. — Sauf, bien entendu, la question résultant de l'interprétation du bail, laquelle constitue une question préjudicielle. — Même arrêt. — V. QUESTION PRÉJUDICIELLE.

32. — ... Et à la condition que l'abattage par le fermier aura eu lieu dans l'unique but de détruire et de dégrader, cas unique auquel s'applique l'art. 445. — Autrement, et si l'abattage avait eu lieu dans un but d'appropriation et qu'il eût été suivi d'enlèvement, il constituerait le délit de maraudage accompagné de la circonstance aggravante prévue

par le § 5 de l'art. 388 du C. pén. — *Cass.*, 11 oct. 1845 (t. 1er 1846, p. 215), Pinel c. Berrabé.— V. MARAUDAGE.

33.—Suivant Carnot (sur l'art. 445, nº 4), le prévenu ne pourrait être poursuivi que civilement s'il était possesseur depuis un an et pour des arbres coupés quand même un jugement rendu au pétitoire aurait déclaré qu'il n'en est pas le vrai propriétaire.

34. — La circonstance que le terrain sur lequel les arbres ont été mutilés ou coupés était clos, ne change pas la nature du délit. —Seulement les juges peuvent, suivant la gravité des cas, admettre le maximum de la peine.—Carnot, sur l'art. 445, nº 5.

35. — On a soutenu que la loi se servant du mot *arbres* on doit en conclure que la destruction ou mutilation *des arbustes* ne tombe pas sous l'application des art. 445 et suiv., quelle que soit d'ailleurs leur valeur. — Resterait, au surplus, pour le juge à déterminer ce qui distingue l'arbuste de l'arbre, distinction assez arbitraire, mais dans laquelle il trouverait moyen de faire bonne justice.

36. — Il n'est pas douteux, au surplus, que si la destruction des arbustes avait le caractère de la dévastation, elle tomberait sous l'application de l'art. 444. — V. *suprà* nos 7 et suiv.

37. — La protection de la loi s'étend à tous les arbres plantés sur des propriétés urbaines et rurales, pourvu toutefois que ces propriétés soient autres que les bois et forêts, cas auquel les dispositions du Code forest. sont seules applicables. — *Cass.*, 9 mai 1812, Thuandel, 14 mai 1813, Forêts c. Negro; 22 fév. 1821, Espinasse c. Rigaud. — V. FORÊTS.

38. — Mais si les arbres étaient plantés sur *les places, routes, chemins, rues ou voies publiques, vicinales ou de traverse*, comme ils sont plus spécialement placés sous la garantie de la foi publique, le législateur a cru devoir augmenter pour ce cas spécial le *minimum* des peines déterminées plus haut et disposer que ce minimum sera de vingt jours dans les cas prévus par les art. 445 et 446, et de dix jours dans le cas prévu par l'art. 447.

39. — Toutefois MM. Chauveau et Hélie ((t. 8, p. 136) pensent que cette disposition exceptionnelle ne met nul obstacle à ce que l'art. 463, C. pén. sur les circonstances atténuantes reçoive, s'il y a lieu, son application. — V. CIRCONSTANCES ATTÉNUANTES, nº 170.

40. — La pénalité dont il s'agit dans l'art. 448 ne serait point encourue si l'arbre était planté sur un chemin de *desserte* ou tout autre chemin de propriété privée.

41. — Les art. 445 et 446 ne sont point applicables au cas où la loi a restreint même entre les mains des propriétaires, par exemple, des riverains des grandes routes, le droit de disposer des arbres qui leur appartient.— A leur égard les dispositions de la loi du 9 vent. an XIII, art. 3 et décr. du 16 déc. 1811, art. 99, sont seuls applicables. — V. ROUTES.

42. —Quant aux destructions d'arbres existant sur les chemins vicinaux faites par les propriétaires après la déclaration de vicinalité, V. CHEMINS VICINAUX, nos 792 et suiv.

43. —Il a été jugé que les règles de prescription établies par le C. d'inst. crim. étant seules applicables à tous les crimes, délits et contraventions prévus par le C. pén., depuis ce Code, le fait d'avoir abattu sur des propriétés particulières un ou plusieurs arbres que le prévenu savait appartenir à autrui a été soumis à la prescription établie par l'art. 638, C. inst. crim., et non à celle d'un mois déterminée antérieurement par le Code rural. — *Cass.*, 23 oct. 1812, N... — V., au surplus, PRESCRIPTION CRIMINELLE.

44. — *Coupe de grains et de fourrages appartenant à autrui.* — « Quiconque aura coupé des grains ou des fourrages *qu'il savait appartenir à autrui* sera puni d'un emprisonnement qui ne sera pas au-dessous de six jours ni au-dessus de deux mois. » — C. inst. crim., art. 449.

45. — Ce délit se distingue de celui de dévastation prévu par l'art. 444, en ce que l'agent se borne à couper les récoltes, mais sans les détruire.

46. — MM. Chauveau et Hélie (t. 8, p. 138) disent que le délit prévu par cet article consiste dans le fait de *moissonner* ou *faucher* des grains ou fourrages; et qu'ainsi la coupe de quelques herbes et de quelques épis ne suffirait pas pour le constituer; qu'il faut la coupe *d'une partie de récoltes*, ainsi que l'indiquent les mots *grains* et *fourrages*.

47. — Il a été jugé que l'art. 449, C. pén., n'est applicable qu'au cas où c'est *par un esprit de malveillance* et *dans le seul but de détruire et de dégrader* qu'on coupe des grains et des fourrages qu'on savait appartenir à autrui.—*Cass.*, 13 nov. 1834, François, dit Francis.

48. — Si, au contraire, indépendamment de la coupe, il y avait appropriation, le fait pourrait, suivant les circonstances, constituer soit un vol de récoltes, soit le maraudage.—V. VOL, MARAUDAGE.

49. — Carnot (sur l'art. 449, nº 4) dit, avec raison, que les préparatifs et la tentative de la coupe ne suffiraient pas pour donner lieu à l'application de la peine. En effet, la loi exige le fait accompli. —V. TENTATIVE.

50. — Et il ajoute qu'il en est de même si la coupe n'a été que le résutat d'une erreur sur la limite des héritages ou s'il y a de la part de l'agent possession d'an et jour. — Il s'agit, en effet, d'un délit, ce qui suppose une intention malveillante; — et, d'un autre côté, quand il s'agit d'actes pareils la possession légale suppose le droit.

51. — L'usurpation d'une partie de terre ne pourrait constituer le délit de destruction de grains ou fourrages qu'autant que le prévenu aurait en effet et en même temps coupé une certaine partie de ces productions. —*Cass.*, 1er mai 1828, Messier.

52. — Le délit prévu par l'art. 449 acquiert de la gravité lorsque les grains sont coupés en vert (V. BLÉS EN VERT); dans ce cas, en effet, il y a une perte publique ajoutée à un dommage privé (Chauveau et Hélie, t. 8, p. 138 et suiv.). Aussi, l'art. 450 punit-il, dans ce cas, le délinquant d'un emprisonnement de 20 jours au moins et de 4 mois au plus. V. DÉLIT RURAL.

DESTRUCTION D'ÉDIFICES ET CONSTRUCTIONS.

Table alphabétique.

1. — Il n'est question ici que de l'incrimination prévue par l'art. 437, C. pén. — Quant à la destruction par incendie des édifices et autres objets indiqués par l'art. 434, et à la destruction et dégradation des monumens et objets destinés à l'utilité et à l'ornement publics, V. DÉGRADATION DE MONUMENS ET OBJETS D'UTILITÉ OU D'ORNEMENT PUBLICS, INCENDIE.

2. — Le Code de 1791, tit. 2, sect. 2e, art. 35, portait que « quiconque serait convaincu d'avoir volontairement, par malice ou vengeance, et à dessein de nuire à autrui, détruit ou renversé, par quelque moyen violent que ce soit, des bâtimens, maisons, édifices quelconques, digues et chaussées qui retiennent les eaux, serait puni de six années de fers, sans préjudice de la peine prononcée contre l'assassinat, si quelque personne perdait la vie par l'effet dudit crime. »

3. — L'art. 437 du Code pén. de 1810 a modifié cette incrimination dans plusieurs points importans; il est ainsi conçu : « Quiconque aura volontairement détruit ou renversé, par quelque moyen que ce soit, en tout ou en partie, des édifices, des ponts, digues ou chaussées, ou autres constructions qu'il savait appartenir à autrui, sera puni de la réclusion, et d'une amende qui ne pourra excéder le quart des restitutions et indemnités, ni être au-dessous de cent francs. S'il y a eu homicide ou blessures, le coupable sera, dans le premier cas, puni de mort, et dans le second, puni de la peine des travaux forcés à temps. »

4. — Ainsi qu'il résulte de cet article, le fait qu'il prévoit est mis au nombre *des crimes*; mais le crime n'existe que par le concours de plusieurs circonstances; il faut : — 1° qu'il y ait *destruction ou renversement* de tout ou partie d'une chose immobilière; — 2° que cette chose soit un édifice, un pont, une digue, une chaussée ou une autre construction; — 3° que la destruction ou le renversement aient été volontaires; — 4° que la chose détruite appartienne à autrui et que l'agent ait eu connaissance de cette circonstance.

5. — La loi se sert des mots *destruction* ou *renversement*, ce qui comprend tous les moyens, quels qu'ils soient, par lesquels ce résultat peut être atteint. — En cela elle a innové à la loi de 1791, qui voulait que le moyen de destruction eût été *violent*. Cependant il est vrai de dire avec MM. Chauveau et Hélie (t. 8, p. 92), que l'action prévue par l'art. 437 suppose nécessairement la violence.

6. — De ce que l'art. 437 punit la destruction opérée par *quelque moyen que ce soit*, la cour de Cassation a conclu que le fait d'avoir volontairement mis le feu à la couverture *en chaume* d'un mur appartenant à autrui, ne pouvant pas tomber sous l'application de l'art. 434, qui ne réprime l'incendie qu'autant qu'il atteint les édifices proprement dits ou autres lieux servant ou pouvant servir à l'habitation des hommes ou d'abri aux troupeaux ou marchandises (V. INCENDIE), rentrait nécessairement dans les termes de l'art. 437, qui punit la destruction de toutes constructions immobilières. — *Cass.*, 20 sept. 1839 (t. 1er 1840, p. 47), Leconte.

7. — Les mots *destruction* et *renversement* entraînent l'idée d'une *démolition et d'une ruine* : ainsi, disent MM. Chauveau et Hélie (p. 91), il faut que la construction ait été abattue, la digue percée, l'édifice jeté à bas. — En effet, les peines prononcées par l'art. 437 prouvent que la législation n'a eu en vue que des attentats très graves contre la propriété.

8. — Une simple dégradation ne suffirait donc pas, car il faut remarquer que l'art. 437 ne reproduit pas les mots *dégradation* et *mutilation* dont se sert l'art. 257. — V. DÉGRADATION DE MONUMENS ET OBJETS D'UTILITÉ OU D'ORNEMENT PUBLICS. — Il est vrai que la loi incrimine la destruction *partielle* aussi bien que la destruction *totale*, mais la destruction même partielle n'en est pas moins une destruction et non une simple dégradation.

9. — Aussi a-t-il été jugé avec raison que celui qui casse les vitres d'une maison qu'il sait appartenir à autrui ne se rend pas coupable du crime de destruction partielle de cette maison prévu par l'art. 437. — *Bruxelles*, 19 sept. 1814, Alliet.

10. — Les termes dont s'est servi l'art. 437 et la discussion qui a eu lieu sur cet article indiquent que la loi a spécialement en vue de protéger les propriétés immobilières; aussi, malgré la généralité apparente du mot *constructions*, si ces constructions ne constituaient pas des immeubles, l'art. 437 ne serait pas applicable. — Chauveau et Hélie, p. 93.

11. — Ce mot s'applique du reste à tous les ouvrages immobiliers faits de main d'homme dans un but d'utilité publique ou privée; à l'exception, toutefois, de ceux qui sont l'objet d'une disposition particulière de la part du législateur, tels que les clôtures. — V. DESTRUCTION DE CLÔTURES ET DÉPLACEMENT DE BORNES.

12. —Quant aux parcs et cabanes des gardiens, on sait que la loi les protége également d'une manière spéciale (V. DESTRUCTION D'INSTRUMENS D'AGRICULTURE PARCS ET CABANES); mais il semble naturel de penser que si, au lieu d'être mobiles, comme cela est d'ordinaire, ils étaient fixés à perpétuelle demeure et formaient des constructions immobilières, leur destruction tomberait sous l'application de l'art. 437.

13. — MM. Chauveau et Hélie (p. 93) disent qu'il importe peu que les constructions fussent achevées ou seulement commencées. — Cette interprétation est rigoureuse; il nous semble qu'au moins, à raison de la gravité expresse de la peine prononcée par l'art. 437, les juges ne devraient l'admettre qu'avec une extrême réserve.

14. — Et il a été jugé avec beaucoup de raison que le fait de renverser quelques pierres d'un mur en construction et qui n'était encore élevé que d'une assise au-dessus de ses fondemens ne constitue pas le crime prévu par l'art. 437, C. pén. — *Bordeaux*, 14 mai 1841 (t. 1er 1842, p. 444), Meynard-Chausse.

15. — Pour que la destruction des constructions soit punissable, il faut qu'elles *appartiennent à autrui*. — Chacun a, en effet, le droit de disposer comme il lui plaît de sa propriété, sauf l'action civile des tiers qui en souffriraient. Il n'y a d'exception qu'en matière d'incendie.—V. INCENDIE.

16. — L'usufruitier, l'usager, l'emphytéote qui auraient détruit ou dégradé un édifice sur lequel serait assis leur droit d'usufruit, d'usage ou d'emphytéose pourraient être déclarés coupables du crime prévu par l'art. 437, bien qu'à vrai dire il doive être rare de voir dans la perpétration de ce fait, une intention criminelle et une volonté de nuire très prononcées, puisqu'en nuisant au propriétaire l'agent se causerait en même temps préjudice à lui-même.

17.—Quant au débiteur qui, après avoir hypothéqué son immeuble, viendrait à le détruire, l'art. 437 ne lui serait pas applicable, puisqu'on ne pourrait pas dire qu'il a détruit ce qui appartenait à autrui.

18. — Un autre caractère exigé par l'art. 437 est que l'agent ait su que les constructions appartenaient à autrui et que, malgré cette connaissance, il n'en ait pas moins agi *volontairement*.

19. — Et la cour de Cassation a décidé que tout individu qui détruit volontairement en tout ou en partie un édifice ou une autre construction qu'il savait appartenir à autrui, commet par cela même le crime prévu par l'art. 437, C. pén., *sans qu'il soit besoin de rechercher s'il a été poussé par la méchanceté, la haine ou la vengeance.* — *Cass.*, 23 déc. 1813, Benjamin Secoude.

20. — Carnot, au contraire (sur l'art. 437, C. pén., t. 2, p. 462, nº 2) dit que c'est là un point de moralité qui doit être soumis au jury, en ce que peu de jurés, sans doute, voudraient déclarer coupable l'accusé, lorsqu'il leur serait bien démontré qu'il n'aurait pas agi par méchanceté, haine ou vengeance; « il ne peut en effet, ajoute-t-il, y avoir crime que lorsqu'on agit à mauvais dessein, dans une mauvaise intention; et, pour ne pas sortir de l'espèce, la destruction, le renversement, auraient pu avoir été faits dans l'intérêt même du propriétaire. D'autres circonstances pourraient également avoir ôté à l'action son caractère de criminalité. »

21. — Cette opinion de Carnot ne saurait être admise dans ce qu'elle a d'absolu. — La loi du 25 sept.-6 oct. 1791 (part. 2e, tit. 2e, sect. 2e, art. 35) punissait quiconque était convaincu d'avoir volontairement, *par malice ou vengeance, et à dessein de nuire à autrui*, renversé ou détruit des bâtimens, édifices quelconques, etc. — Les rédacteurs du C. pén. de 1810 ont complétement mis à l'écart la condition que le coupable eût été poussé par la malice, la vengeance ou le dessein de nuire, et ils y ont substitué la connaissance que l'édifice appartenait à autrui. Ce changement de rédaction est significatif; il prouve d'une manière évidente que toute la criminalité du délit consiste aujourd'hui dans la réunion des deux seules circonstances de la volonté et de la connaissance que l'édifice appartenait à autrui. Ne serait-ce pas aller directement contre l'intention manifeste du législateur que de faire revivre les dispositions de la loi de 1791 qu'il a lui-même supprimées? Il faut, sans doute, comme le dit Carnot, que l'auteur du fait ait agi dans un mauvais dessein, et c'est pour cela que l'on demande au jury s'il est *coupable*; mais il n'est point nécessaire que ce mauvais dessein prenne sa source dans la méchanceté, la haine ou la vengeance. Ainsi, celui qui détruit l'édifice de son voisin parce que cet édifice le gêne ou masque sa vue commet le délit prévu par l'art. 437, C. pén., quoiqu'il n'ait conçu contre son voisin aucun sentiment qu'on ne puisse avouer, et qu'il n'agisse que dans un intérêt personnel. Seulement, il faut dire, avec MM. Chauveau et Hélie (p. 95), que, comme la *volonté* ne suppose pas toujours la pensée de nuire, en ce que l'agent peut ne pas apercevoir les conséquences de son action, il ne doit être déclaré coupable que s'il a voulu porter préjudice par cette action.

22. — Et comme la loi exige formellement que l'agent ait agi volontairement et avec connaissance que l'édifice appartenait à autrui, il en résulte que ces deux circonstances, quoique constituant en elles-mêmes la criminalité, doivent néanmoins être constatées en dehors de cette criminalité. — Chauveau et Hélie, t. 8, p. 95 et 96.

23. — Aussi, la cour de Cassation a-t-elle jugé que la déclaration du jury « Oui l'accusé est *coupable* d'avoir détruit ou renversé en tout ou partie une maison qu'il savait appartenir à autrui » ne peut servir de base légale à l'application de l'art. 437, C. pén., le mot *coupable* n'impliquant pas à lui seul l'existence de la volonté, élément du crime prévu par ledit article. — *Cass.*, 19 janv. 1838 (t. 2 1846), Maurel.

24. — La cour avait déjà jugé que, pour que la destruction des édifices, ponts, etc., que l'accusé savait appartenir à autrui, constitue le crime prévu par l'art. 437, C. pén., il faut qu'elle ait été *volontaire*; qu'en conséquence le jury doit être interrogé et s'expliquer sur cette volonté. — *Cass.*, 27 oct. 1815, Heiligenstein.

25. — Il a été jugé par la cour de Cassation que, de ce que, d'après la coutume de Normandie, le mari avait le droit de disposer des héritages de sa femme, sauf récompense, il ne résultait pas qu'il fût le maître *de les dégrader méchamment*, et qu'en admettant que la qualité de mari pût le mettre à l'abri des poursuites criminelles, elle ne suffisait pas pour écarter l'idée d'un délit; que, dès-lors, les complices n'en devaient pas moins être poursuivis criminellement si le fait le requérait. — *Cass.*, 26 pluv. an XIII, Leroi c. d'Haucourt.

26. — La question, restreinte dans les termes où la cour a eu à la juger, ne pouvait pas se présenter sous le Code pénal, puisque, ainsi que nous l'avons dit, la simple dégradation de l'héritage d'autrui ne rentre pas dans les termes de l'art. 437; mais on peut se demander si la *destruction* totale ou partielle par un mari des immeubles de sa femme et même par une femme des immeubles de son mari tomberait sous l'application de l'art. 437?

27. — Or d'une part, on peut invoquer l'intimité qui doit exister entre époux, la crainte de répandre, par la condamnation de l'époux, la consternation parmi les membres de la famille, et de créer une source éternelle de divisions et de haines, enfin, les motifs qui ont fait déclarer non punissables les soustractions commises par un époux au préjudice de l'autre. — V. discours de l'orateur du gouvernement sur l'art. 380, C. pén. — On peut même, s'il s'agit du mari, faire valoir les droits plus ou moins étendus que sa qualité lui donne sur les immeubles de sa femme.

28. — D'autre part, au contraire, on peut dire qu'il ne s'agit pas ici d'une simple affaire d'intérêt, mais d'un acte de méchanceté qui prend, vis-à-vis de la femme, un caractère personnel; qu'il en est de ce délit comme de celui de coups et blessures (art. 311 et 309, C. pén.); que, notamment dans le cas de destruction d'édifices accompagné de blessures (V. *infrà* nos 30 et suiv.), la poursuite de ce dernier fait présentant les mêmes inconvéniens que celle du premier, il n'existerait aucun motif de scinder le délit prévu au deuxième paragraphe de l'art. 437; que, s'il y a lieu à poursuite dans ce cas, il doit également y avoir lieu à poursuite en général; qu'enfin, l'exception contenue en l'art. 380, C. pén., n'ayant été établie qu'en matière de vol, on ne saurait l'étendre à une destruction d'édifices, qui est un délit d'une nature différente.

29. — C'est à ce dernier système qu'il nous paraît logique de s'arrêter; à la condition, toutefois, qu'en pareille circonstance plus qu'en toute autre, les magistrats discerneront avec soin l'intention réellement criminelle de ce qui ne serait qu'un fait d'imprudence, de légèreté ou d'abus de pouvoir par ignorance.

30. — Le deuxième paragraphe de l'art. 437 porte que « s'il y a eu homicide ou blessures, le coupable sera, dans le premier cas, puni de mort, et dans le second, puni de la peine des travaux forcés à temps. »

31. — Cette disposition présente à résoudre une question qui n'est pas sans difficulté: on peut se demander s'il est nécessaire, pour l'application de la peine si grave qu'elle prononce, que l'homicide ou les blessures aient été volontaires, en ce sens que l'agent ait pratiqué la destruction en vue de ce résultat; ou si, au contraire, il suffit que la destruction ait causé cet homicide ou ces blessures, même sans intention formelle et directe de la part de l'agent.

32. — Suivant Carnot (sur l'art. 437, C. pén., nº 8), il faut, dans tous les cas, que l'homicide ou les blessures aient été *volontaires* dans le sens de l'art. 295, C. pén. Cette opinion est-elle conforme à la loi? ne peut on pas dire, au contraire, que, si le législateur avait jugé nécessaire pour l'application de l'art. 437, § 2, la volonté directe de donner la mort ou de causer les blessures, il était inutile de prévoir spécialement le cas de blessures ou d'homicide, puisque l'homicide et les blessures volontaires sont punies quel que soit le moyen employé par l'agent pour parvenir à son but? Ce que le législateur a voulu, disent MM. Chauveau et Hélie (p. 97), c'est que l'agent qui se rend coupable d'un crime fût responsable de ce crime qu'il a dû prévoir lors de sa perpétration: si l'auteur de la destruction n'a pas voulu l'homicide ou les blessures, il a voulu du moins le fait criminel qui les a causés, il n'a pas été arrêté par la prévoyance que ce fait pouvait les causer. C'est cette combinaison d'un fait criminel et d'un homicide occasionné, en quelque sorte, volontairement par ce fait, qui constitue la criminalité de l'agent. — Au surplus, l'art. 434 ne fait que reproduire la disposition de l'art. 434 pour le cas de blessures ou de mort produits par incendie. — V. à cet égard INCENDIE. — V. aussi HOMICIDE.

DESTRUCTION D'INSTRUMENS D'AGRICULTURE, PARCS ET CABANES.

1. — Le Code rural de 1791 incriminait la rupture ou destruction d'instrumens d'agriculture, commise *dans les champs.*

2. — Le Code pénal l'incrimine aussi, mais abstraction faite de la circonstance que le fait a eu lieu *dans les champs.* Il prévoit également la destruction *des parcs de bestiaux* et *des cabanes de gardiens.*

3. — L'art. 451 dispose, à cet égard, ainsi qu'il suit: « Toute rupture, toute destruction d'instrumens d'agriculture, de parcs de bestiaux, de cabanes de gardiens, sera punie d'un emprisonnement d'un mois au moins, d'un an au plus. »

4. — Le délit prévu par cet article n'existe pas indépendamment d'intention criminelle. — Et cette intention, de même que dans les divers cas de dévastation ou de destruction prévus par le Code pénal, ne peut être que la méchanceté, la vengeance, l'intention de nuire.

5. — En effet, si la rupture avait été faite pour favoriser le vol des instrumens, les peines du vol seraient seules applicables. — Art. 388, § 3. — V. VOL.

6. — L'art. 451 n'a entendu parler que *des parcs* et *cabanes meubles.*

7. — S'ils étaient immobiliers, c'est-à-dire fixés en terre à perpétuelle demeure, le fait serait compris dans l'art. 437. — V. DESTRUCTION D'ÉDIFICES ET CONSTRUCTIONS.

8. — Les expressions *instrumens d'agriculture* doivent s'entendre selon l'usage en vigueur dans le lieu du délit.

9. — Jugé qu'il n'y a aucune violation de la loi dans la disposition par laquelle une cour décide que, dans la contrée où un vol a été commis, une brouette ne peut être considérée comme un instrument d'agriculture, quoiqu'elle puisse éventuellement servir à des usages de cette nature. — *Cass.*, 29 juill. 1813, Ceratto. — Cette décision est toujours applicable malgré les modifications introduites dans l'art. 388, C. pén., par loi de 1832. — On remarquera, du reste, que l'arrêt ne décide pas d'une manière absolue, comme le dit Carnot (*C. pén.*, sur l'art. 451, nº 6), qu'une brouette n'est pas un instrument d'agriculture. — V. encore Rauter. *Dr. crim. franç.*, t. 2, p. 211.

10. — La loi n'ayant pas défini les moyens de destruction, on peut dire que tous, même l'incendie, ont été compris dans ses termes. — Chauveau et Hélie, t. 8, p. 141.

11. — Et le délit existe (à raison de la généralité des termes de la loi) alors même que la destruction serait seulement partielle. — Mêmes auteurs, *loc. cit.*

12. — Indépendamment des peines portées par l'art. 451, l'art. 455 prononce, dans les cas ci-dessus, une amende qui ne peut excéder le quart des restitutions et dommages-intérêts, ni être au-dessous de 16 fr.

V. CABANES DE GARDIEN.

DESTRUCTION DE TITRES ET ACTES.

Table alphabétique.

1. — La loi du 25 sept.-6 oct. 1791 qualifiait crime et punissait comme tel le fait d'avoir « volontairement, par malice ou vengeance, et à dessein de nuire à autrui, détruit ou brûlé d'une manière quelconque des titres de propriétés, billets, lettres de change, quittances, écrits ou actes opérant obligation ou décharge, » la peine était celle de quatre années de fers.

2. — L'art. 439, C. pén., qui punit la *destruction de titres*, a distingué entre la destruction des actes publics ou de commerce et celle des autres actes

ou pièces. Il maintient pour le premier cas la qualification criminelle; dans le second, au contraire, le fait de destruction rentre dans la classe des délits correctionnels.

3. — Cet article est ainsi conçu : « Quiconque aura volontairement *brûlé* ou *détruit d'une manière quelconque* des registres, minutes ou actes originaux de l'autorité publique, des titres, billets, lettres de change, effets de commerce ou de banque, contenant ou opérant obligation, disposition ou décharge, sera puni ainsi qu'il suit : si les pièces détruites sont des actes de l'autorité publique ou des effets de commerce ou de banque, la peine sera la réclusion; s'il s'agit de toute autre pièce, le coupable sera puni d'un emprisonnement de deux à cinq ans, et d'une amende de 100 à 300 francs. »

4. — L'art. 439 sous-entend évidemment que la pièce brûlée appartiendra à autrui; car on peut impunément user et abuser de son titre, et se priver par ce moyen d'en poursuivre l'exécution. — Carnot, sur l'art. 449, C. pén., n° 13.

5. — L'infraction que prévoit cet article a beaucoup d'analogie avec plusieurs autres infractions qu'il faut cependant bien se garder de confondre avec elle. — « Ainsi, disent MM. Chauveau et Hélie (t. 8, p. 144), l'art. 173 punit les fonctionnaires publics qui ont détruit ou supprimé les actes et titres dont ils sont dépositaires; l'art. 439 punit la même destruction, mais commise par toute personne et sans que le dépôt de la pièce soit une condition du délit; l'art. 255 punit la destruction des productions criminelles, pièces, actes, registres et papiers contenus dans les archives, greffes et dépôts publics; l'art. 439 prévoit également la destruction des registres et actes de l'autorité publique, mais hors des greffes et dépôts publics; l'art. 400 s'applique à l'extorsion par violence des actes, titres ou pièces quelconques, opérant obligation ou décharge; l'art. 439 ne s'étend pas aux violences qui ont placé le titre entre les mains de l'agent, il ne s'applique pas aux moyens, quels qu'ils soient, qui le lui ont procuré; enfin les art. 405 et 408 prévoient soit les manœuvres frauduleuses à l'aide desquelles une personne obtient la remise d'un titre, soit le détournement qu'elle fait d'un titre qui lui aurait été confié. L'art. 439 s'éloigne encore de ces deux hypothèses; il ne punit ni la remise frauduleuse, ni le détournement du titre, il ne punit que sa destruction. » — V. ABUS DE CONFIANCE, DÉPOT PUBLIC, DÉPOSITAIRES PUBLICS, EXTORSION DE TITRES.

6. — De même aussi l'art. 409 prévoit le cas de soustraction de pièces, titres ou mémoires produits dans une contestation judiciaire; au contraire l'existence d'une pareille contestation et telle production est indifférente pour le délit puni par l'art. 439. — V. ABUS DE CONFIANCE PAR SOUSTRACTION DE TITRES, MÉMOIRES, etc.

7. — Ainsi l'art. 439 concerne spécialement et exclusivement la destruction opérée *d'une manière quelconque*, même par l'incendie, et *par toute personne autre que le dépositaire public*, *dans tous lieux autres que les dépôts publics*, des titres et actes qui s'y trouvent énumérés. — Chauveau et Hélie, *loc. cit.*

8. — Le fait, par un débiteur, d'avoir arraché par force des mains de son créancier le billet de commerce qu'il lui a souscrit et de l'avoir lacéré, constitue le crime de suppression de titre et non un simple délit d'escroquerie. — *Cass.*, 6 germ. an X, Dutrochi.

9. — Le mot *destruction* ne s'entend pas seulement de la destruction purement matérielle, qui anéantit le titre et le fait disparaître, mais de toute action qui met un titre dans un état tel qu'il ne puisse plus conserver les effets qu'il était destiné à produire. — Chauveau et Hélie, *loc. cit.*

10. — C'est ce que la cour de Cassation a expressément reconnu dans les motifs d'un arrêt qui juge par application de ce principe que le fait d'avoir laséré de mauvaise foi un billet à ordre, au moment où le porteur le présentait pour en recevoir le paiement, *et d'en avoir avalé une partie*, *constitue* le délit prévu par l'art. 439, quoique (bien que le billet ne fût plus titre entre les mains du créancier) les fragmens restans aient suffi pour en obtenir le paiment. — *Cass.*, 3 nov. 182*, Renaut; — Carnot, *C. pén.*, sur l'art. 439, n° 1er.

11. — Cependant, sous l'empire de la loi de 1791, la même cour avait jugé que celui qui *bâtonne les acceptations dont sont revêtues des lettres de change* à lui confiées, dans le dessein de s'en faire des titres de décharge et libération, commet le délit d'abus de confiance et non celui de suppression de titre, puisque les lettres sont restées matériellement existantes. — *Cass.*, 7 therm. an XIII, Bossel c. Michel.

12. — Mais le motif sur lequel repose cette décision est erroné. En effet, bâtonner une lettre de change, c'est évidemment la détruire d'*une manière quelconque* (art. 439), puisqu'elle cesse au même instant d'exister; et ce n'est pas la détourner ni la dissiper, puisque le prévenu qui la restitue bâtonnée ne garde rien pardevers lui, et commet seulement sur la pièce un acte aussi coupable que s'il l'avait déchirée.

13. — Au surplus, les juges ne sont pas tenus de déclarer le mode de destruction de l'acte supprimé; le vœu de la loi est suffisamment rempli, lorsqu'ils ont constaté la destruction d'une manière quelconque. — *Cass.*, 23 déc. 1825, Vicaire c. Malleudre.

14. — La destruction consiste dans un fait positif. — Ainsi, le fait par le débiteur de retenir le titre constitutif de son obligation, qui lui a été communiqué momentanément par le créancier, sous la condition d'une remise immédiate, ne constitue pas une destruction d'obligation, mais une soustraction frauduleuse de la chose d'autrui. — *Douai*, 8 avr. 1842 (t. 1er 1843, p. 742), Mullier. — V. VOL.

15. — Les actes énumérés par l'art. 439 et qui seuls donnent lieu à son application, se rangent en deux classes : la première comprend les actes de l'autorité publique, les effets de commerce ou de banque; la seconde embrasse tous les actes qui n'ont pas l'un ou l'autre de ces deux caractères.

16. — *Actes de l'autorité publique.* — La destruction des actes de l'autorité publique ne constitue un crime qu'autant qu'il s'agit de registres, minutes ou actes originaux. La perte des expéditions ou des copies certifiées ne causerait, en effet, qu'un préjudice infiniment moindre, à raison de la facilité qu'il y aurait à y suppléer. — Chauveau et Hélie, t. 8, p. 147. — La destruction de ces expéditions et copies rentrerait dans le dernier paragraphe de l'art. 439 relatif aux actes qui n'ont de caractère ni public ni commercial, et n'entraînerait qu'une peine correctionnelle.

17. — On doit considérer comme actes de l'autorité publique les registres et autres actes destinés à la perception de droits de navigation établis au profit de l'état. — *Cass.*, 29 avr. 1831, Garrigues c. Farel.

18. — Il semble aussi résulter des motifs d'un arrêt de la cour de Cassation que l'on doit ranger parmi les actes de cette nature les procès-verbaux rédigés par les gardes champêtres, pour fait de chasse. — *Cass*, 28 nov. 1833, Dieudonné.

19. — Il a été également jugé que celui qui détruit, sur des arbres mis en réserve, l'empreinte du marteau de l'état pour en substituer frauduleusement un autre, est passible des peines portées par l'art. 439 contre les destructeurs des actes originaux de l'autorité publique. — *Cass.*, 14 août 1812, Cassel; 4 mai 1822, Schwanger; — Carnot, sur l'art. 439, n° 6; Merlin (Concl. lors de l'arr. de 1812). — Toutefois MM. Chauveau et Hélie (*Th. C pén.*, t. 3, p. 240, et t. 8, p. 148) soutiennent que ce fait rentre uniquement dans l'application de l'art. 34, C. forestier.

20. — Au surplus, la question n'est pas sans difficulté, et la cour de Cassation n'a pas toujours apprécié de même le fait dont il s'agit; notamment elle a décidé que la transposition d'une marque d'un arbre sur un autre constituait le crime prévu par l'art. 141, C. pén. — *Cass.*, 4 janv. 1834, Wolf. — V. CONTREFACTION DES TIMBRES MARTEAUX ET POINÇONS DE L'ÉTAT.

21. — *Actes commerciaux.* — Il ne suffit pas qu'un acte ait un caractère commercial pour que la destruction en soit qualifiée *crime*; il faut qu'il constitue par lui-même un acte de commerce. C'est ce qui résulte de l'art. 439, C. pén. — Chauveau et Hélie, *loc. cit.*

22. — Dans une accusation de destruction de titre, il n'appartient qu'à la cour d'assises, et non au jury, de décider si le titre détruit constituait un effet de commerce. Quant au jury, il doit être appelé seulement à établir les faits matériels qui constituent l'effet détruit effet de commerce.

23. — Quant à la destruction d'un acte ayant un caractère commercial, mais qui ne rentrerait pas dans la catégorie des actes de commerce, elle tomberait sous l'application du 2e §, art. 439, et ne constituerait qu'un simple délit.

24. — *Actes privés non commerciaux.* — La destruction prévue par l'art. 439 n'est punissable qu'autant qu'il s'agit d'actes contenant ou opérant obligation, disposition ou décharge. C'est alors, en effet, seulement qu'il y a préjudice matériel; or, ce préjudice est nécessaire pour motiver une répression qui ne veut s'adresser qu'à une atteinte portée à la propriété.

25. — Le fait que l'acte détruit contenait obligation est constitutif du crime de destruction; dès lors il n'appartient qu'au jury de déclarer que l'écrit détruit contenait obligation, et l'accusation n'est pas purgée lorsqu'il n'a donné aucune réponse sur ce fait constitutif. — *Cass.*, 11 mars 1830, Rigaud.

26. — L'art. 439, par son texte même, n'est applicable qu'autant qu'il s'agit d'actes intéressant la fortune et les biens. Mais si l'acte détruit n'avait trait qu'aux intérêts moraux, à l'homme, à la considération d'un signataire ou d'un tiers et nullement à ses biens, le fait de destruction ne serait pas punissable. — Chauveau et Hélie, *loc. cit.*

27. — La destruction volontaire d'un titre entaché d'une nullité radicale, par exemple, d'une donation entre-vifs sous signatures privées, ne constituerait pas un délit. En effet, la loi doit être entendue en ce sens, qu'il faut que l'acte soit susceptible de produire quelque effet et sa destruction de causer quelque dommage, ce qui ne se rencontrerait pas dans l'hypothèse d'un acte qui n'avait qu'une existence matérielle.

28. — Ainsi, lorsqu'il est établi, par un jugement rendu au civil et passé en force de chose jugée, que les traites qu'un individu est inculpé d'avoir brûlées étaient acquittées à l'époque de leur destruction, cet individu ne peut être mis en accusation qu'autant qu'il y aurait preuve écrite, ou du moins commencement de preuve par écrit, que ces traites portaient encore obligation à l'époque où elles ont été brûlées. — *Cass.*, 12 sept. 1816, Aubin.

29. — Mais si la nullité du titre n'avait pas lieu de plein droit, si les juges avaient le pouvoir de ne pas l'accueillir, ou enfin si l'acte, quoique nul, était susceptible de produire quelque effet légal, dans ces divers cas le destructeur porterait une grave atteinte aux intérêts de la partie qui pouvait puiser dans l'acte le principe d'une action. — La volonté de nuire suffirait donc pour rendre le fait criminel.

30. — La cour de Cassation a appliqué ce principe dans une espèce où il s'agissait de la soustraction d'un testament; elle a décidé que le tribunal saisi de la plainte ne devait pas subordonner la condamnation à un jugement préalable sur la validité du testament. — Seulement elle a été trop loin en déclarant qu'il y avait contre celui qui avait détruit l'acte présomption *de droit* qu'il était valable. Présomption, soit; et cela suffisait pour que l'art. 439 fût appliqué; mais présomption *de droit*, non. Le système contraire pourrait avoir de graves conséquences sur l'action civile à laquelle il faudrait nécessairement l'appliquer. — *Cass.*, 4 oct. 1816, Fiquet c. Tomy.

31. — Jugé encore que la destruction volontaire d'un titre contenant des obligations constitue le délit prévu par l'art. 439, C. pén., sans qu'il soit besoin d'examiner, au préalable, si l'acte est entaché de nullité pour omission de forme, ou inopérant d'après une exception quelconque; — qu'ainsi, l'exception tirée de la prétendue nullité d'un acte synallagmatique sous seing-privé, pour n'avoir pas été fait double, ne constitue pas une question préjudicielle. — *Bruxelles*, 24 nov. 1821, Dugangler.

32. — Cette dernière solution est d'autant plus fondée que l'acte nul, pour n'avoir pas été fait double, vaut toujours comme commencement de preuve par écrit. On ne saurait donc accorder l'impunité au plaideur qui ravirait, par une voie de fait, cette ressource à son adversaire.

33. — L'incertitude sur la nature et le caractère de l'écrit lacéré mettrait assurément obstacle à l'application de l'art. 439, C. pén. — Mais elle ne détruirait pas toute base d'une action civile. — Ainsi, la cour de Cassation a jugé que lorsqu'un légataire universel a déchiré un écrit trouvé sur le testateur au moment de son décès, et que les héritiers naturels du défunt prétendent être un écrit contenant révocation du legs universel, il peut être condamné à des dommages-intérêts envers eux, encore bien qu'il y ait incertitude sur la nature et le caractère de l'écrit lacéré. — *Cass.*, 27 fév. 1827, Carpentier c. Pigny. — V. au surplus, ACTE NUL, TESTAMENT.

34. — L'application de l'art. 439 ne peut non plus être faite à l'auteur de la destruction d'un blanc-seing. En effet, une simple signature ne constitue pas encore une obligation; en la détruisant on n'anéantit donc aucune convention, aucun titre. — Chauveau et Hélie, t. 8, p. 152 et 153.

35. — Il a été rendu, en ce sens, une décision analogue dans une espèce où il s'agissait de l'extorsion d'une signature en blanc. La cour de Cassation a pensé que l'extorsion n'avait pas le caractère de délit parce que la signature n'avait pas été mise au bas d'un acte emportant obligation ou décharge. — *Cass.*, 7 messid. an IX, Baux. — V. EXTORSION DE TITRES.

36. — La destruction de titres n'est un crime ou un délit qu'autant qu'elle a eu lieu *volontairement*

(art. 439), c'est-à-dire avec intention de nuire. — La loi de 1791 disait : « *Volontairement, par malice ou vengeance, et à dessein de nuire à autrui.* » Sans intention, sans volonté de nuire, il n'y a qu'un fait matériel, un accident ; une imprudence qui ne tombe pas sous la répression de la loi pénale. — Chauveau et Hélie, t. 8, p. 154.

37. — La volonté étant la circonstance moralement constitutive de la criminalité du fait de destruction de titres, il en résulte qu'un accusé ne peut pas être condamné comme coupable, si la déclaration du jury n'exprime pas que le fait a été commis volontairement. — *Cass.*, 28 nov. 1833, Dieudonné.

38. — Mais cette énonciation de l'existence de la volonté peut être implicite : ainsi elle est substantiellement suppléée par la déclaration qui reconnaît deux individus coupables d'avoir détruit un acte « *de complicité*, » ce qui veut dire par le *concert de la volonté* de deux prévenus reconnus pour être auteurs du délit. — *Cass.*, 23 déc. 1825, Vicaire c. Mallandre.

39. — Jugé que la décision qui signale dans ses motifs un des deux prévenus comme complice, mais qui, dans son dispositif, déclare les deux prévenus coupables d'avoir, de complicité, détruit un testament, doit être entendue comme jugeant qu'ils sont l'un et l'autre simultanément auteurs de la destruction, et ne peut pas être cassée pour omission de faits constitutifs de la complicité. — Même arrêt.

40. — On a jugé, sous la loi du 25 sept.-6 oct. 1791, que si l'acte d'accusation présentait l'accusé comme s'*étant saisi d'un billet* étant dans les mains d'une personne, et l'ayant déchiré, puis mis dans sa bouche pour l'avaler, la question de l'enlèvement par adresse ou par force devait être proposée au jury ; et qu'en conséquence, à défaut de déclaration sur cette question, les faits ne constituaient pas le genre de délit prévu par la loi, et n'autorisaient pas l'application de la peine de quatre années de fers. — *Cass.*, 9 frim. an IX, Prudhomme.

41. — On remarquera néanmoins que la loi de 1791, pas plus que l'art. 439, ne parlait nullement de l'enlèvement par force ou violence. La circonstance que l'acte d'accusation en faisait mention ne pouvait pas autoriser la cassation. Cette solution ne saurait, à plus forte raison, faire jurisprudence sous la législation actuelle.

42. — L'existence du délit de destruction de titres étant subordonnée à l'existence même des titres prétendus détruits, on s'est demandé si le fait de la destruction pourrait être prouvé par témoins dans le cas où il s'agirait d'un titre portant une obligation supérieure à la somme de 150 fr.

43. — A cet égard, un arrêt de la cour de Cassation a décidé qu'en matière criminelle, comme en matière civile, il ne peut être reçu aucune preuve testimoniale de la soustraction d'une contre-lettre sur une somme ou valeur excédant 150 fr., s'il n'y a aucun commencement de preuve par écrit de la préexistence de cette contre-lettre, ou si elle n'est pas avouée par le prévenu. — *Cass.*, 5 avr. 1817, Desblancs.

44. — Mais cette décision n'est approuvée par Mangin (*Tr. de l'act. publ.*, t. 1er, no 173) qu'avec réserves. « Elle est, dit-il, à l'abri de toute critique, parce que, admettre la preuve testimoniale de l'existence de la soustraction d'une prétendue contre-lettre qui modifie des obligations civiles dont la preuve littérale est représentée, ce serait ouvrir une voie indirecte pour faire recevoir la preuve par témoins contre et outre le contenu aux actes et sur ce qui serait allégué avoir été dit avant, lors ou depuis les actes, ce que défend l'art. 1341, C. civ. ; mais dire d'une manière générale et absolue, comme le fait l'arrêt « que dans les plaintes en soustraction de titres, il faut rapporter ou la preuve ou un commencement de preuve par écrit de la préexistence du titre soustrait, » c'est là une doctrine inexacte qui n'a jamais été soutenue par personne. »

45. — Et le même auteur (t. 1er, no 172) pose le principe suivant : « L'action du ministère public ou de la partie civile a-t-elle pour objet la destruction ou la soustraction d'un titre, le juge criminel peut recevoir la plainte, procéder à l'audition des témoins, statuer sur l'existence du titre et sur les conséquences de sa disparition, parce que, dans une telle accusation, la preuve testimoniale est admissible. Elle est admissible, parce que le fait qui motive les poursuites, ayant eu précisément pour objet la destruction ou la soustraction de la preuve littérale de l'obligation ou de l'existence du droit dont la partie lésée est créancière, on ne peut opposer, soit à elle, soit au ministère public, la disposition de l'art. 1341, C. civ., qui veut qu'il soit passé acte devant notaire ou sous signature privée de toutes choses excédant la somme ou la valeur de 150 fr., et rejeter la poursuite sous prétexte que la partie lésée aurait dû se conformer à cet article. — Chauveau et Hélie, t. 8, p. 155.

46. — C'est en se fondant sur cette règle que la cour de Cassation a décidé que, si la préexistence d'un testament olographe est préjudicielle au fait de sa soustraction, elle peut néanmoins, comme la soustraction, être prouvée par témoins, parce que l'héritier ou le légataire n'a eu aucun moyen de faire constater par écrit, pendant la vie du testateur, l'existence de ce testament, attendu qu'ici ne s'applique pas l'art. 1341, C. civ. — *Cass.*, 4 oct. 1816, Fiquet c. Tomy. — Bourguignon, *Jurispr. des Cod. crim.*, sur l'art. 489, t. 3, p. 489 ; Garnier-Dubourgneuf, *Revue de législation*, t. 3, p. 40 ; Chauveau et Hélie, *Th. C. pén.*, t. 8, p. 155.

47. — De même, lorsqu'un créancier a confié au débiteur, sur sa demande, le titre obligatoire pour en prendre lecture, à la charge de le restituer immédiatement, et que le débiteur l'a supprimé, il y a lieu à l'admission de la preuve testimoniale, non seulement du fait de la suppression du titre, mais encore de sa remise, lors même qu'il n'y aurait pas de commencement de preuve par écrit et que la somme excéderait 150 fr. — *Cass.*, 15 mai 1834, Gonnier.

48. — Jugé de même que la prohibition de la preuve testimoniale pour toutes choses excédant la somme ou valeur de 150 fr. lorsqu'il n'existe aucun commencement de preuve par écrit, n'est pas applicable au cas où un testament a été momentanément communiqué à un individu qui l'a aussitôt mis en pièces. — *Cass.*, 28 juin 1834, Vic.

49. — La cour de Cassation a jugé en outre que : 1o les juges criminels peuvent être saisis directement de l'inculpation d'avoir soustrait un testament déposé dans les mains d'un tiers, et que la preuve de cette soustraction peut se faire par témoins. Ce n'est point le cas d'appliquer les règles relatives au dépôt. — *Cass.*, 21 oct. 1824, Vicaire c. Mallendre.

50. — ... 2o Que la destruction d'un titre n'impliquant pas l'idée d'un dépôt préalable de ce titre, il n'y a dans la condamnation prononcée pour ce délit, sur des dépositions de témoins, aucune violation du principe qui prohibe l'admission de la preuve testimoniale d'un dépôt excédant la valeur de 150 fr. — Même arrêt.

51. — ... 3o Que le propriétaire d'un titre soustrait frauduleusement à son insu dans les mains d'un tiers qui en était dépositaire est recevable à faire la preuve testimoniale, encore bien qu'il s'agisse d'une somme supérieure à 150 fr., et qu'il n'existe aucun commencement de preuve par écrit. — *Cass.*, 2 avr. 1835, Huel. — V. au surplus QUESTION PRÉJUDICIELLE.

52. — Au surplus, lorsqu'un prévenu de soustraction de titre nie l'existence du titre, le tribunal de police correctionnelle a juridiction pour prononcer sur cette exception, comme sur l'action principale, sans qu'il soit besoin de renvoyer devant le tribunal civil. — *Cass.*, 25 mai 1816, Sanitas c. Larodde. — Cette décision est conforme à la délibération arrêtée par la cour de Cassation le 5 nov. 1813, sous *Cass.*, 2 déc. 1813, Courbé. — Mangin, *Tr. act. publ.*, t. 1er, no 170.

53. — Spécialement le tribunal de police correctionnelle saisi d'une plainte en soustraction de testament peut instruire simultanément sur l'existence de cet acte à l'époque du décès du testateur et sur le fait de sa soustraction. — *Cass.*, 4 oct. 1816, Fiquet c. Tomy. — V. au surplus QUESTION PRÉJUDICIELLE.

54. — Si la pièce détruite avait été déposée entre les mains du prévenu, le fait du dépôt devait alors être prouvé par titres. — Chauveau et Hélie, p. 156. — V. au surplus ABUS DE CONFIANCE.

55. — Lorsque la pièce a été confiée à un tiers et détruite par ce tiers, c'est l'art. 408 qui seul lui est applicable. — Chauveau et Hélie, p. 156 ; Rauter, t. 2, p. 203. — Dans ce cas, le délit prend le caractère d'abus de confiance. — V. ABUS DE CONFIANCE.

56. — Le tribunal de simple police est incompétent pour connaître d'un détournement de titres emportant obligation. — *Cass.*, 2 juill. 1807, Moineaux. — Ce détournement constituant, soit un crime, soit un délit, la cour d'assises ou le tribunal correctionnel sont seuls compétens pour en connaître.

DÉSUÉTUDE.

1. — Ce mot exprime spécialement le non-usage dans lequel une loi est tombée.

2. — « Rien, dit Merlin (*Rép.*, vo *Désuétude*), ne prouve mieux l'inconvénient d'une loi que la désuétude dans laquelle elle est tombée par elle même. Lorsque le souverain porte une loi, son intention est bien qu'elle soit exécutée à perpétuité ; mais comme les lois sont pour les hommes et non les hommes pour les lois, quand cette loi ne peut plus s'accorder avec les mœurs actuelles, il faut nécessairement qu'elle tombe en désuétude : elle tombe pareillement lorsque le motif sur lequel elle a été fondée ne subsiste plus. »

3. — Les causes qui peuvent donner lieu à la désuétude sont, entre autres, les rigueurs de la loi, la cessation des motifs qui l'ont fait naître, le changement des temps, des mœurs et des circonstances. — Merlin, *loc. cit.*

4. — Quant au point de savoir si la désuétude emporte par elle-même abrogation de la loi, sans qu'il soit nécessaire que cette loi ait été remplacée par un usage contraire. — V. LOIS.

DÉTAIL (Droit de).

V. BOISSONS, CONTRIBUTIONS INDIRECTES.

DÉTENTION.

1. — Ce mot exprime, à proprement parler, le fait matériel de la possession d'une chose. C'est l'acte matériel par lequel une personne a une chose en son pouvoir ; jointe à l'intention de conserver pour soi, la détention se transforme en possession.

2. — Dans l'usage, le mot *détention* est souvent employé comme synonyme de *possession*, et il suppose la prétention du tiers détenteur à un droit sur la chose. — V. ACTION POSSESSOIRE, POSSESSION, PROPRIÉTÉ.

DÉTENTION (Maison de).

V. MAISON DE DÉTENTION.

DÉTENTION (Peine).

1. — Peine afflictive et infamante consistant à être enfermé dans une forteresse du territoire continental du royaume.

2. — La détention n'a pas toujours figuré dans notre législation pénale. — Introduite dans les lois criminelles par le Code pénal du 25 sept. et 6 oct. 1791, elle en fut écartée par le Code pénal de 1810 pour y reparaître de nouveau lors de la loi du 28 avr. 1832, modificative de ce code, mais dans des conditions toutes différentes.

3. — Selon le Code pénal du 25 sept. et 6 oct. 1791, la détention était la moindre des peines afflictives et infamantes : Les condamnés devaient être enfermés dans l'enceinte d'une maison destinée à cet effet (part. 1re, tit. 1er, art. 20), pour un temps qui ne pouvait excéder six années (art. 26). — Ils subissaient deux heures d'exposition publique (art. 28).

4. — Le régime des maisons de détention était fort sévère, on n'y fournissait aux condamnés que du pain et de l'eau ; ceux qui voulaient se procurer une meilleure nourriture ne pouvaient le faire que sur le produit de leur travail. — Art. 21 et 25.

5. — Le travail était obligatoire : Les condamnés avaient seulement, dans le nombre des travaux autorisés dans les maisons, le choix de celui qui leur convenait le mieux ; ils pouvaient, également à leur choix, travailler en commun, sauf les réclusions momentanées ordonnées par les préposés chargés de la police de la maison. — Art. 22 et 23.

6. — Nous avons dit que le Code pénal de 1810 ne maintint pas cette peine ; il la remplaça par celle de la réclusion. — V. RÉCLUSION.

7. — Mais en 1832 on sentit le besoin de créer un mode de répression spécial, pour les crimes de nature politique qu'il était impossible en effet d'assimiler dans leurs résultats et dans la manière de les frapper, à la plupart des faits prévus et punis par le Code pénal ; et sous le nom de *détention* on introduisit dans le texte de l'art. 7 une peine nouvelle dont la nature et les effets furent spécifiés dans les art. 20, 29 et suiv., 28 et 47, et qui tout en présentant un plus grand caractère de sévérité que la réclusion, avant laquelle elle est immédiatement placée, en diffère cependant en sens inverse, comme n'imprimant pas à celui qu'elle atteint le même caractère d'infamie et de déshonneur qui s'attache toujours à la peine de la réclusion à raison des faits pour lesquels elle a été établie. — Boitard, t. 3, no 37.

8. — « Quiconque, porte l'art. 20, C. pén., aura été condamné à la détention, sera renfermé dans l'une des forteresses situées sur le territoire continental du royaume, qui auront été déterminées par une ordonnance du roi rendue dans la forme des réglemens d'administration publique. Il communiquera avec les personnes placées dans l'in-

térieur du lieu de détention ou avec celles du dehors, conformément aux réglemens de police établis par une ordonnance du roi.

9. — Cet art. 20 a été substitué à l'ancien art. 20 du Code de 1810, qui s'occupait uniquement de la flétrissure et qui ne pouvait conséquemment trouver place dans le nouveau code, d'où la flétrissure a entièrement disparu. — Carnot, *C. pén.*, sur l'art. 20, observ. add., n° 5.

10. — La détention actuelle diffère, comme on le voit, essentiellement de l'ancienne: aujourd'hui, pour les condamnés à cette peine, pas d'exposition publique, pas de travail obligatoire, pas de régime d'alimentation déterminé; la loi leur assure même la communication avec les personnes soit de l'intérieur de la prison, soit du dehors, parens, amis ou autres. — Et, en effet, les infractions réprimées par cette peine supposant moins de corruption que d'inquiétude d'esprit, de turbulence ou de passions, il suffit de mettre le coupable dans l'impossibilité de nuire, sans qu'il y ait lieu de rechercher sa moralisation, et surtout d'aggraver sa peine par le régime humiliant ou par les travaux des prisons. — Chauveau et Hélie, *Th. C. pén.*, t. 1er, p. 123, 2e édit.; Boitard, t. 3, *loc cit.*, n° 69; Ch. Berriat Saint Prix, *De l'exécution des arrêts criminels et des peines*, n° 78.

11. — C'est encore ce même motif qui n'a point permis d'appliquer à la détention l'accessoire de l'exposition publique, accessoire qui s'attache, au contraire, du moins en principe, à la peine de la réclusion. — C. pén., art. 22.

12. — La détention est donc une peine spéciale, réservée exclusivement à des crimes spéciaux, les attentats politiques; et elle ne pourrait, ainsi que le disait M. le rapporteur de la loi de 1832 à la chambre des députés, pas plus être comparée aux autres peines que les crimes politiques ne peuvent être comparés aux autres crimes. — Le but que se propose le législateur, c'est la sécurité de la société: la détention l'atteint suffisamment. — Chauveau et Hélie, t. 1er (2e édit.), p. 123.

13. — La peine de la détention a d'abord été subie au Mont-Saint-Michel, aux termes d'une ordonnance du roi du 5 mai 1833; mais, depuis, une nouvelle ordonnance, du 22 janvier 1835, a ordonné qu'elle le serait désormais dans la citadelle de Doullens.

14. — Une ordonnance royale du 9 déc. 1835, rendue en exécution de l'art. 20, C. pén., a régié les conditions des communications des condamnés qui subissent, dans la citadelle de Doullens, la peine de la détention.

15. — La détention ne peut être prononcée pour moins de cinq ans ni pour plus de vingt ans, sauf le cas prévu par l'art. 33. — C. pén., art. 20.

16. — Or l'art. 33, auquel renvoie cette disposition, porte que: « Si le banni, avant l'expiration de sa peine, rentre sur le territoire du royaume, il sera, sur la seule preuve de son identité, condamné à la détention pour un temps au moins égal à celui qui restait à courir jusqu'à l'expiration du bannissement, et qui ne pourra excéder le double de ce temps. »

17. — Le bannissement n'est, en effet, le plus souvent appliqué qu'en matière politique. Or, si un banni rentré en France est simplement reconduit à la frontière, ce sera presque toujours le renvoyer à ses complices, et la peine elle-même deviendra complétement illusoire. — C'est à cet inconvénient que l'art. 33 a pour objet de pourvoir. — C. pén. progressif, art. 33.

18. — La détention place, en outre, le condamné (par arrêt contradictoire) en état d'interdiction légale; il lui est nommé un tuteur et un subrogé-tuteur pour gérer et administrer ses biens. — C. pén., art. 29. — V. INTERDICTION LÉGALE, PEINES.

19. — Elle emporte également la dégradation civique. — C. pén., art. 28. — V. DÉGRADATION CIVIQUE.

20. — Enfin, le condamné à la détention est, de plein droit, après qu'il a subi sa peine et pendant toute sa vie sous la surveillance de la haute police. — C. pén., art. 47. — V. SURVEILLANCE DE LA HAUTE POLICE.

21. — La durée de la détention compte, aux termes de l'art. 23, C. pén., du jour où la condamnation est devenue irrévocable. — Pour la fixation de ce jour, V. PEINES.

V. MAISON DE DÉTENTION, PRISONS.

DÉTENTION ARBITRAIRE OU ILLÉGALE.

V. ABUS D'AUTORITÉ, ARRESTATION, ARRESTATION ILLÉGALE ET SÉQUESTRATION DE PERSONNES, ATTENTATS A LA LIBERTÉ, EMPRISONNEMENT, LIBERTÉ INDIVIDUELLE, MANDATS D'EXÉCUTION.

DÉTENTION D'ARMES DE GUERRE.

V. ARMES, nos 104 et suiv., POUDRES ET MUNITIONS DE GUERRE.

DÉTENTION PRÉVENTIVE.

1. — On appelle ainsi, en matière criminelle, la détention subie par tout accusé ou prévenu avant son jugement.

2. — La détention préventive est toujours ordonnée lorsqu'il s'agit de crimes; elle peut l'être également à l'égard des délits, si la fuite du prévenu est à craindre et si le cas est grave. — Elle ne doit, en aucun cas, avoir lieu quand le délit n'entraîne pas la peine d'emprisonnement. — V. arg. art. 129, 131 et 230, C. inst. crim.; de Molènes, *Tr. pratique des fonct. de proc. du roi*, t. 1er, p. 284.

3. — Le juge d'instruction seul peut ordonner la détention préventive, qui n'a lieu qu'en vertu d'un mandat de dépôt ou d'un mandat d'arrêt. — Le procureur du roi n'a le droit que de requérir ces mandats: toutefois, le juge d'instruction n'est tenu ni d'attendre ses réquisitions, si ce n'est dans le cas de mandat d'arrêt (C. inst. crim., art. 94); ni de s'y conformer; chacun de ces magistrats agit dans la sphère de ses attributions avec la plus complète indépendance, ne se détermine que par la nature des faits sans aucune autre considération, et ne cède, en requérant ou prenant cette grave mesure, qu'aux nécessités de l'affaire elle-même et aux exigences de l'intérêt public. — V. INSTRUCTION CRIMINELLE, MANDATS D'EXÉCUTION.

4. — La détention provisoire a lieu encore lorsque le prévenu, ayant été renvoyé devant la chambre des mises en accusation et par cette chambre aux assises, il a été décerné contre lui une ordonnance de prise de corps. Le ministère public n'est plus libre alors dans l'exercice de ses pouvoirs; il doit faire arrêter le prévenu devenu accusé. — De Molènes, *loc. cit.*, p. 283.

5. — Toutefois, l'ordonnance de prise de corps rendue par la chambre du conseil étant provisoire et ne recevant, en quelque sorte, sa sanction et ne devenant définitive que quand elle est confirmée par l'arrêt de la chambre d'accusation qui ordonne le renvoi aux assises (V. notamment *Cass.*, 29 avr. 1830, Vandermann), ce n'est qu'après cet arrêt confirmatif que le ministère public peut et doit agir. — De Molènes, *ibid.*

6. — Il est d'autres cas de détention provisoire, ordonnés: par la loi du 28 avr. 1816, art. 222 et 223, contre les colporteurs de tabac en fraude; par les lois du 29 mars 1832 et du 24 mai 1834, art. 9, contre les fraudeurs, en matière d'octroi, et par la loi des recettes du 25 juin 1841, art. 25, contre ceux qui fabriquent et colportent illicitement des poudres à feu. — Dans ce cas spécial, le mandat de dépôt peut être décerné par le procureur du roi ou son substitut. — V. COLPORTEURS, OCTROI, POUDRES ET MUNITIONS DE GUERRE, TABAC.

7. — Si le fait qui donne lieu à la détention préventive emporte seulement une peine correctionnelle, le prévenu peut obtenir, en tout état de cause, sa mise en liberté provisoire, moyennant caution solvable de se représenter à tous les actes de la procédure et pour l'exécution du jugement, aussitôt qu'il en sera requis. — C. inst. crim., art. 114.

8. — Toutefois, les vagabonds et les repris de justice ne peuvent, en aucun cas, être mis en liberté provisoire. — C. inst. crim., art. 115. — Il en est de même du prévenu d'un crime emportant une peine afflictive et infamante. — *Ibid.*, art. 113. — V. LIBERTÉ PROVISOIRE.

9. — Les colporteurs de tabacs et de poudres et les fraudeurs en matière d'octroi peuvent aussi se soustraire à la détention préventive et obtenir leur mise en liberté quand ils offrent caution suffisante ou consignent le montant de l'amende qu'ils ont encourue. — L. 28 avr. 1816, art. 224.

10. — La détention préventive ne compte point pour l'expiation de la peine: l'art. 23, C. pén., porte même que la durée des peines temporaires ne compte que du jour où la condamnation est devenue irrévocable.

11. — « Néanmoins, porte l'art. 24, à l'égard des condamnations à l'emprisonnement prononcées contre les individus en état de détention préalable, la durée de la peine, si le condamné ne s'est pas pourvu, comptera du jour du jugement ou de l'arrêt, nonobstant l'appel ou le pourvoi du ministère public, et quel que soit le résultat de cet appel ou de ce pourvoi. — Il en sera de même dans le cas où la peine aura été réduite sur l'appel ou le pourvoi du condamné. »

12. — La disposition de cet article s'applique non seulement au cas où le condamné n'a point formé de pourvoi en cassation, mais aussi à celui où il n'a point interjeté appel, lorsque la condamnation pouvait être attaquée par cette voie. — *Cass.*, 12 mai 1837 (t. 1er 1838, p. 194), Perroteau.

13. — En cas de plusieurs condamnations successives à l'emprisonnement pour différens délits, il suffit qu'il y ait détention préalable à la première condamnation, pour que la peine soit comptée du jour du premier arrêt ou jugement. — Même arrêt.

14. — Peu importe que la détention opérée originairement en vertu d'un simple mandat de dépôt du juge d'instruction ait conservé, après la première condamnation, son caractère purement préventif, par l'appel du ministère public et le défaut d'écrou de sa part. — Même arrêt.

15. — L'art. 24, C. pén., est applicable même dans le cas où le condamné est, en outre, préventivement détenu pour un autre fait qualifié crime. — *Cass.*, 26 sept. 1839 (t. 2 1839, p. 560), Grosse; — Morin, *Dict. de dr. crim.*, v° *Détention préventive*. — V. PEINE.

16. — Le temps de la détention préventive doit être restreint autant que l'intérêt public le permet. Un inculpé ne pourrait donc être détenu trop long-temps, encore moins toujours, même sous le prétexte que tous les élémens de conviction ne sont pas encore réunis, ou que l'on est encore à la recherche des coauteurs ou complices du délit. — Du reste, le temps après lequel la mise en jugement ou le renvoi de la poursuite sont obligés, n'étant pas déterminé par la loi, est laissé à l'appréciation des magistrats. — Rauter, *Tr. de droit crim.*, t. 2, p. 317, n° 681.

17. — La détention préventive ordonnée ou prolongée illégalement pourrait constituer, suivant les circonstances, de la part de ceux qui s'en sont rendus coupables ou complices, soit un déni de justice, soit un attentat à la liberté, et même motiver en faveur de ceux qui en auraient été victimes l'allocation de dommages-intérêts. — V. ATTENTAT A LA LIBERTÉ.

DÉTÉRIORATION.

1. — C'est l'action par laquelle on dégrade, on rend pire une chose. — C'est aussi l'état de la chose détériorée.

2. — Suivant M. Rolland de Villargues (*Rép. du notariat*, v° *Détérioration*), le mot *détérioration* s'applique plutôt aux choses mobilières qu'aux immeubles; et, à l'égard de ceux-ci, on se sert du mot *Dégradation*. — Cependant, le Code civil se sert du mot *Détérioration* pour les immeubles comme pour les meubles.

3. — L'héritier bénéficiaire qui représente en nature les meubles de la succession n'est tenu que de la détérioration causée par sa négligence. — C. civ., art. 805. — V. SUCCESSION BÉNÉFICIAIRE.

4. — Le débiteur d'un corps certain et déterminé est libéré par la remise de la chose en l'état où elle se trouve lors de la livraison, pourvu que les détériorations qui y sont survenues ne viennent point de son fait ou de sa faute, ni de celle des personnes dont il est responsable, ou qu'avant ces détériorations, il ne fût pas en demeure. — C. civ., art. 1245. — V. PAIEMENT.

5. — Le mari est responsable à l'égard des biens dotaux de toutes détériorations survenues par sa négligence. — C. civ., art. 1562. — V. DOT. — V. aussi ASSURANCE MARITIME, CHEMINS DE FER.

DÉTOURNEMENT.

V. ABUS DE CONFIANCE, BANQUEROUTE, BARATERIE DE PATRON, COMMUNAUTÉ, DÉTOURNEMENT ET ENLÈVEMENT DE MINEURS, EFFETS MILITAIRES, ESCROQUERIE, FORÊTS, SUCCESSION, VOL, VOL MILITAIRE.

DÉTOURNEMENT D'ACTIF.

V. BANQUEROUTE.

DÉTOURNEMENT ET ENLÈVEMENT DE MINEURS.

Table alphabétique.

DÉTOURNEMENT ET ENLÈVEMENT DE MINEURS. — 1. — Sous l'empire de la loi romaine, le rapt commis avec violence et le viol étaient confondus dans la même incrimination. Cette loi supposait que le rapt avait eu pour but et pour résultat l'accomplissement du viol; aussi portait-elle contre les ravisseurs la peine capitale, lors même qu'il y avait consentement de la part de la personne enlevée, le consentement étant présumé surpris à son inexpérience et à sa faiblesse et le fruit d'une captation criminelle. — L. 53, Cod., *De episc. et cleric.*; L. 1, Cod., *De raptu virginum*, etc.; nov. 143, *De muliere raptum passâ*.

2. — Notre ancienne législation distinguait deux sortes de rapt: le *rapt de violence* et le *rapt de séduction*.

3. — Le *rapt de violence* était défini par Jousse (*Traité de just. criminelle*, t. 3, p. 743): « L'enlèvement qui se fait par force d'une fille ou d'une femme pour en jouir contre sa volonté. » — Farinacius, quæst. 145, num. 2; Julius Clarus, *De raptu*; Declainis, t. 8, cap. 7, num. 4.

4. — Ce n'était donc autre chose qu'une véritable tentative de viol et un moyen de perpétration de ce fait criminel. — « Aussi, dit Jousse (*loco cit.*), les lois ont regardé ces deux espèces de crimes comme semblables; et même on a appliqué à tous les deux les dispositions des ordonnances qui n'étaient rendues que pour l'un ou l'autre de ces crimes. »

5. — Le rapt de séduction consistait dans l'enlèvement, commis sans violence, mais contre le gré, et à l'insu des parens d'une fille ou d'un fils mineurs, soit pour l'entraîner dans la débauche, soit pour consommer un mariage clandestin. — Ce rapt, plus particulièrement appelé *raptus in parentes*, parce que la personne ravie était sous la puissance de ses père et mère, tuteur et curateur (Chauveau et Hélie, *Th. du Code pén.*, t. 6, p. 368), considéré comme plus odieux que le premier, était puni de la peine de mort. — Ord. Blois, art. 42, ord. janv. 1629; décl. 26 nov. 1639 et 22 nov. 1730.

6. — L'art 32, sect. 1re, tit. 2, C. pén. de 1791, disposait ainsi qu'il suit: « Quiconque aura été convaincu d'avoir, par violence et à l'effet d'en abuser ou de la prostituer, enlevé une fille *au-dessous de quatorze ans accomplis*, hors de la maison des personnes sous la puissance desquelles est ladite fille, ou de la maison dans laquelle les dites personnes la font élever ou l'ont placée, sera puni de douze années de fers. »

7. — Ainsi ce Code ne punissait que le *rapt de violence*, et encore fallait-il qu'il eût été exercé sur une mineure de quatorze ans, et dans le but d'abuser de la personne enlevée ou de la prostituer.

8. — Le Code de 1810, à l'instar de l'ancienne jurisprudence, a distingué l'enlèvement qui est le résultat de la fraude ou de la violence de celui qui est la conséquence de la séduction.

9. — L'art. 354, qui prévoit le premier de ces cas, est ainsi conçu: « Quiconque aura, par fraude ou violence, *enlevé ou fait enlever* des mineurs, ou les aura *entraînés*, *détournés* ou *déplacés*, ou les aura fait *entraîner*, *détourner* ou *déplacer* des lieux où ils étaient mis par ceux à l'autorité ou à la direction desquels ils étaient soumis ou confiés, subira la peine de la réclusion. »

10. — La simple tentative d'enlèvement, de détournement, etc., serait punissable, aux termes de l'art. 26, si elle avait les caractères exigés par cet article. — Carnot, t. 2, p. 163, n° 7.

11. — Une première remarque à faire sur cette disposition, c'est que la multiplicité des expressions employées dans l'art. 354, *entraîner*, *détourner*, *déplacer*, etc., indique chez le législateur l'intention de prévoir tous les modes d'enlèvement. « Dans la crainte que ce dernier mot ne parût à quelques égards restrictif, disent MM. Chauveau et Hélie (p. 372), il l'a défini, en quelque sorte, en énumérant les différens moyens par lesquels l'enlèvement peut être consommé. »

12. — Quant au fait matériel de l'enlèvement ou du détournement, il s'opère par le déplacement du mineur du lieu où il avait été mis par ceux qui ont sur lui puissance ou autorité, et sa translation dans un autre lieu.

13. — Et la cour de Cassation a interprété cette disposition en ce sens que « le crime prévu par l'art. 354 existe dans l'une des nuances prévues par ledit article, toutes les fois qu'il aura été exécuté par fraude ou par violence, soit que les mineurs enlevés, entraînés, détournés ou déplacés se trouvent *dans le domicile légal de leurs parens ou tuteurs*, soit qu'ils se trouvent dans les lieux où ils étaient placés par ceux à l'autorité desquels ils étaient confiés. » — *Cass.*, 25 avr. 1839 (t. 1er 1840, p. 184), Dubois; — Chauveau et Hélie, p. 370. — V. cependant Rauter, t. 2, p. 82.

14. — Mais le fait matériel du détournement, enlèvement, etc., ne suffit pas pour donner lieu à l'application d'une peine; il faut encore qu'il ait eu lieu: 1° avec fraude et violence; 2° sur la personne d'un mineur; 3° dans un but criminel.

15. — MM. Chauveau et Hélie font remarquer, avec raison, que, malgré la rédaction, restrictive en apparence, de l'art. 354, *la fraude ou la violence* est une condition constitutive du crime, quel qu'ait été le mode de l'enlèvement, et soit qu'il s'agisse d'enlèvement, de détournement, d'entraînement ou de déplacement. Autrement il arriverait que l'entraînement et le déplacement seraient punis avec plus de rigueur que l'enlèvement lui-même, puisque celui-ci devrait seul être accompagné de fraude ou de violence pour constituer un crime. — Chauveau et Hélie, p. 373; Rauter, t. 2, p. 82; Carnot, sur l'art. 354, t. 2, p. 162, n° 1er.

16. — Cette opinion (conforme d'ailleurs aux paroles prononcées au Corps législatif) a été consacrée par la cour de Cassation, dans un arrêt du 3 oct. 1816 (Gaffet), qui juge que le détournement ou déplacement d'un mineur ne constitue le crime prévu par l'art. 354, C. pén., de même que son enlèvement, qu'autant qu'il a été opéré par fraude ou violence.

17. — Il a été jugé que lorsque, dans une accusation d'enlèvement de mineure, la question a été posée au jury dans les termes mêmes de la loi, l'accusé ne peut se faire un moyen de nullité de ce qu'en demandant au jury si l'enlèvement avait eu lieu par fraude ou violence, on a réuni dans une seule question les deux circonstances de la fraude et de la violence. — *Cass.*, 25 oct. 1821, Deslou.

18. — La question peut, au premier abord, sembler plus délicate sous la loi du 13 mai 1836, qui veut que le jury vote distinctement sur le fait principal et sur chacune des circonstances aggravantes; toutefois il faut dire que comme, dans le rapt, la fraude et la violence sont des circonstances *constitutives* du crime, et non des circonstances *aggravantes*, elles ne doivent pas être séparées du fait principal dont elles font essentiellement partie.

19. — Ni la fraude ni la violence n'ont été et ne pouvaient être définies par la loi. Quant à la violence, elle consiste évidemment dans tous les moyens matériels employés pour entraîner le mineur, nonobstant sa résistance, hors des lieux où il est placé.

20. — Et MM. Chauveau et Hélie (t. 6, p. 374) ajoutent que la fraude consiste dans des machinations coupables, des promesses fallacieuses, des pièges tendus à l'inexpérience de la jeunesse. — Carnot, t. 2, p. 163, n° 4.

21. — Ainsi, disent-ils, la corruption pratiquée sur les personnes auxquelles le mineur a été confié, pour se le faire livrer; l'abus frauduleux que ferait l'agent du nom et de l'autorité de la famille du mineur, pour le tirer des lieux où il avait été mis, peuvent être qualifiés de fraudes.

22. — Jugé en conséquence que l'emploi par le ravisseur de fausses lettres missives pour détourner frauduleusement une mineure de la maison paternelle, constitue un moyen de fraude, et l'arrêt ajoute même qu'on doit voir là le crime de faux. — *Cass.*, 24 mars 1838 (t. 2 1838, p. 40), Allamelle.

23. — Jugé encore que le crime de détournement de mineur existe, encore bien que les parens aient consenti à son éloignement, si cet éloignement a été obtenu à l'aide d'une fourberie. — *Cass.*, 25 avr. 1839 (t. 1er 1840, p. 184), Dubois.

24. — Mais les auteurs précités ajoutent qu'il ne faut pas confondre la fraude *avec la séduction* opérée sur la personne du mineur. Car la séduction n'est un crime qu'à l'égard de filles au-dessous de seize ans. — C. pén., art. 356 (V. *infrà* nos 35 et suiv.); Chauveau et Hélie, *eod. loc.*

25. — Une seconde condition pour que le crime prévu par l'art. 354 existe, c'est que le détournement, enlèvement, etc., ait eu lieu sur la personne d'un *mineur*, ce qui doit s'entendre des mineurs des deux sexes. — Chauveau et Hélie, p. 375.

26. — ...Mais seulement des mineurs ayant déjà acquis l'âge de sept ans; l'enlèvement des enfans au-dessous de cet âge étant l'objet de dispositions pénales particulières. — V. ENFANS (enlèvement et suppression d').

27. — Il ne faudrait pas non plus étendre la protection de l'art. 354 au-delà de l'époque où cesse la *minorité légale*: aussi MM. Chauveau et Hélie (*loc. cit.*) pensent-ils que le mineur émancipé n'a pas droit à cette protection.

28. — Il a été dans tous les cas jugé que les art. 354 et suiv., C. pén., sainement entendus, ne sont point applicables aux femmes mineures mariées. — *Cass.*, 1er juill. 1831, Pey...ier; — Chauveau et Hélie, *loc. cit.*

29. — M. Carnot (t. 2, p. 162, n° 3) dit également que le crime cesserait d'exister, si le mineur avait joui de son indépendance lors de son enlèvement; les dispositions des art. 354 et 355 deviendraient sans application, puisque alors il n'aurait pas été enlevé du *lieu* où il aurait été placé par ceux à l'autorité ou à la direction desquels il aurait été soumis ou confié.

30. — Quant au *but criminel* du fait prévu par l'art. 354, il réside uniquement dans l'intention de soustraire le mineur à l'autorité de ses parens, sans qu'il soit besoin, comme dans l'ancien droit et dans le droit romain, que l'enlèvement ait été suivi d'aucun autre délit; s'il venait s'y joindre quelque autre délit, tel que l'excitation à la débauche, le viol, ce délit serait punissable à part et abstraction faite de l'enlèvement. — Chauveau et Hélie, p. 375; Carnot, t. 2, p. 164, n° 11.

31. — Aussi a-t-il été jugé par la cour de Cassation que l'enlèvement ou le déplacement des mineurs par fraude ou violence constitue un crime *indépendamment* de tout dessein d'abuser de la personne enlevée ou déplacée. — *Cass.*, 25 oct. 1821, Jean Deslou.

32. — Toutefois, comme le font remarquer avec beaucoup de raison MM. Chauveau et Hélie (p. 377), qui invoquent eux-mêmes la discussion de l'art. 354 au conseil d'état, et les paroles de M. Treilhard (procès-verb. du cons. d'état, séance 12 nov. 1808), l'intention criminelle ne devrait pas être présumée chez les pères et mères ou tous autres qui auraient cru pouvoir user d'un droit même contestable, et n'auraient pas eu pour but d'attenter à la puissance paternelle.

33. — Aussi a-t-il été jugé avec raison que la femme qui, après avoir succombé dans une instance en séparation de corps, se cache avec ses enfans pour les soustraire à l'autorité paternelle, ne peut pas être assimilée à celui qui se rend coupable d'enlèvement de mineurs, et ne saurait dès-lors être poursuivie criminellement en vertu de l'art. 354. — *Rennes*, 14 oct. 1842 (t. 2 1842, p. 266), D...

34. — Jugé de même qu'on ne doit pas réputer coupable de détournement d'un mineur celui qui a emmené chez lui son frère mineur confié à l'administration d'un hospice, lorsque celui-ci l'a sollicité de l'emmener, et qu'il n'apparaît d'ailleurs aucune circonstance de fraude. — *Paris*, 11 mai 1838 (t. 1er 1838, p. 569), Varvager.

35. — Ainsi qu'on l'a vu, l'incrimination s'applique à tous les mineurs de vingt et un ans, et la peine est celle de la réclusion; mais la disposition de l'art. 354 subit quelques modifications si la personne enlevée ou détournée est *une fille de moins de seize ans accomplis*.

36. — Dans ce cas, la peine est aggravée, et les travaux forcés à temps sont substitués à la réclusion. — C. pén., art. 355.

37. — La peine demeure la même (celle des travaux forcés à temps), quand même la fille *au-dessous de seize ans* aurait consenti à son enlèvement ou suivi volontairement le ravisseur. — C. pén., art. 356.

38. — Si le ravisseur n'avait pas encore vingt ans, il n'y aurait lieu de lui appliquer qu'un emprisonnement de deux à cinq ans.

39. — Le cas prévu par l'art. 356 se distingue de celui prévu par l'art. 354 en ce que, pour l'existence du crime, il suffit que la victime, mineure de seize ans, ait été détournée des lieux où l'avait placée l'autorité de ses parens sans qu'il y ait lieu de rechercher s'il y a eu ou non fraude ou violence. Au reste, la séduction est présumée par cela seul que la mineure de seize ans a consenti à suivre l'agent; la loi ne s'enquiert, dès-lors, que du fait matériel du détournement. — Chauveau et Hélie, p. 380; Carnot, t. 2, p. 165, n° 2; Merlin, *Dict. dr. crim.*, p. 673.

40. — Il a donc été jugé que l'enlèvement ou le

détournement d'une fille au dessous de seize ans, par un majeur de vingt-un ans, constitue le crime prévu par l'art. 356, C. pén., encore bien qu'il n'ait été opéré ni par fraude ni par violence. — *Cass.*, 14 oct. 1811, Lenoir.

41. — ... Et encore que le détournement d'une fille âgée de moins de seize ans par un majeur de vingt-un ans, qui a profité de la volonté de cette mineure, lorsqu'elle a quitté la maison paternelle, pour la tenir cachée à ses parens, constitue le crime prévu par l'art. 356, C. pén., encore bien que le détournement ait été fait sans fraude. — Même arrêt.

42. — Jugé, en outre, que le ravisseur qui s'est fait suivre par une mineure au moyen de promesses qu'il lui a faites, est passible d'une peine plus grave que celle de l'art. 356, C. pén., qui ne s'applique qu'au cas où la mineure a suivi volontairement son ravisseur. — *Cass.*, 26 mai 1826, Perrain. — Il résulte implicitement de cette proposition que c'est le cas d'appliquer l'art. 355, C. pén.

43. — La raison de la sévérité de la loi, même en présence du consentement de la fille enlevée ou détournée est, comme le disait l'orateur du corps législatif, que ce consentement est censé arraché à la timidité de ce sexe, ou être l'effet décevant des illusions et des prestiges dont il est si facile d'entourer l'inexpérience et la crédulité de cet âge.

44. — Au reste, ce que la loi a voulu prévenir ou atteindre dans l'art. 356, c'est la corruption pratiquée sur la volonté même de la mineure. Aussi, comme celle-ci est moins accessible à l'influence séductrice de son sexe, l'art. 356 ne punit-il cette séduction que lorsqu'elle est mise en usage par un homme. — Chauveau et Hélie, t. 6, p. 382.

45. — A moins qu'il n'y ait preuve acquise que la femme qui aurait pratiqué l'enlèvement, n'aurait été que l'intermédiaire, cas auquel sa complicité la rendrait passible des peines prononcées contre le ravisseur. — Carnot, t. 2, p. 165, n° 1er.

46. — Si l'agent avait moins de seize ans, il n'est pas douteux qu'il pourrait invoquer le bénéfice des art. 66 et 69, C. pén., comme ayant agi sans discernement. — Chauveau et Hélie, *eod. loc.*; Carnot, t. 2, p. 164, n° 13. — V. DISCERNEMENT.

47. — En présence des art. 354, 355 et 356, on s'est demandé si la loi a entendu refuser sa protection aux jeunes filles de plus de seize ans, du tout au moins ce qu'il faut conclure à leur égard des dispositions combinées de ces articles.

48. — Il est incontestable d'abord qu'à l'égard de la fille âgée de seize ans accomplis, l'art. 356 conserve son empire, lorsque tous les caractères de l'incrimination signalés dans cet article se rencontreront; ainsi, spécialement, s'il y a eu fraude ou violence de la part du ravisseur.

49. — Mais que décider lorsqu'il n'y a eu, à l'égard d'une fille de plus de seize ans, que simple séduction, et si celle ci *a consenti à suivre son ravisseur?* — MM. Chauveau et Hélie (p. 388) rapportent certains passages de la discussion qui a eu lieu au conseil d'état, et desquels l'on pourrait conclure qu'il ne saurait y avoir lieu, dans ce cas, à l'application ni de l'art. 354, puisque le caractère de la fraude et de la violence ne se rencontrent pas, ni de l'art. 356, qui ne refuse de tenir compte du consentement de la fille enlevée et détournée qu'autant qu'elle a moins de seize ans.

50. — Mais la jurisprudence a reconnu qu'en cas d'enlèvement de mineure, la fraude ou la violence dont parle l'art. 354, C. pén., *ne se réfère pas exclusivement à la personne ravie*; elle s'entend surtout *relativement à ses parens*. — *Orléans*, 4 juill. 1842 (t. 2 1842, p. 508), M.

51. — Aussi a-t-il été jugé, par voie de conséquence, que l'art. 354, C. pén., est applicable, même au cas où la fille mineure de plus de seize ans *a suivi volontairement le ravisseur*. — Même arrêt.

52. — Et cette décision a été adoptée par la cour de Cassation le 6 août 1842 (t. 2 1842, p. 510), D.

53. — « En effet, dit Fournel (*Tr. de la séduction*, p. 331), la personne ravie étant sous la puissance de ses père et mère, tuteur ou curateur, c'est contre eux que le rapt est commis, c'est sur eux que retombe principalement l'injure d'une pareille entreprise, puisqu'on leur enlève un dépôt précieux dont ils sont les gardiens, et dont la soustraction alarme tout à la fois leur honneur et leur tendresse. » — Et l'orateur du gouvernement disait également, comme nous l'avons déjà fait remarquer, qu'il s'agit d'un acte de violence ou de fraude commis contre les parens, *raptus contra parentes*.

54. — Mais s'il n'y avait pas eu de fraude ou de violence exercée vis-à-vis soit de la personne, soit des parens, mais la simple séduction, à l'égard d'une mineure de plus de seize ans, le fait, manquant des caractères essentiels prévus soit par l'art. 354, soit par l'art. 356, ne tomberait pas sous l'application de ces articles.

55. — Jugé néanmoins que quoique le détournement d'une mineure âgée de plus de seize ans ne constitue ni crime ni délit lorsqu'il a été opéré *sans fraude ni violence* par un individu âgé de moins de vingt-un ans, il peut néanmoins, selon les circonstances, être considéré comme constituant le délit de corruption habituelle de la jeunesse, prévu par l'art. 334, C. pén., sans qu'il en résulte une violation de la loi. — *Cass.*, 9 août 1816, Laguillardie. — Crouzet, *Dict. du dr. crim.*, p. 673. — Toutefois, suivant M. Morin, c'est la disposition plus favorable de l'art. 356, C. pén., que l'on devrait appliquer, en semblable circonstance, puisque la cour de Cassation a décidé que l'art. 334 n'est applicable qu'au proxenétie. — V. EXCITATION À LA DÉBAUCHE.

56. — Dans l'ancien droit, le rapt de séduction était puni de mort, alors même que les pères et mères, tuteurs ou curateurs auraient consenti dans la suite au mariage, ou même qu'ils l'auraient requis (V. décl. 26 nov. 1639). Et la rigueur était poussée si loin, qu'une nouvelle déclaration du 22 nov. 1730 prescrivit l'usage dans lequel étaient les cours d'ajouter à la condamnation des ravisseurs cette clause : « *Si mieux ils n'aiment épouser la personne ravie*, » et leur enjoignit de juger suivant les ordonnances.

57. — La loi nouvelle s'est montrée beaucoup moins sévère, et, sans contredit, beaucoup plus morale. Le mariage du ravisseur avec la fille ravie est jugé par le législateur une réparation suffisante du crime de rapt, et le ravisseur ne peut plus être condamné si le mariage est valable.

58. — C'est ce qu'exprime l'art. 357, lorsqu'il dispose que : « Dans le cas où le ravisseur aurait épousé la fille qu'il a enlevée, il ne pourra être poursuivi *que sur la plainte des personnes qui, d'après le Code civil, ont le droit de demander la nullité du mariage*, ni condamné qu'après que la nullité du mariage aura été prononcée. »

59. — Cette fin de non-recevoir contre la poursuite s'applique à tous les cas d'enlèvement, sans distinction d'âge ou de moyens employés. — Carnot, t. 2, p. 168, note 1re; Chauveau et Hélie, t. 6, p. 385. — *Contrà* (mais à tort) Legraverend, *Lég. crim.*, t. 1er, p. 48, qui prétend la limiter au cas prévu par l'art. 356.

60. — L'orateur du gouvernement exposait ainsi qu'il suit les motifs de l'art. 357 : « Si le ravisseur, disait-il, a épousé la personne qu'il avait enlevée, le sort du coupable dépendra du parti que prendront ceux qui ont le droit de demander la nullité du mariage. S'ils ne la demandent pas, la poursuite du crime ne peut avoir lieu, autrement la peine qui serait prononcée contre le coupable rejaillirait sur la personne dont il a abusé, et qui, victime innocente de la faute de son époux, serait réduite à partager sa honte. Il ne suffit pas même, pour que l'époux puisse être poursuivi criminellement, que la nullité du mariage ait été demandée, il faut encore que le mariage soit, en effet, déclaré nul, car il serait possible qu'à l'époque où l'action en nullité serait intentée, il existât une fin de non recevoir contre les parens, soit qu'ils eussent expressément ou tacitement approuvé le mariage, soit parce qu'il se serait écoulé une année, sans réclamation de leur part, depuis qu'ils ont eu connaissance du mariage... — En ce cas, dès que le mariage ne pourrait plus être attaqué, les considérations ci-dessus ne permettraient pas que la conduite de l'époux fût recherchée ; et si l'intérêt de la société est qu'aucun crime ne reste impuni, son plus grand intérêt, en cette occasion, est de se montrer indulgente et de ne pas sacrifier à une vengeance tardive le bonheur d'une famille entière. »

61. — Du texte de l'art. 357 ainsi expliqué il résulte que l'action publique ne peut être mise en mouvement que par la plainte des personnes qui ont le droit de demander la nullité du mariage. Et encore ceci ne doit-il s'entendre que des parens de la personne enlevée et non de ceux du ravisseur, bien qu'ils puissent aussi, dans certains cas, demander cette nullité. — Mais il est par trop évident que, la famille de la jeune fille ayant seule un intérêt puissant et respectable à empêcher la poursuite, c'est à elle seule que la loi a voulu remettre la puissance d'enchaîner l'action publique. — Chauveau et Hélie, p. 389.

62. — Il en résulte également qu'aucune condamnation ne peut être prononcée avant qu'il ait été statué sur la validité du mariage, question essentiellement préjudicielle, et que les tribunaux civils ont seuls qualité pour résoudre. — Chauveau et Hélie, *loc. cit.*

63. — Mais s'il est vrai qu'*aucune condamnation* ne peut intervenir avant le jugement qui statue sur la validité du mariage, résulte-t-il également de l'art. 357 que la poursuite ne puisse être commencée avant le jugement définitif sur cette question? — La rédaction assez ambiguë de l'art. 357 a donné à penser à M. Carnot (sur l'art. 357, n° 2) que les poursuites pourraient être commencées contre le ravisseur, sur la demande des personnes qui seraient en droit de demander la nullité du mariage, quoique la condamnation ne puisse être prononcée avant que cette nullité ait été prononcée, ce qui est fondé sur ce que, pendant l'instance en nullité, les preuves pourraient dépérir.

64. — Mais M. Mangin (*Traité de l'act. publ.*, n° 148) fait remarquer avec raison que, puisque le rapt est à l'abri de toute répression tant qu'un mariage subsiste entre le ravisseur et la fille enlevée, jusqu'au jugement qui annule ce mariage, l'action publique doit sommeiller. — V. conf. Chauveau et Hélie, p. 390.

65. — On s'est demandé si, *même après la nullité prononcée*, il faut, pour que le ministère public puisse prendre la voie criminelle contre le ravisseur, qu'il soit saisi par les parties intéressées. — M. Mangin (*Tr. de l'act. publ.*) se prononce pour la négative. « Il est évident, dit-il, que si la loi a fait dépendre l'exercice de l'action publique de l'existence ou du maintien du mariage, que si elle a pardonné au ravisseur en faveur de l'époux légitime, elle l'a, au contraire, abandonné aux poursuites du ministère public dès que les tribunaux l'ont dépouillé de ce titre. Quels motifs aurait-elle eus pour subordonner les poursuites à la dénonciation de ceux qui ont fait annuler le mariage? » — V. en ce sens MM. Chauveau et Hélie (p. 388), qui ajoutent que si le ministère public est libre de poursuivre, quand le rapt n'est pas suivi de mariage, il reprend l'exercice de son action quand le mariage a cessé d'exister.

66. — M. Morin, au contraire (*Dict. dr. crim.*, v° *Rapt*), exige la plainte des parties intéressées, même après l'arrêt prononçant la nullité. — La nature du délit, dit-il, explique cette compétence du tribunal domestique.

67. — Il a été jugé que le complice du détournement d'une mineure ne peut profiter de l'exception introduite par l'art. 357 en faveur du ravisseur, et doit être poursuivi quoique ce dernier ait épousé la personne enlevée ou détournée. — *Assises de la Seine*, 26 mars 1834, Bethiers et Pinols.

68. — MM. Chauveau et Hélie qui (*Th. C. pén.*, t. 2, p. 119) avaient approuvé la doctrine de cette décision, reviennent sur la question au t. 6, p. 390, et la combattent par le motif que dans le cas de l'art. 357 l'excuse est établie moins en faveur de l'auteur principal de l'enlèvement qu'en faveur de la personne enlevée et de sa famille. « La loi, disent-ils, n'a pas voulu divulguer son déshonneur. Ce n'est donc point une excuse personnelle pour le ravisseur, c'est une fin de non-recevoir contre toute poursuite, car toute poursuite dévoilerait le scandale de l'enlèvement et du mariage. — Et comment admettre d'ailleurs qu'une poursuite peut être exercée en présence d'un mariage préexistant consacré par l'accord des familles? Comment porter le trouble dans une union que la loi a voulu protéger, en publiant qu'elle a pris sa source dans un crime? — Ici, comme dans les poursuites d'adultère, l'intérêt de la stabilité et de l'union des familles est plus grave que celui de la répression des complices du rapt et de l'adultère, et ces agens sont couverts par le scandale même qui jaillirait de leur punition. — C'est une exception aux règles de la complicité, mais elle est fondée sur l'esprit de la loi et sur la nature particulière du délit. »

69. — Cette opinion, que M. Morin (v° *Rapt*, *loc. cit.*) ne paraît pas adopter, est préférable à la première. Il est vrai de dire que le mariage du ravisseur et de la personne enlevée efface, en quelque sorte, la criminalité de l'enlèvement. C'est une sorte d'amnistie qui doit détruire jusqu'aux dernières traces du délit. Soit qu'on le considère comme une fin de non-recevoir, soit qu'on y voie un moyen péremptoire, toujours est-il qu'au fond le délit a perdu ce caractère aux yeux de la loi, qu'il n'y a plus de coupable principal ni conséquemment de complice. — Vainement opposerait-on l'art. 380, C. pén.; cet article, qui, pour un cas spécial (V. COMPLICITÉ, VOL), a fait de la complicité un délit principal et une exception aux principes qui viennent d'être exposés. Or, toute exception doit être établie sur un texte formel.

70. — Le crime d'enlèvement ou détournement de mineur est au nombre des *délits successifs* à l'égard desquels la prescription ne commence à courir qu'à dater du jour où ils ont entièrement cessé, puisque jusque-là ils sont censés se renou-

lever à chaque instant. — Jousse, *Inst. crim.*, t. 1er, p. 585 ; Morin, *Dict. dr. crim.*, v° *Rapt*, p. 674.

11. — Mais la prescription commence naturellement à courir, s'il s'agit d'un rapt de séduction, dès que la jeune fille ravie a atteint sa seizième année, de même qu'au cas d'enlèvement d'une mineure de vingt-un ans, dès que cet âge est atteint, parce que le fait, en le supposant perpétré à ce moment, n'est pas criminel. — Legraverend, *Législ. crim.*, t. 1er, p. 82 ; Morin, p. 674.

V. COMPLICITÉ.

DÉTRACTION (Droit de).

1. — Le droit de détraction (de *distrahere*, distraire) était le droit en vertu duquel le roi s'appropriait une portion des legs ou successions qu'il permettait aux étrangers de venir recueillir en France.

2. — On appelait aussi ce droit, tantôt droit de *migration*, tantôt droit de *traite foraine*, et quelquefois droit d'*exclusion* et de *retenue*.

3. — Dans le plus grand nombre des traités par lesquels nos rois relevaient les étrangers du droit d'aubaine et leur permettaient de venir en France recueillir les successions qui leur étaient échues, on insérait une clause qui fixait le *quantum* du droit de détraction à payer au fisc par l'étranger héritier.

4. — Ce *quantum* variait donc selon les traités et les usages locaux. — Le plus souvent, il était d'un dixième; quelquefois, il s'élevait au sixième; tantôt au cinquième ou au quatrième; dans certains cas, il allait jusqu'au tiers. — Une déclaration du 18 mars 1768 ne le fixa qu'à 5 p. 0/0 pour les sujets de l'électeur de Bavière. — Sapey, *Les étrang. en France*, p. 144.

5. — Gaschon (*C. dipl. des aubains*, disc. prélim., p. 145) attribue au droit de détraction une origine germanique. — Il est possible qu'il ait été plus en faveur en Allemagne et que l'idée même en soit venue de là. — Cependant, d'après ce que nous venons de voir, il n'a dû prendre naissance chez nous qu'avec l'abolition du droit d'aubaine. — On conçoit, en effet, que nos rois, en permettant aux étrangers de succéder dans leurs états, ne se soient pas décidés facilement à leur accorder intégralement les biens qu'ils s'étaient habitués à considérer comme leur propriété, et qu'ils aient cherché encore à en retenir une portion, soit en imaginant, soit en adoptant le droit de détraction.

6. — Le droit de détraction était exigible de la part d'un étranger, non seulement lorsque, domicilié dans un autre état, il venait recueillir une succession ouverte à son profit, mais encore quand, demeurant en France, il vendait ses biens pour aller s'établir dans un autre état. — Merlin, *Rép.*, v° *Détraction*; Sapey, *Les étrang. en France*, p. 143; Demangeat, *Histoire de la cond. civ. des étrang. en France*, n° 49.

7. — Ce droit a été aboli en même temps que le droit d'aubaine par le décret de l'assemblée constituante du 6-18 août 1790.

8. — Selon Merlin (*Rép.*, v° *Détraction*), le gouvernement aurait pu, en vertu des art. 11 et 726, C. civ., percevoir le droit de détraction sur les successions échues à des étrangers appartenant à des états qui l'exerçaient encore sur les successions échues dans leur territoire à des Français.

9. — Mais depuis la loi du 14 juill. 1819, qui a abrogé les art. 726 et 912, aucune difficulté ne peut plus s'élever à cet égard, et l'abolition prononcée par la loi de 1790 ayant repris tout son empire, le droit de détraction ne saurait plus être exigé, sous aucun prétexte.

10. — On peut voir dans le rapport fait au conseil d'état, le 24 thermid. an IX, par Rœderer, la liste des pays et villes qui, en stipulant avec la France l'abolition réciproque du droit d'aubaine, avaient remplacé par un droit de détraction. — V. Fenet, *Rec. des trav. prépar. du C. civ.*, t. 7, p. 69. — V. au surplus le mot AUBAINE (droit d'), à la suite duquel nous avons donné la nomenclature complète et par ordre alphabétique des états avec lesquels la France a fait des traités relativement au droit d'aubaine et à celui de détraction. — V. AUBAINE (dr. d'), AGENT DIPLOMATIQUE, ÉTRANGER.

DETTE.

1. — C'est ce que l'on doit à quelqu'un.

2. — Cependant on emploie quelquefois le même mot pour indiquer ce qui nous est dû, et qu'on appelle plus régulièrement *créance*. D'où la distinction des *dettes actives* et des *dettes passives*.

3. — Une obligation ne doit pas moins conserver le nom de dette, bien qu'elle ne soit pas actuellement exigible. — V. OBLIGATION.

4. — Les dettes ont différentes dénominations, selon les points de vue sous lesquels on les considère. Ainsi, la dette est :

5. — ... *Active* ou *passive*. — La première est celle dont on a droit d'exiger le paiement, et la seconde celle qu'on est obligé de payer. — Une même dette est tout à la fois *active* à l'égard du créancier et *passive* à l'égard du débiteur.

6. — ... *Mobilière* ou *immobilière*. — La dette *mobilière* est celle qui a pour objet quelque chose de mobilier, comme une somme d'argent, un livre, une table. — La dette *immobilière* est celle qui a un immeuble pour objet; telle est la dette de celui qui est obligé de livrer un terrain.

7. — ... *Personnelle* ou *réelle*. — La première est toute dette contractée par le débiteur personnellement ou pour lesquelles le créancier a une action personnelle. — La seconde est celle qui résulte uniquement de la détention ou possession d'un immeuble; telle est la dette du tiers détenteur vis-à-vis des créanciers hypothécaires.

8. — ... *Commerciale* ou *civile*. — La première est celle qui rend les débiteurs justiciables des tribunaux de commerce. — La seconde est celle qui ne résulte pas d'un fait de commerce.

9. — ... *Chirographaire*, *hypothécaire* ou *privilégiée*. — La dette *chirographaire* est celle qui résulte d'une convention verbale ou sous-seing privé, ou qui n'emporte point hypothèque. — La dette *hypothécaire* est celle qui est garantie par une hypothèque et qui autorise une action hypothécaire contre les tiers détenteurs. — La dette *privilégiée* est celle qui fait préférer un créancier à tout autre, soit chirographaire, soit hypothécaire. — V. HYPOTHÈQUE, PRIVILÉGE.

10. — ... *Ancienne*. — C'est, en matière d'hypothèque, celle qui précède les autres, et en matière de subrogation, c'est celle à laquelle le nouveau créancier est subrogé. — Sous la coutume de Normandie, on appelait *dette anciene* celle qui était antérieure à l'acquisition du tiers acquéreur. — Merlin, *Rép.*, v° *Dette*, § 1er.

11. — ... *Légale*. — C'est celle à laquelle on est obligé par la loi, comme la réserve des enfans, les alimens dus réciproquement entre les ascendans et descendans, etc.

12. — ... *Pure et simple* ou *conditionnelle*. — La dette est *pure et simple*, quand elle contient l'obligation de payer sans condition. — Elle est *conditionnelle* quand elle dépend de quelque événement et qu'elle ne peut être exigée qu'après l'accomplissement de quelque condition. — V. CONDITION.

13. — *Exigible* ou *à terme*. — La première est celle dont le paiement peut être actuellement demandé; la seconde est celle dont le paiement ne peut être demandé qu'à l'expiration d'un certain délai. — V. COMPENSATION, TERME.

14. — ... *Solidaire*. — Quand le créancier peut l'exiger en totalité de l'un ou de l'autre des co-obligés indifféremment.

15. — ... *Simulée*. — C'est celle que l'on contracte en apparence, mais qui n'est pas sérieuse, et dont il y a ordinairement une contre-lettre. — V. CONTRE-LETTRE, SIMULATION.

16. — Des dettes peuvent être contractées valablement par toutes sortes d'actes, comme par billet, acte sous seing-privé, acte notarié, jugement, etc. — Elles peuvent aussi l'être tacitement comme quand on est obligé, en vertu de la loi, d'un quasi-contrat ou d'un quasi-délit. — Merlin, *Rép.*, v° *Dette*, § 2. — V. OBLIGATION, QUASI-CONTRAT, QUASI-DÉLIT.

17. — Les causes pour lesquelles on peut contracter sont tous les objets pour lesquels on peut s'obliger. — V. OBLIGATION.

18. — Le créancier, pour obtenir le paiement de sa dette, a différentes actions selon la nature de la dette et du contrat, et selon les personnes contre lesquelles il agit. — V. ACTION.

19. — Outre les lois communes à toutes les espèces de dettes, il y en a de particulières à certaines dettes, par exemple les dettes commerciales (V. ACTE DE COMMERCE); les dettes de la communauté (V. COMMUNAUTÉ), les dettes de succession (V. SUCCESSION), etc.

20. — Quant aux manières dont les dettes peuvent s'éteindre, V. OBLIGATION.

V. aussi DÉSHÉRENCE, ENREGISTREMENT, REMISE DE LA DETTE.

DETTES DES COMMUNES.

V. COMMUNE.

DETTES DE PRINCE.

V. LISTE CIVILE.

DETTE PUBLIQUE. — DETTES DE L'ÉTAT.

Table alphabétique.

DETTE PUBLIQUE, DETTES DE L'ÉTAT. — 1. — On comprend sous cette double dénomination l'ensemble des engagemens de toute nature qui sont à la charge de l'état.

2. — Dans le langage usuel, toutefois, le mot *dette publique* semble plutôt exprimer la dette permanente à la charge de l'état, celle qui résulte de la création des rentes et des emprunts, et que les pouvoirs de l'état ont solennellement consacrée. Par le mot *dettes de l'état* on entendrait plus particulièrement les obligations que le gouvernement contracte journellement, soit dans l'intérêt des services publics, soit pour d'autres causes, et dont la liquidation se fait en la forme administrative.

3. — Mais ces deux natures de dettes ont des rapports tellement intimes, qu'il est en quelque sorte impossible de les séparer. Aussi, dans le langage du droit, les confond-on presque généralement, c'est également ce qu'a fait la législation.

4. — « La dette publique, porte la charte constitutionnelle (art. 61), est garantie. Toute espèce d'engagement pris par l'état avec ses créanciers est inviolable. »

—

Sect. 1re. — *Des différentes sortes de dettes à la charge de l'état.*

§ 1er. — *Dette inscrite ou perpétuelle.*

5. — On appelle dette *inscrite* ou *perpétuelle* celle dont l'état n'acquitte que la rente, sans être engagé à en rembourser le capital à une époque déterminée.

6. — L'origine de cette dette, qui a été en France le point de départ du crédit public, est toute moderne.

7. — Avant 1789, les seules voies de crédit qui fussent ouvertes à l'état étaient la vénalité des offices, les prêts sur gages, qui entraînaient souvent l'aliénation des impôts, et les avances sur nantissemens, dont la ressource matérielle, nécessairement fort restreinte, dépassait encore la valeur d'un secours pécuniaire très chèrement acheté. — M. d'Audiffret, *Système financier de la France*, t. 1er, p. 157.

8. — Lorsque la révolution éclata, l'état succombait sous le poids d'obligations de toute nature, dont le fardeau s'augmenta encore par suite des événemens politiques et de la nouvelle organisation sociale.

9. — Des emprunts à rembourser ; des rentes constituées à servir ; de nombreux effets au porteur à payer ; les obligations de la caisse d'escompte et des diverses compagnies financières auxquelles l'état se trouvait substitué ; le montant du prix des offices supprimés ; les assignations sur les domaines nationaux ; les dettes des communes et des anciennes corporations déclarées dettes nationales ; enfin, de nombreuses dettes immédiatement exigibles ; telle était, en 1793, la composition de la dette publique.

10. — Dans l'impossibilité de faire face à toutes ces charges, on voulut du moins renouveler la situation financière du pays. — On voulut surtout remédier à la confusion et aux embarras qui résultaient de la diversité des titres des créanciers, en substituant à ces anciens titres un titre nouveau et uniforme.

11. — Par l'égalité que l'on établissait ainsi entre tous les engagemens de l'état, quelles qu'en fussent la nature et la date, on évitait, d'ailleurs, que la confiance publique ne vînt à se porter sur certains de ces engagemens, de préférence aux autres, au détriment du crédit public.

12. — On décréta donc la création d'un registre général sur lequel tous les créanciers de l'état indistinctement dussent être inscrits par ordre alphabétique, pour une rente équivalente au capital liquidé de leurs créances, ou aux rentes qu'ils possédaient déjà, en attendant le remboursement. — Décr. 24 août 1793, art 1er.

13. — Ce registre, que l'on nomma le *grand-livre de la dette publique*, fut déclaré « le titre unique et fondamental des créanciers de la république. » — Même décret, art. 6.

14. — Des extraits ou certificats d'inscription, négociables par la voie du transfert, remplacèrent tous les anciens titres. La régularité de ces nouvelles valeurs et la facilité de leur négociation les firent accueillir avec faveur.

15. — La dette inscrite fut, dès-lors, constituée. Toutefois, avant d'obtenir dans la confiance publique la place qu'elle y a conquise depuis, son crédit devait être fortement ébranlé.

16. — De nouveaux embarras ayant forcé le gouvernement de revenir sur ses promesses, la loi du 9 vendém. an VI ordonna que toutes les rentes et les autres dettes de l'état, anciennes et nouvelles, seraient remboursées pour les deux tiers en bons au porteur, et que le troisième tiers seulement resterait inscrit au grand-livre. C'est ce qu'on appela *tiers consolidé*.

17. — On a justement flétri cette mesure du nom de banqueroute. Les bons au porteur, dépréciés dès leur émission, perdirent bientôt toute valeur, et les créanciers de l'état se trouvèrent en réalité spoliés des deux tiers de leurs créances, contrairement aux engagemens pris.

18. — Il est facile d'ailleurs de se rendre compte de la défaveur qui s'attacha pendant longtemps au tiers consolidé, par suite du peu de confiance que l'on pouvait accorder aux nouvelles promesses du gouvernement.

19. — Dès le retour de l'ordre cependant, la dette inscrite se releva du coup qui lui avait été

porté, et malgré les nombreuses fluctuations que lui firent éprouver les guerres de la république et de l'empire, elle tendit chaque jour davantage à faire des progrès dans la confiance publique. Mais c'est surtout depuis 1814 et le rétablissement de la paix que ses progrès ont été sensibles.

20. — Le crédit public, inconnu jusque là, devint la première et la plus précieuse ressource de l'état, et c'est à lui que, depuis lors, on put demander les subsides extraordinaires dont on eut besoin, soit pour faire face à des exigences pressantes, soit pour faciliter de grandes entreprises.

21. — Depuis lors, tous les emprunts nécessaires sont contractés par le moyen de création de nouvelles rentes à un taux déterminé. Ces rentes sont adjugées par la voie des enchères à ceux qui offrent de les prendre au taux le plus élevé, sans toutefois que ce taux soit au-dessous d'un *minimum* fixé.

22. — C'est ainsi que la dette inscrite après avoir été d'abord considérée uniquement comme un moyen, pour l'état, de se défendre des exigences de ses créanciers, est devenue un élément de sa prospérité. De sages mesures ont, du reste, puissamment contribué à ce résultat.

23. — Ainsi, le principe de l'inviolabilité de la dette publique, proclamé par la Charte, a accru la confiance des prêteurs.

24. — Un fonds d'amortissement destiné à éteindre successivement la dette inscrite, au moyen du rachat fait, au nom de l'état, des rentes mises en vente à la Bourse, a été créé. Fixé à 20,000,000 de fr. par la loi du 20 avr. 1816, ce fonds a été depuis considérablement augmenté, et dépasse aujourd'hui 40,000,000 de fr.; en outre, chaque nouvel emprunt est doté d'un fonds spécial d'amortissement qui ne peut être au-dessous de 1 p. % du capital des rentes créées. — V., au surplus, CAISSE D'AMORTISSEMENT.

25. — Une comptabilité centrale destinée à retracer tous les mouvemens et à représenter constamment à jour la situation des différentes parties de la dette inscrite, a été établie à la direction de la dette inscrite. — Lerat de Magnitot et Delamarre, v° *Dette publique*.

26. — En outre, une commission de comptabilité a été instituée 1° pour vérifier et arrêter, le 31 décembre de chaque année, les livres et registres tenus à la direction de la dette inscrite ; — 2° pour constater la concordance des écritures avec le compte-rendu par le ministre des finances. Le résultat de ces opérations est compris dans le procès-verbal dressé par la commission et distribué aux chambres. — Ord. des 10 déc. 1815 ; 12 nov. 1826.

27. — Enfin on a étendu à l'administration de la dette inscrite les mesures de contrôle établies pour la comptabilité générale des finances, et la cour des comptes a été saisie du jugement de toutes les opérations qui s'y rattachent. — V. COMPTABILITÉ GÉNÉRALE, COUR DES COMPTES.

28. — La dette inscrite, qui ne se composa pendant long-temps que des rentes 5 %, consolidées par la loi du 9 vendém. an VI, comprend aujourd'hui en outre des rentes à 4 et 1-2 ; à 4, et à 3 p. %, et enfin des rentes au porteur.

29. — Tout ce qui regarde l'émission de ces diverses valeurs, les développemens que comporte la législation relative aux rentes sur l'état, en général, les priviléges qui y sont attachés, les inscriptions au grand-livre, les transferts et les mutations, le paiement et la prescription des arrérages, le remboursement par l'état, etc., est placé au mot RENTES SUR L'ÉTAT.

§ 2. — *Dette viagère.*

30. — Sous la dénomination de *dette viagère* on comprend 1° les rentes sur l'état, constituées viagèrement, et qui doivent s'éteindre par le décès des titulaires ; — 2° les pensions de toute nature, accordées par l'état, en rémunération des services publics.

31. — Les rentes viagères sur l'état se composent de celles qui avaient été ainsi constituées par le gouvernement antérieur à 1789, et qui furent depuis reconnues comme dettes nationales.

32. — Comme les rentes perpétuelles, elles provenaient de diverses sources. Elles furent de même indistinctement confondues sur un grand-livre, qui devint le titre commun de tous les créanciers. — L. 23 flor. an II.

33. — Elles furent seulement divisées en quatre séries ou classes selon le nombre des têtes sur lesquelles les rentes reposaient. — *Ibid.*

34. — Diverses mesures qu'il est devenu inutile aujourd'hui de développer, et qui n'ont d'ailleurs reçu qu'une exécution imparfaite, furent d'abord prises pour amener la conversion des rentes via-

gères en rentes perpétuelles. — V. LL. 23 flor. et messid. an II.

35. — Plus tard, les rentes viagères subirent le sort des rentes perpétuelles, et furent réduites au tiers par l'effet de la loi du 9 vendém. an VI.

36. — Cette dette, que diverses causes ont graduellement diminuée, est destinée à s'éteindre complétement. D'après les calculs faits par l'administration des finances, le budget de l'état en sera tout à fait déchargé en 1880. — Rapp. au roi sur l'administration des finances, 1830.

37. — L'état ne fait plus aujourd'hui d'emprunts à titre de rente viagère, parce qu'il a été reconnu que l'excédant de l'intérêt des rentes viagères sur l'intérêt ordinaire des rentes empruntées suffisait pour éteindre la dette par la voie de l'amortissement long-temps avant qu'elle fût éteinte par la mort des rentiers. — Foucart, *Droit admin.*, t. 2, no 219.

38. — Il est ouvert sur le grand-livre de la dette publique viagère un compte de l'état, au crédit duquel sont portées toutes les extinctions, afin qu'on puisse reconnaître et constater, dans tous les temps le montant des diminutions de la dette viagère. — L. 23 flor. an II, art. 45.

39. — Toutes les rentes rejetées du grand-livre pour cause de non réclamation des arrérages pendant trois années consécutives sont transportées à ce même compte. — Décr. 8 vent. an XIII, art. 1er.

40. — Mais ces rentes peuvent être rétablies, lorsque les ayant-droit justifient au trésor de leur existence par un certificat. Les rétablissemens n'ont lieu qu'en vertu de décisions ministérielles et avec le concours des deux agens comptables du grand-livre et des transferts et mutations. — *Ibid.*, art. 2. — V., au surplus, RENTES SUR L'ÉTAT.

§ 3. — *Pensions.*

41. — Toutes les pensions à payer sur les crédits de la dette publique sont inscrites au livre des pensions. — L. 27 fév. 1811, art. 1er; 25 mars 1817, art. 22.

42. — Les pensions dont se compose aujourd'hui cette partie de la dette sont : les pensions de l'ancien sénat et de la pairie (L. 28 mai 1829); — les pensions civiles (LL. 22 août 1790; 31 juill. et 22 août 1791; décr. réglem. 13 sept. 1806); — les pensions ecclésiastiques (LL. 24 août 1790; 16 et 18 août 1792; 2 frim. an II; 9 vendém. an VI); — les pensions militaires de retraite et de réforme, les pensions de veuves de militaires et les secours annuels au profit d'orphelins (LL. et ord. 28 fruct. an VII; 14-27 août 1814; 17 août 1822; 11 avr. 1831; 19 mai 1834); — les doublemens de solde de retraite des anciens vétérans des camps d'Alexandrie et de Juliers (L. 14 juill. 1819, art. 8); — les pensions de donataires (L. 26 juill. 1821); — les pensions à titre de récompense nationale (L. et ord. 13 déc. 1830; 25 août 1831; 21 avr. et 13 déc. 1833; 4 sept. 1835; 15 juin 1836); — les pensions des vainqueurs de la Bastille (L. 26 avr. 1833). — V., au surplus, PENSIONS SUR L'ÉTAT.

§ 4. — *Dette flottante.*

43. — La *dette flottante* est destinée à couvrir par des voies et moyens de trésorerie l'insuffisance des ressources des budgets. — Rapp. au roi sur l'adm. des finances 1830.

44. — Ces moyens consistent dans l'émission de *bons royaux*, payables à échéance fixe et portant intérêt, que le ministre des finances est autorisé à négocier dans les limites fixées par la loi annuelle des finances.

45. — La même loi fixe également chaque année le crédit nécessaire au service des intérêts de cette partie de la dette publique. — Ord. 31 mai 1838, art. 247. — V. BONS ROYAUX.

§ 5. — *Cautionnemens.*

46. — Les *cautionnemens en numéraire* qui sont exigés pour l'exercice de certaines fonctions publiques sont, comme on le sait, versés dans les caisses du trésor, qui en paie l'intérêt, et constituent ainsi pour l'état une sorte d'emprunt dont le remboursement devient exigible à l'époque où le titulaire cesse ses fonctions.

47. — Mais il est à remarquer que lorsqu'il y a ainsi lieu à restituer le cautionnement d'un titulaire, ce cautionnement est immédiatement remplacé par le cautionnement que doit verser le nouveau fonctionnaire nommé en remplacement, de telle sorte qu'en réalité l'état qui, profite du capital, n'est tenu cependant que du paiement de l'intérêt. — Foucart, *Droit admin.*, t. 2, no 221.

48. — Les capitaux qui composent cette partie de la dette publique constituent donc, en définitive, une sorte de dette flottante qui se suffit à elle-même et qui tend par sa nature à se renouveler incessamment. Aussi est-ce sur le fonds flottant des cautionnemens que les remboursemens sont imputés d'après les réglemens sur la comptabilité publique. — Ord. 31 mai 1838, art. 245.

49. — Les intérêts sont acquittés par les payeurs d'après les ordonnances du ministre des finances, imputables sur les crédits législatifs. — *Ibid.*; arr. min. fin., 29 nov. 1834. — V. CAUTIONNEMENT (fonctionnaires, etc.).

§ 6. — *Dettes exigibles.*

50. — Indépendamment des diverses natures de dettes qui sont reconnues et fixées par les lois, la dette publique comprend encore toutes les dettes que l'état contracte journellement dans l'intérêt des services publics, pour travaux, fournitures, etc., ou dont il peut être déclaré passible par suite des obligations auxquelles il est soumis, soit comme gérant de la fortune domaniale, soit comme responsable, en certains cas, du préjudice que les mesures administratives et diverses autres circonstances peuvent causer aux particuliers. C'est ce qu'on peut appeler les dettes exigibles.

51. — Nous n'examinerons pas ici comment ces dernières dettes prennent naissance, dans quelles formes elles doivent être constatées, ni le mode de réglement propre à chacune d'elles. Les développemens qui sont à cet égard nécessaires viendront naturellement se classer sous chaque matière.

52. — Notre but est seulement de faire connaître en général comment les créanciers de l'état doivent exercer l'action qui leur appartient en paiement de leurs créances; l'autorité compétente pour reconnaître et liquider leurs droits; les déchéances auxquelles ils sont soumis.

Sect. 2e. — *De la liquidation des dettes de l'état, et de l'autorité compétente pour statuer sur les actions des créanciers.*

53. — La liquidation a pour objet de reconnaître : 1o l'existence d'une créance sur l'état; 2o sa qualité; 3o les droits à la chose de celui qui se présente comme créancier. — De Gérando, *Instit. de droit admin.*, t. 4, p. 553.

54. — La légitimité de la créance à son tour suppose : 1o que sa cause est réelle; 2o que l'état se trouve engagé dans les formes légales et par conséquent qu'il a été stipulé en son nom par ceux de ses agens qui ont qualité pour l'engager. — De Gérando, *ibid.*

55. — Le décret de l'assemblée nationale du 17 juill.-8 août 1790 porte que « nulle créance sur le trésor public ne peut être admise parmi les dettes de l'état qu'en vertu d'un décret de l'assemblée nationale, sanctionné par le roi. »

56. — En vertu d'un décret du 22 janvier précédent et d'une décision du 22 février, même année, il existait alors dans le sein de l'assemblée un comité de liquidation chargé de vérifier toutes les créances arriérées et d'en arrêter le montant. Le rapport de ce comité fut déclaré indispensable pour l'admission des créances.

57. — Par la loi du 22 août 1790, on substitua à ce comité une direction générale qui, sous les ordres d'un commissaire nommé par le roi et sous la surveillance de l'assemblée, préparait les liquidations que l'assemblée décrétait ensuite, sur le rapport de chacun des comités.

58. — Sous la convention et le directoire, et même dans les premiers temps du consulat, on ne voit pas que les fonctions de la direction aient été attribuées à aucune autre autorité.

59. — Mais un arrêté du 23 vend. an IX vint plus tard confier la liquidation de l'arriéré à un liquidateur général.

60. — Un second arrêté du gouvernement du 13 prair. an X institua un conseil général de liquidation, auquel fut donné le pouvoir de liquider définitivement toutes les parties de la dette publique.

61. — Les décisions prises par ce conseil à l'unanimité, devaient recevoir leur exécution provisoire « sans que le recours au gouvernement pût les suspendre. » — Art. 8.

62. — En cas de diversité d'opinions dans le conseil de liquidation, il devait, en être fait, par le directeur général, un rapport au conseil d'état, pour la liquidation y être jugée comme affaire contentieuse. — *Ibid.*

63. — Mais, hors ce cas, une jurisprudence constante a établi que le conseil d'état n'était pas compétent pour connaître des décisions du conseil général de liquidation. — V. notamment *Cons. d'état*, 18 mars 1816, Rault; 22 fév. 1821, Ouvrard; 4 nov. 1824, Maupetit; 22 juin 1825, Laurier; 24 juill. 1835, Jubié.

64. — On voit par ces dispositions que le pouvoir exécutif se regarda dès-lors comme investi du droit que s'était attribué l'assemblée nationale de prononcer en dernier ressort sur l'admission des créances à la charge de l'état.

65. — Aucun doute ne peut, au surplus, rester à cet égard en présence des décrets des 25 fév. 1808 et 13 déc. 1809 et de la loi du 15 janv. 1810 qui, en supprimant le conseil général de liquidation, laissèrent au ministre des finances à statuer sur l'admission des créances non encore liquidées à cette époque.

66. — Des ordonnances royales des 10 oct. 1814 et 15 oct. 1818 statuèrent dans le même sens, la première en créant un comité de révision des créances arriérées, *liquidées dans les ministères*; la seconde en portant qu'au cas de dissentiment entre le ministère ordonnateur et le comité de révision dont il vient d'être parlé, « le ministre des finances, s'il partageait l'avis du comité, devait l'homologuer et le notifier aux parties sans préjudice du recours au Conseil d'état. »

67. — Enfin, le principe de la juridiction administrative, en cette matière, a été plus ou moins explicitement consacré par de nombreuses dispositions de nos lois de finances.

68. — Et, en dernier lieu, l'ordonnance du 31 mai 1838 a formulé nettement cette règle, que « aucune créance ne peut être liquidée à la charge du trésor que par l'un des ministres ou par ses mandataires. »

69. — « C'est, dit M. Serrigny (*Compét. et proc. administr.*, t. 2, no 962), la conséquence de la responsabilité ministérielle, combinée avec cette règle décrétée par l'assemblée constituante comme maxime constitutionnelle, savoir : que nulle créance sur le trésor public ne peut être admise parmi les dettes de l'état qu'en vertu d'une loi. »

70. — La liquidation des dettes de l'état appartient à l'autorité administrative, dit aussi M. de Gérando (t. 4, p. 556, no 6661); les tribunaux ne peuvent connaître des actions qui tendraient à constituer l'état débiteur. — L. 16 fructid. an III; arr. du 29 germ. an V; des 19 niv., 9 flor., 19 thermid. an IX.

71. — Doit-on donc adopter dans des termes aussi généraux cette opinion, que les tribunaux civils sont incompétens pour connaître de toute action tendant à constituer l'état débiteur? Il est vrai que telle est la doctrine qui semble ressortir de la jurisprudence du conseil d'état. — V. *Cons. d'état*, 26 août 1835, Clament Zuntz; 21 oct. même année, Duchatellier; 9 mars 1836, propriétaires de la salle Ventadour; 9 mai 1841, de Bâvre. — V. aussi Cormenin, *Dr. adm.*, vo *Dettes de l'état*.

72. — La même opinion s'est manifestée en ce qui concerne la compétence des conseils de préfecture.

73. — Mais cette doctrine est vivement contestée, et l'on a fait observer avec raison qu'il ne fallait pas confondre la déclaration juridique, qui peut être nécessaire au créancier pour constituer son titre avec le travail de la liquidation, proprement dit, qui consiste uniquement à examiner et à vérifier les titres qui justifient les créances, pour les admettre, les rejeter ou les réduire. — V. Dufour, *Droit admin.*, t. 2, p. 361.

74. — « Le ministre, dit cet auteur (*ibid.*), n'est point constitué d'une manière générale et absolue juge des litiges qui peuvent naître entre les particuliers et l'état. Son droit et son devoir est uniquement de vérifier et de juger dans leur rapport avec les pièces produites pour les justifier, avec leurs titres en un mot, les demandes en remboursement. Quant à la déclaration du droit au fond, quant à l'obtention du titre, elle se poursuit devant le juge déterminé par la nature du débat. »

75. — C'est donc, en définitive, par l'application des principes ordinaires qui régissent la séparation des deux pouvoirs judiciaire et administratif que la compétence respective des tribunaux et de l'administration doit être déterminée en cette matière.

76. — Les tribunaux étant absolument incompétens pour s'immiscer dans la connaissance des affaires administratives, ne pourront s'occuper d'affaires tendant à faire déclarer l'état débiteur *par suite et en interprétation d'actes administratifs*. — Solon, *Répert. adm.*, vo *Dettes de l'état*.

77. — C'est en ce sens qu'un arrêté du directoire exécutif du 2 germin. an V a déclaré que les tribunaux ne pouvaient connaître d'actions tendant à faire constituer l'état débiteur. Les motifs principaux sur lesquels repose cette décision sont, en effet, que « dans la classe des affaires

 DETTE PUBLIQUE, sect. 2e. DETTE PUBLIQUE, sect. 2e.

administratives se rangent naturellement toutes les opérations qui s'exécutent par les ordres du gouvernement, par ses agens immédiats, sous sa surveillance, et avec les fonds fournis par le trésor public; que si les demandes en paiement auxquelles ces opérations peuvent donner lieu, ou les autres contestations qui en peuvent naître, étaient portées devant les tribunaux ordinaires, il en résulterait que l'agent du gouvernement qui n'opère que par ses ordres et avec les moyens qu'il en reçoit pourrait être poursuivi et condamné personnellement à payer des sommes pour lesquelles il n'a contracté réellement ni fictivement aucune obligation personnelle. »

78. — Cet arrêté disposait en définitive : ..... « Art. 2. Les commissaires du directoire exécutif (les procureurs du roi) près les tribunaux civils sont tenus de s'opposer à toutes poursuites qui seraient dirigées devant ces tribunaux contre des agens du gouvernement, en leur nom, soit pour raison d'engagemens par eux contractés en leur qualité, soit pour raison d'indemnités prétendues à leur charge, pour retard de paiement de sommes dues par le trésor public, et de dénoncer au ministre de la justice tous les jugemens qui pourraient intervenir au contraire. »

79. — Les mêmes considérations s'appliquent évidemment à l'appréciation des obligations qui peuvent résulter pour l'état de toutes les mesures arrêtées par le gouvernement.

80. — Ainsi, les tribunaux sont incompétens pour statuer sur les demandes en indemnité formées contre l'état à raison de la cessation d'établissemens industriels prohibés par des dispositions législatives. — *Cons. d'état*, 26 août 1835, Clament Zuntz; 21 oct. 1835, Duchatellier.

81. — Ils ne peuvent non plus statuer sur une réclamation fondée sur l'interprétation d'une convention diplomatique. — *Cons. d'état*, 6 août 1823, corsaire *la Représaille*.

82. — ... Ni sur la validité d'un remboursement fait entre les mains d'un administrateur étranger dans un pays occupé par l'armée française et déjà soumis à l'administration du gouvernement français. — *Cons. d'état*, 10 mars 1807, Verborgt.

83. — ... Ni sur la saisie faite à la requête du gouvernement de fonds destinés à payer un armement illicite dirigé contre un gouvernement allié. — *Cons. d'état*, 6 sept. 1826, Murat.

84. — ... Ni sur les contestations résultant d'opérations financières intervenues entre le trésor et un tiers, soit qu'il s'agisse de fixer la somme due à la trésorerie par ce tiers, soit qu'il s'agisse de liquider ce qui peut être dû à celui-ci par l'état. — *Cons. d'état*, 8 thermid. an XI, Leavenworth.

85. — ... Ni sur la demande formée contre un agent du gouvernement à fin de paiement de traites tirées par cet agent dans l'ordre du service à lui confié. — *Cons. d'état*, 13 brum. an IX, Second c. Dena et Brun.

86. — ... Ni sur la demande en règlement de salaires administratifs réclamés par un agent de l'administration. — *Cons. d'état*, 1er mai 1822, Reinquin.

87. — ... Ni sur le point de savoir si des dettes contractées pour la construction d'un pont sont devenues dettes nationales. — *Cons. d'état*, 9 mess. an XIII, d'Agar.

88. — Ils ne peuvent non plus statuer sur une question qui a pour objet de faire apprécier les formes et les réglemens intérieurs suivis au trésor. — *Cons. d'état*, 6 déc. 1836, Loubens de Verdale.

89. — Ils sont enfin également incompétens pour connaître de toutes les questions relatives à la liquidation de la dette publique. — *Cons. d'état*, 20 mars 1822, Lacroix Durepaire; 4 fév. 1824, Bourbon-Conti; 9 mars 1836, propriétaires de la salle Ventadour.

90. — ... Et, par suite, sur la nature et les effets des actes de liquidation administrative, même entre particuliers. — *Cons. d'état*, 26 oct. 1828, héritiers de Bign.

91. — Ils ne sauraient, sans excès de pouvoir, préjuger les résultats de ces actes. — *Cons. d'état*, 22 fév. 1826, Arfélière.

92. — C'est par application des mêmes principes qu'il a été jugé que l'autorité judiciaire est incompétente pour connaître des arrêtés du conseil général de liquidation de la dette publique. — *Cons. d'état*, 13 nov. 1822, Lecosté.

93. — Mais, au contraire, par la raison que l'autorité administrative est sans pouvoir pour s'immiscer dans les attributions de la juridiction ordinaire, celle-ci a seule le droit de déclarer l'état débiteur, *en vertu des principes du droit commun.* — Solon, *ubi suprà*.

94. — Ainsi les tribunaux ordinaires sont compétens pour statuer sur la responsabilité civile encourue par l'état, à raison d'accidens provenant du fait de ses préposés. — *Cass.*, 30 janv. 1843 (t. 1er 1843, p. 499), Admin. des postes et Leconte c. Depeyre; 3 juin 1843 (t. 2 1843, p. 617), Daullé et Admin. des postes, et 1er avr. 1845 (t. 1er 1845, p. 472), Admin. des postes c. Depeyre.

95. — .. Notamment sur la responsabilité résultant des accidens causés par la course des malles-postes. — Mêmes arrêts.

96. — ... Ou des accidens et torts occasionnés par des animaux dont l'état est propriétaire. — Dumesnil, *Législation du trésor public*, no 344.

97. — Ils sont également compétens pour connaître d'une demande ayant pour objet le paiement de travaux faits dans un immeuble de l'état. — *Cons. d'état*, 28 mars 1838, Barrau. — V. encore DOMAINE DE L'ÉTAT.

98. — ... Ou pour prononcer sur une question de propriété de rentes inscrites au trésor public, et sur les droits que peut y avoir une association non autorisée. — *Cons. d'état*, 14 avr. 1839, Min. des fin. — V. RENTES SUR L'ÉTAT.

99. — Il leur appartient, de même, de statuer sur les demandes en main-levée d'inscription hypothécaire formées contre l'état. — *Cons. d'état*, 22 fév. 1826, Arfélière.

100. — ... De décider les contestations qui peuvent s'élever sur la régularité et les effets de l'endossement de traites tirées par un agent du gouvernement. — *Cons. d'état*, 8 mai 1822, Laffitte; 27 août 1833, Desprez et Basterrèche.

101. — ... De connaître de la demande tendant à faire annuler un paiement fait par le trésor au mépris d'un transport légalement signifié. — *Paris*, 5 juill. 1836, Trésor public c. Loubens de Verdale; *Cons. d'état*, 16 mai 1839, Corbie.

102. — ... Ou nonobstant une opposition régulière. — *Cons. d'état*, 18 sept. 1833, Chartrey.

103. — Mais il faut remarquer que lorsqu'un tribunal est saisi d'une réclamation contre l'état, et qui est de sa compétence, il ne doit pas surseoir à statuer par cela seul que l'administration des domaines oppose que la créance réclamée, en admettant qu'elle existât, serait frappée de déchéance ou de prescription par les lois de finances. Il doit prononcer sur le fond, sauf à réserver à l'autorité administrative, seule compétente à cet égard, le jugement de la question de déchéance. — *Cons. d'état*, 23 juill. 1844, comm. de Réel les Eaux. — V. encore, sur ce dernier point, *infrà* nos 131 et suiv.

104. — Seulement, dans tous les cas, lorsque les tribunaux prononcent des condamnations contre l'état, ils doivent se borner à fixer le chiffre de la condamnation : ils ne peuvent, sans excès de pouvoir, soit ordonner l'exécution par provision, soit déterminer l'époque du paiement des sommes allouées, l'exécution des jugemens portant des condamnations pécuniaires contre l'état étant soumise à des formes particulières. — Dumesnil, *ubi suprà*, nos 85 et suiv., et 349.

105. — En se reportant aux principes qui ont posé la limite entre la juridiction des ministres et celle des conseils de préfecture, on arrive à des résultats analogues, en ce qui concerne la compétence de ces conseils en matière de dettes de l'état.

106. — Ils ne peuvent en rien statuer sur toutes les contestations qui, par leur nature, appartiennent à l'autorité ministérielle.

107. — Ils sont, par exemple, incompétens pour prononcer sur la question de savoir si une dette est nationale ou communale en vertu de la loi du 24 août 1793, art. 82 et suiv.; c'est au ministre qu'il appartient de statuer, sauf le recours au conseil d'état. — *Cons. d'état*, 22 fév. 1837, comm. de Templeuve.

108. — Mais par la juridiction qui leur est attribuée, en matière de travaux publics comme dans diverses autres parties du contentieux administratif, ils sont journellement appelés à déclarer l'état débiteur.

109. — Seulement, il est évident que, de même que les tribunaux, ils ne peuvent sans excès de pouvoir fixer le délai dans lequel l'état sera tenu de payer les sommes accordées par leurs arrêtés.

110. — Dans ce cas, comme dans celui où les tribunaux sont compétens, la liquidation des créances qu'ils peuvent reconnaître ne leur appartient pas, et reste dans les attributions de l'autorité ministérielle ou de ses délégués.

111. — En résumé, la déclaration de l'existence de la dette et sa liquidation sont deux choses distinctes et qui ne se confondent et ne sont soumises simultanément à la juridiction ministérielle qu'autant que cette juridiction est d'ailleurs compétente pour statuer sur la réclamation.

112. — Tel serait, par exemple, le cas où il s'agirait de prononcer sur la demande en indemnité formée contre l'état à raison de la fermeture d'établissemens industriels ordonnée en vertu d'une loi. — *Cons. d'état*, 26 août 1835, Clament Zuntz; 21 oct. même année, Duchatellier.

113. — ... Ou sur une réclamation fondée sur un marché de fournitures passé par un ministre pour le service de son département. — V. MARCHÉS ET FOURNITURES.

114. — Jugé aussi que le ministre des finances est compétent pour statuer sur une demande tendant à obtenir le paiement immédiat d'une somme formant le reliquat d'un compte de gestion de biens provenant d'une saisie réelle. — *Cons. d'état*, 14 janv. 1842, de Sainte-Marie d'Agneaux.

115. — ... Ou pour statuer sur le point de savoir si l'art. 2277, C. civ., est applicable au membre de la Légion-d'Honneur qui laisse passer plus de cinq ans sans faire reconnaître son titre et sans réclamer le traitement qui y est attaché. — *Cons. d'état*, 5 fév. 1841, Moreau; — Serrigny, *Compét. et procéd. admin.*, t. 2, no 964.

116. — La liquidation seulement appartient dans tous les cas au ministre, qui se trouve ainsi juge de l'admission définitive des créances reconnues et de leur mode de paiement.

117. — La décision qu'il prend à cet égard est, comme toutes les décisions ministérielles, susceptible de recours devant le conseil d'état, du moins dans les cas ordinaires.

118. — Lorsque cette décision touche à l'interprétation de conventions diplomatiques ou à des questions politiques dont la solution n'appartient qu'au gouvernement, le conseil d'état, lui-même, devient incompétent. — *Cons. d'ét.*, 17 juin 1820, Lerosani; 1er mai 1822, Laffitte; 23 juill. 1823, Murat; 20 nov. 1826, Ambron; 6 déc. 1836, Cohen Bacri; 20 déc. même année, Brun; 5 déc. 1838 et 22 août 1844, famille Napoléon.

119. — De ce que nous avons dit tout-à-l'heure relativement à la compétence respective de l'autorité judiciaire et de l'autorité administrative en matière de dettes de l'état, il résulte qu'en cette matière, les jugemens des tribunaux ne sont que des actes déclaratifs des créances pour lesquelles ils prononcent des condamnations. — *Cons. d'ét.*, 1er nov. 1826, Seuré; 23 avr. 1837, comm. d'Arc-sous-Montenot; 26 juill. 1844, Rénaud.

120. — Il suit de là que ces jugemens n'entravent en rien le ministre dans la liquidation, et qu'ils lui laissent entièrement la faculté d'opposer au créancier, même après le jugement, les exceptions et déchéances tirées de la législation spéciale à la dette publique et à la comptabilité du trésor. — Mêmes décisions.

121. — C'est encore comme conséquence du même principe que, pour obtenir un paiement forcé, le créancier de l'état ne peut jamais s'adresser qu'à l'administration et qu'il ne peut même, en vertu d'un titre exécutoire, faire saisir soit des deniers, soit des biens nationaux. — Dumesnil, *De la législation du trésor public*, nos 85 et suiv.

122. — La prohibition de saisir des deniers appartenant à l'état résulte, au surplus, du texte formel de plusieurs lois, et a été consacrée par la jurisprudence de la cour suprême. — *Cass.*, 16 thermid. an X, Enregistr. c. Metz; — Merlin, *Quest. de dr.*, vo *Action*, § 4; Roger, *Tr. de la saisie-arrêt*, no 253.

123. — « Toutes saisies du produit des droits faites entre les mains des receveurs ou en celles des redevables de la régie, porte la loi sur les douanes du 22 août 1791 (tit. 12, art. 9), seront nulles et de nul effet : nonobstant lesdites saisies, les redevables seront contraints au paiement des sommes dues par eux, et les huissiers qui auront fait aucuns desdits actes, seront interdits de leurs fonctions et condamnés à 1,000 livres d'amende, sauf, aussi, les dommages et intérêts contre les huissiers et contre les saisissans. »

124. — Le décret du 1er germin. an XIII, relatif aux contributions indirectes, dispose également (art. 48) que « toutes saisies du produit des droits faites entre les mains des préposés de la régie ou dans celles de ses redevables seront nulles et de nul effet. »

125. — « Il ne faut pas croire, dit Merlin (*Quest.*, vo *Nation*, § 4), que cette disposition soit particulière, soit aux receveurs, soit aux redevables de contributions indirectes et de droits de douane. — En effet, le principe sur lequel elle repose s'applique évidemment aux deniers de toute nature appartenant à l'état.

126. — C'est ce qui a été jugé spécialement en matière d'enregistrement à l'occasion des saisies pratiquées par des créanciers de la régie et qui ont été annulées. — *Cass.*, 16 thermid. an X, Enregistr. c. Metz; 31 mars 1819, Enregist. c. Jousselin.

127. — Chaque ministre est le liquidateur des dépenses qui regardent les services compris dans

du département. — Dufour, *Dr. admin. appliqué*, n° 1869.

128. — Le ministre des finances a de plus une attribution générale. On doit porter devant lui les demandes en remboursement de toutes créances qui ne peuvent se rattacher à un service spécial, ou qui, se rapportant à un service déjà clos, appartiennent à l'arriéré. — *Ibid.*

129. — Quant au mode de paiement des dettes reconnues et liquidées, V. COMPTABILITÉ GÉNÉRALE, nos 42 et suiv.

130. — Relativement à la saisie-arrêt des sommes dues par l'état, V. SAISIE-ARRÊT, TRÉSOR PUBLIC.

Sect. 3e. — *Des déchéances.*

131. — Les déchéances établies au profit du trésor public sont un moyen de libération analogue à la prescription en matière civile, et fondé sur les mêmes motifs.

132. — Seulement, dans l'intérêt général, qu'on a eu en vue, le terme de cette libération a dû être rapproché, et ses effets ont dû être réglés par des dispositions particulières.

133. — « Le bon ordre de la comptabilité publique, dit M. Dumesnil (*Législation du trésor public*, n° 351), exige que l'on fixe un délai particulier pour la liquidation, l'ordonnancement et le paiement des créances dues par l'état. Ce délai passé, la dette de l'état doit être prescrite et la déchéance encourue. »

134. — On a vu *suprà*, nos 103 et s., que l'autorité administrative a seule le pouvoir d'appliquer les lois de déchéance, comme conséquence du droit exclusif qui lui appartient de faire la liquidation des dettes de l'état.

135. — L'incompétence des tribunaux à cet égard est donc absolue et touche à l'ordre public.

136. — Jugé dans ce sens que les tribunaux sont incompétens pour reconnaître et déclarer si la déchéance est ou non applicable à une action dirigée contre l'état par le vendeur non payé d'un immeuble acquis par l'état conjointement avec des particuliers. — *Cons. d'état*, 7 déc. 1844, Finot.

137. — Jugé encore que les tribunaux sont incompétens pour connaître de la question de savoir si la demande en restitution de droits (spécialement de droits de poste) qui auraient été indûment perçus, est, ou non, passible de la déchéance applicable aux créances sur l'état, et si cette déchéance n'a pas d'ailleurs été couverte par les réclamations précédentes faites auprès de l'administration. — *Cons. d'état*, 28 août 1844, de Saint-Priest.

138. — Il résulte de là que l'autorité administrative peut opposer la déchéance en tout état de cause, même après des jugemens passés en force de chose jugée.

139. — C'est, en effet, un principe constant que les jugemens et arrêts émanés de l'autorité judiciaire et qui portent des condamnations contre l'état ne portent pas obstacle à ce que le ministre oppose au créancier les lois de déchéance. — *Cons. d'état*, 8 janv. 1836, comm. de Richebourg; 24 mai 1836, Pelletier Dulas; 23 avr. 1837, comm. d'Arc-sous-Montenot; 19 avr. 1828, Dargaud; 21 mai 1839, Lair; 11 août 1841, Sallenave; 15 juill. 1842, Corbie; 26 juin 1845, comm. de Voreppe.

140. — « Le ministre, dit à cet égard M. Serrigny (*Compét. et Procéd. admin.*, t. 2, n° 965), ne dénie pas l'existence de la dette, et n'attaque pas le jugement rendu par les tribunaux : seulement, il décide que l'action *judicati* tirée de la condamnation prononcée contre l'état, n'a pas fait novation dans le titre originaire de la créance. Il assimile l'exception puisée dans les lois de déchéance aux exceptions fondées sur le paiement ou la compensation qui s'opposent après le jugement, parce qu'elles sont un mode d'exécution du jugement et non une infraction à ses dispositions : c'est une espèce de monnaie avec laquelle le débiteur se libère. » — V. L. 2, Cod., *De compensat.*

141. — Toutefois, le même auteur fait observer, et avec beaucoup de justessse, que cette jurisprudence n'est pas très conforme aux vrais principes. « La déchéance, dit-il (*ibid.*), est une prescription spéciale établie dans l'intérêt de l'état. Or, la prescription est bien opposable en tout état de cause; mais elle ne l'est pas après un jugement passé en force de chose jugée; quand donc l'état, actionné devant les tribunaux en paiement d'une créance frappée de déchéance, n'oppose ni l'incompétence des juges, ni la déchéance, et se laisse condamner définitivement, la chose jugée devrait couvrir et l'incompétence et la déchéance ou moyen de prescription. »

142. — Le ministre peut, au surplus, décider la question de déchéance préalablement à toute action devant les tribunaux relativement à la question du fond. — *Cons. d'état*, 14 janv. 1842, de Sainte Marie d'Agneaux.

143. — Lorsque le ministre déclare une créance sur l'état atteinte par la déchéance, il doit appliquer la déchéance même aux frais faits à l'occasion de cette créance. — *Cons. d'état*, 2 juin 1837, Pelletier; — Serrigny, *Compét. et procéd. admin.*, t. 2, n° 966.

144. — Jusqu'à ces derniers temps, la déchéance encourue par les créanciers de l'état n'avait pas été réglée d'une manière définitive et permanente.

145. — On y avait recours, seulement à diverses époques, comme au seul moyen que l'on eût de terminer la liquidation de l'arriéré, et comme pour marquer un temps d'arrêt dans la situation du trésor.

146. — Il est résulté de là que la législation en cette matière est loin d'être parfaitement homogène; que des conditions différentes ont été opposées aux créanciers des diverses époques suivant que l'on s'est vu plus ou moins pressé d'en finir avec l'arriéré, ou que l'on a cru pouvoir être plus ou moins rigoureux; et que par suite les déchéances se trouvent, encore aujourd'hui, divisées en plusieurs catégories, correspondant chacune à une période particulière de temps.

147. — On doit donc partager en cinq classes les arriérés susceptibles de déchéance, savoir : 1° l'arriéré antérieur à l'an V; 2° l'arriéré antérieur à l'an IX; 3° l'arriéré antérieur à 1816; 4° l'arriéré antérieur à 1830; 5° enfin, depuis cette époque qui a vu introduire le principe de la déchéance d'une manière permanente, l'arriéré qui se forme désormais de cinq ans en cinq ans : sans parler de quelques déchéances spéciales établies dans certaines matières.

148. — *Arriéré antérieur à l'an V.* — La première déchéance a été prononcée par la loi du 9 frim. an VII, qui, dans le but de hâter la liquidation ordonnée par la loi du 24 frim. an VI, *des sommes dues par l'état à quelque titre que ce fût*, disposa que les créanciers qui devaient être liquidés en vertu de cette dernière loi seraient tenus de produire leurs titres avant le premier germinal suivant, à peine de déchéance — Art. 1er.

149. — Cette première déchéance a donc atteint, sans aucune distinction, toutes les créances qui n'auraient pas fait l'objet d'une réclamation avant le 1er germ. an VII.

150. — La disposition précitée de la loi de frim. an VII s'est trouvée, au surplus, confondue dans celles du décret du 25 fév. 1808 qui en a même étendu la rigueur.

151. — Aux termes de l'art. 3 de ce décret, la déchéance a frappé indistinctement toutes les créances dont l'origine remontait à une date antérieure au 1er vendém. an V, quelles qu'en fussent la nature et la cause.

152. — D'après l'art. 8, L. du 24 frim. an VI, à laquelle elle correspond, elle frappe même les créances résultant de dépôts volontaires ou judiciaires dans les caisses publiques. — *Cons. d'état*, 6 sept. 1820, Jaubertie; 18 avr. 1821, Lesage; 30 mai, même année, Gaborit.

153. — Jugé encore qu'elle s'applique aux actions en garantie intentées postérieurement contre l'état par des acquéreurs de biens nationaux troublés dans leur possession et jouissance, alors que le trouble remonte à une époque antérieure. — *Cons. d'état*, 11 août 1841, de Sallenave.

154. — Jugé même, à l'égard d'engagistes, que des décisions judiciaires rendues en 1831 et 1832 avaient condamné l'état à garantir, comme les ayant indûment dépossédés, par une concession faite à des tiers, des immeubles déjà engagés, qu'il suffit que la concession remonte à une époque antérieure à l'an V pour que la créance résultant de la garantie soit frappée de déchéance, faute de réclamation avant la clôture de l'exercice de la même année. — *Cons. d'état*, 14 juin 1837, comtes de Béthune-Sully.

155. — Les créances fondées en titre de constitution de rentes perpétuelles et viagères furent seules exceptées. — Décr. précité, art. 5.

156. — Le même décret enjoignait d'ailleurs au conseil général de liquidation de rejeter toutes les créances réclamées par suite de réunion à l'empire des départemens de la Belgique, de la rive gauche du Rhin, du Piémont, de la Ligurie et des états de Parme et de Plaisance, si l'origine de ces créances remontait à une date antérieure à la réunion. — Art. 4.

157. — Il enjoignait aussi de rejeter toutes les demandes formées pour et au nom des villes, communes et établissemens publics, de quelque nature qu'elles fussent. — Art. 7.

158. — Remarquons enfin que par les termes absolus du décret de 1808, la déchéance applicable aux créances de cette période, a frappé indistinctement toutes les créances qui ne se trouvaient pas alors liquidées, alors même qu'elles auraient fait antérieurement l'objet d'une réclamation. — V. Dumesnil, *ubi suprà*, n° 352; Dufour, n° 1880.

159. — *Arriéré antérieur à l'an IX.* — Le même décret du 25 fév. 1808, et un autre du 13 déc. 1809, sanctionnés tous deux par la loi des finances du 15 janv. 1810, ont étendu la déchéance à toutes les créances antérieures à l'an IX.

160. — Il fut enjoint au conseil général de liquidation, pour la période de l'an V à l'an IX, de statuer sur les demandes en liquidation, *dans l'état où se trouveraient les productions.* — Décr. 25 fév. 1808, art. 12.

161. — Il lui fait défense d'admettre, pour la même période, toutes créances prétendues, en raison de services, réquisitions ou avances faites, soit dans les colonies, soit en Italie, soit à Malte ou dans les états de Naples, de Rome ou d'Helvétie. — *Ibid.*, art. 13.

162. — … Comme aussi, et en général, d'admettre aucune demande en indemnité pour raison de pertes, préemptions de guerres, pillages, incendies, dévastations, coupes de bois, contributions extraordinaires et réquisitions. — *Ibid.*, art. 14.

163. — Mais on excepta de la déchéance les créances données en paiement de biens nationaux — Décr. 13 déc. 1809, art. 9.

164. — On excepta aussi les remboursemens réclamés par les engagistes et échangistes dépossédés depuis la loi du 14 pluv. an XII. — *Ibid.*, art. 10.

165. — Il a été constamment jugé qu'à ces deux exceptions près, la déchéance dont il s'agit avait indistinctement atteint toutes les créances antérieures à l'an IX qui, lors de la loi du 8 mars 1810, n'avaient pas été réclamées, quelles qu'en fussent la nature et l'origine.

166. — Ainsi, notamment, le conseil d'état a jugé que la déchéance s'appliquait aux créances contre l'état résultant de partages de présuccession. — *Cons. d'état*, 13 mars 1822, de Pindray; 20 mars 1822, Lemarchand.

167. — … Aux rentes dont étaient grevées les successions indivises avec l'état, alors même que le partage de ces successions n'a eu lieu que postérieurement à l'an IX. — *Cons. d'état*, 3 juill. 1822, Bilcheust de Saint-Georges.

168. — Jugé aussi que la déchéance a frappé des créances résultant d'avances faites par des fournisseurs ou des comptables antérieurement à l'an IX, encore bien que ces créances ne fussent devenues exigibles que par des arrêts postérieurs de la cour des comptes. — *Cons. d'état*, 20 nov. 1816, Galeau; 21 oct. 1818, Crespin; 10 avr. 1821, Papillon de laFerté.

169. — Aucune distinction ne doit d'ailleurs être faite pour l'application des mêmes lois entre les créances résultant de fournitures faites aux colonies et les créances de la métropole. — *Cons. d'état*, 10 juill. 1822, Dodié; 27 fév. 1835, Dain.

170. — *Arriéré antérieur à 1816.* — A la chute du gouvernement impérial, et lorsqu'on s'occupa de réorganiser les finances de l'état, on dut nécessairement s'occuper des moyens de régler l'énorme arriéré en présence duquel on se trouvait.

171. — « Les créanciers de l'arriéré, disposa à cet effet la loi de finances de 1817 (art. 5), seront tenus de produire leurs titres dans le délai de six mois, après la publication de la présente loi, sans préjudice de l'observation des délais déjà fixés et des déchéances encourues ou à encourir; passé ce délai, ils ne seront plus admis. »

172. — Cette disposition générale ne comporte, comme on le voit, aucune distinction.

173. — Elle atteint même les créances qui avaient été exceptées par le décret du 13 déc. 1809. — Dumesnil, *ub. suprà*, n° 352; Dufour, n° 1880. — V. *suprà* n° 163

174. — Mais on doit remarquer que ce qu'elle pourrait à cet égard avoir de rigoureux disparaît devant la facilité donnée aux créanciers de produire leurs titres dans un certain délai, tandis que, par l'effet de la législation antérieure, la déchéance était immédiatement encourue, même pour les créances antérieures à l'an V, alors que les créanciers auraient déjà fait leurs réclamations.

175. — D'un autre côté, il a été jugé que la déchéance dont il s'agit ici n'a point frappé, comme celle relative à l'arriéré de l'an V (V. *suprà* n° 152), les créances résultant de dépôts faits dans les caisses publiques. — *Cons. d'état*, 14 avr. 1839, comm. de Sainte-Marie-aux-Mines.

176. — La déchéance relative à l'arriéré de 1816 a été déclarée applicable… à l'action en reddition de compte ouverte contre l'administration des domaines à raison de la gestion (terminée avant 1816) de biens provenant de saisies réelles. — *Cons. d'état*, 13 juill. 1842, de Guercby.

177. — ... A la demande formée par une commune en restitution de fruits indûment perçus par le domaine. — *Cons. d'état*, 26 juin 1845, comm. de Voreppe.

178. — ... Aux indemnités dues à raison de dépossession de terrains pour cause d'utilité publique, antérieure à 1816. — *Cons. d'état*, 8 sept. 1836, Perroud; 2 fév. 1844, hospice de Pontoise.

179. — ... Aux indemnités dues aux communes à raison de l'aliénation par l'état, de terrains leur appartenant. — *Cons. d'état*, 18 août 1842, comm. de Fontaine-le-Bourg.

180. — Jugé aussi que la loi du 25 mars 1817, qui frappe de déchéance les créanciers de l'état qui n'auraient pas produit leurs titres dans les six mois, est applicable à des officiers qui étaient alors bannis de France, en vertu de la loi du 12 janv. 1816. — *Cons. d'état*, 19 juin 1828, Bory de Saint-Vincent et Marbot.

181. — Par suite de la loi de 1817, un grand nombre de créances furent liquidées et inscrites sur le grand-livre de la dette publique; mais il arriva que beaucoup d'ayant-droit négligèrent d'en réclamer le paiement ou de retirer le certificat d'inscription. Delà, pour le trésor, des embarras auxquels on voulut remédier, ce fut l'objet de la loi du 17 août 1822.

182. — Cette loi disposa donc (art. 5) que « les rentes et créances de toute nature provenant des anciennes liquidations ou de l'arriéré des anciens ministères, pour tous les exercices antérieurs au 1er janvier 1816, dont l'inscription ou le paiement n'aurait pas été réclamé avant le 1er avr. 1823, pour les propriétaires domiciliés en Europe, et avant le 1er janv. suivant, pour ceux résidant dans les colonies, seraient éteintes et amorties définitivement au profit de l'état. »

183. — Aux termes d'une ordonnance royale du 25 déc. 1822, les créanciers devaient en outre, pour éviter la déchéance, et entre autres formalités, faire apposer un visa sur leurs titres et retirer un bulletin constatant le dépôt de leurs réclamations, dans chacun des ministères auquel ces réclamations devaient être prescrites.

184. — On doit bien remarquer que ces dispositions s'appliquaient uniquement aux créances liquidées et ordonnancées, dont le paiement seulement n'avait pas été réclamé. La nouvelle déchéance résultant de la loi de 1822, ne peut en conséquence être déclarée applicable à une créance qui n'était alors ni liquidée ni ordonnancée, et qui avait été d'ailleurs réclamée dans les délais fixés par la loi du 25 mars 1817. — *Cons. d'état*, 8 juill. 1829, Morin.

185. — De nombreuses réclamations furent la conséquence de la loi de 1822 de la part des créanciers liquidés. Mais faites surtout dans la vue d'empêcher la déchéance, beaucoup d'entre elles n'étaient pas suffisamment justifiées. Cette circonstance entraîna de nouvelles lenteurs, et la révolution de 1830 survint, que l'entière liquidation de l'arriéré, que l'on s'était proposée, était loin d'être terminée.

186. — Pour en assurer définitivement la clôture, la loi du 29 janv. 1831 disposa que « toute créance portant sur l'arriéré antérieur à 1816, et dont le titulaire ou les ayant-cause n'auraient pas fourni avant le 1er janv. 1832 les justifications nécessaires pour la délivrance du titre de paiement, serait définitivement éteinte et amortie au profit de l'état. »

187. — Et pour mettre l'administration elle-même dans l'impossibilité de prolonger par des lenteurs un état de choses dont depuis si longtemps on poursuivait le terme, la loi du 4 mai 1834 arrêta des dispositions que nous croyons devoir reproduire.

188. — « La liquidation des créances dont l'origine remonte à une époque antérieure au 1er janv. 1816, sera définitivement close au 1er juill. 1834. » — Art. 11.

189. — « Les ministres sont tenus de prononcer avant cette époque, par admission ou rejet *et dans l'état où elles se trouvent*, sur toutes les réclamations régulièrement introduites et qui n'auraient pas encore été l'objet d'une décision; toutes les déchéances encourues d'après les lois et réglemens antérieurs, ainsi que les rejets non attaqués en temps utile devant le conseil d'état, ou confirmés par lui, étant d'ailleurs irrévocables, et ne pouvant plus être remis en question pour quelque cause et sous quelque forme que ce soit. » — *Ibid.*

190. — « Passé le 1er juill. 1834, aucune ordonnance de paiement ne pourra être délivrée pour créances antérieures à 1816. » — *Ibid.*

191. — « Les créances admises postérieurement au 1er juill. 1834, par suite de pourvois formés devant le conseil d'État, ne pourront être acquittées qu'en vertu d'un crédit spécial qui sera demandé aux chambres dans la session de 1835. » — *Ibid.*

192. — Telle est la série des mesures qui, sauf l'effet des pourvois formés devant le conseil d'état, ont définitivement réglé tous les arriérés antérieurs à 1816.

193. — *Arriéré antérieur à 1830; — déchéance permanente établie à l'égard des arriérés postérieurs.* — La même loi du 29 janvier 1831, que nous avons citée tout à l'heure, en arrêtant les mesures nécessaires pour clore définitivement l'arriéré antérieur à 1816, a eu encore pour objet d'arriver au réglement de l'arriéré postérieur, jusqu'en 1830, et d'empêcher à jamais le retour de tout arriéré, en établissant à l'égard des créanciers de l'État une déchéance permanente.

194. — « Seront, porte cette loi (art. 9), prescrites et définitivement éteintes au profit de l'état, sans préjudice des déchéances prononcées par les lois antérieures ou consenties par des marchés ou conventions toutes créances qui, n'ayant pas été acquittées avant la clôture des crédits de l'exercice auquel elles appartiennent, n'auraient pu, à défaut de justifications suffisantes, être liquidées, ordonnancées et payées dans un délai de cinq années, à partir de l'ouverture de cet exercice, pour les créanciers domiciliés en Europe, et de six années pour les créanciers résidant hors du territoire européen. »

195. — « Le terme de prescription des créances portant sur les exercices 1830 et antérieurs, est fixé au 31 décembre 1834, pour les créanciers domiciliés en Europe, et au 31 décembre 1835 pour les créancier résidant hors du territoire européen. » — *Ibid.*

196. — « Les dispositions des deux articles précédens ne seront pas applicables aux créances dont l'ordonnancement et le paiement n'auraient pu être effectués dans les délais déterminés par le fait de l'administration ou par suite de pourvois formés devant le conseil d'état. — *Ibid.*, art. 10. »

197. — « Tout créancier aura le droit de se faire délivrer par le ministère compétent un bulletin indiquant la date de sa demande et les pièces produites à l'appui. » — *Ibid.*

198. — La même loi avait disposé que le montant des créances frappées d'opposition serait, à l'époque de la clôture des paiemens, versé d'office à la caisse des dépôts et consignations. Mais cette dernière disposition a été abrogée par l'art. 10, L. 8 juill. 1837.

199. — Il ne faudrait pas induire de là que les tiers créanciers soient privés, le cas échéant, du droit de réclamer le dépôt des sommes dues par l'état à leur débiteur, suivant les règles ordinaires.

200. — Dans le droit commun, disait à cet égard le ministre des finances, lors de la discussion de la loi de 1837, quand un créancier a formé une opposition et qu'il donne suite à son opposition, il a droit de faire verser les sommes sur lesquelles elle frappe à la caisse des dépôts. Tout ce qui résultera de l'adoption de l'article (abrogatif de la disposition précitée de la loi de 1831), c'est que, lorsque personne ne le réclamera, le trésor ne sera pas obligé d'effectuer le versement. — Duvergier, *Coll. des lois* 1837, p. 180, sur la L. 8 juill. 1837, note 2e.

201. — La déchéance quinquennale établie par la loi du 29 janv. 1831 a été déclarée applicable à l'action en remboursement de sommes indûment payées aux caisses du trésor. — *Cons. d'état*, 13 avr. 1843, de Dietrich.

202. — ... A l'action en remboursememt des sommes déposées à l'ancienne caisse des dépôts et consignations dont les engagemens ont été mis à la charge du trésor. — *Cons. d'état*, 4 mai 1843, de Bray. — V. CAISSE DES DÉPOTS ET CONSIGNATIONS.

203. — ... A l'action en paiement des créanciers des successions vacantes dont l'état a été envoyé en possession à partir du jour où cet envoi en possession a été prononcé. — *Cons. d'état*, 12 avr. 1843, Salleutin.

204. — Cette dernière décision est vivement critiquée par M. Dumesnil. Cet auteur (*ubi suprà*, no 366) regarde une telle interprétation de la loi comme consacrant une injustice. « Les créanciers de la succession, dit-il notamment, ne pouvaient pas prévoir, en traitant avec le défunt, qu'ils deviendraient un jour créanciers directs de l'état; et qu'ils seraient soumis, par suite d'un effet rétroactif attribué à la loi, aux dispositions restrictives exceptionnelles des lois sur la dette publique. »

205. — Il a d'ailleurs été jugé que la déchéance n'est pas applicable aux héritiers qui réclament les sommes provenant de leur auteur, et dont l'état s'est fait envoyer en possession à titre de déshérence. — *Cons. d'état*, 26 juill. 1844, Pellegrini.

206. — On a vu que l'art. 9, *L.* 29 juin 1831, déclare la déchéance applicable à toute créance qui n'aurait pas été liquidée, ordonnancée et payée dans les cinq ans. Il ne suffirait donc pas que la créance eût été seulement liquidée et même ordonnancée; si le créancier a négligé de se faire payer dans le délai, il aura encouru la déchéance. — *Cons. d'état*, 15 juill. 1842, Corbie.

207. — Le délai après lequel les créances sont définitivement éteintes ne court qu'à partir de l'exercice dans le cours duquel la dette contractée par l'état a pu être liquidée. — *Cons. d'état*, 30 mars 1842, Lafontaine.

208. — Si une créance était subordonnée à l'événement d'une condition, ou retardée jusqu'à un terme fixé, la déchéance ne commencerait à courir que du jour de l'événement de la condition ou de l'arrivée du terme, parce que la liquidation ne pourrait en être demandée auparavant. — Dumesnil, *Législ. du trésor.*, no 359.

209. — Ainsi, lorsque l'état a accepté la soumission par laquelle un particulier s'est engagé à révéler des biens célés au domaine sous la condition qu'il lui serait fait remise d'une quote-part de ce que sa révélation ferait rentrer au trésor, la prescription de l'indemnité à laquelle ce particulier peut prétendre, court seulement du jour où les droits du trésor ayant été définitivement fixés le montant de l'indemnité a pu être réglé. — *Cons. d'état*, 30 mars 1842, Lafontaine.

210. — On a vu (*suprà*) que les délais de la déchéance ne courent pas contre les créances dont l'ordonnancement et le paiement n'ont pas été effectués par le fait de l'administration. — Jugé en conséquence que lorsque sur une demande en indemnité, formée contre l'état en 1829, l'administration n'a désigné son expert qu'en 1836, postérieurement à l'expiration du délai, ce retard, provenant du fait de l'administration, a empêché la déchéance. — *Cons. d'état*, 4 juill. 1838, Minist. des travaux publics.

211. — S'il était établi qu'après la demande régulièrement introduite, l'administration a retenu et égaré des pièces décisives, qu'elle n'aurait retrouvées qu'après le délai de cinq années, cette circonstance, qui serait le fait de l'administration, devrait faire repousser l'application de la déchéance. — Dumesnil, *Législ. du trésor*, no 361.

212. — De même, s'il était démontré que malgré toutes les réclamations faites en temps utile et après la liquidation et l'ordonnancement de la créance, le ministre a refusé de la payer, à défaut d'un crédit spécial voté à cet effet par les chambres, ainsi que l'exigent les lois de finances, cette circonstance de force majeure, qui serait le fait de l'état, devrait garantir le créancier contre l'application de la déchéance quinquennale. — *Ibid.*

213. — Lorsqu'une décision ministérielle portant refus d'allouer une créance a été déférée en temps utile au conseil d'état, le délai de la déchéance ne court contre le créancier qu'à partir de l'exercice dans le cours duquel le conseil d'état, en statuant sur le pourvoi, a reconnu la créance. C'est à cet exercice que la créance appartient. — *Cons. d'état*, 14 janv. 1842, Julien.

214. — La prescription quinquennale ne peut être suspendue ou interrompue par aucune des causes énumérées dans la loi civile. Le fait de l'administration ou le pourvoi du créancier peuvent seuls interrompre le cours des cinq années fatales. — Dumesnil, *Législat. du trés. publ.*, no 371.

215. — Les ministres ne peuvent non plus y renoncer, la loi qui l'établit étant une loi d'ordre public. — *Ibid.*, no 372.

216. — *Déchéances et prescriptions spéciales réglées par des lois particulières.* — Indépendamment des déchéances générales qui viennent d'être examinées, il existe certaines déchéances ou prescriptions spéciales que la loi du 29 janv. 1831 a, comme on a pu le voir, réservées en termes exprès, et qu'il est dès-lors nécessaire d'indiquer ici.

217. — D'abord relativement à la prescription des arrérages des rentes perpétuelles ou viagères sur l'état, V. RENTES SUR L'ÉTAT.

218. — Relativement à la prescription des termes échus des pensions accordées par l'état, ou à la déchéance du droit ouvert à la pension, V. PENSIONS.

219. — En matière d'enregistrement, l'action ouverte contre la régie en restitution de droits indûment perçus se prescrit par deux ans. — L. 22 frim. an VII, art. 61. — V. ENREGISTREMENT.

220. — L'action en restitution de droits de timbre ou d'amendes de timbre, indûment perçus, est soumise aux mêmes règles. — V. TIMBRE.

221. — La loi sur les douanes, du 17 mai 1826, après avoir fixé la durée des entrepôts réels, porte (art. 14) : « Si, à l'expiration des délais fixés, il n'est pas satisfait à l'obligation d'acquitter les

droits ou de réexporter, les droits seront liquidés d'office, et si l'entrepositaire ne les a pas acquittés dans le mois de la sommation qui lui en est faite à son domicile, s'il est présent, ou à celui du maire, s'il est absent, les marchandises seront vendues, et le produit de la vente, déduction faite de tous droits et frais de magasinage ou de toute autre nature, sera versé à la caisse des consignations, pour être remis au propriétaire, s'il est réclamé dans l'année à partir du jour de la vente, ou, à défaut de réclamation dans ce délai, *être définitivement acquis au trésor*. — V. DOUANES.

222. — D'après la loi du 31 janv. 1833, art. 1er, sont définitivement acquises à l'état les sommes versées aux caisses des agens des postes pour être remises à destination, et dont le remboursement n'aura pas été réclamé par les ayant-droits dans un délai de huit années à partir du jour du versement des fonds. — V. POSTES.

223. — Relativement au produit de la vente des effets mobiliers déposés dans les greffes des tribunaux civils ou criminels, à l'occasion de procès définitivement jugés, et sur lesquels l'état a un droit éventuel, au cas de non réclamation, la prescription au profit de l'état est réglée par l'art. 2262, C. civ. — Ord. 22 fév. 1829, art. 1er et 2. — V. ÉPAVES, GREFFE.

224. — Aux termes du décret du 13 juin 1806, toutes réclamations relatives au service de la guerre et de l'administration de la guerre, dont les pièces n'auraient pas été présentées dans les six mois qui suivent le trimestre où la dépense a été faite, ne peuvent plus être admises en liquidation. — V. MARCHÉS ET FOURNITURES, SUBSISTANCES MILITAIRES.

DEUIL.

Table alphabétique.

DEUIL. — 1. — Ce mot signifie quelquefois la douleur que cause la mort d'une personne chère. Quelquefois aussi il signifie les vêtemens que l'on porte pour marque de cette douleur.

2. — On l'emploie encore pour désigner les dépenses occasionnées par les cérémonies funèbres, ou la somme nécessaire pour acheter les vêtemens qui doivent être portés pendant le temps marqué après le décès d'une personne.

3. — Une ordonnance du 23 juin 1716 (non enregistrée au parlement) disposait que les plus grands deuils qui se portent à la cour seront de six mois, et les autres à proportion; et à l'égard des deuils qui se portent dans les familles, elle les fixait, savoir : ceux des femmes à la mort de leurs maris et des maris à la mort de leurs femmes, à une année; ceux qui se portent à la mort des femmes, pères, mères, beaux-pères, belles-mères, aïeux et aïeules, et autres personnes de qui on est héritier ou légataire universel, à six mois; ceux des frères et sœurs, beaux-frères et belles-sœurs de qui on n'est point héritier, à trois mois, sans que tous les autres deuils puissent excéder le temps d'un mois, ni qu'il soit permis de draper si ce n'est pour les maris et femmes, pères et mères, beaux-pères et belles-mères, aïeux et aïeules, et des personnes de qui on est héritier ou légataire universel.

4. — L'usage a porté à treize mois et demi le deuil que la veuve doit porter à l'occasion de la mort de son mari, tandis que le Code civil, par l'art. 1570, semble l'avoir limité à un an.

5. — Les frais du deuil que portent les héritiers et légataires demeurent tout naturellement à la charge de chacun d'eux.

6. — Suivant une des règles recueillies par Loysel dans ses *Institutes coutumières*, livre 1er, tit. 2, art. 29, « le mari fait perdre le deuil à la femme, mais non la femme au mari ; » c'est-à-dire que celui qui épouse une veuve lui fait quitter le deuil qu'elle portait de son premier mari, parce que ses nouveaux nœuds l'obligent à suivre l'état et la condition de son nouvel époux; on poussait cette règle jusqu'à décider qu'une femme qui épouse un homme veuf prend le deuil qu'il porte de sa première femme. — Lebrun, *Tr. de la communauté*, liv. 2, ch. 33, nos 38 et suiv.; Louet et Brodeau, lettre V, nos 9 et 11.

7. — Cette règle qui ne soumet pas le mari au deuil que la femme portait au moment du mariage est, dans l'usage général, contre-balancée par une convention formelle par laquelle le mari promet de revêtir le deuil de sa femme, et cette dérogation conventionnelle nous paraît plus conforme à la bienséance et au principe d'après lequel le mari porte le deuil de ses alliés, c'est-à-dire des parens de sa femme.

8. — Les lois romaines condamnaient à l'infamie la femme qui dans l'année du deuil, c'est-à-dire dans la première année de viduité, se remariait ou se livrait à l'impudicité; elles la privaient en outre tant de la propriété que de l'usufruit de ses gains nuptiaux et des avantages qu'elle tenait de la libéralité de son mari; elles prononçaient contre elle l'interdiction de profiter à l'avenir d'aucune sorte de disposition et de recueillir certaines successions. — L. 8, ff., *De his qui infam. notantur*; — Denisart, vo *Deuil*, no 2.

9. — De même en France, soit en pays coutumiers, soit en pays de droit écrit, les femmes ont été de tout temps obligées de porter le deuil de leurs maris pendant un an; cette obligation ne résultait pas expressément, il est vrai, d'aucune disposition législative; mais un usage qui a son origine tacite dans les devoirs naissant du mariage l'avait rigoureusement consacrée. « C'est une règle reçue dans toute la France, dit Boucher d'Argis (*Tr. des gains nuptiaux*), que la femme est tenue *lugere maritum, et lugubria sumere*.

10. — Quoiqu'on se soit relâché en France de la sévérité des règles établies contre les veuves qui se remariaient dans l'année du deuil, cependant on les y privait de ce qui leur était ordinairement accordé sur la succession du mari pour leurs habits de deuil.

11. — Les lois romaines dispensaient même formellement le mari de porter le deuil de sa femme, *viri non compelluntur uxores lugere*, disait la L. 9, ff., *De his qui not. infam.* Mais la bienséance a fait, avec raison, prévaloir chez nous un usage contraire; c'est peut-être dans la différence d'origine du deuil de chacun des époux qu'il faut chercher la cause qui a fixé à treize mois et demi le deuil de la veuve, tandis que celui du mari n'a que six mois.

12. — Ainsi, c'était par exception au droit commun que, dans les coutumes du Maine et de l'Anjou, le deuil était dû au mari. — Arrêt du 23 août 1625, rapporté par Malicotes, sur l'art. 255, cout. du Maine; Renusson, *Tr. de la communauté*, no 32; Rousseaud de Lacombe, vo *Deuil*, no 3.

13. — Ainsi, le deuil que le mari porte à la mort de sa femme ne tire pas son origine d'une prescription de la loi, et le mari, libre administrateur des revenus qui servaient à l'entretien du ménage, ne se trouve pas dans la position embarrassée où la femme aurait été placée, si elle avait dû elle-même, faisant trêve à sa douleur, chercher les moyens de subvenir aux frais de son deuil; on comprend que le droit accordé à la femme pour ses habits de deuil ne soit pas réciproque, et que le mari ne puisse rien demander à ce sujet aux héritiers de la femme.

14. — Les rédacteurs du Code civil, qui ont maintenu les règles établies, ont décidé, comme l'avait déjà fait l'ancienne jurisprudence, que le deuil de la veuve serait aux frais des héritiers du mari prédécédé (C. civ., art. 1481, § 1er), mais sans aucun droit de réciprocité pour le mari.

15. — Ainsi se trouve consacrée cette ancienne maxime : *Uxor non debet lugere sumptibus suis.* — Boucher-d'Argis, *Des gains nuptiaux*, 127; Renoît, *Tr. de la dot*, t. 2, no 146; Merlin, *Rép.*, vo *Deuil*, no 2.

16. — Sous l'ancien droit (V. Guyot, *Rép.*, vo *Deuil*; Pothier, *De la communauté*, no 678), il n'y avait point de deuil pour les femmes de basse condition, parce qu'elles étaient dispensées d'en porter les marques extérieures.

17. — On ne reçoit plus aujourd'hui cette distinction qui est contraire à l'égalité devant la loi; s'il est vrai que les femmes de basse condition ne portent pas toujours le deuil de leur mari d'une manière bien rigoureuse, il ne leur est pas moins dû une somme pour les frais de leur deuil. — Toullier, t. 13, no 274; Bellot des Minières, t. 3, p. 507.

18. — Le deuil, étant une obligation résultant du mariage, est dès-lors imposé à toutes les veuves, quel que soit le régime sous lequel elles ont été mariées, fût-ce sous le régime exclusif de la communauté; il est imposé même à la femme qui a été séparée de corps. — Toullier, t. 13, no 266; Nouveau Denisart, vo *Deuil*, no 11; Lebrun, *Tr. de la communauté*, liv. 2, ch. 2.

19. — On jugeait au parlement de Bourgogne que la veuve qui renonçait à la communauté perdait son deuil. — Taisand, sur l'art. 8, tit. 4, cout. de Bourgogne; Denisart, vo *Deuil*, no 13. — Mais l'art. 1481, dernier alinéa, a disposé que le deuil est dû même à la femme qui renonce à la communauté. — Et c'est avec raison, puisque l'obligation de porter le deuil résulte du mariage lui-même : elle a donc lieu, quel que soit le régime sous lequel les époux sont mariés; or, dans aucun cas, la femme ne doit le porter à ses dépens. — Pothier, *Tr. de la communauté*, no 678.

20. — Le deuil est considéré comme une partie des frais funéraires; il ne se prend pas sur la communauté. Ainsi, la femme n'en supporte donc pas sa part, même quand elle accepte. — Delvincourt, t. 3, p. 278, note 1re p. 30.

21. — Mais, comme le dit Loysel (*Institut. coutumières*, liv. 1er, tit. 2, art. 33), femme veuve porte le deuil aux dépens de son mari : aussi est-il constant que le deuil est aux frais des héritiers du mari; car, dit Lebrun (*Tr. de la communauté*, liv. 2, § 3), il fait partie de la pompe funèbre qui se fait à leurs dépens, outre qu'on le donne au souvenir d'un mariage bien concordant. — Catelan, t. 2, chap. 26; Denisart, vo *Deuil*, no 15 et suiv.

22. — Le deuil est dû à la veuve, quel que soit le temps que le mariage ait duré. — Merlin, *Rép.*, vo *Deuil*, § 1er, no 5.

23. — ... Et quoique sa fortune soit de beaucoup plus considérable que celle du mari. — Lebrun, *De la communauté*, liv. 2, ch. 3, no 53; Toullier, t. 13, no 271.

24. — Jugé que bien qu'en principe les frais de deuil de la veuve commune en biens tombent à la charge des héritiers du mari prédécédé, cependant, cette règle doit cesser lorsque la veuve a reçu des legs considérables de son mari (dans l'espèce, 10,000 fr. en numéraire et l'usufruit de ses immeubles comprenant sa maison d'habitation avec les meubles meublants); le mari est censé avoir voulu que la femme trouvât de quoi pourvoir au deuil dans les legs à elle faits. — *Bastia*, 26 fév. 1840 (t. 2 1842, p. 487), Pierraggi. — Mais V. Tessier, *De la dot*, t. 2, p. 264.

25. — Le deuil est dû à la veuve alors même qu'elle serait restée constamment malade et alitée pendant l'année de viduité. — *Parlem. Paris*, 3 août 1711; — Benoît, *De la dot*, t. 2, no 147.

26. — Sous l'ancienne jurisprudence, l'héritier du mari était recevable à alléguer l'impudicité de la veuve pour la faire priver du douaire, de son deuil et des autres avantages qu'elle avait reçus de son mari. — *Parlem. Paris*, 23 mai 1704, et *Parlem. Rennes*, 7 juin 1725; — Denisart, vo *Deuil*, no 5; Cambales, liv. 3, ch. 45. — Ces décisions, qui ne trouveraient aujourd'hui aucune base légale dans nos Codes, ne doivent plus être suivies.

27. — Les frais du deuil étant une des dettes de la succession du mari, ils sont dus à la veuve par les héritiers ou légataires, selon la part qu'ils prennent dans la succession. — Merlin, *Rép.*, *loc. cit.*; Toullier, t. 13, no 271.

28. — Bien que les frais de deuil de la veuve soient ordinairement une dette de la succession, on peut, par interprétation du contrat de mariage, portant que le survivant sera propriétaire du mobilier de la communauté en acquittant les dettes et même les frais d'obsèques et funérailles du prédécédé, décider que le deuil de la femme est compris dans ces frais. — *Douai*, 6 janv. 1846 (t. 1er 1846, p. 437), Davercoingt c. Lenfant.

29. — Les habits de deuil ne peuvent être offerts en nature. — *Parlem. Rennes*, 9 mai 1777; — Nouveau-Denisart, vo *Deuil*, § 2, no 10; Bellot, t. 2, p. 507; Merlin, *loc. cit.*, no 7; Toullier, t. 13, no 272. — Il serait indécent et ridicule, disent ces auteurs, d'obliger une veuve d'aller dans les boutiques, avec les héritiers du mari, acheter ce dont elle a besoin pour son deuil.

30. — Dans l'ancienne jurisprudence, le deuil de la veuve comprenait tout ce qui était nécessaire à sa personne et à celle de ses domestiques. — Ferrière, *Comment. sur la cout. de Paris*, art. 237, glos. 1, nomb. 24; Boucher d'Argis, *loc. cit.*, no 12. — Cette décision était motivée sur ce qu'il était dans les convenances que la mémoire du défunt fût honorée d'une manière conforme à sa

fortune et à son rang. La même décision a été consacrée par le Code civil. — *Pau*, 27 mai 1837 (t. 1er 1838, p. 154), Hédembaig; — Toullier, t. 13, nº 271; Duranton, t. 14, nº 469.

31. — Chez les personnes ayant équipage on comprend dans le deuil la draperie du carrosse. — Merlin, *Rép.*, vº *Deuil*, nº 2; Toullier, t. 13, nº 271.

32. — Mais il n'en faut pas moins que la valeur du deuil soit réglée selon la fortune du mari. — C. civ., art. 1481; — Renusson, *Tr. de la communauté*, 2e part., ch. 3; Rousseaud de Lacombe, vº *Deuil*, nº 1er.

33. — Mais, bien que ce fût aussi la règle ancienne, les parlemens accordaient cependant largement les sommes réclamées pour le deuil de la veuve, et cela souvent au préjudice de ceux qui étaient devenus, à titre onéreux, créanciers de la succession; ainsi on trouve dans Brillon (*Dict. des arrêts*, vº *Deuil*) un arrêt du parlement de Paris qui avait accordé à la veuve d'un conseiller une somme de 3,500 fr. pour son deuil, quoique la succession du mari fût obérée et que les créanciers perdissent beaucoup. Augeard (t. 2, ch. 98) en rapporte un autre qui avait fixé à 2,000 fr. le deuil de la veuve d'un conseiller à la cour des comptes qui laissait des dettes et une succession très mince.

34. — Il n'y a pas aujourd'hui, pour la fixation de ces frais, d'autre base que la dépense véritable qu'ils ont occasionnée et dont la veuve produit la preuve en rapportant les mémoires et factures des fournisseurs. — Rolland de Villargues, nº 15.

35. — On a jugé, au reste, que la fixation du deuil de la veuve a toujours été abandonnée à l'arbitrage des juges. — *Paris*, 20 fév. 1815, Bosredon c. de Rannes.

36. — Mais la fixation du deuil faite par contrat de mariage doit être exécutée sans qu'il y ait lieu de recourir à la fixation judiciaire. — Pothier, nº 678.

37. — Lorsque le mariage des deux époux, mariés sous le régime dotal, se dissout par la mort du mari, les habits de deuil sont fournis à la veuve sur la succession du mari, gratuitement et sans imputation sur les intérêts dus à cette veuve, à raison de sa dot. — C. civ., art. 1570.

38. — La somme que les tribunaux accordent à une veuve pour son deuil est, par sa nature, insaisissable, comme étant destinée à honorer la mémoire du mari. — *Toulouse*, 20 juill. 1822, Martin c. Falgayrac; — Bellot des Minières, t. 2, p. 308; Toullier, t. 13, nº 271.

39. — La somme fixée pour le deuil dans le contrat de mariage est cessible, sauf stipulation contraire. — *Cass.*, 31 mai 1826, Rollin c. Belair.

40. — Le deuil même fixé par le contrat de mariage forme une dette de la succession et ne peut être réputé un avantage sujet au droit de mutation par décès.

41. — On avait long-temps agité sous l'ancienne jurisprudence et l'on agite encore aujourd'hui la question de savoir si le deuil de la veuve fait partie des frais funéraires et doit jouir du privilége accordé par la loi à ces frais. L'affirmative était professée par Pothier (*De la communauté*, nº 678). « Le deuil, dit-il, que les héritiers du mari sont obligés de fournir à la veuve est regardé comme faisant partie *des frais funéraires du mari.* » — La même opinion avait été émise par Lebrun (*De la communauté*, liv. 2, chap. 3, nº 38); Duperrier (*Questions notables*, liv. 5); Catelan (liv. 6, chap. 26), et enfin, par M. Benoît (*De la dot*, t. 2, nº 26). — La négative était soutenue par Salviat (*Jurispr. du parlem. de Bordeaux*, p. 506), Lapeyrère (lett. F, nº 63, et lett. P nº 108), Merlin (*Rép.*, vº *Deuil*, nº 8), et enfin par Grenier (*Des hypothèques*, t. 2, nº 301). Ce dernier auteur motive son opinion sur ce que, d'après les lois romaines, on n'entendait par *frais funéraires* que ce que nous appelons ordinairement frais d'enterrement.

42. — S'il est vrai que, dans le droit romain, on ne comprenait dans les frais funéraires que ceux d'inhumation, il n'en est pas ainsi en France; *les frais funéraires* s'étendent à toutes les dépenses faites pour et à l'occasion des *funérailles* du défunt, en prenant ce mot dans son acception la plus large; notre opinion sur ce point est aussi celle de M. Persil, dans ses *Questions sur les priv. et hyp.*, art. 201. « Le deuil que les héritiers du mari, dit cet auteur, sont obligés de fournir à la veuve fait partie des *frais funéraires* du mari; c'est ainsi que l'usage l'a constamment établi, et l'on ne présume pas qu'on s'écarte aujourd'hui d'une pratique aussi morale. » — « Le deuil de la veuve, dit-il encore sur ce même article, est tellement sacré qu'on ne conçoit guère qu'on puisse lui refuser la préférence sur toutes les autres créances. » C'est aussi en ce sens que la question a été résolue par la cour de *Caen*, 15 juill. 1836 (t. 1er 1837, p. 436), Bellecour; — Proudhon, *Usufruit*, nº 212; Tarrible, *Rép.*, vº *Privilége*, sect. 3e, § 1er, nº 3; Toullier, t. 13, nº 269; Duranton, t. 19, nº 48.

43. — Il a même été jugé que les alimens de la femme, son habitation et son deuil pendant l'année qui suit le décès du mari, et les intérêts de la dot à partir de l'expiration de cette année, sont des conventions matrimoniales qui emportent hypothèque légale du jour du mariage. — *Cass.*, 29 août 1838 (t. 2 1838, p. 242), Isernes c. Bastil.

DÉVASTATION.

V. DESTRUCTION DÉGRADATION ET DOMMAGES.

DÉVERSOIR.

1. — On appelle ainsi l'endroit par lequel le trop-plein de la conduite d'eau d'une usine quelconque ou d'un étang s'écoule au moyen d'une vanne.

2. — La hauteur des déversoirs des usines doit être fixée par le préfet, sous l'approbation du ministre de l'intérieur. — L. 6 oct. 1791, tit. 2, sect. 7e, art. 16; — Cormenin, *Dr. admin.*, vº *Cours d'eau*, t. 1er, p. 511; Proudhon, *Dom. publ.*, nºs 1123 et 1129, t. 4; Maguitot et Delamarre, *Dict. de dr. admin.*, vº *Eau*, chap. 7, § 6, t. 1er, p. 476.

3. — L'arrêté d'un préfet qui refuse au propriétaire d'un moulin la faculté de faire baisser son déversoir est un acte administratif qui n'a rien de contentieux, et dès-lors, un arrêté de ce genre ne peut être dénoncé directement au conseil d'état: il doit préalablement être déféré au ministre que la matière concerne. — *Cons. d'état*, 19 juin 1813, Montcourt c. Salleron.

4. — L'autorité administrative est donc seule compétente pour statuer sur les contestations relatives à la position et à l'élévation du déversoir, et un tribunal de police excéderait ses pouvoirs en prenant connaissance d'une contestation de cette nature. — *Cass.*, 28 mai 1807, Richard le Loup c. Beaunier.

5. — Celui dont le moulin, l'usine ou l'étang a inondé la propriété d'autrui, n'est passible des peines de l'art. 457, C. pén., qu'autant qu'il est prouvé que l'élévation de son déversoir a été portée au-dessus de la hauteur déterminée par l'autorité compétente; aucune peine ne peut lui être appliquée lorsque l'élévation du déversoir n'a pas été déterminée par cette autorité. — *Cass.*, 2 fév. 1816, Noiset.

6. — Les termes de l'art. 457, C. pén., commandaient sans doute la décision qu'on vient de lire; mais de ce que le fait ne constitue pas un délit punissable, il ne faudrait point conclure que le propriétaire échappe à la responsabilité qui pèse sur lui. L'action civile en réparation du dommage est réservée à toute partie lésée, conformément à l'art. 1382, Cod. civ. — Proudhon, *loc. cit.*, nºs 1142 et 1573.

7. — L'arrêt qui, reconnaissant que le déversoir d'un moulin a été exhaussé, a ordonné par son dispositif que les parties se pourvoiront devant l'autorité administrative pour faire fixer de combien la hauteur actuelle des eaux sera abaissée, ne porte point atteinte aux droits exclusifs de l'administration, lorsque les motifs mentionnent que le renvoi devant le préfet a lieu pour fixer la hauteur des eaux; dans ce cas, le dispositif doit être interprété par ses motifs. — *Cass.*, 6 déc. 1831, Pernet c. Hoeard et Doinet.

8. — Lorsqu'un déversoir est en même temps nécessaire à la navigation de la rivière et à l'exploitation d'une usine, les frais de réparation doivent être supportés par l'état et le propriétaire de l'usine dans la proportion de leur intérêt. — *Cons. d'état*, 25 nov. 1831, Morel; — Cormenin, *loc. cit.*, à la note.

9. — Quant aux déversoirs des étangs, c'est, selon M. Pardessus (*Servitudes*, nº 80, t. 1er, p. 195), aux tribunaux qu'appartient le droit de juger s'il doit en être établi un ou plusieurs et à quelle hauteur ils doivent être fixés, « parce que, dit cet auteur, cette question, sous beaucoup de rapports, entraîne celle de la propriété. » — La loi de 1791, qui attribue cette fixation à l'autorité administrative, n'a parlé que des déversoirs de *moulins*, et elle ne peut être étendue au-delà de ces termes, car elle n'est relative qu'aux cours d'eaux vives, tandis que les eaux dormantes connues sous le nom d'étangs sont soumises à d'autres règles: quant à l'art. 457, C. pén., qui punit l'inondation causée par l'élévation du déversoir au-dessus de la hauteur déterminée par l'*autorité compétente*, il ne contrarie point cette opinion, puisqu'il ne désigne pas cette autorité. — V. aussi Daviel, *Cours d'eau*, t. 2, nº 812; — V. cependant Proudhon (nº 1372), d'après lequel la loi de 1791 serait également applicable aux étangs.

V. COURS D'EAU, ÉTANGS USINES.

DEVIN.

1. — On donne ce nom à ceux *qui font métier de deviner et pronostiquer l'avenir ou d'expliquer les songes.*

2. — Cette industrie, qui spécule sur la crédulité publique et qui a su se faire écouter jusque dans les palais, a résisté jusqu'ici aux peines les plus graves comme au progrès des lumières. — « *Genus hominum potentibus infidum, sperantibus fallax, quod in civitate nostrâ et vitabitur semper et retinebitur.* » Tacite, *Hist.*, liv. 1er, p. 22.

3. — Les devins étaient punis de mort chez les Hébreux. — Exode, ch. 22, v. 18.

4. — A Rome, ils furent d'abord exilés, une fois par le préteur étranger en l'an 646, et une seconde fois par Agrippa pendant son édilité. — Val. Max., lib. 1er, cap. 3, nº 2; Dion Cass., lib. 47, p. 417.

5. — En l'an 357 de l'ère chrétienne, ils étaient punis de mort (Cod., lib. 9, tit. 18, *De maleficis et mathematicis*). — Plus tard, en l'an 409, ils étaient seulement punis de l'exil (Cod., lib. 1, tit. 4, *De episcopali audientiâ*, l. 10).

6. — En France, ils furent d'abord aussi punis de mort (L. Salic., tit. 21, *De malific.*, *etc.*; ord. de Charles XIII de l'an 1490, etc...) — Plus tard, la législation s'adoucit, et l'art. 26 de l'ordonnance d'Orléans, en ne prononçant plus contre les devins qu'une punition corporelle, rendait la peine de mort facultative pour le juge.

7. — L'édit du mois de juillet 1682, qui est la dernière loi sur cette matière, se borna à ordonner qu'ils sortiraient incessamment du royaume à peine de punition corporelle; mais si les opérations de prétendue magie étaient mêlées d'impiété et de sacrilége, l'édit maintenait la peine de mort contre les coupables.

8. — On commençait dès-lors à reconnaître que les prétendus devins et magiciens étaient tout simplement des imposteurs, et le préambule de l'édit de 1682 en fait foi.

9. — Quand on croyait à la sorcellerie, on la punissait de mort à cause du sacrilége; quand on cessa d'y croire, on s'en fit un moyen de vengeance politique, et le crime de magie ne fut que le prétexte de la mort de la maréchale d'Ancre et d'Urbain Grandier; si, postérieurement à l'édit de 1682, quelques malheureux furent encore brûlés ou pendus, leur supplice expiait bien moins un crime imaginaire que le sacrilége de certaines cérémonies religieuses qu'ils avaient mêlées à leurs pratiques. — On avait fini par se contenter de condamner les devins aux galères ou au bannissement, lorsque la révolution de 1789 amena le renversement de toute cette législation.

10. — Aujourd'hui une peine de police a remplacé les peines atroces prononcées par l'ancienne législation. L'art. 479, nº 7, C. pénal, dispose que: « *les gens qui font métier de deviner et pronostiquer ou d'expliquer les songes* sont punis d'une amende de 11 à 15 fr. »

11. — Ils peuvent aussi, selon les circonstances, être punis d'un emprisonnement de cinq jours au plus. — C. pén., art. 480.

12. — En cas de récidive, ils sont, conformément à l'art. 482, passibles de la peine d'emprisonnement pendant cinq jours. — V. à cet égard CRIMES DÉLITS ET CONTRAVENTIONS.

13. — Enfin, les ustensiles, instrumens et costumes servant ou destinés à l'exercice de leur métier doivent être saisis et confisqués. — Art. 481.

14. — Les mots: *qui font métier*, employés par l'art. 479, indiquent qu'ils ne s'appliquent qu'à ceux qui exercent habituellement et moyennant salaire l'art mensonger de deviner et expliquer les songes.

15. — « Il faut donc, disent MM. Chauveau et Hélie (t. 8, p. 405), pour établir la contravention, non-seulement prouver que l'agent a expliqué les songes et fait des prédictions, mais aussi qu'il se livrait *par métier* à ces explications. La magie et la sorcellerie, quoique profondément immorales, ne sont pas justiciables de la loi pénale, quand l'agent n'a pas d'intérêt à faire des dupes pour multiplier ses profits. »

16. — Tant que les gens qui font le métier de deviner se bornent à révéler leurs prédictions aux personnes qui le désirent, ajoutent les mêmes auteurs, sans autre but que de satisfaire une vaine et puérile curiosité, l'art. 479 est seul applicable, quel que soit le prix qu'ils mettent à ces prétendues révélations. — Mais s'ils se servent de ce moyen pour se faire remettre, sous différens prétextes, des sommes ou des valeurs appartenant à autrui, l'acte change de nature. — Ce n'est plus d'une vaine prédiction qu'il s'agit, c'est d'un moyen d'escroquerie, et l'art 405, C. pén., est applicable. — V. ESCROQUERIE.

DEVIS.

Le devis est un état détaillé des ouvrages de menuiserie, de maçonnerie et autres, concernant un édifice, et du prix qu'ils doivent coûter. — V., pour ce qui concerne les devis, LOUAGE D'INDUSTRIE. — V. aussi COLONIES, ENREGISTREMENT.

DEVOIR DE LOI.

V. HYPOTHÈQUE, OEUVRE DE LOI, PAYS DE NANTISSEMENT.

DÉVOLUT.

1. — Terme de droit ancien ecclésiastique. Il désignait la concession du titre et la translation de la jouissance seulement d'un bénéfice, qu'on ôtait à celui qui le remplissait de fait, pour le donner à une autre personne qui devait le remplir de droit et de fait.

2. — *Jeter un dévolut* sur bénéfice, signifiait demander à son profit le titre et la jouissance d'un bénéfice rempli de fait et qu'on prétendait vacant de droit; — *impétrer par dévolut*, obtenir, sur sa demande, le titre et la jouissance de ce bénéfice; — *concéder par dévolut*, conférer ce bénéfice; — *dévolutaire*, celui qui demandait le bénéfice; — *dévoluté*, celui qui possédait le bénéfice demandé. — Denisart, v° *Dévolut*; Guyot, *Rép.*, *eod. verbo.*

3. — Il ne suffisait pas qu'un bénéfice possédé de fait et vacant de droit fût concédé, pour que la personne à qui cette concession était faite fût *dévolutaire*, il fallait encore que le *dévolut* ou la concession eût eu lieu sur sa demande. — La qualité de la personne à qui la demande était faite était indifférente, pourvu que ce fût celle qui avait le droit de disposer du bénéfice. — Denisart et Guyot, *loc. cit.*

4. — On distinguait deux sortes de *dévolut*: le *dévolut principal* et le *dévolut accidentel*. — Le dévolut principal était celui qui était le fondement unique de la demande. On l'appelait aussi *dévolut certo modo*, parce qu'il devait contenir la cause spécifique de la vacance de droit. C'était le seul qui pût être employé contre le possesseur annal. — Mêmes auteurs.

5. — On appelait *dévolut accidentel* la demande en concession qui était exercée, en vertu d'une clause de *dévolut*, qu'on insérait souvent dans les provisions *per obitum* de la cour de Rome, par précaution, afin que si le bénéfice se trouvait rempli par un possesseur incapable, l'impétrant pût agir contre lui sans être obligé d'obtenir une nouvelle signature. On appelait aussi ce dévolut *dévolut licet quidam*, des premiers mots de la clause qui l'exprimait. — Mêmes auteurs.

6. — On avait la faculté de se servir de cette clause ou de la rejeter, et on n'était dévolutaire qu'autant qu'on s'en servait. — Mêmes auteurs.

7. — Lorsqu'on en était requis par un compétiteur, on devait déclarer si on entendait ou si on n'entendait pas se servir de la clause de dévolut. — Mêmes auteurs.

8. — L'église n'avait toléré que malgré elle l'impétration des bénéfices par dévolut, et les dévolutaires n'étaient pas vus avec faveur. On considérait leur conduite comme contraire à l'esprit de la religion, en ce qu'ils se présentaient d'eux-mêmes sans attendre qu'ils fussent appelés par leurs supérieurs, et à la probité humaine, en ce qu'ils venaient enlever au bénéficier qui en jouissait, un bénéfice que par abus, il est vrai, on considérait alors comme sa propriété. — Mêmes auteurs.

9. — Il ne faut pas confondre le *dévolut* avec la *dévolution*. La dévolution est la translation de l'inférieur au supérieur du droit de conférer un bénéfice; le dévolut est la translation du bénéfice lui-même. — Mêmes auteurs.

10. — Le dévolut et la dévolution avaient lieu tantôt séparément tantôt concurremment. — Lorsqu'un bénéfice venait à vaquer par mort, et que le collateur ne le conférait pas dans les six mois, le droit de collation passait à son supérieur; il y avait *dévolution*, mais non *dévolut*, le bénéfice étant vacant de droit et de fait. — Lorsque le titulaire d'un bénéfice commettait une action qui le privait de son droit, il y avait lieu à *dévolut*, mais non à *dévolution*, à l'expiration des six mois. — Il y avait lieu tout à la fois à dévolut et à dévolution lorsque la collation avait été faite à un incapable, l'incapacité du pourvu faisant vaquer le bénéfice de droit, et le mauvais choix du collateur faisant passer son droit de collation à son supérieur. — Mêmes auteurs.

11. — Pour qu'il y eût lieu à dévolut, il fallait qu'il y eût vacance de droit. — Il y avait vacance de droit dans trois cas : 1° lorsque le possesseur n'avait pas été canoniquement institué; — 2° lorsque canoniquement institué, il avait manqué à une des clauses irritantes de ses provisions; — 3° lorsque titulaire irrévocable, il avait encouru la privation de son bénéfice. — Mêmes auteurs.

12. — Un autre cause de dévolut résultait de ce qu'un bénéfice était possédé par un étranger qui n'avait pas obtenu de lettres de naturalité, ou de dispense à l'effet de le posséder. — Mêmes auteurs.

13. — Il fallait de plus que le dévoluté fût en possession du bénéfice; ce n'était qu'après sa prise de possession que le dévolut pouvait avoir lieu; il ne pouvait plus s'opérer après que la possession avait cessé. — Mêmes auteurs.

14. — Si au moment de l'exercice de l'action du dévolutaire l'incapacité du dévoluté avait cessé, il n'y avait plus lieu au dévolut, la cause n'en existant plus.

15. — Il pouvait y avoir plusieurs dévolutaires pour un même bénéfice; dans ce cas celui qui avait le premier formé son action contre le dévoluté, action qui s'exerçait par voie de complainte, obtenait la préférence. — Au parlement de Toulouse, cependant, on décidait que le droit du dévolutaire était formé du jour de ses provisions. — Mêmes auteurs.

16. — Certains bénéfices ne pouvaient pas être impétrés par dévolut : 1° les bénéfices de collation laïque, ces bénéfices étant entièrement à la disposition des laïques; — 2° les bénéfices de patronage laïque pendant les quatre mois accordés au patron pour présenter; — 3° les évêchés, abbayes et autres bénéfices de nomination royale ne pouvaient être impétrés en cour de Rome. — Mêmes auteurs.

17. — La défaveur avec laquelle étaient vus les dévolutaires les avait fait assujétir à un grand nombre de formalités dont l'inexécution leur faisait perdre tout droit au bénéfice dévoluté. — Ils étaient tenus de spécifier dans leurs provisions la vraie cause de la vacance prétendue du bénéfice: ils ne pouvaient s'immiscer dans l'administration du bénéfice par eux impétré et en recevoir les revenus qu'après avoir obtenu un jugement qui les y autorisât. — Ils devaient prendre possession dans l'année de leurs provisions, et faire assigner le dévoluté dans les trois mois de leur prise en possession. — Ils étaient tenus de mettre le procès en état de recevoir jugement dans les deux ans de l'assignation par eux donnée au dévoluté. — Ils étaient obligés de consigner une somme de 1,200 fr. pour sûreté du remboursement des frais par eux faits contre le dévoluté, dans les six mois de la date de leurs provisions. — Mêmes auteurs.

DÉVOLUTION.

1. — Expression qui est principalement employée, en matière de succession, comme synonyme de transmission. — Chabot, *Success.*, sur l'art. 733, n° 14. — V. SUCCESSION.

2. — Toute succession échue à des ascendans ou à des collatéraux se divisant en deux parties égales, l'une pour les parens de la ligne paternelle, et l'autre pour les parens de la ligne maternelle, il ne se fait aucune dévolution d'une ligne à l'autre que lorsqu'il ne se trouve aucun ascendant ni collatéral de l'une des deux lignes. — C. civ., art. 733.

3. — La succession de l'enfant naturel décédé sans postérité est dévolue au père ou à la mère qui l'a reconnu; ou par moitié à tous les deux, s'il a été reconnu par l'un ou par l'autre. — C. civ., art. 765.

4. — Lorsqu'un successible renonçant est seul, la succession est dévolue au degré subséquent. — C. civ., art. 786.

5. — Un ancien principe avait établi et consacré la dévolution à l'état des biens qui appartenaient au roi au moment de son avènement au trône. Mais cette disposition se trouve aujourd'hui abrogée par l'art. 22 de la loi du 2 mars 1832.

DÉVOLUTION COUTUMIÈRE.

1. — Cette expression, sous l'ancien droit, avait deux significations bien différentes l'une de l'autre. Elle désignait tout à la fois : 1° l'effet qui résultait de l'extinction ou de la renonciation d'une ligne à laquelle étaient affectés certains propres; — 2° et l'effet que produisait la dissolution d'un mariage sur les biens du survivant. — Merlin, *Rép.*, v° *Dévolution coutumière.*

2. — Sous le premier point de vue, lorsqu'à l'ouverture d'une succession il ne se trouvait aucun parent de la ligne à laquelle appartenait un propre, il se faisait une dévolution de ce bien au profit de l'héritier des acquêts, c'est-à-dire que le plus proche avait droit de le recueillir. — Cette dévolution s'opérait non seulement en faveur des héritiers collatéraux, mais encore en faveur des ascendans. — Merlin, *ibid.*

3. — Sous le second point de vue, la dévolution était entièrement inconnue dans les coutumes de l'intérieur de la France. — C'était un lien qui, après la mort d'un des époux, et dans le cas où il y avait des enfans, affectait les biens du survivant de manière qu'il ne pouvait plus en disposer, et qu'il était obligé de les conserver aux enfans issus de ce mariage, à l'exclusion de ceux qui pouvaient naître d'un mariage qu'il contracterait ensuite. — Merlin, *ibid.*

4. — Dans les coutumes de dévolution et particulièrement dans le statut du mundat de Wissembourg, l'époux survivant n'était pas exproprié des biens frappés de dévolution du jour du décès de son conjoint. — Au contraire, les enfans n'acquéraient par l'effet de la dévolution qu'une simple expectative de ces biens, expectative qui s'est évanouie du moment où les lois abolitives des dévolutions coutumières ont rendu au père ou à la mère survivant la libre disposition de ses biens. — *Cass.*, 10 niv. an XIII, Huber.

DIACRE. — SOUS-DIACRE.

1. — On donne ce nom aux ministres du culte catholique engagés dans les ordres majeurs, mais qui n'ont pas encore été consacrés prêtres.

2. — Le sous-diaconat est, aux yeux de la loi canonique, le premier des ordres sacrés; c'est son acceptation qui rend l'engagement irrévocable. — Décis. min. 13 nov. 1814.

3. — Aussi la loi civile s'est-elle préoccupée des conditions à exiger pour être admis au sous-diaconat.

4. — L'art. 26 de la loi organique portait, sur ce point, que les évêques ne pourraient ordonner aucun ecclésiastique s'il n'avait atteint l'âge de vingt-cinq ans, et s'il ne réunissait les qualités requises par les canons.

5. — Et elle exigait en outre que l'ecclésiastique justifiât d'une propriété produisant au moins un revenu annuel de 300 fr. (ce qui, suivant Portalis, remplaçait le *titre clérical*).

6. — Malgré la gravité des motifs qui avaient fait adopter cette dernière prescription, « le petit nombre des ecclésiastiques fut considéré comme un motif de ne pas appliquer avec rigueur la disposition de la loi du 28 germin. an X, relative au revenu de 300 fr. (décis. min. 11 et 12 fév. 1808), et cette disposition a été définitivement rapportée par le décret du 28 fév. 1810.

7. — En outre, le décret du 28 fév. 1810 abaisse l'âge nécessaire pour la collation des ordres sacrés à vingt-deux ans.

8. — Toutefois, et en raison de la nature de cet engagement, il exigea que tout mineur de vingt-cinq ans fût astreint à représenter, pour son admission dans les ordres sacrés, le consentement de ses parens, ainsi que cela est prescrit en matière de mariage.

9. — Mais le décret de 1810 a laissé subsister la disposition de l'art. 26 de la loi organique, qui prescrit que les évêques ne peuvent faire aucune ordination avant que le nombre de personnes à ordonner ait été soumis au gouvernement. — Décis. min. 8 avr. 1814.

10. — « Cette disposition est de police; elle ne renferme rien de nouveau, car on ne pouvait autrefois être ordonné clerc sans une permission du souverain. » — Portalis, *Rapport sur les lois organiques.*

11. — La dispense du service militaire accordée aux élèves des séminaires ne peut, dans aucun cas, dispenser les évêques d'obtenir l'autorisation du gouvernement pour conférer ensuite à ces mêmes élèves le sous diaconat. — Décis. min. 14 oct. 1811.

12. — Il est vrai qu'une circulaire ministérielle du 15 sept. 1814 dispensa les évêques de demander l'autorisation pour les promotions aux ordres sacrés; mais bientôt une nouvelle circulaire du 24 oct. 1815 vint rappeler les évêques à la nécessité de se conformer à la loi organique.

13. — En exécution des prescriptions de la loi organique, deux décisions ministérielles des 20 et 21 déc. 1809 veulent que les candidats aux ordres sacrés forment des demandes, lesquelles sont transmises au ministre des cultes par l'évêque, et doivent être accompagnées d'un tableau indiquant les noms, prénoms et dates de naissance des postulans.

14. — Remarquons du reste que l'autorisation n'est exigée que pour le sous-diaconat seulement (décis. min. 30 mai 1809); la collation du diaconat et de la prêtrise reste entièrement dans les attributions de l'autorité spirituelle. — V. ÉVÊQUE, PRÊTRE.

15. — Les diacres et sous-diacres sont nécessairement rangés parmi les *ministres du culte*, et participent dès lors aux droits et obligations afférens à ces ministres. — V. CULTE.

16. — Rappelons en terminant que dans le culte réformé certains membres portant le nom de *diacres* sont spécialement chargés du ministère des pauvres; mais ils sont, du reste, complétement étrangers à l'exercice du ministère pastoral. — Circ. min. 12 avr. 1838. — V. CONSISTOIRE PROTESTANT, n° 48.

DIAMANT.

On donne ce nom au cadeau soit en argent, soit en nature, fait par le testateur à son exécuteur testamentaire, pour l'indemniser des peines que doit lui causer la charge qui lui est conférée. — V. EXÉCUTEUR TESTAMENTAIRE.

DIAMANS ET PIERRES FINES (Marchands de).

Patentables de première classe. —Droit fixe basé sur la population, et droit proportionnel du quinzième de la valeur locative de l'habitation et des lieux servant à l'exercice de la profession.—V. PATENTE.

DICTÉE.

C'est, dans la langue de la jurisprudence, l'action de prononcer mot à mot ce qu'on destine à être en même temps écrit par un autre.— Merlin, *Rép.*, v° *Testament*, p. 678; Toullier, t. 5, n° 410.— V. TESTAMENT.

DICTUM.

Ancien terme de pratique qui avait la même signification que le mot *dispositif*. On trouve plusieurs fois le mot *dictum* dans l'ordonnance de 1667. — V. tit. 11, art. 15; tit. 26, art. 8.

DIEU (Institution).

1. — A Rome, et sous le paganisme, on considérait comme personnes incertaines, et comme ne pouvant, en conséquence, être instituées, les *Dieux* (ce qui devait s'entendre de leurs temples).

2. —Toutefois, il y avait des exceptions introduites, soit par des sénatus-consultes, soit par des constitutions. Ulpien en fait une énumération qui n'est, du reste, pas limitative : « *Sicuti Jovem Tarpeium, Apollinem Didymæum, sicuti Martem in Gallia, Minervam Iliensem, Herculem Gaditanum, Dianam Ephesiam, Matrem deorum sipelensim quæ Smyrnæ colitur, et cœlestem salinensem Carthaginis.* » —Ulp. reg., art. 22, 6.

3. — Depuis l'établissement du christianisme, l'institution d'héritier faite au profit de *Dieu*, sans autre désignation, devait être appliquée à l'église paroissiale du lieu où le testateur avait son domicile.—L. 26, Cod., *De sacros. ecclesiis* : Nov., art. 131, chap. 9; Zipœus, *Consult. canon.*, liv. 3, tit. *De parochiis.*

4. — Mais cette disposition était-elle au profit même de l'église, ou bien au profit des pauvres de cette église?

5. — Sous l'empire du Code de Justinien, elle profitait, sans aucun doute, aux pauvres : « *Ut ipsa competant sanctissimis ecclesiis, ad hoc quidem ut ad pauperum alimoniam conferant.*—L. 26, Cod., *De sacr. eccles.*

6. — Mais le chapitre 9 de la novelle 131 semblait avoir changé cette destination, en ne parlant plus des pauvres : *Si quis in nomine magni Dei et Salvatoris nostri Jesu-Christi hæreditatem aut legatum reliquerit, jubemus ecclesiam loci illius in quo testator domicilium habuerit accipere quod dimissum est.* »

7. —Un legs fait en faveur des *archanges*, des *martyrs*, *des saints* appartient-il à l'église du domicile du défunt?

8.—D'après le droit romain, un pareil legs pouvait être revendiqué par l'église ou l'oratoire qui était sous l'invocation de l'archange ou du saint, dans le lieu où le testateur avait son domicile; s'il y avait plusieurs églises sous la même invocation, on l'attribuait à celle que le testateur fréquentait, ou à la plus pauvre; s'il n'y en avait pas dans la ville, on en cherchait dans la banlieue; si enfin il n'y en avait pas dans la banlieue sous l'invocation du saint, on attribuait la disposition à l'église du domicile. — L. 26, § 1er, *De sacros. eccles.*, Nov. 131, chap. 9; Merlin, *Rép.*, v° *Instit. d'héritier*, sect. 6e, n° 10.

9. — Aujourd'hui, les dispositions ayant pour objet des œuvres pieuses sont généralement reçues avec faveur.—*Paris*, 30 mars 1818, de Broé c. Thiesset; *Cass.*, 14 déc. 1819, mêmes parties; — Merlin, *Rép.*, v° *Légataire*, § 2e.

10. — Ainsi, il a été jugé que la disposition de dernière volonté par laquelle le testateur a institué *son ame* pour son héritière universelle, ne peut être annulée comme étant faite au profit d'un incapable, si, d'ailleurs, il a, par une autre disposition, chargé son exécuteur testamentaire de vendre tous les effets de son hoirie et d'en convertir le prix dans la célébration de messes, après les dettes et legs payés. — Cette disposition ne devant néanmoins produire son effet qu'après avoir reçu l'approbation du gouvernement. — C. civ., art. 910; — *Turin*, 30 janv. 1808, Tournon et Garino.

11. — Un arrêt de Cassation, du 16 juillet 1834 (Sohyer c. Durand) a jugé, il est vrai, que la disposition par laquelle un testateur ordonne que la valeur de son mobilier, déduction faite des dettes et charges de la succession, soit appliquée à des prières pour son ame et à de bonnes œuvres, doit être considérée comme une charge de l'hérédité et non comme un legs fait à personnes incertaines. — Mais ce même arrêt a décidé, contrairement à l'arrêt de Turin du 30 janv. 1808, et à un arrêt de Cassation du 26 nov. 1808 (Guimet c. Isoute), que l'exécution d'une semblable disposition n'a pas besoin de l'autorisation du gouvernement.

V. au surplus DISPOSITION A TITRE GRATUIT, DONATION DÉGUISÉE, FABRIQUES, LEGS, LEGS PIE, TESTAMENT.

DIFFAMARI (Loi).

1. — C'est le premier mot d'une loi célèbre (L. 5) du Code de Justinien, au titre de *Ingenuis et manumissis*, et dont on se sert pour la désigner.

2. — Suivant la disposition de cette loi, celui dont l'état d'homme libre ou ingénu était attaqué par des bruits populaires, pouvait en traduire les auteurs en justice, pour leur faire enjoindre ou de rapporter la preuve de ce qu'ils avaient avancé, ou de garder, à cet égard, un silence perpétuel. — « *Diffamari statum ingenuorum, seu errore, seu malignitate quorumdam, periniquum est. Præsertim cùm affirmes diù præsidem unum atque alterum interpellatum à te, vocitasse diversam partem ut contradictionem faceret, si defensionibus suis confideret, undè constat meritò rectorem provinciæ commotum allegationibus tuis sententiam dedisse ne de cætero inquietudinem sustineres. Si igitur adhùc diversa pars perseverat in eâdem obstinatione, aditus præses provinciæ ab injuriâ temperari præcipiet.* »

3. — Cette loi établissait donc une exception remarquable à cette règle que l'on ne peut être forcé d'agir en justice : *Invitus agere accusare nemo cogatur.* —L. 1re, Cod., *Ut nemo invitus* : L. 5, § 6, ff., *De doli et metus exceptione.*

4. — La plupart des interprètes avaient étendu la loi *diffamari* à tous ceux que des propos tenus par d'autres tendaient à faire passer pour débiteurs d'une somme, ou pour injustes possesseurs d'un bien, ou pour coupables d'un crime. — Duplessis, t. 2, p. 535; Bretonnier sur Henrys, t. 3, p. 814 (édit. de 1772); Bouvot, t. 2, p. 10 et 193; Automne, sur la loi 1re, Cod., *Ut nemo invitus*; Boyer, décis. 255.

5. — Cette extension avait pourtant soulevé de vives critiques de la part de plusieurs jurisconsultes distingués, tels que le président Favre (*Conjectur.*, lib. 10, cap. 20; et *De error. pragmatic.*, decad. 51, cap. 10), Henrys (t. 3, p. 814, édit. de 1772), et Duperrier (t. 3, p. 510). — Néanmoins, elle avait été consacrée par plusieurs arrêts des parlemens. — V. Bouvot et Automne, *loc. cit.*

6. — Les chartes générales du Hainaut avaient aussi adopté cette interprétation : et le ch. 41 portait que « tous manans du pays de Hainaut, étant menacés par aucuns particuliers, faisant courir le bruit de les poursuivre pour quelque action que ce soit, réelle ou personnelle, pourront faire plainte en la cour, pour là, en droit, être poursuivis et bailler terme à partie de faire la poursuite, à peine de privation, sauf pour matières de crimes dont justice voudrait se mêler, auquel cas l'on ne sera reçu à faire cette plainte. »

7. — Au surplus, l'action intentée en vertu de la loi *diffamari* ne pouvant avoir lieu que contre celui qui s'était *vanté* d'avoir des prétentions à la charge d'un autre, il fallait prouver ce fait. — Sinon le juge ne pouvait pas obliger le prétendu *diffamant* à agir dans un certain temps, ni lui imposer silence pour l'avenir. — C'est ce qu'ont jugé un arrêt du parlement de Flandres, du 12 nov. 1699, rapporté par le président Desjaunaux; et un arrêt du grand conseil de Malines, du 2 oct. 1646, inséré dans le recueil de Dulauri, § 26, p. 45.

8. — La loi *diffamari* n'a pas survécu à la législation révolutionnaire, et elle n'a été remplacée dans nos Codes par aucune disposition analogue. Si donc il arrivait aujourd'hui qu'une personne répandît des bruits préjudiciables à une autre, il y aurait lieu d'examiner si le fait présente les caractères de la diffamation, tels qu'ils sont déterminés par la loi pénale (V. DIFFAMATION). — Dans ce cas, des poursuites correctionnelles pourraient être exercées contre le diffamateur par la personne diffamée. Si au contraire le fait n'offrait pas les caractères de la diffamation ni ceux d'aucun autre délit prévu et réprimé par nos lois pénales, il n'y aurait lieu qu'à une action en dommages-intérêts, aux termes de l'art. 1383, C. civ.

DIFFAMATION, INJURE.

Table alphabétique.

DIFFAMATION, INJURE. — 1. — « La *diffamation* est la promulgation de choses infamantes, vraies ou fausses. On appelle choses infamantes celles qui impriment une tache honteuse dans la vie d'une personne, et qui sont capables, quand elles sont connues, de lui attirer le mépris ou l'aversion des gens de bien. La calomnie est la fausse imputation d'un délit. — Portalis, Rapport au conseil des anciens, le 26 germin. an V.

2. — Fruit de la réflexion, de la méditation et d'une envie décidée de nuire à autrui, la diffamation, dit Merlin (*Rép.*, vº *Diffamation*, nº 1er, *in fine*), diffère de ces propos et de ces traits injurieux qui échappent quelquefois dans une dispute, et qu'on ne punit point ordinairement avec autant de sévérité, parce qu'on présume que le coupable s'en fût abstenu s'il n'eût été dans la chaleur de l'emportement. On ne saurait, au contraire, être trop sévère contre ceux qui, de dessein prémédité, se rendent diffamateurs sans aucun intérêt que celui de jouir de la satisfaction secrète de perdre d'honneur et de réputation l'objet de leur haine et de leur rivalité. Il y a souvent peu de différence entre assassiner quelqu'un et lui ravir l'honneur.

3. — Suivant la loi du 17 mai 1819, la diffamation est l'allégation ou l'imputation d'un fait de nature à porter atteinte à l'honneur ou à la considération de la personne ou du corps auquel il est imputé. — L. 17 mai 1819, art. 13.

4. — Il y a une différence entre l'imputation et l'allégation : imputer, c'est affirmer; alléguer, c'est annoncer un fait sur la foi d'autrui ou d'une manière plus ou moins douteuse.

5. — L'*injure* est toute expression outrageante, terme de mépris ou invective qui ne renferme l'imputation d'aucun fait déterminé. — L. 17 mai 1819, art. 13.

6. — Dirigées contre le roi, les princes de la famille royale, les souverains étrangers, les attaques de cette nature sont comprises et réprimées sous l'expression d'*offense*. — La diffamation ou injure s'appelle *outrage* lorsqu'elle s'adresse à un fonctionnaire public. — L. 25 mars 1822, art. 6.

7. — Les mots *diffamation* et *injure* s'appliquent aux attaques de la nature de celles déterminées par la loi du 17 mai 1819, dirigées contre les simples particuliers, les cours et tribunaux, les autres corps constitués, les agens diplomatiques accrédités auprès du roi et les agens de l'autorité publique auxquels on ne peut donner la qualification de fonctionnaires publics. — Chassan, t. 1er, p. 369, nº 1er; de Grattier, t. 1er, p. 206 et 207; Parant, p. 92.

—

CHAPITRE Ier. — *Historique*.

8. — Les législations antiques étaient sévères pour ceux qui portaient atteinte à l'honneur et à la réputation des citoyens.

9. — A Athènes, des peines rigoureuses étaient prononcées contre le détracteur qui ne prouvait pas la vérité de son imputation.

10. — Il en était de même à Rome dès les temps les plus reculés.

11. — Mais la loi romaine, comme la loi athénienne, admettait en principe que la preuve du fait allégué enlevait à la diffamation toute espèce de criminalité, *eum qui nocentem infamavit, non esse bonum æquum ob eam rem condamnari, peccata enim nocentium nota esse oportere et expedire.* — ff., L. 11, *De inj. et fam. lib.*

12. — La loi des douze tables prononçait la peine

du talion contre tout calomniateur qui imputait un crime à un innocent. — V. DÉNONCIATION CALOMNIEUSE.

13. — Plus tard, les hommes libres d'une basse condition étaient frappés de verges, *fustibus*, les esclaves du fouet, *flagellis*. Les hommes libres d'une condition plus élevée étaient punis de l'exil temporaire et privés de certains droits. Le droit de tester, l'un des plus précieux du citoyen romain, était interdit au condamné pour libelle diffamatoire.

14. — La loi romaine voulut, dans la suite qu'on imprimât, avec un fer chaud, la lettre K sur le front des calomniateurs.

15. — Un édit de Constantin (L. 1, Cod. théod., *De fam. lib.*) édictait une peine contre l'auteur d'un libelle diffamatoire, bien qu'il prouvât l'existence des faits allégués. Mais l'imputation par la voie de la parole n'était passible d'aucune peine si la preuve était fournie.

16. — L'action à raison d'un libelle s'appelait *famosa actio*. Celle à raison d'injures verbales, *injuriarum actio*. La voie civile était ouverte sur toute espèce d'injures, même sur l'injure atroce. (L. 7, § 6, ff., *De Inj. et famos. lib.*) — L'action pour injure verbale se prescrivait par un an; celle pour libelle diffamatoire était beaucoup plus longue: elle ne se prescrivait que par vingt ans.

17. — L'ancien droit français, sur la matière, laissait à peu près le champ libre à l'arbitraire du juge pour proportionner les peines à la gravité des cas et surtout à l'importance des personnes calomniées. Nous ne pouvons mieux faire apprécier l'esprit de la législation ou plutôt de la jurisprudence de cette époque qu'en citant quelques décisions.

18. — Un gentilhomme, pour avoir composé des livres diffamatoires contre le roi, fut condamné, par un arrêt du 1er déc. 1584, à être pendu et brûlé avec ses ouvrages en place de Grève. Deux ans après, un avocat, pour avoir pareillement fait un livre contre le roi, fut brûlé avec son écrit devant les degrés du Palais.

19. — Les anciens recueils contiennent encore un assez grand nombre de condamnations au dernier supplice pour des libelles ou même des propos contre le souverain ou contre l'autorité publique.

20. — Dans d'autres cas, les peines de la calomnie ou de l'injure étaient, soit les galères et la flétrissure, soit le bannissement et le carcan, soit une amende seulement ou des réparations civiles, selon la gravité des cas. Tout le monde sait que Jean-Baptiste Rousseau fut condamné, par un arrêt du 7 avr. 1712, à un bannissement perpétuel du royaume, comme ayant été jugé l'auteur de vers diffamatoires qu'on lui imputait. — V. aussi arr. du 27 août 1757.

21. — Par arrêt de la Tournelle, 8 mai 1557, le lieutenant-général de Senlis fut condamné à deux cents livres parisis envers le lieutenant criminel de Robe-Courte, et cent livres parisis envers le roi, pour avoir témérairement dit que ledit lieutenant criminel de Robe-Courte n'allait point à confesse et ne recevait point son créateur; et en sa présence furent, par le premier huissier, lacérés les articles contenant ce que dessus. — Brillon, *Dict. des arrêts*, t. 2, v° *Calomnie*, n° 2. — V. aussi deux autres arrêts rapportés par le même auteur, *eod. verbo*, nos 3 et 4.

22. — Nous mentionnerons encore parmi les peines fréquemment appliquées par les anciens arrêts (V. ceux des 16 déc. 1628, 22 fév. 1716, 13 juill. 1731 et 23 mai 1742), *la réparation d'honneur*, qui, de nos jours, n'a été maintenue que dans les cas d'outrages prévus par les art. 222, 223, 224 et 226, C. pén. Nous verrons, plus bas, que la jurisprudence s'est toujours énergiquement opposée à l'application de cette peine aux cas d'injures ou de diffamation proprement dite.

23. — Sous le Code du 3 brum. an IV, la calomnie qui se commettait par des écrits anonymes ou signés n'était pas qualifiée *délit*, et n'était passible d'aucune peine. Elle pouvait seulement donner lieu à des réparations civiles.

24. — Celle qui avait été commise verbalement devait être punie d'une amende qui ne pouvait excéder la valeur de trois journées de travail, ou d'un emprisonnement de trois jours au plus. — Art. 605.

25. — Il y avait cependant un cas où ce genre de calomnie était susceptible de la peine capitale. C'était lorsque les écrits calomnieux consistaient en lettres anonymes ou signées de noms supposés, qui tendaient à faire passer les personnes auxquelles on les adressait pour complices d'un crime attentatoire à la sûreté générale de l'état. Cela résulte d'un décret du 6 flor. an II, rapporté par Merlin, *Rép.*, v° *Calomnie*, n° 3.

26. — Le système du Code de 1810 présentait un ensemble de dispositions qui n'ont plus qu'un intérêt historique depuis la loi du 17 mai 1819. — Le mot *diffamation* ne se trouvait pas dans la loi pénale; on n'y rencontrait que celui de calomnie. Était réputé coupable du délit de *calomnie* celui qui, soit dans des lieux ou réunions publics, soit dans un acte authentique et public, soit dans un écrit imprimé ou non qui avait été affiché, vendu ou distribué, avait imputé à un individu quelconque des faits qui, s'ils avaient existé, auraient exposé celui contre lequel ils étaient articulés à des poursuites criminelles ou correctionnelles, ou même au mépris ou à la haine des citoyens. — C. pén., art. 367. — Cette disposition n'était pas applicable aux faits dont la loi autorisait la publication, ni à ceux que l'auteur de l'imputation était, par la nature de ses fonctions ou de ses devoirs, obligé de révéler ou réprimer. — Même art.

27. — La loi réputait fausse toute imputation à l'appui de laquelle la preuve légale n'était pas rapportée. En conséquence, l'auteur de l'imputation ne pouvait être admis, pour sa défense, à prouver par témoins la vérité des faits. Il ne pouvait non plus alléguer, comme moyen d'excuse que les pièces ou les faits étaient notoires, ou que les imputations poursuivies étaient copiées ou extraites de papiers étrangers ou d'autres écrits imprimés. — Art. 368. — Les calomnies mises au jour par la voie des papiers étrangers pouvaient être poursuivies contre ceux qui avaient envoyé les articles ou donné l'ordre de les insérer, ou contribué à l'introduction ou à la distribution de ces papiers en France. — Art. 369. — Mais la preuve légale du fait allégué mettait l'auteur de l'imputation à l'abri de toute peine. La preuve légale ne pouvait résulter que d'un jugement ou de tout autre acte authentique. — Art. 370.

28. — Le calomniateur était puni selon la gravité de l'imputation dont il était l'auteur. Si le fait imputé était de nature à mériter la peine de mort, les travaux forcés à perpétuité ou la déportation, le coupable était passible d'un emprisonnement de deux à cinq ans et d'une amende de 200 à 5,000 francs. — Dans tous les autres cas, l'emprisonnement était d'un mois à six mois et l'amende de 50 fr. à 2,000 fr. — Art. 371. — Le calomniateur était, de plus, à l'expiration de sa peine, interdit pendant cinq ans au moins et dix ans au plus des droits mentionnés dans l'art. 42 du C. pén. — Art. 374.

29. — L'action en calomnie était portée devant les tribunaux correctionnels. Lorsque les faits imputés étaient punissables suivant la loi, on devait, si le prévenu les avait dénoncés à l'autorité compétente, surseoir pendant l'instruction à statuer sur le délit de calomnie. — C. pén., art. 372.

30. — Le mot *diffamation* est nouveau dans la langue juridique; on le trouve pour la première fois dans l'art. 73 du décret du 15 nov. 1811 concernant l'Université. Les imputations comprises sous ce mot y sont distinctes de celles employées dans celui de calomnie. Si un membre de l'Université, dit l'article, se rend coupable de diffamation, de calomnie envers un autre membre, il sera puni par la suspension de ses fonctions, avec privation de traitement pendant trois mois, même par radiation du tableau de l'Université, avec affiche de l'ordonnance, suivant la gravité des cas.

31. — La Charte a consacré pour tous les Français le droit de publier leurs opinions en se conformant aux lois. « Ces lois ont dû protéger chacun contre les attaques de la calomnie ou les révélations odieuses de la haine ou de la passion. » Le mot *diffamation*, qui renferme une idée plus complexe, remplaça celui de calomnie, et c'est lui que nous rencontrons dans les deux lois des 17 et 26 mai 1819, qui forment spécialement le Code de la matière. Le principe général c'est la protection de tous, l'impossibilité de prouver même la vérité d'imputations injurieuses et diffamatoires. Le législateur a compris cependant que chez une nation libre, qui a écrit dans son pacte fondamental le principe de la responsabilité des agens du pouvoir, il fallait laisser sous le contrôle de l'opinion les actes de la vie publique, et que la révélation de faits imputés à des fonctionnaires, à raison de leurs fonctions, loin d'être une diffamation, pouvait être un acte utile, un acte de bon citoyen. La preuve des faits allégués est alors permise. Telle est l'économie générale de la loi qui nous régit encore aujourd'hui.

32. — La loi anglaise admet comme la loi romaine une distinction entre l'offense par paroles (*slander*) et l'offense par voie d'écriture (*libel*). Dans le premier cas il n'y a lieu qu'à une action civile; dans le second l'action criminelle est ouverte. — Chassan, t. 1er, p. 328.

33. — L'action civile n'est admise que lorsque l'allégation est de nature à exposer celui contre lequel elle est dirigée aux poursuites de la justice, ou qu'elle aurait pour résultat de l'exclure de la société ou de nuire à son commerce. Dans tous les autres cas, l'action civile n'est recevable que lorsqu'on prouve un dommage résultant de l'imputation. — *Ibid.*

34. — Il faut un dommage certain et matériellement appréciable. Ainsi on ne peut former devant une cour temporelle une action pour imputation verbale du défaut d'accomplissement de devoirs moraux. — *Ibid.*

35. — La preuve de la vérité des faits imputés est admise; peu importe qu'il y ait préjudice. S'il y a preuve, il n'y a plus injure, et la loi n'accorde pas de réparation. — *Ibid.*

36. — En cette matière, comme en beaucoup d'autres, l'égalité n'est pas le principe de la loi anglaise. C'est ainsi que l'action *per scandalum magnatum* permet de poursuivre même par la voie criminelle des imputations qui n'eussent eu aucune conséquence, dirigées contre une personne d'un rang inférieur, mais qui deviennent punissables, si elles s'adressent à des pairs, magistrats, grands dignitaires.

37. — L'imputation faite par écrit peut être réprimée, soit par l'action civile, soit par l'action criminelle; dans ce cas elle est considérée comme une offense à la paix publique. — Si le plaignant a pris la voie civile, la preuve du fait imputé met son adversaire à l'abri de toute condamnation. — Mais si l'imputation est poursuivie par voie criminelle, il importe peu, selon l'expression de Blackstone, que ce que contient le libelle soit vrai ou faux, c'est la *provocation* et non la fausseté qui est punissable au criminel. *Plus il y a vérité, plus le libelle est grave*, a dit lord Mansfield, et cette maxime est restée célèbre comme résumé du système anglais sur la diffamation. La preuve de la vérité des faits allégués est donc refusée à celui qui est poursuivi.

38. — En 1816, lord Brougham proposa un bill qui autorisait la preuve, mais laissait cependant au jury le droit de condamner lorsqu'il lui apparaîtrait que la publication aurait été faite dans un but méchant et dans une intention purement malveillante. Mais ce bill n'a jamais été converti en loi, et l'ancienne législation s'est maintenue.

39. — En Belgique, le décret du 20 juill. 1831, relatif à la presse, contient des dispositions qui régissent le délit dont nous nous occupons. L'économie de la loi est un mélange des articles du Code pénal et de la loi du 17 mai 1819. Le mot *calomnie* y est conservé. La preuve de la vérité des faits imputés est permise lorsqu'il s'agit de fonctionnaires publics et d'actes de leurs fonctions. Le délit d'injure et de calomnie ne peut être poursuivi d'office que lorsqu'il s'agit du roi, des membres de sa famille, de corps constitués, de dépositaires ou d'agens de la force publique. Enfin, l'art. 263, C. pén., est applicable, et les tribunaux ont le droit de ne pas prononcer l'interdiction des droits civiques édictée par l'art. 374.

CHAPITRE II. — *Caractères constitutifs de la diffamation et de l'injure.*

Sect. 1re. — *Caractère de la diffamation.*

40. — Pour constituer la diffamation il faut: 1° qu'il y ait imputation ou allégation d'un fait déterminé et précis; 2° que ce fait soit de nature à porter atteinte à l'honneur et à la considération de la personne ou du corps auquel il est imputé; 3° que ces allégations ou imputations soient faites dans une intention méchante; 4° enfin il est indispensable, d'après la loi du 17 mai 1819, que l'imputation diffamatoire ait reçu de la publicité. Une imputation, quelle que soit sa gravité, lorsqu'elle n'est pas publique, est assimilée à l'injure non publique.

41. — La diffamation peut au surplus exister contre une personne, bien qu'elle ne soit pas nommée, si elle est suffisamment désignée, soit par des initiales, soit autrement. — L. 25 mars 1822, art. 11; — Chassan, t. 1er, p. 343 et suiv. — C'est aux juges d'apprécier si la personne qui se plaint est réellement celle contre laquelle étaient dirigées les imputations diffamatoires. — *Ibid.*

42. — L'action, dit M. Portalis (26 germin. an V, *Ch. de rapp.*, t. 16, p. 405), ne peut être contestée à la personne clairement désignée, et on ne doit autoriser aucun subterfuge tendant à éluder frauduleusement cette action. A Rome, l'horreur des libelles était telle que, par un décret solennel du sénat, il y avait action publique contre les libellis-

DIFFAMATION, INJURE, ch. 2, sect. 1re.
DIFFAMATION, INJURE, ch. 2, sect. 1re.

les quand, faute de désignation précise, on ignorait qui était l'offensé, et que conséquemment aucun citoyen ne pouvait exercer une action particulière.

43. — L'action en diffamation appartient à tous ceux qui sont attaqués directement ou indirectement. — *Paris*, 9 juill. 1836, Fournier-Verneuil.

44. — Il importe peu que l'allégation ou l'imputation ait été faite en la présence ou à l'insu de la personne qui en est l'objet. C'est même ordinairement à l'insu de celle-ci que le diffamateur l'attaque. — De Grattier, t. 1er, p. 183.

45. — *Imputation ou allégation d'un fait déterminé.* — Ces mots *allégation* et *imputation* ne sont pas synonymes. *Imputer*, c'est affirmer ; *alléguer*, c'est annoncer sur la foi d'autrui, ou laisser à l'assertion l'ombre du doute.

46. — La simple allégation d'un fait de nature à nuire à la considération de celui à qui on l'attribue, constitue le délit de diffamation, si elle est faite publiquement et de mauvaise foi.

47. — Il serait impossible de décider, comme l'a fait en matière de calomnie la cour de Bruxelles, le 21 nov. 1835 (Vanderseypen c. Crabbé), que le simple soupçon émis ne suffit pas pour justifier une plainte. — Spécialement, dire dans un lieu public qu'on a été volé, et que le vol n'a pu être commis que par telle personne ou sa fille, ne constitue pas la calomnie.

48. — Du reste, cette solution paraît inadmissible, même sous l'empire de l'art. 367, C. pén., abrogé. — Cet article punissait l'imputation de faits qui, s'ils existaient, exposeraient celui contre lequel elle est dirigée à des poursuites criminelles, ou même l'exposeraient seulement à la haine et au mépris des citoyens. Le soupçon de vol produit ce double effet. Toutefois, le tribunal est juge souverain de la question d'intention.

49. — On ne peut non plus décider en principe d'une manière absolue qu'une imputation faite sous une forme hypothétique d'un fait déshonorant, ne constitue pas une diffamation. Les circonstances peuvent démontrer l'existence du délit. — De Grattier, t. 1er, p. 182, note.

50. — Il a été jugé, sous l'empire de l'art. 367, C. pén., que l'imputation faite d'une manière hypothétique, par exemple, en disant : *Si tel individu a fait telle chose, c'est un coquin*, ne constituait pas le délit de calomnie. — *Cass.*, 20 mars 1817, Coutain c. Chevalier. — Cet arrêt est plutôt un arrêt de fait qu'un arrêt de principe. C'est une question d'intention qui avait été jugée par le tribunal dont la décision avait été déférée à la cour de Cassation. Il peut, en effet, arriver que l'imputation, faite même d'une manière hypothétique, soit une véritable diffamation.

51. — Mais il est indispensable que l'imputation ou l'allégation porte sur un *fait déterminé*, autrement il ne peut y avoir qu'une injure et non une diffamation.

52. — Ainsi, par exemple, le fait d'avoir inséré dans une circulaire adressée par un négociant à ses correspondans cette phrase : « *Telle personne ne fait plus partie de ma maison de commerce pour des raisons assez graves pour ne les pas citer* », ne contient pas l'imputation d'un fait déterminé, et ne constitue pas dès-lors le délit de diffamation. — L. 17 mai 1819, art. 13. — Ces expressions ne constituent qu'une injure prévue et punie par les art. 20, L. 17 mai 1819 et 471, C. pén. — *Paris*, 6 mars 1844 (t. 2 1844, p. 80), Harville.

53. — Il n'y a pas diffamation, mais seulement délit d'injure dans le reproche *de s'être écarté de la ligne d'un honnête homme*, adressé, sans autre précision, à un avocat, à l'occasion d'une plaidoirie par lui prononcée. — *Cass.*, 8 juill. 1843 (t. 1er 1844, p. 14), Fradel.

54. — Des paroles provocatrices se référant à une voie de fait non dénoncée et non poursuivie peuvent n'être considérées, par suite de ce défaut de poursuite, que comme une circonstance qui aggrave le fait primitif d'injure, mais qui ne saurait changer la nature légale de celui-ci et le faire considérer comme une diffamation, sans qu'il y ait violation d'aucune loi dans l'arrêt qui le décide ainsi. — Même arrêt.

55. — Au contraire, dire à un individu dans une auberge, et en présence d'un grand nombre de personnes, qu'*il est un reste de prison, qu'il a des motifs pour l'y faire remettre, et qu'il ira encore*, c'est se rendre coupable du délit de diffamation. — *Cass.*, 15 fév. 1828 (Int. de la loi), Delogé.

56. — L'imputation faite publiquement à un homme marié de vivre en concubinage avec une femme libre ayant un domicile à elle, constitue le délit de diffamation. — *Limoges*, 14 mars 1828, Auroux.

57. — L'imputation faite publiquement à un aubergiste d'avoir volé une oie et de l'avoir fait manger dans son auberge, constitue le délit de diffamation. — *Cass.*, 20 janv. 1825, Mercier.

58. — La cour royale de Bordeaux a jugé que ces mots : *Vous êtes un mauvais citoyen, un homme suspect*, adressés à une personne, dans un lieu public, ne renferment pas l'imputation d'un vice déterminé. — *Bordeaux*, 13 janv. 1832, Arnaud c. Laporterie.

59. — Mais nous ne saurions partager cette opinion. Il y a dans l'apostrophe appréciée par l'arrêt de la cour de Bordeaux plus qu'une expression injurieuse; elle impute aussi une disposition habituelle à faire des choses réprouvées par la loi ou par la morale. Elle nous paraît donc rentrer dans les prévisions des art. 13 et 19, L. 17 mai 1819.

60. — *Fait de nature à porter atteinte à l'honneur ou à la considération de la personne ou du corps auquel le fait est imputé.* — Le délit de calomnie n'existait que lorsqu'il y avait une imputation exposant celui contre lequel elle était articulée à des poursuites criminelles ou correctionnelles, ou au mépris et à la haine des citoyens. La loi s'est montrée plus large dans le système qu'elle a adopté en matière de diffamation. Toute allégation de nature à porter atteinte à l'honneur ou à la considération, tombe sous son application. — L. 17 mars 1819, art. 13.

61. — Tout ce qui touche à la réputation, à la probité, touche à l'honneur; mais on peut, sans blesser l'honneur, porter atteinte à la considération, dire méchamment qu'un négociant a éprouvé des pertes, qu'il gère avec inhabileté son négoce; annoncer faussement tel ou tel fait à l'appui de l'imputation, c'est laisser son *honneur* intact, c'est nuire à sa considération. — Courvoisier, rapporteur de la loi du 17 mai 1819.

62. — Le mot *honneur*, ainsi que le faisait observer M. de Serres, ne répond pas du tout au mot *considération*, pris dans le sens de *considération* professionnelle. L'estime que chacun peut avoir acquise dans l'état qu'il exerce, doit être protégée par la loi. Elle fait partie du patrimoine du citoyen. — Discuss. à la chamb. de la loi du 17 mai 1819.

63. — La considération se rattache à l'idée que les autres ont de vous, l'honneur se rattache davantage à l'idée que vous tenez à en conserver vous-même. — Guizot, commiss. du roi, discussion de la loi du 17 mai 1819.

64. — La simple critique d'un acte isolé de la profession ne constitue pas une diffamation : ainsi ce n'est pas diffamer un médecin, un avocat, un négociant, que de dire de l'un qu'il a mal traité une maladie; de l'autre qu'il a mal plaidé une cause; du troisième qu'il a mal dirigé une affaire. Mais si l'on généralise, si l'on dit du médecin qu'il traite mal ses malades, de l'avocat qu'il plaide mal, du négociant qu'il n'entend pas les affaires, le délit de diffamation apparaît. — Chassan, t. 1er, p. 341 et 342; de Grattier, t. 1er, p. 184 et 185.

65. — La critique des œuvres de l'esprit est un des droits qui procèdent de l'art. 7 de la Charte. L'écrivain, en publiant ses œuvres, les soumet à l'appréciation du public : et la diffamation n'existe que lorsque la critique est dirigée dans un but essentiellement méchant, pour nuire à l'honneur ou à la considération morale de l'auteur. — De Grattier, t. 1er, p. 185.

66. — La publication d'un écrit sous le nom d'une autre personne, lorsqu'il est de nature seulement à nuire à sa réputation d'auteur, ne constitue pas le délit de diffamation. Il faudrait qu'il y eût atteinte portée à l'honneur ou à la considération morale. Dans le premier cas, la voie civile en dommages-intérêts est seule ouverte. — C. civ., art. 1382; — de Grattier, t. 1er, p. 185; Chassan, t. 1er, p. 343.

67. — La publication d'une fausse lettre sous le nom d'un tiers constitue le crime de faux et non le délit de diffamation, lorsqu'elle tend à nuire à son honneur ou à sa considération, encore bien qu'elle ne soit pas de nature à nuire à sa fortune. — *Cass.*, 12 nov. 1812 ou 1813, Maillezac c. Sarrazen-Lamy; — Chassan, t. 1er, p. 343; de Grattier, t. 1er, p. 186; Merlin, vo *Calomniateur*; Bourguignon, t. 3, p. 150.

68. — En matière de diffamation, il appartient aux tribunaux et aux cours royales de déterminer souverainement les circonstances d'après lesquelles les faits imputés doivent être considérés comme ayant porté atteinte à l'honneur ou à la considération du plaignant. — *Cass.*, 12 mai 1820, Masson c. Dunepart.

69. — Nous rapportons dans ce chapitre les arrêts intervenus sous l'empire de la législation antérieure à la loi de 1819, qui concernent ces imputations de *faits déterminés;* bien que le mot de *diffamation*, alors inconnu dans nos lois, ne se trouve pas écrit dans ces décisions, il est évident que, par la force même des choses, elles se rapprochent plus de la diffamation que de *l'injure*, expression qui n'a plus, sous l'empire des lois actuelles, le sens général qu'elle avait autrefois.

70. — Jugé que l'imputation d'un fait qui est autorisé par la loi ne peut être considéré ni comme délit ni comme injure. Ainsi, sous la loi du 13-19 fév. 1790, abolitive des vœux solennels, publier qu'un ministre du culte catholique était marié, ce n'était point l'injurier. — *Cass.*, 18 vendém. an IX, Lavalette.

71. — La loi du 4 brum. an IV, abolitive de tout procès relatif à des faits révolutionnaires, ne s'opposait pas à l'action en réparation d'injures, pour imputation ultérieure de faits de cette nature. — *Cass.*, 22 mess. an XII, Vigier; — Merlin, *Quest. de droit*, vo *Réparation d'injure*, § 2.

72. — L'acte par lequel celui qui prétend qu'une lettre de change lui a été extorquée à l'aide de violences fait signifier une protestation contenant le récit des faits, peut-il servir de base à une action en injures? — Cette question, soulevée par Merlin dans son réquisitoire (*Cass.*, 11 vendém. an XIV, int. de la loi, Degris), n'a pas été résolue par l'arrêt de la cour. Mais la négative, soutenue par ce jurisconsulte, nous paraît hors de doute. L'auteur de la protestation ne fait qu'user d'un droit très légitime en libellant l'exploit de manière à prévenir les inductions que l'on pourrait tirer plus tard de son silence. Il se trouve dans la même position que s'il racontait les faits dans une audience publique sur une action en nullité du titre pour cause de dol et de violence, et il a droit à la même protection. Il ne faudrait pourtant point conclure de là qu'un débiteur de mauvaise foi qui voudrait se procurer le malin plaisir de molester son créancier par une signification de cette nature, fût à l'abri de toute poursuite. C'est aux tribunaux qu'il appartient d'apprécier les faits et l'intention.

73. — Ne peut être condamné comme coupable d'injure celui qui, sur la demande qu'un huissier lui faisait de son salaire, à raison d'une signification délivrée à sa requête, a adressé à ce fonctionnaire le reproche d'avoir commis une irrégularité et une fausseté dans la procédure. — *Cass.*, 19 avr. 1810, Brunenghi; — Merlin, *Rép.*, vo *Injure*, § 8, no 1er; de Grattier, p. 201, note.

74. — La déclaration faite par un témoin dans une information ne peut, quoique fausse, donner lieu à une action en injures verbales. — *Cass.*, 1er août 1806, Piault; — Merlin, *Rép.*, vo *Injures*, § 6, no 6 : Carnot, sur l'art. 139, C. instr. crim., t. 1er, p. 585, no 24; Parant, p. 89.

75. — *Intention coupable.* — Le délit de diffamation, comme tous les délits en général, suppose une intention méchante, un désir de nuire, de la part de l'auteur de l'allégation. — *Cass.*, 18 messid. an XII, Lecerf; 12 juill. 1810, Quetel; 3 déc. 1819, Martin; 30 janv. 1807, Duval; *Metz*, 22 août 1818, Poinsignon; *Cass.*, 10 mai 1821, Colonna; *Bordeaux*, 14 avr. 1833, Dunoyon; — Chassan, t. 1er, p. 378; de Grattier, t. 1er, p. 179, nos 1er et 2.

76. — En matière de diffamation, comme en toute autre matière, et quoique la vérité du fait diffamatoire ne puisse jamais, envers un particulier, excuser le délit, les juges peuvent déclarer que, l'intention de nuire n'existant pas, il n'y a pas de délit. — *Cass.*, 10 nov. 1826, Cescaut; 12 août 1842 (t. 2 1842, p. 683), Aubry-Foucault.

77. — Mais la publication des faits diffamatoires est, de droit, présumée faite avec une intention coupable; c'est, dès-lors, au prévenu à établir qu'il a agi de bonne foi et sans intention de nuire. — *Toulouse*, 30 déc. 1836, N... ; *Paris*, 4 mars 1837 (t. 1er 1837, p. 225), Briet; *Rouen*, 30 déc. 1841 (t. 2 1842, p. 570), Dupuis; — de Grattier, t. 1er, p. 180; Parant, p. 86; Chassan, t. 1er, p. 373.

78. — Il a même été jugé que le gérant d'un journal qui publie des faits diffamatoires, lors même qu'il ne connaîtrait pas la personne diffamée, et qu'il aurait agi sans la volonté de porter préjudice à celle ci, mais dans le but unique de publier un article qui lui paraissait de nature à intéresser ses lecteurs, doit être, à raison de cette publication, condamné comme diffamateur. — *Paris*, 4 mars 1837 (t. 1er 1837, p. 225), Vernier.

79. — Spécialement, le fait, par le gérant d'un journal, d'avoir faussement annoncé le suicide d'un individu, peut, alors surtout que cet acte de désespoir est attribué à des motifs d'intérêt, constituer le délit de diffamation. — *Rouen*, 30 déc. 1841 (t. 2 1842, p. 570), Dupuis.

80. — Le correspondant bénévole d'un journal qui envoie au rédacteur un article, sans en payer l'insertion ni en recevoir le prix, peut être responsable du délit de diffamation que contiendrait cet article, bien que le rédacteur ait été mis hors de cause, par suite d'arrangemens avec le plaignant. — *Paris*, 26 août 1828, Buret de Longchamp. — V. JOURNAL.

81. — En admettant que le prévenu puisse se justifier en établissant sa bonne foi, il est certain que c'est à lui à prouver qu'il a agi sans intention de nuire; et les tribunaux correctionnels ne doivent accueillir l'excuse présentée qu'en énonçant les faits justifiés qui leur ont servi de motifs pour l'admettre. Il reste alors à juger sur le pourvoi en cassation, si, d'après ces motifs, la disposition absolue de l'art. 13, L. 17 mai 1819, pouvait être considérée comme n'ayant pas été violée. — *Cass.*, 15 mars 1821, Augé c. Houdral; 11 nov. 1826, Cescaut.

82. — Un prévenu ne peut, devant la cour de Cassation, soutenir qu'il a été de bonne foi, et que par conséquent il n'a commis aucun délit, lorsque sa conduite a été déclarée répréhensible par l'arrêt attaqué. — *Cass.*, 28 avr. 1843 (t. 2 1843, p. 500), Schwartz; — Parant, *ibid.*; Chassan, *ibid.*; de Grattier, t. 1er, p. 180.

83. — N'est pas coupable de diffamation celui qui, sur des indices suffisans pour motiver ses soupçons, et sans intention calomnieuse, signale à tort un individu comme auteur d'un délit. — *Riom*, 8 nov. 1833, Berton.

84. — Spécialement, on ne peut considérer comme coupable d'injure ou de diffamation le maître qui, ayant trouvé cachée dans la paillasse du lit de ses domestiques une somme d'argent volée, les a accusés d'être auteurs du vol, surtout s'il a réparé autant qu'il dépendait de lui le préjudice que leur réputation a pu en éprouver. — *Cass.*, 30 janv. 1807, Duval; — Chassan, p. 18 et 373.

85. — Les cris : *Au voleur!* proférés par un marchand qui vient d'être victime d'un vol contre un individu qu'il poursuit, ne peuvent constituer une diffamation lorsque cet individu a provoqué cette poursuite et ces cris par sa conduite déloyale. — *Rouen*, 20 juin 1845 (t. 1er 1846, p. 440), Brayer c. Bourgeois.

86. — A plus forte raison, l'imputation de vol dirigée par la personne volée contre un individu qui, sur sa plainte, a été condamné comme auteur de ce vol, ne constitue pas le délit de diffamation. — *Bordeaux*, 14 avr. 1833, Duvoyon.

87. — Il n'y a pas non plus diffamation lorsque, sur la foi de procès-verbaux dressés par des officiers de police, on se borne à annoncer les faits que ces procès-verbaux imputent à un ou plusieurs individus, et qu'on annonce leur arrestation, alors même que plus tard les prévenus seraient renvoyés des poursuites soit par un jugement définitif, soit par une ordonnance de non-lieu. Il en est de même lorsqu'on se borne à rendre compte d'une plainte déposée à l'autorité compétente, alors même que la personne dénoncée aurait poursuivi à son tour le dénonciateur pour dénonciation calomnieuse, et aurait fait condamner ce dernier à raison de sa plainte. Dans ces divers cas, il n'y a que l'énonciation d'un fait constaté authentiquement et qui tombe dans le domaine public. — Ces publications peuvent cependant dégénérer en délit, quand elles annoncent la volonté de nuire plutôt que l'intention d'obéir à une exigence de la profession qu'on exerce, si cette profession, comme celle des journalistes, a pour but la satisfaction de la curiosité publique. — Chassan, t. 1er, p. 349.

88. — *Publicité.* — Pour que la diffamation existe telle qu'elle est prévue et punie par la loi du 17 mai 1819, il faut qu'elle ait été rendue publique par l'un des moyens énoncés dans l'art. 1er de cette loi, c'est-à-dire, soit par des discours, des cris ou menaces proférés dans des lieux ou réunions publics, soit par des écrits, imprimés, dessins, gravures; peintures, emblèmes vendus ou distribués, mis en vente ou exposés dans des lieux ou réunions publics, soit par des placards et affiches exposés aux regards du public. — L. 17 mai 1819, art. 1er, 13 et 14.

89. — La diffamation qui ne s'est pas produite à la publicité reste soumise à l'application des peines de police, comme simple injure verbale. C'est en ce sens qu'on doit entendre un grand nombre d'arrêts qui ont décidé que, pour constituer le délit de diffamation, il ne suffit pas qu'il y ait eu allégation ou imputation d'un fait portant atteinte à l'honneur ou à la considération; il faut encore que cette allégation ou imputation ait été effectuée par l'un des moyens énoncés en l'art. 1er, L. 17 mai 1819. — *Cass.*, 2 déc. 1819, Gourlaincourt; 28 août 1821, Gilles c. Hutin; 4 déc. 1821; Herlé c. Wenzel; 3 janv. 1822, Dubreuil c. Guerineau; 16 avr. 1823, Ducœur-Joly; 7 janv. 1826, François d'Estremont; 10 juill. 1834, L'Habitant c. Deslandes; — de Grattier, t. 1er, p. 204; Parant, p. 89; Chassan, t. 1er, p. 369; Henry Celliez, *Code annoté de la presse*, p. 35.

90. — En conséquence est nul, comme insuffisant, pour déterminer la compétence de la juridiction correctionnelle, le jugement qui condamne un individu comme coupable de diffamation, sans constater la circonstance de la publicité. — *Cass.*, 3 janv. 1822, Dubreuil; 7 janv. 1826, de Magnoncourt; — Chassan, t. 1er, p. 369; de Grattier, t. 1er, p. 202 et 205.

91. — Pour qu'il y ait publicité, il ne suffit pas que les discours diffamatoires aient été tenus dans des lieux ou réunions publics, il faut encore qu'ils aient été prononcés de manière à ce que les assistans aient pu les entendre. — *Cass.*, 11 juin 1831, Latour du Pin Gouvernet.

92. — Cette interprétation ne saurait être douteuse en présence des paroles de M. Jacquinot de Pampelune dans la discussion de la loi du 17 mai 1819 et de l'amendement par lequel le mot *proférés* a été substitué à celui de *tenus*. — De Grattier, t. 1er, p. 118; Parant, p. 67 et 88.

93. — Les faits diffamatoires confiés, dans un lieu public, à une seule personne, et sans qu'aucun autre ait pu les entendre, n'ont pas un caractère suffisant de publicité pour constituer le délit de diffamation. — *Bourges*, 8 mars 1822, Galpy.

94. — C'est là une simple confidence ne rentrant pas dans les discours *proférés*, qui sont les seuls punis par la loi du 17 mai 1819, art. 1er et 13. — *Cass.*, 23 juill. 1813, Pettironi.

95. — Jugé, sous l'empire de la législation antérieure à 1819, que des propos calomnieux tenus à une personne en présence de deux autres qui en sont déjà informées, ne constitue pas le délit de calomnie puni par l'art. 367, C. pén. — Même arrêt.

96. — La loi se sert à dessein de ces mots : *lieu* ou *réunion publics*; car un lieu peut être public sans qu'il y ait une réunion publique, et une réunion peut être publique hors d'un lieu public. — De Grattier, t. 1er, p. 119.

97. — Un *lieu* est *public* toutes les fois qu'il est accessible, soit de jour, soit de nuit, aux citoyens ou à une classe de citoyens, soit d'une manière absolue, soit en remplissant certaines conditions d'admissibilité. — De Grattier, t. 1er, p. 120.

98. — La rue est un lieu essentiellement public. — *Cass.*, 26 mars 1813, Corneil Smit.

99. — Il en est de même des chemins publics. — *Cass.*, 10 mars 1814, N.

100. — Une salle d'audience est un lieu public. — *Cass.*, 19 avr. 1829, Mestiver.

101. — *Quid*, s'il y était procédé à huis-clos? Les tribunaux pourraient-ils décider qu'à raison, par exemple, de la *réunion* des jurés, des conseils et d'un plus ou moins grand nombre de témoins, il peut y avoir publicité? — Nous ne le croyons pas : quel que soit, en pareil cas, le nombre des personnes présentes au délit de diffamation qui aurait pu se commettre, il n'y a que celles dont le concours est indispensable à l'administration de la justice. *Il n'y a pas de public*, et conséquemment pas de publicité dans le sens légal.

102. — Jugé en ce sens qu'une salle d'audience, lorsqu'il n'y a que les juges et le barreau, ne constitue pas un lieu public. — *Cass.*, 4 août 1832, Devolvé.

103. — La maison d'un juge de paix n'est pas de sa nature un lieu public. En conséquence, l'imputation de vol, faite dans ce lieu un jour et à une heure autre que ceux auxquels le magistrat donne ses audiences, n'est pas une diffamation prévue et punie par les art. 13 et 14, L. 17 mai 1819, mais une simple injure de la compétence du tribunal de police. — *Riom*, 24 déc. 1819, Berthon c. Masle.

104. — Jugé également que le domicile d'un juge de paix dans un moment où il remplit seulement un bon office, et non un ministère officiel, n'est pas un lieu public. — *Metz*, 18 oct. 1817, N...

105. — Le greffe d'un tribunal ou d'une cour est un lieu public. Il est accessible à tout le monde. Les imputations de la nature de celles réprimées par la loi du 17 mai 1819, ont donc le caractère diffamatoire lorsqu'elles sont proférées dans un semblable lieu. — *Cass.*, 22 août 1828, Clin c. Dienne. — Conf. Parant, p. 81; de Grattier, t. 1er, p. 121, no 1er; Chauveau et Hélie, *Th. du C. pén.*, t. 6, p. 119. — M. Chassan (t. 1er, p. 45 et 372) considère comme une inexactitude de dire qu'un greffe soit un lieu public par sa nature; mais il ne donne aucune raison à l'appui de son opinion.

106. — Le fait d'avoir consigné dans un registre authentique, déposé au greffe, des imputations calomnieuses envers un tiers, suffit-il pour constituer le délit de diffamation? — On doit, ce nous semble, distinguer entre l'exposition de l'acte et le dépôt. Si, par exemple, on montre dans un greffe l'acte de diffamation, nul doute que le délit ait la publicité voulue par la loi; mais si on consigne l'acte dans un registre authentique, la publicité n'existe pas. — Il faut bien se garder de confondre le *dépôt* d'un acte avec son *exposition*. Le dépôt peut, en matière civile, donner aux parties intéressées le droit d'en lever des expéditions, et, même en matière criminelle, le droit d'en obtenir copie sous certaines modifications (V. le décr. du 18 juin 1811, art. 56). Mais cela ne suffit pas pour constituer la publicité : les tiers n'ont aucun droit de prendre communication de l'acte déposé; il ne s'offre pas à leurs regards; il n'est ni lu, ni vendu, ni distribué; son existence cachée dans un lieu public ne rentre donc en aucune manière dans l'art. 1er, L. 17 mai 1819. Cette opinion est d'autant plus fondée que l'art. 367, C. pén., qui considérait comme publique une imputation faite dans un acte authentique et public, a été abrogé par la loi précitée. — *Cass.*, 7 mars 1823, Pommier; 22 août 1828, Clin. — V. aussi Carnot, sur l'art. 367, C. pén., p. 20[illegible], note 18.

107. — Les bureaux d'une sous-préfecture sont un lieu public. — *Cass.*, 4 août 1826, Gaillard-Duvert. — Parant, p. 70; de Grattier, t. 1er, p. 121, note 1re.

108. — Les salles de la mairie consacrées à la réception des actes de l'état civil ou aux rapports de police entre l'administration et les citoyens, sont des lieux publics.

109. — L'étude d'un notaire n'est un lieu public que lorsque tout le monde y est appelé, par exemple, pour une adjudication. — *Bourges*, 22 juill. 1836, N...; — de Grattier, t. 1er, p. 121; Chauveau et Hélie, t. 6, p. 120. — Cependant M. Chassan (t. 1er, p. 45, no 1er, et p. 46, no 2) pense que l'étude d'un notaire étant toujours accessible au public pendant les jours et les heures de travail, elle doit être réputée lieu public.

110. — Une salle de spectacle est un lieu public, mais elle n'a pas un caractère permanent de publicité; elle cesse d'être publique dès que l'accès n'en est plus libre au public. Ainsi, la diffamation résultant de propos proférés dans une répétition particulière, ne pourrait être considérée comme publique qu'autant que la réunion constituerait *réunion publique*. — *Cass.*, 2 juill. 1812, Broudetta; — de Grattier, t. 1er, p. 121; Parant, p. 69; Chassan, p. 44.

111. — La classe d'une école secondaire ecclésiastique, composée non seulement d'élèves internes, mais encore d'élèves externes, est un lieu public. — *Cass.*, 9 nov. 1832, Joubert; — Parant, p. 70, no 7; Chassan, t. 1er, p. 45; de Grattier, t. 1er, p. 121; Chauveau et Hélie, t. 6, p. 119.

112. — Un hôpital est un lieu public, parce qu'il est ouvert au public sous des conditions déterminées par des réglemens émanés de l'autorité. Mais on ne doit considérer comme publique que la partie des bâtimens affectée au service. — Spécialement, la salle de bain est un lieu public. — *Angers*, 4 janv. 1824, Joseph Boulay; — de Grattier, t. 1er, p. 121, note.

113. — Au contraire, un presbytère n'est pas un lieu public. — *Cass.*, 2 août 1816, Duchemin.

114. — ... Encore bien que la cour serve momentanément de lieu de dépôt au bois destiné à des troupes en cantonnement. — *Cass.*, 1er mars 1833, Gueyen; — Chassan, t. 1er, p. 49; de Grattier, t. 1er, p. 121; Parant, p. 70.

115. — Une auberge est un lieu public; par sa nature elle est ouverte au public, et par sa destination elle est à l'usage de tous. — *Cass.*, 24 déc. 1824, Anthor; 19 fév. 1825, Guyomard; 11 juin 1831, Latour du Pin; — de Grattier, t. 1er, p. 120; Parant, p. 67.

116. — Mais une chambre d'auberge, louée privativement pour y donner à dîner à différentes personnes, n'est pas un lieu public, quoique attenant à la salle à manger. — *Colmar*, 24 janv. 1816, N... — de Grattier, t. 1er, p. 120.

117. — Une prison n'est pas réputée un lieu public, relativement aux diffamations qui y sont commises. — *Cass.*, 31 mai 1822, N...; 24 juin 1822, N... — V. Chassan, t. 1er, p. 49; de Grattier, t. 1er, p. 121, note; Parant, p. 70.

118. — Jugé que la boutique d'un maréchal-ferrant n'est pas un lieu public. — *Cass.*, 15 mars 1832, Grimbert. — V. conf. Chauveau et Hélie, *Th. du C. pén.*, t. 6, p. 120; de Grattier, t. 1er, p. 121. — Cette opinion est-elle bien fondée? La boutique d'un maréchal est accessible à tout le monde. Peu importe qu'on puisse l'ouvrir ou la fermer à volonté; elle perd sans doute son caractère de lieu public lorsqu'elle est fermée; mais tant qu'elle reste ouverte, elle tient ce caractère de sa destination même, puisqu'elle ne s'ouvre que pour l'admission du public. Peut-être cependant cette question doit-elle être subordonnée aux circonstances du fait et surtout à la situation de la boutique. Ainsi la proposition établie par l'arrêt précédent ne ferait pas de doute pour nous, si l'atelier du maréchal-ferrant s'ouvrait sur une cour.

119. — Les bureaux des employés des chemins de fer, ainsi que les stations qui en font partie, doivent être considérés comme des lieux publics, et

cela, bien qu'ils ne soient pas ouverts au public, mais seulement accessibles aux étrangers qui sont dans le cas de s'adresser aux employés pour objets de service. — *Cass.*, 28 avr. 1843 (t. 2 1843, p. 500), Schwartz.

120. — La cour de Cassation a décidé qu'une voiture publique allant d'une ville à une autre n'est pas nécessairement un lieu public ; dès-lors un arrêt a pu décider que des propos diffamatoires envers un conseil municipal, tenus dans une diligence en présence de quelques voyageurs, ne présentent point les caractères de publicité exigés par l'art. 1er, L. 17 mai 1819. — *Cass.*, 27 août 1831, Pellegrin.

121. — M. de Grattier (*Comm. sur les lois de la presse*, t. 1er, p. 121, note) critique cette décision : suivant lui, une diligence est véritablement ouverte à tous allans et venans qui se présentent pour prendre les places vacantes en payant le prix convenu ; elle doit, sous ce rapport, être assimilée à un café, un paquebot, etc. ; c'est donc un lieu public. — V. aussi Parant, *Lois de la presse*, p. 70 (qui rapporte le même arrêt sans le critiquer).

122. — M. Chassan (*Tr. des délits de la parole*, t. 1er, p. 47), tout en convenant que, dans l'espèce, la cour de Cassation a bien jugé, parce que la cour de Nîmes ayant établi, en fait, que les propos avaient été *tenus*, la circonstance de la *profération* manquait pour constituer la publicité, n'approuve point le motif, présenté d'une manière trop absolue, qu'une voiture publique n'est pas un lieu public ; cette doctrine ne lui paraît pas sans danger, et il pense que la doctrine contraire, malgré les inconvéniens que sa généralité pourrait présenter, est plus conforme aux véritables principes de la matière.

123. — En principe, la publicité d'une imputation calomnieuse est caractérisée par la nature du lieu où elle est faite, et non par le nombre des personnes qui l'ont entendue. Ainsi, l'imputation faite dans une rue est publique, quoique ce ne soit pas dans une réunion publique. — *Cass.*, 26 mars 1813, Ricci ; — Legraverend, t. 2, chap. 4, p. 377.

124. — Lorsque le lieu est public par sa nature ou par destination, le caractère de publicité existe, quel que soit le nombre des assistans qui s'y trouvent. Mais il faut qu'il s'y trouve au moins une personne. — De Grattier, t. 1er, p. 122.

125. — Ainsi, les injures verbales proférées dans un cabaret, hors la présence de toute personne étrangère, ne sont pas publiques. — *Limoges*, 21 août 1838 (t. 1er 1839, p. 90), Leyraud.

126. — M. Chassan (t. 1er, p. 44) pense, au contraire, qu'il suffit que le lieu soit public pour que l'élément constitutif du délit existe. En combattant cette opinion, M. de Grattier (*loc. cit.*) fait ressortir le mot *proféré*, qui se trouve dans la loi, et l'assimilation faite entre un lieu public et une réunion publique. Sans doute, ajoute M. de Grattier, si le discours a été proféré dans une rue habitée, alors même que personne ne se trouvait là, mais de manière à être entendu des habitans qui se trouvaient dans leurs maisons, la publicité existe.

127. — La loi assimile les réunions publiques aux lieux publics. (L. 17 mai 1819, art. 1er). — Une réunion est *publique* de sa nature, toutes les fois qu'elle est tenue dans un lieu public, à moins que ce lieu n'ait été loué *spécialement et privativement*. — De Grattier, t. 1er, p. 119.

128. — Une réunion, quoique formée dans un lieu non public, peut devenir publique, soit par le concours d'un grand nombre de personnes que rassemblent ou l'intérêt ou la curiosité, ou même un danger commun, soit par la présence des autorités locales appelées par la voix publique ou par des réclamations particulières, soit enfin par toute autre circonstance. — *Cass.*, 26 janv. 1826, Jacquot.

129. — La nature d'une réunion est déterminée tout à la fois par le nombre et par les relations habituelles des personnes qui la composent. Une réunion de famille, d'amis ou de connaissances, quelque nombreuse qu'elle soit, ne peut donc jamais constituer une réunion publique. — De Grattier, *ibid.*

130. — Lorsqu'un bal est donné dans un lieu public, la présomption est qu'il est public. Mais si la salle a été louée par une personne pour être mise à la disposition de plusieurs personnes de sa connaissance qui se sont cotisées, et sans qu'il y ait eu une souscription à laquelle ait été admise toute autre personne, le lieu n'est pas public. — *Trib. de la Seine*, 19 avr. 1836, cité par M. de Grattier, t. 1er, p. 120.

131. — Jugé que les propos tenus par un particulier, dans sa maison, sur quelque ton que ce soit, lorsqu'il n'y a pas de témoins, et qu'il n'en est pas appelé, sont nécessairement renfermés dans son enceinte, et n'ont pas une publicité suffisante pour constituer une diffamation, quoiqu'ils aient été entendus hors de la maison. — *Bourges*, 8 mars 1822, Galpy.

132. — Mais il faut voir dans cette proposition une décision en point de fait plutôt qu'en point de droit. S'il suffisait, pour éluder le caractère légal de la publicité, que le diffamateur se tînt enfermé dans sa maison, il lui serait facile de satisfaire impunément sa méchanceté en attirant le public sous ses croisées ou devant sa porte, par des vociférations qui auraient le même danger que s'il se les permettait au milieu de la rue. On devrait considérer en ce cas les discours comme proférés non seulement dans le lieu où se trouve le diffamateur, mais encore dans le lieu où ils sont entendus. C'est ce qu'il appartient aux tribunaux de décider d'une manière souveraine.

133. — La cour de Cassation a jugé, en effet, que l'injure est réputée proférée dans une réunion publique lorsqu'elle l'a été dans l'intérieur d'une maison, en présence d'ouvriers pris au hasard, et jusque dans une allée donnant sur la voie publique, et de manière à être entendue d'une maison voisine. — *Cass.*, 10 juill. 1840 et 16 avr. 1841 (t. 2 1841, p. 619), Hativel.

134. — Un clos de vignes appartenant à plusieurs particuliers ne peut pas être considéré comme un lieu public, ni comme contenant, au jour où on en fait la récolte, une réunion publique. — *Poitiers*, 19 déc. 1820, Champion c. Garcia.

135. — Au contraire, les propos diffamatoires ou les injures proférés dans la salle des délibérations d'un conseil municipal en présence, non seulement des membres de ce conseil, mais encore des propriétaires les plus imposés, peuvent être considérés comme publics. — *Orléans*, 18 juill. 1835, Rubier c. Chabaut.

136. — Le jugement qui déclare que des discours diffamatoires ont été proférés *publiquement*, quoique dans un lieu public, décide, par cela même, qu'ils l'ont été dans une réunion publique. — *Cass.*, 26 janv. 1826, Jacquot. — V. conf. Parant, *Lois de la presse*, p. 70 ; Chassan, *Tr. des délits de la parole*, t. 1er, p. 48, et de Grattier, *Comment. sur les lois de la presse*, t. 1er, p. 123, n° 9.

137. — Au surplus, la loi laisse aux tribunaux le soin d'apprécier les faits desquels peut dériver la circonstance de publicité. — *Cass.*, 4 août 1832, Devolvé ; *Orléans*, 18 juill. 1835, Rubier ; — de Grattier, t. 1er, p. 123.

138. — Il appartient aux tribunaux de reconnaître et de constater les faits qui constituent les caractères de gravité et de publicité des diffamations. — *Cass.*, 26 janv. 1826, Jacquot ; — de Grattier, t. 1er, p. 119.

139. — La loi considère comme publics les écrits et imprimés vendus, distribués ou mis en vente, ou exposés dans des lieux publics. — La circonstance de lieu public ne s'applique qu'au fait d'exposition, et non à la vente ou à la distribution. Ces derniers actes constituent par eux-mêmes la publicité.

140. — On ne peut donc considérer comme public un écrit qui n'a été ni vendu, ni distribué, ni mis en vente, ni exposé dans des lieux ou réunions publics, par placards et affiches aux regards du public. — *Cass.*, 18 avr. 1823, Duleur Joly.

141. — Ne constituent pas non plus le délit de diffamation les imputations contenues dans un acte notarié, qui n'a été ni distribué, ni mis en vente, ni exposé par placards ou affiches dans des lieux ou réunions publics. — *Cass.*, 7 mars 1823, Sommier.

142. — Carnot (sur l'art. 367, C. pén., p. 206, n° 48) cite un arrêt du 28 mars 1812, qu'on ne trouve dans aucune collection, par lequel il aurait été jugé sous l'empire de l'art. 367, C. pén., que l'injure était publique lorsqu'elle avait été consignée dans un acte authentique et public ; mais, comme il le fait remarquer, cet arrêt ne pourrait plus recevoir d'application, parce qu'un acte authentique n'a pas le caractère de publicité exigé par l'art. 1er, L. 17 mai 1819 ; qu'il est interdit aux notaires de délivrer, sans autorisation de justice, des expéditions des actes de leur ministère à d'autres personnes qu'aux parties contractantes ; et qu'enfin le législateur a clairement manifesté sa pensée en supprimant, dans la nouvelle rédaction, ces mots de l'art. 367, C. pén., *dans un acte authentique et public*. — Parant, p. 87 ; Chassan, t. 1er, p. 372, n° 5, et de Grattier, t. 1er, p. 202, n° 3.

143. — Des reproches injurieux contre un témoin, consignés dans un procès-verbal d'enquête, reçue par le juge de paix, et signée par celui qui les a faits, ne peuvent être considérés que comme constituant une injure simple. — *Liége*, 25 juin 1813, Dorquier c. Bauquelaine ; — Chassan, n° 370.

144. — La vente même d'un seul exemplaire d'un ouvrage imprimé, gravé, ou mis au jour par un procédé quelconque, constitue la publication. Mais il n'en est pas de même de la vente d'un manuscrit proprement dit. Elle peut devenir un moyen d'arriver à la publication, mais elle n'est point par elle-même un fait de publication. — De Grattier, t. 1er, p. 125.

145. — L'écrit privé contenant des faits diffamatoires qui a été reproduit au nombre de trois copies, envoyé à plusieurs personnes et dans plusieurs communes, peut être réputé avoir été distribué et rendu public dans le sens de la loi. — *Liége*, 24 mai 1823, B...

146. — La loi n'a pas déterminé le nombre de copies nécessaire pour constituer une distribution, il est évident qu'une seule ne suffirait pas, à moins qu'elle n'eût été successivement communiquée à plusieurs personnes. C'est aux tribunaux qu'il appartient de déterminer, selon les circonstances, le nombre qui aura suffi pour opérer la publicité ; il ne peut pas y avoir de chiffre fixe, déterminé à l'avance. La décision qui précède, quoique régie par l'art. 367, C. pén., est également applicable sous la loi du 17 mai 1819. — Chassan, p. 40, et de Grattier, t. 1er, p. 125, n° 13.

147. — Jugé, conformément à ce principe, qu'un arrêt peut décider, sans violer aucune loi, que le fait d'avoir montré à plusieurs personnes, et à deux reprises différentes, dans le cabinet d'un courtier de commerce, un écrit diffamatoire, n'a pas la publicité exigée par l'art. 1er, L. 17 mai 1819, pour constituer le délit de diffamation. — *Cass.*, 23 nov. 1833, Boudon.

148. — La publicité étant un élément essentiel du délit de diffamation, il ne suffirait pas que le prévenu eût rédigé un écrit injurieux même livré ensuite à la publicité, s'il n'était personnellement coupable de la publication, ou s'il ne l'avait du moins autorisée.

149. — Lorsqu'un écrit injurieux a été rendu public par un fait étranger à son auteur, cette publicité ne peut le faire considérer comme coupable du délit de diffamation. — *Cass.*, 16 fév. 1829, Pasquier.

Sect. 2e. — *Caractères de l'injure.*

150. — L'injure est définie par la loi toute expression outrageante, terme de mépris ou invective, qui ne renferme l'imputation d'aucun fait. — L. 17 mai 1819, art. 13. — Cette définition est à peu près la même que celle donnée dans l'art. 375, C. pén., abrogé par la loi du 17 mai 1819. Quant aux injures ou expressions outrageantes qui ne renfermeraient l'imputation d'aucun fait précis, mais celle d'un vice déterminé, portait cet article, si elles ont été proférées, etc.

151. — La différence entre l'injure et la diffamation est, comme on le voit, sensible. — Elle consiste principalement en ce que l'injure ne contient l'imputation d'aucun fait déterminé.

152. — Il n'y a donc aucune contradiction dans l'arrêt qui décide qu'un écrit n'est pas diffamatoire, mais qu'il est injurieux. — *Cass.*, 9 fév. 1821, Selves ; — de Grattier, t. 1er, p. 199.

153. — La loi n'a pas déterminé quels sont les propos qui doivent être considérés comme constituant l'injure. Elle a laissé aux tribunaux l'appréciation des faits sur lesquels la plainte est fondée.

154. — Il ne peut, en conséquence, résulter d'ouverture à cassation de la qualification donnée par les tribunaux, sous le rapport de l'injure, à des expressions, des discours ou des gestes. — *Cass.*, 11 avr. 1822, Cénac ; — de Grattier, t. 1er, p. 201.

155. — Lorsque les premiers juges ont énoncé une opinion sur la nature du fait imputé au prévenu, et que le tribunal d'appel l'a envisagé d'un autre œil, la cour de Cassation n'est pas autorisée à faire elle-même l'appréciation de ce fait. — *Cass.*, 30 oct. 1809, N...

156. — Lorsque, sur une action intentée par la voie civile, pour obtenir la réparation d'une diffamation commise par voie de publication, les juges saisis ont décidé que le passage incriminé ne présentait pas les caractères de la diffamation, et ne renfermait non plus aucune expression outrageante de nature à donner lieu à des dommages-intérêts, cette appréciation des juges du fait est souveraine, et échappe dès-lors à la censure de la cour de Cassation. — *Cass.*, 10 fév. 1845 (t. 1er 1845, p. 448), de Kergorlay c. Crétineau-Joly.

157. — Les tribunaux doivent surtout s'attacher à l'intention, au sens donné par le prévenu à ses paroles, aux circonstances dans lesquelles il a agi. Nous ne pouvons que citer des exemples puisés dans la jurisprudence, mais non préciser des règles.

158. — Jugé que dire d'une personne qu'elle a la gale ou la teigne et qu'il ne faut pas avoir de communication avec elle, ce n'est point commet-

tre une injure verbale, si les circonstances n'établissent pas que ces propos aient été prononcés dans l'intention d'injurier. — *Cass.*, 15 janv. 1808, Deuster; — Chassan, p. 373; Carnot, sur l'art. 130, C. inst. crim., t. 1er, p. 568, no 9; de Grattier, t. 1er, p. 200, note.

159. — Sous le Code du 3 brum. an IV, on ne pouvait considérer comme injures verbales des propos même grossiers qui ne tendaient point à attaquer la probité, l'honneur et la réputation de quelqu'un, ou à porter atteinte soit à son crédit, soit à la considération dont il jouissait. — Ainsi, dire sur un ministre du culte : *les ministres du culte sont fort experts à expliquer la Bible, mais au surplus, ils sont des ânes*, ce n'était pas commettre envers lui une injure verbale. — *Cass.*, 8 sept. 1809, Brentano.

160. — Mais cette solution ne nous paraît plus admissible sous l'empire de la législation actuelle qui a employé des expressions beaucoup plus générales, et qui punit comme injurieuse toute expression outrageante. Sans doute dans le propos contenu dans la proposition il n'y aurait pas diffamation, mais certainement, selon nous, il y a injure. — De Grattier, t. 1er, p. 200, note.

161. — Ne constituent pas le délit d'injures verbales des propos uniquement relatifs aux éclaircissemens et aux recherches que le prévenu était obligé de prendre et de faire en sa qualité de vérificateur des droits d'enregistrement et du domaine national. — *Cass.*, 29 germin. an XI, Cornebise.

162. — L'art. 367, C. pén., contenait dans son deuxième paragraphe une disposition qui mettait à l'abri des poursuites en calomnie les faits dont la loi autorise la publication et ceux que l'auteur de l'imputation était, par la nature de ses fonctions ou de ses devoirs, obligé de révéler ou de réprimer; mais cet article a été abrogé dans son entier par la loi du 17 mai 1819, art. 26, sans que l'on puisse expliquer d'une manière satisfaisante pourquoi une disposition aussi sage n'a pas été reproduite dans la nouvelle législation. Quoi qu'il en soit, le principe subsiste toujours, « car il est du nombre de ces vérités qui, dit M. Parant (p. 88, no 6), n'ont pas besoin d'être accréditées par une disposition expresse. » Toutefois, le fonctionnaire qui sortirait du cercle de ses attributions, qui outrepasserait ses devoirs, ne serait pas fondé à invoquer pour des passions personnelles une protection qui n'est due qu'à ses fonctions.

163. — L'action de répéter le contenu d'une dénonciation adressée à l'autorité peut constituer le délit d'injure. Il n'y a aucune connexité entre les deux actions.

164. — Spécialement, en admettant qu'un tribunal de simple police respecte les principes et les convenances, en se déclarant incompétent pour prononcer sur des injures proférées contre un entrepreneur de travaux publics au moment où le prévenu remettait à l'empereur une pétition à laquelle ces injures se rattachaient, il ne peut y avoir de doute que si les injures ont été plus tard répétées dans une auberge, il n'existe aucune connexité entre elles et les réclamations portées devant le chef du gouvernement. — *Cass.*, 2 déc. 1808, Didier; — Chassan, t. 1er, p. 373; de Grattier, t. 1er, p. 181.

165. — La qualification de voleuse donnée à une personne, sans qu'il y ait eu relativement au prétendu vol, ni poursuite, ni plainte, ni aucune sorte de dénonciation, constitue une injure verbale. — *Cass.*, 26 avr. 1810, Schmitt; — de Grattier, t. 1er, p. 200, note.

166. — La poursuite à raison du vol n'ôterait point à l'imputation le caractère de délit; mais elle obligerait le tribunal à surseoir. — Toutefois, selon Legraverend (t. 2, ch. 3, p. 378), la qualification générale de voleur n'est que l'imputation d'un vice déterminé, et ne pourrait, en l'absence de tout fait précis, autoriser un sursis. — V. *infrà*, nos 366 et suiv.

167. — L'imputation de sorcellerie constitue une injure punissable. — *Cass.*, 15 mars 1811 (int. de la loi), Griffe; — de Grattier, t. 1er, p. 199, note; Carnot, sur l'art. 471, C. pén., t. 2, p. 568, no 32, et sur l'art. 139, C. inst. crim., t. 1er, p. 569, no 10.

168. — Une lettre injurieuse est une offense pour celui à qui elle est écrite et adressée. Elle peut par conséquent servir de base à une action d'injure. — *Cass.*, 20 juin 1817, Dassieu; — Chassan, t. 1er, p. 370 et 371; de Grattier, t. 1er, p. 370; Parant, p. 97; Carnot, sur l'art. 505, C. inst. crim., t. 3, p. 398, no 6; Chauveau et Hélie, t. 4, p. 358.

169. — En effet, l'art. 376, C. pén., général dans ses expressions, comprend toutes les injures quelconques qui n'ont pas le double caractère de publicité et de gravité déterminé par les articles qui le précèdent; et les injures écrites comme les injures verbales, entre lesquelles cet article ne fait point de distinction, sont également renfermées dans ses dispositions absolues. — *Cass.*, 10 nov. 1826, Cescaud.

170. — Jugé que celui qui ne fait que raconter, sur la demande de plusieurs personnes, les injures par lui proférées contre un individu dans un autre lieu, ne se rend point par là coupable d'un délit. — *Metz*, 26 fév. 1821, Poiré. — C'est encore là une question de fait dont l'appréciation appartient aux tribunaux. Le récit peut avoir été fait fort innocemment, comme il peut avoir été fait avec malice. On ne saurait l'incriminer dans le premier cas, ni lui accorder l'impunité dans le second.

171. — Dire en public à un juge de paix *qu'il ne remplit pas ses devoirs, qu'on n'a aucun ménagement à garder envers un homme tel que lui, et qu'on ne le craint pas*, c'est commettre le délit d'injure, et non celui de diffamation. — *Cass.*, 11 avr. 1822, Cênac. — Cet arrêt se refère à une affaire antérieure à la promulgation de la loi du 25 mars 1822, le point qu'il a jugé n'est plus complètement admissible. Ainsi, l'imputation dont il s'agissait ne reposant sur aucun fait précis, on ne saurait y voir un délit de diffamation; mais au lieu de constituer l'injure publique prévue par l'art. 19, L. 17 mai 1819, elle rentrerait aujourd'hui dans la disposition de l'art. 6, L. 25 mars 1822, qui punit l'*outrage* fait publiquement d'une manière quelconque à un fonctionnaire public à raison de ses fonctions. — De Grattier, t. 1er, p. 199, note. — V. OUTRAGE.

172. — Lorsque, sur les lieux contentieux, l'une des parties a reproché à l'autre de lui avoir *volé son terrain*, ces expressions ne constituent point l'injure telle qu'elle est définie par la loi, s'il est intervenu entre les parties une transaction qui a reconnu l'usurpation reprochée. — *Cass.*, 27 août 1825, Margadal; — Carnot, sur l'art. 471, C. pén., t. 2, p. 574, no 12; de Grattier, t. 1er, p. 200, note.

173. — Jugé que la qualité d'agent d'affaires donnée à un individu n'a rien d'injurieux, lors même qu'il aurait le titre d'avocat. — *Lyon*, 26 août 1836 (t. 2 1837, p. 324), Ruby.

174. — C'est là une décision en fait. Si le prévenu avait voulu faire entendre que l'avocat, manquant aux règles de sa profession, se livrait aux opérations d'agence qui lui sont interdites par l'art. 42, ord. 20 nov. 1822, il y aurait eu certainement une injure grave dans le sens de la loi de 1819, et même, selon les cas et les expressions, une diffamation.

175. — Le fait d'avoir dit à haute voix, sur un chemin public, en présence de plusieurs personnes, contre un maire décoré de son écharpe, conduisant un mort au cimetière, sur le refus du curé : *Venez voir un prêtre de nouvelle espèce, un f.... curé qui ne chante pas, qui, au lieu de marcher devant le convoi, marche derrière, et un enterreur de bête*, ne présente le caractère, ni d'un outrage à la morale publique et religieuse, ni une injure contre le défunt, mais une injure verbale proférée publiquement contre un maire dans l'exercice et à l'occasion de ses fonctions. — *Cass.*, 16 mars 1832, Grasset.

176. — Le jugement qui prononce une condamnation pour diffamation ou injure doit à peine de nullité énoncer les faits diffamatoires ou injurieux. — Est nul, en conséquence, le jugement qui condamne un individu comme coupable d'avoir publiquement outragé un maire en lisant dans un lieu public un écrit contenant des énonciations de nature à porter atteinte à l'honneur de ce fonctionnaire, et qui ne fait pas connaître les expressions reprochées au prévenu. — *Cass.*, 11 déc. 1845 (t. 1er 1846, p. 761), Tusson.

CHAPITRE III. — *Diverses espèces de diffamations et d'injures. — Pénalité. — Excuse.*

Sect. 1re. — *Règles générales.*

177. — La diffamation et l'injure présentent plus ou moins de gravité, et sont par suite punies plus ou moins sévèrement, suivant les circonstances qui les accompagnent et les personnes auxquelles elles s'adressent.

178. — Les lois qui les répriment sont applicables à la diffamation et à l'injure commises en France par un étranger contre un étranger. — *Cass.*, 22 juin 1826, Wilson c. Hopkins Northey; — de Grattier, t. 1er, p. 216; Chassan, t. 1er, p. 404, no 2; Mangin, *Traité de l'action publique*, t. 1er, p. 105, no 60.

179. — *Circonstances.* — On a vu plus haut que la diffamation non publique était assimilée à l'injure.

180. — D'où il résulte qu'elle n'est punissable que de peines de simple police, même lorsqu'elle était faite par écrit. — *Colmar*, 4 déc. 1821, Birlé; *Cass.*, 20 juin 1817, Dassine; 23 nov. 1843 (t. 1er 1844, p. 588), Meldaune.

181. — Décidé de même à l'égard d'une lettre injurieuse, mais purement confidentielle, adressée à un magistrat à l'occasion de l'exercice de ses fonctions, tant que cette lettre n'a reçu aucune publicité. — V. OUTRAGE.

182. — Pour les injures il faut rechercher 1o si elles ont été publiques ou non publiques; — 2o si elles renferment ou si elles ne renferment pas l'imputation d'un vice déterminé.

183. — Les injures qui ne renferment pas l'imputation d'un vice déterminé, ou qui ne sont pas publiques, sont punies de peines de simple police; celles qui réunissent ce double caractère entraînent des peines correctionnelles.

184. — La publicité de l'injure ne suffit pas pour emporter l'application des peines correctionnelles; il faut en outre qu'elle contienne l'imputation d'un vice déterminé. Et réciproquement, l'injure qui renferme l'imputation d'un vice déterminé n'est passible que des peines de simple police, si elle n'a été proférée publiquement. — *Cass.*, 10 juill. 1840 (t. 2 1841, p. 619), Nativel; 6 avr. 1841 (*ibid.*), Courlet; 20 août 1842 (t. 2 1842, p. 693), Philippe; 8 juill. 1843 (t. 1er 1844, p. 14), Fradel; 11 nov. 1843 (t. 1er 1845, p. 144), Moynier; *Poitiers*, 19 déc. 1830, Champion; *Bordeaux*, 13 janv. 1832, Arnaud; *Orléans*, 10 juill. 1843 (t. 2 1843, p. 433), Isambert. — V. cependant *Lyon*, 5 janv. 1825, Boissieux; 15 fév. 1828, Delogé; 24 avr. 1828, Luneizolle; 9 mars 1833, Pelleport.

185. — L'injure écrite est punie, comme l'injure verbale, d'une peine de simple police, lorsqu'elle n'a point les caractères de gravité et de publicité constitutifs d'un délit. — *Cass.*, 10 nov. 1826, Cescaud; — de Grattier, t. 1er, p. 221; Chauveau et Hélie, *Théorie du Code pénal*, t. 4, p. 358.

186. — *Qualité des personnes.* — Quant à l'aggravation résultant de la qualité des personnes diffamées ou injuriées, il faut distinguer si la diffamation ou l'injure s'adresse : 1o à un simple particulier; — 2o à des agens ou dépositaires de l'autorité publique; — 3o à des cours, tribunaux, corps constitués, autorités ou administrations publiques; — 4o à des ambassadeurs et autres agens diplomatiques.

187. — Toutefois, dans le cas où l'injure n'est pas publique, il n'y a aucune distinction à faire entre les personnes à raison de leurs fonctions ou qualités. La peine de simple police est applicable, soit que l'injure s'adresse à des particuliers, soit qu'elle concerne des fonctionnaires.

188. — » Quant à la diffamation, dit M. Chassan (t. 1er, p. 369 et 370), si elle est non publique, elle est assimilée à l'injure dont il vient d'être parlé, et dès lors elle ne donne lieu qu'à la même peine, soit qu'elle ait été commise envers une personne publique ou envers une personne privée.

189. — M. Parant (p. 96) pense aussi que l'art. 20 s'applique non seulement aux injures adressées à de simples particuliers, mais même à celles qui sont adressées à des fonctionnaires, sauf les cas spécialement prévus, soit par le Code pénal, soit par la loi du 25 mars 1822, art. 6, qui réprime les outrages publics. — V. conf. *Cass.*, 4 août 1832, Devolvé.

190. — « Le sens que je donne à cet article, dit-il, était bien celui qui résultait de la place qu'occupait la disposition, à la suite des deux paragraphes de l'article précédent. La commission de la chambre des députés chargée de l'examen du projet l'avait ainsi entendu, mais il lui paraissait convenable de changer le projet sur ce point. — La commission, dit le rapporteur, a cru devoir distinguer, pour l'application de l'art. 19 du projet, qui est le 20e de la loi, les corps, les fonctionnaires, et les *simples particuliers*. C'est envers ceux-ci seulement que l'injure lui semble pouvoir dégénérer en simple contravention de police, lors même qu'elle ne renferme pas l'imputation d'un vice déterminé ou lorsqu'elle n'est point publique. Le caractère en est plus grave si elle offense un corps, ou un fonctionnaire dans l'exercice ou à l'occasion de l'exercice de ses fonctions. — La commission avait donc proposé de terminer l'article par ces mots : *si elle est commise envers les particuliers.* — Mais, lorsque vint le moment de la discussion, le rapporteur déclara que la commission n'insistait pas sur cette addition. — Ainsi, point de distinction entre les personnes pour l'application de l'article 20. »

191. — Il faut convenir qu'au premier aperçu l'abandon fait par la commission de l'addition proposée, et la place qu'occupent dans la loi les dispositions de l'art. 20, semblent bien propres à justifier l'opinion de M. Parant. — Mais pour peu qu'on se pénètre de l'esprit de l'art. 20, on ne tarde pas à

reconnaître l'erreur dans laquelle cet auteur est tombé. Que lit-on en effet dans cet article? Que l'injure qui ne renferme pas l'imputation d'un vice déterminé ou qui n'est pas publique *continuera* d'être punie des peines de simple police, c'est-à-dire que, relativement à cette espèce d'injure, il confirme purement et simplement la législation existante; et c'est sans doute parce que cette intention est suffisamment exprimée par l'emploi du mot *continuera* que la commission n'a pas insisté sur l'addition dont nous avons parlé plus haut.

192. — Or, quelle était, à l'époque de la promulgation de la loi du 17 mai 1819, l'espèce d'injure que la législation existante punissait des peines de simple police? C'était celle qui, proférée contre de simples *particuliers*, ne contenait pas l'imputation d'un vice déterminé et n'était pas publique: cela résulte positivement de la combinaison des art. 375 et 376, C. pén., dont le dernier n'a pas été abrogé par la loi du 17 mai 1819, et qui, étant placé sous le titre: *Des crimes et délits contre* LES PARTICULIERS, comme les art. 222, 223 et 224, sont sous la rubrique: *Des crimes et délits contre la chose publique*, ne s'applique lui-même qu'aux injures proférées *contre les simples particuliers*. C'est au surplus ce que la cour de Cassation a décidé par un arrêt du 10 juill. 1840 (t. 2 1841, p. 619), Nativel.

193. — La diffamation ou l'injure envers la personne du roi ou l'un des membres de sa famille, envers les chambres (*ut unio rsæ*) et envers la personne des souverains ou chefs des gouvernemens étrangers, sont compris sous la dénomination particulière d'*offense*, qui indique un délit sans dommage, un criminel sans victime. — V. OFFENSE.

194. — Un souverain déchu ne peut pas attaquer comme coupable d'offense l'auteur d'un écrit publié depuis sa déchéance et qui attaque les actes de sa souveraineté. Mais il reste dans le droit commun, il peut demander aux tribunaux correctionnels français la réparation des délits de diffamation et d'injures commis envers lui en France pendant qu'il y résidait. — *Paris*, 12 sept. 1834, de Brunswich. — V. de Grattier, t. 1er, p. 174, no 4.

195. — Les écrits relatifs à une révolution par suite de laquelle un souverain a été déchu, dans quelque esprit qu'ils soient rédigés et quelque fâcheux que puissent être pour le souverain déchu les détails dans lesquels entre l'auteur, ne constituent pas les délits de diffamation tant qu'ils n'attaquent ce prince que relativement aux actes par lui faits en sa qualité de prince souverain, ou relativement à ses projets et à ses préparatifs pour rentrer dans ses états, même à main armée. — Même arrêt.

196. — L'outrage fait publiquement, d'une manière quelconque, à raison de leurs fonctions ou de leur qualité, soit à un ou plusieurs membres de l'une des deux chambres, soit à un fonctionnaire public, soit à un ministre de l'une des religions dont l'établissement est légalement reconnu en France, soit enfin à un juré à raison de ses fonctions ou à un témoin à raison de sa déposition, est puni de peines correctionnelles spéciales. — V. OUTRAGE.

197. — La cour de Cassation a décidé que l'art. 6, L. du 25 mars 1822, qui prononce cette peine, n'a abrogé ni formellement ni implicitement l'art. 16, L. du 17 mai 1819, lequel a pour but de réprimer la diffamation commise envers ces mêmes fonctionnaires par la voie de la presse; — qu'il y a lieu dès-lors, lorsqu'un arrêt a renvoyé un individu aux assises sous prévention d'outrage et de diffamation envers un fonctionnaire, de poser au jury deux questions séparées, relatives, l'une au délit de diffamation, l'autre au délit d'outrage, ces deux délits étant, bien que se rapportant à la même publication, au même fonctionnaire et au même acte de ses fonctions, essentiellement distincts quant à leur objet, à leur qualification et à leur peine; — en conséquence, que, si la réponse du jury a été négative au chef d'outrage, mais affirmative au chef de diffamation, la cour d'assises a dû appliquer la peine prononcée par l'art. 16, L. du 17 mai 1819, au délit de diffamation, aucune contradiction n'existant entre ces deux solutions. — *Cass.*, 17 juill. 1845 (t. 2 1845, p. 157), journal *l'Espérance*.

198. — Il résulte de cet arrêt que le délit de diffamation qu'avait entendu réprimer le législateur de 1819 continue d'exister distinctement du délit d'outrage puni par la loi de 1822. C'est là toutefois une décision en désaccord avec tout ce qui a été écrit jusqu'ici sur ce point. Les auteurs qui se sont occupés de notre législation sur la presse s'accordent tous en effet à reconnaître que la loi de 1822 est abolitive de celle de 1819. « L'art. 16, L. de 1819, écrit M. de Grattier, t. 1er, p. 207), embrassait dans les expressions générales de *dépositaires de l'autorité publique* les fonctionnaires publics; mais il a été remplacé, en ce qui concerne les fonctionnaires, par l'art. 6, L. du 25 mars 1822, qui a substitué à la qualification de la *diffamation* celle de l'*outrage*. L'art. 16 ne subsiste donc plus que pour ce qui concerne les simples dépositaires ou agens de l'autorité publique, auxquels il est impossible de donner la dénomination de fonctionnaires. » Cet auteur, commentant la loi de 1822, professe encore cette doctrine aux pages 51 et 53 de son tome 2. M. Chassan (*Délits de la presse*, t. 1er, p. 365, 366, 369 et 381) soutient la même doctrine. Après avoir défini l'outrage et l'avoir considéré comme un terme générique embrassant l'injure et la diffamation, il ajoute notamment (p. 366): « On remarquera que, s'il s'agit de fonctionnaires publics proprement dits, l'art. 6, L. du 25 mars 1822, remplace les art. 16 et 19, L. du 17 mai 1819. Ainsi, à l'égard des fonctionnaires, la loi ne reconnaît plus que l'outrage lorsqu'il s'adresse à eux, soit à l'occasion ou à raison de l'exercice, soit dans l'exercice de leurs fonctions. » Enfin, on lit à la page 360, t. 4, de la *Théorie du C. pén.*, par MM. Chauveau et Hélie: « ... Mais ces dispositions (les art. 16 et 19, L. de 1819) ont été implicitement abrogées par l'art. 6, L. du 25 mars 1822, qui ajoute de nouvelles peines contre les outrages dont les fonctionnaires publics peuvent être l'objet, et qui a substitué le terme d'*outrage* aux mots *injure*, *diffamation*, pour qualifier les propos diffamatoires ou injurieux adressés aux fonctionnaires. » MM. Parant (*Lois de la presse*, p. 91); Pégat (*Code de la presse*, nos 36 et 77) se prononcent dans le même sens. La cour de Cassation elle-même, dans un arrêt du 18 juill. 1828 (de Magnoncourt c. de Raucourt), où il s'agissait, il est vrai, d'une question de publicité seulement, a déclaré que « l'art. 6, L. 25 mars 1822, a modifié, en ce qui concerne les fonctionnaires publics, les art. 16 et 19, L. 17 mai 1819; qu'aux délits de *diffamation* et d'*injure*, définis par cette loi, il a substitué l'*outrage*, dont il laisse l'appréciation aux magistrats. »

199. — Nous devons avouer qu'en présence d'une pareille unanimité de doctrine, il nous est difficile de nous ranger à la nouvelle jurisprudence de la cour suprême. Cela nous est d'autant moins facile, que nous ne saurions guère admettre que le délit de *diffamation* qu'avait prévu la loi de 1819 ne rentre pas dans l'expression générique d'*outrage fait d'une manière quelconque*. C'est au surplus l'opinion que soutenait dans l'espèce M. l'avocat général de Boissieu. Suivant ce magistrat, l'art. 6, L. de 1822, n'a pas sans doute détruit le délit de diffamation, mais l'a *englobé*, de sorte que la réponse du jury, par sa double solution affirmative et négative, présentait une contradiction devant amener la cassation de l'arrêt attaqué.

200. — *Peines*. — La diffamation envers les particuliers est punie d'un emprisonnement de cinq jours à un an, et d'une amende de 25 francs à 2,000 francs, ou de l'une de ces deux peines seulement, selon les circonstances. — L. 17 mai 1819, art. 18.

201. — L'injure contre les particuliers est punie d'une amende de 16 à 500 fr. — *Ibid.*

202. — Néanmoins, l'injure qui ne renferme pas l'imputation d'un vice déterminé, ou qui n'est pas publique, n'est punie que de peines de simple police. — *Ibid.*, art. 20.

203. — ... C'est-à-dire, d'une amende de 1 à 5 fr. inclusivement (C. pén., art. 471, no 11), et d'un emprisonnement de trois jours au plus, en cas de récidive. — C. pén., art. 474.

204. — L'injure simple n'est passible que d'une amende; c'est seulement en cas de récidive que le tribunal de simple police est autorisé à prononcer une peine d'emprisonnement. — *Cass.*, 13 déc. 1844, Bracci.

205. — Celui qui a inséré des injures et des expressions outrageantes envers un particulier dans un mémoire adressé au directeur général de la police ne peut pas être acquitté, sous le prétexte que ce mémoire n'est pas un acte authentique et public et qu'il n'a pas été affiché, vendu ou distribué; ces injures doivent être punies de peines de simple police. — *Cass.*, 2 oct. 1813, Lehury; — Legraverend, t. 2, chap. 3, p. 292, note 2e, et chap. 4, p. 371, note 6e.

206. — La diffamation envers tout dépositaire ou agent de l'autorité publique pour des faits relatifs à ses fonctions est punie d'un emprisonnement de huit jours à dix huit mois et d'une amende de 50 fr. à 3,000 fr. — L'emprisonnement et l'amende peuvent, dans ce cas, être infligés cumulativement ou séparément selon les circonstances. — L. 17 mai 1819, art. 16.

207. — La diffamation ou l'injure par l'un des moyens énumérés dans l'art. 1er, L. 17 mai 1819, envers les cours, tribunaux, corps constitués ou toute autre administration publique, est punie d'un emprisonnement de quinze jours à deux ans et d'une amende de 150 à 5,000 fr. — L. 25 mars 1822, art. 5.

208. — La diffamation envers les ambassadeurs, ministres plénipotentiaires, envoyés, chargés d'affaires ou autres agens diplomatiques accrédités près du roi, est punie d'un emprisonnement de huit jours à dix huit mois et d'une amende de 50 à 3,000 fr., ou de l'une de ces deux peines seulement, selon les circonstances. — L. 17 mai 1819, art. 17.

209. — L'injure contre tout dépositaire ou agent de l'autorité publique pour des faits relatifs à ses fonctions, contre les ambassadeurs, ministres plénipotentiaires, envoyés, chargés d'affaires ou autres agens, diplomatiques accrédités près du roi, est punie d'un emprisonnement de cinq jours à un an et d'une amende de 25 à 2,000 fr., ou de l'une de ces deux peines seulement, selon les circonstances. — *Ibid.*, art. 19.

210. — En conséquence, est nul l'arrêt qui ne prononce que des peines de simple police pour le délit d'injures proférées publiquement contre un maire pour des faits relatifs à ses fonctions. — *Cass.* 15 fév. 1828, Delogé; 10 juin 1836, Haumert; — de Grattier, *Comm. sur les lois de la presse*, t. 2, p. 54, note 1re.

211. — Doivent être punies des peines correctionnelles ci-dessus indiquées les injures adressées à des gendarmes pour des faits relatifs à leurs fonctions. — *Orléans*, 10 juill. 1843 (t. 2 1843, p. 433), Isambert.

212. — *Aggravation de peines*. — Dans tous les cas de diffamation prévus par les lois, les peines qui y sont portées peuvent, suivant la gravité des circonstances, être élevées au double du maximum, soit pour l'emprisonnement, soit pour l'amende; le coupable peut, en outre, être interdit en tout ou en partie des droits mentionnés dans l'art. 42, C. pén., pendant un temps égal à la durée de l'emprisonnement. — L. 9 sept. 1835, art. 9.

213. — Aux termes de l'art. 14, L. 18 juill. 1828, les amendes encourues pour délit de publication par la voie d'un journal ou écrit périodique ne doivent jamais être moindres du double du minimum fixé par les lois antérieures relatives à la répression des délits de la presse. — Cette disposition s'applique également, par la généralité de ses termes, à la diffamation et à l'injure commise par la voie de la presse périodique. — *Cass.*, 6 juill. 1832, Fourteau.

214. — Mais il n'en est pas de même de l'aggravation générale établie d'une manière facultative par la loi du 9 sept. 1835 pour *tous les cas de diffamation* prévus par les lois (art. 9). Comme il est de principe que les dispositions pénales sont de droit strict, cette aggravation ne saurait atteindre le cas d'injures, pas plus que celui d'outrage ou d'offense.

215. — Mais elle a lieu pour tous les cas de diffamation, sans distinction de la voie par laquelle elle a été commise; et si la diffamation a eu lieu par la voie de la presse périodique, l'aggravation facultative, écartée par la loi de 1835, est indépendante de celle qui est régie par l'art. 14, L. 18 juill. 1828. — Chassan, t. 1er, p. 150; de Grattier, t. 2, p. 319.

216. — Les auteurs regardent unanimement la réparation d'honneur comme une aggravation de peine qui ne peut être ordonnée que dans les cas où la loi en contient la disposition expresse. — Carnot, sur l'art. 153, C. inst. crim., t. 1er, p. 643, no 24; Chauveau et Hélie, *Théorie du Code pén.*, t. 4, p. 379; Merlin, *Rép.*, vis *Injure*, § 2, note, et *Réparation d'honneur*; Favard de Langlade, vis *Injure*, § 2, no 26 *bis*, et *Réparation d'honneur*; de Grattier, t. 1er, p. 205, no 6; Bourguignon, *Jurisp. des Codes crim.*, sur l'art. 226, C. pén., t. 3, p. 223; Parant, *Lois de la presse*, p. 90; — V. aussi *Cass.*, 28 mars 1812, Hollnysen.

217. — Jugé, dans ce sens, que les tribunaux de répression ne peuvent, sans excès de pouvoir, enjoindre à un prévenu de diffamation ou d'injures de déclarer, soit à l'audience, soit dans un acte au greffe, que c'est calomnieusement qu'il a injurié le plaignant, qu'il s'en repent et qu'il le tient pour homme d'honneur et de probité. — *Cass.*, 4 brum. an VII, Bélin; 27 flor. an IX, Lestrade; 29 germin. an IX, Hamel; 16 pluv. an X, Langlois; 10 flor. an X, Cirette; 21 messid. an X, Rulleau; 22 vendém. an XI, Guirard; 24 frim. an XII, Seiroche; 6 pluv. an XII, Dagussan; 16 janv 1807, Deslampes; 8 juill. 1813, Favre; 24 avr. 1828, Lancizolle.

218. — Ils ne peuvent pas non plus ordonner de réparations publiques d'aucune espèce, soit en enjoignant au prévenu de faire des excuses à la personne diffamée ou injuriée, soit en exigeant de lui une rétractation. Ils doivent se borner à appliquer la peine portée par la loi et à adjuger à la partie

civile les réparations pécuniaires auxquelles elle a droit. — *Cass.*, 11 niv. an VIII, Feunat; 19 messid. an X, Dreose; 20 vendém. an XIII, Morand; 26 vendém. an XIII, Duret; 3 brum. an XIII, Casenave; 19 vendém. an XIV, Stapey; 20 oct. 1807, Carayon; 11 déc. 1807, Viard.

219. — Les tribunaux civils ne peuvent condamner à une réparation d'honneur à raison d'injures verbales. — Un jugement qui, en prononçant cette peine, n'en assure pas d'ailleurs l'exécution par une condamnation pécuniaire qui puisse au besoin en tenir lieu, est nul, comme étant illusoire dans son objet. — *Cass.*, 20 juill. 1812, Nervaux.

220. — Il a pourtant été décidé qu'un tribunal de simple police n'excède point ses pouvoirs en condamnant un prévenu d'injures à faire réparation publique au plaignant, sauf l'alternative qu'à défaut de cette réparation son jugement en tiendra lieu. — *Cass.*, 20 juill. 1807, Mayer.

221. — Mais cette alternative est un moyen d'éluder la cassation. Une pareille décision est dérisoire, et les tribunaux ne peuvent, sans compromettre leur dignité, prononcer des condamnations dont l'exécution n'est pas forcée.

222. — Jugé même que l'alternative portant qu'à défaut de réparation le jugement en tiendra lieu n'empêche pas qu'il y ait excès de pouvoir, lorsque le prévenu présent à l'audience a fait immédiatement la réparation. — *Cass.*, 3 brum an XIII, Casenave; — Carnot, sur l'art. 153, C. inst. crim., t. 1er, p. 643.

223 — A plus forte raison lorsque, par un premier jugement, le tribunal de simple police a condamné un prévenu d'injures à l'amende, à l'emprisonnement et à faire une réparation publique, commet-il un excès de pouvoirs en se ressaisissant de l'affaire pour condamner le prévenu à une nouvelle amende, faute par lui d'avoir fait la réparation ordonnée. — *Cass.*, 11 déc. 1807 (int. de la loi), Viard.

224. — Mais la disposition qui ordonne l'impression et l'affiche d'un jugement de condamnation, rendu pour injures verbales, n'a aucun caractère pénal, et n'est qu'un complément des réparations civiles, lorsqu'elle intervient sur les conclusions expresses de la personne injuriée. — *Cass.*, 22 oct. 1812, Gerber; — Carnot, sur l'art. 153, C. inst. crim., t. 1er, p. 642, no 24.

225. — En matière de diffamation, la saisie et la suppression de l'écrit diffamatoire, l'impression et l'affiche du jugement qui a reconnu la diffamation sont considérées comme des réparations civiles. — *Cass.*, 11 juill. 1823, Gemond.

226. — Le tribunal qui reconnaît qu'un écrit est diffamatoire et qui en condamne l'auteur à une peine d'amende ne peut, sans commettre un déni de justice, s'abstenir de prononcer sur les conclusions de la partie civile, tendant à des dommages-intérêts, à la saisie et à la suppression de l'écrit, à l'impression et l'affiche du jugement. — *Cass.*, 11 juill. 1823, Gémond; — de Grattier, *Comm. sur les lois de la presse*, t. 1er, p. 502, no 7.

227. — Toutefois, le tribunal de simple police qui, en condamnant un individu pour injures verbales, ordonne l'affiche de son jugement, sans que la partie civile l'ait demandée à titre de dommages-intérêts, commet un excès de pouvoirs. — *Cass.*, 23 mars 1811, Jordren.

228. — Un tribunal ne peut, sur la seule réquisition du ministère public et sans demande de la partie civile, ordonner l'impression et l'affiche du jugement qu'il rend contre un prévenu d'injures. — *Cass.*, 16 mars 1809, Magné.

229. — Le tribunal de police qui condamne un prévenu convaincu d'injures verbales à l'impression et à l'affiche de son jugement au nombre de deux cents exemplaires, quoique le plaignant n'eût conclu qu'à cinquante exemplaires, prononce par cette aggravation une véritable peine qui excède celles que les tribunaux de police peuvent appliquer. — *Cass.*, 17 therm. an X, Legrip.

230. — L'action à fin de suppression d'un écrit prétendu diffamatoire et à fin de dommages-intérêts, est implicitement comprise dans le rejet de l'action principale en diffamation; dès-lors, les juges qui rejettent celle-ci ne sont pas tenus de statuer formellement sur celle-là. — *Cass.*, 29 nov. 1838, Lahens; — de Grattier, *loc. sup. cit.*

231. — La lecture ou proclamation dans les lieux publics d'un jugement prononcé contre le coupable du délit d'injures ou diffamation ne peut pas être assimilée à l'impression et à l'affiche, ordonnées comme réparations civiles : l'art. 1036, C. procéd. civ., n'en parle pas, et aucune autre disposition de loi ne l'autorise.

232. — Une pareille lecture et proclamation dans les marchés et lieux publics d'une ou plusieurs communes, qu'on pourrait faire avec plus ou moins de solennité, serait une aggravation de peine que les tribunaux ne peuvent ordonner, même sur la demande du plaignant. — *Cass.*, 7 juill. 1809, Molet; 10 avr. 1806, Beaussier. — Merlin, *Quest.*, vo *Tribunal de police*, § 7; Carnot, sur l'art. 153, C. inst. crim., t. 1er, p. 642, no 24.

233. — *Excuses.* — La loi pénale admet, en général, que certaines circonstances peuvent atténuer la criminalité des délits et même quelquefois les faire excuser complétement. Cette règle n'est pas étrangère aux matières de diffamations et d'injures.

234. — Toutefois, l'art. 463, C. pén., ne saurait être invoqué dans le cas de diffamation punie par la loi du 17 mai 1819. — *Cass.*, 5 juin 1829, Coste.

235. — ... Ou d'injures réprimées par la même loi. — *Cass.*, 5 janv. 1821, Dunoyer; 13 janv. 1827, Loitin; 27 mai 1837 (t. 1er 1837, p. 557), Bailly.

236. — Cet article n'est, en effet, applicable qu'aux peines correctionnelles prononcées par le Code pénal et non à celles édictées par des lois spéciales.

237. — Il n'y a pas de délit dans les imputations diffamatoires ou injurieuses que peuvent contenir, pour la juste défense des parties, les discours prononcés ou les écrits produits devant les tribunaux, sauf le cas où ils auraient réservé, soit au ministère public, soit aux parties, leur action à raison des faits diffamatoires étrangers à la cause, et sauf les droits des tiers dont l'action en diffamation ou injure est réservée de droit. Hors de là, les tribunaux devant lesquels ces discours sont prononcés et ces écrits sont produits, peuvent seulement, en statuant sur le fond, ordonner la suppression des écrits diffamatoires, appliquer des peines disciplinaires, et condamner à tels dommages-intérêts qu'il appartiendra. — L. 17 mai 1819, art. 23.

238. — Ne peuvent donner lieu à aucune poursuite dans le compte-rendu fidèle et de bonne foi des discours prononcés et des écrits lus aux tribunaux et aux chambres, ainsi que des discours prononcés et des écrits produits devant les tribunaux, alors même que dans ces discours ou écrits des imputations diffamatoires ou des paroles injurieuses se seraient produites (L. 17 mai 1819, art. 22; 25 mars 1822, art. 7). La publicité des débats parlementaires et judiciaires autorise cette reproduction, qui n'est interdite par la loi que dans les cas de huis-clos, dans les procès même publics, la réparation de diffamation ou d'injures, et toutes les fois que, dans un procès quelconque, le tribunal a réservé soit l'action publique, soit l'action civile des parties à raison des faits diffamatoires étrangers à la cause. — L 18 juill. 1828, art. 16 et 17; 9 sept. 1835, art. 10. — V. COMPTE-RENDU.

239. — En Angleterre, celui qui déclare avoir entendu dire par une personne qu'il nomme qu'un tel a fait telle chose, n'est pas condamné en justice, lorsqu'il prouve que l'individu qu'il a nommé le lui a dit effectivement. Mais s'il affirme ou allègue, d'une manière générale, qu'il a ouï tenir ce propos, sans en nommer l'auteur, il est condamné lors même qu'il prouve que le propos a été réellement tenu. La raison en est que si l'auteur eût été nommé, la partie aurait pu, à son choix, le poursuivre ou mépriser le propos. Car son nom eût pu mériter si peu de confiance que la calomnie eût été, par cela seul, sans effet.

240. — Cette excuse n'est pas admise en France. Celui qui s'est rendu coupable du délit de diffamation ne peut échapper à la peine en nommant l'auteur du propos qu'il a répété. La culpabilité de l'un ne fait pas disparaître celle de l'autre. Celui qui a publié ou répété la diffamation est complice de celui qui l'a produite le premier. — *Cass.*, 4 nov. 1831, Lion; — de Grattier, t. 1er, p. 182; Chassan, t. 1er, p. 359; Parant, p. 86, § 3.

241. — Le gérant d'un journal poursuivi correctionnellement, à raison d'un article diffamatoire, ne peut appeler l'auteur de cet article en garantie des condamnations civiles qui pourraient être prononcées contre lui. — *Riom*, 24 mars 1836, Seguin. — V. conf. de Grattier, *Comment. sur les lois de la presse*, t. 2, p. 176, no 18. — V. aussi *Bruxelles*, 19 déc. 1823, Kejoljean.

242. — La circonstance que l'imputation ou l'allégation n'ont été proférées qu'en réponse à une interpellation ne fait pas disparaître le délit. — *Cass.*, 4 nov. 1831, Lion; — de Grattier, *Lois de la presse*, t. 1er, p. 182; Parant, p. 86, § 3; Chassan, t. 1er, p. 359.

243. — La diffamation commise par des particuliers contre un fonctionnaire public dans une pétition adressée aux chambres n'est point excusable sous le prétexte que l'acte qui la renfermerait est l'exercice d'un droit politique couvert par l'inviolabilité de la tribune nationale. — En conséquence le journal qui a inséré l'écrit diffamatoire avant le débat parlementaire, et le signataire de cet écrit, sont tenus de réparer, le premier comme auteur principal, et le second comme complice, le préjudice résultant de la diffamation. — *Toulouse*, 20 juin 1843 (t. 2 1844, p. 443), *Gazette du Languedoc*.

244. — Si l'état d'ivresse n'efface pas entièrement le délit, il en atténue du moins la gravité. Un tribunal de police ne peut donc, sans excès de pouvoir, refuser d'admettre la partie civile à prouver que le prévenu n'était pas en état d'ivresse au moment du délit. — *Cass.*, 10 flor. an X, Mauny.

245. — « On ne peut intenter une action, dit Blackstone (liv. 3, chap. 8), pour des paroles échappées dans la colère ou dans le feu de la passion, quand, par exemple, un homme est appelé coquin ou frippon, pourvu qu'elles n'aient aucune mauvaise suite; car, dans ce cas, il n'y a pas eu intention de nuire.

246. — Dans notre droit, la colère n'est pas non plus une cause d'excuse légale, sauf l'appréciation par le juge du fait, de l'influence qu'elle a pu avoir sur la liberté d'action du prévenu d'injures. — Chassan, t. 1er, p. 375.

247. — Mais la rétractation faite sur-le-champ, spontanément et non par la crainte des poursuites, devant toutes les personnes qui ont été témoins du fait, en effaçant le préjudice fait disparaître le délit. *Quidquid in calore iracundiæ vel fit, vel dicitur, non prius ratum est, quam si perseverantia apparuit judicium animi fuisse.* — L. 48, ff., *De reg. juris.* — V. de Grattier, t. 1er, p. 193.

248 — M. Chassan (t. 1er, p. 376) enseigne la même doctrine. Il ne croit pas qu'il y ait lieu de distinguer, comme l'ont fait quelques jurisconsultes anciens, entre la diffamation et l'injure, sur le fondement que la rétractation d'un *fait* imputé peut bien effacer le préjudice, mais qu'il n'en est pas de même dans le cas d'injure : *non tollitur læsio injuriati.* — Gallius, lib. 2, *Observ.*, art. 106, nos 8 et suiv.; Julius Clarus, lib. 5, § *Inj.*, no 16.

249. — La loi a admis elle même en matière d'injure verbale une excuse péremptoire; c'est la provocation, suivant la maxime : *injuriæ mutuâ compensatione tolluntur.* — *Bordeaux*, 13 janv. 1832, Arnaud.

250. — Jugé, en conséquence, que le tribunal de simple police ne peut condamner un individu aux peines de l'art. 471, C. pén., pour injures verbales, sans avoir reconnu que celui qui les a proférées n'avait pas été provoqué. — *Cass.*, 1er sept. 1826, Conard.

251. — En effet, l'ordre public n'est essentiellement blessé par le délit d'injures entre particuliers que quand ces injures n'ont pas été provoquées. Si la loi subordonne la poursuite du délit d'injures à la plainte de la partie lésée (L. 26 mai 1819, art. 5), elle subordonne, par voie de conséquence, la condamnation, dans l'intérêt de la vindicte publique, à la preuve que cette plainte est légitime. Or, cette plainte n'est pas légitime si les injures que la partie lésée dénonce ont été provoquées par d'autres injures qu'elle s'est permises.

252. — L'arrêt auquel nous empruntons ces principes (*Cass.*, 11 oct. 1827, Guichard) semble les considérer comme généraux, et comme applicables à tous les cas d'injures. Cependant nous devons observer que la loi (C. pén., art. 471, no 11) n'a admis la provocation comme excuse que dans les cas d'injure simple, et que la loi du 17 mai 1819 n'en parle pas à l'égard des injures publiques et renfermant l'imputation d'un vice déterminé; il est de principe que les causes d'excuse légale ne se suppléent pas par analogie. — *Cass.*, 5 août 1824, Morry.

253. — M. de Grattier, s'appuyant sur l'arrêt que nous venons de rapporter, soutient néanmoins que l'excuse résultant de la provocation doit être admise en matière d'injures de la compétence des tribunaux correctionnels, et même en matière de diffamation. — A l'appui de son opinion il cite encore un arrêt de *Paris*, 17 déc. 1835, Darlin. — V. son *Comment. des lois de la presse*, t. 1er, p. 190.

254. — Jugé que les injures verbales adressées à un garde champêtre dans l'exercice de ses fonctions ne sont point punissables lorsqu'elles ont été provoquées. — *Grenoble*, 21 avr. 1825, Charmeil.

255. — Cet arrêt confond avec les injures simples les outrages par paroles envers un agent de l'autorité publique. La différence est pourtant sensible; l'art. 471, no 11, C. pén., qui admet la provocation comme effaçant complétement la contravention, ne concerne que les particuliers. L'art. 224, même Code, était le seul applicable à l'espèce. Or, il n'admet la provocation ni comme justifiant, ni même comme excusant le délit, parce qu'il s'aagit d'un fonctionnaire. Le législateur n'a pas voulu que les délinquans pussent s'écarter du respect qu'ils doivent à l'autorité; il a pensé d'ailleurs que souvent l'imputation d'un délit ou des faits qui s'y rattachent pourrait être considérée comme une provocation injurieuse de la part de l'agent. C'est donc à tort que la cour de Grenoble a suppléé, sous le prétexte d'une analogie qui n'existe pas, et qui ne serait en aucun cas suffisante, une exception ou même une excuse qui n'est point admise par la loi.

256. — La doctrine que nous défendons a, du reste, été formellement consacrée par la cour de Cassation qui a décidé que l'injure proférée par un maire dans l'exercice de ses fonctions ne doit pas lui faire perdre les garanties dont la loi a voulu que les fonctions publiques fussent environnées, pour le livrer sans protection à l'outrage et à la violence, sauf le recours à l'autorité légitime contre le fonctionnaire qui se serait permis cette injure. — *Cass.*, 9 sept. 1837 (t. 2 1837, p. 608), Meilheurat.

257. — Pour que la provocation soit un moyen d'excuse, il n'est pas nécessaire qu'elle ait précédé immédiatement les injures qui en ont été la suite. — *Cass.*, 18 août 1836, Brousse.

258. — Hors les cas d'excuse légale, le tribunal qui reconnaît l'existence d'une diffamation ou d'une injure, ne peut se dispenser d'appliquer une peine au prévenu.

259. — Ainsi le tribunal de simple police qui reconnaît coupable d'injures un prévenu traduit devant lui ne peut, sans violer la loi, se dispenser de lui appliquer une peine pour la vindicte publique. — *Cass.*, 15 germin. an XII, Hannet.

260. — Le tribunal de police qui reconnaît qu'un prévenu est convaincu du délit d'injures commet un excès de pouvoir en le condamnant seulement aux frais de l'instance et ne prononçant point d'amende. — *Cass.*, 13 brum. an VIII, Régnier.

261. — Il ne peut le faire sous le prétexte que les conclusions du plaignant, à fin de réparations civiles, ne doivent pas lui être accordées. Car l'action publique est complétement indépendante de l'action civile. — *Cass.*, 22 flor. an XI, Robert.

262. — Le tribunal qui déclare un individu convaincu d'injures verbales ne peut se borner à le condamner à une réparation d'honneur, à des dommages intérêts et aux dépens; il doit prononcer en outre une peine d'amende ou d'emprisonnement. — *Cass.*, 17 fructid. an IX, Vital; 27 fév. 1806, Hœnighst; 6 sept. 1806, Titeux.

Sect. 2e. — *Diffamation et injures envers de simples particuliers.*

263. — Il n'est pas sans intérêt de préciser ce qu'on doit entendre, dans le sens des lois sur la diffamation, par *simple particulier*.

264. — Lorsqu'on a dit qu'un particulier est celui qui n'est ni fonctionnaire public, ni dépositaire ou agent de l'autorité, il semble qu'on a suffisamment défini le mot *particulier* de manière à prévenir toute équivoque. Il n'en est pourtant pas ainsi, et il est nécessaire d'entrer dans de plus amples explications sur la signification de ce mot.

265. — Un particulier, *latissimo sensu*, est celui qui n'est revêtu d'aucun caractère public et n'est dépositaire d'aucune partie, soit de la force, soit de la puissance, soit de l'autorité publiques, ou, alors même qu'il aurait seulement un caractère public, c'est celui dont la mission ne se lie en aucune manière, directement ni indirectement, de près ni de loin, à la politique ou aux intérêts généraux de la société. — Chassan, t. 2, p. 181.

266. — Les avoués ne sont revêtus d'aucune portion de la puissance publique. Loiseau s'exprimait ainsi à cet égard : « Je dis donc que c'est vraiment un *ordre* que celui des procureurs et non pas un *office*, attendu qu'ils n'ont point de fonctions publiques, et bien qu'ils soient limités à un certain nombre. » — V. le réquis. de M. Dupin, sous *Cass.*, 14 avr. 1831, Fourdenier.

267. — Il en est de même des notaires. — *Cass.*, 9 sept. 1836, Fournier-Verneuil; 27 nov. 1840 (t. 1er 1841, p. 438), Clément.

268. — ... Et des huissiers, excepté peut-être dans le cas où ils sont chargés de l'exécution d'un acte de l'autorité judiciaire en matière criminelle, tel qu'un mandat d'amener, de dépôt ou d'arrêt, ou bien un jugement. Dans ce cas, l'huissier n'est-il pas dépositaire d'une portion de l'autorité publique? — Chassan, t. 2, p. 183, note 2e.

269. — Si la diffamation ou l'injure n'est relative qu'aux rapports *facultatifs* d'un membre d'une des deux chambres avec le ministre, il ne doit être considéré que comme simple particulier. — *Cass.*, mai 1839 (t. 1er 1840, p. 362), Perier; 25 nov. 1843 (t. 1er 1844, p. 363), le *National* c. de l'Espée.

270. — La publication par la voie de la presse d'écrits émanés d'un professeur de l'Université constitue par sa nature, lors même que ces écrits seraient présentés comme la reproduction de ses leçons orales, un acte en dehors de la mission confiée à ce professeur par le chef de l'Université. — Dès lors les imputations diffamatoires qui ne sont relatives qu'aux écrits d'un professeur de l'Université constituent le délit de diffamation envers un simple particulier, et la connaissance de ce délit appartient à la juridiction correctionnelle. — *Cass.*, 8 nov. 1844 (t. 2 1845, p. 523), Barbier.

271. — Il semble résulter implicitement du texte de l'arrêt de la cour de Cassation que, si les imputations se fussent référées aux leçons professées, faites oralement par le professeur en sa qualité et dans l'exercice de ses fonctions d'officier de l'Université, la diffamation eût dû être considérée comme dirigée contre un fonctionnaire public, contre une personne publique, et que dès-lors la connaissance de ce délit serait rentrée dans la compétence de la cour d'assises, devant laquelle le prévenu eût été admis à faire la preuve de la vérité des faits par lui articulés.

272. — Sont assimilés aux simples particuliers les êtres moraux qui n'ont aucun caractère public, tels que les sociétés particulières, les journaux, etc., etc. — Et les personnes qui exercent une industrie brevetée, comme les imprimeurs, les libraires, les directeurs de spectacle. — Chassan, t. 1er, p. 405; de Grattier, t. 1er, p. 217.

273. — Jugé d'après ces principes qu'un directeur de tontine n'est revêtu d'aucun caractère public — *Cass.*, 25 avr. 1844 (t. 1er 1844, p. 746), Desertine.

274. — Il est assez difficile, quelquefois, de reconnaître si une personne diffamée doit être considérée comme revêtue d'un caractère public ou comme simple particulier. — Les questions de cette nature étant au surplus soulevées la plupart du temps à propos de la compétence, nous les examinerons plus bas en traitant de ce qui est relatif aux juridictions.

275. — La maxime proclamée par M. Royer-Collard *que la vie privée doit être murée* est-elle applicable dans le cas où la publication est relative à un candidat électoral? — S'il s'agit de faits relatifs à la vie publique du candidat, dit M. Chassan (t. 1er, p. 337), il ne peut s'élever aucune difficulté. Car, si les faits sont vrais, la publication n'en est pas punissable. S'ils sont faux, il y a imputation diffamatoire et calomnieuse, à moins qu'il ne soit démontré qu'on n'a pas agi dans le but de faire du scandale et dans une intention malicieuse. Mais si ces faits ne touchent qu'à la vie privée, qu'ils soient vrais ou faux, il y a diffamation.

276. — Toutefois, en pareille occurrence, les magistrats doivent se relâcher un peu de la rigueur des principes, et le prévenu devra être facilement excusé, s'il est démontré à la justice que le but a été louable et que la publication a eu lieu, non pour causer un préjudice au plaignant, mais pour éclairer les électeurs. Ne peut-on pas dire aussi que la candidature du plaignant est par elle même une provocation et une autorisation de publier sur son compte tous les faits qui sont de nature à jeter du jour sur son caractère et sur ses intentions? — Chassan, *ibid.*

277. — Cette doctrine, raisonnable au point de vue de la logique et de la liberté de discussion, nous paraît difficile à concilier avec les dispositions précises de la loi. M. Chassan établit, en effet, une distinction entre les faits vrais et les faits faux, même en ce qui touche la vie privée du candidat. Or, comment le tribunal correctionnel pourra-t-il faire cette distinction, puisque tout débat sur l'existence des faits est formellement proscrit devant cette juridiction?

Sect. 3e. — *Diffamation et injures envers les agens ou dépositaires de l'autorité publique.*

278. — Les fonctionnaires publics sont incontestablement des dépositaires ou agens de l'autorité publique. — L'art. 16, L. 17 mai 1819, leur est par conséquent applicable.

279. — Mais on a vu plus haut que la loi de 1822 a prévu, en ce qui les concerne, le délit spécial d'*outrage*. Ce sont donc plus particulièrement les simples agens ou dépositaires de l'autorité publique, non revêtus du caractère de fonctionnaires, qui se trouvent aujourd'hui régis par l'article précité. — De Grattier, t. 1er, p. 207; Chauveau et Hélie, t. 4, p. 360.

280. — Cependant, si l'attaque dirigée contre le fonctionnaire public proprement dit consistait dans l'imputation précise et publique d'un fait de nature à porter atteinte à l'honneur et à la considération du magistrat, à raison de sa qualité ou de ses fonctions, sans être accompagnée d'ailleurs d'aucune expression outrageante, d'aucun terme de mépris, d'aucune invective, on pourrait soutenir que le délit prend le caractère de la diffamation envers un dépositaire de l'autorité publique (L. 17 mai 1819, art. 16). Cette distinction est surtout importante en ce qui concerne la compétence et le droit de faire la preuve des faits imputés. — L. 26 mai 1819, art. 20; — Chauveau et Hélie, t. 4, p. 264 et 265.

281. — Les art. 222 et suiv., C. pén., punissent les outrages faits aux magistrats de l'ordre administratif ou judiciaire, et aux officiers ministériels et agens de la force publique dans l'exercice de leurs fonctions. Ces articles continuent de réprimer les outrages commis par d'autres moyens que ceux énoncés dans l'art. 1er, L. 17 mai 1819. — *Orléans*, 10 juill. 1843 (t. 2 1843, p. 433), Namuert; *Cass.*, 13 mars 1823, Balthazard; *Bourges*, 27 nov. 1823, Chauvrat. — V. OUTRAGE.

282. — Ainsi, pour décider si l'on doit appliquer l'art. 224 et suiv., C. pén., ou la loi du 17 mai 1819, trois choses doivent être envisagées : 1° la qualité de la personne outragée; — 2° le rapport qu'a eu l'outrage avec les fonctions exercées; — 3° les moyens qui ont servi à le commettre. — V. de Grattier, t. 1er, p. 210.

283. — Si la personne outragée est un officier ministériel, un agent dépositaire de la force publique ou un commandant de la force publique, lorsque l'outrage a été commis par paroles, gestes ou menaces *dans l'exercice ou à l'occasion de l'exercice des fonctions*, et s'il tend à inculper leur honneur ou leur délicatesse, c'est l'art. 224, C. pén., qui est applicable. Peu importe qu'il y ait ou non publicité, le Code embrasse tous les cas. — De Grattier, *ibid.*

284. — Mais si l'outrage n'a pas eu lieu dans l'exercice ou à l'occasion de l'exercice des fonctions ou bien s'il n'a pas été commis par paroles, gestes ou menaces, et ne tend pas à inculper l'honneur et la délicatesse de l'agent de la force publique, l'art. 224 est inapplicable, et il faut recourir, soit à la loi de 1819, soit à l'art. 471, C. pén., selon les cas.

285. — Jugé, conformément à ce principe, que l'art. 224, C. pén., a été modifié par la loi du 17 mai 1819, en ce sens que, lorsqu'il s'agit d'injures publiques pour des faits relatifs aux fonctions d'un agent de l'autorité publique, c'est l'art. 19 de la loi précitée qui doit être appliqué, et que lorsqu'il s'agit d'outrages par paroles, gestes ou menaces adressés à un agent de l'autorité dans l'exercice de ses fonctions, l'art. 224, C. pén., reste applicable. — *Metz*, 13 fév. 1826, Bourgeois.

286. — L'art. 262, C. pén., qui punit d'une amende de 16 fr. à 500 fr. et d'un emprisonnement de quinze jours à six mois toute personne qui aura, par paroles ou gestes, outragé les objets d'un culte dans les lieux destinés ou servant actuellement à son exercice, ou les ministres de ce culte dans leurs fonctions, n'a pas été abrogé par les lois sur la presse. — *Cass.*, 10 janv. 1833, Godet.

287. — M. Parant (*L. de la presse*, p. 138) enseigne également que la loi du 25 mars 1822 n'a pas abrogé l'art. 262, C. pén., et qu'il continue à subsister pour les outrages *non publics* Mais il pense que l'art. 263 de ce dernier Code, qui prononce la dégradation civique contre quiconque aura frappé le ministre d'un culte dans ses fonctions, a été complétement abrogé. MM. Chauveau et Hélie (*Th. du Code pénal*, t. 4, p. 522) réfutent son opinion.

288. — Jugé que les injures proférées contre les préposés des douanes, dans l'exercice de leurs fonctions, tombent sous l'application des lois pénales ordinaires, et non des dispositions spéciales de la loi du 6-22 août 1791, qui se trouvent implicitement abrogées. En Belgique, la loi du 22 août 1822 n'a rien changé sous ce rapport à la législation existante. — *Liége*, 28 juin 1834, Duykaerts. — V. *contrà Cass.*, 26 août 1816, Broulin.

289. — Sous la loi du 22 juill. 1791, les fonctionnaires publics n'étaient pas dans l'exercice de leurs fonctions lorsqu'ils agissaient hors du territoire de leur juridiction. En conséquence, les injures verbales qui leur étaient adressées n'étaient punissables que comme celles adressées aux simples particuliers. — *Cass.*, 20 juin 1792, Wender.

290. — L'art. 19, tit. 2, L. 19-22 juill. 1791, qui prononçait la peine de l'amende et de l'emprisonnement pour les injures ou menaces par paroles ou par gestes adressées à un fonctionnaire public, n'était applicable qu'au cas où il avait été injurié dans l'exercice de ses fonctions. — *Cass.*, 19 oct. 1792, Boyer.

291. — Les dispositions de l'art. 16, L. 17 mai 1819, sont générales et absolues. Elles sont applicables dès que la diffamation a eu lieu pour un fait relatif aux fonctions, qu'elle ait été commise envers une personne ayant momentanément agi dans un caractère public, ou envers un dépositaire ou agent de l'autorité publique, mais ayant perdu ce caractère au moment de la diffamation. — De Grattier, t. 1er, p. 214.

292. — Si la diffamation n'a pas eu lieu pour des faits relatifs aux fonctions, le délit cesse d'être puni par l'art. 16, L. 17 mai 1819. Peu importe la qualité de celui contre lequel il a été commis, il n'est plus alors considéré que comme un simple particulier, et ce sont les art. 18, 19 et 20, selon les cas, qui peuvent seuls être appliqués. — V. *suprà* nos 200 et suiv.

293. — Jugé que les injures et menaces dirigées contre le syndic des marins au moment où, pour l'exécution des ordres de ses supérieurs, il était, avec l'assistance de la gendarmerie, à la recherche des marins qui se refusaient au service de la république, ont dû être considérées et punies comme faites à un fonctionnaire public dans l'exercice de ses fonctions. — *Cass.*, 6 vendém. an X, N...

294. — La diffamation par écrit dirigée contre l'architecte voyer municipal d'une ville, à raison de travaux dont il a été chargé pour l'administration, ne peut être considérée comme se rattachant à sa qualité. — *Bourges*, 5 mai 1834, Pot; — de Grattier, t. 1er, p. 213 et 420, à la note.

295. — Il paraît résulter implicitement de cet arrêt que l'architecte voyer peut être considéré comme revêtu d'un caractère public.

296. — Lorsque le fonctionnaire public est déguisé, et que, d'après son déguisement, on peut présumer qu'il n'a pas été connu pour tel, l'injure qui lui a été faite doit être considérée comme si elle l'avait été à un simple particulier. — *Cass.*, 28 mars 1813, N...

297. — Les injures proférées contre un maire au moment où il affiche un placard annonçant une nouvelle importante, et à l'occasion de ce placard, constituent le délit prévu par les art. 16 et 19, L. 17 mai 1819, encore bien que l'écrit affiché ne soit pas revêtu de la signature du maire. — *Cass.*, 1er mars 1833, Gueguen.

298. — Les membres d'un collége électoral ne sont ni dépositaires ni agens de l'autorité, et le collége électoral lui-même ne peut être considéré comme un corps constitué dans le sens des lois des 17 et 26 mai 1819. Ce sont simplement des citoyens se réunissant pour exercer des droits politiques. — *Cass.*, 25 mai 1838 (t. 2 1838, p. 106), Mangin; 28 fév. 1845 (t. 2 1845, p. 763), Crestin c. Demesmay.

299. — M. Chassan (t. 2, p. 183) combat cette jurisprudence. Il est bien vrai, dit-il, qu'un collége électoral n'est pas un corps constitué, et que des électeurs ne sont ni agens ni dépositaires de l'autorité. Mais un collége électoral, est comme la chambre des députés, un corps politique; les électeurs sont, de même que les députés, des personnes politiques. La société a intérêt à connaître la vérité sur les faits qui leur sont reprochés.

300. — Cette assimilation entre un collége électoral et la chambre des députés, entre un électeur et un député, ne nous semble pas admissible. Les chambres sont des corps agissant dans un caractère public; elles sont des élémens nécessaires de la puissance législative. Les électeurs ne sont que de simples citoyens investis d'un droit politique, celui de désigner les membres de l'une de ces chambres; ce n'est pas là une fonction, ce n'est que l'exercice d'un simple droit civique.

301. — Quant aux membres des deux chambres législatives, ils doivent en général être considérés comme revêtus d'un caractère public. — *Cass.*, 4 mai 1839 (t. 1er 1840, p. 362), Perier; 25 nov. 1843 (t. 1er 1844, p. 363), de l'Espée; — Chassan, t. 2, p. 184.

302. — Il en est toutefois autrement si la diffamation n'est relative qu'à leurs rapports facultatifs avec les ministres. — Même arrêt.

303. — Ne sont pas dépositaires ou agens de l'autorité publique, dans le sens de l'art. 16, L. 17 mai 1819, les avoués ou notaires. — *Cass.*, 9 sept. 1836, Fournier-Verneuil; 27 nov. 1840 (t. 1er 1841, p. 438), Clément; 14 avr. 1831, Fourdinier c. Cressent; — Chassan, t. 2, p. 182. — V. *contrà Douai*, 1er mars 1831, Cressent et Lefebvre c. Fourdinas. — V. *suprà* nos 266 et 266.

304. — On ne peut pas dire non plus qu'ils agissent dans un caractère public dans le sens des lois répressives de la diffamation. — Même arrêt; — Chassan, t. 1er, p. 382, note 3e; de Grattier, t. 1er, p. 208, note 1re, et p. 419, note 1re.

305. — En effet, par ces mots *agir dans un caractère public* de l'art. 20, L. 26 mai 1819, il faut entendre l'exercice au moins momentané d'une délégation de l'autorité ou de la puissance publique, soit dans l'ordre législatif, soit dans l'ordre administratif, soit dans l'ordre judiciaire. Or, les notaires et les avoués sont bien des officiers investis du droit de procéder à certains actes déterminés par la loi, mais ils ne sont que les mandataires des particuliers et ne sont investis d'aucune autorité sur eux.

306. — Mais l'avoué agit dans un caractère public quand, dans les cas prévus par les art. 49, déc. 30 mars 1808; 118 et 468, C. proced. civ., il est appelé à siéger comme juge pour compléter un tribunal; et s'il est diffamé pour des faits relatifs à cette participation à l'administration de la justice, il faudrait appliquer l'art. 20, L. 26 mai 1819.

307. — *Les membres des commissions administratives des hospices* ne sont que les gérans des intérêts privés d'un établissement municipal, mais ils ne sont pas dépositaires ou agens de l'autorité publique. — *Cass.*, 27 nov. 1840 (t. 1er 1841, p. 478), Clément.

308. — Les chirurgiens ou médecins d'un hôpital n'ont pas non plus un caractère public. Bien que nommés par l'administration, ils n'exercent aucune portion de l'autorité publique. — De Grattier, t. 1er, p. 207, note 1re. — V. cependant *Orléans*, 16 août 1836 (t. 1er 1837, p. 278), Granbintal.

309. — Le médecin dont la mission consiste uniquement à donner ses soins à des malades, moyennant un certain salaire, fait un acte essentiellement privé; il est évident qu'il n'exerce ni une autorité ni un fonction *publiques*. Si les actes d'un individu devenaient *publics* par cela seul qu'il est attaché à un établissement *public*, il faudrait nécessairement aller jusqu'à dire que les commis et les garçons de bureau de ces établissemens sont revêtus d'*un caractère public*; et nous ne pensons pas que tels soient le sens et le but de l'exception apportée au principe consacré par la loi de 1819. — D'ailleurs il est constant et par la discussion de cette loi et par tous les monumens de la jurisprudence qui l'ont suivie qu'elle n'a entendu apporter de dérogation au droit commun que relativement à ceux qui *exercent une portion de l'autorité publique*. Or, nous ne pensons pas que le médecin d'un hôpital puisse être considéré comme exerçant une portion quelconque de cette autorité. — *Riom*, 21 avr. 1841 (t. 2 1841, p. 372), Borie.

310. — Sont, au contraire, dépositaires ou agens de l'autorité publique, dans le sens de l'art. 16, L. 17 mai 1819, les gardes nationaux dans leur service ou exerçant des actes de ce service. — *Cass.*, 5 août 1831, Savary; — de Grattier, t. 1er p. 207, note ; Chassan, t. 1er, p. 382, note 4e; Chauveau et Hélie, t. 4, p. 361.

311. — Dès-lors les injures qui leur sont adressées publiquement relativement à leur service constituent le délit prévu et réprimé par les art 16 et 19, L. 17 mai 1819, bien que le service à l'occasion duquel ils sont injuriés ait cessé. — *Cass.*, 15 août 1834, Savary. — V. néanmoins *Cass.*, 29 avr. 1831, Ragon.

312. — Les gardes nationaux d'une localité ne forment pas un corps constitué, mais une réunion d'agens de l'autorité publique. — *Cass.*, 24 fév. 1832, Fontaneau des Essarts; — Parant, p. 92; Chassan, t. 2, p. 30, note 1re; de Grattier, t. 1er, p. 207.

313. — Dire sur une route à un détachement de garde nationale se rendant d'une ville dans une autre, d'après les ordres de l'autorité, *gare, mauvais soldats!* c'est commettre le délit d'injure envers des agens de l'autorité publique dans l'exercice de leurs fonctions, délit de la compétence du tribunal de police correctionnelle. — *Cass.*, 17 mai 1832, Bertin; — de Grattier, t. 1er, p. 199, note 3e; Chauveau et Hélie, t. 4, p. 361, Chassan, t. 1er, p. 382, note 4e.

314. — Les arbitres forcés (créés par l'art. 51, C. comm.) agissent dans un caractère public. — *Cass.*, 15 mai 1838 (t. 1er 1838, p. 587), Parquin.

315. — Et même l'extension des pouvoirs confiés par la loi et les parties aux membres d'un tribunal arbitral qui, en matière de société, ont été investis du droit de juger comme *amiables compositeurs*, ne les dépouille pas du caractère public de juges. — *Amiens*, 14 août 1837 (t. 2 1837, p. 194), Parquin; *Cass* (sect. réun.), 15 mai 1838 (t. 1er 1838, p. 587), Parquin. — MM. Chassan (t. 2, p. 186), de Grattier (t. 1er, p. 421) combattent vivement cette doctrine, attaquée aussi par MM. Dupin et Parant dans les réquisitoires prononcés devant la cour de Cassation.

316. — La cour royale de Paris avait jugé au contraire que les arbitres forcés en matière de société commerciale ne peuvent être considérés que comme de simples particuliers. — *Paris*, 21 avr.

DIFFAMATION, INJURE, ch. 3, sect. 3°.

1836, Parquin. — V. conf. Chassan, t. 2, p. 186 et suiv.

317. — Et la chambre criminelle de la cour de Cassation avait décidé du moins que l'arbitrage cesse d'être forcé et devient purement volontaire lorsque les associés substituent, ainsi qu'ils ont le droit de le faire, au jugement arbitral prescrit et déterminé par le Code de commerce l'arbitrage volontaire, soumis à d'autres règles, dont les conséquences sont différentes, et qui dépouille les arbitres du caractère public, exclusivement attaché, suivant elle, à la qualité d'arbitre forcé. — *Cass.*, 29 avr. 1837 (t. 1er 1837, p. 404), Parquin.

318. — Une question controversée est celle de savoir si les ministres du culte, dans l'exercice de leur ministère, sont revêtus d'un caractère public.

319. — Plusieurs arrêts ont jugé que les diffamations, outrages et injures commis envers le ministre du culte par un moyen de publication quelconque doivent tomber sous la juridiction des tribunaux de police correctionnelle. — *Cass.*, 10 sept. 1836 (t. 1er 1837, p. 539), Bonnet; *Paris*, 31 mars 1843 (t. 1er 1843, p. 601), Briet.

320. — D'autres, au contraire, ont décidé que les ecclésiastiques sont revêtus, dans l'exercice de leur ministère, d'un caractère public. — *Nancy*, 27 nov. 1844 (t. 2 1844, p. 557), *Journal de la Meurthe*.

321. — La raison de douter vient de ce que l'art. 6, L. 25 mars 1822, punissant l'outrage fait publiquement, à raison de ses fonctions, à un ministre du culte catholique, il semble en résulter que le ministre de la religion ne peut pas être considéré comme un simple particulier. D'un autre côté, la loi du 8 oct. 1830, attribuant au jury la connaissance de tous les délits commis par la voie de la presse ou par tout autre moyen de publication, sauf les cas prévus par l'art. 14, L. 26 mai 1819, ne doit-on pas en conclure que les délits spécifiés en l'art. 5, L. 25 mai 1822, ne sont pas exceptés de cette règle générale? En un mot, disent les partisans de ce système, ou le prêtre est un simple particulier, ou il a un caractère public. Il n'est pas un simple particulier, puisqu'il est protégé par une disposition spéciale à sa qualité de ministre du culte, donc il a un caractère public.

322. — La raison de décider est que, si l'art. 6, L. 25 mars 1822, punit de peines plus sévères que celles de la diffamation envers les particuliers l'outrage fait publiquement d'une manière quelconque, à raison de ses fonctions, à un ministre des cultes, cet article n'a rien changé à la compétence des tribunaux correctionnels qui recevaient, au contraire, de la loi du 25 mars 1822, des attributions plus étendues. Il ne faut pas oublier d'ailleurs que le ministre du culte n'est dépositaire d'aucune portion de l'autorité ou de la puissance publique, et qu'ainsi il reste, malgré la protection spéciale pour son caractère sacré, dans la catégorie *légale* des particuliers.

323. — Les appariteurs ou agens de police peuvent être considérés sous un double rapport. Ils sont agens de la force publique, soit lorsqu'ils sont requis par des huissiers de prêter main-forte à l'exécution des jugemens, soit lorsque, porteurs eux-mêmes de mandemens de justice, ils sont chargés d'arrêter les prévenus, accusés ou condamnés, et de les conduire devant le magistrat compétent. Ils sont agens de l'autorité publique lorsque, par les ordres de l'autorité municipale qui les a institués, ils exercent sur les diverses parties du service la surveillance que cette autorité leur a confiée. — *Cass.*, 15 fév. 1828, Delogé; 28 août 1829, Guichard; 9 mars 1833, Pelleport; — de Grattier, t. 1er, p. 207; Parant, p. 9 et 137; Chassan, t. 1er, p. 382, no 4, et 399; Chauveau et Hélie, t. 4, p. 361 et 372; Mangin, *Traité des procès-verbaux*, no 76.

324. — Sous le premier rapport, ils sont protégés contre les outrages par l'art. 224, C. pén. (V. OUTRAGE); sous le second, ils sont compris dans la dénomination et la classe des agens d'une autorité publique, et les injures qui leur sont adressées, pour des faits relatifs à leurs fonctions, sont punissables des peines portées par l'art. 19, § 1er, L. 1819. — *Cass.*, 28 août 1829, Guichard; 16 juin 1832, de Brian; 27 mai 1837 (t. 1er 1837, p. 557), Bailly.

325. — Les gardes champêtres sont des agens de l'autorité publique et non des fonctionnaires publics. — *Cass.*, 19 juin 1818, Menu; 9 sept. 1819, Robendet; *Metz*, 4-5 déc. 1826, Couturier et Nicolas Pierre.

326. — L'injure qui leur est faite publiquement pour des faits relatifs à leurs fonctions tombe donc sous l'application de l'art. 19, L. 17 mai 1819, et non de l'art. 6, L. 25 mars 1822. — Même arrêt de *Metz*; — de Grattier, t. 2, p. 53, no 5.

327. — Pour connaître dans quelles circonstances la personne diffamée ou injuriée doit être con-

sidérée comme un simple particulier ou comme ayant un caractère public. V. au surplus *suprà* nos 263 et suiv.

Sect. 4e. — *Diffamation et injures envers les cours et tribunaux, corps constitués, autorités ou administrations publiques.*

328. — La diffamation ou l'injure par l'un des moyens énoncés dans l'art. 1er, L. 17 mai 1819, envers les cours, tribunaux, corps constitués, autorités ou administrations publiques, est prévue, ainsi qu'on l'a vu plus haut, par l'art. 5, L. 25 mars 1822, qui a remplacé l'art. 15, L. 17 mars 1819, en réparant une omission relative aux administrations publiques. Il a aussi élevé la pénalité, qui, sous l'empire de la loi du 17 mai 1819, était un emprisonnement de quinze jours à deux ans et une amende de 50 fr. à 4000 fr., et qui est maintenant d'un emprisonnement de quinze jours à deux ans et d'une amende de 150 à 5,000 fr. Le minimum de cette amende ne peut même être inférieur à 300 fr., aux termes de l'art. 14, L. 18 juill. 1828, quand le délit a lieu par la voie d'un journal ou écrit périodique.

329. — En se servant du mot *autorités*, la loi n'a pas voulu désigner le fonctionnaire public considéré individuellement. Il y a pour ce cas des dispositions spéciales. —V. *suprà* nos 284 et suiv. — V. aussi OUTRAGE. — Ainsi, la diffamation contre le parquet ou le ministère public est punie par l'art. 5, L. 25 mars 1822; tandis que la diffamation ou l'injure contre un membre du parquet individuellement prend le nom d'outrage et tombe sous l'application de l'art. 6 de la même loi.—Chassan, t. 1er, p. 406.

330. — L'art. 5, L. 25 mars 1822, n'est pas applicable non plus à la diffamation ou à l'injure commises envers les cours ou les tribunaux dans l'exercice de leurs fonctions ou à l'audience et qualifiées outrages, insultes, irrévérences ou manquemens. Les art. 15, L. 17 mai 1819, et 5, L. 25 mars 1822, ne s'appliquent qu'à la diffamation et à l'injure commises par voie de publication envers les cours et tribunaux pour des faits relatifs à leurs fonctions; mais ils n'ont point dérogé à l'art. 222, C. pén., qui prévoit les outrages par paroles contre les magistrats de l'ordre administratif et judiciaire *dans l'exercice de leurs fonctions*, notamment à l'audience d'une cour ou d'un tribunal. — *Bourges*, 19 mai 1827, Maréchal; 27 fév. 1832, Raspail. — Parant, p. 136; Chassan, t. 1er, p. 367; de Grattier, t. 2, p. 46; Chauveau et Hélie, *Th. C. pén.*, t. 4, p. 360 et suiv.

331. — Les dispositions de l'art. 5, L. 25 mars 1822, s'étendent à tous les tribunaux de juridiction, soit ordinaire, soit extraordinaire, tels que le conseil d'état, la cour de Cassation, les cours royales, les tribunaux de première instance, de commerce, militaires, maritimes, les justices de paix, etc., etc. Quant à la chambre des pairs constituée en cour de justice et à la chambre des députés, l'art. 11, L. 17 mai 1819, leur est applicable. — De Grattier, t. 2, p. 46; Chassan, t. 1er, p. 225 et suiv.

332. — On entend par corps constitués les corps auxquels une portion quelconque de l'autorité ou de l'administration publique est dévolue par la constitution ou les lois organiques, comme les conseils municipaux, l'université, les conseils généraux et d'arrondissement, etc. — De Grattier, t. 2, p. 47.

333. — Les chambres de discipline des notaires ne sont pas des corps constitués dans le sens des art. 15, L. 17 mai 1819, et 5, L. 25 mars 1822. — *Cass.*, 9 sept. 1836, Fournier-Verneuil.

334. — Il faut admettre la même solution à l'égard des chambres de discipline des avoués, des huissiers. — Chassan, t. 1er, p. 406; de Grattier, t. 2, p. 47.

335. — Les gendarmes réunis pour le service d'une ville ne sont pas un corps constitué.—*Cass.*, 25 fév. 1830, Guis c. gendarmes de Rodez.

336. —...Pas plus que les gardes nationaux d'une commune. — *Cass.*, 24 fév. 1832, Fontaneau des Essarts.

337. — Ils forment seulement une réunion d'agens de l'autorité publique.

338. — Jugé cependant que le délit d'injures publiques envers une garde nationale en corps ne peut être poursuivi que sur une plainte. — *Colmar*, 22 fév. 1832, N... —Cet arrêt décide implicitement que la garde nationale est un corps constitué.

339. — Les corps constitués sont ceux dont l'existence est permanente et la réunion toujours possible. Ces conditions de permanence et de réunion spontanée ne sauraient exister pour les colléges électoraux, qui ne peuvent se réunir qu'en vertu d'ordonnance royale et pour quelques jours seulement. — *Rennes*, 15 fév. 1838 (t. 1er 1838, p. 294), Mangin; *Cass.*, 25 mai 1838 (t. 2 1838, p. 106), Mangin.

340. — Le tribunal saisi d'une plainte en diffamation par la voie de la presse envers un corps constitué n'excède point ses pouvoirs en recherchant si les actes critiqués émanent réellement de ce corps et s'ils sont l'ouvrage d'une réunion ou d'un corps reconnu comme constitué par la loi. Mais il est incompétent pour rechercher si un corps constitué, tel qu'un conseil municipal, était composé d'un nombre suffisant de membres présens lors de la délibération qui a fait le sujet de la diffamation, et pour déclarer qu'à raison de l'insuffisance de leur nombre, la diffamation ne doit pas être réputée faite à un corps constitué.— *Cass.*, 28 avr. 1826, Decoutures; — Chassan, t. 1er, p. 407, et t. 2, p. 56.—V. toutefois *Toulouse*, 31 juill. 1823, Crivelli.

341. — Le tribunal saisi d'une plainte en diffamation par la voie de la presse envers un conseil municipal est incompétent pour rechercher ou apprécier les vices de forme de la délibération qui a fait le sujet de la diffamation. — *Riom*, 19 mars 1827, Decoutures.

342. —Les autorités publiques sont les pouvoirs établis par la constitution pour gouverner ou administrer, abstraction faite de la personne du fonctionnaire. Celle-ci est protégée par l'art. 6, L. 25 mars 1822.

343. — On entend par administrations publiques : 1° les compagnies chargées de la régie des biens et des droits de l'état; —2° les établissemens utiles au service public, comme les intendances sanitaires, les bureaux de bienfaisance, les administrations dont la charité seule est le mobile et la récompense. — Chifflet, *Rapport à la chambre des députés*, séance 14 janv. 1822 (*Moniteur* du 16); — de Grattier, t. 2, p. 48; Chassan, t. 1er, p. 406.

Sect. 5e. — *Diffamation ou injures envers les ambassadeurs et autres agens diplomatiques.*

344. — La loi protége les ambassadeurs, ministres plénipotentiaires, chargés d'affaires ou autres agens diplomatiques accrédités près du chef du gouvernement. La diffamation ou l'injure commises à leur égard sont punies, comme on l'a vu (*suprà* n° 208) par les art. 17 et 19, L. 17 mai 1819.

345. — L'art. 17 comprend tous les agens diplomatiques accrédités auprès du roi sans exception, et quelle que soit la dénomination de leurs fonctions. — Parant, p. 93; Chassan, t. 1er, p. 403; de Grattier, t. 1er, p. 216.

346. — La diffamation ou l'injure sont réprimées, lors même qu'elles n'attaquent pas l'agent diplomatique pour des faits relatifs à ses fonctions : ce sont les personnes et non les actes des fonctions exercées par elles qui sont protégées — Chassan, t. 1er, p. 403; de Grattier, t. 1er, p. 215; Parant, p. 93.

347. — Le respect dû au seul caractère d'ambassadeur n'a pas permis de faire à l'égard de ceux qui en sont revêtus la distinction introduite à l'égard des fonctionnaires par l'art. 16, L. 17 mai 1819. — *Cass.*, 27 janv. 1843 (t. 1er 1843, p. 725), Barrachin.

348.— « La loi, dit à cet égard M. Chassan (*Tr. des délits de la parole*, t. 1er, p. 403), n'exige pas que la diffamation ou l'injure aient eu lieu pour des faits relatifs aux fonctions des agens diplomatiques; elle ne distingue pas non plus le cas où elles sont commises dans l'exercice de leurs fonctions. Elle entend leur accorder une protection spéciale pour tous les cas sans distinction où ils sont offensés, quels que soient les motifs de la diffamation et de l'injure. » —Parant, p. 93; Henri Celliez, *Code annoté de la presse*, p. 37.

349. — Lors de la discussion de la loi du 17 mai 1819, un amendement proposé par M. Bignon, et qui tendait à n'accorder l'action en diffamation aux ambassadeurs étrangers qu'autant que la réciprocité serait admise par la législation du pays qu'ils représentent, a été rejeté par la chambre des députés, sur l'observation faite par le garde des sceaux (M. de Serres) que tous les étrangers doivent trouver sûreté et protection en France, et que, les ambassadeurs étant considérés, suivant le droit des gens, comme les représentans de leurs souverains, il leur est dû une protection plus spéciale.

350. — M. de Grattier (*Comment. sur les lois de la presse*, t. 1er, p. 215, n° 2) se demande si l'art. 17, L. 17 mai 1819, ne serait pas applicable à la diffamation commise, pour un fait relatif au caractère dont il a été revêtu, envers l'agent diplomatique étranger qui a cessé d'être accrédité en France. La raison de douter, dit-il, viendrait de ce que la loi a voulu accorder aux agens diplomatiques, à raison de leur caractère, une plus grande protection, et que l'on semblerait en tirer ainsi contre eux une conséquence directement opposée à l'esprit de l'art. 17. Cependant, comme c'est le caractère seul et non les actes de la personne que la loi a voulu protéger, la protection ne peut être étendue au-delà des limites qui ont été assignées à ce même caractère. L'ordre public n'est plus intéressé, comme lorsqu'il s'agit d'agens ou fonctionnaires régnicoles, à ce que leurs actes soient respectés après la cessation des fonctions. Du moment où la loi a assuré le respect dû au caractère des agens diplomatiques étrangers, elle a pleinement satisfait aux principes du droit des gens. Si ces agens diplomatiques cessent d'être accrédités en France, ils deviennent à ses yeux de simples particuliers, et ce n'est que comme tels qu'ils peuvent invoquer sa protection.

351. — La loi ne parle que des agens diplomatiques étrangers; quant aux agens diplomatiques français, ce sont des fonctionnaires publics; les diffamations ou injures commises à leur égard rentrent dans la classe des outrages et sont réprimées et punies par l'art. 6, L. 25 mars 1822.

CHAPITRE IV. — *Compétence.*

352. — La compétence des tribunaux pour la répression des délits de diffamation et d'injure doit être envisagée sous un double point de vue. Il faut se demander quel sera le tribunal compétent à raison : 1° de la nature de la juridiction; 2° à raison de la situation du lieu où le délit a été commis, et de celui où réside le délinquant.

Sect. 1re. — *Compétence juridictionnelle ou d'attributions.*

353.— Les juridictions devant lesquelles on peut poursuivre la réparation du préjudice public ou privé causé par les diffamations et les injures sont : les cours d'assises, les tribunaux correctionnels, les tribunaux de simple police, les tribunaux civils.

§ 1er. — *Cour d'assises.*

354. — La règle générale en matière de délit de la presse, c'est la compétence de la cour d'assises. Cette règle, écrite d'abord dans la loi du 26 mai 1819, avait été rapportée par la loi du 25 mars 1822, mais elle a été rétablie par la loi du 8 octobre 1830, rendue en exécution de la Charte constitutionnelle.

355.— Néanmoins ce principe fondamental, destiné à garantir les libertés publiques, souffre une exception en matière de diffamation et d'injures. L'art. 14, L. 26 mai 1819, enlève à la cour d'assises, outre la connaissance du délit de diffamation ou d'injures verbales contre toute personne, celle des diffamations et injures commises par *une voie quelconque de publication* contre des particuliers.

356. — La diffamation ou injure commise par la voie de la presse contre d'autres personnes que les simples particuliers restent au surplus soumises au droit commun et par conséquent de la compétence des cours d'assises.

357.— Ainsi, par exemple, l'ambassadeur étranger poursuivant la réparation d'un délit de diffamation qu'il prétend avoir été commis à son égard par la voie de la presse doit traduire le prévenu non devant un tribunal correctionnel, mais devant une cour d'assises. — *Cass.*, 27 janv. 1843 (t. 1er 1843, p. 725), Barrachin.

358. — Les délits de diffamation envers des arbitres forcés, en matière de société commerciale, sont de la compétence de la cour d'assises et non de la police correctionnelle, comme commis envers des personnes ayant agi dans un caractère public. — *Cass.*, 15 juill. 1836, Parquin; 15 mai 1838 (t. 1er 1838, p. 587), même partie; — V. *contrà Paris*, 21 avr. 1836, même partie; *Amiens*, 14 août 1837 (t. 2 1837, p. 194), même partie.

359. — ... Même lorsque la faculté de prononcer comme amiables compositeurs a été donnée à ces arbitres juges. — *Amiens*, 14 août 1837 (t. 2 1837, p. 194), Parquin; *Cass.*, (sect. réun.), 15 mai 1838 (t. 1er 1838, p. 587), Parquin. — V. conf. *Cass.*, 29 avr. 1837 (t. 1er 1837, p. 404), Parquin; —Chassan, t. 2, p. 186 et suiv.

360. — Les attaques dirigées contre un député en sa qualité de député sont de la compétence de la cour d'assises si elles ont été commises par voie de la presse ou de publication définie par la loi; sans être un fonctionnaire public, il agit dans un *caractère public*. —L. 26 mai 1819, art. 20; —Chassan, t. 2, p. 184.

361. — La diffamation et l'injure commises par la voie de la presse envers les gardes nationaux d'une localité, sans aucune désignation individuelle, sont de la compétence de la cour d'assises, et ne peuvent pas être considérées comme faites à de simples particuliers. — *Cass.*, 24 fév. 1832, Fontaneau.

362. — Mais la qualité d'architecte-voyer municipal confère-t-elle à celui qui en est revêtu un caractère public qui doive le faire considérer comme agent de l'autorité et rendre, conséquemment, justiciables de la cour d'assises les auteurs de diffamations par écrit dirigées contre lui en sa qualité? — *Bourges* (rés. implicit. pour l'affirm.), 5 mai 1831, Pot.

363. — Cette distinction n'était pas faite dans le projet de loi qui était moins étendu et qui bornait l'exception aux injures seules. Mais sur deux amendemens, l'un de M. Dupont (de l'Eure), l'autre de M. Duvergier de Hauranne, auquel se réunit M. le garde des sceaux, l'article reçut la rédaction actuelle.

364. — Les diffamations et injures livrées à l'impression contre les fonctionnaires publics, disait M. le garde des sceaux, acquièrent un caractère d'importance et de gravité autre que la diffamation et l'injure purement verbales; en même temps que les cas sont plus graves, ils sont plus rares. Si dans cette dernière espèce il importe de conserver la juridiction du jury, il semble naturel de renvoyer la diffamation et l'injure purement verbales devant les tribunaux correctionnels. On conçoit qu'il peut arriver fréquemment que des fonctionnaires rapprochés par la nature de leurs fonctions de la classe la moins élevée soient dans le cas d'être l'objet de paroles grossières qui peuvent avoir le caractère de diffamation ou d'injure attribué par la loi pénale, tous ces cas n'ont rien de commun avec la liberté de la presse, et je crois qu'il importerait d'en dégager le jury et de les renvoyer aux tribunaux de police correctionnelle

365. — Pour que la cour d'assises soit compétente, il ne suffit pas que l'individu injurié en diffamation par la voie de la presse soit fonctionnaire public, il faut encore que la diffamation ou l'injure aient eu lieu à raison de sa qualité ou de ses fonctions. — De Grattier t. 1er, p. 419 et 420; Parant, p. 236 et 237; Chassan, t. 2, p. 177 et suiv.

366. — Les diffamations ou injures dont se plaignent les juges suppléans ne sont de la compétence des cours d'assises qu'autant qu'elles leur ont été adressées à raison de leurs fonctions ou de leur qualité. — *Cass.*, 14 avr. 1831, Fourdinier.

367. — Pour que l'imputation dirigée contre un député puisse être de la compétence de la cour d'assises, il faut qu'elle soit relative à des faits qui concernent sa participation au pouvoir législatif, c'est-à-dire à un vote, à une délibération de la chambre, et non aux rapports facultatifs du député avec les ministres, à son influence auprès du gouvernement. Dans ces derniers cas, ce n'est qu'au tribunal correctionnel qu'il appartient de connaître de l'action en diffamation intentée par le député, bien qu'elle se rattache à un acte administratif, parce qu'alors ce n'est pas sa vie ou ses fonctions publiques, mais l'examen de sa vie privée, qu'on défère à l'examen du juge. — *Cass.*, 4 mai 1839 (t. 1er 1840, p. 362), Périer; 25 nov. 1844 (t. 1er 1844, p. 363), de L'Espée.

368. — Un magistrat qui sollicite de l'avancement n'agit pas dans un caractère public. — *Cass.*, 28 fév. 1845 (t. 2 1845, p. 763), Creslin c. Demesmay.

369. — La loi du 8 avr. 1831, ne disposant que pour la forme de procéder, n'a rien changé aux règles de compétence établies par l'art. 2, L. 8 oct. 1830, qui a conservé aux tribunaux correctionnels le droit de connaître des diffamations contre de simples particuliers. Dès-lors, la cour d'assises saisie d'un délit de diffamation commis par la voie de la presse, a le droit d'apprécier la prévention, sous le rapport de la compétence, et, pour se fixer à cet égard, d'examiner en quelle qualité le plaignant a été diffamé. Dans ce cas, en s'expliquant sur la qualité du plaignant, la cour d'assises prononce sur le fait dont la question de compétence nécessite l'appréciation, et elle se conforme à la nature de ses attributions ainsi qu'aux règles de procédure établies par la loi, lorsqu'elle rend sa décision d'après l'audition des parties et l'examen de l'article du journal incriminé. — *Cass.*, 15 oct. 1831, d'Arnavon.

370. — Si l'individu injurié ou diffamé par la voie de la presse n'est plus qu'un simple particulier, mais qu'il ait été attaqué à raison de fonctions publiques qu'il a précédemment exercées, la cour d'assises est compétente. Un fonctionnaire ne peut être quitte de malversations par une destitution ou une démission donnée à propos. — V. discussion à la chambre des pairs sur l'art. 20, L. 26 mai 1819.

371. — Lorsqu'un citoyen est attaqué en même temps pour un acte de sa vie publique comme fonctionnaire et pour un acte de sa vie privée comme simple particulier, il poursuit en même temps la répression des deux délits; le jury étant la juridiction générale, absorbe la juridiction particulière. Mais si le fonctionnaire ne poursuit que la répression du délit concernant la vie privée, le tribunal correctionnel est compétent. — Chassan, t. 2, p. 179 et 180; Parant, t. 1er, p. 237; de Grattier, p. 348 et 420.

372. — Celui qui a été diffamé, tant comme simple particulier que comme fonctionnaire public, peut borner sa plainte aux faits qui attaquent sa personne privée, et porter la poursuite devant le tribunal correctionnel, s'il n'y a pas indivisibilité entre les inculpations. — *Cass.*, 15 fév. 1834, Roux.

373. — Mais lorsque la même personne a été tout à la fois diffamée comme fonctionnaire public et injuriée comme simple particulier, si elle porte plainte seulement à raison des imputations relatives à ses fonctions publiques, et sans réserve pour celles relatives à sa qualité de simple particulier, le tribunal correctionnel ne peut statuer sur l'injure privée non comprise dans la plainte. Lors même que la plainte comprendrait la diffamation envers le fonctionnaire et l'injure envers le particulier, le tribunal correctionnel commettrait un excès de pouvoir en retenant la connaissance de la seconde, qui appartiendrait à la cour d'assises, comme une dépendance nécessaire, indivisible, de la première. — *Cass.*, 13 janv. 1837 (t. 2 1837, p. 61), Edeline.

374. — Sur le point de savoir quelles personnes peuvent être considérées comme ayant un caractère public, V. *suprà* nos 263 et suiv., 282 et suiv.

§ 2. — *Tribunaux correctionnels.*

375. — Le tribunal de police correctionnelle est compétent pour connaître: 1o des délits de diffamation verbale et d'injure verbale contre toute personne; 2o des délits d'injure et de diffamation commis par une voie de publication quelconque contre les simples particuliers, pourvu toutefois que la diffamation verbale soit publique et que l'injure, dans tous les cas, réunisse le double caractère de publicité et de gravité sans lequel elle rentrerait dans les attributions du tribunal de simple police.

376. — Sous le Code du 3 brum. an IV, le tribunal de simple police était seul compétent pour connaître des injures verbales, quelle que fût la gravité du fait imputé et quoique ce fait, en le supposant vrai, pût être qualifié crime ou délit. — *Cass.*, 22 mai 1810, Masoyon.

377. — Aujourd'hui la diffamation ou l'injure verbale, alors même qu'un fonctionnaire public en est l'objet, est de la compétence des tribunaux de police correctionnelle. — *Cass.*, 7 déc. 1837 (t. 1er 1840, p. 116), Andrieu; *Orléans*, 16 août 1836 (t. 1er 1837, p. 278), Groubental; *Cass.*, 11 avr. 1822, Cénac; 18 avr. 1823, Ducœur-Joly; 26 juill. 1834, Chancel. — V. conf. Cellicz, *Code annoté de la presse*, p. 44, note sur l'art. 14, L. 26 mai 1819; Chassan t. 2, p. 199, no 20; de Grattier t. 1er, p. 411; Parant, p. 236 et 239.

378. — Il y a simplement diffamation et injure publiques et verbales, et non pas diffamation par voie de publication, dans le fait par un individu d'avoir lu publiquement et à haute voix dans un café un écrit diffamatoire et injurieux contre une personne. Par suite, l'art. 14, L. 26 mai 1819, attribuant aux tribunaux correctionnels la connaissance des délits de diffamation, d'injure *verbale* contre *toute* personne, le tribunal correctionnel a été valablement saisi de la connaissance du délit dont il s'agit, alors même qu'il aurait été commis contre un fonctionnaire public, tel qu'un maire, et que l'imputation diffamatoire se référait à des faits relatifs à ses fonctions. — *Cass.*, 23 nov. 1843 (t. 1er 1844, p. 236), Follot; — Parant, p. 240 et suiv.; de Grattier, t. 1er, p. 415, no 4; Chassan, t. 2, p. 201.

379. — Les tribunaux correctionnels sont aussi compétens pour juger des diffamations ou injures verbales contre les corps constitués, les autorités ou administrations publiques. — Chassan, t. 2, p. 208.

380. — La règle générale est que la juridiction correctionnelle doit être saisie toutes les fois que la diffamation ou l'injure ont été commises verbalement, quel que soit le degré d'élévation de la personne ou de l'autorité contre lesquels l'attaque est dirigée, pourvu qu'il n'y ait pas offense envers le gouvernement du roi. — Chassan, t. 2, p. 209. — V. DÉLITS POLITIQUES.

381. — La diffamation par la voie de la presse envers une personne ayant un caractère public n'est de la compétence de la cour d'assises qu'autant que les faits diffamatoires sont relatifs à ses fonctions. Spécialement, une demande d'emploi de la part d'un député n'est un fait relatif à ses fonctions qu'autant que cette demande se rattache à un acte de participation aux actes du pouvoir législatif. — *Cass.*, 4 mai 1839 (t. 1er 1840, p. 362), Perrier; 25 nov. 1843 (t. 1er 1843, p. 363), de l'Espée; — de Grattier, t. 1er, p. 458 et suiv.

382. — La cour de Cassation a, dans cet arrêt (L'Espée), étendu le principe qu'elle avait posé dans ses arrêts précédens. En effet, dans l'arrêt Perrier elle avait décidé que la diffamation n'était justiciable de la cour d'assises qu'autant qu'il s'agissait de faits concernant la participation du député aux actes du pouvoir législatif, c'est-à-dire au vote ou à la délibération de la chambre; que les imputations relatives aux actes des députés dans leurs rapports avec les ministres ou à leur influence auprès du gouvernement devaient être soumises aux tribunaux correctionnels. La cour de Cassation a restreint l'exception qu'elle avait admise, et elle semble disposée à reconnaître que les rapports des députés avec les ministres et l'usage qu'ils peuvent faire de leur influence doivent donner lieu, dans certains cas, à l'appréciation par les cours d'assises de la question de diffamation.

383. — Il est assez difficile de donner une formule générale pour définir ce qu'est un simple particulier dans le sens le plus étendu: c'est celui qui n'est revêtu d'aucun caractère public et n'est dépositaire d'aucune partie soit de la force, soit de la puissance, soit de l'autorité publique, ou alors même qu'il aurait seulement un caractère public, sans être dépositaire de la force ou de l'autorité publiques; c'est celui dont la mission ne se lie, en aucune manière, directement ni indirectement, de près ni de loin, à la politique ni aux intérêts généraux de la société. — Chassan, t. 2, p. 181.

384. — Les ecclésiastiques, sous ce rapport et dans ce sens, ne sont que de simples particuliers, et les diffamations dirigées contre eux, par une voie de publication quelconque, ressortissent à la police correctionnelle. — *Cass.*, 10 sept. 1836 (t. 1er 1837, p. 539), Bonnet; *Paris*, 31 mars 1843 (t. 1er 1843, p. 601), Briet; *Cass.*, 22 fév. 1845 (t. 1er 1845, p. 698), gérant du journal le *Patriote de la Meurche et des Vosges*.

385. — Jugé néanmoins que les diffamations, outrages et injures commis envers des ecclésiastiques par la voie de la presse à raison de leurs fonctions, appartiennent à la juridiction des cours d'assises, et non à celle de la police correctionnelle. — *Nancy*, 27 nov. 1844 (t. 2 1844, p. 537), le journal le *Patriote de la Meurthe*.

386. — La diffamation commise envers les membres de la commission administrative d'un hospice est de la compétence des tribunaux correctionnels. — *Cass.*, 27 nov. 1840 (t. 1er 1841, p. 438), Clément.

387. — Il en est de même de la diffamation commise par la voie de la presse envers un avoué, un notaire ou une chambre de discipline des notaires. — *Cass.*, 9 sept. 1836, Fournier-Verneuil. — Chassan, t. 1er, p. 406, note 3e; de Grattier, t. 2, p. 47, note 1re.

388. — ...Et de celle dirigée contre des électeurs et un collége électoral. — *Cass.*, 25 mai 1838 (t. 2 1838, p. 106), Mangin. — V. *contrà* Chassan, t. 2 p. 185.

389. — Les avocats ne sont pas non plus des fonctionnaires publics; les tribunaux correctionnels sont donc seuls compétens pour juger des diffamations commises contre eux, même par la voie de la presse. Mais s'ils ont été diffamés à raison de fonctions de juges ou d'officiers du ministère public auxquelles ils auraient été momentanément appelés, la cour d'assises devient compétente. — *Cass.*, 14 avr. 1831, Fourdinier; — Chassan, t. 2, p. 184.

390. — Le médecin chargé par la justice, comme expert, d'autopsie de cadavres et d'autres vérifications de son art, n'est pas revêtu d'un caractère public. Les juges correctionnels sont, en conséquence, compétens pour connaître de la plainte portée par lui à raison de diffamation relative à l'exercice de son art dans les commissions qu'il a reçues de la justice. — *Riom*, 21 avr. 1841 (t. 2 1841, p. 372), Borie; — V. conf. de Grattier, t. 1er, p. 207, note 1re. — V. cependant *Orléans*, 16 août 1836 (t. 1er 1837, p. 278), Groubental.

391. — Jugé dans le même sens à l'égard d'un directeur de tontine. — *Cass.*, 25 avr. 1844 (t. 1er 1844, p. 746), Desertine.

392. — La loi du 22 mars 1831 sur la garde nationale n'a apporté aucune modification aux lois générales sur les crimes, délits ou contraventions, notamment à celles sur la diffamation et sur l'injure. En conséquence les gardes nationaux qui ont commis le délit de diffamation ou d'injures publiques envers un officier de la garde nationale dans l'exercice de ses fonctions sont justiciables du tribunal correctionnel et non du conseil de discipline. — *Paris*, 19 avr. 1843 (t. 1er 1843, p. 599), Ponot.

§ 3. — *Tribunaux de simple police.*

393. — Sous le Code du 3 brum. an IV, qui conférait au tribunal de police municipale la connaissance des injures simples, la qualification de *simples* n'était employée que par opposition aux injures de toutes autres espèces. Ainsi, le tribunal de police était seul compétent pour en connaître, quelle que fût leur gravité. — *Cass.*, 21 pluv. an X, Jal.

394. — On ne retrouve pas dans nos codes l'expression d'injure simple ; mais elle est consacrée par l'usage. La loi du 17 mai 1819 (art. 20) réserve, comme on l'a vu plus haut, aux tribunaux de police municipale la connaissance des injures entre particuliers, lorsqu'elles ne renferment pas l'imputation d'un vice déterminé ou lorsqu'elles ne sont pas publiques. On peut donc, sous les modifications exprimées au chap. 5 de ladite loi, au tit. 1er de celle du 25 mars 1822, et aux art. 222 et suiv., C. pén., appliquer la décision qui précède et celles qui suivent.

395. — Le tribunal de simple police est compétent pour connaître d'une demande en rétractation d'injures verbales. — *Cass.*, 10 juill. 1807, Marésal.

396. — Les tribunaux ordinaires ne peuvent s'immiscer dans la connaissance d'une plainte en injures verbales portée par un contrôleur des postes contre un employé supérieur de cette administration, à raison des recherches et vérifications qu'il aurait été chargé de faire sur la disparition de quelques paquets confiés à la poste. — *Cass.*, 16 prair. an IX, Dabadie.

397. — Au contraire, sous les lois des 3 niv. an VI et 14 brum. an VII, le juge de paix était incompétent pour connaître d'une action en injures graves proférées contre les préposés à la perception des droits d'entretien des routes, et même pour prononcer sur la question de savoir si la renonciation faite devant lui, par les percepteurs, à tout dommage, pouvait dispenser de prononcer l'amende. — *Cass.*, 1er messid. an VII, N...; 6 therm. an VIII, Belleau.

398. — C'était aux tribunaux correctionnels qu'il appartenait de connaître des injures proférées contre ces fonctionnaires. — *Cass.*, 25 vent. an XI, Riverieux ; 7 niv. an XIII, Lafon.

399. — Suivant l'instruction du 18 vent. an VI, sur la tenue des assemblées primaires et communales, un tribunal de police était incompétent pour connaître des injures verbales proférées dans une assemblée de cette nature: il n'appartenait qu'à l'assemblée de prononcer sur ce délit. — *Cass.*, 14 prair. an VII, N... — La loi électorale du 19 avr. 1831, art. 45, donne bien au président du collége ou de la section la police de l'assemblée, mais cette disposition ne l'investit d'aucun droit de juridiction sur les délits commis en sa présence, et ne déroge en rien aux règles ordinaires de la compétence des tribunaux.

400. — La connaissance des délits d'injures verbales, contre des agens de la force publique sous les armes ou dans un poste de service, appartenait aux tribunaux correctionnels et non aux tribunaux de police. — *Cass.*, 9 frim. an XIII, Dufour.

401. — Les propos injurieux tenus dans une séance de l'administration municipale du canton par le commissaire du gouvernement contre l'agent municipal d'une commune, n'étaient pas de la compétence du tribunal de police. — *Cass.*, 1er pluv. an VIII, Baudel.

402. — Sous l'empire des lois actuelles, les injures qui ne contiennent point l'imputation d'un vice déterminé, et qui ont été proférées dans un lieu non public, entre particuliers, sont de la compétence du tribunal de simple police. — *Cass.*, 11 juin 1829, Moret.

403. — L'injure qui n'est pas publique et qui ne renferme pas l'imputation d'un vice déterminé, n'est que de la compétence du tribunal de simple police, quels que soient les dommages-intérêts qu'elle doive entraîner. — *Cass.*, 11 sept. 1828, Cabanis ; — Chassan, *Tr. des délits de la par.*, t. 1er, p. 369, n° 2.

404. — Mais est-il nécessaire que l'injure manque à la fois des deux caractères (l'imputation d'un vice déterminé et la publicité) pour qu'elle échappe à la juridiction correctionnelle? — La jurisprudence a varié sur cette question. Des arrêts de cours royales et même de la cour de Cassation ont décidé que la publicité suffisait pour constituer le délit et par conséquent pour rendre l'injure justiciable des tribunaux correctionnels.

405. — Ainsi, jugé que l'injure, par cela seul qu'elle est publique, rentre dans la disposition de l'art. 19, L. 17 mai 1819, quelle que soit sa gravité, et lors même qu'elle ne renfermerait pas l'imputation d'un vice déterminé. — *Cass.*, 15 fév. 1828, Delogé; 24 avr. 1828, Laneizolle; 9 mars 1833, Pelleport; *Lyon*, 5 janv. 1825, Boissieux.

406. — Mais la jurisprudence, qu'on peut regarder aujourd'hui comme fixée sur ce point, est revenue à une plus saine interprétation de la loi, et a fait prévaloir définitivement l'opinion contraire.

407. — En effet, l'art. 375 du Code de 1810 rangeait parmi les délits correctionnels les injures qui ne renfermeraient l'imputation d'aucun fait précis, mais celle d'*un vice déterminé*, lorsqu'elles seraient *proférées dans des lieux ou réunions publics*, etc.; et l'article suivant ajoutait : « *Toutes autres injures ou expressions outrageantes qui n'auront pas ce double caractère de gravité et de publicité* ne donneront lieu qu'à des peines de simple police. »

408. — L'art. 375 a été explicitement abrogé, il est vrai, par l'art. 26, L. 17 mai 1819, ou plutôt il a été répété dans cette loi dont il forme l'art. 19, § 2, malgré la différence des termes. En effet, l'art. 19, § 2, punit l'injure contre les particuliers de la même peine que l'ancien art. 375, et si cet article n'indique plus les caractères du délit qu'il réprime, c'est qu'il doit se compléter par l'art. 20.

409. — Or, l'art. 20 consacre de nouveau les dispositions de l'art. 376 (qui ne figure d'ailleurs pas parmi les articles abrogés) ; il dit : « Néanmoins, l'injure qui ne renfermerait pas l'imputation d'un vice déterminé ou qui ne serait pas publique, *continuera* d'être punie des peines de simple police. » N'est-ce pas dire : *L'art. 376 continuera d'être appliqué?*

410. — Au surplus, l'art. 20 nous paraît indiquer clairement par ses termes qu'il suffit que l'une ou l'autre des deux conditions manque à l'injure pour qu'elle appartienne à la juridiction des tribunaux de simple police.

411. — C'est donc avec raison que la cour royale de Bordeaux a jugé (13 janv. 1832, Arnaud) que la publicité de l'injure ne suffit pas pour en attribuer la connaissance à la police correctionnelle, qu'il faut, en outre, qu'elle contienne l'imputation d'un vice déterminé. — De Grattier, *Comment. sur les lois de la presse*, t. 1er, p. 220, n° 1er.

412. — A défaut de l'une de ces deux conditions, elle ne constitue qu'une contravention de la compétence des tribunaux de simple police. — *Cass.*, 10 juill. 1840 (t. 2 1841, p. 619), Nativel; 16 avr. 1841 (t. 2 1841, p. 619), Courtel ; *Nîmes*, 3 juin 1841 (t. 2 1841, p. 136), Courtel.

413. — L'art. 376, C. pén., qui ne punit que des peines de simple police les injures ne contenant pas le double caractère de publicité et d'imputation d'un vice déterminé, loin d'être abrogé, a été maintenu par l'art. 26, L. 17 mai 1819. — *Cass.*, 20 août 1842 (t. 2 1842, p. 693), Philippe.

414. — L'injure qui ne contient que des termes de mépris et des invectives, mais qui ne spécifie pas l'imputation d'un vice déterminé, ne constitue qu'une simple contravention, alors même que cette injure a été rendue publique par la voie des journaux. — *Cass.*, 11 nov. 1843 (t. 1er 1845, p. 144), Moynier.

415. — Réciproquement, l'injure qui renferme l'imputation d'un vice déterminé n'est pas, pour cela, de la compétence du tribunal correctionnel; il faut encore qu'elle soit publique. — *Poitiers*, 19 déc. 1820, Champion.

416. — Toutefois, si la partie civile ou le ministère public n'ont pas conclu au renvoi, les tribunaux correctionnels saisis de la plainte peuvent prononcer les peines de simple police. — *Cass.*, 10 juill. 1840 (t. 2 1841, p. 619), Nativel, et 16 avr. 1841, Courtel *(ibid.)*

417. — Lorsque le tribunal correctionnel, saisi d'une plainte en diffamation, a réduit le fait à une simple contravention en écartant la circonstance de publicité, et que le renvoi de la prévention devant le tribunal de police n'a point été demandé, le jugement qui intervient est en dernier ressort, même à l'égard du prévenu. — *Cass.*, 10 juill. 1834, Lhabitant.

418. — Le tribunal correctionnel mal à propos saisi d'une injure simple est néanmoins compétent pour statuer sur le nouveau délit commis par le prévenu, en répétant à l'audience la même injure qui n'avait pas encore reçu de publicité. — *Cass.*, 10 avr. 1817, Savin.

419. — L'expression injurieuse de *polisson* ne contient pas l'imputation d'un vice déterminé. — *Cass.*, 16 avr. 1841 (t. 2 1841, p. 619) et *Nîmes*, 3 juin 1841 (t. 2 1841, p. 136), Courtel.

420. — L'expression *canaille* ne contient point par elle-même, et indépendamment des allusions auxquelles elle pourrait se prêter, l'imputation d'un vice déterminé. — *Cass.*, 20 août 1842 (t. 2 1842, p. 693), Philippe.

421. — Mais le plaideur qui, au sortir de l'audience, et dans la rue, traite de *drôle*, d'*insolent*, de *polisson* l'avocat de la partie adverse, se rend coupable du délit d'injure prévu par l'art. 19, L. 17 mai 1819. — *Angers*, 15 nov. 1828, Demonti c. Proust.

422. — Dans les circonstances indiquées, les expressions ci-dessus renferment incontestablement l'imputation d'un vice déterminé, en ce qu'elles supposent l'*habitude* de dire des injures ou de commettre des actions de nature à attirer le mépris sur la personne qui se les permet. — De Grattier, t. 1er, p. 199, note 3e.

423. — La qualité de la personne injuriée ne change pas la compétence si l'injure ne contient pas l'imputation d'un vice déterminé et si elle a été adressée sans aucune publicité.

424. — Ainsi, le fait d'avoir dit, sans publicité, à un garde champêtre que ses supérieurs étaient des gueux et des coquins, ne constitue que la contravention prévue par l'art. 471, n° 11. — *Cass.*, 25 oct. 1827, Dromont.

425. — Le tribunal de simple police est compétent pour connaître des injures non publiques, et ne contenant pas l'imputation d'un vice déterminé, qui ont été proférées contre un maire à l'occasion de ses fonctions. — *Cass.*, 4 août 1832, Pourt; 10 juin 1836, Hammert; *Orléans*, 10 juill. 1843 (t. 2 1843, p. 433), Isambert.

426. — Mais si les injures adressées à un fonctionnaire public tendaient à inculper son honneur ou sa délicatesse, l'art. 222, C. pén., deviendrait applicable, et le tribunal de simple police serait incompétent pour en connaître. — V. OUTRAGE.

427. — Jugé, dans ce sens, que traiter de polisson un fonctionnaire, c'est nécessairement porter atteinte à sa délicatesse. Et par suite, que c'est au tribunal de police correctionnelle et non à celui de simple police qu'il appartient de réprimer l'infraction commise. — *Cass.*, 13 mars 1823, Balthasard; — Chauveau et Hélie, *Théorie du Code pénal*, t. 4, p. 369; Carnot, sur l'art. 224, C. pén. t. 1er, p. 467, n° 1er.

428. — L'injure proférée contre un agent de police, dans l'exercice de ses fonctions, constitue le délit prévu soit par l'art. 224, C. pén., soit par l'art. 19, § 1er, L. 17 mai 1819; et, dès-lors, un tribunal de simple police n'est pas compétent pour en connaître. — *Cass.*, 15 fév. 1828, Delogé; — Chassan, t. 1er, p. 399.

429. — La diffamation qui n'a pas reçu de publicité est aussi de la compétence des tribunaux de simple police. — *Cass.*, 2 déc. 1819, Gouraincourt; 10 juill. 1834, Lhabitant; — Chassan, t. 1er, p. 370; Parant, p. 89; Bourguignon, t. 3, p. 593; de Grattier, t. 1er, p. 204, n° 5, et 428, n° 9; Carnot, sur l'art. 367, C. pén., t. 2, p. 203, n° 16.

430. — Le Code de 1810 et les lois relatives à la presse ont comblé une lacune laissée dans les lois précédentes qui, en cette matière, avaient établi la compétence des juges de paix seulement pour les injures verbales. Quant aux injures écrites, elles rentraient dans la classe générale des torts dont on ne peut obtenir la réparation que par la voie civile. — *Cass.*, 20 vent. an XI, Flechs.

431. — Ainsi, sous la loi du 16-24 août 1790, les injures écrites n'étaient pas de la compétence des justices de paix. — *Cass.*, 11 niv. an X, Saget.

432. — Sous le Code du 3 brum. an IV, les tribunaux de simple police étaient incompétens pour prononcer sur des injures consignées dans des lettres adressées à différentes personnes. — *Cass.*, 3 sept. 1807, Tulon. — V. aussi *Cass.*, 2 15-16 vendém. an VII, Arrouin, Voidel et Flaman; 6-13 brum. an VII, Daubian et Dollus; 26 niv et 24 vent. an VII, Mercier et Fenestre; 29 messid. an IX, Neurochs; 9 pluv. an X, Bigodil; 20 vent. an XI, Flechs; 22 thermid an XIII, Schmitz; 11 vendém. an XIV, Deyris; 28 mars 1807, Teysonh; 22 mai 1807, Boher; 11 brum. an VIII, Andrépinçon; 16 juill. 1808, Chaumont; 18 nov. 1808, Conny et Poirier; 19 mai 1809, Belger; *Rouen*, 29 prair. an XIII, Osmont.

433. — Le tribunal de police ne pouvait même statuer sur des injures imprimées contenues dans un journal ou dans des écrits publics. — *Cass.*, 12

niv. an V, Meilhac; 19 mai 1809, Belger c. Raufmon; 29 messid. an IX, Neurochs.

434. — ... Ou dans une plainte. — *Cass.*, 21 germin. an XIII, Sancy. — V. aussi Bourguignon, *Manuel, d'inst. crim.*, t. 1er, p. 101, sur l'art. 30, C. inst. crim., n° 2; Carnot, sur l'art. 139, C. inst. crim., t. 1er, p. 579, n° 19. — V. DÉNONCIATION CALOMNIEUSE.

435. — Jugé qu'on doit tenir pour injures écrites et non pour injures verbales celles qu'un mari cité comme civilement responsable de sa femme a fait consigner contre le plaignant sur le plumitif de l'audience d'un tribunal de simple police et qu'il a signées. — *Rouen*, 29 prair. an XIII, Osmont c. Deslainières. — La législation est complétement changée. Il importe peu, aujourd'hui de savoir si l'injure doit être considérée comme verbale ou comme écrite, mais bien de savoir si elle est couverte par l'art. 23, L. 17 mai 1819, qui refuse toute action à raison des discours prononcés ou des écrits produits devant les tribunaux. L'affirmative nous paraît indubitable. La nouvelle injure, n'étant que la reproduction de la première, on ne saurait prétendre qu'elle porte sur des faits étrangers à la cause, ni la ranger dans l'exception qui termine l'article précité. Néanmoins, dans l'espèce, l'action civile ayant été expressément réservée par un jugement passé en force de chose jugée, il ne pouvait plus y avoir question, sans violer l'autorité de ce jugement.

436. — Aujourd'hui, une lettre injurieuse constitue pour celui à qui elle est écrite une offense qui peut servir de base à une action en injure de la compétence des tribunaux de simple police. — *Cass.*, 20 juin 1817, Dassieu; 10 nov. 1826, Cescaud; — Chassan, t. 1er, p. 370 et 371; Parant, p. 97, n° 3; Carnot, sur l'art. 505, C. inst. crim., t. 3, p. 398, n° 6.

437. — Mais une lettre injurieuse, mais purement confidentielle adressée à un magistrat, ne peut donner lieu qu'à des peines de simple police, tant qu'elle n'a reçu aucune publicité. — *Cass.*, 10 avr. 1817, Savin; — Chassan, t. 1er, p. 368; Chauveau et Hélie, t. 4, p. 357.

438. — Le maire siégeant au tribunal de simple police est incompétent pour prononcer sur des injures verbales. La connaissance de cette contravention est exclusivement attribuée au juge de paix. — *Cass.*, 27 déc. 1811, Ferri; 18 déc. 1812, Vandenbrooch; 1er avr. 1813, Bressiano; 15 juill. 1820, Dugarry.

439. — Pour pouvoir prononcer des condamnations pénales, il faut au surplus que le juge de paix soit saisi comme tribunal de police. Jugé avec raison que le tribunal de paix viole les règles de sa compétence et commet un excès de pouvoirs en condamnant un individu à l'amende pour injures. — *Cass.*, 12 pluv. an X, Garrier; 9 thermid. an IX, Moreau-Chassy.

440. — Le tribunal de simple police est incompétent pour connaître des injures que le porteur d'une lettre de change ferait résulter d'un acte de protestation, dans lequel le tireur prétend qu'elle lui a été extorquée par violence, si ce dernier a porté contre lui, à raison de cette extorsion, une plainte sur laquelle une instruction se poursuit. C'est à l'autorité chargée de prononcer sur la plainte qu'il appartient de connaître en même temps des injures. — *Cass.*, 11 vendém. an XIV, Deyris. — Cette décision, rendue sous le Code du 3 brum. an IV, doit recevoir encore son application.

§ 4. — *Tribunaux civils.*

441. — En principe général, la partie lésée par une diffamation ou une injure a toujours eu la faculté de demander par action civile portée devant le juge de paix ou le tribunal de première instance la réparation du préjudice par elle souffert.

442. — Jugé en conséquence, sous le Code du 3 brum. an IV, que la partie injuriée pouvait se pourvoir par action purement civile devant le juge de paix. — *Cass.*, 13 thermid. an XIII, commiss. de police d'Auch. — V. conf. Berriat, p. 52; *le Praticien français*, t. 1er, p. 100; Lepage, p. 59; Merlin, *Rép.*, v° *Injure*, § 4.

443. — ... De même que l'action civile pour injures verbales est de la compétence du juge de paix. — *Cass.*, 6 déc. 1808, Duhem.

444. — ... Et que le juge de paix est compétent pour connaître d'une action civile en dommages-intérêts pour réparations d'injures verbales, quoique l'action publique, si elle était formée, ne fût pas de sa compétence ou de celle du tribunal de simple police. — *Cass.*, 21 déc. 1813, Nourry. — V. le réquisitoire de Merlin, au *Rép.*, v° *Injure*, § 4, n° 8; Mangin, t. 1er, p. 53, n° 28; Legraverend, t. 2, chap. 4, p. 376. — Carnot (sur l'art. 139, C. inst. crim., t. 1er, p. 567, n° 6) ajoute : « Ce qui doit étonner, c'est que la question ait pu faire la matière d'un doute. »

445. — Les juges de paix, porte l'art. 5, L. 25 mai 1838, connaissent des actions civiles pour diffamation verbale et pour injures publiques ou non publiques, verbales ou par écrit, autrement que par la voie de la presse, lorsque les parties ne se sont pas pourvues par la voie criminelle.

446. — En conséquence, l'action civile en dommages-intérêts dirigée contre un prêtre pour diffamation verbale commise en dehors de ses fonctions doit être portée devant la justice de paix, et non devant le conseil d'état ou les tribunaux ordinaires. — *Pau*, 18 mars 1845 (t. 1er 1845, p. 652), C... c. de Labastide-Céserac.

447. — La disposition qui excepte de l'attribution faite au juge de paix les injures verbales pour lesquelles les parties se sont pourvues par la voie criminelle, n'est pas applicable au cas où le tribunal de répression s'est déclaré incompétent. — *Cass.*, 21 nov. 1825, Senneguier.

448. — Mangin (t. 1er, p. 69, n° 36) fait remarquer avec raison qu'après la déclaration d'incompétence la partie se trouve dans la même position qu'avant d'avoir formé son action. « A plus forte raison, ajoute-t-il, le plaignant serait-il fondé à recourir à la voie civile si le tribunal de répression s'était déclaré incompétent par le motif que le fait de la plainte ne constitue ni un délit ni une contravention. » Cela n'est pas douteux.

449. — Une action pour injures verbales ne peut être portée reconventionnellement devant le tribunal civil saisi d'une action principale : elle doit être portée devant le juge de paix ou le tribunal de police. — Si donc le défendeur se plaint dans le cours de l'instance d'injures écrites dans la demande et d'injures verbales, le tribunal doit renvoyer les parties devant le juge de paix quant aux injures verbales. — *Cass.*, 11 mai 1813, Remy.

450. — La partie civile dont l'action en dommages-intérêts a été rejetée au criminel, mais seulement par le motif que l'action publique n'était pas recevable, peut, sans que l'on soit fondé à lui opposer l'autorité de la chose jugée, la reproduire devant les tribunaux civils. — *Cass.*, 23 nov. 1835, de Magnoncour.

451. — La partie diffamée peut porter à son choix l'action civile qui lui est réservée, soit devant le tribunal civil, soit devant le tribunal correctionnel. — *Nîmes*, 20 fév. 1823, Crémieux.

452. — Mais ce principe général continue-t-il de recevoir son application dans le cas où l'injure ou la diffamation, s'adressant à une personne revêtue d'un caractère public, serait de la compétence de la cour d'assises, et où, par suite, le prévenu aurait la faculté de faire, devant la juridiction criminelle, la preuve des faits par lui articulés? — Cette question est très délicate.

453. — On peut dire, en effet, que lorsqu'il s'agit d'un fonctionnaire public, d'un agent du pouvoir et d'un acte relatif à ses fonctions, c'est le droit, c'est souvent le devoir de chacun de ses concitoyens de lui reprocher publiquement ses torts et ses fautes publiques. L'admission à la preuve est alors indispensable, et le jury seul présente toutes les garanties que l'écrivain a le droit de réclamer dans l'intérêt des libertés publiques.

454. — « Tous les crimes ou délits de publication, excepté quelques cas réservés, disait M. de Serres en présentant la loi du 26 mai 1819, c'est-à-dire à peu près tous les crimes et délits qui auront un caractère politique, *ne pourront être soumis qu'à l'examen des jurés*, au jugement du pays : disposition vraiment constitutionnelle, Messieurs, où le gouvernement, nous le disons avec pleine conviction, trouvera protection certaine pour les légitimes intérêts, autant que les simples citoyens garantie inviolable pour un de leurs droits les plus précieux. Nous ne nous sommes pas dissimulé que cette innovation salutaire dans notre législation criminelle a besoin, pour porter tous ses fruits, que l'institution du jury soit elle-même soumise à de nécessaires réformes; mais, quelles que soient les imperfections qu'on puisse reprendre dans le jury actuel, nous n'hésiterons point à affirmer que c'est dès à présent un changement heureux de lui confier *un ministère difficile, qui commence à peser aux tribunaux, et dont il y a lieu de craindre qu'ils ne puissent bientôt plus s'acquitter ni à la satisfaction des citoyens, ni à l'avantage du gouvernement.* »

455. — « Deux garanties, disait encore M. le procureur général Dupin à la chambre des requêtes, le 20 mai 1846 (Marrast), sont données à l'écrivain : le droit de prouver la vérité des faits, l'assurance que l'appréciation de ces faits et de leur preuve sera soumise au jury. Autoriser, en pareille circonstance, le fonctionnaire public à procéder par action en dommages-intérêts devant les tribunaux civils, ce serait fausser la législation de la presse. Le but du législateur de 1819, et surtout de 1830, ne serait plus atteint, et la presse demeurerait privée d'une des garanties que le législateur a voulu lui assurer. »

456. — Vainement on objecte la disposition générale de l'art. 3, C. inst. crim., qui consacre d'une manière générale le droit pour la partie lésée de poursuivre la réparation d'un délit par la voie criminelle ou par la voie civile. Certaines dispositions du Code d'instruction criminelle, bien que générales dans leurs termes, ont souvent été restreintes aux matières dont ce Code s'est occupé, et il n'est pas étrange que cette disposition souffre exception pour certains délits de presse; on ne saurait d'ailleurs méconnaître l'influence que l'art. 69 de la Charte et la loi du 8 oct. 1830 doivent exercer sur la solution de la question. — Chassan, t. 2, p. 230.

457. — Cependant la jurisprudence s'est, jusqu'ici, prononcée en faveur de l'opinion contraire. Les motifs sur lesquels elle se fonde sont : qu'il peut y avoir dans tout délit deux sortes de dommages, un dommage à la société, un dommage à l'intérêt privé. La réparation du premier est poursuivie par le ministère public; l'intérêt privé a le choix entre la plainte par la voie criminelle et l'action purement civile. En matière de diffamation, l'initiative qui appartient généralement au ministère public en matière de délit, lui est interdite lorsque la personne diffamée ne se plaint pas. Il résulte de là que, malgré les dispositions des lois spéciales sur la presse, le fonctionnaire public attaqué dans son honneur peut, en faisant abstraction de l'élément criminel, se borner à demander aux tribunaux civils la réparation du préjudice que lui a fait éprouver la diffamation.

458. — Jugé, d'après ces principes, qu'en matière de délits de presse l'action civile peut être, séparément de l'action publique, portée par un fonctionnaire public diffamé devant les tribunaux civils. — *Cass.*, 21 fév. 1843 (t. 1er 1843, p. 719), Gaudry c. Bourdeau; 29 janv. 1840 (t. 1er 1840, p. 214), Parquin; *Toulouse*, 14 mars 1843 (t. 2 1844, p. 441), la *Gazette du Languedoc*; *Cass.*, 4 août 1841 (t. 2 1841, p. 324), Vic c. préfet du Gers; *Limoges*, 28-31 déc. 1841 (t. 2 1842, p. 584), Bourdeau; *Douai*, 7 janv. 1842 (t. 2 1842, p. 584), Lefèvre c. Lequeneux; *Bourges*, 14 mai 1842 (*ibid.*), N...; *Orléans*, 13 déc. 1843 (t. 1er 1844, p. 577), Piche; *Paris*, 22 janv. 1844 (t. 1er 1844, p. 189), Masson; *Rouen*, 20 nov. 1845 (t. 2 1845, p. 649), Normand c. Mathieu Bourdon. — V. conf. de Grattier, t. 1er, p. 467.

459. — Il y a diffamation donnant lieu à des dommages-intérêts devant la juridiction civile dans la publication d'un article de journal où il est dit faussement d'un préfet « que sa volonté doit passer au-dessus de la loi; qu'il a enjoint à un individu de s'immiscer sans titre dans les fonctions de maire, de réunir le conseil municipal, de le présider bon gré mal gré, et de lui faire voter le budget. » En pareil cas, le gérant, actionné civilement, ne peut exciper de sa bonne foi et de son défaut d'intention de nuire : c'est là une excuse qui ne peut être présentée qu'au point de vue de l'action publique. — *Douai*, 5 juin 1844 (t. 2 1844, p. 296), Degeorge.

460. — Il y a diffamation donnant lieu à des dommages-intérêts devant la juridiction civile dans l'imputation dirigée par un journal contre un maire, d'avoir abusé de son influence pour chercher à faire prévaloir l'intérêt d'une spéculation privée, au préjudice des intérêts publics qu'il était chargé de défendre; par exemple, d'avoir acquis des terrains pour y faire construire le débarcadère d'un chemin de fer, contrairement au projet primitif, et bien qu'il en pût résulter la ruine d'une partie de la commune. — *Douai*, 5 juin 1844 (t. 2 1844, p. 298), Adam.

461. — Seulement les cours royales qui admettent la compétence des tribunaux civils jugent, en général, que la preuve des faits diffamatoires est recevable devant ces tribunaux comme elle le serait devant la cour d'assises. — V. dans ce sens *Orléans*, 13 déc. 1843 (t. 1er 1844, p. 577), Piche; *Toulouse*, 14 mars 1843 (t. 2 1844, p. 441), *Gazette du Languedoc*; *Limoges*, 28 et 31 déc. 1841 (t. 2 1842, p. 584), Bourdeau; *Douai*, 7 janv. 1841 (*ibid.*), Lefèvre; *Bourges*, 14 mai 1842 (*ibid*), N...

Sect. 2e. — *Compétence territoriale.*

462. — En principe général, la répression d'un délit peut être poursuivie soit devant le tribunal du lieu où ce délit a été commis, soit devant le

tribunal de la résidence du prévenu, soit enfin devant le tribunal du lieu où le prévenu est arrêté. — V. COMPÉTENCE CRIMINELLE, INSTRUCTION CRIMINELLE.

463. — Lorsque l'action civile en réparation du préjudice causé par le délit est intentée accessoirement à l'action publique, elle est naturellement soumise aux mêmes règles de compétence.

464. — Quand, au contraire, elle est intentée isolément devant des tribunaux civils, on doit se conformer aux principes de compétence relatifs aux matières civiles, et saisir le tribunal du domicile du défendeur. — V. ACTION CIVILE, COMPÉTENCE CIVILE.

465. — Ces règles sont applicables aux diffamations et aux injures *verbales*.

466. — Mais si la diffamation a été commise *par la voie de la presse*, l'art. 12, L. 26 mai 1819, fait des distinctions qu'il est utile de signaler. Dans le cas où les formalités prescrites par les lois et réglemens concernant le dépôt ont été remplies, les poursuites à la requête du ministère public ne peuvent être faites que devant les juges du lieu où le dépôt a été opéré, ou de celui de la résidence du prévenu. En cas de contravention aux dispositions de loi ou réglemens relatifs aux dépôts, les poursuites peuvent être faites soit devant le juge de la résidence du prévenu, soit dans les lieux où les écrits ou autres instrumens de publication ont été saisis. Dans tous les cas, les poursuites à la requête de la partie plaignante peuvent être portées devant les juges de son domicile lorsque la publication y a été effectuée.

467. — Les mots *résidence des prévenus* ne se trouvaient pas dans le projet ; ils ont été ajoutés par la chambre des députés dans le double intérêt du prévenu et de la vindicte publique. On comprend, en effet, que s'il en était autrement, le prévenu choisirait lui-même le tribunal par le lieu où il effectuerait le dépôt. — Chassan, t. 2, p. 110.

468. — Par le mot résidence, la loi a entendu la résidence *habituelle* ; la résidence accidentelle est exclue pour l'attribution de la compétence territoriale en matière de délits de presse, par conséquent de diffamation commise par ce moyen. — Chassan, t. 2, p. 110.

469. — M. de Grattier, cependant, s'exprime ainsi (t. 1er, p. 390) : « La résidence peut comprendre, dans le sens du Code d'instruction criminelle, le lieu où le prévenu est trouvé. » Bien que l'auteur semble, par ces paroles, donner au mot *résidence* un sens bien plus étendu que celui qui lui est accordé par M. Chassan ; nous pensons qu'au fond il partage la même opinion, car il critique comme lui l'arrêt suivant.

470. — La prison dans laquelle un individu est détenu peut être considérée comme le lieu de sa résidence et comme attribuant au tribunal de l'arrondissement où elle est située la compétence pour connaître d'une action en diffamation intentée contre le détenu (*Rés. par la cour royale*). D'ailleurs l'appréciation des faits constitutifs de la résidence d'un prévenu rentre dans l'appréciation souveraine des juges du fond. — *Cass.*, 7 nov. 1834, Legenvre ; — Chassan, t. 2, p. 110 ; de Grattier, t. 1er, p. 390.

471. — La disposition en ce qui concerne le ministère public, d'après laquelle il doit porter son action *en cas de dépôt* de l'écrit incriminé devant le juge du lieu où le dépôt a été effectué ou devant celui de la résidence du prévenu, est nouvelle. Elle a pour but de concilier les exigences de la vindicte publique avec celles de la défense. Il avait été jugé avant la loi du 26 mai 1819 qu'en matière de calomnie, le juge du lieu où l'affiche, la vente ou la distribution avaient été faites, avait juridiction pour en connaître comme étant le juge du lieu du délit. — *Cass.*, 18 sept. 1818, le *Censeur européen*.

472. — Cette affaire, qui offrit le déplorable exemple d'un écrivain traîné de Paris à Rennes par la gendarmerie, a eu un tel retentissement que le législateur a été obligé de satisfaire aux justes exigences de la presse dont les intérêts pouvaient se trouver gravement compromis par une multiplicité de poursuites simultanées ou même successives sur divers points du royaume. La loi du 26 mai 1819, art. 12, a fourni aux écrivains le moyen de se garantir d'un pareil danger par le dépôt de leur ouvrage effectué en conformité des lois sur l'imprimerie et la librairie ; elle n'attribue, en ce cas, juridiction qu'au juge du lieu du dépôt et à celui de la résidence du prévenu. A défaut de ce dépôt, on rentre dans le droit commun, et la poursuite, soit du ministère public, soit de la partie lésée, peut être exercée dans tous les lieux où l'écrit a été saisi. — Chassan, t. 2, p. 108 et suiv. — V. DÉLITS DE PRESSE.

473. — Si le délit a été commis par la voie de l'*écriture*, les principes généraux deviennent applicables, et l'écrit peut être poursuivi partout où il a été distribué, appréhendé ou saisi. Mais ici l'auteur ne peut être indistinctement responsable du fait de distribution. Ou il a coopéré à la distribution, et alors il a commis le délit dans le lieu où cette distribution a eu lieu ; ou il n'a pas participé à la distribution, et alors la distribution faisant le délit, c'est celui qui l'a faite qui est seul coupable. — Chassan, t. 2, p. 117. — V. DÉLITS DE PRESSE.

474. — Lorsque c'est la partie civile qui est poursuivante, si la publication a été effectuée au lieu de son domicile, l'action peut être portée devant le tribunal de ce domicile. Il y a sans doute de fortes objections contre cette compétence ; mais on a pensé qu'il n'était point juste de forcer un citoyen diffamé de s'éloigner de sa famille pour courir après le libelle qui est venu le chercher au sein de ses foyers. — Chassan, t. 2, p. 119.

475. — Peu importe que l'action civile soit exercée séparément de l'action publique, la loi n'a voulu considérer que l'intérêt de la poursuite et faciliter au plaignant le moyen d'obtenir justice dans le lieu même où il a été outragé. — *Paris*, 31 mars 1835, Cicéron c. Boitel ; — Chassan, t. 2, p. 233 ; Grattier, t. 1er, p. 393.

476. — Ici le fait de la publication est considéré par la loi comme le fait personnel du prévenu. Il n'est pas nécessaire qu'il ait participé à la publication dans le lieu du domicile du plaignant. La publication est imputable au prévenu pour déterminer la compétence territoriale, dès que cette publication a eu lieu au domicile de la partie poursuivante. — Chassan, t. 2, p. 120 ; Parant, p. 280 ; de Grattier, t. 1er, p. 397.

477. — La partie plaignante peut poursuivre aussi le délit devant le juge du lieu où le dépôt a été effectué, ou celui de la résidence du prévenu. On ne peut admettre que le lieu du domicile du plaignant soit exclusif de toute autre compétence territoriale. — Chassan, t. 2, p. 121.

478. — Il semblerait que par *partie plaignante* la loi entend la partie civile poursuivant elle-même et non le plaignant qui vient se porter partie civile accessoirement aux poursuites du ministère public. L'art. 12 dit en effet : *La poursuite à la requête de la partie plaignante.* — Chassan, t. 2, p. 124 ; Legraverend, *Manuel de la presse*, p. 180.

479. — La cour de Cassation a, cependant, décidé que le juge du domicile du plaignant est compétent pour statuer, encore que celui-ci ne se soit pas porté partie civile. — *Cass.*, 25 mai 1838 (t. 2 1838, p. 106), Mangin.

480. — Les règles qui précèdent sont applicables, soit que le délit émane de la presse ordinaire, soit qu'il émane de la presse périodique. La loi dit *dans tous les cas*. — Chassan, t. 2, p. 123.

481. — Quant aux délits commis par la voie de la parole ou de l'écriture, les principes généraux sont applicables. — Chassan, t. 2, p. 121.

CHAPITRE V. — *Poursuite et procédure soit devant les tribunaux de répression, soit devant les tribunaux civils.*

Sect. 1re. — *Tribunaux de répression.*

482. — Les règles de procédure varient d'une manière notable, selon que l'action en injure ou en diffamation est portée, soit devant une cour d'assises, soit devant un tribunal correctionnel, ou un tribunal de simple police.

483. — La différence la plus importante consiste notamment en ce que devant la cour d'assises la preuve des faits diffamatoires peut être faite par le prévenu, tandis qu'elle est interdite devant les autres juridictions.

484. — Nous examinerons donc dans des paragraphes particuliers tout ce qui concerne la manière de procéder devant chaque juridiction.

485. — Mais il convient, avant d'entrer dans cet examen, d'exposer certains principes généraux auxquels tous les tribunaux de répression sont également obligés de se conformer.

§ 1er. — *Règles communes à toutes les juridictions.*

486. — *Plainte.* — En général, le ministère public est investi par la loi du soin de la faire respecter, et il est revêtu du pouvoir de poursuivre d'office tous les manquemens à l'ordre public. La plainte de la partie lésée ne lui est pas nécessaire pour agir. Il y a, cependant, des cas où des considérations graves exigent que l'action publique ne soit mise en mouvement que sur la plainte de la partie lésée.

487. — « Nul, sans son consentement, disait M. le garde des sceaux en présentant la loi du 26 mai 1819, ne doit être engagé dans des débats où la justice même et le triomphe ne sont pas toujours exempts d'inconvéniens ; si le maintien de la paix publique semble demander qu'aucun délit ne reste impuni, cette même paix gagne aussi à ce qu'on laisse se guérir d'elles-mêmes des blessures qui s'enveniment dès qu'on les touche. »

488. — De là, la défense faite par le législateur au ministère public d'intenter une poursuite sans y être provoqué par la plainte des parties intéressées, en matière de diffamation et d'injures envers certaines personnes et envers certains corps constitués. La loi du 26 mai 1819, art. 4 et 5, avait déterminé les cas auxquels s'appliquait cette prohibition. Elle fut abrogée par la loi du 25 mars 1822 (art. 17), qui restreignit la nécessité d'une plainte aux seuls cas où la diffamation et l'injure seraient dirigées contre un agent diplomatique étranger ou un simple particulier. Mais la loi du 8 oct. 1830 a restitué toute leur force aux art. 4 et 5, L. 26 mai 1819, en prononçant l'abrogation de l'art. 17 de celle du 25 mars 1822. — Rapport de M. le comte Siméon à la chambre des pairs ; — *Cass.*, 10 janv. 1833, Godet.

489. — Le délit d'excitation à la haine et au mépris de l'une des classes de la société, prévu et puni par l'art. 10, L. 25 mars 1822, et 8 de celle du 9 sept. 1835, est distinct de celui de diffamation. Dès-lors, les principes relatifs à la nécessité d'une plainte ne sont pas applicables, et le ministère public peut agir seul sans être provoqué. D'ailleurs, les *classes* de la société sont aussi parfaitement distinctes de ce qu'on entend par *corps constitués*.

490. — *Simples particuliers.* — Sous le Code du 3 brum. an IV, le tribunal de police pouvait être saisi d'une affaire d'injures verbales par le ministère public, sans que la personne injuriée eût porté plainte. — *Cass.*, 21 nov. 1806, Lemire.

491. — Aujourd'hui, la nécessité d'une plainte de la partie lésée, pour saisir l'action publique et la mettre en mouvement, s'applique à la diffamation et à toute espèce d'injure, par écrit, verbale, publique ou non publique. — Le ministère public est non-recevable à poursuivre d'office la réparation d'une injure verbale faite à un particulier qui n'a déposé ni plainte ni dénonciation. — *Cass.*, 19 juin 1828, Catherine Layr ; 1er juill. 1830, Filliaux ; 13 mai 1831, Lebosse ; 17 fév. 1832, Passe ; — de Grattier, t. 1er, p. 348, no 15 ; Mangin, t. 1er, p. 320, no 152 ; Chassan, t. 2, p. 34, no 12.

492. — Du reste, en ce qui concerne les simples particuliers, la nécessité d'une plainte préalable, établie par l'art. 5, L. 26 mai 1819, a été formellement maintenue par l'art. 17, L. 25 mars 1822, qui posait pourtant comme un principe général l'indépendance de l'action publique en matière de délits de la presse.

493. — Des électeurs qui prétendent avoir été injuriés et diffamés à l'occasion de l'exercice de leurs droits électoraux, ne sauraient trouver dans la loi aucune disposition qui leur donne une action spéciale en leur qualité d'électeurs. Ils ne peuvent donc agir, dans ce cas, que comme simples particuliers. — *Rennes*, 15 fév. 1838 (t. 1er 1838, p. 294), Mangin.

494. — Les gendarmes réunis pour le service d'une ville ne sont pas un corps constitué, et peuvent, en conséquence, exercer une action en diffamation en leur nom personnel. — *Cass.*, 25 fév. 1830, Guise ; — de Grattier, t. 1er, p. 344.

495. — *Dépositaires ou agens de l'autorité publique.* — La loi du 8 oct. 1830 ayant remis en vigueur l'art. 5, L. 26 mai 1819, il est incontestable que la plainte est nécessaire pour mettre en mouvement l'action publique. — *Cass.*, 5 août 1831, Savary ; *Assises de la Seine*, 14 mars 1831, Dinocourt ; *Bourges*, 22 avr. 1831, Vaillant ; *Cass.*, 17 fév. 1832, Passe ; 10 janv. 1833, Godet ; — Parant, p. 212 ; de Grattier, *loc. cit.*, t. 1er, p. 306, à la note ; Mangin, *Tr. de l'action publique*, t. 1er, p. 317. — V. cependant *Douai*, 1er mars 1831, Fourdissier ; *Cass.*, 29 avr. 1831, Regon.

496. — *Fonctionnaires publics.* — La poursuite en diffamation d'un fonctionnaire public ne peut également avoir lieu que sur la plainte de la partie lésée. — *Cass.*, 22 oct. 1831, Blanchet ; *Bourges*, 29 avr. 1831, Vaillant.

497. — *Cours, tribunaux et autres corps constitués.* — Dans le cas de diffamation ou d'injure contre les cours, tribunaux, ou autres corps constitués, la poursuite n'a lieu qu'après une délibération de ces corps prise en assemblée générale et requérant les poursuites. — L. 26 mai 1819, art. 4.

498. — C'est aux cours, tribunaux ou autres corps constitués à reconnaître ce que chaque circonstance leur recommande dans l'intérêt de leur dignité et de leur considération. La publicité, première garantie de la justice des jugemens comme

DIFFAMATION, INJURE, ch. 5, sect. 1re.

DIFFAMATION, INJURE, ch. 5, sect. 1re.

de tous les actes des pouvoirs, serait vaine si les actes des cours et tribunaux, si ceux des autres corps constitués ne pouvaient être librement examinés, et ce libre examen serait compromis par des poursuites trop légèrement entreprises.

499. — La délibération doit être prise en assemblée générale, et requérir poursuites. La loi n'a prescrit aucune forme à ces délibérations. Il suffit qu'il y ait constatation que la délibération a été prise en assemblée générale.

500. — Suivant M. de Grattier (t. 1er, p. 338, note), les juges suppléans, n'ayant voix délibérative, même dans les assemblées générales des tribunaux auxquels ils appartiennent, que lorsqu'ils remplacent un juge, il n'en résulterait pas que la délibération de l'assemblée générale dut être entachée de nullité parce qu'ils n'y auraient point été convoqués. — Cette opinion est combattue par M. Chassan (t. 2, p. 54), qui considère comme entachée d'une nullité radicale la délibération d'un tribunal en assemblée générale lorsque les juges suppléans n'y ont pas été appelés.

501. — *Autorités et administrations publiques.* — L'art. 4, L. 26 mai 1819, ne pouvait pas parler des autorités et administrations publiques. Il était corrélatif à l'art. 15, L. 17 mai 1819, qui n'en parlait pas non plus. L'art. 5, L. 25 mars 1822, a comblé une lacune en punissant la diffamation et l'injure contre les autorités et administrations publiques.

502. — Faut-il déclarer applicables à ces dernières les dispositions de l'art. 4, L. 26 mai 1819, et la plainte précédée d'une délibération est-elle nécessaire pour mettre en mouvement l'action publique? — Suivant l'art. 17, L. 25 mars 1822, dérogatoire à la législation précédente, la poursuite aux cas prévus par l'art. 15, L. 17 mai, et reproduits dans l'art. 5, même loi 25 mars, devait avoir lieu sans plainte ni délibération. Mais l'art. 5, L. 8 oct. 1830, a abrogé l'art. 17, et remis en vigueur l'art. 4 de celle du 26 mai 1819. Les motifs étant identiques pour les autorités et administrations publiques que pour les cours, tribunaux et les corps constitués, il semble que l'application de l'art. 4, L. 26 mai 1819, ne peut faire difficulté, et que la nécessité d'une délibération et d'une plainte doit être reconnue.

503. — Cette doctrine enseignée par MM. Parant, p. 208, et de Grattier, t. 1er, p. 333, est combattue par M. Chassan, t. 2, p. 31. Ce dernier auteur se renferme dans le texte, et soutient qu'il s'agit, non d'une simple question de procédure pouvant se résoudre par l'analogie, mais d'une véritable fin de non-recevoir à opposer à l'action publique. « Or, ajoute-t-il, les fins de non-recevoir sont de droit étroit, et ne doivent pas être étendues ni suppléées, surtout lorsqu'elles ont pour effet de mettre des entraves à la spontanéité de la poursuite de la part du ministère public, spontanéité qui est un principe consacré par le droit commun, et qui est même de droit public en France. »

504. — Jugé que la délibération d'un conseil municipal tendant à provoquer des poursuites à raison des imputations qu'un individu s'est permises envers tous ses membres, est régulièrement prise avec le concours des adjoints au maire. — *Cass.*, 10 nov. 1820, Félix Pujos; — de Grattier, t. 1er, p. 338; Mangin, t. 1er, p. 319, no 151, et Chassan, t. 2, no 6.

505. — *Agens diplomatiques.* — *Souverains étrangers.* — La loi de 1822, qui dérogeait à la loi du 26 mai 1819 sur les restrictions apportées par cette loi à l'indépendance de l'action publique en matière de diffamation et d'injures, avait néanmoins conservé la nécessité d'une plainte préalable de la part des agens diplomatiques étrangers, accrédités près du roi, et de la part des souverains et chefs des gouvernemens étrangers, ainsi qu'elle fait pour les diffamations ou injures envers les particuliers. Cette nécessité est de nouveau consacrée par la loi du 8 oct. 1830.

506. — *Par qui la plainte peut être portée.* — D'après le droit commun, la plainte n'appartient qu'à celui qui est lésé ou à celui qui a l'exercice légal des actions de la personne lésée. Si cependant le délit atteint un tiers, celui-ci peut porter plainte en son nom personnel. Car on peut être atteint par la diffamation, alors même que la pensée dominante et le but principal du diffamateur ont été de s'attaquer à un autre.

507. — Ainsi le mari a qualité pour poursuivre sans le concours de sa femme la réparation des injures proférées contre elle, lorsque son propre honneur y est intéressé. — *Cass.*, 14 germ. an XIII, Labat.

508. — La question peut être envisagée sous deux rapports : ou le mari agit en son nom personnel, et comme partie lésée par des injures qui rejaillissent sur lui, quoique proférées contre sa femme; ou il agit au nom de sa femme et poursuit pour elle la réparation du préjudice qu'elle a souffert. Dans le premier cas, le mari a un intérêt personnel et se trouve dans la même position que toute partie lésée par un délit quelconque; par conséquent, le droit de plainte ne peut lui être contesté. — *Cass.*, 26 vendém. an XIII, Rambert. — Au second cas, l'action appartient personnellement à la femme, qui seule peut l'exercer, car la loi n'accorde le droit de plainte qu'à la personne lésée, et on ne saurait assimiler la femme au mineur incapable d'agir par lui-même. — Parant, p. 208.

509. — Toutefois, Bourguignon (*Manuel d'inst. crim.*, sur l'art. 63, t. 1er, p. 145, no 4, et *Jurisprud. des Codes criminels*, sur le même article, t. 1er, p. 171, no 2), est d'un avis contraire; mais il ne se fonde que sur l'ancienne jurisprudence attestée par Rousseaud-Delacombe, Darreau et Fournel, et sur l'instruction décrétée par l'assemblée constituante, le 29 sept. 1791, qui voulait qu'on ne confondit pas avec les intérêts purement pécuniaires *l'action qui naît d'un délit commis envers les personnes dont la sûreté nous est aussi précieuse que celle de notre propre individu.* — Merlin, *Rép.*, vo *Injures*, § 5, no 2; Legraverend, t. 1er, p. 196; Parant, p. 218, § 2; de Grattier, t. 1er, p. 343; Chassan, t. 2, p. 45.

510. — La femme mariée, pour rendre plainte, n'a pas besoin d'être autorisée. Ce n'est point là ester en jugement. Mais une autorisation lui serait nécessaire pour se porter partie civile. — *Cass.*, 30 juin 1808, Hellot. — V. AUTORISATION DE FEMME MARIÉE.

511. — Un fils n'a pas qualité pour porter plainte en diffamation au nom de son père, s'il n'a reçu de ce dernier mandat à cet effet. — Une pareille plainte ne saurait en aucun cas être validée par celle que le père formerait ultérieurement. — *Cass.*, 16 nov. 1843 (t. 1er 1845, p. 127), Comède-Miramont; — Legraverend, *Législ. crim.*, t. 1er, p. 193; Mangin, t. 1er, no 124; Chassan, t. 2, p. 44; de Grattier, t. 1er, p. 342.

512. — La nullité dont la plainte du fils est frappée en pareil cas entraîne bien la nullité de tous les actes de poursuite et de procédure, notamment de la saisie de l'écrit incriminé; mais elle ne saurait réagir sur la plainte ultérieure du père ni sur celle formée par les autres enfans en leur nom personnel : il n'y a pas indivisibilité. Seulement les parties ne peuvent faire usage de la procédure annulée. — *Cass.*, 16 nov. 1843 (t. 1er, 1845, p. 127), Comède-Miramont.

513. — Jugé que la diffamation envers une personne décédée peut, sur la plainte de sa famille, donner lieu à l'application de la loi pénale? — *Cass.* (rés. imp.), 24 avr. 1823, Clause; — conf. Carnot, sur l'art. 87, C. pén., t. 1er, p. 309, no 6; Garnier-Dubourgneuf, *Code de la presse*, p. 100; Mangin, t. 1er, p. 367, no 127.

514. — M. Chassan (t. 1er, p. 350 et suiv.) fait remarquer que la question doit être envisagée sous deux points de vue différens : ou la diffamation ne concerne réellement que la personne du défunt, sans avoir pour but de blesser sa famille, ou bien c'est sa famille qu'on a voulu offenser, tout en paraissant diriger l'imputation contre le défunt. « Dans le premier cas, il n'y a, dit-il, ni action à accorder, ni peine à prononcer; dans le second, au contraire, l'imputation est personnelle au plaignant, quoique indirecte, et il y a réellement délit de diffamation. »

515. — La première proposition est la seule qui nous semble présenter quelques difficultés. M. Chassan ne veut pas qu'on l'envisage sous le point de vue théorique; c'est un aveu implicite que son système ne s'accorde pas avec les principes. Passant au droit positif, la loi, dit-il, ne donne aucune action, ne prononce aucune peine. L'intérêt ne suffit pas, il faut avoir l'*aptitude* d'action. Or, le délit de diffamation ne peut être poursuivi que sur la plainte de la personne diffamée. Ira-t-on interroger un mort dans sa dernière demeure? Faudra-t-il interpréter le silence du tombeau comme un consentement? Où est la loi qui a donné aux héritiers la mission de se plaindre au nom du défunt? Ils le représentent et continuent sa personne quant aux biens; mais cette fiction ne va pas jusqu'à leur donner le droit d'engager la mémoire de leur auteur dans une lutte judiciaire dont il aurait peut-être voulu éviter l'éclat et le scandale. Enfin la loi est muette. Son silence élève une fin de non-recevoir insurmontable. — V. aussi de Grattier, t. 1er, p. 197.

516. — Il n'y a, ce nous semble, dans ces diverses objections rien de décisif. Si l'intérêt ne suffit pas, la qualité de fils, d'héritier ou de représentant complète ce qui manquait au plaignant pour avoir l'*aptitude* d'action. Il n'est point exclu de son exercice par les termes de la loi. L'art. 5, L. 26 mai 1819, porte, au contraire, que « la poursuite n'aura lieu que sur la plainte de la *partie qui se prétendra lésée*, et non pas limitativement de la *personne* diffamée. » A quoi bon s'enquérir des intentions du défunt? La plainte portée par son représentant qui en est le juge seul compétent établit une présomption que le défunt se plaindrait lui-même s'il était encore de ce monde. L'honneur des familles est un patrimoine non moins précieux que celui des biens matériels. La loi n'avait pas besoin d'autoriser expressément un fils à défendre la réputation de son père. Ce droit, il le tient de la nature.

517. — Jugé que les représentans d'une personne décédée ont le droit de demander la réparation des faits diffamatoires imputés à sa mémoire, lorsque ces faits sont de nature à porter atteinte à leur honneur et à leur considération, et qu'ils ont été publiés dans cette intention. — *Paris*, 9 juill. 1836, Fournier-Verneuil.

518. — Ce droit appartient à l'époux survivant, aux héritiers naturels ou institués lorsque la diffamation ou l'injure dirigée contre le défunt rejaillit sur eux. — De Grattier, t. 1er, p. 343; Chassan, t. 2, p. 46; Bourguignon, t. 1er, p. 171; Dareau, *Traité des injures*, p. 408 et suiv.

519. — Jugé cependant que l'outrage envers la mémoire d'un mort ne peut engendrer une action qu'en faveur des personnes, sur l'honneur et la réputation desquelles cet outrage a une telle influence qu'on doive les considérer comme étant personnellement attaquées et comme ayant un intérêt immédiat à s'en plaindre. — *Bruxelles*, 16 fév. 1827, M...

520. — Celui qui remplace un fonctionnaire par intérim ne peut porter plainte pour une injure proférée publiquement contre ce fonctionnaire, même à raison de ses actes administratifs. — *Douai*, 3 mai 1835, Vernier; *Cass.*, 30 juill. 1835, même partie; — Chassan, t. 2, p. 45, no 3; de Grattier, t. 1er, p. 343, no 7.

521. — Ainsi le doyen des conseillers de préfecture est non-recevable à rendre plainte des outrages proférés contre le préfet, à raison de ses actes administratifs, quoiqu'il le remplace par intérim. — *Cass.*, 30 juill. 1835, Vernier. — V. conf. Chassan, t. 2, p. 45, no 3; de Grattier, t. 1er, p. 343, no 7.

522. — Une faculté de droit est sans qualité pour rendre plainte des diffamations commises envers les juges d'un concours dont quelques uns de ses membres seulement ont fait partie. — *Toulouse*, 31 juill. 1823, Crivelli.

523. — Mais les chefs des administrations publiques ont qualité pour rendre plainte des diffamations et injures commises envers les membres et agens de leur administration, quand ces derniers n'ont pas été nommés ni individuellement désignés. — *Cass.*, 16 juin 1832, de Brian; même jour, Pelleport; — Chassan, t. 2, p. 50, no 15; Parant, p. 110, no 1er; de Grattier, t. 1er, p. 344, no 7; Mangin, t. 1er, p. 349, note 1re. — V. aussi Parant, p. 218, qui pense qu'il en serait de même si des gardes nationaux avaient été offensés collectivement, et Chassan, t. 1er, p. 406.

524. — Le gérant d'un journal représente le journal dans ses droits et actions. Il a qualité pour rendre plainte des diffamations et injures adressées à ce journal. — De Grattier, t. 1er, p. 344.

525. — *Forme de la plainte.* — La loi n'a pas soumis aux formalités prescrites par l'art. 65, C. inst. crim., ni même à aucune forme particulière la plainte qui doit précéder toute poursuite du ministère public, pour délit de diffamation ou d'injure envers un particulier. — Spécialement, on peut considérer comme constituant une plainte le procès-verbal d'un fonctionnaire public constatant des injures commises envers lui, encore bien que, d'après le résultat des débats, ces injures lui aient été adressées en son nom individuel, et non en sa qualité d'officier public. — *Cass.*, 23 fév. 1833, Crocq. — V. conf. Chassan, t. 2, p. 59, no 7, et p. 60, no 2; de Grattier, t. 1er, p. 345, no 10; Parant, p. 219, § 2; Mangin, t. 1er, p. 275, no 132.

526. — L'action du ministère public est suffisamment provoquée par une plainte constatée par un procès-verbal émanant d'un brigadier de gendarmerie, et envoyée au procureur du roi. — *Cass.*, 29 mai 1845 (t. 2 1845, p. 567), Beaujoin.

527. — Les poursuites pour délit d'injures verbales et publiques contre un dépositaire ou agent de l'autorité publique sont justifiées par une plainte transmise au procureur du roi par le fonctionnaire outragé : dans ce cas, la plainte n'étant soumise à aucune forme particulière, il n'est pas nécessaire qu'il en soit donné copie au prévenu en tête de

l'exploit d'assignation. — *Poitiers*, 17 déc. 1842 (t. 2 1843, p. 319), Bobe; — de Grattier, t. 1er, p. 345, no 10; Chassan, t. 2, p. 59, no 7, et p. 60, no 2; Parant, p. 219, § 3.

528. — Jugé cependant que le mot *plainte* ne peut s'entendre, en pareil cas, que de l'acte légal et authentique que la loi désigne par cette dénomination, et non de lettres écrites au sous-préfet, ou même au procureur du roi et qui ne peuvent en tenir lieu. — *Bourges*, 22 avr. 1831, Vaillant.

529. — Les plaintes en diffamation doivent spécifier les termes par lesquels les propos incriminés ont été proférés; il ne suffirait point d'y énoncer d'une manière vague que plusieurs propos injurieux et diffamatoires ont été proférés par le prévenu contre le plaignant. — *Riom*, 24 déc. 1829, Berthon.

530. — Toutefois, lorsque la qualification des faits diffamatoires a été omise dans la plainte, il suffit, pour la régularité de la poursuite, que les faits aient été articulés et qualifiés dans le réquisitoire du ministère public. — *Cass.*, 16 juin 1832, de Brian; même jour, Pelleport; *Poitiers*, 17 déc. 1842 (t. 2 1843, p. 319), Bobe.

531. — Mais il faut nécessairement qu'il y ait plainte, si donc dans l'examen d'une plainte en injures, l'audition des témoins fait connaître que le plaignant a lui-même injurié le prévenu, cette circonstance n'autorise pas le ministère public à prendre des réquisitions contre le plaignant, lorsqu'aucune plainte n'a été portée contre lui par la partie intéressée. — *Cass.*, 11 oct. 1827, François Guirhard; — de Grattier, t. 1er, p. 346.

532. — La plainte n'a pas besoin d'être nominative; par le seul fait de son existence elle met en mouvement l'action du ministère public, qui peut poursuivre tous les auteurs ou complices du délit. — De Grattier, t. 1er, p. 346.

533. — *Effets de la plainte.* — La procédure suivie pour arriver à saisir le tribunal compétent en matière de diffamation est la même que pour les autres délits de presse, lorsqu'on a suivi la voie de la plainte. Il y a lieu à une instruction préalable, et la chambre du conseil renvoie devant le tribunal de police correctionnel ou devant la chambre des mises en accusation dont l'arrêt saisit la cour d'assises. — V. DÉLITS DE PRESSE.

534. — Si, en matière de diffamation et d'injures, la plainte de la personne lésée est nécessaire pour permettre à l'action publique de se mouvoir, il n'en faut pas conclure que l'action civile absorbe l'action publique ou puisse la suppléer. Lorsque cette action a été mise en mouvement, soit par la plainte, soit à la suite de l'exercice de l'action civile la renonciation ou le désistement de la partie plaignante n'arrête pas l'action publique.

535. — L'art. 5, L. 26 mai 1819, interdit seulement au ministère public d'exercer son action à raison des délits de diffamation ou d'injures envers les particuliers avant d'avoir reçu une plainte; mais, une fois cette plainte portée, il n'a plus besoin de recevoir une nouvelle impulsion pour appeler du jugement qui y statue, ni pour faire tous actes de poursuites autorisés par la loi. — *Cass.*, 13 avr. 1820, Rivière; — Mangin, *Tr. de l'action publ.*, t. 1er, p. 272, no 131; Parant, p. 223 et suiv.; Chassan, t. 2, p. 61 et 67, no 4.

536. — Réciproquement, la cour royale ne peut, sur l'appel de la partie civile et sans qu'aucun appel ait été interjeté par le ministère public, prononcer une peine contre le prévenu acquitté en première instance. — Même arrêt.

537. — Jugé, cependant, qu'en matière d'injures publiques, le ministère public est non recevable à appeler du jugement qui rejette la plainte lorsque la partie civile n'est pas appelante. — *Bourges*, 26 août 1830, Magnien. — V. *contrà Cass.*, 23 fructid. an X, N...

538. — ... Et qu'il en est de même en matière de diffamation. — *Paris*, 24 juin 1831, Lacroix.

539. — Malgré ces autorités, nous croyons que la doctrine consacrée par l'arrêt du 13 avr. 1820 (Rivière) doit prévaloir. On est d'ailleurs d'autant plus étonné, dans l'arrêt rapporté au no qui précède, de voir rejeter l'appel du ministère public, sur le fondement d'une exception personnelle au plaignant, que cet appel était au contraire interjeté dans l'intérêt du condamné.

540. — Jugé que, lorsque le jugement qui a déclaré la partie civile non-recevable dans une plainte en diffamation est infirmé sur son appel, l'action reprend son cours ordinaire, quoique de son côté le ministère public n'ait pas appelé, et le tribunal correctionnel reste toujours compétent pour connaître de la plainte. — *Nîmes*, 20 fév. 1823, Crémieux.

541. — La compétence de la juridiction correctionnelle nous paraît incontestable, puisque l'action avait été régulièrement intentée et que la compétence ne peut pas dépendre du défaut d'appel de la part du ministère public; mais il est évident qu'il y a chose souverainement jugée sur l'action publique, et que l'appel de la partie civile n'a pas pu relever le ministère public de son défaut d'appel.

542. — *Action civile.* — Il faut distinguer l'action civile de la dénonciation et de la plainte. La dénonciation est la communication d'un fait; en matière de diffamation et d'injure, elle ne suffit pas. La plainte est la demande de poursuivre adressée à un officier public; l'action civile est la poursuite elle-même exercée soit directement, soit accessoirement à l'action publique, par intervention dans l'instance suivie par le ministère public. — Chassan, t. 2, p. 69.

543. — Si le délit de diffamation est de la compétence du tribunal de police correctionnelle, il peut être poursuivi par citation directe à la requête de la partie civile; dans ce cas la citation vaut plainte, et nous avons vu qu'elle doit contenir l'articulation des faits sur lesquels elle est fondée.

544. — La loi de 1819 n'a rien changé au droit qui appartient à la partie lésée de saisir par une citation directe les tribunaux correctionnels ou de police. Celui qui se prétend diffamé par un article de journal peut donc citer directement le gérant devant le tribunal de police correctionnelle, sans être tenu de faire une plainte au ministère public. Il est évident que sa volonté de porter plainte est suffisamment manifestée par l'action qu'il porte directement devant le juge. — *Cass.*, 25 fév. 1830, le *Constitutionnel*.

545. — Lorsqu'une instruction a eu lieu, si le délit de diffamation doit être jugé par la cour d'assises, l'ordonnance de la chambre du conseil doit être notifiée au prévenu; mais il n'en est pas de même lorsque c'est le tribunal correctionnel qui est compétent, et que la chambre du conseil renvoie devant lui.

546. — Il ne peut résulter une nullité de ce que l'ordonnance de la chambre du conseil qui statue sur une plainte en diffamation n'a pas été notifiée. — *Cass.*, 8 mai 1824, Magnoncourt.

547. — Un arrêtiste soutient, au contraire, que l'ordonnance qui renvoie en police correctionnelle un prévenu de diffamation, doit lui être notifiée, à peine de nullité, comme l'arrêt qui le renverrait devant la cour d'assises. L'assimilation lui semble parfaite: «Pourquoi d'ailleurs, dit-il, prescrire à peine de nullité que les faits soient articulés et qualifiés dans l'ordonnance de la chambre du conseil, si cette ordonnance ne devait pas être notifiée à la personne qui a le plus grand intérêt à connaître l'articulation et la notification des faits?»

548. — M. Chassan (t. 2, p. 303) s'est laissé arrêter un instant par ces objections; cependant il a fini par reconnaître que les nullités étant de droit étroit, il est difficile de suppléer ici cette peine. Aussi, comme le dit Pegat (*Code de la presse*, p. 83), l'ordonnance de la chambre du conseil ne se notifie point dans la pratique des parquets. — M. de Grattier (t. 1er, p. 429) fait remarquer que les dispositions des art. 13 et 14, L. 26 mai 1819, sont, chacune en ce qui la concerne, conformes au droit commun, qui n'a pas ordonné la notification au prévenu des arrêts de la chambre d'accusation, et des ordonnances de la chambre du conseil portant renvoi en police correctionnelle.

549. — Le fait et la nature de l'injure doivent être spécifiés dans la citation. — *Cass.*, 19 juin 1828, Laye.

550. — La citation, en matière de diffamation, qui indique la nature du délit et les articles de la loi pénale, sans articuler les faits à raison desquels la poursuite est exercée, ne remplit pas le vœu de la loi. — *Bordeaux*, 21 fév. 1833, Rivière.

551. — La même cour avait jugé le contraire le 25 janv. 1830 (Coudret); mais son arrêt a été cassé le 27 mars suivant. — De Grattier, t. 1er, p. 351, no 3.

552. — La citation ou le réquisitoire du ministère public doit contenir non seulement l'articulation des faits diffamatoires ou injurieux, mais leur exacte qualification, c'est-à-dire la disposition des lois pénales sous lesquelles on veut les faire rentrer.

553. — La partie lésée peut intervenir et se porter partie civile, même après que l'instruction est commencée. Il est évident que le défaut d'articulation et de qualification dans la requête d'intervention ne pourra entraîner la nullité de la poursuite; mais peut-on dire que la poursuite sera annulée en ce qui concerne l'action civile de la partie intervenante? La négative est soutenue avec raison par M. Chassan (t. 2, p. 373 et 374): l'articulation serait en effet surabondante et n'aurait aucun intérêt pour le prévenu.

554. — Si la partie civile, dans son acte d'intervention, articule des faits autres que ceux qui sont articulés dans le réquisitoire du ministère public, ou si elle les qualifie autrement qu'ils ne l'ont été dans cet acte, elle se plaint d'un délit qui n'est pas énoncé dans la poursuite du ministère public; l'intervention ne saurait donc être admise. — Chassan, t. 2, p. 374.

555. — L'action civile appartient à toute personne lésée par un écrit ou un discours; elle est personnelle et n'appartient qu'au patrimoine de l'individu lésé. Si le droit de plainte appartient au tuteur, au mari, au père, il ne peut en être de même de l'action civile, en ce sens qu'ils l'intenteraient en leur nom personnel, et qu'elle aurait pour résultat de faire tomber les dommages-intérêts dans leur propre patrimoine. L'exercice de l'action civile leur compète cependant, mais ils ne doivent en user qu'au nom du mineur, de la femme; le bénéfice de l'action est dévolu à la personne lésée et tombe dans son patrimoine. — Chassan, t. 2, p. 74 et 75.

556. — L'héritier peut-il se porter partie civile pour demander des dommages-intérêts pour l'injure faite à son auteur, de son vivant, mais dont celui-ci n'a pas poursuivi la réparation? — Mangin (t. 1er, p. 267, no 127) fait une distinction: l'action civile, suivant lui, peut être exercée par les héritiers, à moins qu'elle n'ait été tellement personnelle au défunt qu'il n'ait pu la transmettre. Telle serait l'action résultant d'une injure légère; mais si l'injure est assez grave pour rejaillir sur la mémoire du défunt, les héritiers seraient recevables à en poursuivre la réparation, ils y auraient même un intérêt personnel s'ils étaient proches parens. — M. Chassan (t. 2, p. 75) combat cette opinion. — V. *suprà* nos 517 et suiv.

557. — Mais si l'action a été intentée du vivant du défunt, nul doute que l'exercice en passe aux héritiers. — *Montpellier*, 22 déc. 1825, Audoux. — V. conf. Mangin, t. 1er, p. 268, no 127; de Grattier, t. 1er, p. 345, no 9. — M. Chassan (t. 2, p. 75, no 5), bien que d'un avis contraire dans le cas où ce sont les héritiers eux-mêmes qui ont porté plainte, reconnaît que l'action intentée par le défunt fait partie de l'hérédité. — V. aussi le Nouveau-Denisart, t. 1er, p. 408; Jousse, t. 1er, p. 589; Voët, *Ad pand.*, lib. 47, tit. 10, no 22; Domat, liv. 3, tit. 11, no 7; Dareau, *Traités des injures*, p. 317, et Merlin, *Rép.*, vo *Injure*, § 6, no 2.

558. — Le décès de la partie qui se prétend diffamée n'a pas pour effet de dépouiller la juridiction correctionnelle de la plainte dont elle est saisie, ni d'en attribuer la connaissance à la juridiction civile. — *Cass.*, 21 mai 1836, Durand-Vaugaron.

559. — De ce que la loi subordonne l'action publique en matière d'injure ou de diffamation à la plainte préalable des corps ou des personnes lésées par les discours ou écrits injurieux ou diffamatoires, en résulte-t-il que la plainte avec ou sans constitution de partie civile oblige le ministère public à suivre?

560. — Plusieurs des auteurs modernes qui ont écrit sur le droit criminel enseignent que le procureur du roi est obligé de poursuivre les infractions pénales qui sont portées à sa connaissance, quand même les plaintes et dénonciations lui paraîtraient mal fondées. — V. Bourguignon, t. 1er, p. 166; Carnot, t. 1er, p. 295, sur l'art. 61, p. 303, sur l'art. 6, et p. 309, sur l'art. 64, C. inst. crim. — V. aussi Legraverend, t. 1er, p. 7 à 9; Ortolan, *Le min. publ.*, t. 2, p. 125; Parant, p. 224 et suiv.; et *Manuel de la liberté de la presse*, p. 177.

561. — M. Chassan (t. 2, p. 18 et suiv.) consacre de longs développemens à la discussion de cette importante question. Il soutient, contrairement à l'opinion de tous les auteurs que nous venons de citer, qu'en droit le ministère public, bien que provoqué par la plainte ou même par la constitution de partie civile de la personne diffamée ou injuriée, est néanmoins toujours souverain appréciateur de l'existence du délit dénoncé et de l'opportunité de la poursuite, sauf sa responsabilité, comme agent du gouvernement, devant ses supérieurs hiérarchiques. Il n'excepte de cette règle que le cas où la cour royale enjoint au ministère public de commencer des poursuites (C. inst. crim., art. 235; L. 20 avr. 1810, art. 60; décr. 6 juill. 1810). — Hors ce cas, suivant M. Chassan, le ministère public, même provoqué par une plainte, agit toujours d'*office*, en ce sens que, toujours libre d'accorder ou de refuser l'exercice de son action, s'il agit, c'est

ex officio suo, et que sa poursuite n'en demeure pas moins une poursuite d'*office* (p. 25). — V. aussi de Grattier, *Inst. crim.*, sur l'art. 47, p. 27; Mangin, p. 24, 29 et suiv.; de Berny, *Concord. des lois sur la presse*, p. 62, nº 238.

562. — Ce jurisconsulte pense de même que si, sur le refus du ministère public, la partie civile dépose sa plainte entre les mains du juge d'instruction, le procureur du roi auquel le juge d'instruction doit en donner communication, n'est pas tenu de donner un réquisitoire, malgré les expressions de l'art. 70, C. inst. crim. : « *pour être par lui requis ce qu'il appartiendra*, » et que le juge d'instruction est obligé de s'arrêter devant cette abstention du ministère public (p. 21).

563. — M. Parant (p. 236), au contraire, estime que dans ce cas le juge d'instruction est obligé de mettre l'affaire en état et de la suivre jusqu'à décision de la chambre du conseil. M. Rauter (t. 2, p. 339, nº 694) enseigne également d'une manière positive que la plainte régulière force le juge d'instruction à s'en occuper, et que sa négligence à cet égard peut donner lieu à une prise à partie pour déni de justice.

564. — L'opinion de M. Chassan nous paraît trop absolue. Il est certain qu'il y a dans le sens de la loi et dans le langage des jurisconsultes une différence entre la poursuite d'*office* et celle qui est la suite d'une plainte avec ou sans constitution de partie civile. La poursuite d'*office* est opposée à celle qui est provoquée par l'ordre d'un supérieur ou par une réquisition formelle d'une partie intéressée. Cette acception résulte d'un grand nombre d'articles de nos lois. — V. notamment L. 26 mai 1819, art. 1er et 6; L. 8 oct. 1830, art. 4; C. inst. crim., art. 274.

565. — Quant à la question de savoir si la plainte régulière en diffamation oblige le ministère public à suivre sur cette plainte, nous penchons avec MM. Parant et Rauter pour l'affirmative, mais en ce sens seulement que le ministère public sera tenu de faire un réquisitoire et de provoquer une décision de la part de la chambre du conseil. Il est bien entendu que son indépendance demeure entière sur l'appréciation des questions de fait et de droit, et qu'il pourra toujours, même dans son premier réquisitoire, conclure à une ordonnance de non-lieu; mais la chambre du conseil jouira de la même indépendance en statuant sur ces réquisitions.

566. — *Sursis.* — Lorsque les faits imputés par le prévenu à la personne diffamée sont punissables, selon la loi, et qu'il y a des poursuites commencées à la requête du ministère public, ou que l'auteur de l'imputation a dénoncé les faits, il doit être, durant l'instruction, sursis à la poursuite et au délit de diffamation. — L. 26 mai 1819, art. 25.

567. — Ainsi, lorsque sur la plainte en diffamation portée par un maire contre un individu qui l'a publiquement accusé de concussion, le prévenu dénonce à la charge de ce maire et offre de prouver, en indiquant des témoins, certains faits qui, suivant lui, établiraient la vérité de son accusation, les juges peuvent, s'ils reconnaissent que les faits articulés seraient punissables, surseoir à statuer sur la plainte en diffamation, et cela nonobstant la déclaration du ministère public qu'il n'entend pas donner suite à la dénonciation. — *Cass.*, 5 juill. 1844 (t. 2 1844, p. 352), Lambert; 8 déc. 1837 (t. 1er 1838, p. 621), Chalicarne c. Guijard; — de Grattier, t. 1er, p. 493.

568. — Le tribunal saisi de la connaissance d'un délit de diffamation doit, lorsque les faits imputés sont punissables suivant la loi, et que l'auteur de l'imputation les a dénoncés, surseoir durant l'instruction faite sur la dénonciation. Bien que le prévenu, en dénonçant les faits, les ait qualifiés d'abus de blanc-seing et de confiance, le tribunal ne peut refuser le sursis en déclarant ces délits prescrits, alors que les faits dénoncés constituent en réalité le crime de faux, dont la poursuite n'est pas éteinte par la prescription. — *Cass.*, 9 mai 1845 (t. 2 1845, p. 532), Bousquet.

569. — Peu importe que le plaignant soit un fonctionnaire public ou un simple particulier. — *Cass.*, 21 avr. 1821, Galeyny; — Carnot, sur l'art. 370, C. pén., t. 2, p. 219, nº 3.

570. — Mais lorsque des poursuites sont collectivement dirigées par plusieurs membres d'une même famille pour des faits distincts reprochés à chacun d'eux, le sursis demandé par rapport à l'imputation calomnieuse spéciale à l'un de ces membres, ne saurait arrêter les poursuites à l'égard des autres plaignans. — *Cass.*, 18 sept. 1845 (t. 2 1845, p. 688), Dupuy.

571. — *Quid* si la diffamation avait consisté dans l'imputation d'un fait d'adultère, et que, sur la dénonciation de ce fait au ministère public par le prévenu de diffamation, le mari offensé n'eût pas porté plainte? — Nous pensons que la dénonciation du délit d'adultère, dans ce cas, ne devrait pas suspendre le jugement de la plainte en diffamation, parce que le silence du mari, sans le concours duquel l'action publique est paralysée en cette matière, devrait faire présumer ou l'innocence de la femme ou le pardon du mari, et qu'il n'appartient à personne de dévoiler un semblable délit quand celui-ci juge convenable de se taire. — V. ADULTÈRE.

572. — La législation et la jurisprudence antérieures avaient admis des principes analogues. Sous l'empire du Code du 3 brum. an IV, art. 163 et 456, lorsque les propos qui faisaient l'objet d'une plainte en injures se rattachaient à un délit dont le ministère public était saisi, et étaient de nature à servir d'indices aux recherches de la justice, ils ne pouvaient être poursuivis jusqu'à ce que leur caractère eût été déterminé par le résultat de l'instruction et du jugement sur le fait principal. — *Cass.*, 24 frim. an XIII, Vinet.

573. — Lorsque l'imputation qui faisait l'objet d'une plainte en injures avait donné lieu à une action criminelle, le tribunal saisi de cette plainte devait surseoir jusque après le jugement de l'action criminelle; et si les faits imputés étaient vrais, il ne pouvait pas prononcer de condamnation pour les injures. — *Cass.*, 24 oct. 1806, Delaleau c. Huel.

574. — Devant la cour d'assises, la loi du 9 sept. 1835, art. 25, exige que les demandes en renvoi, sursis, et les exceptions préjudicielles soient présentées par les prévenus comme par le ministère public, avant le tirage du jury de jugement, à moins qu'elles ne soient d'ordre public. — V. DÉLITS DE PRESSE.

575. — Le mot *renvoi* est ici synonyme de remise. C'est un moyen purement dilatoire et qu'on ne peut confondre avec le sursis, qui est un moyen pour ainsi dire préjudiciel, il intéresse le fond.

576. — Il résulte des termes mêmes de l'art. 25 précité, L. 26 mai 1819, que deux conditions sont indispensables pour motiver le sursis. Il faut : 1º que les faits imputés au plaignant soient punissables; 2º que ces faits soient régulièrement dénoncés à l'autorité compétente ou que des poursuites soient dirigées par le ministère public.

577. — Cet article n'est pas, au surplus, applicable en matière d'outrage prévu et puni par l'art. 222, C. pén. — V. OUTRAGE.

578. — Toutefois, le sursis ne doit pas être confondu avec la preuve par témoins. Il a, en conséquence, été jugé qu'il n'avait été dérogé par aucun article de la loi du 25 mars 1822 à la disposition de l'art. 25 de celle du 26 mai 1819, qui prescrit de surseoir au jugement de la plainte en diffamation, lorsque les faits imputés sont dénoncés ou poursuivis par le ministère public, comme punissables suivant la loi. — *Cass.*, 18 juin 1824, Guyard.

579. — Sous l'empire de l'art. 18, L. 25 mars 1822, le tribunal saisi d'une plainte en diffamation par la citation directe de la partie civile pouvait donc, lorsque les faits imputés avaient été dénoncés au juge d'instruction par le ministère public, renvoyer devant le juge d'instruction la plainte en diffamation, sans violer la disposition de l'article précité. — Même arrêt.

580. — *Faits punissables.* — Doivent seuls être considérés comme *punissables*, dans le sens de la disposition qui nous occupe, les faits réprimés par des peines infamantes, correctionnelles ou de simple police.

581. — Il ne suffirait pas pour motiver la demande d'un sursis que les faits pussent donner lieu à une peine disciplinaire. — *Cass.*, 28 sept. 1815, Selves c. Lemit et Normand; — de Grattier, t. 1er, p. 489.

582. — Les qualifications contenant l'imputation d'un vice déterminé n'étant point susceptibles d'être justifiées par des jugemens, qui ne peuvent porter que sur des faits particuliers, et non sur des habitudes morales, le sursis ne saurait être accordé dans le cas d'imputations de cette nature. — *Cass.*, 27 juin 1811, Nicolas Royer. — Cette décision, ainsi que la précédente, quoique rendue sous l'empire de l'art. 372, C. pén., est encore applicable. — De Grattier, t. 1er, p. 489.

583. — L'imputation, dirigée contre un père, d'avoir pour de l'argent excité sa fille à la débauche, ne constituant pas, quelque immoral qu'il soit, un fait punissable d'après la loi, un sursis ne peut être accordé à l'auteur de cette diffamation. — *Cass.*, 18 sept. 1845 (t. 2 1845, p. 688), Dupuy.

584. — Il n'y a pas lieu à surseoir à l'instruction d'une plainte en diffamation lorsque les faits dénoncés par le prévenu ne sont pas punissables suivant la loi pénale. — *Cass.*, 28 fév. 1812, Aublin; 9 fév. 1821, Selves.

585. — Après le décès de celui à qui les faits dénoncés par un prévenu de diffamation étaient imputés, il n'y a plus lieu de surseoir à statuer sur la diffamation jusqu'au jugement des faits dénoncés, sous le prétexte qu'il existe des complices. — *Cass.*, 21 mai 1836, Durand-Vaugaron c. Arché.

586. — Il en est de même dans le cas où les faits dénoncés ont été couverts par une amnistie. — Mangin, t. 1er, p. 562, nº 232.

587. — *Dénonciation.* — La seconde condition du sursis est qu'il y ait eu des poursuites commencées par le ministère public, ou que l'auteur de l'imputation ait dénoncé les faits.

588. — Sous l'empire du Code de brum. an IV, on décidait que, quelque vrais que fussent les faits reprochés à un individu, l'auteur de l'imputation n'en était pas moins coupable s'il n'avait pas employé la voie de la plainte ou de la dénonciation pour les articuler. La poursuite n'en pouvait être entravée par l'offre de prouver la vérité des faits reprochés. — *Cass.*, 20 fév. 1806, Demoly; — Merlin, *Rép.*, vº *Injures*, § 3, nº 3; Carnot, sur l'art. 135, C. inst. crim., t. 1er, p. 586, nº 28.

589. — L'art. 372, C. pén., abrogé par l'art. 25, L. 17 mai, permettait ou plutôt ordonnait également le sursis en matière de calomnie. Mais cet article ne prévoyait que le cas où l'auteur de l'imputation avait dénoncé les faits. La loi nouvelle a voulu que les poursuites commencées à la requête du ministère public eussent le même effet, de quelque manière que les faits fussent parvenus à sa connaissance. Il résulte de là que la dénonciation faite par toute autre personne que le prévenu ne donnerait lieu au sursis qu'autant qu'elle aurait été suivie de poursuites; tandis que la simple dénonciation de la part du prévenu suffit pour motiver le sursis. — De Grattier, t. 1er, p. 488 et 489.

590. — Lorsque le ministère public a agi d'office ou qu'il a exercé des poursuites sur les faits dénoncés, le tribunal saisi de la plainte en calomnie n'est point maître de refuser le sursis, sous le prétexte que les faits ne sont pas punissables. — *Cass.*, 17 avr. 1817, N...

591. — « En effet, dit Mangin (*Tr. de l'act. publ.*, t. 1er, p. 564, nº 233), le tribunal se constituerait par là juge d'une action qui ne lui est point soumise; il déciderait du mérite de l'action du ministère public; et ce droit ne lui appartient pas. C'est ce que la cour de Cassation a jugé sous l'empire du Code pénal. A plus forte raison doit-on juger ainsi sous l'empire de la loi du 26 mai 1819, puisqu'elle prescrit au juge de surseoir par cela seul que le ministère public a commencé des poursuites. — Chassan, t. 2, p. 418, nº 19.

592. — Le sursis peut encore être motivé sur le pourvoi en cassation dirigé contre l'arrêt de la chambre d'accusation. Dans ce cas il faut se conformer à ce que prescrit le Code d'inst. crim., liv. 2, tit. 2, art. 301, qui ne permet la continuation de l'instruction que jusqu'aux débats exclusivement. — Chassan, t. 2, p. 415; Pégut, p. 55.

593. — La disposition de l'art. 25, L. 26 mai 1819 est absolue et impérative, et, en ordonnant qu'il sera sursis à la poursuite et au jugement du délit de diffamation *durant l'instruction* sur les faits imputés, lorsqu'ils sont punissables et dénoncés, la loi commande implicitement cette instruction. — En conséquence, le ministère public doit nécessairement, en pareil cas, requérir ladite instruction lorsque le dénonciateur qui invoque le bénéfice de la disposition précitée n'a pas qualité pour y faire procéder de son chef, sauf à conclure plus tard, s'il l'estime convenable, à la déclaration de non lieu ou de relaxe. — *Montpellier*, 22 nov. 1841 (t. 2 1842, p. 573), Balestrier.

594. — La cour de Cassation a également décidé que le prévenu, en matière de diffamation, a droit, en dénonçant les faits, d'obtenir qu'il soit sursis à la poursuite dirigée contre lui pendant l'instruction sur sa dénonciation; — et que cette instruction et la décision qui doit la terminer sont, dans ce cas, des moyens d'instruction pour le jugement de la plainte en diffamation, dont le prévenu ne peut être dépouillé par suite de la déclaration du ministère public qui annoncerait qu'il n'est pas dans l'intention de suivre sur la dénonciation. — *Cass.*, 8 déc. 1837 (t. 1er 1838, p. 621), Chalicarne; — de Grattier, t. 1er, p. 492.

595. — Néanmoins dans les cas où, conformément aux art. 479 et 483, C. d'inst. crim., combinés avec l'art. 10 du décret du 20 avr. 1810 et l'art. 4 du décret du 6 juill. 1810, les personnes diffamées ne peuvent être, en matière correctionnelle, jugées que par la cour royale, et sur la plainte du procureur-général, auquel sont dévolues alors les fonctions attribuées dans le droit commun à la chambre du conseil; si ce magistrat

... que la dénonciation du diffamateur n'est pas fondée, soit en droit, soit en fait, il n'est pas tenu, par cette dénonciation, de citer la personne diffamée devant la cour royale, et le tribunal saisi de l'action en diffamation doit passer outre au jugement de cette action, sur le refus du procureur général de donner suite à la dénonciation. — ..., 11 nov. 1842 (t. 2 1843, p. 256), Lafond.

596. — Lorsque, sous l'empire de l'art. 376 du C. pén. de 1810, le prévenu de calomnie abandonnait la dénonciation des faits imputés et que le ministère public de son côté n'y donnait aucune suite, cette dénonciation ne pouvait autoriser aucun sursis à l'action en calomnie. — *Cass.*, 2 oct. 1817, Ferrets. — Cette solution, qui est de toute évidence, continue à recevoir son application sous la loi du 17 mai 1819. — Mangin, t. 1er, p. 567, no 233; Chassan, t. 2, p. 418, no 20.

597. — Pour que la dénonciation puisse avoir l'effet de suspendre la poursuite en calomnie ou en diffamation, il faut que les faits soient identiquement ceux imputés à la partie qui se prétend diffamée, et dont elle a rendu plainte. — *Cass.*, ... juin 1818, Selves; — Mangin, t. 1er, p. 567, no 233; de Grattier, t. 1er, p. 494.

598. — Il n'y a pas lieu de surseoir au jugement d'une plainte en calomnie, lorsque les faits imputés au plaignant et dénoncés par le prévenu diffèrent de ceux dénoncés. — *Cass.*, 28 fév. 1812, Au...; 21 mai 1836, Durand-Vaugaron; 9 nov. 1839 (t. 2 1840, p. 75), Reynaud; — Mangin, t. 1er, p. 563, no 232; Merlin, *Rép.*, vo *Injure*, § 3, no 4; Legraverend, t. 2, ch. 3, no 378; de Grattier, t. 1er, p. 490.

599. — Le sursis ne peut être prononcé sur la dénonciation de faits étrangers à la diffamation, même sous prétexte de connexité avec des injures et outrages qui auraient accompagné la diffamation. — *Cass.*, 9 nov. 1839 (t. 2 1840, p. 75), Reynaud.

600. — Mais il suffit qu'une partie des faits imputés à un fonctionnaire public soient punissables suivant la loi, pour que la dénonciation qui en est faite à la justice doive motiver un sursis au jugement de la plainte en diffamation portée par le fonctionnaire, à raison de cette imputation. — *Cass.*, 26 juill. 1821, Mène. — La poursuite en diffamation ne peut être divisée: elle doit être dans son ensemble appréciée par tous les élémens sur lesquels elle est fondée. Les faits punissables deviennent alors des faits principaux. Les autres n'en étant que les accessoires, ils doivent être soumis aux mêmes règles et par conséquent au même sursis. — Chassan, t. 2, p. 419; de Grattier, t. 1er, p. 489; Mangin, *Tr. de l'act. publ.*, t. 1er, p. 568, no 233.

601. — Enfin la dénonciation pour faire prononcer le sursis doit être de nature à provoquer l'action publique. Il faut donc qu'elle soit adressée à un officier de police judiciaire.

602. — Ainsi, lorsque les faits sont imputés à un employé des droits réunis, il ne suffirait pas qu'ils eussent été dénoncés à l'administration de laquelle il dépend. — *Cass.*, 15 juin 1815, Valléo; — Mangin, t. 1er, p. 566, no 233; Chassan, t. 2, p. 417; de Grattier, t. 1er, p. 490; Pégat, p. 84 et 85; Parant, p. 337.

603. — Le principe qui veut qu'il soit sursis au jugement du délit de calomnie durant l'instruction qui a lieu sur les faits imputés, lorsqu'ils ont été dénoncés, s'entend d'une instruction criminelle ou correctionnelle, et non d'une simple action civile introduite à raison des faits imputés par l'auteur de l'imputation. — *Cass.*, 23 mai 1829, Adrien V...

604. — La dénonciation des faits imputés ne peut avoir l'effet d'autoriser le sursis à l'instruction et au jugement, si elle n'a été portée que devant un tribunal étranger. — *Cass.*, 7 mars 1817, Meunry; — Parant, p. 337; Chassan, t. 2, p. 417, no 16; Mangin, t. 1er, p. 565, no 233. — V. cependant Carnot, sur l'art. 372, C. pén., t. 2, p. 224, no 2.

605. — Il faut que le prévenu se porte dénonciateur d'une manière expresse et à ses risques et périls: il ne suffit pas, dans ce cas, d'une dénonciation verbale. Il est indispensable que la dénonciation soit faite régulièrement devant l'autorité compétente. — *Cass.*, 8 déc. 1837 (t. 1er 1838, p. 621), Chalcarne c. Goujard; — de Grattier, t. 1er, p. 491.

606. — Le sursis peut être ordonné sur la demande du ministère public ou du prévenu. Il peut même l'être d'office. Mais si aucune réquisition n'avait été faite, et que le sursis n'eût point été prononcé, il n'en résulterait pas un moyen de nullité. — De Grattier, t. 1er, p. 498.

607. — La dénonciation des faits prétendus diffamatoires doit motiver un sursis lorsqu'elle a été faite après la plainte en diffamation comme lorsqu'elle lui est antérieure. — *Cass.*, 26 juill. 1821, Mène; — Parant, p. 336; Chassan, t. 2, p. 416 et 420; de Grattier, t. 1er, p. 497.

608. — Lorsqu'un fait a été dénoncé, celui qui a répété le contenu de la dénonciation peut-il invoquer le bénéfice de l'art. 25? — Nous ne le pensons pas. Le motif qui a fait introduire cet article, fondé sur le devoir imposé à chaque citoyen de faire connaître les crimes ou délits arrivés à leur connaissance, n'existe plus ici. L'autorité était avertie, il était donc inutile de répéter cette dénonciation. L'action en diffamation suivra son cours, sauf aux juges à apprécier les circonstances. — De Grattier, t. 1er, p. 495.

609. — Du reste, la condamnation du diffamé sur les faits imputés et dénoncés, c'est-à-dire, la preuve de la sincérité du prévenu qui a révélé des faits de nature à porter atteinte à l'honneur et à la considération d'autrui n'efface entièrement le délit de diffamation que lorsqu'il s'agit de faits de la vie publique des citoyens ayant agi dans un caractère public. Le jugement qui condamne le diffamé sur la dénonciation des faits par le prévenu de diffamation n'entraîne donc pas toujours le renvoi de ce dernier de la poursuite dirigée contre lui. — L. 26 mai 1819, art. 20 et 25; — de Grattier, t. 1er, p. 498.

610. — Quand les faits imputés concernent la vie privée de celui auquel on les impute, le prévenu de diffamation qui a dénoncé ces faits, conformément à l'art. 25, L. 26 mai 1819, n'est pas (comme au cas de l'art. 20 de la même loi) complétement justifié par la vérité des faits dénoncés; seulement sa culpabilité et la peine peuvent être atténuées ou aggravées selon que l'imputation se trouve vraie ou fausse. — *Montpellier*, 22 nov. 1841 (t. 2 1842, p. 573), Balestrier.

§ 2. — *Procédure devant la cour d'assises.*

611. — Aucune forme spéciale n'est prescrite pour le jugement au fond du procès en diffamation de la compétence des cours d'assises. La loi du 26 mai 1819 s'en réfère, sur ce point, au droit commun.

612. — La procédure soit contradictoire, soit par défaut, se suit comme dans les autres cas de délits commis par la voie de la presse. — L. 26 mai 1819; 25 mars 1822; 8 oct. 1830; 8 avr. 1831; 9 sept. 1835. — V. DÉLITS DE PRESSE.

613. — Mais des dispositions particulières règlent la manière dont la preuve des faits diffamatoires peut être proposée, admise et faite, et déterminent les conséquences légales de la preuve fournie.

614. — *Cas dans lesquels la preuve est admissible.* — L'art. 370, C. pén., admettait, en matière de calomnie, la preuve de la vérité des faits imputés. Il était ainsi conçu: lorsque le fait imputé sera légalement prouvé vrai, l'auteur de l'imputation sera à l'abri de toute peine; ne sera considérée comme preuve légale que celle qui résultera d'un jugement ou de tout autre acte authentique. — V. CALOMNIE.

615. — Cet article, expressément abrogé par l'art. 26, L. 17 mai 1819, fut remplacé par l'art. 20, L. 26 mai 1819, portant: « Nul ne sera admis à prouver la vérité des faits diffamatoires, si ce n'est dans le cas d'imputation, contre des dépositaires ou agens de l'autorité ou contre toute personne ayant agi dans un caractère public, de faits relatifs à leurs fonctions. — Dans ce cas, les faits pourront être prouvés par devant la cour d'assises par toutes les voies ordinaires, sauf la preuve contraire par les mêmes voies. La preuve des faits imputés met l'auteur de l'imputation à l'abri de toute peine, sans préjudice des peines prononcées contre toute injure qui ne serait pas nécessairement dépendante des mêmes faits. »

616. — « Il est, disait le garde-des-sceaux, lors de la présentation de la loi de 1819, il est une exception que réclame hautement la liberté publique. C'est le cas où l'imputation s'adresse aux dépositaires ou aux agens de l'autorité, et où elle concerne les actes ou les faits de leur administration. La vie privée des fonctionnaires n'appartient qu'à eux-mêmes, leur vie publique appartient à tous. C'est le droit, c'est souvent le devoir de chacun de leurs concitoyens de leur reprocher publiquement leurs torts ou leurs fautes publiques, l'admission à la preuve est alors indispensable. La censure, sachant qu'elle sera dans l'obligation de prouver, en aura plus de mesure et plus de dignité. Le droit reconnu de dire la vérité fera punir plus sévèrement la calomnie et l'injure contre les hommes revêtus du pouvoir, et ceux-ci, à leur tour, seront d'autant plus fermes dans la ligne du devoir, que si leurs méfaits ne peuvent échapper à un impartial jury, au jugement du pays, ils trouveront aussi dans ce tribunal le vengeur certain de leur honneur offensé. »

617. — Ce système, digne d'une nation libre, fut repoussé complétement par l'art. 18, L. 26 mars 1822, qui défendait la preuve des faits diffamatoires dans tous les cas.

618. — On jugeait sous l'empire de cette loi que, la prohibition de prouver par témoins la vérité des faits diffamatoires étant générale et absolue, le plaignant lui-même ne pouvait être admis à en prouver la fausseté, sauf à faire entendre des témoins sur sa moralité. — *Cass.*, 2 fév. 1827, Bidi.

619. — La loi du 8 oct. 1830 est heureusement venue mettre un terme à cet état de choses et rendre à la moralité publique une de ses plus précieuses garanties, en faisant revivre l'art. 20, L. 26 mai 1819.

620. — Deux principes régissent donc aujourd'hui la matière sous le rapport de la preuve. La vie privée est murée, selon la célèbre maxime de M. Royer-Collard. Mais la vie publique doit pouvoir se défendre et ne pas craindre le grand jour du débat.

621. — Toutefois, si la preuve des faits diffamatoires n'est point admise contre les particuliers (*Cass.*, 25 juin 1831, Bergé), ce principe souffre exception à l'égard de celui contre qui l'imputation a été dirigée à raison de faits relatifs à des fonctions publiques qu'il a usurpées. En usurpant un droit que la loi lui avait refusé, le simple particulier, quoique sans droit, a revêtu un caractère public, et cette usurpation, qui peut être un délit, ne saurait l'aider à repousser la preuve testimoniale. — de Grattier, t. 1er, p. 463.

622. — Lorsqu'un écrit diffamatoire dirigé contre un fonctionnaire public contient à la fois des imputations qui s'attaquent à sa vie publique, et des faits de sa vie privée, le prévenu est admis à établir seulement la vérité des allégations relatives aux fonctions, et la preuve des autres faits lui est interdite, bien qu'à raison de la connexité des délits il ait été renvoyé pour le tout devant la cour d'assises.

623. — La preuve de faits imputés à un fonctionnaire public à raison de ses fonctions n'est admissible qu'autant que l'imputation porte sur des faits précis de nature à porter atteinte à son honneur ou à sa considération, et ayant, dès-lors, le caractère de diffamation dans le sens de l'art. 13, L. 17 mai 1819, et non lorsqu'il s'agit uniquement d'expressions outrageantes, de termes de mépris ou d'invectives, qui, à raison de leur généralité, ne constituent que des injures. — Telle est l'imputation consistant à signaler la nomination d'un citoyen aux fonctions de juge de paix comme fâcheuse *à raison des illégalités et des injustices* par lui commises antérieurement, tant en qualité de maire que comme suppléant de juge de paix. — *Douai*, 12 août 1845 (t. 1er 1846, p. 148), journal *l'Impartial* c. Regnier.

624. — La loi assimile aux fonctionnaires publics toute personne ayant agi dans un caractère public. Ces derniers mots ont été ajoutés sur la proposition de la commission de la chambre des députés pour compléter le sens de la loi et en atteindre le but.

625. — On voit, du reste, par les expressions dont s'est servi le législateur qu'il n'a entendu parler que des personnes exerçant des fonctions tout-à-fait semblables à celles des dépositaires ou agens auxquels se reporte l'assimilation. Il est donc évident que l'art. 20 n'atteint pas les personnes qui, bien que revêtues d'un caractère public, n'exercent aucunes fonctions publiques de la nature de celles des fonctionnaires publics, dépositaires ou agens de l'autorité ou de la force publique.

626. — Par exemple, les avoués ou notaires ne peuvent être considérés comme dépositaires ou agens de l'autorité publique, ou comme ayant agi dans un caractère public. — En conséquence, la preuve des faits diffamatoires articulés contre eux ne peut être admise. — *Paris*, 19 nov. 1836, Fournier-Verneuil et Clausse. — V. conf. Chassan, t. 2, p. 460, no 73; de Grattier, t. 1er, p. 463, note 1re.

627. — La preuve des faits diffamatoires contre le fonctionnaire diffamé n'est admissible que tout autant que l'on offre la preuve directe des faits eux-mêmes imputés. — On doit, dès-lors, rejeter comme non concluante l'offre de preuve de faits analogues, et, à plus forte raison, de faits éloignés et sans analogie avec les faits attribués au fonctionnaire. — Il en est de même de l'offre de prouver un ouï-dire. — *Toulouse*, 20 juin 1843 (t. 2 1844, p. 443), *l'Emancipation*.

628. — Lorsque l'articulation des faits dont le défendeur demande à faire la preuve est vague et indéterminée, et que le fonctionnaire public ne peut y puiser les indications suffisantes pour faire la preuve contraire, le tribunal peut déclarer la preuve inadmissible à raison de la non-précision des faits. — *Orléans*, 13 déc. 1843 (t. 1er 1844, p. 577), Piche c. le maire de Villevable; — Mangin, t. 1er, p. 567.

629. — Si le prévenu n'offre pas la preuve des

faits diffamatoires, le plaignant peut-il demander à établir la fausseté de ces faits? — M. Parant (p. 355) pense que, dans le silence du prévenu, le plaignant n'a aucun intérêt à prouver la fausseté des faits diffamatoires et qu'il serait non-recevable à se plaindre de l'arrêt par lequel une cour d'assises aurait refusé de l'admettre à faire une preuve inutile. — M. de Grattier (t. 1er, p. 485) fonde le même avis sur ce que les art. 20 et 22, L. 26 mai 1819, n'accordent au plaignant que la preuve contraire. — M. Chassan (t. 2, p. 477) dit que les magistrats peuvent, selon les circonstances, autoriser ou refuser cette preuve. — Tel est aussi notre avis. Nous pensons que le refus, comme l'admission de la preuve, ne pourrait point donner ouverture à cassation. — Legraverend, t. 2, chap. 5, p. 374, note 2e.

630. — En cas de diffamation prévue par l'art. 5, L. 25 mars 1822, envers les cours, tribunaux, corps constitués, autorités ou administrations publiques, la preuve doit être admise comme lorsqu'il s'agit de diffamation envers un fonctionnaire public. Cette diffamation n'est autre que la diffamation qualifiée par les art. 13 et 15, L. 17 mai 1819. — De Grattier, t. 1er, p. 466.

631. — Mais là se borne l'application des dispositions de l'art. 20, L. 26 mai 1819. La preuve n'est admise que pour la diffamation et non pour les outrages prévus par des lois spéciales ou par le Code pénal. — V. OUTRAGE.

632. — Ainsi, la cour d'assises, saisie par un arrêt de la chambre d'accusation, d'un délit de trouble à la paix publique, en excitant à la haine et au mépris d'une classe de personnes, ne peut, sous le prétexte que le fait constituerait une diffamation envers des personnes publiques, admettre la preuve par témoins de la vérité des faits diffamatoires. — *Cass.*, 6 avr. 1832, Bouchard; — Chassan, t. 1er, p. 319, no 5, et t. 2, p. 453, no 69. — V. aussi de Grattier, t. 1er, p. 467, no 6.

633. — La preuve des faits diffamatoires, bien que recevable en général, à l'égard des personnes ayant agi dans un caractère public et pour faits relatifs à leurs fonctions, ne peut pourtant être admise lorsqu'il s'agit d'imputations adressées à des magistrats dans l'exercice de leurs fonctions. — *Nancy*, 20 août 1835, Brice. — V. OUTRAGE.

634. — Qu'importe, en effet, que l'outrage fait à un magistrat dans l'exercice de ses fonctions, ayant eu lieu par imputation de faits diffamatoires, le prévenu soit à même d'administrer la preuve des faits? Peut-il être excusable pour cela? — Moralement non, parce qu'il reste toujours que l'insulte adressée au magistrat sur son siége est une trop grande perturbation pour qu'elle reste impunie. La peine a moins pour objet de venger la personne que de venger la magistrature elle-même. — De Grattier, t. 1er, p. 466, no 6; Parant, p. 348.

635. — La preuve n'est pas non plus admissible dans le cas d'offense. — V. DÉLITS DE PRESSE.

636. — *Quid* en matière d'injure? On peut dire d'un côté que l'injure n'est qu'une modification de la diffamation; que la loi du 26 mai 1819, en réglant le mode de poursuite, a disposé pour tous les cas prévus par la loi du 17 mai 1819, et que, dès-lors, l'injure rentre dans les dispositions de l'art. 20. — On fait observer, d'autre part, que la loi a employé les mots *faits diffamatoires*. Si la société a toujours intérêt à connaître les fautes et les prévarications des dépositaires de l'autorité publique, elle n'a aucun profit à voir ses fonctionnaires avilis par des injures qui sont un désordre et un scandale inutiles. D'ailleurs, le droit de prouver entraîne le droit de faire la preuve contraire, qui sera presque toujours impossible en matière d'injure. — De Grattier, t. 1er, p. 465.

637. — Quoi qu'il en soit, si l'injure se lie nécessairement aux faits dont la preuve a été fournie elle est couverte de la même absolution que la diffamation elle-même. Ainsi, le prévenu qui aura dit à un comptable des deniers publics : *Vous êtes un concussionnaire*, sera, nonobstant cette injure, à l'abri de toute peine quand il l'aura convaincu de concussion. — L. 26 mai 1819, art. 20.

638. — Avant 1835, la cour de Cassation a décidé que l'arrêt d'une cour d'assises qui admet la preuve testimoniale de la vérité des faits diffamatoires, en matière de presse, est un arrêt définitif. En conséquence, lorsqu'il est frappé d'un pourvoi en cassation, la cour d'assises ne peut se dispenser de surseoir au jugement du fond. — *Cass.*, 6 avr. 1832, Bouchard.

639. — En effet, l'arrêt qui admet la preuve a bien évidemment un caractère interlocutoire; mais l'art. 26, L. 9 sept. 1835 ayant disposé que le pourvoi en cassation contre arrêts qui auront statué sur les *incidens* ne serait formé qu'après l'arrêt définitif, il n'y a plus lieu, aujourd'hui, de sur-

seoir, car l'admission de la preuve testimoniale est incontestablement un incident de la poursuite.

640. — *Quand et comment se fait la preuve.* — La preuve des faits diffamatoires ne peut jamais se faire que devant les juges appelés à prononcer la peine du délit. Elle ne saurait être produite dans l'instruction.

641. — Jugé, en conséquence, que la preuve des faits diffamatoires imputés à des fonctionnaires publics ne peut être faite que devant la cour d'assises, et non devant la chambre des mises en accusation. — *Douai*, 1er mars 1831, Fourdinier; *Cass.*, 14 avr. 1831, même partie. — V. conf. de Grattier, t. 1er, p. 479.

642. — Cette preuve doit être formellement proposée et le prévenu de diffamation ne saurait se faire un moyen de nullité de ce qu'il n'aurait point été admis à la preuve, s'il n'y avait expressément conclu, et si, d'ailleurs, il n'avait rempli les formalités prescrites par les art. 2 et suivans, L. 26 mai 1819, pour y parvenir. — De Grattier, t. 1er, p. 470.

643. — La loi n'a pas déterminé le genre de preuve qui peut être admis. On doit conclure de son silence et de la discussion qui a eu lieu devant les chambres que toutes les preuves sont recevables. — De Grattier, t. 1er, p. 472.

644. — Le prévenu qui veut être admis à prouver la vérité des faits diffamatoires, doit, dans les huit jours qui suivent la notification de l'arrêt de renvoi devant la cour d'assises ou de l'opposition à l'arrêt par défaut rendu contre lui, faire signifier au plaignant : 1o les faits articulés et qualifiés dans cet arrêt, desquels il entend prouver la vérité; — 2o la copie des pièces; — 3o les noms, professions et demeures des témoins par lesquels il entend faire la preuve. — Cette signification doit contenir élection de domicile près la cour d'assises, le tout à peine d'être déchu de la preuve. — L. 26 mai 1819, art. 21.

645. — Il ne peut être prouvé d'autres faits que ceux qui ont été articulés, ni articulé d'autres que ceux qui sont compris dans la poursuite. S'il en était articulé d'autres, la preuve devrait en être rejetée à moins qu'ils n'eussent avec ceux de la poursuite une corrélation immédiate et nécessaire. Il appartient alors au tribunal de juger si cette corrélation existe nécessairement, et si les faits sont, d'ailleurs, pertinens et admissibles. — De Grattier, t. 1er, p. 477. — V. *Toulouse*, 20 juin 1843 (t. 2 1844, p. 443), *l'Émancipation.*

646. — L'articulation détermine les témoins et les pièces sur lesquels elle s'appuie. On ne peut donc prouver au-delà ni à l'aide de pièces ou de témoins nouveaux. Mais, comme le fait observer M. de Grattier (t. 1er, p. 477), la disposition de l'art. 21 ne s'applique qu'à la preuve des faits articulés Quant aux témoins ou aux pièces dont le but serait d'établir que le délit n'existe pas, ou que le prévenu n'en est pas l'auteur, nul doute que les règles du droit commun ne doivent être appliquées.

647. — La signification ci-dessus prescrite doit être faite au plaignant, soit à sa personne, soit au domicile par lui élu, soit au greffe, si le plaignant n'a pas, conformément à l'art. 24 de la même loi, élu domicile près la cour d'assises immédiatement après l'arrêt de renvoi.

648. — Dans le cas de diffamation contre un fonctionnaire public, la signification des faits articulés par le prévenu est régulièrement faite au domicile élu dans la plainte. — *Aix*, 16 déc. 1825, Gilbert.

649. — Le délai de huit jours dans lequel doit être faite la signification n'est pas franc : ces mots *dans les huits jours* indiquent que le huitième jour est le dernier dans lequel la signification puisse avoir lieu. — De Grattier, t. 1er, p. 478. — V. DÉLITS DE PRESSE.

650. — Mais ce délai doit être augmenté d'un jour par cinq myriamètres de distance. — L. 26 mai 1819, art. 18; — de Grattier, t. 1er, p. 478. — V. DÉLIT DE PRESSE.

651. — La loi accorde huit jours pour faire la signification, à partir de l'opposition à l'arrêt par défaut. Mais aujourd'hui l'opposition emportant de droit citation à la plus prochaine audience, le délai de huitaine, à partir de l'opposition, sera la plupart du temps sans objet. Pour ne point encourir de déchéance, le prévenu devra faire la signification avant l'audience qui suivra le jour de son opposition. — V. DÉLITS DE PRESSE.

652. — L'exécution des dispositions précédentes devient impossible dans le cas où le ministère public, usant de la faculté qui lui est accordée par la loi du 9 sept. 1835, cite directement le prévenu à comparaître, sous trois jours, devant la cour d'assises. — Voici la solution proposée par M. Parant (p. 485) à cette difficulté. Si le prévenu n'a pas en-

core fait citer ses témoins, il pourra exposer à la cour d'assises les motifs qui l'en ont empêché, et la cour jugera si c'est le cas d'une remise. — Si, en supposant les témoins assignés, le prévenu n'a pu encore en faire dénoncer la liste au plaignant ou au ministère public, et qu'on se prévale du défaut de dénonciation pour l'opposer à titre de fin de non-recevoir, ce sera encore le cas d'une remise. — Enfin, dans l'hypothèse où le prévenu aurait satisfait, en ce qui le concerne, à toutes les dispositions de la loi, la cour d'assises sera juge du point de savoir si dans l'intérêt du plaignant ou du ministère public, c'est le cas d'accorder un délai pour la contre-enquête. — Ces différentes solutions sont également adoptées par M. de Grattier, t. 1er, p. 480 et 484.

653. — A défaut d'élection de domicile par le prévenu dans la signification faite à sa requête, les significations pour la preuve contraire ne pourraient être faites au greffe de la cour d'assises. L'omission de cette formalité entraîne déchéance du droit à faire la preuve. — Chassan, t. 2, p. 473; de Grattier, t. 1er, p. 481; Parant, p. 352. — Contrà Cellier, *Cod. ann. de la presse*, note 4e, sur l'art. 21, p. 46.

654. — La signification faite parlant à la personne du plaignant même hors de son domicile, est valable. — Chassan, t. 2, p. 473.

655. — Bien que le plaignant ne se soit pas porté partie civile, la signification doit lui être faite. C'est une dérogation au droit commun, mais elle est nécessaire dans une matière où la poursuite ne peut avoir lieu que sur la plainte de la partie attaquée. — Chassan, t. 2, p. 473; Parant, p. 353 et 354; Cellier, p. 46; Pegat, p. 88.

656. — Si certaines pièces seulement ou certains témoins ont été notifiés, on ne peut faire entendre que ces témoins, ou ne faire usage que de ces pièces. Mais on ne saurait argumenter d'une irrégularité commise à l'égard d'autres pièces ou d'autres témoins pour écarter ceux pour lesquels les formalités voulues ont été observées. — Carnot, p. 166; de Grattier, t. 1er, p. 481; Chassan, t. 2, p. 469.

657. — L'interpellation faite par le prévenu au plaignant à l'audience, doit être autorisée si elle est pertinente et concluante. C'est là un point que la cour doit examiner. — Chassan, t. 2, p. 470 et 471.

658. — Le président a la faculté d'autoriser, selon les circonstances, la lecture de pièces non signifiées, si cette lecture est faite, non pour prouver la vérité des imputations, mais pour démontrer l'intention ou la bonne foi de la partie. — Chassan, t. 2, p. 469.

659. — Peut-il, en vertu de son pouvoir discrétionnaire, autoriser, à titre de renseignemens, l'audition de témoins dont on n'a pas notifié les noms, dans les délais et les formes prescrites par la loi? M. Chassan (t. 2, p. 471) distingue Quant aux témoins destinés à constater l'existence matérielle du délit, nul doute qu'ils puissent être entendus en vertu du pouvoir discrétionnaire. Mais il n'en est pas de même, selon lui, des témoins destinés à établir la vérité ou la fausseté des imputations. — C'est aussi l'opinion de Carnot. — M. de Grattier, s'en référant au contraire à la généralité des art. 267 et 269, C. inst. crim., pense que le pouvoir discrétionnaire du président s'étend jusque-là.

660. — De ce que, sur la plainte en diffamation portée par un fonctionnaire public, l'inculpé n'use pas de la faculté de prouver les faits par lui imputés, il ne s'ensuit pas que le ministère public soit privé du droit de faire entendre des témoins. — *Cass.*, 8 nov. 1833, Aubry-Foucault. — V. conf. Chassan, t. 2, p. 476; Parant, p. 341 et 342; Pegat, p. 88.

661. — Aux termes de l'art. 20, L. 26 mai 1819, le plaignant peut faire la *preuve contraire*, c'est-à-dire celle de la fausseté des faits diffamatoires. — Mais ici doit-on entendre par plaignant celui qui a seulement porté plainte, ne faut-il pas de plus qu'il se soit constitué partie civile? — Cette dernière opinion nous paraît préférable lorsque le plaignant veut jouer un rôle actif dans la procédure; quand il veut se poser en accusateur, signifier des actes, faire entendre des témoins, interpeller le prévenu, il est indispensable qu'il soit en cause, et il n'y peut être qu'en se constituant partie civile. — Chassan, t. 2, p. 474.

662. — Le plaignant (partie civile) qui veut faire la preuve contraire, est tenu, dans les huit jours qui suivent la signification des noms des témoins et des pièces, dont le prévenu veut faire usage, de contresignifier à celui-ci, au domicile par lui élu, ou à sa personne, ou au greffe de la cour d'assises, s'il n'y a pas élection de domicile, la copie des pièces et les noms, professions et demeures des témoins, par lesquels il entend faire la preuve con-

faire, le tout aussi à peine de déchéance. — L. 26 mai 1819, art. 22.

663. — Le ministère public a-t-il lui-même le droit de faire la preuve contraire, à défaut du plaignant ou de la partie civile ou concurremment avec cette partie? L'art. 22 ne parle, il est vrai, que du plaignant, mais il ne faut pas perdre de vue que la réserve de la preuve contraire est générale dans l'art. 20. Il devait en être ainsi, puisque la preuve de l'allégation fait disparaître le délit.

664. — Mais, en reconnaissant ce droit au ministère public, il faut ajouter qu'il est assujéti aux délais et aux formes établis par l'art. 12, relatif aux contre-significations.

665. — En cas de citation directe devant la cour d'assises, le plaignant ou le ministère public, pour fournir la preuve contraire, jouira du même bénéfice que le prévenu. Il devra obtenir une remise, à l'effet de se mettre en mesure de faire les significations voulues par la loi. Cette signification ne devant être suivie d'aucune autre formalité, il suffit qu'elle soit faite vingt-quatre heures avant le jour de l'audience, pourvu qu'on soit dans les délais. — Arg. C. inst. crim., art. 315; — Parant, p. 359, 370, 485; de Grattier, t. 1er, p. 484.

666. — Le plaignant en diffamation ou en injure peut, dans tous les cas, faire entendre des témoins pour attester sa moralité. — L. 26 mai 1819, art. 23.

667. — Il peut user de ce droit, alors même qu'aucun témoin n'aurait été cité ou qu'aucune pièce n'aurait été signifiée par le prévenu touchant la vérité des faits diffamatoires. — Chassan, t. 2, p. 479; Parant, p. 355; de Grattier, t. 1er, p. 486 et 487; Pégat, p. 88.

668. — Le ministère public peut user de cette faculté, et faire entendre des témoins attestant la moralité du plaignant, surtout lorsque celui-ci ne s'est pas porté partie civile. — *Cass.*, 8 nov. 1833, Aubry-Foucault; — Parant, p. 341 et suiv.; Chassan, t. 2, p. 480; de Grattier, t. 1er, p. 486 et 487; Pégat, p. 88.

669. — L'exercice de ce droit est subordonné à la condition de signifier au prévenu ou à son domicile, à sa personne, s'il est en état d'arrestation, les noms, professions et demeures des témoins, un jour au moins avant l'audition. — L. 26 mai 1819, art. 23; C. inst. crim., art. 315.

670. — La signification doit être faite au domicile habituel du prévenu, non à un domicile élu. L'élection de domicile n'est exigée du prévenu que pour le cas où il veut faire la preuve de la vérité des faits diffamatoires. — Celliez, sur l'art. 23, t. 1er, p. 47; Chassan, t. 2, p. 480, note; de Grattier, t. 1er, p. 487.

671. — L'art. 23, L. 26 mai 1819, ne dit pas, comme dans le cas réglé par l'art. 22, *à peine de déchéance*; d'où l'on peut induire que, si la notification n'est pas faite dans le délai déterminé, il n'y a pas déchéance. Mais alors le prévenu peut s'opposer à l'audition du témoin qui n'a pas été clairement désigné dans l'acte de notification, et la cour doit statuer de suite sur cette opposition. — Arg. C. inst. crim., art. 315; Chassan, *ibid.*, p. 481; de Grattier, *ibid.*, p. 487.

672. — Le président peut, du reste, user de son pouvoir discrétionnaire dans cette hypothèse, et ordonner l'audition de témoins pour établir la moralité du plaignant. — Arg. C. inst. crim., art. 269 et 315; — Chassan, *ibid.*

673. — Quant au prévenu, il ne saurait faire entendre de témoins contre la moralité du plaignant; la loi a voulu mettre une barrière aux diffamations nouvelles qui viendraient se produire à l'occasion d'une diffamation. — L. 26 mai 1819, art. 23.

674. — Le pouvoir discrétionnaire du président est, à cet égard, sans application, parce qu'il y a une prohibition formelle de la loi. — Chassan, t. 2, p. 481.

675. — Jugé que la cour d'assises saisie de la connaissance d'un délit de diffamation commis par la voie de la presse contre un fonctionnaire public peut, de même que le président lui-même, sans entraver les droits de la défense, empêcher un témoin de déposer sur des propos et conversations qui n'émanent pas d'une personne spécialement désignée. — *Cass.*, 16 déc. 1831, Marrast.

676. — Aucune question spéciale ne doit être posée au jury sur le point de savoir si le prévenu a fait la preuve à laquelle il a été admis. Il ne faut pas oublier que le fonctionnaire est plaignant dans le débat, et qu'il n'est pas accusé. Si le jury avait à se prononcer sur l'existence d'un délit reproché au fonctionnaire par le prévenu de diffamation, quel ne serait pas l'embarras de la justice en présence de la constatation d'un délit qu'elle ne pourrait cependant atteindre que par l'impunité de celui qui l'a révélé au public? D'un autre côté, il ne faut pas oublier non plus qu'il suffit de six jurés convaincus de la vérité des imputations pour l'absolution du diffamateur. Cela suffirait-il aussi pour la condamnation du diffamé?

677. — Cette difficulté assez sérieuse avait été signalée par M. Chasteau du Breuil, conseiller à la cour royale de Riom (*Revue de législation*, t. 4, p. 215), dans une affaire qu'il présidait; sur cette question : *N. est-il coupable d'avoir outragé M. le maire de telle commune en lui imputant des faits de concussion*; le prévenu avait été admis à la preuve, et les jurés répondirent : *non, le prévenu n'est pas coupable*; mais ils déclarèrent en même temps que leur verdict avait été rendu par six voix contre six. L'acquittement était nécessaire et il fut prononcé. M. Chasteau du Breuil fait observer que, six voix reconnaissant que le maire avait commis une concussion, et six voix qu'il en était innocent, ce qui eût entraîné son acquittement s'il avait été accusé, il y avait dans l'acquittement du diffamateur une anomalie.

678. — Pour la faire disparaître, M. Chassan (t. 2, p. 485 et suiv.) propose de poser deux questions : l'une sur la culpabilité du prévenu; l'autre sur la preuve administrée par lui, assimilant cette preuve à l'excuse légale, sauf la différence des effets, puisque l'une fait disparaître le délit, et que l'autre l'atténue seulement; il pense que la réponse doit se former *à la majorité*. Il résulterait de ce système que le jury pourrait déclarer le prévenu non coupable, *à six voix*, et cependant répondre en même temps qu'il n'a pas fait la preuve des faits imputés, six voix ne suffisant pas pour former la majorité. Or, il est bien évident que les six jurés convaincus que l'accusé a fourni la preuve des faits le déclareront tout d'abord non coupable, comme il l'est suivant leur conscience, plutôt que de l'exposer aux chances de la question spéciale posée sur la preuve.

679. — Ce serait donc une autre anomalie, non moins choquante que la première, et M. de Grattier (t. 1er, p. 474) combat avec raison une semblable doctrine. La preuve n'est pas une simple excuse; elle fait disparaître complètement le délit. Dès-lors, l'appréciation de la vérité des faits imputés est inséparablement liée à celle du délit de diffamation. Elle rentre, comme la légitime défense, l'exécution de la loi, la force majeure, dans la question de culpabilité, et par conséquent aucune partie de la question soumise au jury ne peut porter spécialement sur la preuve des faits imputés. Le mot *coupable* est complexe, il comprend tous les élémens de la culpabilité; la non-culpabilité peut d'ailleurs être fondée sur l'intention du prévenu, sur toute autre circonstance, et comme la réponse du jury n'est pas motivée, on ne saurait y voir aucune flétrissure pour le fonctionnaire plaignant.

680. — *Conséquences légales de la preuve.* — Lorsque la preuve a été admise et qu'elle est faite, elle met le prévenu à l'abri de *toute peine*. — L. 26 mai 1819, art. 20.

681. — Il y a dans la loi romaine et dans la jurisprudence anglaise une distinction que nous ne trouvons pas dans la loi de 1819. Celui qui a prouvé la vérité de l'imputation n'est point affranchi de la peine s'il n'a eu d'autre mobile qu'un sentiment de haine ou un désir de scandale.

682. — M. Chassan (t. 2, p. 438 et suiv.) pense que le même principe doit être admis parmi nous. Que le jury, dit-il, reconnaisse à la fois la culpabilité du prévenu et la vérité des faits imputés, le diffamateur sera à l'abri d'une *peine*, mais non d'une *condamnation*. Il sera, suivant cet auteur, *absous* et non *acquitté*, et alors la condamnation aux frais sera prononcée contre lui.

683. — Mais nous croyons que c'est là faire violence à la loi et introduire une distinction que les termes précis dont elle se sert repoussent énergiquement. D'abord, aucune question spéciale sur la preuve des faits diffamatoires n'est et ne doit être posée au jury, qui ne saurait par conséquent faire une déclaration explicite à cet égard. En effet, on a vu qu'il suffit de six jurés convaincus que cette preuve a été faite pour déclarer le prévenu non coupable, le partage des voix entraînant toujours l'acquittement. Au contraire, pour établir à la charge du fonctionnaire plaignant, bien qu'il ne soit pas prévenu dans le procès, l'existence d'un fait de nature à le perdre au moins dans l'opinion publique, ne faudrait-il pas la majorité des voix? M. Chassan lui-même (p. 486 et 490) est d'accord avec nous sur ce dernier point. Ensuite, à supposer qu'une question spéciale ait été posée au jury et résolue affirmativement, nous croyons encore que le prévenu devrait être acquitté et non absous. Enfin, si deux questions étant posées au jury, l'une sur la culpabilité, l'autre sur la preuve; si les jurés pensent à la fois que le prévenu est l'auteur de la publication, et qu'il l'a innocentée par la preuve des faits imputés, ils répondront affirmativement sur les deux questions, mais avec cette excuse péremptoire qu'il a dit la vérité. A qui, dès-lors, appartiendra-t-il de distinguer s'il n'a obéi qu'à un sentiment de haine et à un désir de scandale, ou s'il n'a eu pour but que d'éclairer la société et de démasquer un fonctionnaire prévaricateur? Ce système n'aurait-il pas pour conséquence de mettre toujours les frais du procès à la charge du révélateur, quel qu'eût été le mobile qui l'aurait inspiré.

684. — *Jugement.* — *Condamnation.* — L'arrêt qui condamne ou absout et l'ordonnance d'acquit doivent être motivés en cette matière comme dans toutes les autres matières criminelles. Sous l'empire des lois actuelles, lorsque la procédure est contradictoire, c'est sur les faits reconnus par le jury que ces motifs doivent reposer.

685. — Lorsque, sur une prévention de diffamation envers des agens de l'autorité publique, pour des faits relatifs à leurs fonctions, cette dernière circonstance n'a pas été constatée par le jury, la cour d'assises ne peut y suppléer, et la déclaration affirmative du jury sur le fait principal ne peut servir de base à l'application de la peine portée par l'art. 16, L. 17 mai 1819. — *Cass.*, 16 juin 1832, de Brian; — de Grattier, t. 1er, p. 213, n° 4. — V. COUR D'ASSISES.

686. — Tout arrêt ou jugement de condamnation contre les auteurs ou complices d'un délit commis par voie de publication doit ordonner la suppression et la destruction des objets saisis ou de tous ceux qui pourront l'être ultérieurement en tout ou en partie. L'affiche ou l'impression de l'arrêt ou jugement peuvent être ordonnées aux frais du condamné. — L. 26 mai 1819, art. 26. — V. DÉLIT DE PRESSE.

687. — Mais cette disposition n'est applicable qu'en cas de délit commis par la voie de la presse.

688. — *Acquittement. — Dommages-intérêts contre le prévenu.* — Une grande et difficile question qui a divisé les publicistes et les jurisconsultes est celle de savoir si les dispositions du Code d'instruction criminelle (art. 358, 359 et 366), qui permettent à la cour d'assises de condamner à des dommages-intérêts envers la partie civile l'accusé reconnu non coupable par le jury), reçoivent également leur application dans la matière spéciale qui nous occupe.

689. — La plus grave objection contre l'application du droit commun sur ce point se tire de l'incertitude des motifs qui ont déterminé le verdict de non-culpabilité. Si les jurés ont été convaincus que le prévenu, en révélant des faits répréhensibles commis par un homme public dans ses fonctions, loin de se rendre coupable de calomnie, n'a fait qu'accomplir un devoir civique, la cour qui le condamnerait à des dommages-intérêts après un honorable acquittement, annulerait implicitement la déclaration du jury. D'ailleurs, dans ce cas, si le prévenu n'a dit que la vérité, il était dans son droit, et le fonctionnaire justement signalé à l'opinion publique ne peut demander la réparation d'un préjudice qui n'a été que le légitime châtiment de sa faute.

690. — Toutefois, une jurisprudence généralement adoptée décide que les principes de droit commun sont applicables en matière de diffamation comme en matière criminelle ordinaire. Et, par suite, que, bien qu'un prévenu de diffamation par la voie de la presse contre un fonctionnaire public ait été déclaré non coupable par le jury, il peut être condamné par la cour d'assises à des dommages-intérêts envers la partie civile. — *Cass.*, 27 fév. 1835, Pelissier; 23 fév. 1837 (t. 2 1837, p. 145), Briève; 5 avr. 1839 (t. 2 1839, p. 119), Salmon; 3 août 1839 (t. 2 1839, p. 560), Jobart; *Limoges*, 28 et 31 déc. 1841 (t. 2 1842, p. 584), Bourdeau; *Douai*, 7 janv. 1842 (t. 2 1842, p. 584), Lefebvre; — Parant, p. 464; Chassan, t. 2, p. 494; de Grattier, t. 1er, p. 507.

§ 3. — *Procédure devant les tribunaux de police correctionnelle.*

691. — Les tribunaux correctionnels peuvent être saisis directement, soit par le ministère public, soit par la partie civile, ou, par suite du renvoi, par la chambre du conseil ou la chambre d'accusation. — Pour la procédure par voie d'instruction, V. CHAMBRE DES MISES EN ACCUSATION, CHAMBRE DU CONSEIL, DÉLITS DE PRESSE.

692. — L'obligation d'articuler et de qualifier les provocations, outrages, faits diffamatoires ou injures, servant de fondement à une poursuite correctionnelle, s'applique aussi bien au cas où le ministère public assigne directement qu'au cas où il a requis une instruction préalable, et à celui où le plaignant agit par voie de citation directe..., et

cela, alors même que la citation de la partie publique aurait été précédée d'une plainte (non notifiée) renfermant les articulations et qualifications prescrites par la loi. — *Cass.*, 22 déc. 1843 (t. 1er 1844, p. 603), Léotaud.

693. — *Preuve des faits allégués.* — La preuve de la vérité des faits diffamatoires n'est jamais admise en cas de diffamation contre les particuliers. — Mais si le prévenu est traduit devant le tribunal correctionnel pour diffamation verbale envers un fonctionnaire public, pour faits relatifs à ses fonctions, devra-t-il être admis à faire la preuve des faits imputés? — La négative a été jugée par la cour de *Cass.*, 11 avr. 1822, Cénac.

694. — L'art. 20, L. 26 mai 1819, semble en effet restreindre aux seules affaires poursuivies devant les cours d'assises l'admission de la preuve des faits diffamatoires; mais M. Parant (*Lois de la presse*, p. 345 et 356) dit que cette interprétation est contraire à l'esprit de la loi; qu'en thèse générale, lorsqu'il s'agit d'un fonctionnaire public ou d'un agent de l'autorité, et de faits relatifs à ses fonctions, la preuve est de droit. D'après le projet du gouvernement, il n'y avait que les délits d'injures qui dussent être jugés par la police correctionnelle; tous les délits de diffamation, quels qu'ils fussent, étaient de la compétence de la cour d'assises. Les expressions *devant la cour d'assises* n'avaient rien d'exclusif; au contraire, elles admettaient tout. Mais le système de compétence a été modifié; les diffamations verbales, même à l'égard des fonctionnaires, ont été attribuées à la juridiction correctionnelle. Dans cet état de choses, il eût été bien de substituer au mot *devant la cour d'assises*, ceux-ci *devant la juridiction compétente*; mais de ce que l'on n'a pas songé à faire cette substitution, il n'en faut pas conclure que l'intention de la loi ait été de limiter le droit de prouver les faits diffamatoires aux seuls cas de compétence des cours d'assises. L'intention contraire résulte du système du projet de loi.

695. — Cette doctrine est également enseignée par M. de Grattier (*Comment. sur les lois de la presse*, t. 1er, p. 468, no 8): « Le principe consacré par cet article, dit-il, est général; il assure une garantie à la société et un moyen de justification au prévenu de diffamation. Il constitue un droit qui n'a point sa source dans les formes de procédure. Dès-lors l'exercice de ce droit doit être commun à tous les prévenus, et il ne peut être subordonné ni à la nature du moyen de publication employé, ni à celle de la juridiction devant laquelle il est invoqué. » — Restait à concilier avec la forme de procéder devant les tribunaux correctionnels les dispositions des art. 21, 22, 23 et 24, L. 26 mai 1819. M. Parant (*loc. cit.*) en a reconnu l'impossibilité; mais il a dit que si le prévenu avait fait appeler des témoins, ou s'il produisait des pièces, on ne serait pas en droit de le déclarer non-recevable, faute de notification préalable; que si l'autre partie demandait un délai pour rapporter la preuve contraire, le tribunal devrait accorder la remise de la cause, et que tous les intérêts seraient ainsi conservés.

696. — On peut argumenter dans le même sens d'un arrêt de la cour de Cassation qui juge que le prévenu de diffamation envers un huissier agissant dans un caractère public pour l'exécution d'un mandat de justice, étant autorisé par l'art. 20, L. 26 mai 1819, à faire la preuve des faits diffamatoires, ne peut en être privé sous le prétexte que cette preuve serait contraire aux faits constatés par un acte authentique, et prescrite par les art. 1319 et 1341, C. civ. — *Cass.*, 31 déc. 1835, Villaubreil.

697. — Au contraire, M. Chassan soutient (t. 2, p. 532 et suiv.) que le droit de faire la preuve doit être restreint aux infractions de la compétence de la cour d'assises. Il s'appuie sur le principe général de non-admissibilité de la preuve, écrit dans l'art. 20, et sur les termes de l'art. 21, *par toutes les voies ordinaires devant la cour d'assises*. Analysant les discussions des chambres, cet auteur s'attache à démontrer que l'exception a été introduite en faveur non de la liberté de la parole, mais de la liberté de la presse. La liberté de la dispute, la licence des tabagies, dit-il, p. 540, le dévergondage de la place publique, sont seuls intéressés dans le refus d'autorisation de la preuve, en cas de diffamation verbale. Les art. 20 et 21 ont consacré une liberté constitutionnelle.

698. — Si on procède devant le tribunal correctionnel et qu'on admette la faculté de prouver, la formalité de la notification préalable relative aux témoins n'étant pas imposée, soit par le Code d'inst. crim., soit par la loi du 26 mai 1819, il suffira au plaignant ou au ministère public qui voudra fournir la preuve contraire, de demander après l'audition des témoins ou la lecture des pièces, un ajournement pour l'administrer. — De Grattier, t. 1er, p. 484; Parant, p. 359 et 360.

699. — Quant au droit appartenant au plaignant, partie civile, de faire entendre des témoins pour établir sa moralité, il est incontestable devant le tribunal correctionnel comme devant la cour d'assises. L'art. 23, L. 26 mai 1819, est général. — Chassan, t. 2, p. 542; Parant, p. 356.

700. — *Jugement.* — Un prévenu de diffamation n'est pas légalement acquitté, s'il n'est point constaté par le jugement qu'il ne s'est pas rendu coupable par l'un des moyens énoncés en l'art. 1er, L. 17 mai 1819, de l'imputation d'un fait portant atteinte à l'honneur ou à la considération du plaignant. — *Cass.*, 3 août 1820, Chevreau. — Il suffirait néanmoins que le jugement fût basé sur l'absence de l'un des caractères constitutifs du délit, sauf à considérer le fait, s'il y avait lieu, comme une simple injure.

701. — *Appel des jugemens de police correctionnelle.* — La voie de l'appel est ouverte à la partie qui a succombé en première instance devant les juges correctionnels. Toutes les règles de procéder devant le tribunal d'appel sont celles tracées par le Code d'inst. crim. depuis l'abrogation de certaines dispositions de la loi du 25 mars 1822.

702. — L'art. 11 de cette loi avait créé, en effet, pour l'appel des jugemens correctionnels, deux catégories d'affaires et deux modes de statuer. Cette loi, abrogeant le jugement par jury, avait déféré l'appel des jugemens de police correctionnelle en matière de délit commis par la presse, à la première chambre de la cour royale, réunie à la chambre des appels correctionnels.

703. — Sous l'empire de l'art. 17, L. 25 mars 1822, l'appel d'un jugement de police correctionnelle statuant sur une plainte en diffamation commise envers un particulier par la voie de la presse devait être porté devant la première chambre civile de la cour royale, réunie à la chambre correctionnelle, et non devant cette dernière chambre seule. — *Rennes*, 19 mars 1824, Gesbert.

704. — La loi du 8 oct. 1830, en rendant au jury la connaissance de certains délits de la presse, a ôté tout intérêt à cette solution; on avait demandé en 1830 le maintien de cette attribution extraordinaire pour les délits dont la connaissance était laissée aux tribunaux correctionnels; mais cet amendement fut repoussé, et les art. 200 et 201, C. inst. crim., ont repris toute leur force. — *Cass.*, 25 juin 1831, Bergé.

705. — Lorsqu'un prévenu a été poursuivi et condamné en première instance, comme coupable de dénonciation calomnieuse, le tribunal d'appel peut, sans le priver du premier degré de juridiction, changer la qualification du fait, et condamner le prévenu comme coupable de diffamation. — *Cass.*, 18 juill. 1828, Magnoncourt.

706. — Le droit consacré pour la cour d'assises d'accorder au plaignant des dommages-intérêts, même en cas d'acquittement ou d'absolution (C. inst. crim., art. 358, 359 et 366. — V. *suprà* nos 688 et suiv.), n'appartient pas aux tribunaux correctionnels. Il est bien évident qu'ils ne peuvent pas plus en cette matière qu'en toute autre prononcer de condamnation pécuniaire lorsqu'ils renvoient le prévenu de la poursuite. S'il reste dans les faits incriminés un principe d'indemnité, c'est à la juridiction civile qu'il faut s'adresser. — V. Parant, p. 423; Chassan, t. 2, p. 542; de Grattier, t. 1er, p. 505.

§ 4. — *Procédure devant les tribunaux de simple police.*

707. — La procédure devant les tribunaux de simple police est réglée par les dispositions générales du Code d'inst. crim. — V. TRIBUNAUX DE SIMPLE POLICE.

708. — Sous le Code du 3 brum. an IV, lorsque des propos avaient le vrai caractère d'une injure verbale, la peine pouvait être appliquée en simple police sur les conclusions du ministère public, sans que la personne injuriée eût rendu plainte. — *Cass.*, 21 nov. 1806, Lemire.

709. — Lorsque les propos qui faisaient l'objet d'une plainte en injures se liaient essentiellement avec ceux qui formaient la base d'une plainte antérieurement portée devant le directeur du jury, le tribunal de simple police ne pouvait en connaître avant qu'il eût été statué sur la plainte principale. — *Cass.*, 6 fév. 1807, Habert. — V. conf. *Cass.*, 24 frim. an XIII, Vinet, et la note; — Merlin, *Rép.*, vo *Injure*, § 3, no 3.

710. — Le fait par des directeurs de scrutin d'avoir rendu compte au sous-préfet, sans expressions injurieuses pour qui que ce soit, de ce qu'on leur avait dit se pratiquer dans l'une des séries, pour lui demander avis sur la manière dont ils devraient eux-mêmes procéder à la remise et réception des bulletins, présentait un caractère purement administratif. En conséquence, celui qui se prétendait injurié par cette démarche ne pouvait former d'action en simple police, tant que l'autorité supérieure n'avait pas jugé que le délit, s'il y en avait un, serait poursuivi dans les formes déterminées par la loi. — *Cass.*, 17 fructid. an IX, Mevolhon.

711. — De même, lorsque les propos qui faisaient l'objet d'une plainte en injures se rattachaient à une poursuite principale exercée par le ministère public contre le plaignant, le tribunal de simple police ne pouvait statuer qu'après qu'il était intervenu sur cette poursuite un jugement définitif qui donnait aux faits une suffisante [illegible] pour qu'ils pussent être appréciés. — *Cass.*, 11 juin 1808, Hersant c. Roy; — Legraverend, t. 1er, ch. 1er, p. 59 et suiv.

712. — Pour qu'un individu puisse être condamné comme coupable d'injure verbale, il faut que la personne injuriée soit nommée dans la citation et dans le jugement, il ne suffirait pas de dire que le prévenu a injurié une personne de [illegible] endroit. — *Cass.*, 19 juin 1828, Catherine Laye.

713. — La preuve de la vérité des faits ayant donné lieu aux injures ou aux diffamations non publiques dont la connaissance appartient à ces tribunaux ne peut être produite.

714. — Le tribunal de police régulièrement saisi d'une plainte en injures verbales ne peut se déclarer incompétent pour en connaître, sous le prétexte que le défendeur allègue pour sa défense des faits qui peuvent donner lieu à une action particulière devant une autre juridiction. — *Cass.*, [illegible] frim. an XI, Nicoud.

715. — Mais le tribunal de simple police saisi d'une plainte en injures résultant de la qualification de *voleur* donnée au plaignant, commet un excès de pouvoir en instruisant et en statuant sur le vol allégué, passible de peines supérieures à celles de simple police. — *Cass.*, 26 avr. [illegible], Schmitt.

716. — Jugé, sous la législation antérieure à la loi du 26 mai 1819, que lorsque celui qui a été l'objet d'une plainte en vol, forme à son tour une action en simple police contre son dénonciateur, pour l'avoir injurié en le taxant d'être l'auteur de ce vol, la nouvelle plainte s'identifie avec la dénonciation principale; qu'elle doit être portée devant le même tribunal, et que le juge de simple police est incompétent pour en connaître. — *Cass.*, 26 mai 1809, Leprêtre.

717. — Mais cette décision ne peut plus être suivie. L'art. 25, L. 26 mai 1819, oblige seulement le tribunal saisi de la plainte en diffamation ou en injure à surseoir jusqu'au résultat de l'action principale.

718. — Jugé que, dans le cas de méconnaissance ou insuffisance du procès-verbal d'un préposé à la perception des droits de passe, le tribunal de police ne peut condamner un prévenu d'injures à la réparation, sans en ordonner la preuve offerte par le plaignant et requise par le ministère public. — *Cass.*, 16 flor. an XI, Mariette.

719. — Cette décision ne nous paraît pas irréprochable. Il ne s'agit pas ici de la preuve des faits qui auraient motivé les injures ou la diffamation, mais de la preuve du délit même d'injures. Or, le tribunal, saisi de la connaissance de ce délit, est appréciateur souverain des preuves produites. Il ne doit compte qu'à sa conscience des motifs qui ont déterminé sa conviction, et s'il trouve le fait suffisamment établi par les procès-verbaux ou les débats, il n'est nullement tenu de déférer aux réquisitions du ministère public ou de la partie civile offrant une plus ample preuve. Il n'y a ici qu'une question de fait, qui est entièrement dans le domaine du juge.

720. — La réparation du dommage causé par des injures ne peut être provoquée que par la partie intéressée, et prononcée qu'à son profit. Un tribunal de simple police excède ses pouvoirs en adjugeant des dommages-intérêts à un individu, à raison des injures proférées par le prévenu contre un individu qui ne se plaint pas. — *Cass.*, 21 nov. 1806, Lemire; — Merlin, *Rép.*, vo *Injure*, § 5, no 1er.

Sect. 2e. — *Tribunaux civils.*

721. — Nous avons vu plus haut, en nous occupant de la compétence, que la partie diffamée peut porter son action, séparément de toute poursuite criminelle, devant les tribunaux civils, et obtenir de cette juridiction la réparation du dommage qu'elle a souffert.

722. — La marche à suivre est alors celle tracée

et la procédure ordinaire devant les tribunaux civils.

723. — La réparation civile d'une injure ne peut être provoquée que par les parties intéressées, et prononcée qu'à leur profit. — *Cass.*, 21 nov. 1806, Lemire ; — Merlin, *Rép.*, vo *Injure*, § 5, no 1er.

724. — Si la demande est formée par un fonctionnaire public à l'occasion d'imputations relatives à ses fonctions, la preuve de la vérité des faits diffamatoires peut être faite par le défendeur devant les tribunaux civils comme elle pourrait l'être devant la cour d'assises. — *Limoges*, 31 déc. 1841 (t. 2 1842, p. 584), Bourdeau c. *la Gazette du Centre*; *Douai*, 7 janv. 1842 (t. 2 1842, p. 584), Lefebvre c. Leguenuy ; *Toulouse*, 14 mars 1843 (t. 2 1844, p. 441), *l'Emancipation*.

725. — On s'est demandé, dans ce cas, si la preuve des faits diffamatoires devait se faire suivant les règles tracées par les lois spéciales qui ont établi le droit au profit de l'auteur de l'écrit diffamatoire, c'est-à-dire par des dépositions orales faites à l'audience du tribunal saisi de l'affaire, en les faisant précéder, dans les délais que nous avons fait connaître (*suprà* nos 644 et s.), des significations prescrites par l'art. 23, L. 26 mai 1819, ou si, au contraire, on devait suivre les formalités ordinaires en matière d'enquête et contre enquête civiles.

726. — C'est dans ce dernier sens que la jurisprudence nouvelle paraît aujourd'hui fixée. On a pensé avec raison qu'il ne fallait pas confondre le fond du droit avec les formes de procédure. Le fond du droit peut être transporté d'une juridiction à l'autre, les formes de la procédure sont propres et spéciales à la juridiction pour laquelle elles ont été créées.

727. — C'est aussi le sentiment de M. de Grattier (t. 1er, p. 467) ; suivant lui, lorsque le tribunal de répression n'est point saisi, lorsque la partie s'est adressée aux tribunaux civils, ces tribunaux ne sont soumis qu'aux règles du droit commun, et ils ne peuvent être liés par les dispositions de la loi de procédure criminelle. La preuve de la vérité des faits diffamatoires doit donc toujours être admise, sauf la preuve contraire, aux termes de l'art. 1348, C. civ. La loi ne voit, comme la jurisprudence anglaise sur l'action civile, que le dommage causé par l'imputation, et elle admet la preuve pour ou contre le dommage et sa quotité.

728. — Mais il nous paraît certain que, devant le juge civil comme devant la cour d'assises, si le tribunal saisi reconnaît que l'imputation a été de bonne foi, et que l'enquête en a établi la sincérité à la charge du diffamé, il devra repousser toute demande en dommages-intérêts. Car le défendeur, en ce cas, a usé d'un droit et rempli un devoir, et le fonctionnaire n'a éprouvé qu'un dommage mérité par sa faute.

729. — Le tribunal qui condamne solidairement à des dommages-intérêts les auteurs d'un libelle diffamatoire peut les condamner aussi solidairement à tous les dépens, *pour plus ample réparation*. — *Cass.*, 6 juin 1811, Delaunoy.

730. — En matière de diffamation, la condamnation aux dommages-intérêts prononcée par les tribunaux civils, seuls saisis de l'action, peut être prononcée solidairement contre les coauteurs, la solidarité se formant sans convention en matière de délits et quasi-délits, et dérivant de la nature du fait constitutif du délit et du quasi-délit. — La condamnation peut également être prononcée *par corps* si elle s'élève à plus de 300 fr. — Et les juges peuvent, en outre, ordonner la suppression de l'écrit diffamatoire, ainsi que l'affiche et l'insertion de l'arrêt dans les journaux. — *Cass.*, 29 janv. 1840 (t. 1er 1840, p. 214), Parquin. — V. aussi OBLIGATION, QUASI-DÉLIT, SOLIDARITÉ.

731. — Lors même que l'écrit déféré au jury n'a pas été condamné, ou lorsque la partie lésée a intenté son action devant les tribunaux civils, la suppression, ou la destruction des objets du délit, l'insertion ou l'affiche peuvent être ordonnées à titre de réparation. — De Grattier, t. 1er, p. 506 et 507.

732. — Lorsque des lettres diffamatoires envers un tiers ont été rendues publiques par la personne à qui elles étaient adressées, s'il est reconnu qu'elles ne constituaient qu'une vile dénonciation faite à l'autorité, par une voie indirecte, et qu'elles n'étaient confidentielles qu'à l'égard du nom et de la signature du dénonciateur, les tribunaux peuvent, sans violer aucune loi, condamner ce dernier à des dommages-intérêts, en réparation du tort qu'il a causé. — *Cass.*, 16 fév. 1829, Pasquier.

733. — L'auteur d'une lettre anonyme qui a causé des dommages à autrui peut être condamné à des dommages-intérêts, encore que sa lettre n'ait point été publiée par la voie de la presse, et que par suite il n'y ait pas diffamation dans le sens de la loi du 17 mai 1819. — *Cass.*, 10 mai 1827, Baron

734. — Lorsque les imputations injurieuses, qui motivent une action civile en dommages-intérêts sont énoncées tant dans la demande que dans le jugement attaqué, il n'est pas nécessaire qu'elles soient répétées dans l'arrêt. — *Cass.*, 23 nov. 1835, Magnoncourt; 21 mai 1836, Durand-Vaugaron c. Arché.

CHAPITRE VI. — *Extinction de l'action en injure ou en diffamation.*

735. — Il faut distinguer ici entre l'action civile et l'action publique.

736. — Une fin de non-recevoir péremptoire contre l'action civile ou publique, c'est la prescription. La prescription de l'action publique est acquise pour les délits prévus par la loi du 17 mai 1819, par six mois, à compter du fait de la publication qui donne lieu à la poursuite. — L. 26 mai 1819, art. 26. — Et l'action civile par trois ans, à compter de la même époque. — *Ibid.*

737. — S'il a été fait dans les six mois de la publication un acte de poursuite ou d'instruction, l'action publique ne se prescrit qu'après un an, à compter du dernier acte, à l'égard même des personnes qui ne seraient pas impliquées dans un acte d'instruction ou de poursuite. — Néanmoins, dans le cas d'offense envers les chambres, le délai ne court pas dans l'intervalle de leurs sessions. — L. 26 mai 1819, art. 29.

738. — La réimpression d'un écrit diffamatoire constitue un délit nouveau, dont la prescription court, non pas du jour où la première édition a été publiée, mais seulement du jour de la dernière publication. — *Toulouse*, 30 déc. 1836, R... ; — Chassan, t. 2, p. 81, no 4.

739. — Toutefois, les dispositions précédentes ne sont pas applicables aux injures simples. — *Cass.*, 18 août 1838 (t. 2 1838, p. 240), Percheron; — de Grattier, t. 1er, p. 532. — V. cependant Chassan, t. 2, p. 90.

740. — Cela résulte nécessairement des termes de l'art. 29, L. 26 mai 1819, qui ne parle que des délits commis « par la voie de la presse ou par tout autre moyen de publication », et qui par conséquent ne s'est nullement occupé des injures simples prévues par l'art. 471-11o, C. pén. Ainsi, tandis que l'action publique, dans les cas prévus par la loi de 1819, se prescrit par six mois, et l'action civile par trois ans, l'une et l'autre action se prescrivent invariablement par un an en matière d'injures simples, suivant le droit commun. — C. inst. crim., art. 640.

741. — En matière de délit de la presse, la péremption peut quelquefois avoir les mêmes effets que la prescription. — V. DÉLITS DE PRESSE. — Mais l'art. 11, L. 26 mai 1819, qui, en matière de simple délit, déclare l'action publique périmée à défaut par la chambre du conseil d'avoir prononcé dans les dix jours de la notification du procès-verbal de saisie, n'est point applicable au cas de diffamation ou d'injure envers des agens ou dépositaires de la force publique, à raison de l'exercice de leurs fonctions. — L'action publique, dans ce cas, n'est pas périmée, par cela seul qu'une citation irrégulière et nulle a été donnée; le prévenu peut être cité de nouveau, tant que l'action n'est pas prescrite. — *Cass.*, 17 oct. 1836, Rothenburger. — V. DÉLITS DE PRESSE.

742. — Les art. 6 et 11, L. 26 mai 1819, statuent sur des points bien différens. Le législateur a voulu qu'en cas de saisie, le ministère public fût tenu de faire statuer promptement sur la poursuite, pour ne pas entraver la liberté de la presse; il n'a dit nulle part qu'en cas de nullité de la citation pour défaut d'articulation des faits, etc., la poursuite ne pourrait plus être reprise. On doit reconnaître que, d'après les principes généraux du droit, la poursuite peut régulièrement être recommencée tant que l'action elle-même n'est pas prescrite. — V. conf. de Grattier, t. 1er, p. 356.

743. — L'action serait encore éteinte par la rémission ou le pardon qu'aurait accordé la personne outragée, pourvu que ce fût avant que le ministère public eût été saisi par la plainte de celle-ci. Car alors l'effet du pardon ne pourrait s'étendre au-delà des intérêts civils de la partie, puisque son désistement même n'aurait pas d'ailleurs plus de portée.

744. — Le pardon peut être exprès ou tacite ; l'appréciation des circonstances est laissée au juge.

745. — Jugé que le délit de diffamation envers un fonctionnaire public, à raison de ses fonctions, n'a pas été compris dans l'ordonnance d'amnistie du 2 août 1830, relative aux délits politiques de la presse. — *Cass.*, 22 sept. 1832, de Magnoncourt; — de Grattier, t. 1er, p. 199, no 16.

746. — Quant à la prescription de la *peine* encourue pour les délits spéciaux dont nous nous occupons, on ne trouve dans les lois qui régissent ces matières aucune disposition qui déroge au droit commun. C'est donc la prescription de deux ans ou de trois ans qui est applicable, selon qu'il s'agit de peine correctionnelle ou de simple police. — C. inst. crim., art. 637, 638 et 640 ; — Chassan, t. 2, p. 78, note 1re ; Carnot, t. 3, p. 613 ; Rauter, t. 2, p. 563, no 858. — V. aussi *Cass.*, 6 fév. 1824, Drouin.

CHAPITRE VII. — *Immunités accordées aux discours prononcés et aux écrits produits en justice, comptes-rendus des séances des chambres et des audiences des tribunaux.*

747. — *Écrits produits et discours prononcés en justice.* — La liberté de la défense est l'une des plus sacrées que puisse revendiquer l'homme ; mais aussi la loi, en la protégeant, a dû chercher à la concilier avec le respect dû également aux actes de la vie privée.

748. — Pour atteindre ce but, les rédacteurs du Code pénal de 1810 avaient statué (art. 377) de la manière suivante : A l'égard des imputations et des injures qui seraient contenues dans les écrits relatifs à la défense des parties, ou dans les plaidoyers, les juges saisis de la contestation pourront, en jugeant la cause, ou prononcer la suppression des injures ou des écrits injurieux, ou faire des injonctions aux auteurs du délit, ou les suspendre de leurs fonctions et statuer sur les dommages-intérêts. La durée de cette suspension ne pourra excéder six mois ; en cas de récidive, elle sera d'un an au moins et de cinq ans au plus. — Si les injures ou écrits injurieux portent le caractère de calomnie grave, et que les juges saisis de la contestation ne puissent connaître du délit, ils ne pourront prononcer contre les prévenus qu'une suspension provisoire de leurs fonctions et les renverront, pour le jugement du délit, devant les juges compétens.

749. — Cette disposition a été remplacée par l'art. 23, L. 17 mai 1819, ainsi conçu : « Ne donneront lieu à aucune action en diffamation ou injure, les discours prononcés ou les écrits produits devant les tribunaux : pourront néanmoins les juges saisis de la cause, en statuant sur le fond, prononcer la suppression des écrits injurieux ou diffamatoires, et condamner qui il appartiendra en des dommages-intérêts. — Les juges pourront aussi, dans le même cas, faire des injonctions aux avocats et officiers ministériels, ou même les suspendre de leurs fonctions. — La durée de cette suspension ne pourra excéder six mois ; en cas de récidive, elle sera d'un an au moins et cinq ans au plus. — Pourront, toutefois, les faits diffamatoires étrangers à la cause, donner ouverture, soit à l'action publique, soit à l'action civile des parties, lorsqu'elle leur aura été réservée par les tribunaux, et dans tous les cas, à l'action civile des tiers. »

750. — Les modifications apportées par cet art. 23 à l'art. 377, C. pén., sont importantes. La loi de 1819 déclare qu'il n'y a pas lieu à l'action en diffamation ou en injure. L'art. 377, au contraire, réservait l'action en calomnie. Les juges, quels qu'ils soient, peuvent statuer non seulement sur les discours ou écrits injurieux, mais encore sur ceux qui portent le caractère de la diffamation, tandis que le Code pénal ne leur permettait que de juger le caractère d'injure, et d'appliquer au fait la réparation qu'il autorisait, leur enjoignant de renvoyer à qui de droit le jugement de la calomnie, s'ils n'étaient pas compétens pour statuer sur un fait de calomnie. — Parant, p. 100.

751. — Aujourd'hui deux conditions seulement sont exigées pour mettre un discours ou un écrit à l'abri de toute plainte en injure ou en diffamation. Il faut : 1o que le discours ait été prononcé, ou l'écrit produit devant un tribunal ; — 2o que les faits diffamatoires contenus dans le discours ou dans l'écrit ne soient pas étrangers au procès.

752. — Si les imputations diffamatoires sont étrangères au procès, les juges saisis de la contestation ont la faculté de réserver l'action en diffamation à la partie lésée; mais cette réserve est indispensable, car d'autres juges seraient incompétens pour apprécier si les faits imputés étaient ou non étrangers à la contestation principale.

753. — Au surplus, des garanties sont accordées contre les excès de la défense. Les magistrats devant lesquels les écrits ont été produits peuvent, en effet, ordonner la suppression, condamner les parties à des dommages-intérêts et même prononcer des peines disciplinaires contre les offi-

ciers ministériels qui se seraient écartés de la modération qui leur est imposée.

754. — Nous allons examiner successivement quels sont les discours et écrits qui peuvent être considérés comme prononcés ou produits devant les tribunaux; comment et contre qui des réparations peuvent être réclamées, à raison des imputations renfermées dans ces discours ou écrits. — Nous nous occuperons ensuite des réserves qui peuvent être accordées à raison des imputations étrangères au fond du procès dans lequel les discours ont été prononcés ou les écrits produits.

755. — On entend par *discours prononcés devant les tribunaux* les plaidoiries qui émanent soit de l'avocat, soit de l'avoué, soit de la partie elle-même qui plaide sa cause; les explications données par la partie, qu'elles aient été provoquées ou spontanées, sont aussi des discours prononcés devant les tribunaux. — De Grattier, t. 1er, p. 232.

756. — Les interruptions pendant la plaidoirie de l'adversaire rentrent dans les discours prononcés. Elles peuvent en outre constituer des manquemens à la police de l'audience, reprimés par l'art. 89, C. procéd., et l'art. 103 du décret du 30 mars 1808, si elles émanent d'avocats ou d'avoués.

757. — Il n'y a aucune différence à faire entre les discours prononcés et les écrits produits devant les tribunaux, bien que dans le premier cas il soit impossible d'avoir recours à la mesure de la suppression. — *Bordeaux*, 7 août 1844 (t. 1er 1845, p. 639), Ballanger.

758. — Mais on ne saurait considérer comme *discours* les conclusions du ministère public ou les observations présentées par le juge. Organes de la justice, ils jouissent d'immunités plus grandes, et les parties ne peuvent leur demander compte de leurs paroles: *juris exercitio non habet injuriam.* — L. 13, § 1, ff., *De inj. et fam. lib.*

759. — Les discours prononcés ou les réquisitions prises à l'audience par les membres du ministère public ne peuvent, en aucun cas, donner lieu contre eux à une action en diffamation ou injure. — *Cass.*, 20 oct. 1835, Blavot.

760. — Un tribunal ne peut donc, même avec le consentement du ministère public, donner acte au prévenu des passages du réquisitoire de ce magistrat dans lesquels le prévenu prétend trouver un délit d'injure ou de diffamation, ni ordonner le dépôt au greffe de ce réquisitoire. — Même arrêt.

761. — A plus forte raison, un acte d'accusation et un réquisitoire qui contiennent des passages peu mesurés ne peuvent donner lieu à une plainte en diffamation de la part des tiers, lorsque les paroles prétendues injurieuses ne présentent pas les caractères de mauvaise foi et le dessein de nuire, sans lesquels il n'y a point de délit. — *Cass.*, 24 déc. 1822, Laffitte; — Legraverend, t. 1er, ch. 9, p. 446, note 4e; Carnot, sur l'art. 241, C. inst. crim., t. 2, p. 273, no 5. — V. aussi *Cass.*, 13 brum. an VIII, Painparay.

762. — De même les procès-verbaux ou autres actes émanant d'un officier de police judiciaire ou administrative et dressés dans l'exercice de ses fonctions, ne rentrent point sous les dispositions de l'art. 23, L. 17 mai 1819. L'action civile en dommages-intérêts ne serait pas ouverte à la partie qui se prétendrait lésée, elle n'aurait, suivant les circonstances, que la voie de la prise à partie.

763. — Jugé, conformément à ce principe, qu'une partie ne peut pas demander la cassation d'un arrêt dont le dispositif lui est favorable, lors même que les motifs seraient offensans pour elle. — *Cass.*, 29 janv. 1824, Forbin-Janson.

764. — La partie lésée ne pourrait même pas, dans ce cas, dénoncer à la cour de Cassation des actes par lesquels les juges auraient excédé leurs pouvoirs. Ce droit ne peut être exercé que par le ministère public. — Même arrêt.

765. — Pour que les *discours prononcés* soient protégés par l'art. 23, L. 17 mai 1819, il faut qu'ils l'aient été dans des affaires où la défense orale est permise. S'il s'agissait de causes se plaidant sur mémoire et par écrit, comme les matières d'enregistrement, les paroles prononcées ne seraient pas protégées par l'art. 23. — De Grattier, t. 1er, p. 233.

766. — Réciproquement, devant les juridictions qui n'admettent que les plaidoiries et défenses orales, les écrits diffamatoires qui seraient publiés et distribués ne seraient point couverts par l'art. 23.

767. — Ainsi, la loi n'ayant pas admis la défense écrite devant les cours d'assises, les mémoires publiés pour la défense d'un accusé devant cette juridiction ne peuvent jamais avoir le caractère d'écrits produits devant les tribunaux, dans le sens de l'art. 23, L. 17 mai 1819. En conséquence, les témoins sont recevables à exercer une action en diffamation à raison des imputations faites contre eux dans un mémoire publié pour la défense de l'accusé, quoiqu'ils n'aient pas réclamé dans le débat. — *Cass.*, 11 août 1820, Cabet; — Parant, p. 101; de Grattier, t. 1er, p. 241; Chassan, t. 1er, p. 87 et 94; Mangin, t. 1er, p. 322, no 153; Carnot, sur l'art. 319, C. inst. crim., t. 2, p. 503, no 2; Bourguignon, t. 2, p. 45 et 46, no 11.

768. — Jugé également que l'art. 23, L. 17 mai 1819, qui porte que les mémoires produits devant les cours et les tribunaux ne donneront lieu à aucune action en diffamation ou injure, est inapplicable aux procédures suivies devant les cours et tribunaux où la publicité et le débat judiciaires sont interdits et notamment aux affaires portées à la chambre des mises en accusation. — *Cass.*, 18 oct. 1821, Richard; 7 déc. 1821, Merlin.

769. — Cependant, cette solution paraît difficile à concilier avec les termes de l'art. 217, C. inst. crim., qui autorise la partie civile ou le prévenu à adresser à la chambre d'accusation « tels mémoires qu'ils estimeront convenables. »

770. — Un arrêt postérieur autorise à croire que les deux arrêts que nous venons de rapporter doivent être entendus en ce sens que la chambre d'accusation ne pouvant, par la nature secrète de ses fonctions, se prêter à un débat des parties intéressées sur le caractère diffamatoire ou injurieux des mémoires produits devant elle, ni leur donner acte de leurs réserves à fin de poursuites ultérieures, n'est pas compétente pour infliger la répression permise par l'art. 23, L. 26 mai, et que c'est à la cour d'assises, jugeant sans assistance de jurés, qu'il appartient d'apprécier ces mémoires, d'en ordonner la suppression et de statuer sur les dommages-intérêts réclamés par les parties lésées. — *Bastia*, 27 déc. 1834, Bindelli; — Chassan, t. 1er, p. 87, no 9.

771. — Lorsque le débat est fini, l'art. 23 cesse d'être applicable. Les injures proférées par un plaideur contre son adversaire, dans la salle d'audience, en présence du barreau et du public, pendant que les juges sont en délibéré, peuvent par conséquent donner lieu à une action en injures ou diffamation. — *Cass.*, 19 nov. 1829, Mestivier; — Mangin, t. 1er, p. 323, no 153; de Grattier, t. 1er, p. 233, no 5.

772. — Il est bien évident, d'ailleurs, que si l'injure ou la diffamation venait d'une personne étrangère à l'affaire, l'art. 23 ne saurait être applicable, les motifs qui ont dicté cet article ne pouvant être invoqués.

773. — Les dépositions des témoins, les rapports d'experts commis par justice, ne peuvent être considérés comme des *discours* prononcés; ils n'avaient pas besoin d'être protégés par l'art. 23 : en comparaissant devant la justice ils lui doivent la vérité tout entière. — De Grattier, t. 1er, p. 234; Chassan, t. 1er, p. 110.

774. — Dans aucun cas, la déposition d'un témoin ne peut donner lieu à une plainte en diffamation lorsqu'elle se rattache aux faits de l'instruction. — *Cass.*, 1er juill. 1825, Hurel.

775. — Quand les allégations prétendues diffamatoires, faites par un témoin dans sa déposition, ont pour objet d'affaiblir le degré de confiance que peut mériter la déposition d'un autre témoin, elles ne peuvent pas être considérées comme étrangères au fait qui a servi de base à l'instruction. — Même arrêt.

776. — Jugé, dans le même sens, que les déclarations faites en justice par un témoin sur les interpellations et instances du président, qu'il n'a provoquées ni directement ni par des voies insidieuses, ne présentent pas le caractère d'une intention criminelle. — *Cass.*, 10 mai 1821, Colonna.

777. — On doit entendre par *écrits* les écrits, imprimés ou non, produits dans l'intérêt et au nom d'une partie, revêtus ou non de sa signature, de celle de ses avocats, avoués ou conseils.

778. — *Production.* — Il faut considérer comme *produit* devant les tribunaux un mémoire imprimé qui a été distribué aux juges saisis de l'affaire, encore bien qu'il n'ait été signé ni par un avocat, ni par un avoué, et qu'il n'ait pas été signifié. — *Cass.*, 3 juin 1825, Valade; — Chassan, t. 1er, p. 85; de Grattier, t. 1er, p. 238; Mangin, t. 1er, p. 327, no 153.

779. — Il suffit qu'il soit constant que le mémoire émane réellement de la partie ou de son défenseur. — Mangin, *loc. cit.*; Chassan, t. 1er, p. 85.

780. — Pour que des écrits soient réputés produits devant les tribunaux, il n'est pas nécessaire que ces écrits aient été signifiés comme défenses ou comme pièces de procès, il suffit qu'ils aient été produits dans l'instance. — *Cass.*, 6 fév. 1829, Thirion-Montauban.

781. — Jugé de même qu'un écrit dont il a été fait usage pour la défense d'une partie dans un procès pendant devant les tribunaux, peut être réputé produit en justice, quoiqu'il n'ait pas été signifié (L. 17 mai 1819, art. 23). Il en est de même d'un mémoire dont il a été fait usage en défense devant la cour de Cassation, quoique l'avocat qui l'a signé ne soit pas attaché à cette cour. — *Cass.*, 12 sept. 1829, Michel.

782. — Un écrit est censé produit dès qu'il est constant qu'il a été distribué aux juges saisis de l'affaire, quand même il n'aurait été ni signé ni signifié. — *Bastia*, 27 déc. 1834, Biadelli.

783. — « Ce n'est pas seulement aux actes de procédure, dit M. Mangin (t. 1er, p. 327, no 153), que la loi étend les garanties qu'elle établit; elle couvre de sa protection les écrits produits devant les tribunaux, et quand le législateur s'est exprimé ainsi, il avait certainement en vue tous les écrits que les besoins de la défense, que les usages du barreau font éclore, et les différens modes de production qui ont été adoptés. » — V. de Grattier, t. 1er, p. 238, no 12; Parant, p. 101.

784. — Une partie peut donc obtenir la suppression d'un écrit injurieux produit contre elle dans une instance, quoiqu'il ne soit signé ni de l'avocat ni de l'avoué de son adversaire. — *Bordeaux*, 27 mars 1833, Sureau; *Rennes*, 26 janv. 1835, Desmortiers.

785. — On décidait de même, avant la loi du 17 mai 1819, que les juges peuvent ordonner *incidemment* la suppression d'un mémoire injurieux répandu dans le public quoique non *signifié à partie*, et condamner la partie dont il émane à des dommages-intérêts. — *Cass.*, 22 nov. 1809, Magnoncourt.

786. — ... Et qu'on ne peut considérer comme coupable de calomnie celui qui produit dans le cours d'un procès et fait imprimer dans un mémoire, pour sa justification et sa défense, une lettre injurieuse qu'il prétend avoir été écrite par son adversaire, s'il est constant que cette imputation est vraie. — *Cass.*, 12 nov. 1813, Maillezac.

787. — Pour que l'art. 23 soit applicable, c'est-à-dire pour que la loi protége les écrits produits ou les discours tenus en justice, sauf les droits qu'elle réserve en cas de diffamation, il faut que ces écrits ou ces discours aient été réellement produits ou prononcés en justice, devant les tribunaux.

788. — Un écrit publié avant qu'il n'y eût aucune instance engagée sur la contestation dont il y est traité, ne peut pas être réputé relatif à la défense d'une partie dans un procès, quoiqu'un procès ait effectivement eu lieu. En conséquence, il ne résulte de là aucune fin de non-recevoir contre l'action en calomnie intentée à raison de la publication de cet écrit. — *Cass.*, 18 fév. 1819, Fortin c. Mottet.

789. — Ainsi, l'on ne peut considérer comme un écrit produit en justice, dans le sens de l'art. 23, L. 17 mai 1819, une plainte injurieuse pour un individu avec lequel le plaignant n'était point en procès, par cela seul qu'elle a été déposée dans un greffe et suivie d'une ordonnance non contradictoire portant qu'il y avait lieu à suivre. En conséquence, l'action en diffamation est recevable à raison de cette plainte quoiqu'elle n'ait pas été réservée par l'ordonnance. — *Cass.*, 22 août 1828, Clin.

790. — Il en est de même d'un mémoire diffamatoire publié après le jugement et avant l'appel. — *Cass.*, 21 juill. 1832, Ricard. — Parant, p. 101; de Grattier, t. 1er, p. 258; Mangin, t. 1er, p. 326, no 153.

791. — Mais une citation en conciliation, lue à l'audience de la justice de paix, constitue un écrit produit devant un tribunal, dans le sens de l'art. 23, L. 17 mai 1819, et ne peut donner lieu à une action en diffamation, à raison des imputations qu'elle contient. — *Bordeaux*, 8 août 1833, Marichon; — Chassan, t. 1er, p. 86; de Grattier, t. 1er, p. 236, note 2e.

792. — L'art. 23, L. 17 mai 1819, qui porte que les écrits produits devant les tribunaux ne donnent lieu à aucune action en diffamation, ne protége que les écrits produits dans un intérêt de légitime défense, et n'est point applicable à une publication faite en dehors de tout débat judiciaire, et inutile à la défense. — *Cass.*, 23 mars 1844 (t. 2 1844, p. 149), Delaunay.

793. — Il y a publication d'un écrit diffamatoire dans la distribution de cet écrit même dans un lieu ou une réunion non publics. Il n'en est pas à cet égard comme de l'exposition ou de la mise en vente. La communication d'un écrit diffamatoire à plusieurs personnes, dans un but de publicité, constitue la publication de cet écrit, alors surtout que cette communication n'avait aucun caractère confidentiel. — Même arrêt.

794. — En conséquence, on ne peut réputer produit devant les tribunaux un écrit imprimé

qui, quoique relatif à un procès et répandu dans le public, n'a pas été distribué aux magistrats. — *Colmar*, 27 juin 1836, Lacroix.—V. Chassan, t. 1er, p. 86; de Grattier, t. 1er, p. 238, no 4.

795. — L'art. 23, L. 18 mai 1819, qui refuse toute action en diffamation à raison des discours prononcés ou des écrits produits devant les tribunaux, n'est point applicable aux articles publiés dans les journaux par un prévenu à l'occasion de sa défense. — *Cass.*, 25 juin 1831, Bergé; — Mangin, t. 1er, p. 325 et 326; de Grattier, *loc. cit.*, t. 1er, p. 237; Parant, p. 101.

796. — L'écrit diffamatoire publié par un maire, en réponse à une dénonciation adressée à la chambre des députés, en forme de pétition, et renvoyée par cette chambre au ministre de l'intérieur, ne peut pas être assimilé à un écrit produit devant les tribunaux qui, d'après la loi du 17 mai 1819, ne donne lieu à aucune action en diffamation. — *Cass.*, 2 août 1821, Titon; — Mangin, t. 1er, p. 324, no 153.

797. — Toutefois il a été jugé qu'un écrit adressé au roi, imprimé, publié et distribué à l'occasion et dans le cours d'un procès, mais non communiqué à celui qu'il attaque, et signé seulement par la partie, sans assistance d'avocat ou d'avoué, doit être considéré comme un mémoire sur procès, dans le sens de la loi; dès-lors il ne peut, tant que dure l'instance, donner lieu à une action directe en diffamation, sans préjudicier toutefois à la suppression ultérieure du mémoire et à la condamnation des dommages-intérêts, lors du jugement définitif du procès, et même à l'action correctionnelle en diffamation pour les faits seulement étrangers à la cause, si à cette époque elle est expressément réservée. — *Paris*, 15 déc. 1825, de Bordeaux c. Fourmantin.

798. — Avant l'abrogation de l'art. 367, C. pén., des imputations calomnieuses consignées dans une requête signifiée d'avoué à avoué, qui n'avait été ni affichée dans des lieux ou réunions publics, ni vendue ou distribuée, ne pouvait pas constituer le délit de calomnie. — *Cass.*, 27 août 1818, Dragon-Gonnecourt.

799. — Les significations faites, soit à la partie, soit d'avoué à avoué, ne sont pas nécessairement des écrits *produits*. La signification d'un écrit peut être étrangère à sa production, et elle n'en est pas un élément indispensable. — De Grattier, t. 1er, p. 237 et 238; Chassan, t. 1er, p. 85 et suiv.; Parant, p. 101.

800. — Mais un écrit, quoique non distribué aux juges, ni lu à l'audience, peut être réputé *écrit produit*, lorsque, par exemple, il est pièce au procès, joint au dossier. — De Grattier, *ibid.*

801. — Jugé qu'un écrit relatif à un procès peut, quoiqu'il en ait circulé des exemplaires, et que les avocats en aient discuté à l'audience le contenu, être considéré comme non produit dans la cause, s'il n'a pas été signifié aux parties ni distribué aux juges.—Du moins, l'arrêt qui reçoit une action séparée, en diffamation, pour des faits étrangers à la cause insérés dans cet écrit, en se fondant sur ce que les juges de l'action principale ont déclaré n'avoir eu aucun moyen de constater qu'une distribution quelconque en eût été faite, échappe à la censure de la cour de Cassation.—*Cass.*, 24 déc. 1830, Lacroix; — Mangin, *Traité de l'act. publ.*, t. 1er, p. 326, no 158.

802. — Un écrit destiné à la défense d'une partie peut être déclaré non produit en justice, quoiqu'il ait été imprimé et qu'il en soit tombé un exemplaire dans les mains du ministère public, s'il n'apparaît d'aucun autre fait de publication. — *Cass.*, 12 sept. 1829, Michel.—Cette décision échappait à la censure de la cour suprême qui ne peut pas connaître des appréciations de faits. — Chassan (t. 1er, p. 41 et 86), qui avait dit que lorsqu'il s'agissait d'écrits imprimés, la remise d'un seul exemplaire suffisait pour constituer la *publication*, pense, avec raison, qu'au contraire il ne suffit pas qu'un seul exemplaire soit tombé dans les mains du ministère public pour constituer la production en justice.

803. — On ne peut, incidemment à une instance, demander devant une cour la suppression d'un mémoire qui n'a point été distribué aux membres de cette cour. — *Rouen*, 7 mars 1835, Maubert.

804. — Les juges peuvent, tout en rejetant de la cause un mémoire tardivement produit, en prononcer la suppression comme irrévérencieux et injurieux pour les magistrats. — *Rennes*, 26 janv. 1835, Desmortiers.

805. — Doit être supprimée comme injurieuse envers les magistrats la réserve que fait l'une des parties, dans ses conclusions, d'attaquer toute décision devant la juridiction supérieure.—*Lyon*, 26 août 1836 (t. 2 1837, p. 324), Ruby.

806. — Le failli appelant du jugement, qui a refusé d'homologuer son concordat et de l'admettre à la réhabilitation peut, si ces faits sont prouvés, dire, écrire et plaider que le jugement attaqué présente des faits faux, des erreurs manifestes, des marques d'injustice et de prévention, sans qu'on puisse supprimer sa requête et sa défense, comme injurieuse pour les premiers juges. — *Rennes*, 7 janv. 1811, Keristiou.

807. — *Tribunaux*.— Les mémoires produits devant les conseils de préfecture pour la défense des parties, comme les mémoires produits devant les tribunaux ordinaires, ne donnent lieu à aucune action en diffamation, à moins que les juges saisis de la cause n'aient, en déclarant étrangers au procès les faits diffamatoires, réservé aux parties l'action en diffamation.—*Cass.*, 21 juill. 1838 (t. 2 1838, p. 199), Mottet.

808. — Ce sont là des tribunaux qui statuent au fond, bien que sur simples mémoires. Il y a donc là réunion des circonstances exigées par l'art. 23, production d'écrits devant un tribunal, et juridiction sur le fond du procès. — De Grattier, t. 1er, p. 242.

809. — Les arbitres auraient-ils le droit de prononcer la suppression d'écrits produits devant eux et de prononcer des dommages-intérêts ?—La négative est enseignée avec raison par MM. Chassan (t. 1er, p. 73 et suiv.) et de Grattier (t. 1er, p. 243). Que les arbitres soient volontaires ou forcés, ils ne peuvent connaître que des incidens qui tiennent essentiellement à la cause. Mais ils sont incompétens pour statuer sur un incident ou accessoire qui pourrait être détaché de la contestation, ou qui, essentiel à cette contestation, intéresse l'ordre public, comme une inscription de faux.—C. pén., art. 1015.—V. ARBITRAGE, INSCRIPTION DE FAUX. — Or, l'art. 23, L. 17 mai 1819, est une mesure d'ordre public. Les arbitres peuvent donc seulement donner acte aux parties de ce qui s'est passé devant eux, sauf à celle-ci à se pourvoir. — Parant, p. 100; de Grattier, t. 1er, p. 243, no 19.

810. — La question s'est présentée devant la cour de Paris, mais elle n'y a pas été résolue. Cependant la suppression d'un mémoire injurieux ou diffamatoire et la condamnation aux dommages-intérêts qui en est la suite peuvent-elles être prononcées par les arbitres juges qui sont saisis de l'instance principale ? — *Paris*, 23 juin 1825, Descourtis. — La cour semblerait avoir implicitement préjugé l'affirmative : elle a, en effet, décidé qu'une partie est non-recevable à saisir le tribunal correctionnel d'une plainte en diffamation ou injures, à raison des écrits ou injures publiés par l'autre partie, dans le cours d'une instance pendante devant des arbitres juges, et à en demander la suppression avant que ces arbitres aient statué sur le fond de la contestation. — Même arrêt.

811. — La cour des pairs, quoiqu'elle soit un tribunal exceptionnel, a les mêmes droits que les autres tribunaux relativement à la suppression des écrits et à la condamnation à des dommages-intérêts. En ce qui concerne les peines disciplinaires contre les avocats, le droit de les prononcer a été formellement consacré pour la cour des pairs par l'ordonnance du 30 mars 1835. — Chassan, t. 1er, p. 79 et 80.

812. — La suppression pure et simple de la plainte à laquelle aucune qualification n'est attachée peut être prononcée sans avoir donné au plaignant les moyens de justifier son écrit. — Le droit d'ordonner cette suppression en l'absence du plaignant est pour la cour des pairs inhérent à la police qu'elle exerce, ainsi que tous les tribunaux, sur les écrits produits devant elle. — *Paris*, 17 juill. 1819, Selves c. Séguier.

813. — *Cas où les discours ou écrits renferment des délits autres que celui de diffamation.* — Si l'infraction commise à l'audience par une partie ou ses conseils a dégénéré en délit, il y a lieu alors à appliquer l'art. 181, C. inst. crim. —V. DÉLIT D'AUDIENCE.

814. — Ni la Charte de 1830 ni la loi du 8 oct. même année n'ont modifié à cet égard la juridiction exceptionnelle et d'ordre public établie par l'art. 181, C. inst. crim. — *Cass.*, 27 fév. 1832, Raspail. — V. DÉLIT D'AUDIENCE.

815. — Si les discours prononcés constituent des délits politiques, le droit commun est seulement applicable. L'art. 23, L. 17 mai 1819, ne concerne que les diffamations commises envers les parties ou des tiers. — Même arrêt.

816. — La loi, jalouse de consacrer la liberté de la défense, a posé en principe (C. inst. crim., art. 319), le droit pour la partie ou son conseil de dire contre le témoin ou son témoignage tout ce qui est utile à la défense. Mais évidemment elle n'a pas voulu laisser le témoin sans protection contre des injures ou des diffamations étrangères ou inutiles à la défense. L'art. 6, L. 25 mars 1822, réprime les outrages contre un témoin à raison de sa déposition.

817. — Cet article a-t-il abrogé l'art. 23, L. 17 mai 1819, en ce qui concerne le témoin? L'affirmative résulte d'un arrêt de la cour de Cassation, 6 nov. 1823 (Leprêtre), rendu dans une affaire où il s'agissait d'outrage adressé à un témoin devant le tribunal de commerce. La cour a donné à ce fait le caractère de délit, paraissant ainsi regarder comme naturellement abrogé l'art. 23, L. 17 mai 1819. C'est là, selon M. de Grattier (t. 1er, p. 246), une erreur, et les réflexions de cet auteur nous paraissent justes.

818. — L'art. 6, L. 25 mars 1822, dit-il, n'a fait que porter une peine plus sévère contre un délit dont la répression existait déjà dans les diverses dispositions de la loi du 17 mai 1819, suivant que le fait constituait une diffamation ou une injure; la loi de 1822 a voulu seulement, en qualifiant dans tous les cas le fait d'outrage, et en élevant la peine, protéger davantage celui qui est appelé en justice pour y déposer, sous la foi du serment, contre les attaques dont il pourrait être l'objet. Dès-lors l'art. 6, L. 25 mars 1822, se concilie parfaitement avec l'art. 23, L. 17 mai 1819, et celui-ci conserve toute son application. — V. OUTRAGE.

819. — La disposition de l'art. 23, L. 17 mai 1819, qui borne à six mois la durée de la suspension que les juges saisis de la cause peuvent prononcer contre les avocats, n'est relative qu'aux discours prononcés et aux écrits produits devant les tribunaux, qui contiendraient des faits diffamatoires à l'égard des parties en cause, et que les tribunaux auraient jugés étrangers au procès pendant devant eux. — Cette disposition ne peut être étendue aux manquemens que les avocats commettraient en infraction au respect qui leur est commandé par leur serment pour les tribunaux et pour les autorités publiques, et à la défense qui leur est faite d'attaquer les principes de la monarchie, la Charte et les lois du royaume. — Il n'existe à l'égard des avocats, sous le rapport de cette pénalité, d'autres limites à l'exercice du pouvoir disciplinaire que celles qui sont fixées par les art. 18 et 43, ord. 20 nov. 1822. — *Cass.*, 25 janv. 1834, Pinart, Michel et Dupont; — Parant, p. 102; Chassan, t. 1er, p. 81 et 82.

820. — *Personnes contre lesquelles des réparations peuvent être réclamées.* — Des dommages-intérêts peuvent être réclamés, selon les circonstances, par la partie diffamée contre la partie adverse et même contre les conseils de celle-ci.

821. — Ainsi, des imputations injurieuses et diffamatoires produites dans une plaidoirie en la présence et sans opposition de la partie donnent lieu contre celle-ci à des dommages-intérêts. — *Bordeaux*, 7 août 1844 (t. 1er 1845, p. 539), Ballanger.

822. — Lorsque le défenseur d'un prévenu de diffamation soutient dans sa plaidoirie que les faits imputés sont vrais et s'efforce de les prouver, le tribunal ne peut considérer cette nouvelle imputation comme constituant de la part du prévenu qui ne désavoue pas son avocat un nouveau délit de diffamation : mais il y a lieu à l'application des dispositions répressives de l'art. 23, L. 17 mai 1819. — *Lyon*, 16 fév. 1826, Bœuf.

823. — Les termes de l'art. 23, L. 17 mai 1819, étant généraux, il en résulte que les dommages-intérêts peuvent aussi être prononcés contre les avoués et les avocats personnellement, si les juges croient devoir le faire. Ces mots *contre qui il appartiendra* comprennent évidemment les conseils qui assistent la partie à l'audience.

824. — Jugé que l'avocat ne peut, en présence de son client, plaider des faits diffamatoires étrangers à la cause, qui lui auraient été révélés par celui-ci. — *Rouen*, 7 mars 1835, Maubert c. Denoyelle; — Chassan, t. 1er, p. 91; de Grattier, t. 1er, p. 244.

825. — Un arrêt de la cour royale de Paris du 23 prair. an XIII (Lusignan de Champignelle c. Huart-Duparc) semble au premier aperçu contraire à cette doctrine en paraissant décider que l'avocat qui a écrit et plaidé des faits calomnieux et diffamatoires avec l'autorisation de son client, n'est passible d'aucune réparation personnelle. Mais cette contradiction apparente n'existe pas. Il faut distinguer entre les faits essentiels à la cause et ceux qui lui sont étrangers. Pour les premiers la liberté de la défense exige une immunité complète. Les seconds, au contraire, doivent être réprimés. C'est là une question de fait, laissée à l'appréciation des tribunaux.

826. — Le défenseur qui impute à la partie adverse un faux en écriture, sans que cette imputation soit nécessaire à la défense, commet le délit de diffamation. — *Cass.*, 21 mai 1836, Durand-Vaugaran c. Arché.

827. — Toutefois, il ne faut pas oublier qu'en cette matière la règle spéciale établie par la loi réside dans l'interdiction de toute poursuite et dans l'affranchissement de toute responsabilité. Qu'il s'agisse des parties en cause ou des témoins, ou bien qu'il soit question des tiers, l'esprit de cette règle est qu'une grande latitude doit être laissée à la défense. Quelques écarts peuvent même être tolérés en pareille circonstance, lorsqu'ils ne sont pas trop graves et quand ils peuvent être excusés, soit par la chaleur de l'improvisation, soit par la nécessité de la légitime défense. — Chassan, t. 1er, p. 96, nº 14.

828. — Le fait de la part d'un avoué d'avoir distribué un mémoire rempli d'injures contre un magistrat, le rend personnellement responsable de ces injures, bien que le mémoire ne soit signé que de la partie. — Il peut être poursuivi pour cette distribution, même avant que le signataire du mémoire ait été attaqué. — *Cass.*, 25 mai 1807, P...; — Hautefeuille, p. 609.

829. — La suppression d'écrits produits devant les tribunaux ne peut être ordonnée par les juges saisis de la contestation que si ces écrits renferment des faits ou des imputations étrangers aux moyens de la cause, et si par cela même ils sont réputés n'avoir été produits que dans l'intention de diffamer. — Le principe ci-dessus doit être appliqué surtout en matière de requête civile, où la loi édicte déjà une peine et une réparation civile contre le plaideur téméraire. — *Colmar*, 5 mars 1845 (t. 2 1845, p. 269), Osterlag c. Ratisbonne.

830. — Une partie n'est pas fondée à demander la suppression d'un mémoire comme injurieux, si elle-même a, dans ses écritures et plaidoiries, provoqué la partie adverse par des expressions également offensantes. — *Rennes*, 11 mars 1812, Gault. — V. INJURE.

831. — *Personnes qui peuvent réclamer des réparations.* — Si l'avocat et l'avoué sont responsables des calomnies ou diffamations dont ils peuvent se rendre coupables en plaidant ou défendant, il est juste, à titre de réciprocité, de leur accorder le droit de demander la réparation des injures qui leur seraient adressées. — Ceci ne peut faire aucune difficulté. — *Cass.*, 16 août 1816, Duperré c. Dusseré; — Parant, p. 100; de Grattier, t. 1er, p. 245; Chassan, t. 1er, p. 88; Merlin, *Rép.*, vº *Injures*, § 6, nº 5; Carnot, sur l'art. 139, C. inst. crim., t. 1er, p. 584, nº 23.

832. — L'avoué de l'une des parties qui a été nominativement désigné dans un écrit signifié par la partie adverse a intérêt et qualité pour intervenir au procès et demander la suppression de l'écrit comme injurieux et diffamatoire, et des dommages intérêts. — *Cass.*, 7 nov. 1838 (t. 2 1838, p. 495), Blain.

833. — Jugé encore que toute personne lésée dans son honneur a le droit de se pourvoir à fin de réparations et de dommages-intérêts devant le tribunal saisi de la connaissance de la cause en laquelle les inculpations ont été dirigées contre elle. — Spécialement, le notaire qui se prétend calomnié et diffamé dans un mémoire imprimé et signifié dans une instance, est fondé à intervenir et à réclamer l'application de l'art. 23, L. 17 mai 1819. — *Nîmes*, 11 juill. 1827, Gentiel; *Amiens*, 15 mars 1833, Lagrené; *Grenoble*, 5 avr. 1827, N...

834. — Déjà, sous l'empire du Code du 3 brum. an IV, c'était par voie de demande incidente et devant le tribunal saisi de la contestation, qu'un avoué injurié à l'audience par sa partie adverse, soit dans les plaidoiries, soit dans des mémoires, devait se pourvoir en réparation. — *Cass.*, 3 brum. an X, Grandjean.

835. — Les injures proférées à l'audience dans une plaidoirie contre l'une des parties ne pouvaient être l'objet que d'une action incidente devant le tribunal saisi du fond, et non d'une action principale devant un autre tribunal. — *Cass.*, 5 messid. an X, Jaubert; 18 messid. an XII, Lecerf; 16 avr. 1806, Despierriers c. Dusséré; *Rouen*, 25 mars 1807, Rivière c. Bellant.

836. — Nous pensons même que l'intervention devrait être reçue en cause d'appel. — Cependant la jurisprudence paraît tendre à se fixer dans un sens contraire.

837. — Jugé en effet qu'un tiers qui se prétend injurié par des mémoires imprimés et signifiés dans un procès où il n'est point partie ne peut y intervenir pour en demander la suppression. — *Rouen*, 29 nov. 1808, Ricard; — Favard, t. 3, p. 119; Carré, t. 1er, p. 397; Merlin, *Rép.*, vº *Intervention*, § 1er.

838. — ...Que les tiers qui sont nommés dans des écrits relatifs à la défense des parties, ne sont pas recevables à intervenir dans l'instance à l'occasion de laquelle les écrits ont été produits, pour en demander la suppression, et qu'ils ne peuvent que se pourvoir par action principale. — *Grenoble*, 9 août 1828, N...; — de Grattier, t. 1er, p. 247.

839. — ...Que celui qui se prétend injurié dans un mémoire imprimé et publié dans un procès où il n'est point partie est non-recevable à intervenir en cause d'appel pour demander la suppression du mémoire. — *Orléans*, 5 août 1815, Bruley.

840. — ...Que le notaire contre lequel aucunes conclusions n'ont été prises en première instance, qui n'était pas partie au jugement, n'est pas recevable à intervenir en cause d'appel, alors même que les motifs de la sentence attaquée lui paraîtraient porter atteinte à son honneur et à sa considération. — *Paris*, 21 déc. 1840 (t. 1er 1841, p. 234), Samson.

841. — Quant aux magistrats et aux jurés, les outrages dont ils seraient l'objet sont réprimés par les art. 222, 223 et 226, C. pén., et par les art. 5 et 6, L. 25 mars 1822. — V. OUTRAGE.

842. — La partie contre laquelle une demande injurieuse ou diffamatoire a été formée peut, malgré le désistement signifié et non accepté, conclure à des dommages-intérêts et à la suppression de la demande. — De Grattier, t. 1er, p. 250.

843. — Le ministère public a le droit de demander la suppression d'un mémoire distribué à la cour en réponse aux conclusions qu'il a prises comme partie jointe et dans lequel se trouvent des termes injurieux et diffamatoires pour un des avocats de la cause, encore bien que l'avocat diffamé ne prenne pas de conclusions à cet égard. — *Rennes*, 12 juin 1834, Bourdonnay.

844. — « Cet arrêt, qui n'est nullement motivé, dit en le rapportant M. Chassan (t. 1er, p. 80), n'en est pas moins fondé en droit. Les tribunaux, en effet, ont la police de leur audience; ils sont revêtus d'un pouvoir coercitif pour se faire respecter et pour faire maintenir l'ordre et la décence dans le lieu de leur réunion. » — V. conf. de Grattier, *Comment. sur les lois de la presse*, t. 1er, p. 241, nº 15.

845. — *Devant qui les réparations doivent être demandées.* — Les réparations, telles que dommages-intérêts, suppression des écrits injurieux, affiches du jugement, doivent nécessairement être réclamées devant les juges saisis du procès dans lequel les écrits diffamatoires ont été produits.

846. — Le juge du fond est seul compétent pour statuer; s'il ne l'a pas fait en jugeant le fond et par un seul et même jugement, il est dessaisi, et il ne peut plus connaître de ce qui est un incident ou un accessoire de la cause. — De Grattier, t. 1er, p. 241.

847. — Jugé dans ce sens que les juges de la cause sont seuls compétens pour apprécier les discours prononcés et les écrits produits devant eux, pour réprimer disciplinairement les faits diffamatoires relatifs au procès, pour reconnaître s'il y en a d'étrangers à la cause, et pour réserver l'action à ce sujet. — *Bastia*, 27 déc. 1834, Biadelli.

848. — Peu importe que les écrits produits soient imprimés ou non imprimés. — *Cass.*, 3 juin 1825, Valade; — de Grattier, t. 1er, p. 235, nº 8; Mangin, t. 1er, p. 327, nº 153.

849. — Les tribunaux civils peuvent statuer sur les allégations et imputations qui constituent la diffamation, comme ils statuaient sous l'empire de l'art. 377, C. pén., à l'égard des imputations et des injures contenues dans les écrits relatifs à la défense des parties. — Même arrêt.

850. — Déjà, sous l'empire du Code des délits et des peines du 3 brum. an IV, les attaques dirigées, dans un procès criminel, par le défenseur, dans l'intérêt de l'accusé, contre la personne d'un témoin, ne pouvait l'exposer de la part de ce dernier à une action en diffamation. Toutefois, il appartenait au président de faire rentrer le défenseur dans les bornes d'une légitime défense, s'il s'en écartait. — Art. 275. — Dans tous les cas, la plainte du tiers qui se prétendait diffamé ne pouvait être l'objet que d'une action incidente formée à l'instant même devant le tribunal saisi du procès, et non d'une action principale devant un autre tribunal. — *Cass.*, 26 flor. an VII, Chauvin; — Parant, p. 102, nº 7.

851. — L'action à raison des faits diffamatoires étrangers à la cause étant un accessoire du procès dans lequel ces faits ont été publiés, il a été jugé que lorsqu'un maire est poursuivi pour abus de ses fonctions, l'écrit qu'il publie pour sa défense peut donner lieu à une nouvelle poursuite, sans qu'il soit besoin d'une autorisation du conseil d'état. — *Cass.*, 12 mars 1829, Charpin; — de Grattier, t. 1er, p. 281.

852. — Sous l'empire des art. 367 et 371, C. pén. 1810, le tribunal civil était incompétent pour apprécier et caractériser les faits de calomnie commis par l'une des parties envers l'autre, dans un mémoire produit devant lui. — *Bruxelles*, 3 janv. 1827, D.

853. — Le juge ne statue que dans les limites du degré de juridiction qui lui est attribué par la loi. Ses décisions, rendues par application de l'art. 23, L. 17 mai 1819, sont soumises aux mêmes voies de recours que le fond de la contestation. — De Grattier, t. 1er, p. 280.

854. — Mais le juge du fait est investi d'un pouvoir discrétionnaire pour déclarer, suivant la gravité des circonstances, des écrits calomnieux, les supprimer, et ordonner l'affiche et l'impression de leurs jugemens. Sa décision ne peut dans ce cas être attaquée devant la cour de Cassation pour défaut de précision des faits diffamatoires. — *Cass.*, 17 juin 1817, Bresson.

855. — Lorsqu'une cour, en vertu de l'art. 1036, C. proc. civ., supprime comme diffamatoires des mémoires produits devant elle, et ordonne que son arrêt sera affiché, on ne peut demander la nullité de cette décision, sous prétexte qu'elle devait, aux termes de l'art. 6, L. 26 mai 1819, préciser les passages diffamatoires, et qu'elle a ordonné une apposition d'affiches hors des cas et des lieux indiqués par les art. 23 et 26 de la même loi. — *Cass.*, 30 avr. 1839 (t. 1er 1839, p. 545), Ancillon.

856. — La cour de Cassation peut ordonner la suppression des mémoires produits devant elle par les parties, lorsque ces mémoires contiennent des expressions indécentes et injurieuses contre les cours et tribunaux desquels émanent les décisions attaquées. — *Cass.*, 17 mars 1808, Meunier.

857. — L'art. 23, L. 17 mai 1819, est applicable en matière criminelle comme en matière civile. En effet, la loi ne distingue pas; et d'ailleurs il n'y a aucun motif d'excepter les matières criminelles. — *Bastia*, 27 déc. 1834, Biadelli c. Podesla.

858. — *Réserves relatives aux faits étrangers à la cause.* — La loi du 17 mai 1819, après avoir concilié l'intérêt de la défense avec la protection due à l'honneur de chacun, a statué sur les diffamations qui pourraient être proférées à l'occasion d'un procès, mais pour des faits étrangers à la cause. Le § 4 de l'art. 23 dispose, ainsi qu'on l'a vu plus haut, de la manière suivante : *Pourront* toutefois les faits diffamatoires étrangers à la cause donner ouverture, soit à l'action publique, soit à l'action civile des parties lorsqu'elle leur aura été réservée par les tribunaux, et dans tous les cas à l'action civile des tiers.

859. — Si donc les diffamations sont étrangères à la cause, l'action peut être exercée séparément par la voie ordinaire. Mais les parties ou le ministère public peuvent aussi faire statuer à l'instant par les juges saisis de la contestation principale; et ceux-ci peuvent statuer d'office, ainsi que l'art. 1036, C. procéd., les y autorise. — Chassan, t. 1er, p. 87; Parant, p. 100.

860. — Toutefois, l'exercice de cette action ultérieure est soumis à la condition qu'elle aura été réservée, ou que l'attaque aura été dirigée contre des tiers, ainsi que nous le verrons plus bas. Cette réserve ne s'applique qu'aux faits diffamatoires. Quant aux injures, il n'y a lieu de réserver l'action en aucun cas. L'injure dégénère toujours en irrévérence envers les magistrats, et la répression peut et doit être instantanée. — Chassan, t. 1er, p. 89; Parant, p. 100 et 101; de Grattier, t. 1er, p. 258.

861. — Jugé d'après ces principes, que les imputations injurieuses ou diffamatoires étrangères à la cause qui ont été faites devant un juge de paix procédant à un accès de lieux ne peuvent, de même que si elles eussent été faites devant toute autre juridiction, servir de base à une action en injure ou diffamation, à moins que le juge ne l'ait expressément réservée. — *Metz*, 26 fév. 1821, Gœury c. Poiré.

862. — ... Que les tribunaux correctionnels ne peuvent jamais être légalement saisis d'une plainte pour des imputations et des injures contenues dans des écrits relatifs à la défense des parties qui ont été produits ou dans des plaidoyers qui ont été prononcés devant d'autres juges, à moins que la réserve n'en ait été faite, ou que le renvoi n'ait été prononcé par les juges devant lesquels les imputations ont été faites. — *Cass.*, 18 fév. 1820, Ricard.

863. — ...Qu'il y a ouverture à cassation lorsque le tribunal de simple police a omis ou refusé de statuer sur les conclusions de l'adjoint municipal chargé du ministère public, tendant à ce qu'il lui fût donné acte de ses réserves de poursuivre le prévenu, à raison des diffamations qu'il se serait permises envers lui dans sa défense. — *Cass.*, 3 oct. 1820, Léger.

864. — Cette doctrine était déjà admise par la cour de Cassation avant la loi du 17 mai 1819. Ainsi cette cour décidait que les injures proférées dans une plaidoirie et qui n'ont donné lieu à aucune réclamation devant le juge saisi, ne peuvent pas faire l'objet d'une plainte en simple police. — *Cass.*, 29 mai 1806, Chapelle c. Grouchy.

865. — Et que la répression des injures proférées à l'audience par l'une des parties contre l'avocat de l'autre appartenant à la police de l'audience, c'est devant le tribunal saisi de la cause principale que l'avocat injurié doit en demander aussitôt la réparation. A défaut de réclamation, il est présumé de droit y avoir renoncé, et il n'est pas recevable à en faire l'objet d'une plainte ultérieure en injures verbales. — *Cass.*, 16 août 1806, Desperriers.

866. — Cependant, d'après un arrêt du 18 fév. 1819 (Tertin c. Mottet), lorsqu'il n'y avait pas été statué par les tribunaux devant lesquels des mémoires injurieux ou diffamatoires avaient été produits, il pouvait en être rendu plainte devant les tribunaux compétens.

867. — Aujourd'hui il est indispensable non seulement que la partie diffamée ait fait des réserves de se pourvoir en diffamation, mais encore que le tribunal saisi du procès ait accueilli ces réserves.

868. — Toutefois, lorsque la partie injuriée intente une action en dommages-intérêts sans se l'être préalablement fait réserver, et que le défendeur, non seulement n'invoque pas cette fin de non-recevoir, mais défend au fond et forme même une demande reconventionnelle, il ne peut, s'il succombe en première instance, opposer pour la première fois en appel l'exception tirée du défaut de réserve. — *Cass.*, 7 août 1844 (t. 2 1844, p. 527), Jacques c. Sainson.

869. — Il est bien évident, au surplus, que la nécessité de cette réserve, qui n'est autre chose qu'une restriction au droit commun en faveur de la défense en justice, n'existe que pour les *discours prononcés* et les *écrits produits* en justice.

870. — Ainsi, les propos injurieux tenus hors la présence du juge donnent lieu à l'action civile de la partie injuriée, sans qu'il soit besoin qu'elle lui ait été réservée. — *Cass.*, 7 juill. 1827, Chatel ; — Mangin, t. 1er, p. 323, n° 153 ; de Grattier, p. 271, n° 39.

871. — Lorsque l'imputation outrageante n'a pas été prononcée dans la plaidoirie devant le juge de paix, mais après le jugement, le prévenu ne peut se retrancher dans les exceptions portées en l'art. 23, L. 17 mai 1819, alors surtout que la personne outragée, n'étant pas présente, ne pouvait demander des réserves. — *Grenoble*, 9 juin 1834, Piot. — V. aussi *Cass.*, 19 sept. 1829, Mestivier.

872. — Si les juges de l'action principale ont déclaré qu'un mémoire n'avait pas été produit devant eux, l'action séparée en diffamation ne peut pas être rejetée, sous le prétexte qu'ils n'ont pas déclaré que les faits étaient étrangers à la cause. — *Cass.*, 24 déc. 1830, Lacroix.

873. — On ne peut poursuivre pendant le cours de l'instance, et avant qu'elle soit jugée, comme complice de la diffamation, une personne qui, sans être partie au procès, aurait participé à la rédaction et à la publication d'un écrit judiciaire signé, d'ailleurs, par la partie intéressée, sur le fondement qu'à l'égard de cette tierce personne, au moins, tout-à-fait étrangère à la contestation, l'offensé ne saurait être obligé, pour obtenir justice, d'en attendre l'issue. — *Paris*, 15 déc. 1825, de Bordeaux.

874. — La loi soumettant l'action ultérieure à des réserves données a-t-elle entendu astreindre à cette condition l'action du ministère public comme celle des parties en cause ? — La question est très grave.

875. — M. Mangin (t. 1er, p. 329, n° 154) dit que l'art. 23, L. 17 mai 1819, est fort clair pour ce qui concerne l'action civile; mais que, dans sa construction grammaticale, les mots *lorsqu'elle leur aura été réservée*, paraissent ne se rapporter qu'au mot *parties*, qui les précède. D'où l'on peut conclure que l'action du ministère public n'a pas besoin d'avoir été réservée. « Cette interprétation, ajoute-t-il, conduirait à une combinaison si absurde, qu'il est impossible de la supposer au législateur. Comment comprendre qu'il soit entré dans sa pensée d'ouvrir l'action publique indéfiniment, et de soumettre à des entraves l'exercice de l'action civile, dans une matière où le ministère public ne peut poursuivre que sur la plainte de la partie offensée, parce que le délit tire toute sa gravité du dommage que cette partie a éprouvé dans son honneur, dans sa réputation. Quelque répréhensibles que soient des imputations de la nature de celles-ci, le législateur a pensé avec raison qu'il était possible qu'elles eussent été provoquées; que, conséquemment, elles pouvaient être excusables. C'est pour cela qu'il a laissé aux juges la faculté de leur ôter le caractère d'un délit, etc. »

876. — A cela M. de Grattier (t. 1er, p. 264, n° 35) répond qu'en principe le juge n'a pas le droit d'interdire l'action publique, en ne la réservant pas, et que, dans le système de M. Mangin, l'interdiction résulterait d'un simple silence. Peu importe, suivant lui, que l'action civile soit refusée à la partie, et que le ministère public ne puisse exercer la sienne sans une plainte. « Le fait, dit-il, ne cesse point d'être un délit à son égard; seulement elle ne peut en obtenir la réparation civile; mais elle trouve une satisfaction dans la répression poursuivie par le ministère public. »

877. — L'interprétation donnée par M. de Grattier est, sans contredit, la plus conforme au texte littéral de la loi; mais elle prête au législateur une contradiction inexplicable. Si, d'après cet auteur, le fait conserve son caractère de délit, on ne comprend pas pourquoi la loi aurait refusé à la partie l'exercice de l'action civile. M. de Grattier prétend, à la vérité, que la partie trouve une satisfaction suffisante dans la répression poursuivie par le ministère public; mais rien ne justifie cette exception au droit commun. Loin donc de s'arrêter à une interprétation judaïque, il faut entendre la loi dans le sens le seul raisonnable qu'elle puisse avoir. L'équivoque qui existe dans ces expressions s'explique par cette circonstance que l'exercice de l'action publique est subordonné à une plainte. Le législateur a dit ou du moins a voulu dire que la partie ne pourrait agir par elle-même ni donner l'impulsion au ministère public qu'autant que la faculté lui en aurait été réservée. — V. conf. Parant, p. 100 ; Chassan, t. 1er, p. 88.

878. — Pour que l'action du ministère public en matière de diffamation soit recevable, il faut que la partie civile ait conservé le libre exercice de son droit; les fins de non-recevoir qui repousseraient l'action civile opposent le même obstacle à l'action publique. — *Cass.*, 3 mars 1837 (t. 2 1837, p. 35), Beauvais; *Toulouse*, sous *Cass.*, 12 sept. 1829, Michel.

879. — Jugé que la cour qui, en ordonnant la suppression d'un mémoire imprimé, refuse de donner acte au ministère public des réserves par lui faites en vertu de l'art. 23, L. 17 mai 1819, ne fait qu'user d'une faculté qui lui est attribuée par la loi. — *Cass.*, 5 juin 1828, Peyrard.

880. — La cour de Cassation a encore décidé que le maire qui, dans un pourvoi en cassation contre un jugement de simple police, présente la conduite du juge de paix comme contraire aux voies ordinaires de la justice et comme annonçant une extrême partialité, porte atteinte à la dignité, à l'honneur et à l'indépendance du tribunal. La cour de Cassation peut réserver, en ce cas, au procureur général près la cour royale son action pour venger cette infraction. — *Cass.*, 28 avr. 1827, Gourel.

881. — Mais M. de Grattier (t. 1er, p. 263) fait remarquer que cette réserve n'a pas été faite en vertu de l'art 23, L. 17 mai 1819. En effet, lorsqu'il s'agit d'outrages envers les magistrats, les réserves sont inutiles. La disposition de cet arrêt peut s'entendre aussi de la voie disciplinaire.

882. — Quand un mémoire contenant des imputations calomnieuses envers les magistrats en général a été produit au greffe de la cour de Cassation, cette cour peut le blâmer et en ordonner le dépôt à son greffe, après qu'il aura été signé et paraphé par le conseiller rapporteur, en réservant toutes poursuites ultérieures. — *Cass.*, 10 avr. 1818, Debie ; 10 thermid. an X, Rocolle, et 28 fév. 1807, Chazot.

883. — *A l'égard des tiers*, la réserve est de droit, ou, pour mieux dire, il n'est pas nécessaire que l'action leur soit réservée. Le refus fait par les juges de leur donner acte des diffamations est donc une circonstance tout-à-fait insignifiante. — La loi ne fait, d'ailleurs, aucune distinction entre le tiers présent et celui qui est absent. — Chassan, t. 1er, p. 90; de Grattier, t. 1er, p. 264 et suiv.

884. — Le refus fait par le tribunal devant lequel la diffamation étrangère à la cause a été dirigée contre un tiers, d'ordonner, sur sa demande, le dépôt de l'écrit diffamatoire, ne peut pas lui être opposé comme établissant la chose jugée sur son action et comme élevant contre elle une fin de non-recevoir. — *Nîmes*, 20 fév. 1823, Crémieux. — V. conf. Chassan, t. 1er, p. 89, n° 11.

885. — Les faits diffamatoires envers un *tiers*, publiés dans un écrit produit en justice, peuvent, sur la plainte de ce tiers, donner lieu à l'action du ministère public, bien qu'elle ne lui ait point été précédemment réservée. — *Cass.*, 7 nov. 1834, Legendre. — V. conf. de Grattier, t. 1er, p. 239, n° 13, p. 261.

886. — M. Chassan (*ibid.*, p. 90, note 1re) fait remarquer que l'exception tirée de l'art. 23, L. 17 mai 1819, pouvait en outre être écartée dans l'espèce actuelle, sur le motif que le mémoire avait été produit devant une cour d'assises où ce genre de défense n'est pas autorisé. — V. *Cass.*, 11 août 1820, Cabet.

887. — Le tiers qui se prétend diffamé dans des écrits produits ou des discours proférés devant un tribunal, n'est pas tenu d'attendre pour exercer son action civile, que le tribunal saisi du fond y ait statué. — *Riom*, 20 déc. 1826, Leygonie de Pruns.

888. — Lors même que le ministère public a requis d'office la suppression des écrits diffamatoires envers un tiers, avec impression et affiche du jugement, le tiers diffamé peut exercer son action civile séparément, et avant que le tribunal ait statué sur la réquisition du ministère public. — Même arrêt.

889. — Ce n'est point, en effet, du jugement à intervenir que la faculté de poursuivre dérive, puisque la poursuite n'est point subordonnée aux restrictions que la loi a apportées à l'exercice de l'action civile des parties en cause. Le juge saisi peut d'ailleurs, s'il croit nécessaire de connaître le jugement de l'affaire à l'occasion de laquelle le délit a été commis, surseoir à statuer jusqu'à ce que cette décision ait été rendue. — V. de Grattier, t. 1er, p. 266, n° 36.

890. — Mais qu'est-ce qu'un tiers dans le sens de l'art. 23, L. 17 mai 1819? — C'est celui qui ne figure pas au procès. — On ne saurait donc considérer comme tels l'avocat ou l'avoué en cause. — *Cass.*, 16 août 1806, Desperriers c. Dusseré.

891. — Au contraire, celui qui a été le conseil d'une partie, mais qui ne la défend pas à l'audience, doit être considéré comme un *tiers*. — *Nîmes*, 20 fév. 1823, Crémieux. — V. Chassan, t. 1er, p. 92.

892. — Le témoin outragé publiquement, à raison de sa déposition, par des discours proférés devant un tribunal, n'est pas un *tiers* dans le sens de l'art. 23, L. 17 mai 1819. — *Cass.*, 18 flor. an VII, Duronceray ; 6 nov. 1823, Leprêtre; 23 août 1838 (t. 1er 1839, p. 40), Bayle ; — Chassan, t. 1er, p. 92-93; Parant, t. 1er, p. 246, n° 23.

893. — Le témoin peut, comme l'avocat, présenter sa réclamation, séance tenante, provoquer la suppression des écrits ou mémoires dont il a à se plaindre, et même obtenir des dommages-intérêts, en vertu de la première disposition de l'art. 23, L. 17 mai 1819. D'après le même principe, et par une conséquence de ce qui vient d'être dit, le silence du témoin élève une fin de non-recevoir contre toute action ultérieure de sa part en diffamation ou injure.

894. — Jugé néanmoins en sens contraire que le témoin qui prétend avoir été diffamé par les explications qu'a présentées dans le cours des débats un prévenu ou un accusé peut former plus tard une action en diffamation, bien que des réserves n'aient pas été prononcées en sa faveur. — *Caen*, 13 juin 1844 (t. 2 1844, p. 452), Bessin ; — de Grattier, sous l'art. 23, L. 17 mai 1819, n° 23, t. 1er, p. 245; Parant, p. 102.

895. — Le magistrat qui, à l'occasion d'une enquête à laquelle il a procédé en qualité de juge commissaire, a été diffamé dans des actes signifiés, lus à l'audience, est considéré comme un tiers, dans le sens de l'art. 23, L. 17 mai 1819, et peut exercer une action civile, à raison des faits diffamatoires étrangers à la cause, qui lui sont imputés. — *Riom*, 20 déc. 1826, Leygonie de Pruns. — de Grattier, t. 1er, p. 272, n° 40, alin. dernier.

896. — La condition que les faits sont étrangers à la cause est substantielle ; sinon l'action manquerait par la base; dès-lors les tribunaux en statuant doivent en constater l'existence. — *Cass.*, 2 avr. 1825, Thirron ; 6 fév. 1829, Thirion-Montauban ; 23 nov. 1835, de Magnoncourt; — Chassan, t. 1er, p. 88 ; de Grattier, t. 1er, p. 274 ; Mangin, t. 1er, p. 335.

897. — Il ne peut être donné acte des réserves formées par une partie contre son adversaire, à raison de faits articulés contre elle et qu'elle prétend diffamatoires, que dans le cas où ces faits sont étrangers à la cause. — *Lyon*, 25 mai 1836, Chollet.

898. — En conséquence, l'arrêt d'une chambre des mises en accusation qui renvoie, en pareil cas, un prévenu devant le tribunal de police correctionnelle, doit énoncer, à peine de nullité, que les faits diffamatoires étaient étrangers à la cause. — *Cass.*, 2 avr. 1825, Thirion. — V. conf. Chassan, t. 1er, p. 88; de Grattier, t. 1er, p. 274, n° 41 ; Mangin, t. 1er, p. 335, n° 155.

899. — Lors même que le tribunal devant lequel un écrit diffamatoire a été produit, aurait réservé à la partie son action en diffamation, il ne peut y avoir lieu à aucune poursuite, si le tribunal n'a déclaré en même temps que les faits imputés étaient étrangers à la cause. — *Cass.*, 6 fév. 1829, Thirrion-Montauban.

900. Un plaidoyer prononcé devant un tribu-

nal ne peut motiver, même de la part du ministère public, une action en diffamation devant un autre tribunal, lorsque le jugement qui donne acte à la partie civile de ses réserves n'a pas, conformément à l'art. 23, L. 17 mai 1819, déclaré par une disposition expresse que les faits prétendus diffamatoires étaient étrangers à la cause.—*Cass.*, 3 mars 1837 (t. 2 1837, p. 35), Beaurin.

901. — Les réserves générales de se pourvoir ainsi qu'elle avisera, faites par la cour d'assises en faveur d'une partie, à raison de mémoires diffamatoires produits devant la chambre d'accusation, ne peuvent fonder, de la part de cette partie, une action en dommages-intérêts devant les tribunaux civils, si la cour d'assises n'a déclaré également que ces mémoires contiennent des faits diffamatoires étrangers au procès.—*Bastia*, 27 déc. 1834, Biadelli c. Podesta.

902. — Lorsqu'un tribunal déclare que le sort du procès dont il est saisi ne dépend point des pièces faisant l'objet d'une imputation de faux proférée à son audience, et réserve à la partie offensée l'action correctionnelle, il décide virtuellement, par cette disposition, que les faits imputés sont diffamatoires et étrangers à la cause.—*Cass.*, 21 mai 1836, Durand-Vaugaron c. Arché.

903. — Ordinairement, en donnant acte des réserves, le tribunal fixe les faits sur lesquels elles portent, mais lors même que cette reproduction n'aurait pas été faite, tous les moyens ordinaires de preuve sont ouverts devant le tribunal saisi de l'action nouvelle.—On ne pourrait donc plus juger, comme l'a fait la cour de Cassation le 18 fév. 1819 (Forlin c. Mottet), qu'il fallait que le fait diffamatoire eût été consigné sur procès-verbal ou qu'il eût été fixé par toute autre preuve légale. — De Grattier, t. 1er, p. 278.

904. — Est-ce le tribunal saisi du fond qui devra prononcer sur la question de savoir si les faits sont étrangers à la cause, ou ce droit appartiendra-t-il au tribunal de répression? —Cette question, discutée par M. de Grattier (t. 1er, p. 274), doit, selon nous, se résoudre par les principes qu'il a acceptés. Lorsque l'action est subordonnée à la condition d'être réservée, c'est le juge du fond qui doit décider si les faits sont étrangers à la cause. Dans le cas où l'action existe indépendamment de toutes réserves, le droit appartient au tribunal de répression. — *Cass.*, 21 juill. 1838 (t. 2 1838, p. 199), Mottet c. Grandjean.

905. — Les tribunaux saisis d'une action intentée par un tiers, à raison d'écrits diffamatoires produits en justice, ne peuvent donc prononcer une condamnation qu'après avoir préalablement déclaré que les imputations contenues dans ces écrits étaient étrangères à la cause.— A l'égard des tiers la réserve est, en effet, de droit; le tribunal saisi du fond ne l'a pas été de la question de savoir si les faits étaient étrangers à la cause. Dès lors il faut que le tribunal de la répression juge si ce caractère essentiel existe. — *Cass.*, 23 nov. 1835, Magnoncourt.

906.—Quant au caractère diffamatoire des faits, c'est au tribunal de la répression à statuer. — De Grattier, t. 1er, p. 279.—V. cependant Mangin, t. 1er, p. 331.—Cet auteur soutient que le juge qui réserve l'action doit aussi décider si les faits sont diffamatoires.

907. — Ce ne sont pas seulement les discours prononcés et les écrits produits devant les tribunaux qui sont protégés par les lois sur la presse contre l'action en diffamation ou en injure. Les journaux ou écrits périodiques jouissent de la même immunité, lorsqu'ils reproduisent dans un compte-rendu les discours prononcés et écrits lus pour la défense des parties, et généralement les débats tant législatifs que judiciaires. — V. COMPTE-RENDU DES SÉANCES DES CHAMBRES ET DES AUDIENCES DES TRIBUNAUX.

908. — L'art. 22, L. 17 mai 1819, est ainsi conçu: « Ne donnera lieu à aucune action le compte fidèle des séances publiques de la chambre des députés rendu dans les journaux. » — Cet article ne parle que de la chambre des députés, parce qu'à l'époque de la promulgation de la loi dont il fait partie la publicité n'existait que pour les débats de cette chambre. Depuis que les séances de la chambre des pairs sont publiques, la disposition s'étend naturellement aux débats de cette chambre. *Favores ampliandi.* — Chassan, t. 1er p. 111, note 4. — V. COMPTE-RENDU.

909. — En matière de débats judiciaires, quelques exceptions ont été apportées au principe général qui autorise le compte-rendu à la seule condition d'être fidèle et de bonne foi.

910. — La première est relative aux affaires où le huis-clos a été ordonné. — V. COMPTE-RENDU, nos 39 et suiv.

911. — La seconde concerne les procès pour outrage ou injure, et ceux pour diffamation lorsque la preuve des faits diffamatoires n'est pas admise. — V. COMPTE-RENDU, nos 51 et suiv.

912. — La loi du 9 sept. 1835, en créant cette exception aux règles du droit commun, a eu pour but la répression du délit distinct de celui déjà réprimé par la loi du 25 mars 1822; ce délit ne résulte pas seulement, dans les cas déterminés par la loi du 9 sept. 1835, du *compte-rendu d'une audience*, mais du *compte-rendu d'un procès* dont la publicité pourrait avoir les résultats fâcheux que la loi a voulu prévenir et empêcher. — *Cass.*, 12 mai 1837 (t. 1er 1837, p. 605), Delamarre.

913. — Lorsqu'un tribunal a constaté l'existence matérielle d'un compte-rendu de procès en diffamation, alors même qu'il serait à l'abri du reproche d'infidélité et de mauvaise foi, ce tribunal ne peut se dispenser d'appliquer la loi pénale par des motifs pris en dehors de la loi, et, par exemple, l'initiative prise de ce compte-rendu par d'autres journaux non poursuivis, et le besoin qu'éprouvait l'un des plaideurs de publier des réflexions et explications dans l'intérêt de sa réputation. — *Cass.*, 12 mai 1837 (t. 2 1837, p. 264), gérant du *Mémorial dieppois*.

914. — Il appartient à la cour de Cassation d'examiner si les caractères constitutifs du *compte-rendu* du procès, pour outrages, injures ou diffamation, existent dans les articles déférés à la justice. — *Cass.*, 12 mai 1837 (t. 1er 1837, p. 605), Delamarre.

915. — Il est encore interdit aux journaux de publier les noms des jurés, excepté dans le compte-rendu de l'audience où le jury a été constitué, et de rendre compte des délibérations intérieures soit des jurés, soit des cours et tribunaux. — V. COMPTE-RENDU, nos 62 et suiv.

V. COMPTE-RENDU, DÉLITS DE PRESSE, OFFENSE, OUTRAGE.

DIGESTE.

1. — On appelle *Digeste* ou *Pandectes* l'ouvrage que Justinien promulgua le 17 des kalendes de janvier 534 (16 déc. 533).—V. ff., Præfat., *De confirm. digest.*

2. — Composé de fragmens empruntés à des jurisconsultes romains, ce recueil fut terminé dans l'espace de trois ans par les soins de Tribonien et de seize collaborateurs.

3. — On a donné le nom de *tribonianismes* aux falsifications introduites par les rédacteurs du Digeste, qui ont usé trop largement de l'autorisation que leur donna Justinien de changer et de corriger les citations puisées dans les ouvrages des trente-neuf jurisconsultes les plus célèbres. — V. Præfat., *De concept. digest.*, 1, § 12.

4. — Bien qu'il eût été recommandé aux rédacteurs de ne laisser glisser, dans leur travail, aucune antinomie, il est certain qu'il y en a un assez grand nombre: Straitmann en indique plus de soixante, dont quelques unes sont absolument inconciliables. —Cujas, *Not. in inst.*, *De legat.*, § 10; *id.*, lib. 1, *Quæst. pop. ad* L. 8, *De postul.*, et 5, *De decurionib.*; Furgole, *Des testam.*, ch. 10, sect. 1re, no 88; Pothier, *Proleg.*, part. 3e, ch. 2, no 2.

5. — Le Digeste est divisé en sept parties et en cinquante livres. Les subdivisions des titres sont désignées sous le nom de *lois* ou *fragmens*. Ces lois sont au nombre de neuf mille deux cents environ.

6. — Dans les éditions anciennes, le Digeste est divisé en trois parties: *Digestum vetus*, — *infortiatum*, — *novum*; mais cette division n'a rien de légal, et a été imaginée par des auteurs du douzième siècle.

DIGNITAIRES. — GRANDS DIGNITAIRES.

1. — On appelle ainsi celui qui est revêtu d'une *dignité*; et l'on donne en général, dans le langage ordinaire, le nom de *dignité* aux premières places, soit dans l'état, soit dans tout corps d'un rang élevé.

2. — Dans un sens plus spécial, la dignité se distingue de la fonction en ce qu'elle ne suppose point nécessairement l'exercice d'un pouvoir positif, d'une autorité agissant, *fonctionnant* activement dans la hiérarchie gouvernementale: ce serait plutôt un titre, une qualité qui n'a en soi que des prérogatives, des attributions toutes passives et presque exclusivement honorifiques. Ainsi les maréchaux de France, les cardinaux, etc., seraient en ce sens des dignitaires et non des fonctionnaires; cette distinction peut avoir une véritable utilité dans certains cas, notamment en matière de pensions et de traitemens, dans les questions de cumul.

3. — On admettait autrefois trois sortes de dignités: les dignités civiles, ecclésiastiques ou féodales.

4. — Dans l'ordre civil, on donnait le nom de dignités: 1° aux grands offices de la couronne; 2° aux premières charges de la magistrature; 3° aux places de chevaliers de l'ordre du Saint-Esprit.—Denisart, vo *Dignité*; *Encyc. du dr.*, *eod. verb.*

5. — On entendait par dignités ecclésiastiques certains bénéfices auxquels était annexée quelque partie de la juridiction ecclésiastique, quelque prééminence. — *Encycl. du droit*, *loco cit.*; Denisart, vo *Dignité ecclésiastique*.

6. — Enfin les dignités féodales étaient des titres d'honneur qui donnaient aux personnes qui en étaient revêtues un rang plus ou moins distingué dans l'état. Tels étaient les titres de duc, marquis, comte, vicomte, etc. — *Encycl. du droit*, *loco cit.*; Denisart, vo *Dignité féodale*.

7. — Toutes ces distinctions furent abolies par la loi du 12 juill. 1790, art. 20, et la constitution du 3 sept. 1791, qui ne reconnut plus d'autre supériorité entre les citoyens *que celle des fonctionnaires publics dans l'exercice de leurs fonctions*.

8. — Cet état de choses dura jusqu'en l'an XII; mais, à cette époque, l'empire venait d'être fondé; la Légion-d'Honneur venait d'être instituée (29 flor. an X); on voulut établir *une organisation du palais impérial conforme à la dignité du trône et à la grandeur de la nation*, et un sénatus-consulte du 28 floréal institua les grands dignitaires et les grands officiers de l'empire. — Nous ne nous occuperons ici que de ce qui concerne les premiers.

9. — Les grands dignitaires de l'empire étaient: le grand électeur, l'archichancelier de l'empire, l'archichancelier d'état, l'architrésorier, le connétable et le grand amiral. — Sénat.-cons. 28 flor. an XII, art. 32.

10. — Les titulaires des grandes dignités de l'empire étaient nommés par l'empereur (art. 33); ils étaient sénateurs et conseillers d'état (art. 35); ils formaient le grand conseil de l'empereur; ils étaient membres du conseil privé, et composaient le grand conseil de la Légion-d'Honneur (art. 36); ils faisaient partie du conseil de régence (art. 27); et c'était parmi eux que le sénat devait élire le régent, si, l'empereur ne l'ayant pas désigné, aucun des princes français n'était âgé de vingt-cinq ans accomplis (art. 21).

11. — Chacun d'eux recevait annuellement, à titre de traitement fixe, le tiers de la somme affectée aux princes, conformément au décret du 21 déc. 1790, art. 46.

12. — Un statut de l'empereur réglait leurs fonctions auprès de l'empereur et déterminait leur costume dans les grandes cérémonies. — Art. 47.

13. — Les grandes dignités de l'empire étaient inamovibles (art. 34). Si, par ordre de l'empereur ou par toute autre cause que ce pût être, un titulaire d'une grande dignité de l'empire venait à cesser ses fonctions, il conservait son titre, son rang, ses prérogatives et la moitié de son traitement: il ne les perdait que par un jugement de la haute-cour impériale (art. 51), qui seule avait droit de les juger, même pour les délits ordinaires (art. 101). — V. HAUTE COUR.

14. — Les grands dignitaires de l'empire jouissaient des mêmes honneurs que les princes français, et prenaient rang immédiatement après eux. — L'époque de leur réception déterminait le rang qu'ils occupaient respectivement (art. 33).—V. aussi le décret du 24 messid. an XII, tit. 6 et 26; et celui du 6 frim. an XIII, tit. 5. — Le décret du 1er mars 1808 (art. 1er) leur conféra le titre de *prince* et d'*altesse sérénissime*.

15. — Les grands dignitaires de l'empire ne pouvaient être cités comme témoins que dans le seul cas où l'empereur, par une ordonnance spéciale rendue sur le rapport du ministre de la justice, avait autorisé cette citation. — C. inst. crim., art. 510. — Leurs dépositions devaient être reçues, suivant les circonstances, ou par le premier président de la cour royale, ou par un président de tribunal (art. 511). Dans le cas où l'empereur aurait ordonné ou autorisé leur comparution devant le jury, l'ordonnance devait désigner le cérémonial à observer à leur égard. — C. instr. crim., art. 513.

16. — Les grandes dignités de l'empire, qui n'ont pas été maintenues par les constitutions postérieures, sont aujourd'hui supprimées. — On pourrait tout au plus, dit M. Massabiau (*Man. du proc. du roi*, no 1860), considérer encore comme grand dignitaire de l'état le chancelier de France, à raison de l'inamovibilité de ses fonctions et de la haute position qu'il occupe dans l'ordre politique.

17. — Les dignitaires se confondent donc en réalité avec les fonctionnaires, quant aux mesures de protection dont ils sont l'objet, aux prorogatives dont ils jouissent, au rang qu'ils occupent dans les cérémonies publiques, aux juridictions appelées à les juger, aux prohibitions même dont ils sont l'objet, etc. — V. FONCTIONNAIRE PUBLIC, PRÉSÉANCE, TÉMOINS.

DIGUES.

Table alphabétique.

DIGUES. — 1. — Ouvrages défensifs établis sur le bord de la mer, des fleuves, des rivières, des canaux, des torrens, etc., pour préserver de l'envahissement des eaux les héritages exposés à leur action.

§ 1er. — *Etablissement des digues, sous le rapport du droit civil* (n° 2).

§ 2. — *Autorisation nécessaire pour l'établissement des digues* (n° 28).

§ 3. — *Digues construites dans l'intérêt de l'état* (n° 54).

§ 4. — *Digues établies dans l'intérêt collectif des habitans d'une même contrée* (n° 63).

§ 5. — *Autorités compétentes pour statuer sur les actions relatives à l'établissement des digues* (n° 113).

§ 6. — *Conservation des digues. — Contraventions et peines* (n° 130).

—

§ 1er. — *Etablissement des digues sous le rapport du droit civil.*

2. — Le riverain peut tout faire sur son propre fonds pour se défendre de l'action des eaux. — L. 1, ff., *De fluminibus*; L. 1, Cod., *De alluvionib.*; — Daviel, *Des cours d'eau*, t. 1er, n° 127.

3. — Ainsi, bien que tenu de recevoir les eaux qui découlent naturellement des fonds supérieurs, il a le droit d'élever sur les rives mêmes du cours d'eau qui baigne ses fonds des digues qui maintiennent les eaux dans leur lit habituel, et empêchent leur débordement. — Garnier, *Régime des eaux*, n° 677; Daviel, *ubi suprà*, nos 386 et 692.

4. — Mais le droit de construire une digue pour défendre son terrain contre l'action des eaux est naturellement subordonné à la condition de n'apporter aucun changement préjudiciable aux voisins.

5. — Un riverain ne pourrait, par exemple, par des ouvrages offensifs, rejeter le courant sur la rive opposée, ou le faire refluer sur les propriétés supérieures. *Flumen arcere, non repellere*: voilà tout à la fois l'étendue et la limite de son droit. — Cujas, *in lege* 2, § 9, lib. 49, *Pauli ad edict.*; Daviel, t. 1er, n° 127.

6. — D'après le principe des lois romaines, si l'eau, se trouvant plus resserrée, devient plus rapide en son cours, l'auteur de la digue pourra être obligé de la détruire. — L. 1, § 3, ff., *Ne quid in flum.*

7. — La nature des choses indique néanmoins que ce principe ne saurait être appliqué d'une manière absolue; autrement le droit de défense que l'on reconnaît au riverain deviendrait la plus part du temps illusoire; par cela même, en effet, qu'une digue est destinée à protéger un point de la rive, elle aura nécessairement pour résultat de faire refluer l'eau sur d'autres points. Sa construction pourrait donc presque toujours être considérée comme une attaque dirigée contre les propriétés d'autrui.

8. — L'abus du droit de défense est, en définitive, seul condamnable. Aussi voit-on que la loi romaine elle-même indique que, le principe posé plus haut doit le plus souvent, en raison des circonstances, du degré d'utilité de la digue élevée par un riverain, de l'absence ou de la modicité du préjudice qu'elle pourra causer aux voisins, souffrir une exception qu'il appartiendra à la justice d'apprécier. — L. 1, § 6, ff., *Ne quid in flum.*

9. — « Les tribunaux ont donc à cet égard, dit dans le même sens M. Daviel (*ubi suprà*, n° 694) une grande latitude d'appréciation. Il leur appartient de balancer les positions respectives des propriétaires intéressés, les inconvéniens qui peuvent exister de part et d'autre, et ils doivent, à fin de cause, maintenir toute disposition qui est pour l'un d'une nécessité évidente sans causer aux voisins d'autre préjudice que la privation des relais qui tendraient à s'opérer de leur côté aux dépens de la rive opposée. » — V. dans le même sens Chardon, *De l'alluvion*, n° 200.

10. — Les propriétaires riverains d'une rivière, même non navigable ni flottable, n'ont pas le droit, en construisant sur les bords des ouvrages pour la défense de leur terrain, de les conduire jusque dans le lit habituel de la rivière. — De pareilles entreprises seraient, par leur nature même, offensives pour les propriétaires de la rive opposée, puisque en resserrant le lit de la rivière, en gênant le cours des eaux, et en le rendant plus rapide, elles exposeraient le terrain de ces propriétaires à une corrosion plus active, dont l'effet tendrait à déplacer insensiblement, à leur préjudice, le lit de la rivière. — *Nîmes*, 27 juill. 1829, Domergue.

11. — Indépendamment de la prohibition de construire des digues susceptibles d'amener dans la direction des eaux un changement préjudiciable aux voisins, l'art. 640, C. civ., après avoir disposé que « les fonds inférieurs sont assujétis envers ceux qui sont plus élevés, à recevoir les eaux qui en découlent naturellement, sans que la main de l'homme y ait contribué, » ajoute que « le propriétaire inférieur ne peut pas élever de digue qui empêche cet écoulement. »

12. — Mais ces diverses prohibitions ne s'appliquent qu'aux digues qui seraient construites pour détourner le cours naturel et ordinaire des eaux. On ne doit pas les étendre aux digues élevées sur des propriétés pour les préserver des débordemens extraordinaires d'un fleuve, des excursions d'un torrent, et en général de toute inondation accidentelle. — Pardessus, *Des servit.*, t. 1, n° 92; Proudhon, *Domaine public*, n° 1303; Daviel, nos 386 et 697.

13. — Ainsi, chaque propriétaire a le droit de construire sur son fonds les digues et autres ouvrages qui peuvent le protéger contre ces cas de force majeure, alors même qu'il aggraverait par là les dommages que les mêmes circonstances peuvent causer aux propriétaires voisins. — *Aix*, 19 mai 1813, Raousset-Dalbon c. Clément de Gruveson.

14. — Entre particuliers, nul propriétaire ne peut être contraint par ses voisins à construire une digue sur son fonds. — Daviel, n° 392.

15. — Nul ne peut être davantage contraint à contribuer à la dépense de construction et d'entretien de digues construites par des particuliers, sans l'intervention de l'autorité, pour contenir un cours d'eau dans son lit, alors même que les travaux effectués profiteraient à ses héritages. — Daviel, *ibid.*, n° 392 *bis*.

16. — Ainsi jugé que le propriétaire qui a construit une digue pour arrêter l'irruption de la rivière bordant sa propriété ne peut demander la cassation d'un arrêt qui, après avoir déclaré qu'il a fait cette digue sur son propre fonds, dans son intérêt personnel et sans le consentement d'autres riverains ni en leur présence, décide qu'il n'a point contre ceux-ci l'action donnée au *negotiorum gestor* par l'art. 1375, C. civ. — *Cass.*, 6 nov. 1838 (t. 2 1838, p. 479), Primar c. Gérente.

17. — La contribution à une semblable dépense n'est, en définitive, obligatoire pour tous les propriétaires qui peuvent profiter de l'endiguement qu'autant que le gouvernement, soit d'office, soit sur la provocation de quelques uns des intéressés, est intervenu dans la direction des travaux. — V. *infrà* nos 84 et suiv.

18. — Par les mêmes motifs, celui qui a construit une digue dans un intérêt purement personnel est toujours libre, en principe, de ne pas l'entretenir et même de la détruire, lorsqu'il le juge convenable, quelles que soient les suites de cette destruction pour les voisins.

19. — Cette règle demande néanmoins à être sainement entendue, et il faut se garder de croire qu'elle pourrait soustraire le propriétaire de la digue à la réparation du dommage qui pourrait être considéré comme provenant directement de son fait.

20. — C'est ainsi qu'il a été jugé que, lorsqu'une crue extraordinaire des eaux (encore qu'elle soit l'effet d'une force majeure) a rompu une digue qui s'appuie des deux côtés sur le fonds d'autrui, et, par suite, endommagé les propriétés voisines, le propriétaire de ces ouvrages est tenu non-seulement à la réparation des dommages, mais encore à la réparation de la digue, sinon à rendre les eaux à leur cours naturel par l'enlèvement des matériaux dont les digues sont formées. — *Cass.*, 29 nov. 1827, Ferrière c. Rochard.

21. — De même, si le propriétaire d'une digue la détruisait subitement au moment d'un danger, si, par exemple, pendant une inondation, il l'abattait, ou ouvrait une tranchée au travers pour se débarrasser des eaux, il serait sans aucun doute tenu d'indemniser les voisins, qui, privés à l'improviste d'une défense sur laquelle ils ont pu compter, se seraient trouvés livrés à tous les ravages de l'inondation. — Daviel, n° 698 *ter*.

22. — Si, pareillement dans un cas de péril imminent, la digue était détruite, non plus par le propriétaire, mais par un ou plusieurs voisins, dans un intérêt commun, ou sur les ordres de l'autorité publique, ce serait au propriétaire qu'il serait alors dû une indemnité.

23. — Quant au point de savoir quelle devra être l'étendue de la réparation, sur qui elle devra retomber, ou entre quelles personnes elle devra être partagée, ce sera d'après les résultats de la mesure, le degré d'utilité qu'elle aura eu pour tels ou un tels individus, en un mot, d'après les circonstances du fait qu'il faudra se décider, comme dans tous les cas de force majeure où l'intérêt d'un seul peut être sacrifié à l'intérêt de tous. — V. au surplus FORCE MAJEURE, INONDATION.

24. — Lorsqu'une digue, naturelle ou artificielle, existant dans un héritage supérieur et ayant pour effet de préserver le fonds inférieur du cours des eaux pluviales, vient à être détruite par la violence des eaux, le propriétaire supérieur (s'il n'est pas toutefois grevé d'une servitude) ne peut être contraint à rétablir les lieux dans leur état primitif. Une raison d'équité, puisée dans les lois romaines, indique seulement qu'il doit permettre que la digue soit établie par celui qui y a intérêt, s'il n'a pas lui-même un intérêt contraire. — LL. 2, § 5, 14, § 1, ff., *de aq. et aq. pluv. arc.*; — Daviel, t. 3, n° 760.

25. — Si la destruction de la digue, au lieu d'être naturelle, avait été l'œuvre du propriétaire du fonds supérieur, que faudrait-il décider ? « Il faut distinguer, ce me semble, dit à cet égard M. Daviel (*ubi suprà*), entre une disposition naturelle des lieux qui donnait une direction aux eaux et une digue artificielle élevée par le propriétaire supérieur ou par ses auteurs. Celui-ci ne peut rien faire à l'état naturel des lieux qui aggrave l'écoulement pour le propriétaire inférieur. Mais comme il n'est pas obligé de préserver ce propriétaire de cet inconvénient, rien ne l'oblige à la conservation de la digue élevée sur son fonds : seulement s'il n'avait détruit la digue que pour n'avoir pas à l'entretenir et sans aucune utilité réelle, le propriétaire inférieur pourrait être admis à la rétablir à ses frais ; *hoc æquitas suggerit.* » — V. encore dans ce sens Proudhon, *Dom. publ.*, t. 4, n° 1312.

26. — Rousseaud de Lacombe (*Jurisp. civ.*, v° *Eau*, n° 6) est d'avis que, si la digue a été rompue par le fait du propriétaire supérieur, il est tenu de la réparer à ses frais. Mais cette solution est rejetée par Merlin, *Répert.*, v° *Eaux pluviales*, n° 2. — V. EAUX PLUVIALES.

27. — Du reste, l'établissement ou le rétablissement des digues sont des charges de la propriété. L'usufruitier n'y est pas tenu. — C. civ., art. 606.

§ 2. — *Autorisation nécessaire pour l'établissement des digues.*

28. — Du droit absolu qui existe pour les particuliers d'établir sur *leurs propres fonds* tous les ouvrages qu'ils jugent nécessaires pour se défendre de l'action des eaux, il résulte que, tant qu'ils se renferment ainsi dans les limites de leurs propriétés, ils n'ont aucune autorisation à obtenir.

29. — Ainsi, les particuliers n'ont besoin d'aucune autorisation pour établir des digues sur leurs fonds, en laissant un espace de leur terrain entre le lit des eaux et leurs ouvrages. — Garnier, *Régime des eaux*, n° 677.

30. — Mais il en est différemment lorsque les digues sont établies sur les rives mêmes des cours d'eau : alors l'autorisation devient nécessaire.

31. — Bien qu'il soit passé en jurisprudence que l'autorisation est indistinctement nécessaire, qu'il s'agisse de cours d'eau navigables et flottables ou de cours d'eau non navigables ni flottables, il est bon cependant de faire entre eux une distinction.

32. — Ainsi, quant aux premiers, aucune digue ne peut être construite sur les rivières et canaux navigables et flottables sans l'autorisation du gouvernement. — Ord. 1669, art. 42 et suiv. ; arr. du gouvernement 19 vent. an VI.

33. — L'ordonnance de 1669 (tit. 27, art. 42) défend de faire « ...murs, plants d'arbres, amas de pierres, de fascines, ni autres édifices ou empêchemens nuisibles au cours de l'eau, dans les fleuves ou rivières. »

34. — La loi du 16 sept. 1807 a confirmé ces dispositions et semble même les avoir étendues indistinctement aux cours d'eau de toute nature, comme à la mer, en disposant à l'égard des uns et des autres que, lorsqu'il s'agirait d'établir des digues, le gouvernement en reconnaîtrait préalablement la nécessité. — Art. 33.

35. — Le deuxième projet du Code rural (art. 185) consacrait également la nécessité de l'autorisation pour la construction des digues.

36. — En ce qui concerne les cours d'eau qui ne sont ni navigables ni flottables, la nécessité de l'autorisation ne résulte d'aucune disposition formelle de loi, et l'art. 33, L. 16 sept. 1807, est la seule mesure législative de laquelle on pourrait la faire résulter.

37. — Suivant M. Daviel (n° 695), à moins de réglemens locaux qui exigent cette autorisation, le droit commun réglerait seul alors l'exercice du droit de défense et de conservation.

38. — Néanmoins, comme l'autorité administrative est chargée de prendre toutes les mesures nécessaires pour diriger les eaux vers un but d'utilité générale (L. 12-20 août 1790); qu'elle est appelée à faire des réglemens d'administration publique sur les travaux d'art qu'exige l'intérêt des propriétaires (LL. 14 flor. an XI et 16 sept. 1807); qu'elle est par suite dans le droit de faire modifier les ouvrages exécutés sans son intervention, il est toujours plus prudent d'obtenir d'elle une autorisation préalable, et c'est dans la pratique ce qui a généralement lieu.

39. — Dans tous les cas, lorsque les digues ont le caractère d'ouvrages offensifs, elles ne peuvent être construites qu'avec l'autorisation de l'administration supérieure.

40. — La nécessité de l'autorisation, du moins en ce qui concerne l'établissement des digues inoffensives, a été contestée, et l'on s'est fondé, à cet égard, sur ce que l'ordonnance de 1669 ne prohibait que les ouvrages nuisibles à la navigation. — Chardon, *Traité de l'alluvion*, n° 193.

41. — Mais, ainsi que le fait justement remarquer M. Daviel (n° 390), comme c'est à l'administration seule qu'il appartient de reconnaître si de pareils ouvrages sont nuisibles ou inoffensifs, il lui appartient essentiellement de les autoriser.

42. — La demande en autorisation doit être adressée au préfet. — Inst. minist. 19 thermid. an VI.

43. — Ce fonctionnaire la communique à l'administration municipale du lieu où il s'agit d'établir la digue, à l'ingénieur ordinaire de l'arrondissement et à l'inspecteur de la navigation. — *Ibid.*

44. — L'administration municipale a à examiner les convenances locales et l'intérêt des propriétaires riverains. — *Ibid.*

45. — Afin d'obtenir à cet égard tous les renseignemens et de mettre les intéressés à même de former leurs réclamations, elle doit ordonner l'affiche de la pétition à la porte de la mairie. Cette affiche doit demeurer pendant quinze jours au moins, avec invitation aux citoyens qui auraient des observations à proposer, de les faire au secrétariat de la mairie dans ces quinze jours, ou au plus tard dans les trois jours qui suivront l'expiration du délai de l'affiche. — *Ibid.*

46. — Ces formalités remplies, et après s'être d'ailleurs éclairée, au besoin, par tous les moyens d'information et de vérification à sa disposition, l'administration municipale émet son avis. — *Ibid.*

48. — Elle doit joindre à ce rapport un plan dont la formation est aux frais de la partie requérante. — *Ibid.*

49. — Aussitôt après la clôture des visites et rapports, et sur le vu des pièces, le préfet statue par un arrêté motivé qu'il transmet à l'autorité supérieure pour obtenir, s'il y a lieu, l'autorisation définitive du gouvernement. — *Ibid.*

50. — Les ingénieurs sont chargés de suivre l'exécution des travaux. — *Ibid.*

51. — Faute par le requérant de se conformer aux dispositions de l'acte d'autorisation, ou en cas de changement ultérieur dans l'état des lieux, l'autorisation est révoquée et les lieux remis au même état où ils étaient auparavant, à ses frais. — *Ibid.*

52. — Ceux qui construisent des digues sans autorisation, doivent être condamnés à les détruire et en outre à une amende. — *Cons. d'état*, 2 juill. 1820, Burgade.

53. — La crainte d'un dommage que le gonflement des eaux aurait semblé rendre imminent ne serait qu'une excuse atténuante et non une justification. — *Cons. d'état*, 23 janv. 1820, hér. Gendarme.

§ 3. — *Digues construites dans l'intérêt de l'état.*

54. — Les digues qui intéressent l'état sont, ou construites par l'administration elle-même, ou concédées à des concessionnaires aux conditions jugées convenables par le gouvernement. — L. 16 sept. 1807, art 41.

55. — La construction par l'état des digues contre la mer ou contre les fleuves, rivières et torrens est du nombre des travaux susceptibles de donner lieu à l'expropriation pour cause d'utilité publique. — De Lalleau, *De l'expropriation pour cause d'utilité publique*, t. 1er, n° 283.

56. — Une ordonnance royale, rendue sur le rapport du ministre de l'intérieur et après avoir entendu les parties intéressées, déclare que les travaux effectués sont de telle nature que c'est le cas d'appliquer le principe d'indemnité envers le gouvernement. — Daviel, t. 1er, n° 274.

57. — Ceci suppose toutefois qu'il doit y avoir dépossession matérielle de fonds. S'il ne s'agissait que d'un simple dommage causé, par exemple, par le changement de direction des eaux les propriétaires lésés n'auraient que le recours en indemnité devant le conseil de préfecture, conformément à la loi du 16 sept. 1807. — Daviel, n° 388. — On suit, à cet égard, la distinction établie entre les simples dommages accidentels et les dommages permanens. — V. au surplus EXPROPRIATION POUR CAUSE D'UTILITÉ PUBLIQUE.

58. — Au gouvernement seul appartient le droit de faire la concession des digues qui sont la propriété de l'état, et de résoudre toutes les questions qui peuvent se rattacher à l'interprétation de la concession.

59. — Ainsi, un conseil de préfecture excède ses pouvoirs en faisant à un particulier la concession d'une digue située sur les bords de la mer; ce n'est pas à lui à décider si une rivière est navigable par elle-même, ou si la navigation maritime y remonte à mer haute; et si, dans l'un et l'autre de ces deux cas, la digue en litige forme un chemin de halage ou un passage nécessaire à la navigation ; ces questions sont du domaine de l'administration; tant qu'elles n'ont pas été résolues par elle, un conseil de préfecture ne peut interdire le passage sur la digue dont le public avait la jouissance avant la concession. — *Cons. d'état*, 10 août 1828, Hervieu Duclos.

60. — Lorsque l'état a vendu, sans garantie de contenance, des terrains provenant des relais de la mer, l'acquéreur n'est pas fondé à exiger un supplément de mesure pour l'établissement des digues qu'il est obligé de construire. — *Cons. d'état*, 11 fév. 1824, Bonvalet.

61. — Il paraît cependant qu'il est quelquefois arrivé que le gouvernement a fourni, outre la contenance énoncée au contrat, le terrain nécessaire pour la construction des digues.

62. — « Il semble, dit à cet égard M. Daviel (t. 1er, n° 168), qu'il devrait toujours en être ainsi, lorsqu'il y a au contrat énonciation précise et garantie de la contenance; car, autrement, l'acquéreur, ayant à prélever une étendue considérable de terrain pour l'assiette des travaux de renclôture, ne trouve plus la jouissance utile de tout ce qui lui avait été cédé. »

§ 4. — *Digues établies dans l'intérêt collectif des habitans d'une même contrée.*

63. — Dans la plupart des localités, les obligations des particuliers à l'entretien des digues établies dans l'intérêt collectif des habitans d'une même contrée, sont encore aujourd'hui réglées par des arrêts du conseil, par des arrêts des parlemens ou des maîtrises, par des ordonnances des assemblées d'état ou des intendans, par des coutumes locales, etc. Toutes ces dispositions sont encore en vigueur, ainsi que les usages locaux auxquels il n'a pas été légalement dérogé. — *Cons. d'état*, 9 avr. 1817, marais de Bordeaux ; lettre minist. du 10 déc. 1837, *Moniteur* du 17.

64. — C'est ce qu'a consacré la loi du 14 flor. an XI, en disposant (art. 1er) qu'il serait pourvu à l'entretien des digues et ouvrages d'art qui y correspondent de la manière prescrite par les anciens réglemens ou d'après les usages locaux.

65. — Lorsque l'application des réglemens ou l'exécution du mode consacré par l'usage éprouve des difficultés, ou lorsque des changemens survenus exigent des dispositions nouvelles, il y est pourvu par le gouvernement, dans un réglement d'administration publique, rendu sur la proposition du préfet, de manière que la quotité des contributions de chaque imposé soit toujours relative au degré d'intérêt qu'il a aux travaux à effectuer. — *Ibid*, art. 2.

66. — En règle générale les anciens réglemens et les usages établis ne peuvent être modifiés en une autre forme que celle d'un réglement d'administration publique.

67. — Un réglement nouveau arrêté seulement par le préfet n'aurait donc pas, par lui-même, une autorité suffisante pour recevoir une exécution forcée.

68. — Ainsi, un préfet excède ses pouvoirs en ordonnant de sa propre autorité, et sans recourir à l'approbation de l'autorité supérieure, un déplacement de digues, qui donne aux eaux une direction nouvelle au détriment de particuliers qui invoquent en leur faveur des titres anciens et une longue possession. — *Cons. d'état*, 14 juill. 1811, hab. de Montgard.

69. — Néanmoins des riverains intéressés à l'entretien des digues ne sont pas recevables à demander l'annulation d'un arrêté préfectoral qui aurait changé l'usage local, lorsque les dispositions de cet arrêté sont conformes au réglement d'administration publique intervenu postérieurement. — *Cons. d'état*, 30 janv. 1809, Valeran.

70. — Cette décision s'appliquait spécialement à un arrêté préfectoral disposant que par modifica-

tion de l'usage local qui chargeait chaque propriétaire de l'entretien de sa rive, tous seraient tenus de contribuer collectivement aux dépenses nécessitées par la rupture d'une digue. — *Ibid.*

71. — L'entretien des digues établies en mer pour la défense ou pour l'exploitation des propriétés particulières a été mis, en termes exprès, à la charge des propriétaires par le décret du 3-21 sept. 1792.

72. — Pour favoriser les endiguemens particuliers, le même décret disposa que celui qui construirait une digue en mer pour cultiver un atterrissement, jouirait, pour la contribution foncière, des exemptions établies en faveur des marais desséchés et ne pourrait être augmenté qu'après les vingt-cinq premières années.

73. — Le haut intérêt qui s'attache aux endiguemens dans certaines contrées a porté le gouvernement à en faire l'objet de réglemens spéciaux.

74. — L'endiguement du Rhône a été notamment réglé d'une manière particulière par le décret du 15 mai 1813.

75. — Aux termes de ce décret, les propriétaires riverains des chaussées du Rhône intéressés à leur conservation, mais qui, alors, ne faisaient point encore partie des associations déjà formées dans le but de cette conservation, durent être réunis en association ou incorporés à l'association la plus voisine par le préfet, sur l'avis d'une commission centrale instituée à cet effet. Il leur fut imposé l'obligation de contribuer en proportion de leur intérêt aux charges de l'association, excepté aux dettes contractées avant leur incorporation. — Art. 1er.

76. — Les propriétaires non riverains des chaussées, qui profitent de leur établissement, sont également incorporés à l'association la plus voisine et aux mêmes conditions. — Art. 2.

77. — Sous le titre de *magistrat du Rhin*, un décret impérial du 27 oct. 1808 avait institué une commission centrale chargée de prendre toutes les mesures nécessaires pour l'endiguement et la conservation des rives du Rhin sur tous les points du territoire français que ce fleuve baignait ou traversait alors. Cette commission avait reçu les pouvoirs les plus étendus. Elle devait, entre autres attributions, connaître du contentieux relatif à l'établissement des contributions locales de la propriété des terrains délaissés par le fleuve, de la propriété, possession et affermage des digues et des indemnités, des quantités de fascines et autres bois nécessaires aux travaux.

78. — Pour assurer la fourniture des bois nécessaires aux endiguemens du même fleuve, un autre décret du 6 nov. 1813 soumit les propriétaires riverains à l'obligation de livrer les bois à eux appartenant sur la réquisition de l'autorité, et leur défendit de faire aucun abattage sans avoir fait une déclaration préalable. Les dispositions de ce décret ont été consacrées par la législation postérieure.

79. — « Dans tous les cas où les travaux d'endiguage ou de fascinage sur le Rhin, porte le Code forestier (art. 136), exigeront une prompte fourniture de bois ou oseraies, le préfet, en constatant l'urgence, pourra en requérir la délivrance d'abord dans les bois de l'état; en cas d'insuffisance de ces bois, dans ceux des communes et des établissemens publics, et subsidiairement enfin dans ceux des particuliers; le tout à la distance de cinq kilomètres des bords du fleuve. »

80. — En conséquence, ajoute l'art. 137, « tous particuliers, propriétaires de bois taillis ou autres, dans les îles, sur les rives, à une distance de cinq kilomètres des bords du fleuve, seront tenus de faire, trois mois d'avance, à la sous-préfecture une déclaration des coupes qu'ils se proposeront d'exploiter. — Si, dans le délai de trois mois, les bois ne sont pas requis, le propriétaire pourra en disposer librement. » — V. au surplus FORÊTS.

81. — On peut aussi utilement consulter les décrets des 11 janv. et 16 déc. 1811, relatifs à l'entretien, à l'administration et à la police des *polders* de la Hollande et des Pays-Bas; l'ordonnance du 23 déc. 1816, concernant les digues de Saint-Waast et Réville, département de la Manche; celle du 15 juill. 1838 contenant réglement sur les digues du département du Pas-de-Calais.

82. — Des dispositions générales ont eu, en outre, pour but de poser les bases des associations qui pourraient être formées dans toute la France.

83. — Lorsqu'il s'agira de construire des digues à la mer ou contre les fleuves, rivières et torrens, navigables ou non navigables, porte la loi du 16 sept. 1807 (art. 33), la nécessité en sera constatée par le gouvernement.

84. — Aux termes du même article, la dépense doit être supportée par les propriétés protégées dans la proportion de leur intérêt aux travaux, sauf le cas où le gouvernement croirait utile et juste d'accorder les secours sur les fonds publics.

85. — Lorsque des digues ont été élevées exclusivement dans l'intérêt d'une usine, les travaux de réparation ou de reconstruction doivent être supportés par le propriétaire de cette usine. — *Cons. d'état*, 21 déc 1837, Petit-Clerc et Jacquot.

86. — Pour l'exécution des dispositions qui précèdent on a adopté les formes déjà arrêtées pour le dessèchement des marais et les autres grands travaux qui peuvent intéresser tous les propriétaires d'une même contrée. — L. 16 sept. 1807, art. 34.

87. — Au cas d'exécution par le gouvernement, ou de concession, il doit être formé un syndicat dont la mission est surtout de représenter les intérêts collectifs des propriétaires. — *Ibid.*, art. 7.

88. — Des expertises doivent avoir lieu afin de faire reconnaître les propriétés qui doivent être considérées comme ayant intérêt à la construction de la digue, le degré plus ou moins grand d'utilité que cette construction peut avoir pour chacune d'elles; leur état, avant, pendant et après les travaux; et enfin la proportion suivant laquelle elles devront être respectivement appelées à contribuer à la dépense. — *Ibid.*, art. 7 à 18.

89. — Les propriétés sont à cet effet divisées en plusieurs classes, dont le nombre ne doit pas excéder dix et ne peut être au-dessous de cinq. — *Ibid.*, art. 9.

90. — Une commission spéciale, dont les membres sont nommés par le souverain, est chargée de statuer sur toutes les difficultés qui peuvent s'élever relativement au classement des diverses propriétés, avant ou après les travaux, à leur estimation, à la vérification de l'exactitude des plans cadastraux, à l'exécution des clauses des actes de concession, à la vérification du rôle de plus-value, etc. — *Ibid.*, art. 42 à 46.

91. — C'est aux commissions spéciales et non aux conseils de préfecture qu'il appartient de décider si une propriété doit être comprise dans le périmètre d'un syndicat de propriétaires établi pour la conservation d'une digue, et dans quelles proportions cette propriété profite des travaux de défense. — *Cons. d'état*, 29 janv. 1839, commune de Miramas; 5 juin 1845, marquise de Forbin.

92. — Lorsqu'il n'existe pas de commission spéciale, c'est au préfet et non au conseil de préfecture qu'il appartient de déclarer quels sont les propriétaires qui doivent contribuer à l'entretien des digues et chaussées construites pour garantir des inondations. — *Cons. d'état*, 31 déc. 1828, Dessolier et autres.

93. — Les commissions établies pour faire la répartition entre les propriétaires intéressés et le gouvernement, des frais de travaux exécutés pour la préservation des propriétés riveraines, doivent prendre pour base de leurs opérations, non seulement le revenu net des propriétés intéressées, mais encore leur valeur, leur position, le degré de danger ou de préjudice auquel elles sont exposées à raison de l'élévation du sol et de leur distance des fleuves et travaux. — *Cons. d'état*, 8 janv. 1836, Oriol.

94. — A compter de la réception des travaux, l'entretien et la garde sont à la charge des propriétaires tant anciens que nouveaux. — L. 16 sept. 1807, art. 26.

95. — Les syndics proposent au préfet des réglemens d'administration publique qui fixent le genre et l'étendue des contributions nécessaires pour subvenir aux dépenses de conservation et d'entretien. — *Ibid.*

96. — La commission spéciale est appelée à donner son avis sur ces projets de réglemens. — *Ibid.*

97. — En les adressant au ministre, elle doit proposer aussi la création d'une administration ou syndicat composé de propriétaires, qui devra faire exécuter les travaux. — *Ibid.*

98. — La jurisprudence ministérielle est que, pour la nomination des syndics qui doivent être chargés de la conservation des digues, les associations de propriétaires n'ont le droit de présenter des listes de candidats au préfet qu'autant que l'ordonnance constitutive des associations leur accorde formellement cette faculté. — *Cons. d'état*, 29 janv. 1841, Villiers.

99. — Il est statué sur le tout en conseil d'état. — *Ibid.*

100. — Lorsqu'un ouvrage d'art n'intéresse que la navigation et une seule usine, la formation d'un syndicat n'est pas praticable. La proportion dans laquelle le gouvernement et le propriétaire doivent concourir aux travaux est déterminée alors par une ordonnance royale, sur le projet présenté par le préfet. — Daviel, t. 2, nº 274.

101. — Les devis et les détails estimatifs des ouvrages doivent être communiqués par le préfet aux propriétaires riverains, afin qu'ils puissent fournir leurs observations sur la nécessité des travaux, le montant des devis et la répartition des charges et dépenses. — Avis du cons. d'état, 23 juin 1806, cité par M. de Cormenin, t. 2, p. 374.

102. — Les taxes imposées avec l'autorisation du gouvernement pour la conservation des digues ont, depuis la loi du 25 mars 1817, art. 124, été successivement maintenues par toutes les lois de finances.

103. — Les rôles de répartition des sommes nécessaires au paiement des travaux d'entretien, réparation ou reconstruction sont dressés sous la surveillance du préfet, rendus exécutoires par lui, et le recouvrement s'en opère de la même manière que celui des contributions publiques. — L. 16 sept. 1807, art. 3.

104. — Les réclamations formées contre les taxes établies pour subvenir aux dépenses de construction ou d'entretien des digues doivent, comme en matière de contributions directes et à peine de déchéance, être formées dans les trois mois de l'émission des rôles. — *Cons. d'état*, 5 juin 1845, marquise de Forbin.

105. — Toutes les contestations relatives au recouvrement de ces rôles, aux réclamations des individus imposés et à la confection des travaux, sont portées devant le conseil de préfecture, sauf recours au conseil d'état. — L. 16 sept. 1807, art. 4.

106. — L'attribution de compétence qui résulte de ces dispositions n'a uniquement trait qu'aux difficultés que peut soulever, entre les intéressés, la répartition de la dépense.

107. — Elle cesse naturellement, pour faire place à la compétence de l'autorité judiciaire, lorsqu'il ne s'agit plus que des difficultés qui peuvent s'élever entre la réunion des intéressés et des tiers.

108. — Ainsi, c'est aux tribunaux, et non au conseil de préfecture qu'il appartient de statuer sur les difficultés relatives à l'exécution des contrats passés entre l'association d'une wateringe (construction destinée à fertiliser un pays et à le garantir des inondations), et des tiers étrangers à cette association. — *Bruxelles*, 28 avr. 1807, Daniel c. associat. de wateringe.

109. — La contribution imposée aux propriétaires intéressés dans les frais de construction et d'entretien des digues construites par l'état, ne rend pas ces digues propriété commune entre l'état et les particuliers. Le concours de ceux-ci est simplement une subvention, justifiée par leur intérêt, mais qui ne peut fonder aucun droit de propriété privée. Les ouvrages dont il s'agit restent donc toujours des propriétés publiques. — Nadault de Buffon, *Des usines*, t. 1er, p. 454; Daviel, t. 1er, nº 274 *bis*.

110. — Plusieurs anciens arrêts du conseil ont, d'ailleurs, formellement consacré cette doctrine. — « S. M., y est-il dit, déclare les chaussées, pertuis, digues, pieux, balises et autres ouvrages publics qui sont ou seront par la suite construits pour la sûreté et facilité de la navigation, faire partie des ouvrages royaux, et les prend en conséquence sous sa protection et sauve-garde royale. — Arrêts du conseil, 24 juin 1777, art. 11; 17 juill. 1782 et 23 juill. 1783.

111. — Lorsqu'il est nécessaire de faire d'urgence des travaux défensifs contre les ravages d'un cours d'eau; qu'il n'existe point encore, relativement à ce cours d'eau, de réglement d'administration publique ni de commission syndicale régulièrement instituée en exécution de la loi du 16 sept. 1807, le préfet peut faire procéder aux travaux et rendre exécutoires les rôles pour leur paiement. — *Cons. d'état*, 29 janv. 1839, Maux.

112. — L'arrêté du préfet, en un tel cas, s'il est attaqué, doit être soumis au ministre et non déféré immédiatement au conseil d'état. — *Cons. d'état*, 20 nov. 1815, Lemoine.

§ 5. — *Autorités compétentes pour statuer sur les actions relatives à l'établissement des digues.*

113. — C'est devant l'autorité judiciaire que doit être portée l'action en destruction d'une digue élevée sur une rivière non navigable ni flottable. — Proudhon, *Dom. publ.*, 2e édit., t. 3, nº 844.

114. — Si la digue n'est encore que commencée, ou si l'on est encore dans l'année de la construction, c'est par voie de complainte ou d'action possessoire et par devant le juge de paix de la situation des fonds que l'action devra être être intentée. — *Ibid.*, nº 845.

115. — Si le propriétaire lésé a négligé de former sa complainte dans l'année du trouble, il lui restera encore la ressource d'agir au pétitoire de-

vant le tribunal civil, tant que son action ne sera pas prescrite. — *Ibid.*, n° 846.

116. — Suivant Proudhon, la destruction d'une digue élevée sur une rivière navigable pourrait encore être poursuivie par les mêmes voies, si elle avait été construite sans aucune autorisation, parce que, dit-il, dans ce cas, la lésion sur laquelle serait fondée l'action, n'est ni la conséquence d'une décision administrative, ni l'effet d'un acte autorisé par l'administration, et qu'elle n'a, au contraire, pour cause qu'un fait illicite qui, sous le rapport des intérêts privés, tombe dans la compétence des tribunaux ordinaires. — *Ibid.*, n° 847 et s.

117. — Le même auteur admet toutefois que le propriétaire lésé peut s'adresser également à l'autorité administrative compétente pour réprimer toute entreprise sur les cours d'eau qui dépendent du domaine public. — *Ibid.*

118. — Mais M. Dumay, dans ses annotations sur l'ouvrage de Proudhon (t. 3, p. 189, note A), combat ces propositions. Suivant lui, les rivières navigables ou flottables étant exclusivement placées sous la surveillance des corps administratifs, l'autorité judiciaire ne peut s'immiscer en aucune manière dans tout ce qui concerne leur état matériel, soit en prescrivant, soit en défendant des travaux dans leur lit ou sur leurs bords; autrement ce seraient les tribunaux qui gouverneraient. — — V. aussi Garnier, *Rég. des eaux*, t. 2, n° 578.

119. — Les deux auteurs sont, du reste, d'accord sur ce point que, si l'action avait seulement pour but d'obtenir une réparation pécuniaire, l'autorité judiciaire serait seule compétente. — Proudhon et Dumay, *ubi suprà*.

120. — En résumé, voici la marche qu'il y aurait à suivre : En cas d'entreprises faites par un des riverains et portant préjudice au voisin opposé, celui-ci devrait se pourvoir devant le conseil de préfecture pour en faire ordonner la suppression; après quoi, et pour obtenir la réparation pécuniaire du dommage qu'il aurait éprouvé et qu'il ne pourrait demander au tribunal administratif, il devrait s'adresser aux tribunaux civils. — V. dans ce sens *Cons. d'état*, 20 juin 1821, de Lescaille; 21 janv. 1824, Hache; 19 oct. 1825, de Chateau-Renard.

121. — Lorsqu'il s'agit d'une digue construite avec l'autorisation du gouvernement, c'est exclusivement devant l'autorité administrative que les voisins qui prétendent qu'elle leur est dommageable doivent se pourvoir.

122. — En conséquence, lorsqu'une ordonnance royale a autorisé ainsi, dans l'intérêt d'un particulier, la construction d'une digue qui change la direction des eaux, le tiers lésé par la nouvelle direction du cours d'eau est recevable à demander, par tierce opposition, la réformation de l'ordonnance. — *Cons. d'état*, 28 juill. 1820, Ternaux.

123. — Si la réclamation est repoussée, il reste encore au tiers lésé l'action en réparation pécuniaire, qui est toujours, comme nous l'avons vu tout à l'heure, de la compétence des tribunaux civils. — Proudhon, *Dom. publ.*, 2e éd., t. 3, n° 854; Daviel, *Des cours d'eau*, n° 388.

124. — Il n'appartient qu'à l'autorité administrative d'ordonner ou de suspendre la construction de digues entreprises par ordre du gouvernement sur des rivières navigables. — *Cons. d'état*, 15 juin 1842, de Tauriac.

125. — Cependant, s'il arrivait que des particuliers lésés par la construction de ces digues eussent obtenu du président du tribunal civil une ordonnance de référé prescrivant la discontinuation des travaux, et cherchassent à mettre cette ordonnance à exécution par les voies juridiques ordinaires, on ne devrait pas pour cela les considérer comme coupables d'une contravention de grande voirie et les condamner à l'amende applicable à ces contraventions. — Même décision.

126. — Le préfet, comme étant chargé par les lois de procurer le libre écoulement des eaux, peut également ordonner, par mesure de police, la suppression d'une digue et d'un deversoir construits sans autorisation sur une rivière non navigable, ni flottable. — *Cons. d'état*, 17 déc. 1828, préfet Villond.

127. — Si, en l'absence d'un réglement, il arrivait que des particuliers fussent en litige sur la part contributoire de chacun d'eux dans la dépense de réparation d'une digue, rien ne s'opposerait à ce qu'ils s'adressassent aux tribunaux pour faire fixer cette contribution sur un rapport d'experts.

128. — Mais il est à remarquer qu'en un tel cas les tribunaux ne pourraient statuer que sur les frais à faire au moment de l'instance engagée et non par voie de réglement. — Daviel, t. 2, n° 345.

129. — Ce serait donc auprès de l'administration que les parties auraient à se pourvoir pour obtenir un réglement qui fixât pour l'avenir, et d'une manière invariable, leur position respective.

§ 6. — *Conservation des digues. — Contraventions et peines.*

130. — La conservation des digues est commise à l'administration publique. — L. 16 sept. 1807, art. 27.

131. — Toutes réparations et dommages doivent en conséquence être poursuivis par voie administrative, comme pour les objets de grande voirie. — *Ibid.*

132. — Mais les délits sont poursuivis par les voies ordinaires, soit devant les tribunaux de police correctionnelle, soit devant les cours criminelles, suivant les cas. — *Ibid.*.

133. — Le Code pénal de 1791 punissait de six années de fers, et de neuf années en cas de complicité, la destruction, faite à dessein de nuire, des digues et chaussées destinées à retenir les eaux. — 2e part., art. 35.

134. — Aujourd'hui ce délit est passible de la réclusion, sans préjudice d'une amende, qui ne peut excéder le quart des restitutions et indemnités ni être au-dessous de 100 fr. — C. pén., art. 437.

135. — Et celui qui, par violence, s'opposerait à la construction d'une digue autorisée par le gouvernement serait passible de l'application de l'art. 438 du même Code, aux termes duquel « quiconque, par des voies de fait, se sera opposé à la confection des travaux autorisés par le gouvernement sera puni d'un emprisonnement de trois mois à deux ans, et d'une amende qui ne pourra excéder le quart des dommages-intérêts ni être au-dessous de 16 fr.; les moteurs subiront le *maximum* de la peine. »

DIGUES (Fortifications).

1. — Les digues qui accompagnent les lignes défensives ou qui en tiennent lieu, et situées soit sur les frontières de terre, soit sur les côtes et dans les îles qui les avoisinent, sont *propriétés nationales*. — L. 8-10 juill. 1791, tit. 1er, art. 13.

2. — Les digues qui servent à soutenir les inondations d'une place sont considérées comme ouvrages détachés, lorsqu'elles ont en même temps un but et des formes défensifs. — Ord. 1er août 1821, art. 5. — V. PLACES DE GUERRE.

DILATOIRE (Exception).

1. — On appelle ainsi l'exception dont le but direct et avoué est l'ajournement de la demande et la suspension de l'instance.

2. — Le Code de procédure ne reconnaît que deux exceptions dilatoires proprement dites qui sont le délai pour faire inventaire et délibérer, et le délai pour mettre garant en cause. — C. procéd., art. 174 et 175. — V. DÉLAI POUR FAIRE INVENTAIRE ET DÉLIBÉRER, GARANTIE.

3. — Le Code civil consacre de son côté une exception dilatoire en accordant à l'héritier du débiteur assigné pour la totalité de l'obligation, le droit de demander un délai pour mettre en cause ses cohéritiers. — C. civ., art. 1225.

4. — Il y a d'autres exceptions qui, quoique n'étant pas qualifiées dilatoires par le Code, n'en ont pas moins pour résultat la suspension de l'instance. Telles sont : 1° la caution à fournir par les étrangers. — C. procéd., art. 166 et suiv. — V. CAUTION JUDICATUM SOLVI.

5. — ... 2° La demande en communication de pièces. — C. procéd., art. 188 et suiv. — V. COMMUNICATION DE PIÈCES, nos 14 et suiv.

6. — ... 3° Le bénéfice de discussion. — C. civ., art. 2019; 2042, 2043, 2171, 2206, 2207. — V. CAUTIONNEMENT, SAISIE IMMOBILIÈRE.

7. — ... 4° Le bénéfice de division. — C. civ., art. 1203, 1212 et 2025. — V. CAUTIONNEMENT.

8. — Les exceptions dilatoires doivent être proposées conjointement et avant toutes défenses au fond. — C. procéd., art. 186.

9. — Néanmoins l'héritier, la veuve et la femme divorcée ou séparée peuvent ne proposer leurs exceptions dilatoires qu'après l'échéance des délais pour faire inventaire et délibérer. — C. procéd., art. 187. — V. CAUTION JUDICATUM SOLVI, CAUTIONNEMENT, COMMUNICATION DE PIÈCES, DÉLAI POUR FAIRE INVENTAIRE ET DÉLIBÉRER, EXCEPTION, GARANTIE, SAISIE IMMOBILIÈRE.

DILIGENCES (Entrepreneurs de).

Entrepreneurs de diligences partant à jours et heures fixes, patentables. — Droit fixe de 25 fr. lorsqu'elles parcourent une distance de deux myriamètres et au-dessous, et pour chaque myriamètre complet en sus des deux premiers, 5 fr. jusqu'au maximum de 1,000 fr.; et droit proportionnel du vingtième de la valeur locative de l'habitation, des magasins de vente complétement séparés de l'établissement et du quarantième de l'établissement industriel. — V. PATENTE.

DIMANCHE.

1. — Septième et dernier jour de la semaine. — V. CALENDRIER, n° 26.

2. — Le dimanche fait partie des jours fériés. — V. JOURS FÉRIÉS.

DIMANCHES ET FÊTES.

V. JOURS FÉRIÉS.

DIME.

Table alphabétique.

DIME. — 1. — La dîme était une portion des fruits de la terre ou des troupeaux, que devaient les possesseurs des héritages ou des troupeaux aux décimateurs. — Merlin, *Répert. de jurisprudence*, v° *Dixme*.

2. — Des controverses s'étaient élevées, autrefois, sur l'origine et le fondement de cette prestation. — Quelques-uns, s'appuyant sur quelques passages de l'Ancien-Testament (V. le ch. 28 du *Lévitique* et le ch. 18 des *Nombres*), en concluaient que l'établissement de la dîme était de droit divin. — Mais d'autres faisaient observer, avec raison, que le précepte de l'ancienne loi qui attribuait aux Lévites la dîme des productions de la terre n'avait point été renouvelé dans le Nouveau-Testament, que l'Evangile ni les Actes des Apôtres n'en avaient pas dit un mot, que saint Paul, enfin, parlant de la nourriture due au ministre de l'autel, n'avait rien dit de la dîme, et ils en concluaient que la dîme ecclésiastique n'était point d'institution divine, mais de droit purement humain. Telle était l'opinion de saint Thomas d'Aquin, de Bellarmin et de la plupart des théologiens. — Merlin, *Rép.*, v° *Dixme*, n° 1er.

3. — Pendant les premiers siècles de l'église, il n'y avait point de loi qui obligeât les chrétiens à payer la dîme aux ministres des autels. Seulement les Pères de l'église, les pasteurs, exhortaient les fidèles à suivre à cet égard l'exemple des juifs, celui surtout d'Abraham, qui la payait avant la loi, par le seul mouvement de sa piété. — Merlin, *Rép.*, v° *Dixme*, n° 1er.

4. — Lorsque le zèle se fut ralenti, il devint nécessaire d'y suppléer par des prescriptions, et même de sanctionner les prescriptions par des peines. — Les conciles prononcèrent l'excommunication contre ceux qui ne satisferaient point à

obligation de payer la dîme. — D'un autre côté, Charlemagne permit, dans ses capitulaires, d'employer l'autorité des juges séculiers contre les laïques qui manqueraient à payer la dîme. — Merlin, *Rép.*, v° *Dixme*, n° 1er. — V aussi Dunod, *De la dîme*, p. 2.

5. — C'est de cette manière que la dîme, après avoir été, dans l'origine, une oblation purement volontaire, devint, dans l'église latine, et notamment en France, une prestation rigoureusement obligatoire. — Merlin, *Répert. de jurisprudence*, v° *Dixme*.

6. — La dîme, ainsi appelée parce que chez les Juifs elle consistait dans la dixième partie, n'était pas, dans notre ancien droit, invariablement fixée à cette quotité, elle pouvait être moindre ou plus grande, selon que la coutume ou la prescription en avaient décidé. — Dunod, p. 3 et 26; Van-Espen, part. 2e, tit. 33, cap. 8, nos 10 et suiv.; Catelan, liv. 1er, ch. 15; Henrys, liv. 1er, ch. 3, quest. 37 et 38; Lapeirère, lett. P, n° 61; Brodeau, lett. C, somm. 12 et 27.

7. — On divisait les dîmes en dîmes réelles ou prédiales, dîmes personnelles et dîmes mixtes. — Merlin, *loc. cit.*; Dunod, p. 3.

8. — La dîme réelle ou prédiale était celle qui se percevait sur les fruits des héritages. — Merlin, *Rép.*, v° *Dixme*, n° 2; Dunod, p. 3. — Elle se payait sans déduction des frais de labour, semences ou autres. Comme c'était le fonds qui en était grevé, elle était due de plein droit, quels que fussent le domicile ou la religion du possesseur. — Dunod, *loc. cit.*

9. — La dîme personnelle était celle que l'on percevait sur le travail et l'industrie des hommes. — Merlin, *ibid.*; Dunod, p. 4. — Elle était due en considération de l'administration des sacremens; c'est pourquoi elle ne se payait qu'au curé qui les administrait. Les infidèles ne la devaient pas, mais les hérétiques y étaient tenus. On ne la recevait pas d'un profit injuste, comme d'un larcin, ou de celui dont la participation causerait du scandale, comme dans le cas d'un gain honteux. — Dunod, *loc. cit.* — Cette sorte de dîme n'avait pas lieu en France. — Merlin, *ibid.*

10. — La dîme mixte était celle que l'on percevait sur des choses provenant en partie des héritages et en partie de l'industrie de l'homme, comme les poulets, les agneaux, le lait, la laine et les autres choses de cette nature. — Merlin, *loc. cit.*; Dunod, *ibid.*

11. — La dîme mixte se payait au décimateur du lieu où paissaient les troupeaux, lors même qu'ils couchaient dans un autre. Lorsqu'ils paissaient dans deux lieux différens, les décimateurs en partageaient la dîme au *prorata*. — Dunod, *loc. cit.*; Henrys, t. 1er, liv. 1er, chap. 3, quest. 33.

12. — Avant que l'abolition générale des dîmes eût été prononcée par les lois révolutionnaires, la dîme mixte était tombée en désuétude en beaucoup d'endroits, du moins pour une grande partie des animaux. Elle n'était en usage, dans le comté de Bourgogne, que sur les agneaux ou sur la laine, encore était-ce en bien peu de paroisses. — Dunod, *loc. cit.*

13. — Les dîmes se divisaient encore en dîmes de droit et en dîmes d'usage ou locales. — Les dîmes de droit étaient celles que l'on percevait sur les fruits qui, comme le blé, étaient partout assujétis à la dîme. — Les dîmes d'usage ou locales étaient celles qui se percevaient dans un lieu et non dans un autre. Il y avait, par exemple, des paroisses où les poulets étaient sujets à la dîme, et d'autres où ils en étaient exempts. — Merlin, *ibid.*

14. — Enfin, les dîmes étaient ordinaires ou insolites. — Les dîmes ordinaires étaient celles qui n'excédaient point ce que l'on avait coutume de donner au décimateur, selon l'usage du lieu. — Les dîmes insolites étaient celles qui étaient extraordinaires, soit par rapport à la nature des fruits sur lesquels on voulait les percevoir, soit par rapport à la quotité et à la forme de la perception. — Merlin, *ibid.*

15. — La dîme réelle ou prédiale se subdivisait, quant aux différentes espèces de fruits sur lesquels elle se percevait, en grosse dîme, menue dîme et verte dîme. — La verte dîme était celle que l'on percevait sur certains grains qui se consommaient pour la plus grande partie en vert, soit pour la nourriture des hommes, soit pour celle des bestiaux, comme les pois, les fèves, etc. — La grosse dîme et la menue dîme embrassaient tous les autres fruits de la terre; mais il serait difficile de déterminer avec précision quels étaient ceux qui rentraient dans l'une ou l'autre espèce. Cela dépendait beaucoup de l'usage des lieux. — Les gros fruits étaient ceux qui faisaient le principal objet de la culture du pays, tels étaient ordinairement le blé, l'orge, l'avoine, le vin. Par conséquent, les menus fruits étaient ceux qui ne formaient pas le principal objet de la culture du pays. — Certains fruits, réputés *gros* dans quelques localités, étaient dans d'autres considérés comme *menus*. — Merlin, *ibid.*, n° 2. — V. aussi Dunod, p. 5; Van Espen, part. 2, tit. 33, cap. 2, n° 22, et cap. 6, n° 26; Henrys, t. 1er, chap. 3, quest. 26, 28 et 30.

16. — La dîme réelle se subdivisait encore en dîme ecclésiastique et dîme inféodée. — La dîme ecclésiastique était celle dont le bénéficier jouissait librement et sans aucune charge féodale. — La dîme inféodée était celle que des laïques possédaient à titre d'inféodation, c'est-à-dire qu'ils tenaient en fief, soit de l'église, soit du roi, ou de quelque seigneur particulier. On l'appelait aussi *dîme laïque*, *dîme militaire*, parce qu'elle avait été donnée originairement à des officiers militaires, en récompense des services qu'ils avaient rendus à l'état ou à l'église. — Merlin, *ibid.*

17. — Les dîmes réelles se subdivisaient troisièmement en dîmes anciennes et en dîmes novales. — Les dîmes anciennes étaient celles qui se percevaient depuis un temps immémorial. — Les dîmes novales étaient celles que l'on percevait sur les terres défrichées depuis quarante ans et qui, de temps immémorial, n'avaient point été cultivées ou n'avaient point porté de fruits sujets à la dîme. — Merlin, *ibid.*; Dunod, p. 8.

18. — Les dîmes novales étaient dues au curé dans la paroisse duquel les héritages étaient situés, à l'exclusion des autres décimateurs qui n'y pouvaient prendre aucune part. — Dunod, *De la dîme*, p. 11; Van-Espen, part. 2e, tit. 33, cap. 6, n° 20; Canisius, *De decim.*, cap. 11, n° 2; Moneta, *De decim.*, cap. 6, n° 53.

19. — Le titre d'inféodation ne comprenait pas la novale, et ne donnait pas au laïque le droit de la réclamer, comme une suite et un accessoire de l'ancienne — Dunod, *loc. cit.*, p. 11.

20. — Les religieux en général avaient été déclarés exempts du paiement de la dîme novale de leurs propres héritages qu'ils possédaient avant le concile de Latran tenu en 1215, pourvu qu'ils les eussent défrichés, qu'ils les fissent valoir par eux-mêmes, et que cette exemption ne fût pas trop préjudiciable aux curés. — Dunod, p. 12.

21. — On disait communément qu'une terre novale était toujours novale : *Semel novale semper novale*; c'est-à-dire que celui qui avait joui de l'exemption de payer la dîme novale de son héritage en jouissait toujours, et que le décimateur qui avait pris la dîme sur un fonds comme novale avait toujours le même droit. — Dunod, p. 13; Lapeyrère, lett. N, n° 49.

22. — La dîme étant destinée à la subsistance du clergé, les conciles et les souverains pontifes s'étaient élevés fortement contre la translation qui en était faite aux laïques, même à titre d'inféodation, et en avaient ordonné la restitution. — V. à cet égard Van-Espen, *Jus ecclesiast.*, part. 2e, tit. 33, cap. 4; Dunod, p. 7.

23. — Le concile de Latran, tenu en 1179, s'exprimait à cet égard en ces termes : *Prohibemus ne laïci decimam cum animarum periculo detinentes, in alios laïcos possint aliquo modo transferre.* — Malgré ces mots : *decimam cum animarum periculo detinentes*, on avait interprété ce texte en ce sens que le concile avait seulement défendu aux laïques de transférer les dîmes à d'autres laïques, et que par conséquent il les avait autorisés à les garder. — D'autre part, on avait prétendu que l'Eglise n'avait pu enlever le droit qui avait été acquis et formé en faveur des laïques par l'inféodation des dîmes et par un usage ancien. De là était venue la maxime que les dîmes inféodées avant le concile de Latran étaient propres et patrimoniales aux laïques, et qu'ils en pouvaient disposer, comme de leurs autres biens, sans le consentement de l'évêque, soit avec le fief auquel elles étaient attachées, soit en particulier et sans le fief. — Dunod, p. 8. — V. aussi Dumoulin, *sur Paris*, § 68, gl. 1re, nos 19 et suiv.; Louet, lett. D, somm. 9 et 35; Van-Espen, part. 2e, tit. 33, can. 4, nos 38 et 39.

24. — Les évêques avaient eu d'abord l'administration et la disposition de la dîme dans leurs diocèses, et ils l'avaient distribuée dans la suite à leur clergé, sous la réserve d'une part pour eux, qui avait été réglée à la quatrième partie. Il en était dû aussi une portion aux chanoines des cathédrales, qui étaient regardés comme le sénat et le conseil de l'évêque. — Dunod, p. 14.

25. — En général, les curés étaient fondés en droit commun à prétendre la dîme sans exception, dans le district des paroisses dont ils étaient titulaires, préférablement et à l'exclusion de tous, même de l'évêque diocésain. La disposition du droit leur servait de titre suffisant; c'est pourquoi l'on disait communément qu'ils n'avaient pas besoin d'en avoir un autre que leur clocher. Aussi, toute personne qui prétendait la dîme dans la paroisse d'autrui devait rapporter un titre valable, ou faire voir, par une possession suffisante, qu'elle lui appartenait. — Dunod, p. 16.

26. — Suivant le droit commun, nul n'était exempt de payer la dîme de ses héritages. Les princes y étaient sujets pour les terres de leurs domaines; les seigneurs des paroisses la devaient à plus forte raison de leurs fiefs; en effet, la cause qui avait fait introduire la dîme les concernait tous également. — Dunod, p. 17; Van-Espen, part. 2e, tit. 33, cap. 7, n° 7; Rebuffe, quest. 51e, n° 26; Moneta, quæst. 4, n° 26; Henrys, t. 1er, liv. 1er, chap. 3, quest. 5e.

27. — La pauvreté n'était pas une cause suffisante pour s'exempter de payer la dîme; mais il était de la bienséance que les décimateurs la remissent aux pauvres. — Dunod, p. 17; Moneta, cap. 4, n° 28; Canisius, cap. 5.

28. — On tenait que les évêques ne la devaient pas des héritages de leurs menses, parce qu'ils leur étaient réservés pour leurs alimens et qu'ils étaient les premiers curés dans leurs diocèses. — Dunod, p. 17.

29. — Les religieux étaient soumis, comme les laïques, à la dîme prédiale, à moins qu'ils n'en eussent été déchargés par le Saint-Siége, qui pouvait seul accorder le privilége, parce que c'était une dispense du droit commun. — Dunod, p. 18.

30. — Les religieux de Cîteaux, les Templiers et les hospitaliers ou Chevaliers de Malte étaient seuls dispensés de payer la dîme des héritages qu'ils possédaient en propre avant le concile de Latran et qu'ils cultivaient par leurs mains. — Dunod, p. 18; Van-Espen, 2e part., tit. 33, cap. 7; Henrys, t. 1er, liv. 1er, ch. 22.

31. — Ces religieux avaient même obtenu des bulles qui étendaient l'exemption aux fonds qu'ils avaient acquis depuis le concile de Latran et à ceux qu'ils donnaient à ferme. Mais les bulles avaient trouvé de la résistance dans leur exécution, parce qu'elles contenaient des priviléges exorbitans et au-delà de ceux qui étaient autorisés en cette matière par le droit commun. C'était l'usage et la possession qui en décidaient en chaque lieu. — Dunod, p 19; Van-Espen, 2e part., tit. 33, cap. 7, nos 37 et 41.

32. — Lorsque, dans les choses sur lesquelles la dîme devait être perçue, il y avait du bon, du médiocre et du mauvais, le décimateur ne pouvait exiger ce qu'il y avait de meilleur; mais le redevable ne pouvait lui offrir ce qu'il y avait de plus mauvais. — Dunod, p. 40; Rebuffe, q. 6, n° 29 et q. 9, n° 1; Moneta, cap. 5, n° 20.

33. — La dîme se prélevait avant l'agrier, le champart et généralement avant toutes les charges des fruits, ou du moins elle devait être payée de ces mêmes charges. — Dunod, p. 41; Henrys, t. 1er, liv. 1er, ch. 3, q. 34; Brodeau, lett. C, somm. 19; Basset, t. 1er, liv. 1er, tit. 6, ch. 7; Duplessis, consult. 22.

34. — Le propriétaire qui laissait inculte l'héritage dont il payait la dîme ne devait point pour cela de dédommagement au décimateur. — Dunod, p. 22; Van-Espen, 2e part., tit. 33, cap. 9, nos 19 et suiv.

35. — Il y avait, en matière de dîme, deux choses qu'on confondait souvent et qui cependant étaient bien distinctes : la coutume et la prescription. — La coutume s'introduisait par une collection de personnes, comme tous les décimables d'une paroisse, qui pratiquaient de ne pas payer la dîme ou de ne la payer que d'une certaine manière, à l'effet de déroger en cela au droit commun et d'établir un droit général contraire. Pour acquérir ce caractère, il fallait que la coutume remplît certaines conditions : qu'elle fût uniforme, non interrompue et légitimement prescrite. — Dans la prescription, c'était un particulier seulement qui prétendait acquérir par la possession un droit ou une exemption de dîme au préjudice d'un autre. — Dunod, p. 20.

36. — En général, la dîme devait être payée sur-le-champ et avant que d'en distraire les fruits. On pouvait cependant acquérir par la coutume le droit de les enlever après avoir averti le décimateur de venir prendre la dîme, en la laissant sur la place lorsqu'il ne venait pas, auquel cas elle était à ses risques et périls; c'était l'usage du royaume. — Dunod, p. 24; Moneta, cap. 7, n° 7; Rebuffe, quest. 13, n° 50; Guy Pape, quest. 283, Tournet, lett. D, n° 117; Grimaudet, *Des dîmes*, liv. 4, ch. 1er; Lapeirère, lett. D, n° 45.

37. — Les canonistes pensaient qu'on pouvait prescrire la coutume de ne payer la dîme qu'à la

grange, à la cuverie, à la cave, ou au grenier; et à certain temps, comme, par exemple, à la Saint-Martin.—Dunod, *De la dîme*, p. 25; Moneta, cap. 7, nos 3 et 15; Henrys, t. 1er, liv. 1er, ch. 3, quest. 33.

38. — On tenait généralement en France que la coutume de ne point payer du tout de dîme, de quelque espèce que ce fût, ne pouvait être valablement introduite.—Toutefois, il en était autrement dans le ressort du parlement de Besançon, où une telle coutume était autorisée. — Dunod, p. 30 et suiv.; Van-Espen, part. 2, tit. 33, cap. 1; Canisius, *in Decretum*, lib. 3, *De decim.*

39. — On pouvait acquérir par prescription la dîme qui appartenait à un autre, mais il fallait pour cela être capable de l'acquérir ou de la posséder soi-même. — Dunod, p. 36.

40. — Ainsi, les ecclésiastiques pour leurs bénéfices, les religieux pour leurs monastères, pouvaient acquérir par prescription la dîme qui appartenait à autrui. Quant au délai, les canonistes exigeaient ou une possession de quarante ans accompagnée d'un titre, ou une possession immémoriale sans titre.—Dunod, p. 36; Covarruvias, *Var. res.*, lib. 1, cap. 17, no 7; Grimaudet, *Des dîmes*, liv. 8, ch. 8, nos 13 et 14; Henrys, t. 1er, ch. 3, quest. 25.

41. — Quant au laïque, il pouvait bien prescrire contre un autre laïque la dîme inféodée; mais, incapable de posséder la dîme ecclésiastique, il ne pouvait l'acquérir par prescription. Ainsi, lorsqu'il était constant que, depuis le concile de Latran, une dîme avait été ecclésiastique, le laïque qui la détenait pouvait être condamné à la rendre, quelle qu'eût été la durée de sa jouissance. — Dunod, p. 36; Moneta, cap. 4, no 66; Covarruvias, *Var. res.*, lib. 1, cap. 15, no 6; Brodeau, lett. D, somm. 4, no 10; Cancerus, *Var. resp.*, part. 1, cap. 23, nos 1er et 2.

42. — Quant à l'exemption de la dîme, les ecclésiastiques et religieux qui n'avaient pas de priviléges ne pouvaient être admis dans le royaume à la prescrire, et cela, par la raison principale qu'en France il n'y avait nulle terre sans dîme. — Dunod, *De la dîme*, p. 37.—Il en était de même du particulier laïque, qui ne pouvait en prescrire non seulement l'exemption totale, mais même l'exemption partielle. — Dunod, p. 38; Bardet, t. 1er, liv. 1er, chap. 117; Basnage, *Cout. de Normandie*, tit. *Des juridictions*, art. 3 et 521; Lapeirère, lett. P, no 61.

43. — Toutefois, ce qui vient d'être dit souffrait exception dans le comté de Bourgogne, où l'on admettait que l'exemption de la dîme pouvait être prescrite, non seulement par l'ecclésiastique, mais encore par le laïque. C'était une suite de l'opinion qui y était reçue que la coutume de ne point payer de dîme pouvait valablement être introduite (V. *suprà* no 38). — Dunod, p. 37.

44. — On décidait communément en France que la dîme ne s'arrérageait point, et que, dès-lors, quand elle n'avait pas été exigée pendant l'année pour laquelle elle était due, il y avait déchéance pour cette année. — Dunod, p. 40; Chorier, lib. 1, sect. 5e, art. 12; Boniface, t. 1er, liv. 2, tit. 12, ch. 3; Brodeau, lett. C, no 40.—Toutefois, cela était contesté par les auteurs canonistes. — V. Covarruvias, *Var. res.*, lib. 1, cap. 17, no 8, *in fine*; Moneta, cap. 7, nos 17 et suiv.; Grimaudet, liv. 3, ch. 5.

45. — Quant au juge compétent pour connaître des actions relatives à la dîme, les canonistes soutenaient que, hors le cas où des dîmes étaient prétendues par les laïques, le juge ecclésiastique avait seul qualité pour statuer, même au possessoire, surtout entre clercs.—V., à cet égard, Covarruvias, *Practic. quæst.*, cap. 35; Moneta, cap. 8.—Mais cette doctrine n'avait pas prévalu en France, et les jurisconsultes faisaient sur ce point diverses distinctions qu'il serait inutile de reproduire ici. — Dunod, *De la dîme*, p. 45 et suiv.

46. — Les dîmes ont été abolies par les lois révolutionnaires. Nous allons faire connaître les principales dispositions de ces lois.

47. — L'art. 5, décr. 4 août 1789, porte que « les dîmes de toute nature et les redevances qui en tiennent lieu, sous quelque dénomination qu'elles soient connues et perçues, même par abonnement, possédées par les corps séculiers et réguliers, par les bénéficiers, les fabriques et tous gens de mainmorte, même par l'ordre de Malte et autres ordres religieux et militaires, mêmes celles qui auraient été abandonnées à des laïques en remplacement et pour option de portion congrue, sont abolies, sauf à aviser aux moyens de subvenir d'une autre manière à la dépense du culte divin, à l'entretien des ministres des autels, au soulagement des pauvres, aux réparations et reconstructions des églises et presbytères, et à tous les établissemens, séminaires, écoles, colléges, hôpitaux, communautés et autres, à l'entretien desquels elles sont actuellement affectées. »—Et cependant, ajoute cet article, « jusqu'à ce qu'il y ait été pourvu et que les anciens possesseurs soient entrés en jouissance de leur remplacement, l'assemblée nationale ordonne que lesdites dîmes continueront d'être perçues suivant les lois et en la manière accoutumée. »

48. — Quant aux autres dîmes, le même article porte que, de quelque nature qu'elles soient, elles seront rachetables de la manière qui sera réglée par l'assemblée, et que, jusqu'au réglement à faire à ce sujet, la perception en sera aussi continuée.

49. — L'art. 1er, tit. 3, décr. 15 mars 1790, déclare simplement rachetables et par conséquent exigibles jusqu'au rachat effectué tous les droits et devoirs féodaux ou censuels utiles qui sont le prix et la condition d'une concession primitive de fonds.

50. — Sont présumées telles, aux termes de l'art. 2, même titre, sauf toutefois la preuve contraire, toutes les redevances seigneuriales annuelles, et notamment les dîmes inféodées qui ne se paient et ne sont dues que par le propriétaire ou possesseur d'un fonds, tant qu'il est propriétaire ou possesseur, et à raison de la durée de sa possession.

51. — Le décret du 22 avr. 1790, art. 3, étendant les dispositions du décret du 4 août 1789 précité, porte que les dîmes de toute espèce abolies par l'art. 5 dudit décret, comme aussi les dîmes inféodées appartenant aux laïques, à raison desquelles il sera accordé une indemnité aux propriétaires sur le trésor public, cesseront toutes d'être perçues à compter du 1er janvier 1791, et que cependant les redevables seront tenus de les payer à qui de droit exactement la première année, comme par le passé; à défaut de quoi ils y seront contraints.

52. — L'art. 4 du même décret porte que la dîme sur les fruits décimables crus pendant l'année 1790 sera néanmoins perçue, même après le 1er janvier 1791.

53. — L'art. 14, tit. 5, décr. 28 oct. 1790, excepte des dîmes inféodées dont l'indemnité doit être acquittée des deniers du trésor public, celles qui, quoique tenues en foi et hommage, seraient justifiées par titre être dues comme le prix de la concession du fonds. Dans ce cas, en effet, ces prétendues dîmes sont en réalité de véritables champarts: aussi notre article porte-t-il que les redevables seront tenus de les racheter eux-mêmes, suivant le mode et le taux réglés pour le champart, et que jusqu'au rachat effectué ils seront tenus de les payer.

54. — Le mode et les conditions de rachat des dîmes seigneuriales déclarées simplement rachetables ont été réglés par les décrets des 3 mai 1790 et 20 août 1792.

55. — Quant à l'indemnité due par le trésor public aux propriétaires des dîmes supprimées, aux termes de l'art. 3, décr. 22 avr. 1790, V. notamment les décrets des 28 oct. 1790, tit. 5; 7 nov. 1790; 6 déc. 1790, tit 2; 17 déc. 1790; 27 déc. 1790; 18 janv. 1791; 30 juill. 1791, et 6 fév. 1792.

56. — L'art. 17, tit. 5, décret 28 oct. 1790, porte que, si la dîme a été cumulée avec le champart, le terrage, l'agrier ou autre redevance de cette nature, ces droits fonciers ne seront dorénavant payés qu'à la quotité qu'ils étaient dus anciennement, et que, si on ne peut découvrir l'ancienne quotité, elle sera réduite à la quotité réglée par la coutume ou l'usage des lieux.

57. — Un décret postérieur, du 7 juin 1791, rendu pour l'interprétation de cet article, dispose que, dans le cas où la dîme, soit ecclésiastique, soit inféodée, aurait été cumulée avec le champart, le terrage, l'agrier, ou autres droits de cette nature, et que le tout aurait été converti en une seule redevance en nature ou en argent, si la quotité de ces droits fonciers n'est pas prouvée par les titres ou par la loi coutumière, ces mêmes droits seront réduits à la moitié de la redevance qui en tenait lieu cumulativement avec la dîme. — Dans le cas où la dîme se trouverait cumulée avec le cens seulement sans champart, le même décret porte que, s'il n'existe aucun titre qui prouve l'ancienne quotité de cens, cette quotité sera fixée par la loi coutumière; à défaut de la loi coutumière, par l'usage le plus général de la ci-devant seigneurie, et à défaut d'usage particulier dans cette ci-devant seigneurie, par l'usage le plus général et le terme moyen des ci-devant seigneuries plus voisines et limitrophes.

58. — Enfin, un autre décret du 22 juin-10 juillet 1791 détermine les cas où la dîme doit être présumée cumulée avec le champart, terrage, agrier et autres redevances en quotité de fruits.

59. — Jugé que la loi du 10 juillet 1791 ne s'occupe de la présomption légale du cumul de la dîme avec les redevances foncières, que pour les cas où les titres ne contiennent aucune stipulation particulière à cet égard; et que l'arrêt qui, interprétant les clauses d'un contrat, a décidé qu'une redevance, stipulée dans cet acte, était la représentation de la dîme, échappe à la censure de la cour de Cassation.—*Cass.*, 24 mars 1829, Préfet du Haut-Rhin c. Koller.

60. — Le décret du 25 août 1792 (art. 5) supprime sans indemnité les dîmes inféodées, en tant qu'elles tiennent de la nature des redevances féodales ou censuelles, et conservées indéfiniment par l'art. 2 du tit. 3 du décret du 15 mars 1790, à moins qu'elles ne soient justifiées avoir pour cause une concession primitive de fonds, laquelle cause ne pourra être établie qu'autant qu'elle se trouvera clairement énoncée dans l'acte primordial de concession, qui devra être rapporté.

61. — L'art. 6 du même décret ajoute qu'à l'égard de toutes dîmes inféodées, seigneuriales ou laïcales, autres que celles conservées par l'art. 5 précité, il n'y a lieu contre la nation à aucune indemnité pour raison de leur suppression, non plus que pour raison des rentes qui en étaient représentatives.

62. — Enfin, le décret du 17 juillet 1793 supprime sans indemnité toutes les redevances ci-devant seigneuriales, droits féodaux ou censuels, même ceux conservés par le décret du 25 août 1792, n'exceptant de cette suppression que les rentes ou prestations purement foncières et non féodales.

63. — Toute prestation qualifiée *dîme* étant supprimée si elle n'est foncière de sa nature, c'est à celui qui réclame une prestation ainsi qualifiée à prouver qu'elle est foncière. — *Cass.*, 17 janv. 1809, D'Hane-Steenhuyse c. Malfeson.

64. — Était féodale et, comme telle, a été supprimée par les lois abolitives de la féodalité la rente constituée pour prix de concession de fonds par un ci-devant seigneur, à titre de cens et de fief, avec obligation de payer la dîme des fruits récoltés, et sous la condition de portabilité de la rente au château seigneurial.— *Cass.*, 19 janv. 1807, Lafeuillade c. Mesplès-Verthamon.

65. — L'acte additionnel aux constitutions de l'empire, rendu, pendant les cent-jours, le 22-23 avril 1815, interdisait, par son art. 67, soit au gouvernement, soit aux chambres et aux citoyens, toute proposition tendant au rétablissement des dîmes. — Le projet de constitution de la chambre des représentans, du 29 juin 1815, portait également (art. 114) que les rentes ainsi que les droits féodaux et seigneuriaux ne pourraient être rétablis sous aucun prétexte.

66. — Enfin, après la seconde restauration, une loi du 9-11 novembre 1815, art. 8 et 10, déclara coupables d'actes séditieux, et en conséquence passibles d'un emprisonnement de cinq ans au plus et de trois mois au moins, et en outre d'une amende de 50 fr. au moins, et de 20,000 fr. au plus, toutes personnes qui accréditeraient des bruits d'un prétendu rétablissement des dîmes ou des droits féodaux.

DIMENSION.

1. — C'est l'étendue en hauteur et en largeur des feuilles de papier, et d'après laquelle le droit de timbre est perçu.—V. TIMBRE.

2. — La dimension est encore à considérer dans certaines matières, par exemple, en matière de charbons (V. BOIS ET CHARBONS); en matière de filets à pêcher.—V. PÊCHE.

DIOCÈSE.

Table alphabétique.

DIOCÈSE. — 1. — Sous le rapport religieux, et en ce qui concerne le culte catholique, le territoire de la France est partagé en *diocèses*.

2. — Le diocèse est une circonscription ecclésiastique qui embrasse un plus ou moins grand nombre de paroisses, et qui se trouve placé sous la juridiction d'un évêque. — V. CURE-CURÉ.

3. — Plusieurs diocèses réunis forment une province ecclésiastique, à la tête de laquelle est placé un *archevêque*, dont le siége prend le titre de *métropole*, et qui reçoit le nom de *métropolitain*.

4. — Nous n'avons pas à examiner ici quels rapports existent entre l'archevêque métropolitain et les évêques de sa province, qui portent le titre de *suffragans*. — V. ÉVÊQUE, ÉVÊCHÉ.

5. — Notons seulement qu'en même temps qu'il est le métropolitain de la province ecclésiastique, l'archevêque est en même temps le chef d'un diocèse particulier.

6. — Le nombre des diocèses a subi en France de nombreuses variations. — Au moment de la révolution de 1789, il était en dernier lieu de cent seize, partagés en dix-huit provinces ecclésiastiques.

7. — Toutefois il faut remarquer que quelques uns de ces diocèses, notamment ceux de l'île de Corse, de la Lorraine et de l'Alsace, relevaient de siéges métropolitains placés hors du territoire de la France.

8. — Cette position exceptionnelle de certains siéges épiscopaux présentait de graves inconvéniens; d'un autre côté, la circonscription des diocèses, trop nombreux dans certaines parties de la France, le Midi principalement, trop étendus au contraire dans d'autres, demandait une organisation nouvelle et mieux accommodée aux besoins spirituels du pays.

9. — L'assemblée nationale entreprit cette réforme; la constitution civile du clergé (tit. 1er, art. 1er) posa en principe que chaque département formerait un diocèse, et que chaque diocèse aurait la même étendue et les mêmes limites que les départemens.

10. — Ainsi se trouvait subordonnée la division religieuse du territoire à sa division administrative; et même les diocèses nouveaux, au nombre de quatre-vingt-trois, durent prendre le nom non plus comme cela avait toujours été pratiqué du lieu où se trouvait placé le siége épiscopal, mais celui du département même. — *Ibid.*, art. 2.

11. — Les arrondissemens métropolitans furent fixés à dix, comme les diocèses, et à l'exception du seul arrondissement métropolitain de Paris, ils reçurent un nom tiré de leur position géographique: métropole du Sud, de l'Est, des côtes de la Manche, etc. — *Ibid*, art. 3.

12. — Tous autres évêchés non compris dans la circonscription nouvelle furent déclarés supprimés. — *Ibid*, art. 2.

13. — La réorganisation de la circonscription religieuse, d'après les bases que nous venons d'indiquer, était sans doute un fait en lui-même fort utile; mais l'assemblée nationale avait cru devoir procéder de sa seule autorité, et sans consulter en aucune façon la puissance spirituellle.

14. — Aussi, le Saint-Siége se refusa-t-il constamment à reconnaître cette circonscription nouvelle faite sans son assentiment, et maintint les pouvoirs spirituels des évêques dépossédés.

15. — Ce n'était pas cependant qu'il y eût de la part du Saint-Siége refus de consentir à toute modification dans la circonscription des diocèses: en effet, dans le concordat la première disposition, insérée après celle qui avait pour objet de consacrer l'existence légale du culte catholique en France fût celle-ci: « Il sera fait par le Saint Siége de concert avec le gouvernement une nouvelle circonscription des diocèses français. »

16. — En conséquence et le 29 germin. an X fut autorisée la publication de diverses bulles, émanant du Saint Siége, et ayant pour objet la circonscription nouvelle des diocèses français.

17. — L'ancienne circonscription était entièrement supprimée, et les évêques titulaires des siéges épiscopaux invités à résigner leurs titres. Le souverain pontife déclarait même, en vertu de son autorité, dépossédés de toute juridiction épiscopale ceux qui se refusaient à une résignation volontaire.

18. — Ce n'était là du reste que l'exécution de l'art. 3 du concordat, lequel portait: « Sa Sainteté déclarera aux titulaires des évêchés français qu'elle attend d'eux, avec une ferme confiance pour le bien de la paix et de l'unité, toute espèce de sacrifices même de leurs siéges. — D'après cette exhortation, s'ils se refusaient à ce sacrifice commandé par le bien de l'église (refus néanmoins auquel Sa Sainteté ne s'attend pas), il sera pourvu par de nouveaux titulaires au gouvernement des évêchés de la circonscription nouvelle.

19. — En vertu des pouvoirs à lui conférés, et de concert avec le gouvernement français, le cardinal légat arrêta la nouvelle circonscription des diocèses, dont le nombre fut fixé à soixante, dont dix siéges métropolitains. — L. organ., art. 58.

20. — Ce nombre était, comme on le voit, de beaucoup inférieur à celui des départemens; il y eut jusqu'à trois départemens compris dans le même diocèse. Mais au résumé un département ne se trouvait jamais partagé entre plusieurs diocèses; et nulle partie du territoire français ne resta soumise à un évêque étranger.

21. — ... Comme aussi nul diocèse ne put relever désormais d'une métropole étrangère, ni s'étendre hors du territoire de la France.

22. — Quant aux lieux où devaient être placés les chefs-lieux des évêchés nouveaux, on prit avec raison en considération les anciens siéges épiscopaux; et c'est ainsi que, dans plusieurs départemens, l'évêque se trouva résider non dans un chef-lieu de département, mais dans une ville de moindre rang, et quelquefois dans un simple chef-lieu de canton. — Le diocèse dut prendre, suivant les anciens usages, le nom de la ville épiscopale.

23. — Les accroissemens postérieurs du territoire français avaient évidemment augmenté le nombre des diocèses français, qui dut subir, au contraire, une réduction nouvelle par suite de la chute de l'empire.

24. — Par suite, une révision nouvelle de la circonscription religieuse devenait nécessaire; d'un autre côté, le nombre des siéges épiscopaux paraissait trop restreint, et tels furent les motifs qui déterminèrent un concordat nouveau, passé à Rome, le 11 juin 1817.

25. — En vertu de ce concordat, trente-cinq évêchés nouveaux, sept nouveaux siéges archiépiscopaux étaient érigés; de plus, deux évêchés étaient élevés au titre d'archevêchés. — C'était, à peu de chose près, le rétablissement de l'ancienne circonscription religieuse, le nombre des diocèses se trouvant porté à quatre-vingt-douze.

26. — Mais le projet de loi présenté à cet effet aux chambres ayant été rejeté, de nouvelles négociations furent entamées avec le Saint-Siége, en vertu desquelles le nombre des diocèses se trouva fixé à quatre-vingts, dont quatorze siéges métropolitains. — La loi du 14 juillet 1821 ouvrit les crédits nécessaires pour l'établissement et l'entretien des nouveaux siéges épiscopaux, dont elle laissa du reste la détermination des lieux au Saint-Siége. — Une ordonnance du 30 oct. 1822 autorisa en conséquence la publication de la bulle du Saint-Siége, relative à la circonscription nouvelle.

27. — Aujourd'hui, donc, le nombre des diocèses de France correspond à peu près à celui des départemens; il n'y a plus que quelques diocèses qui s'étendent sur plusieurs départemens, et même, à la différence de ce qui se pratiquait sous l'empire, il existe par exception quelques départemens qui sont partagés en plusieurs diocèses.

28. — Depuis 1821, la circonscription religieuse du territoire continental n'a subi d'autre modification que celle de l'érection du siége épiscopal de Cambrai en archevêché. — Ordonn. 2 déc. 1841. — Cette érection ne fut, du reste, ainsi que le déclara le ministre des cultes aux chambres, que l'exécution d'une convention par laquelle, en 1822, l'érection en archevêché du siége de Cambrai, arrêtée entre le gouvernement et le Saint-Siége, avait été suspendue par des motifs particuliers.

29. — Antérieurement, une autre ordonnance royale du 25 août 1838, de concert avec le Saint-Siége, a érigé le diocèse d'Alger, qui comprend les possessions françaises du nord de l'Afrique. — V. ALGÉRIE, n° 48.

30. — Jusqu'ici les autres colonies françaises n'ont point été érigées en diocèses; toutefois aucun évêque étranger n'y exerce juridiction; il y est provisoirement suppléé par l'institution des *préfets apostoliques*. — V. COLONIES, nos 324 et suiv.

31. — M. Vuillefroy (*Tr. de l'admin. du culte catholique*, v° *Diocèse*, n° 2) fait observer qu'aucun diocèse ne peut être établi en France sans l'intervention du pouvoir législatif, et que, d'ailleurs, ce principe a été formellement reconnu par le gouvernement en diverses circonstances, et notamment à l'occasion de la loi du 14 juill. 1821; ce qu'il faut comprendre non pas en ce sens que le pouvoir législatif soit appelé à se prononcer sur la création du diocèse, mais en ce qu'il lui appartient d'accorder ou de refuser la dotation nécessaire pour l'établissement et l'entretien du diocèse proposé ou créé.

32. — Quelques personnes ont même été plus loin et ont vu dans la création de nouveaux diocèses depuis le concordat de 1801 une violation de ce même concordat et des lois organiques qui l'ont accompagné, déclarées lois de l'état, d'où elles ont conclu à l'inconstitutionnalité de toute modification postérieure.

33. — C'est ainsi que l'on est arrivé jusqu'à contester l'érection des siéges nouveaux établis en 1822; et l'on sait que ces réclamations ont trouvé à diverses reprises des interprètes dans les chambres, mais qu'elles ont été constamment rejetées.

34. — Ce rejet nous paraît parfaitement motivé; en effet, le concordat de 1801 a sans doute posé en principe qu'il serait fait une circonscription nouvelle des diocèses du territoire français, d'un commun accord entre le gouvernement et le Saint-Siége, circonscription qui fut déterminée par les lois organiques; mais rien dans l'article du concordat n'implique et ne pouvait raisonnablement impliquer que cette circonscription ne pourrait jamais subir aucune modification.

35. — Si donc le gouvernement et le Saint-Siége jugent nécessaire l'érection de nouveaux diocèses, et que le pouvoir législatif y donne son adhésion en assurant la dotation nécessaire, comme cela a eu lieu en 1821, rien n'est évidemment plus constitutionnel.

36. — La loi organique (art. 9) veut qu'il n'y ait aucune partie du territoire français placée en dehors de la juridiction épiscopale; nous ne connaissons plus aujourd'hui ce qu'on appelait autrefois *des pays de nul diocèse*. — V. ÉVÊQUE, ÉVÊCHÉ.

37. — C'est également sous les mots ÉVÊCHÉ, ÉVÊQUE, que nous examinerons d'une manière générale tout ce qui a trait à l'administration du diocèse, à la nomination de l'évêque, à la vacance du siége.

38. — Long-temps, et jusqu'en 1841, on avait considéré les diocèses comme personnes civiles, et en conséquence de nombreuses autorisations d'acquisition à titre gratuit ou onéreux leur furent accordées.

39. — Mais depuis, le conseil d'état a tenu pour constant que: « Dans l'état actuel de la législation, les diocèses ne sont que des circonscriptions administratives et ne constituent pas des personnes civiles, capables de posséder, d'acquérir et de recevoir. » — Avis cons. d'état 21 déc. 1841.

40. — Sans doute l'ordonnance du 2 avr. 1817 autorise les évêques à accepter les libéralités faites à leur *évêché* de même que les libéralités faites à leurs cathédrales et séminaires. Mais il s'agit, dans ladite ordonnance, de la *mense* épiscopale et non de la circonscription diocésaine. — Même avis.

41. — Un autre avis porte encore: « Aucune disposition législative n'a encore reconnu les diocèses comme personnes civiles et ne leur a conféré le caractère d'établissemens publics. » — Avis cons. d'état, 26 mars 1841.

42. — « Il suit de là que les libéralités faites au profit des diocèses ne peuvent produire leurs effets qu'autant qu'elles sont destinées à des établissemens diocésains légalement reconnus, auquel cas c'est au nom de ces établissemens que l'autorisation d'accepter lesdites libéralités doit être faite. » — Avis cons. d'état, 5 mars 1841.

43. — En conséquence, et par le même avis, le conseil d'état décida qu'il n'était pas possible d'autoriser un évêque à accepter *au nom de son diocèse* un legs fait pour une caisse de retraite dont l'établissement ne serait pas légalement reconnu.

44. — Par le même motif il a été décidé qu'il ne serait pas possible d'autoriser l'acceptation par un évêque et *au nom du diocèse*, d'un legs applicable *aux objets qu'il croirait utiles à son diocèse*. — « Cette disposition, indépendamment de l'inconvénient qu'elle aurait de rendre impossible toute surveillance de l'emploi des fonds donnés, présenterait encore le danger de faciliter l'application de ces fonds à des établissemens non reconnus par la loi. Elle doit donc être limitée et déterminée par l'ordonnance royale. » — Avis cons. d'état, 21 déc. 1841.

45. — Le profit de ces donations et legs ne peut donc être attribué qu'à des établissemens légalement reconnus.

46. — Or, dans chaque diocèse, les établissemens légalement reconnus sont: l'évêché, la cathédrale, le séminaire. — V. les mots ÉGLISE, ÉVÊCHÉ, SÉMINAIRE, où sera traité en détail ce qui concerne chacun de ces établissemens. — V. encore CATHÉDRALE.

47. — Notons seulement ici que des édifices sont affectés par l'état à ces établissemens, qui reçoivent, en outre, des subventions chaque année, subventions allouées sur le budget, et réparties entre les différens diocèses suivant leurs besoins. — V. CULTE, nos 287 et suiv.

48. — ... Et, qu'en outre, les départemens sont aussi admis à voter sur leur budget des subventions en faveur de ces mêmes établissemens:

mais ces subventions demeurent purement facultatives. — V. CONSEIL GÉNÉRAL DE DÉPARTEMENT, nº 188, CULTE, nºs 321 et suiv., DÉPARTEMENT, nº 189.

49.—En dehors des trois établissemens que nous venons d'indiquer, d'autres établissemens diocésains peuvent être autorisés, et recevoir même des dotations ou subventions toujours volontaires soit de l'état, soit des départemens, ou même des communes. — V. COMMUNAUTÉS RELIGIEUSES, ÉTABLISSEMENS RELIGIEUX.

V. CHAPITRE, COLONIES, COMMUNAUTÉS RELIGIEUSES, CONCORDAT, CULTE, CURE-CURÉ, DÉPARTEMENT, ÉGLISE, ÉTABLISSEMENS RELIGIEUX, ÉVÊCHÉ, ÉVÊQUE, FABRIQUE, SÉMINAIRES.

DIORAMA, PANORAMA, NÉORAMA, GÉORAMA (Directeurs de).

Patentables de deuxième classe.—Droit fixe basé sur la population, et droit proportionnel du vingtième de la valeur locative de l'habitation seulement. — V. PATENTE.

DIPLOMATIE.

1. — C'est la science des rapports et des intérêts de puissance à puissance. On désignait auparavant cette science sous le nom de *politique extérieure* ou *science des ambassadeurs*.

2. — Il ne faut pas confondre la diplomatie avec la *diplomatique*. — La diplomatique est l'art de juger sainement des diplômes, chartes et titres anciens. La connaissance exacte de la nature des actes, de leurs formules, de leur contexture, la connaissance des écritures, des formes extérieures, des coutumes propres à chaque siècle, à chaque nation, tels sont les objets de la diplomatique.

3. — La diplomatie, au contraire, recherche et combine les causes diverses qui peuvent porter atteinte ou donner une nouvelle force à la solidité des traités sur lesquels repose la paix extérieure du pays; elle sait pressentir quelles alliances il convient d'abandonner ou rechercher; elle apprécie les intérêts des autres puissances; prévoit leurs exigences futures, prépare les moyens de les repousser ou de n'y céder qu'en obtenant de raisonnables compensations.

4. — En résumé, le réglement des rapports des nations entre elles, la proposition et l'acceptation des traités, la détermination et la réglementation des ambassades; enfin, l'application du droit international, tout cela constitue ce qu'on appelle la *diplomatie*.

5. — En ce qui concerne les règles relatives aux *agens diplomatiques*, V. ce mot. — Quant aux effets des conventions diplomatiques, V. TRAITÉS DIPLOMATIQUES.

DIPLOME.

V. ENSEIGNEMENT.

DIRE.

1. — On appelle ainsi les observations, réquisitions ou contestations que font les parties ou leurs mandataires sur un procès-verbal ou un cahier des charges.

2. — Le mot *dire* se prend aussi quelquefois comme synonyme d'estimation, comme dans cette phrase : *à dire d'experts*, suivant l'estimation faite par experts.

3. — Dans plusieurs coutumes, *dire de prud'hommes* signifiait la même chose que estimation par experts. — C'était dans ce sens que s'interprétait l'art. 47 de la coutume de Paris, portant que le droit de relief est le revenu d'un an, ou le dire de prudhommes, ou une somme pour une fois offerte par le vassal.

4. —La loi autorise les dires dans un assez grand nombre de cas, et notamment en matière, 1º de partage (V. PARTAGE); 2º de licitation (V. LICITATION); 3º de saisie immobilière (V. SAISIE IMMOBILIÈRE); 4º de ventes judiciaires d'immeubles (V. VENTES JUDICIAIRES); 5º de saisies de rentes constituées (V. SAISIE DES RENTES); 6º de distribution par contribution (V. DISTRIBUTION PAR CONTRIBUTION); 7º d'ordre (V. ORDRE); 8º de compulsoire (V. COMPULSOIRE, nº 45); 9º de reddition de compte (V. REDDITION DE COMPTE); 10º de faillites (V. FAILLITE).

DIRECTE.

1. — C'était le droit d'un seigneur sur l'héritage qui relevait de lui en fief ou en censive.

2. — On distinguait, dans tout héritage inféodé ou accensé, deux élémens divers: le domaine direct ou simplement la directe, qui appartenait au seigneur; et le domaine utile qui appartenait au vassal ou censitaire.

3. — La directe avait toujours dans les censives, et ordinairement dans les fiefs, pour signe récognitif, certaines prestations, certaines redevances auxquelles cette circonstance imprimait le caractère féodal.

4. — Toutes ces prestations et redevances, ainsi que la directe elle-même, ont été abolies, avec les institutions féodales, par les lois révolutionnaires. —V. à cet égard BAIL A CENS, DROITS SEIGNEURIAUX, FIEF, RENTE SEIGNEURIALE.

DIRECTEUR DES CONTRIBUTIONS.

1. — Les administrations des contributions directes et indirectes sont dirigées et surveillées, sous l'autorité du ministre des finances, chacune par un directeur général.

2. — La direction générale des contributions directes se compose d'un directeur général et de deux administrateurs qui forment le conseil d'administration. —Ord. 8 janv. 1841 et 17 déc. 1844.

3. — Il y a de plus dans chaque département un directeur spécialement chargé de diriger et surveiller l'administration des impôts directs du département. —V., pour tout ce qui concerne leurs attributions ainsi que celles du directeur général, CONTRIBUTIONS DIRECTES.

4. — Quant à l'administration centrale des contributions indirectes, elle se compose d'un directeur général et de quatre administrateurs qui forment avec lui conseil d'administration. — Ord. 17 déc. 1844.

5. — Il y a, en outre, un directeur dans chaque département et un dans chaque arrondissement.

6. — Les directeurs de département dirigent et surveillent le service de chaque département. — Les directeurs d'arrondissement ont des fonctions analogues, mais subordonnées. —V. au surplus CONTRIBUTIONS INDIRECTES, nºs 11 et suiv.

7. — L'administration des contributions directes et celle des contributions indirectes ne sont pas les seules administrations financières qui soient dirigées et surveillées par des directeurs généraux. — L'ordonn. du 12 janv. 1831 avait, en effet, supprimé ce titre pour les autres administrations dépendant du ministère des finances; mais il se trouve rétabli par l'ordonn. du 17 déc. 1844 (art. 26 et suiv.

8.—Ainsi, aujourd'hui l'administration des postes, celle des tabacs, celle des douanes, celle des forêts et celle de l'enregistrement et des domaines, sont dirigées de nouveau par des directeurs généraux.— Pour ce qui est relatif aux attributions de ces hauts fonctionnaires, V. DOUANES, ENREGISTREMENT, FORÊTS, POSTES, TABAC.

DIRECTEUR DU JURY.

Table alphabétique.

DIRECTEUR DU JURY. — 1. — Magistrat institué par le décret du 16-29 sept. 1791, sur la justice criminelle et l'institution des jurés, pour mettre les affaires en état d'être soumises au jury d'accusation, convoquer ce jury, le diriger, recevoir sa déclaration et rendre l'ordonnance qui devait la suivre. — V. JURY D'ACCUSATION.

2. — Le directeur du jury était de plus chargé des fonctions d'officier de police judiciaire pour la poursuite de certains délits et de la surveillance des officiers de police judiciaire. — Décr. 30 sept. 1793; C. 3 brum. an IV, art. 140 et suiv.; décr. 7 pluv. an IX.

3. — *Attributions*. — Il était, en sa qualité de directeur du jury, chargé de la rédaction de l'acte d'accusation et des opérations préparatoires. — A cet égard, ses fonctions commençaient aussitôt que le prévenu était écroué et que les pièces lui avaient été remises au greffe.

4.— Dans les vingt-quatre heures, il devait examiner les pièces, interroger le prévenu. — C. 3 brum. an IV, art. 217; décr. 7 pluv. an IX, art. 10. —Il devait tenir note de ses réponses (Code brum. an IV, art. 217), et lui en donner lecture. — Décr. 7 pluv. an IX, art. 10.

5.— Aux termes de l'art. 16, décr. 7 pluv. an IX, lorsque l'ordonnance n'était pas conforme aux réquisitions du commissaire du pouvoir exécutif, l'affaire devait être soumise au tribunal de l'arrondissement. — Le directeur du jury ne pouvait prendre part à la décision.

6.— Sous l'empire du décret du 16-29 sept. 1791, et du Code de brum. an IV, le directeur du jury devait rédiger l'acte d'accusation, mais le décret du 7 pluv. an IX, art. 21, confia la rédaction de cet acte au commissaire du pouvoir exécutif. —Il ne pouvait être dressé d'acte d'accusation que pour délit emportant peine afflictive ou infamante. — C. 3 brum. an IV, art. 228. — Jugé, en conséquence, que le directeur du jury qui soumettait aux jurés d'accusation un simple délit correctionnel commettait un excès de pouvoir. — *Cass.*, 8 thermid. an VIII, Chambré.

7.— Le directeur du jury était, en outre, chargé de la convocation des jurés qui devaient composer le jury d'accusation, et qu'il avait fait tirer publiquement au sort en présence du commissaire du pouvoir exécutif. — C'était lui qui était juge des excuses. — C. brum. an IV, tit. 11, art. 491 et suiv.

8. — Au jour indiqué dans sa convocation, et après que les jurés étaient réunis, le directeur du jury, en présence du commissaire du pouvoir exécutif, et après leur avoir fait promettre de remplir leurs devoirs, leur exposait l'objet de l'accusation, leur expliquait les fonctions qu'ils avaient à remplir, leur donnait lecture d'une instruction contenue dans l'art. 237, C. brum. an IV, qui les leur rappelait, leur donnait lecture de l'acte d'accusation et des pièces, interrogeait les prévenus, faisait entendre les témoins et la partie plaignante ou dénonciatrice, remettait les pièces et se retirait pour les laisser délibérer. — C. brum., an IV, art. 235 et suiv.

9. — Lorsque le jury avait déclaré *n'y avoir lieu à la présente accusation*, le directeur du jury pouvait dresser un nouvel acte d'accusation sur les déclarations écrites des témoins et les autres renseignemens (C. brum. an IV, art. 246); s'il ne jugeait pas devoir user de cette faculté, il faisait mettre le prévenu en liberté après en avoir donné avis à l'accusateur public (art. 253). — Dans le cas, au contraire, où la déclaration portait qu'il y avait lieu à accusation, il renvoyait le prévenu devant le tribunal criminel (art. 256). — Alors, dans ce dernier cas, il envoyait la déclaration du jury d'accusation au tribunal criminel, et y joignait, à peine de suspension de ses fonctions et de privation de son traitement pendant six mois, une copie du tableau des jurés qui l'avaient rendue. — Art. 501.

10. — Comme officiers de police judiciaire, les directeurs de jury poursuivaient immédiatement, sur toute dénonciation et même d'office, 1º les attentats contre la liberté ou la sûreté individuelle des citoyens; 2º ceux commis contre le droit des gens; 3º la rébellion à l'exécution, soit des jugemens, soit de tous les actes exécutoires émanés des autorités constituées; 4º les troubles occasionnés et les voies de fait commises pour entraver la perception des contributions, la libre circulation des subsistances et autres objets de commerce. — Const. 5 fruct. an III, art. 243; C. brum. an IV, art. 140 et 144.

11. —Il poursuivait encore immédiatement dans les communes de moins de 40,000 habitans les délits de faux, de banqueroute frauduleuse, concussion, péculat, vol de commis ou d'associés en matière de finances, commerce ou banque, qui avaient été commis ou dont l'auteur résidait dans son ressort. — C. brum. an IV, art. 142.

12. — Sous le Code du 3 brum. an IV, un attentat aux jours du premier consul devait être considéré comme compromettant éminemment

la liberté et la sûreté individuelle des citoyens. En conséquence, les fonctions d'officier de police judiciaire étaient immédiatement dévolues au directeur du jury pour informer sur un délit de cette nature. — *Cass.*, 9 pluv. an IX, Demerville, Ceracchi, Arena et Topino-Lebrun.

13. — Les autres officiers de police judiciaire étaient placés sous sa surveillance. — C. 3 brum. an IV, art. 21 et 22; const. de fruct. an III, art. 212. — Il avait sur eux le droit de réprimande. — Dans le cas de faute grave commise par les commissaires de police, officiers de gendarmerie et juges de paix, il les dénonçait à l'accusateur public. — Même Code, art. 23 et 149. — Il poursuivait directement les négligences, abus, malversations et autres délits des gardes champêtres et forestiers. — *Ibid.*, art. 24 et 141.

14. — Le sénatus-consulte du 16 vendém. an XI, en suspendant les fonctions du jury dans divers départemens, et réglant la composition des tribunaux spéciaux, n'avait nullement dérogé aux attributions faites par le Code du 3 brum. an IV et par la loi du 7 pluv. an IX au directeur du jury. — *Cass.*, 1er fructid. an XI, Delcorso et Aimond. — V. INSTRUCTION CRIMINELLE.

15. — *Organisation.* — Il y avait autant de directeurs du jury que de jurys d'accusation, et autant de jurys d'accusation que de tribunaux correctionnels dans chaque département. — Const. 5 fruct. an III, art. 240 ; C. 3 brum. an IV, art. 211.

16. — Aux termes des art. 1er et 2, tit. 1er, décr. 16-29 sept. 1791, les fonctions de directeur du jury devaient être remplies par un des membres du tribunal de district, pris à tour de rôle tous les six mois par la voie du sort, parmi ses collègues, le président excepté.

17. — La constitution du 5 fruct. an III (art. 240) transféra ces fonctions de directeur du jury aux présidens des tribunaux correctionnels de chaque arrondissement. — C. brum. an IV, art. 211.

18. — Lorsque les communes dans lesquelles étaient établis les jurys d'accusation avaient plus de cinquante mille habitans, il pouvait, aux termes de l'art. 240 de la constitution de l'an III, être établi par une loi, outre le président du tribunal de police correctionnelle, autant de directeurs de jurys d'accusation que l'expédition des affaires l'exigerait.

19. — A Paris, un décret du 14-18 mai 1793, relatif à l'organisation de son tribunal criminel, avait conféré les fonctions de directeur du jury à six directeurs tirés des six tribunaux alors existant dans cette ville. — Art. 1er et 2, tit. 2.

20. — Le décret du 19 vendém. an IV (tit. 3) adjoignit à ces six directeurs le président et le vice-président du tribunal correctionnel. Cette organisation fut maintenue par le Code du 3 brum. an IV, art. 212 et 214.

21. — Ils étaient en activité pendant six mois consécutifs; chacun à leur tour ils faisaient les diligences nécessaires pour prononcer s'il y avait lieu à accusation. — Décr. 14 mars 1793, tit. 2, art. 3.

22. — Dans le besoin, quatre de ces directeurs formaient un tribunal qui prononçait, comme les tribunaux des autres départemens, sur la question de savoir s'il y avait lieu ou non à accusation. — Un substitut du commissaire du pouvoir exécutif, un greffier, un commis greffier et deux huissiers étaient attachés à ce tribunal. — Décr. 14-18 mars 1793, tit. 2, art. 3 et 4; C. brum. an IV, art. 214.

23. — Le décret du 27 vent. an VIII (18 mars 1800), sur l'organisation des tribunaux, modifia tout le système de la constitution de l'an III et du Code de brum. an IV à cet égard. Les fonctions de directeur de jury, aux termes de ce décret, durent être remplies tour à tour, pendant trois mois, par chacun des membres des tribunaux de trois juges, et pendant six mois par chacun des membres des tribunaux de plus de trois juges, à l'exception du président et du vice-président. — Décr. 27 vent. an VIII, art. 15; décret 30 mars 1808, art. 51.

24. — Sous le Code du 3 brum. an IV, le directeur du jury dont le tour de service était expiré, ne commettait point un excès de pouvoir en continuant ses fonctions jusqu'à son remplacement. La disposition qui exigeait que les juges alternassent n'était qu'un réglement ayant pour objet d'assurer le service dans les tribunaux criminels. — *Cass.*, 8 mai (et non mars) 1807, Labussière.

25. — En cas d'absence ou empêchement d'un directeur du jury, il était remplacé par le juge de son tribunal qui le suivait sur le tableau. — Décr. 16-29 sept. 1791, tit. 1er, art. 1er; 30 mars 1808, art. 51.

26. — Mais il ne pouvait être remplacé par un juge suppléant qu'à défaut d'autres juges. — Décr. 30 mars 1808, art. 51.

27. — Lorsque ses fonctions le lui permettaient, le directeur du jury assistait aux séances de la chambre à laquelle il appartenait. — Même article.

28. — Il devait en outre recueillir et constater tous les autres genres de preuves autorisés par la loi (décr. 7 pluv. an IX, art. 11), notamment, entendre les témoins qui n'avaient pas été entendus par l'officier de police. — C. 3 brum. an IV, art. 225.

29. — Il pouvait se transporter sur les lieux, ou, s'il ne jugeait pas son déplacement nécessaire, faire faire tous actes d'instruction ou de procédure par les juges de paix et officiers de gendarmerie. — Décr. 7 pluv. an IX, art. 13 et 14.

30. — Mais il ne pouvait faire aucun acte de procédure ni d'instruction sans avoir entendu le commissaire du pouvoir exécutif. Et, lorsqu'il trouvait l'affaire suffisamment instruite, il devait lui en donner communication pour qu'il fît ses réquisitions, après lesquelles il rendait une ordonnance soit de renvoi des prévenus devant les tribunaux, soit de mise en liberté. — Décr. 7 pluv. an IX, art. 12; C. 3 brum. an IV, art. 221.

31. — Jugé même que l'ordonnance du directeur du jury rendue sans les conclusions préalables du ministère public et à son insu était nulle. — *Cass.*, 16 vendém. an VIII, N...

32. — De la combinaison des art. 15 et 150, C. brum. an IV, il résulte que les fonctions de police judiciaire étaient incompatibles avec celles de la justice.

33. — Toute affaire dans laquelle un directeur de jury avait exercé immédiatement les fonctions d'officier de police judiciaire devait être soumise à un jury spécial, à peine de nullité de la déclaration qui aurait été rendue par un jury ordinaire. — *Cass.*, 12 vent. an VIII, Robinet; 19 niv. an VIII, Pillaud; 4 brum. an VII, Conseil. — L'art. 516, C. brum. an IV, en imposait l'obligation.

34. — Ainsi, jugé que les affaires d'attentat contre la sûreté individuelle des citoyens dans lesquelles le directeur du jury exerçait immédiatement ses fonctions d'officier de police judiciaire devaient, à peine de nullité, être soumises à des jurés spéciaux d'accusation et de jugement. — *Cass.*, 24 brum. an VII, Rieu.

35. — Mais lorsque le directeur du jury n'avait pas rempli immédiatement les fonctions d'officier de police judiciaire, l'affaire ne pouvait pas être soumise à un jury spécial, à peine de nullité. — *Cass.*, 1er pluv. an VII, Senès.

36. — Il pouvait arriver qu'une affaire d'abord considérée comme devant être portée au tribunal criminel et ayant été l'objet d'une instruction, fût reconnue ne pas avoir cette gravité, et fût renvoyée, ainsi que nous l'avons dit plus haut, devant le tribunal correctionnel.

37. — Aucune loi ne prononçait l'incompatibilité entre les fonctions de directeur du jury agissant comme juge et celles de juge en police correctionnelle dans la même affaire. — *Cass.*, 29 oct. 1808, Besançon; même jour, Forgues; 3 prair. an XI, de Lambilly. — Il pouvait donc connaître de l'affaire ainsi renvoyée.

38. — Mais si, dans cette affaire, il avait rempli les fonctions d'officier de police judiciaire, il y avait lieu d'appliquer les dispositions des art. 15, 150 et 516, C. brum. an IV, combinés.

39. — Jugé, en conséquence, que le directeur du jury qui avait exercé les fonctions immédiates d'officier de police judiciaire, ne pouvait pas siéger ensuite dans la même affaire comme président du tribunal correctionnel. — *Cass.*, 28 mess. an VIII, Husson; 16 mess. an IX, Raphoz.

40. — Les juges chargés des fonctions de directeur du jury ne prenaient pas de vacances. — Décr. 17-23 sept. 1791; arrêt. 5 fruct. an VIII; décr. 30 mars 1808, art. 75.

41. — *Discipline, crimes et délits commis par les directeurs du jury.* — Les directeurs du jury d'accusation étaient placés sous la surveillance de l'accusateur public. Lorsque ce fonctionnaire s'apercevait de quelque négligence, il devait les en avertir. — S'il y avait lieu à une réprimande, il s'adressait au tribunal dont le directeur faisait partie, qui en délibérait et écrivait à ce directeur. — C. 3 brum. an IV, art. 287.

42. — En cas de récidive, l'accusateur public en référait au tribunal criminel, lequel, s'il y avait lieu, faisait citer le directeur du jury à son audience, et, après l'avoir entendu, lui enjoignait d'être plus exact à l'avenir, en le condamnant aux frais de la citation et de la signification du jugement. — C. 3 brum. an IV, art. 288.

43. — Lorsqu'un directeur du jury s'était rendu coupable, même en dehors de l'exercice de ses fonctions, d'un délit dont la peine n'était ni afflictive ni infamante, l'accusateur public le faisait citer au tribunal criminel, qui prononçait comme tribunal correctionnel, mais sans qu'il pût y avoir appel du jugement. — C. 3 brum. an IV, art. 285 et 289.

44. — Mais le tribunal criminel qui prononçait des peines contre un directeur du jury à raison d'un excès de pouvoir qui n'était qualifié délit par aucune loi, commettait lui-même un excès de pouvoir répréhensible et son jugement devait être cassé. — *Cass.*, 18 vendém. an IX (int. de la loi), Pianelli.

45. — Si le délit commis emportait peine afflictive ou infamante, l'accusateur public remplissait les fonctions d'officier de police judiciaire et de directeur du jury d'accusation. Toutefois, il pouvait déléguer les fonctions de police judiciaire autres que les mandats d'amener, de comparution et d'arrêt à un officier de police ou à un directeur du jury. — C. 3 brum. an IV, art. 290 et suiv.

46. — Cette surveillance attribuée à l'accusateur public sur les directeurs du jury de son département, était limitée au personnel et ne lui donnait point le droit d'attaquer leurs actes ni de les porter à la révision du tribunal criminel sans que l'accusation eût été admise. — *Cass.*, 7 thermid. an VII, Olivier.

47. — Le jury d'accusation ayant été supprimé par le Code d'instruction criminelle de 1808, les directeurs de ce jury le furent également; leurs fonctions passèrent aux membres du ministère public, aux officiers de police judiciaire et aux chambres des mises en accusation.

V. ACTE D'ACCUSATION, nos 11 et suiv.; JURY D'ACCUSATION; INSTRUCTION CRIMINELLE; TRIBUNAUX SPÉCIAUX.

DIRECTEUR DU JURY D'EXPROPRIATION.

V. EXPROPRIATION POUR UTILITÉ PUBLIQUE.

DIRECTION DE CRÉANCIERS.

1. — On nommait Direction un corps de créanciers unis et dont les intérêts étaient confiés à quelques uns d'entre eux qu'on nommait *directeurs*, parce qu'ils étaient chargés de veiller à l'intérêt commun.

2. — Les directions avaient été, en général, établies pour éviter les frais et pour accélérer le paiement des créanciers. Mais l'expérience avait démontré qu'elles étaient longues et ruineuses; aussi, dans les derniers temps, les parlemens rejetèrent celles qui avaient voulu se former quand des créanciers qu'on voulait forcer d'y entrer se pourvoyaient contre le jugement d'homologation.

3. — Au reste, un contrat d'union et de direction de créanciers, pour être régulier et valable, devait contenir un état circonstancié des biens et des dettes du débiteur en faillite, il devait être passé devant notaire en minute, insinué et homologué comme les contrats d'abandonnement et d'atermoiement.

4. — Pour poursuivre l'homologation du contrat d'union et de direction les créanciers devaient réunir entre eux les trois quarts du montant des dettes : hors ce cas, le principe était *ne s'unit qui ne veut.*

5. — Le contrat de direction ne devait rien innover, quant aux droits des créanciers hypothécaires ou privilégiés qui auraient pu, en ce cas, contester l'homologation demandée, même par les trois quarts des autres créanciers.

6. — Les syndics et directeurs représentaient l'union des créanciers, non pas comme de simples mandataires, mais comme *procuratores in rem suam*; aussi était-ce en leur nom que devaient être formées toutes les actions appartenant à l'union, et ce qui était fait avec eux était aussi fait avec le corps entier des créanciers. En cas de mauvaise gestion ou de dissipation, les créanciers n'avaient de recours que contre les directeurs personnellement et non contre le débiteur commun.

DIRECTOIRE DE DÉPARTEMENT ET DE DISTRICT.

1. — C'était, sous l'empire de la loi du 22 déc. 1789, la section des administrations de département ou de district qui était spécialement chargée de l'expédition des affaires.

2. — Le directoire de département était composé de huit membres nommés dans le sein de chaque administration départementale, par la totalité des membres composant cette administration. — L. 22 déc. 1789, sect. 2e, art. 23.

3. — Le directoire de district était composé de membres nommés de la même manière par les administrations de district. — *Ibid.*, art. 25.

4. — Il était subordonné au directoire du département. — *Ibid.*, art. 31.

5. — Les directoires de département et de district avaient à suivre l'exécution des mesures arrêtées par les conseils, soit dans l'intérêt du département, soit dans l'intérêt du district, et à prendre eux-mêmes, dans l'intervalle de ses sessions, toutes les mesures d'administration nécessaires. — *Ibid.*, art. 21 et 31.

6. — Ils rendaient annuellement compte de leur gestion à ces conseils. — *Ibid.*

7. — Le procureur général syndic, pour le département, et le procureur syndic pour le district, les assistaient pour la suite des affaires. — *Ibid.*, art. 18.

8. — Les directoires de département et de district, atteints un moment dans leur organisation par la loi du 14 frim. an II, institutive du gouvernement révolutionnaire, avaient été rétablis dans leurs anciennes attributions par la loi du 28 germin. an III.

9. — Ils se trouvèrent supprimés par la constitution du 5 fructid. an III, qui mit à la tête de chaque département une administration centrale, constituée sur des bases toutes nouvelles, et qui, en supprimant d'ailleurs les districts, organisa par cantons seulement et par municipalités l'administration inférieure. — V. DÉPARTEMENT, DISTRICT, DIVISION TERRITORIALE, ORGANISATION ADMINISTRATIVE.

DIRECTOIRE EXÉCUTIF.

1. — Sous la constitution républicaine du 5 fructidor an III, le pouvoir exécutif était délégué à un directoire de cinq membres nommés par le corps législatif, faisant alors les fonctions d'assemblée électorale, au nom de la nation. — Art. 132.

2. — Pour la première constitution du directoire exécutif, le conseil des cinq cents forma, au scrutin secret, ainsi que le prescrivait l'art. 133 de la constitution, une liste de cinquante membres, parmi lesquels le conseil des anciens choisit les cinq membres du directoire.

3. — Le 11 brumaire an IV furent nommés au scrutin les cinq premiers directeurs : Letourneur, Larevellière-Lepaux, Rewbell, Barras et Sieyes, qui refusa. Carnot fut nommé à sa place.

4. — Les membres du directoire devaient être âgés de quarante ans au moins. — Constit. 5 fructid. an III, art. 134.

5. — A compter du 1er jour de l'an V de la république, les membres du corps législatif ne purent être élus membres du directoire, soit pendant la durée de leurs fonctions législatives, soit pendant la première année après l'expiration de ces mêmes fonctions. — Constit. an III, art. 136. — C'est en vertu de cette disposition que les conseils des anciens et des cinq cents destituèrent Treilhard de ses fonctions de directeur, et le remplacèrent par Gohier.

6. — Le directoire était partiellement renouvelé par l'élection d'un nouveau membre chaque année, et durant les quatre premières années le sort devait décider de la sortie de ceux qui avaient été nommés la première fois. Aucun des membres sortans ne pouvait être réélu qu'après un intervalle de cinq ans. — Art. 137 et 138.

7. — Chaque membre du directoire le présidait à son tour, durant trois mois seulement. Le président avait la signature et la garde du sceau. Les lois et les actes du corps législatif étaient adressés au directoire en la personne de son président. — Art. 141.

8. — Le directoire exécutif ne pouvait délibérer s'il n'y avait trois membres présens au moins. — Art. 142.

9. — Le directoire était chargé de pourvoir, d'après les lois, à la sûreté intérieure et extérieure de la république. Il disposait de la force armée, sans qu'en aucun cas le directoire collectivement ni aucun de ses membres pût la commander. Si le directoire était informé qu'il se tramât quelque conspiration contre la sûreté intérieure ou extérieure de l'état, il pouvait décerner des mandats d'amener ou des mandats d'arrêt contre ceux qui en étaient présumés les auteurs ou les complices; il pouvait les interroger et devait les renvoyer pardevant l'officier de police dans le délai de deux jours pour procéder suivant les lois. — Art. 144 et 145.

10. — Le directoire nommait les généraux en chef (art. 146), les ministres (art. 148), les receveurs des impositions directes de chaque département (art. 153), les préposés en chef aux régies des contributions indirectes et à l'administration des domaines nationaux (art. 153 et 154), et les fonctionnaires publics dans les colonies (art. 155).

11. — Le directoire était tenu chaque année de présenter par écrit aux deux conseils législatifs l'aperçu des dépenses, la situation des finances, l'état des pensions existantes, ainsi que le projet de celles qu'il croyait convenable d'établir ; il devait indiquer les abus qui étaient à sa connaissance; il pouvait en tout temps inviter le conseil des cinq-cents à prendre un objet en considération; il pouvait lui proposer des mesures, mais non des projets rédigés en forme de lois. — Art. 162 et 163.

12. — Aucun membre du directoire ne pouvait sortir du territoire de la république que deux ans après la cessation de ses fonctions. — Art. 157.

13. — Les membres du directoire ne pouvaient paraître, dans l'exercice de leurs fonctions, soit au dehors, soit dans l'intérieur de leurs maisons, que revêtus du costume qui leur était propre. — Art. 165.

14. — Le directoire avait sa garde habituelle et soldée aux frais de la république. Cette garde était composée de cent vingt hommes à pied et de cent vingt hommes à cheval, elle l'accompagnait dans les cérémonies publiques, où il avait toujours le premier rang. — Art. 166 et 167.

15. — Le directoire résidait dans la même commune que le corps législatif. Les membres étaient logés aux frais de la république et dans un même édifice (art. 171 et 172). Le traitement annuel de chacun d'eux était fixé par l'art. 173 de la constitution du 5 fructid. an III, à la valeur de cinquante mille myriagrammes de froment (dix mille deux cent vingt-deux quintaux) par année.

16. — Le directoire s'évanouit quatre ans après son installation devant les baïonnettes du 18 brumaire an VIII, et fut remplacé par le gouvernement consulaire organisé par la constitution du 22 frim. an VIII.

DIRIMANS (Empêchemens).

On appelle *dirimans* (de *dirimere*, séparer, diviser) les empêchemens qui sont de telle nature qu'ils entraînent nécessairement la rupture du mariage dans lequel ils se rencontrent, ou plutôt qu'ils empêchent qu'il ne soit valablement contracté. On les nomme ainsi pour les distinguer des empêchemens *prohibitifs*, dont le seul effet est de gêner la liberté des parties qui veulent se marier, mais sans nuire à la validité de leur union lorsqu'elle a été contractée. — Merlin, *Rép.*, v° *Empêchement de mariage*. — V. MARIAGE.

DISCERNEMENT.

Table alphabétique.

DISCERNEMENT. — 1. — On entend par discernement l'intelligence *légale* qu'un individu est censé avoir de la criminalité de l'action qu'il a commise.

§ 1er. — *Historique. — Législation.*

2. — L'enfant n'a pas, en naissant, la conscience de ses actes; il n'en comprend ni la moralité ni la portée, il n'en peut donc être responsable. — Mais avec l'âge viennent l'expérience, le sens moral, le jugement; avec les années grandissent l'intelligence et la raison, et bientôt, pouvant apprécier la valeur morale d'une action, en calculer toutes les conséquences, il doit, comme tout autre, en encourir la responsabilité.

3. — Mais chez les enfans l'intelligence est inégale aussi bien que le physique; l'éducation diffère, le développement intellectuel varie, et tel fait, criminel chez un enfant de quinze ans, peut être entièrement incompris et, par suite, innocent chez un autre plus âgé. — Or, fixer un âge invariable pour tous après lequel ils seront présumés agir avec discernement, n'est-ce point, sous le prétexte d'égalité, arriver à l'iniquité et mentir à la réalité ? D'un autre côté, abandonner au juge l'appréciation de l'intelligence de l'agent, n'est-ce point l'exposer à l'arbitraire, livrer la solution des questions les plus obscures et les plus redoutables à toutes les chances de la faillibilité humaine? — Toutes les législations ont cherché à se garantir de ce double écueil; mais, craignant moins l'inflexibilité de la loi que l'arbitraire chez le juge, presque toutes se sont déterminées à prendre la fixation de l'âge comme indice de l'intelligence de l'enfant.

4. — Chez les Romains, où l'enfant était considéré comme *infans* jusqu'à sept ans, comme *proximus infantiæ* jusqu'à dix ans et demi chez les hommes et neuf ans et demi chez les femmes, comme *proximus pubertati* jusqu'à quatorze ans pour les hommes et douze ans pour les femmes, comme pubère jusqu'à dix-huit ans, comme mineur jusqu'à vingt-trois ans, époque de sa majorité, la loi le considérait comme incapable d'une pensée criminelle pendant les deux premières époques *ob innocentiam consilii* (L. 3, ff., *De injuriis*), et ne permettait point, dès-lors, de le poursuivre. — Depuis la seconde jusqu'à la troisième époque (puberté), elle présumait encore son innocence, mais la preuve contraire était admise, seulement la peine était moindre ; — à partir de la puberté, la culpabilité était appréciée de même que chez le majeur et il n'y avait de différence que dans la rigueur de la peine ; — ces distinctions cessaient quand il s'agissait d'un crime atroce ; car, ainsi que le disent MM. Chauveau et Hélie (*Th. C. pén.*, t. 2, p. 152), la loi présumait alors que l'immoralité de ces crimes devait frapper l'intelligence de l'enfant. — Instit., *De oblig. quæ ex del. nasc.*, § 18; L. 3, ff., *De injuriis*; L. 23, ff., *De furtis*; L. 3, ff., *De reg. juris*; L. 14, ff., *De sen. cons. Sil.*; L. 7, ff., *De pœnit.*; — Farinacius, quæst. 92, nos 4, 5 et 31; Tiraqueau, *De pœn. temp.*, p. 28.

5. — Dans notre ancien droit, on suivait à peu près les règles romaines, à très peu d'exceptions près. — Muyart de Vouglans, p. 27 ; Rousseaud de la Combe, p. 39 ; Jousse, t. 2 ; Pastoret, *L. pén.*, t. 2, p. 148. — V. aussi Chauveau et Hélie, *loc. cit.* (qui citent deux arrêts du 16 mars 1620 et 3 mars 1661, extraits du Journal des audiences).

6. — Les mêmes auteurs anciens ajoutent que, au cas de vol, l'usage était d'arrêter les impubères et de les retenir en prison à cause des complices; et même de les condamner quelquefois, et dans les cas graves, au fouet sous la custode, ou à être enfermés à temps ou pour toujours, même à être exposés à une potence, pendus sous les aisselles, suivant les circonstances. — Chauveau et Hélie, *loc. cit.*

7. — En Angleterre, l'enfant de moins de sept ans ne peut être poursuivi. — Depuis sept jusqu'à quatorze ans il est encore protégé par la présomption d'innocence; il faut prouver *malitiam*, et alors la peine est peu rigoureuse. — A quatorze ans il n'y a plus de différence entre le majeur et le mineur. — Blakstone, *C. cr. angl.*, t. 1er, p. 29; H. Stephen, *L. crim.*, p. 3. — Toutefois, M. Rossi (*Cours de dr. pén.*, chap. 15) rapporte qu'en Angleterre deux enfans, dont l'un de neuf ans et l'autre de dix ans, furent condamnés pour meurtre et le plus âgé exécuté, parce qu'après le fait, cet enfant ayant caché le cadavre, on vit dans cette action la preuve d'un parfait discernement. « Preuve bien incertaine cependant, ajoute-t-il, surtout s'il n'était pas prouvé qu'il eût songé d'avance aux moyens de cacher le corps du délit. Car il ne faut pas confondre l'horreur et la peur qu'un fait criminel inspire à un enfant après qu'il l'a commis lorsqu'il voit devant ses yeux le résultat de son action, avec la connaissance préalable et distincte de la nature et des conséquences du fait qu'il va commettre. »

8. — Le Code autrichien n'incrimine aucun des actes de l'enfant au dessous de onze ans : de onze à quatorze ans ses délits sont considérés comme infractions de police : à quatorze ans cesse toute

protection particulière. — C. pén. autrichien, part. 1re, art. 2, et part. 2, art. 4. — La loi brésilienne ne considère point comme coupables les actions de l'enfant de moins de quatorze ans; seulement il est tenu de réparer le préjudice causé, et s'il a agi avec discernement, il peut être renfermé dans une maison de correction jusqu'à dix-sept ans; — après quatorze ans, il n'y a plus pour lui de présomption d'innocence; mais s'il est condamné, la peine peut être réduite d'un tiers; — jusqu'à vingt-et-un ans, son âge seul constitue une circonstance atténuante — C. pén., art. 10, 11, 13 et 18. — A la Louisiane, au-dessous de dix ans l'enfant ne peut être poursuivi; de dix à quinze ans, il faut examiner s'il a agi avec discernement, et alors même il est excusé s'il a agi d'après les conseils ou l'ordre de ceux sous l'autorité desquels il se trouve; — après quinze ans la peine est réduite à moitié et commuée en un apprentissage sous la surveillance du gardien de la prison d'état. — Chauveau et Hélie, Th. C. pén., t. 2, p. 139 et suiv.

9. — Chez nous, la limite de la présomption d'innocence a été fixée à seize ans par le Code du 25 sept. 1791, sauf l'examen du point de savoir s'il y a eu ou non discernement : les règles posées dans les art. 1 à 4 du titre 5, partie 1re de ce Code, ont été presque identiquement reproduites par celui de 1810, et sont encore aujourd'hui en vigueur.

10. — Lors de la discussion de la loi de 1832 modificative des Codes d'instruction criminelle et pénal, M. Teulon, député, proposa de substituer l'âge de dix-huit ans à celui de seize ans. — Malgré la gravité de ses raisons, son amendement a été rejeté. — Chauveau et Hélie, *Th. C. pén.*, t. 2, p. 162.

11. — Un autre point encore avait attiré l'attention de nos législateurs : — à un certain âge, l'innocence des enfans est évidente, il serait donc à désirer qu'ils ne pussent, comme en Angleterre, en Autriche, à la Louisiane, être flétris d'avance par une poursuite criminelle. — La commission de la chambre des pairs avait donc formulé un amendement à la loi de 1832 ainsi conçu : « Si l'individu est âgé de moins de douze ans, le tribunal pourra l'ordonner, sur la réquisition du ministère public, que le jugement aura lieu en la chambre du conseil, les parens du prévenu dûment appelés et en présence de son conseil. » Cette proposition a également été rejetée par le motif que le droit commun veut que les débats et le jugement soient publics en matière criminelle, que la Charte n'a autorisé d'exception à cette règle que dans le seul cas où l'ordre ou les mœurs seraient compromis par la publicité, et que, s'il n'est pas douteux que le jugement d'enfans de moins de douze ans ne puisse, dans beaucoup de cas, compromettre les mœurs publiques, il suffit que la sagesse des magistrats puisse concilier le principe de la publicité des débats avec les égards qui sont dus à l'enfance. — Observations de M. Renouard (*Moniteur* du 20 mars 1832).

12. — La théorie du Code pénal, relativement aux crimes et délits commis par des mineurs de moins de seize ans, se résume dans trois propositions : 1° présomption d'innocence, et, par suite, nécessité de la constatation du discernement; — 2° excuse et atténuation de peine, alors même que le discernement serait prouvé; — 3° attribution à la juridiction correctionnelle, même des crimes dont ils sont prévenus. — Ces propositions, qui, en faveur de ces enfans, dérogent au droit commun, sont consacrées par les art. 66, 67, 68 et 69, C. pén.

13. — L'art. 66 est ainsi conçu : « Lorsque l'accusé aura moins de seize ans, s'il est décidé qu'il a agi sans discernement, il sera acquitté; mais il sera, selon les circonstances, remis à ses parens, ou conduit dans une maison de correction pour y être élevé et détenu pendant tel nombre d'années que le jugement déterminera, et qui, toutefois, ne pourra excéder l'époque où il aura accompli sa vingtième année. »

14. — Art. 67 : « S'il est décidé qu'il (l'accusé de moins de seize ans) a agi avec discernement, les peines seront prononcées ainsi qu'il suit : — S'il a encouru la peine de mort, des travaux forcés à perpétuité, de la déportation, il sera condamné à la peine de dix à vingt ans d'emprisonnement dans une maison de correction. — S'il a encouru la peine des travaux forcés à temps, de la détention ou de la réclusion, il sera condamné à être renfermé dans une maison de correction pour un temps égal au tiers au moins et à la moitié au plus de celui pour lequel il aurait pu être condamné à l'une de ces peines. — Dans tous les cas, il pourra être mis, par l'arrêt ou le jugement, sous la surveillance de la haute police pendant cinq ans au moins et dix ans au plus. — S'il a encouru la peine de la dégradation civique ou du bannissement, il sera condamné à être renfermé, d'un an à cinq ans, dans une maison de correction. »

15. — Cet article diffère de l'ancien en ce qu'il ne mentionne plus la peine du carcan, remplacée par la dégradation civique.

16. — Art. 68 : « L'individu âgé de moins de seize ans qui n'aura pas de complices présens au-dessus de cet âge, et qui sera prévenu de crimes autres que ceux que la loi punit de la peine de mort, de celle des travaux forcés à perpétuité, de la peine de la déportation ou de celle de la détention, sera jugé par les tribunaux correctionnels qui se conformeront aux deux articles ci-dessus (66 et 67). »

17. — L'art. 68 portait, avant la révision du Code pénal en 1832 : « Dans aucun des cas prévus par l'article précédent, le condamné ne subira l'exposition publique. » La loi du 28 avril 1832 ayant introduit dans l'art. 22 du même Code une disposition défendant de prononcer jamais l'exposition publique contre les mineurs de dix-huit ans, l'art. 68 devenait inutile : aussi fut-il supprimé et remplacé par le texte actuel. — Ce texte n'est que la reproduction de l'art. 1er, L. du 25 juin 1824, abrogée elle-même par la même loi de 1832.

18. — Cet art. 68 a pour but d'éviter au mineur la solennité des assises, la flétrissure d'un débat entouré d'une trop grande publicité, d'abréger la détention provisoire en accélérant la procédure, et d'instituer dans le tribunal correctionnel une espèce de tribunal de famille chargé d'une mission paternelle aussi bien que répressive. — Chauveau et Hélie, *Th. C. pén.*, t. 2, p. 178.

19. — Art. 69 : « Dans tous les cas où le mineur de seize ans n'aura commis qu'un simple délit, la peine qui sera prononcée contre lui ne pourra s'élever au-dessus de la moitié de celle à laquelle il aurait pu être condamné, s'il avait eu seize ans. »

20. — L'ancien art. 69 portait : « *Si le coupable n'a encouru qu'une peine correctionnelle*, etc. » Il en résultait que l'application de l'article semblait attachée plutôt à la nature de la condamnation qu'au caractère du fait, et que par cela seul qu'une peine correctionnelle était encourue, le coupable devait la voir atténuer, encore bien qu'il eût commis un crime. — La loi du 28 avril 1832 a voulu prévenir une pareille interprétation, en adoptant une rédaction plus précise : ainsi, la peine prononcée contre les mineurs de seize ans ne peut être atténuée en vertu de l'art. 69 qu'autant qu'il a commis *un délit*.

§ 2. — *Règles générales.*

21. — C'est au moment de l'action incriminée que l'accusé devait avoir moins de seize ans, pour que l'art. 66 soit applicable. — Carnot, *C. pén.*, art. 66, no 1er; Chauveau et Hélie, *Th. C. pén.*, t. 2, p. 180.

22. — Et les seize ans doivent être accomplis. — Carnot, *C. pén.*, art. 66, no 1er; Chauveau et Hélie, *ibid.*, p. 179. — Il n'y a donc pas lieu d'admettre l'opinion de ceux qui voudraient que l'accusé ne pût demander l'examen du discernement que lorsqu'il est encore dans sa quinzième année.

23. — Il suffit qu'un accusé soit âgé de moins de seize ans pour que la question de discernement doive être posée et résolue soit par le jury, soit par le tribunal correctionnel. — *Cass.*, 9 messid. an VIII, Morcan; 8 brum. an IX, Rosselin; 17 sept. 1818, Ollive.

24. — Décidé, en conséquence, que les juges de répression ne peuvent prononcer de peines contre un prévenu âgé de moins de seize ans, sans avoir préalablement examiné et résolu la question de discernement. — *Cass.*, 20 mars 1844 (t. 1er 1842, p. 227), Saner et Mauss c. Douanes.

25. — Cette obligation pour les tribunaux résulte non seulement des termes de l'art. 66 du Code pénal, mais est formellement prescrite par l'art. 340 du Code d'instruction criminelle. Cet article ne portait point, au cas d'inexécution de sa prescription, la peine de nullité; mais la cour de Cassation ne manquait jamais de la prononcer. — Pour prévenir toute équivoque, la loi de 1832 a ajouté à l'art. 340 les mots *à peine de nullité*. — Il va de soi que la position et la résolution de la question de discernement doivent être constatées par le jugement ou l'arrêt.

26. — Mais si l'accusé a évidemment plus de seize ans, il ne doit point être posé de question sur le discernement. — *Cass.*, 9 prair. an IX, Giovanetti.

27. — ... Et l'addition qui serait faite par le jury à la déclaration que l'accusé a agi sans discernement ne peut produire aucun effet légal. — *Cass.*, 1er sept. 1826, Christ.

28. — Ce n'est point qu'il soit interdit aux jurés de prendre en considération le défaut de discernement de la part d'un accusé âgé de plus de seize ans; mais, dans ces cas, au lieu d'en faire l'objet d'une simple déclaration de *non-discernement*, ils doivent déclarer l'accusé *non coupable*. — Chauveau et Hélie, *Th. C. pén.*, t. 2, p. 182.

29. — L'arrêt d'une cour d'assises qui rejette la demande de l'accusé tendant à ce que la question de discernement soit soumise au jury, doit être motivé, à peine de nullité. — *Cass.*, 14 oct. 1826, Chaussat.

30. — Le discernement est constitutif de la criminalité du fait et devient par là même partie substantielle du fait principal. Ainsi, avant la loi du 4 mars 1831, lorsque la question de discernement avait été résolue affirmativement par le jury, à la majorité simple, la cour d'assises devait en délibérer. — *Cass.*, 6 déc. 1821, Solange Chevalier; — Legraverend, t. 2, chap. 2, p. 251. — D'après les mêmes principes, la cour d'assises pourrait, sous l'empire de la loi du 9 sept. 1835, surseoir au jugement et renvoyer la cause à la prochaine session.

31. — Du reste, sous le Code du 3 brum. an IV, qui proscrivait les questions complexes et voulait que les questions fussent posées dans l'ordre indiqué par l'art. 374, lorsqu'un accusé était âgé de moins de seize ans, ce n'était qu'après la position de la question sur le crime qu'il y avait lieu de s'occuper de celle de discernement. — *Cass.*, 9 prair. an IX, Giovanetti.

32. — C'est ordinairement par la production de son acte de naissance que l'accusé établit son âge. — Et la cour de Cassation a jugé que l'accusé qui ne produit pas devant la cour son acte de naissance ne peut se plaindre de ce que la cour d'assises n'a pas posé au jury la question de savoir s'il a agi avec discernement, et qu'il y a présomption légale qu'il n'était pas âgé de moins de seize ans lors de la perpétration du crime. — *Cass.*, 19 avr. 1821, Picard.

33. — Cet arrêt a été l'objet de critiques nombreuses de la part des auteurs, qui paraissent s'en être exagéré la portée. Carnot (art. 229, C. inst. crim., no 7, et art. 66, C. pén., no 11), Bourguignon (*Jurisprudence des Codes criminels*, sur ce dernier article, no 2) et MM. Chauveau et Hélie (*Th. du C. pén.*, t. 2, p. 182) le citent comme ayant jugé que l'accusé qui ne produit pas *devant la cour d'assises* son acte de naissance est réputé âgé de plus de seize ans, et qu'il est non recevable, *même en rapportant cet acte devant la cour de Cassation*, à se faire un moyen de nullité de ce que la cour d'assises n'a pas posé à son égard la question de discernement. Si tel était le sens de l'arrêt, nous adopterions pleinement la critique qu'ils en font. En effet, cette prétendue présomption légale ne repose sur aucune disposition de la loi, et il est de règle que les présomptions doivent fléchir devant la preuve contraire légalement établie par des actes authentiques. Mais la cour de Cassation n'a nullement contesté ces principes; elle n'a point dit non plus qu'il lui fût interdit de prendre en considération les actes qui sont produits pour la première fois devant elle; il existe même des exemples contraires innombrables, dans des espèces relatives à l'organisation du jury. Tout ce qui résulte de son arrêt, c'est que le condamné *qui ne produit pas à l'appui de son pourvoi* une expédition authentique de son acte de naissance est réputé, de plein droit, être âgé de plus de seize ans, et qu'à défaut de preuve contraire il existe en faveur de la condamnation une présomption légale de régularité. Or, la question, ainsi rétablie dans son véritable sens, ne peut plus donner lieu à une controverse sérieuse.

34. — Mais que devrait faire la cour d'assises si l'accusé demandait la position d'une question de discernement, sans produire son acte de naissance? — « Je pense, dit Bourguignon (*loc. cit.*), que s'il justifiait soit que les registres de l'état civil de son domicile ont été brûlés, soit que par toute autre cause il est dans l'impossibilité de produire son acte de naissance, il devrait être admis à y suppléer par des actes équipollens. S'il n'en produisait aucun, la fixation de son âge serait abandonnée à *l'appréciation de la cour*, qui poserait la question de discernement, si elle estimait que l'accusé a moins de seize ans. » MM. Chauveau et Hélie (*ibid.*) pensent, au contraire, que ce point de fait doit être soumis, comme tous les autres, à l'appréciation du jury.

35. — Et c'est en ce dernier sens que la cour de Cassation paraît avoir résolu la question en décidant qu'il n'appartient qu'au jury de déclarer si, au moment des crimes imputés à l'accusé, il était ou non âgé de moins de seize ans, et que la cour d'assises ne peut décider cette question sans sortir des bornes de sa compétence. — *Cass.*, 20 avr. 1827, Boulin.

36. — Toutefois, par un arrêt plus récent, la même cour a posé en principe que, « dans l'ordre

progressif des débats devant la cour d'assises lorsque la question relative à l'âge de l'accusé se présente, elle doit être jugée *préalablement* à toute position de questions au jury, puisque de sa solution dépend la question de savoir s'il y a lieu de poser au jury la question de discernement dans le cas prévu par l'art. 340, C. inst. crim.; que, par conséquent, c'est à la cour d'assises qu'il appartient *exclusivement* de prononcer sur l'âge de l'accusé qui se prétend âgé de moins de seize ans. » — *Cass.*, 16 sept. 1836 (t. 1er 1837, p. 554), Roghi.

37. — V. néanmoins ce qui est dit pour un cas analogue (celui de l'âge de la victime en matière d'attentat à la pudeur), ATTENTAT À LA PUDEUR, nos 20 et suiv.

38. — L'exception portée par l'art. 66, C. pén., en faveur des enfans âgés de moins de seize ans qui ont agi sans discernement, est personnelle à ces enfans et ne peut pas servir aux majeurs qui ont concouru avec eux à un crime, soit comme auteurs, soit comme complices. — *Cass.*, 19 août 1813, Maguin; 21 avr. 1815, Cartin; 18 nov. 1824, Hutchinson.

39. — En pareil cas, même, s'il s'agit de crime, le bénéfice de la juridiction est perdu pour le mineur, qui, à raison de l'indivisibilité de la procédure, doit être renvoyé devant la cour d'assises avec ses complices âgés de plus de seize ans. — C. pén., art. 68.

40. — La question de savoir si le mineur qui a commis un crime et qui a été renvoyé devant la juridiction correctionnelle à raison de son âge est passible des peines de la récidive s'il commet un nouveau crime, était vivement controversée, et la cour de Cassation, après avoir plusieurs fois décidé l'affirmative (10 avr. 1818, Elie; 2 avr. 1825, Dufriez; 13 oct. 1826, Delatire; 18 janv. 1827, Collesch; 10 avr. 1828, Delaisse; 11 sept. 1828, Pinel), était revenue à une interprétation contraire. — *Cass.*, 27 juin 1828, Mercier; 2 oct. 1828, Chemitre.

41. — Aujourd'hui, aucun doute ne peut plus exister; elle est résolue pour la négative par le nouveau texte de l'art. 56, introduit par la loi du 28 avr. 1832, suivant lequel la peine de la récidive n'atteint que ceux qui ont commis un nouveau crime après *une première condamnation infamante*; or, une pareille condamnation ne peut atteindre le mineur, même condamné pour crime. — V. RÉCIDIVE.

42. — Mais si cette question a perdu son intérêt relativement à la récidive, elle le conserve encore tout entier en ce qui concerne la prescription. A cet égard, la cour de Cassation a jugé que le crime commis par le mineur de seize ans, qui est de la compétence des tribunaux correctionnels et n'est passible que des peines prononcées par ces tribunaux, rentre nécessairement dans la classe des délits; qu'en conséquence, l'action qui en résulte se prescrit par trois ans et non par dix. — *Cass.*, 22 mai 1841 (t. 2 1841, p. 492), Ganivet. — V. le mot PRESCRIPTION.

43. — MM. Chauveau et Hélie (*Th. C. pén.*, t. 2, p. 171) expriment le regret que les sourds-muets n'aient point été mis sur la même ligne que les mineurs de seize ans, relativement aux crimes ou délits dont ils peuvent se rendre coupables, et ne puissent invoquer les mêmes adoucissemens de peine ou de juridiction. — Nous nous rangeons volontiers à cette opinion, qui nous paraît seule humaine et équitable; il est peu de ces infortunés, même parmi les plus instruits, qui puissent concevoir les idées de *droit*, de *justice*, de *morale*, et qui, par conséquent, soient en état d'apprécier, de comprendre la portée de leurs actes et discerner enfin le bien et le mal. — Il est même constaté que, par suite du vice de leur organisation, ils sont plus que tous les autres enclins à certaines passions, qui ne peuvent que favoriser chez eux la perpétration d'actions nuisibles, sinon immorales. — Ils sont donc doublement dignes d'intérêt. — Ytard, *Tr. des maladies de l'oreille et de l'audition*, t. 2; Orfila, *Méd. légale*, t. 2, p. 171; Hoffbauer, *Méd. légale relative aux aliénés* (traduit de l'allemand), p. 223.

44. — La loi, qui s'est occupée du défaut de discernement provenant de l'extrême jeunesse, n'a pas cru devoir s'occuper d'une manière spéciale du cas où, par l'effet des années, les facultés intellectuelles de l'homme auraient éprouvé un affaiblissement susceptible de le rapprocher de l'enfance. — Il était impossible, en effet, de tracer à cet égard des règles quelque peu sûres, et il est évident d'ailleurs que souvent, bien loin d'être un motif d'excuse, l'âge sera un motif de plus grande culpabilité chez l'agent; car, ainsi que le dit M. Rossi (*Cours de dr. pén.*, ch. 15), « le vieillard qui commet un crime, a de plus à sa charge les habitudes morales qu'il a dû prendre, l'amortissement des passions et de la jeunesse, enfin l'absence de plusieurs causes impulsives au délit. » — La question de culpabilité, dans ce cas, rentre donc pleinement dans l'appréciation du jury. — Toutefois, la loi a quelquefois décrété, en faveur du vieillard, un adoucissement de peine. — V. SEPTUAGÉNAIRES.

§ 3. — *Déclaration de non-discernement.*

45. — Le mineur de seize ans qui est reconnu avoir agi sans discernement devant être acquitté, suivant l'expression de l'art. 66, il en résulte que le tribunal ne peut prononcer contre lui aucune peine (*Cass.*, 8 oct. 1813, Klein); et, notamment, le renvoyer sous la surveillance de la haute police, à l'expiration du temps pendant lequel il ordonne sa détention dans une maison de correction. — *Cass.*, 16 août 1822, Fillon; — Carnot, *C. pén.*, art. 66, no 7; Legraverend, *Lég. crim.*, t. 1er, p. 365, chap. 9, sect. 2e; Chauveau et Hélie, *Th. C. pén.*, t. 2, p. 185.

46. — Il en résulte encore que la détention dans une maison de correction, qui peut être prononcée, n'est point une peine, mais un moyen de suppléer à la correction domestique, lorsque les circonstances ne permettent point de confier l'enfant à sa famille. — *Cass.*, 16 août 1822, Fillon; 21 juin 1811, Charles; 17 juill. 1812, N...; — Carnot, *Instr. crim.*, art. 340, no 5, et art. 123, no 14.

47. — D'où la conséquence que si, depuis sa détention, il a commis un nouveau crime ou délit, il n'est point passible des peines de la récidive. — *Paris*, 3 déc. 1830, Barbier.

48. — La rédaction de l'art. 66, qui dispose qu'en cas d'acquittement à raison du non-discernement, les juges pourront renvoyer l'enfant dans une maison de correction « pour y être détenu *pendant tel nombre d'années* que le jugement déterminera, » avait engagé la cour de Cassation à décider que le renvoi ne peut être prononcé *pour moins d'une année*. — *Cass.*, 10 oct. 1811, Sragin.

49. — Mais, depuis, la même cour est revenue, avec raison, sur sa jurisprudence, et a jugé que l'art. 66, C. pén., ne s'opposait point à ce que la détention fût fixée à moins d'une année, attendu qu'elle n'avait eu en vue que de fixer *un maximum* de la durée de la détention. — *Cass.*, 8 fév. 1833, Stoltz; — Chauveau et Hélie, *Th. C. pén.*, t. 2, p. 185.

50. — En cas de déclaration de non-discernement, le prévenu n'est relevé *que de la peine*. Aussi a-t-il été jugé que l'amende n'ayant pas le caractère de peine en matière de douanes (V. AMENDE [crim.], nos 91 et suiv.,) mais étant plutôt une réparation civile, elle devait être prononcée même contre le prévenu acquitté comme ayant agi sans discernement. — *Cass.*, 14 mai 1842, Douanes c. Mendibourne; 13 mars 1844 (t. 1er 1844, p. 448), mêmes parties.

51. — De même, malgré l'acquittement prononcé en faveur du mineur de seize ans qui a agi sans discernement, la jurisprudence constante de la cour de Cassation est qu'il doit supporter les frais de la procédure. — *Cass.*, 25 fév. 1808, Weber; 6 août 1813, Masselinck; 8 oct. 1813, Klein; 19 mai 1815, Pétuand; 23 nov. 1821, Dusserieux; 27 mars 1823, Cotton; 17 juill. 1823, Cotton; 30 avr. 1825, Molter; 13 janv. 1827, Mahéon; 12 fév. 1829, Rabeau; 5 janv. 1832, Delabaye; 13 avr. 1832, Delanoue; 20 oct. 1832, Delanoue; 27 juin 1835, Gaudeix; 22 sept. 1836, Olhagaray; 26 mai 1838 (t. 1er 1840, p. 326), Caron; 10 juin 1842 (t. 2 1842, p. 219), Gérard; *Paris*, 17 mars 1843 (t. 1er 1843, p. 600), Petit; *Cass.*, 7 mars 1845 (t. 2 1845, p. 532), Amyot; 8 mai 1845 (t. 2 1845, p. 432), Gautier; — Carnot, *C. pén.*, art. 66, no 12. — Mais cette doctrine est vivement controversée. — V. Chauveau et Hélie, *Th. C. pén.*, t. 1er, p. 300.

52. — Mais l'enfant poursuivi comme ayant participé à un vol de récoltes doit être renvoyé sans dépens, lorsque le jugement ne se borne pas à constater qu'il a agi sans discernement, mais déclare que cet enfant a été dominé par l'ascendant de l'auteur principal du vol, sans pouvoir mettre obstacle à ses coupables intentions; qu'il n'est pas entré dans le champ où a été commis le délit, et qu'enfin, le maraudage n'a pas été fait par plusieurs personnes. — *Cass.*, 27 janv. 1838 (t. 1er 1840, p. 205), Gaudicheau.

53. — Il a été décidé que, dans ce cas, il est, comme tout condamné majeur, soumis à la contrainte par corps, à raison des condamnations de frais prononcées contre lui par les tribunaux de répression. En effet, la loi du 17 avr. 1832, art. 33, ne fait en sa faveur aucune exception. — *Cass.*, 27 juin 1835, Gaudeix et Bouland.

54. — Néanmoins, MM. Chauveau et Hélie proposent contre cette solution de sérieuses objections. — Ils soutiennent que l'art. 2064, C. civ., qui exempte les mineurs de la contrainte par corps, doit recevoir son application, même en matière criminelle, parce que cette contrainte n'en conserve pas moins son caractère propre, qui est de ne constituer qu'une voie d'exécution, un moyen de recouvrement, et non une peine. — Ils font d'ailleurs remarquer, non sans raison, que le système de la cour de Cassation détruit l'intention humaine de la loi qui veut que, même en cas de conviction de crime ou délit, les mineurs puissent être rendus à la correction de la famille et préservés du souffle contagieux des prisons. Or, ce résultat sera-t-il atteint, si le prévenu acquitté et rendu à sa famille peut cependant être retenu en prison à raison des frais de la procédure.

55. — Jugé que le prévenu âgé de moins de seize ans, qui, acquitté pour avoir agi sans discernement, doit, aux termes du jugement d'acquittement, être enfermé dans une maison de correction jusqu'à sa vingtième année, est admissible à interjeter appel de ce jugement, quoiqu'il n'y puisse réussir sans faire décider qu'il a agi avec discernement, et sans subir alors la peine que la loi inflige au délit qui lui était imputé. — *Rennes*, 21 mai 1844 (t. 1er 1844, p. 782), Dubois.

56. — Pendant long-temps, il a été jugé que l'art. 66 n'était applicable qu'aux faits prévus par le Code pénal, et ne pouvait être étendu aux matières spéciales, notamment aux délits de pêche (*Cass.*, 2 juill. 1813, Triquet); aux matières de douanes (*Cass.*, 15 avr. 1819, Fromel); aux délits de chasse (*Grenoble*, 12 janv. 1825, Burlet; 13 janv. 1825, Clerc; 28 nov. 1833, Garillon; *Cass.*, 11 août 1836 [t. 1er 1837, p. 521], Labesse; 5 juill. 1839 [t. 2 1846], Gillet). — V. aussi *Cass. belge*, 31 mars 1836, Hazelle.

57. — Mais cette jurisprudence, vivement et justement critiquée, est aujourd'hui abandonnée. — *Cass.*, 20 mars 1841 [après partage] (t. 1er 1842, p. 227), Saner et Mauss; *Orléans*, 24 janv. 1842 (t. 1er 1842, p. 228), Violleau; *Cass.*, 18 mars 1842 (t. 1er 1842, p. 726), Thibault; 4 déc. 1845 (t. 1er 1846, p. 271), Forès c. Frantz; 26 déc. 1845 (t. 1er 1846, p. 758), Belot; 3 janv. 1845 (t. 1er 1845, p. 704), Bourthoumieux. — V. aussi *Nîmes*, 9 juill. 1829, Vignal; — Chauveau et Hélie, *Th. C. pén.*, t. 2, p. 187; Carnot, *C. pén.*, art. 69, § 6; Le Sellyer, *Tr. act. publ. et priv.*, p. 221, no 109.

58. — Il est donc maintenant jugé que l'art. 66, C. pén., est, aussi bien que l'art. 64, applicable aux matières spéciales, et que, dès-lors, le mineur de seize ans, prévenu d'un délit de douanes ou d'un délit forestier, peut être acquitté comme ayant agi sans discernement. — *Cass.*, 14 mai 1842 (t. 1er 1844, p. 448), Douanes c. Mendibourne et Etchabbé; 4 et 26 déc. 1845 (t. 1er 1846, p. 271 et 758), Forêts c. Belot et Frantz.

59. — ... Et de même, que l'art. 66, qui permet d'acquitter le mineur de seize ans qui a agi sans discernement, et l'art. 69, qui abaisse la pénalité pour le cas où il a agi avec discernement, sont applicables en matière de chasse. — *Cass.*, 3 janv. 1845 (t. 1er 1845, p. 704), Bourthoumieux.

60. — Un recueil cite, comme consacrant la doctrine de l'application de l'art. 66 aux matières spéciales, un arrêt de la cour de Cassation, chambres réunies (13 mars 1844 [t. 1er 1844, p. 448], Douanes c. Mendibourne). — Mais c'est là une erreur dont il est facile de se convaincre par la lecture de l'arrêt. — Cet arrêt, en effet, sans s'expliquer sur cette question, se borne à décider que l'amende n'étant pas une peine en matière de douanes, mais une réparation civile, doit être prononcée même contre l'individu acquitté comme ayant agi sans discernement.

61. — Du reste, cet art. 66 est, de plein droit, applicable aux contraventions de simple police. — *Cass.*, 20 janv. 1837 (t. 1er 1838, p. 54), Brunet; 10 juin 1842 (t. 2 1842, p. 219), Gérard; 7 mars 1845 (t. 2 1845, p. 432), Amyot.

62. — Cependant, il faut prendre garde d'exagérer ces principes, et ne point confondre les contraventions purement matérielles avec celles qui ne se constituent qu'à l'aide de la fraude; dans le premier cas, évidemment, on ne pourrait appliquer l'art. 66, puisque l'acte, dénué de toute intention suffit pour attirer une peine sur son auteur. Ce ne sera donc qu'autant que la volonté, la fraude entreront comme élémens dans la criminalité du fait, qu'il y aura lieu de recourir à la règle tracée par l'art. 66, soit qu'il s'agisse ou non, ainsi que nous venons de le dire, de contraventions prévues par le Code pénal. — Chauveau et Hélie, *Th. du C. pén.*, t. 2, p. 188.

63. — A plus forte raison cet article est-il applicable aux délits. En pareil cas, le tribunal qui ordonne l'acquittement peut ordonner la détention du mineur de seize ans dans une maison de correction, comme s'il s'agissait d'un crime. — *Cass.*, 17 avr. 1824, North; 8 oct. 1813, Klein.

64. — V., sur le point de savoir si les art 66 et

... sont applicables en matière d'adultère, ADULTÈRE.

§ 4. — *Déclaration de discernement.*

65. — Lorsque le mineur de seize ans reconnu coupable est déclaré avoir agi avec discernement, la peine qui doit lui être appliquée est réglée par l'art. 67, C. pén., s'il s'agit d'un crime, et par l'art. 69 en cas de simple délit. — V. *suprà*, nos 14 et 19.

66. — L'art. 67 dispose, dans son troisième paragraphe, que, si la peine encourue par le mineur est celle des travaux forcés à temps, de la détention ou de la réclusion, le temps pendant lequel il sera condamné à être renfermé dans une maison de correction doit être égal *au tiers au moins et à la moitié au plus* de celui pour lequel il aurait pu être condamné à l'une de ces peines. — Cette disposition a donné lieu à une difficulté ; quelques tribunaux ont pensé que le terme *du tiers à la moitié* devait être calculé sur le *maximum* de la peine encourue, et que, dès lors, s'il s'agissait des travaux forcés à temps (dont le *maximum* est de vingt ans), la condamnation ne pouvait être moindre de six ans et huit mois de détention.

67. — Mais la cour de Cassation a proscrit cette interprétation, qui rendrait la position des mineurs de seize ans pire que celle des majeurs ; et elle a décidé que la disposition en question doit être entendue en ce sens que la durée de la détention se calcule aussi bien sur le *minimum* que sur le *maximum*, à la volonté du juge, qui n'est pas tenu de prendre pour base soit l'un, soit l'autre, et que, par suite, cette détention peut n'être que du tiers de cinq années, c'est-à-dire de vingt mois. — *Cass.*, 11 fév. 1825, Routier ; 15 janv. 1825, Dolbis ; 6 juin 1840 (t. 2 1840, p. 172 et 615), Dutilleul ; — Chauveau et Hélie, *Th. C. pén.*, t. 2, p. 190.

68. — Quant à l'art. 69, la cour de Bordeaux a jugé (mais avant la loi du 28 avr. 1832) que la peine applicable au mineur de seize ans, déclaré coupable d'un délit et ayant agi avec discernement, devait *être inférieure* et non *pas égale* à la moitié de celle qu'il aurait encourue s'il avait eu seize ans. — *Bordeaux*, 26 août 1830, Ponchier. — MM. Chauveau et Hélie (t. 2, p. 191) approuvent cette décision « laquelle, disent-ils, n'est que *l'application textuelle de la loi.* »

69. — Cette observation de MM. Chauveau et Hélie est juste en tant qu'elle s'applique à l'arrêt de la cour de Bordeaux, rendu sous l'ancien art. 69, lequel disposait ainsi : « Si le coupable n'a encouru qu'une peine correctionnelle, il pourra être condamné à telle peine correctionnelle qui sera jugée convenable *pourvu qu'elle soit* AU-DESSOUS *de la moitié* de celle qu'il aurait subie s'il avait eu seize ans ; mais, présentée comme interprétation du nouvel art. 69, l'observation manquerait de justesse, puisque cet article porte : « .... La peine... ne pourra s'élever AU-DESSUS *de la moitié* de celle à laquelle...., etc. » — Or, si ce n'est qu'*au-dessus* de la moitié que la peine ne peut s'élever, elle peut donc aller *jusqu'à la moitié*, et si elle peut aller jusque-là, il n'y a point obligation de la faire descendre *au-dessous*. — MM. Chauveau et Hélie, bien qu'ayant écrit depuis les modifications introduites au Code pénal en 1832, semblent n'avoir pas pris garde à ce changement de rédaction et aux conséquences toutes différentes qu'il entraîne.

70. — Outre l'adoucissement apporté, dans les peines encourues par le mineur de seize ans, pour le fait seul de son âge, ces peines peuvent encore recevoir l'application de l'art. 463, s'il existe en sa faveur des circonstances atténuantes, et être, par conséquent, réduites à de simples peines de police. L'art. 463 s'applique, en effet, dans son dernier paragraphe, *à tous les cas où la peine d'emprisonnement est prononcée par le Code pénal.* — Chauveau et Hélie, *Th. C. pén.*, t. 2, p. 191.

71. — Ainsi, un mineur de seize ans, déclaré coupable de vol domestique commis la nuit dans une maison habitée, avec discernement, et en faveur duquel il existait des circonstances atténuantes, a pu valablement n'être condamné qu'à la peine de deux ans et demi d'emprisonnement. — *Cass.*, 19 sept. 1839 (t. 1er 1842, p. 29), Michaux.

72. — L'atténuation de peine autorisée par l'art. 8, L. 25 juin 1824, n'était applicable qu'au vol commis avec l'une des deux circonstances de l'escalade ou de l'effraction, et ne pouvait pas être étendue au vol commis non seulement avec escalade, mais encore dans une maison habitée. — *Cass.*, 19 juin 1829, Michel Leroux.

73. — Le mineur procède seul en justice, et, dès lors, la présence du tuteur n'est pas nécessaire, toutes les fois qu'il s'agit de l'action publique : c'est la conséquence de la maxime *Minor in delictis major habetur.* — Et, toutefois, MM. Chauveau et Hélie (t. 6, p. 198) regrettent qu'il en soit ainsi, et que le tuteur ne soit pas appelé dans les préventions criminelles, à côté de son pupille, pour l'éclairer dans sa défense, pour écarter des déclarations mensongères, et combattre de pernicieux conseils. Car, disent-ils, outre l'administration de la fortune, le tuteur n'a-t-il pas encore la surveillance de la personne du mineur ? » — Et les mêmes auteurs citent une loi de l'empereur Justinien, qui disposait en ces termes : « *Sancimus omnino debere, et agentibus et pulsatis in criminalibus causis minoribus viginti quinque annis adesse tutores vel curatores... ne ex suâ imperitiâ vel juvenili calore aliquid vel dicant, vel taceant, quod si fuisset prolatum vel non expressum, prodesse eis poterat et a deteriore calculo eos eripere.* » — L. 4, Cod., *De autorisat. præstandâ.*

74. — Mais si les personnes lésées se portent partie civile et réclament des dommages-intérêts, le tuteur ne doit-il pas être mis en cause ? — On peut dire, pour l'affirmative, que c'est là une action civile que le mineur ne peut suivre que sous l'autorisation de son tuteur, et que le Code d'instruction criminelle, en permettant de la porter devant les juges de répression, ne l'a dispensée d'aucune des formes protectrices prescrites dans l'intérêt des mineurs en général. — Toutefois, la question est controversée. — V., en ce sens, *Ass. Haut-Rhin*, 15 mars 1831, Wolfschlœger ; *Ass. Moselle*, 1er août 1829, Mosquinot ; — Chauveau et Hélie, *Th. C. pén.*, t. 2, p. 192. — Mais V., en sens contraire, *Grenoble*, 5 mars 1835, Bergeron ; *Bruxelles*, 6 nov. 1822, Vanderberghe ; *Bourges*, 18 août 1838 (t. 1er 1839, p. 232), B... c. Miot ; — Magnin, *Tr. des min.*, t. 2, p. 491. — V. TUTELLE.

75. — L'excuse qui, aux termes de l'art. 67, C. pén., résulte de l'âge, en faveur du mineur de seize ans ayant agi avec discernement, s'appliquerait, selon nous, même au cas de parricide. — En effet, l'art. 323, duquel on pourrait induire une solution contraire, est une disposition spéciale aux crimes et délits de meurtre, ou blessures et coups. Sous ce premier rapport, elle serait donc soumise à la règle générale et absolue posée par l'art. 67 pour *tous* les crimes indistinctement. — D'un autre côté, la position même de l'art. 323 semble devoir faire restreindre l'exception qu'il renferme à la règle spéciale consacrée par les deux articles qui le précèdent dans la même section, c'est-à-dire en cas de provocation violente et d'escalade, pendant le jour, de clôtures ou fermetures de maisons habitées. — Chauveau et Hélie, t. 6, p. 28. — V. EXCUSE, PARRICIDE, PROVOCATION.

§ 5. — *Compétence.*

76. — Sous le Code pénal et avant la loi du 25 juin 1824, le vol commis de complicité par deux individus âgés de moins de seize ans, dans une maison habitée, était de la compétence de la cour d'assises et non de la police correctionnelle. — *Cass.*, 4 avr. 1811, Nones et Macet ; 18 avr. 1811, Marchand ; 25 avr. 1811, Jacob.

77. — D'après l'art. 68 (qui n'est autre, ainsi que nous l'avons vu plus haut, que l'art. 1er de la loi du 25 juin 1824 transporté dans le Code pénal), les mineurs de seize ans doivent être traduits, pour les crimes qu'ils ont commis, non devant la cour d'assises, mais devant les *tribunaux correctionnels*.

78. — A cette règle il y a plusieurs exceptions : 1° lorsque le mineur a des complices présens au-dessus de seize ans, à cause de l'indivisibilité de la procédure. — *Cass.*, 18 nov. 1824, Hutchinson.

79. — ... 2° Lorsque le crime à lui imputé emporte soit la peine de mort, soit celle des travaux forcés à perpétuité, soit celle de la déportation ou de la détention à cause de la gravité du crime ou de sa nature politique. — C. pén., art. 68.

80. — ... 3° Enfin, si le fait, quoique délit, a été commis par voie de publication, ou s'il est de nature politique (L. 26 mai 1819, art. 13, et 8 oct. 1830, art. 1er) ; — parce qu'il est de principe que le jury seul peut connaître des délits politiques et de la presse.

81. — Mais, si un mineur dont on n'aurait pu vérifier l'âge avait été renvoyé devant la cour d'assises, celle-ci ne pourrait, en reconnaissant qu'il est âgé de moins de seize ans, se déclarer incompétente, par la double raison : 1° qu'à son égard les arrêts de mise en accusation sont attributifs de juridiction ; 2° qu'elle a la plénitude de juridiction, et peut, par suite, connaître de toutes les affaires qui lui sont soumises, quelles qu'elles soient. — *Cass.*, 13 juill. 1827, Couder ; 14 sept. 1827, Boulin ; 20 avr. 1827, Boulin ; 4 déc. 1823, Castaing ; 19 oct. 1820, Terrier ; 5 juill. 1832, Gouges. — V. ACCUSÉ, EXCUSE, GRACE, MEURTRE.

DISCIPLINE.

Table alphabétique.

1. — DISCIPLINE (du latin *discere plenè*, apprendre pleinement, ou de *disciplinari*, être corrigé). — La discipline d'un corps est la manière de vivre selon les lois et l'ensemble des règles professionnelles de ce corps.

2. — Le pouvoir disciplinaire est l'institution qui doit faire observer ces règles.

CHAPITRE Ier. — *Historique. — Règles générales.*

3. — A Rome, la magistrature n'avait point de discipline organisée; la garantie des justiciables se trouvait dans la publicité de la procédure entière, dans la responsabilité pesant sur le magistrat et dans le pouvoir absolu des censeurs. — V. ff., *De offic. ejus cui mandata est juridictio; De officio præsidis; De officio prætorum*; — Hugo, *Hist. du droit romain*, t. 1er, p. 226; Morin, *Discipline des cours et tribunaux*, t. 1er, no 2.

4. — L'ancienne magistrature française eut une discipline assez efficace, sans avoir cependant de règles bien précises pour la répression disciplinaire. Non seulement les magistrats se faisaient un devoir de conserver leur dignité, même dans la vie privée, mais ils se soumettaient, même sans murmurer, aux réglemens plus que minutieux qui traçaient des prohibitions d'une gêne excessive. — V. entre autres ord. 28 oct. 1446, ord. de 1454, 1488, 1493, 1499; ord. de Blois, art. 150; ord. 1539; — Domat, *Droit public*, liv. 2, t. 4, sect. 3e, no 5.

5. — Si, par exception, quelque magistrat méconnaissait ses devoirs ou compromettait la dignité de son caractère, l'appréciation de sa faute et sa punition disciplinaire étaient considérées comme une affaire de famille, pour laquelle il n'y avait pas même besoin de formes judiciaires suivant la maxime de Voët, *hæc domestica potiùs castigatio est quàm publica quædam judicii forma*. — Morin, no 4.

6. — Si le chef de la justice, qui était alors le chancelier de France, avait, entre autres fonctions, le devoir de veiller à la bonne administration de la justice, son pouvoir était fort restreint en ce qui concernait la discipline. — V. Loyseau, *Discours sur les abus des justices de village*.

7. — Le meilleur moyen de discipline était l'institution des *mercuriales* qui devaient périodiquement rappeler aux magistrats assemblés les devoirs de leur noble profession et les règles spéciales qu'avaient établies les ordonnances. — Jousse, *De l'administration de la justice*, t. 2, p. 255; Morin, no 4. — V. MERCURIALES.

8. — Cet usage des mercuriales a été consacré de nos jours par l'art. 101 du décr. du 30 mars 1808, qui porte que tous les ans, à la rentrée des cours royales, chambres réunies, il doit être fait par le procureur général un discours sur l'observation des lois et le maintien de la discipline.

9. — Une autre organisation judiciaire ayant été décrétée par l'assemblée nationale, la discipline des nouveaux tribunaux devait être réglée par le législateur lui-même. — La loi organique du 16-24 août 1790 (tit. 8, art. 6) chargea le commissaire du roi, en chaque tribunal, de veiller au maintien de la discipline, suivant le mode qui serait déterminé par l'assemblée nationale.

10. — Le ministère de la justice ayant été créé, il fut déclaré qu'entre autres fonctions, le ministre aurait celle de donner aux juges des tribunaux de district et des tribunaux criminels, ainsi qu'aux juges de paix et de commerce, tous les avertissemens nécessaires, de les rappeler à la règle, et de veiller à ce que la justice fût bien administrée. — L. 27 avr.-25 mai 1791, art. 5. — Le ministère de la justice ayant été momentanément supprimé, puis rétabli, le ministre reçut de nouveau le pouvoir de donner aux juges tous les avertissemens nécessaires et de veiller à ce que la justice fût bien administrée, sans pouvoir connaître du fond des affaires. — L. 10 vend. an IV.

11. — Une nouvelle organisation des tribunaux ayant eu lieu en l'an VIII, le tribunal de Cassation reçut la mission, entre autres, de réformer les abus qui se seraient glissés dans l'exercice de la justice et d'établir dans les tribunaux la meilleure discipline. (L. 27 vent., an VIII.) Mais aucune attribution ne fut donnée à ce tribunal suprême.

12. — Alors la discipline judiciaire était tellement à l'arbitraire du gouvernement qu'on vit un arrêté des consuls (Arrêté 27 brum. an X) annulant un jugement par suite de conflit, ordonner au président du tribunal de se rendre à la suite du conseil d'état pour faire savoir si la conduite de ce tribunal n'était qu'une simple erreur d'opinion ou s'il fallait l'attribuer à une affectation coupable. — Morin, no 6.

13. — Tel était l'état des choses lorsque fut rendu le sénatus-consulte du 16 thermid. an X, dont nous rappellerons plus loin les dispositions consignées dans les art. 81, 82 et 83.

14. — Les dispositions de ce sénatus-consulte en ce qui concerne la discipline des cours et tribunaux ont été complétées, ainsi qu'on le verra, par le décret du 30 mars 1808, la loi du 20 avr. 1810 et les décrets des 6 juill. et 10 août 1810.

15. — Quant à l'historique des dispositions disciplinaires concernant les avocats et les officiers ministériels, on en trouvera l'indication à l'article de chacune des corporations en particulier.

16. — Toutefois, avant d'entrer en matière, il est certaines règles générales en matière de discipline, qui doivent être retracées, comme s'appliquant également aux cours et tribunaux et aux avocats et officiers ministériels.

17. — L'action disciplinaire n'est pas subordonnée à l'existence d'un préjudice causé aux parties. — Dès lors un notaire poursuivi pour infraction disciplinaire ne saurait exciper de ce qu'il n'a causé de préjudice à personne. — *Cass.*, 19 août 1844 (t. 1er 1845, p. 39), Gouvert.

18. — L'action disciplinaire est indépendante de l'action criminelle, correctionnelle ou de simple police. — *Cass.*, 12 mai 1827, Beuret et Cadot c. Marcadier; 22 déc. 1827, mêmes parties; 27 nov. 1838 (t. 2 1838, p. 523), Fages et Trancicaut; 22 fév. et 6 mai 1844 (t. 2 1844, p. 20), Carle. — V. au surplus CHOSE JUGÉE, no 759.

19. — En effet, l'action criminelle ne peut porter que sur des faits positivement caractérisés par la loi crime, délit, contravention. L'action disciplinaire au contraire peut s'étendre à tous les faits non caractérisés qui blessent l'honneur, la délicatesse du corps ou de la profession publique à laquelle on appartient. — Troplong, Rapp. sur l'arrêt de Cass., 22 févr. et 6 mai 1844 (t. 2 1844, p. 20), Carle.

20. — D'où il suit que ce qui a été jugé sur l'action criminelle ne fait point obstacle à l'exercice de l'action disciplinaire à raison du même fait, sans qu'il y ait là application de la maxime *non bis in idem*. — V. CHOSE JUGÉE, nos 759 et suiv.

21. — Toutefois, lorsque, sur une plainte en escroquerie portée contre un notaire, le ministère public a requis acte de la réserve de le poursuivre à raison des mêmes faits par la voie disciplinaire, le tribunal ou la cour n'excède point ses pouvoirs en déclarant que cette réserve ne pourra pas être exercée. — *Cass.*, 23 fév. 1831, Lobstein.

22. — Réciproquement et par une conséquence du même principe, l'exercice de l'action disciplinaire ne fait point obstacle à ce que des poursuites criminelles, correctionnelles ou de simple police soient ultérieurement exercées sans qu'il y ait non plus violation de la règle *non bis in idem*. — V. CHOSE JUGÉE, nos 781 et suiv.

23. — Jugé, en conséquence, que l'huissier qui, sur la réquisition et les conclusions du ministère public, a été suspendu de ses fonctions par un tribunal jugeant comme conseil de discipline, peut être poursuivi correctionnellement, à raison du même fait. — *Riom*, 1er déc. 1829, D...

24. — L'action disciplinaire est-elle prescriptible? — Pour l'affirmative on dit que, la prescription étant la règle générale dans notre législation, il faudrait une disposition expresse pour qu'une chose ou un fait pût y être soustrait (Merlin, *Rép.*, vo *Prescription*, art. 1er, § 9), et en matière disciplinaire, la loi ne dit rien; la prescription doit donc avoir lieu. — Quant à la nature de la prescription à appliquer, ce doit être la prescription criminelle et non la prescription civile, puisque l'action disciplinaire a pour but de réprimer des faits coupables et d'appliquer une peine.

25. — Pour la négative on répond que l'action disciplinaire se place en dehors de la loi; qu'elle a pour but d'atteindre certains faits que la loi n'a pu ni prévoir ni punir; qu'elle est chargée de veiller sur les traditions d'honneur et de délicatesse

qui doivent être l'âme de certaines professions, et qu'il ne peut pas se faire qu'après un temps plus ou moins long, certains manquemens cessent d'être une atteinte aux règles de la probité et de l'honneur. La prescription ne saurait faire revivre l'atteinte portée à ces règles ; c'eût été contre le but même de la loi que la prescription aurait lieu en pareil cas. — Telles furent les idées exprimées par M. Troplong, rapporteur, et M. Hébert, avocat général, sous l'arrêt de *Cass.* du 23 avr. 1839 (t. 1er 1839, p. 469), Lenoble.

26. — Jugé, en ce sens, que l'action disciplinaire est imprescriptible. Le temps ne relève jamais des forfaitures à l'honneur. — *Cass.*, 23 avr. 1839 (t. 1er 1839, p. 467), Lenoble.

27. — ... Et que l'action disciplinaire du ministère public contre les officiers ministériels est imprescriptible. — *Limoges*, 21 juin 1838 (t. 1er 1839, p. 490), Lenoble. — V. cependant CHOSE JUGÉE, n° 776.

CHAPITRE II. — *Discipline des cours et tribunaux.*

Sect. 1re. — *Juges.*

ART. 1er. — *Faits et peines disciplinaires.*

28. — Les juges, en raison des fonctions importantes qui leur sont confiées, ont à remplir des devoirs plus rigoureux que ceux des autres hommes.

29. — Tout manquement d'un juge à l'un des devoirs spéciaux de sa profession peut entraîner une peine de discipline. — A plus forte raison en est-il de même quand le juge a commis une action blâmable qui, émanée d'un simple particulier, serait susceptible d'une répression pénale.

30. — Les devoirs spéciaux des juges sont relatifs à leurs fonctions ou en dehors de ces mêmes fonctions. Mais les uns comme les autres sont également soumis à l'action disciplinaire.

31. — Entre autres devoirs du juge relatifs à ses fonctions est l'obligation pour lui de garder le secret des délibérations auxquelles il a pris part ou dont il a eu connaissance. — Ord. de Philippe de Valois 1344 ; const. de l'an III, art. 208 ; C. inst. crim., art. 309.

32. — Ainsi, un magistrat ne peut, sans manquer à ses devoirs, et par conséquent sans encourir une peine disciplinaire, publier des rapports par lui faits, en sa qualité de président de cour d'assises, au chef de la justice, à qui seul il appartenait de juger s'ils devaient être rendus publics ou demeurer secrets. — *Cass.*, 30 nov. 1820, Madier de Montjau.

33. — De même encore, c'est un devoir pour le juge dans ses fonctions de tout sacrifier à la justice, de ne faire aucune acception de personnes, et de ne se déterminer par aucunes considérations particulières. *In cognoscendo, neque incandescere adversus eos quos malos putat, neque precibus calamitosorum illacrymari oportet.* — L. 19, ff., *De officio præsidis.* — L'Hôpital, Disc. au parlem. de Rouen, 17 août 1563 ; d'Aguesseau, Mercuriale prononcée en 1698.

34. — Dès-lors, les juges qui, faisant céder leurs devoirs à une pitié mal entendue et à de fausses et vaines considérations, acquittent le prévenu, quoique les preuves du crime soient évidentes pour tout homme de bonne foi, encourent la censure du tribunal de cassation. — *Cass.*, 15 prair. an XI, tribunal spécial de Montbrison.

35. — Mais si le principe proclamé par la cour de Cassation peut paraître plausible en lui-même, cet arrêt, qui est la première décision de censure que la cour ait rendue en vertu du sénatus-consulte du 16 therm. an X, est loin de se justifier en fait. Les juges de Montbrison étaient censurés pour avoir cédé à une influence politique, et la cour de Cassation paraît avoir prononcé à son tour sous une influence politique contraire.

36. — Toutefois, par le même arrêt, il fut décidé que les juges qui, dans les mêmes circonstances, avaient opiné contre l'acquittement du coupable, ne devaient pas être censurés, bien qu'ils voulussent partager la responsabilité de l'acquittement.

37. — Ainsi, la cour de Cassation tombait dans un inconvénient bien plus grave encore. La délibération n'était plus l'œuvre collective du tribunal ; elle devait cesser d'être secrète, et chaque juge avait à rendre compte de son vote.

38. — Les devoirs spéciaux des juges en dehors de leurs fonctions et dans la vie privée peuvent se résumer à éviter tout ce qui pourrait compromettre la dignité du caractère dont ils sont revêtus. *Est proprium magistratûs intelligere se gerere personam civitatis debereque] ejus dignitatem sustinere.* — Cicéron, *De officiis*, lib. 1er, n° 34.

39. — Le juge ne doit pas se contenter du témoignage de sa conscience ; il doit savoir que sa réputation n'est plus à lui, que la déconsidération d'un membre peut rejaillir sur le corps. Il ne faut pas que l'honneur du juge ait la moindre tache et que sa réputation personnelle souffre la moindre atteinte. — D'Aguesseau, Mercuriale 1re, 9e et suiv.

40. — Aussi tout juge qui compromet la dignité de son caractère est-il passible des peines disciplinaires. — L. 20 avr. 1810, art. 49 et 50.

41. — Lorsqu'un magistrat, vivant publiquement avec une concubine qu'il présentait comme sa femme légitime, a fait inscrire sur les registres de l'état civil comme ses enfans légitimes des enfans qu'il a eus d'un commerce adultérin, ce fait constitue une cause grave qui autorise la cour de Cassation à le suspendre de ses fonctions par mesure disciplinaire. — *Cass.*, 2 germin. an XIII, Campmas.

42. — La condamnation d'un magistrat à une peine d'emprisonnement pour avoir donné un faux certificat à un conscrit est une cause grave qui autorise la cour de Cassation à le suspendre de ses fonctions. — *Cass.*, 8 déc. 1809, Jean-Baptiste C...

43. — Un juge de paix a pu être suspendu de ses fonctions pour avoir été condamné à l'emprisonnement et à l'amende comme coupable d'escroquerie en matière de conscription. — *Cass.*, 27 juill. 1810, P...

44. — Les peines de discipline peuvent être appliquées au magistrat qui a agi comme citoyen, bien que les mêmes faits émanés d'un simple particulier ne puissent donner lieu à aucune poursuite judiciaire. — *Limoges*, 19 avr. 1833, Ceyras.

45. — Ainsi, le juge qui publie dans un journal son adhésion à des doctrines subversives de l'ordre existant et que son serment l'oblige à maintenir, compromet la dignité de son caractère, et peut être censuré avec réprimande. — *Cass.*, 30 mai 1832, Fouquet.

46. — Ainsi encore un magistrat compromet la dignité de son caractère en s'affiliant à des sociétés qui peuvent être considérées comme en opposition hostile avec le gouvernement et nos institutions constitutionnelles. — *Limoges*, 19 avr. 1833, Ceyras.

47. — Le conseiller de cour royale qui signe une adresse de félicitations à une princesse détenue, pour avoir porté la guerre civile en France dans le dessein de conquérir le trône en faveur de son fils, dont la dynastie a été expulsée, adresse contenant des vœux inconciliables avec les devoirs de magistrat, compromet la dignité de son caractère, méconnaît les obligations que son serment lui impose, et encourt une suspension de ses fonctions. — *Cass.*, 14 janv. 1833, Baudoin.

48. — Le magistrat qui quitte son poste et se rend sans congé ni permission en pays étranger pour aller auprès d'un prétendant au trône autour de la personne duquel ont lieu des manifestations hostiles au gouvernement et rendues publiques compromet gravement la dignité de son caractère et méconnaît les devoirs que lui impose son serment. Dès-lors ce magistrat est passible d'une peine disciplinaire. — *Cass.*, 12 janv. 1844 (t. 2 1844, p. 176), Procur. génér. à la cour de Cassation c. Defontaine.

49. — Le magistrat qui, en qualité d'actionnaire et de membre du conseil de surveillance d'un journal, appose sa signature à un article rédigé sous forme de protestation contre des actes d'instruction judiciaire et de poursuites intervenues à l'occasion d'un attentat, et qui est tout à la fois injurieux à l'honneur des magistrats chargés de leur exécution et outrageant pour la cour des pairs et pour le gouvernement du roi, manque aux devoirs de son état, compromet gravement la dignité de son caractère, et se rend dès-lors passible des peines disciplinaires portées par les art. 82, sén.-cons. 16 thermid. an X, et 56, L. 20 avr. 1810. — *Cass.*, 5 août 1834, Chaley.

50. — Les magistrats qui apposent leur signature au bas d'un acte de souscription ayant pour objet le paiement de l'amende prononcée contre un journal par la chambre des pairs, lequel acte, rédigé en forme de protestation, est injurieux à la chambre des pairs, et attaque à la fois l'autorité de la chose jugée et la juridiction des chambres législatives, manquent à leurs devoirs de magistrats, compromettent la dignité de leur caractère, et sont passibles de peines disciplinaires, alors même qu'ils désavoueraient le contenu de cet écrit, dont ils prétendraient n'avoir pas pris connaissance. — *Cass.*, 25 avr. 1835, Dugone et Mathieu.

51. — Un magistrat encourt la censure de la cour de Cassation, lorsque, après avoir dénoncé, dans une pétition adressée à la chambre des députés, l'existence de complots et de manœuvres secrètes tendant à compromettre la sûreté de l'état et à contrarier l'action du gouvernement légitime, il refuse de donner, sur ces faits et sur leurs auteurs qu'il déclare bien connaître, les renseignemens propres à éclairer les recherches de la justice. — *Cass.*, 30 nov. 1820, Madier de Montjau.

52. — Le magistrat dénonciateur ne peut justifier son refus de donner à la justice les renseignemens qu'elle requiert dans l'intérêt de la chose publique, en alléguant qu'il est lié par un prétendu serment de ne point révéler les faits qui lui ont été confiés, ou de ne les révéler que dans un cas qui ne s'est point encore réalisé. — Même arrêt.

53. — Le magistrat cité devant une cour royale, comme ayant compromis la dignité de son caractère, ne peut pas être acquitté, sur le motif qu'il a suffisamment atténué les faits allégués contre lui. — *Cass.*, 15 avr. 1826 (int. de la loi), N....

54. — Tout juge qui compromet la dignité de son caractère doit être averti par les présidens des cours royales et des tribunaux de première instance, soit d'office, soit sur la réquisition du ministère public. — L. 20 avr. 1810, art. 49.

55. — Si l'avertissement reste sans effet, le juge est soumis, par forme de discipline, à l'une des peines suivantes, savoir : la censure simple ; la censure avec réprimande ; la suspension provisoire. — La censure avec réprimande emporte de droit la privation de traitement pendant un mois ; la suspension provisoire emporte privation du traitement pendant sa durée. — L. 20 avr. 1810, art. 50.

56. — Cet article s'applique non seulement aux faits qui ne font que compromettre la dignité du magistrat, mais encore à tous les faits plus graves qui pourraient motiver des poursuites criminelles ou correctionnelles. — *Cass.*, 25 fév. 1826 (intér. de la loi), X...

57. — En cas de suspension provisoire, le juge est tenu de s'abstenir de ses fonctions jusqu'à ce que la décision ait été approuvée par le ministre de la justice. — L. 20 avr. 1810, art. 56.

58. — Le juge suspendu ne pourrait continuer ses fonctions sans s'exposer aux peines portées par l'art. 197, C. pén.

59. — Pendant la durée de la suspension, le juge de première instance est remplacé par un juge suppléant qui a droit au traitement. — L. 11 avr. 1838, art. 9 ; circul. min. 1er juin 1838.

60. — Les peines disciplinaires sont applicables aux magistrats suppléans, qui, dans l'exercice de cette suppléance, ont manqué aux devoirs de leur état. — L. 20 avr. 1810, art. 53.

61. — Tout juge qui se trouve sous les liens d'un mandat d'arrêt, de dépôt, d'une ordonnance de prise de corps ou d'une condamnation correctionnelle, même pendant l'appel, doit être suspendu provisoirement de ses fonctions. — L. 20 avr. 1810, art. 58.

62. — Le juge condamné à une peine même de simple police, peut, sur la dénonciation du ministre à la cour de Cassation, être déchu ou suspendu de ses fonctions, suivant la gravité des faits. — L. 20 avr. 1810, art. 59.

ART. 2. — *Juridiction disciplinaire. — Compétence et formes.*

§ 1er. — *Pouvoir disciplinaire du garde-des-sceaux.*

63. — Fondé par les lois des 27 avr. 1791 et 10 vend. an IV, qui ont institué le ministère de la justice, le pouvoir disciplinaire du garde des sceaux, ministre de la justice, a été consacré et étendu par le sénatus-consulte du 16 thermid. an X et par la loi du 20 avr. 1810.

64. — Le ministre de la justice a sur les tribunaux, les justices de paix et les membres qui les composent, le droit de les surveiller et de les reprendre. — Sén.-cons. 16 thermid. an X, art. 81.

65. — La cour de Cassation peut mander les juges près du ministre de la justice pour y rendre compte de leur conduite. — Sén.-cons. 16 therm. an X, art. 82.

66. — Lorsque des cours royales ont prononcé ou confirmé la censure avec réprimande, ou la suspension provisoire, leur décision ne peut être mise à exécution qu'après avoir été approuvée par le ministre de la justice. — L. 20 avr. 1810, art. 56.

67. — Néanmoins, le ministre a toujours le droit de déférer le juge inculpé à la cour de cassation, si la gravité des faits l'exige. — L. 20 avr. 1810, art. 56.

68. — Le ministre de la justice peut, quand il le

juge convenable, mander auprès de sa personne les membres des cours et tribunaux, à l'effet de s'expliquer sur les faits qui peuvent leur être imputés (L. 20 avr. 1810, art. 57). — Ce droit est connu sous le nom de droit de *veniat*.

69. — Le ministre de la justice est seul compétent pour vérifier les faits imputés à un membre de l'ordre judiciaire dans une dénonciation, et pour prononcer sur leur fausseté, conformément à l'art. 373, C. inst. crim. — Après cette décision du ministre de la justice, il ne reste plus aux tribunaux qu'à apprécier la moralité de la dénonciation, et juger si elle a été faite sans motifs légitimes, de mauvaise foi et dans une intention coupable. — *Cass.*, 12 mai 1827 et 22 déc. 1827, Beuret et Cadot c. Marcadier.

70. — Tout jugement de condamnation criminelle, correctionnelle et même de simple police, rendu contre un juge, à une peine même de simple police, doit être transmis au ministre de la justice, qui, après en avoir fait l'examen, dénonce, s'il y a lieu, le magistrat condamné à la cour de Cassation. — L. 20 avr. 1810, art. 59.

71. — Le pouvoir disciplinaire du garde des sceaux n'existe directement que sur les juges individuellement, et ne pèse sur les cours et tribunaux, comme corps, qu'en ce sens que le ministre peut ne pas approuver leurs décisions disciplinaires et même déférer à la censure de la cour de Cassation celles qui ne sont susceptibles d'annulation que par cette voie. — Morin, *Discipline des cours et tribunaux*, t. 1er, no 17.

72. — Des dispositions législatives ci-dessus rappelées il suit que les cours et tribunaux dont les membres se trouvent soumis au pouvoir disciplinaire du garde des sceaux, mais dans des limites différentes, sont la cour de Cassation, les cours royales, les tribunaux d'arrondissement et les justices de paix.

73. — Tous les membres de ces tribunaux sont sous la discipline du garde des sceaux pour toute faute compromettant la dignité du magistrat, et cela sans exception pour les conseillers auditeurs et les juges suppléans qui ont un caractère permanent. — Avis cons. d'état 27 fév. 1811. — Morin, *Discipline*, t. 1er, no 18.

74. — Les tribunaux de commerce étant dans les attributions et sous la surveillance du ministre de la justice (C. comm., art. 630), leurs membres sont aussi soumis au pouvoir disciplinaire de ce ministre. — Mais que peut une simple réprimande vis-à-vis d'un juge consulaire élu à temps? — Carnot, *Discipline judiciaire*, no 48; Morin, t. 1er, no 19.

75. — Les conseils de prudhommes sont assimilés par les lois de leurs institutions aux tribunaux de commerce, mais seulement par la forme de procéder. Du reste, ils sont placés sous la surveillance du ministre du commerce, qui exclut celle de son collègue au département de la justice. — Morin, t. 1er, no 19. — *Contrà* Carnot, no 48.

76. — Si les tribunaux arbitraux doivent suivre les formes établies par les tribunaux ordinaires, quand les parties ne les en ont pas dispensés, il serait difficile que leurs membres, qui ne sont pas permanens, fussent soumis au pouvoir disciplinaire du chef de la justice. D'ailleurs, leurs actes peuvent toujours être déférés aux tribunaux. — Morin, t. 1er, no 19.

77. — Le pouvoir disciplinaire du garde des sceaux ne pourrait non plus s'étendre au Conseil d'état et aux conseils de préfecture, qui ressortissent au ministère de l'intérieur. — Cependant, par un décret du 1er avr. 1808, des conseillers de préfecture furent mandés devant le ministre de la justice pour y rendre compte de leur conduite. — Morin, t. 1er, no 20.

78. — ... A la cour des comptes, qui est sous la juridiction du ministre des finances, et ne constitue pas un tribunal proprement dit. — Carnot, no 57; Morin, t. 1er, no 20.

79. — ... Aux conseils de guerre, qui dépendent du ministre de la guerre et sont sous une discipline spéciale. — Morin, t. 1er, no 20.

80. — ... Aux cours et tribunaux des colonies. — Le pouvoir disciplinaire du garde des sceaux sur les magistras est exercé par le gouverneur. — V. COLONIES. — A Alger, les magistrats sont soumis au pouvoir du ministre de la guerre et du garde des sceaux. — Ord. 26 sept. 1842, art. 73; 30 nov. 1844, art. 30.

81. — De ce que les décisions disciplinaires des cours royales qui prononcent ou confirment la censure avec réprimande ou la suspension provisoire ne peuvent être mises à exécution qu'après avoir été approuvées par le ministre de la justice, il suit qu'il a le droit d'annuler ou modifier celle qui lui paraît trop rigoureuse; mais il n'a pas, comme à l'égard des officiers ministériels, celui d'aggraver la condamnation disciplinaire. — Morin, t. 1er, no 24.

82. — Le ministre de la justice a le droit de faire transcrire sur le registre des délibérations des tribunaux les arrêtés qu'il prend dans les affaires disciplinaires sur lesquelles ces tribunaux ont d'abord statué. — *Cass.*, 29 nov. 1837 (t. 1er 1838, p. 344), Tribunal d'Orléans.

83. — Les décisions du ministre de la justice en matière de discipline judiciaire ne peuvent être attaquées devant le conseil d'état par la voie contentieuse. — *Cons. d'état*, 27 nov. 1835, et 6 juin 1844, Martineau de Villeneuve; — Cormenin, *Dr. admin.*, t. 1er, p. 101.

84. — En vertu du même droit de révision qui constitue le garde des sceaux juge souverain, il lui appartient de statuer sur tous les incidens de la poursuite disciplinaire qui ne sont pas expressément dévolus à la cour saisie. — Morin, t. 1er, no 24.

85. — Comme les décisions prises par le garde des sceaux en vertu de son droit de révision ne constituent pas des jugemens proprement dits, il n'y a pas lieu à un reconrs en cassation de la part du juge poursuivi ou condamné. — Henrion de Pansey, *Autor. judic.*, t. 1er, p. 37; Tarbé, *Lois et réglem. de la cour de Cass.*, p. 90; Morin, *Discipline*, t. 1er, no 24.

86. — D'après les art. 82 et 59, L. 20 avr. 1810, le ministre de la justice doit présider la cour de Cassation lorsqu'elle exerce un droit de censure et discipline. — Sénatus-cons. 16 thermid. an X.

87. — Cette disposition est-elle encore applicable aujourd'hui? — Il nous semble qu'elle a été implicitement abolie, 1o par la charte de 1830 qui reconnaissait le principe de l'inamovibilité de la magistrature; or, on ne saurait considérer comme magistrat un ministre qui n'a plus le caractère officiel de grand juge qu'il avait sous l'empire, qui est amovible et responsable, et qui est plutôt administrateur que juge; — 2o par la loi du 30 juill. 1828 qui enlève au ministre de la justice la présidence de la cour de Cassation, lorsqu'elle est appelée à statuer sur un pourvoi fondé sur des moyens qui ont motivé une première condamnation.

88. — Pour l'opinion contraire on invoque l'usage suivi; en effet, en 1820 et 1824, le garde des sceaux a présidé la cour de Cassation saisie de questions disciplinaires. De plus, son droit a été reconnu par l'art. 6 de l'ordonn. 15 janv. 1826, portant réglement pour le service de la cour de Cassation.

89. — En 1832, la question ayant été agitée à l'occasion d'une poursuite disciplinaire, M. le garde des sceaux Barthe annonça que son intention n'était pas de présider dans cette affaire. Il y eut une délibération de la cour. Les solutions, adoptées à une faible majorité (V. *Gazette des Tribunaux*, nos des 2 et 28 mai 1832), ont été que le garde des sceaux est le principe et la fin de toute action disciplinaire; qu'il ne s'agit pas en pareil cas d'un acte de juridiction contentieuse pour lequel un juge inamovible seul aurait caractère; que la juridiction cesse où la discipline commence; que la constitution n'est donc pas offensée par la participation du garde des sceaux à l'exercice du pouvoir disciplinaire; que le garde des sceaux est, sous ce seul rapport, partie essentielle de la cour, aux termes du sénatus-consulte de l'an X; que, comme tout autre juge, il peut être récusé ou s'abstenir. — Tarbé, *Lois et réglem. de la cour de Cass.*, p 90. — Telle est aussi l'opinion de M. le procureur-général Dupin. — V. *Moniteur*, 15 janv. 1844, Defontaine.

90. — Toutefois, comme le ministre qui a dénoncé un juge à la cour de Cassation a vraisemblablement une opinion formée à l'avance, son abstension est convenable; jusqu'ici il y a toujours eu abstension constatée en ces termes : « M. le garde des sceaux s'abstenant. »

91. — Si le garde des sceaux, en matière disciplinaire, fait partie du la cour de Cassation, les décisions de cette cour ne sauraient être révisées par lui, car il ne peut y avoir recours d'un juge à lui-même. — Tarbé, *ibid.*

§ 2. — *Pouvoir disciplinaire de la cour de Cassation.*

92. — La cour de Cassation a droit de censure et de discipline sur les cours royales et les tribunaux criminels; elle peut, pour cause grave, suspendre les juges de leurs fonctions, les mander près du ministre de la justice pour y rendre compte de leur conduite. — Sénatus-cons. 16 thermid. an X, art. 82.

93. — La cour de Cassation, sur la dénonciation du ministre de la justice, peut déclarer un magistrat condamné à une peine criminelle, correctionnelle, ou même de simple police, déchu ou suspendu de ses fonctions, suivant la gravité des faits. — L. 20 avr. 1810, art. 58 et 59.

94. — L'attribution conférée à la cour de Cassation du droit de juger s'il doit être donné suite aux plaintes portées contre les membres des cours royales, n'a été détruite ni modifiée par l'art. 20, L. 20 avr. 1810. — *Cass.*, 2 mai 1818, Rochou de Valette.

95. — La cour de Cassation a le droit de suspendre pour cause grave les juges de première instance comme ceux des cours d'appel et des cours criminelles. — *Cass.*, 2 germ. an XIII, Campmas.

96. — Les juges suppléans des tribunaux de première instance sont justiciables de la cour de Cassation, à raison des poursuites disciplinaires qui peuvent être exercées contre eux par le procureur-général agissant sur l'ordre du ministre de la justice. — *Cass.*, 9 et 12 janv. 1844 (t. 2 1844, p. 176), Defontaine.

97. — La cour de Cassation est autorisée à suspendre de ses fonctions un juge de paix qui a été condamné à l'emprisonnement et à l'amende, comme coupable d'escroquerie, en matière de conscription. — *Cass.*, 27 juill. 1810, P...

98. — Mais la cour de Cassation n'est pas compétente, en matière de discipline judiciaire, pour connaître des décisions prises à cet égard par les cours royales contre un de leurs membres. C'est au ministre de la justice seul qu'il appartient de réviser ces décisions. — *Cass.*, 17 juill. 1823, Pothier.

99. — *Procédure.* — A défaut de loi expresse et de jurisprudence fixe, les formes de procéder sont arbitraires.

100. — La cour de Cassation est saisie par un réquisitoire du procureur-général sur la provocation du garde des sceaux. Elle se réunit en assemblée générale et décide si le juge inculpé doit ou non être cité devant elle. — Morin, t. 1er, no 33.

101. — La citation jugée opportune est donnée à comparaître dans le délai qui est fixé d'après les distances. — Si le juge cité présente requête pour obtenir soit une prolongation de délai, soit l'assistance d'un défenseur ou la publicité de l'audience, il y est statué sans que sa comparution personnelle soit exigée quant à présent. — Morin, t. 1er, no 33.

102. — Le jour de la comparution est fixé définitivement. L'assistance d'un défenseur est autorisée ou refusée, selon que le juge inculpé paraît plus ou moins en état de se défendre personnellement.

103. — Ainsi jugé que le magistrat cité disciplinairement devant la cour de Cassation peut se faire assister d'un défenseur. — *Cass.*, 11 janv. 1833, Baudoin; 9 janv. 1844 (t. 2 1844, p. 176), Defontaine.

104. — Jugé au contraire que le magistrat cité devant la cour de Cassation, par mesure disciplinaire, pour donner des explications sur des faits qui lui sont personnels, mais qui ne constituent ni crime ni délit, n'a pas le droit de se faire assister d'un défenseur. — *Cass.*, 28 nov. 1820, Madier de Montjau. — Toutefois, dans cette affaire, on permit à M. Madier de Montjau de se faire assister à l'audience par son père.

105. — La publicité de l'audience ou le huis-clos sont ordonnés selon les faits imputés et les circonstances de la poursuite.

106. — Ainsi décidé que, dans l'exercice de sa juridiction disciplinaire, la cour de Cassation peut juger à huis-clos. — *Cass.*, 12 janv. 1844 (t. 2 1844, p. 176), Defontaine.

107. — Il y a eu également huis-clos dans l'affaire Fouquet (*Cass.*, 30 mai 1832) et dans l'affaire Baudoin (14 janv. 1833); mais il a été statué en audience publique dans l'affaire Madier de Montjau (30 nov. 1820).

108. — Les décisions disciplinaires de la cour de Cassation sont toujours rédigées en forme d'arrêt, avec ordre d'exécution, à la diligence du procureur-général, et avec la formule exécutoire sur l'expédition. Elles peuvent contenir dans leur point de fait, ou dans le procès-verbal qui précède la décision même, le texte du réquisitoire du procureur-général. — Tarbé, *Lois et régl. de la cour de Cass.*, p. 90.

109. — Ces décisions disciplinaires ne peuvent en cet état être publiées dans le *Moniteur* et les autres journaux; car il est interdit de publier autre chose que le prononcé du jugement dans toutes les affaires où le huis-clos a été ordonné, ainsi que de rendre compte des délibérations *intérieures* des cours et tribunaux. — L 18 juill. 1828, art. 16;

.. 9 sept. 1835, art. 10; — Morin, no 33. — Cependant le texte de l'arrêt Defontaine (*Cass.*, 9-12 janv. 1844, t. 2 1844, p. 176) a été publié officiellement, par l'ordre du garde des sceaux, dans le *Moniteur* du 15 janv. 1844.

§ 3. — *Pouvoir disciplinaire des cours royales et des tribunaux de première instance.*

110. — D'après l'art. 83, sénatus-cons. 16 therm. an X, les cours royales ont un droit de surveillance sur les tribunaux civils de leur arrondissement.

111. — Mais comme ce sénatus-consulte ne donne que le droit de surveillance, on a jugé qu'une cour d'appel était incompétente pour suspendre de ses fonctions un juge qui aurait compromis sa dignité de juge et attiré sur cette cour une déconsidération non méritée. — *Cass.*, 4 nov. 1812, N...

112. — Aujourd'hui, les cours royales ont plus qu'un simple droit de surveillance. elles peuvent prononcer contre tout membre des cours royales ou d'assises qui a compromis la dignité de son caractère les peines disciplinaires de la censure simple, de la censure avec réprimande et enfin de la suspension provisoire. — L. 20 avr. 1810, art. 50 et 52.

113. — En matière de discipline, les cours royales ne sont point limitées aux chefs d'inculpation qui ont été l'objet d'une plainte et des réquisitions du ministère public; elles sont saisies de tous les élémens qui peuvent les mettre à même d'apprécier la pureté des actions de ceux de leurs membres dont la conduite est soumise à leur examen. — *Orléans*, 9 janv. 1817, N....

114. — La cour, toutes les chambres assemblées, est compétente pour appliquer simultanément à deux magistrats une peine quelconque de discipline, quand les faits reprochés à l'un d'eux, et en raison desquels il est cité devant la cour, viennent implicitement se lier aux inculpations qu'il adresse à l'autre par voie de récrimination. — *Orléans*, 23 août 1823, A... et M....

115. — Mais un tribunal d'appel qui se permet de censurer le premier juge en prononçant dans son jugement que ce juge est sorti de la modération et de la dignité de son caractère, commet un excès de pouvoir. — *Cass.*, 12 juill. 1836 (int. de la loi), N...

116. — D'après le même art. 83 du sénatus-consulte du 16 thermid. an X, les tribunaux civils ont droit de surveillance sur les juges de paix de leur arrondissement.

117. — Jugé, sous l'empire de ce décret, que les tribunaux de première instance ne peuvent faire des injonctions ou des défenses aux juges de paix de leur arrondissement. — *Cass.*, 26 prair. an XI, Haricot c. Cusset.

118. — ...Que le droit de surveillance accordé aux tribunaux civils sur les justices de paix ne comprend pas celui de reprendre. — *Cass.*, 10 brum. an XII, N...

119. — Maintenant les pouvoirs disciplinaires des tribunaux de première instance sont plus étendus que sous l'empire du sénatus-consulte de l'an X. Ils peuvent prononcer contre tout juge de première instance, juge de paix ou juge de police de leur arrondissement, qui compromet la dignité de son caractère, l'une des peines disciplinaires de la censure simple, la censure avec réprimande ou la suspension provisoire. — L. 20 avr. 1810, art. 50 et 52.

120. — Les présidens des tribunaux ne peuvent être poursuivis disciplinairement que devant la cour royale. Les vice-présidens et juges sont soumis au pouvoir disciplinaire de la cour comme à celui de leur tribunal. — Morin, t. 2, no 36.

121. — Les cours royales exercent les droits de discipline attribués aux tribunaux de première instance, lorsque ceux-ci ont négligé de les exercer. Dans ce cas, les cours royales peuvent donner à ces tribunaux un avertissement d'être plus exacts à l'avenir. — L. 20 avr. 1810, art. 54.

122. — La négligence du tribunal de première instance qui autorise la cour royale à exercer son pouvoir disciplinaire sur la conduite d'un juge, s'induit naturellement de l'inaction où le tribunal est resté, et du silence gardé par son président, sur des faits assez publics ou assez notoires pour être venus à la connaissance de la cour royale. — *Cass.*, 23 mars 1826 (intérêt de la loi), Duch......

123. — La poursuite disciplinaire contre un magistrat condamné à une peine correctionnelle peut, si le garde des sceaux n'a pas usé de la faculté qui lui appartient de la déférer à la juridiction supérieure de la cour de Cassation, être exercée par le tribunal dont le magistrat condamné fait partie. — *Cass.*, 15 mars 1843 (t. 2 1843, p. 7), Martineau.

124. — De plus, on a vu *suprà* que le juge qui compromettait la dignité de son caractère devait, avant d'être soumis aux peines disciplinaires, être averti par le président de la cour royale ou du tribunal de première instance. — L. 20 avr. 1810, art. 49 et 50.

125. — Cet avertissement n'entraîne avec lui aucune disposition pénale. — *Orléans*, 23 août 1823, A... et M....

126. — Cet avertissement n'est point même une peine de discipline; c'est une mesure préventive de toute peine, un acte secret et paternel du magistrat supérieur envers un officier de justice qui suit une fausse direction. — Instr. minist. 12 déc. 1821.

127. — Pour quels actes l'avertissement doit-il être donné? Faut-il qu'il s'agisse de faits graves et positifs? — Non, il suffit que le magistrat suive une fausse direction. Tel est le cas où la conduite d'un magistrat, d'ailleurs recommandable par une régularité constante, aura offert un écart léger en lui-même, mais blâmable toutefois. Tel est le cas encore où un magistrat, par une suite de mauvaises habitudes et de manières inconvenantes, par des irrégularités successives qui, sans choquer les mœurs locales, ne seraient pas moins incompatibles avec le caractère et la dignité de magistrat, se sera confondu avec le vulgaire, et se sera exposé à perdre la considération publique. Dans ces deux cas l'avertissement doit être donné. — Instruct. ministér. 12 déc. 1821.

128. — L'avertissement doit-il toujours précéder l'application de toute peine disciplinaire? — Non; l'avertissement ne peut guère s'appliquer qu'aux fautes légères et successives; il suppose une amélioration possible. Mais un officier peut tout à coup se rendre coupable d'une faute grave sans antécédens connus pour autoriser l'avertissement. L'avertissement serait alors une mesure insuffisante et dérisoire; d'un autre côté, il pourrait se faire que le supérieur négligeât de donner cet avertissement. — Instruct. ministér. 12 déc. 1821; — Carré, *De l'organis. judic.*, t. 8, p. 69. — *Contrà* Bioche et Goujet, *Dict. de procéd.*, vo *Discipline*, no 14.

129. — Jugé en ce sens que les peines de discipline peuvent être appliquées à un magistrat sans qu'il lui ait été donné l'avertissement préalable. — *Cass.*, 25 fév. 1826; *Limoges*, 19 avr. 1833, Ceyras.

130. — ... Ou quoique cet avertissement soit resté sans effet. — *Cass.*, 25 fév. 1826, X...

131. — Cependant, quoique cet avertissement paraisse ne devoir être donné que par le premier président de la cour au magistrat qui aurait manqué à sa propre dignité, la cour peut, si avant toute citation devant elle le magistrat n'a pas été averti, appliquer cette disposition de l'art. 49, et la prononcer dans un arrêt. — *Orléans*, 23 août 1823, A... et M...

132. — L'avertissement que les présidens des cours royales et des tribunaux sont autorisés à donner à tout juge qui compromet la dignité de son caractère ne peut être qu'individuel et ne doit avoir aucun caractère de pénalité. — *Cass*, 5 mai 1835, Procureur général à la cour de Cassation.

133. — Dès-lors, est illégal et nul l'arrêté par lequel un premier président de cour royale admoneste plusieurs juges à la fois, et enjoint au président du tribunal d'en donner connaissance aux magistrats admonestés, et d'en faire opérer la transcription sur le registre des délibérations. — Une pareille transcription est illégale, surtout si elle a été faite par le président lui-même et non par le greffier. — Même arrêt.

134. — Les cours et tribunaux n'ont pas besoin d'être provoqués par les citations et réquisitions du ministère public, pour appeler devant eux les juges qui ont compromis la dignité de leur caractère. — *Cass.*, 23 mars 1826, Duch.

135. — Toute cour royale exerçant son pouvoir disciplinaire doit se réunir en assemblée générale sur convocation régulière de toutes les chambres et de tous ses membres, y compris les conseillers auditeurs ayant voix délibérative, et les officiers du ministère public. — Décr. 30 mars 1808, art. 26, 27, 88 et 103; L. 20 avr. 1810, art. 8, 52 et 55; décr. 6 juill. 1810, art. 11, 62 et 66.

136. — Dans le lieu où siége la cour royale, la cour d'assises est véritablement une chambre temporaire qui doit concourir, sous peine de nullité, aux délibérations pour lesquelles la loi attribue juridiction à la cour royale entière, et spécialement en matière de discipline des magistrats. — *Cass.*, 6 fév. 1823, Mansois-Duprez. — Il en est de même quand il s'agit d'appliquer une peine disciplinaire à un officier ministériel. — V. *infrà* no 290.

137. — Tout tribunal exerçant un pouvoir disciplinaire doit se réunir en entier sur convocation régulière adressée à tous ses membres, y compris les juges suppléans; ceux-ci, toutefois, ne doivent prendre part au délibéré que s'il y a nécessité de compléter le tribunal. — L. 27 vent. an VIII, art. 12; décr. 30 mars 1808, art. 103; L. 11 avr. 1838, art. 11; circul. minist. 1er juin 1838.

138. — L'application des peines disciplinaires déterminées par l'art. 50, L. 20 avr. 1810, doit être faite en chambre du conseil, soit que la décision émane d'un tribunal de première instance ou d'une cour royale. — L. 20 avr. 1810, art. 52.

139. — C'est également dans la chambre du conseil que doivent être prononcées les peines disciplinaires encourues par les magistrats suppléans qui, dans l'exercice de leur suppléance, ont manqué aux devoirs de leur état. — L. 20 avr. 1810, art. 53.

140. — Aucune décision ne peut être prise que le juge inculpé n'ait été entendu ou dûment appelé, et que le procureur général ou le procureur du roi n'ait donné ses conclusions par écrit. — L. 20 avr. 1810, art. 55.

141. — Si le juge inculpé ne comparaît pas spontanément, citation doit lui être donnée à comparaître dans un délai calculé d'après les distances et les besoins de la défense; sans quoi il y aurait au moins droit d'opposition. — Avis cons. d'état, 11-18 fév. 1806; — Morin, t. 2, no 38.

142. — Les citations aux magistrats sont données par les greffiers (ord. 1667, tit. 25, art. 3; ord. 24 sept. 1828, art. 155). Elles peuvent aussi être données par lettres-missives. — Morin, t. 2, no 38.

143. — Lorsqu'en matière disciplinaire, la cour royale, toutes les chambres assemblées et réunies en tribunal de famille, se croit suffisamment éclairée, elle n'est pas tenue de surseoir à prononcer jusqu'à ce qu'un magistrat nouvellement inculpé par suite des récriminations d'un autre magistrat objet de la poursuite, ait été régulièrement cité en cette qualité à comparaître devant les chambres de la cour réunies. — *Orléans*, 23 août 1823, A... et M...

144. — Les conclusions que le procureur général ou le procureur du roi donnent par écrit doivent être communiquées au juge inculpé. — Morin, t. 1er, no 38.

145. — L'assistance d'un défenseur est un droit reconnu par toutes les lois de procédure, à moins qu'il ne soit évident que le juge inculpé est plus en état que tout autre de présenter sa défense. — L. 1er déc. 1790, art. 12; règlem. 4 prair. an VIII, art. 15; — Morin, t. 1er, no 38.

146. — Lorsqu'une cour royale ordonne des poursuites criminelles ou correctionnelles contre un magistrat, elle doit, en même temps, le suspendre de ses fonctions. — *Cass.*, 25 fév. 1826 (int. de la loi), X...

147. — Les décisions prises par les tribunaux de première instance doivent, avant de recevoir leur exécution, être transmises au procureur général par le procureur du roi, et soumises à la cour royale. — L. 20 avr. 1810, art. 51.

148. — Les décisions des cours royales qui ont prononcé ou confirmé la censure avec réprimande ou la suspension provisoire ne peuvent être mises à exécution qu'après avoir été approuvées par le ministre de la justice. — L. 20 avr. 1810, art. 56.

149. — Dans tous les cas, il doit être rendu compte au ministre de la justice par les procureurs généraux de la décision prise par les cours royales. — L. 20 avr. 1810, art. 56.

150. — L'avertissement adressé à des magistrats par les présidens des cours d'appel et des tribunaux de première instance, la censure simple ou avec réprimande, la suspension provisoire, et enfin l'avertissement adressé à un tribunal entier par une cour d'appel, sont des actes de pure discipline intérieure, qui ne peuvent pas être l'objet d'un pourvoi en cassation. — *Cass.*, 12 fév. 1813, Miquel.

151. — Le recours en cassation n'est ouvert ni contre un réquisitoire du procureur du roi, ni contre une lettre du président relatifs à l'exercice du pouvoir disciplinaire. — *Cass.*, 6 août 1838 (t. 2 1838, p. 111), Hardouin c. proc. du roi d'Arcis-sur-Aube.

152. — Les décisions des cours royales, qui prononcent, par forme de discipline, sur les poursuites du ministère public dirigées contre des magistrats accusés d'avoir compromis la dignité de leurs fonctions, ne peuvent être soumises à la cour de Cassation; elles ne peuvent l'être qu'à la censure du ministre de la justice à qui il appartient de les approuver ou de les annuler. — *Cass.*, 26 janv. 1830, Lombardon.

153. — Les décisions disciplinaires prises contre des magistrats aussi bien que contre des membres du barreau, n'étant que des mesures de police in-

térieure et n'ayant pas le caractère des actes de la juridiction ordinaire des tribunaux, ne peuvent être l'objet d'un recours en cassation que pour cause d'incapacité. — Arg. *Cass.*, 2 mai 1843 (t. 2 1843, p. 230), avocats de Limoges c. min. publ. et Bourdeau.

154. — Le recours en Cassation n'est pas admissible en cas d'excès de pouvoir. — Arg. *Cass.*, 4 déc. 1833, T... c. notaires de Provins. — *Contrà* arg. *Cass.*, 2 mai 1843 (t. 2 1843, p. 230), avocats de Limoges c. min. publ. et Bourdeau.

155. — Quel que soit l'excès de pouvoir allégué, l'annulation de la décision ne peut être demandée que par l'ordre du garde des sceaux, ministre de la justice. — Ainsi, le juge qui se prétend lésé par un excès de pouvoir du président en matière disciplinaire est non recevable à se pourvoir directement devant la cour de Cassation. — *Cass.*, 6 août 1838 (t. 2 1838, p. 111), Hardouin c. procureur du roi d'Arcis-sur-Aube.

156. — L'arrêt qui refuse de faire droit aux conclusions prises par un magistrat inculpé personnellement dans la mercuriale prononcée par le procureur général dans l'assemblée à huis-clos des chambres réunies d'une cour royale, tendantes à ce que cette mercuriale ne soit pas inscrite sur les registres, n'a pas le caractère d'un jugement proprement dit ; c'est un acte d'ordre intérieur qui, de sa nature, appartient à la juridiction disciplinaire des cours, et n'est exclusivement soumis qu'à l'approbation du ministre de la justice. — Dès-lors, un tel arrêt n'est pas susceptible du recours en cassation de la part du magistrat inculpé. Il ne pourrait être annulé par la cour de Cassation pour excès de pouvoir que sur l'ordre du ministre. — *Cass.*, 25 juin 1838 (t. 2 1838, p. 352), P... c. la cour royale de Colmar.

157. — Jugé, au contraire, qu'une décision en matière de discipline est nécessairement un acte judiciaire susceptible d'être cassé, en exécution de l'art. 441, C. inst. crim., lorsqu'elle est contraire aux lois, soit en la forme, soit au fond. — *Cass.*, 6 fév. 1823, Mansois-Duprez.

158. — En supposant qu'on pût considérer comme des condamnations pénales susceptibles d'être déférées à la cour de Cassation l'avertissement adressé à des magistrats par les présidens des cours d'appel et des tribunaux de première instance, la censure simple ou avec réprimande, la suspension provisoire et enfin l'avertissement adressé à un tribunal entier par une cour d'appel, le pourvoi ne pourrait être formé que par déclaration au greffe du tribunal ou de la cour d'où émanerait la décision attaquée, et non par le dépôt d'une requête au greffe de la cour de Cassation. — *Cass.*, 12 fév. 1813, Miquel c. min. publ.

§ 4. — *Pouvoir disciplinaire des tribunaux en général sur leurs propres membres.*

159. — Tout corps de judicature doit être gardien de sa considération, avec d'autant plus de soin qu'il est plus élevé en dignité. — Morin, *Discipline des cours et tribunaux*, t. 1er, n° 41.

160. — De plus, un certain pouvoir est nécessaire à chaque tribunal vis-à-vis de ses membres pour exercer convenablement cette discipline incessante dont parle d'Aguesseau (dix-huitième mercuriale, art. 9) ; « Savoir tout ce qui se passe dans le secret de la compagnie et ne pas tout révéler ; maintenir le joug de la discipline sans l'appesantir, l'adoucir même par son uniformité et le rendre léger en le faisant porter à tous également ; recourir rarement à la peine, se contenter plus souvent du repentir et ne perdre ni l'autorité par trop d'indulgence, ni l'affection par un excès de sévérité, telle devait être la noble fonction des arbitres et des vengeurs de la discipline. »

161. — L'écrit par lequel plusieurs membres d'un tribunal exposent leurs griefs contre leur président ne peut, sans excès de pouvoir, être qualifié de délibération et transcrit sur les registres. — *Cass.*, 5 mai 1835, procureur général près la cour de Cassation.

162. — Tout tribunal a le droit et le devoir de s'assembler et de prendre des délibérations en ce qui concerne la tenue des audiences, l'ordre et la discipline intérieure, les poursuites disciplinaires à exercer, pourvu toutefois que tous les membres soient convoqués et qu'il n'y ait pas seulement réunion de quelques uns pour formuler des plaintes contre les autres. — Décr. 30 mars 1808, art. 79 ; 6 juill. 1810, art. 62 et 63 ; L. 11 avr. 1838, art. 11 ; — Morin, *ibid.*, n° 41.

163. — En premier lieu, chaque tribunal doit avoir un réglement particulier de discipline intérieure qui trace exactement à tous les membres comme aux officiers publics, concourant avec eux à l'administration de la justice, leurs devoirs de tous les jours et de tous les instans. — Morin, *ibid.*, n° 41.

164. — On a vu dans le paragraphe précédent que les cours royales et les tribunaux de première instance pouvaient frapper de peines disciplinaires, en vertu de la loi du 20 avr. 1810, ceux de leurs membres qui compromettaient la dignité de leur caractère. — L'art. 48 de la même loi établit encore une peine disciplinaire contre les juges qui s'absenteraient de leur poste sans congé. — D'autres dispositions de la même loi prévoient aussi d'autres cas disciplinaires.

165. — Bien que la loi du 20 avr. 1810 ne déclare les peines disciplinaires applicables qu'aux membres des cours royales, aux juges de première instance et aux juges de paix, la cour de Cassation appliquerait légalement ces dispositions si elle se trouvait dans la dure nécessité d'exercer l'action disciplinaire contre un de ses membres. — Tarbé, *Lois et Réglem. de la cour de Cass.*, p. 87.

166. — Vainement on objecte que la législation est muette sur la discipline de la cour suprême (Ortolan et Ledeau, *Du min. publ. en France*, t. 2, p. 364) ; on répond qu'en l'absence des règles spéciales, on doit être nécessairement autorisé à appliquer celles que le législateur a tracées pour les cours et tribunaux en général. — Morin, n° 43.

167. — Les tribunaux de commerce n'ont pas sur leurs membres de pouvoir disciplinaire proprement dit ; ils ne pourraient, à défaut de ministère public, procéder conformément à la loi de 1810. Toutefois, le président du tribunal, dont un membre compromettrait la dignité de juge, pourrait le prévenir qu'il se verrait forcé de le dénoncer au ministre de la justice, s'il ne s'amendait pas. — Carnot, *Disciplin. judic.*, n° 33.

168. — Il en est de même des conseils de prud'hommes soumis à la surveillance du ministre du commerce ; c'est à ce ministre que devrait être dénoncé le membre qui mériterait une censure. — Carnot, n° 43.

169. — Quant aux tribunaux arbitraires qui n'ont qu'une existence accidentelle, les règles de discipline leur sont entièrement inapplicables. — Morin, t. 1er, n° 43.

170. — Le conseil d'état, dont la présidence appartient au garde des sceaux, qui a un pouvoir propre, n'a pas à appliquer les règles de discipline établies pour les magistrats de l'ordre judiciaire. — Morin, n° 44.

171. — Il en est de même des conseils de préfecture présidés par les préfets et placés sous la surveillance du ministre de l'intérieur. — Morin, n° 44.

172. — A la cour des comptes, dont les membres sont inamovibles, le premier président a la police et la surveillance générale. — L. 16 sept. 1807, art. 10.

173. — D'autres pouvoirs ont été établis par un décret du 28 du même mois de septembre 1807, qui a supprimé l'inamovibilité.

174. — D'après l'art. 35 de ce décret, le premier président peut appeler ceux des référendaires qui ne remplissent pas leur devoir, et leur donner les avertissemens nécessaires. — Il peut même, en cas de récidive, après avoir entendu le référendaire en présence des présidens et du procureur-général, le censurer. — Enfin, si par la gravité des circonstances il y a lieu à la privation temporaire de traitement ou à la suspension de fonctions, il en fait son rapport au ministre des finances.

175. — D'autres dispositions concernant les conseillers-maîtres, mais seulement en ce qui touche l'exactitude dans le service, font l'objet des art. 38, 67 et 71 du même décret.

176. — L'inamovibilité des membres de la cour des comptes ayant été rétablie par une ordonnance royale du 28 fév. 1815, d'autres moyens de discipline sont nécessaires. Peut-être même devrait-on appliquer à la cour des comptes comme à la cour de Cassation les règles disciplinaires établies pour les cours royales et les tribunaux de première instance. — Morin, n° 44.

Sect. 2e. — *Officiers du ministère public et de police judiciaire.*

1er. — *Officiers du ministère public.*

177. — Sous l'ancienne législation, les membres du ministère public, en qualité de représentans du souverain, étaient indépendans des cours et tribunaux, qui ne pouvaient se permettre de leur faire des injonctions, ni de les censurer. — Lettres du chancelier d'Aguesseau, 11 mars 1730, et 21 juin 1731, t. 10, p. 441 et 451 ; Ferrière, *Dict. de dr.*, même mot ; Merlin, *Rép.*, v° *Ministère public*, § 5 ; Morin, *Discipl. des cours et tribunaux*, t. 1er, n° 49.

178. — Une nouvelle organisation judiciaire ayant eu lieu en 1790, les officiers du ministère public furent déclarés « agens du pouvoir exécutif » pour faire exécuter, dans les jugemens à rendre, les lois intéressant l'ordre général, faire exécuter les jugemens rendus, et veiller en chaque tribunal au maintien de la discipline et à la régularité du service. — L. 24 août 1790, tit. 8, art. 1er ; L. 1er déc. 1790, art. 23 ; Constitut. de l'an VIII, art. 61.

179. — Décidé en conséquence, comme sous l'ancienne législation, que les tribunaux ne peuvent censurer les officiers du ministère public. — *Cass.*, 6 oct. 1791, tribunal de la Nesle.

180. — D'après le sénatus-consulte du 16 thermid. an X, art. 84, le procureur général près la cour de Cassation surveille les procureurs généraux près les cours royales.

181. — Les procureurs généraux près les cours royales surveillent les procureurs du roi près les tribunaux civils. — Sén.-cons. 16 therm. an X, art. 84.

182. — Les officiers du ministère public dont la conduite est répréhensible doivent être rappelés à leur devoir par le procureur général du ressort. Il en est rendu compte au ministre de la justice qui, suivant la gravité des circonstances, leur fait faire par le procureur général les injonctions nécessaires, ou les mande près de lui. — L. 20 avr. 1810, art. 60.

183. — Quant à la gravité des peines à infliger, elle est entièrement laissée à l'arbitraire du gouvernement, puisque c'est lui qui nomme à son gré tous les officiers du ministère public et qui peut les révoquer ou les déplacer sans leur consentement. — Morin, t. 1er, n° 56 ; Bioche, *Dict. de procéd.*, v° *Discipline*, n° 66.

184. — De ce que les officiers du ministère public, institués par le roi pour fonctionner en son nom près les cours et tribunaux, sont indépendans de ces mêmes cours et tribunaux, il s'ensuit que ceux-ci ne sauraient aujourd'hui, comme autrefois, avoir sur eux ni pouvoir disciplinaire, ni même un simple droit de censure. — Bourguignon, *Jurisp. des Cod. crim.*, t. 1er, p. 61 ; Carré, *Compét.*, t. 1er, p. 283 ; Legraverend, *Légis. crim.*, t. 2, ch. 1er, p. 11 ; Carnot, *Discipline judiciaire*, p. 46 ; Ortolan et Ledeau, *Du ministère public en France*, t. 1er, p. 32 ; Mangin, *Action publique*, t. 1er, n° 115 ; Morin, *Discipline*, t. 1er, n° 57.

185. — Jugé en conséquence que le droit de censurer les officiers du ministère public n'appartient pas aux tribunaux, et que la loi ne confère ce droit qu'au procureur général et au ministre de la justice. — *Cass.*, 24 sept. 1824, tribunal d'Issoire ; 11 janv. 1839 (t. 2 1839, p. 509), Ramassa-Michelli.

186. — ... Qu'un tribunal excède ses pouvoirs en adressant publiquement au procureur du roi ou à son substitut l'invitation de ne pas oublier le respect dû à la chose jugée. — *Cass.*, 7 août 1818, Cambournac.

187. — ... Qu'une cour royale qui insère dans les motifs d'un de ses arrêts qu'un procureur du roi *paraît avoir méconnu ses obligations*, commet un excès de pouvoir en se permettant de censurer la conduite d'un officier du ministère public. — *Cass.*, 8 déc. 1826, Galmette et Laborde.

188. — ... Que les tribunaux de police n'ont pas le droit de censurer les actes des officiers qui remplissent auprès d'eux les fonctions du ministère public. — *Cass.*, 1er juin 1839 (t. 2 1839, p. 22), Beauvert ; 30 déc. 1842 (t. 2 1843, p. 276) [int. de la loi], Prosmacr ; 20 avr. 1844 (t. 2 1845, p. 272), Bernada ; 27 mars 1845 (t. 2 1845, p. 573), Berland.

189. — ... Et cela, alors même qu'il y aurait quelque irrégularité dans l'accomplissement des fonctions du ministère public. Aussi un tribunal de police ne peut, sans excès de pouvoir, déclarer qu'un maire, devant agir comme partie publique, a agi moins en cette qualité que comme défenseur officieux du prévenu. — *Cass.*, 30 déc. 1842 (t. 2 1843, p. 276) [int. de la loi], Prosmacr.

190. — Le considérant par lequel un tribunal de police dit dans son jugement qu'en faisant citer des témoins qui ne doivent pas être entendus, le commissaire de police a aggravé la condition du prévenu ou blessé les intérêts du gouvernement, fait la censure des conclusions du ministère public et contient un excès de pouvoir. — *Cass.*, 8 mars 1821, Martinot.

191. — Un tribunal excède ses pouvoirs en écartant l'application de la peine de la récidive sur le motif que le ministère public n'aurait pas usé de toute la modération ni de toutes les convenances de langage que ne doit jamais abandonner le fonctionnaire public. — *Cass.*, 20 oct. 1835, Blavot.

192. — Les discours prononcés ou les réquisitions prises à l'audience par les membres du ministère public ne peuvent, en aucun cas, donner lieu contre eux à une action en diffamation ou

...un tribunal ne peut même, avec le consentement du ministère public, donner acte au prévenu des passages du réquisitoire de ce magistrat dans lesquels le prévenu prétend trouver un délit d'injure ou de diffamation, ni ordonner le dépôt au greffe de ce réquisitoire. — Cass., 20 avr. 1835, Carol. — S'il en était autrement, l'officier du ministère public ne pourrait jamais attaquer la moralité du prévenu sans s'exposer à des poursuites en diffamation.

193. — Si les tribunaux de première instance croient avoir des reproches à faire aux officiers du ministère public exerçant dans l'étendue de l'arrondissement, soit auprès de ces tribunaux, soit auprès des tribunaux de police, ils doivent en instruire le premier président et le procureur général de la cour royale. — L. 20 avr. 1810, art. 61.

194. — Quant aux cours royales et aux cours d'assises, elles sont tenues d'instruire le ministre de la justice toutes les fois que les officiers du ministère public exerçant leurs fonctions près de ces cours, s'écartent du devoir de leur état, et qu'ils en compromettent l'honneur, la délicatesse et la dignité. — L. 20 avr. 1810, art. 61.

195. — Le pouvoir réservé aux tribunaux par l'art. 61, L. 20 avr. 1810, dont l'art. 186 de l'ordonnance du 30 sept. 1827 répète la disposition pour les colonies, de dénoncer au gouvernement les officiers du ministère public qui se seraient écartés de leur devoir, ne peut être exercé que dans un avertissement confidentiel, et non dans les motifs d'un arrêt rendu publiquement. — Cass., 31 janv. 1839 (t. 2 1839, p. 509), Ramassa-Michetti.

§ 2. — *Officiers de police judiciaire.*

196. — Les officiers de police judiciaire, chargés de rechercher les infractions punissables, d'en rassembler les preuves et d'en livrer les auteurs aux tribunaux, doivent nécessairement être soumis à la surveillance du ministère public, auquel appartient l'exercice de l'action criminelle, ainsi qu'au pouvoir disciplinaire de la cour royale. — Morin, *Discipl. des cours et tribun.*, t. 1er, no 60.

197. — Le droit de surveillance appartient en premier ordre au procureur général sur tous ceux qui remplissent des fonctions d'officiers de police judiciaire, autres que les préfets, chefs de leur département dans l'ordre administratif. — C. inst. crim., art. 279; L. 20 avr. 1810, art. 45; L. 25 déc. 1815, art. 3.

198. — Le même droit doit appartenir au procureur du roi sur ceux qui sont qualifiés ses auxiliaires par la loi, savoir : les juges de paix, les commissaires de police, les maires et adjoints, les officiers de gendarmerie, les gardes champêtres et forestiers. — Morin, *ibid.*, no 60.

199. — Les juges d'instruction sont soumis à la surveillance du procureur général, mais seulement en tant qu'officiers de police judiciaire, les règles sur la discipline des juges leur étant seules applicables, quant à leurs fonctions dans la magistrature. — C. instr. crim., art. 279; — Mangin, *Des procès-verbaux*, no 279.

200. — Les procureurs du roi et leurs substituts sont aussi sous la surveillance du procureur général en leur qualité d'officiers de police judiciaire, comme en celle d'officiers du ministère public, avec cette différence qu'ils ne peuvent être déférés à la cour royale qu'en tant qu'il s'agit de la police judiciaire. — C. inst. crim., art. 9, 27 et 279; Carnot, *Comm. du Cod. inst. crim.*, t. 2, p. 285; Morin, no 61.

201. — Les juges de paix et leurs suppléans sont soumis à la surveillance du procureur général et à celle du procureur du roi, mais seulement en tant qu'officiers de police judiciaire, leurs fonctions comme juges les plaçant sous la discipline du ministre et des cours et tribunaux supérieurs. — Morin, no 61.

202. — Les maires et adjoints, les commissaires de police, les officiers de gendarmerie, les gardes champêtres et forestiers, en tant qu'officiers de police judiciaire auxiliaires du procureur du roi, sont aussi soumis à la surveillance du procureur général et de tous ses substituts, sans préjudice de leur subordination envers leurs supérieurs dans la hiérarchie administrative (C. inst. crim., art. 9, 17 et 279). — Morin, no 61.

203. — Les agens administratifs qui ne sont appelés qu'accidentellement à faire des actes de la police judiciaire, tels que les gardes du génie, cantonniers, employés extérieurs des administrations publiques, sont soumis à la même surveillance, mais non d'une manière permanente. — Mangin, *Procès-verbaux*, no 279; Morin, no 61.

204. — En cas de négligence des officiers de police judiciaire et des juges d'instruction, le procureur général doit les avertir (C. inst. crim., art. 280). Cet avertissement était appelé *réprimande fraternelle* par le Code du 3 brum. an IV (art. 284), et Carnot, sur l'art. 280, C. inst. crim., l'appelle *avertissement paternel.*

205. — D'après l'art. 280, C. inst. crim., cet avertissement doit être consigné par le procureur général sur un registre tenu à cet effet. — Cependant il résulte de la discussion au conseil d'état (séance du 25 sept. 1804) que le législateur a entendu adopter un système qui, en laissant au procureur général la faculté de donner des avertissemens officiels ou non officiels, par écrit ou de vive voix, lui donne la latitude nécessaire pour distinguer les fautes des délits et pour excuser un moment d'oubli dans un fonctionnaire qui jusque-là a bien rempli son devoir. — Morin, no 62.

206. — En cas de récidive, le procureur général dénonce à la cour les officiers de police judiciaire qu'il inculpe. — Sur l'autorisation de la cour, le procureur général les fait citer à la chambre du conseil. — C. inst. crim., art. 281.

207. — C'est devant une seule chambre et non devant les chambres assemblées que les officiers de police doivent être cités, et cette chambre est celle qui est chargée de l'instruction des affaires criminelles, et non la chambre des mises en accusation. — Mangin, *Procès-verbaux*, p. 494; Morin, no 63. — *Contrà* Carnot, p. 388.

208. — Les officiers cités doivent comparaître en personne. S'ils envoyaient un mémoire justificatif, la cour ne serait pas autorisée à condamner par défaut, sans examen. — Mangin, p. 495.

209. — Si la faute des officiers de police est reconnue constante, la cour doit leur enjoindre d'être plus exacts à l'avenir et les condamner aux frais tant de la citation que de l'expédition et de la signification de l'arrêt (C. inst. crim., art. 281). — L'injonction est la peine principale; elle est nécessaire pour qu'il y ait condamnation aux frais. — Morin, no 64.

210. — Jugé en ce sens que l'avertissement adressé aux officiers de police judiciaire par les procureurs généraux et l'injonction d'être plus exacts à l'avenir adressée aux mêmes officiers par la cour royale sont des actes de pure discipline intérieure, qui ne peuvent pas être l'objet d'un pourvoi en cassation. — Cass., 12 fév. 1813, Miquel c. min. public.

211. — En supposant d'ailleurs que ces actes pussent être considérés comme des condamnations pénales susceptibles d'être déférées à la cour de Cassation, le pourvoi ne pourrait être formé que par déclaration au greffe de la cour d'où émanerait la décision attaquée, et non par le dépôt d'une requête au greffe de la cour de Cassation. — Même arrêt.

212. — L'avertissement donné par le procureur général et l'injonction d'être plus exact prononcée par la cour ne peuvent, en leur qualité de mesures disciplinaires, être déférés à la cour de Cassation par l'officier averti ou rappelé à ses devoirs. Si le législateur de 1808 s'est servi de l'expression *arrêt* dans l'art. 281, C. inst. crim., c'est qu'il n'était pas alors fixé sur le caractère des décisions disciplinaires. — Merlin, *Rép.*, vo *Discipline*, no 5; Legraverend, t. 2, chap. 1er, p. 10; Morin, no 65.

213. — Le droit d'injonction dans les cas et les formes ci-dessus indiqués, est le seul qu'aient les cours royales vis-à-vis des officiers de police judiciaire, à moins de crime ou de délit par eux commis. Aucune cour et aucun tribunal ne peuvent censurer ni blâmer, même indirectement, un officier de police judiciaire relativement à un acte de ses fonctions. — Morin, no 66.

214. — Jugé en ce sens qu'un tribunal excède ses pouvoirs en s'arrogeant juridiction sur un adjoint au maire, sous le prétexte que cet adjoint n'a pas la qualité d'officier de police judiciaire. — *Cass.*, 4 mai 1807, Borelly.

215. — ... Que les fonctionnaires administratifs considérés comme officiers de police judiciaire exerçant leurs fonctions sous l'autorité de la cour royale, le tribunal de simple police ne peut les blâmer ou les réprimander sans excéder les limites de sa compétence. — *Cass.*, 25 avr. 1834, Laval.

216. — ... Qu'ainsi doit être déclarée nulle la disposition d'un jugement exprimant qu'un maire n'avait pas entièrement rempli sa mission dans l'espèce soumise au tribunal. — Même arrêt.

217. — ... Que les gardes champêtres étant placés comme officiers de police judiciaire sous la surveillance du procureur du roi, un tribunal de simple police excède ses pouvoirs en faisant à un garde champêtre l'injonction d'être plus exact à l'avenir dans la rédaction de ses procès-verbaux. — *Cass.*, 29 fév. 1828, Pagès.

218. — ... Ou en censurant ses actes et en le condamnant aux dépens. — *Cass.*, 10 juin 1824, Dedenon.

219. — ... Que le tribunal excède ses pouvoirs en se permettant de critiquer les actes ou la conduite soit des fonctionnaires de l'ordre administratif, soit des officiers de police judiciaire. — *Cass.*, 25 avr. 1834, min. publ. c. Laval.

220. — Les fautes commises par les gardes champêtres dans l'exercice de leurs fonctions d'officiers de police judiciaire ne sont pas rangées par la loi au nombre des contraventions de police. — *Cass.*, 4 oct. 1811, Leroy; 24 sept. 1819, Jacquet.

221. — Les gardes champêtres étant officiers de police judiciaire, il n'appartient qu'aux procureurs généraux de les poursuivre à raison des crimes, délits ou des fautes qu'ils peuvent commettre dans l'exercice de leurs fonctions. — *Cass.*, 4 oct. 1811, Leroy; 20 août 1812, Jacob; 24 sept. 1819, Jacquet.

Sect. 3e. — *Greffiers et commis greffiers.*

222. — Aujourd'hui, comme autrefois, les greffiers et commis greffiers assermentés sont réputés membres des cours et tribunaux près desquels ils fonctionnent. — L. 20 avr. 1810, art. 63; — Merlin, *Rép.*, vo *Greffier*; — avis cons. d'état, 21 mai 1831.

223. — C'est donc inexactement que quelques auteurs les ont rangés dans la classe des officiers ministériels, en se fondant sur ce que les greffiers titulaires fournissent un cautionnement et sont autorisés à présenter leurs successeurs. — Favard, *Rép.*, vo *Discipline*; Carré, *Compét.*, art. 118. — Ainsi, ils ne sont point soumis aux règles de discipline établies pour les officiers ministériels par le décret du 30 mars 1808. — Morin, *Discipline des cours et tribunaux*, no 98.

224. — Les greffiers, dans leur vie privée comme dans l'exercice de leurs fonctions, doivent soigneusement éviter de compromettre, sinon la dignité d'un caractère qui n'appartient qu'à la magistrature, du moins l'honneur et la considération qui sont nécessaires à tout membre de l'ordre judiciaire. — Carnot, *Discipline judic.*, p. 51; Morin, *Discipline des cours et tribunaux*, t. 1er, no 99.

225. — Pour toute infraction disciplinaire, les greffiers peuvent être avertis et réprimandés par les présidens de leurs cours et tribunaux respectifs, et ils sont dénoncés, s'il y a lieu, au ministre de la justice. — L. 20 avr. 1810, art. 62.

226. — De plus, comme membres des cours et tribunaux, les greffiers sont sous la surveillance du garde des sceaux, qui a le droit de les mander auprès de lui à l'effet de s'expliquer sur les faits imputés, et le droit de les reprendre. — Sén. cons. 16 thermid. an X, art. 81; L. 20 avr. 1810, art. 57; circul. min. 2 mars et 1er avr. 1824.

227. — Les greffiers peuvent en outre être destitués par les tribunaux correctionnels lorsqu'il y a de leur part un des délits prévus par les lois fiscales et des tarifs légaux, par exemple en cas de fraude aux droits du fisc ou de perception illicite. — L. 21 vent. an VII, art. 23; ord. 9 oct. 1825, art. 5; — Carnot, p. 52; Carré, *Compétence*, no 144.

228. — Le fait de la part d'un greffier d'avoir forcé les produits de son greffe et manqué de respect à son juge de paix, ne peut faire l'objet d'une action disciplinaire portée *directement* devant le tribunal, et être puni par ce tribunal de l'injonction d'être plus circonspect à l'avenir et d'observer davantage les règles de la discipline. Il y a lieu seulement, tant pour la juridiction à observer que pour la peine à prononcer, à l'application de l'art. 62, L. 20 avr. 1810. — *Cass.*, 4 nov. 1823, Petit.

229. — Le fait de la part d'un greffier d'avoir délivré des expéditions qui n'ont pas le nombre de lignes et de syllabes voulu par la loi, ne pouvant donner lieu qu'à des peines de discipline, le tribunal correctionnel est incompétent pour en connaître. — *Cass.*, 6 juin 1821, min. publ. c. A...

230. — Le refus par un greffier de présenter les minutes des jugemens et arrêts aux officiers du ministère public, donne lieu à l'application de peines de discipline. — Carnot, p. 54.

231. — La décision portant injonction ne doit pas être soumise à la révision du ministre de la justice; car on ne pourrait pour cela qu'argumenter de l'art. 56, L. 20 avr. 1810, relatif aux juges. Or, d'après cette loi, la révision par le ministre n'est prescrite qu'en cas de censure avec réprimande ou de suspension provisoire, elle n'est ni prescrite ni autorisée pour la censure simple qui cependant est plus qu'une injonction. — Mangin, p. 496; Morin, no 65. — V. *contrà*, Bourguignon, sur l'art. 281, C. inst. crim.

232. — Dans les cas de faute grave commise par

un commis-greffier de la cour de Cassation, la cour peut, sur les réquisitions du procureur général et le commis greffier entendu ou appelé, ordonner que celui-ci cessera ses fonctions sur-le-champ. — Dans ce cas, le greffier en chef est tenu de remplacer le commis-greffier révoqué dans le délai qui aura été fixé par la cour. — Ord. 15 janv. 1826, art. 76.

233. — Les commis-greffiers assermentés près les cours royales et les tribunaux de première instance sont avertis ou réprimandés, les premiers par le premier président et par le procureur général (Décr. 6 juill. 1820, art. 58), et les seconds par le président de tribunal et le procureur du roi. — Décr. 18 août 1810, art. 26.

234. — Après une seconde réprimande, la cour ou le tribunal peut, sur la réquisition du ministère public, et après avoir entendu le commis-greffier assermenté, ou lui dûment appelé, ordonner qu'il cessera ses fonctions sur-le-champ ; et le greffier est tenu de le faire remplacer dans le délai qui aura été fixé. — Décr. 6 juill. 1810, art. 58, et 28 août 1810, art. 26.

235. — Les secrétaires des administrations qui remplissent auprès d'elle les fonctions de greffiers ne sont placés que sous la surveillance de l'autorité administrative. — Carnot, p. 55.

CHAPITRE III. — *Discipline des avocats et officiers ministériels.*

Sect. 1re. — *Dispositions générales.*

236. — Les avocats étant appelés par leur profession à éclairer les magistrats chargés de rendre la justice, ont dû nécessairement être soumis à des règles de discipline.

237. — Il en est de même des officiers ministériels établis, soit pour préparer par leurs actes les décisions de la justice, ou pour les exécuter, soit pour donner une existence légale aux actes en général, et constater les conventions des parties.

238. — Les règles de discipline à suivre pour chacune de ces professions, dépendent de la nature des devoirs qui sont imposés à ceux qui les remplissent. — Il faut donc se reporter au mot AVOCAT et à chacun de ceux qui désignent les divers officiers ministériels en particulier pour voir en quoi consistent leurs devoirs professionnels.

239. — Mais les avocats ou officiers ministériels peuvent-ils être poursuivis disciplinairement pour des faits de la vie privée ? — Cette question est vivement controversée. — V. à ce sujet ce que nous avons dit vº AVOCAT, nos 696 et suiv., et vº AVOUÉ, nº 724.

240. — Jugé que les officiers ministériels sont soumis à l'action disciplinaire des tribunaux, même pour les actes de la vie privée. — *Paris*, 26 mars 1839 (t. 1er 1839, p. 417), Thomassin c. le procureur du roi d'Arcis-sur-Aube.

241. — ... Que les officiers ministériels peuvent être l'objet de poursuites disciplinaires à raison de faits étrangers à leur profession, et qui ne concernent que leur conduite comme hommes privés. — *Clermont-Ferrand*, 17 mars 1835, sous *Riom*, 8 avr. 1835, Poincillon.

242. — ... Qu'ainsi un notaire peut être poursuivi disciplinairement et destitué non seulement à raison des actes qui se rattachent à la profession du notariat, mais encore à raison de ceux qui peuvent compromettre la moralité, la dignité du notaire et de l'officier public ; tels, par exemple, que des actes d'hostilité contre le gouvernement, de nature à amener le désordre et à troubler la paix publique et la sécurité des citoyens. — *Agen*, 18 janv. 1842 (t. 2 1842, p. 526), Deller.

243. — ... Que les articles de la loi du 25 vent. an XI qui signalent les cas où un notaire peut être destitué ou suspendu ne sont pas limitatifs, et que les tribunaux peuvent prononcer soit la suspension soit la destitution de ces officiers, toutes les fois que leurs fautes sont jugées assez graves pour que l'intérêt de la société exige l'application de l'une ou de l'autre de ces peines. — *Cass.*, 24 janv. 1828, Dejarnac.

244. — Le maintien des règles de discipline a été confié à différens pouvoirs investis du droit d'appliquer des peines déterminées suivant la gravité des faits incriminés.

245. — En première ligne sont les conseils ou chambres de discipline établis près de chaque institution et composés de membres même de la corporation. — On peut voir la nature et l'étendue des pouvoirs disciplinaires des conseils ou chambres de discipline, en consultant les mots AVOCAT, AVOCAT A LA COUR DE CASSATION, et les articles concernant chacun des officiers ministériels.

246. — On y verra également dans quels cas et comment on peut exercer un recours contre les décisions disciplinaires des conseils ou chambres de discipline, et jusqu'à quel point les tribunaux peuvent modifier les décisions rendues.

247. — L'art. 64, décr. 30 mars 1808, et l'art. 70, décr. 14 juin 1813, qui confient aux chambres de discipline des officiers ministériels le soin de veiller à l'exécution des lois et des réglemens les concernant, et aux tribunaux le pouvoir d'homologuer leurs avis, lorsqu'ils intéressent le corps entier de ces officiers, ne les autorisent qu'à prononcer pour des cas particuliers et non à prendre des mesures générales et réglementaires. — *Cass.*, 24 juill. 1832, huissiers de Tarbes.

248. — Le second pouvoir disciplinaire auquel sont soumis les avocats et officiers ministériels, c'est celui des cours et tribunaux, soit pour des délits commis aux audiences, soit même pour des fautes commises hors des audiences. — C'est ce qui fait l'objet de la section suivante.

249. — Enfin un troisième pouvoir disciplinaire existe à l'égard des officiers ministériels, c'est le ministère public. D'après l'art. 45, L. 20 avr. 1810, les procureurs généraux près les cours royales ont la surveillance de tous les officiers ministériels de leur ressort, ce qui entraîne jusqu'à un certain point le droit de les reprendre, et en tous cas le devoir de provoquer contre eux les peines disciplinaires.

250. — Les notaires sont, aussi bien que les officiers ministériels, soumis à la surveillance du ministère public résultant de la loi du 20 avr. 1810. — *Cass.*, 23 déc. 1839 (t. 1er 1840, p. 81), Becq.

Sect. 2e. — *Pouvoir disciplinaire des cours et tribunaux. — Formes.*

251. — Les officiers ministériels qui sont en contravention aux lois peuvent, suivant la gravité des circonstances, être punis par des réquisitions d'être plus exacts ou circonspects, par des défenses de récidiver, par des condamnations de dépens en leur nom personnel, par des suspensions à temps. — Décr. 30 mars 1808, art. 102.

252. — Lorsqu'un officier ministériel remplissant une fonction près d'une chambre du tribunal, commet un délit d'audience de la nature de ceux prévus par l'art. 89, C. proc., il peut, indépendamment des peines que le tribunal a droit de prononcer contre des particuliers, être suspendu de ses fonctions par la chambre siégeant (décr. 30 mars 1808, art. 103) ; et la suspension pour la première fois ne peut excéder trois mois. — C. procéd., art. 90. — V. DÉLIT D'AUDIENCE.

253. — Les tribunaux peuvent encore, en vertu de la loi du 25 vent. an XI, art. 53, prononcer disciplinairement contre des notaires la suspension, la destitution et des condamnations à l'amende et aux dommages-intérêts, et cela sur les poursuites des parties intéressées ou du ministère public. — V. NOTAIRE.

254. — Les juges peuvent, pour forcer un avoué de paraître devant la chambre de discipline, le suspendre de ses fonctions jusqu'à ce qu'il s'y soit présenté. — *Cass.*, 3 nov. 1806, Fusibay.

255. — Un tribunal peut, sans excéder ses pouvoirs, enjoindre à un avoué de ne plus se mêler aux explications que les parties comparantes sont appelées à donner au tribunal pour éclairer sa religion. — *Cass.*, 13 juill. 1824, Millart c. N...

256. — Lorsqu'un tribunal reconnaît qu'un officier ministériel mérite la censure, il doit la prononcer par une disposition expresse. — *Douai*, 13 sept. 1834, Becq c. min. publ. ; 15 juin 1835, mêmes parties.

257. — Sous l'ord. de 1667, un tribunal ne pouvait, sur un compte verbal du procureur général, et sans ajournement préalable, interdire un avocat ni un procureur. — *Cass.*, 3 nov. 1792, Boisset.

258. — L'amende n'entre pas dans la classe des peines disciplinaires à infliger aux officiers ministériels et aux fonctionnaires du ressort des tribunaux, par exemple aux huissiers. — *Cass.*, 16 janv. 1844 (t. 2 1844, p. 233), Proc. génér. à la cour de Cassation c. Aubard.

259. — L'art. 132, ord. 1827, qui charge les gouverneurs dans les colonies de prononcer certaines peines disciplinaires contre les officiers ministériels *après avoir pris l'avis des tribunaux*, ne parle pas uniquement des tribunaux de première instance et d'une attribution qui leur soit exclusivement réservée, mais doit être entendu en ce sens que cette attribution, moins contentieuse qu'administrative, peut être, au gré du gouvernement et selon les convenances du service, confiée soit aux tribunaux de première instance, soit aux cours royales. — *Cass.*, 13 sept. 1832, Moulin-Dufresne. — V. au surplus COLONIES.

260. — Ainsi qu'on l'a vu (vº AGRÉÉ, nº 60), un tribunal de commerce ne peut interdire ni suspendre les agréés qui sont dans l'usage de plaider devant lui en vertu de procurations. — *Pau*, 1er sept. 1818, L... c. N...

261. — Les juges de paix ne sont investis de l'exercice d'aucun pouvoir disciplinaire sur les huissiers attachés à leur tribunal. — Ils n'ont sur ces officiers ministériels d'autres droits que ceux déterminés par l'art. 19, L. 25 mai 1838 (celui de leur défendre de citer devant eux pendant un délai de quinze jours à trois mois) et seulement pour les cas d'infraction que cette loi fixe limitativement. — *Cass.*, 18 janv. 1841 (t. 1er 1841, p. 334), G...

262. — La juridiction de discipline est personnelle ; elle dérive de l'autorité que les tribunaux doivent exercer sur les individus qui remplissent auprès d'eux des fonctions qui leur imposent des devoirs, soit à leur égard, soit à l'égard du public ; elle est donc restreinte à ces individus, elle ne peut être étendue par un tribunal sur des personnes, quelle que soit leur qualité, qui ne lui sont attachées par l'exercice permanent ou accidentel d'aucune fonction. — Morin, *Discipline*, t. 1er, nº 232.

263. — Jugé, dès-lors, que la cour d'assises n'a aucune juridiction de discipline sur un avoué de première instance traduit devant elle comme accusé d'un crime ; elle ne peut, sans excéder sa compétence, le suspendre de ses fonctions, à raison des faits de l'accusation sur lesquels il a été déclaré non coupable. — *Cass.*, 3 nov. 1820, Martin.

264. — ... Qu'un tribunal statuant disciplinairement en la chambre du conseil sur la plainte dirigée par une partie contre un officier ministériel est incompétent pour prononcer sur la demande en dommages-intérêts formée par cette partie ; cette demande ne peut être portée que devant le tribunal jugeant publiquement et dans la forme réglée par la loi. — *Paris*, 21 avr. 1836, Porquet c. Bellier et Barbier.

265. — Jugé cependant que des peines disciplinaires peuvent être, pour la première fois, requises et prononcées en cour royale contre un avoué de première instance, alors surtout que cet avoué intervient dans l'instance devant la cour. — *Cass.*, 19 août 1835, Vast c. Tripier. — V. aussi Bioche et Goujet, *Dict. de procéd.*, vº *Discipline*, nº 168.

266. — Lorsqu'un exploit d'appel contient un libellé injurieux ou irrévérentiel envers les magistrats qui ont rendu le jugement attaqué, c'est à la cour saisie de l'appel qu'il appartient de prononcer contre l'huissier une des peines disciplinaires prescrites par les art. 102 et 103 du décret du 30 mars 1808. — *Poitiers*, 6 août 1840, sous *Cass.*, 23 juin 1841 (t. 2 1841, p. 225), Rion.

267. — Quand le fait qui donne lieu à des poursuites disciplinaires a été commis non par un individu isolé, mais par la corporation entière ou par la chambre qui la représente, l'action est valablement suivie contre le chef de cette corporation.

268. — Ainsi, les poursuites disciplinaires dont peut être l'objet une délibération prise par l'ordre entier des avocats sont valablement dirigées contre le bâtonnier de l'ordre en cette qualité. — *Cass.*, 5 avr. 1841 (t. 1er 1841, p. 657), Avocats de Rouen c. Procureur général..

269. — L'action disciplinaire étant essentiellement distincte de l'action criminelle, les formes de procéder et délais admis en matière criminelle ne peuvent être appliqués aux jugemens rendus en matière disciplinaire. — *Cass.*, 22 fév. et 6 mai 1844 (t. 2 1844, p. 18), Carle.

270. — De même, les actions disciplinaires, bien que déférées à la connaissance des tribunaux civils, ne constituent pas, à proprement parler, des actions civiles, et ne sont pas dès-lors soumises à toutes les formes exigées pour la poursuite de ces sortes d'actions, à l'exception de celles qui touchent au droit sacré de la défense. En conséquence, le jugement qui ordonne la preuve de certains faits articulés par le ministère public contre un notaire inculpé peut être exécuté avant d'avoir été signifié à celui-ci, s'il a d'ailleurs été rendu en sa présence. — *Rennes*, 21 déc. 1843 (t. 2 1844, p. 370).

271. — De même encore, les formes ordinaires de la procédure ne sont pas applicables en matière de poursuites disciplinaires exercées contre un notaire. — Spécialement, l'exploit d'assignation devant le tribunal n'est pas nul en ce qu'il ne contient pas, conformément à l'art. 61, C. procéd. civ., l'exposé sommaire des moyens à l'appui des poursuites, alors d'ailleurs qu'il indique les griefs imputés au notaire. — *Paris*, 12 août 1842 (t. 2 1844, p. 369), minist. publ. c. Munier.

272. — Par la même raison le notaire poursuivi disciplinairement n'a pas besoin d'être assisté d'un avoué. — *Douai*, 15 mai 1835, Becq c. min. publ.

273. — Jugé au contraire que les poursuites disciplinaires dirigées contre un notaire sont soumises aux formes générales de la procédure. Dès-lors, en cette matière comme en toute autre, le jugement qui ordonne une enquête ne peut être exécuté avant d'avoir été préalablement signifié. — *Rennes*, 7 janv. 1839 (t. 2 1844, p. 369), H... c. min. public.

274. — ... Que, l'action disciplinaire contre un notaire intéressant l'ordre public, l'enquête à laquelle elle peut donner lieu doit être soumise aux formes prescrites par le Code d'instruction criminelle, et non à celles du Code de procédure civile. — *Dijon*, 6 déc. 1844, sous *Cass.*, 18 fév. 1845 (t. 1er 1845, p. 477), Poinsel.

275. — En matière disciplinaire, le ministère public peut être admis à prouver par témoins la fausseté des énonciations contenues dans certains actes du notaire inculpé, alors que la poursuite a précisément pour but la répression de ces irrégularités. On ne saurait voir là une violation de l'art. 1341, C. civ. — *Rennes*, 21 déc. 1843 (t. 2 1844, p. 370), minist. publ. c. X...

276. — Lorsque des poursuites disciplinaires sont exercées contre le bâtonnier de l'ordre des avocats à l'occasion d'une délibération prise par l'ordre entier, les avocats sont non-recevables à intervenir devant la cour saisie de l'action disciplinaire. — *Cass.*, 5 avr. 1841 (t. 1er 1841, p. 657), avocats de Rouen c. proc. géner. — V. au surplus AVOCAT, n° 782.

277. — Les actions disciplinaires requièrent nécessairement célérité. La chambre des vacations est donc compétente pour en connaître. — *Rennes*, 7 janv. 1839 (t. 2 1844, p. 369), H... c. min. publ.

278. — En matière disciplinaire, le partage des juges sur leur compétence n'entraîne pas l'acquittement du prévenu. — *Bourges*, 11 juill. 1827, Debeize c. minist. publ.

279. — Les mesures de discipline à prendre sur les plaintes des particuliers ou sur les réquisitoires du ministère public, pour cause de faits qui ne se sont point passés ou qui n'ont pas été découverts à l'audience, doivent être arrêtées en assemblée générale, à la chambre du conseil, après avoir appelé l'individu inculpé. — Décr. 30 mars 1808, art. 103.

280. — Les juges suppléans ne peuvent prendre part, avec voix délibérative, aux jugemens rendus en matière de discipline que dans le cas où le tribunal ne se trouve pas composé du nombre de juges titulaires prescrit par la loi. — *Cass.*, 12 fév. 1838 (t. 1er 1838, p. 222), Tiffhoine.

281. — La règle de publicité établie pour les débats et décisions judiciaires n'est pas applicable au cas où il est question de censurer un officier ministériel. — *Cass.*, 3 nov. 1806, Fusibay.

282. — Lorsque les officiers ministériels commettent des fautes ailleurs qu'aux audiences publiques, ils ne peuvent être jugés qu'administrativement, à huis-clos, par un simple arrêté soumis à l'approbation du ministre de la justice. — *Cass.*, 13 mars 1827, F.....

283. — C'est au tribunal assemblé en chambre du conseil, et non au tribunal correctionnel qu'il appartient de prononcer des peines de discipline, contre les officiers ministériels, et, par exemple, contre un huissier qui se serait écarté de ses devoirs en instrumentant pour ses parens au degré prohibé. — *Grenoble*, 16 mai 1827, min. publ. c. Pierre C.....

284. — Comme la peine de l'emprisonnement sort de la classe des mesures de simple discipline; elle ne peut être prononcée contre un huissier par le tribunal réuni dans la chambre du conseil, mais seulement par un tribunal siégeant en audience publique, et constitué de la manière et suivant les formes exigées pour la prononciation des jugemens. — *Cass.*, 17 nov. 1830, min. publ. c. Augeard.

285. — De même l'amende, la restitution et les dommages-intérêts auxquels les huissiers peuvent être condamnés pour faits relatifs à leurs fonctions, doivent être prononcés par les tribunaux en audience publique; dès-lors les juges commettent un excès de pouvoir s'ils prononcent de telles condamnations, réunis en chambre du conseil, comme en matière de discipline. — *Cass.*, 3 mars 1829, Girot.

286. — Les peines disciplinaires que les tribunaux peuvent prononcer contre les notaires en vertu de l'art. 53, L. 25 vent. an XI, doivent être prononcées par jugement. — V. NOTAIRE.

287. — En conséquence, les peines doivent être prononcées, non à la chambre du conseil, mais en audience publique. — *Agen*, 28 fév. 1825, Min. publ. c. O.... ; *Amiens*, 25 sept. 1833, sous *Cass.*, 6 janv. 1835, Debourges c. min. publ.

288. — La cour qui statue sur une action disciplinaire ne peut prononcer qu'en assemblée générale. — *Cass.*, 4 nov. 1823 (int. de la loi), Petit.

289. — C'est à la cour d'appel, chambres réunies en la chambre du conseil, qu'il appartient de statuer sur la décision disciplinaire d'un tribunal qui censure un avocat (ord. 1822, art. 27). — *Grenoble*, 3 juill. 1827, min. publ. c. F.... — V. au surplus AVOCAT, nos 777 et suiv.

290. — Une cour royale n'est pas légalement constituée en *assemblée générale* pour statuer sur des mesures de discipline à appliquer à un avoué, si elle n'a pas appelé ceux de ses membres qui composaient une cour d'assises. — *Cass.*, 24 nov. 1825 (int. de la loi), Dusord. — Il en est de même quand il s'agit d'appliquer une peine disciplinaire à un magistrat. — V. *suprà* n° 136.

291. — Pour qu'une cour royale, qui doit prononcer sur une matière disciplinaire, soit régulièrement constituée en assemblée générale, il suffit, 1° qu'elle soit formée par le concours de toutes les chambres dont elle est composée ; — 2° que le nombre des magistrats présens ne soit pas inférieur au nombre total rigoureusement nécessaire pour la formation de chacune de ces chambres. — *Cass.*, 12 juill. 1843 (t. 2 1843, p. 624), Boëtard ; 8 janv. 1844 (t. 1er 1844, p. 154), avocat de Charleville c. procureur général de Metz ; 8 août 1845 (t. 1er 1845, p. 669), avocat de Toulouse c. procureur du roi de Toulouse. — V., au surplus, AVOCAT, n° 779.

292. — Ainsi, l'arrêt qui émane des trois chambres d'une cour, dont deux chambres peuvent juger au nombre de sept magistrats, et la troisième au nombre de cinq, est régulièrement rendu par dix-neuf magistrats. — Mais il n'est pas indispensable que le nombre exigé pour chaque chambre soit rempli par les magistrats qui en font ordinairement partie : les magistrats d'une chambre peuvent remplacer ceux d'une autre chambre ; il suffit que le nombre total ait été atteint. — Dans le cas ci-dessus l'arrêt serait nul si dix-sept magistrats seulement y avaient participé. — *Cass.*, 8 janv. 1844 (t. 1er 1844, p. 154), avocat de Charleville c. procureur général de Metz.

293. — De même, dans une cour composée de quatre chambres, dont trois peuvent juger au nombre de sept, et une au nombre de cinq conseillers, le nombre de vingt-six magistrats est nécessaire pour la composition de l'assemblée générale de la cour. — L'arrêt rendu par vingt-quatre conseillers seulement est nul. — *Cass.*, 8 avr. 1845 (t. 1er 1845, p. 669), avocat de Toulouse c. procureur du roi de Toulouse.

294. — L'individu inculpé est entendu dans ses moyens de défense, soit par lui-même, soit par son défenseur.

295. — En matière disciplinaire, comme en toute autre matière, la défense est inviolable et sacrée. — *Cass.*, 21 mai 1844 (t. 2 1844, p. 236), G... c. min. publ.

296. — Ainsi jugé qu'un avoué ne peut, sur le simple réquisitoire du ministère public, être condamné à des peines de discipline, s'il n'a pas été mis à même de se défendre. — *Cass.*, 25 nov. 1823, L... c. min. publ. — Et même en ce cas, il y aurait lieu à cassation du jugement.

297. — ... Qu'en supposant qu'un tribunal de commerce eût le droit de suspendre ou d'interdire un agréé, il ne pourrait le faire si l'agréé inculpé n'a été entendu, ni mis à même de se défendre. — *Pau*, 1er sept. 1818, L... c. N...

298. — ... Que le jugement qui, à la requête du ministère public, prononce la suspension, la destitution ou la déchéance d'un notaire est nul si le notaire n'a été entendu ni assigné pour comparaître. — *Turin*, 12 janv. 1810, Marenco c. min. publ.

299. — ... Qu'un tribunal correctionnel excède ses pouvoirs en faisant des inhibitions et défenses à une personne sans l'avoir entendue. — *Cass.*, 4 mai 1807 (int. de la loi), Borelly.

300. — Toutefois, l'avocat qui était présent lorsque le ministère public a requis contre lui des peines de discipline, et qui n'a pas demandé la parole pour sa défense, est non-recevable à se plaindre de n'avoir pas été entendu. — *Cass.*, 28 (et non 27) avr. 1820, Lavandier c. min. publ.

301. — N'est entaché ni d'incompétence ni d'excès de pouvoir l'arrêt d'une cour royale qui, saisie seulement par le ministère public de l'appel d'une décision d'un conseil de discipline de l'ordre des avocats par laquelle un de ses membres avait été rayé du tableau, a annulé cette décison sans entendre ni le conseil de l'ordre ni l'avocat rayé. — *Cass.*, 2 mai 1843 (t. 1er 1843, p. 230), avocats de Limoges c. min. publ. et Bourdeau.

302. — Outre la peine que le tribunal ou la cour prononce contre l'officier ministériel reconnu coupable, l'impression et même l'affiche du jugement de condamnation peut être prononcée à ses frais. — Décr. 30 mars 1808, art. 102.

303. — Jugé cependant que le tribunal qui déclare nulle une saisie vexatoire et suspend de ses fonctions l'huissier qui l'a pratiquée, ne doit pas ordonner l'affiche de ce dernier chef de son jugement, si le saisi ne l'a pas requise. — *Bruxelles*, 10 nov. 1819, Liénart c. Duneau.

304. — ... Que le tribunal qui prononce une peine disciplinaire contre un notaire ne peut ordonner que son jugement sera lu à tous les membres de la compagnie, et inscrit ensuite sur le registre des délibérations de la chambre. Il ne peut ordonner non plus que ce jugement sera affiché et publié dans les journaux, l'art. 1036, C. procéd. civ. étant sans application en matière de discipline. — *Douai*, 13 févr. 1843 (t. 1er 1844, p. 359), Trux c. min. publ.

305. — Mais, en matière disciplinaire, il n'y a pas lieu d'ajouter la contrainte par corps à la condamnation aux dépens. Les art. 52, C. pén., et 194, C. instr. crim., ne sont point, en pareil cas, applicables. — *Douai*, 18 sept. 1834, Becq c. min. pub.; 15 juin 1835, mêmes parties.

306. — La destitution de l'officier ministériel inculpé peut même être prononcée s'il y a lieu. — Décr. 30 mars 1808, art. 103.

307. — Bien plus, tout officier ministériel frappé d'une condamnation disciplinaire peut être destitué par une ordonnance royale rendue *proprio motu*, et sans provocation expresse du tribunal. — *Cass.*, 11 avr. 1835, Choy c. min. publ. — V., sous cet arrêt, une consultation en sens contraire.

308. — Le procureur général doit rendre compte de tous les actes de discipline au ministre de la justice, en lui transmettant les arrêtés avec ses observations, afin qu'il puisse être statué sur les réclamations, ou que la destitution soit prononcée s'il y a lieu. — Décr. 30 mars 1808, art. 103.

309. — De ce que les peines disciplinaires ne peuvent être prononcées contre un officier ministériel inculpé qu'après que celui-ci a été appelé (décr. 30 mars 1808, art. 103), il suit que si ces mesures ont été prises par défaut, on peut y former opposition.

310. — Ainsi l'arrêt par lequel une cour d'assises prononce par défaut des peines disciplinaires contre un avocat est susceptible d'être attaqué par la voie de l'opposition. — *Cass.*, 20 févr. 1823, Drault c. min. publ.

311. — Mais il suffit que l'inculpé ait été sommé de comparaître afin de se défendre au fond, pour que la décision rendue contre lui, hors sa présence et malgré son refus de comparaître, soit réputée contradictoire et non susceptible d'opposition; alors surtout qu'il a comparu aux audiences précédentes pour développer en personne ses exceptions préjudicielles, et notamment à l'audience où, après l'audition des conclusions du ministère public, la cour, en ordonnant (sur la demande de cet inculpé) la communication des pièces, a remis au lendemain pour la *continuation de l'affaire*. — *Cass.*, 22 déc. 1840 (t. 1er 1841, p. 7), Durand-Vaugaron c. min. publ.

312. — Lorsque dans le cours d'une instance le ministère public croit apercevoir, de la part d'un avoué, des contraventions pouvant motiver l'application des peines disciplinaires, et qu'un jugement par défaut a ordonné une enquête sur les faits reprochés à l'avoué, celui-ci ne peut se faire un moyen de nullité de ce que ce jugement par défaut aurait été rendu sans qu'il eût été appelé, si, sur l'opposition, il s'était défendu au fond. — *Cass.*, 20 déc. 1830, G... c. min. publ.

313. — Les décisions rendues en matière disciplinaire ne sont point sujettes à l'appel, sauf le cas où la suspension est l'effet d'une condamnation prononcée en jugement. — Décr. 30 mars 1808, art. 103.

314. — Ainsi, la décision rendue en la chambre du conseil, et par laquelle un tribunal a enjoint à un notaire d'être plus circonspect à l'avenir, ne peut être l'objet d'un appel. Au ministre de la justice seul appartient le droit de la réviser. — *Cass.*, 20 avr. 1842 (t. 1er 1842, p. 617), min. publ. c. B...

315. — On doit considérer comme un simple arrêté disciplinaire contre lequel il n'y a de recours que devant le ministre de la justice, et non comme un jugement susceptible d'être attaqué par voie d'appel devant la cour royale, la décision portant suspension d'un officier ministériel, prononcée par le tribunal en la chambre du conseil, pour cause de faits qui ne se sont pas passés et n'ont point été découverts à l'audience. — *Nîmes*, 31 janv. 1831, G... c. min. pub.

316. — Ainsi, les décisions des tribunaux, prises

en la chambre du conseil, et prononçant des mesures de discipline contre les officiers ministériels, même la suspension, pour faits qui ne se sont pas passés et n'ont pas été découverts à l'audience, ne sont pas sujettes à l'appel. — *Grenoble*, 18 (et non 3 ou 31) janvier 1828, M... c. min. publ.

317. — Toutefois, la prohibition de l'appel n'est relative qu'aux décisions qui statuent au fond; elle ne reçoit pas d'application lorsque la délibération du tribunal est attaquée *pour incompétence*. — Dans ce cas, l'appel doit être dévolu non au ministre de la justice, mais à la cour royale. — *Rennes*, 19 (et non 24) juill. 1838, Clémenceau c. min. publ. — V. APPEL, n° 407.

318. — Jugé au contraire que l'interdiction d'appel des décisions rendues en matière de discipline par les tribunaux en chambre du conseil contre les officiers ministériels reçoit son application non seulement lorsqu'il s'agit de décisions prononçant sur le fond, mais aussi au cas de décisions statuant sur des fins de non-recevoir ou exceptions d'incompétence proposées par l'officier ministériel inculpé. — *Riom*, 8 avr. 1835, Poincillon; *Rennes*, 25 mars 1844 (t. 2 1844, p. 458), N...

319. — L'arrêté pris par un tribunal dans la chambre du conseil, qui, sur la plainte dirigée par une partie contre un officier ministériel, condamne ce dernier à une peine disciplinaire et à des dommages-intérêts peut être frappé sur le chef des dommages-intérêts; mais l'appel ne peut être étendu aux matières disciplinaires proprement dites. — *Paris*, 21 avr. 1836, Porquet c. Bellier et Barbier. — V. APPEL, n° 407.

320. — Mais si les simples décisions disciplinaires ne sont pas susceptibles d'appel, il en est autrement quand il y a suspension prononcée par jugement. — Décr. 30 mars 1808, art. 103.

321. — ... Jugé même que lorsqu'un tribunal, en statuant sur une demande, fait une injonction à un officier ministériel et le condamne personnellement aux dépens de l'instance, son jugement est, sous ce rapport, sujet à l'appel, lors même qu'il serait en dernier ressort quant à l'objet de la demande. — *Metz*, 27 août 1822, min. publ. c. N.

322. — Les jugemens par lesquels les tribunaux prononcent des peines disciplinaires contre des notaires sont sujets à l'appel. — L. 25 vent. an XI, art. 53. — V. NOTAIRE.

323. — Ainsi qu'on l'a vu v° APPEL, n° 1370, l'appel d'un jugement du tribunal civil, statuant en matière disciplinaire, doit être interjeté suivant les formes de la procédure civile et non par déclaration au greffe comme dans une instance correctionnelle. — *Douai*, 13 sept. 1834, Becq; 15 juin 1835, Becq. — Le pourvoi contre ce dernier arrêt a été rejeté le 16 juin 1836.

324. — Comme le notaire poursuivi disciplinairement n'a pas besoin d'être assisté d'un avoué, un acte d'appel qui, dans ce cas, ne contient pas constitution d'avoué ne doit pas être déclaré nul. — *Douai*, 15 juin 1835, Becq.

325. — En matière disciplinaire, est nul l'acte d'appel, quand *le jugement* attaqué y est désigné sous une fausse date, lors même qu'un seul jugement aurait été rendu entre les parties, et qu'il serait certain qu'on a eu l'intention d'appeler de cette décision. — *Bruxelles*, 24 déc. 1829, min. publ. c. S...

326. — Il n'est pas nécessaire, en matière disciplinaire, de consigner l'amende de fol appel. — V. APPEL, n° 1652.

327. — L'art. 215, C. inst. crim., relatif aux évocations en matière pénale, n'est point applicable aux évocations en matière de discipline notariale, attendu que les matières de discipline sont civiles. — *Cass.*, 6 (et non 15) janv. 1835, Debourges.

328. — L'avoué interdit par mesure de discipline peut, sur l'appel du jugement de condamnation, demander l'impression de l'arrêt qui en prononce l'infirmation. — *Bourges*, 15 fév. 1815, Gabillot c. Bouquerot.

329. — Les décisions rendues en matière disciplinaire ne sont point sujettes au recours en cassation, sauf le cas où la suspension est l'effet d'une condamnation prononcée en jugement. — Décr. 30 mars 1808, art. 103.

330. — Ainsi, la décision rendue en la chambre du conseil par laquelle un tribunal a enjoint à un notaire d'être plus circonspect à l'avenir, ne peut être l'objet d'un recours en cassation. Au ministre de la justice seul appartient le droit de la réviser. — *Cass.*, 20 avr. 1842 (t. 1er 1842, p. 617), min. publ. c. B...

331. — Les condamnations à des peines disciplinaires ne sont pas susceptibles d'être attaquées au fond devant la cour de Cassation. — *Cass.*, 24 juin 1828, Déjarnac c. min. publ.; 8 juin 1838 (t. 1er 1838, p. 43), Gaillard et Fouqueteau c. min. publ.

332. — Par conséquent, lorsqu'un avoué est suspendu de ses fonctions par application des art. 151, décr. 16 fév. 1807, et 102, décr. 30 mars 1808, l'examen des causes qui ont motivé la suspension constitue une appréciation de faits qui ne peut être soumise à la cour de Cassation. — *Cass.*, 20 déc. 1830, G..., c. min. publ.

333. — Il en est des décisions prises en matière de discipline par les cours royales contre des membres du barreau, comme des décisions prises en pareille matière contre des magistrats; il n'y a pas, à leur égard, ouverture au recours en Cassation. — *Cass.*, 20 avr. 1830, avocats de Paris c. min. publ.

334. — Ainsi, la décision d'une cour royale, portant annulation de la délibération de l'ordre des avocats, en ce que cette délibération serait la censure d'un arrêt de la cour, n'est pas susceptible de pourvoi en cassation; ici s'applique l'art. 103, décr. 30 mars 1808. — *Cass.*, 20 avr. 1830, avocats de Paris c. min. publ. — V. au surplus v^is AVOCAT n°s 787 et 837, et CASSATION, n° 182.

335. — Mais le recours en cassation est ouvert contre l'arrêt qui prononce des peines de discipline contre un avoué, incidemment à un procès, lors duquel il n'a été ni appelé ni entendu. En vain dirait-on que le demandeur devait user de la voie d'opposition ou de tierce-opposition. — *Cass.*, 25 nov. 1823, L... c. Min. pub.; 30 août 1824, L... c. procureur général de Nancy. — V. CASSATION, n° 185.

336. — De même, quand un officier ministériel a été suspendu de ses fonctions par un arrêt, sans que les réquisitions du ministère public lui aient été communiquées, il peut faire annuler cette décision par voie de cassation pour violation du droit de défense, sans avoir besoin de se pourvoir par voie d'opposition ou de tierce opposition. — *Cass.*, 7 août 1822, Callaud.

337. — Les décisions disciplinaires rendues par les tribunaux contre les avocats ou officiers ministériels sont encore susceptibles du recours en cassation pour cause d'incompétence. — *Cass.*, 22 juill. 1834, Parquin; 29 déc. 1845 (t. 1er 1846, p. 116), Procureur général de Caen; *Cass.*, 5 avr. 1841 (t. 1er 1841, p. 657), avocats de Rouen c. procureur général; 5 avr. 1841 (t. 1er 1841, p. 657), avocats de Nancy c. min. publ.; 2 mai 1843 (t. 2 1843, p. 230), avocats de Limoges c. min. publ. et Bourdeau. — V. au surplus AVOCAT, n° 787, et CASSATION, n° 187.

338. — ... Ou pour cause d'excès de pouvoir. — *Cass.*, 5 avr. 1841 (t. 1er 1841, p. 657), Avocats de Rouen c. procureur général; 5 avr. 1841 (t. 1er 1841, p. 657), avocats de Nancy c. min. publ.; 2 mai 1843 (t. 2 1843, p. 230), avocats de Limoges c. min. publ. et Bourdeau; 29 déc. 1845 (t. 1er 1846, p. 116), procureur général de Caen. — *Contrà Cass.*, 4 déc. 1833, T... c. notaires de Provins.

339. — Si les cours royales ont un pouvoir discrétionnaire pour constater et apprécier les faits à raison desquels des poursuites disciplinaires sont exercées contre un officier ministériel, et spécialement contre un notaire, leurs décisions n'échappent pas à la censure de la cour de Cassation, lorsqu'elles sont déterminées uniquement par des raisons de droit. — *Cass.*, 19 août 1844 (t. 1er 1845, p. 39), min. publ. c. Gouvert.

340. — En tout cas, l'existence et le degré de gravité des faits qui ont motivé une poursuite disciplinaire et fait la base de la condamnation ne peuvent être remis en question devant la cour de Cassation. — *Cass.*, 23 avr. 1839 (t. 1er 1839, p. 467), Lenoble c. procureur près la cour de Limoges.

341. — Le pourvoi en cassation contre un arrêt rendu en matière disciplinaire ne peut être formé par un acte déposé au greffe de la cour royale, il doit être formé, comme pour les matières civiles, par une requête déposée au greffe de la cour de Cassation. — *Cass.*, 1er déc. 1829, Pelissier c. avocats de Montélimart; 7 juill. 1836, avocats de Grenoble.

342. — Et la requête doit être accompagnée d'une quittance de consignation d'amende. — *Cass.*, 1er déc. 1829, Pelissier c. avocats de Montélimart.

343. — De ce qu'un pourvoi en matière disciplinaire a été irrégulièrement formé au greffe de la cour royale, comme en matière correctionnelle, il n'en résulte pas une fin de non-recevoir s'il a été régularisé en tant que de besoin dans la forme et dans les délais prescrits en matière civile. — *Cass.*, 29 déc. 1845 (t. 1er 1846, p. 116), A... c. procureur général de Caen.

344. — Il aurait fallu, en outre, que la déclaration au greffe de la cour royale eût été accompagnée du certificat de consignation de l'amende. — *Cass.*, 1er déc. 1829, Pélissier c. avocats de Montélimart.

345. — La décision par laquelle un juge de paix condamne à l'amende un huissier résidant dans une ville comprenant deux justices de paix, pour avoir signifié des citations devant le tribunal de simple police, quoiqu'il ne fût pas attaché comme audiencier au juge de paix qui devait tenir l'audience, est une décision disciplinaire purement civile; elle ne peut dès-lors être attaquée que devant la juridiction civile, et elle peut être déférée à la chambre criminelle de la cour de Cassation. — *Cass.*, 10 fév. 1843 (t. 2 1843, p. 631), Aubard. — V. au surplus CASSATION (mat. civ.), n° 290.

V. BOUCHER, CAPITAINE DE NAVIRE, CHOSE JUGÉE, COLONIES, CONSEIL PRIVÉ (colonies), CONSUL, GRACE.

DISCIPLINE MILITAIRE.

§ 1er. — *Armée de terre* (n° 1er).

§ 2. — *Armée de mer* (n° 23).

§ 1er. — *Armée de terre*.

1. — Toute contravention à la loi militaire, dit l'art. 5, L. 22 sept. 1790, est une faute punissable; mais toute faute de ce genre n'est pas un délit, elle ne le devient que lorsqu'elle est accompagnée des circonstances graves énoncées dans la loi. Les fautes sont punissables par des peines de discipline; les délits seuls peuvent l'être par des peines afflictives ou infamantes.

2. — L'ancienne législation militaire, en matière de discipline intérieure surtout, était entachée d'un arbitraire contre lequel on s'était souvent élevé. L'assemblée nationale commença par réformer ces abus, se réservant de prononcer ultérieurement sur le mode de répression qu'il conviendrait d'employer pour les crimes et les délits militaires.

3. — L'art. 1er du décret du 15 sept. 1790 (concernant la discipline militaire) donne le droit à tout supérieur d'infliger au militaire d'un grade inférieur les peines de discipline, à la charge d'en référer dans les vingt-quatre heures à leur supérieur dans l'ordre hiérarchique. — Le commandant du corps peut restreindre, ou augmenter, ou infirmer ces punitions. — Art. 2.

4. — L'art. 3 prescrit l'obéissance et la soumission préalable, sauf à réclamer, après avoir obéi, auprès du conseil de discipline institué par cette loi.

5. — L'art. 4 énumère et détermine tant, pour leur nature que pour le maximum de leur durée, toutes les punitions à prononcer pour fait de discipline, et les distingue selon qu'elles sont applicables aux soldats de toutes armes, aux caporaux, brigadiers et aux sous-officiers, et enfin aux officiers de tous grades.

6. — Ce sont: pour les simples soldats, les corvées de chambre ou de quartier, la consigne au quartier ou dans la place, la prison, le cachot ou le piquet, etc.; pour les caporaux ou sous-officiers, la consigne, les arrêts simples, la chambre de police, la prison et le cachot; pour les officiers, les arrêts simples dans leur chambre, recevant ou ne recevant personne, les arrêts forcés, c'est-à-dire avec sentinelle, ou autre moyen coercitif; la prison militaire.

7. — Nous ne mentionnons pas certaines peines bizarres, notamment celle qu'on infligeait aux soldats pour faits d'ivresse, et qui consistait à leur faire boire une certaine quantité d'eau à l'heure de la garde montante. Cette peine et celle du piquet ont été supprimées par un décret du 4 mai 1792, qui a pour but de *restreindre encore la latitude* laissée aux officiers en matière disciplinaire.

8. — Sont réputées fautes contre la discipline: — toutes voies de fait, coups ou mauvais propos d'un supérieur vis-à-vis de son subordonné, ainsi que toute punition injuste qu'il aurait pu prononcer contre lui; — tout murmure, mauvais propos ou défaut d'obéissance, pourvu qu'il ne soit pas accompagné d'un refus formellement énoncé d'obéir de la part d'un subordonné quelconque vis-à-vis de son supérieur, quelque raison qu'il puisse se croire de s'en plaindre; — les violations des punitions ordonnées; — l'ivresse, pour peu qu'elle trouble l'ordre public ou militaire, et pourvu qu'elle ne soit pas accompagnée de désordre; — tout dérangement de conduite, ou toutes dettes, pourvu qu'elles ne soient pas accompagnées de circonstances crapuleuses ou déshonorantes; — les querelles soit entre militaires, soit avec les ci-

moyens ou les habitans des villes et campagnes, lorsque ces dernières ne sont pas de nature à être portées devant les juges civils, et pourvu qu'il n'en faille aucune plaie, et qu'on n'y ait pas fait usage d'armes ou de bâtons; — les manquemens aux différens appels, exercices, revues ou inspections; — les contraventions aux règles de police ou ordres donnés; enfin toutes les fautes contre la discipline, le service ou la tenue, provenant de négligence, de paresse ou de mauvaise volonté. — L. 15 sept. 1790, art. 6.

9. — Les fautes qui viennent d'être énumérées doivent toujours être regardées comme plus graves lorsqu'elles ont eu lieu pendant le temps du service ou sous les armes. — Même décret, art. 7.

10. — Les punitions en matière de discipline ne peuvent être prolongées au-delà du terme fixé pour chacune d'elles, que par une décision précise du conseil de discipline. — Art. 5.

11. — Ce conseil est composé de trois officiers supérieurs, des trois premiers capitaines et du premier lieutenant du régiment. Ceux qui manqueraient doivent être remplacés par un pareil nombre d'officiers du grade inférieur ou de ceux qui les suivent dans leurs colonnes. — Art. 14.

12. — Indépendamment de l'attribution résultant de l'art. 5 précité, le conseil de discipline est chargé de recevoir les plaintes que les subordonnés pourraient avoir à porter contre leurs chefs. — Art. 14.

13. — Il est également chargé de condamner, s'il y a lieu, à une punition dont il fixe lui-même la durée, tout subordonné qui aurait accusé son supérieur de l'avoir puni injustement, si sa plainte n'est pas fondée. — Art. 9.

14. — Le conseil s'assemble par ordre du commandant du corps toutes les fois que sa réunion est nécessaire; le commandant ne peut refuser de le convoquer dans les vingt-quatre heures lorsqu'il en est requis en raison d'une plainte adressée au conseil. — Art. 14.

15. — Tout subordonné qui voudra porter plainte au conseil de discipline contre un de ses chefs est tenu de le faire par écrit, de motiver sa plainte dans les différentes circonstances, de la signer s'il sait écrire, et de la remettre ainsi au commandant du régiment. — Art. 16.

16. — Si la plainte d'un subordonné porte contre un des officiers supérieurs du régiment, elle est remise au commandant de la place, s'il y en a un, ou adressée au commandant de la division, qui est tenu de convoquer aussitôt un conseil de discipline composé des sept plus anciens officiers du grade le plus élevé de la division et étrangers au corps, autant qu'il sera possible. — Art. 15.

17. — Celui qui porte plainte et celui contre qui elle est dirigée sont entendus au conseil de discipline et peuvent choisir l'un et l'autre un défenseur dans l'intérieur du régiment. — Art. 17.

18. — Si la plainte est dirigée contre un officier appelé à faire partie du conseil de discipline, il doit s'abstenir; il est remplacé par l'officier qui le suit dans la colonne. — Art. 18.

19. — Les séances du conseil de discipline sont publiques; les portes en doivent rester ouvertes. Ceux qui y assistent sont sans armes, debout et découverts. — Art. 19.

20. — Les art. 10, 11, 12 et 13, décr. 15 sept. 1790, règlent l'exécution des peines disciplinaires. — On lit notamment dans l'art. 10 que « les punitions de la consigne au quartier, des chambres de police des soldats, des arrêts simples dans la chambre ne dispenseront pas les officiers, sous-officiers ou autres qui y seront condamnés de faire le service de la place et d'assister à tous les exercices du régiment, à charge par eux de reprendre leurs punitions ou d'y être reconduits après la fin de leur service ou exercice. La prison et le cachot, ainsi que les arrêts-forcés pour les officiers, les chambres de police pour les sous-officiers, les suspendront seuls des fonctions et du service de leurs grades et les mettront seuls dans le cas de remettre leurs armes à ceux qui leur auront porté l'ordre de s'y rendre. »

21. — Une ordonnance du 1er-16 avr. 1818 porte création de compagnies de discipline dans lesquelles seront incorporés les soldats qui, sans avoir commis de délits qui les rendent justiciables des conseils de guerre, persévèrent néanmoins, par des fautes et contraventions qui ne peuvent plus être réprimées par les peines de simple discipline, à porter le trouble et le mauvais exemple dans les corps dont ils font partie. — Art. 1er.

22. — V., sur l'organisation de ces compagnies, qui se trouve réglée tant par l'ordonnance de 1818 que par celle du 7-24 fév. 1834, vo ARMÉE, nos 46 et suiv.

§ 2. — *Armée de mer.*

23. — Le décret du 21 août 1790 a réglé les peines applicables aux fautes et délits commis par les officiers, officiers mariniers, sous-officiers, matelots, soldats, et autres personnes qui servent dans l'armée navale. Ce décret les distingue en peines de discipline ou simple correction, et en peines afflictives.

24. — L'art. 2 de ce décret porte : Le commandant du bâtiment, et l'officier commandant le quart ou la garde, pourront prononcer les peines de discipline contre les délinquans. Le commandant de la garnison du vaisseau pourra aussi prononcer la peine de discipline contre ceux qui la composent; à la charge par eux d'en rendre compte au commandant du vaisseau, immédiatement après le quart de la garde.

25. — Les maîtres d'équipage et principaux maîtres porteront, par signe de commandement, une liane. Il leur est permis de s'en servir pour punir les hommes de mauvaise volonté dans l'exécution des manœuvres. — Même article. — Cette dernière partie de l'article a été supprimée par le décret du 27 oct. 1790.

26. — Sont regardés comme délits contre la discipline : — tout défaut d'obéissance d'un officier à son supérieur, d'un matelot à un officier marinier, lorsqu'il n'est point accompagné d'un refus formel d'obéir; — l'ivresse, lorsqu'elle n'est point accompagnée de désordre; — les querelles entre les gens de l'équipage, lorsqu'il n'en résulte aucune plaie, et qu'on n'y a point fait usage d'armes ou de bâtons; — toute absence du vaisseau sans permission de celui qui doit la donner; — les feux allumés ou portés de terre à bord du vaisseau, dans le temps et aux postes où ils sont défendus, dans les cas non prévus par les articles suivans; — toute infraction aux règles de police; — tout manque à l'appel, au quart, et, en général, toutes les fautes contre la discipline, le service du vaisseau, provenant de négligence ou de paresse. — Tit. 2, art. 2.

27. — L'art. 1er du tit. 2 du décr. du 21 août 1790 énumérait les peines de discipline. La nomenclature en a été modifiée et restreinte par le décr. du 27 oct. suiv., qui établit les peines suivantes : le retranchement du vin, qui ne pourra avoir lieu pendant plus de trois jours; — les fers sous le gaillard, au plus pendant trois jours; — la prison, au plus pendant le même temps. — Ces peines ont été maintenues implicitement par le décr. du 22 juill. 1806. — Quant aux peines qui résultaient des anciennes ordonnances, et spécialement à la peine *de coups de corde au cabestan*, V. BOULINE, TRIBUNAUX MARITIMES.

28. — Tout détachement embarqué est soumis à la même police et à la même discipline que les équipages, conformément à l'art. 57, L. du 21 août 1790, et de l'ordonn. du 31 oct. 1827, sur le service des bâtimens à la mer. — Ord. 15 déc. 1838, art. 14.

29. — Les ouvriers des arsenaux de la marine, inscrits ou non inscrits, qui se sont rendus coupables d'infractions au service, sont punis d'après les lois et ordonn. en vigueur. — Ord. 1er juin 1839, art. 24. — V. PORTS ET ARSENAUX.

DISCOURS PASTORAL.

1. — Cette dénomination s'applique à toutes paroles prononcées par un ministre du culte en assemblée publique et dans l'exercice de son ministère.

2. — Evidemment le discours pastoral, en tant qu'il n'a trait qu'aux matières religieuses, échappe complétement au contrôle de la puissance temporelle, qui doit y rester complétement étrangère.

3. — Mais le ministre du culte peut, au lieu de se renfermer dans l'objet de son discours, se livrer à des digressions qui constitueraient mieux une attaque ou une critique contre les actes du gouvernement ou contre ceux des particuliers.

4. — Dans ce cas, une répression devient nécessaire, et elle est en effet établie par les lois. — Nous avons vu la nature et l'étendue de cette répression aux mots APPEL COMME D'ABUS, CULTE, nos 438 et suiv., DÉLITS DE PRESSE.

DISCOURS SÉDITIEUX.

1. — Discours de nature à causer un trouble plus ou moins grave à la paix publique.

2. — Dans plusieurs des lois répressives que rendirent les gouvernemens qui se succédèrent après la révolution de 1789 se trouvaient des dispositions qui punissaient les discours séditieux.

3. — La convention nationale rendit la loi du 1er germin. an III par laquelle étaient punies certaines manifestations séditieuses.

4. — La loi du 12 flor. an III enjoignit au comité de sûreté générale et à toutes les autorités constituées de faire arrêter et traduire devant les tribunaux criminels les individus qui, par leurs discours séditieux, auraient provoqué l'avilissement de la représentation nationale ou le retour de la royauté (art. 4). — Les individus coupables de ces faits devaient être bannis à perpétuité du territoire de la république; et si les provocations avaient eu lieu dans un rassemblement, les coupables devaient être punis conformément à la loi du 1er germinal, c'est-à-dire de la déportation, ou seulement de deux ans de fers, si le jury déclarait des circonstances atténuantes. — Art. 5.

5. — La loi du 27 germin. an IV, rendue sous le gouvernement directorial, punit de mort ceux qui, par leurs discours, auraient provoqué la dissolution du gouvernement républicain, ou l'invasion des propriétés, soit publiques, soit particulières. En cas de circonstances atténuantes, le coupable devait être déporté. — Art. 1er et 2.

6. — Les art. 1er et 2, L. 27 germin. an IV, n'étaient applicables qu'aux *discours*, fruit de la méditation, tendant à la dissolution du gouvernement républicain. Ainsi, lorsque l'acte d'accusation et la déclaration du jury ne faisaient mention que de *simples propos*, c'était la loi du 1er germin. an III, et non celle du 27 germin. an IV, qui devait être appliquée. — *Cass.*, 9 germin. an VIII, Antoine Gauthier; 5 niv. an VIII, Philibert Nonain.

7. — Mais c'était la loi du 12 flor. an III, et non celle du 1er germin. précédent, qui était applicable au délit résultant de propos tendant à l'avilissement du gouvernement. — *Cass.*, 26 niv. an X, Paumier.

8. — La loi du 1er germin. an III était également seule applicable à la provocation au rétablissement de la royauté, commise en chantant une chanson. — *Cass.*, 15 pluv. an VIII, Mathieu Chapuis.

9. — Sous la loi du 27 germin. an IV, un tribunal criminel ne pouvait pas acquitter l'accusé déclaré convaincu, avec circonstances atténuantes, d'avoir dit publiquement *que les républicains étaient un tas de voleurs et de coquins, que sous peu ils y passeraient tous, et qu'il y aurait bientôt un roi*. Il résultait de cette déclaration que l'accusé était convaincu du délit prévu par l'art. 1er de la loi précitée. — *Cass.*, 25 brum. an VIII, N...

10. — Aux termes de l'art. 102, C. pén. 1810, ceux qui, par leurs discours tenus dans les lieux ou réunions publics, avaient excité les citoyens ou habitans à commettre des crimes contre la sûreté intérieure de l'état devaient être punis comme coupables de ce crime. Dans le cas où ces provocations n'avaient pas été suivies d'effet, leurs auteurs étaient simplement punis de bannissement. — V. DÉLITS DE PRESSE.

11. — La provocation à la rebellion par les mêmes moyens était également assimilée par l'art. 217 au crime de rébellion lui-même. Dans le cas où la rébellion n'avait pas eu lieu, le provocateur était puni d'un emprisonnement de six jours au moins et d'un an au plus. — V. RÉBELLION.

12. — Mais l'art. 217, C. pén., n'était pas applicable, lorsque rien n'établissait que les discours proférés par le prévenu eussent immédiatement pour objet de provoquer à une attaque ou à une résistance avec violences et voies de fait envers une autorité publique. — *Cass.*, 7 mars 1816, Vincent Alliat.

13. — Avant la loi du 17 mai 1819, dire en pleine rue et devant plusieurs personnes que *depuis que Louis XVIII était sur le trône l'ouvrage n'allait plus, qu'il ne payait personne, que l'on était plus heureux sous le règne de Napoléon, qu'il allait laisser faire les moissons tranquillement, qu'ensuite il reviendrait en France et qu'on verrait beau jeu*, ce n'était point provoquer à la dissolution du gouvernement royal et au rétablissement du précédent gouvernement. — *Cass.*, 2 oct. 1814, Frédéric Anoepel. — Le Code pénal ne contenait aucune disposition applicable à des propos de cette nature.

14. — Le 9 nov. 1815 fut rendue une loi relative à la répression des cris séditieux, et des provocations à la révolte. Les *discours séditieux* étaient prévus par plusieurs de ses dispositions. — V. art. 5, 8, 9. — L'art. 8 déclarait coupables d'actes séditieux ceux qui répandraient des nouvelles de nature à alarmer les citoyens. Il résulte du texte même de cette loi, toute de circonstance, qu'elle ne devait avoir d'existence que jusqu'à l'établissement des cours prévôtales.

15. — On a jugé sous l'empire de cette loi que l'annonce de nouvelles fausses et alarmantes sur le maintien du gouvernement légitime contenues dans un lettre saisie par la police avant que le destinataire en eût achevé la lecture et sans qu'el-

les eussent été répétées ou communiquées, ne pouvait pas constituer le délit prévu par son art. 8. Qu'au surplus, en considérant ces faits comme constituant une tentative, elle n'aurait pas été punissable aux termes de l'art. 3, C. pén., puisque aucune disposition de la loi du 9 nov. 1815 n'avait assimilé les tentatives des délits énoncés en son art. 8 à ces délits consommés. — *Cass.*, 6 déc. 1816, Redon, Alboui et Dupuy.

16. — Les art. 102 et 217, C. pén., et la loi du 9 nov. 1815 ont été abrogés par l'art. 26, L. 17 mai 1819. Les auteurs de discours séditieux de la nature de ceux que prévoyaient les deux premières dispositions seraient maintenant punis des peines portées par les art. 1er et 2 de cette dernière loi et punis comme complices des crimes auxquels se rapportent les art. 102 et 217, si de semblables provocations étaient suivies d'effet. Dans le cas contraire, les coupables seraient passibles des peines correctionnelles de l'art. 2, L. 17 mai 1819. — V. DÉLITS DE PRESSE.

17. — Les lois sur la presse ne contiennent pas d'incrimation spéciale et distincte pour les *discours séditieux*. Cette qualification peut s'appliquer d'une manière générale aux discours par lesquels on provoquerait aux crimes contre la sûreté intérieure de l'état prévus par les art. 86 à 101, C. pén., à ceux par lesquels on exciterait à la haine ou au mépris des citoyens contre une ou plusieurs classes de personnes (L. 25 mars 1822, art. 10; ou à la haine entre les diverses classes de la société (L. 9 sept. 1835, art. 8), et à ceux qui contiendraient les attaques que les art. 1er, 2 et 5 de cette dernière loi érigent en attentats à la sûreté de l'état. — V. DÉLITS DE PRESSE.

18. — Du reste, quelque séditieuses que soient les pensées exprimées dans un discours, il ne peut être atteint par les dispositions ci-dessus qu'autant qu'il contiendrait une provocation.

19. — Il faut, en outre, que ce discours ait été non pas seulement tenu, mais *proféré* publiquement dans un lieu ou dans une réunion pour qu'on puisse rechercher son auteur. — L. 17 mai 1819, art. 1er. — Chassan, *Traité des délits et contraventions de la parole, de l'écriture et de la presse*, 2e édit., t. 1er, no 65 ; Parant, *Lois de la presse* en 1836, p. 70.

DISCUSSION DE CAUTION.

C'est l'action de rechercher, saisir et faire vendre les biens du débiteur direct, ou d'un principal obligé à une dette, avant ceux des personnes qui ne sont obligées que secondairement à la même dette.

V. CAUTIONNEMENT.

DISETTE.

1. — Une ordonnance royale du 13-14 août 1817 a accordé amnistie pleine et entière aux personnes poursuivies correctionnellement ou condamnées à des peines correctionnelles, pour les délits auxquels la rareté des subsistances avait pu les entraîner depuis le 1er sept. 1816 jusqu'au jour où était rendue l'ordonnance. — Ord. 13-14 août 1817, art. 1er.

2. — Celles de ces personnes qui étaient détenues en exécution d'arrêts ou de jugemens ou qui avaient été arrêtées en exécution de mandats d'arrêt relatifs à ces délits, devaient, en vertu de cette amnistie, être mises immédiatement en liberté, à moins qu'elles ne fussent détenues pour d'autres causes. — Même ordonnance, art. 1er.

3. — Toutefois, la mise en surveillance devait être maintenue contre celles de ces personnes qui y avaient été assujéties par jugement. — Même article.

4. — Toutes poursuites devaient cesser contre les prévenus des mêmes délits qui n'avaient pas encore été mis sous la main de justice. — Même article.

5. — Etaient exceptés du bénéfice de cette amnistie ceux qui, précédemment condamnés pour crimes ou délits, se trouvaient en état de récidive. — Art. 2.

6. — Mais cet état de récidive ne pouvait résulter que d'un jugement ou d'un arrêt, et ne pouvait s'établir par l'énonciation vague que le prévenu était dans l'habitude de commettre des vols, et un tribunal ne pouvait refuser d'appliquer à un prévenu le bénéfice de l'amnistie du 13 août 1817, sous ce simple prétexte qu'il était dans l'habitude de commettre des vols. — Ord. 13 août 1817, art. 2; C. p., art. 57 et 58 ; — *Cass.*, 27 fév. 1818, Sengès. — MM. Mangin (*Traité de l'action publique*, t. 2, no 448) et Legraverend (t. 2, chap. 10, p. 605) approuvent cette décision de la cour suprême.

7. — C'est au gouvernement qu'il appartient de prendre, de concert avec les autorités municipales, les mesures nécessaires pour assurer la présence des subsistances sur les marchés et empêcher les disettes. — V. GRAINS, HALLES ET MARCHÉS.

DISJONCTION DE CAUSE.

1. — On désigne sous ce nom la séparation de deux ou plusieurs causes, instances, procès ou chefs de conclusions.

2. — *En matière civile*, le principe de la disjonction a été admis par le législateur. — C. procéd., art. 184.

3. — Il est d'usage qu'en prononçant la jonction de deux instances, les tribunaux ajoutent : *sauf à disjoindre, s'il y échet.* — Merlin, *Rép.*, vo *Disjonction.*

4. — Au surplus, lors même que le jugement de jonction ne contient aucune mention de cette réserve, les parties n'en ont pas moins le droit de demander la disjonction dans le cours de l'instance. — *Orléans*, 7 juill. 1808, N... c. N.; — Hautefeuille, p. 127; Merlin, *loc. cit.*

5. — Il y a lieu de prononcer la disjonction lorsque l'une des causes est disposée à recevoir jugement, tandis que l'autre n'est point encore suffisamment instruite. — C. procéd., art. 184.

6. — En matière de garantie, il n'y a aucune distinction à établir entre la garantie simple et la garantie formelle pour savoir si la disjonction peut être ordonnée. — Boncenne, *Th. de la procéd.*, t. 2, p. 386. — *Contrà* Demiau-Crouzilhac, *Elém. de dr. et de prat.*, p. 149. — V. GARANTIE.

7. — L'art. 184, C. procéd., reproduit les termes de l'art. 13, tit. 8, ord. 1667, sauf toutefois que le demandeur n'est pas tenu de signifier que sa demande est en état. — Carré, quest. 779; Boncenne, t. 3, p. 385.

8. — La disjontion s'obtient à l'audience sur requête ou par un simple acte de conclusions.

9. — La disjonction peut-elle être prononcée d'office? — On dit pour l'affirmative : le juge peut ordonner d'office toutes les mesures d'instruction qu'il croit propres à éclairer sa conscience. C'est là un principe constant et d'ordre public qui résulte de tous les titres du Code de procédure relatifs à l'instruction des affaires; peu importe d'ailleurs que l'art. 184, C. procéd., soit conçu en termes facultatifs; sans doute le demandeur est libre de demander ou non la disjonction; mais cette faculté ne peut restreindre les pouvoirs accordés aux tribunaux. Lors donc que l'une des demandes ne fournit pas encore tous les élémens nécessaires pour avoir un jugement, le tribunal peut disjoindre d'office. — Chauveau sur Carré, quest. 779; Hautefeuille, p. 127; Bioche, vo *Exception*, no 124; Berriat Saint-Prix, p. 232, note 66. — Rodier (3e quest., tit. 8, ord. 1667) enseigne la même doctrine.

10. — On répond en faveur de l'opinion contraire : la disjonction n'a lieu que dans l'intérêt du demandeur; à lui seul appartient le droit de la provoquer ou de consentir à ce que les instances demeurent réunies. Les termes facultatifs de l'art. 184, C. procéd. civ., ne laissent aucun doute à cet égard. D'ailleurs, si l'ordre public est intéressé dans la question, ce n'est pas à la disjonction, mais seulement à la jonction, qui offre des avantages qu'on ne retrouve plus dans la disjonction. — Carré, quest. 779; Favard de Langlade, *Rép.*, t. 2, p. 467; Boncenne, t. 3, p. 385, note 2e.

11. — Nous croyons devoir adopter cette opinion, parce que l'unique argument invoqué dans le système de l'affirmative déplace la question, mais ne la résout pas. Sans doute l'ordre public est intéressé à ce que le juge ne soit pas obligé de se prononcer tant que sa religion n'est pas éclairée; mais là n'est point la question; car la partie qui ne provoque pas la disjonction lorsque son affaire est en état d'être jugée, ne contraint pas par son silence le tribunal à statuer sur celle qui n'est point instruite, il consent, au contraire, à attendre qu'elle ait atteint le degré d'instruction nécessaire pour que les magistrats puissent juger les deux affaires en même temps.

12. — Le tribunal ne saurait refuser la disjonction lorsqu'elle est requise et qu'en effet l'une des causes est en état. — Favard de Langlade, t. 2, p. 467.

13. — Ni le décès du gérant ou de son avoué, ni la destitution, interdiction ou démission de ce dernier ne peuvent empêcher la disjonction, parce qu'il suffit, pour que le demandeur soit autorisé à la requérir, que les instances ne soient pas simultanément en état, quelle qu'en soit d'ailleurs la cause. — Favard de Langlade, t. 2, p. 467; Carré et Chauveau, quest. 780 ; Berriat Saint-Prix, p. 231 ; Hautefeuille, p. 127.

14. — Le jugement qui intervient prend le nom de sentence ou arrêt disjonctif. — Merlin, *loc. cit.*

15. — Le même jugement doit statuer sur la disjonction et sur la demande qui est en état. — Cod. proc., art. 184. — V. d'ailleurs JONCTION, GARANTIE.

16. — *En matière criminelle*, les accusés d'un même fait ne peuvent être séparés, parce que s'agissant d'un crime unique, tout est commun, moyens de conviction, moyens de défense, moyens de jugement, et que la société est intéressée à ce qu'il y ait unité dans la chose jugée. — V. d'ailleurs CONNEXITÉ (mat. crim.).

17. — Ce principe ne devrait même pas fléchir devant la considération que tous les coauteurs du même délit ne ressortiraient pas à la même juridiction.

18. — Ainsi, lorsque, parmi deux ou plusieurs prévenus du même délit, il y a un ou plusieurs militaires et un ou plusieurs individus non militaires, la connaissance en appartient aux juges ordinaires. — L. 22 messid. an IV, art. 2.

19. — Le gouvernement a lui-même reconnu que la loi du 22 messid. an IV était encore en vigueur puisqu'il a cru nécessaire, pour la faire abroger, de proposer une loi dont l'art. unique était ainsi conçu : « Les crimes et délits prévus par le chap. 1er, liv. 3, C. pén., par les lois militaires et par les lois des 10 et 24 mai 1834, seront, en cas de participation ou de complicité de militaires et d'individus appartenant à l'ordre civil, poursuivis et jugés séparément. — Les militaires et les personnes assimilées aux militaires seront renvoyés devant les conseils de guerre; les individus appartenant à l'ordre civil devant les tribunaux ordinaires. » — Séance de la chambre des députés du 24 janv. 1837, *Moniteur* du 25, p. 166.

20. — Mais cette loi, bien connue sous le nom de *loi de disjonction*, a été repoussée après une discussion solennelle de plusieurs jours. — V. *Moniteur* des 25, 28 fév., 1er, 2, 3, 4, 6 et 7 mars 1837. V. COMPÉTENCE, CONNEXITÉ.

DISJONCTIVE (Particule).

V. PARTICULE CONJONCTIVE ET DISJONCTIVE.

DISPENSE.

1. — C'est l'action d'exempter quelqu'un ou quelque acte de l'observation de la loi commune.

2. — On donne encore le nom de dispense à l'acte même qui confère cette exemption.

3. — En général, on ne peut invoquer de dispenses qu'autant qu'elles sont formellement autorisées par la loi; et comme elles s'écartent du droit commun, elles doivent être strictement renfermées dans les cas pour lesquels elles ont été accordées.

4. — L'usufruitier doit donner caution de jouir en bon père de famille, s'il n'en est *dispensé* par l'acte constitutif de l'usufruit. — C. civ., art. 601. — V. USUFRUIT.

5. — Tout héritier venant à une succession est tenu de rapporter à ses cohéritiers ce qu'il a reçu du défunt à titre gratuit, à moins que le don ne lui ait été fait par préciput ou avec *dispenses*, du rapport. — C. civ., art. 843. — V. RAPPORT A SUCCESSION.

6. — Dans certains cas, on est dispensé de payer certains droits fiscaux, par exemple, ceux d'enregistrement : c'est quand la loi a, ou formellement exempté de l'enregistrement, ou ordonné que la formalité serait donnée gratis. — V. ENREGISTREMENT.

7. — En matière de contributions directes, certaines propriétés, telles que les immeubles nouvellement bâtis, les biens dépendant du domaine public, ou certains contribuables, par exemple, les indigens, etc., sont dispensés en tout ou en partie des impôts. — V. CONTRIBUTIONS DIRECTES.

8. — Certains magistrats et fonctionnaires obtiennent aussi quelquefois des dispenses d'âge ou de parenté. — V. notamment L. 20 avr. 1810, art. 63; C. forest., art. 3. — V. FORÊTS, ORGANISATION JUDICIAIRE.

9. — Certains fonctionnaires et citoyens sont dispensés de la tutelle. — C. civ., art. 427 et suiv. — V. TUTELLE.

10. — ... Ou de remplir les fonctions de jurés. — C. inst. crim., art. 383. — V. JURY.

11. — ... Du service de la garde nationale. — L. 22 mars 1831, art. 28. — V. GARDE NATIONALE.

12. — Des dispenses peuvent encore être accordées, dans le cas de mariage, soit pour lever les empêchemens qui existent entre certains parens d'un degré rapproché (L. 16 avr. 1832), soit pour autoriser le mariage avant l'âge légal (C. civ., art. 145), soit enfin pour procéder à la célébration

après une seule publication.— C. civ. art. 169. — V. ACTES DE L'ÉTAT CIVIL, DISPENSES DE MARIAGE, MARIAGE.

13.—En général, celui qui se pourvoit en Cassation est tenu de consigner une amende; certaines personnes néanmoins sont dispensées de cette formalité.— V. CASSATION, CERTIFICAT D'INDIGENCE.

14.—Il existe aussi, sous certains rapports, des dispenses en matière de logement militaire. — V. LOGEMENT DES GENS DE GUERRE.

DISPENSES POUR LE MARIAGE.

Table alphabétique.

1.— Dans notre ancienne législation on distinguait, relativement au mariage, trois sortes de dispenses, celles des empêchemens, celles des bans et celles du domicile. — Merlin, *Rép.*, v° *Dispense.*

2.— Les dispenses des empêchemens étaient accordées, en règle générale, par le souverain pontife et aussi, dans certains diocèses, par les évêques (Brillon, *Dict. des arrêts*, v° *Dispense* [*Mariage*]; Guyot, *Rép. de jurisp.*, v° *Dispense*); les empêchemens pour lesquels on réclamait le plus fréquemment des dispenses étaient ceux résultant de la parenté et de l'alliance.

3.— Les principales causes qu'on mettait en avant pour obtenir ces dispenses, étaient : 1° celle qu'on appelait *ob angustiam loci*; — 2° celle qu'on appelait *ob incompetentiam dotis*; — 3° celle qu'on appelait *pro oratrice excedente vigesimum quartum annum*: lorsqu'une fille exposait qu'habitant un lieu peu considérable, ou ayant une petite dot, ou ayant dépassé vingt-quatre ans, elle ne trouverait pas à se marier en dehors de sa parenté ou affinité;— 4° celle qu'on appelait *vidua filiis gravata*, quand une veuve exposait qu'ayant beaucoup d'enfans et chargée d'un commerce difficile elle ne pourrait subvenir à leur éducation si elle n'épousait un tel, son parent. — Il y avait encore d'autres causes de dispenses, telles que celle de terminer un procès considérable, de conserver les biens dans une famille illustre, ou même de réparer l'honneur d'une fille compromis par un commerce illégitime. — Merlin, *loc. cit.*, § 1er-4°.

4.—Quant aux dispenses de bans, elles pouvaient être accordées par les évêques et les grands vicaires (Guyot, *Rép.*, v° *Dispense*), quand il y avait des causes légitimes. Ordinairement, on n'accordait de dispense que de la seconde et de la troisième publication; mais, dans les cas de nécessité urgente, le concile de Trente attribuait aux évêques le droit d'accorder des dispenses pour les trois bans; et ils conservèrent ce droit, bien que l'art. 40 de l'ordonnance de Blois ait prononcé la prohibition sans consacrer l'exception. — *Encyclopédie méthodique* (jurispr.), v° *Dispense.*

5.—Les canonistes citaient comme les causes les plus ordinaires de la dispense des bans la crainte des oppositions sans fondement, le danger qu'il y aurait à différer la célébration, soit pour le temporel, soit pour le spirituel; l'infamie que la proclamation pourrait faire tomber sur les futurs; les troubles et les querelles que la divulgation du mariage pourrait faire naître. — Merlin, *Rép.*, v° *Dispense.*

6.— Quant aux dispenses de domicile, qui permettaient de contracter mariage devant un curé autre que celui du domicile des contractans, il était généralement admis que c'était le roi seul qui avait le droit de les accorder, en vertu de l'édit de 1697.—Nouveau Denisart, v° *Dispense, in fine.*—Un arrêt du parlement de Bretagne, 23 fév. 1778, cité par Merlin (*Rép.*, v° *Dispense*, § 3), a consacré cette doctrine et a fait défenses à ceux qui auraient besoin de dispenses de domicile de se pourvoir ailleurs que par devers le roi.

7.— D'après le Code civil il y a, relativement au mariage, trois sortes de dispenses, savoir celles qui concernent l'âge, celles qui concernent la parenté, et celles qui concernent la seconde publication; on n'accorde plus de dispenses de domicile. — Merlin, *Rép.*, v° *Dispense*, § 3 *in fine.*

8. — Un arrêté du gouvernement consulaire, 20 prair. an XI, a réglé le mode de délivrance de ces dispenses. — Elles doivent être délivrées par le gouvernement, sur le rapport du ministre de la justice. — Art. 1er.

9. — Le procureur du roi du tribunal de l'arrondissement dans lequel les postulans se proposent de célébrer le mariage, lorsqu'il s'agit de dispenses dans les degrés prohibés, ou de l'arrondissement dans lequel le postulant a son domicile, lorsqu'il s'agit de dispenses d'âge, doit mettre son avis au bas de la pétition. — Art. 2.

10. — Les lettres patentes contenant ces dispenses ne doivent pas demeurer en dépôt au greffe; il faut qu'elles soient enregistrées, sur les réquisitions du ministère public et en vertu d'une ordonnance du président du tribunal, sur un registre *ad hoc*, tenu au greffe. Il en est ensuite délivré une expédition pour être annexée à l'acte de célébration du mariage. Les lettres-patentes doivent être remises aux impétrans avec la mention de l'enregistrement sur le revers. — Art. 5. — V. aussi circ. min. 29 avr. 1832, *in fine.*

11.— D'après la rédaction primitive de l'art. 164, C. civ., les seules prohibitions de mariage pour cause de parenté qui pouvaient être levées par des dispenses étaient les prohibitions entre l'oncle et la nièce, la tante et le neveu.

12. — Un décret du 7 mai 1808, rendu sur l'avis du conseil d'état, a décidé que la prohibition de l'art. 163, et par conséquent la nécessité d'une dispense s'appliquaient également au mariage entre le grand-oncle et la petite-nièce.

13. — La loi du 16 avr. 1832, modifiant l'art. 164, C. civ., a également permis d'accorder des dispenses pour les mariages entre beaux-frères et belles-sœurs.

14. — A l'occasion de cette loi, M. le garde des sceaux a adressé le 29 avr. 1832 à MM. les procureurs généraux une circulaire qui nous paraît faire connaître nettement l'esprit de la loi quant aux dispenses d'âge et de parenté. Nous croyons utile d'en rapporter les principales dispositions.

15. — M. le garde des sceaux commence par recommander aux procureurs généraux une grande sévérité dans l'examen des demandes de dispenses et dans la vérification des faits exposés à l'appui de ces demandes, leur rappelant que la dispense est l'exception et non la règle.

16.— Les causes de dispenses doivent être graves. La loi nouvelle n'a pas été faite pour encourager la corruption des mœurs; l'existence antérieure d'un commerce scandaleux ne peut donc être invoquée comme un titre.— Les circonstances qui méritent d'être prises en considération sont surtout celles qui doivent rendre les mariages profitables aux familles : ainsi, l'intérêt des enfans qui retrouveraient dans un oncle la protection d'un père, dans une tante les soins d'une mère; le besoin de conserver un établissement ou une exploitation dont la ruine blesserait des intérêts importans à ménager ; l'espoir de procurer à l'un des époux un état ou des moyens d'existence ; de prévenir ou de terminer un procès; d'empêcher un partage nuisible; de faciliter des arrangemens de famille. Tels sont les cas cités par M. le garde-des-sceaux, non comme seuls motifs de dispense, mais comme exemples.

17. — Quant aux dispenses d'âge, la même circulaire pose en principe qu'il y a lieu de maintenir l'ancien usage de n'en accorder jamais aux hommes avant dix-sept ans accomplis, ni aux femmes avant quatorze ans, à moins de circonstances tout-à-fait extraordinaires.

18. — Toutes les règles qui précèdent, étant d'ordre public, s'appliquent aux étrangers qui voudraient se marier en France aussi bien qu'aux Français.

19. — On trouve aussi dans cette circulaire certaines indications relatives aux formalités purement matérielles. Ainsi, les pièces à produire sont les extraits des actes de naissance des réclamans, ou les expéditions des actes de notoriété destinés à les remplacer, et de plus, s'il s'agit de dispenses de parenté, les extraits des actes de naissance et de mariage indispensables pour établir le degré de parenté; enfin, si l'un des futurs a été engagé dans les liens d'un précédent mariage, l'extrait de l'acte de décès de son conjoint.

20.—Toute demande doit être, autant que possible, signée par les futurs, par les père et mère ou ascendans, dont le consentement ou le conseil est requis pour le mariage, ou par le tuteur *ad hoc* dans le cas de l'art. 159, C. civil.

21. — La loi du 7 juin 1832 a rendu exécutoire aux colonies celle du 16 avr. 1832, relative aux mariages entre beaux-frères et belles-sœurs (art. 1er); seulement, le droit d'accorder les dispenses y est exercé par les gouverneurs en conseil.—Art. 2.

22.—L'effet des dispenses est de lever les empêchemens et de rendre légalement possible la célébration du mariage.—Demolombe, *C. de Code civ.*, t. 3, n° 120.

23. —M. Marcadé (*Elém. du dr. civ. franç.*, sous l'art. 164, n° 3) n'approuve pas le système d'empêchemens avec faculté de dispenses. Si la morale exige des prohibitions, il faut les prononcer d'une manière absolue; si, au contraire, les convenances sociales ne sont point compromises, pourquoi ne pas permettre absolument les unions projetées ? Mais M. Demolombe (t. 3, n° 118), au contraire, approuve le système du Code : « Je crois, dit-il, qu'il est moral et utile de prononcer, en règle générale la prohibition du mariage entre le beau-frère et la belle-sœur, entre l'oncle et la nièce, la tante et le neveu, et je reconnais en même temps que dans certaines circonstances il est possible que ces mariages soient convenables et dignes d'être approuvés, etc. »

24. — C'est avant le mariage que les dispenses doivent être accordées, et il ne paraît pas que leur obtention depuis la célébration puisse, malgré la faveur qui s'attacherait à cette solution, et contrairement à ce qui semble avoir eu lieu autrefois (Pothier, *Tr. du mariage*, n°s 280 et suiv.), avoir un effet rétroactif et couvrir la nullité encourue. — Cela serait plus certain encore si l'action en nullité avait précédé la demande de dispenses. — Demolombe, *loc. cit.* — V. aussi Toullier (édit. Duvergier), n° 638; Vazeille, t. 1er, n° 228; Zachariæ, t. 3, p. 257.

25. — « Au moins, dit M. Allemand (*Tr. du mariage*, n°s 71 et 492), ne pourrait-on pas refuser aux époux le droit, après avoir obtenu des dispenses, de réparer, par une seconde célébration du mariage, le vice de la première. » — D'après le Code autrichien (art. 83), si l'on n'a connaissance de l'empêchement qu'après le mariage, le curé peut provoquer des dispenses sur la demande des parties et en taisant leurs noms.

26.— Mais un mariage contracté avec dispenses de parenté pourrait-il légitimer un enfant que les parens au degré prohibé auraient eu antérieurement d'un commerce incestueux ? — V. à cet égard LÉGITIMATION.

27. — Nous n'avons parlé jusqu'ici que des dispenses d'âge et de parenté. L'arrêté du 20 prair. an XI, que nous avons déjà cité, s'occupe également des dispenses de la seconde publication. Ces dispenses, présentant en général un caractère d'urgence, ne sont pas demandées au ministre.

28. — Elles sont accordées, s'il y a lieu, par le procureur du roi dans l'arrondissement duquel les impétrans se proposent de célébrer leur mariage. Le procureur du roi doit rendre compte au ministre de la justice des causes graves qui ont donné lieu à chaque dispense. — Arr. 20 prair. an XI, art. 3.

29. — Ces causes pourraient être, par exemple, un pressant voyage (Locré, *Législat.*, t. 4, p. 344), ou pour éviter le scandale d'un accouchement imminent, ou la nécessité d'une légitimation. — M. Demolombe (t. 3, n° 184) regretterait qu'on considérât aujourd'hui comme motif de dispense l'*infamie qui tomberait, par la proclamation, sur les personnes qui veulent se marier.* — Merlin, *Rép.*, v° *Bans de mariage.* — « Pourquoi, dit cet auteur, n'emploierait-on pas, au contraire, ce moyen très légitime d'empêcher les honteux mariages ? »

30. — Ces dispenses doivent être déposées au secrétariat de la commune où le mariage doit être célébré. Le secrétaire en délivre une expédition, dans laquelle il est fait mention du dépôt, et qui demeure annexée à l'acte de mariage.—Art. 4.

31.—L'arrêté du 20 prair. an XI ne prescrivant pas l'enregistrement de cette dispense au greffe du tribunal, comme le même arrêté l'ordonne pour les dispenses d'âge ou de parenté, l'enregistrement est inutile pour la dispense de publication. —Allemand, *Tr. du mariage*, t. 1er, n° 335.

32. — Il nous reste à indiquer certaines dispositions fiscales relatives aux dispenses accordées pour le mariage. Les expéditions des lettres-patentes dont s'agit sont sujettes, outre le timbre et le droit de greffe de 1 fr. par rôle : 1° à un droit de sceau de 100 fr. pour les dispenses d'âge, et de 200 fr. pour les dispenses pour cause de parenté ; 2° à un droit d'enregistrement de 20 fr. pour les

premières et de 40 fr. pour les secondes. — L. 28 avr. 1816, art. 55. — Ces droits de sceau et d'enregistrement sont perçus à Paris dans un bureau spécial établi à cet effet.

35. — Mais lorsque les impétrans ont justifié qu'ils sont hors d'état d'acquitter ces droits, le roi peut, par ordonnance rendue sur la proposition du ministre de la justice, accorder la remise de tout ou partie des droits de sceau; et le droit d'enregistrement est réduit dans la même proportion. — L. 21 avr. 1832, art. 1er. — V. au surplus MARIAGE.

DISPOSITIF.

1. — (*De disponere*, disposer, ordonner.) C'est la partie du jugement ou de l'arrêt qui contient ce qui a été ordonné par le juge, la décision proprement dite du tribunal sur les points en litige.

2. — Autrefois, le mot *dispositif* s'employait plus particulièrement lorsqu'il s'agissait d'un jugement rendu à l'audience. On se servait, au contraire, du mot *dictum* pour les jugemens rendus sur procès instruits par écrit.

3. — On comprend aussi quelquefois, sous la dénomination de *dispositif* les motifs donnés par le juge à l'appui de sa décision. On dit, dans ce sens, que le jugement se compose de deux élémens, les *qualités* et le *dispositif*. — V. JUGEMENT.

4. — La rédaction de tout jugement doit contenir le dispositif (C. procéd., art. 141), à peine de nullité du jugement. — Carré et Chauveau, quest. 594; Favard de Langlade, t. 3, p. 175; Pigeau, *Comm.*, t. 1er, p. 330; Boitard, t. 1er, p. 446; Boncenne, *Th. de la procéd.*, t. 2, p. 447 à 454. — V. JUGEMENT.

5. — La contrariété entre les dispositifs de plusieurs arrêts donne ouverture à requête civile. — Arg. *à contrario* Paris, 6 août 1825, hospices de Paris c. Brullé. — V. REQUÊTE CIVILE.

6. — La rédaction du dispositif est essentiellement l'œuvre du juge et non celle de l'avoué. — Chauveau, sur Carré, quest. 594.

7. — Dans la pratique, le mot *dispositif* sert encore à désigner un projet de jugement arrêté de concert entre les parties. — V. d'ailleurs EXPÉDIENT, JUGEMENT D'EXPÉDIENT. — C'est ainsi que l'on dit : *présenter un dispositif, admettre un dispositif, passer un dispositif.*

8. — Enfin, on appelle *dispositif* d'une ordonnance, d'une déclaration, d'une loi quelconque, ce qu'elle ordonne ou ce qu'elle défend, par opposition avec la partie qui lui sert de préambule. — Merlin, *Rép.*, vo *Dispositif.*

9. — *En matière criminelle*, le dispositif de tout jugement de condamnation doit énoncer les faits dont les personnes citées sont jugées coupables ou responsables, la peine et les condamnations civiles. — C. inst. crim., art. 195.

DISPOSITIONS.

1. — Ce mot s'applique à toute manifestation de la volonté, soit du législateur, soit du juge, soit de l'homme privé.

2. — C'est dans le premier sens que l'on dit : les *dispositions d'une loi, d'une ordonnance, d'une coutume.*

3. — Dans le second sens, on dit : les *dispositions d'un jugement, d'un arrêt*, ou, en d'autres termes, le *dispositif*. — V. JUGEMENT.

4. — Quant aux dispositions de l'homme privé, elles s'appliquent ou à l'acte qui renferme les manifestations de sa volonté, ou bien à l'effet même de cette manifestation.

5. — Quand la disposition d'une loi, d'un jugement ou d'un contrat défend de faire quelque chose, on l'appelle *disposition prohibitive.*

6. — Une disposition est dite *comminatoire* quand ce qu'elle a pour objet peut n'être pas exécuté à la rigueur ou que la peine stipulée n'est pas encourue de plein droit. — V. CLAUSE COMMINATOIRE.

7. — Les dispositions de l'homme font cesser les dispositions de la loi lorsque l'homme privé (agissant toutefois dans les limites de sa capacité) a disposé autrement que le législateur. — Merlin, *Rép.*, vo *Disposition.*

8. — Les dispositions d'un acte ne sont ordinairement que les clauses qui sont insérées dans cet acte. — V. CLAUSE, OBLIGATION.

9. — Les dispositions d'un même acte qui sont indépendantes et ne dérivent pas nécessairement les unes des autres sont passibles d'un droit particulier pour chacune d'elles, et selon son espèce. — L. 22 fructid. an VII, art. 11. — V. ENREGISTREMENT.

10. — Souvent encore on emploie le mot *disposition* dans un sens plus restreint, pour désigner l'action par laquelle un individu *dispose* ou fait l'attribution de tout ou partie de ses biens, soit en s'en dessaisissant actuellement, soit pour le temps où il ne sera plus.

11. — C'est en considérant la disposition dans ce sens restreint qu'on dit qu'elle est :

12. — ... *Entre-vifs :* c'est celle dans laquelle la considération de la mort n'entre pour rien; son caractère principal est l'irrévocabilité. — V. DISPOSITION A TITRE GRATUIT; DONATION ENTRE-VIFS.

13. — ... *A cause de mort :* c'est celle qui est faite en vue de la mort, dans un testament, dans un codicille, dans un partage d'ascendans, ou dans une institution contractuelle. — V. DISPOSITION A TITRE GRATUIT, DONATION A CAUSE DE MORT, DONATION ENTRE ÉPOUX, DONATION PAR CONTRAT DE MARIAGE, LEGS, PARTAGE D'ASCENDANS, TESTAMENT.

14. — La *disposition à cause de mort* a un sens plus large que la donation à cause de mort. — V. DONATION A CAUSE DE MORT.

15. — ... *Gratuit* ou *à titre gratuit :* c'est celle qui est faite par pure libéralité. — V. DISPOSITION A TITRE GRATUIT.

16. — ... *Onéreuse* ou *à titre onéreux :* c'est celle qui est faite à la condition, par le bénéficiaire, de donner ou de faire quelque chose, soit au profit du disposant, soit au profit d'un tiers. — V. DISPOSITION A TITRE GRATUIT, DONATION ENTRE-VIFS.

17. — ... *Rémunératoire :* c'est celle qui a pour cause déterminante la récompense d'un service rendu.

18. — ... *Universelle :* dans un sens étendu, la disposition universelle s'applique, soit à la disposition de la totalité, soit à la disposition d'une quotité.

19. — Dans un sens plus restreint, et par opposition aux mots *Disposition à titre universel*, l'expression *Disposition universelle* ne s'applique qu'à la disposition d'une totalité universelle et non d'une quotité universelle. — V. DONATION ENTRE ÉPOUX, DONATION PAR CONTRAT DE MARIAGE, LEGS, USUFRUIT.

20. — ... *A titre universel :* on entend par ces mots : la libéralité portant sur une quotité universelle.

21. — Quelquefois, mais rarement, cette expression embrasse, *lato sensu*, la disposition d'une totalité universelle. — V. DISPOSITION A TITRE GRATUIT, DONATION ENTRE ÉPOUX, LEGS, QUOTITÉ DISPONIBLE, TESTAMENT.

22. — ... *Conditionnelle :* c'est celle dont l'effet est subordonné à l'accomplissement d'une condition. — V. CONDITION, DISPOSITION A TITRE GRATUIT, LEGS, OBLIGATION.

23. — ... *Caduque :* c'est celle qui reste sans effet, soit par suite d'un décès, soit par quelque autre événement. — V. LEGS, TESTAMENT.

24. — ... *Prohibée :* c'est celle que la loi défend de faire, soit directement, soit indirectement. — V. DONATION DÉGUISÉE, SUBSTITUTION.

25. — ... *Secrète :* c'est celle qui est dérobée à la connaissance de celui qui reçoit ou qui lit la disposition principale, soit au point de vue de la forme matérielle de l'acte testamentaire, tel qu'un testament sous forme mystique, soit quant à la disposition elle-même, et c'est ce dernier sens qui est le plus usuel.

26. — Prise dans un sens étendu, la disposition secrète s'applique également aux contrats. Tel est le cas où par une disposition secrète on ajoute au prix ostensible de la cession d'un office ou de toute autre vente en général. — V. CONTRE-LETTRE, OFFICE.

DISPOSITION ENTRE VIFS.

V. DISPOSITION, DISPOSITION A TITRE GRATUIT, DONATION ENTRE-VIFS.

DISPOSITION A TITRE GRATUIT.

Table alphabétique.

DISPOSITION A TITRE GRATUIT. — 1. — C'est, en général, l'action de transmettre gratuitement la propriété de ses biens à une personne pour en être saisie, soit du vivant, soit après le décès du disposant.

2. — Le droit de disposer de ses biens à titre gratuit dérive du droit de propriété. En effet, le *jus abutendi* donne à l'homme la faculté de disposer de sa chose, non seulement afin d'obtenir un avantage équivalent, ou bien encore sans avantage ni pour lui-même, ni pour autrui, mais aussi en en faisant l'objet d'une libéralité.

CHAP. Ier. — *Historique* (no 3).

CHAP. II. — *Modes de disposer à titre gratuit* (no 45).

SECT. 1re. — *Modes généraux* (no 45).

SECT. 2e. — *Modes spéciaux* (no 54).

CHAP. III. — *Lois qui régissent les dispositions à titre gratuit* (no 71).

SECT. 1re. — *Lois qui régissent les donations* (no 71).

SECT. 2e. — *Lois qui régissent les testamens* (no 81).

CHAP. IV. — *Capacité de disposer ou de recevoir à titre gratuit* (no 106).

SECT. 1re. — *Incapacité de disposer à titre gratuit* (no 112).

§ 1er. — *Historique* (no 112).

§ 2. — *Altération des facultés intellectuelles* (no 135).

§ 3. — *Consentement vicié par une passion violente ou par suggestion et captation* (no 204).

§ 4. — *Vices physiques ou infirmités corporelles* (no 253).

§ 5. — *Mineurs* (no 282).

§ 6. — *Femmes mariées* (no 300).

§ 7. — *Morts civilement, condamnés par contumace et condamnés à certaines peines* (no 309).

§ 8. — *Personnes pourvues d'un conseil judiciaire* (no 342).

§ 9. — *Cas spéciaux* (no 345).

SECT. 2e. — *Incapacité de recevoir à titre gratuit* (no 352).

§ 1er. — *Historique* (no 352).

§ 2. — *Morts civilement, enfans naturels, incestueux ou adultérin* (no 373).

§ 3. — *Défaut de conception* (no 375).

§ 4. — *Tuteurs* (no 381).

§ 5. — *Médecins, chirurgiens, etc. — Ministres du culte* (no 412).

§ 6. — *Communes, établissemens publics, communautés religieuses, hospices, pauvres. — Autorisation préalable* (no 473).

§ 7. — *Personnes incertaines* (no 531).

§ 8. — *Cas spéciaux* (no 549).

SECT. 3e. — *Epoque requise pour la capacité de disposer et de recevoir à titre gratuit* (no 564).

§ 1er. — *Epoque requise pour la capacité de disposer et de recevoir entre vifs* (no 564).

§ 2. — *Epoque requise pour la capacité de disposer et de recevoir par testament* (no 577).

CHAP. V. — *Restrictions dans l'exercice du droit de disposer ou de recevoir à titre gratuit. — Quotité disponible. — Rapport à succession. — Conditions* (no 601).

—

CHAPITRE Ier. — *Historique*.

3. — Pour mettre le disposant à l'abri des entraînemens d'un bon cœur, des illusions de l'amour-propre, des séductions des passions, de l'obsession des tiers intéressés, la législation a dû prescrire des formes spéciales aux dispositions à titre gratuit. — Coin-Delisle, *Des donations et testamens*, Introd., no 1er; Grenier, *Donat*, Obs. prélim., no 1er.

4. — Pour ce qui concerne l'historique des dispositions romaines à cet égard, il faut consulter chacun des mots particuliers qui ont trait aux dispositions entre-vifs ou testamentaires.

5. — Autrefois, en France, dans les pays de droit écrit, on suivait les principes de la loi romaine sur la capacité de tester, la nécessité de l'institution d'un héritier, la forme du testament écrit, les codicilles, les légitimes, les donations, etc. — V. Coin-Delisle, *Donat.*, Introd., no 24.

6. — Sous l'empire des lois romaines, tout posthume devait être nommément institué, et, à défaut de cette vocation, le testament était frappé de nullité par le vice de prétérition (Instit., liv. 2, tit. 13, § 1). — *Cass.*, 24 frim. an VI, Charvet. — V. Furgole, *Tr. des testam.*, t. 3, chap. 8, sect. 2e, no 1er; Merlin, *Quest. de dr.*, vo *Prétérition*, § 2; *Rép.*, vo *Révocation de testament*, § 2.

7. — Dans les pays coutumiers, au contraire, on s'écartait, sous ces différens rapports, de la législation romaine. — V. spécialement, quant à la capacité de tester, à l'institution d'héritier, à la forme des testamens, à l'irrévocabilité des donations, à la légitime, aux réserves coutumières, à l'institution contractuelle, la partie historique, sous les mots DONATION ENTRE-VIFS, DONATION A CAUSE DE MORT, DONATION PAR CONTRAT DE MARIAGE, QUOTITÉ DISPONIBLE, TESTAMENT. — V. aussi DONATION ENTRE ÉPOUX, DON MUTUEL, SUBSTITUTION, LEGS, PARTAGE D'ASCENDANS, TRANSCRIPTION DES DONATIONS.

8. — Un testament fait en pays de *coutume*, par un individu domicilié en pays de *droit écrit*, était nul pour vice de prétérition, encore que l'enfant oublié eût renoncé à la succession du testateur moyennant une dot. — *Riom*, 18 juill. 1809, Regal.

9. — Sous la coutume de Normandie, un père pouvait cautionner l'un de ses enfans envers un étranger, et ce cautionnement pouvait affecter tous les biens de sa succession, et non pas seulement la portion héréditaire de cet enfant. — *Caen* et *Rouen*, 6 janv. 1806, Lecamus c. Lacouture; — Pernelle, sous l'art. 370, cout. Normandie; Basnage, sous l'art. 369; Flaust, t. 1er, p. 539, et arrêt du 14 août 1697.

10. — Les ordonnances du roi de France ont eu aussi à s'occuper des dispositions à titre gratuit. Il nous suffira de citer : 1o l'art. 131 de l'ordonn. d'août 1539, et la déclaration de fév. 1549, qui, en créant certaines incapacités relatives, ont préparé les art. 907, 909 et 911, C. civ.; 2o l'édit de François II, de juill. 1560, appelé l'*édit des secondes noces* (V. l'art. 1098, C. civ. — V. aussi QUOTITÉ DISPONIBLE); — 3o enfin, les actes législatifs relatifs à l'insinuation, tels que les ordonn. de 1539 (art. 132) et de Moulins (art. 57 et 58); les déclarations de juill. 1566, mai 1645 et nov. 1690; et les édits de déc. 1703 (*édit des insinuations laïques*), 25 juin 1729 et 17 fév. 1731. — V. TRANSCRIPTION DES DONATIONS.

11. — Enfin, d'Aguesseau rédigea les célèbres ordonnances de fév. 1731, sur les *donations*; d'août 1735, sur les *testamens*; et d'août 1747, sur les *substitutions*. — V. ces trois mots.

12. — Sous l'empire de l'ordonn. de 1735, la nullité du testament pour vice de prétérition était absolue et pouvait être opposée même par d'autres que par les héritiers personnellement prétérits. — *Cass.*, 14 vendém. an IX, Preuilh; — Furgole, *Tr. des testamens*, nos 145 et suiv.; nos 168 et suiv.; chap. 8, sect. 3e, nos 77 et suiv.; Richard, *Tr. des donations*, sect. 8e, nos 861 et 875; Henrys, t. 2, liv. 5, quest. 32; Brodeau, sur Louet, lett. C, ch. 41, nos 46, 57 et 58; Merlin, *Quest. de droit*, vo *Prétérition*, § 1er.

13. — ... Alors même que le prétérit ne se plaignait pas, et après l'exécution ou l'approbation du testament de sa part. — *Montpellier*, 22 avr. 1831, Pons et Dupin c. Privat; *Riom*, 18 juill. 1809, Regal. — V. aussi *Grenoble*, 16 mars 1812, Lacroix.

14. — Mais jugé que, dans les pays coutumiers et sous l'ordonn. de 1735, un testament n'était pas nul pour cause de prétérition, par le motif qu'il ne renfermait qu'un legs particulier au profit d'un héritier ayant droit à une légitime. — *Besançon*, 19 mai 1809, Duport.

15. — Celui qui demande la nullité d'un testament pour cause de prétérition des enfans du défunt doit prouver qu'ils existaient à l'époque de la confection du testament; ce n'est point à l'héritier institué à prouver qu'ils étaient dès-lors décédés. — *Grenoble*, 22 janv. 1810, Don c. Magnan.

16. — Dans la période de la législation intermédiaire se placent : 1o les lois des 19-26 mars 1790, 8 sept. et 14 oct. 1790, qui, la première par son art. 3, la deuxième par l'art. 21 de son tit. 2, autorisaient à disposer des biens qu'ils acquerraient ceux qui, par suite de la suppression des ordres religieux, rentraient dans la vie civile.

17. — ... 2o Les lois des 10-18 juill. et 9-15 déc. 1790, relatives à la restitution des biens des religionnaires fugitifs.

18. — Jugé que la loi du 9 déc. 1790, qui révoque les dons ou concessions faits en faveur des parens des religionnaires au préjudice des droits des parens plus proches, est applicable à ceux qui, sur le fondement ou le prétexte de la parenté, se sont mis de fait en possession des biens. — *Cass.*, 1er messid. an II, Huquenel c. Desprès.

19. — ... 3° La loi du 8-15 avr. 1791, qui (art. 3) permettait aux étrangers de disposer et de recevoir par tous les moyens que la loi autorisait. — V. AUBAINE (droit d'); ÉTRANGER.

20. — ... 4° Les lois des 14 nov. 1792 et 28 mars 1793 (art. 3) contre les substitutions. — V. SUBSTITUTION.

21. — ... 5° La loi du 7 mars 1793, qui porte que « la faculté de disposer de ses biens, soit à cause de mort, soit entre-vifs, soit par donation contractuelle *en ligne directe*, est abolie, et qu'en conséquence tous les descendans auront un droit égal sur le partage des biens de leurs ascendans. »

22. — ... 6° Les lois du 5 brum. (art. 11) et 17 niv. an II (art. 16), d'après lesquelles la portion disponible fut fixée au dixième, si l'on avait des héritiers en ligne directe, et au sixième, si on laissait des héritiers collatéraux, tout avantage restant interdit à l'égard des appelés en ligne soit directe, soit collatérale ; les lois des 22 et 23 vent. an II, relatives à l'application de la loi du 17 niv.

23. — Jugé que l'art. 17, L. 17 niv. an II, qui autorisait les donataires ou légataires à retenir le sixième ou le dixième sur le montant des donations ou legs annulés par ladite loi, ne s'appliquait qu'aux donations à titre universel et non aux donations à titre particulier. — *Cass.*, 23 prair. an VIII, Legendre c. Pasquier.

24. — Par application du principe qui veut que ce soit la loi du jour de la libéralité qui fixe la quotité disponible (V. QUOTITÉ DISPONIBLE), il a été jugé que la disposition faite par un père au profit de ses enfans, sous l'empire des lois des 7 mars 1793 et 17 niv. an II, est sans effet, bien que ce père ne soit décédé que sous le Code civil. — *Bordeaux*, 25 mai 1808, Desbordes. — V. Merlin, *Rép.*, v° *Effet rétroactif*, sect. 3e, § 5, art. 6, n° 5; Chabot, *Quest. transit.*, v° *Donation*, § 3; Grenier, t. 2, n° 441; Levasseur, n° 193.

25. — L'institution nominative d'héritier faite par un père en faveur de l'un de ses enfans, mais subordonnée au cas où la mère n'instituerait pas elle-même un autre héritier, est devenue irrévocable par l'effet des lois de l'an II qui ont privé la mère survivante du droit de disposer et d'élire. — *Cass.*, 18 therm. an XIII, Grimal; 17 pluv. an XIII, Grailhe; — Merlin, *Rép.*, v° *Choix*, § 1er, n° 10.

26. — Les dispositions universelles faites entre personnes qui étaient étrangères l'une à l'autre, au moment de ces dispositions, mais qui s'étaient liées par mariage lors de la publication de la loi du 17 nivôse an II, n'ont point été annulées par cette loi. — *Besançon*, 19 mai 1809, Duport.

27. — Jugé que la nullité d'une disposition universelle faite contractuellement sous la loi de nivôse an II, qui la prohibait, ne pourrait pas être demandée par un légataire universel institué sous le Code civil, la loi de nivôse n'accordant ce droit qu'aux héritiers naturels. — *Cass.*, 16 août 1830, Lavillauroy c. Dutillet (qui a cassé l'arrêt de *Bordeaux*, 6 août 1827).

28. — Les lois des 17 nivôse et 22 ventôse an II n'annulaient pas indistinctement toutes dispositions à titre universel, mais seulement celles qui excédaient la quotité disponible. — *Montpellier*, 30 août 1827, Clauzel c. Coffinhal et Baldet.

29. — Jugé, de même, que les dispositions en ligne directe faites sous les lois des 7 mars 1793 et 17 nivôse an II n'étaient pas nulles, d'une nullité absolue, mais seulement réductibles en tant qu'elles excédaient la part égale que la loi réservait à chacun des héritiers. — *Montpellier*, 16 mars 1832, Raisin.

30. — Jugé enfin que les lois des 7 mars 1793 et 5 brum. an II ne prohibaient les libéralités en ligne directe qu'autant qu'elles avaient pour but de porter atteinte à l'égalité des partages ; — qu'ainsi la stipulation que le douaire constitué par un mari à sa femme serait propre à tous les enfans, ne rompant pas cette égalité, n'a pas été atteinte par ces lois. — *Cass.*, 25 juin 1840 (t. 2 1840, p. 511), Ratel c. héritiers Pulleux.

31. — Jugé, au contraire, qu'une institution universelle faite sous l'empire des lois de l'an II est entièrement nulle, même pour la portion disponible. — *Cass.*, 21 flor. an XI, Sellety c. Rostagny; 11 mars 1834, de Mogrin c. de Vogué. — V. au surplus QUOTITÉ DISPONIBLE.

32. — Une disposition universelle qui porte que, dans le cas où l'héritier l'attaquerait, elle sera réduite aux termes de la loi, ne renferme point une clause prohibitive. — *Amiens*, 21 messid. an X, Despaut c. Binant ; — Merlin, *Rép.*, v° *Clause privative*.

33. — Les lois des 5 brum. et 17 niv. an II qui, par rétroactivité, annulaient les dispositions antérieures, ont conféré *ipso jure* aux héritiers présomptifs la propriété des biens compris dans les dispositions annulées. — *Cass.*, 21 vendém. an X, Dubarry c. Lonjon ; — Merlin, *Quest.*, v° *Effet rétroactif de la loi du 17 nivôse an II*.

34. — Et le tiers-possesseur des biens compris dans les dispositions annulées, n'est pas soumis à la restitution par suite des lois qui ont aboli la rétroactivité. — Même arrêt. — V. Merlin, *ibid.*

35. — ... 7° Les lois des 5 flor. et 5 fruct. an III ; 3 vendém. an IV et 18 pluv. an V, qui ont rapporté l'effet rétroactif introduit par les lois précédentes.

36. — Jugé que la loi du 3 vendém. an IV, en annulant les partages faits d'après les dispositions rétroactives de la loi du 17 niv. an II, a fait revivre les dons en avancement d'hoirie valablement stipulés auparavant. — *Cass.*, 19 thermid. an VII, Galland.

37. — Ainsi, les choses sont réputées être dans le même état que si la loi du 17 niv. an II n'eût pas été rendue. — C'est en vertu du même principe qu'il a été jugé que, les faits reconnus entre cohéritiers, dans un partage annulé depuis par suite du rapport de l'effet rétroactif de la loi du 17 niv. an II, doivent être réputés constans lors du réglement ultérieur des droits des parties. — *Cass.*, 29 flor. an VII, Talandier c. Fage ; — Pothier, *Oblig.*, n° 737.

38. — ... 8° Enfin, la loi du 4 germ. an VIII, qui détermina la quotité disponible sur des bases nouvelles, et qui forme la transition directe entre la législation révolutionnaire et celle du Code civil. — V. QUOTITÉ DISPONIBLE.

39. — Jugé que, sous l'empire de la loi du 4 germin. an VIII, toute disposition universelle par acte entre-vifs était nulle. — *Limoges*, 18 août 1818, Vaslet.

40. — ... Et non pas seulement réductible à la portion disponible fixée par cette loi, laquelle n'avait pas dérogé aux lois des 17 niv. et 22 vent. an II, qui déclaraient nulles, pour le tout, les dispositions universelles et à titre universel. — *Cass.*, 24 juin 1809, Lamothe-Lupiac c. Lamothe-Disout.

41. — Jugé, au contraire, que les donations faites à titre universel sous l'empire de la loi du 4 germin. an VIII par un donateur décédé avant le Code civil, ne sont pas nulles pour le tout, mais seulement réductibles à la quotité disponible. — *Bruxelles*, ... fév. 1807, Vandevelde c. Andrieux; *Amiens*, 21 messid. an X, Despaut c. Binant. — V., au surplus, QUOTITÉ DISPONIBLE.

42. — ... 9° *Code civil*. — Le titre du Code civ. *Des donations entre-vifs et des testamens* (liv. III, tit. 2) a été décrété le 3 mai 1803 (13 flor. an XI), et promulgué le 13 du même mois (23 flor.).

43. — Les travaux préparatoires de ce titre sont : 1° la discussion au conseil d'état, 30 niv. an XI (rapport de M. Bigot-Préameneu, sur la légitime); 7, 14, 21, 28 pluv.; 5, 12, 19, 26, 27 vent.; 3 germin. an XI ; — 2° les observations de la section de législation du tribunat du 10 germin. an XI et des jours suivans; — 3° la discussion au conseil d'état sur ces observations, le 24 germin. an XI ; — 4° l'exposé des motifs, par M. Bigot-Préameneu, dans la séance du 2 flor.; — 5° le rapport au tribunat fait, le 9 flor., par M. Jaubert ; — 6° enfin, le discours de l'orateur du tribunat au corps législatif, par M. Favard, dans la séance du 13 flor.

44. — Des neuf chapitres qui composent ce titre, quelques uns sont communs aux donations entre vifs et aux testamens : ce sont les chap. 1er, 2 (sauf quelques articles), 3, 6, 7 et 9. — Le chap. 4 est spécial aux donations, et le chap. 5 aux testamens.

CHAPITRE II. — *Modes de disposer à titre gratuit.*

Sect. 1re. — *Modes généraux.*

45. — Il y a deux modes généraux de dispositions à titre gratuit : les donations et les testamens.

46. — On distingue deux espèces de donations : la donation entre vifs et la donation à cause de mort.

47. — La *donation* entre-vifs est un acte par lequel le *donateur* se dépouille actuellement et irrévocablement de la chose donnée, en faveur d'une autre personne, qui prend le nom de *donataire*. — C. civ., art. 894. — V. DONATION DÉGUISÉE, DONATION ENTRE ÉPOUX, DONATION ENTRE-VIFS, DONATION PAR CONTRAT DE MARIAGE, DON ENTRE CONCUBINS, DON MANUEL, PARTAGE D'ASCENDANS.

48. — La donation à cause de mort est un acte de libéralité par lequel le donateur, tout en se préférant au donataire, préfère cependant celui-ci à son héritier. — LL. 1 et 35, ff., *De don. mortis causâ*. — Par ce genre de donation, le disposant ne donne la chose qu'en cas de survie du donataire, soit dans la pensée de la mort commune, soit dans la prévision d'un danger particulier, et conserve le droit de révoquer son bienfait, même après avoir mis le donataire en possession. — LL. 2, 3, 4, 5, 6 et 16, ff., *eod. tit.* — V. DONATION A CAUSE DE MORT.

49. — De ce que l'art. 893, C. civ., déclare qu'on *ne pourra disposer de ses biens* à titre gratuit que par donation entre vifs ou par testament, résulte-t-il que la loi ait défendu d'une manière absolue de transmettre ses biens à titre gratuit par donation à cause de mort? Ou bien la loi aurait-elle pour objet, plutôt, de régler les formalités que de prohiber les dispositions ?

50. — L'affirmative sur cette dernière proposition devait être admise sous l'empire de l'ordonn. de 1731 (art. 3). — V. Furgole, sur l'art. 3 de l'ord., *in pr.*; Merlin, *Rép.*, v° *Donation*, sect. 10. — Mais le système du Code étant prohibitif, il n'y a plus lieu d'admettre aujourd'hui d'autres modes de libéralité que les deux qui sont indiqués dans l'art. 893. — Nous renvoyons, pour la démonstration de cette proposition, au mot DONATION A CAUSE DE MORT. — V. aussi DONATION ENTRE ÉPOUX, DONATION PAR CONTRAT DE MARIAGE.

51. — *Le testament* est un acte par lequel le testateur dispose, *pour le temps où il n'existera plus*, de tout ou partie de ses biens, et *qu'il peut révoquer*. — C. civ., art. 895. — V. LEGS, PARTAGE D'ASCENDANS, TESTAMENT.

52. — Les dispositions à titre gratuit par donation ou testament peuvent être modifiées dans leurs effets au moyen des substitutions fidéicommissaires.

53. — La substitution fidéi-commissaire est la disposition par laquelle, en gratifiant quelqu'un expressément ou tacitement, on le charge de conserver la chose donnée et de la rendre, en cas de prédécès, à un tiers que l'on gratifie en second ordre, et qui ne serait pas l'un des enfans du donataire, aux degrés permis par la loi. — V. Coin-Delisle, *Donat.*, sur l'art. 896, n° 8 ; Thévenot d'Essaules, *Tr. des substitut.*, nos 919 et suiv.; Toullier, n° 24 ; Rolland de Villargues, nos 17, 49 et 57; Duranton, nos 77 à 84 ; Proudhon, *Usufr.*, n° 443. — V. SUBSTITUTION.

Sect. 2e. — *Modes spéciaux.*

54. — Des libéralités peuvent être exercées par des actes autres que des donations ou testamens faits dans les formes prescrites par la loi. — Ces actes sont notamment :

55. — ... 1° *Les contrats de bienfaisance*. — Malgré la généralité de la disposition de l'art. 893, il est évident, par la nature même des choses, que l'on peut, sans employer les formes des donations, faire une véritable libéralité, soit en donnant gratuitement ses soins, soit en rendant, sans y être contraint, un service quelconque. — Coin-Delisle, sur l'art. 893, n° 9.

56 — ... 2° *Les renonciations à un droit*. — Ces sortes de libéralités n'ont jamais été assujéties aux formes des donations entre-vifs. Elles peuvent être, du reste, expresses ou taciles, comme la remise de la dette (C. civ., art. 1282 et suiv.), et la renonciation à une succession (C. civ., art. 784). — V., quant aux caractères qui distinguent ces sortes de libéralités des donations proprement dites, DONATION ENTRE-VIFS. — V. aussi DON MANUEL.

57. — Jugé que la répudiation de la qualité d'héritier testamentaire, pour s'en tenir à celle moins avantageuse d'héritier légitime avec partage égal, ne doit pas être considérée comme une donation assujétie aux formalités prescrites pour les actes de cette nature. — *Paris*, 27 janv. 1806, Deforgues; — Duranton, t. 8, n° 417 ; Toullier, nos 215 et 216 ; Grenier, t. 1er, p. 189. — V. *contrà* Furgole, sur l'art. 5, ord. 1731.

58. — La renonciation de la part d'une mère, en faveur d'un de ses enfans, au droit qui lui est réservé par la loi dans la succession d'un autre de ses enfans prédécédé, pour s'en tenir à la jouissance d'une chambre et à une pension à elle léguée par ce dernier, peut être considérée comme un avantage indirect. — Mais l'enfant en faveur duquel cette renonciation a été faite peut en profiter, et en préciput, jusqu'à concurrence de la quotité dont la mère avait la libre disposition. — *Riom*, 28 mai 1819, Marret.

59. — ... 3° *Les libéralités indirectes et accessoires à un autre acte*. « On peut stipuler, au profit d'un

tiers, lorsque telle est la condition d'une stipulation que l'on fait pour soi-même, ou d'une donation que l'on fait à un autre. Celui qui a fait cette stipulation ne peut plus la révoquer si le tiers a déclaré vouloir en profiter. » — C. civ., art. 1121.

60. — Ainsi, jugé qu'une donation faite au profit d'un tiers et insérée comme charge dans une autre donation, n'est point assujétie à une acceptation solennelle ; elle est irrévocable du moment où le tiers a manifesté l'intention d'en profiter, par exemple, par l'exécution qui a eu lieu entre la personne grevée et le donataire. — *Cass.*, 5 nov. 1818, Lacoste c. Grégny; *Toulouse*, 19 nov. 1832, Meilhan c. Yerle et Duchein; *Rennes*, 2 août 1838 (t. 1er 1839, p. 618), Gringoire c. Genée.

61. — Furgole (sur l'art. 5, ord. 1731) exigeait l'acceptation solennelle quand la donation était subordonnée à un contrat onéreux. — V. aussi Sallé, *Esprit des ordonn.* — Mais l'art. 1121, C. civ., est formel. — Grenier, *Donat.*, no 74; Duranton, *Droit français*, t. 8, no 417; Poujol, no 5, sur l'art. 932; Coin-Delisle, *Comment. analyt.*, no 24, sur l'art. 932.

62. — La rente viagère peut être constituée au profit d'un tiers, quoique le prix en soit fourni par une autre personne. — Dans ce dernier cas, quoiqu'elle ait les caractères d'une libéralité, elle n'est point assujétie aux formes requises pour les donations, sauf les cas de réduction et de nullité énoncés dans l'art. 1970. — C. civ., art. 1973.

63. — « Cette libéralité, a dit M. Siméon, n'est qu'accessoire à un autre contrat, à l'achat que l'on fait de la rente au profit d'un tiers; il se passe une véritable vente entre le bailleur de fonds et celui qui s'oblige à la rente. On jugera donc le contrat par les règles de la vente, et non par celles des donations. » — Rapport au tribunat sur le tit. *Des contrats aléatoires*, séance du 17 vent. an XII.

64. — Un vendeur d'immeuble peut, par acte sous seing-privé, imposer à son acheteur l'obligation de payer une partie du prix à un tiers qu'il veut gratifier. — Toullier, t. 5, no 176; Duranton, t. 8, no 398. — V. au surplus DONATION ENTRE-VIFS.

65. — A la différence des donations entre-vifs, les donations indirectes peuvent quelquefois être révoquées. — Ainsi jugé que lorsqu'un père, après avoir acheté des biens au nom de son fils mineur non émancipé, les a vendus postérieurement, cette vente a pu être regardée comme la révocation d'une libéralité, encore bien que le père ait déclaré, dans le contrat de mariage de son fils et dans son testament, que ce dernier l'avait remboursé des sommes qu'il avait fournies et avancées pour lui, à quelque titre que ce fût. — *Cass.*, 25 fév. 1829, Marin.

66. — Quelquefois, par l'expression *donations indirectes*, il faut entendre toute espèce de déguisement, soit par contrat, soit par simulation concertée entre les parties, soit par un fait personnel à l'une d'elles, même à l'insu de l'autre, soit enfin par interposition d'un tiers. — Coin-Delisle, no 26, sur l'art. 1099. — V. au surplus DONATION DÉGUISÉE.

67. — ... 4o *Les donations tacites, dons manuels.* — Parmi les donations tacites, dont nous avons déjà vu des exemples dans les remises de dettes et les renonciations, figure en première ligne le don manuel d'objets dont la seule possession suffit pour prouver la propriété; d'où il résulte que la donation de meubles faite sans acte qui la constate, peut être valable par suite de la simple tradition. — Furgole, sur l'art. 1er de l'ord. de 1731; d'Aguesseau, lett. 290, t. 9; Pothier, *Don. entre vifs*, sect. 2e, art. 1er; Merlin, *Quest.*, vo *Donation*, § 6, nos 1er et 3; *Rép.*, *eod. verb.*, sect. 2e, § 7; Grenier, no 176; Toullier, t. 5, no 177; Duranton, t. 8, no 388. — Quant à la jurisprudence, V. DON MANUEL.

68. — 5o ... *Les donations déguisées.* — Peut-on donner valablement entre-vifs sous la forme d'un contrat onéreux? — Il faut distinguer: ou la disposition déguisée sous la forme d'un contrat onéreux est faite au profit d'un incapable, et alors elle est nulle. — C. civ., art. 911, 1099. — V. DONATION DÉGUISÉE.

69. — ... Ou la libéralité qui a revêtu les formes d'un contrat onéreux a été faite au profit d'un individu capable, et, dans ce cas, il est reconnu par la grande majorité des auteurs et par la jurisprudence aujourd'hui constante que ces dispositions sont valables, sauf l'exercice, s'il y a lieu, du droit de nullité, de réduction et de rapport. — V. pour le développement de ces propositions, DONATION DÉGUISÉE.

70. — Les mêmes distinctions doivent être faites relativement aux donations déguisées par interposition de personnes. — V. en outre OBLIGATION, QUOTITÉ DISPONIBLE, RAPPORT A SUCCESSION, SUBSTITUTION.

CHAPITRE III. — *Lois qui régissent les dispositions à titre gratuit.*

Sect. 1re. — *Lois qui régissent les donations entre-vifs.*

71. — C'est le moment où l'acte de donation devient parfait que l'on doit considérer pour déterminer la capacité de donner, et, par conséquent, qu'elle est la loi applicable.

72. — La capacité de recevoir se détermine par le moment de l'acceptation. Car, jusque-là le donataire était resté étranger à la donation, et pour lui il n'y a eu contrat qu'au moment où le concours de volontés s'est manifesté par son acceptation. — Toullier, t. 5, nos 95 et 96; Duranton, t. 8, nos 223 et 234; Grenier, t. 1er, no 138; Furgole, *Des donations*, nos 829 et 830.

73. — Les dispositions des coutumes qui restreignaient la liberté de donner à l'égard de certains biens et de certaines personnes, ont dû être suivies pour les donations faites sous leur empire, bien que les donateurs fussent décédés depuis l'abrogation de ces coutumes. — *Limoges*, 4 mai 1810, Chassoux.

74. — Jugé cependant que, pour décider si un parent a pu avantager l'un de ses successibles au préjudice des autres, il faut consulter la loi du jour de l'ouverture de la succession, et non celle du jour de la donation. — *Grenoble*, 14 janv. 1824, Chevillon c. Aubert. — V. QUOTITÉ DISPONIBLE.

75. — Depuis la loi du 28 août 1792, mais avant sa publication dans les anciennes provinces de France régies par le droit romain, les père et mère qui avaient connaissance de cette loi n'ont pu valablement faire une donation entre-vifs à leur fils majeur, sans l'émanciper. — *Cass.*, 7 mars 1816, Rambot c. Meyer.

76. — Les effets d'une donation entre-vifs doivent être réglés par la loi en vigueur au moment de la donation. — *Riom*, 28 janv. 1820, Letrun c. Laribette.

77. — C'est d'après la loi du temps où la donation a été faite, et non d'après celle du temps de la succession, qu'il faut décider s'il y a lieu au rapport. — *Cass.*, 2 pluv. an XII, Duval c. Leprévot. — V. RAPPORT A SUCCESSION.

78. — Mais jugé qu'une donation faite avant le Code civil par un père de famille décédé sous son empire, en faveur d'un enfant alors en sa puissance, est sujette à la réduction et au rapport prescrits par ce Code. — *Cass.*, 11 déc. 1809, Levaretto c. Pernigotti. — V. au surplus QUOTITÉ DISPONIBLE, RAPPORT A SUCCESSION.

79. — L'enfant donataire avant la loi du 17 niv. an II a pu, bien que la succession se soit ouverte sous cette loi, conserver sa donation en renonçant. — *Paris*, 4 janv. 1814, Cavaignac c. Priou.

80. — Une donation faite sous la loi du 4 germin. an VIII doit valoir de préférence à une donation faite par le même individu sous la loi du 17 niv. an II. — *Grenoble*, 19 fév. 1816, Montason c. Rapiat.

Sect. 2e. — *Lois qui régissent les testamens.*

81. — C'est la loi du temps où le testament a été fait qui en règle la forme. — Merlin, *Rép.*, vo *Testament*, sect. 2e, § 4; *Quest. de dr.*, vo *Testament*, § 12; Chabot, *Quest. trans.*, vo *Testament*, § 1er; Toullier, t. 5, no 382; Grenier, t. 1er, p. 149, t. 2, p. 87; Duranton, t. 9, no 16; Paul de Castro, sur la loi 29, *De testam.*; Vasquius, *De succession.*, no 9; Balde, sur le tit. *De summâ trinitaté*, Cod., no 81; Boullenois, *Tr. des statuts réels et personnels*, t. 2, p. 68; Abraham de Wesel, sur les nouvelles ordonnances d'Utrecht, art. 22, no 35; Anselmo, sur l'édit perpétuel de 1611, art. 11, 12, 13 et 14, no 1er.

82. — La jurisprudence est constante à cet égard. — *Bruxelles*, 15 frim. an XII, Devillers c. Limmingh; 27 prair. an XII, Brunin c. Gardavoie; *Paris*, 15 messid. an XII, Duperré c. Boyard; *Cass.*, 1er brum. an XIII, Devillers c. Limmingh; *Turin*, 7 juin 1809, Servetti c. Ellena; *Gênes*, 18 juill. 1809, Cambiaso-Negretto c. Buedo.

83. — Jugé, en conséquence, que les testamens reçus par un notaire en présence de deux témoins, dans un département réuni postérieurement à la publication de la loi du 20 avr. 1791, sont valables. — *Cass.*, 5 therm. an XIII, Erust.

84. — ... Et qu'un testament conjonctif fait, avant le Code civil, dans un pays où cette forme était permise doit recevoir son exécution, même après la promulgation du Code. — *Turin*, 7 juin 1809, Servetti c. Ellena.

85. — ... Et enfin qu'un testament olographe dont la date est antérieure au Code civil, et qui n'a pas été écrit de la main du testateur, mais seulement signé par lui en présence de témoins, peut être déclaré valable après le décès du testateur, sous l'empire du Code. — *Bruxelles*, 11 juill. 1809, Maenhout.

86. — Réciproquement, un testament fait sous le Code civil, et entaché de nullité ne peut valoir, soit comme donation entre vifs, soit comme donation à cause de mort, ou comme codicille, même dans les pays où la jurisprudence ancienne distinguait les codicilles des testamens. — *Turin*, 22 fév. 1806, Gantia.

87. — Pour soutenir le contraire, on s'appuie sur les lois 1 et 9, § 2; 20, §§ 1 et 25, ff., *De test. milit.*, qui validaient comme testament fait *jure militari*, le testament fait irrégulièrement par un citoyen dans ses foyers, alors que le testateur mourait militaire. — Meyer, p. 179 et 180.

88. — Mais il faut remarquer que cet argument, emprunté à une législation très favorable à cette espèce de testament, ne peut, en aucune façon, tirer à conséquence générale en droit français.

89. — C'est de la loi du lieu où se trouve le testateur et non de celle de son domicile que dépend la faculté de tester dans la forme olographe. — *Paris*, 7 thermid. an IX, Despuget c. Desmols, confirmé par *Cass.*, 20 août 1806. — V. TESTAMENT OLOGRAPHE.

90. — Le testament fait sous une loi ancienne, pour ne pas être assujéti aux formes de la loi nouvelle, doit avoir reçu date certaine avant la promulgation de la dernière loi. — Argum. de l'art. 80 de l'ord. de 1735. — V. au surplus RÉTROACTIVITÉ.

91. — Quant aux époques où le testateur est réputé avoir la capacité de léguer et le légataire la capacité de recevoir, et, par conséquent, quelles lois doivent régir les dispositions testamentaires, V. *infrà*.

92. — Si une loi postérieure à la confection d'un testament enlève au testateur sa capacité, et qu'une autre loi abroge la loi précédente, le testament est valable. — L. 6, § 2, ff., *De hæred. instit.*; L. 49, § 1, *eod.*

93. — Jugé en conséquence: 1o que les dispositions universelles faites avant la révolution ne sont point anéanties, et doivent recevoir tout leur effet, malgré les lois intermédiaires qui les prohibaient, lorsque le testateur ne décède que sous l'empire du Code civil. — *Colmar*, 31 juill. 1823, Meinrad Munch c. Ettwiller; *Liége*, 19 nov. 1811, Henon. — V. *contrà Liége*, 21 mai 1806, Rougrave. — V. Merlin, *Rép.*, vo *Institution d'héritier*, sect. 1re, no 9.

94. — ... 2o Qu'un testament fait antérieurement à la loi du 17 niv. an II, sous l'empire d'une coutume qui permettait au testateur de disposer comme il l'a fait, est valable, bien qu'il eût été frappé de nullité par cette loi, si le testateur est décédé sous l'empire du Code civil. — *Bruxelles*, 3 mars 1824, N...

95. — Seulement les libéralités qu'il renferme sont réduites à la portion disponible, suivant ce Code, et l'héritier institué peut retenir cette portion, outre sa réserve, s'il est légitimaire. — *Grenoble*, 31 juill. 1807, Burriaud c. Murgier.

96. — Le testament fait en France par une Anglaise se trouve, quant à la qualité personnelle de celle-ci, régi par les lois de la nation à laquelle elle appartient. — *Douai*, 24 janv. 1840 (t. 2 1840, p. 246), John Drooke Larkman c. Delaporte.

97. — Les dernières dispositions d'un Français qui avait formé en Espagne un établissement de commerce, et y avait résidé presque continuellement pendant un grand nombre d'années sans s'y être fait naturaliser et sans paraître avoir perdu l'esprit de retour dans sa patrie, ont dû être jugées d'après les lois françaises, surtout s'il a testé et s'il est mort en France. — *Paris*, 13 juin 1807, Detchigoyen c. Camboulas et Raynal.

98. — La question de savoir si des enfans à naître ont pu être institués héritiers par testament, se décide par la loi existante à l'époque du décès du testateur, encore que les enfans ne fussent pas même conçus à l'époque de ce décès. — *Turin*, 27 fév. 1807, Ferrero c. Dana; *Bruxelles*, 27 nov. 1819, N...

99. — La validité intrinsèque des dispositions d'un testament est réglée par la loi du temps où elles doivent recevoir leur exécution, c'est-à-dire la loi existant au moment du décès du testateur. — *Colmar*, 31 juill. 1823, Meirard Munch c. Ettwiller; *Limoges*, 26 juin 1822, Pélissier c. Vigier Gorse.

100. — En conséquence, est valable une institution faite dans un testament sous l'empire d'une loi qui la déclarait nulle, si le testateur est décédé sous l'empire du Code civil. — *Limoges*, 26 juin 1822, Pélissier c. Vigier Gorse; — Merlin, *Quest.*, vo *Testament*, et *Rép.*, vis *Effets rétroactifs*, sect. 3e, § 5, no 5, et *Testamens conjonctifs*, no 3; Chabot,

Quest. transit., v° *Testamens*, § 1er ; Toullier, t. 5, n° 382 ; Grenier, t. 1er, p. 149 ; Duranton, t. 1er, n° 10.

101. — Spécialement, une disposition testamentaire universelle faite entre époux, sous l'empire de plusieurs coutumes, dont les unes prohibaient cette manière de disposer et les autres l'autorisaient, est efficace en son entier, si le testateur est mort sous l'empire de la loi du 17 niv. an II, qui permettait ces sortes de dispositions. — *Cass.*, 28 germin. an XI, Crugeot c. Dervillers. — Merlin, *Quest. de dr.*, v° *Avantages entre époux*, § 9.

102. — Jugé aussi qu'une institution universelle faite par testament sous l'ancien droit conserve tout son effet jusqu'à concurrence de la quotité disponible, lorsque le testateur meurt sous le Code civil qui permet ces sortes d'institutions, bien qu'elles aient été prohibées par les lois intermédiaires des 17 niv. an II et 28 pluv. an V. — *Bruxelles*, 25 niv. an XII, Vanvansbeuk.

103. — Dans une succession ouverte avant la publication de la loi du 17 niv. an II, et lorsque le testateur a divisé ses biens conformément aux coutumes alors en vigueur, le principe de l'égalité des partages établi par cette loi et par le Code civil ne peut être invoqué. — *Cass.*, 30 juill. 1806, Peeters c. Vanherk.

104. — Un testament fait sous l'ancien droit et dans lequel un héritier est intervenu pour s'obliger à exécuter les dispositions par lesquelles le testateur divisait ses biens conformément au statut local, doit être exécuté si le testateur est décédé avant l'abolition des coutumes. — Même arrêt.

105. — En décidant que des biens immeubles échus à un habitant des colonies, dans une succession ouverte en France depuis le Code civil, ont pu être valablement légués par lui avant la promulgation de ce Code dans la colonie, et pendant que la coutume de Paris y était encore en vigueur, un arrêt, loin de violer les dispositions de cette coutume relatives à l'indisponibilité *des propres*, fait une juste application des principes du Code civil qui, relativement à la faculté de disposer, abolissent toute distinction dans la nature des biens. — *Cass.*, 5 juin 1828, Tumerel c. Saminadaik.

CHAPITRE IV. — *Capacité de disposer ou de recevoir à titre gratuit.*

106. — La capacité est, en général, l'aptitude légale, l'idonéité d'une personne à avoir la jouissance ou l'exercice de tel ou tel droit ; et, spécialement, au point de vue de la matière dont il est ici question, à être le sujet actif ou passif des dispositions entre-vifs ou testamentaires.

107. — La capacité pleine et entière suppose, chez la personne qui veut disposer de ses biens à titre gratuit, l'attribution légale de la jouissance du droit, et la possibilité d'exercer ce droit. C'est ce que les auteurs expriment en disant que la capacité *de droit* doit être réunie à la capacité *de fait*. On verra (*infrà* nos 578 et s.) quelle influence cette distinction exerce sur la question de savoir à quelle époque est requise la capacité de disposer entre-vifs ou par testament. — V. conf. Domat, *Lois civ.*, liv. 3, tit. 1er, sect. 2e, n° 16 ; Pothier, *Donat. testament.*, chap. 3, § 4 ; Ricard, *Donat.*, part. 3e, n° 145 ; Poujol, *Tr. des donat.*, t. 1er, p. 120 et 135 ; Rolland de Villargues, *Rép.*, v° *Testament*, n° 21 ; Duranton, t. 8, n° 164 ; Demolombe, *Cours de C. civ.*, t. 1er, n° 200 ; Demante, *Thémis*, t. 6, p. 136 ; Marcadé, sur l'art. 902, C. civ. ; Etienne, *Inst. de Justin.*, t. 1er, 349 ; Ducaurroy, *Inst. nouvell. expliq.*, t. 1er, n° 556 ; Ortolan, *Expl. hist. des instit.*, t. 1er, p. 545.

108. — Comme la capacité est une suite de la jouissance des droits civils, et que cette jouissance est, en général, accordée à tout Français (C. civ., art. 8), il est de principe que la capacité est de droit commun. — Coin-Delisle, *Donat. et testam.*, chap. 2, Observ. génér., n° 2. — V. conf. Duranton, *Dr. franç.*, t. 8, n° 148 ; Delvincourt, *Cours de C. civ.*, t. 2, p. 60 ; Demante, *Progr. de dr. civ.*, t. 2, n° 280 ; Poujol, *Tr. des donat. et des testam.*, t. 1er, p. 120 ; Toullier, *Dr. civ.*, t. 5, n° 52 ; Rolland de Villargues, *Rép.*, v° *Testament*, n° 1er.

109. — Ce principe a été formellement consacré en ce qui concerne notre matière par l'art. 902, C. civ., ainsi conçu : « Toutes personnes peuvent disposer et recevoir, soit par donation entre-vifs, soit par testament, *excepté celles que la loi en déclare incapables.* » — V. conf. Ricard, *Donat.*, part. 1re, chap. 3, sect. 2e, nos 126 et suiv.

110. — Les incapacités sont absolues ou relatives : — *absolues*, quand celui qui en est frappé ne peut aucunement disposer ou recevoir ; — *relatives*, quand il ne peut disposer en faveur de certaines personnes ou recevoir d'elles.

111. — On peut remarquer encore que les incapacités de donner et de recevoir ne sont pas toujours réciproques. Ainsi, celui qui ne peut donner est souvent capable de recevoir (par exemple, l'interdit), et tel est incapable de recevoir d'une personne déterminée (comme le tuteur vis-à-vis du mineur parvenu à l'âge de seize ans), qui peut valablement lui donner. — V. conf. Domat, *L. civ.*, liv. 3, tit. 1er, sect. 2e, nos 18 et suiv.

Sect. 1re. — *Incapacité de disposer à titre gratuit.*

§ 1er. — *Historique.*

112. — L'art. 902, C. civ., pose, ainsi qu'on l'a vu *suprà*, n° 109, la capacité comme règle générale en cette matière, et cela sans distinguer entre la faculté de transmettre ses biens par donation entre-vifs, et la faculté de les transmettre par testament.

113. — En droit romain, il fallait, au contraire, distinguer entre ces deux modes de disposition à titre gratuit. Comme il n'y avait rien de spécial dans le mode employé pour faire une donation, soit que le donateur aliénât, soit qu'il se constituât seulement débiteur, on conçoit que la donation dût y être considérée comme étant du droit des gens, c'est-à-dire à l'usage non seulement des citoyens romains, mais encore des étrangers, et en général de tous ceux que la loi n'en avait pas déclarés incapables.

114. — Mais il en était autrement en ce qui concerne la capacité de tester : pour qu'une personne fût privée de cette capacité, il n'était pas besoin que la loi s'en fût expliquée ; il suffisait que le droit de tester ne lui eût pas été formellement accordé. — V. *Instit. Justin.*, liv. 2, tit. 12 ; Ducaurroy, *Instit. expliq.*, t. 1er, nos 63, 551 et 552 ; Valette, sur Proudhon, t. 1er, Observ., p. 172 ; Ortolan, *Expl. hist. des instit.*, liv. 2, tit. 12 ; Etienne, *Instit. de Justin.*, t. 1er, p. 347.

115. — Il fallait donc, en droit romain, pour qu'une personne pût disposer de ses biens par testament, que la loi lui en eût formellement conféré la capacité. On disait alors qu'elle avait la *testamenti factio*. — Cette *testamenti factio* comprenait, du reste, la jouissance du droit de tester et la capacité suffisante pour l'exercer. Si l'un de ces élémens manquait, il n'y avait pas de *testamenti factio*, et le testament, nul dès son principe, ne pouvait jamais valoir. — V. conf. Ducaurroy, *Instit. nouvell. expl.*, t. 1er, n° 556 ; Ortolan, *Expl. hist. des instit.*, t. 1er, p. 545 ; Etienne, *Instit. de Justin.*, t. 1er, p. 349.

116. — Voici les différentes causes qui faisaient défaillir à Rome les deux conditions auxquelles était subordonnée la capacité de tester, conditions dont l'une, ainsi qu'il vient d'être dit, tenait au droit, et l'autre à l'exercice du droit.

117. — Les personnes à qui le droit de tester n'avait pas été attribué par le droit romain, étaient : — les esclaves, sauf l'exception relative aux esclaves publics du peuple romain, qui, au témoignage d'Ulpien (*Reg.*, tit. 20, § 16), pouvaient disposer par testament de la moitié de leur avoir ; — les *peregrini* auxquels le *jus commercii* n'avait pas été accordé ; toutefois les *peregrini*, spécialement citoyens d'une cité (*certæ civitatis cives*), pouvaient y tester selon les lois de cette cité (Ulpien, *loc. cit.*, § 14) ; — ceux dont l'état était incertain, douteux (Paul, L. 14, ff., *Qui testam. fac. poss.*) ; — les affranchis, et même les fils d'affranchis, d'après la législation primitive antérieure aux XII Tables, et lorsque, postérieurement, l'on eut distingué trois classes d'affranchis, les latins juniens et les déditices ; — les personnes déclarées *intestabiles* (comme, par exemple, l'individu condamné pour libelle, pour concussion, pour adultère, etc.) ; — les fils de famille, antérieurement à l'institution des pécules. — V. conf. Ortolan, *Expl. hist. des instit.*, t. 1er, p. 544 et suiv. ; Ducaurroy, *Instit. nouv. expliq.*, t. 1er, nos 551 et suiv. ; Etienne, *Instit. de Justin.*, t. 1er, p. 347 et suiv. ; Pothier, *Pandectæ Justin.* ; Muhlenbruch, *Doctrina pandectarum*, ad. tit. *Qui testam. fac. poss.* ; Perezius, *ad. Cod.*, lib. 6, tit. 21, *Qui testam. fac. poss.*

118. — Les personnes qui ne se trouvaient incapables que par rapport à *l'exercice* du droit de tester, étaient, d'après les Institutes (L. 2, tit. 12, *Quib. non est perm. fac. testam.*) : — les impubères (*quia nullum eorum animi judicium est*) ; — les fous, hors des intervalles lucides (*quia mente carent*) ; — le prodigue à qui l'administration de ses biens avait été interdite ; — le sourd et le muet, sauf les cas du privilége militaire, ou d'une autorisation impériale individuelle ; et sauf aussi l'innovation qui fut introduite, en cette matière, par une constitution de Justinien (L. 10, Cod., *Qui testam. fac. poss.*). — V. conf. mêmes auteurs.

119. — Ces principes étaient, en général, suivis dans les pays de droit écrit. Ainsi, sauf quelques modifications introduites par la jurisprudence des parlemens (Merlin, *Rép.*, v° *Testament*, sect. 1re, § 2, art. 2), l'état de fils de famille faisait obstacle dans ces pays, comme en droit romain, à la puissance de tester.

120. — ... Jugé 1° que, sous l'empire du droit romain, le fils de famille ne pouvait faire un testament, même avec l'autorisation de son père, mais qu'il pouvait disposer par donation à cause de mort, en sorte que l'acte était valable s'il portait qu'au cas où il serait nul comme testament, il vaudrait comme donation à cause de mort : — *Nîmes*, 27 juin 1810, Bardet. — V. conf. L. 25, § 1er, ff., *De mort. caus. donat.* ; Furgole, *Testam.*, chap. 14, n° 25.

121. — ...2° Qu'il n'était pas nécessaire que le consentement du père se trouvât dans l'acte même de donation à cause de mort, qu'il pouvait être valablement donné dans un testament postérieur. — Même arrêt.

122. — Sous la coutume de Thionville, il fallait recourir non à la coutume de Paris, mais aux lois romaines, pour savoir si un mineur était capable de tester, et à quel âge il l'était. — *Metz*, 14 fév. 1811, Keller c. Mairé.

123. — En pays de droit coutumier, la puissance paternelle ne rendait point les fils de famille incapables de tester (V. conf. Pothier, *Donat. testam.*, chap. 3, sect. 1re, n° 112) ; et c'est ce principe des coutumes de Paris et d'Orléans qui a prévalu dans notre législation actuelle sur les traditions des pays de droit écrit : la puissance paternelle est restée entièrement indifférente à la capacité ou à l'incapacité de tester.

124. — Quant aux diverses circonstances qui, sous l'empire du droit coutumier, influaient sur cette capacité, ce sont, en général, les mêmes que sous le Code civil. Les règles du droit coutumier se lient donc intimement à l'interprétation de la loi actuelle sur la matière qui fait l'objet de cette section, tellement qu'elles forment, pour ainsi dire, corps avec cette interprétation, et que ce serait dès-lors commettre bien inutilement un double emploi que de les exposer ici séparément.

125. — Remarquons seulement que la liste des incapacités de disposer était plus nombreuse dans l'ancienne jurisprudence qu'elle ne l'est d'après la législation actuelle.

126. — Ainsi, autrefois les étrangers (*aubains et épaves*) étaient incapables, par suite du droit d'aubaine, de disposer de leurs biens par testament, et même par donation à cause de mort (mais non par donation entre-vifs), si ce n'est, d'après les anciens auteurs, jusqu'à concurrence de cinq sols. La civilisation a emporté cette incapacité dont il ne reste plus enfin de trace, depuis la loi du 14 juillet 1819, qui, à ne la considérer qu'au point de vue spécial de la matière dont nous traitons, a, en effet, rendu aux étrangers la faculté de disposer, à titre gratuit, de leurs biens de la même manière que les Français eux-mêmes. — V. art. 1er. — V. au surplus, pour plus amples détails, AUBAINE (droit d'), ÉTRANGER. — Conf. Serrigny, *Tr. de droit public*, t. 1er, chap. 5.

127. — Ainsi encore, nos lois nouvelles ne reconnaissant pas la profession religieuse, il ne peut plus être question aujourd'hui de l'incapacité de disposer par testament, dont autrefois étaient frappés les religieux par suite de la mort civile qu'ils encouraient, mort civile qui n'empêchait pas toutefois le testament fait antérieurement de valoir. — Pothier, *Donations testamentaires*, ch. 3, sect. 1re, art. 1er, § 2, n° 113 ; Domat, *Lois civiles*, 2e part., liv. 3, tit. 1er, sect. 2, n° 13 ; Richer, *Tr. de la mort civile*, p. 546, 802 et suiv.

128. — Jugé que l'incapacité d'un religieux de disposer par testament a cessé au moment de la suppression de sa corporation par le souverain du pays, encore qu'il n'ait pas été dégagé de ses vœux par l'autorité spirituelle. — *Trèves*, 13 août 1813, Georres ; *Toulouse*, 23 juill. 1835, Guillon c. Berger.

129. — Au contraire, si les religieux n'avaient été relevés de leurs vœux que par le pape, ils ne recouvraient pas l'état civil, ni, par conséquent, la faculté de tester. — Pothier, *loc cit.*, n° 120.

130. — D'après certaines coutumes (V. notamment Auxerre, Poitou, Normandie, Bar, Sens, Lorris), une donation entre-vifs était réputée testamentaire, et pour cause de mort, si le donateur mourait dans les quarante jours de la maladie dont il était atteint au moment de la donation. D'autres coutumes, comme celles de Bruges et du Franc-de-Bruge, dans la Flandre flamande, fixaient un délai de vingt jours, dans lequel il fallait que la mort fût arrivée, pour que la maladie fût censée avoir eu un trait prochain à la mort, et pour que la donation fût par conséquent réputée pour cause de mort. Les coutumes de Paris, art. 277, et d'Orléans, art. 297, ne déterminaient pas de temps; le délai était laissé à l'arbitrage du juge, qui devait apprécier, par les circonstances autant que par le temps que le donateur a vécu depuis sa donation, si la maladie avait un trait prochain à la mort. — Pothier, *Tr. des donat. entre-vifs*, sect. 1re, nos 11 et suiv.; Merlin, *Rép.*, vo *Donation*, sect. 3e, § 1er, no 5; Coin-Delisle, *Donat.*, sur l'art. 894, C. civ., nos 34 et 35.

131. — Ces dispositions n'ont pas été reproduites par le Code. Pourvu que le donateur soit sain d'esprit, ainsi qu'on l'a vu, et que les formes de la donation entre-vifs soient observées, l'acte sera une véritable donation entre-vifs et en produira tous les effets. Dès-lors, ces anciennes dispositions ne peuvent plus présenter d'intérêt pratique que pour les questions transitoires.

132. — Jugé que la vieillesse ne constitue pas le cas de maladie prévu par l'art. 218 de la coutume d'Auxerre, aux termes duquel une donation entre-vifs est réputée testamentaire et pour cause de mort, si le donateur est mort dans les quarante jours de la maladie dont il était atteint au moment de la donation. En conséquence, une donation faite par un vieillard non frappé de maladie, conserve le caractère de donation entre-vifs, et n'est point révoquée par un testament particulier, quoique le donateur soit mort trente-cinq jours après la donation. — *Paris*, 14 mars 1818, Perrette.

133. — Les dispositions des coutumes qui restreignaient la liberté de donner à l'égard de certains biens et de certaines personnes, ont dû être suivies pour les donations faites sous leur empire, bien que les donateurs fussent décédés postérieurement à l'abrogation de ces coutumes. — *Limoges*, 4 mai 1810, Chassoux.

134. — Deux époux mariés dans le ressort du parlement du Dauphiné, dont la jurisprudence validait la donation des biens dotaux faite en contrat de mariage, en faveur d'étrangers ou de collatéraux, ont pu faire une pareille donation depuis la promulgation du Code civ. Cette jurisprudence avait l'effet d'un statut réel. — *Grenoble*, 25 juin 1822, Mille c. Teisseire.

§ 2. — *Altération des facultés intellectuelles.*

135. — « Pour faire une donation entre-vifs ou un testament, porte l'art. 901, C. civ., il faut être sain d'esprit. »

136. — C'est ce que décidaient aussi : 1o le droit romain : « *In eo qui testatur... integritas mentis, non corporis exigenda est.* » — L. 2, ff., *Qui testam. fac. poss.*; — 2o et les coutumes. — Pothier, *Donat. et testam.*, no 134.

137. — Bien des causes peuvent porter atteinte à l'intégrité des facultés intellectuelles; parmi les plus graves sont l'état d'imbécillité, celui de démence ou de fureur.

138. — En supposant cet état habituel, les héritiers du donataire ou testateur dont l'interdiction n'aurait été ni prononcée, ni provoquée, pourraient-ils attaquer, pour cause de démence ou de folie, des libéralités faites par actes qui ne porteraient d'ailleurs pas en eux-mêmes la preuve de cette démence ou de cette folie?

139. — L'art. 901, C. civ., pose une règle absolue qui paraît ne devoir souffrir aucune restriction. Il semblerait donc que la preuve de la démence doit suffire pour faire annuler une disposition, soit que le fou ait été interdit, soit qu'il ait été abandonné à lui-même. C'est ce qui était admis par une foule d'arrêts des anciens parlemens (V. Merlin, *Rép.*, vo *Testament*, sect. 1re, § 1er, art. 1er, no 2), et par le sentiment unanime des anciens auteurs. — V. conf. Pothier, *loc. cit*, no 135; Ricard, *loc cit.*, sect. 3, no 145; d'Aguesseau, 37e plaid., t. 3, p. 358; de Lamoignon, *Arrêtés*, t. 1er, p. 292.

140. — Cependant le texte de l'art. 504, C. civ., a fait penser à quelques jurisconsultes que si la preuve de la démence ne résultait pas de la donation ou du testament même, et que l'interdiction n'ait pas été prononcée ou provoquée avant le décès du *de cujus*, les héritiers n'étaient pas recevables à attaquer les libéralités pour cause de démence. — Delaporte, *Pandectes franç.*, sur l'art. 901; de Malleville, *Anal. rais. de la disc. du Code*, t. 2, p. 315, 3e édit.; Delvincourt, *Cours de Code civ.*, t. 2, note 8e, sur la page 60.

141. — Ce dernier auteur (*loc. cit.*), toutefois, fait une distinction. Il n'applique l'art. 504 aux dispositions gratuites, qu'autant que la démence a duré assez long-temps. — « Mais, dit-il, si la démence est survenue peu de temps avant la mort, si le défaut de l'interdiction, de la part des parens, peut être raisonnablement attribué à l'espérance d'une prochaine guérison, il y aurait injustice à leur refuser le droit d'attaquer la disposition. »

DISP. A TITRE GRATUIT, ch. 4, sect. 1re.

142. — Ce qui doit faire rejeter ce système, même avec le tempérament qu'y apporte Delvincourt, c'est que, par le projet de l'art. 901, C. civ., tel qu'il était présenté au conseil d'état, on proposait précisément d'assujétir les donations et testamens à la règle générale qu'avait établie l'art. 504, et que cette proposition a été rejetée.

143. — Le projet du Code portait en effet, art. 901 : « Pour faire une donation entre-vifs ou un testament, il faut être sain d'esprit. Ces actes ne pourront être attaqués pour cause de démence que dans les cas et de la manière prescrite par l'art. 504. » — Tous les membres du conseil d'état qui parlèrent sur cet article en critiquèrent le second alinéa. Cet alinéa fut, en conséquence, ajourné jusqu'à nouvel examen de l'art. 504. Ce nouvel examen n'a jamais eu lieu : l'art. 504 est resté ce qu'il était, et le second alinéa de l'art. 901 est demeuré supprimé. La première partie a donc seule été adoptée, et Emmery, rapporteur du titre *De l'interdiction*, dit lui-même que l'art. 504 ne concernait ni les donations entre-vifs, ni les testamens. — V. Fenet, t. 12, p. 294 et suiv.

144. — Il faut donc tenir, avec la majorité des auteurs, que l'art. 901 pose une règle absolue, qui n'est ni restreinte ni limitée par l'art. 504, et que si le *de cujus* ne jouissait pas de ses facultés mentales au moment de la donation ou du testament, il aurait été incapable, quoiqu'il n'y eût eu ni interdiction, ni provocation d'interdiction. — Grenier, *Des donat. et testam.*, t. 1er, nos 101 et 102; Toullier, t. 5, no 56; Merlin, *Rép.*, vo *Testament*, sect. 1re, § 1er, art. 1er, nos 1 et 2; Duranton, *Dr. fr.*, t. 8, no 155; Vazeille, *Donat.*, art. 901, no 1er; Poujol, *Donat. et testam.*, t. 1er, p. 130 et suiv.; Coin-Delisle, *Donat. et testam.*, art. 901, no 6; Marcadé, *Elém. de dr. civ. fr.*, sur l'art. 901, no 1er; Rolland de Villargues, *Rép.*, vo *Démence*, no 35; Valette, sur Proudhon, *Tr. de l'état des personnes*, t. 2, p. 542.

145. — Cette solution, conforme à la doctrine des anciens auteurs, doit d'autant mieux être admise qu'elle s'harmonise parfaitement avec l'esprit général du Code civil, qui, se ressentant en cela de son origine coutumière, n'est pas favorable aux donations entre-vifs et testamentaires, contre lesquelles il tend, au contraire, à prémunir les héritiers *ab intestat*.

146. — Ajoutons qu'il est d'ailleurs rationnel en soi de décider que, pour disposer entre-vifs ou par testament, il faut une capacité plus grande que celle exigée pour les contrats ordinaires. En effet, selon la remarque de d'Aguesseau, critiquée à tort par Merlin (*loc. cit.*, no 3), il est essentiel à la société des hommes qu'il y ait des contrats, il n'est pas nécessaire qu'il y ait des testamens. Les fondemens de la société civile et du commerce seraient donc ébranlés si l'on rendait les engagemens ordinaires difficiles à contracter; au contraire, rien ne serait troublé sans testamens et sans donations.

147. — La jurisprudence a consacré ces principes, et c'est aujourd'hui un point constant que l'art. 504, C. civ., ne s'applique pas aux donations et testamens, et qu'on est recevable à prouver la démence à l'époque de la donation ou du testament, encore bien qu'elle ne résulte pas de ces actes, et qu'il n'y ait eu ni prononciation ni provocation d'interdiction. — *Aix*, 14 fév. 1808, Beauquaire; *Poitiers*, 27 mai 1809, Jallet; *Liége*, 16 juin 1810, Paques; *Cass.*, 22 nov. 1810, Pleumartin c. Jallet; *Besançon*, 19 déc. 1810, Vuillemont c. Vielle et Vaun; *Liége*, 12 fév. 1812, Paques; *Colmar*, 17 juin 1812, Jæger; *Cass.*, 17 mars 1813, Brun c. Julien; *Paris*, 26 mai 1815, Dhaltz c. Bermont; *Rouen*, 3 mai 1816, Ozanne c. Feuquerre (arrêt cité bien à tort par un arrêtiste dans le sens de l'opinion contraire); *Metz*, 16 juill. 1817, Féant c. Reichenbach; *Toulouse*, 10 fév. 1821, Savignac; *Lyon*, 8 juin 1821, hospice de Mâcon c. de la Martizière; *Cass.*, 26 mars 1822, mêmes parties; 10 mars 1824, Carrat; 22 nov. 1827, Regnault c. Daguin; *Liége*, 11 avr. 1829, P...; *Cass.*, 5 déc. 1837 (t. 2 1837, p. 500), Vialatte c. Brugnier. — V. en sens contraire *Paris*, 30 messid. an XIII, Hazard c. Gruet.

148. — Mais si l'acte n'a de la donation que le nom et qu'au fond ce soit un véritable contrat commutatif, il est bien évident qu'alors l'art. 901, C. civ., devient inapplicable, et que l'on retombe sous l'application littérale de l'art. 504, c'est-à-dire qu'un pareil acte ne pourra, après la mort du donateur, être attaqué pour cause de démence, si l'interdiction de ce dernier n'a été ni prononcée ni provoquée, et si la preuve de la démence ne résulte pas de l'acte même. — *Bourges*, 16 avr. 1832, Roumier c. Ratheau. — V. conf. Coin-Delisle, sur l'art. 901, C. civ., no 8-3o.

149. — Les tribunaux doivent être très circonspects dans l'admission de la demande tendant à la preuve des faits de folie, de démence, surtout quand l'acte n'en contient aucune trace, et qu'il n'y a pas d'ailleurs des preuves écrites ou des commencemens de preuve des allégations élevées à ce sujet. — Duranton, *loc. cit.*, no 159; Rolland de Villargues, *loc. cit.*, no 29; Marcadé, sur l'art. 901, no 111.

150. — Toutefois, la preuve testimoniale ne doit pas être rejetée absolument en cette matière, puisqu'il n'a pas toujours dépendu des demandeurs en nullité de se procurer une preuve écrite de la démence du donateur ou du testateur à l'époque de l'acte. Les juges ont la plus grande latitude dans l'application du principe général. — V. Bigot Préameneu, *Exp. des motifs* (Locré, t. 11, p. 361 et suiv); Jaubert, *Rapport au tribunat* (*ibid.*, p. 439); Merlin, *Rép.*, vo *Testament*, sect. 1re, § 1er, art. 1er; Duranton, Poujol, *loc. cit.*; Coin-Delisle, *loc. cit.*, no 7; Rolland de Villargues, *loc. cit.*, no 6; Grenier, *loc. cit.*, no 103. — V. dans ce sens *Bourges*, 30 nov. 1830, N... (et non *Riom*, 9 janv. 1808, cité à tort par un autre arrêtiste, comme se référant à ce point.)

151. — Il a été jugé cependant, mais trop rigoureusement d'après ce qui précède, qu'un testament ne peut être annulé qu'autant que l'on trouve dans l'acte même ou dans des écrits émanés du testateur des preuves ou au moins des commencemens de preuve d'imbécillité. — *Paris*, 30 germin. an XI, Lecouteux c. Naw. — V. dans le même sens *Cass.*, 29 avr. 1824, de Villers c. de Nérac.

152. — Mais si le mode de preuve ne doit pas être restreint, il faut d'ailleurs, pour l'admission de la preuve testimoniale, que les demandes d'annulation pour insanité d'esprit soient appuyées sur des faits nettement articulés, pertinens et concluans. — *Toulouse*, 8 thermid. an X, Labrousse c. Vergé; *Besançon*, 19 déc. 1810, Vuillemont c. Vielle et Vaud; *Paris*, 30 juill. 1814, Landon de Vernou c. Pinson; *Rouen*, 3 mai 1816, Ozanne c. Feuquerre; *Orléans*, 11 août 1823, Guborier de Labrosse c. Mazquillé. — V. conf. Merlin, *Rép.*, *ubi suprà*, no 9; Rolland de Villargues, *ubi suprà*, no 29; Marcadé, *loc. cit.*; Coin-Delisle, sur l'art. 901, C. civ., no 21. — *Contrà* Furgole, *Tr. des testam.*, ch. 4, sect. 2e, no 209; d'Aguesseau, 37e plaid., t. 3, p. 387, in-4o.

153. — Et il est sans difficulté que l'arrêt qui, sur une demande en annulation de testament pour cause de démence ou d'imbécillité, rejette comme non pertinens et inadmissibles les faits articulés, sur le motif que ces faits, en les supposant établis, ne constitueraient pas l'état habituel de démence allégué par les demandeurs, et qu'il n'en résulterait pas la preuve de la démence au moment de la confection du testament, échappe comme statuant en fait et se livrant à une appréciation qui lui appartient exclusivement, à la censure de la cour de Cassation. — *Cass.*, 6 mars 1838 (t. 2 1838. p. 276), Choquier.

154. — Les magistrats ne reconnaissent les faits articulés comme concluans que lorsqu'ils contiennent une démonstration complète; jamais ils ne procèdent par induction, parce qu'il s'agit d'une incapacité. — *Lyon*, 8 juin 1821, sous *Cass.*, 26 mars 1822, hosp. de Mâcon c. de La Martizière; — Grenier, *loc. cit.*, no 103; Duranton, *loc. cit.*, no 160.

155. — Ainsi le grand âge du testateur, l'oubli de sa famille, l'importance des dispositions qu'il ferait en faveur de ses domestiques, toutes ces circonstances ne suffiraient pas par elles-mêmes pour faire juger que le donateur ou testateur n'était pas sain d'esprit au moment où il a fait la disposition. — Grenier, Duranton, *ubi suprà*. — Comp. Ricard, *loc. cit.*, 1re part., ch. 3, sect. 3e, no 155; Toullier, t. 5, no 56; Merlin, *Quest. de droit*, vo *Testament*, § 13; Rolland de Villargues, *ubi suprà*, no 29.

156. — Jugé en conséquence que l'extrême importance de la succession jointe à l'état de domesticité du légataire, ne suffit pas pour décider que le testateur n'était pas *sain d'esprit* ou ne jouissait pas de la plénitude de sa volonté. — *Cass.*, 18 oct. 1809, Marette et Larmanger c. Roger.

157. — Jugé encore qu'un testament ne peut être attaqué, sous le prétexte de démence de son auteur dont l'interdiction n'a été ni prononcée ni provoquée, lorsque d'ailleurs les faits articulés n'offrent pas dans leur ensemble un dérangement complet d'esprit, mais seulement quelques bizarreries dans la conduite et les idées. — *Paris*, 26 mai 1815, Dhaltz c. Bermont.

158. — La démence n'est une cause de nullité des testamens que lorsqu'elle est complète, en telle sorte qu'il ne suffit pas que le testateur ait éprouvé quelque affaiblissement dans ses facultés

intellectuelles, si par intervalles, et particulièrement le jour de la confection du testament, il avait le jugement libre et sain. — *Bordeaux*, 20 fév. 1830, Dubarry c. Ladorie-Chatenet.

159. — Du reste, les juges ont plein pouvoir pour apprécier la pertinence et l'admissibilité des faits dont on demande la preuve, même à l'effet d'établir l'incapacité du testateur; leur décision à cet égard échappe à la censure de la cour de Cassation. — *Cass.*, 13 déc. 1831, Vallet c. Vernatel. — V. dans le même sens *Cass.*, 26 mars 1822, hosp. de Mâcon c. de La Martizière; 8 juill. 1823, Despréaux; 17 août 1824, Delabrosse c. de Marquillé; 6 mars 1838 (t. 2 1838, p. 276), Choquier c. Chenielle.

160. — Il n'est pas nécessaire, pour que la demande en nullité réussisse, que les demandeurs établissent un état perpétuel de démence chez le donateur ou le testateur; il suffit que les faits prouvés justifient de l'insanité d'esprit à l'époque de la disposition. — *Cass.* (dans ses motifs), 22 nov. 1810, Pleumartin c. Gillet.; 10 mars 1824, Carrat; *Amiens*, 23 août 1834, Choquier; — Rolland de Villargues, *ubi suprà* n° 27.

161. — Il a été aussi jugé que la démence, bien que limitée dans un certain ordre d'idées, peut, suivant les circonstances, devenir une cause de nullité du testament de celui qui en est atteint. — *Bordeaux*, 14 avr. 1836, Galabert c. Brun-Lagenette. — V. conf. un arrêt rendu en 1729 à la grand'-chambre du parlement de Toulouse et cité par Serres, *Introd. au dr. franç.*, liv. 2, tit. 12, § 1er. — V. aussi d'Aguesseau, 37e plaid., t. 3, p. 598.

162. — Mais il n'y a pas lieu d'annuler un testament pour cause de démence, par cela seul que le testateur s'est donné la mort immédiatement après l'avoir écrit. — *Aix*, 29 août 1825, sous *Cass.*, 11 nov. 1829, Baron c. Peyerimoff; *Orléans*, 26 fév. 1829, Lablée c. de L...

163. — En effet, quoique le suicide soit réprouvé par la morale et par la religion, il est souvent l'œuvre d'une froide, calme et lucide raison, ainsi que le reconnaît saint Augustin lui-même (*De civit. Dei*, lib. 1, cap. 19 et s.).

164. — Jugé aussi qu'une tentative de suicide qui a précédé de quelques instans la confection d'un testament olographe n'est pas par elle-même une preuve de la démence du testateur, suffisante pour faire annuler son testament. — *Caen*, 30 fév. 1826, de B... c. Raoul M...

165. — La personne morte en possession de son état étant présumée saine d'esprit, la charge de prouver la démence retombe évidemment, conformément aux règles générales, sur ceux qui allèguent des faits de cette nature, c'est-à-dire sur les héritiers du sang; la présomption est toujours en faveur de l'acte. Nous supposons, bien entendu, que l'acte attaqué ne contienne d'ailleurs aucune de ces dispositions qui par elles-mêmes font naître des soupçons très violens d'insanité d'esprit; car, dans ce dernier cas, ce serait, au contraire, au donataire ou légataire à soutenir son titre par la preuve de la sagesse du disposant. — L. 5, Cod., *De codic.*; L. 27, ff., *De condit. instit.*; — d'Aguesseau, *loc. cit.*, p. 354; Danty, sur le chap. 16 de Boiceau, nos 34 et 35; Coin-Delisle, *ubi suprà*, n° 9; Toullier, t. 5, n° 58; Rolland de Villargues, v° *Démence*, n° 20; Marcadé, *ubi suprà*.

166. — Cette distinction, très clairement fondée sur les deux lois romaines que nous avons citées, s'applique au testament olographe comme aux dispositions reçues par officiers publics; seulement, selon la remarque de d'Aguesseau, adoptée par Merlin (*loc. cit.*), un testament olographe qui ne contient rien que de sage forme une présomption plus forte en faveur de la capacité du testateur que ne le ferait un testament solennel. — Toullier, t. 5, n° 58.

167. — Mais cette présomption n'est pas *juris et de jure*: en d'autres termes, un testament olographe rédigé *sainement* ne suffit pas pour prouver à lui seul la sagesse du testateur au moment où il a été écrit. Ce testament pourrait, en effet, être facilement calqué sur un modèle mis entre les mains d'un imbécile qui le copierait machinalement, ou bien encore cet homme privé de raison pourrait, avec la même facilité, l'écrire sous la dictée d'un autre. On voit donc que ce serait ouvrir la porte à la fraude que de ne pas autoriser la preuve contraire. — V. conf. *Metz*, 10 fév. 1814, Herbain c. Béraud d'Arimont; — d'Aguesseau, *loc. cit.*, p. 353. — V. cependant Voët, *Ad pandect.*, tit. *De curat. et fur.*; et l'avocat général Séguier (Nouveau Denisart, v° *Démence*, § 3.)

168. — Il a été jugé toutefois que la preuve testimoniale qu'un testament olographe est l'ouvrage de la démence et de la séduction, n'est admissible qu'autant que ses dispositions sont de nature à faire supposer la démence du testateur, ou qu'il existe un commencement de preuve par écrit de la séduction alléguée. — *Cass.*, 29 avr. 1824, de Villers c. de Vérac.

169. — S'il était établi qu'un testateur se trouvait dans un état habituel d'imbécillité, les légataires pourraient opposer que l'acte a été fait dans un intervalle lucide. — Furgole, *Traité des testamens*, ch. 4, sect. 2e, n° 208. — Mais, dans ce cas, ce serait encore sur les légataires que retomberait le fardeau de la preuve: ce serait à eux, qui soutiennent que le testament a été fait dans un intervalle lucide, à en apporter la preuve, et non pas à l'héritier qui attaque le testament, à faire la preuve contraire. — *Caen*, 20 nov. 1826, Paysant c. Decaux; — d'Aguesseau, Merlin, *ubi suprà*.

170. — C'est par application de ces principes qu'il a été jugé qu'un arrêt de la cour royale remplit suffisamment le vœu des art. 901 et 902, C. civ., lorsqu'il se fonde, pour annuler un testament, sur ce que, *depuis très long-temps, et jusqu'à son décès, le testateur était dans un état habituel de démence, et que d'ailleurs rien ne justifie qu'à l'époque du testament il se soit trouvé dans un intervalle lucide*. Il n'est pas nécessaire qu'il déclare formellement que le testateur n'était pas sain d'esprit au moment de la confection du testament. — *Cass.*, 26 fév. 1838 (t. 1er 1838, p. 272), Sainte-Colombe c. Bagnères.

171. — Si le fait qu'il y a eu des intervalles lucides est prouvé par les légataires, ou n'est pas dénié, alors, quand l'acte est sage, la présomption sera pour le placer au temps des intervalles lucides. — D'Aguesseau, *loc. cit.*; Merlin, *loc. cit.*, n° 21; Rolland de Villargues, n° 21.

172. — Cette solution, au surplus, est controversée: quelques jurisconsultes pensent qu'encore que le fait des intervalles lucides soit constant, la seule sagesse des dispositions du testament ne suffit pas pour faire présumer que ce testament a été fait dans un intervalle lucide. — V. notamment Mascardus, *De probationibus*, concl. 826. — V. aussi Vazeille, sur l'art. 901, C. civ., n° 5.

173. — Menochius (*De præsumptionibus*, lib. 6, præs. 45, nos 59 et suiv.) cherche à fixer la durée des intervalles lucides. Barthole (*Tract. testim.* n° 98) prétend que, quand la folie a duré un an, elle est perpétuelle, et, par conséquent, rejette après ce temps les intervalles lucides. Mais toutes ces règles sont évidemment arbitraires. La question de savoir s'il y a eu ou non, dans l'état de démence d'un homme, des intervalles lucides, est toute de fait, et entièrement laissée au pouvoir discrétionnaire des juges.

174. — En conséquence, l'arrêt qui décide en fait qu'un individu qui s'était trouvé, avant et depuis la confection de son testament, en état de démence, jouissait au moment où il a fait cet acte de la plénitude de ses facultés intellectuelles, ne peut tomber sous la censure de la cour de Cassation. — *Cass.*, 26 juill. 1842 (t. 2 1842, p. 647), Delalleau c. Boussemart.

175. — D'un autre côté, et par la même raison, l'arrêt qui prononce l'annulation d'un testament en décidant, en fait, que le testateur n'était pas sain d'esprit, et que ce testament n'était pas le fruit d'une volonté libre, ne donne point ouverture à cassation. — *Cass.*, 19 janv. 1837 (t. 1er 1840, p. 239), Bonhomme c. Calemard Lafayette.

176. — Du reste, il n'est pas nécessaire, pour qu'une cour puisse prononcer la nullité d'un testament, qu'elle précise des faits particuliers de démence, il suffit qu'elle ait reconnu en fait, d'après les enquêtes, que le testateur n'était pas sain d'esprit. — *Cass.*, 22 (et non 29) nov. 1810, Pleumartin c. Jallet.

177. — Il faut, du reste, admettre les intervalles lucides, tant dans la personne du furieux que dans celle de l'insensé. — V. *Cass.*, 26 mars 1822, Hosp. de Mâcon c. de La Martizière, et surtout *Cass.*, 26 juill. 1842, Delalleau c. Boussemart, relaté ci-dessus, n° 174; Furgole, Merlin, *loc. cit.*; Rolland de Villargues, *Rép. du not.*, v° *Démence*, n° 19. — V. aussi les observations de l'avocat général Séguier (Nouv. Denisart, v° *Démence*, § 3).

178. — Et cette opinion n'a rien de contraire au droit romain. C'est à tort, en effet, que d'Aguesseau, reproduisant une assertion déjà émise par le président Favre (sur la L. 17, ff., *Qui testam. fac. poss.*), prétend que les lois romaines n'admettaient pas les intervalles lucides chez les hommes en démence comme chez les furieux. A la vérité, toutes les lois qui font mention des intervalles lucides s'expliquent uniquement des furieux. Mais, dans l'exacte latinité, le mot *furiosus* comprend dans sa signification l'état de démence; et c'est ce qui résulte clairement d'un passage des *Tusculanes* de Cicéron, liv. 3e, n° 5. — V. au surplus conf. Merlin, *ubi suprà*; Calvinus, *Lexicon juris*, v° *Furor*.

179. — Quoi qu'il en soit, il faut entendre par *intervalles lucides*, non point une simple diminution, une rémission de mal, mais une espèce de guérison passagère, c'est-à-dire, selon l'expression de d'Aguesseau, une intermission si clairement marquée, qu'elle soit entièrement semblable au retour de la santé. — D'Aguesseau, *loc. cit.*, d'après les LL. 6, ff., *De curat. fur.*, et 9, Cod., *Qui testam. fac. poss.*; Danty, sur Boiceau, *loc. cit.*, nos 28 et suiv.; Merlin, *loc. cit.*, n° 5. — V. aussi le docteur Marc, *De la folie*, t. 2, p. 493.

180. — Non seulement les héritiers du sang sont recevables, ainsi qu'il vient d'être établi, à prouver l'insanité d'esprit à l'époque de la donation ou testament, bien qu'elle ne résulte pas de ces actes, et que l'interdiction n'ait été ni prononcée ni provoquée du vivant du donateur ou testateur; mais il a été même jugé que les héritiers du sang peuvent demander la nullité de l'acte pour cause d'insanité d'esprit, alors qu'un jugement irrévocable aurait rejeté une demande en interdiction formée contre le *de cujus*. — *Cass.*, 17 mars 1813, Brun c. Julien.

181. — Et spécialement on ne peut opposer comme ayant préjugé la capacité du donateur, et par suite la validité de la donation attaquée pour cause de démence, un jugement qui, sur la demande en interdiction, s'était borné à pourvoir le donateur d'un conseil judiciaire, en décidant qu'il n'était ni fou ni imbécile, mais que ses facultés intellectuelles étaient affaiblies et sa mémoire extrêmement altérée. — Même arrêt.

182. — En effet, de ce qu'un homme n'était pas dans un état habituel de démence, d'imbécillité ou de fureur, et qu'ainsi un jugement a dû rejeter la demande en interdiction, il ne s'ensuit pas nécessairement qu'au jour de la donation ou du testament il n'ait pu se trouver atteint d'une folie momentanée: par conséquent, quoique Merlin ait prétendu le contraire (*Rép.*, *ubi suprà*, n° 3, et v° *Questions d'état*, § 3, art. 1er, n° 10), le jugement qui, nonobstant le rejet d'une demande en interdiction, admet les héritiers du sang à prouver l'insanité d'esprit de leur auteur à l'époque du testament ou de la donation, ne viole pas le moins du monde l'autorité de la chose jugée; en effet, l'objet sur lequel il statue n'est pas le même que celui sur lequel a porté le premier jugement (C. civ., art. 1351). — V. dans le même sens Duranton, n° 156; Coin-Delisle, n° 81°; Poujol, p. 133. — V. CHOSE JUGÉE.

183. — D'un autre côté, on ne peut opposer comme ayant préjugé l'incapacité d'un testateur, et par suite la nullité d'un testament pour cause d'insanité d'esprit, un jugement qui, à cause de la faiblesse des facultés intellectuelles de ce testateur (C. civ., art. 499), l'avait pourvu d'un conseil judiciaire. — *Aix*, 14 fév. 1808, Beauquaire; *Amiens*, 3 fév. 1813, sous *Cass.*, 19 déc. 1814, Baillefer c. Magnier; *Lyon*, 28 août 1825, Néel et Raymond c. Boissonnat. — V. conf. Merlin, *Rép.*, v° *Testament*, sect. 1re, § 1er, art. 1er, n° 3; Toullier, t. 5, n° 59; Grenier, t. 1er, n° 107; Duranton, t. 8, nos 156 et 169; Poujol, p. 134; Rolland de Villargues, *Rép.*, v° *Testament*, nos 13 et 14; Coin-Delisle, n° 12.

184. — Jugé, dans le même ordre d'idées, que la nomination d'un administrateur provisoire n'enlève pas à l'individu dont on provoque l'interdiction le droit de tester....., sauf au juge à apprécier ici, comme dans l'hypothèse précédente, si le testament produit est bien l'œuvre d'une volonté libre et réfléchie. — *Toulouse*, 24 mai 1836, Plesce c. Martres.

185. — Il est, du reste, bien entendu qu'il n'y a pas lieu d'admettre à prouver par témoins qu'un testateur était en démence lorsqu'il a fait son testament, s'il existe une preuve littérale et solennelle du contraire. Le jugement qui rejette la preuve par ce motif n'est pas susceptible de cassation. — *Cass.*, 22 niv. an IX, Besson c. Lagardette. — V. conf. D'Aguesseau, *ubi suprà*; Rolland de Villargues, v° *Testament*, n° 28.

186. — Jugé de même qu'un demandeur en nullité d'un testament pour insanité d'esprit ne peut être admis à prouver qu'un juge qui a, publiquement et sans opposition quelconque, exercé ses fonctions, n'était pas sain d'esprit lorsqu'il concourait à des jugemens qui n'ont jamais été attaqués sous ce rapport, et qui ont reçu leur pleine et entière exécution. — *Aix*, 8 mai 1844 (t. 2 1844, p. 269), Ardons c. Perrache.

187. — Il n'y a pas lieu non plus d'admettre à attaquer le testament pour cause de démence, celui qui, à l'époque où un testament a été fait, a reçu du testateur une procuration et reconnu ainsi son état de sagacité et de présence d'esprit. — *Cass.*, 12 brum. an X, Poussineau c. Foucher.

188. — L'insanité d'esprit n'étant pas au nombre des faits que le notaire a reçu de la loi mission de constater, il est bien évident qu'on peut, sans avoir

besoin de recourir à la voie de l'inscription de faux, être admis à prouver que le testateur ou donateur n'était pas sain d'esprit, bien que le notaire rédacteur de l'acte ait attesté le contraire. — *Besançon*, 2 fructid. an VIII, Millot c. Buffet; *Pau*, 18 déc. 1807, Pascau c. Goursan; *Rouen*, 3 mai 1816, Ozanne c. Feuguerre; *Cass.*, 18 juin 1816, Bailly c. Clément; 27 fév. 1821, Picquot-Delamarre c. Riel-Dufournay; *Aix*, 5 juill. 1844 (t. 1er 1845, p. 59), Segond. — V. conf. Furgole, chap. 4, § 18, sect. 2e, no 209; de Lamoignon, *Arrêtés*, t. 1er, p. 292; Ricard, *Des donations*, etc., chap. 1er, no 30; Raviot, t. 2, p. 110, §§ 8 et 9; Soefve, arrêt du 8 janv. 1658, t. 2, centurie 1re, chap. 77; Pothier, *Tr. des donat. testam.*, chap. 3, art. 3, no 136; d'Aguesseau, *ubi suprà*; Boutaric, *Instit. de Justin.*, *confér. avec le droit français*, liv. 2, tit. 12, § 1er; Montvallon, *Tr. des success.*, t. 1er, p. 467; Danty, sur le 15e chap. de Boiceau, nos 17 à 27; Merlin, *Rép.*, vo *Testament*, sect. 2e, § 3, art. 2, no 2, et *Quest. de droit*, *eod. verb.*, § 3; Grenier, no 103; Rolland de Villargues, vo *Testament*, no 26; Duranton, *ubi suprà*, no 157; Poujol, p. 134, no 9; Delvincourt, t. 2, p. 405, note; Coin-Delisle, sur l'art. 901, no 19; Teulet, d'Auvilliers et Sulpicy, *Codes annotés*, art. 901, C. civ., no 26; Gagneraux, *Comment. de la loi sur le not.*, art. 19, § 2. — Mais si le notaire n'a fait que constater des faits matériels rentrant dans la solennité extérieure de l'acte, et que ces faits soient de nature à exclure ou du moins à diminuer l'idée de la maladie mentale alléguée, on ne pourra être admis à la preuve contraire sans s'inscrire en faux. — Arg. C. civ., art. 1317 et 1319; L. 25 vent. an XI, art. 19; — mêmes auteurs; Lapeyrère, *Décis. somm. du palais*, vo *Testament*, t. 2, p. 782, édit. de 1807.

189. — Ainsi, par exemple, si le notaire avait énoncé dans un testament que le testateur a dicté lui-même les dispositions, en a entendu la lecture et y a persisté, comme cette énonciation est incompatible avec l'idée du délire, il y aurait nécessité de s'inscrire en faux, dans le cas où l'on attaquerait ce testament, sous prétexte qu'à l'époque de la confection le testateur était affligé d'une maladie aiguë, accompagnée de délire et de transport, et qu'il n'a pu ni comprendre ce qu'on lui aurait lu, ni exprimer sa volonté. — *Cass.*, 17 juill. 1817, Cavelan. — V. conf. *Cass.*, 19 déc. 1810, Vallet; *Grenoble*, 3 août 1829, Vallet.

190. — Au surplus, si, aux termes de l'art. 3, L. 25 vent. an XI, les notaires ne peuvent refuser leur ministère, lorsqu'ils en sont valablement requis, il faut aussi reconnaître qu'ils remplissent l'un des premiers devoirs de leur profession, soit en refusant leur concours, soit en s'abstenant de clore l'acte par leur signature, lorsque le testateur leur paraît atteint d'aliénation ou dans un état à ne pouvoir exprimer une volonté libre et spontanée. — *Bordeaux*, 3 août 1841 (t. 2 1841, p. 642), Castin-Amiaud c. Réveillaud. — V. conf. Merlin, *Rép.*, vo *Notaire*, § 5; Coin-Delisle, *ubi suprà*.

191. — Dans tout ce qui précède on a raisonné dans l'hypothèse où l'auteur de la disposition à titre gratuit serait mort sans que son interdiction eût été prononcée ni même provoquée. Mais *quid*, s'il y a eu, du vivant du donateur ou testateur, interdiction prononcée ou provoquée?

192. — Il faut distinguer si l'interdiction est antérieure ou postérieure à la donation entre-vifs ou au testament :

193. — 1o Si l'interdiction est postérieure à la donation entre-vifs ou testamentaire, les héritiers du sang peuvent prouver qu'au moment de la confection de l'acte la démence existait; mais il n'est pas besoin de prouver en outre, conformément à l'art. 503, C. civ., qui ne s'applique qu'aux contrats ordinaires, que la cause qui, plus tard, a motivé l'interdiction, était notoire au temps de la disposition. — Grenier, no 106; Duranton, t. 8, no 155; Merlin, *Rép.*, vo *Testament*, sect. 1re, § 1er, art. 1er, no 2 *bis*; Delvincourt, t. 2, p. 405; Valette sur Proudhon, t. 2, p. 540, Observ. no 4.

194. — Il est bien entendu que le donataire, en vertu d'un titre antérieur à l'interdiction, ne peut, si cet acte est attaqué plus tard pour cause de démence, se pourvoir par tierce opposition contre le jugement qui a prononcé l'interdiction. — *Riom*, 9 janv. 1808, Horn.

195. — Que si les héritiers ne prouvent pas que la démence existait à l'époque de la donation ou du testament, s'il est constant, au contraire, que la démence n'est survenue que depuis l'acte, peu importe que le donateur ou testateur soit mort interdit, cette interdiction prononcée postérieurement n'a aucune influence sur la donation ni sur le testament. — Domat, liv. 3, tit. 1er, sect. 2e, no 16; Ricard, part. 3e, no 145; Furgole, ch. 4, no 10; Grenier, no 205; Toullier, t. 5, no 57; Duranton, t. 8, no 162; Rolland de Villargues, *Rép.*, vo *Testament*, no 20.

196. — Jugé, par application de ces principes, que le testament d'un individu mort en état d'interdiction doit recevoir son effet, s'il a été fait dans les formes légales, long-temps avant l'interdiction, et dans un temps où le testateur jouissait d'une entière liberté d'esprit; le seul effet de l'interdiction est de fixer le dernier état de la volonté du testateur. — *Colmar*, 31 juill. 1823, Meinrad-Munch c. Ettwiller.

197. — Jugé aussi que, lorsque les faits qui ont motivé l'interdiction d'une personne ne paraissent pas avoir exercé d'influence sur un testament antérieur à l'interdiction, la révocation qui y est contenue doit recevoir tout son effet, encore bien que ce testament révocatoire ne soit antérieur que de huit jours à d'autres actes, dont l'annulation aurait été prononcée sur le motif que cette personne était alors dans un état notoire d'imbécillité. — *Cass.*, 25 fév. 1834, Dumesnil c. Pinot.

198. — La loi n'exige pas que le juge admette la preuve testimoniale de l'imbécillité du testateur, toutes les fois que cette preuve est offerte, encore qu'il existe un jugement d'interdiction, postérieur seulement de quelques mois au testament. Les juges peuvent rejeter l'offre de prouver l'imbécillité, s'ils pensent, d'après les circonstances de la cause, et les faits d'hors et déjà reconnus constans, qu'à l'époque où le testament a été fait, le testateur jouissait de la plénitude de sa raison. — *Toulouse*, 16 fév. 1814, Bataillier c. Bataillier-Pomarède.

199. — Lorsque l'interdiction est antérieure à la donation entre-vifs ou testamentaire, cette donation et ce testament, faits par l'interdit depuis son interdiction, sont-ils nuls de droit?

200. — L'affirmative ne nous paraît pas douteuse. En effet, l'art. 502, C. civ., décide d'une manière générale que tous actes, passés postérieurement à l'interdiction, sont nuls de droit. On ne saurait dire de cet article, comme de l'art. 504, qu'il n'est pas applicable aux donations et aux testamens; le contraire résulte des art. 509 et 511. En effet, si d'après l'art. 511 la donation à l'enfant de l'interdit d'une dot ou d'un avancement d'hoirie ne peut jamais être faite que par son tuteur, sur l'avis du conseil de famille, c'est donc que l'interdit est considéré comme incapable de faire personnellement une donation valable; d'un autre côté, l'art. 509 assimile l'interdit au mineur; or, le mineur ne peut pas faire de donation entre-vifs (art. 903), l'interdit ne le peut donc pas non plus. Le mineur ne peut également tester, si ce n'est dans un cas exceptionnel (même article); l'interdit aussi est donc incapable de tester, et il l'est même d'une manière absolue; car le cas exceptionnel dans lequel le mineur peut tester ne lui est pas applicable. Ainsi, l'art. 502, C. civ., est évidemment applicable aux donations entre-vifs et aux testamens faits postérieurement à l'interdiction; et cela avec d'autant plus de raison que la loi n'est pas favorable à ces sortes d'actes, et, d'ailleurs, que si l'on admettait les donataires et légataires, dont le titre émane d'un interdit, à prouver que ce titre a été fait dans un intervalle lucide, ce serait ouvrir la porte à une foule de procès. — V. dans ce sens Grenier, t. 1er, no 104; Toullier, t. 5, no 57; Duranton, t. 8, nos 154 à 163; Vazeille, no 5; Marcadé, sur l'art. 901, C. civ., no 11; Leclerc, *Droit romain dans ses rapports avec le dr. franç.*, t. 2, p. 254; Poujol, *ubi suprà*, p. 132. — V. cependant en sens contraire Coin-Delisle, *ubi suprà*, no 10; Merlin, *Rép.*, vo *Testament*, sect. 1re, § 1er, art. 1er, no 6.

201. — *Être sain d'esprit* (C. civ., art. 901) est une expression étendue et générale qui exclut non seulement l'état d'imbécillité, de fureur ou de démence dont nous venons de nous occuper, mais encore l'état accidentel qui trouble passagèrement la raison. N'est donc pas sain d'esprit, dans le sens de l'art. 901, l'homme atteint d'ivresse complète, ou s'agitant dans le délire qu'allument si souvent les maladies aiguës et inflammatoires, et, par conséquent, les donations et testamens qu'il ferait *en cet état* se trouveraient nécessairement frappés de nullité. — V. conf. *Rennes*, 20 août 1812, Mazurais; *Caen*, 9 janv. 1823, Ruel c. Durel; — Furgole, *Testam.*, ch. 4, sect. 2e, nos 208 et 210; Voët, *Ad Pandect.*, *Qui testam. fac. poss.*; Puffendorf, *Droit de la nature*, liv. 3, ch. 6, no 5, et Barbeyrac, *ibid.*; d'Argentré, sur la cout. de Bretagne, p. 111; Jaubert, *Rapport au tribunat*, dans Locré; t. 11, p. 439; Grenier, no 202; Toullier, t. 6, no 112; Rolland de Villargues, no 18; Duranton, no 153; Coin-Delisle no 3; Poujol, p. 131.

202. — Mais s'il était prouvé qu'au moment de la confection du testament le testateur était parfaitement sain d'esprit, un état presque continuel d'ivresse, lors même qu'il aurait occasionné un dérangement momentané des facultés intellectuelles du testateur, ne serait pas pour le testament une cause de nullité. — *Rennes*, 10 mars 1846 (t. 1er 1846, p. 589), Lehloch c. Ledélillon.

203. — Il est, du reste, bien entendu que, nonobstant les énonciations contenues dans l'acte, il n'est pas besoin de s'inscrire en faux pour être admis à prouver chez le donateur ou testateur un dérangement accidentel de la raison, par exemple, l'état d'ivresse à l'époque de la confection de l'acte. — *Caen*, 9 janv. 1823, Ruel c. Durel. — V. conf. *Lyon*, 9 fév. 1837 (t. 2 1837, p. 162), Monchamin c. Barge et Chantelot.

§ 3. — *Consentement vicié par une passion violente ou par suggestion ou captation.*

204. — Une libéralité peut avoir lieu au milieu des transports d'une passion violente, comme la jalousie, la colère, la haine. Les donations entre-vifs ou testamentaires faites sous l'influence de ces passions doivent-elles être maintenues?

205. — L'ancienne jurisprudence les déclarait nulles; seulement, par un tempérament d'équité, on maintenait les libéralités modiques que le testateur, même n'étant pas sous l'empire de la haine, eût probablement faites. — V. conf. arrêt du 4 sept. 1759, rapporté dans Denisart, vo *Ab irato*; — Pierre de Fontaines, *Conseils*; Ricard, part. 1re, chap. 3, sect. 14e, et les notes de Bergier; Lebrun, *Des succ.*, liv. 2, chap. 3, sect. 1re; Ferrière, *Inst. conf. avec le dr. franç.*, liv. 2, tit. 13; Pothier, *Donat. testam.*, no 85; Raviot sur Périer, quest. 269e; Serres, *Instit.*, liv. 2, tit. 18, § 3; d'Aguesseau, Plaid du 23 mars 1694; Henrys, t. 2, liv. 6; Nouveau Denisart, vo *Ab irato*.

206. — Pothier (*Traité des donations testam.*, chap. 2, art. 2, no 83) explique ainsi ce système de l'ancienne jurisprudence : « On définit le legs, *donatio quædam*, etc.; il est donc de la nature du legs qu'il parte d'une volonté de bienveillance pour la personne à qui il est fait. Tout autre motif par lequel le legs serait fait est contraire à sa nature et doit l'annuler. De là on a conclu que toutes les fois que les dispositions d'un testament paraîtraient avoir pour motif, non pas tant la bienveillance du testateur envers les légataires, qu'une haine injuste qu'il avait pour ses héritiers, qui le portait à les priver de sa succession, les dispositions testamentaires devaient être déclarées nulles, comme faites *ab irato*. »

207. — Cette action en nullité ouverte contre les dispositions à titre gratuit faites sous l'influence de la colère ou de la haine s'appelait action *ab irato*.

208. — Elle était admise jadis dans les pays de droit coutumier ainsi que dans le duché de Bourgogne, et le bénéfice en avait été étendu par le parlement de Paris aux pays de droit écrit qui étaient de son ressort. — Henrys, liv. 6, quest. 45e; Raviot, sur Perrier, quest. 269e.

209. — Cette action *ab irato*, qu'il ne faut pas confondre avec la plainte d'inofficiosité (V. ce mot), était ouverte aux enfans, aux ascendans, et même aux collatéraux, malgré l'autorité de Dumoulin, qui la refusait à ces derniers. — Brillon, vo *Testament*, no 49; Ricard, part. 1re, chap. 3, sect. 14e.

210. — Les héritiers *ab intestat* pouvaient, du reste, l'invoquer contre les donations entre-vifs aussi bien que contre les testamens. De là étaient nés bien des abus et une foule de procès ruineux et scandaleux.

211. — Le projet du Code civil proscrivait formellement l'action *ab irato*; mais la rédaction définitive, en gardant le silence sur ce point, a laissé toute latitude aux tribunaux. Cependant, quelques auteurs ont pensé que l'action *ab irato* ne pouvait aujourd'hui revivre sous aucun prétexte. — Grenier, t. 1er, no 146; Toullier, t. 5, no 717; *Pand. franç.*, t. 8, p. 254.

212. — Mais cette doctrine, manifestement contraire à celle de Bigot-Préameneu (*Exposé des motifs*. — Fenet, t. 12, p. 521), est évidemment trop absolue. En effet, la loi veut qu'un donateur ou testateur, pour disposer valablement, soit sain d'esprit au moment de l'acte (C. civ., art. 901); or, la haine ou la colère peut avoir été poussée à un tel point de frénésie, que le donateur ou testateur ait été privé de la santé d'esprit à l'époque de la disposition, et alors pourquoi refuserait-on, dans cette hypothèse, aux tribunaux le droit d'en admettre la preuve, si les faits articulés sont précis, pertinens et concluans? — Tout ce qu'il faut conclure du silence de la législation actuelle, c'est qu'elle a entendu restreindre les effets de l'ancienne action *ab irato* (*Paris*, 28 frim. an XIV, Teyssier c. Changea-Longueville), et n'admettre

cette action que dans le cas où elle tend à prouver que le testateur avait perdu l'usage de la raison et n'était pas sain d'esprit.—V. conf. *Aix*, 18 janv. 1808, Viale c. Rigo; *Limoges*, 31 août 1810, Delmas; *Liége*, 12 fév. 1812, Paques; *Lyon*, 25 juin 1816, D...; *Angers*, 27 août 1824, Fournier; — Delvincourt, t. 3, p. 60, note 8; Duranton, t. 8, nº 161; Marcadé, sur l'art. 901, nº 4; Merlin, *Rép.*, vº *Ab irato*, sect. 7e; Poujol, p. 135; Rolland de Villargues, vº *Testament*, nºs 16 et 17; *Enc. du droit*, vº *Ab irato*, nºs 10 et suiv.

213. — Il est bien évident, d'ailleurs, qu'un testament ne peut être attaqué comme fait *ab irato*, lorsqu'il n'existe aucune trace de haine ou de colère, ni dans le testament ni dans les écrits du testateur voisins de l'époque de son testament. — *Paris*, 30 germin. an XI, Lecouteux c. Nau. — V. dans le même sens *Riom*, 28 juin 1819, Legroing c. Fouvainroux.

214. — Jugé aussi qu'un enfant ne peut faire annuler le testament de son père comme fait *ab irato*, par cela seul que le père lui a intenté une action reconnue juste par les tribunaux. — *Paris*, 3 flor. an XII, Potel c. Cellier.

215. — ... Que lorsqu'un testateur en disposant en faveur d'un tiers déclare avoir été animé par un sentiment de reconnaissance des services à lui rendus, on ne doit pas supposer qu'il ait eu en vue de s'en faire un prétexte pour nuire à ses enfans.—*Paris*, 28 frim. an XIV, Teyssier c. Changea-Longueville.

216. — ... Que le testament par lequel un père grève un de ses enfans de restitution pour des motifs de mécontentement particulier, ne peut être annulé comme fait *ab irato*. — *Paris*, 13 mars 1813, Lallemand c. Landrin.

217. — Il ne suffit pas qu'un donateur ou testateur soit *sain d'esprit*, conformément à l'art. 901, C. civ., il faut encore, pour la validité de la disposition à titre gratuit, que le consentement de son auteur n'ait pas été donné par erreur, extorqué par violence ou surpris par dol. Nul doute que ces vices du consentement, qui sont une cause de nullité des contrats (C. civ., art. 1109 et suiv. — V. OBLIGATION), ne soient aussi un obstacle à la validité, non seulement des donations, qui sont de véritables contrats, mais même des testamens. — V. conf. *Cass.*, 9 juin 1824, Silvestre c. Billard; — Ricard, part. 1re, chap. 1er; Furgole, chap. 5, sect. 3e; Toullier, t. 5, nºs 701 et suiv.

218. — Quant à la captation et à la suggestion, le droit romain ne les admettait comme causes de nullité que lorsqu'elles portaient le caractère de manœuvres frauduleuses; et, dans l'ancien droit, Furgole (*ubi suprà*, nºs 26 à 47), imbu de cette idée, enseignait aussi qu'on ne devait être admis à poursuivre que les suggestions artificieuses et frauduleuses : *Quod falsæ et dolosæ suggestiones adhibitæ sint.*

219. — Mais il y a eu d'anciens jurisconsultes qui voyaient dans toute captation ou suggestion, employée *même sans fraude*, un moyen d'annulation des donations et testamens; et cette opinion, si propre à faire naître et à multiplier les procès, semble avoir passé dans l'ord. de 1735, qui, après avoir déterminé les conséquences de l'inobservation des formes légales, ajoute (art. 47) : « *Sans préjudice des autres moyens tirés de la captation ou de la suggestion desdits actes.* »

220. — Le Code civil n'a pas expressément permis l'action en nullité pour captation et suggestion, mais de ce qu'il ne contient pas de dispositions relativement à la suggestion et à la captation, il a été jugé qu'il ne s'ensuit pas qu'on ne puisse annuler un testament lorsqu'il est reconnu qu'en raison des obsessions qui ont été pratiquées, il n'est pas le résultat d'une volonté libre. — *Cass.*, 14 déc. 1831, de Hamel c. Aubertin. — V. conf. *Cass.*, 9 juin 1824, Silvestre c. Billard.

221. — L'action en nullité pour cause de captation ou de suggestion est, en effet, généralement admise, mais dans le sens de la doctrine du droit romain et de Furgole, c'est-à-dire seulement lorsqu'à la suggestion et à la captation se réunissent des manœuvres frauduleuses ou des menées artificieuses.

222. — Ainsi, jugé que les faits de captation et de suggestion dirigés contre un testament ne doivent être admis que lorsque les manœuvres employées ont eu le caractère du *dol* et de la *fraude*, en sorte que les dispositions de ce testament ne soient pas véritablement l'expression de la volonté du disposant. — *Angers*, 27 août 1824, Fournier.

223. — Jugé de même qu'on ne doit considérer comme moyens de captation ou de suggestion de nature à entraîner l'annulation d'un testament que ceux qui ont le caractère de dol ou de fraude. — *Colmar*, 18 août 1841 (t. 2 1841, p. 680), Frube c. Bœrkbel. — V. dans le même sens *Cass.*, 4 mars 1824, Fave.

224. — Et ce principe paraît avoir dominé les décisions de la jurisprudence : dans les divers cas, en effet, où les demandes en nullité ont été accueillies, l'on remarque qu'au fait de la captation et de la suggestion s'étaient jointes des menées artificieuses. — V. *Grenoble*, 14 avr. 1806, Montlovier c. Saint-Geneys; *Liége*, 24 août 1807, Rousseau c. Constant; *Bruxelles*, 21 avr. 1808, Gillion c. Boulard; *Cass.*, 9 juin 1824 (et sous cet arrêt *Dijon*, 19 fév. 1823), Silvestre c. Billard; *Cass.*, 15 juill. 1824, Petit et Dumel c. Prévost; *Bruxelles*, 2 nov. 1826, N...; *Angers*, 29 mars 1828, Deluage c. Olivier; *Douai*, 10 janv. 1835, N...; *Amiens*, 23 mai 1835, sous *Cass.*, 8 déc. 1836 (t. 1er 1837, p. 611), Sauyé c. Marc.

225. — Ainsi, par exemple, le fait d'un légataire qui, n'ayant rien, dispose de sa prétendue fortune au profit d'une personne pour pousser celle-ci à l'instituer légataire universel de biens très réels et considérables, constitue une menée artificieuse, une fraude fine et déliée qui, se joignant à la captation et à la suggestion, doit entraîner la nullité du testament. — *Paris*, 31 janv. 1814, Lefebvre c. Moutier.

226. — Les menées artificieuses qui font de la captation et de la suggestion un moyen d'annulation, sont encore bien plus saillantes lorsque le légataire a inspiré à la testatrice, atteinte de maladie, le dessein de l'épouser, soit en s'annonçant à elle faussement comme appartenant aux familles les plus considérables, soit en lui remettant un testament portant aussi institution universelle, alors qu'il savait bien qu'en raison de la santé de la testatrice, il ne recevrait jamais d'effet. — *Paris*, 21 déc. 1829, sous *Cass.*, 14 nov. 1831, de Hamel c. Aubertin.

227. — Et peu importe que les menées artificieuses aient été exercées par le bénéficiaire lui-même, ou qu'elles l'aient été *par un tiers*. — *Cass.*, 18 mai 1825, Guedamy et Silvestre c. Vollins. — V. aussi Pothier, *Des donat. testam.*, ch. 2, art. 6, § 2, nº 97. — V. cependant, en sens contraire, *Dijon*, 23 juill. 1836, sous *Cass.*, 8 août 1837 (t. 2 1837, p. 615), Adelon c. Dervier.

228. — La circonstance qu'à la captation s'étaient jointes des manœuvres frauduleuses a même déterminé les tribunaux à prononcer la nullité d'une donation par contrat de mariage, et notamment d'une donation entre époux, qui était attaquée pour cause de captation. — *Douai*, 10 janv. 1835, N... — V. *contrà* Grenier, *Donat et testam.*, nº 145, 3e édit., p. 344. — V. anal. Merlin, *Rép.*, vº *Arbitrage*, sect. 3e, nº 3.

229. — Les tribunaux n'annulent donc les testamens et les donations que sur la preuve d'une captation ou d'une suggestion frauduleuse qui ait inspiré au disposant une volonté différente de celle qu'il aurait eue s'il eût été abandonné à lui-même. De simples prières, des services, des caresses, des présens, des flatteries peuvent constituer des moyens honteux de suggestion que la morale réprouve; mais les lois humaines ne les atteignent pas, et n'y attachent pas comme peine, tant qu'il ne s'y est pas mêlé de fraude ou de dol, la nullité des testamens et des donations. — Domat, *Lois civiles*, part. 2e, liv. 3, tit. 1er, sect. 5e, nº 25; Coin-Delisle, sur l'art. 901, nº 18.

230. — Jugé, dans ce sens, qu'on ne peut considérer comme moyens de captation ou de suggestion les soins qu'un parent donne à sa parente en état de maladie, non plus que le soin qu'il prend de ses affaires, ni les insinuations plus ou moins directes à l'aide desquelles il cherche à gagner sa bienveillance, ou même à obtenir des dispositions testamentaires favorables. — *Colmar*, 18 août 1841 (t. 2 1841, p. 680), Frube c. Bœrkhel.

231. — Il est bien évident, au surplus, qu'un testament ne peut être attaqué par le motif de l'excessive affection du testateur pour le légataire. — *Paris*, 14 fructid. an XI, Legorgu.

232. — ... Et qu'il n'y a pas un moyen de captation dans le fait que l'un des époux aurait testé le même jour que son conjoint. — *Bordeaux*, 28 juill. 1841 (t. 2 1841, p. 651), Rol c. Boursarie.

233. — On ne comprendrait pas maintenant pourquoi la forme olographe ferait obstacle à l'action en nullité des testamens pour cause de captation ou de suggestion frauduleuse. En effet, comme le remarque très bien M. Coin-Delisle (*ubi suprà*, nº 18), la présomption résultant de la forme olographe que Toullier (t. 5, nº 58) regarde avec raison comme puissante contre l'allégation de démence, n'a pas, quoi qu'il en dise (nº 716), la même force contre l'allégation de séduction; car, dans le testament authentique, la présence des notaires et des témoins et l'absence des légataires sont des garanties contre la surprise qui n'existent pas dans le testament olographe, écrit peut-être en la présence et sous la dictée de ceux à qui l'on veut complaire.

234. — Jugé qu'en thèse générale, et indépendamment des circonstances particulières qui peuvent faire rejeter les allégations proposées, la preuve de la suggestion et de la captation est admissible contre un testament, malgré sa forme olographe. — *Cass.*, 30 déc. 1829, Perellion de Montrocher c. Baudron. — V. conf. *Paris*, 31 janv. 1814, Lefebvre c. Moutier; *Cass.*, 9 juin 1824, et, sous cet arrêt, *Dijon*, 19 fév. 1823, Silvestre c. Billard; 14 nov. 1831, de Hamel c. Aubertin. — V. toutefois en sens contraire *Riom*, 24 juill. 1827, sous *Cass.*, 30 déc. 1829, précité.

235. — Lorsqu'un testament est annulé pour cause de captation, l'annulation porte sur le testament entier, et non pas seulement sur la disposition faite au profit de la personne qui s'est rendue coupable de captation. — *Grenoble*, 21 mai 1824, Truchett c. Dunand.

236. — Dans cette hypothèse, si deux testamens ont été faits au profit de la même personne, et que le second ait été annulé pour cause de captation, le premier, qui n'a point été attaqué, doit recevoir son exécution. — Même arrêt.

237. — Lorsque les faits de captation et de suggestion dirigés contre un testament ont pour résultat d'établir que le testateur n'a point fait la dictée mentionnée par le notaire, la preuve de ces faits n'est admissible que par la voie de l'inscription de faux. — *Metz*, 28 mars 1822, Gadel c. Bertrand. — Cet arrêt ne fait qu'appliquer très exactement les principes que nous avons posés plus haut, nº 188.

238. — Lorsqu'un testament a été attaqué à la fois comme irrégulier et comme étant le produit de la captation et de la suggestion, que les juges ont recueilli à l'audience des renseignemens concernant la régularité de l'acte; que l'arrêt qui a déclaré le testament régulier a ordonné une enquête sur les faits de captation et de suggestion, et que cette enquête a été mise sous les yeux des magistrats qui ont rendu l'arrêt définitif, il n'y a pas ouverture à cassation contre ce dernier arrêt, par le motif qu'on n'y aurait pas appelé tous les juges qui avaient été présens aux audiences antérieures, lors desquelles avaient été entendus les renseignemens relatifs à la régularité du testament. — *Cass.*, 4 mars 1824, Faye c. Caslan.

239. — La question de savoir si un testament émane de la volonté libre du testateur, ou s'il est le fruit de la captation ou de la suggestion, est entièrement abandonnée à la prudence des juges dont la décision à cet égard échappe à la censure de la cour suprême. — *Cass.*, 14 nov. 1831, de Hamel c. Aubertin. — V. conf. *Cass.*, 8 déc. 1836 (t. 1er 1837, p. 611), Sauvé c. Marc.

240. — Les mêmes motifs qui ont fait admettre la preuve testimoniale en ce qui concerne les allégations de démence, de folie ou d'imbécillité du donateur ou testateur, doivent aussi l'autoriser en matière de suggestion ou de captation frauduleuse, et c'est, en effet, ce que supposent les nombreux arrêts cités dans les numéros suivans. — C. civ., art. 1348, al. 1er; — d'Aguesseau, Plaid. 39; Soefve, t. 1er, cent. 4e, ch. 77; et t. 2, cent. 1re, ch. 7; Raviot sur Périer, quest. 161; Merlin, *Rép.*, vº *Suggestion*, § 1er, nº 3.

241. — Sans exclure la preuve testimoniale en cette matière l'on a pourtant jugé qu'elle ne devait être admise qu'autant qu'il existerait un commencement de preuve par écrit de la captation ou de la suggestion alléguée. — *Paris*, 30 germin. an XI, Lecouteux c. Nau; *Cass.*, 29 avr. 1824, de Villers c. de Vérac.

242. — Mais cette restriction ne doit pas être admise. — Il n'y a même pas à distinguer pour l'admissibilité de la preuve testimoniale entre les donations entre-vifs et les testamens, ainsi que le faisaient quelques anciens auteurs qui n'admettaient cette preuve qu'accompagnée de preuves écrites, sur ce fondement que l'articulation de suggestion et de captation, déjà si faible contre les testamens, l'est encore plus contre les donations entre-vifs parce qu'on ne présume pas facilement que le donateur se soit porté contre son gré à se dépouiller lui-même. — Basnage, sur l'art. 431, cout. de Normandie; l'avocat général Talon, cité par Merlin, *Rép.*, vº *Suggestion*, § 1er, nº 5.

243. — Mais quand on veut prouver la suggestion ou la captation, il ne suffit pas d'énoncer ces causes de nullité d'une manière générale; il faut encore que les faits soient précisés. — *Bruxelles*, 14 juin 1806, N... c. Martens; — Furgole, *Testamens*, ch. 5, sect. 3e, nº 49; Toullier, nº 714; Grenier, nº 144; Coin-Delisle, nº 21; Merlin, *Rép.*, *ubi suprà*, nº 2 *in fine*.

244. — Et, en supposant qu'on ne se soit pas

contenté d'énoncer ces causes de nullité d'une manière générale, la preuve offerte de la captation ou de la suggestion peut être refusée par le motif que les faits allégués ne sont ni pertinens ni concluans. — *Cass.*, 18 fructid. an XIII, Quesnay; *Paris*, 8 janv. 1806, Vaudemont c. Bernier; *Grenoble*, 14 avr. 1806, Montlovier c. Saint-Geneys; *Bruxelles*, 14 juin 1806, N... c. Martens; *Riom*, 28 juin 1819, Hégroing c. Jouvainroux; *Angers*, 27 août 1824, Fournier; *Bruxelles*, 2 nov. 1825, N. .

245. — Pour apprécier si des faits de captation, dol et violence dont on demande à faire preuve sont admissibles, il ne faut pas les considérer chacun en particulier, mais il suffit de les considérer dans leur ensemble. — *Aix*, 15 fév. 1832, Maurel c. Luce Jourdan. — V. conf. *Angers*, 29 mars 1828, Delange c. Olivier; — Coin-Delisle, sur l'art. 901, C. civ., n° 21.

246. — Jugé que la preuve des faits de suggestion ou de captation n'est admissible que lorsqu'ils tendent à établir l'intention du testateur de manifester une volonté contraire à celle qui est exprimée dans le testament. — *Grenoble*, 14 avr. 1806, Montlovier c. Saint-Geneys.

247. — ... Et que, pour décider qu'une disposition testamentaire est le résultat de la captation, les tribunaux doivent se fonder sur des présomptions graves, précises et concordantes. — *Bruxelles*, 19 juill. 1814, Abrussart c. Ledoux.

248. — L'arrêt qui refuse d'admettre la preuve des faits de captation et de suggestion, sur le fondement qu'ils ne sont ni pertinens ni concluans, ne donne point ouverture à cassation. — *Cass.*, 8 juill. 1823, H. c. légataires Despréaux; 9 juin 1824, Silvestre c. Billard; 30 déc. 1829, Perethon de Montrocher c. Baudron; 8 août 1837 (t. 2 1837, p. 615), Adelon c. Dervier.

249. — Si, en thèse générale, un testament olographe fait par lui-même foi de sa date, ce privilége cesse lorsqu'on demande à prouver que cette date est fausse, et qu'elle n'a été apposée que par l'effet du dol ou de la suggestion du légataire. — *Angers*, 29 mars 1828, Delaage c. Olivier; *Bruxelles*, 15 avr. 1825, K...

250. — Les tribunaux ne peuvent réduire, sous prétexte de captation et de suggestion, des legs qui n'excèdent pas la quotité disponible. — *Cass.*, 22 juin 1810, Ponthaye c. Boudrot.

251. — Il est bien évident que la demande en nullité d'un testament pour cause de suggestion peut être formée non seulement par les héritiers du sang, mais même par l'étranger institué par un testament antérieur. — *Bruxelles*, 3 nov. 1826, N...

252. — A la matière de la nullité des donations entre-vifs ou testamentaires pour cause de captation ou de suggestion, se rattache nécessairement la question de savoir si l'état de concubinage est réputé exercer de l'influence sur le sort des libéralités, et si, par conséquent, il doit en entraîner la nullité. — V. DONS ENTRE CONCUBINS.

§ 4. — *Vices physiques ou infirmités corporelles.*

253. — Indépendamment des circonstances qu'on vient d'indiquer, dans lesquelles la volonté de l'homme cesse d'être intelligente, libre et spontanée, il est certains vices ou infirmités du corps, susceptibles d'exercer une fâcheuse influence sur la mise en action du droit de disposer à titre gratuit.

254. — La loi n'exige pas la santé du corps. Quelque cruelles que puissent être les maladies corporelles, les infirmités physiques dont une personne soit atteinte, cette personne, fût-elle frappée de paralysie et ne se fît-elle entendre qu'avec la plus excessive difficulté (L. 15, Cod., *De testam.*), elle conserve la faculté de disposer, pourvu qu'elle ait conservé ses facultés intellectuelles (V. *Paris*, 18 avr. 1814, Letors), et qu'elle puisse exprimer sa volonté. — Domat, *L. civiles*, liv. 3, tit. 1er, sect. 2e, n° 5; Furgole, *Testamens*, chap. 4, sect. 1re, n° 3; Coin-Delisle, sur l'art. 901, n° 2.

255. — Si, en principe, ce qui est exigé par la loi en matière de capacité de disposer à titre gratuit, c'est *integritas mentis, non corporis*, cependant les infirmités physiques, pour ne point affecter la capacité d'une personne quant à la *jouissance* du droit de tester, ne laissent pas, eu égard à leur nature particulière, de rendre cette personne incapable, quelquefois même d'une manière absolue, quant à l'exercice de ce droit.

256. — 1° *Sourds.* — En droit romain, vu l'impossibilité dans laquelle ils se trouvaient d'entendre les paroles sacramentelles prononcées par le *familiæ emptor*, ils étaient incapables de faire un testament *per æs et libram*, et, en général, de tous les actes de la vie civile qui se rattachaient aux solennités de la mancipation: ils étaient également incapables de tester dans les formes du droit prétorien, parce qu'il fallait entendre les témoins. Mais ils étaient capables de tester lorsqu'ils étaient militaires (Inst. Justin., *De milit. testam.*, § 2), ou dispensés des formes ordinaires par une faveur spéciale du prince (V. L. 7, ff., *Qui testam. fac. poss.*).

257. — Les sourds, dans notre droit, lors même qu'ils ne sont ni muets ni aveugles, s'ils ne savent ni lire ni écrire, se trouvent complétement empêchés dans l'exercice du droit de disposer à titre gratuit. Ils sont d'abord incapables des actes portant donation entre-vifs, puisque, ces actes devant être nécessairement authentiques (C. civ., art. 931), il faudrait qu'ils pussent en entendre la lecture ou au moins les lire eux-mêmes; ce qui, dans l'hypothèse, est impossible. Par la même raison, ils ne peuvent tester par acte public. Quant à tester dans la forme mystique, il faudrait au moins qu'ils sussent lire (C. civ., art. 978), et, pour tester dans la forme olographe, il faudrait qu'ils sussent lire et écrire (C. civ., art. 970); ces deux dernières formes de testament leur sont donc encore interdites. — V. conf. Duranton, *Dr. fr.*, t. 9, n° 88; Rolland de Villargues, *Rép.*, v° *Testament*, n° 41. — V. au surplus DONATION ENTRE-VIFS, TESTAMENT.

258. — Mais, s'ils savent lire et écrire, ils peuvent tester dans les trois formes, et faire tous actes portant donation entre-vifs. — Rolland de Villargues, *loc. cit.*, n° 42.

259. — Seulement, lorsqu'il s'agit d'actes portant donation entre-vifs ou de testament par acte public, le notaire, au lieu de faire une lecture qui serait ici dérisoire, remettra au sourd son testament, pour que celui-ci le lise lui-même à haute voix, et déclare que ce sont ses intentions.

260. — C'est dans ce sens qu'il a été jugé qu'un individu, quoique sourd, peut valablement faire un testament en public. — *Paris*, 27 janv. 1810, Budan c. Delaville.

261. — Ce que nous venons de dire du sourd ne s'applique pas à celui qui a seulement l'ouïe dure. — Instit. Justin., *Quib. non est perm. fac. testam.*, § 3; Duranton, t. 9, n° 83.

262. — 2° *Aveugles.* — Aucune règle, dans l'ancien droit romain, n'empêchait les aveugles de tester. (V. Pauli, *Recept. sent.*, III, 4, § 4.) Mais l'empereur Justin, père adoptif de Justinien, pour prémunir le testament de l'aveugle contre toute fraude, le soumit à une forme particulière; il exigea, outre les sept témoins, l'assistance d'un tabellion, et, à défaut, celle d'un huitième témoin qui devait, dans le cas d'un testament nuncupatif, l'écrire lui-même sous la dictée de l'aveugle; et, dans le cas d'un testament écrit par avance, en donner lui-même lecture, en présence des témoins, à l'aveugle, afin qu'il pût y reconnaître ses volontés et les déclarer. — V. L. 8, Cod., *Qui testam. fac. poss.*

263. — C'est de cette loi 8 que dérivait l'art. 7 de l'ordonnance de 1735 qui voulait qu'il fût appelé un témoin de plus au testament de l'aveugle, au moins pour les pays de droit écrit.

264. — Mais à l'égard des testamens solennels, faits en pays coutumier, jugé que cette même ordonnance n'avait point exigé plus de formalités pour les testamens des aveugles que pour les autres, qu'elle s'en était rapportée, pour les formes, aux statuts locaux. — *Cass.*, 11 thermid. an XIII, Devadicourt c. Bonnet.

265. — Du reste, sous l'empire même de cette ordonnance, la présence d'un nouveau témoin n'était pas nécessaire, si c'était un simple affaiblissement de la vue, et non une cécité absolue qui eût empêché le testateur de signer. — *Cass.*, 28 frim. an XIII, Maniglier.

266. — La disposition de l'ordonnance de 1735, qui exigeait la présence de ce nouveau témoin, n'ayant pas été reproduite dans le Code civil, il est bien évident qu'elle est par cela même abrogée.

267. — Les personnes frappées de cécité complète peuvent donc tester par acte public et faire des donations entre-vifs. — Mais comme il est nécessaire que les témoins voient la personne qui teste ou qui fait la donation, et sachent bien si c'est le notaire qui écrit, soit l'acte de donation, soit le testament ou sa suscription, les aveugles ne pourraient être témoins à l'acte de donation entre-vifs ou testamentaire fait par autrui. — Grenier, *Tr. des donat.*, t. 1er, n° 254; Toullier, t. 5, n° 394; Merlin, *Rép.*, v° *Témoin instrumentaire*, § 2, n° 4; Favard, v° *Témoins*, n° 2; Duranton, *loc. cit.*, n° 104; Marcadé, *Elém. de dr. civ.*, t. 5, sur l'art. 980, n° 2. — V. au surplus, ACTE NOTARIÉ, n° 152, DONATION ENTRE VIFS, TÉMOINS, TESTAMENT.

268. — L'aveugle peut même, s'il sait écrire, tester en la forme olographe. En vain objecterait-on que le testateur aveugle ne peut lire ses dispositions après les avoir écrites. Le Code ne subordonne pas à cette lecture la validité du testament olographe; il n'exige pour cette validité que ceci: à savoir que le testament soit écrit en entier, daté et signé du testateur. — C. civ., art. 970. — V. conf., Bergier, note sur Ricard, *Des donations*, p. 32 et 33; Duranton, *loc. cit.*; Rolland de Villargues, *Rép.*, v° *Testament*, n° 40. — V. cependant Grenier, *loc. cit.*, n° 281.

269. — La forme *mystique* est expressément interdite à l'aveugle par l'art. 978, C. civ., ainsi conçu: « Ceux qui ne savent ou ne peuvent *lire* ne pourront faire de dispositions dans la forme du testament mystique. » Cet art. 978 n'est que la répétition littérale de l'art. 11 de l'ordonnance de 1735. — V. Rousseau de Lacombe, *Rec. de jurispr.*, v° *Testament*, sect. 3e. — V. au surplus TESTAMENT.

270. — Il eût été, en effet, dangereux de permettre à l'aveugle de tester en la forme mystique, attendu qu'il ne pourrait être certain que le papier qu'il présenterait au notaire serait bien celui sur lequel il avait écrit ses dispositions, puisqu'une substitution serait possible en pareil cas. — Duranton, *loc. cit.* — V. aussi Grenier, *loc. cit.*, n° 258; Toullier, t. 5, n° 478.

271. — M. Coin-Delisle (sur l'art. 978, n° 4) admet la validité du testament qu'un aveugle aurait fait imprimer en caractères saillans, et qu'il aurait pu lire par le toucher. — M. Marcadé (*loc. cit.*, sur l'art. 978, p. 48) partage cette opinion: « Car, dit-il, bien qu'on ne lise ordinairement qu'avec les yeux, il est exact de dire que *lire* c'est, en général, prendre connaissance de ce qui est écrit, par la perception et l'intelligence des caractères. Ce serait aux juges, en cas de contestation, à décider *en fait* si l'aveugle, par ses habitudes et son degré d'intelligence et d'habileté, a vraiment pu lire le testament, c'est-à-dire en bien saisir le sens. »

272. — La preuve de la cécité est évidemment admissible en droit. — C. procéd., art. 253 et 254. — Mais les tribunaux peuvent rejeter la demande à fin de preuve de la cécité, si des circonstances et des divers élémens de la cause il résulte des motifs suffisans pour former leur conviction que le testateur pouvait lire lorsqu'il a fait écrire ses dispositions. — *Cass.*, 8 fév. 1820, de Clermont-Lodève c. Perrin de Jonquières. — V. conf. *Cass.*, 6 messid. an XII, Vauldri-Laborde c. Dachey. — V. Grenier, *loc. cit.*, n° 258 *bis*; Toullier, t. 5, n° 479; Merlin, *Rép.*, v° *Testament*, sect. 2e, § 3, art. 3, nos 5 et suiv.; Duranton, *loc. cit.*

273. — 3° *Muets* et *sourds-muets.* — L'incapacité du muet relativement à l'exercice du droit de tester était la même, en droit romain, que celle du sourd. Quant aux sourds muets, Justinien distingua entre les sourds-muets de naissance et ceux qui le sont devenus par accident. Les premiers étaient incapables de tester parce qu'ils n'avaient (du moins à l'époque de Justinien, et même pendant bien long-temps après. — V. Ricard, *Donations*, part. 1re, n° 131) aucun moyen de manifester leur volonté; les seconds, qui, avant leur accident, avaient pu apprendre à écrire, pouvaient faire un testament par écrit. — Instit. Justin., *Quib. non est permiss. fac. testam.*, § 3; L. 10, Cod., *Qui testam. fac. poss.*

274. — Mais l'incapacité dont la loi romaine frappait le sourd-muet de naissance, tenant à l'impossibilité dans laquelle il se trouvait de manifester sa volonté, devait cesser évidemment à l'égard de celui qui, quoique atteint dès sa naissance de cette infirmité, pouvait néanmoins consigner ses intentions par écrit. Et c'est ce qui a été très bien décidé par arrêt du parlement de Toulouse du mois d'avril 1679, rapporté par Catellan, liv. 2, chap. 48, et discuté par Merlin, *Rép.*, v° *Sourd-muet*, n° 3.

275. — Dans le droit actuel, le muet et le sourd-muet ne peuvent faire de testament par acte public, puisqu'ils ne peuvent *dicter*. — C. civ., art 972; Grenier, n° 283; Rolland de Villargues, *loc. cit.*, n° 44. — V. TESTAMENT.

276. — Mais s'ils savent lire et écrire, ils peuvent faire un testament mystique. — *Colmar*, 17 janv. 1815, Schœffer. — V. TESTAMENT.

277. — Et rien n'empêche qu'ils testent en la forme olographe. — *Bordeaux*, 16 août 1836 (t. 2 1837, p. 619), Pinel. — V. cependant Pothier, *Donations testamentaires*, n° 138.

278. — Dans cette même hypothèse, ils peuvent donner entre vifs. Le notaire alors rédigera l'acte de donation d'après les manifestations par écrit que les muets et les sourds-muets auront faites de leurs intentions devant lui et les témoins. — V. conf., sur ces différens points, Ricard, *Donations*, part. 1re, nos 134 et suiv.; Grenier, nos 283 et suiv.; Rolland de Villargues, *Rép.*, v° *Testament*, nos 44 et suiv., et v° *Sourd-muet*, n° 5; Delvincourt, t. 2, p. 407, note 8e; Merlin, *Rép.*, v° *Sourd-muet*, nos 3 et suiv.; Vazeille, sur l'art. 901, C. civ., n° 11.

279. — Si, au contraire, le sourd-muet ne sait pas écrire, il est incapable de faire une donation entre vifs. — *Liége*, 12 mai 1809, Servotte c. Maseaux. — V. conf. Merlin, Grenier, *loc. cit.*; Guilhon, *Donations*, n° 107. — V. aussi Pothier, *Donat. entre-vifs*, sect. 1re, art. 1er.

280. — Mais il a été depuis jugé qu'un sourd-muet n'est pas incapable de faire une donation entre-vifs par cela seul qu'il ne sait pas écrire. — La donation par lui faite peut être déclarée valable, lorsqu'il est constant d'une part qu'il avait la capacité nécessaire pour contracter, d'autre part qu'il a pu se mettre en communication avec les témoins et le notaire, de manière à ne laisser aucun doute sur son intention et sur sa volonté. — *Cass.*, 30 janv. 1844 (t. 1er 1844, p. 521), Roques c. Clergue. — V. au surplus DONATION ENTRE-VIFS.

281. — Il est, du reste, évident que l'appréciation de ces circonstances rentre exclusivement dans les pouvoirs des juges du fond. — Même arrêt.

§ 5. — *Mineurs.*

282. — Relativement à la capacité des mineurs pour les actes de disposition à titre gratuit, il faut distinguer entre les donations entre-vifs et les testamens.

283. — Le mineur, qu'il soit ou non parvenu à l'âge de seize ans, ne peut pas faire de donations entre vifs. — C. civ., art. 903 — La loi présume qu'il serait victime de ses passions (Bigot Préameneu, *Exp. des mot.*, p. 363 ; Locré, t. 11, p. 363) ; ou d'une bienfaisance que l'expérience ne lui aurait pas appris à régler. — Toullier, t. 5, n° 60. — V. conf. Poujol, sur l'art. 904, C. civ., n° 4.

284. — Pothier (*Tr. des donat. entre vifs*, sect. 1re, art. 1er, n° 7) décide que les mineurs « s'ils étaient émancipés, soit par le mariage, soit par lettres, pourraient donner entre vifs des effets mobiliers ; l'émancipation leur donnant le droit de disposer de ces sortes de choses. » Mais, comme le remarque M Bugnet, sur Pothier, en note (*ubi suprà*), le mineur émancipé n'étant capable de faire que les actes de *pure administration*, il en résulte qu'il est impossible de lui reconnaître le droit de donner son mobilier. — C. civ., art. 481 et 484.

285. — Cette règle prohibitive ne fléchit qu'en ce qui concerne les libéralités faites par contrat de mariage. — C. civ., art. 903. — Tout mineur peut, par contrat de mariage, et avec l'assistance de ceux dont le consentement est requis pour la validité de son mariage, faire à l'autre époux des libéralités ; mais, dans ce cas exceptionnel, et sous cette condition, il a la même capacité qu'un majeur. — C. civ., art. 1095 et 1398. — V. au surplus CONTRAT DE MARIAGE.

286. — La capacité que les art. 1095 et 1398, C. civ., accordent au mineur pour les donations entre vifs étant exceptionnelle (C. civ., art. 903), il convient, pour en fixer la mesure, de se renfermer strictement dans les termes de ces articles. Une fois le mariage contracté, le mineur n'a pas la capacité nécessaire pour faire, pendant le mariage, des donations entre-vifs à son conjoint, même avec l'autorisation des personnes dont le consentement a été requis pour la validité de son mariage. — Duranton, t. 8, nos 184 et suiv. ; Poujol, *Tr. des donat. et des testam.*, t. 1er, p. 142, n° 4 ; Coin-Delisle, n° 16 ; Marcadé, sur les art. 903 et 904, n° 1er ; Malleville, sur l'art. 1095 ; Grenier, n° 461 ; Levasseur, *De la quotité disponible*, n° 63 ; Toullier, n° 925.

287. — C'est donc avec raison qu'il a été jugé que la donation faite par un époux mineur à sa femme, pendant le mariage, est nulle, lors même que le donateur n'est décédé qu'après avoir atteint sa majorité. — *Paris*, 10 mars 1820, Rouvel. — V. conf. *Cass.*, 12 avr. 1843 (t. 1er 1843, p. 585), Burdelot c. Brian. — V. cependant, en sens contraire, un arrêt du parlement de Paris, du 23 fév. 1610, dans Rousseau de Lacombe, v° *Âge*.

288. — Quant au testament, le mineur ne peut le faire avant d'être parvenu à l'âge de seize ans ; et même, quand il a atteint cet âge, il ne peut léguer que la moitié des biens dont la loi permet au majeur de disposer. — C. civ., art. 904.

289. — Sa volonté peut avoir acquis une maturité suffisante pour que l'approche ou la perspective de la mort écarte les passions et ne lui permette plus de s'occuper que des devoirs de famille et de reconnaissance. — Bigot Préameneu, *Exposé des motifs* (dans Locré, *loc. cit.*)

290. — Mais un motif qui nous paraît expliquer bien mieux que celui qui vient d'être allégué pourquoi le mineur parvenu à l'âge de seize ans peut disposer par testament, tandis qu'il ne le peut par donation entre-vifs, c'est que le testament ne dépouille pas actuellement le mineur, au lieu que la donation opère de suite dessaisissement. L'incapacité du mineur ne devait donc pas être aussi absolue dans le premier cas que dans le second. — V. TESTAMENT.

291. — Pour que le mineur soit réputé *parvenu à l'âge de seize ans*, il faut que les seize ans soient accomplis, bien que l'art. 904, C. civ., ne s'en explique pas formellement comme le font d'autres articles du Code relativement à d'autres objets. — V. notamment C. civ., art. 144, 384, 388, 477, 478 et 488. — V. dans ce sens L. 48, ff., *De condit. et demonstr.*; Ricard, *Donat.*, part. 1re, n° 196 ; Furgole, *Testam.*, chap. 4, sect. 2e, n° 201 ; Domat, *Lois civ.*, liv. 3, tit. 1er, sect. 2e, n° 2; Delvincourt, note 3e sur la p. 61 du 2e vol; Grenier (implicit), n° 108 ; Duranton, t. 8, n° 186 ; Rolland de Villargues, *Répert.*, v° *Testament*, sect. 1re, n° 31 ; Coin-Delisle, sur l'art. 904, n° 5 ; Marcadé, sur l'art. 904, n° 1er ; Poujol, *Tr. des donat. et testam.*, t. 1er, p. 143 et 144 ; Merlin, *Rép.*, v° *Testament*, art. 3, n° 7 ; Bugnet sur Pothier, *Tr. des donat. testam.*, chap. 3, art. 2, note sur le n° 131.

292. — Pour que la seizième année soit entièrement écoulée, il n'est pas nécessaire que le dernier jour soit expiré. Ce jour doit être regardé comme accompli dès qu'il est commencé. — L. 5, ff., *Qui testam. fac. poss.* ; Pothier, *Tr. des donat. testam.*, chap. 3, art. 2, n° 131 ; Ricard, Furgole et Delvincourt, *ubi suprà* ; Coin-Delisle, *loc. cit.*, n° 6.

293. — Lorsque le mineur est parvenu à l'âge de seize ans, il est capable de tester, sans qu'il y ait à distinguer entre le cas où il serait émancipé et celui où il ne le serait pas. — Delvincourt, t. 2, note 2e sur la p. 61 ; Grenier, n° 108 ; Coin-Delisle, n° 4.

294. — Sa volonté n'eût pas été indépendante, en effet, s'il n'avait pu l'exercer que sous la condition d'une émancipation préalable ; et la crainte qu'il ne fît des dispositions contraires à leurs intérêts eût pu devenir de la part des père, mère ou parens un obstacle à son émancipation. — Bigot Préameneu, *Exposé des motifs*, dans Locré, *loc. cit.*, p. 362 ; Delvincourt et Coin-Delisle, *ubi suprà*.

295. — La règle qui fixe la quotité dont le mineur, parvenu à l'âge de seize ans, peut disposer par testament, à la moitié des biens dont pourrait disposer un majeur, ne fléchit même point en faveur du conjoint du testateur ; l'art. 1094, C. civ., a été écrit pour les majeurs seulement, ainsi que le prouve l'art. 1095 qui, immédiatement après, s'occupe d'attribuer au mineur une capacité exceptionnelle pour les conventions matrimoniales. D'ailleurs, si l'époux mineur ne peut, par testament, donner à un ascendant, et même à un enfant, s'il en avait, au-delà de la quotité disponible fixée par l'art. 904, on ne comprendrait pas pourquoi il en serait autrement vis-à-vis de son conjoint : l'imperfection de son intelligence n'est-elle pas la même ? — Duranton, n° 187 ; Coin-Delisle, n° 7. — V. QUOTITÉ DISPONIBLE. — Aussi a-t-il été jugé que l'époux mineur ne peut donner à son époux, par testament, que la moitié des biens dont il pourrait disposer s'il était majeur. Dans ce cas, c'est l'art. 904, C. civ., et non l'art. 1094 qui règle la quotité disponible. — *Limoges*, 15 janv. 1822, Dutheil c. Claux. — V. conf. *Paris*, 11 déc. 1812, Lerebours c. Talon ; *Bordeaux*, 24 avr. 1834, Boutel ; *Caen*, 18 août 1838 (t. 1er 1843, p. 429), Guillonet.

296. — La quotité de biens dont le mineur âgé de seize ans peut disposer par testament étant de la moitié de celle dont un majeur peut disposer lui-même, il est évident qu'il faut connaître celle-ci pour déterminer celle-là. Ce sera donc sous le mot général QUOTITÉ DISPONIBLE qu'on trouvera la solution des questions sur ce point.

297. — Si le mineur avait dépassé dans ses dispositions le chiffre de la portion de biens fixée par la loi dans l'art. 904, les legs ne seraient point entachés de nullité, mais seulement réductibles, sans distinction entre eux à cet égard, à moins, toutefois, qu'il ne résultât du testament que le testateur a entendu que tel ou tel legs fût acquitté de préférence. — Duranton, n° 189 ; Coin-Delisle, n° 8 ; Poujol, *ubi suprà*, p. 144.

298. — Et, dans cette hypothèse spéciale, la réduction a lieu au profit de tous les héritiers, quels qu'ils soient, réservataires ou non, tandis qu'en matière de quotité disponible ordinaire il n'y a que les héritiers réservataires (descendans et ascendans) qui puissent faire réduire les libéralités excessives au taux de cette quotité.

299. — Mais les collatéraux n'ont point la saisine des biens dont la loi n'a pas permis au mineur de disposer, et, par suite, le légataire universel n'est pas tenu de leur demander la délivrance. — *Poitiers*, 22 janv. 1828, Martineau. — V. conf. Coin-Delisle, n° 14.

§ 6. — *Femmes mariées.*

300. — L'art. 905, C. civ., porte que : — « La femme mariée ne pourra donner entre-vifs sans l'assistance ou le consentement spécial de son mari, ou sans y être autorisée par la justice, conformément à ce qui est prescrit par les art. 217 et 219, au titre *du Mariage*. — Elle n'aura besoin ni de consentement du mari ni d'autorisation de la justice pour disposer par testament. »

301. — La loi, pour régler la question de capacité, distingue donc encore ici entre le testament et la donation entre-vifs.

302. — La femme mariée peut tester sans aucune espèce d'autorisation parce que *testamentorum jura per se firma esse debent, non ex alieno arbitrio pendere*, et parce que, d'ailleurs, l'autorité maritale aura cessé au moment où le testament produira son effet. — Duranton, n° 204 ; Poujol, sur l'art. 905, n° 2 ; Proudhon, *Tr. de l'état des personnes*, t. 1er, p. 459 ; Toullier, n° 621 ; Delvincourt, t. 1er, p. 75, note 7e ; Coin-Delisle, sur l'art. 905, n° 1er ; Marcadé, sur ce même article. — V. aussi Pothier, *Tr. des don. testam.*, chap. 3, sect. 1re, n° 112.

303. — Il y a de plus, selon nous, cette considération, à savoir, que la femme mariée, en disposant par testament, ne se dépouille actuellement de rien.

304. — Pothier (*loc. cit*). et Furgole (*Testam.*, ch. 4, sect. 1re, n° 2) attestent que tel était aussi autrefois le droit commun de la France dans les pays de droit écrit et dans la plupart des pays coutumiers. Il y avait pourtant quelques coutumes qui ne permettaient à la femme de tester qu'avec l'autorisation du mari ou celle de justice à son refus (V. Merlin, *Rép.*, v° *Testam.*, sect. 1re, § 2, art. 3, et à l'appui de cette disposition exceptionnelle le président Bouhier, sur la *cout. de Bourgogne*, ch. 19). — Et même, d'après les chartes générales du Hainaut, la femme ne pouvait tester que lorsqu'elle s'en était réservé le droit dans son contrat de mariage. — Merlin, *ubi suprà*. — V. au surplus AUTORISATION DE FEMME MARIÉE, sect. 4e, nos 138 et suiv.

305. — Quant aux donations entre-vifs que la femme ne peut faire sans l'autorisation de son mari ou de justice (C. civ., art. 905, al. dernier, nos 217 et 219), V. AUTORISATION DE FEMME MARIÉE.

306. — Delvincourt (t. 2, p. 61, note 5e) pense que la femme séparée de biens judiciairement n'a besoin ni de l'autorisation maritale ni de celle de justice pour pouvoir faire des donations de son mobilier ; cet auteur se fonde, pour le décider ainsi, sur ce que l'art. 1449, C. civ., lui accorde, dans cette hypothèse, le droit de disposer seule de son mobilier et de l'aliéner.

307. — Si l'on adoptait cette décision, il faudrait aussi l'appliquer à la femme séparée de biens par son contrat de mariage, et à celle qui, étant mariée sous le régime dotal, aurait un mobilier paraphernal.

308. — Nous ne pensons pas qu'une telle opinion doive être suivie, et nous décidons, au contraire, que, sous aucun prétexte, la femme mariée ne peut se passer, pour faire des donations entre-vifs, de l'autorisation de son mari ou de justice ; peu importe, en conséquence, qu'elle soit séparée de biens et qu'il s'agisse de donation de mobilier. En effet, indépendamment de l'intérêt moral que le mari a toujours à juger des motifs d'une donation que fait sa femme, celle-ci fût-elle séparée de biens et ne fît-elle qu'une donation de mobilier, l'on peut remarquer en faveur de notre opinion que l'art. 905, C. civ., pose une règle absolue qui n'admet dans ses termes aucune distinction. On peut ajouter que l'art. 1449, C. civ., qui accorde effectivement à la femme séparée de biens le droit d'aliéner seule son mobilier, ne paraît devoir s'entendre, à raison de la place qu'il occupe, que des aliénations à titre onéreux. D'ailleurs, si l'on a accordé à la femme séparée de biens la capacité d'aliéner son mobilier, c'est parce que, sans la faculté de faire valablement ces sortes d'aliénation, son pouvoir d'administrer eût été paralysé. Or, tel étant le motif de la loi, la faculté qu'elle accorde à la femme séparée de biens d'aliéner son mobilier ne saurait s'entendre des donations entre-vifs, qui ne rentrent nullement dans le pouvoir d'administrer, quelque large qu'on le conçoive. — V. conf. Duranton, t. 8, n° 208 ; Coin-Delisle, *ubi suprà*, n° 4 ; Marcadé, sur l'art. 905, C. civ.

§ 7. — *Morts civilement, condamnés par contumace, et condamnés à certaines peines.*

309. — L'art. 25, al. 1er, C. civ., porte que « par la mort civile, le condamné perd la propriété de tous les biens qu'il possédait : sa succession est ouverte au profit de ses héritiers, auxquels ses biens

sont dévolus de la même manière que s'il était mort naturellement *et sans testament...* » En sorte que toute disposition de dernière volonté qu'il pourrait avoir faite, même antérieurement à sa mort civile, demeure sans effet.

310. — Mais comment expliquer, en principe, que la loi transmette ainsi la succession aux héritiers légitimes, et refuse aux légataires le bénéfice du testament?

311. — M. Duranton (t. 1er, no 248) donne pour raison de cette disposition que le testateur devait être capable à la double époque de la confection du testament et de la mort, et qu'ici il ne l'est pas à cette dernière époque. — V. conf. Delvincourt, *Cours de C. civ.*, t. 1er, note 7e sur la p. 28; Demante, *Thémis*, t. 7, p. 135 et 136.

312. — Mais on peut répondre que, de même qu'il n'y a que les vivans naturellement qui meurent naturellement, il n'y a non plus que les vivans civilement qui meurent civilement; qu'ainsi le condamné est coupable lors de sa mort civile comme toute autre personne l'est au moment de sa mort naturelle, et que dès-lors la double condition à laquelle M. Duranton subordonne avec raison la validité des testamens se trouve réalisée en ce qui concerne le testament fait par un condamné antérieurement à sa mort civile.

313. — Il est donc impossible de voir dans la nullité du testament l'effet d'une incapacité produite par la mort civile. Il faut y voir plutôt l'effet d'une indignité prononcée par la loi qui n'a pas voulu consacrer les dernières volontés de l'homme qu'une telle peine a frappé. C'est ainsi que Richer (*De la mort civile*, p. 546) et Pothier (*Tr. des personnes*, part. 1re, tit. 3, sect. 3), au lieu d'avoir recours à des subtilités métaphysiques dont la rigueur est, au surplus, très contestable, expliquent la nullité du testament fait par un condamné antérieurement à sa mort civile. — V. conf. Valette, sur Proudhon, t. 1er, note *a*, p. 149; Demolombe, t. 1er, no 200.

314. — La disposition qui prononce cette nullité est donc une disposition pénale, et, comme elle n'a trait qu'au testament, nous ne l'étendrons pas, puisque c'est une peine, aux institutions contractuelles. — C. civ., art. 1082 et 1083. — Nous ne pensons donc pas qu'une institution contractuelle doive demeurer sans effet par suite de la mort civile du donateur, d'autant mieux que la loi n'a pu vouloir que *l'indignité* du donateur enlevât au donataire les légitimes espérances que le contrat de mariage a fait naître. — V. dans ce sens Valette, sur Proudhon, *ubi suprà*; Demolombe, no 201; Delvincourt, *Cours de C. civ.*, *loc. cit.*; Duranton, t. 1er, no 249. — V. cependant en sens contraire Demante, *Thémis*, t. 7, p. 476 et 485.

315. — Ces motifs nous portent même à croire que les donations par contrat de mariage, faites dans les termes de l'art. 1086, C. civ., ne sont pas davantage anéanties par la mort civile. — V. les auteurs cités au numéro précédent.

316. — Quant aux donations entre-vifs ordinaires, qui sont antérieures à la mort civile, il ne peut pas plus y avoir de difficulté, en ce qui concerne leur validité, qu'à l'égard de celles qui seraient faites par le condamné entre l'arrêt de condamnation et l'exécution. Le législateur eût dû peut-être empêcher que l'individu condamné, et qui va être frappé d'une peine qui le rendra indigne de laisser un testament valable, ne pût depuis sa condamnation disposer entre-vifs de la totalité de ses biens. Mais le législateur ne l'a pas fait : la proposition de déclarer, dans ce cas, le condamné incapable, a été, au contraire, formellement rejetée par le conseil d'état. Ces donations seront donc valables, le condamné n'ayant été déclaré indigne que par rapport au testament qu'il aurait fait antérieurement à la mort civile qui va résulter de l'exécution. — V. conf. Delvincourt, *Cours de Code civil*, *loc. cit.*; Toullier, t. 1er, no 288; Duranton, t. 1er, no 283; Zachariæ, t. 1er, p. 322; Demolombe, t. 1er, no 220.

317. — Dans les solutions diverses qui viennent d'être présentées, nous ne supposons pas, bien entendu, qu'il y ait fraude de la part du donateur qui vient ensuite à être frappé de mort civile. Dans ce cas, il y aurait lieu incontestablement à l'application des règles ordinaires, en ce qui concerne les actes frauduleux. — Mêmes auteurs, et Legrand, *sur Troyes*, art. 125, gl. 2, no 15.

318. — Une fois la mort civile encourue, le condamné pouvait, avant le Code, faire des donations entre-vifs. — *Cass.*, 1er août 1811, Bereur de Malans c. Rigonaux; — Pothier, *Donat. entre-vifs*, no 4; Merlin, *Rép.*, vo *Mort civile*, § 1er, art. 3. — V. *contrà* Ricard, *Des donat.*, part. 1re, no 228; Duplessis, *Des donat.*, liv. 1er, ch. 4.

319. — Il n'était incapable que relativement à la faculté de disposer par testament.

320. — Cette distinction entre la donation entre-vifs et le testament, qui tenait à des traditions romaines mal interprétées (V. *suprà* nos 113 et s.) a été rejetée avec raison par le Code, qui n'a fait à cet égard que consacrer législativement l'opinion de Ricard. Il est donc sans difficulté aujourd'hui que le mort civilement ne peut ni tester, ni faire des donations entre-vifs. — C. civ., art. 25, alin. 3, et art. 33.

321. — Il ne peut y avoir, à cet égard, aucune difficulté pratique. — Jugé, en conséquence, que le testament fait par un individu décédé en état de mort civile est nul, quelle que soit l'époque où ce testament a été passé. — *Agen*, 23 juin 1824, Cabrillac.

322. — Jugé spécialement, pour le cas où la mort civile a été encourue par suite de l'émigration, que le testament fait par un émigré à une époque où il était encore inscrit sur les listes, ne peut produire aucun effet légal, encore bien que ce testament ait été fait et que le testateur soit décédé aux colonies, dans une île où les lois sur l'émigration n'avaient pas été publiées, et dans un temps où elles ne pouvaient pas l'être (vu l'occupation de l'île par les Anglais). — *Cass.*, 20 mai 1812, Héritiers et légataires de la Tournelière. — V., au surplus, Émigrés.

323. — Mais un prêtre reclus par mesure de sûreté générale, en vertu de la loi du 3 brum. an IV, a pu valablement disposer de ses biens. — *Nîmes*, 19 germ. an XI, Bassinet c. Joubert.

324. — Il n'y avait que les prêtres *déportés* qui, aux termes des lois des 17 sept. 1793 et 30 (29 el) vend.-1er brum. an II, étaient frappés de mort civile, et, comme tels, incapables de disposer, fût-ce même à titre onéreux. — *Cass.*, 12 prair. an X, Maury c. Cabanel.

325. — La prohibition de disposer par testament ou par donation entre-vifs étant, en ce qui concerne le mort civilement, consacrée par la loi en termes absolus, qui s'opposent à toute distinction, l'incapacité du mort civilement paraît devoir comprendre les donations manuelles d'argent ou d'autres biens mobiliers. — En vain objecterait-on que les dons manuels sont du domaine du droit naturel, et que le mort civilement a conservé les droits naturels, on répond que de pareilles considérations ne suffisent pas pour distinguer là où le texte de la loi ne distingue pas. Il est d'ailleurs inexact de dire que le mort civilement a conservé ses droits naturels. En effet, le droit de se marier est un droit éminemment naturel, et les obligations qui résultent du mariage sont fondées sur la loi naturelle, et cependant le Code (art. 25) refuse expressément au mort civilement le droit de se marier, et même annule le mariage antérieurement contracté. — V. conf. Delvincourt, t. 1er, p. 23, 2e édit., note 3e; Valette sur Proudhon, t. 1er, p. 151, note *a*; Demolombe, no 203. — V. *contrà Montpellier*, 19 nov. 1840 (t. 2 1841, p. 74), préfet de l'Aude c. G...; Toullier, t. 1er, no 229; Duranton, t. 1er, no 263; Locré, *Espr. du C. civ.*, p. 389; Richelot, t. 1er, p. 171; Zachariæ, t. 1er, p. 324.

326. — Suivant M. Demolombe (*loc. cit.*, no 204), le mort civilement ne pourrait même pas disposer à titre gratuit, pour cause d'alimens, attendu que le texte de l'art. 25, C. civ., al. 3, ne lui conserve que la capacité de recevoir à ce titre. — Mais cet argument n'est pas bien démonstratif : car, d'après la ponctuation et la construction grammaticale du texte de loi invoqué, les mots *si ce n'est pour cause d'alimens*, se rapportent, suivant nous, aussi bien à la faculté de disposer qu'à la faculté de recevoir.

327. — Quoi qu'il en soit, M. Duranton excepte le cas où le mort civilement disposerait en faveur *de son descendant ou de son ascendant, de son frère ou de sa sœur* (t. 1er, no 262); mais cette exception est repoussée comme n'étant fondée sur aucun texte par MM. Demolombe (*loc. cit.*) et Coin-Delisle (sur l'art. 25, C. civ., no 28).

328. — Tout au plus, suivant M. Demolombe (*loc. cit.*), pourrait-on soutenir que le mort civilement est tenu de fournir des alimens à ses *enfans* et à ses *ascendans*, aux termes des art. 205 et suiv., C. civ.; en effet, puisque l'on a égard aux rapports de paternité et de filiation, pour lui attribuer le droit de demander à ces personnes des alimens (V. Alimens, no 10), on comprend très bien que l'on doive aussi y avoir égard pour mettre à sa charge l'obligation réciproque et corrélative.

329. — L'on sait que les condamnations par contumace n'emportent la mort civile qu'après les cinq ans qui suivent l'exécution par effigie (C. civ., art. 27), et que, pendant ces cinq ans ou jusqu'à ce qu'il se représente ou qu'il soit arrêté pendant ce délai, le contumax est privé *de l'exercice des droits civils*. — C. civ., art. 28, al. 1er.

330. — Ce texte est absolu, et puisqu'il prive le condamné de l'exercice des droits civils, sans distinguer entre ces droits, il en résulte que ce condamné ne pourrait notamment, dans cet intervalle, faire de testament. — V. conf. Duranton, t. 1er, no 230, et t. 8, no 175; Proudhon, t. 1er, p. 142; Demolombe, no 224.

331. — Cette rigueur a paru tellement excessive, qu'on a proposé (sur l'art. 28, art. 1er, C. civ.), avec une extrême défiance toutefois, la distinction suivante, à laquelle évidemment résiste fortement le texte de la loi, savoir que : le condamné contumax sera privé de l'exercice de tous les droits qui peuvent être exercés en son nom par la régie des domaines : mais il pourra exercer tous les droits qui seraient anéantis si on lui en enlevait l'exercice; et, par exemple, il pourra tester et se marier. — Valette sur Proudhon, t. 1er, p. 147.

332. — Quel sera, dans les deux hypothèses des art. 29 et 31, C. civ., c'est-à-dire lorsque le condamné aura été constitué prisonnier, soit volontairement, soit forcément, ou sera mort dans les cinq ans, quel sera, disons-nous, le sort de la donation entre-vifs ou du testament faits dans l'intervalle écoulé depuis l'arrêt de condamnation jusqu'à la représentation volontaire ou forcée, ou jusqu'à son décès?

333. — Cette donation entre-vifs et ce testament se trouveront être valables. En effet, la privation de l'exercice des droits civils résulte de l'exécution de la condamnation; mais les art. 29 et 31, C. civ., déclarent, dans des termes absolument identiques, que le jugement de contumace est *anéanti de plein droit*. Or, il est difficile de laisser subsister (comme cela aurait lieu dans la solution contraire) des conséquences d'un jugement déclaré non avenu, *anéanti* enfin, c'est le mot de la loi, et, ainsi qu'on l'a remarqué, le mot le plus énergique qu'elle pût employer. En supposant qu'il y eût doute, l'on devrait d'ailleurs, puisque la loi sur la mort civile est incontestablement une loi pénale, l'interpréter en faveur du condamné. — V. en ce sens Valette, sur Proudhon, t. 1er, p. 147 et s.; Demolombe, t. 1er, no 227.

334. — D'après l'art. 29, C. pén. : « Quiconque aura été condamné à la peine des travaux forcés à temps, de la détention ou de la réclusion, sera de plus, pendant la durée de sa peine, *en état d'interdiction légale*; il lui sera nommé un tuteur et un subrogé tuteur pour gérer et administrer les biens dans les formes prescrites pour les nominations des tuteurs et subrogés-tuteurs aux interdits. »

335. — Quelle est l'influence de cet état d'interdiction sur la capacité du condamné, notamment en ce qui concerne les dispositions à titre gratuit? — Cette question a fait naître entre les auteurs une très sérieuse controverse.

336. — Les uns pensent que les effets de cette interdiction légale, dont parle l'art. 29, C. pén., ne se rapportent qu'à l'administration des biens, sans altérer d'ailleurs la capacité du condamné, qui conserve en conséquence *l'exercice* de ses droits civils, et qui peut, en conséquence, faire les actes de la vie civile sans distinction, et notamment donner entre-vifs aussi bien que tester. — Chauveau et Hélie, *Théorie du C. pén.*, t. 1er, p. 211; Merlin, *Quest. de droit*, vo *Testament*, § 3 *bis*; Duvergier, sur Toullier, 3e vol., 1re part., no 62, note *a*.

337. — D'autres, au contraire, soutiennent le système de l'incapacité absolue : ils pensent, en d'autres termes, que la loi a prononcé une interdiction complète, qui ne permet pas de distinguer entre le testament et les autres actes de la vie civile. — Duranton, t. 8, no 181; Boitard, *Leç. de dr. pén.*, p. 188; Carnot, sur l'art. 29, C. pén.; Demante (implicit.), t. 1er, p. 55; Valette, sur Proudhon, t. 2, p. 554-556.

338. — La jurisprudence ne paraît consacrer ni l'une ni l'autre de ces opinions absolues. Elle distingue, quant à la capacité du condamné, entre les aliénations entre-vifs et les testamens.

339. — Ainsi, jugé que le condamné est incapable de contracter, d'aliéner et de s'obliger. — *Cass.*, 25 janv. 1825, Duchêne c. Lehardelay; *Nancy*, 5 juin 1828, Letoulet c. Lemoine. — V. conf. Demolombe, *Cours de Code civ.*, t. 1er, p. 211.

340. — ... Mais que le testament par lui fait pendant la durée de sa peine, et par conséquent pendant son interdiction légale, est valable. — *Rouen*, 28 déc. 1822, Biard c. Lolbon; *Nîmes*, 16 juin 1835, Ledoux c. Aggaleng. — V. conf. Merlin, *Quest. de dr.*, vo *Testament*, § 3 *bis*.

341. — Ce système équitablement transactionnel, adopté par MM. Zachariæ (t. 1er, p. 30) et Demolombe (t. 1er, p. 210), peut d'ailleurs se justifier aisément en théorie. En effet, il résulte du discours de l'orateur du gouvernement que le seul but de la loi, en plaçant le condamné en état d'in-

terdiction, a été d'empêcher qu'il ne se procurât des ressources pécuniaires et des moyens de s'évader : or, pour que ce but, qui est d'ordre public, soit atteint, il suffit que le condamné ne puisse faire des dispositions entre-vifs, qui sont d'ailleurs incompatibles avec l'administration déférée au tuteur. Pourquoi, dès lors, aggraverait-on inutilement sa position en le privant de l'exercice d'un droit aussi précieux que celui de tester? Cette privation n'étant pas dans les motifs de l'art. 29, C. pén., on ne saurait l'y mettre. D'ailleurs, la disposition de cet art. 29, étant pénale, doit, dans le doute, s'interpréter en faveur du condamné.

§ 8. — *Personnes pourvues d'un conseil judiciaire.*

342. — On a vu *suprà* (no 183) qu'une personne à qui l'on a donné, pour cause d'imbécillité, un conseil judiciaire (V. C. civ., art. 499), n'est point par cela même incapable de faire un testament ; mais elle l'est du moins de faire des donations entre-vifs sans l'assistance du conseil, puisqu'elle en a besoin pour tous les actes d'aliénation (C. civ., art. précité), et que, par le dépouillement qui suit la donation, la propriété de la chose donnée est transférée aussi bien que par la vente. — V. conf. Toullier, t. 5, no 59; Grenier, t. 1er, no 107 ; Duranton, t. 8, nos 156 et 169 ; Coin-Delisle, sur l'art. 901, C. civ., no 12 ; Poujol, *loc. cit.*, t. 1er, p. 134.

343. — Ce qu'on vient de dire à l'égard de la personne pourvue d'un conseil judiciaire à cause de la faiblesse de ses facultés intellectuelles (art. 499, C. civ.) s'applique aux interdits pour cause de prodigalité (art. 513, C. civ.) — Duranton, no 167; Grenier, Toullier, *ubi suprà* ; Coin-Delisle, no 11 ; Merlin, *Rép.*, vo *Prodigue*, § 7, no 2 ; Rolland de Villargues, *Rép.*, vo *Démence*, no 13 ; Bugnet sur Pothier, *ubi suprà*, no 137, note 3. — V. aussi Emmery, *Exposé des motifs du titre de la majorité*, séance du 28 vent. an XI.

344. — Capables seulement de tester, ils ne le sont pas en ce qui concerne les donations entre-vifs ; sous ce rapport, notre droit français diffère du droit romain, où la capacité du prodigue portait aussi bien sur la faculté de tester que sur celle de donner entre-vifs. — V. conf. Domat, *Lois civiles*, tit. 1er, sect. 2e, no 6 ; Pothier, *ubi suprà*, no 7. — V. au surplus CONSEIL JUDICIAIRE.

§ 9. — *Cas spéciaux.*

345. — Aux termes du décret du 18 fév. 1809 (*Bull.*, p. 225, no 4127), les religieuses hospitalières étaient frappées d'une incapacité absolue de disposer entre-vifs, tout en conservant la capacité de disposer par testament.

346. — Toute personne, postulante, novice ou professe, faisant partie d'un établissement de congrégation religieuse autorisée, est incapable de donner par acte entre-vifs ou par testament, soit à l'établissement, soit à l'un de ses membres, au-delà du quart de ses biens, à moins que le don ou le legs n'excède pas la somme de dix mille francs. — L. 24 mai 1825, art. 5. — V. Duvergier, sur cette loi; Coin-Delisle, sur l'art. 900, C. civ., no 9.

347. — Et remarquez qu'il résulte des termes de cette loi et des discours prononcés dans les deux chambres qu'on s'occupait alors et des congrégations hospitalières et des congrégations enseignantes ; d'où il suit que les religieuses hospitalières ont été relevées de l'incapacité absolue de disposer, dont les frappait le décret précité, et qu'elles peuvent aujourd'hui donner par acte entre-vifs le quart de leurs biens à leur établissement. — Coin-Delisle, *loc. cit.*, en note.

348. — Mais ce dernier auteur (*loc. cit.*) ne pense pas que les religieuses hospitalières aient été relevées de l'incapacité de donner entre-vifs à des tiers ou à leur famille.

349. — D'après l'art. 446 du nouveau Code de comm., « sont nuls et sans effet, relativement à la masse, lorsqu'ils auront été faits par le débiteur depuis l'époque déterminée par le tribunal comme étant celle de la cessation de ses paiemens, ou *dans les dix jours qui auront précédé cette époque*, — tous actes translatifs de propriétés mobilières ou immobilières *à titre gratuit*.« » — V. au surplus FAILLITE.

350. — Quant aux donations faites avant les dix jours, soit de meubles, soit d'immeubles, elles peuvent seulement être annulées, sur la demande des créanciers, si elles ont été faites en fraude de leurs droits. — V. FAILLITE.

351. — On peut encore rattacher à la matière des incapacités de disposer à titre gratuit l'art. 1422, C. civ., qui limite en ces termes le pouvoir du mari, chef de la communauté : — « Il (le mari) ne peut disposer, à titre gratuit, des immeubles de la communauté, ni de l'universalité, ou d'une quotité du mobilier, si ce n'est pour l'établissement des enfans communs. — Il peut néanmoins disposer des effets mobiliers à titre gratuit et particulier, au profit de toutes personnes, pourvu qu'il ne s'en réserve pas l'usufruit. » — V. COMMUNAUTÉ.

Sect. 2e. — *Incapacité de recevoir à titre gratuit.*

§ 1er. — *Historique.*

352. — Dans le droit romain, les incapacités de recevoir étaient fort nombreuses : c'est surtout en matière d'institutions d'héritier, de legs et de donations à cause de mort, qui, à cet égard, ne se distinguaient pas des legs (V. LL. 9, 35 *pr.*, 37 *pr.*, ff., *De mort. caus. donat.*), que ces incapacités s'étaient multipliées outre mesure, ainsi que cela résulte de l'aperçu suivant.

353. — Étaient incapables d'être institués ou de recevoir des legs : — 1o les *peregrini*, les déportés, les latins juniens (à moins toutefois que ces derniers ne devinssent citoyens avant l'adition) ; — 2o les femmes, d'après la loi Voconia, portée l'an 585 de Rome, loi assez obscure sur laquelle on peut consulter le savant Mémoire lu à l'Institut par M. Ch. Giraud ; — 3o les proscrits en vertu de la loi Cornelia (Cicér., *in Verr.*, II, 1, 17) ; — 4o les célibataires (*cœlibes*), et les citoyens sans enfans (*orbi*), en vertu des célèbres lois Julia et Pappia Poppea sous Auguste ; — 5o les personnes incertaines et, comme telles, les municipalités et leurs colléges, auxquels les sénatus-consultes avaient cependant permis de pouvoir être institués par leurs affranchis, les temples (sauf ceux de Jupiter Tarpéien, d'Apollon de Didyme, de Mars dans la Gaule, et de quelques autres indiqués par Ulpien (*Regul.*, liv. 22, tit. 6), primitivement tous les posthumes et plus tard les posthumes externes seulement, sauf qu'en cas d'institution d'une personne de cette dernière qualité, le préteur lui accordait la possession de biens *secundùm tabulas*.

354. — Ces diverses incapacités restreignaient trop le cercle des personnes sur lesquelles l'on pouvait étendre ses libéralités pour que l'on ne recherchât pas le moyen d'échapper à de si gênantes entraves : c'est de là, en partie du moins, qu'est venu l'usage des fidéi-commis, qui, à peine érigés eux-mêmes en institution régulière, furent soumis à peu près aux mêmes restrictions que celles qu'ils avaient eu pour but d'éluder.

355. — On trouve encore au Code de Justinien l'énumération d'autres personnes frappées d'une incapacité de recevoir soit absolue, soit relative ou partielle. — Ainsi, sont privés de la faction passive de testament les fils des condamnés pour crime de lèse-majesté (*filii perduellium*. — V. L. 5, § 1er, Cod., *Ad leg. Jul. majest.*) ; — les apostats (V. L. 3, Cod., *De apost.*) ; — les hérétiques (V. L. 4, § 2, Cod., *De hœret. et manich.*) ; — les enfans incestueux et leurs père ou mère, lesquels ne peuvent réciproquement s'instituer (V. L. 6, Cod., *De incest. et inutil. nupt.*) ; le second conjoint, en cas de secondes noces, lorsqu'il existe des enfans du premier lit (L. 6, Cod., *De secund. nupt.*) ; — les enfans naturels, lorsqu'il y a des enfans légitimes (V. L. 2, Cod., *De natur. lib.*).

356. — Mais sous Justinien la plupart des anciennes incapacités de recevoir avaient disparu. Il n'existe d'abord plus de déditices, de latins juniens, de *peregrini* ; les lois Julia et Pappia-Poppea sont complétement et textuellement abrogées ; la capacité de recevoir est rendue aux femmes ; elle n'est plus refusée aux personnes incertaines, et en particulier aux colléges, aux corporations légalement établies, ainsi qu'aux posthumes même externes. Quant aux cités, elles avaient déjà été reconnues sous Nerva comme capables de recevoir des legs, et cette capacité avait fait sous Adrien l'objet spécial d'un sénatus-consulte dont parle Ulpien (*Regul.*, liv. 24, § 28).

357. — En droit romain, le père et le fils soumis à sa puissance étant censés ne former qu'une seule personne, toute donation entre-vifs était impossible entre eux (V. L. 1, § 1, ff., *Pro donato*) ; tout au plus pouvait-elle valoir *ex post facto* lorsque le père donateur émancipait ultérieurement l'enfant qu'il avait en puissance sans lui retirer l'objet donné (V. L. 31, § 2, ff., *De donat.*) ; mais plus tard, pour que cette donation se trouvât valable, il suffit que le donateur mourût sans l'avoir révoquée (V. L. 25, Cod., *De donat. inter vir. et uxor.*, et Ant. Perezii *Prœlect.*, in lib. 8, tit. 54, Cod., *De donationibus*).

358. — Jugé, en conséquence, que, d'après la jurisprudence suivie dans les pays de droit écrit, la donation faite par un père à ses enfans était valable, surtout lorsqu'elle avait été ratifiée expressément, ou par le silence du père jusqu'à la mort. — *Turin*, 16 fév. 1811, Sappa c. Trucchi.

359. — Jugé d'autre part que, sous l'empire des lois romaines, le legs fait à l'écrivain du testament autre que le fils du testateur, sans une approbation spéciale, n'était pas valable, alors même que la volonté du testateur pouvait être constatée par des preuves extérieures, et rien ne pouvait suppléer l'approbation expresse. — *Gênes*, 18 juill. 1809, Cambiaso-Negrotto c. Buedo.

360. — Jugé encore qu'en pays de droit écrit le legs fait à un notaire par un codicille qu'il avait écrit comme homme privé, et dont il avait reçu l'acte de suscription comme officier public, était valable lorsque le testateur l'avait confirmé par une disposition spéciale écrite de sa main, et par une déclaration itérative dans l'acte de suscription. — *Cass.*, 26 fév. 1806, Wuillemeaux c. Cuinet ; — Merlin, *Rép.*, vo *Légataire*, § 2.

361. — Quant à la jurisprudence des pays de coutume, comme nous aurons besoin de nous y référer pour la saine interprétation de la loi actuelle sur les incapacités de recevoir, ce serait commettre un double emploi que d'exposer à part le système de cette ancienne jurisprudence sur la matière.

362. — Nous remarquerons seulement ici que plusieurs des incapacités de recevoir à titre gratuit admises dans l'ancienne jurisprudence n'ont plus lieu aujourd'hui.

363. — Ainsi, par exemple, sous l'empire de la législation actuelle, il ne peut plus être question de l'incapacité dont se trouvaient autrefois frappés les religieux, tant à cause de leur mort civile que des vœux de pauvreté qu'ils avaient faits. — Pothier, *Donat. testam.*, chap. 3, sect. 2e, art. 1er, no 144 ; *Donat. entre-vifs*, sect. 1re, art. 2, § 3, no 27 ; Ricard, chap. 3, sect. 5e, nos 310 et suiv.

364. — ... Incapacité qui cessait toutefois lorsqu'un acte de la puissance publique sécularisait les religieux. — *Trèves*, 13 août 1813, Gœrres.

365. — ... Et dont furent relevés les jésuites, qui étaient compris dans la prohibition par les édits de mai et juin 1777, lors de la suppression de leur société. — *Nîmes*, 17 nov. 1818, Tempié.

366. — Suivant le décret pontifical du 14 fév. 1633, des legs faits aux religieux mendians étaient valables ; et bien que ces religieux fussent dans l'impuissance d'agir en justice pour en exiger le service, le débiteur du legs n'en était pas moins tenu de l'acquitter. Cette incapacité des ordres religieux ne peut d'ailleurs être opposée au domaine auquel les fondations de cette nature ont été dévolues par la loi du 16 oct. 1791. — *Cass.*, 27 oct. 1813, Domaine c. Magnani.

367. — Il ne saurait être question non plus de l'incapacité résultant de l'application de la maxime : *nul ne peut être héritier et légataire*, qui était en vigueur dans la plus grande partie des pays coutumiers, et notamment dans les coutumes de Paris et d'Orléans (V. notamment Pothier, *Tr. des success.*, chap. 4, art. 2, § 1er, et *Donations testamentaires*, chap. 4, art. 4). Aujourd'hui, un successible peut être à la fois légataire et héritier, si le legs lui a été fait par préciput (V. C. civ., art. 843, *in fine*, et 919). — V. au surplus RAPPORT A SUCCESSION.

368. — ... Ni encore de l'incapacité relative par suite de laquelle les maris et les femmes ne pouvaient, aux termes des art. 282, cout. de Paris, 280, cout. d'Orléans, se rien donner entre-vifs ou par testament, soit qu'ils eussent enfans ou non. — V. C. civ., art. 1096 et suiv. — V. DONATION ENTRE ÉPOUX.

369. — ... Ni enfin de celle qui, conformément aux lois romaines (V. *suprà* no 355), frappait les excommuniés et les hérétiques. — Merlin, *Rép.*, vo *Institution d'héritier*, sect. 5e, § 1er, no 7.

370. — Il est également sans difficulté que, sous l'empire du Code civil, un domestique est capable de recevoir un legs universel de son maître. — *Cass.*, 18 oct. 1809, Marette c. Roger.

371. — Quelques arrêts réduisaient autrefois ces legs, comme excessifs, selon les circonstances. On peut en citer un du 11 août 1713, rapporté par Pothier, *Donat. testament.*, chap. 3, sect. 2e, art. 3, no 153.

372. — Quant aux étrangers, incapables anciennement de recevoir par testament, mais non par donation entre-vifs (V. Pothier, *Donat. testam.*, chap. 3, art. 1er, no 144, et *Donat. entre-vifs*, sect. 1re, art. 2, no 24 ; Bacquet, *Du droit d'aubaine*, chap. 18 ; Loysel, *Instit. cout.*, liv. 1er, tit. 1er, règle 31), la loi du 8-15 avr. 1791, art. 3, les avait relevés de ce vice de pérégrinité. Mais, replacés bientôt par le Code civil (V. art. 11, 726 et 912) sous l'empire d'une incapacité de recevoir même plus complète que dans l'ancien droit, sauf l'application du principe de réciprocité, ils ne sont enfin devenus capables de recevoir que depuis et en vertu de la loi du 14 juill. 1819, art. 1er. — V. AUBAINE (Droit d').

§ 2. — *Morts civilement, enfans naturels, incestueux ou adultérins.*

373. — On a vu *suprà*, nos 309 et s., qu'aux termes de l'art. 25, C. civ., al. 3, le mort civilement est incapable, d'une manière absolue, de disposer entre-vifs ou par testament; le même article le déclare également incapable de recevoir à ce titre, si ce n'est pour cause d'alimens. — V. ALIMENS, MORT CIVILE.

374. — Nous n'inscrirons ici que pour mémoire les enfans incestueux ou adultérins, et les enfans naturels simples qui, flétris autrefois du nom de *bâtards*, et assimilés aux serfs ou main-mortables dans notre très ancienne législation (V. BATARD), mais élevés aujourd'hui à une condition meilleure, ne peuvent néanmoins recevoir de leurs père ou mère, les premiers que des alimens (C. civ., art. 762), et les seconds rien au-delà de ce qui leur est accordé au titre des *successions* (C. civ., art. 908). Les questions qui surgissent à cet égard sont traitées sous les mots : DONATION DÉGUISÉE; ENFANT ADULTÉRIN, INCESTUEUX; ENFANT NATUREL.

§ 3. — *Défaut de conception.*

375. — D'après l'art. 906, C. civ., sont incapables de recevoir entre-vifs ceux qui ne sont pas conçus au moment de la donation et de recevoir par testament (fût-ce même un legs particulier, disposition à laquelle ne s'étendaient pas les termes de l'art. 49 de l'ordon. de 1735. — D'Aguesseau, t. 9, in 4°, lett. 333), et ceux qui ne sont pas connus à l'époque du décès du testateur.

376. — Mais, bien qu'il en fût autrement dans le droit romain antéjustinien, le fait de la conception devait suffire pour qu'il y eût capacité de recevoir, à cause de la règle de droit : *qui in utero est pro jam nato habetur quoties de ejus commodo agitur.* Le temps de la naissance a, en ce cas, un effet rétroactif au temps de la conception. La loi toutefois y met une condition : elle veut que la donation ou le testament n'aient d'effet qu'autant que l'enfant *sera né* VIABLE. — C. civ., article précité, al. 3.

377. — Jugé contre cette doctrine, et c'était un point de jurisprudence constante attestée par Stockmans (décis. 26e), que l'institution ou le legs en faveur d'enfans non encore nés, ni même conçus à l'époque du décès du testateur, était valable en Belgique. — *Bruxelles*, 27 nov. 1819, N...

378. — Puisqu'il faut être conçu, d'après le Code civil, pour être capable de recevoir à titre gratuit, il peut s'élever des difficultés sérieuses sur la question de savoir si l'enfant, né dans un temps voisin de la donation entre-vifs ou du décès du testateur, était conçu, ainsi qu'il devait l'être, au moment de cette donation ou de ce décès. Comme une question semblable s'élève en matière de succession *ab intestat*, puisque, pour être capable de succéder, il faut être également conçu à l'époque du décès du *de cujus* (C. civ., art. 725), ce sera sous le mot SUCCESSION qu'on recherchera d'après quels principes elle doit être résolue.

379. — Au surplus, en raison de la faveur que méritent les contrats de mariage, la disposition qui exige que le donataire soit au moins conçu au moment où se forme la donation entre-vifs ne s'applique point aux donations de biens à venir (C. civ., art. 1082), et à celles des biens présens et à venir (C. civ., art. 1084); elle ne s'applique pas non plus dans les divers cas où les substitutions sont permises (C. civ., art. 1049, 1050, et L. 17 mai 1826). — V., au reste, DONATION PAR CONTRAT DE MARIAGE, SUBSTITUTION.

380. — Mais elle recevrait son application au cas où un testateur aurait légué de la sorte : si telle femme vient à concevoir après ma mort, je lègue cent à l'enfant qui naîtra d'elle. Un pareil legs serait nul quand même la condition viendrait à s'accomplir. C'est aussi ce que l'on décidait sous l'empire de l'ordonnance de 1735 en ce qui concerne une institution d'héritier qui serait faite de cette même manière. — Boutaric, sur l'art. 49 de l'ordonnance de 1735; Furgole, *Des testamens*, ch. 6; Duranton, n° 224.

§ 4. — *Tuteurs.*

381. — L'art. 907, C. civ., est ainsi conçu : « Le mineur, quoique parvenu à l'âge de seize ans, ne pourra, même par testament, disposer au profit de son tuteur. — Le mineur, devenu majeur, ne pourra disposer, soit par donation entre-vifs, soit par testament, au profit de celui qui aura été son tuteur, si le compte définitif de la tutelle n'a été préalablement rendu et apuré. — Sont exceptés, dans les deux cas ci-dessus, les ascendans des mineurs qui sont ou qui ont été leurs tuteurs. »

382. — Cette disposition tire son origine de l'art. 131 de l'ordonnance de François Ier du mois d'août 1539, de la déclaration de Henri II de févr. 1549, et de l'art. 276 de la coutume de Paris. — Pothier, *Donations testamentaires*, chap. 3, sect. 2e, art. 3, n° 148, et *Donations entre-vifs*, sect. 1re, § 8, nos 37 et suiv.

383. — Il importe d'abord de remarquer que, la loi, dans les deux paragraphes de l'art. 907, C. civ., se servant, en parlant du pupille, de ces mots NE POURRA DISPOSER, l'incapacité relative dont il y est question, qui, en ôtant à l'un la faculté de donner, ôte, par cela même, à l'autre la faculté de recevoir, est surtout considérée par le législateur comme incapacité de donner, affectant le pupille. On aurait donc pu, et cela peut-être eût-il été plus logique, rattacher cette prohibition à la matière des incapacités de recevoir. — V. conf. Coin-Delisle, sur l'art. 907, C. civ., n° 2; Demante, *Thémis*, t. 7, p. 148 et 149. — V. *contrà* Marcadé, *Elém. de dr. civ.*, sur l'art 907, C. civ., n° 3.

384. — Quoi qu'il en soit, la disposition prohibitive de l'art. 907 n'est dirigée que contre les *tuteurs*, soit actuels, soit récemment sortis de fonctions. Elle ne s'appliquerait donc pas aux curateurs, ni aux conseils judiciaires, ni aux subrogés-tuteurs et tuteurs *ad hoc* (V. conf. Ricard, *Donations*, part. 1re, n° 476; Pothier, note 4e sur l'art. 296, cout. d'Orléans), ni enfin au conseil spécial donné par le père défunt à la mère, tutrice légale (C. civ., art. 391), pas plus qu'aux membres du conseil de famille. — V. conf. Toullier, n° 65; Delvincourt, note 1re sur la page 62, 2e vol.; Duranton, t. 8, nos 200, 201, 202; Coin-Delisle, sur l'art. 907, C. civ., nos 9, 10; Poujol, *Donat. et testam.*, sur l'art. 907, n° 5; Grenier, t. 1er, nos 122 et 123, Marcadé, *Elém. de dr. civ.*, sur l'art. 907, n° 1er; Solon, *Des nullités*, t. 1er, n° 123; Rolland de Villargues, *Rép.*, v° *Donation*, n° 50.

385. — Jugé, toutefois, que le subrogé tuteur, alors qu'il participe réellement et de fait à l'administration des biens du mineur, est incapable, comme le tuteur, de recevoir aucune libéralité du mineur. — *Grenoble*, 26 juill. 1828, Chapuis c. Prompsal.

386. — Il est, du reste, incontestable que la prohibition de l'art. 907, C. civ., ne s'étend pas aux administrateurs, instituteurs, pédagogues, etc., quoique l'ancienne jurisprudence (V. cout. de Paris, art. 276, et, sur cet article, Pothier, *Donat. entre-vifs, loc. cit.*) les frappât dans ce cas d'incapacité. Toutefois, la libéralité, lors surtout qu'elle serait considérable, pourrait être attaquée pour cause de captation ou de suggestion. — Mêmes auteurs; et Bugnet sur Pothier, *Donat. entre-vifs*, note 2e sur la p. 363. — V. *contrà* Delvincourt.

387. — Quant au vrai sens compréhensif du mot *tuteur* dans l'art. 907, C. civ., la jurisprudence nous paraît l'avoir fixé d'une manière très conforme à l'esprit de la loi.

388. — Il n'y a d'abord pas de doute que, par ce mot, la loi n'entende le protuteur pour les biens des colonies. Mais il a, en outre, été jugé qu'elle entend encore le second mari qui devient cotuteur de la mère tutrice légale, conformément à l'art. 396, C. civ. — *Metz*, 18 janv. 1821, Housseaux c. Poncelet. — V. conf. Poujol, *Donat. et testam.*, n° 7; Rolland de Villargues, v° *Donation*, n° 48; Coin-Delisle, sur l'art. 907, C. civ., n° 10; Marcadé, *loc. cit.*; Magnin, *Des tutelles*, t. 2, n° 995; Solon, *Des nullités*, t. 1er, n° 121.

389. — Jugé ainsi, même à l'égard du second mari qui, sans que la femme se fût fait maintenir dans la tutelle, aurait géré indûment les biens des enfans du premier lit. — *Cass.*, 14 déc. 1836 (t. 1er 1837, p. 79), Domeizet c. Carrière; *Montpellier*, 21 déc. 1837 (t. 2 1838, p. 540), mêmes parties. — V. *contrà Nîmes*, 16 août 1833, mêmes parties.

390. — Et il a même été jugé, d'une manière générale, que l'art. 907, C. civ., s'appliquait à toute personne qui, sans être tuteur, aurait, en cette qualité, géré les biens des mineurs. — *Limoges*, 4 mars 1822, Biergeon c. Devoise. — V. conf. Rolland de Villargues, *loc cit.*, n° 49; Magnin, *Des tutelles*, t. 2, n° 995.

391. — Mais cet article s'appliquerait-il aux tuteurs honoraires et aux tuteurs officieux? — Il serait assez difficile de le contester en ce qui concerne les derniers. — V. conf. Coin-Delisle, Marcadé, *ubi suprà*. — Mais, quant aux tuteurs honoraires, il y avait discussion entre Ricard (*loc. cit.*, n° 476) et Pothier (*Cout. d'Orléans*, art. 296, note 4e). — Ce dernier auteur prétendait que le tuteur honoraire, ayant autorité sur la personne et l'éducation du mineur, devait être compris dans cette prohibition, et cette opinion nous paraît devoir d'autant mieux être suivie que le texte de l'art. 907, C. civ., est général, et ne prête à aucune distinction. — V. conf. Coin-Delisle, *loc. cit.*, n° 11.

392. — Le tuteur ne peut donc rien recevoir de son pupille tant que dure la tutelle, parce que la loi a craint qu'il n'abusât de son influence; et même, après que la tutelle a cessé, il continue jusqu'à l'apurement du compte d'être incapable, pour le même motif, et aussi parce que, tant que le compte de tutelle n'est pas rendu et apuré, le mineur devenu majeur ne sait pas si sa fortune lui permet de faire des libéralités, si elle a été bien administrée, et si, en conséquence, le tuteur a bien ou mal mérité de la confiance dont il était investi. En ce qui concerne les libéralités entre-vifs, il y avait, d'ailleurs, une raison toute particulière pour établir cette prohibition; c'est qu'il eût été à craindre que, sous la couleur d'une libéralité, les parties ne cherchassent à éluder la disposition de l'art. 472, C. civ., qui déclare nul tout traité intervenu entre le mineur devenu majeur et son tuteur, s'il n'a été précédé d'un compte détaillé et de la remise des pièces justificatives, le tout constaté par un récépissé de l'oyant-compte dix jours au moins avant le traité. — V. conf. Bigot Préameneu, *Exp. des motifs* (Fenet, t. 12, p. 519). — V. aussi Pothier, *loc. cit.*; Dumoulin, sur l'art. 131, ord. de 1539; Stockmans, décis. 118, et tous les auteurs précités.

393. — La loi ne permet qu'au *mineur devenu majeur* de disposer en faveur de son ex-tuteur, pourvu encore que ce soit postérieurement à la reddition et à l'apurement du compte définitif de tutelle; et comme, en pareille matière, il convient de s'attacher aux termes de la loi, il nous semble que le mineur émancipé, mais non majeur, ne pourrait pas disposer en faveur de son ancien tuteur, même en supposant le compte rendu et apuré. — *Bruxelles*, 14 déc. 1814, Liévens. — V. conf. Coin-Delisle, sur l'art. 907, C. civ., n° 3; Rolland de Villargues, *Rép.*, v° *Donations*, n° 53. — V. *contrà* Delvincourt, t. 2, p. 203.

394. — Par la même raison, nous aurions peine à admettre avec M. Poujol (sur l'art. 907, C. civ., n° 4) que la disposition testamentaire qui serait faite au profit du tuteur, même *avant l'apurement* du compte de tutelle, serait valable, si cet apurement avait eu lieu avant le décès du testateur.

395. — Les termes restrictifs de la loi ne permettent pas non plus d'admettre que le mineur, non devenu majeur, puisse, en cas de changement de tuteur, disposer en faveur de son ancien tuteur, même lorsque celui-ci aurait rendu au nouveau tuteur les comptes de sa gestion; il serait à craindre par trop à craindre que l'ancien tuteur ne cherchât à obtenir prématurément la décharge en faisant nommer un tuteur, précisément dans le dessein d'obtenir de son pupille des dispositions testamentaires. — Toutefois Ricard (*Donations*, part. 1re, nos 456 et suiv.) pensait que, si l'ancien tuteur avait non seulement rendu et apuré le compte de la gestion, mais encore payé le reliquat entre les mains du nouveau tuteur, l'incapacité relative du mineur à son égard devait cesser. — V. dans le sens de Ricard, Coin-Delisle, sur l'art. 907, C. civ. nos 4 et 5.

396. — On a, du reste, remarqué avec raison que l'art. 907, C. civ., établissait une de ces présomptions légales appelées *juris et de jure* dont la force est telle que, non seulement elles dispensent de toute preuve, mais même qu'on ne peut leur opposer aucune preuve contraire. Par conséquent la disposition, soit du mineur dans le cas du § 1er, soit du majeur dans le cas du 2e § de l'article 907, ne serait pas valable, même quand le tuteur offrirait de prouver qu'au moment de cette disposition une grande distance le séparait de son pupille, et qu'il n'a pu ainsi exercer d'influence. — V. conf. Ricard, *Donations*, chap. 3, sect. 9; Grenier, t. 1er, n° 120; Coin-Delisle, n° 6; Marcadé, sur l'art 907, C. civ., n° 3.

397. — Et telle est la portée absolue de la règle consacrée par l'art. 907, C. civ., qu'il n'y a pas à distinguer pour son application entre les dispositions purement gratuites et les dispositions rémunératoires. — V. conf. Coin-Delisle, sur l'art. 907, C. civ., n° 7; Marcadé, *loc. cit.*

398. — Mais, comme cette règle prohibitive est fondée sur des considérations exclusivement personnelles, elle ne s'étend pas aux héritiers du tuteur. On ne pourrait donc annuler la libéralité que leur ferait l'ancien pupille, après la mort de l'ex-tuteur, décédé sans avoir apuré le compte tutélaire. — V. conf. Pothier, *loc. cit.*; Grenier, n° 121.

399. — De même, autrefois l'incapacité prononcée par les anciennes ordonnances contre le tuteur et ses enfans, auxquels il n'était point permis d'être légataires de son pupille, ne s'étendait pas à ses collatéraux. — *Metz*, 14 fév. 1811, Keller c. Maire.

400. — Pour que le mineur, devenu majeur, puisse disposer au profit de son ancien tuteur, la loi exige que le compte de tutelle ait été préalablement *rendu et apuré* (C. civ., art. 907, al. 2); *apuré*, c'est-à-dire qu'il ait été présenté et débattu, et que

le reliquat en ait été fixé. Mais elle n'exige pas que le reliquat ait été payé. — Ferrière, *sur Paris*, art. 276, gl. 1re, no 21 ; Basnage, *sur Normandie*, art. 439 ; Furgole, 36e quest. sur l'ordonnance de 1731, nos 12 à 21 ; Pothier, *Donations entre-vifs*, sect. 1re, art. 2 ; § 8 (contrairement à l'opinion de Ricard, *Donations*, nos 454 et suiv.); Bergier, sur Ricard, chap. 3, sect. 9e ; Toullier, t. 5, no 65 ; Grenier, t. 1er, no 119 ; Delvincourt, t. 2, note 2e, sur la p. 62 ; Duranton, t. 8, no 199 ; Coin-Delisle, sur l'art. 907, C. civ., no 13 ; Poujol, *Donations et Testamens*, sur l'art. 907, no 3 ; Rolland de Villargues, *Rép.*, vo *Donations*, no 47 ; Bugnet, sur Pothier, *Tr. des don. entre-vifs*, p. 362, note 2e.

401. — Il est bien entendu que le compte définitif de tutelle, exigé par la loi, doit être sérieux et régulier. Et à ce sujet il faut remarquer que le compte d'un second tuteur, pour être complet et définitif, doit embrasser la gestion du premier tuteur aussi bien que la sienne propre. Tant qu'un pareil compte n'a pas été rendu pour les deux gestions, le second tuteur ne peut rien recevoir de son ancien pupille. — *Cass.*, 25 juin 1839 (t. 2 1839, p. 294), Pilet.

402. — Jugé que le legs fait par un mineur devenu majeur, au profit de l'épouse de son tuteur, après le compte rendu, peut, si plus tard ce compte est reconnu *irrégulier*, être annulé comme fait à une personne interposée pour faire profiter du legs le tuteur. — *Cass.*, 15 fév. 1827, Lovéant c. Devay.

403. — Mais faut-il que la libéralité ait été précédée de la remise des pièces dix jours au moins auparavant, ainsi que l'art. 472, C. civ., l'exige pour la validité des traités ?

404. — Nous le pensons : car, ainsi que le fait observer M. Coin-Delisle (*loc. cit.*, no 14), un compte *définitif* ne peut être *apuré* que sur la remise des pièces justificatives : autrement il ne serait que provisoire. L'art. 907, C. civ., n'ayant été d'ailleurs fait, comme nous l'avons remarqué (V. *suprà* no 392), que pour empêcher la violation de l'art. 472, il nous semble que, par cela même, les formalités préalables à tout traité se trouvent ici implicitement exigées. — V. conf. Marcadé, *loc. cit.*, no 2. — V. *contrà* Duranton, Poujol, *loc. cit.*

405. — Comme par l'effet de la prescription décennale de l'article 475, C. civ., le tuteur est entièrement quitte de l'obligation de rendre compte, et que même la prescription établit une présomption légale *juris et de jure* que le compte a été rendu (V. conf. Henrys, t. 2, p. 403 ; Dunod, *Des prescriptions*, p. 102 ; Troplong, *Prescription*, t. 2, p. 23), il est incontestable, d'après le texte même de l'art. 907, C. civ., que l'incapacité du pupille devenu majeur, à l'égard de son ex-tuteur, doit cesser lorsque dix ans se sont écoulés depuis la majorité. — *Colmar*, 19 janv. 1842 (t. 2 1842, p. 34), Zimmermann.

406. — Jugé cependant que lorsque la mère tutrice a convolé en secondes noces sans faire convoquer le conseil de famille, l'incapacité du second mari dont on a parlé (*suprà* no 389) ne s'efface pas par la circonstance que l'action en reddition de compte serait prescrite. — *Montpellier*, 21 déc. 1837 (t. 2 1838, p. 540), Domeizel.

407. — Le dernier paragraphe de l'art. 907, C. civ., déroge à la règle en faveur des ascendans, parce que leur qualité inspire de la confiance, et qu'ainsi « la piété filiale doit se présumer plutôt que la violence ou l'autorité. » — Bigot-Préameneu, *Exposé des motifs* (dans Locré, t. 11, p. 364).

408. — Et peu importe qu'ils soient remariés ou non : la loi, contrairement à l'ancienne jurisprudence (V. Pothier, *loc. cit.*), ne distingue pas. — Grenier, t. 1er, no 119 ; Coin-Delisle, sur l'art. 907, C. civ., no 16 ; Marcadé, sur ce même article, no 4 ; Bugnet sur Pothier, *loc. cit.*, note 1re.

409. — Mais l'exception ne va pas plus loin et ne s'étend pas aux alliés des ascendans. — *Cass.*, 12 oct. 1812, Allara c. Garda ; — Ricard, *Des donat.*, part. 1re, no 470 ; Coin-Delisle, *loc. cit.* ; Duranton, t. 8, no 197 ; Rolland de Villargues, vo *Donations*, no 52.

410. — ...Par exemple, au second mari de la mère tutrice. — *Metz*, 18 janv. 1821, précité (*suprà* no 388).

411. — L'art. 907, C. civ., comprend-il aussi l'interdit qui, ayant recouvré la santé, disposerait en faveur de son ancien tuteur antérieurement à la reddition et à l'apurement du compte ? — Oui, car l'art. 509, C. civ., assimile l'interdit au mineur pour la personne et pour ses biens. — V. dans ce sens Coin-Delisle, sur l'art. 907, C. civ., no 12 ; Guilhon, *Tr. des donat.*, no 72. — *Contrà* Marcadé, *loc. cit.*, no 5.

§ 5. — *Médecins, chirurgiens, etc., ministres du culte.*

412. — Les docteurs en médecine ou en chirurgie, les officiers de santé et les pharmaciens qui ont traité une personne pendant la maladie dont elle meurt, ne peuvent profiter des libéralités qu'elle aurait faites en leur faveur pendant le cours de cette maladie. — Cette prohibition est étendue au ministre du culte. — C. civ., art. 909.

413. — Une pareille prohibition a pour but de prévenir les effets d'une influence illicite que ces positions ne rendraient que trop facile.

414. — L'incapacité de ces personnes n'était point, dans l'ancien droit, l'objet d'une disposition légale. C'était la jurisprudence des arrêts qui, conformes en cela aux lois romaines (L. 9, Cod., *De prof. et med.*), avait étendu à ces personnes la prohibition de l'ordonnance de 1539 et de la coutume de Paris ; d'où Pothier concluait que cette incapacité ne devait pas être aussi strictement interprétée. — Pothier, *Donations entre-vifs*, sect. 1re, § 8, nos 38 et 40.

415. — Le Code civil s'étant exprimé à ce sujet en termes exprès et limitatifs, l'on se trouve maintenant en présence d'une incapacité de recevoir qu'il n'est plus permis d'interpréter d'une manière extensive, et qui doit, au contraire, être renfermée dans les termes précis de la loi.

416. — En règle générale, la violation frauduleuse des prohibitions relatives aux incapacités énumérées dans l'art. 909, C. civ., peut être établie par la preuve testimoniale, et par des présomptions graves, précises et concordantes. — *Toulouse*, 30 janv. 1845 (t. 1er 1845, p. 622), James c. Larrey.

417. — 1o *Médecins, chirurgiens, officiers de santé, pharmaciens.* — Il résulte des termes mêmes de la loi que deux conditions sont requises pour que les libéralités faites par un malade au profit de ces personnes soient frappées de nullité.

418. — Il faut 1o que le donataire ou légataire médecin, chirurgien, officier de santé ou pharmacien, *ait traité le disposant pendant la maladie dont ce dernier est mort* ; — 2o que la disposition ait été *faite pendant le cours de cette maladie.* — *Cass.*, 9 avr. 1835, Trainard c. Alméras.

419. — D'où il suit, d'abord, que l'incapacité n'atteint ni le médecin qui n'aurait été appelé qu'en consultation, ni le pharmacien qui aurait simplement fourni les remèdes et médicamens nécessaires au malade. — *Cass.*, 12 oct. 1812, Allara c. Garda.

420. — Néanmoins, les circonstances dont les soins et les fournitures auraient été accompagnés, pourraient, par leur réunion, par leur nombre, par leur continuité, constituer ce que l'on appelle *traiter un malade.* — V. même arrêt, et *Cass.*, 9 avr. 1835, Trainard c. Almeras. — V. conf. Duranton, nos 250 et 253 ; Poujol, *Donat. et testam.*, t. 1er, sur l'art. 909, C. civ., no 3 ; Grenier, no 126 ; Toullier, no 69 ; Delvincourt, t. 2, note 5e, sur la p. 62 ; Coin-Delisle, sur l'art. 909, C. civ., no 8 ; Marcadé, sur le même article, no 1er ; Rolland de Villargues, *Rép.*, vo *Donations*, no 62.

421. — Il suit encore de la proposition susénoncée que, quand bien même une libéralité aurait été faite par un malade au médecin qui le traite, cette libéralité serait valable si le disposant revenait à la santé. — Ricard, *Donations*, no 500 ; Pothier, *Cout. d'Orléans*, note 6e, sur l'art. 296 ; Duranton, Poujol, *loc. cit.* ; Coin-Delisle, no 9 ; Marcadé, no 2 ; Grenier, no 141.

422. — Cela est sans inconvénient, ainsi que le fait observer M. Duranton (*loc. cit.*), relativement aux dispositions testamentaires, puisque le testateur peut les révoquer. Mais pour les donations entre-vifs, qui sont, de leur nature, irrévocables, on eût peut-être dû les déclarer nulles, quoique le donateur ne soit pas mort de la maladie dans le cours de laquelle il a disposé. La loi ne l'ayant pas fait, il ne lui reste que la ressource de l'action en nullité pour cause de captation ou de suggestion ayant entraîné défaut de liberté. — V. conf. Coin-Delisle ; Marcadé, *loc. cit.*, et la note ; Poujol, sur l'art. 909, no 4.

423. — En disant que la guérison du malade suffit pour valider le legs, il faut entendre une guérison véritable : ce qui exclut le cas où cette guérison n'eût été qu'apparente, et où la maladie, prétendue nouvelle, dont le disposant vient à mourir, n'aurait été dans la réalité que la continuation de l'ancienne.

424. — La libéralité devrait alors incontestablement être considérée comme ayant été faite par le disposant dans le cours de la maladie dont il est mort. A cet égard, du reste, comme sur le point de savoir si le donataire ou légataire n'était pas le médecin du disposant et ne l'a pas traité pendant la dernière maladie, les tribunaux ont un pouvoir de souveraine appréciation, et leurs décisions, comme fondées sur des considérations de fait, échapperaient à la censure de la cour de Cassation. — *Cass.*, 24 mai 1837 (t. 1er 1837, p. 450), Roche.

425. — Jugé que l'état d'infirmité et de souffrance dans lequel une personne est restée jusqu'à sa mort depuis un accident qui lui est arrivé dans un âge avancé ne peut être considéré comme constituant, dans le sens de l'art. 909, C. civ., la maladie dont cette personne est morte ; et que la mort survenue long-temps après l'accident, à l'âge de quatre-vingt-deux ans, a pu être réputée l'effet unique de la vieillesse. — *Cass.*, 12 janv. 1833, Noguès c. Labat.

426. — ... Et que, quoiqu'un médecin ait donné ses soins à cette personne pendant une partie de l'état de souffrance et d'infirmité que nous avons supposé, si, dès deux ans avant le testament, il avait abdiqué légalement sa qualité de médecin, il cesse d'être atteint de l'incapacité de recevoir établie par l'art. 909. — Même arrêt.

427. — Mais c'est bien à tort qu'il a été jugé (*Cass.*, 9 avr. 1835, Trainard c. Alméras Latour, et, sous cet arrêt, *Grenoble*, 16 janv. 1834) qu'on ne pouvait attaquer un legs en nullité, sur le motif qu'au moment de la confection du testament la testatrice était affectée d'une légère tumeur qui, après plusieurs années, s'était convertie en une plaie cancéreuse ayant entraîné la mort. Du moment, en effet, que la disposition est reconnue avoir été faite *pendant la maladie* dont le disposant *est mort*, et au profit du médecin qui l'a *traitée*, elle tombe nécessairement sous le coup de la prohibition de l'art. 909, et elle aurait dû dès-lors être annulée. — V. conf. Coin-Delisle, no 10 ; Marcadé, *loc. cit.*

428. — Lorsqu'un testament public énonce que le testateur a été trouvé en bonne santé, et qu'il n'est décédé que plusieurs années après, la preuve qu'il était effectivement malade, et qu'il a été traité par le chirurgien qu'il a institué pour légataire, peut être rejetée comme impossible, ou ne pouvant produire un résultat satisfaisant. — *Bordeaux*, 19 janv. 1825, Louberie c. Bely.

429. — L'art. 909, C. civ., ne parle que des *docteurs en médecine ou en chirurgie*, *des officiers de santé et des pharmaciens*. Cependant, quoiqu'en général les incapacités ne doivent pas se suppléer, nous pensons que l'incapacité dont il s'agit atteint ceux qui, sans titre légal, s'ingèrent dans les fonctions de l'art de guérir, tels que les empiriques et les charlatans ; il y a en effet, pour le décider ainsi, plus qu'un argument de simple analogie, qui, nous le reconnaissons, serait insuffisant en une matière où tout est de droit strict, il y a un argument *à fortiori* résultant de ce que des individus qui ont usurpé les fonctions de l'art de guérir ne peuvent inspirer autant de confiance que les hommes qui n'ont été revêtus de cette fonction, aux yeux de la société, qu'après des épreuves régulières et honorables. — V. conf. Ricard, *Des donations*, chap. 3, sect. 9e, no 501 ; Pothier, *Donations*, sect. 1re, art. 2, § 8 ; Cambolas, *Décisions notables du parlement de Toulouse*, liv. 2, chap. 3, arrêt du 21 juin 1594 ; Jaubert, *Rapport au tribunat* (dans Locré, *loc. cit.*, p. 442) ; Grenier, t. 1er, no 126 ; Toullier, t. 5, no 68 ; Duranton, t. 8, no 251 ; Delvincourt, t. 2, p. 205, en note ; Guilhon, *Des donations*, no 194 ; Vazeille, no 8 ; Marcadé, sur l'art. 909, C. civ., no 1er ; Rolland de Villargues, *Rep.*, vo *Donation*, no 59 ; Poujol, *Donations et testamens*, t. 1er, sur l'art. 909, no 5. — *Contrà* Coin-Delisle, sur l'art. 909, no 6.

430. — Jugé en conséquence que l'art. 909, C. civ., qui déclare les docteurs en médecine et en chirurgie incapables de profiter des libéralités que leur a faites la personne malade pendant la maladie dont ils l'ont traitée et à laquelle elle a succombé, est applicable à celui qui, sans titre légal, se mêle de médecine et exerce l'art de guérir. — *Paris*, 9 mai 1820, Ragey c. Jacquinot. — V. conf. *Grenoble*, 6 fév. 1830, Trouillet c. Duc.

431. — Jugé, toutefois, qu'en supposant que l'incapacité établie par l'art. 909, C. civ., atteigne ceux qui, sans titre légal, s'ingèrent dans les fonctions de l'art de guérir, elle ne devrait pas s'étendre sur celui qui serait reconnu, en fait, n'avoir donné ses soins que par reconnaissance pour l'affection dont il a été l'objet dès son enfance. — *Cass.*, 24 juill. 1832, Bizardière c. Accarie.

432. — Mais, en l'absence d'une raison *à fortiori*, et toutes les fois que l'on ne pourrait invoquer que des motifs d'analogie, il n'est pas permis de sortir des termes restrictifs du texte de la loi pour suppléer une incapacité qui ne s'y trouve pas.

433. — En conséquence, il n'y a pas lieu d'appliquer l'incapacité de l'art. 909, C. civ., aux gardes-malades, dont l'influence, d'ailleurs, est bien moins puissante que celle des médecins. — Furgole, quest. 34e, sur l'ord. 1731 ; Toullier, no 67 ; Grenier, t. 1er, no 128 ; Duranton, no 252 ; Coin-Delisle, no 7 ; Marcadé, *loco cit.* ; Rolland de Villargues, vo *Donation*, no 60 ; Poujol, *loc. cit.*, no 6. — V. *contrà* Delvincourt, *loc. cit.*

434. — ... Ni aux sages-femmes, quoique munies

DISP. A TITRE GRATUIT, ch. 4, sect. 2e.

d'un diplôme, puisqu'on ne peut pas les classer parmi les officiers de santé, et qu'ainsi elles ne sont pas comprises dans l'énumération que renferme l'art. 909, C. civ., ce qui peut être une omission du législateur. — V. conf. Coin-Delisle, sur l'art. 909, C. civ., n° 7. — V. *contrà* Delvincourt; Marcadé, *loc. cit.*; Vazeille, n° 10; Poujol, n° 5; Rolland de Villargues, *Rép.*, v° *Donation*, n° 59.

435. — Mais *quid* à l'égard du médecin qui a traité sa femme pendant la maladie dont elle est morte? Faut-il argumenter de la généralité des termes de l'art. 909, C. civ., qui ne paraissent admettre aucune distinction, pour le déclarer incapable de recevoir? — Nous ne le pensons pas. D'une part, en effet, l'art. 212, C. civ., imposant à chaque époux l'*obligation* d'assister personnellement son conjoint, le frapper d'incapacité, précisément pour avoir donné ses soins à ce conjoint, ce serait le punir d'avoir rempli son devoir. D'autre part, une interprétation aussi judaïque du texte de l'art. 909, C. civ., ne s'accorderait guère avec l'art. 1094, qui permet, d'une manière générale, aux époux de se faire des libéralités, sans admettre l'exception qui résulterait de l'art. 909 dans le système de ceux qui en étendent la prohibition au cas dont il s'agit. — Grenier, t. 1er, n° 127; Toullier, t. 5, n° 66; Duranton, t. 8, n° 257; Merlin, *Rép.*, v° *Simulation*, § 2, et v° *Chirurgien*, § 1er, n° 4; Rolland de Villargues, *Rép.*, v° *Donation*, n° 65; Marcadé, sur l'art. 909, C. civ., n° 3; Poujol, *Donat. et testam.*, t. 1er, sur l'art. 909, C. civ., n° 9; Coin-Delisle, sur le même article, n° 18.

436. — Jugé, en conséquence, que le chirurgien qui a traité sa femme pendant la maladie dont elle est morte peut profiter des dispositions testamentaires qu'elle a faites en sa faveur pendant le cours de cette maladie. — *Turin*, 16 avr. 1806, Bertotti. — V. dans le même sens *Cass.*, 30 août 1808, Rey c. Broisin.

437. — Il y a plus de difficulté pour le cas où le médecin n'a épousé sa femme que pendant la maladie dont elle est morte et dans le cours de laquelle les libéralités ont été faites. En principe, cependant, ces libéralités seraient valables; mais elles tomberaient s'il était prouvé, en fait, par les héritiers de la femme, que le mariage n'a été contracté que dans le but d'échapper à la prohibition de l'art. 909, C. civ., et de réaliser ainsi de honteux calculs. Comme le remarque M. Duranton (t. 8, n° 257), l'indignité ne saurait couvrir l'incapacité. — Coin-Delisle, sur l'art. 909, C. civ., n° 19; Marcadé, *loco cit.*; Rolland de Villargues, *loco cit.*, n° 66; Poujol, *ubi suprà*, n° 10; Merlin, *Rép.*, v° *Chirurgien*, § 1er, n° 4.

438. — Jugé, conformément à cette solution, que le médecin qui a traité une personne pendant la maladie dont elle est morte, et qui l'a épousée durant le cours de cette maladie, peut profiter des donations qu'elle lui a faites dans cet intervalle, soit par contrat de mariage, soit par testament; mais que ces donations peuvent être annulées lorsqu'il est prouvé qu'au lieu d'avoir été déterminées par l'affection conjugale, elles n'ont eu d'autre cause que l'empire que le médecin avait sur sa malade et les manœuvres employées par le donataire dans les derniers momens de la vie de la donatrice. — *Cass.*, 11 janv. 1820, Bonnet c. Dusordes et Guyot.

439. — Jugé encore que, sous l'empire des lois romaines et des anciennes ordonnances, le mariage du médecin avec sa malade couvrait l'incapacité de recevoir dont ces lois frappaient les médecins en général, et que les libéralités faites en vue du mariage par la femme malade au médecin qu'elle avait épousé ne pouvaient être attaquées qu'autant qu'il était prouvé qu'elles étaient l'ouvrage de l'obsession et de la fraude, et non le fruit d'une véritable affection. — *Cass.*, 21 août 1822, Boyer c. Damieu de Beaufort; — L. 9, Cod., *De prof. et de med.*; ord. 1510, art. 46; ord. 1539, art. 131.

440. — Jugé toutefois, sans distinction, que le mariage du médecin avec sa malade, contracté pendant la maladie dont elle est morte, ne couvre point l'incapacité établie par l'art. 909, C. civ. — *Paris*, 24 fév. 1817, Gille de Han c. Régel.

441. — Un médecin dont la femme, à l'époque de son mariage, était atteinte de la maladie dont elle est morte peu de temps après, a pu néanmoins recueillir l'effet d'une donation universelle qu'elle lui avait faite par contrat de mariage, s'il n'est pas établi qu'il fût alors son médecin habituel et qu'il lui donnât des soins en cette qualité. — *Paris*, 30 juin 1817, mêmes parties. — Décision toute en fait, qui, comme on a pu le remarquer, ne contrarie nullement la décision de droit rendue antérieurement par la même cour, et qui vient d'être rapportée.

442. — Jugé aussi qu'avant le Code civil l'action qu'avaient les héritiers de la donatrice pour faire révoquer les libéralités faites par la malade à son mari médecin était une action rescisoire, qui se prescrivait par dix ans du jour de la dissolution du mariage, et non une action en nullité, prescriptible seulement par trente ans (ce que ne contredit nullement un arrêt du parlement de Toulouse du 21 juin 1594, rapporté par Charondas, liv. 9, chap. 19, quoi qu'en dise Meynard, *Arrêts*, t. 1er, chap. 73, n° 1er). — *Cass.*, 21 août 1822, Boyer c. Damieu de Beaufort.

443. — Et tel serait encore, sous l'empire du Code civil, le délai que l'on aurait pour intenter l'action. — C. civ., art. 1304; — Duranton, n° 258; Poujol, sur l'art. 909, C. civ., n° 13.

444. — Aux dispositions prohibitives qui viennent d'être expliquées l'art. 909, C. civ., apporte deux exceptions: l'une pour les dispositions rémunératoires faites à titre particulier, eu égard aux facultés du disposant et aux services rendus; l'autre pour les dispositions universelles faites en faveur des médecins parens du malade.

445. — La première exception ne présente pas de difficulté. C'est aux tribunaux qu'il appartient souverainement de décider, d'après les circonstances, si la disposition, faite à titre particulier, est véritablement rémunératoire par sa nature et par son but. Il n'est, d'ailleurs, pas nécessaire que le disposant ait exprimé que le don ou legs à titre particulier était *rémunératoire*. — *Grenoble*, 14 avr. 1806, Montlovier c. Saint-Geneys. — V. *contrà Montpellier*, 19 mai 1813, Hébrard c. Ségurel. — V. conf. Coin-Delisle, sur l'art. 909, C. civ., n° 12; Marcadé, sur le même article, n° 4.

446. — Jugé seulement qu'un legs universel ne peut être regardé comme legs rémunératoire dans le sens de l'art. 909. — *Grenoble*, 6 fév. 1830, Trouillet.

447. — Ces dispositions rémunératoires sont considérées comme le prix des services rendus; aussi, celui à qui elles sont faites ne pourrait, à moins de stipulation contraire, demander d'une autre manière le prix de ces services rendus, et cela nonobstant l'art. 1023, C. civ., qui est sans application aux dispositions rémunératoires. — Duranton, n° 255; Poujol, sur l'art. 909, C. civ., n° 7; Vazeille, sur l'art. 909, C. civ., n° 14.

448. — Les tribunaux ont un pouvoir discrétionnaire pour vérifier si la disposition à titre particulier, reconnue rémunératoire, est en rapport avec les services rendus et avec la fortune du disposant; dans le cas contraire, cette disposition serait, non pas nulle en elle-même, mais réductible à une juste proportion. — Coin-Delisle, Marcadé, Poujol, *loc. cit.*, Grenier, n° 127.

449. — La seconde exception, fondée sur la faveur de la parenté, met en dehors de la règle prohibitive posée dans le premier alinéa de l'art. 909 « les dispositions universelles, dans le cas de parenté jusqu'au quatrième degré inclusivement, pourvu toutefois que le décédé n'ait pas d'héritiers en ligne directe: à moins que celui au profit de qui la disposition a été faite ne soit lui-même du nombre de ces héritiers. » — C. civ., art. 909, al. 3.

450. — *Les dispositions universelles...* Le législateur se servant de ces mots par opposition aux dons et legs *à titre particulier* dont il a été question dans l'alinéa précédent, on doit les entendre dans un sens extensif et y comprendre non seulement les *dispositions universelles* proprement dites, mais encore les dispositions *à titre universel*. — Coin-Delisle, sur l'art. 909, n° 14; Duranton, n° 255.

451. — *Dans le cas de parenté...* Jugé, conformément au principe que les exceptions ne doivent pas s'étendre, que les *alliés* ne sont pas compris dans l'exception portée par l'art. 909, C. civ., en faveur des *parens*. — *Cass.*, 12 oct. 1812, Allara c. Garda. — V. dans ce sens Duranton, *loc. cit.*; Coin-Delisle, n° 15; Delvincourt, note 10e, sur la p. 62; Poujol, *ubi suprà*, n° 11.

452. — Mais des dispositions à titre universel peuvent, aussi bien que des dispositions universelles, être faites au profit des enfans du pharmacien qui a fourni des médicamens au testateur pendant la maladie dont il est mort, si ce pharmacien est parent du défunt. — *Cass.*, 21 juill. 1806, Hazard c. Gruet.

453. — Il ressort, en outre, de l'économie de ce même texte de loi que, lors même que le médecin serait frère du disposant, si celui-ci laisse des *héritiers en ligne directe*, ce ne serait pas le cas d'appliquer l'exception, mais, au contraire, la règle prohibitive qui établit l'incapacité de recevoir pour le cas où il y a des héritiers en ligne directe, *à moins* que le médecin ne soit lui-même *du nombre de ces héritiers*.

454. — La loi parle d'*héritiers en ligne directe*: il ne suffirait donc pas, pour que le médecin, parent au quatrième degré, se trouvât incapable d'être le sujet d'une disposition universelle, que le défunt eût laissé des *parens* en ligne directe, si à cette qualité de *parent* ne se joint pas la qualité d'*héritier*. Ainsi supposons que le disposant soit mort, laissant un aïeul et un frère: il y a bien, dans l'espèce, un *parent* en ligne directe, mais il n'y a pas d'*héritier* dans cette ligne, puisque l'aïeul est exclu de la succession par le frère. — C. civ., art. 750. — Dès-lors, le médecin collatéral au quatrième degré ne se trouverait pas ici incapable de recevoir. — D'un autre côté, lorsque le disposant laisse des héritiers en ligne directe, il ne suffirait pas non plus, pour faire cesser l'incapacité du médecin, que celui-ci fût seulement *parent* en ligne directe; il faut qu'il soit du nombre des héritiers de cette ligne. — Delvincourt, t. 2, note 9e, sur la p. 62; Toullier, t. 5, n° 66; Grenier, n° 127; Vazeille, n° 2; Demante, *Programme de dr. civ.*, t. 2, n° 258; Marcadé, sur l'art. 909, C. civ., nos 5 et 6; Poujol, sur l'art. 909, C. civ., n° 8. — V. *contrà* Duranton, t. 8, n° 256; Coin-Delisle, sur l'art. 909; C. civ., nos 16 et 17; Guilhon, *Donations*, n° 187.

455. — Mais *quid* de la disposition faite au profit du médecin, parent collatéral au quatrième degré, si le disposant avait simultanément pour héritiers des parens directs dans une ligne, et des collatéraux dans l'autre? — Puisqu'il y a réellement, dans l'espèce, des parens en ligne directe qui sont héritiers, il semble, aux termes de l'art. 909, C. civ., littéralement interprété, que la libéralité ne doive pas produire d'effet.

456. — On a résisté à une conséquence aussi rigoureuse. M. Poujol (*Donations et testamens*, sur l'art. 909, C. civ., n° 8) soutient, mais c'est évidemment ne tenir aucun compte du texte de la loi, que le legs est valable. M. Marcadé (*loc. cit.*) émet à ce sujet une opinion moins absolue; selon cet auteur, le patrimoine se divisant dans notre hypothèse en deux successions, dont chacune a ses règles particulières (C. civ., art. 733), la disposition serait nulle quant à la succession passant à des héritiers en ligne directe; mais elle aurait son effet dans celle à laquelle sont appelés les collatéraux.

457. — 2° *Ministre du culte.* — Le dernier alinéa de l'art. 909, C. civ., assimile le ministre du culte aux médecins, chirurgiens, officiers de santé et pharmaciens, dont il a été question dans l'alinéa précédent. Or, l'incapacité de recevoir ne frappe les médecins, ainsi qu'on l'a expliqué (V. *suprà* nos 417 et s.), qu'autant qu'ils ont *traité* le malade.

458. — L'incapacité du ministre du culte ne sera donc aussi que relative, c'est-à-dire qu'elle ne le frappera qu'autant qu'il aura administré au malade les secours spirituels. — *Cass.*, 18 mai 1807, Montlovier c. Saint-Geneys.

459. — Mais en quoi devront consister ces secours spirituels pour faire prononcer la nullité des dispositions dont le ministre du culte aurait été le sujet? — L'arrêt précité de la cour de Cassation ne spécifie pas celle des fonctions du culte dont l'exercice entraînerait l'incapacité de recevoir, et, d'un autre côté, la lettre de l'art. 909, C. civ., n'offre rien non plus qui puisse servir à déterminer cette fonction.

460. — Dans l'ancienne jurisprudence, la nullité des dispositions avait lieu à l'égard des confesseurs et des directeurs de conscience. — Ricard, *Donat.*, part. 1re, n° 515; Catelan, liv. 2, chap. 98; Furgole, *Testamens*, chap. 5, sect. 1re, n° 11; Pothier, *Donations*, sect. 1re, art. 2, § 8; Ferrière, sur l'art. 276, cout. de Paris, t. 2, p. 201; Rousseaud de Lacombe, v° *Confesseur*; Denisart, v° *Incapables*, n° 14, t. 2, p. 428.

461. — Et c'est encore dans ce sens que la loi nous paraît devoir être entendue aujourd'hui. — V. conf. Jaubert, *Rapport au tribunat* (Fenet, *Trav. prépar. du C. civ.*, t. 12, p. 583); observations des tribunaux d'appel de Bruxelles, de Rouen et de Paris (Fenet, t. 3, p. 276, t. 5, p. 525); Toullier, t. 5, n° 70; Grenier, *Donat.*, n° 129; Duranton, t. 8, n° 259; Coin-Delisle, sur l'art. 909, C. civ., n° 20; Marcadé, sur le même article, n° 1er.

462. — Jugé, conformément à cette interprétation doctrinale, que l'incapacité de recevoir des libéralités prononcée par l'art. 909, C. civ., à l'égard des ministres du culte, n'est relative qu'aux ministres du culte qui ont dirigé la conscience du testateur durant sa dernière maladie. — *Grenoble*, 14 avr. 1806, Montlovier c. Saint-Geneys.

463. — Ainsi, ne serait pas incapable de recevoir par testament le ministre du culte qui n'aurait fait qu'administrer au malade le sacrement de l'extrême-onction, quoique d'ailleurs il fût resté auprès du testateur pendant toute la durée de la maladie dans le cours de laquelle a été fait le testament. — Même arrêt. — V. conf. *Paris*, 3 juill. 1813, Souhaité c. Oberne.

464. —...Et cela, lors même que le ministre du culte aurait été le conseil intime du malade, la prohibition prononcée par l'art. 909, C. civ., devant se restreindre rigoureusement aux ecclésiastiques qui administrent au testateur les sacremens de pénitence et de l'eucharistie. — *Riom*, 10 août 1819, Lussigny c. Gidon. — V. conf. *Toulouse*, 20 nov. 1835, Fort c. Soum.

465. — Jugé pourtant, en sens contraire, que, pour qu'il y ait incapacité de recevoir un legs, il n'est pas nécessaire que le ministre du culte ait confessé le testateur dans sa dernière maladie; il suffit qu'il l'ait assisté en sa qualité de ministre. — *Bourges*, 4 mars 1807, comm. de Saint-Loup c. Saillant.

466. — Toullier (*loc. cit.*) rattache tellement la nullité des dispositions à titre gratuit au fait de la confession auriculaire pendant la dernière maladie, qu'il met en dehors de l'application de l'art. 909, C. civ., les ministres du culte protestant. Mais la généralité des expressions dont se sert le législateur, les discours des hommes d'état qui ont coopéré à la confection de la loi, et l'autorité de l'ancienne jurisprudence, qui ne faisait pas dépendre la nullité uniquement de la circonstance de la confession auriculaire, puisque, sous son empire, cette nullité atteignait aussi bien les dispositions faites en faveur des directeurs de conscience, lesquels ne sont pas toujours des confesseurs, que les dispositions faites en faveur des confesseurs eux-mêmes; voilà bien des motifs de rejeter la distinction arbitraire proposée par Toullier. — V. conf. Coin-Delisle, Marcadé, *loc. cit.*; Vazeille, no 7.

467. — Le fait qu'un légataire aurait, en qualité de ministre du culte, confessé le testateur pendant sa dernière maladie, peut être prouvé par témoins, quoiqu'il soit à peu près impossible que, dans ce cas, les témoins déposent *de visu*. — *Pau*, 10 juill. 1828, Lay de Laborde c. curé de Bordères.

468. — Merlin, dans une consultation faite pour cette cause et délibérée à Bruxelles, le 26 avr. 1827, disait : « Vainement objecterait-on que les faits ne portent que sur des propos tenus avant et depuis le fait même de la confession; car il serait bien impossible que le fait même de la confession fût prouvé autrement que par des propos de cette espèce; il serait bien impossible qu'il le fût par des témoins *de visu*, non-seulement lorsqu'il a lieu pendant la maladie du pénitent, mais encore lorsque le pénitent, en pleine santé, se trouve, par son état et sa fortune, de la classe de ces personnes qui ne se confessent jamais à l'église, mais dans leur appartement ou dans celui de leur confesseur. Ainsi, vouloir que la preuve du fait de la confession ne pût s'établir que par des témoins *de visu*, ce serait vouloir restreindre la disposition de l'art. 909, C. civ., sinon au cas où le malade se transporterait ou se ferait porter à l'église pour se confesser, du moins au cas où il mettrait dans la confession qu'il ferait chez lui un appareil qui répugne à la nature de cet acte, et c'est assez dire qu'un tel système ne peut pas être accueilli. »

469. — Toutefois, la preuve testimoniale est inadmissible lorsqu'il existe de fortes présomptions que les secours spirituels ont été administrés au testateur par un autre que le prêtre légataire, que l'on voudrait priver ainsi des dispositions faites en sa faveur. — *Pau*, 10 juill. 1828, Lay-Delaborde c. curé de Bordères.

470. — Il est bien entendu que l'incapacité du ministre du culte ne doit pas s'étendre d'un cas à un autre qui n'a pas été prévu. Ainsi, le prêtre qui dirigeait la conscience du testateur et qui l'a assisté dans ses derniers momens, n'est pas incapable d'être nommé exécuteur testamentaire, pourvu qu'aucune disposition n'ait été faite en sa faveur, encore que l'universalité des biens de la succession doive être employée à célébrer des messes. — *Pau*, 24 août 1825, Guimet c. Isaute.

471. — Cette incapacité ne doit pas non plus se présumer. Ainsi une vente d'immeubles faite avec rétention d'usufruit, par un vendeur à son confesseur, ne peut être annulée comme donation déguisée, s'il n'y a point de preuve de simulation. — *Montpellier*, 19 mai 1813, Hébrard c. Leguret.

472. — D'ailleurs, tout ce qui a été dit plus haut (nos 444 et s.) sur la capacité des médecins quand il s'agit de dispositions rémunératoires faites à titre particulier, ou quand les médecins sont parens du défunt, s'applique exactement aux ministres du culte.

§ 6. — *Communes, établissemens publics, communautés religieuses, hospices, pauvres. — Autorisation préalable.*

473. — Les dispositions entre-vifs ou par testament, au profit *des hospices, des pauvres* d'une

commune, ou d'établissemens d'utilité publique, n'ont leur effet qu'autant qu'elles sont autorisées par une ordonnance royale. — C. civ., art. 910. — Il faut ajouter : *au profit des villes et des communes.*

474. — Une ordonnance royale du 25 juin 1833 détermine, en vertu de l'art. 3 de la loi du 24 avr. 1832, les règles à suivre dans les colonies pour l'acceptation des dons et legs en faveur des églises, des pauvres et des établissemens publics. — V. COLONIES, nos 72, 111 et 390.

475. — Le notaire, dépositaire d'un acte contenant disposition entre-vifs ou testamentaire au profit d'une commune, d'un établissement public, des pauvres, est tenu d'en donner avis aux maires ou administrateurs, alors même que les dons ou legs doivent être remis aux légataires par l'intermédiaire d'un maire, d'un curé, d'un tiers; la notification faite à ces derniers serait insuffisante, puisque l'acceptation des maires ou administrateurs est toujours exigée. — Arr. 4 pluv. an XII, art. 2; ord. 2 avr. 1817, art. 5; Inst. du min. de la justice 4 mai 1835.

476. — *Villes, communes.* — Dans le droit romain ancien, les villes étaient incapables de recueillir une succession. — *Ulpian. reg.*, tit. 22, § 4; *Plinii j.*, lib. 5, epist. 7.

477. — Toutefois, aux termes du sénatus-consulte Apronien, elles pouvaient recueillir soit des fidéi-commis, soit les successions de leurs affranchis. — L. 26, ff., *Ad sen.-cons. Trebel.*

478. — Plus tard, on considéra les collections d'individus qui les composaient comme des personnes civiles, et on les déclara capables de recevoir. — LL. 76, ff., *De judic.*; 1, ff., *Quod cujusq. univ.*; 2, ff., *De reb. dub.*; 73, § 1; 32, § ult.; 117, 122, ff., *De leg.*; 12, Cod., *De hæred. inst.*

479. — Aujourd'hui les communes sont capables, sauf autorisation, et, aux termes de l'art. 48 de la loi du 18 juill. 1837, les délibérations ayant pour objet l'acceptation des dons et legs d'objets mobiliers et de sommes d'argent, faits *à la commune et aux établissemens communaux*, sont exécutoires en vertu d'un arrêté du préfet, lorsque leur valeur n'excède pas 3,000 fr., et en vertu d'une ordonnance du roi, lorsque leur valeur est supérieure, ou qu'il y a réclamation des prétendans droit à la succession. — V. Bost, *Tr. de l'organ. et des attrib. des corps municip.*, 2e édit., t. 2, p. 510.

480. — Une circulaire du ministre de l'intérieur, en date du 23 avr. 1838, a décidé que le pouvoir que donne aux maires la loi du 18 juill. 1837, d'accepter conservatoirement, et sans attendre la décision de l'autorité supérieure, mais seulement en vertu de l'avis des conseils municipaux, les donations faites aux communes et établissemens communaux, ne s'étend pas aux dons faits aux établissemens de charité et de bienfaisance, à l'égard desquels le conseil municipal est simplement appelé à donner son avis.

481. — Dans une espèce qui remontait à la législation antérieure, jugé que le legs d'une somme d'argent destinée à payer annuellement un précepteur pour l'instruction de la jeunesse dans une commune, ne peut être annulé pour défaut d'autorisation par lettres-patentes. — Edit 1749, art. 1er, 2 et 3; — *Cass.*, 1er vent. an VIII, Enregistr. c. Dupuy-Lafarge.

482. — *Etablissemens publics.* — De la combinaison des art. 910 et 937, C. civ., de l'arrêté du 4 pluv. an XII, de la loi du 2 janv. 1817 et de l'ord. roy. du 2 avr. suivant il résulte que, pour être valables, les libéralités faites à des établissemens publics doivent être acceptées par les administrateurs de ces établissemens, mais après l'autorisation préalable du chef de l'état. — V. Bigot-Préameneu, *Exp. des mot.*; Jaubert, *Rapp. au tribunat.*

483. — Le souverain a délégué son pouvoir de donner ces autorisations aux sous-préfets d'abord (arr. du 4 pluv. an XII; décr. 12 août 1807), puis aux préfets (ord. 12 avr. 1817), pour les dons et legs en argent, meubles et denrées dont la valeur n'excède pas 300 fr.

484. — Depuis la promulgation de la loi du 18 juill. 1837, des doutes s'étaient élevés sur la question de savoir si les termes de l'art. 48 « dons et legs faits à la commune et *aux établissemens communaux* » étaient applicables aux dons faits aux établissemens de bienfaisance, quand la valeur de ces dons ne s'élève pas au-delà de 3,000 fr., et que les héritiers ne réclament pas. — V. Bost, *ibid.*

485. — Mais le ministre de l'intérieur a fait cesser les doutes en déclarant, dans une circulaire du 23 avr. 1838, que cette loi n'est applicable aux établissemens de bienfaisance que dans quelques points explicitement indiqués. D'où il résulte que c'est la législation de l'an XII et l'ord. de 1817 qu'il faut encore appliquer aux dons et legs destinés aux établissemens de bienfaisance, et qui dé-

passent 300 fr. — V., en outre, instr. 8 fév. 1823; — Bost, *ibid.*

486. — Il faut remarquer, cependant, qu'aujourd'hui le conseil municipal est toujours consulté sur l'acceptation des dons et legs qui sont faits aux établissemens charitables. — L. 18 juill. 1837, art. 22, no 4.

487. — Dans tous les cas, ces autorisations ne sont requises que pour les donations entre vifs constatées par actes passés devant notaires ou par des testamens et actes de dernière volonté. — *Cass.*, 26 nov. 1833, Fraigneau c. évêque de Poitiers.

488. — En conséquence, l'art. 910 ne s'applique pas en matière de dons manuels. — V. DON MANUEL, nos 28 et suiv.

489. — Le gouvernement, tout en accordant l'autorisation, a le droit de réduire la libéralité, en prenant en considération les facultés du disposant et les besoins de sa famille. — Duranton, t. 8, no 260.

490. — La réduction obtenue par certains cohéritiers, en leur nom personnel, après le partage de la succession, d'un legs fait au profit d'un établissement public, ne profite pas aux autres cohéritiers, alors surtout que, nonobstant la demande en réduction dont ils avaient connaissance, ceux-ci ont volontairement payé la portion du legs par eux due, et que la réduction paraît n'avoir été accordée qu'en considération de la position particulière des cohéritiers qui l'ont réclamée. — C. civ., art. 870 et 910; — *Aix*, 16 déc. 1831, Anez c. Grasset.

491. — Lorsqu'il a été légué une somme en capital pour l'érection d'une maison hospitalière, ainsi qu'une rente annuelle pour l'entretien de diverses prestations en denrées, le décret ou l'ordonnance portant autorisation d'accepter le capital et la rente aux clauses et conditions du testament, ne peut être considéré comme ayant refusé l'autorisation pour les autres objets compris dans le legs. — Du moins l'arrêt qui l'a jugé ainsi ne peut être annulé comme ayant interprété un acte administratif. — *Cass.*, 5 déc. 1831, Bréchard c. comm. d'Achun.

492. — Encore bien que le gouvernement ait accordé à un établissement public l'autorisation d'accepter une donation ou un legs, les tribunaux sont fondés à examiner si le legs ou le don est valable. — *Colmar*, 31 juill. 1823, Meinrad Munch c. Etwiller; — décr. 19 avr. 1811 (Bull. 368, no 6748); — Duvergier, sur l'art. 4, L. 24 mai 1825; Coin-Delisle, no 11, sur l'art. 910.

493. — *Communautés religieuses. — Eglises.* — En droit romain, les confréries, les colléges et, en général, toutes les associations de particuliers étaient dans le principe incapables de recevoir des libéralités. Mais plus tard on les considéra fictivement comme une personne, et on leur accorda la capacité de recevoir quand elles étaient autorisées. — L. 20, ff., *De reb. dub.*; L. 8, Cod., *De hered. inst.*

494. — Cette autorisation était accordée par privilége spécial du prince ou du sénat. — L. 3, § 1, Cod., *De coll. et corp.*

495. — En France, l'autorisation était donnée par le roi seul, que la communauté fût laïque ou religieuse; les lettres-patentes d'autorisation étaient enregistrées au parlement.

496. — La capacité de recevoir était la conséquence forcée de l'autorisation. — Ricard, *Donat.*, part. 1re, nos 609 et suiv.; Bourjon, liv. 1er, tit. 4, chap. 1er, sect. 1re, no 5.

497. — Cependant, dans l'intérêt des héritiers légitimes des donateurs, la jurisprudence avait introduit des tempéramens à ce droit absolu. — Ricard, no 614; Rousseaud de Lacombe, *Jurisp. canon*, vo *Communautés*, no 2; Merlin, *Rép.*, vo *Institution d'héritier*, sect. 5e, § 1er, no 17; Coin-Delisle, no 2, sur l'art. 910.

498. — Cette capacité, du reste, n'était réelle que quant aux meubles. Mais, si la libéralité contenait des immeubles, en principe elle était sans effet vis-à-vis des gens de main-morte. Mais les rois en firent des concessions spéciales, moyennant des droits de *franc-fief*, de *nouvel-acquit*, d'*amortissement*. — Bacquet, *Tr. des francs-fiefs*, ch. 25; Coin-Delisle, no 2, sur l'art. 910.

499. — L'abus s'introduisit dans ces concessions qui faisaient disparaître du commerce des propriétés nombreuses et importantes, sans compensation pour l'état, et l'on en vint à déclarer les gens de main-morte incapables de recevoir des immeubles, même des rentes constituées sur particuliers, si ce n'était en vertu de lettres patentes enregistrées en parlement. — V. édit d'août 1749; V. Durand de Maillane, *Dict. de dr. can.*, vis *Acquisition, Donation, Etablissement*; Merlin, *Rép.*, vo *Gens de main-morte*.

500. — Jugé que l'édit de 1749 n'était pas appli-

table à la fondation d'une chapelle vicariale. — Colmar, 31 juill. 1823, Meinrad Munch c. Ettmiller.

501. — Lors de la révolution, l'état abolit les corporations et s'empara de leurs biens.

502. — Cependant, et avant le Code civil, on trouve des autorisations de donations, spécialement pour l'exercice du culte et l'entretien des ministres. — L. 4 germ. an VIII; L. 18 germ. an X, art. 73; arr. 25 germ. an IX; 25 therm. an IX.

503. — Aux termes de la loi du 18 germ. an X, les fondations qui avaient pour objet l'entretien des ministres et l'exercice du culte ne pouvaient consister qu'en rentes constituées sur l'état.

504. — Aujourd'hui, au contraire, sauf l'autorisation, tout établissement ecclésiastique reconnu par la loi peut recevoir, tant par donation entre-vifs que par testament, non seulement des meubles, mais encore des immeubles. — L. 2 janv. 1817, art. 1er; ord. 2 avr. 1817. — La loi du 2 janv. consacre le principe de la nécessité d'une loi pour la formation d'établissemens ecclésiastiques.

505. — Mais les congrégations religieuses de femmes ne peuvent recevoir qu'en vertu de dispositions à titre particulier. — L. 24 mai 1825, art. 4, § 1er. — V. Duvergier, sur cette loi. — Cette loi a donné une existence légale aux congrégations et communautés de femmes.

506. — Quand la libéralité n'est pas faite à un établissement spécial, mais à une congrégation qui a plusieurs maisons, c'est à la maison supérieure que le don doit être attribué. — V. décr. 18 fév. 1809, art. 12. — Dans le cas d'égalité, la répartition doit être égale entre toutes les maisons. — V. Coin-Delisle, no 8, sur l'art. 910.

507. — Les communautés religieuses peuvent, sans autorisation du gouvernement, recevoir les sommes qui leur sont données pour pourvoir à l'entretien des personnes qui entrent dans leurs établissemens, sauf aux tribunaux à apprécier si la convention ne renferme pas une donation déguisée. — *Agen*, 12 juill. 1836 (t. 1er 1837, p. 81) Communauté des Ursulines de Sousseyrac c. Daymac.

508. — L'ordonnance royale du 14 janv. 1831, art. 4, défend de présenter à l'autorisation du roi les donations qui seraient faites à des établissemens religieux avec réserve d'usufruit en faveur du donateur.

509. — Il faut, préalablement à cette demande, avoir appelé par acte extrajudiciaire les héritiers connus du testateur, pour qu'ils donnent leur consentement ou qu'ils s'opposent à l'autorisation. — Ord. 14 janv. 1831, art. 3.

510. — S'il n'y a pas d'héritiers connus, extrait du testament doit être affiché de huitaine en huitaine, à trois reprises consécutives, au chef-lieu de la mairie du domicile du testateur, et inséré dans le journal judiciaire du département, avec invitation aux parties intéressées d'adresser leurs réclamations au préfet. — Même ord.

511. — Si les formalités n'ont pas été remplies, les intéressés peuvent prendre la voie contentieuse pour former opposition à l'ordonnance d'autorisation. — V. Duvergier, sur cette ord.; Coin-Delisle, no 10, sur l'art. 910.

512. — Mais si les formalités de publicité et autres ont été accomplies, et l'autorisation accordée, on ne peut plus faire réduire les libéralités, sauf l'exercice de l'action judiciaire en nullité de la disposition. — Décr. 19 avr. 1811. — V. *suprà* dans ce paragraphe, no 492. — V. Duvergier, sur l'art. 4, L. 24 mai 1825.

513. — Si l'association n'avait pas d'existence légale, la libéralité qui lui serait destinée serait absolument nulle, puisque, pour recevoir, il faut exister civilement. — T. Ricard, no 605; Furgole, *Test.*, chap. 6, sect. 1re, nos 36 et suiv.

514. — Une ordonnance royale qui a approuvé l'abandon fait par une commune au profit d'une congrégation religieuse de femmes non autorisée de leur couvent, peut, dans le cas où elle n'aurait pas été exécutée, être révoquée par une ordonnance ultérieure. — Ord. cons. d'état 2 juill. 1836, Dames de Sainte-Claire.

515. — Quant aux individus composant cette association non autorisée, rien ne s'oppose à ce qu'ils reçoivent une libéralité soit entre-vifs, soit testamentaire, comme toute autre personne. — Cass., 17 nov. 1818, Tempié; *Trèves*, 15 août 1813, Sœurs; *Toulouse*, 23 juill. 1835, Guittou c. Berger; — L. 20, ff., *De reb. dub.*; Furgole, no 41; Coin-Delisle, no 5, sur l'art. 910.

516. — C'est ainsi qu'il a été jugé que les donations et legs que des personnes appartenant à une communauté religieuse de femmes *non autorisée* reçoivent de la libéralité d'un membre de cette communauté, ne peuvent être attaqués sous le prétexte que, dans la réalité, ils seraient faits en faveur de l'établissement, incapable de recevoir sans autorisation. — L. 24 mai 1825. — *Grenoble*, 13 janv. 1841 (t. 1er 1841, p. 411), Reynaud c. Suffet.

517. — Jugé, toutefois, que le legs universel fait en faveur d'une personne appartenant, en qualité de supérieure, à une communauté de femmes non autorisée, par un membre de cette communauté, a pu être annulé comme fait, par interposition de personnes, au profit de la communauté elle-même, sans que l'arrêt qui le décide ainsi, d'après les faits et documens de la cause, tombe sous la censure de la cour de Cassation. — *Cass.*, 5 août 1841 (t. 2 1841, p. 558), Couderc c. Joseph.

518. — Jugé que l'acquisition d'un immeuble faite après la loi du 24 mai 1825 par une personne faisant partie d'une congrégation religieuse de femmes *non encore autorisée* est valable; et que cette personne a pu transmettre à l'établissement, par voie de donation, la propriété de l'immeuble par elle acquis, si, à l'époque de la donation, cet établissement était légalement institué, et si, d'ailleurs, l'acceptation de la donation a été dûment autorisée. — *Cass.*, 11 déc. 1832, Pinet c. Voulouzan.

519. — Aucune loi nouvelle ne s'étant occupée des associations religieuses d'hommes, elles sont restées sous le régime de prohibition de la loi du 18 août 1792; et bien que quelques unes soient tolérées, elles sont absolument incapables de recevoir une libéralité comme corporations.

520. — Dans notre ancien droit, contrairement à la prohibition qui pesait sur les corporations, les hôpitaux furent déclarés capables de recevoir même *des immeubles* par testament. — Edit. d'août 1749; déclaration interprétative du 20 juill. 1762. — V. Coin-Delisle, no 2, sur l'art. 910.

521. — Jugé, en conséquence, que, sous l'empire des déclarations et édits antérieurs à la révolution, les hôpitaux pouvaient recevoir à titre de legs un immeuble, ou la somme représentative de sa valeur. Edit. 1749, art. 17, décl. 1762, art. 2; décl. 1780. — *Cass.*, 13 fructid. an XI, Hospice de Moissac c. Montagnac.

522. — La loi du 23 messid. an II réunit les biens des hôpitaux au domaine national. Ils ne reprirent une existence propre que par la loi du 16 vendém. an V.

523. — Lorsqu'une donation faite à un hospice est annulée à défaut d'obtention de lettres-patentes, la nullité doit profiter, d'après l'édit de 1749, au légataire universel du donateur, et non à ses héritiers naturels. — Il en est de même lorsque la nullité a été prononcée sur la demande du légataire, bien qu'il ait été institué sous la condition de ne point se prévaloir de cette nullité: cette condition est réputée non écrite. — *Cass.*, 14 déc. 1825, Blanc c. Guçon.

524. — Jugé, dans le même cas, que le gouvernement, en refusant, sur la déclaration des héritiers naturels, l'autorisation d'accepter des legs faits à un hospice, ne peut disposer de ces legs au profit de ces héritiers et au préjudice des légataires appelés au défaut de l'hospice. — *Cass.*, 6 juin 1815, Bréchard c. Deschamps.

525. — Parmi les donations faites aux hospices, il en est dont le but principal est l'admission des donateurs dans ces établissemens. Ces espèces de libéralités sont-elles soumises à la formalité de l'autorisation? — Il faut distinguer: si le disposant a fait l'acte dans la forme de donation entre-vifs, nous ne voyons pas que l'on puisse échapper aux formalités des art. 910 et 937, C. civ., et des lois spéciales, quelque préjudice que puissent en éprouver les établissemens qui croient devoir accueillir les donateurs avant que l'acceptation ne soit autorisée. — Bost, *Organ. et attrib. des corps municip.*, 2e édit., t. 2, p. 512.

526. — Mais si l'acte a été fait, sous la forme de contrat de rente viagère, par exemple (C. civ., art. 1968 et suiv.), c'est un contrat synallagmatique comme tout autre, et l'autorisation d'accepter sera inutile. — Bost, *ibid.* — Sur les précautions à prendre pour cette dernière espèce d'actes, V. inst. minist. 26 juill. 1833, et Bost, *ibid.* — V. aussi, sur toute cette matière, Durieu et Roche, *Rép. des établ. de bienfaisance.*

527. — Les dispositions au profit des pauvres ont toujours été jugées avec beaucoup de faveur; ainsi, on a décidé que le legs d'une somme à employer *en bonnes œuvres* était valable et devait être attribué aux pauvres. — *Bordeaux*, 19 août 1814, Martial c. Bouquier.

528. — Le légataire auquel des sommes indéterminées sont données, à la charge de les distribuer aux pauvres d'une ville, n'est pas tenu, avant d'obtenir la délivrance, de demander l'autorisation du roi. — *Toulouse*, 11 août 1834, Chamayou c. Broc.

529. — Lorsqu'un legs a été fait aux pauvres d'une commune, ceux qui n'étaient capables ni à l'époque du testament ni à celle du décès peuvent, si par la suite leur incapacité vient à cesser, réclamer leur part dans ce qui reste dû sur le legs. — *Cass.*, 4 germin. an XIII, Lemettre c. Courtin.

530. — On peut valablement léguer aux pauvres une rente perpétuelle, et s'en référer, pour la distribution, à certaines personnes désignées, sans que l'autorité municipale ait le droit d'intervenir, à moins qu'ils ne s'agisse *nommément* des pauvres d'une commune. — *Colmar*, 10 janv. 1839 (t. 1er 1840, p. 567), Stipende Boll c. Eguisheim.

§ 7. — *Personnes incertaines.*

531. — On entend par personnes incertaines, ou celles dont l'existence même est douteuse, ou celles qui sont considérées comme n'existant pas, parce que l'on ignore si c'est à elles que le donateur a voulu adresser sa libéralité.

532. — Il y a disposition à titre gratuit au profit d'une personne incertaine:

533. — ... Lorsqu'un testateur a ordonné à son exécuteur testamentaire de mettre une certaine somme à la disposition d'un ecclésiastique, pour qu'il en fasse emploi, selon des intentions pieuses et secrètes. — *Aix*, 5 juin 1809, Mérendol c. Laugier; *Cass.*, 12 août 1811, Laugier c. Mérendol.

534. — ... Dans le legs fait à un exécuteur testamentaire et terminé ainsi qu'il suit: *pour par lui en disposer selon mes volontés à lui connues.* — *Cass.*, 8 août 1826, Legrand-Masse c. Lépine.

535. — ... Lorsque après avoir institué un légataire pour une quote-part, le testateur ajoute qu'il lui remet le surplus pour en disposer d'une manière entendue entre eux. Cette seconde partie est réputée faite à personne incertaine. — *Besançon*, 6 fév. 1827, Simon.

536. — Jugé, cependant, que, bien qu'un légataire ait avoué que, d'après les intentions du testateur, il devait faire emploi d'une partie de la somme léguée suivant les intentions de ce dernier, il ne peut être tenu de faire connaître les personnes avec lesquelles il doit partager ce legs ou d'affirmer qu'elles ne sont pas incapables de recevoir. — *Rennes*, 5 janv. 1824, de Saint-Cheleur c. Porée.

537. — ... Que le legs dont un testateur charge son exécuteur testamentaire, sans en préciser la somme, mais avec la seule recommandation de l'employer en bonnes œuvres, ne doit pas être annulé, comme fait en faveur de personnes incertaines. — *Bordeaux*, 19 août 1814, Martial c. Bouquier.

538. — Les dispositions à titre gratuit faites à des personnes incertaines sont nulles; car ce serait un moyen trop facile d'éluder les lois sur la capacité de disposer et de recevoir. — Merlin, *Rép.*, vo *Légataire*, § 2, no 18. — *Contrà* Delvincourt, *Cours de C. civ.*, t. 2, p. 332.

539. — Jugé en ce sens que les dispositions testamentaires ou legs faits en faveur de personnes incertaines sont nuls. — *Aix*, 5 juin 1809, Mérendol c. Laugier; *Cass.*, 12 août 1811, mêmes parties; 8 août 1826, Legrand-Masse c. Lépine; *Besançon*, 6 fév. 1827, Simon; *Lyon*, 13 fév. 1836 (t. 2 1837, p. 325), Chausson c. Bibet.

540. — Et cette nullité est d'ordre public, une pareille disposition pouvant porter atteinte aux prohibitions établies dans l'intérêt général de la société, soit sous le rapport des incapacités, soit sous celui des substitutions. — En conséquence, l'exécution volontaire du testament par les héritiers ne les rend pas, dans ce cas, non-recevables à en critiquer plus tard les dispositions. — *Lyon*, 13 fév. 1836 (t. 2 1837, p. 325), Chausson c. Bibet.

541. — Le legs fait à une personne certaine doit être déclaré nul lorsqu'il résulte des aveux de cette personne qu'il est destiné à une autre qui demeure incertaine par suite du refus qu'elle fait de la nommer. — *Bordeaux*, 6 mars 1841 (t. 1er 1841, p. 705), Labajouderie c. Raffier.

542. — Mais la nullité de la disposition au profit d'une personne incertaine n'entraîne pas la nullité des autres dispositions du même acte.

543. — Ainsi, lorsque le testateur, après avoir institué un légataire pour une quote-part, ajoute qu'il lui remet le surplus pour en disposer en faveur d'une personne incertaine, le legs ne vaut que comme legs à titre universel, pour la première partie de la disposition. — *Besançon*, 6 fév. 1827, Simon.

544. — Une disposition testamentaire ainsi conçue: *Je donne et lègue à un tel la jouissance viagère d'une rente emphytéotique, et, après son décès, ladite rente sera livrée annuellement au propriétaire de telle maison, à laquelle maison elle restera attachée à perpétuité, sans qu'elle puisse jamais en être déta-*

chée, ni aliénée sous aucun prétexte, doit être annulée comme faite au profit d'une chose, incapable de recevoir. — *Colmar*, 26 mars 1833, Neff.

545. — La disposition de dernière volonté par laquelle le testateur a institué son *ame* pour son héritière universelle, ne peut être annulée comme étant faite au profit d'un incapable, si d'ailleurs il a, par une autre disposition, chargé son exécuteur testamentaire *de vendre tous les effets de son hoirie et d'en convertir le prix dans la célébration de messes après les dettes et legs payés*. Néanmoins, cette disposition ne peut produire son effet qu'après avoir reçu l'approbation du gouvernement. — *Turin*, 30 janv. 1808, Tournon et Garino.

546. — La disposition par laquelle un testateur ordonne que la valeur de son mobilier, déduction faite des dettes et charges de sa succession, soit appliquée à des prières pour son ame et à de bonnes œuvres, doit être considérée comme une charge de l'hérédité, et non comme un legs fait à personnes incertaines. L'acceptation d'une semblable disposition, dont l'exécution est laissée à l'arbitrage de l'exécuteur testamentaire, ne doit pas être autorisée par le gouvernement. — *Cass.*, 16 juill. 1834, Sohyer c. Durand et Grould.

547. — Dans le même esprit, on a jugé que la disposition par laquelle le testateur lègue une somme *aux plus nécessiteux et pauvres honteux* de certaines paroisses contient une désignation suffisante des légataires qu'il a voulu avantager. Lorsque le testateur déclare s'en rapporter à la prudence de certaines personnes pour la distribution d'un legs de cette nature, on ne peut annuler la disposition, comme faite au profit de légataires abandonnés au choix de tierces-personnes. Dans ce cas, le legs appartient à toute la classe des plus nécessiteux et pauvres honteux, et il doit être administré comme patrimoine de cette classe, suivant les formes légales, quand bien même le testateur aurait déterminé un mode particulier de distribution. — *Metz*, 19 août 1819, Bertrand c. le maire de Metz.

548. — Lorsqu'il y a incertitude dans un testament sur le légataire que le testateur a voulu instituer, le tribunal saisi peut lever le doute en se fondant sur les dispositions du testament, dont l'interprétation lui appartient exclusivement. — *Cass.*, 26 mars 1838 (t. 1er 1838, p. 409), Richard c. Hosp. de Cambrai. — V. Ricard, part. 1re, ch. 13, sect. 11e, no 560; Furgole, ch. 6, sect. 2, no 20.

§ 8. — *Cas spéciaux.*

549. — Aux termes de l'art. 997, C. civ. : « Le testament fait sur mer ne pourra contenir aucune disposition au profit des officiers du vaisseau, s'ils ne sont parens du testateur. » — V. TESTAMENT.

550. — On a craint, nous dit Valin sur l'art. 3 du tit. 11 de l'ordonnance de 1681, auquel la disposition du Code civil est empruntée, les violences auxquelles la cupidité des officiers pourrait exposer les passagers.

551. — Malgré la différence de rédaction qui existe entre le texte du Code civil et celle de l'ordonnance, comme cette différence n'est pas assez marquée, nous ne pensons pas qu'il y ait lieu d'interpréter l'art. 997, C. civ., autrement et plus rigoureusement que l'ordonnance; en conséquence, il nous semble que de pareilles dispositions seraient nulles, sans entraîner en outre la nullité du testament. — V. dans ce sens Malleville, *Anal. rais. du C. civ.*, sur l'art. 997, C. civ.; Vazeille, sur ce même article; Coin-Delisle, *ibid.*, no 2. — V. cependant Duranton, t. 9, no 168; Poujol, sur l'art. 997, no 5.

552. — La loi n'exige pas, du reste, pour qu'il y ait nullité de la disposition, que l'officier au profit de qui elle est faite ait participé à la rédaction.

553. — Mais que faut-il entendre par cette expression les *officiers du vaisseau?*

554. — Sur les navires de guerre, l'on pourra se décider par la qualification officielle appliquée à la personne. Ainsi, tous les officiers militaires, y compris l'enseigne, seront déclarés incapables s'ils exercent un commandement dans les navires. — Teulet et d'Auvilliers, *C. civ. annoté*, sur les art. 988 et suiv., nos 33 et suiv.

555. — Quant aux officiers d'administration, il est fort douteux que la loi leur soit applicable, car ils ne sont pas des officiers du vaisseau, puisqu'ils n'y exercent en réalité aucun commandement. — Teulet et d'Auvilliers, *loc. cit.*

556. — A l'égard des bâtimens du commerce, bien qu'il ne puisse pas, à proprement parler, y avoir des *officiers* sur ces bâtimens, il faut néanmoins considérer comme tels, dans le sens de l'art. 997, C. civ., le *capitaine* et le *second*. — Mêmes auteurs, *loc. cit.* — V. aussi instr. minist., 2 juill. 1828.

557. — L'art. 997 relève de l'incapacité qu'il établit les officiers du vaisseau qui seraient parens du défunt, et cela sans distinguer entre les parens en-deçà ou au-delà du douzième degré.

558. — M. Duranton (*loc. cit.*, no 167), distinguant là où la loi ne distingue pas, prétend cependant que l'exception ne doit pas s'appliquer aux parens qui ne le seraient qu'au-delà du douzième degré. M. Beaussant (*Code maritime*, t. 1er, no 152) restreint même, mais évidemment par voie d'interprétation arbitraire, l'exception de parenté au quatrième degré.

559. — Il est, du reste, sans difficulté que la nullité de l'art. 997, C. civ., doit s'étendre même au cas où le testament aurait été fait dans la forme olographe. La loi ne distingue pas à cet égard. — Valin, sur l'art. 3 de l'ordonn. de 1681; Coin-Delisle, sur l'art. 997, no 5; Beaussant, *C. maritime*, t. 1er, no 152.

560. — Certaines incapacités de recevoir ont été introduites par la législation à l'égard des hommes de couleur et des affranchis.

561. — L'art. 12 d'un arrêté du gouverneur de la Guyane du 1er vendém. an XIV, déclare nulles les donations faites par un blanc en faveur d'un homme de couleur. — V. GUYANE.

562. — De même, en promulguant le Code civil à l'île Bourbon, le capitaine général de la colonie, par un arrêté du 1er brum. an XIV, en modifia les principes en ce qui concerne le droit de disposer à titre gratuit. — D'après l'art. 67 de cet arrêté, les personnes de la population blanche ne peuvent, par actes entre-vifs ou par testament, disposer de leurs biens au profit de noirs libres ou affranchis; elles ne peuvent non plus profiter des dispositions entre-vifs ou testamentaires que les noirs libres ou affranchis feraient en leur faveur. — V. BOURBON (île), nos 20 et suiv.

563. — Remarquons du reste que le mineur né dans les Indes, de père et de mère gentils, c'est-à-dire mahométans ou idolâtres, sujet du roi de France, élevé dans la religion catholique, est habile à recevoir par testament. — *Cass.*, 5 juin 1828, Tumerel c. Saminadaik et François.

Sect. 3e. — *Epoque requise pour la capacité de disposer et de recevoir à titre gratuit.*

§ 1er. — *Epoque requise pour la capacité de donner et de recevoir entre-vifs.*

564. — La question de savoir à quelle époque est requise la capacité de donner et de recevoir entre-vifs est facile à résoudre, quand la disposition par laquelle le donateur manifeste la volonté de donner, et l'acceptation qui rend cette volonté obligatoire, se font par un seul et même acte. Il est évident que c'est au moment même de la donation qui produit immédiatement le dépouillement actuel du donateur et l'investissement du donataire, que les parties contractantes doivent être capables l'une de transmettre, l'autre de recevoir. — Demante, *Thémis*, t. 7, p. 371; Rolland de Villargues, *Rép.*, vo *Donation entre-vifs*, § 2, no 19.

565. — Jugé conformément à ces principes, en ce qui concerne le donataire, que, pour être capable de recevoir, à titre de donation entre-vifs, il faut avoir la capacité au moment même de la donation, et qu'il ne suffirait pas de l'acquérir par la suite. — *Cass.*, 8 vent. an XIII, Lafaye c. N...

566. — Cette règle s'applique même au cas où la donation serait faite sous condition : car si une pareille donation n'opère pas de suite le dépouillement du donateur et l'investissement du donataire, il n'en est pas moins vrai qu'elle devient pour l'un le principe d'une obligation, et pour l'autre l'espérance d'un droit, dont la réalisation, indépendante de leur volonté future, doit l'être aussi de leur capacité ultérieure. — Demante, Rolland de Villargues, *loc. cit.*

567. — Mais il y a plus de difficulté lorsque les offres ou la pollicitation, et l'acceptation ont lieu, comme cela est possible, par actes séparés (C. civ., art. 932), et que, dans l'intervalle, il est survenu des changemens dans la capacité du donateur ou du donataire.

568. — Comme, dans cette hypothèse, ce n'est jamais qu'au moment de l'acceptation que se forme le contrat, la donation proprement dite (V. C. civ., art. 932), et que s'effectue, en d'autres termes, le dessaisissement d'un côté, et l'investissement de l'autre, il paraît bien certain que le donateur et le donataire doivent être capables à cette époque. — V. conf. Pothier, *Tr. des donat. entre-vifs*, sect. 2e, art. 1er, nos 54 et suiv.; Furgole, *Questions sur les donat.*, quest. 7e; Demante, *loc. cit.*, p. 372 et 375; Duranton, t. 8, no 418; Toullier, t. 5, nos 95, 96 et 213; Grenier, no 138 *bis*; Coin-Delisle, sur l'art. 932, C. civ., nos 8 et 9; Poujol, sur l'art. 932, C. civ., no 6; Rolland de Villargues, *ubi suprà*, nos 20 et 21; Marcadé, *Elém. de dr. civ.*, sur l'art. 932, no 4; Bugnet, sur Pothier, *loc. cit.*, no 57, en note.

569. — De plus il faut, toujours dans la même hypothèse, que le donateur soit capable, au moment des offres ou de la pollicitation; car la loi n'admet l'acceptation séparée, à l'effet de former le contrat de donation, que parce qu'elle présume de la part du donateur la durée de la volonté qu'il a une fois manifestée. Or, cette volonté ne peut être ainsi présumée durer jusqu'à l'acceptation qu'autant que la manifestation en a été légale, ce qui implique nécessairement la capacité du donateur à l'époque des offres ou de la pollicitation. — Demante, p. 373 et suiv.; Grenier, *loc. cit.*; Coin-Delisle, *loc. cit.*, no 7; Rolland de Villargues, *ubi suprà*, no 20.

570. — Mais rien ne porte à croire que le donataire doive aussi être capable à cette même époque, puisque alors aucun droit ne lui est conféré. Il lui suffit d'être capable, ainsi qu'on l'a expliqué, au moment de l'acceptation. — Demante, p. 376.

571. — Et, spécialement, la conception même du donataire ne saurait être exigée avant l'acceptation, et dès le moment des offres ou de la pollicitation. En effet, quand la loi requiert la conception du donataire *au moment de la donation* (C. civ., art. 906, al. 1er), elle n'a pu avoir en vue que la donation proprement dite, qui ne se forme et n'existe que lorsque l'acceptation s'est jointe à la pollicitation (V. C. civ., art. 932, al. 1er). — Demante, p. 377; Duranton, t. 8, no 223; Toullier, t. 5, no 95; Malleville, *Anal. du C. civ.*, sur l'art. 906; Poujol, *Donat. et testam.*, sur le même art., nos 2 et suiv.; Vazeille, sur l'art. 906, C. civ., no 1er; Marcadé, *Elém. de dr. civ.*, sur l'art. 906; Grenier, 3e édit., no 138 *bis*. — V. *contrà* Coin-Delisle, *Donat. et testam.*, sur l'art. 906, nos 1er et suiv., et sur l'art. 932, no 9 en note; Rolland de Villargues, *Rép.*, vo *Donation entre-vifs*, no 21.

572. — L'effet de la donation acceptée par un acte postérieur étant encore subordonné à la notification de l'acceptation au donateur (V. C. civ., art. 932), reste à savoir si la capacité du donateur et du donataire, requise sans distinction au temps de l'acceptation, doit l'être encore au moment de cette notification.

573. — La négative paraît à M. Demante (*Themis*, t. 7, p. 377 et suiv.) plus conforme aux principes. La nécessité de notifier suspend jusqu'à la notification les effets de l'acceptation; mais, une fois la condition remplie, comme c'est toujours à l'acceptation que ces effets remontent, puisque c'est à ce moment qu'a eu lieu la perfection du contrat, il doit, ce semble, suffire que le concours des deux capacités ait existé à ce seul moment; d'autant mieux que la formalité de la notification étant une innovation introduite par le code, il est plus sûr de s'attacher au texte de la loi; or, ce texte ne prescrit qu'une seule condition, en ce qui concerne la notification, c'est qu'elle soit faite au donateur lui-même : d'où il résulte bien qu'elle doit être faite de son vivant (C. civ., art. 932); mais il n'y a rien de plus dans les termes de la loi, et l'on ne voit pas dès-lors pourquoi, sans y être d'ailleurs contraint par la force des principes généraux, l'on ajouterait à la condition de la vie du donateur au moment de la notification celle de sa capacité, sous d'autres rapports que celui-là, et de la capacité du donataire à cette même époque. — V. conf. Rolland de Villargues, *Rép.*, vo *Donation entre-vifs*, no 23; Grenier, no 138 *bis*.; Marcadé, *Elém. de dr. civ.*, sur l'art. 932, C. civ. nos 5 et 6.

574. — Suivant M. Duranton (t. 8, nos 420 et suiv.), ce n'est pas l'acceptation seule, mais bien la notification de cette acceptation, ou, en d'autres termes, le concours des deux volontés *connues* réciproquement qui forme réellement le contrat, le lien de droit; d'où il suit que la perfection du contrat n'ayant lieu qu'au moment de la notification, c'est à ce moment qu'il faut se référer en ce qui concerne la capacité du donateur et du donataire.

575. — Enfin, entre ces deux opinions extrêmes, il s'est produit une opinion intermédiaire. Le deuxième alinéa de l'art. 932, C. civ., déclarant que la donation n'aura d'effet *à l'égard du donateur* que du jour de la notification, l'on a d'abord conclu qu'il est nécessaire que le donateur reste capable de donner jusqu'à cette notification, puisque jusques à cette époque il n'est point lié, et qu'il se trouve entièrement libre de disposer de la chose. Et d'un autre côté, comme ce n'est qu'à *l'égard du donateur* que la donation, dûment acceptée par le donataire, est sans effet, tant qu'il n'y a pas eu de notification, il a paru logique d'en conclure qu'il suffit que le donataire soit capable

au moment de l'acceptation. — Coin Delisle, sur l'art. 932, C. civ., nos 16 et 17; Bugnet sur Pothier, *Donations entre-vifs*, sect. 2e, art. 1er, notes sur les nos 55 et 57.

576. — Des quatre espèces de donations faites par contrat de mariage, que distingue la doctrine, trois participant plus ou moins à la nature de la donation entre-vifs et à celle de la donation à cause de mort, il y a nécessairement difficulté à appliquer à celles-ci les principes si différens qui régissent l'une ou l'autre de ces dispositions; on trouvera sous le mot DONATION PAR CONTRAT DE MARIAGE la solution de ces questions de détail.

§ 2. — *Époque requise par la capacité de disposer et recevoir par testament.*

577. — Il faut distinguer, entre ce qui est relatif à la capacité du testateur et ce qui est relatif à la capacité du légataire.

578. — 1° *Capacité du testateur.* — La loi romaine considérait, à cet égard, l'époque de la confection du testament, l'époque de la mort, plus le temps intermédiaire. La capacité de fait, qui consiste ainsi qu'on l'a vu *suprà* no 107, non dans la jouissance mais dans l'exercice du droit de tester, n'était exigée que lors de la confection de l'acte, tandis que la capacité quant à la jouissance du droit lui-même l'était à tous les temps, depuis le testament jusqu'à la mort, sans interruption. Toutefois, le droit prétorien, plus indulgent dans ses dispositions, ne considérait pas le temps intermédiaire, et accordait la possession de biens *secundum tabulas* lorsque la capacité de droit avait existé chez le testateur aux deux époques extrêmes de la confection et de la mort. — Ducaurroy, *Inst. nouv. expl.*, t. 1er, nos 556 et suiv.; Etienne et Ortolan, *Instit.*, ad. tit. *Quib. non est permiss. fac. testam.*

579. — Cette doctrine du droit romain, telle que l'avait tempérée le préteur, était suivie dans l'ancienne jurisprudence. — Domat, *Lois civiles*, 2e part. liv. 3, tit. 1er, sect. 2e, no 16, et sect. 5e, nos 11 et 20; Pothier, *Tr. des donat. testam.*, chap. 3, sect. 1re, art. 1er, § 4, nos 126 et suiv.; Furgole, *Des testamens*, chap. 4, introd., nos 9 et suiv., et même chap., sect. 2e, no 211; Ricard, *Donations*, part. 1re, nos 797 et suiv.)

580. — Il n'y a nulle raison de croire que les rédacteurs du Code civil aient voulu s'écarter de ces principes. — Merlin, *Rép.*, vo *Testament*, sect. 1re, § 6, nos 1 et 2; Duranton, t. 8, nos 162 et suiv; Toullier, t. 5, nos 86 et 87; Malleville, sur l'art. 902, C. civ.; Grenier, nos 139 et suiv; Poujol, t. 1er, sur l'art. 901, C. civ., no 12; Demante, *Thémis*, t. 7, p. 136 et 137; Coin-Delisle, sur l'art. 902, C. civ., no 3 et suiv.; Delvincourt, t. 2, note 10 sur la p. 61.

581. — Jugé cependant que les dispositions d'un testament olographe fait par un individu mort civilement ont été validées par une clause que, depuis sa restitution à la vie civile, le testateur y a ajoutée pour en ordonner l'exécution. — *Paris*, 15 juin 1813, De Rohan c. Dupont. — V. en outre, ÉMIGRÉS, MORT CIVILE.

582. — La capacité du testateur est donc requise à deux époques, en ce sens qu'il doit avoir, au moment de la confection du testament, la capacité de transmettre par cette voie, et l'exercice de la faculté de disposer, et qu'à l'époque de la mort, qui est celle où s'opère la transmission des biens par testament, il doit avoir conservé, sinon l'exercice de la faculté de disposer, au moins la capacité de transmettre.

583. — Mais il suffit que la capacité ait existé à ces deux époques; peu importe que, dans l'intervalle, le testateur ait été momentanément incapable. — Furgole, *ubi suprà*; Duranton, no 163.

584. — Jugé, conformément à ces principes, qu'il suffit pour la validité d'un testament que son auteur ait été capable, et à l'époque où il a testé, et à celle où il est décédé, sans égard pour son incapacité intermédiaire. — Spécialement, celui qui, en pays de droit écrit, avait pu tester, et avait testé en effet avant l'âge de seize ans, fixé par le Code civil, mais qui a été surpris par ce Code, lorsqu'il n'avait point atteint l'âge requis, a fait néanmoins un testament valable, s'il n'est mort qu'après les seize années révolues. — *Cass.*, 13 nov. 1816, Besson c. Joubert.

585. — Toutefois, le principe qui exige la capacité du testateur à la double époque de la confection de l'acte et de la mort, ne doit pas être appliqué en dehors des cas qu'il doit régir. A cet égard, voici la règle à consulter pour résoudre les difficultés. Lorsque la loi n'a restreint la faculté de disposer qu'en vue et dans l'intérêt des héritiers d'une certaine qualité, comme alors la disposition n'est prohibée qu'autant qu'elle préjudicierait à leurs droits, qui ne peuvent s'ouvrir qu'à la mort, c'est à cette époque seule qu'il faut s'attacher pour apprécier l'effet de la disposition; il n'y a pas à se reporter au temps de la confection de l'acte. C'est une question de disponibilité qui s'élève plutôt qu'une question de capacité. — Demante, *loc. cit.*, p. 152.

586. — A cet ordre d'idées se réfère la question de savoir si, lorsque le mineur âgé de seize ans a disposé, nonobstant la prohibition de l'art. 904, C. civ., de plus de la moitié de ses biens, et qu'il meurt après sa majorité, sans révoquer son testament, la disposition doit valoir pour le tout, ou seulement pour la moitié.

587. — Si la loi qui restreint, à l'égard du mineur âgé de seize ans, la faculté de donner par testament était une règle de pure disponibilité plutôt qu'une règle de capacité, alors, d'après ce qui vient d'être établi, ce serait à l'époque seule de la mort du testateur, survenue, dans l'espèce, après sa majorité, qu'il faudrait s'attacher pour déterminer l'effet de la disposition; ce qui aurait pour résultat de la rendre valable pour le tout.

588. — Mais il s'agit dans l'art. 904, C. civ., d'une règle de capacité proprement dite: car, incontestablement le législateur n'y restreint la faculté de disposer qu'eu égard à un vice intrinsèque dont, à ses yeux, est affecté l'état individuel du mineur âgé de seize ans, vice consistant dans l'imperfection de la volonté du testateur qui n'est réputée ni assez éclairée, ni assez à l'abri des mobiles susceptibles de l'égarer. Or, si la règle restrictive de l'art. 904, C. civ., regarde la capacité plutôt que la disponibilité, dès-lors, par application du principe qui exige que le testateur soit capable aux deux époques de la confection du testament et de la mort, l'on arrive nécessairement à cette conséquence que le legs universel fait par un mineur âgé de seize ans, et décédé ensuite en majorité, ne doit valoir que pour la moitié. — V. dans ce sens *Grenoble*, 7 juill. 1811, Candy; *Cass.*, 30 août 1820, Tricaud c. Bernard; *Bruxelles*, 3 janv. 1829, cité par Merlin, *Quest. de dr.*, vo *Testament*, § 1er, no 2; Duranton, t. 8, no 188; Delvincourt, t. 2, note 4e sur la p. 61; Coin-Delisle, sur les art. 903 et 904, C. civ., no 11; Merlin, *loc. cit.*, et *Rép.*, vo *Testament*, sect. 1re, § 6, no 1er; Marcadé, *Elém. de dr. civ.*, sur les art. 903 et 904, C. civ., no 2; Poujol, *Des donat. et testam.*, t. 1er, sur les mêmes articles, no 8.

589. — Vainement on objecterait que, le mineur étant mort après avoir dépassé sa majorité, il a persisté dans ses intentions en ne les révoquant pas, et qu'il a ainsi manifesté jusqu'à la fin la volonté de donner l'universalité de ses biens; on répond qu'autre chose est de *faire* un testament, et autre chose de ne pas le révoquer, et que jamais un acte nul *ab initio* ne peut puiser dans le seul silence de son auteur l'existence légale qui lui manque. — L. 19, ff., *Qui testam. fac. poss.*; Valette, sur Proudhon, t. 1er, p. 200, note *a*; Demante, *loc. cit.*, p. 135; Duranton, t. 8, no 175; Merlin, *Rép.*, vo *Testament*, *loc. cit.*, et vo *Règle catonienne*, alin. 5e; Coin-Delisle, sur l'art. 902, C. civ., no 3.

590. — Et ce n'est pas seulement en ce qui concerne les legs qu'il y a lieu d'appliquer le principe qui exige la capacité du testateur à l'époque du testament. Ce principe sert encore à apprécier, par exemple, la validité d'une adoption testamentaire. — C. civ., art. 366. — V. ADOPTION.

591. — 2° *Capacité du légataire.* — Le droit romain l'exigeait à deux époques, au moment de la confection du testament par application de la règle catonienne, et au moment de la mort, parce que c'est celui où le droit s'ouvre. S'agissait-il d'héritiers institués? Ils devaient être également capables, entre autres époques, à celle de la confection du testament, non plus, ainsi que l'a remarqué Domat (*Lois civ.*, part. 2e, liv. 1er, tit. 1er, sect. 2e, no 31) par application de la règle catonienne (V. cependant Cujas, lib. 15, *Quæst. papin.*, sur la L. 3, ff., *De reg. caton.*), mais parce que les formes primitives du testament à Rome (forme *calatis comitiis*, forme *per as et libram*) impliquaient nécessairement, logiquement qu'il en fût ainsi.

592. — Sous l'empire de notre droit faut-il dire, conformément aux principes de droit romain qui viennent d'être exposés, que le légataire doit être capable, à la double époque, de la confection du testament (règle catonienne) et de la mort du testateur?

593. — Ces principes n'étaient pas suivis autrefois dans la France coutumière (Furgole, *Traité des testamens*, chap. 6, nos 9 et suiv.), et les meilleurs auteurs proscrivant, d'accord avec la pratique, l'application de la règle catonienne, ne recherchaient pas, pour juger de la validité d'un legs, si, à l'époque du testament, le légataire était capable de recevoir. — V. notamment Ricard, *donations*, 1re *Part.*, nos 829 et suiv.

594. — Et c'est incontestablement dans le sens de la doctrine de ces anciens auteurs que doit être interprété le Code civ. Il n'existe pas en effet, de disposition législative qui requière la capacité de recevoir à l'époque de la confection du testament; et, en l'absence de tout texte à cet égard, personne ne saurait songer sérieusement à ressusciter une règle aussi exorbitante que la règle catonienne, contre laquelle s'était élevé Domat (*loc. cit.*) et qui, reposant sur des motifs tout à fait particuliers à la législation romaine, assez mal précisés, du reste, par les commentateurs, n'était fondée ni en raison, ni en équité. — V. dans ce sens *Cass.*, 28 germ. an XI, Crugeot c. Dervillers; — Demante, *Thémis*, t. 7, p. 139; Grenier, no 140; Merlin, *Rép.*, vo *Légataire*, § 3, addition au no 1er; Toullier, t. 5, no 90; Duranton, t. 8, nos 230 et suiv.; Coin-Delisle, sur l'art. 906, no 9; Poujol, sur le même art., no 6; Rolland de Villargues, *Rép.*, vo *Testament*, sect. 2e, no 96; Malleville, *Analyse raisonnée*, p. 373.

595. — D'ailleurs, l'art. 906, C. civ. fournit un argument puissant en faveur de cette opinion. En effet, si pour être capable de recevoir par testament, il suffit, d'après cet article, d'être *conçu à l'époque du décès du testateur*, n'en doit-on pas conclure nécessairement, comme le fait observer très bien M. Demante (*loc. cit.*), que la capacité n'est pas requise au moment de la confection du testament, puisque l'incapacité la plus forte, celle du néant, ne fait point obstacle à la validité de la disposition, s'il y a capacité à l'époque du décès? — V. conf. Duranton, *loc. cit.*

596. — Quant à la nécessité de la capacité au moment de la mort, elle est incontestable, car, ainsi qu'on l'a déjà dit, c'est le moment où le droit s'ouvre; aussi l'art. 1043, C. civ., déclare-t-il le legs caduc, si le légataire *se trouve* incapable de le recueillir. — Demante, p. 142 et suiv.; et les auteurs cités au no 594.

597. — Toutefois, s'il s'agit d'un legs conditionnel, il faut être capable à l'événement de la condition (C. civ., art. 1040 et 1043), parce que c'est à ce moment que le droit s'ouvre; mais comme le droit ne s'ouvre qu'à cette époque, la capacité ne doit pas être exigée au temps de la mort. — Il y a exception, toutefois, en ce qui concerne la nécessité d'être conçu à l'époque de la mort pour être apte à profiter du bénéfice d'une disposition testamentaire. La capacité du légataire, sous ce rapport, doit toujours être considérée à l'époque du décès, la loi étant, à cet égard, générale et ne distinguant pas entre les dispositions pures et simples et les dispositions conditionnelles (V. C. civ., art. 906). Mais, sous tout autre rapport, la capacité du légataire, lorsque le legs est conditionnel, n'est exigée qu'à une seule époque, celle de l'événement de la condition. — Furgole, *Testamens* chap. 6, no 18; Ricard, *ubi suprà*, nos 817, 829 et 830; Domat, *Lois civiles*, 2e part., liv. 1er, tit. 1er, sect. 2e, no 31, note; Demante, *loc. cit.*; Duranton, *loc. cit.*; Coin-Delisle, *loc. cit.*, et no 4; Grenier, no 142; Toullier, nos 91 et suiv.; Merlin, *ubi suprà*, no 4; Rolland de Villargues, *ubi suprà*, no 97; Marcadé, *Elémens de dr. civ.*, sur l'art. 906, C. civ.

598. — Sous l'ord. de 1735, dans les pays coutumiers, le legs par testament, à tous les enfans à naître d'un individu, était valable, quoique ces enfans ne naquissent qu'après le décès du testateur. — *Bourges*, 3 juill. 1811, Michelat c. Delaterrade et Perraut.

599. — Il est bien entendu que ce qu'on vient de dire du legs conditionnel n'est relatif qu'au legs véritablement conditionnel (C. civ., art. 1040), et nullement au legs qui, dans la réalité et sous sa forme conditionnelle, ne serait qu'un legs à terme (C. civ., art. 1041).

600. — Remarquons enfin que la capacité d'un héritier institué ne peut être critiquée que par ceux qui, à son défaut, recueilleraient l'hérédité. Ainsi, lorsqu'une disposition testamentaire est faite conjointement *re et verbis* au profit de plusieurs personnes, l'héritier naturel n'a pas qualité pour critiquer la capacité personnelle de quelques uns des gratifiés, si la capacité des autres est reconnue et incontestable. — *Cass.*, 13 avr. 1830, Cremadels.

CHAPITRE V. — *Restrictions dans l'exercice du droit de disposer ou de recevoir à titre gratuit. — Quotité disponible, rapport à succession. — Conditions.*

601. — Les personnes qui ne se trouvent dans aucun des cas d'incapacité qu'on a indiqués plus haut, ne sont pas cependant toujours libres de

disposer à titre gratuit de la totalité de leurs biens.

602. — Dans certains cas, la loi soustrait une certaine portion des biens à la faculté d'en disposer à titre gratuit, pour la réserver spécialement à certains héritiers, qui ne peuvent dès-lors en être privés par aucune disposition. Ces héritiers sont les enfans ou descendans du disposant, et à défaut d'enfans ou descendans, ses ascendans. — Merlin, *Rép.*, v° *Portion indisponible*.

603. — L'individu qui a des enfans ou descendans ou bien des ascendans ne peut donc donner ou léguer que la portion disponible. — C. civ., art. 913 et suiv. — V. QUOTITÉ DISPONIBLE

604. — De plus, la loi veut qu'il y ait égalité entre les personnes appelées par un titre commun à une même hérédité, et elle présume que les avantages n'ont été faits du vivant de celui à qui il s'agit de succéder qu'en avancement de ce qu'on pourrait un jour espérer dans la succession. — Merlin, *Rép.*, v° *Rapport à succession*.

605. — Elle a donc ordonné que les cohéritiers qui recevaient à titre gratuit de l'auteur commun seraient, à moins de disposition contraire, censés n'avoir reçu qu'à la condition de rapporter à la succession ce qui leur a été donné pour être compris dans le partage, comme s'ils n'en avaient jamais été saisis à titre particulier. — C. civ., art. 843 et suiv.; — Merlin, *ibid.* — V. RAPPORT A SUCCESSION.

606. — Les dispositions à titre gratuit peuvent être l'objet de différentes charges ou conditions imposées par celui qui fait la libéralité.

607. — Lorsque le disposant impose à la personne gratifiée une charge à exécuter, la libéralité prend le nom de disposition ou donation *onéreuse* ou *modale*.

608. — Mais elle n'est onéreuse ou modale qu'autant que la charge est personnelle. Si cette charge était réelle, par exemple, celle d'un usufruit ou d'une servitude, la convention constituerait une donation gratuite d'une chose grevée, et la personne gratifiée pourrait s'affranchir de la charge en abandonnant la chose. — C. civ., art. 699. — V. Nouv. Denisart, v° *Donation*, § 1er, n° 4 3°; Coin-Delisle, n° 4, sur l'art. 894.

609. — La disposition est conditionnelle, quand son existence dépend d'un événement futur et incertain ou d'un événement accompli, mais qui est encore inconnu des parties au moment de la libéralité. — C. civ., art. 1168.

610. — On peut voir (v° CONDITION) en quoi consistent les conditions, quelles conditions sont licites ou illicites, et quels sont en général les effets des conditions dans les dispositions à titre gratuit.

611. — Seulement, nous ferons remarquer ici que, dans toute disposition entre-vifs ou testamentaire, les conditions impossibles, celles qui sont contraires aux lois ou aux mœurs, sont réputées non écrites. — C. civ., art. 900. — V. CONDITION.

612. — Ainsi, les conditions posées aux dispositions à titre gratuit diffèrent totalement, dans un de leurs effets, des conditions apposées aux obligations ou contrats, où la nullité de la condition entraîne la nullité de l'obligation. — C. civ., art. 1172. — V. CONDITION, OBLIGATION.

DISSECTION.

1. — Étude de l'anatomie ou des opérations chirurgicales, faite sur les cadavres à l'aide d'instrumens tranchans.

2. — A Paris, le préfet de police est particulièrement chargé, par l'arrêté du gouvernement du 12 messid. an VIII (art. 28), de surveiller les salles de dissection.

3. — La police de ces salles de dissection a été successivement réglée par divers arrêtés et ordonnances de police dont nous avons parlé sous le mot CABINET D'ANATOMIE.

4. — L'arrêté du conseil général des hospices du 21 déc. 1832 sur le manuel des opérations et des dissections dans les hôpitaux et dans les hospices a été suivi d'une ordonnance de police du 25 nov. 1834, qui en adopte et consacre les dispositions.

5. — Entre autres dispositions, cette ordonnance porte : 1° (art. 2) que les dissections et exercices sur l'anatomie et la chirurgie ne peuvent être faits que dans les pavillons de la faculté de médecine et dans l'amphithéâtre des hôpitaux établis sur l'ancien cimetière de Clamart.

6. — ... 2° (Art. 4) qu'il ne peut être pris aucun cadavre dans les cimetières.

7. — ... 3° (Art. 5) que les cadavres provenant des hôpitaux et hospices sont seuls affectés au service des amphithéâtres d'anatomie, et que toutefois les familles peuvent réclamer, pour les faire enterrer à leurs frais, les corps de leurs parens décédés dans les hôpitaux et hospices.

8. — ... 4° (Art. 7) que les cadavres ne peuvent être enlevés des hôpitaux et hospices que vingt-quatre heures après que le décès aura été régulièrement constaté.

9. — ... 5° (Art. 8) que les débris de cadavres doivent être portés soigneusement au cimetière du Mont-Parnasse, pour y être enterrés dans la partie affectée aux hospices.

10. — ... 6° (Art. 10) que les cadavres ne peuvent être portés aux amphithéâtres que dans des voitures couvertes et pendant la nuit seulement.

11. — ... 7° (Art. 11) qu'il est expressément défendu d'emporter hors des amphithéâtres d'anatomie des cadavres ou des portions de cadavre.

12. — ... 8° (Art. 12) que les dissections doivent être suspendues depuis le 1er mai jusqu'au 1er novembre.

13. — ... 9° (Art. 13) que les amphithéâtres d'anatomie doivent constamment être tenus dans le plus grand état de propreté.

14. — Au surplus, les dispositions qui précèdent ne s'opposent pas à ce qu'il y ait, dans chaque hôpital ou hospice, une salle particulière destinée aux autopsies que les médecins jugeraient convenable de pratiquer. Ces opérations n'ont d'ailleurs rien de commun avec les dissections, et sont faites sous la surveillance de l'administration des hospices. — V. AUTOPSIE, HOSPICES.

15. — Les amphithéâtres d'anatomie qui, suivant l'art. 1042 du règlement général du 1er avr. 1831, concernant les hôpitaux militaires, doivent être établis dans les hôpitaux d'instruction, sont soumis à un régime et à des réglemens spéciaux en harmonie avec la médecine militaire. Cependant, l'autorité municipale peut toujours étendre sa surveillance sur ces établissemens, et leur imposer telles conditions qu'elle jugerait convenables, dans l'intérêt de la salubrité et de la morale publique. — Elouin et Trébuchet, *Nouveau Dict. de police*. — V. DISSECTION.

16. — V., en outre, les mots AUTOPSIE, CABINET D'ANATOMIE, MÉDECINE ET CHIRURGIE.

DISSOLUTION.

V. COMMUNAUTÉ, SOCIÉTÉ.

DISSOLUTION (Mariage).

Le mariage se dissout : 1° par la mort de l'un des époux : 2° par la condamnation devenue définitive de l'un des époux à une peine emportant mort civile. — C. civ., art. 227. — La troisième cause de dissolution indiquée par l'art. 227, C. civ., a cessé d'exister depuis l'abolition du divorce. — V. MARIAGE.

DISTANCE.

V. ABRÉVIATION DE DÉLAI, APPEL, CASSATION (mat. civ.), DÉLAI.

DISTILLATEURS.

1. — Distillateurs liquoristes : — patentables de troisième classe. — Droit fixe, basé sur la population, et droit proportionnel du vingtième de la valeur locative de l'habitation et des lieux servant à l'exercice de la profession.

2. — Distillateurs d'essences, eaux parfumées et médicinales : — patentables de cinquième classe. — Mêmes droits, sauf la différence de classe. — V. BOISSONS, PATENTES.

DISTRACTION (Demande en).

C'est l'action exercée par un tiers dont la propriété a été comprise à tort dans une saisie immobilière poursuivie par le créancier contre son débiteur. — V. SAISIE IMMOBILIÈRE.

DISTRACTION DE DÉPENS.

V. FRAIS ET DÉPENS.

DISTRACTION DE LÉGITIME.

On appelait ainsi le retranchement que l'héritier légitimaire avait le droit de former contre les donataires ou légataires, afin d'obtenir sa légitime. — V. LÉGITIME, QUOTITÉ DISPONIBLE.

DISTRIBUTION D'ÉCRITS OU IMPRIMÉS.

1. — Les distributions d'écrits ou imprimés, quand elles ont lieu sur la voie publique, produisent des effets analogues à l'exercice de la profession de crieur public. Elles sont donc soumises dans ce cas à toutes les règles de police tracées par la loi du 10 déc. 1830, et par celle du 16 fév. 1834 sur la profession de crieur public. Le distributeur doit avoir obtenu préalablement une autorisation du pouvoir municipal de la commune où la distribution doit se faire. — V., quant aux distributions d'écrits ou imprimés considérées dans leurs rapports avec la police de la voie publique, le mot CRIEUR PUBLIC.

2. — Les distributions d'écrits ou imprimés peuvent en outre donner naissance à des délits prévus par les art. 283 et suiv., C. pén. — V. même mot, nos 31 et suiv.

3. — Les art. 283 et 284, C. pén., en punissant les distributeurs d'écrits ou imprimés qui ne contiendraient pas l'indication vraie des noms, profession et demeure de l'auteur ou de l'imprimeur, ne font que prévoir des contraventions en matière de publication. Quant à la complicité prévue par l'art. 284 et à l'outrage aux bonnes mœurs dont il est question dans les art. 287 et 288, V. DÉLITS DE PRESSE.

4. — C'est également sous ce mot que nous avons dû traiter des cas où le distributeur doit être considéré comme auteur principal des délits contenus dans l'écrit ou imprimé distribué. Quant à ce qui concerne la distribution des ouvrages qui ont été déjà l'objet de condamnations, V. OUVRAGES CONDAMNÉS.

5. — La distribution d'écrits ou imprimés constitue un des moyens de publication constitutifs des délits de presse. — V. DÉLITS DE PRESSE.

DISTRIBUTION PAR CONTRIBUTION.

Table alphabétique.

DISTRIBUTION PAR CONTRIBUTION. — 1. — On donne ce nom à la répartition qui se fait au marc le franc entre les créanciers d'un débiteur des deniers arrêtés sur celui-ci ou provenant de la vente de ses effets mobiliers, par suite de saisie-arrêt, de saisie-exécution, de saisie des fruits pendants par racine, ou de saisie des rentes constituées. — On l'appelle contribution parce que, n'ayant lieu que lorsque le montant des dettes de la partie saisie est supérieur à la somme à distribuer, chacun des créanciers contribue, sauf le cas de privilége, à la perte commune.

2. — Dès que les sommes à partager sont insuffisantes pour payer tous les créanciers opposans, il y a lieu à contribution (Demiau-Crouzilhac, p. 427; Thomine, t. 2, no 726; Bioche, vo *Distribution*, no 3); encore bien que le débiteur ne soit pas en état de déconfiture. — V. *contrà* Hautefeuille, p. 355.

3. — Les créanciers qui prétendent que les deniers sont suffisans peuvent demander leur paiement par provision, à la charge de donner caution de rapporter, en cas d'insuffisance; on fait ainsi cesser les intérêts, et on diminue le passif du débiteur. — Pigeau, t. 2, p. 180.

4. — C'est seulement lors de la distribution par contribution de la part héréditaire d'un cohéritier qu'il peut être statué sur les droits des divers créanciers de cet héritier. — *Orléans*, 29 mai 1845 (t. 2 1845, p. 478), Pelissot-Croué c. Courtois, Delaporte et Ollier.

5. — La distribution par contribution n'était autrefois réglementée par aucune disposition législative: l'ord. de 1667 était muette; elle était régie par autant de réglemens particuliers qu'il y avait de parlemens et même de juridictions; ainsi on ne suivait pas au Châtelet de Paris la même marche qu'au parlement. — Carré, *L. de la procéd.*, t. 4 (éd. Chauveau), p. 835.

—

§ 1er. — *Distribution amiable.*

6. — Si les deniers arrêtés ou le prix des ventes ne suffisent pas pour payer les créanciers, le saisi et le créancier sont tenus, dans le mois, de convenir de la distribution par contribution. — C. procéd., art. 656.

7. — Le délai d'un mois court, en cas de saisie-arrêt, du jour de la signification au tiers saisi du jugement qui fixe la dette; en cas de saisie de rentes, du jour de la signification du jugement d'adjudication, et, s'il y a appel, du jour de la signification de l'arrêt confirmatif; en cas de saisie-exécution ou brandon, du jour de la dernière vacation du procès-verbal de vente. — Ord. 3 juill. 1816, art. 8; — Thomine, t. 2, no 730.

8. — La distribution des deniers peut se faire à l'amiable. Le débiteur passe devant notaire, avec ses créanciers, un acte par lequel il attribue à chacun d'eux, par voie de délégation sur le dépositaire des fonds, la somme qui doit lui revenir. — Cependant si tous les intéressés étaient d'accord et libres de leurs droits, un acte sous seing-privé devrait être considéré comme suffisant.

9. — Mais il faut que le débiteur et tous les créanciers s'accordent sur cette distribution par contribution à faire à l'amiable. Cette disposition, quoique toute facultative, est conçue en style impératif, a dit M. Réal, pour que les juges et les créanciers soient bien pénétrés du vœu du législateur.

10. — Il suffit de la volonté d'un seul créancier pour contraindre tous les autres à recourir au mode de distribution judiciaire. Dans ce cas, les frais de la procédure n'en sont pas moins pris sur la masse. Si les autres créanciers veulent rendre son refus inutile, ils n'ont qu'à le désintéresser.

11. — Celui qui, sans raison, mettrait obstacle à une distribution à l'amiable, devrait être condamné aux frais qu'il aurait occasionnés. — Carré et Chauveau, no 2160; Demiau, sur l'art. 656. — M. Thomine (t. 2, nos 729 et 730) veut que le projet de distribution amiable ait été notifié à ce créancier récalcitrant, avec déclaration qu'on entend le rendre responsable des frais qu'occasionnera son refus illégitime. — Cependant cela ne nous paraît pas indispensable.

12. — La capacité des parties appelées à une distribution à l'amiable se règle d'après les principes généraux du droit; ainsi le tuteur peut y participer sans autorisation du conseil de famille; car il ne s'agit que d'arriver au recouvrement d'une somme mobilière; le mineur émancipé peut y stipuler lorsque sa créance ne consiste qu'en fruits et revenus. — Pigeau, t. 2, p. 184.

13. — Les forclusions et déchéances prononcées par le Code de procédure seraient évidemment inapplicables aux distributions amiables. — *Metz*, 5 août 1814, Delarue c. Nardeaux.

14. — Jugé, par suite, que les distributions par contribution faites à l'amiable entre créanciers, par actes passés devant notaire ou sous seing-privé, ne sont point soumises au droit proportionnel de 50 centimes pour 100 fr., comme les expéditions de jugemens portant collocation. Il n'y a lieu de percevoir sur ces distributions que le droit de 1 fr. — *Cass.*, 17 (et non 13) mars 1830, Enregist. c. duc d'Orléans. — Sol. de la régie 5 oct. 1832; instr. 1320, § 2. — Rigaud et Championnière, *Tr. des dr. d'enregistr.*, t. 1er, no 43.

§ 2. — *Sommes qui peuvent faire l'objet d'une contribution. — Consignation.*

15. — La distribution par contribution s'ouvre généralement soit sur le prix des ventes de biens meubles saisis sur le débiteur, soit sur des deniers saisis-arrêtés, en capital, intérêts, arrérages ou autrement, et toutes sommes *mobilières* appartenant au débiteur. — Bioche, vo *Distribution*, no 12.

16. — La distribution peut s'ouvrir sur le prix d'immeubles quand les créanciers hypothécaires ou privilégiés ont été désintéressés et qu'il n'y a d'appelés au partage de cette somme, bien que d'origine immobilière, que les créanciers chirographaires. — Bioche, vo *Distribution*, no 16; Carré et Chauveau, quest. 2158.

17. — Une contribution ne peut pas être ouverte sur les deniers à provenir d'une créance non encore exigible. — *Paris*, 8 juin 1836, Rivière c. Péan de Saint-Gilles; — Bioche, vo *Distribution par contribution*, no 13.

18. — Pendant le temps qu'un notaire exerce ses fonctions, le capital de son cautionnement peut bien être saisi par ses créanciers ordinaires, mais il ne peut leur être distribué qu'à la cessation des fonctions du notaire. Jusque-là, les créanciers ont seulement droit à la distribution des intérêts de ce cautionnement. — Le capital ne pourrait être diminué que par suite de condamnations qui seraient prononcées contre le notaire à raison de ses fonctions. — *Grenoble*, 15 fév. 1823, Léon c. Gras.

19. — Cette décision devrait être étendue aux autres officiers ministériels dont le cautionnement, frappé d'une affectation spéciale, ne peut devenir le gage de tous les créanciers qu'autant que les intérêts, compromis par des faits de charge, ont été satisfaits.

20. — C'est d'après le mode prescrit par le Code de commerce pour le cas d'union de créanciers, et non par voie de contribution dans les formes tracées par le Code de procédure, que doit avoir lieu la distribution des deniers mobiliers composant l'actif d'un commerçant admis à la cession de biens. — *Paris*, 20 mars 1837 (t. 2 1837, p. 261), créanciers Duclos.

21. — Faute par le saisi et les créanciers de s'accorder dans le mois, l'officier qui a fait la vente est tenu d'en consigner le montant à la caisse des consignations dans la huitaine qui suit le mois accordé pour distribution amiable, et à la charge de toutes les oppositions. — C. procéd., art. 657; Tarif, art. 42.

22. — Les simples particuliers, détenteurs de deniers, sont soumis à la même obligation. Bioche, no 41.

23. — Tels seraient un tiers-saisi, l'adjudicataire d'une rente, le curateur à une succession vacante. — Ord. 1816, art. 2.

24. — Le créancier porteur d'un titre exécutoire ne peut point contraindre, par la voie de la saisie-exécution, son débiteur à déposer le montant de sa dette à la caisse des dépôts et consignations, lorsque cette somme a été saisie-arrêtée entre les mains de celui-ci, avant qu'il ait été statué sur la validité des oppositions et sur la quotité de la somme à déposer par le tiers-saisi. — *Pau*, 11 déc. 1822, Cazabonne c. Jacomet; — Roger, *Saisie-arrêt*, no 430.

25. — Selon M. Thomine (no 731), le détenteur de deniers qui a payé une dette privilégiée peut se borner à consigner les quittances qu'il a reçues et ce qui lui reste de fonds entre les mains, sauf, bien entendu, à représenter la totalité de la somme s'il a payé mal à propos. Cependant, il pourrait

toujours exercer son recours contre ceux qui ont reçu.

26. — Si le détenteur, quel qu'il soit, refusait de faire la consignation, il devrait être assigné par le créancier le plus diligent devant le président du tribunal, qui ordonnerait, par voie de référé, le dépôt à la caisse. — Bioche, nº 43.

27. — Dans le cas où il n'aurait pas encore fait le dépôt dans le délai à lui imparti par le président, il peut être assigné devant le tribunal et condamné au paiement des intérêts des sommes à déposer, et même à des dommages-intérêts, s'il résultait quelque préjudice de son retard. — Bioche, *ibid.*

28. — L'officier qui a fait la vente peut retirer, sur la somme à déposer, le montant de ses frais taxés sur la minute du procès-verbal (Tarif, art. 42), et le tiers-saisi, ses frais également taxés. — Carré, nº 2165.

29. — Il ne peut être procédé à aucune distribution avant que la consignation des deniers ait été effectuée. — Ord. 3 juill. 1816, art. 4. — Les tribunaux ne peuvent plus autoriser soit les tiers-saisis, soit les adjudicataires de rentes, actions, fruits, etc., à garder entre leurs mains le prix de l'adjudication. — *Ibid.*, art. 2, § 7.

30. — Avant l'ordonnance du 3 juill. 1816, aucune loi n'ordonnait que le commissaire-priseur qui avait procédé à la vente de meubles dépendant d'une succession vacante, se dessaisît des deniers ou les versât dans une caisse publique, à peine d'en payer personnellement l'intérêt dans un délai déterminé depuis la vente. Et dès-lors, cette obligation du paiement des intérêts ne pouvait courir que du jour de la demande formée contre le commissaire-priseur. — *Rennes*, 30 mars 1812, Alexandre.

31. — Une contribution peut légalement être ouverte sur un objet donné en gage, sans que le créancier gagiste non désintéressé ait d'autre droit que de faire valoir son privilége, et cela dans le délai, sous peine de forclusion. — *Cass.*, 3 juill. 1834, Lesage c. Paringault.

32. — Dans l'usage, au tribunal de la Seine, lorsque la somme à distribuer est inférieure à 300 fr., on n'ouvre pas de contribution; les parties se pourvoient en référé devant le président du tribunal. — Bioche, vº *Distribution*, nº 10.

33. — La disposition de l'art. 775, C. procéd., d'après lequel il faut plus de trois créanciers pour qu'il y ait lieu à l'ouverture d'un ordre, est inapplicable en matière de contribution. On peut, en matière d'ordre, connaître les créanciers qui ont dû faire inscrire à l'avance leurs hypothèques. Le nombre des créanciers chirographaires n'est pas connu dès le principe. Il peut s'accroître pendant les premières formalités de la contribution. — Pigeau, *Comment.*, t. 2, p. 246; Bioche, vº *Distribution*, nº 8. — V. aussi Chauveau, sur Carré, quest. 2168 *bis*.

§ 3. — *Personnes entre lesquelles a lieu la contribution. — Tribunal compétent.*

34. — La distribution se fait ordinairement avec les créanciers du débiteur qui ont formé opposition sur la somme à distribuer. L'opposition n'est cependant pas une formalité indispensable pour prendre part à la distribution; mais c'est une mesure prudente qui donne au créancier la certitude qu'il sera averti de la distribution par une sommation de produire.

35. — Les créanciers qui veulent prendre part à la distribution sont ordinairement connus. Si elle se fait sur une saisie-arrêt, le tiers saisi a dû dénoncer à l'avoué du premier saisissant les oppositions postérieures, C. procéd., art. 575. — Si la saisie frappait sur des objets susceptibles d'être vendus, les opposans antérieurs à la vente ont dû renouveler, et les opposans postérieurs former leur opposition entre les mains de l'officier chargé de la vente, qui en fait mention sur son procès-verbal. — Si la distribution se fait sur une vente de rentes ou actions, les opposans ont dû former opposition entre les mains du tiers-saisi, et celui-ci a dû dénoncer ces oppositions, au fur et à mesure, au saisissant. — Pigeau, t. 2, p. 185. — Enfin, la caisse des dépôts et consignations tient note de toutes les oppositions formées sur les sommes déposées dans ses coffres et en délivre l'extrait lorsqu'il est question d'ouvrir la contribution.

36. — Les créanciers qui, après la vente des meubles de leur débiteur, mais dans le mois qui suit cette opération, forment opposition, ne peuvent être admis à demander la consignation et la distribution par contribution du prix des adjudications, si avant leur opposition ce prix a été distribué tant aux créanciers saisissans qu'aux créanciers opposans lors de la vente. L'opposition sur le prix de la vente peut être valablement signifiée au domicile élu par le saisissant dans le commandement qui a précédé la saisie. — *Bruxelles*, 7 mai 1822, Talboom c. Wambersie.

37. — Le créancier qui, dans un ordre, n'a été colloqué que sur des capitaux de rentes viagères, a le droit de venir prendre part à une distribution en vertu de la même créance; sa collocation n'est qu'une indication de paiement, surtout si les capitaux de rentes viagères sont éventuels. — *Poitiers*, 24 mars 1830, Mauricheau-Beauchamp c. Piorry et Jolly.

38. — Si l'un des créanciers n'a pas formé opposition, ses créanciers peuvent en faire une à son lieu et place. Ils doivent la notifier à celui sur qui et à celui pour qui elle est formée. Si leur débiteur a formé opposition, ils doivent s'opposer à ce que le tiers saisi paie entre ses mains. — Chauveau, sur Carré, quest. 2169 *bis*.

39. — Suivant Pigeau (t. 2, p. 209), les créanciers du créancier opposant doivent, pour se partager la somme qu'ils vont recueillir dans la contribution du chef de leur débiteur, provoquer une nouvelle distribution; mais il est une procédure moins dispendieuse, qui consiste à faire commettre le juge-commissaire pour procéder simultanément aux deux distributions. — En ce cas, s'il n'y a pas de contestation entre les créanciers du saisi, mais seulement entre les créanciers de l'un des créanciers, il y aurait lieu de disjoindre et de poursuivre la clôture du réglement définitif de la première distribution, sans attendre le jugement des contestations de la seconde. — Bioche, vº *Distribution*, nº 31. — V. aussi Chauveau, sur Carré, *loc. cit.*

40. — La distribution par contribution d'objets saisis et vendus doit être poursuivie devant le tribunal qui a connu de la saisie et de la vente, et non devant le tribunal du domicile du saisi. — *Paris*, 11 juin 1836, Bégat c. Deville; — Favard de Langlade, vº *Distribution par contribution*, t. 2, p. 113, nº 1er; Thomine-Desmazures, t. 2, p. 180; Bioche, *Dict. de procéd.*, vº *Distribution par contribution*; Carré et Chauveau, quest. 2170.

41. — Quand plusieurs saisies-arrêts qui ont été pratiquées contre le même débiteur, par les mêmes créanciers, ont donné lieu à des demandes en distribution de deniers devant deux tribunaux différens, la distribution doit être poursuivie devant le premier de ces tribunaux qui a été saisi. — *Cass.*, 23 août 1809, Duchatenet c. Lacherat; — Berriat, p. 517; Roger, *Saisie-Arrêt*, nº 637. — V. *contrà* Hautefeuille, p. 357; Lepage, *Quest.*, p. 426.

42. — Cette décision doit surtout être admise quand le premier tribunal est celui où le saisi avait son principal établissement. — *Cass.*, 3 fruct. an XIII, Gombeau.

43. — La faillite du débiteur, survenue pendant l'instance de contribution, ne doit pas empêcher la suite de l'opération devant le tribunal civil, et il n'y a pas lieu de renvoyer l'affaire devant le tribunal de commerce. — *Paris*, 5 juin 1823, syndics Sudour c. Wittelsbach. — V. conf. Bioche, *Dict. de procéd.*, vº *Distribution par contribution*, nº 53.

44. — La distribution par contribution du cautionnement d'un agent de change ne peut être faite par un jugement du tribunal rendu en l'absence du saisi, sans renvoyer devant un juge-commissaire et sans se conformer aux dispositions du Code de procédure (art. 656 et suiv.). — Un semblable jugement, déféré par le saisi à la cour d'appel comme incompétemment rendu, doit être annulé. — *Cass.*, 29 août 1832, Gauwin c. Desgraviers.

§ 4. — *Ouverture de la contribution. — Sommation de produire.*

45. — Après l'expiration des délais portés aux art. 656 et 657, C. procéd., et même avant (arg. *Rouen*, 30 déc. 1814, Dupuis c. Dabourg; — Berriat, p. 555, note 9e; Bioche, vº *Distribution*, nº 55. — V. cependant Chauveau, sur Carré, quest. 2161 *bis*.), le saisissant ou, à son défaut, la partie la plus diligente peut poursuivre la contribution judiciaire. — C. procéd., art. 658.

46. — Le mot *partie* comprend les créanciers, le saisi, le tiers-saisi et l'adjudicataire des fruits ou rentes. — *Rennes*, 19 juill. 1820, Louppe c. Chauveau.

47. — Les créanciers d'une succession acceptée sous bénéfice d'inventaire ont le droit de poursuivre la distribution par contribution des deniers qui proviennent de cette succession. Pour pouvoir provoquer cette distribution, il n'est pas nécessaire que tout ce qui est relatif à la succession ait été liquidé, et que tous les deniers qui en proviennent se trouvent réunis dans les mains de l'héritier bénéficiaire. — *Bruxelles*, 28 déc. 1826, hérit. S... c. créanciers D...

48. — Mais pour éviter les frais, la poursuite ne doit être faite que par un seul intéressé. — Pigeau, t. 2, p. 182; Bioche, vº *Distribution*, nº 56, Chauveau, sur Carré, quest. 2168.

49. — A cet effet, l'avoué de la partie poursuivante rédige, sur un registre spécial dit *des concurrences*, une réquisition sommaire qu'on appelle *présentation*, et qui contient le nom du requérant et de son avoué, la date et le numéro de la consignation, et le nom de la partie saisie, et par lequel l'avoué demande la nomination d'un juge-commissaire pour procéder à la distribution. — C. procéd., art. 658; ord. 3 juill. 1816, art. 4.

50. — A défaut de la mention, dans l'acte de réquisition, de la date et du numéro de la consignation des deniers, la distribution ne peut être ouverte: le président ne doit pas commettre de juge; celui-ci ne doit pas opérer, et le greffier ne doit pas délivrer de mandement de collocation. — Ord., 3 juill. 1816, art. 4.

51. — Si plusieurs avoués font concurremment les mêmes réquisitions, ils doivent se présenter sans sommation devant le président du tribunal, qui décide sans procès-verbal et nonobstant opposition ou appel quelle réquisition on devra recevoir. — Ord. 3 juill. 1816, art. 4; C. procéd., art. 658; tarif, art. 95 et 130. — A Paris, ces sortes de contestations se règlent devant la chambre des avoués.

52. — La date de l'inscription sur le registre de concurrence n'est pas toujours une cause de préférence; il faut avoir égard tout à la fois au plus ou moins de diligence et au plus ou moins d'intérêt de chaque prétendant. Le créancier le plus diligent est celui qui produit le premier les actes nécessaires à l'ouverture de la contribution, par exemple, l'état des oppositions et le certificat des sommes à distribuer. Quant à l'intérêt, le créancier est ordinairement préféré au saisi, le saisi au tiers-saisi ou à l'adjudicataire, et, à circonstances égales, celui dont l'avoué est le plus ancien. — Pigeau, t. 2, p. 183.

53. — Peut-on, pendant les vacances, requérir la nomination d'un juge commissaire. — V. ORDRE.

54. — En marge de cette réquisition, le président nomme un juge pour procéder. — C. procéd., art. 658.

55. — On peut former opposition au jugement par défaut qui refuse d'ordonner l'ouverture d'une distribution par contribution sur des deniers saisis-arrêtés. — *Bruxelles*, 21 oct. 1819, Hotterbeer c. Termeeren. — V. (implicit.) Roger, *Saisie-arrêt*, nº 619.

56. — L'avoué poursuivant présente au juge-commissaire une requête à l'effet d'être autorisé à sommer les créanciers opposans de produire les titres de leurs créances et la partie saisie de prendre communication des productions et d'y contredire, s'il y a lieu. — C. procéd., art. 659; Tarif, art. 96.

57. — A cette requête doit être joint l'état des créanciers opposans, soit entre les mains du saisissant, soit entre celles de l'officier qui a procédé à la vente pour faire connaître au juge-commissaire le nombre des prétendant-droit à la distribution (Pigeau, t. 2, p. 185; Chauveau, sur Carré, quest. 2171 *bis*) et le certificat constatant la somme à distribuer; mais il est inutile, quoi qu'en dise Pigeau (t. 2, p. 184), de joindre copie de la réquisition et de l'ordonnance qui nomme le juge-commissaire; il suffit de les énoncer dans la requête présentée au juge. — Bioche, vº *Distribution*, nº 72.

58. — Au bas de la requête, le juge rend une ordonnance portant permission de faire les sommations et nominations d'un huissier commis à cet effet. Il ouvre son procès-verbal par la mention de cette requête et de cette ordonnance, et à la suite, il mentionne les productions au fur et à mesure qu'elles sont faites. — La minute de ce procès-verbal reste déposée au greffe. — Pigeau, t. 2, p. 184; Carré, sur l'art. 659; Bioche, vº *Distribution*, nº 75.

59. — En vertu de cette ordonnance, le poursuivant fait sommation aux créanciers de produire et à la partie saisie de prendre communication des titres produits, et d'y contredire, s'il y a lieu. — C. procéd., art. 659.

60. — Cette sommation doit se faire par acte d'avoué à avoué, s'il y en a eu de constitués, sinon, par exploit signifié à personne ou à domicile. Elle doit être précédée de la copie des requête et ordonnance en vertu desquelles elle est faite. Cependant cette mention n'est pas exigée à peine de nullité. — Pigeau, t. 2, p. 185; Carré, quest. 2171; Bioche, vº *Distribution*, nº 76.

61. — Il n'est tenu de faire sommation de produire qu'aux créanciers opposans avant l'ordonnance du juge commissaire. — *Paris*, 28 mars 1830, de Beauffres; — Pigeau, *Comm.*, t. 2, p. 247.

62. — Il n'est pas censé connaître ceux qui ne sont pas indiqués dans l'extrait des oppositions (Pigeau, *Comment.*, t. 2, p. 247); mais, dans l'usage, le juge-commissaire, avant de délivrer le permis de sommer, exige que l'état des oppositions soit de nouveau visé par le détenteur des deniers, qui doit mentionner les oppositions survenues dans l'intervalle. — Bioche, v° *Distribution*, n° 79.

63. — La nullité de l'acte d'opposition d'un créancier, dans une distribution de deniers, est couverte par une sommation qui lui est faite, à l'effet de produire ses titres. — C. procéd., art. 173. — Cette nullité doit être opposée devant le tribunal et non devant le juge-commissaire. — *Rennes*, 4 mars 1812, Gorrec le Tessier c. Lefloid et Deslandes.

64. — La partie saisie doit être sommée de prendre communication et de contredire en même temps que les créanciers sont sommés de produire, bien qu'il lui soit notifié une seconde sommation à la même époque qu'aux créanciers après que ceux-ci ont produit : pour examiner tous les titres, elle a besoin d'un plus long délai que les produisans. — Bioche, v° *Distribution*, n° 80.

65. — Si des oppositions sont formées postérieurement à la délivrance du permis de sommer, les créanciers qui les ont faites peuvent se présenter spontanément à la contribution et conserver l'intégralité de leurs droits, mais le poursuivant n'est pas tenu de leur faire une sommation. — S'ils n'interviennent pas dans la contribution avant la clôture du réglement provisoire, ils sont déchus du droit d'y figurer utilement. — *Paris*, 28 mars 1830, de Beauffres.

66. — Lorsque, dans le cours d'une instance de contribution, il survient de nouvelles sommes qui augmentent la masse à distribuer, il faut faire de nouvelles sommations. — Toutefois ces nouvelles sommations ne sont nécessaires qu'à l'égard des créanciers opposans. — *Paris*, 27 juin 1811, Lefrançois c. Perdreaux; — Bioche, *Dict. procéd.*, v° *Distribution par contribution*, n° 208.

§ 5. — *Production. — Forclusion de produire.*

67. — Dans le mois de la sommation qui leur est faite, les créanciers opposans, soit entre les mains du saisissant, soit entre celles de l'officier qui a procédé à la vente, sont tenus de produire, à peine de forclusion, leurs titres, avec acte contenant demande en collocation. — C. procéd., art. 660.

68. — L'acte de production a lieu par requête présentée au juge-commissaire contenant demande en collocation en principal, intérêts et frais, avec une constitution d'un avoué qui signe la requête. — Arg. C. procéd., art. 754. — Pigeau, t. 2, p. 186. — Les titres doivent être joints à cette requête. — C. procéd., art. 660; tarif, art. 29 et 97.

69. — Le créancier privilégié n'est pas dispensé de produire dans l'instance de distribution de la somme arrêtée. — *Rennes*, 19 juill. 1820, Louppe c. Chauveau.

70. — Le créancier doit même consigner dans sa requête la demande afin de collocation par privilége s'il y a droit. — C. procéd., art. 661. — Le juge ne pourrait l'accorder d'office. — C. procéd., art. 480-4°. — Mais le créancier produisant pourrait faire cette demande par un acte additionnel à ses frais et sans répétition. — Pigeau, *Comm.*, art. 661; Merlin, *Rép.*, v° *Distribution*, § 1er, n° 3; Delaporte, t. 2, p. 23.

71. — La production doit être faite entre les mains du juge-commissaire. L'usage est de la faire au greffe. C'est, en effet, au lieu où siége le tribunal que doivent, d'après l'art. 1050, C. procéd., être faits les actes du ministère du juge. — Thomines, t. 2, n° 733.

72. — L'acte de production ne doit pas être notifié. Les créanciers et le saisi sont appelés à en prendre communication. — Tarif, art 97; — Carré et Chauveau, quest. 2172.

73. — La requête à fin de collocation dans une distribution par contribution, ne peut pas être assimilée à une demande judiciaire qui, pour faire courir les intérêts doit, d'après l'art. 1153 être formée contre le débiteur. — *Paris*, 27 mars 1824, Rabier c. Delahaye; — Merlin, *Rép.*, v° *Intérêts*, § 4, n° 4; Carré, quest. 2604.

74. — Le délai prescrit par l'art. 660, C. procéd., est un délai de rigueur. — *Cass.*, 2 juin 1835, Sillac de la Pierre c. Giblain.

75. — ... Et le créancier qui n'a pas produit ses titres dans ce délai est définitivement forclos et ne peut plus être admis à produire, même en offrant de supporter les frais de sa production tardive. — *Bordeaux*, 30 mars 1829, Perquier c. Berthey; *Paris*, 27 juin 1811, Lefrançais c. Perdreaux; 13 août 1811, Jérôme; 3 mars 1835, Tragnier de Palmys c. Landolphe.

76. — Cette doctrine est conforme à celle qu'enseignent Pigeau (t. 2, p. 181), Thomine-Desmasures (p. 241), Carré et Chauveau (*Lois procéd.*, quest. 2173). Ces auteurs se fondent principalement sur ce qu'aux termes de l'art. 1029, C. procéd., aucune des nullités, amendes et déchéances prononcées par le Code, n'est *comminatoire*. Or, disent-ils, une forclusion n'est autre chose qu'une *déchéance*; on ne peut donc soutenir, sans donner à cette peine le caractère de *comminatoire*, qu'elle n'est pas encourue au moment où le délai fixé pour les productions est expiré. — Toutefois cette décision peut paraître rigoureuse, parce qu'il arrive souvent que le créancier est dans l'impuissance absolue de produire ses titres dans le court délai fixé par l'art. 660, C. procéd.

77. — Jugé même que cette forclusion est encourue de plein droit par l'expiration du délai accordé pour produire, et doit être prononcée d'office. — *Paris*, 3 mars 1835, Tragnier de Palmys c. Landolphe; — Chauveau sur Carré, quest. 2173.

78. — M. Bioche (n° 87) trouve cette décision bien rigoureuse. « Indépendamment de la brièveté du délai accordé, dit-il, il ne faut pas perdre de vue que le mot *forclusion* s'employait autrefois dans les instructions par écrit et n'emportait pas une déchéance de plein droit. » Enfin la forclusion de l'art. 660 est une espèce de *péremption* ou de *prescription*; or, ni l'une ni l'autre ne peuvent être prononcées d'office. — C. civ., art. 2223; C. procéd., art. 399.

79. — Jugé même que le créancier qui est en même temps détenteur de la somme mise en distribution ne peut, à défaut de production dans le mois, suivant la disposition impérieuse de l'art. 660, C. procéd., être relevé de la forclusion, sous prétexte que la sommation ne lui a été faite qu'en sa qualité de tiers-saisi *pour prendre communication de l'état provisoire de distribution*, et non à titre de créancier pour *produire à cette distribution*. — *Cass.*, 23 août 1843 (t. 2 1843, p. 716), Guilleminot c. Moine. — Et en effet, l'art. 659, C. procéd. civ., dit bien qu'il doit être fait sommation *à la partie saisie* (de prendre communication des pièces produites) et aux opposans (de produire), mais il ne parle d'aucune sommation qui doive être faite *au tiers-saisi*.

80. — Jugé au contraire qu'en matière de distribution le créancier qui ne produit pas dans le mois, à compter de la sommation qui lui en est faite, conformément à l'art. 660, C. procéd., n'est pas forclos dans tous les cas, et par suite exclu de la distribution des deniers. — Ce créancier peut encore produire utilement après l'expiration du mois, et tant que le juge-commissaire n'a pas clos son procès-verbal ni arrêté le réglement provisoire. — *Paris*, 11 déc. 1822, Cochez; — Thomine-Demasures, t. 2, p. 181. — *Contrà* Pigeau, t. 2, p. 249; Favard de Langlade, t. 2, p. 113, n° 3.

81. — En matière de distribution par contribution, les dispositions de l'art. 1033, C. procéd., ne sont pas applicables à la sommation de produire prescrite par l'art. 660 du même Code. — En conséquence, la production doit être faite, *à peine de forclusion, dans le mois de la sommation*, sans qu'il y ait lieu de calculer le délai en raison des distances. — C. procéd., art. 660, 757, 1029 et 1033; — *Paris*, 30 déc. 1837 (t. 1er 1837, p. 145), Bary c. Martin.

82. — Ce n'est qu'à partir de la dernière sommation que commence à courir, pour tous les créanciers, le délai d'un mois, passé lequel délai on ne peut plus produire dans une distribution par contribution. — *Rouen*, 2 fév. 1827, Yard c. Berthe; *Paris*, 7 fév. 1833, Rigaux et Guillié c. Paillet.

83. — Le créancier, bien qu'il n'ait pas formé de saisie-arrêt, peut néanmoins, en produisant ses titres en temps utile, demander à être colloqué dans la distribution par contribution : le défaut d'opposition ne saurait être un obstacle à une intervention volontaire tant qu'aucune forclusion ou déchéance n'a été acquise contre lui. — C. procéd., art. 656 et suiv. — *Rouen*, 27 mai 1840 (t. 2 1841, p. 628), Westendorp c. Thurneyssen; — Bioche, n°s 82, 91 et 92.

84. — Le créancier qui n'a formé opposition et qui n'a produit à la contribution qu'après le réglement provisoire doit en être rejeté. — *Paris*, 30 juill. 1829, Fouchereau c. Liége; 7 juill. 1829, Folainville c. Deschamps; — Thomine, t. 2, n° 733; Bioche, n° 53.

85. — Un créancier qui n'a pas produit en temps utile ne peut, après le réglement provisoire, former opposition sur les deniers à distribuer et se les faire colloquer. — *Paris*, 12 nov. 1825, Augerand c. Fortin.

86. — Jugé cependant que la déchéance établie en matière de distribution par contribution contre les créanciers *opposans* qui n'ont pas produit dans les délais fixés par la loi, n'est pas applicable aux créanciers *non opposans*; ceux-ci peuvent exercer leurs droits, jusqu'à ce que la distribution soit consommée. — *Bourges*, 23 mars 1821, Lebas c. Millard-Desnoyers.

87. — ... Et que tant que la distribution de sommes frappées d'opposition n'est pas faite, de nouveaux créanciers peuvent former de nouvelles saisies-arrêts et participer à la distribution. — *Grenoble*, 29 déc. 1818, Bouchet c. Sibourg; — Bioche, n° 92.

88. — Mais après la clôture du procès-verbal de contribution entre tous les créanciers saisissans et la délivrance des mandemens, aucun autre créancier n'est plus recevable à former opposition sur les deniers déposés. — *Paris*, 1er juin 1807, Selves.

89. — Si après la distribution des deniers entre les poursuivans, il reste encore des fonds, leur distribution donne lieu à une nouvelle contribution entre ceux qui n'ont pas produit à la première. — Pigeau, t. 2, p. 199, n° 2; Berriat Saint-Prix, p. 557, note 18e.

90. — En matière de faillite, les créanciers retardataires peuvent, à la différence de ce qui se pratique en matière de distribution par contribution, se présenter après le réglement provisoire pour prendre part aux répartitions. — *Rouen*, 18 avr. 1828, Lacas c. Quermont.

91. — La forclusion prononcée par l'art. 660, C. procéd., n'est pas applicable au créancier dont la demande en collocation, quoique faite en temps utile, n'a pu, à raison de la nature de la créance, être accompagnée d'aucune production de titres. — Par exemple, s'il s'agit d'une demande de salaire par un ouvrier. — *Paris*, 30 juill. 1828, Feuillet c. Druget-du-Pointé.

92. — Il n'y a pas de forclusion encourue par le créancier qui n'a pas joint les titres établissant son droit à sa demande en collocation, mais qui cependant les a produits avant les dires de contestation des autres créanciers. — *Bruxelles*, 24 août 1835, Duval c. Baulieu. — V. cependant Chauveau, sur Carré, quest. 2173.

93. — Décidé encore que la forclusion prononcée par l'art. 660, C. procéd., contre les créanciers qui n'ont pas produit les titres à l'appui de leur présentation à la contribution dans le mois de la sommation qui leur a été faite, n'est pas applicable au cas où, le créancier ayant produit dans le délai, et sa créance étant contestée, il fournit des titres nouveaux tendant à justifier la légitimité de sa créance. — *Cass.*, 6 mars 1838 (t. 2 1838, p. 666), Commaille c. Sillac-Lapierre.

94. — Mais le créancier qui a produit une pièce qu'il a retirée ensuite sans autorisation du juge commissaire, et sans réserves, a encouru la déchéance si la pièce n'était point rétablie lors de la confection du réglement provisoire. — *Paris*, 3 mars 1835, Tragnier de Palmys et Bertera c. Landolphe; — Bioche, n° 96.

95. — La peine de la forclusion prononcée par l'art. 668, ne doit pas être entendue dans un sens trop rigoureux, et il semble que la loi soit exécutée quand le titre essentiel est produit dans le délai, et quand la production est complète au moment où le juge rédige le réglement provisoire. — Bioche, n° 98.

96. — Le cessionnaire, par préférence, de partie d'une créance dont le titre a été produit à la contribution par le cocréancier, également cessionnaire, entre les mains de qui il se trouvait, peut voir critiquer la collocation en sous-ordre qu'il a requise sur ce cocréancier par des créanciers de la contribution autres que celui sur qui elle a eu lieu. — Cette demande en collocation en sous-ordre peut être rejetée comme forclose, faute de production des titres particuliers sur lesquels elle est appuyée dans le délai fixé par l'art. 660, C. procéd., bien que le co-créancier porteur du titre principal l'ait produit en temps utile. — *Cass.*, 2 juin 1835, Sillac de la Pierre c. Giblain.

97. — Lorsqu'aucun des créanciers sommés de produire à une distribution par contribution n'a fait sa production dans le mois de la sommation, l'art. 660, C. procéd., demeure sans application, et aucune forclusion n'a pu être acquise. — Dans ce cas, un de ces créanciers ne peut, par cela même que sa collocation n'a pas été contestée, opposer la forclusion contre une production qui n'a pas été faite dans le mois de la sommation. — Aucune déchéance n'a pu être ultérieurement encourue que par la clôture du procès-verbal qui règle la distribution des deniers entre les créanciers produisans. — *Bruxelles*, 24 août 1835, E. Duval c. créanciers Beaulieu.

§ 6. — *Réglement provisoire.*

98. — Le mois pour les productions des pièces étant expiré, et même auparavant, si les créanciers ont produit, le juge-commissaire dresse, en-

suite du procès-verbal qu'il a dû ouvrir relativement aux productions, et d'après les pièces produites, l'état ou réglement provisoire de la distribution. — C. procéd., art. 663.

99. — Le juge peut procéder d'office à sa rédaction aussitôt après l'expiration des délais, et sans attendre la réquisition du poursuivant. — Delaporte, t. 2, p. 240; Carré, sur l'art. 663, quest. 2673; Thomine-Desmazures, t. 2, nº 734.

100. — Il est d'usage à Paris que l'avoué poursuivant retire les pièces produites et soumette au juge-commissaire un projet de règlement.

101. — L'état de distribution constate dans son exposé quelles sont les pièces qui établissent la somme à distribuer, les sommations signifiées aux créanciers opposans et les productions faites. — Favard, t. 2, p. 114.

102. — Le juge détermine le chiffre de la somme à distribuer. Il n'y fait figurer que pour mémoire les intérêts que cette somme doit produire jusqu'au jour du paiement. — Le juge établit ensuite collocation en principal, intérêts et frais. — Demiau, p. 431.

103. — Le juge peut admettre ou rejeter les demandes en collocation, sauf aux parties le droit de contestation. Dans le doute, il convient d'accorder la collocation. — Favard, vº *Distribution*, § 2, nº 3. — V. aussi Bioche, vº *Distribution*, nº 108. — MM. Thomine (t. 2, p. 184) et Chauveau (sur Carré, quest. 2178 *bis*) pensent, au contraire, que le juge ne doit consulter que sa conviction, comme le ferait un tribunal, et qu'il doit colloquer ceux seulement dont les droits lui paraissent non pas *douteux*, mais certains.

104. — Les créances privilégiées devant être payées préférablement à toutes autres, doivent d'abord être colloquées. Si les fonds manquent sur des créanciers privilégiés au même degré, il s'établit entre eux une contribution pour laquelle on suit les règles ordinaires.

105. — Le poursuivant n'est pas pour sa créance préféré aux créanciers opposans. Il ne vient, à moins d'une cause particulière de préférence, qu'au marc le franc de sa créance; mais, pour ses frais de poursuite, il est préféré à tout créancier autre que le propriétaire.

106. — Les frais de poursuite sont prélevés avant toute créance autre que celle pour loyers, à laquelle l'art. 2102, C. civ., a accordé un privilége sur certains meubles. — C. procéd., art. 662.

107. — Il ne faut pas conclure de l'art. 662, C. procéd., que tous les frais de justice sont primés par le privilége du propriétaire; ceux en effet qui ont été faits dans son intérêt comme dans celui des autres créanciers, savoir les frais de commandement, de saisie et vente, doivent être colloqués en première ligne. Le propriétaire eût été contraint de les faire, si un autre créancier ne les eût faits lui-même, car le privilége ne peut être exercé qu'autant que le gage est converti en une somme d'argent. — L'art. 662 a seulement voulu faire passer le privilége pour loyers avant celui des *frais de poursuite*. En effet le projet du Code de procédure portait seulement : « Les frais de poursuite seront prélevés par privilége avant toute autre créance; » et, si l'on a ajouté *autres que celles pour loyers dus au propriétaire*, c'est uniquement par forme d'exception pour montrer que la créance du propriétaire est préférable à celle des frais de poursuite, et non pour créer au profit du propriétaire un privilége qui détruirait les règles du Code civil. — Berriat, p. 559, 560, nº 34; Carré et Chauveau, quest. 2176 et 2177; Pigeau, t. 2, p. 195; Thomine, t. 2, nº 727; — *contrà* Delaporte, t. 2, p. 289.

108. — C'est ainsi qu'il a été jugé que le privilége général accordé aux frais de justice sur les meubles par l'art. 2101, C. civ., prime le privilége spécial consacré en faveur des propriétaires par l'art. 2102, pour raison de leurs loyers et fermages. — *Limoges*, 15 juin 1813, C...

109. — *Les frais de poursuites* sont ceux qui n'ont pour objet que la poursuite de la distribution par contribution, et qui sont indiqués au tarif dans le paragraphe qui concerne cette procédure. — On appelle *ordinaires* ceux qui ont lieu en toute contribution comme la vacation, pour requérir la nomination du juge-commissaire, la requête pour obtenir le permis de sommer les créanciers de produire la sommation de dénonciation du réglement provisoire, art. 29, 95, 96, 99. — Les frais *extraordinaires* sont ceux qui sont occasionnés par des incidens, comme ceux faits par le plus ancien des opposans, assigné en référé dans le cas de l'art. 661, la vacation en référé, la vacation des créanciers contestans dont la réclamation est accueillie, les frais faits par l'avoué le plus ancien des opposans sur cette contestation, et en général dans l'intérêt commun des créanciers. Le juge-commissaire ne peut les colloquer par privilége à la différence de ce qui a lieu pour les frais ordinaires, qu'autant qu'il en aurait été ainsi ordonné par le jugement qui a statué sur l'incident. — Arg. C. procéd., art. 716; — Pigeau, t. 2, p. 190; Carré et Chauveau, quest. 2176; Favard, t. 2, p. 114, nº 4; Thomine, t. 2, p. 183.

110. — Quant aux frais que les créanciers ont faits dans leur intérêt, soit avant la contribution, soit lors de la contribution pour produire, prendre communication, contredire, ils ne peuvent les réclamer que comme accessoires de leurs créances. — Pigeau, t. 2, p. 191.

111. — Sur la concurrence des frais de scellés, de garde, d'inventaire avec la créance du propriétaire, V. PRIVILÉGE.

112. — Tant qu'une contribution n'est pas ouverte, le juge des référés est compétent pour ordonner le paiement par privilége des loyers dus au propriétaire sur le produit de la vente des meubles, poursuivie à sa requête, malgré les oppositions des créanciers même privilégiés. — *Paris*, 12 sept. 1839 (t. 2e 1839, p. 292), Oudard c. Cavardy et Fayolle. — Si la contribution était ouverte, le propriétaire devrait s'adresser, non au président du tribunal, mais au juge-commissaire de la contribution, pour faire statuer sur son privilége et sur l'attribution immédiate des sommes qui lui sont dues.

113. — Le propriétaire à qui il est dû des loyers a la faculté de traduire la partie saisie et l'avoué le plus ancien en référé devant le juge commissaire pour faire statuer préliminairement sur son privilége. — C. procéd., art. 661.

114. — La sommation a lieu par acte d'avoué. Carré, sur l'art. 661, quest. 2175; Pigeau, t. 2, p. 187. — Et si le saisi n'a pas d'avoué constitué, par acte extra-judiciaire signifié à personne ou domicile. — Il n'y a pas besoin de présenter requête pour obtenir indication d'un jour qui peut être fixé sans aucune formalité.

115. — Le juge commissaire rend une ordonnance qui est consignée ou au moins énoncée sur le procès-verbal de contribution. Il peut statuer par défaut. — Arg. Tarif, art. 98; — Carré, quest. 2175. — Cette ordonnance tient lieu de mandement de collocation au propriétaire à l'égard du détenteur des deniers à distribuer. — On rappelle ce prélèvement de deniers lors du réglement provisoire.

116. — Le principal locataire a le même droit que le propriétaire, car le privilége est accordé à la créance des loyers et fermages et non à la personne du créancier. — Pigeau, *Comment*, t. 2, p. 231, note 2; Bioche, vº *Distribution*, nº 129.

117. — Les contributions directes passent avant les loyers et fermages, et les sommes dues pour semences et frais de récolte étant payées sur le prix de la récolte par préférence au propriétaire, ces deux créances doivent jouir également du privilége énoncé en l'art. 661. — Pigeau, *Comment.*, t. 2, p. 252, note 5e; Bioche, vº *Distribution* nº 130; Chauveau, sur Carré, quest. 2173.

118. — L'ordonnance du juge commissaire qui statue sur le privilége du propriétaire est définitive comme celles rendues dans le cas des art. 263, 264, 265, 403 et 666, C. pr. — M. Demiau (p. 431) pense, au contraire, que cette ordonnance étant de référé n'est que provisoire et que dès-lors le juge doit la déclarer définitive en prononçant la clôture de la distribution.

119. — Jugé que le juge commissaire n'est pas obligé de statuer sur le privilége réclamé par le propriétaire; il peut, lorsqu'il y a contestation de la part d'autres créanciers, renvoyer les parties devant le tribunal. — *Bordeaux*, 2 août 1831, Montesquiou c. Dubuch. — V. *contrà* Bioche, vº *Distribution*, nº 133; Favard, t. 2, p. 114.

120. — Jugé cependant que le juge-commissaire d'une distribution par contribution peut statuer seul, et sans prononcer le renvoi à l'audience, sur la contestation relative au privilége du propriétaire à raison des loyers qui lui sont dus. — *Amiens*, 10 juin 1837 (t. 1er 1838, p. 342), Grison c. Lommereux.

121. — Si l'ordonnance du juge-commissaire qui statue sur le privilége du propriétaire est par défaut, elle peut être attaquée par voie d'opposition devant le juge commissaire. Il ne s'agit pas ici d'une mesure provisoire, d'un simple *référé*, et bien que le mot se trouve dans l'art. 661, la disposition de l'art. 809 est inapplicable.

122. — Si elle est contradictoire elle doit être attaquée par appel devant la cour royale et non par opposition devant le tribunal de première instance. — Pigeau, t. 2, p. 231, note 4; Bioche, vº *Distribution*, nº 134.

123. — Le propriétaire ne peut user du bénéfice que lui accorde l'art. 661, qu'après le mois donné aux créanciers pour produire. Ce n'est qu'à cette époque qu'on peut déterminer l'avoué le plus ancien des opposans contre lequel l'action doit être introduite. — Pigeau, t. 2, p. 231, note 3.

§ 7. — *Nouvelles sommes à distribuer. — Subrogation dans la poursuite.*

124. — Si, pendant une contribution, il survient de nouvelles sommes à distribuer, la seule marche régulière est de provoquer une nouvelle distribution qui peut être jointe à la première.

125. — Le poursuivant requiert aussi quelquefois que le juge soit commis tant pour la distribution, par exemple, des loyers ou arrérages échus que pour celle des loyers ou arrérages à échoir pendant la procédure, c'est-à-dire avant le réglement provisoire.

126. — Si tous les créanciers opposans ont été sommés et ont produit, et qu'il n'y ait pas de nouvelles oppositions, aucune sommation n'est nécessaire; ces créanciers n'ont pas en général d'intérêt à critiquer la procédure.

127. — Les créanciers opposans avant l'ouverture de la contribution et non sommés, peuvent demander leur collocation, tant sur les premières sommes que sur les dernières, lors même qu'ils ne produiraient que depuis le réglement provisoire.

128. — Lorsqu'un nouvel état de distribution est dressé après la clôture du premier, le créancier forclos dans le premier n'est pas exclu de produire dans le second. La peine de forclusion s'applique à l'instance engagée et non à une autre instance. — Thomine, t. 2, nº 738.

129. — Les créanciers sommés ou ceux qui ont formé des oppositions avant le réglement provisoire, sans avoir produit dans le délai, sont, à l'égard de ces nouvelles sommes, relevés de la déchéance qu'ils ont pu encourir relativement aux premières. Il y a lieu de faire à ces créanciers, en vertu d'une nouvelle ordonnance du juge-commissaire, sommation de produire dans un nouveau délai.

130. — Le juge-commissaire divise son réglement en deux chapitres; les premiers créanciers sont seuls colloqués dans le premier sur les sommes primitives, et ils viennent dans le second sur les nouvelles sommes pour le reliquat de leurs créances en concurrence avec les nouveaux créanciers. — Quant aux créanciers qui n'ont formé opposition que depuis le réglement provisoire, ils peuvent être déclarés forclos, même à l'égard de ces nouvelles sommes.

131. — Les sommes échues depuis le réglement provisoire jusqu'au réglement définitif sont quelquefois comprises par le juge-commissaire dans la masse à partager entre les créanciers qui ont produit en temps utile ou qui, ayant formé opposition avant l'ouverture de la contribution, n'ont pas été sommés; mais ces créanciers, pour ne pas subir de nouvelles lenteurs, peuvent demander au tribunal que les nouvelles sommes soient l'objet d'une autre distribution à laquelle peuvent concourir les opposans, même postérieurs au réglement provisoire.

132. — S'il y a de la part du poursuivant négligence ou retard de faire les actes de poursuite de la distribution, par exemple, s'il n'a pas, dans les délais fixés, requis l'ordonnance du juge-commissaire pour obtenir le permis de sommer, fait les sommations ou dénoncé la clôture du procès-verbal, une des parties qui ont droit de poursuivre la contribution peut demander et obtenir d'être subrogée. — Arg. C. proc., art. 779; — Berriat, p. 566, note 15e; Thomine, t. 2, nº 782; Pigeau, t. 2, p. 207.

133. — La subrogation est demandée par une requête insérée au procès-verbal et signifiée au poursuivant par acte d'avoué, ainsi que l'ordonnance contenant indication de jour pour entendre le rapport du juge-commissaire. Cette requête n'est pas grossoyée. — Arg. Tarif, art. 138.

134. — La demande est jugée sommairement en la chambre du conseil. — Pigeau, t. 2, p. 208 et 209; Bioche, vº *Distribution par contribution*, nº 204.

135. — Le tribunal peut ou prononcer de suite la subrogation ou accorder un délai pendant lequel le poursuivant sera tenu de mettre à fin les poursuites.

136. — L'avoué qui a succombé peut appeler du jugement; mais l'appel n'est recevable que dans la quinzaine de la signification. — Arg. C. procéd., 723; — Pigeau, t. 2, p. 167 et 209.

137. — Le poursuivant contre qui la subrogation est prononcée est tenu de remettre les pièces au subrogé sur récépissé. Il n'est payé de ses frais qu'à la contribution, et les frais de contestations sur la demande en subrogation restent à sa

charge. — Arg. C. procéd., art. 724; — Bioche, v° *Distribution*, n° 207.

§ 8. — *Dénonciation du réglement provisoire. — Contestations. — Forclusion de contredire.*

138. — L'état de distribution dressé, le poursuivant le dénonce, par acte d'avoué, aux créanciers produisans et à la partie saisie, avec sommation d'en prendre communication et de contredire sur le procès-verbal du commissaire dans la quinzaine.

139. — Le jour de la signification n'est pas compris dans ce délai. On ne doit point compter le jour de la semaine auquel la dénonciation a été faite à pareil jour de la quinzaine. — Bioche, v° *Distribution*, n° 138; *contrà* Thomine, t. 2, n° 735.

140. — Lorsque la partie saisie n'a pas d'avoué en cause, la clôture du réglement provisoire doit lui être dénoncée à personne ou domicile, et, dans ce cas, le délai de quinzaine fixé par l'art. 663, C. procéd., doit être augmenté des délais de distance. — *Paris*, 1er déc. 1836 (t. 1er 1837, p. 49), Nathan Bacri c. Jacob Bacri; — Demiau, p. 442; Thomine, t. 2, p. 185; C. procéd., art. 608; Delaporte, t. 2, p. 240; Bioche et Goujet, v° *Distribution*, n° 78.

141. — La sommation suffit pour avertir les créanciers; le procès-verbal n'est ni levé ni signifié. — Tarif, art. 99; — Berriat, p. 558, note 53e; Carré et Chauveau, quest. 2179.

142. — Celle des parties intéressées qui croit devoir contester le réglement provisoire le fait par un dire inscrit sur le procès-verbal à la suite du réglement provisoire et signé d'un avoué. Ce dire de contestation reçoit d'ordinaire dans la pratique le nom de *contredit*.

143. — L'avoué qui produit dans une contribution est présumé avoir reçu mandat de contester, à moins que, par une disposition expresse, la loi n'ait exigé un mandat spécial à raison de la nature de la contestation : par exemple, s'il y a inscription de faux contre l'un des créanciers.

144. — L'avoué doit s'empresser de faire connaître à son client, lorsqu'il le peut, tous les moyens de contestation susceptibles d'être élevés contre les autres créanciers, et il fera bien d'obtenir pour les contestations importantes un pouvoir détaillé de son client.

145. — Les contestations peuvent avoir pour objet, soit l'existence de la créance en tout ou en partie, soit celle des priviléges réclamés, etc.: mais elles ne peuvent en général porter sur les termes. — C. civ., art. 1188.

146. — On ne pourrait, incidemment à une contribution, former une demande en garantie contre un créancier. — *Paris*, 15 (et non 5) juill. 1838 (t. 1er 1839, p. 273), Emaire c. Clerdonel.

147. — Mais on peut opposer que la créance est conditionnelle et que le créancier n'a pas droit de toucher de suite. Ce créancier peut demander que le montant de sa collocation reste déposé jusqu'à l'événement, ou bien que les autres créanciers donnent caution de la lui rapporter dans le cas où l'événement arriverait, s'ils n'aiment mieux la lui laisser toucher en donnant caution de la représenter. — C. civ., art. 1180; — Pigeau, t. 2, p. 199 et 200.

148. — Quoi qu'en ait dit Pigeau (t. 2, p. 200), nous pensons que le saisi a qualité, dans l'intérêt de sa libération, à contester les priviléges qui, réclamés au profit d'un seul, absorberaient une somme qui peut servir à éteindre plusieurs autres créances.

149. — Dans une distribution par contribution, un créancier ne peut repousser des jugemens obtenus contre son débiteur par un autre créancier, en se bornant à dire que ces jugemens sont à son égard *res inter alios judicata*. Mais il peut attaquer ces jugemens par tierce-opposition, même pour la première fois, en cause d'appel, encore qu'on oppose qu'il a été représenté par son débiteur, lorsqu'il soutient que ces jugemens ont été rendus en fraude de ses droits. — *Paris*, 30 juill. 1829, Fouchereau c. Liége.

150. — Le dire de contestation doit être fait dans la quinzaine de la dénonciation du réglement provisoire. — C. procéd., art. 663.

151. — Jugé qu'en matière de contribution, la forclusion prononcée par l'art. 664, C. procéd., n'a pas lieu de plein droit. — *Rennes*, 31 (et non 21) mai 1813, Leserre. — V. aussi Delaporte, t. 2, p. 241.

152. — Jugé au contraire avec raison, selon nous, qu'on ne peut, dans une instance à fin de distribution par contribution, élever de nouvelles contestations après la quinzaine fixée par l'art. 663, C. procéd. — *Paris*, 17 juin 1813, Sergent c. Desliards. — Pigeau, t. 2, p. 181; Thomine-Desmazures, p. 241; Carré et Chauveau, quest. 2180.

153. — Mais le créancier qui n'a contesté le réglement provisoire qu'après la quinzaine de la dénonciation de ce réglement, ne doit pas être déclaré forclos, lorsque la contestation a été faite en temps utile par un autre créancier. — *Paris*, 30 juill. 1829, Fouchereau c. Liége. — Chauveau sur Carré, quest. 2180 *bis*.

154. — Le créancier cessionnaire qui, dans une contribution, n'a pas contesté le réglement provisoire admettant le marc le franc entre tous les créanciers, n'est pas frappé de forclusion, si ce réglement est modifié à son égard par un jugement qui, sur les contredits, admet de précédens cessionnaires à la date de leurs transports, alors que ce créancier avait réclamé lui-même ce mode de collocation dans sa requête. — En pareil cas, les cessionnaires qui ne viennent plus en ordre utile, doivent être considérés comme opposans. — *Paris*, 13 mai et 26 juill. 1843 (t. 2 1843, p. 336), Cochet c. Chenet.

155. — Selon M. Thomine (t. 2, n° 735), celui dont la créance a été contestée dans la quinzaine peut même, après ce délai, non-seulement signifier ses défenses, mais encore contester incidemment la créance de son adversaire. — Cette opinion, qui se fonde sur la disposition analogue de l'art. 443, ne nous paraît pas admissible. L'art. 443 est un texte spécial qu'il ne faut pas étendre à la matière spéciale aussi de la distribution par contribution. — V. aussi Chauveau, sur Carré, quest. 2180 *ter*.

156. — Pour empêcher qu'on n'élude l'application de l'art. 663 par un dire de contestation antidaté, l'avoué du poursuivant peut, à l'expiration du délai de quinzaine, faire un dire par lequel il requiert qu'il soit passé outre au réglement définitif. — Bioche, v° *Distribution par contribution*, n° 144.

157. — S'il n'y a pas lieu à contester, il n'est fait aucun dire sur le procès-verbal. Un dire serait frustratoire. — C. procéd., art. 664.

§ 9. — *Renvoi des contestans à l'audience.*

158. — Si l'état de distribution est contesté, le juge-commissaire ne peut prononcer sur le mérite des contestations; il renvoie les parties à l'audience (art. 666). Il en est fait mention au procès-verbal, à la suite du dire du contestant.

159. — Le juge-commissaire peut, lorsqu'il n'y a de contestation que sur les créances ordinaires, arrêter, en renvoyant les parties à l'audience, la distribution des créances privilégiées. — Pigeau, t. 2, p. 200; Favard, v° *Distribution par contribution*, § 3; Carré et Chauveau, quest. 2185; Thomine, t. 2, n° 737. — V. aussi Bioche, v° *Distribution*, n° 156.

160. — L'audience est poursuivie par la partie la plus diligente, sur un simple acte d'avoué à avoué, sans autre procédure. — C. procéd., art. 666.

161. — Si l'une des parties à mettre en cause, d'après l'art. 667, n'avait pas d'avoué, on l'appellerait par exploit à personne ou domicile. — Carré et Chauveau, quest. 2186.

162. — Inutile donc, 1° de lever l'expédition de l'ordonnance de renvoi à l'audience; 2° de signifier cette ordonnance; 3° de signifier les dires de contestation. Ceux à qui avenir a été notifié, ne peuvent répondre par écrit. En cas de remise à une autre audience que celle indiquée par le juge-commissaire, il n'y a pas besoin d'un nouvel avenir. — Pigeau, t. 2, p. 204.

163. — L'usage s'est introduit à Paris, contrairement au vœu formel de la loi, de signifier des conclusions motivées par un simple acte d'avoué à avoué.

164. — Sont seulement en cause : le créancier contestant, le créancier contesté, la partie saisie, et l'avoué le plus ancien des opposans qui représente tous les autres opposans. — C. procéd., art. 667.

165. — Le poursuivant ne peut être appelé en cette qualité. — C. procéd., art. 667.

166. — Il faut, pour être mis en cause, que le poursuivant soit reconnu *contestant ou contesté*; autrement, l'avoué le plus ancien suffit pour le défendre comme la masse des autres créanciers. — Carré et Chauveau, *Quest.* 2188.

167. — L'avoué le plus ancien n'est pas celui qui a produit le premier, mais bien celui qui, à la fin du mois donné pour produire, est, selon l'ordre du tableau, le plus ancien des avoués des créanciers. — Carré et Chauveau, quest. 2187.

168. — Si le client de l'avoué le plus ancien était sans intérêt à la contestation, par exemple, s'il était privilégié, on ne devrait pas appeler cet avoué (arg., art. 760, C. procéd.), on devrait appeler l'avoué le plus ancien après lui. — Pigeau, t. 2, p. 184; Thomine, t. 2, p. 189.

169. — Il en serait de même dans le cas où l'avoué le plus ancien a le même intérêt que le créancier contesté. — Pigeau, *loc. cit.*

170. — Ce ne serait pas le cas, comme le prescrit l'art. 760 en matière d'ordre, d'appeler l'avoué du créancier dernier colloqué, faute par les créanciers de s'entendre sur le choix de l'avoué. En effet, il n'y a pas de créancier dernier colloqué en matière de contribution, tous les créanciers chirographaires sont tous sur la même ligne. — Pigeau, t. 2, p. 201; Bioche, v° *Distribution*, n° 160.

171. — Rien n'empêche chacun des créanciers de se choisir un avoué pour se défendre personnellement, à la charge de supporter seul les frais faits tant par lui que contre lui (Arg., C. procéd., art. 529). — Thomine, t. 2, n° 757.

172. — Du principe qu'en matière de distribution par contribution tous les créanciers opposans sur les deniers à distribuer sont représentés par l'avoué le plus ancien, il résulte que l'arrêt rendu avec cet avoué est censé rendu avec tous les opposans, et acquiert à leur égard, s'il n'est attaqué par les voies légales, l'autorité de la chose jugée. — *Cass.*, 8 déc. 1840 (t. 1er 1841, p. 270), Waiss et Ribeira c. Dubard.

§ 10. — *Jugement. — Signification.*

173. — Quel que soit le nombre des difficultés élevées, elles ne forment qu'une instance et doivent être vidées par le même jugement. — Favard, *Rép.*, v° *Distribution*, § 2, n° 4; Bioche, v° *Distribution*, n° 164.

174. — Le jugement est rendu sur le rapport du juge commissaire (art. 668), et sur les conclusions du ministère public. L'examen du ministère public est suivant Pigeau (t. 2, p. 201), une garantie pour les créanciers représentés par l'avoué le plus ancien, que leurs intérêts ne seront pas compromis, il doit donc prendre avec le plus grand soin communication des pièces.

175. — Les parties peuvent plaider après le rapport du juge commissaire. — *Rennes*, 5 déc. 1819, N...; — Carré, t. 1er, quest. 478; Chauveau, *Tarif*, t. 2, p. 255, n° 73. — V. *contrà* Sudraud-Desisle, *Manuel du juge taxateur*, édit., 2e, p. 105 et 237; Favard, t. 2, p. 116, n° 3; Pigeau, t. 2, p. 263; Delaporte, t. 2, p. 243; Demiau, p. 443.

176. — Le jugement doit contenir liquidation des frais, si la matière est considérée comme sommaire. — Arg. Tarif, art. 101; arg. C. procéd., art. 669, 762.

177. — Les dépens d'une instance en distribution par contribution, peuvent être taxés comme en matière ordinaire, si des contestations particulières ont été jointes à cette instance. — *Paris*, 1er avr. 1811, Delaval c. Lecacheur. — V. conf. Chauveau, *Comment. du Tarif*, t. 2, p. 159, n° 65.

178. — Si la contestation a été déclarée fondée, le contesté est condamné personnellement aux dépens. Les frais de l'avoué du contestant sont colloqués comme accessoires à sa créance. Si la contestation est rejetée, le contestant est condamné aux dépens, et l'avoué le plus ancien est le seul remboursé par privilége s'il n'a pas contesté mal à propos. — Bioche, v° *Distribution*, n° 168.

179. — Le créancier qui, par des contredits mal à propos élevés, retarde la clôture de la distribution par contribution, peut être condamné, à titre de dommages-intérêts, à payer aux créanciers colloqués la différence entre l'intérêt payé par la caisse des consignations et l'intérêt légal. — *Bordeaux*, 21 fév. 1839 (t. 1er 1840, p. 240), Perquer c. Barthès.

180. — Le créancier contestant qui ne se présente pas à l'audience, ne doit pas être réputé défaillant, et le jugement n'est pas susceptible d'opposition.

181. — La signification à avoué d'un jugement rendu en matière de distribution par contribution, n'est pas nulle pour ne pas contenir toutes les formalités prescrites pour les ajournemens par l'art. 61, C. procéd. — *Paris*, 12 mai 1835, Michau c. Lebon.

182. — Le jugement rendu sur les contestations élevées contre le réglement provisoire d'une distribution par contribution, n'a pas besoin d'être signifié à avoué en autant de copies qu'il y a de parties pour lesquelles le même avoué a occupé. — *Paris*, 23 nov. 1839 (t. 2 1839, p. 649), Dubois c. Tilly; — Bioche, v° *Distribution par contribution*, n° 177.

183. — La solution adoptée par l'arrêt qui précède est fortifiée par cette considération de fait, que le plus souvent l'avoué serait, à cause de la brièveté du délai fixé pour interjeter appel, dans l'impossibilité matérielle de donner connaissance du jugement à ses cliens, qui peuvent habiter loin de la ville où il exerce ses fonctions, et de recevoir leurs pouvoirs et leurs instructions.

§ 11. — *Appel.*

184. — Le jugement peut être attaqué par la voie d'appel, à moins qu'il ne statue sur des intérêts d'une valeur modique.

185. — Lorsque dans une distribution par contribution de deniers mobiliers dépendant d'une succession vacante, un jugement accorde à un créancier un dividende qui ne lui est pas dû, le curateur à cette succession vacante qui, en sa qualité, est la partie saisie, peut interjeter appel de ce jugement. — *Poitiers*, 24 mars 1830, Mauricheau-Beauchamp c. Piorry et Jolly.

186. — En matière de distribution par contribution la procédure n'est pas indivisible. — Dès-lors, le défaut d'intimation, sur l'appel du jugement, soit de plusieurs créanciers contestans, soit de l'avoué le plus ancien des opposans, n'a pas pour effet de rendre l'appel non-recevable à l'égard des créanciers mis en cause. — Mais les créanciers à l'égard desquels l'appel n'a pas été interjeté peuvent former tierce opposition à l'arrêt intervenu. — *Cass.*, 30 juin 1845 (t. 2 1845, p. 657), de Saint-Albin c. de Gras-Préville.

187. — Lorsque l'acquéreur d'immeubles vendus plus de 1,000 fr. ne s'est pas personnellement obligé d'acquitter les créances dont le paiement est ordonné par un jugement de distribution, on ne peut induire de sa part une renonciation au droit d'appeler de ce jugement, de ce qu'il aurait déclaré qu'il *offrait de payer à qui il serait dit par justice*. — *Limoges*, 24 fév. 1826, Lagrange Puymauri c. Chabrier.

188. — Plusieurs auteurs (Pigeau, *Comment.*, art. 669; Favard, v° *Distribution*, § 3, n° 4; Lepage, *Quest.*, p. 432 et 433) estiment que c'est d'après le montant de la somme contestée que doit se déterminer la qualification de jugement en dernier ressort.

189. — D'autres auteurs décident qu'on doit considérer la somme contestée cumulativement avec la somme demandée.

190. — Carré (quest. 2192), Crivelli sur Pigeau (t. 2, p. 203); Thomine (t. 2, n° 738), pensent que l'appel est recevable quand même la créance des créanciers contestés est inférieure à 1,000 fr. (sous la loi de 1790) et à 1,500 fr. (sous la loi du 25 mai 1838). Ils se fondent sur ce que l'appel d'un jugement qui admet ou rejette une collocation, tend à déranger l'ordre entier de la distribution; qu'il faut prendre pour base du ressort non la valeur de la créance admise ou rejetée, mais le montant total de la créance à distribuer; et sur ce que, d'ailleurs, en matière de contribution le créancier contesté a pour adversaire la masse qui, à son exclusion, réclame toute la somme à distribuer.

191. — Jugé, en ce sens, que l'appel est recevable, bien que la créance contestée soit inférieure à 1,000 fr. — *Paris*, 12 nov. 1825, Augerand c. Fortin.

192. — ... Que lorsqu'il s'agit de décider si un jugement qui statue sur la distribution du prix d'un immeubles vendus plus de 1,000 fr., et qui n'adjuge qu'une somme de 300 fr. au créancier qui poursuit la distribution, seul demandeur au procès, a été rendu en premier ou en dernier ressort, on doit prendre en considération, non le montant de la créance adjugée, mais la totalité de la somme à distribuer. — *Limoges*, 24 fév. 1826, Lagrange-Puymauri c. Chabrier.

193. — D'autres décident que c'est à la réunion de tous les intérêts des créanciers contestans qu'il faut avoir égard; d'où il résulterait que l'appel pourrait être interjeté dans certains cas, bien que la somme contestée et même la somme à distribuer fussent inférieures au taux du dernier ressort. — *Orléans*, 19 nov. 1819, De Saint Marceau c. Daudin.

194. — En matière de distribution par contribution, le jugement qui intervient sur une contestation tendant à faire déclarer privilégiée une créance excédant 1,000 fr., ne peut être rendu qu'en premier ressort et à la charge de l'appel. — *Liége*, 14 avr. 1823, Pitry c. Collin.

195. — Le jugement qui statue sur les prétentions réciproques de préférence élevées par deux créanciers opposans est en premier ressort lorsque les deux créances réunies excèdent le chiffre de 1,500 fr. — *Angers*, 25 janv. 1843 (t. 2 1843, p. 165), Apperсé c. Ricou et Ménard.

196. — Jugé, au contraire, qu'en matière de distribution par contribution, lorsqu'une contestation s'élève entre deux créanciers, non en raison de leurs créances, mais sur la priorité de leur rang, le taux du ressort doit se fixer par la quotité pécuniaire que la créance préférée prend dans la masse, et non par le chiffre total des deux créances, ni par celui de l'une d'elles, encore moins par celui de la somme à distribuer. — *Nancy*, 16 juillet 1844 (t. 2 1844, p. 576), Petit c. Benoit.

197. — L'appel du jugement doit, à peine de nullité, être interjeté dans les dix jours de la signification à avoué ou de la signification à domicile, s'il n'y a pas d'avoué constitué.

198. — En matière de distribution par contribution, le délai de l'appel du jugement court à dater du jour de sa signification à avoué. — *Paris*, 12 mai 1835, Michau c. Lebon; Bioche, *Dict. de procéd.*, v° *Distribution par contribution*, n° 175.

199. — Le jour de la signification (jour *à quo*) ne compte pas dans le délai. — Thomine, t. 2, n° 738; V. aussi Chauveau, sur Carré, quest. 2193.

200. — Il en est autrement du jour *ad quem*. — Bioche, n° 180.

201. — Le délai de l'appel doit être restreint à dix jours, lorsque les sommes dont un jugement ordonne la distribution entre les créanciers, proviennent en partie de la vente des immeubles du débiteur et en partie de la vente du mobilier. Le délai est le même à l'égard des créanciers en sous-ordre, et à l'égard des créanciers colloqués en leur nom personnel. — *Lyon*, 2 janv. 1811, Chabot.

202. — Le délai de dix jours, fixé par l'art. 669 pour interjeter appel d'un jugement de distribution par contribution, n'est pas susceptible d'augmentation en raison de la distance. — C. procéd., art. 669 et 1033. — *Caen*, 4 mars 1828, Viriot c. Simon: — Thomine, t. 2, n° 738; Bioche, *Dict. de procéd.*, v° *Distribution par contribution*, n° 18.

203. — Décidé, au contraire, que le délai de dix jours, pour interjeter appel d'un jugement rendu en matière de distribution par contribution, doit être augmentée en raison des distances du domicile réel de chaque partie. — *Nancy*, 14 mars 1825, Trésor c. Marchand de la Martellière; — Pigeau, t. 2, p. 202; Hautefeuille, p. 36; Carré, quest. 2193.

204. — C'est dans le délai ordinaire de trois mois, et non dans celui de dix jours seulement que doit être interjeté l'appel d'un jugement qui, dans le cas prévu par l'art. 775, C. procéd., statue sur la distribution entre deux créanciers des deniers appartenant à leur débiteur. — *Caen*, 25 (et non 23) nov. 1824; Fourmy c. Mellion.

205. — Jugé également que lorsqu'à la suite de la vente volontaire d'un immeuble sur lequel il n'y a que trois créanciers inscrits, il intervient un jugement qui règle entre eux la distribution du prix, l'appel de ce jugement est soumis au délai ordinaire fixé par l'art. 443, C. procéd., et non au délai particulier de dix jours déterminé par l'art. 763, en matière d'ordre. — *Amiens*, 27 nov. 1824, Chasnet c. Locquet.

206. — De même, le délai d'appel du jugement rendu en matière de distribution faite à l'audience, après les débats respectifs des parties, est de trois mois. — *Bourges*, 20 juill. 1832, Chamblant c. Pommeroux.

207. — On ne peut assimiler à une instance de distribution par contribution le débat élevé entre un créancier opposant et un cessionnaire de la somme saisie arrêtée, relativement à la demande formée réciproquement par chacun d'eux à fin de paiement de leur créance par préférence. — Dès lors, le délai pour interjeter appel du jugement intervenu sur une pareille contestation est de trois mois, et non pas seulement de dix jours comme en matière de distribution par contribution. — L'art. 669, C. procéd., relatif au délai d'appel ne s'applique qu'aux instances des distributions ouvertes au greffe par procès-verbal devant un juge-commissaire. — *Angers*, 25 janv. 1843 (t. 2 1843, p. 165,) Apperсé c. Ricou et Ménard.

208. — L'acte d'appel doit contenir citation et énonciation des griefs. — C. procéd., art. 669.

209. — Le défaut de l'énonciation des griefs emporterait nullité. — Arg. *Cass.*, 29 août 1838 (t. 2 1838, p. 242), Isernes c. Basilis; — Bioche, v^is^ *Distribution*, n° 183 et *Appel*, n° 447. — *Contrà* Carré, quest. 2195.

210. — Il doit être signifié au domicile de l'avoué. — C. procéd., art. 669.

211. — En matière de distribution par contribution, est nulle la signification de l'appel qui n'est pas faite au domicile de l'avoué de première instance. — *Cass.*, 19 janv. 1831, Lebigre de Beaurepaire c. Dormesson.

212. — Jugé cependant qu'on ne doit pas considérer comme nul l'acte d'appel qui, dans une procédure de distribution par contribution, a été signifié au domicile de la partie, au lieu de l'être à celui de son avoué, conformément à ce que prescrit l'art. 669, C. procéd. — *Rouen*, 4 janv. 1844 (t. 1er 1844, p. 113), Thompson c. Lamathe.

213. — Mais lorsque le saisi n'a pas constitué d'avoué, la signification à personne ou à domicile devient nécessaire à son égard. — Carré et Chauveau sur l'art. 669, quest. 2196; Favard, t. 2, p. 116, n° 5; Demiau, p. 433; Thomine, t. 2, n° 738; Pigeau, t. 2, p. 182. — *Contrà* Lepage, *Quest.*, p. 431 et 432.

214. — Si toutes les parties ont constitué avoué, la signification faite non au domicile de l'avoué, mais à l'intimé parlant à sa personne, n'est pas valable. La loi a voulu que l'avoué fût prévenu et qu'il pût éclairer son client. — Bioche, v° *Distribution*, n° 185; Chauveau sur Carré, quest. 2196.

215. — Dans le même sens l'acte d'appel d'un jugement en matière de distribution par contribution du prix d'un immeuble dépendant d'une succession bénéficiaire peut valablement être signifié par un seul et même exploit au domicile de l'avoué qui a occupé en première instance pour tous les héritiers bénéficiaires. — *Rouen*, 21 déc. 1824, Musselin c. Lucas.

216. — En matière de distribution par contribution, l'art. 669, C. procéd., déroge à la maxime qu'*on ne se forclot pas soi-même*, et, d'après cet article, le délai de l'appel court tout aussi bien contre la partie dont l'avoué a fait signifier le jugement que contre les autres parties. — *Cass.*, 24 avr. 1833, minist. de la marine c. Réant Devries.

217. — Ne peuvent être intimées sur l'appel que les parties désignées en l'art. 667, C. procéd., c'est-à-dire le créancier contestant, le créancier contesté, la partie saisie, et l'avoué plus ancien des opposans. — C. procéd. civ., art. 669.

218. — Toutefois ces dispositions de l'art. 669, C. procéd. civ., ne sont applicables que lorsqu'il s'agit d'une contestation ordinaire dans une contribution, mais non pas lorsqu'il s'agit de prononcer la nullité de cette contribution. En conséquence l'appel d'un jugement qui a statué sur la demande en nullité d'une contribution pour cause de faillite de la partie saisie est non recevable, s'il n'a été interjeté que contre le créancier poursuivant et l'avoué le plus ancien des opposans, et non contre toutes les parties figurant à la contribution. — *Paris*, 3 juin 1843 (t. 2 1843, p. 115), Haudot c. Coquillard.

219. — L'intimé ne peut signifier que des conclusions motivées. — Arg. C. procéd., art. 765. — L'audience est poursuivie sur un simple acte. — Arg. C. procéd., art. 761.

220. — Il doit être statué sur l'appel comme en matière sommaire. — C. procéd., art. 669.

221. — La partie qui succombe est condamnée aux dépens de l'appel qu'elle doit supporter sans répétition; mais les frais de l'avoué le plus ancien sont toujours privilégiés. — Bioche, v° *Distribution*, n° 194.

222. — L'arrêt contient liquidation des dépens. — Arg. C. procéd., art. 766; — Pigeau, t. 2, p. 201.

223. — La partie saisie et les créanciers ont, dans tous les cas, leur recours contre ceux qui ont succombé dans les contestations pour les intérêts et arrérages qui ont couru pendant les contestations. — Arg. C. procéd., art. 770; — Pigeau, t. 2, p. 202, n° 14.

224. — Lorsque l'avoué le plus ancien de ceux qui occupaient en première instance dans une contribution, était constitué précisément pour la partie qui a gagné son procès, il ne peut être, sur l'appel, mis en cause en qualité d'avoué le plus ancien des opposans; sa présence serait contraire aux intérêts de son client. — *Poitiers*, 24 mars 1830, Maurichau-Beauchamp c. Piorry et Jolly.

225. — Les conclusions d'un créancier en première instance dans une contestation relative à la distribution de deniers appartenant à un débiteur commun, tendantes à ce que l'inscription hypothécaire d'une créance soit déclarée nulle, et à ce que toutes les parties ne viennent que par contribution au marc le franc, ne le rendent pas non-recevable à opposer en appel contre la même créance le moyen de la prescription. — *Bourges*, 28 mai 1824, d'Osmond c. Rahier.

226. — L'appel d'un jugement qui ordonne, au profit de plusieurs parties, une distribution de deniers par contribution, est recevable, bien que quelques-unes seulement de ces parties aient été intimées, et que le jugement puisse ou doive par suite acquérir l'autorité de la chose jugée à l'égard des autres. — *Paris*, 10 déc. 1836, syndics Ouvrard et Vanlerberghe c. Barbotte.

227. — L'irrégularité de l'appel vis-à-vis de l'avoué le plus ancien des opposans, et résultant de ce qu'il n'aurait, à son égard, été formé que plus de dix jours après la signification du jugement à avoué, réfléchit sur l'appel interjeté dans le délai légal contre les autres parties, le vicie et le rend frustratoire. — *Paris*, 15 avr. 1841 (t. 1er 1841, p. 583), Fradin c. Bourdin et Clément.

228. — L'appel d'un jugement qui règle une distribution de deniers ne produit aucun effet à l'égard des créanciers auxquels ce jugement n'a pas

été notifié ; mais il n'en est pas moins recevable contre ceux auxquels il a été signifié. — *Bourges*, 27 janv. 1837 (t. 1er 1838, p. 649), Esnault c. créanciers Lucquet.

§ 12. — *Réglement définitif. — Mandemens. — Paiement.*

229. — S'il n'y a point de contestation dans la quinzaine de la notification du réglement provisoire, le juge-commissaire clôt son procès-verbal, arrête la distribution des deniers, et ordonne que le greffier délivrera mandement aux créanciers, en affirmant toutefois pour eux la sincérité de leurs créances. — C. procéd., art. 665.

230. — Le juge-commissaire arrête aussi le chiffre des intérêts des sommes admises en distribution qui cessent du jour de la clôture du procès-verbal de distribution. — C. procéd., art. 692.

231. — Il fait main-levée des oppositions formées par les créanciers produisans quant aux sommes distribuées, ainsi que de celles formées par les créanciers non produisans, prononce leur déchéance, et liquide les frais de poursuite ainsi que les frais de chaque production.

232. — Lorsqu'il y a eu contestation en première instance seulement, le juge commissaire clôt son procès-verbal après l'expiration du délai d'appel, ou lorsqu'il y a appel, après signification de l'arrêt au domicile de l'avoué, puis il procède au réglement définitif de la contribution en se conformant aux modifications que le jugement ou l'arrêt ont pu apporter au réglement provisoire. — C. procéd., art. 670.

233. — Les intérêts des sommes admises en distribution cessent de courir du jour de la signification du jugement sur les contestations, s'il n'y a pas appel ; s'il y a appel, quinzaine après la signification de l'arrêt. — C. procéd. art. 672.

234. — L'art. 672 a pour but seulement de fixer l'époque à laquelle les intérêts des créanciers colloqués seront joints au principal et de régler ce que chacun des créanciers devra recevoir sur la somme à distribuer ; mais les intérêts considérés relativement au débiteur ne doivent cesser que par le paiement. — Thomine, t. 2, n° 739.

235. — On justifie de l'expiration des délais par un certificat de l'avoué poursuivant constatant la date de la signification du jugement à avoué, ou, s'il s'agit de la signification de l'arrêt, par un semblable certificat constatant qu'il n'y a pas d'opposition. — Pigeau, *Comm.* p. 266, note 1er et 2, sur l'art. 670.

236. — La signification de l'arrêt à personne ou domicile est utile pour faire courir les délais du pourvoi en cassation.

237. — Le réglement définitif n'est ni levé ni signifié, il n'est enregistré que lors de la délivrance des mandemens de collocation. — Tarif, art. 99. — Dans la pratique, on donne à tort à ces mandemens le nom de *bordereaux de collocation*, les art. 665 et 671, C. procéd., n'emploient que le terme *mandemens*.

238. — Huitaine après la clôture du procès-verbal, les mandemens sont délivrés par le greffier après que chaque créancier a affirmé la sincérité de sa créance. — C. procéd. 671.

239. — L'affirmation est faite par la partie en personne ou par son mandataire spécial. — Thomine, t. 2, n° 736 ; — *contra* Favard, t. 2, p. 113. — Le créancier est assisté de son avoué. — Tarif, art. 101.

240. — Le procès-verbal d'affirmation est dressé à la suite du réglement définitif ou par acte séparé qui est annexé au procès-verbal. Il est signé par la partie, si elle le sait ou peut, et par son avoué. — Carré, quest. 2181.

241. — Selon M. Delaporte (t. 2, p. 242), cette affirmation devrait être faite avec les solennités du serment, mais cette opinion est rejetée généralement. — Pigeau, t. 2, p. 187 ; Favart, t. 2, p. 115, n° 3 ; Chauveau sur Carré, quest. 2184.

242. — Le mandement n'est autre chose que l'extrait textuel du réglement en ce qui concerne chaque créancier, précédé des noms du débiteur saisi, de la somme à distribuer, des dates de l'ouverture des réglemens provisoire et définitif avec mention de l'enregistrement.

243. — Cet extrait est délivré en expédition revêtue de l'intitulé et de la formule exécutoire. — Carré et Chauveau, quest. 2183.

244. — On ne doit pas, indépendamment du mandement, délivrer une expédition du procès-verbal. Ce serait, en effet, ainsi que le fait remarquer Carré (quest. 2182) un double emploi, puisque les mandemens contiennent collectivement tout le procès-verbal.

245. — La délivrance du mandement ne peut être arrêtée sous quelque prétexte que ce soit.

246. — Il est délivré un mandement collectif pour les divers créanciers de sommes modiques. — Favard, v° *Distribution*, § 2, n° 3.

247. — L'effet de la collocation dans une contribution et la délivrance du bordereau est de faire courir de plein droit, au profit du créancier colloqué, les intérêts de la somme portée au bordereau. — Il est en conséquence inutile de procéder à une nouvelle distribution des intérêts postérieurs à la collocation. — Ces règles s'appliquent aux sommes déposées à la caisse des dépôts et consignations. — *Cass.*, 14 avr. 1836, Caisse des dépôts et consignations c. Jourdain et Quesnel.

248. — Les préposés de la caisse ne peuvent exiger une quittance notariée. — Bioche, n° 235.

249. — Un extrait du procès-verbal du juge-commissaire, contenant les noms et prénoms des créanciers colloqués et le montant des sommes allouées, mentionnant les mains-levées des oppositions, doit être, préalablement au paiement, remis à la caisse des consignations par le greffier. — Ord. 3 juill. 1816, art. 17.

250. — Il n'est pas nécessaire, ainsi que l'enseignent MM. Carré (quest. 2184) et Demiau (p. 432) que le porteur du mandement représente en outre au consignataire les certificats exigés par l'art. 548 ; il lui suffit de représenter son mandement pour obtenir le montant de la collocation. — Favard, t. 2, p. 116, n° 4 ; Chauveau, sur Carré, quest. 2184 ; Bioche, n° 235.

251. — Le créancier qui est payé remet ses titres, pièces et bordereaux à celui qui le paie, pour que celui-ci puisse les représenter au saisi pour sa décharge ; si le paiement n'est que partiel, il garde ses titres sur lesquels celui qui dresse la quittance fait mention du paiement à-compte. — Pigeau, t. 2, p. 207 ; Bioche, v° *Distribution*, n° 236.

252. — Le réglement définitif d'une contribution est un véritable jugement, contre lequel on ne peut se pourvoir que par appel dans les délais ordinaires. — *Paris*, 20 juill. 1844 (t. 2 1844, p. 608), Duprat c. Duval.

253. — L'ordonnance du juge-commissaire qui a déclaré la distribution par contribution *définitive* et a clos le procès-verbal, est irrévocable, au point que des créanciers antérieurement opposans entre les mains du poursuivant, et qui, par sa négligence, n'ont été ni instruits de l'ouverture de l'ordre, ni sommés de produire, ne peuvent provoquer une nouvelle distribution. — *Toulouse*, 12 avr. 1820, Mallafosse c. Lambert et Bonnefoi.

254. — Le poursuivant est, dans ce cas, responsable du tort que sa négligence a causé à ces créanciers. — *Toulouse*, 12 avr. 1820, Mallafosse c. Lambert et Bonnefoi.

255. — Bien qu'à la suite d'une distribution poursuivie sur le prix d'immeubles, un jugement ait ordonné le paiement d'une certaine somme à un créancier, l'acquéreur n'est cependant pas tenu d'effectuer le paiement si, à la suite de la purge des hypothèques légales opérée par lui postérieurement audit jugement, il est survenu de nouvelles inscriptions sur l'immeuble vendu. — Dans ce cas, il doit être procédé à une nouvelle distribution ou à un ordre entre tous les créanciers inscrits. — *Limoges*, 24 févr. 1826, Lagrange-Puymauri c. Chabrier.

256 — La négligence que l'acquéreur a apportée à purger les hypothèques légales le rend passible personnellement des dépens qui ont été faits à l'occasion de la nouvelle distribution du prix. — *Limoges*, 24 fév. 1826, Lagrange-Puymauri c. Chabrier.

V. ACTE SOUS SEING-PRIVÉ, AYANT-CAUSE, CAUTIONNEMENT, CAISSE DES DÉPOTS ET CONSIGNATIONS.

DISTRICT.

1. — Circonscription territoriale qui a formé pendant un temps une division du département.

2. — Cette circonscription avait été créée par la loi du 22 déc. 1789.

3. — Il devait y avoir par département au moins trois districts, et au plus neuf, suivant le besoin et la convenance du département. — L. précit., sect. 1re, art. 2.

4. — Chaque district était partagé en divisions appelées cantons, d'environ quatre lieues carrées. *Ibid.*, art. 3.

5. — Au chef-lieu de chaque district il y avait, sous le titre d'administration de district, une administration inférieure, subordonnée à l'administration de département. — *Ibid.*, art. 6.

6. — L'administration de district se composait de douze membres. — *Ibid.*, sect. 2, art. 3.

7. — Ces membres étaient nommés dans chaque district par voie d'élection. — *Ibid.*

8. — Ils ne pouvaient pas être révoqués. Leur destitution ne pouvait être que la suite d'une forfaiture jugée. — *Ibid.*, sect. 1re, art. 11.

9. — L'administration de district se partageait en deux sections, l'une sous le titre de *conseil de district*, chargée de délibérer à certaines époques sur les affaires intéressant la circonscription ; l'autre sous le titre de *directoire de district*, chargée de l'administration proprement dite. — *Ibid.*, sect. 2, art. 25 et 5.

10. — Il y avait en outre un procureur syndic nommé en même temps que les membres de l'administration et de la même manière. — *Ibid.*, art. 14.

11. — Le procureur syndic avait séance aux assemblées générales de l'administration de district et aux réunions du directoire, mais avec voix consultative seulement. — *Ibid.*, art. 17 et 18.

12. — Il était spécialement chargé de suivre toutes les affaires. — *Ibid.*, art. 18.

13. — La constitution du 3 sept. 1791 maintint la division des départemens en districts.

14. — La loi du 14 frim. an II, instituive du gouvernement révolutionnaire, la maintint également.

15. — Elle affranchit d'ailleurs les administrations de districts de la dépendance des administrations de départemens pour tout ce qui concernait les lois révolutionnaires et militaires, et les mesures de gouvernement, de salut public et de sûreté générale. — Sect. 3, art. 5.

16. — Mais cette mesure fut révoquée par la loi du 28 germin. an III, qui réorganisa les administrations sur leurs anciennes bases.

17. — Les districts ont été supprimés par la constitution du 5 fructid. an III, qui divisa les départemens en cantons et les cantons en communes, sans aucune subdivision intermédiaire. — art. 5.

18. — Plus tard, la loi du 28 pluv. an VIII vint, non pas précisément rétablir les districts, mais créer une circonscription analogue qui, sous le nom d'arrondissement communal, est encore aujourd'hui la circonscription intermédiaire qui se trouve placée entre le département et la commune.

V. CONSEIL D'ARRONDISSEMENT, DÉPARTEMENT, DIRECTOIRE DE DÉPARTEMENT ET DE DISTRICT, DIVISION TERRITORIALE, ORGANISATION ADMINISTRATIVE.

DIVAGATION (Fous et animaux).

Table alphabétique.

DIVAGATION (fous et animaux). — 1. — La loi, par l'art. 475, § 7, C. pén., prévoit et réunit dans une même disposition les trois contraventions suivantes : 1° la divagation des fous et furieux par le fait ou la négligence de ceux qui les ont sous leur garde ; — 2° la divagation des animaux malfaisans et féroces (cette divagation était également défendue par la loi romaine. — L. 40, § 1, 2 et ff., *De ædil. edict.*) ; — 3° l'excitation ou le fait de ne pas retenir les chiens qui attaquent et poursuivent les passans.

2. — La *divagation* existe lorsque le fou ou l'animal est laissé, abandonné à lui-même, sur la voie publique, sans guide ni surveillance.

3. — La cour de cassation a considéré *comme à l'abandon* un animal (un taureau) qui n'était suivi que d'un enfant de huit à neuf ans. — *Cass.*, 1er fructid. an XI, Dubief.

4. — Ces contraventions sont punies d'une amende de 6 à 10 fr. inclusivement, et même d'emprisonnement pendant cinq jours, en cas de récidive. — CRIMES, DÉLITS ET CONTRAVENTIONS.

5. — L'amende est même de 11 à 15 fr. inclusivement lorsque la divagation des fous ou furieux, ou celle des animaux malfaisans et féroces, aura causé la mort ou la blessure des animaux ou bestiaux appartenant à autrui. — C. pén., art. 479, § 2.

6. — L'art. 14, tit. 1er, L. 19-22 juill. 1791, et l'art. 605, C. 3 brum. an IV, punissaient également de peines de police ceux qui laissaient divaguer des insensés ou furieux, ou des animaux malfaisans et féroces.

7. — De son côté, la loi du 24 août 1790, tit. 11, art. 3, no 6, charge les corps municipaux du soin d'obvier ou de remédier aux événemens fâcheux qui pourraient être occasionnés par les insensés ou les furieux laissés en liberté, et par la divagation des animaux féroces ou malfaisans.

8. — Bien que soumises aux mêmes pénalités et présentant des caractères communs, ces diverses infractions demandent, chacune, quelques explications particulières.

9. — *Divagation des fous ou furieux.* — La disposition précitée de la loi de 1790 donnait à l'autorité municipale sur la personne même des fous et furieux une autorité excessive, et dont elle usa peu, précisément à cause de son excès ; elle reculait devant un pouvoir dont rien ne lui montrait la limite.

10. — Ce ne fut que par la loi du 30 juin 1838, art. 18, 19 et 21, que les préfets furent spécialement chargés de pourvoir au placement dans les établissemens d'aliénés des personnes interdites ou non interdites dont l'état d'aliénation compromettrait l'ordre public ou la sûreté des personnes. — V. ALIÉNÉS.

11. — Par l'effet de cette loi, les droits conférés à l'autorité municipale par celle du 24 août 1790 furent restreints, ainsi qu'ils devaient l'être, à des mesures de prévoyance et de pure précaution.

12. — La contravention qui consiste dans le fait d'avoir laissé divaguer des fous et furieux peut se présenter dans deux hypothèses. — Ainsi, il peut se faire que le gardien d'une maison de fous laisse sortir par négligence les personnes qu'il était chargé de garder. — Dans ce cas, comme les fous et furieux sont régulièrement détenus, leurs gardiens en sont responsables, et l'art. 475 leur est dès-lors applicable. — Chauveau et Hélie, t. 8, p. 381.

13. — De même, si un individu est interdit, le tuteur est soumis, comme chargé légalement de la surveillance de sa personne et de ses biens, à la prescription de l'art. 475.

14. — Mais si les aliénés ne sont ni frappés d'interdiction, ni dans un état régulier de détention, la responsabilité doit-elle atteindre les personnes de leur famille ou de leur service qui leur donnent des soins habituels ?

15. — MM. Chauveau et Hélie (t. 8, p. 381), qui posent cette question, s'expriment ainsi qu'il suit : « La question est délicate, car cette obligation n'a pas de cause légale ; cette surveillance n'est pas forcée, et cependant la loi a pu imposer à toutes les personnes qui se trouvent chargées par une cause quelconque de la garde d'un furieux, l'obligation d'empêcher la divagation de cet individu. — L'intérêt général peut exiger cette responsabilité qui se puise alors, non dans une cause légale, mais dans le fait de la surveillance qui pèse sur elles. — C'est donc dans l'appréciation de ce fait qu'il faut chercher la solution de cette difficulté. Si le prévenu *avait réellement* la garde du fou ou du furieux, s'il était chargé de sa surveillance ou s'il avait l'autorité nécessaire pour l'exercer, on doit lui imputer la négligence qui a causé la divagation ; si, au contraire, il rendait des soins à cet insensé sans qu'il eût la charge et l'autorité d'un gardien, il ne peut être responsable. »

16. — Il a été jugé, sous l'empire du Code de brum. an IV, qu'aucune peine ne peut être infligée à la femme qui n'a pas contenu son mari en état de démence et non interdit, attendu qu'elle n'a aucune autorité sur lui. — *Cass.*, 25 juin 1806 (int. de la loi), Goujet.

17. — *Divagation des animaux féroces et malfaisans.* — La contravention qui consiste dans le fait d'avoir laissé divaguer des animaux féroces et malfaisans, se distingue de quelques autres analogues, mais avec lesquelles on ne saurait la confondre.

18. — Ainsi, l'action de faire ou de laisser courir les chevaux, bêtes de trait, de charge ou de monture dans l'intérieur d'un lieu habité, est une contravention différente de celle qui résulte de la divagation des animaux malfaisans ou féroces, bien qu'elle soit de la même nature et punie des mêmes peines, en vertu du no 4 de l'art. 475. — *Cass.*, 17 (et non 27) oct. 1822, Pierre Journoleau. — V. COURSE D'ANIMAUX DANS UN LIEU HABITÉ.

19. — De même, elle se distingue du fait d'avoir laissé ou fait passer ses bestiaux et animaux sur le terrain d'autrui. — V. ANIMAUX.

20. — Par *animaux malfaisans et féroces*, comme le dit avec raison M. Rauter, il ne faut pas entendre exclusivement ceux qui sont tels par la nature de leur espèce (les lions, les tigres, etc.), mais aussi ceux qui sont tels par leur organisation (motifs d'un arrêt de cassation du 27 (et non 29) fév. 1823, Mesnard). — Chaque cas doit être considéré en lui-même. — Chabrol Chaméane, *Dict. gén. des lois pénales*, vo *Contravention de police*, p. 140 ; Chauveau et Hélie, t. 8, p. 383 ; Carnot, sur l'art. 475, no 26.

21. — Ainsi, il a été jugé que le chien qui, sans y avoir été provoqué, se jette sur les passans et leur cause des blessures, doit être réputé animal malfaisant, et soumet le maître qui l'a laissé divaguer à l'application du § 7 de l'art. 475, C. pén. — *Cass.*, 17 (et non 27) janv. 1823, Nicole, et d'autres arrêts cités vo CHIEN, no 4.

22. — Toutefois, il est nécessaire alors, pour qu'il y ait contravention, que le chien ait été en divagation.

23. — Un chien est en état de divagation toutes les fois qu'il est abandonné à lui-même sur la voie publique ; — quand bien même, au moment où il s'est jeté sur les passans, il aurait été près du domicile de son maître. — *Cass.*, 28 avr. 1827, Lacroix ; 15 avr. 1836, Coulon.

24. — Il n'est pas même nécessaire qu'il soit précisément dans la rue, il suffit qu'il soit abandonné dans une cour ouverte et accessible à tous les passans. — *Cass.*, 17 janv. 1823, Nicolle.

25. — ...Ou même dans une cour où quelques citoyens seulement auraient affaire, comme serait celle au fond de laquelle se trouverait le bureau d'un officier public. — Rauter, *Tr. de Dr. crim.*, t. 2, p. 238, no 608.

26. — Il en serait autrement si la cour dans laquelle se trouvait le chien réputé animal malfaisant était close. — *Cass.*, 12 févr. 1808, Locquet c. Manchiou.

27. — MM. Bost et Daussy (*Législat. et Jurisp. des trib. de simple police*, p. 55) expriment l'opinion qu'un chien attaché sous une charrette dans une rue, et qui, sans provocation, a mordu un passant, est réputé en état de divagation. — Il faudrait, en effet, le décider ainsi si la chaîne qui attache le chien était assez longue pour qu'il pût sortir de dessous la voiture et atteindre les passans. — Ce que la loi a voulu protéger, c'est la sûreté de la voie publique, et cette sûreté n'existe plus dès qu'on y rencontre un animal malfaisant dans un état de liberté suffisant pour qu'il puisse nuire.

28. — Les auteurs ajoutent que la question a été ainsi jugée par un arrêt de la cour royale de Rouen du 19 oct. 1827, confirmatif d'un jugement du tribunal correctionnel de la même ville. — Il existe, en effet, à cette date, un arrêt de la cour de Rouen ; mais cet arrêt n'a pas trouvé place dans le recueil, attendu qu'il ne résout aucun point de droit. Rien n'indique, d'ailleurs, qu'il ait été rendu dans une espèce semblable ou analogue à celle supposée.

29. — C'est surtout en ce qui concerne la divagation des animaux féroces et malfaisans, et spécialement des chiens qui pourraient être réputés tels, que l'autorité municipale use du droit que lui a conféré la loi précitée de 1790. — V. spécialement en ce qui concerne la ville de Paris, CHIEN, nos 5 et suiv.

30. — Les arrêtés que l'autorité prend sur cette matière n'ont pas besoin d'être revêtus de l'approbation du préfet. — *Cass.*, 7 mai 1825, habitans de Gaillac.

31. — Il a été jugé à cet égard que l'arrêté du maire qui défend la divagation des chiens est pris dans l'exercice légal des fonctions municipales. — *Cass.*, 11 nov. 1824, Jacques Zanckel.

32. — ...Qu'il en est de même de l'arrêté d'un maire qui enjoint aux habitans de tenir leurs chiens enfermés et à l'attache afin qu'ils ne soient point mordus par des chiens enragés, et que, dès-lors, le tribunal de police ne peut refuser d'en maintenir l'exécution, sous le prétexte que les infractions à cet arrêté ne constituent pas un fait punissable. — *Cass.*, 19 août 1819, Dufour ; 7 mai 1825, habitans de Gaillac.

33. — ... Ou bien encore de l'arrêté par lequel un maire défend de laisser entrer ou divaguer les animaux sur les promenades publiques d'une ville. — *Cass.*, 27 août 1825, Laporte.

34. — L'autorité municipale peut aussi ordonner que, pour obvier aux dégâts que pourraient causer momentanément les chiens vagans dans les vignes, il leur sera attaché un bâton au cou pendant les vendanges. — *Cass.*, 10 janv. 1834, Danglard.

35. — ...Ou que les chiens ne pourront circuler dans les rues sans être muselés, quand bien même ces chiens seraient dressés pour la garde des troupeaux, et que l'effet de cette mesure serait de les empêcher de rendre le service que leur maître attend d'eux. — *Cass.*, 15 nov. 1827, Pillot ; 1er juill. 1842 (t. 2 1842, p. 468), Gay.

36. — Ces dispositions ne pourraient être éludées sous aucun prétexte, par exemple, sous celui que la veille du procès-verbal le propriétaire de l'animal trouvé en contravention s'était conformé à l'arrêté, et que le jour même il s'était donné des soins pour l'exécuter. — *Cass.*, 22 nov. 1829, Collinet.

37. — La contravention ne saurait non plus être excusée par le motif que l'animal se serait échappé contre la volonté de son maître. — *Cass.*, 15 déc. 1827, Pillot ; 20 janv. 1837 (t. 1er 1837, p. 73), Coudron.

38. — ...Ou même, dans ce cas, que, s'étant mis à sa poursuite, celui-ci ne l'a atteint qu'après qu'il a eu parcouru une partie de la ville, et qu'il le ramenait chez lui au moment où le procès-verbal a été dressé. — Même arrêt.

39. — Jugé qu'on doit réputer légal et obligatoire l'arrêté d'un maire qui prescrit de pourvoir de muselières et de clochettes les chèvres circulant dans l'intérieur de la ville ou traversant les chemins de quartier de la commune. — *Cass.*, 20 fév. 1835, Soumeire.

40. — Cependant, le droit de l'autorité municipale étant uniquement fondé sur le danger permanent ou accidentel que la divagation des animaux pourrait faire courir aux hommes ou aux récoltes, elle ne pourrait interdire absolument, en toute saison, même pendant le temps où la chasse est ouverte, l'usage des chiens-lévriers, qui ne peuvent être par leur nature rangés dans la classe des animaux malfaisans ou féroces. — *Cass.*, 30 juin 1842 (t. 2 1842, p. 460), Trusson. — V. au surplus vo CHIEN, no 21 et suiv.

41. — *Excitation des chiens.* — La troisième contravention consiste, de la part de celui qui a un chien sous sa garde, à exciter ou à ne pas retenir ce chien lorsqu'il attaque et poursuit les passans.

42. — Carnot (t. 2, p. 591) enseigne avec raison qu'elle n'est point punissable pour n'avoir pas *retenu le chien d'autrui*, quand même on aurait pu le faire, parce que la loi n'en impose pas l'obligation.

43. — Mais, suivant le même auteur, le fait *d'avoir excité* le chien d'autrui à attaquer ou poursuivre les passans constituerait une contravention de police. Cette opinion ne s'accorde pas avec le texte de la loi, qui est ainsi conçu : « Ceux qui auront *excité* ou n'auront pas *retenu leurs chiens*... »

44. — *Caractères communs.* — Dans les trois hypothèses que nous venons de parcourir, la loi n'exige pas, pour l'application des peines de police, qu'il soit résulté aucun mal ni dommage. La seule existence du fait qui aurait pu causer ce dommage suffit pour constituer la contravention.

45. — Mais s'il est résulté quelque dommage pour autrui de la contravention elle-même, l'agent est soumis, suivant la gravité de ce dommage, à des pénalités différentes.

46. — Ainsi, lorsque la divagation des fous ou furieux, ou des animaux malfaisans ou féroces, a occasionné la mort ou la blessure des animaux ou bestiaux appartenant à autrui, ceux sous la garde desquels ils étaient placés sont passibles, aux termes de l'art. 479, no 2, C. pén., d'une amende de 11 fr. à 15 fr. inclusivement.

47. — Alors même qu'ils ne les auraient pas excités et qu'ils auraient été dans l'impossibilité de les retenir, ils ont à s'imputer une négligence dont ils devaient prévoir les conséquences. — *Cass.*, 10 août 1832, Duquesne.

48. — Peu importerait que le propriétaire de l'animal blessé ne se plaignît pas ; la contravention consiste moins dans le dommage causé que dans la cause de ce dommage qui est la violation d'un réglement d'ordre public. — *Cass.*, 1er frucl. an XI, Dubief.

49. — Par la même raison, le tribunal de police saisi d'une contravention de ce genre ne pourrait pas renvoyer les parties à fins civiles, quand même le maître du chien auteur de l'accident ne l'aurait pas excité. — *Cass.*, 6 nov. 1807, Bouchers de Grasse.

50. — ... Ou qu'il soutiendrait que son chien n'a tué ou blessé que des animaux et non des hommes, et que sa fureur a été occasionnée par la rencontre nocturne des animaux qu'il a attaqués. — *Cass.*, 10 août 1832, Duquesne.

51. — La loi ne prévoit pas précisément le cas où des hommes auraient été tués ou blessés par l'effet de l'un des actes mentionnés dans l'art. 475, § 7, C. pén.

52. — Si l'accident est le résultat de la simple divagation, et s'il a eu lieu *sans la participation* ou du surveillant de l'insensé ou du maître de l'animal malfaisant, il ne constitue qu'un homicide ou qu'une blessure par imprudence et rentre dans les prévisions des art. 316 et 320, C. pén. — *Cass.*,

5 nov. 1807, Bouchers de Grasse. — V. BLESSURES ET COUPS.

53. — Si, au contraire, le maître de l'animal qui a fait des morsures l'*a excité à cet acte de férocité*, que doit-on décider?

54. — D'une part, on soutient que l'art. 475, n° 7, est seul applicable et que, dans ce cas, il n'y a qu'une simple contravention; c'est ce qui résulte, dit-on, de ces mots de l'article, « *quand même il n'en serait résulté aucun mal ni dommage*; » ce qui semble démontrer que, dans le cas contraire, il ne constituerait encore qu'une contravention. — On ajoute qu'un pareil fait ne peut rentrer, ni dans les prévisions des art. 319 et 320, puisque ces articles ne s'occupent que des blessures ou de l'homicide involontaire, et que, dans l'espèce, il y a eu *volonté*; ni dans celles de l'art. 309, relatif aux blessures volontaires, parce que cet article ne parle que de celui qui a *fait* les blessures, et non de celui qui les *a fait faire*; que ce fait reste nécessairement sous la simple application de l'art. 475.

55. — Cette doctrine peut être combattue par des argumens qui ne sont pas sans beaucoup de force. — En effet, peut-on dire, si une telle interprétation était admise, il en résulterait, d'une part, que la loi se serait montrée plus soigneuse de la vie des animaux que de celle des hommes, et de l'autre, qu'elle punirait plus sévèrement les blessures involontaires que les blessures volontaires; ne donne-t-on pas d'ailleurs aux mots *mal* et *dommage*, dont parle l'art. 475, un sens trop étendu? — Le mot *mal* ne signifie pas autre chose que ces violences légères dont parle l'art. 605, n° 8, C. 3 brum. an IV, et dont on peut être coupable sans avoir frappé ni blessé personne, et le mot *dommage*, la lacération ou la détérioration des vêtemens ou des objets mobiliers dont serait couvert ou porteur l'individu poursuivi. Peu importe enfin que les art. 309 et suivans, C. pén., ne s'appliquent qu'à celui qui *a fait* des blessures, et non pas à celui qui *les a fait faire*, et que ce dernier ne puisse être poursuivi que dans les termes de l'art. 60, C. pén. Sans doute, celui qui a *fait faire* des blessures n'est que le complice de celui qui *les a faites*; mais il faut pour cela que l'auteur direct des blessures soit un homme, c'est-à-dire, un être intelligent, doué du libre arbitre et personnellement responsable de ses actes. Si l'agent des blessures est un corps inerte comme une pierre, ou un animal comme un chien, c'est celui dont la volonté en a fait des instrumens de dommage en lançant la pierre, ou en excitant la fureur du chien, qui devient seul et directement punissable pour les blessures qu'il a occasionnées.

56. — C'est dans ce sens qu'il a été jugé que le fait d'avoir excité, par malveillance, un chien qui a mordu un enfant et lui a fait des blessures ayant occasionné une incapacité de travail de plusieurs jours constitue, non la simple contravention prévue par l'art. 475, n° 7, C. pén., mais un véritable délit de la compétence du tribunal correctionnel. — *Riom*, 8 juin 1829, Fauchon c. Savignat. — V. BLESSURES ET COUPS.

57. — Au surplus, Carnot (*loc. cit.*) enseigne qu'on ne pourrait pas infliger une peine au propriétaire d'un chien qui l'aurait excité contre les personnes qui auraient voulu s'introduire *de force* dans sa maison, chacun étant maître chez soi, et les chiens ayant pour destination spéciale la garde de la maison de leurs maîtres.

58. — Carnot fait observer en outre (*loc. cit.*) que, si les fous furieux et les animaux avaient échappé par *force majeure* à la surveillance de leurs gardiens et non par suite de leur négligence, ceux-ci ne deviendraient passibles d'aucune peine.

59. — On peut consulter, en ce qui concerne soit les dommages causés aux propriétés par les animaux, soit le droit pour ceux qui souffrent de ces dommages et pour les agens de l'autorité de saisir ces animaux et de les mettre en fourrière, les mots ANIMAUX, n°s 28 et suiv.; 84 et suiv., et FOURRIÈRE. — V. aussi, quant à la *responsabilité civile* encourue par l'auteur de la contravention ou du délit, RESPONSABILITÉ.

DIVERTISSEMENT.

V. COMMUNAUTÉ, SUCCESSION.

DIVERTISSEMENS PUBLICS.

V. BALS PUBLICS, POUVOIR MUNICIPAL.

DIVIDENDE.

1. — C'est la part afférente à chaque créancier dans la répartition du prix des biens d'un débiteur failli. — V. FAILLITE. — V. aussi DISTRIBUTION PAR CONTRIBUTION.

2. — On donne aussi dans l'usage le nom de *dividende* à la part afférente à chaque actionnaire dans la masse des bénéfices faits par une société anonyme ou par une société en commandite par actions. — V. SOCIÉTÉ.

DIVISIBILITÉ.

V. OBLIGATION DIVISIBLE ET INDIVISIBLE.

DIVISION (Bénéfice de).

V. CAUTIONNEMENT.

DIVISION TERRITORIALE.

Table alphabétique.

DIVISION TERRITORIALE. — 1. — Cette dénomination s'applique aux diverses circonscriptions de territoire établies en France pour faciliter l'action des pouvoirs publics, et dans l'intérêt, soit de l'administration générale, soit des citoyens eux-mêmes.

2. — L'expression *division territoriale* présente donc un sens essentiellement variable, puisqu'il se modifie selon qu'on l'applique à telle ou telle branche de l'organisation du royaume.

3. — Dans toutes les parties de cette organisation, la division territoriale présente aujourd'hui ceci de remarquable qu'elle y est toujours empreinte de ce caractère d'unité et de centralisation qui forme la base de notre nouveau droit public.

4. — C'est en quoi l'état des choses actuel diffère essentiellement de celui qui existait avant 1789, sous l'empire duquel la division territoriale, formée au hasard des circonstances, suivant la réunion successive des diverses provinces, dont la plupart avaient conservé leur organisation particulière, ne pouvait présenter aucune idée exacte de la distribution des pouvoirs.

5. — *Division administrative.* — L'assemblée nationale décida, par le décret du 22 déc. 1789, qu'il serait fait une nouvelle division de la France en départemens.

6. — Chaque département fut divisé en districts. — *Ibid.*, art. 2

7. — Le district fut lui-même subdivisé en cantons. — *Ibid.*, art. 3.

8. — Enfin, le canton d'une étendue d'environ quatre lieues carrées comprenait un certain nombre de communes ou de municipalités, dont l'organisation avait été arrêtée par le décret du 14 déc. précédent.

9. — Il devait y avoir une municipalité dans chaque ville, bourg, paroisse ou communauté de campagne. — Décr. 12 nov. 1789.

10. — Cette dernière institution, à laquelle venaient en définitive aboutir les diverses circonscriptions adoptées, remplaçait tous les anciens corps qui étaient autrefois chargés de l'administration des paroisses et agrégations d'habitans, et qui étaient désignés sous le nom d'hôtels-de-ville, mairies, échevinats, consulats, etc.

11. — Cette organisation fut plus tard consacrée par la constitution du 3 sept. 1791, et par celle du 24 juin 1793, qui, toutefois, ne fit plus mention du canton.

12. — Dans l'intervalle, un décret du 26 fév.-4 mars 1790 avait arrêté la nomenclature des départemens et déterminé leur composition tant par rapport aux anciennes provinces que par rapport à la nouvelle division par districts.

13. — La constitution du 4 fructid. an III, tout en conservant la division par départemens, modifia néanmoins d'une manière sensible le système adopté par l'assemblée constituante.

14. — Elle supprima la circonscription intermédiaire du district, et frappant en même temps les communes dans leur organisation, elle ne reconnut plus que deux circonscriptions dans l'état: le département et le canton. D'après son art. 174, il devait y avoir dans chaque département une administration centrale, et dans chaque canton une administration municipale au moins.

15. — Mais la loi du 28 pluv. an VIII, au milieu d'innovations assez importantes, revient aux bases posées par la loi du 22 déc. 1789. C'est le système organisé par cette dernière loi qui est encore aujourd'hui en vigueur.

16. — Sous le rapport administratif, le royaume se divise donc en départemens, le département en arrondissemens communaux, l'arrondissement en communes. — L. 28 pluv. an VIII, art. 1er, 8 et 12.

17. — On voit que, dans cette division, le canton n'a pas trouvé place, ou du moins ne correspond à aucun pouvoir constitué.

18. — De fait, cependant, la circonscription cantonnale n'a pas cessé d'exister. Elle est restée, en effet, le centre indispensable d'un grand nombre de nos institutions. — V. CANTON.

19. — C'est sur cette division par départemens, arrondissemens et communes qu'est basée l'administration générale du pays et que s'exécutent tous les services publics qui n'ont pas reçu une organisation particulière.

20. — Au chef-lieu de chaque département, un préfet placé sous l'autorité immédiate du gouvernement est chargé de l'exécution des lois générales, de la direction des services publics et de l'administration générale du département. Un conseil général de département et un conseil de préfecture complètent l'organisation départementale. — V. DÉPARTEMENT, CONSEIL GÉNÉRAL, CONSEIL DE PRÉFECTURE.

21. — Dans chacun des arrondissemens qui composent le département, un sous-préfet est chargé, sous la surveillance et l'autorité du préfet, de suivre, d'après les instructions de ce dernier, l'exécution des lois et les mesures prescrites pour l'administration de l'arrondissement, sur les intérêts duquel un conseil d'arrondissement a reçu d'ailleurs mission de délibérer. — V. CONSEIL D'ARRONDISSEMENT.

22. — Un maire est chargé dans chaque commune d'assurer l'exécution directe des lois par les particuliers, et de l'administration de la commune.

Pour ces dernières attributions un conseil municipal lui est adjoint. — V. COMMUNE. — V. au surplus ORGANISATION ADMINISTRATIVE.

25. — *Division politique ou électorale.* — La division par départemens est la base première des circonscriptions électorales.

24. — Il y a dans chaque département un certain nombre d'arrondissemens électoraux dont le nombre et l'étendue, fixés en raison de l'étendue du département, ont été déterminés par la loi du 19 avr. 1831.

25. — Chaque arrondissement électoral comprend un ou plusieurs colléges selon le nombre de députés à élire dans l'arrondissement.

26. — Le collége, qui forme la circonscription à laquelle est attribuée la nomination de chaque député, se compose, soit d'une ville entière ou même d'une fraction de ville, selon l'importance des localités, soit d'un certain nombre de cantons agglomérés, le tout d'après le tableau annexé à la loi précitée du 19 avr. 1831.

27. — Dans les arrondissemens électoraux où il y a plus de six cents électeurs, le collége est lui-même divisé en sections comprenant chacune trois cents électeurs au moins. — L. précitée, art. 41.

28. — Cette division en sections est faite par le préfet en conseil de préfecture, et suivant l'ordre des numéros de la liste définitive des électeurs. — Ord. 4 sept. 1820, art. 6.

29. — La loi n'a pas fixé pour chaque collége un chef-lieu déterminé. Les colléges se réunissent dans la ville de l'arrondissement électoral ou administratif que le roi désigne. — L. 19 avr. 1831, art. 40. — V. ÉLECTIONS LÉGISLATIVES.

30. — *Division judiciaire.* — Les circonscriptions judiciaires comprennent des justices de paix, des tribunaux de première instance et des cours royales, les uns et les autres venant aboutir à la cour de Cassation, dont l'autorité s'étend sur toute la France.

31. — Il y a une justice de paix par canton. — L. 16-24 août 1790, art. 1er.

32. — Dans chaque arrondissement communal fonctionne un tribunal de première instance appelé à prononcer tout à la fois comme tribunal civil et comme tribunal correctionnel. — L. 27 vent. an VIII, tit. 2, art. 1er.

33. — La même circonscription est affectée aux tribunaux de commerce dans les arrondissemens où l'on a jugé utile d'en établir. — Décr. 6 oct. 1809; C. comm., art. 615 et 616.

34. — Lorsqu'il se trouve plusieurs tribunaux de commerce dans le ressort d'un seul tribunal civil, il leur est assigné des arrondissemens particuliers. — C. comm., art. 616.

35. — Des circonscriptions spéciales composées chacune d'un certain nombre de départemens ont été assignées à la juridiction de chaque cour royale. — L. 27 vent. an VIII, tit. 3, art. 21.

36. — En outre, dans chaque département, une cour d'assises, qui forme une subdivision des cours royales, est spécialement chargée de l'administration de la justice criminelle. — L. 27 vent. an VIII, art. 32; 20 avr. 1810, art. 3, 16 et 19. — V. COUR D'ASSISES, ORGANISATION JUDICIAIRE.

37. — *Division militaire.* — Sous le rapport militaire, le territoire de la France était autrefois divisé en gouvernemens de province: cette organisation fut détruite par le décret du 20 fév. 1791.

38. — Pour tenir lieu des gouvernemens de province supprimés, l'art. 2 du tit. 3 du décret du 10 juill. 1791, portait: « Il sera formé des divisions ou arrondissemens comprenant un certain nombre de places, postes ou garnisons. Dans l'un de ces points pris pour chef-lieu, résidera un officier général chargé de surveiller et de maintenir l'ordre et l'uniformité du service dans toutes les places, postes et garnisons de son arrondissement.

39. — Un arrêté du 11 brum. an V attribue la dénomination de divisions militaires aux circonscriptions militaires, et les chefs-lieux de ces divisions furent une première fois fixés par un état publié en l'an VII.

40. — Chaque division militaire embrasse plusieurs départemens. — Le département de la Corse est le seul qui, en raison de sa position spéciale, ait constamment formé une division militaire particulière. — V. CORSE.

41. — D'ordinaire, les chefs-lieux de division militaire sont placés dans les chefs-lieux de départemens: néanmoins, cette règle n'est pas absolue, et les besoins du service ont déterminé le choix d'autres villes: c'est ainsi que dans ce moment Bayonne se trouve être le chef-lieu d'une division militaire.

42. — Du reste, le nombre des divisions militaires, l'étendue de leur circonscription, ainsi que leurs chefs-lieux, ont subi de fréquentes variations. — En dernier lieu, l'ordonnance du 20 oct. 1835 les a fixées à vingt-une. — Ne sont pas comprises, du reste, dans ce nombre les divisions militaires de l'Algérie. — V. ALGÉRIE.

43. — A la tête de chaque division militaire est placé un lieutenant-général, lequel est assisté d'un lieutenant-colonel du corps royal d'état-major, faisant fonctions de chef d'état-major de la division, et de plusieurs autres officiers du même corps.

44. — Dans chaque division militaire, l'officier général commandant, chargé de tenir la main à l'exécution des réglemens militaires, est obligé de se concerter avec toutes les autorités civiles, à l'effet de procurer l'exécution de toutes les mesures ou précautions qu'elles auront pu prendre pour le maintien de la tranquillité publique ou pour l'observation des lois, ainsi que d'obtempérer à leurs réquisitions toutes les fois qu'elles seront prévues par les lois. — Décr. 8 juill. 1791, tit. 3, art. 9.

45. — Au-dessus du lieutenant-général commandant la division, une ordonnance du 4 sept. 1815 avait institué des gouverneurs de division militaire; ce grade, presque toujours purement honorifique, a été supprimé par l'art. 14, ord. 15 nov. 1830.

46. — Dans chaque division militaire, il existe deux conseils de guerre et un conseil de révision. — V. TRIBUNAUX MILITAIRES.

47. — Le service de l'administration y est confié à un intendant militaire. — V. INTENDANT MILITAIRE.

48. — Chaque division militaire est partagée en un certain nombre de subdivisions, dont le nombre, ainsi que l'étendue, a souvent varié. En principe toutefois, chaque subdivision militaire n'embrasse qu'un département; ce n'est que par exception et selon les besoins du service qu'elle en comprend plusieurs.

49. — Dans tout département, siége de la division militaire, le chef-lieu de la subdivision, la Corse seule exceptée (V. CORSE) est le même que celui de la division. — Dans les autres départemens, il est placé d'ordinaire au chef-lieu du département ou de l'un des départemens si la subdivision en embrasse plusieurs, sauf les exceptions justifiées par les besoins du service. Ainsi, par exemple, Toulon est le chef-lieu de la subdivision militaire du Var.

50. — Une ordonnance du 29 déc. 1839 a déterminé que les subdivisions militaires seraient partagées en deux classes, dont trente seulement de première classe. — C'est, du reste, au ministre de la guerre qu'appartient le classement. — Décis. minist. 29 janv. 1843. — La subdivision de la Seine reste en dehors de ce classement.

51. — La subdivision militaire est placée sous la direction d'un maréchal de camp, lequel exerce, sous l'autorité du lieutenant-général commandant la division, les mêmes attributions. — Quelquefois, et par exception, un colonel se trouve appelé à commander une subdivision militaire.

52. — Comme aussi, en sens inverse, l'importance toute particulière du département de la Seine a fait souvent confier le commandement de la subdivision à un lieutenant-général.

53. — Observons encore qu'il est plusieurs départemens qui, à cause du nombre considérable de troupes qui y sont rassemblées, comptent plusieurs maréchaux de camp: tels sont les départemens de la Seine, de Seine-et-Oise, du Nord, de la Meuse. — Dans ces subdivisions, un des maréchaux de camp employés est spécialement chargé du commandement militaire.

54. — Le service de l'administration est confié dans chaque subdivision à un ou plusieurs sous-intendans militaires. — V. INTENDANT MILITAIRE.

55. — En l'absence du lieutenant-général commandant la division, le plus ancien maréchal de camp est appelé à le suppléer temporairement. — En l'absence du maréchal de camp commandant la subdivision, il est remplacé par le plus ancien colonel de la subdivision. ou les autres maréchaux de camp, si la subdivision est de celles qui, par exception, en comptent plusieurs.

56. — En dehors des circonscriptions territoriales, les armées en campagne sont partagées en divisions et subdivisions. — Il n'est pas non plus sans exemple que dans certaines circonstances, et sans motif de guerre, des divisions militaires aient été instituées également en dehors des circonscriptions territoriales; telle a été récemment la division militaire des troupes rassemblées sous Paris pour l'exécution des fortifications. — Toutefois ces divisions n'ont jamais eu d'existence permanente. — V. ARMÉE, COMMANDANT MILITAIRE.

57. — *Division maritime.* — Le territoire maritime de la France est divisé en six arrondissemens, entre lesquels on a réparti tous les ports et côtes qui forment le littoral français. — L. 7 flor. an VIII, art. 1er et 2.

58. — A la tête de chaque arrondissement est placé un préfet maritime spécialement chargé de la sûreté des ports, de la protection de la côte, de l'inspection de la rade et des bâtimens qui y sont mouillés, et enfin de la direction de tous les bâtimens armés qui, par la nature de leurs instructions ou de leur mission, n'auraient pas été mis hors de leur dépendance. — *Ibid.*, art. 7.

59. — L'arrondissement maritime comprend pour chaque circonscription tout ce qui concerne l'administration de la marine, l'inscription maritime, le pilotage. — V. MARINE.

60. — *Division universitaire.* — L'enseignement public dans tout le royaume est confié exclusivement à l'université. — L. 10 mai 1806, art. 1er; décr. 17 mars 1808, art. 1er.

61. — Sous l'autorité de l'Université, l'enseignement a été réparti en diverses circonscriptions, que l'on appelle *académies*.

62. — L'Université se compose en définitive d'autant d'académies qu'il y a de cours d'appel. — Décr. 17 mars 1808, art. 4.

63. — Chaque académie comprend: 1º les facultés pour les sciences approfondies et la collation des grades; 2º les colléges royaux pour les langues anciennes, l'histoire, la rhétorique, la logique, et les élémens des sciences mathématiques et physiques; 3º les colléges, écoles secondaires communales, pour les élémens des langues anciennes et les premiers principes de l'histoire et des sciences; 4º les institutions, écoles tenues par des instituteurs particuliers, où l'enseignement se rapproche de celui des colléges; 5º les pensions, pensionnats, appartenant à des maîtres particuliers et consacrés à des études moins fortes que celles des institutions; 6º les petites écoles, écoles primaires, où l'on apprend à lire, à écrire, et les premières notions du calcul. — *Ibid.*, art. 5. — V. INSTRUCTION PUBLIQUE.

64. — *Division religieuse.* — En ce qui concerne le culte catholique, le territoire est divisé en métropoles, diocèses, paroisses et succursales.

65. — La métropole ou archevêché comprend, sous le titre de *suffragans*, un certain nombre de diocèses. — V. MÉTROPOLE.

66. — Le nombre et la circonscription des métropoles et des diocèses, réglés d'abord par le concordat de l'an IX et la loi du 18 germin. an X, ont été fixés en dernier lieu par une bulle donnée à Rome le 10 octobre 1822, publiée en France par une ordonnance royale du 31 du même mois.

67. — Le diocèse ou évêché réunit toutes les paroisses comprises dans sa circonscription. — V. DIOCÈSE.

68. — Il y a au moins une paroisse ou cure dans chaque justice de paix. — L. 18 germin. an X, art. 60. — V. CURE, PAROISSE.

69. — Il est en outre établi autant de succursales que le besoin peut l'exiger. — *Ibid.* — V. SUCCURSALE.

70. — Le nombre et l'étendue de ces succursales sont réglés par l'évêque de concert avec le préfet. Les plans arrêtés sont soumis au gouvernement et ne peuvent être mis à exécution sans son autorisation. — *Ibid.*, art. 61.

71. — Aucune partie du territoire français ne peut être érigée en cure ou en succursale sans l'autorisation expresse du gouvernement. — *Ibid.*, art. 62. — V. au surplus CULTE.

72. — Les circonscriptions affectées aux cultes protestans des diverses communions comprennent des consistoires généraux, des synodes ou des inspections, et des églises consistoriales. — L. 18 germ. an X, art. organ. des cultes protestans.

73. — Chaque consistoire général étend son autorité et sa surveillance sur tous les synodes ou inspections de sa communion placés dans sa circonscription.

74. — Le synode ou l'inspection forme un arrondissement qui se compose, pour chacun des cultes réformés (culte réformé proprement dit ou calviniste, culte luthérien ou de la confession d'Augsbourg), de cinq églises consistoriales.

75. — Il y a une église consistoriale par 6,000 ames de la même communion, sauf les exceptions que les nécessités du culte ont pu motiver. — L. précitée, art. 16.

76. — Aucune église ne peut s'étendre d'un département dans un autre. — *Ibid.*, art. 28. — V. CONSISTOIRE PROTESTANT

77. — Le culte israélite a un consistoire central, des consistoires départementaux et un certain nombre de synagogues communales. — Décr. 11 déc. 1808; ord. royale 25 mai 1844.

78. — Le consistoire central siége à Paris, et son autorité s'étend sur tous les consistoires départementaux. — Ord. 25 mai 1844, art 2, 5 et suiv.

79. — Il y a un consistoire dans chaque département renfermant 2,000 âmes de population israélite; s'il ne se trouve pas deux mille israélites dans le même département, la circonscription du consistoire s'étend de proche en proche sur autant de départemens qu'il en faut pour que ce nombre soit atteint; dans aucun cas, il ne peut y avoir plus d'un consistoire par département. — *Ibid.*, art. 3.

80. — La circonscription des synagogues locales n'est point déterminée d'une manière précise. L'ordonnance du 25 mai 1844, en maintenant les circonscriptions alors existantes, a disposé qu'il n'en pourrait être établi de nouvelles qu'en vertu d'une l'autorisation royale. — Art. 60. — V. CONSISTOIRE ISRAÉLITE, CULTES.

81. — *Division forestière.* — Sous le rapport forestier, la France est divisée en un certain nombre de conservations forestières placées sous la surveillance supérieure de la direction générale des forêts. — Ord. régl. 1er août 1827, art. 10 et 11.

82. — Le nombre de ces conservations et leur circonscription, arrêtés d'abord par l'ordonnance rendue pour l'exécution du Code forestier, ont été modifiés par une ordonnance royale du 17 juill. 1832, puis fixés en dernier lieu par l'ordonnance du 9 juill. 1833.

83. — Les conservations sont subdivisées en inspections et sous-inspections, dont le nombre et les circonscriptions sont déterminés par le ministre des finances. — Ord. 1er août 1827, art. 10.

84. — La direction générale des forêts détermine le nombre et la résidence des gardes généraux, des arpenteurs, des gardes à cheval et des gardes à pied, ainsi que les arrondissemens et triages où ils doivent exercer leurs fonctions. — *Ibid.*

85. — A la tête de chaque conservation est placé un conservateur, nommé par le roi sur la proposition du ministre des finances. — V. FORÊTS.

86. — *Division douanière.* — Pour le service des douanes, les côtes et frontières sont partagées en directions. — L. 1er mai 1791; Instr. gén. du 30 janv. 1817.

87. — Dans chaque direction, un certain nombre de bureaux dont la circonscription est déterminée, est établi pour assurer le maintien des prohibitions et opérer le recouvrement des droits. — V. DOUANES.

DIVORCE.

Table alphabétique.

DIVORCE. — 1. — On appelait ainsi autrefois la dissolution du mariage prononcée par l'officier de l'état civil, après jugement passé en force de chose jugée qui l'avait autorisée.

2. — Le divorce, permis et organisé par le Code civil, a été aboli par la loi du 8 mai 1816. Deux fois, depuis la révolution de 1830, on a tenté de le rétablir; mais, deux fois, les propositions émanées de la chambre des députés ont échoué devant la chambre des pairs. Aussi, lorsqu'une troisième fois la même proposition fut reproduite devant la chambre des députés, cette chambre crut-elle devoir la repousser. Néanmoins, il n'est pas sans utilité de faire connaître les différentes décisions rendues sur cette matière, soit avant, soit depuis le Code.

3. — Au surplus, il ne sera question, sous cet article, dont tout l'intérêt se trouve en quelque sorte purement historique, que des dispositions spéciales au divorce : tout ce qui concerne la séparation de corps, laquelle a été respectée par la loi de 1816, sera traité v° SÉPARATION DE CORPS.

—

CHAPITRE Ier. — *Jurisprudence antérieure au code civil et questions transitoires.*

4. — Le divorce était permis à Athènes et à Rome; il l'était aussi chez les Juifs et en France dans les premiers temps de la monarchie. — Mais l'église l'a toujours repoussé comme contraire au principe *quod Deus conjunxit homo non separet.*

5. — Aussi, avant la loi du 20 sept. 1792, était-ce une maxime constante en France que le mariage ne pouvait être dissous par la voie du divorce.

6. — C'est la loi du 20 sept. 1792 qui a introduit le divorce en France; puis furent successivement rendues les lois des 8 niv. et 4 flor. an II, qui donnèrent à l'action en divorce une grande facilité, et la loi du 15 thermid. an III, qui replaça les choses dans l'état où les avait placées celle du 20 sept. 1792.

7. — Nous passerons rapidement en revue les dispositions de ces lois, en y rattachant les décisions judiciaires qui sont venues les interpréter.

8. — Au nombre des modes de divorce établis par la loi du 20 sept. 1792, se trouvait d'abord le consentement mutuel. — Art. 2, § 1er.

9. — Les époux qui voulaient divorcer ainsi étaient tenus, préliminairement, de convoquer une assemblée de six au moins des plus proches parens, ou d'amis à défaut de parens (art. 1er, § 2). Cette assemblée était convoquée à jour fixe, et dans le lieu convenu avec les parens ou amis. — Art. 2.

10. — Lorsqu'il n'y avait pas de parens dans le canton où elle devait se tenir, l'assemblée pouvait n'être composée que d'amis. — *Paris,* 25 vent. an XIII, Lavigne.

11. — Il n'était pas, du reste, nécessaire, pour la validité du divorce, que les parens ou amis conciliateurs, respectivement indiqués par les époux, fussent convoqués par le ministère d'un huissier; il suffisait qu'ils se réunissent volontairement sur invitation verbale. — Même arrêt.

12. — Les deux époux devaient se présenter en personne à l'assemblée, et y exposer leur demande. Les parens ou amis leur faisaient les observations qu'ils jugeaient convenables. Si les époux persistaient dans leur volonté, il était dressé acte de leur non-conciliation. — L. 20 sept. 1792, art. 4. — Un mois au moins et six mois au plus après la date de cet acte, les époux pouvaient se présenter devant l'officier de l'état civil, qui était tenu de prononcer leur divorce, sans entrer en connaissance de cause. — Art. 5. — Passé le délai de six mois, les époux ne pouvaient être admis au divorce qu'en observant de nouveau les mêmes formalités. — Art. 6.

13. — Jugé qu'un second essai de conciliation tenté surabondamment par les parens ou amis des époux n'avait point pour effet de proroger ce délai. — *Paris,* 25 vent. an XIII, Lavigne.

14. — Décidé au contraire que ce délai était suspendu pendant le temps employé en tentatives de conciliation. — *Cass.*, 10 fructid. an XII, Toupelin.

15. — Avant de faire prononcer leur divorce par consentement mutuel, les époux pouvaient en régler les conditions, sous le rapport des droits matrimoniaux. — *Bruxelles,* 9 brum. an X, Limnandier c. Marie Delcourt.

16. — La convention intervenue entre eux à cet égard, devait avoir effet vis-à-vis de la femme, bien qu'elle y eût participé sans autorisation. — Même arrêt.

17. — La loi du 20 sept. 1792, art. 3, § 1er, permettait en outre aux époux de faire prononcer leur divorce pour cause d'incompatibilité d'humeur.

18. — La même loi, art. 8, § 2, exigeait que l'époux demandeur convoquât préalablement une assemblée de famille.

19. — Cette assemblée ne pouvait être, comme dans le cas de divorce par consentement mutuel, composée d'amis qu'à défaut de parens. — *Paris,* 22 frim. an XII, Bourguignon.

20. — Le demandeur en divorce pour incompatibilité d'humeur n'était tenu d'appeler *ses parens* à l'assemblée de famille, qu'autant qu'ils résidaient dans la commune ou tout au moins dans le *département* où l'assemblée était convoquée; autrement il pouvait n'y appeler que des amis. — *Paris,* 9 frim. an XI, M...

21. — Il a même été jugé que l'assemblée pouvait être composée d'*amis*, lorsqu'il n'y avait pas de parens dans le *canton* où elle devait se tenir. — *Cass.*, 13 frim. an XIV, Blondeau.

22. — L'époux demandeur devait signifier à son conjoint les noms et demeures des parens ou amis, au nombre de trois au moins, qu'il entendait faire trouver à l'assemblée, avec invitation à l'époux défendeur de comparaître à cette assemblée, et d'y faire trouver de sa part également trois au moins de ses parens ou amis. — L. 20 sept. 1792, art. 9, § 2.

23. — Si les parens ou amis indiqués par le demandeur ne pouvaient se trouver à l'assemblée, il lui était libre de les remplacer par d'autres à son choix. — Art. 13.

24. — Il n'était pas nécessaire, lorsque les parens convoqués ne comparaissaient pas, de les constituer en demeure avant d'appeler les amis. — *Paris*, 10 flor. an XII, Garivier.

25. — ... Ni de faire constater par exploit d'huissier, ou par un autre acte exprès, que les parens avaient été invités à se présenter à l'assemblée de famille. — *Cass.*, 11 frim. an XIV, Granet.

26. — Le demandeur n'était même pas obligé de prévenir d'avance le défendeur des noms et demeures des parens ou amis dont il ferait choix en cas d'absence des premiers. — *Paris*, 6 flor. an X, Daneville; *Cass.*, 5 prair. an XII, Goulet.

27. — Mais lorsqu'un parent de l'un des époux s'était retiré de l'assemblée sans prendre part à la délibération et avait été remplacé par un ami, le procès-verbal devait, à peine de nullité, contenir mention de la cause du refus de siéger, ainsi que du fait du remplacement. — *Paris*, 22 frim. an XII, Bourguignon.

28. — La nullité tirée du vice de la composition de l'assemblée de famille pouvait être opposée par l'époux qui n'y avait pas paru. — Même arrêt.

29. — La convocation à l'égard des parens et amis pouvait avoir lieu verbalement, et sans acte extraordinaire. — *Cass.*, 25 oct. 1808, Toupelin.

30. — L'assemblée ne devait se réunir qu'un mois après cette convocation. — L. 20 sept. 1792, § 2, art. 8.

31. — Ce délai d'un mois courait du jour où l'acte de convocation avait été notifié à l'époux défendeur, et non du jour de la notification aux parens et amis. — *Cass.*, 25 oct. 1808, Toupelin.

32. — La convocation était faite devant l'un des officiers municipaux du domicile du mari, en la maison commune du lieu, aux jour et heure indiqués par cet officier. — L. 20 sept. 1792, § 2, art. 9.

33. — Il n'était pas nécessaire, à peine de nullité, que ces jour et heure fussent indiqués par un acte exprès de l'officier municipal. — *Cass.*, 3 flor. an XIII, Adelbert c. Desroches.

34. — ... Ni que l'ordonnance de cet officier énonçât qu'elle avait été donnée en la maison commune. — *Paris*, 6 flor. an X, Danneville.

35. — Cette ordonnance pouvait même être signifiée par l'époux demandeur avant son enregistrement. — V. l'arrêt qui précède, et *Cass.*, 9 frim. an XI, mêmes parties.

36. — La convocation était valablement faite devant un officier municipal, qui était en même temps officier public. — *Cass.*, 2 vendém. et 3 messid. an X, Huré.

37. — L'époux demandeur était tenu de se présenter *en personne* à l'assemblée (L. 20 sept. 1792, § 2, art. 10); il ne pouvait se faire représenter par un fondé de pouvoir : la nullité résultant du défaut de comparution en personne pouvait être invoquée, même après le décès de l'époux qui avait obtenu le divorce. — *Paris*, 9 messid. an XIII, Perrier c. Amathieu.

38. — Mais il n'y avait pas nullité parce que les parties auraient paru à l'assemblée assistées de leurs avoués. — *Paris*, 10 flor. an XII, Garivier.

39. — Quant aux parens ou amis appelés à composer l'assemblée de famille, ils pouvaient s'y faire représenter par des fondés de pouvoir. — *Paris*, 26 pluv. an XI, Brisson c. Riolist; *Cass.*, 6 thermid. an XII, mêmes parties.

40. — ... Pourvu que ces fondés de pouvoir fussent agréés par l'époux demandeur. — *Cass.*, 1er vent. an XIII, et 24 juill. 1806, Dabosuhet. — Dans ce cas, en effet, ils étaient considérés, moins comme des fondés de pouvoir que comme des amis appelés par l'époux, conformément à l'art. 13 de la loi de 1792, en remplacement des parens ou amis absents. — V. *contrà Rouen*, 22 brum. an XIV, mêmes parties.

41. — Au jour fixé pour la réunion de l'assemblée, l'époux demandeur entendait, ainsi que l'époux défendeur, s'il comparaissait, les représentations des parens ou amis à l'effet de les concilier. Si la conciliation n'avait pas lieu, l'assemblée se prorogeait à deux mois, et les époux y demeuraient ajournés. L'officier municipal était tenu de se retirer pendant les explications et les débats de famille. En cas de non conciliation, il était rappelé dans l'assemblée pour dresser procès-verbal. Expédition de ce procès-verbal était délivrée à l'époux demandeur, qui était tenu de le faire signifier au défendeur lorsqu'il n'avait pas comparu. — L. 20 sept. 1792, § 2, art. 10.

42. — Il n'était pas nécessaire, à peine de nullité, que les procès-verbaux des assemblées de famille qui devaient précéder la prononciation du divorce continssent la mention expresse que les parens ou amis avaient tenté de concilier les époux, et que pendant l'explication l'officier public s'était retiré. — *Cass.*, 19 fructid. an X, Robillard; *Paris*, 9 frim. an XI, M... ; 5 prair. an XII, Goulet; 1er messid. an XII, Lamarlière.

43. — La règle *dies termini non computatur in termino* n'était pas applicable au délai de deux mois prescrit par la loi du 20 sept. 1792 entre les deux assemblées de famille. — *Cass.*, 25 oct. 1808, Toupelin.

44. — Huitaine au moins, ou au plus dans les six mois après la date du dernier acte de non-conciliation, l'époux demandeur pouvait se présenter pour faire prononcer le divorce devant l'officier public chargé de recevoir les actes de naissance, mariage et décès. Après les six mois il ne pouvait y être admis qu'en observant de nouveau les mêmes formalités et les mêmes délais. — L. 20 sept. 1792, § 2, art. 14.

45. — La prescription établie par cet article n'était pas applicable au cas où c'était par le fait et la résistance de l'époux défendeur que le divorce n'avait pas été prononcé. — *Cass.*, 12 août 1808, Silvestre.

46. — ... Ni au cas où, les actes préliminaires du divorce ayant été annulés et la demande seule conservée, cette demande n'avait pas été poursuivie dans les six mois écoulés depuis l'annulation de ces actes, lorsque, d'ailleurs, il était constant que ce temps avait été employé en tentatives de conciliation. — *Cass.*, 10 fructid. an XIII, Toupelin.

47. — L'art. 14 de la loi du 20 sept. 1792 a été modifié par la loi du premier complémentaire an V, qui disposait que « dans toutes les demandes en divorce qui avaient été ou seraient formées sur simple allégation d'incompatibilité d'humeur et de caractère, l'officier public ne pourrait prononcer le divorce que six mois après la date du dernier acte de non conciliation exigé par la loi du 20 sept. 1792. »

48. — Et il a été jugé que, sous l'empire de ces deux lois combinées, l'époux demandeur en divorce pour incompatibilité d'humeur, n'était pas déchu de son droit pour n'avoir pas fait prononcer le divorce dans les six mois à partir du jour de la dernière assemblée. — *Cass.*, 17 vendém. an XIV, Langlois; 3 sept. 1810, Toupelin.

49. — ... Lorsque, d'ailleurs, il s'était présenté dans ce délai à cet effet devant l'officier public. — *Cass.*, 3 flor. an XIII, Adelbert c. Desroches; 24 thermid. an XIII, Morio c. Petit.

50. — Le demandeur n'était pas tenu davantage, sous peine de déchéance, de requérir la prononciation du divorce le lendemain du jour de l'expiration des six mois à compter du dernier acte de non conciliation. — *Cass.*, 28 janv. 1811, Plantade. — *Contrà Nîmes*, 3 mai 1808, mêmes parties.

51. — Sous l'empire de ces lois, il suffisait que l'incompatibilité d'humeur et de caractère fût alléguée pour que le divorce dût être prononcé; mais les juges ne pouvaient induire une fin de non-recevoir contre la demande en divorce du fait que les époux n'avaient pas cohabité assez long-temps pour connaître leur caractère et leur humeur mutuels, et de ce que l'époux demandeur aurait, depuis la séparation même, témoigné par correspondance la plus grande affection pour sa femme. — V. les deux arrêts qui précèdent.

52. — Lorsque le mari n'avait déclaré son changement de domicile qu'après la notification de l'ordonnance fixant le jour de la prononciation du divorce, l'officier de l'état civil de son ancien domicile n'en restait pas moins compétent pour prononcer le divorce. — *Paris*, 6 flor. an X, Danneville.

53. — Une demande en divorce, formée pour incompatibilité d'humeur, ne pouvait être déclarée nulle par cela seul qu'elle contenait l'indication de faits particuliers, surtout si ces faits tendaient à établir l'incompatibilité alléguée. — *Cass.*, 17 vendém. an XIV, Langlois.

54. — L'époux défendeur qui avait assisté aux assemblées de famille sans arguer de nullité des actes préliminaires était non-recevable à les critiquer plus tard. — Même arrêt.

55. — Lorsque des actes de divorce avaient été annulés par le motif qu'on avait appelé des amis aux assemblées, au lieu de parens existant sur les lieux, cette annulation pouvait, sans qu'il y eût ouverture à cassation, être réputée comprendre la pétition de l'époux demandeur et l'ordonnance de convocation. — *Cass.*, 21 oct. 1807, Graves.

56. — Les tribunaux ordinaires étaient compétens, sous la loi du 20 sept. 1792, pour statuer sur la validité d'un divorce prononcé pour cause d'incompatibilité d'humeur. — *Cass.*, 2 vendém. et 3 messid. an X, Huré; 14 vendém. an X, Davignon.

57. — La nullité pouvait être demandée pendant trente années, à compter de l'acte de divorce. — V. l'arrêt précité du 14 vendém. an X, Davignon.

58. — Parmi les causes déterminées pour lesquelles la loi du 20 sept. 1792 (§ 1er, art. 4) autorisait les époux à faire prononcer leur divorce, se trouvait le dérèglement de mœurs notoire.

59. — Le dérèglement de mœurs ne devait s'entendre que d'un dérèglement qui avait duré depuis le mariage et non de celui qui l'avait précédé. — *Liége*, 19 prair. an IX, Andrès.

60. — Il en était ainsi, à plus forte raison, s'il était constant que l'époux avait connu avant le mariage le dérèglement de son conjoint. — Même arrêt.

61. — L'inconduite du mari le rendait non recevable à intenter contre sa femme l'action en divorce pour dérèglement de mœurs. — *Cass.*, 7 niv. an VII, Deshommais.

62. — L'abandon de la femme par le mari ou du mari par la femme, pendant deux ans au moins, était également, sous la loi du 20 sept. 1792 (§ 1er art. 4), une cause déterminée de divorce.

63. — Le fait par un mari d'avoir quitté sa résidence ordinaire pour aller habiter une autre ville, sans en prévenir sa femme, et de l'avoir laissée sans nouvelles et sans secours pendant trois ans, a pu être considéré comme constituant cet abandon, et devenir une cause de divorce alors même que, pendant l'instance en divorce, le mari aurait offert de recevoir sa femme. — *Bordeaux*, 28 flor. an IX, Paleau; *Cass.*, 11 fruct. an XII, Coubiot.

64. — Mais le fait par une femme de n'avoir pas suivi son mari dans le nouveau domicile qu'il s'était choisi dans une autre ville de France, a pu ne pas être considéré comme constituant cet abandon. — V. l'arrêt de Cassation précité du 11 fruct. an XII, Coubiot.

65. — La loi du 4 flor. an II (art. 1er) portait que lorsqu'il serait prouvé, par un acte authentique ou de notoriété publique, que deux époux étaient séparés de fait depuis plus de six mois, si l'un d'eux demandait le divorce, il devrait être prononcé sans aucun délai d'épreuve.

66. — Toutefois, cet article n'était pas applicable au cas de séparation, par suite d'absence d'un des époux, suivie d'une demande en divorce pour cause déterminée. — *Cass.*, 7 brum. an III, Scuillard.

67. — Sous l'empire de la loi du 20 sept. 1792, la femme pouvait, pendant l'instance en divorce, sans qu'elle eût besoin d'aucune autorisation (*Bruxelles*, 20 pluv. an XIII, Duchambge), demander à son mari une pension alimentaire. — *Cass.*, 5 niv. an XII, Bérembrock.

68. — Jugé que ce n'était pas à une *pension* que la femme demanderesse en divorce avait droit pendant l'instance, mais à une simple *provision alimentaire*. — *Paris*, 9 therm. an XI, Blavoyer.

69. — Elle pouvait exiger de son mari la remise des habits, linge et hardes à son usage personnel, sans être tenue de se borner à ceux d'une absolue nécessité. — Même arrêt.

70. — Les juges pouvaient, pendant l'instance et suivant les circonstances, confier la garde des enfans à une tierce personne. — *Paris*, 14 flor. an XI, N...

71. — Avant le Code, la femme demanderesse en divorce n'avait pas besoin d'autorisation pour citer en jugement sur les procédures relatives à ce divorce. — *Paris*, 29 pluv. an X, Travers; *Bruxelles*, 20 pluv. an XIII, Duchambge.

72. — Depuis la suppression des tribunaux de famille, et sous l'empire de la loi du 16-24 août 1790, les demandes en divorce étaient soumises à la tentative de conciliation. — *Cass.*, 6 vendém. an VII, Dellecreyer.

73. — Sous la loi du 20 sept. 1792 (§ 2, art. 18), lorsque le divorce était demandé pour cause déterminée, le demandeur était tenu de se pourvoir devant les arbitres de famille, en la forme prescrite dans le Code de l'ordre judiciaire pour les contestations entre mari et femme.

74. — Ces arbitres pouvaient être dispensés par les parties d'exprimer les motifs de leur décision. — *Paris*, 18 avr. 1809, Angélique c. Delaporte.

75. — Dans tous les cas, une telle décision n'eût pu, si elle avait servi de base à un acte authentique de prononciation de divorce, et surtout si cet acte avait reçu son exécution, être arguée de nullité, depuis la loi du 26 germ. an XI. — Même arrêt.

76. — L'opposition formée au divorce par l'époux défendeur, sous l'empire de la loi de 1792, n'avait pas pour effet de suspendre les actes préliminaires. — *Cass.*, 13 therm. an XI, Bérembruc.

77. — Il suffisait, pour la régularité d'une assignation en main-levée d'une opposition à divorce, que la femme indiquât sa résidence de fait;

n'était pas nécessaire qu'elle indiquât son domicile de droit. — *Paris*, 6 germ. an X, Dumonville; *Cass.*, 9 frim. an XI, mêmes parties.

78. — La chambre des vacations était compétente pour statuer sur les nullités de procédure relatives à une demande en main-levée d'opposition à divorce, si les juges pensaient que l'affaire requérait célérité. — V. l'arrêt de Paris précité.

79. — Le jugement prononçant le divorce ne pouvait être attaqué par la voie de l'appel. S'il avait été prononcé avant l'accomplissement des délais, on pouvait le faire prononcer de nouveau après leur expiration. — L. 4 flor. an II, art. 6.

80. — Les tribunaux étaient incompétens pour statuer, même incidemment, sur l'appel d'un divorce prononcé sous l'empire et en exécution de cette dernière loi. — *Cass.*, 2 brum. an VI, Lapierre-Saint-Hilaire et Sauvade-Duperret.

81. — La loi du 24 vend. an III a rendu plus faciles les poursuites en divorce contre un émigré ou un absent. Ainsi, aux termes de cette loi, le divorce a pu être prononcé contre un émigré sans citation préalable ni intervention judiciaire, comme aussi sans que le fait de l'émigration eût été constaté devant des arbitres de famille et sans recours aux voies de conciliation. — *Cass.*, 5 therm. an XII, de Lépinay c. Duvergier.

82. — La loi du 20 sept. 1792 a abrogé les lois romaines en ce qui touche les suites de l'adultère par rapport à la dot. — *Cass.*, 2 vent. an XI, Mathieu c. Portes.

83. — Les dons et avantages que les époux avaient pu se faire pour cause de mariage étaient éteints par le divorce. — L. 20 sept. 1792, § 3, art. 6.

84. — Cette disposition s'appliquait aussi bien aux donations faites pendant le mariage qu'à celles faites lors du mariage. — *Bourges*, 21 août 1811, Rondeau.

85. — Jugé que l'art. 6, L. 20 sept. 1792, qui déclarait éteints et sans effet, *dans tous les cas de divorce*, les droits matrimoniaux emportant gain de survie, n'était pas applicable au cas où le divorce avait été prononcé à la requête du mari et sans le concours de l'épouse, sur la représentation d'un jugement de séparation de corps antérieur à cette loi. En conséquence, la femme ainsi divorcée pouvait réclamer son douaire contre la succession de son mari. — *Cass.*, 23 germ. an X, Renouard c. de Buffon.

86. — Dans le cas où le divorce était prononcé pour cause déterminée, l'époux qui l'avait obtenu était indemnisé de la révocation des dons et avantages qui lui avaient été faits, par une rente viagère qui courait du jour de la prononciation du divorce, et dont les arbitres de famille réglaient la quotité. — L. 20 sept. 1792, art. 7.

87. — Cette rente viagère pouvait être inférieure à celle promise par le contrat de mariage à la femme, dans le cas où elle survivrait. La conversion d'un droit incertain en un droit certain devait diminuer sa quotité. — *Bourges*, 28 juill. 1819, de Remigny c. de Chabrillant.

88. — Dans tous les cas de divorce, les arbitres de famille pouvaient allouer une pension alimentaire à l'époux divorcé qui se trouvait dans le besoin, autant néanmoins que les biens de l'autre époux pouvaient la supporter, déduction faite de ses propres besoins. — L. 20 sept. 1792, § 3, art. 8.

89. — L'indigence survenue depuis le divorce n'autorisait pas, entre les divorcés, une demande d'alimens. — *Cass.*, 8 janv. 1806, Dosmond c. Leroyer.

90. — L'époux divorcé dont les ressources étaient diminuées depuis la dissolution du mariage ne pouvait exiger de son épouse une pension alimentaire, lorsqu'il trouvait encore dans ses talens des ressources suffisantes pour pourvoir à sa subsistance. — *Paris*, 4 vend. an XIV, Simonet c. Martin.

91. — L'épouse divorcée qui, au moment de la liquidation de ses droits, avait une fortune suffisante pour pourvoir à ses besoins, n'était pas recevable plus tard, en cas de perte de cette fortune, à demander à son mari une pension alimentaire, surtout si elle avait dissipé son bien par de folles prodigalités. — *Paris*, 18 germ. an XIII, Dosmont c. Leroyer.

92. — Mais si elle avait renoncé par transaction à demander des alimens, elle n'était pas liée par cette transaction au point de ne pouvoir, en cas de besoin, réclamer une pension alimentaire proportionnée aux facultés de son mari. — *Paris*, 7 flor. an XII, Corvisart.

93. — L'obligation pour le mari de fournir des alimens à sa femme divorcée, ne pouvait être considérée comme simplement subsidiaire et comme détruite par le fait qu'il existait des enfans en état de les fournir; le mari n'avait pas même de recours contre les enfans pour se les faire rembourser. — Même arrêt.

94. — Lorsque la pension alimentaire avait été une fois fixée, elle n'était plus susceptible d'augmentation ou de diminution, par suite de l'accroissement ou de la diminution des besoins et de la fortune des époux. — *Besançon*, 20 brum. an XIV, Henry c. Puthiot; *Paris*, 10 fév. 1816, Galès c. Lebeg.

95. — La loi du 20 sept. 1792 n'avait pas circonscrit l'exercice de l'action en pension alimentaire dans un délai fatal. — *Cass.*, 18 juill. 1809, Legge c. Marie; *Paris*, 16 fév. 1813, Champenois c. Bresse.

96. — En conséquence, l'époux indigent, alors que son indigence avait été constatée au moment de la prononciation du divorce, était toujours recevable à exercer son action, pourvu toutefois que le temps qui s'était écoulé depuis le divorce prononcé ne fût pas assez long pour faire présumer sa renonciation. — V. l'arrêt de Cassation précité.

97. — Il a été jugé que l'époux divorcé était non recevable à réclamer des alimens de l'autre époux, après onze ans de divorce, lorsqu'à l'époque où ce divorce avait été prononcé il avait des moyens d'existence, et surtout si, lors de la demande, ses besoins n'étaient pas suffisamment justifiés. — *Paris*, 24 messid. an XII, Magnier de Gondreville.

98. — L'époux contre lequel le divorce a été prononcé pour cause d'émigration, a pu, depuis son amnistie, se prévaloir de la loi du 20 sept. 1792 pour demander des alimens à son épouse. — *Cass.*, 1er mars 1809, Descalles c. Denevois.

99. — L'obligation créée par cette loi n'était pas restreinte au cas où l'époux demandeur se trouvait dans un besoin absolu. Les juges pouvaient, suivant la position respective des époux, accorder ou refuser la pension. — Même arrêt.

100. — Sous l'empire de la loi du 20 sept. 1792, l'exécution du divorce par la séparation de fait, et la liquidation et le partage effectif de la communauté conjugale, rendaient les époux non-recevables à invoquer les irrégularités que pouvaient présenter les actes préliminaires. — *Paris*, 25 vent. an XIII, Lavigne.

101. — La femme contre laquelle le divorce avait été prononcé ne pouvait, après le décès de son mari, demander la nullité du divorce, si elle avait eu, avant ce décès, connaissance du second mariage par lui contracté. — *Poitiers*, 19 therm. an X, Racapé et Lafraignais c. Huguet et Racapé.

102. — Mais l'époux contre lequel le divorce avait été prononcé pour cause d'absence sur des attestations mensongères, était recevable à l'attaquer de nullité, même après la mort de l'autre époux décédé dans les liens d'un nouveau mariage. — *Paris*, 9 fruct. an XIII, Dufay de Provenchère c. Grandelle.

103. — Toutefois, l'action en nullité de divorce n'était pas admissible cinq ans après le décès de l'époux divorcé. La loi du 20 sept. 1792 n'avait pas aboli la règle du droit romain, qui interdisait toute recherche sur l'état des personnes cinq ans après leur mort. — *Pau*, 23 août 1806, Galard c. Winnifrith.

104. — Sous l'empire de la loi de 1792, un divorce bien que légalement prononcé entre les époux, pouvait être attaqué par des tiers, comme frauduleux ou simulé. — *Cass.*, 1er messid. an XI, Marie Brandi c. Judes-Larivière.

105. — Ce divorce ne valait, à l'égard des créanciers, que comme jugement de séparation, et dès lors ne pouvait leur être opposé qu'autant qu'il avait été suivi de l'observation des formalités prescrites par la loi et d'une séparation effective. — Même arrêt.

106. — Le juge de paix était incompétent pour prononcer la nullité d'un divorce, alors même qu'elle était proposée comme cause d'une opposition à mariage. — *Cass.*, 20 frim. an XII, Bousquet c. Reilhac; 25 vend. an XIII, Gasqui c. Sabathier.

107. — Cette nullité ne pouvait être proposée pour la première fois, même incidemment, devant le tribunal saisi par appel de la connaissance de l'opposition au mariage. — V. l'arrêt de Cass. précité, 20 frim. an XII.

108. — Les dispositions de la loi de 1792 ont été remplacées par le Code civil, mais la loi transitoire du 26 germ. an XI a déclaré que tous les divorces prononcés par des officiers de l'état civil ou autorisés par jugement avant la publication du titre du Code civil relatif au divorce, continueraient d'avoir les effets qu'ils auraient eus sous les lois qui existaient avant cette publication.

109. — Il a été jugé qu'en disposant ainsi, cette loi avait rendu ces divorces inattaquables pour toute cause autre que l'inobservation des formalités extérieures et matérielles. — *Cass.*, 30 pluv. an XIII, Macmahon c. Delatour; 22 mars 1806, mêmes parties; 1er fév. 1807, Couquet-Florat c. Maigne; *Paris*, 16 fév. 1813, Champenois c. Bresse. — *Contrà* *Paris*, 22 niv. an XII, de Lépinay c. Duvergier; 9 vent. an XII, Macmahon.

110. — ... Notamment pour cause d'irrégularité des actes de poursuite. — *Nîmes*, 17 janv. 1807, Teule c. Delon; *Cass.*, 2 fév. 1807, Kerlero c. Prinsac; *Bruxelles*, 19 avr. 1810, Lerouck c. Monaert.

111. — ... Alors surtout qu'il était représenté un acte authentique de divorce suivi d'exécution. — V. l'arrêt de *Bruxelles*, ci-dessus cité.

112. — Dans tous les cas, et en supposant qu'en thèse générale les effets de cette loi fussent moins étendus, ils étaient devenus tels en vertu de l'avis du conseil d'état du 11 prair. an XII, vis-à-vis des émigrés ou des absens rentrés en France. — *Cass.*, 30 pluv. an XIII, Macmahon; 22 mars 1806, mêmes parties; 2 fév. 1807, Kerlero c. Prinsac.

113. — Jugé que cette loi du 26 germ. n'était applicable qu'aux émigrés ou aux absens rentrés en France. — *Pau*, 23 août 1806, Galard c. Winnifrith.

114. — ... Et qu'elle n'avait pu étendre son empire et ses effets au-delà du territoire français; qu'ainsi elle n'avait pas eu pour effet de valider à tout jamais un divorce prononcé à l'étranger, même par un ministre français en faveur d'une femme étrangère. — *Cass.*, 25 fév. 1818, Gnudi c. Kellermann.

115. — Et si, postérieurement à un divorce ainsi prononcé, cette femme avait contracté un nouveau mariage avec un Français, ce mariage étant entaché de nullité (nullité d'ordre public), le deuxième mari pouvait la provoquer, sans qu'on fût recevable à lui opposer la loi du 26 germ. an XI; et cela encore que la femme eût la constante possession d'état; encore que le second mari eût pris part aux actes du divorce frauduleux; encore même que le divorce n'eût pas été précédemment querellé, soit par le premier mari, soit par le ministère public. — Même arrêt.

116. — Cependant il a été jugé que les dispositions de la loi du 26 germin. étaient d'ordre public et atteignaient même les divorces prononcés entre Français et étrangers. — *Cass.*, 22 mars 1806, Delatour c. Macmahon.

117. — Depuis la loi du 26 germ. an XI et l'avis du conseil d'état du 11 prair. an XII, les époux et à plus forte raison les tiers ont été non recevables à quereller les actes de divorce pour cause d'émigration. — *Agen*, 20 juill. 1808, Carles c. Noailhan de Lamesens.

118. — A l'égard des demandes formées antérieurement à la publication du titre du Code civil relatif au divorce, la loi du 26 germ. an XI voulait également qu'elles *continuassent d'être instruites*, que les divorces fussent prononcés et eussent leurs effets, conformément aux lois qui existaient lors de la demande.

119. — Sous l'empire de la loi de 1792, l'instance en divorce devait être considérée comme introduite, par cela seul qu'il y avait eu obtention de la cédule de comparution, alors même que cette cédule n'avait pas été suivie d'une signification régulière et efficace. La nullité de la signification n'entraînait pas celle de la cédule elle-même. — *Cass.*, 19 germ. an XII, Berenguier.

120. — En conséquence, malgré l'annulation de cette signification et du premier procès-verbal d'assemblée qui en avait été la suite, l'instance engagée par l'obtention de cette cédule a dû être considérée comme subsistante, et, dès-lors, être suivie dans les termes de la loi transitoire du 26 germin. an XI.

121. — Mais une demande en divorce formée postérieurement à la publication du Code a dû être jugée d'après les dispositions de ce Code, alors même qu'elle se rattachait à une précédente demande intentée sous la loi de 1792, et annulée par jugement. — *Bordeaux*, 17 mars 1805, Graves; *Cass.*, 21 oct. 1807, mêmes parties.

122. — Spécialement, une demande en divorce pour incompatibilité d'humeur, intentée sous la loi de 1792 et annulée, n'a pu être reprise sous le Code civil, qui n'admettait pas cette cause de divorce. — Mêmes arrêts.

123. — Le père contre lequel le divorce avait été prononcé sous l'empire de la loi du 20 sept. 1792, a pu être privé par ce motif et par application de l'art. 386, C. civ., de la jouissance des biens de ses enfans mineurs, qu'il réclamait en vertu de l'art. 384, même Code, encore que le divorce eût été prononcé pour une autre cause que celle déterminée par la loi nouvelle, notamment pour cause d'émigration; ce n'a pas été là faire rétroagir l'art. 386, C. civ.

124. — Jugé que des époux placés sous une législation qui n'admettait pas le divorce, ont pu, après la promulgation d'une loi qui l'autorisait, se prévaloir pour l'obtenir de faits antérieurs à cette loi. — *Turin*, 21 flor. an XII, Buniva.

125. — Ce n'était pas là violer le principe que la loi n'a pas d'effet rétroactif. — Même arrêt.

126. — Spécialement, il n'y a pas eu violation du principe de la non-rétroactivité des lois dans le jugement qui avait admis le divorce pour causes *antérieures* à la réunion, contre le sujet d'un pays réuni à la France depuis la loi du 20 sept. 1792, alors surtout qu'il était également fondé sur des faits *postérieurs*. — *Cass.*, 12 fév. 1806, Delabarre.

CHAPITRE II. — *Du divorce depuis le code civil.*

127. — Sous le Code civ., on connaissait deux sortes de divorce : le divorce pour cause déterminée et le divorce par consentement mutuel.

Sect. 1re. — *Du divorce pour cause déterminée.*

§ 1er. — *Des causes déterminées du divorce.*

128. — Le divorce pouvait être demandé pour quatre causes déterminées, savoir : l'adultère, les excès, sévices et injures graves, la condamnation à une peine infamante (C. civ., art. 229, 230, 231 et 232), et la séparation de corps prolongée pendant trois ans, après, d'ailleurs, qu'elle avait été prononcée pour toute autre cause que l'adultère de la femme. — C. civ., art. 310.

129. — *Adultère.* — L'adultère était une cause de divorce réciproque à l'égard des deux époux; néanmoins, leur condition n'était pas absolument la même. Plus coupable, ou tout au moins plus dangereux dans ses suites, parce qu'il pouvait introduire des héritiers étrangers dans la famille, l'adultère de la femme était toujours, pour le mari, une juste cause de divorce. — C. civ., art. 229.

130. — Toutefois, le mari qui avait souffert que sa femme vécût loin de lui, hors de toute surveillance, dans une habitation isolée, et dans une société que la notoriété lui indiquait comme dangereuse, n'était pas recevable à fonder sur l'adultère dont elle avait pu se rendre coupable une demande en divorce. — *Paris*, 6 avr. 1811, C...

131. — L'adultère du mari était traité avec moins de rigueur; il ne pouvait être une juste cause de divorce pour la femme que quand le mari avait tenu sa concubine dans la maison commune. — C. civ., art. 230.

132. — Mais il importait peu que l'adultère fût accompagné d'inceste. — *Cass.*, 26 juill. 1813, Montarcher.

133. — ... Ou que la concubine tenue par le mari dans la maison commune eût été une domestique introduite par la femme. — *Amiens*, 13 fructid. an XI, Duffort.

134. — Jugé que la femme pouvait également demander le divorce pour cause d'adultère de son mari dans la maison commune, alors même qu'avant l'introduction de la concubine elle avait cessé d'habiter la maison (*Poitiers*, 2 prair. an XII, Lambert; *Douai*, 24 juill. 1812, Glason), sans toutefois qu'il y eût séparation de corps. — V. l'arrêt de Douai précité.

135. — Il a été jugé, au contraire, qu'elle n'était pas fondée à le demander pour cette cause, lorsque la concubine avait été tenue par le mari dans un domicile qu'il s'était choisi après avoir abandonné sa femme. — *Limoges*, 2 juill. 1810, Gorsas.

136. — L'adultère était suffisamment établi par des présomptions positives et claires qui ne permettaient pas de doute. La loi n'exigeait pas de preuves physiques. — *Bordeaux*, 27 fév. 1807, L... *Riom*, 9 nov. 1810, G...; *Colmar*, 20 juin 1812, N...

137. — *Excès, sévices* ou *injures graves.* — Les excès, sévices ou injures graves étaient, comme l'adultère, une cause réciproque de divorce. — C. civ., art. 231.

138. — Il n'était pas nécessaire que les excès, sévices ou injures graves dont un époux s'était rendu coupable eussent mis la vie de son conjoint en danger; il suffisait qu'ils fussent habituels et assez graves pour rendre la vie insupportable. — *Besançon*, 15 vendém. an XIII, Roy; 13 pluv. an XIII, Faivre.

139. — Un seul fait n'aurait pu motiver le divorce. — *Pau*, 27 mars 1815, Iriart.

140. — Jugé que les excès, sévices ou injures graves ne pouvaient servir de fondement à une demande en divorce, lorsque l'époux qui s'en plaignait les avait provoqués par son inconduite. — *Cass.*, 14 prair. an XIII, Chévé; *Metz*, 7 mai 1807, P...; *Angers*, 3 juin 1813, Caillat.

141. — Jugé, au contraire, que les sévices et mauvais traitemens du mari étaient une cause de divorce, alors même qu'ils avaient été provoqués par des injures et qu'il ne pouvait y avoir de compensation entre des paroles et des sévices. — *Poitiers*, 10 vent. an XI, Regnier.

142. — Du reste, l'appréciation des faits propres à constituer les excès, sévices ou injures graves, rentrait dans le domaine exclusif des juges du fond. — *Cass.*, 12 fév. 1806, Delabarre; 19 mess. an XIII, Deshommais.

143. — Ils devaient, à cet effet, avoir égard à la position sociale des époux, et, quant aux injures, au degré de publicité qu'elles avaient reçu. — *Pau*, 27 mars 1813, Iriart.

144. — Voici, au surplus, les diverses décisions que la jurisprudence nous fournit sur ce point.

145. — Il a été jugé que le fait de la part du mari d'avoir habituellement injurié et d'avoir traité avec mépris sa femme, et de s'être porté vis-à-vis d'elle à des violences, pendant le temps de sa grossesse, pouvait être considéré comme motivant suffisamment la demande en divorce pour cause déterminée. — *Rouen*, 30 mess. an XII, Chevalier.

146. — ... Que celui d'obliger sa femme à coucher sur des copeaux, tandis que le mari plaçait son propre enfant illégitime dans la couche nuptiale constituait une injure grave. — *Besançon*, 15 vend. an XIII, Roy.

147. — ... Qu'il en était de même du refus par le mari de recevoir sa femme dans le domicile conjugal et de l'y nourrir. — *Bruxelles*, 8 fruct. an XIII, Quarré.

148. — ... Que l'accusation d'adultère dirigée par le mari contre sa femme et non appuyée de preuves était une cause de divorce. — *Rennes*, 15 sept. 1810, L...; 16 nov. 1810, N...

149. — ... Alors surtout que les soupçons du mari l'avaient porté à maltraiter sa femme. — *Rennes*, 16 nov. 1810, N...

150. — Mais l'adultère étant une cause particulière de divorce, l'époux qui s'était borné à demander son divorce pour cause d'injures graves, sans la fonder spécialement sur l'adultère, ne pouvait l'obtenir, même en cas d'adultère prouvé, s'il n'existait pas d'autres faits qui pussent caractériser l'injure grave. On ne pouvait réputer l'adultère lui-même comme constituant une injure grave *dans le sens de la loi*. — *Colmar*, 8 déc. 1807, L...

151. — Jugé, d'un autre côté, qu'il n'y avait point injure grave dans le fait du mari d'avoir, avec la simple autorisation de la police, et sans en référer aux juges civils, fait détenir sa femme en démence dans une maison de santé. — *Paris*, 10 janv. 1807, Vincent.

152 — ... Que des propos indécens et grossiers, ou des reproches injurieux adressés par un mari contre sa femme, tels, par exemple, que ceux de vol ou d'adultère, pouvaient être réputés ne pas avoir un caractère suffisant de gravité pour motiver le divorce quand ils n'avaient pas été tenus en public et qu'ils n'avaient été proférés que dans un moment de vivacité et par suite de provocation. — *Colmar*, 20 mess. an XIII, H...

153. — ... Que les lettres confidentielles écrites par un mari à son beau-père et contenant des outrages contre sa femme, ne pouvaient être considérées comme injures graves, de nature à faire prononcer le divorce, alors qu'elles n'avaient été rendues publiques que par la plainte de la femme demanderesse en divorce et sans la participation du mari. — *Metz*, 7 pluv. an XII, L'h...

154. — Jugé cependant que les lettres écrites par un mari à sa femme et contenant des outrages pouvaient, alors même qu'elles n'avaient eu aucune publicité, être considérées comme constituant une injure grave, de nature à donner lieu au divorce. — *Poitiers*, 29 juill. 1806, Gareau.

155. — Les récriminations de l'époux défendeur en divorce ne pouvaient, quelle que fût leur nature, être regardées comme des injures dont le demandeur fût en droit de se prévaloir à l'appui de sa demande, surtout si les imputations contenues dans cette demande étaient d'une extrême gravité. — *Turin*, 15 germ. an XIII, Faletti.

156. — On ne pouvait non plus reconnaître le caractère d'injure grave à une plainte en subornation de témoins dirigée par la femme défenderesse contre son mari, encore bien que le jury eût déclaré n'y avoir pas lieu. — *Cass.*, 19 mess. an XIII, Deshommais.

157. — Les décisions qui déclaraient insuffisans pour motiver le divorce les faits articulés à l'appui de la demande échappaient à la censure de la cour de Cassation. — *Cass.*, 14 prair. an XIII, Chevé. — C'était une conséquence du principe que l'appréciation de ces faits était abandonnée à la prudence des juges. — V. *suprà*, n° 142.

158. — Lorsque la demande en divorce était fondée sur des sévices et excès, l'art. 277, C. civ., qui déclarait le divorce par consentement mutuel inadmissible après vingt ans de mariage ou lorsque la femme avait quarante-cinq ans, ne pouvait recevoir son application. — *Trèves*, 28 mai 1813, Wendelin.

159. — *Condamnation à une peine infamante.* — La condamnation de l'un des époux à une peine infamante était pour l'autre une juste cause de divorce. — C. civ., art. 232.

160. — La condamnation de l'un des époux à une peine infamante a dû, depuis le Code civil, être considérée comme une cause suffisante pour faire prononcer le divorce sur la demande de l'autre époux, alors même que cette condamnation avait été prononcée avant le Code civil. — *Turin*, 25 mai 1808, Canova; 8 oct. 1808, Fantin.

161. — L'époux du condamné par contumace à une peine infamante temporaire, ne pouvait demander le divorce et obtenir le certificat de la cour d'assises exigé par l'art. 261, C. civ., avant l'expiration du délai de vingt ans, sans comparution, fixé pour l'irrévocabilité absolue de la condamnation. — *Cass.*, 17 juin 1813, Valade.

162. — Une condamnation à la peine de la brouette n'était pas infamante et, par suite, ne pouvait servir de fondement à une demande en divorce. — *Bruxelles*, 6 août 1836, Bricou.

163. — *Séparation de corps prolongée.* — Lorsque la séparation de corps *prononcée pour toute autre cause que l'adultère* de la femme avait duré trois ans, l'époux qui était originairement défendeur, pouvait demander le divorce au tribunal, qui devait l'admettre, si le demandeur originaire présent ou dûment appelé ne consentait pas immédiatement à faire cesser la séparation. — C. civ., art. 310.

164. — Mais l'époux qui avait demandé et obtenu la séparation de corps, en déclarant que ses principes religieux ne lui permettaient pas d'avoir recours au divorce, ne pouvait plus, même pour causes nouvelles, user de la faculté du divorce. — *Aix*, 19 juin 1810, Civatte.

165. — Il importe, avant de terminer ce qui est relatif aux causes déterminées du divorce, de dire que ces causes (à l'exception de celle fournie par l'art. 310) sont aussi celles qui peuvent motiver l'action en séparation de corps (art. 306). — Or, indépendamment des arrêts précités, il s'est élevé, au sujet de ces causes, un grand nombre de questions qui se trouvent nécessairement communes au divorce et à la séparation de corps; mais, par cela même qu'elles se rattachent à des instances en séparation de corps, et que d'ailleurs leur solution ne peut plus trouver d'application qu'en matière de séparation de corps, l'indication s'en trouvera plus naturellement placée au mot SÉPARATION DE CORPS.

§ 2. — *De la demande en divorce, de la tentative de conciliation et du jugement préalable permettant d'assigner.*

166. — Toute demande en divorce pour cause déterminée ne pouvait, quelle que fût la nature des faits qui y donnaient lieu, être formée qu'au tribunal de l'arrondissement dans lequel les époux avaient leur domicile. — C. civ. art. 234.

167. — Toute demande en divorce devait, à peine de nullité, détailler les faits sur lesquels elle était fondée. — C. civ, art. 236.

168. Pour qu'une demande en divorce fût réputée *détailler* les faits, suivant le vœu de l'art. 236, C. civ., il fallait que ces faits y fussent précisés et signalés avec indication des lieux et des époques certaines et fixes auxquelles ils s'étaient passés, ainsi que des circonstances distinctives. Il ne suffisait pas que la requête contînt une énonciation générale des faits. — *Colmar*, 29 messid. an XIII, H...; *Limoges*, 2 juill. 1810, Gorsas.

169. — C'est ce qui a été jugé spécialement à l'égard d'une demande en divorce formée par le mari, pour cause d'adultère de sa femme. — *Paris*, 18 fév. 1806, Baillon.

170. — Toutefois, peu importait la dénomination que l'époux demandeur appliquait aux faits. — *Amiens*, 13 fruct. an XI, Duffort.

171. — Les juges avaient plein pouvoir pour apprécier si les faits articulés étaient suffisamment circonstanciés : leur décision à cet égard échappait à la censure de la cour de Cassation. — *Cass.*, 2 mars 1808, De Cordey.

172. — Si quelques uns des faits allégués par l'époux demandeur donnaient lieu à une poursuite criminelle de la part du ministère public, l'action en divorce devait rester suspendue jusqu'après l'arrêt de la cour d'assises, et elle pouvait alors être reprise, sans qu'il fût permis d'inférer de l'arrêt aucune fin de non-recevoir ou exception préjudicielle contre l'époux demandeur. — C. civ., art. 235.

173. — L'époux qui avait omis dans sa demande

certains faits pouvait se désister de la procédure et former une nouvelle demande en y comprenant les faits déjà articulés et les faits omis. — *Paris*, 18 mars 1811, Poirson.

174. — La demande pouvait être reproduite, même lorsqu'elle avait été rejetée pour n'avoir pas été formée régulièrement. — *Limoges*, 2 juill. 1810, Gorsas.

175. — Mais l'époux qui n'avait pas suffisamment détaillé les faits dans sa demande en divorce n'était pas recevable à réparer son omission par un acte signifié avant l'audience publique, mais postérieurement à la comparution devant le président. — *Paris*, 14 mars 1806, Desarcis.

176. — Plus généralement, l'époux demandeur en divorce ne pouvait, postérieurement à sa requête introductive, articuler de nouveaux faits. — *Riom*, 18 niv. an XII, Chappelle.

177. — ... A moins qu'ils ne fussent survenus depuis. — *Cass.*, 26 mai 1807, Lapourielle.

178. — La demande en divorce devait être remise avec les pièces à l'appui, s'il y en avait, au président ou au juge qui le remplaçait, par l'époux demandeur en personne, à moins qu'il n'en fût empêché par maladie, auquel cas, sur sa réquisition et le certificat de deux docteurs en médecine ou en chirurgie, ou de deux officiers de santé, le magistrat devait se transporter au domicile du demandeur pour y recevoir sa demande. — C. civ., art. 236.

179. — Si le demandeur n'avait pas, lors de la présentation de la requête au président du tribunal, joint toutes les pièces à l'appui de sa demande, il pouvait en produire de nouvelles lors de l'audience à huis-clos. — *Bruxelles*, 12 frim. an XIV, Poot.

180. — Le président du tribunal ou le juge qui en faisait les fonctions, après avoir entendu le demandeur conformément à l'art. 236 qui précède, devait parapher la demande et les pièces, et dresser procès-verbal de la remise du tout en ses mains. Ce procès-verbal devait être signé par le juge et par le demandeur, à moins que celui-ci ne sût ou ne pût signer, auquel cas il en était fait mention (C. civ., art. 237). Le juge ordonnait, au bas de son procès-verbal, que les parties comparaîtraient en personne devant lui, au jour et à l'heure qu'il indiquait, et qu'à cet effet, copie de son ordonnance serait adressée à l'époux défendeur. — C. civ., art. 238.

181. — La notification à l'époux défendeur de l'ordonnance de comparution rendue par le juge en exécution de l'art. 238 n'était pas soumise, à peine de nullité, aux formalités exigées pour les exploits ordinaires. — *Cass.*, 25 germ. an XIII, Defitz-Lacoste.

182. — Le juge qui, en l'absence du président, avait, en son remplacement, répondu à la requête, et ordonné la comparution de l'époux devant lui, était compétent pour recevoir lui-même les comparans, encore qu'au jour fixé pour la comparution le président fût sur les lieux. — *Besançon*, 16 août 1811, Lémard.

183. — Au jour indiqué, le magistrat devait faire aux deux époux, s'ils se présentaient, ou au demandeur, s'il était seul comparant, les représentations qu'il croyait propres à opérer un rapprochement ; s'il ne pouvait y parvenir, il en dressait procès-verbal, et ordonnait la communication de la demande et des pièces au ministère public, et le référé du tout au tribunal. — C. civ., art. 239.

184. — Dans les trois jours qui suivaient l'ordonnance de référé, le tribunal devait, sur le rapport du magistrat qui l'avait rendue, et sur les conclusions du ministère public, accorder ou suspendre la permission de citer. La suspension ne pouvait excéder le terme de vingt jours. — C. civ., art. 240.

185. — Le délai de trois jours dont il est question dans l'art. 240 se comptait du jour du référé à l'audience et non à partir de celui où le procès-verbal, constatant la comparution des époux et leur refus de se concilier, avait été signifié. — *Cass.*, 25 germ. an XIII, Defitz-Lacoste.

186. — Dans le cas de suspension de la permission de citer, l'expiration des vingt jours n'emportait pas *de plano* cette permission : il fallait pour l'obtenir s'adresser de nouveau au juge qui, alors, ne pouvait la refuser. — *Besançon*, 16 août 1811, Lémard.

187. — Le demandeur devait, en vertu de la permission du tribunal, faire citer le défendeur à comparaître en personne à une première audience, à huis-clos, *dans le délai de la loi* ; il devait faire donner copie, en tête de la citation, de la demande en divorce et des pièces produites à l'appui. — C. civ., art. 241.

188. — Jugé que par ces mots, *délai de la loi*, on entendait le délai de huitaine dont parle l'art. 3, tit. 3, ord. 1667, et non celui de trois semaines dont parle l'art. 5. Le délai établi par ce dernier article n'étant nécessaire que dans les matières ordinaires, où il fallait constituer procureur et fournir des défenses, et non lorsque le défendeur devait se présenter en personne. — *Amiens*, 13 fruct. an XI, Duffort.

189. — La citation pouvait être donnée à la femme au domicile conjugal, encore bien qu'elle résidât ailleurs et que le lieu de la résidence séparée qu'elle s'était choisie fût connu du mari. — *Aix*, 7 mars 1809, R... ; 7 mai 1810, B....

190. — A la première audience à huis-clos, soit que le défendeur comparût ou non, le demandeur devait comparaître en personne pour y exposer, par lui même ou par un conseil, les motifs de sa demande, présenter les pièces à l'appui et nommer les témoins qu'il voulait faire entendre (C. civ., art. 242) ; et, si le défendeur comparaissait, il proposait ses observations tant sur les motifs de la demande que sur les pièces produites par le demandeur et les témoins par lui indiqués, et nommait aussi ses témoins. — C. civ., art. 243.

191. — L'époux défendeur ne pouvait, à cette première audience, se faire assister que d'un conseil outre son avoué, et non d'un avoué et de trois conseils, comme dans le cas de l'art. 253. — *Rouen*, 17 mars 1808, Devarin.

192. — Il devait être dressé procès-verbal des comparutions, dires et observations des parties, ainsi que des aveux que l'un ou l'autre pouvait faire lecture de ce procès-verbal était donnée auxdites parties qui étaient requises de le signer ; et il était fait mention expresse de leur signature, ou de leur déclaration de ne pouvoir ou de ne vouloir signer. — C. civ., art. 244.

193. — Il a été jugé que les aveux de l'époux défendeur en divorce dont l'art. 244 ordonne la consignation au procès-verbal devaient suffire pour entraîner le divorce, lorsqu'ils étaient de nature à en constater les causes. — *Cass.*, 11 frim. an XIV, Buniva.

194. — Décidé au contraire que, lorsque l'époux défendeur avouait les faits qui lui étaient reprochés, cet aveu, surtout s'il était accompagné de moyens d'excuse, ne suffisait pas, abstraction faite de toute autre preuve, pour admettre la demande. — *Turin*, 25 mess., an XII, Buniva.

195. — Si, à l'audience à huis-clos, les époux ne se conciliaient pas, le tribunal les renvoyait à une audience publique dont il fixait le jour et l'heure ; il ordonnait, en outre, la communication de la procédure au ministère public, et commettait un rapporteur. Dans le cas où le défendeur n'avait pas comparu, le demandeur était tenu de lui faire signifier l'ordonnance du tribunal, dans le délai qu'elle avait déterminé. — C. civ., art. 245.

196. — Le jugement qui, aux termes de l'art. 245, ordonnait la communication de la procédure et commettait un rapporteur, ne devait pas être signifié, à peine de nullité, lorsqu'il avait été prononcé en présence des parties et qu'il portait que sa prononciation vaudrait signification, surtout s'il y avait eu exécution. — *Bruxelles*, 12 mess. an XII, Hinnisdael.

197. — Il n'était pas non plus nécessaire que le jugement fût rendu en audience publique. — *Riom*, 18 niv. an XII, Chapelle.

§ 3. — *Des mesures provisoires auxquelles donnait lieu la demande en divorce pour cause déterminée.*

198. — L'administration provisoire des enfans devait rester au mari demandeur ou défendeur en divorce, à moins qu'il n'en fût autrement ordonné par le tribunal, sur la demande soit de la mère, soit de la famille, ou du ministère public, pour le plus grand avantage des enfans. — C. civ., art. 267.

199. — Les juges pouvaient, par exemple, si cela leur paraissait utile, accorder à la mère l'administration provisoire des enfans, surtout s'il s'agissait d'enfans en bas âge et encore à la mamelle. — *Bruxelles*, 27 germin. an XIII, Warly.

200. — La demande en divorce ne suspendait pas la puissance maritale. — *Cass.*, 11 juill. 1809, Quarré c. Leroux.

201. — Seulement, la femme pouvait quitter le domicile du mari pendant l'instance, et demander une pension alimentaire : le tribunal devait indiquer la maison dans laquelle la femme était tenue de se retirer ; et il réglait en même temps, s'il y avait lieu, la pension alimentaire. — C. civ., art. 268.

202. — La femme demanderesse en divorce était autorisée à quitter le domicile de son mari et pouvait obtenir une provision pour fournir à ses besoins, aussitôt après la remise de la requête en divorce et des pièces à l'appui, sans qu'il fût nécessaire d'attendre le résultat de la comparution tendant au rapprochement des époux, non plus que la notification de la citation introductive d'instance. — *Trèves*, 4 fév. 1807, Uebel.

203. — Cette pension devait se déterminer non seulement d'après les facultés du mari, mais aussi d'après les ressources personnelles de la femme et la position des époux. — *Paris*, 19 frim. an XIV, Ribié ; 5 juill. 1810, Labathe.

204. — La femme pouvait la réclamer, encore bien qu'elle eût reçu de son mari une procuration qui l'autorisât à toucher et recevoir tout ce dont elle pouvait avoir besoin. — *Paris*, 5 juill. 1810, Labathe.

205. — ... Et alors même que son mari n'avait aucune propriété et vivait de son travail. — *Paris*, 19 frim. an XIV, Ribié.

206. — Mais elle n'avait pas droit à cette pension si elle demeurait dans la maison commune, quoiqu'elle y eût, avec autorisation du juge, une habitation séparée de celle de son mari. — *Colmar*, 26 fév. 1808, Aaron.

207. — ... Alors surtout que celui-ci offrait de pourvoir à ses besoins. — *Trèves*, 30 août 1813, Christine.

208. — La femme demanderesse en divorce pouvait réclamer en appel une provision alimentaire, bien qu'elle n'y eût pas conclu en première instance. — *Cass.*, 2 niv. an IX, Corbin.

209. — Elle était recevable à la réclamer même incidemment, en vertu de l'art. 464, C. procéd. civ., à une demande en main-levée d'une opposition aux poursuites de divorce autorisées par un arrêt infirmatif, et la cour pouvait statuer sur cette réclamation *omisso medio*. — *Cass.*, 5 juill. 1809, Darracq.

210. — Lorsque le mari avait été condamné à payer à sa femme, pendant l'instance en divorce, une provision mensuelle importante, celle-ci ne pouvait réclamer en outre les frais de couche survenue pendant cette instance. — *Colmar*, 9 janv. 1816, Schubler.

211. — L'époux qui, dans une instance en divorce, avait obtenu une provision alimentaire contre l'autre époux ne pouvait pas en poursuivre le recouvrement par voie de saisie-exécution. — *Paris*, 30 nov. 1812, M...

212. — Lorsque la femme avait été autorisée à quitter le domicile du mari, celui-ci était en droit de lui refuser le paiement de la pension alimentaire qui lui avait été accordée, lorsqu'elle ne justifiait pas de sa résidence dans la maison indiquée par le tribunal. — C. civ., art. 269. — V. aussi *infrà* nos 225 et suiv.

213. — L'arrêt qui, sur la demande d'une provision alimentaire formée par la femme demanderesse en divorce, ordonnait que les parties plaideraient plus amplement ne contenait pas un déni de justice. — *Trèves*, 4 fév. 1807, Uebel.

214. — La femme commune en biens, demanderesse ou défenderesse en divorce, pouvait en tout état de cause, à partir de la date de l'ordonnance de comparution, requérir, pour la conservation de ses droits, l'apposition des scellés sur les effets mobiliers de la communauté. Ces scellés n'étaient levés qu'en faisant inventaire avec prisée, et à la charge par le mari de représenter les choses inventoriées, ou de répondre de leur valeur comme gardien judiciaire. — C. civ., art. 270.

215. — La séparation de biens prononcée antérieurement en faveur de la femme ne mettait pas obstacle à ce qu'elle pût, en cas de demande en divorce et suivant les circonstances, être autorisée à apposer les scellés dans la maison de son mari pour la conservation de ses droits. — *Paris*, 4 niv. an XII, Lamillère.

216. — La femme demanderesse en divorce qui avait requis l'apposition des scellés ne pouvait en outre exiger caution de son mari pour la valeur des effets mobiliers inventoriés dont il était resté dépositaire. — *Bruxelles*, 6 août 1806, Desouter ; *Colmar*, 26 fév. 1808, Aaron.

217. — Le mari qui avait assisté, sans élever aucune réclamation, à l'apposition de scellés faite par un des membres du tribunal commis à cet effet, n'était pas recevable à demander ultérieurement la nullité de cette apposition, sous le prétexte qu'elle était de la compétence exclusive du juge de paix. — *Bruxelles*, 12 flor. an XII, Vanaelbroeck.

218. — La femme ne pouvait, pendant l'instance en divorce, par des oppositions, empêcher le mari de toucher, comme chef de la communauté, les revenus qui en dépendaient. — *Paris*, 29 niv. an XI, Tollier de la Marlière.

219. — Les oppositions n'avaient d'effet que pour garantir les capitaux de la dot. — Même arrêt.

220. — Le juge des référés était compétent pour connaître provisoirement des oppositions, en tant

qu'elles portaient sur les revenus, et pour en donner main-levée. — Même arrêt.

221. — Le mari restait maître, pendant l'instance, des droits et actions de la femme; il pouvait, sans son concours, demander le partage des successions qui venaient à lui échoir. — *Paris*, 7 pluv. an XII, Blavoyer c. Lorue.

222. — La demande en divorce n'avait pas non plus pour effet de suspendre pendant l'instance les obligations du mariage entre les époux. Ainsi, par exemple, si la femme mariée sous le régime de la séparation des biens s'était obligée à contribuer aux charges du ménage en raison de ses facultés, elle devait, malgré la demande en divorce, contribuer à le faire. — *Paris*, 2 oct. 1812, M...

223. — Mais toute obligation contractée par le mari à la charge de la communauté, toute aliénation par lui faite des immeubles qui en dépendaient, postérieurement à la date de l'ordonnance du juge relative à la comparution des parties (art. 238) pouvait être déclarée nulle s'il était prouvé qu'elle avait été faite ou contractée en fraude des droits de la femme. — C. civ., art. 271.

§ 4. — *Des fins de non-recevoir contre la demande en divorce.*

224. — Avant de prononcer sur l'admission ou le rejet de la demande en divorce, les juges devaient statuer sur les fins de non-recevoir qui pouvaient être proposées. — *Riom*, an XII, Chapelle.

225. — Au nombre des fins de non-recevoir la loi plaçait le défaut de justification par la femme demanderesse en divorce, quand elle en était requise, de sa résidence dans la maison où le tribunal lui avait permis de se retirer pendant l'instance. — C. civ., art. 269.

226. — Toutefois, l'abandon momentané par la femme demanderesse du domicile qui lui avait été indiqué pouvait, suivant les circonstances, ne pas être considéré comme de nature à la rendre non-recevable à continuer ses poursuites. — *Paris*, 10 juill. 1810, Maillot.

227. — Les juges avaient le pouvoir d'apprécier les excuses de la femme. — *Cass.*, 16 janv. 1816, de Rennecourt.

228. — Dans tous les cas, la fin de non-recevoir portée par l'art. 269 ne s'appliquait qu'à la continuation des poursuites, et non à l'action elle-même. — Même arrêt.

229. — Lorsque la femme demanderesse avait quitté le domicile conjugal aussitôt après la remise de sa demande au président du tribunal, sans s'être fait indiquer une maison de retraite suivant le vœu de l'art. 268, C. civ., cette circonstance ne la rendait pas non recevable dans ses poursuites. — *Bruxelles*, 27 germ., an XIII, Warly.

230. — La réconciliation des époux était aussi une fin de non recevoir contre la demande en divorce : « L'action en divorce, porte l'art. 272, C. civ., s'éteint par la réconciliation des époux survenue, soit depuis les faits qui avaient pu autoriser cette action, soit depuis la demande. »

231. — La cohabitation commune des époux postérieurement aux faits articulés à l'appui de la demande n'était pas, à elle seule, une preuve de réconciliation. — *Pau*, 27 mars 1813, Iriart.

232. — Cette cohabitation devait être accompagnée d'autres circonstances annonçant le pardon de l'époux offensé. — *Bordeaux*, 9 fruct. an XII, Laclotte; *Cass.*, 4 avr. 1808, Vertomen.

233. — Si, d'après l'appréciation de ces circonstances, les juges décidaient que la cohabitation constituait la réconciliation, cette appréciation échappait à la censure de la cour de Cassation. — V. l'arrêt de cassation précité.

234. — Lorsque l'époux demandeur niait qu'il y eût réconciliation, le serment décisoire pouvait lui être déféré sur ce point, et si ce serment était prêté, l'exception de réconciliation ne pouvait plus être proposée. — *Trèves*, 28 mai 1813, Wendelin.

235. — Le jugement qui admettait l'époux défendeur à la preuve d'une réconciliation ne pouvait être attaqué par la voie de l'appel avant le jugement définitif. — *Angers*, 5 mai 1808, Guernon. — V. au surplus, en ce qui concerne la réconciliation, SÉPARATION DE CORPS.

236. — La demande en séparation de biens, formée pendant le cours d'une action en divorce, n'entraînait pas renonciation implicite à cette dernière action et ne rendait pas l'époux demandeur non-recevable à la poursuivre. — *Paris*, 1er messid. an XII, Lamanlière.

237. — L'époux qui avait formé une demande en séparation de corps était, au contraire, non-recevable à intenter, sur les mêmes causes, une demande en divorce. — *Aix*, 27 nov. 1809, Hermitte.

238. — Mais l'époux qui avait demandé et obtenu la séparation de corps pouvait, pour causes nouvelles, demander le divorce. — *Cass.*, 16 déc. 1811, Civatic.

239. — L'acte par lequel, pendant l'instance en divorce, les époux convenaient de vivre séparément à l'avenir et réglaient les conditions de cette séparation amiable, entraînait, surtout s'il avait reçu une longue exécution, désistement des poursuites de divorce de la part de l'époux demandeur; celui-ci ne pouvait plus tard reprendre les poursuites qu'en recommençant toute la procédure. — *Turin*, 20 juin 1807, Cigliatti.

240. — La transaction et, par suite, le désistement intervenu sur une demande en divorce, devaient avoir effet, alors même qu'ils n'auraient été consentis que sous la condition d'une séparation de corps et de biens, qui ne pouvait recevoir son exécution, faute d'homologation de la part du tribunal. — *Paris*, 22 prair. an XI, Raban.

241. — En conséquence, l'époux demandeur ne pouvait plus reprendre l'action éteinte ou en intenter une nouvelle, en se fondant uniquement sur des faits antérieurs à la transaction et au désistement. — Même arrêt.

242. — Quelle que fût la puissance de la réconciliation pour effacer les faits antérieurs, cependant lorsque cette réconciliation elle-même avait été suivie de nouveaux faits, l'époux pouvait intenter une nouvelle demande en divorce et faire usage des anciennes causes pour appuyer cette demande. — C. civ., art. 273.

243. — Les juges avaient plein pouvoir pour déclarer si les faits postérieurs à la réconciliation étaient assez graves pour faire revivre les faits antérieurs. — *Cass.*, 2 mars 1808, De Cerdey.

244. — Il a été jugé qu'il n'était pas nécessaire, pour être réputés pertinens et admissibles, que les faits postérieurs à la réconciliation fussent tellement graves qu'ils pussent à eux seuls, et indépendamment des faits antérieurs, motiver le divorce. — *Trèves*, 28 mai 1813, Wendelin.

245. — L'époux poursuivant le divorce, qui ne comparaissait pas au jour indiqué pour sa prononciation, n'était pas, par cela seul, déchu de la poursuite, lorsqu'il se trouvait encore dans le délai utile. — *Paris*, 10 flor. an XII, Garivier.

246. — A chaque acte de la cause, les parties pouvaient, après le rapport du juge et avant que le ministère public eût pris la parole, proposer ou faire proposer leurs moyens respectifs d'abord sur les fins de non-recevoir, et ensuite sur le fond; mais, en aucun cas, le conseil du demandeur ne pouvait être admis, si le demandeur n'était pas comparant en personne. — C. civ., art. 248.

§ 5. — *Du jugement qui admettait la demande, de la procédure sur le fond (enquête), du jugement définitif et de son exécution.*

247. — A l'audience, le tribunal statuait d'abord sur les fins de non-recevoir, s'il en avait été proposé; si elles étaient trouvées concluantes, il rejetait la demande en divorce, sinon la demande en divorce était admise. — C. civ., art. 246.

248. — Mais il ne pouvait statuer au fond, ou définitivement, si les motifs du divorce lui paraissaient suffisamment justifiés, ou, dans le cas contraire, préparatoirement, en admettant le demandeur à la preuve des faits pertinens par lui allégués, et le défendeur à la preuve contraire, que par un second jugement et sur un nouveau rapport. — *Angers*, 6 mai 1808, Pion; *Pau*, 27 mars 1813, Iriart.

249. — Le jugement qui statuait sur la pertinence des faits devait être nécessairement précédé d'un jugement d'admission de la demande, alors même qu'aucune fin de non-recevoir n'aurait été proposée contre cette demande. — *Cass.*, 18 frim. an XIV, Lapourielle.

250. — Si une demande en divorce avait été admise par jugement passé en force de chose jugée, sans que les actes préliminaires eussent été argués de nullité, les juges saisis ultérieurement de la question du fond ne pouvaient s'occuper des irrégularités de ces actes. — *Cass.*, 29 juin 1812, Hurlin.

251. — Le tribunal saisi d'une demande en divorce pouvait, en déclarant pertinens les faits articulés, continuer la cause, pour les opérations ultérieures, à une des prochaines audiences. — *Liége*, 29 juill. 1812, Ives.

252. — Mais la pertinence de ces faits ne pouvait plus être remise en question. — *Trèves*, 28 mai 1813, Wendelin.

253. — Lorsqu'il était nécessaire d'avoir recours à un préparatoire, le jugement qui ordonnait l'enquête devait contenir les noms des témoins qui seraient entendus. — C. civ., art. 252.

254. — En conséquence le greffier du tribunal donnait lecture du procès-verbal de la première audience à huis-clos, portant les nominations des témoins déjà faites; les parties étaient en outre averties par le président qu'elles pouvaient encore en désigner d'autres, et qu'après ce moment elles n'y seraient plus reçues. — C. civ., art. 249.

255. — Toutefois, il n'était pas nécessaire que le jugement qui ordonnait la preuve des faits consignés dans le procès-verbal de l'audience à huis-clos rappelât ces faits. — *Bruxelles*, 12 frim. an XIV, Poot.

256. — Les enquêtes, en matière de divorce pour cause déterminée, ne devaient point avoir lieu conformément aux règles établies par les lois sur la procédure ordinaire, mais d'après celles tracées par le Code civil, ce Code renfermant sur cette matière un système complet et spécial d'instruction. — *Cass.*, 8 juin 1808, Chappey c. Maillard; 3 mai 1809, Maurelle. — V. *contrà Nancy*, 15 avr. 1813, Hurlin.

257. — Ainsi les témoins ne devaient pas, avant leur audition, être interpellés par le juge sur leur parenté, alliance ou état de domesticité avec les parties. — V. l'arrêt précité de *Cass.* du 3 mai 1808.

258. — Cependant ils devaient, à peine de nullité, comme dans une instance ordinaire, déclarer leur âge et profession. — *Lyon*, 18 déc. 1810, N...

259. — Mais il n'était pas nécessaire, à peine de nullité, que tous les témoins désignés dans le jugement qui avait permis l'enquête fussent entendus, ou que la non-comparution des absens fût constatée par le procès-verbal d'enquête. — *Cass.*, 22 nov. 1815, Montarcher.

260. — Il n'était pas non plus nécessaire, à peine de nullité, que les témoins eussent été entendus en présence les uns des autres en audience à huis-clos. L'enquête ainsi faite était valable surtout s'il avait été procédé de même à la contre-enquête. — *Metz*, 7 mai 1807, P.... — V. *contrà Nancy*, 15 avr. 1813, Hurlin.

261. — Le défendeur au divorce qui n'avait pas fait assigner ses témoins pour le jour indiqué n'était pas pour cela déchu de la faculté de faire enquête. — *Paris*, 5 mai 1811, Duvallet.

262. — ... Alors surtout que les parties s'étaient trouvées dans des circonstances difficiles. — *Bordeaux*, 27 juill. 1812, Solberg.

263. — Quant aux reproches contre les témoins, les parties devaient les proposer à l'audience où était rendu le jugement qui ordonnait l'enquête; le tribunal y statuait immédiatement après avoir entendu le ministère public. — C. civ., art. 250.

264. — Les parties n'étaient pas recevables à reprocher des témoins ultérieurement, et surtout pour des faits survenus depuis. — *Paris*, 16 mars 1812, Poirson.

265. — Les parens des parties, à l'exception de leurs enfans et descendans, n'étaient pas reprochables du chef de la parenté, non plus que les domestiques des époux, en raison de cette qualité; mais le tribunal avait tel égard que de raison aux dépositions des parens et des domestiques. — C. civ., art. 251.

266. — Cette disposition avait dû recevoir son application, même à une demande en divorce formée sous l'empire de l'ord. de 1667, qui n'autorisait pas cette audition. — *Bruxelles*, 1er frim. an XIII, Frison.

267. — Les témoins qui, lors d'une demande en divorce intentée par la femme contre le mari pour sévices et injures graves, avaient, dans la contre-enquête, déposé contre la femme de faits d'inconduite, ne pouvaient être entendus lors de la demande formée ultérieurement par le mari contre sa femme pour cause d'adultère. — *Paris*, 18 fév. 1806, Baillon.

268. — La partie qui n'avait pas réclamé contre l'audition des témoins sur des faits non compris dans l'arrêt d'appointement n'était pas recevable à s'en prévaloir comme moyen de cassation. — *Cass.*, 26 mai 1807, Lapourielle.

269. — Au jour fixé par le jugement préparatoire, les dépositions des témoins étaient reçues par le tribunal séant à huis-clos, en présence du ministère public, des parties et de leurs conseils ou amis, jusqu'au nombre de trois de chaque côté. — C. civ., art. 253.

270. — Il n'était pas nécessaire que l'enquête fût terminée devant les juges mêmes qui avaient commencé à y procéder. — *Metz*, 7 mai 1807, P...

271. — Si des suppléans étaient appelés pour remplacer un ou plusieurs juges, il n'était pas besoin d'énoncer le motif de ce changement. — Même arrêt.

272. — Les dépositions devaient être rédigées par écrit, ainsi que les observations auxquelles elles donnaient lieu. Le procès-verbal d'enquête

devait être lu tant aux témoins qu'aux parties : les uns et les autres étaient requis de le signer, et il était fait mention de leur signature ou de leur déclaration qu'ils ne pouvaient ou ne voulaient signer. — C. civ., art. 255.

273. — La lecture du procès-verbal d'enquête était prescrite aux témoins, à peine de nullité. — Nancy, 15 avr. 1813, Hurlin.

274. — Mais il n'était pas nécessaire, pour la régularité de l'enquête, que le juge et le greffier signassent chaque déposition ; il suffisait que le procès-verbal fût signé de tous les témoins et de toutes les parties. — Même arrêt.

275. — La cour de Nancy a jugé, en outre, par le même arrêt, que le défaut de mention que les témoins avaient déposé sans lire de projet écrit, était une cause de nullité de l'enquête, et que cette nullité, étant d'ordre public, pouvait être suppléée d'office par le juge. Mais cette décision nous paraît contraire au principe que nous avons posé plus haut, savoir, que les formalités des enquêtes en matière de divorce devaient être réglées uniquement par le Code civil ; or, le Code civil n'exige aucune mention de cette nature.

276. — C'est par application du même principe qu'il a été décidé que lorsqu'une enquête avait été déclarée nulle, elle pouvait être recommencée, alors même que la nullité ne procédait pas de la faute du juge-commissaire. — *Cass.*, 8 juin 1808, Chappey c. Maillard ; *Nancy*, 15 avr. 1813, Hurlin. — *Contrà Paris*, 1er thermid. an XIII, Maillard.

277. — Si l'un des témoins produits par l'époux demandeur en divorce était accusé de faux témoignage, et poursuivi au criminel par l'époux défendeur, cette circonstance ne pouvait suspendre le jugement de l'instance en divorce. — *Cass.*, 22 nov. 1815, Montarcher.

278. — Lorsque les deux enquêtes ou celle du demandeur, si le défendeur n'avait pas produit de témoins, étaient terminées, le tribunal renvoyait les parties à une audience publique, dont il indiquait le jour et l'heure, ordonnait la communication de la procédure au ministère public, et commettait un rapporteur. Cette ordonnance devait être signifiée au défendeur, à la requête du demandeur, dans le délai qu'elle déterminait. — C. civ., art. 256.

279. — Au jour fixé pour le jugement définitif, le rapport était fait par le juge commis ; les parties pouvaient ensuite faire, par elles-mêmes ou par l'organe de leurs conseils, telles observations qu'elles jugeaient utiles à leur cause ; après quoi le ministère public donnait ses conclusions. — C. civ., art. 257.

280. — Si la discussion publique paraissait aux juges devoir entraîner du scandale, ils pouvaient ordonner que les plaidoiries auraient lieu à huis-clos. — *Cass.*, 13 déc. 1808, Cotton.

281. — Dans tous les cas, le jugement définitif devait être prononcé publiquement. — C. civ., art. 258.

282. — Lorsque la demande en divorce avait été formée pour cause d'excès, de sévices ou d'injures graves, les tribunaux pouvaient, encore qu'elle fût bien établie, ne pas admettre immédiatement le divorce et soumettre les époux à une année d'épreuve. Dans ce cas, ils autorisaient la femme à quitter la compagnie de son mari, sans être tenue de le recevoir, si elle ne le jugeait à propos. Après l'expiration de l'année, s'il n'y avait pas eu de réunion de la part des époux, le divorce était alors définitivement admis. — C. civ., art. 259 et 260.

283. — Les juges ne pouvaient soumettre les époux à une année d'épreuve, lorsque la demande ne reposait pas sur des preuves concluantes. — *Paris*, 8 juill. 1807, Vinson.

284. — Ils étaient seuls appréciateurs du fait de savoir si la demande était *bien établie*. — *Cass.*, 26 mai 1807, Lapourrielle.

285. — Le juge qui avait participé au jugement sur la provision pouvait également concourir au jugement définitif. — *Besançon*, 27 fév. 1807, Marbot.

286. — Ce jugement n'avait pas besoin de détailler les faits ; il suffisait qu'il fût déclaré que la preuve des faits était acquise. — *Bruxelles*, 12 messid. an XII, Binnisdael c. Swister.

287. — Toutefois, il a été décidé que le jugement qui statuait sur une demande en divorce devait, à peine de nullité, contenir les quatre parties exigées par la loi du 24 août 1790. — *Paris*, 19 frim. an XIV, Aumont.

288. — Lorsque le jugement qui admettait une demande en divorce et autorisait l'époux demandeur à faire preuve des faits articulés, ou celui qui prononçait le divorce, avaient été rendus par défaut, on ne pouvait les attaquer par la voie de l'opposition. — *Aix*, 7 mars 1809, R... ; *Paris*, 21 juill. 1809, Hemener ; *Aix*, 7 mai 1810, B... ; *Nîmes*, 24 janv. 1812, B...

289. — Ces jugemens, comme ceux qui étaient rendus contradictoirement, n'étaient susceptibles que d'appel ; et l'appel, pour être recevable, devait être interjeté dans les trois mois à compter du jour de la signification. — C. civ., art. 263.

290. — On pouvait appeler du jugement d'admission de la demande avant le jugement définitif. — *Cass.*, 30 juill. 1806, Chappel.

291. — Mais la cour saisie de cet appel ne pouvait statuer sur des fins de non-recevoir tenant essentiellement au fond. — Même arrêt.

292. — On devait considérer comme telles les fins de non-recevoir fondées sur la non pertinence des faits et sur la réconciliation. — Même arrêt.

293. — Quant au jugement qui, avant de prononcer le divorce pour excès, sévices et injures graves, ordonnait l'année d'épreuve, la question de savoir s'il était susceptible d'appel avant le jugement définitif avait divisé la jurisprudence. — Pour l'affirmative, *Paris*, 20 mars 1810, Chardanné ; — pour la négative, *Trèves*, 11 juin 1806, P...

294. — L'époux défendeur qui, après l'admission de la demande en divorce, avait plaidé au fond, mais en protestant, et avec réserve, était recevable à interjeter appel du jugement qui l'avait prononcée, même après le jugement du fond, pourvu qu'il fût encore dans le délai de trois mois. — *Riom*, 18 niv. an XII, Chapelle.

295. — En cas d'appel du jugement d'admission et du jugement définitif, les juges n'étaient pas obligés, à peine de nullité, de statuer sans délai ni remise sur l'appel du jugement définitif, *immédiatement* après avoir fait droit sur celui du jugement d'admission. Ils devaient seulement instruire sur cet appel et juger comme affaire urgente. — *Cass.*, 10 mai 1809, Jouf.

296. — Ils pouvaient, en rejetant comme tardive une requête incidente signifiée dans le cours de l'instance, et contenant une nouvelle articulation de faits, réserver à l'époux demandeur la faculté de se désister de la procédure commencée pour en intenter une nouvelle plus régulière. — Même arrêt.

297. — Le mari défendeur en divorce n'était pas recevable sur l'appel à se plaindre de ce que sa femme aurait sans autorisation quitté son domicile, si cette autorisation avait fait l'objet d'une ordonnance postérieure. — *Riom*, 18 niv. an XII, Chapelle.

298. — La femme défenderesse à la demande en divorce pour cause d'adultère ne pouvait se faire un moyen d'appel contre le jugement qui la condamnait, de ce qu'il ne lui avait pas été fait défense de se marier avec son complice. — *Bruxelles*, 12 frim. an XIV, Poot.

299. — Les juges d'appel saisis d'une demande en divorce pouvaient faire procéder pardevant eux à de nouvelles enquêtes. — *Cass.*, 26 mai 1807, Lapourielle.

300. — Et dans le cas où cette demande ne se trouvait pas suffisamment établie, l'époux qui l'avait formée pouvait la convertir en une demande en séparation de corps. — *Paris*, 13 août 1814, P... — V. *contrà Paris*, 8 juill. 1807, Vinson.

301. — Le droit, en matière de demande en divorce pour excès, sévices ou injures graves, d'accorder le sursis autorisé par les art. 259 et 260, C. civ., n'appartenait qu'au tribunal de première instance et non aux juges saisis de l'appel du jugement définitif. — *Besançon*, 15 vend. an XIII, Roy.

302. — L'appel était suspensif comme le pourvoi en cassation. — *Agen*, 20 janv. 1807, Noguès c. Bertrand.

303. — Le pourvoi en cassation devait être formé, comme l'appel, dans les trois mois de la signification du jugement ou de l'arrêt. — C. civ., art. 263.

304. — Lorsque le jugement qui avait autorisé le divorce était passé en force de chose jugée, il ne pouvait encore par lui-même anéantir le mariage. C'était devant l'officier civil que les époux avaient formé les liens qui les unissaient, c'était là aussi qu'ils devaient être renvoyés pour les rompre et se voir séparés à jamais. — C. civ., art. 258.

305. — Cet état incertain de deux époux placés entre le mariage et le divorce aurait été en quelque sorte un nouveau scandale s'il avait dû se prolonger plus long-temps ; en conséquence, celui d'entre eux qui avait obtenu le jugement était obligé de se présenter, après avoir cité l'autre, devant l'officier civil, dans le délai de deux mois, pour faire prononcer le divorce. — C. civ., art. 264.

306. — Ces deux mois ne commençaient à courir à l'égard des jugemens de première instance qu'après l'expiration du délai d'appel ; et à l'égard des arrêts, rendus par défaut en cause d'appel, qu'après l'expiration du délai d'opposition. — A l'égard des jugemens contradictoires et en dernier ressort, qu'après l'expiration du délai de pourvoi en cassation. — Art. 265.

307. — Ce délai passé dans le silence, l'époux était censé avoir renoncé au bénéfice du jugement ; et il ne pouvait plus reprendre son action que pour une nouvelle cause ; mais, dans ce cas, il était libre aussi de se prévaloir des anciennes. — C. civ., art. 266.

Sect. 2e. — *Du divorce par consentement mutuel.*

308. — Le divorce par consentement mutuel ne pouvait être admis qu'autant que le mari était âgé d'au moins vingt-cinq ans, que la femme était majeure de vingt-un ans (C. civ., art. 275), et en avait moins de quarante-cinq. — C. civ., art. 277.

309. — En second lieu, il fallait que le mariage eût duré deux ans (C. civ., art. 276), et pas plus de vingt. — C. civ., art. 277.

310. — Dans aucun cas, le consentement mutuel des époux ne suffisait, s'il n'était autorisé par leurs père et mère, ou autres ascendans vivans, en suivant les règles prescrites à l'égard du consentement des ascendans, requis pour le mariage des mineurs. — C. civ., art. 278.

311. — Toutefois, il a été jugé que le consentement du père ne suffisait pas lorsqu'il y avait refus de la mère. Il n'en était pas de ce cas comme de celui du mariage, où, en cas de dissentiment entre les père et mère, le consentement du père suffit. — *Cass.*, 3 oct. 1810 (int. de la loi), Ghysels.

312. — Les époux déterminés à opérer le divorce par consentement mutuel étaient tenus encore de faire préalablement inventaire et estimation de tous leurs biens meubles et immeubles, et de régler leurs droits respectifs, sur lesquels ils étaient libres aussi de transiger. — C. civ., art. 279.

313. — L'inventaire et l'estimation des biens meubles et immeubles des époux étaient de rigueur. On ne pouvait y suppléer par un partage de communauté fait antérieurement à la demande en divorce, et par la preuve que les immeubles des époux se trouvaient dans l'indivision avec des tiers. — *Cass.*, 3 oct. 1810, Ghysels.

314. — Enfin, il fallait de la part des époux une convention par écrit réglant à qui les enfans nés de leur union seraient confiés, soit durant les épreuves, soit après le divorce, désignant la maison dans laquelle la femme devrait se retirer pendant le temps des épreuves, et fixant la somme que le mari devrait lui payer pendant le même temps, si elle n'avait pas des revenus suffisans pour fournir à ses besoins. — C. civ., art. 280.

315. — Il a été jugé que l'acte par lequel les époux, avant de faire prononcer leur divorce par consentement mutuel, déterminaient à qui seraient confiés les enfans nés du mariage, était susceptible de recevoir plus tard, dans ses effets, telles modifications qu'exigeait l'intérêt de ces enfans. — *Bruxelles*, 3 pluv. an X, Thielens c. Sterckx.

316. — Néanmoins si, en vertu d'un pareil accord entre le mari et la femme, cette dernière était restée chargée de l'un des enfans, le mari ne pouvait, sans son consentement ou sans la permission de justice, retirer l'enfant des mains de sa mère pour le confier à une personne tierce. — Même arrêt.

317. — Les époux étaient, comme dans le cas de divorce pour cause déterminée, soumis à une tentative de conciliation. Ainsi, ils devaient se présenter ensemble et en personne devant le président du tribunal d'arrondissement, ou le juge qui en faisait les fonctions, lui déclarer leur volonté, en présence de deux notaires amenés par eux. — C. civ., art. 281.

318. — Le juge devait faire aux époux réunis et à chacun d'eux en particulier, en présence des deux notaires, telles représentations et exhortations qu'il jugeait convenables, leur donner lecture des dispositions de la loi qui déterminent les effets du divorce et leur développer toutes les conséquences de leur démarche. — C. civ., art. 282.

319. — S'ils persistaient dans leur résolution, il devait leur en donner acte, et les époux étaient alors tenus de produire entre les mains des notaires, outre les actes mentionnés aux art. 279 et 280, 1° leurs actes de naissance et celui de leur mariage ; — 2° les actes de naissance et de décès de tous les enfans nés de leur union ; — 3° la déclaration authentique de leurs père et mère ou autres ascendans vivans qu'ils consentent au divorce. — C. civ., art. 283.

320. — Les notaires devaient dresser procès-verbal détaillé de l'accomplissement des formalités ci-dessus, et ce procès-verbal devait contenir mention de l'avertissement donné à la femme de se retirer dans les vingt-quatre heures, dans la maison convenue entre elle et son mari, et d'y résider jusqu'au divorce prononcé. — C. civ., art. 284.

321. — L'omission par les époux de produire et de déposer à l'époque déterminée par la loi, les actes mentionnés dans les art. 279, 280 et 283, C. civ., et spécialement l'acte de décès d'un aïeul, entraînait la nullité de toutes les procédures ultérieures, même en cas de réserves de faire cette production. — *Turin*, 20 sept. 1806, Machiera.

322. — La nullité n'était pas couverte par la production et le dépôt subséquemment exécutés en vertu des réserves. — Même arrêt.

323. — La même tentative de conciliation, avec les mêmes formes, devait être renouvelée trois autres fois dans la première quinzaine de chacun des quatrième, septième et dixième mois suivans, avec la preuve authentique réitérée que les père et mère ou autres ascendans persistaient toujours dans leur autorisation, mais sans nouvelle production d'autres actes. — C. civ., art. 285.

324. — Les délais prescrits par l'article qui précède étaient tellement de rigueur, que les déclarations qu'il exigeait ne pouvaient être faites, ni avant, ni après le terme fixé. — *Cass.*, 3 oct. 1810, Ghysels.

325. — Dans la quinzaine du jour où était révolue l'année à compter de la première déclaration, les époux assistés chacun de deux amis, personnes notables dans l'arrondissement, âgées de cinquante ans au moins, devaient se présenter de nouveau devant le président du tribunal ou le juge qui en faisait les fonctions; lui remettre des expéditions en bonne forme des quatre procès-verbaux contenant les déclarations de leur consentement mutuel, faites dans les réunions précédentes, ainsi que de tous les actes y annexés, et requérir du magistrat, chacun séparément, en présence néanmoins l'un de l'autre, et des quatre notables, l'admission du divorce. — C. civ., art. 286.

326. — Si dans cette cinquième et dernière tentative de conciliation les époux persévéraient, nonobstant les observations qui leur étaient faites, dans la volonté de divorcer, il leur était donné acte de leur réquisition et de la remise des pièces à l'appui; procès-verbal était dressé par le greffier, signé par les assistans et par le juge et le greffier; en outre, le président du tribunal rendait une ordonnance portant que dans les trois jours il en serait par lui référé au tribunal en la chambre du conseil, sur les conclusions par écrit du ministère public auquel les pièces étaient communiquées par le greffier. — C. civ., art. 287 et 288.

327. — Si le ministère public reconnaissait que les époux remplissaient les conditions requises, il donnait ses conclusions en ces termes : *La loi permet*; dans le cas contraire, ses conclusions étaient en ces termes : *La loi empêche*. — C. civ., art. 289.

328. — Le tribunal examinait si les formalités déterminées par la loi étaient accomplies; et lorsqu'il trouvait que les époux y avaient satisfait, il devait admettre le divorce et renvoyer les parties pardevant l'officier de l'état civil pour le faire prononcer, sans donner d'autres motifs de son jugement; dans le cas contraire, il déclarait qu'il n'y avait pas lieu à admettre le divorce, et motivait sa décision. — C. civ., art. 290.

329. — L'appel du jugement qui déclarait ne pas y avoir lieu d'admettre le divorce n'était recevable qu'autant qu'il était interjeté par les deux parties, et néanmoins par acte séparé, dans les dix jours au plus tôt, et, au plus tard, dans les vingt jours de la date du jugement de première instance. — C. civ., art. 291.

330. — Les actes d'appel devaient être signifiés réciproquement, tant à l'autre époux qu'au ministère public près le tribunal de première instance. — C. civ., art. 292.

331. — Dans les dix jours, à compter de la signification à lui faite du deuxième acte d'appel, le procureur du roi devait transmettre le jugement et les pièces au procureur général qui donnait ses conclusions par écrit dans les dix jours de la réception desdites pièces. — Puis il était statué définitivement, dans les dix jours de la remise des conclusions du procureur général, par arrêt rendu sur rapport fait en ladite chambre du conseil. — C. civ., art. 293.

332. — En vertu de l'arrêt qui admettait le divorce, les parties devaient se présenter, dans les vingt jours de sa date, ensemble et en personne, devant l'officier de l'état civil, pour faire prononcer le divorce. — Ce délai passé, le jugement demeurait comme non avenu. — C. civ., art. 294.

Sect. 3e. — *Des effets du divorce.*

333. — Le divorce, à la différence de la séparation de corps, dissolvait les liens du mariage et rendait les époux à leur liberté. Ils avaient dès-lors un domicile propre, et pouvaient contracter un nouveau mariage.

334. — Mais l'art. 295 disposait que les époux divorcés pour quelque cause que ce fût ne *pourraient plus se réunir*.

335. — Et il a été jugé que la cohabitation, après le divorce, ne pouvait avoir pour effet de faire revivre le mariage. — *Paris*, 18 avr. 1809, Angélique c. Delaporte.

336. — Dans le cas de divorce prononcé pour cause déterminée, la femme divorcée ne pouvait se remarier que dix mois après le divorce prononcé. — C. civ., art. 296. — V. MARIAGE.

337. — En cas de divorce par consentement mutuel, aucun des époux ne pouvait contracter un nouveau mariage que trois ans après la prononciation du divorce. — C. civ., art. 297.

338. — Le divorce n'étant autre chose que la rupture du lien conjugal, il s'ensuivait que lorsque la femme avait obtenu son divorce contre son mari, celui-ci ne pouvait, à son tour, obtenir le sien contre sa femme. — *Paris*, 12 prair. an XI, Rousselot c. Caublot.

339. — Dans le cas de divorce admis en justice pour cause d'adultère, l'époux coupable ne pouvait jamais se marier avec son complice. La femme adultère devait être condamnée par le même jugement, et sur la réquisition du ministère public, à la réclusion dans une maison de correction, pour un temps déterminé, qui ne pouvait être moindre de trois mois ni excéder deux années. — C. civ., art. 298.

340. — Jugé que l'arrêt qui avait admis le divorce pour cause d'adultère de la femme, et condamné celle-ci à la réclusion, avait dû cesser d'avoir son effet pour le tout, si, avant la prononciation du divorce par l'officier de l'état-civil, et avant la décision de la cour de Cassation, saisie du pourvoi, le mari était décédé. — *Cass.*, 17 juin 1813, Galibert.

341. — Après le divorce prononcé, les époux, devenus étrangers l'un à l'autre, étaient sans droit pour demander respectivement leur interdiction, alors même que les poursuites avaient été commencées antérieurement au divorce. — *Paris*, 25 frim. an XI, Corbin.

342. — Le divorce avait pour effet de dissoudre la communauté qui avait existé entre les époux. — C. civ., art. 1441.

343. — On ne pouvait considérer comme une charge de la communauté le loyer de la maison dans laquelle la femme avait été autorisée à se retirer pendant l'instance en divorce, surtout si elle avait obtenu une pension alimentaire. — *Bruxelles*, 27 mai 1819, Demeulenaere.

344. — L'acte par lequel des époux, à la suite de leur divorce, réglaient leurs droits dans la communauté et renonçaient respectivement à toute action en reprise ou remploi, était, comme un partage ordinaire, susceptible de rescision pour cause de lésion. — *Poitiers*, 12 flor. an XII, Guérin c. Jollinier. — V. COMMUNAUTÉ.

345. — L'époux divorcé qui avait fourni sans réserve des alimens aux enfans communs ne pouvait les répéter en tout ou en partie contre l'autre époux. — *Nîmes*, 17 janv. 1807, Teule c. Delon. — V. ALIMENS.

346. — Le mari devait les intérêts de la dot à partir de la dissolution du mariage. — *Colmar*, 9 janv. 1816, Schubler.

347. — Dans le cas de divorce pour cause déterminée, l'époux contre lequel le divorce avait été admis perdait tous les avantages que l'autre époux lui avait faits, soit par leur contrat de mariage, soit depuis le mariage contracté. — C. civ., art. 299.

348. — ... Encore bien que celui-ci fût décédé avant que le divorce eût été prononcé par l'officier de l'état civil, en exécution de l'arrêt d'admission. — *Bruxelles*, 26 avr. 1806, Pool c. Welvis.

349. — Mais l'époux contre lequel le divorce avait été admis pouvait réclamer les avantages qui lui avaient été faits depuis le mariage par d'autres que le conjoint qui avait obtenu le divorce. — *Paris*, 17 avr. 1812, Petit c. Bostard.

350. — Il a été jugé que l'art. 1452, C. civ., qui disposait que le divorce ne donnait pas lieu à l'ouverture des droits de survie, était applicable au cas d'un douaire établi antérieurement au Code, pour s'ouvrir lors de la *dissolution* du mariage, si les époux s'étaient mis sous l'empire d'une coutume qui n'admettait pas le divorce comme mode de *dissolution*. — *Cass.*, 5 mai 1807, Lair c. Auvray.

351. — Les héritiers d'un mari qui était décédé après avoir formé contre sa femme une demande en divorce pour cause d'adultère, n'étaient pas recevables à suivre sur cette demande et à prouver les faits d'adultère pour faire prononcer la révocation d'une donation faite à la femme par le contrat de mariage. — *Toulouse*, 25 janv. 1820, Barthélemy c. Lavigne.

352. — A la différence de l'époux contre lequel le divorce était prononcé, celui qui l'obtenait conservait les avantages à lui faits par son conjoint, encore qu'ils eussent été stipulés réciproques, et que la réciprocité n'eût pas lieu. — C. civ., art. 300.

353. — On a beaucoup agité la question de savoir si l'art. 299, qui fait perdre à l'époux contre qui le divorce a été prononcé les avantages à lui faits par son conjoint, est applicable à la séparation de corps. — V. à cet égard DONATION, SÉPARATION DE CORPS.

354. — Lorsque, sur la demande expresse qui en avait été soumise aux juges, une femme avait été autorisée, par le jugement qui prononçait son divorce, à faire procéder à la liquidation de ses intérêts civils, les poursuites qu'elle pouvait avoir à exercer pour arriver à cette liquidation n'étaient pas soumises au préliminaire de conciliation. — *Cass.*, 14 août 1811, Thouret.

355. — Le tribunal compétent pour connaître de ces poursuites était celui qui avait connu de l'action en divorce, alors même que depuis l'instance en divorce, et avant sa prononciation par l'officier de l'état civil, le mari avait changé de domicile. — Même arrêt. — V. encore dans le même sens, *Cass.*, 28 mars 1808, Beerembroeck c. Macavoy.

356. — Si les époux ne s'étaient fait aucun avantage, ou si ceux stipulés ne paraissaient pas suffisans pour assurer la subsistance de l'époux qui avait obtenu le divorce, le tribunal pouvait lui accorder, sur les biens de l'autre époux, une pension alimentaire, qui ne pouvait excéder le tiers des revenus de cet autre époux. — C. civ., art. 301.

357. — La pension alimentaire accordée par cet article à l'époux qui avait obtenu le divorce ne pouvait être adjugée qu'après le divorce prononcé. Pendant l'instance, il n'y avait lieu pour la femme qu'à un simple provisoire alimentaire. — *Rouen*, 11 fruct. an XIII, Paquel.

358. — Cette pension alimentaire était révocable dans le cas où elle cessait d'être nécessaire. — C. civ., art. 301.

359. — A plus forte raison, elle pouvait être réduite dans la proportion des besoins de la personne à laquelle elle était faite. — *Amiens*, 28 mai 1825, Lefebvre c. Fenien.

360. — Elle pouvait aussi être réduite en raison de la diminution des facultés du débiteur, encore bien qu'elle eût été volontairement consentie et réglée par une convention écrite. — *Metz*, 10 sept. 1817, B...

361. — La clause insérée dans un acte de constitution de pension alimentaire, consenti par un époux divorcé au profit de l'autre époux, que cette pension serait inaliénable, ne mettait pas obstacle à ce que le remboursement eût lieu d'un commun accord. — *Paris*, 15 mai 1807, Leguay c. Raffy.

362. — La mort de l'époux contre lequel le divorce avait été prononcé ne faisait point cesser la pension alimentaire accordée à l'autre époux; cette pension étant accordée *sur ses biens*, l'obligation de la servir passait à ses héritiers ou ayant-cause. — *Cass.*, 18 juill. 1809, Legge c. Marin; *Amiens*, 28 mai 1825, Lefebvre c. Fenien.

363. — Les enfans devaient être confiés à l'époux qui avait obtenu le divorce, à moins que le tribunal, sur la demande de la famille ou du ministère public, n'ordonnât, pour le plus grand avantage des enfans, que tous ou quelques uns d'entre eux seraient confiés aux soins, soit de l'autre époux, soit d'une tierce personne. — C. civ., art. 302.

364. — Lorsque après le divorce prononcé à sa requête, la mère avait obtenu que les enfans resteraient confiés à ses soins, les juges n'en étaient pas moins libres d'ordonner plus tard, si l'intérêt des enfans l'exigeait, qu'ils lui seraient retirés et confiés à une personne désignée par le conseil de famille. — *Rouen*, 21 fruct. an XII, Mazier c. Barbe.

365. — Les juges pouvaient aussi, suivant les circonstances, et en cas de discussion entre les époux, ordonner que l'enfant né du mariage serait mis en pension. — *Paris*, 16 févr. 1813, Champenois c. Bresse.

366. — Les enfans qui étaient restés à la garde de l'un des époux pouvaient, en cas de second mariage de cet époux, être confiés à l'autre, alors même qu'il se serait écoulé un long intervalle de temps depuis le divorce. — *Cass.*, 6 therm. an XII, Rioust c. Brisson.

367. — Du reste, quelle que fût la personne à laquelle les enfans étaient confiés, les père et

mère conservaient respectivement le droit de surveiller l'entretien et l'éducation de leurs enfans, et étaient tenus d'y contribuer à proportion de leurs facultés. — C. civ., art. 303. — V. ALIMENS, MARIAGE, PUISSANCE PATERNELLE.

368. — Le père conservait, malgré le divorce prononcé, le droit d'émanciper seul, et sans le concours de la mère, les enfans mineurs issus de leur mariage. — *Paris*, 1er mai 1813, Bouvet c. Rennel.

369. — Dans tous les cas, l'opposition de la mère ne pouvait être recevable qu'autant qu'il était justifié qu'elle avait lieu dans l'intérêt des mineurs. — Même arrêt. — V. ÉMANCIPATION.

370. — La dissolution du mariage par le divorce admis en justice ne privait les enfans nés de ce mariage d'aucuns des avantages qui leur étaient assurés par les lois ou par les conventions matrimoniales de leurs père et mère; mais il n'y avait ouverture aux droits des enfans que de la même manière et dans les mêmes circonstances où ils se seraient ouverts s'il n'y avait pas eu de divorce. — C. civ., art. 304.

371. — Lorsque le divorce avait lieu par consentement mutuel, la propriété de la moitié des biens de chacun des deux époux était acquise de plein droit aux enfans nés de leur mariage, à dater rétroactivement du jour de leur première déclaration; les père et mère conservaient néanmoins la jouissance de cette moitié jusqu'à la majorité de leurs enfans, à la charge de pourvoir à leur nourriture, entretien et éducation, le tout sans préjudice des autres avantages qui pourraient avoir été assurés auxdits enfans par les conventions matrimoniales de leurs père et mère. — C. civ., art. 305.

372. — Il a été jugé qu'en cas de divorce des époux, par consentement mutuel, les enfans devenaient *copropriétaires* de la portion que l'art. 305 leur attribuait sur les biens de leurs père et mère, et que, conséquemment, l'art. 2205, C. civ., était applicable à ce cas. — *Paris*, 10 juill. 1813, Dévisme c. Lefrançois.

373. — L'époux qui avait reconnu la validité du divorce prononcé contre lui, et qui, dans des actes publics, avait donné à son époux la qualité de divorcé, n'était pas recevable à contester plus tard cette validité. — *Cass.*, 24 pluv. an XIII, Boehler.

374. — Des enfans n'étaient pas recevables à attaquer directement comme illicite, par la simple voie de nullité, le jugement qui avait prononcé le divorce de leurs père et mère, quand ce jugement était passé en force de chose jugée. — *Cass.*, 7 nov. 1838 (t. 2 1838, p. 426), Delage c. Bayeux. — V. aussi *Poitiers*, 19 therm. an X, Racapé et Lafraignais.

375. — Mais pouvaient-ils former tierce-opposition? — Cette question avait été résolue affirmativement par le jugement rendu dans l'espèce qui a donné naissance à l'arrêt de 1838 précité. — Mais la cour de Cassation n'a pas été appelée à la décider *in terminis*, l'arrêt attaqué ayant adopté un système autre que le jugement, et ayant déclaré qu'il était inutile de s'occuper du point de savoir si la voie de la tierce-opposition prise, en tant que de besoin seulement, par les enfans, était recevable. — Toutefois il nous semble possible d'induire du considérant de son arrêt que la cour suprême serait portée à repousser l'opposition des tiers contre tout jugement qui statue sur l'état d'une personne.

376. — Les créanciers des époux ne pouvaient contester les effets du divorce à leur égard que s'ils venaient à prouver que le divorce avait été obtenu par fraude et par dol. — *Agen*, 20 juill. 1808, Carles c. Noailhan de Lamesens.

377. — Il n'y avait pas lieu de casser l'arrêt qui, sur la demande d'un créancier postérieur au divorce, dont il avait connaissance, en avait prononcé la nullité après le délai de dix ans fixé pour les actions de cette nature, s'il s'était d'ailleurs fondé, pour annuler le divorce, sur des faits de dol et de fraude pratiqués pour frustrer les créanciers. — *Cass.*, 5 janv. 1830, Vanlerbergh c. Séguin.

378. — L'annulation concertée entre les époux, et dans un intérêt d'honneur et de famille, d'un divorce régulièrement prononcé au profit de la femme de l'émigré, ne pouvait pas nuire aux tiers auxquels, en sa qualité de divorcée, la femme avait conféré des droits. — *Riom*, 15 juin 1820, Depierre c. Darlis.

379. — Dès-lors, les actes et les jugemens dans lesquels la femme de l'émigré avait figuré sans autorisation avant le retour de l'émigré en France, ou avant l'annulation du divorce, devaient être maintenus. — Même arrêt.

380. — La demande en nullité du divorce intentée par le mari devant le juge du domicile qu'il s'était choisi depuis sa prononciation, ne pouvait être opposée comme exception de litispendance à l'action sur l'exécution de ce divorce, intentée devant le tribunal qui l'avait admis. — *Cass.*, 28 mars 1808, Beerembroeck c. Macavoy.

381. — Quoique nul, le mariage contracté après un divorce annulé depuis, n'en devait pas moins produire des effets civils, lorsque les époux avaient été de bonne foi. — *Paris*, 9 mess. an XIII, Perrier c. Amathieu. — V. MARIAGE.

Sect. 4e. — *De l'abolition du divorce.*

382. — Le divorce a été aboli, comme nous l'avons dit en commençant, par la loi du 8 mai 1816 (art. 1er).

383. — Toutefois, cette loi n'a pas privé les époux divorcés avant sa publication de la faculté qu'ils avaient de contracter une autre union. — *Nancy*, 30 mai 1826, Poirson c. Nass.

384. — Elle n'a pas mis obstacle à ce qu'un Français contractât mariage avec une étrangère divorcée (antérieurement à sa publication) suivant les lois de son pays. La nullité d'un pareil mariage ne peut être demandée, surtout par l'un des époux. — Même arrêt.

385. — Mais elle a prohibé toute prononciation de divorce, en disposant (art. 2) que les jugemens et arrêts rendus sur des demandes et instances en divorce pour cause déterminée, et qui étaient restés sans exécution par le défaut de prononciation du divorce par l'officier de l'état civil, seraient restreints aux effets de la séparation. — V. en ce sens (sol impl.) *Cass.*, 5 juill. 1824, Nicly.

386. — En outre il a été jugé que, les lois qui règlent les conditions du mariage étant d'ordre public et obligatoires pour tous en France, l'étranger divorcé conformément aux lois de son pays qui lui permettent de contracter un second mariage, ne peut pas se remarier en France. — *Paris*, 28 mars 1843 (t. 1er 1843, p. 487), Jakowski. — V. au surplus, à cet égard, vis ÉTRANGER, MARIAGE.

V. ALIMENS, ÉMIGRÉ, MARIAGE, SÉPARATION DE CORPS.

DIVULGATION DE SECRETS.

Table alphabétique.

DIVULGATION DE SECRETS. — 1. — Toute personne qui accepte librement un secret, assume par cela même l'obligation morale de le garder.

2. — Mais le législateur de 1810 a pensé que dans un intérêt d'ordre public il importait, pour certains cas, et à l'égard de certains individus, de transformer cette obligation morale en une obligation *légale*.

3. — Aussi l'art. 378, C. pén., comblant une lacune qui existait sous ce rapport dans la législation ancienne, dispose-t-il « que les médecins, chirurgiens et autres officiers de santé, ainsi que les pharmaciens, les sages-femmes, *et toutes autres personnes dépositaires, par état ou profession, des secrets qu'on leur confie*, qui, hors le cas où la loi les oblige à se porter dénonciateurs, *auront révélé ces secrets*, seront punies d'un emprisonnement d'un mois à six mois, et d'une amende de 100 fr. à 500 fr. »

4. — L'exposé des motifs de cet article suffira pour indiquer dans quel esprit il a été conçu : « Ne doit-on pas, y est-il dit, considérer comme un délit grave des révélations qui, souvent, ne tendent à rien moins qu'à compromettre la réputation de la personne dont le secret est trahi, à détruire en elle une confiance devenue plus nuisible qu'utile, à déterminer ceux qui se trouvent dans la même situation à mieux aimer être victimes de leur silence que de l'indiscrétion d'autrui, enfin à ne montrer que des traîtres dans ceux dont l'état semble ne devoir offrir que des êtres bienfaisans et de vrais consolateurs? — Cette disposition est nouvelle dans nos lois : il serait à désirer que la délicatesse la rendît inutile, mais combien ne voit-on pas de personnes dépositaires de secrets dus à leur état, sacrifier leur devoir à leur causticité, se jouer des sujets les plus graves, alimenter la malignité par des révélations indécentes, des anecdotes scandaleuses, et déverser ainsi la honte sur les individus, en portant la désolation dans les familles? »

5. — Comme on le voit, l'incrimination de la loi ne s'adresse qu'aux personnes qui, *par état ou profession*, sont dépositaires des secrets qu'on leur confie, parce qu'à leur égard les secrets confiés sont réellement *nécessaires*.

6. — A l'égard de toutes autres personnes, la promesse du secret, quelque solennellement, d'ailleurs, qu'elle ait pu être faite, n'est pas légalement obligatoire, et elle ne saurait, par suite, servir de motif légitime pour refuser de donner à la justice les renseignemens dont elle pourrait avoir besoin. — *Cass.*, 30 nov. 1820, Madier de Montjau; 8 mai 1828, Ferragut; — Merlin, *Quest.*, vo *Témoin judiciaire*, § 6; Carnot, sur l'art. 378, C. pén., t. 2, p. 244, no 3.

7. — Au nombre des personnes réputées dépositaires par état des secrets confiés, l'art. 378 désigne nominativement les *médecins, chirurgiens, officiers de santé, pharmaciens, sages femmes*. Mais, comme il est évident que la disposition est purement énonciative, on a dû rechercher à quelles personnes elle pouvait encore s'appliquer.

8. — En première ligne se place le prêtre dépositaire des secrets qui lui sont confiés sous le sceau de la confession.

9. — De tout temps, en effet, il a été reconnu que le secret de la confession est sacré. — C'est ce qui, dès le IVe siècle, avait été posé en maxime par un concile (*ex concil. Carthag. cœn. statutum*, caus. 2, quæst. 6); — d'Héricourt, *Lois eccl.*, p. 330; Durand de Maillane, vo *Confesseur*, no 5; Merlin, *Rép.*, vo *Confesseur*.

10. — Et cette doctrine fut confirmée par la jurisprudence des parlemens. — Jousse, t. 2, p. 98, et Muyart de Vouglans, p. 746.

11. — Farinacius (quæst. 51, num. 93) représentait la doctrine de l'inviolabilité de la confession comme une règle du droit : *Sacerdos non potest nec debet revelare sibi imposita per confitentem in sacramentali confessione.*

12. — Et les anciens auteurs ajoutent que, suivant les cas, le confesseur qui avait violé le secret de la confession encourait des peines sévères, telles que la déposition, l'incarcération perpétuelle dans un monastère, et même des peines afflictives ou la mort. — Merlin, *Rép.*, vo *Confesseur*.

13. — On comprend que la règle de l'inviolabilité du secret de la confession, ne dérivant pas de la loi, mais de la religion, n'a pu subir les variations de la législation. Elle fait partie des dogmes de la foi catholique que la loi du 18 germ. an X et la charte de 1830 ont placée sous la protection du gouvernement (V., dans ses motifs, *Cass.*, 30 nov. 1810, Lavaine). Aussi doit-on nécessairement comprendre le prêtre parmi les personnes que l'art. 378 indique comme dépositaires, par état ou par profession, des secrets qu'on leur confie, et doit-on dire que le prêtre qui violerait un pareil secret encourrait, indépendamment des peines canoniques, l'application dudit art. 378.

14. — On doit en dire autant de l'*avocat* : « Comme le prêtre, disent MM. Chauveau et Hélie (t. 6, p. 520), il reçoit, dans l'exercice de ses fonctions, les aveux et la confession des parties : il doit considérer ces révélations comme un dépôt inviolable. La confiance que sa profession attire serait un détestable piége s'il pouvait en abuser au préjudice de ses cliens. Le secret est donc la première loi de ses fonctions : s'il l'enfreint, il prévarique. »

15. — Ces considérations ne sont pas moins frappantes en ce qui concerne les avoués; car, participant à la défense des parties, ils ont évidemment les mêmes devoirs que les avocats. — Chauveau et Hélie, *loc. cit.*; Jousse, t. 2, p. 102; Muyart de Vouglans, *Lois crim.*, p. 784; Serpillon, t. 2, p. 447.

16. — Aussi, Jousse et Muyart de Vouglans attestent-ils que l'ancienne jurisprudence reconnaissait la maxime que l'avocat ou le procureur qui découvrait le secret de sa partie commettait une prévarication.

17. — Et la jurisprudence n'a pas hésité à comprendre les avocats et les avoués parmi les personnes assujéties à l'obligation du secret. — V. les arrêts cités *infrà*, nos 45 et suiv.

18. — La question semble plus douteuse en

ce qui concerne les notaires. — Ces officiers publics sont, il est vrai, dépositaires des secrets des familles ; aussi les anciens auteurs (V. Ferrière, t. 2, p. 239, v° *Notaire* ; Jousse, *Inst. crim.*, t. 2, p. 104 ; Muyart de Vouglans, *Lois crim.*, p. 784 ; Serpillon, *Code crim.*, t. 2, p. 448) les rangent-ils parmi les personnes qui ne doivent pas révéler les faits qu'ils ne savent que par le secret de leur profession.

19. — Telle est aussi l'opinion généralement admise par les auteurs qui ont écrit depuis le Code pénal. — V. Carnot, sur l'art 378, C. pén., notes add., n° 5 ; Bourguignon, sur l'art. 322, C. inst. crim., t. 2, p. 52 ; Rauter, t. 2, p. 105.

20. — Et cette opinion paraît consacrée par un arrêt de la cour de Montpellier, du 24 sept. 1827, Teyssier.

21. — Toutefois, MM. Chauveau et Hélie (t. 6, p. 523) repoussent l'assimilation des notaires avec les avocats ou avoués. Ils pensent que, les devoirs des notaires, ayant été spécifiés par l'art. 23, L. du 25 vent. an XI, qui dispose « qu'ils ne pourront, sans l'ord. du président du tribunal de première instance, délivrer expédition ni donner connaissance des actes qu'aux personnes intéressées en nom direct, héritiers ou ayant-droits, à peine de dommages-intérêts, d'une amende de 100 fr., et d'être, en cas de récidive, suspendus de leurs fonctions pendant trois mois », il résulte de là que l'obligation du secret est, en ce qui les concerne, réduite aux actes, et que même elle n'est pas absolue ; qu'en conséquence, cette règle se trouvant écrite dans une loi spéciale qui définit leurs attributions et les soumet à une discipline sévère, il y a lieu de penser qu'elle n'a reçu aucune atteinte de l'art. 378, C. pén., et que cet article n'a pas substitué ses peines aux peines disciplinaires portées par la loi du 25 vent. an XI ; et qu'enfin les notaires ne sont pas compris dans la classe des personnes qui sont par leur profession dépositaires de secrets.

22. — Et c'est là, en effet, ce qui a été reconnu par la cour de Cassation (23 juill. 1830, Cressent), dans un arrêt qui pose en principe que « les notaires ne sont pas compris dans cette désignation générale de l'art. 378, *toutes autres personnes*, puisque leurs devoirs et les peines qu'ils peuvent encourir en cas de violation en cette partie, sont fixés par la loi du 25 vent. an XI (art. 23), contenant organisation du notariat, et spéciale en ce qui les concerne. »

23. — Nous hésitons à partager cette dernière opinion. — Et d'abord, l'argument tiré de l'art. 23, L. du 25 vent. an XI, argument qui serait décisif, suivant MM. Chauveau et Hélie, est loin d'avoir toute la force que ces auteurs veulent lui prêter. La défense de donner connaissance des actes à d'autres qu'aux personnes intéressées, n'a pour but que de régler les conditions du dépôt des minutes dont les notaires restent nantis et qu'on aurait pu croire devoir être publiques comme les registres de l'état civil et ceux du bureau des hypothèques ; et c'est en vain que l'on voudrait considérer la matière du secret comme réglementée par la disposition de cette loi. Or, ceci posé, n'est-il pas juste de reconnaître que les notaires sont, sous le rapport du secret de leur cabinet, dans la même position que les avocats et avoués, qu'ils donnent des conseils et reçoivent des confidences ; et que la divulgation dont ils peuvent se rendre coupables est aussi odieuse que si elle émanait d'un avocat : est-il donc supposable que le législateur ait voulu leur faire une condition différente ?

24. — *Prêtres, avocats, avoués, notaires*, tels sont les personnes dont les auteurs et la jurisprudence se sont spécialement occupés pour déterminer la portée et l'application de l'art. 378, C. pén. — Mais MM. Chauveau et Hélie (t. 6, p. 525) disent avec raison que, l'art. 378 étant éminemment démonstratif, *toutes autres personnes* auxquelles leur profession imposerait les mêmes obligations seraient sans contredit, au cas où elles les auraient violées, soumises aux mêmes peines, — et ils citent l'énumération donnée par Damhouderius, ainsi qu'il suit, cap. 123, n° 19, p. 393 : « *Advocati, procuratores, tutores, curatores, oratores, secretarii, scribæ, graphiarii, atque id genus similes, qui secreta dominorum, pupillorum, adultorum, magistrorum suorum pandunt et propalant, aut qui instrumenta, litteras aut informationes ostendunt partibus adversariis, puniendi sunt (quia falsarii) pœnâ falsi.* » — L. 1, § 6, ff., *De lege corn. de falsis.*

25. — La divulgation des secrets, prévue et punie par l'art. 378, C. pén., *est un délit* : or, tout délit suppose une intention mauvaise et le concours de la volonté ; d'où il résulte incontestablement que, si la divulgation était le résultat du hasard, d'une circonstance fortuite, il n'y aurait pas de délit. — Chauveau et Hélie, p. 526.

DIVULGATION DE SECRETS.

26. — Mais en quoi doit consister et sur quoi doit porter la *volonté* pour être caractéristique du délit ? — La cour de Cassation a posé en principe que « l'art. 378, placé sous la rubrique des *calomnies, injures et révélations de secrets*, a pour objet de punir les révélations indiscrètes *inspirées par la méchanceté et le dessein de diffamer et de nuire.* » — *Cass.*, 23 juill. 1830, Cressent.

27. — Tel n'est pas l'avis de M. Rauter : cet auteur (*Tr. dr. crim.*, t. 2, p. 104) n'admet pas qu'on puisse distinguer entre les révélations simplement indiscrètes et celles qui sont faites avec l'intention de nuire, et que la volonté, élément essentiel du délit prévu par l'art. 378, doive nécessairement se rattacher à une pensée d'injure ou de diffamation. « Le délit, dit cet auteur, consiste dans la violation du dépôt de confiance fait aux personnes dont il s'agit : l'intention criminelle existe donc par cela seul que le dépositaire viole volontairement le dépôt et se met ainsi au-dessus de la loi ; il n'est donc pas besoin qu'il veuille nuire à la personne dont la confiance est lésée, il suffit qu'il veuille nuire au dépôt qu'il a reçu. »

28. — MM. Chauveau et Hélie (t. 6, p. 527) se rangent à l'opinion consacrée par la cour de Cassation. — « La volonté, disent-ils, considérée comme élément du délit, renferme essentiellement l'intention de nuire : la révélation du secret est une sorte de diffamation : or, l'intention d'injurier, d'outrager et de diffamer est nécessaire pour constituer le délit de diffamation, d'outrage et d'injure. — On ne peut admettre avec M. Rauter que l'intention criminelle existe par cela seul que le dépositaire du secret viole volontairement ce dépôt, car il n'existe pas, en droit pénal, de *preuve nécessaire* d'une intention criminelle ; mais de même que cette intention est présumée en matière d'injure quand les expressions sont par elles-mêmes injurieuses, le fait seul d'une indiscrétion volontaire doit faire présumer l'intention de nuire, et c'est au prévenu à justifier qu'il n'avait pas cette intention. »

29. — Quoi qu'il en soit, la *volonté, l'intention criminelle* nécessaire pour constituer le délit n'existerait évidemment pas si celui qui aurait divulgué le secret se trouvait dans un cas où cette divulgation était commandée par la loi elle-même.

30. — Aussi, dans l'ancienne législation, et alors qu'une ord. de Louis XI, du 22 déc. 1477, ordonnait « *à toutes personnes quelconques* » de dénoncer certains crimes contre la sûreté de l'état ou la personne du roi, qu'elles auraient à leur connaissance, tenait-on pour constant que les avocats, procureurs, et même les confesseurs cessaient d'être liés par l'obligation du secret toutes les fois que les confidences ou la confession qui leur étaient faites contenaient l'aveu d'un crime de lèse-majesté au premier chef. — Serpillon, *C. crim.*, t. 1er, p. 68 ; Jousse, t. 2, p. 99 ; Brillon, v° *Confession*, n° 11 ; Merlin, *Rép.*, v° *Confesseur.*

31. — Et même, suivant Bouchel, cité par Merlin (V. *Rép.*, v° *Confesseur*), le confesseur qui n'aurait pas révélé un pareil crime au magistrat, encourait l'excommunication et l'anathème.

32. — Toutefois, les théologiens ont constamment prétendu que les confesseurs ne pouvaient être compris au nombre des personnes tenues à la révélation de cette espèce de crime. — L'autorité de Farinacius (quæst. 51, num. 99, 100 et 101) appuyait cette doctrine : *Sacerdos non potest delicta commissa per confitentem revelare, etiam quod sint atrocissima, ac etiam quod continentur sub crimine læsæ majestatis, imò nec etiam ad id cogi potest de mandato papæ ;* et enfin, une des règles de l'ordre de l'inquisition tenait aussi pour constant que jamais et *dans aucun intérêt* le secret de la confession ne devait être violé.

33. — C'est par un motif semblable à celui qui était admis dans l'ancienne jurisprudence, motif de toute équité, que l'art. 378 a excepté de son incrimination les divulgations faites « *dans le cas où la loi oblige à se porter dénonciateur.* »

34. — Il importe seulement de remarquer que, si cette exception avait un sens et une portée précise dans le Code pénal de 1810, parce que les art. 103 et suiv., de ce code imposaient *l'obligation de dénoncer* certains crimes intéressant la sûreté de l'état, elle ne trouve plus d'application depuis que le Code pénal de 1832 a abrogé ces derniers articles, car, au moyen de cette abrogation, comme le font remarquer MM. Chauveau et Hélie (t. 5, p. 529), il n'existe plus de cas où les personnes désignées dans l'art. 378, soient tenues de *se porter dénonciateurs.* — Aussi doit-on considérer son maintien dans le nouvel art. 378, comme le résultat d'une inadvertance du législateur. — V. en ce sens, le réquisitoire de M. l'avocat-général Quesnault, sous *Cass.*, 26 juill. 1845 (t. 2 1845, p. 289), Saint-Pair.

DIVULGATION DE SECRETS.

35. — Mais que doit-on décider, dans le cas où les révélations sont provoquées par la justice elle-même ? Par exemple, si l'avocat, le médecin, le prêtre, l'avoué etc., sont cités comme témoins et que le juge les interpelle de déclarer ce qu'ils n'ont connu que sous le sceau du secret et dans l'exercice intime de leur profession ?

36. — Dans ce cas, les médecins, avocats etc., *peuvent-ils* refuser leur témoignage en invoquant l'obligation du secret ? Ne *doivent-ils* même pas le refuser ? Enfin, quelle est, sur les diverses positions dans lesquelles ils peuvent se trouver, l'influence de l'art. 378 ?

37. — M. Legraverend (*Lég. crim.*, t. 1er, p. 281) est d'avis que l'art. 378 reste sans force devant l'art. 80 du C. instr. crim., parce qu'il n'a voulu empêcher que les révélations *spontanées*, et qu'en conséquence, il n'y a pas lieu d'excepter ce cas de la règle qui veut que tout citoyen dépose en justice des faits parvenus à sa connaissance.

38. — « Cette prétention, dit il, (celle de refuser témoignage) paraît inadmissible. La société entière est intéressée à la punition des crimes et délits ; la loi défend de faire des actes contraires aux mœurs et les frappe de nullité ; à plus forte raison défend-elle de faire des actes criminels ; il ne peut donc être permis à qui que ce soit, avocat, avoué, notaire, de prêter son ministère à de pareils actes ; il ne peut lui être permis de se taire, lorsqu'il est interrogé par la justice sur des actes de cette espèce, ou sur des actes licites qui ont eu pour objet de couvrir d'un voile des faits criminels aux yeux de la loi. Il doit donc déclarer tout ce qu'il sait ; il doit être mis par des interpellations précises dans la nécessité de répondre catégoriquement sur des faits qu'il importe d'éclaircir et d'approfondir, et s'il se refuse à dire la vérité, toute la vérité, on doit user contre lui des voies de droit que la loi a mises, en pareil cas, à la disposition de ses ministres. »

39. — Mais ce commentateur est resté seul de son avis ; la doctrine qu'il professe, repoussée d'avance par les anciens auteurs (V. Jousse, t. 2, p. 98 et 104 ; Muyart de Vouglans, p. 786 ; Domat, *L. civ.*, part. 1re, p. 154), a été également rejetée par les criminalistes modernes. — V. Chauveau et Hélie, t. 6, p. 532 ; Merlin, *Rép.*, vis *Déposition*, § 2, et *Témoin judiciaire*, § 1er, art. 6 ; Favard de Langlade, *Rép.*, v° *Enquête*, sect. 1re, § 4, n° 3 ; Dupin aîné, *Lettres sur la profession d'avocat*, t. 1er, p. 225.

40. — MM. Chauveau et Hélie, notamment (*loc. cit.*) la combattent avec vigueur. « Ces objections, disent-ils, sont évidemment dénuées de fondement. Il ne s'agit pas de savoir si les médecins, les avocats, les prêtres, peuvent s'abstenir de déposer relativement à des actes criminels auxquels ils auraient pris une part quelconque ; car, dans ce cas, ils se seraient rendus complices de ces actes, et ce n'est pas comme témoins, mais comme prévenus, qu'ils seraient cités devant la justice. Leur témoignage ne pourrait même être exigé, puisqu'il pourrait avoir pour effet de les inculper eux-mêmes ; il s'agit uniquement de savoir si les renseignemens qu'ils ont recueillis dans l'exercice de leur ministère, en donnant, par exemple, des soins à un malfaiteur blessé dans un cas d'agression, en recevant sa confession, en préparant sa défense, doivent être nécessairement livrés à la justice. — Ainsi, les dépositaires de ces renseignemens sont étrangers à la perpétration du crime, ils n'ont fait que prêter aux coupables l'assistance de leur ministère, après sa consommation. Doivent-ils être contraints de révéler ces actes d'assistance, de trahir la confiance dont ils ont été l'objet, de détruire la sûreté des rapports de leur profession avec les citoyens ? La société n'a-t-elle d'autre intérêt que de découvrir partout des indices de crimes ? n'a-t-elle pas aussi l'intérêt non moins sacré de maintenir la sûreté des relations des citoyens, de protéger la foi jurée, de veiller à l'accomplissement des devoirs moraux ? C'est là qu'était la question, et c'est pour ne l'avoir pas comprise que M. Legraverend l'a résolue dans un sens opposé. »

41. — Quant à la jurisprudence, elle s'est également trouvée d'accord avec la doctrine pour attribuer à l'art. 378 une portée plus large et plus libérale, et pour reconnaître que les personnes indiquées dans cet article ont *le droit* de refuser leur témoignage et que la justice doit respecter le secret qui leur a été confié.

42. — Ainsi il a été décidé, 1° qu'un prêtre ne peut être *tenu de déposer*, ni même être interrogé, hors les cas qui tiennent immédiatement à la sûreté de l'état, sur les révélations qu'il a reçues dans la confession. — *Cass.*, 30 nov. 1840, Lavaène.

43. — C'est aussi ce que décidait un arrêt du parlement de Paris, du 23 oct. 1680, rapporté par Papon.

44. — Et même le parlement de Normandie ju-

solennellement qu'une confession révélée ne pouvait établir la preuve d'un crime, et il déchargea la demoiselle Brachand de Beuvilliers de l'accusation portée contre elle. Cet arrêt est cité par Merlin, *Rép.*, vº *Confesseur.*

45. — … 2º Que l'avocat appelé comme témoin en justice est fondé à refuser de prêter serment et de déposer, lorsque les faits sur lesquels son témoignage est invoqué ne lui ont été révélés qu'en sa qualité d'avocat. — *Rouen*, 9 juin 1825, Bertrand; *Cass.*, 22 fév. 1828, Piétri.

46. — … 3º Que c'est aux avocats, quand ils sont appelés en témoignage, à interroger leur conscience, et à discerner ce qu'ils doivent dire de ce qu'ils doivent taire. — *Cass.*, 22 fév. 1828, Piétri.

47. — … 4º Que l'avocat qui, avant de prêter serment, déclarerait qu'il ne se croit pas tenu de divulguer les faits venus ainsi à sa connaissance ne pourrait être rendu passible d'une amende pour refus de serment. — *Cass.*, 20 janv. 1826, Sourbé.

48. — … 5º Qu'un témoin qui, en sa qualité d'avoué de l'accusé et sous le sceau de la confiance due à son ministère, aurait eu connaissance des faits sur lesquels il a été appelé à déposer, a la faculté de ne pas déposer de ces faits. — *Cass.*, 18 juin 1835 (et non 1834), Bureau.

49. — … 6º Que les personnes obligées au secret, par exemple, les médecins, ne peuvent être tenues de révéler les faits qu'elles n'ont connus que dans l'exercice de leur profession. — *Grenoble*, 23 août 1828, Fournier c. Remusat.

50. — … 7º Que les avocats sont dispensés de déposer en qualité de témoins sur ce qu'ils ont appris de leurs cliens dans leur cabinet, lorsque la déposition pourrait être réputée une trahison et une révélation de cabinet. — *Rouen*, 5 août 1816, Lariche c. Hardy.

51. — Jugé également qu'un notaire (en admettant qu'un notaire rentre dans les termes de l'art. 378. — V. *suprà* nos 18 et suiv.) n'est pas tenu de déposer en justice des faits relatifs à une instance correctionnelle pendante entre deux parties, lorsqu'il déclare que c'est dans le secret de son étude que ces faits lui ont été révélés. — *Montpellier*, 24 sept. 1827, Teyssier. — V. cependant, en ce qui regarde spécialement les notaires, deux arrêts du parlement de Paris, des 19 janv. et 6 fév. 1743, cités par Serpillon et Denisart (vº *Notaire*), qui décident que les notaires sont tenus de déposer dans les affaires criminelles sur ce qui s'était passé entre les parties à l'occasion des actes reçus par eux.

52. — La cour de Cassation a également reconnu, dans un arrêt du 23 juill. 1830 précité (Cressent), « que les avoués et les avocats *sont dispensés* de déposer des faits qui sont à leur connaissance en leurs dites qualités, seulement dans les procès de leurs cliens. » Mais elle s'est décidée par la considération « qu'il s'agissait du droit sacré de la défense, qui prédomine tous les autres. » Et on lit d'ailleurs dans le premier considérant de cet arrêt « qu'il ne résulte pas de l'art. 378 que les personnes qui exercent les professions y dénommées doivent être dispensées de faire à la justice la révélation des faits à leur connaissance lorsqu'elles sont entendues comme témoins, et que, dans l'intérêt de l'ordre public, leurs dépositions sont jugées nécessaires pour parvenir à la découverte de la vérité. » — D'où il semblerait résulter que la dispense de déposer n'existe que pour *les avocats et les avoués*, et non pour toutes les personnes désignées dans l'art. 378; mais cette conclusion est contraire à la jurisprudence.

53. — Et la cour elle-même, généralisant le principe proclamé par cette jurisprudence, a décidé, en termes formels, que *les médecins et chirurgiens* sont dispensés de déposer en justice sur les faits qui leur ont été confiés sous le sceau du secret auquel ils sont astreints à raison de leur profession, et cela par le motif que, si on leur refusait, en pareil cas, le droit de refuser leur témoignage, il pourrait en résulter des inconvéniens les plus graves pour l'honneur des familles et pour la conservation de la vie des citoyens; que ces intérêts exigent en effet, dans les cas particuliers où le secret est nécessaire, que le malade soit assuré de le trouver dans l'homme de l'art auquel il se confie. — *Cass.*, 26 juill. 1845 (t. 2 1845, p. 289), Saint-Pair.

54. — Cette décision est d'autant plus grave que, dans l'espèce qui lui a donné naissance, le chirurgien était interrogé sur un cas *de blessures*; or, la décision attaquée avait cru pouvoir s'appuyer, pour considérer le chirurgien comme obligé de déposer, sur divers réglemens ou ordonnances de police. — V. édits de déc. 1666; ord. 8 nov. 1780 et 4 nov. 1788, renouvelés en l'an X, l'an XIII, 1816, 1822, 1832, qui enjoignent aux hommes de l'art qui, hors le cas de réquisition légale, auront administré des secours *à des blessés*, d'en faire la déclaration au commissaire de police de Paris ou des communes rurales. — Mais M. l'avocat-général Quesnault a été d'avis que ces réglemens et ordonnances, d'ailleurs purement locaux, ne sauraient prévaloir contre l'art. 378 du C. pén., en l'absence de toute loi qui leur serve de support, et qu'à supposer que les hommes de l'art fussent tenus de faire la déclaration qu'ils prescrivent, cette obligation n'entraînerait nullement *celle de déposer*. — V., sur la valeur des réglemens et ordonnances de police précités, MÉDECINE ET CHIRURGIE.

55. — La cour de Cassation a rendu également hommage au principe de l'art. 378 lorsqu'elle a décidé que les médecins, sages-femmes, etc., auxquels la loi (art. 56, C. civ.) enjoint de faire la déclaration de naissance ne sont pas tenus de comprendre dans cette déclaration l'indication du nom de la mère, lorsque ce nom leur a été confié sous le sceau du secret. Non pas que cette décision ne puisse se justifier par le texte seul de l'art. 56 (V., à cet égard, ACTES DE L'ÉTAT CIVIL, nos 290 et suiv.); mais dans la plupart des arrêts rendus à cet égard, la cour a eu soin de rappeler l'art. 378 comme invitant plus spécialement au secret les personnes qui y sont dénommées. — V. ces divers arrêts vº ACTES DE L'ÉTAT CIVIL, nº 291 et suiv., et encore un nouvel arrêt du 1er août 1845 (t. 2 1845, p. 505), Prévost.

56. — On trouve, il est vrai, dans notre ancien droit quelques arrêts qui auraient obligé les avocats à déposer. — V. Serpillon, *Cod. crim.*, p. 447; et Delaville, *Dict. d'arr.*, vº *Avocat*, nº 249. — Mais la résistance que les avocats opposèrent à cette jurisprudence l'empêcha de prévaloir.

57. — Le droit de refuser le témoignage en invoquant l'inviolabilité du secret s'arrête évidemment aux personnes qui sont tenues légalement de garder ce secret, et qui, à ce titre, sont comprises dans l'art. 378 du C. pén. Ainsi M. Legraverend enseigne que la qualité de sœur d'une congrégation religieuse ne dispense point celles qui en sont revêtues de l'obligation de déposer en justice lorsqu'elles en sont requises.

58. — De même, il a été jugé que les préposés de l'administration des postes ne peuvent refuser de déclarer, sous la foi du serment, lorsqu'ils sont appelés comme témoins, s'il existe des lettres dans leurs bureaux à l'adresse des individus poursuivis par le ministère public. — *Ass. Indre-et-Loire*, 11 juin 1830, Definances.

59. — En effet, si le serment que l'art. 2, L. 26 août 1789, impose aux préposés de l'administration des postes consiste dans la promesse de garder et observer fidèlement le secret des lettres, et si, d'un autre côté, l'art. 378, C. pén., prononce des peines contre les personnes qui ont trahi les secrets dont elles étaient dépositaires par état, il ne résulte qu'une chose de la combinaison de ces deux dispositions, c'est qu'un préposé de l'administration des postes ne peut pas être tenu de déclarer à la justice des faits relatifs au contenu des lettres dont il est ou a été dépositaire. Ainsi, s'il avait eu l'indiscrétion de lire une lettre non cachetée, ou de plonger ses regards dans une lettre cachetée, la révélation du contenu de ces lettres serait une nouvelle violation du serment qui le lie et ne pourrait pas être exigée de lui. Mais la partie administrative de ses fonctions n'a rien de commun avec le secret des lettres, et n'est pas comprise dans les mêmes dispositions de la loi. Le préposé ne pourrait donc point refuser de déclarer le nom de la personne qui a chargé une lettre à son bureau, ni de celle qui a retiré une lettre chargée ou même adressée *poste restante*. Sa déclaration sur ces divers faits ne porte aucune atteinte à l'inviolabilité du secret des lettres, qui ne saurait s'étendre au-delà de ce qu'elles ont de confidentiel, c'est-à-dire de leur contenu.

60. — Ce droit, consacré par la jurisprudence au profit des personnes dénommées dans l'art. 378, de refuser le témoignage, est considéré comme tellement sacré, qu'il existe alors même que la provocation viendrait de ceux-là même que les faits concernent.

61. — Ainsi jugé que la femme qui prétend, à l'appui de sa demande en séparation de corps, que son mari lui a communiqué une maladie honteuse, ne peut pas exiger du médecin qui lui a donné des soins qu'il rende compte à la justice des faits dont il a eu connaissance à cette occasion. — *Grenoble*, 23 août 1828, Fournier c. Rémusat.

62. — Jugé encore que le notaire, à supposer qu'il soit compris dans l'art. 378 (V. *suprà* nos 18 et suiv.) peut refuser de déposer de ce qui lui a été révélé dans son cabinet, alors même que la partie qui lui a confié ces faits l'autoriserait à les faire connaître. — *Montpellier*, 24 sept. 1827, Teyssier.

63. — Tel est également l'avis de MM. Chauveau et Hélie (t. 6, p. 537) : « Le consentement donné à la divulgation, disent-ils, par la personne qui a confié le secret ne saurait délier le dépositaire du devoir imposé à sa profession…… L'obligation prescrite par l'art. 378 a été établie dans un intérêt général, et sa violation ne blesse pas seulement la personne qui a confié le secret, mais la société entière, parce qu'elle enlève à des professions sur lesquelles cette société s'appuie la confiance qui doit les environner. »

64. — Mais de ce que les personnes dénommées dans l'art. 378, C. pén., *peuvent* refuser de déposer des faits qui leur ont été confiés dans l'exercice de leur profession, en résulte-t-il qu'ils le *doivent?*

65. — MM. Chauveau et Hélie (t. 6, p. 535) ne considèrent pas la question comme douteuse, et ils soutiennent qu'en principe l'intervention de la justice (et même l'adhésion de la partie) ne modifient nullement les obligations résultant de l'art. 378, et que, dès-lors, les personnes dénommées dans cet article *doivent* s'abstenir, quand elles sont citées comme témoins, de répondre aux interpellations qui leur sont adressées, en se bornant à déclarer le titre qui leur commande le silence.

66. — Et la cour de Cassation semble avoir approuvé ce système lorsque, dans son arrêt du 20 janv. 1826 (Sourbé), elle a posé en principe que l'avocat qui a reçu des révélations à raison de ses fonctions violerait les devoirs spéciaux de sa profession et la foi due à ses cliens en déposant de ce qu'il aurait appris de cette manière. — Toutefois nous devons ajouter que la cour a seulement conclu de là que cet avocat *pouvait* (sans dire expressément qu'il *devait*) annoncer, avant de prêter serment comme témoin, qu'il ne se considérerait pas comme obligé de déclarer ce qu'il ne saurait que comme avocat.

67. — A Rome, il était *défendu* à l'avocat de rendre témoignage à raison des faits qui lui avaient été confiés dans l'exercice de sa profession. « *Mandatis cavetur ut præsides attendant ne patroni, in causâ cui patrocinium præstiterunt, testimonium dicant.* » L. ult. ff., *De testibus.*

68. — Resterait, dans tous les cas, la question de savoir si, alors que, contrairement à ces principes, une interpellation directe était adressée au témoin dépositaire du secret, soit par la justice, soit par la partie intéressée, ce témoin, en répondant à l'interpellation, se rendrait passible des peines de l'art. 378.

69. — MM. Chauveau et Hélie (t. 6, p. 535 et 537) se prononcent avec raison pour la négative, par le motif que, si, dans ce cas, la révélation est la violation d'un devoir, les ordres de la justice sont la justification de celui qui l'a commise, puisqu'il a pu, comprenant mal les devoirs et les prérogatives de sa profession, se croire lié par la règle générale posée dans l'art. 80, C. inst. crim., ou bien encore se croire relevé par l'adhésion de celui que le silence intéressait; or, l'erreur commise de bonne foi ne saurait remplacer l'intention criminelle. — V. aussi Rauter, t. 2, p. 104 et suiv.

70. — Ajoutons qu'aux termes mêmes de certains des arrêts précités, les avocats et les avoués, lorsque la justice les interroge, ne sont que *dispensés* de révéler les secrets qui leur ont été confiés : ce qui semble, légalement du moins, leur laisser la faculté de le faire. — *Cass.*, 23 juill. 1830, Cressent.

71. — Ajoutons que si les dépositaires par état de secrets qui leur sont confiés ne sont pas tenus de les révéler, ils ne sont pas cependant *incapables* d'être témoins, et qu'en conséquence un prévenu ne peut tirer une ouverture à cassation de ce que son avocat aura été entendu comme témoin. — *Cass.*, 22 fév. 1828, Piétri.

72. — Dans tous les cas, les mêmes auteurs pensent que si le dépositaire d'un secret répandait des soupçons suffisans pour éveiller l'action publique, et se ménageait ainsi le rôle de témoin pour arriver à trahir impunément ce secret, dans ce cas, l'intervention de la justice ne serait plus une cause de justification et le délit serait évident.

73. — Quelque large que soit et doive être l'interprétation de l'art. 378, il faut néanmoins reconnaître qu'il ne s'applique qu'au cas où il s'agit de faits confiés à raison de l'état ou de la profession et dans l'exercice de cet état ou de cette profession; mais non lorsque les médecins, prêtres, avocats, etc., ont eu connaissance de tout ou partie de faits secrets par des circonstances étrangères à leur état.

74. — Il est incontestable, en effet, que, dans ce dernier cas, l'obligation du secret n'existe plus; que la révélation n'a plus de caractère légalement

répréhensible, et que dès-lors, par voie de conséquence, l'art. 80, C. inst. crim., qui enjoint à tous de dire la vérité à la justice qui les interpelle, reprend son empire.

75. — C'est ce que reconnaissaient les anciens auteurs : « Dans les affaires, dit Jousse (t. 2, p. 103), pour lesquelles les avocats n'ont pas été consultés et qui ne leur ont pas été dénoncées sous le secret et surtout dans les affaires criminelles, ils peuvent être contraints de déposer, comme les autres étrangers, contre leurs cliens et autres accusés, quoiqu'ils soient leur conseil ordinaire. » — V. aussi Merlin, *Rép.*, vº *Déposition;* Serpillon, t. 1er, p. 448.

76. — Et Muyart de Vouglans (p. 786) dit aussi que les avocats et avoués ne sont pas dispensés de déposer, lorsqu'ils ont eu connaissance des faits avant que la partie intéressée les ait consultés, ou encore lorsqu'il paraît que c'est frauduleusement qu'on a eu recours à leur ministère pour les empêcher d'être entendus en témoignage et pour s'en faire un moyen de reproche contre eux. — Chauveau et Hélie, t. 6, p. 540.

77. — La jurisprudence a appliqué ces principes. Il a donc été jugé que, même en admettant que les notaires soient compris dans les personnes désignées par l'art. 378, si un notaire n'est appelé à déposer ni sur des pourparlers ni sur des confidences qui lui auraient été faites, mais seulement sur des faits matériels, tel que l'apport dans son étude d'une somme d'argent paraissant provenir d'un vol, il ne peut refuser d'en rendre témoignage. — *Cass.*, 23 juill. 1830, Cressent.

78. — Jugé encore que l'avocat cité comme témoin devant la cour d'assises peut être obligé à prêter le serment prescrit par la loi, quoiqu'il déclare qu'en sa qualité d'avocat il ne croit pas devoir déposer, alors que la cour d'assises restreint la déposition à faire par ce témoin aux faits « qui seraient venus à sa connaissance autrement que dans l'exercice de sa profession. » — *Cass.*, 14 sept. 1827, Jouberjon. — V. aussi *Douai*, 14 janv. 1842 (t. 2 1842, p. 71), Douanes c. Couterie.

79. — Jugé, par application du même principe, que l'arrêt qui, malgré l'opposition de l'accusé, ordonne l'audition comme témoin de son avoué, en s'en rapportant à sa conscience pour déposer des faits dont il aurait pu être informé *en dehors de ses fonctions*, ne peut donner ouverture à cassation. — *Cass.*, 18 juin 1835 (et non 1834), Bureau.

80. — Il est donc certain qu'on ne peut, d'une manière absolue, s'opposer à la déposition d'un avocat, par le motif qu'il aurait plaidé dans une affaire précédente, soit pour le prévenu, soit pour la partie civilement responsable, *et quelle que soit la relation de cette affaire avec celle dans laquelle son témoignage est requis.* — *Douai*, 14 janv. 1842 (t. 2 1842, p. 71), Douanes c. Couterie.

81. — La cour de Cassation, interprétant à la rigueur les mots de l'art. 378, *dépositaires des secrets qu'on leur confie*, a décidé que la dispense de déposer en justice sur les faits venus à leur connaissance dans l'exercice de leur profession n'est pas, pour les personnes dénommées audit article, une dispense *absolue*, et que dès-lors le médecin, par exemple, qui l'invoque ne peut s'en prévaloir qu'autant qu'il déclare qu'il s'agit de *faits confidentiels*, et non sur le simple motif qu'il s'agissait de faits dont il avait eu connaissance dans l'exercice de sa profession. — *Cass.*, 26 juill. 1845 (t. 2 1845, p. 289), Saint-Paer.

82. — En principe, cette distinction peut être juste; mais comme, d'un autre côté, il est évident (et la cour n'a pas dit le contraire) qu'il est des faits confidentiels par leur nature, et à l'égard desquels le secret n'a pas besoin d'être formellement recommandé, il faut arriver à dire que ce sera à la conscience et à la scrupuleuse délicatesse de la personne appelée en témoignage qu'il faudra laisser l'appréciation du point de savoir si les circonstances dans lesquelles elle a reçu une communication et les paroles de celui qui la lui a faite, quelque peu expresses qu'elles soient, n'ont pas eu pour résultat nécessaire de commander un inviolable secret. Quant à la déclaration *expresse* de sa part qu'il s'agit de faits confidentiels, il serait souvent, pour la justice, dangereux de l'exiger; car il est des cas (par exemple, s'il s'agit d'un médecin) où la simple déclaration *qu'il y a secret confié* équivaudrait presque à la divulgation elle-même du secret. — V. au surplus, sur le secret médical, MÉDECINE ET CHIRURGIE.

83. — Le principe qui veut que les personnes dénommées en l'art. 378 ne puissent être obligées à garder le secret et ne soient dès-lors dispensées de déposer en justice qu'autant qu'il s'agit de faits confiés à raison de l'état ou de la profession, trouve aussi son application lorsqu'il s'agit des prêtres; et Jousse (t. 2, p. 100) va même jusqu'à dire d'une manière absolue que si l'affaire pour laquelle le prêtre confesseur est assigné est étrangère à la confession, et que le confesseur ne la sache pas par cette voie, mais par une voie étrangère, rien ne l'empêche de pouvoir déposer même contre son pénitent.

84. — On comprend néanmoins tout ce que la nature même de la mission du prêtre impose de réserve, soit à lui-même, soit à la justice qui veut l'interroger. Aussi la cour de Cassation a-t-elle jugé avec raison que l'obligation du secret était rigoureuse pour le prêtre, alors même que la connaissance du fait avait été acquise, non dans l'acte de la confession même, mais sous le sceau du secret dû à cet acte sacramentel. « attendu que si, dans l'espèce, la révélation faite au prêtre n'a pas eu lieu réellement dans un acte religieux et sacramentel de confession, elle n'a été déterminée que par le secret dû à cet acte; que c'est dans cet acte et sous la foi de son inviolabilité que le révélant a voulu faire sa révélation; que de son côté le prêtre a cru la recevoir sous la bonne foi et sous la confiance de l'un et de l'autre, lesquelles ne peuvent être trompées par une forme qui n'étant relative qu'à l'effet sacramentel de la confession ne peut en anéantir les obligations extérieures et civiles. » — *Cass.*, 30 nov. 1810, Lavaine.

85. — L'application de l'art. 378, en ce qui concerne le prêtre, a donné récemment naissance à une question fort grave. On s'est demandé si l'évêque ou l'ecclésiastique auquel il avait donné délégation régulière, cité comme témoin dans un procès correctionnel dirigé contre un ecclésiastique de son diocèse, peut se dispenser de déposer des faits dont il déclare n'avoir acquis la connaissance que sous la condition d'un secret absolu et dans l'exercice de sa juridiction disciplinaire, par suite d'une enquête canonique ordonnée par lui contre l'ecclésiastique inculpé; et spécialement, si l'évêque cité comme témoin dans une poursuite intentée contre un ecclésiastique pour attentat aux mœurs a pu légalement se refuser à faire connaître les noms des personnes de qui il avait reçu des révélations à la condition d'un secret absolu et sous la foi du caractère épiscopal, et se borner à offrir d'indiquer le nombre de ces personnes, leurs rapports avec le prévenu, leur âge et tous les autres renseignemens suffisans pour mettre le juge à même de prononcer sur le sort de l'inculpé.

86. — Cette question a été résolue affirmativement par la cour royale d'Angers par arrêt du 31 mars 1841 (t. 2 1841, p. 529), évêque d'Angers et abbé Lambert. — Mais cette solution a été critiquée par M. Faustin Hélie dans la *Rev. de législat. et de jurispr.* de 1841, p. 276.

87. — Nous avons cru devoir également combattre la décision de la cour d'Angers, ainsi que les motifs sur lesquels elle s'appuie. « Nous ne saurions, avons-nous dit, admettre le silence dont la cour royale d'Angers veut faire un droit pour la juridiction disciplinaire dont l'épiscopat est investi; et il nous semble que c'est encore une erreur de l'arrêt ci-dessus rapporté que de généraliser ce principe, et de dire que les magistrats eux-mêmes ne doivent pas révéler à la justice ce qu'ils apprennent dans le cours de leur juridiction disciplinaire. Mais qu'est-ce donc que le pouvoir disciplinaire, si ce n'est une délégation de la puissance publique et de la société elle-même dans la vue de réprimer des fautes qui ne sont pas assez graves pour nécessiter l'action de la justice répressive? Comment ce pouvoir, institué par la société pour sa propre conservation, pourrait-il être retourné contre elle-même? — Il nous paraît incontestable que le pouvoir dont est investi le magistrat disciplinaire est un pouvoir coactif, comme celui du magistrat ordinaire; les révélations qu'il obtient ne peuvent donc pas être assimilées aux confidences faites à des particuliers sur la foi du secret. Ce privilége du secret, que le clergé revendique aujourd'hui, n'est-il donc pas repoussé par les art. 6 et 7 du concordat de l'an X? Et si nous remontions aux anciennes lois qui régissaient la France, nous y trouverions facilement la preuve que, sous leur empire, les investigations des magistrats ne pouvaient pas se trouver embarrassés par les obstacles que ne peut manquer de susciter la prérogative concédée au pouvoir disciplinaire ecclésiastique. » — V., au surplus, nos observations plus développées sous l'arrêt d'Angers (*loc. cit.*).

88. — Dans tous les cas, le même arrêt a décidé que l'ecclésiastique délégué par l'évêque qui a refusé de répondre sur des faits dont il a eu connaissance autrement que par l'information canonique, en prétextant à tort de prétendus mauvais procédés à son égard, se rend coupable de réticences auxquelles il n'était pas tenu par devoir, et doit être condamné à l'amende prononcée par la loi. — *Angers*, 31 mars 1841 (t. 2 1841, p. 529), évêque d'Angers et abbé Lambert.

DIXIÈME. — VINGTIÈME.

1. — On appelait *dixième* une imposition extraordinaire que le roi levait quelquefois sur ses sujets, dans les besoins pressans de l'état. — Guyot, vº *Dixième*; *Encycl. du dr.*, *eod. verb.*

2. — Cette imposition paraît avoir été établie pour la première fois par Charles Martel, qui leva un dixième sur le clergé, pour subvenir aux frais de la guerre qu'il préparait contre les Lombards. — La même mesure fut prise en 1188 par Philippe-Auguste à son départ pour la Terre-Sainte, puis en 1529, pour contribuer à la rançon des deux fils de François Ier. — Guyot, *loc. cit.*

3. — On ne trouve aucune autre trace de cet impôt jusqu'à Louis XIV, qui, après les désastres de la guerre de 1700, ordonna la levée d'un dixième par une déclaration du 14 oct. 1710 : ce dixième devait, aux termes de ladite déclaration, cesser trois mois après la publication de la paix générale, mais on le continua jusqu'en 1717. — Rétabli de nouveau par une déclaration du 17 nov. 1733, sa perception dura jusqu'au 1er janv. 1737, pour reprendre en 1741, en vertu d'une déclaration du 29 août. — Guyot, *loc. cit.*

4. — Mais cet établissement du dixième fut le dernier : cet impôt fut remplacé, aux termes d'un édit du mois de mai 1749, par une imposition annuelle qui consistait dans la vingtième partie du revenu des contribuables, et qui par suite prit le nom de *vingtième*.

5. — « Voulons, portait l'art. 3 de cet édit, qu'à compter du 1er janv. 1750, le *vingtième* soit annuellement levé à notre profit sur tous les revenus et produits des sujets et habitans de notre royaume, pays, terres et seigneuries de notre obéissance, sans aucune exception. »

6. — Une déclaration de juillet 1756, tout en déterminant l'époque de la cessation du premier vingtième qui avait été établi indéfiniment par l'édit de mai 1749, ordonna la levée d'un second vingtième, à partir du 1er oct. 1756 pour finir trois mois après la publication de la paix. — Mais la durée de la guerre en fit établir un troisième, qui, aux termes d'un édit de fév. 1760, devait être levé pendant les années 1760 et 1761.

7. — Les vingtièmes ont été supprimés sans retour par la loi du 22 nov.-1er déc. 1790, pour faire place à la contribution foncière.

8. — Toutefois, on trouve encore, en matière de contributions indirectes, sinon des traces, du moins quelques souvenirs des anciens dixièmes : c'est ainsi que la régie a droit au dixième du prix des places et du port des marchandises dans les voitures publiques; que 10 p. 100 du produit net des octrois doivent être prélevés pour le pain de soupe des troupes (L. 24 avr. 1806, art. 75; 28 avr. 1816, art. 153); qu'un décime par franc doit être perçu en sus des droits d'enregistrement, hypothèques, de greffe, amendes, de douanes, etc., etc., comme taxe de guerre. — V. au surplus, AMENDE, DÉCIME DE GUERRE, ENREGISTREMENT, OCTROI, VOITURES PUBLIQUES.

DOCK.

1. — Ce sont des bassins creusés autour d'un port de mer et destinés au stationnement des navires pendant le déchargement.

2. — Les docks ne peuvent être exécutés qu'en vertu d'une loi rendue après enquête administrative. — L. 3 mai 1841. — V. EXPROPRIATION POUR UTILITÉ PUBLIQUE.

3. — Des droits sont perçus dans les docks comme dans les bassins, et ces droits sont privilégiés sur le prix des navires. — V. BASSIN, DOUANES, NAVIGATION.

DOCTEUR. — DOCTORAT.

1. — On appelle *docteur* celui qui est promu dans une université, au plus haut grade que l'on prenne dans les facultés qui la composent, et qui a le droit d'enseigner ou de pratiquer la science ou l'art dont cette faculté fait profession. — Le *doctorat* est le degré ou la qualité de docteur. — *Encyclop. méthodique*, vº *Docteur*; — Guyot, *eod. verb.*

2. — Le titre de docteur, créé vers le milieu du douzième siècle, remplaça celui de *maître*, qui était alors devenu trop commun. — Néanmoins ce dernier titre fut encore conservé à ceux qui prenaient le plus haut degré dans la faculté des arts; et on le donnait aussi dans les communautés religieuses aux *docteurs* en théologie. — *Encycl. méthodique*;

Guyot, *loc. cit.* — On attribue communément à Irnerius, chancelier de l'empereur Lothaire, l'établissement du doctorat. — Ce titre fut d'abord institué dans l'université de Bologne et dans la faculté de droit; mais les facultés de théologie et de médecine l'admirent bientôt, à l'imitation de celle de droit. — *Encycl. méthodique*, et Guyot, *ibid.*

3. — Suivant l'opinion la plus généralement reçue, les premiers docteurs créés dans l'université de Paris ont été Pierre Lombard et Gilbert de la Porée. — Il y en a cependant qui soutiennent que l'usage du titre de docteur n'a commencé qu'après la publication du livre des sentences de Pierre Lombard, et que ceux qui ont expliqué ce livre dans les écoles sont aussi les premiers qui aient pris le titre de *docteur*. — *Ibid.*

4. — Le temps d'étude, les examens et les épreuves nécessaires pour constater la capacité de ceux qui voulaient parvenir au doctorat variaient suivant les différentes universités.

5. — On distinguait autrefois trois sortes de docteurs en droit: des docteurs en *droit civil*, des docteurs en *droit canon* et des docteurs *in utroque jure*, c'est-à-dire, en droit civil et en droit canon. — Mais depuis la révocation de l'édit de Nantes, on n'était plus admis à prendre des degrés en droit civil seulement, quoiqu'on fût libre de les prendre en droit canon seulement.

6. — Les docteurs en droit portaient la robe rouge. — Au reste, cette prérogative, du moins dans certaines universités, comme à Toulouse, leur était commune avec les licenciés. — *Encycl. méthodique*, v° *Docteur*. — Aujourd'hui, d'après l'art. 35, décr. 14 déc. 1810, les avocats qui ont obtenu le grade de docteur ont le droit de porter la chausse rouge garnie d'un triple rang d'hermine; cette disposition, observée dans le ressort de plusieurs cours royales, n'est pas observée à Paris.

7. — Les *docteurs*, étant du corps de l'université, ont été long-temps sans pouvoir se marier. Les docteurs en médecine furent les premiers qui jouirent de ce privilége. — V. les *Recherches* de Pasquier, liv. 3, ch. 29. — Sur les priviléges des docteurs en général, on peut voir les traités faits par Pierre Lesnendier, par Æmilius Ferretus et Everard Bronchorst. On peut consulter aussi Fran. Marc., t. 1er, quest. 81, 360, 636, 650, 688 et 689, et t. 2, quest. 303 et 545; Jean Thaumas, v° *Docteur*.

8. — Aujourd'hui les conditions nécessaires pour être admis au degré de docteur sont réglées par l'ord. 2 fév. 1823, pour la faculté de médecine; par le décr. 17 mars 1808, pour celles des lettres, des sciences et de théologie, et par l'ord. 4 oct. 1820, pour celle de droit.

9. — Le droit canon n'étant plus enseigné dans les écoles spéciales de droit, il n'y a plus qu'une seule espèce de docteurs en droit. La qualité de docteur en droit-canon n'est plus aujourd'hui représentée que par le grade de docteur en théologie. M. Dupin aîné, procureur général, est le premier qui, après la réorganisation des écoles de droit, ait obtenu le grade de docteur en droit; il y joignit peu de temps après le grade de docteur en théologie. — V. ENSEIGNEMENT.

DOL.

Table alphabétique.

DOL. — 1. — Ce sont, en général, les manœuvres pratiquées pour tromper quelqu'un et le déterminer à faire une chose préjudiciable à ses intérêts, ou le détourner de faire une chose utile pour lui.

—

§ 1er. — *Caractères du dol. — Ses diverses espèces.*

2. — Le *dol* ne doit pas être confondu avec la *fraude*, qui est l'art de violer la loi en trompant les juges ou les tiers par la forme des actes. Le dol se rencontre fréquemment avec la fraude, mais il peut aussi exister sans elle. — Chardon, *Dol et Fraude*, t. 1er, p. 4. — V. FRAUDE.

3. — Le dol se distingue aussi de la simulation, qui est le moyen employé par les parties pour dissimuler la véritable cause de la convention. — Chardon, *Dol et fraude*, t. 1er, p. 4. — V. SIMULATION.

4. — Le dol était défini par la loi romaine, d'après Labéon : *Omnem calliditatem, fallaciam, machinationem ad circumveniendum, fallendum, decipiendum alterum adhibitam.* — L. 1, § 2, ff., *De dolo malo.*

5. — D'après l'art. 1116, C. civ., « le dol est une cause de nullité de la convention, lorsque les manœuvres pratiquées par l'une des parties sont telles, qu'il est évident que, sans ces manœuvres, l'autre partie n'aurait pas contracté. »

6. — Jugé en ce sens, que, d'après les anciens principes, comme sous le Code civil, il faut, pour annuler une convention comme viciée de dol, qu'il y ait évidence que sans elle le contrat n'aurait pas eu lieu. — *Bruxelles*, 9 mars 1832, Coenen c. Domaine.

7. — ...Que l'action de dol n'est admissible pour faire annuler une obligation contractée par un individu dont l'interdiction n'aurait pas été prononcée avant son décès qu'autant que les faits offrent des circonstances graves et précises, se référant à la formation de la convention, et, d'une telle nature, que, si la preuve en était rapportée, il serait évident que le consentement n'a pas été libre. — *Douai*, 25 juin 1845 (t. 2 1845, p. 250), Vérons t c. Fontaine.

8. — C'est là le dol que les auteurs appellent *dol principal*; c'est-à-dire, celui qui a déterminé le contrat, et sans lequel la partie trompée n'aurait pas contracté, *dolus dans causam contractui*. Il n'y a que ce dol qui soit une cause de nullité, ou pour mieux dire, d'annulation. — Voët, *Ad. pand.*, *De dolo malo*; Huberus, *ibid.*; Toullier, t. 6, n° 90, et t. 10, n° 869; Duranton, t. 10, n° 169; Rolland de Villargues, n° 2.

9. — Mais il n'est pas toujours facile de reconnaître quand c'est réellement le dol qui a déterminé le contrat, la loi ne se contentant pas d'induction, mais exigeant *l'évidence*. — Toullier, t. 9, n° 177.

10. — Quels sont donc les faits qui constituent cette évidence exigée pour que l'annulation du contrat puisse être prononcée pour dol? La loi s'en est rapportée pour l'appréciation de ces faits à la sagesse des tribunaux, dont la décision sur ce point est souveraine. — Duranton, t. 10, n° 168.

11. — Tout ce qui tient à l'appréciation et à la pertinence des faits constitutifs du dol qu'une partie demande à prouver rentre essentiellement dans le domaine des juges du fond; et leur décision à cet égard échappe à la censure de la cour de Cassation. — *Cass.*, 28 brum. an XIV, Billois c. Villavicensio et Leroy; 2 fructid. an XIII, Laguarrigues c. Laffond; 3 fév. 1829, Bourdin c. Moret; 13 juill. 1830, Gaillard et Doyon c. Poncet; 13 déc. 1830, Quevremont c. Ballier; 1er fév. 1832, Ruby c. Biedcharulon; 5 déc. 1838 (t. 2 1838, p. 617), Boullé c. Bourdonnais-Duclesio et Durand Vaugaron; 5 juin 1839 (t. 2 1839, p. 265), de Guillon c. de Marcillac; 20 nov. 1839 (t. 1er 1840, p. 355), comm. c. fabrique de Beignon; 2 mars 1840 (t. 1er 1840, p. 470), Guilbert c. Daniel et Delanoe; 5 août 1840 (t. 2 1840, p. 475), Lechaffotec.

12. — Jugé, cependant, qu'il y a ouverture à cassation, et non simple mal jugé, lorsqu'un arrêt a annulé une transaction pour dol personnel, quoique les faits admis comme indices n'offrissent évidemment ni manœuvres, ni tromperies de la part de celui à qui on les impute. — *Cass.*, 4 juin 1810, Grand c. Grandmaison.

13. — On s'était toujours prévalu de cet arrêt toutes les fois que la question s'était présentée pour combattre le principe que les juges sont appréciateurs souverains des faits constitutifs du dol. Mais, lors de l'arrêt du 2 mars 1840, rapporté plus haut, M. le conseiller Lasagni a rectifié, dans des observations d'une grande valeur, et qui se trouvent au *J. Pal.* (t. 1er 1840, p. 470), l'interprétation et la portée donnée à cet arrêt du 4 juin 1810.

14. — Pour apprécier si des faits de captation, dol et violence dont on demande à faire preuve sont admissibles, il ne faut pas les considérer chacun en particulier, mais il suffit de les considérer dans leur ensemble. — *Aix*, 14 fév. 1832, Maurel c. Jourdan; — Coin-Delisle, *Comm. analyt.* sur l'art. 901, C. civ., n° 21.

15. — Les actes doivent être appréciés d'après les lois, les faits et les circonstances qui existaient à l'époque où ils étaient passés. — *Bruxelles*, 9 mars 1832, Coenen c. Domaine.

16. — L'arrêt qui annule pour cause de dol un acte exécuté volontairement par celui qui en demande la nullité, constate suffisamment que l'exécution elle-même a été provoquée par des faits de dol et de fraude, alors qu'il énumère des circonstances desquelles il résulte que le dol a été continué depuis l'acte dont l'annulation est prononcée. — *Cass.*, 5 juin 1839 (t. 2 1839, p. 264), de Goyon c. de Marcillac.

17. — Le *dol principal* se distingue du *dol incident* ou *accidentel*, *dolus incidens*. Celui-ci est le dol par lequel une personne décidée à contracter est trompée sur quelques accessoires ou accidens du contrat, la qualité de la chose, par exemple. Ce dol accidentel, qui n'est pas tel qu'on puisse dire que l'autre partie n'aurait pas contracté si elle l'avait connu, mais qui l'a amenée cependant à le faire d'une manière désavantageuse, n'annule pas le contrat, mais donne lieu seulement à des dommages-intérêts ou à une diminution du prix. — Arg. C. civ., art. 1382; — Pothier, *Oblig.*, n° 31; Merlin, *Rép.*, v° *Dol*, n° 4; Toullier, n°s 90 et 91; Duranton, n° 170; Chardon, t. 1er, p. 17; Rolland de Villargues, n°s 3 et 4; Delvincourt, t. 2, p. 464, notes.

18. — On distingue encore le dol commis par *simulation* de celui qui provient de *réticence*, ou, en d'autres termes, le *dol positif* et le *dol négatif*.

19. — Le premier a lieu lorsqu'on fait soi-même ou lorsqu'on fait faire par autrui des choses dont le but est d'amener à croire ce qui n'est pas: *Cum aliud agitur, aliud simulatur* (L. 1re, § 2, ff., *De dolo malo*). Il peut se former par des paroles ou par des actions.

20. — Le second consiste à dissimuler quelque chose pour provoquer ainsi ou entretenir l'erreur de l'autre partie: tel serait le cas du vendeur affectant un silence préjudiciable afin de tromper ainsi, *qui insidiosè obscurè dissimulat* (L. 43, § 3, ff., *De contr. emp.*). — L'art. 348, C. comm., nous fournit l'exemple d'un dol négatif, ou par réticence, qui, dans une assurance maritime, peut avoir pour résultat de diminuer l'opinion du risque ou d'en changer le sujet. — Toullier, t. 6, n° 88, et t. 9, n°s 167 et 168; Duranton, n° 188. — V. ASSURANCE MARITIME.

21. — L'appréciation souveraine des faits constitutifs du dol, appartenant aux juges du fond, ils peuvent, sans qu'il y ait ouverture à cassation, décider que le silence gardé par une partie sur les forces d'une succession, en présence de l'accep-

tation que les intéressés étaient sur le point d'en faire, constituait un *dol par réticence*, et appliquer à ce silence les conséquences du dol. — *Cass.*, 5 déc. 1838 (t. 2 1838, p. 617), Boullé c. Bourdonnais-Duclesio et Durand Vaugaron.

22. — De même, un plaideur peut être condamné à des dommages-intérêts, comme coupable de dol, lorsqu'il est reconnu que, par les qualités qu'il a prises et par son genre de défense, il est parvenu à donner à ses adversaires le change sur les poursuites qu'ils avaient à faire pour recouvrer la propriété d'un immeuble et a laissé ainsi au tiers détenteur le temps d'acquérir la prescription décennale; prescription dont il devait lui-même profiter, en s'affranchissant du recours en garantie qu'on devait exercer contre lui, en cas d'éviction. — *Cass.*, 5 fév. 1812, Masson-Lafumoire c. Chessé; — MM. Toullier (t. 9, nº 169), Duranton (t. 10, nº 183) et Rolland (nº 32) approuvent cette décision.

23. — Il y a un fait de dol et de fraude de la part de celui qui, ayant connaissance d'un acte sous-seing-privé qui déjà a dépouillé le vendeur de la propriété de la chose vendue, acquiert néanmoins celle-ci, et il importe peu que la nouvelle vente ait eu lieu par acte notarié. — *Agen*, 12 mai 1830, Mercié c. Cassaigne.

24. — Le dol peut même être postérieur au contrat et, loin d'avoir déterminé la convention, n'avoir eu lieu que depuis et à son occasion.

25. — Ce dol arrive fréquemment à la suite d'actes simulés, c'est-à-dire d'actes dans lesquels les parties contractantes ont cherché à paraître faire une chose, alors qu'elles en faisaient réellement une autre; *cum aliud simulatur, aliud agitur*. Ainsi, dans le contrat de mariage, le futur époux a déclaré avoir reçu la dot de la future, tandis qu'à la vérité il n'en était rien, et que le futur avait voulu seulement favoriser la femme par ce moyen, d'une somme équivalente à celle qu'il prétendait lui avoir été remise. Mais le mariage n'a pas lieu ou le futur décède. La future réclame alors de lui ou de ses héritiers la prétendue dot. Evidemment, il y a ici dol, dol d'autant plus répréhensible que la future abuse d'un contrat de bienfaisance qui avait pour but de l'avantager. Il faut appliquer à ce cas ce que dit Ulpien, L. 36, ff., *De verb. oblig.*: *Cùm enim quis petat ex eâ stipulatione, hoc ipso facit dolo quod petit.* — Toullier, t. 9, nºs 178 et suiv. — V. SIMULATION.

26. — Il existe encore une espèce de dol par lequel, sans amener une personne à contracter avec soi, on la détermine par des manœuvres ou des réticences frauduleuses à agir contrairement à ses intérêts, afin d'en tirer profit ou d'en faire profiter un autre, un parent ou un ami.

27. — Tel serait le cas où, par vos manœuvres, vous m'auriez fait croire qu'une succession profitable ne pouvait que me causer du désavantage, et m'auriez conduit ainsi à y renoncer (L. 9, § 1, ff., *De dolo malo*; L. 6, *eod. cod.*; C. civ., art. 783). — Il en serait encore de même si, connaissant le mauvais état où se trouvait la fortune d'un tiers, vous m'aviez frauduleusement et avec l'intention de me tromper, fait croire qu'il en était tout autrement (L. 8, ff., *eod. tit.*). Mais il faudrait décider le contraire si vous aviez simplement affirmé la solvabilité de ce tiers, l'action de dol n'existant qu'au cas d'une notable et évidente mauvaise foi (L. 7, § 10, ff., *eod. tit.*). — Toullier, t. 9, nºs 163, 192 et 199; Rolland, nºs 9 et suiv.

28. — Pour que le dol existe, il faut le concours de trois circonstances, savoir : 1º qu'il y ait intention de tromper, *consilium*. — Toullier, t. 6, nº 89; Delvincourt, t. 2, p. 464, notes; Merlin, *Rép.*, vº *Dol*, nº 1er.

29. — Le dol se distingue en cela de la faute : *dolus, cùm adest lœdendi animus; culpa, factum inconsultum quo alteri nocetur.* — Toullier, t. 6, nº 89.

30. — Le dol proprement dit n'existe pas quand une partie a été trompée sans qu'il soit possible d'attribuer l'erreur à qui que ce soit. Tel serait le cas où les vices de l'objet vendu n'étaient pas connus du vendeur, ou encore le cas de lésion énorme. C'est moins par la personne que par la chose qu'on est alors trompé (L. 36, ff., *De verb. oblig.*). C'est là ce que quelques auteurs ont, par suite, improprement nommé *dol réel*, par opposition au dol *dolus malus*, qu'on appelle alors *dol personnel*. — V. Wolff, *Inst. jur. nat.*, § 25; Toullier, t. 6, nº 89; Rolland, nºs 13 et 14; Delvincourt, t. 2, p. 464, notes; Merlin, *Rép.*, vº *Dol*, nº 1er.

31. — Jugé ainsi que le dol puni par la loi n'est pas le dol réel *dolus re ipsâ*, mais le dol personnel *dolus malus*. — *Cass.*, 4 juin 1810, Grand c. Grandmaison.

32. — La dissimulation sur les vices de la chose n'est pas, en général, regardée comme un dol; mais elle l'est au cas de vente de choses mobilières. — C. pén., art. 423; — Rolland, nº 15.

33. — ... 2º Qu'il soit résulté réellement un dommage quelconque des manœuvres employées, *eventus damni*. En effet, si ces manœuvres n'avaient nullement préjudicié à la personne trompée, celle-ci n'aurait aucune indemnité à réclamer, ni aucune action à intenter. — L. 79, ff., *De reg. jur.*; — Rolland, nº 16.

34. — ... 3º Que les manœuvres aient été pratiquées par la personne avec qui on a contracté ou qu'elle en ait été complice. — L. 4, § 20, ff., *De dol. except.*; — Pothier, nº 32; Toullier, t. 6, nº 93, et t. 7, nº 319; Delvincourt, t. 2, p. 125 et 463, notes; Duranton, nºs 176 et suiv.

35. — Si le dol avait été commis sans sa participation, l'engagement serait valable et non sujet à rescision. La personne trompée aurait seulement une action en dommages-intérêts contre le tiers qui l'aurait trompée. Ainsi, en cela, le dol diffère de la violence qui a pour effet d'annuler le contrat, encore bien qu'elle provienne d'un tiers.

36. — Toutefois, le principe que le dol commis par un tiers, sans complicité de la partie qui a profité de la convention, n'entraîne pas la nullité du contrat, n'a pas été érigé en règle par le Code civil. Mais la cause en est qu'il est inutile d'invoquer ce principe toutes les fois que l'erreur résultant du dol est de nature à opérer seule la nullité du contrat. Alors la convention est radicalement nulle, bien que l'une des parties n'ait été pour rien dans le dol qui a causé l'erreur de l'autre partie. Il importe donc peu ici que le dol ait été commis par un tiers ou par la personne avec laquelle on a contracté. — Toullier, nº 94; Delvincourt, t. 2, p. 463; Chardon, p. 19; *Dict. du not.*, vº *Dol*, nº 2.

37. — Au surplus, le dol n'est pas censé commis par un tiers, lorsqu'il est le fait d'un représentant de la partie contractante. Ainsi, quand un mandataire commet un dol en contractant, la convention peut être résiliée, et la partie qui a profité du dol est soumise à restitution. Quant aux dommages-intérêts, le mandataire seul y est astreint, excepté s'il y a eu complicité. — Voët, *Ad. pand.*; Duranton, nº 186; Delvincourt, p. 463; Rolland, nº 54; *Dict. du not.*, nº 3.

38. — Ce qu'on vient de dire du mandataire s'applique également au tuteur, au mari, etc., en ce qui concerne les biens du mineur, de la femme, dont ils ont l'administration. — Delvincourt, p. 464; Rolland de Villargues, nº 55.

39. — On pourrait aussi opposer au successeur universel le dol qui aurait été commis par son auteur. Il en faut dire autant du successeur particulier à titre gratuit; mais il en serait autrement à l'égard du successeur particulier à titre onéreux. — Delvincourt, t. 2, p. 464, notes.

40. — Lorsqu'un mandataire, en désertant les intérêts de son mandant, a passé un acte de vente qui lui est préjudiciable, les juges peuvent, en cas de concert entre le mandataire et l'acquéreur, pour cet abandon des intérêts du mandant, déclarer que la vente est nulle, comme viciée de dol et de fraude; en vain, dirait-on, qu'il n'y a que simulation. — *Cass.*, 8 mars 1825, Vignaud c. Mourier.

41. — Le dol, dans le sens où nous le prenons, ne résulte pas de toute espèce de manœuvres ou d'artifices employés par l'une des parties. Il est de certaines ruses, une certaine dissimulation, qui peuvent s'exercer même sur un objet honnête et bon : tel est le cas où l'on imagine un moyen de se soustraire à un ennemi, d'échapper à un voleur. — L. 3, ff., *De dolo malo*.

42. — Aussi Ulpien fait-il observer que les anciens admettaient un bon dol, qui équivalait à adresse et à prudence : *Quoniam veteres dolum etiam bonum dicebant et pro solertiâ hoc nomen accipiebant.* En introduisant l'action de dol, le préteur ne se contente donc pas ou ne s'est pas contenté du mot *dol*, et il y ajoute l'épithète de *malus* (ff., *eod.*).

43. — A la différence des Romains, qui distinguaient ainsi le dol en *dolus bonus* et en *dolus malus*, le mot *dol* se prend toujours chez nous en mauvaise part, et il y aurait une sorte de pléonasme à dire le *mauvais dol*. — Duranton, nº 166; Rolland de Villargues, nº 21 et suiv.

44. — Mais alors il n'y a dol que si les faits ont été tels qu'un homme sage et capable ait pu en être impressionné : ainsi le vendeur qui exalte sciemment la valeur de sa marchandise sans employer d'autres moyens pour tromper l'acheteur, ne commet pas un dol, quoiqu'on puisse dire dans ce cas : *aliud simulari, aliud esse*. C'est ainsi que l'on dit que le vendeur et l'acheteur, le locateur et le locataire, peuvent *licitement* se tromper sur la valeur ou le prix de la chose louée ou vendue. — L. 8, Cod., *De rescind. vendit.*; L. 16, § penult., ff., *De minorib.* : « *In pretio emptionis et venditionis naturaliter licet contrahentibus se circumvenire.* » — Pothier, *Oblig.*, nº 30; Duranton, nº 181; Chardon, p. 11 et suiv.; Rolland, nº 35; Merlin, *Rép.*, vº *Dol*, nº 4.

45. — Une évaluation exagérée dans les marchandises assurées ne suffit pas pour vicier le contrat d'assurance, et élever, dans ce cas, contre l'assuré une exception de dol et de fraude, s'il ne résulte d'aucune circonstance que l'accusé ait voulu tromper l'assureur. — *Aix*, 2 juill. 1826, Bouffey c. assureurs maritimes. — V. ASSURANCE MARITIME.

46. — Le dol ne résulterait pas non plus de simples promesses fallacieuses. Celui qui en est la dupe ne peut s'en prendre qu'à sa facilité et à la confiance aveugle avec laquelle il s'y est trop légèrement fié. — Duranton, nº 184.

47. — Ainsi on ne peut, même sous prétexte de dol et de fraude, être admis à la preuve par témoins d'une convention prétendue ajoutée à un contrat, lorsque les faits allégués ne constitueraient que des promesses fallacieuses auxquelles on aurait eu l'imprudence de se fier, et lorsqu'il a été facile de se procurer une preuve écrite. — *Cass.*, 2 nov. 1812, Maria c. Cardé.

48. — En général, la personne que son aveugle mais libre confiance a conduite à se trouver lésée ne peut, si on n'a employé ni dol ni fraude, agir correctionnellement contre l'auteur du dommage qu'elle éprouve. — *Cass.*, 31 oct. 1811, Fusi c. Perret.

49. — Le stellionat est aussi un dol, mais il n'est rangé ni dans la classe des crimes ni dans celle des délits. Il fournit seulement le moyen de faire prononcer la contrainte par corps contre celui qui l'a commis, pour le contraindre davantage à l'exécution de l'obligation qu'il doit remplir (C. civ., art. 2059), et il l'empêche d'être admis au bénéfice de cession. — C. procéd., art. 905; — Duranton, t. 10, nº 192.

50. — Les manœuvres qui constituent le dol peuvent être d'une nature telle qu'elles caractérisent un délit ou même un crime : ainsi elles peuvent constituer une *escroquerie*, un *abus de confiance*, un *vol*, un *faux*, etc. — V. ces différens mots.

51. — Sous l'empire de la loi du 19-22 juill. 1791 et du Code des délits et des peines, le vol à l'aide duquel on abusait de la crédulité des personnes pour se faire remettre leur fortune partielle ou totale était le seul qui pût constituer le délit d'escroquerie. — *Cass.*, 5 messid. an XI, Vincent et Testulat c. Bayeux. — V. ESCROQUERIE.

52. — Le dol pouvant avoir lieu toutes les fois qu'un consentement est donné, il est impossible d'assigner tous les cas possibles de dol; ils varient à l'infini, aussi bien que les conventions. — Cependant nous devons indiquer ici quelques cas spéciaux, entre autres, où la loi s'occupe nommément du dol et statue en conséquence.

53. — Dans le cas de dol de la part du tuteur, la tutelle peut lui être retirée, sans préjudice des indemnités dues au mineur. — C. civ., art. 421. — V. TUTELLE.

54. — Le mineur émancipé est tenu du dol qu'il a commis dans un des actes qu'il a le pouvoir de faire. — Chardon, t. 1er, nº 49.

55. — Si l'usufruitier de choses qui se détériorent peu à peu par l'usage n'est obligé de les rendre à la fin de l'usufruit que dans l'état où elles se trouvent, il n'en est pas de même quand la détérioration provient de son dol. — C. civ., art. 589. — V. USUFRUIT.

56. — Les partages peuvent être rescindés pour cause de dol. — C. civ., art. 88. — V. PARTAGE.

57. — Le consentement qui n'a été surpris que par dol n'est point un consentement valable pour contracter obligation. — C. civ., art. 1109. — V. CONSENTEMENT, OBLIGATION.

58. — Si le débiteur n'est, en général, tenu que des dommages-intérêts qui ont été prévus ou qu'on a pu prévoir lors du contrat, il en est autrement quand c'est par son dol que l'obligation n'est point exécutée. — C. civ., art. 1150. — V. DOMMAGES-INTÉRÊTS.

59. — Le dol de la part des héritiers du mari peut être pour la femme qui a pris la qualité de commune une cause de restitution contre cette qualité. — C. civ., art. 1455. — V. COMMUNAUTÉ.

60. — Le mandataire est responsable du dol dans l'exercice de sa gestion. — C. civ., art. 1992. — V. MANDAT.

61. — Une transaction peut toujours être rescindée pour cause de dol. — C. civ., art. 2053. — V. TRANSACTION.

62. — Les jugemens et arrêts rendus en dernier ressort et non susceptibles d'opposition peuvent être attaqués par la requête civile, s'il y a eu dol

personnel. — C. procéd., art. 480-1°. — V. REQUÊTE CIVILE.

63. — Le dol donne lieu à la prise à partie contre le juge qui s'en est rendu coupable, soit dans le cours de l'instruction, soit lors du jugement. — C. procéd., art. 505-1°. — V. PRISE A PARTIE.

§ 2. — *Preuves du dol.*

64. — Sous le droit romain, le dol devait être prouvé d'une manière évidente : *Idoneis testibus, vel apertissimis documentis, vel indiciis probationem indubitatis ac luce clarioribus* — L. ult., Cod., *De probat.*

65. — Ainsi, une simple présomption de dol ne pouvait suffire pour motiver une condamnation à des dommages-intérêts. — *Cass.*, 3 prair. an IX, Beaumont c. Cornède.

66. — Cependant il pouvait aussi résulter d'un concours de présomptions graves et précises. — *Dolum ex indiciis perspicuis probari convenit.* — L. 6, Cod., *De dolo.*

67. — D'après l'art. 1116, C. civ., le dol ne se présume pas, et il doit être prouvé.

68. — Il ne suffirait pas de l'alléguer; il faudrait spécifier les faits dont on prétend le faire résulter; il faudrait surtout désigner les personnes que l'on accuse de l'avoir commis, le dol n'étant une cause de rescision que s'il est le fait ou le produit de la complicité de la partie contractante. — Toullier, t. 9, n° 177; Rolland, n° 42.

69. — Cependant, la proposition généralisée comme elle l'est par l'art. 1116 est une erreur, ainsi que le fait remarquer M. Chardon (*Du dol et de la fraude*, t. 1er, n° 67). « Car, dans un grand nombre de cas, dit cet auteur, la loi présume le dol, et celui qui s'en plaint n'a besoin que de justifier la circonstance d'où naît la présomption légale, par exemple, dans le cas de traité avec un mineur ou avec un homme en démence. »

70. — Quant aux modes de prouver le dol, ce sont tous ceux établis par la loi.

71. — Le dol peut être prouvé par témoins. Il s'agit, en effet, d'une matière où la victime du dol ne pourrait guère s'en procurer une preuve littérale. — C. civ., art. 1348. — La preuve testimoniale est donc admissible, même pour une valeur supérieure à 150 fr. — *Cass.*, 4 janv. 1808, Deloy c. Clavelin; — Charondas, liv. 7, chap. 187; D'Argentré, sur l'art. 269, Cout. de Bretagne, v° *Fraude*; Pothier, *Obligations*, n° 765; Jousse, sur l'art. 4, tit. 20, ord. 1667; Toullier, t. 9, n° 172; Duranton, nos 195 et 196; Delvincourt, t. 2, p. 465, notes; Favard de Langlade, *Rép.*, vis *Dol* et *Preuve*, § 1er, n° 30; Rolland de Villargues, *Rép. du not.*, v° *Dol*, n° 38; Chardon, *Tr. du dol et de la fraude*, p. 155 et suiv.

72. — Jugé cependant que l'allégation de dol et de fraude, en matière civile excédant 150 fr., ne rend la preuve testimoniale admissible qu'autant qu'il existe un commencement de preuve par écrit, ou qu'il y a impossibilité de se procurer une preuve écrite. — *Toulouse*, 10 fév. 1827, Trinquecostes c. Vieules.

73. — Sous l'ord. de 1667, si la preuve testimoniale n'était point admissible contre et outre le contenu aux actes, il n'en était pas de même quand on demandait la nullité d'un acte pour dol, fraude ou violence, le dol, comme la fraude, faisant exception à toutes les règles. — *Cass.*, 24 thermid. an XIII, Borderolles.

74. — Il en est de même sous le Code civil. — *Cass.*, 4 fév. 1836, Lemée c. Digne. — V. conf. Toullier, t. 9, nos 172 et 173; Merlin, *Rép.*, v° *Preuve*, sect. 2e, § 3, art. 1er.

75. — Jugé, en conséquence, que la règle portant que foi est due à l'acte authentique jusqu'à inscription de faux, n'est pas applicable quand l'acte est attaqué pour cause de dol et de fraude. — *Cass.*, 12 mars 1839 (t. 2 1839, p. 258), Duval c. Hornot.

76. — Mais la preuve testimoniale ne serait pas admissible si les faits présentés comme indices de dol, au lieu d'attaquer la substance de l'acte, ne tendaient qu'à détruire la foi due à celui-ci dans les points que le notaire avait mission d'attester; si l'on voulait, par exemple, prouver, malgré l'énonciation qu'en contiendrait l'acte, que le prix n'a pas été compté en présence du notaire. Mais si le notaire avait attesté une chose qu'il n'a pas mission de juger, par exemple la bonne foi des contractans, la preuve testimoniale n'en serait pas moins admissible. — L. 25 vent. an XI, art. 19; C. civ., art. 1319; — Toullier, t. 9, n° 176; Rolland, n° 39.

77. — Jugé, par la même raison, que la preuve testimoniale serait admissible pour attaquer, comme résultant du dol et de la fraude, la mention d'un paiement énoncé dans un acte authentique, non comme ayant été fait en deniers comptés devant le notaire, mais comme ayant été reconnu reçu par la partie à qui il aurait été fait. — *Colmar*, 18 juin 1819, Kempfflin c. Bloch.

78. — On ne saurait douter que la preuve testimoniale ne dût être reçue pour le dol qui a lieu sans contracter personnellement, mais pour favoriser un tiers. Dans ce cas, il a été impossible à la personne trompée de se procurer une preuve littérale de cette espèce de dol, et il s'agit là, d'ailleurs, d'un quasi-délit. — Toullier, t. 9, n° 192; Rolland, n° 40.

79. — La personne qui convient avoir signé volontairement un acte contenant de fausses déclarations, ne pourrait être admise à prouver par témoins la fausseté de cet acte. Cette faculté ne lui serait pas davantage accordée si elle prenait la voie criminelle, et accusait de faux ou d'escroquerie la partie à qui les fausses déclarations ont profité. — Toullier, t. 9, nos 179 et suiv. — V. SIMULATION.

80. — Jugé cependant qu'on peut même prouver par témoins des faits de dol, de fraude et de violence, encore qu'ils soient allégués par une des parties qui ont signé l'acte, pourvu, du reste, qu'ils soient graves, précis et concordans. — *Cass.*, 5 fév. 1828, comm. de Bagnères c. Soulcrat. — V. aussi *Amiens*, 17 mars 1826, Pinaguet c. Obré.

81. — On essaie quelquefois de présenter les circonstances du dol sous la couleur d'un délit ou d'un crime; d'abuser, par exemple, de l'art. 405, C. pén., qui rend justiciables des tribunaux correctionnels les coupables de dol dégénéré en escroquerie, pour obtenir devant les tribunaux criminels une preuve testimoniale contre et outre le contenu aux actes, preuve qui serait rejetée par les tribunaux civils. Il appartient aux tribunaux, au ministère public surtout, de se tenir en garde contre ces sortes de prétentions. Ils ne doivent accueillir de plainte que dans des cas précis, et où un délit ou un crime se trouve clairement caractérisé par les faits. — Merlin, *Rép.*, v° *Dol*, n° 6; Toullier, t. 6, n° 95, et t. 9, n° 185; Rolland, n° 41.

82. — Aussi il ne suffit pas d'articuler le dol ou l'abus de confiance pour être admis, au moyen de l'action correctionnelle, à prouver par témoins, et sans aucun commencement de preuve par écrit, qu'un titre n'est point sérieux, ou qu'il a une autre cause que celle qui s'y trouve énoncée. On ne peut donc être écouté dans l'imputation de dol et de fraude, si elle a pour objet de neutraliser ou de suppléer un titre, au moyen d'une preuve testimoniale. — *Cass.*, 16 mai 1829, Armand c. Estelle. — V. ABUS DE CONFIANCE.

83. — Indépendamment de la preuve testimoniale, le dol peut encore être prouvé par des présomptions graves, précises et concordantes. Ces présomptions sont, au reste, abandonnées aux lumières et à la prudence des magistrats. — C. civ. art. 1353; — Toullier, t. 9, n° 177; Delvincourt, t. 2, p. 465, notes; Duranton, t. 10, n° 168; Rolland, n° 43; Merlin, *Quest.*, v° *Inscription de faux*, *Rép.*, v° *Preuve*; Teste, *Encyclop.*, v° *Acte authentique*, n° 19.

84. — Jugé en conséquence que, bien que l'art. 1116 porte que le dol ne se présume pas, les juges peuvent se décider néanmoins, en cas de dol ou de fraude, par des présomptions graves, précises et concordantes. — *Rennes*, 7 mai 1821, Ducoudray c. Gaillard; 30 avr. 1841 (t. 2 1841, p. 480), Triquet c. Bonain; *Cass.*, 1er fév. 1832, Ruby c. Biedcharuton; *Lyon*, 18 janv. 1838 (t. 2 1839, p. 270), Duvernay c. Lecomte.

85. — ... Que le dol, en matière de contrats, peut être établi par une masse de conjectures et d'indices, dont l'appréciation est laissée à la prudence des juges. — *Paris*, 8 avr. 1808, Millet c. Sagot.

86. — On a même décidé que, pour prononcer entre les parties contractantes l'annulation d'un acte entaché de dol et de fraude, des présomptions suffisent comme à l'égard des tiers, même en l'absence de tout commencement de preuve par écrit. — *Cass.*, 3 juin 1835, Denivelle c. Masse. — V. SIMULATION.

87. — De même, une obligation causée pour prêt d'argent peut, quoiqu'il n'y ait point de commencement de preuve par écrit, être annulée sur des présomptions de dol et de fraude résultant, par exemple, de l'état de la fortune des parties, de l'impossibilité par le prêteur d'avoir en sa possession les deniers prêtés; enfin, du défaut de garantie de la part de l'emprunteur de la faiblesse et des goûts duquel on a dû abuser. En pareil cas, on ne peut soutenir que de simples présomptions n'étaient point admissibles, en ce sens que la cour royale a déclaré, dans son dispositif, l'acte nul, non comme étant le produit du dol, mais comme étant sans cause réelle, si, en tête de son arrêt, elle a posé la question relative au dol, et si, dans ses motifs, elle en a reconnu l'existence. — *Cass.*, 20 déc. 1832, Guérard c. de Beauney.

88. — La vilité du prix de la seconde vente, sa date rapprochée de la première, une partie du prix payée comptant, le restant stipulé payable à des termes très courts, et l'obligation contractée par les acquéreurs de garantir le vendeur des poursuites du premier vendeur, peuvent être considérés comme des faits suffisans pour établir le dol et la fraude, sans que le jugement qui le décide ainsi puisse fournir ouverture à cassation. — *Cass.*, 3 juill. 1817, Paris c. Gosset.

89. — Enfin, à défaut de toute autre preuve, celui qui attaque un acte pour cause de dol pourrait déférer le serment à son adversaire. — C. civ., art. 1358.

90. — Ainsi, celui qui attaque une obligation comme frauduleuse, sans fournir la preuve du dol, peut néanmoins exiger que le défendeur affirme qu'il n'a pas usé de fraude ou de surprise. — *Metz*, 2 avr. 1813, Leinen c. Becker.

§ 3. — *Action de dol; ses effets.*

91. — Quoique le consentement d'une partie n'ait été déterminé que par le dol de l'autre, le contrat n'est pas frappé d'une nullité absolue, essentielle. En effet, un consentement, bien que surpris, n'en est pas moins un consentement. Il s'ensuit dès-lors que le contrat n'est pas nul de plein droit, mais seulement rescindable. — C. civ., art. 1117 et 1304. — V. NULLITÉ, RESCISION.

92. — L'action de dol peut être exercée par toute personne à qui il porte préjudice, à moins qu'il n'y ait eu renonciation expresse ou tacite de sa part.

93. — Le dol et la simulation ne pourraient être invoquées par aucune des parties, si elles s'étaient mutuellement trompées : *si duo dolo malo fecerint, invicem de dolo non agent.* — L. 36, ff., *De dolo.* — Chardon, *Du dol et de la fraude*, p. 21. — V. SIMULATION.

94. — Suivant Pothier (*Tr. de la puissance du mari*, n° 53), l'action de dol ne saurait être exercée contre la femme mariée qui n'aurait pas été autorisée à contracter, celui qui souffre du dol devant s'imputer d'avoir contracté avec elle.

95. — Mais la femme qui, s'étant frauduleusement fait passer pour veuve, contracte en cette qualité, ne pourrait ensuite attaquer les obligations qu'elle a ainsi consenties et en provoquer l'annulation conjointement avec son mari, sur le fondement qu'elle les a passées sans y être aucunement autorisée. — *Grenoble*, 23 déc. 1822, Mayousse c. Allard et Chapot.

96. — L'action en revendication des immeubles aliénés par contrat infecté de dol peut être exercée contre les tiers détenteurs, bien qu'ils soient de bonne foi. En effet, la partie n'a pu leur transmettre que les droits qu'elle avait; or, ces droits, étant entachés de dol, se trouvaient sujets à résolution dans ses mains, et doivent l'être également dans celles des personnes auxquelles elle les a transmis. — Duranton, t. 10, n° 180; Chardon, p. 15 et suiv.

97. — L'action de dol peut être dirigée contre un contrat par celui qui aurait déjà échoué dans une demande en nullité pour vice de forme. Elle pourrait l'être également, bien qu'on eût antérieurement succombé sur une plainte en faux. On ne saurait, dans ces deux cas, prétendre qu'il y a eu chose jugée, la nouvelle demande n'étant pas fondée sur la même cause que la première. — C. civ., art. 1351; — Toullier, t. 8, n° 270; Rolland, nos 51 et 52. — V. CHOSE JUGÉE.

98. — Mais le dol ne peut être opposé au serment prêté en justice (L. 15, ff., *De except.*). Toutefois, si la partie n'a été amenée à déférer ou référer le serment que par les manœuvres frauduleuses de son adversaire, elle peut se faire restituer contre l'acte par lequel elle a donné ce consentement. — Pothier, n° 825; Toullier, t. 10, n° 390; Rolland, nos 49 et 50.

99. — Il peut se trouver des circonstances qui, par leur nature et leur concours, établissent une exécution si complète d'un traité, qu'il ne soit plus possible de l'attaquer pour dol. Mais pour donner un si grand avantage au prévenu de dol, trois conditions sont nécessaires. Il faut 1° que les faits ou actes dont il tire ces conséquences, soient indubitablement postérieurs à la connaissance du dol; 2° que ces faits soient volontaires et qu'aucune nécessité n'y ait contraint; 3° qu'ils soient positifs, et ne puissent pas avoir d'autre sens que celui de maintenir la convention. — Chardon, *Dol et fraude*, t. 1er, n° 65.

100. — Dès-lors on ne peut opposer à l'action de dol la fin de non-recevoir tirée de l'exécution donnée à l'acte argué de dol, si cette exécution n'a

pas été donnée en connaissance de cause. — *Trèves*, 11 avr. 1806, Droguet de Grandmaison c. Grand.

101. — L'omission de la part des créanciers à exercer dans le délai leur droit de surenchère ne les rend pas non-recevables à attaquer la vente pour cause de dol et de fraude. — *Cass.*, 14 fév. 1826, Choquet c. Dorgenel; *Montpellier*, 14 déc. 1827, Catuffe c. Bellard; *Bourges*, 24 janv. 1828, Charles c. Morle; *Bordeaux*, 13 fév. 1832, Otard c. Bazergue et Espinasse; — Bioche et Goujet, v° *Surenchère*, n°s 62 et 63.

102. — Lorsque les manœuvres qui constituent le dol caractérisent un délit ou même un crime, il donne lieu à des peines et il peut être poursuivi devant la juridiction criminelle. — V. ABUS DE CONFIANCE, ESCROQUERIE, FAUX, VOL.

103. — Ainsi, le vendeur d'un immeuble qui, à l'aide de machinations, de ruses et de fraudes, a trompé l'acheteur et s'est ainsi approprié une partie de sa fortune, peut être condamné comme coupable d'escroquerie. — *Cass.*, 18 vendém. an X, Méat et Noël c. Castellane.

104. — Cette décision a été rendue sous l'empire de la loi du 19-22 juill. 1791, mais serait parfaitement applicable sous le Code pénal, art. 405. — Toullier, t. 6, n° 95; Duranton, n°s 190 et suiv; Rolland de Villargues, n°s 33 et 34.

105. — De même, sous l'ordonnance de 1667 et sous le Code du 3 brum. an IV, les tribunaux correctionnels n'étaient compétens pour prononcer sur la nullité d'un acte qu'on prétendait frauduleux, qu'autant que l'acte était attaqué pour dol qualifié et pour des faits constituant un véritable délit. — *Cass.*, 19 pluv. an XIII, Chataud c. Lance; 13 fructid. an XII, Fleurot Bayard et Doureille c. Beaufort.

106. — Dans les autres cas, c'est aux tribunaux civils seuls qu'il appartenait d'en connaître. — *Cass.*, 13 fructid. an XII, Fleurot, Bayard et Douville c. Beaufort.

107. — Comme toutes les actions en nullité et en rescision, celle causée par le dol se prescrit par dix ans à partir du jour où il a été découvert. — C. civ., art. 1304.

108. — Les conventions ne pouvant exister sans consentement, il s'ensuit qu'elles sont nulles lorsqu'il est reconnu qu'elles sont entachées de dol. — Toullier, t. 6, n° 86; Rolland de Villargues, *Rép. du not*, v° *Dol*, n° 1er.

109. — Là où il y a *dol* d'une part, il y a *erreur* de l'autre. Cependant, la nullité de la convention est habituellement basée sur le dol et la mauvaise foi de l'une des parties, plutôt qu'elle ne l'est sur l'erreur. Le motif en est que le dol suffit pour annuler l'engagement, et qu'il se prouve plus facilement que l'erreur. — Toullier, t. 6, n° 93; Rolland, n° 45.

110. — L'acte entaché de dol cesse de faire foi. — Aussi, il a été jugé que si les actes sous seing-privé font foi entre les parties de leur contenu et de leur date, ce principe cesse d'être applicable aux actes frauduleux, le dol et la fraude faisant exception à toutes les règles. — *Cass.*, 22 mars 1825, Blin c. Launay.

111. — Les juges, sous l'empire des ordonnances de 1510 et 1535, ne pouvaient, lorsqu'il n'y avait pas prescription acquise, refuser de prononcer la nullité d'une vente qu'ils reconnaissaient entachée de dol, fraude ou violence. — *Cass.*, 4 vend. an VII, Guichard et Bellot c. Granger et Maurey. — « L'intention des législateurs, dit Dolive (liv. 1er, ch. 31), excepte toujours le dol et la fraude. Autrement l'injustice trouverait un appui dans la loi même, et les remèdes introduits contre le mal produiraient de seconds maux. » Le Code civil a consacré ces décisions.

112. — Quoiqu'une obligation eût été accompagnée du serment promissoire, celui ci cesserait d'être obligatoire, si cette obligation n'avait été surprise que par dol. — Pothier, n° 112; Rolland, n° 48.

113. — Les juges qui annulent un acte notarié pour des motifs étrangers à sa rédaction, par exemple, pour dol, peuvent simultanément et à cause de cette annulation, déclarer non recevable l'action en délivrance d'expédition de cet acte formée contre le notaire par la partie qui a commis la fraude. — *Cass.*, 15 mars 1836, Durat-Lasalle c. Dufaure.

114. — Bien que le dol, dont on ne peut dire qu'il aurait empêché la convention s'il avait été connu, n'opère pas la nullité, il peut néanmoins donner lieu à des dommages-intérêts, et cela en vertu du principe qui nous oblige à réparer le dommage que nous avons causé. — Pothier, n°s 31 et 32; Toullier, t. 6, n° 86 et 91; Rolland, n° 36.

115. — Lorsqu'une condamnation en dommages-intérêts est prononcée pour cause de dol et de fraude, elle peut l'être solidairement contre les complices. — *Cass.*, 12 fév. 1818, Bisson.

116. — Ainsi, la femme qui a participé au dol et à la fraude à l'aide desquels le mari a obtenu un testament à leur profit peut, si ce testament est déclaré nul, être condamnée solidairement avec son mari au paiement des restitutions et dommages-intérêts. — *Cass.*, 12 mars 1839 (t. 2 1839, p. 258), Duval c. Homol. — V. toutefois Toullier, t. 11, n° 151.

V. ABUS DE CONFIANCE, ACQUIESCEMENT, ACTE AUTHENTIQUE, ACTE SOUS-SEING PRIVÉ, ASSURANCE MARITIME, ASSURANCE TERRESTRE, AVEU, AYANT-CAUSE, CESSION DE BIENS, CHOSE JUGÉE, COMMENCEMENT DE PREUVE PAR ÉCRIT, COMMISSIONNAIRE DE TRANSPORT, COMPTE DE TUTELLE, ENDOSSEMENT, ENREGISTREMENT, FRAUDE, PRÉSOMPTION, PREUVE, PREUVE TESTIMONIALE, PROTÊT, RÉPÉTITION, SERMENT JUDICIAIRE ET EXTRA-JUDICIAIRE.

DOMAINE.

1. — Ce mot signifie, en général, *propriété* d'une chose — Merlin, *Rép.*, v° *Domaine.*

2. — La propriété comportant essentiellement dans le propriétaire la maîtrise sur la chose, à l'exclusion de tous autres (V. PROPRIÉTÉ), l'on comprend que l'on se serve pour l'exprimer du mot *domaine*, lequel vient des expressions latines *dominus*, qui désigne le maître, *dominium* qui signifie la maîtrise, *a dominando*, comme effet de la domination. — Proudhon, *Tr. du dom. de propriété*, t. 1er, n° 8.

3. — C'est à ce point de vue que l'on distinguait en droit romain le domaine *quiritaire* et le domaine *bonitaire*, et, dans notre ancien droit, le domaine *direct* et le domaine *utile*.

4. — Le domaine *quiritaire* était la propriété romaine telle que l'avait constituée et garantie l'ancien *jus civile*, la propriété spéciale aux citoyens romains et à ceux qui avaient le *jus commercii*. Le domaine *bonitaire* était la propriété du droit des gens. — V. PROPRIÉTÉ.

5. — Le domaine *direct* était le droit de supériorité que se réservait sur un héritage celui qui l'aliénait par bail à fief, par bail à cens, ou par bail emphytéotique. — Merlin, *loc. cit.*; Denisart, *Collect. de jurispr.*, v° *Domaine*, — V. au surplus BAIL A CENS, DROITS SEIGNEURIAUX, EMPHYTÉOSE, FIEF.

6. — Le domaine *utile* était celui qui consistait principalement dans la propriété et jouissance du fonds dont la directe appartenait à un autre. Tels étaient le droit du vassal sur le fonds inféodé, le droit du censitaire sur le fonds accensé, et le droit de l'emphytéote sur le fonds soumis à l'emphytéose. — V. les mots précités.

7. — Tel est encore (quoique l'usage ne soit pas de le qualifier ainsi) le droit qu'acquiert le preneur sur le fonds dans le bail *à convenant* ou *à domaine congéable*. — V. ce mot.

8. — On distingue aussi le domaine *parfait* du domaine *imparfait*. — Proudhon, *Tr. du dom. de propriété*, t. 1er, n°s 13 et suiv.

9. — Le domaine est *parfait* entre les mains de celui qui jouit de sa chose dégagée de toute charge envers les tiers. Dans le cas contraire, il est *imparfait*.

10. — Quelque parfait que soit le domaine, il y a au-dessus de lui le droit qui appartient au souverain de disposer, en cas de nécessité, et pour le salut public de tout bien renfermé dans l'état : — droit que l'on appelle *domaine éminent*. — Vattel, *Dr. des gens*, part. 1re, n° 244; Denisart, *loc. cit.* — V. EXPROPRIATION POUR CAUSE D'UTILITÉ PUBLIQUE.

11. — Quelquefois le mot *domaine* est synonyme de bien-fonds : c'est dans ce sens que l'on dit qu'une personne a un domaine dans tel endroit. — Denisart, *loc. cit.*

12. — Le mot *domaine* se prend, du reste, encore dans une autre acception pour désigner un ensemble de biens et de droits appartenant à certains propriétaires. — V. conf. Denisart, *loc. cit.*

13. — Sous ce rapport, il y a plusieurs distinctions à établir.

14. — On entend, à proprement parler, par *domaine national* l'ensemble des choses qui n'appartiennent pas aux établissemens publics, ou aux simples particuliers, soit comme individus, soit comme membres d'une compagnie ou d'une association privée, c'est-à-dire à la fois les choses qui forment le *domaine de l'état* et celles qui forment le *domaine public*.

15. — Ce mot *domaine national* était, du reste, pris dans la loi du 22 nov.-1er déc. 1790, tantôt dans le sens étendu que l'on vient d'indiquer (art. 2, 5, 23 et suiv., 36 combinés, et le préambule), tantôt dans le sens beaucoup plus restreint que l'on attache aujourd'hui au *domaine de l'état* (art. 1er). — Serrigny, *Tr. de l'org., de la compétence*, etc., t. 2, n° 789.

16. — On se sert quelquefois du mot *domaine national* dans le sens qu'on vient de déterminer, par opposition au *domaine privé*, qui alors signifie l'ensemble des choses dont se compose le patrimoine des particuliers.

17. — Employés au pluriel, les mots *domaines nationaux* se prennent souvent pour ceux des biens de l'état d'origine révolutionnaire, et qui ont été vendus pendant le cours de notre première révolution — V. BIENS NATIONAUX.

18. — Le *domaine de l'état* est celui dont l'état, représenté par les pouvoirs constitués, a la propriété et la jouissance, et qu'il possède à peu près de la même manière que les particuliers possèdent leurs biens. — V. DOMAINE DE L'ÉTAT.

19. — Il n'y a plus aujourd'hui de *domaine de la couronne* dans le sens qu'on y attachait autrefois (V. DOMAINE DE LA COURONNE, DOMAINE DE L'ÉTAT); mais une partie des biens du domaine de l'état composent la *dotation de la couronne*, en vertu de la loi du 2 mars 1832. — V. LISTE CIVILE.

20. — Il ne faut pas confondre avec le *domaine de la couronne* le *domaine privé du roi*, qui se compose des biens appartenant au roi avant son avénement au trône, et de ceux qu'il peut acquérir à titre gratuit ou onéreux pendant son règne. — L. 2 mars 1832, art. 22. — V. DOMAINE PRIVÉ DU ROI.

21. — Citons aussi pour mémoire le *domaine extraordinaire* qui n'existe plus aujourd'hui, mais qui, aux termes d'un senatus-consulte du 30 janv. 1810, se composait naguère de tous les biens que le chef du gouvernement acquérait par des conquêtes ou par des traités. — V. DOMAINE EXTRAORDINAIRE.

22. — Quant au *domaine apanager*, le mot exprime spécialement les biens donnés aux fils puînés du roi de France, pour qu'ils puissent vivre d'une manière conforme à leur rang. — V. APANAGE.

23. — Le *domaine public* se compose des fonds qui, sans appartenir actuellement à personne, ont été civilement destinés au service public de la société et qui, tant que cette destination dure, ne sont pas susceptibles de propriété privée. — V. DOMAINE PUBLIC.

24. — On désigne aussi sous le nom de *domaine militaire* la portion du domaine public affectée au service du ministre de la guerre; ce qui comprend tous terrains de fortifications des places de guerre ou des postes militaires, tous autres objets faisant partie des moyens défensifs des frontières du royaume, enfin les établissemens et bâtimens militaires. — V. Macarel et Boulatignier, *Tr. de la fort. publ. en France*, t. 1er, p. 64 et suiv. — V. DOMAINE DE L'ÉTAT, DOMAINE PUBLIC.

25. — De même, on donne le nom de *domaine maritime* à la portion du domaine public qui est confiée au ministre de la marine, et dont les élémens sont : les côtes maritimes, les ports, havres, rades, les phares, fanaux et balises, les fonderies et manufactures d'armes, les arsenaux et magasins destinés au service de la marine, les édifices dépendant des ports militaires, les chiourmes et hôpitaux maritimes, les batteries des côtes, et, en général, tous les ouvrages de défense à la mer. — V. DOMAINE DE L'ÉTAT, DOMAINE PUBLIC.

26. — La portion du domaine public qui est affectée au ministre des travaux publics forme enfin ce que, suivant MM. Macarel et Boulatignier (*loc. cit.*, p. 68), l'on pourrait appeler le *domaine des ponts et chaussées*. — V. les mots précités.

27. — Les domaines engagés ou échangés sont ceux des biens composant, avant 1789, le domaine de l'état, et qui en avaient été détachés par aliénation ou par échange. — V. ce mot.

28. — Remarquons encore qu'on se sert des expressions *domaine communal* pour désigner les biens qui appartiennent aux communes (V. BIENS COMMUNAUX), ou de *domaine départemental* pour indiquer l'ensemble de ceux qui appartiennent aux départemens. — V. ce mot.

29. — Proudhon (*Tr. du dom. de propriété*, t. 3, n° 894) signale la différence qui existe entre ce que l'on peut appeler le *domaine public municipal* et le *domaine communal*, relativement à la compétence de l'autorité qui doit en connaître. Il est, en effet, à remarquer que le maire d'une commune ne peut, par un simple arrêté émané de lui seul, faire enlever tout dépôt ou encombrement qui gênerait la liberté du passage dans les rues et places publiques (V. L. du 24 août 1790, tit. 11, art. 3, et L. du 22 juill. 1791, tit. 1er, art. 46), tandis qu'il serait obligé de recourir à l'autorité de la juridiction ordinaire pour faire cesser l'occupation d'un terrain simplement communal, ou le rendre libre des dépôts qui y auraient été placés.

30. — Quant au domaine de souveraineté, il consiste dans la puissance souveraine établie pour gouverner l'état. — V. CONSTITUTIONS FRANÇAISES. — Proudhon, t. 1er, no 47.

DOMAINE CONGÉABLE.

V. BAIL A CONVENANT OU A DOMAINE CONGÉABLE.

DOMAINE DE LA COURONNE.

1. — Chopin définit le *Domaine de la couronne*, qu'on appelait aussi autrefois *Domaine du roi*, « celui qui de toute ancienneté est *uni et annexé* aux fleurons du diadème royal pour la dépense de table ou suite de la cour royale, et qui est honorable pour la conservation du royaume, titres, honneurs et dignités de la majesté royale. »

2. — Autrefois, par suite d'un état de choses qui confiait au roi toute faculté pour disposer des fonds du trésor public, le *Domaine de la couronne* ne se distinguait pas du domaine de l'état ; c'est ce que nous avons expliqué au mot DOMAINE DE L'ÉTAT. — On peut se reporter aux règles que nous avons tracées ainsi qu'aux lois et ordonnances que nous avons citées sous ce mots. — V. DOMAINE DE L'ÉTAT. — V. aussi DOMAINES ENGAGÉS.

3. — Nous avons parlé en outre (vo DOMAINE PRIVÉ DU ROI) du principe de dévolution qui formait anciennement un des grands principes de notre droit public. — V. DOMAINE PRIVÉ DU ROI.

4. — Il nous reste, quant à présent, à dire qu'aujourd'hui on entend par *domaine de la couronne* l'ensemble des biens dépendant du domaine de l'état, dont la jouissance forme la *dotation immobilière de la couronne* ; et ce sont en effet ces dernière expressions qui se trouvent employées dans la loi du 2 mars 1832 (sur la liste civile).

5. — Cette dotation jointe à la somme en argent que la loi autorise le roi à prélever chaque année sur le trésor public, forme ce qu'on appelle *la liste civile*.

6. — Sous l'empire de la loi du 8 nov. 1814, la dotation de la couronne se distinguait de la liste civile, et l'on ne comprenait, à proprement parler, sous cette dernière qualification que la prestation *pécuniaire* offerte par le roi au souverain. Cette distinction, qui se révèle par le titre même de la loi (*loi relative à la liste civile* ET *à la dotation de la couronne*) entraînait avec elle une grave conséquence : en effet, tandis que, selon le vœu de la charte, qui voulait que *la liste civile* ne fût fixée que pour la durée du règne, la prestation pécuniaire n'était que viagère, la dotation, au contraire, était perpétuelle. Aussi, lorsque après la mort de Louis XVIII, les chambres eurent à pourvoir à la liste civile du nouveau roi, se préoccupèrent-elles uniquement de la fixation de la liste civile pécuniaire, mais sans mentionner, pour les confirmer, les dispositions de la loi de 1814, relatives à la dotation.

7. — Il n'en est plus de même aujourd'hui. — En 1832, le titre de la loi de 1814 a été intentionnellement modifié. Celle du 2 mars 1832 est intitulée *loi sur la liste civile* ; en outre, l'art. 1er de cette loi dit que la liste civile *se compose* d'une dotation immobilière et d'une somme annuelle, et comme l'art. 19 de la charte de 1830 reproduit la disposition de la charte de 1814 qui voulait que la *liste civile* ne fût fixée que pour le règne, il en résulte que la dotation immobilière elle-même n'est fixée que pour la durée du règne. — C'est, au surplus, ce qu'exprime formellement le même article.

8. — Les biens auxquels, dans l'usage, on donne le nom de domaine de la couronne se trouvant ainsi faire partie de la liste civile, et les conditions, charges et prérogatives de la jouissance, ainsi que de l'administration de ces biens, étant déterminées par la loi du 2 mars 1832, c'est sous le mot LISTE CIVILE que nous présenterons les principes qui se rattachent à l'ensemble de cette matière, ainsi que l'exposé du régime particulier sous lequel peuvent se trouver les biens dépendant de la dotation de la couronne. — V. LISTE CIVILE.

V. aussi DOMAINE DE L'ÉTAT, DOMAINES ENGAGÉS.

DOMAINE ECCLÉSIASTIQUE.

V. BIENS ECCLÉSIASTIQUES, BIENS NATIONAUX, COMMUNAUTÉS RELIGIEUSES, ÉTABLISSEMENS RELIGIEUX.

DOMAINES ÉCHANGÉS.

V. DOMAINES ENGAGÉS ET ÉCHANGÉS.

DOMAINES ENGAGÉS ET ÉCHANGÉS.

Table alphabétique.

DOMAINES ENGAGÉS ET ÉCHANGÉS. — 1. — On comprend sous la dénomination de biens engagés ou échangés ceux qui dépendant originairement du domaine de la couronne, en ont été distraits par les rois de France par voie d'échange ou autre mode d'aliénation.

—

Sect. 1re. — *Historique et législation.*

2. — Dans l'ancien droit français, le roi n'était pas considéré comme propriétaire des biens dépendant du domaine de la couronne, il n'en étai que l'administrateur, et bien qu'aucun acte législatif n'eût déclaré ces biens inaliénables, il était de principe que le roi ne pouvait en transférer la propriété. — V. DOMAINE DE LA COURONNE, DOMAINE DE L'ÉTAT.

3. — Le caractère d'inaliénabilité appartenant au domaine de la couronne (qui se confondait avec celui de l'état) n'empêcha pas néanmoins ces biens d'être l'objet d'aliénations fréquentes. Pour mettre ces opérations d'accord avec le principe, on les considéra, quelle que fût d'ailleurs la dénomination donnée au contrat, comme de simples *engagemens* incapables de transférer la propriété, le roi conservant toujours et nécessairement le droit d'exiger la réintégration au domaine des choses qui avaient été ainsi distraites, en remboursant ce qu'il avait reçu pour prix des aliénations. — *Cass.*, 10 brum. an XII, Enregist. c. Tête-Noire Lafayette.

4. — C'est en ce sens que d'Aguesseau (t. 7, p. 278) définissait l'engagement du domaine de la couronne « une convention par laquelle le roi abandonnait la jouissance d'un de ses domaines pour tenir lieu de l'intérêt de l'argent qu'on lui prêtait, *jusqu'à ce qu'il pût le rendre à son créancier.* »

5. — L'engagiste, n'étant que détenteur révocable de la terre par lui possédée à ce titre, ne pouvait être considéré comme seigneur de cette terre; il n'avait ni le domaine direct ni le droit à la foi et hommage, il ne pouvait dès-lors stipuler aucune redevance féodale dans l'acte de concession qu'il faisait pour cette terre. — *Lyon*, 3 mai 1839 (t. 1er 1840, p. 158), comm. de Contrevoz c. Parat d'Andert.

6. — Les aliénations des biens domaniaux aliénés étant essentiellement révocables, les acquéreurs de ces biens étaient perpétuellement placés sous la menace d'un dessaisissement. On voit en effet de très anciennes ordonnances prescrire la restitution au roi des biens domaniaux aliénés. — V. notamment ord. 29 juill. 1318, rendue par Philippe-le-Long; ord. 5 avr. 1321, rendue par Charles-le-Bel. — Merlin, *Rép.*, vo *Domaine public*, t. 4, p. 735.

7. — Les biens domaniaux étaient aussi fréquemment aliénés par voie d'échange; mais, les opérations de cette nature présentant souvent de grands avantages au domaine, qui dans tous les cas recevait l'équivalent de ce qu'il perdait, on les considérait comme conférant aux échangistes une propriété irrévocable, lorsqu'elles avaient eu lieu sans fraude.

8. — Le premier acte du pouvoir royal qui ait proclamé d'une manière expresse l'inaliénabilité du domaine, et qui ait converti cette doctrine en loi écrite est l'édit de François Ier, du 30 juin 1539. Cet édit prononça la révocation *de tous les engagemens antérieurement consommés.* — V. DOMAINE DE L'ÉTAT.

9. — Mais c'est dans l'ordonnance de fév. 1566 que la matière des domaines engagés fut réglementée d'une manière définitive. Cette ordonnance, rendue par Charles IX, dans une assemblée des notables et des grands du royaume tenue à Moulins, déclara le domaine inaliénable et imprescriptible.

10. — Cette ordonnance, œuvre du chancelier Lhopital, et qui est connue sous le double nom d'*ordonnance de Moulins* et d'*ordonnance du domaine*, fut enregistrée au parlement le 13 mai suivant, et demeura la véritable loi des domaines engagés et échangés jusqu'à la révolution de 1789.

11. — L'ordonnance de 1566 ne prescrit l'aliénation des biens du domaine que dans deux cas : 1o pour constituer un apanage aux puînés des rois de France. Dans ce cas, il devait y avoir retour à

la couronne des domaines donnés en apanage par le décès du prince apanagiste sans enfans mâles. — V. APANAGE.

12. — 2° Pour les nécessités de la guerre, il était délivré pour ces aliénations des lettres-patentes vérifiées par les parlemens. Le roi conservait le droit perpétuel de racheter les biens ainsi vendus.

13. — L'ordonnance disposait en outre que le domaine de la couronne s'entendait de celui qui était *expressément* consacré, uni et incorporé à la couronne, ou qui avait été tenu et administré par les receveurs et officiers, pendant l'espace de dix ans. — Art. 2.

14. — Jugé, par application de cet article, que pour établir qu'un immeuble dont l'acquisition a été faite par le roi en 1725 est domanial, il ne suffit pas de prouver que cet immeuble a été affecté à un service public, par exemple, une prison jusqu'en 1789. — *Cass.*, 2 avr. 1835, Préfet de la Seine c. Ameline.

15. — Il faut remarquer toutefois que, malgré les termes de cet art. 2, certains biens dépendaient *de plein droit* du domaine de la couronne; c'étaient les biens patrimoniaux que le prince possédait lorsqu'il parvenait à la couronne et les terres et seigneuries qui lui advenaient, à titre successif ou de legs, depuis qu'il était roi. — Favard de Langlade, *Rép.*, v° *Domaines engagés*, § 1er.

16. — Par l'art. 3 de l'ord. de 1566, le roi déclarait de pareille nature et condition les terres autrefois aliénées et transférées par ses prédécesseurs, à la charge de retourner à la couronne à défaut d'hoir mâle, ou autres conditions semblables. — Art. 3.

17. — En outre, l'ordonnance disposait que les détenteurs du domaine sans concession valable seraient condamnés à la restitution des fruits depuis leur jouissance ou celle de leurs prédécesseurs.

18. — ... Que ceux qui dissimuleraient leurs titres seraient dépossédés. — Art. 7.

19. — ... Que les aliénataires du domaine, pour les causes ci-dessus autorisées, ne pourraient néanmoins couper les bois de haute futaie, ni toucher aux forêts, à peine de restitution du produit et du dommage qui en serait résulté. — Art. 8.

20. — ... Qu'il ne serait fait aucune aliénation des bois de haute futaie dépendant du domaine, ni aucun don des coupes ou des deniers qui en proviendraient. — Art. 9.

21. — Les aliénations des biens domaniaux s'étaient souvent déguisées sous la forme d'inféodation. Aussi l'ordonnance interdit-elle toute inféodation à vie, à long temps, à perpétuité, ou autre condition, quelle qu'elle fût, pour des terres domaniales. — Art. 17.

22. — Quant aux biens faisant partie du *petit domaine*, il était admis par les juristes, bien que l'ordonnance de 1566 fût muette à cet égard, qu'ils pouvaient être aliénés irrévocablement. C'étaient des objets de peu d'importance, ou dont l'entretien était onéreux pour la couronne. — V., à cet égard, DOMAINE DE L'ÉTAT.

23. — La législation postérieure à *l'ordonnance du domaine* ne fit guère que reproduire et renouveler les dispositions de cette ordonnance sur les aliénations de biens domaniaux. L'édit d'avril 1667, rendu par Colbert, énuméra certains actes comme propres à prouver l'origine domaniale d'un bien. Il rappela les prescriptions sévères de l'ordonnance, notamment en ce qui concerne les forêts domaniales.

24. — Il fut ordonné par le même édit que le roi pouvait entrer *dans ses domaines échangés*, en rendant les autres biens et droits qui lui auraient été donnés en échange, lorsqu'il aurait souffert une lésion énorme, ou que l'évaluation des biens aurait été faite, sans avoir observé les formes requises, par fraude ou fiction.

25. — L'ordonnance de 1669, la déclaration du 31 janv. 1724, et le règlement de 1731 sur les eaux et forêts interdirent de nouveau l'aliénation des futaies.

26. — Aux termes des art. 5, 6 et 7 du tit. 22 de l'ord. de 1669, les donataires, usufruitiers et engagistes ne pouvaient disposer d'aucune futaie; tous les arbres et baliveaux sur taillis devaient être réputés faire partie du fonds des bois et forêts de l'état, sans que les donataires, usufruitiers et engagistes y pussent rien prétendre. — V. *cons. d'état*, 16 fév. 1835, Soubise c. min. fin.

27. — La cour de Cassation a également reconnu que les futaies dépendant des bois anciennement engagés ont été formellement réservées au domaine de l'état dont elles ont continué à faire partie, nonobstant les engagemens. — *Cass.*, 12 déc. 1838 (t. 2 1838, p. 658), comm. de Lorrey c. le domaine.

28. — Il a été décidé que la décl. du 31 janv. 1724, qui interdit l'abandon des futaies à tous aliénataires de bois domaniaux, lesquels, aux termes de l'art. 7 de cette déclaration, n'ont droit qu'à la coupe du taillis, ne s'applique pas aux propriétaires d'usines à qui le souverain a expressément concédé, moyennant une redevance annuelle, l'usage des futaies pour l'entretien des usines. — *Cass.*, 2 août 1825, d'Hennezel c. Domaine.

29. — L'édit de 1711 ordonna que, lorsque des biens domaniaux seraient échangés contre des terres ou seigneuries des sujets du roi, il serait procédé à leur estimation par des commissaires nommés et députés par lettres-patentes; et que les procès-verbaux d'évaluation qui seraient dressés par les cours seraient apportés au conseil pour y être examinés et confirmés par d'autres lettres-patentes qui seraient enregistrées. — Ces dispositions ne s'appliquaient pas aux échanges régulièrement faits avant cet édit.

30. — Enfin, sous Louis XVI, l'arrêt du conseil du 19 janv. 1781, voulant concilier les intérêts des détenteurs avec les droits de l'état, maintint les possessions précaires de ceux-là en les assujétissant à payer des rentes ou supplémens de rente d'engagement. — Troplong, *Prescr.*, n° 184.

31. — Néanmoins, ajoute M. Troplong, *loc. cit.*, les dilapidations continuant à démembrer le domaine de la couronne, malgré les efforts d'une administration vigilante, mais paralysée et détestée par des gens de cour, les plus belles terres de la couronne étaient livrées à l'avidité des favoris sur de faux exposés, sur des mensonges officiels qui trompaient le souverain et lui arrachaient de funestes concessions. Mais plus la loi était éludée, plus l'on ressentait la nécessité de ce principe d'inaliénabilité, si national et si juste, opposé à l'insatiable avidité des courtisans, et contrepoids indispensable pour rappeler à l'économie une royauté enivrée de pouvoir absolu. »

32. — Telle fut la législation sur la matière jusqu'à la révolution de 1789. — M. Troplong, *loc. cit.*, jugeant l'ensemble de cette législation, dit ce qui suit : « Je n'ai jamais compris que des esprits graves et impartiaux aient jugé avec sévérité cette législation domaniale conçue toute entière dans l'intérêt *du pauvre peuple*, comme on disait alors. Quoique je reconnaisse autant que qui que ce soit les immenses avantages et l'utilité de la prescription, cette patronne du genre humain, je pense que l'intérêt public imposait ici l'obligation de n'y avoir aucun égard : c'était le seul moyen de sauver des dissipations la dot de la couronne, et de conserver la fortune publique dilapidée par une cour vénale. »

33. — Examinons maintenant quelle fut la législation produite par la révolution. — Le 21 septembre 1790, l'assemblée nationale rendit deux lois. Par la première elle révoqua les apanages antérieurement accordés et défendit d'en consentir à l'avenir. Par la seconde elle permit la vente des domaines nationaux pour les besoins de l'état en vertu d'un décret des représentans de la nation. Puis elle s'occupa de régir la matière par une loi générale sur le domaine. Cette loi est celle du 22 nov. - 1er déc. 1790. — V. DOMAINE DE L'ÉTAT.

34. — Cette loi déclarait sujettes à rachat perpétuel *les ventes et aliénations de biens domaniaux postérieures à l'ordonnance de* 1566, lors même qu'on aurait inséré dans les contrats une stipulation contraire. Les engagemens antérieurs à cette époque et ne contenant pas la clause expresse de rachat furent seuls maintenus. — Art 23 et 24.

35. — La dépossession des détenteurs de biens domaniaux sujets à rachat ne dut avoir lieu qu'autant qu'ils auraient préalablement reçu ou qu'ils auraient été mis en demeure de recevoir leur finance d'engagement avec ses accessoires. — Art. 25.

36. — Pour faciliter aux détenteurs de biens domaniaux moyennant finance le remboursement de la finance, la loi leur donna le droit de provoquer l'adjudication publique de ces biens, après estimation préalable; l'adjudication ne devait être faite qu'à la charge de rembourser au concessionnaire ou détenteur la finance primitive avec ses accessoires et de verser le surplus, s'il y en avait, à la caisse de l'extraordinaire. — Art. 27.

37. — Les dons, transports et concessions à titre gratuit de biens et droits domaniaux, furent soumis à la distinction faite par les art. 23 et 24 pour les engagemens à titre onéreux relativement à leur date. — Art. 28.

38. — Les détenteurs par baux emphytéotiques ou à une ou plusieurs vies furent considérés comme aliénataires et traités comme tels. — Art. 29.

39. — Malgré la rigueur du principe de la révocabilité des engagemens, certaines aliénations de biens qui avaient dépendu du domaine furent confirmées par la loi de 1790 d'une manière irrévocable et absolue, sans égard à leur date. C'étaient les aliénations par contrat d'inféodation, baux à cens ou à rente, de terres vaines et vagues, landes, bruyères, palus, marais et terrains en friche autres que ceux situés dans les forêts ou à cent perches d'icelles. Ces biens étaient de peu d'importance. — Art. 31.

40. — Quant aux aliénations domaniales qui avaient eu lieu par voie *d'échanges*, l'assemblée nationale confirma purement et simplement toutes celles de ces opérations qui avaient eu lieu régulièrement. L'échange était régulier lorsqu'il avait été préalablement procédé aux évaluations prescrites par l'édit d'octobre 1711 et lorsque l'échangiste avait obtenu et fait enregistrer dans les cours les lettres de ratification nécessaires pour donner à l'acte son dernier complément. — Art. 19.

41. — Les contrats d'échange de biens domaniaux purent néanmoins être révoqués et annulés, malgré l'observation des formes prescrites, s'il n'y avait eu fraude, fiction ou simulation, et si le domaine avait souffert une lésion du huitième, eu égard au temps de l'aliénation. — Art. 10.

42. — L'échangiste dont le contrat était révoqué devait être au même instant remis en possession de l'objet cédé en contre-échange, sauf les indemnités respectives qui pourraient être dues. — Art. 21.

43. — L'art. 34 enjoignait aux engagistes et échangistes de présenter au comité des domaines de l'assemblée nationale et au directoire du département de la situation des biens une copie des titres relatifs aux biens domaniaux qu'ils possédent et ce dans les trois mois à compter de la publication de la loi.

44. — La loi de 1790, consacrant une innovation, créa contre le domaine et au profit des engagistes une prescription de quarante ans, mais qui ne dut commencer à courir qu'à partir de la date de la loi. Cette prescription put s'acquérir par une possession publique et sans trouble. Elle ne s'appliquait pas à ceux des biens domaniaux que la loi continuait à considérer comme inaliénables. — Art. 36.

45. — Les dispositions de cette loi ne s'appliquaient aux provinces réunies à la France postérieurement à l'ordonnance de 1566, qu'en ce qui concernait les aliénations faites depuis la date de leur réunion respective, les aliénations précédentes devant être réglées suivant les lois lors en usage dans ces provinces. — Art. 37.

46. — Plus tard, une loi du 27 mars-1er avr. 1791, voulant protéger les engagistes contre les violences dont ils étaient quelquefois l'objet, défendit de troubler dans leur jouissance les détenteurs de biens ci-devant domaniaux avant qu'il eût été statué sur la validité de leur titre dans la forme prescrite par la loi de 1790. — Macarel et Boulatignier, *De la fortune publique*, t. 2, p. 28 et 29.

47. — Mais la position de ces détenteurs fut ensuite aggravée par la loi du 3 sept. 1792, qui révoqua d'une manière définitive les engagemens et échanges que la loi de 1790 avait seulement déclarés révocables.

48. — La loi de 1792 fut remplacée par celle du 10 frim. an II (30 nov. 1793), qui vint, à son tour, régir la matière.

49. — Cette dernière loi confirma la révocation générale prononcée par la première, en exceptant seulement de cette mesure les conventions qui s'étaient appliquées aux terres vaines et vagues, landes, bruyères, etc. — Art. 3 et 5.

50. — Puis elle s'exprima ainsi dans son art. 8 : « Aussitôt après la publication du présent décret, la régie nationale du droit d'enregistrement et des domaines prendra possession, au nom de la nation, après en avoir référé aux directoires de district et en avoir obtenu l'autorisation, de tous les biens mentionnés en l'art. 1er, sauf les exceptions portées par les art. 3 et 5, quand bien même les détenteurs auraient satisfait aux formalités et fait les déclarations prescrites par les précédentes lois qui établissaient des exceptions. »

51. — Par l'art. 51, on offrait aux engagistes une indemnité en une inscription sur le grand-livre de la dette publique, indemnité qui, à cette époque, pouvait paraître illusoire.

52. — Avant la dépossession, cette indemnité ou liquidation devait être fixée par trois experts nommés, l'un par le directoire du district, l'autre par le juge de paix du canton où les biens étaient situés, et le troisième par le détenteur. — Art. 11 et 22. — Toutes les contestations qui pouvaient s'élever à l'occasion de la dépossession étaient déférées à des arbitres. — Art. 24.

53. — Cette loi de frimaire an II révoqua expressément toutes les lois antérieures relatives aux domaines engagés et à la liquidation des finances d'engagement. — Art. 53.

54. — Les détenteurs de biens domaniaux résistèrent à l'exécution de la loi de frimaire an II, et ils parvinrent à en faire rapporter plusieurs parties par divers actes législatifs.

55. — Ainsi, cette exécution fut successivement suspendue : 1° par le décret du 30 vent. an II, en ce qui concerne les aliénations à condition de bâtir ou démolir ; — 2° par celui du 24 germin. an II, à l'égard des aliénations à cens et rentes de petites portions de terrains.

56. — Puis enfin un décret du 22 frim. an III déclara suspendre l'exécution de la loi 10 frim. an II, renvoya l'examen de cette loi au comité des finances et chargea ce comité de présenter un nouveau projet sur les domaines aliénés.

57. — Il arrivait souvent que les échangistes étaient dépossédés sans que les biens qu'ils avaient originairement donnés en contre-échange leur fussent rendus. La loi du 7 niv. an V porte, dans son art. unique : « Les échangistes dépossédés depuis la loi du 10 frim. an II, sans avoir été rétablis dans la jouissance des objets cédés en contre-échange par eux ou par leurs auteurs, seront réintégrés sur-le-champ par les administrations centrales dans les biens dont ils ont été dépouillés, sans préjudice des droits de la nation et de ceux des échangistes qui les feront valoir ainsi qu'il appartiendra. »

58. — La législation résultant de la loi de frim. an II et de celles qui l'avaient modifiée était aussi peu satisfaisante pour les engagistes, dont la position n'avait rien de régulier, que pour l'état, dont l'action était à demi paralysée. — Elle fut remplacée par la loi du 14 vent. an VII, dont la plupart des dispositions régissent encore maintenant les détenteurs de biens qui ont appartenu au domaine.

59. — Cette loi du 14 vent. an VII a cherché la conciliation des intérêts de l'état et de ceux des engagistes, elle peut se diviser en cinq parties : la première trace des règles générales sur la confirmation ou la révocation des aliénations du domaine de l'état (art. 1er à 4) ; la seconde contient des exceptions aux révocations prononcées (art. 5 à 11) ; la troisième donne aux détenteurs dont l'aliénation est révoquée les moyens d'éviter la dépossession en payant le quart de la valeur (art. 13 à 21) ; la quatrième dispose dans quelles formes seront vendus les biens domaniaux dont les possesseurs ne se seront pas mis en règle et comment seront jugées les contestations qui pourront s'élever (art. 12 à 32) ; enfin la cinquième est relative aux objets sur lesquels il a été statué, soit par d'autres lois, soit par la législation ancienne.

60. — Suivant les erremens de la loi du 1er déc. 1789, celle du 14 vent. an VII confirma les aliénations de biens domaniaux dont la date était antérieure à l'édit de février 1566, pourvu qu'elles n'eussent pas été faites avec réserve de retour ou de rachat au profit du domaine. Elle prononça la révocation de toutes celles de ces aliénations qui étaient intervenues postérieurement à l'édit, dans quelques termes qu'elles se fussent opérées. Enfin elle déclara révoquées les aliénations qui avaient été accompagnées d'une clause de retour ou réserve de rachat, quelle que fût l'époque où elles avaient été consenties. — Art. 1er, 2, 3, 4.

61. — Celles de ces opérations qui avaient été autorisées par les assemblées nationales furent respectées.

62. — Quant aux distractions de biens domaniaux qui avaient eu lieu dans les pays réunis à la France antérieurement à l'époque de leur réunion, elles durent être réglées par les lois lors en usage dans les pays réunis ou suivant les traités de paix ou de réunion. Les aliénations postérieures à cette époque furent révoquées.

63. — La loi de ventôse an VII ne statue pas sur la révocation des concessions de forêts au-dessus de cent cinquante hectares, ni de terrains enclavés dans les forêts nationales ou à sept cent quinze mètres de ces forêts. Ce point devait être l'objet d'une loi particulière. — Art. 15.

64. — La principale innovation introduite par la loi de l'an VII dans la législation sur la matière, consiste à donner aux engagistes et échangistes non maintenus la faculté de devenir propriétaires incommutables en faisant une déclaration des biens qu'ils possédaient (art. 13), et une soumission de payer le quart de leur valeur (art. 14).

65. — La loi du 14 vent. an VII, étant encore actuellement, comme nous l'avons dit, l'acte législatif qui régit les domaines engagés et échangés, on en trouvera toutes les dispositions de détail dans le cours de cet article, chacune d'elles se trouvant placée sous la division à laquelle elle appartient.

66. — Le délai accordé par la loi de vent. an VII aux engagistes et échangistes non maintenus pour faire la déclaration des biens et la soumission de payer la quart ayant paru trop court, la loi du 16 pluv. an VIII donna un nouveau délai de trois mois à partir de sa publication pour faire la déclaration qui devait précéder la soumission. — V. *infrà*.

67. — La loi du 11 pluv. an XII statua sur les engagemens et échanges de bois détachés du domaine national. Elle voulut que la dépossession des engagistes et échangistes dont les contrats avaient été révoqués fût précédée d'une estimation faite par experts, et qu'il fût procédé à la liquidation des indemnités dues aux détenteurs. Les échangistes purent recevoir le montant de leur liquidation en domaines nationaux si l'on ne pouvait leur rendre les biens originairement livrés par eux en contre-échange.

68. — Cette loi reproduit l'interdiction déjà prononcée par celle du 1er déc. 1789 pour les détenteurs de disposer des bois de haute-futaie et autres bois. Quant aux aliénations ou engagemens, accensemens, sous-aliénations et sous-inféodations de terrains enclavés dans les forêts nationales ou en étant distans de moins de sept cent quinze mètres, la loi de pluv. an XII leva le sursis prononcé par l'art. 15 de celle de vent. an VII, et déclara que les autres dispositions de cette loi leur seraient applicables. — Art. 10. — Les détenteurs de ces terrains reçurent ainsi la faculté de faire la soumission de payer le quart.

69. — La révocation des concessions de bois au-dessus de cent-cinquante hectares fut maintenue dans les termes de la loi de 1790.

70. — La loi de l'an XII ne reçut pas d'exécution et les engagistes ou échangistes de forêts qui versèrent au trésor le quart de la valeur des coupes ne furent pas recherchés.

71. — Un avis du conseil d'état du 3 flor. an XIII décida que lorsqu'un engagiste posséderait une forêt domaniale composée de futaies et de bois taillis ou autres, et qu'il voudrait en devenir propriétaire incommutable par le paiement du quart de la valeur, l'expertise préalable devrait comprendre deux prix : l'un du quart de la valeur du bois sans y comprendre la futaie, l'autre de la *totalité* de la valeur de cette futaie, et que l'engagiste devrait payer les deux prix.

72. — Le décret du 13 déc. 1809 supprima le conseil de liquidation, et ordonna que la liquidation des remboursemens réclamés par les engagistes ou échangistes dépossédés depuis la loi du 11 pluv. an XII serait renvoyée à la direction générale des domaines.

73. — Cette disposition fut confirmée par la loi du 15 janv. 1810, sur le budget. — Avis du cons. d'état du 6 nov. 1813.

74. — La loi des finances du 28 avr. 1816 rapporta le § 2 de l'art. 15, L. 14 vent. an VII, relatif aux forêts, et la loi du 11 pluv. an XII, qui avait maintenu l'inaliénabilité des bois au-dessus de 150 hectares. Allant plus loin, elle admit tous les engagistes sans distinction à profiter du bénéfice de la loi du 14 vent. an VII, et à devenir propriétaires incommutables moyennant le paiement du quart (art. 116). — Favard de Langlade, *Rép.*, v° *Domaines engagés*, § 3, n° 1.

75. — On a jugé que la loi du 28 avr. 1816 n'était pas, comme la loi du 5 déc. 1814 sur les biens non vendus des émigrés, une loi de grâce dont le bénéfice ne pût être réclamé que par les héritiers de la famille des engagistes dépossédés ; qu'au contraire le bénéfice de l'art. 116, L. 1816, n'appartenait qu'à celui qui aurait le droit de réclamer la finance d'engagement, et par conséquent à l'héritier testamentaire de l'engagiste, à l'exclusion de tous autres plus proches parens ou héritiers de celui-ci. — *Cass.*, 30 mars 1824, Duparc c. d'Annebault.

76. — La loi du 15 mai 1818 conféra également aux échangistes de forêts au-dessus de 150 hectares, dont les échanges n'étaient pas consommés avant le 1er janvier 1789, le droit de devenir propriétaires incommutables par le paiement du quart. — Favard de Langlade, *ibid.*, § 4.

77. — Cette loi disposa que les échangistes pour lesquels il avait été fait des évaluations conformément à l'édit du mois d'octobre 1711, quoique non suivies de l'enregistrement et de lettres de ratification, pourraient être maintenus dans leurs possessions en payant la soulte résultant des évaluations, si les biens par eux donnés en contre-échange avaient été vendus par l'état.

78. — Survint enfin la loi du 12 mars 1820, qui voulut régulariser les rapports de l'état avec les engagistes et échangistes, et en même temps améliorer la position de ces derniers.

79. — « L'administration des domaines, porte-t-elle, fera signifier aux propriétaires détenteurs des domaines provenant de l'état à titre d'engagement, concession ou échange auxquels seraient applicables les dispositions des lois des 14 vent. an VII (4 mars 1799), 28 avr. 1816 et 15 mai 1818, et qui n'y auraient pas satisfait, qu'ils aient à se conformer auxdites lois, relativement aux domaines engagés ou échangés dont ils seraient actuellement en possession. » — Art. 7.

80. — « A l'égard des domaines provenant d'engagemens ou d'échanges restant à remettre aux anciens propriétaires en exécution des lois des 5 déc. 1814 (sur les biens non vendus des émigrés), 28 avr. 1816 et 15 mai 1818 dont l'origine domaniale sera connue, l'administration des domaines fera ses réserves dans l'acte de remise et elle imposera aux propriétaires l'obligation de se conformer aux dispositions de la loi du 14 vent. an VII. » — Art. 8.

81. — L'art. 9, le plus important de cette loi, créa contre le domaine une prescription au profit des engagistes et échangistes.

82. — « A l'expiration de trente années, dit cet art. 9, à compter de la loi du 14 vent. an VII, les domaines provenant de l'Etat, cédés à titre d'engagement ou d'échange antérieurement à la loi du 1er déc. 1790, autres que ceux pour lesquels auraient été faites ou seraient faites jusqu'à l'expiration desdites trente années, les significations et réserves réglées aux art. 7 et 8, sont déclarés propriétés incommutables entre les mains des possesseurs actuels, sans distinction de ceux qui se seraient conformés ou non aux dispositions des lois des 14 vent. an VII, 11 pluv. an XII, 28 avr. 1816 et 15 mai 1818. En conséquence, les possesseurs actuels desdits biens, engagistes, échangistes ou concessionnaires, ou leurs représentans, seront quittes et libérés par l'effet seul de la présente loi, et sans qu'ils puissent être tenus de fournir aucune justification, sous prétexte que lesdits biens proviendraient d'engagemens, d'échanges ou de concessions avant ou depuis le mois de février 1566 avec ou sans clause de retour. »

83. — C'est en 1829 qu'a expiré le délai de trente années après lequel les détenteurs de biens domaniaux qui n'avaient pas été poursuivis par la régie pendant ce temps ont pu se prévaloir de l'art. 9, L. 1820, et opposer la prescription au domaine. Mais peu de temps avant l'expiration du délai, l'administration a fait signifier une multitude de sommations aux engagistes et échangistes et elle a ainsi conservé ses droits à l'égard de tous ceux d'entre eux qui ont reçu ces significations.

Sect. 2e. — *Des engagistes.*

§ 1er. — *Des engagistes dont les contrats sont révoqués et de la soumission de payer le quart.*

84. — Comme nous l'avons déjà dit, la loi de l'an VII, en frappant de révocation les contrats d'un grand nombre d'engagistes, a donné néanmoins à ceux-ci le moyen d'échapper à cette révocation et de devenir propriétaires incommutables. Par la soumission de payer le quart de la valeur des biens engagés et l'accomplissement des conditions qui devaient précéder ou accompagner cette soumission aux termes de cette loi, ils se mettaient à l'abri de toutes recherches. Ces conditions ou formalités ont été définies ainsi qu'il va être dit par les art. 13 et suiv.

85. — L'art. 13 dispose que « les engagistes qui ne sont maintenus par aucun des articles précédens et même les échangistes dont les échanges sont déjà révoqués ou susceptibles de révocation, sont tenus, à peine d'être déchus de la faculté portée en l'article suivant, de faire, dans le mois de la publication de la présente, à l'administration centrale du département où sont situés les biens ou la majeure partie des biens engagés ou échangés, non encore vendus par la nation ni soumissionnés en exécution de la loi du 28 vent. an IV et autres y relatives, la déclaration générale des fonds faisant l'objet de leur engagement, échange ou autre titre de concession. »

86. — Et l'art. 14 ajoute que ceux qui auront fait la déclaration ci-dessus pourront, dans le mois suivant, faire, devant la même administration, la soumission irrévocable de payer en numéraire métallique le quart de la valeur desdits biens, estimés comme il sera dit ci-après, *avec renonciation à toute imputation, compensation ou distraction de finance ou amélioration* ; — et qu'en effectuant cette soumission, ils seront maintenus dans leur jouissance ou réintégrés en icelle s'ils ont été dépossédés, et que lesdits biens se trouvent encore sous la main de la nation, déclarés en outre et reconnus propriétaires incommutables et en tout assimilés aux acquéreurs de biens na-

tionaux aliénés en vertu des décrets des assemblées nationales.

87. — Enfin l'art. 15 les oblige, en faisant la soumission énoncée en l'article précédent, à nommer leurs experts et à déposer l'état, signé d'eux ou de leur procureur constitué, touchant la consistance des biens qu'ils entendent conserver, leur situation, leur nature au temps de la concession, leur état actuel et leur produit, sans pouvoir être reçus à faire leur soumission autrement que sur la totalité du domaine ou des domaines compris dans le même titre, ou sur la totalité de ce qui en reste en leur possession ; le tout à peine de nullité de ladite soumission.

88. — La révocation prononcée par la loi de l'an VII s'applique à toutes les concessions du domaine de l'état, qu'elles aient été consenties à titre gratuit ou à titre onéreux. — *Cass.*, 27 nov. 1832, Préfet de l'Ain c. de Biencourt; 14 nov. 1832, Préfet du Haut-Rhin c. Wetté; 8 fév. 1836, Dietrich c. le Préfet de la Moselle ; 19 mars 1833 et 10 déc. 1836 (t. 1er 1837, p. 137), Préfet du Haut-Rhin c. Riche et Flottat ; 29 mai 1837 (t. 2 1837, p. 20), Préfet du Haut-Rhin c. Keller.

89. — Jugé à cet égard qu'une concession de domaines de l'état, octroyée par le souverain, *en contemplation des services rendus à lui et à ses prédécesseurs par le concessionnaire et ses auteurs*, doit être réputée purement gratuite, comme faite à titre de libéralité et sans prix ; — qu'on ne peut lui refuser ce caractère, et la réputer faite à titre onéreux, sous prétexte des ventes qui l'ont précédée, et dont elle fait mention, lorsque l'acte qui la renferme ne contient aucune disposition qui lui donne pour cause les prix et supplémens de prix pour lesquels ces ventes ont été faites, et qu'au contraire il porte expressément qu'elle est faite en contemplation des services rendus au concédant, et parce qu'ainsi il lui plaît de le faire; et qu'en conséquence, une pareille concession est soumise aux dispositions de la loi du 14 vent. an VII, aussi bien que les aliénations qui l'ont précédée, quoique ces aliénations soient faites avec réserve de rachat perpétuel. — *Cass.*, 27 nov. 1832, Préfet de l'Ain c. de Biencourt.

90. — La révocation a lieu quoique les détenteurs actuels possèdent en vertu de baux emphytéotiques à eux consentis par les donataires, dont ils ont servi la rente et payé le rachat entre les mains de l'état. — *Cass.*, 19 mars 1833, Préfet du Haut-Rhin c. Riche et Flottat.

91. — Et elle s'applique aussi bien aux concessions annulées et révoquées par les décrets particuliers, qu'aux concessions révoquées par les lois générales. Les lois du 28 avr. 1816, art. 116, et du 15 mai 1818 n'ont pas dérogé à ces principes. — *Cass.*, 14 nov. 1832, préf. du Haut-Rhin c. Wetté ; 29 mai 1837 (t. 2 1837, p. 20), préf. du Haut-Rhin c. Keller.

92. — Un engagiste dépossédé ne perd pas sa qualité si les finances d'engagement n'ont pas été liquidées et il peut être admis à soumissionner le paiement du quart pourvu que la soumission soit faite dans les délais légaux. — *Cons. d'état*, 21 mars 1821, d'Annebaud c. le Domaine. — V. Cormenin, *Droit administ.*, t. 2, p. 38.

93. — On s'est demandé si la soumission de payer le quart avait pour effet d'affranchir celui qui avait rempli cette formalité du paiement des rentes ou autres redevances dont le service envers l'état avait été imposé à l'aliénataire par l'acte d'engagement. La jurisprudence a été quelque temps flottante sur cette question.

94. — Ainsi, la cour de Lyon avait jugé que la loi de l'an VII, en frappant de révocation toutes les aliénations du domaine faites dans l'ancien territoire de la France postérieurement à l'édit de fév. 1566, et en soumettant les détenteurs à payer le quart du prix de l'estimation, a anéanti les contrats qui avaient originairement consommé ces aliénations et a paralysé leur exécution ; qu'en conséquence la rente stipulée au profit de l'état par un contrat d'inféodation du 6 fév. 1765 ne devait plus être payée et que l'acquéreur qui avait versé le quart de la valeur de l'immeuble engagé demeurait affranchi de cette prestation annuelle. — *Lyon*, 19 pluv. an XI, Domaine c. Challaye.

95. — Cet arrêt fut cassé par la cour de Cassation, qui décida, au contraire, que l'engagiste qui a payé le quart de l'estimation du domaine engagé ne devient pas acquéreur à un titre nouveau ; que dès-lors, la rente stipulée au profit du gouvernement par le contrat d'inféodation doit toujours être servie, et que l'engagiste, bien qu'il ait payé le quart de l'estimation, n'est pas affranchi de cette prestation annuelle. — *Cass.*, 5 niv. an XII, mêmes parties.

96. — Le Conseil d'état fut saisi de la question à l'occasion de cette affaire Challaye; et, par un avis en date du 22 fruct. an XIII, inséré au Bulletin des lois, il exprima l'opinion que les engagistes qui avaient fait leur soumission de payer le quart ne pouvaient être astreints au paiement de ces redevances, la loi de l'an VII ne leur imposant aucune obligation de ce genre.

97. — La cour de Cassation, revenant alors sur sa jurisprudence, a jugé depuis, et contrairement à son arrêt du 5 niv. an XII, que celui qui possédait dans l'origine un héritage à titre d'engagement devient, de possesseur précaire qu'il était, et en vertu d'un nouveau titre, propriétaire incommutable et est dégagé de l'obligation de payer la rente stipulée au profit de l'état par le contrat d'engagement, au moment même où il a payé le quart en numéraire de la valeur estimée des biens dont il était engagiste. — *Cass.*, 31 juill. 1816, Chéry c. Lesage ; 24 nov. 1834, préfet de la Moselle c. Clément ; 2 juin 1835, préf. de la Moselle c. Mathis.

98. — Néanmoins, l'engagiste qui a fait sa soumission de payer le quart serait tenu en outre de continuer le service des rentes établies par l'acte d'engagement si le maintien de ces rentes avait été stipulé dans l'arrêté administratif qui l'a déclaré propriétaire incommutable et s'il avait lui-même exécuté cet arrêté par le paiement du quart et des frais et déboursés mis à sa charge, ainsi que par celui des rentes pendant plusieurs années. — *Cass.*, 11 déc. 1837 (t. 1er 1842, p. 292), le Domaine c. Villeneuve ; 18 juill. 1842 (t 2 1842, p. 146), hospices de Metz c. Christian-Leuz ; 2 juin 1835, préf. de la Moselle c. Mathis.

99. — Mais peu importerait d'ailleurs que l'arrêté administratif qui a accepté la soumission eût réservé expressément la maintenue des redevances, si cette maintenue n'avait été ni précédée ni accompagnée ni suivie de l'assentiment du soumissionnaire. — *Cass.*, 2 juin 1835, préf. de la Moselle c. Mathis.

100. — L'engagiste qui, après avoir laissé écouler le délai fixé par la loi de l'an VII pour faire sa soumission n'a été relevé de cette déchéance qu'à la charge de payer une redevance annuelle stipulée dans le contrat d'accensement au profit de l'état, ne peut se soustraire à cette obligation. — *Cass.*, 7 janv. 1829, Dorr c. le Domaine.

101. — Mais le paiement du quart de la valeur de l'immeuble engagé ne libère l'engagiste que des charges dues à l'état, et non pas de celles qui sont dues à des particuliers; à cet égard, la loi du 14 vent. an VII n'a rien statué. — Décr. 4 juin 1809, rapporté au *Répert.* de Favard, vo *Domaine engagé*, § 2, no 9.

102. — Décidé dans le même sens que les engagistes soumissionnaires n'ont été maintenus dans la possession des domaines engagés qu'à condition de souffrir toutes les servitudes et autres charges dont les fonds pouvaient être antérieurement grevés. — *Cons. d'état*, 31 mars 1825, ville de Chartres.

103. — La renonciation exigée par la loi du 14 vent. an VII (indépendamment de la soumission à payer le *quart*) à *toute imputation, compensation ou distraction de finances, ou amélioration*, doit être prise et appliquée dans le sens le plus large et le plus absolu. — Elle comprend notamment les avances faites par le concessionnaire pour le compte du cédant (représenté par l'état), en raison de travaux que celui-ci s'était engagé à faire faire pour la conservation de l'immeuble. — *Cass.*, 3 mai 1837 (t. 2 1837, p. 62), Pellagot et Goujet.

104. — Par cela seul que l'engagiste a été réputé propriétaire incommutable des biens engagés en payant le quart de leur valeur, il ne s'ensuit pas qu'il doive être considéré comme ayant été propriétaire de ces mêmes biens, lors de la suppression des rentes féodales. — *Cass.*, 10 brum. an XII, Enregistr. c. Tête-Noir Lafayette. — Jusqu'à la loi de vent., cet engagiste a donc dû solder à la régie les rentes de cette nature qu'il aurait promis de servir lors de l'engagement.

105. — La pleine propriété des biens engagés reposant irrévocablement entre les mains des soumissionnaires qui ont réalisé leurs engagemens, ceux-ci ont capacité suffisante pour défendre contre les tiers le fond du droit en présence du domaine. — *Cons. d'état*, 7 août 1816, ville de Rennes c. Cheffontaine.

106. — Ils sont recevables à attaquer par voie de tierce-opposition les décrets ou ordonnances rendus après leurs soumissions, entre le domaine et des tiers, et lors desquels ils n'ont été ni entendus ni appelés, ni par eux-mêmes, ni par des représentans valables ayant qualité et intérêt. — Même ord.

107. — L'acquéreur d'un bien domanial, dont un arrêt postérieur avait ordonné la réunion au domaine de l'état, sous prétexte qu'il n'avait été qu'engagé, n'a pas acquiescé à cet arrêt en soumissionnant pour le quart du prix, et est, par suite, recevable à invoquer l'irrévocabilité et l'ancienneté de son titre d'acquisition. — *Cass.*, 21 janv. 1833, Duhais c. Préfet du Pas-de-Calais.

108. — Aux termes de l'art. 16, L. vent. an VII, la valeur des biens qui avaient été l'objet d'une soumission dut être réglée, aux frais de l'engagiste ou échangiste soumissionnaire, par trois experts nommés, savoir : l'un par le soumissionnaire, le second par le directeur des domaines, et le troisième par l'administration centrale dans le ressort de laquelle les biens ou la majeure partie d'iceux étaient situés.

109. — Quant au mode de procéder des experts pour la fixation du quart, l'art. 19 porte que l'estimation aura lieu ainsi qu'il suit : 1o pour les maisons, usines, cours et jardins en dépendant, par une première opération, les experts les estimeront d'après leurs connaissances locales, et relativement au prix commun actuel des biens dans le lieu ou les environs ; par une seconde opération relative au prix commun en 1790, en faisant un capital de seize fois le revenu dont lesdits objets étaient susceptibles, sans considérer les baux à ferme ou à loyer, s'ils ne s'élevaient pas au véritable prix ; par une troisième, s'il y avait des baux en 1790, lesdites maisons et usines, les cours et jardins en dépendant, seront évalués sur le pied de leur valeur en 1790, calculée à raison de seize fois leur revenu net.

110. — ... 2o Et pour les terres labourables, prés, bois, vignes et tous autres terrains, par une première opération, les experts estimeront la valeur d'après leurs connaissances locales et relativement au prix commun actuel des biens de même nature dans le lieu ou les environs ; par une seconde, ils estimeront la valeur d'après le montant de la contribution foncière de 1793, en prenant pour revenu net d'une année quatre fois le montant de cette contribution et en multipliant la somme par vingt ; et par une troisième, s'il y avait des baux existant en 1790, la valeur sera fixée sur le pied de la même année, et calculée à raison de vingt fois le revenu d'après lesdits baux.

111. — Lorsque l'opération des experts doit s'appliquer à des forêts dans lesquelles se trouvent des futaies, l'estimation doit être faite avec des bases différentes. — V. ci-dessus ord. de 1669 et avis cons. d'état 3 flor. an XIII.

112. — En effet, les futaies ayant toujours été réservées exclusivement à l'état (*Cass.*, 30 mai 1843 [t. 2 1843, p. 361], l'Etat c. Boehler et Mazarin ; et 22 août 1843 [t. 2 1843, p. 363], le préfet de la Seine c. Mazarin ; 12 déc. 1838 [t. 2 1838, p. 658], comm. de Lorrey c. le domaine), il en résulte que l'engagiste qui peut en devenir propriétaire, conformément à la loi de l'an VII, doit payer la totalité de leur valeur.

113. — Jugé en conséquence que lorsqu'un bois soumissionné par l'ancien engagiste, conformément à la loi du 14 vent. an VII, se compose à la fois de taillis et de futaies, l'engagiste n'est devenu, au moyen du paiement du quart de la valeur, propriétaire incommutable que du taillis, mais que la futaie a continué de former, au profit de l'état, une propriété indivise qui lui a donné le droit de la soumettre au régime forestier tant que les engagistes n'ont pas déclaré la prendre moyennant le paiement de la totalité de sa valeur estimative. — *Cass.*, 30 mai 1843 (t. 2 1843, p. 361), l'état c. Boehler et Mazarin ; 22 août 1843 (t. 2 1843, p. 363), préfet de la Seine c. Mazarin.

114. — Dès-lors encore, en cas de vente du bois entier par l'ancien engagiste, l'exercice du droit de l'état sur la futaie peut bien donner lieu, au profit des tiers acquéreurs, à une action contre le vendeur, mais non à une action en dommages-intérêts contre l'état lui-même. — Mêmes arrêts.

115. — Jugé de même que, dans l'évaluation des forêts composées de futaies et de taillis, les futaies doivent être comprises pour la totalité de leur valeur ; qu'en conséquence les engagistes ne sont pas recevables à faire réduire au quart la valeur estimative de ces futaies ; qu'ils ne peuvent non plus être admis à diviser leur soumission afin d'acquérir le taillis séparément de la futaie ; mais qu'ils peuvent retirer leurs soumissions et se pourvoir en liquidation de leurs finances d'engagement. — *Cons. d'état*, 5 sept. 1821, Buon c. le Domaine ; — Cormenin, t. 2, p. 40 ; Magnitot et Delamarre, *Dictionn. de dr. admin.*, vo *Domaines engagés*, § 7.

116. — Une forêt engagée et soumissionnée par l'engagiste doit être évaluée d'après l'estimation des experts et non d'après le rôle de la contribution d'une époque postérieure à 1793, dans le cas où le rôle de contribution de cette année n'est pas reproduit. — Même ord. — Cormenin, t. 2, p. 38.

117. — Jugé que l'avis du Cons. d'état, du 3 flor. an XIII, qui déclare que la totalité de la valeur des

futaies doit être payée à l'état, indépendamment du quart de la valeur des taillis, n'est applicable qu'au cas de l'exécution de la loi du 14 vent. an VII, et n'a pu avoir pour effet de dépouiller l'état de la propriété de la futaie. — *Cass.*, 12 déc. 1838 (t. 2 1838, p. 658), comm. de Horey c. le Domaine.

118. — L'estimation des bois sur pied doit être faite pour le fond et la superficie distinctement. — *Cons. d'état*, 16 fév. 1835, héritiers de Soubise c. le ministre des finances.

119. — Les engagistes ne pouvant abattre les bois de haute futaie, avancer les coupes des taillis, ni dégrader, en façon quelconque, les forêts de l'état qu'ils tiennent à engagement, on doit, dans la fixation du montant de la soumission, évaluer les parties qui ont subi des coupes anticipées ou d'autres dégradations au même taux que celles qui n'en ont subi aucune. — Même décision.

§ 2. — *Exceptions à la révocation.*

120. — La plus importante des restrictions que la loi de l'an VII ait apportée au principe de la révocation des engagemens est celle qui a trait aux aliénations dont la date se place antérieurement à l'édit de fév. 1566, et qui n'ont pas été stipulées avec réserve de retour ou rachat. — Quant aux aliénations consommées dans les divers pays qui ont été réunis à la France, V. *infrà* n°s 177 et suiv.

121. — Jugé, avec raison, que les concessionnaires des domaines de l'état, en vertu d'aliénations antérieures à 1566, ont droit à une indemnité dans le cas de préjudice éprouvé par suite de travaux ordonnés par le gouvernement, que la concession ait eu lieu à titre gratuit ou onéreux. — *Paris*, 1er août 1835, Truffaut.

122. — En outre, la loi de vent. an VII, conformément aux lois antérieures, a cru devoir maintenir expressément avec tous leurs effets certaines aliénations domaniales dont l'intérêt public ne lui a pas paru exiger la révocation. Ces exceptions au principe de la loi ont été spécifiées ainsi par son art. 5 :

123. — Sont exceptés des dispositions de l'art. 4 : 1° les échanges consommés légalement et sans fraude avant le 1er janv. 1790, pour les pays qui, à cette époque, faisaient partie de la France ; et avant les époques respectives des réunions, quant aux pays réunis postérieurement audit jour 1er janv. 1789.

124. — ... 2° Les aliénations qui ont été spécialement confirmées par des décrets particuliers des assemblées nationales, non abrogés ou rapportés postérieurement.

125. — ... 3° Les inféodations et accensemens de terres vaines et vagues, landes, bruyères, palus et marais, non situés dans les forêts ou à sept cent quinze mètres d'icelles (cent perches environ), pourvu que les inféodations et accensemens aient été faits sans fraude, et dans les formes prescrites par les réglemens en usage au jour de leur date, et que les fonds aient été mis et soient actuellement en valeur, suivant que le comportent la nature du sol et la culture en usage dans la contrée.

126. — ... 4° Les aliénations et sous-aliénations ayant date certaine avant le 14 juill. 1789, faites avec ou sans deniers d'entrée, de terrains épars quelconques au-dessous de la contenance de cinq hectares, pourvu que lesdites parcelles éparses de terrains ne comprissent, lors des concessions primitives, ni des maisons appelées châteaux, moulins, fabriques ou autres usines, à moins qu'il n'y eût condition de les démolir, et que cette condition n'ait été remplie, ni, dans les villes, des habitations actuellemement comprises aux rôles de la contribution foncière au-dessus de 40 francs de principal.

127. — ... 5° Les inféodations, sous-inféodations et accensemens de terrains dépendans des fossés, murs et remparts de villes, justifiés par des titres valables, ou par arrêt du conseil, ou par une possession paisible et publique de quarante années, pourvu qu'il ait été fait des établissemens quelconques ou qu'ils aient été mis en valeur.

128. — La jurisprudence a fait application à plusieurs reprises des diverses parties de cette disposition. La cour de Cassation a décidé que l'exception établie par la loi du 14 vent. an VII, art. 5, n° 3, relativement aux terres vaines et vagues, landes, bruyères et marais, n'est pas applicable seulement aux aliénations faites moyennant des redevances, mais encore à celles qui ont eu lieu moyennant un capital fourni, et encore bien que la concession comprît des prés et des bâtimens. — *Cass.*, 1er prair. an XIII, Domaine c. concessionnaires des marais de Rochefort ; — Merlin, *Rép.*, v° *Domaine public*, § 3, n° 7.

129. — ... Qu'une aliénation de terrains épars dépendant du domaine de l'état, sans édifices, et au-dessous de la contenance de cinq hectares, faite en vertu d'arrêt du conseil du 16 mai 1789, date certaine avant le 14 juill. 1789, est irrévocable, bien que le contrat d'aliénation n'ait été passé qu'après cette dernière époque. — *Cass.*, 6 avr. 1824, préfet de la Meurthe c. Domange.

130. — ... Que, pour se fixer sur l'application des dispositions exceptionnelles de l'art. 5, n° 4, L. 14 vent. an VII, il faut se reporter à l'état des choses au temps de la concession et non à leur état actuel. — Qu'en conséquence, le concessionnaire d'un terrain sur lequel il y avait une échoppe est dispensé de payer le quart, si les objets, considérés dans l'état où ils étaient au moment de la concession, n'avaient pas été imposés à 40 fr. de contribution foncière en principal, le 14 vent. an VII. — *Cass.*, 4 déc. 1827, Domaine c. Guyot.

131. — ... Que cet art. 5, n° 4, qui excepte de l'obligation de payer *le quart* les détenteurs des terrains d'une contenance inférieure à 5 hectares, est applicable au cas de plusieurs aliénations successives de parties d'un même terrain, inférieures chacune à 5 hectares, bien que leur ensemble présente une contenance supérieure. — *Cass.*, 3 mai 1837 (t. 2 1837, p. 62), Préfet de la Seine c. Pellagot et Goujet.

132. — ... Que la condition de la démolition dont il est parlé dans ce § 4 a pu être expresse ou tacite, et qu'on a dû la considérer comme résultant nécessairement de la mention insérée dans l'acte de concession, que les bâtimens concédés étaient dans un état complet de dépérissement, et que les concessionnaires pourraient élever, sur l'emplacement de ces anciens édifices, telles constructions qu'ils jugeraient à propos, alors surtout que ces démolitions et réédifications, jugées indispensables, ont été réalisées immédiatement. — *Cass.*, 10 juin 1835, Préfet de Seine-et-Oise c. Hospices de Paris.

133. — Les inféodations et accensemens prévus par le § 3 de l'art. 5 seraient frappés de révocation si les terrains avaient été faussement qualifiés terres vaines et vagues, « si les objets aliénés, porte l'art. 9 de la loi de vent., sous le nom de terres vaines et vagues, landes, bruyères, palus et marais, étaient, lors de l'aliénation des terrains, en culture ou en valeur, la frauduleuse qualification pourra se prouver par la notoriété publique et par enquête, ou par actes écrits mis en opposition avec l'acte qui contient l'aliénation. » La frauduleuse qualification était toujours présumée lorsque l'aliénataire était un gentilhomme titré ou autre personne ayant charge à la cour. — Art. 10.

134. — L'irrévocabilité prononcée par le § 5 de l'art. 5, pour les inféodations, sous-inféodations et accensemens de terrains dépendant des fossés, murs et remparts des villes, cesse aux termes de l'art. 11, lorsque la concession s'est appliquée à tous les murs, remparts et fortifications d'une ville ou à tous les terrains en dépendant.

§ 3. — *Prescription contre le domaine.*

135. — On a vu ci-dessus que la loi du 12 mars 1820 avait créé une prescription en faveur des engagistes contre le domaine, et que le point de départ de cette prescription était la date de la loi du 14 vent. an VII.

136. — Ainsi, aux termes des art. 7 et 9 de cette loi, les tiers détenteurs de domaines engagés, auxquels serait applicable la L. 14 vent. an VII, doivent être déclarés propriétaires incommutables, quittes et libérés par l'effet seul de la loi de 1820, si, possédant ces biens avant la promulgation de cette dernière loi, ils n'avaient pas, à l'expiration du terme fixé (le 4 mars 1829), reçu de l'administration des domaines une signification pour qu'ils eussent à se conformer à la L. 14 vent. an VII. — *Cass.*, 12 avr. 1843 (t. 1er 1843, p. 587), préfet de la Vienne c. duc de Bordeaux.

137. — Et il a même été jugé que la signification dont parlent les art. 7 et 9 de la loi de 1820, ne saurait être suppléée par les réserves introduites au profit du domaine, dans l'arrêté de restitution des biens légitimes à l'engagiste. — *Poitiers*, 27 mai 1842, Préfet de la Vienne c. duc de Bordeaux ; *Cass.*, 12 avr. 1843 (t. 1er 1843, p. 587), mêmes parties.

138. — Jugé de même que le domaine est non-recevable à demander, après plus de trente ans, contre un détenteur de domaines engagés, l'application de la L. 14 vent. an VII, s'il ne justifie avoir interrompu la prescription par la signification contenant copie des titres exigés par cette loi. — *Cass.*, 31 mai 1836, Blandin.

139. — ... Et qu'il ne peut, si, pour repousser l'exception de la prescription, il se prévaut d'une signification qui l'aurait interrompue, se dispenser de produire l'original de la signification elle-même, pour mettre la partie intéressée à même d'en contester la validité. Il ne suffit pas d'en établir l'existence par des pièces et documens autres que cet original. — Même arrêt.

140. — La cour de Cassation a décidé que la loi de l'an VII rentrait dans la classe des lois qui disposent sous des rapports *personnels* ; que dès-lors elle est devenue exécutoire à partir du jour de sa publication au lieu du domicile des intéressés, et non à partir du jour de sa publication au lieu de la situation des biens, comme cela se passe pour les lois qui statuent sous des rapports *réels* ; que, dès-lors, c'est à partir de la publication faite à Paris, siége de l'administration des domaines, que le délai de la prescription a dû commencer à courir contre elle. — *Cass.*, 25 fév. 1845 (t. 1er 1845, p. 523), Domaine c. Coalpont.

141. — La prescription prononcée par la loi de 1820 est sans application lorsqu'il s'agit entre l'état et une commune d'une question de propriété d'une *futaie*. — *Cass.*, 12 déc. 1838 (t. 2 1838, p. 658), comm. de Lorrey c. le domaine.

142. — En effet, cette loi n'a nullement entendu attribuer aux engagistes, à l'expiration du délai par elle fixé, plus que ce qui leur avait été concédé à titre d'engagement. — Même arrêt.

143. — On s'est demandé si les acquisitions de domaines engagés, faites avec titre et bonne foi, par des tiers, depuis la promulgation du Code civil, avaient été consolidées par la prescription décennale ou vicennale.

144. — Pour la négative on a dit : « Les domaines engagés sont régis par une législation spéciale. Inaliénables avant la révolution, ils ne sont devenus transmissibles depuis la loi de 1790 qu'avec le concours de la nation ; placés hors du commerce par des dispositions exceptionnelles, aucun laps de temps n'a pu couvrir le vice des aliénations illégales dont ils ont été l'objet : c'est ce que confirme la loi de l'an VII qui a pour but de revenir sur toutes les aliénations et sous-aliénations. Pour mettre fin à ces recherches de l'administration, il a fallu que la loi de mars 1820 vînt faire une prescription de trente ans, à compter de la loi de l'an VII. — N'était-ce pas reconnaître qu'aucune prescription n'avait couru au profit des engagistes depuis le Code civil ? »

145. — Et il a été jugé, conformément à cette doctrine, que les tiers détenteurs de domaines engagés, même lorsqu'ils ont acquis, depuis la promulgation du Code civil, par un juste titre, et qu'ils ont possédé avec bonne foi, ne peuvent invoquer contre l'état la prescription décennale établie par l'art. 2265, C. civ. — *Colmar*, 20 mars 1830, K... c. le domaine.

146. — « Mais, dit M. Troplong (*Prescription*, n° 190), on répond avec avantage que l'art. 2227, suivant lequel l'état est soumis aux mêmes prescriptions que les particuliers, ne fait aucune distinction, et que, dès-lors, il s'applique aux engagemens comme aux autres domaines nationaux ; qu'il a dû, en conséquence, profiter à tous ceux qui ont acquis depuis le Code civil des biens engagés et qui les ont possédés avec titre et bonne foi. — Quant à la loi de 1820, elle ne prouve rien contre cette proposition ; depuis le Code civil, les détenteurs sans bonne foi n'avaient pu prescrire que par trente ans, et il avait fallu aller jusqu'en 1834 pour calmer leurs inquiétudes. Eh bien ! la loi de 1820 vient à leur secours ; en faisant partir la prescription la plus longue de 1799, elle l'arrête à 1829 ; elle abrège de cinq ans l'état précaire et incertain des possesseurs ; elle hâte le moment du bienfait que le Code civil leur ménageait. Où donc est la contradiction entre la loi de 1820 et le Code civil ? C'est, au contraire, le même esprit, seulement il agit en 1820 avec plus de faveur qu'en 1804. »

147. — Et c'est, en définitive, ce système qui a prévalu dans la jurisprudence, aussi est-il reconnu par de nombreux arrêts que celui qui, depuis la promulgation du Code civil, a acquis avec titre et bonne foi un domaine engagé et l'a possédé pendant dix ans, en a prescrit la propriété contre l'état. — *Amiens*, 16 fév. 1830, Domaine c. Gossart ; *Cass.*, 23 fév. 1831, mêmes parties ; 8 mai 1832, préfet du Haut-Rhin c. Bélin ; 9 juill. 1833, Wignacourt c. préf. du Haut-Rhin ; *Toulouse*, 8 juill. 1844 (t. 2 1844, p. 624), le Domaine c. Narlus ; *Cass.*, 2 avr. 1845 (t. 1er 1845, p. 425), mêmes parties ; 10 mai 1832, préf. du Bas-Rhin c. Champy.

148. — Il a même été jugé par l'arrêt attaqué de la cour de Toulouse que l'acte de mise en demeure notifié par le domaine à cet acquéreur de se conformer aux dispositions de la loi du 14 vent. an VII, ne saurait avoir pour résultat de changer les conditions de la prescription qu'il a pour but d'interrompre et de substituer celle trentenaire à la prescription décennale, qui, à raison de son carac-

tère originaire, doit toujours conserver ses effets. — *Toulouse*, 8 juill. 1844 (t. 2 1844, p. 624), le domaine c. Nartus. — V. cependant Troplong, *Prescription*, n° 688. — V. au surplus, sur le principe soulevé par cet arrêt, PRESCRIPTION.

149. — Il est bien entendu d'ailleurs que les détenteurs dont la possession aurait commencé avant la promulgation du Code civil ne pourraient invoquer la prescription de dix ou vingt ans. — *Cass.*, 8 mai 1832, Belin c. préfet du Haut-Rhin.

150. — Et cette prescription de dix ans peut s'acquérir, bien que le titre d'acquisition n'ait pas été soumis à la transcription. Aussi ne peut-on pas la faire courir seulement du jour de la transcription. — *Cass.*, 2 juin 1834, préf. du Haut-Rhin c. Fritsch et Lehmann; 10 mai 1832, préf. du Haut-Rhin c. Champy; 9 juill. 1833, Wignacourt c. préf. du Haut-Rhin.

151. — Jugé qu'il résulte des art. 22 et suiv. de la loi de l'an VII que les détenteurs de domaines engagés contre lesquels l'administration intente des poursuites à fin de délaissement ne peuvent se pourvoir en complainte pour se faire maintenir en possession par le juge de paix. — *Cass.*, 25 juill. 1836, Préf. de l'Orne c. Fretté.

152. — ... Mais aussi que si, malgré l'incompétence du juge de paix dans ce cas, le détenteur d'un domaine engagé a néanmoins intenté devant lui l'action possessoire, et si ce magistrat s'est déclaré compétent par une sentence à qui le préfet défendeur a laissé acquérir force de chose jugée, le jugement confirmatif de celui qui, appréciant au fond les faits de jouissance, a maintenu le demandeur en possession, ne peut pas être cassé pour violation de la loi du 14 vent. an VII, lors même que le préfet a opposé en cause d'appel l'incompétence absolue du juge de paix. — Même arrêt.

153. — En matière de domaines engagés, les arrérages des rentes et redevances stipulées sont soumis à la prescription de cinq ans établie par l'art. 2277, C. civ. — *Lyon*, 3 mai 1839 (t. 1er 1840, p. 158), comm. de Contrevoy c. Parat d'Andert.

154. — Lorsqu'une forêt cédée par un roi de France à un seigneur qui y a consenti des droits d'usage a été, par un acte législatif révocatoire de la concession, réunie au domaine de l'état, et qu'elle a été ultérieurement restituée au particulier qui en avait été investi, la prescription des droits d'usage autrefois consentis par lui a été suspendue pendant tout le temps qu'a duré l'administration domaniale de la forêt. — *Rouen*, 9 juill. 1828, Comm. de Fidelaire c. Bouillon.

§ 4. — *De l'exercice de l'action révocatoire.*

155. — Après avoir consacré le principe de la révocation de la plupart des aliénations domaniales, la loi de l'an VII a disposé de quelle manière et après quelles formalités la dépossession des détenteurs évincés s'opérerait. Elle a pris soin de tracer ces règles dans les art. 22 et suiv. qui s'expriment ainsi :

156. — « À l'égard de tous engagistes ou échangistes non maintenus et qui n'auraient pas fait la déclaration prescrite par l'art. 13 de la présente (déclaration des biens engagés), ou qui, après l'avoir faite, ne se seraient pas présentés pour faire la soumission autorisée par les art. 14 et 15 (soumission de payer le quart), la régie des domaines nationaux, immédiatement après l'expiration du mois qui suivra la publication de la présente, en ce qui concerne les premiers, ou du mois qui suivra la déclaration non suivie de soumission en ce qui concerne les seconds, leur fera signifier copie des titres primitifs, récognitifs ou énonciatifs, tendant à établir les droits de la nation, avec déclaration que, dans le délai d'un mois à dater de la signification, elle poursuivra la vente des biens y énoncés, lesquels ne pourront être des biens qui auraient été soumissionnés en exécution de la loi du 28 vent. an IV (sur les mandats territoriaux). et autres y relatives. Elle les interpellera, par le même acte, de nommer, dans la décade, un expert pour procéder aux opérations préparatoires ci-après détaillées, conjointement avec l'expert qui sera nommé par la régie et celui qui le sera par l'administration centrale du département de la situation des biens. » — Art. 22.

157. — « Ces experts procéderont, dans les deux décades suivantes, à la vue des titres, mémoires et renseignemens qui leur seront respectivement remis : 1° à l'estimation du capital, d'après les règles posées en l'art. 19 ; — 2° à l'estimation du revenu annuel ; — 3° à celle des améliorations, s'il y en a, en observant qu'elles ne doivent être estimées que jusqu'à concurrence de la valeur dont les biens se trouvent augmentés ; — 4° à l'évaluation des dégradations, s'il y a lieu ; — 5° enfin à l'estimation des fruits perçus et recueillis par le ci-devant détenteur, depuis et compris l'année 1791, à moins qu'il ne justifie avoir fait la déclaration prescrite par la loi du 22 nov.-1er déc. 1790. » — V. *suprà* (n° 43) art. 34 de cette loi. — Art. 23.

158. — « Après la remise du rapport des experts, et toutefois après l'expiration du délai d'un mois à dater de la signification prescrite par l'art. 22, les biens seront mis en vente par affiches et enchères faites conformément aux lois des 16 brum. an V et 26 vendém. dernier. En conséquence, la première mise à prix des biens ruraux sera de huit fois le revenu annuel ; celle des maisons, bâtimens et usines servant uniquement à l'habitation, et non dépendant de fonds de terre, sera de six fois le revenu annuel. » — Art. 25.

159. — La première condition qui doit être remplie pour que la révocation prononcée par la loi de l'an VII puisse s'opérer, c'est que les biens dont on poursuit la réintégration au domaine lui aient réellement appartenu et en aient été distraits et que la preuve de ce fait soit administrée. — *Cass.*, 1er juill. 1835, Préf. du Haut-Rhin c. Schwab, de Broglie et Voyer d'Argenson ; *Toulouse*, 22 juin 1844 (t. 1er 1845, p. 306), Domaine c. Roux.

160. — Jugé à cet égard qu'un immeuble aliéné par Henri, roi de Navarre, dépendant de son royaume, et avant son avénement au trône de France, ne peut, aux termes des lois constitutives de la monarchie, être considéré comme ayant une origine domaniale. — *Toulouse*, 24 juin 1844 (t. 1er 1845, p. 306), le Domaine c. Roux.

161. — En matière de domaines engagés, la production de copies de titres certifiées par les archivistes ne peut suppléer à la production des titres originaux pour prouver l'origine domaniale. — *Colmar*, 19 juill. 1832, préfet du Bas-Rhin c. Badany.

162. — Et le préfet qui poursuit sur un immeuble qu'il prétend d'origine domaniale l'application au profit de l'état de la loi de l'an VII, ne peut se dispenser de représenter le titre primordial en invoquant une présomption légale de domanialité. — *Cass.*, 13 nov. 1838 (t. 2 1839, p. 368), préfet du Bas-Rhin c. Feller et le prince de Rohan.

163. — Jugé que l'exception tirée de l'irrégularité de la signification faite au détenteur de domaines engagés n'a pas été couverte par le mémoire que ce détenteur a dû présenter à l'administration, en conformité de la loi du 5 nov. 1790, art. 15, tit. 3. — Ord. 1667, art. 5, tit. 5. — On ne peut dire que ce mémoire ait, à proprement parler, constitué une instance administrative, dans laquelle les exceptions de nullité dussent être proposées. — *Cass.*, 31 mai 1836, préfet de Seine-et-Oise c. Blandin.

164. — Le canal du Midi ayant été adjugé au concessionnaire qui se chargeait de le construire pour en jouir en toute propriété et incommutablement, il s'ensuit que ce canal n'est point domanial et que la loi du 14 vent. an VII sur les domaines engagés ne lui est point applicable. — *Cass.*, 22 avr. 1844 (t. 1er 1844, p. 627), préfet de la Haute-Garonne c. Riquet.

165. — Jugé que l'art. 1337, C. civ., en vertu duquel tout acte récognitif ne fait foi de son contenu qu'autant qu'il relate le titre primordial, n'est point applicable aux actes qu'énumère l'édit d'avril 1667, comme propres à prouver la domanialité des biens de la couronne. — *Cass.*, 12 nov. 1838 (t. 2 1838, p. 450), comm. de Provenchères c. préfet de la Haute-Marne.

166. — Il faut également que l'immeuble n'ait pas perdu le caractère domanial. — Jugé à cet égard que le traité du 30 mai 1814, qui, par une clause secrète, a ordonné qu'une terre domaniale mise sous le séquestre pendant la guerre, serait restituée au concessionnaire (sujet d'une des puissances contractantes), n'a eu pour objet que de faire main-levée du séquestre, mais n'a pas eu pour effet de changer la condition du titre primitif. — Et que, dès-lors, la terre dont il s'agit, conservant son caractère domanial, demeure soumise à l'application de la loi du 14 vent. an VII. — *Cass.*, 17 fév. 1840 (t. 1er 1840, p. 725), duc de Richmond c. Domaine.

167. — Les engagistes ou échangistes pourraient opposer au domaine exerçant l'action révocatoire en vertu de la loi de l'an VII, tous les actes émanant de lui et desquels il résulterait qu'il a fait extérieurement l'abandon de cette action. La jurisprudence a statué à plusieurs reprises sur des exceptions de ce genre.

168. — Il a été décidé que le rachat fait entre les mains de l'état avant la loi du 14 vent. an VII, par les sous-concessionnaires de domaines engagés, de rentes mises à leur charge dans l'acte de concession, n'a pas changé la nature des domaines par eux possédés, et ne peut être considéré soit comme une ratification, de la part de l'état, de l'aliénation faite au profit de l'engagiste, soit comme une renonciation à l'exécution de la loi du 14 vent. an VII. — *Cass.*, 7 janv. 1840 (t. 1er 1840, p. 296), préfet du Haut-Rhin c. Mutz.

169 — ... Qu'il ne résulte pas de ce que l'état aurait cédé, postérieurement et au décret spécial de révocation et à la loi de l'an VII, les rentes dues par les sous-concessionnaires de domaines engagés, qu'il puisse être considéré comme ayant ratifié la sous-concession et renoncé à l'exécution de cette loi. — *Cass.*, 29 mai 1837 (t. 2 1837, p. 29), préfet du Haut-Rhin c. Keller; 16 déc. 1836, préfet du Haut-Rhin c. Riche et Flotlat.

170. — De même que, de ce que la rente grevant un domaine engagé a été vendue par l'état et achetée ensuite par le détenteur de ce domaine, il ne suit pas que l'état ait perdu le droit de demander plus tard le quart de la valeur de l'immeuble, ou la dépossession. — *Cass.*, 12 mai 1834, préfet du Haut-Rhin c. Roy.

171. — ... Et que l'état peut toujours exercer les actions que lui confie la loi du 14 vent. an VII, lors même qu'il aurait touché le prix du rachat d'une rente emphytéotique grevant les immeubles engagés. — *Cass.*, 2 juin 1834, préfet du Haut-Rhin c. Fritsch.

172. — La révocation prononcée par la loi de ventôse ne saurait s'appliquer à des concessions de droits personnels qui ne sauraient être considérées comme des engagemens. Aussi a-t-il été jugé par la cour de Cassation que les lois du 22 nov.-1er déc. 1790 et 14 ventôse an VII ne sont pas applicables aux droits d'usage et de pacage concédés à des particuliers ou communes dans les forêts de l'état. — *Cass.*, 1er juin 1836, préfet de l'Isère c. comm. de Voreppe.

173. — Le conseil d'état admet aussi, en ce sens, que l'on ne peut soumissionner, à titre d'engagement, un droit de chauffage dans les bois de l'état. — *Cons. d'état*, 14 août 1822, de Lestrade c. min. des fin.; — Cormenin, *loc. cit.*, p. 88.

174. — Les aliénations faites avant l'édit de fév. 1566, par le prince, d'un domaine de la couronne, à la charge de retour au cas d'extinction de descendance légitime, sont révocables en vertu de la loi du 14 vent. an VII. — *Cass.*, 13 déc. 1831, de Rohan c. le domaine.

175. — Mais l'arrêt qui refuse de voir *une clause de retour* donnant lieu à la disposition révocatoire de l'art. 3, L. 14 vent. an VII, dans la stipulation portant qu'une concession à titre d'accensement a lieu au profit des concessionnaires *pour en jouir, eux et leur descendance, à perpétuité, mâles et femelles, nés et à naître en légitime mariage*, ne viole aucune loi. — *Cass.*, 10 janv. 1842 (t. 1er 1842, p. 174), préfet du Doubs c. Boigeol et Grandgirard.

176. — L'arrêt du conseil qui a débouté autrefois le fermier et l'inspecteur général du domaine de leur demande en révocation et a maintenu le concessionnaire ou son ayant-cause dans la propriété et jouissance du domaine réclamé, n'est pas, sous prétexte de la chose jugée, un obstacle à l'application de la loi de vent. an VII. — *Cass.*, 13 déc. 1831, de Rohan c. le domaine.

§ 5. — *Domaines engagés dans les pays réunis successivement à la France.*

177. — La loi de vent. an VII a statué, ainsi qu'on a vu, sur les aliénations de biens domaniaux qui ont été faites dans les pays qui, à des époques diverses, ont été réunis au territoire français, que ces aliénations aient été antérieures ou postérieures aux époques de réunion. Voici comment s'expriment les deux dispositions de cette loi qui régissent ce point.

178. — « En ce qui concerne les pays réunis *postérieurement à la publication de l'édit de février 1566*, l'art. 2 dispose que les aliénations de domaines faites avant les époques respectives des réunions seront réglées suivant les lois alors en usage dans les pays réunis, ou suivant les traités de paix ou de réunion. »

179. — Quant aux aliénations faites dans les pays réunis postérieurement aux époques respectives de leur réunion, elles sont mises, par l'art. 4, sur la même ligne que les aliénations faites dans le territoire français lui-même.

180. — La réunion d'un pays à la France a eu pour effet de confondre le domaine public de ce pays avec celui de la France, que cette réunion ait eu pour cause une conquête ou un traité. — *Cass.*, 7 mai 1834, Walter c. préfet de la Meurthe; 20 mai 1834, préfet du Doubs c. Jouffroy et Durand de Gevigney.

181. — Jugé, par application de ce principe, que le fief situé dans une province conquise par la

France sur un prince étranger et cédée à la couronne par un traité, est nécessairement incorporé au domaine, et, comme tel, soumis aux lois qui régissent les biens directement engagés par le chef-lieu. — *Cass.*, 9 juill. 1833, Wignacourt et Kœchlin.

182. — Et le même arrêt a décidé que l'arrêt qui doit statuer sur la question de domanialité du fief n'est pas nul pour absence de motifs, lorsqu'il a adopté les motifs des premiers juges, lesquels avaient, par suite de la prétention contraire élevée par l'acquéreur du domaine engagé, déclaré que le fief avait été, par le droit de conquête, incorporé au domaine de l'état. — *Cass.*, 9 juill. 1833, Wignacourt et Kœchlin c. préfet du Haut-Rhin.

183. — Jugé encore que des biens appartenant précédemment à un souverain étranger ont été frappés d'inaliénabilité du moment qu'a été réuni à la France le pays où ils étaient situés. — *Cass.*, 24 juin 1835, Comm. d'Aiguetobia c. préfet des Pyrénées Orientales; — Merlin, *Rép.*, vo *Inaliénabilité*, § 2.

184. — Les aliénations postérieures aux époques des réunions étant toutes frappées de révocation, il ne saurait y avoir de difficulté sur ce point. Au contraire, il importe, pour l'application de la loi, de connaître la législation qui régissait le domaine dans chacun des pays réunis avant l'époque de son incorporation à la France. En effet, l'art. 2 disposant que les aliénations antérieures aux époques des réunions doivent être réglées par les lois lors en usage ou suivant les traités de paix ou de réunion, il résulte de ce texte qu'en l'absence de clause spéciale dans ces traités, la loi de l'an VII a révoqué ces aliénations ou les a maintenues selon que le domaine était ou n'était pas inaliénable dans chacun de ces pays. Or, les législations locales différaient entre elles sur cette partie du droit public.

185. — *Alsace.* — Les fiefs situés en Alsace ne sauraient être considérés comme des domaines engagés et tomber sous le coup des dispositions de la loi de vent. an VII, à moins que leur origine domaniale ne soit prouvée.

186. — Cette loi s'appliquerait aux fiefs dits *de tradition*, mais elle ne saurait atteindre les fiefs dits *fiefs oblats*. — Ces derniers étaient des biens allodiaux, c'est-à-dire libres, que leurs propriétaires offraient à un prince ou seigneur à la condition de les tenir de lui en fief. Les fiefs de tradition étaient, au contraire, des biens livrés par le seigneur pour acquérir un vassal. La loi de l'an VII, prescrivant seulement la réintégration au domaine de ce qui en avait été originairement distrait, les fiefs oblats ne tombent pas sous son application. — Merlin, *Rép.*, vo *Réversibilité des fiefs*; Goetzman, *Traité des fiefs d'Alsace*, t. 1er, p. 262. — V. FIEF, FRANC-ALLEU.

187. — Jugé que, l'Alsace étant un pays allodial avant sa réunion à la France, les fiefs de ce pays dont l'origine n'est pas justifiée par titres ont pu être considérés plutôt comme fiefs d'oblation que comme fiefs de tradition. — *Cass.*, 13 nov. 1838 (t. 2 1839, p. 368), préfet du Bas-Rhin c. Feiler et le prince de Rohan.

188. — ...Et qu'un fief situé dans cette province n'est pas présumé avoir fait partie du domaine public lors de la première investiture. — *Cass.*, 1er juill. 1835, préfet du Haut-Rhin c. de Broglie.

189. — La présomption de domanialité ne résulterait même pas de la convention insérée dans la dernière investiture par le roi et qui aurait pour objet le retour du fief à la couronne. Ce retour est conventionnel et non domanial. — Même arrêt.

190. — Jugé de même que la stipulation de retour insérée dans l'acte de concession d'un fief situé en Alsace à une époque antérieure au traité de 1648, qui a réuni l'Alsace à la France, ne suffit pas à elle seule, en l'absence des lettres d'investiture primordiale, pour établir la domanialité des immeubles concédés et motiver l'application de la loi du 14 vent. an VII, et qu'on ne doit pas attribuer plus d'effet à la foi et hommage rendus, par suite d'une telle concession, au roi de France, depuis la réunion. — *Cass.*, 23 fév. 1836, Préfet du Haut-Rhin c. Badany et Moutein; 1er juill. 1835, préfet du Haut-Rhin c. Schwab; — Goetzmann, *Traité des fiefs*, t. 1er, p. 262.

191. — Le droit public d'Allemagne qui régissait les fiefs d'Alsace, notamment les fiefs oblats, et d'après lequel le suzerain n'avait qu'un simple droit d'élection, a été conservé par le traité de Westphalie. — *Cass.*, 1er juill. 1835, préf. du Haut-Rhin c. Schwab; — Schœpflin, *Als. ill.*, t. 1er, p. 8 et 370; t. 2, p. 102, 103 et 173; *Dict. géogr. histor. et polit. de l'Alsace*, vo *Bolhviller*.

192. — La loi de vent. an VII ne s'appliquerait pas aux domaines de l'empire germanique situés en Alsace, lors même qu'ils auraient été aliénés contrairement aux capitulations impériales. — *Colmar*, 19 juill. 1832, préf. du Bas-Rhin c. Badany.

193. — Il a été jugé que les affectations de coupes de bois dans les forêts de l'ancien comté de Dabo (Alsace) ont pu, avant la réunion de ces forêts au domaine de l'état, être constituées à titre perpétuel et irrévocable par les seigneurs de ce comté. — *Cass.*, 13 fév. 1841 (t. 2 1846), préf. de la Meurthe c. Schlosser.

194. — ...Et que l'existence d'une telle concession a pu être déclarée résulter, en l'absence du titre constitutif et primordial d'une charte ou d'un réglement général forestier par lequel le souverain du comté, tout en réglant le mode de jouissance des concessionnaires, reconnaissait la perpétuité des concessions. — Même arrêt. — V. aussi FORÊTS.

195. — *Artois.* — Avant la réunion de la province d'Artois à la France en 1558, le domaine public et le domaine particulier du prince étaient aliénables. Dès-lors la loi de l'an VII ne saurait atteindre les aliénations de biens domaniaux faites avant cette époque dans cette province. — *Douai*, 21 juill. 1831, sous *Cass.*, 31 janv. 1833, préfet du Pas-de-Calais c. Duhais.

196. — Dans tous les cas, c'était un principe d'ordre public généralement reconnu dans cette province que la propriété de toute espèce de biens, même de ceux dépendant du domaine public, était prescrite par la possession centenaire, et, par suite, on peut invoquer aujourd'hui une pareille prescription, lorsqu'elle a été acquise avant la réunion de l'Artois à la France. — *Cass.*, même arrêt.

197. — *Barrois mouvant.* — Nous avons déjà indiqué sous les mots BAR, BARROIS, ce qu'on entendait autrefois par le Barrois mouvant. Nous avons aussi traité sous les mêmes mots de l'application de la loi du 14 vent. an VII, aux biens domaniaux qui avaient été aliénés dans cette province par les ducs de Lorraine avant sa réunion à la France. Nous nous bornerons donc ici à quelques explications.

198. — La question qui s'est présentée pour le Barrois mouvant était celle de savoir si les biens des ducs de Lorraine situés dans cette province étaient inaliénables. La jurisprudence a tranché négativement cette question ainsi qu'il résulte des décisions suivantes.

199. — Déjà par l'arrêt du 27 janv. 1807 (de Noailles-Foix c. Domaine [V. BAR, BARROIS, no 6]), la cour de Cassation avait jugé que, la Lorraine et le Barrois n'ayant été réunis à la France que sous la condition que les biens possédés par les ducs de Lorraine dans le Barrois mouvant ne leur appartiendraient qu'à titre de biens patrimoniaux simples et non à titre de patrimoine *de souveraineté*, les lois sur les domaines engagés étaient inapplicables à ces biens.

200. — Depuis, cette cour, restant fidèle à la jurisprudence inaugurée par cet arrêt, a jugé *que, le dernier ressort de la justice étant l'un des droits caractéristiques de la souveraineté*, les ducs de Lorraine, bien que jouissant de certains droits régaliens, n'étaient pas souverains du duché de Bar, à raison duquel ils relevaient du parlement de Paris, en sorte que les biens par eux aliénés doivent être regardés comme des biens patrimoniaux dont l'aliénation est irrévocable et non comme des domaines engagés. — *Cass.*, 30 janv. 1821, Domaine c. Bourlon.

201. — ...Et, de même, que, le dernier ressort de la justice étant le signe caractéristique de la souveraineté, l'hommage lige fait au roi de France par le comte de Bar dans le traité de Bruges de 1301, et la soumission de son état à la justice en dernier ressort du roi de France étaient exclusifs de toute souveraineté pour les comtes antérieurs, et que ceux-ci n'ont pu déclarer inaliénables les domaines de leur seigneurie. — *Cass.*, 15 mars 1837 (t. 2 1837, p. 186), de Soubise c. l'Etat; — Domat, *Droit public*, p. 10; Bacquet, *Traité des droits de justice*, chap. 4, p. 6, et *Traité des droits d'aubaine*, chap. 19, p. 719.

202. — ... Et que, par suite, on ne peut appliquer la loi du 14 vent. an VII, sur les domaines engagés, aux détenteurs des domaines aliénés par les comtes de Bar : les lois que ces princes auraient rendues pour déclarer leur domaine inaliénable seraient sans force à défaut d'enregistrement au parlement de Paris, cour du dernier ressort du comté de Bar depuis le traité de 1301. — Même arrêt.

203. — Elle a jugé aussi que les terres vaines et vagues concédées par les anciens ducs avant la réunion de ce pays à la France ne peuvent être considérées comme domaniales, et que leur concession ne peut être frappée de révocation, en vertu de la loi du 14 vent. an VII, surtout si la patrimonialité de ces terres a été reconnue par arrêt de la chambre des comptes de Lorraine, en présence et sans opposition du procureur général. — *Cass.*, 15 juill. 1823, préf. de la Meurthe c. Gadel.

204. — ... Et que l'approbation donnée par Louis XV dans la déclaration du 28 août 1736, lors de la réunion à la France des duchés de Bar et de Lorraine, à la restitution, faite par les lettres-patentes du 14 mai 1736, de plusieurs terres à la maison de Beauveau, sur le motif que ce n'était que par erreur qu'on les avait réunies au domaine ducal comme domaines engagés, a conféré une propriété irrévocable aux détenteurs réintégrés, en sorte que, quel que fût le caractère domanial ou patrimonial des biens dont le duc de Lorraine avait disposé, on ne peut les considérer comme des domaines engagés. — *Cass.*, 4 fév. 1835, préf. de la Meurthe c. princesse de Poix.

205. — *Belgique.* — Il a été jugé que les propriétés immobilières de la maison d'Orange-Nassau, situées en Belgique et en Hollande, ont été nationalisées par les divers décrets du gouvernement français et du gouvernement batave, et que les propriétaires des rentes grevant ces biens ont dû se faire inscrire sur le grand-livre de la dette publique dans les délais déterminés. — Et que ces mêmes biens sont passés en 1814 au gouvernement des Pays-Bas, quittes et libres de toute charge et hypothèque, ainsi et de la manière que les précédens gouvernemens les avaient possédés. — *Liége*, 28 juin 1825, N... — Les aliénations de ces biens qui auraient été faites postérieurement à leur nationalisation seraient donc révoquées.

206. — *Dauphiné.* — L'ordonnance du 13 août 1669 et le réglement de 1731 sur les eaux et forêts n'avaient pas force de lois dans la ci-devant province du Dauphiné, en telle sorte que les aliénations faites par les dauphins de quelque portion de leur domaine, avant sa réunion à la France en 1343, fussent susceptibles de révocation. — *Grenoble*, 24 juill. 1832, sous *Cass.*, 1er juin 1836, préf. de l'Isère c. comm. de Voreppe; *Cass.*, 1er juin 1836, mêmes parties.

207. — *Franche-Comté.* — Les domaines cédés en Franche-Comté, par les anciens souverains de ce pays, avant sa réunion à la France, sont soumis à la loi du 14 vent. an VII, qui oblige les concessionnaires de domaines de l'état, pour devenir propriétaires incommutables, à payer le quart de la valeur de ces domaines. — *Cass.*, 20 mai 1834, préf. du Doubs c. Jouffroy et Durand de Gevigny.

208. — Le domaine de l'état paraît avoir été originairement aliénable en Lorraine; mais plusieurs édits rendus par les ducs de Lorraine lui imprimèrent le caractère d'inaliénabilité. Ces édits étaient en date du 28 déc. 1714, 18 mars 1722, et 14 juill. 1729. — Ce dernier édit, le plus important de tous par l'étendue de ses dispositions, dominait la législation de ce pays sur ce point lorsqu'il fut réuni à la France.

209. — Il a donc été jugé et il est reconnu en principe qu'avant la réunion le domaine de l'état était inaliénable en Lorraine, en vertu des édits de 1714, 1722, 1729. — *Cass.*, 31 mai 1837 (t. 2 1837, p. 238), forges de Monterhausen; 21 août 1838 (t. 2 1838, p. 298), préf. de la Meurthe c. Racine; 12 août 1837 (t. 2 1837, p. 423), mêmes parties; 22 nov. 1836 (t. 2 1837, p. 129), Cabe c. préf. de la Moselle; 6 déc. 1836 (t. 1er 1837, p. 275), préf. de la Meurthe c. Noisette; 7 mai 1834, Walter c. préf. de la Moselle; 11 avr. 1836, Salis-Saglio c. comm. de Monnerez; 18 nov. 1840 (t. 1er 1841, p. 151), d'Hausen c. préf. de la Moselle.

210. — Jugé encore qu'en Lorraine le domaine de l'état était inaliénable avant comme depuis la réunion de cette province à la France; que dès-lors toutes les aliénations de ce domaine ont été susceptibles de révocation, d'après les lois existantes à l'époque de la réunion. — *Cass.*, 11 juill. 1842 (t. 2 1842, p. 412), préf. de la Meurthe c. de Maillet.

211. — ... Et que la révocation prononcée par l'art. 1er de l'édit de 1729 a frappé sur toutes les aliénations de biens de l'état, sans distinction de la nature onéreuse ou gratuite du titre, non plus que des motifs d'intérêt public qui avaient pu les déterminer. — Même arrêt.

212. — Mais le principe de l'inaliénabilité du domaine ducal n'ayant pas *toujours été* admis en Lorraine, on a jugé que c'était à l'état qui revendiquait un immeuble, à prouver que cet immeuble faisait partie du domaine à l'époque à laquelle ce principe a été établi en ce pays. — *Cass.*, 26 déc. 1833, Préfet des Vosges c. comm. de la Bresse.

213. — Du reste, en Lorraine comme en France, les arrêts du conseil et les déclarations, aveux et autres actes concernant le domaine, faisaient preuve de la domanialité, sans distinction à l'é-

gard des communes. — Conséquemment il n'y a pas ouverture à cassation dans un arrêt qui, en jugeant que la preuve de la domanialité résultait d'actes de cette nature, a rejeté la demande d'une commune tendant à prouver par témoins des faits de possession pour établir la prescription.—*Cass.*, 12 déc. 1838 (t. 2 1838, p. 658), comm. de Lorrey c. le Domaine.

214. — Néanmoins, l'édit de 1729 disposa que le fisc ne pourrait exercer son droit de recherche pour une époque antérieure au 1er janv. 1600. — *Cass.*, 14 juin 1842 (t. 2 1842, p. 198), préfet des Vosges c. d'Hennezel; 6 nov. 1834, d'Hoffelize c. préfet des Vosges.

215. — Décidé pareillement qu'en Lorraine l'on doit faire remonter à 1600 l'époque à laquelle le principe de l'inaliénabilité du domaine, écrit depuis long-temps dans les édits antérieurs, a reçu de l'usage sa confirmation. — *Nancy*, 28 mars 1833, N...; — Troplong, *Comm. de la prescript.*, n° 185.

216. — ...Qu'en conséquence, l'aliénation d'une forêt de l'état faite par le duc de Lorraine en 1612 doit être frappée par la loi du 14 vent. an VII. — *Cass.*, 6 nov. 1834, d'Hoffelize c. préfet des Vosges; *Nancy*, 1er août 1833, préfet de la Meurthe c. Poinsignon.

217.—Mais si, aux termes de cet édit de 1729, les recherches du fisc ne pouvaient remonter au-delà de 1600, il était de principe cependant que le domaine du prince était inaliénable et imprescriptible depuis 1446. — *Nancy*, 1er avr. 1833, préfet de la Meurthe c. Poinsignon.

218. — La cour de Cassation a jugé aussi qu'il n'y avait aucune différence à établir, relativement aux aliénations consenties en Lorraine avant le 1er janv. 1600, entre celles qui avaient eu lieu à titre de cens et celles faites à prix d'argent ou moyennant une valeur une fois payée, et que les unes et les autres étaient à l'abri de toutes recherches. — *Cass.*, 14 juin 1842 (t. 2 1842, p. 198), préfet des Vosges c. d'Hennezel; du même jour, plusieurs arrêts identiques.

219. — L'art. 5 de l'édit de 1729 reconnaît néanmoins l'irrévocabilité de certaines aliénations qui avaient un caractère particulier d'utilité générale. Il maintient notamment les accensemens soit de terres vagues et en friche pour les remettre en valeur et y bâtir, soit de masures et usines pour les rebâtir. Cette disposition a été l'objet de plusieurs arrêts de la cour suprême.

220. — Cette cour a donc jugé que, bien qu'avant la réunion de la Lorraine à la France le domaine public fût dans ce pays frappé d'inaliénabilité, les terres vaines et vagues, maisons, usines et autres objets de même nature, tellement dégradés ou détruits que la reconstruction en était devenue nécessaire, étaient aliénables, pourvu que les aliénations eussent été faites par la chambre des comptes, après affiches et publications.—*Cass.*, nov. 1822, Domaine.

221. — Jugé encore que l'exception au principe de révocation, établie par l'art. 5, était limitativement restreinte aux accensemens soit de terres vagues et en friche pour les remettre en valeur, soit de masures et d'usines pour les rebâtir, et n'a ainsi été portée qu'en vue des aliénations où l'acte d'accensement concourait avec la condition de défrichement ou de reconstruction; et que dès-lors elle n'a pas été applicable dans le cas d'un acte qui ne renfermait ni obligation de défrichement, ni stipulation de cens ou d'aucune des charges voulues par la loi, alors même que le concessionnaire aurait fait des constructions ou améliorations librement et sans que la condition lui en fût faite. — *Cass.*, 11 juill. 1842 (t. 2 1842, p. 412), préfet de la Meurthe c. de Maillet.

222. - La concession d'un bois taillis peuplé de gros arbres, contenant 323 arpens dépendant d'une gruerie faisant partie d'une forêt domaniale, ne peut être comprise dans l'exception faite par l'édit de 1729 en faveur des aliénations de terres vagues et en friche, aliénées irrévocablement, pour les défricher, par les ducs de Lorraine. — *Cass.*, 6 déc. 1836 (t. 1er 1837, p. 265), préfet de la Meurthe c. Noisette.

223. — Jugé que l'exception faite au principe d'inaliénabilité du domaine par l'art. 5 de l'édit en faveur des accensemens de quelques portions de terres vagues, friches et crues en bois, pour les défricher, remettre en valeur et y bâtir, n'est pas applicable à l'accensement de 135 arpens de bois dépendant d'une forêt, surtout lorsque ces terrains ne sont pas désignés dans les actes et jugemens de la chambre des comptes de Lorraine comme des terres vagues, friches ou crues en bois. — *Cass.*, 2 août 1837 (t. 2 1837, p. 423), préfet de la Meurthe c. Racine.

224. —Mais cet art. 5 s'appliquait au cas où des concessions à titre d'accensement portaient sur des terres humides, marécageuses, propres seulement à être défrichées, et à la charge par le concessionnaire de les essarter et convertir en prés ou terres arables. — *Cass.*, 21 août 1838 (t. 2 1838, p. 298), préfet de la Meurthe c. Racine.

225. — Du reste, des terres vaines et vagues échues par droit de déshérence aux ducs de Lorraine avant la réunion de ce pays à la France, tombaient dans leur domaine privé aliénable, et non dans le domaine de l'état. — *Cass.*, 15 juill. 1823, préfet de la Meurthe c. Gadel.

226. — En exécution de l'édit du 14 juill. 1729, et pour réaliser les révocations qu'il avait prononcées, le duc de Lorraine, qui avait rendu cet édit, nomma des commissaires chargés de statuer sur son application aux différentes aliénations de biens domaniaux qui avaient été faites depuis 1600 et de faire restituer au domaine ce qui devait lui être réintégré.

227. — Les décisions de cette commission ont eu un caractère définitif, tellement que les lois postérieures, notamment celles intervenues depuis la réunion de la Lorraine à la France, n'ont eu sur elles aucune influence. — *Cass.*, 21 mai 1838 (t. 2 1838, p. 298), préfet de la Meurthe c. Racine.

228. — Il a donc été reconnu que ces décisions constituaient des jugemens en dernier ressort dont l'effet a été de mettre à l'abri de la révocation prononcée par la loi du 14 vent. an VII, les aliénations confirmées par ces décisions. — *Cass.*, 2 avr. 1835, préfet de la Meurthe c. de Blanchard; 31 mai 1837 (t. 2 1837, p. 238), préfet de la Moselle c. Monterhausen.

229. — Toutefois la cour de Cassation a jugé que la décision par laquelle les commissaires ont maintenu un détenteur de biens domaniaux en possession des terrains dont il jouissait, à la charge de payer au domaine du prince un cens annuel et perpétuel, n'a pas eu pour effet d'attribuer à ce détenteur la propriété des biens par lui possédés; qu'elle constitue seulement un nouvel accensement qui ne met pas le possesseur à l'abri de la révocation prononcée par la loi du 14 vent. an VII.—*Cass.*, 2 août 1837 (t. 2 1837, p. 423), préfet de la Meurthe c. Racine.

230. — Mais il n'y a aucune contradiction entre cette décision et la précédente. — En effet, dans les deux espèces, la cour de Cassation a reconnu en principe la souveraineté de la juridiction des commissaires et respecté leurs jugemens; seulement dans celle qui servait de base à l'arrêt de 1837, la concession s'était bornée *à maintenir les détenteurs en possession et jouissance des terrains par eux possédés, moyennant une redevance*, et c'est par ce motif que la cour a refusé de lui attribuer le même effet qu'à la décision dont il s'agissait en 1835 et qui déclarait qu'un détenteur avait le droit de jouir *en toute propriété pour lui et ses hoirs.*

231. — Les concessions de coupes de bois faites dans les forêts de la Lorraine étaient de véritables aliénations de la propriété, et constituaient des affectations prohibées par les lois de Lorraine aussi bien que par les lois françaises, et frappées par la révocation prononcée par l'art. 58, C. forest. — *Cass.*, 8 fév. 1836, Diétrichs c. préfet de la Moselle. — V. conf. *Cass.*, 18 nov. 1840 (t. 1er 1841, p. 151), d'Hausen c. préfet de la Moselle; 6 nov. 1834, d'Hoffeliso c. préfet des Vosges; — Dupin, *Lois forest.*, p. 281; Lepasquier, *Législation de la vaine pâture*, p. 220.

232. — Jugé encore qu'en Lorraine on a dû considérer comme aliénation prohibée du domaine public les affectations de coupes de bois faites à perpétuité dans les bois de l'état. — *Cass.*, 31 mai 1837 (t. 2 1837, p. 238), préfet de la Moselle c. Monterhausen; 4 août 1835, Préfet de la Moselle c. Hambach.

233. — Mais une affectation de ce genre faite en 1723 doit être maintenue et ne peut être atteinte ni par la loi de ventôse an VII, ni par l'art. 58, C. forest., si elle a été confirmée plus tard, avant le traité de réunion par arrêt émané de la commission spécialement nommée en vertu de l'édit de 1729 pour l'examen des réclamations des concessionnaires. — *Cass.*, 3 mai 1837 (t. 2 1837, p. 238), préfet de la Moselle c. Monterhausen.

234. — Les aliénations faites par le roi de bois et forêts de Lorraine depuis la réunion de ce pays à la France sont indistinctement nulles comme les aliénations qu'il ferait des biens dépendant de l'ancien domaine de l'état.—*Cass.*, 7 mai 1834, Walter c. préfet de la Moselle; 31 mai 1837 (t. 2 1837, p. 238), Préfet de la Moselle c. Monterhausen.

235. — La concession d'une délivrance annuelle de bois taillis, pour être convertie en bois de corde et servir d'affouage, constituait, d'après les principes admis en Lorraine, une véritable affectation, contraire aux lois sur l'aliénabilité du domaine de l'état. — *Cass.*, 4 août 1835, préfet de la Moselle c. comm. de Hambach.

236. — Mais il n'en était pas de même de la simple concession de droit d'usage, de marronage et de vaine et grasse pâture. — Même arrêt.

237. — Cependant l'art. 5 de l'édit de 1729 déclarait irrévocables certaines affectations de bois; c'étaient celles qui étaient consenties au profit d'usines à reconstruire. — *Cass.*, 22 nov. 1836 (t. 2 1837, p. 119), Cabe c. préfet de la Moselle.

238. — Jugé de même que les affectations de coupes de bois dans ses forêts, consenties par le ci-devant duc de Lorraine, pour l'alimentation d'une usine à construire avant l'édit du 14 juill. 1729, et la réunion de ce pays à la couronne de France par le traité du 28 août 1736, sont irrévocables en vertu de l'art. 5, même édit, qui excepte ces affectations de l'inaliénabilité de tout ou partie du domaine public. — *Cass.*, 7 mai 1834, Walter c. préfet de la Moselle.

239. — La révocation des affectations de coupes de bois dans les forêts domaniales de la Lorraine, prononcée par la législation de ce pays et par la loi du 14 vent. an VII, se trouve confirmée par l'art. 58, C. forest., promulgué en 1827, lequel est ainsi conçu : « Les affectations de coupes de bois ou délivrances, soit par stères, soit par pieds d'arbre, qui ont été concédées à des communes, à des établissemens industriels ou des particuliers, nonobstant les prohibitions établies par les lois et les ordonnances alors existantes, continueront d'être exécutées jusqu'à l'expiration du terme fixé par les actes de concession, s'il ne s'étend pas au delà du 1er sept. 1837. Les affectations faites au préjudice des mêmes prohibitions, soit à perpétuité, soit sans indication de termes ou à des termes plus éloignés que le 1er sept. 1837, cesseront à cette époque d'avoir aucun effet. »

240. — Il a donc été jugé qu'une concession de bois faite sur les forêts du domaine de l'état (en Lorraine) pour l'exploitation d'une usine doit cesser au 1er sept. 1837 comme faite au préjudice des prohibitions légales, alors même qu'elle aurait été constituée par des arrêts de la cour des comptes de Lorraine, et sous l'empire des coutumes antérieures aux édits des ducs de Lorraine. —*Cass.*, 22 nov. 1836 (t. 2 1837, p. 129), Cabe c. préfet de la Moselle.

241. — Jugé encore que ces affectations et aliénations, qui se résument en coupes de bois annuelles et déterminées, ne donnent pas aux concessionnaires le droit d'en continuer l'exploitation au delà du 1er sept. 1837, terme fatal prévu par l'art. 58, C. forest. — *Cass.*, 7 mai 1834, Walter c. préfet de la Moselle.

242. — Le décret du 30 juill.-1er août 1792, en interprétant les arrêts antérieurs des conseils d'état de Lorraine et de France sur les affectations faites aux propriétaires de la verrerie de Meysenthal, a conféré à ces propriétaires un titre nouveau et irrévocable. — *Cass.*, 26 déc. 1836 (t. 1er 1837, p. 322), préfet de la Moselle c. Meysenthal.

243. — En disposant que la prescription courait contre le prince, la coutume de Lorraine n'a voulu parler que des choses susceptibles par elles-mêmes de prescription, telles que meubles non incorporés aux domaines, épaves, fruits viagers des biens domaniaux, etc. Mais elle est demeurée étrangère aux propriétés qui sont moins la chose du prince que celle de l'état. C'était un principe certain et irrévocable tant en France qu'en Lorraine que la coutume, loi d'un ordre secondaire, et agissant *in vim pactis*, plutôt que *in vim legis*, n'exerçait pas son empire sur le prince, et ne pouvait déroger à ses ordonnances. — *Nancy*, 1er août 1833, préfet de la Meurthe c. Poinsignon.

244. — Les biens et droits abandonnés à la France par le traité de réunion de la Lorraine sont devenus imprescriptibles jusqu'à la promulgation de la loi du 1er déc. 1790. — *Cass.*, 11 avr. 1836, Salis-Saglio c. comm. de Monneron.

245. — Pareillement, l'action en retrait que les ducs de Lorraine s'étaient réservée est, par le fait de la réunion, devenue imprescriptible comme le domaine lui-même, et la prescription qui avait pu commencer à courir de ce droit a été interrompue. — *Cass.*, 6 juill. 1837 (t. 1er 1838, p. 293), Muel Doublat c. le préfet de la Meuse.

246. — *Messin.* — Les évêques de Metz, quoique princes souverains, pouvaient valablement disposer de leurs propriétés comme de biens libres. — *Cass.*, 15 fév. 1832, préfets de Vosges c. Lebègue.

247. — Et on ne peut dire que, même depuis 1768, époque de la suppression des jésuites, les biens faisant partie du temporel des évêques de Metz, ont été compris dans le domaine de l'état. — Même arrêt.

248. — Les biens appartenant aux jésuites de Metz, et qui, après leur expulsion, avaient été cédés par l'état aux chanoines réguliers qui leur avaient succédé dans l'enseignement, ont pu être valablement aliénés par ceux-ci. — *Cass.*, 15 fév. 1832, Préfet des Vosges c. Lebèque.

249. — *Piémont.* — La loi du 14 vent. an VII n'a pas révoqué les aliénations de biens domaniaux faites dans le ci-devant Piémont, par le roi de Sardaigne, avec renonciation au droit de rachat, à la charge que les acquéreurs en verseraient le prix dans la caisse *di revezione* ou des rachats. La preuve de l'accomplissement de cette charge dispense les acquéreurs de l'obligation de prouver que les aliénations ont été faites pour cause de nécessité urgente, ou d'utilité manifeste. — *Cass.*, 11 oct. 1809, Enregistr. c. Montabone.

250. — Depuis la réunion du Piémont à la France, les ventes de biens domaniaux faites par l'ancien gouvernement sarde, et qui remontent au delà de trente ans, doivent être irrévocablement maintenues par les tribunaux français, si, revêtues des formes légales, elles ont eu lieu pour des causes de nécessité ou d'utilité publique, en vertu de l'édit du 7 janv. 1720 et des constitutions générales du Piémont. — *Cass.*, 8 mars 1810, de Barrol.

251. — Quoique les biens domaniaux du ci-devant Piémont ne pussent être aliénés à crédit que pour cause de nécessité urgente ou d'utilité manifeste, et que les ventes de ces biens fussent nulles, si elles n'étaient entérinées que provisoirement par la chambre des comptes de Turin, l'art. 10, décret 17 sept. 1806, a affranchi de la révocation prononcée par la loi du 14 vent. an VII celles de ces ventes passées depuis moins de trente ans. — *Cass.*, 8 fév. 1810, Verda.

252. — *Savoie.* — En Savoie, le domaine de l'état était aliénable, pourvu que l'aliénation fût expresse et faite à titre onéreux ; dès-lors, de telles aliénations, dans les parties de la Savoie aujourd'hui réunies à la France et antérieures à cette réunion, ne sont pas soumises à la loi du 14 vent. an VII. — *Cass.*, 11 août 1835, préfet de l'Ain c. de Mandelot et de Drée.

Sect. 3e. — *Des échangistes.*

253. — La loi de l'an VII, se montrant moins rigoureuse pour les échangistes que pour les engagistes, fait échapper la presque totalité des échanges de biens domaniaux à la révocation générale prononcée par son art. 4.

254. — Ainsi le § 1er de l'art. 5 porte que « sont exceptés des dispositions de l'art. 4 les échanges consommés légalement et sans fraude avant le 1er janv. 1789 pour les pays qui, à cette époque, faisaient partie de la France ; et avant les époques respectives des réunions, quant aux pays réunis postérieurement audit jour 1er janv. 1789. » — Un grand nombre de ces échanges ayant été avantageux à l'état, il a paru de l'intérêt du domaine lui-même de les rendre irrévocables.

255. — Mais, ainsi qu'on vient de le voir, pour être valables, il faut que ces échanges aient été consommés légalement et sans fraude, et les art. 6 et 7 expliquent en quoi doit consister la légalité et comment la fraude pourra être constatée.

256. — Aux termes de l'art. 6, il n'y a légalité des échanges consommés dans le pays formant la France au 1er janv. 1789 qu'autant que toutes les formalités rappelées par l'art. 19, L. 22 nov.-1er déc. 1790 auraient été accomplies en entier. — V. *suprà* no 40. — Quant aux échanges consommés dans les pays réunis avant la réunion, il faut qu'on ait observé les lois qui y étaient en vigueur.

257. — ... Et les échanges même réguliers peuvent être annulés ou révoqués, s'il s'y trouve fraude, fiction ou simulation prouvée par la lésion du quart, eu égard au temps de l'aliénation. — Art. 7.

258. — Les dispositions de la loi de ventôse an VII, relatives à la dépossession des détenteurs dont le titre est révoqué, et celles qui ont trait à la soumission de payer le quart et à ses conséquences, sont communes aux engagistes et aux échangistes dont les contrats sont révoqués. — V. *suprà* nos 59 et suiv.

259. — Il a été décidé que lorsque, dans un contrat d'échange passé sous l'empire de l'édit de 1711 entre le roi et un particulier, il a été stipulé que l'échangiste aurait la faculté de retirer les parties du domaine échangé qui avaient été précédemment engagées par le roi, l'échangiste qui a usé de cette faculté est devenu propriétaire incommutable des immeubles retirés, et non simple engagiste, soumis aux dispositions révocatoires de la loi du 14 vent. an VII, si la faculté du retrait a été dûment évaluée lors de l'échange, et si les lettres-patentes qui ont approuvé et consommé cet échange portent sans restriction, ainsi que l'arrêt qui les a enregistrées, que l'échangiste jouira à perpétuité, et en pleine et incommutable propriété. — *Cass.*, 31 janv. 1833, préfet de la Haute-Garonne c. Roques et de Tauriac.

260. — Dans ce cas, l'état invoquerait en vain la chose jugée par un arrêt du conseil qui, postérieurement à l'échange, mais avant sa consommation, en autorisant l'échangiste à exercer le retrait contre l'engagiste, énonce que le premier ne pourra être dépossédé par le roi qu'après le remboursement de ce qu'il aura payé à l'engagiste, encore que l'échangiste ait exécuté cet arrêt. — Même arrêt.

261. — Il invoquerait, en outre, vainement un arrêt de la cour des comptes qui, postérieurement à la consommation de l'échange et à la vente faite par l'échangiste des domaines retirés, disposerait que ces domaines ne seront possédés par l'échangiste qu'à titre d'engagement. — Même arrêt.

Sect. 4e. — *Compétence en matière de domaines engagés ou échangés.*

262. — La compétence en matière de domaines engagés ou échangés est déterminée par l'art. 27, L. 14 vent. an VII, qui porte : « Si dans le mois de la signification des titres, le détenteur les soutient inapplicables ou insuffisans, ou s'il prétend être placé dans les exceptions de la présente, ou si, de toute autre manière, il s'élève des débats sur la propriété, il y sera prononcé par les tribunaux, après, néanmoins, qu'on se sera adressé, par voie de mémoire, aux corps administratifs, conformément à la loi du 28 oct.-5 nov. 1790 ; mais, en ce cas, soit le tribunal de première instance, soit celui d'appel, devront, chacun en ce qui le concerne, procéder au jugement, sur simples mémoires respectivement remis, dans le mois à dater de l'expiration des délais ordinaires de la citation. »

263. — La disposition de la loi du 28 oct. 1790, à laquelle cet art. 27 fait allusion, est l'art. 15, tit. 3 de cette loi, qui interdit d'intenter une action aux corps administratifs représentés par le procureur général syndic (aujourd'hui le préfet), si préalablement on ne s'est pourvu par simple mémoire, d'abord au directoire de district pour donner son avis, ensuite au directoire du département pour donner une décision. Faute par ces directoires de statuer dans le mois, on pouvait se pourvoir devant les tribunaux. — V., sur ce qui concerne les actions domaniales, DOMAINE DE L'ÉTAT.

264. — L'art. 28, L. an VII, ajoute : « Il n'est rien changé par la présente aux attributions de l'autorité administrative en ce qui concerne purement et simplement les liquidations de droits et créances prétendus par des particuliers envers la république. »

265. — En attribuant aux tribunaux la connaissance des questions de propriété, c'est-à-dire de domanialité et en réservant au pouvoir administratif celle des autres difficultés, la loi de ventôse est restée fidèle, comme on le voit, aux principes généraux sur la division des pouvoirs judiciaire et administratif. De nombreux arrêts de compétence ont été rendus sur la matière.

266. — La jurisprudence a constamment maintenu la compétence des tribunaux pour les questions de domanialité, conformément à l'art. 27 ci-dessus de la loi de ventôse. — *Cass.*, 12 août 1836, Corcelette c. préf. de la Seine ; *Cons. d'état*, 1er déc. 1824, Rey c. le Domaine ; 31 janv. 1817, Descarsins c. Hérot ; *Cass.*, 15 déc. 1832, Casteilla c. comm. de Saint-Joulia.

267. — Ainsi, il a été décidé qu'un tribunal peut, sans empiéter sur la compétence de l'autorité administrative, juger qu'une partie d'un domaine engagé n'a pu être comprise dans le contrat d'engagement, parce que, antérieurement à ce contrat, le roi avait renoncé à cette partie en faveur de la commune, sur laquelle le domaine était situé. — *Cass.*, 15 déc. 1832, Casteilla c. comm. de Saint-Joulia.

268. — Les tribunaux sont exclusivement compétens lorsqu'il s'agit de décider si le terrain litigieux est possédé à titre d'engagement. — *Cons. d'état*, 28 août 1837, d'Hoffelize c. min. fin.

269. — ... Ou s'il est communal ou domanial. — *Cons. d'état*, 18 mai 1816, Guyard de Changey c. comm. de Changey.

270. — Jugé encore qu'ils sont compétens pour statuer sur les contestations qui s'élèvent entre l'état et les particuliers, tant sur l'exécution des conditions et un contrat d'échange, que sur la résolution du contrat. — *Cons. d'état*, 6 nov. 1822, Rambourg c. min. fin.

271. — Il en serait ainsi, malgré la décision que le ministre des finances aurait pu prendre sur l'exécution des conditions. — Même décision.

272. — Les tribunaux sont encore compétens s'il s'agit de savoir si des aliénations faites dans les pays réunis à la France, postérieurement à l'édit de 1566, doivent être confirmées comme ayant eu lieu avant que le principe de l'inaliénabilité du domaine fût établi dans ces pays. — *Cons. d'état*, 2 déc. 1829, min. fin. c. comm. de Thorey.

273. — ... Ou pour statuer sur la demande faite par l'engagiste, afin d'être dispensé, pour la moitié des biens engagés, du paiement du quart. — *Cons. d'état*, 13 janv. 1816, de Rochechouart.

274. — ... Ou bien encore pour décider si le détenteur des domaines engagés ou prétendus tels est placé, comme il le prétend, dans l'une des exceptions à la révocation prévues par la loi de vent. an VII. — *Cons. d'état*, 23 avr. 1832, min. fin. c. comm. de Millersheim.

275. — ... Par exemple, si le détenteur prétend que les terrains qu'il possède rentrent dans la classe des terres vaines et vagues, landes, bruyères et marais qui ont été exceptés de la révocation par l'art. 5 de la loi. — *Cons. d'état*, 3 mai 1832, min. fin. c. Sazerat.

276. — C'est encore aux tribunaux qu'il appartient de juger si l'on demande au nom de l'état les remboursemens de rentes que l'engagiste soutient avoir été éteintes par l'exécution de sa soumission, par exemple, par le paiement du quart. — *Cons. d'état*, 22 nov. 1811, Hennezel c. Bach.

277. — C'est encore à l'autorité judiciaire qu'il appartient de décider si un remboursement de finances fait à un mineur est nul à son égard ou peut former titre contre son héritier. — *Cons. d'état*, 28 fév. 1829, d'Annebault.

278. — Les questions de propriété étant de la compétence exclusive des tribunaux, il en résulte comme conséquence que les contestations sur la jouissance et les mesures conservatoires qui s'y rattachent doivent être portées devant eux. — *Paris*, 12 août 1836, Corcelette c. préfet de la Seine.

279. — Spécialement, lorsque les acquéreurs de biens restitués au domaine, en vertu de la loi de ventôse, sont troublés dans leur jouissance par des mesures conservatoires émanées de l'administration, leur demande, afin de faire cesser le trouble, doit être portée devant l'autorité judiciaire, nonobstant ces actes administratifs. — Même arrêt.

280. — Et les demandes de cette nature, devant être considérées comme personnelles, ou tout au plus comme mixtes, peuvent être portées devant un tribunal autre que celui de la situation des biens. — Même arrêt.

281. — Il n'y a pas empiétement sur les pouvoirs de l'autorité administrative, qui seule a le droit de fixer le quart à payer par l'engagiste, dans la disposition d'un jugement qui, sans attendre la fixation du quart, décide que les intérêts de ce quart courront à partir de l'arrêté qui le fixera en remplacement d'un autre arrêté annulé. — *Cass.*, 3 mai 1837 (t. 2 1837, p. 62), préfet de la Seine c. Pellagol et Goujet.

282. — Si un droit de servitude est fondé sur des titres anciens, ou si la possession est réclamée contre le soumissionnaire, c'est aux tribunaux qu'il appartient de statuer. — *Cons. d'état*, 31 mars 1825, ville de Chartres ; — Cormenin, *Dr. admin.*, vo *Domaines engagés*, t. 2, p. 32.

283. — Lorsqu'il s'agit d'une question de propriété relative à un immeuble qui a fait partie du domaine de l'état, les tribunaux sont compétens pour connaître de la tierce-opposition formée à des arrêts du ci devant conseil du roi. — *Cass.*, 12 août 1818, de Latour-Duligny c. Belbœuf.

284. — En déterminant la compétence des tribunaux en matière de domaines engagés et échangés, l'art. 27 de la loi a fixé, par cela même, celle de l'autorité administrative. — A cet égard, il importe de faire remarquer que, les soumissionnaires de domaines engagés étant assimilés sous tous les rapports aux acquéreurs de biens nationaux, il en résulte qu'une fois la vente opérée en vertu de la loi de l'an VII, toutes les difficultés qui s'élèveraient à l'occasion des soumissions et de leurs conséquences ne peuvent être appréciées que par l'administration. Il est de principe, en effet, que le contentieux des ventes administratives rentre dans la compétence des conseils de préfecture. — *Cons. d'état*, 1er déc. 1824, Rey ; — Cormenin, *loc. cit.*

285. — Aussi, la cour de Cassation reconnaissant qu'il y a *vente nationale* consommée entre l'état et l'engagiste, lorsque celui-ci a fait la soumission prescrite par la loi du 14 vent. an VII, et qu'après une expertise contradictoire un arrêté administratif a fixé la valeur de l'immeuble et le quart à payer, a-t-elle jugé que dès-lors la juridiction administrative devient seule compétente pour connaître de toutes les questions relatives à cette vente, et même de celle de savoir si l'immeuble

soumissionné était ou non un domaine engagé, alors même que la soumission contiendrait, de la part du soumissionnaire, réserve expresse de se pourvoir, quant à ce, devant les tribunaux ordinaires. — *Cass.*, 24 avr. 1837 (t. 2 1837, p. 187), préfet de Loir-et-Cher c. de Bavre.

286. — Jugé de même que l'autorité administrative est seule compétente, à l'exclusion des tribunaux, pour décider si, dans un contrat de vente d'immeubles domaniaux, la clause par laquelle il a été stipulé que l'adjudicataire serait tenu, dans les trois jours de l'adjudication, de déposer un cautionnement en rentes sur l'état, égal au quart du prix de l'immeuble adjugé, avait pour but d'assurer le paiement du premier quart seulement ou de l'intégralité du prix. — *Paris*, 20 mai 1833, Charvin.

287. — ... Et que, lorsqu'il a été décidé par arrêt passé en force de chose jugée que les futaies d'un domaine engagé sont sujettes aux dispositions révocatoires de la loi du 14 vent. an VII, et qu'en exécution de cet arrêt, l'engagiste a fait à l'administration une soumission portant sur ces futaies, cet engagiste ne peut plus, au sujet des limites à fixer à cette soumission, porter devant les tribunaux la question de savoir si son titre d'engagement ne lui attribue pas la propriété incommutable des futaies; et que, dans ce cas, les tribunaux agissent légalement en renvoyant les parties devant l'autorité administrative, seule chargée de statuer sur les difficultés relatives à l'étendue d'une soumission faite en vertu de la loi de ventôse. — *Cass.*, 13 avr. 1840 (t. 2 1840, p. 71), de Wigmacourt c. préfet du Haut-Rhin.

288. — Jugé encore qu'en matière de domaines engagés, l'autorité judiciaire ne statue que sur les questions de propriété qui s'élèvent entre l'état et les engagistes, et que toutes les difficultés qui existent après que les tribunaux ont décidé qu'une concession est domaniale sont de la compétence exclusive de l'autorité administrative, ainsi que l'exprime la loi du 14 vent. an VII, et que, dans le cas où la soumission faite par le détenteur des biens, en exécution d'une décision civile, porte également sur des futaies, s'il y a refus d'en acquitter le prix intégral, et prétention de s'acquitter en payant seulement le quart, comme pour les taillis, ce n'est qu'à l'administration qu'il appartient d'en connaître, lors même que l'on soutiendrait que l'ordonnance de 1669, qui réserve les futaies à l'état, est inapplicable, et que la législation locale constitue, au profit du soumissionnaire, un véritable droit de propriété. — *Cass.*, 14 avr. 1840 (t. 2 1840, p. 47), Duboux de Gohrey c. préfet du Haut-Rhin.

289. — Les préfets sont compétens pour procéder à l'examen préable de la position des engagistes. Ils peuvent statuer sur les questions de déchéance du droit de soumissionner et sur la liquidation des finances d'engagement. — *Cons. d'état*, 10 juill. 1832, de Mandet c. min. fin.; — Cormenin, t. 2, p. 32.

290. — Jugé que l'arrêté du préfet qui se borne à étendre à tous les propriétaires présumés le bénéfice du relevé de déchéance, sans statuer sur la propriété, est rendu dans les limites de sa compétence. — *Cons. d'état*, 31 janv. 1817, Decarsins c. Hirot.

291. — Les préfets ont aussi qualité (à l'exclusion du conseil de préfecture) pour rendre la décision dont il est parlé dans l'art. 15, tit. 3, L. 5 nov. 1790, et dans l'art. 27, L. de vent. an VII, lorsque la domanialité des biens est contestée. — *Cons. d'état*, 1er déc. 1824, Rey.

292. — Mais un préfet excède ses pouvoirs si, en recevant la soumission d'un concessionnaire, conformément à la loi de l'an VII, il préjuge par son arrêté les droits respectifs de ce concessionnaire et d'un tiers en prononçant entre eux sur les effets et l'étendue des exceptions portées par l'art. 5 de cette loi. — *Cons. d'état*, 13 nov. 1822, Couturier c. Buffevent.

293. — Le ministre des finances a compétence pour statuer sur toutes les contestations qui rentrent dans les attributions des préfets, et ses décisions peuvent être déférées au conseil d'état. On peut même se pourvoir directement devant lui lorsqu'il s'agit de décider si l'on a conservé ou non la qualité d'engagiste. — *Cons. d'état*, 10 juill. 1832, Mandet c. min. des fin.

294. — C'est au ministre des finances seul que peut être déféré l'arrêté d'un préfet qui prononce la déchéance d'un soumissionnaire. — *Cons. d'état*, 9 janv. 1828, Mailly.

295. — Ce ministre peut suspendre provisoirement l'exécution et les effets de la soumission antérieurement validée d'un ancien engagiste, lorsque le domaine oppose une quittance de remboursement. — *Cons. d'état*, 1er déc. 1824, d'Annebault et Duparc.

296. — Le conseil d'état a même jugé que c'est au ministre des finances qu'il appartient de statuer sur la question de savoir si une concession de bois peut être considérée comme un engagement lorsque les lettres patentes qui l'ont accordée n'ont point été enregistrées et que le concessionnaire n'a point été mis en possession. — *Cons. d'état*, 27 déc. 1820, de la Bretonnière.

297. — Toutefois il semble que le conseil d'état, en décidant que des réclamans ne sont pas engagistes parce que leurs lettres patentes n'ont pas été enregistrées, excède ses pouvoirs, car il statue sur la validité extrinsèque des engagemens qui sont de véritables contrats. — Cormenin, t. 2, Appendice.

DOMAINE DE L'ÉTAT.

Table alphabétique.

DOMAINE DE L'ÉTAT. — 1. — C'est l'ensemble des biens qui appartiennent au corps politique de la nation, considéré comme être collectif, et dont il a seul droit de recueillir les émolumens. — Proudhon, *Tr. du domaine publ.*, t. 1er, no 204.

2. — On a vu au mot BIENS NATIONAUX, nos 1 et suiv., que cette expression a une signification propre qui ne permet pas de s'en servir pour désigner les biens dont se compose le *domaine de l'état*. Ajoutons qu'il ne faut pas confondre non plus, comme on le fait trop souvent, le *domaine de l'état* avec le *domaine public*.

3. — Le *domaine public*, en effet, s'entend, dans son sens propre, des choses qui servent à un usage public et commun, et qui, tant que leur destination n'aura pas été changée, ne sont pas susceptibles de propriété privée. Le domaine de l'état comprend, au contraire, des biens qui sont de la même nature que ceux qui sont l'objet du droit de propriété privée. Leur destination n'est pas de servir à un usage public et commun, et l'état les possède à peu près de la même manière que les particuliers. — V. conf. Proudhon, *loc. cit.*; Foucart, *Elém. de dr. publ. et adm.*, t. 2, no 1er; Cormenin, *Dr. adm.*, vo *Domaine de l'état*, t. 2, p. 42, note 1re; Dufour, *Tr. gén. de dr. adm. appl.*, t. 3, no 1405; Serrigny, *Tr. de l'org. et de la comp., etc.*, t. 2, no 739; Laferrière, *Dr. adm.*, p. 129 et suiv.; Magnitot et Delamarre, *Dict. de dr. adm.*, vo *Domaine public*, § 1er.

4. — La puissance publique a donc plutôt un droit de garde et de conservation sur les choses qui sont des dépendances du domaine public, par exemple, sur les fleuves et rivières navigables, qu'un droit effectif de propriété (V. DOMAINE); tandis qu'elle a sur les choses du domaine de l'état un droit de propriété privatif et absolu. — Serrigny, *loc. cit.*, no 740. — V. conf. Laferrière, *loc. cit.*, p. 133.

5. — C'est surtout à l'égard du tiers que la distinction que l'on vient d'établir est essentielle; en effet, tandis que les choses qui font partie du domaine public, sont hors du commerce et imprescriptibles (C. civ., art. 2226. — V. DOMAINE PUBLIC); celles, au contraire, qui font partie du domaine de l'état, sont aliénables et prescriptibles. — C. civ., art. 2227.

6. — Au surplus, les choses qui sont des dépendances du *domaine public* peuvent, par des changemens de destination, passer dans le *domaine de l'état* et réciproquement des choses qui appartiennent au *domaine de l'état* peuvent, par leur destination à un usage public et commun, devenir dépendances du *domaine public*. — V. ce mot. — V. conf. Foucart et Cormenin, *loc. cit.*

7. — Le *domaine de l'état*, que l'on vient avec la doctrine de distinguer du *domaine public*, est compris avec ce dernier dans l'expression générique de *domaine national*. — V. conf. Foucart, *loc. cit.*; Serrigny, *loc. cit.*, no 739.

8. — La portion du domaine de l'état que la nation en détache momentanément pour l'affecter spécialement à la jouissance du chef de l'état, est désignée dans nos lois sous le titre aujourd'hui assez impropre de *domaine de la couronne*. — Nous croyons devoir en traiter à part, parce que les principes qui le régissent diffèrent en plusieurs points essentiels de ceux qui sont admis en matière de domaine de l'état. — V. DOMAINE DE LA COURONNE, LISTE CIVILE.

Sect. 1re. — *Notions historiques.*

9. — Dans l'ancienne monarchie, où il était admis que *l'état* c'était *le roi*, il ne pouvait pas être question du *domaine de l'état* tel que nous l'avons défini, c'est-à-dire dans le sens de biens appartenant à la nation elle-même, considérée comme corps politique, mais seulement dans le sens de biens appartenant au roi, ou, pour parler plus exactement, à la royauté. L'expression propre, pour les désigner, était donc *domaine de la couronne* ou *domaine du roi*.

10. — Il comprenait non seulement des choses corporelles, mais encore des choses incorporelles, c'est-à-dire des droits dont les uns, comme les droits d'amortissement, de franc-fief, de bâtardise, d'aubaine, étaient d'origine féodale, et dont les autres, comme les droits de confiscation, de déshérence, d'anoblissement, étaient régaliens. — Laferrière, *Cours de droit publ. et adm.*, édit. 2e, p. 114.

11. — L'origine de ce *domaine de la couronne* ou *domaine du roi*, avec lequel s'est confondu, jusqu'à l'époque de la révolution, le *domaine de l'état*, se trouve dans le grand partage des terres qui suivit la conquête, et par suite duquel le roi obtint une part considérable qu'on appelait *fiscus, bona fiscalia*. — Pardessus, *De la propr. fonc. chez les Francs*, dissert. 8e sur la loi salique, p. 541.

12. — Ce fisc, diminué chaque jour par des donations faites soit aux antrustions, soit aux monastères, mais réparé d'un autre côté par les retours auxquels ces donations étaient généralement soumises, par les déshérences et par les confiscations prononcées contre un grand nombre de crimes, se maintint dans toute sa richesse et même ne fit que s'accroître sous les deux premières races et jusqu'au règne de Louis-le-Pieux. — V. conf. Pardessus, *loc. cit.*; Mlle de Lezardière, *Théorie des lois politiques de la monarchie française*, t. 3, édit. de 1844, p. 34 et suiv.

13. — On a compté jusqu'à cent soixante-quinze domaines appartenant au roi dans l'étendue de l'empire carlovingien (Hülmann, *Geschichte der Ursprungs der hande in Deutschlande*, § 7, édit. 2e). Le roi se transportait de domaine en domaine avec sa cour. C'était, ainsi que le remarque M. Ed. Laboulaye (*Histoire du droit de propriété fonc. en Occid.*, p. 318), le contre-pied des idées romaines. Les Romains affermaient tout pour centraliser les revenus et les dépenses. Les rois francs faisaient valoir par leurs agens, recevaient les redevances et les consommaient sur place; c'étaient des propriétaires bien plutôt que les chefs d'un état.

14. — Destiné, comme le remarque Mlle de Lezardière (*loco cit.*), à subvenir non seulement à l'entretien du roi, de sa famille et de sa maison, mais encore, avant l'établissement des impôts fixes et réguliers, à l'acquit des dépenses de l'administration civile et politique, le fisc ou domaine du roi était administré d'après des règles que les documens de la première race ne nous font pas bien connaître, mais qui, très probablement, selon la conjecture de M. Pardessus (*loc. cit.*), étaient analogues à celles que l'on trouve dans les *Capitulaires* de Charlemagne.

15. — Ce fut Louis-le-Pieux qui, le premier, abusa de la faculté de disposer du domaine, des revenus et droits de la couronne. Cet abus fut porté à son comble par Charles le Chauve, qui, après s'être dépouillé de la majeure partie de ses domaines pour se faire des partisans contre Lothaire, consomma, dans la suite de son règne, l'appauvrissement du fisc par la loi qui, en rendant héréditaires tous les comtés et bénéfices, portait atteinte aux chances de reversibilité. — Mlle de Lézardière, *loc. cit.*, p. 74 et suiv.

16. — Bien des efforts furent depuis tentés par nos rois pour réparer ou pour prévenir la dilapidation du domaine. Mais, pour ne parler ici que de la principale précaution que l'on crut devoir prendre, ce ne fut que vers la fin du treizième siècle ou le commencement du quatorzième que s'introduisit dans le droit public français la maxime de l'inaliénabilité du domaine, maxime qui entraînait nécessairement à sa suite celle de son imprescriptibilité. — V. conf. Chopin, *De domanio*, liv. 3, tit. 9, no 2; Rebuffe, liv. 2, tit. 11, chap. 1er; Brillon, *Dict. des arr.*, vis *Domaine, Prescription*, t. 2, p. 714; Loysel, *Inst. cout.*, livre préliminaire, règle 6e, notes de Laurière, *ibid.*; Merlin, *Rép.*, vo *Domaine public*, § 2, édit. 5e, t. 4, p. 735.

17. — Ce principe de l'*inaliénabilité* et de l'*imprescriptibilité* du domaine fut nettement confirmé par l'ordonnance de François Ier du 30 juin 1539, en ces termes: « Savoir faisons que nous, considérant notredit domaine et patrimoine de la couronne de France, tant par la loi de notredit royaume et constitutions de nos prédécesseurs

rois, comme de disposition de droit civil et canonique, et par le serment que nous et nos prédécesseurs avons fait et ont accoutumé de faire les rois de France à leur sacre, *être inaliénables*, par quelque espèce ou manière que ce soit..... : attendu que ledit domaine et patrimoine de notre couronne est réputé sacré et ne peut tomber *au commerce des hommes*..... Pour ces causes, ordonnons que ès procès mus ou à mouvoir, nos juges et officiers présens et à venir n'aient aucun égard à quelque possession, jouissance et prescription que ce soit, et par quelque laps de temps qu'elle ait duré, lors même qu'elle excédât cent ans. »

18. — Mais l'organisation du principe, ses effets, les exceptions qu'il comporte, et les règles domaniales dans leur ensemble n'ont été définitivement établies que par une ordonnance de Charles IX, rendue à Moulins en 1566, sous l'inspiration du chancelier de L'hospital, et qui porte, entre autres dispositions, que le domaine de l'état ou de la couronne ne pourra être aliéné qu'en deux cas, savoir : pour apanage des puînés du roi de France (V. APANAGE, nos 3 et suiv.), ou pour les nécessités de la guerre, et encore qu'il faudra, dans ce dernier cas, pour la validité de l'aliénation, qui n'aura lieu que sous pacte de rachat perpétuel, des lettres patentes vérifiées par les parlemens. — Merlin, *loc. cit.*, § 2, no 11, p. 738. — V. aussi DOMAINES ENGAGÉS.

19. — Les mêmes principes ont été reproduits à diverses époques, notamment dans l'ordonnance de Blois, de mai 1579; la déclaration du 26 janv. 1651, l'édit d'avr. 1667, l'arrêt du conseil du 14 janv. 1781.—V. aussi DOMAINES ENGAGÉS.

20. — Jugé, en conséquence, que depuis l'édit de fév. 1566, aucune aliénation du domaine de l'état n'a pu être faite irrévocablement, même en vertu de lettres patentes. — *Cass.*, 2 avr. 1839 (t. 2 1843, p. 430), Liste civile c. Rion.

21. — Jugé aussi que les aliénations de terrains compris dans les abornemens de la forêt domaniale d'Orléans, consenties en vertu des lettres patentes du 19 mars 1571, postérieurement dès lors à l'édit de 1566, ont été révoquées d'abord par l'édit général de 1667, ensuite par l'édit spécial du mois de mars 1716, lequel a reçu son exécution par la réunion qui a été opérée des terrains aliénés aux domaines de la couronne;— et que l'effet de cette réunion n'a pu être détruit ni par la reconnaissance censuelle qu'aurait faite plus tard l'ancien acquéreur en faveur du prince apanagiste de la forêt, ni par la vente qu'il aurait consentie à un tiers sans la participation de ce prince ou de l'état. — Même arrêt. — V cependant *Orléans*, 27 nov. 1835, mêmes parties. — V. APANAGE, no 68.

22. — Mais, jugé aussi que les concessionnaires des domaines de l'état en vertu d'aliénations *antérieures à* 1566 ont droit à une indemnité dans le cas de préjudice éprouvé par suite de travaux ordonnés par le gouvernement, que la concession ait eu lieu à titre gratuit ou onéreux. — *Paris*, 1er août 1835, préf. de Seine-et-Oise c. Truffaut.

23. — Les pays réunis au territoire du royaume étaient soumis de plein droit à cette législation, encore bien que la réunion se fût opérée par voie de traité et non par voie de conquête.— *Cass.*, 7 mai 1834, Walter et comp. c. préf. de la Moselle. — V., au surplus, en ce qui touche l'inaliénabilité du domaine de l'état dans les pays réunis, DOMAINES ENGAGÉS.

24. — Du reste, en ce qui concerne l'application du principe de l'inaliénabilité, l'on distinguait entre ce que l'on appelait le *grand* et ce que l'on désignait, au contraire, du nom de *petit domaine.*

25. — *Le grand domaine* renfermait des seigneuries ayant justice haute, des duchés, marquisats, principautés, et leurs mouvances, les forêts royales, etc.; celui-là seul était inaliénable.

26. — Quant aux biens composant ce qu'on appelait ordinairement *le petit domaine*, ils pouvaient être irrévocablement aliénés (édit de 1708). — *Le petit domaine* se formait d'objets détachés qui ne constituaient pas un corps de seigneurie : Tels étaient, d'après la nomenclature donnée par M. Troplong (*Prescription*, no 181), « les moulins, fours, pressoirs, halles, maisons, boutiques, échoppes, places à étaler, places, vins et vignes, communes, landes, bruyères, pâtis, marais, étangs, boqueteaux séparés des forêts, bois, bateaux, péages, travers, ponts, barrages, droits de ménage, mesurage, aunage, poids, greffe, tabellionnage, prés, attérissemens, îlots, crémens, droits sur les rivières navigables, leur fonds, lit, bord, quais et marche-pieds, les bras, courans, eaux mortes, canaux ; les places qui ont servi aux fossés, murs, remparts et fortifications tant anciennes que nouvelles. » — V. aussi *Rép.*, vo *Domaine.*

27. — La raison pour laquelle ces biens étaient laissés sous l'empire du droit commun, ajoute M. Troplong (*loc. cit.*), c'est qu'entre les mains du roi les charges en consommaient les revenus, que le roi perdait en les gardant, qu'il profitait, au contraire, en les aliénant.—V. aussi d'Aguesseau, *Req. sur la mouvance du fief de Londes.*

28. — Jugé que, sous l'empire de l'ordonnance de 1566, les rois de France pouvaient aliéner les biens connus sous le nom de petit domaine, quoiqu'ils n'eussent pas le droit d'aliéner les biens du domaine public. — *Cass.*, 15 nov. 1842 (t. 1er 1843, p. 46), préfet de la Vendée c. Kugler.

29. — Le cens stipulé imprescriptible et irrédimable avec lods et ventes, en cas de mutation, pour concession de fonds originairement domaniaux, mais rangés dans la classe des petits domaines, a été supprimé comme féodal, sans qu'il soit nécessaire d'examiner si les fonds ont été possédés à titre de seigneurie. — *Cass.*, 17 juill. 1811, Barrant c. hospice de Dôle.

30. — L'exception portée au principe de l'inaliénabilité du domaine, relative aux terres vaines et vagues, landes, palus, marais, terrains en friche, et à ce qu'on est convenu d'appeler le *petit domaine*, ne comprenait pas les terres situées dans les forêts de l'état, ou à cent perches près de ces forêts. —Lettres patentes de 1566; L. 1er déc. 1790, art. 31; —*Cass.*, 2 avr. 1839 (t. 2 1843, p. 430), Liste civile c. Rion. —V. conf. *Cass.*, 21 mars 1838 (t. 1er 1838, p. 384), Domaine c. comm. de Vempont et Saint-Firmin.

31.— Jugé que les terres vaines et vagues échues par droit de déshérence aux ducs de Lorraine avant la réunion de ce pays à la France, tombaient dans leur domaine privé aliénable, et non dans le domaine de l'état. — *Cass.*, 15 juill. 1823, préfet de la Meurthe c. Gadel.

32. — D'où l'on a conclu que les terres vaines et vagues concédées par les anciens ducs de Lorraine avant la réunion de ce pays à la France, ne peuvent être considérées comme domaniales, et que leur concession ne peut être frappée de révocation en vertu de la loi du 14 vent. an VII, surtout si la patrimonialité de ces terres a été reconnue par arrêt de la chambre des comptes de Lorraine, en présence et sans opposition du procureur général. — Même arrêt.

33. — Mais jugé aussi que la concession d'un bois taillis peuplé de gros arbres, contenant trois cent vingt-cinq arpens dépendant d'une gruerie faisant partie d'une forêt domaniale, ne peut être comprise dans l'exception faite par l'édit de 1729 en faveur des aliénations de terres vagues et en friche, aliénées irrévocablement, pour les défricher, par les ducs de Lorraine.—*Cass.*, 6 déc. 1836, préfet de la Meurthe c. Noiselte.

34. — Les concessionnaires de fonds provenant des petits domaines, *qui étaient par leur nature aliénables* et prescriptibles, ont pu opposer les lois abolitives de la féodalité à la demande en paiement des rentes seigneuriales dont ils étaient grevés. — *Cass.*, 18 avr. 1810, Domaine c. Thouvenot.

35. —Jugé que, si le retour du fief à la couronne, en cas d'extinction de descendans mâles, a été inséré dans les lettres patentes d'investiture, on doit considérer ce retour comme purement féodal, et non comme domanial ; — et qu'en supposant que le retour féodal eût rendu l'incamération possible, le roi, pour l'avoir négligée, n'aurait pas aliéné le domaine de la couronne.—*Cass.*, 1er juill. 1835, préfet du Haut-Rhin.

36. — Pour compléter l'esquisse de notre ancien droit public sur les matières domaniales, il faut, aux règles sus-énoncées, joindre celles tout aussi essentielles de la dévolution des biens du prince au domaine, lors de son avénement au trône de France, quel que fût d'ailleurs le titre auquel il les possédât. En vain quelques uns de nos rois voulurent-ils, par dérogation à cette règle, empêcher la confusion qui s'opérait par le fait seul de leur avènement. La maxime de la dévolution consacrée par l'ordonnance de 1566, fut, par suite de la résistance du parlement de Paris aux volontés de Henri IV, confirmée de nouveau par ce prince dans l'édit de juill. 1607.—V. conf. Laferrière, *loc. cit.*, p. 116 et suiv.

37. —Ajoutons aussi que les rois de France n'ont jamais eu le droit d'aliéner à titre incommutable les biens et droits acquis pour la couronne à titre de conquête. — *Cass.*, 2 juill. 1833, Roussillon.

38 —Quant à la preuve de la domanialité, l'édit d'avril 1667, sur le domaine de la couronne, disposait formellement qu'elle pourrait être faite par des extraits notamment de papiers terriers, fois, hommages, aveux, dénombremens, baux à ferme, partages.

39. — Jugé que l'art. 1337, C. civ., en vertu duquel tout acte récognitif ne fait foi de son contenu qu'autant qu'il relate le titre primordial, n'est point applicable aux actes énumérés dans l'édit d'avril 1667, comme propres à prouver la domanialité des biens de la couronne. — *Cass.*, 12 nov. 1838 (t. 2 1838, p. 450), comm. de Provenchères c. préfet de la Haute-Marne.

40. — ... Et qu'en conséquence, la preuve de la domanialité peut, à défaut du titre primordial, résulter d'une simple reconnaissance ou aveu et dénombrement, faite au terrier du roi par les possesseurs, alors même que cette reconnaissance ne relaterait pas la teneur du titre primordial. — Même arrêt.

41. — Jugé encore par le même arrêt que la loi du 28 août 1792, relative au rétablissement des communes et des citoyens dans les propriétés dont ils ont été dépouillés par l'effet de la puissance féodale, n'est nullement applicable au cas de la revendication par l'état d'un bien domanial que détient une commune; qu'en conséquence, dans le concours de plusieurs titres, il n'y a pas lieu de décider que les plus favorables aux communes doivent être préférés.—Même arrêt.

42. — Le second édit du mois d'avril 1667 n'a porté aucune atteinte au droit de propriété domaniale expressément maintenu par le premier édit du même mois, en se bornant à confirmer les communes dans « la possession et jouissance des usages et communs » qui leur avaient été précédemment concédés, et à leur remettre le droit de tiers qui pouvait appartenir au roi, comme seigneur dans lesdits usages et communs. Conséquemment, une commune usagère dont le droit absorbe la totalité des produits, ne peut point, à raison de l'étendue même de ce droit d'usage, prétendre être propriétaire d'un bien du domaine que les lois constitutives de la monarchie défendaient au souverain d'aliéner. — Même arrêt.

43. — Dans ce qui précède, il n'est question que de l'aliénation proprement dite des biens du domaine. Quant à l'échange qui pouvait en être fait contre d'autres biens, V. DOMAINES ENGAGÉS ET ÉCHANGÉS.

44. —En 1790, la législation du domaine de l'état subit une révolution complète. Son principe, qui était de considérer le roi comme propriétaire des biens compris dans ce domaine, fut d'abord changé. Le décret du 22 nov.-1er déc. 1790 porte, en effet, dans ses considérans : « Que le domaine public, dans son intégrité et avec les divers accroissemens, appartient à la nation. » Et ce n'était là qu'un corollaire des principes de la nouvelle organisation sociale et politique dont l'ère s'inaugurait pour la France.

45. — Il fut en même temps proclamé par l'assemblée constituante, par dérogation encore à l'ancien droit public, que le domaine de l'état serait aliénable, mais que la faculté de l'aliéner résiderait essentiellement dans la nation seule, dont la volonté, à cet égard, devrait être manifestée par un acte de la puissance législative. — V. décret précité, art. 8.

46. — Et remarquons que le domaine de l'état, cessant d'être inaliénable, devait aussi, par une conséquence nécessaire, cesser d'être imprescriptible. C'est ce que décidait formellement, surabondamment d'ailleurs, l'art. 36 du décret précité en ces termes : « La prescription aura lieu à l'avenir pour les domaines nationaux dont l'aliénation est permise par les décrets de l'assemblée nationale, et tous les détenteurs d'une portion quelconque desdits domaines, qui justifieront en avoir joui par eux-mêmes ou par leurs auteurs, à titre de propriétaires, publiquement et sans trouble, pendant quarante ans continuels, à compter du jour de la publication du présent décret, seront à l'abri de toute recherche. »

47. — Cette innovation radicale, en sens inverse des principes de l'ancien droit, fut amenée par plusieurs causes. D'abord le motif de l'ordonnance de 1566, qui avait été de mettre le domaine, afin de soulager le peuple d'une partie des impôts, à l'abri des prodigalités de nos rois, avait cessé, puisque depuis long-temps, malgré cette entrave, les biens de ce domaine avaient été tellement démembrés qu'ils ne figuraient plus en 1788 que pour 2,000,000 dans les recettes de l'état. — En second lieu, l'assemblée nationale avait besoin d'argent pour faire face aux immenses charges de l'état, rembourser le prix des offices supprimés, et pour éteindre une dette exigible en capitaux de 2,500,000,000. — Laferrière, *loc. cit.*, p. 119.

48. —Au surplus, l'esprit de la loi de 1790 est révélé dans le préambule qui la précède. Considérant, y dit l'assemblée 1o...—2o que le domaine public, dans son intégrité et avec ses divers accroissemens appartient à la nation; que cette propriété est la

plus parfaite qu'on puisse concevoir, puisqu'il n'existe aucune autorité supérieure qui puisse la modifier ou la restreindre, que la faculté d'aliéner, attribut essentiel du droit de propriété, réside également dans la nation ; et que si, dans des circonstances particulières, elle a voulu en suspendre pour un temps l'exercice, comme cette loi suspensive n'a pu avoir que la volonté générale pour base, elle est de plein droit abolie, dès que la nation, légalement représentée, manifeste une volonté contraire ;—3° que le produit du domaine est aujourd'hui trop au-dessous des besoins de l'état pour remplir sa destination primitive; que la maxime de l'inaliénabilité, devenue sans motifs, serait encore préjudiciable à l'intérêt public, puisque des possessions foncières, livrées à une administration générale, sont frappées d'une sorte de stérilité, tandis que dans la main de propriétaires actifs et vigilans, elles se fertilisent, multiplient les subsistances et animent la circulation, fournissent des alimens à l'industrie et enrichissent l'état...

49. — Jugé que les lois des 22 nov.-1er déc. 1790, et 14 vent. an VII, relatives aux aliénations du domaine, ne sont pas applicables aux droits d'usage ou de pacage concédés à des particuliers ou communes dans les forêts de l'état. — *Cass.*, 1er juin 1836, Préfet de l'Isère c. comm. de Voreppe et hosp. de Grenoble.

50. — Le principe de l'aliénabilité du domaine de l'état ne fut toutefois pas proclamé d'une manière absolue et sans exception. Ainsi, par exemple, aux termes de l'art. 12 du décret précité, conforme à l'art. 1er, décr. 6-23 août de la même année, les grandes masses de bois et forêts nationales (100 arpens ou 150 hectares) demeurèrent exceptées de la vente et aliénation des biens nationaux, permise ou ordonnée par le législateur de cette époque.

51. — Et il est à remarquer que ces dispositions s'appliquaient non seulement aux forêts précédemment domaniales, mais encore à celles provenant du clergé, que la loi du 2-4 nov. 1789 avait réunies au domaine de l'état.

52. — On interdit par la même raison au concessionnaire ou détenteur, quel que fût son titre, de disposer des bois de haute-futaie ni des taillis recrus sur les futaies coupées ou dégradées, ni des pieds-corniers, arbres de lisière, baliveaux anciens et modernes, ni enfin des bois-taillis dont il fut défendu d'avancer, retarder ni intervertir les coupes. — Art. 32 et 33.

53. — En ce qui concerne les petites fermes, métairies et autres domaines nationaux de cinquante arpens et au-dessus, enclavés dans les forêts nationales, un décret du 9 juill. 1781 déclara qu'ils ne pouvaient être vendus qu'en vertu d'une autorisation du pouvoir législatif; mais ce n'était pas là une règle spéciale d'inaliénabilité, puisque tous les biens de l'état n'ont pu être aliénés qu'en vertu d'une loi.

54. — Les lois révolutionnaires ont aussi modifié la consistance du domaine de l'état. Ainsi, d'une part, l'on voit disparaître quelques uns des élémens constitutifs de l'ancien domaine incorporel de la couronne, comme les droits d'origine féodale qui ont été énumérés *suprà* (nos 25 et 26); mais, d'autre part, de nouveaux biens, parmi lesquels figurent, au premier rang, les biens ecclésiastiques et ceux des émigrés, furent réunis au domaine corporel par les décrets des assemblées législatives. — V. BIENS NATIONAUX.

55. — On oppose quelquefois cette dernière espèce de biens, que l'on qualifie de biens de *nouvelle origine* aux biens d'*ancienne origine*, c'est-à-dire à ceux dont le domaine de la couronne était composé avant 1789. — V. Magnitot et Delamarre, *Dict. de dr. publ. et adm.*, vo *Domaine de l'état*, § 1er; Merlin, *Rép.*, vo *Domaine public*, § 3, no 2.

56. — Il faut enfin mentionner pour mémoire les mesures qui furent prises en 1790, pour réunir au domaine les biens qui, à diverses époques, en avaient été détachés. On ne fit, du reste, en cela que suivre une voie tracée depuis bien long-temps, puisque déjà, dès 1318, sous le règne de Philippe-le-Long, on voit se succéder toute une série d'ordonnaces, d'édits ou d'arrêts du conseil, ayant pour objet la réalisation de ce but. — V. DOMAINES ENGAGÉS.

57. — Il y a donc, d'après ce qui précède, des propriétés foncières, des droits réels ou mixtes dont la nation a la possession et la jouissance actuelle; il y en a, au contraire, dans lesquels elle peut seulement rentrer par voie de rachat, droit de réversion, ou autrement. — Décr. 22 nov.-1er déc. 1790, art. 1er.

58. — Jugé que, par suite de la révocation ou annulation prononcée par le décret du 8 flor. an II, de l'échange passé en 1651 entre Louis XIV et le duc de Bouillon, les biens dans lesquels l'état rentrait ont dû être considérés comme n'ayant jamais perdu leur caractère domanial; — que dès-lors, les dispositions de l'ordonnance de 1669 qui prononçaient la suppression de tout droit de chauffage dans les forêts domaniales (à supposer qu'elles ne concernassent que les forêts qui faisaient partie du domaine de l'état à l'époque de cette ordonnance) sont applicables aux forêts restituées à l'état par l'effet du décret du 8 flor. an II; et que, par suite, la prescription des droits des usagers n'a pas couru depuis ce décret jusqu'au 26 juin 1816, époque à laquelle elle a été révoquée. — *Rouen*, 22 août 1835, Leclerc c. de Broyes.

59. — Remarquons, d'autre part, que les biens provenant du domaine extraordinaire créé sous l'empire par le sénatus-consulte du 30 janv. 1810, et les biens provenant de la dotation de l'ancien sénat et des sénatoreries ont été réunis au domaine de l'état, les premiers en vertu de la loi du 25 mai 1818, et les seconds en vertu de la loi du 28 mai 1829, art. 7. — V. DOMAINE EXTRAORDINAIRE, SÉNAT, SÉNATORERIE.

Sect. 2e. — *Des biens dont se compose le domaine de l'état.*

60. — Le domaine de l'état se compose de biens de même nature que ceux qui forment le patrimoine des particuliers. — Cormenin, *Dr. admin.*, t. 2; Append., vo *Domaine de l'état*, no 1er.

61. — Il est corporel ou incorporel. Énumérons les élémens qui le constituent sous l'un et l'autre rapport.

§ 1er. — *Domaine corporel.*

62. — Le domaine corporel renferme des biens meubles et immeubles.

63. — Les propriétés immobilières appartenant à l'état sont, ou non, affectées à un service public. — Cormenin, *Dr. adm.*, vo *Domaine de l'État*, t. 2, p. 44, note 2e.

64. — MM. Macarel et Boulatignier (*loc. cit.*, no 80) font avec raison figurer les immeubles affectés à un service public parmi les ressources de l'état, parce que, en effet, ils tendent à diminuer la somme des dépenses de l'état, qui, s'il ne les possédait pas, serait obligé d'en prendre à location pour les services auxquels ils sont affectés.

65. — D'ailleurs, comme le font observer les mêmes auteurs (*loc. cit.*), parmi les immeubles affectés à un service public, il en est qui, comme les bergeries royales, les haras et dépôts d'étalons, les écoles d'arts et métiers, les écoles vétérinaires, l'imprimerie royale, les bâtimens affectés à l'administration des tabacs, et jusqu'aux archives du royaume et aux deux dépôts de la guerre et de la marine, rapportent des produits d'une importance diverse.

66. — On verra ultérieurement quelles sont les précautions qu'on a dû prendre pour empêcher qu'on n'affectât à des services publics des immeubles qui ne leur seraient pas nécessaires, ou bien encore que les immeubles affectés ne fussent détournés de leur véritable destination. Il importe seulement de constater ici le nombre et la valeur des immeubles affectés en France aux services publics.

67. — Aux termes d'une ordonnance du 6 oct. 1833, rendue en exécution de l'art. 7 d'une loi du 31 janv. 1833, qui elle-même ne faisait que consacrer un projet dont, depuis long-temps, on avait senti l'importance (V. un arrêté du directoire exécutif du 25 frim. an VII), les fonctionnaires, chefs de service ou agens supérieurs des divers départemens ministériels, ont été chargés d'adresser avant le 1er janv. 1834 à celui des ministères auxquels ils ressortissent un tableau de toutes les propriétés immobilières appartenant à l'état qui sont affectées à un service public, dans la circonscription ou le ressort respectivement attribué auxdits fonctionnaires ou chefs de service.

68. — Ce tableau devait contenir : l'indication de la commune où est située chaque propriété; — la désignation de la nature et de la contenance de chaque propriété et de ses dépendances; — la valeur approximative en capital; — la désignation du service public auquel chaque propriété est affectée; — la date de l'affectation et la désignation de l'acte qui l'a autorisée; — l'indication de l'usage auquel chaque partie de la propriété est actuellement consacrée.

69. — L'administration de l'enregistrement et des domaines était chargée de dresser, sur les tableaux partiels que lui transmettaient les différens ministres, le tableau général, et il a dû, en outre, être dressé par le ministre de la guerre un état particulier des ouvrages et établissemens qui forment le domaine militaire, pour être annexé à ce tableau général. — Macarel et Boulatignier, *loc cit.*, no 84.

70. — Une ordonnance du 20 juill. 1835 a élargi la tâche imposée à l'administration en statuant qu'il y aurait lieu d'ajouter au tableau général dont il vient d'être parlé, les propriétés immobilières appartenant au domaine de l'état, et qui ne sont plus affectées à un service public.

71. — C'est en exécution des dispositions qui précèdent que le gouvernement a publié et fait distribuer aux chambres, dans le courant de 1836, l'*état des propriétés immobilières* appartenant à l'état.

72. — Il résulte de cet état que les propriétés immobilières affectées à un service public sont, en résumé, divisées ainsi qu'il suit : sept à la chambre des pairs, évaluées à 6,348,393 fr.; une à la chambre des députés, évaluée à 8,450,000 fr. ; trois cent soixante-trois au ministère de la justice et des cultes, évaluées à 39,926,373 fr.; trois aux affaires étrangères, évaluées à 2,951,492 fr.; onze à l'instruction publique, évaluées à 28,625,343 fr.; dix-sept cent soixante-seize à l'intérieur, évaluées à 57,578,423 fr.; cinquante neuf au commerce, évaluées à 22,392, 182 fr.; cinq mille cent quatre-vingt dix-neuf à la guerre, évaluées à 205,441,309 fr.; deux cent quatre-vingt-un à la marine, évaluées à 125,944,099 fr. ; mille soixante-dix-huit aux finances, évaluées à 38,439,160 fr. — Macarel et Boulatignier, *loc. cit.*, no 85.

73. — Ce qui donne, pour les propriétés immobilières de l'état affectées à un service public, un total général de 8,778 articles d'une valeur approximative de 536,096,774 fr.

74. — Aux termes de la loi du 8-10 juill. 1791, les bâtimens qui étaient affectés au service de la guerre sont devenus de plein droit propriétés nationales, et les procès verbaux de prise de possession exigés par cette loi n'étaient que des mesures d'ordre dont l'omission n'affecte en aucune manière le fond du droit. — *Cons. d'état*, 27 fév. 1835, Ville de Calvi c. min. de la guerre.

75. — Il a été jugé que pour qu'un immeuble, anciennement acquis par le roi fût réputé domanial (sous l'ancienne monarchie), il fallait nécessairement ou qu'il eût été réuni au domaine de l'état par une déclaration expresse, ou que les agens de ce domaine l'eussent administré pendant dix ans — Mais la destination de l'immeuble à un service public, tel qu'une prison, ne suffirait pas pour le rendre domanial. — *Cass.*, 2 avr. 1835, préfet de la Seine c. Ameline.

76. — Les immeubles appartenant à l'état qui ne sont pas affectés à un service public, sont des bâtimens, des maisons, et, parmi les propriétés non bâties, principalement des sources d'eaux minérales, des salines et des mines de sel gemme, puis des bois et forêts.—Macarel et Boulatignier, *loc. cit.*, no 86.

77. — Le nombre total des propriétés immobilières de l'état est d'environ onze mille; et le total de la valeur estimative est de plus de 1,277,000,000. — Leferrière, *Dr. publ. admin.*, p 140.

78. — L'état possède six établissemens thermaux *en toute propriété*. Ce sont ceux de Vichy (Allier), de Bourbon-l'Archambault (Allier), de Néris (Allier), de Bourbonne (Haute-Marne), de Provins (Seine-et-Marne), et de Plombières (Vosges). Quant aux établissemens du Mont-d'Or et de Saint-Amand, la propriété du premier n'est bien fixée ni aux mains de l'état ni aux mains du département du Puy-de-Dôme, et la propriété du second a été cédée au département du Nord par la loi du 2 juill. 1835. — V., au surplus, EAUX MINÉRALES ET THERMALES.

79. — La valeur des établissemens thermaux qui appartiennent à l'état, en toute propriété, forme un total de 1,209,700 fr., non compris la valeur de l'établissement de Saint-Amand, qui, comme on vient de le dire, a cessé d'appartenir à l'état. — Macarel et Boulatignier, no 95.

80 — Les salines appartenant à l'état sont situées dans les anciennes provinces d'Alsace, de Lorraine et de Franche-Comté, sur le territoire des départemens de la Meurthe, du Bas-Rhin, de la Haute-Saône, du Doubs et du Jura. Les mines de sel gemme s'étendent non seulement sur ces cinq départemens, mais encore sur ceux de la Meuse, de la Moselle, du Haut-Rhin, des Vosges et de la Haute-Marne. — Macarel et Boulatignier, nos 96 et suiv. — V. MINES.

81. — D'après l'état des propriétés immobilières, celles de ces propriétés qui se trouvent entre les mains de la régie des salines et mines de sel de l'Est embrassent trente-neuf articles, évalués à 3,795,839 fr.

82. — Les bois et forêts forment la portion la

plus importante des immeubles de l'état. Dans le tableau officiel de ces immeubles, la contenance actuelle de cette nature de biens est portée à 1,019,139 hectares, et leur valeur à 726,993,456 fr. — Macarel et Boulatignier, n° 102.

83. — Cette masse de biens comprend 1473 articles qui sont dans trente-deux conservations forestières. — V. FORÊTS.

84. — Douze articles sont indivis entre l'état et des communes ou autres propriétaires; deux cent trente six articles sont grevés de droits d'usage; dix sept sont affectés à des établissemens industriels; — trois sont affectés au haras de Pompadour. — Macarel et Boulatignier, *loc. cit.*, n° 124.

85. — Pour dix sept articles, les bois sont possédés par des communes à titre d'accensement perpétuel, ou par suite d'une espèce de cautionnement qui leur en accorde la jouissance exclusive; mais elles supportent toutes les charges. — Macarel et Boulatignier, *loc. cit.*

86. — Pour sept articles, le taillis est accensé à des communes, l'état ne jouit que de la futaie. — Mêmes auteurs, *ubi suprà*.

87. — Il a été jugé que, lorsque des lettres-patentes du souverain prononcent l'union à perpétuité de tout ce qui sera acquis pour l'agrandissement d'un palais épiscopal; que l'évêque achète divers jardins en déclarant qu'il veut les réunir au jardin de l'évêché; qu'il les y incorpore au moyen d'une clôture, aucune portion de ces acquisitions ne reste la propriété personnelle de l'évêque: elles sont toutes confondues dans le palais épiscopal et ses dépendances, et, à ce titre, elles doivent être considérées comme biens nationaux. — L'évêque, en stipulant dans les contrats d'acquisition tant pour lui que pour ses héritiers ou ayant-cause, est présumé avoir seulement voulu s'assurer le remboursement des dépenses qu'il avait faites pour l'agrandissement de l'évêché avant l'exercice du retrait-lignager. — *Cass.*, 15 vent. an X, Chaumont.

88. — Quant à la propriété des arbres plantés au dedans des fossés et sur le terrain ou le long des routes royales et départementales, V. ROUTE.

89. — Le mobilier corporel de l'état comprend, d'après MM. Macarel et Boulatignier (*Fortune publique*, t. 1er, p. 423 et suiv.): 1° le matériel de l'imprimerie royale, poinçons, matrices, caractères, presses et autres ustensiles. — V. IMPRIMERIE ROYALE.

90. — ... 2° Les livres, manuscrits, gravures et autres objets renfermés dans les bibliothèques nationales ou autres appartenant à l'état. — V. toutefois DOMAINE PUBLIC, n° 114. — V. aussi BIBLIOTHÈQUE.

91. — ... 3° Les pièces et documens de tout genre contenus dans les diverses archives nationales. — V. ARCHIVES.

92. — ... 4° Les papiers et registres des différentes administrations publiques. — V. COMPTABILITÉ, DÉPÔT PUBLIC.

93. — ... 5° Les objets d'art et de science renfermés dans les musées, au muséum d'histoire naturelle, dans les cabinets, observatoires, dépôts scientifiques et jardins botaniques, formés et entretenus par l'état.

94. — ... 6° Les armes qui sont confiées à la force publique, les navires de l'état, et toutes les matières premières et fabriquées qui, se rapportant aux divers services des départemens ministériels, et principalement de la guerre et de la marine, sont déposées et conservées dans les divers ateliers et magasins de l'état.

95. — ... 7° Le mobilier et le matériel des administrations, établissemens et services entretenus par l'état, et, depuis 1825, les mobiliers des archevêchés et évêchés. — V. ÉVÊCHÉS.

96. — Remarquons toutefois qu'il y a des services et établissemens publics dont le matériel et le mobilier n'appartiennent pas à l'état. Ainsi, par exemple, le mobilier des hôtels et bureaux de préfecture, des palais de justice et des prisons, appartient partout aux départemens, qui sont chargés de pourvoir à leur entretien. — Macarel et Boulatignier, n° 183.

97. — Sont, du reste, compris dans le domaine de l'état, les mobiliers des ministères, du théâtre de l'Académie royale de musique, de l'opéra italien et de l'Odéon, du Conservatoire de musique et de l'École de déclamation, de l'administration des lignes télégraphiques, des maisons centrales de détention, de l'administration des postes, des tabacs, des poudres, du timbre, des ateliers monétaires, des bacs et bateaux. — Mêmes auteurs, *ubi suprà*.

98. — MM. Macarel et Boulatignier (*loc. cit.*, n° 187) évaluent approximativement une partie du mobilier et du matériel appartenant à l'état, savoir: le mobilier appartenant à l'état dans les maisons centrales de détention, à 1,037,763 fr.; — le matériel des cinq lignes télégraphiques à 727,933 fr. au 1er fév. 1837; — la partie du matériel de l'Académie royale de musique, appartenant à l'état, à 1,082,000 fr.; — le matériel du théâtre royal italien, appartenant également à l'état, à 105,022 fr. 55 c.; — le mobilier et le matériel du théâtre royal de l'Odéon à 111,234 fr. 15 c.; — le mobilier et le matériel affectés au service d'exploitation de l'administration des postes en 1837, à 7,573,000 fr.; — le matériel des bacs et bateaux à 709,925 fr. 99 c. en 1837.

§ 2. — *Domaines incorporels.*

99. — Le domaine incorporel de l'état diminué, ainsi qu'on l'a remarqué (*supra* nos 25 et 26), de certains droits régaliens et féodaux qui autrefois y entraient comme élémens, se compose maintenant de droits productifs dont les uns sont susceptibles de ferme, dont les autres sont exercés par l'administration au nom de l'état. — V. Laferrière, *loc. cit.*, p. 168.

100. — Les droits susceptibles de ferme, sont:

101. — ... 1° Le droit de pêche dans les fleuves et rivières navigables et flottables, et le droit perçu pour la permission de caler des madragues pour la pêche du thon. — V. PÊCHE.

102. — ... 2° Les droits de bacs et bateaux de passage. — V. BACS ET BATEAUX, nos 4 et suiv.

103. — ... 3° Les droits de navigation ou de péage sur les rivières et sur les canaux. — V. CANAUX, nos 56 et suiv., 59, 61; COURS D'EAU, NAVIGATION, PÉAGE.

104. — ... 4° Les droits de péage sur les ponts. — V. PÉAGE, PONT.

105. — ... 5° Les droits de péage pour la *correction* des rampes sur les routes royales et départementales. — V. PÉAGE, ROUTES.

106. — ... 6° Le droit de chasse dans les forêts nationales. — V. FORÊTS. — V. aussi CHASSE.

107. — MM. Macarel et Boulatignier (*Fortune publique*, t. 1er, p. 304), tout en reconnaissant le caractère domanial dans les droits de bac et passages d'eau, paraissent toutefois disposés à considérer les droits de navigation et les péages sur les fleuves et rivières, de même que les péages sur les ponts, plutôt comme des *impôts indirects* que comme des *droits domaniaux*.

108. — Dans tous les cas, un point sur lequel il ne saurait y avoir de difficulté, c'est que les finances nationales, telles que les *contributions directes* ou *indirectes* (V. ces mots), les droits d'enregistrement (V. ce mot), et autres subsides de même nature, ne se rattachent pas, à proprement parler, au domaine de l'état. Ces droits, en effet, ne dérivent point de la propriété; essentiellement attachés à la souveraineté, ils sont inséparables de la puissance publique. — Toullier, édit. Duvergier, 2e vol., n° 33.

109. — Les droits non susceptibles de ferme, qui appartiennent à l'état, sont les suivans:

110. — ... 1° Le droit de percevoir le produit des amendes, à moins qu'une loi spéciale n'en fasse pour le tout ou pour partie une application déterminée. — V. AMENDE.

111. — ... 2° Le droit (dans les divers cas déterminés par la loi) de confiscation mobilière sur des objets saisis. — V. CONFISCATION.

112. — ... 3° Le droit de propriété sur les biens vacans et sans maître. — C. civ., art. 539, 713 et 717. — V. DOMAINE PUBLIC, ÉPAVES, PROPRIÉTÉ.

113. — En ce qui concerne spécialement les objets abandonnés et non reclamés par leurs propriétaires, objets que l'on *assimile aux épaves*, il existe différentes dispositions législatives, et notamment:

114. — ... 1° Une déclaration du 20 janv. 1699, encore aujourd'hui en vigueur, aux termes de laquelle les objets abandonnés dans les bureaux des voitures publiques, des messageries, tant par terre que par eau, appartiennent à l'état au bout de deux années, et peuvent être vendus à son profit. — V. VOITURES PUBLIQUES.

115. — ... 2° Un décret du 6 août 1791 dont les art. 2 et 3 du tit. 9 autorisent, au bout d'un an, la vente, sous certaines formes, des marchandises abandonnées dans les bureaux des douanes, et en attribuent le prix à l'état, quand une nouvelle année s'est écoulée sans réclamation. — V. DOUANES.

116. — ... 3° Une loi du 31 janv. 1833 qui attribue à l'état les sommes versées à la poste pour être remises à une destination déterminée, lorsqu'elles n'ont pas été réclamées dans un délai de huit années par les ayant-droit. — V. POSTE.

117. — Une loi du 11 germin. an IV a statué que, dans le cas où des objets mobiliers déposés aux greffes des tribunaux, ou des prisons ne seraient pas réclamés lors du jugement définitif du procès ou de la prescription de l'action, ces objets seraient vendus, et que les propriétaires n'auraient qu'une année, à partir de la vente, pour en réclamer le prix.

118. — Dans la même hypothèse, une ordonnance du 23-1er févr. 1824 prescrit la vente sur les lieux des objets d'or et d'argent qui étaient précédemment remis aux hôtels des monnaies; mais elle laisse subsister le délai, tel qu'il est fixé pour former les réclamations.

119. — Ce dernier point n'a été modifié que par une ordonnance du 22 fév. 1829, qui porte que les sommes provenant de la vente seront déposées à la caisse des dépôts et consignations où les ayant-droit pourront les réclamer, non plus dans le délai d'un an, mais dans celui fixé par l'art. 2262, C. civ., c'est-à-dire pendant trente ans. Et pour assurer avec plus d'efficacité l'exécution de l'ordonnance qui vient d'être citée, intervint une nouvelle ordonnance du 9-27 juin 1831 qui a autorisé l'administration des domaines à faire provoquer de six en six mois, auprès des procureurs-généraux et des procureurs du roi, la remise que les greffiers, geôliers et autres dépositaires doivent faire au domaine des objets mobiliers déposés, susceptibles d'être vendus.

120. — On peut encore, dans le même ordre d'idées, mentionner le droit qui compète à l'état sur le trésor trouvé dans un fonds qui lui appartiendrait. — Arg. C. civ., art. 716. — V. TRÉSOR.

121. — ... Comme aussi, celui que la loi (C. civ., art. 560) lui attribue sur les îles, îlots, attérissemens qui se forment dans le lit des fleuves ou des rivières navigables ou flottables, s'il n'y a titre ou prescription. — V. ALLUVION, nos 103 et suiv., COURS D'EAU.

122. — On doit considérer comme dépendances du domaine de l'état les terrains ou vasières qui, quoique formés dans le lit d'un fleuve *à son embouchure*, et compris dans l'inscription maritime, ne sauraient être réputés relais de mer, et, en conséquence, dépendant du domaine public. — *Rennes*, 21 mai 1839 (t. 2 1839, p. 513), préfet de la Loire Inférieure c. Hervé et Philippe.

123. — Nous avons déjà expliqué (V. COURS D'EAU) quels étaient les droits de l'état, quant au lit des fleuves et rivières, navigables et flottables ou non, et nous avons émis l'opinion que le lit du cours d'eau non navigable appartenait à l'état et non aux riverains. Il importe néanmoins d'ajouter que la cour de Cassation, saisie récemment de la question, a repoussé à la fois la prétention des riverains et celle de l'état par le motif que ce lit semble bien plutôt rentrer (art. 714) dans la catégorie des choses qui n'appartiennent à personne et dont l'usage est commun à tous. — *Cass.*, 10 juin 1846 (t. 2 1846, p. 5), Piart c. Parmentier. — V. aussi CANAUX, n° 45.

124. — Les autres droits, non susceptibles de ferme, qui appartiennent à l'état, sont: — 1° le droit de succession sur les biens des personnes qui décèdent sans héritiers, ou dont les successions sont abandonnées, avec l'avantage de n'être tenu des dettes que jusqu'à concurrence de l'émolument. — C. civ., art. 539, 723 et 768. — V. SUCCESSION.

125. — Décidé qu'en principe le comptable chargé de l'administration d'une succession en deshérence n'a pas droit au remboursement des dépenses excédant les produits de la succession; mais que ce remboursement peut, à titre de faveur, lui être accordé selon les circonstances. — *Cons. d'état*, 20 janv. 1819, Jouvencel.

126. — Jusqu'à ce que la prescription de trente-cinq ans soit acquise au domaine, la succession peut être revendiquée par un héritier, et l'action en pétition d'hérédité serait du domaine de l'autorité judiciaire. — Cormenin, *Dr. adm.*, v° *Domaine de l'état*, t. 2, Append., § 1er, n° 3. — V. PRESCRIPTION, SUCCESSION.

127. — ... 5° Le droit de profiter des biens acquis par le condamné, depuis la mort civile encourue, et dont ce dernier se trouvera en possession au jour de sa mort naturelle, sans préjudice toutefois de la faculté qui appartient au roi de faire au profit de la veuve, des enfans ou parens du condamné, telles dispositions que l'humanité lui suggérera. — C. civ., art. 33. — V. MORT CIVILE.

128. — ... 6° Les droits de retour et d'expectative qui sont ouverts en faveur de l'état par la loi du 5 déc. 1814 sur les biens compris dans les majorats de *propre mouvement*. — V. MAJORATS, SUBSTITUTION.

129. — Quant au droit de *grurie* qui consistait ordinairement en une portion perçue sur le prix des bois vendus et sur les terres labourables, existe-t-il encore aujourd'hui au profit de l'état? — MM. Macarel et Boulatignier (*loc. cit.*, p. 411 et suiv.) pensent que ce droit n'a pas été aboli d'une

manière générale, et que l'état, s'il possède des titres suffisans à l'égard de quelques uns des détenteurs de ces biens, peut les faire valoir, pourvu qu'il prouve en même temps que la prestation avait lieu sans mélange de cens ou autres droits féodaux. — Avis cons. d'état, 17 vent. an XIII.

130. — Jugé que le domaine a eu le droit, en vertu de la loi du 13 brum. an II, de réclamer comme propriété nationale tout l'actif affecté aux fabriques, à quelque titre que ce fût (V. FABRIQUES), et, qu'en conséquence, il a pu exiger l'exécution de l'obligation de payer une somme pour l'acquittement d'une messe, tout aussi bien qu'il aurait pu exiger le service d'une rente constituée pour le même objet. — *Cass.*, 2 mars 1807, Enregist. c. Vanderbeke.

131. — Quant aux rentes qui, par suite de la main-mise de l'état sur les biens nationaux (V. ce mot), sont entrées dans le domaine, elles en sont successivement sorties par suite d'événemens divers dont voici, d'après MM. Macarel et Boulatignier (*loc. cit.*, p. 412 et suiv.), le relevé exact.

132. — Une partie a été aliénée. — L. 24 niv. an VIII.

133. — Une partie a été donnée aux établissemens de bienfaisance. — L. 27 frim. an XI. — V. au surplus ÉTABLISSEMENS DE BIENFAISANCE.

134. — Une partie a été restituée aux fabriques. — V. FABRIQUES.

135. — Une partie a été restituée aux émigrés. — V. ÉMIGRÉS.

136. — Remarquons, du reste, en ce qui concerne spécialement la restitution des actions des canaux, ordonnée par l'art. 10, L. 5 déc. 1814, qu'elle a dû être faite aux anciens propriétaires, sans distinction de celles qui appartenaient au domaine de l'état et de celles qui faisaient partie du domaine de la couronne. — *Cass.*, 12 mai 1824, de Bassano c. d'Orléans.

137. — D'autres, à la faveur des troubles et de la dispersion des titres, ont été celées par les débiteurs. — V. BIENS RÉVÉLÉS, nos 2 et suiv., 21 et suiv.

138. — Un grand nombre, lorsque l'état s'est substitué aux anciens propriétaires, ont été par lui frappées de nullité comme entachées de féodalité. — V. FÉODALITÉ, RENTES SEIGNEURIALES.

139. — Enfin, une partie notable de ces rentes a été remboursée. — L. 28 niv. an VIII.

140. — Et remarquons à cet égard qu'il faut considérer comme valable et libératoire tout paiement des rentes ou obligations dues à un émigré, prêtre déporté ou condamné à mort, qui a été fait par le débiteur dans les caisses de l'état, pendant la main-mise nationale, même sans liquidation ni autorisation préalables des directoires, soit de département, soit de district, et nonobstant toute clause prohibitive. — LL. 13-14 sept. 1792 ; 5 juin 1793 ; 13 thermid. an III ; 21 niv. an VIII ; Avis cons. d'état, 18 vent. an VIII ; — LL. 5 déc. 1814, art. 1er ; 27 avr. 1825, article final.

141. — On doit également réputer valable et libératoire tout remboursement de rentes ou obligations contractées au profit de corporations religieuses supprimées, d'hospices, fabriques et établissemens de bienfaisance, fait dans les caisses de l'état, même sans autorisation préalable, dans l'intervalle de la main-mise nationale à la restitution des biens. — L. 9-20 mars 1791, art. 1er, 2, 3 et 4 ; arrêté du 17 flor. an XI ; du 22 vent. an XII ; avis cons. d'ét. du 23 vent. et du 10 therm. an XIII ; du 6 frim. an XIV, et 29 oct. 1806.

142. — Jugé que, lorsque des rentes domaniales payables en denrées ont été transférées, que les transferts ont été visés et approuvés par le préfet, et que le prix en a été payé en totalité, l'administration des domaines ne peut intenter ultérieurement une action en supplément de prix, sous prétexte d'erreur commise sur la contenance des mesures, et par suite dans l'évaluation du prix des rentes. — L'administration des domaines ne pourrait invoquer, à l'appui d'une semblable action, l'art. 6, L. 12 mars 1820, qu'autant que le prix des rentes n'aurait pas été payé en entier, ou aurait été l'objet d'un décompte. — Les rentes en denrées étant mobilières de leur nature, il ne peut y avoir lieu à une action en supplément du prix, sous prétexte d'erreur dans l'évaluation de ces rentes. — *Cass.*, 9 avr. 1828, Domaine c. Strolz.

143. — Les actions sur le canal du Midi, qu'un individu compris dans l'ordonnance du 24 juillet 1815 avait reçues à titre de dotation de l'ancien gouvernement, ont fait retour à l'état par suite de la loi du 12 janvier 1816 et des ordonnances des 17 janvier et 25 mai de la même année, et, en conséquence, ont dû être immédiatement restituées aux anciens propriétaires, en vertu de la loi du 5 déc. 1814, à compter de la publication de l'ord. 25 mai 1816. — *Cons. d'état*, 29 janv. 1823, Defermon c. Caraman.

144. — Les traités de Campo-Formio et de Lunéville, en faisant dévolution à l'état des biens et domaines que les princes de l'empire germanique tiraient de cette seule qualité, leur ont fait réserve des biens qu'ils possédaient comme simples particuliers. — *Douai*, 2 janv. 1843 (t. 2 1843, p. 266), Hosp. de Béthune c. Goudemetz.

145. — L'art. 12 de la loi du 10 juin 1793 avait déféré à la nation la partie des communaux possédée ci-devant soit par des bénéficiers ecclésiastiques, soit par des monastères, communautés séculières ou régulières, ordre de Malte et autres corps ou communautés, soit par les émigrés, soit par le domaine à quelque titre que ce soit ; et cet article déclarait que comme tels ils ne pouvaient appartenir aux communes ou sections de communes dans le territoire desquelles ils étaient situés, soit qu'ils fussent déjà vendus ou encore à vendre.

146. — Il a été jugé que cette loi, en déclarant l'état propriétaire des biens ayant appartenu aux corporations religieuses, a entendu respecter les aliénations qu'il en avait déjà faites, et qu'en conséquence l'acquéreur de ces biens a le droit de les revendiquer contre le tiers détenteur, sans que ce dernier soit fondé à lui opposer que son titre d'acquisition a été anéanti par la loi de 1793, et que par suite il n'a qu'une action récursoire à exercer, s'il y a lieu, contre l'état. — *Cass.*, 7 fév. 1843 (t. 2 1843, p. 508), comm. de Vieillevigne c. Brunet.

147. — Jugé également que cet article, en faisant exception en faveur de l'état, quant à l'application des dispositions de la loi de 1793 aux terrains réunis au domaine et précédemment possédés soit par des communautés religieuses, soit par des émigrés, a laissé subsister dans toute leur force les art. 8 et 9 de la loi du 28 août 1792, qui ont continué à régir les droits de l'état et de la commune défenderesse. — *Cass.*, 3 fév. 1836, préf. de l'Indre c. comm. de Saint-Hilaire.

148. — ... Et que des extraits de terrier ou arpentement des propriétés ci-devant détenues par des communautés religieuses, aujourd'hui représentées par l'état, ne suffisent pas, quelque période de temps qu'ils embrassent, pour établir au profit du domaine, et à l'encontre des communes, que les brandes dénombrées ont été régulièrement acquises par ces communautés, ou exclusivement possédées par elles pendant plus de quarante ans. — Même arrêt.

Sect. 3e. — *Gestion du domaine de l'état ; son aliénabilité, sa prescriptibité. — Comment il s'accroît.*

149. — Le droit de l'état sur ce qui constitue son domaine proprement dit est celui du propriétaire ; sa gestion est celle qui tient au titre de propriété. — Laferrière, p. 133.

150. — Une administration spéciale, dont les attributions s'étendent aussi sous quelques rapports au DOMAINE PUBLIC (V. ce mot), est chargée de la gestion et de la surveillance du domaine de l'état ; et comme cette même administration est, en outre, chargée de la perception des droits d'enregistrement et autres qui s'y rattachent, elle prend le nom de *Direction générale de l'enregistrement et des domaines.* — V. ENREGISTREMENT.

151. — Remarquons seulement ici pour l'intelligence des détails qui vont suivre, que l'administration du domaine, placée sous la dépendance du ministre des finances, est confiée à un directeur général, et que chaque service départemental est dévolu à un directeur qui exerce la régie, la gestion matérielle, tandis que la surveillance, la haute administration appartient au préfet.

152. — Il y a une portion du domaine de l'état, les bois et forêts, qui, à raison de son étendue, de la nature des connaissances qu'exige son administration, est soumise à une agence spéciale. Cette agence, désignée sous le titre de *Direction générale des forêts*, et dont les bases ont été fixées par la loi du 15 sept. 1791 et par les ordonnances des 1er août 1827 et 5 janv. 1831, se divise, conformément aux principes constans de notre système administratif français, en service intérieur ou central et en service extérieur ou des départemens. — V., pour les détails, FORÊTS.

153. — *Aliénation.* — On a montré, *suprà* nos 45 et s., depuis quelle époque le domaine de l'état était aliénable en France, et pour quels motifs l'assemblée constituante avait dérogé à cet égard à l'un des plus anciens principes du droit public français.

154. — Il y a toutefois, comme nous l'avons dit, une portion importante du domaine de l'état, les bois et forêts, que l'assemblée constituante, à raison de leur grande contenance, laissa hors du commerce (V. *suprà* no 50) ; or, comme à la question d'inaliénabilité se trouve rattachée celle de prescriptibilité, on en conclut que ces biens ainsi déclarés inaliénables sont par cela même imprescriptibles, et régis, quant à la prescription, par l'art. 2226, et non par l'art. 2227, C. civ. — Pagart, *Revue de dr. fr. et étr.*, ann. 1844, t. 1er, 4e livr. ; Duranton, *Dr. fr.*, t. 21, no 172 *ter*. — V. au surplus PRESCRIPTION.

155. — Jugé, conformément à ce qui précède, que les forêts d'origine domaniale et d'une étendue considérable, qui, sous les anciennes lois, étaient inaliénables et imprescriptibles, et qui ont été exceptées de la vente et de l'aliénation des biens nationaux, n'ont pu être l'objet de la prescription de quarante ans, établie par l'art. 36 de la loi du 22 nov.-1er déc. 1790, seulement pour les domaines nationaux dont l'aliénation était permise. — *Riom*, 6 avr. 1838 (t. 2 1838, p. 284), Thibaut c. Préfet de l'Allier.

156. — Mais le législateur ne pouvait pas enchaîner l'avenir. Et, en fait, il existe trois lois qui ont successivement autorisé la vente des bois de l'état, sans égard à leur contenance : — celle du 3 sept. 1814, dont l'exécution a été suspendue par l'art. 15 de la loi de finance du 28 avr. 1816, jusqu'à concurrence de 300,000 hectares (art. 31) ; — celle du 25 mars 1817, jusqu'à concurrence d'une superficie de 150,000 hectares (art. 145) ; — Et celle du 25 mars 1831 jusqu'à concurrence de la quantité nécessaire pour former un revenu net de quatre millions.

157. — Mais le surplus des bois et forêts est resté avec son caractère d'inaliénabilité et d'imprescriptibilité qui lui a été imprimé par la loi de 1790 précitée. Seulement, la faculté de rendre des portions du sol forestier aliénables en vertu d'une loi continue toujours de subsister. Mais on doit dire, avec M. Duranton (*loc. cit.*, no 172 *ter*), que « les choses placées hors du commerce par suite d'une loi qui les déclare inaliénables et imprescriptibles, et, plus tard, déclarées susceptibles d'être aliénées en vertu d'une loi à rendre, conservent leur caractère d'inaliénabilité et d'imprescriptibilité, tant que cette loi n'est pas rendue, et il n'y a de soustrait au principe que les parties distraites suivant les conditions et formalités prescrites par cette même loi. » — V. conf. Pagart, *loc. cit.* — V. au surplus FORÊTS, PRESCRIPTION.

158. — Il existe encore d'autres biens qui sont restés sous l'empire du principe de l'inaliénabilité. Ainsi, l'art. 9, L. 22 nov.-1er déc. 1790, déclare que : — « Les droits honorifiques et utiles, notamment ceux qui participent de la nature de l'impôt, ne sont point communicables ni cessibles, et que toutes concessions de ce genre, à quelque titre qu'elles aient été faites, sont nulles et ont été révoquées. »

159. — Mais cette interdiction ne doit pas être étendue au delà de ses justes limites. Elle ne se réfère qu'aux droits dont l'établissement a sa source dans la souveraineté, et non, par exemple, aux droits de péage que le gouvernement a la faculté d'établir sur les ponts, à l'effet de subvenir aux dépenses de confection ou d'entretien (L. 14 flor. an X, art 11), et sur les rivières navigables et les ports du commerce pour subvenir aux frais de travaux extraordinaires qu'il peut être nécessaire d'entreprendre. Tous les jours, le gouvernement fait à des entrepreneurs l'abandon, perpétuel ou momentané, de la faculté de percevoir ces droits de péage. — V. PONTS, PORTS.

160. — Remarquons aussi que les principes sur l'inaliénabilité et l'imprescriptibilité des domaines de l'état sont inapplicables à des droits d'usage dans les forêts domaniales, lesquels droits ne sont que des droits de servitude susceptibles d'être acquis par la prescription dans les pays qui, comme le Roussillon, admettaient par leurs coutumes la prescription en matière de servitude. — *Cass.*, 24 juin 1835, comm. de Santo et d'Aiguelebia c. préfet des Pyrénées-Orientales.

161. — La cour de Cassation a jugé que les propriétés domaniales susceptibles de prescription peuvent être l'objet d'une action possessoire de la part de celui qui prétend les avoir possédées pendant un an et un jour. — *Cass.*, 22 juin 1836, Daniel c. riverains du canal le Japon. — La cour a, dans cette espèce, statué sur une action possessoire dirigée contre de simples particuliers, mais qu'on prétendait être représentans de l'état.

162. — On distingue trois modes principaux d'aliénation applicables au domaine de l'état, qui sont : — l'adjudication publique ; — la concession, — et l'échange. — Macarel et Boulatignier, *loc. cit.*, no 72 ; Dufour, *Tr. gén. de droit admin.*, t. 3, no 1448 ; Laferrière, *loc. cit.*, p. 143 et suiv.

163. — L'adjudication publique, qui constitue le mode le plus usuel d'aliénation, a lieu d'ordinaire par la voie des enchères.

164. — Aux termes de l'art. 8, L. 22 nov.-1er déc. 1790, si souvent cité, toute aliénation du domaine de l'état devait avoir lieu en vertu d'un acte législatif. — Cormenin, *Dr. adm.*, vo *Domaine de l'état*, t. 2, p. 43.

165. — Et l'art. 13 de la même loi portait qu'aucun laps de temps, aucune fin de non-recevoir ou exception, excepté celle résultant de l'autorité de la chose jugée, ne peuvent couvrir l'irrégularité des aliénations faites sans un acte législatif.

166. — Il résulta de ce principe que les préfets ne pourraient concéder un immeuble domanial moyennant un prix de convention. — Cormenin, *Dr. adm.*, vo *Domaine de l'état*, t. 2, p. 45.

167. — MM. Macarel et Boulatignier (*loc. cit.*, no 73) disent que, par suite de l'exigence des circonstances politiques, l'on s'est bientôt écarté de la rigueur de ce principe, et qu'il intervint plusieurs lois, notamment celles des 16 brum. an V, 15 et 16 flor. an X, et 5 vent. an XII, d'après lesquelles les fonds ruraux, les maisons, bâtimens et usines purent être vendus, lorsque le gouvernement le jugea convenable, pourvu que cette aliénation eût lieu par la voie des enchères.

168. — Et les mêmes auteurs ajoutent que *tel est encore aujourd'hui l'état des choses*; c'est aussi ce que reconnait M. Laferrière (*loc. cit.*, p. 143 et suiv.), tout en avouant que l'on devrait revenir au respect du principe général.

169. — Mais on a fait remarquer, et avec raison, selon nous, que d'abord les lois des 16 brum. an V, 15 et 16 flor. an X., et 5 vent. an XII, n'ont pas la portée qu'on a voulu leur donner, et que, loin de modifier le principe de l'art. 8 de la loi du 22 nov.-1er déc. 1790, elles ne font plutôt que le confirmer. Quant à l'état actuel des choses, la loi est positive. Aux termes, en effet, de l'art. 85, L. 22 avr. 1815, qui interdit tout moyen d'obtenir des fonds autrement que par l'impôt régulièrement voté, « aucun domaine ne peut être aliéné ni échangé qu'en vertu d'une loi. » MM. Macarel et Boulatignier reconnaissent d'ailleurs eux-mêmes (*loc. cit.*, p. 157 et 159), que, pour la concession, l'intervention de la législature est nécessaire; or, par quels motifs en serait-il autrement de la vente? — V. en ce sens, Dufour, *loc. cit.*, no 1444.

170. — Ce principe, que le domaine de l'état ne peut être aliéné qu'en vertu d'une loi, consacré par le *Cons. d'état* (6 mars 1835, Min. des fin. c. département de la Dordogne), et énoncé aussi comme incontestable par M. Dumon, dans son rapport du 6 juill. 1843 sur l'organisation du conseil d'état, et par M. de Cormenin (*Dr. administ.*, vo *Domaine de l'etat*, p. 43, note 1re), devrait donc, en fait, être rigoureusement suivi dans la pratique, et l'on peut sérieusement contester à l'administration des domaines le droit qu'elle s'arroge, aux termes des lois précitées des 16 brum. an V, 15 et 16 flor. an X, et 5 vent. an XII, de vendre, sans intervention de la législature, des fonds ruraux, moins toutefois les bois et forêts, des maisons, bâtimens et usines.

171. — Il a été décidé que, rien ne s'opposant à ce que l'effet du contrat soit subordonné à telle ou telle condition, résolution ou suspension, l'administration peut se réserver la faculté de ne pas approuver les adjudications faites par ses délégués; et que s'il y a eu réserve de cette faculté, elle ne donne pas aux adjudicataires le droit de se départir des engagemens qu'ils ont pris en portant des enchères. — *Cons. d'état*, 5 déc. 1835, Ducros. — V. conf. Dufour, *loc. cit.*, no 1445.

172. — Une fois l'adjudication faite, il y a contrat entre l'acquéreur et l'État, au nom duquel il a été stipulé par le préfet, et tout ce qui concerne les conditions de la vente, leur interprétation, leur exécution, se règle par les principes du droit commun. — Dufour, *loc. cit.*, no 1446.

173. — L'adjudication qui, comme on l'a remarqué *suprà*, no 163, a lieu d'ordinaire par la voie des enchères, est précédée des annonces, publications et affiches prescrites par des dispositions spéciales dont l'accomplissement est laissé aux soins du préfet.

174. — De ce que les conventions légalement formées tiennent lieu de lois à ceux qui les ont faites (C. civ., art. 1134), il résulte qu'après l'adjudication, le préfet ne peut modifier les clauses du cahier des charges ou les énonciations de l'acte d'adjudication. — *Cons. d'ét.*, 16 mars 1837, comm. de Limelz.

175. — Le prix de la vente s'acquitte en numéraire. Les paiemens sont poursuivis et recouvrés en vertu du procès-verbal d'adjudication. — L. 15 flor. an X, art. 5 et 7.

176. — Aux termes de certaines lois, le paiement de ce prix est divisé par cinquième. Le premier cinquième s'acquitte dans les trois mois de l'adjudication; le second un an après le premier, et les trois autres ainsi successivement d'année en année. — L. 15 flor. an X, art. 4 et 5; 16 flor. an X, art. 2; 5 vent. an XII, art. 106.

177. — Quelquefois le gouvernement accorde un escompte aux adjudicataires qui désirent acquitter par avance les quatre derniers termes de paiement. — Macarel et Boulatignier, *loc. cit.*, no 73.

178. — Suivant la loi du 5 vent. an XII, art. 106, le premier terme ne paie pas d'intérêt; mais cet intérêt est dû, à raison de 5 0/0 l'an, pour chacun des autres termes.

179. — Au surplus toutes ces conditions relatives à la division et aux époques des paiemens n'ont rien, au surplus, d'obligatoire pour l'administration qui reste toujours libre de régler à son gré, suivant les besoins du trésor et les difficultés de l'aliénation, les époques de paiement dans le cahier des charges de l'adjudication. — V. conf. Macarel et Boulatignier, *loc, cit.*, p. 147; Dufour, *loc. cit.*, no 1447.

180. — Les préfets qui sont chargés de diriger la vente peuvent exiger caution des adjudicataires dont la solvabilité leur paraît douteuse. La même obligation peut être imposée aux *commands ou amis*. — L. 15 flor. an X, art. 9.

181. — Le cautionnement donné par un tiers pour un quart du prix, ayant pour objet d'en assurer le paiement intégral, doit s'appliquer plutôt à la portion du prix qui reste due qu'à celle qui se trouve payée. — *Cons. d'état*, 13 nov. 1835, Mesnier de la Converserie.

182. — Si les acquéreurs sont en retard de payer aux époques ci-dessus fixées, aux termes de l'art. 8, L. 15 flor. an X, ils demeurent déchus de plein droit lorsque, dans la quinzaine à eux signifiée, ils ne se sont pas libérés. Ils ne sont pas sujets à la folle-enchère, mais ils sont tenus de payer, par forme de dommages-intérêts, une amende égale au dixième du prix de l'adjudication dans le cas où ils n'auraient fait aucun paiement, et un vingtième dans le cas contraire; le tout, sans préjudice de la restitution des fruits.

183. — Le conseil d'état, en faisant l'application de cette disposition, a en même temps décidé que les demandes en sursis, en indemnités ou autres sur lesquelles il n'a été pris aucune décision en première instance, sont inadmissibles devant sa juridiction. — *Cons. d'état*, 14 nov. 1821, Soufflot de Merey.

184. — Jugé spécialement, en ce qui concerne l'adjudicataire d'une coupe de bois de l'état, que l'amende d'un vingtième, déterminée par l'arrêté du 27 frim. an XI, contre les débiteurs de l'état qui sont en retard de payer, n'est pas exclusive des intérêts qui, généralement, sont encourus par le défaut de paiement. — *Cass.*, 26 juill. 1825, Carel.

185. — Lorsque rien ni dans les faits, ni dans les clauses de l'acte d'adjudication, ne met l'acquéreur à l'abri de la déchéance, il n'a de ressource que dans la bienveillance de l'administration pour obtenir du ministre soit d'être relevé de cette déchéance, s'il offre une solvabilité certaine, soit la modération ou la remise de l'amende; mais il ne peut se pourvoir par la voie contentieuse. — *Cons. d'état*, 5 déc. 1837, Ducros c. min. fin.

186. — Dans le cas où l'acquéreur est parvenu à se faire relever de la déchéance, aux termes de l'art. 2 d'un décret du 22 oct. 1808, ce qui reste dû, tant en capital qu'en intérêts, après chaque échéance fixée par le contrat, produit un intérêt de 5 0/0 l'an, jusqu'au jour de l'acquittement.

187. — L'art. 2 de ce décret fait encore aujourd'hui la loi des parties, et c'est à tort que l'on a soutenu le contraire, en disant qu'il n'avait été rendu que pour les décomptes des biens spécialement désignés du nom de *biens nationaux*, décomptes qui, fondés sur les lois des 14 mai 1790, 24 fév. et 21 sept. 1791, et 30 août 1792, capitalisaient l'intérêt des sommes non soldées, d'année en année, pour produire un intérêt des intérêts. — V. *Cons. d'état*, 12 avr. 1832, Adam; — Macarel et Boulatignier, *loc cit.*; Dufour, no 1448.

188. — De cette même décision du conseil d'état il résulte encore, au surplus, que la simple énonciation que la vente sera faite conformément aux lois de l'an X et de l'an XII, suffit pour soumettre le contrat non-seulement dans sa forme, mais même quant au fond des obligations de l'acheteur et du vendeur, à l'ancienne législation sur les ventes des domaines nationaux. — Dufour, *loc. cit.*

189. — Et puisque l'on applique pour le calcul des intérêts l'art. 2 du décret du 22 oct. 1808, il paraît logique d'en conclure avec M. Dufour (*loc. cit.*) qu'il n'y a pas lieu de scinder les dispositions de ce décret, et que les art. 4, 5 et 6 sont encore applicables aujourd'hui.

190. — Or, l'art. 4 statue que, pour les décomptes définitifs, l'intérêt à 5 p. 100 ne commence à courir qu'un mois après la notification.

191. — Et les art. 5 et 6 déclarent que les quittances délivrées dans le passé, pour solde du dernier terme, vaudront comme décomptes définitifs, s'il n'est signifié un décompte à l'acquéreur avant l'expiration de six ans, à partir du 22 octobre 1808; ils ajoutent qu'il en sera de même des quittances pour solde données à l'avenir, à défaut de signification de décompte dans un pareil délai de six ans, à partir de la date de la quittance.

192. — Toutefois MM. Macarel et Boulatignier (*loc. cit.*, p. 151) ne reconnaissent formellement comme applicable aujourd'hui que l'art. 6 précité.

193. — En cas de contestation sur les résultats des décomptes dressés par l'administration des domaines, c'est à l'autorité administrative et non à l'autorité judiciaire qu'il appartient d'en connaître, même pour les ventes qui n'ont pas une origine révolutionnaire, lorsque ces ventes ont été faites en exécution des lois des 5 et 6 mai 1802 et 25 févr. 1804, et selon les formes qu'elles ont prescrites. — Macarel et Boulatignier, *loc. cit.*, p. 152.

194. — Et, parmi les autorités administratives, c'est au préfet, sauf recours au ministre des finances, et définitivement au conseil d'état, qu'il appartient de statuer sur les contestations, aux termes de l'art. 4 de l'arrêté du gouvernement, du 23 juill. 1803. — Mêmes auteurs.

195. — Les adjudicataires sont tenus de payer les frais d'enregistrement dans les vingt jours, à raison de 2 p. 100; tous les autres frais de vente sont à la charge de l'état. — L. 15 flor. an X, art. 6.

196. — On a décidé que l'administration des domaines, devenue créancière de divers particuliers, comme étant aux droits d'une corporation religieuse supprimée, ne peut faire valoir d'autres droits que ceux dont l'exercice appartenait à la corporation; en conséquence, les acquéreurs d'immeubles vendus par la corporation avant la main-mise nationale ne peuvent être poursuivis pour le paiement que devant les tribunaux civils, et non par voie de contrainte. — *Cons. d'état*, 29 mai 1811, Sandigniane.

197. — *Concession.* — Le second mode d'aliénation des biens dont se compose le domaine de l'état, est la concession. On a recours à ce mode lorsque l'intérêt public commande de renoncer au bénéfice de la concurrence qu'appelle l'adjudication publique, pour transmettre la chose à telle personne plutôt qu'à telle autre. — Macarel et Boulatignier, no 74; Dufour, no 1451.

198. — En général, les concessions ne sont faites qu'avec l'intervention de la législature, et il y a lieu à une expertise qui, quelquefois, précède la loi.

199. — Pour obtenir une aliénation dans les formes exceptionnelles, il faut des circonstances extraordinaires; par exemple, *le plus souvent* on a pris ce parti relativement à des terrains dont la revendication par le domaine eût troublé une foule d'intérêts anciens, bouleversé une multitude de transactions loyales, et compromis l'existence de nombreuses familles.

200. — Pour ne parler que d'exemples récens, l'on peut citer les concessions qui ont été faites successivement par les lois du 21 avr. 1832 en faveur des habitans du hameau de Charbonnière (Yonne) pour des terrains de l'ancienne abbaye de Regny, qu'ils tenaient à bail emphytéotique; — du 22 avr. de la même année, en faveur de la ville du Havre pour un terrain domanial; — du 17 mai 1834, pour des terrains situés en Corse; — du 14 avr. 1835, pour des biens provenant de l'ancienne abbaye de la Chalade (Meuse); — du 7 mai 1836, pour l'emplacement de l'ancienne salle de l'Opéra, abandonnée à la ville de Paris, — et du 20 mai 1836, pour des terrains situés à Port-Vendres.

201. — Un décret du 9 avr. 1811 qui, par sa date, se rapporte à une époque où, comme on sait, le pouvoir exécutif empiétait sans cesse sur le domaine du pouvoir législatif, a concédé gratuitement aux départemens, arrondissemens ou communes, la pleine propriété des édifices et bâtimens nationaux occupés pour le service de l'administration, des cours et tribunaux, et de l'instruction publique.

202. — L'art. 2 de ce décret porte : que « la remise de la propriété desdits bâtimens sera faite par l'administration de l'enregistrement et des domaines aux préfets, sous-préfets ou maires, chacun pour les établissemens qui les concernent. »

203. — Le procès-verbal de remise n'est toutefois qu'un acte de simple forme qui n'est pas, par lui-même, attributif de propriété et dont l'absence n'invalide pas le droit de la commune ou du département. — V. conf. *Cons. d'état*, 24 janv. 1834 (dans ses considérans), min. comm. c. min. guerre; — de Cormenin, *Dr. admin.*, t. 2, appendice, vº *Domaine de l'état*, § 2.

204. — Aux termes de l'art. 3 du même décret, cette concession était faite à la charge, par lesdits départemens, arrondissemens ou communes, chacun en ce qui le concerne, d'acquitter, à l'avenir, la contribution foncière et de supporter, aussi à l'avenir, les grosses et menues réparations, suivant les règles et dans les proportions établies pour chaque local, par la loi du 11 frim. an VII, sur les dépenses départementales, municipales et communales, et par l'arrêté du 27 flor. an VIII, pour le paiement des dépenses judiciaires.

205. — L'état n'ayant concédé que ce qui lui appartenait, un département ne peut revendiquer, en vertu du décret de 1811, des immeubles qui, à l'époque de sa promulgation, faisaient partie de la liste civile. — *Cons. d'état*, 19 avr. 1835, préfet de Seine-et-Oise c. administration des domaines. — Cormenin, *loc. cit.*

206. — Décidé qu'on ne peut considérer comme contenant une concession de propriété les décrets qui ont mis à la disposition du ministre de l'intérieur des bâtimens dépendant du domaine de l'état pour y former un dépôt de mendicité, et qu'une semblable disposition ne range pas ces bâtimens dans la classe de ceux qui ont été accordés par le décret du 9 avr. 1811. — *Cons. d'état*, 26 août 1831, min. de l'intérieur.

207. — Du reste, pour que la propriété ait été transmise en vertu du décret du 9 avr. 1811, il faut que le département ou la commune se soit trouvé en possession actuelle de l'édifice concédé, *animo domini*. — Cormenin, *loc. cit.*

208. — Le ministre de la guerre n'est pas fondé à revendiquer, comme faisant partie du domaine militaire, une partie de bâtiment qui, à l'époque du décret du 9 avr. 1811, était occupée par la préfecture d'un département supprimé postérieurement, mais dont le territoire a été réuni à celui d'un autre département. Le département qui contient les deux circonscriptions doit être regardé comme concessionnaire, alors même que l'administration des domaines ne lui a pas fait formellement la remise de l'immeuble. — *Cons. d'état*, 24 janv. 1834, min. du commerce c. min. de la guerre.

209. — En déclarant, en principe, que les biens ayant appartenu aux universités, académies et colléges, qui n'étaient pas encore aliénés ou qui n'étaient pas encore définitivement affectés à un service public, étaient donnés à l'université, le décret du 11 nov. 1808 n'a pas eu pour effet de faire cesser immédiatement la saisine de l'état pour les transmettre *de plano* à l'université. — *Cass.*, 7 avr. 1840 (t. 1er 1840, p. 475), Ville de Bar-le-Duc c. min. de l'instruction publique, au nom de l'université.

210. — La transmission et l'attribution définitive de la propriété n'existent pour l'université qu'autant qu'elle s'est fait envoyer en possession conformément à l'article 168, décr. 25 nov. 1811, et jusqu'à cet envoi en possession elle est sans droit ni qualité pour exercer relativement à ces biens une action en revendication contre l'état. — Même arrêt. — V. UNIVERSITÉ.

211. — Il y a eu des concessions de biens dépendant soit du domaine ordinaire, soit du domaine extraordinaire, faites par les décrets impériaux, à titre de récompense nationale ou avec des conditions onéreuses, avec stipulation de retour ou irrévocablement, mêlées de rentes ou redevances, ou purement foncières. — Cormenin, *loc. cit.*

212. — Bien qu'en principe général l'intervention de la législature soit nécessaire pour chaque concession du domaine de l'état, il y a, toutefois, des cas où le législateur délègue à l'administration d'une manière plus ou moins générale le droit de faire les concessions.

213. — Ainsi, aux termes de l'art. 41, L. 16 sept. 1807, le gouvernement est autorisé à concéder, aux conditions qu'il aura réglées, « les marais, lais, relais de la mer, le droit d'endiguage, les accrues, attérissemens et alluvions des fleuves, rivières et torrens, quant à ceux de ces objets qui forment propriété publique ou domaniale. » — V. ACCRUE, nº 6; ALLUVION, nºs 70 et suiv.; LAIS ET RELAIS DE LA MER, MARAIS.

214. — Préalablement aux concessions de cette nature, il y a à remplir certaines formalités générales qui ont été déterminées par une ordonnance royale du 23 sept. 1825.

215. — Aux termes de cette ordonnance, il doit y avoir, aux frais des demandeurs en concession : des plans levés, vérifiés et approuvés par les ingénieurs des ponts et chaussées; — un mesurage et une description exacte, avec l'évaluation en revenu et en capital; — une enquête administrative *de commodo et incommodo*; — un arrêté pris par le préfet après avoir entendu les ingénieurs des ponts et chaussées, ainsi que le directeur des domaines, et, de plus, le directeur du génie militaire, lorsque les objets à concéder sont situés dans la zône des frontières ou aux abords des places fortes; — l'avis respectif des directeurs généraux des ponts et chaussées et des domaines; — l'avis du ministre de la guerre, dans l'intérêt de la défense du royaume; — enfin, un examen, en conseil d'état, des demandes en concession, ainsi que des charges et conditions proposées de part et d'autre.

216. — Il est encore d'autres genres de concessions qui peuvent avoir lieu en vertu d'ordonnances royales et sans l'intervention de la législature. Ce sont :

217. — ... Les concessions de prises d'eau dans les fleuves et rivières navigables et flottables. — L. du 12-20 août 1790. — V. COURS D'EAU.

218. — ... Les concessions de mines, si, toutefois, on considère ces concessions comme domaniales. — L. 21 avr. 1810. — V. MINES.

219. — ... Les concessions qui ont pour objets des immeubles dont l'aliénation est demandée par l'utilité départementale ou communale. — Mais elles ne peuvent avoir lieu qu'à titre onéreux. — Décr. 21 fév. 1808; avis cons. d'état, 9 du même mois; inst. de l'admin. des dom., 20 mai 1808.

220. — ... Les concessions qui sont faites aux propriétaires riverains de la voie publique des terrains abandonnés par suite d'alignemens. — L. 16 sept. 1807, art. 53. — V. ALIGNEMENT.

221. — ... Les concessions qui se trouvent autorisées par l'art. 60, L. 7 juill. 1833, ainsi conçu : — « Si des terrains acquis pour des travaux d'utilité publique ne reçoivent pas cette destination, les anciens propriétaires ou leurs ayant-droit peuvent en demander la remise. — Le prix des terrains rétrocédés est fixé *à l'amiable*; et, s'il n'y a pas accord, par le jury (le jury spécial pour l'expropriation), dans les formes ci-dessus prescrites. La fixation du jury ne peut, dans aucun cas, excéder la somme moyennant laquelle l'état est devenu propriétaire desdits terrains. » — V. EXPROPRIATION POUR UTILITÉ PUBLIQUE.

222. — ... Enfin, les concessions qui ont lieu en exécution de la loi du 20 mai 1836, suivant laquelle le gouvernement est autorisé à concéder, pendant dix ans, sur estimation contradictoire, les terrains que l'administration des domaines prétend avoir été usurpés sur l'état.

223. — Mais cette loi restreint l'autorisation aux terrains dont l'état n'est pas en possession, et qu'il serait forcé de revendiquer, comme ayant été *usurpés précédemment sur les rives des forêts domaniales*. — L. 20 mai 1836, art. 1er.

224. — D'un autre côté, les concessions ne peuvent être faites qu'*en faveur des détenteurs mêmes* des terrains usurpés, et les *enclaves* en sont, en outre, formellement exceptées. — *Ibid.*

225. — Comme le fait remarquer M. Laferrière (*Dr. publ. et admin.*, p. 144), en concédant à des tiers les terrains usurpés, on eût donné lieu à des spéculations contraires au but de paix et de consolidation que se proposait le législateur.

226. — Enfin, en ce qui concerne la partie du domaine de l'état étrangère au sol forestier, la concession ne peut s'appliquer qu'aux terrains dont la contenance n'excéderait pas cinq hectares. — *Ibid.*, art. 2.

227. — Le législateur, au surplus, a laissé le gouvernement libre de régler les conditions de ces concessions. — *Ibid.*, art. 1er.

228. — La concession des eaux provenant d'un étang ayant appartenu à la nation n'est pas attributive du droit de propriété sur le fonds, lorsque, dans l'acte de concession, le domaine s'est réservé la faculté de louer, soit le fond dudit étang, soit la pêche et les francs-bords. — *Cass.*, 16 janv. 1832, Muiron c. Vanlerberghe.

229. — En ce cas, l'autorité judiciaire n'est pas tenue de renvoyer les parties devant l'autorité administrative pour l'interprétation de la clause en question, lorsque les termes qui la constituent ne comportent raisonnablement aucune incertitude. — Même arrêt. — V. dans le même sens *Rouen*, 17 avr. 1845 (t. 1er 1846, p. 438), Hoche c. le Domaine.

230. — *Échange*. — L'échange est le troisième des modes principaux d'aliénation du domaine de l'état.

231. — Il ne peut être mis en usage sauf l'autorisation législative. — L. 22 nov.-1er déc. 1790, art. 8 et 10. — V. aussi *Cons. d'état*, 23 janv. 1820, de Villedeuil c. de Wagram; 6 mars 1835, min. fin. c. le dép. de la Dordogne; 12 juill. 1836, de Wagram c. min. fin. — V. Cormenin, *Dr. admin.*, vº *Domaine de l'état*, t. 2, p. 48, note 1re.

232. — Dès-lors, si l'échange fait par l'état des biens d'un émigré n'a été opéré qu'en vertu d'un simple décret, cet acte ne pouvant être considéré que comme un projet d'échange particulier préparatoire, il en résulte que l'émigré a pu demander la restitution de ces biens. — *Cons. d'état*, 23 janv. 1820, de Villedeuil c. de Wagram. — V. Cormenin, *Dr. admin.*, vº *Émigrés*, § 12, t. 2, p. 211. — V. ÉMIGRÉS.

233. — Faut-il voir une dérogation à ce principe dans l'art. 4 de la loi précitée du 20 mai 1836 qui dispose que : « les portions de terrains dépendant d'anciennes routes ou chemins, et devenues inutiles par suite de changement de tracé ou d'ouverture d'une route royale ou départementale, pourront être cédées, sur estimation contradictoire, *à titre d'échange et par voie de compensation de prix*, aux propriétaires des terrains sur lesquels les parties de route neuve devront être exécutées, sauf à soumettre l'acte de cession à l'approbation du ministre des finances, lorsqu'il s'agira de terrains abandonnés par des routes royales. » — V. ROUTES.

234. — Pour mettre la législature en mesure de prononcer en connaissance de cause, il est procédé à une instruction administrative dont les formes sont déterminées dans une ordonnance royale du 12 déc. 1827, qui elle-même a emprunté ses dispositions au décret du 11 juill. 1812, relatif au domaine de la couronne.

235. — La demande d'échange est adressée au ministre des finances, avec les titres de propriété et une déclaration authentique des charges, servitudes et hypothèques dont est grevé l'immeuble offert en échange. — Ord. précitée, art. 1er.

236. — Le ministre, s'il juge devoir donner suite à la demande, la communique au préfet du département de la situation des biens offerts et de ceux demandés en échange. Il est procédé par ses soins à une instruction sur les avantages et les inconvéniens de l'opération proposée, et il retourne les pièces au ministre. — Même ordonnance, art. 2.

237. — Dans le cas où le ministre approuve la proposition d'échange, il charge le préfet de faire procéder à l'estimation des biens. A cet effet, le propriétaire nomme un expert, le préfet en nomme un autre, et le président du tribunal de la situation de tout ou de la plus grande partie des terrains domaniaux en désigne un troisième. Seulement, s'il s'agit de bois ou forêts ou de terrains enclavés dans les bois ou forêts, l'expert du préfet doit être pris parmi les préposés de l'administration des bois et forêts. — Même ordonnance, art. 3.

238. — Ces experts, avant d'opérer, prêtent serment devant le tribunal civil. Et, leur opération terminée, les résultats en sont constatés par un procès-verbal, qui doit être par eux affirmé devant le juge de paix du canton de la situation des biens ou de leur plus forte partie. — Art. 4.

239. — Les procès-verbaux d'expertise sont remis au préfet. Enfin, le ministère soumet la proposition à l'examen du conseil de l'administration des domaines, et, au besoin, à l'examen du conseil d'administration des forêts. Le comité des finances émet ensuite son avis. — Art. 5 et suiv.

240. — Toutes ces formalités remplies, il suffit d'une ordonnance royale pour autoriser le ministre des finances à passer l'acte d'échange. Toutefois, l'échangiste n'entrera en jouissance qu'après que la loi aura sanctionné le contrat. — Art. 5 et suiv.

241. — Il a été rendu, notamment les 4-18 juin 1835, 7-13 mai 1836, des lois relatives à des échanges d'immeubles; — les 12-27 janv. 1836, une ordonnance qui autorise le préfet du département du Nord à passer un contrat d'échange au nom de l'état; — les 24 avr. et 4 mai 1838, une loi qui approuve quatre échanges de propriétés domaniales; — les 4-7 juill. 1838, une loi qui approuve un échange de propriétés entre l'état et madame la princesse Adélaïde.

242. — La même ordonnance (art. 9) porte que les formalités établies par l'art. 2194, C. civ., par les avis du conseil d'état du 9 mai 1807 et 5 mai 1812, et par l'art. 854, C. procéd., pour mettre tout créancier ayant sur les immeubles offerts en échange hypothèque non inscrite en demeure de prendre inscription, seront remplies à la diligence de l'administration des domaines.

243. — S'il existe des inscriptions sur l'échangiste, il est tenu d'en rapporter main-levée et radiation dans quatre mois du jour de la notification qui lui en aura été faite par l'administration des domaines, s'il ne lui a pas été accordé un plus long délai par l'acte d'échange; faute par lui de rapporter la main-levée et radiation pleine et en-

tière, le contrat d'échange est résilié de plein droit. — Art. 10.

244. — Le projet de loi relatif à l'échange n'est présenté aux chambres qu'autant que la main-levée et radiation des inscriptions existant au jour du contrat ont été rapportées, et qu'il n'est pas intervenu d'inscription dans l'intervalle. — Art. 11.

245. — Le contrat d'échange doit, au surplus, déterminer la soulte à payer, en cas d'inégalité dans la valeur des immeubles échangés; — contenir la désignation de la nature, de la consistance et de la situation de ces immeubles, avec énonciation des charges et servitudes dont ils seraient grevés; — relater les titres de propriété, les actes qui constatent la libération du prix, enfin les procès-verbaux d'estimation, lesquels y demeurent annexés. — Il peut être stipulé, si la partie intéressée le requiert, que l'acte d'échange demeurera com[me] non avenu si la loi approbative de l'échange n'intervient pas dans un délai convenu. — Même ordonnance, art. 7.

246. — Le contrat d'échange doit être enregistré et transcrit : l'enregistrement a lieu *gratis*, conformément à l'art. 70, L. 22 frim. an VII. Il n'est payé pour la transcription que le salaire du conservateur; — et la soulte est régie, quant au droit proportionnel d'enregistrement dont elle est passible, par les lois relatives aux aliénations ordinaires des biens de l'état. — Même ord., art. 8.

247. — La loi approbative de l'échange proposé ne met point obstacle à ce que des tiers, revendiquant tout ou partie de la propriété des immeubles échangés, puissent se pourvoir par les voies de droit devant les tribunaux ordinaires. — Même ord., art. 12.

248. — La loi doit être transcrite sur la minute et sur les expéditions du contrat d'échange, qui, ainsi que toutes les pièces et titres de propriété à l'appui, doit demeurer déposé aux archives de la préfecture. — *Ibid.*, art. 13.

249. — Tous les frais auxquels l'échange donne lieu doivent être supportés par l'échangiste, s'il a été résilié de plein droit dans les cas prévus par les art. 7, 10 et 12 précités. — Dans le cas où l'échange est sanctionné par la loi, comme dans le cas où il est rejeté, les frais sont supportés moitié par l'échangiste et moitié par l'état. — Le droit d'enregistrement des soultes payables à l'état est toujours à la charge de l'échangiste. — Même ord., art. 14.

250. — Tout ce que l'on a dit *suprà* nos 175 et s. en ce qui concerne le paiement du prix pour les aliénations faites par la voie de l'adjudication publique, doit s'appliquer aux concessions et aux échanges quant aux soultes.

251. — Il a été décidé que, les biens donnés par l'état en contre-échange au donataire pour une portion de sa dotation se trouvant réduits par suite de restitution faite aux émigrés de partie de ces biens, l'échangiste ne peut s'autoriser de cette distraction pour obtenir, soit la restitution du bien cédé par lui, soit une indemnité de compensation. — *Cons. d'état*, 12 juill. 1836, prince de Wagram c. min. fin.

252. — Mais le ministre des finances ne peut non plus s'autoriser de cette distraction pour considérer comme non avenues les opérations qui ont précédé le décret autorisant l'échange, et ordonner une nouvelle expertise de tous les biens objets de l'échange. Il doit se borner à prescrire les opérations nécessaires pour apprécier les réparations qui pourraient être dues au donataire à raison de la distraction qu'il a soufferte dans son lot. — Même décision.

253. — Remarquons encore qu'un particulier est mal fondé dans sa demande en répétition contre l'état des frais d'expertise et autres opérations ayant pour objet de parvenir à l'exécution d'un échange projeté et même ordonné par un acte du chef de l'état, lorsqu'il est établi que ce particulier a fait les dépenses uniquement dans son intérêt. — *Cons. d'état*, 19 mai 1835, Soufflot de Mercy.

254. — Du reste, les échanges entre l'état et les particuliers sont, dans le silence de la loi spéciale qui les a autorisés, soumis aux principes du droit commun quant aux difficultés auxquelles leur exécution peut donner lieu, et spécialement quant aux conséquences de l'éviction soufferte par l'état d'une partie des biens par lui reçus en contre-échange. — *Cass.*, 30 juin 1841 (t. 2 1841, p. 513), Liste civile c. Lecourbe et Dupont.

255. — Jugé, en conséquence, qu'il n'y a pas nécessairement lieu à la résolution d'un échange d'immeubles, par cela seul qu'une partie minime de l'un des immeubles qui ont fait l'objet de l'échange n'était pas la propriété de l'échangiste, alors d'ailleurs qu'il est reconnu que, même sans cette partie, l'échange n'en aurait pas moins été consommé. — Dans ce cas, les juges peuvent (art. 1636 et 1637) se borner à condamner l'échangiste à payer au copermutant la valeur de la portion dont celui-ci est évincé. — Même arrêt.

256. — Ainsi, même dans le cas où il s'agit d'un échange dans lequel l'état ou la liste civile serait intéressé, si l'éviction subie par l'état n'est que d'une faible partie des biens qui lui ont été donnés en échange, une cour royale peut valablement, et sans violer aucune loi, se borner, au lieu de prononcer la résolution du contrat, à condamner l'autre échangiste, à raison de sa bonne foi, à payer à l'état la valeur estimative de la portion dont ce dernier a été évincé. — Même arrêt.

257. — On vient de voir comment la propriété des biens de l'état peut changer de mains. Outre l'aliénation proprement dite, les biens qui composent le domaine de l'état peuvent encore en être distraits, notamment pour former la dotation de la couronne, par une loi qui n'a d'effet que pour la durée d'un règne. — V. DOMAINE DE LA COURONNE.

258. — Non seulement les biens de l'état peuvent tomber dans le domaine des particuliers. Ils peuvent, en outre, être grevés de servitudes. — V. SERVITUDES.

259. — Aux termes de l'art. 1er, du titre 2, L. des 23-28 oct. et 5 nov. 1790, l'administration est tenue d'affermer tous les immeubles autres que ceux affectés à un service public. On a exposé sous le mot BAIL ADMINISTRATIF toutes les règles de forme et de fond qui se rattachent aux baux des biens de l'état.

260. — Les domaines affermés produisent un revenu peu considérable. Les comptes officiels de 1835 le portent à 560,722 fr., et il ne s'élève pas toujours aussi haut. Comme le remarquent MM. Macarel et Boulatignier, *loc. cit.*, no 79, l'exiguité de ce revenu, dans lequel ne figure point le produit de quelques propriétés domaniales affermées, qui n'est pas recouvré par l'administration des domaines, tient à ce que l'état garde le moins possible d'immeubles en sa possession, mais les aliène aussitôt que se présente une occasion favorable.

261. — On a vu figurer plusieurs établissemens thermaux dans l'énumération que l'on a donnée *suprà* nos 78 et suiv. des biens dont se compose le domaine de l'état. Ces établissemens sont administrés par les préfets, sous l'autorité du ministre du commerce. — Arr. du 3 flor. an VIII; ord. roy. du 18 juin 1823, art. 20, et du 6 avr. 1834, art. 2.

262. — Ces établissemens doivent être mis *en ferme*, à moins que, sur la demande des autorités locales, le ministre du commerce n'ait autorisé leur mise *en régie*. — Ord. roy. du 18 juin 1823, art. 2.

263. — Quant aux règles qui sont relatives soit à la *mise en ferme*, soit à la *mise en régie*, soit enfin à la compétence de l'autorité chargée de statuer sur les difficultés qui peuvent s'élever entre des communes et l'état, sur la propriété des sources d'eaux minérales, ou entre l'administration et les fermiers pour défaut de paiement des fermages ou inexécution des clauses du bail. — V. aussi BAIL ADMINISTRATIF, nos 9, 56 et suiv. — V. aussi EAUX MINÉRALES ET THERMALES.

264. — L'état est aussi propriétaire de plusieurs salines (V. *suprà* no 80); c'est sous le mot SALINES qu'il sera traité de tout ce qui concerne leur régime et leur exploitation.

265. — On a vu (*suprà* no 259), que l'administration devait affermer, dans certaines formes, les immeubles qui ne sont pas affectés à un service public. Cette règle toutefois ne s'est jamais appliquée aux bois et forêts, sauf en ce qui concerne quelques affermages partiels.

266. — C'est sous le mot FORÊTS que l'on traitera des dispositions du Code forestier concernant les mesures qui ont été prises, soit pour déterminer l'étendue de la propriété de l'état, soit pour sa bonne administration, soit pour la vente des produits, soit pour la surveillance, soit pour la constatation, la poursuite et la répression des délits et contraventions, soit enfin pour l'exécution des jugemens. On trouvera enfin sous ce même mot les décisions de la jurisprudence administrative qui touchent au fond de la matière, et à la compétence pour ce qui regarde les contestations sur la propriété même des bois, sur les droits d'usage, sur les affectations à titres particuliers, sur les ventes, les coupes et les échanges, sur les contraventions qui peuvent endommager les bois.

267. — On doit à cet égard se borner ici à constater qu'aucune vente ordinaire ou extraordinaire des coupes de bois ne peut avoir lieu, à peine de nullité, autrement que par voie d'adjudication publique, laquelle doit être annoncée au moins quinze jours d'avance, par des affiches apposées dans le chef-lieu du département, dans le lieu de la vente, dans la commune de la situation du bois, et dans les communes environnantes. — C. forest., art. 17 et suiv. — V. au surplus FORÊTS.

268. — Le revenu annuel des bois et forêts de l'état ne se compose pas, au surplus, du seul produit des coupes, payable en traites qui sont versées aux *receveurs des finances*; il se compose encore, suivant MM. Macarel et Boulatignier (*loc. cit.*, no 125), de produits accessoires qui sont recouvrés par les *receveurs de l'enregistrement*.

269. — Ainsi : le décime pour franc du prix principal des adjudications des coupes de bois; — de la valeur des sur-mesures reconnues dans les coupes; — du prix de la vente des plants d'arbres et des chablis; — des sommes payées par les usagers pour les délivrances de bois; — des revenus des bois affermés ou affectés à des usines; — des adjudications de glandée et de pâturage dans les bois; — de l'affermage du droit de chasse dans les forêts de l'état.

270. — Enfin le revenu annuel des bois et forêts de l'état se compose en dernier lieu de recettes également versées aux receveurs de l'enregistrement, pour rembourser à l'état les dépenses supportées par lui et qui sont mises à la charge des budgets.

271. — Tels sont les vacations des arpenteurs, remboursées par les adjudicataires de coupes; — les frais de poursuites et d'instances relatifs aux forêts, et recouvrés en vertu de jugemens ou arrêts sur les condamnés pour délits dans les bois. — Macarel et Boulatignier, *loc. cit.*

272. — En 1834, le revenu annuel des forêts de l'état a été de 22,853,765 fr., savoir : prix principal des coupes, 16,494,207 fr.; — prix de 321,306 arbres vendus isolément, 2,933,819 fr.; — produits accessoires, 2,927,866 fr.; — remboursemens de frais de vacations des arpenteurs, 86,755 fr.; — recouvremens de frais de poursuite et d'instance, 411,109 fr. — Macarel et Boulatignier, *loc. cit.*

273. — En 1835, le revenu s'est élevé à 24,535,000 fr., et le ministre des finances a déclaré aux chambres qu'il n'y avait aucun motif pour que le revenu n'atteignît pas cette somme dans les exercices 1836 et 1837; aussi la loi des recettes dans l'exercice 1837 a-t-elle adopté cette évaluation. — Mêmes auteurs, *loc. cit.*

274. — Les immeubles affectés à un service public étant, ainsi qu'on l'a remarqué, en dehors de la règle qui prescrit à l'administration d'affermer les biens de l'état, il importe qu'on évite avec soin d'affecter à ces services des immeubles qui ne leur seraient pas nécessaires.

275. — C'est pour prévenir les abus à cet égard qu'une ordonnance royale du 14 juin 1833, prenant pour base un arrêté du 13 messid. an X, dispose que les ordonnances qui ont pour objet d'affecter à un service public un immeuble appartenant à l'état doivent être concertées entre le ministre qui réclame l'affectation et le ministre des finances. L'avis du ministre des finances doit être toujours visé dans ces ordonnances, qui doivent être contresignées par le ministre du département au service duquel l'immeuble doit être affecté, et insérées au *Bulletin des lois*. — Art. 1er.

276. — D'après l'art. 2 de la même ordonnance, tous les ministres secrétaires d'état sont chargés de l'exécution de l'ordonnance dont les dispositions, jusqu'à ce jour, paraissent avoir été rigoureusement observées.

277. — Au moyen de ces mesures, l'on s'est assuré que l'affectation d'un immeuble de l'état à un service public n'aurait lieu qu'autant que l'utilité de cette affectation serait constatée; mais il fallait encore empêcher que les immeubles affectés ne fussent détournés de leur véritable destination.

278. — C'est dans ce but que la loi du 23 avr. 1833 a statué, art. 12 : — qu'aucun logement ne serait concédé ou maintenu dans des bâtimens dépendant du domaine de l'état, qu'en vertu d'une ordonnance royale; — que, chaque année, un état détaillé des logemens accordés en vertu du paragraphe précédent serait annexé à la loi des dépenses; — qu'enfin, cet état ne serait pas nominatif, mais qu'il indiquerait la fonction ou le titre pour lesquels le logement aurait été concédé.

279. — C'est en exécution de cette loi qu'une ordonnance royale du 12 fév. 1834 a désigné pour les administrations de l'enregistrement et des domaines, des douanes, des contributions indirectes, des tabacs, des postes, de la loterie, et pour l'administration centrale du ministère des finances, quels sont les fonctionnaires, employés et agens auxquels des logemens sont concédés, et à quel titre ce logement leur est concédé.

280. — La clause par laquelle l'état subroge l'adjudicataire d'un service public, et des effets

mobiliers servant à l'exploitation de ce service, dans tous ses droits pour les terrains et emplacemens à l'usage du service ne donne au concessionnaire de l'état qu'un droit à la jouissance desdits terrains. — *Cons. d'état*, 29 mai 1822, comp. des coches c. ville de Paris.

281. — Le droit de jouissance du concessionnaire n'empêche pas l'état de conférer ce droit à un tiers; seulement il y a lieu, dans le cas où le retrait de jouissance porte préjudice au premier concessionnaire, d'allouer une indemnité, qui doit être payée par le nouveau concessionnaire d'après la fixation faite par les tribunaux. — Même décision.

282. — Les domaines de l'état sont-ils assujétis à l'impôt des contributions directes? — V. CONTRIBUTIONS DIRECTES, nos 99 et suiv.

283. — Contribuent-ils aux dépenses des chemins? — V. CHEMINS VICINAUX.

284. — Aux termes de l'art. 1er de la loi précitée du 23-28 oct. et 5 nov. 1790, l'administration devait affermer, indépendamment des immeubles non affectés à un service public, *même les droits incorporels*, excepté les rentes constituées et celles foncières, créées en argent, de 20 liv. et au-dessus, lesquelles devaient être perçues par les receveurs de district, chacun dans leur arrondissement.

285. — Mais la loi du 9-20 mars 1791 statua qu'en principe les *droits incorporels*, au lieu d'être affermés, seraient perçus, régis et administrés pour le compte de la nation, par les commissaires et régisseurs chargés de la perception des droits d'enregistrement des actes. — Art. 1er.

286. — La mise en ferme de ces droits ne fut permise que pour les *droits incorporels dont la perception serait sujette à de trop grandes difficultés;* encore cela ne pouvait-il avoir lieu ni pour les droits casuels, quelle que fût leur quotité, ni pour les droits fixes, payables en argent, qui seraient de 20 livres et au-dessus. — Art. 6.

287. — Ces dispositions de la loi du 9-20 mars 1791 forment encore aujourd'hui la règle à suivre; en conséquence, l'administration doit n'affermer les droits incorporels que suivant les cas.

288. — Quant à l'énumération de ces cas, et aux règles qui concernent la mise à ferme et, en général, la gestion du *domaine incorporel* de l'état, elles se trouvent sous les mots auxquels nous avons déjà renvoyé dans l'énumération que nous avons donnée *suprà* nos 100 et s. des divers élémens qui le constituent.

289. — On a vu *suprà* nos 131 et s., que, par suite de divers événemens, il n'est resté à l'état qu'un bien petit nombre des rentes qui lui étaient venues entre les mains à la suite des biens nationaux. Toute cette matière est dans les attributions de l'administration des domaines.

290. — Jugé que si, lors du transfert des rentes appartenant à l'état, il a été suppléé à l'absence des titres originaux par la remise des cueilloirs, registres et sommiers à l'aide desquels ces rentes auraient été précédemment exigées et servies, le transférataire qui, aux termes de la loi du 28 flor. an III, aurait dû, muni de ces extraits, poursuivre le débiteur en déclaration des sommes par lui dues, ne peut imputer qu'à sa négligence l'insolvabilité de ce débiteur. — *Cons. d'état*, 5 mai 1830, Roulet de Mézerac.

291. — Quant aux règles qui ont dû nécessairement être établies pour assurer la conservation des meubles appartenant à l'état, qui constituent un élément si important de la richesse nationale, et dont on a donné plus haut l'énumération, elles sont exposées pour la plupart sous les mots ARCHIVES, BIBLIOTHÈQUE, DÉPOT PUBLIC, IMPRIMERIE ROYALE, MUSÉE.

292. — Mais il est nécessaire de dire ici quelques mots des mesures prises pour la conservation du mobilier et du matériel des administrations, établissemens ou services entretenus par l'Etat.

293. — Depuis long-temps, l'autorité publique s'est préoccupée de ces mesures, ainsi que le prouvent notamment la loi du 2 niv. an IV, art. 2; l'arrêté du 22 frim. an VI; l'arrêté du 23 niv. de la même année; le décret du 25 août 1804, art. 77; les décr. du 23 mai 1805 et du 25 mars 1811 (non insérés au bulletin); l'ord. du 17 déc. 1818 (non insérée au bulletin); l'ord. du 7 avr. 1819, et enfin l'ord. du 14 sept. 1822.

294. — Pour généraliser ces dispositions et conférer aux prescriptions jugées nécessaires l'autorité d'un commandement législatif, les chambres ont ordonné par la loi de finances du 26 juill. 1829, art. 8, que — « Des inventaires du mobilier fourni soit par l'Etat, soit par les départemens, à des fonctionnaires publics, seraient faits avant le 1er janv. 1830, et que ces inventaires seraient récolés à la fin de chacune des années suivantes et à chaque mutation de fonctionnaire responsable. »

295. — Une ordonnance royale du 3 fév. 1830 est ensuite intervenue dans le but de pourvoir à l'exécution de cette loi. Elle règle les détails ainsi que les formes de l'inventaire et du récolement.

296. — Indépendamment de ces mesures conservatoires, l'art. 3, ord. 14 sept. 1822, porte que, quand quelques uns des objets mobiliers mis à la disposition des ministres sont susceptibles d'être vendus, la vente ne peut en être faite qu'avec le concours de la régie des domaines et de l'enregistrement, et dans les formes prescrites (c'est-à-dire publiquement et aux enchères), et que le produit de ces ventes doit être versé au trésor public et porté en recette au chapitre des produits divers de l'exercice courant.

297. — Le privilége des commissaires-priseurs s'étend-il à la vente du mobilier de l'état? — V. COMMISSAIRE-PRISEUR, nos 73 et suiv.

298. — Quelques mesures spéciales ont, en outre, été prises pour garantir certaines parties du mobilier de l'état. Les plus importantes sont celles qui concernent le mobilier des archevêchés et évêchés. — Ord. 7 avr. 1819; 4 janv. 1832. — V. pour les détails ÉVÊQUE, ÉVÊCHÉ.

299. — Dans l'inventaire de la fortune mobilière de l'état on a compris, *suprà* no 94, les choses qui se réfèrent à l'organisation de la force publique. Les principales dispositions qui ont été prises pour leur conservation sont exposées sous les mots ARMÉE, INTENDANT MILITAIRE, MARINE, NAVIRE, PORTS ET ARSENAUX, etc., etc.

300. — Il ne reste plus, pour terminer ce qui est relatif à la gestion du domaine de l'état, qu'à indiquer les principales causes qui président à l'accroissement dont il est susceptible.

301. — On a déjà vu, d'après l'analyse des élémens qui le constituent (V. *suprà* nos 60 s.), que la loi, dans un grand nombre de cas, a créé des causes d'acquisition pour l'état. Indépendamment de ces causes d'acquisition, le domaine peut s'accroître encore par d'autres événemens.

302. — Ainsi, par exemple, le domaine de l'état peut s'accroître par la conquête ou par les traités. L'art. 25, L. 2 mars 1832, porte, en effet : — « Il ne sera plus formé de domaine extraordinaire. En conséquence, tous les biens, meubles et immeubles, acquis par droit de guerre ou par des traités patens ou secrets, appartiendront à l'état, sauf, toutefois, les objets qu'une loi donnerait à la couronne. » — V. au surplus DOMAINE EXTRAORDINAIRE.

303. — Mais aussi, et d'un autre côté, cette même loi (2 mars 1832) a innové, en ce qui concerne les *acquisitions faites par les princes, avant et depuis leur avénement au trône*. En statuant (art. 22) que le roi a dû conserver la propriété des biens qui lui appartenaient avant son avénement au trône, et que ces biens, ainsi que ceux qu'il acquerra pendant son règne, composeront son *domaine privé*, elle a, par dérogation aux anciens principes du droit public, tari une des sources du domaine de l'état. — V. DOMAINE PRIVÉ.

304. — Il y a encore accroissement du domaine de l'état lorsque des choses qui sont des dépendances du domaine public perdent ce caractère par suite d'un changement de destination : c'est ce qui arrive quand une route est supprimée, quand une ville cesse d'être place de guerre. Alors le terrain qu'occupaient la route et les fortifications rentre dans le commerce, et peut, le droit de l'état venant à cesser, devenir l'objet d'une propriété privée. — Foucart, *Elém. de dr. publ. et adm.*, t. 2, p. 5; Laferrière, *Droit. publ. et adm.*, p. 133; de Cormenin, *Droit adm.*, vo *Domaine de l'état*, t. 2, p. 42, note 1re, et appendice, *cod. verb.*, no 1er.

305. — C'est ce que décide clairement l'art. 541, C. civ., qui attribue, en effet, à l'état, les terrains, fortifications et remparts des places *qui ne sont plus places de guerre*.

306. — Mais est-il nécessaire qu'il y ait une décision expresse de l'autorité administrative pour que la transition d'un immeuble, du domaine public dans le domaine de l'état, produise ses effets légaux à l'égard des tiers? — V. DOMAINE PUBLIC.

307. — Le domaine de l'état peut aussi s'accroître par des acquisitions à titre onéreux ou à titre gratuit.

308. — Les acquisitions à titre onéreux sont faites des deniers du trésor, dans l'intérêt des services publics, à l'amiable ou par expropriation forcée quand il s'agit d'immeubles, par des marchés lorsqu'il s'agit d'objets mobiliers. — Foucart, *Elém. de dr. publ. et adm.*, t. 2, no 8. — V. EXPROPRIATION POUR CAUSE D'UTILITÉ PUBLIQUE.

309. — Lors de l'acquisition par l'état d'immeubles pour cause d'utilité publique, l'administration peut-elle les dispenser des formalités indiquées par le Code civil pour la purge des hypothèques? Cette faculté peut-elle être donnée par une ordonnance, ou bien une loi est-elle indispensable? — V. HYPOTHÈQUES.

310. — Les acquisitions à titre onéreux qui sont faites au profit de l'état avec les deniers du trésor ne sont pas directement soumises à la nécessité d'une loi pour leur validité. Cependant, comme les spécialités du budget peuvent ne pas s'appliquer à cette destination, il faut ordinairement une loi soit pour autoriser, soit pour ratifier l'aliénation. — Laferrière, *loc. cit.*, p. 142; Macarel et Boulatignier, *Fortune publique*, t. 1er, p. 35.

311. — C'est ainsi qu'une loi du 24 mai 1836 a ouvert spécialement un crédit supplémentaire pour l'acquisition d'un terrain au service du muséum d'histoire naturelle.

312. — Du reste, des acquisitions se font aussi par ordonnance; ainsi, une ordonnance du 8 mai 1836 a autorisé l'acquisition d'une dépendance des bains de Plombières. — Mêmes auteurs, *ubi suprà*.

313. — L'acquisition à titre onéreux, au lieu de s'effectuer avec les deniers du trésor, peut se réaliser par voie d'échange. Mais ici, à la différence du cas précédent, une loi approbative est nécessaire non seulement parce que, comme le dit M. Laferrière (*loc. cit.*, p. 143), l'échange emporte aliénation d'une partie du domaine de l'état, tandis que l'acquisition par achat n'est qu'un accroissement en faveur du domaine, mais aussi, suivant nous, parce que les actes d'échange n'étant pas, en général, d'une nécessité aussi rigoureuse que les actes ordinaires d'acquisition à titre onéreux, sont en eux-mêmes plus suspects que ces derniers.

314. — L'acquisition est à titre gratuit lorsque l'état est donataire ou légataire. Il faut alors une ordonnance du roi pour qu'il soit autorisé à accepter. — Ord. 2 avr. 1817.

315. — L'état peut invoquer contre les particuliers le bénéfice des mêmes prescriptions qu'on peut invoquer contre lui. Il faut donc encore ajouter la prescription trentenaire, publique et continue aux événemens susceptibles d'accroître son domaine. — Code civ., art. 2227, *in fine*. — V. au surplus PRESCRIPTION.

316. — Enfin remarquons que le domaine de l'état reçoit chaque jour une foule de minimes accroissémens par suite des alignemens délivrés aux particuliers pour construire le long des grandes routes, et par la nécessité où ils se trouvent d'abandonner ainsi à la voie publique une partie de leur propriété. — V. ALIGNEMENT, nos 21 et suiv., 188 et suiv.

317. — Dans ce cas, l'autorisation d'acquérir résulte implicitement des ordonnances royales rendues en conseil d'état, aux termes des art. 51 et 52, L. 16 sept. 1807 : « Et si, ajoutent MM. Macarel et Boulatignier (*loco cit.*, p. 36), les plans généraux d'alignement n'ont pas encore été arrêtés en conseil d'état, les préfets donnent d'office les alignemens, et le particulier riverain de la route étant obligé de reculer d'office sa construction, l'accroissement du domaine s'opère *ipso facto* par la force d'un simple arrêté de préfet. »

Sect. 4e. — *Des actions domaniales.*

§ 1er. — *Quelles sont les autorités chargées de prononcer sur les contestations élevées au sujet du domaine?*

318. — On désigne sous le nom d'*actions domaniales* celles qui sont relatives au domaine public et au domaine de l'état proprement dit.

319. — Les détails dans lesquels il y a lieu d'entrer sur l'exercice des actions domaniales peuvent se ranger autour de trois points principaux.

320. — On peut se demander, en effet : — premièrement, quelles sont les autorités chargées de prononcer sur les contestations élevées au sujet du domaine? — secondement, quelles sont les personnes ayant qualité pour exercer les actions du domaine ou pour y défendre? — troisièmement, quelles sont les règles pour le jugement de ces contestations?

321. — L'état, en matière domaniale, ne se trouvant intéressé dans les contestations qu'à titre de propriétaire, il est logique d'en conclure, conformément au principe de la distinction établie sous le mot COMPÉTENCE ADMINISTRATIVE, nos 183 et suiv.; qu'en règle générale les actions domaniales rentrent dans la compétence exclusive de l'autorité judiciaire. — V. dans ce sens *Cons. d'état*, 7 avr. 1816, héritiers Ruyant de Cambronne c. domaine — V. conf. Proudhon, *Tr. du dom. de prop.*, t. 3, no 3, no 823, et *Tr. du dom. publ.*, t. 1er, no 234;

DOMAINE DE L'ÉTAT, sect. 4e.
DOMAINE DE L'ÉTAT, sect. 4e.

Macarel et Boulatignier, *loc. cit.*, no 20; Ad. Chauveau, *Princ. de comp. et de juridict. adm.*, t. 1er, no 325; Dufour, *Dr. admin. appliqué*, no 1434; Serrigny, *Tr. de l'org.*, etc., t. 2, no 746; Cormenin, *Dr. adm.*, vo *Domaine de l'état*, no 4, t. 2, p. 45.

322. — Ainsi, notamment, c'est devant les tribunaux ordinaires que doit être portée toute contestation qui a pour objet la revendication ou la désistance de quelque immeuble, soit en demandant, soit en défendant contre l'état. — Proudhon, *loc. cit.*, no 824.

323. — Il en est de même, et, par identité de raison, lorsqu'il s'agit de droits d'usage ou de servitudes revendiqués sur des immeubles nationaux. — Proudhon, *loc. cit.* — V. conf. Cormenin, *loc. cit.*

324. — ... Ou du terrain des routes des biens des religionnaires fugitifs, des biens confisqués sur les condamnés à mort avant la révolution; des plages maritimes ou purement fluviatiles; des biens de corporations ou d'émigrés vendus *antérieurement* à la main-mise nationale; des biens vendus à des tiers, antérieurement à la révolution, par des corporations ecclésiastiques ou bénéficiaires et des questions subsidiaires de savoir si les rentes constituées par l'acquéreur sur lesdits biens sont, ou non, abolies pour cause de féodalité; des difficultés élevées entre un acquéreur et le domaine, représentant du vendeur, actionné en garantie par l'acquéreur; de la question de savoir à qui, de l'état ou d'un particulier, est dû le remboursement d'une fondation pieuse; de toute question de préférence, de privilége, d'hypothèque entre les créanciers personnels d'un individu et le domaine qui se prétend aussi créancier de cet individu. — De Cormenin, *Dr. adm.*, vo *Domaine de l'état*, t. 2, appendice, § 3 et en note.

325. — Décidé, conformément aux principes qui précèdent, que toutes les actions domaniales qui intéressent l'état, soit en demandant, soit en défendant, étant de la compétence exclusive des tribunaux, le conseil de préfecture excède ses pouvoirs, s'il statue sur un droit d'usage réclamé par un particulier dans les bois de l'état. — *Cons. d'état*, 5 nov. 1823, min. de l'intér. c. Dessoirs et Soulaire.

326. — ... Ou, par la même raison, s'il maintient dans la propriété de terrains afféagés certains cultivateurs. — *Cons. d'état*, 23 fév. 1820, domaine c. Turnier.

327. — Jugé, dans le même sens, que les contestations sur la propriété des domaines de l'état, et, par exemple, d'arbres abattus le long de la grande route, sont exclusivement de la compétence des tribunaux ordinaires. — *Cass.*, 31 juill. 1820, Baude de Pont-l'Abbé.

328. — Il est encore hors de doute que, si l'état succédait à un particulier décédé sans héritiers, les tribunaux resteraient compétens pour prononcer sur les contestations dont ils auraient été saisis à la requête des créanciers du *de cujus*, parce que les biens de celui-ci n'ont, en effet, passé au fisc que sous la charge du litige commencé. — Proudhon, *loc. cit.*, no 30.

329. — Et comme, lorsque l'état s'est ainsi présenté pour recueillir une succession en deshérence, il a dû, aux termes de l'art. 722, C. civ., faire apposer les scellés et faire procéder à un inventaire, sous peine de se voir condamné à des dommages-intérêts, il est incontestable que les contestations relatives à ces dommages-intérêts seraient encore de la compétence des tribunaux ordinaires. — V. conf. Proudhon, no 830. — V. SUCCESSION.

330. — Jugé que, lorsque les biens d'une succession réunie au domaine de l'état ont ensuite été rendus aux héritiers, par un décret de gratification, et que postérieurement, des tiers, sans contester le décret de gratification, viennent à revendiquer contre les héritiers certains biens dont ils prétendent que ceux-ci se sont emparés, c'est là une simple question de propriété dont la solution n'est point subordonnée au décret de gratification et qui, en conséquence, est de la compétence des tribunaux ordinaires. — *Cass.*, 22 mai 1826, de la Puente.

331. — Bien qu'en principe toutes les questions de propriété qui s'élèvent entre l'état et les particuliers soient jugées par l'autorité judiciaire, au moins quand les adversaires de l'état ne prétendent pas tirer leurs droits d'un acte du gouvernement qu'il s'agit d'interpréter, il existe néanmoins une exception pour le cas où il s'agit des sources d'eaux minérales dont la propriété est contestée entre une commune et l'état.

332. — Cette exception résulte, en effet, de l'art. 9, arrêté 6 niv. an XI, ainsi conçu : « Seront, au surplus, les droits de propriété des communes sur les sources minérales, discutés et réglés, en cas de contestation avec la république, pardevant les conseils de préfecture, le directeur des domaines entendu, et sauf la confirmation du gouvernement. »

333. — Comme il est difficile de justifier cette dérogation au droit commun, Proudhon (*Tr. du domaine public*, nos 1410 et suiv.) a prétendu qu'il fallait la restreindre au seul cas où la commune litigante fonderait son droit de propriété à la source d'eaux minérales, sur un acte de concession ou d'aliénation nationale dont l'interprétation appartiendrait à l'autorité administrative, et la dénier dans tous les autres cas.

334. — Mais le texte précité de l'arrêté du 6 niv. an XI, dont on ne saurait d'ailleurs contester la force obligatoire, puisque les actes des gouvernemens consulaire et impérial insérés au bulletin ont force de loi, résiste, à cause de la généralité de ses termes, qui ne comportent pas de distinction, à cette interprétation restrictive, qui doit, en conséquence, être rejetée comme arbitraire. — V. conf. Macarel et Boulatignier, *loc. cit.*, no 94; Serrigny, *loc. cit.*, no 758.

335. — Lorsqu'il s'agit d'une action ayant pour objet la revendication d'un ou quelques meubles déterminés, l'état doit également, en principe, paraître et contester devant les tribunaux soit en demandant, soit en défendant. — V. conf. Proudhon, no 825.

336. — La demande relative à la vente d'objets mobiliers appartenant à l'état doit être portée non devant le juge de paix, mais devant le tribunal de première instance. — *Cass.*, 12 messid. an XIII, régie des domaines c. N....

337. — Relativement aux contestations qui ont pour objet direct le paiement d'une créance répétée contre l'état, Proudhon (*loc. cit.*, no 826) décide, sans distinction, que les tribunaux ordinaires ne sont pas compétens pour en connaître.

338. — Mais il nous semble toujours, par application du principe qui nous a servi de point de départ, qu'il y a lieu de distinguer à quel titre l'état se trouve intéressé dans la contestation. Si c'est comme représentant les intérêts généraux, c'est, en effet, devant la juridiction contentieuse administrative que la contestation doit être portée : mais si c'est comme propriétaire, et abstraction faite de sa qualité de souverain, rien ne fait obstacle à la compétence des tribunaux ordinaires. — V. au surplus COMPÉTENCE ADMINISTRATIVE, nos 185 et suiv.

339. — Décidé, en conséquence, qu'une demande à fin de paiement du prix des travaux faits dans un immeuble de l'état, est de la compétence de l'autorité judiciaire. — *Cons. d'état*, 28 mars 1838, Barran c. l'état. — V. conf. Cormenin, *Dr. adm.*, vo *Domaine de l'état*, t. 2, p. 45.

340. — Proudhon (*loc. cit.*, no 824) pense encore que les contestations, lorsqu'il s'agit d'une demande en partage dans laquelle est intéressé l'état, ne peuvent être soumises qu'au pouvoir administratif.

341. — Les tribunaux ordinaires sont compétens pour connaître des contestations relatives au recouvrement des revenus des domaines nationaux, et le jugement des affaires relatives à ce recouvrement n'a pas besoin d'être précédé d'un rapport. — LL. 5-19 déc. 1790, 12 sept. et 9 oct. 1791; — *Cass.*, 3 pluv. an X, Flecten c. Enregistrement.

342. — Jugé que, lorsque le fermier d'un domaine national, pour faire révoquer une contrainte décernée contre lui par la régie des domaines, s'est pourvu d'abord devant l'administration centrale du département et ensuite devant le ministre des finances, il ne peut plus saisir de la question les tribunaux, qui commettraient un excès de pouvoir en statuant sur la difficulté déjà portée devant l'autorité administrative et décidée par elle. — *Cass.*, 13 messid. an XII, Domaine c. Martinon.

343. — Ajoutons que les tribunaux saisis d'une contestation relative à une contrainte administrative ne peuvent connaître du fond du droit décidé par l'administration, mais seulement de la régularité des mesures d'exécution. — Proudhon, *loc. cit.*, nos 832 et suiv.

344. — Aux termes de l'art. 3, décr. 23 fév. 1811, les réclamations contre les arrêtés des préfets en matière domaniale, par exemple, en matière de remise de biens non vendus sur un émigré, doivent être portées devant le ministre des finances. — *Cons. d'état*, 28 sept. 1816, Dubois Berthelot c. administration des domaines.

345. — Lorsque les arrêtés des préfets sont attaqués pour cause d'incompétence, il est de jurisprudence constante qu'aux termes de la loi du 14 oct. 1790 les arrêtés des préfets peuvent être attaqués directement au conseil d'état. — V. COMPÉTENCE ADMINISTRATIVE. — Or, nous pensons que tel est aussi le principe qui régit les matières domaniales, puisque, pour soustraire ces matières à l'empire de ce principe général, il faudrait que le décret réglementaire du 23 fév. 1811 contînt une exception formelle, qui ne s'y trouve pas.

346. — Jugé que les arrêtés du préfet qui envoient un individu en possession d'un domaine cédé à l'état, s'ils n'ont pas été rapportés par l'autorité administrative compétente, peuvent être opposés comme ayant la force de chose jugée aux tiers qui revendiquent devant les tribunaux la propriété de ces mêmes domaines. — *Colmar*, 25 mars 1828, Teutsch c. fabrique de Geispolsheim.

347. — S'il s'agit de contestations relatives à la validité et aux effets du remboursement de rentes dont l'état s'est trouvé propriétaire par suite de la main-mise sur les biens nationaux, c'est au conseil de préfecture à prononcer, sauf appel au conseil d'état. — LL. 28 oct.-5 nov. 1790, tit. 3, art. 20 et suiv.; 13 brum. an II, art. 2, 4 et suiv; 8 flor. an III; 28 pluv. an VIII, art. 4.

348. — Mais toutes les fois que l'état n'est pas intéressé dans la question de remboursement, c'est à l'autorité judiciaire qu'est renvoyée la contestation. — V. conf. *Cons. d'état*, 6 janv. 1807, Lebarz; 20 sept. 1809, Bellanger c. Talleyrand-Périgord; 14 août 1822, Duquesne c. Lerebourg; — Macarel et Boulatignier, *loc. cit.*, no 177.

349. — Quant à la question de savoir si des rentes de fondation, pour services religieux, doivent continuer à être servies au domaine, depuis la suppression des ordres religieux, elle est du ressort des tribunaux. — Cormenin, *Dr. admin.*, t. 2, Append., vo *Domaine de l'état*, § 3. — V. FONDATION, RENTE.

350. — Lorsqu'il s'agit d'interpréter et d'expliquer entre l'acquéreur et le domaine le sens et les effets d'une clause de réserve stipulée dans un transfert de rente nationale, cette contestation rentrant dans le contentieux des domaines nationaux, c'est au conseil de préfecture qu'il appartient d'en connaître.

351. — La confection des partages des biens nationaux indivis entre l'état et les parens d'un émigré est dans les attributions des préfets, sous l'approbation du ministre des finances; mais la connaissance des contestations, soit sur le fond, soit sur la forme desdits partages, appartient exclusivement aux conseils de préfecture en première instance et au conseil d'état en appel. — *Cons. d'état*, 12 juin 1813, héritiers Quintanadoine.

352. — Il reste maintenant à se demander si la juridiction administrative a aujourd'hui quelques attributions relatives aux aliénations du domaine de l'état.

353. — L'art. 4, L. 28 pluv. an VIII, investit formellement les conseils de préfecture du *contentieux des domaines nationaux*.

354. — Le texte de cet article n'a pas été restreint dans son application aux *biens nationaux* proprement dits (V. ce mot, nos 150 et suiv.), mais on l'a en outre étendu, et c'est alors que surgissent des difficultés graves, aux autres biens faisant partie du domaine de l'état, qui n'ont pas été saisis et vendus en vertu des lois révolutionnaires, et, spécialement, aux ventes des biens communaux affectés à la caisse d'amortissement par la loi du 20 mars 1813, ventes qui étaient considérées comme des aliénations de biens domaniaux et, comme telles, soumises aux mêmes règles ainsi qu'aux mêmes formes. — V. COMMUNE, nos 957 et suiv.

355. — On a cru devoir faire une distinction entre le cas où il s'agit de réclamations faites par un *tiers* prétendant des droits de propriété, de servitude ou autres droits réels sur l'immeuble vendu, et celui où les contestations n'ont lieu qu'entre l'état et l'adjudicataire ou ses ayant-cause, et on a pensé que si, dans la première de ces hypothèses, l'autorité judiciaire était compétente, dans la deuxième, au contraire, c'est au conseil de préfecture qu'il appartient de prononcer, sauf recours au conseil d'état. — V. conf. Macarel et Boulatignier, *De la fortune publique en France*, t. 1er, p. 178 et suiv.; Serrigny, *Tr. de l'organ.* etc., t. 2, nos 724 et suiv. — V. aussi Cormenin, *loc. cit.*, note 5e sur la p. 45. — *Contrà* Dufour, *loc. cit.*, no 1449.

356. — Cette distinction est clairement exprimée dans une décision du conseil d'état du 27 fév. 1835 (Min. des finances c. Touillet), ainsi motivée : — « *Sur la question de propriété entre l'état et les tiers*, considérant que la vente dont il s'agit a été faite par l'état à la dame ve Touillet le 25 nov. 1820, et que, depuis la promulgation de la charte de 1814, la question de propriété des biens vendus par l'état *et revendiqués par des tiers*, sont du ressort des tribunaux; — *Sur la demande en garantie formée contre l'état par la veuve Touillet*, considérant

que les effets des ventes des biens nationaux *entre l'état et les acquéreurs* sont du ressort de l'autorité administrative.... » — V. conf. *Cons. d'état*, 17 janv. 1814, min. des fin. c. Dehagre; 22 sept. 1814, Caisse d'amortissement c. Magaud; 1er nov. 1814, Caisse d'amortissement c. Tixier Dubreuil; 13 fév. 1815, d'Herbais c. le domaine; 25 juin 1817, Joba c. comm. de Sorey; 24 déc. 1818, Mazières c. comm. de Laure et la régie des domaines; 29 déc. 1819, Tarlé c. Rougé; 8 mai 1822, Pauffert c. comm. de Pierrecourt; même jour, héritiers Rohan-Soubise c. Gosse; même jour, Laura c. comm. de Courcesan; même jour, Hagedet c. comm. de Maurens; même jour, Béard c. comm. de Cressin Rochefort; 26 juin 1822, Golmiche c. comm. de Vesoul; 20 nov. 1822, comm. de Sauvigny c. Blanchol; 29 avr. 1821, Mignot c. comm. de Saint-Marcel; même jour, Durand c. comm. de Vomecourt; 6 sept. 1821, min. des fin. c. comm. de Saint-Laurent; 20 mars 1822, Béard c. comm. de Pollien; 8 mai 1822, Fonfrède c. comm. d'Anderny; 23 fév. 1820, comm. de Beurre c. Ployer; même jour, Lamy c. comm. de Chêne-Bernard; 27 déc. 1820, Ronre c. comm. de Châteauneuf-Calcernier; 10 janv. 1821, Carbonneil c. Pons; 29 août 1821, min. des fin. c. Richardot; même jour, Aubertin c. Nicolas; 20 nov. 1822, Sappey; 20 déc. 1822, Salze c. Maure; 14 janv. 1823, Rousset c. comm. de Treffort; 19 fév. 1823, Pujo et Navailles c. Ruiz; même jour, Marinprocy c. comm. d'Igon; 26 mars 1823, Bermont-Devaulx c. comm. de Valbelle; 18 juin 1823, Carlier c. les héritiers Ulrich; 24 fév. 1825, Bernard; même jour, comm. de Château-Châlon, etc. c. Reverchon; 27 juill. 1825, Spinga c. comm. de Hosti; 21 juin 1826, de la Porterie c. le domaine, Arnal et consorts; 16 mai 1827, comm. de Morbiel c. Moryet; 24 oct. 1827, Jony c. comm. de Blaisy-le-Haut; 19 déc. 1827, comm. de Lançon c. Roux; 3 janv. 1828, Belliént et Viallard c. comm. d'Ardes; 6 mars 1828, Roydor c. comm. de Morbier; 10 août 1828, comm. de Lunéville c. Keller; 22 juill. 1829, comm. de Saudemont c. d'Haubersaert et Saudemont; 26 août 1829, Lepot c. admin. des domaines; 22 nov. 1829, comm. de Sarniguet c. Dargagnou et autres; 23 déc. 1829, Blompignon et consorts c. comm. de Payns; 25 mars 1830, l'Horset; 5 mai 1830, Delahaye c. comm. d'Echenay; 22 oct. 1830, Levasseur c. comm. de Lannoy-Cuillère; 31 juill. 1833, Dorr c. comm. de Flevy; 31 oct. 1833, comm. de Dourges c. Ruccart; 30 mai 1834, min. de l'int. c. Duméril; 1er août 1834, Mazet, Clet et autres; 29 août 1834, Leterme c. admin. des domaines; 17 oct. 1834, comm. d'Epagny c. Huot; 21 nov. 1834, admin. des domaines c. Golmiche et consorts; 13 nov. 1835, Musnier de la Converserie; 2 juin 1837, comm. de Voroy c. Quégain et autres; 19 juill. 1837, Degrave c. comm. de Pierrecourt; 19 nov. 1837, Denizot et Julien c. Duthier; 5 août 1841, min. des fin. c. le général Darriule.

357. — Jugé, dans le même ordre d'idées, que les tribunaux sont incompétens pour statuer sur la question de savoir si une vanne fait partie de la vente d'un moulin aliéné comme bien national par l'autorité administrative. — *Cass.*, 23 germin. an XI, Peeri c. Wailli.

358. — ... Et pour connaître de l'action en garantie intentée contre un préfet par une personne à qui un acte administratif a cédé une propriété nationale en indemnité d'un autre local dont l'administration a disposé pour le service public. — *Cass.*, 29 thermid. an X, Duhamel.

359. — Malgré l'autorité imposante d'une jurisprudence aussi constante, l'on a contesté avec beaucoup de force la légitimité de l'application faite, sous la distinction précédemment indiquée, de la loi du 28 pluv. an IV, aux aliénations des biens de l'état, autres que celles de biens nationaux proprement dits.

360. — On a d'abord fait remarquer que les considérations politiques qui ont nécessité cette loi de pluviôse sont étrangères à nos temps actuels, puisque, ce qui restait des biens d'origine révolutionnaire ayant été rendu en 1814 à leurs anciens propriétaires, il n'est plus alors besoin de couvrir aujourd'hui les acquéreurs des biens de l'état, que rien désormais ne saurait inquiéter, de la protection extraordinaire de la juridiction administrative.

361. — En second lieu et par un argument tiré du fond même des choses, on a dit que, dans les adjudications de biens domaniaux, l'état ne figure ni comme souverain, ni comme administrateur; qu'il remplit le rôle d'une personne privée, et doit, dès-lors, être soumis au droit commun.

362. — On a ajouté que, plus l'état est puissant, et plus il doit offrir de garanties aux citoyens, au lieu de se prendre lui-même pour juge dans sa propre cause; et que, sous ce rapport, c'est le cas d'appliquer ici ce qu'on lit dans un rapport du ministre de la justice, inséré au *Bulletin des Lois*, 2e série, no 1625 : — « La garantie des propriétés particulières dont les tribunaux sont, de droit, les conservateurs, est fondée sur des principes sacrés, et elle se rattache à cette idée fondamentale de toute espèce d'institution sociale, que les propriétés des citoyens ne sont pas moins inviolables que celles de la nation, et que, toutes les fois qu'il y a litige sur le domaine, *la nation elle-même se dépouille, par une admirable fiction, de sa souveraineté*, et se présente, par ses agens, vis-à-vis de tribunaux impassibles devant lesquels elle discute ses droits, et se soumet d'avance aux mêmes condamnations que celles qu'un simple particulier peut subir. »

363. — Enfin puisque, ainsi qu'on l'a vu pour les baux domaniaux (V. BAIL ADMINISTRATIF, nos 34 et s.), et qu'on l'établira bientôt pour des échanges (V. *infrà* nos 382 s.), les contestations qui ont ces matières pour objets sont demeurées dans le droit commun, on s'est demandé pourquoi il en serait autrement pour les ventes. Le bail et l'échange ne sont-ils pas des contrats de même nature que la vente?

364. — Il est vrai que MM. Macarel et Boulatignier (*loc. cit.*, p. 183), pour justifier le système de la jurisprudence à l'encontre de celui qui vient d'être exposé, argumentent de l'art. 26, C. forest., qui soumet au conseil de préfecture les contestations sur la validité des surenchères en matière de vente de coupes de bois. Mais M. Dufour (*loc. cit.*) pense que l'analogie n'existe vraiment pas, en ce que le Code forestier ne parle que d'une question spéciale dont la solution exigeait une rapidité qu'on n'obtient que de la procédure administrative.

365. — A la vérité, le conseil d'état a étendu, en cette matière, la compétence du conseil de préfecture aux questions d'interprétation de la vente elle-même (*Cons. d'état*, 12 janv. 1835, Delcan); mais comme cette décision se fonde, pour statuer ainsi, sur l'art. 4, L. 28 pluv. an VIII, M. Dufour fait encore observer qu'elle est complétement étrangère à l'argument que l'on prétend puiser dans l'art. 26 du Code forestier.

366. — ... Quoi qu'il en soit, en nous plaçant au point de vue de la distinction posée par le conseil d'état, c'est aux tribunaux ordinaires qu'il appartient de connaître des contestations élevées par des tiers relativement aux biens vendus par l'état. Or, cela suppose, par dérogation au principe admis dans l'art. 374, constit. 5 fructid. an III, et dans l'art. 94, constit. an VIII, que la vente du bien d'autrui faite par l'état à un tiers, n'a plus pour résultat de transférer la propriété à l'acquéreur et de résoudre le droit du vrai propriétaire en une indemnité contre l'état; ce qui eût été, en effet, incompatible avec les art. 9, 66 et 10 de la charte de 1814, que celle de 1830 n'a fait que confirmer. — V. conf. Serrigny, *loc. cit.*, no 753; Cormenin, *Dr. administ.*, vo *Domaine de l'état*, t. 2, p. 44, note 3.

367. — Il est, du reste, bien entendu que la disposition de la loi de pluviôse n'ayant pour objet que les domaines nationaux, les meubles sont restés sous l'empire du droit commun.

368. — Nous ajouterons ensuite avec M. Dufour (*loc. cit.*, no 1450) que, pour les immeubles eux-mêmes, la compétence des conseils de préfecture étant exceptionnelle, il faut, pour en déterminer l'étendue et les limites, considérer non l'objet de la demande ou la question principale du procès, mais simplement la nature des documens invoqués dans le débat et devant fournir les élémens de la décision. Si le conseil de préfecture doit toujours trancher la question d'interprétation et de validité des actes émanés de l'administration pour préparer la vente, il doit s'abstenir de rien décider autre chose. — V. conf. *Cons. d'état*, 3 mars 1837, comm. de Franchesse c. hérit. Petit-Jean; 2 juin 1837, comm. de Voray c. Quéguin; 21 juin 1839, min. des fin. c. Laurent.

369. — Tout ce que l'on vient de dire sur la compétence de la juridiction administrative, en ce qui concerne les aliénations du domaine de l'état qui ont lieu par voie d'adjudication publique, s'applique sans difficulté aux aliénations qui ont lieu par voie de concession. — Macarel et Boulatignier, *loc. cit.*, p. 184.

370. — Ainsi, notamment, que la concession soit intervenue avec le concours spécial de la législative ou en vertu d'une délégation plus ou moins générale de la loi, la nature de l'acte est la même; c'est toujours un acte administratif; donc les difficultés qu'il fait naître entre l'administration et les particuliers qui l'ont obtenu, devait appartenir au contentieux administratif. — Dufour, *loc. cit.*, nos 1422 et 1454.

371. — Il a été jugé que la loi portant concession, par l'état à un particulier, d'une propriété faisant partie de son domaine, ne peut être assimilée, non plus que les plans auxquels elle se réfère et qui y sont annexés, à de simples titres de propriété dont l'appréciation, quant à l'étendue de la chose cédée, appartiendrait exclusivement aux juges du fond. — *Cass.* (sol impl.), 13 janv. 1845 (t. 1er 1845, p. 64), de Nazelles c. ville de Paris.

372. — La cour de Cassation peut donc se livrer à l'inspection du plan et à la comparaison de ce plan avec les termes de la loi pour décider si les juges qui ont attribué telle ou telle étendue à la concession n'ont pas violé la loi qui l'a consacrée. — Même arrêt (sol impl.).

373. — Spécialement, l'avenue Gabrielle et les fossés établis du côté opposé aux Champs-Elysées ne peuvent, d'après l'inspection du plan annexé à la loi de concession du 20 août 1828, être considérés comme compris dans les terrains (la place Louis XV et la promenade des Champs-Elysées) concédés par l'état à la ville de Paris; — ce qui rend le préfet de la Seine, comme représentant la ville de Paris, sans qualité pour intenter une action en délaissement contre les propriétaires riverains de cette avenue et de ces fossés. — Même arrêt.

374. — Il est maintenant à remarquer que, par dérogation au principe qui veut que le conseil de préfecture soit juge ordinaire du premier degré pour le contentieux administratif, la jurisprudence a décidé que les difficultés entre l'état et les concessionnaires doivent être portées directement devant le conseil d'état. — Dufour, *Dr. admin. appl.*, t. 3, no 1454.

375. — Décidé spécialement que ni l'autorité judiciaire, ni même les conseils de préfecture, ne sont compétens pour apprécier si, en vertu des lois générales ou spéciales et d'actes du gouvernement postérieurs à ces lois, il a été fait concession de terrains domaniaux à un département. Cette appréciation ne peut être faite que par le roi en son conseil d'état. — *Cons. d'état*, 6 mars 1835, min. fin. c. départem. de la Dordogne. — V. conf. Cormenin, *Dr. admin.*, vo *Domaine de l'état*, t. 2, p. 46.

376. — Décidé encore qu'il n'appartient pas non plus à l'autorité judiciaire de connaître de la prétention d'un département qui réclame contre l'état, en vertu d'un décret impérial et comme ayant succédé aux droits de la Légion-d'Honneur, un immeuble que l'administration des domaines soutient n'avoir pas été concédé. Le conseil d'état seul peut apprécier l'étendue et déterminer les effets du décret. — *Cons. d'état*, 6 mai 1836, départem. du Pas-de-Calais c. préfet du Pas-de-Calais.

377. — Sont aussi du ressort de l'autorité administrative les contestations qui ont pour objet l'interprétation et l'appréciation d'anciennes concessions de biens domaniaux, par exemple, les concessions d'eaux dépendant du domaine public faites pour l'alimentation d'une ville, et spécialement pour la ville de Paris. — Macarel et Boulatignier, *loc. cit.*, p. 185.

378. — C'est ce qui a été décidé, alors même que la contestation n'était engagée qu'entre un particulier et une ville. — *Cons. d'état*, 23 oct. 1835, préfet de la Seine c. Delorme. — V. au surplus COURS D'EAU.

379. — Mais lorsque les actes administratifs ne suffisent pas pour décider si le terrain en litige a fait partie de la concession faite à un établissement public, et qu'il faut recourir à d'anciens titres et autres moyens de droit commun, il y a lieu de renvoyer les parties devant les tribunaux. — *Cons. d'état*, sémin. d'Evreux c. fabrique de l'église de Saint-Taurin; — Dufour, *loc. cit.*, no 1454; Macarel et Boulatignier, *loc. cit.*

380. — Tout ce qui vient d'être dit ne s'applique qu'aux contestations entre l'administration et les concessionnaires. Mais si c'est entre les concessionnaires et les tiers que s'élève la contestation, ce sera le juge civil qui, conformément à la règle générale de compétence que nous avons établie, devra en connaître.

381. — Seulement si, dans le procès, l'on excipe d'un acte de concession qu'il s'agit d'interpréter, le juge civil ordonnera un sursis pour que les parties obtiennent de l'autorité administrative une interprétation qu'elle seule est en droit de donner. — Dufour, *loc. cit.*, no 1422. — V. ACTE ADMINISTRATIF.

382. — En matière d'échange, il faut distinguer entre les contestations relatives aux formalités qui précèdent la loi d'échange et celles qui s'élèvent sur l'exécution du contrat sanctionné par cette loi.

383. — A l'égard des premières, MM. Macarel et Boulatignier (*loc. cit.*, p. 186 et suiv.) pensent qu'elles sont de la compétence de l'autorité administrative.

384. — Ils pensent également que si une loi a autorisé définitivement l'échange d'une portion du domaine de l'état avec une propriété privée, et qu'il s'élève des difficultés entre l'échangiste et l'administration, tant sur l'exécution des conditions de l'échange que sur la résolution du contrat, c'est l'autorité judiciaire qui doit prononcer sur les contestations, malgré les décisions que le ministre des finances aurait pu prendre à cet égard. — Et ils ajoutent, en citant une ordonnance du 6 nov. 1822 (Rambourg c. le min. des fin.), que c'est en ce sens qu'est fixée la jurisprudence.

385. — M. Dufour (n° 1456) approuve cette distinction comme très juste. — « En effet, dit-il, les actes du chef suprême de l'administration qui ont pour objet d'autoriser les agens de l'administration, ministre ou préfet, de leur donner pouvoir et qualité pour consentir à un échange au nom de l'état, sont empreints du caractère d'actes administratifs, tandis que par l'intervention de la loi qui le sanctionne, l'échange prend le caractère d'un *contrat*, il sort de la sphère administrative pour passer dans le domaine du droit commun ; ce sont désormais les dispositions du droit civil qui font sa force et qui doivent présider à son exécution. »

386. — Mais le même auteur se demande s'il est bien exact de dire que la jurisprudence garde cette distinction, et il cite une ordonnance du conseil d'état du 23 avr. 1837 (comm. de Pratin c. le général Bachelu), comme contenant, dans l'espèce, une décision sur l'interprétation même d'un contrat d'échange.

387. — Jugé que c'est au conseil d'état, et non à l'autorité judiciaire qu'il appartient de statuer sur la validité des échanges de biens provenant de dotations sur le domaine extraordinaire, et sur les contestations auxquelles ils peuvent donner lieu. — *Cons. d'état*, 12 juill. 1836, prince de Wagram c. min. fin.

388. — Jugé encore que c'est au conseil d'état qu'il appartient d'interpréter un décret qui avait pour objet d'autoriser une aliénation de domaines nationaux, ainsi que les ordonnances royales qui en ont été la suite, et à prononcer sur la validité des actes qui en ont été l'exécution. — Même décision.

389. — La même ordonnance décide que l'échange autorisé par un décret impérial entre le domaine de l'état et un donataire pour une portion de sa dotation, ne peut devenir définitif qu'autant qu'il a été confirmé par une loi ; — mais aussi que jusqu'à ce qu'il ait été statué définitivement par le pouvoir législatif sur l'échange autorisé par le décret impérial, l'échange provisoire ne peut être attaqué par les personnes qui y ont concouru, et il subsiste entre elles avec la même force et les mêmes effets. — Même décision.

390. — Jugé que les tribunaux sont compétens pour connaître des difficultés auxquelles peut donner lieu un échange intervenu entre l'état et un particulier, bien qu'il ait été autorisé par une loi. — *Paris*, 3 mars 1838, sous *Cass.*, 30 juin 1841 (t. 2 1841, p. 512), Liste civile c. Dupont et Lecourbe. — V. Cormenin, *Dr. admin.*, v° *Domaine de l'état*, t. 2, p. 43, note 2e.

391. — S'il s'agit maintenant de décrets relatifs à l'échange d'un immeuble entre une commune et le domaine, les tribunaux sont incompétens pour en apprécier le sens et les effets. — Cormenin, *loc. cit.*

392. — C'est à la commission mixte de liquidation instituée en vertu des conventions additionnelles au traité de Paris, du 20 nov. 1815, que devaient être soumises les réclamations des Anglais, par suite de l'aliénation des immeubles confisqués sur eux, en exécution du décret de blocus des Iles Britanniques, du 21 nov. 1806. — Passé le 21 fév. 1816, aucune réclamation n'a pu être présentée, et celui qui, au lieu de s'adresser à la commission mixte avant ce terme, s'est par erreur pourvu devant toute autre autorité, encore bien que la demande eût été renvoyée à la commission, si elle n'y est parvenue qu'après ce terme, a encouru une déchéance qui n'est imputable qu'à lui, et dont il n'a pas dû être relevé. — *Cons. d'état*, 27 août 1847, Hunt c. administr. des domaines.

§ 2. — *Quelles sont les personnes ayant qualité pour exercer les actions du domaine ou pour y défendre.*

393. — Depuis que la loi du 28 pluv. an VIII a substitué les préfectures aux administrations départementales, et les sous-préfectures aux administrations municipales des cantons, c'est le préfet qui, en sa qualité de chef de l'administration entière, a le droit exclusif d'exercer les actions domaniales ; c'est en sa personne que l'état doit être assigné. — LL. 28 oct.-5 nov. 1790, tit. 3, art. 13 ; 15-27 mars 1791, art. 13 et suiv. ; 19 niv. an IV, art. 1er et suiv., et C. procéd. civ., art. 69, n° 1er. — V. aussi *Cons. d'état*, 18 mai 1837, minist. des fin. c. Pasrelac et Lanac. — V. EXPLOIT.

394. — Auparavant, c'était contre le procureur-général syndic du département (auquel plus tard la loi du 14 frim. an II subrogea le président de l'administration départementale), et non contre l'agent national ou procureur-syndic du district que devaient être formées les demandes contre l'état. — V. conf. *Cass.*, 12 prair. an XI, comm. de Pressigny c. préf. de la Haute-Marne ; 8 pluv. an XIII, préf. de la Haute-Marne c. comm. d'Hortes ; 9 janv. 1809, Bavière c. comm. de Payeur ; 25 juin 1810, Montheion c. comm. de Troissy ; 29 déc. 1812, comm. de Bonchamp c. d'Andlaw ; 31 juill. 1815, Brunet de Weuilly c. comm. de Vrécourt ; 22 juin 1818, de Saulx-Tavannes c. comm. de Véronnes ; 30 juin 1818, Rollet c. comm. de Loyette ; 18 juin 1823, Desaix c. comm. de Tazenat ; 9 mars 1825, préf. du Haut-Rhin ; 20 fév. 1826, préf. du Haut-Rhin c. comm. d'Hattmott. — V. aussi Berriat Saint-Prix, *Procéd. civ.*, p. 391, note 24.

395. — Il importait même peu qu'un arrêté de l'administration départementale eût autorisé l'agent national à faire toutes les diligences nécessaires pour se procurer les pièces favorables à sa cause, si, du reste, elle ne l'avait pas expressément autorisé à défendre à l'action d'une commune. — *Cass.*, 15 déc. 1817, de Malmet c. comm. d'Antreville.

396. — Toute action relative au domaine de l'état devant donc être intentée ou soutenue au nom du procureur général syndic (remplacé, ainsi qu'on l'a dit, aux termes de la loi du 14 frim. an II, par le président du département), la procédure faite avec les agens nationaux des districts, et le jugement qui en avait été le résultat, se trouvaient entachés de nullité. — V. conf. *Cass.*, 31 juill. 1815, Brunet de Weuilly c. comm. de Vrécourt ; 22 juin 1818, de Saulx-Tavannes c. comm. de Véronnes ; *Grenoble*, 31 janv. 1822, Blanchet c. comm. de Saint-Gervais. — V. aussi Merlin, *Quest. de dr.*, v° *Nation*, § 2.

397. — Et cette nullité pouvait être proposée par voie de tierce opposition par les ayant-cause de la nation. — *Grenoble*, 31 janv. 1822, Blanchet c. comm. Saint-Gervais.

398. — Spécialement, une sentence arbitrale rendue entre la nation et une commune était nulle, si l'action de la communauté avait été intentée contre l'agent national, et si cet agent avait participé de son nom et de son chef à la nomination des arbitres. — *Cass.*, 3 juill. 1821, Lecarlier c. comm. de Vesle. — V. dans le même sens *Cass.*, 6 déc. 1813, de Saulx-Tavannes c. comm. de Beaumont sur Vingeanne ; 1er juill. 1823, Drée et Mandelot c. comm. de Lompnieux.

399. — Jugé encore qu'une sentence arbitrale rendue en vertu de la loi du 11 juin 1793 était nulle, si les arbitres avaient été nommés par le juge de paix pour le procureur général syndic, sans qu'il fût constaté que cette nomination d'office avait été précédée d'une citation au procureur général syndic, et qu'elle n'avait eu lieu que sur le refus de ce dernier de nommer des arbitres. — *Cass.*, 19 mai 1819, de Beauffremont c. comm. de Vanchoux.

400. — ... Et que la signification d'une sentence arbitrale, étant irrégulièrement faite à l'état dans la personne de l'agent national du district, n'avait pas fait courir le délai du pourvoi en cassation. — *Cass.*, 20 juin 1820, Reinach c. Schelcher. — V. conf. *Paris*, 18 juill. 1835, préf. de l'Aube.

401. — Jugé aussi que, dans une cause du domaine, la signification d'un jugement faite au procureur syndic du district n'était ni régulière ni suffisante pour faire courir le délai de l'appel. — *Cass.*, 17 juill. 1810, comm. d'Havenges c. Domaine.

402. — Jugé d'autre part qu'une administration de district et l'agent national placé près d'elle étaient suffisamment autorisés à défendre à une action domaniale, par cela que l'administration départementale avait délégué à la première le pouvoir de nommer un arbitre et chargé l'autre de présenter cet arbitre au juge de paix et de rendre compte de la décision. — *Cass.*, 14 août 1821, de Lauraguais c. comm. de Bélieu.

403. — Nous avons dit que c'est au préfet qu'appartient aujourd'hui le droit d'exercer les actions domaniales. Toutefois nous devons ajouter que l'administration de l'enregistrement et des domaines a élevé la prétention de concourir à l'exercice de ces actions, et qu'elle a invoqué à son appui les art. 15, L. 9-20 mars 1791 ; 5, L. 3 sept. 1793, et 24, L. 10 frim. an II, relatives aux domaines engagés, l'arrêté du 5 vendém. an VI, concernant les usagers dans les forêts nationales, l'ordonnance du roi du 26 janv. 1824, relative aux forêts, enfin la loi du 12 mai 1825, concernant les arbres plantés sur les grandes routes.

44. — « En vain, dit cette administration dans une note émanée de la direction générale et relatée par MM. Macarel et Boulatignier, p. 43 et suiv., invoquerait-on l'art. 69, C. procéd. — Outre que cet article n'a pour but que de désigner celui des magistrats qui représente plus spécialement l'état, il ne fait pas obstacle à ce que l'administration des domaines exerce le droit qui lui a été conféré par des lois spéciales, de concourir à la défense des intérêts qui se rattachent à la propriété domaniale. En effet, un avis du conseil d'état, du 12 mai 1807, approuvé par l'empereur le 1er juin même année, porte que l'abrogation de toutes les lois, usages et réglemens antérieurs relatifs à la procédure (abrogation prononcée par l'art. 1041, C. proc. civ.), ne s'applique pas aux lois et réglemens concernant la forme de procéder relativement à la régie des domaines et de l'enregistrement. »

405. — Mais, comme le font observer avec raison MM. Macarel et Boulatignier (*loc. cit.*), en supposant que les textes antérieurs au Code de procédure civile invoqués par l'administration des domaines fussent aussi explicites qu'elle le soutient, l'on trouverait précisément dans l'avis du conseil d'état précité la condamnation de ses prétentions. Il résulte, en effet, de cet avis que, si l'article 1041 C. proc. civ. n'a pas enveloppé dans son abrogation générale les règles qui existaient précédemment pour les affaires de l'enregistrement et des domaines, cette abrogation est incontestable toutes les fois qu'on trouve dans le nouveau code des dispositions formelles, relativement à ces matières, qui seraient en opposition avec les dispositions antérieures. Or on sait que l'art. 69, n° 1, de ce code charge spécialement le préfet de l'exercice des actions domaniales.

406. — Du reste, en fait, les préfets ont consulté toujours et avec raison l'administration des domaines pour l'exercice de ces actions, et d'ailleurs l'ordonnance réglementaire du 6 mai 1838 leur en a imposé désormais l'obligation en décrétant ce qui suit : — « Art. 1er. L'instruction de toutes les actions concernant la propriété des domaines de l'état affectés ou non affectés à des services publics, sera préparée et suivie, jusqu'à l'entière exécution des jugemens et arrêts, par les directeurs des domaines dans les départemens, de concert avec les préfets, sous la surveillance de notre ministre secrétaire d'état des finances. »

407. — Ce que l'on vient de dire du droit exclusif des préfets d'exercer les actions domaniales ne doit cependant s'entendre que des actions qui ont pour objet le fond même d'un droit ; car les actions qui n'ont pour objet que de simples recouvremens, tels que fermages de biens nationaux et arrérages de rentes, ne peuvent être exercées qu'au nom de l'administration des domaines. — L. 23-28 oct.-5 nov. 1790, art. 14 ; et 19 août-12 sept. 1791, art. 4 et 6 ; — Boitard, *Procéd. civ.*, n° 230 ; Foucart, *Dr. publ. et adm.*, t. 2, n° 22.

408. — Dans ces cas, les préposés de la régie de l'enregistrement actionnent donc les débiteurs, et ce n'est qu'autant qu'il y a contestation sur le fond de la créance qu'ils se trouvent sans qualité pour agir. — V. conf. *Cass.*, 30 juin 1828, Enregistr. c. Bergeron ; 6 août 1828, Enregistr. c. Marchand.

409. — Antérieurement aux deux arrêts précités de la cour de Cassation, lorsque le fond du droit, par exemple, le capital des rentes d'où procédaient les arrérages, était incidemment contesté, l'on distinguait : si c'était la *domanialité* elle-même de la rente ou de tout autre droit qui était l'objet de la contestation, alors, de quelque partie qu'émanât l'exception, de l'état ou des particuliers, toujours la régie se trouvait dessaisie. — *Cass.*, 29 thermid. an XI, Domaine c. Schéfer ; — Merlin, *Quest. de dr.*, v° *Nation*, § 3.

410. — Mais lorsque la contestation ne portait pas sur la domanialité même du droit, par exemple, lorsque, sur la demande en paiement d'une rente même domaniale, le débiteur opposait à l'administration de l'enregistrement que la rente était éteinte ou qu'elle n'avait été jamais légitimement due, dans ce cas la régie n'était pas absolument sans qualité ; elle pouvait faire juger le fond de la contestation. Le préfet, à la vérité, avait besoin d'intervenir même sur l'appel, et de faire juger l'affaire en son nom comme représentant l'état ; mais la régie avait eu qualité suffisante jusque-là pour ester en justice. — *Cass.*, 22 flor. an X, préfet des Vosges c. Saintin ; — Merlin, *Quest. de dr.*, v° *Appel*, § 2.

411. — Jugé que, la direction générale de l'enregistrement et les préfets n'étant que les agens de l'état, l'action intentée en première instance par le directeur du domaine peut être valablement poursuivie en cause d'appel par le préfet. — *Cass.*, 9 avr. 1834, préfet de Tarn-et-Garonne c. Roques.

412. — Il y a d'autres contestations intéressant l'état dans lesquelles ne figurent pas les préfets, par exemple dans les affaires du trésor public, des douanes, des droits réunis, du timbre, de l'enregistrement, de l'administration des forêts. — Proudhon, *Tr. du dom. de propr.*, nos 844 et suiv. — V. au surplus CONTRIBUTIONS INDIRECTES, DOUANES, ENREGISTREMENT, FORÊTS, TIMBRE, TRÉSOR PUBLIC.

413. — Si, d'une part, comme on vient de le dire, l'art. 69, n° 1er, C. procéd. civ., désigne le préfet comme représentant de l'état en matière de domaines et de droits domaniaux, d'autre part la loi du 28 pluv. an VIII appelle également le préfet à exercer les actions du département (V. DÉPARTEMENT, PRÉFET); on peut dès-lors se demander lequel de ces deux rôles devra remplir le préfet en cas de litige entre l'état et un département.

414. — Cette question se trouve tranchée par le dernier paragraphe de l'art. 36, L. 10 mai 1838, aux termes duquel le préfet, dans notre hypothèse, remplira le rôle de représentant de l'état, tandis que l'action doit être intentée ou soutenue au nom du département par un membre du conseil de préfecture, le plus ancien en fonctions.

415. — Jugé au surplus que, même avant la loi du 10 mai 1838, l'état, en matière de domaine et de droits nationaux, ne pouvait être représenté que par le préfet, soit en demandant, soit en défendant, encore bien qu'il eût pour adversaire le département. — Dès-lors, dans un litige élevé entre l'état et un département, le préfet ne pouvait se porter le représentant du département en laissant au procureur du roi le soin de représenter l'état. — *Cass.*, 20 juill. 1842 (t. 2 1842, p. 171), préfet de la Corse c. département de la Corse.

416. — La disposition de l'art. 69, n° 1er, C. procéd., qui veut que l'état, lorsqu'il s'agit de domaines et de droits domaniaux, soit assigné en la personne ou au domicile du préfet, n'est pas obligatoire pour la partie assignée en première instance, à la requête de l'administration de l'enregistrement et des domaines; elle peut signifier à cette administration l'acte d'appel du jugement rendu entre elles, et n'est pas tenue de le signifier au préfet, conformément à l'art. 69, C. procéd. — *Limoges*, 8 juin 1814, Marchadier. — V. au surplus EXPLOIT.

417. — Lorsque, dans une instance relative à la propriété d'un bien dépendant de la dotation de la caisse d'amortissement, le préfet, agissant au nom du domaine, intervient et adhère aux conclusions prises par la caisse d'amortissement, il ne peut se faire un moyen de cassation de ce que l'arrêt dénoncé aurait décidé que cette caisse avait seule qualité pour défendre à la question de propriété. — *Cass.*, 26 juin 1826, préfet de Vaucluse c. comm. de Châteauneuf.

418. — L'art. 14 (tit. 3, L. 23-28 oct.-5 nov. 1790, portait : qu'il ne pourrait être intenté aucune action par le procureur général syndic *qu'en suite d'un arrêté du directoire de district*, à peine de nullité et de responsabilité, excepté pour les objets de simple recouvrement.

419. — L'art. 13, L. 15-27 mars 1791, renouvelait cette disposition en d'autres termes. La loi du 19 niv. an IV portait seulement que les actions du domaine seraient intentées par le commissaire du directoire exécutif près l'administration départementale, à la poursuite et diligence du directoire exécutif de l'administration municipale dans le ressort de laquelle se trouvaient les objets contentieux.

420. — En présence de ces textes, on avait cru devoir juger que l'action intentée au nom de l'état par le préfet est non-recevable si ce fonctionnaire n'a pas été préalablement autorisé par le conseil de préfecture. — *Cass.*, 8 févr. 1819, préfet de la Haute-Saône c. Demandre. — V. dans ce sens décis. min. des finances du 20 sept. 1822, et circ. admin. des dom. du 9 oct. même année. — V. aussi Merlin, *Quest. de dr.*, v° *Nation*, § 3.

421. — ... Et que, bien qu'un engagiste ait formé opposition à la déclaration de la régie des domaines qu'elle entend prendre possession des biens à l'égard desquels la déchéance a été encourue, le préfet qui intente ensuite au nom de l'état une action en délaissement doit être réputé demandeur. — *Cass.*, 8 fév. 1819, préfet de la Haute-Saône.

422. — Il est pourtant manifeste que la nécessité de cette autorisation n'était qu'une conséquence du système de l'époque, qui plaçait dans des autorités collectives l'administration tout entière et réduisait les procureurs généraux syndics et les commissaires du gouvernement aux fonctions de simples agens d'exécution qui ne pouvaient agir qu'en vertu d'une délibération ou autorisation.

423. — Mais, comme cet état de choses a été changé par la loi du 28 pluv. an VIII, dont l'art. 3 dispose que le préfet est chargé seul de l'administration; comme, d'ailleurs, l'art 4, même loi, qui détermine les fonctions des conseils de préfecture et leur attribue la connaissance des demandes formées par les communes pour être autorisées à plaider, ne soumet pas à leur autorisation, ni à leur examen ou avis, les procès que les préfets doivent intenter ou soutenir, c'est avec raison qu'après quelques hésitations le conseil d'état a fini par consacrer la doctrine opposée. — Avis cons. d'état 28 août 1823. — V. antérieurement, dans le même sens notamment *Cons. d'état*, 8 mai 1822, Pauffert et Maguet c. commune de Pierrecourt.

424. — Et il a été jugé, conformément à cette dernière doctrine, que le préfet peut introduire une action en justice sans l'autorisation du conseil de préfecture, et qu'il peut, *à fortiori*, interjeter appel. — *Cass.*, 9 avr. 1834, préfet de Tarn-et-Garonne c. Roques; — *Bordeaux*, 26 nov. 1828, Préfet de la Gironde c. Labarthe. — V. aussi Macarel et Boulatignier, nos 22 et suiv.; Serrigny, *Tr. de l'organis.*, etc., t. 2, n° 769; Dufour, *loc. cit.*, nos 1460 et suiv.; Cormenin, *Dr. admin.*, v° *Domaine de l'état*, § 4, t. 2, p. 46.

425. — Il eût été d'ailleurs bizarre, comme le remarque M. de Cormenin (Appendice, § 4, n° 3), que le préfet, qui préside le conseil de préfecture et qui en est le personnage principal et le plus influent, se donnât conseil à lui-même.

426. — Le préfet peut, toutefois, et il doit prendre l'avis préalable, mais *officieux*, soit du conseil de préfecture, soit des jurisconsultes du barreau. — Cormenin, *loc. cit.*

427. — Les arrêtés des conseils de préfecture pris sur les demandes intentées contre l'état ne doivent même être considérées que comme de simples avis qui ne lient ni les tiers intéressés, ni le préfet, ni l'administration du domaine, et qui ne sont pas susceptibles de recours au conseil d'état. — Cormenin, *Dr. adm.*, v° *Dom. de l'état*, t. 2, p. 48.

428. — Le conseil d'état a quelquefois autorisé, ou plutôt enjoint à des préfets de suivre une affaire devant les tribunaux. Ainsi, pareille autorisation était donnée pour les actions tant immobilières que mobilières du trésor. — Cormenin, *loc cit.*, Append., § 4. — V. TRÉSOR.

429. — Ce qui vient d'être dit s'applique à celles des actions intéressant le domaine de l'état qui sont de la compétence de l'autorité judiciaire. Mais quand il s'agit d'actions portées devant l'autorité administrative, est-ce toujours le préfet qui seul peut représenter l'état?

430. — Pendant long-temps les directeurs de l'enregistrement ont exercé les actions domaniales devant les conseils de préfecture, se fondant sur ce que la loi du 19 vent. an IV ne portait que des actions *en justice*, et sur ce que d'ailleurs le Code de procédure ne se référait qu'aux actions qui sont portées devant l'autorité judiciaire. — Macarel et Boulatignier, *loc. cit.*, n° 23.

431. — Dans ce système, c'était alors contre le domaine ou à sa requête que devaient être faites les significations des arrêtés des conseils de préfecture rendus contradictoirement avec lui. — Cormenin, *Dr. adm.*, v° *Domaine de l'état*, § 6, t. 2, p. 47.

432. — A ce point de vue il paraît aussi incontestable que les acquiescemens à des arrêtés pris en matière domaniale, ne devaient engendrer de fin de non-recevoir qu'autant qu'ils avaient été consentis par l'administration des domaines, et que l'acquiescement du préfet ne suffisait pas. — Cormenin, *loc. cit.*, p. 48, note 1re.

433. — Mais on a depuis exigé que l'état fût représenté par le préfet devant les conseils de préfecture aussi bien que devant l'autorité judiciaire. — *Cons. d'état*, 23 déc. 1835, min. des fin. c. comm. de Cléville; — Macarel et Boulatignier, *loc. cit.* — V. cependant Cormenin, *Dr. admin.*, v° *Domaine de l'état*, t. 2, p. 47, et surtout Appendice du t. 2, v° *Domaine de l'état*, § 5; Bioche et Goujet, *Dict. de procéd.*, v° *Etat (Domaine de l')*, n° 33.

434. — Il a d'ailleurs été décidé que les inspecteurs forestiers sont sans qualité pour représenter le domaine devant les conseils de préfecture, dans des contestations relatives aux droits de propriété ou d'usage dans les forêts domaniales. — V., dans ce sens, *Cons. d'état*, 12 fév. 1823, min. des fin. c. Imbart-Latour; 4 juin 1828, Adm. des domaines c. les habitans d'Arriaux; 15 juin 1825, Guyot; 22 nov. 1826, Scyler; — Cormenin, *loc. cit.*

435. — ... D'où il suit qu'ils n'ont pas capacité pour recevoir la signification des arrêtés des conseils de préfecture en matière domaniale, et qu'ainsi les significations de cette espèce ne peuvent faire courir contre le domaine les délais utiles du pourvoi. — Cormenin, *loc. cit.*, p. 47 et suiv.

436. — Décidé aussi qu'un ingénieur en chef des ponts et chaussées n'a pas qualité pour représenter l'état dans les contestations relatives aux rivières navigables. — V., dans ce sens, *Cons. d'état*, 16 août 1832, min. comm.

437. — Pendant long-temps aussi la direction générale des domaines a été admise à suivre devant le conseil d'état les actions domaniales avec ou sans le ministère d'un avocat aux conseils du roi. Mais elle ne peut aujourd'hui procéder devant cette juridiction soit en demandant, soit en défendant, avec ou sans ministère d'avocat aux conseils, qu'autant qu'elle a été expressément autorisée par le ministre des finances. — Macarel et Boulatignier, *loc. cit.*

438. — Du reste, l'on applique ici la règle générale d'après laquelle les recours doivent être formés devant le conseil d'état dans les trois mois de la notification régulièrement justifiée de la décision attaquée. — Macarel et Boulatignier, *loc. cit.* — V. au surplus CONSEIL D'ÉTAT.

439. — Notons aussi que le bureau du domaine de Paris avait qualité pour défendre dans un procès qui intéressait un prévenu d'émigration dans une succession ouverte à Paris, alors même que l'émigré aurait été domicilié dans un autre département. — *Cass.*, 29 déc. 1809, Boniface c. de Meaupou.

440. — Il a été jugé que, dans le cas où il y aurait lieu de demander l'annulation de la concession d'une terre domaniale, soit pour inobservation des formalités requises pour la régularité de cette concession, soit pour des raisons tirées du fond, l'action en nullité ne pourrait être exercée que par l'état, et non par la commune qui se prétend propriétaire de la terre. — *Rouen*, 19 mai 1843 (t. 1er 1844, p. 104), comm. des Plaus c. Ozierd.

§ 3. — *Quelles sont les règles à suivre pour le jugement des affaires domaniales.*

441. — La loi du 23-28 oct.-5 nov. 1790, tit. 3, art. 15, portait : « qu'il ne pourrait être exercé aucune action *contre* le procureur général syndic, en ladite qualité (de représentant du domaine), par qui que ce fût, sans qu'au préalable on ne se fût pourvu, par simple mémoire, d'abord au directoire du district, pour donner son avis, ensuite au directoire du département, pour donner une décision, aussi à peine de nullité. »

442. — Le même article ajoutait que les directoires de district et de département statueraient sur le mémoire, dans le mois, à compter du jour qu'il aurait été remis, avec les pièces justificatives, au secrétariat du district, dont le secrétaire donnerait son récépissé, et dont il ferait mention sur le registre qu'il tiendrait à cet effet.

443. — Enfin, il disposait encore que la remise et l'enregistrement du mémoire interrompait la prescription, et, dans les cas où les corps administratifs n'auraient pas statué à l'expiration du délai ci-dessus, il serait permis de se pourvoir devant les tribunaux.

444. — Il a été jugé, par application de cet article, qu'aucune action ne peut être exercée *contre le domaine* sans avoir été préalablement autorisée par les corps administratifs, soit par une délibération spéciale, soit par le silence de ces administrations pendant plus d'un mois, à partir du jour de la remise du mémoire du demandeur et des pièces justificatives. — *Cass.*, 11 pluv. an VIII, Dubail et domaine c. commune de Vaufrey.

445. — ... Et qu'en conséquence doit être cassé le jugement rendu sur une demande en revendication de biens forains formée sans autorisation contre le domaine de l'état par une commune sans avoir satisfait à l'arrêté d'administration départementale qui lui prescrivait de produire des pièces justificatives à l'appui du mémoire par elle présenté. — Même arrêt.

446. — Jugé encore qu'aucune action ne peut, à peine de nullité, être dirigée contre l'état, sans qu'au préalable on se soit pourvu par un mémoire d'abord au directoire du district, puis au directoire du département. — *Cass.*, 12 prair. an XI, commune de Pressigny c. préfet de la Haute-Marne; 4 fév. 1807, de la Caze c. commune d'Aulnet.

447. — Jugé que l'art. 15, L. 5 nov. 1790, qui oblige tout particulier qui veut intenter une action contre l'état à remettre préalablement un

mémoire expositif de sa demande n'est pas abrogé ni tombé en désuétude. — *Nîmes*, 16 déc. 1830, préfecture de l'Ardèche c. habitans du Cros-de-Ligeret.

448. — La loi du 28 pluv. an VIII ayant changé le système de l'administration départementale, l'on s'est demandé si c'était au préfet nominativement ou au conseil de préfecture que le mémoire devait être remis.

449. — Jusqu'en 1823, on a pu hésiter sur cette question : plusieurs décisions avaient été rendues dans le dernier sens. — V. notamment *Cons. d'état*, 23 fév. 1820, Domaine c. Turnier; 2 fév. 1821, min. des fin. c. commune de Frohmühl; 18 avr. 1821, min. des fin. c. Chazal; 13 juin 1821, Dupleix de Mézy c. Domaine; 12 fév. 1823, Min. fin. c. Imbart-Latour.

450. — Mais le gouvernement, pour lever tous les doutes sur cette question, l'ayant soumise au conseil d'état, un avis du 28 août 1823 a, au contraire, décidé que c'était au préfet que devait être remis le mémoire. — Macarel et Boulatignier, *loco cit.*, no 22. — V. conf. de Cormenin, *Droit adm.*, t. 2, appendice, vo *Domaine de l'état*, § 4, no 1er.

451. — « La remise préalable du mémoire, dit M. de Cormenin (*Droit adm.*, Appendice, vo *Domaine de l'état*, § 4), est utile à toutes les parties en cause, puisqu'elle a pour objet de prévenir les procès ou de les concilier s'il est possible, et cette remise doit être faite entre les mains du préfet, parce que payer, céder ou plaider est un acte de gestion. » — V. conf. Merlin, *Quest.*, vo *Nation*, § 2; Favard, *Rép.*, vo *Préfet*, p. 386. — V. aussi avis du cons. d'état du 28 août 1823 précité.

452. — Les communes sont soumises à cet égard aux mêmes règles que les particuliers. — *Nancy*, 2 juill. 1828, préfet des Vosges c. commune de Lubine. — V. conf. *Cass.*, 19 nov. 1811, préfet du Bas-Rhin c. commune de Nuttelsheim.

453. — Et il a été jugé que l'autorisation de plaider accordée à une commune après la demande introductive d'instance n'a pu suppléer le défaut de mémoire préalable. — *Bastia*, 9 juin 1834, Domaine c. commune de Campitello. — V. conf. *Nîmes*, 16 déc. 1830, préfet de l'Ardèche c. habitans du Cros-de-Ligeret. — V. *contrà Metz*, 7 fév. 1833, sous *Cass.*, 4 août 1833, préfet de la Moselle c. commune de Hambach; *Paris*, 2 juill. 1836, préfet d'Indre-et-Loire c. commune de Cheillé.

454. — Du reste, en prescrivant à ceux qui voudraient diriger une action contre l'état de se pourvoir préalablement par simple mémoire auprès de l'administration, la loi du 5 nov. 1790 (art. 15) n'a assigné à ce mémoire aucune forme particulière. — *Nîmes*, 31 déc. 1833, sous *Cass.*, 10 janv. 1838 (t. 1er 1838, p. 163), préfet de la Lozère c. maire de Saint-Maurice.; — Foucart, *Dr. publ. et adm.*, t. 2, no 25.

455. — De là divers arrêts ont conclu qu'on peut suppléer au mémoire par des équivalens, et notamment :

456. — ... Qu'il suffit que l'administration ait été mise à portée de connaître, préalablement à l'action, si la contestation dont l'état était menacé était, ou non, mal fondée, pour que le but de la loi ait été rempli. — *Cass.*, arrêt précité.

457. — ... Que la signification qu'une partie fait de ses titres au préfet, avec sommation de reconnaître les droits qu'elle a contre l'état, remplit le vœu de l'art. 15, tit. 3, L. 28 oct.-5 nov. 1790, qui veut que toute action contre le domaine soit précédée d'un mémoire expositif adressé au préfet. — *Cass.*, 9 avr. 1834, préfet du Cher c. Vermeil; et, sous cet arrêt, *Bourges*, 16 août 1831, même affaire.

458. — ... Qu'un préfet actionné par une commune, comme représentant l'état, est non-recevable à exciper de ce qu'on l'a assigné sans lui avoir communiqué un mémoire contenant l'exposé de la demande, s'il résulte des faits de la cause qu'il a eu connaissance des titres et moyens de la commune. — *Cass.*, 2 juill. 1833, préfet du Cher c. commune d'Auxigny.

459. — ... Que si le préfet a eu connaissance des prétentions d'une commune contre le domaine, par plusieurs mémoires qu'elle lui a présentés pour arranger la contestation extrà judiciairement, et par l'autorisation de plaider à laquelle il a concouru, le vœu de l'art. 15, tit. 3, L. 5 nov. 1790, qui exige la présentation d'un mémoire au préfet, préalablement à toute action intentée contre le domaine, est suffisamment rempli. — *Cass.*, 14 juin 1832, domaine c. commune de Saint-Georges.

460. — Mais M. Foucart (*Dr. publ. et adm.*, t. 2, no 25) est d'avis qu'on ne peut admettre d'équivalent sans violer le texte de la loi, qui, en parlant d'un mémoire, suppose nécessairement un acte spécial distinct de l'exploit, auquel il doit être antérieur; d'ailleurs le but de la loi ne serait-il pas manqué si l'on pouvait se passer du mémoire toutes les fois que le préfet aurait pu avoir directement ou indirectement connaissance de la demande ou de ses motifs?

461. — La sanction de la disposition qui exige la remise préalable d'un mémoire consiste dans la nullité dont se trouve frappée toute demande formée contre l'état sans l'accomplissement de cette formalité. — *Toulouse*, 6 avr. 1829, de Narbonne-Lara c. Cabanis et préfet de Tarn-et-Garonne. — V. conf. *Cass.*, 29 déc. 1812, commune de Bonchamp c. d'Anlaw; — Merlin, *Quest. de droit*, vo *Nation*, § 2; Proudhon, *Tr. du dom. de propr.*, t. 3, no 840.

462. — Mais la fin de non-recevoir tirée de ce que, dans une instance contre l'état, il n'aurait pas été produit de mémoire, conformément à la loi du 5 nov. 1790, n'est pas d'ordre public, et, dès-lors, elle ne peut être opposée en tout état de cause, même pour la première fois en appel. — *Cass.*, 4 août 1835, préfet de la Moselle c. commune de Hambach. — V. conf. *Colmar*, 7 déc. 1832, préfet du Bas-Rhin, c. Gail; *Nîmes*, 29 mars 1833, préfet de l'Ardèche c. Cabanis; *Cass.*, 14 août 1833, domaine c. Leyssard; 4 août 1835, préfet de la Moselle c. commune de Hambach; *Paris*, 2 juill. 1836, préfet d'Indre et Loire c. commune de Cheillé; *Nîmes*, 6 juill. 1837 (t. 2 1837, p. 278), préfet de l'Ardèche c. commune de Venazon; — Foucart, *Dr. publ. et adm.*, t. 2, no 26. — V. cependant *Bordeaux*, 17 mars 1826, préfet de la Dordogne c. Laurièse; *Nîmes*, 16 déc. 1830, préfet de l'Ardèche c. habitans du Cros-de-Ligeret. — V. aussi *Cass.*, 12 prair. an XI, commune de Pressigny c. préfet de la Haute-Marne.

463. — Et elle est couverte par des défenses au fond de la part du préfet. — *Cass.*, 14 août 1833, Domaine c. Leyssard.

464. — Jugé que le préfet auquel il a été adressé, dans une action dirigée contre l'état, un mémoire expositif des griefs qui la motivent, ne peut pas se faire un moyen de nullité de ce que c'est le conseil de préfecture, et non lui, qui aurait statué sur son contenu. — *Cass.*, 8 avr. 1834, préfet du Finistère c. héritiers Malassis.

465. — La remise au préfet d'un mémoire expositif de la demande, remise qui doit précéder toute action intentée contre l'état, est faite en temps utile, bien qu'elle soit postérieure à l'assignation, si elle est antérieure à tout acte de procédure de la part du préfet. — *Cass.*, 20 août 1833, préfet de l'Ain c. habitans de la commune de Nagrolles; 20 janv. 1845 (t. 1er 1845, p. 433), préfet de la Seine c. Finot; *Paris*, 1er mars 1844 (t. 2 1844, p. 89), mêmes parties.

466. — La date de la remise du mémoire est très importante, puisque cette remise produit les mêmes effets que la citation en conciliation; elle est constatée par l'enregistrement du mémoire et des pièces justificatives fait au secrétariat de la préfecture et par le récépissé qui en est délivré. — Proudhon, *Tr. du dom. de propr.*, t. 3, no 840; Foucart, *Dr. publ. et admin*, no 25; Macarel, *Fortune publique*, t. 1er, no 51.

467. — Lorsque le préfet, représentant l'état, actionné par un particulier, reconnaît que celui-ci a remis le mémoire préalable exigé par la loi du 5 nov. 1790 au sous-préfet, qui l'a envoyé à la préfecture, il ne peut soutenir que la demande de ce particulier doit être rejetée, sous prétexte que le dépôt du mémoire n'est pas constaté par un récépissé du secrétaire général de la préfecture. — *Cass.*, 24 déc. 1838 (t. 1er 1839, p. 67), préfet des Bouches du Rhône c. Mouriez.

468. — La présentation de ce mémoire ne saurait être considérée comme non avenue par cela qu'il est écrit sur papier libre : cette contravention aux lois sur le timbre se résout en une amende, mais n'entraîne pas la nullité de la pièce produite. — *Cass.*, 20 janv. 1845 (t. 1er 1845, p. 433), préfet de la Seine c. Finot; *Paris*, 1er mars 1844 (t. 2 1844, p. 899), mêmes parties.

469. — On a vu (*suprà*, no 443), d'après le texte même de l'art. 15, L. 23-28 oct.-5 nov. 1790, tit. 3, que la remise du mémoire au préfet interrompt la prescription (V. ce mot). Néanmoins, nous ne pensons pas que l'on puisse étendre ce texte au-delà de ses termes, et lui faire produire les autres effets attachés aux demandes judiciaires.

470. — Ainsi, cette remise du mémoire ne saurait, comme la demande judiciaire, faire courir, conformément à l'art. 1153, C. civ., les intérêts moratoires.

471. — Ainsi encore, cette même remise n'a pas, comme l'introduction de la demande, pour effet de constituer en mauvaise foi le domaine détenteur de l'immeuble revendiqué, et de faire courir immédiatement contre lui la restitution des fruits. — *Cass.*, 23 déc. 1840 (t. 1er 1841, p. 430), ville de Remiremont c. préfet des Vosges.

472. — L'art. 15, L. 1790, se servant des mots *aucune action*, sans distinguer entre les actions *principales* ou *directes* et les autres actions, on peut en conclure qu'il n'admet ni exception ni réserve. — Merlin, *Quest. de droit*, vo *Nation*, § 2, 5e édition, p. 621.

473. — Ainsi jugé que, lorsqu'une prétention de propriété privée est *opposée à une demande* formée par le domaine, le tribunal saisi de la contestation ne peut prononcer si, au préalable, on ne s'est point pourvu administrativement, conformément à l'art. 15, L. 5 nov. 1790. — *Cass.*, 29 thermid. an XI, Domaine c. Scheper.

474. — Jugé encore que, la demande *en garantie* contre le procureur général syndic d'un département, intentée par un adjudicataire de biens nationaux troublé dans sa possession par un tiers, doit, à peine de nullité, être précédée de la présentation d'un mémoire au district, et que l'intervention du procureur général est nulle, si elle n'a été autorisée par le directoire départemental. — *Cass.*, 3 fructid. an IX, min. publ. c. Vignon. — V. conf. *Cass.*, 12 germin. an VIII, Caseneuve c. Dieuzaide et le domaine.

475. — Jugé également que, lorsque, dans une contestation entre deux particuliers relative à un terrain litigieux, un jugement ordonne que le demandeur mettra le préfet en cause, pour qu'il fasse valoir les droits que l'état pourrait avoir sur ce terrain, le demandeur doit, avant d'appeler en cause le préfet par assignation, adresser un mémoire à l'autorité administrative. — *Toulouse*, 6 avr. 1829, de Narbonne-Lara c. Cabanis et préfet de Tarn-et-Garonne.

476. — ... Et que celui qui, assigné en police correctionnelle par l'administration forestière, a obtenu son renvoi devant le tribunal civil pour faire statuer sur la question de propriété, ne peut, lorsqu'il cite l'état devant ce tribunal, se dispenser de notifier préalablement au préfet le mémoire exigé par la loi du 5 nov. 1790, sous prétexte que son action *n'est qu'une exception à la demande principale*. — *Nîmes*, 16 déc. 1830, préf. de l'Ardèche c. habitans du Cros-de-Ligeret.

477. — Mais ces décisions ne sont pas admises d'une manière absolue, et il a été au contraire jugé que, lorsqu'un jugement a ordonné la mise en cause d'un préfet, comme représentant l'état, il n'y a pas lieu à solliciter de l'administration l'autorisation de prendre des conclusions contre ce fonctionnaire, cette formalité de l'autorisation préalable n'étant prescrite que dans le cas de pourvoi direct par les ayant-droit. — *Colmar*, 11 janv. 1825, Teutsch c. préf. du Bas-Rhin.

478. — Jugé également que l'acquéreur d'une prétendue rente transférée par l'état qui, par suite d'une menace d'éviction, exerce son recours en garantie, n'est pas obligé, à peine de nullité, de faire précéder sa demande en garantie d'un mémoire à l'administration, aux termes de l'art. 15, tit. 3, L. 5 nov. 1790, alors d'ailleurs qu'il a suffisamment averti le domaine par la signification du jugement qui ordonne la mise en cause de l'état, et si le préfet, autorisé par le conseil de préfecture à ester en jugement, a pris des conclusions dans la cause. — L. 28 oct.-5 nov. 1790, art. 15, tit. 3; avis cons. d'état 8-14 mars 1808; — *Cass.*, 14 mars 1825, préf. du Bas-Rhin c. fabriq. de Sessolsheim.

479. — ... Et, encore, que lorsque, dans une contestation relative à la féodalité d'une rente transférée par l'état, il est intervenu un jugement passé en force de chose jugée qui ordonne d'office la mise en cause du préfet représentant l'état, et que ce fonctionnaire est intervenu après avoir obtenu l'autorisation du conseil de préfecture, la partie qui l'a appelé en cause a pu ne pas se pourvoir préalablement par un mémoire. — *Cass.*, 5 mars 1827, préf. du Bas-Rhin c. Koëcher.

480. — Jugé de même que la présentation d'un mémoire préalable à toute demande contre l'état n'est pas prescrite à peine de nullité, alors que la demande judiciaire a été précédée d'une contestation devant le conseil d'état, et que le renvoi devant les tribunaux a été prononcé par ordonnance. — L. 5 nov. 1790, art. 15. — *Metz*, 9 janv. 1833, sous *Cass.*, 14 nov. 1833, préf. de la Moselle c. de Dictrict.

481. — Proudhon est même d'avis (*Traité du dom. privé*, no 840) que lorsqu'il s'agit d'actions urgentes à raison desquelles le temps de la déchéance est très prochain, il n'est pas nécessaire de remplir la formalité préalable de présentation d'un mémoire. Mais les termes généraux de la loi semblent résister à cette opinion.

482. — Il a été jugé que le mémoire préalable

exigé par la loi du 25 nov. 1790 ne doit pas être produit par celui qui, défendeur en première instance, interjette appel du jugement qui a accueilli l'action intentée contre lui par l'état. — *Cass.*, 27 août 1833, préf. de la Nièvre c. Pelletier.

483. — Dans cette hypothèse, en effet, c'est l'état qui a introduit la demande. On se trouve donc en dehors des termes de la loi précitée du 5 nov. 1790, qui supposent, au contraire, que c'est l'adversaire de l'état qui joue, dans le litige, le rôle de demandeur. — V. conf. Bioche et Goujet, *Dict. de procéd.*, vo *Domaine de l'état*, no 5.

484. — Lorsqu'une demande formée contre l'état a été préalablement communiquée au préfet, il n'est pas nécessaire, à peine de nullité, de lui communiquer également des conclusions subsidiaires prises durant l'instance, à l'effet de restreindre la demande principale. — *Cass.*, 4 janv. 1831, préf. de la Nièvre c. Gravier de Vergennes. — V. conf. Bioche et Goujet, *loc. cit.*

485. — Remarquons aussi que la défense d'une commune à la demande par un préfet en interprétation d'une sentence arbitrale ayant acquis l'autorité de la chose jugée ne doit pas être considérée comme une demande introductive d'instance, et précédée, à peine de nullité, d'un mémoire adressé par elle à ce magistrat. — *Cass.*, 22 mai 1832, préf. de l'Yonne c. comm. de Coulanges.

486. — Les concessionnaires d'affectations dans les bois de l'état, qui, d'après l'art. 58, C. forest., sont tenus de se pourvoir devant les tribunaux pour faire reconnaître leurs droits, ne sont pas tenus de présenter préalablement un mémoire à l'autorité administrative. — *Cass.*, 31 mai 1837 (t. 2 1837, p. 238), le préfet de la Moselle c. les propriétaires des forges de Monterhausen. — V. conf. *Cass.*, 26 déc. 1836 (t. 1er 1837, p. 322), préfet de la Moselle c. verrerie de Meysenthal. — V. cependant *Toulouse*, 4 fév. 1834, domaine c. comm. de Savignac. — V. au surplus FORÊTS.

487. — Les jugemens rendus contre l'état représentant l'émigré sont-ils nuls de plein droit, lorsqu'au préalable les particuliers qui les ont obtenus n'ont pas remis à l'administration un mémoire conformément à l'art. 18, tit. 3, L. 5 nov. 1790? — V. ÉMIGRÉ.

488. — La remise préalable du mémoire dont on vient de parler constitue une tentative de conciliation administrative qui remplace le préliminaire de conciliation dont, aux termes de l'art. 49, § 1er, les demandes qui intéressent l'état et le domaine sont dispensées. — V. CONCILIATION, no 127.

489. — Les actions relatives au domaine de l'état doivent être communiquées au ministère public. — C. procéd., art. 83, § 1er. — V. COMMUNICATION AU MINISTÈRE PUBLIC, nos 34 et suiv.

490. — Aux termes de l'arrêté du 10 thermid. an IV, dans toutes les affaires où le domaine est intéressé, et qui sont portées devant l'autorité judiciaire, le préfet est tenu d'adresser au ministère public près le tribunal, un ou plusieurs mémoires contenant les moyens de défense de l'état.

491. — L'organe du ministère public près le tribunal lit les mémoires à l'audience, et doit y suppléer par tous les autres moyens que la nature de l'affaire lui paraît devoir exiger. — Même arrêté. — V. aussi L. 17 frim. an VI, art. 4.

492. — La cour de Cassation a posé en principe dans un de ses arrêts que les attributions des membres du parquet, comme défenseurs légaux des intérêts de l'état, se bornent à lire à l'audience les mémoires qui leur sont fournis par les préfets, sans qu'ils puissent faire aucun acte ou diligence du ministère des avoués. — *Cass.*, 24 juill. 1833, préfet de la Meuse c. comm. de Lavigneville.

493. — Puis on lit dans un arrêt postérieur que les procureurs généraux et leurs substituts sont considérés comme les véritables défenseurs de l'état et comme devant remplir dans toutes les affaires qui intéressent le domaine les mêmes fonctions que dans les causes ordinaires les avoués remplissent pour les particuliers. — *Cass.*, 27 août 1828, préfet du Tarn c. d'Huteau; 16 messid. an X, préfet du Loiret; 29 thermid. an X, Duhamel; *Bourges*, 20 avr. 1825, préfet de la Nièvre c. Moreau.

494. — Mais les espèces dans lesquelles la cour a statué par ces arrêts de 1828 et 1833 étaient tellement différentes qu'il est permis de considérer cette contradiction comme plus apparente que réelle. En effet, lors de l'arrêt de 1828, il s'agissait uniquement de savoir si l'état avait besoin de constituer avoué, et la cour décide la négative par le motif qu'il est suffisamment défendu par les membres du parquet. — Au contraire, l'arrêt de 1833 n'a eu qu'un but, c'est d'établir que les membres du parquet ne remplissaient pas le rôle d'avoué en ce sens que le droit d'opposition aux arrêts par défaut pût être restreint dans les termes indiqués par la loi (C. procéd., art. 157) pour le cas où il y a constitution d'avoué.

495. — La cour de Douai a jugé que les actes que feraient ou recevraient les membres du parquet en qualité de représentans légaux de l'état seraient frappés de nullité. — *Douai*, 21 août 1835, préfet du Pas-de-Calais c. de Jongh.

496. — Jugé cependant que, bien que les procureurs du roi ou les procureurs généraux, en représentant l'administration des domaines devant les tribunaux, n'exercent pas les fonctions d'avoués, ou ne puissent pas être assimilés à ces officiers ministériels dans les affaires de cette administration, les significations d'actes de procédure faites au parquet de ces magistrats le sont valablement, et dispensent les parties adverses du domaine de faire ces significations à la personne du préfet. — *Nancy*, 12 fév. 1827, comm. du Ban de Girancourt c. préfet des Vosges. — V., en sens contraire, *Rome*, 17 oct. 1811, préfet du Trasimène.

497. — Jugé, dans le même sens, qu'en matière domaniale le procureur du roi qui a reçu du préfet, agissant dans l'intérêt de l'état, le mandat de le représenter dans une instance, est considéré comme le mandataire *ad litem* du préfet, et qu'en conséquence les significations d'actes de procédure au procureur du roi par la partie adverse sont régulièrement faites, et ont dès-lors un effet interruptif de la péremption. — *Toulouse*, 27 mars 1844 (t. 2 1844, p. 661), comm. de Montmirail.

498. — Jugé même que les actes à signifier à un préfet qui ne s'est pas fait représenter par un avoué dans une instance d'appel intéressant le domaine *doivent* être remis au parquet du procureur général, surtout s'il a été fait élection de domicile dans ce parquet. — *Nancy*, 24 nov. 1831, préfet de la Meuse c. compagnie de Lavigneville.

499. — Mais, quoique les procureurs généraux et les procureurs du roi soient chargés par la loi de défendre l'état que représentent les préfets, ceux-ci ne sont pas tenus d'élire domicile au parquet de ces magistrats. — *Rennes*, 28 janv. 1836, préfet de la Loire-Inférieure c. Talva.

500. — L'état est dispensé de constituer avoué, soit pour intenter les actions judiciaires, soit pour répondre à celles qui sont intentées contre lui. — V. conf. *Cass.*, 16 messid. an X, préfet du Loiret; 29 thermid. an X, Duhamel; *Rennes*, 16 déc. 1819, Audicq c. Enregist.; 10 août 1820, préfet du Finistère c. Billette; *Colmar*, 12 mars 1831, préfet du Haut-Rhin c. Velle; *Cass.*, 27 août 1828, préfet du Tarn c. d'Huteau. — V. aussi avis cons. d'état, 1er juin 1807. — *Contrà Limoges*, 5 juill. 1816, Brisset c. Enregist.; *Toulouse*, 23 juin 1817, de Saint-Félix c. préfet de Tarn-et-Garonne; *Montpellier*, 11 déc. 1826, préfet des Pyrénées-Orientales c. comm. d'Odeilho. — V. aussi AVOUÉ, nos 158 et suiv.

501. — Mais lorsque le préfet se contente de faire valoir les droits de l'état par la simple production d'un mémoire, il ne s'ensuit pas que ses parties adverses doivent suivre le même mode de défense et renoncer à la plaidoirie. — *Colmar*, 8 janv. 1830, préfet du Haut-Rhin c. de Vignacourt et Kœchlin. — V. aussi *Cass.*, 7 déc. 1825, préfet de la Marne c. Bourbon et de Rohan; *Toulouse*, 19 juin 1832, préfet de la Haute-Garonne c. de Tauriac et Roques.

502. — Jugé qu'un arrêt qui, en matière domaniale, ordonne une visite de lieux entre un particulier ayant avoué et l'état qui n'en a pas constitué, est valablement signifié par l'état à la partie adverse, sans signification préalable à son avoué. — *Paris*, 11 août 1834, Le Barrois de Lemmery c. préfet de l'Yonne, sous *Cass.*, 19 juill. 1837 (t. 1er 1840, p. 517).

503. — L'arrêt du 10 thermid. an IV, qui détermine une forme spéciale de procéder à l'égard des actions domaniales et de celles relatives à la propriété des biens contestés à l'état, n'a donc pas été abrogé par la loi postérieure. — *Paris*, 2 juin 1834, préfet de l'Aube c. commune d'Aix-en-Othe.

504. — Néanmoins, bien que l'état se trouve ainsi placé hors du droit commun, il peut, sans user de ce privilége, se soumettre aux dispositions de la loi du 29 vent. an VIII et du Code de procédure, en conséquence, constituer avoué et faire présenter sa défense à l'audience par des avocats. — Même arrêt. — V. conf. *Bourges*, 7 fév. 1828, préfet du Cher c. Rubillon; *Poitiers*, 5 fév. 1829, préfet de la Vienne c. Lamy; *Nancy*, 28 mars 1831, préfet de la Meurthe c. Saltzmann; *Toulouse*, 29 juin 1831, Narbonne-Lara c. préfet de Tarn-et-Garonne. — V. aussi *Cass.*, 25 mars 1812, enregist. c. marguilliers de Canaple; — Macarel et Boulatignier, *Fortune publique*, t. 1er, no 22; Bioche et Goujet, *Dict. de procéd.*, vo *Domaine de l'état*, no 18; Serrigny, *loc. cit.*, no 771, Boitard, *Procéd. civ.*, t. 1er, no 254; Foucart, *loc. cit.*, no 27.

505. — Et sur l'observation faite par M. le président Séguier, à la suite de l'arrêt précité de la cour royale de Paris du 2 juin 1834, que l'administration devrait s'attacher à procéder d'une manière uniforme, M. Teste-Lebeau a répondu que l'intention de l'administration était, en effet, de faire présenter, pour toutes les causes du domaine, des avoués et des avocats.

506. — Jugé cependant que, dans les affaires qui intéressent l'état, l'instance ne peut être instruite dans la forme ordinaire, sur plaidoiries et par le ministère d'avoué. — *Bruxelles*, 19 fév. 1807, Geerts et Vanlaudeghem c. préfet de la Dyle; *Nancy*, 21 et 28 juin 1830, préfet de la Meurthe c. Barabin. — V. ENREGISTREMENT.

507. — Jugé, dans un sens moins rigoureux, qu'on ne peut demander la nullité d'un jugement rendu en matière domaniale, sous le prétexte que la procédure a été instruite par des avoués et que des avocats ont plaidé dans la cause; mais que la partie condamnée peut seulement être déchargée de l'augmentation des frais causée par cette procédure. — *Limoges*, 8 juin 1814, Marchadier.

508. — Entre l'opinion extrême qui admet que l'état peut toujours constituer avoué, et celle qui lui refuse ce droit, se place une opinion intermédiaire suivant laquelle l'état peut constituer un avoué dans les causes, telles que les ordres ou les expropriations, qui exigent un grand nombre de formalités, mais non dans les causes où tout se réduit à une simple expertise et à plaider à l'audience. — V. dans ce sens *Bourges*, 20 avr. 1825, préfet de la Nièvre c. Moreau.

509. — Le domaine appelé en cause comme garant d'une cession de rente par lui faite, et qui est arguée de féodalité, doit se soumettre à la même juridiction et aux mêmes formes de procéder que les parties principales. — Il ne peut, dès-lors, prétendre qu'il y a lieu de procéder par voie de mémoire, conformément à l'art. 17, L. 27 vent. an IX, mais il doit se défendre à l'audience comme les autres parties et plaider par l'organe du ministère public. — *Metz*, 31 janv. 1826, Domaine.

510. — En matière domaniale, quand un jugement a été rendu, tant avec l'apanagiste qu'avec le procureur du roi, l'état a été légalement représenté dans cette instance, et, par suite, ce jugement a pu acquérir contre lui l'autorité de la chose jugée. — *Cass.*, 7 avr. 1836, préfet du Loiret c. Jumeau; *Cass.*, même jour, préfet du Loiret c. Erat-Oudet.

511. — Une décision judiciaire qui a prononcé sur des questions de propriété et de domanialité, et qui a déclaré qu'un terrain litigieux n'avait jamais fait partie du domaine de l'état, ne peut être assimilée à une aliénation de ce domaine, et aucune loi ne s'opposait à ce qu'elle pût acquérir l'autorité de la chose jugée. — *Cass.*, 7 avr. 1836, préfet du Loiret c. Jumeau.

512. — Le préfet a le droit d'appeler, comme représentant l'état, dans les causes intéressant le domaine. — V. APPEL, nos 559 et suiv.

513. — N'est pas nul l'acte d'appel interjeté au nom de l'état, et portant que le procureur général près la cour agira pour l'appelant. — *Rome*, 17 oct. 1811, préfet du Trasimène.

514. — Jugé, à cet égard, qu'en matière domaniale l'élection de domicile au parquet d'un procureur général, par un préfet appelant d'une sentence du premier juge, n'a pas le même effet qu'une constitution d'avoué, et que dès-lors le droit d'opposition du préfet à un arrêt par défaut peut être exercé même après la huitaine, à compter du jour de sa signification au ministère public, et jusqu'à l'époque fixée par l'art. 158, C. de proc., pour les parties qui n'ont pas d'avoué constitué. — *Cass.*, 24 juill. 1833, préfet de la Meuse c. comm. de Lavigneville.

515. — On a établi *suprà*, no 493, que l'état a pour défenseur légal le ministère public, et peut se dispenser de constituer avoué. D'où il suit que l'appel interjeté par un préfet et qui ne contient pas de constitution d'avoué, ou qui n'en contient qu'une vicieuse, n'est pas annulable. — *Cass.*, 27 août 1828, préfet du Tarn c. d'Huteau.

516. — Jugé que le préfet peut appeler d'un jugement, quoiqu'il n'y ait pas figuré, et que ce jugement rejette l'action de la régie du domaine en paiement de rentes dues à l'état. — *Cass.*, 22 flor. an X, préfet des Vosges c. Saintin. — V. les conclusions de Merlin, *Quest. de droit*, vo *Appel*, § 2, art. 3.

517. — La régie des domaines qui est intervenue en première instance doit être intimée sur l'appel, en la personne du préfet du département, et non dans celle de son directeur. — *Rennes*, 25 mars 1820, de Cheffontaine.

518. — L'acquiescement donné par le ministère public à l'homologation d'un rapport d'experts, dans une affaire intéressant l'état, n'enchaîne pas le préfet, qui peut en interjeter appel. — *Bordeaux*, 21 août 1829, préfet de la Gironde c. Ribaud et Simon.

519. — Un jugement qui est intervenu sans avoir été précédé des formalités sus-énoncées peut être attaqué par la voie de l'appel, lors même qu'il aurait été signifié au directeur des domaines (puisque ce fonctionnaire ne représente pas l'état), et que l'exécution en aurait été ordonnée par une décision passée en force de chose jugée et intervenue entre la commune et le fermier des biens litigieux. — *Cass.*, 19 nov. 1811, préfet du Bas-Rhin c. comm. de Westletsheim.

520. — Jugé que le préfet peut valablement se désister d'un appel par lui interjeté. — *Nancy*, 15 nov. 1831, préfet de la Meurthe c. ville de Phalsbourg.

521. — L'état, s'il n'a pas été défendu, ou s'il ne l'a pas été valablement, est recevable à se pourvoir par *requête civile*. — C. procéd., art. 481. — 1678 et V. ce mot.

522. — Quant au pourvoi en cassation, V. CASSATION, n°s 1266 et suiv., 1359 et suiv., 1445-1497, 1984.

523. — Remarquons seulement que la question de savoir si le copropriétaire d'un bois indivis avec l'état a droit à la moitié du décime par franc payé par les adjudicataires des coupes, est une question de propriété susceptible d'appel; par conséquent, on ne peut se pourvoir en cassation contre un jugement qui statue sur une pareille contestation. — *Cass.*, 16 mars 1825, Monier.

524. — Relativement à l'instruction des procès, en matière de *domaines engagés*, V. ce mot.

525. — Les jugemens rendus dans les instances avec la régie des domaines, sans que la partie condamnée ait fourni ses moyens, sont susceptibles d'opposition. — *Bourges*, 2 juill. 1807, Delarue c. Robert. — V. au surplus JUGEMENT PAR DÉFAUT.

526. — Quant à la question de savoir si la chose jugée peut être opposée au domaine, V. CHOSE JUGÉE, n°s 630 et suiv.

527. — En cas de condamnation envers l'état, il faut se pourvoir devant l'administration, qui procure l'exécution par des moyens qui lui sont propres. — V. conf. *Cass.*, 11 mars 1825, Decroix; — Foucart, *Droit public et administ.*, t. 2, n° 29.

528. — Ainsi, aucune saisie-arrêt ne peut être formée entre les mains des débiteurs de l'état. — V. SAISIE-ARRÊT.

529. — ... Ni entre celles des débiteurs d'un condamné par contumace dont les biens sont séquestrés et régis au profit de l'état. — *Poitiers*, 7 août 1835, Carconet.

530. — Les créanciers d'un gouvernement étranger ne peuvent arrêter, en France, les sommes qui lui appartiennent. — Chauveau, sur Carré, n° 1923 *bis*; Bioche et Goujet, *loc. cit.*, n° 29.

531. — Mais le créancier peut saisir entre les mains de l'état les deniers dus à son débiteur. — V. au surplus SAISIE-ARRÊT.

532. — La direction des domaines, condamnée à réparer le dommage causé à un garant par suite d'une action illégale qu'elle a intentée contre le garanti, est tenue de payer au premier l'intérêt des sommes qu'il a remboursées à celui-ci, à partir du jour du remboursement, et non à compter du jour où le garant a formé sa demande en justice. — *Cass.*, 30 janv. 1826, Teutsch.

533. — On a vu n° 407, que les actions qui n'ont pour objet que de simples recouvremens, tels que fermage de biens nationaux et arrérages de rentes, ne peuvent être exercées qu'au nom de l'administration des domaines. — Quant aux formes et aux règles de la procédure qui concerne les actions, V. ENREGISTREMENT.

DOMAINE EXTRAORDINAIRE.

Table alphabétique.

DOMAINE EXTRAORDINAIRE. — 1. — On comprenait autrefois sous cette dénomination, qui est née avec l'empire et tombée avec lui, les biens que le chef du gouvernement exerçant le droit de paix et de guerre acquérait par des conquêtes et des traités, soit patens, soit secrets.

2. — Ce domaine est aujourd'hui supprimé; mais il laisse après lui deux sortes de donataires dont certaines lois spéciales ont réglé les intérêts.

3. — Les uns sont les donataires dont les dotations se trouvent composées de biens situés en France, et qui en conservent la jouissance héréditaire, conformément aux lois qui les régissent. — V. à cet égard MAJORATS ET DOTATIONS.

4. — Les autres sont les donataires dont les dotations avaient été formées de biens situés en pays étrangers et qui en ont été privés par l'effet des traités de paix qui ont séparé ces pays du territoire français.

5. — Nous entrerons, en ce qui concerne l'origine du domaine extraordinaire, et les divers intérêts qui s'y rattachent, dans quelques courtes mais nécessaires explications dont nous emprunterons les principales à M. Favard de Langlade qui fut, en 1821, membre de la commission (de la chambre des députés) chargée d'examiner le projet de loi qui a fixé définitivement le sort de ce domaine. — V. ausssi MM. Macarel et Boulatignier, *De la fortune publique*, p. 252 et suiv.

6. — L'origine du domaine extraordinaire remontait au premier traité fait en 1805. Par des décrets du 30 mars 1806, les biens et rentes réservés en Italie furent distribués en dotations aux soldats, officiers et généraux qui avaient combattu à Ulm, Austerlitz, Iéna et Friedland. — Par les actes de concession des 1er fév., 17, 19 mars et 28 sept. 1808, ces dotations furent déclarées être la propriété des donataires et de leur descendance directe masculine et légitime.

7. — Les acquisitions nouvelles que fit la France en 1809, par le traité de Vienne, servirent à former de nouvelles dotations qui furent concédées par les décrets des 15 août, 3 oct. et 3 déc. 1809, aux soldats, officiers et généraux qui avaient perdu un membre à la bataille de Wagram, d'Essling, etc., ainsi qu'aux militaires qui s'étaient distingués par leur valeur ou par les services qu'ils avaient rendus dans le cours de la campagne. — Toutes ces dotations étaient également transmissibles à la descendance directe, masculine et légitime des donataires.

8. — C'est l'importance même des biens qui avaient fait l'objet de ces donations diverses qui détermina la création du domaine extraordinaire. — Le sénatus-consulte du 30 janv. 1810, relatif à la dotation de la couronne, comprenait donc un titre intitulé *Du domaine extraordinaire*, et dont les divers articles disposaient :

9. — 1° (art. 20) Que le domaine extraordinaire se composait des domaines et biens mobiliers et immobiliers que l'empereur, exerçant le droit de paix et de guerre, acquérait par des conquêtes ou des traités, soit patens soit secrets.

10. — ..., 2° (art. 21) Que l'empereur disposait du domaine extraordinaire : 1° pour subvenir aux dépenses des armées; 2° pour récompenser les soldats et les grands services civils ou militaires rendus à l'état; 3° pour élever des monumens, faire faire des travaux publics, encourager les arts et ajouter à la splendeur de l'empire.

11. — ... 3° (art. 22) Que les biens composant le domaine extraordinaire étaient assujétis à toutes les charges de la propriété, à toutes les contributions et charges publiques, dans la même proportion que les biens des particuliers.

12. — ... 4° (art. 26) Que l'empereur disposerait du domaine extraordinaire, mobilier ou immobilier, par décrets ou décisions émanés de lui.

13. — ... 5° (art. 29) Que la réversion des biens donnés par l'Empereur sur le domaine extraordinaire serait toujours établie dans l'acte d'investiture.

14. — ... 6° (art. 30) Que toute disposition du domaine extraordinaire faite ou à faire par l'empereur était irrévocable.

15. — Du reste, le domaine extraordinaire était absolument distinct et séparé du domaine de l'état, et les art. 23, 24 et 25 du sénat.-cons. de 1810 portaient qu'il aurait un intendant général et un trésorier, et réglaient en outre ce qui concernait les attributions de l'intendant général et la comptabilité du trésorier.

16. — En outre, prévoyant le cas où une régence serait établie, le senat.-cons. organique du 5 fév. 1813 avait statué en ces termes : « En ce qui concerne le domaine extraordinaire, l'impératrice régente ou le prince régent disposent, s'ils le jugent convenable, de toutes les dotations de 50,000 fr. de rente ou au-dessous, qui ont fait, avant la minorité, sans qu'il en ait été disposé, ou font, durant la régence, retour au domaine extraordinaire de la couronne.

17. — ... (Art. 45). Les autres dotations restent en réserve jusqu'à la majorité de l'Empereur. — (Art. 46) L'administration du domaine extraordinaire continuera, selon les règles accoutumées, comme pour ce qui concerne le domaine de la couronne. — (Art. 47). Les fonds qui se trouveront au trésor du domaine extraordinaire au moment du décès de l'Empereur seront versés au trésor de l'état et resteront jusqu'à la majorité de l'Empereur. »

18. — D'un autre côté, et avant la création des dotations assises sur le domaine extraordinaire, une loi du 1er flor. an XI avait déjà affecté dans le duché de Juliers et dans le Piémont dix millions de biens nationaux aux militaires de terre et de mer mutilés ou grièvement blessés dans les guerres précédentes et âgés de moins de quarante ans.

19. — L'art. 1er de ce décret accordait à ces militaires, à titre de supplément de récompense nationale, un nombre d'hectares de terre d'un produit net égal à la retraite dont ils jouissaient; — à la charge (art. 2), entre autres conditions, de résider sur les terres qui leur seraient distribuées, de les cultiver ou de les faire cultiver et d'en payer les contributions. — V. Macarel et Boulatignier, *De la fortune publique*, p. 252 et suiv. — V. aussi VÉTÉRANS.

20. — Telle était la position des différens donataires lorsque les événemens de 1814 et de 1815, en détachant du territoire français les pays qui lui avaient été réunis par droit de conquête, et qui avaient pu faire l'objet de certaines donations, porteront nécessairement une perturbation profonde dans le domaine extraordinaire.

21. — Survinrent alors d'autres dispositions législatives dont le but était de régulariser et d'adoucir la position des donataires que les tristes résultats de la guerre avaient ainsi dépouillés.

22. — D'une part, diverses ordonnances et lois (V. ord. 27 août 1814; 2 déc. 1814; L. 25 mars 1817; 15 mai 1818) réglèrent provisoirement le sort des vétérans des camps de Juliers et d'Alexandrie et avisèrent à ce qu'il leur fût accordé des secours proportionnés au fonds disponible du domaine extraordinaire.

23. — Et cette position fut définitivement régularisée par la loi du 14 juill. 1819, dont l'art. 8 a disposé principalement : 1° que les vétérans des camps de Juliers et d'Alexandrie, ainsi que les veuves et les orphelins de ceux qui sont décédés tant sur les établissemens que depuis leur rentrée en France, seraient inscrits au livre des pensions pour une somme égale à leur solde de retraite en indemnité des domaines nationaux qui leur avaient été concédés par la loi du 1er flor. an XI; 2° que ces pensions seraient reversibles sur les veuves des vétérans.

24. — Quant aux donataires dont les dotations avaient pour siége des biens situés en pays étrangers, voici les mesures qui furent prises à leur égard.

25. — Une ordonnance du 22 mai 1816 affecta spécialement aux secours à distribuer aux militaires amputés ainsi qu'aux donataires du domaine extraordinaire de 6e, 5e et 4e classe, qui étaient restés fidèles au roi, les biens et revenus provenant de la famille Bonaparte et qui avaient fait retour par l'effet du 12 janv. précédent. — Art. 1er.

26. — Le même article disposait que ces secours

leur seraient délivrés en raison de leurs besoins « jusqu'à ce que le roi pût reconstituer, sur les retours qui s'opéreraient, des dotations équivalentes à celles dont ils jouissaient. »

27. — Aux termes de la même ordonnance (art. 3), les militaires des armées royales de l'ouest et du midi, amputés ou mis hors d'état de service par suite des événemens du mois de mars 1815, devaient participer à ces secours.

28. — Du reste, une ordonnance du même jour, essayant de reconstituer le domaine extraordinaire, disposa (art. 1er) « que les biens mobiliers et immobiliers, droits et actions du domaine extraordinaire, alors existans, continueraient à former, sous la même dénomination, un domaine distinct et séparé de celui de l'état et de celui de la couronne. »

29. — ... (art. 2) Que toute disposition légale et réalisée par une transmission effective faite jusqu'alors des biens de ce domaine sortirait son plein et entier effet en tant qu'il n'y aurait pas été dérogé par les traités et conventions ou par des lois spéciales.

30. — Puis les art. 3, 4 et 5 réglaient l'administration du domaine extraordinaire.

31. — Au surplus, ces dispositions diverses n'étaient que provisoires, édictées dans le but de pourvoir dès-lors à l'administration du domaine extraordinaire et à l'acquittement des charges de ce domaine « et jusqu'aux modifications qui pourraient amener des mesures législatives. »

32. — On sait, en outre, qu'une ordonnance du 25 mai de la même année déclara expressément que les donataires du domaine extraordinaire exceptés de l'amnistie par la loi du 12 janvier précédent seraient privés des biens de ce domaine dont ils jouissaient à titre gratuit, et que ces biens seraient considérés comme ayant fait retour.

33. — Il a été décidé que cette ordonnance ne pouvait être attaquée par la voie contentieuse. — *Cons. d'état*, 29 janv. 1823, Defermon c. Caraman.

34. — Et la même ordonnance décide que celui qui, par suite de son inscription sur la liste du 24 juill. 1815, a été banni de France, en conformité de la loi du 12 janv. 1816, et privé des actions qu'il avait reçues à titre de dotation de l'ancien gouvernement sur le domaine extraordinaire, n'a pu être réintégré dans la propriété de ces actions au préjudice des anciens propriétaires à qui elles avaient été remises en vertu de la loi du 5 déc. 1814, par suite de la loi du 12 janv. 1816 et de l'ordonnance du 25 mai suivant.

35. — L'état de choses créé par l'ordonnance du 22 mai 1816 dura jusqu'en 1818, époque à laquelle une loi du 15 mai déclara (art. 95) que « le domaine extraordinaire faisait partie du domaine de l'état, et que les dotations et majorats qui, en vertu de leur concession, étaient reversibles au domaine extraordinaire, feraient, dans les cas prévus par les statuts et décrets, retour au domaine de l'état. — V. MAJORATS ET DOTATIONS.

36. — Suivant le même article, il devait être pris possession au nom de l'état par la régie de l'enregistrement de l'actif du domaine extraordinaire, et l'art. 96 chargeait cette régie de poursuivre le recouvrement des créances du domaine extraordinaire, d'en percevoir les revenus et de mettre en vente, en la forme usitée pour l'aliénation des domaines nationaux, les biens-fonds et maisons non affectés à des dotations.

37. — Enfin, les articles suivans disposaient dans le but d'arriver à connaître d'une manière exacte les noms, titres et états de jouissance des donataires.

38. — Cet état de choses fut définitivement réglé par la loi du 26 juill. 1821, qui est la loi existante sur la matière et dont il importe dès-lors plus spécialement d'indiquer les dispositions.

39. — L'art. 1er porte : 1° que les donataires français entièrement dépossédés de leurs dotations situées en pays étrangers, et qui n'auraient rien conservé en France, ainsi que les veuves et les enfans de ceux qui y sont décédés, *pourront être inscrits* au livre des pensions en indemnité de la perte desdites dotations avec jouissance du 22 déc. 1821, pour une pension dont le montant serait réglé : pour les donataires de première, deuxième, troisième, quatrième classe, à 1,000 fr.; pour ceux de cinquième classe, à 500 fr.; pour ceux de sixième classe, à 250 fr.

40. — ... 2° Que ces pensions seraient reversibles sur les veuves et les enfans des donataires.

41. — ... 3° Qu'elles seraient d'abord possédées par le donataire, ensuite moitié par la veuve et moitié par les enfans, par égale portion, avec réversibilité en faveur des survivans de la veuve et des enfans, de telle sorte que l'extinction n'eût lieu qu'après le décès du dernier survivant.

42 — ... 4° Que l'inscription en serait faite *sur les listes qui seraient arrêtées par le roi*, et que la liste de ces pensions serait insérée au *Bulletin des lois*.

43. — Aux termes de l'art. 2 de la même loi, les donataires à qui il restait une portion de dotation inférieure à l'indemnité qui leur serait accordée s'ils avaient perdu la totalité, devaient pouvoir recevoir une pension égale à la différence de cette indemnité avec la dotation qui leur restait.

44. — L'art. 5 ordonnait l'inscription au livre des pensions du trésor, avec jouissance du 22 déc. 1821, des pensions sur le domaine extraordinaire, autres que celles assignées sur les dotations, et leur paiement intégral, nonobstant les dispositions prohibitives du cumul.

45. — Enfin, suivant l'art. 6, les pensions accordées en vertu de la présente loi (26 juill. 1821) n'ont pas dû, non plus, être soumises aux dispositions prohibitives du cumul.

46. — L'interprétation et l'application de cette loi ont donné naissance à quelques difficultés qu'il importe de passer en revue.

47. — Mais un premier point sur lequel il importe de se fixer, c'est que la disposition de cette loi qui accordait aux donataires dépossédés des dotations situées en pays étranger, et qui n'auraient rien conservé en France, une inscription au livre des pensions, en indemnité de la perte des dotations, était purement facultative; aussi a-t-il été décidé qu'un donataire ne pouvait réclamer devant le conseil d'état par la voie contentieuse contre une décision du ministre des finances qui lui aurait refusé cette indemnité. — *Cons. d'état*, 21 mai 1823, Tascher de la Pagerie.

48. — Ainsi qu'on l'a vu, l'art. 1er, L. 26 juill. 1821, a confondu les pensions constituées par cette loi avec les autres pensions sur l'état. — Il semble donc naturel de penser qu'elles sont soumises aux mêmes règles et formalités que ces dernières, au nombre desquelles se trouve la nécessité, sous peine d'extinction, de réclamer les arrérages dans les trois années qui suivront le paiement dernier, et l'obligation pour les héritiers et ayant-cause des pensionnaires de fournir l'extrait mortuaire de leur auteur dans les six mois du décès, sous peine d'être déchus de tous droits aux arrérages alors dus. — Arrêté 15 flor. an XI. — V. PENSIONS.

49. — Néanmoins, M. Favard de Langlade (vo *Domaine extraordinaire*, sect. 3, no 3), tout en conseillant aux donataires et à leurs héritiers de se conformer aux dispositions de cet arrêté de l'an XI, doute qu'on puisse, en présence de l'article 2277, appliquer au paiement des arrérages la prescription de trois ans : les dispositions de l'arrêté de l'an XI relatives à cette prescription lui paraissent avoir été abrogées par le Code civil, qui déclare prescrits *par cinq ans* les arrérages des rentes perpétuelles et viagères et ceux des pensions alimentaires, et il considère, en outre, l'arrêté lui-même comme ayant été rapporté depuis la suppression du conseil général de liquidation prononcée par la loi des finances du 15 janv. 1810. — A cet égard, V. PENSIONS.

50. — On s'est demandé encore si la retenue prescrite à la charge de toutes les pensions au-dessus de 500 fr. (V. PENSIONS), serait exercée sur celles créées par la loi du 26 juill. 1821. — Mais en présence de cette considération que les indemnités représentées par ces pensions, et touchées par les donataires depuis 1816, n'étaient soumises à aucune retenue, et que cette jouissance avait été confirmée par ladite loi sans aucune condition, le ministre des finances déclara, le 13 juin 1822, qu'il ne serait exercé aucune retenue sur les pensions des donataires et de leur famille.

51. — M. Favard de Langlade (*loc. cit.*, no 5) enseigne également que les ordonn. des 5 juin, 7 déc. 1816 et 13 juill. 1820, relatives à la résidence dans le royaume ou à l'autorisation pour en sortir, ne concernant que les pensions militaires, ne sauraient s'appliquer aux pensions accordées par la loi du 26 juill. 1821, lesquelles doivent être considérées comme purement civiles.

52. — On tient généralement pour constant que les pensions conférées par la loi du 26 juill. 1821 sont, comme toutes autres pensions, incessibles et insaisissables. — V. PENSIONS. — Favard, *loc. cit.*

53. — Les veuves des donataires non-pensionnés et dont les maris sont décédés avant le 30 mai 1814, ont dû être considérées comme ayant droit à être admises, concurremment avec l'enfant mâle des donataires, au bénéfice de la loi de 1821. Toute autre interprétation, dit M. Favard de Langlade, répugne à la raison, comme à la lettre et à l'esprit de la loi.

54. — Aux termes de l'art. 12 du décret du 24 août 1812, les pensions des veuves de donataires étaient supprimées dans le cas où ces veuves se remariaient sans en avoir obtenu la permission. — Or, on s'est demandé si les veuves qui se trouvaient dans cette position ont pu profiter du bénéfice de la loi de 1821. — A cet égard on est tombé d'accord pour distinguer entre les deuxièmes mariages contractés avant le 1er avril 1814 et ceux postérieurs à cette époque. — Les premiers ayant fait cesser de plein droit la pension, les veuves n'ont pu prétendre à aucune indemnité pour une pension éteinte antérieurement. — Quant aux mariages postérieurs à 1814, on ne les considère pas comme de nature à priver la veuve du droit à la pension, attendu l'état d'incertitude dans lequel on est resté si long-temps sur le sort des dotations perdues, le défaut prolongé de paiement des pensions et le silence de la loi de 1821. — Cette interprétation, en effet, semble la plus rationnelle et la plus équitable.

55. — La loi de 1821 dit expressément que l'indemnité n'est établie qu'en faveur des donataires *français* : d'où il a été juste de conclure, comme le fait remarquer M. Favard de Langlade, qui se fonde en outre sur l'art. 12 du Code civil, que les veuves sans enfans de donataires français qui, étant nées en pays étrangers, y sont retournées ou seulement ont continué d'y résider après le décès de leurs maris, ont perdu, par suite du retour à leur ancienne nationalité, les droits attachés à leur qualité de veuves.

56. — En cas de décès de l'un des enfans ou de quelques-uns d'entre eux depuis le partage opéré conformément à la loi du 26 juill. 1821, qui veut qu'il ait lieu également par moitié entre la veuve et les enfans, la portion attribuée aux prédécédés doit être attribuée aux survivans des enfans exclusivement, et la veuve ne doit pas participer à cet accroissement, l'ordre de reversibilité organisé par la loi du 26 juillet étant conçu de manière à ce que la veuve n'obtienne jamais que la moitié de la pension quand elle n'est pas la dernière survivante. — Favard, no 16.

57. — Quant à l'indemnité accordée à l'aîné des enfans d'un donataire comme ayant été saisi de plein droit de la dotation de son père avant le 30 mai 1814, elle se trouve éteinte, en cas qu'il vienne à mourir célibataire, sans qu'on puisse la considérer comme reversible sur sa mère et sur ses frères et sœurs. — Favard, *loc. cit.*

58. — M. Favard de Langlade (no 15) pose la question suivante : « Suivant un décret du 3 janv. 1812, les dotations de sixième classe étaient transmissibles, à défaut d'enfans mâles, aux filles de donataires, par ordre de primogéniture, sous la condition d'épouser des militaires en retraite par suite d'honorables blessures ou d'infirmités contractées à la guerre. Dans le cas où la fille aînée ne remplissait pas cette condition, la transmission passait à sa sœur puînée et ainsi de suite. — Or, plusieurs ont recueilli les dotations de leurs puînées, d'autres demandent, comme *aînées*, à jouir seules de l'indemnité. Les premières perdront-elles la pension comme elles auraient perdu la dotation par le non accomplissement des conditions auxquelles elles la possédent, et les secondes seront-elles admises, à l'exclusion de leurs sœurs, à jouir de la pension ? »

59. — Il faut distinguer, dit-il : 1° si la fille aînée avait recueilli la dotation et la possédait avant 1814, elle doit également obtenir la pension, qu'elle ait ou non satisfait à la condition du mariage : la loi de 1821 ayant accordé sans condition l'indemnité à tous les donataires qui possédaient des dotations perdues; — 2° si la fille aînée n'était ni mariée, ni en possession lors du traité de 1814, cependant, comme le droit était ouvert en sa faveur, et que l'accomplissement de la condition était en son pouvoir, elle sera comprise dans le bénéfice de la loi de 1821 à l'instant où elle justifiera de son mariage, tel qu'il lui est imposé par la dotation. Les autres sœurs n'étant que comprises dans la vocation et n'ayant aucun droit ouvert à la date de 1814, ne conservent plus aucune prétention fondée à la pension. — Car l'indemnité n'est due qu'à ceux qui ont perdu un droit réel et existant.

60. — Si des donataires n'ayant pas d'enfans appelés à recueillir leurs dotations avaient obtenu que leurs petits-fils ou leurs filles succédassent, il a été nécessaire de distinguer si le donataire primitif est décédé avant ou après le 1er avr. 1814. En cas de décès antérieur à cette époque, les petits-fils ou les filles appelés à succéder ayant droit à la dotation, c'est à eux que l'indemnité qui la représentait a dû appartenir; mais, en cas de survivance du donataire, l'expectative qu'avait le petit-fils ou la fille n'ayant pas été prise en considération par la loi nouvelle, c'est la loi du 26 juill. 1821 qui doit recevoir son application. — Favard de Langlade, no 17.

61. — Ainsi qu'on l'a vu, la loi du 26 juill. 1821

déclare que les pensions reçues par les donataires sont reversibles sur les survivans de la veuve et des *enfans*. Mais que doit-on comprendre par le mot *enfans?*

62. — M. Favard de Langlade (n° 18) pense qu'il faut comprendre sous cette dénomination les enfans *adoptifs*, attendu que la loi ne les exclut pas, qu'en principe l'adopté a les mêmes droits que l'enfant légitime, et que d'ailleurs la pension accordée par la loi de 1821 représente des dotations qui, par les statuts, étaient transmissibles aux enfans adoptifs comme aux enfans légitimes.

63. — Mais il a été jugé 1° qu'en accordant la reversibilité des pensions qu'elle constituait au profit des enfans des donataires de dotations situées en pays étranger, la loi du 26 juill. 1821 n'a pas entendu accorder ce bénéfice aux enfans qui ne tenaient ce titre que d'une adoption étrangère à l'état et non autorisée par la loi. — *Cons. d'état*, 14 oct. 1831, Henry.

64. — ... 2° Que les dotations, même sans titre et antérieures au décret de 1810, ne peuvent passer à l'enfant adoptif du possesseur qu'autant que l'adoption a été consentie par le gouvernement. — *Cons. d'état*, 16 nov. 1832, Rocances Dufeux. — V., sur la nécessité d'autorisation de l'adoption en matière de transmission de majorats, MAJORAT.

65.—Mais doit-on comprendre dans le mot *enfans* la descendance *naturelle* légalement reconnue du donataire?—M. Favard de Langlade soutient la négative par le motif que les enfans naturels ne sont pas héritiers, et qu'ils n'ont que des droits sur des biens de leurs auteurs. — On a fait cependant remarquer qu'aux termes de l'art. 35 du décr. du 1er mars 1808, le titre affecté aux dotations passe à la descendance *légitime* naturelle ou adoptive du donataire, ce qui semble entraîner une solution contraire à celle émise par l'auteur précité.

66. — Le titre héréditaire auquel il avait été attaché une dotation perdue en totalité ou en partie, doit-il passer à la descendance légitime, naturelle ou adoptive, du donataire de mâle en mâle par ordre de primogéniture, comme si la dotation existait intégralement? Et de ce qu'il n'y a pas de titres héréditaires sans la formation de dotations, peut-on induire qu'ils cessent de l'être lorsque la dotation a été anéantie ou a péri par des circonstances indépendantes de la volonté du titulaire? — M. Favard de Langlade (n° 19) enseigne que, la dotation ayant été une fois formée, le titre est devenu à l'instant même reversible au fils aîné du titulaire, né ou à naître, et à son descendant en ligne directe de mâle en mâle par ordre de primogéniture, et que ce titre ainsi acquis à la descendance masculine du titulaire ne peut plus lui être ravi, puisqu'il est consacré par la Charte (art. 71); — qu'enfin pour le recueillir elle n'a pas besoin qu'il lui soit confirmé et que l'obligation de compléter la dotation, en cas de diminution, ou de la former de nouveau, en cas de son anéantissement, ne lui ait pas été imposée. — V. au surplus MAJORATS ET DOTATIONS.

67. — Nous avons vu, *suprà* n° 45, que les pensions conférées par la loi de 1821 ne sont pas soumises aux dispositions prohibitives du cumul. De là résulte 1° que la veuve de donataire inscrite à raison de la perte de sa pension et qui se remarie ou est remariée à un donataire dépossédé, a droit à la reversion de la pension de son second mari. — Favard de Langlade, n° 7.

68. — Et, par application du même principe, ledit auteur décide que la fille d'un donataire qui a recueilli sa dotation ou l'indemnité qui la représente, peut, si elle épouse un donataire dépossédé, jouir, après le décès de celui-ci, et en sa qualité de veuve, de la reversion de la pension.

69. — Enfin, et toujours comme conséquence du principe de la faculté du cumul, on doit dire que les fils de donataires dépossédés, dotés personnellement eux-mêmes en récompense de leurs propres services, peuvent, malgré cette dotation ou la pension qui en est l'indemnité, obtenir la reversion de la pension de leur père. — Favard, n° 9.

70. — Le domaine extraordinaire qui se composait de biens meubles et immeubles, comprenait, entre autres biens meubles, des actions de canaux dont beaucoup avaient appartenu à des émigrés. Certaines de ces actions avaient été données à des personnes dont on ne pouvait avoir aucunes nouvelles, et qui étaient disparues dans les guerres de l'empire. — En sorte que, sous la restauration, il arriva que les anciens propriétaires réclamèrent leurs actions, et que les donataires ne se trouvaient pas pour défendre leurs droits.

71. — La difficulté que cette situation pouvait présenter fut tranchée par la loi du 26 juill. 1821. Cette loi porte : « Après cinq ans écoulés à compter de la date des actes constitutifs des dotations sur les canaux, sans que les titulaires ou les appelés à leur défaut se soient présentés par eux-mêmes ou par leurs fondés de pouvoir, munis de la preuve de leur existence, pour réclamer les actions comprises dans les dotations qui les concernent, les anciens propriétaires auront droit à *la jouissance provisoire* des actions non réclamées, sans néanmoins que lesdites actions cessent de rester sous les noms des titulaires, avec les mêmes numéros qui se trouveront désignés dans le titre constitutif des dotations. » — Art. 11.

72. — L'art. 12 ajoute : « L'équivalent d'un semestre échu de la totalité des actions présumées vacantes, sera toujours laissé à la caisse des consignations, comme premier gage des dividendes perçus à restituer aux titulaires absens qui se présenteront ou à leurs ayant-droits. »

73. — Enfin, l'art. 13 dispose que « lorsqu'il se sera écoulé trente ans à compter du jour de l'envoi en possession provisoire sans que les titulaires aient réclamé ou qu'on ait rapporté la preuve de leur existence, l'envoi en possession deviendra définitif conformément au Code civil, et que les actions seront rendues aux anciens propriétaires et placées sous leurs noms ; qu'enfin, il en sera de même dans le cas où, avant l'expiration des trente années ci-dessus mentionnées, on justifierait, soit de l'acte de décès du titulaire, soit de l'accomplissement des formalités prescrites par les lois pour suppléer à ces actes et constater le décès des militaires absens. »

74. — Nous ne nous occuperons pas ici de la compétence en ce qui concerne les dotations. — V. à cet égard MAJORATS ET DOTATIONS. — Nous ferons seulement remarquer qu'on a toujours considéré comme de la compétence de l'autorité judiciaire les questions relatives à la propriété des biens réclamés par des tiers, quoique ayant fait partie d'une dotation.

75. — Et il a été jugé, en conséquence, que les tribunaux sont compétens pour prononcer sur une demande en restitution des fruits produits par des actions sur les canaux que se disputent le donataire de ces actions à qui elles ont été rendues après en avoir été privé par ordonnance royale), et l'ancien propriétaire qui en a joui intermédiairement en vertu de la restitution qui lui en avait été faite par le gouvernement. — *Cass.*, 23 mars 1824, Regnault de Saint-Jean-d'Angely c. d'Orléans ; — Macarel et Boulatignier, *Fortune publique de la France*, t. 2, p. 317 et suiv.

76. — Ainsi qu'on l'a vu plus haut, le domaine extraordinaire avait déjà cessé d'exister lorsque fut rendue la loi du 2 mars 1832 (sur la liste civile), dont l'art. 25 porte « qu'il ne sera plus formé de domaine extraordinaire et qu'en conséquence tous les biens meubles et immeubles acquis par droit de guerre ou par des traités patens ou secrets, appartiendront à l'état, sauf toutefois les objets qu'une loi donnerait à la couronne. »

77. — Cet article a été, devant la chambre des députés, l'objet des critiques de M. Lherbette, en ce qu'en disant qu'il ne serait plus formé de domaine extraordinaire, on semblait vouloir lier les législateurs futurs, en ce que d'ailleurs déclarer qu'une loi pourrait à l'avenir ajouter quelques objets à la dotation de la couronne, c'était, contrairement à l'art. 19 de la charte, supposer que la liste civile peut être augmentée pendant la durée du règne, puisque, d'après l'art. 1er, la liste civile se compose, non seulement de la somme annuelle payée par le trésor, mais encore d'une dotation.— Ces observations restèrent sans résultat.

78. — C'est par application du principe rappelé dans la loi de 1832 que le trésor du dey d'Alger, pris par l'armée française lors de la conquête de la régence, a été versé au trésor et employé aux dépenses publiques.

79. — En 1821, on comptait trois mille cent soixante-dix donataires pensionnés appartenant aux différentes classes. — On comptait, en outre, deux cent soixante veuves, mères ou sœurs des donataires en possession de pensions sur les dotations ; les pensions s'élevaient en totalité à 1,766,900 fr. — Au 1er janvier 1839, les pensions des donataires inscrites au trésor étaient au nombre de deux mille huit cent trente-sept, montant à 1,389,860 fr. — Ce nombre sera réduit chaque année par suite de décès. — Toutefois, il faut remarquer qu'il a dû y avoir et qu'il y a eu augmentation du nombre des titulaires depuis la loi du 26 juill. 1821, qui avait permis de nouvelles inscriptions au profit des veuves et des enfans des donataires décédés, et aussi parce que cette loi avait permis de rétablir les pensions qui auraient été supprimées pour défaut de réclamation des arrérages pendant trois ans. — Macarel et Boulatignier, t. 2, p. 317.

DOMAINE NATIONAL.

V. DOMAINE, DOMAINE PUBLIC, DOMAINE DE L'ÉTAT. — V. aussi BIENS NATIONAUX.

DOMAINE PRIVÉ DU ROI.

1. — On comprend sous ce nom les biens que le roi peut posséder et transmettre comme particulier.

2. — Cette dénomination, avec le sens et la portée qui s'y trouvent aujourd'hui attachés, est nouvelle dans notre droit. On peut même dire qu'elle ne remonte qu'à la loi du 2 mars 1832, qui, sous ce rapport, a été introductive de principes nouveaux.

3. — Avant la révolution de 1789, c'était un principe de droit public depuis long temps admis en France, maintenu par la fermeté du parlement, et proclamé de nouveau comme loi de l'état par l'édit de 1607, que les biens que le roi possédait au moment de son avénement au trône étaient unis de plein droit au domaine de l'état.

4. — Quelle que fût la cause de cette incorporation, que l'on dise avec les uns qu'au moment où le roi ceignait la couronne il s'opérait en lui un changement d'état qui anéantissait la possession privée pour l'absorber par une sorte de mysticisme politique dans la personne publique (Troplong, *Prescr.*, n° 184), que l'on dise avec les autres que l'acceptation de la royauté établissait entre la couronne et le monarque ce que l'édit de 1607 appelait un mariage saint et politique suivant lequel, et de plein droit, les propriétés du prince venaient se fondre dans la nation ; qu'enfin, avec M. Dupin (V. *infrà*), on considère l'incorporation comme une conséquence nécessaire du principe féodal, toujours est-il qu'elle existait, ainsi que le reconnaissent les auteurs.—Bosquet, *Dict. des domaines*; d'Argentré, *Cout. de Bretagne*, art. 266; Dunod, *Presc.* —V. en outre Favard de Langlade, *Rép.*, v° *Domaines engagés*; Dupin, *Tr. des apanages*; Troplong, *loc. cit.* — Et Merlin, dans son *Rép.*, v° *Domaine public*, s'exprime ainsi : « A l'égard de l'union, il y a une espèce de biens sur lesquels tout le monde convient depuis longtemps qu'elle frappe également de plein droit : ce sont ceux que le monarque possède lors de son avénement à la couronne. » — — « Il faut tenir pour certain, dit Lebret, *Tr. de la souveraineté*, qu'entre les lois fondamentales de cette monarchie, celle-ci est une des principales qui veut que toutes les terres et seigneuries que possèdent nos rois soient acquises à la couronne, sitôt qu'on leur a mis le sceptre en main et qu'ils ont pris possession de la royauté : comme s'ils lui en faisaient un don en faveur de ce mariage politique qu'ils contractent avec elle par les cérémonies de leur sacre, et pour récompense de ce que de sa part elle leur donne la jouissance de tous ses droits et de tous ses honneurs. »

5. — Ce principe est également rappelé en termes formels dans le premier considérant de l'arrêt Desgraviers, du 30 janv. 1822, et dans l'arrêt du 26 avr. 1824 (V. ces arrêts cités *infrà* n° 14), et appliqué par un arrêt de la cour de Limoges, du 27 mars 1840 (t. 2 1846), Préf. de la Corrèze c. Desplasses T...

6. — Mais à l'égard des biens acquis par le prince, la question était plus douteuse. Suivant es uns, sous l'ancienne monarchie, il n'y avait pas de domaine privé du roi, et tout ce que le roi acquérait pendant qu'il était roi, tout ce qui lui advenait à titre de conquet ou de succession était uni de plein droit et à l'instant même au domaine de la couronne. — Lebret, *Tr. de la souveraineté*; Bosquet, *Dict. des domaines*, t. 2, p. 103, 108, 109; Favard de Langlade, v° *Domaine*, p. 126. — « On ne fait, disait Lefebvre de la Planche, *Tr. du domaine*, liv. 1er, chap. 1er, § 3, aucune différence entre le domaine qui appartient au public et celui qui appartient au prince. » — C'est aussi ce qu'écrivait Choppin dans son ouvrage sur le domaine, lib. 1er, n° 5 : « *Haud discernium in Gallia ærarium a fisco.* »

7.— D'autres, au contraire, se fondant sur l'ordonnance de 1566, pensaient que le principe exclusif du domaine privé ne pouvait être posé d'une manière absolue, et qu'à l'égard des biens acquis par le roi, ou à lui advenus, l'incorporation n'avait pas lieu de plein droit, mais seulement par une déclaration expresse du roi ou par une administration commune, pendant dix ans, de ces biens et de ceux composant le domaine de la couronne. —V. Lagarde, *Recherche des droits du roi et de la couronne*; Merlin, v° *Domaine public*; Troplong, *loc. cit.* — V. aussi en ce sens *Cass.*, 2 avr. 1835,

Ameline; *Limoges*, 27 mars 1840, précité (n° 5). — Et on lit dans Pierre Lhommeau (*Maximes gén. du dr. franç.*) : « Le patrimoine et bien particulier du roi est ce qui lui vient de succession ou donation, ou par acquêts non réunis à la couronne, qu'il peut donner à ses enfans puînés, laissant à l'aîné l'ancien patrimoine et domaine du royaume ; mais si le roi vient à mourir sans avoir donné de son vivant aucune chose desdits acquets à ses puînés, tout est à l'aîné, à cause de la réunion qui s'en fait au domaine de la couronne. » — On peut, au surplus, sur le principe de la réunion, consulter les intéressantes observations de M. Hennequin, *Tr. de législat. et de jurisp.*, t. 2, p. 80.

8. — Quoi qu'il en soit, en 1789, et lorsque, le roi et l'état cessant d'être confondus, on adopta le système des listes civiles, « principe d'ordre dans les finances de l'état, dit M. Hennequin (*Tr. de lég. et de jurisp.*, t. 2, p. 89), comme dans celles de la couronne, » on dut nécessairement prévoir et régler le sort des biens qui pourraient appartenir au roi lors de son avènement au trône ou lui advenir pendant son règne.

9. — La loi du 22 nov. 1790 dispose, à cet égard : 1° (art. 6) que les biens particuliers du prince qui parvient au trône et ceux qu'il acquiert pendant son règne, à quelque titre que ce soit, sont de plein droit et à l'instant même unis au domaine de la nation, et que l'effet de cette union est perpétuel et irrévocable ; 2° (art. 7) que les acquisitions faites par le roi à titre singulier, et non en vertu des droits de la couronne, sont et demeurent pendant son règne *à sa libre disposition*, et que, ledit temps passé, elles se réunissent de plein droit et à l'instant même au domaine public. »

10. — Ainsi se trouvait maintenu le principe de l'incorporation modifié par la faculté, pour le roi, de disposer, *pendant son règne*, seulement des biens par lui acquis et qui formaient dès-lors son domaine privé.

11. — Bientôt après, le principe de la liste civile et du domaine privé fut emporté avec la royauté elle-même.

12. — Le sénatus-consulte du 30 janv. 1810 (tit. 3) constitua à Napoléon un domaine privé « provenant, dit l'art. 31, soit de donations, soit de successions, soit d'acquisitions, mais sans respecter complètement le principe de la dévolution à l'état, tel qu'il était formulé dans la loi de 1790, et en réglant, au contraire, pour sa famille le mode de succession aux biens qui pourraient, à la mort de l'Empereur, composer ce domaine.

13. — La loi du 8 nov. 1814 (sur la liste civile de Louis XVIII), et celle du 15 janv. 1825 (sur la liste civile de Charles X), reconnurent également au roi le droit d'acquérir un domaine privé et d'en disposer ; mais ces lois, consacrant de nouveau le principe de dévolution posé dans la loi de 1790 portent que « les biens particuliers du prince qui parvient au trône sont de plein droit et à l'instant même réunis au domaine de l'état, et que l'effet de cette réunion est perpétuel et irrévocable. » Comme aussi que les domaines privés possédés ou acquis par le roi à titre singulier et non en vertu du droit de la couronne sont et demeurent pendant sa vie à sa disposition, mais que s'il vient à décéder sans en avoir disposé, ils sont réunis de plein droit au domaine de l'état. »

14. — C'est par suite de ce principe qu'il a été jugé que la réunion au domaine de l'état des biens du prince qui parvient au trône produit l'extinction de l'obligation personnelle résultant des dettes qu'il avait contractées avant d'être roi, et que ses créanciers deviennent exclusivement les créanciers de l'état. — *Cass.*, 30 janv. 1822, Desgraviers c. la liste civile ; *Orléans*, 19 fév. 1824, mêmes parties ; *Cass.*, 26 avr. 1824, liste civile c. Peysson et Bacot. — V. sur la réunion des biens du prince au domaine, Foucart, *Elém. dr. publ. et admin.*, t. 2, n° 37 ; Hello, *Essai sur le rég. constit.*, p. 108 et suiv.

15. — Lorsque après la révolution de juill. 1830, et l'avènement de Louis Philippe (duc d'Orléans) en qualité de roi des Français, il s'agit de déterminer la liste civile pour le nouveau règne, et de poser des règles relativement au domaine privé, le projet de loi présenté par le gouvernement repoussa nettement le principe de la dévolution. — Mais la commission de la chambre des députés rétablissant cette ancienne règle de droit public proposa un article ainsi conçu : « Les biens que le roi possède lors de son avènement au trône sont dévolus à l'état. » — Seulement elle admettait une exception pour les biens dont le roi actuel ne s'était pas dessaisi avant son avénement. — Ord. 4-10 sept. 1830.

16. — M. de Salverte, au contraire, proposa de maintenir les droits des princes à leur avénement sur leurs biens personnels et de rejeter le principe de la dévolution. Il fit remarquer que la dévolution pouvait avoir lieu quand le domaine entier était censé le domaine du roi ; qu'alors le prince qui avait acquis pendant sa vie, à quelque titre que ce fût, était sur que son domaine privé, arrivant à l'état, il reviendrait nécessairement à son héritier : il était sûr de pouvoir jouir de ce domaine et de le transmettre à ses héritiers directs. « Aujourd'hui, a-t-il ajouté, la chose n'est plus la même, et, par une liste civile, le domaine de l'état se trouvant parfaitement séparé de la dotation de la couronne et du domaine privé, le roi peut désirer conserver son domaine privé, le transmettre à ses héritiers, et dès-lors il est plus simple d'entrer dans la voie de la vérité, dans une voie qui prévienne toute espèce de soupçons, qui empêche que des actes secrets ne détruisent le principe patent de la dévolution. Il n'y a, dès-lors, qu'à assimiler le domaine privé du roi à celui des autres propriétaires, à le considérer comme le premier père de famille de son royaume, à soumettre ses biens aux mêmes conditions que ceux des autres propriétaires et à lui en laisser tous les avantages. »

17. — M. Dupin s'est exprimé dans le même sens que M. de Salverte. Remontant aux temps les plus reculés de la monarchie, il s'est attaché à démontrer comment le principe de la dévolution s'était introduit, et à prouver que le principe de la réunion des fiefs appartenant au roi et celui de la dévolution des biens dont il avait la propriété étaient fondés sur les mêmes idées, et par conséquent purement féodal. Il a fait ensuite remarquer que la crainte de la dévolution suggérait toujours la pensée de recourir à des moyens de fraude pour en prévenir les effets : « Si vous adoptez l'amendement de M. de Salverte, a-t-il ajouté en terminant, il ne faut plus s'occuper des créanciers personnels du roi ; au contraire, il faut proclamer bien haut le principe que jamais les dettes du roi ne seront payées par l'état, que des fournisseurs ne pourront pas, par des pétitions, venir après lui réclamer le paiement de ce qui leur sera dû. Il faut leur dire une fois pour toutes : « vous avez contracté avec le roi, c'était à lui à vous payer ; à son défaut que son héritier vous paie s'il le veut, qu'il vous paie par piété filiale, mais jamais l'état ne devra payer les dettes du roi. »

18. — Par suite de ces observations le principe de la dévolution fut repoussé, et l'art. 22, L. 2 mars 1832 dispose que : « Le roi *conservera la propriété des biens qui lui appartenaient avant son avènement au trône* : et que ces biens et ceux qu'il acquerra à titre gratuit ou onéreux, pendant la durée de son règne, composeront son domaine privé. »

19. — Le roi peut disposer de son domaine privé, soit par des actes entre-vifs, soit par testament, sans être astreint à suivre les règles tracées par le Code civil qui limitent la quotité disponible. — L. 2 mars 1832, art. 23.

20. — L'art. 22, L. 8 nov. 1814, portait également que, dans la disposition que le roi pouvait faire de ses domaines privés, il n'était lié par aucune des dispositions du Code civil.

21. — M. Dupin a expliqué le motif de cette dérogation aux règles du droit commun en faisant remarquer que si le principe de l'égalité était maintenu, par l'effet du mariage des princesses, filles du roi, une part de sa succession pourrait passer à des princes ou souverains étrangers, tandis que les princes français, par leur mariage avec des filles de rois étrangers, et d'après le droit public des nations étrangères, ne recevraient qu'une dot, un trousseau.

22. — Du reste, suivant l'art. 24, les propriétés du domaine privé sont, sauf l'exception contenue dans l'art. 23, soumises à toutes les lois qui régissent les autres propriétés.

23. — Que deviennent les biens composant le domaine privé dans le cas où le roi décède sans en avoir disposé, ni par acte entre vifs ni par testament ? La commission proposait de terminer l'art. 23, ainsi qu'il suit : « Si le roi vient à décéder sans en avoir disposé son domaine privé, appartiendra à l'état. » Mais cette phrase a été supprimée.

24. — Bien que les motifs de cette suppression n'aient pas été exprimés, M. Duvergier (*Coll.*, notes sur la loi de 1832, p. 76) dit qu'il faut en conclure que le domaine privé, à raison de donation ou de testament, ne sera pas réuni au domaine de l'état : qu'il sera partagé entre les héritiers du roi selon les règles du droit commun. « Il est vrai, ajoute-t-il, que l'art. 21, L. 8 nov. 1814, contient une disposition contraire, mais elle était la conséquence du principe de la dévolution qui est maintenant aboli. D'ailleurs, la chambre n'eût pas supprimé la dernière partie de l'article si elle eût voulu maintenir la règle écrite dans la loi de 1814 : enfin, l'art. 24, en disant que les propriétés du domaine privé sont soumises à toutes les lois qui régissent les autres propriétés, les assujétit par conséquent aux lois sur les successions. » — Ces observations nous paraissent parfaitement justes.

25. — Les propriétés du domaine privé sont cadastrées et imposées (art. 24). C'est ce que disait aussi l'art. 19, L. 18 nov. 1814. — V. CONTRIBUTIONS DIRECTES, n° 130.

26. — Le domaine privé est régi par un administrateur par et contre lequel sont exercées toutes actions concernant ce domaine. — L. 2 mars 1832, art. 27 ; — Proudhon, *Domaine privé*, n° 852.

27. — Les procès qui s'engagent sur le domaine privé sont instruits et jugés d'après les règles de la procédure civile, si ce n'est que le roi n'est plus assigné en la personne du procureur du roi de l'arrondissement de la situation des biens, mais dans la personne de l'administrateur du domaine privé. — L. 2 mars 1832, art. 27 et 28.

28. — Les droits des créanciers du roi et ceux des employés de sa maison à qui des pensions de retraite seraient dues par imputations sur un fond provenant de retenues faites sur leurs appointemens demeurent toujours réservés sur le domaine privé délaissé par le roi décédé. — Art. 26. — V. *suprà* n° 17 les observations de M. Dupin sur les droits des créanciers.

29. — Les titres sont exécutoires sur les biens meubles et immeubles, composant le domaine privé. — Art. 28.

30. — Nous verrons, en nous occupant de la liste civile, que, sauf le douaire de la reine et la somme allouée annuellement à l'héritier de la couronne, la loi du 21 mars 1832 ne règle que la position du roi et non celle des princes et princesses de sa famille. A cet égard, l'art. 21 dispose que « en cas d'*insuffisance du domaine privé*, les dotations des fils puînés du roi et des princesses ses filles seront réglées ultérieurement par des lois spéciales. »

31. — Il est, au surplus, hors de doute que les princes et les princesses peuvent acquérir des propriétés particulières comme les autres citoyens, et que devenus majeurs ils peuvent en disposer selon les règles du droit commun, puisqu'en cela les lois ne les soumettent pas à d'autres conditions. — Proudhon, *Tr. du dom. privé*, t. 3, n° 853.

32. — De ce qu'il n'existe aucune disposition légale qui établisse un régime spécial sur la jouissance et la disponibilité des propriétés patrimoniales des princes et princesses de la famille royale, M. Proudhon (*loc. cit.*) conclut qu'il y a lieu de se reporter aux règles du droit commun, et qu'il faut dès-lors en conclure :

33. — 1° Que le roi durant le mariage et après la dissolution du mariage la reine survivante doivent avoir l'usufruit légal des biens des princes et princesses, leurs enfans mineurs, dans les termes de l'art. 384, C. civ.

34. —... 2° Que les princes et princesses doivent figurer personnellement dans les contestations qui les intéressent.

35. —... 3° Que les jugemens rendus contre eux doivent être exécutoires sur leurs biens, comme ils le seraient envers de simples particuliers.

DOMAINE PUBLIC.

Table alphabétique.

DOMAINE PUBLIC. — 1. — Le domaine public comprend les biens dont l'usage ou la jouissance sont au public, et qui, placés dans le domaine de la nation, sont affectés à une destination telle, qu'ils ne peuvent devenir, en demeurant ce qu'ils sont, l'objet d'une propriété privée.

2. — Nous avons expliqué au mot DOMAINE DE L'ÉTAT, nº 3, les différences essentielles qui existent entre le *domaine de l'état* et le *domaine public*.

3. — Le domaine public tire sa dénomination de la destination des objets dont il se compose, soit parce qu'ils sont asservis à l'usage du public, soit parce que c'est à la puissance publique à protéger la jouissance que la société tout entière, et même les étrangers aussi bien que les nationaux, ont le droit d'exercer sur eux. — V. conf. Proudhon, *Traité du domaine public*, nº 201; Macarel et Boulatignier, *Fort. publ.*, t. 1er, p. 39; Foucart, *Elém. dr. publ. et admin.*, t. 2, nº 1er. — V. aussi d'Argentré, *Cout. de Bretagne*, art. 266, chap. 23, p. 35.

4. — Il résulte de la nature même des choses dont se compose le domaine public qu'à leur égard le gouvernement n'exerce qu'un possessoire de protection, pour assurer la jouissance commune, et non un possessoire de propriété, pour s'attribuer exclusivement les prérogatives ou les avantages attachés au titre de propriétaire exclusif du sol. Proudhon, *loc. cit.*, nº 202. — V. aussi Serrigny, *Tr. de l'organ., etc.*, nº 740; Laferrière, *Dr. publ. et admin.*, p. 133.

5. — Parmi les choses que l'on considère comme étant des dépendances du domaine public, il y en a, comme, par exemple, les canaux et les ponts (V. ces mots), qui peuvent être la cause de certaines perceptions; mais, comme, en définitive, leur destination principale n'en a pas moins uniquement pour but le service public, et que ces perceptions, que l'on assimile quelquefois à de véritables impôts indirects (V. DOMAINE DE L'ÉTAT, nº 107) ne sont pas un vrai produit du fonds, on ne devait pas mettre les choses dont il s'agit au rang des fonds productifs et patrimoniaux qui composent le domaine de l'état. — Proudhon, *loc. cit.*, nº 204; Laferrière, *Dr. admin.*, p. 135.

6. — Il faut en dire autant même des fonds qui, étant des dépendances du domaine public, donnent néanmoins quelques véritables produits, parce que ces produits sont peu considérables et ne rentrent pas dans la destination principale du fonds, qui est, avant tout, de servir à un usage public.

7. — Ainsi, par exemple, les places de guerre, fortifications et canaux sont des dépendances du domaine public (V. *infrà* nos 9 et s.), et ils ne laissent pas cependant de donner lieu à quelques produits; car on ne saurait refuser ce caractère aux sommes d'argent que l'état retire soit de la location des fossés des places où l'on permet souvent d'établir des jardins, et de certaines dépendances des fortifications en nature d'herbages, soit des produits des francs-bords des canaux. — Macarel et Boulatignier, *loc. cit.*, nº 40.

§ 1er. — *Des biens dont se compose le domaine public* (nº 8).

§ 2. — *De l'administration du domaine public* (nº 44).

§ 3. — *De l'inaliénabilité et de l'imprescriptibilité du domaine public* (nº 94).

§ 4. — *Fonctionnaires chargés de représenter le domaine public; — Compétence; — Procédure* (nº 140).

§ 1er. — *Des biens dont se compose le domaine public.*

8. — La loi du 22 nov.-1er déc. 1790 portait, art. 2 : — « Les chemins publics, les rues et places des villes, les fleuves et rivières navigables, les rivages, les lais et relais de la mer, les ports, les havres, les rades, etc., et en général toutes les portions du territoire national qui ne sont pas susceptibles d'une propriété privée, sont considérés comme une dépendance du domaine public. »

9. — L'art. 13, tit. 1er, L. 10 juill. 1791, a déclaré compris dans le domaine public : — « Tous terrains de fortifications des places de guerre ou postes militaires, tels que remparts, parapets, fossés, chemins couverts, esplanades, glacis, ouvrages avancés, terrains vides, canaux, flaques ou étangs dépendant des fortifications, et tous autres objets faisant partie des moyens défensifs des frontières du royaume, tels que lignes, redoutes, batteries, retranchemens, digues, écluses, canaux et leurs francs-bords, lorsqu'ils accompagnent les lignes défensives et qu'ils en tiennent lieu, quelque part qu'ils soient situés, soit sur les frontières de terre, soit sur les côtes et dans les îles qui les avoisinent. »

10. — Le Code civil n'est donc que confirmatif des dispositions des lois antérieures lorsqu'il statue, par son art. 538, que : — « Les chemins, routes et rues à la charge de l'état, les fleuves et rivières navigables et relais de la mer, les ports, les havres, rades, et généralement toutes les portions du territoire national qui ne sont pas susceptibles d'une propriété privée, sont considérés comme une dépendance du domaine public. » — V., pour les détails spéciaux, COURS D'EAU, HAVRE, LAIS ET RELAIS, FORTS, RADE, RIVAGES DE LA MER, ROUTES, VOIRIE.

11. — ... Et, par l'art. 540, que « les portes, murs, fossés et remparts des places de guerre et des forteresses font aussi partie du domaine public. » — V. FORTERESSES, FORTIFICATIONS, PLACES DE GUERRE, SERVITUDES MILITAIRES.

12. — L'art. 538 C. civ. ne met, du reste, formellement parmi les choses dépendantes du domaine public que les fleuves et rivières navigables ou flottables; mais les petites rivières qui ne sont ni navigables ni flottables, nous ont paru devoir être rangées dans la même catégorie. — V. COURS D'EAU. — V. aussi *Cass.*, 10 juin 1846 (t. 2 1846, p. 5), Piart et société du canal de la Sambre à l'Oise c. Permuttier.

13. — L'art. 538, C. civ., ne considérant comme dépendances du domaine public que « les chemins, routes et rues *à la charge de l'état* », on en a tiré cette conséquence qu'il ne fallait pas attribuer ce caractère aux chemins vicinaux. — V. au surplus CHEMINS VICINAUX, nos 669 et suiv. — V. cependant Macarel et Boulatignier, *Fortune publique*, p. 59 et suiv.; Dufour, *Traité de dr. adm. appl.*, nº 1406.

14. — Les routes départementales doivent-elles être considérées comme dépendances du domaine public? — V. ROUTES.

15. — On ne confondra pas, du reste, les vrais chemins publics, dont le sol est public, et auxquels s'applique l'art. 538, C. civ., avec les voies agraires ou chemins privés d'exploitation ou de servitude, dont l'usage n'appartient pas à tout le public, mais seulement à ceux qui possèdent les fonds au service ou à l'exploitation desquels ces chemins sont destinés. — V. conf. L. 2, § 21, ff., *Ne quid in loc. publ.*; Proudhon, *Traité du domaine de propriété*, nos 818 et suiv. — V. au surplus CHEMINS D'EXPLOITATION, SERVITUDES.

16. — Dans les communes rurales, ainsi que dans les villes, l'espace compris entre les lignes des maisons désignées sous le nom générique de rue, appartient de sa nature au domaine public, et ne peut, par suite, faire l'objet d'une propriété privée. — V. dans ce sens *Nancy*, sous *Cass.*, 30 juin 1834, Noël c. Nogent. — V. au surplus VOIRIE.

17. — Jugé que la loi de.... frim. an II, qui a déclaré propriétés nationales les grands chemins, ponts, etc., n'a entendu parler que des routes royales et des ponts dépendans de ces routes; mais qu'elle est inapplicable à un pont établissant une communication entre une ville et ses faubourgs, surtout si d'anciens traités ont déclaré ce pont propriété communale et le péage droit municipal. — *Cass.*, 28 nov. 1838 (t. 2 1846), préf. du Rhône c. ville d'Arles.

18. — Lorsque l'administration municipale a désigné l'une des places publiques de la ville pour l'exécution des condamnations capitales, un propriétaire n'a pas le droit de réclamer contre la ville une indemnité, fondée sur la dépréciation qui résulte de cette désignation pour sa maison, contiguë à la place. — *Paris*, 14 janv. 1834, Ledieu c. ville de Paris.

19. — Les fontaines édifiées dans une ville font partie du domaine public et ne peuvent être aliénées irrévocablement. — En conséquence, si une administration municipale a fait cession à des particuliers d'une prise d'eau sur une fontaine publique, cette cession n'est que précaire, et peut toujours être révoquée dès qu'il est reconnu par l'autorité municipale qu'il est nécessaire qu'elle cesse d'avoir lieu, et sans que le cessionnaire puisse exciper de sa possession, quelque longue qu'elle ait été. — *Rouen*, 26 avr. 1837 (t. 2 1841, p. 113), Bénard-Duchesne c. ville de Rouen. — V. au surplus PRESCRIPTION.

20. — M. Troplong (*Prescription*, t. 1er, nº 158) fait une distinction entre les fontaines communales : lorsqu'elles jaillissent d'un héritage communal, et ne servent qu'à son exploitation, elles sont prescriptibles, ce qui exclut l'idée qu'elles soient alors du domaine public; mais elles sont, au contraire, imprescriptibles comme choses qui consistent *in usu*, si elles servent à l'usage personnel des habitans. — V. conf. L. 9, Cod., *De aquæductu*; d'Argentré, *Cout. de Bretagne*, art. 266, chap. 23, p. 1135; Dunod, *Prescriptions*, p. 74; Perezius, *Ad Cod.*, *De aquæd.* — V. au surplus PRESCRIPTION.

21. — Du principe que les plages de la mer sont une dépendance du domaine public il suit qu'une commune qui avait l'usage de prendre sur ces plages des matériaux pour la réparation de ses

chemins, n'a pas le droit de réclamer d'un entrepreneur de travaux publics une indemnité pour des extractions de pierres qu'il a faites dans le même lieu. — *Cons. d'état*, 14 janv. 1824, ville de Marseille.

22. — Les rochers que les eaux de la mer couvrent et découvrent alternativement, font incontestablement partie de ses rivages et, par conséquent, du domaine public. — Toullier, *Dr. fr.*, édit. Duvergier, 2e vol., part. 1re, no 479.

23. — Lorsque, dans un débat relatif à la possession du varech qui croît sur un rocher litigieux, les juges ont déclaré maintenir une commune en possession *de ce rocher*, cette décision ne s'applique, d'après la règle *Tantum judicatum quantum litigatum*, qu'à la jouissance du varech, et non à un droit de propriété sur le rocher lui-même ; et, dès lors, on ne peut dire qu'il y ait eu violation des lois qui mettent en dehors de la propriété privée et font dépendre du domaine public les rivages de la mer. — Dans tous les cas, et en supposant même qu'une telle décision pût porter atteinte aux droits du domaine public, ce domaine aurait seul le droit de s'en plaindre. — *Cass.*, 5 juin 1839 (t. 1er 1839, p. 655), comm. de Flamanville.

24. — Les eaux de la mer, en affluant dans les rivières qui y ont leur embouchure, ne les transforment pas en bras de mer, et ne font pas de leurs rives des rivages maritimes, dépendans du domaine public, jusqu'au point où le grand flot de mars se fait sentir. — *Cass.*, 23 juin 1830, Domaine c. Riou-Kerallet. — V. conf. Garnier, *Régime des eaux*, t. 1er, no 24 ; Daviel, *des Cours d'eau*, t. 2, no 968 ; Merlin, *Quest.*, vo *Rivage de la mer*, Delvincourt, t. 1er, note 5, p. 140.

25. — De même, on ne doit pas non plus réputer *rivages de la mer* dépendant, comme tels, du domaine public, des terrains que la mer submerge périodiquement de ses eaux en faisant irruption accidentellement par un goulet qui n'est que le résultat d'une section survenue à une falaise. — *Cass.*, 4 mai 1836, Préfet de la Charente-Inférieure c. Mariocheau et comm. de l'Honneau.

26. — Jugé encore que les bords d'une rivière, à son embouchure, ne sont pas des dépendances du domaine public lorsque, quand la marée est basse, ils ne sont pas couverts par la mer. — *Rennes*, 27 janv. 1831, Bazin c. Préfet du Finistère. — Delvincourt, *Cours de C. civ.*, t. 1er, no 5, p. 140.

27. — Avant, comme depuis le Code civil, les remparts des places de guerre faisant partie du domaine public n'ont jamais été susceptibles d'une propriété privée, à moins qu'une loi n'en ait autorisé l'aliénation, et par conséquent ils ont été inaliénables et imprescriptibles. — *Bastia*, 12 janv. 1835, Préfet de Corse c. Roccaserra.

28. — Les remparts des places de guerre font partie du domaine public et demeurent inaliénables et imprescriptibles, tant qu'ils n'ont pas changé de nature et de destination, conformément à l'art. 2, tit. 4, L. 8-10 juill. 1791. — *Cass.*, 27 nov. 1835, préfet du Pas-de-Calais c. Pille.

29. — Mais un rempart devient susceptible d'être propriété privée quand la place n'est plus ville de guerre, parce qu'alors ce n'est plus à proprement parler un rempart. — Delvincourt, *Cours de C. civ.*, t. 1er, note 2e, p. 140. — V. PLACES DE GUERRE.

30. — L'art. 538, C. civ., termine son énumération en statuant qu'il y a lieu de considérer comme une dépendance du domaine public : « Généralement toutes les portions du territoire qui ne sont pas susceptibles d'une propriété privée. »

31. — Cette énumération n'est donc pas limitative. Et il existe, en effet, en dehors de ses termes des choses auxquelles l'on ne saurait refuser le caractère de dépendance du domaine public.

32. — Ainsi, l'on doit considérer comme étant du domaine public les églises consacrées au service public du culte, tant que leur destination n'a pas été changée ou par la force des choses, ou par le même pouvoir qui les avait précédemment placées hors du commerce. — V. conf. Pothier, *Traité de la prescript.*, 1re part., chap. 1er, no 7 ; d'Argentré, sur *Cout. de Bretagne*, art. 266, chap. 23, p. 35 ; Proudhon, *Domaine public*, no 207 ; Dufour, *loc. cit.*, no 1406 ; Laferrière, p. 134 et suiv. — Les églises peuvent aussi parfois être la propriété des communes. — V. au surplus ÉGLISE.

33. — L'arrêté du gouvernement qui affecte un édifice au service public d'un culte ne confère pas à ce culte la propriété de l'édifice. — *Cons. d'état*, 25 juill. 1827, consistoire protestant de Nérac c. hospice de la même ville.

34. — Une chapelle placée dans la dépendance d'une maison particulière, par exemple, sur une place attenant à cette maison, rentre, ainsi que les biens qui composaient sa dotation, dans l'exception portée en l'art. 22, L. 12 juill.-24 août 1790, qui, attribuant à l'état toutes les chapelles publiques, excepte, à titre de chapelles particulières, celles qui sont dans l'enceinte des maisons particulières et desservies par des chapelains à la seule disposition du propriétaire. — *Bastia*, 6 mai 1829, préfet de la Corse c. Piétri.

35. — Les canaux de navigation intérieure, bien que l'art. 538, C. civ., n'en parle pas expressément, sont encore des dépendances du domaine public.

36. — Les grands canaux de navigation ne font pas essentiellement partie du domaine public, et peuvent être l'objet d'une propriété privée. — *Cass.*, 22 avr. 1844 (t. 1er 1844, p. 627), préfet de la Haute-Garonne c. Riquet. — Décidé de même relativement au canal de Briare, *Cass.*, 5 mars 1829, Fildier. — V. aussi *Lyon*, 23 juill. 1825 (dans ses motifs), sous *Cass.*, 29 fév. 1832, canal de Givors c. Berlier.

37. — L'ordonnance de 1667 (tit. 27, art. 41) ne plaçait dans le domaine du roi que les rivières navigables et flottables de leur nature, et sans ouvrage de main d'homme : ainsi les canaux se trouvaient exceptés. En l'an V, le conseil des cinq-cents prit une résolution dont Merlin (*Rép.*, vo *Canal*) parle en ces termes : « La résolution du conseil des cinq-cents, que le conseil des anciens a convertie en loi le 21 vendém. an V, établit, à l'occasion du *canal du Midi*, un grand principe qui reçoit naturellement son application à tous les canaux de même nature et que je crois très vrai, quoique le conseil des anciens ne l'ait ni adopté ni improuvé : c'est « que les grands canaux de navigation à l'usage public font essentiellement partie du domaine public ; que les concessions qui peuvent en avoir été faites ne peuvent faire obstacle aux mesures à prendre pour leur conservation, amélioration et agrandissement, sauf le droit des concessionnaires aux remboursemens et indemnités qui peuvent leur être dus, et la continuation de leur jouissance jusqu'à l'acquittement entier et effectif. — L'art. 538 n'indique aucune espèce de canaux comme dépendance du domaine public. La raison en est simple ; car, comme le dit l'arrêt de cassation du 5 mars 1829 (Fildier), s'il existe des canaux construits par l'état ou devenus, par une cause quelconque, sa propriété, il existe aussi des canaux construits par des particuliers, à leurs propres compte et risques, et formant leur propriété. Sans doute les canaux de la première espèce font partie du domaine public, mais ceux de la seconde espèce ne sont que des propriétés particulières grevées de la servitude perpétuelle de rester en cet état, et de livrer passage à tous ceux qui le réclament conformément aux réglemens et tarifs. — Ainsi décidé que les canaux de navigation et leurs dépendances, alors même qu'ils ont été concédés à perpétuité, sont voie publique par leur destination. — *Cons. d'état*, 27 avr. 1826, Berlier ; — Daviel, *Cours d'eau*, nos 33 et 139 ; Magnitot et Delamarre, *Dict. de dr. admin.*, vo *Canaux*, sect. 1re, § 3. — V. CANAUX, nos 32 et suiv.

38. — On peut aussi placer dans les dépendances du domaine public les chemins de fer. — Laferrière, *Dr. publ. et administ.*, p. 135. — V. CHEMINS DE FER, no 39.

39. — Les mines doivent-elles être considérées comme des dépendances du domaine public ? — V. MINES.

40. — Quant aux bacs et bateaux, V. ce mot, nos 10, 12, 18, 26.

41. — Relativement aux cimetières, V. aussi ce mot, nos 52 et suiv.

42. — Nous avons dit, au mot DOMAINE DE L'ÉTAT, nos 112 et 124, qu'il fallait considérer comme appartenant à ce domaine tous les biens vacants et sans maître, et ceux des particuliers qui décèdent sans héritiers, ou dont les successions sont abandonnées.

43. — Cependant l'art. 539, C. civ., porte formellement qu'ils *appartiennent au domaine public*. Mais cette rédaction, manifestement erronée, puisque les biens dont il s'agit, soumis aux règles diverses de la propriété, n'ont jamais été destinés à un service public, et ne sauraient évidemment, quant à leur régime, être assimilés aux routes et rivières navigables, est le résultat d'une erreur matérielle qui s'est glissée dans le texte du code Napoléon lorsqu'il a été, le 3 sept. 1807, modifié pour être mis en harmonie avec le langage qu'avaient introduit les institutions et le régime impérial. C'est alors qu'on a mal à propos remplacé par les mots *au domaine public* ceux de : *à la nation*, qui se trouvaient dans l'édition originale du 14 pluv. an XII. — V. conf. Proudhon, *Domaine public*, t. 1er, no 206 ; Laferrière, *Dr. admin.*, p. 132.

§ 2. — *De l'administration du domaine public.*

44. — On a déjà vu *suprà*, no 4, que le droit de l'état sur le domaine public s'exerce par un pouvoir de surveillance, d'entretien, de police, de juridiction, dans l'intérêt de tous, et afin que chacun puisse en jouir librement.

45. — Anciennement aussi, dès l'origine de la monarchie, le fisc avait l'administration des diverses portions du territoire que leur destination à des services publics avait fait exclure du partage des terres conquises. Tels étaient les places, les routes, les ponts, les fleuves, les rivages de la mer, sur lesquels le fisc percevait des droits que Ducange fait connaître dans son glossaire aux mots : *Anchoragium*, *exclusaticum*, *passagium*, *pedagium*, *plateaticum*, *pontaticum*, *portulaticum*, *ripaticum*, *transitura*, *viaticum*, etc. — Pardessus, *sur la loi salique*, diss. 8, p. 541.

46. — Les différentes parties qui composent le domaine public sont aujourd'hui affectées au service de divers départemens ministériels.

47. — Et le ministre qui se trouve à la tête de chacun de ces départemens est, par la force même des choses, chargé d'administrer la portion de domaine qui lui est affectée, c'est-à-dire de la régir de manière à la faire tourner au plus grand avantage du public. — Macarel et Boulatignier, *Fortune publique*, t. 1er, no 25.

48. — *Domaine militaire.* — Les objets dont se compose la portion du domaine public qui est confiée au ministre de la guerre, et que, dans la pratique, on appelle *domaine militaire*, sont, aux termes de la loi du 10 juill. 1791 :

49. — ... 1o Tous terrains de fortifications des places de guerre ou des postes militaires, tels que portes, murs et remparts, parapets, fossés, chemins couverts, esplanades, glacis, ouvrages avancés, terrains vides, canaux, flaques ou étangs, dépendans des fortifications.

50. — ... 2o Tous autres objets faisant partie des moyens défensifs des frontières du royaume, tels que lignes, redoutes, batteries, retranchemens, digues, écluses, canaux et leurs francs-bords, lorsqu'ils accompagnent les lignes défensives et qu'ils en tiennent lieu.

51. — ... 3o Enfin les établissemens et bâtimens militaires.

52. — Pour l'administration de ce domaine, le pouvoir du ministre de la guerre est très étendu.

53. — C'est lui qui répartit, entre les différentes places, postes militaires et garnisons de l'intérieur, selon leur classe et selon leurs besoins, les fonds accordés à son département, pour les travaux militaires. — L. 10 juill. 1791, tit. 6, art. 2.

54. — C'est lui qui, par ses agens, fait surveiller, dans tous leurs détails, les différens ouvrages à exécuter par les entrepreneurs. — *Ibid.*, art. 11.

55. — Ce ministre est responsable du bon emploi et de la conservation des établissemens et bâtimens militaires, et des effets qu'ils renferment ou qui en sont dépendans. — Même loi, tit. 4, art. 5.

56. — Dans les places et garnisons qui manquent de bâtimens militaires, c'est le ministre de la guerre qui désigne ceux des bâtimens nationaux qui peuvent y suppléer, afin qu'ils puissent être, dans les formes régulières, déclarés affectés au département de la guerre, comme bâtimens militaires. — Art. 6.

57. — Lorsque ce ministre juge que l'occupation temporaire ou l'acquisition d'un terrain appartenant à une commune ou à quelque particulier est nécessaire pour un établissement militaire, c'est son département qui règle l'indemnité d'occupation, et qui fait l'acquisition de gré à gré, ou qui poursuit judiciairement soit l'occupation, soit l'expropriation pour cause d'utilité publique. — *Ibid.*, art. 7. — V. aussi LL. des 30 mars 1831 et 7 juill. 1833.

58. — Lorsque des bâtimens et emplacemens qui, jusque-là, ont fait partie du *domaine militaire* sont jugés par ce ministre n'être plus nécessaires au service de l'armée, c'est lui qui en fait la remise au ministre des finances pour faire partie des propriétés nationales aliénables. — L. 10 juill. 1791, tit. 4, art. 2.

59. — C'est encore le ministre de la guerre qui fait dresser les procès-verbaux et inventaires de tous les terrains, bâtimens et établissemens affectés au service de l'armée, ainsi que des établissemens et fournitures qu'ils contiennent. — *Ibid.*, art. 3.

60. — C'est lui qui ordonne et répartit les dépenses d'entretien, de réparation, construction ou augmentation des bâtimens affectés à son département, comme celles du renouvellement d'effets et de fournitures concernant le service de l'armée. — *Ibid.*, art. 4.

61. — C'est à lui qu'il appartient d'empêcher que les bâtimens et établissemens militaires dont la remise a été faite à son département soient affectés à un autre service que celui du logement des

troupes, des employés attachés à l'administration de la guerre, et à contenir ou conserver les munitions, subsistances et effets militaires. — Même loi, tit. 5, art. 1er.

62. — C'est à lui qu'est confié le soin de désigner : les terrains dépendant des fortifications qui sont susceptibles d'être cultivés, et dont le produit peut être récolté sans inconvénient ; les fossés, canaux, flaques ou étangs qui sont susceptibles d'être pêchés. — Même loi, tit. 1er, art. 22.

63. — Son autorisation spéciale est nécessaire à toute personne pour planter des arbres dans le terrain des fortifications, ou pour émonder, extirper ou faire abattre ceux qui s'y trouvent plantés. — *Ibid.*, art. 26.

64. — Enfin, aux termes de ce même article, c'est à lui qu'il appartient de désigner les arbres dépendant du domaine militaire qui sont inutiles au service et qui doivent être vendus.

65. — Seulement la loi veut que tous les produits provenant des propriétés nationales affectées au département de la guerre soient perçus et versés au trésor public, selon les règles établies pour l'administration des finances. — *Ibid.*, art. 27.

66. — L'administration du domaine militaire est placée sous la surveillance directe du ministre de la guerre, dont les agens ou préposés ont spécialement droit, chacun dans les limites des pouvoirs qui lui sont délégués, d'agir devant les tribunaux dans l'intérêt de l'état et pour la conservation de ce domaine. — *Cass.*, 23 juin 1846 (t. 2 1846, p. 39), [int. de la loi], admin. de la guerre c. Pattmann.

67. — Tel est le système dans lequel a été conçue toute la législation intervenue depuis 1791.

68. — *Domaine maritime.* — Le domaine que l'on peut appeler *maritime* se compose principalement des côtes maritimes, des ports, des havres, des rades, des phares, fanaux et balises. — Macarel et Boulatignier, *loc. cit.*, n° 25.

69. — Ce même domaine comprend encore les fonderies et manufactures d'armes, les arsenaux et magasins destinés au service de la marine, les édifices dépendant des ports militaires, les chiourmes et hôpitaux militaires, les batteries des côtes, et, en général, tous les ouvrages de défense à la mer. — Mêmes auteurs, *loc. cit.*

70. — Les sources des pouvoirs du ministre de la marine sur les objets du domaine maritime sont :

71. — ... En ce qui concerne les côtes maritimes, la loi du 13-15 janv. 1793, et le règlement du 7 flor. an VIII, tit. 1er et 2 ; et, à ce sujet, il faut, du reste, remarquer que le ministre de la guerre a été appelé par l'art. 65 du tit. 6 du règlement précité à concourir aux mesures de protection des côtes maritimes. — V. COTES MARITIMES.

72. — ... En ce qui concerne tous les ports, même ceux de commerce, ainsi que les havres et rades, notamment les lois des 27 avr. ; 25 mai 1791, art. 11 ; 14-15 fév. 1793, art. 3 ; 10 vendém. an IV, art. 7, modifiées par l'arrêté consulaire du 22 prair. an X, qui a seulement laissé dans les attributions du ministre de la marine les ouvrages et établissemens maritimes des ports et rades de Brest, Lorient, Rochefort et Toulon, les travaux de la rade de Cherbourg, les travaux du port de Boulogne, l'entretien des phares, fanaux et balises placés sur la côte. — V. BALISES, FANAUX, HAVRE, PHARE, PORT, RADE, TRAVAUX PUBLICS.

73. — ... En ce qui concerne les édifices civils dépendant des ports, les chiourmes et les hôpitaux, les mêmes lois des 15 fév. 1793, art. 3, et 10 vendém. an IV, art. 7.

74. — ... En ce qui concerne les fonderies, manufactures d'armes, arsenaux et magasins destinés au service de la marine, les lois des 25 mai 1791, 15 fév. 1793, et 10 vendém. an IV, précitées.

75. — ... Enfin, en ce qui concerne les forts et batteries des côtes, et, en général, tous les ouvrages de défense à la mer, l'article précité de la loi du 15 fév. 1793, et le décr. du 13 fruct. an XIII.

76. — Ajoutons que le ministre de la marine est, d'après les art. 11, L. 25 mai 1791, et 7, L. 10 vendém. an IV, l'administrateur général et exclusif de toutes les portions du domaine public dans les colonies, établissemens et comptoirs français.

77. — *Domaine des ponts-et-chaussées.* — La portion du domaine public qui est affectée au ministère des travaux publics, et qui forme ce que l'on pourrait appeler le *domaine des ponts-et-chaussées*, se compose des fleuves et rivières navigables et flottables, des grandes routes, des ponts, des canaux et des écluses de navigation, des écluses de chasse, des ponts et hâvres de commerce, des phares, fanaux et balises qui ne dépendent pas des ports de la marine militaire, des rivages de la mer qui n'intéressent pas cette marine, des digues, des épis et autres ouvrages pour la conservation du littoral, des digues contre les fleuves, les rivières ou torrens. — Macarel et Boulatignier, *loc. cit.*

78. — Les lois qui organisent l'administration de cet important domaine sont notamment :

79. — En ce qui concerne la conservation des fleuves et rivières navigables et flottables, des grandes routes, des ponts, des canaux de navigation, les lois des 22 déc. 1789 ; 8 janv. 1790, sect. 3, art. 2 ; 26 fév.-4 mars 1790, tit. 1er, art. 3 ; 27 avr.-25 mai 1791 ; du 10 vendém. an IV ; l'arrêté du 19 vent. an VI. — V. CANAUX, COURS D'EAU, PONT, PORT.

80. — ... Et enfin la loi du 31 déc. 1790-19 janv. 1791, qui a créé entre les administrations départementales et le ministère une administration intermédiaire, celle des *ponts-et-chaussées*. — V. ce mot.

81. — Les autres lois relatives à la gestion de ce même domaine sont encore :

82. — ... En ce qui concerne les ports de commerce et les travaux d'art qui s'y rapportent, l'arrêté consulaire du 22 prair. an X, déjà cité, qui les a replacés sous la direction du ministre de l'intérieur. — V. PORT.

83. — ... En ce qui concerne les phares, fanaux et balises, le décret du 7 mars 1806.

84. — ... En ce qui concerne les digues à la mer ou contre les fleuves, rivières ou torrens, les lois des 11-21 sept. 1792, 16 sept. 1807, et l'ordonnance du 8 juin 1832. — V. DIGUE.

85. — Quant aux rivages de la mer, il n'y a point de disposition textuelle et générale qui en confie la gestion à l'administration centrale des ponts-et-chaussées. Mais, comme le remarquent MM. Macarel et Boulatignier (*loc. cit.*), cette attribution paraît résulter, soit des dispositions citées nos 8 et suiv., soit des dispositions combinées du décr. 7 fruct. an XII, qui règle l'organisation du corps des ingénieurs des ponts-et-chaussées, du décr. 7 mars 1806, sur les phares et fanaux, de la loi du 16 sept. 1807, sur les desséchemens et autres travaux publics, du décret du 14 déc. 1810, relatif à l'ensemencement des dunes, et du décret du 10 avr. 1812, relatif aux contraventions commises dans les ports maritimes de commerce et travaux à la mer. — V. RIVAGES DE LA MER.

86. — Relativement aux portions du domaine public qui intéressent tout à la fois plusieurs grands services et spécialement ceux du ministère des travaux publics, de la guerre et de la marine, les divers intérêts sont écoutés et combinés au moyen de l'institution qui fonctionne sous le nom de *commission mixte des travaux publics*. — V. ce mot.

87. — Il résulte de ce qui précède que la conservation des portions du domaine public auxquelles on peut donner le nom de domaine militaire, maritime et des ponts-et-chaussées, est spécialement confiée aux ministres de la guerre et de la marine, et à celui des travaux publics (direction générale des ponts-et-chaussées). Il ne faudrait pas croire cependant que l'administration générale des domaines demeure complétement étrangère aux soins de cette conservation. Il lui reste une mission de surveillance générale à exercer. — Macarel et Boulatignier, *loc. cit.*

88. — Spécialement, la loi du 30 mars 1831 charge l'administration des domaines de concourir avec le génie à l'accroissement du domaine militaire par les acquisitions ou expropriations d'immeubles destinés aux fortifications.

89. — D'autre part, une ordonnance royale du 6 oct. 1833 comprend parmi les objets dont cette administration doit tenir inventaire, les portions du domaine public dont la conservation est spécialement confiée à ces trois ministères.

90. — Ajoutons, avec MM. Macarel et Boulatignier (*loc. cit.*, n° 25), qu'aucune aliénation ou concession, aucune amodiation, aucun fermage, aucune perception de produits, même dans le domaine militaire, ne peut se faire que par elle, ou, dans certains cas, par l'administration des contributions indirectes, qui, parfois, lui a été subrogée pour la plus grande facilité des perceptions.

91. — Remarquons enfin avec les mêmes auteurs (*loc. cit.*) qu'il est d'usage, au conseil d'état, d'appeler le ministre des finances, comme administrateur suprême du domaine national, à donner son avis dans les affaires qui intéressent celles des parties du domaine public qui se trouvent ainsi placées en dehors de son action et de sa responsabilité directe.

92. — Les fonds du domaine public sont-ils soumis, en ce qui concerne les contributions directes, au régime ordinaire de la propriété foncière ? — V. CONTRIBUTIONS DIRECTES.

93. — Quant aux détails concernant les dispositions qui ont été prises par le législateur pour protéger le domaine public contre les entreprises des particuliers, V. CANAUX, CHEMINS, CIMETIÈRE, COURS D'EAU, DOMAINE MILITAIRE, ÉGLISE, HAVRES, LAIS ET RELAIS, MINES, PLACE DE GUERRE, PORTS, RADES, RIVAGES DE LA MER, ROUTES, SERVITUDES MILITAIRES, VOIRIE.

§ 3. — *De l'inaliénabilité et de l'imprescriptibilité du domaine public.*

94. — On a déjà remarqué au mot DOMAINE DE L'ÉTAT que l'assemblée constituante, faute d'idées nettes sur les divers élémens qui composaient le domaine national, avait déclaré son aliénabilité pour toutes les parties.

95. — Mais la nature des choses fut bientôt mieux appréciée, et sans parler ici de plusieurs lois intermédiaires qui établissent, sous ce rapport, une différence fondamentale entre le domaine public et le domaine de l'État, l'on trouve dans les art. 538 et 541, C. civ., la consécration de ce principe que les dépendances du domaine public ne sont pas susceptibles d'une propriété privée. — V. conf. Macarel et Boulatignier, *Fortune publique*, t. 1er, n° 26 ; Dufour, *Droit admin.*, n° 1419 ; Proudhon, *Dom. pub.*, n° 208 et suiv.

96. — Comme le remarque Proudhon (t. 1er, n° 209), il y a entre les choses placées hors du commerce des hommes par le droit naturel, comme l'air, la lumière, la mer, etc., et les choses du domaine public, qui, les unes et les autres, sont inaliénables, cette différence, à savoir que, pour les premières, l'inaliénabilité est absolue, parce que l'ordre de la nature, qui les départit également à tous, est immuable, tandis que, pour les secondes, l'inaliénabilité ne présente pas ce même caractère, parce qu'elle provient de l'ordre civil, qui peut être changé.

97. — Bien que les communes soient soumises aux mêmes prescriptions que les particuliers, les chemins, routes et rues qui sillonnent leur territoire sont imprescriptibles comme faisant partie du domaine public. — *Besançon*, 30 nov. 1843 (t. 2 1844, p. 71), Chapuis c. comm. de Valdahon. — V. Dunod, *Traité des prescriptions*, 3e édit., p. 74 ; Proudhon, 2e éd., t. 1er, n° 357, et *Traité du domaine privé*, t. 3, n° 819 ; Proudhon et Curasson, *Droits d'usage*, n° 860.

98. — Il est, en effet, incontestable que la même autorité qui a voulu placer hors du commerce et rendre inaliénable un fonds, en l'affectant à un service public, peut aussi le replacer dans la classe des héritages ordinaires, en supprimant le service public auquel il était destiné, et qui constituait la cause même de l'inaliénabilité. — Proudhon, *loc. cit.*, n° 210 ; Foucart, *Dr. publ. et adm.*, t. 2, n° 1er ; Cormenin, *Dr. adm.*, v° *Domaine de l'état*, t. 2, 5e éd., p. 42 et suiv., en note ; Laferrière, *Dr. publ. et admin.*, p. 133 ; Toullier, édit. Duvergier, t. 2, 1re part., n° 478.

99. — Ce n'est donc que tant que dure l'affectation à un service public qu'une chose qui est une dépendance du domaine public est inaliénable, et c'est ce que suppose d'ailleurs l'art. 541 du C. civ. — V. conf. Duranton, *Droit français*, t. 4, n° 189 ; Macarel et Boulatignier, *loc. cit.*, n° 27 ; Dufour, *loc. cit.* ; Laferrière, p. 133 ; Foucart, *Droit pub. et adm.*, t. 2, n° 1er ; Toullier, t. 2, 1re part., n° 478.

100. — Jugé que les édifices publics (par exemple, une église), n'étant pas dans le commerce, ne sont pas soumis, comme les propriétés privées, à la servitude légale de mitoyenneté. — *Cass.*, 5 déc. 1838 (t. 2 1838, p. 543), Rougier c. Sarmières frères. — V. conf. *Toulouse*, 13 mai 1831, Belhom c. fabrique de Carbonne. — V. aussi Serres, p. 115 ; Despeisses, t. 5, p. 156 ; Domat, *Lois civiles*, liv. 1er, p. 14 ; Bourjon, *Droit commun de la France*, 2e part., p. 26, n° 7 ; Desgodets, *Cout. de Paris*, sur l'art. 195, p. 182, n° 5 ; Pardessus, *Tr. des servitudes*, n° 43. — V. au surplus MITOYENNETÉ.

101. — ... Mais que ces édifices deviennent susceptibles de toutes les modifications de la propriété privée, et, par conséquent, cessent d'être exempts de la servitude de mitoyenneté, dès que, pendant leur destination première, ils sont devenus propriété privée. — Même arrêt.

102. — Quant à la question générale de savoir si des servitudes peuvent grever des fonds qui sont des dépendances du domaine public, V. SERVITUDES.

103. — Que si le gouvernement aliénait un fonds du domaine public tout en laissant subsister la consécration civile qui l'affecte à un service public, il n'en résulterait aucun transport de propriété. — Proudhon, *loc. cit.*

104. — Ainsi, l'aliénation pure et simple, consentie par le gouvernement, d'un canal de naviga-

tion intérieure au profit d'une ou plusieurs personnes, à la charge d'y entretenir le cours de la navigation, ne peut les investir de l'incommutable propriété du canal. Les concessionnaires ont seulement le droit de percevoir à leur profit, et sans être tenus d'en rendre compte, les revenus de l'octroi de la navigation, et, en cas de dépossession, d'être indemnisés suivant la nature des actes et des circonstances. — Proudhon, *loc. cit.*

105. — Jugé, dans ce sens, que la concession à titre de fief, sous la mouvance de la couronne, d'un canal et de ses francs-bords ne fait pas tomber ce canal et son rivage dans le domaine privé. — *Lyon*, 10 fév. 1831, sous *Cass.*, 29 fév. 1832, canal de Givors c. Berlier.

106. — ... Et que le droit résultant de la concession faite par le domaine d'une propriété servant à un usage public doit être entendu en ce sens que le concessionnaire doit souffrir tout ce qui, sans lui nuire d'une manière appréciable, est compatible avec l'usage public. — Même arrêt.

107. — Le lit d'un fleuve navigable et flottable est, comme le fleuve lui-même, inaliénable et imprescriptible; d'où il suit qu'on ne peut y prétendre aucun droit qu'en vertu d'une concession faite par l'autorité compétente, et encore cette concession ne peut-elle pas être irrévocable. — La limite du lit d'un fleuve navigable doit être déterminée par la ligne qu'atteint la hauteur moyenne de ses eaux. — *Rouen*, 16 déc. 1842 (t. 2 1843, p. 317), Vauchel c. préf. de la Seine-Inférieure et ville de Rouen.

108. — Remarquons encore, toujours dans le même ordre d'idées, que les actes qui autorisent des particuliers à établir des pêcheries, à construire des usines et à effectuer des prises d'eau sur les cours d'eau du domaine public, n'ont pas pour effet de détacher à jamais de ce domaine quelques unes de ces dépendances — V. conf. Dufour, *loc. cit.*, nº 1425. — V., au surplus, COURS D'EAU, PÊCHERIES, USINES.

109. — Jugé, toutefois, spécialement qu'une pêcherie établie par la tolérance du gouvernement sur le rivage de la mer, constitue au profit de celui qui l'a formée ou de ses héritiers un droit immobilier dont il a la jouissance exclusive, et qui, bien que résoluble au gré du gouvernement, est susceptible d'être grevé de l'hypothèque légale de la femme du concessionnaire. — *Caen*, 3 avr. 1824, Langin c. Dœuve.

110. — Ce serait encore par suite de l'application des mêmes principes qu'il y aurait lieu dans une vente d'ordonner, sauf indemnité à l'acquéreur, la distraction de la portion d'un terrain dépendant d'un domaine public; la vente serait nulle à l'égard de cet objet. — Dufour, *loc. cit.*, nº 1419.

111. — Quant à la prescriptibilité, l'art. 2226, C. civ., dispose que : — « On ne peut prescrire le domaine des choses qui ne sont point dans le commerce. » Or, l'on vient de voir que tel est précisément le caractère essentiel des choses comprises dans le domaine public. L'art. 541, C. civ., reconnaît, d'ailleurs, implicitement l'imprescriptibilité du domaine public, lorsqu'il déclare appartenir à l'état, s'ils n'ont été valablement aliénés ou si la propriété *n'en a pas été prescrite contre lui*, les terrains des fortifications et remparts des places *qui ne sont plus places de guerre*. — V. aussi L. 21 mai 1836, art. 10. — V. PRESCRIPTION.

112. — Les remparts et terrains dépendant des places de guerre font partie du domaine public, et demeurent inaliénables et imprescriptibles tant qu'ils n'ont pas changé de nature et de destination, conformément à l'art. 2, tit. 4, L. 8-10 juill. 1791. — L'édit de déc. 1681, qui ordonne la vente au profit du roi des terrains des fortifications des anciennes places de guerre, et maintient les précédentes aliénations faites par les officiers municipaux, n'a pas pu avoir pour effet de rendre prescriptibles par une possession de quarante ans avant la loi de 1791 les portions de fortifications au profit des habitans d'une ville auxquels on aurait accordé le droit d'adosser leurs maisons au parement intérieur des murs de rempart. — Pour faire courir la prescription il ne suffit pas que l'ancienne place de guerre ait été déclarée inutile, il faut qu'elle ait été déclassée régulièrement. — *Cass.*, 20 juin 1843 (t. 2 1843, p. 132), Potel c. Pierre et ville de Dieppe.

113. — Lorsqu'un canal navigable appartenant à des particuliers a été construit en vertu d'actes de l'autorité compétente, déclaratifs d'utilité publique, et que l'emplacement des francs bords de ce canal ou de l'une des rigoles qui l'alimentent a été cédé aux propriétaires de ce canal en exécution de la déclaration d'utilité publique, les riverains ne peuvent prescrire ces francs-bords et en détacher ainsi la propriété de celle du canal. — *Cass.*, 22 août 1837 (t. 2 1837, p. 224), les propriétaires du canal de Briare c. d'Harcourt. — V. aussi Troplong, *Prescription*, t. 1er, nº 155. — V. au surplus CANAUX, PRESCRIPTION.

114. — Jugé aussi que les ouvrages, manuscrits et autres objets précieux faisant partie de la bibliothèque royale, sont inaliénables et imprescriptibles comme appartenant au domaine public. — *Paris*, 3 janv. 1846 (t. 1er 1846, p. 197), Naudet, directeur de la bibliothèque royale c. Charron. — V. PRESCRIPTION.

115. — En conséquence, la vente qui en serait faite par un tiers est essentiellement nulle, et l'acquéreur n'est pas recevable à exciper de la bonne foi. — Même arrêt.

116. — Le sol sur lequel existe une citadelle, et la citadelle elle-même n'est-elle pas susceptible de revendication de la part du propriétaire qui l'a cédée, si l'état ne remplit pas les engagemens qu'il a contractés pour acquérir la propriété, c'est-à-dire si, en cas de vente, il n'en paie pas le prix, et si, en cas d'échange, il ne fournit pas le contre-échange promis? — Cette question, non résolue par l'arrêt de la cour de Cassation du 6 avr. 1835 (l'état c. de Grammont), a été préjugée par la cour de Bordeaux sous *Cass.*, précité, dans le sens de l'inviolabilité de la propriété privée. — V. DOMAINES ÉCHANGÉS.

117. — Lorsqu'un fonds qui était affecté à un service public a cessé, par suite d'un changement dans sa destination, d'être inaliénable, il cesse en même temps d'être imprescriptible. — V. conf. *Montpellier*, 21 déc. 1827, Ribes c. ville de Limoux; *Cass.*, 3 mars 1828, préfet du Pas-de-Calais c. Pille. — V aussi les auteurs cités au nº 99; Duranton, *Droit français*, t. 21, nº 164. — V. au surplus PRESCRIPTION.

118. — On s'est demandé si le non-usage suffisait pour faire cesser l'affectation d'un bien au service public, ou s'il fallait, pour que cette affectation prît fin, un acte exprès de l'autorité compétente qui supprimât le service : en d'autres termes, si un fonds qui appartenait au domaine public a pu devenir prescriptible et rentrer dans le domaine privé, par l'effet de la plus longue possession.

119. — Proudhon (*Traité du dom. publ.*, t. 1er, nº 218) soutient qu'il en doit être ainsi, notamment — « par la raison qu'il n'y a rien d'immuable dans nos institutions civiles, et que la loi elle-même pouvant être tacitement abrogée par un usage contraire, il faut dire *a fortiori* que de même l'usage contraire à la destination exceptionnellement imprimée sur le sol, par l'un des pouvoirs publics, doit être assez puissant pour faire rentrer le fonds sous l'empire du droit commun, qui est celui de la prescriptibilité. » — V. dans le même sens Dunod, *Tr. des prescript.*, p. 74; Vazeille, *Prescript.*, nº 90; Garnier, *Tr. des chemins*, édit. 4e, p. 294 et suiv.; Laferrière, *Dr. publ. et admin.*, p. 133 et suiv.; Duranton, *Dr. fr.*, t. 21, nos 170 et suiv., et 176.

120. — Jugé, conformément à cette doctrine, que la preuve du changement de destination, qui rend prescriptibles les rues et les chemins, peut résulter de la possession immémoriale de constructions élevées par le voisin en forme d'arceau au-dessus d'une rue pour établir une communication immédiate entre deux maisons dont il est propriétaire, et qui ne sont séparées que par cette rue. — *Montpellier*, 21 déc. 1827, Ribes c. ville de Limoux.

121. — Nous ne pouvons nous ranger à cette opinion. Le législateur ayant eu soin de déterminer des règles précises, par exemple, pour faire déclasser les voies publiques, pour faire sortir une place ou une porte du rang des places ou portes de guerre, il paraît d'abord manifeste que son intention n'a pu avoir été qu'une chose publique perdît son caractère par le fait seul du non-usage, et indépendamment de toute intervention de l'autorité compétente. Il serait d'ailleurs dangereux de faire ainsi dépendre les intérêts de tous de la négligence ou de la collusion de quelques fonctionnaires, et il faut enfin tenir compte de la mobilité des besoins publics qui exclut toujours l'idée d'un abandon définitif. — V. conf. L. 2, ff., *De via publ. et itinere publ. refic.* — Ord. de Blois, art. 486. — Pothier, *Tr. de la prescription*, 1re part., chap. 1er, nº 7; Denisart, vº *Chemin*; Henrion de Pansey, *Compét. des juges de paix*, chap. 44; Macarel et Boulatignier, *loc. cit.*, nº 27; Isambert, *Tr. de la voirie*, nos 374 et suiv.; Favard de Langlade, *Rép.*, vº *Inaliénabilité*; Dufour, *loc. cit.*, nº 1420. — V. aussi CHEMINS VICINAUX, nos 703 et suiv.

122. — On ne comprendrait pas, du reste, ainsi que le remarque M. Dufour, *loc. cit.*, pourquoi la loi qui n'a pas voulu que l'usage contraire à la destination pût opérer la prescription, aurait admis que le défaut d'usage conforme à la destination créée par un acte exprès pût faire cesser cette destination et ramener par une voie détournée les effets de la prescription.

123. — En conséquence, jugé, spécialement, que si les remparts, bâtimens et terrains dépendant des places de guerre pouvaient devenir prescriptibles lorsque leur destination primitive changeait, le changement ne pouvait résulter que d'une déclaration expresse du gouvernement, et non de faits émanant de tiers possesseurs qui s'en seraient emparés. — *Cass.*, 3 mars 1828, préfet du Pas-de-Calais c. Pille.

124. — Remarquons, du reste, que les terrains revendiqués par l'état comme dépendant des fortifications d'une place de guerre ou d'un poste militaire peuvent être déclarés prescrits au profit des particuliers qui les ont possédés, lorsque l'état ne justifie pas qu'ils fassent réellement partie des fortifications. — V. PRESCRIPTION.

125. — En d'autres termes, les particuliers qui possèdent des terrains réclamés par l'état comme dépendances de fortifications, et qui invoquent la prescription, ne sont tenus de prouver que ces terrains ont régulièrement changé de nature et de destination qu'après que l'état a lui-même préalablement établi qu'ils appartiennent aux fortifications. — Même arrêt. — V. PRESCRIPTION, PREUVE.

126. — Décidé encore, en vertu du principe qui ne permet pas qu'on puisse prescrire aucune des portions du domaine public, que des particuliers qui avaient construit, sans autorisation, des usines ou d'autres établissemens dans des rivières navigables, ou dans des bras non navigables de ces rivières, ne pouvaient invoquer une longue possession pour empêcher la suppression des ouvrages non autorisés. — V. dans ce sens notamment *Cons. d'état*, 21 juin 1826, Jourdain; 2 août 1826, héritiers Voizet; 16 mai 1827, Varrillat; 28 janv. 1835, Deschamps; 11 fév. 1836, Pelot; 9 nov. 1836, de Carle et Courrech.

127. — Il faut donc, ainsi qu'on vient de l'établir, des actes exprès et positifs pour qu'une chose affectée à un service commun sorte du domaine public. Ajoutons qu'évidemment les actes qui ont cet objet participent au plus haut degré de la nature d'actes administratifs, et, par conséquent, que c'est à l'autorité administrative qu'on doit recourir toutes les fois que le juge civil sent le besoin d'être édifié sur leur existence, leur sens ou leur portée. — V. conf. Dufour, *Dr. administr. appl.*, t. 3, nº 1421. — V. au surplus ACTE ADMINISTRATIF.

128. — En nous plaçant maintenant même au point de vue de ceux qui pensent qu'un fonds du domaine public a pu rentrer dans le domaine privé par l'effet de la plus longue possession, il est certain au moins que l'existence des vestiges d'un ancien établissement affecté à un service public suffit pour en conserver la possession, tant que nul autre n'est venu s'en emparer pour s'en rendre maître. — Dunod, *Prescriptions*, p. 19; D'Argentré, *sur la cout. de Bretagne*, art. 266, chap. 4, nos 10 et suiv.; Proudhon, *Domaine public*, t. 1er, nº 224.

129. — D'un autre côté, Proudhon (*loc. cit.*, nº 226) admet encore que si une route, par exemple, qui est restée la même dans son tracé, qui n'a pas absolument cessé d'être en usage, a néanmoins été altérée sur ses bords par des anticipations pratiquées de la part des riverains : comme dans ce cas le service public n'a pas absolument cessé de s'exercer sur le terrain de la route, il n'y aura eu aucune interversion de destination dans ce sol, qui, en conséquence, sera resté intégralement public et imprescriptible vis-à-vis des riverains. — V. à l'appui de cette opinion L. 21 mai 1836, art. 15.

130. — Il faut maintenant ajouter aux règles qui précèdent que, si l'on ne peut prescrire contre le domaine, le public peut acquérir par prescription, et les officiers qui le représentent peuvent, en son nom, se prévaloir de la possession. — Proudhon, *Tr. du dom. de propr.*, t. 3, nº 817. — V. conf. Macarel et Boulatignier, *loc. cit.*, t. 1er, nº 37. — V. PRESCRIPTION.

131. — Il résulte de là, continue Proudhon (*loc. cit.*), que, dans le litige qui n'a pour objet que le fait de la possession, les agens du domaine public peuvent se prévaloir des avantages du possessoire, et en demander la maintenue ou la réintégrande, tandis que la partie adverse qui lutte contre le domaine public ne peut avoir l'avantage des actions possessoires.

132. — On a déjà vu au mot DOMAINE DE L'ÉTAT que la loi du 16 sept. 1807 a dérogé, quant à certaines dépendances du domaine public, au principe qui veut que les choses comprises dans ce

domaine soient inaliénables tant que dure leur affectation au service commun.

133. — On lit en effet dans l'art. 41 de cette loi, dont il convient de rappeler les termes, que — « le gouvernement concédera, aux conditions qu'il aura réglées, les marais, lais, relais de la mer, le droit d'endiguage, les accrues, atterrissemens et alluvions des fleuves, rivières et torrens, quant à ceux qui forment propriété *publique* ou domaniale. » — V. ACCRUE, n° 6, ALLUVION, n°s 70 et suiv., 77, 80, LAIS ET RELAIS DE LA MER, MARAIS.

134. — On a également exposé sous le mot DOMAINE DE L'ÉTAT les formalités qui doivent être remplies préalablement aux concessions de cette nature.

135. — Parmi les objets énumérés dans l'art. 41, L. 16 sept. 1807 précitée, on remarque les *lais et relais* de mer que l'administration concède pour en obtenir le desséchement par l'endiguage.

136. — Nous remarquerons avec MM. Macarel et Boulatignier (*loc. cit.*, n° 35), que de 1807 à 1825 il y a eu cent vingt aliénations de *lais et relais* de mer, comprenant deux mille sept cent dix hectares, sur lesquelles il a été fait : cent onze ventes aux enchères, comprenant deux mille deux cent vingt-six hectares, vendus 247,259 fr. ; cinq concessions à titre onéreux, comprenant deux cent soixante-sept hectares, vendus 24,367 fr. ; deux concessions moyennant une redevance annuelle, comprenant cent soixante-douze hectares ; deux concessions gratuites, comprenant trente-six hectares ; et que de 1825 à 1835 il y a eu vingt-quatre aliénations comprenant deux mille trois cent soixante-huit hectares, sur lesquelles il a été consenti : dix-huit ventes aux enchères, comprenant mille six cent soixante-quatorze hectares vendus 183,700 fr. ; quatre concessions à titre onéreux, comprenant cinq cent quatre-vingt-dix-neuf hectares, vendus 26,370 fr. ; et deux concessions gratuites, comprenant quatre-vingt-dix hectares.

137. — Les parties du domaine public, ainsi déclarées, par exception, susceptibles d'aliénation, sont regardées comme prescriptibles. — V. PRESCRIPTION.

138. — Spécialement, les lais et relais de la mer, déclarés aliénables par l'art. 41, L. 16 sept. 1807, peuvent être prescrits ; ils peuvent donc faire l'objet d'une action en complainte. — *Cass.*, 3 nov. 1824, Arrighi c. Conti. — V. au surplus ACTION POSSESSOIRE, n° 379, LAIS ET RELAIS, PRESCRIPTION.

139. — Lorsqu'une commune se prétend propriétaire de terrains provenant des lais et des relais de la mer, l'arrêt qui, basé sur des aveux produits par la commune et sur sa possession immémoriale, déclare la commune propriétaire, fait une juste application de l'art. 3 du décr. du 3 janv. 1809, qui fait une exception au profit des particuliers qui ont défriché ces terrains, ou qui les ont possédés primitivement. — *Cass.*, 21 juill. 1828, préfet de la Somme c. comm. de Boismont. — V. au surplus LAIS ET RELAIS.

§ 4. — *Fonctionnaires chargés de représenter le domaine public. — Compétence. — Procédure.*

140. — Les fonctionnaires spécialement chargés de veiller à la conservation du domaine public, soit en demandant, soit en défendant, sont, comme quand il s'agit du domaine de l'état, les préfets du département. — V., pour les détails, DOMAINE DE L'ÉTAT.

141. — En ce qui concerne toutefois, par exemple, les rues et places des villes, bourgs et villages qui ne sont point passages ou prolongations de grandes routes, les dépendances du domaine public n'étant qu'à la charge des communes de leur situation, soit quant à leur établissement, soit quant à leurs changemens, conservation et entretien, c'est le maire de chaque commune qui est le contradicteur légitime, pour agir et défendre dans toutes les questions de propriété qui peuvent s'élever à l'égard de tous ces objets, comme c'est à lui à prendre garde qu'on n'y commette aucune anticipation. — Proudhon, *Domaine public*, t. 1er, n° 233. — V. au surplus COMMUNE, MAIRE, VOIRIE.

142. — Il faut, pour régler la compétence, faire plusieurs distinctions.

143. — Lorsqu'il s'agit de travaux faits sans autorisation sur une portion du domaine public, les conseils de préfecture sont compétens pour prononcer la suppression de ces travaux. — V. dans ce sens *Cons. d'état*, 16 janv. 1822, Descamps c. admin. des ponts et chaussées ; 16 fév. 1835, Vigniaud ; 6 avr. 1836, Min. des travaux publics c. Jullien. — Macarel et Boulatignier, *loc. cit.*, n° 89. — V. CONSEIL DE PRÉFECTURE.

144. — Et remarquons que l'administration n'est pas tenue de rapporter la preuve que les travaux ont eu lieu sans autorisation ; c'est, au contraire, au réclamant à justifier de cette autorisation. — *Cons. d'état*, 6 avr. 1836, Min. des travaux publics c. Jullien.

145. — L'exception de propriété opposée par l'auteur des travaux ne ferait, du reste, pas obstacle à ce que le conseil de préfecture statuât sur la contravention, sauf au prévenu à porter devant les tribunaux toutes les questions de propriété et d'indemnité relatives aux terrains en litige. — Même décision.

146. — Lorsqu'il s'agit, au contraire, de décider entre le gouvernement et des particuliers si telle portion de terrain fait ou non partie du domaine public, la question se réduisant alors à une question de propriété, est de la compétence exclusive des tribunaux ordinaires. — V. conf. *Cons. d'état*, 14 août 1822, Dom. c. Elon-Eloury ; 14 janv. 1824, ville de Marseille. — Dufour, n° 1409 ; Proudhon, *Domaine public*, t. 1er, n° 234 ; Macarel et Boulatignier, *loc. cit.* ; Foucart, t. 2, n° 22. — V. DOMAINE DE L'ÉTAT.

147. — Spécialement, lorsque, à l'occasion de travaux non autorisés, la question soulevée est celle de savoir si le terrain sur lequel ils ont été faits est la propriété des particuliers, c'est à l'autorité judiciaire qu'il appartient de statuer. — V. dans ce sens *Cons. d'état*, 16 fév. 1835, Vigniaud ; 6 avr. 1836, min. des trav. publ. c. Jullien.

148. — Spécialement encore, lorsque l'état revendique des terrains qu'il prétend dépendre des fortifications d'une place de guerre contre les particuliers qui soutiennent en être propriétaires, c'est devant les tribunaux ordinaires, et non devant la juridiction administrative que la demande doit être portée. — *Cass.*, 30 juill. 1839 (t. 2, 1840, p. 106), préfet de la Drôme c. Paulin, Deveaux et consorts.

149. — Le juge ordinaire est donc seul compétent pour déclarer lequel est propriétaire, de l'état qui réclame un terrain ou un édifice comme faisant partie du domaine public, ou d'un particulier, qui résiste à sa prétention. Ajoutons qu'il n'est pas tenu de puiser ses raisons dans l'acte émané de l'administration et qui serait invoqué devant lui. De pareils documens peuvent seulement être d'un grand secours pour compléter ou confirmer les preuves et moyens du droit commun. — Dufour, n° 1411.

150. — Quant à l'interprétation de ces actes qui, étant purement administratifs, ne sont pas susceptibles de recours par la voie contentieuse, V. ACTE ADMINISTRATIF.

151. — Que s'il s'agit de prononcer sur des questions possessoires, ces questions sont, en général, de la compétence des juges de paix. — V. dans ce sens, *Cons. d'état*, 19 déc. 1827, Fruneau c. Delaporte ; — Macarel et Boulatignier, *loc. cit.*

152. — Toutefois, comme il appartient exclusivement à l'autorité administrative de maintenir le public dans la jouissance des chemins, le juge de paix ne pourrait connaître de l'action possessoire qui serait intentée par un particulier pour se faire maintenir dans la possession d'un chemin reconnu vicinal, et classé comme tel. — V. dans ce sens, notamment, *Cons. d'état*, 18 juill. 1821, Peterink c. commune de Marquillis ; 21 févr. 1834, Prévost Dulas c. commune de Moulidars ; 5 sept. 1836, Lavaux c. commune de Bergerac ; — Macarel et Boulatignier, *loc. cit.*

153. — Certaines dépendances du domaine public pouvant, par exception, être aliénées par voie de concession, il peut encore s'élever des contestations entre le concessionnaire et le gouvernement, ou entre le concessionnaire et des tiers. — Relativement aux règles de compétence, en cette matière, V. DOMAINE DE L'ÉTAT.

154. — Les actes qui autorisent des particuliers à établir des pêcheries, à construire des usines et à effectuer des prises d'eau sur les cours d'eau du domaine public, étant des actes administratifs aussi bien que les actes de concession eux-mêmes, il y a lieu de leur appliquer les règles de juridiction qui ont été établies pour ces derniers. — Dufour, *loc. cit.*, n° 1425. — V. au surplus, ACTE ADMINISTRATIF, COURS D'EAU, PÊCHERIE, USINE.

155. — *Procédure.* — Quant aux formes de l'instruction des affaires qui intéressent le domaine public, elles sont les mêmes que celles exposées au mot DOMAINE DE L'ÉTAT.

DOMESTIQUE.

1. — Autrefois le mot *domestique* s'appliquait à tous ceux qui faisaient partie d'une maison, et qui, subordonnés à la volonté du maître, en recevaient des gages, aux bibliothécaires, précepteurs, secrétaires, intendans de maison, comme à tous ceux, tels que valets, serviteurs, servantes, désignés dans les lois sous la dénomination de serviteurs-domestiques. — Denisart, v° *Domestique* ; Henrion de Pansey, *Comp. des juges de paix*, ch. 30, n° 2 ; Troplong, *Louage*, n° 847 et *Prescription*, n° 975 ; Curasson, *Comp. des juges de paix*, t. 1er, p. 541 ; Delvincourt, p. 109, note 5e ; Carré, *Lois de la compét.*, t. 2, n° 445.

2. — Ce n'est pas dans ce sens étendu que le mot *domestique* doit être pris dans la sect. 1re du ch. 3 du titre *Du louage*, et dans la sect. 4e du ch. 5 du titre *De la prescription* (art. 2272.) — Ce mot, en effet, ne s'emploie plus dans le langage moderne que pour désigner ceux qui, placés dans un état absolu et continuel de dépendance, comme les laquais, portiers, suisses, cuisiniers, etc., rendent à la personne des services tout-à-fait subalternes. Ainsi, il ne comprend pas les clercs de notaires, d'avoués ou d'huissiers, les aumôniers, précepteurs, bibliothécaires, secrétaires, les élèves en pharmacie, les commis-marchands, alors surtout qu'ils sont intéressés pour une part dans les bénéfices, en un mot toutes les personnes qui exercent chez autrui une profession libérale, bien qu'elles soient logées et nourries dans la maison de celui qui les emploie.

3. — C'est, du reste, ce qu'enseignent la plupart des auteurs, et ce qui a été jugé généralement par la jurisprudence. — V. notamment *Paris*, 14 janv. 1825, Bouvel c. Dubarle ; 7 mars 1835, Poussielgue-Rusand c. Meyer ; *Bourges*, 30 mai 1829, Sap c. Michaud ; *Lyon*, 27 août 1835, Bugeaud c. Hévenel. — V. aussi Zachariæ et ses annotateurs, *Cours de droit civil français*, t. 3, p. 37 ; Troplong, *Prescription*, t. 2, n° 975 ; *Louage*, t. 3, n°s 847 et 848 ; Duvergier, *Louage*, t. 2, n°s 276 et suiv. ; Chauveau et Hélie, t. 7, p. 16 ; Benech, *Tr. des justices de paix*. — V. cependant Henrion de Pansey, Curasson, Delvincourt et Carré, *loc. cit.* ; *Rouen*, 10 juill. 1843 (t. 1er 1844, p. 145), Foulnier c. Demianay.

4. — Il a même été jugé que l'art. 1781, C. civ., n'était pas applicable aux cochers des voitures de place, auxquels les loueurs de voitures confient leurs voitures, moyennant une rétribution fixe par jour, par semaine ou autrement, ces cochers ne pouvant être considérés que comme facteurs ou préposés. — *Cass.*, 30 déc. 1828, Gorre c. Beaufils. — V. conf. Troplong, *Louage*, n° 887.

5. — Il ne faut pas confondre non plus les domestiques avec les *gens de travail*, c'est-à-dire les terrassiers, les moissonneurs, les vendangeurs, les faucheurs, et en général tous les journaliers. — Rolland de Villargues, v° *Domestique*.

6. — Une ordonnance de François 1er, du mois de déc. 1540, faisait défenses à tout particulier de prendre pour domestiques des gens inconnus ou mal famés, à peine de répondre civilement des délits qu'ils pourraient commettre durant leur service. — Guyot, v° *Domestique* ; *Encycl. méthod.*, même mot.

7. — Dans l'intérêt de la religion, il avait aussi été défendu à certains maîtres d'avoir telles personnes pour domestiques. Ainsi, le concile de Clermont, tenu en 535, défendait expressément aux ecclésiastiques de tenir dans leurs maisons des servantes de quelque âge qu'elles pussent être. Mais le concile d'Aix, de l'année 1585, a modéré la rigueur de cette loi, en permettant aux curés d'avoir des servantes de bonnes mœurs et âgées de cinquante ans. — Denisart, *loc. cit.*

8. — .... Il existe aussi, sous la date de l'an 1280, un réglement qui faisait défense aux juifs d'avoir des domestiques catholiques. — Le conseil souverain de Colmar avait adopté ce réglement, par un arrêt du 19 janv. 1717 ; mais il l'avait ensuite modifié, en permettant aux juifs (arr. de régl. du 25 janv. 1766) « d'employer dans leurs maisons, les jours de sabbat, les chrétiens qui voudraient y vaquer aux ouvrages défendus par leur loi, mais audit temps seulement, et sans que lesdits ouvrages pussent être dirigés à aucun acte d'exercice du judaïsme, ni se fissent ès jours de dimanches et de fêtes non dispensés pour le travail. » — Guyot, v° *Juifs*.

9. — Enfin, il avait été défendu, par une déclaration de 1685, aux personnes de la religion prétendue réformée d'avoir des domestiques catholiques ; mais, par une autre déclaration du 11 janv. 1686, il leur fut au contraire défendu d'avoir pour domestiques d'autres que des catholiques. — *Encycl. méth.*, *loc. cit.*

10. — La seule obligation qui soit aujourd'hui imposée aux maîtres est de se faire représenter par les domestiques mâles qu'ils prennent à leur service leur certificat de libération du service militaire ; sans quoi ils pourraient s'exposer à être punis comme complices de recel de déserteurs. —

L. 24 brum. an VI et 17 vent. an VII ; — Troplong, *Louage*, art. 1781.

11. — Les décrets des 3 oct. 1810 et 25 sept. 1813 contiennent, il est vrai, certaines mesures qui ont pour objet de mettre la police à portée de bien connaître les domestiques et de surveiller leur conduite ; mais, outre que ces décrets sont purement relatifs aux domestiques de Paris et des villes d'une population de 50,000 ames et au-dessus, ils n'ont d'ailleurs jamais été exécutés, et l'on peut même ajouter qu'ils ne sont guère exécutables. — Elouin, Trébuchet et Labat, *Dict. de pol.*, vº *Domestique*.

12. — Partout ailleurs l'autorité municipale n'aurait pas le droit de prendre un arrêté qui prescrirait de telles mesures, et qui défendrait, par exemple, d'admettre à son service, soit un domestique, soit une servante qui ne justifieraient pas d'une carte de sûreté délivrée au bureau de police. — *Cass.*, 16 avr. 1825, Hanser; 26 mars 1825, Marconnet; 15 juill. 1830, Karcher.

13. — ... A moins que cet arrêté ne concernât que les aubergistes, logeurs, cabaretiers, etc. — *Cass.*, 10 oct. 1833, Voulien.

14. — Au surplus, aujourd'hui comme autrefois, les maîtres sont responsables du dommage que leurs domestiques peuvent causer à autrui dans les fonctions auxquelles ils les ont employés. — C. civ., art. 1384. — V. RESPONSABILITÉ.

15. — Le louage des domestiques se conclut presque toujours verbalement. « Mais, dit Henrion de Pansey (*loc. cit.*), pour que la convention soit regardée comme parfaite, il faut, d'après un usage qui paraît général, que le domestique ait reçu des arrhes. Autrement, il est autorisé à dire, et le maître a la même faculté, que l'engagement simplement projeté n'était pas obligatoire. — Dans certains pays, la tradition ne consomme l'engagement qu'après le laps de vingt-quatre heures. Pendant ce délai, il est libre au domestique de les rendre. » Ces arrhes ne s'imputent pas sur le prix; ce sont des arrhes symboliques ou *denier à Dieu*; c'est un don fait aux domestiques. — Troplong, *Louage*, nº 849.

16. — Suivant une ordonnance de Charles IX, 14 fév. 1567, renouvelée par la déclaration de Henri III, 21 nov. 1577, par une ordonnance du lieutenant de police de Paris, 16 oct. 1720, et par un arrêt du parlement de Rouen, 26 juin 1722, les domestiques engagés à temps ne pouvaient quitter le service de leurs maîtres avant l'expiration de leurs engagemens. — Au contraire, les maîtres pouvaient, en général, congédier leurs domestiques quand ils le jugeaient à propos, et ils n'étaient obligés de leur payer leurs gages qu'à proportion du temps qu'ils avaient passé à leur service. — Guyot, vº *Domestique*; *Encycl. méth.*; Denisart, même mot. — V. LOUAGE D'OUVRAGE ET D'INDUSTRIE.

17. — Mais ces réglemens sont tombés en désuétude, du moins dans la plupart des localités. — Suivant Henrion de Pansey (*loc. cit.*), la faculté de se quitter est réciproque. Il n'excepte que les domestiques attachés à la culture des terres. « La nécessité, dit-il, de faire ces travaux dans un temps et dans un ordre déterminé a fait introduire l'usage d'engager ces sortes de domestiques pour un temps fixe, qui d'ordinaire est d'un an. » — V. conf. Curasson, p. 554.

18. — Du reste, afin de protéger la liberté individuelle contre de téméraires engagemens, l'art. 1780 porte que l'on ne peut engager ses services qu'à temps ou pour une entreprise déterminée. L'art. 15 de la déclaration des droits qui précède la constitution 5 fructid. an III avait déjà dit : « Tout homme peut engager son temps et ses services; mais il ne peut se vendre ni être vendu ; sa personne n'est pas une propriété aliénable. » — V. LOUAGE D'OUVRAGE ET D'INDUSTRIE.

19. — En cas de contestation entre le maître et le domestique sur les conditions de l'engagement et le paiement des gages, il était de règle autrefois et il est encore de règle aujourd'hui que le maître doit être cru sur son affirmation, pour la quotité des gages, pour le paiement du salaire de l'année échue et pour les à-compte donnés pour l'année courante. — C. civ., art. 1781. — V. LOUAGE D'OUVRAGE ET D'INDUSTRIE.

20. — La connaissance de ces contestations appartient aux juges de paix. — Ils en peuvent connaître sans appel jusqu'à la valeur de 100 fr.; et à charge d'appel, à quelque valeur que la demande puisse monter. — L. 25 mai 1838, art. 5. — V. JUGE DE PAIX.

21. — L'action des domestiques qui se louent à l'année pour le paiement de leurs gages se prescrit par un an. — C. civ., art. 2272. — V. PRESCRIPTION.

22. — Et aux termes des art. 2101 et 2104, C. civ., ils ont un privilége sur les meubles et sur les immeubles pour le salaire de l'année échue, et pour ce qui leur dû sur l'année courante. — V. PRIVILÉGE.

23. — Le domicile des domestiques est chez la personne qu'ils servent. — C. civ., art. 109. — V. DOMICILE.

24. — L'état de domestique engendre certaines incapacités. — Ainsi, l'exercice des droits de citoyen est suspendu par l'état de domestique à gages, attaché au service de la personne ou du ménage. — L. 22 frim. an VIII, art. 4; — *Rennes*, 23 juin 1827, M... — V. DROITS POLITIQUES.

25. — Par voie de conséquence, les domestiques ne peuvent assister, comme témoins, un notaire dans la réception des actes authentiques. — L'art. 9, L. 25 vent. an XI, exige, en effet, que ces témoins soient *citoyens français*. — Toutefois, d'après l'art. 980, C. civ., il y aurait exception s'il s'agissait d'un testament; car, alors, cet article n'exige que la jouissance des droits civils. — V. TÉMOIN.

26. — Les domestiques attachés au service de la personne ne sont point non plus portés sur les contrôles du service ordinaire de la garde nationale. — L. 22 mars 1831, art. 2. — V. GARDE NATIONALE.

27. — ...Enfin les domestiques de celui contre qui il est procédé à une saisie mobilière ne peuvent être établis gardiens judiciaires des objets saisis que de son consentement et de celui du créancier saisissant. — C. procéd., art. 598. — V. SAISIE-EXÉCUTION.

28. — La qualité de domestique est aussi un motif légal de reproche contre le témoin produit en justice dans les matières civiles. — C. procéd., art. 35, 262 et 283. — V. TÉMOIN, ENQUÊTE.

29. — Aujourd'hui, les domestiques sont capables de recevoir de leurs maîtres; sauf le cas de suggestion. Ils sont même capables de recevoir des dispositions universelles, sans qu'elles puissent être réduites par le juge. — Rolland de Villargues, vº *Domestique*. — V. DISPOSITION À TITRE GRATUIT.

30. — Et aux termes de l'art. 1023, C. civ., les legs qui leur sont faits ne sont pas censés faits en compensation de leurs gages. — V. LEGS.

31. — Enfin, pour certains délits, la domesticité est une cause d'aggravation de peine. — Ainsi, le vol, l'abus de confiance, commis par un domestique, sont punis beaucoup plus sévèrement que ceux qui seraient commis par toute autre personne. — C. pén., art. 386-408. — Il en est de même de l'attentat à la pudeur et du viol, dans les cas déterminés par les art. 331 et 332. — Art. 333. — V. ABUS DE CONFIANCE, ATTENTAT À LA PUDEUR, VIOL, VOL.

32. — Quant aux autres délits commis par les domestiques, comme l'adultère, par exemple, qui, autrefois, entraînait contre eux la peine de mort, la circonstance de domesticité ne serait plus une cause légale d'aggravation de peine.

33. — Et quant à *l'insolence* envers leurs maîtres, qui était anciennement punie du carcan et du bannissement, elle ne serait aujourd'hui punissable qu'autant qu'elle présenterait les caractères légaux de l'injure ou de la diffamation.

DOMICILE.

Table alphabétique.

DOMICILE. — 1. — Le domicile est, selon le langage ordinaire, le lieu où chaque personne a son principal établissement, le siége de ses affaires, et où seulement la loi veut qu'il jouisse de certains droits et accomplisse certains devoirs.

2. — Cependant le domicile, aux yeux du législateur, n'est point, à proprement parler, le lieu matériel : c'est une chose tout idéale, une abstraction ayant sa source unique dans la loi. — Marcadé, *Elém. de dr. civ. franç.*, t. 1er, sous le tit. 3 du liv. 1er, p. 278, édit. 2e. — Aussi M. Demante (*Programme*, t. 1er, no 107) dit-il en ce sens, avec raison, que *le domicile consiste dans la relation établie par la loi entre la personne et le lieu.* — Duranton, *Cours de droit franç.*, t. 1er, no 351; Proudhon, *Tr. des pers.*, t. 1er, no 236; Toullier, *Dr. civ. fr.* t. 1er, no 190.

3. — Le mot *domicile* a donc une double acception, l'une purement légale et intellectuelle, l'autre toute pratique et usuelle. — Selon la première, c'est le rapport établi par la loi entre une personne et le lieu où viennent converger tous ses intérêts; c'est le siége légal, le siége juridique de la personne. — Suivant la seconde, c'est le lieu lui-même où est fixé le siége de ses affaires, le centre de son existence sociale. — C'est dans le premier sens que l'ont entendu les rédacteurs du Code civ. dans l'art. 102; c'est dans le dernier qu'il faut le prendre dans presque toutes les autres dispositions de nos lois. — Demolombe, *Cours de C. civ.*, t. 1er, no 338.

4. — Les Grecs appelaient παροικον (d'où sont venus les mots *parochus, parochianus, paroissien*), et les Romains *incola*, toute personne ayant acquis domicile dans une localité quelconque de leur territoire, et, par opposition, απροικον, *advena*, celle qui n'y faisait qu'une résidence momentanée. — L. 239, §§ 2 et 4, ff., *De verb. signif.*; L. 7, C., *De incolis.* — Cujas, sur la loi 239, et ad lib. 10, C., tit. 39, no 3.

5. — Quelquefois la loi qualifie de domicile la résidence ou demeure (C. procéd., art. 781; C. inst. crim., art. 87; C. pén., art. 184); cependant il faut se garder de les confondre, car ils diffèrent essentiellement l'un de l'autre. — Le *domicile* n'existe qu'au point de vue légal, quelquefois même son existence est purement intellectuelle, quand nul signe extérieur ne vient la révéler, par exemple au cas du domicile d'origine. — La *résidence*, au contraire, n'a rien que de matériel; elle exige toujours une habitation réelle. — En un mot, l'une est *juris*, l'autre est *facti*. — Brunemann, ad lib. 4, C., *De incolis*; Doneau, t. 4, lib. 17, cap. 12, no 3, note 8; Richelot, *Princ. de dr. civ.*, t. 1er, no 223.

6. — Il y a deux espèces de domicile, le domicile civil et le domicile politique. Le domicile civil est soit réel ou général, soit électif ou spécial. — Zachariæ, t. 1er, p. 278.

7. — On compte bien encore une troisième espèce particulière de domicile dite *domicile de secours*, qui est réglée par le décret du 24-27 vendém. an II, tit. 5 : c'est le lieu où l'homme indigent a droit aux secours publics. — Ce domicile tout spécial fera l'objet d'un mot distinct. — V. DOMICILE DE SECOURS.

—

Sect. 1re. — *Domicile réel ou général.*

§ 1er. — *Domicile d'origine et changement de domicile. — Caractères. — Conditions.*

8. — C'est la naissance qui donne à l'homme son premier domicile; l'enfant n'a pas d'autre domicile que celui de son père, qu'il soit légitime ou naturel, pourvu, dans ce dernier cas, qu'il ait été reconnu par lui; il a celui de sa mère, s'il n'a été reconnu que par elle. En cas de mort de ses père et mère, il prend celui de son tuteur. Ce domicile est celui qu'on appelle *domicile d'origine.*

9. — Le domicile d'origine de l'enfant naturel non reconnu ni par son père, ni par sa mère, est fixé dans l'hospice où il a été reçu (décr. 19 janv. 1811, art. 15), ou au lieu où la personne qui le prend à sa charge a elle-même son domicile. — Demolombe, *Cours de C. civil*, t. 1er, no 351.

10. — Par personne qui se charge de l'enfant, il faut entendre non celle qui, comme une nourrice, en prend soin moyennant salaire, pour le rendre ensuite à ceux qui le lui ont confié, mais la personne qui le prend pour toujours avec la volonté de le conserver chez elle, que ce soit son père, sa mère ou une personne étrangère, peu importe. — Proudhon et Marcadé, *ubi suprà*; Duranton, t. 1er, no 369.

11. — Le domicile d'origine de tout individu est donc, non pas celui de sa naissance, comme l'expression le pourrait faire penser, mais celui qu'avaient ses père et mère ou son tuteur, ou la personne qui s'est chargée de lui au moment où il lui a été permis de s'en choisir un lui-même, et ce domicile se conserve tant qu'il ne lui en a pas substitué un autre : le vieillard, alors même qu'il aurait vécu longtemps loin de la maison paternelle, y conserve encore son domicile, s'il n'a pas manifesté la volonté de le changer. — Emmery, *Exp. des mot.* du titre *Du domicile*; Mouricault, *Rapp. au Tribunat*, séance du 18 vent. XI; Toullier, t. 1er, no 371; Proudhon, *Tr. de l'état des pers.*, édit. de 1842, t. 1er, p. 237; Duranton, t. 1er, nos 353 et 368; Marcadé, *Elém. de dr. civ. franç.*, t. 1er, sous l'art. 108, no 2.

12. — Le domicile d'un individu s'est toujours conservé au lieu de son domicile d'origine, bien qu'il soit mort dans un autre lieu où il avait fixé sa résidence ordinaire, s'il n'a pas manifesté l'intention formelle de changer de domicile. — *Riom*, 15 mars 1809, Desmallet-Delavedrine c. Queiron. — V. *infrà* nos 48 et suiv.

13. — Certaines personnes n'ont point en France de domicile d'origine, mais seulement le domicile qu'elles se sont donné; ce sont notamment : l'enfant né en France de parens étrangers non domiciliés (C. civ., art. 9); — les anciens régnicoles qui, après avoir perdu leur qualité, sont admis à la recouvrer (art. 18); — les enfans qui ont reçu le jour de ces régnicoles dans d'autres pays (art. 10); — les étrangers naturalisés ou seulement admis à jouir des droits civils (art. 13). — Richelot, *Principes du dr. civ.*, t. 1er, no 227, note 1re.

14. — Libre à son émancipation et à sa majorité de disposer de sa personne, l'homme peut se choisir le domicile qui lui convient. Il peut quitter, non seulement son domicile d'origine pour un autre, mais encore celui-ci pour un nouveau; il peut, en un mot, en changer au gré de son intérêt ou seulement de sa fantaisie.

15. — Il résulterait même d'un arrêt de la cour de Poitiers que cette liberté de chacun de transporter son domicile à son gré ne saurait être enchaînée et doit toujours rester entière : ainsi cette cour a décidé que la condition imposée à un légataire, et surtout à une femme mariée, de fixer son domicile dans un lieu déterminé est illicite, et doit, par suite, être considérée comme non écrite. — *Poitiers*, 3 juin 1842 (t. 1er 1843, p. 102), Esmain c. Sarail. — En ce qui concerne la femme mariée, il y a une autre raison d'annuler une semblable condition : c'est que la loi place son domicile chez son mari, et qu'il ne peut dépendre d'elle en aucune façon de le changer.

16. — La loi romaine permettait d'avoir deux domiciles : *Viris prudentibus placuit duobus locis posse aliquem habere domicilium, si utrobique se instruxit, ut non ideo minus apud alteros se collo-*

cassè videatur. —LL. 6, § 2, et 27, § 2, ff., *Ad municipalem.* — V. aussi Merlin, *Rép.*, vo *Domicile*, § 8.

17. — De même, l'ancienne jurisprudence reconnaissait en certains cas deux domiciles : l'un de droit, l'autre de fait. — Duparc-Poullain, *Principes de droit*, t. 2, p. 8; —*Parlem. Paris*, 6 sept. 1670.

18. — Il n'en est plus de même aujourd'hui; chaque individu peut avoir plusieurs résidences, car la résidence ne consiste que dans le seul fait de l'habitation; mais il ne peut avoir qu'un seul domicile; c'est ce qui résulte virtuellement de l'art. 102 du Code civil. — Malherbe, *Disc. au corps législ.*, séance du 23 vent. an XI; Toullier, t. 1er, no 367; Duranton, t. 1er, no 359; Marcadé, *Elém. dr. civ. franç.*, t. 1er, sous l'art. 103, no 3; Delvincourt, t. 1er, p. 41, note 6; Zachariæ, t. 1er, p. 279. — V. aussi Demolombe, t. 1er, no 347.

19. — L'art. 102, C. civ., est ainsi conçu : « Le domicile de tout Français, quant à l'exercice de ses droits civils, est au lieu où il a son principal établissement. »

20. — Ces dispositions s'appliqueraient à l'étranger autorisé par le roi à résider en France. — Delvincourt, t. 1er, p. 41, note 3e; Duranton, t. 1er, no 353; Pardessus, *Dr. comm.*, t. 5, no 1524.

21. — On ne peut point ne pas avoir de domicile. La perte du domicile que l'on a suppose nécessairement l'acquisition d'un domicile nouveau. Si l'on quitte son dernier domicile, sans qu'on puisse être considéré comme en ayant acquis un autre, on est toujours présumé avoir conservé l'ancien. — Duranton, t. 1er, no 360; Marcadé, *loc. cit.* — V. aussi Magnin, *Traité des minorités*, etc., t. 1er, no 57; Toullier, t. 1er, no 371; Proudhon, t. 1er, p. 243; Richelot, t. 1er, no 224. — V. toutefois Demolombe, t. 1er, no 348.

22. — Jugé, cependant, que les comédiens ambulans doivent être considérés comme n'ayant pas de domicile fixe. — *Nîmes*, 4 pluv. an IX, Brulo c. Darius. — V. aussi Carré et Chauveau, *Lois de la procédure*, t. 1er, p. 440, note 1re; Zachariæ, t. 1er, p. 278.

23. — Quant au marchand colporteur, il transporte, pour tout ce qui touche son commerce, son principal établissement, et, par conséquent, son domicile, partout où il fixe, même momentanément, le siége de ses affaires. — *Douai*, 31 mars 1843 (t. 2 1846, p. 166), Wolf c. Tragin.

24. — Pour qu'il y ait *changement de domicile*, il faut le concours de l'intention et du fait. « Le changement de domicile, porte l'art. 103, C. civ., s'opérera par le fait d'une habitation réelle dans un autre lieu, joint à l'intention d'y fixer son principal établissement. »

25. — Ainsi, pour conserver un domicile acquis, il suffit d'avoir *animus manendi*, mais pour en acquérir un nouveau il faut *animus cum facto* — *Neque animus sinè facto neque factum sinè animo*, dit Dargentré, *Cout. Bretag.*, art. 9, p. 28.

26. — Le tribun Mouricault, dans son *rapport* au tribunat (séance du 18 vent. an XI), en a donné cette raison, que « l'*intention* qui n'est point accompagnée du fait peut n'indiquer qu'un projet sans issue, » et que « le *fait* qui n'est point accompagné d'intention déterminée, peut n'indiquer qu'un essai, qu'un déplacement passager, que l'établissement d'une habitation secondaire. » Ce principe a été consacré par la cour de Cassation elle-même (6 nov. 1832, Dumiral et Mabru c. Pourrat).

27. — Un auteur, M. Dalloz aîné (*Rép.*, vo *Domicile*, sect. 1re, nos 3 et 6) voit dans le domicile « un *contrat*, ou au moins un *pacte tacite* par lequel le domicilié s'oblige à supporter sa part des charges communales en même temps qu'il acquiert le droit de participer à tous les avantages de la cité. » — Une seule observation suffit pour détruire une semblable théorie, c'est qu'elle est sans application possible au domicile d'origine et aux cas prévus par les art. 107, 108 et 109, C. civ.

28. — Pour échapper à ce reproche, M. Proudhon (*Dr. des pers.*, t. 1er, p. 236 et 245) considère le domicile comme un *quasi-contrat* qui rend le domicilié passible des charges publiques et le fait participer aux avantages communs dans le lieu où il a voulu attacher les habitudes de sa vie.

29. — Nous ne pouvons pas davantage adopter cette explication du domicile. — Tout régnicole est tenu d'observer les lois de son pays sans qu'il soit besoin d'aucun consentement exprès ou tacite. Ce n'est donc point la manifestation résultant de l'établissement d'un domicile qui confère au législateur le droit de faire peser sur tout domicilié certaines charges en échange de certains avantages, et la preuve c'est que ces charges et ces avantages sont également imposés et accordés à ceux qui ont fait cette manifestation et à ceux qui ne l'ont pu faire; à ceux qui ont librement choisi leur domicile et à ceux qui le tiennent forcément de la loi, tels que les mineurs, les fonctionnaires inamovibles, les gens de service, etc. — Si donc la loi n'a permis de changer de domicile qu'à ceux qui disposent librement de leur personne, c'est uniquement que tout changement pareil détruit le domicile qu'elle-même leur avait assigné.

30. — Le domicile d'origine, qui se conserve jusqu'à la manifestation d'une volonté contraire, peut être changé par le fait de la résidence dans un autre lieu joint à l'intention d'y fixer son principal établissement. — *Rennes*, 13 mai 1841 (t. 2 1841, p. 474), Legoff c. Guillevain.

31. — Ainsi, jugé que l'exploit signifié à un père à la requête de sa fille majeure mentionne suffisamment le domicile de celle-ci, lorsqu'il énonce qu'elle est domiciliée dans un lieu où elle a, en effet, établi sa résidence habituelle et où elle paraît avoir intention de fixer son domicile. — *Nîmes*, 8 juill. 1831, Buisson.

32. — La réunion de la résidence et de l'intention emporte par elle-même changement de domicile. Le tribunal de Grenoble, dans ses observations sur le titre *Du domicile*, avait manifesté la pensée que ce changement ne pût être consommé que par une *résidence effective de quelque durée* dans la nouvelle habitation. Mais cette opinion a été rejetée, par le motif que l'application pouvait en être fort injuste, et que, d'ailleurs, la loi devait être générale. — Emmery, *Exposé des motifs*; Mouricault, *loc. cit.*; Toullier, t. 1er, no 372; Demolombe, t. 1er, no 353.

33. — La manifestation de la volonté, jointe au fait de la résidence, quelque courte qu'en soit la durée, suffit donc pour faire acquérir un nouveau domicile et faire perdre celui qu'on a voulu quitter. — *Cass.*, 22 flor. an X, Lacoste; 28 flor. an X, Pulligneu c. Berdolle; 12 vendém. an XI, mêmes parties; *Limoges*, 1er sept. 1813, Thabaraud; — Merlin, *Rép.*, vo *Domicile*, § 9, no 2 (5e édit., t. 5, p. 14); Carré et Chauveau, t. 1er, quest. 354; Duranton, t. 1er, no 357; les annotateurs de Zachariæ, *Cours de dr. civ. franç.*, t. 1er, p. 282, note 1re.

34. — Il est cependant un cas où l'acquisition du domicile ne dépend pas uniquement du fait et de l'intention, c'est lorsqu'il s'agit du *domicile quant au mariage* (qu'il ne faut pas confondre avec le *domicile matrimonial*. Le domicile quant au mariage ne peut s'établir que par six mois d'habitation continue dans le lieu où l'on veut faire célébrer son mariage. — C. civ., art. 74. — V. MARIAGE.

35. — Pour les enfans de troupe, le domicile quant au mariage est sous les drapeaux; c'est ce qui résulte d'une instruction du ministre de la guerre du 24 brum. an XII (tit. 2, sect 2e, observ. sur l'art. 94, C. civ.). Cette exception à l'art. 74 du même Code est fondée sur l'impossibilité pour ces enfans d'avoir dans un lieu déterminé une résidence continue de six mois.

36. — Dans l'art. 104, C. civ., le législateur a offert à ceux qui veulent changer de domicile un moyen légal de manifester leur volonté sans équivoque : c'est de déclarer expressément leur intention à cet égard tant à la municipalité du lieu qu'ils quittent qu'à celle du lieu où ils transfèrent leur domicile. Cette déclaration fait preuve de l'intention. Mais elle n'est point obligée. — Emmery et Mouricault, *loc. cit.*

37. — Seulement, dans le cas où elle a eu lieu, les tribunaux ne peuvent pas se décider par les circonstances pour repousser la preuve d'intention qui en résulte. — *Cass.*, 9 juin 1830, Martin c. Junca.

38. — La déclaration faite, conformément à l'art. 104, tant à la municipalité du lieu que l'on veut quitter qu'à celle du lieu où l'on entend se fixer, ne suffit pas pour opérer le changement de domicile, si le fait n'est venu réellement s'y joindre, et si, loin de là, le déclarant a conservé son principal établissement dans le lieu de son ancien domicile. C'est là une conséquence nécessaire du principe posé dans l'art. 103 : aussi la jurisprudence est-elle unanime sur ce point. — *Paris*, 28 août 1810, Pomme c. Noblat; *Bordeaux*, 10 août 1811, Dubreuil c. Perrey; *Cass.*, 16 avr. 1817, Vievard c. Givolet; *Poitiers*, 23 juin 1819, Liadouze c. Tardy; *Cass.*, 9 juin 1830, Martin c. Junca; 27 fév. 1834, de Puyferrat c. de Sérigny; 7 mai 1839 (t. 2 1839, p. 318), Descoutures. — V. aussi en ce sens Marcadé, t. 1er, sous l'art. 105.

39. — Les tribunaux peuvent, nonobstant la double déclaration prescrite par l'art. 104, C. civ., décider, d'après les circonstances de la cause, qu'en *fait* il n'y a pas eu réellement translation de domicile. — *Cass.*, 9 juin 1830, Martin c. Junca; 25 août 1835, de Baudre c. Lenoble.

40. — ... Et leur appréciation à cet égard est souveraine. — *Cass.*, 7 mai 1839 (t. 2 1839, p. 318), Descoutures.

41. — Il en doit être ainsi, alors même que des faits de résidence plus ou moins longs auraient eu lieu dans l'endroit du nouveau domicile. — Même arrêt.

42. — Le changement de domicile a été déclaré constant dans une espèce où, indépendamment de la double déclaration prescrite par l'art. 104, C. civ., un individu justifiait d'un bail à loyer pris par lui dans la nouvelle commune où il s'était fixé — *Cass.*, 4 avr. 1837 (t. 2 1837, p. 352), Dealbeaume.

43. — Une décision de l'autorité administrative qui rangerait une personne dans la classe des citoyens et reconnaîtrait son domicile dans un endroit déterminé, ne pourrait faire obstacle au droit qu'ont les tribunaux de juger les questions de domicile et les empêcher de décider que cette personne, qui était, par exemple, une femme en puissance de mari, n'a pu acquérir un domicile propre. — *Cass.*, 25 fév. 1818, Gundi c. Kellermann.

44. — Les art. 103 et 104, C. civ., accordant l'effet de détruire le domicile, non à l'intention seulement de quitter tel lieu, mais à l'intention de quitter tel lieu pour aller se fixer dans tel autre, il en résulte que la déclaration de changement de domicile, faite seulement à la municipalité du lieu que l'on annonce vouloir quitter, et non à celle de la commune où l'on prétend aller, ne peut être considérée comme établissant le changement réel de domicile. Le déclarant est réputé alors avoir conservé son ancien domicile. — *Paris*, 23 nov. 1811, Dautent c. Périac; 30 janv. 1813, Barthonival c. Bégon de la Bonzière; 6 fév. 1813, Dumesnil c. Fitz; *Angers*, 20 nov. 1842 (t. 2 1842, p. 751), Leboucher c. de Laperrandière et Kersabiec; — Marcadé, *ubi suprà*.

45. — ... Alors surtout que les circonstances, loin de suppléer à la double déclaration, semblent, au contraire, contredire celle qui a été faite. — V. l'arrêt d'Angers précité du 20 nov. 1842.

46. — Mais il en serait différemment si la simple déclaration faite à la mairie de la commune que l'on veut quitter avait été suivie de la translation de fait du domicile dans l'autre commune. Cette translation effective supplée à l'omission de la seconde déclaration.

47. — Celui qui, après avoir fait la déclaration de la translation de son domicile dans une commune voisine, l'y a transporté réellement et y a résidé pendant plusieurs années, est censé, au moins relativement à sa participation à l'affouage, avoir conservé ce domicile, bien qu'il soit depuis retourné exercer sa profession à son ancien domicile, s'il a continué, sans aucune nouvelle déclaration, à résider par lui, par sa famille ou ses domestiques, au lieu du domicile qu'il a expressément déclaré choisir. — *Besançon*, 10 janv. 1828, comm. de Chantrans c. Marchand.

48. — L'arrêt qui juge, en droit, que la preuve du changement de domicile ne résulte pas suffisamment de la déclaration faite seulement au domicile ancien, sans s'expliquer sur les circonstances indicatives de l'intention, ne viole aucune loi. — *Cass.*, 8 déc. 1840 (t. 2 1840, p. 795), Bellot c. Compère.

49. — Le Français qui a transporté son domicile de fait à l'étranger, et qui a fait en outre la déclaration prescrite par l'art. 104, C. civ., peut néanmoins être considéré comme ayant conservé le dernier domicile qu'il avait en France. — *Cass.*, 17 janv. 1837 (t. 2 1837, p. 90), Mallez c. Verlaghe; — Demolombe, t. 1er, no 349.

50. — Une telle décision, étant fondée sur une appréciation de faits, ne peut non plus donner ouverture à cassation. — Même arrêt.

51. — Toutefois, il a été décidé que des déclarations de changement de domicile faites dans la forme voulue par l'art. 104, C. civ., ne peuvent être détruites que par des déclarations contraires, postérieurement exprimées dans la même forme, et non par de simples présomptions. — *Cass.*, 23 janv. 1827, Lenfant c. Dubusq.

52. — Lorsque l'individu qui veut changer de domicile a négligé de remplir la formalité prescrite par l'art. 104, C. civ., combien plus encore est grande la difficulté de déterminer d'une manière certaine son domicile, surtout s'il réside dans plusieurs endroits différens. — Alors, d'après l'art. 102, le domicile est au lieu de son principal établissement.

53. — Il faut à cet égard se bien pénétrer des circonstances qui sont de nature à caractériser le lieu du *principal établissement*. Le lieu du principal établissement, comme le dit Domat (*Dr. publ.*, liv. 1er, tit. 16, sect. 3e, no 4), d'après la loi romaine

(L. 7, C., *De incolis*, liv. 10, tit. 39) est « celui où l'individu tient le siége et le centre de ses affaires; où il a ses papiers; qu'il ne quitte que pour quelque cause particulière; d'où, quand il est absent, on dit qu'il est en voyage; où, quand il revient, on dit qu'il est de retour; ...où il porte les charges, etc. » Ainsi, par le *lieu du principal établissement*, on doit entendre celui où l'on est fixé, auquel on est attaché plus spécialement; en telle sorte que si l'on s'en éloigne, c'est toujours pour y revenir après un délai plus ou moins long. — Toullier, t. 1er, no 364; Marcadé, t. 1er, sous l'art. 102, no 3; Magnin, *Tr. des minorités, etc.*, t. 1er, no 69.

54. — Les circonstances propres à constituer le *principal établissement* sont toutes abandonnées à la sagacité, à la prudence, à la libre appréciation des tribunaux. — Mouricault, *Rapport* au tribunat, séance du 18 vent. an XI; — *Paris*, 29 juin 1810, Duffresne; 13 juill. 1811, Gentil c. Beaugé; *Cass.*, 23 juill. 1840 (t. 1er 1841, p. 105), de Grammont; 8 déc. 1840 (t. 2 1840, p. 795); Bellot c. Compère; *Rennes*, 13 mai 1841 (t. 2 1841, p. 474), Legoff c. Guillevain; *Cass.*, 25 mai 1846 (t. 2 1846, p. 37), préfet de la Creuze c. Bonnichon; — Toullier, t. 1er, no 376; Duranton, t. 1er, no 358; Marcadé, t. 1er, sous l'art. 103; Magnin, *ubi suprà*; Demolombe, t. 1er, no 345.

55. — Le législateur n'a, en effet, énoncé particulièrement aucune de ces circonstances. Il a craint que les juges, voyant parler la loi, ne se crussent tenus de négliger les circonstances par elles omises. D'ailleurs, chacune d'elles ne pouvant être bien appréciée que par ses nuances, il était impossible à la loi de les détailler et même de les prévoir; aussi, l'art. 105, C. civ., porte seulement que « à défaut de déclaration expresse, la preuve de l'intention dépendra des circonstances. »

56. — Jugé que le domicile ou le principal établissement d'un citoyen est toujours présumé au lieu où il tient sa famille. — *Paris*, 29 juin 1810, Duffresne; — Bouhier, t. 1er, p. 652, no 215.

57. — Les princes du sang ont toujours été considérés comme domiciliés de droit dans la capitale. « Devant naturellement, disait le président Bouhier (t. 1er, p. 648, no 186), être à la suite du roi, ils sont domiciliés en la ville de Paris, qui étant la capitale du royaume est tenue pour le séjour du souverain. — Rolland de Villargues, *Rép.*, vo *Domaine*, no 42.

58. — L'hôtel des Invalides est le véritable domicile des militaires qui y sont admis. — *Paris*, 16 janv. 1807, Micault de Courbeton c. de la Guéronnière; — Rolland de Villargues, vo *Domicile*, no 30.

59. — De même ceux qui sont admis pour leur vie dans un établissement public, sont domiciliés dans le lieu où se trouve cet établissement. — Richelot, *ibid.*, no 241, note 19.

60. — La preuve du changement de domicile, à défaut de déclaration expresse, peut s'induire aussi de l'inscription du nom de l'individu au rôle des contributions et du paiement de ces contributions pendant plusieurs années. — *Cass.*, 19 mars 1812, Montclar. — V. sur ce point motifs de l'arrêt de Paris du 15 niv. an XII, Bouilhac.

61. — C'est surtout le paiement de la contribution personnelle qui doit avoir une grande importance aujourd'hui pour déterminer le domicile; car cette contribution n'est due que dans la commune du domicile réel (L. 21 avr. 1832, art. 13): au contraire, la contribution mobilière est due pour toute habitation meublée située soit dans la commune du domicile réel, soit dans toute autre commune. — Même loi et même article; — Boncenne, t. 2, p. 192.

62. — Ainsi jugé que la citation (en matière correctionnelle) donnée non au domicile réel de l'assigné, c'est-à-dire où il paie sa *contribution personnelle*, et habite avec sa famille, mais seulement à un lieu où il ne possède qu'un établissement de commerce, est nulle. — *Cass.*, 21 mai 1842 (t. 2 1842, p. 583), octroi de Bordeaux c. Gailbert.

63. — Celui qui était antérieurement domicilié dans une commune, qui y a fait sa vente mobilière le 28 octobre, qui y a payé ses contributions personnelle, mobilière et des portes et fenêtres, pour l'année entière, a pu valablement, dans un bordereau d'inscription du 26 janvier suivant, se déclarer domicilié en cette commune, quoique alors demeurant dans une autre. — *Rennes*, 7 mars 1820, Chiron de Kerlaly c. Guillet de la Brosse.

64. — Mais si l'on a rempli les formalités prescrites par les art. 103 et 104, C. civ., on ne peut prétendre que le changement légal de domicile ne s'est pas opéré, par cela seul qu'on a continué à payer sa contribution personnelle au lieu de son ancien domicile. — *Turin*, 19 mars 1811, Ponte c. Ravier.

65. — Une cour royale peut décider souverainement que la preuve du domicile d'un individu dans une localité ne résulte pas du fait du paiement par cet individu de la contribution personnelle dans cette localité. — *Cass.*, 15 mars 1843 (t. 2 1843, p. 85), André c. Théoleyre.

66. — On peut encore regarder comme signe caractéristique du domicile le service de la garde nationale de tel endroit. — Duranton, t. 1er, no 354; Proudhon, t. 1er, p. 242; Delvincourt, p. 41, note 8; Toullier, t. 1er, no 377, 3o; Demolombe, t. 1er, no 345 6o.

67. — Cependant l'inscription sur les contrôles de la garde nationale ne suffirait pas pour établir la preuve du domicile, si d'autres circonstances plus fortes prouvaient son existence dans un autre lieu. — Arg. *Cass.*, 23 juill. 1840 (t. 1er 1848, p. 105), de Grammont c. de Grammont Caderousse.

68. — En tout cas, dans le département de la Seine, le service de la garde nationale ne peut avoir pour la fixation du domicile qu'une médiocre importance. En effet, dans ce département, d'après l'art. 1er, L. 14 juill. 1837, on est tenu à faire le service de la garde nationale, non seulement lorsqu'on a dans le département son domicile réel, mais même lorsqu'on ne fait qu'y résider habituellement une partie de l'année.

69. — Cependant, de ce qu'un individu n'est ni imposé au rôle de la contribution mobilière d'un lieu, ni inscrit sur le registre de la garde nationale, il ne s'ensuit pas qu'il ne soit point domicilié dans cet endroit. — *Cass.*, 12 fructid. an IX, Leforestier c. Godet.

70. — Le changement de domicile ne peut résulter de ce qu'une partie aurait habité pendant quelque temps un autre domicile que son domicile ordinaire, de ce qu'elle s'y serait mariée ou y aurait plaidé. — *Cass.*, 23 janv. 1817, Perret c. Dauchy.

71. — La comparution en matière personnelle devant les tribunaux du lieu sans opposer le déclinatoire peut encore être un indice de changement de domicile. — Duranton, t. 1er, no 354.

72. — Il a été décidé que des indications de domicile, constatées par des jugemens aux qualités desquels on n'avait point formé d'opposition, ou par des actes authentiques et judiciaires, pouvaient suffire pour établir la preuve du domicile dans le lieu indiqué. — *Cass.*, 16 fév. 1819, Latourette c. Lamajorie; — Zachariæ, t. 1er, § 144, p. 283.

73. — Mais ces énonciations pourraient être écartées, si elles paraissaient frauduleuses ou erronées. — Favre, *Rational.*, t. 1er, *De transact.*, no 9; Bacquet, *Dr. de just.*, ch. 8, p. 31, no 15.

74. — Le changement de domicile d'un négociant ne peut s'induire, à défaut des déclarations prescrites par les art. 103 et 104, C. civ., ni des opérations de commerce (telles que des remplacemens militaires) auxquelles il s'est livré dans un lieu autre que son domicile, ni des déclarations par lui faites dans des actes ou annonces, qu'il avait son domicile dans ce lieu. — *Cass.*, 15 mars 1841 (t. 2 1842, p. 306), Stiegler c. Fouques-Deslöges. — V. aussi, dans le même sens, *Orléans*, 23 avr. 1819, Macabo c. Oconor.

75. — Dès-lors, ce n'est pas au tribunal dudit lieu, mais à celui de son domicile, qu'il appartient de connaître de la faillite de ce négociant. — V. l'arrêt de *Cass.* précité du 15 mars 1841. — V. FAILLITE.

76. — Sous le droit romain, d'après lequel les circonstances qui servaient à déterminer le domicile étaient *factum et animus*, le juge pouvait, pour déterminer l'intention, consulter l'esprit de retour vers un premier domicile. — *Cass.*, 27 fév. 1834, de Puyferrat c. de Sérigny. — Il en serait évidemment de même aujourd'hui.

77. — C'est parce que l'absence, avec esprit de retour, emporte l'intention de conserver son domicile, qu'il a été jugé maintes fois que celui qui quitte le domicile de ses père et mère pour entrer au service militaire ne cesse point d'avoir son domicile d'origine, lorsqu'il est devenu majeur, tant qu'il n'a pas manifesté d'une manière formelle et positive la volonté de s'en choisir un autre. — *Cass.*, 11 vendém. an XIII, Destaing c. Nazo; *Toulouse*, 7 janv. 1813, Chatelain c. Daroles; *Paris*, 6 juill. 1826, Angénieur c. Bérard; *Lyon*, 29 déc. 1840 (t. 2 1841, p. 624), Golliet c. Bertholey. — V. aussi Boncenne, t. 2, p. 204, Zachariæ, t. 1er, p. 27, note 1re, Carré et Chauveau, *Lois de la procéd.*, t. 1er, quest. 351.

78. — Il en est ainsi surtout lorsque le militaire a depuis fort peu de temps atteint sa majorité. — V. l'arrêt de Lyon précité du 29 déc. 1840.

79. — Les enfans qui naissent aux militaires pendant qu'ils sont au régiment n'ont pas d'autre domicile qu'eux. Ainsi, quoiqu'ils n'aient point quitté le régiment, il ne peuvent être considérés

que comme n'y ayant qu'une simple résidence. L'enfant mineur ne peut, en effet, avoir d'autre domicile que celui de son père. *Patris originem unusquisque sequitur* (L. 36, C., *De curator.*). — Marcadé, sous l'art. 108, no 2; Richelot, t. 1er, p. 342, note 19. — M. Duranton (t. 1er, no 360) semble dire le contraire, mais M. Demolombe fait remarquer (t. 1er, no 361) que l'honorable professeur a voulu parler seulement des enfans de troupe nés de père et mère inconnus, lesquels n'ont souvent pour domicile que les résidences successives dans lesquelles ils se trouvent en suivant le drapeau. — C'est en ce sens que l'instruction du ministre de la guerre du 24 brum. an XII porte (sect. 2e) que, les enfans de troupe n'ayant jamais eu d'autre domicile que le drapeau, les publications (pour le mariage) faites dans l'endroit où se trouve le corps sont seules exigibles à leur égard. »

80. — Ceux qui, après avoir fait leurs études et humanités dans leur pays, quittent temporairement leur famille, pour aller à Paris ou ailleurs prendre leurs grades dans une faculté, ou pour tout autre but, lequel atteint, ils ont l'intention de retourner dans leur pays, conservent, comme les militaires et par la même raison, leur domicile d'origine. — Merlin, *Rép.*, vo *Domicile*, § 4, no 1; Proudhon, t. 1er, p. 249; Marcadé, t. 1er, sous l'art. 103, no 1er; Duranton, t. 1er, no 370; les annotateurs de Zachariæ, t. 1er, p. 78, note 1re.

81. — Les employés des administrations dont la résidence, comme celle des militaires, est essentiellement changeante, conservent le domicile qu'ils avaient avant de prendre de l'emploi. — Richelot, *Principes de droit civil*, t. 1er, no 241, note 19. — V. *infrà* nos 93 et s.

82. — De même, le Français qui a résidé longtemps en pays étranger a conservé son domicile d'origine, si l'on ne prouve une intention contraire de sa part. — *Paris*, 30 juill. 1811, de Limon c. de Saint-Germain.

83. — Du reste, c'est à celui qui allègue le changement de domicile à en fournir la preuve. — Muller, vo *Domicile*, p. 585; Proudhon, t. 1er, p. 249; Richelot, *eod. loc.*, no 236, p. 337.

84. — Le fait d'un établissement formé en pays étranger joint à un long séjour, ne suffit point également pour entraîner la perte de l'esprit de retour, lorsque ces circonstances ont eu lieu à l'occasion de troubles politiques, et que l'émigrant était mineur et en bas âge à l'époque de son départ. — *Paris*, 27 nov. 1813, Kadot de Sebville.

85. — Il a été jugé aussi que le condamné par contumace pour banqueroute frauduleuse qui s'était établi en pays étranger, n'était pas réputé, par ce seul fait, avoir changé de domicile. — *Montpellier*, 5 août 1836 (t. 2 1837, p. 459), Coste c. Vacquier.

86. — Le Français qui passe aux colonies n'est point non plus, par cela seul, réputé avoir abandonné son domicile. — *Paris*, 3 août 1812, Dumont c. Arthault; — Magnin, *Traité des minorités*, etc., t. 1er, no 63.

87. — A plus forte raison, est-il censé avoir conservé son domicile en France, lorsqu'il est prouvé par la correspondance qu'il avait l'intention d'y revenir. En conséquence, bien qu'il soit décédé dans les colonies, sa succession doit être réputée ouverte en France. — *Cass.*, 14 fév. 1832, Poudensan c. Freissinet.

88. — Au contraire, le négociant qui a quitté son pays natal pour aller habiter les colonies, où il a formé son principal et unique établissement, et où se trouve le siége de ses intérêts et de ses affaires, doit être déclaré avoir abdiqué son domicile d'origine, surtout si, dans un court séjour fait en France, il a exprimé l'opinion que le climat altérait sa santé, et manifesté la volonté de retourner aux colonies. — *Rennes*, 13 mai 1841 (t. 2 1841, p. 474), Legoff c. Guillevain.

89. — L'arrêt qui décide, d'après l'appréciation de circonstances de fait et l'interprétation d'actes, qu'une personne n'a pas eu l'intention de changer de domicile, lorsque d'ailleurs elle n'a fait à cet égard aucune déclaration expresse, ne donne point ouverture à cassation. — *Cass.*, 24 fév. 1835, Angénieur c. Bérard; 25 mai 1846 (t. 2 1846, p. 37), préfet de la Creuze c. Bonnichon.

90. — Spécialement ne donne point ouverture à cassation, le jugement qui, d'après les circonstances, décide qu'un débiteur exproprié avait ou n'avait pas son domicile dans un lieu contesté. — *Bruxelles*, 12 juill. 1819, N...

91. — La cour de Cassation ne peut également, lorsqu'une cour royale a décidé qu'il y avait doute sur le véritable domicile d'un individu, se livrer à l'appréciation des actes tendant à établir quel était en réalité son domicile. — *Cass.*, 24 déc. 1838 (t. 1er 1839, p. 24), Roujon c. Vidal.

92. — Enfin, la cour de Paris a décidé, par arrêt

du 24 juill. 1835 (de Pastoret c. Corcelette), que la loi du 10 avr. 1832 qui, en excluant les Bourbons de la branche aînée du territoire français, et en ordonnant la vente de leurs biens, leur avait interdit tout domicile réel en France, ne s'opposait point à ce que les enfans mineurs appartenant à cette famille eussent en France un domicile purement légal, ayant effet quant à la gestion et à la vente de leurs biens.

§ 2. — *Domicile civil des fonctionnaires publics.*

93. — Les fonctions publiques, suivant qu'elles sont temporaires ou révocables, ou conférées à vie, produisent des effets différens quant à la fixation du domicile. Ces effets sont indiqués dans les art. 106 et 107, C. civ.

94. — Art. 106. « Le citoyen appelé à une fonction publique temporaire ou révocable conservera le domicile qu'il avait auparavant s'il n'a pas manifesté d'intention contraire. »

95. — Art. 107. « L'acceptation de fonctions conférées à vie emportera translation immédiate du domicile du fonctionnaire dans le lieu où il doit exercer ses fonctions. »

96. — Le fonctionnaire public temporaire ou révocable est présumé conserver l'esprit de retour dans le lieu où était son domicile, lorsqu'il a été investi de ses fonctions. Il ne le quitte que pour remplir des obligations auxquelles il voit un terme. Ce terme arrivé, il s'empresse souvent de retourner à son ancien domicile. Il était donc juste de ne pas le lui faire perdre, tant qu'il n'avait pas manifesté l'intention d'en changer.

97. — La disposition de la loi relativement aux fonctionnaires révocables n'est donc en réalité qu'une application des principes qu'elle a consacrés pour le changement de domicile de tout autre citoyen, et d'après lesquels le fait et l'intention, *animus et factum*, doivent se trouver réunis. — Pour les fonctionnaires, le fait est bien constant, mais la loi ne veut pas qu'on en tire aucune présomption quant à l'intention.

98. — Il a, en conséquence, été jugé que l'intention de la part d'un fonctionnaire public temporaire ou révocable de changer de domicile ne résulte pas du fait d'une habitation dans le lieu où il exerce son emploi, et même de ce qu'il y aurait acquitté ses contributions pendant une année. — *Riom*, 16 fév. 1819, Decamp c. Cossonnier.

99. — ... Comme aussi que l'exploit dans lequel un percepteur de contributions indique un domicile autre que la commune de sa résidence n'est pas nul. — *Paris*, 17 août 1810, Gronier c. Roguier.

100. — Mais nous ne pouvons approuver un arrêt de la cour de Cassation qui décide que l'acceptation de fonctions révocables fait présumer, à défaut de preuve contraire, que le lieu où elles sont exercées est le siége du principal établissement. — *Cass.*, 21 mai 1835, Renard c. min. pub. — Cette décision est manifestement contraire à l'esprit comme aux termes de l'art. 106. — Richelot, *Principes de droit civil*, no 234; Demolombe, t. 1er, no 366 *in fine*.

101. — La preuve de l'intention s'établit, comme pour les simples particuliers, soit par une déclaration expresse, conformément à l'art. 104, soit, à défaut de déclaration expresse, par les circonstances qui accompagnent le fait du changement de résidence, ainsi que le porte l'art. 105. — Et, dans ce dernier cas, l'appréciation de ces circonstances appartient aux tribunaux. — V. dans ce sens Pothier, *Introd. gén. aux cout.*, no 15; Demolombe, t. 1er, no 366.

102. — Jugé, en conséquence, que la déclaration faite par un fonctionnaire public au préfet de son département, qu'il entend fixer son domicile dans le lieu où il exerce ses fonctions, n'est pas non plus à elle seule une preuve légale du changement de domicile. — *Cass.*, 16 mai 1809, Roger c. Laporte.

103. — ... Comme aussi un fonctionnaire public amovible peut être considéré comme n'ayant pas conservé son ancien domicile et comme en ayant acquis un nouveau dans le lieu où il exerce ses fonctions, alors même qu'il n'a fait aucune déclaration expresse à cet égard. — *Cass.*, 20 juin 1832, Vulgondals c. Pasquier.

104. — Ainsi, un préfet qui fait sa résidence habituelle au chef-lieu de son département peut être considéré comme y ayant son domicile. — *Paris*, 9 prair. an XIII, Beaurepaire c. Masson de Saint-Amand. — V. aussi en ce sens Duranton, t. 1er, no 363.

105. — En conséquence, un acte d'appel lui est valablement délaissé pour lui et son épouse au concierge de la préfecture. — *Toulouse*, 10 mai 1826, Tebier c. de Saint-Blanquet.

106. — Décidé aussi que le citoyen appelé à une fonction publique révocable manifeste suffisamment l'intention d'abandonner son ancien domicile et de le transférer dans le lieu où il exerce ses fonctions, lorsqu'il y loue une maison, y transporte ses meubles, y figure dans des testamens et des actes de l'état civil, où il s'annonce comme y étant domicilié, y paie ses contributions, y fait le service de la garde nationale. — *Cass.*, 11 juill. 1831, Gauthier c. Charles. — V. *contrà Cass.*, 1er mars 1826, de Forceville.

107. — Le domicile d'un fonctionnaire public révocable (par exemple d'un brigadier de gendarmerie) est au lieu où il remplit ses fonctions, alors qu'il a transporté dans ce lieu sa famille et son ménage, et qu'il n'a conservé aucune relation avec le lieu de son ancien domicile, depuis longtemps abandonné. — C. civ., art. 106. — En conséquence, ce fonctionnaire a dans ce lieu la capacité nécessaire pour figurer comme témoin instrumentaire dans un acte notarié. — L. 25 vent. an XI, art. 9. — *Limoges*, 12 mars 1844 (t. 2 1845, p. 239), Farne et Duverger c. X...

108. — Le Français qui a quitté le domicile conjugal pour aller remplir des fonctions révocables en pays étranger, et qui, pendant la suspension de ces fonctions, a résidé en France dans un autre lieu que celui de son ancien domicile, peut également être réputé, suivant les circonstances, avoir acquis un domicile nouveau, bien qu'il n'ait fait à cet égard aucune déclaration expresse, et que sa femme et son fils aient continué de résider à son ancien domicile. — *Paris*, 14 août 1823, Marson c. Amenta.

109. — Une fonction publique peut être irrévocable quoique temporaire : telle est celle de député. Or, les députés conservent leur ancien domicile; cela n'est douteux pour personne. C'est donc à ce domicile qu'ils doivent être assignés. — Duranton, t. 1er, no 362.

110. — Toutefois, nous admettons, avec la cour de Paris (V. 25 mai 1826, aff. Laurencin c. Liot), qu'un député, domicilié en province, mais résidant à Paris dans un appartement meublé à ses frais (ajoutons dans un appartement qu'il louerait tout meublé), peut être assigné devant le tribunal civil de Paris, à raison d'objets de consommation qui lui ont été livrés.

111. — L'art. 106, C. civ., est applicable aux militaires. — *La Haye*, 11 janv. 1826; — Merlin, *Rép.*, vo *Domicile*, § 3, no 2.

112. — Mais toutes ces dispositions sont inapplicables aux fonctionnaires inamovibles.

113. — En ce cas, il ne peut plus y avoir de doute sur l'intention : évidemment le fonctionnaire transporte au lieu de sa nouvelle résidence et définitivement son principal établissement et ne peut être supposé conserver l'esprit de retour. — Ici, on trouve réunis *animus et factum*; il n'est donc besoin ni de déclaration expresse, ni de circonstances extrinsèques pour les faire connaître, la loi les fait résulter de la seule acceptation des fonctions conférées à vie.

114. — Il en est ainsi lors même que le fonctionnaire ne résiderait pas de fait dans le lieu où il exerce ses fonctions. — Leyser, *Ad. pandect*, t. 2, *spes.* 72 *in fine*; Pothier, *Cout.*, chap. 1er, no 10; Richelot, *ibid.*, no 237.

115. — La translation du domicile a lieu forcément. Toutes déclarations, protestations ou conventions contraires n'y pourraient apporter d'obstacle. — Rapport du tribun Mouricault (Locré, t. 3, p. 455); de Laurière, *Cout.*, t. 1er, p. 223; Toullier, t. 1er, no 375; Duranton, t. 1er, nos 361 et 364; Demolombe, t. 1er, no 364; Merlin, *Rép.*, vis *Receveur des contributions directes* et *Domicile*, § 3; Demante, t. 1er, no 111.

116. — L'acceptation de fonctions publiques n'est parfaite que par la prestation du serment (Carré, *Compétence*, t. 1er, p. 406, no 25). Dès-lors, ce n'est que par cette prestation de serment que le changement de domicile s'opère, et non en vertu de l'acte de nomination. — Marcadé, t. 1er, sous l'art. 107; Duranton, t. 1er, no 361.

117. — Le fonctionnaire public à vie peut néanmoins, à une époque peu éloignée de son installation, être cité à son dernier domicile, sans que la citation soit nulle, lorsque les tiers ont pu être induits en erreur sur son véritable domicile par des actes émanés de lui-même. — *Metz*, 17 juin 1812, N...

118. — Il a été jugé, cependant, mais à tort, que l'exercice de fonctions à vie n'emportait pas attribution exclusive du domicile au lieu de l'exercice de ces fonctions. — *Bruxelles*, 22 fév. 1815, d'Aremberg. — V. à ce sujet Demolombe, t. 1er, no 364.

119. — L'art. 107, C. civ., en disposant que l'acceptation de fonctions publiques conférées à vie emporte translation immédiate de domicile dans le lieu où elles sont exercées, suppose que ces fonctions sont en même temps irrévocables. Les fonctions conférées à vie, mais révocables, rentrent dans la catégorie de celles dont s'occupe l'art. 106. — Marcadé, t. 1er, sous l'art. 107; les annotateurs de Zachariæ, t. 1er, p. 280, note 1re; Demolombe, t. 1er, no 364.

120. — Parmi les fonctionnaires nommés à vie, mais révocables, on peut citer les membres du ministère public, les juges de paix, les conseillers de préfectures, les préfets, sous-préfets, etc.

121. — ... Les percepteurs des contributions indirectes. — *Cass.*, 11 mars 1812, Beauchef de Servigny c. Leprévost.

122. — ... Ou les directeurs de l'enregistrement. — *Grenoble*, 29 déc. 1829, Perrier-Penet c. Ginoux et Thomas.

123. — Ainsi jugé que les fonctions de percepteur des contributions dans une commune n'y transportent pas nécessairement le domicile du fonctionnaire, et que dès-lors l'exploit dans lequel il indique un autre domicile n'est pas nul. — *Paris*, 17 août 1810, Gronier c. Roguier.

124. — Parmi les fonctionnaires *inamovibles*, c'est-à-dire dont le titre ne peut être enlevé qu'en vertu d'un jugement rendu dans les formes légales, il faut remarquer notamment : les maréchaux de France et autres grands dignitaires du royaume. — Sénat.-cons. 28 flor. an XII, art. 34 et 49; — Merlin, *Rép.*, vo *Domicile*, § 3, no 5.

125. — ... Les magistrats de l'ordre judiciaire sauf ceux du ministère public. — Charte const., art. 49 et 52.

126. — ... Les professeurs des facultés. — Décr. 4 complém. an XII, art. 13. — Rendu, *Cod. universit.*, p. 46.

127. — ... Les évêques et curés. — Toutefois, l'inamovibilité ne s'étend pas aux vicaires et desservans. — L. 18 germ. an X, art. 31. — Richelot, *Principes de dr. civ.*, t. 1er, no 238, note 17.

128. — Le domicile de l'évêque continue d'être au chef-lieu de son diocèse alors même que, revêtu de la dignité de cardinal, il résiderait à Rome. — Jacquet, *Abrégé des cout.*, t. 2, p. 178; Ferrière, *Gr. cout. de Paris*, t. 2, p. 1297, nos 5 et suiv.; Lacombe, vo *Domicile*, no 6; Bouhier, t. 1er, p. 648, no 189; Merlin, *Rép.*, vo *Domicile*, § 4, no 6.

129. — Les conseillers d'état et maîtres des requêtes en service ordinaire, bien que ne pouvant être révoqués que par une ordonnance spéciale et individuelle, sont cependant soumis à une révocation de *propre mouvement*; dès-lors, ils ne restent pas dans les prévisions de l'art. 107. — Richelot, *ibid*, no 239.

130. — Les pairs de France, quoique nommés à vie, n'ont, pour un grand nombre, qu'une simple résidence à Paris, leur domicile étant dans un autre endroit. Cependant ceux qui ne font que résider à Paris peuvent y être assignés, comme les députés (*suprà*, no 110), à raison des objets de consommation qui leur ont été livrés. — Demolombe, t. 1er, no 365.

§ 3. — *Personnes qui ne peuvent se choisir un domicile réel.*

131. — Le droit d'avoir ou de se choisir un domicile n'appartient qu'aux individus qui ont la libre disposition de leur personne. Ceux qui ne peuvent exercer leurs droits que sous l'autorisation ou par l'entremise d'un protecteur ou d'un administrateur légal, doivent avoir le même domicile que lui. Cette règle, qui était suivie dans l'ancien droit pour les femmes mariées, les mineurs et les interdits, a été formellement consacrée par notre législation actuelle.

132. — L'art. 108, C. civ., est ainsi conçu : « La femme mariée n'a pas d'autre domicile que celui de son mari. Le mineur non émancipé aura son domicile chez son père et sa mère ou tuteur. Le majeur interdit aura le sien chez son tuteur. »

133. — *Femme mariée*. — En ce qui concerne la *femme mariée*, la disposition de l'art. 108 qui lui attribue le domicile de son mari reçoit son effet du moment même de la célébration du mariage et par le seul fait de cette célébration, encore bien qu'elle ait eu lieu dans un endroit autre que celui du domicile de son mari. — Marcadé, t. 1er, sous l'art. 108, no 1er; Demolombe, t. 1er, no 357.

134. — La généralité des termes dans lesquels cette disposition est conçue ne paraît même pas la rendre susceptible d'exception. Ainsi, bien que la femme résidât dans un lieu autre que son mari et qu'elle eût dans ce lieu toutes ses relations et l'apparence d'un domicile, son domicile légal ne cesserait pas néanmoins d'être le domicile marital. « La résidence distincte de la femme mariée ne peut être, comme le disait le tribun Mouricault dans son *rapport* au tribunat sur le titre *Du domicile*, que l'effet d'une espèce de délit de sa part,

ou d'une tolérance momentanée de la part de son mari. Le consentement formel même du mari ne peut lui conférer le droit d'avoir un autre domicile que le sien. Par conséquent, la femme serait en droit de faire annuler toutes les assignations qui lui seraient données ailleurs qu'au domicile de son mari. — Merlin, *Rép.*, vº *Domicile*, § 5, nº 1er; Toullier, t. 1er, nº 375.

135. — Jugé que le mari lui-même doit assigner sa femme dans son propre domicile, quoiqu'elle n'y réside pas. — *Paris*, 15 niv. an XII, Bouilhac; *Aix*, 7 mai 1809, B....

136. — La séparation de biens ne saurait non plus constituer une exception à l'art. 108; car cette séparation ne porte aucune atteinte au lien conjugal, et n'empêche pas que la femme soit obligée de suivre son mari partout où il lui plaît d'habiter. — *Colmar*, 12 juill. 1806, Bertsch.

137. — Sous notre ancien droit coutumier, la règle reproduite et consacrée par l'art. 108, C. civ., avait surtout pour objet de définir la capacité de la femme pour s'obliger. On consultait, en effet, pour déterminer cette capacité, non le statut du lieu où les époux s'étaient mariés, et dont ils avaient pu emprunter quelques dispositions pour la rédaction de leurs conventions matrimoniales, mais uniquement la loi en vigueur dans le lieu du domicile du mari, la loi du domicile matrimonial. — *Cass.*, 25 juin 1816, Descoudres c. Raveton; 23 janv. 1843 (t. 1er 1843, p. 676), de Sainneville.

138. — Mais qu'entendait-on autrefois par domicile matrimonial? Il a été jugé, d'une part, que le domicile matrimonial devait être déclaré être non au lieu du domicile d'origine du mari, ni au lieu où le mariage avait été célébré, ni au lieu de la résidence de l'un ou l'autre époux à cette époque, mais bien au lieu où les époux avaient l'intention de se fixer en se mariant, et où ils ont réellement fixé, après leur mariage, leur principal établissement. — *Paris*, 30 janv. 1838 (t. 1er 1838, p. 169), de Sainneville c. Gibert; *Cass.*, 22 juin 1842 (t. 2 1842, p. 670), de Sainneville c. Burel; 23 janv. 1843 (t. 1er 1843, p. 676), de Sainneville.

139. — ... De l'autre, que le domicile matrimonial était non pas le lieu où le mariage avait été célébré, lorsque les époux ne s'y étaient établis que par circonstance, mais bien le domicile d'origine du mari, alors qu'il résultait des faits et circonstances que le mari, aux époques contemporaines du mariage, n'avait que de simples résidences. — *Lyon*, 14 août 1838 (t. 1er 1839, p. 103), de Sainneville c. Belingard.

140. — Le Code civil ayant remplacé les statuts locaux des coutumes par une règle générale fixe et uniforme, ce n'est plus aujourd'hui que dans les dispositions par lesquelles il règle les droits respectifs des époux, leurs rapports, qu'il faut aller chercher les limites de la capacité ou de l'incapacité de la femme mariée. — V. COMMUNAUTÉ, DOT. — Il est indifférent pour l'application de ces dispositions que le mari ait son domicile à Paris, à Lyon, à Rouen, ou partout ailleurs.

141. — Cependant n'y a-t-il pas exception à la disposition de l'art. 108, C. civ., pour le cas où la femme est séparée de corps? Sous l'ancienne législation, on admettait généralement que la femme séparée de corps avait le droit de se choisir un domicile propre. — Bouhier, *Observat. sur la cout. de Bourgogne*, chap. 22, nº 201; Pothier, *Tr. du contrat de mariage*, nº 522, et *Introduct. génér. aux cout.*, nº 10, 2e alin. — Mais Merlin (*Répert.*, vº *Domicile*, § 5, nº 1er) soutient que cette ancienne législation ne peut être suivie de nos jours. Il se fonde sur ce que l'art. 108 s'exprime en termes généraux et sans faire aucune distinction. — MM. Zachariæ (t. 1er, p. 280, § 140) et Muller (vº *Domicile*, nº 50) professent la même opinion; ils tirent argument de la nécessité toujours subsistante, même pour la femme séparée de corps, d'obtenir l'autorisation de son mari, soit pour ester en jugement, soit pour aliéner ses immeubles. — Toullier, t. 1er, p. 193.

142. — Nous ne pouvons admettre cette doctrine. — Si la loi n'a point indiqué les effets de la séparation de corps quant à l'état des époux, c'est qu'elle s'en est référée purement et simplement, à cet égard, aux principes antérieurement reçus. « Le devoir tient la femme auprès de son mari, disait encore le tribun Mouricault; mais elle en peut être légitimement éloignée par la *séparation de corps*, le divorce ou la mort. » La femme peut donc aujourd'hui, comme sous l'ancien droit, après la séparation de corps prononcée, se choisir tel domicile qu'elle juge convenable. Tel est aussi l'avis de MM. Toullier (t. 2, nº 773); Vazeille (*Tr. du mariage*, t. 2, nº 587); Duranton (t. 1er, nº 365); Proudhon (*Tr. sur l'état des personnes*, édit. de 1842, t. 1er, p. 244, et son annotateur, M. Valette, *eod. loc.*, note B); Delvincourt (t. 1er, p. 42, note 5); Boncenne (t. 2, p. 203); Richelot (t. 1er, nº 242); Demolombe (t. 1er, nº 358); Marcadé (t. 1er, sous l'art. 108, nº 1er); et cet avis a été consacré par arrêts des cours de *Dijon*, 28 avr. 1807, dame Besson c. son mari, et *Angers*, 6 mai 1841 (t. 2, 1841, p. 60), H...

143. — Pendant l'instance en séparation de corps, les juges peuvent aussi assigner à la femme un domicile séparé de celui de son mari. — V. l'arrêt de Dijon précité.

144. — Mais ils ne peuvent lui imposer le domicile qu'elle devra prendre après la séparation. Ainsi, si un jugement avait prescrit à la femme, en ordonnant la séparation, de demeurer chez ses père et mère, et que celle-ci y eût acquiescé, si les père et mère refusaient de la recevoir, le jugement devrait être considéré comme non avenu en ce qui touche l'indication du domicile. Les tribunaux se prévaudraient vainement de ce que le jugement aurait acquis l'autorité de la chose jugée pour lui prescrire un autre domicile. A elle seule alors appartient le droit de se choisir une habitation. — V. même arrêt.

145. — Mais si pendant l'instance en séparation de corps il n'a été assigné à la femme aucun domicile particulier, son domicile reste toujours avec celui du mari, d'où la conséquence, selon Merlin (*Quest.*, vº *Mariage*, § 6), et Richelot (t. 1er, nº 242, note 22), que le mari pourrait y signifier toutes les assignations et actes qu'il lui destinerait. — V. *contrà* Demolombe (t. 1er, nº 358), qui admet cependant que les actes faits à la requête des tiers peuvent valablement être signifiés au domicile du mari.

146. — Jugé en ce sens que l'appel émis par le mari contre le jugement qui prononce la séparation de corps est valablement signifié à son propre domicile (qui est resté le domicile conjugal), — il n'est pas nécessaire qu'il soit signifié à la femme au domicile provisoire qui lui a été assigné par le président du tribunal. — *Aix*, 15 avr. 1839 (t. 1er 1839, p. 62), Giraud.

147. — Jugé en sens contraire que, dès l'instant où une ordonnance du président du tribunal a autorisé la femme demanderesse en séparation de corps à quitter le domicile de son mari et lui a désigné une autre résidence, le domicile de la femme se trouve provisoirement et vis-à-vis du mari fixé au lieu où cette résidence a été indiquée, et que c'est là que le mari doit faire faire à sa femme la notification de tous les actes qu'il a à lui signifier, et notamment l'acte d'appel du jugement qui prononce la séparation de corps. — *Nîmes*, 13 août 1841 (t. 2 1846, p. 168), Guérin.

148. — M. Demolombe (t. 1er, nº 358) se prononce pour cette dernière doctrine. — Cependant, il admet que les actes faits à la requête des tiers peuvent valablement être signifiés au domicile du mari.

149. — Dans le cas où la femme se choisira elle-même un domicile, elle fera bien de le faire connaître à son mari. Mais ce n'est point pour elle une obligation. Son intérêt peut en effet lui commander de le dissimuler. — *Angers*, 6 mai 1841 (t. 2 1441, p. 60), H... — Mais V. en sens contraire l'arrêt de Dijon précité, du 28 avr. 1807.

150. — La femme pourrait encore, sans être séparée de corps, dans le cas, par exemple, où elle aurait été nommée tutrice de son mari interdit, avoir son domicile propre. Le mari, dans cette hypothèse, serait domicilié chez sa femme. — Duranton, t. 1er, nº 366; Marcadé, t. 1er sous l'art. 108, nº 1er; Demolombe, t. 1er, nº 363.

151. — Si, au contraire, la tutelle du mari avait été confiée à un autre que la femme, celle-ci aurait alors, comme son mari, son domicile chez le tuteur. — Marcadé, t. 1er, sous l'art. 108; Duranton, t. 1er, nº 366; Aubry et Rau, sur Zachariæ, t. 1er, p. 281, note 7e; Demolombe, t. 1er, nº 363. — V. cependant Richelot, t. 1er, nº 244.

152. — La femme qui fait un commerce séparé de celui de son mari peut aussi avoir un domicile particulier pour les actes de ce commerce. La bonne foi qui doit présider au commerce, la rapidité avec laquelle ont lieu ordinairement les opérations commerciales justifient cette exception à l'art. 108, C. civ. Cette opinion puise un argument favorable dans un considérant d'un arrêt de la cour de Cassation du 1er mai 1823, où on lit que « la femme B... n'étant ni séparée de corps, ni *marchande publique*, les assignations dirigées contre elles devaient être adressées au domicile de son mari, etc. » et est, de plus, enseignée par Delvincourt (t. 1er, p. 42, note 5e) et Delaporte (*Pand. Franc.*, t. 2, p, 423).

153. — Delvincourt (*ibid.*) va même jusqu'à dire que le mari pourra être valablement assigné à raison des actes de commerce de sa femme devant le tribunal du domicile particulier de celle-ci.

154. — Mais M. Richelot (t. 1er, nº 243) repousse cette opinion; en pareil cas, suivant lui, le mari est réputé contracter avec sa femme. — C. civ., art. 220. — Il aurait donc deux domiciles à la fois; cela est contraire aux principes; la seule faculté qu'il ait, c'est d'élire domicile dans le lieu où son épouse est marchande. — Pardessus, t. 1er, nº 95.

155. — Au reste, ces trois cas doivent être les seuls dans lesquels il est permis à la femme mariée de n'avoir pas le même domicile que son mari. Une séparation volontaire, quelque longue qu'elle fut, ne pourrait jamais produire le même effet que la séparation judiciaire. Donc, la femme conserve le domicile de son mari, nonobstant cette séparation; et, en conséquence, la succession doit s'ouvrir au lieu de ce domicile. — *Cass.*, 26 juill. 1808, de la Beaume c. créanciers de Thésan.

156. — Le lieu où une succession s'ouvre étant déterminé par le domicile (C. civ., art. 110), il s'ensuit que le lieu de l'ouverture de la succession d'une femme mariée est le lieu du domicile de son mari. — *Cass.*, 20 avr. 1808, Plantade c. Seguy.

157. — En cas de mort du mari, sa veuve conserve le domicile de ce dernier tant qu'elle n'a pas manifesté l'intention d'en changer. Cette intention résulte suffisamment de ce qu'elle habite une autre commune et y paie sa contribution personnelle. — *Montpellier*, 6 mai 1810, Bournazel.

158. — La femme étant obligée de suivre son mari, même en pays étranger (V. MARIAGE), ne saurait, par son refus ou sa résistance, se créer un domicile particulier; ce domicile continuerait donc toujours, même en pareil cas, à être celui du mari lui-même.

159. — L'enfant, en naissant, a, comme nous l'avons dit, son domicile chez ses père et mère, domicile qu'il conserve tant qu'il n'a pas manifesté la volonté d'en changer, Si cet enfant vient à perdre, pendant sa minorité, son père ou sa mère, il continue d'avoir son domicile chez le survivant, s'il est investi de la tutelle. Lorsqu'un autre, au contraire, que le survivant des père ou mère est nommé tuteur, c'est chez cet autre individu que se trouve le domicile du mineur, car la loi ne le rattache qu'au tuteur. — C. civ., art. 108. — Toullier, t. 1er, nº 375; Proudhon, t. 1er, nº 244; Magnin, *Tr. des minorités*, etc, t. 1er, nºs 80 et suiv.; Zachariæ, t. 1er, p. 281; Duranton, t. 1er, nº 367; Marcadé, t. 1er, sous l'art. 108, nº 2; Demolombe, t. 1er, nº 359. — V. aussi *Cass.*, 4 janv. 1842 (t. 2 1842, p. 417), Creton.

160. — Sous l'ordonnance de 1667, un mineur héritier de son père, dont il suivait le domicile, devait, à peine de nullité, être assigné au tribunal du lieu où la succession de celui-ci s'était ouverte. — *Cass.*, 16 pluv. an VII, Escayras c. Lafargue.

161. — Mais, depuis le Code civil, le mineur ne peut plus être valablement assigné dans toutes les actions personnelles ou immobilières qu'au domicile de son tuteur. — C. civ., art. 450.

162. — Toutefois, l'art. 108, en fixant chez le tuteur le domicile du mineur ne fait qu'indiquer le domicile de *droit*, *légal*, du mineur. En conséquence, le tuteur (autre que le père ou la mère) n'est pas le maître de déterminer le domicile de *fait*, c'est-à-dire la *demeure* du pupille. — *Bastia*, 31 août 1826, Guitera c. Durazzo; — Marcadé, *ubi suprà*.

163. — Quant au domicile du mineur pour toutes les opérations relatives à la tutelle, doit-il être fixé au lieu de l'ouverture de la tutelle ou au lieu du domicile du tuteur? Ainsi, par exemple, le juge de paix devant lequel doit être convoqué le conseil de famille, est-il celui du lieu où la tutelle s'est ouverte ou celui du domicile du tuteur, lorsque le tuteur est domicilié dans un autre endroit? En d'autres termes, la tutelle peut-elle être considérée comme un être moral ayant son domicile propre? Cette question divise les auteurs et la jurisprudence. — V. sur ce point TUTELLE.

164. — Bien qu'indépendamment du tuteur nommé au mineur par le conseil de famille, un tiers désigné sous le titre de tuteur *onéraire* ait été chargé de régir et administrer les affaires de la tutelle, le domicile légal du mineur n'en est pas moins chez son tuteur; et c'est à ce domicile, et non au domicile du tuteur onéraire que doivent être signifiés, à peine de nullité, les actes tendant à expropriation forcée. — *Paris*, 28 flor. an XII, Rodier c. Narbonne-Pelet.

165. — L'art. 108 ne parle que du mineur non émancipé. Dès-lors le mineur qui est émancipé doit avoir le droit, après son émancipation, de se choisir un domicile. La qualité à laquelle la loi attachait l'impossibilité d'avoir un domicile propre a en effet disparu. Le tribun Mouricault (rapport au tribunat) a formellement déclaré que le mineur n'était lié par l'art. 108 soit au domicile de ses père et mère, soit à celui de son tuteur, que jusqu'à l'émancipation qui affranchit sa personne. — V. en ce sens Merlin, *Rép.*, v° *Domicile*, § 5, n° 8 ; Proudhon, t. 1er, p. 244 ; Duranton, t. 1er, n° 369 ; Maguin, t. 1er, n° 84.

166. — *Interdits.* — A l'égard des *majeurs interdits*, l'art. 108, C. civ., fixe leur domicile chez leur tuteur. — Jugé en conséquence que la succession d'un interdit s'ouvre à ce domicile. — C. civ., art. 110. — *Agen*, 10 avr. 1813, Boria c. N...

167. — Jugé également, mais avant le Code civil, que les significations faites au domicile réel de l'interdit étaient valables lorsque l'acte de nomination des curateurs y avait fixé le domicile de la curatelle. — *Cass.*, 24 brum. an IX, Lafarre c. Martin. — V. aussi Merlin, *ubi suprà* n° 4, et *Quest.*, v° *Appel*, § 10, art. 1er, n° 5.

168. — L'art. 108 est applicable non seulement aux interdits pour cause d'imbécillité, de démence ou de fureur, mais encore à ceux qui sont interdits à raison de certains crimes, comme les condamnés aux travaux forcés à temps, à la détention ou à la réclusion. — Duranton, t. 1er, n° 372 ; Valette, *Observat.* sur Proudhon, *Traité des personnes*, édit. de 1842, t. 1er, p. 244, note *a* ; Zachariæ, t. 1er, p. 281 ; Demolombe, t. 1er, n° 363.

169. — Jugé cependant qu'un condamné aux travaux forcés à perpétuité avait pu être valablement assigné, relativement à ses intérêts civils, au domicile qu'il avait avant son arrestation. — *Paris*, 30 janv. 1817, Billaut c. Worbe.

170. — Lorsque, par jugement étranger reconnu susceptible d'être exécuté en France, un Français a été nommé curateur d'une personne déclarée n'être en état de gérer ni administrer ses biens, cette personne a désormais son domicile de droit chez son curateur, et, en cas de décès, sa succession s'ouvre à ce domicile. — *Cass.*, 16 fév. 1842 (t. 1er 1842, p. 359), Bouffier.

171. — Jugé même que, les tribunaux ayant le pouvoir d'apprécier les circonstances propres à déterminer le véritable domicile, l'arrêt qui décide que le juge de paix du domicile conservé par un interdit pendant plusieurs années, et même jusqu'après son interdiction, a pu présider le conseil de famille de cet interdit, à une époque où celui-ci résidait depuis quelque temps seulement dans la circonscription d'une autre justice de paix, échappe à la censure de la cour de Cassation, en ce que, par appréciation du fait, il reconnaît que l'interdit a conservé son ancien domicile. — *Cass.*, 30 avr. 1834, Roulet c. Foucault.

172. — Le tribunal compétent pour prononcer l'interdiction est celui du *domicile* du défendeur. C'est un principe généralement enseigné (V. INTERDICTION). Cependant, il a été jugé que, lorsqu'une femme avait quitté le domicile conjugal, ce n'était pas devant le tribunal de ce dernier domicile, mais devant celui de la *résidence* qu'elle avait choisie, que le mari, qui voulait poursuivre son interdiction, devait intenter son action. — *Bordeaux*, 20 germin. an XIII, Samesure c. Ducru. — Cette décision devrait d'autant moins être suivie, qu'elle est encore contraire à cet autre principe que la femme qui réside ailleurs que son mari, même du consentement de ce dernier, continue toujours d'avoir pour domicile celui de son mari, si elle ne se trouve pas dans l'un des trois cas exceptionnels que nous avons indiqués.

173. — Le prodigue, quoique muni d'un conseil judiciaire, n'en choisit pas moins librement son domicile, comme le mineur émancipé. — *Paris*, 13 germin. an X, Merlin ; *Cass.*, 14 déc. 1840 (t. 2 1843, p. 428), Cosson ; — Rolland de Villargues, v° *Domicile*, n° 24 ; Demolombe, t. 1er, n° 362.

174. — Par suite, c'est devant le tribunal de son nouveau domicile que la demande en main-levée du conseil judiciaire doit être portée. — Mêmes arrêts.

175. — Les *déportés* conservent-ils le domicile qu'ils avaient auparavant en France ? Cette question a été résolue affirmativement à l'égard des déportés en vertu de la loi du 19 fructid. an V et qui s'étaient rendus dans l'île d'Oléron, dans le délai fixé par l'arrêté du directoire du 28 niv. an VII, par le motif qu'ils n'avaient point encouru la mort civile. En conséquence, a été déclarée régulière l'assignation qui leur avait été donnée devant les juges de ce domicile. — *Cass.*, 16 frim. an XI, Doumerc c. Donault.

176. — Mais aujourd'hui les déportés étant frappés de mort civile, la question doit être décidée différemment. Ils perdent donc le domicile qu'ils avaient. — Merlin, *Rép.*, v° *Domicile*, § 4, n° 4 ; Richelot, *Princ. de dr. civ.*, t. 1er, n° 247, note 25.

177. — Aucune condamnation à des peines autres que celles qui entraînent l'interdiction légale n'apporte de changement au domicile du condamné. — Ainsi, les bannis conservent leur ancien domicile. — Carré et Chauveau, *L. de la procéd.*, n° 357 ; Duranton, t. 1er, n° 373.

178. — Il en est de même des prisonniers de guerre. — Richelot, *loc. cit.*, n° 247, note 25, *in fine*.

179. — *Domestiques.* — La loi détermine encore elle-même le domicile des *majeurs qui servent ou travaillent habituellement chez autrui*. Ce domicile est le même que celui de la personne qu'ils servent ou chez laquelle ils travaillent, lorsqu'ils demeurent avec elle. — C. civ., art. 109.

180. — C'est, en effet, dans ce lieu que doit être présumé placé l'établissement principal de l'individu que son service ou son travail journalier y retiennent, et dont ils forment le moyen d'existence et constituent l'état. — Mouricault, *Rapport au tribunat*. — Il en serait ainsi, quand même le domestique travaillant et demeurant habituellement chez une personne, aurait l'intention bien arrêtée de n'être là que provisoirement, pour retourner, après quelques années, s'établir dans son pays. La loi a statué d'une manière générale et pour prévenir toute incertitude dans l'application. — Malherbe, *Disc. au corps législ.* ; Marcadé, sous l'art. 108, n° 1er.

181. — En conséquence, les majeurs qui servent ou travaillent habituellement chez une personne doivent être assignés en matière personnelle au domicile de cette personne, alors même qu'ils auraient eu un autre domicile avant d'entrer chez elle. — *Bordeaux*, 8 avr. 1829, Riffaud ; — Bioche, *Dict. de procéd.*, v° *Domicile*, n° 118.

182. — Il n'est question dans l'art. 109 que des majeurs. Mais des mineurs, tels que les mineurs émancipés, peuvent aussi être soumis à la disposition de cet article. D'un autre côté, il est des majeurs qui, ne pouvant pas avoir de domicile à eux propre, ne peuvent être considérés comme domiciliés chez la personne où ils travaillent : telles sont les femmes mariées non séparées de corps. — Duranton, t. 1er, n° 374 ; Marcadé, t. 1er, sous l'art. 108, n° 2. — Et même les interdits que les causes de leur interdiction n'empêcheraient point de servir autrui. — Demolombe, t. 1er, n° 368. — V. aussi Zachariæ, t. 1er, p. 281.

183. — Jugé que le domicile d'un domestique majeur n'est cependant pas nécessairement dans le lieu où il sert en cette qualité ; et qu'en conséquence, on peut notifier un exploit d'appel au domicile que ce domestique a déclaré dans la signification que l'on attaque par cet appel même, quoique sachant que depuis il sert dans une autre commune. — *Angers*, 22 mai 1828, Richomme c. Mantouchet.

184. — Quant au mineur ou à la femme mariée qui sont en service, ils conservent l'un le domicile paternel, l'autre le domicile conjugal, qui doivent avoir la prééminence. — Duranton, t. 1er, n° 374 ; Zachariæ, t. 1er, p. 281, note 10e.

185. — L'expression de serviteur doit naturellement être entendue dans le sens que lui donnent les auteurs à l'occasion de l'art. 68, C. procéd., et comprend, dès-lors, les bibliothécaires, précepteurs, clercs, secrétaires, commis, intendans ou autres gens d'affaires, toutes les fois qu'ils demeurent avec le chef qui possède l'habitation et y commande. — Boncenne, *Procéd. civ.*, t. 2, p. 206 ; Carré et Chauveau, *L. de la procéd.*, n° 361 ; Richelot, *Princ. de dr. civ.*, t. 1er, n° 249, note 26e ; Merlin, *Rép.*, v° *Domicile*, § 4, n° 2 ; Demolombe, t. 1er, n° 369.

186. — Proudhon (t. 1er, p. 248) étend au fermier qui va demeurer dans la ferme d'autrui ce que l'art. 109, C. civ., dit du domestique, et décide qu'il est domicilié chez le bailleur, propriétaire de la ferme. Mais son annotateur M. Valette (*eod. loc.*, note *c*) fait remarquer avec raison qu'il n'y a point d'analogie dans les positions de ces deux personnes. On ne voit pas, en effet, pourquoi le fermier perdrait nécessairement son ancien domicile, tandis que le fonctionnaire amovible conserve le sien. Le fermier ne peut donc acquérir de domicile dans la ferme d'autrui qu'en manifestant sa volonté à cet égard. — V. également dans le même sens Duranton, t. 1er, n° 374, *in fin.* ; Boehmer, t. 3, p. 713 ; Richelot, t. 1er, p. 340, n° 27 ; Demolombe, t. 1er, n° 369.

187. — L'art. 109 ne devrait pas non plus être appliqué à un vigneron, à un jardinier d'une maison de campagne qui demeureraient séparément du maître ; il en serait de même des économes, intendans et autres qui ne demeurent pas avec le maître : ces personnes conservent leur domicile (Duranton, t. 1er, n° 374), et cela, dit M. Demolombe (t. 1er, n° 369), alors même que la maison qu'ils habitent appartiendrait à la personne qu'ils servent.

188. — Du reste, une fois acquis, le domicile l'est sans retour quant au passé. — L'épouse devenue veuve, l'interdit réintégré dans l'exercice de ses droits, le serviteur devenu libre ne recouvrent point leur ancien domicile, mais conservent celui qu'il avaient au moment où ils ont cessé d'être marié, interdit ou en service, jusqu'à ce qu'ils en aient choisi un autre. — Richelot, *loc. cit.*, t. 1er, n° 250 ; Demolombe, t. 1er, n° 370.

189. — Jugé, toutefois, mais à tort, suivant nous, que la veuve n'étant pas présumée de droit conserver le domicile de son mari défunt jusqu'à déclaration formelle qu'elle entend le changer, un exploit est nul comme n'indiquant pas suffisamment le domicile de la requérante, lorsqu'il est fait à la requête de la dame.... veuve du sieur.... en son vivant notaire à.... — *Colmar*, 27 juill. 1829, Dischbein c. Strahlenheim.

190. — Mais, la femme qui avait perdu sa qualité de française en épousant un étranger a recouvré cette qualité si, résidant en France, lors du décès de son mari, elle a continué d'y résider même sans faire la déclaration qu'elle veut s'y fixer. — *Cass.*, 19 mai 1830, Taaffe c. Bellew.

191. — V., sur la question de savoir si l'étranger qui s'établit en France avec ou sans l'autorisation du roi, peut y acquérir un domicile proprement dit, le mot ÉTRANGER.

§ 4. — *Effets du domicile réel.*

192. — La fixation du domicile avait autrefois des effets nombreux. « Lorsque deux cents coutumes se partageaient le territoire français, disait Mouricault dans son rapport au tribunat ; lorsque leurs dispositions différaient entre elles sur une multitude d'objets importans, tels que l'époque de la majorité, la communauté légale entre conjoints, la faculté plus ou moins étendue de disposer, les droits de primogéniture, de masculinité, de représentation en succession, etc. ; lorsque ces différences mettaient à tout instant les Français aux prises ; lorsque, pour prononcer entre eux, il fallait, selon les cas, déterminer le véritable domicile des mineurs, des époux, des donateurs, des testateurs ou des individus morts intestats, cette recherche était aussi fréquente qu'importante. » — Locré, t. 3, p. 440 ; Toullier, t. 1er, n° 365.

193. — Aujourd'hui, l'unité de législation a beaucoup amoindri l'importance du domicile, cependant il produit encore de notables effets sous le rapport civil et même au point de vue politique.

194. — Le plus important de ces effets en matière civile est relatif à la compétence. Le magistrat dans le ressort duquel une personne assignée a son domicile est considéré comme le juge naturel de cette personne. — On comprend, en effet, l'avantage de se défendre sans déplacement et devant les magistrats dont on est connu. — C'est donc là qu'en matière personnelle, tout défendeur doit être assigné. — Charte constit., art. 53 et 54 ; C. procéd. civ., art. 2, 59 et 68 ; — Richelot, *Princ. de dr. civ.*, n° 269.

195. — Toute demande purement personnelle doit être portée au domicile de fait du défendeur, alors même qu'il a fixé son domicile politique dans un autre lieu. — *Paris*, 13 mai 1809, Saiffert c. Balbi.

196. — Si la demande est formée contre un être collectif ou moral, on l'assigne soit au siége de son établissement si c'est une société, une succession, une masse de créanciers en état de faillite, etc., soit au domicile du fonctionnaire qui le représente s'il s'agit de l'état, des départemens, communes, hospices, administrations, etc. — Prost de Royer, v° *Assignation*, n° 98.

197. — Une administration ecclésiastique qui n'a ni bureau, ni commis en permanence, bien qu'elle ait un local spécial pour la tenue de ses séances, est régulièrement assignée en la personne de son receveur, surtout si celui-ci, prenant une inscription hypothécaire dans l'intérêt de cette administration, a fait pour elle élection de domicile en sa propre demeure. — *Colmar*, 25 avr. 1817, Carbriston.

198. — C'est aussi au domicile de la personne intéressée que doivent être signifiés les actes extrajudiciaires, tels que actes respectueux (C. civ., art. 151), sommations (art. 1139), offres réelles (art. 1258), commandemens (C. procéd., art. 583, 673, etc.), protêts (C. comm., art. 162, etc., etc.). — Richelot, *ibid.*, n° 271.

199. — Il importe donc à tout individu d'avoir un domicile fixe et certain, d'autant plus que l'absence de fixité et de certitude ne peut nuire qu'à lui ; c'est à lui à s'imputer de n'avoir pas pris les mesures nécessaires pour lever toutes difficultés à cet égard, il ne doit point se faire un titre d'une négligence peut-être commise à dessein pour se ménager la facilité de demander la nullité des instances suivies contre lui. — Delvincourt, t. 1er, p. 41, note 8e. — « En général, disait le président

Bouhier, d'après Dumoulin (t. 1er, p. 643, no 151), il faut tenir pour règle que par le changement de domicile, non plus que par aucun autre fait, le débiteur ne peut jamais faire tort aux droits acquis à son créancier. — Prost de Royer, vo *Assignation*, no 86-1o; Locré, t. 3, no 447; Carré et Chauveau, *L. de la procéd.*, quest. 355; Rolland de Villargues, vo *Domicile*, no 11; Projet de la cour de Cass., art. 53; Richelot, *Principes de dr. civ.*, no 269, note 38e.

200. — En cas de doute sur le domicile, le Code prussien décide qu'il faut prononcer la nullité de l'acte attaqué (introd., art. 34); chez nous, la jurisprudence, dans le silence de la loi, a consacré la même solution.

201. — Mais quel sera le juge compétent pour résoudre les contestations relatives au domicile? — M. Richelot (*Principes de dr. civ.*, t. 1er, no 251) pense que ce droit appartient à tout magistrat qu'une demande régulière aurait saisi d'autres discussions, incidemment auxquelles la question de domicile se présente devant son tribunal.

202. — D'où la conséquence que, bien que la solution de ces difficultés soit ordinairement du ressort de l'autorité judiciaire, néanmoins si un juge administratif avait à statuer sur des réclamations subordonnées à une question de domicile, par exemple à l'occasion du paiement de contributions, du service dans la garde nationale, etc., il déciderait valablement cette question. — *Cass.*, 10 mars 1832, Beaucé-Porro; 31 déc. 1841 (t. 1er 1842, p. 718), Jeandel.

203. — Du reste, les mêmes règles qui servent à distinguer et à faire reconnaître le lieu du domicile conduisent à déterminer la validité ou l'invalidité de toutes les significations, quel que soit leur objet, qui peuvent être faites, et la compétence des tribunaux, en matière *personnelle*, c'est-à-dire en matière d'obligation à remplir par une personne envers une autre. — Duranton, t. 1er, no 349.

204. — Ainsi, des significations faites au domicile d'origine d'un individu qui n'a point manifesté la volonté d'en changer, conformément à l'art. 104, C. civ., mais qui a eu, pendant un certain temps, une résidence différente, ne sont pas nulles. — *Paris*, 22 mars 1827, Grangent c. Bossy.

205. — L'individu qui n'a pas exprimé par une déclaration formelle l'intention d'abdiquer son domicile d'origine, et dont le domicile actuel, par suite de changemens successifs, est incertain ou inconnu, peut être valablement assigné à son domicile d'origine. — *Bordeaux*, 26 mars 1834, Bergé c. Brian.

206. — Les comédiens ambulans, n'ayant point de domicile fixe (V. *suprà*, no 22), peuvent, même en matière personnelle, être traduits devant le juge du lieu où ils ont contracté. — *Nîmes*, 4 pluv. an IX, Brulo c. Darius.

207. — ... Quand même ce lieu ne serait pas celui où ils se trouvent actuellement. A cet égard, le choix doit être laissé au demandeur. Celui-ci pourrait même les assigner devant le tribunal de leur propre domicile. C'est une conséquence du principe que nous avons émis, à savoir que l'absence de fixité dans le domicile ne peut nuire au tiers. — V. en ce sens Pigeau, *Comment.*, t. 1er, p. 161; Carré et Chauveau, *Lois de la procéd*, sous l'art. 59, note 8.

208. — Sous l'ordonnance de 1667, un exploit donné au dernier domicile d'un absent et la signification d'un jugement à ce même domicile étaient valables, alors que rien ne constatait qu'il avait voulu le changer et transporter ailleurs. — *Rennes*, 18 août 1812, Onfrai-Painière c. N...

209. — Est également valable un commandement fait, sous le Code de procédure, au lieu de la résidence du débiteur qui n'a point de domicile actuel, lieu qui se trouve en même temps celui de son ancien domicile. — Même arrêt.

210. — Celui qui, n'ayant point de dernier domicile connu, quitte la résidence qu'il avait dans tel endroit, sans indiquer le lieu où il va habiter, peut valablement être assigné à son ancienne résidence avec affiche et remise de copie au parquet du procureur du roi. — *Paris*, 28 août 1810, Bidaud c. Simonin.

211. — Lorsque l'individu qui a un domicile a fait, dans l'intention de le changer, les deux déclarations prescrites par l'art. 104, C. civ., sans les faire suivre du changement effectif d'habitation, les assignations qui lui sont données à l'ancien domicile sont valables. — *Cass.*, 16 avr. 1817, Vievard c. Givelet; *Poitiers*, 23 juin 1819, Liadouze c. Tardy.

212. — La déclaration de changement de domicile à la municipalité du lieu que l'on veut quitter sans indication d'un nouveau domicile ou sans déclaration à la municipalité du lieu où l'on a annoncé l'intention de s'établir, ne suffit pas pour rendre nulles les significations qui seraient faites à l'ancien domicile. — *Bruxelles*, 29 juin 1808, Delavallée c. Brady; *Paris*, 28 nov. 1811, Dautent c. Périac; *Bourges*, 6 mai 1822, comm. de Saint-Germain-des-Bois c. héritiers Villeminot.

213. — Les assignations données à celui qui a quitté son domicile pour aller aux armées, doivent lui être laissées à ce domicile, à peine de nullité, s'il n'a pas manifesté l'intention d'en choisir un autre. C'est une application du principe que l'*animus* suffit pour la conservation du domicile. — *Toulouse*, 7 janv. 1813, Chatelain c. Daroles. — V. aussi *Bruxelles*, 27 mars 1807, Poussielgue c. Van Stuckens.

214. — Les marins ne doivent également être assignés à bord du vaisseau où ils se trouvent, que quand ils n'ont pas de dernier domicile connu. — Carré et Chauveau, quest. 352 et 353.

215. — Le contumax qui s'est établi en pays étranger, est aussi assigné régulièrement au domicile qu'il avait avant son départ. — *Montpellier*, 5 août 1836 (t. 2 1837, p. 459), Coste c. Vacquier.

216. — Le changement de domicile sans aucune notification préalable n'oblige pas la partie qui signifie un exploit à faire des perquisitions ailleurs qu'à la mairie de l'ancien domicile. — *Paris*, 18 sept. 1833, Barre c. Héloin.

217. — Lors de la rédaction du Code civil, il avait été proposé au conseil d'état un article qui tendait à valider les citations pendant un an au domicile ancien que le défendeur avait quitté. Mais cette disposition n'a pas été admise. — Fenet, *Travaux préparatoires du C. civ.*, t. 8, p. 341.

218. — Ainsi, jugé que l'individu qui a quitté son domicile pour le transporter ailleurs peut y être valablement assigné, encore bien qu'il se soit écoulé, depuis, plus d'une année, si le lieu de sa nouvelle résidence n'est pas notoirement connu, et si celui à la requête de qui il est assigné a pu l'ignorer. — *Metz*, 1er mars 1822, Régence de Dusseldorf c. de Lougeaux.

219. — Jugé au contraire que celui qui a légalement changé de domicile doit, à peine de nullité, être assigné au nouveau domicile qu'il a choisi. — *Nîmes*, 30 mars 1808, Rose c. Ponce; *Turin*, 14 fév. 1810, Ponte c. Frola; *Paris*, 10 juin 1811, Froidefond-Duchatenet c. N... — V. aussi *Colmar*, 12 déc. 1816, Klein; *Rennes*, 9 août 1819, Decroix c. Riou Khalet.

220. — ... Et ce, quand même il aurait continué de payer sa contribution personnelle à son ancien domicile. — *Turin*, 19 mars 1811, Ponte c. Ravier.

221. — La partie qui, dans un exploit signifié à sa requête, a déclaré être domiciliée dans un lieu auquel il lui a été postérieurement signifié une assignation, n'est pas fondée à soutenir que cette assignation est nulle, sous le prétexte qu'elle est réellement domiciliée dans un autre lieu, et pour défaut d'observation des délais fixés par l'art. 1033 C. procéd. civ. — *Cass.*, 5 mai 1834, Jean Fournier c. héritiers Roussel-Lavalette; 12 juin 1838 (t. 2 1838, p. 11), Gellas.

222. — La partie qui, dans les divers jugemens rendus dans son affaire, a été qualifiée d'*habitant de Paris*, sans qu'elle ait formé aucune réclamation contre cette indication de domicile, ne peut invoquer le changement de domicile qu'elle aurait effectué pendant le cours de la procédure pour prétendre qu'elle avait droit à des délais plus longs lorsqu'elle n'établit pas son intention de changer de domicile par la double déclaration que prescrit l'art. 104, C. civ. — *Cass.*, 13 germin. an XII, Simons c. Tort la Sonde.

223. — Lorsque, sur une demande purement personnelle, il est prouvé que le défendeur a une résidence de fait dans un lieu autre que celui où il a fixé son domicile politique, les juges saisis de cette demande sont compétens pour en connaître, par cela seul que le défendeur réside par le fait dans l'étendue de leur ressort. — *Paris*, 13 mai 1809, Saiffert c. Balbi. — Cette décision se fonde sur ce que le domicile réel est indépendant du domicile politique.

224. — On peut d'ailleurs avoir, en matière d'assignation, deux domiciles, l'un qui est le domicile réel, l'autre qui est un domicile présumé ou apparent. Ainsi, un individu est venu à Paris pour y passer quelque temps, plusieurs années, tout en conservant son domicile réel à Versailles. Cet individu ne pourra pas sans doute être assigné devant les tribunaux de Paris, par les personnes envers lesquelles il s'est obligé au lieu où il a son principal établissement, son domicile réel, à Versailles; mais il pourra l'être par celles qui ont traité avec lui à Paris.

225. — Ainsi encore, un individu a son domicile réel à Paris; mais sa résidence habituelle est à Mantes. C'est là qu'il réside le plus ordinairement, c'est là que reste sa famille quand il est à Paris. Cet individu pourra également être assigné devant le tribunal de Mantes, à raison des obligations qu'il aurait contractées, non seulement à Mantes mais encore à Paris, ou partout ailleurs.

226. — La cour de Toulouse a jugé en effet (13 juill. 1816, Lacoste c. Lejean) qu'il suffisait, pour la validité d'une assignation, que le domicile devant le tribunal duquel elle était donnée fût apparent. — M. Rolland de Villargues (*Rép. du not.*, vo *Domicile*, no 31) en donne pour raison que le public, qui ne peut juger du domicile que par les apparences, est fondé à regarder comme le lieu du domicile d'un individu celui de sa résidence habituelle. Le même individu pourrait aussi être assigné à Paris par ceux qui sauraient qu'il a dans cette ville son véritable domicile. — V. dans le même sens Nouveau Denisart, vo *Domicile*, § 7; Merlin, *Rép.*, vo *Déclinatoire*, § 1er, no 1er; Carré et Chauveau, *Lois de la procéd.*, t. 1er, no 1er, quest. 350.

227. — Un individu ne peut exciper, pour faire prononcer la nullité d'une assignation, de ce qu'elle lui a été donnée à son domicile de fait, et non à son domicile de droit, alors surtout que depuis il a constitué et fourni des défenses. — *Paris*, 27 août 1807, Moreton c. Delacoste.

228. — Un individu pourrait encore être valablement assigné indistinctement à plusieurs endroits dans le cas où il aurait dans différentes villes plusieurs établissemens à la fois, sans qu'aucune circonstance indiquât laquelle il choisit pour son domicile. S'il résulte de là pour lui quelque préjudice, il ne doit l'imputer qu'à lui, puisqu'il avait le moyen de l'éviter en faisant connaître son intention à cet égard. — Marcadé, t. 1er, sur l'art. 103, no 4.

229. — Il a même été décidé qu'une partie pouvait avoir, indépendamment de son domicile *réel*, un domicile *litigieux*, c'est-à-dire un domicile devant le tribunal duquel elle dût être assignée dans toutes les instances, quelles qu'elles fussent et par toutes personnes; que ce domicile s'établissait par une suite d'actes judiciaires émanés de celui auquel il était attribué, et non désavoués; et enfin que la partie adverse pouvait établir cette preuve sur des actes dans lesquels elle n'avait point été partie. — *Cass.*, 28 déc. 1815, Gaudechart c. de Riencourt.

230. — Mais cette décision est contraire au principe de l'unité de domicile consacré par l'art. 102, C. civ., et proclamé dans la discussion du conseil d'état: « Désormais, disait Tronchet, les questions de domicile ne s'élèveront plus que relativement aux actions, et pour savoir devant quel juge elles doivent être intentées; or, sous ce rapport, un individu ne peut avoir qu'*un domicile*. — Locré, *Législ. civ.*, t. 2, p. 45. — Elle ne devrait donc pas être suivie.

231. — La partie qui a changé de domicile durant le cours d'une instance sans le dénoncer à sa partie adverse, ne peut contester la validité des significations qui lui ont été faites à son premier domicile. — *Cass.*, 16 fructid. an XII, Pérard c. comm. de Brognon; *Turin*, 19 mai 1807, Ponts Sombriasco c. Seyssel; *Paris*, 30 janv. 1811, Houbé c. Elleviou.

232. — Lorsqu'une personne abandonne son dernier domicile, sans faire connaître le lieu où elle est allée s'établir, à qui les significations qui lui sont faites doivent-elles être remises? est-ce aux voisins, ou, sur leur refus, au maire ou à l'adjoint, ou bien est-ce au parquet du procureur du roi? Le système qui veut que ce soit au parquet du procureur du roi a été consacré par les arrêts suivans. — *Cass.*, 24 déc. 1833, Guignard c. Leloup; 28 nov. 1837 (t. 2 1840, p. 428), Barré c. Héloin; *Paris*, 15 juin 1843 (t. 2 1843, p. 142), de La Ronnade c. Tanquerel.

233. — Il nous semble, au contraire, plus conforme à la loi de remettre toutes les significations concernant cette personne au maire ou à l'adjoint de son dernier domicile; car l'art. 69, C. procéd. civ., ne prescrit la signification au parquet du procureur du roi que dans le cas où la partie n'a *aucun domicile connu* en France. Or, on ne peut pas dire qu'une personne est sans domicile lorsqu'on connaît le dernier domicile dans lequel elle a demeuré. — V., en faveur de cette doctrine, *Amiens*, 21 fév. 1828, Leindet c. hospices de Paris; *Cass.*, 3 mai 1837 (t. 2 1837, p. 62), préf. de la Seine c. Pellagot et Goujet; *Orléans*, 11 août 1838 (t. 2 1838, p. 263), Audierne c. Toury; *Nîmes*, 29 nov. 1839 (t. 1er 1840, p. 377), Michel c. Baud; — Carré et Chauveau, *Lois de la procéd.*, t. 1er, quest. 371. — V. en outre sur ce point *Paris*, 15 mars 1838 (t. 1er 1838, p. 516), Ardoin c. Brossard; *Cass.*, 23 déc. 1840 (t. 1er 1841, p. 708), Bonteille c. Pillon; — Bioche et Gouget, *Dict. de procéd.*, vo *Exploit*, no 234.

234. — Quoi qu'il en soit, dans le cas où l'on fe-

rait prévaloir la première opinion, si le nouveau domicile, quoique non déclaré à la mairie de l'ancien, pouvait être facilement connu, les significations qui seraient faites au parquet du procureur du roi devraient être déclarées nulles. — *Paris*, 8 fév. 1835, d'Acosta c. Tanneguy-Duchatel; *Bordeaux*, 4 août 1840 (t. 2 1840, p. 709), Duchet c. Léger.

235. — Si donc un jugement par défaut a été obtenu et signifié au parquet, ainsi que les actes d'exécution qui l'ont suivi, alors que le domicile de la partie condamnée était ou pouvait être facilement connu, il est réputé non avenu, comme n'ayant pas reçu d'exécution dans les six mois. — V. l'arrêt de Paris précité.

236. — Sont valables les significations faites ou à un ancien domicile que la partie assignée a continué à indiquer dans plusieurs actes postérieurs à l'assignation ou à un domicile constaté par des jugemens aux qualités desquels elle n'a point formé opposition ou par des actes authentiques et judiciaires qui seraient émanés d'elle, encore bien que des circonstances indiquent que le domicile véritable de la partie est fixé ailleurs. — *Paris*, 3 août 1807, Cholois c. Danières; *Limoges*, 17 juill. 1816, Villontraix c. Reculez; *Cass.*, 16 fév. 1819, Lalourette c. Lamajorie.

237. — On peut faire des significations valables au lieu dans lequel un débiteur demeure et exerce sa profession, quoiqu'il ait annoncé un autre domicile dans l'obligation et les actes de la procédure. — *Cass.*, 8 fév. 1832, Hardiau c. Ledru; — Bioche et Goujet, *Dict. de procéd.*, vo *Domicile*, no 8.

238. — Un arrêt peut, lorsqu'il s'agit de décider à quel domicile a dû être signifié un exploit, et, par exemple, un commandement tendant à expropriation, déclarer sans influence dans la cause les faits postérieurs à cet exploit. — *Cass.*, 27 fév. 1834, de Puyferrat c. de Sérigny.

239. — Lorsqu'un jugement renvoie la cause devant le tribunal du domicile de l'une des parties, c'est le domicile connu des juges qui ont ordonné le renvoi qui est saisi, et non le domicile nouveau que cette partie a pu prendre, soit avant, soit depuis le renvoi. — *Cass.*, 12 thermid. an IX, et 21 frim. an X, Perrégaud.

240. — La signification d'un jugement, faite au lieu indiqué dans tous les actes de procédure, et sans qu'il se soit élevé une contestation à cet égard, comme étant le domicile de l'une des parties, est valable, encore bien qu'il soit allégué que cette partie a acquis un nouveau domicile en prenant du service en pays étranger. — *Pau*, 18 fév. 1836, d'Esquille et Montredon.

241. — Si celui à la requête duquel un jugement a été notifié, s'est attribué un domicile que la partie adverse soutient n'être pas véritable, on peut, avant faire droit, ordonner la preuve testimoniale de l'existence du domicile au lieu indiqué dans l'exploit. — *Rennes*, 27 janv. 1819, Collet c. Ameline. — Cette décision a été justement combattue par la rédaction du *Journal de Rennes*, dont nous avons rapporté les paroles sous cet arrêt.

242. — La cour royale de Rennes a également jugé dans la même affaire, par arrêt du 14 juill. 1819, que celui qui, en signifiant un jugement, se donnait un faux domicile, ne pouvait se plaindre de ce que l'appel de ce jugement lui était notifié au parquet du procureur du roi, six jours après l'échéance du délai fixé pour appeler. — Cette décision ne nous paraît point à l'abri de toute critique. Nous admettons bien en principe que la partie qui a fait une allégation fausse doive seule en supporter les conséquences. Mais c'est à la condition que l'autre partie se conformera aux règles prescrites par les lois. Si donc l'appel du jugement avait été notifié avant l'échéance des délais d'appel, la décision de la cour de Rennes ne donnerait lieu à aucune réflexion de notre part.

243. — Par cela qu'un débiteur a quitté son domicile d'origine sans en faire de déclaration, et qu'il n'en a pas fait non plus à la municipalité du lieu qu'il est venu habiter, il ne saurait être réputé forain dans le sens de l'art. 823, C. procéd., alors surtout que les circonstances démontrent évidemment son intention d'habiter dans le dernier de ces endroits. — *Pau*, 2 juill. 1807, Bareigt c. Lauret; — Bioche, *Dictionn. de procéd.*, vo *Saisie foraine*, no 1er.

244. — Le domicile sert aussi à déterminer le lieu où s'ouvrent les successions. — C. civ., art. 110.

245. — Là, conséquemment, doivent être remplies toutes les formalités prescrites en matière de succession, telles que l'acceptation sous bénéfice d'inventaire, la renonciation, les nominations de curateur, le partage, etc. — C. civ., art. 784, 793, 802, 812, 822.

246. — Jusqu'au partage, toute succession forme une personne morale ayant son domicile propre, c'est ce qui résulte de l'art. 59, § 6, C. procéd. civ.; la législation n'a pas voulu que ceux qui avaient des droits à exercer contre le défunt fussent forcés d'aller attaquer les divers héritiers dispersés peut-être de côté et d'autre, et de les assigner chacun à leur domicile particulier; tant que la succession n'est point partagée, c'est donc au domicile du défunt que les exploits contenant assignation ou signification d'actes de procédure doivent être laissés aux héritiers. — Duranton, t. 1er, no 375; Marcadé, *El. dr. civ.*, sous l'art. 110.

247. — Mais ni le Code civil, ni le Code de procédure ne se sont expliqués sur le cas où il n'y aurait point de partage, si, par exemple, il n'y avait qu'un seul héritier. Le droit romain lui-même n'avait pas prévu la question. Que faut-il donc alors décider? doit-on dire que le domicile aura toujours été au lieu où le défunt est décédé, ou qu'il n'y aura point été du tout? — Selon M. Duranton (*ubi sup.*, note), on devait dire qu'il n'y a point été du tout; car l'inconvénient que l'art. 59, C. procéd., a voulu éviter, lorsqu'il y a plusieurs héritiers, ne se présente pas ici. L'unique héritier d'une succession devrait donc être assigné au lieu et devant le tribunal de son domicile. — Toutefois, cette opinion n'est point incontestée.

248. — L'art. 110 est applicable à l'étranger établi en France avec l'autorisation du roi. — *Cass.*, 7 nov. 1826, Thornton c. Bunce-Carlin; — Richelot, *ibid.*, no 263, note 36.

249. — Pour déterminer les effets du mariage, quant aux biens, ou pour fixer le sort d'une succession mobilière, c'est la loi du domicile qui est applicable. — Richelot, *Princip. de dr. civ.*, no 255.

250. — Il y a donc lieu de recourir à cette loi pour régler les successions des étrangers et même des Français qui, ayant contracté mariage ou étant décédés en pays étrangers, y étaient domiciliés. Il est juste, en effet, que le sort des objets mobiliers demeure attaché à celui de la personne civile qui les possède et soit aussi régi par la loi du domicile qu'elle avait en mourant. — Richelot, *ibid.*

251. — Dans certains cas prévus par les art. 60, 61, 80, 82, 84, 87, 93, 95, 97, 98, 171, la loi veut que les actes de décès, mariages et naissances soient inscrits sur les registres de l'état civil du domicile du défunt, des époux ou des père et mère de l'enfant. — V. aussi ordonn. 23 oct. 1833, art. 4.

252. — C'est l'officier de l'état civil du lieu du domicile des futurs époux qui est seul compétent pour célébrer le mariage; cependant, par exception et pour le cas spécial, la loi (art. 74, C. civ.) porte que, quant au mariage, le domicile ne se déterminera pas selon les règles ordinaires, mais s'établira seulement par six mois d'habitation continue dans la même commune. — V. MARIAGE.

253. — En cas d'absence, c'est, en général, au tribunal du domicile qu'il faut s'adresser pour les mesures à prescrire. — C. civ., art. 112 et suiv., C. procéd., art. 859; — Toullier, t. 1er, no 390.

254. — Si une personne veut en adopter une autre, l'adoptant et l'adopté doivent, aux termes de l'art. 353, C. civ., se présenter devant le juge de paix du *domicile de l'adoptant* pour y passer acte de leurs consentemens, et d'après l'art 359, c'est aussi sur le registre de l'état civil du lieu où l'adoptant est domicilié que doit être inscrite l'adoption.

255. — Il a même été jugé que l'adoption inscrite sur les registres de l'état civil de la commune du domicile de l'*adopté*, au lieu de l'avoir été sur ceux du domicile de l'*adoptant*, était nulle, bien que les deux domiciles fussent situés dans le ressort du même tribunal civil. — *Montpellier*, 19 avr. 1842 (t. 1er 1843, p. 496), Loubatières. — V. ADOPTION.

256. — Le procès-verbal des demandes et consentemens relatifs à la tutelle officieuse doit être dressé par le juge de paix du domicile de l'enfant. — C. civ., art. 363.

257. — Le domicile du mineur sert encore à déterminer le lieu où doit se réunir le conseil de famille chargé de pourvoir à la tutelle. — C. civ., art. 406. — V. CONSEIL DE FAMILLE, TUTELLE.

258. — Le domicile dans la commune donne des droits soit à la propriété ou aux produits des biens communaux (C. civ., art. 542), soit au partage des bois d'affouage. — C. forest., art. 105. — V. AFFOUAGE, COMMUNE.

259. — Le partage, dans ce cas, se fait par feu, c'est-à-dire par chef de famille ayant domicile. — Avis cons. d'état, 26 avr. 1808. — Ce domicile communal s'établit par une année de résidence. — Cormenin, *Dr. admin.*, vo *Commune*, Appendice, no 4. — V. COMMUNE.

260. — Les témoins instrumentaires dans les actes notariés, doivent, aux termes de l'art. 9, L. 25 vent. an XI, être domiciliés dans l'arrondissement communal (la commune) où l'acte est passé. — V., sur les difficultés auxquelles a donné lieu l'application de cette règle en matière de testamens, le mot TESTAMENT. — V. aussi TÉMOINS INSTRUMENTAIRES.

261. — Le lieu du paiement, à défaut de conventions ou de circonstances spéciales, est fixé au domicile du débiteur. — C. civ., art. 1247. — V. PAIEMENT.

262. — C'est devant le tribunal de son domicile que tout débiteur dans le cas de réclamer la cession judiciaire de ses biens accordée par l'art. 1268, C. civ., doit se pourvoir. — C. procéd. civ., art. 899. — V. CESSION DE BIENS.

263. — La caution présentée par un débiteur, doit avoir son domicile dans le ressort de la cour royale où elle doit être donnée. — C. civ., art. 2018. — V. CAUTIONNEMENT.

264. — Lorsqu'un étranger est domicilié en France, il cesse d'être soumis aux dispositions exceptionnelles de la loi de 1832, qui permettent contre lui l'exercice de la contrainte par corps, non seulement à l'appui des jugemens obtenus par des Français et prononçant une condamnation de 150 fr. et plus, mais encore, son arrestation provisoire à raison de ses dettes échues. — L. 17 avr. 1832, art. 14 et suiv. — V. ÉTRANGER.

265. — En matière de prescription par un acquéreur de bonne foi et en vertu d'un juste titre, le domicile a une très grande influence, puisque la durée de la prescription est de dix ans si le véritable propriétaire est domicilié dans le ressort de la cour royale dans l'étendue de laquelle est situé l'immeuble, et de vingt ans s'il est domicilié hors du ressort. — C. civ., art. 2265 et 2266. — V. PRESCRIPTION.

266. — En matière commerciale, c'est aussi le domicile qui sert à déterminer le tribunal compétent pour statuer sur la demande de mise en faillite d'un commerçant. — V. FAILLITE.

267. — Ainsi, lorsqu'un commerçant a quitté son domicile sans remplir les formalités prescrites par les art. 103 et 104, C. civ., pour la constatation de la translation de son domicile dans un autre lieu, c'est devant le tribunal de l'ancien domicile que doit être portée la demande de mise en faillite de ce commerçant, alors surtout que la cessation de paiemens existait avant l'époque par lui indiquée comme étant celle de son changement de domicile. — *Rouen*, 19 déc. 1842 (t. 2 1843, p. 274), Lehongre-Duboullay c. Lecaron.

268. — Toute personne lésée par un délit de presse peut porter plainte devant les juges de son domicile si la publication y a été effectuée. — L. 26 mai 1819, art. 12. — V. DÉLIT DE PRESSE.

269. — La contribution personnelle est perçue au lieu du domicile du contribuable. — LL. 26 mars 1831, art. 2; 21 avr. 1832, art. 13. — V. CONTRIBUTIONS DIRECTES.

270. — La patente est délivrée à ceux qui y sont soumis dans le lieu de leur domicile, sur la représentation des quittances des receveurs des communes où ils ont des établissemens. — L. 1er brum. an VII, art. 27. — V. PATENTE.

271. — Tout Français appelé par la loi du recrutement doit se présenter pour le tirage au sort au lieu de son domicile. — L. 21 mars 1832, art. 5 et 6. — V. RECRUTEMENT.

272. — En ce qui touche les droits et les devoirs politiques, c'est au lieu de son domicile que chaque citoyen les exerce ou les accomplit, notamment ses droits électoraux et d'éligibilité, ses obligations comme juré soit en matière criminelle, soit en matière d'expropriation pour utilité publique, etc. — V. DROITS POLITIQUES, ÉLECTIONS, JURY, EXPROPRIATION POUR UTILITÉ PUBLIQUE.

273. — Toutefois le domicile politique peut être détaché du domicile général qui devient alors purement civil. — Mais cette séparation du domicile politique avec le domicile réel ou civil n'existe pas sous le rapport des fonctions de juré: c'est ce qui résulte de l'art. 2, L. 2 mai 1827. — V. *infrà*.

274. — Parfois cependant, le législateur, soit à défaut de domicile connu, soit par tout autre motif, écarte l'idée de domicile pour s'attacher à la résidence.

275. — Ainsi, les fonctionnaires publics et officiers ministériels doivent, sinon avoir leur domicile, du moins résider dans le lieu où s'exercent leurs fonctions. — En général, s'ils sont révocables, la loi ne se préoccupe que de cette résidence, et nullement de leur domicile. — Rolland de Villargues, vo *Résidence*. — V. *suprà* nos 93 et suiv.

276. — Les enquêtes destinées à constater l'absence, doivent être faites tant au lieu de la résidence qu'à celui du domicile s'ils sont distincts. — C. civ., art. 116. — V. ABSENCE.

277. — La femme est tenue d'habiter, et peut exiger être reçue dans la résidence de son mari. — C'est cette résidence qui constitue la *maison com-*

mune dont il est question aux art. 230, 306, C. civ., et 339, C. pén. — Peu importe en cela le domicile *matrimonial*, lequel est celui que les conjoints se sont destiné en se mariant et dont la loi sert à interpréter les conventions qui règlent les intérêts des futurs époux ou à y suppléer au besoin. — Lebrun, l. 1er, ch. 1er, no 42; Merlin, *Rép.*, vo *Domicile*, § 9, no 6. — V. MARIAGE.

278. — Les recours que peuvent exercer les personnes détenues dans les établissemens d'aliénés doivent, aux termes de l'art. 20, L. 30 juin 1838 sur les aliénés, être portés devant le tribunal du lieu où sont situés ces établissemens. — V. ALIÉNÉS.

279. — Si, dans le cas de la prescription par dix ou vingt ans, le propriétaire n'avait pas de domicile connu, il serait juste, d'après M. Troplong (*Prescript.*, t. 2, no 887), de s'attacher à la résidence. — V. PRESCRIPTION.

280. — La même solution devrait être étendue par analogie, selon M. Richelot (*loc. cit.*, no 293), à tous les autres cas dans lesquels le domicile serait inconnu, car alors il y aurait nécessité.

281. — C'est ainsi qu'à l'égard des procédures, la loi permet formellement d'assigner toute personne dont on ne connaît pas le domicile dans le lieu et devant les juges de sa résidence. — C. procéd., art. 2, 59 et 69.

282. — ...Notamment, les marchands forains, colporteurs, saltimbanques, n'ayant pas de domicile connu, et autres individus que leur profession rend cosmopolites, et pour lesquels principalement paraît avoir été introduite cette exception. — Boncenne, t. 2, p. 205.

283. — Quant aux étudians, aux militaires et aux employés, qui conservent leur domicile malgré leurs changemens de résidence, c'est au lieu de ce domicile, qu'il est toujours facile de connaître en s'adressant soit aux écoles, soit aux administrations dont ils dépendent, qu'ils doivent être assignés même pour les dettes qu'ils auraient contractées au lieu de leur résidence. — Boncenne, t. 2, p. 204; Proudhon, t. 1er, 249; Richelot, t. 1er, no 294, note 14e. — Il faut donc rejeter l'opinion contraire émise par M. Rolland de Villargues, vo *Domicile*, no 33. — De même que la solution donnée par deux arrêts de la cour de Paris, des 25 mai 1826 (Laurencin c. Liot) et 2 juill. 1830 Barbe c. Chaumont-Laforge), qui ont jugé régulière l'action en paiement d'objets de consommation et autres fournitures portée devant le tribunal du lieu où ils avaient été vendus.

284. — Les étrangers doivent être ajournés au lieu de leur résidence quand ils n'ont point de domicile en France. — C. civ., art. 14.

285. — Autrefois, on tenait en France que les étrangers étaient valablement assignés à Paris. — Bouchel, vo *Domicile*, p. 867; Louet, t. 1er, p. 200. — C'est sans doute par une extension du même principe que la coutume de Paris formait le droit commun de la France et celui des colonies. — Richelot, t. 1er, no 294, note 15e. — V. ÉTRANGER.

286. — Il est dû une contribution mobilière dans chaque lieu où l'on a une habitation. — L. 26 mars 1831, art. 7 et 8; 21 avr. 1832, art. 12 et 13; — Laferrière, *C. de dr. admin.*, p. 194. — V. CONTRIBUTIONS DIRECTES.

Sect. 2e. — *Domicile élu ou spécial.*

287. — Indépendamment de son domicile réel ou général, toute personne peut avoir un domicile spécial, que, par opposition au premier, on appelle *domicile élu*. — « C'est, dit Merlin (*Rép.* vo *Domicile élu*), un domicile de pure fiction, et qui, pour certains effets, suppose une personne domiciliée dans un lieu où elle ne l'est pas réellement. »

288. — L'élection d'un domicile spécial est volontaire ou forcée. — Volontaire, quand elle est spontanée de la part des parties agissant soit isolément, soit de concert entre elles. — Forcée, lorsqu'elle est exigé par la loi elle-même.

289. — Les circonstances dans lesquelles la loi exige l'élection d'un domicile sont assez nombreuses, elle a toujours pour but, en cela, de rendre plus faciles des offres, des notifications ou autres actes de la part d'individus intéressés.

290. — Ainsi, par exemple, l'élection d'un domicile est prescrite par l'art. 176, C. civ., dans les oppositions à mariage; — par l'art. 2148 dans les inscriptions hypothécaires; — par l'art. 61, C. procéd. civ., dans tout exploit d'ajournement; — par l'art. 422, lorsqu'à la première audience, en matière commerciale, les parties étant comparues, il n'est pas intervenu jugement définitif; — par l'art. 435, dans la signification d'un jugement par défaut obtenu en matière commerciale, lorsque le demandeur n'est pas domicilié dans la commune où elle est faite; — par l'art. 559, dans tout exploit de saisie-arrêt ou opposition; — par l'art. 584, dans le commandement préalable à la saisie-exécution; — par l'art. 634, dans le commandement préalable à la saisie-brandon; — par l'art. 637, dans l'exploit contenant saisie d'une rente; — par l'art. 673, dans le commandement préalable à la saisie immobilière; — par l'art. 780, dans le commandement préalable à la contrainte par corps; — par l'art. 783, dans le procès-verbal d'emprisonnement; — par l'art. 789, dans l'acte d'écrou; — par l'art. 927 dans les oppositions à scellé; — par les art. 68 et 183, C. inst. crim., de la part de la partie civile.

291. — Le nombre des domiciles conventionnels ou volontaires n'est point limité. Si l'on ne peut jamais avoir qu'un domicile réel et général, on peut avoir, au contraire, autant de domiciles spéciaux que l'on souscrit d'actes différens. — Demolombe, t. 1er, no 371.

292. — Nous examinerons séparément l'élection de domicile, ses effets et les questions auxquelles elle peut donner lieu dans les matières civile, commerciale et criminelle; puis nous verrons comment elle prend fin.

§ 1er. — *Election de domicile en matière civile.*

293. — La faculté de se choisir un domicile spécial, introduite autrefois par l'usage, a été formellement consacrée par l'art. 111, C. civ., qui détermine en même temps les effets de l'élection de domicile. Cet article est ainsi conçu : « Lorsqu'un acte contiendra, de la part des parties ou de l'une d'elles, élection de domicile pour l'exécution de ce même acte, dans un autre lieu que celui du domicile réel, les significations, demandes et poursuites relatives à cet acte pourront être faites au domicile convenu, et devant le juge de ce domicile. »

294. — « Il faut distinguer, dans une élection de domicile, dit M. Valette (*Observ.* sur Proudhon, t. 1er, p. 241, no 5), deux choses bien différentes, qui peuvent ne pas coexister : 1o l'attribution de juridiction à un tribunal autre que celui du domicile réel de la partie; 2o la désignation d'une personne demeurant dans tel lieu, laquelle a mandat de recevoir les significations relatives à l'acte. — Souvent l'élection de domicile ne contient rien autre chose que l'attribution de juridiction; ainsi, on élit domicile dans une ville, sans dire chez quelle personne. — D'autres fois, au contraire, on ne change rien à la juridiction; ainsi, un débiteur élit domicile chez une tierce personne, dans la ville où il est lui-même domicilié. — Les derniers mots de l'art. 3, *les significations*, etc, supposent une élection de domicile qui a eu le double objet dont nous venons de parler. »

295. — L'élection de domicile se fait ordinairement dans l'acte auquel elle se réfère. M. Emmanuel (Exposé des motifs, séance du 12 vent. an XI), disait qu'elle *devait* être faite dans cet acte. L'art. 111 semble même n'avoir en vue que ce seul cas, si l'on s'en tient à ses termes. Cependant nous pensons que l'élection de domicile faite dans un acte postérieur, serait également valable; car c'est une convention licite que les parties peuvent faire quand elles le jugent convenable, et ajouter, par conséquent, après coup, à une convention antérieure. — V., en ce sens, Merlin, *Rép.*, vo *Domicile élu*, § 2, no 6; Valette, *Observ.* sur Proudhon, *Traité sur l'état des personnes*, t. 1er, p. 240, no 1er; Demolombe, t. 1er, no 373.

296. — Mais il nous paraît nécessaire, pour former un domicile de convention, qu'il y ait à cet égard une déclaration expresse. « L'art. 111, disait Malherbe (Disc. au corps législ.), conserve à chaque individu le droit de déroger aux règles établies par la loi pour fixer son domicile; mais il faut que cette dérogation soit *stipulée*... » — V. en ce sens Zachariæ, t. 1er, p. 284, § 146. — M. Marcadé (t. 1er, sous l'art. 111, no 5) pense, au contraire, qu'à défaut de déclaration formelle, il suffirait d'un ensemble de circonstances qui ne laissât aucun doute sur la volonté de la personne — V. dans le même sens Richelot, *Princip. de droit civil*, t. 1er, no 297, note 4e. — V. aussi Demolombe, no 374.

297. — Jugé, dans ce dernier sens, qu'une partie peut avoir un domicile litigieux indépendant de son domicile réel et qui s'établit par une suite d'actes judiciaires émanés de celui auquel il est attribué, et non désavoués; la partie adverse peut même établir cette preuve sur des actes dans lesquels elle n'a point été partie. — *Cass.*, 28 déc. 1815, Gaudechart c. de Riencourt.

298. — Ainsi, la procuration la plus ample et la plus générale donnée à un avoué de gérer les affaires du mandant, et de le représenter en justice, n'équivaut pas à une élection expresse de domicile chez cet avoué; le mandant doit être assigné à personne ou domicile réel. — *Turin*, 6 fructid. an XIII, Laturbie.

299. — L'indication d'un lieu de paiement, dans une obligation purement civile, ne suffit même pas pour entraîner dans ce lieu élection de domicile attributive de juridiction. Autre chose est de s'obliger à payer dans un certain lieu, et autre chose d'adopter un lieu pour domicile. L'art. 1258, no 6, C. civ., porte, en effet, que s'il y a indication d'un lieu pour le paiement, les offres pourront être faites au domicile réel du créancier ou *au domicile élu pour l'exécution de la convention*. Si l'indication d'un lieu pour le paiement avait dû, dans l'intention du législateur, équivaloir à une élection de domicile, il est évident qu'il eût été inutile d'insérer cette dernière phrase dans l'art. 1258. — V. en ce sens, *Cass.*, 29 oct. 1840, Goyffon c. Saugnier; *Orléans*, 26 déc. 1823, Pitié-Grenet c. Brontin; — Merlin, *Rép.*, vo *Domicile élu*, § 2, no 4; Valette, *ubi suprà*, p. 240, no 2; Carré et Chauveau, t. 1er, quest. 294 *bis*; Duranton, t. 1er, no 378; les annotateurs de Zachariæ, t. 1er, p. 284, note 2e; Demolombe, no 374.

300. — Il en serait différemment en matière commerciale, d'après l'art. 420, C. procéd. civile. V. *infrà* no 409.

301. — La faculté laissée à un mandataire d'élire domicile chez lui pour le mandant ne profite aux tiers qu'autant que cette élection de domicile a eu réellement lieu à l'occasion des actes intervenus entre eux et le représentant de la personne qui a délégué ses pouvoirs, parce qu'alors seulement le mandat est exécuté et n'est plus susceptible de modification ni de retranchement de la part du mandant. — *Cass.*, 3 juill. 1837 (t. 2 1837, p. 28), Patu de Rosemont c. Toutain; 31 janv. 1838 (t. 1er 1838, p. 240), Patu de Rosemont c. Camin et Mellinet; 18 mars 1839 (t. 2 1839, p. 261), Patu de Rosemont c. Jogues et Dufou; — Merlin, *Rép.*, vo *Domicile élu*, § 2, no 5.

302. — Le pouvoir donné à un mandataire d'élire domicile chez lui pour le mandant ne peut être assimilé à l'élection de domicile elle-même, et les tiers à l'égard desquels le mandataire n'a pas fait usage de ce pouvoir n'ont pas le droit de s'en prévaloir pour assigner le mandant au domicile du mandataire. — C. civ., art. 111; C. procéd. civ., art. 59. — *Cass.*, 29 nov. 1843 (t. 1er 1844, p. 351), Patu de Rosemont c. Lemasne et Trothier.

303. — La cour de Cassation avait, cependant, par arrêt du 24 juin 1806 (Lachenez c. Mariette), rejeté le pourvoi formé contre un arrêt décidant que le pouvoir d'élire domicile donné à un mandataire qui n'en avait pas fait usage équivalait à une élection effective. — Mais cette décision critiquée avec raison par Merlin (*Rép.*, vo *Domicile élu*, § 2, no 5) et Delvincourt (t. 1er, p. 43, note 3, *in fine*) est restée isolée, et nous venons de voir que la cour de Cassation n'avait point persisté dans la jurisprudence qu'elle semblait approuver. — Demolombe, no 374.

304. — De même, la constitution, par un Français domicilié en France, d'un mandataire dans les colonies, notamment à l'île Bourbon, n'entraîne pas nécessairement élection de domicile chez ce mandataire, et attribution pour son mandant de la juridiction à laquelle il est lui-même soumis. — Mêmes arrêts de Cassation des 3 juill. 1837, 31 janv. 1838 et 18 mars 1839. — V. aussi *Cass.*, 29 nov. 1843 (t. 1er 1844, p. 351), Patu de Rosemont c. Lemasne et Trothier.

305. — ... Et cela, alors même que les pouvoirs donnés seraient généraux, la loi n'admettant pas une pareille présomption. — V. les arrêts précités des 31 janv. 1838, 18 mars 1839 et 29 nov. 1843. — V. aussi Chauveau sur Carré, *Lois de la procéd.*, t. 1er, quest. 353 *bis*.

306. — L'usage qui se serait introduit de stipuler cette élection de domicile dans les procurations destinées aux colonies ne pourrait également, à le supposer constant, faire suppléer cette stipulation dans les procurations qui ne la contiennent pas. — V. l'arrêt de *Cass.* ci-dessus, du 3 juill. 1837 et celui du 29 nov. 1843.

307. — On ne saurait non plus induire l'élection de domicile de l'avantage qui doit en résulter pour le mandant lui-même, ni de toutes autres présomptions non appuyées sur un commencement de preuve par écrit. — Même arrêt de *Cass.* du 29 nov. 1843.

308. — Celui qui, par suite de son emploi aux armées, n'a pas de domicile actuel en France, peut, sans violer l'art. 61, C. procéd., indiquer, dans un acte d'appel, son domicile chez un ami ou mandataire résidant en France. — *Paris*, 4 fév. 1811, Bourgoing c. héritiers Gatrez.

309. — Un principe fondamental en cette matière, c'est que l'élection de domicile est limitée à l'opération pour laquelle elle a été faite; dès lors on ne pourrait exciper du domicile élu à l'effet d'assigner la partie de qui émane l'élection

pour un autre objet que celui qui a été prévu et déterminé dans l'acte. — *Rennes*, 15 mars 1821, Saint-Aignan c. Lecorre ; *Bordeaux*, 21 juill. 1834, Salles c. Blondel. — Chauveau sur Carré, t. 1er, quest. 365 *bis* ; Duranton, t. 1er, n° 377.

310. — Spécialement, l'élection de domicile consentie pour l'exécution d'un traité ne peut être invoquée dans une demande ayant pour but l'annulation de l'acte, et basée sur une cause prise en dehors dudit acte, le dol, par exemple. — V. l'arrêt de *Bordeaux* du 21 juill. 1834 ; — Carré, quest. 275.

311. — L'élection de domicile faite dans un acte ne peut autoriser la signification au domicile élu d'un jugement rendu non sur une difficulté relative à l'exécution de l'acte, mais sur une demande en dommages-intérêts fondée sur un fait postérieur à cet acte. — *Paris*, 15 juin 1843 (t. 2 1843, p. 142), de la Ronnade c. Tanquerel.

312. — Jugé cependant que l'élection de domicile faite dans un acte est attributive de juridiction, non seulement pour les demandes relatives à l'exécution de cet acte, mais encore pour celles qui tendraient à le faire modifier. — *Cass.*, 6 avr. 1842 (t. 1er 1842, p. 702), Caisse hypothéc. c. Goury de Bourre.

313. — L'élection de domicile dans un commandement de payer, ne confère pas à celui chez qui elle est faite, le droit de recevoir et donner quittance. — *Cass.*, 6 frim. an XIII, Mallien c. Faret-Fournès ; *Bruxelles*, 9 janv. 1812, Rullens c. Derasse ; — Merlin, *Répert.*, v° *Domicile élu*, § 1er, n° 4.

314. — Le principe que l'élection de domicile est restreinte à l'objet pour lequel elle a lieu devrait également conduire à décider que celle qui serait faite chez un avoué ne pourrait équivaloir à une constitution de cet avoué, si d'ailleurs l'art. 61, C. procéd., n'exigeait que cette constitution fût expresse. Cependant la jurisprudence est divisée sur le point de savoir si l'élection de domicile chez un avoué équivaut à une constitution de cet avoué. — V. pour la négative, *Liège*, 15 juin 1807, Soliveau c. Leclerc ; *Montpellier*, 5 août 1807, Bonaterre, c. Majorel ; *Colmar*, 26 janv. 1816, Bugelin c. Heinès ; *Lyon*, 29 mai 1816, Favre c. Raymond ; *Amiens*, 10 janv. 1821, de Rouzaud c. Espert ; *Grenoble*, 5 juill. 1825, N... ; *Lyon*, 25 août 1828, Dupont. — V. pour l'affirmative : *Colmar*, 24 mars 1810, Grass ; *Metz*, 7 juill. 1814, Didier c. Conrard ; *Nancy*, 16 août 1825, N... ; *Cass.*, 21 août 1832, Verdier c. Ambert. — V. aussi dans ce dernier sens Chauveau, sur Carré, t. 1er, quest. 302 *bis*.

315. — En tout cas, le domicile élu chez l'avoué chargé d'occuper ne donnerait point à cet officier ministériel le pouvoir de toucher le montant des condamnations qu'obtiendrait sa partie. — *Cass.*, 23 juill. 1828, Dupuy-Montbrun c. Eymard.

316. — Une demande reconventionnelle peut être formée au domicile élu dans la demande originaire et devant le même tribunal. — *Paris*, 24 fév. 1810, Mens c. Puech ; 24 fév. 1819, N... ; — Chauveau sur Carré, t. 1er, quest. 365 *bis*, *in fine*.

317. — Les offres des arrérages d'une rente ne sont pas valablement réalisées au domicile élu par le commandement, lorsque la rente est portable ailleurs. — *Paris*, 10 avr. 1813, Duchauffour c. Woflard.

318. — L'élection de domicile, conventionnelle ou légale, ne peut profiter aux tiers, c'est-à-dire aux individus qui ne représentent pas ceux qui ont stipulé l'election de domicile, ou pour lesquels la loi exige l'élection d'un domicile. Ainsi, celui qui revendique de son chef des meubles saisis ne peut assigner le saisissant au domicile élu par le commandement préalable à la saisie. — *Paris*, 26 juin. 1811, hospice de Tonnerre c. Sébillant ; *Cass.*, 3 juin 1812, Dosmann c. Zahn ; — Carré et Chauveau, quest. 2009 ; Demolombe, n° 376, 4°.

319. — De même, lorsqu'un entrepreneur de fournitures a invité plusieurs de ses employés et créanciers à se présenter, pour être payés, dans un lieu où il a établi le siége de ses opérations, ses autres créanciers ne peuvent se prévaloir de cette circonstance pour se dispenser d'actionner l'entrepreneur devant le tribunal de son domicile. — *Cass.*, 8 juin 1826, Ouvrard c. Ducroc.

320. — L'application des art. 111, C. civ., et 59 C. proc. civ., relativement aux effets de l'élection des clauses renfermées dans un acte de donation, doit être restreinte entre les parties contractantes. En conséquence cette élection de domicile ne peut être invoquée par des tiers, et spécialement par des créanciers du domaine qui demandent la nullité de la donation comme faite en fraude de leurs droits. — *Cass.*, 27 déc. 1343 (t. 1er 1844, p. 100), Hyncelin c. d'Aigneau.

321. — Cependant, le commandement qui précède la saisie, et la dénonciation du procès-verbal de saisie peuvent être faits au domicile élu par le débiteur pour l'exécution du contrat qui donne lieu aux poursuites d'expropriation. — *Cass.*, 5 fév. 1811, de Châteaubourg c. Chaulet ; *Bourges*, 5 juin 1812, Gilbert c. Guébin ; *Cass.*, 24 janv. 1816, Jouenne c. Saint-Julien ; *Rennes*, 19 août 1817, N... c. N... ; *Bourges*, 27 juin 1823, Blanchard c. Poya.

322. — L'élection de domicile faite dans un acte d'emprunt de deniers destinés à acquitter un prix de vente, avec promesse par l'emprunteur de faire subroger le prêteur dans les droits du vendeur, est attributive de juridiction pour l'action en résolution de vente formée par le prêteur à défaut de paiement du prix, alors que les juges du fait déclarent, par interprétation des conventions des parties, que le prêteur n'a acquis le droit d'exercer l'action en résolution de vente qu'en vertu des obligations renfermées dans l'acte d'emprunt. — *Cass.*, 15 nov. 1843 (t. 1er 1844, p. 257), Féger c. Leveil.

323. — La partie qui fait élection de domicile dans un lieu autre que celui de son domicile réel, est censée par le fait seul de cette simple élection, sans qu'il soit besoin d'aucune déclaration de sa part, se soumettre à la juridiction du tribunal dans le ressort duquel elle a élu domicile ; et, en effet, comme le dit Malleville sur l'art. 3, « pourquoi élit-on un domicile différent du sien, si ce n'est pour se soumettre à la justice du lieu ? » — V. en ce sens Merlin, *Rép.*, v° *Déclinatoire*, § 1er, n° 1er, 5e édit., t. 4, p. 159, 2e col. ; Proudhon, *Traité sur l'état des personnes*, édit. de 1842, t. 1er, p. 240 ; Zachariæ, t. 1er, p. 285. — Ce point était également admis sous l'ancienne législation. — Brillon, *Dict. des arrêts*, v° *Assignation*, n° 121 ; Nouveau Denisart, v° *Assignation*, § 7, n° 15.

324. — Le domicile élu pour l'exécution d'un acte produit donc tous les effets du domicile réel, relativement aux contestations judiciaires auxquelles l'exécution de cet acte peut donner lieu. En conséquence, l'assignation peut être valablement donnée au domicile élu et devant les juges de ce domicile. — *Paris*, 23 thermid. an XII, Dewitt c. Steenwyt ; 28 juill. 1814, Lachaise.

325. — Jugé qu'il en est de même, lorsque la partie a fait dans un pays une élection de domicile pour la signification de tous exploits et actes extrajudiciaires. — *Paris*, 12 frim. an IX, D... c. P... ; *Cass.*, 25 germin. an X, Delannoy c. Lutton ; *Bruxelles*, 3 fructid. an XIII, Broens c. Develder.

326. — Jugé que la disposition de l'art. 111, C. civ., est applicable, même aux actes antérieurs à sa publication. — V. l'arrêt de Bruxelles précité.

327. — L'élection de domicile exigée par l'art. 176, C. civ., de la part de tout opposant à un mariage est attributive de juridiction. — En conséquence, c'est le tribunal du lieu de la situation du domicile élu qui est seul compétent, à l'exclusion du tribunal du domicile de l'opposant, pour connaître de l'opposition. — *Orléans*, 28 août 1845 (t. 2 1845, p. 355), Van Merris ; *Paris*, 26 mars 1841 (t. 1er 1841, p. 537), Charpentier ; 3 avr. 1841 (*eod. loc.*), S... c. S.

328. — ... Et cela alors même que le mariage serait célébré devant l'officier de l'état civil de l'autre époux. — Arrêt précité de Paris, 3 avr. 1841.

329. — Un avoué peut assigner son client, afin d'obtenir le remboursement de ses avances, au domicile déterminé par celui-ci en divers actes, tels que le pouvoir qu'il a donné, et les significations qui lui ont été faites, encore que l'inscription au rôle de la contribution mobilière et sur la liste des émigrés, ou d'autres circonstances semblent fixer le domicile ailleurs. — *Paris*, 3 août 1807, Cholois c. Danières.

330. — L'art. 111 suppose que l'élection de domicile dans un lieu autre que le domicile réel est accompagnée de la désignation d'une personne y demeurant, laquelle a pouvoir de recevoir les significations relatives à l'acte qui a fait l'objet de l'élection de domicile ; et, dans les espèces sur lesquelles sont intervenus les arrêts qui précèdent, cette circonstance se rencontrait. Mais la désignation d'une personne chargée de recevoir les significations n'est pas nécessaire pour qu'il y ait soumission de la part de la personne qui élit domicile à la juridiction du lieu dans lequel a été faite cette élection. Tous les jours, on élit domicile dans un endroit, sans dire chez quelle personne, et l'intention d'avoir pour juges ceux de cet endroit n'en est pas moins formelle. Seulement, dans ce cas, l'assignation à comparaître devant les juges du domicile électif devrait, à peine de nullité, être signifiée au domicile réel de la partie qui a élu domicile.

331. — La disposition de l'art. 111 qui attribue juridiction au tribunal du lieu dans lequel les parties ou l'une d'elles ont fait élection de domicile, n'est pas restreinte à l'élection conventionnelle pour l'exécution d'un contrat. Elle reçoit également son application au cas de l'élection de domicile exigée par la loi dans les commandemens préalables aux saisies. — *Paris*, 12 juin 1809, Compère c. Gibon ; *Amiens*, 21 déc. 1837 (t. 1er 1838, p. 444), Lefebvre c. Lemaire.

332. — On peut régulièrement assigner à son domicile réel un créancier inscrit au sujet d'une instance relative à son inscription hypothécaire. — *Bruxelles*, 28 juill. 1812, Walakiers c. Prévot.

333. — L'élection de domicile faite dans l'inscription hypothécaire n'est pas attributive de juridiction. — Merlin, *Rép.*, v° *Domicile élu*, § 1er, n° 6. — V. INSCRIPTION HYPOTHÉCAIRE.

334. — La sommation de produire à un ordre n'est pas valablement faite au domicile élu dans l'inscription prise par le conservateur, lorsque postérieurement le créancier a pris une nouvelle inscription dans laquelle il a élu un domicile différent. — *Cass.*, 21 déc. 1824, Beslay c. Brison-Grandjardin.

335. — Mais la sommation de produire à un ordre, signifiée au dernier domicile élu dans l'inscription, est valable ; il n'est pas nécessaire de s'enquérir si, depuis l'inscription, la position du créancier a changé, s'il existe encore ou s'il est décédé, s'il est représenté par des héritiers ou par des légataires. Les tiers n'ont point à rechercher ailleurs que dans les inscriptions la position des créanciers inscrits. — *Paris*, 15 mars 1838 (t. 1er 1838, p. 516), Ardoin c. Brossard ; — Troplong, *Privil. et hypoth.*, t. 3, n° 735.

336. — Lorsqu'il s'agit non d'une action à intenter, mais bien d'un acte d'exécution à faire en vertu d'un jugement, la signification de cet acte ne peut pas se faire au domicile élu dans le bordereau d'inscription hypothécaire. Elle doit se faire au domicile réel de la partie, ou du moins au parquet du procureur du roi, pour les actes relatifs à des étrangers résidant hors le territoire. — *Pau*, 21 janv. 1834, Hubert c. conserv. des hypoth.

337. — Celui qui a fait des offres réelles peut être valablement assigné au domicile élu dans l'exploit. — *Paris*, 7 messid. an XI, Testu c. Baudrier ; *Limoges*, 5 janv. 1839 (t. 2 1840, p. 472), comp. d'assur. du Soleil c. Lachaise.

338. — La demande en validité d'offres réelles au domicile élu dans un commandement tendant à saisie-exécution, doit être portée non devant le tribunal de ce domicile, mais devant celui qui a rendu le jugement de l'exécution duquel il s'agit. — *Paris*, 15 juin 1814, Mariette c. Chaulieu. — V. aussi *Cass.*, 28 avr. 1814, Vaillard c. Duchauffour.

339. — Le locataire qui, dans l'acte de bail, a fait une élection de domicile pour l'exécution dudit bail, ne peut, lorsque sa déclaration affirmative sur saisie-arrêt est contestée, demander son renvoi devant le juge de son domicile autre que celui du domicile élu. — *Paris*, 3 janv. 1843 (t. 1er 1843, p. 141), Bernadac c. Poubille.

340. — L'exploit d'assignation tendant à la péremption de l'instance relative à une saisie-arrêt peut être valablement donné au domicile élu dans un commandement et un acte de saisie-exécution postérieurs à cette saisie-arrêt, mais relatifs à la même dette. — *Cass.*, 20 juin 1838 (t. 2 1838, p. 346), Becq c. Legrand.

341. — Plus généralement, s'il est vrai que les significations que l'art. 584, C. procéd., permet de faire au domicile élu par le saisissant, doivent s'entendre de celles-là seulement qui ont un rapport direct avec la saisie-exécution, il est néanmoins positif que toute instance de nature à modifier la dette, cause de la saisie-exécution, peut être introduite par ajournement signifié à ce domicile élu. — Même arrêt.

342. — Lorsqu'une partie fait élection de domicile dans un acte extrajudiciaire par lequel elle déclare ne vouloir plus exécuter un traité, l'assignation à fin d'exécution de ce traité peut valablement lui être donnée à ce domicile élu. — *Cass.*, 25 nov. 1840 (t. 1er 1841, p. 215), de Maraise c. Prévost.

343. — En matière d'assignation à domicile élu, il n'est pas nécessaire, à peine de nullité (en l'absence de la partie et de ses parens ou domestiques), que l'exploit soit remis aux voisins ou au maire, et qu'ils signent l'original. En ce cas, l'assignation est valablement remise aux personnes qui habitent ce domicile élu, quoique non parentes ni domestiques de l'assigné. — *Colmar*, 5 août 1809, Durand c. Achard. — V. aussi sur ce point Carré et Chauveau, t. 1er, quest. 366.

344. — La portière d'une maison dans laquelle une personne a élu domicile doit être considérée comme serviteur de cette personne, et comme ayant, dès-lors, qualité pour recevoir les significations faites à ce domicile. — Même arrêt.

345. — En cas de signification d'un acte au domicile élu dans une inscription hypothécaire, s'il se trouve un serviteur à ce domicile, c'est à lui que doit être laissée copie de cette signification, sans recourir ni au voisin ni à l'intervention du maire. — Et en supposant, en cas de refus du serviteur de recevoir la copie, que l'huissier pût être fondé à considérer ce refus comme équivalant à l'absence de tout serviteur, la remise au maire ne serait régulière qu'autant qu'il se serait préalablement adressé au voisin. — *Cass.*, 14 fév. 1843 (t. 1er 1843, p. 393), Ardoin c. de Brossard.

346. — L'élection de domicile conventionnelle est le plus souvent stipulée dans l'intérêt du demandeur. Mais l'intérêt que la loi suppose au demandeur à l'élection de domicile peut se trouver quelquefois démenti par les faits. Il était donc utile de laisser dans ce cas au demandeur la faculté d'assigner à son gré le défendeur devant le tribunal du domicile élu, ou devant celui du domicile réel. C'est pour cela que l'art. 111 s'est servi seulement du mot *pourront*. L'art. 59, paragraphe dernier, C. procéd., lui accorde, d'ailleurs, formellement cette faculté, que la cour de Cassation a elle-même reconnue par arrêt du 23 vent. an X, (de Brancas c. Lefèbre). — V. aussi en ce sens, Merlin, *Rép.*, vo *Domicile élu*, § 2, no 12; Marcadé, t. 1er, sous l'art. 111, no 1er; Valette, *Observat.* sur Proudhon, t. 1er, p. 241, no 3; Carré et Chauveau, t. 1er, quest. 365 *bis*; Zachariæ, t. 1er, p. 279, *in fine*, Delvincourt, t. 1er, p. 43, note 1re.

347. — Il suit de là que le Français qui se dit étranger ne peut, par une élection de domicile, se soustraire à ses juges naturels et contraindre ses adversaires à le traduire devant un tribunal de son choix. — *Cass.*, 8 thermid. an X, Truché c. Baufremont.

348. — S'il résulte de la convention que l'élection de domicile a eu lieu dans l'intérêt exclusif du défendeur qui l'a faite, ou dans l'intérêt commun des deux parties, le demandeur n'a plus alors le choix entre le tribunal du domicile réel et celui du domicile élu. Il doit nécessairement citer le défendeur devant le tribunal du domicile élu. Autrement, il violerait la loi du contrat. — Valette, Zachariæ et Marcadé, *loc. cit.*; Carré, *ubi suprà*, quest. 270.

349. — Ainsi, jugé que les frais de diverses significations faites au domicile réel de chacune des parties qui sont intervenues dans une instance ne peuvent entrer en taxe, lorsque les parties ont déclaré dans leur exploit d'intervention qu'elles élisaient domicile chez le même avoué *pour que toutes significations leur fussent faites collectivement au domicile élu par une seule et même copie.* — Et les significations faites dans ce cas, aux divers domiciles réels, peuvent être déclarées frustratoires. — *Cass.*, 2 fév. 1826, Martin c. Adeline.

350. — Lorsqu'une assignation peut être régulièrement donnée à un domicile élu, il est au moins nécessaire pour sa validité qu'elle indique le domicile réel du défendeur. Car c'est le seul moyen propre à assurer le renvoi de l'acte à la personne assignée, son domicile réel pouvant bien n'être pas connu de celui chez lequel l'élection de domicile a été faite. — *Bruxelles*, 14 juill. 1807, Defalque c. Leverd; *Rennes*, 15 mars 1821, Saint-Aignan c. Lecorre; — Chauveau, sur Carré, t. 1er, quest. 308 *bis*. — V. cependant *Bordeaux*, 14 fév. 1817, Donois c. Lasseigne.

351. — Mais des actes de procédure pourraient être valablement signifiés au domicile exclusivement élu par une partie dans tous ses exploits, si son domicile réel était inconnu. — *Cass.*, 15 mai 1821, Duplessier c. de Cortement.

352. — L'assignation signifiée au domicile élu doit, à peine de nullité, contenir les mêmes délais que si elle était donnée au véritable domicile du défendeur. Il importe, en effet, que la partie assignée puisse être, avant le jour fixé pour l'audience, instruite de l'assignation qui lui est donnée, afin de préparer ses moyens de défense. Cependant la jurisprudence est divisée sur cette question. — V. dans le sens de notre opinion, *Paris*, 3 fructid. an XIII, Mariette c. Lachenez; *Cass.*, 21 prair. an VIII, Dumouchet c. comm. d'Oistrehan; *Agen*, 6 fév. 1810, Sommabère c. Escalup; *Bruxelles*, 29 déc. 1815, Hauw c. Bernaux; 6 juill. 1829, N... — V. aussi Carré et Chauveau, t. 1er, quest. 326; Merlin, *Rép.*, vo *Douanes*, § 7. — V. *contrà Besançon*, 17 déc. 1808, N...; *Colmar*, 25 nov. 1809, Brunner c. Verges; *Cass.*, 20 mars 1810, Berthot et Cailler c. Vacher-Lacour; *Nîmes*, 15 mai 1811, N...; *Paris*, 2 juill. 1812 (et non 1811), Maistre c. Coulon, Boisve; *Limoges*, 10 déc. 1813, Dupont c. Dallet; *Bruxelles*, 8 juin 1830, N...; *Cass.*, 9 juin 1830, Joques et Dufou c. Girard; *Paris*, 8 juill. 1836 (t. 1er 1837, p. 75), Robert c. Provost. — V. aussi *Cass.*, 14 fév. 1842 (t. 1er 1842, p. 507), Cesbron c. Dachuna; — Delvincourt, p. 43, note 2e; Boncenne, t. 2, p. 222; Rodière, *Expos. rais. des lois de la procéd.*, t. 1er, p. 230.

353. — M. Demolombe (t. 1er, no 382) ne pense pas que cette question puisse recevoir en théorie une solution absolue et établit des distinctions. — Si l'élection de domicile est prescrite par la loi, il croit qu'il n'y a pas lieu à augmentation du délai, car alors la loi se propose surtout l'économie de temps, la brièveté des délais. — Si, au contraire, il s'agit d'une élection conventionnelle, ses effets dépendront uniquement de la volonté des parties, ce sera donc dès-lors une pure question d'interprétation sur laquelle il faudra toujours consulter les circonstances particulières. — Ainsi, par exemple, en matière commerciale les parties devraient, sauf preuve contraire, être présumées avoir voulu obtenir plus de célérité, et alors il n'y aurait pas lieu à augmentation de délai. — Dans les matières civiles, au contraire, les parties seraient présumées n'avoir pas voulu par l'élection priver la partie qui l'a faite d'une augmentation du délai qui peut être très utile sans préjudicier le plus souvent à son adversaire.

354. — Quand il y a lieu à augmentation, le même auteur (*loc. cit.*) pense qu'elle doit être du double, c'est-à-dire, calculée d'abord sur la distance entre le domicile élu et le domicile réel, et de plus sur la distance entre ce dernier domicile et le lieu de comparution. — Car, puisque l'augmentation a pour but de permettre à la partie de transmettre ses instructions au lieu où elle est assignée, c'est le cas d'appliquer l'art. 1033, C. procéd., qui double l'augmentation, quand il y a lieu à voyage ou envoi et retour. — V. aussi la disposition analogue de l'art. 2185, C. civ., qui accorde dans le cas qu'il prévoit deux jours par cinq myriamètres et non plus un jour seulement par trois myriamètres.

355. — Les officiers ministériels ou tous autres individus chez lesquels des parties ont élu domicile et qui ont accepté, contractent l'obligation de leur remettre les copies d'actes dont ils reçoivent la signification, et si l'inexécution de cette obligation en temps utile avait porté préjudice à leurs mandans, elle devrait les rendre passibles envers eux de dommages-intérêts. — L'opinion de M. Rolland de Villargues (*Rép.*, vo *Domicile élu*, nos 21 et 22), d'après lequel le mandataire peut se borner à recevoir et conserver les significations sans en prévenir le mandant, ne saurait être admise. — Richelot, *Princ. de dr. civ.*, no 286; Demolombe, t. 1er, no 372-3o.

356. — Spécialement, l'huissier qui a fait une saisie-arrêt pour une partie, par exploit contenant élection de domicile en son étude, peut être considéré comme ayant fait cette élection volontairement si elle n'était pas nécessaire. Les juges peuvent en conclure qu'il a accepté de cette partie le mandat de recevoir et de lui transmettre les actes à elle signifiés dans son étude, et le condamner à des dommages-intérêts envers elle, si, n'ayant pas reçu de lui une sommation à elle faite de produire à une contribution ouverte sur le saisi, elle a été exclue de cette contribution. Une telle décision est à l'abri de la cassation. — *Cass.*, 9 mars 1837 (t. 1er 1837, p. 480), Legripp c. Slatter.

357. — La signification d'un jugement peut-elle être valablement faite au domicile élu pour l'exécution d'un acte? La solution affirmative de cette question ne saurait faire pour nous aucun doute; car le jugement qui reconnaît les obligations résultant de cet acte et en ordonne l'exécution n'est que le complément même de cet acte. Par le mot *exécution*, les parties ont dû entendre non seulement l'exécution volontaire, mais encore celle qui aurait lieu en vertu d'un acte judiciaire, comme un jugement. Signifier un jugement, c'est donc faire une signification relative à l'exécution de l'acte dans lequel on a élu domicile, et il y a lieu, dès-lors, d'appliquer l'art. 111, C. civ. — Carré et Chauveau, t. 1er, quest. 608; Boitard, *Leçons de procéd.*, t. 1er, p. 459 et suiv.; Valette, sur Proudhon, t. 1er, p. 241, no 4; Richelot, t. 1er, no 282; Delvincourt, t. 1er, p. 43, note 2e; Demolombe, t. 1er, no 380. — V. cependant *Cass.*, 22 brum. an XII, Tauffkirch c. Glimes; 22 juin 1824, Filler et Darnal c. Lombard; *Agen*, 6 fév. 1810, Sommabère c. Escalup; *Colmar*, 20 mars 1810, Levy c. Galmiche; *Cass.*, 29 août 1815, Varry c. Regnier; *Bordeaux*, 1er août 1828, Besse c. Mouru Lacotte: — Duranton, t. 1er, no 379; Merlin, *Rép.*, vo *Domicile élu*, § 3, no 10.

358. — Spécialement, un jugement par défaut est valablement signifié au domicile convenu par les parties dès le commencement de l'instance, pour tous les actes qui interviendraient, si celle qui en a reçu la signification avait notifié à son adversaire qu'elle reconnaîtrait comme faites à son domicile réel toutes significations faites au domicile de son avoué. — *Orléans*, 13 juin 1817, N...

359. — Mais le jugement qui constitue un tribunal arbitral, et celui qui proroge le pouvoir des arbitres, doivent, d'après leur nature, être signifiés au domicile réel des parties, et l'élection de domicile faite dans l'acte contenant les stipulations litigieuses ne peut autoriser la signification de pareils jugemens au domicile conventionnel. — *Douai*, 19 janv. 1841 (t. 1er 1842, p. 39), Mayer c. compagnie Européenne.

360. — Un jugement n'est pas valablement signifié à un propriétaire de l'île Maurice au domicile de son procurateur, en France, lorsque le premier n'a pas élu domicile chez celui-ci. — *Rennes*, 13 mars 1820, Bondeaux c. Blaire.

361. — L'élection du domicile ne devant pas s'étendre d'un objet à un autre, il en résulte que le domicile élu au commencement d'une procédure en première instance ne doit pas l'être pour l'instance d'appel. Un acte d'appel ne peut donc être signifié au domicile élu par l'intimé en première instance, si cette élection n'a point été faite en même temps pour l'instance d'appel. — *Cass.*, 25 vendém. an XII, Jouin c. Limoges et Mazire; *Turin*, 19 mai 1806, Beardi et Saint-Martin c. Corneliano; 21 août 1807, Ferrero c. Giusiana; 19 mars 1808, Muschetti c. Camosso; *Paris*, 2 janv. 1809, Garde c. Rebattu; *Pau*, 27 janv. 1810, Coustan c. Bidegorry; *Florence*, 12 déc. 1811, Baselin c. Veimar; *Colmar*, 24 mai 1832, Domaine c. Lau; *Bordeaux*, 6 juin 1832, Quénot c. Tiract; 16 août 1832, Pillet c. Mourous; — Merlin, *Rép.*, vo *Domicile élu*, § 1er, no 7, et *Quest. de dr.*, *eod. verb.*, § 3, nos 8 et 13.

362. — Jugé cependant que l'appel d'un jugement peut être interjeté au domicile élu pour l'exécution de la convention à l'occasion de laquelle ce jugement est intervenu. — *Rouen*, 15 janv. 1821, de Boufflers c. de Vigny.

363. — ...Ou au domicile élu par l'intimé dans des actes postérieurs au jugement de première instance. — *Rouen*, 9 janv. 1806, Laforêt c. Imminch.

364. — Spécialement, lorsqu'une partie a élu domicile chez son avoué, et qu'après avoir obtenu une condamnation elle a élu domicile chez le maire du lieu où elle devait la mettre à exécution et où elle ne demeurait pas, l'appel de cette condamnation doit lui être signifié à ce dernier domicile. — *Montpellier*, 20 juin 1820, Garrie c. Borel.

365. — Une élection de domicile générale pour tous actes et exploits quelconques, et contenant en outre la déclaration expresse de la partie qu'elle regardera comme nulles toutes les significations qui lui seraient faites ailleurs, autorise aussi suffisamment la notification de l'acte d'appel au domicile indiqué. — *Cass.*, 8 août 1821, de Repentigny c. Jolly; — Merlin, *Quest. de dr.*, vo *Domicile élu*, § 3, no 8.

266. — Quant à l'élection d'un domicile dans un exploit de signification d'un jugement de première instance, elle n'est censée faite que pour les actes relatifs à son exécution, et ne peut être étendue aux actes relatifs à l'appel de ce jugement. — *Pau*, 6 prair. an XI, Breton c. Dumiraith; *Poitiers*, 13 niv., an XIII, Noel c. Joguet et Ruelle; *Cass.*, 4 déc. 1806, Dr. réun. c. Merjant et Gréjo; 13 mai 1807, Duquesnoy c. Coypel; *Limoges*, 28 août 1811; Annet Jouhannet c. Rognard; *Cass.*, 28 oct. 1811, Harth c. Herrenschmitt; *Grenoble*, 16 mars 1812, Pascal c. Bret et Giat; 30 déc. 1815, Enregistr. c. de Sades; *Rennes*, 28 août 1821, Ouin c. Sarron; *Lyon*, 25 août 1828, Dupont c. Bourdin; *Bordeaux*, 6 juin 1832, Quénot c. Tiract. — V. cependant *Pau*, 30 nov. 1809, Prielley.

367. — ...Lors même que le jugement signifié ne prononcerait pas une condamnation absolue, mais tendrait à un interlocutoire par l'événement d'une option déférée à la partie qui succomberait. — *Paris*, 2 fév. 1808, Martin c. Taillandier.

368. — ...Et quoique l'élection ait été déclarée dans la signification du jugement être faite pour les suites dudit jugement. — *Metz*, 26 mai 1820, Hamen c. Greisch.

369. — Mais la signification de l'appel est valablement faite au domicile élu dans la signification du jugement, lorsqu'au fait que cette élection a eu lieu avec la mention que le requérant y consent la validité de tous actes, se joint cette autre circonstance que l'appelant, s'étant présenté au domicile réel de l'intimé, n'y a trouvé ni la personne, ni aucun document sur son existence. — *Angers*, 31 mars 1843 (t. 2 1843, p. 261), Cesbron c. Gihoudot.

370. — Si l'exploit de signification du jugement contient commandement tendant à saisie-exécu-

tion, nul doute alors que l'acte d'appel puisse être signifié au domicile qui est élu dans cet exploit. — *Agen*, 10 fév. 1806, Bordes c. Dapouy; *Liège*, 16 déc. 1809, Gilson c. commune de Stavelot; *Cass.*, janv. 1810, Cartier c. Meurel; *Pau*, 27 janv. 1810, Coustau c. Bidegorry; *Rennes*, 7 juin 1810, Couchard c. Pepin; *Montpellier*, 23 juill. 1810, Bel-Saint-Martin c. Rollande; *Rouen*, 10 août 1810, Riouffe c. Heurtematte; *Trèves*, 9 janv. 1811, Kayser c. Baum; *Cass.*, 16 juill. 1811, Poulain c. Deniset; *Rennes*, 23 nov. 1813, N...; *Metz*, 7 juill. 1814, Didier c. Conrard; *Liège*, 10 janv. 1815, Favechamps c. Souplet; *Agen*, 10 fév. 1815, Curienne; *Montpellier*, 2 avr. 1822, Martin c. Lioblet aîné; *Cass.*, 20 août 1822, Decurrière c. Begon de Blandas; *Poitiers*, 14 nov. 1822, Fenet-Lagrange c. Lapomarède; 28 août 1829, Lange et Fournier c. Georges; — Merlin, *Quest. de droit.*, vº *Domicile élu*, § 3, nº 2.

371. — Cette signification est valable, quoique l'exécution ne soit pas encore commencée. — *Toulouse*, 7 mai 1824, Ausenac c. Balaran.

372. — L'appel du jugement signifié avec commandement tendant à exécution peut être signifié au domicile élu par le poursuivant, même dans un acte postérieur au commandement, si l'élection de domicile exigée a été omise dans le commandement. — *Turin*, 30 mars 1808, Provana c. Raffaldi.

373. — Peu importe aussi que dans le commandement la voie de la saisie immobilière ait été spécialement indiquée, et que des circonstances de la cause il semble résulter que c'était à ce mode d'exécution que le créancier voulait principalement avoir recours. — *Bourges*, 30 avr. 1841 (t. 2 1841, p. 585), Leclerc c. Pannetrat.

374. — Jugé encore que l'acte d'appel est régulièrement signifié au domicile élu dans l'exploit de signification du jugement fait avec commandement, quoique cet exploit porte seulement que la partie sera contrainte par voie de droit et n'énonce pas l'intention de la part de l'intimé de procéder à une saisie-exécution. — *Metz*, 26 juill. 1811, Radier c. Semonville; *Rennes*, 13 mars 1818, Bourmichon; *Toulouse*, 15 juin 1824, Bonnafous c. Grousson; *Bourges*, 30 avr. 1841 (t. 2 1841, p. 585), Leclerc c. Pannetrat. — V. toutefois, en sens contraire, *Trèves*, 6 mars 1811, N...; *Rennes*, 1er juin 1811, Matheus c. Clavel; *Limoges*, 24 avr. 1812, Chabroud c. Clavaud.

375. — Est valablement fait au domicile élu dans un commandement tendant à saisie-exécution, l'appel d'un jugement qui statue sur l'opposition formée par le débiteur au jugement par défaut en vertu duquel le commandement a été signifié. — *Grenoble*, 26 juill. 1838 (t. 1er 1838, p. 317), Triboulet c. Gallin.

376. — Jugé au contraire que l'appel d'un jugement signifié avec commandement tendant à exécution, ne peut être signifié qu'à personne ou à domicile réel, et non au domicile élu dans l'exploit de signification. — *Bruxelles*, 20 janv. 1808, Marchand c. Steffens; *Paris*, 30 juin 1808, Baty c. Julliot de Fromont; *Rennes*, 28 fév. 1812, Dupuy c. Leborgne; *Grenoble*, 16 janv. 1826, Trolliet c. Chanteur.

377. — ... Alors surtout que le jugement signifié avec *commandement de s'y conformer* n'est pas susceptible d'une exécution immédiate, soit par la saisie des biens du condamné, soit par son emprisonnement. — *Cass.*, 28 août 1811, Robin c. Castellane; — Merlin, *Quest. de droit*, vº *Domicile élu*, § 3, nº 2 (4e édit., t. 3, p. 388).

378. — L'appel doit à plus forte raison encore être signifié à personne ou domicile, quand la signification du jugement contenant élection de domicile, ne renferme qu'*une menace d'exécuter*. — *Florence*, 4 juill. 1812, Richard c. Bomi.

379. — ... Ou qu'une simple injonction d'obéir au jugement. — *Limoges*, 26 avr. 1823, Gros-Vignaud c. Defaye; *Bordeaux*, 29 juin 1827, Carrère c. Beguey; 6 juin 1832, Quénot c. Tiraet.

380. — La faculté accordée par l'art. 684, C. procéd., de faire la signification des actes d'appel au domicile élu dans le commandement préalable à la saisie-exécution, doit être restreinte à l'appel des jugemens rendus sur les incidens occasionnés par les poursuites qui ont suivi le commandement. — *Paris*, 30 juin 1808, Baty c. Julliot de Fromont; *Besançon*, 21 août 1809, Henry c. Pescheur.

381. — ... Par exemple, à l'appel d'un jugement qui statue sur les nullités proposées contre une saisie immobilière. — *Liège*, 29 août 1810, Bernard c. Bureau de bienfais. d'Andenne.

382. — Si le commandement contient élection de deux domiciles, l'exploit d'appel dans l'instance qui s'engage sur ce commandement, peut être signifié à l'un ou à l'autre de ces deux domiciles. — *Metz*, 11 mars 1826, N... c. H...; *Cass.*, 21 août 1828, Sapey c. Goudret; *Nîmes*, 6 août 1822, Rey c. Paulet. — V. aussi *Cass.*, 20 juin 1838 (t. 2 1838, p. 346), Becq c. Legrand.

383. — Décidé, au contraire que, lorsque le commandement fait en exécution d'un jugement à la partie condamnée contient une double élection de domicile, l'une dans la commune où l'exécution doit avoir lieu, et l'autre en une autre commune, par exemple chez l'avoué qui avait occupé en première instance pour celui au profit duquel le jugement a été rendu, cette partie ne peut faire signifier l'appel de ce jugement au domicile élu chez l'avoué. — *Cass.*, 20 juill. 1824, Guilhery c. Marie.

384. — Lorsque, dans un commandement, il a été fait élection de domicile dans un lieu où se font les poursuites, et que, dans l'acte en vertu duquel le créancier agit, il a été établi un autre domicile pour son exécution, le débiteur a le droit de porter sa demande en nullité devant le tribunal du domicile exprimé dans l'acte. — *Paris*, 6 janv. 1825, Voguet c. Legendre.

385. — L'appel d'un jugement de compétence, distinct du jugement qui sert de base à un commandement, encore que les deux jugemens portent sur le même objet de litige, n'est pas valablement signifié au domicile élu dans ce commandement. — *Bruxelles*, 1er mars 1821, Rabaud c. N...

386. — L'appel d'un jugement en vertu duquel une saisie est faite, peut être signifié au domicile élu dans le procès-verbal de cette saisie. — *Bruxelles*, 27 mai 1808, Lucq c. Gernaux.

387. — ... Alors surtout que le créancier saisissant ne demeure pas dans la ville où la saisie a été faite. — *Paris*, 5 janv. 1809, Lesselin c. Fottope.

388. — Un tiers saisi peut signifier au domicile élu dans la saisie l'appel du jugement qui annule la déclaration affirmative. — *Liège*, 12 juin 1812, Chainaic-Raymond c. Denis; — Roger, *Tr. de la saisie-arrêt*, nº 349.

389. — Jugé, au contraire, que l'appel d'un jugement qui a validé une saisie-arrêt ne peut être notifié au domicile élu dans le procès-verbal de saisie. — *Bruxelles*, 9 avr. 1812, Danhieux c. agent du trésor.

390. — La signification au domicile élu dans un commandement tendant à la contrainte par corps, d'une ordonnance de référé rendue sur une opposition à cette contrainte, ne fait pas courir le délai d'appel de cette ordonnance. — *Bordeaux*, 1er août 1828, Besse c. Mouru-Lacotte.

391. — L'acte d'appel en matière de saisie mobilière faite en vertu de permission du président du tribunal de commerce, ne peut être notifié au domicile élu par le saisissant chez son avoué. — *Rennes*, 14 août 1816, Leroux c Carro.

392. — L'appel du jugement qui valide l'arrestation du débiteur peut être signifié au domicile élu dans le procès-verbal de capture ou acte d'écrou. — *Cass.*, 20 mars 1840, Berthot et Cailler c. Vacher-Lacour; *Riom*, 31 août 1814, Chambon c. Chopin et Bouche.

393. — L'appel d'un jugement rendu sur des contestations relatives à l'opposition à une levée de scellés, peut être signifié au domicile élu dans cette opposition. — *Bourges*, 24 août 1808, Rebecqui c. Ducruet.

394. — L'appel d'un jugement d'ordre devrait être aussi valablement signifié au domicile élu dans le bordereau d'inscription hypothécaire ou dans le procès-verbal d'ordre. Toutefois, il règne sur cette question, dans la jurisprudence, une grande dissidence. — V., pour la validité de la signification au domicile élu, *Cass.*, 22 janv. 1806, Terrason-Davèze c. Rossari; *Nîmes*, 22 août 1807, Peyronnel c. Dagrain; *Cass.*, 16 déc. 1808, Champflour c. Chabaut; *Rouen*, 22 sept. 1810, Rimol c. Legemble; *Grenoble*, 29 juin 1811, Fayol c. Dumas; *Paris*, 17 juill. 1811, créanciers Delanoue c. Pango; *Rennes* 30 août 1814, N...; *Cass.*, 23 avr. 1818, Mayer c. Pelliet; 16 mars 1820, Grandjacquet, c. de Pillot; *Bordeaux*, 20 fév. 1829, Despaigne c. Anglès; *Poitiers*, 28 avr. 1831, Deleau c. Lascases. — V. pour la nullité, *Riom*, 20 août 1810, Gaujoux c. Vassal; *Paris*, 28 août 1811, Fildesoie c. Robin; *Cass.*, 27 oct. 1813, Creuziat; 13 janv. 1814, Hamoire c. Naveau; *Rouen*, 14 nov. 1816, Coursenille c. Lecosne; *Colmar*, 25 avr. 1817, Carbriston; *Toulouse*, 10 mars 1820, N...; *Agen*, 27 mars 1829, Mothé-Laffon c. Pujo-Reillou.

395. — Un acte d'appel ne peut être signifié au domicile élu par l'intimé dans un acte d'offres réelles; il doit, comme tout ajournement, être signifié à personne ou domicile. — *Bruxelles*, 14 août 1807, Domy c. Cateau.

396. — L'appel d'un jugement qui statue sur une demande en main-levée d'inscription, est valablement signifié au domicile élu par le créancier dans l'inscription. — *Lyon*, 7 août 1829, Dagallier c. contributions indirectes.

397. — Lorsque dans l'acte d'appel il a été fait une élection de domicile, mais avec ces mots: *sans aucune autre attribution*, l'intimé peut néanmoins signifier à ce domicile élu son exploit d'anticipation sur l'appel. — *Cass.*, 13 germin. an XII, Simon c. Tort-la-Sonde.

398. — Deux parties ayant un intérêt commun et qui se sont rendues appelantes par un seul exploit, avec élection d'un même domicile, peuvent être anticipées collectivement au domicile élu par une assignation dont il n'est laissé qu'une copie. — *Paris*, 12 avr. 1806, Blaye et Baron c. Brandin.

399. — L'élection d'un seul domicile par plusieurs consorts, et la réquisition que toutes les significations leur soient faites à ce domicile par une seule copie, sous peine de faire rejeter les frais de la taxe, sont obligatoires pour la partie adverse. — *Cass.*, 27 fév. 1832, Dioudonnat c. Glandas. — Richelot, *Principes de droit civil*, t. 1er, nº 284, note 10e.

400. — Mais cette élection de domicile et cette réquisition ne sont valablement faites par un huissier qu'en vertu d'un pouvoir spécial. — V. l'arrêt de Paris du 2 juill. 1829, rapporté avec l'arrêt de Cassation qui précède.

401. — Elles sont d'ailleurs nulles, si au nombre des parties requérantes, se trouvent des mineurs, des femmes mariées sous le régime dotal ou des héritiers bénéficiaires. — Même arrêt de Paris.

402. — Les frais des diverses significations faites au domicile réel de chacune des parties qui sont intervenues dans une instance ne peuvent entrer en taxe, lorsque les parties ont déclaré, dans leur exploit d'intervention, qu'elles élisaient domicile chez le même avoué, *pour que toutes significations leur fussent faites collectivement au domicile élu par une seule et même copie.* — *Cass.*, 2 fév. 1826, Martin c. Adeline. — V. encore, dans le même sens, *Bordeaux*, 29 août 1828, Doens c. Salles et Durban; *Rouen*, 11 fév. 1839 (t. 1er 1841, p. 292), Roy et Duval c. Thierry et Gueffe.

403. — Jugé encore que la signification d'un exploit est valablement faite à plusieurs intimés par une seule copie au domicile du mandataire par eux constitué, lorsqu'il résulte des circonstances que lesdits intimés ont entendu se placer hors des termes des art. 68, 69 et 456, C. procéd. civ. — *Cass.*, 14 juill. 1840 (t. 2 1840, p. 325), Bowerman c. O'Mullane.

404. — Décidé, au contraire, que l'appel interjeté contre plusieurs intimés doit être notifié à chacun d'eux par copie séparée, lors même qu'ils auraient élu un domicile commun dans un commandement par eux signifié et tendant à l'exécution du jugement de première instance. — *Cass.*, 15 fév. 1815, de Turenne c. Canthouni; *Grenoble*, 10 juin 1817, Darie c. Jaudin; *Rennes*, 10 juin 1820, Sévigny c. Planchain.

405. — Est valable l'appel signifié au domicile du fondé de pouvoir général et spécial, autorisé à faire des actes pour la validité desquels l'élection de domicile est requise. — *Liège*, 12 juin 1812, Chainaic-Raymond c. Denis.

406. — Le jugement qui admet un pourvoi, doit être signifié au domicile réel du défendeur, et non à celui qu'il a élu dans le cours des procédures de première instance ou d'appel. — *Cass.*, 2 flor. an IX, Pasteeh c. de Kessel; 19 vendém. an XI, Pignatelli c. Berlaud. — V. aussi *Cass.*, 28 oct. 1811, Enregistr. c. Arnauldi; — Merlin, *Quest. de droit*, vº *Domicile élu*, § 3, nº 1er.

407. — Mais ce jugement pourrait être valablement signifié au domicile élu en première instance ou en appel, si le défendeur n'avait pas fait connaître son véritable domicile. — *Cass.*, 16 messid. an XI, Hasenforder c. Voger.

§ 2. — *Election de domicile en matière commerciale.*

408. — L'élection de domicile en matière commerciale est, comme en matière civile, légale (notamment dans les cas prévus par les art. 422 et 435 C. procéd. civ.), ou volontaire, par exemple dans les lettres de change, billets à ordre, ajournemens, significations, etc.

409. — Nous avons vu (nº 299) qu'en matière civile, l'élection de domicile conventionnelle ou volontaire doit, pour emporter soumission à la juridiction du tribunal du domicile élu, être expresse, et qu'elle ne peut résulter, par exemple, de la seule indication d'un lieu pour le paiement de l'obligation. Il en est autrement en matière commerciale, où des considérations particulières ont fait tant de fois admettre des dérogations aux principes du droit commun. L'indication d'un lieu de paiement, soit dans une lettre de change, soit dans un billet à ordre par le souscripteur emporte donc élection de domicile dans ce lieu, et attribution de

juridiction au tribunal de ce lieu pour toutes les contestations auxquelles les lettres de change ou billets à ordre peuvent donner lieu.

410.—C'est ce qui résulte de l'art. 420, C. procéd. civ., d'après lequel le demandeur, en matière commerciale peut assigner devant le tribunal de l'arrondissement duquel le paiement devait être effectué, et ce qui a été jugé, soit sous l'ordonnance de 1673, sous le Code de procéd. civ. et de commerce. — *Bruxelles*, 30 mars 1807, Clenis Semidt c. Barbiaux; *Paris*, 26 fév. 1808, Grammont-Chégaray; 25 août 1810, Lecat c. Delaplace; *Cass.*, 17 avr. 1811, Jacob c. Maglio; *Bourges*, 5 janv. 1814, Gougnon de la Roche c. Bonnichon; *Cass.*, 13 janv. 1829, Sasnon c. Questier; *Bordeaux*, 4 fév. 1835, Fort c. Gallai; *Paris*, 8 juill. 1836 (t. 2 1837, p. 75), Robert c. Provost; *Aix*, 1er fév. 1838 (t. 2 1838, p. 316), Sigaud c. Silvestre. — V. également, en ce sens, Merlin, *Répert.*, vo *Domicile élu*, § 2, no 4 (5e édit., t. 5, p. 35, 2e col.); Persil, *Des lettres de change*, art. 188, no 10; Duranton, t. 1er, p. 288, note 1re. — V. cependant *Colmar*, 9 juill. 1806, Maglin c. Cerf-Jacob.

411. — Mais l'indication du domicile énoncée dans une lettre de change comme *adresse* n'équivaut point à une élection de domicile. — *Rennes*, 13 mai 1814, N...

412. — Celui qui accepte une lettre de change ou un billet à ordre, pour être payés en un lieu indiqué, constitue également en ce lieu, comme le souscripteur, pour raison de ces lettres de change et billet à ordre, son domicile commercial et peut y être assigné devant le tribunal. — *Cass.*, 24 juin 1806, Lachenez c. Mariette; *Paris*, 24 sept. 1806, mêmes parties; *Cass.*, 4 fév. 1808, Mariette; *Paris*, 26 nov. 1808, Commerson c. Piéplu; 23 mars 1811, héritiers Semidt c. Lescouvié; *Cass.*, 17 mars 1812, Saul Crémieux c. Jacob Crémieux; *Paris*, 2 juin 1812, Maistre c. Coulon.

413. — Lorsque l'accepteur s'oblige à payer à *son domicile* dans un lieu où il n'a réellement pas de domicile, une pareille énonciation est moins une supppsition de lieu qu'une élection de domicile. — *Turin*, 31 mars 1813, Boldrini c. Jeannin.

414. — Le tireur d'une lettre de change protestée peut aussi être assigné au tribunal dans le ressort duquel la lettre était payable, quoiqu'il soit domicilié dans un autre ressort. — *Paris*, 6 janv. 1809, de Pawn c. Bourget.

415. — L'élection de domicile faite par le vendeur dans le lieu de la destination, par un exploit d'opposition à la délivrance des marchandises vendues, autorise l'acheteur à faire signifier à ce domicile élu une assignation ayant pour objet sa renonciation au marché pour cause de dépérissement des marchandises.—*Cass.*, 9 juin 1830, Joques c. Girard.

416. — Lorsque l'assignation est donnée au domicile indiqué pour le paiement d'un effet de commerce, y a-t-il lieu d'observer le délai de distance entre le domicile réel et le tribunal saisi de l'action par suite de l'élection de domicile ?—Le motif qui, au cas d'élection de domicile en matière civile (V. *suprà*, no 352), nous a déterminé à décider que ce délai doit être observé, n'existe pas, il faut en convenir, avec la même force dans les affaires commerciales où la tendance principale de la loi a été d'introduire la plus grande célérité; nous serions donc disposés à refuser en cette matière toute augmentation de délai à raison des distances.

417. — Et c'est en ce sens également que la jurisprudence, malgré quelques divergences, paraît s'être le plus généralement prononcée. — V. en effet *Cass.*, 25 prair. an X, Magnet. c. Coullerez; *Paris*, 24 sept. 1806, Mariette c. Lachenez; 26 nov. 1806, Commerson c. Piéplu; *Bruxelles*, 30 mars 1807, Clenis Schmidt c. Barbiaux; *Paris*, 26 fév. 1808, Grammont-Chegaray; 1er mars 1808, Franckmorris c. Schrader; 2 juin 1812, Maistre c. Coulon; *Cass.*, 9 juin 1830, Joques c. Girard; *Paris*, 8 juill. 1836 (t. 1er 1837, p. 75), Robert c. Provost. — V. au contraire dans le sens de l'augmentation des délais, *Cass.*, 4 juin 1806, Mariette; *Paris*, 24 sept. 1806, mêmes parties; *Cass.*, 1er avr. 1807, Durand Lafeuillade c. Bric; *Agen*, 6 fév. 1810, Soumabère c. Escalup.

418. — L'élection de domicile faite dans l'exploit d'ajournement, par une partie non domiciliée dans le lieu ou siége le tribunal de commerce, ne suffit pas pour la dispenser de faire mentionner son élection de domicile sur le plumitif, conformément à l'art. 422, C. procéd. civ., lorsqu'à la première audience il n'intervient pas de jugement définitif.—*Bordeaux*, 26 fév. 1830, Loche c. Colombel.

419.—Nous avons admis aussi, avec les auteurs, que la signification du jugement en matière civile pouvait être valablement faite au domicile élu dans l'acte pour son exécution, le jugement se rattachant nécessairement à cette exécution. Il semblerait que le jugement qui condamne le débiteur au paiement d'une lettre de change ou d'un billet à ordre, devrait également pouvoir être signifié au domicile élu dans ces lettre de change ou billet à ordre. Toutefois l'opinion contraire, c'est-à-dire celle qui veut que le jugement en matière commerciale, soit signifié au domicile réel du débiteur, a été consacrée par la jurisprudence. — V. *Colmar*, 10 fév. 1809, N...; *Turin*, 29 nov. 1809, Fontanore Michaud; *Agen*, 6 fév. 1810, Sommabère c. Escalup; *Colmar*, 20 mars 1810, Levy c. Galmiche.

420. — Jugé, par suite, que la signification d'un jugement du tribunal de commerce au domicile élu en exécution de l'art. 422, C. procéd., ne fait pas courir les délais de l'appel. — *Cass.*, 2 mars 1814, Veymann c. Fiers; *Bruxelles*, 25 avr. 1821, Espanef c. Degroof; *Colmar*, 5 août 1826, Hauman c. Spach; *Lyon*, 28 janv. 1828, Bertrand c. Bori.

421. — Le commandement tendant à saisie immobilière, fait en vertu du jugement de condamnation, ne peut être notifié au domicile élu dans une lettre de change ou un billet à ordre; il doit l'être au domicile réel du défendeur. — *Aix*, 1er fév. 1838 (t. 2 1838, p. 316), Sigaud c. Silvestre.

422. — Est nul l'acte *d'appel* signifié sous l'empire du Code civil et du Code de procédure, au domicile élu dans l'acte d'acceptation d'une lettre de change. —*Trèves*, 26 fév. 1810, Hapelkamp. c. Domalin.

423.— Jugé, cependant, qu'un acte d'appel d'un jugement de compétence, en matière de lettre de change, est valablement signifié au domicile élu pour le paiement de cette même lettre. — *Turin*, 9 janv. 1810, Magliano c. Benedetto.

§ 3. — *Election de domicile en matière criminelle.*

424. — En matière criminelle, l'art. 68, C. inst. crim., prescrit à toute personne qui se porte partie civile dans une poursuite, et qui ne demeure point dans l'arrondissemant communal où se fait l'instruction, d'y élire domicile par acte passé au greffe du tribunal.

425. — L'élection de domicile peut également être faite par un exploit d'huissier signifié au greffe. — Carnot, *C. inst. crim.*, sous l'art. 68, no 2.

426. — Cette élection de domicile a pour but de faciliter la notification des actes qui doivent être signifiés à la partie civile. — Aussi l'art. 68 ajoute-t-il que, faute par celle-ci d'avoir fait cette élection de domicile, elle ne pourra opposer le défaut de signification desdits actes.

427. — Les principaux de ces actes sont : la demande en liberté provisoire formée par le prévenu (art. 116); l'ordonnance rendue par la chambre du conseil sur le rapport du juge d'instruction.— Art. 135.

428. — De son côté, le prévenu qui a obtenu sa liberté provisoire sous caution, doit élire domicile dans le lieu où siége le tribunal correctionnel dans le ressort duquel sont exercées les poursuites, par acte reçu au greffe de ce tribunal. — Telle est la prescription formelle de l'art. 124.

429. — Lorsque, en matière correctionnelle, le tribunal est saisi directement par citation de la partie civile, cette dernière doit faire, par l'acte de citation, élection de domicile dans la ville où siége le tribunal. — C. inst. crim., art. 183.

430. — Dans le cas de réglement de juges, le prévenu ou l'accusé qui sont en liberté, et la partie civile ne peuvent être admis à former opposition à l'arrêt qui a statué sur la demande en réglement qu'après avoir élu domicile dans le lieu où siége l'une des deux autorités judiciaires en conflit; — à défaut de cette élection, ils ne peuvent exciper de ce qu'il ne leur aurait été fourni aucune communication —Art. 535.

§ 4. — *Comment prend fin l'élection de domicile.*

431. — Sous la législation romaine, lorsque les parties avaient élu domicile pour l'exécution d'un acte dans un lieu autre que celui de leur domicile réel, la question de savoir si l'une d'elles pouvait résilier la convention et se soustraire par là à la juridiction du tribunal du domicile élu, dépendait de la nature de cette convention. Si c'était un simple pacte, *pactum nudum*, l'élection de domicile pouvait être détruite par la volonté contraire de l'une des parties, les pactes n'étant pas obligatoires. Mais elle ne pouvait l'être lorsque le pacte était ajouté à un contrat, *pactum contractu adjectum*, c'est-à-dire lorsque l'élection de domicile était faite par une stipulation. — L. 18, ff., *De juridictione*, et L. 29, Cod. *De pactis*.

432. — Dans notre ancien droit, où la distinction entre les pactes nus et les stipulations avait déjà disparu, on tenait généralement que la partie qui avait élu domicile, ne pouvait plus échapper aux effets de cette élection.— V. notamment Jousse, *Idée de la justice*, tit. 3, sect. 4e, § 1er; Bacquet, *Traité des droits de justice*, chap. 8, no 16.

433. — Aujourd'hui cette question doit se résoudre par la distinction suivante : Ou l'élection de domicile a été faite par les parties comme condition essentielle de leur convention, ou elle a eu lieu par l'un seulement des contractans, et pour son avantage. Au premier cas, elle ne peut être révoquée que du consentement de toutes les parties (*Rép.*, vo *Domicile élu*, § 2, no 1er); dans le second, la partie qui a fait élection de domicile est toujours libre de la révoquer, car cette élection ne constitue, en pareil cas, qu'un simple mandat toujours révocable de sa nature. — Duranton, t. 1er, no 381; Demolombe, t. 1er, nos 372 et 375.

434. — Si l'élection a eu lieu dans l'intérêt unique du demandeur, il peut s'en désister avant que les poursuites soient commencées, en assignant le défendeur à son domicile réel et devant le tribunal de ce domicile, ou pendant l'instance, en faisant connaître son désistement au défendeur.

435. — Si elle a été faite, au contraire, dans l'intérêt du défendeur, celui-ci doit toujours notifier sa révocation au demandeur. — V., sur ce point et en ce sens, *Paris*, 8 fév. 1813, Schluter c. de Pontivès; — Carré et Chauveau, *Lois de la procéd.*, t. 1er, quest. 272e; Marcadé, t. 1er, sous l'art. 111, no 1er; Zachariæ, t. 1er, p. 286; Duranton, t. 1er, no 382; Valette, sur Proudhon, t. 1er, p. 241.

436. — Toutefois, de ce que le domicile contractuel élu dans un acte pour son exécution ne peut être changé que d'un commun accord, il n'en résulte pas que chacune des parties ne puisse, dans le même lieu, substituer un autre mandataire à celui primitivement choisi. — *Cass.*, 19 janv. 1814, Amyet c. banque territoriale (cet arrêt casse un arrêt de la cour royale de Paris, du 27 août 1812, qui avait décidé le contraire);—Zachariæ, *loc. cit.* —Dans ce cas, en effet, les parties n'ont nul intérêt à contester. — Richelot, *Principes de dr. civ.*, t. 1er, no 285.

437. — Lorsque les parties ont fait élection de domicile dans un acte pour l'exécution de cet acte au lieu même de leur domicile réel, le changement de domicile survenu postérieurement n'empêche pas que l'attribution de juridiction ne continue à subsister au lieu du domicile élu.—*Paris*, 11 juill. 1810, Soue-de-la-Garlie c. Cholois; *Amiens*, 3 avr. 1829, Dumas de Polard c. Bertaux; —Merlin, *Rép.*, vo *Domicile élu*, § 2, no 7; Chauveau sur Carré, t. 1er, quest. 365 *ter*; Carré, p. 303, note 1re; Marcadé, t. 1er, sous l'art. 111, no 4; Demolombe, t. 1er, no 376-2o.

438. — Spécialement, lorsqu'une partie a élu domicile en sa demeure, elle est valablement assignée à la demeure qu'elle avait à l'époque du contrat, encore qu'elle en ait changé depuis. — *Colmar*, 5 août 1809, Durand c. Achard; *Cass.*, 24 janv. 1816, Jouenne c. Saint-Julien; 12 fév. 1817, mêmes parties.

439. — Une élection de domicile faite par quelques unes des parties contractantes au siége de leur société commerciale ne cesse pas d'avoir son effet par la dissolution de cette société. — *Bordeaux*, 21 juill. 1834, Salles c. Blondel.

440. — Dans ce cas n'est pas nul l'exploit signifié au domicile élu, encore qu'il ne mentionne ni la demeure ni le domicile réel des parties.—V. l'arrêt de Cass. précité du 12 fév. 1817.

441. — Si c'est le tiers chez lequel le domicile a été élu qui vient lui-même à changer le domicile, le domicile élu continuera-t-il au même endroit? MM. Carré et Chauveau (quest. 274), et Duranton (t. 1er, no 381) enseignent l'affirmative. M. Marcadé (*ubi suprà*) professe la même opinion pour le cas où l'élection de domicile n'a point été faite en considération de la personne. Mais si c'est en considération de la personne qu'elle a eu lieu, il pense que cette élection doit cesser de produire ses effets.

442. — Examinant ensuite la question de savoir si, dans ce cas, le domicile élu devra se trouver transporté au nouveau domicile de la personne chez laquelle l'élection avait été faite, le même auteur en fait dépendre la solution de l'intention présumée des parties, intention dont il abandonne l'appréciation à la sagesse des tribunaux.

443. — Nous admettons volontiers la première partie de la distinction proposée par M. Marcadé. Mais nous ne croyons pas avec cet auteur que le domicile élu, dans le cas où l'élection a été faite en considération de la personne, puisse cesser de plein droit de produire ses effets, et encore moins être transporté au nouveau domicile de cette personne, sans que la partie dans l'intérêt de laquelle l'élection avait eu lieu ait notifié à son adversaire ce changement de domicile. Toutes les significations qui seraient faites à l'ancien domicile avant cette notification devraient être considérées comme valables. — Merlin, *Rép.*, v° *Domicile élu*, § 1er, n° 8.

444. — En cas de mort de la personne chez laquelle le domicile a été élu, ce domicile continue de subsister, s'il a été fait plutôt en vue de la maison qu'en considération de la personne. Lorsqu'il a eu pour cause la personne même, il ne peut se trouver détruit, comme dans l'hypothèse précédente, que par la notification du décès, avec indication d'un autre domicile. — V. les auteurs précités. — V. aussi Duranton, t. 1er, n° 381; Rolland de Villargues, *Rép.*, n° 84; Delvincourt, t. 1er, note 1re, p. 254. — V. de même Bacquet, *Des droits de just.*, chap. 8, n° 16; Rodier, sur l'art. 3, tit. 2, ord. 1667; Demolombe, t. 1er, n° 372.

445. — La même nécessité de notification, et d'élection d'un autre domicile subsiste encore au cas où la personne indiquée refuse d'accepter ou de conserver le mandat qui résulte pour elle de l'élection de domicile. — Richelot, *Principes de dr. civil*, n° 288.

446. — Toutefois l'indication subsisterait provisoirement, malgré le refus de la personne désignée, tant qu'un autre domicile n'aurait pas été désigné. — Rolland de Villargues, v° *Domicile élu*, n° 16.

447. — Une élection générale de domicile accompagnée de la déclaration de la partie qu'elle regardera comme nulles les significations qui lui seraient faites ailleurs, n'est pas censée révoquée, parce que, dans la signification du jugement de première instance, la même partie a déclaré élire domicile en l'étude de l'avoué qui avait occupé pour elle. — *Cass.*, 8 août 1821, de Repentigny c. époux Jolly.

448. — Lorsque l'auteur de l'acte contenant élection de domicile est décédé, ses héritiers peuvent être assignés au domicile élu. C'est une application du principe général que les héritiers continuent la personne du défunt : *hæredes sustinent personam defuncti*. Cette opinion, formellement émise par le tribun Malherbe dans son discours au corps législatif sur le titre *Du domicile*, a pour appui l'autorité des auteurs anciens et celle de tous les auteurs modernes. — Jousse, *Idée de la justice*, t. 1er, p. 20; Bacquet, *Traité des dr. de justice*, chap. 8, n° 16; Rousseaud de Lacombe, v° *Domicile*, n° 14; Duparc-Poullain, *Principes de droit*, t. 1er, p. 14; Merlin, *Répert.*, vis *Déclinatoire*, § 1er, n° 1er (5e édit., t. 4, p. 161, 1re col.), et *Domicile élu*, § 2, n° 8; Delvincourt, t. 1er, p. 43, note 1re; Proudhon, *Traité des personnes*, édit. de 1842, t. 1er, p. 240; Boncenne, *Théorie de la procédure civile*, t. 2, p. 218; Carré et Chauveau, t. 1er, quest. 273; Marcadé, t. 1er, sous l'art. 111, n° 3; Duranton, t. 1er, n° 381; Zachariæ, t. 1er, p. 285; Toullier, t. 1er, n° 368; Demolombe, t. 1er, n° 375-3°.

449. — Et elle a été consacrée par la jurisprudence. — *Bourges*, 6 mars 1840 (t. 2 1846, p. 191), de Montaignac c. Provost.

450. — Même décision pour le cas où l'individu qui a constitué le domicile est en faillite ou a subi quelque changement dans son état, par exemple, a été interdit, condamné à une peine perpétuelle, mort civilement, etc. — Richelot, *loc. cit.*, n° 288.

451. — Le droit qu'a l'autre partie de poursuivre au domicile élu, passerait également à ses héritiers ou autres cessionnaires. Ce droit n'est pas exclusivement attaché à la personne des parties contractantes; il se transmet comme toutes les autres actions (Malherbe, *eod. loc.*). Chaque partie pourrait donc être assignée au domicile élu non seulement par son cocontractant, mais encore par les créanciers de ce dernier exerçant ses droits. — *Colmar*, 5 août 1809, Durand c. Achard; — Merlin et Proudhon, *ubi suprà*; Marcadé, sous l'art. 111; Zachariæ, *ubi suprà*.

452. — Cependant, il en devrait être différemment, s'il ressortait d'une clause expresse de l'acte ou des circonstances que l'intention des parties a été d'établir exclusivement le domicile élu soit pour la personne qui le créait, soit pour celle en faveur de laquelle il était créé. — Marcadé, sous l'art. 111, n° 3, *in fine*.

453. — Enfin, et de quelque façon qu'elle ait été stipulée, l'élection de domicile cesse de plein droit, soit à l'expiration du terme indiqué si elle n'était que temporaire, soit à l'époque où l'acte a reçu son entière exécution. — Richelot, *ibid.*, n° 287.

Sect. 3e. — *Domicile politique.*

454. — Le domicile politique d'un individu est au lieu où il est appelé à exercer les droits politiques attachés à la qualité de citoyen, et qui consistent principalement dans les droits d'élection.

§ 1er. — *Principes généraux.*

455. — La constitution du 5 fructid. an III (art. 17) et celle du 22 frim. an VIII (art. 6) exigeaient, pour former le domicile politique, une résidence continuée pendant un an dans le même canton. Dès-lors, une personne qui avait dans un lieu son domicile civil, pouvait bien ne pas avoir le droit d'y exercer ses droits de citoyen, si par exemple sa résidence ne remontait pas à une année, mais elle avait toujours et nécessairement son domicile civil dans le lieu où elle exerçait ses droits politiques. — Merlin, *Rép.*, v° *Déclinatoire*, § 1er, n° 3 (5e édit., t. 4, p. 165).

456. — A cette époque le domicile politique était toujours nécessairement confondu avec le domicile acquis par une année de résidence. — « Dans l'intention de la constitution, le domicile civil ne devait pas être différent du domicile politique, lorsqu'elle disait, dans l'art. 6, que pour exercer les droits de cité dans un arrondissement communal, il fallait y avoir acquis domicile par une année de résidence, et ne l'avoir pas perdu par une année d'absence, son objet était que chacun fût connu dans le lieu où il exerce ses droits de cité, pour repousser les intrigans qui, à la faveur d'une résidence passagère, chercheraient à surprendre les suffrages de ceux qui pourraient ignorer leur conduite précédente. » — Malleville, sur l'art. 102, C. civ.

457. — Il y avait, dit Merlin (*loc. cit.*), dans le projet du Code civil, un article portant que le domicile du citoyen est, sous tous les rapports, le lieu où il peut exercer ses droits politiques, et que le domicile des autres personnes qui ne jouissent pas des droits politiques est le lieu où elles ont leur établissement principal. Mais la première partie de cet article fut combattue dans la discussion au conseil d'état, par cette grande considération, que le nombre des citoyens actifs n'étant pas de quatre millions, il en serait résulté que la règle donnée par le projet de Code n'eût été applicable qu'à la moindre partie de peuple; et cette considération (c'est Malleville qui nous l'apprend, t. 1er, p. 117) « prévalut comme plus conforme aux principes de l'égalité. On dit que chacun devait être le maître de choisir son domicile là où bon lui semblait, et que l'égalité serait blessée si on réglait l'action des tribunaux à l'égard d'une partie des Français, et qu'on abandonnât les autres à l'arbitraire des circonstances. On convint cependant que l'exercice des droits politiques étant l'un des caractères du principal établissement, il serait appliqué à tous ceux à qui il pourrait convenir. »

458. — Le Code civil ne s'occupa donc en aucune façon du domicile politique, confondu d'ailleurs nécesssairement à cette époque avec le domicile réel. C'est le décret du 17 janv. 1806 qui a, pour la première fois, admis la séparation de ces deux domiciles. — Décr. 17 janv. 1806, art. 3.

459. — Aux termes de ce décret, aujourd'hui abrogé, un registre civique devait être ouvert au chef-lieu d'arrondissement, et l'inscription sur ce registre était nécessaire pour être admis à l'exercice des droits politiques. — Même décret, art. 2.

460. — Devait être porté sur ce registre tout citoyen ayant son domicile politique dans l'arrondissement (art. 2). — Or, étaient en première ligne considérés comme ayant acquis le domicile politique ceux qui avaient résidé pendant un an dans une des communes de l'arrondissement. — Art. 4.

461. — Supprimant la condition du temps de résidence, la loi du 5 fév. 1817 déclara que le domicile politique de tout Français serait dans le département où il avait son domicile réel. — L. 5 fév. 1817, art. 3.

462. — Ce principe fut maintenu par la loi du 29 juin 1820, avec cette seule différence que le domicile politique, jusqu'alors circonscrit par département, fût limité par arrondissement, par suite des modifications introduites par cette loi dans le système électoral.

463. — Enfin, la loi du 17 avr. 1831, qui a organisé le système électoral aujourd'hui mis en vigueur, contient une disposition analogue. « Le domicile politique de tout Français, porte son art. 10, est dans l'arrondissement électoral où il a son domicile réel. »

464. — Le domicile réel constitue donc de droit et à défaut de déclaration contraire légalement justifiée, le domicile politique, sans qu'on puisse exciper ni du défaut d'exercice ou de réclamation du droit électoral, ni de la résidence temporaire dans d'autres arrondissemens. — Duvergier, *Collect. des lois*, 2e édit., t. 22, p. 86, note 2e, et t. 31, p. 184, note 3e.

465. — Spécialement, le docteur en médecine qui n'a quitté le domicile où il habitait avec sa famille que temporairement, pour faire ses études, et qui est venu s'y fixer après sa réception, a droit à être inscrit sur la liste des électeurs communaux sans avoir besoin de justifier de trois années de domicile depuis son établissement en qualité de médecin. — *Cass.*, 31 juill. 1843 (t. 2 1843, p. 364), maire de Châtellerault c. Coutreau.

466. — On ne pourrait même argumenter du défaut de paiement de contributions dans l'arrondissement. Lors de la discussion de la loi du 19 avr. 1831, M. le duc Decazes déclara, au nom de la commission de la chambre des pairs, qu'il n'y a pas nécessité pour l'électeur de payer des contributions à son domicile réel, et que cette condition n'est imposée qu'à celui qui, séparant son domicile politique de son domicile réel, ne peut placer son domicile politique que dans un lieu où il paie une contribution directe.

467. — Le principe que tout Français a de droit son domicile politque là où il a son domicile réel, est applicable aussi bien à l'électeur qui se présente pour exercer pour la première fois ses droits politiques, qu'à celui qui a déjà été inscrit sur une liste. — *Paris*, 23 oct. 1834, Godard c. préfet de Seine-et-Marne.

468. — A défaut de déclaration contraire, tout électeur a son domicile réel, et par conséquent son domicile politique, au lieu où il a son domicile d'origine. — *Rennes*, 10 mars 1846 (t. 1er 1846, p. 592), Rondel du Faouëdic c. préfet d'Ille-et-Vilaine.

469. — ... A moins, cependant, qu'il ne résulte des circonstances particulières de fait qu'il a entendu transporter son domicile réel dans un autre lieu où il a établi sa résidence de fait. — C. civ., art. 103 et 104.

470. — Celui qui a son domicile d'origine et son principal établissement dans un arrondissement doit être maintenu sur la liste des électeurs de cet arrondissement, tant qu'on ne prouve pas qu'il ait déclaré vouloir transférer ailleurs son domicile politique, ni que son nom soit inscrit sur les listes d'un autre arrondissement. — *Grenoble*, 27 déc. 1829, Périer c. Ginoux et Thomas.

471. — Ces décisions supposent toutes, du reste, qu'il est facultatif de séparer le domicile politique du domicile civil. — Et, en effet, le domicile politique n'est plus, comme sous l'empire de la constitution de l'an VIII, nécesssairement lié au domicile civil.

472. — Comme on l'a vu plus haut, le décret du 17 janv. 1806, les lois des 5 fév. 1817 et 19 avr. 1831, ont consacré la possibilité d'avoir un domicile politique séparé de son domicile réel, à la charge d'accomplir certaines conditions destinées à prevenir les fraudes et à constater la volonté de celui qui les remplit.

473. — A partir de la loi du 29 juin 1820, qui confirma la disposition de l'art. 3, L. 5 fév. 1817, et créa des colléges électoraux d'arrondissement, la faculté de transférer son domicile politique dans une autre circonscription électorale eut lieu d'arrondissement à arrondissement, comme sous la loi de 1817, de département à département. — *Cass.*, 22 fév. 1830, Dieulouard c. Cornet d'Incourt.

474. — La loi du 19 avr. 1831 a depuis été modifiée en un point par la loi du 25 avr. 1845, laquelle est venue imposer quelques restrictions au droit de translation du domicile politique. — V. *infrà* nos 516 et suiv.

475. — Quoi qu'il en soit, il faut distinguer, en ce qui concerne le domicile politique, deux hypothèses différentes : à savoir, celle où le domicile politique est uni au domicile civil, et celle où il en est séparé.

476. — Dans le premier cas, aucune difficulté ne peut s'élever; le domicile politique suit le sort et les vicissitudes du domicile réel auquel il est attaché, et si le domicile réel vient à être changé, par cela même le domicile politique subit le même changement.

477. — La translation du domicile réel peut s'effectuer, comme nous l'avons vu (*suprà* n° 24), de deux manières : ou par l'habitation réelle dans un autre lieu, jointe à l'intention d'y fixer son principal établissement, ou par une déclaration expresse faite à la municipalité du lieu que l'on quitte, et à la municipalité du lieu où l'on va. Or, ces deux modes de translation produisent leur effet, relativement à l'exercice des droits politiques de plein droit, immédiatement. Ainsi, par exemple, il n'est pas nécessaire, pour que la double déclaration de changement de domicile réel, entraîne en même temps translation de domicile politique, qu'elle ait été faite six mois à l'avance. — Duvergier, t. 28, p. 177, aux notes, et t. 31, p. 184, note 4e.

478. — Pour obtenir son inscription sur la liste électorale de l'arrondissement où l'on a transporté son domicile réel, il suffit que cette translation de domicile soit certaine; la double déclaration et les délais prescrits par la loi du 19 avr. 1831 (art. 10) (V. *infrà* n° 496) ne sont imposés que pour opérer la séparation du domicile politique du domicile réel. — *Paris*, 19 nov. 1842 (t. 1er 1843, p. 598), Grébaut c. préfet de Seine-et-Oise.

479. — C'est ce qui avait été jugé déjà sous l'empire de la loi du 5 fév. 1817. — *Bordeaux*, 15 juin 1830, Langlumé c. préfet de la Gironde; 22 juin 1830, Boucherie c. Dunoguès.

480. — L'électeur qui avait son domicile réel et son domicile politique dans un arrondissement, et qui a transporté le premier dans un autre arrondissement sans déclarer légalement qu'il entendait conserver le second au lieu de son ancien domicile, ne peut être maintenu sur la liste électorale de l'arrondissement qu'il a quitté, par cela seul que son nom y a été conservé, et qu'il a continué d'y exercer ses droits politiques pendant plusieurs années. — *Orléans*, 20 fév. 1845 (t. 1er 1845, p. 182), Delaunay c. préfet de Loir-et-Cher. — V. conf. *Agen*, 16 janv. 1829, Serieys c. préfet du Lot.

481. — Jugé cependant, sous la loi du 5 fév. 1817, que l'électeur qui transférait son domicile de fait d'un département dans un autre conservait de droit son domicile politique dans le premier département s'il continuait d'y payer des contributions foncières suffisantes et s'il ne faisait point de déclaration contraire. — *Paris*, 19 janv. 1829, Favard. — Mais il faut remarquer que, dans l'espèce, l'arrêt s'appuie sur ce que l'électeur avait en fait continué à payer le cens nécessaire de l'électorat dans le premier domicile.

482. — Les militaires en retraite peuvent exercer leurs droits électoraux dans un arrondissement en vertu de l'art. 3, L. 19 avr. 1831, alors même qu'ils n'ont pas un domicile réel de trois ans dans cet arrondissement depuis le jour de leur retraite. — Il suffit qu'ils aient acquis ce domicile pendant leur service et avant l'époque de leur retraite. — *Metz*, 11 nov. 1845 (t. 1er 1846, p. 13), Piette c. Chatelain et préfet des Ardennes.

483. — Mais un militaire ne peut être réputé avoir son domicile réel dans une ville où son régiment tient garnison; il ne peut exercer ses droits électoraux dans cette ville s'il n'a pas fait, pour y établir son domicile politique, les déclarations prescrites par la loi du 19 avr. 1831, et s'il ne justifie qu'il y paie des contributions. — *Colmar*, 23 oct. 1837 (t. 2 1837, p. 604), Brissac.

484. — Des difficultés nombreuses s'élèvent lorsque le domicile politique est distinct et vient à être séparé du domicile civil; et les règles qui régissent la translation du premier doivent être l'objet d'une étude spéciale.

485. — L'effet de la translation du domicile politique et de sa séparation du domicile réel n'ont trait, du reste, qu'à l'exercice des droits électoraux, et non aux obligations que la qualité de citoyen français impose à ceux qui en sont revêtus.

486. — C'est par le domicile réel, et quel que soit le domicile politique, que se détermine le lieu où doivent être accomplies les obligations imposées au citoyen, et auxquelles il doit satisfaire en personne. — V. GARDE NATIONALE, JURY, RECRUTEMENT.

487. — Il y a même certains droits électoraux qui, à raison de leur nature spéciale, ne peuvent être exercées par un citoyen que dans le lieu de son domicile réel; ce sont les droits d'élection de juges consulaires ou de prud'hommes. — V. NOTABLES COMMERÇANS, TRIBUNAUX DE COMMERCE, PRUD'HOMMES.

488. — Ce n'est donc qu'eu égard aux élections politiques que la séparation du domicile réel et du domicile politique d'un citoyen est admise dans nos lois.

489. — Néanmoins, il ne faut pas croire que la séparation du domicile politique ne puisse avoir lieu de la part d'un citoyen non électeur. Le ministre de l'intérieur, Casimir Périer, s'exprimait, dans une circulaire du 19 avr. 1831, de manière à ne laisser aucun doute sur ce point. « Il a été reconnu, disait-il en parlant de la loi du 19 avr. 1831, qu'un individu qui ne jouit pas de ses droits électoraux peut transférer néanmoins son domicile politique. »

490. — L'utilité en certains cas de la translation du domicile politique, alors même qu'elle ne doit produire aucun effet immédiat, est incontestable. « Le choix du domicile précède naturellement l'exercice du droit, et ce choix est valablement fait dans la prévision d'une acquisition, d'une entreprise, d'un changement de position, d'où résultera la capacité électorale. » — Merger, *Manuel de l'électeur*, tit. 2, § 1er, p. 185.

491. — La translation du domicile politique peut s'opérer de deux manières bien distinctes : 1° par la volonté personnelle du citoyen, et c'est le cas le plus fréquent; — 2° par suite de l'acceptation de certaines fonctions publiques.

§ 2. — *Translation du domicile politique par la volonté du citoyen.*

492. — Comme nous venons de le dire, lorsqu'un citoyen opère la séparation de son domicile politique d'avec son domicile réel, cette séparation n'a pour résultat que de changer le lieu où il sera appelé à exercer ses droits électoraux en matière politique.

493. — La capacité électorale est, du reste, indépendante du domicile, qui, par lui-même, n'est pas un des élémens constitutifs de cette capacité et ne sert qu'à déterminer le lieu où elle peut être exercée. — *Nancy*, 7 juin 1830, Denuty-Noblut c. préfet de la Meurthe.

494. — L'exercice des droits électoraux en matière politique a lieu, d'après notre législation actuelle, dans trois circonstances distinctes : les élections sont législatives, départementales ou d'arrondissement, municipales.

495. — La translation du domicile politique est-elle autorisée par la loi, quelle que soit la nature de l'élection? Dans le cas où elle est admise, comment s'opère-t-elle? C'est ce qu'il importe d'examiner séparément.

496. — 1°. *Elections législatives.* — Après avoir posé comme principe général que le domicile politique du Français est dans l'arrondissement où il a son domicile réel, l'art. 10, L. 19 avr. 1831, ajoute : « Néanmoins il pourra le transférer dans tout autre arrondissement électoral où il paie une contribution directe, à la charge d'en faire, six mois d'avance, une déclaration expresse au greffe du tribunal civil de l'arrondissement électoral où il aura son domicile politique actuel, et au greffe du tribunal civil de l'arrondissement électoral où il voudra le transférer : cette double déclaration sera soumise à l'enregistrement. Dans le cas où un électeur aura séparé son domicile politique de son domicile réel, la translation de son domicile réel n'emportera pas le changement de son domicile politique, et ne le dispensera pas des déclarations ci-dessus prescrites, s'il veut le réunir à son domicile réel. »

497. — Les électeurs dénommés dans l'art. 3, L. 19 avr. 1831, c'est-à-dire les membres de l'institut et les officiers en retraite, ont, comme les électeurs censitaires, la faculté de transférer leur domicile politique, et, par suite, d'exercer leurs droits électoraux, dans un arrondissement où ils paient une contribution directe, quoique leur domicile réel soit dans un autre arrondissement. — *Metz*, 14 nov. 1844 (t. 2 1844, p. 569), Thiriot c. préf. de la Moselle.

498. — Sans aucun doute, celui qui veut user du bénéfice de l'art. 10, L. 19 avr. 1831, qui autorise tout Français à transférer son domicile politique dans un autre arrondissement que celui de son domicile réel, doit jouir de ses droits politiques, et par conséquent avoir atteint l'âge de vingt-cinq ans révolus au moment où il fait les déclarations prescrites par la loi. — *Montpellier*, 10 nov. 1845 (t. 1er 1846, p. 240), de Bosque c. Cayrol.

499. — Mais d'autres conditions sont-elles imposées à celui qui veut profiter de cette faculté?

500. — Le décret du 17 janv. 1806, tout en autorisant la translation du domicile politique, ne la permettait pas cependant d'une manière absolue; il ne l'accordait qu'à ceux qui seraient inscrits sur la liste des six cents plus imposés du département où ils fixeraient leur domicile.

501. — La loi du 5 fév. 1817, art. 3, ne reproduisit pas cette restriction, et la loi du 19 avr. 1831 disposa également d'une manière générale que le droit de séparer son domicile politique de son domicile appartiendrait à tout Français, pourvu qu'il payât une *contribution directe* dans l'arrondissement électoral où il entendait transférer son domicile politique.

502. — La condition de paiement d'une contribution directe dans l'arrondissement fût du reste dans la pensée du législateur absolue, et M. le duc Decazes, lors de la discussion de la loi, déclarait, en conséquence, au nom de la commission de la chambre des pairs, que le domicile politique doit se réunir de plein droit au domicile réel, lorsqu'on cesse de payer des contributions dans le domicile politique, par la raison que l'électeur doit toujours pouvoir exercer ses droits quelque part, que la séparation des deux domiciles n'est qu'une fiction de la loi, et que cette fiction cesse du jour où le domicile politique perd son utilité par le non-paiement du cens.

503. — Jugé dans ce sens que l'électeur qui a demandé et obtenu la translation de son domicile politique dans un canton autre que celui de son domicile réel n'est pas soumis à une nouvelle déclaration, lorsque, cessant de payer des contributions, il demande à être rayé de la liste de son domicile politique et à être inscrit sur celle de son domicile réel. — Ce n'est pas là une réunion à son domicile réel de son domicile politique, qu'il n'a plus, mais au contraire une simple rectification. — *Montpellier*, 10 nov. 1841 (t. 1er 1842, p. 218), Bauzil c. préf. de l'Aude. — V. *contrà Paris*, 27 oct. 1842 (t. 1er 1843, p. 557), Perrée c. préf. de la Seine.

504. — Telle était l'opinion déjà consacrée sous l'empire de la loi de 1817, dont celle de 1831 reproduisit sur ce point la disposition sans aucun changement. — V. circ. minist. 25 oct. 1823; — Avis cons. d'état 10 juill. 1819.

505. — Lors de la discussion de la loi de 1831, un amendement fut proposé à la chambre des députés, tendant à interdire la translation du domicile politique à celui qui, payant moins de 200 fr. de contributions dans l'arrondissement de son domicile réel, et n'étant point, vu le nombre des électeurs, appelé comme un des plus imposés, voudrait par la translation de son domicile politique dans un arrondissement où il y a nécessité d'appeler les plus imposés, se rendre ainsi électeur.

506. — Cette proposition fut rejetée. « L'art. 10, disait le rapporteur, porte que le domicile politique de tout Français est dans l'arrondissement électoral où il a son domicile réel. Vous comprenez qu'il serait injuste de priver un citoyen qui paierait une contribution dans un autre arrondissement que celui où il a son domicile réel, d'y remplir les fonctions d'électeur. »

507. — D'où il suit que, sous l'empire de la loi de 1831, on dut tenir comme constant, de même que sous la loi de 1817, que la loi ne fixant aucune somme au-dessous de laquelle la translation fût interdite, quelle que fût la modicité de la contribution payée dans le nouvel arrondissement, l'inscription sur la liste électorale était régulière et valable, si elle avait été précédée des autres conditions exigées par la loi. — *Bourges*, 3 déc. 1841 (t. 2 1842, p. 268), de Chabannes c. Breuzon; *Cass.*, 6 avr. 1842 (t. 1er 1842, p. 632), Chauvin des Orières c. Legraverend; 30 août 1842 (t. 2 1842, p. 258), Bordoy c. préf. des Hautes-Pyrénées; *Bordeaux*, 27 nov. 1843 (t. 1er 1844, p. 769), Duverdier c. préf. de la Dordogne.

508. — En conséquence, l'acquisition, faite en commun par plusieurs électeurs, d'un fonds situé dans un autre arrondissement électoral, leur donnait le droit d'y transférer leur domicile politique, quelque modique que fût la quotité de l'impôt que chacun d'eux eût personnellement à supporter. — *Bordeaux*, 27 nov. 1843 (t. 1er 1844, p. 769), Duverdier c. préf. de la Dordogne.

509. — Toutefois on jugeait avec raison qu'il fallait, dans ce cas, qu'il n'y eût pas eu de fraude imputable à l'électeur, par exemple, que les actes translatifs de propriété, par suite desquels il payait la minime contribution qui servait de base à la translation de son domicile politique, ne fussent point entachés de simulation. — Mêmes arrêts.

510. — Et l'on décidait que le droit de rechercher et de déterminer le caractère de ces actes appartenait à l'autorité administrative d'abord, et ensuite à l'autorité judiciaire, chargée de prononcer en dernier ressort sur les capacités électorales. — *Bourges*, 3 déc. 1841 (t. 2 1842, p. 268), de Chabannes c. Breuzon.

511. — ... Que dès-lors en cette matière comme en toute autre, la preuve de la simulation peut résulter des faits et circonstances de la cause, dont la loi abandonne l'appréciation aux lumières et à la prudence des magistrats. — Même arrêt.

512. — Cependant on reconnaissait en même temps que les juges ne pouvaient considérer comme frauduleuse et simulée une acquisition faite en commun, et donnant lieu pour chacun des coacquéreurs à une contribution modique et presque nulle, par cela seul que ceux-ci n'auraient eu d'autre but que de déplacer leur domicile politique en se créant un intérêt quelconque dans un arrondissement électoral. — *Cass.*, 30 août 1842 (t. 2 1842, p. 258), Bordoy c. préf. des Hautes-Pyrénées.

513. — ... Ni l'acquisition faite dans le lieu de la translation du domicile, en vue d'assurer le succès d'une combinaison électorale. — *Bourges*, 3 déc. 1841 (t. 2 1842, p. 268), de Chabannes c. Breuzon.

514. — On décidait également que le fait qu'a-

vant l'acquisition les nouveaux acquéreurs n'auraient pas visité le fonds, ou que depuis ils auraient laissé le fermier payer les arrérages au vendeur, n'était pas pertinent pour établir la simulation du contrat de vente, alors surtout qu'il était légalement constaté par les certificats du percepteur et du maire que les acquéreurs étaient eux-mêmes imposés et acquittaient l'impôt. — *Bordeaux*, 27 nov. 1843 (t. 1er 1844, p. 769), Duvergier c. préf. de la Dordogne.

515. — Cet état de choses entraînait des inconvéniens. Il arrivait souvent, et les exemples en devenaient de jour en jour plus fréquens, qu'un certain nombre d'individus, étrangers complétement à un arrondissement, au moyen d'une acquisition faite en commun, et d'un cens véritablement dérisoire, venaient tenter d'y créer en faveur d'une opinion politique une majorité que sans cela elle n'aurait jamais obtenue. — Or, bien que contraires évidemment à l'esprit de la loi, qui n'avait pu songer à encourager de pareils actes, ces translations de domicile étaient évidemment à l'abri de toute attaque, quelle que fût la modicité du cens payé, du moment où les autres conditions exigées par la loi se trouvaient remplies.

516. — Frappés de cet abus, plusieurs membres de la chambre des députés proposèrent de modifier l'art. 10, L. 19 avr. 1831, par une prescription nouvelle, qui déterminât un *minimum* de contribution nécessaire pour opérer la translation du domicile politique.

517. — Prise en considération, cette proposition fut renvoyée à l'examen d'une commission, qui proposa d'abord de fixer à 50 francs le *minimum* de la contribution à payer dans l'*arrondissement*, où l'on voudrait désormais transférer son domicile politique.

518. — La discussion qui s'engagea dans la chambre fut des plus animées; un membre M. Maurat-Ballange, tout en reconnaissant qu'il était nécessaire d'apporter quelques garanties contre l'abus de la translation du domicile politique, ne pensait pas que l'on dût chercher cette garantie dans la fixation du cens; et, en conséquence, il présenta un amendement qui modifiait l'art. 10, L. 19 avr. 1831, en ce que la translation du domicile politique n'aurait plus été permise au citoyen français qu'autant que l'arrondissement où il entendait transférer son domicile politique aurait été celui de sa naissance, ou qu'il y aurait résidé depuis une année au moins. — L'amendement fut rejeté.

519. — Admettant au contraire la détermination du cens, comme condition nécessaire pour la translation du domicile politique, deux autres membres de la chambre, MM. Berryer et Legraverend, demandaient à ce qu'on considérât non l'*arrondissement*, mais le *département*. — « Que les auteurs de la proposition y songent bien, disait M. Berryer; plus ils tendront à confiner l'action électorale dans le cercle de l'arrondissement, dans le cercle d'une localité, plus ils tendront à repousser d'un cercle plus étendu que celui de l'arrondissement (je demande que ce soit au moins du cercle plus large du département), plus ils tendront, dis-je, à repousser les combinaisons, les réunions politiques de manière à ce que les minorités ne puissent trouver une représentation dans un plus grand nombre de départemens; plus on arrivera à fortifier la prédominance de l'intérêt de localité dans les élections, et plus on se rapprochera du système des mandats impératifs qui est, à mon avis, le plus contraire à l'action, aux droits, à la dignité, à l'indépendance du député dans les conditions où il est actuellement nommé comme représentant de la France, et non pas comme représentant de tel ou tel arrondissement. » — Cet amendement fut rejeté comme le précédent.

520. — Au résumé, la proposition de la commission fut adoptée avec cette seule modification, que le *minimum* du cens fût abaissé à 25 francs. — L. 25 avr. 1845, art. 1er.

521. — Toutefois, et à l'égard des électeurs inscrits en vertu de l'art. 3, L. 19 avr. 1831, il suffit du paiement de la moitié de la somme exigée des autres électeurs pour la validité de la translation du domicile politique. — *Ibid.* « Ce paragraphe est la conséquence de l'art. 3, L. 1831. Il maintient à l'égard de certains électeurs, pour la translation du domicile politique, la faveur que cet article leur avait accordée pour l'exercice du droit électoral. » — Duvergier, *Collect. des lois* 1845, p. 104, no 3.

522. Par une disposition transitoire, il fut déclaré que : « tout électeur qui, au moment de la promulgation de la présente loi, ne paierait pas la contribution exigée dans l'arrondissement de son domicile politique, pourrait néanmoins conserver ce domicile séparé du domicile réel, en justifiant qu'il s'était conformé, avant le 30 sept. 1845, aux nouvelles dispositions édictées. » — L. 25 avr. 1845, art. 2.

523. — Il a été jugé que le bénéfice transitoire de l'article précité n'appartenait pas seulement à l'électeur inscrit au moment de la promulgation de la loi; qu'il pouvait être invoqué par l'électeur même non inscrit, pourvu que la double déclaration prescrite par la loi du 19 avr. 1831 ait été accomplie. — *Rennes*, 17 oct. 1845 (t. 1er 1846, p. 230), de Bérard c. préf. des Côtes-du-Nord; *Cass.*, 30 juin 1846 (t. 2 1846, p. 151), mêmes parties. — V. toutefois *contrà Douai*, 26 nov. 1845 (t. 1er 1846, p. 626), Vogelsant c. préf. du Nord.

524. — Un dernier article pourvut à la condition de ceux qui par la loi nouvelle devaient perdre leur domicile politique: L'électeur qui, par l'effet de la présente loi, porte l'art. 31, ne réunira plus les conditions exigées pour conserver son domicile politique dans un arrondissement, sera inscrit, soit d'office, soit sur sa demande, sur les listes de l'arrondissement de son domicile réel ou de tout autre arrondissement dans lequel il aura transféré son domicile politique avant le 30 sept. 1845. » — L. 25 avr. 1845, art. 3.

525. — Du reste, la fixation du *minimum* du cens à payer est la seule condition nouvelle imposée au citoyen qui veut opérer la translation de son domicile, cette translation reste sur tous les autres points toujours soumise aux prescriptions de la loi du 19 avr. 1831.

526. — Il faut donc regarder comme encore applicables les décisions diverses que nous avons mentionnées plus haut, soit sur le droit de changer de domicile, soit sur le pouvoir des tribunaux, en ce qui concerne la question de savoir s'il y a ou non translation sérieuse de domicile.

527. — Déjà, au surplus, et dans ce sens, il a été jugé qu'il n'est pas nécessaire que l'électeur qui veut transporter son domicile politique dans un arrondissement où il paie 25 fr. d'impôts soit déjà inscrit sur les listes d'un arrondissement électoral. — *Rennes*, 25 nov. 1845 (t. 1er 1846, p. 407), de Pioger c. préfet d'Ille-et-Vilaine.

528. — ... Que le fermier par bail authentique pour neuf années a droit de se prévaloir du tiers de l'impôt foncier payé par l'immeuble affermé dans l'arrondissement où il a transféré son domicile politique, pourvu que ce tiers soit au moins de 25 francs....., la loi du 25 avr. 1845 n'ayant apporté aux principes de celle du 19 avr. 1831 d'autre changement que la fixation de cette quotité d'impôt. — *Paris*, 21 nov. 1845 (t. 2 1846, p. 196), Lecocq c. préfet de Seine-et-Marne.

529. — Par la même raison, on pourrait aujourd'hui, comme autrefois, pourvu seulement que le *minimum* de la contribution payée fût de 25 fr., transférer son domicile politique dans un arrondissement où l'on ne paie soi-même aucune contribution, mais où l'on aurait des contributions déléguées, ainsi que l'autorise la loi dans certains cas.

530. — Cette question s'était présentée avant la loi de 1845, et une décision ministérielle du 24 déc. 1838 l'avait résolue négativement; mais cette solution était généralement improuvée par le motif qu'en matière électorale la contribution *déléguée* doit être assimilée en tous points à la contribution *payée*. — V. conf. Merger, *loc. cit.*, p. 188; Duvergier, *Coll. des lois* 1831, p. 185.

531. — La loi du 5 fév. 1817 (art. 3) exigeait, outre le paiement d'une contribution directe, pour que la translation du domicile politique fût efficace, qu'elle fût précédée, six mois à l'avance, d'une déclaration expresse devant le préfet du département où la personne avait son domicile politique actuel, et devant le préfet du département où elle voulait le transférer.

532. — Jugé, en conséquence, que la translation du domicile politique dans un département autre que celui du domicile réel ne s'opérait pas rigoureusement par une seule déclaration au lieu de ce domicile réel, alors même que cette déclaration aurait été transmise officiellement par le préfet au préfet du département dans lequel l'électeur voulait établir son domicile politique. Cette transmission officielle ne pouvait tenir lieu de la seconde déclaration que devait faire l'électeur au lieu même dans lequel il voulait transférer son nouveau domicile politique. — *Orléans*, 21 avr. 1830, Boyard c. préfet du Loiret.

533. — Mais, en même temps, et dans le silence de la loi sur les formes de cette déclaration, on décidait qu'elle était valablement faite par lettres missives écrites au préfet du département dans lequel on voulait transférer ce domicile. — *Grenoble*, 29 déc. 1829, Périer c. Ginoux et Thomas; *Cass.*, 16 juin 1830, mêmes parties.

534. — Jugé même que la loi du 5 fév. 1817 n'exigeant aucun acte écrit pour constater le changement de domicile politique, la preuve de ce changement résultait nécessairement de tout document authentique, tel notamment que l'inscription faite, sous l'empire de cette loi et pendant les années postérieures, du nom de l'électeur sur les listes électorales, inscription maintenue même depuis la loi du 19 avr. 1831; et qu'en conséquence cet électeur peut régulièrement opposer à la réclamation des tiers le titre légal qu'il puise dans ladite inscription opérée par l'administration. — *Toulouse*, 27 nov. 1845 (t. 1er 1846, p. 319), Massabiau c. Féral.

535. — Depuis la loi du 19 avr. 1831, art. 10, la déclaration expresse de translation de domicile, six mois à l'avance, ne doit plus être faite à la préfecture, mais au greffe du tribunal civil où l'on a son domicile politique, et au greffe du tribunal civil de l'arrondissement où l'on veut le transférer.

536. — La loi du 19 avr. 1831 s'explique d'une manière trop positive sur la nécessité d'une déclaration faite au greffe; on a attaché trop d'importance à la désignation du lieu où devait être faite cette déclaration pour qu'il soit possible d'admettre qu'elle puisse être remplacée, comme sous la loi du 5 fév. 1817, par une simple lettre, fût-elle enregistrée. — Duvergier, *ubi suprà*, p. 185.

537. — Elle est nulle, et par conséquent le changement de domicile ne peut s'ensuivre lorsqu'elle a été faite à la mairie, et non au greffe du tribunal d'arrondissement. — *Rennes*, 4 nov. 1834, de Miniac c. préfet d'Ille-et-Vilaine.

538. — Toutefois, la double déclaration dont il s'agit n'est exigée que pour le cas où l'électeur qui veut séparer son domicile politique de son domicile réel manifeste l'intention de transférer le premier dans un arrondissement électoral qui fait partie d'un autre arrondissement judiciaire. Lorsque les deux circonscriptions électorales sont comprises dans le ressort d'un même tribunal, il suffit d'une seule déclaration faite au greffe de ce tribunal. — *Douai*, 13 déc. 1841 (t. 1er 1842, p. 576), Monnier c. préf. du Nord; — Circ. min. 20 avr. 1831.

539. — Il faut remarquer que, comme les arrondissemens électoraux n'ont pas de chef-lieu déterminé, le greffier d'un tribunal ne peut recevoir que les déclarations concernant des communes situées dans le ressort judiciaire; si donc un arrondissement électoral s'étend sur le territoire de deux arrondissemens judiciaires, l'électeur qui voudra acquérir le domicile politique ou changer celui qu'il possède dans une commune de l'arrondissement électoral devra faire sa déclaration au greffe du tribunal dont ressort cette commune.

540. — « D'après les circulaires des 18 fév. et 18 avr. 1817, la déclaration devait 1° être faite en personne ou par un fondé de pouvoir spécial; 2° être inscrite sur un registre particulier. — Celle du 20 avr. 1831 prescrit aussi la tenue d'un registre destiné aux déclarations de translation de domicile politique; mais elle est muette sur la première condition qui semble du reste exigée, comme antérieurement. » — Merger, *ubi suprà*, p. 190.

541. — La translation du domicile politique s'opère par la seule déclaration de changement faite au greffe du tribunal de l'arrondissement électoral où l'électeur a son domicile politique actuel, et au greffe du tribunal de l'arrondissement électoral qu'il veut adopter. Il n'est pas nécessaire que ces déclarations soient en outre notifiées au préfet. — *Cass.*, 7 fév. 1837 (t. 1er 1837, p. 262), Soulé c. Chaptive; *Limoges*, 3 déc. 1845 (t. 1er 1846, p. 336), Fillioux c. Rivaud.

542. — Mais la double déclaration prescrite ne saurait résulter du simple accomplissement des formalités exigées pour le changement du domicile civil. — *Paris*, 19 janv. 1829, Favard. — Telle était la prescription formelle du décr. du 17 janv. 1806, art. 3.

543. — La nullité résultant du défaut de déclaration ne saurait être couverte. — Ainsi, l'électeur qui a été inscrit et qui a voté sans réclamation dans un département où il n'avait ni son domicile réel ni son domicile politique, n'a pas, par ce seul fait, acquis le droit d'y rester à l'avenir sans être tenu de remplir les formalités voulues pour la translation du domicile politique. — *Agen*, 16 janv. 1829, Sericys c. préfet du Lot. — Cette décision serait la même sous l'empire de la loi de 1831. Cette loi n'admet pas plus que la précédente que le défaut de déclaration de translation de domicile puisse être couvert. — Merger, p. 191. — V. toutefois *contrà Douai*, 12 nov. 1845 (t. 2 1846, p. 150), Gambart.

544. — A la condition de la déclaration, la loi de 1817 (art. 3) en joignait une autre pour que la translation du domicile soit réel, soit politique, produisît des effets, quant à l'élection des députés. Sauf le cas de dissolution de la chambre, la trans-

DOMICILE, sect. 3e.

lation ne conférait l'exercice du droit électoral qu'à celui qui, dans les quatre années antérieures, ne l'aurait point exercé dans un autre département.

545.—La loi de 1831 n'a pas conservé cette disposition, mais elle a reproduit celle qui exige que la déclaration soit faite six mois avant la clôture des listes électorales. — LL. 5 fév. 1817, art. 3; 19 avr. 1831, art. 10.

546. — Le délai ne commence à courir que du jour de la dernière déclaration, quand cette double déclaration est nécessaire. — Ord. 14 fév. 1824. — En effet, jusqu'à la seconde déclaration, l'intention du changement de domicile n'est pas complétement manifestée.

547.—Quand donc l'électeur n'a acquis que postérieurement à la clôture des listes les six mois nécessaires pour opérer, conformément à la loi, la translation de son domicile politique, il continue jusqu'au renouvellement de ces listes d'exercer ses droits électoraux dans l'arrondissement auquel il appartenait avant la translation. Il ne peut, en effet, perdre son ancien domicile que quand le nouveau lui est acquis. C'est ce que le rapporteur à la chambre des pairs de la loi du 19 avr. 1831 a formellement déclaré au nom de la commission. — Duvergier, t. 31, p. 185, aux notes; — *Paris*, 13 mai 1834, Lheureux; *Cass.*, 5 juin 1834, même affaire.

548.—Mais il suffit, pour que la séparation du domicile réel du domicile politique soit accomplie, que la double déclaration exigée par l'art. 10, L. 19 avr. 1831, ait été faite, alors même que les deux déclarations n'auraient pas été simultanées, et encore que le déclarant aurait laissé écouler un long intervalle de temps, par exemple celui de dix ans, sans s'en prévaloir. — *Cass.*, 31 mars 1846 (t. 2 1846, p. 139), préfet de la Creuse c. Fillioux.

549. — L'art. 10, L. 19 avr. 1831, soumet encore la double déclaration à l'enregistrement.

550.—C'était, avant la loi de 1831, un point douteux de savoir si l'enregistrement devait ou non avoir lieu sans frais, et même une instruction ministérielle du 13 mai 1817 paraissait incliner pour l'affirmative.

551.— Aujourd'hui il est incontestable que cet enregistrement donne lieu à la perception ordinaire du droit. Le projet de l'art. 10, L. de 1831, voulait qu'il eût lieu *sans frais*; mais la chambre des députés a formellement manifesté l'opinion contraire en supprimant ces mots. — Duvergier, t. 31, p. 184, note 3e.

552.—L'inobservation de la formalité de l'enregistrement entraînera, en général, la nullité de la déclaration; on a voulu rendre les fraudes impossibles en donnant à la déclaration une date certaine. Or, lorsque l'enregistrement n'a pas lieu, il n'est pas légalement certain qu'elle remonte à six mois. Elle ne peut donc opérer la translation du domicile. — Cependant, si la déclaration se trouvait dans l'un des cas où les actes acquièrent date certaine autrement que par l'enregistrement, conformément à l'art. 1328, C. civ., elle devrait être admise, sauf les peines fiscales qu'aurait encourues le greffier pour défaut d'enregistrement.—Duvergier, p. 184, note 3e.

553.—C'est le greffier qui est obligé de faire enregistrer les actes passés et reçus au greffe (L. 22 frim. an VII, art. 29). L'art. 35, même loi, contient la sanction de cette disposition: « Les greffiers, porte cet article, qui auront négligé de soumettre à l'enregistrement, dans le délai fixé, les actes qu'ils sont tenus de présenter à cette formalité paieront personnellement, à titre d'amende et pour chaque contravention, une somme égale au montant du droit. — Ils acquitteront en même temps le droit, sauf leur recours pour ce droit seulement contre la partie. » Pour que la déclaration de translation de domicile fût affranchie de cette règle générale, ou que l'électeur qui aurait fait la déclaration pût lui-même être soumis à une peine fiscale, il faudrait une disposition spéciale et expresse.

554.—Il faut, du reste, appliquer ici sur la perception du droit et les délais de l'enregistrement les règles du droit commun.—V. ENREGISTREMENT.

555.—Ainsi que nous l'avons vu plus haut (no 502), lorsque l'électeur cesse de payer le cens voulu dans l'arrondissement où il a transféré son domicile politique, de plein droit la translation cesse de produire son effet, et le domicile politique revient par cela même au domicile réel.

556. — Mais, « dans le cas où un électeur a séparé son domicile politique de son domicile réel, la translation de son domicile réel n'emporte pas le changement de son domicile politique, et ne le dispense pas des déclarations ci-dessus prescrites, s'il veut le réunir à son domicile réel. »—L. 19 avr. 1831, art. 10 *in fine*.

557. — Cette disposition confirme la jurisprudence adoptée antérieurement par la cour de Cassation. — *Cass.*, 16 juin 1830, Perrier c. Ginoux et Thomas.

558. — L'électeur qui, par suite de la déclaration qu'il a faite de sa volonté de transférer son domicile politique dans un arrondissement autre que celui de son domicile réel, a été rayé de la liste électorale, ne peut pas être réintégré sur cette liste sans avoir fait de nouveau la déclaration prescrite par la loi de 1831, alors même qu'il n'aurait pas été inscrit sur celle de l'arrondissement qu'il avait choisi. — *Paris*, 27 oct. 1842 (t. 1er 1843, p. 557), Perrée c. préf. de la Seine; *Cass.*, 31 mars 1846 (t. 2 1846, p. 139), préf. de la Creuse c. Fillioux.

559. — Faute par l'électeur de remplir cette formalité, les tiers ont toujours le droit de faire éliminer son nom de la liste électorale de l'arrondissement où il a son domicile réel, alors même qu'il aurait pendant plusieurs années exercé ses droits électoraux dans ce domicile, malgré sa déclaration de transfert de domicile politique. — *Limoges*, 3 déc. 1845 (t. 1er 1846, p. 336), Fillioux c. Rivaud et préf. de la Creuse.

560. — Que faut-il décider à l'égard de l'électeur qui veut changer de domicile réel, en conservant son domicile politique dans le lieu qu'il quitte? La loi du 19 avr. 1831 n'a nullement prévu ce cas; mais elle a érigé en principe que la translation du domicile réel entraîne changement du domicile politique. Dès-lors, si l'électeur veut échapper aux conséquences de ce principe, il est de toute nécessité que, préalablement à la translation du domicile réel, il fasse la déclaration prescrite par la loi pour constater l'intention de séparer son domicile politique de son futur domicile. — *Paris*, 7 oct. 1840 (t. 2 1840, p. 772), Pagot c. préf. de la Seine.

561. — Les formalités ci-dessus rappelées sont exigées pour la translation du domicile politique d'un arrondissement électoral dans un autre arrondissement où l'on paie également des contributions, comme dans le cas de séparation du domicile politique du domicile réel. — Cormenin, t. 2, p. 163.

562. — *Elections départementales.* — « Si un électeur qui, aux termes de l'art. 10, L. 19 avr. 1831, a choisi son domicile réel veut coopérer à l'élection des conseillers de département ou d'arrondissement dans le canton de son domicile réel, il est tenu d'en faire, trois mois d'avance, une déclaration expresse aux greffes des justices de paix du canton de son domicile politique et de son domicile réel. » — L. 22 juin 1833, art. 29.

563. — Tout citoyen payant dans un canton une somme de contributions qui le placerait sur la liste des plus imposés, peut se faire inscrire, bien qu'il n'y ait point son domicile réel, en faisant la déclaration prescrite par la disposition précédente. — L. 22 juin 1833, art. 33.

564. — On exige que cette déclaration soit double, afin qu'on ne puisse pas voter dans deux cantons différens. — Dufour, *Dr. admin. appliq.*, t. 3, no 1631.

565. — Elle doit précéder de trois mois la clôture des listes annuelles, et non pas seulement l'élection, car c'est de l'inscription sur la liste que résulte le droit électoral. — Dufour, *ibid.*; Thibaut-Lefebvre, p. 122.

566. — Les règles ci-dessus posées cessent d'être applicables lorsque c'est à titre de capacité et non comme censitaire que l'on demande à faire partie de la liste d'un autre canton que celui où l'on a son domicile réel. — *Bastia*, 23 nov. 1833, Rossi c. préf. de la Corse et Montera.

567.— Dans ce cas, la déclaration faite au greffe de la justice de paix ne peut tenir lieu de celle prescrite par l'art. 10, L. 19 avr., qui exige que la déclaration soit faite six mois d'avance aux greffes des tribunaux civils.

568. — La déclaration doit être écrite et légalisée. — Dufour, *ibid.*

569. — Elle peut être faite en personne ou par un fondé de pouvoir. — Dufour, *ibid.*

570. — Elle a, comme on vient de le voir, pour résultat de permettre à l'électeur qui a séparé son domicile politique de son domicile réel, de dédoubler pour ainsi dire son domicile politique et d'en établir un second qui alors n'a pour objet que le vote pour la nomination des membres des conseils de départemens et d'arrondissemens, et qui doit nécessairement être réuni au domicile réel, afin qu'un électeur n'ait jamais que deux domiciles, l'un réel et politique, l'autre purement politique.

571. — Mais il n'est point permis de fractionner le domicile politique élu et de le transporter tout à la fois dans un canton pour l'élection des conseillers de département et d'arrondissement, et dans un autre canton pour les élections parlementaires. — *Metz*, 13 nov. 1845 (t. 1er 1846, p. 12), Lefranc c. préfet des Ardennes; 18 nov. 1845 (t. 1er 1846, p. 229), Lamotte-Pirotte c. préfet des Ardennes. — V. pourtant *contrà Caen*, 12 mai 1845 (t. 2 1845, p. 421), Hervieu contre préfet de la Manche; même jour (t. 2 1845, p. 422), Lemoigne c. préfet de la Manche.

572. — Toutefois, s'il est vrai de dire que le même électeur ne peut avoir deux domiciles élus distincts et séparés, l'un pour l'élection politique, l'autre pour l'élection départementale, on ne doit pas assimiler à un domicile élu le domicile réel dont l'électeur n'a pas séparé son domicile politique en se conformant à l'art. 10, L. 19 avril 1831. — *Cass.*, 5 mai 1846 (t. 2 1846, p. 35), Saret de Gauzy c. préfet de l'Aude.

573. — Lors donc que l'électeur n'a pas distrait son domicile politique de son domicile réel, il peut, en faisant les déclarations prescrites, diviser le premier et en établir un second dans celui des cantons de l'arrondissement de son domicile réel, où, quoique n'y étant pas domicilié, il paie cependant une quotité suffisante de contributions pour être placé sur la liste des plus imposés de ce canton. — V. même arrêt; *Montpellier*, 13 nov. 1839 (t. 1er 1840, p. 329), préfet de l'Hérault c. Geusson.

574. — Cette quotité n'est pas, du reste, déterminée d'une manière absolue: la loi du 25 avril 1845, relative à la translation du domicile politique, n'a eu en vue que les élections législatives. Les élections départementales et d'arrondissement sont restées réglées par les lois des 19 avr. 1831 et 22 juin 1833. — *Besançon*, 13 nov. 1845 (t. 1er 1846, p. 229), Gambert c. Saint-Jean.

575. — En conséquence, l'électeur qui a son domicile réel dans un arrondissement peut transférer son domicile politique dans un canton d'un autre arrondissement, alors même qu'il ne paierait dans ce canton qu'une imposition inférieure à 25 fr. — Même arrêt.

576. — Mais, remarquons-le bien, cette élection de domicile n'a pour objet que les élections départementales; et, nous le répétons, elle ne peut être faite qu'autant que le domicile politique n'a pas été séparé du domicile réel, toujours afin qu'un électeur n'ait jamais plus de deux domiciles. Elle n'est d'ailleurs utile qu'autant que, le nombre des électeurs de ce canton ne dépassant pas cinquante, on est obligé de recourir à la liste complémentaire des plus imposés.

577. — L'électeur qui, par sa déclaration, conforme à la loi, a fait connaître l'intention où il était de transférer son domicile politique dans un arrondissement autre que celui de son domicile réel, doit être porté sur la liste de cet arrondissement, alors même que dans sa demande il aurait indiqué un canton autre que celui où il paie une contribution directe. — *Cass.*, 30 déc. 1845 (t. 1er 1846, p, 292), préfet de la Loire-Inférieure c. Bourbée; même jour (t. 1er 1846, p. 292), préfet de la Loire-Inférieure c. Bureau.

578. — En résumé, ou l'électeur n'a pas séparé son domicile politique de son domicile réel, et alors il peut faire une élection spéciale de domicile dans l'un des cantons de son arrondissement, quoiqu'il n'y soit pas domicilié, mais seulement pour participer aux élections départementales avec les plus imposés ayant leur domicile dans ce canton, et seulement aussi dans le cas où leur concours devient nécessaire; ou il a séparé son domicile politique de son domicile réel, et il l'a transporté dans un autre arrondissement, et dans ce cas il peut bien faire aussi une élection particulière de domicile pour les élections départementales, mais à la condition expresse qu'elle sera réunie à son domicile réel.

579. — Nous avons pensé, disait M. Gillon au nom de la commission de la chambre des députés, que le domicile élu ne serait jamais autorisé lorsqu'il y aurait déjà deux domiciles distincts et séparés: l'un réel, l'autre politique. Cependant nous avons admis qu'il y eût élection de domicile possible lorsque le domicile réel serait réuni au domicile politique. » (*Moniteur* du 11 janv. 1833.) — V. conf. *Cass.*, 14 juill. 1840 (t. 2 1840, p. 610), Courtisson c. Dubruc. — Dans cette espèce, la cour de Cassation, pour rejeter le pourvoi dirigé contre un arrêt de la cour royale de Limoges du 18 nov. 1839, qui avait maintenu des électeurs sur la liste des plus imposés d'un canton où ils n'avaient pas leur domicile réel, s'est fondée sur ce point de fait que ces électeurs n'avaient pas séparé leur domicile politique de leur domicile réel.

580. — La loi ainsi comprise, voyons si un électeur qui ne se trouve pas dans les conditions de l'art. 33, et qui notamment n'a pas fait devant la justice de paix les deux déclarations prescrites par cet article, peut être admis à transférer son

domicile politique du canton de son domicile réel dans un autre canton du même arrondissement, et cela à l'effet d'y concourir avec les électeurs politiques de ce canton à la nomination tant des membres de la chambre des députés que des conseils généraux et d'arrondissement.

581. — La négative s'appuie sur des raisons d'une haute gravité. En effet, quant aux élections à la chambre des députés, ce serait violer le principe général posé en l'art. 10, L. 19 avril, et qui veut que le vote ait lieu au domicile réel. Il est vrai que cet article autorise chaque électeur à séparer son domicile politique de son domicile réel et à le transporter ailleurs; mais il faut bien prendre garde qu'il ne permet cette translation qu'autant qu'elle se fait dans un autre arrondissement; et comme cette disposition est une exception au principe dont nous venons de parler, on nous accordera qu'elle ne peut être étendue au-delà de ses termes.

582. — Nous convenons que, lorsqu'il a transporté son domicile politique de l'arrondissement de son domicile réel dans un autre arrondissement, l'électeur est reçu, ainsi qu'au surplus le prescrivait implicitement l'art. 2, L. 29 juin 1830, à désigner le canton et même la commune où il entend fixer ce domicile. Mais pourquoi cela? Parce que, n'ayant pas dans cet arrondissement un domicile réel auquel il puisse joindre le premier, il faut bien qu'il le place quelque part, et tout naturellement au lieu où il paie les contributions qui lui confèrent le droit de faire une pareille translation. Par la raison contraire, quand il ne veut pas distraire son domicile politique de son arrondissement, ou quand, après l'en avoir fait sortir, il veut l'y faire rentrer, il faut de toute nécessité, pour se conformer au texte et à l'esprit de l'art. 10, L. 19 avril 1831, dans le premier cas, qu'il le conserve au lieu de son domicile réel; dans le second, qu'il l'y réunisse. Ainsi, de ce que la loi du 19 avril autorise expressément à transporter le domicile politique d'arrondissement à arrondissement, on ne peut évidemment en conclure qu'elle permet cette translation de canton à canton.

583. — Non seulement un électeur est sans droit pour transporter son domicile politique du canton de son domicile réel dans un autre canton du même arrondissement, mais il est même sans aucune espèce d'intérêt pour le faire: d'une part, parce que, à la différence des élections départementales, les élections à la chambre des députés se font par arrondissement, et non par canton; d'autre part, parce que, tous les électeurs d'un même arrondissement faisant partie du même collége électoral et étant appelés à voter ensemble, il importe peu que le domicile politique soit placé dans un canton plutôt que dans tel autre, et c'est sans doute par ce motif que la loi du 19 avril 1831 n'a pas autorisé la translation de ce domicile de canton à canton.

584. — ... Quant aux élections départementales, parce que ce serait violer aussi ce principe qui domine la loi du 22 juin 1833, tout aussi bien que celle du 19 avril 1831, et qui ressort de toutes les dispositions de la première de ces lois, c'est-à-dire le vote au domicile réel.

585. — Il est vrai aussi que l'art. 29, L. 22 juin autorise à faire une élection spéciale de domicile pour les élections départementales. Mais à qui accorde-t-il cette faculté? A celui qui a séparé son domicile politique de son domicile réel, et qui l'a transporté dans un autre arrondissement, et encore à la double condition qu'il l'établira à son domicile réel, et que préalablement il en fera la déclaration au greffe de la justice de paix du premier domicile politique et au greffe de la justice de paix du domicile réel.

586. — Nous convenons également que toutes ces conditions ne sont pas exigées de celui qui a transféré son domicile politique hors de l'arrondissement de son domicile réel, puisqu'en pareille circonstance il est admis à concourir dans le canton d'élection, tant aux élections législatives qu'aux élections départementales.

587. — Il est vrai encore que l'art. 33 autorise à faire une semblable élection de domicile et à voter hors du canton du domicile réel. Mais c'est celui seulement qui n'a pas séparé son domicile politique de ce premier domicile, et à la triple condition 1° qu'à raison de sa cote de contributions il sera dans le cas d'être placé sur la liste complémentaire des plus imposés du canton; — 2° qu'à raison du petit nombre d'électeurs politiques, il y aura nécessité de recourir à cette liste; — 3° et, enfin, qu'il aura également déclaré son intention tant au greffe de la justice de paix de son domicile réel qu'à celui de la justice de paix du domicile élu.

588. — Mais, nous l'avons déjà dit, c'est là une exception au principe général, et, à ce titre, elle ne peut être étendue d'un cas à un autre. Ensuite, pourquoi en est-il ainsi? C'est parce qu'on a peut-être considéré que, votant au domicile élu pour les élections les plus importantes, c'est-à-dire pour les élections à la chambre des députés, il était rationnel qu'il y votât également pour les élections les moins importantes, c'est-à-dire pour les élections départementales, l'accessoire suivant toujours le sort du principal; ou, comme le disait M. de Barante à la chambre des pairs en lui présentant le rapport de la loi du 23 juin, « parce que c'est là qu'il est présumé avoir ses intérêts principaux, c'est là qu'il peut avoir plus d'influence et qu'il peut être plus utile à un territoire qu'il connaît mieux. » (*Moniteur* du 5 avr. 1833).

589. — On peut ajouter qu'en outre, ce serait particulièrement violer l'art. 33 de la même loi. — En effet, nous avons démontré que cet article n'admettait à voter dans un canton un électeur qui n'y a pas son domicile réel qu'autant qu'il y paie une somme de contributions assez forte pour qu'il puisse être placé sur la liste des plus imposés domiciliés dans ce canton. Or, avec le système contraire, tout électeur non domicilié dans un canton, mais y payant 25 fr. de contributions, c'est-à-dire la somme la plus faible, pourra venir compléter le nombre de cinquante électeurs, et exclure ainsi les plus imposés domiciliés, quoique ayant plus d'intérêt que lui aux affaires du canton, et cela contre le vœu bien prononcé du législateur qui, pour prévenir cet inconvénient, lui interdit la faculté de joindre aux contributions qu'il paie dans le canton celles qu'il acquitte dans un autre canton.

590. — « Nous pensons, disait à cette occasion M. de Barante, qu'il ne faut pas donner à un citoyen qui paie dans le canton une contribution insuffisante pour le placer sur la liste complémentaire des plus imposés la faculté de réunir à cet impôt la cote d'impositions payées dans d'autres cantons. Il pourrait ainsi expulser de la liste des plus imposés les contribuables qui ont un plus grand intérêt que lui aux affaires locales. Seulement, nous n'exigeons pas des plus imposés le domicile réel. Ils peuvent, après une déclaration préalable, voter dans un canton où ils ne sont pas domiciliés. »

591. — Ce serait rendre ce même article sans application possible: car, si tout électeur a le droit, indépendamment dudit art. 33 et en vertu de la seule disposition de l'art. 10, L. 19 avr. 1831, qui, cependant, est étrangère aux élections départementales, de transporter son domicile politique dans l'un des cantons de l'arrondissement de son domicile réel, et d'y participer aux élections départementales, quoiqu'il n'y soit pas domicilié et quoiqu'il n'y paie pas une somme de contributions suffisante pour figurer sur la liste des plus imposés, il est évident que l'art. 33 devient complétement inutile et qu'il faut le rayer de la loi.

592. — On dit, en effet, qu'il est une véritable superfétation; mais nous ne voyons pas cela. Nous croyons, au contraire, qu'il a un sens parfaitement déterminé et un but tout-à-fait distinct de celui que le législateur s'est proposé dans l'art. 29, L. 28 juin 1833, et surtout dans l'art. 10 de celle du 19 avril. Il est donc susceptible de recevoir une exécution qui lui soit propre, et, dès-lors, il doit être exécuté tant qu'il n'aura pas été rapporté.

593. — Ce serait faire de l'exception la règle générale et renverser toute l'économie de la loi du mois de juin.

594. — Ce serait enfin donner à certains électeurs le moyen de prendre part à trois élections dans une période de neuf ans, tandis que l'intention du législateur a été de conférer à chacun le droit de ne voter qu'une seule fois dans le même espace de temps. — *Montpellier*, 13 nov. 1839 (t. 1er 1840, p. 239), préfet de l'Hérault c. Gensin; *Bourges*, 5 nov. 1845 (t. 1er 1846, p. 89), William Wergue c. préfet de l'Indre. — V. encore, dans ce sens, *Limoges*, 7 nov. 1842 (t. 2 1843, p. 650), Pichon c. préfet de la Corse; *Nîmes*, 21 nov. 1842 (t. 2 1843, p. 83), Astinc c. préfet de la Lozère; *Metz*, 13 nov. 1845 (t. 1er 1846, p. 12), Lefranc c. préfet des Ardennes.

595. — Jugé encore que, dans ce sens, la loi du 22 juin 1833 n'ayant pas accordé la faculté aux citoyens qui ont leur domicile réel et leur domicile politique dans un même arrondissement de transférer leur domicile politique d'un canton dans un autre canton, bien qu'ils y paient des contributions directes, il en résulte que ce droit n'existe pas. — *Angers*, 27 nov. 1843 (t. 1er 1844, p. 557), Tocqué et Gournault c. préfet de la Mayenne.

596. — Toutefois, il faut reconnaître qu'il existe des décisions nombreuses qui consacrent le droit absolu pour tout citoyen, et en dehors des conditions prescrites par l'art. 33, de transporter son domicile d'un canton à un autre canton, pourvu qu'il y paye des contributions. — *Rouen*, 9 nov. 1839 (t. 1er 1840, p. 531), Odienne c. Hébert et préfet de l'Eure; *Bourges*, 18 nov. 1842 (t. 2 1844, p. 27), Blanc c. préfet du Cher; *Caen*, 12 mai 1845 (t. 2 1845, p. 421), Hervieu c. préfet de la Manche; *Metz*, 13 oct. 1845 (t. 1er 1846, p. 227), Piette c. préfet des Ardennes.

597. — Jugé en ce sens et d'une manière absolue qu'un électeur payant moins de 200 fr d'impôts peut transférer son domicile politique dans un canton autre que celui où il a son domicile réel, à la charge par lui de faire la double déclaration prescrite par les art. 29 et 33, L. 22 juin 1833. — *Metz*, 24 oct. 1845 (t. 1er 1846, p. 10), Dérodé-Brochat c. préfet des Ardennes.

598. — ... Et même, qu'un électeur a le droit de transférer son domicile politique non seulement d'un arrondissement dans un autre arrondissement, mais encore d'un canton dans un autre canton de l'arrondissement où il a son domicile réel, et cela, quoiqu'il n'ait pas fait les déclarations prescrites par l'art. 33, L. 28 juin 1833. — *Orléans*, 1er oct. 1845 (t. 1er 1846, p. 82), Péan c. préfet de Loir-et-Cher.

599. — Ces arrêts ont tous ce caractère remarquable qu'à l'exception du seul arrêt de la cour de Rouen, ils sont tous infirmatifs de décisions rendues par les conseils de préfecture.

600. — Enfin, la jurisprudence de la cour de Cassation paraît consacrer, d'une manière absolue le droit de translation de domicile de canton à canton. — *Cass*, 20 mai 1845 (t. 1er 1846, p. 292), préfet de la Haute Loire c. Dumoulin; 2 fév. 1846 (t. 2 1846, p. 49), préfet de la Meurthe c. Pougat; même jour (t. 2 1846, p. 49), préfet de la Creuze c. Gorce; 5 mai 1846 (t. 2 1846, p. 35), Sarret de Gauzy c. préfet de l'Aude.

601. — Quoi qu'il en soit, nul ne peut exercer le droit d'électeur dans deux arrondissemens électoraux, en matière d'élections législatives ou départementales; car nul ne possède une double capacité électorale. — V. ÉLECTIONS DÉPARTEMENTALES, ÉLECTIONS LÉGISLATIVES.

602. — *Elections municipales.* — A la différence de ce qui se pratique en matière d'élections législatives et départementales, la question du domicile est étrangère aux élections municipales; on ne connaît pas, relativement à ces dernières élections, de domicile politique. — V. ÉLECTIONS MUNICIPALES.

§ 3. — *Translation du domicile politique des fonctionnaires publics.*

603. — Sous l'empire du décret du 17 janv. 1806, l'exercice des fonctions publiques n'était pas sans importance relativement au domicile politique.

604. — Aux termes de l'art. 4 étaient considérés comme ayant acquis le domicile politique et inscrits comme tels sur le registre civique.

605. — ... 1° Ceux qui, ayant été appelés par l'empereur à des fonctions exigeant un domicile politique dans un arrondissement, auraient fait, dans une des municipalités de l'arrondissement, déclaration du choix qu'ils en faisaient pour leur domicile.

606. — ... 2° Les membres du sénat, du conseil d'état, du corps législatif, du tribunat et de la cour de Cassation, les commissaires de la comptabilité, qui, quoique résidant ailleurs, auraient déclaré vouloir exercer leurs droits dans une municipalité qu'ils auraient désignée.

607. — ... 3° Les membres de la Légion-d'Honneur qui, en vertu de l'art. 99 de l'acte des constitutions de l'empire du 28 flor. an XII, auraient été désignés par brevet de grand-maître pour un collége électoral, et auraient fait choix de domicile dans une des communes de l'arrondissement.

608. — Ces dispositions du décret de 1806 ne furent point reproduites par la loi du 5 fév. 1817, qui ne contint aucune disposition relativement au domicile politique des fonctionnaires publics laissés dans le droit commun.

609. — Ce n'est que dans la loi du 2 juill. 1828 qu'on rencontre des dispositions spéciales à cet égard. L'art. 25 de cette loi est ainsi conçu: « Nul individu appelé à des fonctions publiques, temporaires ou révocables ne pourra être inscrit sur la première partie de la liste du département où il exerce ses fonctions que six mois après la double déclaration prescrite par l'art. 3, L. 5 fév. 1817. » La loi du 19 avr. 1831, art. 11, porte aussi que nul individu appelé à des fonctions publiques, temporaires ou révocables n'est dispensé

de la double déclaration au greffe du tribunal civil. »

610.—Nous avons dit précédemment (V. nos 477 et suiv.) que les citoyens non fonctionnaires pouvaient, par le seul fait de la translation de leur domicile réel dans un lieu, avoir dans ce même lieu leur domicile politique. Mais les fonctionnaires publics amovibles ne pourraient, en transportant leur domicile réel dans le lieu où ils exercent leurs fonctions, y transporter leur domicile politique. Il n'a point paru au législateur régulier ni convenable que des fonctionnaires amovibles, arrivés depuis peu de jours dans le lieu où ils n'ont aucune propriété et aucune communauté d'intérêts avec les habitans, et d'où ils peuvent être prochainement transférés dans un autre, soient admis sans déclaration ou immédiatement après leur déclaration, à y exercer leurs droits politiques. Le gouvernement a déjà trop de moyens d'user de son influence en matière électorale, pour que le législateur ait pu lui laisser encore la faculté de porter, dans tel ou tel collége, tel ou tel nombre d'électeurs fonctionnaires révocables. C'est ce que le ministre de l'intérieur a dit lui-même, en exposant les motifs de l'art. 25, L. 2 juill. 1828— Duvergier, t. 28, p. 196, note 8, et t. 31, p. 185, note 1re.

611. — Si le fonctionnaire public révocable, déjà électeur, n'a pas fait de déclaration expresse pour établir son domicile réel dans le lieu où il exerce ses fonctions, il doit jouir des droits électoraux à son domicile d'origine ou à son dernier domicile qu'il conserve sous ce rapport, lors même qu'il n'y paierait aucune contribution directe. — De Cormenin, *ubi suprà*.

612. — Spécialement, un préfet conserve son ancien domicile, où il peut exercer son droit électoral. — *Agen*, 20 oct. 1837 (t. 2 1837, p. 605), Dupont c. Brun, préfet de Lot-et-Garonne.

613. — Toutefois, il faut remarquer que cette prescription ne s'applique qu'aux fonctionnaires. En conséquence, un prêtre desservant ne pouvant pas être considéré comme fonctionnaire public dans le sens de l'art. 11 de la loi électorale du 19 avr. 1831, la translation de son domicile réel emporte le changement de son domicile politique. — *Metz*, 2 janv. 1844 (t. 1er 1844, p. 546), Rémond c. préfet de la Moselle et Jacot.

614. — Quant au fonctionnaire public qui, avant la loi du 2 juill. 1828, avait établi son domicile réel au lieu où il exerce ses fonctions, il ne saurait être soumis à la double déclaration imposée aux fonctionnaires publics par les art. 10 et 11, L. 19 avr. 1831. Il y a à son égard droit acquis, et la loi n'a pas d'effet rétroactif. — *Douai*, 12 nov. 1845 (t. 2 1846, p. 149), Henry c. Gambart.

615.— De même, si un fonctionnaire exerce ses fonctions dans le lieu où il avait son domicile réel avant sa nomination, il est bien évident qu'il est dispensé de toute déclaration. — Circ. 19 avr. 1831.

616.— Mais, à part ces cas particuliers, le fonctionnaire révocable est dans une position exceptionnelle, quand il transfère son domicile réel dans le lieu où il exerce ses fonctions. Son domicile politique ne l'y suit pas de plein droit, et il est assujéti à la double déclaration qui doit être faite six mois d'avance. — Circ. min., 19 avr. 1831.

617. — Pendant long-temps une jurisprudence constante consacra de la manière la plus formelle que le fonctionnaire public qui n'a point son domicile d'origine dans l'arrondissement où il exerce ses fonctions, ne peut, s'il n'a pas fait la double déclaration exigée par les art. 10 et 11, L. 19 avr. 1831, et ne paie d'ailleurs aucune contribution directe dans cet arrondissement, y être porté ou maintenu sur les listes électorales. — *Grenoble*, 29 déc. 1829, Périer c. Ginoux et Thomas; *Cass.*, 17 juill. 1830, Petit c. préf. de l'Oise; 25 avr. 1838 (t. 1er 1838, p. 509), de Valon c. Thomas, préf. de la Creuze; *Orléans*, 19 nov. 1842 (t. 1er 1843, p. 26), Leralle c. Hébert; *Rouen*, 10 nov. 1842 (t. 1er 1843, p. 182), Lebarrois c. Boislandry et préf. de la Seine-Inférieure; 18 nov. 1842 (t. 1er 1843, p. 182), Grout c. Dizié et préf. de la Seine-Inférieure.

618. — ... Qu'une longue résidence du fonctionnaire dans le lieu où il exerce ses fonctions ne saurait suppléer à cette formalité.—*Cass.*, 17 juill. 1830, Petit c. préf. de l'Oise.

619. — ... Ni le paiement d'une contribution directe. — V. les arrêts de Rouen ci-dessus, des 10 et 18 nov. 1842.

620.—...Et que peu importe aussi qu'antérieurement son domicile politique n'ait pas été séparé de son domicile réel, qu'il n'ait jamais exercé de droits électoraux, et qu'il ait déclaré à la mairie de sa nouvelle résidence avoir l'intention d'y transférer son domicile réel. — V. les arrêts de Cassation et d'Orléans précités.

621. — Toutefois, en ce qui concerne la solution émise par ces deux derniers arrêts, des doutes se sont élevés, et l'on s'est demandé si, malgré les termes absolus de l'art. 19, L. 19 avr. 1831, il n'y avait pas lieu à distinguer pour le cas où le fonctionnaire public n'aurait pas encore exercé de droits politiques.

622. — En effet, dit-on, pour qu'une loi puisse être appliquée et que l'inobservation de ses dispositions soit utilement opposée, il faut que le motif qui a fait naître cette loi existe à l'égard de celui contre lequel on se prévaut de son inobservation. Or, si l'on se pénètre bien des termes et de l'esprit de la loi du 19 avr. 1831, on voit qu'elle a eu uniquement en vue le cas où un fonctionnaire public amovible était déjà électeur. C'est pour celui-là seul qu'elle a exigé la double déclaration au greffe du tribunal civil. Comment d'ailleurs aurait-elle pu imposer l'obligation de la faire à un fonctionnaire non encore investi de l'exercice des droits électoraux, et qui, par conséquent, n'avait pas de domicile politique? Lorsque ce fonctionnaire devient pour la première fois capable de cet exercice pendant ses fonctions, il est naturel de lui appliquer la règle générale consacrée par l'art. 10 de la même loi, à savoir que le domicile politique de tout Français est dans l'arrondissement électoral où il a son domicile réel. Ainsi, s'il a transporté son domicile réel dans le lieu où il exerce ses fonctions, c'est là qu'il aura son domicile politique, quoiqu'il n'ait pas fait la double déclaration prescrite par l'art. 10 précité. Dans le cas contraire, son domicile politique se trouvera être au lieu de son domicile d'origine ou au lieu de son dernier domicile réel. — V. de Cormenin, t. 2, p. 162.

623. — Jugé en ce sens que lorsqu'un fonctionnaire public amovible qui a transféré depuis long-temps son domicile réel dans le lieu où il exerce ses fonctions vient à acquérir le cens électoral, son domicile politique s'y trouvant réuni de plein droit au domicile réel, il est fondé à demander son inscription sur la liste de l'arrondissement, sans être tenu de faire la double déclaration prescrite par l'art. 11, L. 19 avr. 1831. — *Paris*, 15 oct. 1845 (t. 2 1845, p. 471), Sulpicy c. préf. de Seine-et-Marne.

624. — On peut encore citer à l'appui de cette opinion un arrêt récent de la cour de Cassation (chambre des requêtes), lequel a décidé que les fonctionnaires amovibles peuvent exercer leurs droits politiques au lieu où ils remplissent leurs fonctions et où ils ont pris leur domicile réel (ce que les juges sont souverains pour apprécier) sans avoir fait pour y transporter leur domicile politique les déclarations prescrites par l'art. 11, L. 19 avr. 1831, alors que la capacité électorale ne leur est survenue que depuis leur changement de domicile. — *Cass.*, 2 juill. 1846 (t. 2 1846, p. 145), Jourdain c. de la Picardière.

625. — On a même été plus loin, et l'on a posé en principe que la translation du domicile d'un fonctionnaire public amovible dans le lieu de l'exercice de ses fonctions résulte des circonstances.—*Cass.*, 15 oct. 1845 (t. 2 1845, p. 471), Sulpicy c. préf. de Seine-et-Marne; 23 oct. 1845 (t. 2 1845, p. 692), Millet c. Chopin; 14 nov. 1845 (t. 2 1845, p. 693), Armet de Lisle c. Mésirare; 21 nov. 1845 (t. 2 1845, p. 694), Guichard c. Lerat de Magnitot.

626. — ... Qu'en conséquence, un fonctionnaire n'est pas tenu à la double déclaration de changement de domicile prescrite par l'art. 10, L. 19 avr. 1831, pour acquérir l'exercice des droits politiques dans l'arrondissement où il exerce ses fonctions, lorsqu'il est notoire qu'il y a son domicile réel, auquel dès-lors se trouve nécessairement joint le domicile politique. — Mêmes arrêts. — V. conf. *Douai*, 12 nov. 1845 (t. 2 1846, p. 150), Theichers; même jour (t. 2 1846, p. 150), Quercy.

627.—... Spécialement que la translation du domicile résulte pour le fonctionnaire public amovible du fait d'avoir, depuis son installation, épousé une femme de la ville, de la continuité de son habitation réelle, de l'absence de tout autre établissement. — *Douai*, 12 nov. 1845 (t. 2 1846, p. 149), Henry c. Devred.

628. — Dans les arrêts que nous venons de citer, la cour de Douai alla même jusqu'à décider que le fonctionnaire public amovible qui a transféré son domicile réel au lieu où il exerce ses fonctions, acquiert de plein droit, et sans avoir besoin de la double déclaration prescrite par l'art. 10, L. 19 avr. 1831, son domicile politique au même lieu, pourvu toutefois que la translation de ce domicile réel ait lieu six mois avant la révision de la liste électorale.

629. — Toutefois, la même cour admettait que le fonctionnaire public révocable qui n'a pas fait la double déclaration exigée par l'art. 104, C. civ., et dont l'intention de transférer son domicile au lieu où il exerce ses fonctions n'est pas manifestée par d'autres circonstances, ne peut se prévaloir de la déclaration de fixation de domicile qu'il a faite à la municipalité du lieu de l'exercice de ses fonctions, s'il n'a pas fait à la municipalité du lieu qu'il a quitté la déclaration corrélative prescrite par les art. 10 et 11, L. 19 avr. 1831.— *Douai*, 17 nov. 1845 (t. 2 1846, p. 150), Henry c. Laforge de Bellegarde.

630. — Sur cette question, comme sur la précédente, la chambre des requêtes de la cour de Cassation a, il faut le reconnaître, consacré par divers arrêts récens la jurisprudence des cours royales.

631. — Ainsi, elle a jugé que la double déclaration prescrite par l'art. 11, L. 19 avr. 1831, au fonctionnaire amovible qui veut exercer ses droits politiques au lieu de ses fonctions, n'est absolument obligatoire que dans le cas où il entend transférer son domicile politique séparément de son domicile réel, et non lorsqu'il jouit déjà en ce lieu de son domicile réel, auquel le domicile politique est toujours resté joint. — *Cass.*, 7 avr. 1846 (t. 2 1846, p. 144), de Guimicourt c. Huet; 8 avr. 1846 (t. 2 1846, p. 144), Guichard c. Lerat de Magnitot; même jour, Mesirard c. Armet-Delisle; même jour, de Guimicourt c. Gosse de Gorre.

632. — Aussi, M. le ministre de l'intérieur disait-il dans une circulaire du 9 mai 1846 : « Il y a lieu de considérer que la disposition de l'art. 23, L. 2 juill. 1828, reproduite dans l'art. 11 de la loi d'avril 1831, avait eu pour objet de remédier à l'abus des translations de domicile réel faites par des fonctionnaires amovibles, au moment même où ils s'installaient dans le lieu où ils exerçaient leurs fonctions, et suivies quelquefois d'un prompt changement de résidence. — Mais lorsque l'ancienneté et la nature de l'établissement formé dans la commune où il remplit son emploi, des liens de famille, des acquisitions de propriété, *l'absence de tout autre domicile* ou autres circonstances analogues, éloignent toute induction de l'abus que le législateur a voulu prévenir, il serait excessivement rigoureux que le fonctionnaire *fût placé hors du droit commun* par une application trop étroite de la disposition dont il s'agit. »

633. — Mais la chambre civile de la cour de Cassation a repoussé nettement toutes les distinctions admises par les arrêts de la chambre des requêtes, et qui avaient pour résultat véritable d'effacer en réalité les dispositions de la loi de 1831.

634. — Elle a décidé qu'il ne suffit pas que le fonctionnaire amovible ait établi au lieu où il remplit ses fonctions, son domicile réel, pour que son domicile politique s'y trouve transporté de plein droit sans l'accomplissement de la double déclaration prescrite par les art. 10 et 11, L. 19 avr. 1831, alors que ce fonctionnaire a déjà exercé ses droits politiques à son précédent domicile. — *Cass.*, 20 juin 1846 (t. 2 1846, p. 148), Pingré de Guimicourt c. Marin; 1er juill. 1846 (t. 2 1846, p. 149), Delisle c. Grosset.

635. — ... Et même que la double déclaration est impérieusement exigée d'eux à l'effet d'acquérir l'exercice de leurs droits politiques dans le lieu où ils remplissent leurs fonctions, sans qu'il y ait d'exception pour le cas où ils auraient établi leur domicile réel dans le lieu actuel de leur résidence, non plus que pour celui où ils exerceraient pour la première fois dans leur résidence actuelle leurs droits politiques. — *Cass.*, 20 juill. 1846 (t. 2 1846, p. 145), Dussert c. Maret.

636. — Relativement aux fonctionnaires inamovibles, l'art. 11, L. 19 avr. 1831, porte que « ils pourront exercer leur droit électoral dans l'arrondissement où ils remplissent leurs fonctions. »

637. — Le seul fait de nomination à des fonctions inamovibles transfère le domicile politique du magistrat qui les a acceptées dans le lieu où il les exerce. — *Nîmes*, 5 déc. 1842 (t. 1er 1843, p. 88), Jourdan c. préfet de la Lozère; — Duvergier, t. 31, p. 185, note 1re.

638. — De ce que l'individu qui remplit des fonctions inamovibles a de droit son domicile réel et politique là où il exerce ses fonctions, il résulte qu'il ne peut ni continuer à figurer sur la liste de son domicile d'origine ou de son dernier domicile, ni transférer son domicile politique dans un lieu autre que celui où il exerce ses fonctions, qu'en faisant, six mois d'avance, la déclaration au greffe du tribunal civil où il a élu son domicile réel, et à celui du lieu où il veut transférer son domicile politique ou continuer à exercer ses droits.— *Bastia*, 23 nov. 1833, Rossi c. préfet de la Corse et Montera; 29 nov. 1836, Sabiani c. Montera fils et préfet de la Corse; *Nîmes*, 5 déc. 1842 (t. 1er 1843, p. 88), Jourdan c. préfet de la Lozère.

639. — Jugé, cependant, que lorsqu'un électeur accepte des fonctions inamovibles dans un autre arrondissement que celui où il exerçait ses droits politiques, cette acceptation n'emporte pas translation forcée du domicile politique, et il doit être maintenu sur les listes de l'arrondissement où il ne demeure plus, quoiqu'il n'ait fait aucune déclaration portant qu'il voulait conserver ce domicile. — *Toulouse*, 10 nov. 1845 (t. 1er 1846, p. 315), Boué c. de Lalanne.

640. — La dignité de pair étant compatible avec l'exercice d'autres fonctions publiques continues et permanentes dans les départemens du royaume, n'est pas exclusive d'un domicile politique dans un autre département que celui de la Seine. — *Grenoble*, 29 déc. 1829 et *Cass.*, 16 juin 1830, Perret c. Thomas ; — Duvergier, t. 21, p. 87, note 1re ; de Cormenin, t. 2, p. 162.

641. — En tous cas, et quelle que soit la nature de la fonction, le fonctionnaire public qui, sans être appelé à d'autres fonctions, transfère volontairement son domicile réel d'un arrondissement électoral dans un autre arrondissement de la même ville, transfère par cela seul son domicile politique dans cet autre arrondissement. — *Metz*, 28 déc. 1843 (t. 1er 1844, p. 567), Remont c. le préfet de la Moselle et Pasturot.

§ 4. — *Compétence.*

642. — Sous la loi du 5 fév. 1817, les difficultés concernant le domicile politique étaient jugées définitivement par le conseil d'état. L'art. 6 de cette loi le décidait expressément ; et il a été fait plusieurs fois application de cet article. — V. notamment *Cons. d'état*, 27 sept. 1827, Noël; 25 avr. 1828, Muret de Bord.

643. — La loi du 19 avr. 1831 contient sur ce point une innovation. Aux termes de l'art. 33 de cette loi, l'électeur qui se croit fondé à contester une décision du préfet, doit porter son action devant la cour royale du ressort. L'arrêt peut être déféré à la cour de Cassation.

644. — Si la contestation, au lieu de porter directement sur le domicile politique d'un citoyen, portait sur son domicile réel ; si, par exemple, il s'agissait de savoir quel est le domicile réel d'un individu réclamant son inscription sur la liste électorale, pour en induire ensuite son domicile politique, ce serait alors une pure question de *fait*, qui devrait être résolue par les tribunaux et soumise aux deux degrés de juridiction, et non une question qu'on pourrait soumettre à la cour royale par appel de l'arrêté du préfet. — *Paris*, 12 nov. 1827, Noël; *Cass.*, 21 févr. 1828, mêmes parties. — V. aussi *Cons. d'état*, 16 mars 1828, Braccini.

645. — En l'absence de toute déclaration légale relative à un changement de domicile, soit réel, soit politique, la cour royale est souveraine pour apprécier si le citoyen qui a transporté son domicile de fait d'un lieu dans un autre, a eu l'intention de changer par là son domicile de droit et conséquemment son domicile politique. — *Cass.*, 25 mai 1846 (t. 2 1846, p. 37), préfet de la Creuse c. Bonnichon.

646. — Elle peut déclarer que cette intention n'existe pas à raison du peu d'intervalle de temps qui s'est écoulé entre l'époque de la prise d'habitation et celle de la clôture des listes. — *Cass.*, 2 juill. 1846 (t. 2 1846, p. 138), Jouan c. Pringué.

647. — En tout cas l'appréciation par elle faite échappe à la censure de la cour de Cassation. — Mêmes arrêts.

648. — Les contestations en matière électorale relatives au domicile réel ou personnel d'un électeur, doivent être jugées sans frais. — *Cass.*, 21 fév. 1828, Noel. — V. ÉLECTEURS.

V. ACTE, ACTES DE L'ÉTAT CIVIL, ACTE RESPECTUEUX, AGENT DIPLOMATIQUE, ALGÉRIE, CAISSE DES DÉPOTS ET CONSIGNATIONS, CAUTIONNEMENT, COMPÉTENCE, LETTRE DE CHANGE.

DOMICILE DE SECOURS.

Table alphabétique.

DOMICILE DE SECOURS. — 1. — C'est, suivant la définition qu'en donne la loi du 25 vendém. an II, tit. 5, art. 1er, le lieu où l'homme nécessiteux a droit aux secours publics.

2. — Le domicile de secours n'a rien de commun avec le domicile civil pas plus qu'avec le domicile politique. Ces deux derniers domiciles ont pour objet l'un et l'autre l'exercice de droits particuliers qui en ont fait subordonner l'établissement ou le changement à des conditions inapplicables sous plus d'un rapport au but spécial du domicile secours.

3. — Chez les nations où les communes sont obligées de nourrir leurs pauvres, la détermination du domicile de secours est importante d'une part pour la commune qui a intérêt à ne pas se laisser imposer des charges qui ne lui incombent pas, d'autre part pour les indigens qui ont intérêt à être secourus dans le lieu qui leur offre le plus d'avantages. — Mais en France les secours sont facultatifs tant pour les communes que pour les départemens, si ce n'est en ce qui concerne les aliénés et les enfans trouvés; le domicile de secours n'a pas la même importance pour l'indigent, puisqu'il ne constitue pas un droit pour lui, mais établit seulement son aptitude à être secouru. — Une conclusion contraire semblerait, il est vrai, devoir se tirer des termes de l'art. 1er, tit. 5, L. 24 vendém. an II, qui parle du droit que l'homme nécessiteux a aux secours publics ; mais de l'ensemble de la législation sur cette matière il résulte que les secours sont facultatifs pour les communes ou les départemens. Des lois particulières ont fait aux communes et aux départemens une obligation de contribuer à l'entretien des aliénés et des enfans trouvés qui leur appartiennent. — V. ALIÉNÉS. — Mais le droit qui naît de cette obligation pour les aliénés indigens et les enfans trouvés, ne va pas jusqu'à autoriser en leur nom une action judiciaire, mais seulement laisse à l'administration supérieure la faculté d'inscrire d'office sur le budget des départemens et des communes la portion de dépense à leur charge. Il faut donc dire avec MM. Durieu et Roche (*Rép. des établ. des bienfaisance*, v° *Domicile de secours*, n° 3) que dans la loi moderne, le droit de l'indigent *aux secours disparaît* et qu'il ne reste que l'obligation de secours imposée à la localité.

4. — Les règles générales du domicile de secours ne servent donc en l'état de la législation qu'à déterminer les obligations des communes entre elles.

5. — Le lieu naturel du domicile de secours est le lieu de la naissance jusqu'à l'âge de vingt-un ans. — L. 24 vendém. an II, tit 5, art. 2 et 7.

6. — Le mineur n'a donc pas d'autre domicile que celui de sa naissance. Après sa majorité il le conserve tant qu'il n'en a pas acquis un nouveau. Le nouveau domicile une fois acquis (V. *infrà* nos 10 et suiv.), il ne pourrait retourner à l'ancien sans remplir encore les conditions nécessaires pour l'acquisition du domicile.

7. — Le lieu de naissance pour les enfans est le domicile habituel de la mère au moment où ils sont nés (art. 3). Ainsi la loi ne s'arrête pas au fait matériel et accidentel de la naissance dans telle localité pour imposer à cette commune une charge onéreuse. Mais le domicile habituel de la mère est-il le domicile *de secours* de la mère? Non, car il peut arriver qu'une femme, après avoir erré de commune en commune sans avoir séjourné une année entière dans aucune, sans avoir fixé nulle part un domicile habituel, mette un enfant au monde dans une commune où elle n'aurait pas le domicile de secours ; il ne serait pas juste que l'enfant retombât à la charge du département du lieu de la naissance de la mère. Le mot *domicile habituel* doit être pris dans l'acception de la résidence ordinaire et actuelle de la mère, abstraction faite du point de savoir si le domicile de secours y est attaché. — Durieu et Roche, n° 8.

8. — L'enfant d'une femme condamnée à la détention, comme l'enfant qui naît durant la captivité de la mère, ont leur domicile de secours, non dans le lieu où la mère est détenue, mais dans le lieu où la mère avant sa captivité avait sa résidence habituelle.

9. — Mais jusqu'à l'âge de vingt-un ans tout citoyen peut réclamer, sans formalité, le droit de domicile de secours, dans le lieu de sa naissance. — Art. 7.

10. — Il résultait des art. 4, 5, 6, 7, 8 et 9, tit. 5, L. 24 vendém. an II, que l'homme qui voulait, après vingt-un ans, acquérir un autre domicile de secours, devait se faire inscrire au greffe de la municipalité du lieu où il avait l'intention d'aller habiter. La municipalité pouvait refuser de l'inscrire, s'il n'était point muni d'un passeport et de certificats constatant qu'il n'était pas homme sans aveu. Cette inscription au greffe ne suffisait pas encore pour lui faire acquérir le domicile de secours; elle devait être en outre suivie d'un séjour de six mois dans la commune. — Art. 4, 5, 6, 7, 8 et 9.

11. — Est assujéti aux mêmes formalités celui qui veut retourner à l'ancien domicile qu'il a quitté. - Art. 10.

12. — Il n'existe plus aujourd'hui de registre d'inscription au secrétariat de la commune, et toutes les formalités prescrites par la loi du 24 vendém. an II et qui se rattachent à cette inscription, sont sans objet. On doit donc considérer comme abrogées les dispositions des art. 5, 6, 8, 9, 10 et la fin des art. 12 et 14. — Lettre du ministre de l'intérieur au préfet du Haut-Rhin du 17 fév. 1842.

13. — Il n'y a donc plus de formalités précises pour constituer le séjour qui fait requérir le domicile de secours. La preuve de son existence sera tirée de toutes les circonstances possibles, même de la notoriété, et l'appréciation en sera abandonnée à l'administration supérieure chargée d'assurer par des allocations aux budgets des communes le traitement des indigens ou aliénés, c'est-à-dire aux préfets et aux ministres, sauf le recours de droit. — Lettre min. intér. au préfet du Haut-Rhin. du 17 fév. 1842.

14. — Mais c'est encore une règle à observer que nul ne peut exercer en même temps dans deux communes le domicile de secours (art. 11) et qu'on est présumé conserver son dernier domicile tant que le délai exigé pour l'acquisition du nouveau n'est point expiré (art. 12.)

15. — Enfin il résulte de l'art. 12, tit. 5, L. 24 vendém. an II, que nul ne reste sans domicile de secours (Lettre min. int. au préfet de la Seine du 11 fév. 1842.)

16. — La femme mariée qui réside dans une commune autre que celle habitée par son mari y acquiert un domicile de secours propre et indépendant de celui de ce dernier. — Lettre min. int. au préfet de la Seine, du 14 févr. 1842.

17. — Le domicile de secours, aux termes de l'art. 4, L. 24 vendém. an II, s'acquiert par le séjour d'un an dans la même commune; ce séjour ne paraît pas aujourd'hui devoir être autre chose dans l'esprit de la loi qu'une résidence réelle qui, soumettant virtuellement le domicilié aux charges locales, l'affilie en retour à la famille communale (lettre min. intér. au préfet du Haut-Rhin, du 17 fév. 1842.) — Mais ce séjour doit être l'œuvre d'une volonté libre et portant avec elle la preuve de sa spontanéité comme l'indiquait la déclaration faite à la municipalité; aussi voit-on que, pour des cas où cette formalité n'avait pas été accomplie, la loi n'exigeait pas moins de deux ans de séjour. — Durieu et Roche, n° 12.

18. — La résidence d'un militaire en garnison dans une ville n'est que fortuite, elle n'est pas l'œuvre de sa volonté et ne peut être considérée comme un séjour dans le sens de la loi du 24 vendém. an II. — Aussi le ministre de l'intérieur a-t-il décidé, le 24 nov. 1837 (Bul. offic. min. intér. 1838, p. 187), que si un homme récemment incorporé devient aveugle et est réformé pour ce motif, c'est à la commune où se trouve son domicile de secours à venir à son aide et de pourvoir aux frais de son entretien. — Durieu et Roche, n° 13.

19. — Mais la même règle de la volonté exprimée recevrait une application différente relativement aux gendarmes, aux marins, aux employés des domaines, des contributions indirectes, des forêts, qui, s'ils ne choisissent pas librement leur résidence, l'acceptent du moins comme citoyens, y contractent mariage ou y fixent leur famille.

20. — Si la durée du séjour était interrompue par une circonstance incontestablement indépendante de la volonté du citoyen, par exemple, par une aliénation mentale qui nécessiterait son transport dans un hospice situé hors de la commune, il pourrait, une fois guéri ajouter le temps antérieur à sa résidence postérieure pour acquérir son domicile.

21. — Le terme passé par un infirme dans un hospice, par un condamné dans une prison, ne saurait constituer le domicile de secours. — Lettre min. int. au préfet de l'Isère, 9 mars 1842.

22. — L'étranger, malgré la durée de sa rési-

dence en France ne fait pas partie de la famille communale et dès-lors n'acquiert pas le domicile de secours: s'il trouve dans l'hospice de la localité où il habite un soulagement à ses souffrances; c'est par suite de cette charité qui anime les populations. Aussi le ministre de l'intérieur (décis. 17 fév. 1841) a reconnu que la dépense du traitement d'un étranger aliéné ne pouvait être imposée à aucun département; seulement si l'étranger est dans la catégorie des réfugiés politiques, le ministre fait payer le prix de la pension sur le crédit de son budget destiné à secourir les réfugiés. — Durieu et Roche, n° 16.

23.—Nous avons dit au mot ACTE DE GARANT les précautions que l'on prenait dans la Flandre maritime et en Artois pour épargner à ces provinces la charge des étrangers nécessiteux qui venaient s'y établir.

24. — Ceux qui se mariaient dans une commune et l'habitaient pendant six mois obtenaient le droit de domicile de secours dans cette commune sans être tenus de se faire inscrire.—Art. 13 et 14.—La faveur due aux mariages devrait encore faire appliquer l'art. 13 de la loi du 24 vendém. an II et faire réduire à six mois pour ceux qui se marient dans la commune la durée du séjour pour l'acquisition du domicile de secours.

25. — D'après l'art. 14 de la loi précitée, ceux qui étaient restés deux ans dans la même commune en louant leurs services à un ou plusieurs individus obtenaient le même droit.

26. — Selon MM. Durieu et Roche (n° 19), le séjour de deux ans n'était exigé par l'art. 14 de ceux qui louent leurs services à autrui que pour les dispenser de l'inscription à la municipalité, et dès-lors il fallait y voir une faveur et non un surcroît de garantie. Il résulte de là, suivant ces auteurs, que la formalité de l'inscription étant aujourd'hui abrogée, les individus qui louent leurs services doivent rentrer dans la règle commune et acquérir, comme tous les autres, le domicile de secours par une année de séjour dans la commune.—La condition du séjour de deux ans nous paraît, au contraire, devoir aujourd'hui encore être réalisée par ceux qui louent leurs services à autrui, car on ne peut considérer comme purement volontaire et spontané le séjour d'un individu qui a besoin pour vivre du travail que lui procure, du salaire que lui paie un maître. S'il continue à résider dans la commune, c'est moins pour s'y associer aux charges communales que pour continuer à profiter de la veine de travail qui s'est offerte à lui, et qui seule a fait sa prédilection pour la commune. Il est dès-lors naturel que sa volonté de résider ne soit considérée établie que par un séjour prolongé durant deux années.

27. — Tout soldat qui aura combattu un temps quelconque pour la liberté, avec des certificats honorables, jouira de suite du droit de domicile de secours dans le lieu où il voudra se fixer. — Art. 15.

28. — Selon MM. Durieu et Roche (n° 21), l'exception en faveur des militaires ne s'applique qu'à ceux qui ont combattu pour la liberté, c'est-à-dire à ceux qui ont combattu pour le pays, et ceux qui n'ont fait que le service de paix n'ont pas droit à cette faveur. — En admettant cette restriction, qui résulte du texte de la loi, il faut ajouter que le soldat que la loi du recrutement a enlevé à ses foyers pour le service en temps de paix conserve toujours son domicile de secours d'origine.

29. — Tout vieillard âgé de soixante-dix ans, sans avoir acquis de domicile, ou reconnu infirme avant cette époque, recevra les secours de stricte nécessité dans l'hospice le plus voisin. — Art. 16.

30. — Celui qui, dans l'intervalle du délai prescrit pour acquérir le domicile de secours, se trouvera par quelque infirmité, suite de son travail, hors d'état de pouvoir gagner sa vie, sera reçu à tout âge dans l'hospice le plus voisin. — Art. 17.

31. — Tout malade domicilié de droit ou non qui sera sans ressources sera secouru, ou à son domicile de fait, ou dans l'hospice le plus voisin. — Art. 18.

32. —Ainsi, il ne faut pas confondre les infirmes qui, domiciliés ou non domiciliés, doivent être traités à leur domicile de fait ou à l'hospice le plus voisin. Le vieillard et l'infirme peuvent être transférés à leur domicile, tandis que le transport compromettrait le plus souvent la vie du malade. — Circul. minist. 20 déc. 1833.

33. — Dans une lettre adressée au préfet de la Moselle le 11 fév. 1842, le ministre de l'intérieur décidait qu'on devait placer dans les exceptions à la résidence de fait les individus qui, par infirmité physique ou intellectuelle ou par leur âge, ont hors d'état d'indiquer, soit le lieu de leur naissance, soit celui de leur domicile, et à l'égard desquels il n'est pas possible de se procurer des renseignemens positifs.

34. — Le royaume des Pays-Bas a, sur le même sujet, une loi du 28 nov. 1818, dont les dispositions ont quelque analogie avec la loi du 25 vendémiaire an II. — Merlin, v° *Domicile de secours*. — Elle exige quatre ans de résidence pour les indigens et six ans avec acquittement de contributions pour les étrangers. L'entretien des mendians et vagabonds envoyés dans des dépôts de mendians est à la charge des communes auxquelles ils appartiennent, mais les provinces accordent des subsides à celles qui sont hors d'état de subvenir à tout ou partie de la dépense.— Durieu et Roche, n° 2.

35. — En Angleterre, le domicile de secours s'établit par la naissance, par le mariage, par l'état ou la profession, par le domicile des parens.

36. — En Prusse, le domicile du pauvre dépend du droit de cité, que chaque commune peut refuser à tout individu né sur un autre territoire et qui ne justifie pas de moyens suffisans. Ceux dont le domicile de secours n'est pas suffisamment établi sont à la charge de l'état, qui supporte les frais qu'occasionnerait la conduite des mendians étrangers hors du territoire. — Durieu et Roche, n° 2.

DOMMAGE.

1.—On entend par ce mot toute espèce de perte, détriment ou préjudice.

2.—Tout fait quelconque de l'homme qui cause à autrui un dommage, oblige celui par la faute duquel il est arrivé à le réparer. — C. civ., art. 1382. — V. RESPONSABILITÉ.

3. — On est responsable du dommage causé à autrui, non seulement par son fait, sa négligence, ou son imprudence, mais encore par le fait, la négligence ou l'imprudence de ceux dont on doit répondre et qu'on a sous sa garde. — C. civ., art, 1383 et 1384. — V. RESPONSABILITÉ.

4. — Le propriétaire d'un animal ou celui qui s'en sert pendant qu'il est à son usage, est responsable du dommage que l'animal a causé.— C. civ., art. 1385. — V. RESPONSABILITÉ.

5.—Le propriétaire d'un bâtiment est responsable du dommage causé par sa ruine arrivée par suite du défaut d'entretien ou par vice de construction. — C. civ., art. 1386.—V. DOMMAGE ÉVENTUEL, RESPONSABILITÉ.

6. — Chaque associé est tenu envers la société des dommages qu'il lui a causés par sa faute, sans pouvoir compenser avec ces dommages les profits que son industrie lui aurait procurés dans d'autres affaires. — C. civ., art. 1851. — V. SOCIÉTÉ.

7.— Les aubergistes ou hôteliers sont responsables du dommage des effets du voyageur, soit que ce dommage ait été causé par les domestiques ou préposés de l'hôtellerie, ou par des étrangers allant et venant dans l'hôtellerie. — C. civ., art. 1953. — V. DÉPOT, HOTELIER.

8. — Les actions pour dommages aux champs, fruits et récoltes sont de la compétence du juge de paix. — V. DOMMAGE AUX CHAMPS, JUGE DE PAIX.

9.—Dans les assurances maritimes, les dommages arrivés aux objets assurés par fortune de mer sont, en général, aux risques des assureurs. — C. comm., art. 350. — V. ASSURANCES MARITIMES.

10. — Dans un voyage en mer, les dommages soufferts par le navire ou les marchandises sont considérés tantôt comme avaries communes et tantôt comme avaries simples. — C. comm., art. 400 et 403. — V. AVARIES.

11. — Ceux qui, hors des cas prévus par la loi, ont volontairement causé du dommage aux propriétés mobilières d'autrui, sont punissables d'une amende de 11 fr. à 15 fr. — C. pén., art. 479-1°.— V. DESTRUCTION, DÉGRADATION ET DOMMAGES.

12. — Indépendamment des mots de renvoi indiqués dans le cours de l'article, V. encore principalement ABEILLES, n°s 10 et suiv., ACTION CIVILE, ANIMAUX, CANAUX, CAPITAINE DE NAVIRE, CARRIÈRE, CHEMINS DE FER, CHEMINS VICINAUX, CHOSE JUGÉE, COMMUNAUTÉ, COMMUNE, COMPÉTENCE ADMINISTRATIVE, COMPÉTENCE COMMERCIALE, COMPÉTENCE CRIMINELLE, COMPLAINTE, CONSEIL DE PRÉFECTURE, CONTRIBUTIONS DIRECTES, COURS D'EAU, DÉLIT RURAL, DOMMAGE PERMANENT, TRAVAUX PUBLICS.

DOMMAGE AUX CHAMPS.

Table alphabétique.

DOMMAGE AUX CHAMPS. — 1. — La qualification de dommages aux champs se rencontre pour la première fois dans la loi du 16-24 août 1790, tit. 3, art. 10. Cette disposition donnait au juge de paix compétence pour connaître des actions pour dommages faits, soit par les hommes, soit par les animaux, aux champs, fruits et récoltes.

2. — Le Code de procédure, se référant purement et simplement à la compétence créée par la loi du 24 août 1790, dispose dans son art. 3 que la citation doit être donnée devant le juge de paix de la situation de l'objet litigieux, lorsqu'il s'agit des actions pour dommages aux champs, fruits et récoltes...

3. — Enfin, les expressions employées par la loi du 24 août 1790 sont reproduites par l'art. 5, L. 15 mai 1838, sur les justices de paix, portant que les juges de paix connaissent sans appel jusqu'à la valeur de 100 fr., et, à charge d'appel, à quelque valeur que la demande puisse s'élever : 1° des actions pour dommages faits aux champs, fruits et récoltes, *soit par l'homme, soit par les animaux*, et de celles relatives à l'élagage des arbres ou haies et au curage, soit des fossés, soit des canaux servant à l'irrigation des propriétés ou au mouvement des usines, *lorsque les droits de propriété ou de servitude ne sont pas contestés*.

4.—On doit entendre par dommages aux champs ceux qui, dans les campagnes, sont causés à la terre et à ses productions, *quelles qu'elles soient*. Cette dénomination doit dès-lors s'appliquer à un grand nombre de faits incriminés soit par le Code rural du 27 sept.-6 oct. 1791, soit par le Code pénal.

5. — Remarquons aussi que le juge de paix est compétent, quelles que soient la gravité du fait d'où dérivent les dommages et l'importance des dégâts causés.

6. — Quant aux dommages causés à des objets mobiliers, à des animaux ou à des personnes, la disposition exceptionnelle de l'art. 5, L. 1838, ne les concerne pas.

7. — Il faut remarquer à cet égard que tous les dommages aux champs, fruits et récoltes ne constituent pas nécessairement des faits punissables, et que les dégâts de cette nature pourraient donner lieu à des réparations civiles qu'il appartiendrait au juge de paix d'apprécier, lors même qu'ils n'auraient été prévus ni par le Code rural de 1791, ni par le Code pénal. En effet, les cas dans lesquels l'action civile pour dommages aux champs est ouverte sont innombrables.—Carré et Foucher, *Le droit français dans ses rapports avec la jurid. des just. de paix*, t. 2, n° 1322.

8. — On doit classer au nombre des dommages dont le juge de paix peut connaître: les reprises de terres que se permettent les laboureurs pour rétablir l'alignement de leurs pièces en labour. — Circ. min. int. 1er fruct. an V; —Carré et Foucher, t. 2, n° 1315.—V. toutefois Curasson, t. 1er, p. 379.— V. sur les dommages aux champs appelés *reprises de terre*, Henrion de Pansey, *Justices de paix*, ch. 21, p. 51.

9. — ...La destruction de quelques parties de grains. — V. Code rural du 27 sept.-6 oct. 1791, tit. 2, art. 28, et C. pén., art. 449 et 450.—V. DÉLIT RURAL, DESTRUCTION ET DÉVASTATION DES RÉCOLTES, ARBRES ET PLANTS.

10. — ...Les plaies faites aux arbres ou arbustes par imprudence ou autrement.— C. pén., art. 445, 446, 447 et 448.— V. DESTRUCTION ET DÉVASTATION DES RÉCOLTES, ARBRES ET PLANTS.

11.—...Les brèches faites à des clôtures, les comblemens de fossés, etc. — V. C. rural, tit. 2, art. 17, et C. pénal, art. 456. — V. DESTRUCTION DE CLOTURE ET DÉPLACEMENT DE BORNES.

12.—...Les dommages faits aux terres par le passage en voiture ou autrement.—C. rur. 1791, tit. 2, art. 41; C. pén., art. 471, n° 13, et 475, n°s 9 et 10. —V. PASSAGE SUR LE TERRAIN D'AUTRUI.

13. — ... Les dévastations des plants ou récoltes. —C. pén., art. 444. — V. DESTRUCTION ET DÉVASTATION DES RÉCOLTES, ARBRES ET PLANTS.

14. — ... Les dégâts occasionnés par des égouts. — Mêmes auteurs.

15. — ... L'incendie de récoltes, meules, etc. — C. pén., art. 434. — V. INCENDIE.

16. — ... Les inondations des terres causées par le dépôt d'objets quelconques dans le lit d'une rivière. — V. INONDATION.

17. — ... Les dommages ou dégâts causés par les bestiaux ou autres animaux. — V. ANIMAUX, n°s 28 et suiv.

18. — ... Les dommages causés dans des parties de chasse ou de pêche. — Carré et Foucher, *loc. cit.*

19. — ... Le préjudice causé par suite du pacage exercé au mépris des lois et réglemens sur le parcours et la vaine pâture.

20. — L'art. 5, L. 25 mai 1838, attribue d'une manière expresse compétence au juge de paix pour les contestations relatives à l'élagage des arbres ou haies, lorsque d'ailleurs les droits de propriété ou de servitude ne sont pas contestés. — V. ÉLAGAGE.

21. — Un éboulement causé par des fouilles devrait être aussi considéré comme un dommage aux champs de la compétence du juge de paix. — Carré et Foucher, t. 2, n° 1318.

22. — On place en général parmi les dommages aux champs dont le juge de paix peut connaître les maraudages et vols aux champs, le glanage, ratelage ou grapillage avant l'entier enlèvement de la récolte ou des raisins. — V. GLANAGE, MARAUDAGE, VOL. — Toutefois, MM. Curasson et Carou pensent que, s'il s'agissait d'un vol de récoltes, l'action civile à laquelle ce fait donnerait lieu ne serait de la compétence du juge de paix qu'autant qu'elle n'excéderait pas 200 fr.

23. — « L'action civile, dit à cet égard M. Curasson, qui peut résulter d'un vol de fruits ou de récoltes, de la coupe de bois taillis pour se les approprier, ne nous paraît pas rentrer dans la compétence attribuée au juge de paix par l'art. 5, L. 1838. Celui qui commet un délit forestier peut, il est vrai, dégrader la forêt; mais la demande en dommages-intérêts résultant des délits de cette nature a moins pour but la réparation du dégât que la restitution de la valeur des arbres coupés; la coupe d'arbres ou de taillis, pour se les approprier, étant un vol, c'est l'action *de furtis* qu'intente le demandeur en dommages-intérêts. Si la réparation civile des délits forestiers dont la valeur est au-dessus de 200 fr. était attribuée aux juges de paix, il en résulterait que les récolemens de coupes devraient leur être soumis dans les bois des particuliers (dans ceux de l'état et des communes, c'est devant les tribunaux correctionnels que les contraventions sont poursuivies). — Ce serait donner beaucoup trop d'étendue à la compétence déjà assez considérable que l'art. 5 confère aux juges de paix. »

24. — Si le dommage aux champs avait été causé par un attroupement, la commune dans laquelle les biens endommagés seraient situés, pourrait en être déclarée responsable. — L. 23 fév. 1790, art. 5. — Mais le dommage dont on poursuivrait la réparation contre elle devrait, dans ce cas, être fixé par le tribunal d'arrondissement, quel que fût le taux de l'indemnité réclamée. — L. 10 vendém. an IV, tit. 5, art. 4.

25. — L'action pour dommages aux champs reste de la compétence du juge de paix alors même que les dommages auraient été commis par des entrepreneurs de travaux publics, à moins que les dépôts et enlèvemens de terres n'aient eu lieu sur les terrains désignés par l'autorité administrative, en vertu des lois des 16 sept. et 21 mai 1836, cas auquel le réglement de l'indemnité due au propriétaire appartient au conseil de préfecture. — Curasson, t. 1er, p. 377. — V. TRAVAUX PUBLICS.

26. — L'action pour dommages aux champs est, du reste, soumise aux principes généraux du droit sur la responsabilité des dommages, et elle n'est ouverte qu'autant que les dégâts dont on se plaint proviennent du fait ou de la faute de celui auquel ils sont imputés. — C. civ., art. 1382.

27. — Mais, ainsi qu'on l'a vu, la loi rend le juge de paix compétent pour statuer sur les dommages aux champs, fruits et récoltes, causés *soit par l'homme soit par les animaux*. Or, cette disposition est générale. Peu importe donc que le fait de l'homme soit direct ou indirect, médiat ou immédiat; c'est ce que les auteurs ont reconnu. — Henrion, p. 173; Carré, *Just. de paix*, t. 2, p. 169; Benech, p. 163; Curasson, t. 1er, p. 379; Carou, n° 302.

28. — Aussi a-t-il été jugé que le juge de paix est compétent pour statuer sur une action en réparation du dommage causé par un voisin qui, en tenant ses écluses fermées en temps d'orage, inonde les champs voisins. — *Cass.*, 18 nov. 1817, Delorme c. Vignat.

29. — On s'est également demandé si le juge de paix est compétent pour prononcer sur les dommages causés aux champs, fruits et récoltes, par un établissement industriel insalubre, qui s'est conformé aux conditions autorisées, imposées par l'administration.

30. — A cet égard, il a été jugé : 1° que tout fait de l'homme qui porte dommage aux fruits et récoltes rentre dans les attributions de la justice de paix, qu'il soit causé par son fait médiat ou immédiat; et spécialement, lorsqu'il s'agit du dommage causé par les exhalaisons d'une usine. — *Cass.*, 19 juill. 1826, Lebel c. Graindorge.

31. — ... 2° Qu'il en est de même sans qu'il soit besoin d'examiner si la cause du dommage est ou non instantanée ou permanente. — Telle est, par exemple, l'action pour dommages causés par les exhalaisons d'une fabrique de soude. — *Cass.*, 2 janv. 1833, Armand c. Riboulet.

32. — ... 3° Et qu'il n'y a pas lieu de distinguer, quant à la compétence, entre les dommages matériels et les dommages moraux ou d'opinion, pour renvoyer la connaissance des derniers à l'autorité administrative. — *Cass.*, 3 mai 1827, Armand c. Talamel.

33. — On lit, il est vrai, dans un des motifs d'un arrêt de la cour de Cassation, que les dommages faits aux champs, fruits et récoltes doivent, pour rentrer dans la compétence du juge de paix, résulter d'un délit ou d'un quasi-délit (*Cass.*, 29 déc. 1830, Dumoncel c. Bras). Mais cette décision ne nous semble pas de nature à infirmer la jurisprudence qui précède.

34. — En vain, dans les cas qui précèdent, le défendeur opposerait-il que ses travaux ont été autorisés par l'administration, cette autorisation n'étant jamais censée accordée que sous réserve des droits des tiers. — Curasson, t. 1er, p. 380; Carou, n° 303. — V. au surplus, sur les principes relatifs aux dommages-intérêts réclamés à raison du voisinage des établissemens insalubres et sur les règles générales de compétence en cette matière, ÉTABLISSEMENS INSALUBRES.

35. — Quant à la responsabilité des dégats causés par les animaux, V. ANIMAUX, n°s 28 et suiv., et RESPONSABILITÉ.

36. — L'art. 1384 du C. civ., qui établit une responsabilité civile pesant sur ceux qui ont sous leur surveillance l'auteur du dommage, doit également recevoir son application. — Carré et Foucher, t. 2, n° 1325. — V. RESPONSABILITÉ. — V. cependant, quant aux dommages aux champs qui constituent des délits ruraux, DÉLIT RURAL.

37. — Lorsqu'une action en réparation du préjudice résultant d'un dommage aux champs est intentée devant le juge de paix, le demandeur n'a pas besoin de prouver que le dommage qu'il a éprouvé constitue un délit ou une contravention.

38. — Mais lorsque, le fait allégué étant punissable aux termes, soit du Code rural de 1791, soit du Code pénal, l'action publique est éteinte par prescription, l'action civile portée devant les juges de paix cesse-t-elle pour cela d'être recevable. — V. ACTION CIVILE, n°s 372 et suiv. — V. aussi PRESCRIPTION.

39. — Ainsi qu'on l'a vu et que cela résulte de la loi, la compétence des tribunaux de paix, compétence extraordinaire et exceptionnelle, cesse si les droits de propriété ou de servitude sont contestés, car toute question relative à la propriété elle-même rentre éminemment dans les attributions des tribunaux ordinaires. — *Cass.* (dans ses motifs), 3 mai 1827, Armand c. Talamel.

40. — Aussi a-t-il été jugé que, lorsqu'il a été formé une demande tendante à faire dévier les eaux malsaines provenant d'une fabrique et nuisibles à la propriété du demandeur, et à lui payer une somme indéterminée pour réparation du dommage causé, une autre somme pour altération de jouissance, enfin une autre somme pour moins-value de sa propriété, une telle demande, se rattachant entièrement à la propriété elle-même, ne peut être considérée comme rentrant dans la compétence du juge de paix, relative à la connaissance des actions sur dommages faits aux champs, fruits et récoltes. — Même arrêt.

41. — Jugé également que l'action en dommages-intérêts pour torts causés aux champs, etc., par un établissement insalubre même autorisé est de la compétence des tribunaux civils et non de celle du juge de paix, lorsqu'il s'agit aussi de la réparation du tort que le propriétaire éprouve par la diminution de la valeur de sa propriété. — *Nancy*, 14 janv. 1830, Ancelot c. salines de l'Est.

42. — Il semble résulter de la rédaction de l'art. 5 de la loi du 15 mai 1838 que, si les droits de propriété du demandeur sont contestés, le juge de paix doit se déclarer incompétent purement et simplement. Tel ne paraît cependant pas être le sens qu'on a voulu donner à cette disposition. La question de propriété et celle d'appréciation du dommage sont indépendantes l'une de l'autre, et le juge de paix peut statuer sur la seconde, qu'il doit retenir. Il surseoit seulement jusqu'à ce que la question de propriété ait été tranchée par l'autorité compétente. — Carou et Bioche, t. 1er, n° 317.

43. — Le juge ne serait même tenu de surseoir à statuer qu'autant que l'exception proposée par le défendeur contestant la propriété du demandeur serait accompagnée de circonstances donnant quelque vraisemblance au fait allégué; si l'exception ne paraissait avoir rien de sérieux, le juge de paix pourrait la rejeter et prononcer immédiatement sur les dommages-intérêts. — Carou et Bioche, t. 1er, n° 318.

44. — On a décidé avec raison que le tribunal statuant sur un appel de justice de paix est compétent pour connaître d'une action pour dommages à des fruits et récoltes, bien que le défendeur, sans prétendre lui-même à la propriété du terrain qui aurait souffert du dommage, articule que la propriété de ce terrain appartient à un tiers qui n'est pas en cause. — *Cass.*, 19 avr. 1843 (t. 1er 1843, p. 674), Berard c. Peridier et Giraudot.

45. — Il est évident d'ailleurs que la compétence des juges de paix, en cas de dommages aux champs, ne s'étend qu'à la connaissance de l'action en réparation de ces dommages; et que si le demandeur, dans le cas où le préjudice par lui souffert proviendrait d'un établissement insalubre, requérait, outre la réparation du préjudice, la destruction de l'établissement dont il s'agit, son action sortirait des limites de la juridiction du juge de paix. — Carou, n° 303.

46. — De même, le juge de paix, compétent pour statuer sur les dommages actuels, ne l'est pas pour ordonner des mesures propres à prévenir des dommages éventuels.

47. — Jugé (et cela sans difficulté) que le juge de paix saisi d'une demande présentant deux chefs distincts, l'un relatif à l'exécution d'une vente, l'autre à des dommages causés aux prés, ne peut connaître de la contestation en ce qui concerne l'exécution de la vente, si le prix excède le taux de sa compétence ordinaire. — *Cass.*, 21 pluv. an X, Duhamel c. Paluo.

48. — Le tribunal de première instance saisi de la question de propriété pourrait aussi statuer sur les dommages-intérêts pour dommage aux champs réclamés, si les deux questions étaient connexes. — *Cass.*, 29 juin 1820, Rollier c. Fourvigne.

49. — Le juge de paix ne peut statuer en dernier ressort sur une action pour dommage causé par des bestiaux, si la quotité du dommage n'a pas été déterminée par la partie. — *Cass.*, 21 pluv. an X, Duhamel c. Patin. — V. au surplus JUGE DE PAIX.

50. — C'est devant le juge de paix de la situation des biens endommagés que doit être portée l'action. — Carré et Foucher, t. 2, n° 1678; Carou et Bioche, t. 1er, n° 320.

51. — Le fermier ou locataire des biens endommagés peut exercer l'action pour dommages aux champs, de même que le propriétaire. — *Cass.*, 9 déc. 1817, Chevalaye c. Gauchet.

52. — L'action pour dommage aux champs, fruits et récoltes, à la différence de l'action possessoire, n'a pas besoin d'être intentée dans l'année. — Bioche et Goujet, *Dict. de procéd.*, v° *Juge de paix*, n° 93.

53. — La contrainte par corps peut être prononcée pour dommages-intérêts en matière de dommages aux champs lorsqu'ils s'élèvent à 300 fr. (C. procéd., art. 126). La durée de l'emprisonnement doit être fixée par le jugement de condamnation. L. 17 avr. 1832, art. 7. — Carré et Foucher, t. 2, n° 1313; Carou et Bioche, t. 1er, n° 313. — V. CONTRAINTE PAR CORPS.

DOMMAGE ÉVENTUEL, IMMINENT.

1. — Dommage qui n'est pas encore arrivé, mais qui, suivant toute vraisemblance, devra arriver.

2. — C'est le *damnum infectum* de la loi romaine : *Damnum infectum est damnum nondùm factum, quod futurum veremur.* — L. 2, ff., *De damno infecto.*

3. — Le droit romain autorisait la demande d'une caution pour le dommage éventuel, par exemple, pour le cas où un bâtiment menaçait ruine; sinon, le voisin pouvait demander l'envoi en possession de l'édifice. — L. 4, § 1, *De damno infecto.*

4. — Notre ancienne jurisprudence avait accueilli l'action *damni infecti*, à l'exception toutefois

de la caution ; car si cette caution était une garantie pour le dommage qui pouvait être causé aux voisins, elle n'en présentait aucune pour la vie des voisins. — Merlin, *Rép.*, vº *Voisinage*, § 6.

5. — Si un bâtiment, dit Domat (*Lois civ.*, liv. 2, tit. 8, sect. 3e), est en péril de ruine, le propriétaire du bâtiment ou autre héritage voisin qui voit le sien en danger d'être endommagé par la chute de l'autre, peut sommer celui qui en est le propriétaire de le démolir ou le réparer de sorte qu'il fasse cesser le péril.

6. — Si la sommation était suivie de négligence de la part du propriétaire, le voisin pouvait demander par provision qu'il lui fût permis de faire lui-même ce que des experts jugeraient nécessaire pour prévenir la chute du bâtiment, soit en l'appuyant ou en le démolissant, s'il était besoin, avec recours contre le propriétaire pour le montant des dépenses. — Domat, *ibid.*

7. — Si, pendant le retard du propriétaire mis en demeure, la chute du bâtiment avait lieu, il était tenu des dommages-intérêts selon les circonstances. — Si le bâtiment tombait avant la mise en demeure du propriétaire, celui-ci n'était pas tenu du dommage, s'il abandonnait la place et les matériaux. — Domat, *ibid.*

8. — Cette action *damni infecti* peut-elle être encore exercée aujourd'hui ? — Le Code civil ne renferme, à cet égard, que la disposition de l'art. 1386 : « Le propriétaire d'un bâtiment est responsable du dommage causé par ruine, lorsqu'elle arrive par suite du défaut d'entretien ou par le vice de sa construction. »

9. — On est assez généralement d'accord que l'action *damni infecti* du droit romain n'est pas admise par le Code. — *Bruxelles*, 17 mars 1825, L... ; *Rennes*, 23 mars 1843 (t. 2 1844, p. 266), Heurtel c. Leguen (sol. impl.); — Fournel, *Du voisinage*, t. 1er, p. 193 ; Toullier, t. 2, nº 317 ; Duranton, t. 13, nº 729.

10. — Mais la disposition de l'art. 1386, C. civ., qui s'explique sur le dommage *fait*, s'applique-t-elle au dommage *imminent*, et ouvre-t-elle dès l'instant même une action contre le propriétaire ? — Quelques auteurs l'ont pensé. — Maleville, *Analyse du C. civ.*, sur l'art. 1386 ; Henrion de Pansey, *Compét. des juges de paix*, chap. 38 ; Laporte, *Pandect. franc.*, sur l'art. 1386 ; Lepage, *L. des bâtim.*, t. 2, p. 116 et 117 ; Merlin, *Rép.*, vº *Bâtiment*, nº 3 ; Fournel, *Du voisinage*, t. 1er, p. 193.

11. — Jugé en ce sens qu'en supposant que l'action *damni infecti* du droit romain ne soit point admise dans notre législation, en ce sens qu'une caution ne puisse être exigée de celui dont l'édifice menace ruine, le propriétaire menacé par la chute d'un édifice voisin peut néanmoins contraindre le propriétaire de cet édifice à le démolir ou à le réparer. — *Rennes*, 23 mars 1843 (t. 2 1844, p. 266), Heurtel c. Leguen.

12. — ... Qu'on peut se pourvoir pour empêcher un préjudice éventuel quand des actes patens et ostensibles le rendent imminent. — *Amiens*, 17 fév. 1837 (t. 1er 1837, p. 528), Lévy c. Leroux-Vernier.

13. — Ainsi, le propriétaire du fonds voisin d'un étang a le droit de forcer le maître de cet étang à en réparer les digues et chaussées pour prévenir le danger de l'inondation. — Toullier, t. 3, nº 138 ; Pardessus, *Servit.*, nº 81 ; Garnier, *Eaux*, nº 106 ; Rolland de Villargues, *Rép. du not.*, vº *Etang*, nº 16.

14. — Pour l'opinion contraire, on invoque les paroles même de l'orateur du tribunat (Rapp. 16 pluv. an XII) au sujet de l'art. 1386. Après en avoir rapporté les termes, il ajoute : « Cette décision est bien moins rigoureuse et bien plus équitable que la disposition de la loi romaine. Celle-ci autorisait l'individu, etc. (V. *suprà* nº 3). — Ainsi, la seule appréhension du mal donnait ouverture à l'action et pouvait opérer la dépossession ; le projet, au contraire, veut, avant tout, que le mal soit constant ; c'est donc le fait seul de l'écroulement qui peut légitimer la plainte et la demande du lésé. »

15. — Jugé, en ce sens, que le voisin d'une maison qui menace ruine n'a point d'action pour obliger le propriétaire à l'étayer ou réparer, et qu'il n'a d'action que pour les dommages affectifs causés par la chute du bâtiment. — *Bruxelles*, 17 mars 1825, L... — V. toutefois *infrà* nº 16.

16. — ... Qu'aucune condamnation ne peut être prononcée dans la prévision d'une contravention non encore existante ; que, dès-lors, les tribunaux, en condamnant une partie à payer des dommages-intérêts pour une contravention qu'elle a commise, ne peuvent fixer une nouvelle somme qu'elle sera tenue de payer chaque fois que la contravention se renouvellera. — *Paris*, 4 déc. 1841 (t. 1er 1842, p. 123), Seguin c. Peuch.

17. — Suivant Toullier (t. 2, nº 317), la loi (V. en outre C. civ., art. 1383, et C. pén., art. 479, § 4) n'a entendu parler que du dommage causé, et non de celui qui peut l'être ; et cela par la raison que l'administration, veillant à l'intérêt de chacun, arrêterait suffisamment les causes imminentes de danger par l'exécution des lois de police. D'ailleurs, en punissant le fait de ceux qui auront refusé ou négligé d'obéir à la sommation émanée de l'autorité administrative de réparer ou démolir les édifices menaçant ruine, l'art. 471, § 5, C. pén., indique suffisamment que ce n'est que l'administration, et non le particulier, qui a le droit de faire cette sommation. — Conf. Duranton, t. 13, nº 729.

18. — Aujourd'hui, en Belgique, une loi du 8 janv. 1834 porte, art. 31 : « Tous bâtimens, murs, cloisons ou autres clôtures qui menacent ruine par vétusté ou autre cause, et qui mettent en danger l'héritage voisin ou le débordent, doivent être démolis, reconstruits ou réparés *à la première demande du propriétaire de l'héritage voisin.*

DOMMAGES-INTÉRÊTS.

Table alphabétique.

DOMMAGES-INTÉRÊTS. — 1. — C'est l'indemnité de la perte que quelqu'un a faite ou du gain qu'il a manqué de faire.

2. — Les termes de *dommages-intérêts* et *d'indemnité* ont souvent la même signification dans le langage de la loi ; dès-lors, le jugement qui fixe l'indemnité due par un contrefacteur à un inventeur, en vertu d'un jugement qui avait condamné le premier à des dommages-intérêts à régler ultérieurement par état, est à l'abri du reproche d'avoir violé la chose jugée. — *Cass.*, 20 nov. 1832, Manby Wilson c. Windsor.

Sect. 1re. — *Cas où il y a lieu à dommages-intérêts.*

3. — Il résulte de l'ensemble des dispositions de nos Codes sur les *dommages-intérêts* qu'il y a lieu à *dommages-intérêts*, en général, toutes les fois qu'un individu a éprouvé un préjudice soit par suite d'un fait nuisible, indépendant de toute convention, soit par suite de l'inexécution d'une convention.

4. — Ainsi, pour n'indiquer ici que les principales de ces dispositions, on voit que des dommages-intérêts peuvent être dus :

5. — ... Pour altération ou faux dans les actes de l'état civil et pour inscription de ces actes sur des feuilles volantes. — C. civ., art. 52. — V. ACTES DE L'ÉTAT CIVIL.

6. — ... Par l'officier de l'état civil qui, en cas d'opposition à un mariage, le célèbre avant qu'on lui ait remis main-levée de cette opposition. — C. civ., art. 68. — V. ACTES DE L'ÉTAT CIVIL, MARIAGE.

7.—...Par les opposans à un mariage, autres que les ascendans, quand leur opposition est rejetée. — C. civ., art. 179. — V. MARIAGE.

8.—... Par le subrogé tuteur qui, lorsque la tutelle devient vacante ou est abandonnée par absence, ne provoque pas la nomination d'un nouveau tuteur. — C. civ., art. 424. — V. TUTELLE.

9.—... Par le tuteur qui gère mal les biens du mineur. — C civ., art. 454. — V. TUTELLE.

10.—...Par le propriétaire du sol qui, dans certains cas, a fait des constructions, plantations et ouvrages avec les matériaux d'autrui. — C. civ., art. 554 et suiv.— V. ACCESSION.

11.—... Et, s'il y a lieu, aussi par celui qui a employé des matériaux d'autrui.—C. civ., art. 577.— V. ACCESSION.

12. —... Par les enfans naturels, l'époux survivant ou l'état qui se sont mis en possession d'une succession vacante ou en déshérence, sans avoir préalablement rempli les formalités prescrites par la loi. — C. civ., art. 772 et 773. — V. DÉSHÉRENCE, SUCCESSION VACANTE.

13.—... Par le débiteur d'une obligation de faire ou de ne pas faire qui n'exécute pas cette obligation. — C. civ., art. 1142 et suiv. —V. OBLIGATION.

14. —... Par tout débiteur en général qui n'exécute pas son obligation ou qui apporte du retard dans cette exécution. — C. civ., art. 1147 et suiv.— V. nos 71 et suiv.

15.—... Par le débiteur sous une condition suspensive qui, ayant laissé détériorer la chose par sa faute, est néanmoins poursuivi par le créancier en délivrance de cette même chose.—C. civ., art. 1182.—V. CONDITION.

16.—...Par le contractant qui, n'ayant point exécuté son engagement, est poursuivi par l'autre contractant en résolution du contrat. — C. civ., art. 1184. — V. CONDITION.

17.—... Par ceux des débiteurs solidaires par la faute desquels la chose due a péri ou qui étaient en demeure de la livrer. — C. civ., art. 1205. — V. OBLIGATION SOLIDAIRE.

18. — Dans des obligations avec clause pénale, la clause pénale est la compensation des dommages-intérêts que le créancier souffre de l'inexécution de l'obligation principale.—Il ne peut demander en même temps le principal et la peine, à moins qu'elle n'ait été stipulée pour le simple retard. —C. civ., art. 1229. — V. OBLIGATION AVEC CLAUSE PÉNALE.

19. —...Par celui qui, gérant volontairement l'affaire d'autrui, est coupable de fautes ou de négligence dans sa gestion.—C. civ., art. 1374.—V. GESTION D'AFFAIRES, QUASI-CONTRAT, RESPONSABILITÉ.

20. — ... Par tout individu qui cause à autrui un dommage, soit par son fait, soit par sa négligence, ou encore par le fait des personnes dont il doit répondre ou des choses qu'il a sous sa garde. — C. civ., art. 1382 et suiv. — V. DOMMAGE, QUASI-DÉLIT, RESPONSABILITÉ, RESPONSABILITÉ CIVILE.

21. — ... Par le notaire qui dans la rédaction de ses actes ne remplit pas les formalités prescrites par la loi.—L. 25 vent. an XI, art. 68.—V. NOTAIRE, RESPONSABILITÉ.

22. —...Par le notaire qui délivrerait des grosses ou expéditions d'un contrat de mariage sans y transcrire à la suite les changemens ou contre-lettres rédigés sur la minute avant la célébration du mariage. — C. civ., art. 1397. — V. CONTRAT DE MARIAGE.

23.— ...Par celui qui a vendu la chose d'autrui à un acquéreur de bonne foi.— C. civ., art. 1599. — V. VENTE.

24. — ... Par le mandataire pour inexécution de son mandat. — C. civ., art. 1991. — V. MANDAT.

25.—... Par la caution qui a été obligée de payer pour le débiteur principal. — C. civ., art. 2028. — V. CAUTIONNEMENT.

26. —...Par tous les juges qui prononceraient la contrainte par corps hors des cas déterminés par la loi; par tous les notaires et greffiers qui, hors ces mêmes cas, recevraient des actes où elle serait stipulée; et par tous les Français qui consentiraient de pareils actes, même en pays étranger. — C. civ., art. 2063. — V. CONTRAINTE PAR CORPS.

27. — ... Par les conservateurs des hypothèques qui, dans l'exercice de leurs fonctions, ne se conformeraient pas aux dispositions du chap. 10, tit. 18, liv. 3, C. civ. — C. civ., art. 2196 et suiv. — V. CONSERVATEUR DES HYPOTHÈQUES.

28. — ... Par le juge de paix qui laisserait périmer par sa faute l'instance sur un interlocutoire ordonné par lui. — C. procéd., art. 15. — V. JUGE DE PAIX.

29. — ... Par l'huissier par le fait de qui l'exploit d'ajournement et la procédure, en conséquence, ont été déclarés nuls. — C. procéd., art. 71. — V. EXPLOIT, HUISSIER.

30.— ...Par les avoués qui ne rétabliraient pas dans les délais prescrits les productions ou les pièces par eux prises en communication. — C. procéd., art. 107, 191 et suiv.

31.— ... Par les avoués et huissiers qui ont excédé les bornes de leur ministère, par les tuteurs, curateurs, héritiers bénéficiaires ou autres administrateurs qui ont compromis les intérêts de leur administration.—C. procéd., art. 132.—V. AVOUÉ, HUISSIER, RESPONSABILITÉ, SUCCESSION BÉNÉFICIAIRE, TUTELLE.

32. — ... Par le garanti, faute d'avoir appelé le garant en cause, dans le délai qui a été fixé. — C. procéd., art. 179. — V. GARANTIE.

33. — ... Par celui qui, après avoir dénié une pièce, est condamné comme l'ayant écrite ou signée. — C. procéd., art. 213. — V. VÉRIFICATION D'ÉCRITURES.

34.— ... Par le demandeur en faux incident civil qui succombe. — C. procéd., art. 246. — V. FAUX INCIDENT.

35.— ... Par la partie qui, après avoir reproché un témoin dans une enquête, ne pourrait pas prouver les reproches par elle allégués. — C. procéd., art. 289. — V. ENQUÊTE.

36.—...Par le demandeur en récusation d'expert qui succombe. — C. procéd., art. 314. — V. EXPERTISE.

37.— ... De même, en cas de désaveu. — C. procéd., art. 360 et suiv. — V. DÉSAVEU.

38.— ...Ou de réglement de juges.—C. procéd., art. 367. — V. RÉGLEMENT DE JUGES.

39. — ...Ou de renvoi.— C. procéd., art. 374. — V. RENVOI.

40. — ... Ou de récusation de juge.— C. procéd., art. 390. — V. RÉCUSATION.

41. — ... Ou de tierce-opposition. —C. procéd., art. 479. — V. TIERCE-OPPOSITION.

42. — ... Ou de requête civile. — C. procéd., art. 494, 500, 503. — V. REQUÊTE CIVILE.

43. — ... Ou de prise à partie. — C. procéd., art. 513 et 516. — V. PRISE A PARTIE.

44.— Par l'huissier qui, ayant signé une saisie-arrêt ou opposition, ne pourrait pas justifier de l'existence du cédant au moment où le pouvoir de saisir a été donné. — C. procéd., art. 562. — V. SAISIE-ARRÊT.

45.—...Par le gardien d'une saisie-exécution qui se serait servi des choses saisies. — C. procéd., art. 603. — V. SAISIE-EXÉCUTION.

46.—...Par celui qui a succombé sur sa demande en réclamation des objets saisis qu'il prétendait lui appartenir. — C. procéd., art. 608. —V. SAISIE-EXÉCUTION.

47.—... Par le saisi qui a fait des coupes de bois ou des dégradations sur les immeubles saisis. — L. 2 juin 1841, art. 683. — V. SAISIE IMMOBILIÈRE.

48.—... Par l'avoué qui s'est rendu coupable de collusion ou de fraude dans la poursuite d'une saisie immobilière.—L. 2 juin 1841, art. 722.—V. SAISIE IMMOBILIÈRE.

49. — ... Par l'avoué qui, dans une adjudication sur saisie immobilière ou de biens de mineurs, ou de biens dépendant d'une succession bénéficiaire, aurait enchéri pour un des membres du tribunal, pour le saisi ou pour des personnes notoirement insolvables. — L. 2 juin 1841, art. 711, 964, 987. — V. SAISIE IMMOBILIÈRE.

50.—...Par l'avoué poursuivant qui se serait rendu personnellement adjudicataire ou surenchérisseur. — *Ibid.*

51. — ... Par le créancier incarcérateur lorsque l'emprisonnement du débiteur est déclaré nul. — C. procéd., art. 799. — V. EMPRISONNEMENT.

52.— ... Par l'huissier qui aurait procédé à une saisie-revendication sans y être autorisé par une ordonnance du président du tribunal.—C. procéd., art. 826. —V. SAISIE-REVENDICATION.

53.—...Par les greffiers et dépositaires des registres publics qui refuseraient d'en délivrer expédition, copie ou extraits à tous requérans, à la charge de leurs droits. — C. procéd., art. 853. — V. COMPULSOIRE, COPIE DE TITRES ET ACTES.

54.—... Par l'officier de l'état civil qui délivrerait des copies des actes de l'état civil rectifiés en vertu de jugement, sans délivrer en même temps copie des rectifications ordonnées. — C. procéd., art. 857. — V. ACTES DE L'ÉTAT CIVIL.

55.— ... Par les officiers ministériels qui ont fait des procédures et des actes nuls ou frustratoires ou ayant donné lieu à une condamnation d'amende. — C. procéd., art. 1031. —V. FRAIS ET DÉPENS.

56.— ... Par l'agent de change ou le courtier qui fait des opérations de banque ou de commerce pour son compte, ou qui se rend garant de l'exécution des marchés dans lesquels il s'entremet.— C. comm., art. 85 et suiv. — V. AGENT DE CHANGE, COURTIER.

57. — ... Par les officiers instrumentaires qui, en dressant le protêt d'une lettre de change ou d'un billet à ordre, n'en laissent point copie à la partie. —C. comm., art. 176. — V. PROTÊT.

58.—...Par le capitaine de navire ou l'équipage dont la faute a occasionné l'avarie de marchandises chargées sur le navire. — C. comm., art. 191. — V. CAPITAINE DE NAVIRE, NAVIRE.

59.—...Par les adjudicataires de navire sur lesquels il y a eu revente pour folle-enchère. — C. comm., art. 209. — V. NAVIRE.

60.— ... Par le capitaine de navire, lorsque par son fait le navire a été arrêté ou retardé au départ, pendant la route ou au lieu de sa décharge, ou encore si au moment où le navire a fait voile il était hors d'état de naviguer. — C. comm., art. 295 et 297. — V. CAPITAINE DE NAVIRE, FRÊT.

61. — Le prévenu ou l'accusé acquitté peut être condamné à des dommages-intérêts. — V. ACQUITTEMENT, COUR D'ASSISES.

62. — ... Par la partie civile qui succombe dans son opposition à l'ordonnance de non-lieu déclarée par la chambre du conseil. — C. inst. crim., art. 136. — V. CHAMBRE DU CONSEIL.

63. — ...Ou en général dans toute action criminelle. — V. ACTION CIVILE, COUR D'ASSISES.

64.—...Par le condamné pour crime ou délit envers la partie lésée. — C. pén., art. 51.—V. ACTION CIVILE.

65.—... Par les fonctionnaires publics, agens ou préposés du gouvernement qui ont porté atteinte à la liberté des citoyens hors des cas prévus par la loi. — C. pén., art. 114 et suiv. — V. ATTENTAT A LA LIBERTÉ.

66.—...Par celui qui a abusé des besoins, des faiblesses ou des passions d'un mineur pour lui faire souscrire à son préjudice des obligations ou actes de libération. — C. pén., art. 406. — V. ABUS DES BESOINS, DES PASSIONS ET DES FAIBLESSES DES MINEURS.

67.—... Par les fournisseurs des armées de terre ou de mer qui ont par leur faute, sans y avoir été contraints par une force majeure, fait manquer ou retarder le service dont ils ont été chargés, ou qui ont fourni les choses avec fraude sur la nature, la qualité ou la quantité. — C. pén., art. 430 et suiv. — V. FOURNISSEURS.

68.—Dans toutes ces différentes espèces, comme on le voit, les dommages-intérêts ont leur cause soit dans un fait nuisible indépendant de toute convention, soit dans l'inexécution d'une convention.

69. — Pour ce qui concerne la première espèce de dommages-intérêts, il faut, indépendamment de chacun des mots spéciaux de renvoi, se reporter vo RESPONSABILITÉ.

70. —Nous ne nous occuperons ici que des dommages-intérêts résultant de l'inexécution ou du retard dans l'exécution de l'obligation, en faisant observer toutefois qu'une partie des règles tracées par la loi pour ce dernier cas doivent recevoir leur application en ce qui concerne tous les dommages-intérêts en général.

Sect. 2e. — *Dommages-intérêts résultant de l'inexécution de l'obligation.*

71.— Le débiteur est condamné, s'il y a lieu, au paiement des dommages-intérêts, soit à raison de l'inexécution de l'obligation, soit à raison du retard dans l'exécution, toutes les fois qu'il ne justifie pas que l'inexécution provient d'une cause étrangère qui ne peut lui être imputée, encore qu'il n'y ait aucune mauvaise foi de sa part. — C. civ., art. 1147.

72. —Pour pouvoir donner lieu à des dommages-intérêts, il faut que l'obligation soit valable et qu'elle ait une existence légale.

73. — Jugé, en conséquence, que les soins donnés par un enfant à une personne qui paraît avoir eu le secret de sa naissance ne peuvent devenir contre les héritiers de cette personne le principe d'une action en dommages-intérêts.

74. — ... Que l'individu nommé en vertu d'une délibération illégale aux fonctions de directeur d'une société anonyme n'a point, en cas de révocation régulière, droit à des dommages-intérêts proportionnés au préjudice que lui cause la perte de son emploi.—Toutefois, il a droit au remboursement des dépenses qu'il a faites pour la société et à des dommages-intérêts comme indemnité des soins qu'il a donnés à la gestion de ses affaires, alors même qu'il n'aurait pas ignoré le vice de sa nomination.—*Cass.*, 7 fév. 1836, de Malazel c. Darnaud.

75. —...Que toute promesse de mariage, étant nulle, ne peut donner lieu à des dommages-intérêts. — V. PROMESSE DE MARIAGE.

76. — Il en est de même si la chose promise est impossible à donner ou à faire. L'inexécution d'une pareille convention ne donne pas lieu à des dommages-intérêts, à moins qu'il n'y ait fraude

ou faute de la part de celui qui a promis.—L. 185, ff., *De reg. jur.*

77. — Les obligations nulles pour vice de formes ou pour une autre cause tenant au fond du droit, ne peuvent non plus, en cas d'inexécution, donner lieu à des dommages-intérêts. — Rolland de Villargues, *Rép.*, vº *Dommages-intérêts.*

78. — Lorsque des marchés à terme ont pour objet une vente sérieuse ou réelle, leur inexécution peut donner lieu à des dommages-intérêts.— *Montpellier*, 29 déc. 1827, Caum... et Carb... c. Crozals. — V. MARCHÉS A TERME.

79. — Est licite la convention par laquelle tous les libraires d'une ville s'engagent, sous peine de dommages-intérêts, à tenir leurs magasins fermés les dimanches et jours de fêtes légales.—*Colmar*, 10 juill. 1837 (t. 2 1837, p. 397), Geng c. Reffinger.

80. — L'inexécution d'une condition potestative peut donner lieu à des dommages-intérêts.—*Cass.*, 9 juill. 1834, Commandeur c. Pelisson et Carriot.

81. — Le seul fait par un associé de provoquer l'annulation de la société pour défaut de publication ne le rend pas nécessairement passible de dommages-intérêts, comme manquant, par son fait, à l'exécution de ses engagemens. — *Cass.*, 23 déc. 1844 (t. 1er 1845, p. 518), Rives c. Plainemaison et Montegut.

82. — Lorsque l'inexécution d'une obligation découle de la seule force de la loi et non point d'un fait quelconque de l'homme, elle ne peut donner lieu à une condamnation à des dommages-intérêts. — Spécialement, l'inexécution par suite d'annulation des engagemens des évêques, ayant pour effet de grever leur mense épiscopale au préjudice de leurs successeurs, ne peut donner lieu, contre les évêques qui les ont contractés en leur qualité, à une condamnation à des dommages-intérêts. — *Colmar*, 2 avr. 1833, évêque et grand séminaire de Strasbourg c. Lienhart et Marin. — V. ÉVÊQUE.

83. — Au surplus, les dispositions du droit civil concernant l'attribution des dommages-intérêts résultant de l'inexécution d'une obligation ne concernent uniquement que les intérêts privés.

84. — Dès-lors est nul l'arrêt d'une cour royale qui, ayant à statuer sur un fait de police ou un délit constant, s'est appuyé, pour justifier sa décision, sur les principes généraux du droit civil, relatifs aux dommages-intérêts résultant de l'inexécution d'une obligation, au lieu d'appliquer au fait incriminé la disposition pénale et formelle d'une loi spéciale qui l'a prévu et puni. — *Cass.*, 6 janv. 1831, Charron c. de Briancourt.

85. — De ce que l'art. 1147 dit que le débiteur est condamné, *s'il y a lieu*, il suit que les juges ont à examiner la question d'imputabilité et le droit de décider s'il y a lieu à excuse. — Toullier, t. 6, nº 235; Rolland de Villargues, *Rép.*, vº *Dommages-intérêts*, nºs 7 et 8.

86. — Le fait d'un tiers, s'il ne peut être imputé au débiteur, lui est une cause étrangère qui empêche sa condamnation à des dommages-intérêts. — V. cependant PORTE-FORT, STIPULATION POUR AUTRUI.

87. — C'est au débiteur à prouver son excuse en justifiant que l'inexécution ou le retard provient d'une cause étrangère qui ne peut lui être imputée. — C. civ., art. 1147.

88. — Il importe même peu que le débiteur n'ait pas eu le dessein de nuire, s'il n'a manqué à ses obligations que par mauvaise foi. — Toullier, t. 6, nº 224; Rolland de Villargues, *Rép.*, vº *Dommages-intérêts*, nº 9.

89. — Les dommages-intérêts ne sont dus que lorsque le débiteur est en demeure de remplir son obligation. — C. civ., art. 1146. — V. MISE EN DEMEURE.

90. — Ainsi jugé que les dommages-intérêts encourus par suite de l'inexécution d'une obligation de faire, contractée même avec la clause pénale de tous dommages-intérêts, ne sont acquis au créancier qu'autant que, par une sommation, il a mis le débiteur en demeure de remplir son engagement, ou qu'autant que l'acte porte que la mise en demeure aura lieu par la seule échéance du terme. — *Orléans*, 16 mars 1839 (t. 1er 1839, p. 648), Bruère-Dallaire c. Reverdy.

91. — Toutefois, il y a exception quand la chose que le débiteur s'était obligé de donner ou de faire ne pouvait être donnée ou faite que dans un certain temps qu'il a laissé passer.— C. civ., art. 1146.

92. — Ainsi un débiteur qui n'a pas été constitué en demeure doit néanmoins des dommages-intérêts, si son obligation ne pouvait s'exécuter utilement que dans un délai qu'il a laissé passer. — *Rennes*, 24 fév. 1819, Cozic c. de Salsy.

93. — Cependant, en fait, la question peut présenter quelques difficultés. C'est aux magistrats à apprécier si, en effet, la chose ne pouvait pas être donnée ni faite utilement après le temps fixé. — Toullier, t. 6, nº 251; Rolland de Villargues, *Rép.*, vº *Dommages-intérêts*, nº 28.

94. — L'art. 1146, C. civ., aux termes duquel les dommages-intérêts ne sont dus que lorsque le débiteur a été mis en demeure de remplir son obligation, n'est pas non plus applicable au cas où il est constaté que ce même débiteur est dans l'impuissance absolue d'exécuter son engagement. — *Cass.*, 19 juill. 1843 (t. 1er 1844, p. 440), Maissiat c. Machard.

95. — Dans les obligations de ne pas faire, le débiteur doit les dommages-intérêts par le seul fait de la contravention. — C. civ., art. 1145.

96. — Il n'y a lieu à aucuns dommages-intérêts lorsque, par suite d'une force majeure ou d'un cas fortuit, le débiteur a été empêché de donner ou de faire ce à quoi il était obligé, ou a fait ce qui lui était interdit. — C. civ., art. 1148.

97. — Ainsi, si celui qui ouvre une gare au public s'oblige par cela même à défendre les bateaux qui viennent s'y abriter, sinon contre tous les dangers possibles, au moins contre tous ceux qu'on peut raisonnablement prévoir, il ne peut être tenu de réparer les dommages causés par des cas fortuits ou de force majeure qui ont dépassé toutes les prévisions humaines. — *Lyon*, 19 janv. 1837 (t. 2 1837, p. 291), Cie de la gare de Givors c. Revol.

98. — Quant aux circonstances qui constituent le cas fortuit et la force majeure, V. CAS FORTUIT, FORCE MAJEURE.

99. — On verra sous les mêmes mots qu'il appartient souverainement aux juges du fond de décider quand il y a eu cas fortuit ou force majeure.

100. — Jugé, en ce sens, que la question de savoir si un incendie a eu lieu ou non par cas fortuit est une question de fait dont la solution ne peut donner lieu à cassation.— *Cass.*, 11 fév. 1834, Assurances générales c. d'Autremer.

101. — Le débiteur est tenu de prouver le cas fortuit et la force majeure, comme c'est au créancier à prouver la faute du débiteur quand il l'allègue. — C. civ., art. 1808; — Duranton, t. 10, nº 467; Zachariæ, *Droit civ. franç.*, t. 2, p. 323. — V. CAS FORTUIT, FORCE MAJEURE.

Sect. 3e. — *Evaluation des dommages et intérêts.*

102. — Lorsqu'il y a lieu à dommages-intérêts, leur évaluation peut se trouver faite par la loi ou par la convention; à défaut de l'une ou de l'autre, cette évaluation est faite par le juge.

§ 1er. — *Dommages-intérêts fixés par la loi.*

103. — Les dommages-intérêts dus à raison du retard apporté dans l'exécution d'une obligation ayant pour objet le paiement d'une certaine somme ne consistent jamais que dans la condamnation aux intérêts fixés par la loi, sauf les règles particulières au cautionnement et au commerce. — C. civ., art. 1153.

104. — Ainsi, lorsque, par suite d'une condamnation en dommages-intérêts, fondée uniquement sur le retard d'une partie à se libérer, il a été accordé à l'autre partie des intérêts judiciaires ou moratoires, il ne peut encore être accordé de dommages-intérêts. — *Cass.*, 2 mars 1831, Milscent c. Letondal.

105. — De même, dans une obligation qui se borne au paiement d'une certaine somme, il ne peut être stipulé, par une clause pénale, que, faute de paiement au terme fixé le débiteur paiera au créancier une somme supérieure à l'intérêt légal. — *Liége*, 9 mars 1826, N... — V. conf. Toullier, *Droit civil*, t. 6, nº 266.

106. — Il y avait cependant exception dans le cas de dommages plus considérables prévus par le débiteur et dont il se serait rendu garant; par exemple, s'il s'était obligé à supporter tous les dommages que le créancier pourrait souffrir d'une saisie et d'une expropriation forcée que celui-ci ne pourrait empêcher faute d'être payé au terme fixé. — Domat, *Lois civ.*, tit. 5; Pothier, *Oblig.*, nº 172.

107. — Toutefois, la loi a fait des exceptions au principe de l'art. 1153. Ainsi, en matière de cautionnement (art. 2028), de société (art. 1848), les dommages-intérêts peuvent surpasser le taux légal des intérêts de la somme due.

108. — Il en est de même en matière de papiers négociables. — C. comm., art. 177 à 187.

109. — Mais, sauf les cas spécialement prévus, c'est-à-dire en ce qui concerne les frais de protêt et de rechange, la disposition de l'art. 1153, C. civil, s'applique aux obligations commerciales comme aux obligations civiles. Ainsi, lorsqu'un entrepreneur de remplacement n'a point payé à son échéance la somme due au remplaçant par lui engagé, il ne peut pas, indépendamment des intérêts de cette somme, être condamné à des dommages-intérêts.—*Aix*, 11 août 1829, Olivier c. Raineri.

110. — Jugé cependant que l'exception que la loi fait en matière commerciale peut s'appliquer au cas où une compagnie d'assurances, par son refus prolongé de payer la somme réclamée, ou d'opérer la reconstruction des bâtimens incendiés, a causé aux assurés un préjudice notable; qu'en ce cas, elle doit un dédommagement autre que celui des intérêts des indemnités.— *Colmar*, 8 juill. 1841 (t. 2 1841, p. 706), Cie du Soleil c. Lorentz.

111. — Les dommages-intérêts sont dus sans que le créancier soit tenu de justifier d'aucune perte. — *Ibid.*, alinéa 2.

112. — Ces dommages - intérêts ne sont dus que depuis la demande du créancier, excepté dans les cas où la loi les fait courir de plein droit. — *Ibid.*, alinéa 3e.

113. — Cette disposition de l'art. 1153, que les intérêts ne sont dus que du jour de la demande, n'est point applicable au cas où les intérêts sont accordés par le juge, non pour inexécution d'une obligation, mais pour réparation d'un fait dommageable, notamment pour inexécution d'un mandat. En pareil cas, ils peuvent être accordés à partir d'une époque antérieure à la demande.—*Cass.*, 30 janv. 1826, Domaings c. Teutsch. — V. *infrà* nºs 158 et suiv.

§ 2. — *Dommages-intérêts fixés par la convention.*

114. — Afin de prévenir les incertitudes d'une évaluation judiciaire et se soustraire aux difficultés de la preuve du dommage éprouvé et du gain perdu, les parties peuvent convenir que celle qui manquera d'exécuter le contrat paiera à l'autre une certaine somme à titre de dommages-intérêts.

115. — Lorsque la convention porte que celui qui manquera de l'exécuter paiera une certaine somme à titre de dommages-intérêts, les juges ne peuvent allouer à l'autre partie une somme plus forte ni moindre. — C. civ., art. 1152.

116. — C'est là un changement à l'ancienne jurisprudence qui, sans permettre d'allouer au créancier une somme plus forte, laissait cependant la faculté de modérer la peine en faveur du débiteur. — Toullier, t. 6, nº 275.

117. — La clause pénale stipulée est alors la compensation des dommages - intérêts que le créancier souffre de l'inexécution de l'obligation principale. Mais le créancier ne peut demander en même temps le principal et la peine, à moins qu'elle n'ait été stipulée pour le simple retard. — C. civ., art 1229. — V. OBLIGATION AVEC CLAUSE PÉNALE.

118. — Les juges ne peuvent point prononcer la résolution d'une obligation contractée avec clause pénale, et fixer eux-mêmes les dommages - intérêts dus pour inexécution de cette obligation, en se fondant, d'une part, sur ce que l'obligation est devenue inexécutable par le fait de la partie obligée, et, d'autre part, sur ce que la peine stipulée est excessive. — *Cass.*, 1er déc. 1828, Crignier c. Vasseur.

119. — La disposition de l'art. 1152, C. civ., qui porte que la somme convenue entre les parties à titre de dommages-intérêts contre celle qui ne remplira pas ses engagemens ne peut être ni augmentée ni diminuée, n'empêche pas les juges d'examiner si l'inexécution de l'obligation a entraîné réellement un préjudice pour la partie qui se plaint, et si par suite il y a lieu de lui accorder, ou non, la somme convenue pour dommages-intérêts, alors surtout que la somme a été stipulée pour dommage causé. — *Lyon*, 16 juin 1832, Grassot c. Pfeiffer. — Ce n'est point, en pareil cas, de la part du juge, modérer la clause pénale stipulée; c'est seulement décider s'il y a lieu à son application. — V. au surplus Toullier, *Dr. civ.*, t. 6, nºs 275 et suiv.

120. — De ce que la convention qui stipule des dommages-intérêts, en cas d'inexécution de l'obligation, n'est en réalité qu'une clause pénale, il suit de là que, si l'obligation a été partiellement exécutée, le juge pourrait réduire les dommages-intérêts. — Arg. C. civ., art. 1231.

121. — La somme pourrait encore être réduite si elle dépassait le taux de l'intérêt légal. — Arg. C. civ., art. 6, combiné avec la loi du 3 sept. 1807. — Delvincourt, t. 2, p. 533; Toullier, t. 6, nº 275; Duranton, t. 10, nº 485.

§ 3e. — *Dommages-intérêts fixés par le juge.*

122. — Les dommages-intérêts sont, en général, et sauf les exceptions et modifications ci-dessus exposées, de la perte que le créancier a faite, et du gain dont il a été privé. — C. civ., art. 1149.

123. — En résumé, pour fixer les dommages-intérêts, les juges doivent examiner quatre choses principales : 1° le fait qui donne lieu à la demande, 2° l'imputation du fait, 3° les pertes qu'il a occasionnées, 4° enfin, l'évaluation de ces pertes. — Toullier, t. 6, nos 276 et suiv.

124. — Toutefois, bien que ces règles d'appréciation soient communes à toute espèce de dommages-intérêts, on verra plus bas qu'il y a des dif- mages-intérêts, on verra plus bas qu'il y a des différences à établir entre les dommages-intérêts résultant de l'inexécution de l'obligation, et de ceux résultant d'un fait nuisible.

125. — Quoi qu'il en soit, lorsque les dommages-intérêts n'ont pas été stipulés par une convention, ils ne peuvent donner lieu qu'à des questions de fait, et les juges du fait sont appréciateurs souverains du point de savoir si ces dommages-intérêts sont dus, et dans quelle proportion ils doivent être accordés. — *Cass.*, 17 nov. 1824, Foucard c. Bertrand; 24 juill. 1840 (t. 2 1840, p. 330), Deshayes c. Vanherck.

126. — Et même la difficulté de déterminer exactement l'étendue du préjudice souffert, et l'absence de base matérielle pour en fixer le chiffre, ne sont pas des motifs pour ne pas allouer des dommages-intérêts à celui qui y a droit. Dans ce cas, le juge doit faire l'appréciation de ces dommages-intérêts suivant les règles de l'équité. — *Rouen*, 27 mai 1844 (t. 2 1844, p. 584), Marie c. Grenet et Calon.

127. — Toute disposition relative à l'appréciation des dommages-intérêts est une question de fait exclusivement dévolue aux juges du fond. — *Cass.*, 13 nov. 1838 (t. 2 1839, p. 368), préfet du Bas-Rhin c. Feller et de Rohan ; 9 déc. 1830, Duval c. Roy ; 11 nov. 1839 (t. 2 1839, p. 507), d'Etruchat c. Desfourneaux ; 19 juill. 1842 (t. 2 1842, p. 473), Dufau c. Garcin.

128. — Jugé en conséquence qu'il n'y a point ouverture à cassation contre un arrêt pour avoir condamné un fabricant de soude artificielle dont l'établissement a été conservé par le décret du 6 juill. 1810, à payer à un voisin, à titre d'indemnité, une somme égale à 5 % de la valeur de la propriété à laquelle les émanations de son usine portent préjudice. — *Cass.*, 17 nov. 1824, Foucard c. Bertrand.

129. — ... Que le jugement qui se fonde, pour accorder des dommages-intérêts plus élevés, sur ce que le préjudice éprouvé reçoit des fonctions éminentes dont est revêtue la personne lésée une aggravation qui doit influer sur leur fixation, est à l'abri de la cassation. — *Cass.*, 9 déc. 1830, Maurice Duval c. Roy.

130. — ... Que l'arrêt qui repousse une demande en dommages-intérêts par des motifs tirés de la conduite blâmable du demandeur, sans s'expliquer sur le gain dont celui-ci a pu être privé par l'inexécution de la convention de la part du défendeur, n'est point sujet à cassation. — *Cass.*, 24 juill. 1840 (t. 2 1840, p. 330), Deshayes c. Vanherck.

131. — Les juges ne sont pas non plus obligés d'ordonner une instruction. Ils peuvent et doivent, lorsque leur conscience est suffisamment éclairée, les arbitrer eux-mêmes et en fixer la quotité. — *Cass.*, 25 juill. 1838 (t. 2 1838, p. 483), Sirey c. Roy.

132. — Jugé dans le même sens que pour condamner un individu, et *spécialement* un établissement public, tel qu'un mont-de-piété, à des dommages-intérêts, il n'est pas nécessaire que le préjudice éprouvé par la partie qui les réclame ait été préalablement constaté; et que les tribunaux peuvent le considérer comme constant, sans expertise préalable. — *Cass.*, 28 nov. 1832, Mont-de-Piété de Strasbourg c. Blum.

133. — ... Que lorsqu'un tribunal, en se fondant sur les faits et circonstances du procès, a accordé des dommages-intérêts à un acquéreur de biens dotaux que le mari vendeur s'était obligé à garantir de tous dépens et dommages-intérêts, et qui a été évincé, cet acquéreur ne saurait se pourvoir en cassation contre cette décision, sous prétexte que l'indemnité est trop faible, attendu qu'il n'y a pas eu d'experts nommés. — *Cass.*, 17 mars 1819, de Montséveny c. de Lamure.

134. — Lorsqu'un premier arrêt a décidé qu'il était dû des dommages-intérêts et a renvoyé à des experts pour la fixation de leur quotité, les juges peuvent, en annulant l'opération d'experts qui se sont écartés de leur mission en déclarant qu'il n'était pas dû de dommages-intérêts, se dispenser d'avoir recours à une nouvelle expertise et arbitrer eux-mêmes ces dommages-intérêts. — *Cass.*, 9 avr. 1833, Fontan c. Dennemont.

135. — Toutefois, comme le magistrat doit éviter autant que possible l'arbitraire, il ne doit pas perdre de vue la règle tracée par la loi dans l'art. 1149, C. civ., et formulée en ces termes par les auteurs : *Lucrum cessans, damnum emergens.* — Toullier, t. 6, nos 289 et 290. — V. aussi Domat, *Lois civiles*, liv. 3, tit. 5, sect. 2e; Rolland de Villargues, vo *Dommages-intérêts*, no 69 ; Berrial, *Procéd. civ.*, liv. 2, p. 494.

136. — Ainsi, jugé que lorsqu'il s'agit d'apprécier les dommages-intérêts dus par un individu à la personne qu'il a blessée par imprudence, on doit comprendre non seulement les frais occasionnés pour la guérison et la cessation du travail pendant la maladie, mais encore la réparation du dommage que la personne blessée éprouvera pour l'avenir, par suite de sa blessure. — *Bruxelles*, 6 janv. 1820, Pardon c. Defilette.

137. — ... Qu'en cas de dommages-intérêts dus par le vendeur à l'acquéreur qu'il a garanti de troubles et empêchemens et qu'il ne peut mettre en possession par l'effet d'un bail antérieur, ces dommages-intérêts doivent être calculés, non sur la valeur spéculative que l'acquéreur donnerait à l'immeuble d'après l'emploi qu'il s'était proposé d'en faire, mais sur la véritable valeur productive et sur la perte qui résulte pour l'acquéreur de l'impuissance d'en jouir lui-même ou de l'affermer à plus haut prix. — *Metz*, 20 août 1818, Defilley c. Lippman.

138. — ... Que les dommages-intérêts encourus par un notaire pour négligence dans un placement hypothécaire dont il est déclaré responsable, peuvent être arbitrés et modifiés par le juge suivant les circonstances et la bonne foi du notaire, bien qu'ils doivent, en général, être l'équivalent du préjudice causé. — *Toulouse*, 30 mai 1829, Ollier c. Chrestien. — V. NOTAIRE.

139. — *Dommages-intérêts résultant de l'inexécution de l'obligation.* — Les dommages-intérêts ne peuvent, ainsi qu'on l'a vu *suprà* no 89, être prononcés contre le débiteur qu'à partir du jour où il a été mis en demeure, à moins qu'il ne se trouve dans un des cas d'exception prévus par la loi. — C. civ., art. 1146.

140. — Le débiteur n'est tenu que des dommages-intérêts qui ont été prévus ou qu'on a pu prévoir lors du contrat. — C. civ., art. 1150.

141. — Jugé, en conséquence, que les dommages-intérêts que le débiteur s'est obligé de supporter en cas d'inexécution de son engagement doivent s'étendre aux pertes essuyées par l'effet et à l'occasion de cette inexécution et non pas à celles qui n'ont pas été prévues lors du contrat, et qui n'ont avec sa cause qu'un rapport éloigné. — *Bruxelles*, 7 mars 1818, Meuret c. Decartier. — V. conf. Pothier, *Oblig.*, nos 166 et suiv. ; Toullier, t. 6, nos 284 et s. ; Duranton, t. 10, nos 471 et s.

142. — ... Qu'ainsi, celui qui s'est engagé à faire cesser une saisie-exécution pratiquée sur les meubles et marchandises d'un maître de forges doit, en cas d'inexécution de son obligation, une indemnité pour le chômage des usines, la perte sur le bois et les charbons qui ont été vendus et pour les frais des poursuites, mais il n'est tenu d'aucuns dommages-intérêts, ni pour les engagemens onéreux que le créancier prétend avoir été forcé de prendre, ni pour la perte du crédit de celui-ci, ni pour les menaces de contrainte par corps. — Même arrêt.

143. — Delvincourt (t. 3, p. 744, note 2e) donne un autre exemple : « Primus s'est engagé envers Secundus à lui livrer un cheval à une époque déterminée ; il n'exécute pas son obligation. Secundus se voit donc forcé d'acheter un autre cheval ; il le paie plus cher, bien qu'il ne vaille pas mieux que celui qui lui avait été promis. Primus devra l'indemniser de l'excédant du prix. Mais la privation du cheval a fait manquer à Secundus des opérations commerciales qui auraient pu être avantageuses, il ne lui sera dû aucun dédommagement pour cette perte de gain qui est tout-à-fait étrangère à la vente.

144. — Dans le cas d'éviction, le vendeur est tenu de rembourser à l'acheteur toutes les dépenses nécessaires et utiles qui devaient être prévues, mais non celles d'agrément. Si le vendeur connaissait les causes d'éviction, sa mauvaise foi l'engage alors à rembourser même les dépenses d'agrément. — C. civ., art. 1634 et 1635. — Le vendeur ayant pu prévoir que la chose augmenterait de prix, il doit tenir compte de la plus-value, même indépendante du fait de l'acheteur. L'art. 1633 a, à cet égard, rejeté la distinction que faisait Pothier (no 164) entre l'acheteur de bonne foi et celui de mauvaise foi. — Toullier, t. 6, nos 284 et 285 ; Duranton, t. 10, no 472.

145. — La vente d'une chose infectée d'un vice rédhibitoire, par exemple, celle d'un cheval morveux offre encore l'application de notre principe. Si le vendeur ignorait le vice, il ne serait tenu que de la perte du cheval mort. S'il était de mauvaise foi, il devrait et le prix de ce cheval et celui de ceux auprès desquels il aurait été placé et auxquels il aurait communiqué la maladie. — Pothier, no 166. — Mais, ainsi que l'observe cet auteur (no 167), et, d'après lui, M. Duranton, si n'ayant pas le moyen d'acheter d'autres chevaux j'ai négligé la culture de mes terres et que, par suite, je n'ai pu faire face à mes engagemens, le vendeur même de mauvaise foi ne sera pas tenu de m'indemniser des frais, poursuites, saisies, etc. Ce sont là des conséquences éloignées et non immédiates de son dol. — V. aussi Rolland de Villargues, *Rép.*, vo *Dommages-intérêts*, nos 57, 58 et 60.

146. — Les suites éloignées de la faute du débiteur sont à sa charge si elles consistent en différentes pertes successives causées par un seul fait, lorsque ces pertes ont ce fait pour cause unique. Si donc une maison s'écroule pendant le temps de sa responsabilité, par suite de mauvaise construction, l'architecte serait obligé d'indemniser le propriétaire de la perte de la maison et des meubles, des loyers dont il est privé. — Toullier, t. 6, no 287 ; Pothier, nos 163 et 165 ; Duranton, t. 10, nos 477 et 478.

147. — En un mot, les parties sont censées n'avoir prévu que les dommages que le créancier pourrait souffrir à raison de la chose, *propter ipsam rem non habitam* ; et non ceux que l'inexécution pourrait causer dans les autres biens du créancier. — Pothier, *Oblig.*, nos 161 et suiv.

148. — Cependant, dans l'hypothèse citée *suprà* (no 146), Domat (*Lois civ.*, liv. 3, tit. 5, sect. 2e) enseigne que les tribunaux peuvent avoir égard, dans la condamnation, à la fortune de l'architecte et modérer les dommages-intérêts d'après sa position. Toullier (t. 6, nos 289 et 290) combat cette doctrine. Jamais, dit-il, la situation de fortune ou de famille de la personne coupable d'une faute ne doit influer sur sa responsabilité. — V. aussi Rolland, *Rép.*, vo *Dommages-intérêts*, nos 65 et 66.

149. — Lorsque le débiteur s'est rendu coupable de dol, il répond des dommages prévus et imprévus. Mais comme il ne doit jamais que la réparation du dommage dont il est l'auteur, il ne peut, dans aucun cas, être tenu de ce qui n'est pas une suite immédiate et directe de l'inexécution de la convention. — C. civ., art. 1151.

150. — Ainsi, celui qui, occupant une maison sans titre, refuse de déguerpir, doit des dommages-intérêts ; mais on ne peut prendre pour base de ces dommages-intérêts la somme que le propriétaire se serait obligé de payer par chaque mois de retard de la délivrance à l'acquéreur de la maison litigieuse qu'il avait vendue pendant le procès. — *Bruxelles*, 22 juill. 1829, L... ; — Duranton, t. 10, nos 47 et suiv. ; Toullier, t. 6, nos 386 et suiv., Pothier, *Oblig.*, nos 166 et 167.

151. — Quand y a-t-il mauvaise foi ? — C'est là une question de fait laissée à la décision des tribunaux. — Il est des fautes, des négligences telles qu'on les assimile à la mauvaise foi : par exemple, le cas d'impéritie d'un artisan dans les ouvrages concernant son état. — Toutefois, l'assimilation de la faute au dol doit dépendre des circonstances, et les tribunaux devront difficilement, à moins d'imprudence évidente, mettre à la charge de l'artisan des dommages autres que ceux raisonnablement prévus. — Ainsi, un charpentier me fournit de mauvais étais pour soutenir ma maison. Elle tombe. Le charpentier devra m'indemniser non seulement de la perte des étais, mais de celle de ma maison, dont la chute eût été évitée par de meilleurs étais. L'indemnité ne pourra pas être étendue aux meubles. Je devrai m'imputer de les avoir laissés dans une maison étayée.

152. — Sur la question de savoir ce qu'il faut décider dans le cas où une personne ayant loué des voitures pour enlever une récolte, et où, l'inexécution de la convention ayant retardé l'enlèvement, un orage a détruit la récolte, V. Domat, liv. 3, tit. 5, sect. 2e, no 4 ; Toullier, t. 6, no 286 ; Rolland de Villargues, *Rép.*, *verb. cit.*, no 61. — V. aussi Delvincourt, t. 2, p. 533, notes.

153. — La stipulation de dommages-intérêts, en cas d'inexécution de certaines clauses des conventions, n'empêche pas qu'il puisse en être accordé pour l'inexécution d'autres clauses. — *Cass.*, 8 mai 1833, Furnival c. Beuvain.

154. — *Dommages-intérêts résultant d'un fait nuisible.* — Ces dommages-intérêts, qui ont leur fondement dans le principe général de l'art. 1382 et dans toutes les autres dispositions de loi qui en dérivent, doivent nécessairement différer sur plusieurs points des dommages-intérêts résultant de l'inexécution d'une obligation.

155. — Jugé que le mode de fixation des dommages-intérêts d'après les art. 1146 et suiv., C. civ., ne s'applique qu'au cas d'inexécution des obligations et non au préjudice commis par un délit. —

Paris, 8 mars 1837 (t. 1er 1837, p. 377), Chauvière c. Poisat.

156. — Ainsi, une mise en demeure préalable ne saurait être exigée pour faire courir les dommages-intérêts résultant d'un *fait* nuisible. Par cela qu'un individu par son délit ou son quasi-délit cause un dommage à autrui, il se place en contravention avec l'obligation que lui impose la loi de ne faire tort à personne.

157. — Jugé en ce sens que l'art. 1146, C. civ., relatif aux débiteurs qui sont en demeure de remplir leurs obligations, n'est pas applicable en matière de dommages-intérêts pour un fait qui porte préjudice à autrui et que celui contre qui ils sont réclamés doit être condamné, bien qu'il n'ait pas été mis en demeure de faire cesser la cause du préjudice à raison duquel ils sont demandés. — *Cass.*, 8 mai 1832, de Tilly c. de Rochebouet.

158. — Les intérêts représentant l'indemnité d'un préjudice peuvent être alloués, non pas seulement du jour de la demande, mais du jour du préjudice éprouvé. — *Toulouse*, 29 nov. 1831, Groc c. Gayraud. — En effet, si les principes de droit ne permettent pas d'accorder des intérêts pour un temps antérieur à celui où ils ont été demandés, on ne doit en faire l'application qu'aux intérêts moratoires ; il n'en saurait être de même à l'égard des intérêts compensatoires qui forment un tout avec l'indemnité accordée.

159. — De même, il ne peut résulter aucun moyen de cassation de ce qu'un arrêt a accordé des dommages-intérêts à partir d'une époque antérieure à la demande, et condamné en outre aux intérêts de ces mêmes dommages-intérêts. — *Cass.*, 1er mars 1842 (t. 1er 1842, p. 539), de Rochechouart c. hospice de Saint-Pierre de Châtillon. — V. INTÉRÊTS.

160. — Quand un coupable d'un crime ou délit est condamné à des indemnités ou dommages-intérêts envers la partie lésée, la détermination en est laissée à la justice de la cour ou du tribunal, lorsque la loi ne les a pas réglés, pour que la cour ou le tribunal puisse, du consentement même de ladite partie, en prononcer l'application à une œuvre quelconque. — C. pén., art. 51. — V. ACTION CIVILE.

161. — Dès-lors, en matière correctionnelle, les magistrats ont le pouvoir d'arbitrer les dommages-intérêts résultant du délit qu'ils répriment, sans être astreints à suivre les dispositions du Code civil qui ne sont applicables qu'aux matières civiles. — *Cass.*, 19 mars 1825, Banès c. Boumage; *Paris*, 8 mars 1837 (t. 1er 1837 p. 377), Chauvière c. Poisat.

162. — Ainsi l'arrêt qui, en condamnant un prévenu au paiement des intérêts d'une certaine somme, adjuge en outre à la partie civile, à titre de dommages-intérêts, les fruits civils produits par cette somme pendant l'instance, ne viole ni l'art. 1149 ni l'art. 1153, C. civ. — *Cass.*, 19 mars 1825, Banès c. Boumage.

163. — Celui qui s'est emparé par des moyens indélicats d'une pièce appartenant à un tiers peut être condamné, outre la restitution de la pièce, à des dommages-intérêts par chaque jour de retard, encore qu'aucun préjudice ne puisse résulter du retard dans la remise de cette pièce. — *Cass.*, 29 janv. 1834, Normand c. Rohan.

164. — On ne peut, pour fixer les dommages-intérêts dus au propriétaire d'une forêt non défensable dans laquelle des bestiaux ont été introduits, prendre en considération la quotité des amendes qui pourraient être encourues par des individus qui ne sont pas en cause, mais que le propriétaire se réserve de poursuivre. Il n'y a lieu de s'occuper que du préjudice causé directement par le gardien des bestiaux, et les dommages-intérêts prononcés contre lui peuvent être supérieurs à l'amende qui lui est infligée. — *Rennes*, 29 mai 1839 (t. 2 1839, p. 504), les propriétaires de la forêt du Brécilien c. la comm. de Paimpont et Hervé-Saulnier.

Sect. 4e. — *Solidarité en matière de dommages-intérêts.*

165. — En matière criminelle, tous les individus condamnés pour un même crime ou pour un même délit sont tenus solidairement des dommages-intérêts. — C. pén., art. 55. — Et remarquez que cet article ne parle pas des personnes condamnées pour simple contravention.

166. — Le mari poursuivi conjointement avec sa femme comme complice de vols commis par elle, peut, quoique déclaré non coupable et acquitté de l'accusation, être condamné solidairement avec elle à des dommages-intérêts envers la partie civile, lorsqu'il a profité de ces vols. — *Cass.*, 22 janv. 1830, Letellier.

167. — En cas de conviction de deux délits distincts, dont l'un est passible d'une amende proportionnée au préjudice causé, les juges doivent distinguer dans les dommages-intérêts qu'ils accordent la part qui s'applique à chacun des délits. — *Cass.*, 10 avr. 1841 (t. 1er 1842, p. 205), Mazays.

168. — S'il en était autrement, il y aurait en effet impossibilité de savoir si la loi qui veut que l'amende varie et soit proportionnée au dédommagement a été ou non appliquée : tel est le seul motif de l'arrêt. Il suit de là que, pour qu'il y ait lieu à en retenir la doctrine, il faut la réunion de cette double circonstance, 1° qu'il y ait conviction de deux délits distincts ; — 2° que l'un au moins de ces délits soit passible d'une amende dont le chiffre dépende de celui du dédommagement.

169. — L'art. 55, C. pén., ne prononce la solidarité que contre les individus condamnés. Il en résulte qu'elle ne peut être prononcée contre les plaignans ou les dénonciateurs contre qui on adjuge des dommages-intérêts ; ils ne se sont rendus envers l'accusé coupables d'aucun crime ou délit.

170. — En matière civile, la question de solidarité appliquée aux dommages-intérêts présente quelques difficultés. L'art. 1202, C. civ., exige, en effet, que la solidarité soit expressément stipulée, à moins qu'elle n'ait lieu de plein droit, en vertu d'une disposition spéciale. Or, cette disposition n'existe nulle part pour les dommages-intérêts, et on a soutenu que la solidarité ne pouvait être prononcée. — V. à cet égard OBLIGATION SOLIDAIRE.

171. — Cependant la jurisprudence la plus généralement adoptée décide que la solidarité peut être prononcée en matière civile quand ils sont alloués à raison d'un délit ou d'un quasi-délit. — *Cass.*, 6 sept. 1813, Pasteur c. Deblez; 12 fév. 1818, Bisson; *Nancy*, 18 mai 1827, Cerfberr c. Lefèvre; *Paris*, 26 fév. 1829, Morizat et Copin c. Jacquinet; *Caen*, 8 août 1829, sous *Cass.*, 25 août 1831, Livet c. Duvant et Senée; *Bordeaux*, 16 mars 1832, Brieu c. Jouvante; *Montpellier*, 23 mai 1832, Payre c. Viguier; *Paris*, 25 janv. 1833, trésor c. Schumann et Langlumé Desangles; *Cass.*, 29 fév. 1836, mêmes parties; *Colmar*, 4 fév. 1837 (t. 1er 1837, p. 384), Masson c. Parmentier; *Cass.*, 12 juill. 1837 (t. 2 1837, p. 452), Valory c. Berthelier; — Merlin, *Quest.*, vo *Solidarité*, § 11; Pigeau, t. 2, p. 604.

172. — Ainsi, la femme qui a participé au dol et à la fraude à l'aide desquels le mari a obtenu un testament à leur profit, peut, si ce testament est déclaré nul, être condamnée solidairement avec son mari au paiement des dommages-intérêts. — *Cass.*, 12 mars 1839 (t. 2 1839, p. 258), Duval c. Homot.

173. — Lorsque les émanations de plusieurs fabriques ont causé du dommage aux propriétés voisines, et qu'il est impossible de déterminer l'étendue du préjudice causé par chaque établissement, les fabricans peuvent être condamnés solidairement au paiement des dommages-intérêts. — *Cass.*, 11 juill. 1826, Rigaud c. Bourguignon. — V. conf. *Cass.*, 3 mai 1827, Rigaud c. Martin.

174. — Jugé, au contraire, que la condamnation aux dommages-intérêts, résultant d'un délit commis par plusieurs individus, ne peut être prononcée solidairement, lorsqu'elle est poursuivie par la voie civile. — *Bordeaux*, 16 fév. 1809, Duchet c. Tournier.

175. — ... Qu'ainsi, le recéleur d'une portion d'objets volés, contre lequel la partie lésée agit par voie civile, après la condamnation, n'est point tenu des dommages-intérêts pour la totalité des objets volés, mais seulement pour ceux qui ont été trouvés en sa possession. — Toutefois, il doit être condamné aux dommages-intérêts dus en raison de la détérioration des objets, et du temps pendant lequel la partie lésée en a été privée. — *Paris*, 18 fév. 1837 (t. 1er 1837, p. 206), Avalle c. Moïse.

176. — ... Que la solidarité qui n'a lieu pour les dommages-intérêts que lorsqu'ils procèdent du même fait, ne peut être prononcée en matière civile pour les dépens, lorsqu'ils ne sont pas expressément adjugés à titre de dommages-intérêts. — *Cass.*, 17 janv. 1832, Delacroix c. Couland.

177. — Le cessionnaire d'un procédé de fabrication qui a fait saisir des objets contrefaits chez un tiers ne peut actionner celui-ci en dommages-intérêts, et encore moins demander qu'il soit condamné solidairement avec le cédant. Ce dernier seul peut être poursuivi. — *Lyon*, 27 nov. 1845 (t. 1er 1846, p. 273), Fleury c. Grenet.

178. — Lorsque de deux individus condamnés par défaut à payer solidairement une certaine somme à titre de réparations civiles, l'un a obtenu, sur son opposition, la réduction de la dette en ce qui le concernait, tandis que l'autre, sur son appel, a vu confirmer à son égard le jugement par défaut, ce dernier, poursuivi en vertu de l'arrêt pour la totalité de la somme, n'est point fondé à prétendre se prévaloir de la réduction prononcée en faveur de son coobligé. — *Cass.*, 30 janv. 1827, Hochet c. Billerey.

179. — Dans tous les cas, l'arrêt qui décide que cette réduction ne porte aucune atteinte à la condamnation principale, qu'elle n'est qu'une répartition faite par le juge, eu égard aux torts respectifs des parties condamnées, et que par conséquent le bénéfice de la réduction ne doit profiter qu'à celle qui l'a obtenue, sauf à l'autre à se pourvoir contre le jugement qui l'a prononcée, ne viole pas les principes sur la solidarité des obligations. — Même arrêt.

Sect. 5e. — *Action en dommages-intérêts. — Mode de les fixer.*

180. — Les demandes en dommages-intérêts sont portées devant diverses juridictions, selon la nature des faits qui y donnent lieu. — V. ACTION, ACTION CIVILE, COMPÉTENCE, COMPÉTENCE COMMERCIALE.

181. — Ainsi, quand tous les libraires d'une ville se sont engagés, sous peine de dommages-intérêts, à tenir leurs magasins fermés les dimanches et jours de fêtes légales, la demande en dommages-intérêts résultant de l'inexécution d'une pareille convention est de la compétence du tribunal de commerce. — *Colmar*, 10 juill. 1837 (t. 2 1837, p. 397), Geng c. Reffinger.

182. — Les parties lésées par une contravention ou par un délit ont le droit de citer directement l'auteur de la contravention ou du délit et les personnes civilement responsables devant les tribunaux de simple police ou de police correctionnelle, pour obtenir de ces tribunaux des dommages-intérêts. — C. inst. crim., art. 145 et 182. — V. ACTION CIVILE, PARTIE CIVILE.

183. — On peut, jusqu'au jugement définitif, demander, par des conclusions additionnelles, des dommages-intérêts auxquels on n'avait conclu ni dans l'exploit introductif d'instance, ni dans les actes postérieurs de l'instruction. — *Cass.*, 1er avr. 1823, Villemejane c. Roux et Vidal.

184. — Les conclusions par lesquelles le voisin d'un établissement insalubre demande des dommages-intérêts annuels aussi long-temps que l'établissement subsistera doivent être entendues en ce sens que les dommages-intérêts sont demandés pour tout le temps que le dommage subsistera. Dès-lors, l'arrêt qui adjuge les conclusions prises dans ce dernier sens ne peut être réputé accorder autre chose que ce à quoi il a été conclu. — *Cass.*, 17 juill. 1845 (t. 1er 1846, p. 91), comp. du gaz de Saône-et-Loire c. Laurent.

185. — La contrainte par corps peut être prononcée par les juges pour dommages-intérêts en matière civile au-dessus de la somme de 300 fr. — C. procéd., art. 126-1°. — V., à cet égard, CONTRAINTE PAR CORPS, nos 123 et suiv.

186. — Lorsqu'en matière civile, un jugement a condamné deux défendeurs à 400 fr. de dommages-intérêts, sans leur imposer la solidarité, il ne peut prononcer la contrainte par corps, parce que ces dommages-intérêts, divisibles par moitié, ne s'élèvent pas à 300 fr. — *Cass.*, 3 déc. 1827, Boudier-Lange et Mernet c. Raty.

187. — Lorsque, pour réparer le tort causé à un légataire universel par la spoliation de la succession, un arrêt condamne le spoliateur au paiement d'une somme, comme évaluation des objets dérobés, une pareille condamnation doit être considérée comme prononcée à titre de dommages-intérêts, encore bien que l'arrêt ne le dise pas. En conséquence, la contrainte par corps a pu être valablement prononcée. — *Cass.*, 22 juin 1837 (t. 1er 1840, p. 507), Robert c. Escoffier.

188. — Mais la contrainte par corps ne pourrait être prononcée si l'arrêt, en énonçant formellement qu'il adjuge à titre de dommages-intérêts, ne faisait qu'adjuger les dépens ; car les dépens ne sont toujours que les frais exposés pour recouvrer la créance. — *Toulouse*, 20 fév. 1832, Gasc. — V. CONTRAINTE PAR CORPS.

189. — En cas de réintégrande, la contrainte par corps peut être prononcée pour le paiement des dommages-intérêts adjugés au propriétaire. — C. civ., art. 2060. — V. ACTION POSSESSOIRE.

190. — La contrainte par corps peut-elle être prononcée contre des femmes condamnées à des dommages-intérêts en matière civile, en vertu de l'art. 126-1°, C. procéd. civ. ? — V. à cet égard CONTRAINTE PAR CORPS, nos 73 et suiv.

191. — Bien qu'en règle générale on ne puisse former aucune nouvelle demande en appel, on peut cependant demander les dommages-intérêts pour le préjudice souffert depuis le jugement. — C. procéd., art. 464. — V. DEMANDE NOUVELLE.

192. — Sur la question de savoir si les dommages-intérêts doivent être ajoutés à la demande pour calculer le taux du dernier ressort, V. DEGRÉS DE JURIDICTION, no 522, et *passim*.

193. — Aux nombreuses décisions qui ont statué sur la question, on peut ajouter que les dommages-intérêts accordés par jugement pour le cas éventuel où la disposition principale de la sentence ne serait pas exécutée dans un délai déterminé doivent être comptés, s'il y a appel, non du jour du jugement, mais seulement du jour de l'arrêt confirmatif. — *Paris*, 18 août 1840 (t. 2 1840, p. 716), Assur. parisiennes c. Société arriégeoise; 30 nov. 1840 (t. 2 1840, p. 716), Cochard c. Madeleine de Saint-Agy.

194. — ...Mais qu'il n'en est pas de même lorsque la condamnation principale porte sur les dommages-intérêts accordés pour préjudice antérieurement éprouvé. Dans ce cas, nonobstant l'appel, les dommages-intérêts courent du jour du jugement. — *Paris*, 28 août 1840 (t. 2 1840, p. 716), Normand c. Fournier.

195. — ...Qu'une demande en dommages-intérêts, formée non par l'exploit introductif d'instance, mais par des conclusions additionnelles, doit être prise en considération pour fixer la compétence en premier ou en dernier ressort. — *Cass.*, 1er avr. 1823, Villemejane c. Roux et Vidal.

196. — Lorsqu'un arrêt a déclaré qu'une partie avait souffert un préjudice résultant d'un retard dans une livraison, il est préjugé qu'il est dû à cette partie des dommages-intérêts, dont il ne reste plus qu'à fixer le montant. — *Rennes*, 13 mars 1815, Beucher-Villedemaux c. Mesnil-Legrand.

197. — Quoiqu'un jugement ne prononce pas de condamnation précise de dommages-intérêts, il préjuge qu'il en est dû s'il permet d'en fournir la déclaration. — *Rennes*, 22 avr. 1812, Legarseneur c. Legonidec.

198. — Tous jugemens, dit l'art. 128, C. procéd., qui condamneront en des dommages-intérêts, en contiendront la liquidation, ou ordonneront qu'ils seront donnés par état.

199. — Jugé cependant qu'un tribunal n'a pu condamner à des dommages-intérêts et les arbitrer, bien qu'ils n'aient pas été donnés par état. — *Cass.*, 11 juin 1835, Lenormand c. Drouet. — C'est épargner ainsi des frais inutiles aux plaideurs. — Bioche et Goujet, *Dict. de procéd.*, vo *Dommages-intérêts*, no 37.

200. — Lorsque, d'après les circonstances du procès, l'évaluation immédiate des dommages-intérêts est impossible, le tribunal statue sur le fond du droit, constate le fait, source des dommages-intérêts, ordonne qu'ils seront donnés par état, et surseoit à en faire la liquidation jusqu'à la production des preuves. — Berriat, p. 495, note 9, no 3; Bioche et Goujet, *Dict. de procéd.*, vo *Dommages-intérêts*.

201. — Mais les délais nécessités par la force des choses ne peuvent cependant faire préjudice aux droits de la partie lésée, lorsque ces droits sont constans et que le débat ne s'élève que sur leur quotité : aussi les juges peuvent-ils, dans ce cas, accorder une provision au demandeur. — *Cass.*, 11 juill. 1826, Regaud c. Bourguignon.

202. — Quand les dépens sont adjugés pour dommages-intérêts, les juges ne peuvent ordonner l'exécution provisoire du jugement. — C. procéd., art. 137. — V. EXÉCUTION PROVISOIRE.

203. — La déclaration des dommages-intérêts est signifiée par un simple acte à l'avoué du défendeur, s'il en a été constitué un sur la demande principale et originaire. Les pièces sont communiquées sur récépissé ou par la voie du greffe. — C. procéd., art. 523.

204. — Si le défendeur n'a pas d'avoué en cause, il est bon, pour éviter les frais d'un nouvel acte extrajudiciaire, de lui déclarer, en lui notifiant l'état, que le demandeur est prêt à lui communiquer les pièces. — V. Bioche et Goujet, *Dict. de procéd.*, vo *Dommages-intérêts*, no 48; Berriat, p. 495, no 9; Carré, sur l'art. 523.

205. — Lorsque, pour la liquidation des dommages-intérêts, le demandeur a fourni un état que le défendeur a contesté pour défaut de pièces justificatives, le tribunal peut arbitrer les dommages-intérêts, sans que le défendeur puisse prétendre que la cause n'était point en état de recevoir une décision, en ce qu'il n'avait pu faire ses offres, conformément à l'art. 524, C. procéd. — *Cass.*, 20 nov. 1832, Manby, Wilson c. Winsor; — Bioche et Goujet, *Dict. de procéd.*, vo *Dommages-intérêts*, no 42.

206. — Les émolumens de l'avoué qui dresse l'état des dommages-intérêts sont fixés d'après le nombre des articles qui le composent. — Tarif, art. 144. — Le juge examine si l'avoué n'a pas divisé les articles pour augmenter ses émolumens. — Sudraud, p. 132, no 424. — Mais le tribunal peut être appelé à apprécier les réductions du juge-taxateur. — Chauveau, *Tarif*, t. 2, p. 36, no 4.

207. — L'avoué qui a occupé pour le défendeur dans l'instance n'a pas besoin d'un nouveau pouvoir pour occuper sur la liquidation des dommages-intérêts. Cependant, il faut pour cela que cette liquidation ait lieu dans l'année du jugement qui les adjuge. — *Dict. de procéd.*, p. 124, no 40, vo *Dommages-intérêts*; Berriat, p. 495, note 5e.

208. — Le défendeur est tenu, dans les délais fixés par les art. 97 et 98, C. procéd., et sous les peines portées à l'art. 107, de remettre les pièces communiquées, et, huitaine après l'expiration de ces délais, de faire ses offres au demandeur. La cause est portée sur simple acte à l'audience, et il est condamné à payer le montant de la déclaration, si elle est trouvée juste. — C. procéd., art. 524. — Le délai accordé au défendeur pour remettre les pièces est celui de quinzaine. — Pigeau, t. 2, p. 352; Carré, art. 524, no 1835. — V. *contrà* Demiau, art. 524.

209. — Les art. 97 et 98, auxquels renvoie l'art. 524, ne contenant aucune peine, il faut, pour en appliquer une, avoir recours à l'art. 107, qui se réfère aux art. 97 et 98. — Lepage, p. 357; *Dict. de procéd.*, no 45. — Toutefois, Carré (art. 524, no 1836) pense que c'est à l'art. 191, contenant une disposition générale, qu'il faut avoir recours.

210. — Le délai de huitaine accordé au défendeur étant dans son intérêt, il peut y renoncer et faire ses offres de suite. Le demandeur ne peut l'actionner avant ce délai de huitaine. — *Dict. de procéd.*, no 46.

211. — C'est par acte d'avoué à avoué que le défendeur transmet ses offres.

212. — Mais comme ces offres peuvent être inférieures à la demande et qu'il est indispensable que le demandeur sache sur quels articles le défendeur fait porter la réduction, l'avoué du défendeur doit de plus apposer des apostilles sur la déclaration de dommages-intérêts. — Tarif, art. 148.

213. — L'art. 524 n'exige pas que les offres soient réelles; il faut donc, si l'on veut se libérer, les renouveler par exploit signifié à partie et en consigner le montant suivant les art. 812 et suiv., C. procéd.

214. — Si le défendeur laisse écouler en silence le délai de huitaine, le demandeur peut porter la cause à l'audience par un simple acte. — C. procéd., art. 524. — La contestation se juge suivant les formes ordinaires.

215. — Dans le cas où le défendeur acquiesce à la déclaration du demandeur, celui-ci a le droit de l'appeler à l'audience pour obtenir un jugement qui lui donne acte de l'acquiescement et condamne son adversaire au paiement. — *Dict. de procéd.*, no 51. — V. aussi ord. 1667, art. 2, tit. 33; — *contrà* Demiau, art. 524.

216. — Le tribunal peut employer toutes les voies d'instruction que le Code de procédure a mises à sa disposition, pour s'éclairer sur la fixation des dommages-intérêts. — Berriat, p. 495, note 9, no 2; Carré, art. 525, no 1841.

217. — Lorsqu'un tribunal a liquidé les dommages-intérêts à une somme fixe en ajoutant : *si mieux n'aiment les parties les faire déterminer à dire d'experts*, dans un délai fixé, ce tribunal peut, après que les parties sont convenues d'experts et que ceux-ci ont procédé, ordonner une nouvelle expertise. — Carré, no 1842; *Dict. de procéd.*, no 53.

218. — Si les offres contestées sont jugées suffisantes, le demandeur sera condamné aux dépens du jour des offres. — C. procéd., art. 525. — *Dict. de procéd.*, nos 54 et suiv.; Berriat, p. 495, note 9e, observ. 1re.

219. — Le jugement qui liquide des dommages-intérêts et en fixe le montant à plus de 300 fr., ne peut prononcer la contrainte par corps lorsqu'elle n'a pas été ordonnée par le jugement qui a accordé les dommages-intérêts. — *Dict. de procéd.*, no 58. — V. aussi CONTRAINTE PAR CORPS.

220. — La partie qui prétend qu'il y a eu erreur dans un jugement portant liquidation de dommages-intérêts, doit se pourvoir par appel. — L'art. 541, C. procéd., qui en matière de compte prescrit de former la demande devant les mêmes juges pour omission ou faux calcul, est inapplicable dans ce cas. — *Besançon*, 22 juin 1844 (t. 1er 1845, p. 283), Cassabois c. Grosjean.

221. — Quant à la prescription dont peut être frappée l'action en dommages-intérêts, elle est la même que celle qu'on peut opposer à l'action principale dont elle est un accessoire. — Toullier, t. 11, no 294. — V. PRESCRIPTION, RESPONSABILITÉ.

222. — Indépendamment des mots de renvoi indiqués dans le cours de l'article, V. encore principalement : ACTE DE COMMERCE, ACTION (Dr. fr.), ADULTÈRE, AGRÉÉ, APPEL, ARBITRAGE, ARMEMENT EN COURSE, ASSURANCE MARITIME, ASSURANCE TERRESTRE, AUTORISATION DE FEMME MARIÉE, AUTORISATION DE PLAIDER, AVOCAT, BAIL, BAIL A CHEPTEL, BALAYAGE, BANCS ET CHAISES, BANQUEROUTE, BIENS, BREVET D'INVENTION, CASSATION (civ.), CASSATION (crim.), CAUTION *judicatum solvi*, CHAMBRE DES MISES EN ACCUSATION, CHAMBRE DU CONSEIL, CHARTE-PARTIE, CHASSE, CHOSE JUGÉE, COLONIES, COMMUNAUTÉ, COMMUNE, COMMISSIONNAIRE, COMMISSIONNAIRE DE TRANSPORTS, COMPENSATION, COMPÉTENCE ADMINISTRATIVE, COMPÉTENCE CRIMINELLE, COMPLICITÉ, CONFLIT, CONNAISSEMENT, CONSEIL D'ÉTAT, CONTREFAÇON, CONTRIBUTIONS DIRECTES, CONTRIBUTIONS INDIRECTES, COURS D'EAU, COURTIER DE COMMERCE, CRÉANCIER, CURAGE, DÉFRICHEMENT, DÉLIT D'AUDIENCE, DÉLIT DE PRESSE, DÉPOT, DIFFAMATION, DISCIPLINE, DUEL, ENDOSSEMENT, ENREGISTREMENT, ÉTABLISSEMENS INSALUBRES, GRACE, HOMICIDE, OFFRES RÉELLES, PAIEMENT, PREUVE TESTIMONIALE, REMPLACEMENT MILITAIRE, RÉPÉTITION.

DOMMAGE PERMANENT.

Table alphabétique.

DOMMAGE PERMANENT. — 1. — On entend par ces mots la dépréciation perpétuelle que subit une propriété privée, par une suite directe de l'exécution de travaux publics, sans d'ailleurs que sa consistance en soit matériellement atteinte.

—

§ 1er. — *Nature et caractère du dommage permanent.*

2. — Pour qu'il y ait dommage permanent, il faut que les travaux publics exécutés aient occasionné une dépréciation perpétuelle d'une propriété privée, bien que cette propriété n'ait point été matériellement attaquée.

3. — Ainsi ont été considérés comme dommages permanens : la réduction perpétuelle dans la force motrice d'une usine, à la suite de travaux publics. — *Angers*, 28 janv. 1835, Bruneau c. préf. de la Sarthe; *Paris*, 1er août 1835, préf. de Seine-et-Oise c. Truffaut; *Cass.*, 23 nov. 1836 (t. 1er 1837, p. 316), préf. de la Sarthe c. Bruneau; *Colmar*, 14 août 1836 (t. 2 1837, p. 493), préf. du Bas-Rhin c. Dietsch; *Riom*, 23 mai 1838 (t. 1er 1841, p. 597), préf. de l'Al-

lier c. Soulhat; *Cons. d'état*, 10 juill. 1833, Truffault et hosp. de Pontoise; 18 avr. 1835, Dietsch.

4.—... La suppression du moteur d'une usine.—*Cons. d'état*, 17 août 1825, Manisse.

5. —... La privation continuelle de la majeure partie des eaux nécessaires à une usine, résultant de l'établissement d'un canal ouvert par l'administration.—*Bourges*, 28 fév. 1832, Leclerc c. préf. du Cher.

6. —... Les infiltrations des eaux d'un canal dans une propriété riveraine. — *Lyon*, 9 déc. 1840 (t. 1er 1841, p. 578), canal de Rounne à Digoin c. Desfournier.

7. —... Les *lâchures* d'eau ou levées de vannes qui peuvent être faites par l'administration, et dont l'effet est de suspendre pour l'avenir et à certaines époques le travail d'un moulin situé sur la rivière au milieu de laquelle un barrage est pratiqué, un pareil dommage devant être considéré comme une altération de la propriété, et non comme un trouble momentané. — *Cass.*, 23 avr. 1838 (t. 1er 1838, p. 596), Pollet c. préf. de l'Oise.

8. — .. L'inondation constante d'une propriété par suite de travaux faits par l'état sur le cours d'une rivière. — *Rennes*, 28 août 1833, Legué et Nicol c. préf. du Finistère.

9. —... Le dommage résultant pour une usine située sur un cours d'eau du détournement d'un affluent supérieur dont les eaux sont nécessaires au roulement normal de cette usine.—*Cons. d'état*, 26 nov. 1841, Honnorez c. Moret.

10.—.... L'établissement sur le terrain d'un particulier, et, pour l'écoulement des eaux de la route, d'une crique qui doit rester ouverte indéfiniment. — *Cons. d'état*, 5 sept. 1836, Ledos.

11. —... Une servitude imposée à perpétuité sur un fonds inférieur. — *Cons. d'état*, 6 mars 1828, Vigne.

12. —... La simple diminution de jouissance que l'établissement d'un chemin de fer entraîne sur des propriétés de particuliers par suite de l'exhaussement permanent et à toujours du sol de la voie publique sur laquelle aboutissent ces propriétés. — *Colmar*, 20 avr. 1840 (t. 2 1840, p. 135), comp. du chemin de fer de Strasbourg c. Lorentz.

13. —... L'enfouissement total ou partiel, et par suite la dépréciation d'une maison, résultant de l'exhaussement du pavé ou du sol d'une rue ou de la voie publique. — *Cass.*, 18 janv. 1826, maire de Nantes c. Bienassis; *Aix*, 11 mai 1826, Dufour c. ville d'Aix; *Cass.*, 11 déc. 1827, ville d'Aix c. Dufour; *Lyon*, 1er mars 1838 (t. 1er 1841, p. 597), Polaillon c. comm. de la Guillotière; *Cass.*, 30 avr. 1838 (t. 2 1838, p. 60), comm. des Moulins c. Lhoir; *Rouen*, 17 juill. 1843 (t. 2 1843, p. 283), Brard c. ville de Verneuil.

14.—... Le dommage résultant pour un particulier des travaux exécutés dans l'intérêt public par l'administration des ponts et chaussées, et des remblais qu'une commune a été obligée d'effectuer pour exhausser le sol d'une rue. — *Cons. d'état*, 1er sept. (et non déc.) 1819, Deschampsneufs c. ville de Nantes.

15. —... L'obstruction complète de l'entrée d'un magasin par suite de l'exhaussement de la voie publique. — *Cons. d'état*, 25 déc. 1840, Bayle.

16. — ... L'ébranlement des fondations d'une maison, lorsqu'il y a nécessité de reconstruire un mur-pignon et, par suite, de reculer. — *Paris*, 20 déc. 1841 (t. 1er 1842, p. 61), préfet de la Seine c. Perruchon.

17. — Décidé au contraire que lorsque les travaux exécutés par l'état dans l'intérêt de la défense publique ont laissé intacte la propriété d'un particulier, les inconvéniens dont il peut avoir à se plaindre ne sont pas de nature à lui donner droit à une indemnité.—*Cons. d'état*, 22 nov. 1836, Guerlin-Houel.

18.—...Que quand la construction d'un nouveau pont ou d'une route n'empêche pas les propriétaires riverains d'être en communication avec la voie publique, le propriétaire n'est pas fondé à réclamer une indemnité, sous prétexte que sa propriété est enclavée. — *Cons. d'état*, 16 nov. 1836, Dubos.

19. — Qu'on ne peut considérer comme permanens, et par conséquent de la compétence de l'autorité judiciaire, les dommages causés à une maison par le pavage d'un boulevard, bien que cette maison ait été ébranlée jusque dans ses fondations, et encore bien que, par suite, il faille reconstruire un mur en entier sur un alignement qui nécessitera un reculement de plusieurs mètres. — *Cons. d'état*, 22 avr. 1842, Perruchon.

20. — Le dommage permanent constitue-t-il une expropriation pour cause d'utilité publique? — Oui, en ce sens qu'il y a pour le propriétaire une dépréciation perpétuelle de sa chose, et qu'il en est véritablement dépossédé quant à une partie de la jouissance de cette chose, et cela par suite de travaux exécutés dans un but d'intérêt général. Alors le mot d'*expropriation* est pris dans un sens général et absolu.

21. — Mais, non, le dommage permanent n'est pas une expropriation pour cause d'utilité publique, en ce sens que la consistance matérielle de la propriété n'a pas été attaquée. Ce n'est pas à ce sujet qu'on peut appliquer ces dispositions de la charte (art. 10) et du Code civil (art. 545), qu'on ne peut être contraint de céder sa propriété pour cause d'utilité publique que moyennant une juste et *préalable* indemnité. Il ne peut y avoir lieu à indemnité préalable, puisque ce ne sera que quand les travaux auront été exécutés qu'on pourra savoir si une indemnité est due et dans quelle proportion. Dans ce cas, le dommage permanent ne saurait être considéré dans le sens légal d'expropriation pour cause d'utilité publique, et par suite donner lieu à l'application des lois spéciales des 8 mars 1810, 7 juill. 1833 et 3 mai 1841.—Arg. *Paris*, 1er août 1835, préfet de Seine-et-Oise c. Truffaut.

22. — Ce n'est qu'à l'aide de cette distinction qu'on peut expliquer la contradiction qui paraîtrait exister entre les différentes décisions où le terme d'expropriation est employé tantôt dans son acception générale et absolue, tantôt dans son acception restreinte et légale.

23. — Ainsi décidé que le dommage permanent constitue une expropriation en ce sens qu'il y a pour le propriétaire une véritable dépossession.

24.—...Lorsque des travaux faits par l'état enlèvent à une propriété une partie de sa valeur. — *Rennes*, 1er fév. 1834, préfet des Côtes-du-Nord c. Dutertre.

25. — Lorsque, par suite de travaux d'utilité publique, une propriété particulière subit un changement essentiel et *permanent*, il y a expropriation. — *Bourges*, 28 fév. 1832, Leclerc c. préfet du Cher; *Rennes*, 28 août 1833, Legué c. préfet du Finistère; *Angers*, 28 janv. 1835, Bruneau c. préfet de la Sarthe; *Riom*, 23 mai 1838 (t. 1er 1841, p. 597), préfet de l'Allier c. Soalhat.

26. — Décidé au contraire que le dommage permanent ne constitue pas une expropriation, en ce sens que la propriété d'un individu n'est pas matériellement atteinte.

27. —...Lorsqu'il y a abaissement du sol de la voie publique aboutissant à sa maison. — *Cons. d'état*, 6 nov. 1839, Perpesat c. préfet de la Gironde.

28. — ... Ou encore exhaussement du sol de la voie publique aboutissant à sa maison. — *Cons. d'état*, 14 avr. 1839, Magnien c. préfet de la Nièvre; 23 juill. 1840, Augustin c. chem. de fer de Mulhouse à Thann.

29. —... Et cela alors même que l'exhaussement du sol de la voie publique obstrue complètement l'entrée d'un magasin. — *Cons. d'état*, 5 déc. 1840, Bayle.

30. — Enfin, ne peut être considérée comme expropriation la diminution de la force motrice d'une usine par suite de travaux publics. — *Colmar*, 14 août 1836 (t. 2 1837, p. 493), préfet du Bas-Rhin c. Dietsch.

31. — Quoi qu'il en soit, du moment que des travaux publics, sans opérer l'expropriation complète d'un immeuble, le déprécient par une altération permanente et perpétuelle de sa jouissance, ils donnent droit au propriétaire de réclamer une indemnité. — *Cass.*, 30 avr. 1838 (t. 2 1838, p. 60), comm. des Moulins c. Lhoir; *Rouen*, 17 juill. 1843 (t. 2 1843, p. 283), Brard c. ville de Verneuil.

32. — Mais pour qu'il y ait lieu à indemnité, il faut d'abord qu'il soit constant que le dommage dont on se plaint soit une suite des travaux publics exécutés. — V. conf. *Cons. d'état*, 20 janv. 1843, Breton-Aubry.

33. — En conséquence, décidé que le dommage résultant de l'inondation d'une prairie ne peut donner lieu à une indemnité, lorsqu'il n'est pas positivement établi qu'elle a eu pour cause des travaux d'exhaussement de la chaussée d'une rivière navigable. — *Cass.*, 10 oct. 1824, Dupasquier.

34.—...Que, lorsque le bief d'un moulin a perdu, par filtration, une partie de ses eaux pendant les constructions d'un canal, sans qu'il ait été fait aucune prise d'eau, soit au bief du moulin, soit au cours d'eau alimentaire, et que la perte d'eau résulte uniquement de la nature perméable du sol, l'état ne peut être tenu de payer une indemnité au propriétaire du moulin. — *Cons. d'état*, 20 juill. 1836, Klein.

35. —... Que les propriétaires d'une usine sur une rivière navigable et flottable qui réclament une indemnité de l'état sous prétexte que le chômage de ladite usine aurait été augmenté par suite des changemens apportés par l'administration au régime du fleuve, ne sont point recevables dans leur réclamation s'il résulte de l'instruction que les travaux n'ont point eu pour effet d'augmenter les heures de chômage.—*Cons. d'état*, 14 déc. 1837, Cacheux.

36. — Il faut de plus que le dommage ou la dépréciation soit une suite directe de l'exécution des travaux publics. — Toutefois, suivant M. Cormenin (*Quest. de dr. admin.*, v° *Travaux publics*, § 2, n° 15 notes), ce principe ne doit pas être entendu d'une manière trop absolue.

37. — Décidé, en ce sens, qu'aucune loi n'impose à l'état l'obligation de réparer les dommages indirects résultant des travaux qu'il effectue pour le service public. — *Cons. d'état*, 14 déc. 1836, Delatre; 5 déc. 1837, Coulon; 25 avr. 1842, Bougane; 20 déc. 1842, de Galifet; 20 janv. 1843, Delmas et Talon; 20 janv. 1843, Breteau-Aubry.

38. — Ainsi, un citoyen ne peut réclamer une indemnité de l'état par le motif que les travaux exécutés pour défendre un canal contre les eaux d'une rivière et redresser le cours de ces eaux auraient amené l'envahissement d'un îlot qui lui appartenait. — *Cons. d'état*, 5 déc. 1837, Coulon.

39.—De même, le dommage indirect qui résulte pour les propriétaires riverains des curages d'un cours d'eau navigable opéré par les soins de l'administration ne saurait donner lieu à indemnité. — *Cons. d'état*, 20 janv. 1843, Breteau-Aubry.

40. — Au surplus, la règle est applicable, même au cas où les dommages sont le résultat de la suspension des travaux.—*Cons. d'état*, 20 janv. 1843, Delmas et Talon.

41. — Mais, lorsque les eaux nécessaires au roulement normal d'une usine ont été détournées d'un affluent supérieur, on ne saurait prétendre que le dommage en pareil cas n'est pas direct et qu'il ne donne pas au propriétaire de l'usine le droit d'être indemnisé. — *Cons. d'état*, 26 nov. 1841, Honnorez c. Moret.

42. — L'indemnité est due s'il est reconnu que les travaux ordonnés par l'administration (tels que l'exhaussement du sol d'une vue qui occasionne l'enfouissement partiel d'une maison) causent au propriétaire un dommage réel sans avantage qui le compense. — *Aix*, 11 mai 1826, Dufour c. ville d'Aix.

43. — L'état ne doit non plus aucune indemnité pour les dommages résultant d'un événement de force majeure.—*Cons. d'état*, 17 janv. 1838, Rodet.

44. — Enfin, il faut, ainsi qu'on l'a déjà vu, que le dommage ou la dépréciation résultant de l'exécution des travaux publics soit perpétuel.

45. — Quand le dommage ou la dépréciation n'est que temporaire, il peut y avoir lieu à indemnité également, mais cette indemnité est d'une nature toute différente, elle se détermine d'après d'autres bases et, ainsi qu'on le peut voir (V. *infrà* nos 47 et s.), c'est à une autorité différente qu'il appartient de la fixer.—V. au surplus TRAVAUX PUBLICS.

46. — Quant au dommage permanent qui peut résulter pour un particulier de l'exercice par un simple particulier de son droit de propriété sur la chose, V. DOMMAGE ET DOMMAGES-INTÉRÊTS.

§ 2. — *Autorité compétente pour statuer sur l'action en indemnité.*

47.—C'est une question vivement débattue que celle de savoir à qui de l'autorité administrative ou de l'autorité judiciaire il appartient de connaître de l'action en indemnité pour dommage permanent. Pour retenir la connaissance de l'affaire, l'autorité administrative s'appuie sur diverses dispositions des lois des 28 pluv. an VIII et 16 sept. 1807, quoique ces dispositions ne statuent explicitement que pour des cas différens.

48. — D'un autre côté, les cours et tribunaux sont unanimes pour décider que dans l'absence d'une disposition législative expresse, il y a lieu d'appliquer les principes du droit commun, et que par conséquent c'est à l'autorité judiciaire à ordonner, en vertu de l'art. 1382, C. civ., la réparation du préjudice causé.

49. — Jugé, dans ce dernier sens, que c'est aux tribunaux ordinaires qu'il appartient d'apprécier les dommages causés à une propriété privée par des travaux d'utilité publique, lorsque ces dommages sont permanens et constituent une altération de la propriété. — *Bourges*, 28 fév. 1832, Leclerc c. préfet du Cher; *Rennes*, 28 août 1833, Legué et Nicol c. préfet du Finistère; 1er fév. 1834, préfet des Côtes-du-Nord c. Dutertre; 18 mars 1834, Dubey c. préfet de la Loire-Inférieure; *Angers*, 28 janv. 1835, Bruneau c. préfet de la Sarthe; *Paris*, 1er août 1835, préfet de Seine-et-Oise c. Truffaut; *Colmar*, 14 août 1836 (t. 2 1837, p. 493), préfet du Bas-Rhin c. Dietsch; *Cass.*, 23 nov. 1836 (t. 1er 1837, p. 316), préfet de la Sarthe c. Bru-

neau; *Lyon*, 1er mars 1838 (t. 1er 1841, p. 597), Kolaillon c. comm. de la Guillotière; *Cass.*, 23 avr. 1838 (t. 1er 1838, p. 596), Pollet c. préfet de l'Oise; 30 avr. 1838 (t. 2 1838, p. 60), comm. de Moulins c. Lhoir; *Riom*, 23 mai 1838 (t. 1er 1841, p. 597), préfet de l'Allier c. Soalhat; *Colmar*, 20 avr. 1840 (t. 2 1840, p. 135), chemin de fer de Strasbourg c. Lorentz; *Lyon*, 9 déc. 1840 (t. 1er 1841, p. 578), canal de Roanne c. Desfournier; *Paris*, 20 déc. 1841 (t. 2 1842, p. 61), préfet de la Seine c. Perruchon; *Rouen*, 17 juill. 1842 (t. 2 1843, p. 283), Brard c. Ville de Verneuil.

50. — Dès-lors, les tribunaux ordinaires peuvent connaître de l'action en réparation de dommages causés par les infiltrations des eaux d'un canal dans une propriété riveraine, surtout lorsque la demande a uniquement pour but d'obtenir des dommages-intérêts, et non d'imposer à la compagnie concessionnaire du canal des travaux destinés à faire cesser les infiltrations. — *Lyon*, 9 déc. 1840 (t. 1er 1841, p. 578), canal de Roanne à Digoin c. Desfournier.

51. — De même, les tribunaux ordinaires sont seuls compétens pour statuer sur les demandes d'indemnités formées contre une commune à raison du dommage permanent causé à une propriété particulière par suite des travaux exécutés pour l'amélioration d'une voie publique de cette commune, alors surtout que ces travaux ont eu lieu sans l'intervention administrative. — *Paris*, 23 août 1842 (t. 1er 1843, p. 106), commune de Courbevoie c. Chameau.

52. — Quelques ordonnances du conseil d'état ont décidé dans le même sens. — V. *Cons. d'état*, 1er sept. (et non déc.) 1819, Deschampsneufs c. ville de Nantes; 17 août 1825, Manisse; 6 mars 1828, Vigne; 10 juill. 1833, Truffault et hospice de Pontoise; 18 avr. 1835, Dietsch; 5 sept. 1836, Ledos; 29 juin 1842, Pruvost c. canal de la Sambre à l'Oise.

53. — Toutefois, cette jurisprudence récente des cours et tribunaux est en opposition avec le plus grand nombre de décisions rendues par le conseil d'état.

54. — Décidé que c'était à l'autorité administrative, et spécialement aux conseils de préfecture, à connaître des demandes en indemnité fondées sur un dommage causé par l'exécution des travaux publics. — *Cons. d'état*, 20 janv. 1843, Breteau c. Aubry.

55. — ... Par exemple, les indemnités auxquelles peuvent donner lieu les travaux d'un canal repris en vertu d'un décret spécial et sur les plans anciennement approuvés. — *Cons. d'état*, 22 nov. 1829, Léonard.

56. — Il en est de même lorsque, par suite de travaux publics exécutés dans l'intérêt de la navigation, les propriétés riveraines sont exposées à des inondations périodiques qui les couvrent de sable et empêchent toute culture. — *Cons. d'état*, 23 oct. 1835, Delattre.

57. — ... Lorsqu'il s'agit de statuer sur la demande en indemnité formée par des particuliers pour dommages causés à leur maison par suite d'un canal qui doit traverser la ville et construit à frais communs par cette ville et par l'état. — *Cons. d'état*, 22 fév. 1837, Bruneau c. ville de Nantes et l'état.

58. — ... Lorsque le propriétaire d'un moulin établi sur une rivière navigable et flottable se plaint de ce que les travaux de canalisation entrepris par l'état ont réduit la force motrice du moulin, vendu dans l'origine par l'état lui-même. — *Cons. d'état*, 19 août 1837, Badin d'Hurtebise c. l'état.

59. — ... Lorsqu'une demande a pour objet l'appréciation du dommage causé à un moulin par suite de la surélévation des travaux que l'administration a fait exécuter à un canal. — *Cons. d'état*, 14 avr. 1839, de Boisredon c. préfet de la Nièvre.

60. — ... Lorsque, par suite des travaux de pavage d'une commune, des particuliers, qui ne se plaignent d'ailleurs d'aucune expropriation, réclament contre la commune une indemnité à raison du dommage résultant de la direction d'un ruisseau établi le long de leur maison. — *Cons. d'état*, 30 nov. 1841, Vichet c. comm. de Pernes.

61. — ... Lorsqu'il s'agit de statuer sur la réparation de dommages ou détériorations résultant, pour des propriétés particulières, de la confection et réparation de digues et chaussées élevées dans un but d'utilité et de sûreté générale. — *Cons. d'état*, 9 janv. 1843, Audibert c. l'association des chaussées de Tarascon.

62. — ... Lorsqu'il s'agit pour un particulier d'obtenir la réparation d'un dommage causé à sa propriété par suite de travaux sur la voie publique. — *Cons. d'état*, 16 nov. 1836, Dubos.

63. — Ainsi, c'est à l'autorité administrative à statuer sur l'appréciation de dommages causés par la suppression d'une impasse aux propriétaires riverains. — *Cons. d'état*, 15 juill. 1842, Phalipau c. Dufaud.

64. — ... Sur l'appréciation du dommage causé à un propriétaire par le reculement de la maison voisine exécuté par ordre de l'administration. — *Cons. d'état*, 25 avr. 1842, Dru c. l'état.

65. — ... Sur la demande en indemnité formée pour dommages à des propriétés par suite de l'abaissement d'une vue. — *Cons. d'état*, 6 nov. 1839, Perpesat c. préfet de la Gironde; 24 fév. 1842, Mallet c. comm. de Granlhet.

66. — La cour royale de Bastia a jugé dans le même sens, alors qu'il s'agissait de travaux effectués dans une vue faisant partie d'une route royale et exécutés sous la surveillance de l'administration des ponts et chaussées, en partie à ses frais, et en partie aux frais de la commune. — *Bastia*, 16 nov. 1836, comm. de Bastia c. Angeli.

67. — ... Sur le réglement de l'indemnité due à un particulier pour dommages causés à sa maison par l'élévation du sol. — *Cons. d'état*, 29 fév. 1828, Lannier.

68. — ... Sur la demande en indemnité due pour le dommage éprouvé par un particulier par suite de travaux d'exhaussement et de pavage faits par une commune. — *Cons. d'état*, 25 nov. 1843, Salmon.

69. — ... Sur le dommage résultant pour un particulier de l'exhaussement du sol de la voie publique aboutissant à sa maison. — *Cons. d'état*, 14 avr. 1839, Magnien c. préfet de la Nièvre; 23 juill. 1840, Augustin c. chemin de fer de Mulhouse à Thann.

70. — ... Sur la demande en indemnité formée par des tiers qui se croient lésés par suite de l'ouverture d'une nouvelle communication publique. — *Cons. d'état*, 18 août 1831, compagnie des ponts.

71. — ... Sur la demande d'une indemnité à raison du dommage que prétend éprouver un particulier par suite de la construction d'un ponçeau en face de sa propriété. — *Cons. d'état*, 2 juin 1843, Joubert.

72. — ... Sur la demande formée par un particulier contre une compagnie concessionnaire d'un chemin de fer, à l'effet d'obtenir, soit la construction d'un aqueduc pour l'écoulement des eaux qui séjournent sur sa propriété par suite des travaux exécutés pour l'établissement du chemin de fer, soit le paiement de dommages-intérêts. — *Cons. d'état*, 2 juin 1843, Baguet c. concessionnaires du chemin de fer de Montpellier.

73. — Lorsqu'il résulte de l'instruction qu'un conseil de préfecture, en accordant à un propriétaire une indemnité à raison des remblais exécutés devant sa maison par suite de travaux, a fait une juste appréciation de ladite indemnité, et que le ministre, qui en demande la réduction, n'oppose aucun document de nature à infirmer l'appréciation, le conseil d'état doit maintenir la décision du conseil de préfecture. — *Cons. d'état*, 24 avr. 1837, Ministre des travaux publics c. Benoist.

74. — En matière de travaux publics, le renvoi aux tribunaux ordinaires ne peut être demandé lorsqu'il s'agit d'apprécier les effets et les conséquences d'un travail d'utilité publique entrepris sur une portion du domaine de l'état, et lorsque cette entreprise ne nécessite pas une expropriation forcée, mais occasionne seulement une dépréciation ou des dommages qu'il s'agit de constater et d'évaluer. — *Cons. d'état*, 22 janv. 1823, de Gourgues.

75. — A Alger, la demande en indemnité à raison d'un dommage permanent (par exemple, par suite de l'élévation du sol d'une route, alors même qu'elle obstrue complétement l'entrée d'un magasin), demande qui, en France, se porte devant le conseil de préfecture, doit l'être devant le conseil d'administration, dont la compétence est analogue. — *Cons. d'état*, 25 déc. 1840, Bayle.

76. — Quoi qu'il en soit, il est reconnu d'une manière incontestable par tous que quand les dommages ne sont que temporaires, c'est à l'autorité administrative seule, à l'exclusion de l'autorité judiciaire, à connaître des demandes en indemnité formées par les propriétaires qui se prétendent lésés. — V. TRAVAUX PUBLICS.

77. — C'est également à l'autorité administrative seule qu'il appartient de prononcer lorsqu'il s'agit de torts et dommages procédant du fait personnel des entrepreneurs de travaux publics, et encore du fait de l'administration, ainsi que sur les demandes et contestations concernant les indemnités dues aux particuliers, à raison des terrains pris ou fouillés, pour la construction des ouvrages publics. — L. 28 pluv. an VIII, art. 4; 16 sept. 1807. — V. TRAVAUX PUBLICS.

§ 3. — *Exercice de l'action en indemnité.*

78. — De ce que l'action en paiement d'une indemnité n'est en réalité que l'action en réparation d'un préjudice causé, il s'ensuit qu'il n'y a pas lieu pour l'exercer de suivre les règles tracées successivement par les lois des 8 mars 1810, 7 juill. 1833 et 3 mai 1841, sur l'expropriation pour cause d'utilité publique.

79. — Cette action doit être formée et exercee dans les termes du droit commun, sauf quelques modifications commandées par la qualité de l'adversaire contre lequel on agit.

80. — Jugé, en ce sens, que les tribunaux doivent statuer sur les dommages-intérêts réclamés par les propriétaires des usines, et cela en vertu du principe de droit commun établi dans l'art. 1382, C. civ., et sans qu'il soit nécessaire de s'astreindre aux formes prescrites par les lois des 8 mars 1810 ou 7 juill. 1833, qui ne sont applicables qu'en cas d'expropriation pour cause d'utilité publique. — *Paris*, 1er août 1835, préf. de Seine-et-Oise c. Truffaut.

81. — Toutefois, de ce que, pour repousser l'action en indemnité formée par un propriétaire à raison du dommage causé à sa propriété par l'exécution de travaux publics entrepris dans le voisinage, un jugement a visé à tort dans ses motifs les lois des 7 juill. 1833 et 3 mai 1841, applicables seulement au cas d'expropriation pour cause d'utilité publique, il n'en résulte pas une fausse application de ces lois donnant ouverture à cassation, si d'ailleurs le dispositif est fondé sur les règles du droit commun, seules applicables à l'espèce. — *Cass.*, 16 juill. 1844 (t. 1er 1845, p. 37), Périssé c. Bambalière.

82. — Les prétendans droit à une indemnité à raison du dommage permanent que font éprouver à leurs usines des travaux faits par l'état aux cours d'eau navigables sur lesquels elles sont placées, ne peuvent porter leur demande devant les tribunaux civils qu'après avoir produit leurs titres à l'autorité administrative, seule compétente pour examiner si l'établissement de ces usines est légal ou si le titre d'établissement ne soumet pas les propriétaires à en souffrir la démolition ou la modification sans indemnité au cas où l'utilité publique le requerrait. — *Cons. d'état*, 14 janv. 1841, Honnorez; 6 sept. et 9 déc. 1842, de Tauriac; 4 mai 1843, comp. des moulins de Maissac; 31 juill. 1843, action. du moulin de Sainte-Livrade.

83. — Il en est ainsi alors que, parmi ces titres, se trouve un acte de concession émané de l'autorité royale et dont il ne peut appartenir à l'autorité judiciaire d'apprécier le sens et de déterminer les effets. — *Cons. d'état*, 6 sept. et 9 déc. 1842, de Tauriac.

84. — En conséquence, si, en pareil cas, les tribunaux civils sont saisis de la demande en indemnité avant ladite production de titres, le préfet est fondé à élever le conflit. — Mêmes décisions.

85. — De même, si le réglement de l'indemnité est subordonné à l'interprétation d'un acte administratif, les tribunaux doivent, avant de statuer au fond, renvoyer les parties devant l'administration, pour faire statuer sur cette interprétation. — *Bourges*, 28 fév. 1832, Leclerc c. préf. du Cher.

86. — Les tribunaux peuvent, pour arriver à l'appréciation de l'indemnité, avoir recours à tous les moyens de vérification que la loi met à leur disposition.

87. — Ils doivent aussi avoir égard aux avantages qui peuvent résulter pour les réclamans du nouvel état de choses, et déterminer l'indemnité en conséquence.

88. — Ainsi, un tribunal saisi d'une demande en indemnité formée contre les constructeurs d'un pont par les propriétaires voisins, dont les maisons ont été partiellement enfouies par suite de cette construction, peut, en évaluant le dommage, avoir égard aux avantages résultant de la proximité du pont. — *Lyon*, 4 janv. 1834, Berthaud c. comp. du pont de la Feuillée.

89. — Mais les tribunaux ne peuvent statuer que sur la question d'indemnité; ils sont incompétens pour prononcer sur la légalité ou l'opportunité des travaux exécutés.

90. — Ainsi ils ne doivent porter aucune atteinte aux actes administratifs qui, dans des vues d'utilité publique et suivant les formes déterminées par la loi, ont ordonné la clôture d'une rue. — *Cass.*, 5 juill. 1836, Alibert c. Admin. de la guerre.

91. — A plus forte raison, ils ne sauraient ordonner la suppression des travaux ordonnés par l'administration. — *Cons. d'état*, 29 juin 1842, Pruvost c. canal de la Sambre à l'Oise.

92. — La condamnation au paiement de l'indemnité doit être prononcée contre qui profite des travaux exécutés.

93. — Ainsi, le dommage qu'éprouve un citoyen dans sa propriété, par suite de travaux ordonnés par l'administration municipale dans une vue d'utilité publique doit être supporté par la commune. — *Cass.*, 18 janv. 1826, maire de Nantes c. Bienassis; *Aix*, 11 mai 1826, Dufour c. ville d'Aix; *Cass.*, 11 déc. 1827, ville d'Aix c. Dufour.

94. — Lorsque, par suite de la construction d'un canal, il y a lieu d'indemniser les propriétaires voisins pour des dommages occasionnés à leurs propriétés, et qu'un de ces propriétaires a touché les indemnités afférentes à plusieurs années, sans réserves pour les années antérieures, il ne peut être admis à réclamer des indemnités qui remonteraient à plusieurs années au-delà de celles pour lesquelles il a été indemnisé. — *Cons. d'état*, 20 juill. 1836, Morin c. min. de l'intérieur.

95. — Les intérêts des sommes allouées pour une indemnité doivent être calculés jusqu'au jour du paiement. — *Cons. d'état*, 20 juill. 1836, Klein.

96. — Le droit à l'indemnité due à un propriétaire par suite de travaux publics, par exemple de l'établissement d'un aquéduc souterrain, ne peut être exercé par ses acquéreurs qu'autant qu'ils justifient qu'ils sont aux droits qui auraient pu appartenir à l'ancien propriétaire à l'époque de la vente. — *Cons. d'état*, 30 juin 1843, de Brouquens et de Bellecote c. ville de Paris.

97. — On a dû appliquer la déchéance prononcée par la loi du 25 mars 1817 au propriétaire d'une maison sise le long d'une grande route qui réclame une indemnité pour dommages causés à sa propriété par suite de l'exhaussement de la route exécuté antérieurement à cette loi, lorsque rien ne justifie qu'il ait formé sa demande en indemnité dans les délais fixés par l'art. 5 de cette même loi. — *Cons. d'état*, 28 janv. 1835, Launay.

DON.

1. — Ce mot se dit de toute espèce de libéralités.

2. — Il ne faut pas confondre le don avec la dation. Ce dernier mot, dans le langage du droit, s'entend soit de la remise d'une chose, soit de la translation de propriété de cette chose, mais abstraction faite de toute libéralité. — V. DATION.

3. — La distinction entre ces deux mots était encore plus saillante en droit romain. En effet, les mots *donum* et *datio* avaient chacun un sens rigoureux. *Datio* indiquait toujours la translation de propriété, et l'idée de libéralité était attachée au mot *donum*.

4. — Le mot *don* peut être pris dans un sens plus large que le mot *donation* : ainsi, par exemple, il peut s'appliquer aux présens d'usage dispensés de rapport par l'art. 852, C. civ. ; tandis que ce ne serait qu'imparfaitement que ces présents seraient qualifiés donations.

5. — Néanmoins ces deux expressions se confondent le plus souvent : ainsi, elles sont employées indifféremment l'une et l'autre dans les art. 843, 844, 845, 846, 847, 848, 849 et autres du C. civ.

6. — Le don est la voie la plus gracieuse pour acquérir. *N'est si bel acquêt que le don.* — Loysel, *Instit coutum.*; Rolland de Villargues, *Rép. du not.*, vº *Don*, nº 1er.

7. — Nul ne peut être contraint de recevoir un don : *Invito beneficium non datur.* — L. 9, ff., *De reg. jur.*

8. — Les fonctionnaires publics et les agens ou préposés des administrations publiques, ne peuvent, sous peine de se rendre coupable du crime de corruption, recevoir des dons ou présens, soit pour faire un acte de leurs fonctions ou emplois, même juste, mais non sujet à salaire, soit pour s'abstenir de faire un acte entrant dans l'ordre de leurs devoirs. — C. pén., art. 177. — V. CORRUPTION DE FONCTIONNAIRES PUBLICS.

DON ABSOLU.

1. — Cette expression signifiait, dans le Hainaut, la même chose que donation simple. — Merlin, *Rép.*, vº *Don absolu*.

2. — Le don absolu se disait par opposition au *Don au droit et aîné hoir*. — V. ce mot.

DON DE BAPTÊME.

On appelait ainsi, dans les Pays-Bas, les donations faites par les parrains et les marraines à leurs filleuls. — V. dans Merlin (*Rép.*, vº *Don de baptême*) les actes législatifs de 1331 et 1545 sur cette matière.

DON ENTRE CONCUBINS.

Table alphabétique.

DON ENTRE CONCUBINS. — 1. — On entend par là les dispositions à titre gratuit entre personnes qui, sans être mariées, vivent ensemble comme mari et femme. — V. CONCUBINAGE.

2. — L'ancien droit romain autorisait expressément toute espèce de libéralités non seulement en faveur des concubines proprement dites, c'est-à-dire des femmes libres avec lesquelles vivaient des hommes mariés suivant la définition qu'en donne la loi unique *Cod.*, *De concubin.* (V. L. 31, ff., *de Donationibus*, et L. 3, § 1er, ff., *De donationibus inter virum et uxorem*), mais aussi en faveur des filles prostituées. — V. CONCUBINAGE. — Toutefois les personnes qui vivaient ensemble dans un commerce incestueux ou adultérin ne pouvaient ni s'instituer héritiers ni se faire aucun legs, et les libéralités qu'elles se faisaient par l'une et l'autre voie étaient, pour cause d'indignité, dévolues au fisc. (V. L. 23, ff., *De his quæ ex indignis auferuntur*, et L. 6, C., *De incestis nuptiis*). — De même les militaires ne pouvaient pas non plus donner valablement aux filles débauchées qu'ils entretenaient. — V. L., C., *De donationibus inter virum et uxorem*; L. 41, § 2, ff., *De testam. milit.* — V. aussi Pothier, *Donation entre-vifs*, sect. 1re, § 6, nº 31.

3. — Sous l'ancien droit français on suivait généralement la maxime que *Don de concubin à concubine ne vaut.* — V. Ricard, *Des donations*, part. 1re, ch. 3, sect. 8e; Henrys, liv. 5, ch. 5, quest. 12, nº 6; Furgole, *Des testamens*, ch. 6, sect. 2, nº 86; Basnage, *Comm. de la cout. Normandie*, sur l'art. 414; Despeisses, nº 17, sect. 1re; Ferrière, *Dict. de dr.*, vº *Concubin.*; Serres, *Instit.*, liv. 2, tit. 14; Pothier, *Donation entre-vifs*, sect. 1re, § 6, nº 31, et *Donation entre mari et femme*, 1re partie, nº 32.

4. — Sous quelques coutumes, ces dispositions étaient frappées de nullité absolue (V. cout. de Cambrésis, tit. 3, art. 7; cout. de Loudunois, tit. *De donat.*, art. 2; cout. de Touraine, art. 246; cout. du Perche, art. 101). — Il en était de même dans les provinces belges. — V. édit de Charles-Quint du 4 oct. 1540, art. 12.

5. — Jugé que l'édit de Charles-Quint, bien qu'il ne parle que des mineurs auxquels il défend de donner par testament leurs immeubles à leurs concubines, s'applique néanmoins également aux majeurs. — *Bruxelles*, 19 fév. 1828, N.; — Dumées, tit. 9, art. 1er, p. 119.

6. — Les dons entre concubins étaient prohibés sous l'empire de la cout. de Normandie. L'art. 431, en permettant de donner *à qui bon semblait*, supposait que le donataire avait la capacité de recevoir. — Cout. Normandie, art. 431; — *Cass.*, 15 nov. 1826, Cottun c. Gousseaume.

7. — Toutefois d'autres coutumes, telles, par exemple, que celles d'Anjou, art. 342, et du Maine, art. 354, semblent avoir été moins rigoureuses à cet égard, et paraissent distinguer la donation faite pendant le concubinage de celle qui est faite le concubinage ayant cessé, *pourvu que les portés ne retournent pas à iceluí péché.*

8. — L'ordonnance de 1629 (connue sous le nom de code Michaud. — V. ce mot), disposant pour toute la France, a formellement déclaré (art. 132) nulle et de nul effet toute donation faite à concubins.

9. — Les parlemens d'Aix et de Rennes n'enregistrèrent pas cette ordonnance, mais ils n'en continuèrent pas moins à appliquer la nullité qu'elle prononçait; quant au parlement de Paris, il l'enregistra, mais sans délibération *libre*, dans un lit de justice tenu le 15 janv. 1629 : aussi l'application n'en fut-elle pas suivie très rigoureusement et la jurisprudence du parlement offrit-elle à cet égard de nombreuses variations.

10. — En général, les donations entre concubins étaient annulées, mais elles étaient validées lorsqu'elles se bornaient à de simples legs d'alimens (*Parlement de Paris*, 13 déc. 1629, 28 mars 1730; — Pothier, *Donat. entre-vifs*, sect. 1re, § 6, nº 32), à moins toutefois que le concubinage ne fût accompagné de circonstances trop scandaleuses, telles que l'inceste et l'adultère. — Parlement de Paris 21 fév. 1727; — Denisard et Merlin, vº *Concubinage*; Rolland de Villargues, *eod. verb.*, nº 5.

11. — Jugé en ce sens que, dans l'ancienne jurisprudence, les libéralités entre concubins libres étaient valables lorsqu'elles n'étaient point excessives. — *Amiens*, 6 flor. an XII, d'Hendicourt c. Hallate; *Cass.*, 1er fructid. an XIII, mêmes parties; *Poitiers*, 2 juin 1808, Hédreau c. Bonnin.

12. — ... Surtout s'il résultait des circonstances que la volonté du disposant avait été de récompenser la femme qui avait été sa concubine des soins qu'elle lui avait réellement donnés. — *Amiens*, 6 flor. an XII, d'Hendicourt c. Hallate; *Cass.*, 1er fructid. an XIII, mêmes parties.

13. — A l'égard de la donation faite entre concubins qui plus tard avaient contracté un mariage ensemble, un arrêt du parlement de Paris du 20 mai 1740 avait déclaré qu'elle était non révocable; mais cette opinion était universellement repoussée par la jurisprudence et les auteurs, et on peut citer notamment sur ce point l'arrêt du conseil du 29 mars 1743.

14. — Les héritiers du donateur étaient admis à établir le concubinage. — V. *infrà* nos 34 et suiv. — *Parl. Paris*, 1599, 1625, 1628, 16 mars 1663; 21 fév. 1727; 27 fév. 1731; *Parl. Rouen*, 7 juill. 1682. — Mais ce droit d'attaquer la donation était réservé aux héritiers seuls; le fisc ne pouvait l'invoquer. — Denisart, *Rép.*, vº *Concubinage*, § 5, nº 19.

15. — Quant au donateur lui-même, on n'admettait pas généralement qu'il fût recevable à invoquer sa propre turpitude pour faire révoquer la donation (*Parl. Paris*, 26 mai 1706), à moins qu'il n'y eût preuve de séduction, ou que la libéralité fût tellement excessive qu'elle entraînât sa ruine; c'était là une question de fait laissée à la prudence des juges. — Nouveau Denisart, vº *Concubinage*; Rolland de Villargues, *eod. verb.*, nº 7.

16. — Les lois de l'an II et du 4 germ. an XIII laissèrent subsister la prohibition prononcée par l'ordonnance de 1629, car elles n'avaient pas pour objet de régler la capacité de donner ou recevoir, mais seulement de déterminer la quotité disponible. — Merlin, *Quest.*, vº *Concubine*, § 1er, nº 2, et *Rép.*, vº *Jugement*, § 7 *bis*.

17. — Jugé en ce sens que les lois intermédiaires ne faisaient pas du concubinage une cause d'incapacité de recevoir. — *Poitiers*, 2 juin 1808, Hédreau c. Bonnin.

18. — Dès-lors la prohibition des dons entre concubins, prononcée par l'art. 132, de l'ord. de 1629, a continué d'exister sous la législation intermédiaire. — *Cass.*, 19 janv. 1830, Calvet c. Lacaze.

19. — De même, les dons entre concubins adultères étaient prohibés par la législation française encore existante à la publication du Code civ. — Ord. 1629, art. 122; L. 12 brum. an II; L. 4 germin. an VIII; — *Cass.*, 15 juill. 1811, Champeaux-Grammont c. Cardon; *Rouen*, 25 mai 1813, mêmes parties; *Cass.*, 13 août 1816, mêmes parties; — Merlin, *Rép.*, vº *Jugement*, § 7 *bis*.

20. — Et la nullité d'un tel don doit être prononcée quand même il aurait eu lieu en pays étranger, entre personnes unies par un mariage nul. — Mêmes arrêts.

21. — Jugé cependant que, sous la loi de niv. an II, deux époux ont pu se faire, par testament, tous les avantages que la loi autorisait entre époux, bien qu'avant d'être mariés ils eussent vécu publiquement en concubinage. — *Poitiers*, 19 thermid. an X, Racapé et Lafraignais c. Huguet Racapé.

22. — A ce sujet il faut dire avec Pothier (*Donat. entre mari et femme*, 1re partie, nº 32) que la dignité du mariage effaçait la honte du mauvais commerce que les conjoints avaient eu par le passé.

23. — Le Code civil ni aucune loi postérieure n'ayant reproduit les dispositions prohibitives dont étaient frappés autrefois les dons entre concubins, il s'ensuit que ces dons rentrent dans le droit commun et doivent être considérés comme valables (C. civ., art. 902). — Merlin, *Rép.*, vº *Concubinage*, nº 2; Toullier, t. 5, nº 719; Grenier, *Donat.*, t. 1er, nº 148; Guilhon, *Donat. entre-vifs*, t. 1er, nº 203; Poujol, *Donat.*, sur l'art. 911, nº 14; Coin-Delisle, *Donat.*, sur l'art. 911, nº 6; Bugnet sur Pothier, *Donat. entre-vifs*, sect. 1re, § 6, note sur les nos 31 et 32.

24. — L'abrogation de l'ancienne prohibition est d'autant plus constante que la section de législ-

lation a supprimé la disposition du projet de la commission ainsi conçue : « Ceux qui ont vécu ensemble dans un concubinage notoire sont respectivement incapables de se donner ».

25. — Jugé, en conséquence, que le Code civil n'a pas compris le concubinage parmi les causes d'incapacité de recevoir des libéralités entre-vifs ou testamentaires. — *Paris*, 19 germin. an XII, Chateauiron c. Castagny; *Nîmes*, 29 thermid. an XII, Boulé c. Malanne; *Paris*, 31 janv. 1814, Lefèvre c. Moutier; *Pau*, 20 mars 1822, Laclède c. Lacroix; *Poitiers*, 19 avr. 1822, Rateau c. B...; *Grenoble*, 15 juin 1822, Demant c. Truchet; *Montpellier*, 25 mars 1824, C. c. Marie; *Paris*, 17 juill. 1826, N...; *Rouen*, 3 janv. 1827, Solliard c. Lebarroi; *Riom*, 24 juill. 1827, sous *Cass.*, 30 déc. 1829, Perethon de Montrocher c. Baudron; *Montpellier*, 13 fév. 1829, Guinard c. Géli; *Cass.*, 19 janv. 1830, Calvet c. Lacaze; *Bordeaux*, 21 août 1833, Marcilhac c. Destrilles.

26. — ...Et cela quand même le concubinage serait adultérin. — *Turin*, 7 juin 1809, Servetti c. Ellena; *Paris*, 17 juill. 1826, N...; *Liége*, 11 avr. 1829, P... c. G...;

27. — Jugé cependant que la condition imposée à l'héritier institué de payer une pension à la concubine du testateur devait être réputée non écrite comme contraire aux mœurs. — *Grenoble*, 17 janv. 1812, Roquette c. Barbier.

28. — Le concubinage ne peut par lui seul être considéré comme un moyen de suggestion et de captation suffisant pour faire prononcer la nullité d'une disposition gratuite. — *Grenoble*, 15 juin 1822, Dunand c. Truchet.

29. — Le fait seul de concubinage ne peut non plus être une cause de nullité d'un testament, lorsqu'il n'est point allégué un défaut de sanité d'esprit de la part du testateur. — *Bruxelles*, 25 janv. 1831, Dehaut et Foucart c. Serayen.

30. — Les héritiers du sang, auxquels on oppose un testament olographe, peuvent être admis à établir que ce testament a été fait en état de démence ou qu'il est l'œuvre de la captation et de la suggestion; mais ils ne peuvent fonder les faits de captation ou de suggestion sur l'existence d'un commerce adultérin entre le testateur et la légataire instituée. — *Liége*, 11 avr. 1829, P... c. G...

31. — Cependant si, sous l'empire du Code civil, le seul fait du concubinage n'entraîne la nullité des dispositions à titre gratuit, ni directement, ni comme impliquant la captation ou la suggestion, ce n'est pas à dire pour cela que, réuni à d'autres circonstances, à des manœuvres frauduleuses, il ne puisse être pris en considération dans l'appréciation des faits de captation ou suggestion. — *Paris*, 31 janv. 1814, Lefebvre c. Moutier; *Lyon*, 25 mars 1835, Trollion c. Angelier. — V. conf. Grenier, n° 148*bis*; Coin-Delisle, sur l'art. 912 n° 6.

32. — On n'est pas recevable à attaquer une libéralité qu'on dit être faite au profit d'une concubine, dans le cas où le concubinage ne pourrait être déclaré sans remonter à sa corrélation avec une paternité adultérine, dont la loi a entendu proscrire la reconnaissance de la manière la plus absolue. — *Riom*, 6 août 1821, Terrasse c. Loubaresse.

33. — Lorsqu'une concubine épouse l'homme avec lequel elle vivait, bien qu'elle soit encore dans les liens d'un précédent mariage non encore dissous, la bigamie ne peut lui être opposée comme une cause d'indignité ou d'incapacité de recevoir, si le premier mari est décédé avant le second, dans la succession duquel elle prétend recueillir les avantages qu'il lui a faits. — *Turin*, 7 juin 1809, Servetta c. Ellena.

34. — Le legs d'une somme d'argent fait à une concubine ne peut être considéré comme rémunératoire, dans le sens de l'art. 1083, C. civ., ni se prendre aux dépens de la quotité disponible, dont le testateur a précédemment gratifié par contrat de mariage l'un de ses enfans légitimes. — *Riom*, 4 août 1820, Peytieu c. de Latour.

35. — Quant au mode de preuve du fait de concubinage, quelques anciens auteurs, notamment Houard (*Dict. de dr. normand*, au mot *Donation*, sect. 2e) et Lapeyrère (lettre I, n° 5) prétendaient qu'il n'y avait lieu d'admettre la preuve testimoniale qu'autant qu'il existait un commencement de preuve par écrit.

36. — Aussi, jugé que, sous l'empire de l'ord. de 1629, la preuve du concubinage ne pouvait être admise que lorsqu'il y avait commencement de preuve par écrit. — *Poitiers*, 23 thermid. an XI, Garreau c. Servanteau; — *Nîmes*, 29 thermid. an XII, Boule c. Malanne.

37. — ...Ou notoriété publique. — *Poitiers*, 23 thermid. an XI, Garreau c. Servanteau.

38. — Au contraire, Furgole (*Tr. des testam.*, chap. 6, sect. 3e, n° 194) ne faisait pas dépendre l'admissibilité de la preuve testimoniale de la circonstance qu'il existerait déjà un commencement de preuve par écrit. Et c'est cette opinion qui paraît avoir prévalu. — Merlin, *Quest. de dr.*, v° *Concubinage*, § 1er, n° 5.

39. — Toutefois, la preuve testimoniale ne doit être admise qu'autant que les faits sont pertinens et concluans; ce qui suppose que les faits doivent être succinctement articulés, et qu'il ne suffit pas de les énoncer vaguement. — Ord. 1667, tit. 20, art. 1er. — *Paris*, 19 germin. an XII, Châteaugiron c. Castagny.

40. — De plus, comme les magistrats peuvent aussi, dans les divers cas où la preuve testimoniale est admise, se décider d'après des présomptions graves, précises et concordantes (C. civ., art. 1353), des présomptions de cette nature peuvent suffire pour établir le fait de concubinage. — *Cass.*, 15 nov. 1826, Cottun c. Gousseaume.

41. — Le concubinage ne se confondant donc pas avec la captation ou la suggestion, une cour qui rejette la preuve des faits de concubinage, mais qui admet celle de captation et de suggestion et prononce ensuite qu'il y a suggestion, ne viole pas l'autorité de la chose jugée. — *Cass.*, 30 mai 1826, Dunand c. Truchet.

42. — Les tribunaux ne sont point tenus d'admettre l'articulation des héritiers tendant à faire la preuve que le concubinage du testateur existait encore à l'époque de la confection du testament. — *Cass.*, 28 juin 1820, Legroing c. Jouvainroux.

43. — Quant aux dispositions à titre gratuit faites entre concubins, soit sous la forme d'un contrat à titre onéreux, soit au moyen de personnes interposées, V. DONATION DÉGUISÉE.

DON CORROMPABLE.

1. — On entend par *don corrompable* un présent fait aux fonctionnaires publics à l'effet de les corrompre.

2. — A Athènes, le juge qui recevait un don de l'une des parties, était condamné à payer le double du tort causé à l'autre partie.

3. — A Rome, la loi des douze tables avait établi la peine de mort contre le juge qui avait agréé quelque présent de l'une des parties.

4. — Plus tard, en matière civile, les lois romaines ne prononcèrent plus que la destitution et la condamnation au triple du dommage causé. En matière criminelle, elles établirent la confiscation des biens du coupable et l'exil contre sa personne.

5. — En France, de tout temps, il fut défendu aux magistrats d'exiger ou même de recevoir aucun présent des parties litigantes.

6. — L'ancienne formule du serment que prêtait le chancelier de France au roi portait l'engagement de ne recevoir *robes, pensions ou profits d'aucun seigneur et dame, sans la permission du roi*, et de ne prendre *aucun don corrompable*.

7. — Le même serment était exigé de tous les officiers royaux.

8. — Plusieurs ordonnances, et notamment celle de 1454, défendaient à tout officier ou juge de recevoir *aucun don corrompable*, sous peine de privation de son office.

9. — L'ordonnance de Moulins défendait aux juges de rien prendre des parties. La même défense était faite aux avocats et aux procureurs du roi.

10. — L'ordonnance d'Orléans était plus sévère, elle prononçait la peine de la *concussion* contre tous les juges et gens du roi, tant des cours souveraines que des siéges subalternes, qui se permettraient de recevoir des parties plaidantes aucun don ou présent. — Ord. 1560, art. 43.

11. — Il y avait cependant des exceptions. Ainsi l'art. 40 de l'ordonnance de Philippe-le-Bel du 23 mars 1302, confirmée par le roi Jean en 1351, autorisait les baillis et autres juges à recevoir des comestibles seulement; et encore fallait-il que les choses reçues fussent consommées en un seul jour sans dissipation.

12. — S'ils recevaient du vin, ce ne pouvait être qu'en barils ou en bouteilles, sans aucune fraude, et il ne leur était pas permis de vendre le superflu. — Ord. 23 mars 1302, art. 42.

13. — Cette exception fut restreinte par l'ordonnance d'Orléans au gibier et à la venaison pris dans les forêts et terres des princes et seigneurs : c'était le seul cadeau qu'un juge pût recevoir.

14. — De là encore des abus auxquels il fallut mettre un terme. L'ordonnance de Blois y pourvut en défendant à tous les officiers ayant charge et commission du roi, de quelque état et condition qu'ils fussent, de recevoir des personnes ayant affaire à eux aucun don ni présent soit en argent *ou autrement*, sous peine de concussion. — Ord. de 1578, art. 14. — V. ÉPICES.

15. — Le Code pénal de 1791 avait porté la peine de mort contre tout membre de la législature convaincu d'avoir accepté des dons corrompables; celle de la dégradation civique contre tout fonctionnaire ou juré, avant la prestation du serment; celle de vingt ans de réclusion contre le fonctionnaire ou juré ayant prêté serment, et contre tout officier public, en matière criminelle. Tous les coupables devaient de plus être condamnés à une amende égalant la valeur de l'objet reçu.

16. — Notre Code pénal actuel prononce la dégradation civique et une amende égale à la valeur des présens reçus, sans qu'elle puisse être jamais moindre de 200 francs, contre tout fonctionnaire public de l'ordre administratif ou judiciaire, coupable de corruption (C. pén., art. 177). — Et dans le cas où la corruption aurait pour objet un fait criminel emportant une peine plus forte que celle de la dégradation civique, l'art. 178 veut que cette peine plus forte soit appliquée au coupable.

17. — L'acceptation du *don corrompable* ayant pour effet de rendre le fonctionnaire public passible des peines portées contre les fonctionnaires coupables du crime de corruption, il est inutile de revenir sur l'examen des questions auxquelles peut donner lieu l'application des art. 177 et suiv., C. pén. — V. CONCUSSION, CORRUPTION DE FONCTIONNAIRES.

DON AU DROIT ET AINÉ HOIR.

Ces mots exprimaient, dans le Hainaut, un avancement d'hoirie par opposition à l'expression *don absolu* qui se disait d'une donation simple. — Merlin, *Rép.*, v° *Don absolu*.

DON GRACIEUX.

1. — Transmission d'un héritage, faite à titre gratuit par un seigneur à un tiers, à la charge de tenir de lui la chose donnée *en fief*.

2. — Ce don était appelé *gracieux*, suivant Boucher d'Argis, parce que, à moins de convention contraire, le seigneur donateur ne pouvait exiger du donataire, pour cette transmission, qu'un simple droit de *chambellage*.

3. — On trouve, dans l'ancienne coutume de Péronne, rédigée en 1506, un titre qui a pour rubrique : *d'acquérir fief par don gracieux*. — Tit. 10.

DON MANUEL.

Table alphabétique.

DON MANUEL. — 1. — C'est le transport à titre gratuit d'une somme d'argent, ou d'autres objets mobiliers, fait de la main à la main.

2. — Il faut distinguer les dons manuels proprement dits des *présens* ou *cadeaux*. — Les uns et les autres sont dispensés des formes du droit civil. Mais les dons manuels sont soumis aux suites des donations proprement dites, telles que la nullité pour incapacité du donataire, le rapport entre héritiers, la révocation pour survenance d'enfans, le retranchement pour la réserve (V. DONATION ENTRE-VIFS, RAPPORT A SUCCESSION, QUOTITÉ DISPONIBLE); tandis que les présens ou cadeaux ne sont assujétis ni aux formes ni aux suites des donations. — C. civ., art. 852. — Coin-Delisle, *Donation*, sur l'art. 931, n° 13, note.

3. — Le don manuel se distingue encore du présent par la considération de la position sociale et pécuniaire, tant de celui qui donne que de celui qui reçoit, et par l'appréciation des motifs qui ont déterminé l'acte de libéralité. — LL. 194 et 214, ff., *De verb. sign.*; — Furgole, sur l'art. 1er, ord. de 1731.

§ 1er. — *Caractère et forme du don manuel* (n° 4).

§ 2. — *Quelles choses peuvent être l'objet d'un don manuel* (n° 34).

§ 3. — *Dons manuels faits par l'entremise d'un tiers* (n° 75).

§ 4. — *Preuve de dons manuels* (n° 92).

—

§ 1er. — *Caractère et forme des dons manuels.*

4. — Sous l'empire de l'ord. de 1731, les auteurs et la jurisprudence reconnaissaient la validité des dons manuels. Ainsi, Furgole fait remarquer que cette ordonnance réglait la forme de « *tous actes* portant donation entre-vifs, » et que conséquemment elle n'avait pas voulu abroger les libéralités qui n'étaient pas constatées *par un acte*, d'où il suivait que les dons manuels étaient reconnus valables par l'ordonnance comme ils l'étaient par les coutumes.

5. — « A l'égard d'un don qui se consommerait sans acte par la tradition réelle d'un meuble ou d'une somme modique, a dit d'Aguesseau (*Lett.* 290, t. 9), l'art. 1er de l'ord. ne parlant *que des actes portant donation*, n'a pas d'application à ce cas qui n'a besoin d'aucune loi. » — V. aussi Pothier, *Donat. entre-vifs*, sect. 2, art. 1er; Ricard, *Donat.*, part. 1re, nos 890 et suiv.; Merlin, *Quest.*, v° *Donation*, § 6, n° 1er.

6. — Quant à la jurisprudence ancienne, V., dans le même sens, arrêts des parlemens de Rouen, 25 juin 1755; de Paris, 17 janv. 1768; de Bordeaux, 1er août 1768. — L'arrêt de Rouen a validé la donation faite avec tradition effectuée sans écrit par une personne malade, encore bien que le donateur fût mort peu d'heures après la tradition des effets donnés.

7. — La même doctrine a été admise dans le Code civ. : « Les dons manuels, disait M. Jaubert dans son rapport au tribunat, ne sont susceptibles d'aucune forme; il n'y a là d'autre règle que la tradition. »

8. — L'art. 2279 a posé en principe, comme dans l'ancien droit, qu'en fait de meubles possession vaut titre; et quand l'art. 948 exige un état estimatif des effets mobiliers donnés, c'est encore à *tout acte de donation* qu'il exige que cet état soit annexé. Donc les dons faits *sans acte* sont évidemment dispensés de l'état, comme ils sont dispensés des autres formalités des donations. — Merlin, *Quest.*, v° *Donation*, § 6, n° 3; *Rép.*, sect. 2, § 7; Grenier, n° 176; Toullier, t. 5, n° 177; Duranton, t. 8, n° 388; Coin-Delisle, *Donat.*, n° 12, sur l'art. 893.

9. — Jugé en conséquence que les dons manuels d'objets mobiliers sont valables. — *Riom*, 23 janv. 1815, Courtois Morgue c. Saint-Sauveur; *Paris*, 10 fév. 1821; *Cass.*, 23 mai 1822, Diert-Kerck-Weerde c. Jacquet; *Liège*, 8 mars 1829, Mercier; Trèves, 16 déc. 1807, Stumm c. Eltz.

10. — ... Que la tradition réelle suffit pour la validité d'un don manuel d'effets mobiliers. — *Caen*, 12 janvier 1822, Edeline; *Cass.*, 12 déc. 1815, Bonguyot c. Regaud; *Lyon*, 25 fév. 1835, Desgaches.

11. — ... Qu'un don manuel, qu'elle qu'en soit l'importance, résulte suffisamment de la tradition aux mains du donataire de l'objet donné, pourvu qu'il ne s'élève pas de doute sur la légitimité de cette possession. — *Rouen*, 24 juill. 1845 (t. 1er 1846, p. 246), Milon.

12. — ... Qu'un don manuel entre époux est valable par la seule tradition. — *Bordeaux*, 4 mars 1835, Olanyer c. Guilhem.

13. — Mais cette espèce de donation ne serait ni parfaite ni efficace par le seul consentement. — Coin-Delisle, n° 24, sur l'art. 938.

14. — Est nulle la donation de ses manuscrits faite de la main à la main à un tiers par un auteur; une telle donation doit être réputée à cause de mort et est soumise aux formalités des testamens. — *Paris*, 4 mai 1816, Lesparda c. Chénier.

15. — Merlin (*Quest.*, v° *Donation*, § 6, n° 4) critique cet arrêt qui confirme, du reste, notre système sur la prohibition absolue des donations à cause de mort. La cour de Paris n'est pas, d'ailleurs, en opposition avec la doctrine et la jurisprudence relativement aux dons manuels. En effet, les manuscrits d'un auteur forment une propriété d'une espèce particulière; et comme en composant ses ouvrages il n'a travaillé que pour lui et pour sa réputation, on doit nécessairement supposer que la remise qu'il en fait dans les mains d'un tiers, dans un moment où il est menacé de la mort, n'a lieu qu'à titre de dépôt, ou, si l'on veut, de donation conditionnelle faite en vue de la mort et subordonnée par conséquent à l'éventualité du décès. Dans ce cas, il n'y a pas de tradition réelle, irrévocable, et comme on ne peut disposer à cause de mort que par testament, la donation qu'il a voulu faire sans le secours de cet acte est nulle et reste sans effet. Tel est au moins le point de vue sous lequel la cour de Paris a envisagé la question. — V. aussi Favard, v° *Don manuel*, n° 4.

16. — Vazeille (n° 4, sur l'art. 931) soutient que le droit de publier les ouvrages d'un auteur ne résulte pas de la remise qu'il a faite de ses manuscrits, de la main à la main; que si la tradition suffit pour les manuscrits, il faut une cession régulière pour conférer le droit de publication. Cette solution nous paraît trop absolue : sans admettre que le droit de publication résulte forcément de la remise des manuscrits, nous ne saurions reconnaître que ce droit ne puisse jamais exister, sans une cession écrite et régulière.

17. — De ce que la seule tradition suffit pour la validité du don manuel, il suit qu'il est dispensé de la formalité de l'acceptation expresse. — Coin-Delisle, sur l'art. 932, n° 19.

18. — Si l'obligation sans cause, ou sur cause illicite, ne peut produire aucun effet, il n'en est pas de même du don manuel consommé, lequel est une libéralité qui n'implique ni acte rémunératoire ni cause sérieuse, et que la loi n'entoure d'aucune formalité. — *Paris*, 8 fév. 1843 (t. 1er 1843, p. 252), Chouquet c. Guérin.

19. — Pour la validité du don manuel, il faut qu'il n'existe aucun doute sur la réalité d'une transmission faite à ce titre, et que la libéralité porte sur des objets dont la propriété puisse être transmise par la simple tradition. — *Lyon*, 28 déc. 1838 (t. 1er 1839, p. 645), Maillet c. Liénard. — V. au surplus *infrà* nos 34 et suiv.

20. — Si, dans le principe, la tradition a été faite à un autre titre qu'à titre de donation, la détention de l'objet prétendu donné n'est plus le signe de la propriété, et l'on ne peut pas dire qu'il y ait don manuel. — Coin-Delisle, n° 24, sur l'art. 938. — V. aussi *Bourges*, 30 juill. 1828, Chauve c. Philipponet.

21. — A la différence des simples présens ou cadeaux : 1° le don manuel ne peut être fait ni à un incapable, ni à une personne interposée. — Une controverse existe sur cette question : quelques auteurs déclarent nulles toutes les libéralités faites en cette forme à des incapables (Toullier, t. 5, n° 178; Grenier, t. 1er, n° 176); d'autres, au contraire, les valident d'une manière absolue, pourvu qu'il s'agisse d'objets susceptibles d'être transmis par tradition, en se fondant sur ce que le don manuel est un acte du droit des gens. — Locré, *Esprit du C. civ.*, t. 1er, p. 388.

22. — ... 2° L'art. 920, qui déclare les dispositions entre-vifs réductibles, s'applique aux donations manuelles, quand elles excèdent la mesure des cadeaux et présens, et qu'elles n'ont pas eu pour objet la récompense d'un service. — Toullier, t. 5, n° 178; Grenier, n° 173; Coin-Delisle, n° 5, sur l'art. 920.

23. — Le don manuel, par contrat de mariage, des conquêts de communauté au profit du survivant des époux, était, dans l'ancienne jurisprudence, une simple convention de mariage, et non pas une libéralité sujette à retranchement pour la légitime des enfans. — Au moins, l'arrêt qui le décide ainsi, en se fondant sur l'usage et l'esprit du statut local, échappe à la censure de la cour suprême. — *Cass.*, 20 janv. 1830, Vanvincq.

24. — ... 3° Le don manuel est, en général, sujet à rapport. — C. civ., art. 843. — V. RAPPORT A SUCCESSION.

25. — De ce qu'un don manuel a été énoncé postérieurement dans un écrit sous seing-privé, il ne suit pas qu'il ait perdu son caractère, et qu'il soit nul faute d'être revêtu des formalités relatives aux donations. — *Bordeaux*, 19 juill. 1831, Gouges; *Paris*, 10 fév. 1821, et *Cass.*, 23 mai 1822, Diert-Kerck-Weerde c. Jacquet.

26. — En effet, la donation étant parfaite auparavant, le texte postérieur n'a pu en altérer la validité. — Coin-Delisle, sur l'art. 932, n° 20.

27. — D'un autre côté, la donation d'un objet mobilier, nulle en la forme, pourrait être validée, comme don manuel, par suite de la tradition réelle opérée par le donateur. — Ce n'est pas là réparer un titre vicieux, c'est remplacer une libéralité, assujétie à des formes spéciales, par une libéralité d'un autre genre. — Coin-Delisle, sur l'art. 932, n° 20.

28. — Ne s'applique pas non plus, en matière de dons manuels, la législation sur les libéralités des particuliers envers les établissemens publics et les communes, laquelle se compose des art. 910 et 937, C. civ., de l'arrêté du 4 pluv. an XII, de la L. 2 janv. 1817, et de l'ord. 2 avr. suivant. Il résulte de leur ensemble que, pour être valables, ces libéralités doivent être acceptées par les administrateurs de ces établissemens, mais après qu'ils y ont été dûment autorisés par le chef de l'état. Cette règle ne souffre d'exception que pour les dons de 300 fr. et au-dessous, auquel cas l'autorisation est donnée par les préfets. — L. 2 janv. 1817. — V. aussi un décret spécial, 1er avr. 1809. — V. COMMUNE, n° 309.

29. — Cependant, il a été jugé que le don d'une somme de plus de 300 fr. à un petit séminaire, suivi de tradition, est réputé être un don manuel, et, en conséquence, dispensé de l'autorisation du gouvernement prescrite par les lois; que cette autorisation n'est requise que pour les donations entrevifs constatées par actes passés devant notaires, ou par des testamens et actes de dernière volonté. — *Cass.*, 26 nov. 1833, Fraigneau c. Evêque de Poitiers; *Bourges*, 21 (et non 29) nov. 1831, séminaire de Saint-Maixent c. Fraigneau; — Coin-Delisle, *Donat.*, sur l'art. 893, C. civ., n° 12. — V. *contrà* *Poitiers*, 19 janv. 1829, mêmes parties.

30. — ... Qu'on peut accepter, sans l'autorisation du gouvernement, un don manuel fait par un prêtre au directeur d'un séminaire d'une somme de 3,700 fr. formant la plus grande partie de sa succession, à la charge, par le séminaire, de lui servir une rente annuelle, représentant l'intérêt à 6 p. 0/0 de cette somme. — *Paris*, 12 janv. 1835, séminaire de Sens c. Regnault.

31. — ... Que ce don est parfait et affranchi de toute formalité relative à son acceptation de la part du séminaire dès que la délivrance de l'objet donné a été faite dans les mains de l'administrateur de l'établissement. — *Bourges*, 21 (et non 29) nov. 1831, Séminaire de Saint-Maixent c. Fraigneau.

32. — ... Que, dans tous les cas, il suffirait qu'une ordonnance royale eût autorisé le séminaire à employer la somme donnée, encore que cette ordonnance n'indiquât pas le nom du donateur, et fût postérieure à son décès. — Même arrêt.

33. — Tout en acceptant ces solutions dans l'état actuel de la législation, nous ferons remarquer qu'il est fâcheux que le silence de la loi spéciale, relativement aux dons manuels, permette facilement d'éluder ses dispositions, puisque les établissemens ecclésiastiques pourront recevoir les dons manuels les plus considérables sans le contrôle du gouvernement, tandis qu'ils seraient soumis à ce contrôle pour les legs et les donations les plus minimes.

§ 2. — *Quelles choses peuvent être l'objet d'un don manuel.*

34. — Sous le Code civil, à la différence de ce qui était admis dans le droit ancien, des choses même d'une grande valeur peuvent être l'objet d'un don manuel.

35. — Les meubles seuls peuvent être l'objet de ces sortes de dons; et même tous les meubles ne peuvent pas être transmis de cette manière. Ainsi des droits incorporels, bien qu'ils soient meubles (C. civ., art. 529), ne peuvent être transmis qu'à l'aide d'un écrit, tel qu'une cession ou un acte régulier de donation : ces sortes de droits ne sont pas susceptibles d'une véritable possession, comme

le suppose l'art. 2279. — Grenier, t. 1er, no 179 *bis*; Toullier, t. 5, no 179; Delvincourt, t. 2, p. 253; Merlin, *Quest.*, vo *Donation*, § 6, no 3; Duranton, t. 8, no 396; Favard, vo *Don manuel*; Coin-Delisle, no 25, sur l'art. 938.

36. — Ainsi, jugé que le don de titres de créance, lors même qu'il serait établi qu'il a réellement eu lieu, ne peut être déclaré valable comme contenant tradition d'objets mobiliers. — *Pau*, 10 mars 1840 (t. 1er 1841, p. 434), Rumeau c. Bazerque; *Cass.*, 24 juill. 1822 (confirmatif de *Lyon*, 14 avr. 1821), Lorrain c. Romanet; *Poitiers*, 27 nov. 1833, Farran c. Fradin; *Cass.*, 1er fév. 1842 (t. 1er 1842, p. 181), Gérardot-Fombelle c. Dumont-Lamillerie.

37. — Nous appliquerions ce principe même à la transmission du brevet d'imprimeur, alors même que la remise manuelle du brevet aurait été accompagnée d'une pétition à l'autorité tendant à autoriser la mutation.

38. — La propriété d'un billet n'est pas réputée transmise au profit d'un individu, par cela qu'outre qu'il en est porteur, il peut s'autoriser de la mention de *bon pour* à son profit, écrite et signée par le propriétaire. — *Agen*, 15 mai 1833, Lafontan c. Malartic.

39. — La seule détention de titres de créance n'étant pas pour le détenteur une présomption de propriété, celui qui prétend que ces créances lui ont été données doit justifier que la transmission lui en a été faite ou par un acte de libéralité valable ou par un acte sous forme de contrat onéreux ayant le caractère de légalité voulu par la loi. — Ainsi il n'y aurait pas transmission valable de ces créances par un endossement irrégulier en ces termes : *Payé à l'ordre de M.* ***, suivis de la date et de la signature du propriétaire. — *Cass.*, 1er fév. 1842 (t. 1er 1842, p. 181), Gérardot-Fombelle c. Dumont-Lamillerie.

40. — Jugé cependant que le souscripteur d'une reconnaissance ne saurait être admis à critiquer la forme qu'il a convenu au cédant et au cessionnaire d'adopter pour opérer la cession. — *Colmar*, 5 nov. 1839 (t. 1er 1840, p. 268), François c. Bœsler. — V. au surplus TRANSPORT-CESSION.

41. — Le don manuel n'est valable que lorsqu'il s'applique à des meubles corporels. Ainsi, lorsque, dans un acte sous seing-privé, constitutif d'une rente, le bailleur de fonds a stipulé qu'après sa mort la même rente serait payable à sa domestique, en récompense de ses services, la remise du titre de la rente ne suffit pas pour constituer un don valable. — En pareil cas, la possession du titre n'autorise pas à se prévaloir de la disposition de l'art. 1121, C. civ. — *Liége*, 30 juin 1832, Melin c. N...

42. — On ne cite guère de solution contraire que l'arrêt de Trèves du 16 déc. 1807 (Stumm c. Eltz) qui décide que le don manuel de choses mobilières, même de titres de créances, est valable par la seule tradition; mais il faut remarquer que cette décision a été rendue dans des circonstances de fait extrêmement favorables.

43. — Du reste, le don manuel d'un billet est valable, si le donateur a déclaré, au bas de ce titre, qu'il subrogeait le donataire en son lieu et place. — *Liége*, 8 mars 1829, Mercier.

44. — La règle que les droits incorporels ne peuvent être transmis qu'à l'aide d'un écrit, souffre deux exceptions.

45. — 1o Les actions et bons au porteur peuvent se transmettre de la main à la main, sans autre formalité. — *Cass.*, 23 mai 1822 (confirmatif de *Paris*, 10 fév. 1821), Diert-Kerck-Weerde c. Jacquet. — V. aussi *Cass.*, 26 nov. 1833, Fraigneau c. évêque de Poitiers.

46. — De même, des rentes 3 % au porteur, étant transmissibles par la seule tradition, et sans qu'il soit besoin de transport ou d'endossement, peuvent être l'objet d'un don manuel. — *Cass.*, 6 fév. 1844 (t. 1er 1844, p. 709), Perregaux c. Delacombe.

47. — Mais il faut que la tradition soit parfaite; ainsi, la remise faite par un mourant à son domestique, d'un paquet contenant un bon royal, sur lequel était écrit *pour un tel* (le nom du domestique), avec ordre de déposer le paquet chez un notaire aussitôt le décès, peut être considérée comme ne constituant pas un *don manuel* du bon royal au profit du domestique, encore bien qu'il existe en faveur du domestique un legs écrit d'une somme égale au montant du bon royal. — *Paris*, 9 mars 1829, Sonnet c. Alvin.

48. — 2o La remise de la dette peut s'opérer par la simple tradition que fait le créancier au débiteur, soit de la grosse, soit de l'original du titre de créance. Toutefois, il faut remarquer qu'il s'agit ici non de la création, mais de l'extinction d'un droit à l'aide d'un moyen spécial prévu par la loi. — C. civ., art. 1282 et 1283. — V. REMISE DE DETTE.

49. — Aussi faut-il que cette tradition s'accomplisse dans les conditions déterminées. D'où il résulte que la remise d'une dette, lorsqu'elle n'est point faite selon les formes exigées pour les donations ou testamens, doit être assimilée à un don manuel, et n'est valable qu'autant qu'il y a tradition du titre de la part du créancier et acceptation de la part du débiteur, de manière à établir le concours simultané des volontés des deux parties. — Ainsi, il n'y a pas remise valable de la dette lorsque le créancier dépose son titre entre les mains d'un tiers, avec mission de le remettre après son décès au débiteur. — C. civ., art. 1282. — En considérant un tel dépôt comme un don manuel, ce don serait également nul. — *Paris*, 1er mars 1826, Dupont c. Crosnier et Lenfumé.

50. — La simple tradition, sans transport ni endossement n'opère pas donation d'effets de commerce négociables par voie d'ordre.

51. — Jugé, en ce sens, que la donation manuelle d'une lettre de change ou d'un billet à ordre est nulle, et n'en transfère point la propriété au donataire. — *Toulouse*, 15 juin 1818, Roullon c. Fanjan.

52. — ... Que le don d'un billet à ordre fait de la main à la main, sans transport ni endossement, n'est pas valable. — *Metz*, 14 juill. 1818, Marchal c. Cognon; *Colmar*, 20 juill. 1819, N...

53. — ... Que le détenteur de lettres de change d'une valeur excédant 150 fr. ne peut être admis à prouver, en l'absence d'un acte légal, qu'elles lui ont été transmises par don manuel. — *Pau*, 10 mars 1840 (t. 1er 1841, p. 434), Rumeau c. Bazerque. — V. *infrà* no 94.

54. — ... Que la remise d'un billet à ordre que le créancier fait manuellement à un tiers, sans lui souscrire un endossement régulier, est insuffisante pour transférer à celui-ci la propriété de l'effet, encore bien qu'aucun d'eux ne soit commerçant. — Que, dès-lors, la remise d'un tel billet, quoique faite pour payer une dette de jeu, ne peut être considérée comme un paiement proprement dit, et le montant de l'effet peut être répété. — *Cass.*, 17 juill. 1828, Darenne c. Lanoix.

55. — Mais on peut donner manuellement des effets de commerce par un simple endossement. — Et particulièrement, il y a don manuel d'effets de commerce par un endossement *valeur en compte*. — *Bordeaux*, 19 juill. 1831, Gouges; *Paris*, 6 mai 1815, Georget c. Gardera.

56. — Car, si cet endossement est régulier, et indique, par conséquent, une transmission à titre onéreux, ce sera une donation déguisée contre laquelle ne pourront réclamer, ni le donateur, si ce n'est pour survenance d'enfans; ni ses héritiers, si ce n'est pour l'exercice de la réserve; ni ses créanciers, si ce n'est en cas de faillite et pour fraude à leurs droits. — Coin-Delisle, sur l'art. 938, no 28. — V. au surplus DONATION DÉGUISÉE.

57. — Il faut observer, du reste, que l'endossement, même irrégulier, transmet au donataire le droit de se faire payer par le débiteur de l'effet de commerce. — *Paris*, 6 mai 1815, Georget c. Gardera.

58. — L'endossement *valeur donnée* est-il transmissible de propriété? — Suivant les distinctions que nous avons établies entre le présent et le don manuel proprement dit, nous disons que si cette remise a lieu à titre de cadeau ou gratification, la transmission est valable et définitive. — Coin-Delisle, no 29, sur l'art. 938.

59. — C'est en ce sens que nous admettons qu'on peut faire le don d'un billet à ordre par le moyen d'un endossement irrégulier. — *Cass.*, 25 janv. 1832, Mareschal c. de Pougens.

60. — Mais, s'il s'agit d'une véritable donation, le donateur a-t-il le droit d'exciper de la nullité, et, par suite, de se faire restituer le montant de l'effet remis?

61. — Pour la négative, on dit que les effets négociables qui peuvent se transmettre sans acte par l'endossement et la tradition, devraient être placés hors des règles des donations, de même que les effets corporels; — que la remise d'un billet avec l'endossement *valeur pour don* doit en transmettre la propriété, puisqu'il est au pouvoir du donateur de remettre le montant du billet de la main à la main au donataire; — qu'enfin, « puisqu'il serait si facile d'écrire *valeur reçue*, au lieu de *valeur pour don*, pourquoi disputer sur le mot *don* qui fait entendre des services reçus ou de l'affection qui ne sont pas sans valeur? » — Vazeille, sur l'art. 931, no 8. — Enfin, on s'étaye de la jurisprudence relative aux endossemens en blanc pour la donation des effets de commerce. — V. aussi Poujol, sur l'art. 931, no 14.

62. — On répond : 1o qu'en fait de meubles corporels, la possession se confond avec la propriété. Au contraire, la propriété d'une lettre de change ne s'acquiert que par un endossement *régulier*. Or, dans notre hypothèse, l'expression de la *valeur fournie* exigée par l'art. 137, C. comm., ne se rencontre pas; cet endossement incomplet, ne conférant pas la propriété (C. comm., art. 138) ne saurait être valable comme donation. — Merlin, *Quest.*, vo *Donation*, § 6, no 3; Coin-Delisle, no 29, sur l'art. 938.

63. — ... 2o De ce que le montant du billet pourrait être remis de la main à la main, on ne doit pas conclure que l'endossement *valeur pour don* doive transmettre la propriété de l'effet de commerce, pas plus qu'on ne pourrait induire la validité de la donation sous seing-privé d'une créance civile, de ce que l'on aurait pu en donner le montant de la main à la main. — Coin-Delisle, sur l'art. 938, no 30.

64. — ... 3o La question de savoir si l'endossement causé *valeur reçue* opère translation de propriété étant l'objet d'une grave controverse (V. ENDOSSEMENT), on ne saurait tirer de l'affirmative un argument en matière de donation. Dans tous les cas, si cet endossement constitue une véritable négociation, la donation sera valable comme donation déguisée. — V. *suprà* no 56.

65. — ... 4o Quant à l'objection tirée de la jurisprudence à l'égard de l'endossement en blanc, elle nous amène à examiner la question elle-même de l'endossement en blanc, relativement au donateur ou à ses héritiers; car, pour ce qui concerne les tiers, la question est indifférente puisque les négociations n'en seront pas moins valables et le paiement exigible. — C. comm., art. 138.

66. — Jugé qu'un don de billet à ordre par la voie d'un endossement en blanc est valable. — *Cass.*, 12 déc. 1815, Bonguyot c. Regaud et Grelier; *Lyon*, 6 fév. 1833, Félix; *Cass.*, 24 août 1837 (t. 2 1837, p. 218), Poujol; *Paris*, 25 janv. 1840 (t. 1er 1840, p. 285), Dunant c. Vaudey.

67. — Mais cette jurisprudence a été l'objet de critiques sérieuses : dans les cas où, comme nous l'avons vu plus haut (*Bordeaux*, 19 juill. 1831, Gouges; *Paris*, 6 mai 1815, Georget c. Gardera), le don d'un billet à ordre peut se faire par la voie de l'endossement, cet endossement doit être rempli conformément à l'art. 137, C. comm. Ici, au contraire, l'endossement se trouve en blanc : or, peut-on dire que cette forme soit suffisante pour opérer la validité du don? Une libéralité, quelle qu'elle soit, suppose nécessairement le transport de la propriété : l'endossement en blanc opère-t-il ce transport? Non sans doute : aux termes de l'art. 138, il n'est qu'une simple procuration. Comment donc les héritiers de l'endosseur ont-ils pu être repoussés de leur demande en restitution? — Pour le décider ainsi la cour a émis en principe que l'endossement en blanc transmet la propriété au porteur, sauf l'exception naturelle et nécessaire des cas de faillite et d'héritier à réserve. Mais cette opinion peut paraître contraire aux dispositions de l'art. 25, tit. 5, ord. 1673, et surtout au texte de l'art. 138, C. comm.; de plus elle est en opposition formelle avec un arrêt de la cour de Cassation du 29 mars 1813 (Maes c. Serruys), qui déclare que l'art. 138 dispose en termes généraux qui n'admettent aucune exception; que, par conséquent, le principe que l'endossement irrégulier ne vaut que procuration peut être opposé par toutes personnes intéressées à s'en prévaloir. — Il semble donc que le cas de faillite ou d'héritier à réserve n'est pas absolument nécessaire pour autoriser un recours contre le porteur, et que les représentans de l'endosseur, quels qu'ils soient, peuvent, en thèse générale, et non par exception, se prévaloir de ce droit. Cette doctrine est au surplus professée par Merlin (*Rép.*, vo *Endossement*); il va même jusqu'à dire, en critiquant la décision de l'arrêt sur ce point, qu'elle n'est pas plus exacte relativement à l'ord. de 1673 qu'elle ne le serait si elle se rapportait au Code de commerce. — On peut, du reste, appuyer la doctrine de Merlin des principes posés dans les arrêts de *Poitiers*, 27 nov. 1833 (Farran c. Fradin), et d'*Agen*, 15 mai 1833 (Lafontan c. Malartic).

68. — Il faut donc conclure que le seul endossement en blanc n'opère donation ni à l'égard de l'endosseur ni à l'égard de ses héritiers. — Coin-Delisle, sur l'art. 938, no 34; Merlin, *loc. cit.*

69. — La même solution serait admissible dans le cas où l'endossement en blanc serait appuyé de déclarations sous seing-privé, telles qu'une lettre manifestant l'intention de donner. — Coin-Delisle, sur l'art. 938, no 35. — V. cependant *Cass.*, 25 janv. 1832, Mareschal c. de Pougens.

70. — Si, du reste, la libéralité se présente avec les caractères d'une donation indirecte, c'est-à-dire, si le propriétaire de l'effet, comme condition d'une transmission sérieuse, impose au preneur l'obligation de faire remise à un tiers qu'il veut

gratifier, de tout ou de partie du montant de l'effet transmis, cette libéralité rentre dans la catégorie de celles qu'autorise l'art. 1121, C. civ. — Coin-Delisle, sur l'art. 938, n° 32.

71. — Le don manuel, qui ne peut s'opérer par la simple tradition, est sujet aux formalités prescrites par l'art. 931, C. civ. — Ainsi, le don manuel d'une lettre de change souscrite originairement au nom du donateur et remise par lui à un tiers pour la faire renouveler en son nom et à son profit, ne serait valable que sous l'accomplissement desdites formalités. — Le donataire, qui reconnaît avoir reçu cet effet du donateur, mais avec mandat de le renouveler à son propre profit, ne peut, nonobstant la nullité du don manuel qu'il soutient lui avoir été fait, invoquer l'indivisibilité de l'aveu pour repousser la demande en restitution de ladite lettre de change. — *Bruxelles*, 29 avr. 1830, N...

72. — Toutes les fois que la donation d'effets de commerce est faite par acte notarié, mode que nous considérons comme étant le seul à l'abri de toute critique, la saisine s'opère à l'égard des tiers par l'endossement, sans qu'il soit besoin de leur notifier la donation. — Coin-Delisle, n° 37, sur l'art. 938.

73. — La remise manuelle d'une inscription de rente nominale sur le grand-livre de la dette publique ne suffit pas pour transférer la propriété au donataire; il faut, de plus, qu'un transfert régulier ait été signé par le donateur.

74. — En admettant qu'un usufruit, à raison de sa nature incorporelle, ne soit pas susceptible de tradition et ne puisse par suite être l'objet d'un don manuel, les juges du fait ont pu néanmoins, en maintenant le don manuel de rentes au porteur, le réduire au simple usufruit des effets donnés, par appréciation des circonstances de la cause et de la déclaration du donataire qu'il en avait reçu la jouissance pour pourvoir à son avenir. — *Cass.*, 6 fév. 1844 (t. 1er 1844, p. 709), Perregaux c. Delacombe.

§ 3. — *Dons manuels faits par l'entremise d'un tiers.*

75. — On a vu (*suprà*) que le don manuel était dispensé de la formalité de l'acceptation expresse (Coin-Delisle, n° 19, sur l'art. 932); que la tradition entre vifs de l'objet donné suffisait, quand cet objet était susceptible de s'acquérir par la simple possession. — Coin-Delisle, n° 20, sur l'art. 932.

76. — Mais un tiers chargé d'opérer la remise de l'objet donné, peut-il s'acquitter valablement de cette mission après le décès du donateur?

77. — La jurisprudence a manifesté quelques variations dans la solution de cette question. — Jugé que la remise de la dette, pouvant avoir lieu par intermédiaire, s'opérait valablement par le dépôt des titres et de la quittance entre les mains d'un tiers, pour être livrés au débiteur en cas de décès du créancier. — *Cass.*, 2 avr. 1823, Audoin c. Ardant-Marsac. — Il faut remarquer que, dans l'espèce, la remise conventionnelle paraissait avoir été acceptée par correspondance. — V. la critique que M. Duranton fait de cet arrêt, t. 8, n° 395.

78. — ... Que le soin confié à une personne de toucher le montant de billets qui lui ont été remis, et d'en faire la distribution à des tiers qu'elle connaît, ne peut être considéré comme un de ces mandats qui prennent fin par la mort du mandant, alors que ce dernier a exprimé la volonté que l'exécution de son mandat eût lieu, tant avant qu'après son décès. — *Nîmes*, 9 janv. 1833, Rosière c. Fajol. — Mais la décision a été prise, non contre un héritier *ab intestat*, mais contre un légataire universel dont les droits se trouvaient limités par le mandat confié postérieurement à la confection du testament.

79. — ... Qu'on doit réputer valable comme donation manuelle la remise qu'un mourant a faite d'une montre, de boucles d'argent et de 14 louis, pour donner à trois personnes désignées, bien que le notaire n'ait accompli sa mission qu'après le décès du donateur. — *Cass.*, 12 déc. 1815, Bonguyot c. Regaud : — *Contrà* Merlin, *Quest.*, v° *Donation*, § 6 : Coin-Delisle, sur l'art. 932, n° 21.

80. — ... Qu'un don manuel est valable, alors même que la tradition a été faite à un tiers chargé de remettre le don au donataire, et que le tiers n'a fait cette remise qu'après la mort du donateur. — *Lyon*, 25 fév. 1835, Desgaches.

81 — ... Qu'un don manuel est valablement fait par l'entremise d'un tiers chargé de le remettre au donataire, et qu'il n'est pas besoin que ce tiers soit muni d'une procuration authentique ou expresse. — *Rouen*, 24 juill. 1845 (t. 1er 1846, p. 246), Milon.

82. — Jugé, au contraire, dans le sens de l'opinion de Merlin, que le dépôt fait entre les mains d'un tiers d'une certaine somme, pour être distribuée aux pauvres d'une paroisse, ne donne pas à ces pauvres un droit de propriété sur la somme déposée, de telle sorte qu'après la mort du déposant ils aient une action pour la revendiquer au préjudice et contre la volonté des héritiers. — *Cass.*, 22 nov. 1819, Pouzol c. Latour ; — Vazeille, n° 12, sur l'art. 931.

83. — ... Que le confesseur qui a reçu d'un malade une somme d'argent pour l'employer à des restitutions secrètes doit être considéré comme un simple mandataire, dont la gestion cesse à la mort du mandant ; et que si à cette époque la somme qui lui a été confiée n'a pas encore reçu sa destination, il est obligé de la rendre aux héritiers du défunt ; — qu'il ne peut échapper à la nécessité de cette restitution en offrant de prouver que, depuis le décès, il a remis la somme aux personnes qui lui avaient été indiquées ; — que si, pour l'exécution des prétendues dispositions secrètes, le confesseur s'est adjoint une autre personne qui se trouve nantie de la somme déposée, ils peuvent l'un et l'autre être condamnés solidairement à la restitution du tout. — *Caen*, 12 mars 1827, Adelée et Dubuat c. de Dungy ; — Duranton, t. 8, n° 397.

84. — ... Que le dépôt d'une somme d'argent fait par un individu à un tiers, pour être distribuée aux pauvres, après sa mort, ne constitue point un don manuel au profit des destinataires, et que c'est à l'héritier du défunt que cette somme doit être remise, sauf la portion dont il aurait déjà été fait emploi. — *Douai*, 31 déc. 1834, Florissoonne c. Obéin ; — Vazeille, n° 12 sur l'art. 931.

85. — ... Que le dépôt avec désignation d'un tiers pour le recevoir au décès du déposant doit être remis, ce décès arrivant, à l'héritier du déposant, à l'exclusion du tiers désigné. — *Paris*, 1er mars 1826, Dupont c. Grosnier et Lenfumé. — V. aussi *Montpellier*, 6 mars 1828, Baile c. Blanc.

86. — ... Que la remise de billets, faite à titre gratuit à un tiers, pour que lui-même les remette à une personne désignée, et à une époque fixe, est sans effet, si le donataire n'accepte la donation qu'après le décès du donateur. — *Bordeaux*, 5 fév. 1827, Gude.

87. — V. au surplus, sur cette matière, LL. 2, § 6, et 31, § 1er, ff., *De donat*; L. 41, ff., *De reb. credit.*; L. 8, Cod., *De oblig. et action*; — Cujas, liv. 12, *Resp. Papin. in* L. 31, § 1er; Serres, *Instit.*, p. 335; Denisart, v° *Dépôt*; *Discours* de M. Favard, orateur du tribunat, dans la séance du corps législatif du 23 vent. an XII; Grenier, n°s 177 et 178; Duranton, t. 8, n°s 393 et 394; Toullier, t. 7, n° 820; Bousquet, *Dict. des contr. et oblig.*, v° *Dépôt*, t. 2, p. 160; *Dict. du notar.*, v^{is} *Acceptation de donation*, n°s 18 et 19, et *Don manuel*, n° 7.

88. — Quant à la question de savoir si la donation serait valablement faite à l'aide d'un effet endossé en blanc et remis à un tiers chargé lui-même de le transmettre au donataire, V. *suprà* n°s 65 et suiv.

89. — Est valable le don manuel fait à un tiers agissant et acceptant en qualité de mandataire ou d'administrateur légal du donataire, pourvu que la donation soit irrévocable. Car, si l'on a voulu faire une donation à cause de mort, la propriété continuant à résider sur la tête du donateur, le détenteur de l'objet n'en a pas la possession civile, et, conséquemment, le don manuel n'était pas encore accompli au décès du disposant et n'a pas pu l'être postérieurement. — Coin-Delisle, sur l'art. 932, n° 22.

90. — Le don manuel d'une somme d'argent fournie par un banquier de ses deniers, à la réquisition du donateur, ne peut, faute de remboursement de la part du commettant, fonder au profit du banquier une action en répétition contre le donataire. — *Paris*, 11 fév. 1808, Catoire c. Verninac.

91. — L'arrêt qui décide que la remise faite par un père à l'un de ses enfans de billets à ordre souscrits à un tiers, et revêtus par celui-ci d'un endossement en blanc, constitue une donation simulée en faveur de l'enfant, ne viole aucune loi. — *Cass.*, 9 mars 1837 (t. 1er 1837, p. 483), Verdat c. Veyre (confirmatif de *Grenoble*, 23 janv. 1834).

§ 4. — *Preuve des dons manuels.*

92. — La preuve des dons manuels est toujours difficile à établir, puisque, d'une part, le contrat n'est assujéti à aucune formalité, et que, de l'autre, en fait de meubles, possession vaut titre. — C. civ., art. 2279.

93. — Cependant ce principe de l'art. 2279, C. civ., qu'*en fait de meubles la possession vaut titre*, n'établit qu'une simple présomption qui peut être détruite soit par la preuve testimoniale, soit même par des présomptions contraires graves, précises et concordantes. — *Rouen*, 24 juill. 1845 (t. 1er 1846, p. 246), Milon.

94. — On ne peut admettre la preuve testimoniale d'un don manuel excédant 150 fr., lorsqu'il n'y a pas de commencement de preuve par écrit. — *Grenoble*, 20 janv. 1826, Coame c. Poncet; *Pau*, 10 mars 1840 (t. 1er 1841, p. 434), Rumeau c. Bazerque ; — Merlin, *Quest.*, v° *Donation*, § 6. — V. aussi PREUVE TESTIMONIALE, et *suprà* n° 53.

95. — De ce qu'une quittance donnée au débiteur se trouve entre les mains de son créancier, on ne peut inférer qu'il y a eu un don manuel qui aurait eu pour objet de faire revivre l'obligation que le paiement avait éteinte. — Même arrêt.

96. — On peut prouver par témoins qu'un individu était nanti de créances dépendant d'une succession, soit à l'époque du décès, soit depuis, s'il existe contre lui un commencement de preuve par écrit; et, quand la preuve est rapportée, il est tenu de rendre compte de ces créances, bien qu'il allègue que les titres lui ont été remis par le défunt, sous la foi du secret, pour les confier à un tiers. — *Montpellier*, 6 mars 1828, Baile c. Blanc.

97. — Au reste, lorsque le détenteur des objets dépendant d'une succession affirme que le don manuel lui en a été fait par le défunt, à la charge de certaines œuvres pies, cette déclaration est indivisible. — Même arrêt. — V. AVEU, n° 109.

98. — De ce qu'en fait de meubles possession vaut titre, il suit que le détenteur doit être toujours, lorsqu'il l'affirmera, présumé avoir reçu à titre de don : le vol, en effet, ne saurait se présumer.

99. — On peut, du reste, déférer le serment à celui qui prétend avoir reçu un don manuel. — C. civ., art. 1357.

100. — La preuve du don manuel entre époux du capital d'une rente constituée résulte suffisamment de ce que le mari a fourni les deniers avec lesquels la rente a été constituée au profit de la femme. — *Bordeaux*, 4 mars 1835, Olanyer c. Guilhem.

V. ENDOSSEMENT, ENREGISTREMENT, REMISE DE LA DETTE.

DON DU MATIN.

C'était, dans certaines coutumes, un présent que le mari faisait à la femme le lendemain du jour des noces. — V. DONATION ENTRE ÉPOUX.

DON MOBILE.

1. — C'était, sous la coutume de Normandie, un présent de noces que la femme faisait ordinairement à son mari d'une partie de ses biens, ou pour le dédommager des frais de noces, ou pour le récompenser des avantages qu'il lui avait faits, ou, enfin, pour honorer le traité de leur mariage. — Cout. de Normandie, art. 250, 390 et 405; Placités, art. 74 ; — Merlin, *Rép.*, v° *Don mobile*; V. aussi Denisart, même mot; Basnage en son *Commentaire sur la coutume de Normandie*, t. 1er, p. 426.

2. — De cette dénomination de *don mobile* il ne faut pas conclure que ce don ne pouvait consister qu'en mobilier; il pouvait se composer aussi d'immeubles, suivant l'opinion de Houard (*Dict. de droit normand*, v° *Don mobile*); il est plus vraisemblable qu'il doit cette dénomination à la liberté qu'avait l'époux d'en disposer à son gré lors même qu'il consistait en immeubles.

3. — Le don mobile n'était pas dû au mari, s'il n'avait pas été expressément stipulé, et il ne pouvait être stipulé que par contrat de mariage, à moins que la femme ne se fût réservé le droit de le constituer pendant le mariage. — Placités de Normandie, art. 431.

4. — Jugé que les dispositions du droit normand, sur le don mobile, encore bien qu'elles fussent impératives, devaient céder devant des conventions expresses stipulées dans un contrat de mariage. — *Cass.*, 17 mai 1831, d'Angoville c. Fiquet.

5. — ... Et que le don mobile fait par la future à son époux devenait caduc par le prédécès de ce dernier, encore qu'il restât des enfans du mariage. — Même arrêt.

6. — Si l'on faisait encore aujourd'hui de pareils dons, ils seraient gouvernés par les règles relatives aux donations entre époux par contrat de mariage. — Rolland de Villargues, *Rép.*, *du notar.*, v° *Don mobile*.

V. DONATION ENTRE ÉPOUX, DONATION PAR CONTRAT DE MARIAGE.

DON MUTUEL.

Table alphabétique.

DON MUTUEL. — 1. — Le don mutuel est celui par lequel deux personnes se gratifient l'une l'autre.

2. — Pothier (*Donat. entre mari et femme*, no 129) définit le *don mutuel* : « Un don entre-vifs égal et réciproque que deux conjoints par mariage se font réciproquement l'un à l'autre, à défaut d'enfans de l'un et de l'autre, et, en cas de survie, de l'usufruit des biens de leur communauté, aux charges portées par les coutumes. »

3. — L'expression *don mutuel* comprend, dans son sens général, les *donations mutuelles* entre vifs et les libéralités mutuelles par testament (V. TESTAMENT CONJONCTIF). Mais le plus souvent on entend spécialement par *don mutuel*, sous le Code civil, une donation mutuelle entre-vifs, et, dans l'ancien droit, la convention par laquelle les époux se faisaient, pendant le mariage, mutuellement, par le même acte notarié, donation au survivant de la moitié en usufruit des biens de la communauté.

4. — Pothier (*ubi suprà*, no 130), tout en reconnaissant que la donation mutuelle n'est ni si pure ni si parfaite que l'est une donation simple, soutient qu'elle ne laisse pas que d'être une véritable donation. La raison est, comme il le fait très bien observer, que lorsque deux personnes se font l'une à l'autre un don mutuel en cas de survie, il y a lieu de présumer que la principale intention de chacune des parties, en faisant ce don mutuel, a été de faire, après sa mort, du bien à l'autre partie. C'est donc l'affection réciproque qu'elles avaient l'une pour l'autre qui les a portées à faire ce don mutuel; il renferme donc, suivant l'intention qu'ont eue les parties, des donations que chacune d'elles a eu intention de faire en cas de survie.

Sect. 1re. — *Historique*.

§ 1er. — *Droit ancien*.

5. — Le don mutuel pendant le mariage était inconnu chez les Romains; les conjoints avaient toute liberté de s'avantager par testamens; mais ils ne le pouvaient par actes entre vifs, ou du moins la donation ne produisait d'effet que lorsque le donateur était décédé sans l'avoir révoquée, en sorte qu'elle n'était considérée que comme une espèce de testament.

6. — En France, l'origine du don mutuel entre époux remonte à une époque très éloignée. On voit, dans le chap. 12, liv. 1er des *Formules de Marculphe*, que déjà il était en usage sous la première race des rois. — Chabot, *Quest. trans.*, vo *Don mutuel entre conjoints*.

7. — Comme la plupart des coutumes prohibaient les donations entre époux, le don mutuel était une exception, et par conséquent était assujéti à des conditions rigoureusement observées et qui variaient singulièrement, tant par rapport à la validité de cette espèce de libéralité que sur la nature des biens qui pouvaient en être l'objet.

8. — Certaines de ces coutumes exigeaient ou que les conjoints eussent le même âge, ou au moins qu'il n'y eût pas une grande disproportion. — Cout. du Nivernais, chap. 23, art. 27; cout. d'Auxerre, art. 222; — Ricard, vo *Don mutuel*.

9. — Quelques-unes voulaient que les deux conjoints fussent en bonne santé lors de la confection de l'acte de donation. — Cout. Paris, art. 280.

10. — Jugé cependant qu'un don mutuel entre époux, fait sous la loi du 17 niv. an II, ne peut être annulé comme ayant été fait pendant la dernière maladie de l'un des époux, au mépris de la coutume. — Cout. Touraine, art. 243; L. 17 niv. an II, art. 14 et 61; — *Cass.*, 30 messid. an XI, Château-Challon; 28 prair. an XIII, Munant c. Ponce-Nivois.

11. — Les coutumes de Berry (tit. 8, art. 3), de Bourbonnais (art. 227), de Poitou (art. 311), exigeaient que les conjoints survécussent au moins quarante jours.

12. — Enfin, quelques coutumes rejetaient absolument le don mutuel entre époux, telles que la cout. de Chauny, art. 14. — V. aussi cout. de Normandie, art. 447.

13. — La coutume de Bourgogne autorisait les époux à s'avantager par dons mutuels. — *Cass.*, 20 juill. 1836, Pellegrin.

14. — La coutume de Paris, art. 280, ne permettait le don mutuel entre conjoints que quand ils n'avaient point d'enfans.

15. — Sous la coutume de Paris, le préciput même réciproque était considéré comme un avantage sujet à retranchement en cas de secondes noces. — Edit des secondes noces de 1560; C. civ., art. 1516; — *Cass.*, 30 avr. 1835, Spitalier c. Debain; — Pothier, *Cont. de mar.*, no 549; Merlin, *Rép.*, vo *Préciput conventionnel*, § 3, no 5.

16. — Le don mutuel, par contrat de mariage, des conquêts de communauté au profit du survivant des époux était, dans l'ancienne jurisprudence, une simple convention de mariage et non pas une libéralité sujette à retranchement pour la légitime des enfans. — Au moins, l'arrêt qui le décide ainsi, en se fondant sur l'usage et l'esprit du statut local, échappe à la censure de la cour régulatrice. — *Cass.*, 20 janv. 1830, Vanvincq. — V. Boucher d'Argis, *Tr. des gains nuptiaux*, p. 156; Merlin, *Quest. de dr.*, vo *Légitime*, § 4.

17. — En Bretagne, et avant la promulgation du Code civil, le don mutuel entre époux n'était pas révocable sans le consentement des parties. — *Rennes*, 3 fév. 1817, Léridon.

18. — Les anciens auteurs étaient généralement d'avis que les dons mutuels devaient, à peine de nullité, être passés pardevant notaire, comme les donations entre-vifs. — Denisart, vo *Don mutuel;* Duplessis, sur la cout. de Paris; Ferrière, sur l'art. 280 de cette coutume; Ricard, *Traité des donations*, t. 1er, chap. 4, no 162; Pothier, sur l'art. 281, cout. d'Orléans, et dans son *Traité des donat.*, no 132.

19. — Cependant l'ordonnance de 1731, art. 46, les excepta de la nécessité des formes et des règles prescrites pour les autres donations entre-vifs, tout en les laissant encore assujétis à quelques formes.

20. — Jugé que les art. 1er et 2, ord. 1731, d'après lesquels les donations entre-vifs devaient, à peine de nullité, être faites devant notaires n'étaient pas applicables aux donations réciproques entre époux, ces donations étant à cause de mort. — *Cass.*, 3 flor. an XIII, Davrilly c. Spiess. — V. DONATION A CAUSE DE MORT.

21. — L'art. 17, ord. de 1731, est applicable à la donation mutuelle de biens présens et à venir faite entre époux par contrat de mariage; conséquemment l'époux survivant n'est pas tenu d'accepter ou de répudier pour le tout cette donation, il peut s'en tenir aux biens présens pour se soustraire aux dettes particulières. — *Cass.*, 15 déc. 1813, Nois c. Gordon.

22. — L'art. 77, ord. de 1735, qui prohibait les testamens mutuels, ne s'appliquait pas aux donations mutuelles à cause de mort entre époux, bien que ces donations fussent, sous l'ancienne jurisprudence, assimilées aux dispositions testamentaires.

23. — Nonobstant les raisons que l'on aurait pu avoir de douter si le don mutuel était ou non soumis à la formalité de l'insinuation, la coutume de Paris, art. 284, exigeait cette formalité en ce qui les concernait.

24. — Et une déclaration du roi du 5 déc. 1622 avait étendu cette disposition à toutes donations mutuelles entre mari et femme, même à celles faites dans la coutume du Poitou. — Pothier, no 171.

25. — Jugé que l'ord. de 1731 n'exigeait point, à peine de nullité, que les dons mutuels entre époux fussent soumis à l'insinuation. — *Bourges*, 9 niv. an XIV, Pigelet c. Tixier; *Angers*, 31 mars 1830, Trelon c. Cholet.

26. — L'insinuation n'était, au surplus, nécessaire dans le don mutuel que pour la donation que la femme faisait à son mari; elle ne l'était pas pour celle que le mari avait faite à la femme. — Ord. de 1731, art. 30; Pothier, no 172.

27. — Les lettres-patentes du 3 juill. 1769 n'avaient pas attaché la peine de nullité au défaut d'insinuation, dans les quatre mois du décès, de la donation faite au profit du survivant des époux. — *Angers*, 31 mars 1830, Trelon c. Chollet.

28. — Il y avait, dans certaines coutumes des Pays-Bas, une sorte de don mutuel connu sous le nom d'*entravestissement* ou de *ravestissement*. — V. ENTRAVESTISSEMENT.

§ 2. — *Droit intermédiaire*.

29. — La loi du 17 nivose an II donna aux futurs époux une liberté pleine et entière pour s'avantager par contrat de mariage, sauf la réduction à la moitié en usufruit s'il y avait des enfans. Le même principe de liberté régit les donations faites *constante matrimonio*.

30. — L'esprit de la loi du 17 nivose an II se révèle, au surplus, tout entier dans le commentaire qu'en a fait paraître M. Vermeil, sous le titre de *Code des Successions*, peu de temps après la publication, et sous les auspices de Cambacérès et de Berlier, l'un rédacteur, l'autre rapporteur de cette loi.

31. — « Autant la faculté de s'avantager entre époux, dit M. Vermeil dans le style un peu déclamatoire de l'époque, a été restreinte par le droit ancien, autant elle a été étendue par le droit nouveau. La plupart de nos statuts locaux faisaient cette injure à l'humanité de supposer que le plus adroit ou le plus fort des époux était toujours prêt à dépouiller l'autre : il ne leur était pas permis, dans la plupart de nos coutumes, de se faire le moindre don par testament; et, par une contradiction bizarre, la loi qui commandait de s'aimer à des personnes liées par des nœuds indissolubles, leur interdisait le témoignage le plus précieux et le plus sûr d'attachement, les bienfaits. — La loi du 17 niv. est venue affranchir de toute entrave ce sentiment de bienveillance et d'estime réciproque qui fait le charme d'un pareil état. Elle a ouvert une carrière de bienfaisance sans bornes, même pendant le mariage, aux époux qui n'ont point d'enfans. »

32. — Ainsi, non seulement liberté avant le mariage, mais encore liberté pendant le mariage, liberté au fond, liberté dans la forme, telle est l'interprétation bien simple que comportait l'art. 14 de cette loi.

33. — Le tribunal d'appel de Riom avait jugé que, sous l'empire de la loi du 17 niv. an II, un don mutuel fait entre époux, dans la coutume d'Auvergne qui prohibait les libéralités de cette nature, était nul. — *Riom*, 5 vent. an X, Baisel. — Mais ce jugement a été cassé le 25 fruct. an XI.

34. — La donation mutuelle de propres entre époux, qui, dans le principe, était frappée de nullité par la coutume de Normandie, a pu produire son effet, si ces époux existaient encore après la promulgation de la loi du 17 niv. an II. — *Cass.*, 11 mars 1828, Bertre c. Ballot. — V. Merlin, *Rép*, vo *Donation*, sect. 3e, § 4.

35. — Un don mutuel entre époux, pendant le mariage, fait en faveur du survivant sous la loi du 17 niv. an II, et dans un pays où la coutume l'au-

torisait, ne peut point être annulé, soit comme constituant un acte qui n'est ni un testament ni une donation entre-vifs, soit comme étant un testament conjonctif. — *Cass.*, 1er vent. an IX, Pilchon c. Cuille.

36. — Lorsque deux époux mariés sous l'empire de la loi du 17 niv. an II, se sont fait donation réciproque en usufruit, de l'universalité de leurs biens, avec dispense pour le survivant de donner caution aux héritiers du prédécédé, ces héritiers ne peuvent obliger l'époux donataire qui survit à donner cette caution, sous prétexte qu'il est insolvable. — *Paris*, 23 avr. 1809, Debonnaire; *Bordeaux*, 29 avr. 1809, Lagardiac c. Gauthier; *Bourges*, 28 juin 1816, N...; *Cass.*, 11 nov. 1818, Delangle. — V. Proudhon, *Cours de dr. français*, t. 1er, p. 40; Merlin, *Rép.*, vis *Gains de survie*, § 2; *Loi*, § 6, no 2, et *Effets rétroactifs*, sect. 2e, § 3, art. 3, no 1er. — V. aussi *infrà* no 100.

37. — Une donation mutuelle entre époux, faite sous l'empire de la loi du 17 niv. an II, doit être réglée par cette loi, même en ce qui concerne la quotité disponible, bien que le donateur soit décédé sous l'empire du Code. — *Cass.*, 1er fév. 1820, Brisac c. Paul. — V. QUOTITÉ DISPONIBLE.

38. — Une donation mutuelle faite, sous l'empire de la loi du 17 niv. an II, par un époux à l'autre, de la totalité de ses biens, ne révoque point un legs rémunératoire précédemment fait par le donateur; et, ce legs doit être maintenu bien que le testament olographe dans lequel il est porté n'ait de date que le décès du testateur et doive être considéré comme postérieur à la donation universelle. — *Caen*, 16 nov. 1812, Duhamel c. Lebault.

39. — Les donations mutulles entre époux, faites sous l'empire de la loi du 17 niv. an II, étaient irrévocables, et ne devenaient point caduques par le prédécès des donataires. — *Cass.*, 16 juin 1818, Moraine.

40. — Sous l'empire de la loi du 17 niv. an II, les donations entre époux étaient irrévocables, encore qu'ils fussent mariés dans le ressort d'une coutume qui les déclarait révocables. — *Cass.*, 29 janv. 1835, Moisson c. Dehommais.

41. — ... Bien qu'ils eussent leur domicile dans le ressort d'une coutume qui permettait la révocation de ces donations. — *Cass.*, 1er juin 1814, Henry. — V. dans le même sens *Cass.*, 29 janv. 1835, Moisson c. Dehommais.

42. — ... Et bien qu'il n'y ait pas eu tradition des objets donnés. — *Cass.*, 22 mars 1841 (t. 1er 1841, p. 483), Lepetit de Montfleury c. Réméon.

43. — L'art. 14, L. 17 niv. an II, en disposant que les avantages entre époux, échus et recueillis postérieurement au 14 juill. 1789, ou qui pourront avoir lieu à l'avenir, *obtiendront leur effet*, n'a nullement entendu accorder à ces avantages un effet plus étendu ou différent de celui que leur accordaient les lois qui les ont autorisés. Si donc il s'agit d'un don ou avantage susceptible de révocation, d'après les lois sous l'empire desquelles il a été fait, ce don ou avantage ne doit produire effet qu'autant qu'il n'aura pas été ultérieurement révoqué. — *Lyon*, 25 mai 1827, Guenichon.

44. — Une donation mutuelle entre époux, faite pendant le mariage, sous l'empire de la loi du 17 niv. an II, qui permet les avantages entre époux, sans en régler le mode, et ayant pour objet les biens que le prémourant laissera à son décès, est une donation à cause de mort qui peut être révoquée par un testament ultérieur de l'un des donateurs. — *Rouen*, 22 juill. 1811, Morisse c. Leclerc.

45. — Jugé, au contraire, qu'une donation mutuelle et réciproque de biens à venir faite entre époux sous l'empire de cette législation était en réalité un contrat commutatif.... Que dès lors elle ne pouvait être révoquée par le testament de l'un des donateurs sans le consentement de l'autre. — *Cass.*, 22 mars 1841 (t. 1er 1841, p. 483), Lepetit de Montfleury c. Réméon de Longueveau; 24 déc. 1844 (t. 1er 1845, p. 65), mêmes parties.

46. — Dans tous les cas, s'il était possible de considérer le don mutuel comme irrévocable, la femme normande ne pourrait y comprendre ses biens dotaux. — *Cass.*, 4 avr. 1832, Laroche c. Bernier.

47. — Jugé, au contraire, que la loi du 17 niv. an II a abrogé les dispositions de l'art. 410 de la coutume de Normandie, et qu'en conséquence une donation mutuelle et réciproque, faite entre époux sous l'empire de cette loi, a pu valablement comprendre les biens dotaux de la femme. — *Cass.*, 24 déc. 1844 (t. 1er 1845, p. 65), Lepetit de Montfleury c. Réméon de Longueveau; *Orléans*, 17 déc. 1845 (t. 1er 1846, p. 79), mêmes parties. — V. dans le même sens *Rouen*, 13 nov. 1819, Frontin c. de Fréville.

48. — Le droit des créanciers de demander la réduction d'une telle donation est réglé par la loi de l'ouverture de la succession, et non par celui de l'époque de la donation. — En conséquence, il ne peut plus être exercé si le donateur est mort sous l'empire du Code civil. — C. civ., art. 921. — *Cass.*, 29 janv. 1835, Moisson c. Dehommais. — V. aussi Chabot, *Quest. transit.*, vis *Donation*, § 3, et *Réduction des donations*, §§ 1er et suiv.

49. — La jurisprudence, d'accord avec l'esprit de la loi du 17 niv. an II, a presque constamment validé les dons mutuels faits sous son empire, sans avoir égard à l'inaccomplissement des formalités prescrites par les anciennes lois et coutumes. — *Cass.*, 12 fruct. an X, Rollaert; 30 messid. an XI, Château-Challon; *Rouen*, 21 germin. an XII, N...; *Cass.*, 28 prair. an XIII, Munant c. Ponce-Nivois; — Merlin, *Quest.*, vo *Don mutuel*, § 4; Chabot, *Quest. transit.*, vo *Don mutuel entre conjoints*, § 1er.

50. — Jugé, conformément au même principe, que la donation mutuelle entre conjoints, stipulée en vertu de la loi du 17 niv. an II, dans un pays où cette disposition était autrefois prohibée, doit être maintenue, quoiqu'elle ait été faite sous-seing privé, alors surtout qu'elle a pour objet de suppléer à des articles de mariage rédigés selon l'usage en cette forme et perdus depuis par accident. — *Cass.*, 6 juill. 1808, Durand.

51. — Jugé cependant que les dispositions de la loi du 17 niv. an II, qui permettent les avantages entre époux, doivent être entendues en ce sens que l'effet de ces avantages sera réglé par les lois antérieures qui déterminent leur forme et leur nature. — *Lyon*, 25 mai 1827, sous *Cass.*, 9 juin 1830, Guichenon c. Nazaret; *Rennes*, 2 août 1841 (t. 2 1841, p. 519), Lepetit de Montfleury c. de Réméon.

52. — De même, en faisant cesser pour les époux l'incapacité de se faire des avantages mutuels dans les pays où, comme en Normandie, la prohibition était formelle, la loi du 17 niv. an II n'a rien réglé quant aux formes extérieures des avantages qu'elle autorisait, et s'est par cela même référée sur ce point à la législation antérieure qui régissait les contractans. — *Cass.*, 24 déc. 1844 (t. 1er 1845, p. 65), Lepetit de Montfleury c. Réméon de Longueveau.

53. — Ainsi, la loi de niv. an II a eu pour effet de soumettre cette province, quant aux formes du don mutuel, au droit commun de la France, qui exigeait l'authenticité. — *Rennes*, 2 août 1841 (t. 2 1841, p. 519), Lepetit de Montfleury c. de Réméon.

54. — Jugé cependant qu'en Normandie, où les contrats de mariage, et par conséquent les donations qui y étaient insérées, pouvaient avoir lieu, ainsi que toutes les donations en général, par acte sous seing-privé, une donation mutuelle entre époux faite sous l'empire de la loi du 17 niv. an II a dû être déclarée valable, bien que l'acte notarié qui la renfermait ne fût pas signé des témoins, si d'ailleurs cet acte portait la signature des parties. — *Cass.*, 24 déc. 1844 (t. 1er 1845, p. 65), Lepetit de Montfleury c. Réméon de Longueveau.

55. — Le tribunal d'appel de Dijon avait jugé, le 30 mess. an XI (affaire Beugon), qu'un don mutuel entre époux, fait sous la loi du 17 niv. an II, avait pu être annulé pour défaut d'insinuation.

56. — Mais ce jugement a été cassé le 14 prair. an XIII, conformément à une jurisprudence constante. — *Cass.*, 25 vent. an XI, Neucourt c. Détailleur; 9 frim. an XI, Fresné c. Lalonde; *Paris*, 10 mai 1815, Doscot c. Jumel; *Rennes*, 22 déc. 1815, N...; *Agen*, 20 déc. 1818, Bruel c. Mompeysen. — V. au surplus TRANSCRIPTION DES DONATIONS.

57. — Une donation mutuelle entre époux, faite sous la loi du 5-19 déc. 1790, qui affranchissait les testamens de la formalité de l'enregistrement pendant la vie du testateur, n'est pas nulle, par cela que l'acte notarié qui la renferme n'a été soumis à l'enregistrement qu'après le décès de l'époux prémourant. — L. 1790, art. 8 et 9; — *Cass.*, 20 juill. 1836, Pellegrin; — Rigaud et Championnière, *Tr. des droits d'enregistr.*, t. 4, no 3913. — V. cependant *Instr. de la régie*, 432, no 5.

Sect. 2e. — *Dispositions générales.*

58. — Aucune loi n'interdit à des individus autres que des époux de se faire une donation réciproque par un seul et même acte. — Coin-Delisle, *Donat.*, no 25 sur l'art. 894, p. 29.

59. — Le Code civil permet bien aux époux de se faire, par contrat de mariage, des donations réciproques, soit de biens présens, soit de biens à venir; soit enfin de biens présens et à venir. — C. civ., art. 1091, 1093, 1095.

60. — Mais, par l'art. 1097, il déclare que les époux ne pourront, pendant le mariage, se faire, ni par acte entre-vifs, ni par testament, aucune donation mutuelle et réciproque, *par un seul et même acte*.

61. — Cet article lève les doutes qui avaient surgi sur la validité des dons mutuels entre époux, l'ordonnance de 1735 n'ayant abrogé formellement que les testamens mutuels.

62. — Les dons mutuels que les époux peuvent se faire par des actes séparés, doivent être renfermés dans des actes qui aient la forme, soit des testamens, soit des donations entre-vifs. — Favard, vo *Donation mutuelle entre époux*, no 3.

63. — Nous ne nous occuperons ici que de ce qui a rapport aux donations entre-vifs. Quant aux libéralités mutuelles par testament, V. TESTAMENT CONJONCTIF.

64. — La donation mutuelle doit être considérée comme un contrat à titre gratuit (V. *suprà* no 4), et non comme un contrat à titre onéreux, par exemple comme un échange. — Pothier, *Donat. entre mari et femme*, no 130; Nouveau Denisart, vo *Donat. mutuelle*, § 1er; Toullier, t. 5, no 306; Rolland de Villargues, *Rép. du not.*, vo *Donation mutuelle*; Coin-Delisle, no 25, sur l'art. 894. — V. cependant Ricard, *Tr. du don mutuel*, chap. 1er.

65. — Il y a don mutuel, quand même les quotités seraient inégales, ou bien dans le cas où l'un, par exemple, donnerait une propriété, et l'autre un usufruit. — Duranton, t. 9, no 763; Bugnet, sur Pothier, *Donation entre mari et femme*, no 131, en note.

66. — Il n'y aurait qu'un don d'usufruit, et non un don de propriété dans la clause par laquelle deux époux se seraient donné, par leur contrat de mariage, tout ce dont ils pourraient disposer, pour, par le survivant, en jouir, à compter du décès du premier mourant, sans néanmoins être tenu à fournir aucune caution. — *Cass.*, 23 mars 1815, Beaufranchet c. Teguie.

67. — C'est par le statut du lieu où l'acte a été passé, et non pas le statut personnel, qu'est régi le don mutuel. — Merlin, *Quest.*, vo *Don mutuel*; Chabot, *Quest. transit.*, vo *Don mutuel entre conjoints*, § 1er. — V. dans les deux paragrahes qui suivent, les décisions spéciales sur cette question.

68. — La condition de survie apposée à une donation mutuelle entre époux, est censée accomplie en faveur des héritiers de celui à qui son conjoint a donné la mort. — *Caen*, 13 déc. 1816, Lesénéchal c. Lenoury; *Cass.*, 5 mai 1818, Desbuinous c. Lechoisnier; *Rouen*, 8 mars 1838 (t. 2 1838, p. 519), Lesénéchal c. Lenoury.

69. — En cas de donation mutuelle entre époux de tous leurs biens meubles et immeubles, il n'est pas nécessaire de joindre à l'acte un état du mobilier. — Une pareille donation mutuelle ne peut pas être assimilée à un testament conjonctif. — *Rennes*, 10 juin 1825, Guermeur c. Diverrès, Vigouroux-Tromeur.

70. — Un don mutuel égal et réciproque du premier au dernier mourant, de la totalité des acquêts de la communauté, pour le survivant en jouir et disposer en toute propriété, de la manière que bon lui semblera, *parce que néanmoins ce qui pourrait à son décès exister encore desdits acquêts serait partagé entre ses héritiers et ceux du précédé*, transmet au survivant le droit de disposer par testament des mêmes acquêts. — *Rennes*, 11 avr. 1818, Paganelle c. N.....

71. — La qualification d'usufruitier donnée au donataire mutuel et le défaut de réclamation contre le don, ne rendent pas les intéressés non-recevables à contester la validité de cette donation. — *Rennes*, 22 déc. 1815, N.... c. N...

72. — L'action en nullité d'un don mutuel entre époux, au profit du survivant, se prescrit par dix ans, à dater du jour où, depuis le décès de leur auteur, les héritiers de l'époux prédécédé ont eu connaissance de la donation. — On ne peut dire que, dans ce cas, il s'agit d'une pétition d'hérédité débattue entre des individus prétendant concurremment au titre de successible, et qu'en conséquence, l'action dure trente ans. — *Angers*, 22 mai 1834, Richault c. Duguet.

§ 1er. — *Don mutuel par contrat de mariage.*

73. — Les époux peuvent, par contrat de mariage, se faire *réciproquement*, ou l'un des deux à l'autre, telle donation qu'ils jugent à propos sous certaines modifications prescrites par la loi. — C. civ., art. 1091.

74. — On peut voir vis DONATION ENTRE ÉPOUX, et DONATION PAR CONTRAT DE MARIAGE, en quoi consistent ces modifications. — Nous nous bornerons à rapporter ici quelques-unes des décisions en ce qui concerne particulièrement le don mutuel.

75. — Un don mutuel entre époux, stipulé par contrat de mariage, est régi, quant à ses effets,

par la loi existante au moment du contrat, et non par celle en vigueur à l'époque où le droit s'est ouvert par le décès de l'un des époux. — *Paris*, 6 août 1810, Wirion; *Cass.*, 18 mai 1812, mêmes parties; *Bruxelles*, 2 mai 1812, Lenfant; *Cass.*, 9 juill. 1812, Dabadie c. Leclerc; *Riom*, 18 fév. 1814, Dayat c. Terreyre; *Cass.*, 23 mars 1815, Beaufranchet c. Teyrère.—Conf. Ricard, 1re part., n° 791; Nouveau Denisart, v° *Donation entre-vifs*, § 5, nos 5 et 6; Chabot, *Quest. transit.*, v° *Donation*, § 3; Grenier, *Donations*, p. 92.—V. cependant Merlin, *Rép.*, v° *Effet rétroactif*, sect. 3, § 3, art. 6.

76. — Jugé, en conséquence, que la disposition en faveur du survivant de tout ce dont la loi actuelle permet de disposer, et même de tout ce qui sera disponible d'après la loi existante lors du décès du prémourant, ne peut s'étendre au-delà de la quotité disponible au moment de l'acte, bien que celle du moment du décès soit plus forte. — *Riom*, 18 fév. 1814, Dayat c. Terreyre.

77.—... Qu'un don mutuel stipulé par contrat de mariage, sous l'empire d'une loi qui laissait aux époux la liberté absolue de se donner réciproquement tous leurs biens, est affranchi de la réserve établie, en faveur des ascendans, par le Code civ., sous lequel l'époux donateur est décédé. —*Paris*, 6 août 1810, et *Cass.*, 18 mai 1812, Wirion.

78. — Un enfant naturel reconnu dans son acte de naissance, antérieurement aux nouvelles lois, ne peut demander la réduction de la donation faite par son père à sa femme dans son contrat de mariage, pour prendre la portion attribuée par le Code civ. aux enfans naturels. — *Cass.*, 9 juill. 1822, d'Abadie c. Leclerc; — Merlin, *Rép.*, vis *Démission de biens*, n° 5, et *Réserve*, sect. 6e, n° 8; Chabot, *Questions transit.*, v° *Réduction*.

79. — Lorsque, dans leur contrat de mariage, les futurs époux, après avoir stipulé une communauté de tous biens présens et à venir, sont convenus qu'à défaut d'enfant, lors du décès de l'un d'eux, le survivant aurait, par préciput et hors part, les trois quarts en propriété et le quart en usufruit des biens qui adviendraient aux héritiers du prédécédé, il résulte de cette clause un simple préciput, et non point une institution contractuelle, et conséquemment la femme, renonçant à la communauté, est déchue du droit de réclamer ce préciput. — *Colmar*, 15 mai 1829, Reichardt.

80. — La clause d'un contrat de mariage, par laquelle les époux se font donation mutuelle de tous leurs biens, meubles et immeubles, en faveur du survivant d'eux, l'effet de laquelle donation se réduira en cas d'existence d'enfans du mariage, a pu être considérée comme contenant une donation de biens présens et à venir, et non pas seulement une donation de biens présens. — *Cass.*, 11 déc. 1832, Bégeot c. Thomassin.

81. — Jugé, au contraire, qu'une donation mutuelle par contrat de mariage de *tous biens généralement* au profit du survivant des époux n'embrasse point les biens à venir. — *Bourges*, 17 mars 1824, Monsingeon.

82. — Mais ces décisions, bien que contraires en apparence, n'impliquent pas contradiction, car ce ne sont que des arrêts d'espèces.

83. — L'époux donataire en usufruit, par contrat de mariage, de tous les biens meubles, acquêts et conquêts immeubles, qui appartiendront au premier mourant, ne peut, lors de l'ouverture de l'usufruit, s'opposer à la licitation d'un immeuble, conquêt de communauté, qui aurait lieu sans distinguer l'usufruit de la nu-propriété. — *Orléans*, 2 déc. 1824, Gravelle c. Darbé de Luz. — Le pourvoi contre cet arrêt a été rejeté le 10 mai 1826. —V. Conflans., *Jurispr. sur les success.*, p. 309.

84. — Lorsque, dans un contrat de mariage, les époux se font mutuellement une donation à l'exclusion de *tous parens*, on doit entendre par ce mot *parent* même les descendans. — *Metz*, 28 avr. 1812, Schmidt c. Neu.

85. — Jugé que le médecin qui a épousé sa malade pendant le cours de la maladie dont elle est morte ne peut recueillir le bénéfice d'une donation mutuelle stipulée en faveur du survivant des époux par leur contrat de mariage. — *Paris*, 26 janv. 1818, Dusordet c. Bonnet. — V. au surplus, en ce qui concerne la capacité de recevoir du médecin, DISPOSITION A TITRE GRATUIT, nos 412 et suiv.

86. — Sous l'empire de la jurisprudence du parlement de Bordeaux, la stipulation, par contrat de mariage, d'un agencement réciproque, a pu être considérée comme constituant, non une simple libéralité, mais une convention aléatoire et intéressée. — *Cass.*, 17 août 1830, Ballyos c. Bacon.

87. — Jugé ainsi que la disposition contractuelle par laquelle des époux conviennent que le survivant aura la moitié en usufruit de tous les biens présens et à venir du prédécédé, n'est point une donation sujette aux formalités ordinaires, et qu'elle ne présente qu'une simple expectative, rangée dans la catégorie des conventions matrimoniales pour lesquelles l'art. 2135, C. civ., accorde à la femme une hypothèque indépendante de l'inscription. — *Grenoble*, 12 janv. 1813, Berger c. Abry.

88. — Les donations mutuelles entre époux par contrat de mariage, sont révocables pour cause de survenance d'enfans. — C. civ., art. 960.

§ 2. — *Don mutuel pendant le mariage.*

89. — Le motif de la disposition de l'art. 1097 (V. *suprà* n° 60), est que toutes les libéralités faites entre époux pendant le mariage sont révocables, et que, comme dans une donation réciproque ou mutuelle, il y a en quelque sorte deux donations, l'on a voulu prévenir les surprises et la mauvaise foi de l'un des époux qui aurait pu révoquer à l'insu du conjoint; ce qui eût amené de nombreuses contestations sur l'indivisibilité de ces sortes de donations.—Duranton, n° 773; Delvincourt, *loc. cit.*, p. 114 et 450; Toullier, n° 915; Poujol, sur l'art. 1097, C. civ., n° 1er; Rolland de Villargues, *loc. cit.*, n° 27; Marcadé, sur le même article; Demante, *Programme du dr. civ.*; Coin-Delisle, sur l'art. 1097, n° 1er.

90. — Mais ce motif n'existerait pas dans le cas où deux époux se seraient fait une donation réciproque, le même jour, devant le même notaire; car, l'acte n'étant pas synallagmatique, il y aurait toujours possibilité de révoquer une des donations, sans entraîner la révocation de l'autre. — Coin-Delisle, n° 1er, sur l'art. 1097.

91. — Aussi, malgré les hésitations qui se sont manifestées dans les premières années de la publication du Code civil, les auteurs et la jurisprudence valident-ils aujourd'hui cette espèce de donation. — *Rennes*, 18 nov. 1806, Boutlier c. Bettens; *Cass.*, 22 juill. 1807 (intér. de la loi), qui a cassé; *Rennes*, 15 thermid. an XIII, Cheny c. Lecourreur; *Cass.*, 5 déc. 1816, Boursier c. Ménestrel; — Grenier, n° 457; Delvincourt, p. 449; Toullier, n° 917; Duranton, n° 770; Merlin, *Rép.*, v° *Donation*, sect. 11e; Grenier, n° 460; Favard, *Rép.*, v° *Contrat de mariage*, sect. 4e, § 2, art. 3.

92. — Cette solution devrait être maintenue, même dans le cas où l'une des donations porterait qu'elle n'est faite que sous la condition que l'autre ne sera pas révoquée : ce serait une condition réputée non écrite, comme contraire à la loi. — Coin-Delisle, n° 1er, sur l'art. 1097.

93. — L'art. 1097, C. civ., qui défend aux époux de se faire aucune donation mutuelle par un seul et même acte n'est point applicable à celles antérieures à sa promulgation. — *Cass.*, 23 (et non 20) juin 1813, Frégeville; — Merlin, *Rép.*, v° *Don mutuel*, § 2, n° 2 *bis*, et *Donation*, sect. 8e, § 4, n° 4.

94. — L'acte de donation dans lequel le mari n'a figuré que pour autoriser sa femme et accepter la donation ne contient pas une contravention aux prescriptions de l'art. 1097, C. civ., si l'épouse seule est donatrice, encore bien que les époux aient déclaré dans l'acte que semblable donation existe dans leur contrat de mariage, et qu'ils désirent annuler la clause résolutoire qui s'y trouve. — *Paris*, 3 juin 1843 (t. 2 1843, p. 66), Pingot c. Mangin.

95. — Les dispositions de l'art. 1097, C. civ., qui prohibent *le don mutuel entre conjoints* pendant le mariage par un seul et même acte, ne s'opposent pas à ce que le mari et la femme vendent conjointement par le même acte des propres de celle-ci et des biens de la communauté moyennant une rente viagère stipulée au profit de l'un et de l'autre et du survivant d'eux. — D'ailleurs, en supposant annulable le don qui résulterait d'une semblable stipulation, l'acte de vente ne devrait pas moins être maintenu à l'égard des acquéreurs. — *Angers*, 7 mars 1842 (t. 2 1842, p. 571), Savatier.

96. — L'acte par lequel a été constituée au profit de deux époux et des deniers de la communauté une rente viagère réversible sur la tête du survivant doit être considéré, si la femme survivante renonce à la communauté, comme contenant, non une donation réciproque et mutuelle prohibée par l'art. 1097, C. civ., mais une libéralité de la part du mari à sa femme autorisée par l'art. 1973 du même Code, et soumise seulement aux prescriptions de cet article. — Au surplus, l'art. 1097 serait encore inapplicable dans le cas où, pour l'appliquer, on voudrait se reporter à l'époque où il a été passé, puisqu'une disposition de cette nature, bien que faite dans l'intérêt commun et réciproque des époux et avec des deniers communs, ne constitue pas une donation mutuelle et réciproque, mais un contrat à titre onéreux de part et d'autre, mutuellement intéressé et aléatoire. — *Paris*, 25 mars 1844 (t. 1er 1844, p. 510), Caillon c. Curmer.

97. — Lorsqu'il s'agit de régler le sort et les effets d'un don mutuel entre époux, il faut suivre la coutume du lieu où les conjoints avaient leur domicile au moment du contrat, et non celle du lieu où ils étaient domiciliés à l'époque du décès du premier mourant. — *Cass.*, 3 messid. an V, Hannocque c. Lami. — V. Chabot, *Quest. trans.*, v° *Don mutuel*; Merlin, *Quest. de droit*, v° *Don mutuel*, § 2, n° 2 *bis*; et les arrêts des parlemens rapportés par Chopin et les annotateurs de Dumoulin, par Louet et Brodeau, et par Denisart.

98. — La donation mutuelle de propres entre époux, qui, dans le principe, était frappée de nullité par la coutume de Normandie, a pu produire son effet, si ces époux sont morts sous l'empire du Code civil. — *Cass.*, 11 mars 1828, Bertre c. Baltot.

99. — La donation mutuelle, faite entre époux, de leurs meubles, en vertu de la loi du 17 niv. an II, et dans une coutume qui réputait meubles les bestiaux et instrumens aratoires, doit comprendre ces objets, bien que le Code civil les déclare immeubles par destination, et que la succession de l'époux donateur se soit ouverte sous ce Code. — *Cass.*, 11 nov. 1818, Delangle.

100. — Le donataire mutuel de l'usufruit des immeubles qui, par la loi existant à l'époque de la donation, n'était pas soumis à donner caution pour sa jouissance, ne peut y être tenu, lorsque le donateur est décédé depuis la publication du Code civil. — *Cass.*, 11 nov. 1818, Delangle; 4 avr. 1832 (solut. implic.), Laroche c. Besnier. — V. aussi *suprà* n° 36.

101. — Un don mutuel consenti depuis le mariage, sous l'empire d'une loi qui laissait aux conjoints la liberté de se donner réciproquement tous leurs biens, est devenu sujet à la réserve des ascendans si l'époux prédécédé est mort sous l'empire du Code civil. — *Paris*, 6 janv. 1806, Nogaret c. Legrels.

102. — Mais cette solution était fondée principalement sur ce que l'on croyait devoir considérer le don mutuel entre époux, consenti depuis le mariage, comme une donation à cause de mort. — V., en sens inverse, *Rouen*, 24 prair. an XI, Spiers c. Davrilly.

103. — L'acte fait entre époux pendant le mariage et qualifié de *donation entre vifs, irrévocable, égale, mutuelle et réciproque, par le premier mourant au survivant, de l'usufruit de tous les meubles du prédécédé et de la pleine propriété de tout le mobilier*, constitue en réalité une donation à cause de mort, contrairement aux qualifications qui lui sont mal à propos données dans l'acte. — *Rennes*, 2 août 1841 (t. 2 1841, p. 519), Lepetit de Montfleury c. Réméon. — V. aussi *Paris*, 6 janv. 1806, Nogaret c. Legrets. — V. DONATION A CAUSE DE MORT.

104. — L'art. 1097, C. civ., n'est pas applicable au cas où des époux émigrés, mariés en pays étranger, ont contracté un nouveau mariage en France, dans la crainte que leur première union n'y fût sans effet, et se sont fait, pour la première fois et par contrat de mariage, donation mutuelle. La présomption de bonne foi résultant de l'état de controverse sur la question de validité des mariages entre émigrés rend cette donation inattaquable. — *Paris*, 14 juin 1828, Leboullanger c. d'Hacqueville.

105. — Le principe qui veut que, pendant le mariage, les époux ne puissent faire, l'un en faveur de l'autre, que des dispositions révocables de leur nature, tient à la disposition des biens et même à la capacité de disposer ou de recevoir à titre gratuit; dès-lors, il doit recevoir son application au cas d'un contrat de mariage passé en pays étranger, quand il s'agit de Français ou de biens situés en France. — Ainsi, bien que, dans un acte passé en Espagne, un Français ait, par une donation mutuelle et irrévocable d'après la loi espagnole, disposé de l'universalité de ses biens en faveur de son épouse, cette donation n'en est pas moins révocable aux termes de l'art. 1096, C. civ., et elle ne peut empêcher l'un des époux de disposer postérieurement d'une partie de ces mêmes biens, alors surtout que ces biens sont situés en France. — *Paris*, 13 déc. 1836 (t. 2 1837, p. 359), Saint-Aubin d'Hernani c. de Brice.

106. — La clause d'une donation mutuelle et réciproque entre époux portant que les biens donnés et recueillis par le survivant passeront aux héritiers naturels du donateur, si le donataire n'en a pas disposé par vente ou autrement, doit avoir tout son effet si, au lieu d'en disposer par acte entre-vifs, le donataire n'en a disposé que par testament. — *Rouen*, 28 janv. 1831, sous-*Cass.*, 14 mars 1832, Chéron c. Lesage.

107. — L'arrêt qui le décide ainsi est à l'abri

de la censure de la cour de Cassation. — *Cass.*, 15 mars 1832, Chéron c. Lesage.

108. — Lorsque deux époux, après s'être donné mutuellement les conquêts immeubles en pleine propriété au profit du survivant, stipulent que ce qui en restera à la mort de celui-ci sera partagé entre les héritiers du survivant et ceux du prédécédé, la disposition testamentaire par laquelle le donataire, après avoir fait un legs particulier, donne le surplus de ses biens à ses héritiers naturels, constitue suffisamment l'accomplissement de la condition qui lui a été imposée par le donateur. En conséquence, les héritiers de ce dernier ne peuvent réclamer dans sa succession les biens qui ont fait l'objet de sa donation, sous le prétexte que le donataire ne les aurait point aliénés. — *Paris*, 22 avr. 1841 (t. 1er 1841, p. 594), Simon c. Gombault.

109. — La donation mutuelle, faite entre époux, de la propriété des biens mobiliers quelconques que le prémourant laisserait à son décès, a dû être réputée comprendre les valeurs qui, dans le sens légal des mots, soit à l'époque de la donation, soit au moment où ladite donation devait recevoir son effet, avaient la nature de valeurs mobilières. — *Cass.*, 24 déc. 1844 (t. 1er 1845, p. 66), Lepelit de Montfleury c. Réméon de Longueveau.

110. — On ne peut considérer comme une aliénation de sa dot le don qu'une femme mariée en fait à son mari par une donation mutuelle et réciproque. — *Orléans*, 17 avr. 1845 (t. 1er 1846, p. 79), Lepelit de Montfleury c. Réméon de Longueveau.

V. DOT, DONATION A CAUSE DE MORT, DONATION PAR CONTRAT DE MARIAGE, DONATION ENTRE ÉPOUX, ENREGISTREMENT.

DON RÉMUNÉRATOIRE.

C'est celui qui a pour but de récompenser des services rendus au donateur ou aux siens. — V. DONATION RÉMUNÉRATOIRE.

DON DU ROI.

On entendait par ces mots la libéralité ou concession que le roi faisait à un sujet, par brevet ou par lettres patentes, soit d'un immeuble dépendant de son domaine, soit de quelques droits casuels, tels que ceux d'aubaine, de bâtardise, de déshérence, de confiscation. — V. ord. de Moulins, 1566; de Blois, 1579. — V. Merlin, *Rép.*, vº *Don du roi*.

DONATION.

1. — C'est, en général, une libéralité faite volontairement par une personne (le *donateur*) à une autre qui l'accepte (le *donataire*).

2. — On appelle encore *donation* 1º l'acte qui constate la libéralité.

3. — ..., 2º Et l'expression de la volonté du disposant, abstraction faite de l'acceptation; alors le mot *donation* est opposé à celui d'*acceptation*. — Rolland de Villargues, *Rép. du not.*, vº *Donation*.

4. — Nul n'est donateur qui ne veut; car, suivant nos anciens auteurs, *donatio est liberalitas, nullo cogente, in accipientem collata*. — L. 29 pr., ff., *de Donat*; L. 35, ff., *de Mort. caus. don.* — Heineccius, *Elem. jur. sec. ord. Pandec.*, part. 6e, § 123; Pothier, *Pand. just.*, lib. 39, tit. 5, nº 1.

5. — Nul n'est donataire qui ne veut; car, *invito beneficium non datur*. — L. 9, ff., *de Reg. juris*.

6. — On ne peut disposer de ses biens à titre gratuit, c'est-à-dire les donner, que par donation entre-vifs ou par testament, selon des formes prescrites. — C. civ., art. 893.

7. — La donation en général se subdivise en un grand nombre d'espèces, suivant le point de vue sous lequel on la considère. Ces diverses espèces doivent être l'objet d'autant d'articles particuliers.

8. — La donation est... — *à cause de mort*, quand elle ne doit avoir d'effet qu'à la mort du disposant, et qu'elle doit être acceptée par le donataire. — V. DONATION A CAUSE DE MORT.

9. — ... *A cause de noces, en faveur de mariage, ante nuptias, propter nuptias*, lorsqu'elle est faite en considération du mariage du donataire. — V. DONATION PAR CONTRAT DE MARIAGE, DONATION ENTRE ÉPOUX.

10. — ... *A charge de substitution*, quand elle contient subrogation d'une personne au donataire pour recueillir le bénéfice de la disposition. — V. SUBSTITUTION.

11. — ... *A titre universel*, quand elle n'a pour objet qu'une quotité dans la totalité des biens du disposant. — V. DONATION ENTRE ÉPOUX, DONATION ENTRE-VIFS, DONATION PAR CONTRAT DE MARIAGE, LEGS, PARTAGE D'ASCENDANT.

12. — ... *Conditionnelle*, quand son existence dépend d'un événement futur et incertain, ou d'un événement accompli, mais qui est encore inconnu des parties au moment de la donation. — V. CONDITION, DONATION ENTRE-VIFS.

13. — ... *Déguisée*, quand elle est cachée sous la forme d'un contrat à titre onéreux. — V. DONATION DÉGUISÉE.

14. — ... *Entre époux*, quand elle a lieu entre époux soit par contrat de mariage, soit durant le mariage. — V. DONATION ENTRE ÉPOUX.

15. — ... *Entre-vifs*, quand le donateur se dépouille actuellement et irrévocablement de la propriété de l'objet donné en faveur du donataire qui l'accepte. — V. DONATION ENTRE-VIFS.

16. — ... *Eventuelle*, quand l'exécution en est subordonnée à un événement incertain. Telle est la donation de biens à venir ou celle de biens présens et à venir. — V. DONATION PAR CONTRAT DE MARIAGE.

17. — ... *Immobilière*, quand elle a des immeubles pour objet. — V. DONATION ENTRE-VIFS, ENREGISTREMENT, TRANSCRIPTION DE DONATIONS.

18. — ... *Indirecte*, quand elle résulte d'actes à titre onéreux faits entre le donateur et le donataire, souvent même sans intention de dissimuler la libéralité qui doit en résulter. — V. AVANTAGE INDIRECT, DONATION DÉGUISÉE, QUOTITÉ DISPONIBLE, RAPPORT A SUCCESSION. — V. aussi DISPOSITION A TITRE GRATUIT.

19. — ... *Manuelle*, lorsqu'elle est faite de la main à la main et sans qu'il en soit rédigé acte. — V. DON MANUEL.

20. — ... *Mobilière*, quand elle a des meubles pour objet. — V. DON MANUEL, DONATION ENTRE-VIFS, ENREGISTREMENT, ÉTAT ESTIMATIF.

21. — ... *Mutuelle*, quand deux personnes se donnent réciproquement l'une à l'autre par un même acte. — V. DON MUTUEL.

22. — ... *Onéreuse* (ou suivant quelques uns *à titre onéreux*), quand elle est faite sous des charges imposées par le donateur. — V. DONATION ONÉREUSE.

23. — ... *Par contrat de mariage*, lorsqu'elle est réalisée par le contrat de mariage du donataire, soit que la libéralité émane d'un tiers ou d'un des futurs époux, ou réciproquement de chacun des futurs époux. — V. DONATION PAR CONTRAT DE MARIAGE, DONATION ENTRE ÉPOUX.

24. — ... *Prohibée*, quand la loi ne la permet pas, soit à raison de la nature des choses qui feraient l'objet de la libéralité, soit à cause de l'incapacité absolue ou relative du donateur et du donataire. — V. DISPOSITION A TITRE GRATUIT, DON MANUEL, DONATION DÉGUISÉE, DONATION ENTRE-VIFS, DON ENTRE CONCUBINS, QUOTITÉ DISPONIBLE.

25. — ... *Tacite*, quand il n'en est pas dressé d'acte, ou que l'acte dressé ne mentionne pas la disposition comme libéralité. — Coin-Delisle, *Donat.*, nº 12, sur l'art. 893. — V. DISPOSITION A TITRE GRATUIT, DONATION DÉGUISÉE, DON MANUEL, REMISE DE LA DETTE.

26. — ... *Testamentaire*, quand la libéralité est faite par testament. — V. DISPOSITION A TITRE GRATUIT, PARTAGE D'ASCENDANT, TESTAMENT.

27. — ... *Universelle*, quand elle embrasse la totalité des biens du disposant. — V. DONATION ENTRE ÉPOUX, DONATION ENTRE-VIFS, DONATION PAR CONTRAT DE MARIAGE, LEGS, PARTAGE D'ASCENDANT.

28. — Les principes concernant la donation en général se trouvent principalement exposés au mot DONATION ENTRE-VIFS (V. ce mot); cependant il en est quelques uns qui ont dû être plus spécialement développés sous d'autres mots.

29. — Pour qu'une donation soit valablement faite, il faut que le donateur ait la capacité de donner et le donataire celle de recevoir. — V. DISPOSITION A TITRE GRATUIT.

30. — La donation ne peut comprendre que des biens présens du donateur (V. DONATION ENTRE-VIFS); cependant il y a exception quand la donation est faite par contrat de mariage aux futurs époux; elle peut avoir pour objet, soit les biens à venir, soit cumulativement les biens présens et à venir du donateur. — V. DONATION PAR CONTRAT DE MARIAGE, DONATION ENTRE ÉPOUX. — V. aussi DON MUTUEL, DONATION A CAUSE DE MORT, ENREGISTREMENT.

31. — Il y a également une différence entre ces mêmes donations relativement à la nécessité de l'acceptation. — C. civ., art. 932 et 1087.

32. — Le donateur n'est point tenu en général de garantir au donataire la propriété de l'objet donné. — V. DONATION ENTRE-VIFS.

33. — Cependant il y a exception quand la donation n'est en réalité que le paiement d'une obligation, le prix de services rendus. — V. DONATION RÉMUNÉRATOIRE.

34. — L'acte de donation est assujéti à certaines formes particulières, sinon la donation est considérée comme non avenue. — V. DONATION ENTRE-VIFS.

35. — Il n'en est plus de même soit quand la donation n'est plus, à proprement parler, une libéralité, mais un acte rémunératoire (V. DONATION RÉMUNÉRATOIRE), soit quand une donation valable en elle-même a été réalisée sous la forme d'un contrat onéreux. — V. DONATION DÉGUISÉE.

36. — Les créanciers peuvent attaquer les donations faites par leur débiteur en fraude de leurs droits. — C. civ., art. 1167. — V. DONATION ENTRE-VIFS.

37. — ... Et cela malgré la bonne foi du légataire. — L. 19, Cod., *De rei vindicat.* — Cependant on a admis à cet égard une distinction entre les donations faites à titre purement gratuit, et les donations faites avec charges. — V. DONATION ENTRE-VIFS, DONATION ONÉREUSE.

V. aussi ABSENCE, ANTICHRÈSE, ASSURANCE MARITIME, CAUTIONNEMENT, CHOSE JUGÉE, COLONIES, COMPTE DE TUTELLE, ENDOSSEMENT, ENREGISTREMENT, INDICATION DE PAIEMENT, OFFRES RÉELLES, PRESCRIPTION, REMISE DE LA DETTE, RÉPÉTITION, SERMENT JUDICIAIRE, TIMBRE.

DONATION A CAUSE DE MORT.

Table alphabétique.

DONATION A CAUSE DE MORT. — 1. — C'est une donation qui ne doit avoir d'effet qu'à la mort du disposant et qui doit être acceptée par le donataire.

2. — Par ce mode de disposer emprunté au droit romain, le donateur, tout en se préférant au donataire, préfère cependant celui-ci à son héritier. — LL. 1 et 35, ff., *De don. mortis causâ*; Inst. Just., liv. 2, tit. 7, § 1er. — Il ne donne la chose qu'en cas de survie du donataire, soit dans la pensée de la mort commune, soit dans la prévision d'un danger particulier, et il conserve le droit de révoquer son bienfait, même après avoir mis le donataire en possession. — LL. 2, 3, 4, 5, 6 et 16, ff., *De don. mortis causâ*.

3. — « Placer le caractère essentiel de la donation à cause de mort, a dit M. Coin-Delisle (nº 33, sur l'art. 952), dans sa révocabilité plutôt que dans la préférence du donateur sur le donataire, c'est prendre l'effet pour la cause. C'est justement parce que le donateur n'entendait gratifier le donataire qu'au préjudice de ses héritiers et non au sien, c'est parce que telle était sa pensée dominante que la donation à cause de mort était toujours révocable. »

4. — Il ne faut pas confondre avec la donation

à cause de mort l'*acquisition à cause de mort*, que les Romains appelaient *mortis causâ capio*, expression beaucoup plus générale, qui comprenait toutes les acquisitions faites par suite de la mort d'une personne, sans constituer ni une donation, ni un legs, ni un fidéicommis : par exemple, le paiement qu'un héritier aurait reçu d'un esclave affranchi par testament, en exécution d'une condition imposée à ce dernier par le testateur.—LL. 8 et 38, ff., *De mort. caus. donat.*

§ 1er. — ***Historique*** (no 5).

§ 2. — ***Droit actuel*** (no 38).

§ 3. — ***Solutions diverses*** (no 55).

§ 1er. — *Historique.*

5. — La donation à cause de mort est de droit naturel, si l'on suppose la mise en possession.

6. — Mais en serait-il de même si la tradition n'a pas eu lieu du vivant du donateur? L'acceptation du donataire peut-elle produire effet au préjudice de la prise de possession par un tiers postérieurement au décès? — Contrairement à l'opinion de Wolff (*Jus nat.*, part. 4e, §§ 134 et 142), de Toullier (t. 5, no 11, *in fine*) et de Duranton (t. 8, no 11), nous serions portés à adopter la négative, par la raison que, pour donner autorité à la volonté d'un défunt en l'absence de toute tradition, il est nécessaire de se référer à une règle qui serait le produit d'une convention sociale, laquelle n'existe pas dans notre hypothèse. — Coin-Delisle, *Donations*, Introd., no 6.

7. — *Droit romain.* — La donation à cause de mort pouvait, chez les Romains, être faite par tous ceux qui pouvaient avoir un testament ou des codicilles (L. 15, ff., *De mort. caus. donat.* — V. cependant L. 25, ff., *ibid.*, au profit de tous ceux qui pouvaient recevoir par testament (L. 9, *ibid.*), et pour des choses, soit particulières, soit universelles, soit corporelles, soit incorporelles. — L. 18, § 1, et L. 28, *ibid.*

8. — Bien qu'il fallût, en général, avoir la capacité de tester pour faire une donation à cause de mort, cependant les fils de famille pouvaient donner en cette forme s'ils y étaient autorisés par leur père. — L. 25, § 1, ff., *De mort. caus. don.*

9. — Mais la donation à cause de mort était-elle plutôt un testament qu'une donation? — C'était un point sur lequel les jurisconsultes étaient restés long-temps incertains. « *Prudentibus ambiguum fuerat, utrum donationis an legati instar eam obtinere oporteret, et utriusque causæ quædam habebat insignia, et alii ad aliud genus eam retrahebant.* — Inst. Just., lib. 2, tit. 7, § 1er.

10. — Justinien assimila, sous beaucoup de rapports, les donations à cause de mort aux legs; d'où il résulte : 1o qu'elles devaient être faites devant cinq témoins (L. 4, ff., *De mort. caus. donat.*); — 2o que, si elles n'étaient pas révoquées, elles transféraient la propriété sans tradition. — Inst., *eod. tit.*, § 1er.

11. — Comme les legs, la donation à cause de mort ne devenait parfaite que par le décès du donateur (L. 32, ff., *De mort. caus. don.*); elle pouvait être révoquée jusqu'à ce décès; elle devenait caduque si le donateur était condamné à une peine emportant diminution de tête (L. 7, *ibid.*); elle pouvait être rescindée pour cause d'insolvabilité du donateur (L. 17, *ibid.*); enfin, l'héritier pouvait faire sur la donation à cause de mort une retenue semblable à celle qui était autorisée sur les legs par la loi Falcidie. — L. 2, Cod., *De donat. caus. mort.*

12. — Mais cette donation différait des legs en ce que : 1o elle nécessitait le concours de deux volontés (L. 38, ff., *De mort. caus. don.*); — 2o elle était quelquefois subordonnée d'une manière résolutoire au décès, tandis que le legs n'y était jamais subordonné que d'une manière suspensive; — 3o elle était indépendante du testament, de sorte que, d'une part, elle était réalisée par le seul fait du décès, sans que le donataire fût obligé d'attendre l'adition d'hérédité, et que, d'autre part, la nullité du testament ou la répudiation de l'hérédité ne pouvait avoir aucune influence sur la validité de la donation à cause de mort (L. 29, ff., *De mort. caus. don.*); — 4o c'était seulement à l'époque du décès, et non, comme en matière de legs, à l'époque de la disposition qu'il fallait se reporter pour apprécier la capacité du donataire (L. 22, *ibid.*); — 5o enfin, on n'appliquait pas à la donation à cause de mort les causes d'indignité qui s'appliquaient aux legs. — L. 5, § 17, ff., *De his quæ ut indign.* — Ortolan, *Explic. hist.*, p. 333 et 334. — V. aussi Grenier, *Disc. histor.*, sect. 3e; Merlin, *Rép.*, vo *Donation*, sect. 10e; Rolland de Villargues, vo *Donation à cause de mort*, nos 2 et 3.

13. — La donation à cause de mort n'avait jamais besoin d'être insinuée; elle pouvait, à la différence des donations entre vifs, avoir lieu entre mari et femme. — L. 43, ff., *De mort. caus. don.*

14. — *Droit écrit.* — Du droit romain, les donations à cause de mort passèrent dans les pays de droit écrit où elles étaient fort usitées.

15. — Jugé que, sous l'empire du droit romain, le consentement du père n'était pas nécessaire pour la validité d'une donation à cause de mort faite par un fils de famille, lorsque le père n'avait aucun droit d'usufruit légal sur les biens de son fils. — *Nîmes*, 27 juin 1810, Bardet; — Furgole; *Test.*, ch. 14, no 25.

16. — Dans les anciennes provinces de France régies par le droit romain, la donation entre-vifs faite par le père à son fils majeur, mais non émancipé, hors de mariage, n'était pas valable comme donation entre-vifs, mais comme disposition à cause de mort, si le donateur décédait sans l'avoir révoquée. — *Cass.*, 7 mars 1816, Rambot c. Meyer.

17. — *Pays coutumiers.* — Quant aux pays coutumiers, les donations à cause de mort n'étaient autorisées par la plupart des coutumes que sous la forme testamentaire et dans les cas où les testaments étaient permis. — Ricard, *Don.*, part. 1re, ch. 2.

18. — « *Donation pour cause de mort ne vaut rien*, » disait l'art. 170 de la coutume de Blois. A quoi Dumoulin ajoutait : « *Nec ut legatum quidem, nisi fiat in formâ testamenti, quod autem donatio causâ mortis nullo modo valet, quando est in formâ contractus, recte institutum est odio suggestionum.* » Ce danger de suggestion tenait à ce que le bénéficiaire devait figurer dans la donation à cause de mort, à la différence du legs où l'on n'était point soumis à la présence du légataire.

19. — Si une donation qualifiée entre-vifs avait été faite en danger de mort, on pouvait la considérer comme donation à cause de mort, et, en conséquence, l'annuler ou la réduire, lorsque cette espèce de libéralité était, d'après la coutume, nulle ou réductible. — Cout. Paris, art. 277; — V. Ricard, part. 1re, ch. 3, sect. 1re; Bourjon, *Dr. comm.*, liv. 4, tit. 4, part. 1re, ch. 2, 3 et 4.

20. — Certaines coutumes exigeaient que les donateurs survécussent pendant un certain temps aux donations qu'ils avaient faites; ainsi, il fallait qu'ils eussent survécu quarante jours dans les cout. de Poitou, de Normandie, de Bar, de Sens, d'Auxerre et de Lorris. Autrement, leurs donations étaient sans effet. Celles de Bruges et du Franc-de-Bruges, dans la Flandre flamande, annulaient également celles auxquelles les donateurs n'avaient pas survécu vingt jours. — V. Merlin, *Rép.*, vo *Donation*, sect. 3e, § 1er, no 5; nouveau Denisart, vo *Donation*, § 3, no 16; Ricard, part. 1re, p. 25, et enfin les lois 3, 4, 5 et 6, ff., *de Mort. caus. donat.*, aux termes desquelles un grand âge suffit pour donner aux dispositions le caractère de donation à cause de mort.

21. — Jugé, dans ce sens, qu'avant le Code civil, et dans la cout. de Cambrésis, on pouvait considérer comme donation à cause de mort une donation faite par un vieillard de quatre-vingt-quatorze ans, un mois avant sa mort, quoiqu'elle fût qualifiée *entre-vifs*, et qu'elle contînt, de la part du donateur, le dessaisissement immédiat des objets donnés. — *Cass.*, 14 flor. an XI, Driancour c. Lefebvre et Crapès. — Merlin, *Quest.*, vis *Révocation de testamens*, § 1er; *Testament*, § 9; *Donation*, § 4.

22. — Jugé cependant que la vieillesse ne constitue pas le cas de maladie prévu par l'art. 218, cout. Auxerre, aux termes duquel une donation entre-vifs est réputée testamentaire et pour cause de mort, si le donateur est mort dans les quarante jours de la maladie dont il était atteint au moment de la donation. En conséquence, une donation faite par un vieillard, non frappé de maladie, conserve le caractère de donation entre-vifs, et n'est point révoquée par un testament postérieur, quoique le donateur soit mort trente-cinq jours après la donation. — *Paris*, 14 mars 1818, Perrette c. Charmoy.

23. — Du reste, on a donné, par abus, le nom de donations à cause de mort, même à des dispositions *irrévocables*, telles que les donations de biens à venir par contrat de mariage.

24. — *Ordonnances.* — Les donations à cause de mort existaient encore sous l'empire de l'ord. de 1731, dont l'art. 3 était ainsi conçu : « *Toutes* donations à cause de mort, à l'exception de celles qui se feront par contrat de mariage, ne pourront dorénavant avoir aucun effet, dans les pays mêmes où elles seront expressément autorisées par les lois ou par les coutumes, que lorsqu'elles auront été faites dans la même forme que les testamens ou les codicilles; en sorte qu'il n'y ait à l'avenir, dans nos états, que *deux formes* de disposer de ses biens à titre gratuit, dont l'une sera celle des donations entre-vifs, et l'autre celle des testamens ou codicilles. »

25. — « L'ordonnance, disait Furgole (*Observ.* sur l'art. 3), ne retranche pas l'usage des donations à cause de mort; elle en fixe seulement les formalités extérieures, qu'elle veut être les mêmes que celles des testamens ou des codicilles. » — V. aussi Merlin, *Rép.*, vo *Donations*, sect. 10e; Nouv. Denisart, vo *Donation à cause de mort*, § 3; d'Aguesseau, lett. 287, 288, 290, 9e vol. in-4o; Toullier, t. 5, no 10; Rolland de Villargues, *Rép. du not.*, vo *Donation à cause de mort*, no 8; Duranton, t. 8, no 7.

26. — Toutefois, une grave modification fut apportée par cette ordonnance, puisque le caractère conventionnel de ce genre de libéralité ne fut plus maintenu que pour les donations à cause de mort faites par contrat de mariage. Quant aux autres, elles purent encore être faites sous la forme testamentaire, même pour ceux à qui le statut local interdisait de faire un testament, tout en leur laissant le droit de faire une donation à cause de mort. — Coin-Delisle, *Donat.*, no 2, sur l'art. 893.

27. — Jugé, le 4 juin 1751, par le parlement de Dijon, que la donation faite sous forme de testament n'était pas nulle comme testament, par le motif que le donataire y était intervenu et que la disposition avait été qualifiée à cause de mort. — V. aussi Furgole, sur l'art. 3 de l'ord.

28. — L'art. 77 de l'ord. de 1735, qui prohibait les testamens mutuels, ne s'appliquait pas aux donations mutuelles à cause de mort entre époux, bien que ces donations fussent, sous l'ancienne jurisprudence, assimilées aux dispositions testamentaires.

29. — Sous l'empire de l'ord. de 1731, une donation à cause de mort n'était pas nulle faute d'insinuation. — *Rouen*, 23 flor. an X, Hugues c. Besonguet, confirmé par *Cass.*, 7 vent. an XIII; — V. aussi *Cass.*, 25 vent. an XI, Mencourt c. Détailleur; 16 nov. 1813, Samson c. Nacé.

30. — Une donation mutuelle entre époux, pour le cas de survie, faite par un contrat de mariage, ne pouvait être considérée comme une donation entre-vifs; en conséquence, elle n'était point assujétie, à peine de nullité, à la formalité de l'insinuation. — *Paris*, 10 mai 1815, Doscot c. Jumel.

31. — *Lois intermédiaires.* — Sous la loi du 17 niv. an II, on suivait les mêmes principes, et, en conséquence, le don mutuel entre époux, qui était considéré, non comme une donation entre-vifs, mais comme une donation à cause de mort, ne pouvait être annulé pour défaut d'insinuation. — *Cass.*, 14 prair. an XIII, Beugon; 28 prair. an XIII, Michaut c. Ponce-Nivois. — Un arrêt de Dijon, 30 messid. an XI (Beugon), avait admis la solution contraire; mais cet arrêt a été cassé par l'arrêt précité de *Cass.*, 14 prair. an XIII.

32. — Une donation mutuelle entre époux faite pendant le mariage, sous l'empire de la loi du 17 niv. an II, qui permet les avantages entre époux, sans en régler le mode, et ayant pour objet les biens que le prémourant laissera à son décès, est une donation à cause de mort qui peut être révoquée par un testament ultérieur de l'un des donateurs. — *Rouen*, 21 juill. 1821, Morisse c. Leclerc et Quesney.

33. — Aussi ces espèces de donations n'étaient-elles, sous l'empire de la loi du 5 déc. 1790, assujéties à l'enregistrement qu'après le décès du disposant.

34. — L'art. 1er, L. 17 niv. an II, porte : « Toutes dispositions à cause de mort dont l'auteur est encore vivant, ou n'est décédé que le 14 juill. 1789 ou depuis, sont nulles, quand même elles auraient été faites antérieurement. »

35. — Jugé, par application de cette loi, que les dispositions à cause de mort, faites à titre universel et dont l'auteur est décédé sous la loi du 17 niv. an II, sont nulles pour le tout. — *Cass.*, 19 thermid. an XII, Torffs et Colmant c. Rusette; 4e compl. an IV, Schereinffer et Hermann c. Durnenger; *Bruxelles*, 17 juill. 1811, Van Elsacker c. Verheyen; *Cass.*, 11 mars 1834, de Moyria c. de Vogue.

36. — Mais, jugé que les dispositions à cause de mort faites à titre particulier, dont l'auteur est décédé sous l'empire de la loi du 17 niv. an II, sont valables. — *Paris*, 17 niv. an XIII, Monnier c. Dumerel. — V. aussi les arrêts cités sous le numéro qui précède.

37. — Il faut considérer comme donation à cause de mort, annulée par les lois des 7 mars 1793, 5 brum. et 17 niv. an II, et non comme une donation conditionnelle, la disposition par laquelle une

mère donne à son fils les trois quarts de tous ses biens présens et à venir, avec réserve d'en disposer, et déclare que, n'en disposant pas, elle veut qu'ils demeurent compris dans la donation, sans qu'il soit besoin d'autre disposition.—*Agen*, 27 nov. 1811, Dagieu.

§ 2. — *Droit actuel.*

38. — Le Code civil n'a plus eu, comme l'ord. de 1731, à se préoccuper de la conciliation entre les pays de droit écrit et les pays de coutumes, et l'art. 893, loin d'avoir pour unique objet de régler les formalités, a voulu principalement prohiber les dispositions qu'il ne permettait pas. — «La distinction, disait M. Joubert dans son rapport au tribunat, des dispositions de dernière volonté en testamens, codicilles ou donations à cause de mort ne subsistera plus : on ne connaîtra qu'une seule espèce de dispositions de dernière volonté, elles s'appelleront testamens. » — V. aussi Grenier, *Donat.*, obs. prél., nos 1 et 13; Duranton, no 6.

39. — La solution s'applique à toutes les donations que l'ancien droit déclarait donations à cause de mort, soit par la volonté de la loi, soit par les circonstances dans lesquelles se trouvait placé le donateur au moment de l'acte, soit par la qualification que lui donnaient les parties, soit enfin par la nature de ses dispositions. — V. Coin-Delisle, no 33, sur l'art. 894.

40. — 1o *Par la volonté de la loi.* — Lorsque la loi ou la coutume réputait à cause de mort un acte dont tous les caractères extérieurs constituaient une donation entre-vifs, ce n'était là qu'une fiction qui a dû disparaître avec les actes législatifs qui l'avaient créée.—C'est dans cet esprit que, le projet de Code civil ayant proposé d'assimiler à la disposition testamentaire la donation entre-vifs faite dans les six jours qui précéderaient celui de la mort, l'article fut supprimé sur l'observation du tribunat, que toute donation acceptée doit avoir son effet, quel que soit le temps que le donateur survive à la donation.

41.—...2o *Par les circonstances où se trouvait le donateur au moment de l'acte.*—La jurisprudence avait créé cette classe de donations à cause de mort; cette fiction ne saurait pas plus subsister que la précédente, et nous restituerons aux libéralités irrévocables faites à la veille d'un danger le caractère de donation entre-vifs.

42. — ... 3o *Par la qualification donnée par les parties.* — Cela pouvait être admis dans l'ancien droit; mais aujourd'hui, ainsi que nous le démontrons dans les numéros suivans, une fois les caractères de l'acte bien déterminés, la qualification erronée, donnée par les parties, ne saurait en changer ni la nature, ni, par conséquent, les effets.

43. — ... 4o *Par la nature de la disposition.* — Si le donateur, en conservant la faculté de révocation, dispose de telle sorte que le donataire ne puisse devenir propriétaire que par son décès et à son décès; ou si la libéralité faite dans la vue de la mort peut être résolue dans le cas où le donateur survivrait à un événement prévu ou à un temps fixé, on reconnaît dans cette disposition le caractère distinctif des donations à cause de mort, à savoir que le donateur se préfère au donataire, et préfère celui-ci à ses héritiers; et, dans ce cas, il faudra, sous le Code civil, déclarer cette donation nulle. — Grenier, t. 1er, nos 10 et 19; Coin-Delisle, no 37, sur l'art. 895. — V. cependant Duranton, t. 8, no 478.

44. — Merlin, au contraire (*Rép.*, vo *Donation*, sect. 10, *in fine*), dit que l'art. 893 n'abolit pas plus les donations à cause de mort que ne le faisait l'ord. de 1731, que c'est prouvé surtout par l'art. 967, qui permet de disposer par testament, *sous toute dénomination* propre à manifester la volonté. — Toullier (t. 5, no 11) adopte cette opinion, tout en reconnaissant qu'elle ne s'appuie pas sur l'interprétation rigoureuse du texte.

45. — C'est par erreur que M. Dalloz a dit que Merlin n'avait pas persisté dans cette opinion : ce qui aura induit en erreur ce jurisconsulte, c'est que ce qui n'était qu'une note dans la première édition, Merlin l'a mis dans les éditions suivantes, dans le corps du texte. Nous devons bien fixer l'état de la doctrine, parce que la solution de cette question entraîne des conséquences fort étendues.

46. — Nous répondons que, dans l'art. 967, le législateur n'a eu en vue que de laisser la plus grande liberté au disposant, dans le choix des expressions qu'il lui plairait d'employer pour manifester sa volonté, qu'il n'a pas voulu qu'un acte pût être annulé par l'emploi d'un terme impropre. Cet article n'a pas d'autre portée. — Toullier, t. 5, no 11; Grenier, *Observ. prélim.*, no 13 *bis*; *Dict. du notar.*, 3e édit., no 11.

47.—Quant à l'interprétation d'équité à laquelle Toullier a recours, il est impossible de l'admettre en présence du texte prohibitif d'une loi : le jurisconsulte ne peut, aux yeux des magistrats, être plus sage que le législateur. — Coin-Delisle, no 5, sur l'art. 893.

48. — C'est ainsi qu'une libéralité entre époux, portant donation de l'un et acceptation de l'autre, a été déclarée valable comme donation entre-vifs, bien qu'elle eût été qualifiée à cause de mort. — *Nancy*, 27 août 1814, Ménestrel.

49. — Mais jugé qu'on ne peut réputer donation entre-vifs, bien qu'elle soit ainsi qualifiée, la donation d'une somme d'argent à prendre sur les biens les plus clairs de la succession du donateur, mais sans concession actuelle d'aucune garantie hypothécaire. — *Cass.*, 25 juin 1839 (t. 2 1839, p. 7), Blanchard c. Morichon; — Ricard, 1re partie, no 1036; Cochin, t. 4, p. 395; Grenier, t. 1er, p. 143; Pailliet, sur l'art. 943; Merlin, *Rép.*, vo *Donation*, sect. 3e, § 4, no 5. — V. au surplus, DONATION. — V. cependant *Cass.*, 28 janv. 1839 (t. 1er 1839, p. 128), Enregist. c. Demoustuéjouls; *Paris*, 27 déc. 1834, Morta c. Leterrier.

50. — Dans tous les cas, une donation à cause de mort, faite avant le Code civil, dans les formes prescrites par les lois qui étaient alors en vigueur, doit recevoir son effet, si le donateur est décédé sous l'empire de ce Code. — *Turin*, 31 août 1808, Bonetti c. Godmar.

51. — C'est l'application du principe d'après lequel la forme des actes de disposition à cause de mort se règle par la loi de l'époque de leur confection.

52. — On a même décidé que le sort d'une donation à cause de mort, quoique exprimée dans un acte entre-vifs, un contrat de mariage, par exemple, est réglé par la loi en vigueur au moment de la donation, et non par celle existant au jour du décès du donateur. — *Cass.*, 7 vent. an XIII, confirm. de *Rouen*, 23 flor. an X, Hugues c. Besonguet; — Ricard, part. 1re, no 791; Nouveau Denisart, vo *Donation entre-vifs*, § 5, nos 5 et 6; Chabot, *Quest. transit.*, vo *Donations*, § 3; Grenier, *Traité des donat.*, p. 92. — V. cependant Merlin, *Rép.*, vo *Effet rétroactif*, sect. 3e, § 3, art. 6.

53. — Suivant M. Rolland de Villargues (vo *Donation à cause de mort*, no 9), la donation à cause de mort existe encore dans les donations de biens à venir par contrat de mariage et dans les donations entre époux.

54. — Sans doute, on ne peut disconvenir que ces deux genres de disposition n'aient des points de contact avec l'ancienne donation à cause de mort; mais, il ne nous semble pas possible de les considérer comme de véritables donations à cause de mort, sans violer le principe expressément prohibitif de l'art. 893.

§ 3. — *Solutions diverses.*

55. — Un seul contrat peut contenir deux donations de nature différente : l'une entre-vifs, l'autre à cause de mort. — *Cass.*, 18 mars 1834, Lemonnier c. Prévost. — Dans le doute, on doit considérer la libéralité comme don entre-vifs, plutôt que comme donation à cause de mort. — Rolland de Villargues, no 21.

56. — La donation avec tradition de manuscrits, de la part d'un auteur mourant, doit être réputée à cause de mort, et, comme telle, soumise aux formalités des testamens. — *Paris*, 4 mai 1816, Lesparda c. Chénier. — Merlin (*Quest.*, vo *Donation*, § 6, no 4) critique cet arrêt, qui confirme notre système sur la prohibition absolue des donations à cause de mort, et doit, par conséquent, se trouver en opposition avec la doctrine de Merlin. — V. aussi Favard, vo *Don manuel*, no 4.

57. — Un testament fait sous le Code civil, et entaché de nullité, ne peut valoir, soit comme donation entre-vifs, soit comme donation à cause de mort, ou comme codicille, même dans les pays où la jurisprudence ancienne distinguait les codicilles des testamens. — *Turin*, 22 fév. 1806, Gantia.

58. — Un écrit contenant donation à cause de mort, qui n'est revêtu ni des formes testamentaires ni de celles prescrites pour les actes de donation entre vifs, n'est point validé par la signature approbative que, de son vivant, le donateur a exigée de son héritier présomptif. — *Bruxelles*, 9 juin 1807, Anthénius c. Bracke.

59. — Une donation à cause de mort qu'un Français a faite, avant le Code civil, par un contrat de mariage sous seing-privé, dans un pays étranger où les contrats de mariage passés dans cette forme étaient valables, ne peut être attaquée par les héritiers du donateur mort en France sous l'empire du Code, sur le fondement que l'acte qui le contient n'est pas authentique, et qu'il ne fait foi ni de sa date ni du lieu où il a été passé. — *Paris*, 11 mai 1817, Hays c. Bertin.

60. — Dans l'ancien droit, comme sous le Code civil, la condition imposée au donataire de se marier avec une des personnes désignées et non autrement, était valable dans une donation à cause de mort, et une telle condition était considérée comme la cause déterminante de la donation. — *Toulouse*, 30 nov. 1814, Autier c. Cubilier.

61. — Une libéralité ne saurait être réputée donation à cause de mort, par cela seul qu'elle serait faite sous la condition de survie soit du donataire, soit du donateur, soit d'un tiers. — Duranton, no 480.

62. — Lorsque, par contrat de mariage, passé sous l'empire de l'ordonn. de 1731, un père a donné entre-vifs à l'un de ses enfans la moitié de ses biens, et que, relativement à l'autre moitié, il a déclaré se la réserver pour en disposer; s'il ajoute qu'en cas de non disposition cette deuxième moitié sera consolidée à la première, cette deuxième disposition ne peut pas être considérée comme une simple donation à cause de mort qui reste sans effet au cas de prédécès. On doit y voir au contraire une seule et même donation universelle, dont l'effet n'est susceptible de diminution qu'au cas d'exercice de la faculté réservée. Dès-lors, s'il n'y a pas de disposition ultérieure, la donation aura été, dès le jour de la donation, non seulement irrévocable, mais encore transmissible aux enfans du donataire. — *Grenoble*, 24 déc. 1822, Roguin c. Mayousse; — Furgole, sur l'art. 18, ord. 1731.

63. — L'arrêt qui juge qu'une vente simulée d'objets particuliers n'opère pas révocation d'une donation universelle à cause de mort, ne donne pas ouverture à cassation. — *Cass.*, 4 nov. 1807, Castelbon c. Castanié; — Merlin, *Rép.*, vo *Révocation de donation*, § 2; Delvincourt, p. 386; Toullier, no 652.

64. — L'arrêt qui appelle les héritiers *ab intestat*, et non le donataire universel à cause de mort, à recueillir les biens aliénés par le donateur au moyen d'une vente déclarée nulle, comme simulée au profit d'un indigne, ne contient aucune contravention aux lois anciennes. — Même arrêt.

65. — Lorsqu'une donation à cause de mort a été faite par contrat de mariage, et que le donataire vient à décéder avant le donateur, ses enfans ou descendans recueillent le don *jure suo*, et non en leur qualité d'héritier. — *Riom*, 15 janv. 1822, Achard c. Biscarat. — Dumoulin, sur l'art. 390, Cout. Bourbonnais; Ricard et son annotateur, part. 1re, no 1036; Cochin, t. 4. p. 395 et suiv; Boucheul, *Des convent. de succéder*; Lebrun, liv. 3, chap. 2; Grenier, t. 1er, p. 141 et suiv.; Toullier, t. 5, no 837.

66. — L'héritier à réserve, en concours avec un légataire universel, n'est pas tenu de contribuer à l'acquit des donations à cause de mort, que le défunt a faites par son contrat de mariage. — *Paris*, 5 fév. 1811, Dufour de Villeneuve c. Dubos; — C. civ., art. 913, 922; — Merlin, *Rép.*, vo *Réserve*; Toullier, t. 5, nos 120 et suiv.

67. — La donation à titre de gain de suivie, quoique irrévocable, participant plus de la donation à cause de mort que de la donation entre-vifs, est opposable aux tiers, encore bien qu'elle n'ait pas été transcrite et qu'elle comprenne des biens susceptibles d'hypothèques. — *Toulouse*, 7 mai 1829, Delage c. Miramont.

V. DÉMISSION DE BIENS, DISPOSITION A TITRE GRATUIT, DON MANUEL, DON MUTUEL, DONATION ENTRE-VIFS, DONATION PAR CONTRAT DE MARIAGE, DONATION ENTRE ÉPOUX, ENREGISTREMENT, PARTAGE D'ASCENDANS, RETOUR CONVENTIONNEL.

DONATION A CAUSE DE NOCES, PROPTER NUPTIAS.

C'était chez les Romains une espèce particulière de donation que le mari faisait à sa femme en considération de sa dot et pour lui en assurer l'exécution. Cette donation portait d'abord le nom de *donatio ante nuptias*, parce qu'elle devait se faire avant le mariage; depuis, comme elle a pu se faire légalement pendant le mariage, ce nom a été changé en celui de *donatio propter nuptias*. — V. DONATION ENTRE ÉPOUX.

DONATION PAR CONTRAT DE MARIAGE.

Table alphabétique.

DONATION PAR CONTRAT DE MARIAGE. — 1. — C'est la donation qui est faite aux futurs époux dans leur contrat de mariage.

2. — Cette donation peut être faite par des tiers ou par les futurs époux eux-mêmes.

3. — Nous ne nous occuperons ici de la donation par contrat de mariage qu'autant qu'elle est faite par des tiers.

4. — Quant aux libéralités que se font respectivement les futurs époux dans leur contrat de mariage, elles sont, ainsi que celles que se font ces mêmes époux durant le mariage, l'objet du mot DONATION ENTRE ÉPOUX.

5. — La faveur du mariage a dû faire admettre pour les donations, sans lesquelles il ne serait point contracté, des règles spéciales destinées à leur assurer le plus libre cours. Toute loi dans laquelle on ne chercherait pas à encourager les mariages serait en effet, ainsi que le remarque Bigot-Prémaneu, *Exposé des motifs* (V. Locré, *Législation civ.*, t. 11, p. 416), contraire à la politique et à l'humanité.

6. — On distingue quatre espèces de donations par contrat de mariage : 1° la donation ordinaire de biens présens (C. civ., art. 1081) ; — 2° la donation de biens à venir (C. civ., art. 1082 et suiv.) ; — 3° la donation faite cumulativement de biens présens et à venir (C. civ., art. 1084 et suiv.) ; — 4° enfin toute autre donation dépendante, quant à son effet, de la volonté du donateur (C. civ., art. 1086).

7. — Les règles qui concernent chacune de ces quatre espèces de donations formeront l'objet d'autant de sections séparées. On exposera dans une première section les dispositions communes à ces diverses donations ou à la plupart d'entre elles.

CHAPITRE 1er. — *Dispositions générales.*

8. — Les donations par contrat de mariage, bien que soumises à des règles spéciales par suite de la nécessité d'encourager et de faciliter les mariages, n'en sont pas moins des donations entre-vifs, et il faut dès-lors leur en appliquer les règles générales toutes les fois que l'exception n'est pas formellement exprimée dans la loi. — Toullier, t. 5, n° 822. — V. DONATION ENTRE-VIFS.

9. — Ainsi, à l'égard des règles de forme, ces donations sont faites par acte notarié. — C. civ., art. 1394.

10. — Est nulle la donation faite par un contrat de mariage rédigé en présence de deux témoins, dont l'un n'est pas domicilié dans l'arrondissement communal où l'acte a été passé. — *Grenoble*, 21 déc. 1827, Lassarre c. Genin.

11. — Elles doivent être transcrites au bureau des hypothèques (C. civ., art. 939) ; elles doivent contenir l'état estimatif des effets mobiliers qui en forment l'objet (C. civ., art. 948).

12. — Nous supposons, bien entendu, dans ce qui précède, que l'accomplissement de ces deux dernières formalités est compatible avec la nature même de la donation.

13. — Mais on a cru pouvoir les dispenser de la nécessité de l'acceptation conçue en termes exprès. — C. civ., art. 1087.

14. — Jugé en effet qu'une donation faite par un tiers dans un contrat de mariage n'a pas besoin d'être acceptée par le donataire. — *Bastia*, 2 mars 1835, Rossi c. Franceschi et Omessa.

15. — Ce n'est pas toutefois que le concours des volontés n'y soit exigé comme dans toute donation; mais on a pensé que la présence des parties au contrat de mariage contenait une acceptation tacite, suffisante pour manifester ce concours de volontés. — Duranton, t. 9, n° 745; Toullier, n° 822; Marcadé, sur l'art. 1087, C. civ.; Demante, *Thémis*, t. 7.

16. — Mais si une donation faite par un tiers sous forme de constitution de dot en faveur d'un futur mariage, n'avait pas eu lieu par le contrat de mariage, on rentrerait sous l'empire de la règle générale, c'est-à-dire que cette donation ne pourrait produire d'effet que du jour de son acceptation. — *Bastia*, 2 mars 1835, Rossi c. Omessa.

17. — Et, dans cette hypothèse, le défaut d'acceptation ne pourrait être couvert par l'exécution volontaire de la donation de la part du donateur, résultant de ce que les époux auraient été mis en possession des biens donnés. — Même arrêt.

18. — Seulement la prise de possession équivaudrait à une acceptation à l'égard des meubles qui font partie de la donation. — Dans tous les cas, l'acceptation d'une donation exclusive n'a pas besoin d'être énoncée en termes sacramentels, pourvu qu'elle résulte d'une clause positive. — Même arrêt.

19. — En ce qui concerne le fond, il faut aussi, en l'absence d'une disposition expresse de la loi, s'en référer aux règles générales. — Toullier, *loc. cit.*

20. — La loi a pris soin de le rappeler elle-même à l'égard des règles sur la quotité disponible. Ainsi, d'après l'art. 1090, C. civ., « toutes donations faites aux époux par leur contrat de mariage seront, lors de l'ouverture de la succession du donateur, réductibles à la portion dont la loi lui permettait de disposer. — V. QUOTITÉ DISPONIBLE.

21. — Et remarquons que la quotité des biens dont a pu disposer le donateur se détermine, d'après la loi en vigueur au jour de la donation irrévocable, quoique l'effet de cette donation fût reporté au temps de son décès. — Duranton, n° 752. — V. QUOTITÉ DISPONIBLE.

22. — C'est aussi cette loi qui règle ce que le donataire, à raison de sa qualité, a pu recevoir du donateur. — Duranton, n° 753.

23. — La révocation pour cause d'inexécution des conditions et celle pour survenance d'enfans ne cessent pas non plus d'être applicables. — C. civ., art. 953 et suiv., 960; — Toullier, n° 846; Duranton, nos 747 et suiv.; Marcadé, t. 5, 235; Grenier, *Des donations*, t. 2, n° 425.

24. — En ce qui concerne le cas de survenance d'enfans, remarquons toutefois que l'exception à la révocabilité des donations faites en faveur de mariage par les ascendans aux conjoints embrasse tout aussi bien la donation faite à l'un des conjoints seulement que celle qui aurait pour objet de les gratifier l'un et l'autre. — *Rouen*, 24 mai 1841 (t. 1er 1841, p. 749), Petit; *Cass.*, 30 juin 1842 (t. 2 1843, p. 637), mêmes parties.

25. — Mais « les donations en faveur de mariage ne sont pas révocables pour cause d'ingratitude. » — C. civ., art. 959.

26. — Cependant, si une donation faite par contrat de mariage ne peut pas être révoquée pour cause d'ingratitude, le donateur peut, s'il a besoin d'alimens, se faire attribuer la jouissance des biens donnés. — *Riom*, 3 août 1809, Frescat c. Estran.

27. — Les donations par contrat de mariage sont caduques si le mariage ne s'ensuit pas. — C. civ., art. 1088.

28. — En d'autres termes, elles ne sont valables que si l'union qu'elles avaient pour but de favoriser vient à se réaliser; un autre mariage, même immédiat, ne suffirait pas à les valider; car, dans le chap. 8 du Code civ., il ne s'agit pas de donations destinées à faciliter un mariage *in genere*, mais de donations en faveur d'un mariage déterminé, entre personnes spécialement désignées. — V. conf. Duranton, n° 746.

29. — Jugé également que, dans l'ancien droit, l'institution contractuelle faite par une mère à son fils n'était pas valable si le mariage ne s'en était pas suivi, alors surtout que, d'après les circonstances, on pouvait présumer que ce mariage avait été la cause finale de la donation. — *Toulouse*, 16 janv. 1813, Lajoux c. Armenté.

30. — Les donations par contrat de mariage sont, de plein droit, présumées faites (à l'exception des donations ordinaires de biens présens dont il est question dans l'art. 1081, C. civ.) aux enfans à naître du mariage. — V. conf. Marcadé, *loc. cit.*

31. — Elles sont caduques (à l'exception encore des donations de la première espèce), si le donateur survit à l'époux donataire et à ses enfans issus du mariage. — C. civ., art. 1089; — Duranton, n° 749; Marcadé, *loc. cit.*

32. — Quant à la nature des donations faites par contrat de mariage, il a été jugé que ce sont — : « des actes à titre onéreux, qui ne peuvent s'assimiler à de pures libéralités, et qui doivent produire, en conséquence, l'effet de garantie attaché aux contrats de cette nature. » — *Cass.*, 22 niv. an X, Marcelin; *Rouen*, 8 juill. 1828, Adam. — V. conf. Rolland de Villargues, n° 27. — V. aussi Ricard, *Donations*, nos 606 et 1107. — *Contrà* Vazeille, sur l'art. 1086, C. civ., n° 6. — V. au surplus DONATION ENTRE-VIFS.

33. — D'où l'on a conclu que le donateur est obligé de donner à ses frais main-levée des inscriptions hypothécaires, qui frappent de son chef sur les biens donnés. — *Rouen*, arrêt précité.

34. — Jugé, d'un autre côté (ce qui semble supposer que l'on doit considérer la donation par contrat de mariage comme une pure libéralité) qu'une donation, même par contrat de mariage, peut être annulée, si elle a été faite en fraude des créanciers, *encore bien que le donataire ait été de bonne foi*. — *Bordeaux*, 2 mai 1826, Jaubert c. Trouillot. — V. CRÉANCIER.

35. — ...... Que la donation à cause de noces, faite par un donateur insolvable, connaissant son insolvabilité, et tombé depuis en faillite, est nulle, lors même que le donataire aurait été de bonne foi, et qu'il aurait été procédé au mariage à raison duquel la donation avait eu lieu. — *Grenoble*, 3 fév. 1842 (t. 1er 1844 p. 302), Boisat c. Colomb de Batines.

36. — Jugé cependant que pour prononcer la nullité d'une donation contenue en un contrat de mariage il faut non seulement qu'il y ait eu dommage, mais encore intention de frauder. — *Riom*, 18 janv. 1845 (t. 1er 1845, p. 645), Mouroult. — Domat, *Lois civiles*, sect. 1re, tit. 10, liv. 2, n° 6.

37. — Une cour royale peut annuler une donation faite par des père et mère dans le contrat de mariage de leur fille, en se fondant sur ce que cette donation n'a profité qu'au père donateur, sans qu'une pareille décision puisse être soumise à la censure de la cour de Cassation. — *Cass.*, 7 juill. 1830, Delrieu c. Cantuel.

38. — L'interprétation des donations contractuelles suit les règles ordinaires. C'est par les termes employés dans l'acte que les juges pourront connaître l'étendue que le donateur a voulu donner à sa disposition.

39. — Lorsqu'un testateur, après avoir déjà disposé de son *mobilier* par contrat de mariage en faveur de son conjoint, dispose de la nu-propriété de tous ses biens, *meubles* et immeubles, au profit d'un tiers, et lègue ensuite l'usufruit universel des uns et des autres au conjoint donataire, un arrêt peut valablement induire de ces dispositions, par interprétation de l'intention probable du testateur, que ce dernier a entendu faire dépendre la validité du legs d'usufruit de cette circonstance que le légataire renoncerait à la propriété du mobilier qui lui avait été donné, et, par suite, que dans ce cas le conjoint a seulement l'option de s'en tenir exclusivement ou à la donation contractuelle ou à la disposition testamentaire, sans qu'il puisse profiter cumulativement de l'une et de l'autre, sous prétexte de l'irrévocabilité de la donation. — *Cass.*, 20 mars 1837, Franceschini.

40. — Il est d'ailleurs sans difficulté que le sort et les effets des donations par contrat de mariage faites avant le Code civil doivent être réglés par la loi ancienne et par le Code. — V. conf. *Cass.*, 7 vent. an XIII, Hugués; — Chabot, *Quest. trans.*, v° *Donations en faveur des époux*; Grenier, n° 441; Rolland de Villargues, *Rép. du not.*, v° *Donation en faveur du mariage*, n° 83.

41. — Lorsque, une donation ayant été faite par contrat de mariage, les futurs époux, assistés de leurs familles respectives, ont, par suite de la rupture du mariage projeté, résilié ledit contrat et formellement renoncé à cette donation, et qu'enfin le donateur a accepté leur renonciation, le mariage repris et réalisé subséquemment ne fait pas renaître la donation primitive, quand bien même les époux auraient déclaré préalablement vouloir en profiter. Les époux ne peuvent échapper aux conséquences de leur renonciation sur le motif qu'elle aurait eu lieu hors de la présence du donateur, et que l'adhésion de celui-ci à la renonciation aurait été donnée sans la participation du donataire. — *Cass.*, 30 janv. 1843 (t. 2 1843, p. 97), Lacoste c. Nagoua.

CHAPITRE II. — *Donation de biens à venir.*

42. — Suivant l'art. 1081, C. civ. : — « Toute donation entre-vifs de biens présens, quoique faite par contrat de mariage aux époux, ou à l'un d'eux, est soumise aux règles générales prescrites pour les donations faites à ce titre. — Elle ne peut avoir lieu au profit des enfans à naître, si ce n'est dans les cas énoncés au chapitre VI du présent titre : » ajoutons : ou dans les cas de substitution fidéicommissaire autorisés par la loi du 17 mai 1826. — Duranton, t. 9, n° 664; Duvergier, sur Toullier, t. 5, n° 819, note *a*; Marcadé, sur l'art. 1081, C. civ. — V. SUBSTITUTION.

43. — Du reste, par ces mots de l'art. 1081, *au profit des enfans à naître, si ce n'est dans les cas énoncés au chap. VI du présent titre*, les rédacteurs du Code n'ont point entendu dire que les enfans pourraient profiter de la donation au même titre que dans le cas de l'art. 1082, c'est-à-dire si leur père donataire mourait avant le donateur, et par l'effet d'une sorte de substitution vulgaire; ils ont seulement voulu dire que ces enfans pourraient en profiter par l'effet d'une substitution fidéi-commissaire dans les termes de la loi du 17 mai 1826. — V. conf. Duranton, *loc. cit.* — V. aussi Demante, *Prog. de dr. fr.*, t. 2, n° 684; Poujol, *Donat. et testam.*, sur l'art. 1081, C. civ., n° 4.

44. — Or, il faut remarquer que cette loi, en autorisant les donations à charge de rendre aux enfans à naître, n'a point autorisé par cela même les donations faites directement à ces enfans; les deux cas sont différens, et l'exception ne doit pas s'étendre d'un cas à l'autre. — V. conf. Duranton, *loc. cit.*; Grenier, *Donat.*, t. 2, n° 409; Delvincourt, t. 2, p. 421; Toullier, t. 5, n° 819; Vazeille, sur l'art. 1081, C. civ., n° 8; Rolland de Villargues, *Rép.*, v° *Donation en faveur du mariage*, nos 2 et 3 *bis*.

45. — Si la donation de biens présens, même par contrat de mariage, était faite conjointement aux époux ou à l'un d'eux, *et aux enfans à naître de leur mariage*, cette énonciation ne vicierait pas la donation; cette donation devrait, au contraire, être maintenue, mais seulement en faveur du futur et il n'en résulterait aucun droit pour les enfans. — V. conf. Toullier, n° 820; Guilhon, *Des donations*, n° 900; Rolland de Villargues, *loc. cit.*, n° 3; Poujol, *loc. cit*, n° 5.

46. — La donation dont il s'agit étant soumise (C. civ., art. 1081) aux règles générales prescrites pour la donation entre-vifs, il est d'abord incontestable qu'indépendamment de l'impossibilité de la faire à des enfans non conçus, il y a lieu de lui appliquer, ainsi qu'on l'a vu dans la section précédente, les règles relatives soit à la quotité disponible (C. civ., art. 1090), soit à la nécessité d'un état estimatif pour les meubles (C. civ., art. 948), ou de la transcription s'il s'agit d'immeubles (C. civ., art. 939). — V. conf. Duranton, n° 668; Marcadé, *loc. cit.*; Grenier, n° 406; Rolland de Villargues, *loc. cit.*, nos 7 et 14; Demante, *Progr. de dr. fr.*, t. 2, n° 485; Merlin, *Rép.*, v° *Donation*, sect. 5e, § 1er, n° 4; Poujol, *Donat. et testam.*, sur l'art. 1081, C. civ., n° 3. — V. DONATIONS ENTRE-VIFS, QUOTITÉ DISPONIBLE.

47. — Jugé qu'une donation entre-vifs de biens présens, faite par contrat de mariage sous l'empire de la loi du 11 brum. an VII ne peut, si elle n'a point été transcrite, être opposée aux tiers qui ne sont devenus créanciers du donateur que postérieurement à la donation. — *Cass.*, 2 avr., 1821, Barbenot de Bois-Gérard c. Biret.

48. — Spécialement, et par application du même principe, les créanciers hypothécaires peuvent saisir les immeubles de leur débiteur, bien que ces objets fassent l'objet de donations qui n'ont pas été transcrites; et les tribunaux peuvent, sans contrevenir à la loi, annuler la saisie, en réservant seulement aux créanciers leur droit de suite sur les biens du débiteur. — *Cass.*, 23 juill. 1822, Chérieau c. Papou.

49. — Jugé aussi que la disposition de l'art. 948, C. civ., suivant lequel toute donation d'effets mobiliers n'est valable que pour les effets dont un état estimatif a été joint à la minute de la donation, est applicable non-seulement aux donations ordinaires, mais encore aux donations faites en contrat de mariage aux époux. — *Grenoble*, 6 avr. 1813, Franchon c. Goussolin.

50. — Il est d'ailleurs hors de doute que cette donation peut être non seulement de corps certain, ou de quantités ou de sommes, ou d'une rente ou pension, mais encore d'une quotité des biens présens du donateur. — Duranton, *loc. cit.* — V. aussi Poujol, *loc. cit.*

51. — Le don de logement fait aux époux dans le contrat de mariage et stipulé comme dot de l'un d'eux, s'éteint par la mort de l'époux donataire. — *Rennes*, 18 juill. 1822, Boisseau c. Pasquier.

52. — Il est également sans difficulté que le donateur peut se réserver l'usufruit des objets donnés, ou ne donner que l'usufruit. — C. civ., art 949. — Duranton, *loc. cit.*; Rolland de Villargues, n° 11.

53. — Et, quand il y a réserve d'usufruit, le do-

nateur peut, sans violer l'art. 894, C. civ., qui veut qu'il se dépouille actuellement des biens donnés, interdire au donataire le droit d'aliéner et d'hypothéquer ces biens pendant la vie de lui donateur. — *Orléans*, 17 janv. 1846 (t. 1er 1846, p. 288), Millet c. Talasne et Sauvage.

54. — On comprend, en effet, qu'il n'est pas indifférent pour un usufruitier d'avoir pour nu-propriétaire telle personne plutôt que telle autre : et, d'un autre côté, il est d'ailleurs bien évident qu'une pareille clause n'a point pour effet d'empêcher un dessaisissement actuel et irrévocable, en ce sens que la propriété n'en est pas moins démembrée au profit du donataire, sans que la volonté du donateur puisse désormais porter atteinte au droit qui naît de ce démembrement.

55. — Le donateur peut aussi stipuler le droit de retour des objets donnés dans les termes des art. 951 et suiv., C. civ. — V. conf. Duranton, *loc. cit.*; Rolland de Villargues, n° 12 ; Toullier, n° 821. — V. RETOUR CONVENTIONNEL.

56. — Mais, les donations par contrat de mariage stipulées *en avancement d'hoirie* ne sont pas de plein droit réputées faites sous la réserve du droit de retour en faveur du donateur, pour le cas du prédécès du donataire et de sa postérité. — *Limoges*, 16 janv. 1841 (t. 2 1841, p. 465), Chaumont c. Chauzenoux.

57. — Le père qui a donné en avancement d'hoirie à son enfant une somme déterminée est tenu de servir l'intérêt de cet avancement d'hoirie; il ne peut délaisser des biens immeubles pour se libérer, autant du moins que l'enfant se borne à réclamer l'intérêt de l'avancement d'hoirie qui lui a été constitué. — *Riom*, 9 juin 1817, Devédrine c. Charas et Bertholot.

58. — Le donataire par contrat de mariage du quart des biens en propriété et de l'usufruit en totalité, à la charge de payer les dettes du donateur, *créées jusqu'alors, et dont il serait fait état*, est tenu du paiement d'une obligation authentique souscrite quelques jours après la donation, quoique non comprise dans l'état, si cet état de dettes n'a été fait que long-temps après la donation; si d'ailleurs il est articulé et non désavoué que cette dette remonte à une époque antérieure à la donation. — *Riom*, 10 nov. 1814, Decombes c. Delchier.

59. — Remarquons aussi que le donateur peut se réserver la liberté de disposer d'un effet compris dans la donation de biens présens, ou d'une somme fixe à prendre sur ces mêmes biens : alors l'effet ou la somme, s'il meurt sans en avoir disposé, sont compris dans la donation, et appartiennent, aux termes de l'art. 1086, au donataire ou à ses héritiers. Il faut toutefois noter à cet égard que l'art. 1086, en le décidant ainsi par dérogation à l'art. 946, d'après lequel, au contraire, l'objet devrait, dans la même hypothèse, appartenir aux héritiers du donateur, suppose que la réserve dont il s'agit a été faite *par contrat de mariage*, et doit évidemment, puisqu'il établit une règle exceptionnelle, ne pas être étendu au-delà de ses termes précis. — V. conf. Duranton, nos 668 et suiv.; Toullier, n° 825 ; Vazeille, *loc. cit.*, n° 4 ; Rolland de Villargues, nos 8 et suiv.

60. — Si, au lieu de la réserve de disposer d'une chose sur les biens donnés, le donateur a fait la réserve simple d'une chose ou d'une quotité de biens, quel sera l'effet de cette dernière réserve? — V. *infrà* nos 445 et suiv.

61. — Mais l'effet le plus important du renvoi de l'art. 1081, C. civ., aux règles générales des donations, c'est que la donation des biens présens, même lorsqu'elle est faite par contrat de mariage, dépouille *actuellement* et *irrévocablement* le donateur pour saisir le donataire. — Delvincourt, *loc. cit.*, p. 421 ; Duranton, n° 668; Grenier, n° 405; Toullier, n° 825; Guilhon, *Des donat.*, n° 899 ; Rolland de Villargues, n° 15 ; Marcadé, *loc. cit.* ; Poujol, sur l'art. 1081, C. civ., n° 1er.

62. — Tel était aussi, anciennement, le caractère de la donation faite par le père ou la mère à ses enfans en avancement d'hoirie, dans le contrat de mariage. — *Metz*, 14 fév. 1812, Rotschot c. Goascht. — V. conf. *Cass.*, 25 nov. 1828, Darène c. Bosser.

63. — D'où il suit qu'il n'y a pas caducité par le prédécès du donataire; le disposant ayant été dessaisi, les biens donnés ne peuvent retourner dans ses mains que par l'effet, s'il y a lieu, d'un droit de retour, soit légal, soit conventionnel. — Mêmes auteurs. — V. aussi Vazeille, sur l'art. 1081, C. civ., n° 7; Demante, *loc. cit.*, n° 485.

64. — Lorsqu'une mère a fait une donation entre-vifs à sa fille par son contrat de mariage, et à titre de constitution de dot, avec stipulation que cette dot serait payable seulement à une époque déterminée, elle ne peut, avant l'échéance de ce terme, aliéner frauduleusement les biens immeubles qui sont la garantie de la conservation de la dot promise; et la fille dotée est fondée, ainsi que son mari, à exiger le maintien des garanties dont on voudrait la priver à l'aide du dol et de la fraude. — *Toulouse*, 20 mars 1841 (t. 2 1841, p. 77), D...

65. — Ajoutons maintenant que, puisque les donations de biens présens sont des donations entre-vifs, et emportant dessaisissement actuel et irrévocable, il faut évidemment leur appliquer les règles que l'on a établies sous le mot DISPOSITION A TITRE GRATUIT, nos 564 et suiv., pour fixer l'époque à laquelle doit exister la capacité de donner et celle de recevoir. — V. conf. Demante, *Thémis*, t. 7, p. 480.

66. — Et comme ici, selon la remarque de M. Demante (*loc. cit.*), le temps de l'acceptation ne peut être distinct de celui de la donation, il en résulte que la capacité, soit du donateur, soit du donataire, n'est requise qu'à une seule époque, celle du contrat de mariage, et que l'incapacité survenue postérieurement ne pourrait vicier ces libéralités qu'autant qu'elle ferait défaillir la condition dont elles dépendent, ce qui arriverait si le donataire devenait incapable de contracter mariage.

67. — Ce n'est, au surplus, qu'aux règles générales des donations, et non pas à toutes les règles quelconques des donations, qu'est soumise celle entre-vifs de biens présens faite aux futurs époux ou à l'un d'eux. — Duranton, n° 669.

68. — L'art. 1081 n'empêche donc pas que les règles énoncées dans la précédente section soient applicables.

69. — Ainsi, par exemple, la donation de biens présens faite par contrat de mariage n'est point révocable pour cause d'ingratitude, soit qu'elle ait été insérée dans le contrat de mariage lui-même, soit qu'elle ait été faite par un acte distinct du contrat de mariage (pourvu qu'elle l'ait été en faveur du mariage), car l'art. 959, C. civ., ne distingue pas. — Duranton, n° 669 ; Rolland de Villargues, n° 25.

70. — Ainsi encore, elle n'exige pas une acceptation expresse (C. civ., art. 1087), et elle est toujours virtuellement subordonnée à la condition que le mariage aura lieu. (C. civ., art. 1088). — V. conf. Duranton, n° 669. — Toullier, nos 822 et suiv. ; Marcadé, *loc. cit.* ; Rolland de Villargues, nos 13 et 18.

71. — Il y a toutefois entre ces deux règles, quant à leur application, cette différence, à savoir que la règle de l'art. 1087 se restreint aux donations faites seulement dans le contrat même de mariage, tandis que la règle de l'art. 1088 régit toutes les donations *faites en faveur du mariage*, qu'elles soient ou non portées dans le contrat même. — V. conf. Duranton, n° 669; Rolland de Villargues, nos 19 et s. — V. aussi Toullier, n° 829; Delvincourt, t. 2, notes, p. 419; Grenier, n° 407; Vazeille, sur l'art. 1081, C. civ., n° 5.

72. — La donation de biens présens, faite par contrat de mariage, devient donc caduque si le mariage ne se réalise pas ; mais la caducité n'en aurait pas lieu par suite de l'événement du décès du donateur survenu avant la célébration du mariage ; car il est permis de donner sous une condition qui ne s'effectue qu'après la mort. — Malleville, sur l'art. 1088, C. civ.; Delvincourt, *loc. cit.*, p. 427; Grenier, n° 428; Vazeille, sur l'art. 1088, n° 1er; Rolland de Villargues, n° 20; Duranton, n° 669.

73. — Quand le mariage vient à être annulé, après sa célébration, les donations faites par des tiers aux époux doivent-elles être maintenues?

74. — La doctrine et la jurisprudence ne paraissent pas fixées sur cette grave question. Suivant Delvincourt (t. 2, p. 419), l'on doit conclure du texte de l'art. 1088, C. civ., que si le mariage a eu lieu, mais qu'il soit déclaré nul, la donation demeure révoquée, mais entre les parties seulement, et sans préjudice des droits que des tiers de bonne foi ont pu acquérir sur les biens donnés.

75. — Suivant d'autres auteurs, la donation, dans cette hypothèse, peut être déclarée nulle, sur la demande du donateur ou de ses héritiers. Elle n'est pas nulle *ipso jure*. — V. dans ce sens Vazeille, *loc. cit.*, n° 2; Rolland de Villargues, n° 21.

76. — Cette question vient d'être reprise et traitée avec supériorité par M. Demolombe (*Cours de Code civ.*, t. 3, nos 381 et suiv.). Une distinction en facilite tout d'abord l'examen.

77. — Si les deux époux étaient de bonne foi, ou même si l'un des deux seulement étant de bonne foi, c'était à lui que la donation eût été faite par un tiers, M. Demolombe (*loc. cit.*, n° 282) déclare qu'il y a lieu de maintenir alors la donation faite dans le contrat de mariage. — Arg. C. civ., art. 201 et suiv.

78. — Il y a plus de difficulté pour le cas où, la bonne foi n'existant que d'un côté, la donation de biens présens aurait été faite dans le contrat de mariage *à l'époux de mauvaise foi*. Néanmoins nous pensons encore avec M. Demolombe (*loc. cit.*) qu'il faudrait également la maintenir. En effet, cette donation a été faite, est acquise *au mariage lui-même* en quelque sorte, c'est-à-dire à l'établissement qui en résulte; or, le mariage subsiste, du moins à l'égard des enfans et de l'époux de bonne foi (C. civ., art. 202). Remarquons d'ailleurs que le donateur est dessaisi. — V. aussi Zachariæ, *Droit civil*, t. 3, p. 248. — V. contr. Duranton, n° 669.

79. — Il est sans doute inutile de faire observer combien il importe aux enfans issus du mariage et à l'époux de bonne foi que la donation faite à l'époux de mauvaise foi lui soit maintenue, non seulement parce qu'ils pourront trouver un jour les biens dans la succession de leur auteur, mais parce que, dès à présent, cet auteur, quoique de mauvaise foi, n'en a pas moins le devoir de les élever, et que les biens à lui donnés, s'il les conserve, lui serviront à remplir cette obligation. — Demolombe, *loc. cit.*

80. — Cependant cette opinion a pour inconvénient de faire profiter l'individu de mauvaise foi de sa faute et de sa turpitude; ces biens, qu'on lui conserve, lui appartiendront, en effet, à lui-même, à lui seul! il pourra les vendre, les dissiper; il en sera le maître unique et absolu. Cela, dit-on, n'est-il pas exorbitant? — Sans doute; mais, dans le seul but de punir l'époux de mauvaise foi, faut-il donc sacrifier l'intérêt des enfans et de l'époux de bonne foi, qui sont pourtant légitimes?

81. — Bien que, par suite de la donation de biens présens faite dans le contrat de mariage, le donateur soit dessaisi, il peut toutefois ne pas se dépouiller irrévocablement et insérer, par exemple, dans la donation des conditions potestatives, sans que cette modalité donne lieu à la nullité de la libéralité ; seulement alors ce ne sera plus une donation de biens présens proprement dite; ce sera une donation de la quatrième classe, celle que prévoit l'art. 1086, C. civ., et qui, comme on le verra (*infrà* nos 438 et suiv.), diffère de celle dont nous nous occupons actuellement en ce qu'elle est caduque, aux termes de l'art. 1089, au cas de prédécès du donataire et de sa postérité. — V. dans ce sens Toullier, nos 825 et suiv.; Demante, *loc. cit.*; Grenier, n° 408; Marcadé, *loc. cit.*; Rolland de Villargues, n° 17.

82. — La donation de biens présens peut avoir lieu par un autre acte que le contrat de mariage, antérieur ou postérieur, mais antérieur à la célébration; c'est ce qui résulte de ces termes de l'art. 1081, C. civ., *quoique faite par contrat de mariage*, etc. En cela elle diffère des autres espèces de donations dont il est parlé dans les sections suivantes, lesquelles ne peuvent, en général, avoir lieu avec les effets qui y sont attachés que par le contrat de mariage lui-même. — V. dans ce sens Furgole, sur l'art. 17, ord. 1731; Duranton, n° 666; Grenier, nos 407 et 426; Delvincourt, t. 2, p. 419; Toullier, n° 829; Rolland de Villargues, n° 4; Vazeille, sur l'art. 1081, C. civ., n° 3.

83. — Seulement il importe de remarquer que, quand la donation est faite par acte séparé, elle doit énoncer qu'elle est faite en faveur du mariage; qu'elle doit être faite spécialement en vue du mariage projeté avec telle personne, et non avec la clause que *c'est pour faciliter au donataire les moyens de faire un mariage avantageux*. — V. dans ce sens Grenier, Toullier, Delvincourt, Vazeille, *loc. cit.*; Duranton, n° 667; Rolland de Villargues, n° 5.

84. — Une pareille donation, faite ainsi par acte isolé, et ne se rattachant au mariage que par son motif, ne diffère de la donation entre-vifs que par les deux effets précisés aux art. 959 et 1088, C. civ.; car, du reste, elle est soumise aux mêmes règles.

85. — ... Et, par exemple, à la nécessité d'une acceptation expresse. — V. *suprà* n° 16.

86. — Si la donation par acte particulier était contenue dans un acte légalement annexé au contrat par l'observation des formalités et conditions prescrites par les art. 1396 et suiv., C. civ., elle serait réputée faite dans le contrat de mariage lui-même; par conséquent, toutes les règles ci-dessus lui seraient applicables.

87. — Les juges ayant le pouvoir d'apprécier, d'après les termes de l'acte, l'étendue des libéralités faites par contrat de mariage, on a pu juger que la disposition faite par un père dans un contrat de mariage de son fils de l'universalité de ses biens meubles et immeubles, *en faveur des futurs conjoints*, était censée faite au profit du fils seulement, si la future épouse n'était pas nominativement comprise dans la disposition, et s'il n'était pas indiqué que la disposition profiterait personnellement à chacun des époux pour moitié. — *Bruxelles*, 9 juin 1818, Marie Cuiret c. Liennard. —

V. conf. Bacquet, *Tr. des dr. de just.*, ch. 21, nº 63; Dumoulin, sur l'art. 78, cout. Paris, nºs 100 et suiv., et sur l'art. 141, cout. Troyes; Renusson, *Tr. de la comm.*, nº 20, et *Tr. des propr.*, chap. 4, sect. 1re, nºs 6 et suiv.; Lebrun, *Success.*, liv. 1er, chap. 1er, sect. 5e, nº 4; Merlin, *Rép.*, vº *Démission de biens.*

88. — Les termes de l'acte servent aussi à fixer non seulement l'étendue, mais aussi la nature de la disposition. Ainsi jugé qu'un contrat de mariage doit être réputé contenir une donation entre-vifs, régie par la loi du contrat, et non une institution héréditaire régie par la loi du décès, lorsque l'ensemble du contrat emporte l'idée d'un délaissement actuel, encore bien que le notaire ait donné à l'acte la qualification de disposition héréditaire. — *Pau*, 15 déc. 1837 (t. 2 1839, p. 305), Leduynous c. Larré.

89. — Dans tous les cas d'interprétation, on doit préférer celle qui donne effet à l'acte, au lieu de l'annihiler. — Même arrêt.

90. — L'immeuble donné en paiement d'une créance n'étant point subrogé de plein droit à cette créance, les enfans auxquels leur mère a fait, par son contrat de mariage, donation de tous ses biens présens, ne peuvent revendiquer comme tel un immeuble à elle abandonné postérieurement à la donation, en paiement d'une créance qui existait au jour du mariage. — Dans ce cas, les enfans donataires n'ont sur l'immeuble qu'un simple droit d'hypothèque. — *Bordeaux*, 26 mai 1830, Rivière c. Goudable.

CHAPITRE III. — *Donations de biens à venir ou institution contractuelle.*

91. — L'espèce de donation dont il est traité dans cette section s'appelait, dans l'ancienne jurisprudence, *institution contractuelle* (V. Merlin, *Rép.*, vº *Institution contractuelle*, § 6, nº 10), et nous continuerons de la nommer ainsi pour plus de facilité : le mot rend, d'ailleurs, parfaitement l'idée: *institution contractuelle*, c'est-à-dire institution d'héritier par contrat, don irrévocable d'une succession, et c'est précisément la définition qu'en donnait de Laurière dans le savant traité qu'il nous a laissé sur cette matière abstruse (V. t. 1er, p. 69). — V. conf. Chabrol, sur le tit. 14, cout. d'Auvergne, art. 26 et suiv.; Pothier, *Introduct. à la coutume d'Orléans*, tit. 17, nºs 17 et suiv.

Sect. 1re. — *Historique et droit romain.*

92. — Une grande incertitude couvre l'origine historique de cette institution. On peut distinguer, à cet égard, plusieurs opinions qui toutes se recommandent par la grave autorité attachée aux noms des jurisconsultes dont elles émanent.

93. — Ricard (*Des donations*, part. 1re, chap. 4, sect. 2e, dist. 2), et Lebrun (*Des successions*, liv. 3, chap. 2) prétendent qu'on a pu prendre l'idée de l'institution contractuelle dans la Novelle 19 de l'empereur Léon le Philosophe.

94. — Mais, suivant l'observation de Laurière (*loc. cit.*, nº 15), — « il suffit, pour la faire rejeter, de remarquer, après Cujas et Jacques Godefroy, que les Novelles de Léon n'ont presque point été observées et regardées comme lois dans l'Orient, et qu'elles n'ont été même bien lues et bien connues dans l'Occident que par la traduction qu'Agylæus en a donnée long-temps après les rédactions et les réformations de nos coutumes qui ont autorisé ces institutions. — V. conf. Merlin, *Rép.*, vº *Institution contractuelle*, § 1er, nº 1er; Grenier, *loc. cit.*, p. 83.

95. — Ricard et Lebrun ajoutent qu'on a pu encore prendre l'idée de l'institution contractuelle dans les usages des fiefs qui s'observaient en Lombardie, d'après lesquels celui qui se mariait en secondes noces, et qui faisait un mariage moins avantageux que le premier, pouvait stipuler que la seconde femme et ses enfans n'auraient pour tous droits qu'une certaine somme d'argent.

96. — Telle est, en effet, la décision que l'on trouve dans le titre 29 du livre 2 de la compilation intitulée : *De feudis*, qui vient à la suite du *Corpus juris*; mais rien n'établit clairement la filiation prétendue entre l'espèce de pacte dont il vient d'être parlé, et l'institution contractuelle. — V. conf, de Laurière, *loc. cit.*, nº 22; Grenier, *ubi suprà.*

97. — Suivant de Laurière (*loc. cit.*, nºs 23 et suiv.), dans le temps que Gerardus Niger et Obertus de Orto composèrent le livre *Des fiefs*, on commençait à enseigner publiquement le droit romain. Ces rédacteurs y remarquèrent que lorsque les militaires avaient fait des pactes de se succéder réciproquement, de pareils pactes étaient valables parce que la simple volonté des militaires était réputée testament, s'ils y avaient persévéré jusqu'à la mort.

98. — C'est ce que paraît, en effet, décider la loi 19, Cod., *De pactis*; et, comme la possession d'un fief emportait alors l'obligation du service militaire, les rédacteurs du livre des fiefs crurent pouvoir considérer comme soldats tous les possesseurs des fiefs, et leur accorder, en cette qualité, le pouvoir de se faire des héritiers par contrat. Ce premier pas fait, on étendit insensiblement aux successions ordinaires un usage introduit d'abord uniquement pour les hérédités militaires ou féodales, et on alla peu à peu jusqu'à dire que toute personne noble ou roturière pouvait disposer de toute son hoirie par un contrat de mariage.

99. — Merlin (*Rép.*, *loc. cit.*) trouve cet avis *très plausible.* Pour nous, nous ne le trouvons qu'ingénieux, et deux motifs nous déterminent à ne point l'adopter.

100. — Nous repoussons d'abord cette opinion, par cela même que, si elle était vraie, les institutions contractuelles, eu égard précisément à cette origine romaine, auraient été admises de tout temps au moins entre nobles, dans tous les pays de droit écrit où l'on suivait le droit romain; cependant tous les auteurs conviennent que ce mode de disposition a toujours été regardé comme contraire aux dispositions du droit romain, et qu'il a d'abord été établi dans les pays de coutume, d'où il ne s'est introduit que postérieurement dans les pays de droit écrit.

101. — A cette objection, qui est de M. Grenier (*loc. cit.*, p. 83), et qui nous paraît déjà péremptoire, nous en ajouterons une autre : c'est que le pacte, dont il est question dans la loi 19, Cod., *De pactis*, ne vaut que comme testament fait par des militaires; donc il est révocable, et, dès-lors, il diffère essentiellement, par sa nature, de l'institution contractuelle qui ne l'est pas. Or, cette dissemblance de nature entre ces deux modes de disposition ne rend-elle pas peu probable le rapport de filiation que l'on a voulu établir entre eux?

102. — Il est d'autant plus permis de le croire, qu'il paraît résulter d'autres textes, notamment de la loi *Pactum quod dotali*, Cod., *De pactis*, et de la loi 5, Cod., *eod. tit.*, que l'institution contractuelle était entièrement opposée aux principes du droit romain.

103. — Mais quelle origine faut-il donc assigner à l'institution contractuelle? — Celle qu'indique Loysel dans ses *Institutes coutumières*, liv. 2, tit. 4, règle 9, lorsqu'il dit qu'*institution d'héritiers par paction vaut par la loi salique*, faisant ainsi remonter ce mode de disposer à la plus haute antiquité de notre droit national.

104. — On trouve, en effet, des traces de cette institution dans le titre 48 de la loi salique, qui a pour rubrique *De affatomiæ*, et son caractère est très bien défini par le chap. 6 du 2e capit. de 809, et par le chap. 10 du 3e capit. de 819; le premier déclare que si l'institué meurt avant l'instituant, la donation est caduque; le second que, si l'instituant est frappé de mort civile, le droit de l'institué est ouvert. — V. le titre précité de la loi salique, et la note 536 de M. Pardessus, dans son travail sur cette loi, p. 391. — V. aussi *Institutes coutumières* de Loysel, édit. Dupin, t. 1er, p. 302, en note.

105. — M. Pardessus (*loc. cit.*, p. 644) pense même que les Francs ne connaissaient dans l'origine que cette manière de disposer de leur hérédité. Ce qu'il y a de certain, c'est que Tacite (*Germania*, cap. 20) nous apprend qu'ils ne connaissaient pas les testamens, et que ce n'est qu'assez tard, et par suite de communications habituelles avec les Romains, qu'ils ont adopté l'usage de ce dernier mode de disposer.

106. — Quoi qu'il en soit, les institutions contractuelles ont été d'un usage général dans les pays coutumiers. Entre toutes les coutumes, celle du Berry seule les défendait, encore n'était-ce que les universelles. — La coutume de Montargis défendait bien encore d'instituer héritier par testament ni autrement, mais la doctrine refusait d'y voir une prohibition des institutions contractuelles, et cet avis avait prévalu. — Merlin, *Rép.*, vº *Institution contractuelle*, § 1er, nº 2. — V. aussi la Thaumassière, *Questions sur la coutume du Berry*, cent. 1, ch. 67.

107. — Mazuer, un de nos plus anciens praticiens, nous apprend que les institutions contractuelles étaient déjà suivies de son temps en Auvergne. On les trouve adoptées formellement par l'art. 1er, tit. 5, de l'ancienne coutume du Bourbonnais, rédigée en 1493, ainsi que par les coutumes de la Marche et du Nivernais, rédigées respectivement en 1521 et 1554. De Laurière ajoute (*loc. cit.*, nº 29) qu'elles furent ensuite reçues dans tout le royaume.

108. — Les parlemens de droit écrit eux-mêmes les avaient reçues avec la plus grande faveur, à cause de leur extrême utilité. — Bretonnier, *Questions alphabétiques*; Furgole, sur l'art. 13, ord. 1731; de Laurière, *loc. cit.*

109. — On n'a pas suffisamment expliqué le but des institutions contractuelles, et la cause du progrès par suite duquel elles ont fini par devenir, ainsi qu'on vient de le voir, d'un usage à peu près universel en France. Voici, selon nous, ce que l'on peut dire à cet égard de plus plausible.

110. — Les institutions contractuelles paraissent avoir eu pour utilité primitive d'assurer le service et la conservation des fiefs : aussi, dans le principe, n'étaient-elles permises qu'aux nobles seuls, et n'avaient-t-elles lieu qu'avec l'agrément du seigneur. — V. conf. Montesquieu, *Esprit des lois*, liv. 31, ch. 34.

111. — D'un autre côté, il semble résulter du témoignage des anciens auteurs que les institutions contractuelles n'ont pas été tout d'abord permises aux collatéraux et aux étrangers, mais que primitivement elles n'avaient lieu que des pères et mères aux enfans. — Grenier, *loc. cit.*, p. 86.

112. — Et comme elles offraient un moyen de conserver les biens dans les familles, et d'en entretenir la splendeur, il est bien évident qu'étant ainsi tout-à-fait dans l'esprit et les tendances de l'époque, elles devaient, comme elles l'ont fait, passer rapidement à l'état d'institution générale sous l'influence toute-puissante des mœurs publiques.

113. — Ce point de vue est confirmé par un texte très curieux cité par Baluze (*Histoire de la maison d'Auvergne*, t. 2, p. 457) : c'est le contrat de mariage passé le 29 mai 1425 dans la province d'Auvergne entre Blanche, dauphine, fille de Beraud, deuxième du nom, dauphin d'Auvergne, et Jean de Lespinasse. Elle renonça à l'âge de quinze ans, de l'avis de ses parens, à la succession de son père, et il fut dit que c'était « eu égard aux priviléges des barons et nobles des grands hosteaux d'Auvergne, particulièrement de l'hôtel du dauphin, duquel ledit Beraud et ses prédécesseurs étaient issus, lesquels, *pour la conservation de leurs nom et armes, grandeur de leur hôtel et état, et les frais qu'ils font pour servir, bien armés et accompagnés, à la tuition du royaume et de la chose publique, ont coutume d'instituer leur fils aîné pour héritier universel.* »

114. — Aussi y a-t-il quelque affinité entre les institutions contractuelles et ce que l'on appelait les *reconnaissances et déclarations d'aînés et principaux héritiers*, établies dans quelques coutumes, telles que celles d'Anjou, du Maine, de Touraine et de Loudunois. Mais il y avait aussi des différences, notamment en ce que les déclarations d'aînés empêchaient les père et mère de vendre, tandis qu'il n'en était pas ainsi dans l'institution contractuelle. — V. au surplus, pour plus de détails, de Laurière, *loc. cit.*, ch. 1er, nºs 30 et suiv. — V. aussi Loysel, *Institut. coutum.*, édit. Dupin, t. 1er, nº 309.

115. — Aussi d'Aguesseau, au moment où il faisait rendre l'ordonnance de 1731 sur les donations, a-t-il pu dire de l'institution contractuelle (lettre du 25 juin 1731) « qu'elle était une des dispositions les plus favorables dans la plus grande partie des pays qui se régissent, soit par le droit romain, soit par le droit français. »

116. — Aucune loi générale n'a, au surplus, organisé les institutions contractuelles; les anciens usages qui s'y réfèrent ont été recueillis par un de nos plus anciens praticiens, Mazuer, mort à Riom en 1450, puis consacrés lors de la rédaction des coutumes d'Auvergne, du Bourbonnais et de la Marche, qui sont les pays par excellence de l'institution contractuelle. Le Code civil lui-même n'a fait que recueillir ces traditions, et ses art. 1082 et suiv. sont à peu près la reproduction de l'ordonnance de 1731.

117. — Les règles qui paraissent avoir été générales dans l'ancienne jurisprudence française en matière d'institution contractuelle sont les suivantes :

118. — 1º L'institution contractuelle assurait à l'institué le droit et la place de l'héritier du sang, et la maxime *le mort saisit le vif* recevait son application. — Auroux des Pommiers, sur les art. 219 et 220 de la cout. du Bourbonnais; Pothier, *Introd. à la cout. d'Orléans*, tit. 17, nº 23.

119. — 2º L'instituant ne pouvait révoquer sa disposition, et en cela l'institution contractuelle différait du testament, qui est, au contraire, révocable; c'est ce qui explique pourquoi Pothier (*Introd. à la coutume d'Orléans*, nº 18), Lebrun et

Cochin (79e plaidoyer) penchaient pour l'opinion qui considère l'institution contractuelle comme une donation entre-vifs. D'un autre côté, l'instituant pouvant disposer, pourvu que ce fût sans fraude, des objets compris dans l'institution contractuelle, on comprend aussi qu'en raison de ce qu'il n'y avait pas dépouillement actuel, Ricard et de Laurière (*loc. cit.*, ch. 2, no 2) aient, au contraire, penché pour la donation à cause de mort.

120. — 3° L'institution contractuelle ne pouvait être faite que par contrat de mariage, et, dès-lors, elle ne saisissait que ceux qui se mariaient ou leurs descendans. — Grenier, *loc. cit.*

121. — 4° Dans le cas de prédécès de l'héritier contractuel sans enfans, l'institution était caduque. — Grenier, *loc. cit.*

122. — 5° Dans cette même hypothèse, si l'institué laissait, au contraire, des descendans, ceux-ci recueillaient les biens compris dans la disposition en vertu d'un droit propre et personnel, et comme par l'effet d'une espèce de substitution vulgaire que l'on considérait comme sous entendue. — V. conf. Grenier, *loc. cit.*

123. — 6° Il n'était pas nécessaire que l'institution fût acceptée expressément, ou insinuée. — Grenier, *loc. cit.*

124. — 7° Elle était révocable pour cause de survenance d'enfans, par application de l'art. 39 de l'ordonn. de 1731. Ce point avait pourtant fait difficulté dans la coutume d'Auvergne, ainsi qu'on le peut voir dans une dissertation spéciale qui fait partie des commentaires de Chabrol sur le tit. 14, art. 33 de cette coutume.

125. — Cette coutume, au surplus, contenait une disposition particulière en matière d'institution contractuelle : elle permettait d'instituer contractuellement non seulement par contrat de mariage, mais encore par l'association universelle de tous biens. — Mazuer, *Practica forensis*, tit. 29, *De societate*, no 5; et tit. 15 de la coutume d'Auvergne.

126. — Il résulte des détails qui précèdent que l'institution contractuelle présente quelque analogie avec les donations à cause de mort, telles que les autorisaient le droit romain et la jurisprudence antérieure à l'ordonn. de 1731. Ces deux espèces de dispositions se ressemblent, en effet, en ce qu'elles peuvent se former par convention, et qu'elles sont caduques par le prédécès du donataire et de sa postérité. — V. conf. Duranton, t. 9, no 672.

127. — Mais là s'arrête la similitude. Elles diffèrent, en effet, l'une de l'autre sous plusieurs rapports : par exemple, l'institution contractuelle est irrévocable, tandis que le prédécès du donataire seul rendait caduque la donation à cause de mort quoique ses enfans survécussent au donateur; en outre la donation à cause de mort se faisait généralement hors du contrat de mariage et à tout autre qu'un futur époux. — Duranton, *loc. cit.*; Merlin, *Rép.*, vo *Institution contractuelle*, § 2. — V. DONATION A CAUSE DE MORT.

128. — Lorsqu'il se trouve, dans un contrat de mariage passé sous l'empire d'une coutume qui ouvrait au fils aîné un droit exclusif sur l'hérédité, une clause ainsi conçue : *Les futurs époux instituent pour leurs héritiers les enfans qu'ils pourront procréer de leur mariage, suivant le for* (la coutume), *sans que pour ladite institution héréditaire, ils entendent vincler ni porter atteinte à la liberté de disposer, portée par les autres clauses*, l'arrêt qui, par interprétation, juge qu'il y a là une disposition formelle en faveur de l'aîné, aux termes et dans les conditions de la coutume, échappe à la censure de la cour de Cassation. — *Cass.*, 7 nov. 1832, Loustang c. Labaig.

129. — Jugé que dans un contrat de mariage passé sous une coutume (par exemple, la coutume de Béarn), qui déclarait héritier de plein droit l'aîné des enfans, la clause par laquelle les époux s'en sont remis à cette coutume, touchant leur institution héréditaire, ne constitue pas une institution contractuelle qui doive avoir effet nonobstant l'abolition de la coutume. — *Pau*, 28 août 1824, Borda.

130. — ... Qu'il n'y a ni donation entre-vifs ni institution contractuelle prohibée par la loi du 7 mars 1793 dans la clause d'un contrat de mariage sous seing-privé par laquelle *les père et mère de la future lui promettent et assurent la moitié de tous les biens présens et à venir, pour autant qu'ils en laisseront à leur décès, et, en attendant, lui promettent une pension annuelle de 800 fr., en avancement et constitution de dot.* — *Agen*, 6 juin 1811, Beauchamp c. Pelleport et Brueilh.

131. — ... Que lorsque, par contrat de mariage, passé sous l'empire de l'ordonn. de 1731, un père a donné entre-vifs à l'un de ses enfans la moitié de ses biens, et que, relativement à l'autre moitié, il a déclaré se la réserver pour en disposer; s'il ajoute qu'en cas de non disposition *cette deuxième moitié sera consolidée à la première*, cette deuxième disposition ne peut pas être considérée comme une simple *donation à cause de mort* qui reste sans effet au cas de prédécès; — qu'on doit y voir au contraire une seule et même *donation universelle*, dont l'effet n'est susceptible de diminution qu'au cas d'exercice de la faculté réservée; — que dès-lors, s'il n'y a pas de disposition ultérieure, le droit universel conféré par la donation aura été, dès le jour de la donation, non seulement *irrévocable*, mais encore *transmissible aux enfans du donataire*. — *Grenoble*, 24 déc. 1822, Rognin c. Mayousse.

132. — L'institution contractuelle faite sous l'empire d'une coutume par un individu qui n'est décédé que depuis la promulgation du Code civil doit être réglée par la loi de l'époque du contrat, en ce qui touche les dispositions irrévocables, et par la loi en vigueur au décès pour les biens qui n'étaient pas acquis irrévocablement à l'institué. — *Cass.*, 12 juill. 1842 (t. 2 1842, p. 312), Lengoust.

133. — Ainsi, dans le cas d'une institution d'héritier faite par des époux au profit de l'aîné des enfans à naître, dans leur contrat de mariage passé sous la coutume de Béarn, qui réputait une telle institution irrévocable pour les trois quarts, sous la réserve du sixième affecté aux légitimes, et ne comprenait l'autre quart qu'en l'absence de disposition de la part des instituans, on doit, si ceux-ci sont décédés sous le Code civil, laissant deux enfans, combiner les effets de l'institution et les dispositions du Code en ce sens que tout ce qui n'est pas attribué irrévocablement à l'aîné (le quart) doit concourir à former la réserve de l'autre enfant, conformément à l'art. 913, C. civ., et que le sixième affecté par la coutume à titre de légitime doit également concourir à former cette réserve, mais sans que, dans aucun cas, la diminution de la part de l'institué puisse excéder ce sixième. — Même arrêt.

134. — Jugé encore, par application de ce principe, que les institutions contractuelles faites sous l'empire de l'ancien droit par une personne décédée depuis la promulgation du Code civil doivent, quant à la quotité disponible, être réglées par les lois existantes à l'époque du contrat. — *Bordeaux*, 8 août 1841 (t. 2 1841, p. 636), Audière et Vandier c. Faure. — V. conf. *Cass.*, 31 janv. 1831, Schimdtbourg c. Salis-Saglio; *Turin*, 15 mars 1806, Obset c. Chabloz; *Grenoble*, 27 janv. 1809, Ricard c. Bouchet; *Bourges*, 24 mai 1813, Ravisay c. Brossier.

135. — L'art. 10, ordonn. 1731, qui déclarait les enfans à naître capables de recevoir des libéralités par contrat de mariage, n'a été abrogé que par le Code civil, et non par les lois des 7 mars 1793 et 17 niv. an II (art. 6). Ces lois n'étaient relatives qu'à la disponibilité des biens, et non à la capacité des personnes. — *Cass.*, 25 juin 1840 (t. 2 1840, p. 511), Ratel c. Pulleux.

136. — La loi du 17 niv. an II avait prohibé toutes les dispositions à titre universel, et loin d'en excepter les institutions contractuelles, elle les y avait comprises nommément : de façon que, par l'effet de cette prohibition, ces dispositions étaient, non pas réductibles, mais nulles pour le tout. Cette législation avait été maintenue par la loi du 4 germin. an VIII. — Merlin, *Rép.*, vo *Institution contractuelle*, § 1er, no 2.

137. — Puisque c'est la loi en vigueur à l'époque du contrat qui règle la validité d'un acte d'institution contractuelle, il y a lieu de considérer comme nulle l'institution universelle faite sous la loi du 17 niv. an II (qui prohibait toute institution de cette nature), même depuis la loi du 4 germin. an VIII, et bien que l'instituant soit mort sous le Code civil. On ne peut prétendre que l'institution doit produire effet jusqu'à concurrence de la portion disponible. — *Pau*, 28 août 1824, Borda. — V. dans le même sens *Cass.*, 1er juin 1820, Vallet; *Limoges*; 26 juin 1822, Pélissier c. Vigier Gorse; — Merlin, *Rép.*, *loc. cit.*; Duranton, t. 9, no 717.

138. — Spécialement, le don fait, en ligne collatérale, par contrat de mariage, de tout ce qu'il est permis au donateur de donner, par les lois existantes ou par celles qui existeront à l'époque de son décès, constituant une institution contractuelle générale, et, comme telle, étant irrévocable, il s'ensuit que, si cette institution a eu lieu sous la loi du 17 niv. an II, laquelle prohibait ces sortes d'institutions, elle doit être annulée, quoique le donateur soit décédé depuis le Code civil. — *Bordeaux*, 6 août 1827, Dutillet c. Lavillauroy.

139. — Mais la nullité d'une disposition universelle faite contractuellement sous la loi de niv. an II, qui la prohibait, ne pourrait pas être demandée par un légataire universel institué sous le Code civil; la loi de nivôse n'accordait ce droit qu'aux héritiers naturels. — *Cass.*, 10 août 1830, Lavillauroy c. Dutillet.

140. — Sous l'empire de la loi du 17 niv. an II, la condition imposée à l'enfant donataire par contrat de mariage de laisser jouir le survivant des père et mère donateurs de tous les biens du prédécédé, *sans pouvoir lui en demander compte ni partage*, était nulle. — *Paris*, 13 messid. an XIII, Poix-Menu.

141. — La loi du 17 niv. an II n'a pas aboli les institutions contractuelles antérieures au 14 juill. 1789. — *Cass.*, 12 frim. an III, Arnaud c. Salignu; 7 brum. an V, Liais veuve Guillemelle c. Travers.

142. — Remarquons à ce sujet qu'une donation contenue dans un contrat de mariage antérieur au 14 juill. 1789, de différens objets mobiliers et immobiliers, pour par le donataire en jouir en usufruit du jour du contrat, et en toute propriété après le décès de la donatrice, ne constitue pas une donation à cause de mort. — *Cass.*, 11 germin. an III, Cuvilliers c. Mansau et Cotry; — Duranton, t. 9, no 672.

143. — Quoi qu'il en soit, et d'après ce qui précède, la *promesse de garder* faite conformément à la coutume de Normandie a dû, comme une institution contractuelle, avoir son effet dans une succession ouverte sous l'empire de la loi du 17 niv. an II. — *Cass.*, 2 thermid. an VIII, Creuille c. Nicolle; 4 août 1806, Malsieu c. Brière. — V. conf. Merlin, *Rép.*, vo *Institution contractuelle*, § 6. — V. encore COUTUME DE NORMANDIE, no 139.

144. — Jugé que les avantages stipulés dans les contrats de mariage, en faveur de personnes vivantes, lors de la promulgation de la loi du 17 niv. an II, n'ont pas été révoqués par cette loi, lorsque les donateurs sont morts postérieurement à la promulgation, sous l'empire du Code civil. — *Cass.*, 9 juin 1835, Robert c. de Périgny.

145. — Jugé, d'un autre côté, que l'institution d'héritier faite dans un contrat de mariage en 1761 pour le cas où l'instituant décéderait *ab intestat*, est sans effet lorsque l'instituant est décédé sous le Code civil. — *Cass.*, 25 nov. 1816, Saucholon.

146. — Une institution contractuelle antérieure à la loi du 17 niv. an II, soumise à l'élection de l'instituant, et supprimée par cette loi, à défaut d'élection consommée, a repris toute sa force par l'effet de la loi du 18 pluv. an V. — Dans ce cas, les déterminations faites par l'instituant, d'après les anciennes coutumes, sont irrévocables, même non réductibles, comme ayant leur source dans l'institution elle-même, lorsqu'elle emporte dessaisissement du donateur, et bien qu'il soit décédé sous l'empire du Code civil. — *Cass.*, 11 nov. 1828, Tintant c. Cezeyrat.

147. — Remarquons aussi que l'institution nominative d'héritier, faite par un père en faveur de l'un de ses enfans, mais subordonnée au cas où la mère n'instituerait pas elle-même un autre héritier, est devenue irrévocable par l'effet des lois de l'an II qui ont privé la mère survivante du droit de disposer et d'élire. — *Cass.*, 17 pluv. an XIII, Graithe; 13 thermid. an XIII, Grimal; — Merlin, *Rép.*, vo *Choix*, § 1er, no 10.

148. — ... Et qu'une institution contractuelle faite dans l'ancien droit et subordonnée à la faculté que s'était réservée les instituans de rappeler ceux de leurs héritiers qui n'y étaient point compris, n'avait pas le caractère voulu par la loi du 18 pluv. an V, pour être maintenue; qu'en conséquence, les héritiers non institués ont pu demander le partage égal de la succession. — *Cass.*, 28 thermid. an XIII, Jussiaume; — Merlin, *Rép.*, vo *Institution contractuelle*, § 10.

149. — Les art. 8 et 9, L. 17 niv. an II, ne s'appliquent point à une institution contractuelle; le donataire seul, et non l'héritier institué, peut être tenu au rapport. — *Cass.*, 25 niv. an XIII, Dumas-Faure.

Sect. 2e. — *Droit actuel.*

150. — L'art. 1082, C. civ., est ainsi conçu : — « Les pères et mères, les autres ascendans, les parens collatéraux des époux, et même les étrangers pourront, par contrat de mariage, disposer de tout ou partie des biens qu'ils laisseront au jour de leur décès, tant au profit desdits époux, qu'au profit des enfans à naître de leur mariage, dans le cas où le donateur survivrait à l'époux donataire. — Pareille donation, quoique faite au profit seulement des époux ou de l'un d'eux, sera toujours, dans ledit cas de survie du donateur, présumée faite au profit des enfans et descendans à naître du mariage. »

151. — On a vu (no 119) que les anciens auteurs étaient en dissentiment sur la question de savoir si l'institution contractuelle tenait davantage de la donation entre-vifs, de la donation à cause de mort ou d'un testament. Ajoutons que plusieurs, désespérant d'une solution (V. Maynard, Guy-Co-

quille dans Furgole (*Comment. sur l'ordonn. des donat.*, art. 13, t. 5, p. 100), en étaient arrivés à conclure que l'institution contractuelle est une convention *amphibie*, et Furgole, après eux, décidait qu'elle constitue une classe à part avec des règles particulières qui ne sont empruntées exclusivement ni à la donation à cause de mort ni au testament.

152.—Il y a lieu de croire que, sous le Code, il faut suivre encore l'avis de Furgole ; mais alors quelles sont ces règles particulières qu'il faut suivre?—Dans le silence de la loi, la doctrine a presque tout à créer. — Merlin, *Rép.*, v° *Institution contractuelle*, § 2.

153. — Nous exposerons successivement ce qui est relatif aux formes de l'institution contractuelle; aux conditions intrinsèques de la validité; aux biens qu'elle comprend; aux personnes qui la peuvent faire, et à qui elle peut être faite; comment elle s'ouvre; et enfin quels sont ses effets à l'égard soit de l'instituant, soit de l'institué.

§ 1er. — *Formes et conditions de validité de l'institution contractuelle, biens qu'elle comprend.*

154.—*Formes.*—Une institution contractuelle ne peut être valablement faite que dans un contrat de mariage; en effet, comme elle constitue une dérogation au droit commun, à la règle générale posée dans l'art. 1130, C. civ., on ne saurait l'étendre au-delà de ses termes; or, le texte de l'art. 1082, C. civ., ne l'autorise que *par contrat de mariage.*—Arrêtés de Lamoignon, tit. 39, art. 2 ; Dumoulin, sur l'art. 26, ch. 14, de la cout. d'Auvergne. —V. en ce sens Duranton, *Dr. fr.*, t. 9, n° 673; Marcadé, *Explic. du C. civ.*, sur l'art. 1082, C. civ., n° 1er; Poujol, *Tr. des donat. et testam.*, sur l'art. 1082, n° 9; Delvincourt, *Cours de C. civ.*, t. 2, notes, p. 428.—V. *contrà* Toullier, *Dr. civ.*, t. 5, n° 830; Vazeille, sur l'art. 1082, n° 2; Rolland de Villargues, *Rép.*, v° *Institution contractuelle*, § 3, et *Quest. de droit*, v° *Remploi*, § 4 ; Grenier, n° 426.

155. — Dans l'ancien droit, l'institution d'héritier, faite dans un acte autre qu'un contrat de mariage, était considérée comme disposition testamentaire ou donation à cause de mort, et comme telle révocable. — *Metz*, 19 nov. 1812, Feltus c. N...

156.—Pourvu que l'institution contractuelle ait eu lieu dans le contrat de mariage, peu importe, du reste, qu'il se soit écoulé un temps considérable entre la confection de l'acte et la célébration. — Grenier, n° 427.

157.—Et la mort de l'instituant, survenue dans l'intervalle du contrat de mariage à la célébration serait sans influence sur l'institution; la condition de l'institution, c'est-à-dire le mariage, venant à s'accomplir, produit un effet rétroactif au jour du contrat, et il est de principe qu'on peut donner sous une condition qui ne s'effectue qu'après le décès du donateur. — Grenier, n° 426; Rolland de Villargues, n° 30.

158. — Sous la cout. de Normandie, une donation pouvait être valablement faite aux époux par un tiers dans un contrat de mariage sous-seing privé. — *Cass.*, 7 vent. an XIII, Huguès c. Besognet.—V. conf. *Rouen*, 28 flor. an X, mêmes parties.

159. — Mais il a été jugé que depuis l'ordonnance des donations de 1731, et sous l'empire même des statuts locaux qui autorisaient les contrats de mariage sous-seing privé, une institution par acte de cette nature, stipulée au profit d'un enfant à naître de l'union projetée était radicalement nulle, et que la preuve en était frustratoire et inadmissible. —*Cass.*, 20 mai 1818, Prugues c. Fougues.—V. dans le même sens *Cass.*, 25 nov. 1828, Darine c. Boyer.

160. — Cependant, dans le ressort du parlement de Provence, on réputait valable, même depuis l'ordonn. de 1731, la donation faite en un contrat de mariage sous-seing privé par un père au profit de son fils majeur.—*Aix*, 18 avr. 1825, sous *Cass.*, 24 nov. 1828, Savoye c. Métallier.

161. — Dans tous les cas, l'arrêt qui décide que la nullité d'une pareille donation, en la supposant réelle, aurait été couverte, soit par l'exécution qu'elle a reçue, soit par une ratification postérieure du donateur, et que les réserves contenues dans cette ratification ne s'appliquent point aux nullités de forme, échappe à la censure de la cour suprême, comme étant fondé sur une appréciation de faits et sur une interprétation d'actes qui étaient du domaine exclusif de la cour royale. — *Cass.*, 24 nov. 1828, Savoye c. Métallier.

162. — Jugé, à l'égard des institutions contractuelles permises sous l'empire du statut de Mayence de l'année 1773, que, dans les pays où les contrats de mariage pouvaient être passés sous-seing privé, une institution contractuelle renfermée dans un

contrat sous cette forme était valable. — *Cass.*, 31 janv. 1831, Schimdtbourg c. Salis-Saglio.

163.—...Et qu'une donation faite par contrat de mariage sous-seing privé, passé entre Français en pays étranger, est valable, si cette forme était adoptée dans ce pays, pour les contrats de mariage, bien qu'aux termes de l'ordonn. de 1731, les donations dussent, à peine de nullité, être faites par actes devant notaire. — *Paris*, 22 nov. 1828, de Roquelaure c. de Bonneuil.—V. Godefroy, sur la nov. 94; Boullenois, *Des statuts*, t. 1er, p. 114; Bouhier, chap. 23, n° 81.

164. — Puisque l'institution contractuelle est irrévocable, rien ne s'oppose, le motif qui a fait adopter l'art. 968, C. civ., n'existant plus dans cette hypothèse, à ce que plusieurs personnes instituent contractuellement les mêmes époux dans le même acte. — Duranton, n° 675; Delvincourt, *Cours de C. civ.*, t. 2, p. 110, note 10.

165.—Comme l'instituant reste saisi et libre d'aliéner à titre onéreux, et qu'une donation peut comprendre des biens à venir, la transcription à l'égard des immeubles, le plus souvent impossible, serait presque toujours sans utilité. — *Pau*, 2 janv. 1827, Loustan c. Mantoulan et Carrère; — Grenier, n° 430; Toullier, n° 845; Duranton, t. 9, n° 706, et t. 8, n° 506; Delvincourt, *loc. cit.*, p. 427 et suiv.; Rolland de Villargues, *loc. cit.*, n° 31. — V. TRANSCRIPTION DES DONATIONS.

166. — Si l'institution contractuelle embrasse des biens présens et à venir, elle n'est pas soumise à la formalité de la transcription, *même en ce qui concerne les biens présens, au respect du moins du donataire postérieur.* — *Rouen*, 24 mai 1841 (t. 1er 1841, p. 749), Petit.

167.—De même, l'institution contractuelle n'est pas assujétie pour les objets mobiliers à l'annexe de l'état estimatif prescrit par l'art. 948, C. civ., pour les donations entre-vifs.—Duranton, n° 707.

168.— Jugé que l'art. 15, ord. 1731, qui voulait, à peine de nullité, qu'un état des objets mobiliers donnés sans tradition réelle fût toujours annexé à la minute de la donation, ne s'appliquait pas à la donation d'effets mobiliers, faite par contrat de mariage et avec réserve d'usufruit, l'art. 17 de l'ordonnance ayant dérogé à l'art. 15 en totalité.—*Riom*, 1er déc. 1812, Menesloux c. Ichar Labarthe.

169.— Jugé aussi qu'elle n'était pas nulle pour défaut d'insinuation. —*Paris*, 18 juin 1807, Barrois c. Pottier; *Caen*, 27 mai 1825, Le Picard c. Burieux et Colignon; — Merlin, *Rép.*, *loc. cit.*, § 7.

170. — En Normandie, la promesse de garder succession était valable, même lorsqu'elle se trouvait dans un contrat de mariage sous-seing et non reconnue, et, pour produire ses effets, elle n'a pas eu besoin d'être insinuée depuis l'ord. de 1731. — *Rouen*, 18 août 1827, Davannes c. Delaville et Sauvage.— V. dans le même sens *Cass.*, 27 mars 1816, Le Picard de Formigny c. La Roche.

171.—Dans tous les cas, une institution contractuelle, faite sous l'empire de lois qui en prescrivaient l'insinuation avant le décès de l'instituant, sans fixer aucun autre délai, a été affranchie de cette formalité si l'instituant est décédé sous l'empir du Code civil. — *Cass.*, 31 janv. 1832, Schmidtbourg c. Salis-Saglio.

172.— Jugé qu'une donation, quoique qualifiée entre-vifs et irrévocable, faite à un tiers par son contrat de mariage pour en jouir après la mort du donateur, doit être considérée comme une donation à cause de mort.— *Cass.*, 7 vent. an XIII, Hugnès.

173.—*Conditions de validité.*—Les conditions intrinsèques de la validité de l'institution contractuelle, qui sont réglées par la loi en vigueur au jour de l'acte, se rattachent à deux points principaux, savoir : la capacité des parties, la quotité disponible.

174.— En ce qui concerne la capacité, une première opinion s'en tient aux principes des testamens. La capacité de l'institué n'est demandée qu'au moment de l'ouverture du droit; et on requiert dans le donateur capacité de droit et de fait au jour de l'acte, et capacité de transmettre au moment de la mort.

175.—Dans cette opinion, on distingue toutefois le cas où la donation aurait été faite par l'un des époux à l'autre époux. —Demante, *Thémis*, t. 7, p. 481 et suiv.

176.— Une seconde opinion, appliquant exclusivement les règles des donations entre-vifs, n'exige la capacité, soit de l'instituant, soit de l'institué, qu'au moment de la formation du contrat. — V. dans ce sens Delvincourt, t. 2, p. 422.

177.—Mais, au lieu de nous attacher à l'une ou à l'autre de ces deux opinions exclusives, nous préférons, pour résoudre la question de capacité, combiner les principes de la donation entre-vifs et de la succession légitime. En effet, l'on a défini

l'institution contractuelle une institution d'héritier par contrat, le don irrévocable d'une succession. Le donateur est dépouillé irrévocablement par le contrat : sans doute, le donataire ne recueillera qu'après la mort du donateur, mais cela n'empêche pas qu'il y ait eu un dépouillement irrévocable, auquel un fait postérieur ne saurait porter atteinte; peu importe donc qu'au moment de son décès, le donateur soit ou non capable de transmettre ; il suffit qu'il ait été capable au moment de la donation, c'est-à-dire au moment où il s'est dépouillé irrévocablement.— V. dans ce sens Duranton, n° 700; Poujol, *loc. cit.*, n° 11.

178.—Par conséquent, l'institution contractuelle ne deviendrait pas caduque, comme le testament, par la mort civile de l'instituant. — Duranton, *loc. cit.*

179.— Quant à l'institué, il faut évidemment qu'il soit capable au moment de recueillir les effets de l'institution, et c'est ce qui résulte de la loi elle-même, puisqu'elle déclare la disposition caduque par le prédécès du donataire. — C. civ., art. 1089.— V. conf. Poujol, *loc. cit.*

180.—D'où il résulte que si le donataire se trouvait frappé de mort civile à la mort du donateur, et qu'il n'y eût pas d'enfans ou de descendans du mariage, la donation serait caduque. Mais si l'institué avait été atteint par la mort civile depuis la donation, et qu'il fût revenu à la vie civile au moment du décès du donateur, il recueillerait le bénéfice de l'institution, parce que l'incapacité intermédiaire n'est pas comptée.—Duranton, n° 701.

181. — La capacité de l'institué au moment de la donation est même, selon nous, nécessaire; car à ce moment il acquiert un droit incomplet sans doute, mais qui n'en est pas moins un droit important, un droit conditionnel, mais irrévocable. — Poujol, *loc. cit.*

182. — Quant à la quotité disponible, on a vu (*suprà* n° 20) que les donations faites par contrat de mariage ne peuvent dépasser les bornes que la loi a mises à la faculté de disposer.

183. — *Biens.* — Les biens que comprend l'institution contractuelle sont, aux termes de l'art. 1082, C. civ., ceux que l'instituant *laissera au jour de son décès pour le tout ou partie.*

184. — Suivant M. Duranton (*loc. cit.*, n° 676), les mots *en tout ou en partie* de l'art. 1082, C. civ., expriment que l'institution contractuelle, véritable institution d'héritier, comme son nom l'indique, doit au moins comprendre une partie aliquote de la succession. — V. conf. Poujol, sur l'art. 1082, C. civ., n° 2.

185. — Jugé, en effet, que la disposition d'un objet déterminé faite dans un contrat de mariage est une donation et non pas une institution contractuelle; — qu'ainsi, les donateurs ne peuvent point, même à titre onéreux, disposer de l'objet donné. — *Bourges*, 2 mars 1807, Pelaut des Bourgoins c. Gascoing.

186. — Mais si, en fait, le contrat de mariage contient une institution à titre particulier, devra-t-on la considérer comme nulle?

187. — Il est bien certain que ce ne sera plus là l'ancienne institution contractuelle, mais elle n'en sera pas moins valable. Sans doute, comme le remarque M. Marcadé (*loc. cit.*), une pareille disposition serait sans effet dans les cas ordinaires, d'après l'art. 947, C. civ., qui déclare nulle toute donation de biens à venir; mais elle sera valablement faite à un époux par son contrat de mariage, d'après l'art. 1082, et d'après l'art. 947, qui déclare que *l'art. 943 ne s'applique point* aux donations faites par contrat de mariage aux époux et aux enfans à naître du mariage. — V. conf. Coin-Delisle, sur l'art. 1082, C. civ., nos 14 à 18.

188. — Jugé, sous l'empire de l'ordonnance de 1731, qu'on ne doit pas regarder comme une donation de biens à venir la clause d'une donation par laquelle le donateur d'un immeuble qui s'en est réservé l'usufruit ordonne que la récolte existante à son décès appartiendra au donataire. — *Cass.*, 25 pluv. an III, Milhade c. Denis.

§ 2. — *Par qui et au profit de qui peut être faite l'institution contractuelle.*

189. — *Qui peut faire l'institution contractuelle.* — Toute personne, pourvu qu'elle soit capable, peut instituer contractuellement ; c'est à cette proposition générale que revient l'énumération assez inutile de l'art. 1082, C. civ.

190. — *Pourvu qu'elle soit capable*, c'est-à-dire, comme l'explique Pothier (*loc. cit.*, n° 49), pourvu qu'elle ait le droit de transmettre sa succession à ses héritiers.

191. — D'où Pothier concluait (*ubi suprà*) que ceux qui ont perdu la vie civile ne peuvent faire d'institution contractuelle.

192.—... Et que les aubains, qui n'avaient pas le droit de transmettre leur succession, si ce n'est à leurs enfans Français, ne pouvaient instituer héritiers par contrat de mariage que leurs enfans Français; ce qui évidemment ne peut plus s'appliquer aujourd'hui.

193. — Le mineur ne pouvant disposer dans son contrat de mariage qu'au profit de son futur conjoint, et encore sous certaines conditions, l'institution contractuelle qu'il ferait au profit d'un tiers serait nulle. L'art. 904, C. civ., ne permet au mineur que de disposer par testament, sous la double condition qu'il soit parvenu à l'âge de seize ans, et qu'il ne disposera que de la moitié de ce dont la loi permet au majeur de disposer. — V. DISPOSITION A TITRE GRATUIT. — Le testament est toujours révocable; l'institution contractuelle ne l'est pas. — V. conf. Grenier, nº 431 *bis*; Merlin, *Rép.*, vº *Institution contractuelle*, § 4; Rolland de Villargues, vº *Institution contractuelle*, nº 11.

194. — Il paraît également hors de doute que la femme mariée non autorisée ne pourrait faire valablement une institution contractuelle. La loi ne lui permet en effet que de tester sans aucune autorisation (C. civ., art. 904; — V. au surplus DISPOSITION A TITRE GRATUIT); — et d'un autre côté, l'art. 217, C. civ., la soumet en général à la nécessité de se faire autoriser pour aliéner ou pour s'obliger. Or, instituer contractuellement, c'est au moins *s'obliger*, puisque, ainsi qu'on le verra, l'instituant est lié. — V. conf. Duranton, nº 723; Delvincourt, t. 2, notes, p. 423; Poujol, sur l'art. 1083, nº 6; — V. *contrà* Grenier, nº 431.

195. — Relativement à la question de savoir si la femme mariée sous le régime dotal peut comprendre les immeubles dotaux dans une institution contractuelle, V. DOT.

196. — L'action en nullité de l'institution contractuelle faite par le mineur et la femme mariée se prescrit-elle par dix ans à compter du jour de la majorité ou de la dissolution du mariage? — V. NULLITÉ, PRESCRIPTION.

197. — *Au profit de qui peut avoir lieu l'institution contractuelle?* — Comme les institutions contractuelles sont fondées sur la faveur des contrats de mariage, et que cette faveur ne concerne que les parties qui contractent le mariage et les enfans qui en naîtront (Pothier, *loc. cit.*, nº 22), il s'ensuit qu'on ne peut par contrat de mariage instituer contractuellement d'autres personnes que les parties contractantes, ou les enfans qui naîtront du mariage. — Grenier, nº 429; Toullier, nº 831; Duranton, nº 693.

198. — Ainsi, l'institution contractuelle n'est autorisée par la loi qu'en faveur seulement des époux et des enfans à naître de leur mariage, et nullement en faveur d'enfans nés d'un autre mariage. — *Bruxelles*, 27 fév. 1832, Dupret.

199. — Et il résulte du texte de l'art. 1085, C. civ., que l'institution contractuelle peut se faire: 1º au profit de l'un des époux; 2º au profit de tous deux; 3º au profit de l'un ou de tous deux, et de la postérité à naître du mariage. — Marcadé, sur l'art. 1082, C. civ., nº 2.

200. — Elle peut se faire d'abord pour un seul des époux; car, si le premier alinéa de l'art. précité ne parle que *des époux*, le second a soin de dire les époux *ou l'un* d'eux. — Marcadé, *loc. cit.*

201. — Jugé que autrefois la dénomination donnée à deux époux dans une institution contractuelle ne conférait pas à l'époux étranger aux instituans le droit de recueillir le bénéfice de l'institution. Ce droit était exclusivement réservé à l'époux parent ou allié de l'instituant. — *Metz*, 26 févr. 1812, Thomas c. Mary.

202. — ... Que les libéralités faites dans un contrat de mariage à d'autres qu'aux époux sont révocables à la volonté de l'instituant. — *Bourges*, 31 août 1808, Appé.

203. — L'institution contractuelle peut se faire aussi pour tous les enfans, petits-enfans, arrière-petits-enfans à naître du mariage; car si le premier alinéa ne parle d'abord que des enfans, le second a soin de dire: les enfans *et descendans*. — Marcadé, *loc. cit.*

204. — Mais elle ne pourrait être faite directement au profit des enfans à naître du mariage, car l'art. 1082, C. civ., ne permet la disposition au profit des enfans que « *dans le cas où le donateur survivrait à l'époux donataire.* » Donc il suppose l'époux donataire direct, et comme tout en une matière aussi exceptionnelle est de droit étroit, il faut scrupuleusement s'attacher aux termes même de la loi. D'ailleurs, ce n'est qu'en vue d'encourager les mariages que l'on a ici dérogé aux règles ordinaires. Or, si l'époux ne devait pas personnellement profiter de l'institution, elle serait presque sans influence sur le mariage. — V. conf. Delvincourt, t. 2, notes, p. 425; Duranton, nº 678; Marcadé, *loc. cit.*; Poujol, *loc. cit.*, nº 3.

205. — Cette opinion nous paraît devoir d'autant mieux être suivie qu'il pourrait résulter de l'opinion contraire une sorte de substitution fidéicommissaire, et par conséquent prohibée. Supposons, en effet, avec Delvincourt (*loc. cit.*), que, dans le contrat de mariage de Paul, Pierre institue seulement les enfans à naître du mariage. Pierre meurt, Paul n'ayant pas encore d'enfans; depuis ce dernier en a; il ne peut pas recueillir l'effet de l'institution, car ce n'est pas lui qui est institué. Les biens passeront donc à l'héritier de Pierre, mais avec la charge de les conserver et de les rendre aux enfans que Paul pourra avoir. Cela rentrerait évidemment dans les classes des dispositions prohibées par l'art. 896, C. civ. — V. SUBSTITUTION. — V. conf. Duranton, *loc. cit.*

206. — Il suit donc de ce qui précède qu'il faut d'abord appeler un des époux ou tous deux en première ligne, et que c'est seulement en seconde ligne, et pour le cas où un premier donataire prédécéderait, qu'il est permis d'appeler leurs descendans.

207. — Jugé que l'institution d'héritier faite par les époux dans leur contrat de mariage, au profit de l'aîné de leurs enfans, mais subordonnée à la faculté d'élire qu'ils s'étaient réservée pour eux-mêmes, ne peut produire son effet si les instituans sont décédés sans avoir fait de choix avant la loi du 7 mars 1793. — *Toulouse*, 8 déc. 1808, Cerciat.

208. — Remarquons maintenant que les descendans sont vus avec tant de faveur que si le donateur n'en parle pas, la donation est de plein droit présumée faite en leur faveur, de façon qu'ils vont recueillir les biens par une sorte de substitution vulgaire tacite. — V. conf. *Metz*, 7 juill. 1824, Missler c. Kalis; — Pothier, *Introd. au tit. 17 de la Cout. d'Orléans.*, nº 28; Lebrun, *Des successions*, liv. 3, chap. 2, nº 34; Toullier, nº 840; Duranton, nº 679; Delvincourt, *loc. cit.*, p. 425; Demante, *Progr. de dr. civ.*, t. 2, nº 487; Rolland de Villargues, *loc. cit.*, nº 15; Marcadé, *loc. cit.*, nº 3; Poujol, *loc. cit.*, nº 5.

209. — Lorsque l'institution avait été faite avec la condition expresse que l'institué donnerait ses soins aux affaires de l'instituant, si le décès prématuré de l'institué a rendu cette condition inefficace, l'institution doit néanmoins produire son effet à l'égard des héritiers naturels de l'instituant, surtout si ce dernier ne s'est pas plaint de l'inexécution. — *Metz*, arrêt précité.

210. — Cette substitution vulgaire tacite, en vertu de laquelle les enfans sont appelés, n'étant au surplus fondée que sur une présomption de volonté de l'instituant, s'évanouirait nécessairement devant l'expression manifestée d'une volonté contraire. Ainsi, l'instituant pourrait stipuler la caducité de l'institution pour le cas de prédécès du donataire, soit que ce dernier eût ou non des enfans. — V. Exposé des motifs (Fenet, t. 12, p. 569). — V. conf. Delvincourt, Marcadé, *loc. cit.* — *Contrà* Coin-Delisle, sur l'art. 1082, C. civ., nºs 29 à 35.

211. — Il est évident, au surplus, que les descendans à naître du mariage en faveur duquel se fait la donation sont les seuls au profit desquels cette donation puisse être faite ou présumée faite. — Grenier, nº 421; Toullier, nº 831; Marcadé, *loc. cit.*; Delvincourt, *loc. cit.*, p. 423 et suiv.; Poujol, sur l'art. 1082, C. civ., nº 6.

212. — Si le donataire avait survécu à l'institution, et recueilli lui-même les biens, les enfans des différens lits les partageraient comme d'autres biens dans la succession de leur auteur. — Duranton, nº 682.

213. — Au reste, quoique les enfans et descendans issus du mariage aient seuls droit au bénéfice de l'institution, quand l'institué est venu à mourir avant le donateur, néanmoins, dans le cas où c'est un ascendant qui a fait la donation, les enfans d'un autre mariage du donataire ont leur part intacte dans la portion des biens formant la réserve à laquelle ce dernier aurait eu droit. — Duranton, nº 683; Toullier, nº 841; Poujol, *loc. cit.*

214. — Le donateur pouvant stipuler valablement que l'institution sera caduque par le seul prédécès du donataire, il pourrait aussi *pour le cas de prédécès* se réserver la faculté de choisir parmi les enfans du donataire celui ou ceux qu'il voudrait faire profiter de l'institution. — Delvincourt, t. 2, p. 426; Duranton, nº 691; Marcadé, *loc. cit.*, nº 3; Poujol, *loc. cit.*, nº 8. — V. toutefois Grenier, nº 420.

215. — Ce qui porte à faire considérer une pareille clause, anciennement fort usitée dans les coutumes de la Marche, du Bourbonnais et de l'Auvergne (V. Chabrol, sur cette dernière coutume, t. 2, p. 340), c'est qu'en réalité cette clause ne fait qu'établir une sorte de retour; c'est tout simplement dire que l'on entend reprendre ses biens dans le cas de prédécès du donataire pour en faire alors tel usage que l'on voudra.

216. — Si l'institution ne déroge pas à l'égalité, les enfans, saisis d'un droit égal par la substitution, ne peuvent être dépouillés de cet avantage par l'institué mort avant l'instituant, alors même que celui-ci y aurait donné son consentement. — Ord. 1747, tit. 1er, art. 12; — Grenier, nº 416; Duranton, nºs 688 et 689; Delvincourt, *loc. cit.*

217. — En d'autres termes, l'institué contractuellement ne peut choisir l'un de ses enfans pour recueillir, à l'exclusion des autres, le bénéfice de l'institution, dans le cas où il vient à décéder avant l'instituant. — Cette décision s'applique même au cas d'une institution faite avant le Code civil. — *Toulouse*, 3 juin 1825, Dubouch c. Bascas. — V. au surplus *Parlem. Toulouse*, sept. 1632, 1er mars 1734, 20 juin 1778; — Dolive, liv. 5, ch. 14; Furgole, sur l'art. 13, ord. 1747; Merlin, *Rép.*, vº *Institution contractuelle*, § 13.

218. — Quant à la clause que, *en cas de prédécès du donataire*, les biens compris dans l'institution appartiendront exclusivement à tel ou tel enfant issu du mariage, par exemple, à l'aîné, ou qu'ils lui appartiendront pour une part plus forte que celle des autres enfans, nous croyons avec M. Duranton (nº 692) que l'instituant n'eût pu la stipuler sous le Code, et qu'il ne le pourrait même pas aujourd'hui en vertu de la loi du 17 mai 1826. En effet, l'on ne peut disposer en faveur de personnes non conçues que dans deux cas, ou par institution contractuelle ou par substitution fidéicommissaire. Or, on ne serait dans aucun de ces deux cas par la clause dont il s'agit: on ne serait pas dans celui de l'institution contractuelle, puisque, de sa nature, lorsque le donataire meurt avant le donateur, elle profite à tous les enfans et descendans à naître du mariage, tandis que, d'après la clause, elle profiterait seulement à tel ou tel d'entre eux, et l'on ne serait pas davantage dans celui de la substitution, attendu que, le donataire n'ayant rien recueilli, il n'a pu rien rendre. — V. conf. Delvincourt, *loc. cit.*

219. — Nous avons constaté (*suprà* nº 208) que l'effet de la présomption (susceptible d'être détruite par la manifestation d'une volonté contraire) qui appelle les enfans à naître du mariage, pour le cas de prédécès du donataire, est de leur faire passer les biens en vertu d'une sorte de substitution vulgaire tacite. — V. encore dans ce sens Dumoulin, sur l'art. 390, cout. de Bourbonnais; Ricard et son annotateur, *Des donat.*, part. 1re, nº 1036; Cochin, t. 4, p. 375 et suiv.

220. — Il est d'abord évident, en effet, qu'il ne saurait être question à leur égard, en l'absence d'une disposition spéciale, de substitution fidéicommissaire ayant pour effet de grever à leur profit les père et mère qui recueillent, d'une charge de restitution. — V. conf. Demante, *Progr de dr. civ.*, t. 2, nº 487; Marcadé, sur l'art. 1082, C. civ., nº 3; Toullier, nº 839.

221. — Et même quand nous disons qu'il n'existe en leur faveur dans l'institution contractuelle qu'*une sorte de substitution vulgaire tacite*, nous exprimons suffisamment par là qu'à proprement parler les enfans à naître du mariage ne sont pas des substitués vulgaires; car l'art. 878, C. civ., qui autorise la substitution vulgaire, suppose que le substitué vulgaire soit au moins conçu à l'époque de la disposition. — V. SUBSTITUTION.

222. — Dans le ressort de la coutume d'Auvergne, l'institution contractuelle était réputée faite en faveur des enfans à naître du mariage de l'institué; en sorte que si celui-ci mourait avant l'instituant, ses enfans recueillaient l'institution comme si elle leur eût été faite directement. — Ainsi, lorsque l'un des fils de l'institué avait été doté par celui-ci, sous la condition que la dot emporterait exclusion de toute succession, ce fils n'en avait pas moins droit à recueillir directement l'institution ouverte par le décès de son aïeul. — *Riom*, 21 août 1829, Pommier c. Borel.

223. — Quoi qu'il en soit, il résulte bien clairement de cette sorte de substitution vulgaire qu'en cas de prédécès de l'époux donataire, les enfans n'ont point besoin de se porter ses héritiers pour accepter de leur propre chef une donation à laquelle le défunt se trouve, par l'événement, n'avoir eu aucun droit. Telle était aussi, ainsi qu'on l'a vu, l'ancienne jurisprudence. — V. conf. Pothier, *loc. cit.*, nº 3. — V. aussi Grenier, nº 415; Toullier, nº 840; Duranton, nº 679; Delvincourt, *loc. cit.*; Demante, *loc. cit.*; Poujol, *loc. cit.*

224. — Jugé, conformément à ces principes, qu'en matière d'institution contractuelle, lorsque l'instituant survit à l'institué, les enfans de ce dernier sont appelés en vertu d'un droit qui leur est pro-

père, *jure suo*, et non par transmission du droit de leur père. — *Riom*, 2 janv. 1821, Amblard c. Charrier ; *Riom*, 4 mars 1822, Bernard Grange c. Bernard ; 15 janv. 1822, Achard c. Biscurent ; 15 avr. 1809, Bonnet c. Bagnès.

225. — Il est bien entendu que, pour qu'il en soit ainsi, il faut que la succession n'ait pas été recueillie par l'époux donataire, ou, en d'autres termes, que celui-ci soit mort avant le donateur. Autrement, les enfans ne la recevraient plus que par transmission et en acceptant la succession de l'institué. — Duranton, n° 680 ; Rolland de Villargues, *loc. cit.*, n° 16.

226. — … A moins qu'ils n'aient été appelés expressément dans la forme d'une substitution fidéicommissaire autorisée par les art. 1048 et suiv., C. civ., ou par la loi du 17 mai 1826. — Duranton, n° 682.

227. — Bien que le texte de l'art. 1082, C. civ., ne s'en explique pas formellement, il paraît certain que le législateur, en transmettant ainsi les biens compris dans l'institution contractuelle à toute la descendance, comme s'il s'agissait d'une succession, entend appliquer des règles analogues à celles des successions. Ainsi, que le donataire meure avant le donateur, laissant tout à la fois des enfans et des petits-enfans, ceux de ces petits-enfans qui auraient encore leur père, ne pourraient pas recueillir, quand même ce père renoncerait. — C. civ., art. 745. — Ceux dont le père serait prédécédé le représenteraient pour concourir avec les autres enfans, leurs oncles ; et si tous les enfans étant prédécédés, il n'y avait que des petits-enfans, ils partageraient par souches et non par tête. — V. conf. sous l'ancien droit, Auroux des Pommiers, sur l'art. 219 de la Cout. du Bourbonnais, nos 49 et suiv. ; Lebrun, *Des successions*, liv. 3, ch. 2, n° 36 ; — V. aussi Grenier, n° 419 ; Delvincourt, *loc. cit.* ; Toullier, n° 843 ; Marcadé, *loc. cit.* ; Rolland de Villargues, *loc. cit.*, n° 17.

228. — Quant à la question de savoir ce que deviendrait la part de l'époux décédé avant le donateur, dans le cas où l'institution aurait été faite aux deux époux conjointement, il faut la résoudre par une distinction. S'il y a des enfans issus du mariage, ils recueilleront cette part *jure suo*, par l'effet de la substitution vulgaire tacite ; si, au contraire, l'époux est décédé sans postérité, sa part appartiendra à l'autre époux par droit d'accroissement. — Grenier, n° 422 ; Duranton, n° 675 *bis* ; Toullier, n° 843. — C'était aussi ce qui était généralement admis dans l'ancienne jurisprudence.

229. — Jugé qu'une institution d'héritier par contrat de mariage ne peut avoir d'effet qu'en faveur des contractans et de leurs descendans ; — et conséquemment que, lorsqu'une institution contractuelle est faite par le père et la mère au profit d'un de leurs enfans dans son contrat de mariage, et qu'à cette institution s'en trouve jointe une autre en faveur d'un second enfant qui ne se marie point et n'est pas présent au contrat, cette seconde institution doit être réputée non écrite, et qu'il ne peut résulter un droit d'accroissement au profit du premier institué. — *Limoges*, 26 fév. 1821, Lavernie.

230. — Jugé, d'une manière générale, que la donation faite dans un contrat de mariage à un autre qu'aux époux est nulle, surtout si le donateur s'est réservé de disposer pour ses besoins de l'objet donné. — *Bourges*, 4 juill. 1808, Métrot c. Ranty.

231. — En indiquant seulement les futurs époux et les enfans à naître du mariage comme susceptibles de profiter de l'institution contractuelle, l'art. 1082, C. civ., proscrit par cela même la clause fort usitée dans l'ancien droit, dite *clause d'association*, qui avait pour but de faire indirectement participer un tiers au bénéfice de l'institution, en faisant de cette association une charge imposée au donataire. — Duranton, n° 694 ; Grenier, n° 423 ; Marcadé, *loc. cit.*, n° 5 ; Delvincourt, t. 2, p. 263 ; Favard, *Instit. contractuelle*, n° 8 ; Rolland de Villargues, *Des Substitutions*, n° 213, et *Rép.*, *loc. cit.*, n° 23 ; Poujol, *loc. cit.*, n° 9 ; Chabot, *Questions transitoires*, v° *Institution contractuelle*.

232. — Cependant Merlin (*Rép.*, v° *Institution contractuelle*, § 5, n° 8), et, après lui, Vazeille (sur l'art. 1082, C. civ., n° 11), ont soutenu la validité d'une pareille clause, mais en l'appuyant sur de bien faibles argumens.

233. — Ils prétendent, en premier lieu, que tout ce qui n'est pas défendu par un texte de loi reste par là même permis. — Mais le texte que ces auteurs prétendent ne pas exister se trouve précisément, au contraire, dans les articles 1030 (qui défend tout pacte sur une succession non ouverte) et 943 (qui défend les donations de biens à venir). L'art. 1082 déroge, il est vrai, à ces prohibitions ; mais il n'y déroge qu'en faveur des époux et de leur descendance, et toute disposition exception-

nelle devant être limitée rigoureusement dans ses termes, l'on ne saurait, sans violer la loi, faire participer un tiers à un privilége qu'il n'y avait aucune raison d'introduire pour lui.

234. — Ces mêmes auteurs motivent encore leur opinion sur l'art. 1121, C. civ., qui permet de *stipuler au profit d'un tiers*, lorsque telle est la condition d'une donation faite à un autre. — Mais, dans le cas de cet article, le tiers, ainsi qu'on l'a remarqué, pourrait être donataire direct, au lieu que la personne qui ne se marie pas ne pourrait être objet direct de l'institution contractuelle. Il ne faut pas, dès-lors, qu'elle lui profite indirectement.

235. — Nous reconnaissons du reste, avec un arrêt de la cour de Riom (16 juill. 1818, Barrin c. Gardy), que la clause d'association ne renferme pas une *substitution*, car elle ne contient ni le *tractus temporis*, ni le *ordo successionis*, sans lesquels il n'y a qu'un simple fidéicommis. — V. SUBSTITUTION. — Aussi l'on remarquera que, pour la combattre, nous ne nous sommes point placés à ce point de vue. — V. conf. Duranton, n° 697 ; Rolland de Villargues, *loc. cit.* — V. aussi Bergier sur Ricard, *Des substitutions*, n° 288, ch. 6 ; Merlin, *Rép.*, v° *Institution contractuelle*, § 5, n° 11.

236. — Pour qu'il y eût substitution prohibée dans la clause d'association, il ne suffirait même pas, ainsi que le remarque M. Duranton (*loc. cit.*), que l'institué fût chargé de ne s'associer le tiers qu'après avoir joui seul de l'institution pendant un certain temps ; il faudrait encore que l'époque de la remise au tiers fût celle même du décès de l'instituant.

237. — Que si, en fait, la clause d'association avait eu lieu, la partie des biens que l'époux donataire devait remettre à l'autre personne, et que celle-ci ne peut prendre, d'après ce que l'on vient d'établir, profiterait aux héritiers du donateur. — *Bourges*, 19 déc. 1821, Cutard c. Moisy. — V. aussi Grenier, n° 423 ; Favard, *Rép.*, v° *Institution contractuelle* ; Rolland de Villargues, *Des substitutions*, n° 213 ; Duranton, n° 695. — *Contrà* Delvincourt, *loc. cit.* ; Marcadé, *ubi suprà*, n° 5.

238. — Il est bien entendu que, si la clause d'association était dans un contrat antérieur au Code, elle devrait recevoir son exécution au profit du tiers, quoique l'instituant fût mort depuis le Code. — Chabot, *Questions transitoires*, v° *Institution contractuelle* ; Grenier, n° 423.

239. — Ainsi, spécialement, dans le ressort de la coutume d'Auvergne, la disposition par laquelle un tiers était associé au bénéfice d'une institution contractuelle était irrévocable, et elle a conservé son effet, quoique l'instituant ait survécu à la publication des lois des 17 niv. an II et 18 pluv. an V. — *Cass.*, 13 janv. 1818, Bellonte ; — Chabot, *Questions transitoires*, v° *Institution contractuelle*.

240. — Il est également bien entendu qu'il ne saurait être actuellement question de l'incapacité que Pothier (*loc. cit.*, nos 20 et suiv.) constatait dans les *aubains* et les *bâtards* d'être institués contractuellement. — V. ÉTRANGER, ENFANT NATUREL, SUCCESSION.

241. — Seulement, en ce qui concerne les enfans naturels légalement reconnus, il faut remarquer que le père ne pourrait lui assurer au moyen de l'institution contractuelle une part plus forte que celle qui lui est assignée dans sa succession, ni lui conférer la qualité d'héritier. — C. civ., art. 756 et 908. — V. conf. Rolland de Villargues, v° *Institution contractuelle*, n° 14.

§ 3. — *Comment s'ouvre l'institution contractuelle.*

242. — L'institution contractuelle s'ouvre, au moins dans le système que nous avons cru devoir adopter sur la question de la capacité des parties, par la mort naturelle ou par la mort civile de l'instituant. — Duranton, nos 700 et suiv.

243. — Sous ce rapport, et dans notre système, elle diffère du testament, qui devient caduc par la mort civile du testateur.

244. — Trois cas peuvent se présenter : ou l'institué recueillera ; ou, à son défaut, les enfans issus du mariage viendront par substitution ou la donation sera caduque.

245. — On a vu qu'il n'est pas indifférent pour les enfans de recueillir les biens compris dans l'institution contractuelle après l'institué, qui aurait survécu, fût-ce d'un instant de raison, à l'instituant, ou de les recueillir à défaut de l'institué, qui serait, au contraire, prédécédé.

246. — Mais d'autres événemens que le prédécès de l'institué ne pourraient-ils pas donner ouverture en faveur des enfans au droit résultant de la substitution vulgaire tacite, et la faire arriver *jure proprio?* Que faudrait-il décider, par exemple, si l'institué renonçait à l'institution, ou devenait incapable de la recueillir ?

247. — Il nous paraîtrait bien raisonnable d'assimiler ce cas à celui du prédécès, et nous serions disposés à applaudir à une jurisprudence hardie qui le déciderait dans ce sens. Cela semble, en effet, bien conforme à l'intention du disposant, qui, en créant deux degrés de donataires, a nécessairement entendu appeler le second pour tous les cas où le premier viendrait à défaillir. — V. dans ce sens Duranton, n° 702.

248. — Nous avons dit toutefois que la jurisprudence qui le déciderait ainsi serait hardie ; en effet, l'art. 1082, C. civ., en permettant la donation de biens à venir, constitue une exception (C. civ., art. 943) qui, comme toute exception, doit s'interpréter restrictivement, et ne peut pas s'étendre au-delà de ses termes. Or, cet article ne la permet pour les enfans de l'époux donataire que pour le cas où cet époux mourrait avant le donateur ; donc elle reste prohibée quand il lui survit, et, par conséquent, il ne doit pas y avoir lieu à la substitution vulgaire. — V. conf. Marcadé, *loc. cit.*, n° 3.

249. — M. Marcadé (*loc. cit.*) s'élève surtout avec force contre l'avis de M. Duranton, qui enseigne (*ubi suprà*) que le droit des enfans s'ouvrirait non seulement par la renonciation de l'époux donataire, mais aussi par *son indignité*. « En effet, dit M. Marcadé, ce n'est pas là un cas de succession, c'est là un cas de donation. Or, il n'y a pas, pour les donations, d'autre indignité que l'ingratitude ; mais précisément l'art. 959 déclare que l'ingratitude cesse d'être une cause de révocation pour les donations faites en faveur de mariage. Il n'y a donc pas d'indignité possible dans notre matière »

250. — Quant à nous, cet argument nous touche assez peu. — « L'institution contractuelle, dit M. Marcadé, n'est pas un cas de succession, c'est une donation. » Mais c'est précisément ce qui, pour nous, forme question. Est-il bien clair, dès-lors, qu'un pareil argument ne saurait atteindre ceux qui, comme nous, considèrent l'institution contractuelle, d'après Furgole, comme une disposition *amphibie*, laquelle précisément, à raison de cette nature complexe, ne doit pas être réglée par les seules règles des donations ordinaires ?

251. — Répétons seulement que si, dans cette matière toute exceptionnelle, il faut s'en tenir expressément aux termes de la loi, l'opinion de M. Duranton, qui s'en écarte, ne peut être que difficilement admise.

252. — L'institution contractuelle devient caduque si le donateur survit à l'époux donataire et à sa postérité *issue du mariage*. — Rolland de Villargues, *loc. cit.*, n° 19 ; Merlin, *Quest. de dr.*, v° *Institution contractuelle*.

253. — La donation faite par un père à son fils en le mariant, et à titre de préciput, d'une portion quelconque de la quotité disponible, est une disposition à cause de mort, qui conséquemment devient caduque par le décès du donataire sans postérité. — Il en est de même au cas où le donateur aurait fait abandon, dans le contrat, de la jouissance d'une métairie, en déclarant que cet abandon a lieu *en attendant son décès et en représentation de ce qu'il a donné*. — *Cass.*, 12 juin 1832, Bergay.

254. — Si le donateur et le donataire étaient morts dans le même événement, si l'un et l'autre disparaissaient sans donner de leurs nouvelles, ce serait incontestablement aux héritiers du donataire à prouver que leur auteur a survécu au donateur.

255. — Nous ajoutons ces mots *issue du mariage* au texte de l'art. 1089, C. civ., parce qu'il nous paraît évident qu'ils y sont sous-entendus. C'est ce qui résulte, en effet, de cette considération que l'art. 1089 se lie à l'art. 1082, et que, dans ce dernier, l'on n'a autorisé les donations de biens à venir, par dérogation à la règle générale posée dans l'art. 945, C. civ., qu'en faveur des enfans à naître *du mariage*. Ce sont ces derniers seuls que le donateur a voulu favoriser ; c'est pour eux seuls que la loi s'est montrée d'une bienveillance toute particulière. L'existence des enfans nés d'un mariage postérieur n'empêcherait donc pas la caducité. — Pothier, *loc. cit.*, n° 28 ; de Laurière, *Instit. coutum.*, chap. 7, nos 46 et suivans ; Auroux des Pommiers, sur la cout. de Bourbonnais, n° 36 ; Bourjon, *Dr. comm. de la France*, t. 2, p. 65 ; Guy-Coquille, sur la cout. de Nivernais, tit. 27, art. 12 ; Merlin, *Rép.*, v° *Institution contractuelle*, § 12, n° 9 ; Delvincourt, t. 2, p. 423 et suiv. ; Toullier, n° 842 ; Duranton, n° 722 ; Rolland de Villargues, *loc. cit.*, n° 22 ; Grenier, n° 421 ; Marcadé, *loc. cit.*, n° 2.

256. — Jugé, conformément à cette doctrine, que, lorsque l'institué contractuel est décédé avant l'instituant, sans laisser d'enfans du mariage en faveur duquel l'institution a été faite, l'institution est caduque, bien qu'il laisse des enfans d'un mariage postérieur. — *Bourges*, 19 déc. 1821, Cutard c. Moisy.

257. — Peu importe que l'instituant soit un ascendant. En vain dirait-on alors qu'il a voulu embrasser dans sa libéralité tous les enfans de son fils donataire. Il n'a pas été en son pouvoir de disposer des biens à venir autrement qu'en faveur des enfans du mariage, pour lequel il a fait l'institution. D'ailleurs, l'intention qu'on lui suppose n'est pas présumable. — Duranton, nº 722.

258. — On peut pourtant invoquer à l'appui de cette distinction, non sans doute le *dispositif*, mais les *considérans* de deux arrêts. — *Riom*, 4 déc. 1820, Grouillet; *Bourges*, 19 déc. 1821, Cutard.

259. — Malleville (*Analyse du Code civil*, sur l'art. 1082), assimilant l'instituant, dans le cas de la caducité, au donataire entre-vifs qui exerce le *retour conventionnel*, en conclut que les biens repris par l'instituant demeurent grevés de l'hypothèque subsidiaire de la femme de l'institué, par l'application de l'art. 952, C. civ. Mais il n'y a pas d'analogie, l'institution contractuelle n'ayant jamais saisi l'institué. — Grenier, nº 424; Toullier, nº 844; Rolland de Villargues, *loc. cit.*, nº 20.

260. — Jugé, en effet, qu'il y a incompatibilité entre un droit de retour et une institution contractuelle qui ne dessaisit pas le donateur. — *Cass.*, 24 août 1831, Boissel.

261. — ... Et que si une clause de retour a été stipulée au profit d'un tiers dans une institution contractuelle, pour le cas de décès sans enfant du donataire, cette clause contient une substitution fidéicommissaire annulée par la loi du 14 nov. 1792. — Même arrêt.

§ 4. — *Effets de l'institution contractuelle.*

262. — Les effets de l'institution contractuelle sont déterminés à l'égard de l'instituant par l'art. 1083, C. civ., qui porte : « La donation, dans la forme portée au précédent article, sera irrévocable, en ce sens seulement que le donateur ne pourra plus disposer à titre gratuit des objets compris dans la donation, si ce n'est pour sommes modiques, à titre de récompense, ou autrement. » — V. conf. Dumoulin, sur l'art. 271, cout. du Bourbonnais.

263. — Cet article ne fait que reproduire ce passage de Pothier (*loc. cit.*, nº 26) : « L'effet de l'institution contractuelle, en tant qu'elle est clause d'un contrat de mariage, est que l'instituant n'y peut donner aucune atteinte. Mais il n'est pas censé y donner atteinte en aliénant et engageant sans fraude les biens par contrat entre-vifs. La coutume du Bourbonnais, art. 220, en a une disposition. »

264. — C'est ce qu'exprimait également Loysel, en disant énergiquement (*Institutes coutumières*, liv. 2, tit. 4, règl. 10) que « reconnaissance générale du principal héritier n'empêche *qu'on ne puisse s'aider de son bien*; ainsi seulement qu'on avantage un autre, au préjudice du marié, des biens qu'on avait alors. »

265. — Pothier (*loc. cit.*) donne la raison de la faculté laissée à l'instituant d'aliéner à titre onéreux sans fraude, en remarquant que, l'institution contractuelle étant la donation que l'instituant fait de sa succession, et sa succession n'étant composée que des biens qu'il laissera à son décès, les biens dont il dispose entre-vifs ne font pas partie de cette institution; d'où il suit qu'il n'y donne pas atteinte en les aliénant à titre onéreux.

266. — Jugé spécialement que la donation portée dans un contrat de mariage, par laquelle des père et mère assurent dès à présent à leur fils une certaine somme à prendre dans leurs successions, ne constitue qu'une donation de biens à venir, une institution contractuelle, qui laisse les donateurs maîtres de disposer de leurs biens à titre onéreux. — *Metz*, 5 août 1819, Wendel c. Gand et Davillé; *Cass.*, 1er mars 1821, mêmes parties.

267. — Remarquons toutefois que, bien qu'une donation faite par contrat de mariage d'une somme fixe, payable au décès du donateur, ne soit assurée par aucune hypothèque, elle n'en constitue pas moins une donation entre-vifs, laquelle confère au donataire un droit de garantie contre le donateur et une action en nullité des ventes consenties par ce dernier en fraude de la donation. — *Cass.*, 22 niv. an X, Marcelin; *Bordeaux*, 5 juill. 1839 (t. 2 1839, p. 609), Cauley. — V. aussi Ricard, *Des donations*, nºs 69 et 1107.

268. — ... Et que, dans cette hypothèse, le donataire par contrat de mariage n'est pas, comme le légataire à titre particulier, tenu de demander la délivrance aux héritiers à réserve. — *Pau*, 16 janv. 1838 (t. 1er 1840, p. 77), Casenave c. Prieu.

269. — Jugé que lorsque, dans un contrat de mariage passé avant le Code, les père et mère de la future épouse ont disposé en sa faveur d'une somme exigible seulement après leur mort et à prendre dans leurs successions, se réservant l'usufruit de cette somme, mais s'obligeant solidairement, sous la caution d'un tiers, à la faire toucher à la tutrice, une telle clause a pu être déclarée constituer une institution contractuelle, caduque par le prédécès du donataire et non une donation entre-vifs. — *Cass.*, 15 juill. 1835, de Villequier c. de Cayeux.

270. — L'institution d'héritier au profit de l'aîné des enfans à naître, faite par deux époux dans leur contrat de mariage, mais pour le cas seulement où ils décéderaient sans tester, *et sous la réserve de nommer eux-mêmes leurs héritiers*, était essentiellement révocable jusqu'au décès du dernier mourant des époux.

271. — La clause d'un contrat de mariage, contenant à la fois une constitution universelle d'héritier et une donation entre-vifs et irrévocable de tout ce dont le donateur peut disposer au profit de son enfant donataire, a pu n'être considérée que comme une simple institution contractuelle qui n'a pas pour effet de dessaisir immédiatement le donateur. — La substitution fidéicommissaire contenue dans cette institution, non ouverte au moment de la loi du 14 nov. 1792, a été annulée par cette loi. — *Cass.*, 24 août 1831, Boissel c. Arrivet.

272. — Le donateur ne pourrait même pas s'interdire, soit en totalité, soit en partie, la faculté de contracter à titre onéreux; ce serait, en effet, un pacte sur une succession future que n'autoriseraient pas les art. 1082 et 1083. — Duranton, nº 712 et suiv.; Poujol, sur l'art. 1083, C. civ., nº 3.

273. — Spécialement, est nulle la convention par laquelle des enfans institués héritiers contractuellement par leur père stipulent, dans le contrat d'un second mariage contracté par ce dernier, qu'il ne pourra point aliéner ses immeubles au préjudice de l'institution contractuelle précédemment faite. — *Riom*, 4 déc. 1810, Grouillet. — V. en sens contraire *Toulouse*, 18 janv. 1820, Feuillerat c. Fournier.

274. — Néanmoins la clause par laquelle le donateur se serait interdit d'aliéner à titre onéreux des biens qu'il possédait au moment du contrat, pourrait être considérée comme une donation de biens présens et à venir, pourvu que, si les biens présens consistent en mobilier, il en ait été joint à la donation un état estimatif.

275. — M. Coin-Delisle (sur l'art. 1083, C. civ., nº 3) pense même que l'on devra regarder toujours comme ne se référant qu'aux biens présens, la clause par laquelle le donateur se serait interdit, d'une manière générale, la faculté d'aliéner, en sorte qu'elle ne peut que constituer la donation cumulative de biens présens et à venir, autorisée par l'art. 1084, C. civ.; mais cette opinion nous paraît être trop absolue. — V. conf. Marcadé, sur l'art. 1083, C. civ.

276. — Si le donateur s'est réservé la faculté de disposer d'une certaine somme, il est censé avoir, par là, fixé lui-même l'étendue de sa disponibilité, et il ne peut, en conséquence, rien donner au-delà de la somme fixée. — Boucheul, *Des conventions de succéder*, chap. 1er, nº 23; Lebrun, *Des successions*, liv. 3, chap. 2, nº 24; — Delvincourt, *loc. cit.*, p. 628.

277. — La réserve faite par un donateur dans une institution contractuelle de disposer d'une partie des biens donnés n'ôte pas à la donation son caractère d'irrévocabilité. — *Agen*, 17 janv. 1807, Duveau c. Duloya.

278. — La donation faite à un tiers par l'instituant des objets qu'il s'est réservés par le contrat qui renferme l'institution contractuelle, ne peut pas être annulée comme faite en fraude de cette institution. — *Cass.*, 7 juin 1808, Dupuy c. Dainval; — Grenier, nº 414; Toullier, nº 834; Duranton, t. 9, nº 715; Merlin, vº *Institution contractuelle*, § 8, nº 11.

279. — Jugé que la donation faite par préciput dans un contrat de mariage n'est pas nulle parce que le donateur s'est réservé de disposer pour ses besoins de l'objet donné : le titre n'en est pas moins irrévocable. — *Bourges*, 4 juill. 1808, Métrot c. Ranty.

280. — L'institution contractuelle n'interdit pas d'une manière absolue à l'instituant la disposition des biens compris dans la donation : il est laissé à l'arbitrage des tribunaux d'apprécier les causes de l'aliénation. — *Cass.*, 1er pluv. an IX, Grammont.

281. — Remarquons, du reste, que si le donateur a fait, depuis la disposition, donation de biens seulement équivalente à la réserve, et a ensuite vendu ses autres biens, de manière que l'institution soit devenue stérile, le préjudice vient réellement des ventes que le donateur avait le droit de faire, et qui, conséquemment, devront être respectées. — Duranton, nº 715.

282. — Et telle serait encore la décision à laquelle il faudrait s'attacher lors même que la donation dont il s'agit n'eût été faite que depuis les ventes. — Duranton, *loc. cit.*

283. — Jugé que bien que, dans la coutume d'Auvergne, l'instituant qui avait fixé sa réserve de disposer ne pût faire de dispositions à titre gratuit de plus forte somme, ces dispositions, lorsque l'institué y avait donné son consentement, ne pouvaient être attaquées que par les personnes ayant intérêt à les contester. — *Cass.*, 8 nov. 1815, Dupré et Chabrillat c. Besse de la Richardie.

284. — Sur l'effet de la réserve de disposer d'un objet ou d'une somme compris dans l'institution, V. *infrà* sect. 5.

285. — On a déjà fait entendre que si la loi réserve à l'instituant la faculter d'aliéner les biens à titre onéreux, cette faculté doit être exercée sans fraude. On annulerait donc les libéralités qui seraient cachées sous la forme de contrats onéreux au préjudice de l'institué, ainsi que les reconnaissances de prétendues dettes. Les juges ont ici un pouvoir discrétionnaire pour se décider d'après l'appréciation des circonstances. — Toullier, nº 835; Grenier, t. 2, nº 41; Duranton, nºs 709 et suiv.; Delvincourt, *loc. cit.*, p. 427; Coin-Delisle, *Comm. anal.* sur l'art. 943, C. civ., nº 7; Favard, *Rép.*, vº *Institution contractuelle*. — V. DONATION DÉGUISÉE.

286. — Jugé, par application de ces principes, que lorsqu'une vente de tous ses biens faite par l'instituant au préjudice de l'institué ne porte point de caractère de simulation, il n'y a pas lieu de l'annuler dans son entier. — *Cass.*, 5 nov. 1806, Sabouille c. Farne. — V., dans le même sens, *Bruxelles*, 18 fév. 1822, V... c. V...; *Besançon*, 26 messid. an XIII, Petit.

287. — Spécialement, en ce qui concerne la constitution des servitudes sur les fonds affectés de l'institution contractuelle ou la vente de ces fonds moyennant une rente viagère, la validité de l'opération dépendra de l'absence de la fraude. — *Riom*, 4 déc. 1820, Grouillet c. Dumont; *Cass.*, 20 déc. 1825 (et non 1815), de Verdonnet c. Croizier. — V. conf. Duranton, nºs 708 et 711; Poujol, sur l'art. 1083, C. civ., nº 2.

288. — L'intention manifestée publiquement et judiciairement par des héritiers institués contractuellement de faire annuler des ventes qu'ils prétendent faites en fraude de leur institution est pour les acquéreurs un juste sujet d'inquiétude qui leur donne le droit de refuser le paiement du prix jusqu'à ce qu'il ait été statué sur la validité des ventes. — *Riom*, 4 déc. 1810, Grouillet.

289. — La clause d'un contrat de mariage portant que le père de la future épouse l'institue son héritière de tous ses biens présens et à venir, sous la réserve de l'usufruit sa vie durant, ne constitue pas une donation de biens présens et à venir, mais une institution contractuelle d'héritier. Conséquemment est valable l'aliénation faite par l'instituant de tout ou partie de ses biens, pourvu qu'elle n'ait pas été faite en fraude de l'institution. — *Bordeaux*, 17 nov. 1828, Teysson c. Latour.

290. — Les effets d'une institution contractuelle sont réglés par les lois en vigueur à l'époque de l'institution et à celle de l'ouverture de la succession, sans qu'on doive avoir égard aux lois rendues et abrogées dans le temps intermédiaire. — LL. 6, §§ 2 et 49, ff., *De hæred. inst.* — *Cass.*, 23 avr. 1839 (t. 2 1843, p. 410), Bataillé c. Dutil.

291. — Depuis le rapport de l'effet rétroactif de la loi du 17 niv. an II, on ne peut annuler comme faites en fraude d'une institution contractuelle atteinte par cette loi des aliénations à titre onéreux, passées pendant la durée de l'effet rétroactif, de biens compris dans l'institution. — *Cass.*, 26 mars 1810, Dupuis c. Dainval; 3 fév. 1813, Breton c. Noutier.

292. — La loi du 18 pluv. an V, qui a maintenu les institutions contractuelles et autres dispositions irrévocables, légitimement stipulées en ligne directe, à cette époque, n'est point applicable à une institution faite par contrat de mariage, mais avec la clause qu'elle n'aurait d'effet qu'autant que l'instituant décéderait sans avoir fait d'autres dispositions. — *Cass.*, 23 mai 1821, de Fancal c. Beaufort.

293. — La seule limitation apportée aux droits de l'instituant résulte de l'interdiction de la faculté de disposer à titre gratuit. Donc, une pre-

mière institution contractuelle étant faite, il ne peut plus disposer à titre universel au profit de qui que ce soit. — V. conf. cout. d'Auvergne, tit. 14, art. 51, et sur cet article le commentaire précité de Chabrol; — ord. 1747, tit. 1er, art. 12. — V. encore Duranton, nº 705; Rolland de Villargues, *loc. cit.*, nº 38.

294. — Jugé que la seconde institution contractuelle de l'universalité des biens meubles et immeubles que l'instituant laissera à son décès, faite au préjudice d'une première institution du même genre, est caduque et non réductible à une somme modique. — *Rouen*, 24 mai 1841 (t. 1er 1841, p. 749), Petit; *Cass.*, 23 fév. 1818, Durac; *Bordeaux*, 14 pluv. an IX, Latour c. Jamot; *Aix*, 17 fév. 1829, Bœuf c. Martel. — Dumoulin, sur les coutumes du Nivernais (tit. *Des donations*, art. 12), d'Auvergne (tit. 13, art. 31), et de Bourbonnais (art. 222); Lebrun, *Des successions*, liv. 3, chap. 2, nº 21; Furgole, sur l'art. 13, ord. 1731; de Laurière, *loc. cit.*, t. 1er, chap. 4. — V. aussi Grenier, *Donations*, nº 413; Poujol, *Donations*, t. 2, p. 503; Merlin, *loc. cit.*, § 8, nº 6.

295. — ... Ou du moins que si celui qui, par contrat de mariage, a fait en faveur de son conjoint une institution d'héritier ne se rend pas par-là inhabile à faire une institution nouvelle par acte entre-vifs, l'effet de celle-ci est subordonné à la validité ou à la caducité de la première. — *Bourges*, 29 août 1832, Baudin.

296. — Jugé aussi qu'après une institution contractuelle, l'instituant ne peut point par testament désigner de ses biens immeubles pour former la part héréditaire de l'un de ses enfans légitimaire, ni faire au préjudice de l'institution aucun legs en sa faveur, même à titre rémunératoire. — *Riom*, 28 juill. 1819, Domingon.

297. — Du reste, le caractère d'irrévocabilité attribué à la donation contractuelle faite par un père à son fils n'est pas subordonné à la condition imposée à l'enfant donataire de renoncer à la succession de son père. — *Cass.*, 2 mai 1838 (t. 1er 1838, p. 577), Fédas c. Lacoste.

298. — Mais ce caractère empêche que l'institution contractuelle à la charge de telles légitimes en deniers ait pu être édifiée ensuite par le contrat de mariage de l'un des enfans légitimaires lors duquel la mère instituante aurait déterminé la quotité de chacune des légitimes paternelle et maternelle. — *Riom*, 8 fév. 1817, Petit c. Marnat.

299. — Et l'on peut dire d'une manière générale avec l'avocat général Chauvelin, sur les conclusions duquel a été rendu par la grand'chambre un arrêt important sur la matière à la date du 3 août 1735, que les institutions contractuelles, étant regardées comme des actes irrévocables, comme la loi des deux familles qui s'allient, ne sont pas susceptibles de nouvelles conditions et de nouvelles charges, parce que ces conditions et ces charges emportent une sorte de révocation en ce qu'elles diminuent le bienfait, en ce qu'elles sont onéreuses à l'institué. — Merlin, *Rép.*, *loc. cit.*, § 8, nº 9.

300. — Celui qui a reçu une institution contractuelle de biens qui avaient déjà fait l'objet d'une première institution au profit d'un autre n'est tenu de restituer les fruits que du jour de la demande judiciaire et non du jour du décès de l'instituant. — *Bordeaux*, 14 pluv. an IX, Latour c. Jamot.

301. — La disposition faite dans un testament est révoquée pour la totalité, quoique, dans une institution postérieure et nulle faite au profit d'autres personnes, le testateur ait conservé au premier légataire une partie de ce qu'il lui avait légué. — *Bourges*, 19 déc. 1821, Outard.

302. — Mais la donation contractuelle d'un usufruit ne révoque pas la disposition de la propriété déjà faite par un testament antérieur. — *Besançon*, 19 mai 1809, Duport.

303. — Le père qui a fait à son fils une donation contractuelle de tous ses biens présens et à venir, ne peut, après avoir été institué légataire universel par le donataire qui est mort laissant des enfans, disposer à titre gratuit des biens rentrés en sa possession. Ces biens rentrent dans le domaine du donateur à titre nouveau, et doivent être rangés dans la classe de ses biens à venir, dont il s'était prohibé la faculté de disposer à titre gratuit. — *Nîmes*, 5 juill. 1826, Maurel c. Laval.

304. — Si l'institué avait consenti aux donations faites par l'instituant, ce consentement pourrait être considéré comme impliquant un pacte sur une succession future, et par conséquent annulé. — V. conf. Delvincourt, t. 2, p. 428.

305. — Mais, jugé que la nullité d'une telle convention se trouvait prescrite contre les enfans du premier institué, après dix ans du jour de leur majorité. — *Limoges*, 19 janv. 1835, Blanchet.

DONATION PAR CONTRAT, etc., ch. 3.

306. — Jugé, toutefois, que l'institution contractuelle n'est pas tellement irrévocable que le donateur ne puisse plus, même du consentement du donataire, disposer à titre gratuit de partie des objets compris dans l'institution. — Les créanciers de l'institué ne peuvent, comme exerçant ses droits, attaquer tout à la fois ces dispositions et les actes d'adhésion émanés de leur débiteur. — *Paris*, 3 juill. 1821, Forceville c. Valdemit. — *Contrà Limoges*, arrêt précité.

307. — L'on sent, au surplus, que le don à titre universel fait par l'instituant à son héritier réservataire, mais dans les limites de cette réserve, serait valable. — V. conf. Duranton, t. 9, nº 705.

308. — Le droit de faire annuler des dispositions exorbitantes faites à titre gratuit, contrairement à la donation contenue au contrat de mariage, n'appartient qu'à la femme : les héritiers du mari ne peuvent s'en prévaloir pour attaquer la donation elle-même. — *Amiens*, 13 août 1812, Cochet.

309. — Jugé que la donation contractuelle faite par un père à sa fille à la charge de rendre les biens donnés aux enfans à naître du mariage de la donataire a pu être réputée faite par préciput et hors part. — *Cass.*, 16 juin 1830, Cannelli.

310. — Il résulte du texte de la loi que l'instituant peut disposer de *sommes modiques* à titre de récompense *ou autrement*; termes vagues qui paraissent comprendre, outre les dons rémunératoires, quelques autres clauses plus favorables, comme des legs pieux, une marque de souvenir laissée à un ami, des cadeaux, des dispositions au profit des pauvres ou des hospices; on conçoit que les tribunaux doivent jouir à cet égard d'une grande latitude d'appréciation. — Chabrol, *Cout. d'Auvergne*, tit. 14, art. 25. — V. encore Grenier, nº 413; Toullier, nº 834; Duranton, nº 704; Delvincourt, *loc. cit.*; Marcadé sur l'art. 1083, C. civ.

311. — Une institution d'héritier est réputée *irrévocable*, lorsqu'elle est faite par contrat de mariage, encore que l'instituant se soit réservé une faculté indéfinie de faire des legs pieux et de constituer à ses filles des dots à la charge de l'héritier. — Et particulièrement des institutions contractuelles faites par un habitant de la Savoie, en faveur de ses deux enfans mâles, sous l'empire des lois de ce pays, qui excluaient les filles des successions, ne sont pas devenues, par le décès du donateur après la promulgation du Code civil, inefficaces pour *l'excédant* de la portion disponible fixée par ce Code. — *Grenoble*, 27 janv. 1809, Ricard c. Bouchet.

312. — Jugé qu'une institution universelle faite par contrat de mariage sous les anciennes lois n'a pas empêché l'instituant de faire, depuis la publication du Code civil, un don modique et rémunératoire à un tiers. — *Riom*, 1er fév. 1814, Buy c. Alligier.

313. — Jugé spécialement que la donation d'usufruit ou d'une pension viagère faite par un individu au profit de sa seconde femme, postérieurement à une institution contractuelle par lui consentie en faveur de l'un de ses enfans, doit être maintenue, si elle n'est pas excessive d'après les biens et revenus du donateur. — *Besançon*, 19 frim. an XIV, Crémel.

314. — Mais c'est à tort, selon nous, qu'il a été jugé que l'institution contractuelle ne laisse à l'instituant que la faculté de faire des donations ou legs purement rémunératoires. — *Paris*, 23 août 1811, de la Paquette c. de la Potonière.

315. — Le texte précité de l'art. 1083, C. civ., n'exige pas, en effet, que le don soit rémunératoire; il n'exige qu'une chose, c'est que le don soit modique. — Delvincourt, t. 2, p. 428; Toullier, nº 834.

316. — Remarquons maintenant que c'est aux tribunaux à apprécier si un acte renferme une institution contractuelle, sans que leur décision puisse donner ouverture à cassation. — Merlin, *Rép.*, vº *Institution contractuelle*, § 7, nº 9.

317. — Ainsi, spécialement, l'arrêt qui décide que la clause d'un contrat de mariage par laquelle un père, en dotant son enfant, déclare que cette dot est *en attendant sa succession, à laquelle ce dernier est expressément réservé*, peut être considérée comme renfermant une institution contractuelle au profit de l'enfant, ayant pour effet de rendre nulles toutes les libéralités ultérieures faites par le père, contient une interprétation d'acte et une appréciation de volonté, qui appartiennent exclusivement aux juges du fait, et ne peuvent être déférées à la cour de Cassation. — *Cass.*, 8 déc. 1837 (t. 2 1838, p. 86), Guerville.

318. — Lorsqu'un donataire a donné par contrat de mariage une somme d'argent à son successible, en déclarant que la donation était faite par préciput sur les autres héritiers, avec lesquels

DONATION PAR CONTRAT, etc., ch. 3.

le donataire concourait au partage de la succession, après prélèvement de ladite somme, cette clause a pu être considérée comme ne renfermant pas une institution d'héritier au profit du donataire, en telle sorte que le donateur a pu disposer ultérieurement de la totalité de sa succession. — *Cass.*, 19 nov. 1834, Chaussade c. Roussel. — V. conf. sous cet arrêt *Riom*, 6 juin 1832, mêmes parties.

319. — Lorsque des ascendans donnent à un de leurs enfans, par contrat de mariage, *dès à présent et en la meilleure forme que donation puisse être, une somme déterminée à prendre dans leur succession et avant partage*, cette stipulation n'a pas les caractères d'une donation entre-vifs qui dépouille les donateurs actuellement et irrévocablement du droit de disposer de la chose donnée même à titre onéreux. — *Metz*, 5 août 1819, Wendel c. Gand et Davillé.

320. — L'obligation imposée à une fille dans son contrat de mariage de rapporter sa dot à la masse de la succession n'établit point en sa faveur une institution contractuelle, de telle sorte que le père ou la mère qui a doté n'ait pu faire ultérieurement aucun avantage à un autre enfant au préjudice du premier. — *Cass.*, 13 janv. 1814, Thobois c. Delimol.

321. — Le droit de représentation accordé aux petits-enfans par leur aïeul dans le contrat de mariage de leur mère ne produisait point, dans le dernier état de la jurisprudence, une institution contractuelle en faveur de celle-ci ou des enfans. — Même arrêt.

322. — La clause d'un contrat de mariage, contenant à la fois une institution universelle d'héritier et une donation entre-vifs et irrévocable de tout ce dont le donateur peut disposer au profit de son enfant donataire, a pu n'être considérée que comme une institution contractuelle qui n'a pas pour effet de dessaisir immédiatement le donateur. — *Cass.*, 24 août 1831, Boissel.

323. — L'institution du quart par préciput dans des biens particulièrement désignés, sans avantage dans les autres biens de l'instituant, ne peut avoir les effets d'une donation entre-vifs, surtout s'il résulte des autres conventions du contrat de mariage qu'il n'y a pas eu dessaisissement actuel du quart en faveur de l'institué. — Celui-ci n'a pas, dès-lors, le droit de faire distraire d'une saisie immobilière poursuivie par les créanciers de l'instituant le quart des biens sur lesquels portait l'institution. — *Riom*, 6 mars 1819, Loubeyre c. Tassy de Montluc. — V. Chabrol, sur l'art. 26, tit. 14, sect. 4e, cout. d'Auvergne.

324. — Le droit de révoquer une libéralité imposée comme condition à une institution contractuelle est personnel à l'instituant; s'il décède sans en user, ses héritiers ne peuvent l'exercer. — *Bourges*, 31 août 1808, Appé.

325. — Lorsqu'une institution contractuelle est soumise à la condition que l'institué aura des enfans lors de la mort de l'instituant, et qu'il y a preuve qu'il est né un enfant, la présomption de sa vie à l'époque indiquée est en faveur de l'institué, si on n'établit pas le fait de la mort antérieure. — *Paris*, 11 mai 1811, Dupuget c. Pigeollot.

326. — L'institué est donataire seulement de la succession de l'instituant. Il n'a donc aucun droit jusqu'à la mort de celui-ci; il ne pourrait disposer d'aucun des objets compris dans la donation.

327. — En d'autres termes, l'héritier institué par contrat de mariage n'est saisi que d'un droit conditionnel, subordonné au prédécès de l'instituant. — S'il fait un don de tous ses biens pendant la vie de l'instituant, les objets compris dans l'institution ne font pas partie du don. — *Riom*, 15 avr. 1809, Bonnet c. Baynès.

328. — Il ne pourrait pas non plus y renoncer à l'avance; ce serait un pacte sur une succession future. Mais il est libre de le faire après la mort de l'instituant, et ses créanciers ne pourraient attaquer une pareille renonciation sous le prétexte qu'il n'a pu se dépouiller à leur préjudice des droits que lui conférait l'institution. — Duranton, nº 716.

329. — Jugé, conformément à cette doctrine, que l'héritier contractuel peut, aussi bien que l'héritier testamentaire, renoncer à l'institution faite en sa faveur, et que dans ce cas il est également censé n'avoir jamais été héritier. — *Toulouse*, 15 avr. 1842 (t. 1er 1842, p. 741), de Montlaur.

330. — Mais remarquons que la renonciation de l'époux à l'institution faite à son profit par contrat de mariage ne profite au nouvel institué qu'autant que celui-ci l'a acceptée. — *Bourges*, 20 août 1832, Baudin.

331. — Suivant M. Rolland de Villargues (*loc. cit.*, nº 59), qui s'appuie à cet égard sur l'autorité de Lebrun, l'héritier contractuel, qui a été institué sous une certaine condition, et qui se trouve en même temps héritier *ab intestat*, ne pourrait déclarer qu'il accepte la succession, non en vertu de l'institution, mais par le droit du sang et *ab intestat*.

332. — L'institué a droit sur tous les biens dont l'instituant était saisi au moment de son décès, sans qu'on puisse rechercher leur nature, à quel titre ou par quel événement ils sont venus en la possession de l'instituant. — *Cass.*, 7 nov. 1832, Loustaug c. Labaig.

333. — Il y a lieu au droit d'accroissement lorsque l'un des enfans a été institué contractuellement dans la part héréditaire de tous les biens que les père et mère délaisseraient à leur décès, pour les partager par égale part avec les autres enfans mâles. — *Besançon*, 25 août 1807, Vaubourg. — V. Merlin, *Rép.*, v° *Institution contractuelle*, § 10, nos 6 et 7; Furgole, chap. 9, n° 31; Ricard, t. 1er, part. 3e, chap. 4, sect. 4e, n° 481; Dunod, *Observ.*, p. 303; Dupeyrier, t. 1er, p. 85; Lebrun, *Success.*, p. 404; Coquille, *Quest.*, p. 171; Grenier, t. 2, p. 375.

334. — L'institution contractuelle par laquelle le disposant institue le futur (ou ses enfans par représentation) son héritier mobilier et immobilier, pour avoir dans sa succession une portion égale à celle de ses autres enfans, ne comprend point l'universalité de la succession de l'instituant, dans le cas où les autres enfans décèdent avant l'institué. — *Cass.*, 13 déc. 1818, Delannoy c. Warin. — Merlin, *Rép.*, v° *Institution contractuelle*, § 8; de Laurière, *Tr. des instit. contr.*; Dumoulin, sur la cout. de Loudun, chap. 26, art. 14.

335. — Le donataire contractuel ne peut revendiquer entre les mains des tiers les meubles dont, malgré la prohibition de la loi, l'instituant aurait ultérieurement disposé à titre gratuit. Mais il ne doit pas en être de même des immeubles; autrement la prohibition de la loi serait continuellement éludée. — Delvincourt, *loc. cit.*, p. 428.

336. — Le donataire contractuel est tenu des dettes et charges de la succession dans la proportion de la part qu'il prend dans l'actif; mais il en est tenu seulement jusqu'à concurrence de l'émolument, même, selon nous, lorsqu'il n'aurait pas eu le soin d'accepter sous bénéfice d'inventaire. Il ne faut pas oublier, en effet, que nulle part la loi ne l'a appelé *héritier*, que la disposition dont il s'agit a été rangée parmi les donations, et qu'il lui en faut appliquer les règles toutes les fois qu'elles sont compatibles avec sa nature. — V. dans ce sens Bugnet, sur Pothier, *loc. cit.*, note 6, sur le n° 25; Marcadé, *loc. cit.* — *Contrà* Pothier, *ubi suprà*; Duranton, n° 721.

337. — Jugé que le légitimaire conventionnel d'une somme de deniers qui accepte cette légitime ne peut être considéré comme héritier et grevé des dettes de la succession. — *Riom*, 8 fruct. an XI, Périssez.

338. — Lorsque les époux ont fait une donation contractuelle à leur enfant commun, d'une quotité des biens qu'ils laisseront à leur décès, la femme survivante n'en a pas moins la faculté d'exercer, sur la totalité des biens de son mari, le droit de rétention qui lui appartient, jusqu'au paiement intégral de ses reprises; il n'y a pas incompatibilité entre l'exercice de ce droit et l'existence de la donation. — Le droit de rétention est éteint dès l'instant où la femme, débitrice de l'un des héritiers de son mari, s'est libérée envers lui en lui cédant le montant de ses reprises matrimoniales. — *Bordeaux*, 24 août 1821, Barris c. Cavailhon.

339. — Le donataire par contrat de mariage est tenu de l'obligation naturelle de fournir des alimens au donateur; et ces alimens doivent être fournis, non seulement en raison des facultés du donataire, mais encore en proportion de la valeur des biens donnés. — *Bastia*, 25 janv. 1823, Morazzani c. Tadeci.

340. — L'héritier institué ne prescrit point contre le légitimaire qui habite avec lui dans les biens de l'hérédité et qui vit à la même table que lui. — *Limoges*, 20 mai 1821, Mazataud.

341. — Faut-il appliquer à l'institué contractuel la disposition de la matière du legs qui astreint les légataires à demander la délivrance aux héritiers légitimes? — V. LEGS.

342. — On a pu remarquer, en parcourant les règles qui précèdent, que le Code civil n'a parlé que de l'institution contractuelle proprement dite. Il faudrait y assimiler la promesse d'instituer. — V. conf. Boucheul, *Des conventions de succéder*, chap. 1er, n° 13; Delvincourt, *loc. cit.*, p. 422; Merlin, *Rép.*, *loc. cit.*, § 6, n° 2; Rolland de Villargues, *loc. cit.*, n° 32.

343. — Jugé qu'une promesse d'instituer l'un des enfans à naître d'un second mariage qu'elle contracte, promesse faite par une femme qui a des enfans de son premier lit, saisit irrévocablement tous les enfans nés de ce second mariage, lorsque la mère n'a fait aucun choix entre eux. — Dans ce cas, l'institution faite subséquemment par la mère au profit de ses enfans du premier lit est caduque; la promesse d'instituer obtient la préférence et équivaut à une institution. — *Riom*, 18 déc. 1816, Grandet c. Vacheresse.

344. — Quant à la clause appelée *promesse d'égalité*, V. ÉGALITÉ (promesse d').

CHAPITRE IV. — *Donation de biens présens et à venir.*

345. — Cette donation, valable aujourd'hui, mais seulement dans les contrats de mariage, n'est pas une innovation. Elle était admise en droit romain (Cujas, sur la L. 35, Cod., *De donat.* — V. aussi Ricard, *Des donations*, 1re part., nos 977 et 1006), et avait de là passé dans les pays de droit écrit (V. Ricard, *loc. cit.*; Sallé, sur l'art. 15, ord. 1731).

346. — Mais la plupart des coutumes, qui exigeaient la tradition pour la validité des dons entre-vifs, la repoussaient en principe, ne l'admettant exceptionnellement qu'en faveur du mariage. — L'art. 15 de l'ordonn. de 1731 la déclara abolie en règle générale, et ne la laissa subsister par son art. 17 que dans les contrats de mariage. — Toullier, t. 5, nos 838 et suiv.

347. — Remarquons même que, sous l'ancien droit, une donation de biens présens et à venir faite par contrat de fiançailles à l'un des futurs absent, était irrévocable avant toute acceptation ou ratification de sa part. — LL. 9, § 1er, 21, 31, 37 et 48, ff., *de Jure dotium*; 5, *De sponsalibus*; 3, *De pignor.* et 78, *De verb. oblig.*; C. civ., art. 1179. — Cette donation a dû recevoir son effet, quoiqu'elle n'ait été acceptée que postérieurement aux lois des 7 mars 1793, 17 niv. an II, et 18 pluv. an V. — *Cass.*, 22 avr. 1834, Taulelle c. Eldin. — V. FIANÇAILLES.

348. — Le sort et les effets de la donation de biens présens et à venir faite avant le Code civil doivent être réglés d'après la législation existante et la jurisprudence généralement suivie à l'époque et dans le pays où le contrat a été passé. — *Nîmes*, 13 fév. 1843 (t. 1er 1843, p. 563), Lacroix c. Gadilhe et Nadal.

349. — La question de savoir si un donateur a pu disposer de ses biens, par donation de biens présens et à venir, doit être résolue par la loi de la situation des biens. Ainsi, une donation de biens présens et à venir faite hors mariage, dans un pays soumis aux lois romaines (qui permettaient ce genre de donations, même hors mariage), n'a pu valablement frapper les biens du donateur situés en France, pays régi par l'ordonnance de 1731 (qui interdisait de pareilles donations hors mariage). — *Cass.*, 3 mai 1815, Badin c. Ayme.

350. — Jugé aussi que les donations par contrat de mariage, de biens présens et à venir, permises au moment où elles ont été faites, ont repris toute leur force depuis l'abrogation de l'effet rétroactif de la loi du 17 niv. an II, qui les avait supprimées. — *Agen*, 17 janv. 1807, Duveau c. Dutoya.

351. — Le Code civil a reproduit, en cette matière, les principes de l'ordonnance de 1731. L'art. 1084 porte, en effet: « La donation par contrat de mariage pourra être faite cumulativement des biens présens et à venir, en tout ou en partie, à la charge qu'il sera annexé à l'acte un état des dettes et charges du donateur existantes au jour de la donation; auquel cas il sera libre au donataire, lors du décès du donateur, de s'en tenir aux biens présens, en renonçant au surplus des biens du donateur. »

352. — Une première différence entre l'ordonnance de 1731 et le système suivi par le législateur du Code civil, c'est que, d'après l'art. 17 de l'ordonnance, la donation de biens présens et à venir cumulativement pouvait être faite, non seulement au profit des époux ou de l'un d'eux et des enfans du mariage, en cas de prédécès du donataire, mais encore directement en faveur des enfans et descendans issus du mariage seuls, tandis que, d'après le Code, elle ne peut être faite au profit de ces enfans et descendans que subsidiairement, au cas du prédécès de leurs père ou mère donataires. L'art. 1084, en effet, se réfère à l'art. 1082; or, nous avons démontré, en expliquant ce dernier article, que la donation ne peut être faite au profit seulement des enfans du mariage, en franchissant les époux. — Duranton, t. 9, n° 729; Toullier, n° 852; Guilhon, *Des donations*, n° 926; Rolland de Villargues, n° 89 *bis*.

353. — Jugé que la clause d'un contrat de mariage passé sous l'empire de la loi du 7 mars 1793, qui avait aboli la faculté de disposer de ses biens en ligne directe, et de la loi du 5 brum. an II, qui avait ordonné le partage égal des successions, portant stipulation par le mari, en faveur de la femme, d'un douaire dont le fonds serait et demeurerait propre aux enfans à naître du mariage, doit recevoir son exécution à l'égard de ces derniers, lors même que le mari est décédé depuis la promulgation du Code civil. — *Cass.*, 25 juin 1840 (t. 1er 1840, p. 511), Ratel c. Fulleux.

354. — Ajoutons maintenant avec M. Duranton (t. 9, n° 733) qu'il faut se garder de confondre avec la donation faite cumulativement des biens présens et à venir, la donation de biens présens uniquement, quoique faite à titre universel, et même par contrat de mariage, car cette dernière est régie par l'art. 1081, et, par conséquent, elle ne deviendrait point caduque par le prédécès du donataire et de sa postérité; le donataire deviendrait propriétaire des biens à lui donnés, par le seul fait du contrat, et si le donateur ne s'en était pas réservé la jouissance, le premier serait en droit d'en demander aussitôt la délivrance.

355. — Mais une disposition faite par des père et mère, et ainsi conçue: « Lesquels font donation entre-vifs pure, parfaite et irrévocable, et à cause de noces, de la généralité de leurs biens présens et à venir, et tels qu'ils se trouveront à leur décès, sous la réserve de l'usufruit et de les partager par égale part avec le frère de celui en faveur de qui la donation est faite, » est une donation de biens présens et à venir dans le sens de l'art. 1080, C. civ. — *Besançon*, 5 janv. 1810, Gannebal c. Prostboucle.

356. — Il en doit être de même de la disposition par laquelle des père et mère donneraient la cinquième partie de tous leurs biens présens et à venir, et tels qu'ils se trouveront après leur décès. — *Besançon*, 3 juin 1808, Patel c. N...

357. — La clause d'un contrat de mariage portant que le père de la future épouse l'institue son héritière de tous ses biens présens et à venir, sous la réserve de l'usufruit, sa vie durant, ne constitue pas une donation de biens présens et à venir, mais une institution contractuelle d'héritier. — Conséquemment est valable l'aliénation faite par l'instituant de tout ou partie de ces biens, pourvu qu'elle n'ait pas été faite en fraude de l'institution. — *Bordeaux*, 17 oct. 1828, Teysson c. Latoru.

358. — Quoi qu'il en soit, la donation cumulative des biens présens et à venir contenant dans certains cas une donation entre-vifs pure et simple, la femme mariée sous le régime dotal ne pourrait faire une donation cumulative. Une donation de cette espèce, relativement aux immeubles dotaux, ne serait valable que dans les termes des art. 1555 et 1556, C. civ., pour l'établissement des enfans. — Grenier, n° 436; Rolland de Villargues, n° 37.

359. — La donation de biens présens et à venir faite en faveur de mariage est, comme toute autre donation entre-vifs, révocable pour cause d'inexécution des conditions sous lesquelles elle a été faite. — *Toulouse*, 9 fév. 1832, Prigade.

360. — L'action en révocation d'une donation pour cause d'inexécution des conditions sous lesquelles elle a été faite peut être cédée par le donateur à un tiers, et valablement exercée par ce dernier. — *Toulouse*, 9 fév. 1832, Rigade.

361. — Dans l'institution contractuelle le donateur ne parle pas des biens présens; ils sont compris dans la donation d'une manière implicite: si le donateur les comprend expressément dans sa disposition, en d'autres termes, s'il fait simplement une disposition de ses biens présens et à venir, dans les termes de l'art. 1084, C. civ., comment interprétera-t-on sa volonté? Quelle est la nature de cette donation, en supposant, bien entendu, qu'il n'ait point manifesté clairement à cet égard ses intentions?

362. — On a répondu qu'il fallait voir dans la donation de biens présens et à venir deux donations distinctes. L'une est une donation entre-vifs; elle saisit immédiatement le donataire des biens présens, lui confère un droit impérissable; l'autre donation, au contraire, ne comprend que des biens à venir; c'est une véritable institution contractuelle, et toutes les règles des institutions lui sont applicables. — V. dans ce sens Furgole, Observations sur l'art. 17, ordonn. de 1731; Lebrun, *Des successions*, liv. 3, chap. 2, n° 37; Delvincourt, t. 2, p. 431, notes; Grenier (1re édit.), t. 2, n° 434.

363. — D'où l'on doit conclure, pour être logique, et puisqu'il y a deux donations distinctes dans la donation de biens présens et à venir, que le donataire, saisi immédiatement des biens présens, peut se les faire délivrer et en disposer comme bon lui semble; — que le prédécès de ce donataire et de

tous les enfans et descendans issus du mariage ne saurait rendre caduque la donation pour ces biens présens, nonobstant les termes généraux de l'art. 1088, C. civ.; — que le droit, en ce qui concerne toujours les biens présens, n'est pas transmis par substitution vulgaire aux descendans nés du mariage, mais que, confondu dans le patrimoine du donataire, il passe à ses héritiers, quels qu'ils soient, enfans de tout mariage, collatéraux, et même au fisc, comme une partie indivisible d'une succession dont l'acceptation ne saurait être scindée.

364. — Et telles sont, en effet, les conséquences que déduisaient des principes par eux posés, Furgole et Lebrun (*loc. cit.*) — Grenier, qui, comme on l'a dit, avait adopté cette doctrine dans sa première édition, admettait aussi ces mêmes conséquences, excepté, toutefois, en ce qui concerne la caducité, prononcée indistinctement, selon lui, par l'art. 1089, C. civ., pour les biens présens comme pour les biens à venir, dans le cas de prédécès du donataire et de sa postérité.

365. — C'est au point de vue de ce premier système qu'il paraît avoir été jugé que, sous l'ord. de 1731 et la jurisprudence du parlement de Toulouse, une donation par contrat de mariage de biens présens et à venir était assimilée, quant aux biens à venir, à une institution contractuelle, et était faite sous la condition de survie du donataire, et de la part du donateur, en contemplation des enfans à naître du mariage; — que par suite, si l'époux donataire décédait avant le donateur, ses enfans recueillaient, à la mort de ce dernier, la donation des biens à venir, non comme héritiers de leur père, mais *jure proprio*, et comme contemplés par le donateur lui-même. — *Cass.*, 18 janv. 1827, de Lafare c. de Vigon.

366. — Sous l'empire de l'ord. de 1731, et d'après la jurisprudence du parlement de Toulouse, la donation de biens présens et à venir n'était point, comme sous le Code civil, subordonnée, du moins quant aux biens présens, à la condition de survie du donataire. — En conséquence, on devait reconnaître dans une semblable condition deux dispositions distinctes dans leurs effets : l'une, relative aux biens présens, qui était parfaite au moment du mariage et saisissait à l'instant de la propriété le donataire, qui, dès-lors, pouvait les transmettre à ses héritiers; l'autre, concernant les biens à venir, pour lesquels la donation ne pouvait être parfaite qu'à la mort du donateur, et qui devenait caduque par des prédécès du donataire. — *Nimes*, 13 fév. 1843 (t. 1er 1843, p. 563), Lacroix c. Gadilhe et Nadal.

367. — Dans l'ancien droit, et particulièrement dans le comtat Venaissin, une donation par contrat de mariage de biens présens et à venir ne transmettait actuellement et irrévocablement au donataire que la propriété des biens présens, en telle sorte qu'à l'égard des biens à venir la donation devenait caduque, si le donataire et ses enfans venaient à mourir avant le donateur. — *Cass.*, 3 juill. 1827, Duplessis c. Robins.

368. — Jugé que la disposition par contrat de mariage portant donation aux futurs époux : 1° des droits immobiliers revenant au donateur dans une succession ouverte, et 2° des autres droits quelconques qui pourront composer la succession du donateur, le tout sous diverses conditions, mais en s'interdisant de vendre ces biens, ne contient pas seulement une donation cumulative de biens présens et à venir, mais deux donations distinctes : l'une d'un objet déterminé et actuel, devant recevoir immédiatement effet, l'autre des biens à venir. — *Cass.*, 30 janv. 1839 (t. 1er 1839, p. 641), Maubert c. Méro.

369. — On a dit encore, en faveur de la doctrine dont on vient de laisser entrevoir les conséquences, qu'indépendamment du caractère de simplicité qui la recommande, il était plus rationnel d'appliquer à des donations de divers genres leurs effets spéciaux et propres; — que la circonstance de l'insertion de la donation de biens présens dans un contrat de mariage devait plutôt en étendre les effets que les restreindre, en frappant de caducité un droit acquis; — que, d'ailleurs, l'art. 1089, C. civ., était incomplet et mal rédigé : en effet, pour l'appliquer à l'art. 1086, auquel il renvoie, on est obligé de faire une distinction; or, pourquoi ne ferait-on pas de même pour l'art. 1084, en restreignant l'application du renvoi au cas où, l'état des dettes n'ayant pas été annexé, il n'y a pas de donation de biens présens?

370. — Malgré ces argumens, qui, du reste, ne sont pas sans force, nous ne croyons pourtant pas devoir adopter ce système sur la nature de la donation des biens présens et à venir. Cette donation, suivant nous, est une donation *sui generis*, une et simple tant que vit le donateur, mais facultativement divisible au moment de sa mort; ce n'est, en d'autres termes, qu'une institution contractuelle, seulement avec quelque chose de plus, la faculté d'opter. — V. dans ce sens Chabrol, *Comment. sur la coutume d'Auvergne*, t. 2, p. 369; Ricard, *des Donations*, part. 1re, n° 1063; Grenier, dans la 2e édit. de son ouvrage, *loc. cit.*; Duranton, t. 9, nos 735 et suiv.; Toullier, nos 856 et suiv.; Marcadé, sur les art. 1084, 1085 C. civ., nos 1er et 2; Rolland de Villargues, nos 54 et suiv. — V. aussi avis Cons. d'ét., 19 déc. 1809.

371. — En effet, l'art. 1084, C. civ., a évidemment pour but d'étendre et non de restreindre l'art. 1082; donc la donation de biens présens et à venir profitera aux enfans à naître, au cas même où ces enfans renonceraient à la succession du donataire. D'un autre côté, les expressions générales des art. 1089 et 1093, C. civ., prouvent que les enfans recueillent *jure suo* les biens présens et à venir. — Rolland de Villargues, nos 73 et suiv.; Grenier, n° 434; Toullier, n° 839; Duranton, n° 726; Vazeille, sur l'art. 1089, n° 3.

372. — En outre, la caducité a lieu pour *tous* les biens dans le cas de prédécès de l'époux donataire et de sa postérité *issue du mariage*, car l'art. 1089 ne distingue pas et renvoie bien à l'art. 1084, mais non à l'art. 1085. — *Besançon*, 5 janv. 1810, Ganneval c. Prosboucle. — Merlin, *Rép.*, v° *Institution contractuelle*, § 12, n° 9; Grenier, n° 421; Toullier, n° 842; Delvincourt, t. 2, p. 421; Vazeille, sur l'art. 1089, n° 1er; Duranton, *loc. cit.*; Rolland de Villargues, nos 70 et 72.

373. — Et tel était aussi, sous l'empire de l'ordonnance de 1731, l'effet que l'on attribuait à la caducité en pareil cas. — *Limoges*, 8 janv. 1828, Beye c. Pradel. — V. aussi dans ce sens *Cass.*, 2 fév. 1835, Euchenne c. Dis; *Toulouse*, 10 déc. 1833, sous *Cass.*, précité.

374. — Et peu importe, pour qu'il y ait lieu à la caducité, que la donation cumulative soit accompagnée de l'état des dettes qui permet la division : l'art. 1089, C. civ., ne distingue point. — Rolland de Villargues, n° 71.

375. — Remarquons, au surplus, avec M. Duranton, n° 736, et Toullier, nos 860 et suiv., que les biens qui seraient ainsi repris par le donateur, en cas de caducité, ne seraient point grevés de l'hypothèque subsidiaire de la dot, comme dans le cas du *retour conventionnel*. — Grenier, n° 424; Delvincourt, t. 2, notes, p. 432; Vazeille, sur l'art. 1089, C. civ., n° 2; Rolland de Villargues, n° 81. — V. au surplus RETOUR (droit de).

376. — Jugé qu'il faudrait s'écarter de cette décision si le donateur avait reçu la dot de sa bru et l'avait affectée sur tous les biens présens et à venir. — *Cass.*, 7 avr. 1829, Boucharat c. Aubenque. — V. Vazeille, *loc. cit.*; Rolland de Villargues, n° 82.

377. — On a conclu de ce qui précède qu'on ne doit voir qu'une donation *à cause de mort* dans la donation cumulative de biens présens et à venir faite par contrat de mariage; que dès-lors, ce n'est qu'au décès du donateur que le donataire est saisi, même quant aux biens présens. — *Bordeaux*, 19 juill. 1831, Vedrennes c. Haye. — V. dans le même sens *Limoges*, 12 juill. 1822, Giraud c. Charsain.

378. — ... Et que, par suite, le donataire, même alors qu'aucun état des dettes et charges n'a été joint à la donation, ne peut s'opposer à l'expropriation des biens du donateur. — *Bordeaux*, arrêt précité.

379. — Or, si, d'après ce que l'on vient d'établir, les enfans recueillent sans distinguer s'ils étaient ou non conçus lors de la donation, si la caducité a lieu sans distinction pour tous les biens, c'est que, sans distinction aussi, la donation cumulative des biens présens et à venir, comme celle de l'art. 1082, C. civ., ne saisit pas l'un et ne dessaisit pas l'autre; c'est que, par conséquent, sauf la faculté d'opter, il y a assimilation complète entre les deux donations.

380. — A ces considérations l'on peut en ajouter une autre; c'est qu'il n'est d'ailleurs pas probable que le donateur, en faisant une donation de biens présens et à venir, ait entendu se dépouiller actuellement de ses biens présens. Or, si la théorie que nous avons adoptée se trouve ainsi conforme à l'intention probable du donateur, l'on ne peut guère comprendre comment M. Duranton (*loc. cit.*), tout en la confirmant par le poids de son autorité, trouve néanmoins plus rationnelle celle précédemment exposée.

381. — Une donation de biens présens et à venir faite par un contrat de mariage, avec réserve d'usufruit, n'emporte point avec elle l'expropriation actuelle de l'instituant. — *Riom*, 31 janv. 1809, Clément c. Bourgin.

382. — Puisque, ainsi que nous venons de le dire, il y a assimilation, sauf seulement en ce qui est de la faculté d'opter, entre la donation des biens à venir de l'art. 1082 et celle des biens présens et à venir de l'art. 1083, il est certain que, à part les modifications qui sont la conséquence de la faculté d'opter, la donation des biens présens et à venir est soumise aux mêmes règles que l'institution contractuelle. Il suffira donc de renvoyer à ce qui a été dit dans la section précédente.

383. — C'est ce qu'il convient de faire notamment en ce qui concerne l'époque à laquelle doit exister la capacité des parties. — Demante, *Thémis*, t. 7, p. 494.

384. — ... Et aussi en ce qui concerne la question de savoir si, dans le cas de prédécès du donataire laissant plusieurs enfans et petits-enfans, les enfans excluront les petits-enfans, et si ensuite, dans l'hypothèse de la négative, le partage aura lieu par tête ou par souche.

385. — Nous devons donc nous borner ici à expliquer les différences; mais préalablement nous ferons remarquer, avec M. Duranton (*loc. cit.*, n° 730), que les expressions : *en tout ou en partie*, dont le législateur s'est servi dans l'art. 1084, C. civ., semblent signifier que la donation des biens présens et à venir qu'il y considère est une donation *universelle* ou *à titre universel*. Cet auteur ajoute que les mots *en partie* doivent être entendus seulement d'une *quotité*, et non d'objets certains et déterminés, ou de sommes d'argent faisant partie des biens présens du donateur; ces objets ou ces sommes constitueraient une donation entre-vifs de biens présens purs, dont les effets seraient réglés par l'art. 1081. — V. conf. Rolland de Villargues, n° 41; Poujol, sur les art. 1084 et suiv., n° 3.

386. — Ainsi, dans cet exemple : « Je donne à Paul *telle maison* et la moitié de mes biens à venir, » le donataire est saisi irrévocablement de la maison. Il y a deux dispositions distinctes : l'une régie, comme donation de biens présens, par l'art. 1081; l'autre régie, comme institution contractuelle, par les art. 1082, 1083 et 1086, C. civ. — Duranton, Rolland de Villargues, *loc. cit.*

387. — Jugé, en conséquence, que lorsque, dans un contrat de mariage, il est fait donation à l'un des époux : — 1° de la nue-propriété de certains biens avec dessaisissement immédiat de la part du donateur, et remise authentique des titres de propriété entre les mains du donataire : — 2° de tous les biens meubles et immeubles que le donateur possédera au jour de son décès, il faut considérer une pareille disposition comme contenant deux donations distinctes, l'une de biens présens, l'autre de biens à venir, au lieu de voir une donation cumulative telle qu'elle est définie par l'art. 1084, C. civ. — Dans ce cas, le donataire peut, au décès du donateur, renoncer aux biens à venir pour s'en tenir aux biens présens, quoiqu'il n'y ait pas eu d'état des dettes et charges du donateur au moment de la donation annexé au contrat de mariage. — *Cass.*, 18 mars 1835, Lemounier et Leduc c. Prévost.

388. — Si le donataire avait été mis sur-le-champ en jouissance des biens présens compris dans la donation cumulative, suivant Toullier, n° 857, « cette circonstance ne lui en aurait pas transféré la propriété. » — Nous pensons toutefois que l'on pourrait voir dans cette circonstance, suivant les cas, l'indice de l'intention qu'a eue le disposant de faire dans le même contrat deux donations actuellement divisibles et distinctes, l'une de biens présens et l'autre de biens à venir, mode de disposer qu'aucun texte de loi ne prohibe. Nous disons *suivant les cas*, et en cela nous nous écartons de l'opinion trop absolue de MM. Vazeille, sur l'art. 1089, n° 4, et Rolland de Villargues, *loc. cit.*, n° 58, qui pensent sans distinction que lorsque le disposant a fait la tradition des biens présens, il doit être réputé par cela même avoir voulu faire deux donations actuellement divisibles.

389. — L'opinion exclusive de MM. Vazeille et Rolland de Villargues paraît pourtant avoir en sa faveur l'autorité d'un avis du conseil d'état du 22 déc. 1809 et d'un considérant d'un arrêt de la Cour de cassation (1er déc. 1829, Enregistrement c. Mempontel).

390. — Remarquons aussi que le père qui a fait à son fils une donation contractuelle de tous ses biens présens et à venir ne peut, après avoir été institué légataire universel par le donataire qui est mort laissant des enfans, disposer à titre gratuit des biens rentrés en sa possession. — *Nimes*, 5 juill. 1826, Maurel c. Laval. — Dans cette hypothèse, en effet, les biens rentrent dans le domaine du donateur à titre nouveau et doivent être rangés dans la classe de ses biens à venir, dont il s'était prohibé la faculté de disposer à titre

gratuit. — *Nîmes*, 5 juill. 1826, Maurel c. Laval.

391. — Quoi qu'il en soit, pour que celui à qui on a donné simultanément les biens présens et les biens à venir, soit pour le tout, soit pour une partie, puisse par son choix déterminer rétroactivement les effets d'une pareille donation, il faut, aux termes même de l'art. 1084 précité, qu'on ait inséré dans l'acte ou annexé à cet acte un état des dettes dont le donateur était grevé au moment où il faisait la donation, afin que le donataire, s'il veut transformer la libéralité en donation de biens présens, ne prenne les biens existant au jour de cette libéralité qu'en payant les dettes qui grevaient ces biens.

392. — Sous l'empire de l'ordonnance de 1731, aucune précaution n'était exigée pour constater le montant des dettes au moment du contrat; de là résultaient des embarras et des fraudes, ainsi que l'avait déjà remarqué Rousseaud de Lacombe dans son commentaire sur l'art. 17 de cette ordonnance, et c'est pour les prévenir que le Code a subordonné, comme on vient de le voir, l'exercice de la faculté d'opter à la confection d'un état des dettes et charges existantes au jour de la donation. — Duranton, t. 9, nº 728. — V. aussi Delvincourt, t. 2, notes, p. 429; Grenier, nº 432; Rolland de Villargues, *loc. cit.*, nº 34.

393. — Que si la donation ne comprenait qu'une quote-part des biens présens et à venir, il devrait être tenu seulement un état de la quote-part correspondante des dettes et charges. — Duvergier, sur Toullier, nº 855, note *a*.

394. — Mais le Code n'exige pas un *état estimatif des meubles* et effets mobiliers. L'absence de cet état n'empêcherait donc pas le donataire de faire son option. — V. conf. *Cass.*, 27 janv. 1821, Pinel c. Fuydel; — Poujol, sur les art. 1084 et suiv., C. civ., nº 4.

395. — Seulement, à défaut de cet état, la donation ne pourra valoir (en tant que donation de biens présens) que pour les immeubles; elle serait nulle pour les meubles, aux termes de l'art. 948, et ce ne serait qu'en acceptant la libéralité pour le tout, c'est-à-dire comme simple donation de biens à venir, que le donataire aurait droit aux meubles. — V. dans ce sens même arrêt. — V. conf. Toullier, nº 854, en note; Duranton, nº 733; Grenier, nº 436; Delvincourt, t. 2, notes, p. 429; Marcadé, *loc. cit.*, nº 3; Favard, *Rép.*, vº *Contrat de mariage*, sect. 4ᵉ, nº 2; Vazeille, sur l'art. 1084, C. civ., nº 2; Rolland de Villargues, nº 44.

396. — Quant à la manière dont l'option peut être faite, il faut répondre qu'elle peut avoir lieu expressément ou tacitement. Elle est *expresse* quand, dans un acte quelconque, on déclare opter; elle est *tacite*, quand on s'immisce dans les biens à venir, c'est-à-dire dans ceux survenus depuis la donation. — Guilhon, nº 912; Rolland de Villargues, nº 59.

397. — Jugé toutefois que lorsqu'un donataire de biens présens et à venir s'est immiscé, après le décès du donateur, dans les biens à venir, il peut encore les répudier pour s'en tenir aux biens présens, en offrant de remettre les choses dans l'état où elles se trouvaient avant son immixtion. — *Grenoble*, 28 juin 1823, Poncet c. Jarrin.

398. — Furgole (sur l'art. 17 de l'ordonn. de 1731) pensait, en s'appuyant d'ailleurs sur l'autorité de Dumoulin, Louet et Catelan, qu'une fois qu'il y avait eu un premier choix, l'option était consommée, et que le donataire ne pouvait plus se rétracter ni varier.

399. — Mais MM. Guilhon (nº 913) et Rolland de Villargues (nº 61), assimilant la donation de biens à venir à une succession, pensent que le donataire qui a opté pour les biens présens peut, dans les trente ans du décès du donateur, revenir sur son option, pourvu qu'il se trouve dans les termes de l'art. 790, C. civ.

400. — Quelque soutenable que paraisse cette opinion, nous ne saurions nous y ranger. D'abord, en effet, elle ne repose que sur un argument d'analogie; d'un autre côté, la loi accorde bien au donataire de biens présens et à venir la faculté d'option, mais où est le texte qui lui accorde le droit de revenir sur son option? L'art. 790 ne régit que le cas de succession, et n'est applicable qu'aux héritiers *ab intestat*; or, dans une matière aussi exceptionnelle que celle dont nous traitons, tout doit être interprété strictement, et l'on ne saurait, dans le silence des articles qui l'organisent, y adapter, par voie de simple analogie, une règle qui n'a pas été faite pour elle, et qui aurait d'ailleurs l'inconvénient de laisser incertains et en suspens les droits des tiers.

401. — Jugé que le donataire universel à cause de mort, qui a fait acte de donataire ou qui a pris cette qualité dans un acte authentique ou privé, ne peut être assimilé à l'héritier qui a perdu par son acceptation pure et simple la faculté de se porter héritier sous bénéfice d'inventaire; il n'est pas comme ce dernier, *loco hæredis*; dès-lors, son acceptation expresse ou tacite ne lui ôte pas la faculté de renoncer ultérieurement, afin de faire valoir les créances personnelles qu'il peut avoir à exercer contre la succession, sans qu'on puisse lui opposer la maxime *semel hæres semper hæres*. — *Cass*, 29 fév. 1820, Billoré c. de l'Etang.

402. — Il faut reconnaître, au surplus, que le droit d'opter ne se prescrit, pour le donataire qui ne s'est pas immiscé, que par trente ans, à compter du décès. — C. civ., art. 780; — Guilhon, nº 915; Rolland de Villargues, nº 62.

403. — Le droit d'option, consacré par l'art. 1084, C. civ., au profit du donataire de biens présens et à venir, sous la condition de la confection d'un état des dettes existant à l'époque de la donation, est tout-à-fait étranger au donataire par institution contractuelle pure; remarquons, du reste, que, dans le cas même de l'art. 1084, le donataire ne pourrait réclamer les biens à venir en payant les dettes futures, et renoncer aux biens présens pour se dispenser de payer les dettes existantes lors de la donation; l'option ne lui est accordée que pour les biens présens. — V. conf. Duranton, t. 9, nº 726.

404. — Le donataire ayant le choix entre deux partis, accepter la donation pour le tout, ou s'en tenir aux biens présens, le donateur n'a pu, pendant l'intervalle, conférer que des droits conditionnels; car le donataire a dans les mains le pouvoir d'anéantir ou de confirmer, à son gré, les droits des tiers, en transformant la disposition en donation entre-vifs ou en institution contractuelle. — Toullier, nº 856; Grenier, t. 2, p. 53; Rolland de Villargues, nº 63.

405. — Il est dès-lors nécessaire que les tiers soient avertis que le donateur ne peut plus conférer sur les immeubles présens que de droits résolubles; ainsi la donation des biens présens et à venir doit être transcrite pour les biens immobiliers existans lors de la donation. — V. Grenier, nº 447; Duranton, t. 9, nº 737, et t. 8, nº 507; Rolland de Villargues, nº 46; Poujol, *loc. cit.*, nº 6.

406. — M. Duranton pense même (t. 8, nº 507), mais cette opinion souffre difficulté, que, dans le cas où l'état des dettes et charges du donateur existantes au jour de la donation n'a point été annexé à l'acte, la transcription est également nécessaire pour les biens présens susceptibles d'hypothèque.

407. — Remarquons maintenant avec M. Marcadé (*loc. cit.*, nº 3), que l'état exigé par l'art. 1084, C. civ., semble bien prouver que, dans la pensée de la loi, toute donation universelle ou à titre universel oblige de plein droit le donataire à payer les dettes en proportion des biens qu'il prend. Sauf cette considération, qui ressort directement de notre sujet, nous n'avons rien, du reste, à ajouter à ce qui a été dit sur cette question. — V. DONATION ENTRE-VIFS.

408. — Il est, au surplus, bien entendu que le donataire (soit qu'il s'en tienne aux biens présens, soit qu'il prenne, comme biens à venir, l'objet entier de la libéralité) ne paie les dettes du jour de la donation dans le premier cas, du jour du décès dans le second, qu'en proportion, et non au-delà de ce qu'il prend; car il est bien évident qu'il n'est pas le continuateur, le représentant de la personne du *de cujus*. — Marcadé, *loc. cit.* — V. cependant Grenier, nº 433; Vazeille, sur l'art. 1085, nº 3; Rolland de Villargues, nº 63.

409. — En outre, s'il est incontestable, puisque le donataire est ainsi tenu des dettes, que les créanciers du défunt peuvent exercer leurs poursuites directement contre lui, il ne l'est pas moins que ces créanciers peuvent aussi ne s'adresser qu'aux héritiers, sauf alors le recours de ceux-ci contre le donataire. — Marcadé, *loc. cit.*

410. — Il importe aussi de remarquer que, le donataire des biens présens et à venir ne pouvant s'en tenir aux biens présens qu'à la condition de payer les dettes de ces biens, et la donation ne lui ayant été faite, d'après la nature même des choses, que de l'actif moins le passif, il s'ensuit que, si le disposant avait acquitté avant de mourir tout ou partie des dettes qu'il avait au jour de la disposition et qui sont indiquées par l'état, le donataire ne pourrait prendre les biens présens qu'en tenant compte à la succession des sommes qui auraient été payées. — Marcadé, *loc. cit.*

411. — Lorsqu'un père a donné à sa fille, par son contrat de mariage, la moitié de ses biens présens et à venir, et que, par la suite, la donataire a opté pour les biens présens, elle n'est pas tenue de contribuer pour la moitié aux dettes que le père donateur a contractées dans l'acte même de la donation; ces dettes doivent être considérées comme postérieures à la donation, et rentrant dans les biens à venir du donateur. — *Nîmes*, 2 fév. 1830, Thibon c. Catherine Jaumes.

412. — Un fils qui a opté pour les biens présens, compris dans une donation entre-vifs de tous biens présens et à venir, meubles et immeubles, faite par son père et où celui-ci s'est reservé un domaine, en quoi il puisse consister, est censé avoir renoncé aux acquêts qui font partie de ce domaine, et ne peut révoquer cette option faite après la mort du père. — *Besançon*, 1ᵉʳ frim. an XI, Chaillon.

413. — En cas de décès de l'époux donataire avant le donateur, les enfans du mariage (en supposant, bien entendu, qu'ils ne soient pas formellement exclus) peuvent-ils, à la mort du donateur, opérer la transformation de la disposition en donation de biens présens, en venant de leur chef et pour leur profit exclusif, ou ne le peuvent-ils qu'en se portant héritiers de l'époux prédécédé, en prenant la donation de biens présens comme faisant partie de l'hérédité du défunt, et en la partageant dès-lors avec les autres héritiers que cet époux pourrait laisser (des enfans d'un autre lit) ou avec des légataires universels ou à titre universel?

414. — La raison de douter est que, quand les enfans déclarent s'en tenir aux biens qui existaient au jour de la disposition, cette disposition devient ainsi donation ordinaire de biens présens, et qu'elle se trouve dès-lors, par l'effet rétroactif de la condition dont elle dépendait, avoir saisi immédiatement le donataire le jour même de la confection de l'acte; donc ces biens alors font partie de sa succession, et, par conséquent, les enfans du mariage ne peuvent les prendre qu'en acceptant cette succession, et ils doivent les partager avec les autres successeurs, s'il y en a.

415. — Cette raison de douter, assez spécieuse, du moins en apparence, paraît embarrasser singulièrement M. Marcadé qui, sans s'y arrêter toutefois, pense au contraire (V. *loc. cit.*, nº 4) que c'est comme donataires, et *proprio jure*, nullement comme héritiers de l'époux et en étant forcés d'accepter sa succession, que les enfans du mariage viendront, en cas de prédécès de cet époux, recueillir la libéralité, à l'exclusion de tous autres héritiers, même en tant que donation de biens présens.

416. — Telle est aussi notre opinion. Mais il s'agit maintenant d'écarter la raison de douter que l'on vient d'indiquer contre cette opinion. A cet effet, nous ne dirons pas avec M. Marcadé (*loc. cit.*), que du moment que les descendans du mariage sont faits donataires pour le cas du prédécès de l'époux, c'est à ce titre de donataires et par leur droit propre qu'ils doivent recueillir les biens, » car c'est résoudre la question par la question. Nous n'ajouterons pas davantage avec cet auteur que « puisque le droit, même quant aux biens présens, ne peut jamais s'ouvrir que par la mort du donateur, puisque la libéralité n'est offerte qu'au donataire survivant à ce donateur, et reste caduque pour tout autre, la propriété n'a donc pas pu appartenir, même rétroactivement, à l'époux prédécédé, que son prédécès rend étranger à la disposition », car c'est toujours résoudre la question par la question.

417. — Nous dirons plutôt que si, dans la théorie de la loi et par l'effet de l'option des enfans issus du mariage, la donation est censée n'avoir jamais été rétroactivement qu'une donation de biens présens, c'est dans l'intérêt du donataire qui exerce la faculté d'option que cette rétroactivité se trouve avoir été introduite, c'est afin de résoudre à son profit toutes les aliénations qui auraient été faites dans l'intervalle par le donateur; que, par conséquent, cette rétroactivité ne saurait être retournée contre le donataire, et spécialement ici contre les enfans issus du mariage; en d'autres termes, qu'on ne saurait prétendre, en raison de cette rétroactivité, que ces enfans ne peuvent par leur choix transformer la libéralité en donation de biens présens sans se porter héritier, de l'époux prédécédé, et sans se voir dès-lors obligés de partager les biens avec les autres héritiers du défunt, par exemple avec des enfans d'un autre lit, ou avec des légataires universels ou à titre universel.

418. — Mais *quid* si, au cas d'une donation faite cumulativement des biens présens et des biens à venir, les enfans ne sont pas d'accord sur le parti à prendre, c'est-à-dire sur l'option à faire, soit entre les biens présens, soit entre les biens à venir?

419. — M. Rolland de Villargues (*loc. cit.*, nº 77) pense qu'il n'y a pas lieu en ce cas de rendre une décision générale, et que la majorité ne doit pas l'emporter; en d'autres termes, qu'on doit accorder à chacun des enfans la faculté d'opter, et

qu'ainsi la disposition doit être divisée, comme cela serait arrivé pour le cas où les deux époux eussent été gratifiés par une donation cumulative, et où ces deux époux n'eussent pas été d'accord sur le parti à prendre. Cette opinion peut être soutenue ; mais nous regrettons que le Code n'ait pas prévu ce conflit et n'ait point exigé, pour le faire cesser, l'intervention du juge. Ce parti eût coupé court à bien des difficultés.

420. — Quant à la question de savoir quelle sera, dans ce système, la part afférente à chacun des enfans, comme les principes qui peuvent servir à la résoudre se lient à ceux admis en matière de droit d'accroissement, V. LEGS.

421. — On n'a sans doute pas besoin de remarquer que le donataire ne peut diviser la donation et opter qu'après la mort du donateur. C'est d'ailleurs ce qui résulte du texte même de l'art. 1084 précité : « Il sera libre au donataire, *lors du décès du donateur*, de s'en tenir aux biens présens, etc. »

422. — Ainsi jugé que l'héritier contractuel ou donataire universel de tous biens présens et à venir ne peut renoncer valablement au bénéfice de la donation pendant la vie du donateur, même quand il y a démission de biens présens. — *Riom*, 30 avr. 1811, Missonier. — V. dans ce sens *Cass.*, 3 fév. 1835, Eychine. — Furgole, sur l'art. 17 de l'ord. de 1731 ; Guilhon, n° 911 ; Vazeille, sur l'art. 1084, n° 2 ; Rolland de Villargues, n° 56.

423. — Peu importerait que la renonciation eût été faite avec le consentement du donateur. — Rolland de Villargues, n° 57.

424. — L'époux à qui ses père et mère ont fait, par son contrat de mariage, donation à titre de préciput, d'une partie de leurs biens présens et à venir, ne peut, durant le mariage, renoncer valablement à cette donation dans un partage anticipé de succession fait par l'un des donateurs entre tous ses enfans. La nullité de cette renonciation et du partage anticipé peut être demandée par l'époux même qui a renoncé. — *Cass.*, 29 juill. 1818, Marti c. Bouche.

425. — Jugé au contraire que le donataire de biens présens et à venir peut, même du vivant du donateur, renoncer, tant aux biens à venir qu'aux biens présens, pour s'exonérer des dettes. — *Grenoble*, 15 mars 1820, Fontaine c. Didier.

426. — Jugé d'un autre côté que l'option faite par le donataire, après s'être mis en possession des biens avec ses cohéritiers, avoir retenu une partie des effets mobiliers sans inventaire, et avoir demandé le partage comme héritier, est tardive. — *Riom*, 27 nov. 1819, Peyrot.

427. — Le donataire de la moitié des biens présens et à venir, sous la réserve ou à la charge de la moitié des légitimes, doit, s'il n'a pas fait d'option valable, supporter sur la moitié de la succession la moitié des légitimes, quoique le donateur n'ait point disposé de l'autre moitié de ses biens. — Même arrêt.

428. — Aux termes de l'art. 1085, C. civ., « Si l'état dont est mention au précédent article n'a point été annexé à l'acte contenant donation des biens présens et à venir, le donataire sera obligé d'accepter ou de répudier cette donation pour le tout. En cas d'acceptation, il ne pourra réclamer que les biens qui se trouveront existans au jour du décès du donateur, et il sera soumis au paiement de toutes les dettes et charges de la succession. »

429. — En ce qui concerne, dans cette hypothèse, l'obligation de payer les dettes, il faut d'ailleurs reconnaître que le donataire d'une quotité de biens présens et à venir n'est tenu que de la portion des charges de la succession proportionnelle à son émolument, lors même que l'état des dettes existantes au moment de la donation n'a pas été annexé à l'acte. — *Nîmes*, 12 juin 1832, Bousquet c. Vignal. — V. conf. *Toulouse*, 26 nov. 1826, Leferdugné ; *Paris*, 15 nov. 1811, Lenoble c. Delaroche et Prost ; *Limoges*, 16 déc. 1835, Desmaisons c. Chaton et Montazand. — V. conf. Furgole, sur l'art. 17 de l'ord. de 1731 ; Rolland de Villargues, n° 52 ; Vazeille, sur l'art. 1085, n° 1er.

430. — Jugé pourtant, sans distinction, que lorsque, dans une donation de biens présens et à venir faite à l'un des époux par contrat de mariage, à titre de préciput, il n'a pas été annexé à l'acte un état des dettes et charges du donateur existantes au jour de la donation, le donataire est soumis seul au paiement de toutes les dettes et charges de la succession. Dans ce cas, on peut considérer comme une dette de la succession mise à la charge du donataire la constitution de dot faite par le donateur à un autre de ses enfans, à titre d'avancement d'hoirie. — *Cass.*, 12 nov. 1818, Ribière c. Azzelier.

431. — Jugé ainsi que, lorsqu'une donation de biens présens et à venir, faite par contrat de mariage, n'a pas été accompagnée d'un état des dettes et charges existant au moment de la donation, le tiers auquel ont été faites des libéralités apparentes ou déguisées sous la forme de contrats onéreux, ne peut exciper de cette omission pour prétendre que le donataire contractuel n'a pas le droit de demander la nullité de ces libéralités postérieures. — *Cass.*, 27 fév. 1821, Pinel c. Faydel.

432. — Dans l'hypothèse que nous examinons, la donation produit les mêmes effets que la donation de biens à venir ou institution contractuelle. — Duranton, t. 9, n° 731 ; Toullier, n° 855 ; Grenier, n° 432 ; Vazeille, sur l'art. 1085, n° 1er ; Rolland de Villargues, n° 48.

433. — Mais précisément, comme les parties font une institution contractuelle pure par la donation de biens présens et à venir cumulativement, lorsque l'état des dettes et charges du donateur alors existantes n'est point alors annexé à l'acte, il faut entendre ces mots de l'art. 1085, « en cas d'acceptation, il (le donataire) ne pourra réclamer que les biens *qui se trouveront existans au décès du donateur*, » en ce sens qu'il ne pourra critiquer les aliénations à titre onéreux, ni les constitutions d'hypothèques consenties à raison d'actes passés au même titre, lorsque ces aliénations et ces constitutions d'hypothèques n'auront pas été faites en fraude de la donation. — Duranton, *loc. cit.* — V. conf. Rolland de Villargues, n° 50.

434. — Toujours, par suite de l'assimilation qu'il convient de faire, dans cette hypothèse, de la donation des biens présens et à venir et de l'institution contractuelle, l'on doit décider également que le donateur a pu disposer à titre gratuit, pour sommes modiques, même des biens présens. — Duranton, *loc. cit.* ; Rolland de Villargues, n° 50 *bis*.

435. — Et remarquons que, dans l'hypothèse dont il s'agit, il n'y a pas le moindre doute que, quoique le donateur ne se fût pas réservé la jouissance des biens, elle ne lui demeurât de plein droit par la nature même de la disposition. — Duranton, *loc. cit.* ; Rolland de Villargues, n° 49.

436. — Lorsqu'une donation faite par contrat de mariage de biens présens et à venir ne comprend pas d'état de dettes et charges, le donateur reste libre de disposer à titre onéreux des biens qui en font partie (art. 1082), et la clause par laquelle le donateur stipule en sa faveur réserve d'usufruit ne change pas la nature de la disposition et n'altère pas le droit d'aliénation qui en résulte. — Ce droit n'est pas non plus modifié par la participation que, du consentement du donateur, le donataire aurait prise à l'aliénation de divers immeubles compris dans la donation, alors que les parties ont déclaré dans les actes se référer au contrat de mariage. — Dès-lors, et bien que le donataire ait figuré à l'acte d'aliénation, le donateur reste toujours libre de disposer du prix en qualité de seul propriétaire. — *Cass.*, 31 mars 1840 (t. 1er 1840, p. 579), Pugaud c. Delong.

437. — La nullité, pour vice de forme, d'une donation de biens présens et à venir, faite par contrat de mariage, peut être couverte par l'exécution volontaire de la part du donateur. — *Grenoble*, 21 déc. 1827, Lassarre c. Genin ; — Grenier, t. 1er, p. 207 ; Favard, *Rép.*, v° *Acte recognitif et confirmatif*, n° 7. — V. aussi *Lyon*, 10 août 1838 (t. 1er 1839, p. 531), Joly. — V. enfin RATIFICATION.

CHAPITRE V. — *Donation sous conditions potestatives ou avec réserve de disposer.*

438. — Le Code civil, renouvelant les dispositions de l'ordonnance de 1731, permet encore au donateur, soit d'apposer à la donation l'obligation de payer ses dettes ou des conditions dont l'exécution dépend de sa volonté, soit de se réserver la liberté de disposer d'une partie des biens donnés.

439. — *Donation avec charge de payer les dettes ou sous conditions potestatives.* — « La donation par contrat de mariage en faveur des époux et des enfans à naître de leur mariage, porte l'art. 1086, C. civ., peut encore être faite à condition de payer indistinctement toutes les dettes et charges de la succession du donateur, ou sous d'autres conditions dont l'exécution dépendra de sa volonté ; par quelque personne que la donation soit faite, le donataire est tenu d'accomplir ces conditions, s'il n'aime mieux renoncer à la donation. »

440. — Cette disposition de l'art. 1086 a été tirée presqu'en entier de l'art. 18, ordonn. 1731 : « Entendons, porte cet article, que les donations de biens présens faites à condition de payer indistinctement les dettes et charges,... ou sous d'autres conditions dont l'exécution dépendrait... puissent avoir lieu dans les contrats de mariage en faveur des conjoints et de leurs descendans par quelques personnes, etc. »

441. — En ce qui concerne l'obligation de payer les dettes du donateur, il faut voir ce qui a été dit à cet égard au chapitre précédent, et se reporter au surplus au mot DONATION ENTRE-VIFS.

442. — Quant aux conditions potestatives, il faut, pour connaître leur nature en général, consulter le mot CONDITION, et, pour en voir l'application aux donations en particulier, le mot DONATION ENTRE-VIFS.

443. — Une donation de biens présens et à venir faite à l'un des époux par son contrat de mariage est valable, bien qu'il y ait été apposé des conditions dont l'exécution dépendait de la seule volonté du donateur, spécialement en ce que le donateur s'était réservé la faculté de régler à son gré les parts héréditaires de ses autres enfans. — *Cass.*, 27 déc. 1815, Ladeu.

444. — L'art. 1086 n'est applicable qu'aux donations faites par contrat de mariage aux futurs époux et aux enfans à naître. Il a été jugé que l'art. 947, C. civ., ne concerne que les donations faites par contrat de mariage aux époux et aux enfans à naître du mariage, et non celles qui, quoique insérées dans ce contrat, sont faites à des tiers. En conséquence, est nulle, comme faite sous une condition potestative de la part de la donatrice, la donation que celle-ci a faite aux enfans du premier lit de son futur époux dans la seule vue du mariage projeté entre elle et ce dernier. — *Orléans*, 17 janv. 1846 (t. 1er 1846, p. 288), Misset c. Tulaine et Sauvage.

445. — *Réserve de disposer.* — En cas que le donateur par contrat de mariage, porte l'art. 1086, C. civ., se soit réservé la liberté de disposer d'un effet compris dans la donation de ses biens présens ou d'une somme fixe à prendre sur ces mêmes biens, l'effet ou la somme, s'il meurt sans en avoir disposé, sont censés compris dans la donation et appartiennent au donataire ou à ses héritiers.

446. — Par ces derniers mots *ou à ses héritiers* de l'art. 1086, on ne doit entendre que les enfans à naître du mariage. — Duranton, t. 9, n° 538.

447. — La disposition de l'art. 1086, introduite en faveur des mariages, est, comme on le voit, toute différente de celle de l'art. 946, C. civ., qui, dans les autres cas, attribue aux héritiers du donateur la propriété de la somme ou de l'effet, s'il meurt sans en avoir disposé. — V. à cet égard DONATION ENTRE-VIFS.

448. — Jugé que, sous l'ord. de 1731, lorsque le donateur de biens présens et à venir ne disposait pas des biens qu'il s'était réservés, ses biens appartenaient aux donataires, et non aux héritiers. — *Nîmes*, 5 fév. 1806, Cabanis ; — Furgole, sur l'art. 18, ord. 1731 ; Merlin, *Rép.*, v° *Donation*, sect. 8, § 4, n° 6 ; Dumoulin, t. 1er, n° 4.

449. — Lorsque, sous l'ordonnance de 1731, un père a donné à son fils, dans son contrat de mariage, la moitié de ses biens présens et à venir, sous la réserve de l'autre moitié, *qui demeurerait consolidée à la donation à défaut de disposition ultérieure*, et que le donateur meurt sous le Code civil sans avoir disposé de cette moitié, la portion réservée appartient au donataire, sauf la réserve légale. — *Grenoble*, 29 août 1806, Joannon.

450. — Lorsque, par contrat de mariage passé sous l'empire de l'ordonnance de 1731, un père a donné entre-vifs à l'un de ses enfans la moitié de ses biens, et que, relativement à l'autre moitié, il a déclaré se la réserver pour en disposer, en ajoutant qu'en cas de non-disposition cette deuxième moitié sera consolidée à la première, si le donateur décède sans disposition ultérieure, le droit universel conféré par la donation a été, dès le jour de la donation, non seulement irrévocable, mais encore transmissible aux enfans du donataire. — *Grenoble*, 24 déc. 1822, Rognin c. Mayousse.

451. — Il n'est pas nécessaire qu'il soit fait dans la donation de déclaration spéciale que la somme ou l'objet réservés appartiendront aux donataires ; ils lui appartiennent de plein droit du moment qu'il n'en a pas été disposé ; cela résulte nécessairement de la réserve : les principes n'ont pas varié à cet égard. — Grenier, *Donat.*, n° 440.

452. — Jugé au contraire que, sous l'ord. de 1731, la réserve faite par le donateur dans une institution contractuelle appartenait, s'il n'en avait pas disposé, à ses héritiers ou aux légitimaires et non au donataire. — *Cass.*, 6 (et non 9 ni 12) août 1806, Carrié c. Passerieu ; 26 (et non 24) août 1806, Desgouttes ; 16 (et non 7 ni 17) oct. 1811, Giraudin.

453. — De même, sous l'empire de cette ordon-

DONATION PAR CONTRAT, etc., ch. 5.

nance, lorsque dans une donation de biens présens faite par contrat de mariage, le donateur s'est reservé sur les biens donnés *une somme fixe* pour l'employer à doter ses filles, cette somme, s'il meurt sans en avoir disposé, appartient à ses héritiers et non au donataire. — *Bordeaux*, 19 janv. 1827, Cornuaud c. Augan.

454. — Pour bien apprécier la portée des réserves faites dans les donations, il faut consulter les termes de l'acte et l'intention présumée du disposant. — Furgole, sur l'art. 18, ord. 1731; Grenier, nº 440; Toullier, nº 828; Duranton, nº 741.

455. — Ainsi, il faut bien distinguer si, au lieu de se réserver la faculte de disposer d'un effet compris dans la donation, le donateur s'était reservé cet effet : dans ce dernier cas, l'effet ne serait pas compris dans la donation. — Toullier, t. 5, nº 828.

456. — La donation faite à un tiers par l'instituant des objets dont il s'est réservé de disposer par le contrat qui renferme l'institution contractuelle, ne peut pas être annulée comme faite en fraude de cette institution — *Cass.*, 7 juin 1808, Dupuy c. Dainval — V. conf. Grenier, nº 414; Toullier, nº 834; Delvincourt, p. 428; Duranton, t. 9, nº 715; Merlin, vº *Institution contractuelle*, § 8, nº 11.

457. — Et il en est ainsi quelque considérable que soit l'objet reservé et bien que l'institution doive être rendue stérile par des ventes faites par le donateur. — Mêmes auteurs.

458. — Celui qui a disposé de ses biens par une institution contractuelle, mais qui en est resté saisi, et avec réserve d'une portion de libre disposition, a eu le droit d'établir une servitude par destination du père de famille sur les biens compris dans l'institution. — *Cass.*, 20 déc. 1825, de Verdonnet c. Croisier.

459. — Dans le cas où une donation ultérieure dépasserait la quotité disponible réservée par l'instituant, elle ne serait pas nulle, elle serait simplement réductible à la quotité disponible. — *Cass.*, 7 juin 1808, Dupuy c. Dainval.

460. — Lorsque après avoir fait une donation universelle sous réserve d'usufruit et sous la réserve de disposer d'une certaine somme d'argent, le donateur dispose ultérieurement de cette somme par une cesssion, la somme n'est pas dès-lors exigible sur les biens du donataire; elle ne peut être réclamée qu'après l'extinction de l'usufruit et sur les biens donnés. — *Nîmes*, 15 juin 1817, Grolée c. Buffie.

461. — Lorsqu'en faisant une réserve dans une donation par contrat de mariage, le donateur a indiqué l'usage qu'il se proposait de faire de cette réserve, il n'a pas été lié par cette énonciation, et la réserve ne doit pas être réputée sans effet, pour n'avoir pas reçu la destination indiquée. — *Bordeaux*, 19 janv. 1827, Cornuaud c. Augan.

462. — Une institution d'héritier est réputée irrévocable lorsqu'elle est faite par contrat de mariage, encore que l'instituant se soit réservé une faculté indéfinie de faire des legs pieux et de constituer à ses filles des dots à la charge de l'héritier. — *Grenoble*, 27 janv. 1809, Ricard c. Bouchet.

463. — *Questions transitoires sur la réserve de disposer.* — La distinction que faisait l'ordonnance de 1731 (art. 16 et 18), et que depuis le Code civil (art. 946 et 1086) a maintenue, relativement à l'attribution aux héritiers naturels ou aux donataires et héritiers institués des biens que s'était réservés le donateur ou l'instituant, et dont il n'avait pas disposé, selon qu'il s'agissait de biens présens ou de biens à venir, cette distinction, disons-nous, ne fut pas conservée par la loi du 18 pluv. an V.

464. — L'art. 2 de cette loi portait : « Les réserves faites par les donateurs ou auteurs d'institutions contractuelles qui n'en auront pas valablement disposé feront partie de la succession *ab intestat* et seront partagées également entre tous les héritiers autres que les donataires ou les institués, sans imputation sur les légitimes ou portions de légitimes dont les héritiers ou donataires auraient été grevés. » Toutefois, il ne fut pas innové aux réunions desdites réserves déjà opérées en faveur des institués ou donataires, conformément à l'art. 28 de l'ord. de 1731, par le décès des donateurs et des instituans arrivé avant la publication de la loi du 5 brum. an II.

465. — Lorsqu'une institution contractuelle a été faite avec la stipulation d'une réserve et que le donateur est mort sous l'empire de la loi du 8 pluv. an V, sans avoir disposé de la réserve, les héritiers *ab intestat* peuvent cumuler la légitime de droit avec la réserve qui leur appartient exclusivement. — *Grenoble*, 23 vent. an IX, Bret c. Mayrand; *Cass.*, 11 frim. an X, Chassaing; 1er frim. an XI, Chassaing; 12 germin. an XIII, Bouché; *Nîmes*, 24 prair. an XIII, Martin; *Riom*, 24 fév. 1808, Barghon; 9 fév. 1811, Noellet; 9 déc. 1812, Molle.

466. — De même, la réserve de disposer d'une certaine somme, faite par l'auteur d'une institution contractuelle, doit être attribuée exclusivement aux héritiers autres que l'institué et sans qu'en aucun cas elle puisse être imputée sur leur légitime dans les successions ouvertes sous l'empire de la loi du 18 pluv. an V. — *Cass.*, 1er avr. 1823, Cibot.

467. — Ainsi, les légitimaires qui, sous l'empire de l'ordonnance de 1731, ont reçu en don une réserve (laquelle de sa nature était imputable sur la légitime) ne sont point censés avoir par là renoncé par anticipation au bénéfice de toute loi ultérieure qui pourrait leur permettre le cumul de la réserve et de la légitime. Ils peuvent donc cumuler aux termes de la loi du 18 pluv. an V. — *Cass.*, 1er avril 1823, Cibot.

468. — Sous l'empire de la loi du 18 pluv. an V, la réserve faite par le donateur dans une donation de biens présens et à venir appartenait, à défaut de disposition ultérieure, aux légitimaires cumulativement avec leur légitime, encore que le donataire eût répudié les biens à venir pour s'en tenir aux biens présens. — *Cass.*, 2 sept. 1807, Marcoux.

469. — ...Qu que le donataire eût déclaré renoncer aux biens acquis depuis la donation pour s'en tenir à ceux qui existaient à cette époque. — *Toulouse*, 9 fév. 1832, Pujo c. Balmalle.

470. — L'institué ne peut exciper de la clause que l'instituant ne pourra disposer de tout ou partie de la réserve qu'au profit des enfans qui naîtront du mariage en vue duquel l'institution est faite, s'il n'en est point né. — *Riom*, 24 fév. 1808, Barghon; 9 déc. 1812, Molle.

471. — Lorsque des père et mère ont donné à leur fille, dans son contrat de mariage, la moitié de leurs biens, en s'en réservant l'autre moitié pour en disposer à leur gré, avec la déclaration que s'ils n'en disposaient pas, cette moitié appartiendrait à la donatrice, une semblable disposition a été annulée par les lois des 7 mars 1793, 5 brum. et 17 niv. an II, et 18 pluv. an V, si les donateurs ont survécu à la publication de ces lois sans avoir refait la donation. — *Cass.*, 9 janv. 1817, Tapie c. Porterou.

472. — Jugé au contraire qu'il n'y a pas *réserve* dans le sens de l'art. 2, L. 18 pluv. an V, lorsque, dans une institution contractuelle, l'instituant s'est réservé la faculté de pouvoir vendre partie des biens compris dans l'institution; qu'en conséquence, si les biens n'ont pas été vendus par l'instituant, ils appartiennent à l'institué, comme compris dans l'institution, et non aux héritiers légitimaires. — *Nîmes*, 2 pluv. an XI, Broussy; *Agen*, 23 juin 1824, Darcux; *Cass.*, 21 juill. 1830, Baissac c. Vidal.

473. — De même, lorsque, par trois clauses distinctes du contrat de mariage de son fils, un père l'institue son héritier, lui fait donation particulière entre-vifs d'un domaine désigné, et se réserve quelques portions de ce domaine pour en jouir en toute propriété et disposer à sa volonté, les biens retranchés de la donation entre-vifs ne le sont pas également de l'institution contractuelle; donc ils ne forment pas des réserves dans le sens de l'art. 2, L. 18 pluv. an V, qui appartiennent aux héritiers *ab intestat*, exclusivement au fils institué. — *Paris*, 17 germ. an XI, Montigny.

474. — La réserve faite dans une donation contractuelle de biens présens sous l'empire de l'ord. de 1731, avec charge au donataire de payer une somme fixe à titre de légitime aux enfans non-avantagés, a dû être imputée sur le supplément demandé par les légitimaires, comme faisant partie de la succession *ab intestat* du donateur, lorsque celui-ci est décédé sans avoir disposé, sous la loi du 18 pluv. an V. — *Grenoble*, 7 avr. 1807, Peysson-Robert c. de Balle.

475. — Lorsque l'auteur d'une institution contractuelle dans les biens présens et à venir faite sous l'ord. de 1731, avec stipulation d'une réserve, est décédé sous le Code civ. sans avoir disposé de la somme réservée, le légitimaire ne peut cumuler sa réserve avec sa légitime. — L. 18 pluv. an V; — *Grenoble*, 8 avr. 1809, Bontoux c. de Beaujeu.

476. — Lorsqu'un père, faisant à son fils donation universelle de ses biens par contrat de mariage, à charge de vie commune, se réserve de disposer, en cas de séparation, d'un objet de la donation (d'une pièce de terre, par exemple) en ajoutant qu'en cas de non-disposition elle accroîtra la donation, cette clause constitue plutôt une condition résolutoire que potestative en ce que la séparation dépend à la fois de la volonté du donataire et du donateur. — Elle sort en conséquence de la classe des réserves attribuées aux héritiers, en cas de non-disposition du donateur, par l'art. 2, L. 18 pluv. an V; et dès-lors le donataire est censé avoir été saisi de l'objet réservé dès le jour de la donation, particulièrement si le donateur est décédé sous le Code civil. — *Toulouse*, 29 déc. 1825 Lay.

477. — Lorsqu'une donation contractuelle de biens présens et à venir a été faite sous l'ord. de 1731 par un père à son fils aîné, avec assignat d'une somme de 1,000 fr. au second fils et sous la réserve de pouvoir disposer de 300 fr., les effets de cette donation, bien que le donateur ne décède que sous la loi du 18 pluv. an V, sans avoir disposé de la réserve, et si le donataire renonce aux biens à venir, doivent être réglés par l'ord. de 1731 et non par la loi du 18 pluv. an V. — En conséquence, comme aux termes de l'ord. de 1731, le donataire n'était tenu qu'au paiement de l'assignat, le légitimaire qui, ayant réclamé sa légitime de droit, l'a fait fixer à 1,300 fr., c'est-à-dire à une somme égale à l'assignat et à la réserve, ne peut prétendre que le donataire doit subir le retranchement de la réserve sur les biens donnés. — *Grenoble*, 30 déc. 1824, Billaudaz.

V. DISPOSITION A TITRE GRATUIT, DÉMISSION DE BIENS, DON MUTUEL, DONATION A CAUSE DE MORT, DONATION ENTRE ÉPOUX, DONATION ENTRE-VIFS, ENREGISTREMENT.

DONATION DÉGUISÉE.

Table alphabétique.

DONATION DÉGUISÉE. — 1. — On entend par *donation déguisée* une transmission à titre gratuit qui se cache sous les apparences d'un contrat à titre onéreux, ou qui s'opère par personnes interposées.

2. — De là deux sortes de donations déguisées : 1° donation déguisée sous forme de contrat onéreux ; 2° et donation déguisée par interposition de personnes.

Sect. 1re. — *Donation déguisée sous forme de contrat à titre onéreux.*

§ 1er. — *Donation sous forme de contrat onéreux au profit d'une personne capable.*

3. — La question de savoir si la donation déguisée sous forme de contrat onéreux, au profit d'une personne capable, est valable a donné lieu aux plus vives controverses.

4. — Avant le Code, sous la coutume de Normandie, un père ne pouvait frustrer ses enfans, ou quelques uns d'eux, même de la portion disponible, au moyen de libéralités déguisées sous forme de contrat onéreux. — *Rouen*, 19 fév. 1814, Lanon c. Pinchon.

5. — Jugé, d'une part, que, sous l'empire de l'ord. de 1731, un contrat de vente contenant une donation déguisée a pu être annulé pour vice de simulation. — *Cass.*, 8 frim. an XIII, Dallac c. N..., 30 prair. an XIII, N...; 15 messid. an XIII, N...; *Bruxelles*, 26 déc. 1807, Vandenduel c. Schamp; *Cass.*, 24 nov. 1808, Lemperière c. Debouis. — V. d'Argentré qui, sur l'art. 270, cout. Bretagne, s'exprimait ainsi au sujet du contrat simulé : « *Colorem habent, substantiam verò nullam; nulla quippè conventio initur, nullus contractus agitur, sed fingitur* ; » Boutaric, *Comment.* sur l'ord. de 1731 ; Sallé, *ibid.*; Damours, *ibid.*

6. — ... D'autre part, qu'une donation déguisée sous la forme d'un contrat onéreux, entre personnes capables de donner et de recevoir, est valable quoiqu'elle ne soit point revêtue des formalités prescrites par l'ord. de 1731. — *Cass.*, 13 vendém. an XI, Gaulier c. Toussaint; 5 janv. 1814, Anielme c. Lambert et Chaptal. — V. Furgole, sur l'art. 1er, ord. 1731 ; le président Faber, qui, dans sa définition troisième, sur la rubrique du Code, *Plus valere quod agitur quàm quod simulatè concipitur*, établit comme maxime certaine que *contractus simulatus valet secundùm id quod actum est, si eo modo valere possit* ; Ulpien, L. 46, ff., *De locat. cond.*; Godefroy, *Comment. de la loi* 36, ff., *De contract.*; Chabot, *Quest. transit.*, v° *Donations déguisées*, § 1er; Merlin, *Quest. de droit*, v° *Donations*, § 5 ; *id.*, *Rép.*, v° *Simulation*, § 5.

7. — Sous la législation intermédiaire, même incertitude : ainsi jugé, dans un sens, que les donations faites par un père à son fils, sous la loi du 17 niv. an II, et déguisées sous la forme d'une vente, sont nulles pour le tout. — *Grenoble*, 28 fév. 1809, Petit c. J...; *Cass.*, 8 frim. an XIII, Dullac c. N...; 30 prair. et 15 messid. an XIII, N...; *Rouen*, 19 fév. 1814, Lanon c. Pinchon; *Cass.*, 11 frim. an X, Pasquier c. Huart.

8. — ... Spécialement, que des actes de vente et de cession faits par un père à son fils, postérieurement à la loi du 7 mars 1793, ont pu être annulés, comme contenant des libéralités déguisées, en fraude de la loi du 17 niv. an II. — *Rouen*, 7 fructid. an X, Delavigne.

9. — Mais jugé, en sens contraire, que sous l'empire des lois intermédiaires, une donation déguisée sous la forme d'un contrat onéreux était valable entre personnes capables de donner et de recevoir. — *Cass.*, 6 pluv. an XI, N... c. Henry; *Poitiers*, 10 prair. an XII, Hilairet c. Barbaut; *Cass.*, 7 frim an XIII, Lemquin c. Corbirier; 26 juill. 1814, Paul c. Platel; 31 juill. 1816, Benafort c. Nouilhan; 22 août 1810, Bréant c. Labarbe; 14 fructid. an XI, Legorgu : *Caen*, 15 juill. 1812, Bréant c. Labarbe. — Chabot, *Quest. transit.*, v° *Donations déguisées*, § 1er; Merlin, *Quest.*, v° *Donation*, et *Rép.*, v[is] *Simulation*, § 5, et *Donation*, sect. 2e, n° 6 ; Grenier, t. 1er, n° 180 ; Guilhon, *Tr. des donat. entre-vifs*, n° 561 ; Toullier, t. 5, n° 85.

10. — ... Que les donations déguisées, faites antérieurement au Code civil, sont valables aussi bien que celles passées depuis le Code. — *Cass.*, 2 juin 1835, Bellamy c. Dublanc.

11. — ... Que les héritiers légitimes ne peuvent attaquer des ventes consenties par le testateur, sous l'empire de la loi du 17 niv. an II, sous le prétexte qu'elles contiennent des donations déguisées. — *Colmar*, 22 déc. 1812 (et non 1814), Jœger c. N...

12. — ... Qu'une vente faite à vil prix n'a pu être annulée comme contenant une donation déguisée. — *Cass.*, 3 germin. an X, Guérin c. Duchol.

13. — ... Jugé, au reste, qu'une vente n'est pas nulle par cela seul qu'elle a eu lieu pour un prix en partie indéterminé, si, d'ailleurs, ce prix peut être facilement fixé et si la fraude ne peut être supposée en ce que les parties contractantes étaient capables de s'avantager mutuellement. — *Cass.*, 22 vendém. an X, Civadier c. Contamine.

14. — Une donation déguisée faite sous le régime de la loi du 17 niv. an II est valable, lorsque le donateur est décédé sous l'empire du Code civil. — *Agen*, 4 mai 1830, Granat.

15. — De même, une libéralité, faite en l'an IV, et déguisée sous la forme d'un contrat onéreux, n'a pu être annulée depuis le Code civil et sur la réclamation des héritiers collatéraux du donateur pour défaut d'accomplissement des formalités prescrites à l'égard des donations entre-vifs. — *Cass.*, 15 brum. an XIV, Bruley c. Pelletier.

16. — Jugé, au contraire, qu'une donation universelle entre-vifs, faite depuis la loi du 17 niv. an II, sous la forme d'une vente, par un père ayant des enfans, à une personne étrangère, est nulle, non seulement pour la quotité indisponible aux termes du Code, mais pour le tout. — *Nîmes*, 12 pluv. an XIII, Malanne c. Boule ; — Merlin, *Quest.*, v° *Avantages aux héritiers présomptifs*, § 8.

17. — ... Et qu'une donation déguisée, faite à un successible sous l'empire des lois des 5 brum. et 17 niv. an II, qui prohibaient toutes libéralités en faveur des successibles, doit être annulée en totalité, bien que le donateur soit décédé sous l'empire du Code civil. — *Cass.*, 17 avr. 1834, Albarel c. Guillard.

18. — Sous le Code civil la validité des donations sous forme de contrat onéreux a été contestée. — L'art. 893, C. civ., disait-on, ne reconnaît que deux modes de dispositions à titre gratuit, la donation entre-vifs et le testament. — Les motifs d'exception qui ont fait admettre les dons manuels, contrairement à la disposition limitative de l'art. 893, n'existent pas pour les donations déguisées. — La forme et les effets d'un acte doivent être réglés, non d'après la qualification que lui donne le caprice des parties, mais d'après sa substance même. — N'y a-t-il pas, d'ailleurs, contradiction à considérer le même contrat, en partie comme donation, alors qu'il s'agit d'en réduire les effets à la quotité disponible, et en partie comme vente, pour pouvoir le dispenser des formes de la donation ? — Delvincourt, t. 2, note 1re, p. 60.

19. — Jugé, en ce sens, que les donations déguisées sous la forme d'une vente sont nulles pour le tout. — *Grenoble*, 24 mars 1809, Roux.

20. — ... Que la vente faite par un père à l'un de ses enfans de l'universalité de ses biens peut être annulée lorsqu'il est prouvé qu'elle contient une donation simulée, surtout s'il devait en résulter une exhérédation absolue au préjudice des autres enfans. — *Colmar*, 13 août 1806, Blass; *Rennes*, 7 août 1817, Pihan du Feillay et Sitré.

21. — ... Que des actes qualifiés ventes peuvent être annulés pour cause de simulation, lorsqu'il résulte des circonstances que ces actes contiennent des avantages indirects faits par une mère à son fils, au préjudice de la réserve légale due à ses autres enfans. — *Grenoble*, 15 déc. 1808, Bruyas.

22. — ... Que des ventes faites par un père à l'un de ses enfans peuvent être annulées, comme simulées, quoiqu'il soit reconnu qu'une portion du prix était sincère. — Le fils, acquéreur apparent, n'est pas recevable à prétendre, dans ce cas, que la vente est parfaite, par cela seul qu'il existe un prix, et que sa modicité ne donne lieu qu'au rapport d'un supplément de prix, prélèvement fait de la portion disponible. — *Cass.*, 5 avr. 1827, Frachisse.

23. — ... Qu'une donation déguisée et portant seulement sur la portion disponible est valable; mais que la donation qui s'étend tout à la fois à la partie disponible et à la partie indisponible est nulle pour le tout. — *Bruxelles*, 18 juin 1807, Defegier c. N...

24. — ... Qu'une vente annulée comme *simulée* et *frauduleuse* ne peut être considérée comme donation et réduite à la quotité disponible ; l'acte frauduleux annulé ne saurait produire aucun effet, et le prétendu acquéreur est tenu de restituer les fruits. — *Cass.*, 7 juill. 1824, Rousse c. Anceau.

25. — ... Que l'exhérédation d'un fils légitime, déguisée sous la forme de contrats à titre onéreux, doit être annulée. — *Paris*, 1er mai 1812, Richard c. de L...

26. — ... Qu'une quittance de paiement peut être annulée, sur la demande du successible, comme contenant de la part de son auteur un avantage indirect fait en haine ou en fraude de l'héritier, au profit de celui que cette quittance libère. — *Rouen*, 18 nov. 1808, Guibert c. Heuzé.

27. — ... Que lorsqu'il est reconnu qu'une donation déguisée a été faite à un successible par son auteur, au moyen d'un bail à vil prix des immeubles de ce dernier, il n'y a pas lieu seulement, pour le successible, de parfaire à ses cohéritiers le juste prix du bail, mais que ce bail doit être annulé à partir de la mort du défunt. — *Paris*, 21 avr. 1812, Godin.

28. — Il est à remarquer que, dans ce dernier

arrêt, la cour de Cassation se serait écartée de la jurisprudence qu'elle a, ainsi que nous allons le voir, définitivement adoptée sur la validité des donations déguisées, si elle s'était fondée sur le défaut d'observation des formalités des donations dans l'acte pour décider que cet acte n'obligeait pas le débiteur. En effet, les arrêts qui ont déclaré les donations déguisées obligatoires envers les héritiers des donateurs, ont nécessairement supposé qu'elles avaient été obligatoires envers les donateurs eux-mêmes. Aussi Merlin, pour concilier ces décisions, fait-il remarquer que, dans l'espèce ci-dessus, rien ne prouve que l'acte ait été annulé pour inobservation des formes propres aux donations, et que tout porte à croire que la nullité en a été prononcée parce qu'il contenait un partage anticipé auquel tous les enfans n'étaient pas intervenus comme copartageans. — C. civ., art. 1078. — Merlin en conclut que la cour de Cassation n'a pas abandonné sa jurisprudence touchant les donations déguisées en maintenant l'arrêt d'appel qui, dans ces circonstances, avait annulé l'acte attaqué. — Merlin, *Quest.*, vº *Donation*, § 5, nº 2, t. 2, p. 399.

29. — Malgré quelque hésitation manifestée d'abord par la chambre des requêtes, la jurisprudence aujourd'hui constante est que les héritiers sont non recevables à faire prononcer la nullité d'une donation faite à une personne capable, bien que cette donation soit dissimulée sous les formes d'un contrat onéreux. — Chabot, *Quest. transitoires*, vº *Donations déguisées*; Grenier, t. 1er, nº 180; Merlin, *Rép.*, vº *Donation*, sect. 2e, § 6; vº *Simulation*, § 5; *Quest.*, vº *Donation*, § 5; Toullier, t. 4, nº 474, t. 5, nº 176.

30. — A l'appui de ce système, ces auteurs font remarquer que ce qui peut être fait directement peut l'être indirectement; que la nullité d'un contrat par suite de simulation ne peut être prononcée que dans le cas où cette simulation violerait quelque prohibition de la loi; or, l'art. 911, C. civ., ne prononce la nullité des donations déguisées qu'à l'égard des incapables. — L. 36, ff., *De contr. empt.*; LL. 5 et 9, Cod., *eod., tit.*; L. 46, ff., *Locat. cond.*; L. ult., ff., *Pro donato*. — V. aussi Faber, Dumoulin, Furgole, sur l'ord. 1731.

31. — Jugé, dans ce sens, qu'une donation déguisée sous la forme d'un contrat onéreux entre parties capables de donner et de recevoir est valable. — *Cass.*, 19 nov. 1810, Schamp c. Vendendael; *Douai*, 31 juill. 1811, mêmes parties: 23 avr. 1827, Lafontaine c. Payerne; 13 nov. 1827, Boisselet c. Démoulin; *Paris*, 4 juin 1829, Loysel c. Defrecine; *Orléans*, 21 août 1829, Malmouche-Defond c. Binet; *Aix*, 13 nov. 1839 (t. 2 1841, p. 84), Burtin c. Richaud; *Besançon*, 15 nov. 1843 (t. 1er 1844, p. 639), Bouque c. Vermot et Amiez; *Bordeaux*, 24 déc. 1844 (t. 1er 1845, p. 570), Ribaud c. Mauxion.

32. — ... Mais toutefois jusqu'à concurrence seulement de la quotité disponible. — V. *infrà* nos 232 et suiv.

33. — La simulation dans les actes n'opère point nullité lorsqu'il n'y a ni incapacité ni fraude à aucune disposition prohibitive. — *Cass.*, 23 (et non 20) juin 1813, Frégeville.

34. — On doit déclarer valable un acte de libéralité déguisé sous la forme d'un contrat onéreux, sous signature privée et sans énonciation de cause, si, du reste, le souscripteur de l'acte et celui au profit duquel il est souscrit sont respectivement capables, l'un de donner et l'autre de recevoir. — *Toulouse*, 28 juin 1831, Lasguinies c. Calmeilles.

35. — Un père peut, après avoir disposé par testament de la quotité disponible en faveur d'un de ses enfans, gratifier un autre de ses enfans par donation déguisée. — *Cass.*, 9 mars 1837 (t. 1er 1837, p. 483), Verdat c. Veyre.

36. — Une donation déguisée sous la forme d'une vente entre parties repectivement capables de donner et de recevoir ne peut être annulée comme n'étant pas revêtue des formalités exigées pour les donations. — *Rennes*, 5 août 1812, Poussin; *Cass.*, 20 oct. 1812, Ligonneau et Cretin c. Beteur de Malans; 31 mai 1813, Zerbarini c. Barbieri.

37. — Il en est surtout ainsi quand les autres successibles l'ont signée. — *Rennes*, 5 août 1812, Poussin.

38. — Un acte de vente contenant une donation déguisée est valable, quoique cet acte de vente soit écrit de la main du donataire, et ne contienne de la part du donateur que ces mots: *approuvant l'écriture et le contenu ci-dessus*, avec sa signature. — *Toulouse*, 10 janv. 1843 (t. 1er 1843, p. 359), Nouailhan c. Lasbaysses.

39. — Un acte simulé sous la forme d'un autre contrat ne peut être déclaré valable qu'autant qu'il le serait s'il avait été fait directement et ouvertement. Spécialement, une donation testamentaire ou à cause de mort qui ne pouvait être exprimée que dans la forme d'un acte de dernière volonté est nulle lorsqu'elle a été déguisée sous la forme d'une vente. — *Cass.*, 14 nov. 1843 (t. 1er 1844, p. 560), Prodhomme c. Jambu.

40. — Par la même raison, un acte qualifié de *vente* et de *bail*, par lequel un père cède ses biens à ses enfans, moyennant un prix déterminé, peut être annulé comme ne contenant qu'une démission de biens ou partage anticipé dans une forme illégale. — *Cass.*, 14 (et non 4) nov. 1816, Jaunier c. Perrin.

41. — Lors même que des actes faits entre cohéritiers, à titre de transaction ou de pacte de famille, contiendraient des libéralités à l'égard d'un ou plusieurs d'entre eux, ces actes n'ont point le caractère de donations entre-vifs; en conséquence, ils ne peuvent être annulés par cela seul qu'ils ont été exécutés sans réclamation pendant de longues années. — *Cass.*, 15 nov. 1827, Geoffroy et Lassaux c. Rogier.

42. — Lorsqu'il existe un acte authentique de vente irrégulier en la forme, et portant quittance du prix, l'allégation du vendeur que la vente n'aurait été réellement qu'une donation faite sous certaines conditions ne peut être accueillie qu'autant qu'elle reposerait sur des présomptions graves, précises et concordantes, et dans les cas seulement où la loi admet la preuve testimoniale, à moins que l'acte ne soit attaqué pour cause de dol et de fraude. — *Lyon*, 18 janv. 1838 (t. 2 1839, p. 270), Duvernay c. Lecomte.

43. — Lorsqu'une donation faite de la part d'une personne qui a la libre disposition de ses biens est attaquée comme simulée sous la forme d'un prêt ou d'une vente, les juges ne peuvent substituer cette dernière cause à celle énoncée dans l'acte qu'autant que celui qui voudrait profiter de la donation reconnaîtrait qu'il y a eu donation, et ne soutiendrait pas la réalité et la validité du prêt ou de la vente; dans ce dernier cas, il faut s'en tenir à la cause énoncée telle qu'elle résulte de la convention et de sa qualification. — *Bordeaux*, 24 déc. 1844 (t. 1er 1845, p. 570), Ribard c. Mauxion.

44. — Une donation rémunératoire peut valablement être faite sous la forme d'une obligation sous signature privée causée pour récompense de services rendus. — *Caen*, 19 mai 1841 (t. 1er 1844, p. 301), Helie c. Yon; *Bordeaux*, 7 juin 1841 (t. 2 1841, p. 580), Guilherie c. Petiteau.

45. — Mais les tribunaux ont le droit de réduire ce qu'il y a d'exagéré dans la récompense accordée. — *Bordeaux*, 7 juin 1841 (t. 2 1841, p. 580), Guilherie c. Petiteau.

46. — L'acte dans lequel la personne qui paie le prix d'un immeuble vendu et en reçoit quittance déclare ne se réserver que la simple jouissance de cet immeuble, ajoutant qu'à sa mort il sera possédé en toute propriété par ses neveux, peut être considéré comme contenant une donation déguisée, dispensée des formes requises pour les donations ordinaires. — *Rennes*, 2 août 1838 (t. 1er 1839, p. 618), Gringoire c. Genée.

47. — La cour d'Orléans, par arrêt du 29 nov. 1822 (Doisort c. Chevalier), avait jugé que si une donation déguisée comprenait tous les biens présens et futurs du disposant, cet acte était nul pour le tout.

48. — Mais la Cour de cassation a, le 20 nov. 1826, cassé cet arrêt, déclaré, conformément à sa jurisprudence, la disposition valable pour les biens présens, et annulé l'acte seulement en ce qui concernait les biens à venir.

49. — Quelques auteurs, tout en adoptant cette jurisprudence, font remarquer que les arrêts valident ainsi, parce qu'ils sont sous-seings privés, des actes qu'ils auraient annulés, si, étant sous forme authentique, ces actes avaient manqué d'une des conditions voulues par la loi des donations: n'est-ce pas donner une prime d'encouragement à la simulation? — Duranton, t. 8, nº 401; Duvergier, *Continuation de Toullier*, t. 16, nº 42.

50. — Une société universelle de gains formée entre des père et mère et quelques-uns de leurs enfans est nulle. — *Bourges*, 17 avr. 1835, sous *Cass.*, 25 juin 1839 (t. 2 1839, p. 7), Blanchard c. Morichon.

51. — M. Duranton pense, au contraire, qu'une pareille société n'est pas absolument nulle, mais qu'elle ne contient en réalité qu'une donation déguisée susceptible d'être réduite à la quotité disponible. Ce dernier système paraît à M. Duvergier présenter de graves difficultés. — En effet, dit cet auteur (*Contin. de Toullier*, t. 20, nos 118, 119 et suiv.), il faudrait apprécier arbitrairement le résultat des clauses que contiendraient ces sociétés, compenser le bénéfice que présenterait l'une avec la charge qu'imposerait l'autre: ce serait livrer au pouvoir discrétionnaire des juges le sort des conventions; ce serait folie de former des rapports si peu stables; sous le régime d'une pareille tolérance on ne verrait pas une société universelle contractée de bonne foi entre personne ayant des héritiers à réserve; dès-lors il valait mieux les prohiber absolument.

52. — Dans tous les cas, l'arrêt qui, en l'absence de constatation de la mise de fonds des père et mère, et de compte de liquidation de la société, déclare qu'on ne peut voir dans l'acte de partage qui a été fait par suite entre les parties originairement associées qu'une donation déguisée réductible à la quotité disponible, ne peut encourir la cassation. — *Cass.*, 25 juin 1839 (t. 2 1839, p. 7.), Blanchard c. Morichon.

53. — Le cautionnement de la dette d'un successible ne peut être considéré comme un avantage indirect. — *Cass.*, 5 avr. 1809, Roveyre c. Machet.

54. — La validité des donations déguisées sous la forme de contrats onéreux souffre quelques exceptions, d'abord dans le cas de dol et de fraude.

55. — Ainsi, jugé qu'une libéralité déguisée, contenue dans un contrat à titre onéreux, doit être annulée pour le tout, si l'acte présente des caractères de fraude et de dol; dans ce cas, la libéralité ne peut être conservée, même jusqu'à concurrence de la quotité disponible. — *Agen*, 8 juin 1811, Cavaillé.

56. — Quand un père poursuivi par ses créanciers fait à son fils une donation universelle de ses biens, et qu'après l'annulation de cette donation comme frauduleuse, il rend à son fils un compte de tutelle et s'empresse, pour le remplir du reliquat, de lui vendre aussitôt les mêmes biens, cette vente doit également être annulée, les présomptions de fraude étant évidentes. — *Orléans*, 31 janv. 1831, Aubin c. Mercieul.

57. — Mais la vente faite par un père à son fils n'est pas nulle de plein droit, alors même qu'elle porte sur la presque totalité de ses biens; elle est seulement annulable en cas de fraude; mais cette fraude, bien que facilement supposée, doit être prouvée. — *Colmar*, 15 nov. 1808, enfans Knebel.

58. — Une reconnaissance sous seing-privé, en forme d'obligation, dont la cause a été reconnue fausse par le porteur, peut être considérée comme une donation déguisée sous forme de contrat onéreux, et, comme tel, déclarée valable, lorsque aucune articulation de dol, fraude ou violence n'est produite par le souscripteur, qui prétend seulement que l'acte est le résultat de l'obsession et de l'importunité. — *Paris*, 9 avr. 1834, Caron c. Eymard.

59. — L'acte pourrait être aussi attaqué par les créanciers du disposant, s'ils prouvaient que cet acte a eu pour but de rendre leur débiteur insolvable, en fraude de leurs droits.

60. — Ainsi, jugé en ce sens qu'une disposition à titre gratuit peut être valablement faite sous la forme d'un contrat onéreux, entre personnes capables de donner et de recevoir, pourvu qu'il n'y ait pas fraude au préjudice des tiers. — *Bastia*, 25 janv. 1823, Morazzani c. Taddei; *Cass.*, 20 nov. 1826, Chevalier c. Doizaut; *Orléans*, 7 (et non 12) août 1835, Caron c. Eymard; *Cass.*, 25 fév. 1836, Eymard c. Caron.

61. — Mais le fait de l'insolvabilité ne suffirait pas; il faudrait prouver l'intention frauduleuse du disposant: ainsi, lorsque, sans fraude et de bonne foi, le propriétaire d'une habitation dans les colonies a, dans la conviction de sa solvabilité, conféré par testament authentique la liberté à plusieurs de ses esclaves à titre rémunératoire et pour leurs bons et loyaux services, cette disposition ne peut être attaquée par ses créanciers, même par ceux qui avaient hypothèque sur l'immeuble auquel ces esclaves étaient attachés....., alors surtout que la conviction de cette solvabilité a été partagée par ces créanciers eux-mêmes, et que l'insovabilité n'est résultée que de l'événement postérieur d'une adjudication reconnue faite à vil prix. — *Cass.*, 25 mai 1841 (t. 2 1841, p. 22), Barrat c. Lemaître.

62. — Une vente consentie par une mère à l'un de ses enfans ne peut, après le décès de la venderesse, être critiquée par les créanciers d'un autre enfant, comme simulée et faite en fraude de leurs droits, si l'émolument qu'on suppose en résulter est évidemment inférieur à la quotité de biens dont l'enfant acquéreur aurait pu être avantagé. — *Paris*, 4 (et non 14) avril 1810, Guyot c. N...

63. — On ne saurait voir une donation déguisée valable dans un acte où le disposant exprimerait l'intention de donner, sans cependant employer les formes de la donation. Ainsi l'obligation par un simple billet de payer une somme d'argent à de futurs époux, afin de contribuer à la dot de la femme, est nulle comme étant une donation non revêtue des formalités essentielles à

la validité de ce contrat. — *Nîmes*, 8 déc. 1808, de Cabanne c. de Maillon.

64. — Il faut encore excepter le cas où la condition apposée à la donation simulée ne se réaliserait pas. Aussi a-t-on jugé que la nullité d'une donation faite sous forme de vente en vue d'un mariage, peut être demandée si le mariage n'a pas eu lieu. — *Cass.*, 7 mars 1820, Desmares c. Delamotte.

65. — Il en est de même du cas où les juges reconnaîtraient que l'intention de donner n'existait pas. Ainsi, la vente nulle pour défaut de prix ne peut valoir comme donation déguisée. — *Metz*, 7 août 1812, N... ; *Orléans* 28 déc. 1831, Gumelin c. Carré; *Cass.*, 9 janv. 1832, Lefèvre c. Miard.

66. — Jugé de même que la vente simulée, faite à un non successible, ne peut valoir comme donation à son profit, jusqu'à concurrence de la portion disponible, si l'intention de faire une libéralité ne résulte d'aucun acte ou fait de la cause. — *Bastia*, 28 déc. 1836, Pizzins c. Colombani.

67. — En principe, on considère comme libéralité le prix du remplacement militaire que le père a payé pour son fils. Mais il n'en est pas ainsi quand le père, débiteur de son fils majeur pour une cause antérieure, oppose lui-même la compensation ; il est évident que, dans ce cas, il n'y a plus volonté de donner. — *Lyon*, 28 nov. 1839 (t. 1er 1840, p. 478), Moussy c. Cheyssac.

68. — Lorsqu'un acte de vente, quoique exécuté par le vendeur, a été déclaré nul, les héritiers, même non à réserve de ce dernier, peuvent encore faire juger que cet acte ne vaut pas non plus comme donation déguisée. — *Cass.*, 9 janv. 1832, Lefèvre c. Miard.

69. — Une vente nulle pour défaut de prix ne peut être considérée comme donation déguisée qu'entre successibles ou contre les héritiers du vendeur, mais non contre le vendeur lui-même qui demande cette nullité. — *Bourges*, 10 mai 1826, Millet c. Latour. — V. Conflans, *Jurisp. des success.*, p. 361, no 23.

70. — La vente faite sous le nom d'un tiers interposé, étranger à la famille, ne peut pas valoir, comme donation déguisée, au profit de ceux des successibles du vendeur qui ont participé à la simulation. — *Metz*, 18 mars 1818, Kitzinger c. Sartorius.

71. — L'individu qui reconnaît qu'un acte de vente passé à son profit est dans la réalité une donation déguisée en faveur d'un tiers, ne peut opposer au donateur une fin de non-recevoir fondée sur ce que celui-ci ne saurait attaquer l'acte, comme simulé et frauduleux. — *Toulouse*, 22 nov. 1808, Sayve c. Grach.

72. — L'art. 1340, C. civ., d'après lequel la ratification d'une donation par les héritiers du donateur n'emporte leur renonciation à opposer ; soit les vices de forme, soit toute autre exception, qu'autant qu'elle est faite après le décès du donateur, est applicable aux donations déguisées sous la forme de contrats à titre onéreux. — *Cass.*, 12 nov. 1827, Leprestre.

73. — Des successibles en ligne directe qui ont ratifié, du vivant de leur auteur, la vente d'un immeuble faite à l'un d'eux par ce dernier à charge de rente foncière, sont néanmoins recevables à attaquer cette vente comme contenant une donation déguisée excédant la quotité disponible, et à demander que cet excédant soit rapporté à la masse. — Même arrêt.

74. — Il n'est pas nécessaire que les donations indirectes soient acceptées dans la forme voulue pour les donations directes : car tout acte par lequel le tiers manifestera l'intention de profiter de la disposition le rendra irrévocable. — Duranton, t. 8, nos 417 et 464 ; Toullier, t. 5, nos 215 et 216 ; Grenier, t. 1er, p. 189. — Furgole, sur l'art. 5 de l'ordonnance 1731, décidait, il est vrai, autrement, mais par des raisons devenues sans force depuis les dispositions des art. 1121 et 1973, C. civ.

75. — Ainsi on a considéré comme une acceptation suffisante la réception des arrérages d'une rente constituée au profit d'un tiers. — *Cass.*, 5 nov. 1818, Lacoste c. Grégny.

76. — Du reste, on ne peut se dissimuler qu'il serait difficile et peut être dangereux de poser un principe absolu en cette matière.

77. — Ces donations peuvent même être valablement acceptées après le décès du donateur, et l'acceptation n'être que tacite. — Cette acceptation peut résulter notamment de la prise de possession des immeubles qui font l'objet de la disposition. — *Rennes*, 2 août 1838 (t. 1er 1839, p. 618), Gringoire c. Genée. — V. Toullier, t. 5, no 189.

78. — Jugé que la réserve d'usufruit faite en faveur d'un tiers, dans une donation par contrat de mariage, ne constitue pas une libéralité soumise à l'acceptation. — *Toulouse*, 19 nov. 1832, Milhau c. Yerle et Duchein.

79. — La donation déguisée est révocable pour cause de survenance d'enfant. — *Toulouse*, 9 janv. 1820, Darmenté c. Buzy. — Chardon, *Dol et fraude*, t. 2, no 55.

80. — ... Alors même que, depuis la survenance d'enfant, le donateur aurait reçu le paiement des prestations convenues dans le contrat. — *Montpellier*, 12 juin 1834, de Meaux c. Randon. — V. *infrà* no 114.

81. — Dès-lors, l'individu à qui il est survenu un enfant depuis un acte d'aliénation à titre onéreux est recevable à prouver que cet acte n'est, en réalité, qu'une donation déguisée. — *Toulouse*, 9 janv. 1820, Darmenté c. Buzy.

82. — La révocation pourrait être demandée par l'enfant devenu héritier de son père donateur, si celui-ci ne l'avait pas provoqué de son vivant : on ne pourrait lui objecter que, l'auteur de la dissimulation d'un acte ne pouvant être admis à opposer la fraude à laquelle il a volontairement participé, ses héritiers, qui le représentent, sont également non recevables à l'alléguer. — *Cass.*, 6 nov. 1832, Avon; confirmatif de *Nîmes*, 26 nov. 1828.

83. — Les donations déguisées sont révocables pour cause d'ingratitude. — *Paris*, 22 fév. 1812, Renoud c. Labbey.

§ 2. — *Donation déguisée sous forme de contrat à titre onéreux au profit d'une personne incapable.*

84. — La donation déguisée sous forme de contrat à titre onéreux au profit d'une personne incapable est évidemment nulle.

85. — Mais, comme la présomption est en faveur de l'acte, c'est à ceux qui ont le droit d'attaquer la donation déguisée faite à un incapable à prouver le déguisement. D'ailleurs, la prohibition de donner à une personne incapable n'empêche pas de faire avec elle des contrats commutatifs et autres actes à titre onéreux. — Toullier, t. 5, nos 84 et 85; Duranton, t. 8, no 267 ; Coin-Delisle, nos 2 et 7 sur l'art 911.

86. — Delvincourt (t. 2, p. 63, note 1re) pense, au contraire, que c'est l'incapable de recevoir qui est tenu de prouver la vérité du contrat ; autrement, les adversaires du donataire seraient souvent obligés de prouver un fait négatif, par exemple la non-numération du prix, ce qui serait impossible.

87. — Nous ne saurions admettre cette opinion en droit, car il est évident que la loi n'attache pas de présomption de fraude à cette circonstance que l'un des bénéficiaires du contrat est incapable de recevoir à titre gratuit de l'autre partie. Mais, en fait, il est certain que cette incapacité, faisant naître dans l'esprit du juge une prévention défavorable, il serait peu prudent, de la part de l'incapable, de s'en tenir strictement à son droit, en rejetant la preuve sur son adversaire, au lieu de chercher à prouver lui-même qu'il a voulu et pu contracter. — Coin-Delisle, no 7 sur l'art. 911. — Il ne s'agit pas, d'ailleurs, ici, d'une preuve négative : la simulation peut s'induire directement d'un grand nombre de faits, surtout à l'aide de preuves de tout genre qui sont permises en cette matière.

88. — En effet, il a été jugé que la vente consentie par un père ou une mère à son fils doit être considérée comme une libéralité déguisée, si l'acquéreur ne justifie pas que le vendeur avait besoin de vendre et qu'il a fait emploi du prix de la vente. — *Agen*, 16 mars 1812, Tachès c. Gardès.

89. — Jugé aussi que la vente faite à un prêtre par la personne qu'il a assistée dans une dernière maladie, ne peut être annulée comme donation déguisée, s'il n'y a point de preuve de simulation, et si, d'ailleurs, elle a une date certaine antérieure à la dernière maladie. — *Montpellier*, 19 mai 1813, Hébrart c. Séguret.

90. — La donation déguisée sous forme de contrat onéreux est nulle aussi bien lorsqu'elle est faite à une personne interposée que lorsqu'elle est faite à l'incapable lui-même; les présomptions de simulation sont déterminées dans les deux cas par les mêmes règles. — Duranton, t. 8, no 269; Grenier, t. 1er, no 125.

91. — L'exécution d'une donation déguisée faite à un incapable, spécialement à une concubine, même à une époque où l'incapacité n'existait plus, a pu être déclarée inefficace à l'effet de valider la donation, si cette exécution a été forcée en ce sens qu'elle n'a eu lieu de la part du donateur que pour faire cesser les poursuites exercées contre lui par le donataire pour parvenir au paiement de la chose donnée. — *Cass.*, 19 janv. 1830, Calvet c. Lacaze.

92. — C'est aux juges à apprécier dans quels cas l'acte contient une donation déguisée. Nous croyons cependant devoir présenter quelques règles d'appréciation admises, soit par les auteurs, soit par la jurisprudence.

93. — Un contrat de vente peut être réputé masquer une donation : — si un acheteur pauvre et sans moyens est supposé avoir payé un prix considérable et évidemment au-dessus de ses ressources. — Proudhon, *Usufr.*, t. 5, p. 159, no 2363; Coin-Delisle, no 8 sur l'art. 911.

94. — ... Si, dans la vue de faire un paiement ostensible par devant le notaire, on a fait, immédiatement avant la vente, un emprunt qui a été rendu immédiatement après. — Proudhon, *ibid.*; Coin-Delisle, *ibid.*

95. — ... S'il s'agit d'une vente où l'on a indiqué le prix comme payé comptant, et que le vendeur soit mort récemment après, sans qu'on ait trouvé aucune somme dans sa succession ni aucune trace de l'emploi du prix. — Proudhon, *ibid.*; Coin-Delisle, *ibid.*; Ricard, *Donat.*, part. 1re, no 757.

96. — Il ne serait pas nécessaire, dans ce cas, de prendre la voie de l'inscription de faux. — *Bordeaux*, 22 janv. 1828, Guerry d'Ecosas c. Durousseau; — Toullier, t. 8, no 65; Rolland de Villargues, *Rép.*, vo *Preuve littérale*, no 53. — V. aussi Duranton, t. 13, no 85.

97. — Enfin, une présomption grave de simulation pourrait résulter de ce que des notes indiqueraient l'existence de contre-lettres qui ne se retrouveraient pas. — Proudhon, *ibid.*; Coin-Delisle, *ibid.*

98. — Jugé que lorsqu'une vente est faite par acte authentique et qu'il n'existe pas de contre-lettre, l'acte ne peut être attaqué pour simulation, ni par le vendeur ni par ses héritiers. — *Bruxelles*, 24 janv. 1810, Biddelem c. Vanacke. — Pothier, *Oblig.*, no 801 ; Merlin, *Rép.*, vis *Preuve*, sect. 2e, § 3, art. 1er, *Simulation*; Toullier, t. 9, nos 165 et 184; Chardon, *Dol et fraude*, t. 2, no 4; Rolland de Villargues, vo *Simulation*, nos 9 et suiv.

99. — Lorsque la vente faite par un père à son fils, sous l'empire d'une loi qui prohibait les avantages en ligne directe, est reconnue n'être qu'une donation déguisée, elle doit être annulée. — *Cass.*, 9 flor. an VII, Veron.

100. — La plus-value des biens donnés en paiement ou en échange par un père à l'un de ses enfans, si elle n'est pas considérable et ne peut être regardée que comme une indemnité des chances éventuelles de perte de la chose reçue, ne constitue pas une libéralité déguisée et sujette à rapport. — *Bastia*, 28 déc. 1836, Pizzins c. Colombani.

101. — Est nulle la vente faite à un incapable en fraude de l'institution d'héritier. — *Riom*, 12 déc. 1818, Vendraud c. Dourif; 4 mai 1819, Vendraud c. Dourif.

102. — L'héritier est admis à prouver le fait d'où résulte l'incapacité de l'acquéreur. — *Riom*, 12 déc. 1818, Vendraud c. Dourif.

103. — La nullité doit être prononcée, lors même que, l'acte de vente portant quittance, les légitimaires déclareraient avoir reçu une partie du prix et offriraient de la rapporter au partage. — *Riom*, 4 mai 1819, Vendraud c. Dourif.

104. — En général, l'incapable de recevoir, dont le contrat est annulé par suite de simulation, ne peut conserver la chose qui a fait l'objet du contrat, en offrant de parfaire le juste prix. — Coin-Delisle, no 10 sur l'art. 911.

105. — La rétention d'usufruit et la constitution de rente viagère au profit du vendeur forme entre cohéritiers, d'après l'art. 918, C. civ., une présomption légale de gratuité du contrat.

106. — Ainsi, jugé que la vente d'un immeuble faite à un successible, avec réserve d'usufruit, doit être considérée comme donation déguisée imputable sur la quotité disponible, encore que la réserve n'embrasse que partie du fonds vendu. — *Poitiers*, 26 mars 1825, Verdier c. Courgeault; 23 mars 1839 (t. 2 1839, p. 527), Broc.

107. — ... Que la circonstance que le donataire a été chargé de payer une rente viagère au donateur et d'acquitter ses dettes est insuffisante pour donner à la donation le caractère d'un contrat onéreux. — *Liége* (et non *Rouen*), 12 prair. an XII, Horion c. Petit-Jean.

108. — ... Que la disposition de l'art. 918, C. civ., qui, en cas d'aliénation de biens, soit à charge de rente viagère, soit à fonds perdu, au profit d'un successible en ligne directe, ordonne le rapport de la portion des biens excédant la quotité disponible, s'applique aussi bien lorsque la rente viagère doit être servie à des tiers, que lorsqu'elle doit l'être au père donateur. — *Angers*, 7 fév. 1829, Bidon; — Delvincourt, *Cours de C. civ.*, t. 2, p. 65; Grenier, *Donat.*, no 639, et Duranton, *Droit franç.*, t. 7, no 382.

109. — La loi a-t-elle voulu étendre sa disposition à des rentes autres que celles établies sur la tête de l'auteur commun ? — V. QUOTITÉ DISPO-

...TUELS. — V. aussi Coin-Delisle, no 5, sur l'art. 918.

110. — Lorsqu'un ascendant a vendu tout ou partie de ses biens, avec réserve d'usufruit, à l'un de ses successibles, sans le consentement des autres acquéreurs, celui-ci est obligé de rapporter à la succession du vendeur, non en nature, mais en valeur seulement, les biens qui lui ont été vendus. Cette valeur doit être déterminée à l'époque de l'ouverture de la succession, et non à celle du contrat de vente. — *Orléans*, 2 avr. 1824, Bidet c. Pinsard. — V. Coin-Delisle, no 13, sur l'art. 918.

111. — Jugé cependant que la vente, avec réserve d'usufruit, ou moyennant une rente viagère, faite par un ascendant à l'un de ses héritiers présomptifs, est valable, lorsqu'il n'est pas établi qu'elle ait eu pour objet de porter atteinte aux droits des autres héritiers, ou d'éluder une prohibition légale. — *Paris*, 13 avr. 1813, Bertrand.

112. — Bien que, comme toutes les présomptions, celle qui est tirée de l'art. 918 ne doive pas s'étendre d'un cas à un autre, cependant les clauses de rétention d'usufruit ou de rente viagère pourraient être accompagnées de circonstances de fait, qui entraîneraient la même présomption de gratuité, même lorsqu'il ne s'agirait pas de successibles en ligne directe.

113. — Ainsi, une vente sous signatures privées, faite par un malade à son médecin, et enregistrée postérieurement au décès du vendeur, peut être réputée donation déguisée, lorsque le prix a été stipulé pour partie en une rente viagère avec réserve d'usufruit. — *Cass.*, 5 mai 1807, La Carrière c. Truel.

114. — Ainsi encore, la vente d'un immeuble, faite moyennant une rente viagère dont le taux n'excède pas les revenus de l'immeuble, doit être considérée comme une donation déguisée, et révoquée pour cause de survenance d'enfant. — *Montpellier*, 12 juin 1834, De Meaux c. Raudon. — V. Pothier, *Vente*, no 615; Toullier, t. 5, no 134. — V. *suprà* no 80.

115. — Un transport fait par une femme, ayant un enfant, de tous ses biens, moyennant une très modique rente viagère et une faible somme d'argent, est valable comme contenant une donation déguisée, qui doit seulement être réduite à la quotité disponible. — *Bruxelles*, 11 mai 1818, N...

116. — Est nul le testament authentique contenant reconnaissance d'une dette au profit de l'un des témoins instrumentaires, lorsque cette reconnaissance n'est autre chose qu'une libéralité déguisée. — *Bordeaux*, 3 avr. 1841 (t. 2 1841, p. 73), Cannière.

117. — On doit considérer comme libéralité déguisée la reconnaissance faite dans un testament d'une dette au profit de l'enfant naturel du testateur, lorsque la cause énoncée est suspecte de simulation, par exemple des services rendus en qualité de domestique, et reporter dès-lors à la succession, dans l'intérêt des héritiers légitimes, la somme déclarée due par leur auteur. — *Grenoble*, 13 janv. 1840 (t. 2 1840, p. 234), Cheval c. le domaine.

118. — Il en serait autrement si la reconnaissance de la dette était faite au profit d'une personne capable. Ainsi, la donation faite par un père à ses enfans, déguisée sous la forme d'une déclaration par laquelle le père se reconnaît débiteur, est valable lorsqu'elle n'excède pas la quotité disponible. — *Riom*, 20 nov. 1818, Peschaud c. Sarraille et Bos.

119. — La question de savoir si la donation déguisée entre concubins est ou non valable, dépend, à certains égards, de la solution de la question principale si en général les donations sont valables entre concubins. — V. DON ENTRE CONCUBINS.

120. — La nullité dont l'ordonnance de 1629 frappait les donations faites à concubins s'appliquait également aux moyens qu'on employait pour déguiser ces donations. « En vain, disait Coquille sur cette ordonnance, au lieu de donner, a-t-on paru vendre, emprunter et employer de pareilles voies, qui, sous le titre de contrats onéreux, déguisaient de véritables profusions ; la loi a percé l'obscurité des actes pour y reconnaître les dispositions prohibées, et elle les a toutes proscrites. »

121. — Les lois intermédiaires n'ayant rien changé à l'ancienne législation sur la validité des dons entre concubins, jugé qu'une donation faite à une concubine, sous la loi du 17 niv. an II, a pu être déclarée nulle, encore bien qu'elle fût déguisée sous la forme d'un contrat de rente. — *Cass.*, 19 janv. 1830, Calvet c. Lacaze.

122. — Merlin (*Rép.*, vo *Concubinage*, no 8) développe, à ce sujet, un système suivant lequel les art. 6, 1131 et 1133, C. civ., qui annulent l'obligation sur cause illicite, doivent s'appliquer à la donation faite à une concubine lorsque cette donation est déguisée sous la forme d'un contrat à titre onéreux.

123. — Jugé en ce sens qu'une donation déguisée faite au profit d'une concubine doit être annulée. — *Angers*, 19 janv. 1814, Gaudin et Laubépin c. Fleury. — V. Merlin, *Rép.*, et *Quest. de droit*, vo *Concubinage*; Toullier, t. 5, no 719; Grenier, t. 1er, no 148; Poujol, *Traité des donat. et testam.*, sur l'art. 911, no 14.

124. — ... Que les donations, déguisées sous la forme de billets ou promesses au profit d'une concubine, sont nulles, comme contraires aux bonnes mœurs. — *Grenoble*, 17 janv. 1812, Roquette c. Barbier; *Besançon*, 25 mars 1808, Jeannon c. Ebaudy.

125. — ... Et que le tiers porteur de ces obligations n'est pas recevable à en exiger le paiement, lorsqu'il en a connu la cause. — *Besançon*, 25 mars 1808, Jeannon c. Ebaudy.

Sect. 2e. — *Donation déguisée par interposition de personnes.*

126. — Dans les donations déguisées par interposition de personnes, il faut distinguer si la donation est faite au profit d'une personne capable de recevoir ou si elle a lieu au profit d'une personne incapable.

127. — Dans le premier cas, la donation est valable, car il n'y a pas simulation frauduleuse quand le donateur a fait par le moyen d'une personne interposée ce qu'il pouvait faire directement. Il y a même raison de décider qu'à l'égard des donations faites sous la forme de contrat onéreux, ainsi qu'on la vu *suprà* nos 3 et suiv. — Toullier, t. 4, no 473; Chabot, *Quest. transit.*, vo *Donations déguisées*, §§ 4 et 5. — V. aussi L. 36 et 38, ff., *De contrah. empt.*; L. 4, ff., *Locat. cond.*; L. 6, ff., *Pro don*; L. 3 et 9, C., *De contrah. empt.*

128. — Décidé, en ce sens, qu'une donation faite aux enfans d'un individu qui était capable de recevoir ne peut être réputée faite à personnes interposées. — *Orléans*, 17 janv. 1846 (t. 1er 1846, p. 288), Millet c. Talusne et Sauvage.

129. — Mais quand la donation déguisée par interposition de personnes est faite au profit d'un incapable, la disposition est nulle, quelque forme que prenne l'interposition. — C. civ., art. 911 et 1099.

130. — Ainsi, il n'est pas permis, après le décès du disposant, de remettre à un incapable, soit un objet mobilier, soit une somme d'argent, que le donateur aurait confiée manuellement à un tiers dans ce but. — Arg. de l'art. 1939; — Delvincourt, note 2e sur la p. 63. — V. aussi vo DON MANUEL.

131. — Il faudrait, toutefois, excepter les papiers qui, destinés par pure affection, à être remis à la personne incapable, ne peuvent ni l'enrichir, ni appauvrir la succession. — Coin-Delisle, no 3, sur l'art. 911.

132. — Le fidéicommis tacite au profit d'un incapable est nul en droit français, comme il l'était en droit romain. — Furgole, chap. 6, sect. 3; Domat, liv. 5, tit. 3, sect. 3e, nos 5, 6 et 7.

133. — Le fidéicommis exprès au profit de l'incapable est nul, comme le fidéicommis tacite. — Coin-Delisle, no 5, sur l'art. 911. — V. aussi SUBSTITUTION.

134. — ... Même à l'égard de l'héritier institué, légataire ou donataire direct. — Grenier, no 136, et l'addit. de la 3e édit.; Furgole, *Testam.*, chap. 6, sect. 3e, no 224.

135. — Ce n'est pas là seulement une condition réputée non écrite, dans le sens de l'art. 900, C. civ. Le fiduciaire ne saurait être considéré comme héritier sous condition, puisqu'il résulte des termes du testament que l'intention du testateur était, non de donner à la personne qu'il a directement gratifiée, mais d'en faire simplement le ministre de la transmission destinée à un incapable. — Furgole, *ibid.*; Coin-Delisle, *ibid.*

136. — Aux principes qu'on verra ci-après exposés (V. *infrà* nos 231 et suiv.) sur la preuve à faire en matière de donation déguisée, nous ajouterons quelques solutions spéciales en ce qui concerne l'interposition de personnes.

137. — Quand la loi n'a pas établi une présomption de droit, et lorsque la preuve de l'interposition ne résulte pas de l'acte lui-même, on peut voir des indices graves de simulation dans la réunion de certaines circonstances, telles que la proximité de parenté ou l'amitié entre le donataire et l'incapable, la remise des biens à une époque rapprochée de la donation, surtout lorsque le donataire était ou pauvre ou gêné. — Coin-Delisle, sur l'art. 911, no 11.

138. — On a pensé, sous l'ancien droit français, que la preuve testimoniale ne pouvait suffire pour établir l'interposition de personnes, et qu'il fallait de plus l'aveu de la partie. — Berroyer, sur Domat, part. 2e, liv. 5, tit. 3, sect. 3e, no 6.

139. — C'est une erreur : les règles de la preuve en matière de fraude étaient appliquées à cette simulation, aussi bien dans le droit ancien que sous le Code civil. — L. 3, § 3, ff., *De jure fisci*; — Domat, *loc. cit.*; Furgole, no 264; Merlin, *Rép.*, vo *Fidéicommis tacite*, no 4; Coin-Delisle, sur l'art. 911, no 12.

140. — L'aveu de la partie ou son refus de prêter le serment décisoire est évidemment une preuve de la simulation. — C. civ., art. 1356, 1357 et 1361.

141. — Toutefois, cet aveu ne ferait preuve contre le donataire que dans deux cas : 1o s'il a gratifié l'incapable de son propre mouvement, et qu'ensuite il déclare qu'il avait été chargé de faire la restitution. — Coin-Delisle, sur l'art. 911, no 22.

142. — ... 2o Dans le cas où, chargé ouvertement d'un fidéicommis envers une personne capable, il avouerait ensuite avoir été chargé de rendre à un incapable. — Furgole, nos 258 et suiv.; Garsias, *De fideic. tacito.*; Coin-Delisle, *ibid.*

143. — Mais dans quels termes le serment peut-il être déféré? — Suivant Furgole (no 226) et Pothier (*Cout. d'Orléans*, introd. au tit. 16, no 44), il faut que celui à qui l'on défère le serment, non seulement affirme qu'il n'y a eu aucun pacte entre le disposant et lui sur une restitution à faire à l'incapable, mais encore qu'il ne croit pas que la disposition ait été faite à charge de restitution, et qu'il n'entend pas rendre les objets donnés.

144. — Nous pensons que c'est exiger au-delà de la volonté du législateur, et nous restreindrions le serment à cette unique question : Le disposant a-t-il ou non imposé au donataire l'obligation de faire emploi des choses données au profit de l'incapable? — Grenier, no 136 *in fine*; Coin-Delisle, sur l'art. 911, no 13.

145. — La preuve qu'une disposition testamentaire renferme un *fidéicommis tacite* n'est pas admissible, si l'on n'allègue point que ce fidéicommis aurait eu lieu en faveur d'une personne incapable. — *Caen*, 31 janv. 1827, Thorel c. Delaunay et Cavey.

146. — Pour établir l'existence d'un fidéicommis tacite, il suffit de prouver que le testateur, en léguant ses biens à un héritier apparent, a eu la volonté secrète de gratifier un individu incapable de recevoir le don. Dès lors il n'est pas besoin de prouver qu'il a existé un pacte ou une convention entre le testateur et la personne interposée. — *Toulouse*, 30 janv. 1845 (t. 1er 1845, p. 622), Jammes c. Larrey.

147. — L'héritier du sang n'a pas le droit, pour prouver l'interposition de personnes, de rechercher si le légataire qui a dans une famille le titre et possession d'état d'enfant légitime, est ou non l'enfant naturel du disposant, surtout lorsque cette recherche conduirait à la preuve d'un commerce adultérin. — *Riom*, 28 juin 1819, confirmé par *Cass.*, 28 juin 1820, Legroing c. Jouvainroux.

148. — « Sont réputées personnes interposées les père et mère, les enfans et descendans, et l'époux de la personne incapable. » — C. civ., art. 911.

149. — Ces présomptions légales sont absolues et repoussent toute preuve contraire. — C. civ., art. 1352; — Ricard, part. 1re, no 741 et 742; Toullier, t. 10, no 52; Coin-Delisle, no 14, sur l'art. 911; Vazeille, nos 3 et 5, sur l'art. 911.

150. — ... Sauf toutefois l'admission de la preuve offerte par le donataire que la libéralité a été faite à titre rémunératoire. — Delvincourt, t. 2, p. 205, notes. — Mais ce serait alors moins une donation qu'une dation en paiement, ou bien l'acquittement d'une dette naturelle.

151. — Sous la loi du 17 niv. an II, qui prohibait tout avantage indirect au profit de l'un des héritiers présomptifs, la mère de cet héritier n'a pu être considérée comme personne interposée. — *Cass.*, 21 vent. an IX, Camus c. Benoît; *Paris*, 10 fructid. an X, Thomas c. Darnay; — Merlin, *Quest.*, vo *Avantages aux héritiers présomptifs*, § 2, no 3.

152. — Jugé de même que la loi du 17 niv. an II, qui annulait les ventes à fonds perdus ou à charge de rente viagère faites à des successibles ou à leurs descendans, ne s'appliquait pas aux ascendans de ces mêmes successibles. — *Poitiers*, 7 thermid. an X, Bonneau c. Dalleau.

153. — Sous le Code civil, ne sont pas réputées sonnes interposées dans le sens de l'art. 911 les ascendans de l'incapable autres que ses père et mère. — Duranton, no 271; Coin-Delisle, nos 15, sur l'art. 911. — V. cependant Delvincourt, t. 2, p. 208.

154. — Mais il faut réputer personnes interposées les père et mère naturels. — Delvincourt, t. 2, p. 208; Toullier, t. 5, no 80, à la note; Duranton, t. 8, no 272.

155. — ... Et le père-adoptif. — Duranton, t. 8, n° 274.

156. — Il en est de même des enfans naturels, même adultérins ou incestueux. — Mêmes auteurs.

157. — ... Et du fils adoptif. — Duranton, t. 8, n° 274; Coin-Delisle, sur l'art. 911, n° 15.

158. — La coutume de Paris réputait dons indirects par interposition de personnes, et comme tels nuls, les donations ou les legs faits en faveur des enfans de ceux qu'elle défendait d'avantager directement. — *Cass.*, 11 mars 1834, De Thelusson c. de Reghat. — V. cependant *infrà*, n° 299.

159. — Ce serait étendre, contre le vœu de la loi, les présomptions d'interposition que d'y comprendre les collatéraux.

160. — Parmi les alliés, le conjoint seul doit être réputé personne interposée. — C. civ., art. 911. — Ainsi ne devront être compris dans la règle ni les beaux-pères et belles-mères, ni les gendres, brus, beaux-fils et belles-filles de l'incapable. — Duranton, t. 8, n° 275.

161. — Sous l'empire de la loi du 17 niv. an II, l'époux d'un incapable était réputé personne interposée. — *Cass.*, 28 nivose an VIII, Lebatteur c. Osmont.

162. — Jugé spécialement que, sous cette loi, la prohibition des ventes à fonds perdus à l'un des successibles s'étendait au conjoint de ce même successible. — *Cass.*, 4 germin. an X, Osmont c. Lebatteur; 28 vent. an VIII, mêmes parties. — V. Merlin, *Quest.*, v° *Avantages aux héritiers présomptifs*, § 2, n° 3.

163. — Cette décision, fondée sur ce qu'il serait trop facile, dans le sens contraire, d'éluder les prohibitions de la loi, ne nous semble pas admissible, attendu que l'art. 26, loi de niv., ne prohibe que les avantages faits aux successibles, et qu'il n'est pas permis d'étendre les prohibitions par analogie.

164. — La chambre des requêtes nous semble donc avoir fait une plus juste application de la loi de niv. an II en décidant que, sous l'empire de cette loi, l'époux d'un incapable n'était pas réputé personne interposée. — *Cass.*, 18 fructid. an IX, Wagenard c. Delatre.

165. — Sous le Code civil, au contraire, le conjoint de l'incapable est expressément réputé personne interposée. — C. civ., art. 911.

166. — La vente à rente viagère ou avec réserve d'usufruit, faite au conjoint d'un des successibles en ligne directe, est réputée faite au successible lui-même. En conséquence, elle doit être imputée sur la portion disponible. — *Limoges*, 8 juill. 1840 (t. 2 1840, p. 662), Guillou c. Deshoyers.

167. — Jugé, toutefois, que la donation faite au profit de l'époux d'une personne incapable de recevoir peut être déclarée valable, lorsqu'il résulte des circonstances de la cause que cet époux est réellement donataire direct, et non personne interposée au lieu et place de son conjoint, notamment lorsque avant le mariage le donataire avait été institué légataire universel par le donateur. — *Cass.*, 10 nov. 1836 (t. 1er 1837, p. 210), Miron c. David. — V. cependant Toullier, t. 10, p. 65, n° 52; Duranton, t. 13, n° 419; Favard de Langlade, *Rép.*, v° *Présomption*, § 1er.

168. — Cette solution ne nous semble pas contrarier le principe que les présomptions d'interposition de personnes ne peuvent être détruites par aucune preuve contraire : car la libéralité ne s'est pas adressée ici au *conjoint de l'incapable*, puisque le disposant, dans notre hypothèse, a donné à une personne étrangère à l'incapable lors de la disposition.

169. — Mais devrait-on admettre la même solution, dans le cas où la libéralité aurait été faite au profit d'une personne qui était sur le point de devenir l'époux de l'incapable? — Dans l'ancien droit, le lien de fiançailles pouvait faire réputer le fiancé personne interposée. Mais cette incapacité ne se trouvant pas dans la loi moderne, nous devons décider que l'interposition ne sera pas légalement présumée, même dans l'intervalle de la publication des bans à la célébration du mariage. — Toullier, t. 5, n° 81; Coin-Delisle, n° 16, sur l'art. 911. — V. *contrà* Grenier, n° 133.

170. — ... Et cela même quand la donation est faite par le contrat de mariage entre le donataire et l'incapable. En effet, bien que la donation soit, dans ce cas, subordonnée à l'exécution de la condition, c'est-à-dire à la célébration du mariage; cependant, par l'effet de la rétroactivité au jour de la donation, ce n'est pas au conjoint de l'incapable que la libéralité a été faite. — Mêmes auteurs.

171. — Aussi a-t-il été décidé que la donation faite par un malade à la future épouse de son médecin, dans le contrat de mariage de celui-ci, ne doit pas être considérée comme faite au médecin lui-même, par personne interposée, et à ce titre frappée de nullité. — *Cass.*, 10 nov. 1836, Miron c. David.

172. — L'époux même séparé de corps et de biens doit être réputé personne interposée. — Toullier, t. 10, n° 52; Duranton, n° 273; Coin-Delisle, n° 15 sur l'art. 911; Poujol, n° 8 sur l'art. 911.

173. — La présomption de simulation par interposition de personnes est plus étendue en matière de donation entre époux. — C. civ., art. 1098, 1099, 1100. — V. *infrà*, nos 282 et suiv.

174. — La présomption d'interposition de personnes établie par l'art. 911 ne doit pas être étendue à tous les cas d'incapacité prévus par des dispositions éparses soit dans le Code civil, soit dans d'autres lois. Il s'agit ici d'une matière de droit essentiellement étroit, aussi n'est-ce qu'à l'égard des tuteurs (art. 907), des enfans naturels (art. 908), des médecins ou ministres du culte (art. 909), que les personnes désignées dans l'art. 911 doivent être réputées personnes interposées. — Coin-Delisle, sur l'art. 911, n° 17.

175. — Nous ne comprendrons pas même dans cette règle les officiers du vaisseau à bord duquel le testateur a fait ses dispositions testamentaires. — C. civ., art. 997, v° *Testament*. — Ni les clercs du notaire qui a reçu le testament. — Coin-Delisle, n° 18 sur 911.

176. — Jugé, d'après les mêmes principes, que la présomption d'interposition de personnes établie par l'art. 911, C. civ., en matière de donation, n'est pas également applicable en matière de vente, au cas prévu par l'art. 1596. — Qu'en conséquence, la prohibition portée dans cet article ne s'étend pas au fils du mandataire. — Seulement, dans ce cas, la question de savoir s'il y a ou non interposition de personnes est abandonnée aux lumières et à la conscience des juges. — *Cass.*, 4 avr. 1837 (t. 1er 1837, p. 378), Freland c. Domecq-Cazeaux; *Bordeaux*, 21 fév. 1829, Supsol c. Ducot; — Duvergier, *Vente*, *Contin. de Toullier*, t. 16, n° 193; Troplong, *Vente*, t. 1er, n° 193; Duranton, t. 16, n° 138.

177. — Le legs fait par un mineur devenu majeur, au profit de l'épouse de son tuteur, après le compte rendu, peut, si plus tard ce compte est reconnu irrégulier, être annulé comme fait à une personne interposée, pour faire profiter du legs le tuteur. — *Cass.*, 15 fév. 1827, Lavéant c. Devay.

178. — Le legs fait aux enfans du tuteur, mais après sa mort, est valable, quoiqu'ils n'eussent pas encore rendu compte à la place de leur père. — Ricard, part. 1re, n° 474; Coin-Delisle, n° 20 sur l'art. 911.

179. — La question d'interposition en ce qui concerne les enfans naturels peut être considérée 1° quant aux donations faites aux descendans des enfans naturels; — 2° quant à celles faites à leurs ascendans.

180. — Sous l'ancienne jurisprudence, on soutenait généralement que la prohibition faite au père de nommer ses enfans naturels légataires ou donataires de tout ce qu'il possédait de disponible s'étendait à l'aïeul. — Charondas, *Réponses du dr. franç.*, liv. 6, rép. 32; d'Argentré, sur l'art. 430, *Cout. de Bretagne*; Furgole, *Des testam.*, chap. 6, sect. 2, 1°, 141. — V. aussi arr. du parlement de Paris, 19 fév. 1731 (Merlin, *Rép.*, v° *Bâtard*); et du parlement de Toulouse, 6 juill. 1741, rapp. par Furgole.

181. — Jugé que, sous l'empire du droit écrit, les descendans légitimes d'un enfant naturel ont pu être institués héritiers par la mère de celui-ci. — *Toulouse*, 2 août 1808, Compans c. Marty.

182. — En est-il de même sous l'empire du Code civil? — Dans le cas où l'enfant naturel est encore vivant, la présomption d'interposition de personnes ne doit guère faire de difficulté. — Mais si l'enfant naturel est prédécédé, la question devient plus délicate. — M. Duranton (t. 8, n° 247), sans présumer les descendans de l'enfant naturel personnes légalement interposées, annule ou réduit cependant, mais par un autre motif, les libéralités qui leur sont faites.

183. — Jugé, dans ce sens, que les enfans légitimes d'un fils naturel sont incapables de recevoir par testament l'universalité des biens de leur aïeul, lorsque celui-ci laisse des parens au degré successible. Que, dans ce cas, le legs universel doit être réduit à la portion que l'enfant naturel lui-même aurait pu recueillir. — *Paris*, 26 déc. 1828, Autreau c. Maréchal.

184. — Jugé encore que l'enfant naturel légalement reconnu ne peut, indépendamment des droits qui lui sont accordés sur les biens de ses père et mère, recevoir d'un ascendant de ceux-ci tout ou partie de ce dont cet ascendant peut disposer. — *Besançon*, 25 juin 1808, Boilaud. — Toullier, t. 4, p. 263, n° 260; Conflans, *Jurispr. des success.*, p. 106; Belost-Jolimont, note sur Chabot, *Success.*, art. 729, note 3.

185. — Jugé, au contraire, que la donation faite par un père ou une mère à l'enfant de son enfant naturel, déjà décédé, est valable, quoiqu'elle excède la quotité fixée par les art. 757 et suiv., C. civ.; l'enfant de l'enfant naturel ne pouvant plus, dans ce cas, être réputé personne interposée. — *Colmar*, 31 mai 1825, Gross c. Leininger; — Coin-Delisle, sur l'art. 611, C. civ.

186. — ... Que, l'enfant naturel n'étant pas absolument incapable de recevoir, la donation faite à l'un de ses enfans ne peut être annulée comme faite à une personne interposée. — *Orléans*, 9 juill. 1845 (t. 2 1845, p. 340), préf. de la Seine c. Durand.

187. — ... Que, l'art. 908, C. civ., qui défend à l'enfant naturel de rien recevoir au-delà de ce qui lui est attribué au titre *Des successions*, n'est pas applicable à ses descendans légitimes, alors d'ailleurs que le prédécès de l'enfant naturel rend inapplicable la présomption d'interposition de personne écrite dans l'art. 911. — *Cass.*, 13 avr. 1840 (t. 1er 1840, p. 660), Normand et Brismoutier c. Gosselier.

188. — Quant aux libéralités faites aux ascendans des enfans naturels, ou il s'agit d'un enfant naturel reconnu, ou il s'agit d'un enfant soit adultérin, soit incestueux.

189. — A l'égard des premiers, on a décidé, sous l'empire du droit antérieur au Code, que le legs fait à la mère d'un enfant reconnu par le testateur ne doit pas être annulé comme fait à une personne interposée. — *Amiens*, 6 flor. an XII, d'Heudicourt c. Hallate.

190. — Mais, sous la législation actuelle, il a été jugé : que le legs fait au père d'un enfant naturel reconnu doit être réputé fait à une personne interposée, encore que le testament soit, par sa date, antérieur à la naissance de l'enfant, mais non à sa conception. — *Paris*, 4 mai 1840 (t. 1er 1840, p. 699), David-Stern c. Kaniel.

191. — ... Que le legs fait à la mère d'un enfant naturel par le père qui l'a reconnu est présumé fait à une personne interposée, quoique l'enfant ne soit pas encore né, mais soit seulement conçu. — Que l'affection que le père avait pour la mère de l'enfant naturel ne peut faire fléchir la présomption établie par la loi dans l'art. 911, C. civ. — *Paris*, 26 avr. (et non 7 mai) 1833, Multin c. Serré.

192. — La cour de Cassation a, il est vrai, jugé qu'il n'y avait pas lieu d'annuler la constitution de rente viagère faite par un homme au profit d'une fille dont il avait eu un enfant, comme présumée faite au profit d'un enfant naturel. — *Cass.*, 30 déc. 1819, N. c. N. — Mais cette décision ne peut contredire celles qui la précèdent, car elle n'est fondée que sur des appréciations de fait.

193. — S'il s'agit d'un enfant adultérin ou incestueux, comme la reconnaissance est prohibée par la loi (C. civ. 335); il semble que rien n'autorise à considérer la personne présumée être son père ou sa mère comme personne interposée. Aussi a-t-il été jugé : que les dispositions faites par l'un des auteurs de l'enfant adultérin en faveur de l'autre, ne doivent pas être annulées, comme faites à l'enfant lui-même, par personne interposée. — *Grenoble*, 15 juill. 1811, Bérard c. Rey. — Mais cet arrêt a été cassé (V. *Cass.*, 13 juill. 1813.) — V. *infrà*, n° 199. — Toullier, t. 10, p. 65, n° 52; Duranton, t. 13, n° 419; Favard de Langlade, *Rép.*, v° *Présomption*, § 1er.

194. — ... Que la nullité de la reconnaissance d'un enfant adultérin met obstacle à ce que les libéralités faites à la mère qui l'a reconnu puissent être considérées comme faites à personne interposée. — *Poitiers*, 7 avr. 1824, Pellerin c. Augier et Duval; confirmé par *Cass.*, 1er août 1827.

195. — ... Que le legs universel fait par celui qui s'est reconnu le père d'un enfant adultérin à la mère qui l'a reconnu avec lui ne doit pas être considéré comme une libéralité exercée au profit de l'enfant par personne interposée, et doit être maintenu en faveur de la mère de l'enfant adultérin. — *Angers*, 8 déc. 1824, Cordelet.

196. — Mais la jurisprudence s'est prononcée en sens inverse, en décidant : 1° à l'égard de l'enfant adultérin, qu'on doit considérer comme une donation faite à un incapable, à l'aide de personne interposée, l'acte par lequel un individu qui a vécu publiquement en concubinage adultère avec une femme dont il a eu un enfant reconnu par lui dans l'acte de naissance antérieur au Cod. civ., a passé au profit de cette femme sans fortune, un acte authentique par lequel il déclare que tous ses meubles lui appartiennent, et reconnaît qu'elle lui a remis, plusieurs années auparavant, une somme de...., dont il s'est obligé de lui payer l'intérêt. En conséquence, les tribunaux peuvent, sans qu'il y

ait eu inscription de faux, suspendre l'exécution de cet acte. — *Bordeaux*, 13 fév. 1807, Ducom c. Sarrazac. — V. Carré, t. 1er, p. 288; Merlin, *Quest. de droit*, v° *Exécution parée*.

197. — ... Qu'en général la mère d'un enfant adultérin doit être considérée comme personne interposée dans la donation qui lui est faite par le père de l'enfant. — *Agen*, 25 mars 1823, Geneste; *Angers*, 19 janv. 1814, Gaudin et Laubépin c. Fleury.

198. — Les dispositions faites par l'un des auteurs de l'enfant adultérin en faveur de l'autre sont nulles comme faites à lui-même par personne interposée. — *Angers*, 13 août 1806, Duchesne c. Revelière; *Lyon*, 25 mars 1835, Trollion c. Angelier.

199. — La présomption d'interposition de personne s'applique à la mère de l'enfant adultérin, alors même que la donataire serait devenue l'épouse du père donateur, les juges ne peuvent admettre aucune circonstance comme preuve contraire à la présomption légale d'interposition. — Spécialement, on ne peut considérer comme prouvant la non-interposition, soit la circonstance que la mère donataire s'est constitué tous ses biens en dot en convolant à de secondes noces, soit celle que l'enfant ne peut recevoir que des alimens. — *Cass.*, 13 juill. 1813, Berard c. Rey.

200. — La reconnaissance d'un enfant incestueux peut être invoquée contre le père, afin de faire annuler, pour cause d'interposition, un legs fait à son profit par la mère de l'enfant. — *Paris*, 31 août 1827, Moufle c. Rateau.

201. — Quoique le père d'un enfant incestueux ne puisse disposer au profit de ce dernier, cependant il peut être réputé personne interposée, aux termes de l'art. 911, C. civ., à l'effet de transmettre à son fils un legs que ce dernier était incapable de recevoir. — *Cass.*, 4 janv. 1832, Pendaries c. Dugourg.

202. — La disposition testamentaire en faveur de l'enfant prétendu adultérin ne peut être attaquée comme ayant une cause illicite, lorsque le testament ne contient aucune énonciation qui laisse supposer que l'hérédité est transmise à l'enfant en considération du vice d'origine qui lui est reproché. — *Grenoble*, 6 fév. 1845 (t. 2 1845, p. 769), Bouchayer c. Girard.

203. — Lorsqu'il résulte du jugement qui annule une donation faite à la mère d'un enfant adultérin que l'annulation a été motivée sur ce que la mère doit être réputée personne interposée, l'enfant est recevable à former tierce-opposition à ce jugement et à intervenir sur l'appel interjeté par la mère donataire. On ne saurait soutenir que ce jugement lui est étranger. — *Poitiers*, 7 avr. 1824, Pellérin c. Augier et Duval, confirmé par *Cass.*, 1er août 1827.

204. — La nullité d'un legs excessif fait à un enfant naturel par personne interposée n'est pas d'ordre public; elle peut être couverte par l'acquiescement des héritiers. Dès-lors, ceux de ces héritiers qui ont exécuté le testament sont non-recevables à invoquer cette nullité. — *Cass.*, 16 août 1841 (t. 2 1841, p. 399), Lafargue c. Stevenson. — C'est une application du principe que l'héritier qui a exécuté un testament, alors qu'il connaissait le vice dont il était entaché, n'est pas recevable à en demander la nullité. — Toullier, t. 5, n° 162; Merlin, *Rép.*, vis *Nullité*, § 3, n° 12, et *Réserve coutumière*, § 5. — V. aussi Pothier, *Tr. des donat.*, sect. 3e, art. 5, § 7; Lemerle, *Tr. des fins de non-recevoir*, chap. 5.

205. — Le concubinage ne suffirait pas pour constituer la présomption légale d'interposition; car les libéralités entre concubins n'étant plus défendues sous le Code civil (V. DON ENTRE CONCUBINS), le legs fait à l'enfant ne doit pas être annulé, comme fait à la mère par interposition de personne. — *Rouen*, 8 janv. 1827, Solhard c. Lebarrois. — Poujol, sur l'art. 911, n° 14.

206. — Jugé aussi que le legs universel fait par un testateur à l'enfant légitime de sa concubine, mais à une époque où le concubinage avait cessé d'exister, ne peut être déclaré nul, comme fait à une personne interposée. — *Cass.*, 28 juin 1820, Legroing c. Jouvainroux.

207. — Au reste, il suffit qu'une obligation attaquée comme déguisant une libéralité faite à une concubine par interposition de personne, ait été annulée comme étant une obligation sur fausse cause, pour qu'on ne soit pas fondé à demander la cassation de l'arrêt, sous le prétexte que les dons entre concubins ne sont point prohibés par la loi. — *Cass.*, 19 janv. 1830, Teillier c. Lacaze.

208. — Les parens du mort civilement ne sauraient être présumés personnes interposées, car ils se trouveraient ainsi privés des libéralités qui leur seraient faites pendant toute la vie du condamné. — C. civ., art. 25 et suiv. — V. Grenier, n° 132; Toullier, n° 80; Duranton, n° 276; Favard, v° *Fidéicommis tacite*, n° 8. — D'ailleurs, on ne voit pas quelle pourrait être l'utilité de cette présomption, puisque la personne interposée ne pourrait pas plus transmettre au mort civilement que le donateur ne pourrait lui donner directement.

209. — Alors que l'art. 912, C. civ., était en vigueur, la présomption d'interposition ne pouvait s'appliquer aux parens de l'étranger, car son incapacité étant alors absolue, ils n'auraient pu recevoir de qui que ce fût. Aujourd'hui la question ne présente plus d'intérêt, puisque les étrangers se trouvent, par la loi du 14 juill. 1819, placés, quant à la faculté générale de recevoir, sur la même ligne que les Français.

210. — L'interposition de personnes ne saurait être présumée à l'égard des communes, hospices, établissemens publics.

211. — En effet, les pauvres et les établissemens publics auxquels l'autorisation du gouvernement est nécessaire pour accepter une libéralité, ne sont pas incapables, et il ne peut dès-lors y avoir à leur égard présomption légale d'interposition de personnes. — *Bruxelles*, 28 mars 1810, Vanhoeck c. Verbeken.

212. — A l'égard des communautés religieuses non autorisées, comme elles ne constituent pas légalement un corps moral, elles sont absolument incapables d'acquérir, et conséquemment il n'est pas possible, en principe, d'annuler, sous prétexte d'interposition de personne, une disposition qui aurait été faite au profit d'un de leurs membres. — *Grenoble*, 13 janv. 1841 (t. 1er 1841, p. 411), Reynaud c. Suffet.

213. — Cependant, jugé que le legs universel fait en faveur d'une personne appartenant, en qualité de supérieure, à une communauté de femmes *non autorisée*, a pu être annulé comme fait, par interposition de personnes, au profit de la communauté elle-même, c'est-à-dire d'un être moral sans existence légale, sans que l'arrêt qui le décide ainsi, d'après les faits et documens de la cause, tombe sous la censure de la cour de Cassation. — *Cass.*, 5 août 1841 (t. 2 1841, p. 558), Couderc c. Joseph; 5 juill. 1842 (t. 2 1842, p. 99), de Fonclare c. congrégation de la Présentation de Castres.

214. — Mais ce n'est là qu'une appréciation de fait, et la cour de Cassation, en respectant cette appréciation comme souveraine, confirme la règle que nous avons posée, puisqu'elle repousse par cela même l'idée d'une présomption *légale* d'interposition.

215. — Jugé encore, d'après les mêmes principes, quoique en sens inverse, que la donation déguisée sous forme de vente et le testament faits au profit de trois religieuses membres d'une congrégation non autorisée par le gouvernement, ne sont pas nuls comme faits à personnes interposées, s'il est établi que les donataires sont appelées à recueillir *personnellement* la libéralité. — *Cass.*, 26 avr. 1842 (t. 2 1842, p. 297), Suffet c. Champon, Reynaud et Suat.

216. — Lorsque l'établissement non autorisé s'est mis en possession des biens légués, il peut, malgré le vice de cette possession, repousser la demande en délaissement formée contre lui par l'héritier du testateur, en prouvant que ce testateur était lui-même une personne interposée. — *Cass.*, 5 juill. 1842 (t. 2 1842, p. 99), de Fonclare c. congr. de la Présentation de Castres.

217. — Le legs fait par personne interposée à une communauté religieuse, incapable, suivant la loi, de recevoir au-delà d'une quotité déterminée, n'en doit pas moins être annulé pour le tout, si la communauté n'est pas en cause, et si, d'ailleurs, le légataire désigné, en défendant la validité du testament, n'a pas conclu à ce que son effet fût restreint dans les limites légales. — *Poitiers*, 21 juin 1839 (t. 2 1839, p. 514), Savignat c. d'Argens.

218. — La corporation des jésuites est incapable de recevoir par donation entre-vifs ou testamentaire, soit directement, soit par personnes interposées. — *Cass.*, 27 avr. 1830, Scheneider c. Esbest; — Ricard, n° 603; Furgole, *Testam.*, chap. 6, sect. 1re, nos 36 et suiv.; Coin-Delisle, n° 5, sur l'art. 910.

219. — La preuve de l'interposition une fois faite, il en résulte en même temps la preuve de la mauvaise foi de la personne interposée. D'où la nécessité de restituer aux héritiers réclamans les fruits des biens donnés, et cela même avant la demande en justice. — C. civ., art. 549, 550; — L. 18, ff., *De his quæ ut indign.*; — Furgole, n° 275; Coin-Delisle, n° 23 sur l'art. 911.

220. — Du reste, la disposition se trouve annulée à l'égard de la personne interposée, de même qu'à l'égard de l'incapable. — Toullier, t. 5, n° 83.

221. — Mais, dans le cas où la disposition, si elle eût été faite directement, n'aurait pas été nulle, mais seulement réductible à une certaine quantité, comme la donation faite à l'enfant naturel, elle ne serait également que réductible dans la même proportion, quoique faite à personne interposée: *utile per inutile non vitiatur*. — Duranton, n° 278; Coin-Delisle, n° 24, sur l'art. 911.

222. — Jugé cependant que le don fait à une personne interposée est radicalement nul, et ne saurait échapper à cette nullité à la faveur d'une réduction jusqu'à concurrence de la quotité disponible. — *Caen*, 6 janv. 1845 (t. 1er 1845, p. 608), Ceffray et Enregist. c. Thomferel.

223. — La libéralité pourrait même être maintenue pour le tout. Ainsi, malgré la règle qui veut que la capacité de recevoir existe aux deux époques de la confection du testament et de l'ouverture de la succession, le legs fait à la personne légalement présumée interposée devient valable si l'incapable meurt avant le testateur. — Coin-Delisle, n° 21, sur l'art. 911. — Car il s'agit ici d'une nullité et non d'une incapacité.

224. — De même, et par application de ce principe général que la présomption d'interposition ne crée pas une incapacité relativement à la personne interposée, il faut décider que si l'époux incapable n'existe pas au temps de la donation, la disposition peut être maintenue. — Pothier, n° 541; Grenier, n° 689; Toullier, n° 903.

Sect. 3e. — *Règles communes aux deux espèces de donations déguisées.*

225. — *Action.* — Lorsque des donations déguisées de quelque manière que ce soit blessent, soit des droits acquis, soit des droits réservés par la loi, les ayant-droit ont qualité pour prouver l'existence de ces donations, et, par suite, en faire prononcer soit la réduction, soit l'annulation.

226. — Ainsi les héritiers au profit desquels la loi fait une réserve ont qualité pour attaquer les actes faits par leur auteur, sous prétexte qu'ils renferment des libéralités déguisés. — *Nîmes*, 9 juill. 1812, Chirol.

227. — Mais l'héritier testamentaire parent du testateur n'a pas qualité pour attaquer de simulation des contrats à titre onéreux qui avaient été consentis sous l'empire de la loi prohibitive du 17 niv. an II, s'il n'était pas successible au temps de la passation des actes prétendus simulés, ni au temps de l'ouverture de la succession. — Il a droit d'exiger la justification du paiement du prix des ventes, et notamment des sommes qui avaient été déléguées envers les créanciers personnels du vendeur. — *Riom*, 27 mai 1818, Durat-Lasalle c. Lapendarie.

228. — De même, les héritiers non légitimaires ne peuvent demander, pour cause de simulation, la nullité d'une vente consentie par leur auteur. — *Metz*, 3 janv. 1811, Mary c. François; — Grenier, *Donations*, t. 2, n° 593; Toullier, *Droit civil*, t. 5, n° 120.

229. — L'héritier rempli de sa réserve ne peut non plus attaquer, comme renfermant une donation déguisée, la vente faite par son auteur à un tiers. — *Cass.*, 31 oct. 1809, Dehon c. Desbruel.

230. — Les juges ne peuvent, sur une demande en rapport des sommes reçues par donation déguisée, ordonner le rapport de sommes supérieures à celles que porte la demande, alors même que les avantages indirects s'élèveraient en réalité jusque là. — *Bordeaux*, 27 avr. 1839 (t. 2 1839, p. 275), Sarlande c. Campot.

231. — *Preuve.* — Comme dans toutes les matières où il s'agit de prévenir la fraude ou d'en empêcher les effets, la preuve de la simulation se fait par tous les moyens possibles. — C. civ., art. 1348 et 1353 (V. Exposé des motifs). Grenier, n° 134; Toullier, t. 5, n° 77; Duranton, t. 8, n° 267.

232. — Jugé, en conséquence, que l'existence de l'interposition de personnes dans un testament et d'un fidéicommis tacite, peut être établie par des présomptions graves, précises et concordantes. — Cette interposition, une fois prouvée, entraîne la nullité du testament. — *Poitiers*, 21 juin 1839 (t. 2 1839, p. 514), Savignat c. d'Argens.

233. — ... Que la clause d'un contrat de mariage constatant un prétendu apport par la future peut être déclarée feinte et simulée, sur la demande et à l'égard d'un enfant du premier lit, en ce qu'elle n'a eu pour but que d'avantager la future épouse au préjudice de cet enfant; et que dans ce cas les juges peuvent prendre pour base de cette décision des présomptions graves et concordantes. — *Cass.*, 31 juill. 1833, Corbie c. Labrousse.

234. — ... Que, si, par des ventes simulées, par des donations clandestines ou par tous autres moyens, les père et mère ont cherché à dépasser les limites

que la loi a posées à leurs libéralités, ces donations secrètes peuvent être prouvées par des présomptions graves, précises et concordantes. — *Rennes*, 10 mai 1824, Chambellé c. Dufresche.

235. — ... Que, lorsqu'un testament est attaqué de nullité, comme renfermant une donation au profit d'un incapable, sous le nom d'une personne interposée, l'interposition et la qualité des véritables légataires peuvent être recherchées par la preuve testimoniale et par des présomptions graves, précises et concordantes; — que la preuve testimoniale et les présomptions sont également admissibles à l'effet d'établir la quotité des sommes qu'a pu s'approprier la personne interposée qui s'est immiscée dans la succession. — *Cass.*, 27 avr. 1830, Scheneider c. Ebert; *Bruxelles*, 19 juill. 1814, Abrassart c. Ledoux; *Cass.*, 15 fév. 1827, Lavéant c. Devay; 2 juill. 1839 (t. 2 1839, p. 138), Ville-Feynier c. d'Aigny. — V. aussi Coin-Delisle, no 12, sur l'art. 911.

236. — ... Que lorsqu'un père a souscrit en faveur de quelques uns de ses enfans des billets dont le montant excède la quotité disponible, et que les circonstances de la cause portent à croire qu'ils ont été simulés, il y a lieu d'admettre la preuve par témoins de la simulation. — *Angers*, 10 juill. 1812, Durand. — V. aussi *Cass.*, 14 fév. 1825, Josan c. Arsac; — Toullier, t. 9, no 164.

237. — ... Que des présomptions de fraude et de simulation graves et concordantes suffisent pour faire annuler un acte libératoire, comme renfermant une donation indirecte. — *Rouen*, 18 nov. 1808, Guibert c. Heuzé.

238. — ... Que, lorsqu'il résulte d'un interrogatoire sur faits et articles ordonné pour savoir si une vente faite par un père à un étranger est ou non sérieuse, que le notaire qui a passé l'acte n'a rien demandé à l'acquéreur ni pour l'enregistrement ni pour ses honoraires, on peut en conclure que le soi-disant acquéreur n'était que le prête-nom de celui de ses enfans auquel le père voulait faire passer son bien au préjudice de ses autres héritiers. C'est aux juges à rapprocher les réponses de l'interrogé sur faits et articles des énonciations contenues en l'acte et à en induire la simulation, si ces réponses sont en contradiction avec le prétendu acte de vente. — *Orléans*, 27 déc. 1816, Perrault c. Caranda.

239. — ... Que la clause d'un contrat de mariage, portant que le futur époux a reçu le montant de la dot de sa belle-fille et qu'il en garantit le remboursement sur ses biens présens et à venir, peut être déclarée feinte et simulée, sur la demande et à l'égard des frères et sœurs du futur époux, en ce qu'elle n'a eu pour but que d'avantager ce dernier au préjudice des demandeurs; — et que, dans ce cas, les juges peuvent prendre pour base de leur décision des circonstances graves, précises et concordantes, et notamment une contre-lettre, encore que cet acte ne réunisse pas les conditions exigées par les art. 1396 et 1397, C. civ. — *Cass.*, 5 janv. 1831, Cot; — Plasman, *Contre-lettres*, 3e part., § 43.

240. — Les moyens de preuve et la valeur des preuves en elles-mêmes, sont laissés à l'appréciation souveraine des tribunaux. — Coin-Delisle, no 6, sur l'art. 911.

241. — Ainsi jugé que, l'admission de la preuve testimoniale étant subordonnée à la pertinence des faits, et par conséquent facultative de la part du juge, l'arrêt qui décide qu'on n'a pas pu, pour faire annuler un legs comme fait par interposition de personne à un incapable, être admis à offrir la preuve testimoniale que la personne qu'on prétend incapable vivait en concubinage avec le testateur, échappe à la censure de la cour de Cassation, en ce qu'il ne viole aucun texte de loi. — *Cass.*, 30 déc. 1829, Perethon de Montrocher c. Baudron. — V. aussi *Cass.*, 13 déc. 1831, Vallet c. Vernatel.

242. — La validité des donations déguisées ne dépend de l'accomplissement d'aucune formalité spéciale, mais du caractère et de l'ensemble des faits et circonstances dont l'appréciation appartient aux tribunaux. — Ainsi l'appréciation, faite par une cour royale, de circonstances desquelles il résulte que des billets souscrits par un père à l'un de ses enfans ont constitué au profit de ce dernier une donation déguisée, ne peut donner ouverture à cassation. — *Cass.*, 3 août 1841 (t. 2 1841, p. 573), Verdat c. Veyre; 9 mars 1837 (t. 1er 1837, p. 483), Verdat c. Veyre, confirmatif de *Grenoble*, 24 janv. 1834.

243. — La question de savoir si un acte renferme une donation avec charges ou bien une vente, est du domaine exclusif des cours royales. Leur décision à cet égard ne peut donner ouverture à cassation. — *Cass.*, 24 nov. 1825, Boisnard de Lafuge c. Lambert; — Conflans, *Jurisp. des success.*, p. 361, no 23. — V. aussi *Cass.*, 25 juin 1839 (t. 2 1839, p. 7), Blanchard c. Morichon.

244. — La preuve par témoins qu'un acte contient une donation déguisée peut être faite par les tiers. — *Grenoble*, 26 déc. 1811, Sagnier c. Morel. — V. aussi *Grenoble*, 18 déc. 1811, Morestin c. de Leytermoz. — V. au surplus SIMULATION.

245. — Les enfans ne sont pas recevables à prouver le concubinage de leur mère pour établir la simulation d'une obligation par elle souscrite. — *Grenoble*, 18 déc. 1818, Chalanne c. Rivet.

246. — Et, en général, des articulations de concubinage et de défaut de fortune à l'égard de celui au profit de qui une obligation est souscrite, ne sauraient suffire pour admettre à la preuve de la simulation. — *Paris*, 21 germin. an XII, Maheu c. Adam. — V. Merlin, *Quest.*, vo *Concubinage*.

247. — *Réduction.* — Sous l'empire des lois intermédiaires, la donation déguisée faite à un successible était réductible à la quotité disponible. — *Cass.*, 22 août 1810, Bréant c. Labarbe; *Caen*, 15 juill. 1812, mêmes parties.

248. — Jugé que, le droit des héritiers à réserve ne prenant naissance qu'à l'instant du décès du donateur, l'avantage indirect n'est réductible que d'après la loi de cette époque. — Mêmes arrêts. — V. au surplus QUOTITÉ DISPONIBLE.

249. — Sous l'empire du Code civil, la donation déguisée est réductible à la quotité disponible. — *Grenoble*, 28 juin 1811, Cartenas c. Gal; *Cass.*, 31 juill. 1816, Benafort c. Noailhan.

250. — Cette règle s'applique à toutes les donations déguisées reconnues valables, soit que le déguisement ait lieu par interprétation de personnes, soit qu'il ait pris les apparences d'un contrat onéreux.

251. — Ainsi jugé que la donation faite par l'un des époux au profit d'un enfant de l'autre époux n'est pas nulle dès qu'elle n'excède pas la quotité disponible. — *Bourges*, 9 mars 1836, Poupa c. Poumier.

252. — La libéralité déguisée sous la forme d'un acte à titre onéreux est réductible jusqu'à concurrence de la portion disponible. — *Nîmes*, 9 juill. 1812, Chirol; *Toulouse*, 13 déc. 1819, Rey; *Cass.*, 25 juin 1839 (t. 2 1839, p. 7), Blanchard c. Morichon; *Metz*, 26 nov. 1818, N...; *Rennes*, 10 févr. 1818, Dondart c. Huet; *Nîmes*, 15 mars 1819, Arnaud; *Amiens*, 10 janv. 1821, Galland c. Destriaux; *Bordeaux*, 5 juill. 1839 (t. 2 1839, p. 609), Couley.

253. — De même, un avantage fait à l'un des successibles, bien que déguisé sous la forme d'un contrat onéreux, est valable jusqu'à concurrence de la quotité disponible. — *Cass.*, 6 juin 1814, Belle c. Villard; *Agen*, 4 mai 1830, Gravat.

254. — L'application de ce principe a été faite souvent à une donation déguisée sous la forme d'une vente. — *Bourges*, 20 août 1820, Boiron c. Poisle de Courcy; *Agen*, 16 mars 1812, Tachès c. Gardès; *Cass.*, 20 nov. 1826, Chevalier c. Doizant; *Cass.*, 31 oct. 1809, Dehons c. Debruel; *Bordeaux*, 27 avr. 1839 (t. 2 1839, p. 275), Sarlande c. Campot; *Bordeaux*, 5 juill. 1839 (t. 2 1839, p. 609), Cauley.

255. — Des donations déguisées sous la forme de ventes dont l'objet a été de faire passer les immeubles du vendeur sur la tête de l'un de ses successibles par une personne interposée, sont valables et doivent seulement être réduites à la quotité disponible. — *Cass.*, 6 mai 1818, Lebourssier.

256. — Les avantages indirects faits par les père et mère dans le contrat de mariage de leurs enfans, excédant la quotité disponible, ne sont point nuls, mais seulement réductibles. — *Colmar*, 27 juill. 1816, Steffan.

257. — Dans le cas où il y a lieu de réduire ces avantages, comme excédant la quotité disponible, les fruits ne sont dus qu'à compter du jour du décès du donateur. — *Nîmes*, 15 mars 1819, Arnaud.

258. — Quand les aliénations que le défunt avait faites ont été annulées comme renfermant des donations déguisées, les biens qui en étaient l'objet doivent être comptés pour le calcul de la portion disponible, de la même manière que s'ils s'étaient trouvés en nature à l'époque du décès. — *Cass.*, 20 juin 1821, Aptot c. Guiry.

259. — Lorsque des donations faites à diverses époques ont été déguisées sous la forme de ventes, dans le but de frauder la quotité indisponible, le mode de leur réduction, pour fournir la réserve, doit être le même que pour les donations faites sous la forme ordinaire. En d'autres termes, bien qu'il soit reconnu que l'intention du donateur et celle des donataires ont été de frustrer l'héritier légitime de sa réserve, les divers donataires ne peuvent être contraints à contribuer tous pour fournir la quotité indisponible, sans égard à la date de leurs donations, mais la réduction doit avoir lieu en commençant par la plus récente. — *Cass.*, 9 juill. 1817, Joannis c. Dupuget.

260. — Si l'on n'a présenté ni en première instance ni en appel le moyen tiré, contre des billets déguisant une donation, de ce qu'elle excéderait la quotité disponible, ce moyen ne peut être invoqué pour la première fois devant la cour de Cassation. — *Cass.*, 5 janv. 1814, Antelme c. Lambert et Chaptal. — V. au surplus QUOTITÉ DISPONIBLE.

261. — *Rapport à succession.* — Une donation déguisée non prohibée est-elle présumée dispensée du rapport, par cela seul que le donateur a, pour faire une libéralité, pris une voie indirecte?

262. — Cette question a donné lieu à une vive controverse parmi les auteurs. L'obligation du rapport est enseignée par Grenier (*Donations*, no 513); Chabot (*Success.*, t. 3, p. 225); Delvincourt (t. 2, p. 328, note 10e); Duranton (t. 7, no 322); Proudhon (*Usufr.*, no 2396); Delaporte (*Pand. fran.*, t. 3, p. 306); Coulon, *Quest. de dr.*, t. 3, p. 170.

263. — Jugé, dans ce sens: que les avantages indirects, déguisés sous la forme de contrats onéreux, n'entraînent pas nécessairement avec eux la dispense du rapport. — *Bruxelles*, 7 juin 1821, Lissens; *Grenoble*, 14 janv. 1824, Chevillon c. Aubert; *Toulouse*, 2 fév. 1824, Albouy; *Besançon*, 15 nov. 1843 (t. 1er 1844, p. 639), Beuque c. Vermot.

264. — Spécialement que, des avantages indirects, déguisés sous la forme de ventes, n'entraînent pas nécessairement avec eux la dispense de rapport. — *Bruxelles*, 26 juill. 1820, Verbeke.

265. — Que les donations déguisées au profit d'un successible sont, sauf les cas prévus par l'art. 918, C. civ., sujettes à rapport comme les donations ordinaires, si rien n'établit que le donateur a entendu donner par préciput. — *Limoges*, 30 déc. 1837 (t. 2 1839, p. 274), Blancherie c. Chassergue.

266. — L'opinion contraire est soutenue par Favard (*Rép.*, vo *Avantage indir.*, p. 269); par Vazeille et Poujol (sur l'art. 843); par Toullier (t. 4, no 454) et Malpel (no 266). — Merlin, dans ses *Quest. de dr.*, (3e édit.), a partagé l'avis de Toullier; mais plus tard, dans ses *Additions* (vo *Donation*), il s'est rangé parmi les partisans de l'opinion du rapport. — V. aussi Conflans, *Jurisp. des success.*, p. 407.

267. — Jugé, dans le sens de cette opinion, qu'une donation déguisée sous la forme d'un contrat onéreux est présumée faite avec dispense de rapport. — *Grenoble*, 6 juill. 1821, Barbier c. Brochier; *Colmar*, 10 déc. 1813, Jueggi c. Streicher; *Rennes*, 10 fév. 1818, Dondart c. Huet; *Nîmes*, 15 mars 1819, Arnaud; *Lyon*, 22 juin 1825, Solichon; 27 juill. 1816, Steffen.

268. — ... Que toute libéralité déguisée sous la forme d'une vente est par cela même réputée faite par préciput et hors part jusqu'à concurrence de la quotité disponible. Il n'est pas besoin que la dispense de rapport soit textuellement exprimée. — *Bordeaux*, 27 avr. 1839 (t. 2 1839, p. 275), Sarlande c. Campot.

269. — ... Qu'une donation déguisée sous la forme d'un contrat onéreux et faite au profit d'un successible doit être considérée comme une donation par préciput et hors part, imputable non sur la réserve du donataire, mais sur la quotité disponible. — *Agen*, 4 mai 1830, Granat.

270. — La cour de Cassation, appelée cinq fois à statuer sur cette question, ne s'est prononcée catégoriquement que dans son dernier arrêt.

271. — Dans l'arrêt du 13 août 1817 (Lecesne), cette cour s'occupe d'une autre question. Elle casse un arrêt de cour royale qui avait décidé qu'une donation déguisée était nulle, et décide, au contraire qu'une donation de cette espèce est valable; mais elle ne dit pas si cette donation, étant valable, doit être rapportée pour le tout, ou seulement dans la portion qui excède la quotité disponible.

272. — Le 19 déc. 1832 (aff. Fabères c. Blandin), elle a eu à s'occuper d'un pourvoi contre un arrêt qui avait décidé que des donations déguisées, faites par un père au profit de ses enfans, sont présumées faites avec dispense de rapport; et qu'en conséquence, elles ne peuvent être atteintes qu'après épuisement des dispositions testamentaires. — Mais son arrêt n'a pas porté sur cette question.

273. — Même observation à l'égard d'un arrêt de la cour royale de Saint-Denis (île Bourbon) qui avait décidé qu'une donation indirecte non prohibée est dispensée de rapport, et qui lui a été soumis. — *Cass.*, 6 déc. 1842 (t. 1er 1843, p. 422), Dureau c. Reydellet.

274. — Lorsqu'un arrêt a rejeté l'action en rapport formée par un cohéritier, sur le motif que la disposition à l'égard de laquelle le rapport était demandé avait le caractère *de donation déguisée ou de contrat à titre onéreux*, le moyen de pourvoi

DONATION DÉGUISÉE, sect. 4e.

basé sur ce que l'arrêt attaqué aurait considéré la disposition comme donation déguisée est incomplet et irrelevant, puisqu'il laisse subsister dans toute sa force la partie du motif de l'arrêt qui consisterait à assimiler la disposition à une obligation à titre onéreux. — Même arrêt.

275. — Quant à l'arrêt du 3 août 1841 (t. 2 1841, p. 573 [V. *suprà*, no 242], Verdat c. Vegre), c'est à la fois un arrêt de principe et un arrêt d'espèce; arrêt de principe, en ce qu'il décide que lorsque la donation est déguisée, la dispense du rapport n'a pas besoin d'être exprimée dans les formes de l'art. 919, qu'elle peut résulter de toute manifestation quelconque; arrêt d'espèce, en ce qu'il a décidé que la cour avait pu juger, par appréciation des circonstances de la cause, que l'intention du père avait été que la donation ne fût pas sujette à rapport.

276. — Enfin, le 20 mars 1843 (t. 2 1843, p. 197, Lebas c. Leblanc), la chambre des requêtes a décidé explicitement que la donation déguisée n'est pas par elle-même nécessairement dispensée de rapport. — Mais elle a reconnu en même temps que lorsqu'une cour royale, pour prononcer la dispense de rapport, s'appuie, non sur la circonstance unique du déguisement de la donation, mais sur l'ensemble des faits de la cause, elle ne fait qu'user d'un pouvoir d'interprétation à l'abri de la censure de la cour suprême. — Au surplus, V. RAPPORT A SUCCESSION.

277. — A quelle époque faut-il se reporter pour savoir quelles sont les lois qui régissent les donations déguisées, soit quant à la validité, soit quant à la quotité disponible et au rapport? — V. à cet égard DISPOSITION A TITRE GRATUIT, nos 71 et suiv., QUOTITÉ DISPONIBLE. — Toutefois, nous ajouterons les décisions suivantes :

278. — Une donation déguisée, faite avant le Code, mais dont l'auteur est décédé depuis sa publication, doit être réglée, quant à la quotité disponible, par la loi du décès du donateur, et non par celle de l'époque de la donation. — *Cass.*, 2 juin 1835, Bellamy c. Dublanc; *Bordeaux*, 20 juill. 1829, Carpenteg.

279. — Il en est ainsi notamment d'une donation déguisée, consentie sous l'empire de la loi du 17 niv. an II, en faveur d'un successible. — Même arrêt.

280. — Jugé, au contraire, qu'en matière de libéralités déguisées, c'est la loi de l'époque de la libéralité, et non celle du décès du donateur, qui détermine la quotité disponible. — *Rouen*, 19 févr. 1814, Lanon c. Pinchon.

281. — Jugé de même, quant à la question de validité, qu'une donation déguisée sous la forme d'une vente n'en a pas moins le caractère d'une véritable donation, et que c'est la loi du temps où l'acte a été passé qui doit en déterminer la validité. — *Limoges*, 23 fév. 1826, Pinthon. — V. Conflans, *Jurisp. des success.*, p. 415, no 15.

Sect. 4e. — *Donations déguisées entre époux.*

282. — L'art. 282 de la coutume de Paris défendait aux époux de « s'avantager, constant le mariage, par donation, testament, ni autrement, directement ni indirectement, en quelque manière que ce fût. »

283. — De plus l'édit de François II, dit *des secondes noces*, portait : « les femmes veuves ayant enfans,... si elles passent à de nouvelles noces, ne peuvent et ne pourront, en quelque façon que ce soit, donner... »

284. — Aujourd'hui, cette matière est réglée tout entière par les art. 1099 et 1100, C. civ.

285. — Les époux, porte l'art. 1099, ne peuvent se donner indirectement au-delà de ce qui leur est permis par les dispositions ci-dessus. — Toute donation ou déguisée ou faite à personnes interposées est nulle.

286. — « Sont réputées faites à personnes interposées les donations de l'un des époux aux enfans ou à l'un des enfans de l'autre époux issus d'un autre mariage, et celles faites par le donateur aux parens dont l'autre époux sera héritier présomptif au jour de la donation, encore que ce dernier n'ait point survécu à son parent donataire. » — C. civ., art. 1100.

287. — Quelques auteurs, s'appuyant sur ce que ces articles avaient, en grande partie, été empruntés à l'édit des secondes noces, et sur ce qu'ils viennent immédiatement après l'article qui règle les droits du second époux quand il y a des enfans d'un précédent mariage, en ont restreint l'application au cas de secondes noces. — Toullier, nos 891 et 901; Grenier, no 691.

288. — Dans une autre opinion, les art. 1099 et 1100, applicables à toutes les donations faites pendant le mariage entre époux, ne se seraient appliqués, pour les donations par contrat de mariage, qu'à celles qui auraient été faites en cas de secondes noces. — Delaporte, sur l'art. 1099.

289. — Mais en lisant attentivement les art. 1099 et 1100, on reste convaincu qu'ils s'appliquent à toutes les dispositions renfermées dans le chap. 9. — Delvincourt, t. 2, tit. 4, chap. 6, p. 118; Favard, vo *Contrat de mariage*, sect. 4e, § 2, art. 1er; Duranton, no 828; Coin-Delisle, no 2, sur l'art. 1099.

290. — Du reste, des époux qui n'ont pas d'héritiers à réserve peuvent se faire des avantages sous la forme de donation déguisée : l'art. 1099, C. civ., leur est étranger. — *Cass.*, 1er avr. 1819, Mercier c. Marty. — V. Delvincourt, t. 2, p. 113, et Favard, *Rép.*, vo *Contrat de mariage*, sect. 4e, § 2, art. 1er.

291. — L'époux qui n'a qu'un enfant ne peut, soit directement, soit indirectement, donner à son conjoint autant qu'il pourrait donner à un étranger. — C. civ., art. 913 et 1094.

292. — Les donations faites dans son contrat de mariage par un époux qui n'a pas d'enfans, à des personnes réputées interposées par rapport à son conjoint, sont réductibles, s'il y a lieu, de la même manière que des donations directes. — Coin-Delisle, sur l'art. 1099, no 4.

293. — Sous l'ancienne jurisprudence, alors que la coutume ne permettait pas de donner aux enfans du premier mariage, les donations faites par la femme aux enfans du premier lit étaient nulles et révocables, même après le décès du mari. — Arr. 18 janv. 1665 (*Journ. des aud.*).

294. — Ce droit de révocation a été consacré par la jurisprudence moderne. — Ainsi jugé que la donation faite par une femme à l'enfant de son mari, issu d'un précédent mariage, est nulle, quand bien même ne se trouverait pas excédée la quotité dont la femme pouvait disposer directement en faveur de son mari. — *Cass.*, 11 nov. 1834, Eudeline; — Toullier, *Droit civil*, t. 5, no 901; Grenier, *Des donat.*, t. 2, 691. — V. *contrà* Duranton, *Cours de droit franç.*, t. 9, no 831.

295. — Sur le renvoi prononcé par la cour de Cassation, la cour de Paris a jugé, de même, que cette donation est nulle comme présumée faite au conjoint lui-même par interposition de personne, dans le but d'éluder la disposition de la loi qui veut que les donations entre époux soient toujours révocables. — *Paris*, 14 août 1835, Eudeline; — V. aussi *Nîmes*, 25 nov. 1819, Ducoingt c. Révoil.

296. — Même dans le cas où il n'y aurait pas d'enfant d'un précédent mariage, l'époux donateur pourrait toujours révoquer toutes les libéralités faites à son conjoint, pendant le mariage, sous quelque forme que se fût produite la simulation. — Coin-Delisle, sur l'art. 1099, no 5.

297. — Les actes passés durant le mariage, et renfermant des libéralités déguisées de la part de l'un des conjoints au profit de l'autre, doivent être exécutés si l'époux donateur est décédé sans les avoir révoqués, alors d'ailleurs que la nullité n'en est pas demandée par des héritiers à réserve ou des créanciers du défunt. — *Grenoble*, 30 juin 1827, Deinsa c. Briant; — V. aussi *Paris*, 11 juill. 1829, Lemaistre c. Dumas de Polart.

228. — Du reste, les tribunaux ne devraient pas admettre la demande en réduction d'une donation dont le conjoint donateur ne réclamerait pas la révocation, car la quotité disponible ne peut être fixée que lors de son décès. — Coin-Delisle, *ibid.*

299. — Avant le Code civil, l'incapacité dont les conjoints étaient frappés pour recevoir une donation faite par l'un au profit de l'autre ne s'étendait pas à leurs enfans. — *Cass.*, 17 pluv. an VI, Foreau c. Berthelin; *Poitiers*, 2 juin 1808, Hédreau c. Bonnin; *Cass.*, 24 août 1809, Devillers c. Billois; — Pothier, *Des donations*, part. 1re, ch. 2; Lebrun, *Traité des successions*, liv. 2, ch. 6, sect. 1re, dist. 5; Grenier, *Traité des donations*, 4e part., no 691. — V. cependant *suprà* no 158.

300. — Jugé toutefois qu'à cet égard, quelques décisions qu'aient rendues les tribunaux, elles échappent à la censure de la cour de Cassation. — *Cass.*, 24 août 1809, Devillers c. Billois.

301. — La donation faite par un des conjoints au profit des enfans de l'autre n'était pas valable dans la coutume de Lorris de Montargis. — *Bourges*, 2 mars 1807, Egros c. Cochet.

302. — L'art. 89 de la coutume d'Artois portait : « L'homme ne peut *avancher* sa femme, ni la femme son mari, par des dispositions testamentaires ou autrement. » L'arrêt de réglement rendu en 1642 pour la province d'Artois ajoute à cette prohibition celle de donner aux enfans du premier lit du conjoint. Cependant, trois arrêts, rendus sous l'empire de ladite coutume, les 7 juin 1690, 20 juill. 1702 et 20 juin 1706, nonobstant ses prohibitions, et en dépit de l'arrêt de réglement de 1642, ont confirmé des donations faites par un époux au profit des enfans de l'autre. — Maillart, sur l'art. 89 de la coutume d'Artois, nos 67, 68 et 69; Merlin, *Quest. de droit*, vo *Avantages entre époux*, § 3.

303. — Jugé que l'institution d'héritier faite par une femme convolant à de secondes noces au profit d'un des enfans à naître du mariage, suivant le choix qui sera fait par le futur époux et à son défaut par la future, est nulle comme renfermant un avantage indirect prohibé par l'édit des secondes noces. — *Riom*, 2 juin 1809, Toucheboeuf c. Poughose.

304. — Sous le Code civil, on a jugé que l'art. 1100, C. civ., qui répute certains individus personnes interposées n'est point limitatif et que les juges peuvent, suivant les circonstances, déclarer comme telles des personnes qui n'y sont point désignées. — *Cass.*, 27 mars 1816, Neumayer c. Conradt.

305. — Le mot *enfant* dont se sert l'art. 1100, C. civ., comprend toute la ligne directe descendante, et s'applique aussi bien aux petits-enfans et arrière petits-fils qu'aux enfans proprement dits. — *Caen*, 6 janv. 1845 (t. 1er 1845, p. 608), Ceffray c. Thomfer.

306. — Ne sont jamais réputés personnes interposées les enfans communs. — V. Lebrun, *Success.*, liv. 2, ch. 6, sect. 1re, nos 2 et suiv.; Lalande, *sur Orléans*, art. 203; — arr. 7 sept. 1673; — Coin-Delisle, no 8, sur l'art. 1099; Ricard; Pothier, no 540; Grenier, no 586; Toullier, no 903; Delvincourt, p. 446; Duranton, t. 9, no 833. — Pothier et quelques auteurs anciens pensaient que les donations faites aux enfans à naître étaient censées faites au conjoint. Mais cette question ne peut se présenter aujourd'hui que le texte précis de l'art. 1100 ne comprend que les enfans issus d'un autre mariage.

307. — Il faut remarquer que parmi les personnes réputées interposées par l'art. 1100 se trouve une classe d'individus qui ne sont pas compris dans l'art. 911 : ce sont tous les parens dont l'époux donataire est héritier présomptif au jour de la donation, encore que l'époux n'ait pas survécu à ce parent donataire. — V. Delvincourt, p. 446; Duranton, t. 9, no 835. — A la différence de la donation, la disposition testamentaire faite au profit d'un parent dont l'époux du donateur serait héritier présomptif serait valable, si cet époux et le testateur mouraient avant le légataire. — V. Coin-Delisle, sur l'art. 1099, no 9.

308. — Les ascendans du donataire ne se trouvant pas compris dans les présomptions de l'art. 1099, il s'ensuit que l'on ne doit les réputer personnes interposées, dans le cas de cet article, que lorsque le conjoint donataire est leur héritier présomptif au jour de la donation. — V. sur la question Pothier, no 539; Delvincourt, p. 446; Duranton, t. 9, no 832; Grenier, no 687; Toullier, no 903.

309. — Les contrats de vente peuvent rarement être un moyen de simulation entre époux, puisque la vente ne peut, sauf quelques cas exceptionnels, avoir lieu entre conjoints. — C. civ., art. 1595.

310. — Quoique des ventes faites par l'un des époux, pendant le mariage, à un enfant du premier lit de son conjoint, soient considérées, en thèse générale, comme des donations déguisées, essentiellement révocables, plutôt que comme des actes à titre onéreux, néanmoins ces ventes peuvent être maintenues, lorsque les juges ont déclaré que de l'appréciation et du rapprochement des divers actes produits résultait la conviction qu'ils se rattachaient tous à des arrangemens de famille, et qu'ils avaient été consentis librement et de bonne foi entre les parties contractantes. — *Cass.*, 13 août 1828, Laquèze c. Dugast.

311. — Encore qu'il soit expressément déclaré, dans un acte d'acquisition, faite par une femme mariée, que le prix en a été payé de ses économies et des gains qu'elle avait faits à la loterie, cet acte peut être considéré comme contenant une donation déguisée de la part du mari. — *Toulouse*, 21 mai 1829, Julia c. Solomiac.

312. — Une seconde femme à laquelle son mari ayant des enfans d'un premier mariage a souscrit des obligations pour sommes reçues, est tenue de prouver l'origine des deniers dont la remise est ainsi constatée par la reconnaissance du mari. — *Grenoble*, 29 août 1826, Gullin c. Ravel et Groubier.

213. — Les moyens détournés les plus fréquens sont ceux qui prennent des apparences de conventions matrimoniales. — Aussi les art. 1496 et 1527, C. civ., ont-ils prévenu cette simulation en autorisant les enfans du premier lit à exercer

l'action en retranchement sur les libéralités qui se seraient glissées, à leur préjudice, dans le contrat de mariage de leur auteur.

314. — L'art. 1525, qui permet aux époux de stipuler que la totalité de la communauté appartiendra au survivant ou à l'un d'eux seulement, et qui ajoute que cette stipulation n'est point réputée un avantage sujet aux règles relatives aux donations, soit quant au fond, soit quant à la forme, mais qu'elle est simplement une convention de mariage et entre associés, est modifié dans son application lorsqu'il existe des enfans d'un premier lit. — C. civ., art. 1527.

315. — « Quand il y a des enfans d'un précédent mariage, le résultat des conventions matrimoniales favorables au nouvel époux est considéré comme un avantage sujet aux règles des donations, quant au fond, en ce qui concerne le disponible relatif du conjoint envers le nouvel époux, et s'impute, en conséquence, sur ce disponible. Il n'y a même pas à examiner à cet égard si l'époux ayant enfans a voulu ou non procurer l'avantage au nouveau conjoint : la loi ne s'attache qu'au fait, parce qu'en effet c'est ce qui lèse les enfans du premier lit. » — Duranton, *Dr. civ.*, t. 15, 278.

316. — Lorsque la femme s'est constitué en dot tous ses biens, *sans aucune distinction*, la simple reconnaissance faite par le mari, d'avoir reçu une somme quelconque sur cette dot pendant le mariage, est présumée, à l'égard du créancier du mari, être *un avantage indirect*, lorsque d'ailleurs l'acte de reconnaissance ne constate pas la *numération* d'espèces devant le notaire. Il en est ainsi surtout si, au temps de cet acte, le mari était déjà en faillite, quoique cette faillite ne fût pas encore déclarée. — *Bordeaux*, 23 mai 1827, Verneuil.

317. — L'augmentation de dot reconnue par le mari pendant le mariage, doit être réputée donation déguisée, si la femme ne justifie pas d'où elle lui est provenue. — *Nimes*, 25 nov. 1819, Ducoingt c. Revoil.

318. — On peut annuler, comme renfermant des donations déguisées, soit des clauses d'apports mobiliers consenties par un époux veuf ayant des enfans d'un premier lit, au profit de son nouvel époux, dans leur contrat de mariage, soit les actes d'acquisition passés au profit de ce nouvel époux pendant le mariage. — *Cass.*, 30 nov. 1831, Lepingleux.

319. — Jugé, en sens inverse, qu'on ne peut considérer comme présentant un avantage indirect en faveur d'une épouse en secondes noces, la clause d'un contrat de mariage par laquelle il est stipulé que sa dot sera employée en acquisition d'immeubles dont son mari a l'usufruit. — *Amiens*, 17 déc. 1824, Nusse.

320. — Un mari ne peut, alléguant une simulation dont il serait complice, faire annuler comme donation déguisée la reconnaissance d'où résulterait qu'il a reçu de sa femme une somme à titre de dot. — *Grenoble*, 2 juill. 1831, Fayollat et Rancon-Guillon. — V. sur les circonstances où le mari peut être reçu à prouver la simulation de la quittance de dot, Tessier, *Traité de la dot*, t. 2, CXXIII, lettre B, *in fine*.

321. — Les enfans d'un premier lit ne pourraient faire annuler cette même reconnaissance du vivant de leur père. — Même arrêt.

322. — Ils pourraient cependant, en cas de séparation de corps, demander pour la conservation de leurs droits éventuels, que le montant de ladite reconnaissance restât entre les mains de leur père, à la charge par celui-ci d'en payer les intérêts. — Même arrêt.

323. — La femme qui s'est remariée, ayant des enfans du premier lit, et qui, par une stipulation de communauté universelle de tous ses biens, tant meubles qu'immeubles, a mis sa fortune entière à la disposition de son second mari, peut demander elle-même l'annulation de cette clause, comme renfermant au profit de ce dernier, déjà donataire d'une part d'enfant, un avantage indirect réprouvé par la loi. — Les enfans du premier mariage ont le droit d'intervenir sur la demande en restitution formée par leur mère contre la clause dont il s'agit, pour la conservation de leurs droits éventuels. — *Cass.*, 27 mars 1822, Gravier et Regis ; *Bordeaux*, 5 juill. 1824, mêmes parties ; — Coin-Delisle, *Comment. analyt.*, sur l'art. 919, n° 18.

324. — De ce que les époux ne peuvent se donner indirectement *au-delà* de ce qui leur est permis par les dispositions du chap. 9 (art. 1099), il résulterait que, par des moyens indirects, ils pourraient toujours se donner jusqu'à concurrence de la quotité permise, si le § 2 du même article ne déclarait *nulle toute donation* déguisée ou faite à personne interposée.

325. — De là suit une grave controverse : Faut-il déclarer *nulles* toutes les libéralités déguisées prévues par les art. 1099 et 1100 ? — Oui. — Grenier, nos 890 et 691 ; Delvincourt, t. 2, p. 447 ; Toullier, n° 901 ; Merlin, *Rép.*, v° *Secondes noces* ; Duport-Lavillette, *Quest.*, v° *Donation*, n° 296. — M. Jaubert, dans son rapport, dit que la donation est nulle et non réductible.

326. — Jugé, en ce sens, que la donation déguisée, faite par un époux veuf ayant des enfans d'un premier lit au profit de son nouvel époux (par exemple, en reconnaissant dans le contrat de mariage avoir reçu une dot qui n'a pas réellement été fournie), est frappée d'une nullité absolue, et non pas seulement réductible à la quotité disponible. — *Cass.*, 27 mai 1838 (t. 1er 1838, p. 658), d'Hautpoul ; 30 nov. 1831, Lepingleux ; 11 nov. 1834, Eudeline ; *Paris*, 14 août 1835, Eudeline.

327. — Spécialement, lorsque le mari qui a des enfans d'un premier lit déclare dans le contrat de mariage avoir reçu de sa nouvelle épouse une somme de..... à titre de dot, tandis qu'en fait il n'a reçu qu'une somme moindre, la différence forme une donation déguisée, nulle pour le tout. — *Toulouse*, 13 mai 1835, d'Hautpoul.

328. — La nullité dont l'art. 1099, C. civ., frappe les donations déguisées faites par un époux, ayant des enfans d'un premier lit, à son second époux, peut être invoquée par le donateur lui-même. En conséquence, en cas de séparation de corps et de biens, le mari donateur est recevable à déférer à sa femme le serment décisoire sur la question de savoir si elle lui a réellement apporté la somme qu'elle s'est constituée en dot. — *Orléans*, 24 juill. 1835, Maupuy.

329. — M. Coin-Delisle (nos 13 et suiv., sur l'art. 1099), après avoir fait ressortir, dans une dissertation remarquable, l'injustice et les dangers du système qui prononce la nullité absolue des dons entre époux par déguisement ou par interposition, et même la nullité relative seulement quant aux personnes, arrive à cette conclusion, que nous adoptons, « qu'il y a nécessité d'entendre le § 1er et le § 2 dans le même sens, et de déclarer les donations déguisées ou faites à personnes interposées, c'est-à-dire toutes les donations indirectes entre époux, valables jusqu'à concurrence de la portion disponible fixée par les art. 1094 ou 1098, et nulles au-delà ; ou de dire, en d'autres termes, que la nullité prononcée n'est relative qu'à la quotité fixée, et que pareilles donations sont seulement réductibles, quand il y a encore des biens disponibles sur lesquels elles peuvent s'exercer par partie. »

330. — V. dans le même sens Duranton, t. 9, n° 831 ; Malleville, sur l'art. 199 ; Poujol, *Des donat.*, art. 1099, n° 5 ; Merlin, v° *Donation déguisée* ; Malpel, *Des succ.*, n° 266 ; Vazeille, *Des succ.*, n° 5, sur l'art. 843. — V. aussi, sur la question, Coulon, dialogue 49e.

331. — Jugé, en ce sens, que les donations déguisées et faites à personnes interposées par un époux ayant des enfans d'un premier lit, au profit de son second conjoint, ne sont pas nulles, mais seulement réductibles à la quotité déterminée par l'art. 1098. — *Paris*, 21 juin 1837 (t. 2 1837, p. 7), de la Vauverte c. Martin et Lacoste ; *Bourges*, 9 nov. 1836, Poupa c. Poumier. — V. aussi consultation de M. Delpech rapportée sous un arrêt de *Toulouse*, 13 mai 1835 (d'Hautpoul), et délibérée par MM. Rodière, Crémieux et de Vatisménil.

V. ACTE AUTHENTIQUE, AVEU, CAUTIONNEMENT, CHOSE JUGÉE, CONTRAT ALÉATOIRE, DISPOSITION A TITRE GRATUIT, DON MANUEL, DONATION ENTRE ÉPOUX, DONATION ENTRE-VIFS, PRÉSOMPTION, PREUVE TESTIMONIALE.

DONATION ENTRE ÉPOUX.

Table alphabétique.

DONATION ENTRE ÉPOUX. — 1. — On désigne sous ce nom les libéralités que se font les futurs époux en vue de l'union projetée, et celles qui ont lieu entre les conjoints depuis le mariage contracté.

2. — Dans les deux cas, il y avait lieu d'établir des règles spéciales se référant les unes à la nécessité d'encourager et de faciliter les mariages, les autres à la nécessité d'empêcher que l'union, une fois contractée, ne fût détournée de son véritable but.

3. — Parmi ces règles, il en est qui sont communes aux deux espèces de libéralités; d'autres sont particulières aux donations que se font les futurs époux par contrat de mariage; d'autres, enfin, ne sont applicables qu'aux donations faites pendant le mariage.

—

CHAPITRE Ier. — *Règles communes aux deux espèces de donations entre époux.*

4. — Ces deux espèces de donations ne sont, d'abord, pas soumises à l'empire de la règle *donner et retenir ne vaut.* — Toullier, édit. Duvergier, *Dr. civ. fr.*, t. 3, 1re part., no 824; Rolland de Villargues, *Rép.*, vo *Donation entre époux*, nos 1 et 11.

5. — Elles ne sont point révocables par survenance d'enfans. — C. civ., art. 960 et 1096. — Toullier, *loc. cit.*, no 865; Rolland de Villargues, *Rép.*, vo *Donation entre époux*, no 5; Duranton, t. 9, no 772; Delvincourt, t. 2, p. 112; Marcadé, sur l'art. 1096, C. civ., no 4. — V. au surplus DONATION ENTRE VIFS.

6. — Cette exception, du reste, est suffisamment justifiée par la faveur du conjoint, la probabilité de la naissance des enfans, et enfin le défaut d'intérêt de ceux-ci, qui doivent également succéder au donataire et au donateur. — Demante, *Progr.*, t. 2, no 505.

7. — Jugé même que la donation entre-vifs qu'un mari a faite à sa femme, par contrat de mariage, de tous les biens qu'il avait alors n'est pas révoquée par la survenance d'un enfant que le donateur, devenu veuf, a eu d'un mariage postérieur. — *Cass.*, 29 messid. an XI, Crossard c. Prévost. — V. conf. Duranton, t. 8, nos 582 et 587; Rolland de Villargues, *Rép.*, vo *Donation entre époux*, no 6. — *Contrà* Delvincourt, t. 2, notes, p. 289; Grenier, *Des donations*, no 199.

8. — La quotité que les époux peuvent se donner par contrat de mariage ou pendant le mariage est la même, mais elle varie suivant les circonstances.

9. — L'art. 1094, C. civ., porte que « l'époux pourra, soit pendant le mariage, pour le cas où il ne laisserait point d'enfans ni descendans, disposer en faveur de l'autre époux, en propriété, de tout ce dont il pourrait disposer en faveur d'un étranger, et, en outre, de l'usufruit de la totalité de la portion dont la loi prohibe la disposition au préjudice des héritiers. Et, pour le cas où l'époux donateur laisserait des enfans ou descendans, il pourra donner à l'autre époux, ou un quart en propriété et un quart en usufruit, ou la moitié de tous ses biens en usufruit seulement. » — V. QUOTITÉ DISPONIBLE.

10. — Jugé que les avantages et gains de survie stipulés entre époux par leur contrat de mariage sont sujets au retranchement de la légitime des enfans nés du mariage qui a suivi le contrat. — *Cass.*, 21 flor. an X, Saint-Martin.

11. — Lorsque des époux se sont fait réciproquement donation par contrat de mariage de l'usufruit des biens qu'ils laisseront à leur décès, et, en cas de survenance d'enfant, de tout ce dont les lois actuelles leur permettent et permettront de disposer en faveur l'un de l'autre, cette donation, le cas échéant, comprend, par la généralité de ses termes, la quotité disponible la plus étendue de l'art. 1094, C. civ., c'est-à-dire un quart en propriété et un quart en usufruit. — *Caen*, 20 mars 1843 (t. 2 1843, p. 820), Massieu c. Poret.

12. — Le conjoint donataire de l'usufruit de la portion de biens dont la disposition est autorisée par l'art. 1094, C. civ., peut-il, lorsqu'il y a des héritiers à réserve, être dispensé par le conjoint donateur de donner caution? Et, dans le cas de l'affirmative, la dispense de faire inventaire ou de faire emploi du mobilier équivaudrait-elle à celle de donner caution? — V. QUOTITÉ DISPONIBLE, USUFRUIT.

13. — L'homme ou la femme qui, ayant des enfans d'un autre lit, contractera un second ou subséquent mariage, ne pourra donner à son nouvel époux qu'une part d'enfant légitime le moins prenant, et sans que, dans aucun cas, ces donations puissent excéder le quart des biens. — C. civ., art. 1098. — V. QUOTITÉ DISPONIBLE.

14. — La donation en usufruit d'une part d'enfant par un veuf à sa seconde femme, ne peut s'appliquer aux immeubles dont elle a l'usufruit de son chef, d'après un titre antérieur au mariage, et indivis entre elle et son mari. — *Paris*, 23 janv. 1808, Lesné c. Godin.

15. — La femme qui s'est mariée, ayant des enfans d'un premier lit, et qui a stipulé avec son second mari une communauté universelle de tous ses biens, peut, lors de la dissolution de la communauté, demander elle-même à être restituée contre une telle clause, ou au moins faire réduire l'avantage qu'elle présente, en ce qui excède la quotité disponible fixée par l'art. 1098, C. civ. — *Bordeaux*, 5 juill. 1824, Régis-Leblanc c. Gravier.

16. — Il est clair que les limites tracées par la loi ne doivent pas être franchies à l'aide de dons indirects. La loi annule, en conséquence, les donations ou déguisées, ou faites à personnes interposées. — C. civ., art. 1499. — V. DONATION DÉGUISÉE.

17. — La loi établit même ici, comme pour les cas d'incapacité (C. civ., art. 911) une présomption d'interposition. Ainsi, aux termes de l'art. 1100, C. civ., seront réputées faites à personnes interposées les donations de l'un des époux aux enfans ou à l'un des enfans de l'autre époux issus d'un autre mariage, et celles faites par le donateur aux parens dont l'autre époux sera héritier présomptif au jour de la donation, encore que ce dernier n'ait point survécu à son parent donataire. — V. DONATION DÉGUISÉE.

CHAPITRE II. — *Donations entre futurs conjoints par contrat de mariage.*

Sect. 1re. — *Historique.*

18. — Souvent à Rome les conventions des époux, quant aux biens, étaient rédigées dans un *instrumentum dotale.* Indépendamment de la constitution de dot, et de la stipulation relative à sa restitution (V. DOT); on y voyait aussi figurer les libéralités que les futurs se faisaient l'un à l'autre, et notamment les donations pour cause de noces, et les gains de survie à retenir sur la dot qui avaient pu être stipulés au profit du mari.

19. — La donation pour cause de noces mérite que l'on entre rapidement à son sujet dans quelques détails. Inconnue des anciens jurisconsultes, et introduite seulement *à junioribus principibus* (Instit., liv. 2, tit. 7, § 3). C'était une donation entre-vifs que le mari faisait à sa future, et, par conséquent, avant les noces, que cette donation devait toujours précéder, quoiqu'elle ne produisît son effet qu'après le mariage, dont elle dépendait comme d'une condition tacite. — Ducaurroy, *Instit. nouv. expl.*, t. 2, no 494, édit. de 1841. — V. conf. Etienne, *Instit. de Justin.*, t. 1er, p. 306; Perezius, *Ad* Cod., *De donat. ante nupt.*

20. — Cette donation se nommait anténuptiale. L'empereur Justin voulut que, même pendant le mariage et dans le cas où l'on augmenterait la dot, l'on pût aussi augmenter la donation anténuptiale. — L. 19, Cod., *De donat. ant. nupt.*

21. — Justinien alla plus loin, et statua que de même que la dot pouvait être entièrement constituée pendant le mariage, de même aussi la donation du mari à la femme pourrait être faite à la même époque. Mais elle dut cesser, dès-lors, de s'appeler anténuptiale pour recevoir désormais la qualification de donation *propter nuptias.* — Instit. Justin., *loc. cit.*; Ducaurroy et Etienne, *ubi suprà.*

22. — Le but des donations *propter nuptias* n'est point encore parfaitement déterminé. Suivant M. Ducaurroy (*loc. cit.*, no 495), le mari transférait ainsi une portion de biens afin que la propriété en restât aux mains de la femme comme une garantie, et pour ainsi dire comme une compensation de sa dot.

23. — D'après M. Franke (*Arch. für. civ. prax.*, t. 26, pr. cah., p. 63), elles avaient pour but d'assurer à la femme des dommages-intérêts pour le cas où le mari, par sa mauvaise conduite (*propter mores*) mettrait la femme dans la nécessité de divorcer, de même que le mari pouvait faire des retenues sur la dot pour le cas où la mauvaise conduite de sa femme le contraignait à provoquer le divorce. — D'Hauthuille, *Revue de législation* (de M. Wolowski), mars 1844.

24. — Quoi qu'il en soit, en cas d'insolvabilité du mari, la femme avait une action personnelle et hypothécaire, pour se faire livrer les objets donnés, afin d'assurer sa subsistance et celle de ses enfans. Elle avait même une action réelle contre les détenteurs, si ces objets avaient été frauduleusement aliénés. — Etienne, *loc. cit.*

25. — La donation *propter nuptias* devait, du reste, comme la dot, être restituée à la dissolution du mariage, et il est à remarquer que, si les conventions matrimoniales accordaient au mari quelques gains de survie à retenir sur la dot, la femme survivante devait avoir sur la donation nuptiale un avantage proportionnel. — Justinien (dans la novelle 97, cap. 1) a converti cette égalité relative en une égalité absolue. — Etienne et Ducaurroy, *loc. cit.*

26. — La donation entre fiancés, que l'on nomma *sponsalitia*, d'abord irrévocable à Rome, lors même que le mariage ne se réalisait pas, changea de caractère sous Constantin. Ce prince voulut que, dans ce cas, elle fût révoquée ou maintenue pour le tout ou pour partie, d'après plusieurs distinctions sur les causes qui avaient rompu le mariage. — L. 15, Cod., *De donat. ant. nupt.*; — Ducaurroy, no 496.

27. — Dans les pays de droit écrit, l'on désignait sous le nom de *gains nuptiaux et de survie proprement dits* les avantages qui se pratiquaient entre conjoints. — Boucher d'Argis, *Traité des gains nuptiaux*, etc., chap. 1er, no 1er. — V. GAINS NUPTIAUX, GAINS DE SURVIE.

28. — Au lieu des donations usitées chez les Romains, et de celles qui se pratiquaient dans les pays coutumiers, les conjoints en pays de droit écrit se faisaient, sous d'autres noms, différens avantages dont le principal était *l'augment de dot.*

29. — Lorsque cet augment de dot avait été stipulé dans le contrat de mariage sous la détermination de sa quotité, et il y avait des pays, comme ceux du ressort des parlemens de Paris et de Grenoble, où il ne pouvait avoir lieu qu'en vertu d'une stipulation expresse, on l'appelait *préfix* ou *conventionnel* par opposition à l'augment *coutumier* ou *légal* qui, étant dû sans aucune convention, en vertu de la loi seule, n'appartient pas, en raison de ce caractère, à la matière dont nous traitons. — V. au surplus AUGMENT.

30. — Dans le ci-devant Piémont, lorsque la femme se constituait en dot tous ses biens présens et à venir, son mari pouvait lui constituer pour augment dotal une somme excédant le douaire coutumier. — *Turin*, 21 messid. an X, Fantolini c. Romoni.

31. — Jugé par le même arrêt que les donations entre époux, faites par contrat de mariage, étaient exemptées des solennités prescrites pour les donations entre-vifs.

32. — Souvent aussi le mari stipulait dans le contrat de mariage un contre-augment ou droit d'opérer certaines retenues sur la dot de sa femme prédécédée. Dans certaines provinces, le contre-augment était dû de plein droit au mari; mais dans d'autres, comme dans celles du Lyonnais, du Forez, du Beaujolais, des parlemens de Grenoble et de Paris, il fallait, pour que le contre-augment fût dû, qu'on l'eût expressément stipulé. — V. CONTRE-AUGMENT.

33. — Outre l'augment de dot, la femme stipulait encore dans le contrat de mariage le droit de *bagues et joyaux*, ou un *droit d'habitation* dans quelqu'une des maisons du mari. — Boucher d'Argis, *loc. cit.*, chap. 1er, p. 13. — V. aussi Bretonnier, en ses *Observations* sur Henrys, t. 1er, liv. 4, chap. 6, quest. 105. — Arrêtés de Lamoignon, titre *Du droit d'habitation.* — V. BAGUES ET JOYAUX, HABITATION (droit d').

34. — En quelques provinces, comme la Provence, la Brie et le Mâconnais, au lieu d'augment de dot proprement dit, de bagues et joyaux et de contre-augment, on stipulait en faveur du survivant, soit la femme ou le mari, une autre sorte

d'augment qu'on appelait *donation de survie.* — V. le président Favre, *Ad codicem, De secundis nupt.*, defin. 13 et 15; Boucher d'Argis, *loc. cit.*, chap. 6, p. 90 et suiv.

35. — Il y avait encore d'autres avantages qu'il était de fréquent usage en pays de droit écrit de stipuler dans les contrats de mariage, comme, par exemple, les *pensions viagères*, le droit *de coffres, hardes et trousseaux*, le don *de chambre garnie* ou *chambre tapissée.* — V. Boucher-d'Argis, *loc. cit.*, chap. 1er, p. 14 et suiv.

36. — Enfin, il est à remarquer que les dispositions du droit romain, en ce qui concerne la *quarte du conjoint pauvre* étaient observées dans les pays de droit écrit. Toutefois on ne faisait aucune distinction entre le mari et la femme, ce qui était contraire à la disposition de la novelle LXVII. — V. QUARTE DU CONJOINT PAUVRE.

37. — Le droit coutumier, comme le droit romain, reconnaissait en principe aux futurs époux la liberté de se faire des donations l'un à l'autre par contrat de mariage.

38. — Au nombre des avantages que l'on stipulait dans les contrats de mariage en pays coutumier, figure en première ligne, en ce qui concerne la femme, le *douaire* qui s'appelait alors *préfix* ou *conventionnel*, par opposition au *douaire coutumier légal* qui était, du reste, accordé à la femme par la plupart des coutumes, indépendamment de toute convention matrimoniale. — V. DOUAIRE.

39. — Outre le douaire, la veuve avait le droit, soit en vertu des coutumes, soit en vertu des conventions matrimoniales, et c'est là un avantage qui, comme on l'a vu *suprà*, nº 33, était aussi usité en pays de droit écrit (V. Denisart, vº *Conventions matrimoniales*, § 1er), d'habiter pendant sa vie, ou du moins pendant sa viduité, dans une des maisons de la succession de son mari.— V. Pothier, *Du droit d'habitation*, nº 2. — V. HABITATION (droit d').

40. — Un avantage fort usité en Normandie était ce qu'on appelait le *don mobile* ou présent de noces fait ordinairement par la femme à son mari. — V. DON MOBILE.

41. — Jugé que les dispositions de la coutume de Normandie, relatives aux avantages entre époux, formaient un statut réel. — *Rouen*, 16 août 1824, sous *Cass.*, 11 mars 1828, Bertre c. Ballot.— V. STATUT RÉEL.

42. — D'après l'ord. de 1731, les donations faites entre époux, par contrat de mariage, au profit du survivant, n'étaient pas assujéties à l'insinuation pendant la vie du donateur, et même les lettres-patentes du 3 juill. 1769 n'avaient pas attaché la peine de nullité à l'inobservation de cette formalité dans les quatre mois du décès. — *Angers*, 31 mars 1830, Treton c. Chollet.— V. conf. *Paris*, 10 mars 1815, Doscot; — Chabot, *Quest. transit.*, vº *Donation entre époux.*

43. — Sous l'empire des anciennes lois, la donation contractuelle, faite entre époux par contrat de mariage, ne devenait point caduque par le prédécès de l'époux donataire laissant des enfans. — Les lois intermédiaires n'ont point frappé de nullité cette donation. — *Lyon*, 9 août 1833, Duc c. Berger; — Furgole, vº *Donation*, quest. 49e, nº 23; Ricard, *Traité des donations*, t. 1er, part. 3e, p. 614, nos 819 et suiv.; Pothier, *Cout. d'Orléans*, Introd. au tit. 10, chap. 9, nº 173, et *Contrat de mariage*, nº 596; Grenier, *Donat.*, t. 2, p. 429, nº 684; Toullier, t. 5, p. 814, nº 890.

44. — Jugé toutefois que la donation de biens présens et à venir, faite dans un contrat de mariage sous l'ord. de 1731, par l'époux à son conjoint, est caduque par le prédécès du donataire sans postérité. — *Cass.*, 3 fév. 1835, Eychene c. Dis. — V. cont. *Limoges*, 8 janv. 1828, Besse c. Pradel.

45. — Sous l'ord. de 1731 et la jurisprudence du parlement de Toulouse, une donation par contrat de mariage de biens présens et à venir était assimilée, quant aux biens à venir, à une institution contractuelle, et était faite sous la condition de survie du donataire, et de la part du donateur, en contemplation des enfans à naître du mariage. — Par suite, si l'époux donataire décédait avant le donateur, ses enfans recueillaient à la mort de ce dernier la donation des biens à venir, non comme héritiers de leur père, mais *jure proprio* et comme contemplés par le donateur lui-même. — Dans ce cas, l'époux donataire pouvait-il élire celui de ses enfans auquel il entendait conférer le droit de recueillir ses biens à venir au décès du donateur? — Ce droit d'élection ne pouvait être exercé lorsque, à défaut de donataire, ses enfans avaient été tous appelés indistinctement dans la donation par le donataire lui-même. — *Cass.*, 11 janv. 1827, de Lafare c. Devigan.

46. — Dans l'ancienne législation du pays de Luxembourg, les donations contractuelles faites par les ascendans aux époux, ou par les époux l'un à l'autre, n'étaient pas révocables par la survenance d'un enfant.—*Metz*, 28 avr. 1812, Schmidt c. Neu;—Despeisses, t. 1er, part. 1re, *Des donations*, sect. 4e, p. 405.

47. —Les donations faites avant le Code civ. par l'un des époux à l'autre, par contrat de mariage, pour avoir lieu même au cas où il y aurait des enfans, ne sont pas révoquées par la survenance d'enfans. —Lorsque l'objet de la donation est une somme d'argent, pour en jouir seulement, les héritiers du donateur ne peuvent, en offrant les intérêts de cette somme, se dispenser de la délivrer. —*Paris*, 1er juin 1814, Cerveau c. Larue.—V. conf. *Paris*, 24 avr. 1811, Stas et Rudet.

48. — Avant l'ord. de 1747, la substitution par donation entre-vifs dans un contrat de mariage ne pouvait être révoquée par le concours de la volonté du donateur et du donataire, au préjudice des appelés. —*Paris*, 28 août 1807, de Bearn c. de Brassac.

49. —Jusqu'ici l'on a supposé qu'il s'agissait d'époux contractant un premier mariage. La législation coutumière, comme la législation romaine, avait d'autres règles lorsqu'il s'agissait d'époux convolant en secondes noces.

50. —Remarquons seulement que l'édit de 1611, qui, en cas de convol de l'époux survivant, révoquait, au profit des enfans du premier lit, les donations qui lui avaient été faites par son conjoint, ne s'applique pas aux donations faites par contrat de mariage, mais seulement aux donations faites durant le mariage.— *Cass.*, 7 avr. 1834, Basquin. —V. au surplus NOCES (secondes).

51. — La loi du 17 niv. an II a établi un régime qui sert de transition entre l'ancienne législation et celle du Code civil.

52. — L'art. 61 de cette loi a d'abord abrogé les avantages statutaires, c'est-à-dire qu'aux termes de cet article les époux, en l'absence de conventions, ne purent plus rien réclamer, et n'eurent désormais aucun droit. — *Cass.*, 20 oct. 1807, Stecyssens; 26 mai 1812, Walkiers; 7 déc. 1812, Dasnoy c. Neuville; 29 déc. 1812, Reder; 8 janv. 1813, Heclerc; *Liége*, 2 juin 1813, Walkiers; — Chabot, *Quest. transit.*, vº *Douaire coutumier*, § 1er; Merlin, *Rép.*, vº *Gain de survie*, nº 4.—V. cependant *Bruxelles*, 16 fév. 1809, Walkiers.

53. — Remarquons, toutefois, que ce que l'on vient de dire n'a d'application qu'autant qu'il s'agit d'avantages à titre gratuit et purement lucratif, et non pas d'avantages résultant du régime matrimonial auquel les époux étaient soumis d'après la coutume.

54. — La loi du 17 niv. an II, en abolissant les coutumes qui établissaient de plein droit des gains de survie, n'avait pas défendu aux époux d'en stipuler dans leur contrat de mariage, et de se référer à ces coutumes pour en fixer le montant. — *Angers*, 31 mars 1830, Treton.

55. — On comprend, du reste, que la loi du 17 niv. an II, en abrogeant les statuts locaux, n'ait dû disposer que pour l'avenir; elle a donc respecté les droits acquis.

56. — C'est ce qui résulte, en effet, des art. 13 et 14, ainsi conçus :—Art. 13 : « Les avantages singuliers ou reciproques stipulés entre les époux *encore existant*, soit par leur contrat de mariage, soit par des actes postérieurs, auront leur plein et entier effet, nonobstant les dispositions de l'art. 1er, auquel il est fait exception en ce point.—Néanmoins, s'il y a des enfans de leur union, ou d'un précédent mariage, ces avantages, au cas qu'ils consistent en une simple jouissance, ne pourront s'élever au-delà de la moitié du revenu des biens laissés par l'époux décédé; et s'ils consistent en des dispositions de propriété, soit mobilière, soit immobilière, ils seront restreints à l'usufruit des choses qui en seront l'objet, sans qu'ils puissent excéder la moitié du revenu de la totalité des biens. »

57. — Art. 14 : « Les avantages *légalement stipulés* entre époux *dont l'un est décédé avant le 14 juill.* 1789, seront maintenus au profit du survivant : à l'égard de tous autres avantages échus et recueillis postérieurement, ou qui pourront avoir lieu à l'avenir, soit qu'ils résultent de conventions matrimoniales, soit qu'ils proviennent d'institutions, dons entre-vifs ou legs faits par un mari à sa femme ou par une femme à son mari, ils obtiendront également leur effet, sauf néanmoins leur conversion ou réduction en usufruit de moitié, dans le cas où il y aurait des enfans, conformément à l'art. 13. »

58. — Jugé, par application de ces deux articles combinés, que les donations stipulées par contrat de mariage, avant la loi du 17 niv. an II, par des

époux existant encore au moment de la publication de cette loi, ont dû être maintenus, bien qu'ils fussent contraires aux lois qui régissaient alors les parties contractantes. —*Cass.*, 21 brum. an XIV, Pinel Lamarcellerie c. Lecarpentier.

59. — ... Et que le maintien intégral des libéralités entre époux existant au moment de la loi du 17 niv. an II, n'opérant point d'effet rétroactif, n'a point été aboli par les lois des 9 fructid. an III et 3 vendém. an IV. — Même arrêt.

60. — Jugé encore que les avantages établis par les coutumes en faveur du mariage étaient irrévocables et n'ont pas été atteints par les dispositions de la loi du 17 niv. an II. — *Cass.*, 8 prair. an XIII, Goessens. — V. conf. *Cass.*, 29 niv. an VI, Lebeuf; 27 germ. an XII, Paltzeis c. Arnold Boes; 14 prair. an XIII, Moura c. Maumus. — V. aussi Merlin, *Rép.*, vis *Gains de survie* § 2, *Loi*, § 6, nº 2, et *Effet rétroactif*, sect. 3e, § 3, art. 3, nº 1er; Chabot, vº *Douaire coutumier*; Proudhon, t. 1er, nº 30; Duranton, t. 1er, nº 59.

61. — Spécialement, l'épouse mariée avant la loi du 17 niv. an II, et devenue veuve depuis le Code civil, est fondée à réclamer le tiers coutumier. — *Angers*, 30 août 1806, Rouillère c. Bellard.

62. — Les dispositions universelles faites entre personnes qui étaient étrangères l'une à l'autre, au moment de ces dispositions, mais qui s'étaient liées par mariage lors de la publication de la loi du 17 niv. an II, n'ont point été annulées par cette loi. — *Besançon*, 19 mai 1809, Duport.

63. — L'art. 13, L. 17 niv. an II, qui conserve aux époux mariés *antérieurement* à la loi les avantages établis par le statut matrimonial, s'étend même aux avantages faits au cas de non dispositions particulières. — *Colmar*, 26 mai 1810, Eppel c. Troesler.

64. — Il est à remarquer que cet art. 13, L. 17 niv. an II, qui maintient les avantages entre époux à eux conférés par les statuts régulateurs des mariages antérieurs, ne s'étend pas aux droits d'aînesse ou autres avantages conférés par certains statuts à un époux, à raison de son mariage. L'art. 16, L. 22 vent. an II, explicatif de l'art. 13, L. 17 niv., n'a pas voulu confondre les avantages à époux avec les avantages entre époux. Restent donc les règles générales consacrées par les lois des 8-15 avr. 1791, art. 2, 17 niv. an II, art. 61, et 18 pluv. an V. — *Cass.*, 15 oct. 1807, Berwenger.

65. — Jugé qu'il y avait lieu de considérer comme nulle la donation faite par l'époux à son conjoint par contrat de mariage sous seing-privé depuis la loi du 17 niv. an II, bien que faite sous l'empire du statut normand qui, prohibant toute donation entre époux durant le mariage, n'avait pu assujétir cette espèce d'acte à aucune formalité particulière. — *Rouen*, 24 avr. 1816, Soudé c. Héricher.

66. — Les dons de survie faits en contrat de mariage sont régis, quant à la quotité disponible, par la loi en vigueur à l'époque de la donation et non par celle existant au jour du décès du donateur. — *Cass.*, 5 vend. an VII, Leclerc c. Chéron. — V. QUOTITÉ DISPONIBLE.

67. — La loi du 17 niv. an II n'abolit pas seulement pour l'avenir, ainsi qu'on vient de l'expliquer, toutes lois, usages et statuts relatifs aux avantages entre époux; elle accorde, en outre, aux époux la liberté illimitée de s'avantager soit par contrat de mariage, soit pendant le mariage, sauf la réduction à la moitié en usufruit, s'il y a des enfans.

68. — Et, en ce qui concerne cette réduction, remarquons qu'une donation entre époux n'était réductible, d'après la loi du 17 niv., qu'en faveur des enfans de leur mariage ou d'un mariage précédent, et non en faveur des enfans issus d'un mariage ultérieur du donateur. — *Cass.*, 29 mess. an XI, Crossard c. Prévost.

69. — Jugé, dans le même ordre d'idées, que, sous l'empire de la loi du 17 niv. an II, les avantages stipulés entre époux devaient être réduits à l'usufruit de la moitié des biens qui en faisaient l'objet, lorsqu'il y avait des enfans du mariage ou d'un mariage précédent. En conséquence, il y a lieu de casser un arrêt qui, en se fondant sur des considérations particulières, a liquidé le douaire de la femme à l'usufruit de la totalité des biens du mari, bien qu'il existât un enfant du mariage. — *Cass.*, 28 avr. 1828, Gachelen c. Boschumel.

70. — Les avantages que se sont faits des époux sous l'empire de la loi du 17 niv. an II sont valables, quoique stipulés en des termes prohibés par la loi sous laquelle ils se sont mariés. — *Bruxelles*, 30 janv. 1811, Pepin c. Dutrong.

71. — La donation que les époux s'étaient mutuellement faite sous l'empire de la loi du 17 niv. an II, des biens que le prémourant laisserait à son décès, n'est pas irrévocable, mais constitue seulement une donation à cause de mort que rend caduc le prédécès du donataire. — *Colmar*, 26 juin 1845 (t. 1er 1846, p. 635), Béron c. Jung. — V. conf. *Rennes*, 2 août 1841 (t. 2 1841, p. 519), Lepetit de Montfleury c. Réméon. — V. DONATION A CAUSE DE MORT.

72. — La loi du 17 niv. an II n'a fait que consacrer en faveur des époux le droit de se faire à l'avenir réciproquement tels avantages qu'ils jugeraient convenables, sauf la réduction en usufruit en cas d'existence d'enfans, abrogeant ainsi les lois, coutumes ou statuts antérieurs, qui avaient fixé certaines limites à la faculté de disposer; mais cette latitude accordée aux conjoints n'a pas eu pour effet de porter atteinte à la liberté de disposer l'un envers l'autre et de la manière qu'ils voudraient, soit en se dépouillant à l'instant même du contrat, soit en subordonnant la réalisation de la libéralité à l'accomplissement d'une condition. — Même arrêt.

73. — Jugé qu'une donation faite entre époux par contrat de mariage, sous l'empire de la loi du 17 niv. an II, était subordonnée à la condition de survie du donataire, surtout si l'acte contenait la clause que le donataire ne jouirait qu'après le donateur. — *Grenoble*, 26 juin 1824, Meyer c. Abonnel.

Sect. 2e. — *Droit actuel.*

74. — L'art. 1091, C. civ. porte que: « Les époux pourront, par contrat de mariage, se faire réciproquement, ou l'un des deux à l'autre, telle donation qu'ils jugeront à propos, sous les modifications ci-après exprimées. »

75. — Des donations par contrat de mariage étant, en quelque sorte, des conditions du futur mariage, et des conditions arrêtées à une époque d'indépendance et de liberté, on ne voit pas pourquoi la loi ne leur accorderait pas, en général, autant de faveur que celles qui sont faites au même titre par des tiers. — Demante, *Progr. de dr. civ.*, no 501.

76. — Aussi, est-ce avec raison que la loi laisse aux futurs époux la plus grande latitude. Ils peuvent, dit l'art. 1091, C. civ., se faire *telle donation qu'ils jugeront à propos*; ce qui comprend évidemment toutes les donations qui sont autorisées par le chap. 8 du Code civil.

77. — Quel que soit leur objet, il n'y a, du reste, aucune difficulté à leur faire l'application de l'art. 1087, C. civ., qui porte que : « Les donations faites par contrat de mariage ne peuvent être attaquées, ni déclarées nulles, sous prétexte du défaut d'acceptation; » et de l'art. 1088, C. civ., aux termes duquel « toute donation faite en faveur du mariage est caduque si le mariage ne s'ensuit pas. » — Delvincourt, *Cours de Code civil*, t. 2, p. 447, notes; Duranton, *Dr. fr.*, t. 9, nos 766 et suiv.; Demante, *Progr. de dr. civ.*, t. 2, no 504; Rolland de Villargues, *Rép.*, vo *Donation entre époux*, nos 8 et 16; Toullier, no 907. — V. DONATION PAR CONTRAT DE MARIAGE.

78. — Les donations contractuelles ne sont pas, quant à leurs formes extérieures, assujéties à d'autres formalités qu'à celles prescrites pour les contrats de mariage. — *Metz*, 28 avr. 1812, Schmidt c. Neu.

79. — Une donation contractuelle dont la minute n'est pas représentée, n'est pas nulle par cela seul que le donataire lui-même aurait déclaré, en déposant l'expédition chez un notaire, que la minute n'existe pas, et que l'acte n'a pas été contrôlé, si d'ailleurs l'expédition déposée mentionne l'accomplissement de ces formalités. — Ces mots de l'ordonn. de 1731 et de l'art. 931, C. civ., *il en restera minute*, signifient seulement qu'il sera dressé minute de l'acte, et non que la perte accidentelle de la minute suffira pour anéantir la donation. — *Cass.*, 29 nov. 1830, Badua.

80. — La stipulation insérée dans un contrat de mariage par laquelle un des époux renonce au droit de reprendre, lors de la dissolution de la communauté, le prix de ses immeubles propres, aliénés pendant le mariage dont il n'aurait pas été fait expressément emploi, constitue une véritable donation au profit de son conjoint, et non une simple convention matrimoniale dispensée d'imputation sur la quotité disponible. — *Cass.*, 3 déc. 1839 (t. 2 1839, p. 590), Burgault c. de Mirabeau.

81. — Aux termes de l'art. 299, C. civ., pour quelque cause que le divorce eût eu lieu, hors le cas de consentement mutuel, l'époux contre lequel le divorce avait été admis, perdait tous les avantages que l'autre époux lui avait faits par contrat de mariage. — V. DIVORCE.

82. — La séparation de corps doit-elle produire le même effet? — V. SÉPARATION DE CORPS.

83. — Sont-elles révoquées ou révocables pour cause d'ingratitude? — V. DONATION ENTRE-VIFS, SÉPARATION DE CORPS.

84. — Les donations par contrat de mariage entre époux sont révocables pour inexécution des conditions. — Delvincourt, t. 2, p. 113. — V. DONATION ENTRE-VIFS.

85. — Ainsi, par exemple, la condition de garder viduité insérée dans une donation entre époux par contrat de mariage antérieur à la loi du 17 niv. an II, n'a pas été annulée par cette loi, et la donation s'est trouvée révoquée par le fait du convol du donataire survivant. — *Cass.*, 20 janv. 1806, Vathaire c. Mesenge. — V. conf. *Cass.*, 22 niv. an IX, Martin c. Laplanche; *Paris*, 18 niv. an IX, Lecherme c. Brosne.

86. — Ou du moins cette condition de viduité est redevenue obligatoire du moment où l'effet rétroactif des lois de l'an II, prohibitives de cette condition, a été aboli. — *Cass.*, 24 janv. 1828, Desbois c. Bournet.

87. — Jugé toutefois que la donation faite par un époux à son conjoint sous la condition qu'il ne convolera pas à de secondes noces n'est pas réputée révoquée si le second mariage est déclaré nul. — *Montpellier*, 15 janv. 1839 (t. 1er 1839, p. 671), Liense c. Cruzet.

88. — Les donations faites par contrat de mariage se trouvent encore révoquées dans l'hypothèse prévue par l'art. 564, C. comm., ainsi conçu : « La femme dont le mari était commerçant à l'époque de la célébration du mariage, ou dont le mari, n'ayant pas alors d'autre profession déterminée, sera devenu commerçant dans l'année qui suivra cette célébration, ne pourra exercer dans la faillite aucune action à raison des avantages portés au contrat de mariage, et, dans ce cas, les créanciers ne pourront, de leur côté, se prévaloir des avantages faits par la femme au mari dans ce même contrat. » — V. FAILLITE.

89. — Ces donations tomberaient encore dans le cas où la nullité du mariage serait prononcée aux termes des art. 180 et suiv., C. civ. — Rolland de Villargues, *loc. cit.*, no 24. — V. MARIAGE.

90. — Lorsqu'une donation faite par un époux à son conjoint est radicalement nulle, en raison de la nullité du mariage, un testament postérieur contenant les mêmes libéralités doit être réputé également nul, en ce qu'il fait revivre, en fraude de la loi, une donation nulle dans son principe. — *Paris*, 1er août 1818, Martin c. Mesnard.

91. — Une donation entre époux et par contrat de mariage, peut être révoquée sur la demande des créanciers, comme faite en fraude de leurs droits, alors même que l'époux donataire aurait complétement ignoré la fraude. — *Paris*, 11 juill. 1829, Maistre c. Dumas de Polart. — V. conf. *Bordeaux*, 2 mai 1826, Jaubert c. Trouillot; — Coin-Delisle, *Comment. anal.*, sur l'art. 941, C. civ., no 14; Duvergier, sur Toullier, t. 3e, 1re part., no 907, note *a*. — V., au surplus, CRÉANCIER, FRAUDE.

92. — Jugé même, contrairement à la jurisprudence ancienne, qu'une donation faite par un mari à sa femme par contrat de mariage pour le cas de survie de celle-ci, et avec *condition de réciprocité*, ne peut pas être, malgré ces circonstances, considérée comme un *contrat à titre onéreux*; et qu'en conséquence une telle libéralité a pu être faite en fraude des droits des créanciers du donateur, par cela seul que ce dernier savait qu'elle ne pourrait recevoir d'exécution qu'au détriment de ses créanciers, et quoique sa femme donatrice fût de bonne foi. — *Cass.*, 2 janv. 1843 (t. 1er 1843 p. 312), Duchesne et Gros c. Durand.

93. — Mais un tiers qui a acquis de bonne foi des biens donnés par une femme à son mari, ne peut point être évincé par les créanciers de la femme qui ont fait annuler la donation pour fraude à leurs droits, lorsque la vente a été consentie conjointement et solidairement par la donatrice et le donataire. — *Cass.*, 24 mars 1830, Lemaistre.

94. — Elle peut aussi être attaquée et annulée pou cause de captation. — *Douai*, 10 janv. 1835, N... — *Contrà* Grenier, t. 1er, no 145. — V. DISPOSITION A TITRE GRATUIT, DONATION PAR CONTRAT DE MARIAGE.

95. — Les avantages qu'un époux a faits à son conjoint par contrat de mariage ne sont pas considérés comme une dette de la succession de l'époux donateur, à laquelle la réserve de l'ascendant doive contribuer, quand cet ascendant n'est en concours qu'avec des légataires. — *Riom*, 24 nov. 1813, Dartis. — V. QUOTITÉ DISPONIBLE.

96. — On a vu, d'ailleurs, au mot CONTRAT DE MARIAGE, nos 98 et suiv., que le principe de l'irrévocabilité des conventions matrimoniales est tel, que les époux ne peuvent ni modifier les dispositions qu'ils se seraient faites par contrat de mariage, ni même renoncer pendant le mariage au bénéfice résultant de ces dispositions.

97. — Jugé toutefois que, lorsque dans leur contrat de mariage les époux se sont fait mutuellement une donation universelle en usufruit au profit du survivant, en soumettant cette libéralité à la condition de ne pas se remarier, cette condition peut être supprimée par une donation nouvelle faite durant le mariage, suivant les formes prescrites par la loi, pourvu qu'il n'existe pas d'enfans issus du mariage, et que cette modification ne porte aucun préjudice à des droits acquis à des tiers. — *Paris*, 3 juin 1843 (t. 2 1843, p. 66), Pingot c. Mongin. — V. CONDITION, CONTRAT DE MARIAGE, SECONDES NOCES.

98. — Cette extension donnée à la libéralité n'est pas un changement aux conventions matrimoniales prohibé par l'art. 1395, C. civ., et ne peut pas notamment être attaquée par les père et mère de l'époux prédécédé qui n'ont pas stipulé à leur profit le droit de retour. — Même arrêt.

99. — La faveur des donations par contrat de mariage est telle, que les mineurs même au-dessous de seize ans peuvent donner par contrat de mariage, soit par donation simple, soit par donation réciproque, tout ce que la loi permet à l'époux majeur de donner à l'autre conjoint, pourvu que ce soit avec le consentement et l'assistance de ceux dont le consentement est requis pour la validité de leur mariage. — C. civ., art. 1095.

100. — Le législateur ayant, du reste, statué sous une forme plus générale dans l'art. 1398, C. civ., que : « Le mineur habile à contracter mariage est habile à consentir toutes les conventions dont ce contrat est susceptible; et (que) les conventions et donations qu'il y a faites sont valables, pourvu qu'il ait été assisté, dans le contrat, des personnes dont le consentement est nécessaire pour la validité du mariage, » c'est sous le mot CONTRAT DE MARIAGE (V. nos 157 et suiv.) qu'on a dû établir les règles relatives à sa capacité.

101. — Remarquons, toutefois, que l'on a décidé qu'il faut considérer comme valable la donation faite par un mineur dans son contrat de mariage, avec le consentement de sa mère, encore bien que celle-ci, avant de convoler à de secondes noces, ne se fût pas fait maintenir dans la tutelle. — *Bastia*, 3 fév. 1836, sous *Cass.*, 29 mars 1837 (t. 2 1837, p. 69), Franceschini.

102. — D'après l'art. 1309, C. civ., le mineur « n'est point restituable contre les conventions portées en son contrat de mariage lorsqu'elles ont été faites avec le consentement et l'assistance de ceux dont le consentement est requis pour la validité du mariage. » — V. LÉSION.

103. — Les règles ci-dessus, applicables à toute donation par contrat de mariage, le seraient également à celles contenues dans un acte légalement annexé au contrat pour l'observation des formalités et conditions prescrites par les art. 1396 et 1397, C. civ.

104. — Le seraient-elles encore à une donation contenue dans un acte isolé, rattachée au mariage seulement par son motif?

105. — A cet égard nous croyons qu'il eût été sage de ne faire aucune distinction, mais qu'il faut, en présence du texte formel de la loi, décider qu'on ne peut faire par un acte isolé qu'une donation entre-vifs de biens présens, laquelle, s'il est prouvé qu'elle soit faite en faveur du mariage, participera à l'application des règles ci-dessus, en exceptant pourtant la dispense d'acceptation expresse, applicable, aux termes de l'art. 1087, C. civ., seulement à la donation contenue dans un contrat de mariage.

106. — On a vu, *suprà* no 76, que la loi laissait aux futurs, relativement aux donations par contrat de mariage, la plus grande latitude. En conséquence, ces donations peuvent comprendre des biens présens, des biens à venir, ou à la fois des biens présens et à venir.

§ 1er. — *Donations de biens présens.*

107. — Aux termes de l'art. 1092, C. civ., « toute donation entre-vifs de biens présens, faite entre époux par contrat de mariage, n'est point censée faite sous la condition de survie du donataire, si cette condition n'est formellement exprimée; et elle sera soumise à toutes les règles et formes ci-dessus prescrites pour ces sortes de donations. »

108. — Ces mots : *ci-dessus prescrites*, s'appliquent évidemment aux règles du chapitre précédent, c'est-à-dire aux règles des donations entre-vifs de biens présens faites aux époux par des tiers, et non à celles prescrites pour les donations entre-vifs de biens présens en général. — Arg. C. civ., art. 947. — Duranton, t. 9, no 756; Demante, *loc. cit.*, no 502; Delvincourt, t. 2, p. 448, notes; Rolland de Villargues, *Rép.*, vo *Donation entre époux*, no 8.

DONATION ENTRE ÉPOUX, ch. 2, sect. 2e.
DONATION ENTRE ÉPOUX, ch. 2, sect. 2e.

109. — Les donations faites par contrat de mariage au profit de l'un des futurs n'étant point censées, d'après les termes mêmes de la loi, faites sous la condition de survie, il en résulte qu'en cas de prédécès du donataire, les biens passeront à ses enfans ou à ses héritiers collatéraux. — Toullier, *loc. cit.*, n° 907; Delvincourt, *loc. cit.*; Rolland de Villargues, n° 9.

110. — Le Code civil, en ne subordonnant pas les donations entre-vifs de biens présens, faites entre époux par contrat de mariage, à la condition tacite de survie du donataire, ne fait, au surplus, que reproduire le système qui avait été consacré par les coutumes (Dumoulin, *De donat. in contr. matr.*, n° 14; Ricard, *Donat.*, 3e part., nos 819 et suiv.), contrairement aux traditions des pays de droit écrit. — V. Furgole, quest. 49.

111. — Constatons, d'un autre côté, que cette règle n'est pas une modification aux principes ordinaires du droit, puisque les donations de biens présens, emportant dessaisissement actuel, doivent, par suite de leur nature même, produire leur effet indépendamment de la survie du donataire.

112. — Si le législateur en a fait la matière d'une disposition spéciale, c'est sans doute, comme le remarque M. Duranton (*loc. cit.*, n° 756), afin de mieux marquer une opposition avec les donations de l'art. 1093, qui sont, au contraire, ainsi qu'on le verra, *infrà*, n° 139, censées faites sous la condition de survie du donataire.

113. — Lorsqu'une donation de parures et bijoux n'a pas été stipulée au contrat de mariage, ces objets donnés à la femme par le mari reviennent à ce dernier en cas de prédécès de son épouse. — *Aix*, 21 mars 1832, Morand.

114. — Il résulte, d'ailleurs, du texte même de la loi que la condition de survie du donataire peut être ajoutée à la donation de biens présens entre futurs; seulement elle doit être exprimée formellement.

115. — Jugé que, si cette condition n'a pas été formellement exprimée, elle ne saurait être arbitrairement suppléée. — *Nîmes*, 17 prair. an XII, Prévot.

116. — Et si elle a été exprimée dans le contrat, il y a encore une question d'intention à examiner; il faut voir si, en ajoutant cette condition, l'intention du donateur a été de subordonner la donation à la survie du donataire comme à une véritable condition suspensive, ou seulement d'affecter cette donation d'une simple clause de droit de retour, pour le cas où il survivrait au donataire. — Duranton, n° 757; Poujol, *Donations et testamens*, sur l'art. 1092, C. civ., n° 4.

117. — Au premier cas, l'époux donateur conserve la propriété des biens, en sorte qu'il n'a même pas besoin de s'en réserver l'usufruit; et ce sera à ceux qui prétendront que la condition s'est réalisée, à prouver qu'effectivement le donateur a survécu au donataire. — Duranton et Poujol, *loc. cit.*

118. — Au second cas, c'est-à-dire si la donation a été faite sous condition résolutoire, ou, en d'autres termes, avec stipulation du droit de retour pour le cas de survie du donateur, le donataire devient, au contraire, propriétaire sur-le-champ, et le donateur a besoin de se réserver l'usufruit, s'il entend conserver la jouissance des biens; et ce sera à ceux qui prétendent que la donation a été résolue, à le prouver. — Duranton, *loc. cit.*; Poujol, *ubi suprà*.

119. — Du reste, les effets du droit de retour, si c'est réellement un droit de retour qui est renfermé dans la condition, seront régis par l'art. 952, C. civ. — V. RETOUR CONVENTIONNEL.

120. — Lorsque le contrat de mariage contient donation par l'un des époux à l'autre, *entre-vifs et en cas de survie*, cette donation fait partie des conventions matrimoniales, et autorise le donataire à prendre une inscription hypothécaire, du vivant même du donateur. — *Lyon*, 13 juill. 1831, Fraisse.

121. — Jugé, cependant, que la disposition par laquelle une femme donne à son mari, en cas de survie, divers objets, et lui constitue, entre autres, une rente viagère, ne confère pas au mari, dès l'instant du mariage, un droit acquis soumis à la condition suspensive du prédécès de la femme, en telle sorte que le mari puisse, après la séparation de corps, prendre sur les biens de sa femme une inscription pour la conservation de ses droits. — *Cass.*, 1er juill. 1829, Lavie.

122. — Un droit d'usufruit constitué contractuellement par un époux au profit de son épouse sur ses immeubles, pour le cas du prédécès du donateur, est censé établi sous la double condition et de la survie du donataire et de l'existence d'immeubles au moment de l'ouverture de la succession; cet usufruit ne peut être exercé sur le prix des immeubles aliénés depuis la donation. — *Dijon*, 12 avr. 1820, Morestin.

123. — Dans la même hypothèse d'un droit d'usufruit constitué contractuellement par un époux en faveur de son épouse, sous la condition de survie, jugé que l'époux donateur n'est point dessaisi de la plénitude de ses droits sur les objets par lui donnés conditionnellement. Il peut donc les aliéner, sauf les droits de l'époux donataire en cas d'accomplissement de la condition. — *Lyon*, 25 juill. 1835 (t. 1er 1838, p. 210), Plantier c. Thévenet.

124. — Une donation faite entre époux par contrat de mariage, sous la condition de survie, peut être considérée comme une donation à cause de mort, et, dès-lors, dispensée de l'insinuation. — L'arrêt qui le juge ainsi, par interprétation de l'acte, ne peut donner ouverture à cassation. — *Cass.*, 8 vendém. an XIV, Paul c. Ducreux de Trezelle. — V. DONATION A CAUSE DE MORT.

125. — Les donations à cause de mort, faites par contrat de mariage, n'étaient pas nulles, en effet, pour défaut d'insinuation. — *Cass.*, 16 nov. 1813, Samson c. Nacé. — V. DONATION A CAUSE DE MORT.

126. — La donation à titre de gain de survie, quoique irrévocable, participant plus de la donation à cause de mort que de la donation entre-vifs, est opposable aux tiers, encore bien qu'elle n'ait pas été transcrite et qu'elle comprenne des biens susceptibles d'hypothèques. — *Toulouse*, 7 mai 1829, Delage.

127. — Jugé, en sens contraire, que les donations entre époux par contrat de mariage, faites sous la condition de survie du donataire, doivent être considérées, non comme des donations à cause de mort, mais comme des donations entre-vifs, en telle sorte qu'avant l'événement de la condition, le donateur ne puisse disposer de l'objet donné ni à titre gratuit ni à titre onéreux. — *Metz*, 22 mai 1817, Zimmermann. — V., dans le même sens, *Cass.*, 15 mai 1834, Enregist. c. Rachet.

128. — ...Que si l'époux donateur s'était réservé la faculté de disposer d'un objet compris dans cette donation de biens présens, faite d'ailleurs purement et simplement, et qu'il fût mort avant le donataire, sans en avoir disposé, l'objet réservé appartiendrait au conjoint donataire, et non aux héritiers du conjoint donateur : c'est ce qui résulte incontestablement, en effet, de la combinaison des art. 946, 947, 1086, 1092, C. civ. — Duranton, t. 9, n° 758; Poujol, sur l'art. 1092, C. civ., n° 5.

129. — Cette donation serait, quant à l'objet réservé, une donation de biens à venir, qui, par conséquent (V. *infrà* n° 139), ne serait pas transmissible aux enfans. — Delvincourt, *Cours de C. civ.*, t. 2, p. 448; Grenier, *Donat.*, nos 446 et suiv.; Duranton, *loc. cit.*

130. — Quant à la condition mise à une donation entre époux par contrat de mariage, qu'il naîtrait des enfans du mariage, elle n'est pas censée accomplie lorsque les enfans sont décédés avant l'un ou l'autre époux. — *Colmar*, 26 août 1809, Schwor c. Feber.

131. — La donation contractuelle, par un mari à sa future, d'une somme déterminée, avec faculté, en cas de survie, de réaliser cette somme en biens fonds dépendant de sa succession, n'est pas un empêchement à ce que le mari vende ou hypothèque ces mêmes biens pendant sa vie, sauf l'effet de l'hypothèque légale de sa femme. — *Cass.*, 4 fév. 1835, Moulinier c. Ollié; — Conf. *Bordeaux*, 6 mars 1834, Guichard c. Ollié.

132. — En pareil cas, il y a lieu simplement d'ordonner que l'adjudicataire gardera entre ses mains une somme suffisante pour assurer les droits éventuels de la femme. — *Bordeaux*, arrêt précité.

133. — Les ascendans dotateurs n'ont point droit à l'exercice du retour légal autorisé par l'art. 747, C. civ., lorsque, par le contrat de mariage même, l'époux auquel la dot a été constituée en a fait la donation à son conjoint, et que celui-ci, ayant survécu, se trouve appelé à recueillir le bénéfice de la donation. — *Toulouse*, 21 déc. 1821, Armengaud. — V. RETOUR LÉGAL.

134. — Que si les donations de biens présens faites entre futurs conjoints par contrat de mariage portent sur des meubles, elles ne sont valables, conformément à la règle générale posée dans l'art. 948, C. civ., que pour ceux dont l'état estimatif accompagne l'acte de donation ou résulte de ses dispositions. — *Limoges*, 28 nov. 1826, Combe c. Amblard; — Coin-Delisle, sur l'art. 1092, C. civ., n° 7.

135. — Également, les donations entre futurs conjoints par contrat de mariage sont soumises, pour les immeubles, en ce qui concerne les tiers, à la formalité de la transcription. — *Cass.*, 4 janv. 1830, Lefaucheux c. Langrenière; — Coin-Delisle, *loc. cit.*, n° 8. — V. TRANSCRIPTION DES DONATIONS.

136. — Et dans le cas où ce serait à la femme qu'aurait été faite par contrat de mariage la donation d'un immeuble désigné, il y aurait lieu de considérer les créanciers du mari comme des tiers à l'égard de la femme, et non comme les ayant-cause. — Même arrêt.

137. — Jugé spécialement que, sous la loi du 11 brum. an VII, la donation contractuelle d'un immeuble, faite par la femme à son mari, ne peut être opposée par le donataire aux tiers acquéreurs de celle-ci, lorsque le contrat n'a pas été transcrit. — *Poitiers*, 6 avr. 1838 (t. 2 1838, p. 420), Ladmirault c. Séguin.

138. — Comme les donations de biens présens, faites par l'un des futurs à l'autre dans le contrat de mariage, sont des donations entre-vifs subordonnées à la condition du mariage, l'époque à laquelle doivent exister la capacité de donner et celle de recevoir se détermine par les principes que l'on a établis sous le mot DISPOSITION A TITRE GRATUIT, nos 564 et suiv.

§ 2. — *Donations de biens à venir ou de biens présens et à venir.*

139. — D'après l'art. 1093, C. civ., « la donation de biens à venir, ou de biens présens et à venir, faite entre époux par contrat de mariage, soit simple, soit réciproque, est soumise aux règles établies par le chapitre précédent, à l'égard des donations pareilles qui leur sont faites par un tiers, sauf qu'elle n'est point transmissible aux enfans issus du mariage, en cas de décès de l'époux donataire avant l'époux donateur. »

140. — La prohibition conservée par l'art. 893, C. civ., excluant la donation à cause de mort (V. ce mot), et ne faisant aucune réserve, même pour les contrats de mariage, l'on ne saurait assigner un pareil caractère aux donations dont on vient de parler. — V. conf. Coin-Delisle, *Don. et testam.*, sur l'art. 893, n° 6. — *Contrà* Rolland de Villargues, *Rép.*, v° *Donation à cause de mort*, n° 9.

141. — D'où M. Coin-Delisle (*loc. cit.*) tire très bien la conséquence que les donations de biens à venir par contrat de mariage sont, par exception à ce qui a lieu pour les donations entre-vifs ordinaires, régies par les dispositions spéciales qui les concernent, mais que, dans le silence des chap. 8 et 9 du titre *Des donations*, il faut se guider uniquement par les règles des donations entre-vifs, et non par les principes abrogés des donations à cause de mort, pour lesquelles il n'y a plus de législation subsistante.

142. — Remarquons maintenant qu'à la différence de ce qui aurait lieu si une donation de biens à venir était faite par un tiers (V. DONATION PAR CONTRAT DE MARIAGE), l'on présume dans l'art. 1093, C. civ., et avec raison, que l'époux donateur n'a voulu gratifier que l'époux donataire, et qu'il n'a point eu en vue les enfans à naître de leur mariage, parce que les biens compris dans la donation se trouveront dans la succession du donateur s'ils ne sont pas dans celle du donataire. — Toullier, *loc. cit.*, n° 908; Duranton, n° 759; Demante, n° 503; Delvincourt, t. 2, notes, p. 447 et suiv.; Rolland de Villargues, *Rép.*, *loc. cit.*, n° 15; Poujol, *Donat. et testam.*, sur l'art. 1093, C. civ., n° 4.

143. — Le droit résultant de l'institution contractuelle présentant le caractère de droit successif, jugé que la femme ne peut renoncer *pendant le mariage* à l'institution contractuelle que son mari a faite en sa faveur par le contrat de mariage. — — *Toulouse*, 15 avr. 1842 (t. 1er 1842, p. 741), de Montlant.

144. — Jugé par le même arrêt que la nullité d'une semblable renonciation peut être couverte par une ratification postérieure à la dissolution du mariage, mais qu'alors la renonciation ne prend date que du jour de cette dissolution.

145. — Sur cette partie de l'arrêt l'on peut toutefois remarquer que la réitération après le mariage de la renonciation faite pendant sa durée n'est point, à proprement parler, une ratification, car ce qui est radicalement nul ne peut être ratifié, mais que c'est plutôt une nouvelle renonciation, qui produit ses effets indépendamment de la première, et comme si celle-ci n'existait pas.

146. — Lorsqu'un futur conjoint a disposé par contrat de mariage de toute la quotité disponible en faveur de sa femme, et que celle-ci renonce, après la dissolution du mariage, à cette donation en déclarant expressément qu'elle ne renonce que dans le but de rendre valable la donation postérieure faite par son époux à l'un de ses enfans, cette renonciation ne peut, en pareille circonstance, être considérée comme frauduleuse. — Même arrêt.

147. — Mais si l'époux donataire par contrat de mariage d'une valeur égale à la quotité disponible, après avoir d'abord accepté la libéralité au décès du donateur, y renonçait ensuite pour permettre l'exécution d'un legs devenu caduc par cette acceptation, sa renonciation dans ce cas ne profiterait qu'aux héritiers légitimes, et non au légataire. — *Limoges*, 18 mai 1842 (t. 2 1843, p. 831), Donneche Delaly c. Gondounèche.

148. — Une femme peut être réputée avoir renoncé à la donation à elle faite par son mari dans leur contrat de mariage, lorsque, depuis la mort de celui-ci, elle a réclamé l'exécution d'un testament par lequel le mari avait substitué à la donation contractuelle un legs d'une somme déterminée en faveur de la donataire. — *Cass.*, 21 mars 1832, Bacon c. Moisson et Genteville.

149. — L'époux qui, aux termes de son contrat de mariage, a fait donation à son conjoint de l'usufruit de tous les biens qu'il laissera à son décès, conserve le droit d'aliéner ces mêmes biens à charge de rente viagère. — *Cass.*, 13 nov. 1836, Couillaud c. Drouillard.

150. — Décidé encore, par application des mêmes principes, que, si c'est en faveur du mari qu'une donation de biens à venir a été faite par le contrat de mariage, il ne peut, sous prétexte de cette donation éventuelle, empêcher la vente d'un immeuble propre à la femme, provoquée par les créanciers de cette dernière. Seulement il a, en sa double qualité de mari et de donataire, le droit d'assister à la vente de l'immeuble, bien qu'elle eût été autorisée par justice, pour surveiller l'emploi des deniers. — *Paris*, 8 déc. 1813, Montarcher.

151. — La donation en usufruit de tous les immeubles du futur époux existant à l'époque de son décès, faite par contrat de mariage au profit de la future épouse, est valable, nonobstant la réserve expresse stipulée par le futur époux, qu'il pourra vendre, échanger et disposer entre-vifs de tout ou partie de ses immeubles. — *Amiens*, 13 août 1812, Cochet.

152. — Le droit de faire annuler des dispositions exorbitantes faites à titre gratuit, contrairement à la donation contenue au contrat de mariage, n'appartient qu'à la femme : les héritiers du mari ne peuvent s'en prévaloir pour attaquer la donation elle-même. — Même arrêt.

153. — Jugé que la donation, faite dans le contrat de mariage, par le mari à sa femme, du quart en usufruit de tous ses biens présens et à venir, ne constitue qu'un gain de survie qui ne donne aucun droit actuel sur les biens du mari; qu'en conséquence, en cas de vente de ces biens, cette donation n'est point, comme le serait l'hypothèque légale, un obstacle à la valable libération de l'acquéreur. — *Agen*, 18 juin 1833, Saubès c. Paillaube.

154. — Remarquons qu'il a été décidé spécialement que la donation faite dans un contrat de mariage, par un mari à sa femme, d'une somme d'argent à prendre sur les biens du donateur à son décès, est une donation à cause de mort et non entre-vifs, bien que le donateur confère hypothèque sur ses biens présens; qu'en conséquence elle est caduque en cas de prédécès de la donataire. — *Cass.*, 25 janv. 1822, Roux c. Deidié; *Bourges*, 28 avr. 1838 (t. 2 1838, p. 55), Pilien c. Thévenot. — V. cependant *Rouen*, 9 déc. 1825, Guillard; *Lyon*, 13 août 1845 (t. 1er 1846, p. 192), Charmetion. — V. DONATION A CAUSE DE MORT.

155. — Jugé aussi que la donation faite par un conjoint au profit de l'autre, dans leur contrat de mariage, des objets purement mobiliers qui dépendront de la succession de l'époux donateur, ne doit pas comprendre le prix des propres aliénés pendant le mariage, quand le caractère de propre réel et d'immeuble a été imprimé à ce prix par le même contrat. — *Cass.*, 27 avr. 1822, Verrier c. Aubry; *Paris*, 18 déc. 1819, mêmes parties; — Toullier, *Dr. civ.*, t. 12, n° 369.

156. — ... Que les juges peuvent, par interprétation d'un contrat de mariage, décider que la clause qui attribue à l'époux survivant tous les meubles que laissera le prémourant, ne comprend pas les actions en reprise pour propres aliénés pendant le mariage. — *Douai*, 16 avr. 1842 (t. 1er 1845, p. 641), Beauvain c. Dancoisne.

157. — ... Qu'en admettant même que le don du mobilier fait au survivant dût comprendre les reprises pour propres aliénés, cette clause, stipulée sous une coutume qui prohibait les avantages entre époux (spécialement la coutume de Lille), devrait être déclarée nulle, comme tendant à éluder la prohibition coutumière. — Même arrêt.

158. — ... Et qu'enfin l'époux donataire par contrat de mariage de tout le mobilier de la communauté, et soumis par ce même contrat au paiement de toutes les dettes, charges et obligations de la maison mortuaire, est tenu de l'action en reprise des propres aliénés. — Même arrêt.

159. — On a toutefois posé cette règle générale, à savoir : que la donation mutuelle, faite entre époux, de la propriété des biens mobiliers quelconques que le prémourant laisserait à son décès, a dû être réputée comprendre la valeur qui, dans le sens légal des mots, soit à l'époque de la donation, soit au moment où ladite donation devait recevoir son effet, avaient la nature des valeurs mobilières. — *Cass.*, 24 déc. 1844 (t. 1er 1845, p. 65), Lepetit de Montfleury c. Réméon de Longueveau.

160. — Celui qui, par contrat de mariage, a fait en faveur de son conjoint une institution d'héritier, ne se rend pas par là inhabile à faire une institution nouvelle par acte entre-vifs; seulement, l'effet de celle-ci est subordonné à la validité ou à la caducité de la première. — Il le peut, alors surtout que l'époux institué y a consenti. — La renonciation de l'époux à l'institution faite à son profit par contrat de mariage ne profite au nouvel institué qu'autant que celui-ci l'a acceptée. — *Bourges*, 29 août 1832, Baudin c. Dussert.

161. — Du reste, la donation universelle entre époux par contrat de mariage doit être régie dans ses effets par les lois existantes au moment où elle a été stipulée, bien que l'exécution en soit renvoyée au jour du décès du donateur. — *Paris*, 29 août 1836 (t. 2 1837, p. 168), Bertrand c. le domaine. — V. Chabot, *Quest. transit.*, v° *Donation*, § 3; Merlin, *Rép.*, v° *Rapport à succession*, art. 6, n° 15.

162. — Le droit résultant d'une donation de cette nature ne peut être grevé que des légitimes, telles qu'elles étaient fixées par la législation en vigueur à l'époque du mariage, et au profit seulement de ceux auxquels cette législation en attribuait. — Même arrêt. — V. conf. *Cass.*, 9 juill. 1812, d'Abadie; *Agen*, 30 août 1831, Balex; Merlin, *Rép.*, vis *Démission de biens*, n° 5, *Réserve*, sect. 6e, n° 8; Chabot, *Quest. transit.*, v° *Réduction*. — V. au surplus DONATION PAR CONTRAT DE MARIAGE, QUOTITÉ DISPONIBLE.

163. — Ainsi, spécialement, la donation universelle entre époux par contrat de mariage antérieure à la loi du 12 brum. an II et à celles qui ont assuré des droits successifs aux enfans naturels, comme aussi à la loi du 18 janv. 1792, qui, la première, a autorisé les adoptions, n'a pu recevoir aucune atteinte des reconnaissances ou adoptions faites par l'époux donateur postérieurement à ces lois. — Même arrêt.

164. — Suivant M. Duranton (*loc. cit.*), le donateur pourrait, par une déclaration formelle, faire aussi la donation au profit des enfans à naître du mariage, au cas du prédécès de son conjoint donataire. Cette clause n'aurait rien de contraire à la loi, puisque la loi elle-même la supplée dans ces donations lorsqu'elles sont faites par des tiers.

165. — Nous ne saurions adopter cette opinion. — La loi défend, en effet, en thèse générale, les donations aux enfans à naître (C. civ., art. 906). Cette prohibition n'a été levée que pour les donations faites aux futurs époux par des tiers (V. DONATION PAR CONTRAT DE MARIAGE); elle ne l'a pas été pour les donations par contrat de mariage entre futurs conjoints. Elles restent donc soumises à son empire, et dès-lors elles ne sauraient être affectées d'aucune clause de substitution vulgaire au profit des enfans à naître du mariage. — V. conf. Marcadé, *Donat. et testam.*, sur l'art. 1093, C. civ.; Delvincourt, t. 2, notes, p. 448; Coin-Delisle, sur l'art. 1093, C. civ., n° 4.

166. — En supposant toutefois que des futurs époux puissent faire dans leur contrat de mariage des donations aux enfans à naître de leur union, ces donations doivent, aux termes de l'ord. de 1731, être considérées comme donations entre-vifs; elles sont, en conséquence, frappées de nullité, si le contrat de mariage a été passé par acte sous signatures privées. — *Cass.*, 16 fructid. an VII, Dufaure-Rochefort c. Montozon. — V. CONTRAT DE MARIAGE, DONATION ENTRE-VIFS.

167. — L'époux donataire d'une quotité de tous les biens meubles et immeubles délaissés par le premier mourant doit être considéré comme un héritier contractuel qui est obligé de prendre les biens dans l'état où ils se trouvent, et de contribuer aux dettes à proportion de son émolument. — *Paris*, 20 fév. 1815, Bosredon c. de Rannes.

168. — Les donations de biens à venir, faites par l'un des conjoints à l'autre, ne sont point sujettes à la demande en délivrance et emportent saisine de plein droit, car c'est un contrat qui consacre le droit du donataire. — Bugnet, sur Pothier, *Tr. du don mutuel entre époux*, n° 199, en note. — V. LEGS.

169. — Lorsque la donation porte cumulativement sur des biens présens et à venir, l'état des dettes et charges du donateur existantes au jour du contrat peut avoir été annexé ou non à la minute de l'acte.

170. — Si cet état n'a point été annexé à l'acte contenant donation des biens présens et à venir, il est sans difficulté, d'après la combinaison des art. 1893 et 2085, C. civ., que la donation ne peut valoir que comme institution contractuelle. — Duranton, n° 760; Poujol, *loc. cit.*, sur l'art. 1093, n° 1er.

171. — Si l'état a été annexé, la donation se trouve régie par l'art. 1084, C. civ., lorsque l'époux donataire survit à l'époux donateur. En cas de prédécès de cet époux donataire, la donation deviendra caduque, par application des art. 1093 et 1089 combinés. — Duranton, *loc. cit*; Poujol, *loc. cit.*

172. — Et dans le cas où il y aurait du doute sur la question de savoir lequel des deux époux a survécu à l'autre, ce serait aux héritiers du donataire à prouver que c'est leur auteur; car, ainsi qu'on vient de le dire, la donation ne lui était faite que *sous la condition* qu'il survivrait; le donataire n'était saisi de rien, si ce n'est d'une espérance : il faut donc qu'il prouve ou qu'on prouve pour lui que cette espérance s'est réalisée. — Duranton, *loc. cit.*

173. — L'époux donataire, par contrat de mariage, d'une partie des biens que l'autre époux laissera lors de son décès, est tenu de contribuer indistinctement aux dettes, s'il n'a pas été originairement annexé à l'acte un état des dettes et charges du donateur existantes au jour de la donation. — *Paris*, 15 nov. 1811, Lenoble c. Delaroche et Prost.

174. — Quant à la détermination de l'époque à laquelle doit exister la capacité de disposer et de recevoir par contrat de mariage entre futurs conjoints lorsqu'il s'agit de biens à venir, ou à la fois de biens présens et à venir, elle se règle par les mêmes principes que pour le cas où la donation par contrat de mariage serait faite par un tiers. — V. DONATION PAR CONTRAT DE MARIAGE.

175. — Spécialement, les donations de biens à venir deviennent-elles caduques par la mort civile du donateur, ou par la mort civile dont se trouverait frappé le donataire au moment du décès du donateur? — V. MORT CIVILE.

176. — Ainsi qu'on l'a remarqué (*suprà* n° 139), les époux peuvent se faire par contrat de mariage des donations mutuelles ou réciproques, comme des donations simples.

177. — Ces donations sont soumises aux mêmes règles que celles faites par un seul des deux époux, et notamment à la règle d'après laquelle les donations faites entre futurs conjoints par contrat de mariage sont régies par la loi en vigueur au moment où elles ont eu lieu. — *Cass.*, 9 juill. 1812, d'Abadie; 23 mars 1815, Beaufranchet c. Teyrère.

178. — La donation mutuelle entre époux faite sous le Code civil à titre d'augment par contrat de mariage, avec cette stipulation que l'augment sera pris sur les plus clairs deniers de la succession, constitue une véritable donation entre-vifs. — *Nîmes*, 9 mars 1831, Vernon c. Sevenier. — V. aussi Roussilhe, *Traité de la dot*, t. 2, p. 575 et suiv.; Merlin, *Rép.*, v° *Augment*. — V. AUGMENT, nos 19 et suiv.

179. — Et la femme a une hypothèque légale pour sûreté de ces augmens du jour du contrat de mariage. — Même arrêt.

180. — Doivent être considérés comme donations les avantages stipulés par les époux dans leur contrat de mariage, bien que ces avantages soient réciproques et faits sous la condition de survie du donataire; en conséquence, ils sont sujets à réduction pour la réserve des ascendans de l'époux donateur. — *Toulouse*, 21 déc. 1821, Armengaud.

181. — Jugé cependant que la disposition contractuelle par laquelle des époux conviennent que le survivant aura la moitié en usufruit de tous les biens présens et à venir du prédécédé, n'est point une donation sujette aux formalités ordinaires; et qu'elle ne présente qu'une simple expectative, rangée dans la catégorie des conventions matrimoniales, pour lesquelles l'art. 2135, C. civ., accorde à la femme une hypothèque indépendante de l'inscription. — *Grenoble*, 12 janv. 1813, Berger.

182. — La clause insérée dans un contrat de mariage et portant que tous les biens présens et à venir des futurs époux, quelle que soit leur nature, ainsi que les acquêts, formeront une masse commune qui appartiendra au survivant, ne constitue qu'une convention matrimoniale et entre associés, bien qu'il soit énoncé que cette convention est acceptée par les époux et à titre de donation mutuelle entre-vifs l'un à l'autre, et qu'en cas d'enfans, le survivant n'aura que l'usufruit de la moitié. — *Cass.*, 24 nov 1834, Enregist. c. Wetzels. —

V. aussi Championnière et Rigaud, *Tr. des dr. d'enregist.*, t. 4, n° 2914.

183. — De même encore, lorsque dans leur contrat de mariage les futurs époux, après avoir stipulé une communauté de tous biens présens et à venir, sont convenus qu'à défaut d'enfant, lors du décès de l'un d'eux, le survivant aurait par préciput et hors part, les trois-quarts en propriété et le quart en usufruit des biens qui adviendraient au prédécédé, il résulte de cette clause un simple préciput et non point une institution contractuelle; et conséquemment la femme, renonçant à la communauté, est déchue du droit de réclamer ce préciput. — *Colmar*, 15 mai 1829, Reichardt; *Cass.*, 8 nov. 1830, mêmes parties.

184. — Jugé qu'une donation universelle et réciproque faite dans un contrat de mariage par chacun des époux à l'autre, en cas de survie, a pour effet de révoquer la disposition testamentaire antérieure. — *Cass.*, 16 nov. 1818, Samson c. Vacé. — V. TESTAMENT.

185. — Il n'y a qu'un don d'usufruit, et non un don de propriété dans la clause par laquelle deux époux se donnent, par leur contrat de mariage, tout ce dont ils peuvent disposer, pour, par le survivant, en jouir à compter du décès du premier mourant, sans néanmoins être tenu à fournir aucune caution. — *Cass.*, 23 mars 1815, Beaufranchet c. Teyrère.

186. — La donation mutuelle peut être de quotités inégales : ainsi, l'un des époux peut ne donner que le tiers ou le quart seulement des biens qu'il laissera au jour de son décès, tandis que l'autre peut donner la totalité, sauf la réduction s'il y a lieu; de même, l'un peut donner en toute propriété ou en nue-propriété, et l'autre en usufruit seulement. — Duranton, n° 763.

187. — La clause d'un contrat de mariage, par laquelle les époux se font donation mutuelle de l'usufruit de tous leurs biens, meubles et immeubles, en faveur du survivant d'eux, l'effet de laquelle donation se réduira en cas d'existence d'enfant du mariage, a pu être considérée comme contenant une donation de biens présens et à venir, et non pas seulement une donation de biens présens. — *Cass.*, 11 déc. 1832, Bégeot.

188. — Lorsque, dans un contrat de mariage, les époux se font mutuellement une donation à l'exclusion *de tous parens*, on doit entendre par ce mot *parent* même les descendans. — *Metz*, 28 avr. 1812, Schmidt c. Neu.

189. — Lorsqu'il est dit dans un contrat de mariage que le survivant sera propriétaire absolu des meubles et effets mobiliers et actions réputées telles de la communauté et dispensé de donner caution, il peut être décidé par voie d'interprétation que cette donation contient celle de l'usufruit des immeubles. — *Cass.*, 24 déc. 1828, Rousseau.

190. — Remarquons, du reste, que la clause d'un contrat de mariage par laquelle deux époux se donnent, au cas de survie, tous leurs biens, avec condition de retour aux parens du donateur, ne lie pas les contractans au point de les empêcher de se faire ensuite des libéralités. — Cout. Malines, tit. 39, art. 12; — *Bruxelles*, 8 déc. 1810, Spangon c. Vancowenhove.

CHAPITRE III. — *Donations entre conjoints depuis le mariage.*

Sect. 1re. — *Historique.*

191. — Suivant le droit romain, c'était un des effets du mariage que l'homme et la femme ne pouvaient pendant le mariage se faire valablement à l'un et à l'autre aucune donation entre-vifs. — V. L. 3, § 10, ff., *De donat. int. vir et ux.*

192. — Ulpien en donnait pour raison : — « *Moribus apud nos receptum est, ne inter virum et uxorem donationes valerent : hoc autem receptum est ne mutuo amore invicem spoliarentur, donationibus non temperantes, sed profusâ ergà se facilitate.* — L. 1, ff., *De donat. inter vir. et ux.* — Et ailleurs : — « *Majores nostri inter virum et uxorem donationes prohibuerunt... famæ conjunctorum consulentes, ne concordia pretio conciliari videretur, neve melior in paupertatem incideret, deterior ditior fieret.* » — L. 3, ff., *eod. tit.*

193. — La prohibition ne s'appliquait, du reste, qu'aux donations entre-vifs, et non aux donations pour cause de mort ou par testament qui ont toujours été permises entre conjoints par mariage. — L. 20, ff., *eod. tit.*

194. — Cette rigueur du droit romain fut adoucie par le sénatus-consulte d'Antonin Caracalla, qui statua que, lorsque le conjoint donateur serait mort sans avoir révoqué la libéralité, l'héritier de ce conjoint donateur ne serait pas recevable à répéter les choses données. — V. L. 32, § 1, ff., *eod. tit.*

195. — ... Ni, dans la même hypothèse, à intenter aucune demande relativement aux créances dont l'un des conjoints aurait fait remise à l'autre *animo donandi*. — V. L. 23, § 13, ff., *eod. tit.*

196. — Il n'y avait, au surplus, que les donations qui avaient reçu toute leur exécution du vivant du donateur, mort sans changer de volonté, qui fussent ainsi confirmées par la constitution d'Antonin Caracalla; quant à celles qui n'avaient pas été exécutées, elles n'étaient garanties par aucune action au profit du donataire, bien que le conjoint donateur fût mort sans avoir changé de volonté. — L. 23, ff., *eod. tit.* — V. aussi Pothier, *Tr. des donat. entre mari et femme*, n° 5; Vangerow, *Pandect.*, ad. tit. *De donat. int. vir. et ux.*

197. — L'art. 3, ord. 1731, portant : « Qu'il n'y ait plus dans nos états que deux formes de disposer de ses biens à titre gratuit, dont l'une sera celle des donations entre-vifs, l'autre celle des testamens ou des codicilles, » — on s'est demandé si, dans les pays de droit écrit, il en résultait l'abrogation de ces principes du droit romain, qui confirmaient les donations entre mari et femme, lorsque le donateur était mort sans avoir changé de volonté.

198. — Pothier (*loc. cit.*, n° 7) nous indique parfaitement quelle pouvait être la raison de douter. « Suivant cette disposition de l'ordonnance, dit-il, il ne peut plus y avoir que deux espèces de donations et qui soient valables; les *donations entre-vifs*, et *celles qui sont revêtues de la forme du testament ou des codicilles*. Or, la donation faite entre mari et femme, quoique le donateur soit mort sans avoir changé de volonté, n'appartient ni à l'une ni à l'autre de ces deux espèces. Elle n'est pas donation entre-vifs, le donateur ayant eu jusqu'à sa mort le droit de la révoquer; elle n'est pas non plus revêtue de la forme des testamens ou codicilles. Elle ne peut donc plus être aujourd'hui valable. »

199. — Il paraît néanmoins que les parlemens des provinces de droit écrit demeurèrent attachés aux principes du droit romain sur la confirmation des donations entre mari et femme, lorsque le donateur était mort sans avoir changé de volonté. C'est ce qui paraît par l'art. 40 des réponses faites par le parlement de Toulouse, depuis l'ordonnance de 1731, aux questions proposées par le chancelier d'Aguesseau. — Pothier, *loc. cit.*

200. — Jugé que, sous l'acienne législation, et dans les pays de droit écrit, les dons faits entre époux pendant le mariage étaient, comme sous le Code civil, essentiellement révocables. — *Lyon*, 25 mai 1827, Guenichon.

201. — Dans les lois barbares, et à l'origine du droit coutumier, les libéralités entre époux se produisent avec un caractère tout différent de celui qu'elles ont eu dans le droit romain et dans la plupart des législations modernes.

202. — Chez les Francks, les donations entre époux étaient irrévocables; c'est ce qui résulte du titre VIII du *Capita extravagantia* de la loi salique, du titre 28 de la loi des Ripuaires, et de la formule 12, liv. 1er, de Marculfe. — V. Pardessus, *Dissert. sur la loi salique*, p. 678 et suiv.

203. — M. Pardessus (*loc. cit.*) conjecture que la faculté accordée aux époux de s'avantager ainsi pendant le mariage était subordonnée à la circonstance qu'ils n'eussent point d'enfans. Et ce qui rend cette opinion assez vraisemblable, c'est qu'en effet les lois, les formules qui se réfèrent aux donations entre époux raisonnent toujours dans l'hypothèse où les époux sont sans enfans.

204. — Tel n'est cependant pas le cas de donation que nous présente la formule 47, liv. 2, de Marculfe; mais, comme il s'agit dans cette formule d'un avantage qui se fait par testament, acte essentiellement révocable, elle n'infirme en rien la conjecture du savant auteur que nous venons de citer.

205. — Il paraît, du reste, que les donations pouvaient porter non seulement sur les conquêts du mariage, mais encore sur les biens provenus aux époux de leurs pères et mères, ou à tout autre titre. — Pardessus, *loc. cit.*

206. — De plus, il n'était pas nécessaire que le don fût réciproque. Le titre 48 de la loi des Ripuaires n'exigeait pas du moins cette réciprocité.

207. — Il est impossible de parler des lois et usages barbares en ce qui concerne les donations entre époux, sans accorder une mention toute particulière à une espèce de libéralité qui paraît avoir été usitée chez tous les peuples d'origine germanique. Nous voulons parler du don du matin, ou du présent que le mari faisait à la femme le lendemain du jour des noces, en récompense de la virginité qu'elle lui avait apportée. — Ducange, *Glossaire*, v° *Morganegiba*. — V. aussi Grégoire de Tours, liv. 9.

208. — Ducange et Grégoire de Tours (*loc. cit.*) désignent cette espèce de libéralité entre époux sous le nom de *morganegiba*; on l'appelait aussi *morgengabe*. — Michelet, *Origine du dr. fr.*, p. 46. — Chez les Lombards, on la nommait *morgengupe, morgincap*; *morgengifa* chez les Anglo Saxons; *morgongafva* chez les Scandinaves, etc. — Guizot, note sur le liv. 9 de l'*Hist.* de Grégoire de Tours.

209. — J. Grimm remarque, dans ses *Antiquités du droit allemand* (p. 429), que, dans la Germanie, les diverses tribus avaient fixé un maximum de ce que pouvait donner l'époux : c'était, chez les Wisigoths, le dixième des biens; chez les Lombards, le quart; chez les Francks, on allait jusqu'au tiers. — V. conf. Michelet, *loc. cit.*, p. 46.

211. — La première classe, et c'est la plus nombreuse, comprend les coutumes qui, comme celles de Paris et d'Orléans, prohibaient toutes donations et tous avantages directs ou indirects entre époux, pendant le mariage, soit par donation entre-vifs, soit par testament, sauf toutefois le don mutuel.

210. — A l'égard de nos coutumes, il y avait beaucoup de variété entre elles sur les donations entre mari et femme. — Pothier (*loc. cit.*, nos 7 et suiv.) les divise en trois principales classes.

212. — Indépendamment des motifs que nos anciens jurisconsultes vont chercher dans les textes du droit romain à l'appui de cette prohibition absolue, il en existe un autre, bien plus puissant à nos yeux, pour expliquer ce résultat; c'était la nécessité de la conservation des biens dans les familles. — Du reste, Bourjon (V. *Droit commun de la France*, t. 2, p. 83) l'indique formellement, et rattache ainsi la prohibition à l'esprit même du droit coutumier.

213. — La seconde classe comprend les coutumes qui se rapprochaient le plus des dispositions du droit romain, c'est-à-dire qui, en prohibant les avantages entre-vifs, autorisaient les avantages testamentaires. Comme le remarque encore Bourjon (*loc. cit.*), le principe de la conservation des biens dans les familles étant admis, la prohibition absolue était plus politique.

214. — Ici toutefois il y a des subdivisions à établir : ainsi certaines coutumes ne permettaient les avantages testamentaires entre époux qu'autant qu'il n'existait pas d'enfans du mariage, ou même d'un précédent mariage. D'autres, au contraire, permettaient les avantages testamentaires, qu'il y eût ou qu'il n'y eût pas d'enfans.

215. — Il faut aussi ranger dans cette seconde classe les coutumes qui, adoptant les principes du droit romain, admettaient même les donations entre-vifs, lorsque le donateur était mort sans les avoir révoquées. Telles étaient les coutumes de la Touraine et du Poitou. L'ordonnance de 1731 ayant abrogé cette disposition du droit romain, ces coutumes rentrent alors dans la seconde classe.

216. — Les coutumes appartenant à cette classe variaient aussi sur la quotité disponible, et quelques-uns distinguaient, à cet égard, entre les cas où il y avait des enfans, et ceux où il n'y en avait pas. — V. QUOTITÉ DISPONIBLE.

217. — Une troisième classe embrasse les coutumes qui autorisaient à la fois les avantages entre-vifs et les avantages testamentaires.

218. — Cette dernière classe comporte encore plusieurs distinctions. Quelques unes accordaient cette faculté de disposer ainsi à titre gratuit sous les deux formes, soit qu'il y eût des enfans, soit qu'il n'y en eût pas; d'autres coutumes ne permettaient aux conjoints de s'avantager que lorsqu'il n'y avait pas d'enfans. — Certaines coutumes faisaient une quotité différente, suivant qu'il y avait ou qu'il n'y avait pas d'enfans. — V. QUOTITÉ DISPONIBLE. — Enfin, des coutumes, par exemple, la coutume d'Auvergne, faisaient une distinction entre l'homme et la femme. Elle permettait au mari d'avantager sa femme de tous ses biens, sauf la légitime de ses enfans (V. chap. 9, art. 39), tandis que, par l'art. 28 du même chapitre, elle défendait à la femme de rien donner à son mari.

219. — Jugé que, sous la coutume de Luxembourg, les donations entre époux étaient permises, mais révocables. — *Metz*, 14 fév. 1812, Botschot c. Gaascht.

220. — Jugé ainsi que, dans les pays coutumiers (où les donations entre époux étaient permises), celle faite par une femme à son mari pendant le mariage des biens présens et d'une somme à prendre sur les biens à venir, était valable quant aux biens présens, et nulle pour les biens à venir. — *Paris*, 15 flor. an IX, Grimault.

221. — La validité des avantages mobiliers faits entre époux durant le mariage était déterminée par la loi du domicile des conjoints. — En conséquence, un legs de deniers fait entre époux domiellés dans un pays où la loi leur défendait de s'avantager ne pouvait être exigé sur les immeubles laissés par le testateur dans un pays où les époux avaient le droit de se faire des libéralités. — *Cass.*, 2 juin 1806, Talaru c. Sassenage et Maugiron. — V. DOMICILE.

222. — Quant aux coutumes qui ne contiennent aucune disposition, Merlin (*Quest. de dr.*, vo *Avantages entre époux*, § 1er, no 10) pose la règle en ces termes : — « Tout dépend du génie de ces coutumes. Si elles ont des rapports marqués avec le droit romain, point de doute qu'elles ne doivent s'interpréter par ses dispositions, et qu'on ne doive, par conséquent, admettre les avantages entre époux de la même manière qu'on les admet dans les pays du droit écrit. Si elles sont du nombre de celles qui, par la situation de leurs territoires, le temps de leur réduction, ou d'autres rapports semblables, paraissent devoir s'interpréter par la coutume de Paris, il serait bien difficile d'autoriser, dans leurs ressorts, les époux à s'avantager autrement que par don mutuel. Ces circonstances à part, le silence d'une coutume serait une preuve qu'elle laisse aux époux la liberté qu'ils tiennent du droit mutuel, et que conséquemment elle leur permet de se faire tels avantages qu'il leur plaît. »

223. — Enfin, il est une espèce de libéralité que presque toutes les coutumes qui défendaient aux époux de s'avantager pendant le mariage autorisaient entre eux. C'est ce que l'on appelait le *don mutuel*. — V. DON MUTUEL.

Sect. 2e. — *Droit actuel.*

224. — Le Code civil permet aux époux de se faire des donations pendant le mariage ; seulement, aux termes de l'art. 1096, les donations, quoique qualifiées entre-vifs, sont toujours révocables, et la révocation peut en être faite par la femme, sans y être autorisée par le mari ni par justice.

225. — Le motif de cette révocabilité est facile à saisir ; on a voulu empêcher que le mariage ne dégénérât en une spéculation vénale, et que l'intérêt ne transformât en une source de discussions domestiques une union où devaient régner la concorde et la paix ; on a craint qu'un époux, trompé par les apparences d'une fausse tendresse, bientôt suivie, une fois le but atteint, de l'abandon et du mépris, assailli d'observations continuelles, effrayé par des menaces peut-être, ne se laissât arracher un consentement qu'il serait réduit à regretter toujours. Il fallait enfin, dans tous les cas, empêcher que les époux ne se dépouillassent inconsidérément par une affection désordonnée, ainsi que le dit Ulpien dans la loi 1, ff., *De donat. inter vir. et ux.*

226. — La clause par laquelle les futurs époux renonceraient, dans leur contrat de mariage, à s'avantager pendant le mariage, serait-elle obligatoire ? — Nous avons admis la négative au mot CONTRAT DE MARIAGE, nos 281 et suiv. — V. toutefois en sens contraire Ferrière, *sur la coutume de Paris*, gl. 1, no 33 ; Pothier, *Tr. des donat. entre mari et femme*, no 27.

227. — Il résulte du texte même de la disposition de l'art. 1096, C. civ., que la faculté de révoquer les donations faites pendant le mariage ne dépend nullement de la qualification qui leur serait attribuée. — Delvincourt, t. 2, notes, p. 448 ; Toullier, no 944 ; Duranton, no 770 ; Demante, *loc. cit.*, no 510.

228. — Et cette faculté de révoquer existe, nonobstant toutes renonciations ou déclarations à ce contraires. — Duranton, no 770.

229. — ...Ces renonciations ou déclarations fussent-elles d'ailleurs contenues dans le contrat de mariage... Car les époux, aux termes des art. 1387 et suiv., C. civ., ne peuvent, par leurs conventions matrimoniales, déroger notamment aux dispositions prohibitives, ni à celles qui intéressent l'ordre public ou les bonnes mœurs (V. CONTRAT DE MARIAGE) ; or, selon nous, tel est précisément le caractère de la disposition qui prohibe entre époux toute donation irrévocable.

230. — Sous l'empire des coutumes qui prohibaient tout avantage entre époux, il est évident que la clause « que les futurs conjoints n'auront aucun remploi du prix de leurs propres qui seront aliénés pendant le mariage » ne pouvait être valable, et c'est ce que décidait Pothier (*Tr. des donat. entre mari et femme*, no 24). Bien que les donations soient aujourd'hui permises entre mari et femme, nous pensons qu'il faudrait même encore réprouver une pareille clause, parce que ce serait un moyen indirect de rendre, contre le prescrit de la loi, irrévocable la libéralité entre époux. — V. conf. Bugnet, sur Pothier, *loc. cit.*, en note.

231. — Le législateur n'ayant pas prescrit de formes pour la révocation des donations entre époux, affranchis d'ailleurs, comme on l'a déjà vu, à l'égard de la femme, de la nécessité de toute autorisation préalable (no 224), on en a conclu que tout changement de volonté du donateur, dans quelque forme qu'il soit exprimé, pourvu qu'il soit constant, suffit pour opérer la révocation. — Delvincourt, t. 2, notes, p. 448 ; Coin-Delisle, *Donat. et testam.*, sur l'art. 1896, C. civ., no 15.

232. — Ainsi, en d'autres termes, et dans ce système, tout acte en forme probante, soit sous seing-privé, quand même il ne serait pas entièrement écrit et daté de la main du donateur, soit devant notaire, aurait pour effet de révoquer la donation. — Toullier, no 923.

233. — Seulement, pour que cet acte révoque la libéralité, il faut que la révocation y soit signalée par une clause *expresse* ; il ne suffirait pas qu'il contînt la révocation de tous testamens antérieurs ; car cette donation, ainsi qu'on le verra (*infrà* no 275) n'est pas un testament. — Toullier, *loc. cit.*

234. — L'art. 2, L. 21 juin 1843, sur les actes notariés, portant notamment que les actes notariés contenant *révocation de donation* doivent être, à peine de nullité, reçus *conjointement* par deux notaires, ou par un notaire en présence de deux témoins, M. Duvergier (*Collect. des lois*, 1843, p. 265) en a conclu que cette loi avait tranché dans le sens de la négative la question de savoir si la révocation de donations faites entre époux depuis le mariage pouvait émaner d'actes sous seing-privé.

235. — A ne considérer d'abord que le texte de la loi, l'on peut, ce nous semble, sérieusement contester la justesse d'une pareille conclusion. Ce texte, en effet, ne dit nullement que la donation faite entre époux ne puisse être valablement révoquée par une déclaration faite sous signature privée ; et il peut être très bien entendu en ce sens seulement, à savoir que si, pour faire la révocation, les parties (libres d'ailleurs de la faire sous une autre forme) ont cru devoir recourir au ministère d'un notaire, l'acte de révocation alors devra être reçu conformément au prescrit de l'art. 2 de la loi précitée.

236. — L'opinion de M. Duvergier, au point de vue du texte de la loi du 21 juin 1843, ne repose donc pas sur un argument bien démonstratif ; mais résulte-t-elle au moins suffisamment, ainsi que le prétend cet auteur (*loc. cit.*), de la discussion à la chambre des députés ?

237. — En consultant cette discussion, l'on voit que, lors du débat qui s'engagea sur l'art. 2 de la loi précitée du 21 juin 1843, M. Pellereau de Villeneuve demanda que l'on supprimât du nombre des actes soumis aux formalités de cet art. 2 l'acte de révocation de donation entre époux, mais qu'il ne fût pas donné suite à cette demande, combattue par M. Marchal, et que l'on maintînt le paragraphe tel qu'il était rédigé. Or, cette circonstance ne fournit pas à l'opinion de M. Duvergier une base suffisante ; ne serait-il pas, en effet, possible que si le paragraphe a été maintenu tel qu'il était, c'est précisément parce que, laissant d'ailleurs intacte la faculté de révoquer sous toute autre forme les donations entre époux, et ne statuant que pour le cas où il conviendrait au donateur de choisir la forme notariée, il n'y avait dès lors aucune nécessité d'en modifier la rédaction pour en supprimer ce qui n'y était pas contenu ?

238. — L'art. 2, L. 21 juin 1843, ne paraît donc pas trancher suffisamment la difficulté relative à la forme de la révocation des donations entre époux. On a déjà vu quelle était à cet égard l'opinion de Delvincourt, de Toullier et de M. Coin-Delisle. Suivant une autre opinion, à laquelle nous croyons devoir nous ranger, il faut appliquer à la révocation des donations entre époux depuis le mariage les formes de révocation des dispositions testamentaires. — Chabrol, *Cout. d'Auvergne*, t. 2, p. 279 ; — Grenier, *Donations*, t. 2, no 779 ; Marcadé, sur l'art. 1096, C. civ., no 4.

239. — Jugé dans ce sens que la donation entre époux pendant le mariage peut être révoquée par testament olographe. — *Amiens*, 13 juill. 1822, Delavande c. Demarest ; *Douai*, 3 nov. 1836, Thorel c. Lefebon.

240. — Il faut ajouter que les donations peuvent aussi être révoquées par les modes de révocation *tacite* admis à l'égard des testamens par les art. 1036 et suiv., C. civ.

241. — ... Notamment par un acte postérieur qui contiendrait des dispositions incompatibles avec la donation, ou qui y serait contraire. — C. civ., art. 1036.

242. — ... Par exemple, par un testament. — *Paris*, 17 juill. 1826, N...

243. — Ainsi encore, lorsqu'une femme mariée a donné tous ses biens à son mari pendant le mariage, cette donation se trouve révoquée de la part de la femme par la donation postérieure qu'elle a faite de la nu-propriété de ses biens à un tiers, et de l'usufruit seulement à son mari, en présence et avec l'autorisation de ce dernier. — *Lyon*, 25 mai 1827, sous *Cass.*, 9 juin 1830, Guichenon c. Vazaret.

244. — Et l'arrêt qui décide ainsi que cette donation a été révoquée par le consentement mutuel des deux époux, en motivant sa décision sur les actes et les circonstances de la cause, ne constitue qu'une appréciation de fait, qui ne viole aucune loi, et est à l'abri de la cassation. — *Cass.*, 9 juin 1830, Guichenon c. Vazaret.

245. — Jugé, dans le même sens, que la donation faite par un époux à son conjoint pendant le mariage est révoquée par le don préciputaire qu'il a fait ensuite à son enfant, et jusqu'à concurrence de ce don. — *Montpellier*, 27 mars 1835, Cot c. Delmas.

246. — Mais la donation d'une somme d'argent, par le mari à sa femme, pendant le mariage, n'est point révoquée par une donation postérieure, à titre de préciput, en faveur d'un enfant issu d'un premier lit, quoique ces donations réunies excèdent la quotité disponible, surtout s'il n'est pas justifié qu'à l'époque de la seconde disposition le donateur savait que les deux libéralités excédaient le quart de sa fortune. — *Toulouse*, 21 mai 1829, Juliac c. Solomiac.

247. — En principe, également, il y aurait révocation tacite par l'aliénation, à quelque titre que ce fût, de l'objet précédemment donné. — C. civ., art. 1038.

248. — Toutefois, l'art. 1038, C. civ., qui révoque le legs pour tout ce qui a été aliéné depuis par le testateur, n'est applicable qu'au legs d'un objet déterminé, et non, par exemple, à une donation de tous les biens présens et à venir faite entre époux pendant le mariage. Le donataire conserve le droit d'exiger le prix de la vente, surtout lorsqu'elle a été faite par lui-même au nom et du consentement de son épouse donatrice. — *Riom*, 5 déc. 1825, Touzerie c. Sadoul.

249. — Jugé que la révocation d'une donation résulte implicitement de l'acte par lequel le donateur ratifie la vente qu'un tiers aurait faite de l'objet donné. — *Metz*, 14 fév. 1812, Bostchot c. Gaascht.

250. — La révocation du legs fait par la femme à son mari, dans un testament postérieur à une donation indirecte qu'elle lui a faite durant le mariage, ne peut être réputée entraîner tacitement la révocation de la donation antérieure.

251. — Il faudrait aussi décider, par application de l'art. 1020, C. civ., relatif aux legs, que la donation entre époux n'est pas révoquée par une simple constitution d'hypothèque sur les biens donnés, mais que, néanmoins, les héritiers du donateur ne seraient pas obligés de dégager les biens hypothéqués, sauf le recours que l'époux donataire aurait contre eux, s'il avait acquitté la dette pour éviter l'action hypothécaire des créanciers. — V. conf. nov. 160, cap. 1, § 1 ; — Toullier, t. 5, no 924 ; Delvincourt, t. 2, notes, p. 450 ; Poujol, sur l'art. 1096, no 4 ; Vazeille, sur le même art., no 11 ; Rolland de Villargues, *loc. cit.*, no 41. — V. *contrà* L. 12, Cod., *De donat. inter virum et uxor.*

252. — Jugé, en effet, que la constitution par le donateur au profit d'un tiers d'une hypothèque sur un immeuble déjà hypothéqué à la garantie de la donation par lui faite à son conjoint n'emporte pas révocation tacite de cette donation, lors même que la vente de l'immeuble a été faite par le donateur moyennant un prix insuffisant pour désintéresser ses créanciers et son conjoint donataire. — *Limoges*, 1er fév. 1840 (t. 1er 1840, p. 637), Périor c. Célérier.

253. — Remarquons d'ailleurs que la faculté de révoquer une donation est personnelle à l'époux donateur, et ne peut être exercée de son chef par ses créanciers. — Même arrêt. — V. aussi *Riom*, 5 déc. 1825, Touzerie c. Sadoul. — V. CRÉANCIER.

254. — L'augmentation de dot reconnue par le mari durant le mariage doit être être réputée donation déguisée, si la femme ne justifie pas d'où elle lui est provenue. — L'époux qui a fait une telle libéralité a pu la révoquer par une donation postérieure. — *Nîmes*, 25 nov. 1819, Ducoingt c. Revoil. — V. DONATION DÉGUISÉE, DOT.

255. — Un don manuel entre époux est valable par la seule tradition ; mais il est révocable. — *Bordeaux*, 14 mars 1835, Olanyer c. Guilhem. — V. DON MANUEL.

256. — La preuve du don manuel du capital

DONATION ENTRE ÉPOUX, ch. 3, sect. 2e.
DONATION ENTRE ÉPOUX, ch. 3, sect. 2e.

d'une rente constituée résulte suffisamment de ce que le mari a fourni les deniers avec lesquels la rente a été constituée au profit de la femme. — Même arrêt.

257. — Comme les donations faites par contrat de mariage, celles faites pendant le mariage peuvent comprendre les trois espèces de biens dont il a été question plus haut. — Delvincourt, t. 2, notes, p. 448; Poujol, sur l'art. 1096, C. civ., nº 3; Duranton, *loc. cit.*, nº 775; Rolland de Villargues, vº *Donation entre époux*, nº 25; Marcadé, *loc. cit.*, nº 2.

258. — Vainement objecterait-on contre cette proposition qu'aux termes de l'art. 943 les donations entre-vifs ne peuvent comprendre que des biens présens, et qu'il n'y a pas de motif pour faire une exception en faveur des donations entre époux pendant le mariage. Il suffirait, pour lever cette objection, de remarquer que l'art. 947, C. civ., déclare précisément que l'art. 943 est inapplicable aux donations dont il est parlé dans le chap. 9, et par conséquent, aux donations faites entre époux pendant le marige. — V. conf. Marcadé, *loc. cit.*

259. — D'ailleurs si, aux termes de l'art. 943, C. civ., l'on ne peut donner que des biens présens, c'est parce que la donation entre-vifs suppose le dessaisissement actuel et irrévocable de la part du donateur, ce que ne suppose pas, au contraire, la donation entre époux, dont la nature, dès-lors, ne s'oppose pas à ce que l'on puisse donner des biens à venir.

260. — Peu importe, du reste, quant à la faculté de révoquer, sur quelle espèce de biens portent les donations entre époux. L'art. 1096, C. civ., qui les déclare révocables, en se servant du mot : TOUTES DONATIONS, les comprend évidemment toutes indistinctement. — V. conf. Poujol, *loc. cit.*, nº 3.

261. — Peu importe aussi, sous ce même rapport, que la donation soit simple ou mutuelle. — Favard, *Rép.*, vº *Don mutuel entre époux*, nº 2.

262. — Quant à la question de savoir si les donations entre époux, toujours révocables par la simple volonté du disposant, le sont aussi pour ingratitude du donataire ou pour inexécution des conditions, question qui offre de l'intérêt, sinon à l'égard du donateur lui-même, du moins à l'égard de ses héritiers, V. DONATION ENTRE-VIFS.

263. — Les donations entre époux deviennent-elles caduques par le prédécès du donataire? — L'affirmative paraît incontestable pour la donation de biens à venir ou celle de biens présens et à venir; en effet, le prédécès du donataire la rend caduque alors même qu'elle est faite aux époux par des tiers (C. civ., art. 1089), ou par l'un des futurs conjoints à l'autre dans leur contrat de mariage. — C. civ., art. 1093.

264. — Il y a un peu plus de difficulté pour le cas où la donation aurait pour objet des biens présens; cependant, même pour ce cas, nous croyons, avec tous les auteurs, qu'il faut adopter la même solution. — Duranton, nºs 776 et suiv.; Marcadé, sur l'art. 1096, C. civ., nº 3; Coin-Delisle, sur le même article, nº 6; Toullier, t. 5, nº 918; Grenier, *Des donations*, t. 2, nº 454; Delvincourt, t. 2, notes, p. 449; Rolland de Villargues, *loc. cit.*, nº 32; Poujol, sur l'art. 1096, C. civ., nº 7; Vazeille, sur le même article, nº 9.

265. — Telle était, en effet, la doctrine suivie dans les pays de droit écrit, qui eux-mêmes l'avaient reçue du droit romain; et il n'est pas probable que le législateur, en empruntant aux pays de droit écrit l'institution de la donation entre époux, ait entendu la constituer sous les conditions autres que celles sous lesquelles elle a toujours existé. D'un autre côté, il y a un argument *à contrario* tiré de ce que, l'art. 1092, C. civ., décidant que toute donation entre-vifs de biens présens faite entre futurs conjoints *par contrat de mariage* n'est point censée faite sous la condition de servir la donataire; il s'ensuit tout naturellement qu'il en doit être autrement pour les donations faites entre époux depuis le mariage.

266. — Cette opinion est d'ailleurs confirmée par l'art. 1093, C. civ., d'après lequel les donations de biens à venir ou de biens présens et à venir faites entre époux *par contrat de mariage*, bien qu'elles soient irrévocables, ne sont point transmissibles aux enfans issus du mariage en cas de prédécès du donataire : or, *à fortiori*, n'en doit-il pas être ainsi des donations faites pendant le mariage, qui sont essentiellement révocables.

267. — Il résulte enfin de la combinaison des art. 1086 et 1093, C. civ., que si l'époux donateur *par contrat de mariage* s'est réservé la faculté de disposer d'un objet compris dans la donation, et que le donataire vienne à mourir le premier, les objets réservés ne sont point transmis aux enfans du donataire. Or, évidemment, la faculté de révoquer jusqu'à la mort laissée à l'époux donateur *pendant le mariage* doit être au moins assimilée à la liberté de disposer stipulée à l'égard des donations par contrat de mariage, et opérer, comme elle, au cas de prédécès du donataire, la caducité de la donation.

268. — L'on peut d'ailleurs, selon nous, fortifier encore ces divers argumens par cette considération, à savoir que, par suite du caractère de révocabilité, la donation n'est parfaite qu'au moment de la mort, et qu'elle est alors parfaite, parce que, le donateur n'ayant pas révoqué, on suppose qu'il a persisté à donner; or, on ne peut supposer qu'il ait persisté à donner à quelqu'un qui n'existe plus. — D'un autre côté, si l'on admettait cependant une supposition aussi peu probable, il faudrait bien au moins reconnaître que la propriété des biens donnés ne passerait, en cas de prédécès de l'époux donataire, à ses héritiers que sous la même condition de révocabilité dont ils étaient affectés entre les mains du donataire lui-même; or, ce serait là une position bizarre que l'on ne comprend qu'entre conjoints, qui ne se justifie que relativement à eux, parce que, entre eux, le caractère de révocabilité constitue une garantie du maintien de la bonne harmonie dans le ménage.

269. — Jugé cependant, contrairement à ces principes, que la donation de biens présens faite entre époux pendant le mariage ne devient pas caduque par le prédécès de l'époux donataire, et profite, dès-lors, aux héritiers de ce dernier si elle n'a pas été révoquée par le donateur. — *Limoges*, 1er fév. 1840 (t. 1er 1842, p. 637), Périer c. Célérier.

270. — Les donations entre époux pendant le mariage, révocables au gré du donateur, caduques par le prédécès du donataire, semblent tenir de bien près aux testamens, et c'est pour indiquer qu'elles participent de la donation entre-vifs et du testament que Grenier (*Observ. prélim.*, nº 1er) leur a donné le nom de *dispositions mixtes*. — V. conf. Coin-Delisle, sur l'art. 893, C. civ., nº 8.

271. — Jugé, d'un autre côté, que, sous l'empire de l'ord. de 1731, les donations entre mari et femme, pendant le mariage, prennent tous les caractères des donations à cause de mort, peuvent, en conséquence, s'étendre aux biens présens et à venir, et sont dispensées de l'insinuation. — *Agen*, 20 déc. 1810, Bruel c. Mompeysen. — V. conf. Toullier, t. 5, nº 918; Rolland de Villargues, *Rép.*, vº *Donation à cause de mort*, nº 9. — V. DONATION A CAUSE DE MORT.

272. — Les caractères que l'on a reconnus dans la donation entre époux pendant le mariage expliqueraient même l'assimilation que l'on pourrait être tenté d'établir entre elle et les testamens.

273. — Dans un autre système l'on distingue, pour préciser la nature de la donation entre époux, le cas où elle ne comprend que des biens présens de celui où elle comprend soit des biens à venir, soit à la fois des biens présens et à venir. Dans le premier cas, on lui assigne les effets et le caractère d'une donation entre-vifs, sauf la caducité par le prédécès du donataire (V. *suprà* nºs 263 et s.); dans le second, le caractère et les effets d'un testament. — V. dans ce sens Duranton, nº 778. — V. aussi Merlin, *Rép.*, vº *Don mutuel*, nº 3; *Quest. de dr.*, vº *Révocation de donation*, § 4.

274. — Dans ce système, et lorsque la donation comprend des biens à venir, l'on conclut très logiquement, notamment, que c'est aux héritiers du conjoint donataire à prouver que leur auteur a survécu, et que si les deux époux périssaient dans le même événement, sans qu'on pût reconnaître quel est celui qui est mort le dernier, la donation serait caduque, faute de pouvoir prouver la survie du donataire, quand bien même, d'après les présomptions de survie établies aux art. 721 et suiv., C. civ., le donataire serait censé avoir survécu, à raison de l'âge ou du sexe; car ces présomptions ne sont applicables qu'en matière de succession légitime. — V. SUCCESSION. — Duranton, *loc. cit.*

275. — Mais ces divers systèmes tombent devant cette considération que les donations entre époux pendant le mariage sont qualifiées *donation entre-vifs* par le législateur, et que l'on ne peut admettre qu'il se soit trompé sur la nature de l'acte auquel il appliquait une pareille qualification. — V. dans ce sens Marcadé, sur l'art. 1096, C. civ., nº 1er; Rolland de Villargues, *Rép.*, *loc. cit.*, nº 30 (dont l'opinion paraît ici contraire à celle précédemment émise sous le mot DONATION A CAUSE DE MORT, nº 9).

276. — Vainement dirait-on, pour refuser à la donation entre époux le caractère de donation entre-vifs, qu'elle n'a pas le caractère distinctif de la donation entre-vifs, à savoir l'irrévocabilité (V. C. civ., art. 894); on répondrait avec M. Coin-Delisle (*Donat. et testam.*, art. 893, nº 7) que, de ce qu'un contrat est, dans une circonstance particulière, dépouillé de son caractère distinctif, il ne s'ensuit pas qu'il change de nature. C'est ainsi, par exemple, que le dépôt est un contrat essentiellement gratuit, aux termes de l'art. 1917, C. civ. (V. ce mot), et que cependant, dans notre droit, il a pu devenir l'objet d'une stipulation de salaire, sans cesser pour cela d'être un dépôt. — C. civ., art. 1928, alin. 2. — Or, il y a même raison de décider en ce qui concerne la donation entre-vifs.

277. — C'est donc avec raison qu'il a été jugé qu'une donation faite par l'un des époux à son conjoint, durant le mariage, de partie de biens meubles et immeubles, bien que révocable par l'époux donateur, jusqu'à sa mort, doit être réputée donation entre-vifs. — *Rouen*, 7 fév. 1816, Guiry c. Daptot; *Cass.*, 19 avr. 1843 (t. 1er 1843, p. 585), Burdelot c. Briand et Lonazel. — Inst. de la régie du 3 juin 1809, art. 432, nº 3. — V. toutefois, en sens contraire, *Cass.*, 5 déc. 1816, Boursier; 20 juill. 1836, Pellegrin; 22 janv. 1838 (t. 1er 1838, p. 120), Enregist. c. Guillaume.

278. — Il en est ainsi lors même qu'elle ne porterait que sur les objets qui existeront au décès et que l'acte serait qualifié *à cause de mort*. — *Nancy*, 27 août 1814, Ménestrel.

279. — Et puisque la donation entre époux constitue une disposition entre-vifs, elle reste soumise à celles des règles générales auxquelles elle n'a pas été soustraite par une règle spéciale. — Marcadé, Rolland de Villargues, *loc. cit.*

280. — Ainsi, par exemple, la loi n'affranchissant pas les donations faites entre époux pendant le mariage de la formalité de l'acceptation expresse, ainsi qu'elle le fait pour celles qui ont lieu par le contrat de mariage (V. *suprà* nº 77), elles ont, dès-lors, besoin d'être acceptées expressément. — Toullier, nº 317; Grenier, nº 458; Duranton, nº 774; Poujol, *loc. cit.*, nº 7; Marcadé, *loc. cit.*, nº 1er; Rolland de Villargues, *loc. cit.*, nº 31.

281. — Ainsi encore, elles ne peuvent se faire que par acte notarié dont il reste minute. — C. civ., art. 931.

282. — Jugé qu'une donation entre-vifs faite par un époux à son conjoint, pour avoir effet en cas de survie du donataire, n'est pas nulle, quoique non revêtue des formes prescrites pour les testamens. — *Cass.*, 22 juill. 1807, Lecouvreur. — *Rennes*, 18 nov. 1806, Bouttier c. Celtens; *Cass.*, 5 déc. 1816, Boursin c. Ménestrel; *Rennes*, 11 juill. 1820, Legendre; — Grenier, nº 457; Delvincourt, t. 2, p. 449; Duranton, nº 775; Toullier, nº 917; Merlin, *Rép.*, vº *Donation*, sect. 11e. — V. *contrà* *Rennes*, 15 thermid. an XIII, Cheny c. Lecouvreur.

283. — Ajoutons que l'état estimatif du mobilier est nécessaire; l'art. 947, C. civ., fait exception seulement aux quatre articles qui le précèdent, et non à l'art. 948; d'ailleurs, on en conçoit parfaitement l'utilité, quoi qu'en disent Grenier (nº 456) et M. Duranton (t. 8, nº 505). — En effet, l'état est utile pour le cas de réduction ou rapport, et aussi pour que le donateur puisse recouvrer, en cas de révocation, tous les meubles dont il s'était dessaisi. — *Cass.*, 16 juill. 1817, Daptot c. Guiry; *Limoges*, 28 nov. 1826, Combe; — Toullier, *loc. cit.*; Marcadé, sur l'art. 1096, C. civ., nº 1er.

284. — Jugé, toutefois, mais dans des hypothèses où la donation entre époux portait sur des biens à venir, ou sur des biens présens et à venir, qu'il n'était pas nécessaire qu'un tel acte fût accompagné d'un état estimatif des meubles. — *Amiens*, 2 mai 1807, d'Arras c. Paris; *Rennes*, 11 juill. 1820, Legendre; 28 juill. 1821, Tremel c. Carré, *Riom*, 5 déc. 1825, Touzerie c. Sadoul; *Bruxelles*, 25 mai 1830, Remlens c. Donde; *Paris*, 29 (et non 27) août 1834, Mondet c. Coland.

285. — ...Que la législation française sur la forme des donations n'est pas applicable à une donation de choses mobilières faite par un mari étranger à sa femme étrangère. — *Paris*, 14 août 1827, sous *Cass.*, 19 mai 1830, Taaffe c. Bellew.

286. — Du moins l'arrêt qui le décide ainsi est à l'abri de la censure de la cour de Cassation, comme n'ayant violé aucune loi. — Même arrêt.

287. — Quant à la transcription, elle nous paraît également devoir être ici exigée; remarquons toutefois que, comme la révocation totale ou partielle peut résulter tacitement de l'aliénation de la chose donnée, ou de la concession de droits réels par le donateur, cette transcription n'aurait guère d'utilité pour le donataire qu'à l'égard des créanciers chirographaires qui voudraient pratiquer une saisie sur les immeubles donnés, ou à l'égard des créanciers qui, postérieurement à la donation, pourraient acquérir hypothèque sans le concours

de la volonté du donateur (une hypothèque judiciaire). — Marcadé, *loc. cit.* — V. TRANSCRIPTION DES DONATIONS.

288. — Ainsi, c'est bien à tort que Grenier (n° 456), et Delvincourt (t. 2, notes, p. 450), prétendent que la transcription est ici sans objet.

289. — De ce que les donations entre époux pendant le mariage doivent être réglées par le principe des donations entre-vifs, il suit encore :

290. — ... Que les donations entre époux faites pendant le mariage saisissent immédiatement l'époux donataire, de telle sorte que la chose donnée se trouve à l'abri des poursuites dirigées par les créanciers du donateur pour dettes contractées par celui-ci postérieurement à la donation. — *Cass.*, 18 avr. 1838 (t. 1er 1838, p. 492), Paillet c. Dubarret. — *Cass.*, 5 avr. 1836, Mondet c. Coland. — V. cependant *Cass.* (motifs), 22 janv. 1838 (t. 1er 1838, p. 120), Enregist. c. Guillaume.

291. — ... Que, le donataire étant saisi par son acceptation, sauf la condition de non-révocation, l'effet de la donation remonte au jour de cette acceptation, et non pas seulement au jour de la mort du donateur, comme l'effet des testamens. — Toullier, n° 919 ; Poujol, *loc. cit.* ; Rolland de Villargues, *Rép., loc. cit.*, n° 34 ; Coin-Delisle, *Donat. et testam.*, sur l'art. 893, C. civ., n° 7, et sur l'art. 923, n° 6.

292. — ... Que la donation entre époux pendant le mariage n'est sujette à aucune demande en délivrance, alors même qu'elle comprendrait des biens à venir. — *Paris*, 29 (et non 27) août 1834, Mondet c. Coland ; *Cass.*, 5 avr. 1836, mêmes parties. — V. conf. Toullier, n° 921 ; Grenier, p. 102, n° 453 ; Rolland de Villargues, *loc. cit.*, n° 35 ; Poujol, sur l'art. 1096, C. civ., n° 8 ; Guilhon, *Des donations*, n° 1038 ; Coin-Delisle, sur l'art. 1096, C. civ., n° 4. — Delvincourt, t. 2, notes, p. 448 et suiv.

293. — ... Et, par conséquent, que le donataire a droit, dans tous les cas, aux fruits dès le jour du décès du donateur. — Poujol, Toullier, *loc. cit.*

294. — ... Qu'en cas de réduction à la quotité disponible, l'art. 923, C. civ., serait appliqué aux donations entre époux, en ce sens qu'elles ne seraient réduites qu'après les legs et les donations entre-vifs postérieures, pourvu toutefois que les donations ou legs n'en continssent pas révocation expresse ou tacite. — V. QUOTITÉ DISPONIBLE.

295. — ... Que l'époux mineur, relevé de son incapacité par l'art. 1095, C. civ., seulement en ce qui concerne les donations par contrat de mariage, est replacé pendant le mariage sous l'application des art. 903 et suiv., C. civ. — V. DISPOSITION A TITRE GRATUIT, n° 295.

296. — Ainsi, la libéralité faite dans la forme des donations entre-vifs par une femme majeure de seize ans, mais mineure de vingt-et-un, en faveur de son mari, des biens qu'elle laissera à son décès, constitue une véritable donation entre-vifs, nulle aux termes de l'art. 904, C. civ. — *Cass.*, 12 avr. 1843 (t. 1er 1843, p. 585), Bendelot c. Briand.

297. — Si le mineur a plus de seize ans, il peut donner à son épouse la moitié de la quotité disponible réglée par l'art. 1094, C. civ. — Arg. C. civ., art. 904 ; — Duranton, t. 8, n° 187. — V. QUOTITÉ DISPONIBLE.

298. — Mais il ne pourra disposer de cette quotité que dans la forme testamentaire ; c'est, en effet, la seule que l'art. 904, C. civ., lui permette, bien que la donation entre époux pendant le mariage soit révocable comme le testament. — Maleville, sur l'art. 1095, C. civ. ; Grenier, n° 961 ; Levasseur, *De la quotité disponible*, n° 63 ; Toullier, n° 925. — V. DISPOSITION A TITRE GRATUIT.

299. — Jugé à l'égard d'une donation de biens à venir, que le mineur âgé de plus de seize ans, ne peut, durant le mariage, disposer en faveur de son conjoint autrement que par testament ; et qu'en conséquence, la donation *des biens qu'il laissera à son décès* peut être annulée sur la demande de ses héritiers, encore même qu'il soit décédé en majorité. — *Paris*, 10 nov. 1820, Rouvel. —

300. — Quant à l'influence que la mort civile de l'un ou de l'autre des conjoints peut exercer sur le sort des libéralités faites pendant le mariage, V. MORT CIVILE.

301. — Pour ce qui concerne les testamens, l'art. 1097, C. civ., n'établit pas, au surplus, une disposition particulière aux époux. Il y a, à cet égard, une disposition générale dans l'art. 968, C. civ. — V. TESTAMENT.

302. — Quant aux donations mutuelles et réciproques, les époux ne peuvent, sous le Code civil, s'en faire aucune pendant le mariage, par un seul et même acte. — C. civ., art. 1097. — V. DON MUTUEL.

V. CONTRAT DE MARIAGE, DISPOSITION A TITRE GRATUIT, DON MANUEL, DON MUTUEL, DONATION A CAUSE DE MORT, DONATION DÉGUISÉE, DONATION ENTRE-VIFS, ENREGISTREMENT, TESTAMENT.

DONATION ENTRE-VIFS.

Table alphabétique.

DONATION ENTRE-VIFS. — 1. — Acte solennel par lequel on se dépouille gratuitement, actuellement et irrévocablement de tout ou partie de ses biens, en faveur d'un individu qui l'accepte. — C. civ., art. 894.

—

CHAPITRE 1er. — *Historique.*

2. — La donation, chez les Romains, n'était pas, dans son origine, un contrat entre parties : c'était une translation de propriété opéré par pure libéralité, soit à l'aide de la *cessio in jure* ou de la mancipation pour les choses *mancipè*, soit à l'aide de la simple tradition pour les choses *nec mancipi*. — *Vatic. frag.*; *De donat. ad legem Cinciam.*

3. — Dès l'an 550 de Rome, la loi *Cincia* mit des bornes aux libéralités entre-vifs qui, par suite des exigences des patriciens envers leurs cliens, avaient pris une extension excessive. — *Vatic. fragm.*, *ibid.*

4. — La donation n'étant qu'un *pacte*, c'est-à-dire une convention non obligatoire par elle-même; si le donateur voulait s'obliger, il fallait qu'il promît la chose avec les forces solennelles de la stipulation.

5. — Plus tard, la donation fut mise au nombre des pactes qui, bien que non obligatoires dans leur origine, l'étaient devenus postérieurement, par exception à la rigueur du droit. — V. Code théodosien, liv. 8, tit. 12, const. 1, 2, 5 et 6 de Constantin, et 851 d'Honorius et de Théodose.

6. — D'autre part, comme il fallait une désignation spéciale des choses données, on ne pouvait donner ni une universalité ni une portion aliquote de ses biens, ni, à plus forte raison, des biens à venir. — L. 4, Cod. hermogen., *De donation.*

7. — Justinien voulut que, par le seul consentement, et sans aucune tradition, la donation fût parfaite, qu'il y eût ou non un écrit; parfaite, en ce sens que le donateur pouvait être actionné pour livrer la chose, et, par cette tradition, rendre le donataire propriétaire. — Inst. just., liv. 2, tit. 7, § 2.

8. — Dès-lors on put, par actes entre-vifs, faire des donations universelles ou à titre universel. — L. 35, §§ 4 et 5, Cod. *De donat.*

9. — La donation entre-vifs étant un contrat, on crut pouvoir en prononcer la révocation quand le donataire manquait à son premier devoir : la reconnaissance. — L. ult., Cod., *De revoc. donat.*

10. — La survenance d'enfans faisait rentrer aussi dans les biens du patron les choses données à son affranchi. — L. 8, Cod., *eod.*

11. — Dès que l'on eut restreint dans des bornes plus justes la puissance paternelle, la légitime des enfants fut garantie contre les libéralités excessives du chef de famille. — LL. 5 et 7, Cod., *De inoff. donat.*

12. — Une dernière particularité à signaler dans l'histoire des donations en droit romain, c'est que Constantin les soumit à la formalité de l'insinuation (L. 25, Cod., *De donat.*), et que Justinien restreignit cette formalité aux donations de quelque importance. — Inst., eod.; L. 36, § 3, Cod., *De don.* — V. au surplus TRANSCRIPTION DES DONATIONS.

13. — Sous l'empire des coutumes, la donation entre-vifs était, comme aujourd'hui, essentiellement irrévocable, sauf les cas d'ingratitude et de survenance d'enfans.

14. — Dans les anciennes provinces de France régies par le droit romain, les pères ne pouvaient pas faire de donations entre-vifs à leurs enfans qui étaient sous leur puissance; pour que ces donations fussent valables, il fallait que les enfans fussent émancipés; cela provenait de ce que le père et le fils non émancipé n'étaient censés qu'une même personne; et les biens du fils, soumis à la puissance paternelle, appartenant au père, la donation faite au fils par le père l'aurait été au père lui-même. — L. 9, § 2, ff., *De donat.*

15. — L'ordonnance des donations de 1731 ne changea rien à la jurisprudence qui était suivie dans les pays de droit écrit. L'usage du royaume avait cependant introduit une voie particulière et qui n'était pas connue du droit romain, par laquelle la donation du père au fils en puissance était valable dans les provinces de droit écrit, et où les droits dérivés de la puissance paternelle étaient encore en vigueur : c'était la donation faite par contrat de mariage. Dans ce cas, la faveur extrême que la jurisprudence accordait aux contrats de mariage, faisait valoir la donation faite à un fils non émancipé. Dans presque tous les pays coutumiers, le mariage émancipait. Il en était de même dans quelques provinces régies par le droit écrit; mais dans le plus grand nombre de ces provinces le mariage n'émancipait pas.

16. — Jugé que, dans les anciennes provinces de France régies par le droit romain, la donation entre-vifs faite par le père à son fils mineur non émancipé, hors de mariage, n'était pas valable comme donation entre-vifs, mais comme disposition à cause de mort, si le donateur décédait sans l'avoir révoquée. — *Cass.*, 7 mars 1816, Rambot c. Meyer.

17. — Le droit de dévolution suivant lequel, dans la coutume de diverses villes et contrées de l'Alsace, les enfans avaient droit à la nu-propriété de tous les biens existans dans la communauté à l'époque du décès du prémourant de leurs père et mère, doit être considéré comme une véritable donation irrévocable, et non comme une simple expectative de succession. — *Colmar*, 20 août 1814, Beck c. Goepffert.

18. — L'art. 17, L. 17 niv. an II, qui autorisait les donataires ou légataires à retenir le sixième ou le dixième sur le montant des donations ou legs annulés par la dite loi, ne s'appliquait qu'aux donations à titre universel et non aux donations à titre particulier. — *Cass.*, 23 prair. an VIII, Legendre c. Pasquier.

19. — Quant aux lois qui régissent les donations entre-vifs, l'indication en a été présentée v° DISPOSITION A TITRE GRATUIT. — V. ce mot.

CHAPITRE II. — *Caractères essentiels de la donation entre-vifs.*

20. — Indépendamment des caractères essentiels qui sont propres aux donations entre-vifs, ainsi qu'on va le voir, il y a lieu de leur appliquer encore les règles qui concernent les dispositions à titre gratuit en général.

21. — Ainsi, il faut que le donateur et le donataire aient la capacité, le premier de donner, et le second de recevoir les biens objets de la donation. — DISPOSITION A TITRE GRATUIT.

22. — Il faut de plus, que le donateur ait la libre disposition des biens, objets de la donation. — V. QUOTITÉ DISPONIBLE.

Sect. 1re. — *Nature de la donation entre-vifs. — Gratuité.*

23. — La donation entre-vifs accompagnée de la tradition est au nombre des actes du droit des gens. — V. Heineccius, *Comment. sur le liv.* 2, tit. 7, *des instit. de Justinien*; Burlamaqui, *Elém. du dr. natur.*, chap. 12, § 1er; Ricard, *Donat.*, 1re part., n° 3; Pothier, *Coul. d'Orléans*, introd. au tit. 15, n° 4; Coin-Delisle, *Don. et testam.*, introd., n° 4.

24. — La donation entre-vifs est-elle un contrat? Pour la négative, on s'appuie : 1° sur ce que le projet du Code portait le mot *contrat*, et que, sur l'observation du 1er consul, dans la séance du 7 pluv. an XI, on y substitua le mot *acte*; 2° sur ce que la donation étant une manière de faire une libéralité au donataire, il semble contraire à la nature de cet acte d'imposer un lien de droit au gratifié. — V. Furgole, *Quest. sur les don.* 1re, n°s 32 et suiv., 3e n° 17, et 8e; *Obs. sur l'ord. de* 1731, art. 5, *préamb.*, et art. 18; Hotman, *Disput. jur. civ.*, *De donat. omn. gener.*, cap. 1; — Maleville, sur l'art. 894.

25. — Cette opinion avait, du reste, été adoptée par les parlemens de Toulouse et de Grenoble, qui avaient été influencés par quelques textes du droit romain. — L. 18, ff., *De donat.*; L. 14, ff., *De precar.*

26. — Quoi qu'il en soit, nous pensons que, lorsque le titre des donations est muet sur une question, c'est au titre des *Obligations* qu'il faut emprunter les règles de décision. — Grenier, n°s 76 à 82; Duranton, t. 8, n°s 13 et 14; Coin-Delisle, sur l'art. 894, n° 7; Vinnius, tit. *De donat., in pr.*; Gothofredus, *in* L. 7, Cod., *De his quæ vi metuve*, *in* L. 19, ff., *De verb. sign.*; Voet, Ad. *pandect.*, *De donat.*; Ricard, *Donat.*, introd. au tit. 15, n° 1er, et *Contrats de biens*, introd.; Domat, *Lois civ.*, liv. 1er, tit. 10, sect. 1re, n° 1er. — V. aussi LL. 55, ff., *De oblig. et act.*; 26, ff., *De donat.*; 7; Cod., *De his quæ vi metuve*; 8, Cod., *De præscript.*

27. — Il faut bien distinguer une donation d'une renonciation. Le donateur retient sur la chose donnée des droits, jusqu'à l'acceptation du donataire; tandis que le renonçant perd tout droit sur la chose à l'instant même : s'il s'en empare de nouveau, ce n'est qu'à titre de premier occupant. — Inst., lib. 2, tit. 1er, § 47; L. 2, § 1er, ff., *Pro derelicto.* — Dans le cas de renonciation, il n'y a aucun contrat entre le renonçant et le bénéficiaire. — Coin-Delisle, sur l'art. 894, n° 9.

28. — C'est d'après ce principe qu'il a été jugé que la renonciation que fait un légataire universel, en faveur des enfans de son colégataire, décédé avant le testateur, au droit d'accroissement qui lui appartient, ne constitue point une donation qui doive être acceptée d'une manière expresse pour être irrévocable. — *Cass.*, 12 nov. 1822, Bourguignon; — délibér. du 22 mai 1827 (*Journ. de l'enregist.*, n° 8822); Championnière et Rigaud, *Trait. des dr. d'enregist.*, t. 1er, n°s 506 à 594.

29. — De même encore, est valable l'acte sous seing-privé par lequel une personne déclare renoncer à un legs qui peut avoir été fait à son profit. Un tel acte renferme, non pas une donation, mais une renonciation à se prévaloir d'une libéralité incertaine. — *Bordeaux*, Paz et Oullié c. Oullié.

30. — Lorsqu'un légataire menaçant d'attaquer pour lésion la renonciation par lui faite à un legs considérable moyennant une rente viagère modique, il intervient des actes par lesquels, d'une part, l'héritier constitue une rente viagère plus forte, mais moindre encore que le revenu du legs, et d'autre part, le légataire renonce au greffe au bénéfice de son legs, la renonciation primitive a pu être déclarée une vente de droits successifs, et les actes ultérieurs constituer à la fois un contrat à titre onéreux et une transaction sur les difficultés relatives à l'exécution du legs ou à l'acte primitif de renonciation. — Dès-lors, une cour royale a pu décider que de pareils actes, ne renfermant point une donation, n'étaient pas révoqués pour cause de survenance d'enfant. — *Cass.*, 25 juin 1834, Hiller c. Pagan.

31. — Il faut remarquer toutefois qu'il n'y aurait plus une véritable renonciation, mais bien une donation, dans l'acte par lequel un créancier renoncerait à son droit au profit d'une personne autre que le débiteur, ou bien dans celui où un cohéritier renoncerait à une succession au profit de quelques uns seulement de ses cohéritiers, comme dans le cas de l'art. 780-1° du Code civil. — Coin-Delisle, sur l'art. 894, n° 13.

32. — Une donation entre-vifs peut être considérée comme un mode d'aliénation dans le sens de l'art. 1038, C. civ. — *Lyon*, 7 fév. 1827, Parléani c. comm. de Piogglola.

33. — C'est moins par la qualification qui lui est donnée que par l'ensemble de ses clauses et par ses résultats que se détermine le caractère d'un acte. — Dès-lors, bien qu'un acte soit dénommé *donation*, il peut être réputé constituer un contrat commutatif lorsque chacune des parties s'engage à donner ou à faire l'équivalent de ce qu'on lui donne ou de ce qu'on fait pour elle. — *Toulouse*, 15 fév. 1838 (t. 1er 1839, p. 440), Flandin.

34. — La convention par laquelle deux copropriétaires s'obligent à ne diviser ni liciter un immeuble indivis, et stipulent en outre que la part du prédécédé appartiendra en toute propriété au survivant des deux, ne constitue qu'un contrat commutatif et aléatoire, auquel on ne doit appliquer ni les formes ni les effets de la donation ou du testament. — *Cass.*, 10 août 1836, Furet c. Langlois.

35. — On ne doit pas attribuer le caractère de donations entre-vifs à des actes faits entre cohéritiers, à titre de transaction ou de pacte de famille, bien que ces actes contiennent des libéralités à l'égard d'un ou plusieurs d'entre eux. — *Cass.*, 15 nov. 1827, Geoffroy c. Rogier.

36. — Un acte par lequel des enfans font abandon à leur mère des revenus de tous les biens de leur père prédécédé peut être déclaré valable, encore bien qu'il soit sous signature privée, et qu'il ne mentionne aucune condition onéreuse comme faisant le prix de cet abandon. Un acte de cette nature n'a pas le caractère d'une donation. — *Metz*, 1er avr. 1821, François.

37. — L'acte par lequel une mère remet à l'un de ses enfans, pour la garder en propre, partie des sommes qu'un autre de ses enfans avait touchées pour elle en qualité de mandataire, doit être réputé un arrangement de famille, lequel est dispensé des formalités exigées pour les dispositions entre-vifs. — *Cass.*, 20 nov. 1832, Dehamel.

38. — L'obligation imposée au donataire de délivrer à un tiers certains meubles et effets, doit être considérée comme une simple charge de la donation, et non comme une donation particulière assujétie aux formes qui lui sont propres et susceptible d'acceptation. — *Angers*, 8 avr. 1808, Fusil c. Village.

39. — Ne doit pas nécessairement être considérée comme une disposition purement gratuite, sujette aux formalités des donations, la soumission de fournir telle somme pour la construction d'une église. — *Cass.*, 7 avr. 1829, Reverchon c. comm. de Morez.

40. — L'obligation par un simple billet de payer une somme d'argent à de futurs époux, afin de contribuer à la dot de la femme, est nulle comme étant une donation non revêtue des formalités essentielles à la validité de ce contrat. — *Nîmes*, 8 déc. 1808, de Chabanne c. de Maillan. — V. DONATION DÉGUISÉE.

41. — La disposition d'un objet déterminé faite dans un contrat de mariage est une donation et non pas une institution contractuelle. Ainsi les donateurs ne peuvent point, même à titre onéreux, disposer de l'objet donné. — *Bourges*, 2 mars 1807, Pilaut des Bourgoins c. de Gascoing.

42. — Jugé, de même, que la donation de divers immeubles, faite dans un contrat de mariage à l'un des époux, sous la réserve de l'usufruit en faveur du donateur, n'est pas une institution contractuelle, mais une véritable donation entre-vifs. — *Metz*, 3 déc. 1812, Chauvigny c. Duhoux.

43. — La stipulation, insérée dans un contrat de mariage, par laquelle un des époux renonce au droit de reprendre, lors de la dissolution de la communauté, le prix de ses immeubles propres aliénés pendant le mariage dont il n'aurait pas été fait expressément emploi, constitue une véritable donation au profit de son conjoint, et non une simple convention matrimoniale dispensée d'imputation sur la quotité disponible. — *Cass.*, 3 déc. 1839 (t. 2 1839, p. 590), Burgault c. Mirabeau.

44. — Il a été jugé que les donations faites aux enfans à naître par les époux dans leur contrat de mariage, doivent être considérées comme donations entre-vifs et frappées de nullité, si le contrat de mariage a été passé par acte sous signatures privées. — *Cass.*, 16 fruct. an VII, Dufaure Rochefort c. Montozon.

45. — Une donation faite par l'un des époux à son conjoint, durant le mariage, de partie de biens meubles et immeubles, bien que révocable par l'époux donateur, jusqu'à sa mort, doit être réputée donation entre-vifs. — *Cass.*, 16 juill. 1817, Daplot c. Guiry.

46. — Un acte par lequel des père et mère donnent tous leurs biens à leurs enfans, et où ceux-ci déclarent qu'ils transigent sur leurs droits, n'est point une donation entre-vifs proprement dite, mais bien un partage d'ascendans. — *Agen*, 6 juill. 1824, Capin c. Vincent. — V. PARTAGE D'ASCENDANT.

47. — Mais une démission de biens peut valoir comme donation entre-vifs, si elle est revêtue des formalités prescrites pour cette espèce d'acte. — *Rennes*, 10 août 1812, Mazurais c. N... — V. au surplus PARTAGE D'ASCENDANT.

48. — Pour qu'il y ait donation, il faut, ainsi qu'on vient de le voir, qu'il y ait libéralité effective; mais peu importe que cette libéralité soit amoindrie par les charges que le donateur a cru devoir imposer, ou motivée sur des services rendus. Ces sortes de donations, dans le premier cas, *onéreuses*, dans le second cas, *rémunératoires*, n'en sont pas moins soumises à toutes les formes des donations entre-vifs. — Coin-Delisle, sur l'art. 894, no 15. — V. DONATION ONÉREUSE, DONATION RÉMUNÉRATOIRE.

Sect. 2e. — *Dessaisissement actuel et irrévocable.*

49. — Pour qu'il y ait donation entre-vifs, il faut que le donateur se dépouille actuellement et irrévocablement de la chose donnée. — C. civ., art. 894.

50. — La maxime de notre droit coutumier, *donner et retenir ne vaut*, signifie-t-elle que, pour que la donation soit valable, il faut que le donateur ne puisse pas anéantir directement ou indirectement la libéralité, en se réservant de disposer de l'objet de la donation; ou bien faut-il entendre par là que, pour la validité de la donation, il est nécessaire, non seulement que la propriété soit transférée, mais encore que le donataire soit mis en possession?

51. — Le sens et la portée de cette maxime variaient suivant les coutumes. — Merlin, *Rép.*, vo *Donation*, sect. 5e.

52. — Ainsi, dans la Flandre flamande, il fallait que le donateur eût fait la tradition par déshéritance et adhéritance devant les juges de la situation.

53. — La coutume de Lorraine allait même (tit. 10, art. 3) jusqu'à annuler la donation de propres dans laquelle le donateur avait retenu l'usufruit.

54. — La plupart des coutumes considéraient la donation comme valable quand le donateur ne s'était pas réservé la faculté de disposer de l'objet donné. — Mais les unes exigeaient que la délivrance eût été faite du vivant du donateur. — Coutumes de Châlons, art. 64; Paris, art. 274; Orléans, art. 283.

55. — D'autres, au contraire, donnaient une action même contre l'héritier du donateur, quand la délivrance n'avait pas eu lieu avant le décès de ce dernier. — Coutumes du Bourbonnais, art. 122 et 123; de Touraine, 240; d'Anjou, art. 341; de Loudunois, ch. 25, art. 2.

56. — Pour suppléer, par des clauses de tradition feinte, à la tradition réelle qui, dans les cas qui précèdent, devait avoir lieu du vivant du donateur, on avait, dans l'ancien droit, imaginé un grand nombre de subtilités. — Grenier, *Disc. hist.*, sect. 1re; Toullier, t. 3, nos 221 et 222.

57. — Jugé spécialement que, dans les coutumes de nantissement, qui, pour la validité des donations entre-vifs à l'égard des héritiers du donateur, exigeaient que celui-ci se dessaisît entre les mains des juges fonciers de la situation des biens donnés, une donation faite après la publication de la loi du 19-27 sept. 1790 a été néanmoins valable, quoiqu'elle n'ait pas été suivie de la formalité du dessaisissement et que le donateur soit mort avant la publication de la loi interprétative du 19-29 avr. 1791. — *Cass.*, 14 messid. an IX, Gilkinet c. Abail. — Merlin, *Quest.*, vo *Donation*, § 3.

58. — Suivant les principes du Code civil, aujourd'hui le dessaisissement s'opère par la translation même de la propriété, sans qu'il soit besoin de tradition. — Art. 938.

59. — Si la tradition est utile, ce n'est point pour la validité de la donation, mais simplement pour empêcher les tiers d'acquérir des droits sur la chose donnée. — Coin-Delisle, sur l'art. 894, no 28.

60. — Car il pourrait arriver que, malgré la volonté des parties, la propriété ne fût pas transférée vis-à-vis des tiers s'il n'y avait pas eu tradition. C'est ce qui aurait lieu, dans les cas prévus par les art. 1141 et 1690, C. civ., et dans le cas où la transcription est nécessaire. — V. TRANSCRIPTION DES DONATIONS.

61. — Ce qui prouve, du reste, que l'idée dominante du législateur, en exigeant que le donateur *se dépouillât*, était que la donation fût indépendante du caprice du disposant, c'est qu'il a défendu expressément, sauf dans quelques cas exceptionnels (C. civ., art. 947), la donation des biens à venir, l'apposition de conditions dépendantes de la volonté du donateur, l'aggravation des charges connues du donataire, enfin la réserve de disposer des biens donnés. — C. civ., art. 943 à 946.

62. — Le dessaisissement ne porte que sur l'objet, de sorte que, s'il n'y a donation que d'une portion de la chose appartenant au donateur, il en restera propriétaire indivis pour le reste. — Coin-Delisle, sur l'art. 894, no 29.

63. — Le donateur peut aussi retenir, soit l'usufruit, soit la nu-propriété. — C. civ., art. 949 et 899. — V. aussi C. civ., art. 543, 1127, 2118 et le titre *De l'usufruit*.

64. — Le donateur qui aurait retenu la chose donnée comme usufruitier serait tenu en cette qualité jusqu'au terme de l'usufruit. — Vazeille, sur l'art. 938, no 1er.

65. — Il serait de même du donateur dépositaire. — Vazeille, *ibid.*

66. — Si, dans le cas de réserve d'usufruit, des embellissemens ou additions ont été faits par le donateur, les droits respectifs, à la cessation de l'usufruit, se régleront, non d'après l'art. 1019, mais bien suivant les principes des art. 522 et 599. — Vazeille, sur l'art. 949, no 4.

67. — C'est parce que le dessaisissement doit être actuel qu'il faut que la donation ne comprenne pas de biens à venir (C. civ., art. 943); car on ne peut se dessaisir que de ce que l'on a. — Ricard, *Donat.*, 1re part., nos 1001 et suiv.; Grenier, t. 1er, no 4.

68. — L'acte notarié qualifié de donation et de transaction, acte accepté ou signé par une mère et par ses enfans, et dans lequel la mère assigne à l'un de ceux-ci, enfant naturel, pour tous droits, une somme à prendre dans sa succession, est entaché de nullité, soit comme donation, en ce qu'il n'opère pas le dessaisissement actuel du donateur, soit comme transaction, en ce qu'il offre une stipulation sur succession non ouverte. — *Nancy*, 22 janv. 1838 (t. 2 1843, p. 326), André c. Masson.

69. — Mais le principe que le dessaisissement doit être actuel n'exclut pas les donations à terme, puisqu'il n'y a, dans ce cas, qu'un simple retard dans l'exécution. — C. civ., art. 1185.

70. — ... Ni les donations sous condition suspensive, puisque, la condition s'accomplissant, l'effet de ces donations remonte rétroactivement au jour de l'acceptation. — C. civ., art. 1179. — Duranton, t. 8, nos 20 et 21.

71. — Jugé, en ce sens, que la maxime *Donner et retenir ne vaut* ne forme point obstacle à ce que la donation soit faite sous une condition suspensive, et que la condition de survie des donataires ou de leurs descendans, apposée à une donation, ne peut lui faire perdre la nature de donation entre-vifs; — qu'ainsi est valable la donation faite sous condition que le donateur conserve jusqu'à son décès la propriété et l'usufruit des biens donnés. — *Bruxelles*, 5 mars 1829, N... — Domat, liv. 1er, tit. 10, sect. 1re, no 11; Grenier, t. 1er, no 22; Duranton, t. 8, nos 475 et 476.

72. — Une condition suspensive casuelle, comme celle de survie du donateur, n'empêche pas que la disposition n'ait dessaisi le donateur au profit du donataire, au moment même de l'acte. — *Cass.*, 27 mars 1833, Lirk.

73. — Mais l'époux donateur, qui a contracté sous la condition de survie, n'est point dessaisi de la plénitude de ses droits sur les objets par lui donnés conditionnellement. Il peut donc les aliéner, sauf les droits de l'époux donataire en cas d'accomplissement de la condition. — *Lyon*, 25 juill. 1837 (t. 1er 1838, p. 210), Plantier c. Thevenet; *Cass.*, 4 fév. 1835, Moulinier c. Ollié.

74. — Il y aurait encore dessaisissement actuel, bien que la donation à terme ou sous condition eût pour objet une somme d'argent ou d'autres choses fongibles. — Duranton, no 23; Coin-Delisle, sur l'art. 894, no 31.

75. — On objecte, il est vrai, contre cette solution que, lors de l'exigibilité, la fortune du donateur pourrait être altérée. Mais resterait toujours une action contre le donateur, et cette action peut être l'objet d'une donation, comme le serait une action contre un tiers dont la fortune serait soumise aux mêmes variations.

76. — D'ailleurs, bien qu'une donation ne soit pas encore exigible, on peut néanmoins introduire une action pour en faire reconnaître la validité, et celui qui a laissé discuter la demande en première instance ne peut objecter en appel qu'elle est prématurée. — *Bordeaux*, 5 juill. 1839 (t. 2 1839, p. 609), Cauley.

77. — Jugé, conformément à ces principes, que la donation qualifiée entre-vifs d'une somme dont le donateur se reconnaît débiteur envers le donataire, ne peut être annulée pour défaut de tradition de la chose donnée lorsque le donateur a remis entre les mains du donataire l'acte contenant la donation, et s'est obligé à payer les intérêts de la somme donnée dès le moment de la donation. — *Cass.*, 22 avr. (et non fév.) 1817, Landon de Vernon c. Pinson.

78. — Lorsque l'objet de la donation est une somme d'argent, pour en jouir seulement, les héritiers du donateur ne peuvent, en offrant les intérêts de cette somme, se dispenser de la délivrer. — *Paris*, 1er juin 1811, Cerveau c. Larue.

79. — Lorsqu'un père faisant à son fils donation universelle de ses biens par contrat de mariage, à charge de vie commune, se réserve de disposer, en cas de séparation, d'un objet de la donation (d'une pièce de terre, par exemple), en ajoutant qu'en cas de non-disposition, elle accroîtra à la donation, cette clause constitue plutôt une condition résolutoire qu'une condition potestative, en ce que la séparation dépend à la fois de la volonté du donataire et du donateur. Elle sort, en conséquence, de la classe des réserves attribuées aux héritiers, en cas de non-disposition du donateur

(L. 14 pluv. an V); et, dès-lors, le donataire est censé avoir été saisi de l'objet réservé dès le jour de la donation, particulièrement si le donateur est décédé sous le Code civil. — *Toulouse*, 29 déc. 1825, Lay.

80. — Le dessaisissement doit, ainsi qu'on l'a vu, être *irrévocable*. — C. civ., art. 894.

81. — Une donation faite sous l'empire du droit romain par un père au fils en sa puissance, quoique révocable selon la loi, est cependant irrévocable par la convention, si le père donateur s'est engagé, par serment, à ne pas revenir contre la donation. En ce cas, la donation n'est pas soumise aux lois en vigueur à l'époque du décès du donateur, en ce qui touche la réduction. — *Florence*, 13 mai 1811, Catelani.

82. — La clause portant que les donataires ne pourraient vendre ni aliéner, ne rend pas la donation nulle, en ce que cette clause serait contraire au principe de l'irrévocabilité. — *Rennes*, 10 août 1812, Mazurais c. N...

83. — Lorsqu'un acte ne présente le caractère ni d'une vente, ni d'une donation, ni d'une transaction, qu'il ne contient pas tradition actuelle de propriété, mais qu'il renferme seulement au profit de celui qui stipule la réserve d'aliéner, d'hypothéquer ou autrement disposer de ce qui en fait l'objet, il ne peut plus en être disposé à titre gratuit et par testament. — *Angers*, 31 janv. 1824, Yallier c. Bonhommet.

84. — Mais lorsqu'un acte de donation est vicié d'une nullité absolue, le donateur n'est point lié par cet acte, et il peut disposer valablement des mêmes objets. — *Nîmes*, 12 mai 1819, Aussel c. Calvet.

85. — C'est pour obtenir, à l'encontre du donateur, la stabilité de la donation, que la loi détermine des formes spéciales (V. *infrà* nᵒˢ 383 et suiv.), défend d'apposer des conditions dont l'exécution dépendrait de la seule volonté du donateur (V. *infrà* nᵒˢ 516 et suiv.); de la grever de dettes ou charges autres que celles qui existeraient à l'époque de la donation (V. *infrà* nᵒˢ 526 et suiv.); — qu'elle veut enfin qu'un état estimatif fixe la valeur du mobilier donné, afin d'établir une base pour les réclamations relatives aux objets qui ne seraient pas représentés par le donateur, à la cessation de l'usufruit qu'il se serait réservé (V. *infrà* nᵒˢ 444 et suiv.).

86. — Du principe de l'irrévocabilité il résulte que la donation entre-vifs, faite en avancement d'hoirie par un père en faveur de l'un de ses enfans, n'est point soumise au rapport, au profit du légataire par préciput, pour déterminer le montant de la quotité disponible; et cela, quand bien même, par le testament qui contient le legs, le père de famille aurait exprimé en termes formels la volonté que le donataire rapportât ce qui lui avait été donné pour régler le préciput (C. civ., art. 857 et 893). — Il faut ajouter que, d'ailleurs, le rapport n'est pas dû au légataire. — *Cass.*, 5 juill. 1825, Aublau c. de Bourbol.

87. — Mais, jugé que, vis-à-vis de l'héritier, l'irrévocabilité des donations n'empêche point la réunion fictive des biens donnés, le donataire ne subissant de retranchement effectif que de la part de l'héritier non rempli de sa réserve. — *Turin*, 1ᵉʳ août 1812, N...; — Grenier, t. 2, nᵒ 597 *bis*; Duranton, t. 7, nᵒˢ 296 et suiv.; Favard, vᵒ *Partage de succession*, sect. 2ᵉ, § 2; Levasseur, *Portion disponible*, nᵒ 181.

88. — Dans le cas de don mutuel, si les héritiers du donateur ont, dans l'intervalle du décès de celui-ci à la transcription de la donation, vendu les biens donnés, la donation peut être opposée à l'acquéreur, bien que, dans cet intervalle, il ait fait transcrire son contrat. — L. 11 brum. an VI, art. 26 et 28; — *Cass.*, 28 prair. an XIII, Munant c. Ponce-Nivois.

89. — En principe, l'irrévocabilité de l'institution contractuelle n'a jamais été douteuse; les plus anciens auteurs l'attestent : — « *Dispositio statim ligat nec suspenditur, et ab eâ fit denominatio, sed executio habet tractum.* » dit Dumoulin, sur l'art. 271 de la coutume du Bourbonnais.

90. — Mais l'institution contractuelle n'interdit pas d'une manière absolue à l'instituant la disposition des biens compris dans la donation; il est laissé à l'arbitrage des tribunaux d'apprécier les causes de l'aliénation. — *Cass.*, 1ᵉʳ pluv. an IX, Grammont. — V. au surplus DONATION ENTRE ÉPOUX, DONATION PAR CONTRAT DE MARIAGE.

91. — Jugé que les libéralités faites dans un contrat de mariage à d'autres qu'aux époux sont révocables à la volonté de l'instituant. — *Bourges*, 31 août 1808, Appé.

92. — Les révocations de donations entre époux peuvent être implicites : ainsi la donation faite par un époux à son conjoint pendant le mariage est révoquée par le don préciputaire qu'il a fait ensuite à son enfant, et jusqu'à concurrence de ce don. — *Montpellier*, 27 mars 1835, Col c. Delmas.

93. — Lorsque des ascendans donnent à un de leurs enfans par contrat de mariage, *dès à présent et en la meilleure forme que donation puisse être, une somme déterminée, à prendre dans la succession et avant partage*, cette stipulation n'a pas les caractères d'une donation entre-vifs qui dépouille les donateurs actuellement et irrévocablement du droit de disposer de la chose donnée, même à titre onéreux. — *Metz*, 5 août 1819, Wendel c. Gand.

94. — Le donataire est seulement investi du droit irrévocable de prendre la chose dans la succession du donateur, si elle s'y trouve. — Même arrêt.

95. — La réserve faite par un donateur dans une institution contractuelle de disposer d'une partie des biens donnés n'ôte pas à la donation son caractère d'irrévocabilité. — *Agen*, 17 janv. 1807, Duveau c. Dutoga.

96. — Jugé, dans le même sens, que la donation faite par préciput dans un contrat de mariage n'est pas nulle parce que le donateur s'est réservé de disposer pour ses besoins de l'objet donné; le titre n'en est pas moins irrévocable. — *Bourges*, 4 juill. 1808, Métrol c. Rauty.

97. — Dans le ressort de la coutume d'Auvergne, la disposition par laquelle un tiers était associé au bénéfice d'une institution contractuelle était irrévocable, et elle a conservé son effet, quoique l'instituant ait survécu à la publication des lois des 17 niv. an II et 18 pluv. an V. — *Cass.*, 13 janv. 1818, Bellonte; — Lebrun, *Tr. des succ.*, liv. 3, chap. 2, nᵒ 13; Chabrol, sur la cout. d'Auvergne; — Grenier, *Tr. des donat.*, nᵒ 223.

98. — Sous la coutume de Normandie, la démission de biens était irrévocable et opérait dessaisissement actuel; conséquemment, elle devait être considérée comme une véritable donation entre-vifs, et être faite pardevant notaire, à peine de nullité. — Ord. 1731, art. 1ᵉʳ; — *Cass.*, 18 fructid. an XIII, Frémont c. Luce.

99. — C'est la loi en vigueur au moment du décès du donateur qui doit déterminer la validité de la donation lorsqu'elle n'est pas irrévocable. — *Grenoble*, 29 août 1806, Joannon; — Levasseur, nᵒ 193; Merlin, *Rép.*, vᵒ *Effet rétroactif*, sect. 3ᵉ, § 5, art. 6, nᵒ 5; Chabot, *Quest. trans.*, vᵒ *Donation*, § 3; Grenier, *Tr. des donat.*, nᵒˢ 441 et 442.

100. — Mais la règle qui soumet les actes de libéralité révocables à la loi du temps de l'ouverture ne peut s'appliquer qu'aux actes révocables à la volonté de celui qui les fait, tels que les testamens, et non à ceux qui ne peuvent être modifiés ou détruits que du consentement de toutes les parties intéressées, lesquels doivent être considérés comme irrévocables. Ainsi, une donation faite par un époux à son conjoint, en remplacement d'une autre donation contenue dans leur contrat de mariage, passé sous une législation qui permettait aux époux de changer leurs conventions matrimoniales, mais seulement de leur consentement commun, est un acte irrévocable régi par la loi existant à l'époque où il a été fait. — *Cass.*, 24 août 1825, Foltz c. Henchel et Bichlmann. — Merlin, *Rép.*, vᵒ *Effet rétroactif*, sect. 3ᵉ, § 3, art. 3, nᵒ 3..

101. — Bien que, dans un acte passé en Espagne, un Français ait, par une donation mutuelle et irrévocable d'après la loi espagnole, disposé de l'universalité de ses biens en faveur de son épouse, cette donation n'en est pas moins révocable, aux termes de l'art. 1096, C. civ., et elle ne peut empêcher l'un des époux de disposer postérieurement d'une partie de ces mêmes biens, alors surtout que ces biens sont situés en France. — *Pau*, 13 déc. 1836 (t. 2 1837, p. 359), Saint-Aubin d'Hernani c. Brice.

102. — Sous l'empire des lois romaines, l'héritier qui, en défendant à la demande en délivrance d'une donation, avait demandé la *révocation* d'une donation pour cause de survenance d'enfant, ne pouvait, après avoir succombé, demander ultérieurement la réduction de la donation pour parfaire la légitime. La nouvelle demande était repoussée par l'exception de la chose jugée, surtout s'il paraissait que la question de réductibilité, quoique non élevée par les parties, avait été prévue par les juges. — *Poitiers*, 24 déc. 1819, Girault c. Laurendeau.

103. — La prohibition de disposer en ligne directe, établie par la loi du 7 mars 1793, n'a été créée qu'en faveur des héritiers naturels. Les auteurs des libéralités ne peuvent s'en prévaloir pour demander eux-mêmes la révocation des donations. — LL. 7 mars 1793; 17 niv. an XI, art. 57; 22 vent. an XI, art. 44; — *Nîmes*, 15 mai 1827, Boet c. Riffard.

104. — Les avantages établis par les coutumes en faveur du mariage étaient irrévocables et n'ont pas été atteints par les dispositions de la loi du 17 niv. an II. — *Cass.*, 29 niv. an VI, Lebouef; 27 germin. an XII, Pultzeis c. Arnold; 8 prair. an XIII, Goessens; — Merlin, *Rép.*, vⁱˢ *Gains de survie*, § 2; *Loi*, § 6, nᵒ 2, et *Effets rétroactifs*, sect. 3ᵉ, § 3, art. 3, nᵒ 1ᵉʳ; Chabot, vᵒ *Douaire coutumier*; Proudhon, t. 1ᵉʳ, p. 30; Duranton, t. 1ᵉʳ, nᵒ 59.

Sect. 3ᵉ. — *Quels biens peuvent être l'objet de la donation.*

105. — Une donation entre vifs peut avoir pour objet : — 1ᵒ des biens meubles ou immeubles : — 2ᵒ des biens présens ou à venir.

§ 1ᵉʳ. — *Biens meubles ou immeubles.*

106. — La donation entre-vifs peut avoir pour objet des meubles soit corporels, soit incorporels, corps certains ou universalités.

107. — La donation faite par un père à l'un de ses enfans du prix d'un immeuble par lui acquis au nom de ses enfans mineurs, et payé de ses deniers personnels, doit être considérée comme purement mobilière. — Cette donation doit avoir d'autant plus ce caractère, alors que l'immeuble a été aliéné avant le décès du donateur, et que dès-lors le rapport ne constituerait qu'une créance purement mobilière. — En conséquence, lorsque cette donation émane d'un Anglais décédé en France, elle ne doit donner lieu ni à rapport ni à réduction. — *Paris*, 3 fév. 1838 (t. 1ᵉʳ 1838, p. 249), Stewart c. Marteau.

108. — Lorsque, après avoir disposé, à titre de préciput, et hors part, en faveur d'un de leurs enfans, de différens meubles et effets mobiliers que désigne l'acte de donation, les père et mère donateurs ajoutent qu'ils font en outre donation, hors part, au donataire, des autres meubles et effets mobiliers qu'ils délaisseront à leur décès, ces mots *meubles et effets mobiliers* doivent être pris dans un sens restrictif, et ne peuvent, par conséquent, comprendre les créances dues à leurs successions, ni, par suite, les sommes dont le donataire doit effectuer le rapport. — *Douai*, 31 déc. 1840 (t. 1ᵉʳ 1841, p. 188), Lefebvre c. Basset.

109. — Les rentes constituées ont été mobilisées par la loi du 11 brum. an VII sur les hypothèques, de sorte qu'elles ont été comprises dans les donations d'objets mobiliers faites depuis, sous l'empire de cette loi. — *Paris*, 1ᵉʳ juin 1812, de Blotteau c. de Garreau.

110. — Sur les autres questions relatives à l'étendue du sens des mots *meubles*, *mobiliers*, V. BIENS.

111. — En ce qui concerne les immeubles, V. BIENS, IMMEUBLES.

§. 2. — *Biens présens ou à venir.*

112. — Dans le droit romain ancien, comme la mancipation ou la tradition était nécessaire pour la donation, il y avait impossibilité de donner des biens à venir. Mais au temps de Justinien, à l'aide de la stipulation et du simple pacte, il fut permis au donateur de comprendre tous ses biens à venir dans ses libéralités entre-vifs. — LL. 5; Cod., *De inoff. don*; 8, Cod., *De revoc. don.*; 3, Cod., *De don*; 35, §§ 4 et 5, ff., *De don.*

113. — On adopta cette dernière règle dans les pays de droit écrit : il fallait seulement se réserver *quelque chose*, pour pouvoir tester. — V, Dargentré, sur la cout. de Bretagne, art. 218, gl. 5, nᵒ 3; cout. d'Auvergne, chap. 14, art. 22.

114. — Les pays coutumiers, au contraire, respectèrent, pour la plupart, la maxime *donner et retenir ne vaut*, et ne permirent les donations que sur les biens présens.

115. — C'est aussi le système adopté par l'ord. de 1731, dont l'art. 15 est ainsi conçu : « Aucune donation entre-vifs ne pourra comprendre d'autres biens que ceux qui appartiendront au donateur dans le temps de la donation; et si elle renferme des meubles ou effets mobiliers dont la donation ne contienne pas une tradition réelle, il en sera fait un état signé des parties, qui demeurera annexé à la minute de ladite donation, faute de quoi, le donataire ne pourra prétendre aucun desdits meubles ou effets mobiliers, même contre le donateur ou ses héritiers : défendons de faire dorénavant aucune donation des biens présens et à venir (si ce n'est dans le cas ci-après marqué), à peine de nullité desdites donations, même pour les biens présens, et ce, encore que le donataire eût été mis en possession du vivant du donateur desdits biens présens, en tout ou en partie. — V. Ricard, part. 1ʳᵉ, nᵒˢ 1001 à 1006; Furgole, sur l'art.

15 ; Grenier, *Dict. histor.*, sect. 1re, § 1er ; *Tr. des don.*, no 5 ; Merlin, *Quest.*, vo *Don mutuel*, § 6, *Rép.*, vo *Donation*, § 4, no 1.

116. — Enfin, telle est aujourd'hui la doctrine du Code civ. : « La donation entre-vifs ne peut comprendre que les biens présens du donateur ; si elle comprend des biens à venir, elle est nulle à cet égard. » — C. civ., art. 943. — C'est là une des conséquences du principe du dépouillement actuel et irrévocable.

117. — Cependant la prohibition de donner entre-vifs des biens à venir ne s'applique ni aux donations par contrat de mariage, ni aux donations entre époux. — C. civ., art. 947. — V. DONATION ENTRE ÉPOUX ; DONATION PAR CONTRAT DE MARIAGE.

118. — Nous n'avons à nous occuper ici des questions relatives aux biens à venir que par rapport aux donations entre-vifs, en dehors des libéralités qui peuvent être faites soit entre époux, soit par contrat de mariage.

119. — A la différence de ce que prescrivait l'ord. de 1731, aujourd'hui, dans le cas de donation cumulative de biens présens et de biens à venir, la donation vaudrait pour les biens présens ; c'est un point constant.

120. — Mais que doit-on toujours entendre par les *biens à venir* ? — Ce sont ceux, suivant Furgole (sur l'art. 15, ord. 1731), qui non seulement ne sont pas au pouvoir du donateur au temps de la donation, mais sur lesquels il n'a alors ni droit quelconque, ni action pure ou conditionnelle pour y prétendre ou pour les espérer.

121. — Les biens que la réalisation d'une condition non encore accomplie au moment d'une donation pourra faire tomber dans le domaine du donateur, ne sont donc pas des biens à venir, et peuvent, en conséquence, faire l'objet d'une donation entre-vifs, à moins d'une prohibition spéciale de la loi. — C. civ., art. 1130 ; — Duranton, t. 5, note sur le no 455 ; Coin-Delisle, sur l'art. 943, no 4.

122. — La prohibition la plus remarquable, à cet égard, dans notre Code civil, est celle qui défend de faire des successions non ouvertes l'objet d'une stipulation. — C. civ., art. 1130.

123. — Mais l'acte par lequel une femme, légataire universelle de son mari, consent à ce qu'après son décès, les héritiers ou ayant-cause du mari recueillent, concurremment avec les siens propres, moitié par moitié, les biens qu'elle laissera, doit s'appliquer à la succession du mari et non à celle de la femme, et, par conséquent, ne contient ni une stipulation sur une succession future, ni une donation de biens à venir. — *Cass.*, 24 avr. 1827, Jullier c. Bonhommet.

124. — Avant le Code, la donation des droits éventuels, tels que droits successifs, était valable, et une cour royale a pu décider qu'une telle donation faite par un frère au profit de son frère en présence du père commun qui assigne, dans le même acte, des parts à ses enfans, constitue une donation de droits éventuels, et non une cession de biens. — *Cass.*, 17 nov. 1829, Dugon.

125. — Je puis donner les fruits que doit produire telle terre qui m'appartient, et qui pourront être recueillis à une époque déterminée. — Poujol, sur l'art. 943, no 2 ; Duranton, no 459 ; Coin-Delisle, sur l'art. 943, no 4.

126. — Je puis, par la même raison, attribuer, au moyen d'une donation, à celui à qui j'ai donné un fonds sous réserve d'usufruit, la récolte de l'année de mon décès. — *Cass.*, 25 pluv. an III, Milhade c. Denis ; 14 flor. an XI, Driaucourt c. Lefebvre ; 27 janv. 1810, Ogier c. Villard ; — Furgole, sur l'art. 15, ord. 1731 ; Merlin, *Quest.* vo *Donation*, § 4 ; Malleville, sur l'art. 943 ; Coin-Delisle, sur l'art. 943, no 4.

127. — Les bénéfices à faire dans une société existante peuvent être aussi l'objet de la donation. — Il en serait autrement s'il s'agissait d'une société que le disposant se réservait de former, puisque ce serait alors une condition potestative de sa part. — Duranton, t. 8, no 460 ; Coin-Delisle, sur l'art. 943, no 4.

128. — Au reste, le donateur ne pourrait pas, même en se réservant l'usufruit des biens à venir, faire une donation entre-vifs de cette espèce de biens. — Auroux des Pommiers, sur cout. Bourbonnais, art. 210.

129. — C'est d'après les mêmes principes qu'il a été jugé que, lorsque dans un contrat de mariage passé avant le Code, les père et mère de la future épouse ont disposé en sa faveur d'une somme exigible seulement après leur mort et à prendre dans leur succession, se réservant l'usufruit de cette somme, mais s'obligeant solidairement, sous la caution d'un tiers, à la faire toucher à la future, une telle clause a pu être déclarée constituer une institution contractuelle, caduque par le prédécès du donataire, et non une donation entre-vifs. — *Cass.*, 15 juill. 1835, de Villequier c. Cayeux.

130. — La prohibition de l'art. 943 s'applique aux donations à titre particulier, et aux donations d'une universalité. — Furgole, sur l'art. 15 ; Coin-Delisle, sur l'art. 943, no 5.

131. — Il n'y a pas donation de biens à venir par cela seul que l'exécution de la libéralité est renvoyée au décès du disposant, bien qu'il n'y ait pas mise en possession du donataire. — Dumoulin, sur l'art. 390, cout. de Bourbonnais ; Ricard, *Donat.*, part. 1re, no 1036 ; Grenier, no 7 ; Delvincourt, t. 2, p. 76, note 5e ; Coin-Delisle, sur l'art. 943, no 6.

132. — Ainsi, on doit considérer comme donation entre-vifs l'acte par lequel un individu fait donation de ses biens, *pour avoir effet après sa mort.* — *Bruxelles*, 26 déc. 1816, Bosseau c. Dupuis ; — Voët, *De donat.*, no 4.

133. — De même encore, une donation entre époux, portant donation de l'un et acceptation de l'autre, doit être réputée entre-vifs, bien qu'elle ne porte que sur les objets qui existeront au décès et que l'acte soit qualifié *à cause de mort.* — *Nancy* (et non *Paris*), 27 août 1814, Ménestrel.

134. — Lorsque la donation porte sur un corps certain : ou il se trouve en nature, alors le donataire en prend possession ; ou bien il n'existe plus, alors la perte est à la charge des héritiers du donateur, si leur auteur est en faute ; mais si la chose a péri par cas fortuit, c'est pour le compte du donataire.

135. — Si la donation a pour objet une somme d'argent ou une certaine quantité de choses fongibles, le terme fixé pour l'exécution n'empêche pas de considérer la donation comme s'appliquant à des biens présens, sauf toutefois quelques distinctions.

136. — D'abord, suivant les termes employés dans la rédaction de l'acte, tantôt on a validé, tantôt on a annulé la disposition. — Ainsi jugé dans le premier sens :

137. — ... Que la donation qualifiée entre-vifs d'une somme dont le donateur se reconnaît débiteur envers le donataire, ne peut être annulée pour défaut de tradition de la chose donnée, lorsque le donateur a remis entre les mains du donataire l'acte contenant la donation, et s'est obligé à payer les intérêts de la somme donnée dès le moment de la donation. — *Cass.*, 22 avr. 1817, Landon de Vernon c. Pinson.

138. — ... Que l'on doit considérer comme faite entre-vifs et irrévocable la donation d'une somme d'argent, avec réserve d'usufruit, à prendre sur tous les biens du donateur, et exigible après son décès ; et qu'en conséquence, elle doit produire son effet, bien que le donataire soit décédé avant le donateur. — *Paris*, 27 déc. 1834, Morta c. Leterrier.

139. — ... Que la donation faite en contrat de mariage par un mari à sa femme d'une somme d'argent à prendre sur tous les biens qu'il laissera lors de son décès, mais avec affectation sur des biens présens, dont le donateur déclare se dessaisir jusqu'à due concurrence, a tous les caractères d'une disposition entre-vifs. — *Rouen*, 9 déc. 1825, Guillard.

140. — ... Que la donation entre époux, faite à titre d'augment sous le Code civ., par contrat de mariage, avec cette stipulation que l'augment sera pris sur les plus clairs deniers de la succession, constitue une véritable donation entre-vifs. — *Nîmes*, 9 mars 1831, Vernon c. Sevanier et Malmazet. — V. Roussilhe, *Traité de la dot*, t. 2, p. 575 et suiv. ; Merlin, *Rép.*, vo *Augment.*

141. — En général, on ne peut réputer donation entre-vifs, bien qu'elle soit ainsi qualifiée, la donation d'une somme d'argent à prendre sur les biens les plus clairs de la succession du donateur, mais sans concession actuelle d'aucune garantie hypothécaire. — *Cass.*, 25 juin 1839 (t. 2 1839, p. 7), Blanchard c. Morichon.

142. — Ricard (1re partie, no 1036), Cochin (t. 4, p. 395), Grenier (t. 1er, p. 143) et M. Pailliet (sur l'art. 943) sont également d'avis que la donation d'une somme d'argent à prendre sur les biens les plus clairs de la succession du donateur n'est pas une donation entre-vifs. — V. aussi Merlin, *Répert. de jurisp.*, vo *Donation*, sect. 3e, § 4, no 5, qui cite Bergier sur Ricard, l'opinion de Cochin, et deux arrêts des 12 fév. 1734 et 9 avr. 1735, ainsi qu'un autre arrêt du 21 mai 1737, rendu dans une espèce où la donation avait été accompagnée d'une affectation hypothécaire.

143. — Mais nous pensons que, sous notre législation, il doit être laissé beaucoup à l'appréciation des juges sur cette question spéciale ; c'est ainsi que divers arrêts ont reconnu à de pareilles donations le caractère de donations entre-vifs, mais dans des espèces où il existait au moins une de ces deux circonstances, ou contrat de mariage comme occasion de la donation, ou constitution d'hypothèque.

144. — Ainsi jugé que la donation d'une certaine somme, à prendre sur les biens les plus clairs et liquides de la succession, a le caractère d'une donation entre-vifs, si elle est accompagnée d'une réserve d'usufruit, de la clause de retour en cas de prédécès du donataire, et de la constitution d'une hypothèque. — *Riom*, 25 fév. 1825, Mourguy c. Mauret.

145. — ... Que la donation d'une somme exigible seulement au décès du donateur est néanmoins une donation entre-vifs, 1o si elle est qualifiée telle dans l'acte et que la substance de cet acte ne résiste pas à cette qualification ; — 2o si elle est garantie par une hypothèque ; — 3o si elle contient une clause de retour. — *Cass.*, 6 août 1827, Longueval-Dharancourt c. Salins ; *Bourges*, 1er juin 1829, mêmes parties. — V. le *Dict. du notar.*, vo *Donation*, nos 3 et 4, édit. 1re.

146. — Jugé même que, bien qu'une donation faite par contrat de mariage d'une somme fixe, payable au décès du donateur, ne soit assurée par aucune hypothèque, elle n'en constitue pas moins une donation entre-vifs, laquelle confère au donataire un droit de garantie contre le donateur, et une action en nullité de vente consentie par ce dernier en fraude de la donation. — *Bordeaux*, 5 juill. 1839 (t. 2 1839, p. 609), Cauley. — V. aussi *Cass.*, 11 déc., 1844 (t. 1er 1845, p. 116), Genouilhac c. Saint-Albin.

147. — .. Et qu'une donation de sommes d'argent (même contenue dans tout autre acte qu'un contrat de mariage) est entre-vifs par cela seul que le donateur déclare se dessaisir actuellement et irrévocablement, encore que la somme ne soit payable qu'au décès du donateur, et qu'il n'y ait ni garantie réelle pour le donataire, ni empêchement pour le donateur de faire disparaître son avoir. — *Cass.*, 25 mars 1825, Astruc. — Mais il est à remarquer que cette décision a été prise en matière d'enregistrement. — A cet égard, V. ENREGISTREMENT.

148. — On a jugé, d'autre part, que le don d'une somme d'argent à prendre sur les biens du donateur après son décès, ne constitue qu'une donation à cause de mort. — *Riom*, 15 janv. 1822, Achard c. Biscarat.

149. — ... Qu'on ne peut reconnaître les caractères d'une donation entre-vifs valable dans l'acte par lequel un individu donne une somme à prendre, après son décès, sur les biens qui lui appartiennent et pourront lui appartenir, même avec affectation hypothécaire de ses biens pour sûreté du paiement, mais sous la condition que, dans le cas du prédécès du donataire, ses héritiers n'auront droit qu'à une somme moindre. — *Cass.*, 29 déc. 1823, Party c. Lallier. — V. aussi *Cass.*, 7 vent. an XIII, Hugès c. Besognet.

150. — ... Enfin que la donation contenue dans un contrat de mariage, par laquelle des père et mère assurent dès à présent à leur fils une certaine somme à prendre dans leurs successions ne constitue qu'une donation de biens à venir. — *Cass.*, 1er mars 1821, Wendel c. Gand.

151. — Sur ces différens arrêts, qui ne peuvent être que des arrêts d'espèces, V. Grenier, no 7 ; Delvincourt t. 2, p. 76, note 5 ; Duranton t. 8, nos 457 et 478 ; Poujol, nos 3 et 4 sur l'art. 743 ; Coin-Delisle sur l'art. 943, nos 7 et 9. — Ces auteurs pensent que, pourvu qu'il y ait donation du droit, il n'est pas indispensable que le donateur fournisse une garantie quelconque.

152. — La donation entre-vifs d'une somme d'argent faite sous l'empire de l'ordonnance de 1731 ne grevait point les biens acquis par le donateur à une époque postérieure à la donation. — *Cass.*, 31 mars 1824, de Mondreville c. de l'Estago.

153. — C'est la même solution qu'on doit admettre sous l'empire du Code civil. — Coin-Delisle, sur l'art. 943, nos 8 et 9.

154. — Mais, le donateur, sauf la preuve contraire, est toujours présumé avoir eu, au moment de la donation, des biens suffisans pour acquitter la somme donnée. — Coin-Delisle, sur l'art. 943, no 10.

155. — Et lorsque vient le moment de l'exécution, la même faveur accompagne la libéralité, dont le montant est présumé représenté par les biens du disposant, à moins de preuve contraire. — Coin-Delisle, sur l'art. 943, no 11.

156. — Une des preuves qui viendraient détruire cette présomption, serait, par exemple, l'acquisition, depuis la libéralité, d'un corps certain, *soit par legs*, *soit par donation entre-vifs*, lequel, au moment de l'exécution, se trouverait encore en nature entre les mains du donateur ou de ses héritiers. Cette chose dans ce cas, devrait être en dehors des biens affectés à l'acquittement de la donation, car si on l'y comprenait, ce serait autoriser une donation de biens futurs. — Coin-Delisle, sur l'art. 943, nº 12.

157. — Dans le cas où le donateur n'aurait eu aucuns biens au moment de la donation de la somme payable dans l'avenir, ou bien encore s'il prouve qu'un événement de force majeure les lui a enlevés, il peut, ainsi que ses héritiers et ses créanciers, se refuser à l'exécution de la donation sur ses biens actuels. — Coin-Delisle, sur l'art. 943, nº 13.

158. — Cette solution repose sur cette considération que, bien que la donation de ce genre ne donne qu'une espèce de créance contre le donateur, cependant il y a entre elle et la créance ordinaire une différence notable ; en effet, si tous les biens du débiteur, présens ou à venir, sont le gage du créancier, il n'y a que les biens *présens* qui puissent être compris dans une donation. — Coin-Delisle, sur l'art. 943, nº 8. — M. Marcadé, au contraire (*Elémens de droit civil français*, sur l'art. 943, nº 2), pense que le droit du donataire n'est, dans ce cas, qu'un droit de créance ordinaire, et établit, en conséquence, une théorie tout opposée à celle de M. Coin-Delisle.

159. — Dans les différens cas que nous avons énumérés, nous avons toujours supposé que la donation était actuelle, mais que l'exécution seulement en était reculée. Il ne faut confondre ces libéralités ni avec la donation de biens présens sous la condition de survie, ni avec la donation sous clause de retour : dans le premier cas, la disposition est éventuelle sous une condition suspensive ; dans le second, elle est sous condition résolutoire. — Duranton, nº 757; Coin-Delisle, sur l'art. 1092, nº 3. — V. DONATION A CAUSE DE MORT, RETOUR CONVENTIONNEL.

160. — Jugé, du reste, que la condition de survie du donataire au donateur n'est pas contraire à l'essence des donations entre-vifs. — *Toulouse*, 29 déc. 1825, Lay; *Cass. belge*, 27 mars 1833, Lirk. — *Lyon*, 13 août 1845 (t. 1er 1846, p. 192), Charmetton.

161. —... Et spécialement, que les donations entre époux par contrat de mariage, faites sous la condition de survie du donataire, doivent être considérées, non comme des donations à cause de mort, mais comme des donations entre-vifs, en telle sorte qu'avant l'événement de la condition, le donateur ne puisse disposer de l'objet donné ni à titre gratuit, ni à titre onéreux. — *Metz*, 22 mai 1817, Zimmermann.

162. — La question de savoir si un donateur a pu disposer de ses biens par donation de biens présens et à venir doit être régie par la loi de la situation des biens. — Ainsi, une donation de biens présens et à venir faite hors mariage, dans un pays soumis aux lois romaines (qui permettaient ce genre de donations, même hors mariage) n'a pu valablement frapper les biens du donateur situés en France, pays régi par l'ord. de 1731 (qui interdisait de pareilles donations hors mariage). — *Cass.*, 3 mai 1815, Budin c. Ayme.

CHAPITRE III. — *Acceptation de la donation entre-vifs.*

Sect. 1re. — *Nécessité de l'acceptation.*

163. — Pour qu'une donation entre-vifs soit valable, il faut, non seulement qu'il y ait, comme dans tous les contrats, concours de volontés (C. civ., art. 1109 et suiv.) ; mais encore qu'elle soit acceptée en termes exprès et par un acte authentique. — C. civ., art. 932.

164. — La donation d'une rente sur l'état est soumise aux conditions générales exigées en matière de donation par le droit commun, notamment à la nécessité de l'acceptation. — *Paris*, 16 juin 1842 (t. 2 1842, p. 202), domaine c. d'Andrillon.

165. — Cependant il y a quelques exceptions à la règle que toute donation entre-vifs doit être acceptée en termes exprès et par acte personnel. — Toullier, t. 5, nº 187 ; Coin-Delisle, sur l'art. 932, nº 1er.

166. — ... 1º L'art. 932 ne s'applique pas en matière de dons manuels. — Coin-Delisle, *Donat.*, sur l'art. 932, nºs 19 et suiv. — V. DON MANUEL.

167. — Jugé en conséquence que lorsqu'il est constaté par l'acte de donation d'une somme d'argent qu'elle a été comptée au donataire, qui en a donné décharge, cela équivaut à une acceptation expresse. — *Grenoble*, 6 janv. 1831, Barge de Certeau c. Mollard.

168. — ... Et que la prise de possession équivaut à une acceptation à l'égard des meubles qui font partie de la donation. — *Bastia*, 2 mars 1835, Rossi c. Franceschi.

169. — ... 2º Les donations indirectes ou faites sous la forme de contrat onéreux sont dispensées de l'acceptation expresse solennelle. — *Orléans*, 9 juill. 1845 (t. 2 1845, p. 340), préfet de la Seine c. Durand. — V. aussi *infrà* nº 178. — V. DONATION DÉGUISÉE, OBLIGATION, STIPULATION POUR AUTRUI.

170. — Telle est une donation faite au profit d'un tiers et insérée comme charge dans une autre donation; elle est irrévocable du moment où le tiers a manifesté l'intention d'en profiter, par exemple par l'exécution qui a eu lieu entre la personne grevée et le donataire. — *Cass.*, 5 nov. 1818, Lacoste c. Grégny; — Furgole, sur l'art. 5, ord. 1731 ; Sallé, *Esprit des ord. de Louis XV*; Grenier, *Donat.*, nº 74; Duranton, t. 8, nº 417; Poujol, nº 5, sur l'art. 932; Coin-Delisle, sur l'art. 932, nº 24.

171. — Le contrat d'assurance qu'un individu fait sur sa propre vie, sous la condition que, l'événement arrivant, le prix stipulé sera payé non à l'assuré ni à ses héritiers ou créanciers, mais bien à un tiers, est une donation indirecte, dont le bénéfice sera acquis au tiers, nonobstant le défaut d'acceptation de celui-ci pendant la vie du donateur. — Grün et Jollat, *Traité des assurances*, ch. 8, nº 797.

172. — Lorsqu'une donation universelle a été acceptée, les dons particuliers que le donataire est chargé de remettre à des tiers sont considérés comme de simples retranchemens faits sur la donation principale et non sujets à la formalité de l'acceptation de la part des donataires particuliers. — *Cass.*, 27 janv. 1819, Ogier c. Villard.

173. — La renonciation que fait un légataire universel en faveur des enfans de son co-légataire, décédé avant le testateur, au droit d'accroissement qui lui appartient, ne constitue point une donation qui doive être acceptée d'une manière expresse pour être irrévocable. — *Cass.*, 12 nov. 1822, Bourguignon.

174. — La clause dans une donation entre-vifs et partage de sa succession par une mère à ses enfans, du tiers en préciput et hors part en faveur de l'un d'eux, au cas où l'autre se refuserait au partage y énoncé, n'est pas caduque sous prétexte que la donation n'ayant point été acceptée par celui-ci, la nullité qui en résulte entraîne celle du préciput. — Cette donation n'est pas révocatoire d'un testament antérieur dont la donation n'est qu'une confirmation plus étendue. — *Bordeaux*, 14 mars 1832, Roux c. Pothié et Vidal.

175. — Un partage d'ascendant fait dans la forme d'une donation entre-vifs est valable, quoique l'acceptation des enfans donataires ne soit pas en termes exprès, s'ils ont déclaré se soumettre à exécuter le partage suivant sa forme et teneur. — *Metz*, 2 juill. 1824, Briancourt.

176. — La réserve d'usufruit faite en faveur d'un tiers dans une donation par contrat de mariage ne constitue pas une libéralité soumise à l'acceptation. — *Toulouse*, 19 nov. 1839, Meilhan c. Yerle et Duchein; — Merlin, *Quest.*, vº *Stipulation pour autrui*; Delvincourt, t. 1er, p. 240; Toullier, t. 5, nº 215.

177. — Mais la disposition par laquelle le père, dans le contrat de mariage de l'un de ses enfans, dit que ses immeubles appartiendront à tel autre de ses enfans, à la charge d'en rapporter le prix, constitue une donation qui n'est point valable à défaut d'acceptation. — *Bourges*, 23 nov. 1818, Lavalette c. Girard.

178. — Une donation faite sous forme de contrat onéreux au profit d'une personne capable de recevoir par donation directe est valable nonobstant le défaut d'acceptation. — *Paris*, 4 juin 1829, Loysel c. Defrecine. — V. DONATION DÉGUISÉE.

179. — A l'égard des donations rémunératoires, la nécessité de l'acceptation dépendra de la question de savoir si elles constituent réellement une libéralité ou si elles n'en ont que les apparences. — L'acceptation solennelle n'est nécessaire que pour le premier cas.

180. — Jugé cependant qu'en général une donation rémunératoire faite en pays étranger ne peut avoir d'effet en France si elle n'a été acceptée par le donataire. — *Paris*, 21 déc. 1812, Sainte-Marie c. Pepin.

181. — ... Et que, sous l'ancienne jurisprudence du Brabant, toute donation entre-vifs, même rémunératoire devait être acceptée par le donataire. — *Bruxelles*, 26 nov. 1823, Notheux c. Limminghe.

182. — La circonstance qu'une donation aurait été faite par le père à sa fille pour la décider à renoncer à un mariage arrêté, et à une donation précédente faite en vue du mariage, ne la fait pas participer du caractère des donations rémunératoires et à titre onéreux, et, dès-lors, ne la dispense pas de l'acceptation. — *Grenoble*, 14 juill. 1836, Rey c. Martin. — V. au surplus DONATION DÉGUISÉE.

183. — ... 3º Aux termes de l'art. 1087, C. civ., les donations faites par contrat de mariage, ne pouvent être attaquées ni déclarées nulles, sous prétexte de défaut d'acceptation. — Ord. 1731, art. 10. — Furgole, sur l'art. 10 de l'ordonn. — V. DONATION ENTRE ÉPOUX, DONATION PAR CONTRAT DE MARIAGE.

184. — Sous l'ancien droit, une donation de biens présens et à venir faite par contrat de fiançailles à l'un des futurs absent était irrévocable avant toute acceptation ou ratification de sa part — LL. 9, § 1, 21, 37, 48, ff., *De jure dotium*; 5, *De sponsalibus*; 78, *De verb. oblig.* — Une telle donation a dû recevoir son effet, quoiqu'elle n'ait été acceptée que postérieurement aux lois des 7 mars 1793; 17 niv. an II, et 18 pluv. an V. — *Cass.*, 22 avr. 1834, Toutelle c. Eldin.

185. — Vazeille (sur l'art. 934, nº 3) pense que, pour la donation entre époux pendant le mariage, la formalité rigoureuse de l'acceptation n'est pas exigée. — C. civ., art. 932 et 934.

186. — Une donation, faite par un tiers sous forme de constitution de dot en faveur d'un futur mariage, mais non par le contrat de mariage, ne peut produire d'effet que du jour de son acceptation. — *Bastia*, 2 mars 1835, Rossi c. Franceschi et Omessa.

187. — ... 4º En matière de substitutions, l'art. 11, ord. de 1731, portait que lorsque le donataire aurait été chargé de substitution, la substitution vaudrait par la seule acceptation du donataire.

188. — La solution doit être la même aujourd'hui à l'égard des appelés nés et à naître, en faveur desquels le droit de substitution est autorisé par les art. 1049, C. civ., et par la loi du 17 mai 1826. — Toullier, t. 5, nº 215 et 216; Coin-Delisle, nº 26 sur l'art. 932. — V. au surplus SUBSTITUTION.

Sect. 2e. — *Epoque de l'acceptation.*

189. — L'acceptation de la donation entre-vifs doit être faite du vivant du donateur. — C. civ., art. 932.

190. — Sous l'ancienne jurisprudence, suivie dans le pays de Liége, comme sous le Code civil, une donation, pour être obligatoire, devait avoir été acceptée par le donataire du vivant du donateur. — En conséquence, l'acceptation, faite sans mandat au nom de donataires absens, par le notaire qui a reçu l'acte, ou par l'un des donataires, ne rendait la donation valable qu'à la condition d'être ratifiée par les donataires avant la mort du donateur. — *Bruxelles*, 26 déc. 1816, Bosseau c. Dupuis.

191. — La donation faite à un médecin avant qu'il ne donnât des soins au donateur, peut être valablement acceptée pendant la dernière maladie du disposant dont il est devenu le médecin. — Pothier, *Don. entre-vifs*, sect. 2e, art. 1er, 21e alin.; — Coin-Delisle, sur l'art. 932, nº 10.

192. — Dans le cas où le donataire aurait laissé un mandataire qui, à sa mort, n'aurait pas encore accepté, le bénéfice de la donation serait perdu, puisque l'acceptation ne pourrait plus avoir lieu en vertu d'un mandat expiré. — Delvincourt, t. 2, p. 256 et 257; Toullier, t. 5, nº 212; Duranton, nº 421.

193. — Jugé cependant que la donation déguisée peut être valablement acceptée après le décès du donateur. Cette acceptation peut résulter notamment de la prise de possession des immeubles. — *Rennes*, 2 août 1838 (t. 1er 1839, p. 618), Gringoire c. Genée.

194. — Il y a plus, la notification de l'acte d'acceptation doit être également faite du vivant du donateur; jusqu'à cette notification, l'acceptation, sans effet vis-à-vis du donataire (C. civ., art. 932), n'est pas susceptible d'en produire vis-à-vis des tiers. — Delvincourt, t. 2, p. 71, note 7e; Toullier, nº 212; Duranton, nº 421; Guilhon, *Tr. des donat. entre-vifs*, nºs 491 et 493; Vazeille, nº 6, sur l'art. 932. — V. cependant Coin-Delisle, sur l'art. 932, nºs 13, 14 et 17.

195. — Telle était aussi l'ancienne jurisprudence suivie dans le Brabant, et qui voulait que, pour être valable, l'acceptation du donataire fût notifiée du vivant du donateur. — *Liége*, 23 janv. 1810, Ancion c. Marie Claire.

196. — Dans l'intervalle, le donateur pourrait disposer de la chose offerte et l'hypothéquer ; et, comme la donation ne peut être acceptée que du vivant du donateur, si celui-ci mourait avant la notification, cette acceptation étant considérée comme non avenue, les biens donnés passeraient aux héritiers du donateur. — Demante, *Thémis*, t. 7, p. 380 ; Coin-Delisle sur l'art. 932, nº 15.

197. — Mais les héritiers d'un donataire mort après l'acceptation, mais avant d'avoir fait notifier, bien qu'ils ne pussent pas accepter à sa place s'il n'avait pas fait d'acceptation lui-même, peuvent notifier au donateur l'acceptation de leur auteur. — Demante, *ibid.*; Grenier, *ibid.*; Coin-Delisle,

sur l'art. 932, no 8. — *Contrà* Delvincourt, t. 2, p. 256, 257; Toullier, t. 5, no 212; Duranton, no 421.

188. — Il y a lieu de décider de même, à l'égard des créanciers du donataire exerçant les droits et actions de celui-ci. — V. Coin-Delisle, *ibid.*; Toullier, no 211.

Sect. 3e. — *Qui peut faire l'acceptation.*

§ 1er. — *Dispositions générales.*

199. — L'acceptation n'étant autre chose que le concours de la volonté du donataire avec celle du donateur, ne peut être faite que par ce donataire ou ceux qui le représentent légalement.

200. — Si c'est le donataire lui-même qui accepte, il faut qu'il soit capable des actes de la vie civile; par exemple, qu'il soit majeur. — C. civ., art. 933.

201. — Il faut, de plus, qu'il ait la capacité de recevoir au moment de l'acceptation. — V. DISPOSITION A TITRE GRATUIT.

202. — L'acceptation devant être faite par le donataire (C. civ., art. 933), c'est-à-dire la volonté du donataire devant concourir avec celle du donateur sur un même objet, il s'ensuit que s'il y a plusieurs donataires, il faut qu'il y ait acceptation de la part de chacun d'eux.

203. — Ainsi, jugé que la donation qui contient une libéralité universelle au profit de plusieurs personnes n'est valable qu'autant qu'elle est acceptée par tous les donataires. — *Cass.*, 21 nov. 1833, Roux c. Pothie.

204. — De même, la donation anticipée de ses biens qu'un ascendant fait à ses enfans est nulle pour le tout, si elle n'est acceptée que par quelques uns des donataires. — Même arrêt. — V. encore *Cass.*, 27 mars 1839 (t. 1er 1839, p. 335), Martel; *Riom*, 11 août 1821, Bouis c. Heygonie. — V. PARTAGE D'ASCENDANT.

205. — Si l'usufruit et la nue-propriété sont donnés par le même acte à deux personnes différentes, il est nécessaire que toutes les deux acceptent expressément. — Duranton, no 463.

206. — Il en serait autrement dans le cas où la réserve de l'usufruit aurait été faite au profit de l'un comme condition de la libération de l'autre : on appliquerait alors l'art. 1121, C. civ., et il ne serait pas nécessaire que l'acceptation du tiers fût expresse. — Duranton, no 464.

207. — Si dans cette hypothèse, le donataire d'usufruit n'acceptait pas, le donataire de la nu-propriété n'entrerait pas en jouissance avant l'époque à laquelle il y serait entré, si la donation d'usufruit avait reçu son effet. — Poujol, no 2 sur l'art. 949; Duranton, no 465.

208. — L'acceptation peut être faite non seulement par le donataire personnellement, mais encore *en son nom*, par la personne fondée de sa procuration notariée, portant pouvoir d'accepter la donation faite ou un pouvoir général d'accepter les donations qui auraient été ou qui pourraient être faites. — C. civ., art. 933.

209. — Sous l'ord. de 1731, art. 5, les donations entre-vifs pouvaient également être acceptées par le procureur général ou spécial du donataire.

210. — ... Sous la même ordonnance, un procureur *omnium bonorum* pouvait accepter toutes les donations faites à son mandant. — Furgole, sur l'art. 5 de l'ordonn.; Roussilhe, no 284.

211. — Suivant le Code civil, au contraire, le mandataire général constitué pour toutes les affaires du mandant, aux termes de l'art. 1987, ne pourrait faire ces acceptations. — C. civ., art. 933.

212. — La procuration pour accepter une donation se liant essentiellement à l'acte de donation, doit, comme cet acte lui-même, être en forme authentique. — *Cass.*, 19 avr. 1843 (t. 2 1843, p. 62), Millerand.

213. — Dès-lors un acte de donation est nul lorsque le mandataire qui y a figuré comme représentant le donateur n'était porteur que d'un mandat sous seing-privé. — Même arrêt.

214. — Il n'est pas nécessaire cependant que la procuration soit en minute, pourvu que, dans ce cas, la procuration en brevet soit annexée à la minute de l'acte qui contient l'acceptation, ce qui, selon nous, équivaut à l'annexe de l'*expédition* que prescrit la loi. — Toullier, no 191; Delvincourt, p. 72, note 1re; Poujol, no 2 sur l'art. 933; Coin-Delisle sur l'art. 933, no 6. — V. cependant Duranton, t. 8, no 431.

215. — Les solennités de l'acceptation n'étant pas exigées pour la donation par contrat de mariage, il en faut conclure qu'un mandataire sous signature privée, pourvu qu'il justifie de son mandat, peut valablement faire l'acceptation de ces sortes de donations. — Coin-Delisle sur l'art. 934,

DONATION ENTRE-VIFS, ch. 3, sect. 3e.

no 7; Duranton, no 433. — V. DONATION PAR CONTRAT DE MARIAGE.

216. — Le pouvoir d'accepter emporte pouvoir de notifier l'acceptation. — V. Duranton, no 432.

217. — D'après l'ord. de 1731 (art. 5), les donations entre-vifs pouvaient être acceptées par une personne qui déclarait se porter fort pour le donataire absent; mais la donation n'avait d'effet que du jour de la ratification expresse que le donataire en avait faite par acte passé devant notaire. — Toutefois, le même article défendait à tous notaires et tabellions d'accepter les donations comme stipulant pour les donataires absens, à peine de nullité desdites stipulations. — V. les observations de Furgole sur cet article. — V. aussi Ricard, part. 1re, no 871; Boutaric, p. 452; Roussilhe, *Jurispr. des donat.*, no 277.

218. — Aujourd'hui, la faculté accordée par l'art. 1120 C. civ., ne peut s'appliquer à la donation; et conséquemment nul ne peut, en se portant fort pour un absent, accepter valablement en son nom personnel la donation qui lui serait faite. — Coin-Delisle sur l'art. 933, nos 2 et 4.

219. — La ratification, dans ce cas, serait sans utilité, puisque l'acceptation par le tiers est nulle; d'où il résulte que le donataire pourra toujours valablement accepter. — Grenier, no 60; Duranton, t. 8, no 425; Coin-Delisle sur l'art. 933, no 2.

220. — Plusieurs auteurs, au contraire, admettent comme possible cette ratification, pourvu que l'acte qui la contient soit notifié au donateur. — V. Toullier, no 192; Delvincourt, t. 2, p. 71, note 6e; Vazeille, sur l'art. 933, no 1er.

221. — Les conditions d'acceptation de l'art. 933 sont tellement rigoureuses, que les tribunaux français n'ont voulu accorder aucun effet à la donation faite en pays étranger par un Français à un Français absent, et qui avait été acceptée par un tiers que le notaire avait, conformément au statut local, appelé pour représenter l'absent. — *Paris*, 21 déc. 1812, Sainte-Marie.

§. 2. — *Acceptation de la donation faite à une femme mariée.*

222. — L'ord. de 1731 portait, art. 9 : « Les femmes mariées, même celles qui ne seront communes en biens, ou qui auront été séparées par sentence ou par arrêt, ne pourront accepter aucune donation entre-vifs, sans être autorisées par leur mari, ou par justice à son refus. N'entendons néanmoins rien innover sur ce point à l'égard des donations qui seraient faites à la femme pour lui tenir lieu de bien paraphernal, dans les pays où les femmes mariées peuvent avoir des biens de cette qualité. »

223. — Aujourd'hui l'art. 934, C. civ., porte, sans aucune restriction, que la femme mariée ne peut accepter une donation sans le consentement de son mari, ou, en cas de refus du mari, sans autorisation de la justice. — V. AUTORISATION DE FEMME MARIÉE.

224. — La donation faite au profit d'une femme mariée est nulle, d'une nullité absolue, si l'acceptation n'a pas été précédée de l'autorisation du mari. — *Toulouse*, 27 janv. 1830, Andrillon c. Barthe.

225. — Cette donation ne serait pas validée par l'acceptation faite par le mari, en qualité de donataire contractuel de sa femme, après le décès de celle-ci. — Même arrêt. — Merlin, vo *Donation*, § 4; Coin-Delisle, sur l'art. 934, no 1er; sur l'art. 935, no 25.

226. — La nullité d'une donation faite au profit d'une femme mariée, qui n'a point été autorisée à l'accepter, peut être opposée par le donateur ou ses ayant-cause, aussi bien que par la femme. — *Limoges*, 15 avr. 1836, Chartrier c. Robert.

227. — Ainsi cette nullité peut être opposée par le père donateur, en sa qualité d'héritier à réserve de se fille donataire. — *Toulouse*, 27 janv. 1830, Andrillon c. Barthe,

228. — Pour satisfaire à l'art. 934, il n'est pas nécessaire que le mari donne une autorisation autrement que par son concours dans l'acte ou par son consentement par écrit, ne fût-il que sous seing privé. — Art. 217 et 934, C. civ. — Toullier, t. 5, no 203; Duranton, t, 8, no 434. — V. AUTORISATION DE FEMME MARIÉE.

229. — Mais l'intervention du mari n'a lieu que comme autorisant : il ne pourrait pas accepter directement. — Jugé, en conséquence, que l'acceptation par un mari d'une donation faite à son épouse est insuffisante, même quand il se serait obligé à la faire ratifier. — *Bourges*, 24 janv. 1821, Guérin c. d'Arquian. — *Contrà* Furgole, quest. 4.

230. — Le mari peut autoriser sa femme, même pour les donations qu'il lui fait. — Ricard, part. 1re, no 857; Pothier, *Puiss. marit.*, no 42; Toullier, t. 5, no 203.

231. — Si la femme mariée est mineure, le mari

DONATION ENTRE-VIFS, ch. 3, sect. 3e.

peut figurer dans l'acception, tant en sa qualité de mari, que comme curateur de droit de sa femme émancipée par le mariage. — *Pau*, 11 mars 1811, Mondrau c. Gapharre.

232. — Jugé que le mari peut renoncer à une donation faite à sa femme, quoique les biens faisant partie de la donation soient dotaux, si cette renonciation a pour but de l'affranchir des dettes dont le montant, à l'époque de la dotation, absorbait la valeur des biens donnés. — *Grenoble*, 15 mars 1820, Fontaine c. Didier.

§ 3. — *Acceptation de la donation faite à un mineur ou à un interdit.*

233. — Sous l'ordonn. de 1731. une donation entre-vifs pouvait être acceptée par le donataire mineur seul, sans l'assistance d'un curateur. — Ordonn. 1731, art. 7. — *Nîmes*, 12 août 1808, Durand.

234. — Décidé, au contraire, que, sous l'empire de l'ordonn. de 1731, un mineur de vingt-trois ans ne pouvait valablement accepter une donation qui lui était faite par son tuteur. — *Cass.*, 11 juin 1816, Bouhier.

235. — Sous l'ancienne jurisprudence suivie dans le Brabant, le greffier d'une cour de justice ne pouvait valablement accepter une donation pour un mineur. — *Liége*, 23 janv. 1810, Ancion c. Marie Claire.

236. — Aujourd'hui, d'après l'art. 935, C. civ., la donation faite à un mineur non émancipé ou à un interdit, doit être *acceptée par son tuteur*, conformément à l'art. 463, c'est-à-dire que l'acceptation ne peut être faite par le tuteur qu'avec l'autorisation du conseil de famille.

237. — Jugé cependant qu'une donation faite au profit d'un mineur n'est pas nulle, bien que le tuteur l'ait acceptée sans autorisation préalable du conseil de famille. — *Colmar*, 13 déc. 1808, Pflieger c. Kieffer. — Duranton, t. 8, no 446.

238. — ... Et alors surtout que c'est le père qui est tuteur. — *Cass.*, 25 juin 1812, Lebouchel c. Stockem. — Merlin, *Rép.*, vo *Mineur*, § 7, no 3.

239. — Mais la donation acceptée par le mineur seul est nulle. — *Riom*, 14 août 1829, Morel; *Grenoble*, 14 juill. 1836 (t. 2 1837, p. 491), Rey c. Martin.

240. — Le mineur émancipé peut accepter avec l'assistance de son curateur. — C. civ., art. 935.

241. — Sous l'ord. de 1731, le mineur émancipé pouvait accepter personnellement la donation faite à son profit, avec l'assistance de son père, tout à la fois curateur et donateur. — *Cass.*, 27 janv. 1819, Ogier c. Villard. — V. conf. Ricard, Furgole, Rousseaud de Lacombe, Boutaric et Sallé.

242. — Contrairement à l'art. 7, ord. 1731, le curateur ne peut accepter seul pour le mineur émancipé. — Coin-Delisle, sur l'art. 935, no 3.

243. — Le majeur auquel un conseil judiciaire a été nommé peut accepter une donation sans l'assistance de ce conseil, à moins qu'en acceptant les charges de la donation, il ne s'expose à dépasser les limites de sa capacité telles qu'elles sont fixées par l'art. 935, C. civ. — Coin-Delisle, sur l'art. 935, no 4; Toullier, no 195; Poujol, no 4 sur 935.

244. — La donation faite à un individu condamné à la peine des travaux forcés à temps, à la détention ou à la réclusion, doit être acceptée par le tuteur qui lui est nommé, en vertu de l'art. 29, C. pén. — V. Duranton, t. 6, no 421; t. 8, no 448.

245. — Pour éviter que les mineurs sans tuteurs ou qui n'avaient que des tuteurs négligens, fussent privés du bénéfice des libéralités, qui, aux termes de l'ord. de 1539, devaient être nécessairement acceptées expressément, la jurisprudence ancienne autorisait les ascendans, sans distinction, à faire cette acceptation pour les mineurs. — V. Brodeau sur Louet, lett. D, somm. 55; Ricard, part. 1re, nos 852 et suiv.; *Anc. journ. du Palais*, t. 1er, p. 805.

246. — L'ord. de 1731 (art. 7) consacra cette jurisprudence : « Si le donataire est mineur de vingt-cinq ans, ou interdit par autorité de justice, l'acceptation pourra être faite pour lui, soit par son tuteur ou son curateur, soit par ses père ou mère ou autres ascendans, *même du vivant du père et de la mère*, sans qu'il soit besoin d'aucun avis des parens pour rendre ladite acceptation valable. — V. les observ. de Furgole sur cet art.

247. — Après de vives discussions au conseil d'état (V. la séance du 12 vent. an XI, et les discours de Berlier, Treilhard, Tronchet, Cambacérès, Bigot-Préameneu), ces principes sont passés dans

l'art. 935, qui s'exprime ainsi : « Les père et mère du mineur émancipé ou non émancipé, ou les autres ascendans, même du vivant des père et mère, quoiqu'ils ne soient ni tuteurs ni curateurs du mineur, pourront accepter pour lui. »

248. — Un roi qui accepte l'offre d'un domaine pour son petit-fils, sur le rapport seulement de l'intendant-général de sa maison, et sans contre-seing d'un ministre responsable, n'agit pas comme chef de l'état exerçant le pouvoir souverain, mais seulement en qualité de père de famille, en vertu de la puissance paternelle. — *Cass.*, 3 fév. 1841 (t. 1841, p. 440), préfet de Loir-et-Cher c. Pastoret.

249. — La loi autorise ces acceptations par tout ascendant, abstraction faite de la puissance paternelle et de la qualité de tuteur et d'administrateur. — V. Toullier, n° 198 ; Coin-Delisle, sur l'art. 935, nos 5 et 6.

250. — Jugé cependant que le père ou autre ascendant d'un mineur ne peut valablement accepter la donation qu'il fait lui-même à ce mineur. — *Riom*, 14 août 1829, Morel ; *Grenoble*, 14 juill. 1836 (t. 2 1837, p. 491), Rey c. Marlin.

251. — Ces décisions ont été rendues par application des principes généraux qui veulent qu'en matière de contrats, un tuteur ne puisse accepter une donation qu'il fait lui-même à son pupille. — Ricard, part. 1re, n° 859 ; Grenier, nos 64 *bis* et 65 ; Toullier, t. 5, n° 202 ; Duranton, n° 445 ; Merlin, *Rép.*, v° *Mineur*, § 7, n° 4 ; Delvincourt, t. 2, p. 475, note 4e.

252. — Mais qui devra faire dans ce cas cette acceptation ? — Il existe à cet égard trois opinions : — 1° Il faut nommer, à cet effet, un curateur *ad hoc*, et pourtant le subrogé tuteur n'est pas incapable d'accepter. — V. Guilhon, n° 510 ; Toullier, t. 5, n° 202.

253. —... 2° L'acceptation doit être faite soit par l'ascendant non tuteur, soit par le tuteur *ad hoc*, ce qui exclut le subrogé-tuteur. — Duranton, t. 8, n° 443 ; Meslé, *Tr. des Minorités*, ch. 7, n° 23.

254. —... 3° Le subrogé-tuteur a seul le droit et par conséquent le devoir de faire l'acceptation. — Delvincourt, t. 2, p. 72, note 2e ; Grenier, n° 66 ; Poujol, sur l'art. 942, n° 2 ; Coin-Delisle, sur l'art. 942, nos 5 et 6. — Cette dernière opinion nous paraît conforme aux principes en matière de tutelle, desquels il résulte que le subrogé-tuteur est toujours appelé à représenter le mineur, chaque fois que les intérêts de celui-ci sont en opposition avec ceux du tuteur. — C. civ., art. 420.

255. — Une donation entre-vifs par un père à ses enfans en puissance, devient valable par la ratification ultérieure. — *Turin*, 16 fév. 1811, Sappa c. Trucchi.

256. — La femme mariée, pour accepter une donation faite à son fils, n'a pas besoin de l'autorisation de son mari, bien que cette autorisation dût lui être nécessaire, si elle avait à accepter une donation pour elle-même. — Furgolé, Observ. sur l'art. 7 ; Roussilhe, *Juris. des donat.*, n° 298 ; Toullier, n° 196 ; Delvincourt, t. 2, p. 72, note 7 ; Poujol, sur l'art. 935, n° 5 ; Duranton, t. 8, n° 430 ; Coin-Delisle, sur l'art. 935, nos 7, 8, 9. — *Contrà* Grenier, *Donat.*, n° 64.

257. — Jugé, dans le même sens, que, sous l'empire de l'ord. de 1731, le père et la mère avaient une capacité égale pour accepter une donation faite à leur enfant mineur ; et qu'en conséquence, l'acceptation faite par la mère, sans le concours de son mari dans l'acte, et sans son autorisation, était valable. — Ord. 1731, art. 7 ; — *Cass.*, 12 avr. 1832, Voiry c. Schmitz-Deprée.

258. — Dans le cas où l'acceptation ainsi faite par la mère aurait été réputée insuffisante, l'enfant donataire devenu majeur depuis la publication du Code civil, aurait suppléé à cette insuffisance en acceptant lui-même la donation par un acte non signifié au donateur. — Même arrêt.

259. — Delvincourt (t. 2, p. 72, note 8e), par respect pour l'autorité paternelle, n'accorde pas aux ascendans le droit d'accepter la donation, quand le père s'oppose à cette acceptation. — Il nous semble que le droit d'acceptation étant absolu, on doit en laisser le libre exercice ; mais, en vertu des droits de la puissance paternelle, le père pourra attaquer devant les tribunaux l'acceptation contre laquelle il peut avoir des griefs légitimes. — Coin-Delisle, sur l'art. 935, n° 8.

260. — La donation faite à un enfant naturel mineur ou interdit doit être acceptée par son père naturel ou par sa mère naturelle. — Furgole, *Quest. sur les donat.*, 3e *quest.*, nos 27, 28, 29 et sur l'art. 7 de l'ord., 173 ; Toullier, t. 5, n° 199 ; Coin-Delisle, sur l'art. 935, n° 10. — V. cependant Brodeau sur Louet, lett. D, somm. 58, n° 8.

261. — Mais ce droit ne saurait appartenir aux pères ou mères soit de son père soit de sa mère, puisqu'ils ne sont pas ses ascendans. — Delvincourt, p. 72, note 7e ; Duranton, n° 440 ; Grenier, nos 67 et 68 ; Poujol, n° 8 ; Coin-Delisle, sur l'art. 935, n° 10.

262. — Si l'enfant naturel n'a ni père ni mère, on devra le pourvoir d'un tuteur et d'un subrogé tuteur, et le tuteur fera l'acceptation. — Coin-Delisle, sur l'art. 935, n° 10. — *Contrà* Grenier, nos 67 et 68 ; cet auteur pense que l'acceptation doit être faite par un tuteur *ad. hoc.*

263. — La donation faite à l'enfant qui n'est que conçu doit être acceptée par les ascendans ; (Grenier, n° 69 ; Toullier, n° 197 ; Coin-Delisle, sur l'art. 935, n° 11) — et non le curateur au ventre, comme le décidait Furgole. — Bien entendu que cette acceptation n'a d'effet qu'autant que l'enfant naît viable.

264. — Les ascendans d'un majeur absent n'ont pas qualité pour accepter en son nom. — *Parlem. Paris*, 16 mai 1680. — Ricard, part. 1re, n° 856, *addit.* ; Furgole sur l'art. 7 ; Roussilhe, *Jurispr des donat.*, n° 302 ; Coin-Delisle, sur l'art. 935, n° 12.

265. — Un descendant n'a pas le droit d'accepter une donation pour son ascendant interdit. — Furgole, *ibid.* ; Coin-Delisle, sur l'art. 935, n° 13.

266. — De ce que les interdits sont assimilés aux mineurs pour leur personne et leurs biens, il résulte que les ascendans peuvent faire l'acceptation des donations faites à leur enfant interdit ; mais ils devront prudemment se faire autoriser par le conseil de famille. — Duranton, t. 8, 442 ; Coin-Delisle, sur l'art. 935, n° 14 ; Vazeille, sur l'art. 935, n° 3.

267. — En général, les ascendans, tuteurs ou non, sont dispensés, pour leur acceptation, de demander l'avis du conseil de famille. — *Cass.*, 25 juin 1812, Lebouchel c. Stockem ; — Proudhon, *Cours de dr. franç.*, t. 2, p. 220 ; Merlin, *Rép.*, v° *Mineur*, § 7, n° 3 ; Toullier, n° 197 ; Grenier, n° 61 *bis* ; Coin-Delisle, sur l'art. 935, n° 16 ; Duranton, t. 8, n° 441 ; Delvincourt, t. 2, p. 72, note 8e.

§ 4. — *Acceptation de la donation faite à un sourd-muet ou à un aveugle.*

268. — Le sourd-muet qui sait écrire peut accepter lui-même ou par un fondé de pouvoir. — S'il ne sait pas écrire, l'acceptation peut être faite par un curateur nommé à cet effet, suivant les règles établies au titre *De la minorité, de la tutelle et de l'émancipation.* — C. civ., art. 936.

269. — La formalité de la lecture à faire aux parties par le notaire, étant impossible vis-à-vis du sourd-muet, il faut que le notaire mentionne dans l'acte d'acceptation que lecture en a été prise par le donataire. — L. 25 vent. an XI, art. 13. — Coin-Delisle, sur l'art. 936, n° 2.

270. — Pour que le sourd-muet soit réputé savoir écrire, il ne suffit pas qu'il sache signer. — Poujol, sur l'art. 936, n° 4 ; Coin-Delisle, *ibid.*, n° 3.

271. — Pour le sourd-muet qui ne sait pas écrire, l'acceptation est faite par un curateur *ad hoc* nommé dans la forme du curateur à l'émancipation. — Poujol, *ibid.*, n° 5 ; Coin-Delisle, *ibid.*, n° 4. — Ce curateur doit remplir les formalités qui sont la conséquence de sa mission ; en conséquence, il doit veiller à ce que les notifications et transcriptions soient faites. — Coin-Delisle, *ibid.*, n° 5.

272. — Mais de ce qu'il est nommé pour l'acceptation de la donation, il ne faut pas conclure qu'il soit chargé, par cela même, de gérer les biens du sourd-muet. — Poujol, *ibid.*, n° 5.

273. — Si le sourd-muet est mineur ou interdit, on suit les règles d'acceptation de l'art. 935, C. civ., précédemment indiquées.

274. — S'il s'agit d'un sourd-muet, mineur émancipé, ou sous puissance maritale, ou pourvu d'un conseil judiciaire, comme nous le supposons illettré et qu'il ne pourrait agir personnellement, même avec les assistances prévues par la loi, c'est l'art. 936 que l'on applique, et on lui donne, en conséquence, un curateur *ad hoc.* — Merlin, *Rép.*, v° *Sourd-muet*, n° 4 ; Coin-Delisle, sur l'art. 936, n° 6.

275. — Quant à l'acceptation de la donation faite à un aveugle, on a vu, v° CÉCITÉ, quelles sont les formalités à remplir.

§ 5. — *Acceptation de la donation faite à une commune ou à un établissement public.*

276. — Sous la législation romaine, les donations faites pour un service public étaient valables sans acceptation ; il suffisait d'un commencement d'exécution pour rendre la pollicitation irrévocable. — L. 1re, § 2, *D. de pollicit.* — Ricard, *Donat.*, part. 1re, ch. 4, sect. 1re, n° 843.

277. — Aujourd'hui, les donations faites au profit d'hospices, des pauvres d'une commune, ou d'établissemens d'utilité publique, sont acceptées par les administrateurs de ces communes ou établissemens, après y avoir été dûment *autorisés.* » — C. civ., art. 937.

278. — Aux termes des ord. des 2 avr. 1817 et 7 mai 1826, l'acceptation autorisée doit être faite : 1° pour les évêchés, les cathédrales et les séminaires, par les évêques, lesquels sont remplacés, dans le cas où ils seraient eux-mêmes donateurs, soit par le premier vicaire général, soit par le supérieur du séminaire, soit enfin par le trésorier de la fabrique cathédrale. — V. ÉVÊCHÉ, FABRIQUE, SÉMINAIRE.

279. — ... 2° Pour les donations faites au profit des chapitres, ou des cures et succursales, par les doyens des chapitres, les curés ou desservans, lesquels sont remplacés, s'ils sont donateurs, par le plus ancien chanoine, ou par le trésorier de la fabrique. — V. CHAPITRE, n° 25, CURE, nos 99 et suiv.

280. — Ces règles sont applicables au cas où la donation a pour objet une annexe établie ou à établir. — M. de Cormenin (v° *Fabriques*) rapporte en ce sens un avis du comité de législation et de l'intérieur du 28 déc. 1819. — V. ANNEXE, n° 12.

281. — ... 3° Pour les donations en faveur des fabriques ou pour l'entretien des églises et le service divin, par le trésorier de la fabrique, remplacé par le président, si c'est lui-même qui est donateur. — V. FABRIQUE.

282. — Il en est de même si le don est fait à une chapelle entretenue par une commune et dont l'érection a été autorisée par le roi. — De Cormenin et avis cons. d'état, *loc. cit.*

283. — ... 4° Pour des donations faites à des congrégations, soit par la supérieure générale, soit par la supérieure locale, remplacée, si elle est donateur, par la religieuse qui vient immédiatement après elle dans le gouvernement de la communauté. — Ord. 2 avr. 1817, art. 7 ; ord. 7 mai 1826, art. 1er ; circ. min. des aff. ecclés., 18 juill. 1825 ; *Monit.*, 3 août 1825 ; — Duvergier, 1825, 2e part., p. 66. — V. COMMUNAUTÉS RELIGIEUSES, nos 50 et suiv.

284. — ... 5° Pour les dotations des pasteurs et donations pour l'entretien des temples, par les consistoires. — V. CONSISTOIRES PROTESTANS, n° 29 et suiv.

285. — ... 6° Pour les donations en faveur des hôpitaux et autres établissemens de bienfaisance, par les administrateurs. — V. BUREAU DE BIENFAISANCE, ÉTABLISSEMENT DE BIENFAISANCE, HOSPICE.

286. — ... 7° Pour les dons faits aux colléges, par exemple, pour fondation de bourses ou créations de chaires, par les administrateurs de ces colléges. — V. UNIVERSITÉ.

287. — ... 8° Enfin, par les maires des communes, quand les donations sont destinées à la communauté des habitans ou même des pauvres de la commune. — V. COMMUNE, nos 285 et suiv.

288. — Toutes ces différentes acceptations, pour être valables, doivent être précédées de l'autorisation voulue par la loi.

289. — Ainsi, un bureau de bienfaisance ne peut ester en justice et, par exemple, réclamer un don à lui fait, sans avoir obtenu du conseil de préfecture l'autorisation de se le faire délivrer.

290. — Cette autorisation n'est pas suppléée par l'ordonnance du roi qui permet d'accepter le don, et qui lui enjoint de faire les diligences nécessaires pour en opérer le recouvrement. — *Nîmes*, 13 mars 1817, sous *Cass.*, 22 nov. 1819, Pouzal c. Latour. — V. cependant un jugement du tribunal d'Abbeville, rapporté sous *Cass.*, 16 juill. 1838 (t. 5 1838, c. 49), Hébert c. hospices d'Abbeville.

291. — En général, une commune n'a pas qualité, si elle n'a pas été autorisée du gouvernement à l'accepter, pour réclamer l'exécution d'un legs qui fonde un hospice sur son territoire, encore qu'il ne s'agisse que de fixer la nature et l'assiette de la disposition, sans en régler actuellement les effets : cette réclamation équivaut à une acceptation. — *Cass.*, 7 juill. 1834, hosp. de Paris c. comm. de Garches.

292. — Cependant, il suffit que l'acceptation ait été autorisée par le gouvernement pour que la commune dont le testateur a désigné le territoire pour faire cette fondation puisse, sans nouvelle autorisation, réclamer l'exécution du legs, lors même que, dans l'ordonnance royale, il ne serait nullement question de cette commune. — Même arrêt. — V. exemple analogue de désignation implicite, *Bourges*, 21 nov. 1831, sémin. de Saint-Maixent c. Fraigneau.

293. — Il y a néanmoins quelques exceptions au principe que les administrateurs des communes ou établissemens publics ne peuvent accepter qu'après y avoir été dûment autorisés.

294. — ... Par exemple, pour l'acceptation d'un don manuel. — V. DON MANUEL, nos 29 et suiv.

295. — ... Ou bien encore, dans le cas où il ne s'agit pas d'une disposition purement gratuite, mais d'une véritable obligation, par exemple de la soumission de fournir telle somme pour la construction d'une église. Une cour royale a pu décider qu'il

n'y avait là qu'un contrat commutatif auquel les formalités des donations n'étaient point applicables. — *Cass.*, 7 avr. 1829, Reverchon c. comm. de Morez.

296. — D'ailleurs, en supposant que l'acte de soumission dont il s'agit dût être accepté par la commune administrativement autorisée à cet effet, l'acceptation faite par le conseil municipal, du vivant du soumissionnaire, quoique l'autorisation n'ait été obtenue qu'après son décès, suffirait pour rendre l'acte obligatoire envers les héritiers du souscripteur. — Même arrêt. — Malleville, sur l'art. 937; Duranton, t. 8, nº 450; Grenier, t. 1er, nº 71, et Delvincourt, t. 2, p. 262.

297. — Dans les cas où l'autorisation préalable est imposée, il n'est pas nécessaire d'avoir deux autorisations distinctes, l'une pour recevoir, l'autre pour accepter. — Coin-Delisle, sur l'art. 937, nº 4.

298. — Les établissemens auxquels le don est destiné ne peuvent être autorisés par l'autorité supérieure à se mettre provisoirement en possession des biens.. — Arr. du gouvern. 29 vendém. an XI.

Sect. 4e. — *Formes de l'acceptation.*

299. — En droit romain l'acceptation, pour les donations, pouvait être remplacée par des équipollens. — LL. 1 et 9, § ult., ff., *De donat.*; Inst., liv. 2, tit. 7, § 2.

300. — L'ordonn. de 1539, art. 132, exigeait au contraire que les donations fussent faites *en présence* des donataires, et *par eux acceptées*.

301. — Dans les pays de droit écrit, on interprétait l'ordonnance dans le sens de la loi romaine, et l'on autorisait le remplacement de l'acceptation par des équivalens.— Montholon, *Recueil d'arrêts*, chap. 129; Maynard, liv. 7, chap. 84; Cambolas, liv. 5, chap. 7.

302. — Dans les pays coutumiers, au contraire, on considérait comme indispensable la déclaration solennelle d'acceptation de la part du donataire. — *Parlement Paris*, 30 avr. 1633; — Brodeau sur Louet, lettre D, somm. 4, nº 5; Ricard, *Donat*, part. 1re, nos 838 et suiv.

303. — Ainsi, lorsque le mot *accepté* ou autre terme équivalent ne se trouvait pas dans la minute de l'acte, la donation était nulle, encore bien que ce mot eût été rétabli dans la grosse. — Arrêt 30 avr. 1635. — Denisart, vº *Acceptation.*

304. — L'ordonnance de 1731, art. 6, est ainsi conçue : « L'acceptation de la donation sera expresse, sans que les juges puissent avoir aucun égard aux circonstances dont on prétendrait induire une acceptation tacite ou présumée; et ce, quand même le donataire aurait été présent à l'acte de donation, et qu'il l'aurait signé, ou quand il serait entré en possession des choses données. »

305. — Jugé que, sous l'ordonnance de 1731, l'acceptation d'une donation devait être expresse. On ne pouvait l'admettre par induction. — *Bourges*, 24 janv. 1821, Guérin c. d'Arquian.

306. — Sans entrer dans les mêmes détails que l'ordonnance, le Code civil n'en adopta pas moins le principe de l'acceptation expresse : « La donation entre-vifs, porte l'art. 932, n'engage le donateur, et ne produit aucun effet, que du jour qu'elle a été *acceptée en termes exprès.* »

307. — Mais, sous l'empire du Code, peut-on remplacer le mot *accepter* par des termes équivalens? — Ainsi, peut-on le remplacer par le mot *agréer* (Sallé, sur l'ordonn., p. 17); par les mots *approuver, avoir pour agréable* (Rousseaud de Lacombe); par le mot *recevoir* (Guilhon, nº 495); par cette phrase : *Les parties l'ont ainsi voulu et consenti* (Toullier, t. 5, note 2, sur le nº 188)?

308. — Tout en conseillant d'employer de préférence le mot *accepter*, il faut décider que les expressions ci-dessus indiquées devraient être considérées comme des équivalens suffisans, à l'exception peut être de la dernière qui est de style dans les obligations ordinaires. — V. en ce sens Grenier, nº 57 *bis*.

309. — A cet égard, la règle générale est que l'acceptation d'une donation doit être faite en termes sinon *sacramentels*, du moins *exprès*; elle ne peut s'induire d'énonciations plus ou moins significatives de l'acte, ou d'autres élémens de la cause. — *Nancy*, 2 fév. 1839 (t. 2 1839, p. 74), Martel c. Barret et Albert.

310. — Ainsi jugé que l'acceptation d'une donation n'a pas besoin d'être énoncée en termes sacramentels, pourvu qu'elle résulte d'une clause positive. — *Bastia*, 2 mars 1835, Rossi c. Franceschi et Omessa.

311. — Lorsque deux époux acquièrent un immeuble en commun, et que l'acte de vente contient en même temps donation de l'usufruit au profit du survivant, les expressions *à ce présens et acceptans* qui s'y rencontrent constituent une acceptation suffisante aux yeux de la loi. — *Metz*, 4 juill. 1817, N...

312. — Mais la déclaration, par un père donataire à charge de servir certaines sommes à ses enfans mineurs, qu'il accepte la donation à lui faite sous les conditions y apposées, n'emporte pas acceptation, au nom et au profit desdits enfans, des libéralités qui les concernent. — *Grenoble*, 9 août 1843 (t. 2 1845, p. 383), Guillaud c. Buissière.

313. — Une acceptation tacite ne suffirait pas, « lors même que le donataire aurait été présent à l'acte de donation, et qu'il l'aurait signé. » — Bigot-Préameneu, *Exposé des motifs*; — Grenier, 3e édit., nos 57 *ter*, et 57 *quater*.

314. — La prise de possession des biens donnés équivaut-elle à une acceptation? — Toullier (t. 5, nos 189 et suiv.) répond affirmativement, parce que, dit-il, l'exécution volontaire couvre la nullité des donations; et, d'ailleurs l'art. 6 de l'ord. de 1731 prononçait la nullité pour ce cas, et comme le Code civil n'a pas reproduit ce cas de nullité, c'est qu'il n'a pas voulu le maintenir. — V. en ce sens *Orléans*, 9 juill. 1845 (t. 2 1845, p. 340), préfet de la Seine c. Durand.

315. — L'exposé des motifs que nous venons de citer, prouve que le législateur avait bien aussi ce cas en vue, puisqu'il ajoute que l'acceptation tacite ne résulterait pas davantage de ce que le donateur « serait entré en possession des choses données. » — D'une autre part, en admettant même la théorie de Toullier, sur la confirmation des donations par l'exécution volontaire, comme c'est dans l'intérêt du donateur que l'acceptation est exigée, ce serait de lui qu'il faudrait qu'émanât l'exécution volontaire. — Grenier, t. 1er, nº 57 *ter.*; Delvincourt, t. 2, p. 469, note 3e; Coin-Delisle, sur l'art. 932, nº 4.

316. — Jugé que le défaut d'acceptation d'une donation peut être opposé par le donateur, même lorsque le donataire s'est mis en possession et a perçu des fruits. — *Bourges*, 24 janv. 1821, Guérin c. d'Arquian. — Grenier, t. 1er, nº 61 *bis*; Merlin, *Rép.*, add., vº *Donation*; Proudhon, *Cours de dr. franç.*, t. 1er, p. 275; Delvincourt, t. 2, p. 472, note 4e; Rolland de Villargues, vº *Acceptation de donation*, nº 38.

317. — ...Et que le défaut d'acceptation d'une donation ne peut être couvert par l'exécution volontaire de la donation de la part du donateur, résultant de ce que les époux donataires sont en possession des biens donnés. — *Bastia*, 2 mars 1835, Rossi c. Franceschi et Omessa.

318. — L'acceptation peut être faite du vivant du donateur, par un acte postérieur et authentique, dont il reste minute. — C. civ., art. 932.

319. — Par le mot *authentique*, le législateur entend un acte passé pardevant notaire. — L. 25 vent. an XI; — Grenier, nº 59; Coin-Delisle, sur l'art. 932, nº 11.

320. — L'acte d'acceptation peut être dressé séparément ou à la suite de l'acte de donation. — Furgole, sur l'art. 5 de l'ord. 1731; Coin-Delisle, *ibid.*

321. — L'acte d'acceptation séparé est valable, pourvu qu'il soit certain que cette acceptation se réfère bien à la donation, et que les charges et conditions de la donation soient bien connues du donataire. — Furgole, sur l'art. 5 de l'ord. 1731; Coin-Delisle, *ibid.*

322. — On peut accepter par acte d'huissier la donation indirecte d'une somme que le donateur direct est chargé de payer. — *Grenoble*, 29 déc. 1825, Martin c. Boulu. — Furgole, sur l'art. 5, ord. 1731; Sallé, *Esprit des ord.*; Grenier, *Donations*, nº 74; Duranton, *Droit franç.*, t. 8, nº 417; Poujol, sur l'art. 962, nº 5; *Dict. du notar.*, vº *Acceptation de donation*, nº 3, art. 3494, édit. 1re et 2e.

323. — Sous l'empire de l'ord. de 1731, la notification de l'acte d'acceptation n'était pas exigée. — Le Code civil déclare, au contraire, que « la donation n'a d'effet, à l'égard du donateur, que du jour où l'acte qui constate cette acceptation lui a été notifié. » — C. civ., art. 932.

324. — Cette notification doit être faite par huissier, dans la forme ordinaire. — Duranton, nº 422; Grenier, nº 58.

325. — Mais cela n'est vrai que lorsqu'il y a notification, c'est-à-dire connaissance donnée par un acte extrajudiciaire. La notification elle-même pourrait être remplacée soit par l'intervention du donateur à l'acte d'acceptation, soit par la remise d'une expédition de l'acte, remise constatée par un reçu du donateur. — Grenier, nº 58; Coin-Delisle, sur l'art. 932, nº 12; Delvincourt, t. 2, p. 257.

326. — Jugé en ce sens que lorsqu'il résulte de l'ensemble de la donation que l'acception d'un des donataires a été connue du donateur avant la clôture de l'acte, et que la signature de ce donateur, ou du moins la mention qui la supplée, porte sur le tout, il suit qu'il n'y avait pas nécessité de lui faire de l'acceptation une notification séparée. — *Cass.*, 2 août 1842 (t. 2 1843, p. 128), Tireau c. Tessé.

327. — Poujol, au contraire (sur l'art. 932, nº 7), pense qu'on ne peut établir par aucun fait que le donateur a connu l'acceptation, et qu'elle ne peut être prouvée que par la notification.

328. — D'après l'ordonn. de 1731 (art. 5), quand la donation entre-vifs était acceptée par le procureur général ou spécial du donataire, la procuration devait demeurer annexée à l'acte de donation.

329. — Jugé cependant que, sous cette ordonnance, lorsqu'une donation faite à un mineur était acceptée par la mère de celui-ci, tant en cette qualité que comme fondée de procuration de son mari, on pouvait se dispenser d'annexer la procuration à l'acte de donation, si le donateur ne l'exigeait pas. — *Cass.*, 12 avr. 1832, Voiry c. Schmitz-Deprée.

330. — De même aujourd'hui, quand l'acceptation est faite au nom du donataire par la personne fondée de sa procuration notariée, une expédition de cette procuration doit en être annexée à la minute de la donation ou à la minute de l'acceptation qui est faite par acte séparé. — C. civ., art. 933.

Sect. 5e. — *Effets de l'acceptation.*

331. — L'acceptation de la donation a pour effet de rendre cette donation parfaite par le consentement des parties. — C. civ., art. 938.

332. — Dès-lors le donateur est lié et ne peut plus révoquer les offres qu'il a faites.

333. — De ce que le donateur n'est lié que par l'acceptation, il suit 1º que jusqu'à cette acceptation le donateur a pu créer sur les biens offerts des servitudes, un usufruit ou toute autre charge; le donataire, en acceptant postérieurement, est obligé de respecter les charges imposées. — Pothier, *ibid.*; Toullier, *Donat. entre-vifs*, sect. 2e, art. 1er, alinéa 13, nº 214.

334. — ... 2º Et que les créanciers du donateur ont pu acquérir sur les biens donnés des droits hypothécaires utiles jusqu'à l'acceptation. — Pothier et Toullier, *ibid.*

335. — D'où il résulte que les créanciers qui ont une hypothèque sur les immeubles compris dans la donation dont la répudiation est contestée, ne sont pas obligés d'attendre l'événement du litige, avant d'agir en expropriation. — *Paris*, 21 avr. 1813, Fortisson c. Vigoureux.

336. — Par l'acceptation, la propriété des objets donnés est transférée au donataire sans qu'il soit besoin d'autre tradition. — On verra (*infrà* nos 639 et suiv.) le développement des conséquences de ce principe.

337. — Ainsi, jusqu'à l'acceptation, il n'y avait qu'un projet de donation; dès que la donation, régulière d'ailleurs, est dûment acceptée, elle devient un mode d'acquisition. — C. civ., art. 711. — Cette acquisition est donc moins un effet spécial de l'acceptation, qu'un des effets généraux de la donation devenue parfaite.

338. — Après l'acceptation par acte d'huissier de la donation indirecte d'une somme que le donateur est chargé de payer, le don ainsi fait est irrévocable. — *Grenoble*, 29 déc. 1825, Martin c. Boulu.

339. — Aux termes de l'art. 463, C. civ., quand le tuteur a accepté une donation pour le mineur avec l'autorisation du conseil de famille, cette donation a le même effet *à l'égard du mineur* qu'à l'égard du majeur; c'est-à-dire que le donataire ne peut se faire restituer contre cette acceptation pour cause de minorité; et l'expression *à l'égard du mineur* doit s'entendre de tous les effets légaux, tant à la charge qu'au profit du donataire. — Duranton, nº 444; Poujol, nº 9 sur l'art. 935; Coin-Delisle, sur l'art. 935, nº 9. — V. cependant Grenier, *Donat.*, nº 83; Merlin, *Rép.*, vº *Mineur*, § 7, 4e édit.

340. — Il faut admettre spécialement ce résultat quand la donation a été acceptée, sans l'intervention du conseil de famille, par les ascendans qui, ainsi qu'on l'a vu (*suprà* nos 247 et suiv.), peuvent accepter sans cette autorisation. — Duranton, nº 445; Poujol, sur l'art. 935, nº 10; Coin-Delisle, sur l'art. 935, nos 170 et suiv. — *Contrà* Grenier, *Donat.*, nº 83.

341. — Toutefois, ces deux premiers auteurs font une distinction entre la donation purement gratuite et la donation avec charges. — « Comme les charges et conditions, dit Poujol (nº 10, sur l'art. 935), n'ont pas été appréciées par le conseil de famille, seul compétent pour autoriser le tuteur à en grever le mineur, celui-ci ne serait pas lié irrévocablement, si elles étaient reconnues avoir

été plus onéreuses que profitables au moment de l'acceptation par l'ascendant. »

342. — L'art. 935, § 3, accordant, d'une manière absolue aux ascendans le droit de faire l'acceptation, sans être obligés de consulter le conseil de famille, et cela sans distinguer entre les donations simples et les libéralités grevées de charges, on ne saurait admettre cette distinction. — Coin-Delisle, sur l'art. 935, n° 18.

343. — Il en faut dire de même à l'égard des donations avec charges acceptées par le mineur émancipé assisté de son curateur. — Coin-Delisle, *ibid.*

344. — Bien entendu que si l'on avait voulu masquer sous l'apparence d'un contrat de bienfaisance un contrat purement commutatif, et échapper, par ce moyen, aux formalités prescrites pour les mineurs à l'égard de cette dernière espèce de contrats, le mineur pourrait être restitué; mais cela ne changerait rien à la solution; car ce serait, non contre le vice de l'acceptation, mais contre la nullité de la vente déguisée que l'action serait dirigée. — Coin-Delisle, *ibid.*

345. — Bien entendu encore qu'il y aurait lieu contre le tuteur au recours général prévu par l'art. 1382, le cas échéant. — Coin-Delisle, sur l'art. 935, n° 19.

346. — L'acceptation faite par l'incapable lui-même peut-elle produire quelque effet? — Cette question difficile et complexe a divisé les auteurs. — Examinons-la d'abord quant au mineur.

347. — Sous l'ord. 1731, il y avait déjà controverse sur le point de savoir si, la donation ayant été acceptée par le mineur seul, sans l'assistance du tuteur, la nullité de l'acceptation pouvait être opposée par d'autres que par lui-même. — V., pour la négative, Pothier, *Oblig.*, n° 52; *Coul. d'Oréans*, n° 31; Introd. au tit. 15, *Traité des donations*, sect. 2e, art. 1er. — Bourjon, Bergier et Prévost de la Janès étaient aussi du même avis. — V. *contrà* Ricard, *Des donat.*, part. 1re, chap. 4, sect. 1re, nos 845 et suiv.; Furgole, sur l'art. 7, ord. 1731; Sallé, Damours, Boutaric, Rousseaud de Lacombe, d'Aguesseau, dans sa correspondance avec le parlement de Toulouse.

348. — Sous le Code civ., le dissentiment a continué. — Selon quelques interprètes, l'art. 1125, C. civ., qui défend aux personnes capables d'opposer l'incapacité du mineur, s'applique aussi bien aux donations qu'aux autres contrats; — d'où la conséquence que la donation dont le mineur peut réclamer la nullité, lie cependant le donateur, de telle sorte qu'il ne puisse ni révoquer ni disposer. — Toullier, n° 193; Guilhon, n° 510; Duranton, t. 8, n° 435.

349. — Jugé, dans ce sens, que l'acceptation émanée du donataire mineur rend la donation parfaite à l'égard du donateur. — *Nancy*, 4 fév. 1839 (t. 1er 1839, p. 410), Marchal c. Blanchard.

350. — Selon le plus grand nombre, au contraire, dont nous adoptons l'avis, l'art. 1125 n'est pas applicable aux donations, sous ce rapport, et l'acceptation faite par le mineur non émancipé seul est sans effet, non seulement à l'égard du mineur, mais encore à l'égard du donateur et des tiers-intéressés. — Malleville, sur l'art. 463; Grenier, n° 61 *bis*; Proudhon, *Cours de dr. franç.*, t. 2, p. 287; Merlin, *Rép.*, vis *Donation*, sect. 4e, n° 4, et *Mineur*, § 7; Delvincourt, p. 72, note 4e; Rolland de Villargues, v° *Acceptation des donations*, n° 44; Poujol, n° 4, sur l'art. 934, n° 2, sur l'art. 935; et une savante dissertation historique de Coin-Delisle, sur l'art. 935, n° 21.

351. — Jugé, en conséquence, que la fille mineure ne peut accepter la donation que lui fait son père, sans l'assistance d'un conseil de famille et le concours d'un tuteur; — et que la nullité de cette acceptation est absolue et non relative. — *Grenoble*, 14 juill. 1836 (t. 2 1837, p. 491), Roy c. Martin.

352. — De ces principes il résulte: 1° que l'acceptation faite, sans autorisation du conseil de famille par un tuteur non ascendant, serait absolument nulle et, par conséquent, ne lierait pas le donateur. — Coin-Delisle, sur l'art. 935, n° 22; Merlin, v° *Mineur*, § 7, n° 2; Duranton, n° 436.

353. — Jugé, cependant, que lorsque l'acceptation d'une donation faite à un mineur, n'a pas été accompagnée de l'autorisation du conseil de famille, elle n'est frappée que d'une nullité *relative*, et dont le donateur ou ses héritiers ne peuvent se prévaloir. — *Metz*, 27 avr. 1824, Destable c. Fourny. — V. aussi *Colmar*, 18 déc. 1808, Pflieger c. Kieffer.

354. — ... 2° Qu'il faut décider de même à l'égard d'un interdit qui aurait accepté, puisqu'il ne peut pas consentir. — Coin-Delisle, sur l'art. 935, n° 23.

355. — ... 3° Que la donation acceptée par le mineur émancipé, sans l'assistance de son curateur, pourrait être attaquée en nullité même par un tiers intéressé. — Coin-Delisle, sur l'art. 935, n° 24; Merlin, v° *Mineur*, § 7, n° 2.

356. — ... 4° Que la donation acceptée par la femme sans le concours de son mari ne vaudra ni à l'égard de la femme ou de son mari, ni à l'égard de leurs héritiers. — *Toulouse*, 27 janv. 1830, Andrillon c. Barthe; — Merlin, v° *Donation*, § 4; Coin-Delisle, sur l'art. 935, n° 25.

357. — Conséquemment, le père donateur, en sa qualité d'héritier à réserve de sa fille donataire, peut opposer la nullité résultant de ce que la donation aurait été acceptée par elle, sans l'autorisation préalable du mari. — Même arrêt.

358. — Une donation entre-vifs non acceptée du vivant du donateur ne peut pas valoir même comme disposition testamentaire. — Bigot-Préameneu, *Exposé des motifs*. — V. aussi, pour l'hypothèse inverse, *Turin*, 22 fév. 1806, Gantia.

359. — Mais la donation entre-vifs nulle, par défaut d'acceptation, vaut cependant comme acte révocatoire, si elle contient une révocation expresse de toutes dispositions antérieures. — *Lyon*, 7 fév. 1827, Parléani c. commune de Pioggiola.

360. — Jugé aussi que la révocation d'un legs contenue dans une donation entre-vifs, nulle pour défaut d'acceptation, doit produire son effet, alors même que le legs et la donation ayant pour objet les mêmes biens, s'adressent au même individu, si elles contiennent des conditions différentes. — *Cass.*, 25 avr. 1825, mêmes parties.

361. — Celui qui, sous l'empire des lois anciennes, a accepté une donation particulière qui lui était faite à la charge de payer à un tiers non présent à l'acte une somme d'argent due par les donateurs, et sous la condition qu'il ne pourrait, du vivant de ces derniers, rien aliéner des biens donnés, a pu, après leur mort, lesdits biens ayant péri dans l'intervalle par force majeure, renoncer à la donation, sous l'offre de rendre compte, ainsi qu'aurait pu le faire un héritier bénéficiaire, de l'émolument par lui perçu pendant la durée de sa jouissance. — *Cass.*, 21 avr. 1835, de Laroche-Courbon c. de Viennot-Vaublanc.

362. — Mais, en principe général, il faut décider que la renonciation à une donation ne peut pas nuire aux tiers qui, depuis la donation, ont contracté avec le donataire. — C. civ., art. 788, 1167 et 2225.

363. — Quant aux effets de l'acceptation ou de la notification qui ont lieu dans les dix jours qui précèdent la cessation des paiemens, en matière de faillite, V. FAILLITE.

Sect. 6e. — *Recours en gurantie pour défaut d'acceptation.*

364. — L'art. 14 de l'ord. de 1731, d'accord avec les règles générales du droit romain (LL. 1, ff., *De tutel. et ration. distrah.*; 7, Cod., *Arbit. tut.*), accordait un recours au mineur et à l'interdit contre son tuteur ou son curateur, pour le défaut d'acceptation.

365. — Mais la protection qui s'attache aux incapables pour la conservation de leurs biens ne devait pas entraîner le législateur jusqu'à leur accorder le bénéfice de la restitution, lorsqu'il s'agissait pour eux de formalités relatives à une acquisition gratuite. — Furgole, sur les art. 14 et 32 de l'ord.; Ricard, part. 1re, n° 1172; Coin-Delisle, sur l'art. 942, n° 2.

366. — Ce principe a été consacré par le Code civil. — « Les mineurs, les interdits, les femmes mariées, dit l'art. 942, ne seront point restitués contre le défaut d'acceptation ou de transcription des donations; sauf leur recours contre leurs tuteurs ou maris, s'il y échet, et sans que la restitution puisse avoir lieu, dans le cas même où lesdits tuteurs et maris se trouveraient insolvables. »

367. — Malgré les apparences du texte de l'art. 942, le mari n'est pas responsable du défaut d'acceptation d'une donation faite à sa femme. — En effet, pourrait-il être responsable du défaut d'une acceptation qu'il n'a pas le droit de faire personnellement? — La disposition ne peut s'appliquer qu'au défaut de transcription, et ce qui le prouve, c'est que l'art. 14 de l'ord. de 1731, spécial au défaut d'acceptation, ne parle pas du recours des femmes mariées, tandis que l'art. 28 relatif au recours par défaut d'insinuation, cite textuellement le mari dans son énumération. — Coin-Delisle, sur l'art. 42, n° 3; Vazeille, sur l'art. 942, n° 1er. — *Contrà* Poujol, sur l'art. 942, n° 1er.

368. — L'art. 935, portant que le tuteur doit accepter la donation faite au mineur non émancipé ou à l'interdit, si le tuteur, à partir du moment où il a eu connaissance de la donation, néglige de convoquer le conseil de famille dont il doit demander l'autorisation (C. civ., art. 463), ou si après cette autorisation, il néglige de faire l'acceptation, et que le donateur révoque, le mineur a contre lui une action en indemnité. — Coin-Delisle, sur l'art. 935, n° 1er; sur l'art. 942, n° 4; Furgole, sur l'art. 14 de l'ord.; Duranton, n° 524; Poujol, n° 1er, sur l'art. 942; Toullier, n° 201.

369. — Cependant, c'est là une question d'appréciation; et il peut arriver même que, loin d'être responsable du défaut d'acceptation, le tuteur soit à l'abri de tout recours, quand même il aurait renoncé à une donation faite à son pupille, pourvu qu'il le fasse conformément aux devoirs généraux de la tutelle.

370. — Ainsi, lorsque, par suite des faits et circonstances de la cause, une cour royale a décidé qu'un donataire ne pouvait, sans se rendre coupable d'ingratitude envers le donateur, se dispenser de renoncer à l'objet de la donation, cette cour a pu déclarer valable la renonciation au bénéfice de la donation faite par le tuteur du donataire, encore en minorité, renonciation faite avec l'autorisation du conseil de famille. — *Cass.*, 12 mai 1830, Cauchois c. Jullien.

371. — Jugé, de même, que la renonciation par le tuteur autorisé par le conseil de famille à une donation faite au mineur peut être considérée comme valable, lorsqu'elle était le seul moyen de soustraire le donateur à des poursuites criminelles. — *Paris*, 14 juill. 1826, Cauchois c. Julien. — Le tuteur, en faisant ainsi pour son mineur un sacrifice exigé par l'honneur, est réputé agir en bon père de famille, dans le sens de l'art. 450, C. civ.

372. — En général, celui-là est responsable du défaut d'acceptation qui a l'obligation d'accepter. Tel est le curateur à l'acceptation faite à un sourd-muet. — C. civ., art. 936. — Tel est encore le subrogé-tuteur qui ne ferait pas les diligences nécessaires pour arriver à l'acceptation d'une donation faite au pupille par le tuteur. — Art. 420; — Poujol, sur l'art. 942, n° 2; Coin-Delisle, sur l'art. 942, n° 5.

373. — Le tuteur, dans ce dernier cas, ne serait pas responsable du défaut d'acceptation de la donation qu'il aurait faite. — Grenier, nos 66 et 66 *bis*; Toullier, n° 202; Poujol, sur l'art. 942, n° 2; Coin-Delisle, sur l'art. 942, n° 7.

374. — Ainsi jugé, que le père qui a omis de faire nommer à son fils mineur un tuteur spécial pour accepter une donation qu'il lui faisait, n'est pas responsable de la nullité de la donation, résultant du défaut d'acceptation régulière, et cela alors même qu'il se serait expressément obligé dans l'acte à faire valoir la donation. — *Riom*, 14 août 1829, Morel.

375. — ... A moins que la nullité de l'acceptation ne provienne de son fait. — Coin-Delisle, sur l'art. 942, n° 8.

376. — L'art. 14 de l'ordonnance de 1731, qui accordait au mineur un recours contre son tuteur pour défaut d'acceptation valable d'une donation faite à son pupille, était applicable au cas où le tuteur était en même temps le donateur. — *Cass.*, 11 juin 1816, Bouhier.

377. — Sous l'empire du Code civil, le tuteur est responsable du défaut d'acceptation d'une donation par lui faite à son pupille, particulièrement lorsqu'il a été dit dans l'acte qu'elle serait acceptée par le mineur à sa majorité, et si ce dernier, devenu majeur, n'a fait qu'une acceptation irrégulière. — *Cass.*, 9 déc. 1829, Louchet c. Obissacq.

378. — La nullité tirée du défaut d'acceptation régulière, de la part du mineur de la donation qui lui a été faite par son père ne peut être opposée par les ayant-cause du père, qui, en sa qualité d'administrateur, était responsable (art. 942) du défaut d'acceptation. C'est le cas d'appliquer la règle *Quem de evictione tenet actio, eumdem agentem repellit exceptio.* — Et cela, alors même qu'entre la majorité du donataire et la mort du donateur il se serait écoulé un temps assez long pour que l'acceptation pût être régularisée. — *Grenoble*, 14 juill. 1836, Rey c. Martin; — Ricard, *Tr. des don.*, 1re partie, nos 859 et suiv.; Pothier, *Des don.*, sect. 2e, art. 1er, p. 55 et 56; Delvincourt, t. 2, p. 475.

379. — Toullier (t. 5, n° 202) distingue le cas où la donation n'a pas été acceptée de celui où elle a été acceptée, soit par le mineur seul, soit par le mineur autorisé par le tuteur donateur. Dans le premier cas, il pense que l'art. 942 ne serait pas applicable, parce que jusqu'à l'acceptation le tuteur donateur a pu changer d'avis; et qu'en omettant soit de prévenir le subrogé tuteur d'accepter, soit d'en faire nommer un s'il n'y en avait pas, il est censé avoir manifesté la volonté de retirer ses offres. Mais dans le deuxième cas (celui de la *nullité* de l'acceptation), il pense que l'art. 942 conserve son empire.

380. — L'action en garantie pour défaut d'acceptation ne peut pas s'exercer contre l'ascendant qui

ne serait ni tuteur ni curateur du donataire. — Coin-Delisle, sur l'art. 935, nº 15.

381. — Mais cette action serait ouverte contre l'ascendant pour défaut de notification, non en vertu des textes spéciaux à la donation, mais par application du droit commun, en qualité de *negotiorum gestor*.—Coin-Delisle, sur l'art. 935, nº 15.

382. — Les établissemens publics ne sont pas restituables contre le défaut d'acceptation.—Favard, *Rép.*, vº *Donation entre-vifs*, sect. 2e, § 1er, nº 1er.— Et leurs administrateurs ne sont pas soumis au recours établi par l'art. 942, sauf leur responsabilité ordinaire en matière d'administration. — Grenier, nº 166; Duranton, t. 8, nº 523.

CHAPITRE IV. — *Formes de la donation entre-vifs.*

Sect. 1re. — *Règles générales.*

383. — Avant l'ordonnance de 1731, les auteurs n'étaient pas d'accord sur la question de savoir si les actes de donation entre-vifs devaient être passés devant notaires. — Ord. 1539, art. 133; déclar. de fév. 1549.—V. Ricard, part. 1re, nos 881 et suiv.; Coin-Delisle, sur l'art. 931, nº 1er.

384. — Jugé qu'avant le Code civil un père pouvait faire des donations à ses enfans non émancipés dans les actes de mariage sous signature privée faits dans les pays de droit écrit.—Ces donations étaient irrévocables, et les actes de mariage faisaient foi de leur date, même à l'égard des tiers, lorsqu'ils étaient suivis de la célébration. — *Toulouse*, 9 juin 1836, N...

385. — De même, avant le Code civil, il n'était pas nécessaire que les démissions de biens fussent faites par acte passé devant notaires. — *Cass.*, 11 juin 1835, Hartmann c. Sutter.

386. — L'ordonnance de 1731 changea cet état de choses en ordonnant par son art. 1er que « tous les actes portant donation entre-vifs fussent passés par-devant notaires et qu'il en restât minute à peine de nullité. »

387. — L'art. 2 était ainsi conçu : « Les donations entre-vifs seront faites dans la forme ordinaire des contrats et actes passés devant notaires, et en y observant les autres formalités qui y ont eu lieu jusqu'à présent, suivant les différentes lois, coutumes et usages des pays soumis à notre domination. »

388. — Cette ordonnance a régi la France jusqu'à la publication du titre des donations du Code civil; si ce n'est que les lois intermédiaires avaient substitué le juge de paix à l'officier seigneurial pour l'accomplissement des formes indiquées, et réglé certains autres détails. — L. 13 avr. 1791, tit. 1er, art. 24; — Furgole, sur l'art. 1er; Merlin, *Rép.*, vº *Donation*, sect. 2e, § 3; Coin-Delisle, sur l'art. 931, nº 1er à la note.

389. — Le statut *delphinal* de 1456, qui prescrivait certaines formalités extrinsèques et spéciales, pour la validité des donations, n'était applicable qu'aux actes de cette nature passés en Dauphiné, et non aux actes faits hors de la province et relatifs à des biens situés dans son étendue. — *Cass.*, 1er fév. 1822, de Valernod c. des Isnards.

390. — Suivant l'art. 931, C. civ., tous actes portant donation entre-vifs doivent être passés devant notaires dans la forme ordinaire des contrats; et il en doit rester minute sous peine de nullité.

391. — Cette disposition est tellement absolue qu'un acte sous seing-privé, même reconnu en justice ou déposé chez un notaire, n'aurait aucun effet. — Furgole, sur l'art. 1er de l'ord.; Pothier, *Introd. au tit. 15 de la cout. d'Orléans*, nº 28 : Merlin, *Rép.*, sect. 2e, § 1er, alin. 4e; Grenier, nº 150; Coin-Delisle, sur l'art. 931, nº 2.

392. — Il faudrait cependant faire exception pour les donations résultant des conventions matrimoniales rédigées par les futurs époux, en forme d'acte sous seing-privé, mais déposées par elles chez un notaire avant le mariage. — *Rouen*, 11 janv. 1826, Thierry c. Décrétot.

393. — La nullité ne serait couverte ni par l'enregistrement ni par la transcription. — Poujol, sur l'art. 931, nº 5.

394. — Le contrat de donation doit donc renfermer toutes les conditions de forme imposées par la loi du 25 vent. an XI à tous les actes notariés. — Nous remarquerons principalement les suivantes :

395. — 1º Le notaire doit être capable de recevoir l'acte de donation. — L. 25 vent an XI, art. 1er et 6.

396. — Dès-lors, une donation est nulle si le notaire est incapable, quand même l'acte serait signé des parties. — Duranton, nº 386; Coin-Delisle, sur l'art. 931, nº 3.

397. — Il en est de même si le notaire a instrumenté hors de son ressort. — *Pau*, 11 mars 1811, Monoreau c. Gapharre; — Merlin, *Rép.*, vº *Donation*, sect. 2e, § 2. — V. au surplus ACTE NOTARIÉ, nº 617.

398. — 2º La donation entre-vifs doit être reçue par deux notaires ou par un notaire en présence de deux témoins. — L. 25 vent. an XII, art. 9. — V. ACTE NOTARIÉ, nº 19.

399. — Cependant, une donation serait-elle nulle par cela que le notaire en second ou les témoins n'auraient pas été présens lors de la passation de l'acte? — V. à ce sujet ACTE NOTARIÉ, nos 46 et suiv.

400. — Décidé, avant la loi du 25 vent. an XI, qu'une donation entre-vifs était nulle lorsqu'il était établi que l'un des témoins instrumentaires n'avait point assisté à la rédaction de l'acte. — *Amiens*, 25 niv. an XI, Léger.

401. — D'après l'art. 2, L. 21 juin 1843, les actes notariés contenant donation entre-vifs et les procurations pour consentir ces actes, doivent, à peine de nullité, être reçus conjointement par deux notaires ou par un notaire en présence de deux témoins. — La présence du notaire en second, ou des deux témoins, n'est requise qu'au moment de la lecture des actes par le notaire et de la signature par les parties; elle doit être mentionnée à peine de nullité.

402. — Quant aux dispositions survenues depuis la disposition de cette loi, en ce qui concerne les actes de donation passés antérieurement, elles ont été toutes rendues dans ce sens que ces actes devaient être considérés comme valables. — V. ACTE NOTARIÉ, nos 69 et suiv.

403. — 3º Les témoins instrumentaires qui assistent le notaire doivent avoir la capacité requise. — L. 25 vent. an X, art. 9, 10 et 68. — V. ACTE NOTARIÉ, nos 102 et suiv. — V. aussi TÉMOIN INSTRUMENTAIRE.

404. — Ainsi, comme on l'a vu (vº ACTE NOTARIÉ nº 119), il y aurait nullité d'une donation, sur le motif que l'un des témoins de l'acte travaille accidentellement et à divers intervalles dans l'étude du notaire instrumentaire, sans avoir précisément le titre de clerc. — *Paris*, 13 mars 1832, Tillier c. Cathelin.

405. — ... Une donation entre-vifs serait également nulle si un domestique à gages avait été témoin dans l'acte. — *Rennes*, 23 juin 1827, M... c. A... — V. ACTE NOTARIÉ, nos 124 et suiv.

406. — ... Ou si l'un des deux témoins qui ont assisté le notaire n'était pas citoyen français. — *Colmar*, 10 août 1818, Weil c. Grad. — V. au surplus ACTE NOTARIÉ, nos 133 et suiv.

407. — 4º L'acte de donation ne peut contenir ni surcharge, ni interligne, ni addition. — L. 25 vent. an XI, art. 16. — V. ACTE NOTARIÉ, nos 323 et suiv.

408. — Dès-lors l'acte est nul s'il porte une date surchargée. — *Agen*, 20 juin 1807, N... c. N... — V. au surplus, ACTE NOTARIÉ, nos 343 et 353.

409. — 5º L'acte de donation doit être signé par les parties (V. ACTE NOTARIÉ, nos 382 et suiv.) et par les témoins (*eod. verb.*, nos 404 et suiv.), et il doit en contenir la mention. — L. 25 vent. an XI, art. 14.

410. — Dès-lors l'acte est nul quand il ne contient pas la mention de la signature des parties. — *Cass.*, 6 juin 1821, Chenneveau c. Champigny; *Bruxelles*, 11 janv. 1822, N... c. S...

411. — Une donation entre-vifs lors de laquelle le donateur a déclaré ne savoir signer, n'est pas nulle, par cela qu'il serait prouvé que le donateur aurait une fois, avant la donation, formé sa signature, d'après un modèle qu'on lui aurait fourni; la donation ne pourrait être annulée qu'autant qu'on prouverait qu'il savait et pouvait signer à l'époque de la donation. — *Bruxelles*, 25 mars 1824, de Wachter.

412. — Ainsi qu'on l'a vu (vº ACTE NOTARIÉ, nº 410), avant la loi du 25 vent. an XI, une donation entre-vifs était nulle lorsque la minute n'avait pas été signée par l'un des témoins instrumentaires. — Ordonn. 1731, art. 2; — *Paris*, 1er flor. an XI, Graillot c. Breuiller.

413. — Aujourd'hui un acte de donation est nul à défaut de mention par la minute de la signature des témoins et des parties, encore que, *dans le fait*, l'acte soit signé par chacun d'eux. — *Cass.*, 6 juin 1821, Chenneveau c. Champigny; *Bourges* (et non *Poitiers*), 28 juill. 1829, Teinturier c. Simon. — V. au surplus, ACTE NOTARIÉ, nº 457.

414. — ... 6º L'acte de donation doit énoncer le lieu où il est passé. — L. 25 vent. an XI, art. 12. — V. ACTE NOTARIÉ, nos 497 et suiv.

415. — Mais il suffit d'énoncer le nom de la ville ou commune où l'acte de donation a été passé; il n'est pas indispensable qu'il contienne aussi l'indication de la maison. — *Bruxelles*, 10 juin 1819, Deconinck c. Neyrinckx. — V. ACTE NOTARIÉ, nº 501.

416. — La mention du lieu où l'acte de donation a été passé peut résulter des diverses énonciations contenues dans cet acte, sans que la mention soit spéciale et formelle. — Même arrêt. — V. ACTE NOTARIÉ, nº 505.

417. — ... 7º L'acte de donation doit être daté. — L. 25 vent. an XI, art. 12. — V. ACTE NOTARIÉ, nº 515.

418. — Peu importe, au reste, la place qu'occupe la date; elle peut être mise au commencement. — *Bruxelles*, 10 juin 1819, Deconnick c. Neyrinck. — V. ACTE NOTARIÉ, nº 524.

419. — Il ne suffit pas que l'acte de donation ait été passé devant notaire dans la forme ordinaire des contrats; il faut encore, ainsi qu'on l'a vu, qu'il en reste minute, à peine de nullité. — C. civ., art. 931.

420. — Dès-lors, l'acte de donation en brevet est radicalement nul, quand même le brevet serait en double, avec mention du *fait double*. — V. Merlin, vº *Donation*, § 1er, 3e alin.; Grenier, nº 159; Bourjon, *Droit comm.*, liv. 5, tit. 4, part. 4e, ch. 2, sect. 1re, nos 1er et 2; Coin-Delisle, sur l'art. 931, nº 6.

421. — D'après les constitutions de Sardaigne, les donations faites en brevet sous seing privé par les princes de cet état étaient nulles, lors même que plus tard une procuration notariée aurait été donnée pour les exécuter. — *Cass.*, 8 messid. an XIII, Saint-Martin c. Carignan.

422. — La procuration à l'effet de donner entre-vifs doit-elle être en forme authentique? — Pour la négative, on dit : aucune loi n'interdit au donateur de concourir à la donation par le ministère d'un fondé de pouvoirs; or, le mandat peut être donné verbalement ou par écrit; lorsque le législateur a exigé que, par exception à la règle générale, le mandataire fût muni préalablement à l'acte d'un pouvoir spécial et authentique, il l'a expressément déclaré, on ne peut pas ajouter à ses dispositions et créer une nullité qu'il n'a pas formellement prononcée. — *Toulouse*, 19 nov. 1824, sous *Cass.*, 21 mars 1826, Agam c. Prévost; — Coin-Delisle, sur l'art. 931, nº 5.

423. — Jugé, au contraire, que si en général, aux termes de l'art. 1985, C. civ., le mandat peut être sous seing privé, néanmoins, celui en vertu duquel on fait une donation doit, bien que l'art. 931 ne l'exige pas d'une manière expresse, être en forme authentique, par le motif que, la donation et son acceptation participant du même principe, il n'est pas possible de supposer que le législateur ait voulu repousser la procuration privée pour accepter, ainsi que l'exprime l'art. 933, et l'admettre pourtant lorsqu'il s'agit de donner. — *Dijon*, 15 janv. 1840 (t. 1er 1840, p. 608), Milleraud.

424. — Aujourd'hui la question est tranchée par l'art. 2, L. 21 juin 1843, qui exige la forme notariée pour les actes contenant donation entre-vifs et les procurations pour *consentir* ces actes; ce qui s'applique tout aussi bien aux procurations pour donner qu'aux procurations pour recevoir.

425. — Mais alors la procuration pour donner doit-elle être rédigée en minute comme celle pour recevoir, ou suffit-elle qu'elle soit en brevet?

426. — Jugé que l'art. 933, C. civ., qui exige qu'une expédition de la procuration à l'effet de recevoir une donation soit annexée à la minute de l'acte de donation, ne s'applique pas au cas où il s'agit de la procuration du donateur. Dans ce cas, une procuration en brevet est suffisante. — *Cass.*, 21 juin 1837 (t. 1er 1837, p. 609), Lajonie c. Imbert.

427. — Ces mots de l'ordonnance de 1731 et de l'art. 931, C. civ., *il en restera minute*, signifient seulement qu'il sera dressé minute de l'acte, et non que la perte accidentelle de la minute suffira pour anéantir la donation. — *Cass.*, 29 nov. 1830, Badua.

428. — Jugé en conséquence qu'une donation contractuelle dont la minute n'est pas représentée n'est pas nulle par cela seul que le donataire lui-même aurait déclaré, en déposant l'expédition chez un notaire, que la minute n'existe pas, et que l'acte n'a pas été contrôlé, si d'ailleurs l'expédition déposée mentionne l'accomplissement de ces formalités. — Edit 1693; ord. 1731; — C. civ., art. 1319 et 1335. — *Cass.*, 29 nov. 1830, Badua. — V. au surplus COPIE DE TITRES ET ACTES.

429. — La preuve testimoniale serait admissible pour établir le contenu en l'acte de donation, dans le cas de perte de la minute. — Furgole, sur l'art. 1er. — C. civ., art. 1348-4º. — V. cependant Dumoulin, *Conseil*, p. 60, nº 25. — V. PREUVE TESTIMONIALE.

430. — Jugé en ce sens que les art. 1341 et 1348,

C. civ., relatifs à l'administration de la preuve testimoniale, s'appliquent aux donations, comme aux contrats ordinaires. — *Cass.*, 24 juin 1828, Truneau c. Mignot.

431. — Mais si l'acte n'était pas notarié et en minute, on ne pourrait prouver la donation elle-même par témoins. — Furgole, sur l'art. 1er; Toullier, no 173; Coin-Delisle, sur l'art. 931, no 7.

432. — Cependant jugé qu'à défaut de représentation de l'acte sous seing-privé justifiant d'une démission de biens consentie par le père et la mère communs au profit de tous leurs enfans, l'existence de la donation peut être constatée par d'autres actes signés de celui qui la nie. — *Cass.*, 11 juin 1835, Hartmann c. Sutter.

433. — Quant aux actes de donation faits en pays étranger par des Français, de biens situés en France, ils sont valablement dressés à la chancellerie du consulat. — Furgole, sur l'art. 1er; ord. de la marine, liv. 1er, tit. 9, art. 26; ord. 24 mai 1728, art. 31, *portant réglement pour le consulat à Cadix* (Rec. de M. Isambert, t. 21, p. 218); Coin-Delisle, sur l'art. 931, no 4.

434. — « Le donateur ne peut réparer par aucun acte confirmatif les vices d'une donation entre-vifs : nulle en la forme, il faut qu'elle soit refaite en la forme légale. » — C. civ., art. 1339.

435. — Jugé que lorsque la nullité d'un contrat de mariage contenant donation par un tiers au profit du futur époux est provoquée par le donateur pour vice de forme, par exemple, pour défaut de signature du notaire et de mention de signature de l'un des témoins, le donataire n'est pas recevable à demander à faire interroger préalablement le donateur sur des faits tendant à prouver qu'il a volontairement exécuté la donation. — *Rouen*, 10 juill. 1824, Gosse c. Morel.

436. — Lorsque la donation d'une rente viagère a été annulée pour omission d'une formalité, provenant du fait du notaire, il n'y a pas lieu à la restitution des arrérages perçus antérieurement par le donataire, qui doit être alors réputé avoir joui de bonne foi jusqu'au jour de la demande. — *Douai*, 7 mai 1819, Lottin c. Lefrançois.

437. — La confirmation ou ratification, ou exécution volontaire d'une donation par les héritiers ou ayant-cause du donateur après son décès emporte leur renonciation à opposer soit les vices de forme, soit toute autre exception. — C. civ., art. 1340. — V. RATIFICATION.

438. — « Les règles rigoureuses sur la forme des donations, leur authenticité, la minute, le droit de révocation même après l'exécution volontairement faite par le donateur, doivent cesser et cessent en effet quand l'acte qui contient la promesse n'a pas pour cause une vraie libéralité, parce que la gratuité est de l'essence de la donation. » — Coin-Delisle, sur l'art. 931, no 12.

439. — Aussi a-t-il été jugé que la donation qui n'a été faite que pour exécuter un legs verbal à la charge du donateur est valable, quoique sous seing-privé; — et que, par exemple, l'acte sous seing-privé par lequel des héritiers déclarent constituer une rente à un tiers, pour obéir à la volonté de leur auteur, doit avoir son effet. — *Cass.*, 26 janv. 1826, Lauzon c. Bonnard.

440. — ... Qu'une donation entre-vifs d'objets mobiliers faite à titre onéreux, c'est-à-dire à la charge par le donataire de loger et nourrir le donateur jusqu'à son décès, n'est pas rigoureusement soumise aux formalités des donations purement gratuites. — *Angers*, 26 mars 1829, Durdan c. Baudri.

441. — ... Qu'on ne doit pas considérer comme sujette aux formes de la donation entre vifs la promesse verbale de payer une rente viagère à un ancien domestique pour des services rendus. — *Bordeaux*, 21 mars 1835, Mausacré c. Donazan.

442. — ... Qu'une donation rémunératoire peut valablement être faite sous la forme d'une obligation sous signature privée causée pour récompense de services rendus. — *Bordeaux*, 7 juin 1841 (t. 2 1841, p. 580), Guilherie c. Petiteau.

443. — Jugé cependant que les stipulations contenues dans un acte qualifié donation entre-vifs, par lesquelles le donataire se soumet à certaines obligations envers le donateur, ne lui font pas perdre nécessairement son caractère d'acte de libéralité pour lui faire prendre celui d'acte à titre onéreux. — *Bourges*, 30 août 1831, Delagrange c. Bazon.

Sect. 2e. — *Etat estimatif des objets mobiliers.*

§ 1er. — *Historique. — But de l'état estimatif.*

444. — Dans l'origine, la donation ne s'effectuait que par la tradition réelle. Puis vint la donation valable sans tradition effective, et qui s'opérait par ce que l'on appelait la tradition fictive. — V. *infrà* tit. 5.

445. — Au temps de Ricard, une controverse assez vive existait sur le point de savoir si pour les meubles il pouvait y avoir donation sans tradition. — V. Vallœ, *de rebus dubiis*, tract., 2, nos 4 et suiv.; cout. de Sedan, art. 113.

446. — Ricard (part. 1re, nos 963 et 964) proposa d'établir en principe que si le contrat de donation contenait une description des meubles donnés, ou bien s'il en était dressé un état à part (L. 9, § 3, ff., *De jure dot.*), le donateur se trouverait chargé, à titre précaire, des objets mobiliers; — et que, dans le cas contraire, les choses données étant incertaines, la tradition se trouverait imparfaite.

447. — L'ord. de 1731, art. 13, déclara que si la donation renfermait des meubles dont elle ne contiendrait pas tradition réelle, il en fût fait un état signé des parties, lequel demeurerait annexé à la minute de la donation; faute de quoi le donataire ne pourrait revendiquer ces meubles contre le donateur ou ses héritiers. — Coin-Delisle, sur l'art. 948, no 3.

448. — Toutefois, il est à remarquer que l'ordonnance n'exigeait pas que l'état fût estimatif. — Coin-Delisle, *ibid.*

449. — Aujourd'hui, et aux termes de l'art. 948, C. civ. : « Tout acte de donation d'effets mobiliers n'est valable que pour les effets dont *un état estimatif*, signé du donateur et donataire, ou de ceux qui acceptent pour lui, a été annexé à la minute de la donation. »

450. — Cette disposition a pour but de rendre la donation irrévocable, et de fixer soit la quotité disponible, soit la contribution aux dettes. — Elle a encore pour objet de déterminer la valeur du mobilier en cas de rapport à la succession du donateur par un cohéritier.

451. — Si ce sont des effets mobiliers qui ont été donnés avec réserve d'usufruit, le donataire est tenu, à l'expiration de l'usufruit, de prendre les effets donnés qui se trouvent en nature, dans l'état où ils sont; et il a action contre le donateur ou ses héritiers, pour raison des objets non existans, jusqu'à concurrence de la valeur qui leur a été donnée dans l'état estimatif (C. civ., art. 950); sauf l'application des art. 589, 615, 616, 1302 et 1567, C. civ. — V. aussi Poujol, sur l'art. 948, no 3.

452. — Proudhon (t. 5, no 2648) pense que, dans le cas de réserve d'usufruit, le donataire ne serait pas recevable dans son action aussitôt la perte des objets, quoique cette perte soit une cause d'extinction de l'usufruit, mais seulement à l'expiration du terme même de l'usufruit. — V. au surplus USUFRUIT.

453. — Lorsque, dans l'état estimatif annexé à un acte de donation, le mobilier a été évalué au-dessous de sa valeur réelle, les cohéritiers qui ont droit au rapport peuvent demander une estimation nouvelle. — Mais les juges peuvent, contrairement à l'avis des experts, maintenir l'évaluation contenue dans l'état estimatif, s'ils trouvent dans les documens de la cause la preuve suffisante que cette évaluation est exacte. — *Douai*, 1er août 1840 (t. 2 1842, p. 299), Tamboise c. Duquesne.

§ 2. — *Cas dans lequel l'état estimatif est exigé.*

454. — On n'exige un état estimatif que pour les donations de meubles et effets mobiliers; ce qui ne comprend pas les meubles devenus immeubles par destination. — Grenier, no 171; Delvincourt, t. 2, p. 70, note 4e; Toullier, t. 5, no 184; Duranton, t. 8, no 407; Poujol, sur l'art. 948, no 4.

455. — Jugé, en ce sens, que, bien que des biens compris dans une donation soient meubles par leur nature, il n'est pas nécessaire à peine de nullité, s'ils sont immeubles *par destination*, d'en dresser un état estimatif. — *Aix*, 17 thermid. an XIII, Roure c. Vincent; *Riom*, 22 janv. 1825, Guillaume c. Sully.

456. — Cependant, l'état serait nécessaire si un propriétaire donnait entre-vifs des biens immeubles par destination, en les séparant du fonds. — Coin-Delisle, sur l'art. 948, no 5.

457. — Mais est-il nécessaire lorsque l'on donne une quote-part des biens présens? — M. Duranton (t. 8, no 412) adopte la négative, par le motif qu'il ne serait pas raisonnable d'exiger d'un donateur qu'il fît un inventaire de tous ses meubles : ce qu'il ne serait pas possible d'éviter, si un état était exigé, dans notre hypothèse.

458. — Nous répondons à cette opinion que l'art. 948 ne fait pas d'exception pour le cas de donation de quotités; et que c'est dans ces sortes de libéralités que l'état est surtout utile. — Ricard, no 964; Furgole, sur l'art. 5; Coin-Delisle, sur l'art. 948, no 6.

459. — Dans le cas de donation d'une maison avec le mobilier, il faut un état estimatif du mobilier, à moins que le donataire ne se soit mis en possession du mobilier. — Poujol, sur l'art. 948, no 2.

460. — La nécessité d'un état estimatif s'applique aux titres de créance comme aux meubles corporels. En conséquence, la donation de créances actives est incomplète s'il n'a été joint aucun état propre à en faire connaître la nature, la quotité et les titres sur lesquels elles reposent. — *Bordeaux*, 6 août 1834, Viveille c. Royère.

461. — De même, la donation d'effets mobiliers, soit corporels, soit incorporels, n'est valable que pour ceux dont l'état estimatif accompagne l'acte de donation, ou résulte de ses dispositions. — *Limoges*, 28 nov. 1826, Combe c. Amblard.

462. — Jugé cependant qu'une donation entre-vifs d'objets mobiliers, faite à titre onéreux, c'est-à-dire à la charge par le donataire de loger et nourrir le donateur jusqu'à son décès, est valable pour le tout, quoique divers objets aient été omis dans l'état annexé à la minute de l'acte, s'il résulte de ses termes et des circonstances que le donateur a voulu disposer de tout. — *Angers*, 26 mars 1829, Durdan c. Baudri.

463. — Mais il ne faudrait pas conclure de là que toute donation de meubles grevée d'une charge sera affranchie de la formalité de l'état estimatif : l'espèce jugée par la cour d'Angers s'appliquait à un cas où l'acte avait réellement perdu le caractère de donation, et ne pouvait pas, conséquemment, être soumis à une règle spéciale à ces sortes de contrats. — Coin-Delisle, sur l'art. 948, no 9.

464. — Les donations manuelles ne peuvent évidemment pas être soumises à la formalité de l'état estimatif. — Rapport de Joubert. — V. DON MANUEL.

465. — Il doit être annexé un état estimatif des effets mobiliers donnés, alors même que la donation est faite par contrat de mariage aux époux. — *Grenoble*, 6 avr. 1813, Frauchon c. Goussolin; *Riom*, 10 oct. 1814, Decombes c. Delchier.

466. — En effet, l'art. 948 ne se trouve pas compris dans les dispositions que l'art. 947 excepte comme inapplicables aux donations en faveur du mariage. D'où il résulte que les donations de biens meubles présens faites aux époux par contrat de mariage doivent être accompagnées de l'état estimatif. — Coin-Delisle, sur l'art. 948, nos 10 et 11.

467. — Jugé cependant que l'art. 15, ord. 1731, ne s'appliquait pas à la donation d'effets mobiliers, faite par contrat de mariage et avec réserve d'usufruit. — *Riom*, 1er déc. 1818, Menesloux c. Icher Habarthe.

468. — Si une donation faite par l'un des époux à son conjoint, durant le mariage, comprend à la fois des immeubles et des meubles, elle est nulle lorsqu'un état estimatif des meubles donnés n'a point été annexé à la donation. — *Rouen*, 7 fév. 1816, Duplot c. Guiry; *Cass.*, 16 juill. 1817, mêmes parties.

469. — Toutefois, la doctrine de ces arrêts est critiquée par MM. Duranton (t. 8, no 410), Grenier (no 459, 1re édit.) et Vazeille (no 7, sur l'art. 1096), par le motif que, la donation entre époux étant déclarée révocable, on doit laisser l'époux donateur libre de révoquer, soit en totalité, soit en partie, sa donation, et ne pas exiger un état qui serait complétement inutile.

470. — Mais pourtant, si le donateur meurt sans avoir révoqué, il faut bien avoir un moyen pour retrouver parmi d'autres portions de mobilier la partie qui a fait l'objet de la disposition, et ce moyen, c'est l'état estimatif. — Grenier, no 459, 2e édit.; Toullier, t. 5, no 917; Poujol, no 8, sur l'art. 948; Coin-Delisle, sur l'art. 948, no 12.

471. — Il est évident qu'il ne peut pas être question d'état estimatif quand la donation porte exclusivement sur les objets mobiliers que le donateur laissera à son décès. — Duranton, no 411; Poujol, sur l'art. 948, no 9; Coin-Delisle, sur l'art. 948, no 13.

472. — Aussi a-t-il été jugé : 1o qu'une donation entre époux, faite pendant le mariage, de l'usufruit des effets mobiliers que laissera le donateur à son décès, est valable quoique faite dans la forme des donations entre-vifs, et sans qu'un état estimatif ait été joint à l'acte. — *Rennes*, 11 juill. 1820, Legendre; *Paris*, 29 août 1834, Mondet c. Colaud.

473. — ... 2o Qu'une donation à cause de mort entre époux peut être faite par acte entre-vifs sans qu'il soit nécessaire d'y annexer un état estimatif. — *Rennes*, 28 juill. 1821, Tremel c. Carré.

474. — Mais s'il n'y a qu'un retard dans l'exécution, il en est autrement : ainsi, une donation d'effets mobiliers par contrat de mariage, donation dont l'accomplissement ne doit pas être immédiat, est nulle, si un état estimatif des effets n'a pas été annexé à la minute du contrat. — *Rennes*, 18 juill. 1822, Boisseau c. Pasquier ; — Merlin, *Rép.*, vo *Donation*, sect. 5e, § 1er, no 4; Demante, t. 2, no 485; Duranton, t. 8, no 505, et t. 9, no 668-7o-8o.

475. — Quand il s'agit d'une donation faite cumulativement des biens présens et des biens à venir, il peut arriver de deux choses l'une : ou le donataire, lors du décès du disposant, s'en tiendra aux biens présens, et alors l'état estimatif sera indispensable; ou il acceptera le tout, et l'état estimatif sera inutile, puisqu'il aura droit à l'universalité des biens sans distinction. — C. civ., art. 1084 et 1085; — Coin-Delisle, sur l'art. 948, no 14. — V. aussi DONATION ENTRE ÉPOUX, DONATION PAR CONTRAT DE MARIAGE.

476. — Jugé, en conséquence, et sauf ces distinctions, que la donation de biens présens et à venir faite par un mari à la femme pendant le mariage, sous la condition que le donataire prendra les biens donnés dans l'état où ils se trouveront au décès et acquittera les dettes du donateur à cette époque, n'est pas nulle pour défaut d'un état estimatif du mobilier. — *Amiens*, 2 mai 1807, d'Arras c. Paris; *Bruxelles*, 25 mai 1830, Reulens c. Doude; *Riom*, 5 déc. 1825, Touzerie c. Sadoul.

477. — ...Qu'en cas de donation mutuelle entre époux de tous leurs biens meubles et immeubles, il n'est pas nécessaire de joindre à l'acte un état du mobilier. — *Rennes*, 10 juin 1825, Guermeur c. Diverrès.

478. — ... Que la donation, entre conjoints, de l'usufruit des biens que le donateur laissera à son décès, n'est pas soumise, comme les autres donations, à la nécessité d'un état estimatif des effets mobiliers. — *Paris*, 29 août 1834, Mondet c. Colaud.

§ 3. — *Formes de l'état estimatif.*

479. — L'état estimatif est un inventaire sous seing-privé des objets mobiliers donnés : il faut que chaque meuble soit indiqué, ainsi que sa valeur spéciale. Cet état reste annexé à l'acte même de donation, et le notaire doit constater ou que l'acte a été signé en sa présence, ou qu'il lui a été présenté signé par les parties, ce qu'elles ont certifié en sa présence. — Coin-Delisle, sur l'art. 948, no 16; Guilhon, no 530; Rousseaud de Lacombe et Furgole, sur l'art. 15 de l'ord. 1731; Grenier, t. 1er, no 170; Delvincourt, t. 2, no 254; Toullier, t. 5, no 181.

480. — L'état estimatif, pour être régulier, doit contenir une estimation distincte pour chaque article et non pas seulement une estimation collective. — *Rennes*, 18 juill. 1822, Boisseaud c. Pasquier.

481. — A la différence des meubles corporels, les meubles incorporels peuvent ne pas être estimés, car leur nature même empêche la confusion et l'incertitude que le législateur a voulu éviter. — Coin-Delisle, sur l'art. 948, no 17.

482. — Il est évident que, si l'acte de donation lui-même renferme le détail et l'estimation des objets donnés, l'état estimatif distinct se trouve complétement remplacé. — Furgole et Rousseaud de Lacombe, sur l'art. 15 de l'ord.; Grenier, no 170; Toullier, t. 5, no 181 ; Duranton, t. 8, no 409; Coin-Delisle, sur l'art. 948, no 17.

483. — Toutefois, et sous l'empire de l'ord. de 1731, il ne suffisait pas, pour remplacer l'état estimatif, de renvoyer à d'autres actes, dans lesquels pouvait se trouver et se trouvait, en effet, le détail des effets mobiliers. — *Riom*, 22 janv. 1825, Guillaume c. Sully.

484. — Jugé depuis, et sous l'empire du Code civil, qu'aucune déclaration ne peut suppléer à l'état estimatif et qu'il ne suffit pas de renvoyer à un inventaire qui aurait été fait auparavant des effets mobiliers compris dans la donation. — *Riom*, 15 juill. 1820, Furnon c. Girard et Sauron. — Et il faut remarquer que, dans cette espèce, l'inventaire avait été dressé peu de mois auparavant par le même notaire qui avait reçu l'acte de donation.

485. — Jugé, au contraire, que l'état estimatif est valablement suppléé par l'énonciation d'un acte authentique, comme un inventaire, qui contient la description et l'estimation des objets vendus, auquel les parties se réfèrent. — *Cass.*, 11 juill. 1831, Gauthier c. Charles; confirmatif de *Dijon*, 24 juill. 1828. — V. aussi *Limoges*, 28 nov. 1826, Combe c. Amblard.

486. — M. Coin-Delisle (sur l'art. 948, no 19), tout en admettant que l'inventaire régulier puisse remplacer l'état estimatif, ne considère l'équipollence comme complète qu'autant qu'un extrait de cet inventaire est annexé à l'acte de donation.

§ 4. — *Conséquence du défaut d'état estimatif.*

487. — L'art. 15, ord. 1731, ne prononcait pas la nullité de la donation de meubles non accompagnée d'un état estimatif; la seule sanction de cet article était le refus d'une action au donataire pour la revendication.

488. — Jugé que sous cette ordonnance il n'y avait pas lieu d'annuler une donation de biens meubles pour défaut d'annexe à la minute d'un état détaillé des choses données, lorsque l'acte portait que ces biens consistaient en quelques meubles et effets mobiliers, *de tout quoi* le donateur s'est dépouillé en faveur du donataire, *qui pourra de suite en prendre* possession. — *Nîmes*, 12 août 1808, Durand.

489. — Jugé, au contraire, que, sous l'empire de l'ord. de 1731, il devait, à peine de nullité, être *annexé* à la donation un état détaillé des effets mobiliers donnés. — *Riom*, 22 janv. 1825, Guillaume c. Sully.

490. — Le défaut d'état estimatif est une cause de nullité des donations d'effets mobiliers. — *Liége* (et non *Rouen*), 12 prair. an XII, Horion c. Petitjean.

491. — Lorsque, dans l'état estimatif des effets mobiliers corporels ou incorporels, il n'y a qu'une partie décrite et estimée, la donation est nulle pour les objets non décrits et non estimés. — *Liége* (et non *Rouen*), 12 prair. an XII, Horion c. Petitjean; *Aix*, 17 thermid. an XIII, Roure c. Vincent; *Limoges*, 28 nov. 1826, Combe c. Amblard; — Toullier, t. 5, no 182; Duranton, t. 8, no 408; Grenier, t. 1er, nos 173 et 174; Coin-Delisle, sur l'art. 948, no 7.

492. — Cependant, suivant M. Coin-Delisle (sur l'art. 948, no 21), le défaut d'état estimatif produit plutôt un refus d'action qu'une nullité proprement dite.

493. — De là résulte, dans ce système, que le donateur et le donataire pourront s'entendre pour dresser ultérieurement un état estimatif pour l'annexer à la minute de l'acte de donation, et répareront ainsi le vice primitif de cet acte. — Coin-Delisle, *ibid.*, no 22.

494. — La mise en possession postérieure des objets donnés aurait le même effet : « En quelque temps, dit Furgole (sur l'art. 15, ordonn. 1731), que le donataire ait pris possession par la volonté du donateur, la donation des meubles est valable, parce que la raison qui la rendait inefficace cesse;... la loi ne donnant pas d'action au donateur ni à ses héritiers pour en dépouiller le donataire qui s'en trouve saisi. » — Coin-Delisle, sur l'art. 948, no 23; Toullier, t. 5, no 180; Duranton, t. 8, no 406.

495. — On objecte cependant contre cette opinion les observations de Tronchet, dans la discussion de l'article : « Toutes les fois, disait-il, que la donation est faite par un acte, elle doit être accompagnée d'un titre, même quand il y a tradition réelle, parce que, sans cette précaution, on ne parviendrait point à fixer la légitime des enfans. Comment, d'ailleurs, en cas de révocation, le donateur pourrait-il reprendre en nature les objets qui existeraient encore sans cet état? » — Grenier, t. 1er, no 169; Vazeille, sur l'art. 948, no 8; Poujol, sur l'art. 948, no 3.

496. — Le moyen de nullité tiré du défaut d'état estimatif peut être opposé : 1o par le donateur lui-même. — *Liége* (et non *Rouen*), 12 prair. an XII, Horion c. Petitjean.

497. — ... 2o Par un créancier du donateur dont le titre de créance est postérieur à la donation. — *Amiens*, 11 juin 1814, Legrand c. Trefcon.

498. — Jugé au contraire que les créanciers du donateur d'objets mobiliers ne sont pas recevables à demander la nullité de la donation pour défaut d'état estimatif, alors surtout que le donateur est resté en possession des objets donnés en vertu d'une réserve d'usufruit. — *Orléans*, 9 janv. 1845 (t. 1er 1845, p. 441), Deneveux c. Thevard.

Sect. 3e. — *Transcription de la donation entre-vifs.*

499. — Bien que la donation ait été faite par acte authentique, elle a pu être ignorée des tiers. Or, pour prévenir le préjudice qui pourrait résulter pour eux de l'ignorance où ils seraient à cet égard, le législateur a voulu que la donation fût rendue publique. — Rolland de Villargues, *Rép.*, vo *Donation entre-vifs*, no 108.

500. — « Lorsqu'il y a donation de biens *susceptibles d'hypothèques*, *la transcription* des actes contenant la donation et l'acceptation, ainsi que la notification de l'acceptation qui aurait lieu par acte séparé, devra être faite aux bureaux des hypothèques dans l'arrondissement desquels les biens sont situés. » — Art. 939, C. civ.

501. — Quant aux effets de cette transcription, aux personnes qui doivent la requérir, aux suites résultant du défaut de transcription et aux recours auxquels ce défaut de transcription peut donner lieu, V. TRANSCRIPTION DES DONATIONS.

CHAPITRE V. — *Restrictions apportées à la donation entre-vifs, par des conditions ou charges, ou par des réserves.*

502. — Lorsque le donateur impose au donataire une charge à exécuter, la libéralité prend le nom de donation *onéreuse* ou *modale*.

503. — Elle n'est onéreuse ou modale qu'autant que la charge est personnelle. Si, en effet, cette charge était réelle, par exemple, celle d'un usufruit ou d'une servitude, la convention constituerait une donation gratuite d'une chose grevée, et la personne gratifiée pourrait s'affranchir de la charge en abandonnant la chose. — C. civ., art. 699. — Nouveau Denisart, vo *Donation*, § 1er, nos 4, 5; Coin-Delisle, sur l'art. 894, no 4.

504. — Sous l'ord. de 1731, une donation était nulle lorsque les charges, clauses et conditions qu'elle renfermait n'avaient pas été transcrites sur les registres des insinuations. — Ord. 1731, art. 20 et 24; décl. 17 fév. 1731, art. 2. — *Cass.*, 12 prair. an XI, Massenet c. Carteron. — V. au surplus TRANSCRIPTION DES DONATIONS.

Sect. 1re. — *Donation limitée par des conditions ou charges.*

§ 1er. — *Dispositions générales.*

505. — La donation est conditionnelle, quand son existence dépend d'un événement futur et incertain, ou d'un événement accompli, mais qui est encore inconnu des parties au moment de la donation.

506. — Pour tout ce qui concerne la nature et les effets des conditions en matière de dispositions entre vifs, V. CONDITION. — Seulement nous rappellerons ici quelques-unes des règles de décider qui concernent plus spécialement les donations entre-vifs.

507. — Le principe qui veut qu'en matière de donation le dépouillement soit actuel n'exclut pas les donations sous condition suspensive, puisque la condition venant à s'accomplir rétroagit au jour de l'acceptation. — Duranton, nos 20 et 21; Coin-Delisle, sur l'art. 894, no 30.

508. — La clause d'un contrat de mariage par laquelle un père donne à son fils un immeuble pour le cas seulement où le donataire survivrait au donateur, mais avec addition d'autres clauses qui prouvent que le donateur a transféré la jouissance actuelle des biens donnés, constitue une donation entre-vifs soumise à une condition résolutoire, celle du prédécès du donateur, et non une donation éventuelle soumise à une condition suspensive. — *Cass.*, 5 nov. 1839 (t. 2 1839, p. 628), Sicard c. Sirey.

509. — La donation faite à la charge que le donataire demeurera avec le donateur jusqu'au jour de son décès ne renferme point une condition résolutoire. En conséquence, il n'y a pas lieu de demander la résolution de la donation, lorsque, par l'effet d'une force majeure, le donataire a été forcé de quitter le domicile du donateur. — *Paris*, 24 août 1809, Julgné et Forestier c. Tiollières.

510. — La condition de survie du donataire au donateur n'est pas contraire à l'essence des donations entre-vifs. — *Metz*, 22 mai 1817, Zimmermann; *Toulouse*, 29 déc. 1825, Lay; *Cass.*, 27 mars 1833, Lick. — V. Duranton, no 480.

511. — En général, une condition non potestative ne vicie pas la donation, bien qu'elle ne doive se vérifier qu'à la mort du disposant.

512. — Mais une donation entre-vifs ne peut être soumise à l'accomplissement d'une condition résolutoire, quand, imposée dans la prévision de la mort du donateur, elle est telle qu'elle ne doit cependant s'accomplir que de son vivant; par exemple : *Si je vis encore l'année prochaine.* Ce serait alors une véritable donation à cause de mort, et nous considérons ces sortes de donations comme prohibées par l'art. 893. — V. Coin-Delisle, sur l'art. 944, no 2, et sur l'art. 951, no 32. — V. au surplus DONATION A CAUSE DE MORT, RETOUR CONVENTIONNEL.

513. — Une donation serait valable, bien que subordonnée à la condition que le donateur, alors père, n'aurait plus d'enfans lors de son décès. —

DONATION ENTRE-VIFS, ch. 5, sect. 1re.
DONATION ENTRE-VIFS, ch. 5, sect. 1re.

V. Ricard, *Dispos. condit.*, no 202; *Donat.*, no 1047; Duranton, no 479.

514. — L'acte par lequel un individu, en déclarant qu'il se reconnaît père de l'enfant dont une fille est enceinte, et qui *doit naître*, y est-il dit, *dans six mois environ*, a fait une donation au profit de la mère, peut être considéré comme ne renfermant qu'une donation subordonnée à la condition que l'enfant naîtrait dans le délai indiqué. — En conséquence, cette donation a pu, sans qu'il y ait ouverture à cassation, être déclarée nulle si l'accouchement n'a eu lieu que *neuf mois* moins deux jours après la reconnaissance; les juges ayant pu considérer dans ce cas, par interprétation de l'obligation, que la condition sous laquelle elle avait été prise n'était pas accomplie. — *Cass.*, 1er août 1843 (t. 2 1843, p. 669), Meriaux c. Caullet.

515. — Le donateur ne peut exiger une caution de la part des créanciers du donataire, autorisés par justice à remplir les conditions de la donation aux lieu et place de leur débiteur, qui n'était pas lui-même tenu d'en fournir une. — *Bordeaux*, 7 déc. 1829, Pujos c. Vignes.

516. — Quelle que soit la latitude laissée au donateur relativement aux conditions qu'il croit devoir imposer à sa libéralité, l'art. 944, C. civ., par application du principe *donner et retenir ne vaut*, déclare nulle toute donation entre-vifs faite sous des conditions dont l'exécution dépend de la seule volonté du donateur. — V. sur les distinctions des conditions casuelles, potestatives et mixtes, Domat, liv. 1er, tit. 10, sect. 1re, no 11; Ricard, *Donat.*, part. 1re, nos 1038 et suiv.; Grenier, nos 11 et suiv.; Toullier, t. 5, no 273; Duranton, t. 8, nos 477 et suiv. — V. aussi CONDITION.

517. — Déjà la même règle était formulée par l'art. 16, ord. de 1731. — V. les mêmes auteurs anciens.

518. — La condition potestative de la part du donateur doit annuler la libéralité, qu'elle soit suspensive ou résolutoire; car, dans le premier cas, le contrat manquerait de lien, et dans le second, la donation se trouverait révocable. — Duranton, no 476; Coin-Delisle, sur l'art. 944, no 1er.

519. — Ainsi, la donation avec charge d'acquitter tous les legs pies que le donateur se trouvera avoir faits à l'époque de son décès est nulle, comme étant soumise à une condition indéterminée et potestative de la part du donateur. — *Nîmes*, 19 mai 1830, Barlier c. Chaleil.

520. — Est également nulle la donation que le donateur se réserve d'annuler. — V. Poujol, sur l'art. 944, no 1er.

521. — Lorsqu'un père faisant à son fils donation universelle de ses biens par contrat de mariage, à charge de vie commune, se réserve de disposer, en cas de séparation, d'un objet de la donation (d'une pièce de terre par exemple), en ajoutant qu'en cas de non disposition, elle accroîtra à la donation, cette clause constitue plutôt une condition résolutoire que potestative, en ce que la séparation dépend à la fois de la volonté du donataire et du donateur. Elle sort en conséquence de la classe des réserves attribuées aux héritiers, en cas de non disposition du donateur, par l'art. 2, L. 18 pluv. an V. Et, dès-lors, le donataire est censé avoir été saisi de l'objet réservé dès le jour de la donation, particulièrement si le donateur est décédé sous le Code civ. — *Toulouse*, 29 déc. 1825, Lay.

522. — La disposition de l'art. 944 n'est applicable ni aux donations faites par contrat de mariage, ni aux donations entre époux. — C. civ., art. 947. — V. DONATION ENTRE ÉPOUX, DONATION PAR CONTRAT DE MARIAGE.

523. — Une donation faite à la condition par le donataire de conserver et de vendre la chose donnée à un tiers est nulle même à l'égard du donataire. — C. civ., art. 896. — Cependant il y a quelques exceptions. — V. SUBSTITUTION.

524. — Mais est valable la disposition par laquelle un tiers serait appelé à recueillir le don dans le cas où le donataire ne le recueillerait pas. — C. civ., art. 898.

525. — En ce qui concerne l'appréciation des conditions apposées aux donations entre-vifs, pour la perception des droits d'enregistrement. — V. ENREGISTREMENT.

§ 2. — *Condition de payer certaines dettes.*

526. — L'art. 16, ord. de 1731, portait: « Les donations qui ne comprendraient que les biens présens seront déclarées nulles lorsqu'elles seront faites à condition de payer les dettes et charges de la succession du donateur en tout ou en partie, ou autres dettes et charges que celles qui existaient lors de la donation, même de payer les légitimes des enfans du donateur au-delà de ce dont ledit donataire peut en être tenu de droit. »

527. — Le même principe avait été, contrairement au droit romain, admis dans les pays coutumiers où dominait le principe: *donner et retenir au vent.*

528. — L'art. 945, C. civ., a également déclaré nulle toute donation faite sous la condition d'acquitter d'autres dettes ou charges que celles qui existaient à l'époque de la donation, ou qui seraient exprimées, soit dans l'acte de donation, soit dans l'état qui devrait y être annexé.

529. — Cet article, sans s'occuper des obligations du donataire envers le donateur ou ses créanciers, n'a pour objet que de statuer sur la validité ou la nullité de la donation, suivant l'espèce de dettes qui, par le contrat, auraient été mises à la charge du donataire de biens présens.

530. — Nous verrons (*infrà*, chap. 7) quand et comment le donataire peut être tenu des dettes du donateur par suite de sa seule qualité de donataire.

531. — On pourrait réduire l'application de l'art. 945, C. civ., à ce principe, que, s'il est permis au donateur d'apposer telles charges que bon lui semble à sa donation, ces charges ne peuvent jamais être augmentées après coup. — Coin-Delisle, sur l'art. 945, no 1er.

532. — De ce principe il résulte que le donateur peut se réserver de créer des charges ou imposer au donataire l'obligation de payer des dettes non encore contractées, pourvu que l'importance en soit déterminée par le contrat de donation. — Coin-Delisle, sur l'art. 945, no 3. — V. cependant Toullier, t. 5, no 225.

533. — Dans ce cas, c'est moins une charge qu'une réserve; et dès-lors ce qui en faisait l'objet reste la propriété du donateur ou de ses héritiers s'il n'en a pas été disposé: c'est une restriction de la donation: *minus datum.* — V. Coquille sur *Cout. de Nivernais*, tit. *Des donat.*, chap. 27, art. 8; Ricard, part. 1re, no 1027; Furgole, *loc. cit.*

534. — Ainsi, est valable la donation de biens présens faite avec la charge d'exécuter le testament du donateur reçu par tel notaire, ou de payer des legs jusqu'à concurrence d'une somme déterminée. — V. Furgole, *ibid.*; Pothier, *Donat.*, sect. 2, art. 2, § 3, 5e alin.; — Grenier, no 49; Duranton, nos 483 et 487.

535. — S'il arrivait que le testament vînt à être révoqué ou que la somme destinée aux legs ne fût pas absorbée, ce seraient les héritiers du donateur et non le donataire qui bénéficieraient. — Coin-Delisle, sur l'art. 945, no 5.

536. — Est nulle, au contraire, la donation de biens présens, faite à la charge d'exécuter le testament que le donateur laissera à son décès. — Furgole, Pothier, Grenier et Duranton, *loc. cit.*; Bergier sur Ricard, part. 1re, note sur le no 1035. — *Contrà* Ricard, *ibid.*

537. — ... Ou d'acquitter des legs dont la somme ne serait pas déterminée. — Mêmes auteurs. — *Nîmes*, 19 mai 1830, Barlier c. Chaleil.

538. — ... Quand même il s'agirait d'un legs rémunératoire. — Auzanet, sur l'art. 273, cout. de Paris; Basmaison, sur l'art. 20, tit. 14, cout. d'Auvergne. — Arg. *à contrario* de l'art. 1083. — V. cependant Dumoulin et Chabrol, sur l'art. 20, tit. 14, Cout. d'Auvergne. — Il faut remarquer, au reste, que ces derniers auteurs écrivaient avant l'ordonnance de 1731.

539. — On excepte généralement les frais funéraires dont le montant se détermine aisément suivant la fortune du défunt. — V. les mêmes auteurs. — MM. Grenier (no 46, *in fine*) et Coin-Delisle (sur l'art. 945, no 5) pensent qu'il serait plus prudent d'en fixer le montant.

540. — La donation faite à la charge de payer une pension annuelle aux enfans qui naîtraient ultérieurement au donateur est-elle valable? — M. Coin-Delisle (*loc. cit.*) résout cette question par l'affirmative. — V. aussi Miot et Treilhard, séance du 19 vent. an XI. — Nous n'admettrions cette solution qu'autant qu'on fixerait un *maximum* à cette charge.

541. — C'est sous la même restriction que nous admettons qu'une donation est valable quand elle est faite à condition que le donataire paiera seul toute la réserve. Cette décision ainsi restreinte est d'accord avec l'art. 16, l'ord. de 1731. Il faut que le donataire puisse toujours apprécier les charges qui lui sont imposées, et il ne pourrait le faire si on laissait le donateur maître de disposer de tous ses biens, malgré l'existence d'héritiers à réserve, puisque, dans ce cas, le donataire serait obligé d'acquitter intégralement la réserve, quelle qu'elle fût.

542. — Jugé que, sous l'ancienne jurisprudence, il n'y avait pas lieu d'annuler une donation entre-vifs, faite par un père à son fils, par le motif qu'elle contenait réserve, de la part du donateur, de la légitime du droit de ses filles, et de la fixer à un taux convenable. — *Nîmes*, 12 août 1808, Durand.

543. — Le donateur peut imposer au donataire l'obligation de lui servir une rente viagère.

544. — Il ne peut être valablement compromis sur une pension alimentaire imposée comme condition d'une donation entre-vifs, lorsqu'il résulte de l'intention du testateur que ces alimens doivent être perçus en nature. — *Nîmes*, 18 déc. 1822, Barjeton c. Barjeton-Durfort. — L. 8, ff., *De transactionibus.* — Pigeau, t. 1er, p. 8; Berriat, t. 1er, p. 40, note 11e, et t. 2, p. 344, note 3e; Carré, t. 3, nos 3263 et 3264; Mongalvy, p. 161, 162, no 185, 186; Merlin, *Rép.*, vo *Alimens*, § 8, no 2; Delaporte, t. 2, p. 477; *Le pratic. français*, t. 5, p. 336; Duvergier, *Vente*, t. 1er, no 214.

545. — Un acte de partage entre-vifs fait par un père entre ses enfans, qui l'ont accepté, avec stipulation d'une rente viagère au profit du père, peut être rescindé pour cause d'atteinte à la réserve légale. — *Toulouse*, 23 déc. 1835, Marty.

546. — Et, en général, le partage fait par un ascendant peut être attaqué pour lésion, quelles que soient les réserves faites par le père en rente viagère ou en usufruit. — *Grenoble*, 8 mai 1835, Dorey. — V. au surplus PARTAGE D'ASCENDANT.

547. — La donation entre-vifs, par un héritier à un étranger, moyennant une rente viagère sur deux têtes et autres conditions onéreuses, n'est pas réputée vente dont le cohéritier ait droit de s'autoriser, en vertu des lois *Per diversas* et *ab Anastasio* (LL. 22 et 23, Cod., *Mandati vel contrà*), pour écarter le donataire, en lui remboursant le prix y énoncé. — *Cass.*, 4 juin 1834, Menaud c. Parisot, confirmatif de *Dijon*, 26 juill. 1832. — V. aussi RETRAIT SUCCESSORAL.

548. — La réserve faite par le donateur d'assurer à son épouse, si elle lui survit, une pension viagère déterminée sur les biens donnés dont il conserve l'usufruit, ne peut donner lieu, après la cessation de l'usufruit, à une répétition en capital contre le donataire. — *Aix*, 17 thermid. an XIII, Roure c. Vincent.

549. — Jugé que la donation d'un immeuble avec réserve d'une rente viagère confère au donateur, à l'égard des créanciers du donataire, un privilége pour sûreté du paiement. — *Bordeaux*, 19 déc. 1840 (t. 1er 1841, p. 346), Chat c. Brun de Gadeau.

550. — Lorsque le donateur consent à accepter le rachat de la vente, moyennant une somme qui lui est payée par un tiers, à la décharge du donataire, la subrogation à ses droits et priviléges, que, dans ce cas, il fait en faveur du tiers bailleur de fonds, a pour résultat de conférer à ce dernier le privilége du donateur, non pas, il est vrai, pour le capital employé au rachat, mais pour les arrérages à courir pendant tout le temps que le donateur a eu le droit de les percevoir lui-même. — Même arrêt.

551. — Cependant M. Troplong (*Privil.*, t. 1er, no 216) enseigne que le donateur n'a pas de privilége sur les biens donnés pour l'exécution des charges de la donation.

552. — Si un donateur de tous biens présens se réserve un objet déterminé, et impose à son donataire l'obligation de payer toutes ses dettes actuelles, il ne saurait être tenu d'aucune part de ces dettes à cause de l'objet réservé. — L. 15, Cod., *De donat.*; — Furgole, sur l'art. 16, ordonn. 1731; Auroux des Pommiers, *sur cout. du Bourbonnais*, art. 209; Pothier, *Donat. entre-vifs*, sect. 3, art. 1er, § 2; Grenier, no 92; Coin-Delisle, sur l'art. 945, no 6.

553. — Est nulle la donation faite à la charge par le donataire d'acquitter toutes les dettes du donateur, sans distinction du passé et de l'avenir, et, en outre, de payer une somme à chacun des domestiques qui le serviront au moment de son décès, sans que le nombre en soit déterminé. — *Cass.*, 17 thermid. an VII, Mosnier c. Andrieux; — V. Duranton, t. 8, nos 482 et suiv.; Furgole, sur l'art. 16 de l'ordonn. 1731; Grenier, t. 1er, no 48.

554. — La condition de payer les dettes actuelles peut être imposée tant au donataire de l'universalité qu'à celui à qui l'on n'attribuerait qu'une quote-part ou même un immeuble particulier. — Cod. civ., 944 et 945.

555. — La circonstance que le donataire a été chargé de payer une rente viagère au donateur et d'acquitter ses dettes, est insuffisante pour imprimer à la donation le caractère d'un contrat onéreux. — *Liége*, 12 prair. an XII, Horion c. Petitjean.

556. — L'acte par lequel le donataire s'est obligé à faire les grosses réparations dans le bâtiment

qui lui est donné en nue-propriété, et à garantir certaines charges réelles qui peuvent éventuellement grever l'immeuble, n'en constitue pas moins une donation entre vifs. — *Cass.*, 27 juin 1838 (t. 2 1838, p. 342), Richard c. Compan. — Delvincourt, t. 2, p. 272, notes; Toullier, t. 5, nº 185; Grenier, t. 1er, p. 196.

557. — Quand une donation est faite à la charge, par le donataire, de payer toutes les dettes du donateur, conformément à l'état qui en sera annexé à l'acte de donation, cette dernière disposition ne doit être considérée que comme explicative de la première, et non comme limitative; si donc une dette actuellement existante se trouve omise dans l'état annexé, le donataire n'en doit pas moins être condamné à la payer, surtout s'il en a eu connaissance, et a manifesté l'intention de l'acquitter. — *Cass.*, 18 fév. 1829, Michel c. N...

558. — Du reste, il n'est pas nécessaire, sous peine de nullité, d'annexer à la donation faite à charge d'acquitter les dettes actuelles du donateur un état des dettes alors existantes. — *Grenoble*, 8 mai 1835, Dorey.

559. — Lorsqu'une clause de la donation a fixé la part de dettes au-delà de laquelle le donataire ne pourrait être tenu, cette clause doit recevoir son exécution. — *Toulouse*, 29 juin 1836 (t. 1er 1837, p. 183), Laurent c. Vernheltes.

Sect. 2ᵉ. — *Donation limitée par des réserves.*

560. — Les réserves faites par le donateur peuvent avoir pour objet : 1º soit la disposition elle-même de la totalité ou de partie de la chose donnée; 2º soit la jouissance ou l'usufruit de cette chose; 3º soit enfin le retour de ce qui a été donné.

561. — Si le donateur s'était réservé de disposer de la totalité de l'objet donné, il est évident que cet acte ne serait pas une donation ; car donner et retenir ne vaut.

562. — Le donateur peut stipuler le droit de retour des objets donnés, soit pour le cas du prédécès du donataire, soit pour le cas du prédécès du donataire et de ses enfans. Mais ce droit de retour ne peut être stipulé qu'au profit du donateur. — C. civ., art. 751. — V. RETOUR CONVENTIONNEL.

563. — Quant à la reserve soit d'une partie de la chose donnée, soit de la jouissance ou de l'usufruit de cette chose, ce sera l'objet des deux paragraphes suivans.

§ 1er. — *Réserve de disposer d'une partie des objets donnés.*

564. — Lorsque le donateur s'est réservé la liberté de disposer d'un effet compris dans la donation, ou d'une somme fixe sur les biens donnés ; s'il meurt sans en avoir disposé, ledit effet ou ladite somme appartient aux héritiers du donateur, nonobstant toutes clauses et stipulations à ce contraires. — C. civ., art. 946. — Ord. 1731, art. 16.

565. — Le mot *effet* de l'art 946 comprend aussi bien les immeubles que les meubles.

566. — La donation, dans le cas de cette réserve, n'est pas nulle ; elle est seulement restreinte aux objets non réservés. — V. LL. 25, C. *De jure dot.*; 4, Cod., *De contrah. et committ. stipul.* — V. Ricard, part. 3e, nº 3, nº 741; Furgole, sur l'art. 16; Lebrun, *Success.*, liv. 3, ch. 2, nº 24; Pothier, *Donat.*, sect. 2e, art. 2, § 5, 4e et 5e alinéa; Grenier, nº 16; Toullier, nº 226; Duranton, nº 484; Coin-Delisle, sur l'art. 946, nº 1.

567. — Si la donation, sous réserve d'une somme fixe, porte sur tous les immeubles du donateur, le donataire devient propriétaire de la totalité de ces immeubles, sauf au donateur à retenir la somme fixée, laquelle pèse en réalité sur chacun des immeubles donnés. — Mêmes autorités.

568. — Dans les pays de droit écrit, était valable la clause par laquelle l'objet réservé était attribué au donataire, pour le cas où le donateur n'en aurait pas disposé. — V. L. 35, §§ 4 et 5, Cod., *De donat.*; Coin-Delisle, sur l'art. 946, nº 42.

569. — Dans les pays coutumiers, au contraire, la réserve appartenait aux héritiers du donateur, nonobstant cette clause. — V. Ricard, part. 1re, nº 1017; Furgole, sur l'art. 16, ord. 1731.

570. — Le principe des pays coutumiers, appliqué à toute la France par l'art. 16, ord. de 1731, est passé dans l'ar. 946, C. civ.

571. — Pour faire profiter le donataire de la chose réservée, il faudrait une nouvelle disposition. — Coin-Delisle, sur l'art. 946, nº 3.

572. — Nonobstant la clause par laquelle le donateur sous réserve d'usufruit attribuerait au donataire tous les revenus qu'il ne percevrait pas pendant la durée de l'usufruit; les fermages arriérés, les intérêts des capitaux, les arrérages des rentes non touchés pendant la vie du donateur doivent profiter à ses héritiers et non au donataire. — Furgole, sur l'art. 15; Coin-Delisle, sur l'art. 946, nº 4.

573. — La donation est parfaite, malgré la réserve de disposer, quand cette réserve est subordonnée à un événement dont l'accomplissement ne dépend pas exclusivement de la volonté du donateur. — En conséquence, si cet événement n'arrive pas, la chose donnée appartient définitivement au donataire. — Grenier, t. 1er, nº 17; Toullier, t. 5, nº 226; Delvincourt, t. 2, p. 274; Coin-Delisle, sur l'art. 946, nº 5.

574. — La même solution doit être admise, que la réserve purement éventuelle ait été faite au profit d'un tiers ou dans l'intérêt personnel du donateur. — Coin-Delisle, sur l'art. 949, nº 6.

575. — C'est par application de ce principe qu'il a été jugé que la réserve faite par le donateur d'assurer à son épouse, si elle lui survit, une pension viagère déterminée sur les biens donnés dont il conserve l'usufruit, ne peut donner lieu, après la cessation de l'usufruit, à une répétition contre le donataire, d'un capital destiné à représenter la pension réservée. — *Aix*, 17 thermid. an XIII, Roure c. Vincent.

576. — Lorsque le donateur déclare que la somme réservée est destinée à doter ses filles, cette réserve n'est pas sans effet, bien qu'elle n'ait pas reçu la destination indiquée. — *Bordeaux*, 19 janv. 1827, Cornuaud c. Augan.

577. — Sous l'ancienne jurisprudence, il n'y avait pas lieu d'annuler une donation entre-vifs, faite par un père à son fils, par le motif qu'elle contenait réserve, de la part du donateur, de la légitime de droit de ses filles, et de la fixer à un taux convenable. — *Nîmes*, 12 août 1808, Durand.

578. — Lorsque, dans une donation préciputaire de la totalité de la quotité disponible, le donateur s'est réservé le droit de disposer d'une certaine somme, cette réserve peut avoir son effet, encore bien qu'une donation antérieure au profit d'un tiers dépasserait déjà le chiffre de la somme réservée. — C. civ., art. 925 et 946.

579. — Jugé que la donation entre-vifs, par laquelle le donateur se réserve de changer les objets donnés, dont il a gardé l'usufruit, par d'autres de même valeur, mais à la condition que le donataire ne pourra, en aucune manière, inquiéter les héritiers du donateur pour raison du moins de valeur des objets substitués ni ceux-ci le donataire pour raison du plus de valeur des mêmes objets, n'est point une donation valable. — *Paris*, 23 janv. 1809, de Lamoignon c. Delatour.

580. — Si un donateur se réserve une somme pour en disposer en dernière volonté, la demande n'en peut être formée par ses créanciers qu'après son décès. — *Grenoble*, 15 vent. an XII, Gaudoy c. Chaillon.

581. — Lorsqu'après avoir fait une donation universelle sous réserve d'usufruit, et sous la réserve de disposer d'une certaine somme d'argent, le donateur dispose ultérieurement de cette somme par une cession, la somme n'est pas dès-lors exigible sur les biens du donataire; elle ne peut être réclamée qu'après l'extinction de l'usufruit, et sur les biens donnés. — *Nîmes*, 15 juin 1817, Grolée c. Baffle. — Furgole, sur l'art. 18, ord. 1731; Grenier, nº 440; Toullier, nº 828; Duranton, nº 741.

582. — Il faut considérer comme donation à cause de mort, annulée par les lois des 7 mars 1793, 5 brum. et 17 niv. an II, et non comme une donation conditionnelle, la disposition par laquelle une mère donne à son fils les trois quarts de tous ses biens présens et à venir, avec réserve d'en disposer, et déclare que, n'en disposant pas, elle veut qu'ils demeurent compris dans la donation, sans qu'il soit besoin d'autre disposition. — Mais si la mère qui a ainsi disposé, sous l'ord. de 1731, est décédée depuis la promulgation du Code civil, sans avoir usé de la faculté qu'elle s'était réservée, le donataire peut retenir la totalité de la donation, sauf la réserve légale qu'il doit restituer aux héritiers réservataires, conformément à l'art. 913, C. civ., et malgré les lois des 7 mars 1793, 5 brum. et 17 niv. an II. — *Agen*, 27 nov. 1811, Dagieu.

583. — Sous l'ord. de 1731, lorsque le donateur de biens présens et à venir ne disposait pas de ceux qu'il s'était réservés, ces biens appartenaient au donataire et non aux héritiers. — *Nîmes*, 5 fév. 1806, Cabanis. — L. 80, ff., *De regulis juris*: Cujas, sur cette loi; Furgole, sur l'art. 18, ord. 1731; Merlin, *Rép.*, vº *Donation*, sect. 3e, § 4, nº 6; Dumoulin, t. 1er, nº 4, p. 368.

584. — Une réserve de biens donnés par acte passé sous l'ord. de 1731, encore qu'elle soit dévolue au donataire par l'art. 1086, C. civ., sous l'empire duquel le donateur est décédé, peut cependant être attribuée aux légitimaires, si les biens réservés et les légitimes n'excèdent point la réserve légale dans le sens du Code civil. — *Toulouse*, 17 avr. 1820, Clarac, N.; 4 juill. 1820 et 11 juill. 1821, N.

585. — L'art. 946 ne s'applique ni aux donations par contrat de mariage, ni aux donations entre époux. — C. civ., art. 947. — V. DONATION ENTRE ÉPOUX, DONATION PAR CONTRAT DE MARIAGE.

586. — Cependant, lorsque, dans une donation de biens présens faite par contrat de mariage, le donateur s'est réservé *une somme fixe* sur les biens donnés, cette somme, s'il meurt sans en avoir disposé, appartient à ses héritiers et non au donataire. — *Bordeaux*, 19 janv. 1827, Cornuaud c. Augan. — En effet, la réserve porte ici sur la chose elle-même, et non sur la faculté de disposer de cette chose; conséquemment, la chose réservée doit être considérée comme n'ayant jamais fait partie de la libéralité. — Furgole, sur l'art. 18, ord. 1731; Grenier, nº 440; Toullier, nº 828; Duranton, nº 741.

587. — Lorsque, dans un contrat de mariage passé avec une seconde épouse, un père donne à l'un de ses enfans du premier lit tels objets déterminés, à recueillir par préciput et hors part, à son décès, pour le cas seulement de survie de cet enfant, et dont il se réserve expressément la libre disposition, cet acte ne constitue point une donation entre-vifs, mais une disposition de dernière volonté. — La circonstance que l'enfant serait intervenu dans l'acte, à l'effet d'accepter les dispositions qui y sont faites en sa faveur, ne peut en changer la nature et les caractères. — *Bruxelles*, 27 fév. 1832, Dupret.

§ 2. — *Réserve de la jouissance ou de l'usufruit des objets donnés.*

588. — « Il est permis au donateur de faire la réserve à son profit, ou de disposer au profit d'un autre, de la jouissance ou de l'usufruit des biens meubles ou immeubles donnés. » — C. civ., art. 949. — V. L. 28, 35, § 3, Cod., *De donat.*

589. — Ce n'est donner et retenir, disent les coutumes, quand on donne la propriété... retenu à soi l'usufruit. — Cout. de Paris, art. 275; d'Orléans, art. 284; de Bourbonnais, art. 214. — V. cependant une exception dans la coutume de Lorraine, tit. 10, art. 3.

590. — Une donation entre-vifs, avec réserve d'usufruit, faite par un père à son fils, sous l'empire des lois des 7 mars 1793, 5 brum. et 17 niv. an II, qui avaient aboli, en ligne directe, la faculté de disposer de ses biens, soit à cause de mort, soit entre-vifs, soit contractuellement, n'était pas nulle d'une manière absolue, et elle a pu être validée, soit par le consentement de ceux qui avaient droit et intérêt à l'attaquer, soit par l'exécution volontaire qu'elle a reçue de leur part, depuis le décès du donateur. — *Cass.*, 14 déc. 1829, Villa.

591. — Le principe admis par le Code civil (art. 949) est en harmonie avec les règles qui consacrent en général la faculté de séparer l'usufruit de la propriété. — C. civ., art. 543, 1127, 2118 et le tit. *De l'usufruit.*

592. — Lorsqu'il y a don de la nu-propriété et de l'usufruit à deux personnes différentes, il y a deux dispositions directes et distinctes qui ne constituent ni une substitution vulgaire, puisqu'elles ne renferment pas d'alternative, ni une substitution fidéicommissaire, puisqu'il n'y a point libéralités successives. — C. civ., art 899; — Duranton, nº 463; Coin-Delisle, sur l'art. 899, nº 1er. — V. au surplus SUBSTITUTION.

593. — Dans ce cas, l'acceptation des deux donataires doit être expresse. — Duranton, *ibid.*

594. — La réserve de l'usufruit d'un immeuble stipulée au profit d'un tiers par le donateur de cet immeuble est parfaite et obligatoire pour le donataire ou les ayant cause, à quelque époque que le tiers ait déclaré vouloir en profiter, et lors même qu'il n'aurait point fait cette déclaration dans la forme tracée pour l'acceptation des donations. — En conséquence, le tiers en faveur duquel le donateur d'un immeuble a, comme condition de la donation, réservé l'usufruit de cet immeuble, peut, en cas de saisie de ce même bien pratiquée par des créanciers du donataire, forcer ceux-ci à insérer dans l'adjudication à intervenir une clause conservatrice de son droit, lors même que pour la première fois il déclarerait vouloir profiter de la condition stipulée en sa faveur. — *Cass.*, 28 juin 1837 (t. 2 1837, p. 31), Richen c. Saint-Benoît. — V. aussi *Cass.*, 5 nov. 1818, Lacoste c. Grégny; *Toulouse*, 19 nov. 1832, Meilhan c. Yerle; — Duran-

ton, t. 8, no 417; Toullier, t. 5, nos 215 et 216; Grenier, *Des donations*, t. 1er, p. 189; Delvincourt, t. 3, p. 263; Merlin, *Quest.*, vo *Stipulation pour autrui*; Rolland de Villargues, *cod. verb.*, no 44, et *Acceptation de donation*, no 11.

595. — Autrefois, comme la propriété n'était transférée que par la tradition, on avait imaginé une clause dite *de constitut et de précaire* qui consistait à faire déclarer par le donateur qu'il se constituait possesseur à titre précaire vis-à-vis du donataire. — Mais aujourd'hui le donataire est saisi immédiatement de la nu-propriété, sans que l'on soit obligé d'avoir recours à aucune fiction. — Duranton, t. 8, no 462; Grenier, t. 1er, no 53.

596. — Il faut remarquer toutefois que la réserve de disposer de l'usufruit au profit d'un tiers n'attribue rien à ce tiers, quand même il aurait été nominativement désigné. Pour que l'usufruit lui soit acquis, il faut un acte translatif soit à titre gratuit, soit à titre onéreux. — Duranton, no 466.

597. — La désignation du bénéficiaire de l'usufruit réservé n'est pas nécessaire, bien qu'il y ait quelque chose d'arbitraire dans le choix ultérieur d'un usufruitier plus ou moins jeune : ce n'est point là une violation du principe qui proscrit toute condition potestative de la part du donateur; car il faudrait voir dans cette espèce moins une charge qu'une réserve. — Duranton, no 467.

598. — Dans le cas de donation de nu-propriété à l'un et d'usufruit à l'autre, le don d'usufruit devenant caduc, le donataire de la nu-propriété n'entre en jouissance qu'à l'époque où il aurait dû y entrer si la donation d'usufruit avait reçu son effet. — Poujol, sur l'art. 949, no 2.

599. — Le donateur qui se réserve l'usufruit du bien qu'il donne peut valablement conférer au donataire les fermages de l'année dans laquelle il viendra à décéder, et non encore échus au moment de son décès. Il peut valablement aussi lui conférer les fruits recueillis qui se trouveront en nature dans sa succession. — *Cass.*, 14 flor. an XI, Delancourt c. Lefebvre.

600. — Une telle clause ne saurait, en effet, être considérée comme une donation de biens à venir : c'est une simple modification de l'usufruit que le donateur s'est réservée. — *Cass.*, 25 pluv. an III, Milhude c. Denis; 27 janv. 1819, Ogier c. Villard; — Furgole, sur l'art. 15, ordonn. 1731; Merlin, *Quest.*, vo *Donation*, § 4; Malleville, sur l'art. 943, C. civ.

601. — Un donataire d'une somme d'argent peut agir par voie de saisie mobilière et de saisie-arrêt sur l'héritier et les débiteurs du donateur, quoique cette donation ait été faite sous réserve d'usufruit. — *Besançon*, 30 juin 1812, Bogillot c. Dandrey; — Pothier, *Oblig.*, § 455; Merlin, *Rép.*, vis *Donation*, sect. 3e, § 4, no 5, et *Exécution parée*; Toullier, t. 5, no 182, et t. 6, no 210; Carré, quest. 2681.

602. — Une pension que s'étaient réservée les père et mère, donateurs et instituans, doit être servie en intégralité au survivant d'eux, lorsqu'il résulte du contrat que telle est la charge imposée à la libéralité. — *Riom*, 6 janv. 1815, Bonnal c. Fabre.

603. — Si une donation universelle a été faite avec réserve d'usufruit, en outre sous la réserve de disposer entre-vifs d'une somme d'argent, le don ultérieur de cette somme d'argent est réputé payable, non immédiatement sur l'avoir du donataire, mais plus tard sur les biens du donateur, après l'extinction de l'usufruit. — *Nîmes*, 15 juin 1819, Grolée c. Baffie.

604. — La condition apposée à une donation sous réserve d'usufruit au profit du donateur, par laquelle il est interdit au donataire, pendant la durée de cet usufruit, de vendre ou aliéner, *de quelque manière que ce soit*, tout ou partie des biens donnés, n'emporte pas prohibition d'en disposer par testament. Du moins une telle interprétation est exclusivement dans les attributions de la cour royale. — *Cass.*, 2 janv. 1838 (t. 1er 1838, p. 553), Bercher c. Amiot.

605. — L'ascendant auquel les biens par lui donnés font retour par suite du prédécès du donataire est tenu d'acquitter les legs dont la succession de ce dernier est grevée, bien que, par la donation, cet ascendant se fût réservé l'usufruit, avec défense au donataire d'aliéner, de quelque manière que ce soit, tout ou partie des biens donnés. — Même arrêt.

606. — Lorsque la donation d'effets mobiliers a été faite avec réserve d'usufruit, le donataire est tenu, à l'expiration de l'usufruit, de prendre les effets donnés qui se trouvent en nature, dans l'état où ils sont; et il a action contre le donateur ou ses héritiers, pour raison des objets non existans, jusqu'à concurrence de la valeur qui leur a été donnée dans l'état estimatif. — C. civ., art. 950.

607. — Il est bien entendu que le donateur ne saurait, dans cette hypothèse, être tenu des cas fortuits, conformément aux principes généraux. — C. civ., art. 589, 615, 616, 1302 et 1567.

608. — Ne donne point ouverture à cassation l'arrêt qui décide que lorsqu'un donateur qui s'est réservé l'usufruit des choses données concourt postérieurement avec le donataire à la vente de ces choses; les héritiers du donateur sont néanmoins recevables à demander l'annulation de la donation. — *Cass.*, 9 juin 1824, Silvestre c. Billard.

609. — La donation en avancement d'hoirie faite par des père et mère à l'un de leurs enfans d'une somme d'argent qui n'est payable qu'après la mort des donateurs, mais dont ceux-ci s'obligent à servir les intérêts de leur vivant, est une donation résoluble dans ses effets, suivant l'événement du partage. — En conséquence, la cession de la somme ainsi donnée n'a pu attribuer au cessionnaire que le droit soit d'intervenir au partage, soit de s'opposer à ce qu'il se fasse en fraude de ses droits, et nullement celui de prendre inscription sur tous les biens des donateurs pour sûreté de la créance. — *Cass.*, 27 (et non 14) mai 1828, Merle c. Lambert.

610. — C'est, du reste, aux règles générales de l'usufruit qu'il faut se reporter pour toutes les questions relatives aux effets de la réserve d'usufruit en matière de donation, au mode de jouissance, et à la consolidation. — V. USUFRUIT.

CHAPITRE VI. — *Interprétation des donations entre-vifs.*

611. — Les règles à suivre pour l'interprétation des donations sont en principe les mêmes que celles qui régissent l'interprétation des conventions en général. — V. INTERPRÉTATION DES CONVENTIONS. — Cependant, il est quelques décisions qui doivent être consignées ici, comme se rattachant plus spécialement aux donations.

612. — En matière de donation entre-vifs, le juge peut, en cas d'obscurité, interpréter la volonté du donateur sur la nature et l'étendue de sa disposition par des actes privés et une correspondance explicative de cette volonté. — *Cass.*, 23 nov. 1830, de Vaulserre c. Laurent.

613. — L'art. 1602, C. civ., qui veut que tout pacte obscur ou ambigu s'interprète contre le vendeur, n'est pas applicable en matière de donation. — *Douai*, 1er juill. 1837 (t. 1er 1838, p. 185), Lemaire c. Vasseur.

614. — Dans le doute, la disposition doit s'interpréter contre le donataire, car personne ne doit être présumé avoir voulu se dépouiller : *Nemo censetur donare.*

615. — Ainsi jugé : 1o qu'une donation, étant de droit étroit, ne peut être étendue à des objets sur lesquels elle ne s'explique pas clairement; — et que, quand même le donateur aurait déclaré par un acte subséquent qu'il les a compris dans la donation, une pareille déclaration ne produirait aucun effet. — *Bourges*, 7 avr. 1814, Labbe Saint-Georges c. de Barbançoire.

616. — ... Que, lorsqu'un donateur déclare donner *tous ses biens réels*, et qu'il ajoute, *consistant en terres, prairies et rentes*, la donation ne comprend point les maisons du donateur, autres que celles qui auraient été désignées spécialement, ni les jardins et *pachis*, alors même qu'il ajoute la clause *rien excepté ni réservé*; — et que ces expressions se réfèrent nécessairement aux biens désignés sous la qualification de terres et prairies. — *Bruxelles*, 7 mai 1817, Piret c. Gravy.

617. — Lorsque, après avoir disposé, à titre de préciput et hors part, en faveur d'un de leurs enfans, de différens meubles et effets mobiliers que désigne l'acte de donation, les père et mère donateurs ajoutent qu'ils font, en outre, donation hors part au donataire des autres meubles et effets mobiliers qu'ils délaisseront à leur décès, ces mots *meubles et effets mobiliers* doivent être pris dans un sens restrictif, et ne peuvent, par conséquent, comprendre les créances dues à leurs successions, ni, par suite, les sommes dont le donataire doit effectuer le rapport. — *Douai*, 31 déc. 1840 (t. 1er 1841, p. 188), Lefebvre c. Basset.

618. — Cependant, lorsque l'acte par lequel un donateur se dépouille de tous les biens immeubles qu'il possède renferme une désignation des immeubles donnés, cette désignation n'est pas limitative. L'omission qui y est faite de l'un des immeubles du donateur n'exclut pas cet immeuble de la donation, lorsque l'intention bien manifestée du donateur a été de se dépouiller de tous ses biens en faveur du donataire, encore bien que la donation n'ait pas été transcrite au bureau des hypothèques dans l'arrondissement duquel est situé l'immeuble omis dans la désignation. — *Rennes*, 15 mars 1821, Martin de la Bigotière c. Visdelou de la Villethéart.

619. — Et lorsqu'il est dit dans un contrat de mariage que le survivant sera propriétaire absolu des meubles et effets mobiliers et actions réputées telles de la communauté et dispensé de donner caution, il peut être décidé, par voie d'interprétation, que cette donation contient celle de l'usufruit des immeubles. — *Cass.*, 24 déc. 1828], Rousseau.

620. — Le père qui a donné à ses enfans la nue-propriété de ses biens et ne s'en est réservé que l'usufruit, ne peut valablement recevoir le paiement de capitaux qui lui sont dus. — *Turin*, 16 fév. 1811, Sappa c. Trucchi.

621. — Lorsqu'il a été fait donation d'un domaine avec ses *appartenances et dépendances*, et qu'il s'agit de déterminer ce qui est compris dans une telle donation, le donataire peut être admis à prouver la manière dont la donation a été exécutée entre les parties. — *Agen*, 11 déc. 1823, Garceau c. Lasserre.

622. — La convention par laquelle deux époux divorcés ou séparés de corps arrêtent que la mère subviendra seule aux frais d'entretien de leur enfant, évalués à 1,000 fr. par an, jusqu'au décès de son aïeul paternel, et que, dès que ce décès sera arrivé, le père, par compensation, subviendra également seul à cet entretien par le paiement d'une pension annuelle de 1,000 fr., dont le capital *formera la dot de l'enfant*, s'il se marie avec le consentement de ses père et mère, ne constitue pas, de la part du père, une donation du capital au profit de l'enfant, qui soit rapportable à la succession du père en cas d'acceptation, ou réductible à la portion disponible en cas de renonciation. — *Orléans*, 9 déc. 1829, Pipelet c. de Franq.

623. — La donation d'une quantité de biens présens (sous réserve d'usufruit) faite à la condition, par le donataire, de renoncer à un legs que le donateur se trouvait chargé de lui payer comme héritier d'un tiers, porte même sur le montant de ce legs, lequel doit être réputé faire partie des biens présens du donateur. — *Toulouse*, 26 nov. 1832, Fournials.

624. — La donation pure et simple de tous biens meubles et immeubles, noms, raisons, voies et actions, ne comprend point les dettes actives, si de l'énumération des objets auxquels ils se réfèrent on peut conclure que l'acception légale des mots *biens meubles* a été restreinte par le donateur lui-même. — *Bordeaux*, 6 août 1824, Viveille c. Royère.

625. — Lorsqu'il existe dans un acte de donation une clause par laquelle il est stipulé que les récoltes en nature des immeubles donnés seront partagées par moitié entre le donateur et le donataire, les semences doivent être distraites avant le partage à faire. — *Bordeaux*, 27 mai 1841 (t. 2 1841, p. 217), Vincent c. Lembert.

626. — Si, en général, pour arriver à la liquidation d'une donation par contrat de mariage, il y a lieu à réunion fictive à la masse active d'une succession des biens précédemment donnés à des successibles par le défunt, c'est uniquement lorsque cette donation est *celle d'une portion disponible*. — C. civ., art. 922. — Si donc les époux n'ont, par aucune disposition formelle, annoncé l'intention de se donner la *portion disponible*, les tribunaux sont investis du droit d'interpréter les termes de la donation pour reconnaître l'étendue de ses effets. — *Paris*, 7 mars 1840 (t. 1er 1840, p. 395), Payen c. Doumet.

627. — Spécialement, la donation faite à un nouvel époux par son conjoint, *du quart de tous les biens qui se trouveront composer sa succession au jour de son décès*, ne doit s'entendre que des biens existant en sa possession à l'époque de son décès, et non des dots par lui constituées avant le second mariage aux enfans du premier lit. — *Paris*, Payen c. Doumet et Siblas.

628. — La donation entre-vifs faite à une succession doit être considérée comme faite à ceux auxquels cette succession est échue. — Ainsi, la donation faite par un père à la succession de sa fille est censée faite aux héritiers et aux légataires de cette dernière et par conséquent elle est passible des droits d'enregistrement, suivant le degré de parenté de chacun de ces héritiers et légataires. — *Cass.*, 22 déc. 1829, Enregist. c. Viénot.

629. — Lorsque, dans un contrat de mariage, les époux se font mutuellement une donation à l'exclusion *de tous parens*, on doit entendre par ce mot *parens* même les descendans. — *Metz*, 28 avr. 1812, Schmidt c. Neu.

630. — La donation portée dans un contrat de

mariage, par laquelle une mère *assure* au futur époux, son fils, une certaine somme à prendre après son décès *sur tels biens présens* et sur les biens à venir de la donatrice, constitue, non une simple institution contractuelle, susceptible de devenir caduque en cas de prédécès de l'institué, mais une donation entre-vifs qui saisit irrévocablement le donataire à compter du jour du contrat de mariage. — *Paris*, 15 fév. 1822, de Beaumont c. Vincent et de Soucy.

631. — Lorsque, par trois clauses distinctes du contrat de mariage de son fils, un père l'institue son héritier, lui fait donation particulière entre-vifs d'un domaine désigné, et se réserve quelques portions de ce domaine pour en jouir en toute propriété et disposer à sa volonté, les biens retranchés de la donation entre-vifs ne le sont pas également de l'institution contractuelle; donc ils ne forment pas des réserves dans le sens de l'art. 2, L. 18 pluv. an V, qui appartiennent aux héritiers *ab intestat*, exclusivement au fils institué. — *Paris*, 17 germin. an XI, Montigny.

632. — Un contrat de mariage dont l'ensemble emporte l'idée d'un délaissement actuel, et non celle d'une institution d'héritier, doit recevoir son effet comme donation entre-vifs régie par la loi du contrat, et non comme institution héréditaire régie par la loi du décès, lors même que le notaire aurait donné à l'acte cette dernière qualification. Dans tous les cas d'interprétation, on doit préférer celle qui donne effet à l'acte à celle qui tendrait à l'annihiler. — *Pau*, 15 déc. 1837 (t. 2 1839, p. 305), Ladugnous c. Larré.

633. — Lorsque, dans un contrat de mariage passé avant le Code, les père et mère de la future épouse ont disposé en sa faveur d'une somme exigible seulement après leur mort et à prendre dans leurs successions, se réservant l'usufruit de cette somme, mais s'obligeant solidairement, sous la caution d'un tiers, à la faire toucher à la tutrice, une telle clause a pu être déclarée constituer une institution contractuelle, caduque par le prédécès du donataire, et non une donation entre-vifs. — *Cass.*, 13 juill. 1835, de Villequier c. de Cayeux.

634. — Il n'y a ni donation entre-vifs ni institution contractuelle prohibée par la loi du 7 mars 1793, dans la clause d'un contrat de mariage sous seing-privé, par laquelle *les père et mère de la future* lui promettent et assurent la moitié de tous leurs biens présens et à venir, pour autant qu'ils en laisseront à leur décès, et, en attendant, lui promettent une pension annuelle de 800 fr., en avancement et constitution de dot. — *Agen*, 6 juin 1811, Beauchamp c. Pelleport et Brueilh.

635. — La stipulation insérée dans une donation de certains immeubles faite par un mari à des tiers, en toute propriété, par laquelle l'épouse du donateur, présente à l'acte, « pour faciliter l'exécution de cette donation et le partage des autres biens du donateur, renonce, pour le cas où elle lui survivrait, au droit universel d'usufruit que lui attribuait son contrat de mariage, moyennant une rente viagère que seront tenus de lui payer les *donataires et autres héritiers* de son mari, » doit être considérée non comme une charge imposée à la donation, mais comme une convention distincte et séparée.—Or, cette stipulation est nulle comme relative à une succession future. — *Cass.*, 10 août 1840 (t. 2 1840, p. 238), Billard.

636. — Au contraire, la déclaration, faite par un fils dans l'acte par lequel, conjointement avec sa mère, il abandonne à son frère tout l'avoir paternel et maternel, à la charge de loger, nourrir et entretenir celle-ci pendant sa vie, ou, en cas de séparation, de lui payer viagèrement une rente, *qu'il n'entend rien rappeler contre son frère après le décès de la mère commune survivante*, ne constitue pas une convention qui rentre sous l'application des art. 791, 1130, 1600, C. civ. : une telle stipulation est régie par l'art. 918, C. civ., et dès-lors ce fils ne peut demander ni la nullité de l'acte d'aliénation qu'il a souscrit, ni le rapport de la portion disponible.—*Douai*, 19 fév. 1841 (t. 2 1841, p. 398), Queval.

637.—On ne peut considérer comme purement de style et du fait du notaire la clause révocatoire de toutes dispositions quelconques contenue dans une donation; et l'arrêt qui décide ainsi ne peut échapper à la cassation comme simplement interprétatif. — *Cass.*, 25 avr. 1825, Parleani c. commune de Pioggiola.

638. — La clause d'une donation universelle portant révocation de toutes libéralités antérieures, peut, nonobstant le silence de l'acte à cet égard, et par interprétation de la volonté du disposant, être réputée ne pas s'appliquer à une première libéralité faite par testament, au profit du même donataire. — *Cass.*, 10 nov. 1836, Miron c. David.

CHAPITRE VII. — *Effets des donations entre-vifs.*

Sect. 1re. — *Translation de propriété de la chose donnée.*

639. — Dans notre droit ancien, la donation se divisait pour ainsi dire en deux actes quant à la tradition.—Le premier acte de la part du donateur consistait à se dépouiller actuellement de la propriété de la chose donnée, sans en livrer la possession, c'était ce que l'on appelait la *tradition de droit*, qui formait l'engagement du donateur. — Puis venait la *tradition de fait* qui était la délivrance réelle.—Ricard, part. 1re, chap. 4, sect 2e, distinct. 1re et 2e; Bergier, sur Ricard, part. 1re, no 170; Bourjon, liv. 5, tit. 4, 4e part., chap. 3; Merlin, *Rép.*, vo *Donation*, sect. 5, § 1er.

640. — Pour remplacer la tradition de fait, qui n'était pas admise par toutes les coutumes, on avait eu recours à ce que l'on appelait les clauses de *constitut* et de *précaire*, à l'aide desquelles le donateur déclarait que la possession de fait qu'il conservait n'était qu'une tolérance de la part du donataire.

641. — Tel était l'état de la législation sur ce point, lorsque fut rédigé le projet du Code civil; il portait (liv. 3, tit. 9, art. 54) : « La donation dûment acceptée est parfaite par le seul consentement des parties; et la propriété des objets donnés est transférée au donataire, sans qu'il soit besoin d'autre tradition *que celle qui résulte du consentement.* »

642. — La trace de la distinction entre les deux espèces de traditions est évidente et s'est conservée sous le Code civ. qui, du reste, n'exige que le consentement mutuel des contractans, c'est-à-dire la tradition de droit, sans qu'il soit besoin de la tradition de fait.— C. civ., art. 938;— Merlin, *Rép.*, vo *Donation*, sect. 5e, § 1er, art. 4; Duranton, t. 8, no 497; Toullier, t. 5, no 222; Grenier, nos 50 et 51; Coin Delisle, sur l'art. 938, no 3.

643. — Du donateur au donataire, la translation de propriété est aussi complète que possible; d'où il suit : — 1o que, si la donation porte sur un corps certain, le donataire peut s'en mettre en possession.

644.—...2o Que, s'il s'agit de choses fongibles, ou d'une créance, le donataire n'a qu'une action personnelle en livraison (Duranton, no 497); mais en faisant observer, toutefois, que cette espèce de créance ne peut donner toujours droit sur les biens futurs du donateur. — Coin-Delisle, sur l'art. 943, no 8. — M. Marcadé (*Elémens de dr. civ. franç.*, sur l'art. 943, no 2,) considère ce droit comme une créance ordinaire.

645.—...3o Que, quant aux droits incorporels, la propriété en est transférée, sans qu'il soit besoin de remise de titres, et même avant toute signification au débiteur cédé.—Cochin, t. 5, in-4o, 81e consult.; Merlin, *Rép.*, vo *Donation*, sect. 5e, § 2, no 11; Grenier, no 64; Coin-Delisle, sur l'art. 938, no 4.

646. — La propriété étant transmise, il en résulte que le donateur doit livrer la chose même, et non l'équivalent. Si, par son fait, la chose est devenue la propriété d'autrui, il est passible de dommages-intérêts. Tel était, du reste, l'ancien droit, excepté dans les coutumes de nantissement. — Ricard, part. 1re, nos 946 à 948.

647. — Le bénéfice de compétence avait été emprunté au droit romain (LL. 12, 33, ff., *De donat.*) par notre ancienne jurisprudence, qui permettait, en conséquence, au donateur de n'acquitter son obligation que dans des proportions telles qu'il ne fût pas réduit à la misère. — Ricard, 3e part., no 739; Pothier, *Donat. entre-vifs*, sect. 3e, art. 3, § 1er, 14e alin. — V. BÉNÉFICE DE COMPÉTENCE.

648. — Aujourd'hui, la position du donateur ne pourrait le dispenser de livrer la chose donnée tout entière; cette obligation, du reste, trouverait une compensation dans celle où est le donataire de lui fournir des alimens, sinon de subir la révocation de la libéralité; ce qui rend le bénéfice de compétence sans objet. — Coin-Delisle, sur l'art. 938, no 6.

649. — Jugé, cependant, que le donataire d'une pension rémunératoire ne peut exiger le paiement des années échues pendant que le donateur était privé, par une force majeure, de la jouissance de ses revenus. — *Bruxelles*, 11 juill. 1810, Deglimes c. de Gavres.

650. — La propriété ne passe entre les mains du donataire qu'avec les charges et les vices qui la grèvent du chef du donateur. Cependant le titre

du donateur pourrait servir de point de départ à la prescription de dix et vingt ans, encore bien que le donateur n'eût pu prescrire que par trente ans. — Coin-Delisle, sur l'art. 938, no 7.

651. — Entre le donataire et l'héritier du donateur, on doit observer les mêmes principes relativement à la translation de propriété, c'est-à-dire que par la donation la propriété est transférée au donataire, quand même il n'y aurait eu, avant la mort du disposant, qu'une tradition de droit. — Merlin, *Rép.*, vo *Donation*, sect. 5e, § 2, no 4; Coin-Delisle, sur l'art. 938, no 15. — Sauf l'exercice de l'action en retranchement pour la réserve.

652. — Sur la question de savoir si la transcription fait exception à la perfection des donations par le seul consentement, et, par conséquent, à la translation immédiate de la propriété des immeubles, V. TRANSCRIPTION DES DONATIONS.

653. — A l'égard des tiers, la donation non suivie de tradition ne peut avoir d'effet, quant à la translation de propriété, que sous quelques distinctions. — Ainsi, lorsque la donation a pour objet, soit une somme d'argent, soit des choses fongibles, le donataire n'est qu'un simple créancier. — Coin-Delisle, sur l'art. 938, no 18.

654. — Si le donataire se trouve en face de créanciers antérieurs à la donation, il ne peut pas concourir avec eux, puisque, s'il en était autrement, la donation serait faite au préjudice de leurs droits. — C. civ., art. 1167.

655. — S'il est en concours avec des créanciers postérieurs, il vient à contribution avec eux, sauf les causes de préférence ordinaires. — C. civ., art. 2092 et 2093.

656. — Quand la donation porte sur des meubles corporels, alors même qu'ils seraient spécifiés par un état estimatif, les tiers qui les posséderaient de bonne foi, soit à titre onéreux, soit même à titre gratuit, en resteraient propriétaires même à l'encontre du donataire. — C. civ., art. 1141 et 2279; Grenier, no 50; Toullier, no 222; Duranton, no 498; Coin-Delisle, sur l'art. 938, no 19.

657. — Si la donation a pour objet des droits incorporels, le donataire n'est saisi vis-à-vis des tiers que par la signification prescrite par l'art. 1690. — Grenier, no 173.

658. — Dès-lors, le cessionnaire d'une créance, dont le titre est postérieur à la donation que le propriétaire en avait déjà faite, doit être préféré au donataire lorsqu'il a, avant celui-ci, notifié son titre au débiteur. — *Cass.*, 2 août 1842 (t. 2 1843, p. 128), Tireau c. Tessé et Leguy. — V. TRANSPORT-CESSION.

659. — La signification à ce débiteur d'une sous-cession partielle consentie par le donataire, et énonçant simplement la donation sans en faire connaître ni le titre ni les conditions, ne saurait tenir lieu de la notification que le donataire aurait dû lui-même faire de son titre. — Même arrêt.

660.— Le débiteur serait libéré par le paiement fait au créancier originaire avant la notification; et une seconde donation, notifiée au débiteur, serait préférable à une donation de date antérieure non notifiée. — Coin-Delisle, sur l'art. 938, no 20.

661. — Lorsque les droits incorporels donnés sont immobiliers, par exemple, s'il s'agit de la donation d'une action en revendication d'immeuble; la transcription paraît pouvoir remplacer suffisamment la notification. — Coin-Delisle, sur l'art. 938, no 21. —V. cependant Grenier, no 175. —V. au surplus TRANSCRIPTION DES DONATIONS.

662. — Toutes les règles qui précèdent ne s'appliquent qu'aux donations formelles. Quant aux donations déguisées et aux donations indirectes, elles sont régies par le droit commun. — V. DONATION DÉGUISÉE. — En ce qui concerne les effets des donations nouvelles, V. DON MANUEL.

663. — Lorsqu'une donation est annulée pour défaut d'acceptation, les donataires qui ont possédé et joui de bonne foi en vertu de cet acte, ne doivent pas être condamnés à restituer les fruits, à partir du jour de la donation, mais seulement à compter de la demande judiciaire d'annulation. — *Bruxelles*, 26 déc. 1816, Bosseau c. Dupuis.

664. — Lorsqu'une donation, même par contrat de mariage, faite à l'un des successibles, pour n'être payée qu'après le décès du donateur, se trouve sans effet par suite d'un partage testamentaire fait par le donateur entre tous ses successibles, le créancier du donataire n'est point fondé à demander, au nom de celui-ci, l'exécution de la donation, si, en définitive, le résultat doit être le même que celui du partage. — En tout cas, le créancier du donataire n'a point une action directe en paiement contre les héritiers du donateur. Il n'a contre eux qu'une action en partage pour faire fixer les droits revenant à son débiteur. — *Bordeaux*, 12 janv. 1839 (t. 1er 1839, p. 394), Abiet c. Mendes.

Sect. 2e. — *Obligation de garantir.*

665. — Le donateur n'a pu donner que ce qu'il était censé avoir ; en conséquence, si le donataire est évincé, il n'a aucune action en garantie contre son donateur. Telle est la règle générale, qui s'applique même au cas où l'éviction procéderait d'une action hypothécaire pour des dettes des anciens propriétaires. — Ricard, part. 1re, no 954 ; Delvincourt, t. 2, p. 74, note 6e ; Toullier, t. 5, no 207 ; Coin-Delisle, sur l'art. 938, no 8.

666. — En cas d'éviction, le donataire ne pourrait obtenir le remboursement ni des dépenses voluptuaires, ni des frais de contrat. — L. 18, § 3, ff., *De donat.* — Pothier, *Cout. d'Orléans*, introd. au tit. 15, no 65; *Donat. entre-vifs*, sect. 3, art. 1er, § 1er; Grenier, no 97; Duranton, no 525; Coin-Delisle, sur l'art. 938, no 8.

667. — Si cependant le donateur était de mauvaise foi, et le donataire de bonne foi, celui-ci aurait le droit d'agir contre le premier, non pas en garantie, mais en dommages-intérêts. — Pothier et Grenier, *loc. cit.*; Duranton, no 529; Coin-De- sur l'art. 938, no 9; Vazeille, sur l'art. 938, no 5.

668. — Le donataire étant, à certains égards, l'ayant-cause du donateur (V. AYANT-CAUSE, no 2), les obligations sous seing-privé, signées par celui-ci font-elles foi de leur date à l'égard du donataire, et lui sont-elles opposables? — V., à cet égard, AYANT-CAUSE, nos 38 et suiv.

669. — En supposant le donataire passible d'éviction, le donateur, s'il devient l'héritier du propriétaire véritable de la chose donnée, n'a pas d'action en éviction contre le donataire, car il est censé, par la donation, avoir abandonné à son profit tous les droits qu'il avait et qu'il pourrait avoir sur la chose qui faisait l'objet de la disposition. — Pothier, *Donat.*, sect. 3, art. 1er, § 1er; Duranton, t. 8, no 529.

670. — Dans tous les cas, le donataire peut toujours exercer la garantie contre les personnes desquelles le donateur tenait la chose à titre onéreux ; car celui-ci a transmis tous ses droits, même éventuels, sur la chose donnée. — Duranton, no 532.

671. — Le principe suivant lequel le donateur n'est pas soumis à la garantie reçoit exception en matière dotale : « La garantie de la dot, dit l'art. 1440, C. civ., est due par toute personne qui l'a constituée. » Si le contrat de mariage ne portait pas une exception formelle, toute personne qui aurait constitué une dot, fût-ce même le père ou la mère, serait soumise à l'action en garantie. — V. DOT.

672. — Le donateur, même en dehors du cas de constitution de dot, pourrait aussi être assujéti à la garantie, s'il s'y était soumis expressément. — L. 2, Cod., *De evict.* — V. Pothier, *Cout. d'Orléans*, introd. au tit. 15, no 65 ; Grenier, no 174 ; Delvincourt, t. 2, p. 74, note 6e ; Duranton, no 526 ; Coin-Delisle, sur l'art. 938, no 10.

673. — Quand la donation est rémunératoire, jugé que la garantie est due par le donateur au donataire en cas d'éviction. — *Besançon*, 2 juill. 1828, Damey c. Dantel.

674. — Mais cette solution ne doit être admise qu'en faisant les distinctions qui tiennent à la nature des donations rémunératoires, et alors que la disposition se rapproche plus d'un contrat à titre onéreux que d'une véritable donation. — Coin-Delisle, no 11, sur l'art. 938.

675. — C'est aussi avec cette même distinction que doit être admise la garantie relative aux donations onéreuses. — Coin-Delisle, sur l'art. 938, no 12.

676. — Lorsqu'il s'agit de cette espèce de donations, et qu'il y a lieu à éviction, le donateur, lors même qu'il serait de bonne foi, devrait indemniser le donataire des charges que, comme clauses de la donation, il aurait acquittées dans l'intérêt spécial du donateur. — Duranton, no 531 ; Coin-Delisle, sur l'art. 938, no 12.

677. — Il en serait autrement des charges stipulées en faveur d'un tiers : le donateur ne serait, à cet égard, tenu à aucune restitution, puisqu'il n'en aurait tiré aucun profit. — Coin-Delisle, sur l'art. 938, no 12. — M. Duranton (no 531) subordonne l'obligation du tiers, principalement à la nature des charges.

678. — Si, par l'effet des poursuites hypothécaires dirigées contre lui par les créanciers du donateur, le donataire a payé les dettes de ce dernier ; comme il se trouve subrogé légalement au débiteur ainsi libéré (C. civ., art 1251), il a le droit de se faire rembourser par celui-ci, qui est tenu envers lui par un quasi-contrat de gestion d'affaires. — Pothier, *ibid.* ; Grenier, no 97 ; Delvincourt, t. 3, p. 176, note 7e ; Duranton, t. 8, no 527; Coin-Delisle, sur l'art. 938, no 13.

679. — Ce ne serait pas non plus à l'aide d'une action en garantie que le donataire pourrait agir contre celui-ci, dans le cas où il aurait, contrairement au contrat de donation, disposé de la chose donnée et acceptée, soit en l'aliénant au profit d'un tiers, soit en la grevant d'une manière quelconque. Le donataire aurait, dans ce cas, le droit de se faire indemniser de toute la perte qu'il aurait éprouvée. — Ricard, no 594 ; Coin-Delisle, sur l'art. 938, no 14.

680. — L'obligation de garantie existe de la part des héritiers du donateur dans les mêmes cas que de la part du donateur lui-même. — Merlin, *Rép.*, vo *Donation*, sect. 5e, § 2, no 4; Coin-Delisle, sur l'art. 938, no 15.

681. — Cependant cette action s'exercerait contre eux avec moins de rigueur que contre le donateur, si, dans l'ignorance de la donation d'objets mobiliers déterminés, ils avaient vendu ou échangé ces objets de bonne foi. — Coin-Delisle, sur l'art. 938, no 16. — V. aussi art. 1934 et 1935, C. civ.

Sect. 3e. — *Paiement des dettes.*

682. — La donation peut, ainsi qu'on l'a vu, être modifiée par la condition de payer certaines dettes du donateur. — Mais, lorsque celui-ci ne s'est pas exprimé relativement au paiement de ses dettes, le donataire en est-il tenu?

683. — La solution ne peut pas faire de difficulté, s'il s'agit d'une donation qui porterait sur des biens particuliers : le donataire ne peut, par analogie avec le cas prévu par l'art. 874, C. civ., être tenu que de l'action hypothécaire, sauf son recours contre le donateur.

684. — Jugé cependant que lorsque la réserve des enfans porte en entier sur des immeubles donnés à un tiers, le donataire qui restitue ces immeubles jusqu'à concurrence de la quotité disponible est tenu de contribuer dans la proportion de cette quotité aux charges de la succession du donateur. — *Cass.*, 27 juin 1838 (t. 2 1838, p. 342), Richard c. Compan.

685. — M. Duranton (t. 8, no 472) fait remarquer qu'il n'y aurait plus même lieu d'admettre l'exception, reçue autrefois, à l'égard de la rente foncière; cette rente ne conférant plus aujourd'hui au créancier qu'un droit personnel contre le débiteur (C. civ., art. 529 et 530), ce créancier ne pourrait agir contre les donataires qu'à l'aide d'une inscription hypothécaire.

686. — Si, au contraire, la disposition est universelle ou à titre universel, de deux choses l'une, elle peut porter sur des biens présens ou sur des biens à venir. — Si la donation est d'une quote-part des biens que le donateur laissera à son décès (C. civ., art. 1082), aux termes de l'art. 1085, le donataire est tenu d'une part proportionnelle dans les dettes et charges. — V. DONATION ENTRE ÉPOUX, DONATION PAR CONTRAT DE MARIAGE.

687. — Mais lorsqu'il s'agit d'une disposition universelle ou à titre universel de biens présens, la question de savoir quelles peuvent être les obligations du donataire à l'égard des dettes du donateur, très controversée sous l'ancienne jurisprudence (Pothier, *Donat. entre-vifs*, sect. 3e, § 2), n'a pas cessé de l'être sous la nouvelle.

688. — Il est à regretter que le Code civil soit resté muet sur une matière dont l'application devait cependant se présenter fréquemment. En l'absence d'un texte de loi, recherchons l'esprit du législateur : « La section de législation du tribunat, disait Jaubert dans son rapport au tribunat du 9 floréal an XI (V. Locré, t. 11, p. 459), pense qu'une donation de la totalité des biens comprend de droit l'obligation de payer toutes les dettes et charges existant à l'époque de la donation ; — que le donataire d'une quote-part de biens doit supporter les dettes et charges en proportion de son émolument; — que le donataire d'une espèce de biens, par exemple, des meubles ou des immeubles, doit aussi payer les dettes en proportion de son émolument ; — et que le donataire seul d'un objet déterminé n'est obligé de payer que les dettes ou charges auxquelles il s'est expressément engagé, sauf l'exercice du droit hypothécaire. »

689. — Mais ces principes, vrais pour les donations de biens à venir, s'appliquent-ils aux donations de biens présens? — La qualification même de donations universelles ou à titre universel admise par les auteurs (Grenier, no 87; Delvincourt, t. 2, note 3, sur la p. 77) pour les donations de tout ou partie des biens présens, est-elle bien exacte? — C'est ce dont il est permis de douter, car ce n'est véritablement qu'au décès du disposant qu'il est possible d'apprécier la masse de ses droits, ainsi que ses dettes ou charges. — V. Ricard, *Donat.*, 3e part., no 1552; d'Argentré, *sur cout. Bretagne*, art. 219 gl. 7; Toullier, t. 5, no 817; Coin-Delisle, sur l'art. 945, no 8 ; Chabot, sur l'art. 871, no 9

690. — Faut-il néanmoins décider que le donataire est affranchi de toute espèce d'obligation? — Pour le soutenir, on dit que l'obligation de payer les dettes ne pourrait naître que de la loi ou de la convention des parties : or, dans l'hypothèse, il n'y a ni l'une ni l'autre; — que d'ailleurs la donation de biens présens ne peut constituer une donation à titre universel. — Plusieurs arrêts se prononcent dans ce sens.

691. — Ainsi, jugé que le donataire à titre universel de biens présens n'est tenu d'aucune portion des dettes du donateur existant au jour de la donation, s'il n'en a pas été chargé par une clause expresse. — *Toulouse*, 13 juill. 1839 (t. 1er 1840, p. 278), Fages; *Riom*, 14 juin 1809, Fabre de Saint-Mende c. Doradour.

692. — ... Que le donataire contractuel de tous biens présens n'est pas assimilé à l'héritier, et n'est pas tenu, comme celui-ci, des charges de la succession du donateur. — *Cass.*, 21 vendém. an X, Dubarry c. Lonjon. — V. Despeisses, t. 1er, p. 432; Furgole, sur l'art. 17, ord. 1731.

693. — ... Que lorsque, dans le cas d'une donation universelle de biens présens, un état des dettes à acquitter par le donataire a été joint à la donation, le donataire ne peut (sauf le cas de fraude) être tenu que de ces dettes ; — qu'on ne saurait le considérer comme tenu, par le seul fait de la donation, et indépendamment de toute stipulation, de la totalité des dettes existantes à la charge du donateur au moment de la donation. — *Toulouse*, 29 juin 1836 (t. 1er 1837, p. 183), Laurans c. Verbnette; *Cass.*, 2 mars 1840 (t. 1er 1840, p. 280), mêmes parties.

694. — Quoique nous n'adoptions pas ce système, nous ne pensons pas non plus qu'il faille en sens inverse, assimiler, d'une manière absolue, le donataire de la totalité ou de quote-part des biens présens à un successeur universel ou à titre universel. Nous ne saurions donc admettre complètement les décisions suivantes :

695. — Le donataire à titre universel est, comme le légataire universel, tenu des dettes du donateur antérieures à la donation. — *Limoges*, 29 avr. 1817, Boutot.

696. — Le donataire entre-vifs de tous les biens présens est soumis, de plein droit, au paiement de toutes les dettes du donateur existant à l'époque de la donation, même de celles dont il n'aurait pas été fait mention, soit dans la donation, soit dans l'état qui y a été annexé ; l'action des créanciers contre le donataire subsiste tant qu'il lui reste en mains quelque émolument de la donation, sans qu'ils soient obligés de discuter préalablement les biens du donateur, surtout s'il n'est pas justifié que celui-ci soit solvable. — *Bordeaux*, 23 mars 1827, de Briançon c. Bacalan.

697. — Le donataire à titre universel d'un tiers des biens du donateur est, par son titre même, constitué pour un tiers le *représentant* du donateur, en ce qui touche ses dettes antérieures à la donation ; il est donc tenu de ces dettes *personnellement* pour un tiers. L'obligation du donateur, étant personnelle, subsiste indépendamment de toutes formalités hypothécaires, par exemple, quand même la donation serait transcrite avant que les créanciers eussent obtenu et inscrit hypothèque. — *Toulouse*, 13 avr. 1821, Roques c. Bonnet.

698. — Le donataire à titre universel (à la différence du donataire de corps certains) est tenu des dettes du donateur tant *personnellement* qu'hypothécairement. Il ne peut donc être admis à purger les hypothèques affectées sur les biens donnés. — *Riom*, 2 déc. 1809, Mazein c. Bonnet ; *Nîmes*, 11 déc. 1809, Mazein c. Bardel.

699. — Décidé, comme conséquence, qu'après avoir accepté cette donation, le donataire ne peut s'affranchir de ces charges par une renonciation tardive faite plus de trente ans après la donation. — *Riom*, 10 juin 1815, Cournier c. Lieurade.

700. — Jugé spécialement que le donataire universel est tenu de payer à l'avoué qui les a avancés les frais d'un procès entamé par le donateur, et continué depuis la donation, sous le nom du demandeur originaire. — *Bordeaux*, 28 nov. 1840 (t. 1er 1841, p. 336), Roques c. dames de Linières, de Lascombe et Lebègue.

701. — Les partisans de ce système, adoptant les bases posées par Jaubert dans son rapport (V. *suprà* no 688), appliquent aux donataires les règles tracées par les art. 1003, 1009, 1010, 1012 et 1024, C. civ., relatifs aux légataires. Ils s'appuient, en outre, sur la doctrine ancienne. — V. Pothier, *Don. entre-vifs*, sect. 3e, art. 3 ; Furgole,

sur l'art. 1er de l'ord. de 1631 ; le présid. Maynard, liv. 6, chap. 10; Merlin, *Rép.*, vo *Tiers détenteur*, no 8, et vo *Transcription*, no 1er.

702. — Nous admettons ce principe absolu pour une seule espèce de donation universelle : c'est celle qui renferme un partage d'ascendans (V. PARTAGE D'ASCENDANS) ; et cela parce que dans ce genre de donation il ne peut y avoir de doute sur l'interprétation de la volonté des parties, seule règle à suivre puisque la loi est muette sur les obligations du donataire universel.

703. — C'est donc toujours à la volonté qui sera présumée avoir présidé à l'acte de donation qu'il faudra recourir pour savoir si le donataire doit ou non être tenu des dettes du donateur.

704. — Jugé en ce sens que la donation entre-vifs de tous les biens présens n'oblige pas, par elle-même, le donataire au paiement de toutes les dettes que le donateur pouvait avoir lors du contrat ; mais que les juges doivent, à cet égard, consulter l'intention qui a présidé à ce contrat. — *Toulouse*, 29 juin 1836 (t. 1er 1837, p. 183), Laurent c. Vernhettes.

705. — ... Que le donataire d'une quote-part de biens présens n'est pas, lorsque l'acte de donation ne contient aucune clause à cet égard, tenu des dettes du donateur, surtout si rien ne fait présumer qu'il ait été dans l'intention des parties d'imposer cette obligation au donataire. — *Montpellier*, 3 avr. 1833, Robert.

706. — ... Que le donataire d'objets déterminés n'est tenu que des dettes mises à sa charge par l'acte de donation. — *Caen*, 7 juin 1845 (t. 2 1845, p. 426), Beauquet.

707. — ... Que, bien que le donataire à titre universel soit, en général, soumis à l'obligation de payer les dettes du donateur existant à l'époque de la donation, proportionnellement à l'émolument qu'il retire, toutefois, cette obligation n'étant pas établie sur la disposition de la loi, mais sur la présomption que telle a été la volonté du donateur, cesse, s'il résulte, soit de l'acte, soit des faits et circonstances, que le donateur a voulu soustraire le donataire à cette même obligation. — *Nîmes*, 3 avr. 1827, Domergue c. Mazot ; *Agen*, 14 juin 1837 (t. 1er 1840, p. 278), Bayle.

708. — Au nombre des circonstances qui doivent, comme dans les espèces de ces arrêts, suffire pour écarter la présomption tirée de la généralité des termes de la donation, on peut ajouter le cas où, quand il y a donation d'une quote de biens présens, le donateur a fait la délivrance des biens donnés, sans réserve aucune (V. Ricard, part. 3, nos 1523 et suiv. ; Toullier, t. 5, no 817) ; et celui où le donateur aurait lui-même payé ces dettes (*ibid*). — V. Coin-Delisle, sur l'art. 945, no 12 ; Duranton, no 473, 3o et 4o. — V. *contrà* Grenier, t. 1er, no 90.

709. — Si, au lieu de donner tous ses biens présens ou une quotité de ses biens présens, le donateur a dit qu'il donnait tous ses immeubles ou la moitié de ses immeubles, par exemple, le donataire est-il tenu des dettes? — « Lorsque, dit Toullier (*Dr. civ.*, t. 5, nos 815 et suiv.), l'acte porte que la donation comprend tous les biens présens ou une quotité de tous les biens présens du donateur, il est présumé n'avoir voulu donner que ce qui lui appartenait ou une quotité de ce qui lui appartenait réellement, déduction faite de sa dette, suivant la maxime *bona non intelliguntur nisi deducto ære alieno*.... Il en serait autrement si la donation ne comprenait qu'une espèce de biens, par exemple, tous les immeubles, la moitié des immeubles : on ne pourrait avec justesse, dit-il, appliquer à ces cas la présomption fondée sur la maxime *bona non intelliguntur, etc.*, parce que ces expressions *tous mes immeubles, la moitié de tous mes immeubles*, ne supposent plus par elles-mêmes la volonté de déduire les dettes, comme le suppose l'expression : *tous mes biens*, *la moitié de mes biens*. » — V. Ricard, *Des donations*, part. 3, no 1423 ; Delvincourt, note 3 sur la p. 77, *in fine* ; Poujol, no 2 ; Coin-Delisle, sur l'art. 945, no 13 ; Duranton, t. 8, no 473, 5o.

710. — A ces raisonnemens on répond que, malgré la différence des termes, il y a toujours une libéralité à titre universel ; que, pour quelque difficulté d'exécution, il ne faut pas abandonner l'art. 1010, C. civ., qui contient la seule règle tracée par la loi pour déterminer les caractères d'une disposition à titre universel ; que, quant à la maxime *bona non intelliguntur nisi deducto ære alieno*, elle ne saurait, ainsi que le remarque Cujas sur la loi 37, ff., *De usu et usufruct. leg. dat.*, la traduire par cette autre : *immobilia vel mobilia non intelliguntur etc.* — Vazeille, sur l'art. 945, no 6.

711. — Malgré ces réponses, nous admettons la première opinion, et nous considérons le donataire, dans ce cas, comme dégagé de toute espèce d'obligation à l'égard des dettes, à moins que la volonté de le grever ne soit démontrée d'une manière évidente. La présomption est tout en faveur du donataire ; car on ne saurait reconnaître à ce genre de libéralité le caractère de donation à titre universel.

712. — A plus forte raison ne reconnaissons-nous pas de donation à titre universel dans la donation de plusieurs objets énoncés séparément, quand même ils formeraient, dans leur ensemble, la totalité des biens présens. — V. Ricard ; Pothier, *Donat.*, sect. 3, art. 1er, § 2 ; Grenier, no 91.

713. — Jugé, dans ce sens, que le donataire du quart de deux immeubles désignés est donataire à titre particulier. — *Cass.*, 2 déc. 1829, Bossu c. Gaget.

714. — ...Que l'enfant, donataire à titre particulier de la nue-propriété d'une partie des biens de sa mère, n'est pas héritier de celle-ci ; que dès-lors il ne peut être tenu au paiement de la légitime de ses frères et sœurs ou au supplément de cette légitime ; qu'il est seulement soumis à l'action en retranchement des objets compris dans la donation pour le complément de la légitime. — *Montpellier*, 29 mai 1835, Parès c. Casteillo.

715. — Jugé, au reste, qu'une donation de tous biens présens conserve le caractère de donation universelle, encore que chaque objet se trouve énuméré, alors que cette énumération n'a eu lieu que pour déterminer la part que chacun des donataires devra prendre dans la donation. — *Bordeaux*, 23 mars 1827, de Briançon c. Bacalan. — V. aussi *Limoges*, 29 avr. 1817, Boutot.

716. — Le caractère d'universalité ne disparaîtrait pas par la circonstance que le donateur se serait réservé un objet ou la faculté de disposer d'une somme ; dans ce cas, bien que la chose réservée n'appartienne pas au donataire (art. 946, C. civ.), celui-ci n'en est pas moins tenu des dettes. — Pothier, sect. 3, art. 1er, § 2 ; Furgole, sur l'art. 16 de l'ord. de 1731 ; Grenier, t. 1er, no 92.

717. — Dans tout ce qui précède, on a considéré les obligations du donataire quant aux dettes du donateur, exclusivement au point de vue des effets du contrat entre les parties. Quant aux obligations du donataire à l'égard des créanciers, soit pour leurs hypothèques, soit pour fraude à leurs droits, V. la section suivante. — V. aussi CRÉANCIER, FRAUDE.

718. — De quelque façon que l'on considère l'obligation imposée à certains donataires universels de payer les dettes du donateur, il est certain que les créanciers n'en ont pas moins le droit d'agir directement et pour le tout contre le donateur.

719. — Un donataire universel ne peut arrêter les poursuites dirigées contre lui par les créanciers du donateur, en répudiant la donation qu'il a précédemment acceptée et exécutée en s'obligeant personnellement envers eux. — *Paris*, 21 avr. 1813, Fortison c. Vigoureux.

720. — Mais un donateur de quote de biens présens, qui ne s'est pas chargé expressément du paiement des dettes du donateur, peut, en abdiquant la donation et en délaissant les biens donnés, se mettre à l'abri des poursuites des créanciers du donateur antérieurs à la donation. — *Riom*, 4 juill. 1815, Serieys c. Sueq.

721. — Le donataire universel ou à titre universel de biens présens n'est pas, à défaut d'inventaire, tenu des dettes *ultrà vires*. — V. Ricard, part. 3e, nos 1523 et suiv. ; Grenier, t. 1er, no 95. — V. *contrà* l'annotateur de Ricard, et Auroux des miers.

722. — *Secùs* s'il s'agissait d'une donation universelle de biens à venir. — Grenier, *ibid*.

723. — Cependant, jugé que le donataire universel et à cause de mort, qui a fait acte de donataire ou qui a pris cette qualité dans un acte authentique ou privé, ne peut être assimilé à l'héritier qui a perdu, par son acceptation pure et simple, la faculté de se porter héritier sous bénéfice d'inventaire ; qu'il n'est pas, comme ce dernier, *loco hæredis* ; que, dès-lors, son acceptation expresse ou tacite ne lui ôte pas la faculté de renoncer ultérieurement, afin de faire valoir les créances personnelles qu'il peut avoir à exercer contre la succession, sans qu'on puisse lui opposer la maxime *semel hæres semper hæres*. — *Cass.*, 29 fév. 1820, Billoré c. de l'Etang. — V. Fouet de Conflans, *Des successions*, p. 165.

724. — Lorsque le donateur de tous biens a vendu, avant la donation, un immeuble appartenant au donataire universel, celui-ci, étant passible de l'action en garantie envers le tiers acquéreur, comme tenu des dettes du donateur, ne peut évincer ce tiers acquéreur qu'après avoir renoncé à la donation. — *Bordeaux*, 7 août 1834, Taffard c. Dubrey.

725. — La renonciation est valable, encore qu'il n'ait pas été fait d'inventaire des immeubles donnés, que les meubles n'aient été indiqués que par leur valeur estimative en bloc et que le donataire n'ait pas rendu compte des fruits. — Même arrêt. — Il est à remarquer cependant, quant aux fruits, que, dans l'espèce, ils avaient été absorbés par les charges annuelles de la donation.

726. — Lorsqu'un des créanciers du donateur a été omis sur l'état des dettes qui a été dressé, il faut décider, d'après le principe que le donataire n'est tenu qu'à cause de la volonté présumée du donateur, que le créancier est présumé avoir été exclu, qu'il n'a pas d'action personnelle contre le donataire. — V. cependant Delvincourt, t. 2, p. 276.

727. — Si le donateur devenait insolvable, l'acte pourrait être attaqué comme fait en fraude des droits des créanciers. — C. civ., art. 1167. — V. Toullier, no 818 ; Pothier, *Introd. à la coutume d'Orléans*, sect. 4e, no 65 ; Delvincourt, t. 2, p. 276 ; Grenier, t. 1er, no 93. — V. FRAUDE.

Sect. 4e. — *Nullité des donations.*

728. — Une donation peut être, comme tout autre contrat, annulée pour avoir été faite, soit en contravention aux dispositions expresses de la loi, soit au préjudice de tiers intéressés.

729. — Les donations antérieures au 14 juill. 1789, dont les auteurs étaient encore vivans à cette époque, ont été frappées de nullité par l'effet rétroactif de la loi du 17 niv. an II. — *Cons. d'état*, 3 oct. 1811, domaines c. Roffignac.

730. — Avant le Code civil, et spécialement en Normandie, une donation pouvait être querellée, selon la mesure de son intérêt, par le tiers acquéreur qui, ayant acquis après la donation, se voyait recherché aux fins de parfaire au donataire l'intégralité de l'objet donné. — *Cass.*, 15 nov. 1826, Cottun c. Gousseaume.

731. — Une donation entre-vifs de biens dotaux, faite par un acte autre qu'un contrat de mariage, était nulle sous l'empire de la coutume d'Auvergne, comme elle le serait sous celui du Code civil. Cette nullité peut être invoquée par l'acquéreur de ces mêmes biens pour repousser l'action en désistement dirigée contre lui par le donataire. — Cout. d'Auvergne, art. 3, tit. 14 ; — C. civ., art. 1554, 1555 et 1556. — Du reste, cette nullité peut, comme formant une exception péremptoire, être invoquée pour la première fois en appel. — *Riom*, 4 août 1819, Darlières c. Roux.

732. — Le droit conféré aux créanciers par l'art. 29, L. 17 niv. an II, d'attaquer les dons que cette loi annulait, ne leur a pas été enlevé par le Code civil. — *Limoges*, 8 mars 1832, Coudert c. Chatard ; — Coin-Delisle, sur l'art. 921, no 7.

733. — Le principe posé dans l'art. 1167, C. civ., qui permet en général aux créanciers d'attaquer les actes faits en fraude de leurs droits, est applicable aux donations comme aux autres actes.

734. — Ainsi, bien qu'une donation soit régulière en soi, elle peut être réputée nulle à l'égard des créanciers, si elle est faite et acceptée avec mauvaise foi, dans le but de soustraire à des créanciers des objets ou valeurs qui leur sont affectés. — *Grenoble*, 5 mars 1825, Albrand c. Perrin.

735. — Il y a plus, le principe est plus favorablement encore accueilli en matière de donation que relativement à une transmission à titre onéreux.

736. — Sous le droit romain, l'acquéreur à titre onéreux n'était passible de l'action révocatoire de la part des créanciers en fraude desquels l'aliénation avait eu lieu, que s'il avait été *conscius fraudis*. — L. 6, ff., *Quæ in fraud.* — La raison en était que l'acquéreur ne pouvait être victime d'une fraude à laquelle il n'avait pas participé, et qu'entre lui et les créanciers, également de bonne foi, le possesseur devait être préféré. — LL. 128, ff., *De reg. juris* ; 29, § 4, ff., *De public. in rem act.*

737. — Mais dans une aliénation à titre gratuit, la raison de décider était tout autre ; la bonne foi des donataires n'était point un obstacle à l'exercice de l'action révocatoire. En effet, alors il ne s'agit pas, pour les donataires victimes de l'action révocatoire, de subir une perte, mais seulement d'être privés d'un gain que l'équité ne veut pas leur voir conserver au détriment d'autrui. Les créanciers *certant de damno vitando* ; les donataires, au contraire, *de lucro captando*. Entre eux, le choix ne saurait être douteux ; car, dit la loi 206, ff., *De reg. jur.* : *Jure naturæ æquum est neminem cum alterius detrimento et injuria locupletari*. Aussi le droit romain disait-il pour ce cas : *Et si cui donatum est, non esse quærendum an scienti eo cui donatum est gestum sit, sed hoc tantum an frau*

dentur creditores : nec videtur injuria affici is qui ignoravit; cum lucrum extorqueatur, non damnum infligatur. — L. 6, § 11, ff., *Quæ in fraud.*

738. — L'ancienne jurisprudence française suivait en ce point la disposition du droit romain. — Domat, liv. 2, tit. 10, sect. 1re, no 2; Pothier, *Oblig.*, no 153; Nouveau Denisart, vo *Fraude relativement aux créanciers*, § 1er, no 10; Duparc-Poullain, *Grande coutume*, *Conférence*, t. 1er, p. 590, no 13.

739. — Jugé en ce sens, sous le Code civil, qu'une donation faite par un débiteur, en fraude de ses créanciers, peut être annulée, bien que le donataire ait été de bonne foi. — *Bordeaux*, 13 fév. 1826, Belle c. Matabon; 2 mai 1826, Jaubert c. Trouillot; 19 nov. 1836 (t. 2 1837, p. 617), Lacoste; *Cass.*, 30 juill. 1839 (t. 1er 1840, p. 553), Masson de Maizeray c. Didion; *Amiens*, 6 juin 1840 (t. 1er 1842, p. 455), Duquesnoy c. de Beauvais; *Cass.*, 2 janv. 1843 (t. 2 1843, p. 312), Duchesne et Gros c. Durand; — Toullier, *Droit civil*, nos 352 et suiv.; Duranton, *Droit français*, t. 10, no 575.

740. — Toutefois, Grenier (*Donat.*, t. 1er, p. 211 et 212) trouve quelque difficulté dans l'application du principe à l'égard de la donation d'immeubles qui aurait été transcrite, et qui n'aurait pas été frappée d'hypothèque. — Mais, répond Toullier (no 354, note), « nous ne pensons pas que la transcription de la donation puisse faire obstacle à l'action révocatoire, la transcription n'est qu'un moyen de purger les hypothèques. Or, c'est principalement en faveur des créanciers chirographaires qu'a été introduite l'action révocatoire qui remet les choses dans l'état où elles étaient; néanmoins, les créanciers hypothécaires ne sont pas exclus de l'action révocatoire lorsque leur hypothèque est insuffisante... »

741. — Jugé cependant que celui qui n'est devenu créancier d'un donateur que postérieurement à la donation n'est pas reçu à prétendre qu'elle a été faite en fraude de ses droits, alors même qu'à l'époque de ladite donation le principe de sa créance existait déjà, et que le donateur pouvait prévoir qu'elle deviendrait l'objet d'une condamnation contre lui. — *Orléans*, 9 janv. 1845 (t. 1er 1845, p. 441), Deneveu c. Thevard.

742. — On ne peut opposer comme fin de non-recevoir à la demande en nullité d'une donation attaquée pour fraude par les syndics de la faillite, au nom des créanciers du failli, que quelques uns desdits créanciers ne le sont devenus que postérieurement à la donation. — *Riom*, 18 janv. 1845 (t. 1er 1845, p. 645), Mouroult c. Comitis.

743. — La nullité d'une donation, comme faite en fraude des droits des créanciers du donateur, réfléchit sur les hypothèques consenties par le donataire. — *Paris*, 2 fév. 1832, Dumas de Polart c. Duhamel.

744. — Le créancier du donateur, demandeur en nullité d'une constitution de dot, ou d'une donation, comme faite en fraude de ses droits, peut, à son choix, porter sa demande devant le tribunal du domicile du donateur, ou devant celui du domicile du donataire. — *Cass.*, 1er août 1833, de Rochechouart c. Séguin; — Bioche et Goujet, *Dict. de procéd.*, vo *Tribunal de première instance*, no 108, édit. 2e.

745. — Les créanciers du tuteur qui demandent la nullité d'une donation par lui faite à son pupille sont soumis aux conséquences de l'hypothèque légale de ce dernier, à raison de son action en garantie contre son tuteur, même après les dix années de sa majorité — *Cass.*, 9 déc. 1829, Louchet c. Obissacq. — L. 1, Cod., *Si tut. vel cur. non gess.*; — Faber, *Code*, liv. 8, tit. 7, déf. 1re, no 3; — Duranton, t. 19, no 317; Troplong, t. 2, no 427.

746. — Les vices qui entachent de nullité les donations ne peuvent être réparés par aucun acte confirmatif du donateur : il faut que ces donations soient refaites en la forme légale. — C. civ., art. 1339. — Coin-Delisle, sur l'art. 931, no 9.

747. — Si, craignant pour la validité, quant à la forme, d'une donation entre-vifs, les parties déclarent, dans un second acte passé dans les formes légales, qu'elles renouvellent et approuvent la donation textuellement insérée dans le nouvel acte, ce dernier n'est pas simplement confirmatif, ce qui le rendrait inefficace pour couvrir les vices de forme de la première donation : il constitue une nouvelle donation valable par elle-même. — *Bruxelles*, 11 janv. 1822, N... c. C...

748. — Le donateur ne peut réparer les vices d'une donation entre-vifs, en la confirmant dans un testament postérieur. — Le donataire ne peut alors réclamer la chose donnée en qualité de légataire. — *Poitiers*, 10 août 1832, Bitaudeau c. séminaire de la Rochelle.

749. — L'exécution, de la part du donateur, d'un acte de donation qui contient des vices de nature à en entraîner la nullité, ne couvre pas ces vices et ne rend pas l'héritier du donateur non-recevable à les opposer. — *Colmar*, 10 août 1818, Gervais-Well c. Grad; *Douai*, 7 mai 1819, Lottin c. Lefrançois; *Cass.*, 6 juin 1821, Chenneveau c. Champigny; *Rouen*, 10 juill. 1824, Grosse c. Morel; *Bourges*, 30 août 1831 (rapporté sous *Cass*, 3 août 1836, Delagrange c. Bazon); — Coin-Delisle, *Comment. analyt.*, sur l'art. 931, no 9; Grenier, *Donat.*, no 57; Rolland de Villargues, *Rép. du not.*, vo *Ratification*, no 70.

750. — Contrairement à cette solution, Toullier (t. 5, no 190) distingue entre la ratification expresse et l'exécution volontaire, qui est une ratification tacite : la première, dit cet auteur, est la seule qui ait été prévue par l'art. 1339, qui ne parle que des actes confirmatifs.

751. — Mais nous ne saurions admettre cette distinction repoussée par la jurisprudence. — En effet, le mot *acte confirmatif*, de l'art. 1339, ne doit pas s'entendre exclusivement des contrats approbatifs d'un fait antérieur, mais bien de tout ce qui a été fait pour ratifier. — L. 19, ff., *De verb. sign.*; — Toullier, t. 8, no 46. — Et cette interprétation est confirmée par le rapprochement du texte des art. 1338, 1339 et 1340. — Coin-Delisle, sur l'art. 931, no 9.

752. — Jugé, toutefois, que la nullité, pour vice de forme, d'une donation de biens présens et à venir, faite par contrat de mariage, peut être couverte par l'exécution volontaire de la part du donateur. — *Grenoble*, 21 déc. 1827, Lasserre c. Genin.

753. — Bien que la nullité ne soit pas couverte par l'exécution volontaire de la part du donateur, cependant les donations manuelles étant permises dans notre droit (V. DON MANUEL), les paiemens faits sur une donation nulle d'objets mobiliers corporels ne sont pas sujets à répétition. — Duranton, t. 8, no 390; Coin-Delisle, sur l'art. 931, no 10.

754. — Mais, dans ce cas, si le paiement n'a été que partiel, comme il ne constitue pas une création de l'acte nul en la forme, mais un véritable don manuel, la personne ainsi gratifiée ne pourra pas s'en prévaloir pour exiger le surplus. — Duranton, *ibid.*, no 391; Poujol, sur l'art. 931, no 13.

755. — La confirmation ou ratification ou exécution volontaire d'une donation par les héritiers ou ayant-cause du donateur, après son décès, emporte leur renonciation à opposer soit les vices de forme, soit toute autre exception. — C. civ., art. 1340. — Toullier, t. 8, no 526; Merlin, *Rép.*, vo *Chose jugée*, § 1er *bis*, no 2.

756. — Mais pour cela il faut que cette exécution ait été consentie librement et avec la connaissance de la circonstance qui constituerait le vice de l'acte attaqué. — Spécialement, le fils au profit duquel une rente viagère a été, à titre de libéralité, constituée par son père dans le contrat de sa sœur, est encore, bien qu'il ait depuis la mort de son auteur touché des arrérages, recevable à critiquer le contrat de mariage comme ayant été reçu et signé en l'absence du notaire en second. — *Bourges*, 23 mai 1840 (t. 2 1840, p. 551), de C... c. L....

757. — Au contraire, le fait de la part d'un héritier d'actionner un donataire en paiement d'une créance qu'il a à réclamer contre la succession emporte de sa part exécution volontaire de la donation et le rend non-recevable à en demander la nullité. — Mais ce fait n'emporte pas nécessairement renonciation au droit de demander la réduction de la donation comme excédant la quotité disponible. — *Cass.*, 12 juin 1839 (t. 2 1839, p. 16), Dessain. — V. aussi *Cass.*, 5 juin 1821, Girault c. Laurendeau.

758. — Jugé aussi, contrairement à un arrêt de Poitiers et sur renvoi après cassation du 5 juin 1821, que la remise des biens compris dans une donation faite en vertu d'un arrêt définitif et d'une transaction intervenue sur son exécution n'est pas une remise *volontaire*, qui rend celui qui l'a faite non-recevable à réclamer, à un *autre titre*, une partie des biens délaissés. — *Bourges*, 11 déc. 1821, Laurendeau et Delorme c. Girault.

759. — Des héritiers ne sont pas recevables à critiquer comme manquant des formalités voulues pour les donations un acte contenant abandon pour services rendus d'une rente modique et viagère, lorsqu'ils ont laissé exécuter cet acte pendant plusieurs années. — *Colmar*, 10 déc. 1808, Arbogast c. Schmitt.

760. — L'héritier du donateur par acte sous seing-privé qui, par une procuration notariée, a donné pouvoir à un tiers d'exécuter, n'a pas par cela seul renoncé au droit de faire déclarer la donation nulle, en ce sens du moins qu'il a toujours la faculté de révoquer la procuration et d'en empêcher l'effet tant que les choses sont entières. — *Cass.*, 8 mess. an XIII, Saint-Martin c. Carignan. — V. Merlin, *Rép.*, vo *Acte sous seing-privé*, § 2.

761. — La prescription de l'action en nullité d'une donation pour vices de forme ne commence contre l'héritier du donateur, qui n'y a point été partie, que du jour où cette donation lui est opposée. — En conséquence, quoiqu'il se soit écoulé plus de dix ans depuis la date de la donation et même depuis le décès du donateur, l'héritier qui revendique les immeubles de la succession entre les mains de ses cohéritiers détenteurs peut demander la nullité de la donation que ceux-ci lui opposent, pourvu que sa double action trentenaire en pétition d'hérédité et en revendication ne soit pas prescrite. — *Cass.*, 3 janv. 1838 (t. 2 1838, p. 282), Barbotte c. Hamard. — V. encore *Paris*, 1er flor. an XI, Graillot c. Breuiller.

762. — L'héritier qui, dépouillé par un don entre-vifs de la succession de son auteur, a provoqué l'interdiction de celui-ci ne peut pas, si son auteur meurt pendant le cours de l'instance, la continuer avec les donataires; il doit procéder contre eux par voie d'action principale en nullité de ces actes de donation. — *Aix*, 11 juill. 1825, Bouvet.

763. — Le donateur dont la donation est nulle par défaut d'acceptation, mais qui, lorsque le donataire a cédé à un tiers le bénéfice de la donation, est intervenu dans l'acte de cession et s'est obligé à payer au cessionnaire, ne peut invoquer la nullité de la donation pour se dispenser de payer ce dernier. Son intervention au transport a opéré une novation qui le rend personnellement obligé. — *Cass.*, 23 mai 1822, d'Arquian c. Guérin, confirmatif de *Bourges*, 24 mai 1821.

764. — Lorsque, dans un contrat de mariage, le père et la mère donnent à un de leurs enfans, par forme de donation, un immeuble, à charge de payer à ses frères et sœurs une indemnité (ou *abstant*), ceux-ci ne peuvent, à défaut de paiement de cet abstant, demander la résolution du contrat et le partage de l'immeuble; ce n'est pas le cas de l'application de l'art. 1654, C. civ. — Ils ne le peuvent surtout s'ils ont déjà actionné leur frère, et s'ils ont obtenu et commencé à exécuter contre lui un jugement de condamnation pour le paiement du montant de l'abstant. — *Metz*, 29 mai 1811, Mersche. — V. aussi *Metz*, 23 mars 1820, Marchal c. Bosquillon.

765. — Lorsqu'un acte de donation est vicié d'une nullité absolue, le donateur n'est point lié par cet acte, et il peut disposer valablement des mêmes objets. — *Nîmes*, 12 mai 1819, Ausset c. Calvet.

766. — Lorsque la donation d'une rente viagère a été annulée pour omission d'une formalité provenant du fait du notaire, il n'y a pas lieu à la restitution des arrérages perçus antérieurement par le donataire, qui doit être alors réputé avoir joui de bonne foi jusqu'au jour de la demande. — *Douai*, 7 mai 1819, Lottin c. Lefrançois; *Angers*, 9 mars 1825, Leroy c. Chiron.

CHAPITRE VIII. — *Révocation des donations.*

767. — La révocation est le droit qu'a le donateur dans certains cas de dépouiller le donataire de la chose donnée, nonobstant le principe de l'irrévocabilité des donations entre-vifs.

768. — La révocation est d'une nature différente selon qu'il s'agit d'une donation imparfaite faute d'acceptation régulière ou qu'il s'agit d'une donation parfaite.

769. — D'après l'art. 2, L. 21 juin 1843, les actes notariés contenant révocation de donations et les procurations pour consentir ces actes doivent, à peine de nullité, être reçus conjointement par deux notaires en présence de deux témoins. — La présence du notaire en second ou des deux témoins n'est requise qu'au moment de la lecture des actes par le notaire et de la signature par les parties; elle doit être mentionnée à peine de nullité.

Sect. 1re. — *Révocation des donations imparfaites.*

770. — Dans les principes du Code civil, tant qu'il n'y a pas eu d'acceptation solennelle, l'acte de donation n'est qu'une offre; la chose offerte reste la propriété du disposant : de là diverses conséquences.

771. — Le donateur peut révoquer la donation, jusqu'au jour de l'acceptation. — Brodeau sur Louet, lett. D, somm. 4, no 6; Ricard, *Donat.*, part. 1re, ch. 4, sect. 1re; Furgole, sur l'art. 5, ord. 1731; — Toullier, no 206; Coin-Delisle, sur l'art. 932, no 6.

772. — Jugé, en ce sens, qu'en l'absence d'une

acceptation explicite, le donateur conserve toujours le droit de révoquer la donation. — *Grenoble*, 9 août 1843 (t. 2 1845, p. 385), Guillaud c. Buissière.

775. — On a même jugé que, si le donateur a hypothéqué les biens donnés avant l'acceptation régulière du donataire, il est censé avoir révoqué la donation. — *Liége*, 23 janv. 1810, Ancion c. Claire.

774. — Une révocation tacite plus certaine résulterait de l'aliénation des biens donnés. Mais elle ne pourrait pas résulter de charges imposées au donataire. — Vazeille, sur l'art. 932, nº 4.

776. — L'acceptation étant indispensable pour les corporations, de même que pour les particuliers, jusqu'au moment de cette acceptation, le donateur pourrait révoquer sa libéralité. — Maleville, sur l'art. 937; Delvincourt, t. 2, p. 73, note 1re; Grenier, nos 70 et 71; Duranton, t. 8, nº 450; Coin-Delisle, sur l'art. 937, nº 2. — V. ord. 1731, art. 5; — Bigot-Préameneu, séance du 12 vent. an XI.

776. — Il y a même raison de décider relativement à la nécessité de la notification de l'acceptation. — Coin-Delisle, sur l'art. 937, nº 2.

777. — Les donations indirectes faites à des tiers sous la forme de conditions ou de charges imposées à une donation entre-vifs demeurent révocables tant que l'intention de les accepter et d'en profiter n'a pas été clairement exprimée et portée à la connaissance du donateur. Et la révocation qui, à défaut d'acceptation, en est faite par le donateur, profite soit à celui-ci, soit aux personnes qu'il désigne, et non au donataire principal, chargé d'acquitter les dons indirects. — *Grenoble*, 9 août 1843 (t. 2 1845, p. 385), Guillaud c. Buissière.

Sect. 2e. — *Révocation des donations parfaites.*

778. — Le législateur a voulu que, dans certains cas, et par des considérations d'un ordre supérieur, les donations entre-vifs, bien que contrats irrévocables, fussent soumises exceptionnellement à la révocation. Mais, par cela même que les causes de révocation sont des exceptions, la loi romaine, aussi bien que le Code civil, ont formulé les dispositions relatives au droit de révocation, de telle sorte qu'il n'y eût pas de doute sur leur sens limitatif. — L. 10, Cod., *De revoc. donat.*; — C. civ., art. 953.

779. — La législation romaine n'admettait que deux causes de révocation : l'ingratitude (L. 10, Cod., *De revocat. donat.*), la survenance d'enfans. — L. 8, *eod. tit.*

780. — Bien que l'inexécution des conditions ne figure pas parmi les causes générales de révocation, néanmoins il faut la considérer comme telle, attendu que les Romains considéraient cette inexécution comme rentrant dans les cas spéciaux d'ingratitude. — Ricard, 3e part., nos 694 à 699; Furgole, *Testam.*, nos 26 à 48; Pothier, *Donat. entre-vifs*, sect. 3e, art. 3, § 1er; Bourjon, *Dr. comm.*, 5e part., *Des donat.*, ch. 2. — Il faut remarquer que ce dernier, contrairement à l'opinion générale, fait de l'inexécution des conditions un chef particulier, si la condition a été imposée dans une intention de résolution.

781. — Outre la cause de révocation provenant de l'inexécution des conditions inhérentes au contrat, et qui par conséquent y étaient spécifiées, la loi romaine admettait quatre autres cas spéciaux d'ingratitude qui n'étaient pas prévus par le contrat, à savoir : l'injure que les jurisconsultes qualifiaient *injuria atrox*, les mauvais traitemens, l'attentat contre la vie du donateur, et le préjudice notable causé méchamment par le donataire dans les biens de son bienfaiteur.

782. — De la différence dans le caractère de ces deux sortes de faits constitutifs de l'ingratitude, résultaient aussi des différences dans les effets de la révocation. — Ainsi, dans le cas d'inexécution des conventions, le donateur avait, non seulement une action personnelle contre le donataire, mais encore une action réelle contre les tiers détenteurs des objets donnés, tandis que, dans les autres cas, le donateur n'avait que l'action personnelle, si les biens donnés avaient été aliénés ou engagés antérieurement aux poursuites. — D'autres différences existaient encore quant au droit d'agir et quant à la durée de l'action.

783. — Dans le système du Code civil, le principe d'irrévocabilité reçoit de notables exceptions, surtout dans les donations faites par contrat de mariage ou faites entre époux. — V. à cet égard DONATION ENTRE ÉPOUX, DONATION PAR CONTRAT DE MARIAGE.

784. — Nous ne nous occuperons ici de la révocation qu'en ce qui concerne les donations ordinaires; or, d'après l'art. 959, C. civ., la révocation peut avoir lieu dans trois cas, savoir : 1º pour cause d'inexécution des conditions sous lesquelles la donation a été faite; — 2º pour cause d'ingratitude; — 3º pour cause de survenance d'enfans.

785. — Et, dès à présent, il est une différence importante à signaler entre la cause de révocation tirée de la survenance d'enfans et les deux autres : c'est que, dans le premier cas, la donation est révoquée de plein droit, tandis que les deux autres causes donnent seulement ouverture au droit de révocation.

786. — Mais avant d'exposer les règles spéciales à ces trois causes de révocation, il est nécessaire de rappeler quelques dispositions générales en matière de révocation de donations.

ART. 1er. — *Dispositions générales.*

787. — Il ne faut pas confondre la révocation de la donation entre-vifs : 1º avec l'action en nullité résultant soit de l'incapacité de donner ou de recevoir, soit de l'absence des conditions essentielles à tout contrat, ou de celles qui sont spéciales aux donations; car, dans ce dernier cas, le donataire est réputé par la loi n'avoir jamais eu la propriété de la chose donnée. — Coin-Delisle, sur l'art. 953, nº 2. — V. cependant Furgole (*Testam.*, chap. 11, sect. 1re, nos 10 à 15), qui admet des causes de révocation rescindantes ou restitutoires.

788. — Cette distinction s'applique spécialement au cas où, faute de transcription, les tiers s'empareraient de l'immeuble donné; et à celui où, en l'absence d'un état estimatif, le donateur, refuserait de livrer les meubles qui faisaient l'objet de la donation. — Coin-Delisle, *ibid.*

789. — ... 2º Ni avec l'action en nullité que les créanciers peuvent intenter relativement aux donations faites en fraude de leurs droits (V. *suprà*, nos 736 et suiv.), puisque, dans ce cas, la donation subsiste tout entière entre le donateur et le donataire, et qu'elle n'est annulée que dans l'intérêt des créanciers. — Coin-Delisle, *ibid.*

790. — Toutefois les anciens auteurs avaient cru trouver dans la dénomination d'action *révocatoire* donnée à l'action Paulienne une raison suffisante pour faire considérer le droit des créanciers comme un véritable moyen de révocation. — Furgole, *Testam.*, nos 16 à 25; Ricard, part. 3, ch. 7, sect. 3e.

791. — ... 3º Ni avec le droit de retour conventionnel (V. RETOUR CONVENTIONNEL), et, en général, avec l'action en résolution par suite de l'accomplissement d'une condition, puisque, la condition s'accomplissant, la donation cesse de plein droit, et que, jusque-là, il n'y avait eu, en réalité, qu'une donation *ad tempus*. — Coin-Delisle, *ibid.* — V. cependant Toullier, t. 5, nº 278.

792. — En pareil cas, la libéralité a reçu une exécution entière, dans la mesure même du contrat. — Duranton, t. 8, nº 534.

793. — ... 4º Ni avec le droit de réduction, puisque le retranchement peut n'être que partiel, qu'il a lieu en faveur des héritiers à réserve, et non au profit du donateur, lequel reste exposé à une action récursoire de la part du donataire. — Coin-Delisle, *ibid.*

794. — Le droit qui a le plus d'analogie avec la révocation est le rapport à succession; cependant, il y a encore des différences qu'il est facile de saisir. — V. RAPPORT A SUCCESSION.

795. — Sous l'empire du Code civil, toute donation est révoquée nécessairement par survenance d'enfans; et elle peut l'être soit pour inexécution des conditions, soit pour ingratitude, à moins d'une condition formelle. — Coin-Delisle, sur l'art. 953, nº 6.

796. — Bien que toutes les causes de révocation puissent atteindre aussi bien les donations modiques que les donations importantes, néanmoins, aucune de ces causes ne révoquera les donations qui peuvent être considérées comme cadeaux et présens d'usage. — Pothier, *cout. d'Orléans*, Introd. au tit. 15, nº 103; — Grenier, nº 185; Toullier, nº 311; Duranton, nº 589.

797. — D'où la conséquence que le don manuel ne pourra être révoqué qu'autant qu'il ne rentrera pas dans cette dernière catégorie; et que, s'il a assez d'importance pour ne pas y rentrer, il ne sera révoqué que par la survenance d'enfans ou par l'ingratitude. — Furgole, sur l'art. 39, ord. 1731. — V. au surplus DON MANUEL.

798. — Les donations déguisées peuvent être atteintes par les trois causes de révocation. — V. DONATION DÉGUISÉE.

799. — Les donations rémunératoires sont révocables pour cause de survenance d'enfans. — La loi ne dit point, il est vrai, que la révocation doive également avoir lieu pour cause d'inexécution ou d'ingratitude; mais, au résumé, comme une donation de cette espèce, bien qu'elle récompense un service, peut conserver, néanmoins, le caractère de gratuité, au moins dans une certaine proportion, il y a lieu de croire qu'on doit appliquer, dans la même proportion, à cette espèce de libéralité les deux autres causes de révocation. — Coin-Delisle, sur l'art. 953, nº 10. — V. cependant d'Olive, liv. 4, chap. 7; Toullier, nº 136.

800. — Les donations avec charges sont révocables pour inexécution des conditions, comme tout contrat onéreux.

801. — Mais sont-elles révocables pour cause de survenance d'enfans ou pour ingratitude? — Non, si le contrat est purement commutatif; oui, dans le cas contraire. — Pothier, *Cout. d'Orléans*, Introd. au tit. 15, nº 114.

802. — Le don mutuel est révocable pour cause de survenance d'enfans (C. civ., art. 960). — En outre, d'après le principe que les donations mutuelles entre-vifs sont de vraies libéralités (V. DON MUTUEL), il faut décider que, si le donataire n'a pas exécuté les conditions du contrat, il doit subir la révocation, comme dans le cas de donation ordinaire, pour cause d'inexécution des conditions.

803. — Quant à la révocation pour cause d'ingratitude, elle était, dans ce cas, admise par l'ancien droit. — Arrêt du 18 déc. 1714, au *Journal des audiences*; Pothier, *loc. cit.*; Furgole, *Testam.*, ch. 2, sect. 1re, nº 105. — Nous adoptons la même solution aujourd'hui. — Coin-Delisle, sur l'art. 953, nº 12.

804. — Sur la question de savoir si, dans le cas de révocation d'une donation mutuelle, les deux libéralités sont révoquées à la fois, les auteurs distinguent : si la cause de révocation est la survenance d'enfans, les deux donations sont révoquées. — V. *infrà* nº 103.

805. — Si la cause est l'ingratitude, plusieurs auteurs pensent que le donataire injurié a, malgré la révocation de sa propre libéralité, le droit de retenir le bienfait du donataire ingrat. — Duranton, nº 590; Poujol, sur l'art. 960, nº 14; Vazeille, sur l'art. 960, nº 14.

806. — Si un cas de révocation avait été prévu par les parties à l'occasion d'une donation mutuelle, et que ce cas se réalisât, nous concevrions que, malgré la révocation de l'une des libéralités, l'autre dût subsister encore. Mais ici il s'agit d'une révocation légale qui ne doit s'accomplir que sur la totalité du contrat, car l'une des libéralités a été la cause déterminante et la condition de l'autre : or, il serait aussi inique de prononcer la déchéance d'une des dispositions, qu'il serait contraire à l'esprit de la loi, dans le cas de révocation de donation rémunératoire, de ne pas tenir compte au donataire dépossédé du prix des services rendus. — Coin-Delisle, sur l'art. 953, nº 13; Furgole, *Test.*, chap. 11, nº 105.

807. — Il y a lieu de décider de même relativement au cas d'inexécution des conditions. — Coin-Delisle, *ibid.*

808. — Quand il ne s'agit pas d'une donation proprement dite, mais de la renonciation à un droit ou d'une remise de dette, y a-t-il lieu à révocation pour cause d'ingratitude ou de survenance d'enfans?

809. — La question est vivement controversée : — L'affirmative est soutenue par Furgole (*Testam.*, chap. 2, sect. 1re, nº 3); Pothier (*Donat. entre-vifs*, sect. 3e, art. 2, § 1er, et art. 3, § 3); Delvincourt (t. 2, note 6e sur la p. 78, et note 3e sur la p. 80); Duranton (nº 593), et Vazeille (sur l'art. 960, nº 11).

810. — Quelque importantes que soient ces autorités, nous ne saurions adopter cette opinion d'une manière absolue; parce que l'acte dont il s'agit ne constitue pas en réalité une donation. — Toullier, t. 5, nº 312; Poujol, sur l'art. 960, nº 17; Coin-Delisle, sur l'art. 953, nº 14.

811. — La donation de biens présens et à venir faite en faveur de mariage, est, comme toute autre donation entre-vifs, révocable pour cause d'inexécution des conditions sous lesquelles elle a été faite. — *Toulouse*, 9 fév. 1832, Rigade c. Lajoy; — Coin-Delisle, sur l'art. 953, nº 15.

ART. 2. — *Révocation pour cause d'inexécution des conditions.*

812. — La donation entre-vifs peut être révoquée pour cause d'inexécution des conditions sous lesquelles elle a été faite. — C. civ., art. 953.

813. — Mais toute espèce de condition ne doit pas entraîner la révocation de la donation; car il y a des conditions que la loi répute non écrites. — C. civ., art. 900. — V. CONDITION.

814. — De plus, il y a même certaines conditions dont l'insertion seule entraînerait la nullité de la donation. — C. civ., art. 896. — V. SUBSTITUTION.

815. — De la différence qui existe entre la révocation et la résolution il résulte que les conditions dont il est ici question sont moins des conditions

DONATION ENTRE-VIFS, ch. 8, sect. 2e.
DONATION ENTRE-VIFS, ch. 8, sect. 2e.

proprement dites que des charges imposées par le donateur et acceptées par le donataire. Car, s'il s'agissait d'un événement indépendant de la volonté des parties, la résolution, à la différence de la révocation, s'accomplirait même à l'insu des contractans. — Guilhon, no 667; Duranton, nos 539 et 540; Coin-Delisle, sur l'art. 953, no 2, sur l'art. 954, no 2, et sur l'art. 956, no 5. — *Contrà* Favard, Disc. au nom du tribunat; Toullier, t. 5, no 278.

816. — Pour l'explication des principes généraux qui servent à distinguer la *cause*, le *motif*, les *conditions* des contrats en général, et par conséquent des donations, V. CONDITION, OBLIGATION.

817. — Dans le droit ancien, la plupart des difficultés relatives à la révocation pour cause d'inexécution des conditions tenaient à l'incertitude même de la nature du droit dans la législation romaine. Pour ceux qui la faisaient rentrer parmi les causes spéciales d'ingratitude, l'application était plus étroite. — Ricard, *Donat.*, part. 3e, chap. 6, sect. 2e.

818. — D'autres, tout en considérant cette cause de révocation comme se rattachant à la cause générale d'ingratitude, donnaient plus de latitude à ses effets, par la raison qu'ils la combinaient avec les règles relatives aux obligations; et par conséquent ils accordaient le droit de révocation même aux héritiers. — Furgole, *Testam.*, chap. 11, sect. 1re.

819. — Le Code civil, bien que les traces des deux systèmes se retrouvent dans la discussion (Exposé des motifs, Disc. de l'orat. du tribunat), n'a pas pris un parti explicite. — D'où l'on a conclu que les donations grevées de charges sont révocables, de la même manière qu'une convention serait résoluble. — Toullier, no 281; Duranton, t. 8, nos 535 et 540; Poujol, sur l'art. 954, no 4.

820. — Cependant, il est à remarquer que, dans les principes du droit romain, il fallait, pour que la révocation fût prononcée dans ce cas, qu'il y eût une espèce de mise en demeure: « *Quas conventiones minimè implere voluerit.* » (L. 10, Cod., *De revoc. donat.*); d'où l'on est en droit de conclure que, tout en reconnaissant aux juges le droit absolu de révocation, ils doivent néanmoins ne l'appliquer qu'avec la plus grande réserve, en considération des différences graves qui existent, dans leurs conséquences, entre la révocation et la résolution. — Ricard, part 3e, no 699; Ferrière, préf. sur le tit. 13 de la cout. de Paris, § 4, no 22; Furgole, *Test.*, chap. 11, sect. 1re, no 91; Coin-Delisle, sur l'art. 954, no 5.

821. — C'est sous l'empire de ces principes d'équité qu'il a été jugé que, lorsque, par une première clause d'un contrat de mariage, une donation est faite à l'un des époux avec réserve de l'usufruit des biens donnés, et que, par une clause subséquente, le donateur se démet de cet usufruit au profit des futurs époux, sous la condition que ces derniers seront tenus de le nourrir, loger et entretenir, l'inexécution de cette condition n'entraîne pas la nullité de la donation; — mais que la clause renfermant abandon de l'usufruit est seule frappée de nullité. — *Riom*, 17 avr. 1818, Albessart c. Delbos.

822. — ... Que, lorsqu'une donation entre-vifs a été faite, à la charge par le donataire de résider avec le donateur ou de payer une rente viagère, dans le cas où cette cohabitation cesserait, il n'y a pas lieu de prononcer la révocation de la donation pour inexécution de cette clause, si c'est le donateur qui s'est refusé à continuer la cohabitation; — et qu'il n'y a pas lieu non plus, dans ce cas, d'ordonner le paiement de la rente viagère. — *Bordeaux*, 27 nov. 1835, Contre.

823. — ... Que, lorsqu'une institution contractuelle a été faite avec la condition expresse que l'institué donnerait ses soins aux affaires de l'instituant, si le décès prématuré de l'institué a rendu cette condition inefficace, l'institution doit néanmoins produire son effet à l'égard des héritiers naturels de l'instituant, surtout si ce dernier ne s'est pas plaint de l'inexécution. — *Metz*, 7 juill. 1824, Misslar c. Kalis.

824. — ... Que, dans le cas où, sur la demande en révocation d'une donation, à défaut par le donataire d'exécuter les conditions sous lesquelles elle avait été faite, les créanciers de ce dernier offrent de les remplir en son lieu et place, les tribunaux peuvent écarter, quant à présent, la demande en révocation. — *Bordeaux*, 7 déc. 1829, Pujos et Lauga c. Vignes.

825. — Jugé, au contraire, dans des espèces semblables, mais où sans doute les circonstances étaient moins favorables, que le défaut de service d'une rente viagère constituée dans une donation entre-vifs suffit pour faire révoquer celle-ci. — *Riom*, 3 janv. 1826, Guyot c. Valleton; *Poitiers*, 6 janv. 1837 (t. 2 1837, p. 320), Nagile c. Deffembart; — Furgole, no 149.

826. — Le juge saisi d'une demande en révocation pour cause d'inexécution des conditions, peut prendre en considération la position du donataire, et lui accorder un délai pour l'exécution. — *Cass.*, 14 mai 1838 (t. 2 1838, p. 292), Beaulieu c. Thomas; *Bourges*, 10 fév. 1843 (t. 1er 1844, p. 604), Simonnot c. Marceau.

827. — Et cela alors même que l'offre de se soumettre aux conditions de la donation n'aurait été faite qu'en appel. — *Bourges*, 10 fév. 1843 (t. 1er 1844, p. 604), Simonnot c. Marceau.

828. — En présence du texte formel de l'art. 956, il serait difficile d'admettre aujourd'hui l'opinion de Furgole (*Test.*, chap. 11, sect. 1re, no 91), qui était d'avis que les juges devaient statuer immédiatement, quand il avait été spécifié dans l'acte de donation que la charge serait remplie dans un délai déterminé. — Coin-Delisle, sur l'art. 956, no 3.

829. — Dans tous les cas, un tiers, pour empêcher la révocation de la donation, pourrait accomplir la condition, si la charge est de nature à être acquittée par toute personne. — Arg. art. 1237, C. civ.; — Delvincourt, t. 2, p. 281.

830. — Mais jugé que les créanciers du donataire qui ont saisi les objets donnés, ne peuvent s'opposer à la révocation qu'en prenant, au nom de leur débiteur, l'engagement *personnel* d'acquitter les conditions portées en l'acte entre-vifs; encore faut-il que cet engagement présente les garanties les plus positives. — L'offre de n'adjuger qu'à la charge des prestations imposées par le donateur, ou de laisser entre les mains de l'adjudicataire les sommes destinées à y faire face, ne saurait arrêter l'effet de la demande. — *Riom*, 3 janv. 1826, Guyot c. Valleton.

831. — L'action en révocation pour cause d'inexécution passe aux héritiers du donateur, en vertu des principes généraux, auxquels il aurait fallu, pour qu'il en fût autrement, que la loi eût formellement dérogé.

832. — ... Pourvu toutefois que le donateur n'ait pas renoncé à cette action. — Arg. *à fortiori* de l'art. 957.

833. — Dans le cas de partage d'ascendant, le droit de révocation, après le décès de l'ascendant donateur, peut être exercé par ses héritiers. — *Limoges*, 21 juin 1836, Baignol c. Cayron.

834. — Mais le droit de révoquer une libéralité imposée, comme condition, à une institution contractuelle, est personnel à l'instituant; s'il décède sans l'avoir exercé, ses héritiers ne peuvent en user. — *Bourges*, 31 août 1808, Appé.

835. — M. Coin-Delisle (sur l'art. 954, no 7) pense que le droit de révocation pour l'inexécution qui se serait manifestée seulement après la mort du donateur, ne doit prendre naissance dans la personne de ses héritiers qu'autant qu'il n'y aurait pas d'autre moyen d'assurer l'exécution des charges imposées; et il donne pour motif qu'en admettant le droit de révocation, l'exercice de ce droit aurait pour effet de faire rentrer dans la succession une chose qui n'était ni actuellement, ni éventuellement dans le patrimoine du donateur à l'époque de son décès.

836. — Nous pensons que cette restriction est arbitraire, et qu'il ne faut pas borner au cas indiqué l'exercice du droit par les héritiers; si d'ailleurs le motif donné était fondé, il devrait les faire écarter dans tous les cas.

837. — On a été jusqu'à décider que, lorsque le donateur est mort sans avoir exercé l'action révocatoire pour cause d'inexécution des charges de la donation, et que son héritier a vendu les biens de la succession sans céder expressément cette action, l'acquéreur poursuivi par le donataire a néanmoins qualité pour opposer à celui-ci le défaut d'accomplissement des charges de la donation. — *Pau*, 2 janv. 1827, Lousteau c. Mantoulan.

838. — Au reste, l'action en révocation d'une donation pour cause d'inexécution des conditions sous lesquelles elle a été faite peut être cédée par le donateur à un tiers, et valablement exercée par ce dernier. — *Toulouse*, 9 fév. 1832, Rigade c. Lajoy et Médrano.

839. — Tout en admettant la solution en général, M. Coin-Delisle (sur l'art. 954, no 8) veut que l'inexécution se soit manifestée avant la cession, car, dans l'hypothèse contraire, le donateur céderait ce qu'il n'a pas encore, c'est-à-dire le droit de révocation, qui ne prend naissance que par l'inexécution, « sauf, dit-il, au donateur à exercer personnellement la révocation, si l'inexécution le laissait exposé à l'action en garantie de son cessionnaire. »

840. — Mais on peut répondre qu'en cédant son droit aux prestations, le donateur cède implicitement les actions qui ont pour but de les assurer, et par conséquent l'action en révocation, qui en est, pour ainsi dire, la sanction.

841. — Notre solution, du reste, est subordonnée non seulement aux tempéramens de l'égalité, mais encore aux circonstances de fait qui pourraient indiquer la volonté des parties, telles que le montant du prix de cession.

842. — Ce serait à l'aide des mêmes moyens d'appréciation que devrait se décider la question de savoir si la cession des droits du donateur en termes généraux comprend le droit de révocation.

843. — L'action passe contre les héritiers du donataire, à moins que la charge fût de nature à ne pouvoir être exécutée que par le donataire lui-même, auquel cas il ne resterait plus qu'une donation pure et simple. — Coin-Delisle, sur l'art. 954, no 8.

844. — Les créanciers du donateur ont le droit d'exercer l'action en révocation pour cause d'inexécution, dans le cas où le donateur négligerait de l'exercer. — Duranton, t. 8, no 540, et 10, nos 558 et 559; Vazeille, sur l'art. 955, no 4. — *Contrà* Coin-Delisle, sur l'art. 954, no 11. — V. au surplus CRÉANCIER, no 66.

845. — Jugé cependant que le droit de demander la révocation d'une donation faite par la mère à sa fille est un droit personnel à la mère, qui ne peut être exercé par ses créanciers. — *Cass.*, 9 avr. 1838 (t. 2 1838, p. 73), Hauchard c. Delabrière.

846. — Le droit de révocation de la part des créanciers du donateur existe, à plus forte raison, quand le donateur a déjà formé sa demande en révocation, et que les créanciers s'opposent à son désistement. — Coin Delisle, sur l'art. 954, no 11.

847. — Le tiers au profit duquel est imposée la charge n'a pas le droit de révocation. — V. Furgole, *loc. cit.*, no 151; Guilhon, no 689; Delvincourt, note 2e *in fine*, sur la page 78, 2e vol.; Coin-Delisle, sur l'art. 954, no 12.

848. — Le donateur peut, même avant l'inexécution, renoncer à demander la révocation, de même qu'un créancier aurait le droit de remettre une dette avant l'échéance. — Coin-Delisle, sur l'art. 953, no 17.

849. — L'action en révocation ne se precrit contre le donataire ou ses héritiers que par trente ans. — Duranton, no 552; Delvincourt, t. 2, p. 496, note 4.

850. — Le tiers détenteur, au contraire, prescrit par dix et vingt ans. — Duranton, *ibid.* — V. au surplus PRESCRIPTION.

851. — Quant aux effets de la révocation pour cause d'inexécution des conditions, l'art. 954, C. civ., porte que les biens rentrent dans les mains du donateur, *libres de toutes charges* et hypothèques du chef du donataire, et que le donateur a, contre les tiers détenteurs des immeubles donnés, tous les droits qu'il aurait contre le donataire lui-même.

852. — La disposition de l'art. 952, C. civ., spécial au cas de retour conventionnel, ne doit pas être étendue à la révocation pour cause d'inexécution; et en conséquence la femme du donataire n'aura pas d'hypothèque, même subsidiaire, sur les biens donnés. — V. Coin-Delisle, sur l'art. 953, no 19.

853. — D'un autre côté, la prohibition spéciale de l'art. 953, C. civ., n'est pas applicable au cas de révocation qui nous occupe, et les biens donnés peuvent être valablement affectés à la restitution des dot, reprises ou autres conventions matrimoniales de la femme du donataire; de telle sorte que, dans le cas d'exercice du droit de révocation, l'action ne peut être accordée que sous la réserve des droits garantis au profit de la femme. — Coin-Delisle, sur l'art. 953, no 19.

854. — La révocation pour inexécution ne peut nuire aux tiers au profit desquels les charges ont été établies, quand ils ont accepté la disposition. — Coin-Delisle, sur l'art. 953, no 21.

855. — Les donations entre-vifs à charge de rendre, autorisées par l'art. 1048, C. civ., ne sont pas révocables pour cause d'inexécution des conditions y stipulées, à l'effet de priver les appelés de leurs droits. — En d'autres termes, la demande en résolution pour cette cause ne peut avoir d'effet qu'entre le donateur et le donataire, sans pouvoir porter atteinte aux droits des appelés. — *Colmar*, 15 août 1840 (t. 1er 1841, p. 44), Lavallée. — Coin-Delisle, sur l'art. 953, no 20. — V. aussi SUBSTITUTION.

856. — Les fruits, dans le cas de révocation, sont acquis au donataire, jusqu'au jour de la demande en révocation. — V. Furgole, *Test.*, ch. 11, sect. 1re, no 48; Dumoulin, *sur Paris*, § 48, gl. 1, n. 44; Coin-Delisle, sur l'art. 953, no 22.

857. — D'autres auteurs sont d'avis que le donataire doit les fruits du jour où il n'a pas accompli la condition, alors qu'il pouvait le faire, parce que, disent-ils, c'est de ce moment qu'il a cessé d'être de bonne foi. — Delvincourt, note 5e,

sur la page 78, t. 2 ; Guilhon, no 680 ; Duranton, no 543 ; Toullier, t. 5, no 342.

858. — Quant au tiers, il ne doit les fruits que du jour de la demande en revendication. — Delvincourt, note 5e sur la page 78 ; Duranton, t. 8, no 543 ; Coin-Delisle, sur l'art. 953, no 25.

859. — Au reste, cette action en revendication ne peut être exercée séparément contre les tiers qu'après que la donation est résolue avec le donataire ; mais il est plus prudent de mettre le tiers acquéreur en cause, pour éviter l'exception *res inter alios judicata*. — Duranton, no 543.

860. — La révocation pour cause d'inexécution des conditions n'a jamais lieu de plein droit. — C. civ., art. 956.

861. — Cette révocation doit être demandée en justice. — *Bourges*, 10 fév. 1843 (t. 1er 1844, p. 604), Simonnot c. Marceau.

862. — Serait nulle la stipulation de résolution de plein droit, pour le cas d'inexécution des charges. — Coin Delisle, sur l'art. 956, no 5.

863. — Il en serait autrement du cas où l'existence dépendrait d'un événement casuel, et par conséquent indépendant de la volonté des parties; car alors la résolution arrivera-t même à l'insu des parties. — Coin-Delisle, sur l'art. 956, no 5.

ART. 3. — *Révocation pour cause d'ingratitude.*

864. — Si, au lieu de la reconnaissance que devrait toujours provoquer un bienfait, le donataire se rend coupable d'ingratitude, le législateur fait, pour le punir, exception au principe du droit de propriété, en prononçant la révocation de la donation.

865. — Ce n'est qu'en l'an 530, sous Justinien, que l'ingratitude fut déclarée cause de révocation pour toutes les donations. — L. unic., Cod., *De ingrat. lib.*; L. 6, ff., *De agnosc. et al. liber.*; L. 1, Cod., *De revoc. donat.*; Cod. Theod., tit. *De revoc. donat.*; 7, Cod. Justin.; 10, Cod., *De revoc. donat.*

§ 1er. — *Quelles donations sont révocables pour cause d'ingratitude.*

866. — En règle générale, toute espèce de donation entre-vifs est revocable pour cause d'ingratitude. — Dans ce nombre il faut comprendre :

867. — ... 1o Les donations déguisées. — *Paris*, 28 fév. 1812, Renaud c. Lubbey.

868. — ... 2o Les donations rémunératoires. — C. civ., art. 953 et 955 ; — *Paris*, 29 mars 1806, Dandlaw c. Meunier; *Cass.*, 17 août 1831, Gaucher c. Nogé; — Pothier, sect. 3e, art. 3 ; Grenier, t. 1er, no 218 ; Delvincourt, t. 2, p. 287 ; Duranton, no 567 ; Vazeille, sur l'art. 955, no 11.

869. — Toutefois, Toullier (t. 5, no 186) pense au contraire que, ce serait une sorte d'ingratitude de la part du donateur que de prétendre, pour une injure récente, révoquer une ancienne libéralité qu'il n'avait faite que pour acquitter la dette de la reconnaissance. — V. aussi Poujol, sur l'art. 957, no 8.

870. — ... 3o Les donations mutuelles. — V. au surplus DON MUTUEL, DONATION ENTRE ÉPOUX.

871. — Mais la révocation d'un don mutuel pour cause d'ingratitude ne peut être prononcée lorsque la demande n'en a pas été formée. — *Rennes*, 8 fév. 1817, Leridon.

872. — ... 4o La renonciation au profit d'un ou de plusieurs cohéritiers, ainsi que la donation de droits successifs. — Duranton, t. 8, no 565.

873. — Mais les donations en faveur de mariage ne sont pas révocables pour cause d'ingratitude. — C. civ., art. 959.

874. — Le Code civil a changé, à cet égard, le droit ancien, suivant lequel, au contraire, l'ingratitude du donataire révoquait les donations faites par contrat de mariage. — Ricard, part. 3e, nos 681 à 685 ; Laurière, *Tr. des inst. contract.*, ch. 4, nos 90 à 112 ; Pothier, *Donat. entre-vifs*, sect. 3e, art. 3, § 3 ; Bourjon, *Des donat.*, ch. 1er, nos 2 et 3 ; Merlin, *Rép.*, vo *Ingratitude*, no 9.

875. — Jugé, en ce sens, que la disposition de la cout. de Normandie (art. 390) qui attribuait au mari la moitié des meubles échus à sa femme, était un véritable avantage statutaire, équivalent à une donation conventionnelle, et susceptible par conséquent de révocation. — *Cass.*, 17 mars 1835, Ozenne.

876. — Sous le Code civil, la donation faite par un des époux à l'autre dans son contrat de mariage est-elle révocable pour ingratitude, alors surtout que le donateur obtient la séparation de corps fondée sur les mauvais traitemens ou les désordres du donataire?

877. — Il est peu de questions qui aient soulevé des débats aussi vifs et aussi prolongés. — V., pour l'examen des difficultés qu'elle fait naître, SÉPARATION DE CORPS.

878. — Nous nous contenterons de faire remarquer que la cour de Cassation, après avoir lutté pendant plus de vingt ans contre les cours royales de Rennes, de Caen, de Bruxelles, de Colmar, d'Angers, d'Agen, de Rouen, d'Amiens, de Paris, de Toulouse et de Bordeaux, qui admettaient la révocation soit de plein droit (C. civ., art. 299), soit pour ingratitude (C. civ., art. 953), a, par arrêt du 23 mai 1845 (t. 1er 1845, p. 625, Lefoulon c. Brée), adopté cette opinion, après un délibéré de deux jours, toutes chambres réunies. — Quant aux auteurs, ils présentent la même dissidence que les arrêts. — V. SÉPARATION DE CORPS.

879. — On s'est, toutefois, accordé à reconnaître que la révocation des avantages matrimoniaux faits dans un contrat de mariage antérieur au Code peut être prononcée contre l'époux qui, depuis ce Code, a encouru la séparation de corps. — *Cass.*, 10 août 1809, Desmeraudais; 4 déc. 1810, Valadoux.

880. — Jugé aussi que, la séparation de corps laissant subsister le lien du mariage, les juges peuvent, sans contrevenir à aucune loi, dire qu'il n'y a lieu, quant à présent, de statuer sur la révocation demandée par la femme séparée des donations par elles faites à son mari. — *Cass.*, 13 juill. (et non 13 juin) 1813, Belca c. Dilor.

881. — Relativement aux dons mutuels, jugé spécialement que les donations mutuelles entre époux, stipulées par contrat de mariage, ne sont point révocables pour cause d'ingratitude. — *Nîmes*, 15 juin 1821, de Pluvinal c. de Battaglini.

§ 2. — *Cas de révocation pour cause d'ingratitude.*

882. — Les cas d'ingratitude étaient prévus dans la constitution de Justinien en ces termes : « ... *Ita ut injurias atroces in eum effundat, vel manus impias inferat, vel jacturæ molem ex insidiis suis ingerat, quæ non levem sensum substantiæ donatoris imponat, vel vitæ periculum aliquod ei intulerit, vel quasdam conventiones sive in scriptis donationi impositas, sive sine scriptis habitas, quas donationis acceptor spopondit, minimè implere voluerit : ex his enim tantummodò causis, si fuerint in judicium dilucidis argumentis cognitionaliter approbatæ, etiam donationes in eos factas everti concedimus...* » — L. 10, Cod., *De revoc. donat.*

883. — L'ordonnance de 1731 ne contenait aucune disposition sur cette cause de révocation.

884. — La constitution de Justinien n'accordait la révocation que dans les cas d'ingratitude qu'elle prévoyait. — C'est aussi dans ce sens restrictif qu'est conçu l'art. 955, C. civ. : « La donation entre-vifs ne pourra être révoquée pour cause d'ingratitude que dans les cas suivans : 1o si le donataire a attenté à la vie du donateur; — 2o s'il s'est rendu coupable envers lui de sévices, délits ou injures graves ; — 3o s'il lui refuse des alimens. »

885. — Le fait constitutif de l'ingratitude ne peut légalement émaner que du donataire, de sorte qu'il n'y aurait pas lieu à révocation si les faits reprochés émanaient, soit des héritiers, soit du tuteur, soit enfin de tout autre représentant du donataire, quand même ce représentant aurait un intérêt direct à la conservation du bénéfice de la donation. — Dumoulin, § 48, gl. 1, nos 72 et suiv.; Furgole, nos 104 et 152; Pothier, *Donation entre-vifs*, sect. 3e, art 3, § 2; Ricard, part 3e, no 676; Grenier, no 219 ; Delvincourt, note 7e, sur la page 78.

886. — Ainsi, l'ingratitude du mari ne pourrait en aucune façon entraîner la révocation de la donation faite à la femme, ni même lui faire perdre la jouissance qu'il ne tient que de ses conventions matrimoniales, et non du donateur. — Ricard, part. 3e, ch. 6, no 676 ; Grenier, t. 1er, no 219 ; Delvincourt, t. 2, p. 284.

887. — *Attentat à la vie du donateur.* — Il n'est pas nécessaire, comme dans le cas de l'art. 727, relatif à l'héritier, que le donataire ait été condamné pour ce crime; d'où il faut conclure que la donation pourrait, pour cette cause, être révoquée, même après la mort du donataire, qui n'aurait pas subi de condamnation. — C. civ., art. 957 ; — Coin-Delisle, sur l'art. 955, no 6 ; Toullier, t. 5, no 331 ; Delvincourt, t. 2, p. 284; Grenier, t. 1er, no 212; Duranton, no 555; Vazeille, sur l'art. 935, no 2; Poujol, sur l'art. 955, no 3.

888. — Il suffirait qu'il y eût tentative d'assassinat avec les caractères légaux. — Furgole, *Testamens*, ch. 11, sect. 1re, no 84; Duranton, no 556; Poujol, sur l'art. 955, no 4; Coin-Delisle, sur l'art. 955, no 6.

889. — Si l'attentat à la vie du donateur n'avait eu lieu que dans un cas de légitime défense ou de la part d'un donataire en démence, il n'y aurait pas cause de révocation. — C. pén., art. 64 et 328 ; — Duranton, no 556 ; Poujol, sur l'art. 955, no 4.

890. — Il en est de même dans le cas de mort

ou blessure causée par imprudence ou par inobservation des réglemens. — C. pén., art. 319 et 320; — Poujol, *ibid.*; Coin-Delisle, sur l'art. 955, no 9.

891. — *Sévices.* — Introduit dans la langue du droit français par les Décrétales, ce mot, qui s'appliquait d'abord à la disposition cruelle de celui qui prodiguait de mauvais traitemens, fut bientôt employé pour exprimer les mauvais traitemens eux-mêmes. — V. les dictionnaires de Ferrière, de Denisart et de l'Académie.

892. — Il ne s'entend pas seulement des coups volontaires, puisque, dans ce sens, il ferait double emploi avec le mot *délit* de l'art 955 (C. pén., art. 311); il doit s'étendre à toutes les voies de fait qui, délits ou non, dénotent de la dureté d'ame chez celui qui s'y livre. — Coin-Delisle, sur l'art. 955, no 8.

893. — *Délits.* — Ce mot s'applique à tous les faits ainsi qualifiés, soit par le Code pén., soit par des lois spéciales. — Coin-Delisle, sur l'art. 955, no 9 — V. cependant Duranton, no 557; Poujol, sur l'art. 955, no 6.

894. — Le mot *délit* de l'art. 955, C. civ., qui déclare la donation révocable, dans le cas où le donataire s'est rendu coupable de délit envers le donateur, s'applique au préjudice causé à la fortune du donateur, et non pas seulement aux atteintes portées à sa personne. — *Paris*, 17 janv. 1833, de Cachin c. Charles; — Coin-Delisle, sur l'art. 955, art. 9. — V. aussi Dumoulin, sur le tit. *Des fiefs*, § 43, gl. 1, no 167; Furgole, *Testam.*, ch. 11, sect. 1re, no 80.

895. — Néanmoins il convient, suivant les principes de l'ancienne jurisprudence, de n'attribuer l'effet d'entraîner la révocation de la donation qu'à un dommage qui, par sa gravité, aurait compromis les moyens d'existence du donateur. — Même arrêt.

896. — Ainsi, tel ne serait pas un délit de chasse. — Duranton et Poujol, *loc. cit.*

897. — Si le délit est commis envers les descendans ou le conjoint du donateur, il n'y a lieu à révocation qu'autant que ce délit constitue une injure grave contre le donateur lui-même. — Furgole, *ibid.*, no 81 ; Coin-Delisle, sur l'art. 955, no 10. — V. cependant Delvincourt, t. 2, p. 284, qui raisonne par argument du § 2, Instit., *De injur.*, et de l'art. 1113, C. civ.

898. — Les délits commis par un mineur peuvent être, de même qu'à l'égard d'un majeur, des causes de révocation de donation, mais en tenant compte du plus ou moins de discernement du délinquant. — Grenier, no 219 ; Duranton, t. 8, no 564 ; Toullier, no 338; Delvincourt, t. 2, p. 284.

899. — Quant à la femme mariée, la révocation peut être demandée contre elle, bien que le mari qui se trouve lésé par la révocation n'ait pas participé au fait d'ingratitude. — Grenier, no 219; Delvincourt, t. 2, p. 284.

900. — *Injures graves.* — Ces mots comprennent non seulement les injures verbales ou écrites, mais encore les faits injurieux. — Dumoulin, *loc. cit.*, nos 140 et suiv.; Ricard, part. 3e, no 680; Furgole, *Testam.*, ch. 11, sect. 1re, no 72.

901. — « La loi, dit M. Coin-Delisle (sur l'art. 955, no 7), ne dépouille le donataire qu'autant que le fait procède de sa volonté et de l'ingratitude de son ame; outre le fait matériel, elle veut que le donataire s'en soit *rendu coupable envers le donateur*; d'où il suit que de simples torts ou des faits blâmables en eux-mêmes, mais qui trouveront leur excuse dans un premier mouvement, dans des habitudes grossières, dans une évidente provocation de la part du donateur, n'entraînent pas toujours la révocation. » — V. au surplus, sur la gravité des injures qui doivent entraîner la révocation, Ricard, *Donations*, no 693 ; Pothier, *Donations*, sect. 3e, art. 3, § 1er; Delvincourt, t. 2, p. 499; Toullier, *Droit civil*, t. 5, no 332 ; Duranton, *Droit français*, no 557.

902. — Une donation faite par un père à son fils ne doit pas, sur la demande du donateur, être déclarée révoquée pour cause d'ingratitude, par cela seul que le fils a, dans une lettre, traité le donateur de *voleur*; alors surtout que la lettre, d'ailleurs sans signature et sans adresse, n'était destinée à aucune publicité, et n'en a reçu aucune; qu'elle a été écrite après un grand nombre d'années d'une conduite irréprochable de la part du fils envers son père, dans le cours d'une contestation judiciaire où la résistance du père avait été reconnue mal fondée, et en réponse à une demande réputée injuste; et surtout encore si les parties sont des personnes dont l'éducation a été négligée. — *Toulouse*, 20 avr. 1835, Pendaries.

903. — La publication même d'un fait vrai peut constituer une injure grave. — C. pén., art. 368. — Pothier, *Donat.*, sect. 3e, art. 3, § 1er; Toullier, t. 5, no 332; Delvincourt, t. 2, p. 499.

904. — Mais des assertions, même malveillantes, mais qui ne porteraient atteinte ni à l'honneur, ni à la probité du donateur, seraient insuffisantes pour donner ouverture à révocation.

905. — Il en serait de même d'un mouvement de colère; car le fait, sans intention réfléchie, doit être apprécié avec grande indulgence. — Coin-Delisle, sur l'art. 955, nº 7.

906. — *Refus d'alimens.* — C'était, dans l'ancien droit, une question controversée que celle de savoir si le refus d'alimens entraînait la révocation de la donation. — Furgole, *loc. cit.*, nº 67; Dumoulin, *loc. cit.*, nº 160; Ricard, part. 3e, nº 700 à 702; Pothier, *Donation*, sect. 3e, art. 3, § 1er, 14e alin. — Cette question est aujourd'hui tranchée, dans le sens de l'affirmative, par l'art. 955, C. civ.

907. — M. Duranton (t. 8, nº 558) pense que le donataire doit des alimens au donateur, même dans le cas où celui-ci aurait une action soit contre des ascendans, soit contre des descendans pour se faire fournir une pension alimentaire.

908. — Nous ne saurions admettre cette opinion; car il faut, pour qu'il y ait nécessité de fournir des alimens, que le donateur soit dans l'impossibilité de s'en procurer; or, cette impossibilité n'existe pas quand la loi lui ouvre une action pour s'en faire attribuer. — Vazeille, sur l'art. 955, nº 6; Coin-Delisle, sur l'art. 955, nº 14.

909. — Pour fixer l'étendue de la pension alimentaire, il ne faut pas prendre pour base les élémens d'appréciation fournis par l'art. 208, C. civ., mais seulement la nature et l'importance de la donation, et, à quelques égards, l'état de fortune du donataire pour ne pas lui rendre cette obligation trop onéreuse. — Grenier, nº 213; Poujol, sur l'art. 955, nº 9; Coin-Delisle, sur l'art. 955, nos 15 et 16.

910. — Il ne faut pas entendre par *refus* d'alimens toute espèce de résistance à la demande du donateur, car le donataire contestant, par exemple, le chiffre de la demande, pourrait être condamné à fournir la pension demandée, et cependant continuer à jouir du bénéfice de la libéralité. — Grenier, sur l'art. 955, nº 213; Coin-Delisle, sur l'art. 955, nº 17.

911. — Si la pension alimentaire avait été réservée expressément par le contrat, le défaut de paiement pourrait motiver révocation, non pour ingratitude, mais pour inexécution des conditions, ce qui, comme on l'a vu, entraîne des conséquences bien différentes. — Poujol, sur l'art. 955, nº 8.

912. — Jugé que, lorsque la demande en révocation pour cause d'ingratitude d'une donation faite à la charge d'entretenir et de soigner le donateur est rejetée, parce que la preuve des faits n'est pas concluante, on peut néanmoins accorder au donateur l'option de quitter la maison du donataire, et obliger celui-ci au paiement d'une rente viagère. — *Colmar*, 23 fév. 1813, Bernard c. Schoff.

913. — Toutefois, les limites tracées par la loi ne sont pas tellement précises que les tribunaux ne puissent, dans certains cas encore, déclarer qu'il y a eu ingratitude. — Toullier, t. 5, nº 330; Duranton, nº 557; Coin-Delisle, sur l'art. 955, nº 3.

914. — Ainsi, on peut, selon les circonstances, considérer le refus d'un donataire de renoncer, en faveur du donateur, à l'objet donné, comme constituant l'ingratitude et devant entraîner la révocation de la donation; par exemple, si le donateur était exposé à des poursuites extraordinaires, en restitution de l'objet par lui donné, et dont il n'était pas propriétaire. — *Cass.*, 12 mai 1836, Cauchois c. Jullien.

915. — Jugé également que le domestique, donataire de son maître, qui, ayant reçu de lui un pouvoir général d'administrer ses biens, commet des infidélités dans sa gestion et cherche à diviser par de faux rapports la famille du donateur, se rend coupable d'ingratitude. — *Paris*, 29 mars 1806, Dandlaw c. Monnier.

916. — Il en est de même du domestique qui, après avoir capté toute la confiance de son maître, abuse de sa confiance. — *Nîmes*, 28 avr. 1813, Roux c. N...

917. — La loi a admis plus de faits d'ingratitude qu'elle n'a reconnu de faits d'indignité de succéder (C. civ., art. 727 et 955): non pas que l'héritier soit moins coupable que le donataire, comme le pensent Delvincourt (note 8, p. 78); Grenier (nº 212); Duranton (nº 555); Poujol (sur l'art. 955, nº 3), et Vazeille (sur l'art. 955, nº 2); mais plutôt par le motif que le donateur est dans l'impossibilité de révoquer par sa seule volonté, comme pourrait le faire un testateur. — Coin-Delisle, sur l'art. 955, nº 4.

918. — Ces diverses causes doivent rester spéciales aux matières auxquelles elles s'appliquent: il n'est pas permis de raisonner par induction de l'une à l'autre. — Grenier, nº 12; Vazeille, nº 2, sur l'art. 955, nº 2; Coin-Delisle, sur l'art. 955, nº 5.

919. — D'où il résulte qu'il faut décider qu'il n'y aurait pas cause de révocation dans la circonstance que le donataire n'aurait pas dénoncé celui qui aurait tenté de donner la mort au donateur. — Poujol, sur l'art. 955, nº 3.

920. — Le donateur ne peut renoncer, par avance, au droit de demander la révocation pour cause d'ingratitude. — L. 5, § 1, ff., *De pactis dotal.* — Delvincourt, t. 2, p. 284; Vazeille, sur l'art. 955, nº 7.

921. — La révocation pour cause d'ingratitude n'a jamais lieu de plein droit. — C. civ., art. 956.

922. — Mais une fois le fait d'ingratitude prouvé, et quand il rentre dans la catégorie de ceux que la loi admet comme cause de révocation, le juge ne peut plus se dispenser de prononcer cette révocation. — Coin-Delisle, sur l'art. 956, nº 2.

923. — Relativement aux causes qui opèrent à la fois la révocation des donations entre-vifs et celle des dispositions testamentaires, l'action en révocation est soumise aux règles prescrites par l'art. 957, C. civ., art. 1046. — *Cass.*, 24 déc. 1827, Chantereau c. Labaume.

§ 3. — *Exercice de l'action en révocation pour cause d'ingratitude.*

924. — La demande en révocation pour cause d'ingratitude doit être formée dans l'année à compter du jour du délit imputé par le donateur au donataire, ou du jour que le délit a pu être connu par le donateur. — C. civ., art. 957.

925. — Le Code civil a admis uniformément la prescription annale, pour faire cesser toutes les incertitudes de l'ancien droit, sous l'empire duquel la prescription était de trente ans suivant les uns (Dumoulin, *in cons. Paris.*, § 43, gl 1, num. 51; Furgole, *Testam.*, chap. 11, sect. 1re, nos 172 à 176); — de dix ans suivant les autres (Bugnion, *De legib. abrog.*, lib. 1, cap. 178; Ferrière, *Préf. de tit.* 13, *Cout. de Paris*, § 4, nº 30; Boutaric, sur l'art. 45, ord. 1731); — tandis que d'autres subordonnaient la durée de l'action en révocation à celle de l'action principale. — L. 12, Cod, *Ad leg. Cornel.*, *De falsis*; Ricard, part. 3e, nº 729; Pothier, *Donat. entre-vifs*, sect. 3e, art. 3, § 5; Maynard, liv. 3, chap. 9; Boucheul, *Conventions de succéder*, chap. 35, nos 30 et 31.

926. — Mais la prescription annale, admise par le Code civil contre la demande en révocation de donation pour cause d'ingratitude, n'est pas applicable au cas d'une donation faite sous le statut normand. — *Cass.*, 17 mars 1835, Ozenne.

927. — La fixation du jour auquel le donateur *a pu* connaître le délit, rentre souverainement dans l'appréciation des juges du fond. — *Rennes*, 25 fév. 1829, Gaucher c. Negé; *Cass.*, 17 août 1831, mêmes parties.

928. — Ce ne serait pas avoir connaissance du délit, dans le sens de l'art. 957, si l'on n'en connaissait pas l'auteur, car c'est un délit constitutif de l'ingratitude qu'il faut connaître, ou au moins être à même de connaître. — Coin-Delisle, sur l'art. 957, nº 6.

929. — La prescription est interrompue par la demande en justice ou par la citation en conciliation, dans les termes de l'art. 2245, C. civ.

930. — La prescription de l'action en révocation n'est pas interrompue par les poursuites criminelles. — Guilhon, nº 744 *in fine*.

931. — Mais serait-elle interrompue par l'impossibilité physique du donateur? — Oui, suivant Grenier (nº 214); — mais M. Coin-Delisle (sur l'art. 957, nº 7) combat cette opinion par le motif qu'il est entré dans l'esprit du législateur de restreindre la durée de cette prescription, et que l'empêchement matériel du donateur ne doit pas être pris en considération.

932. — La prescription annale contre la demande en révocation de donation pour cause d'ingratitude ne court point entre époux. — C. civ., art. 2253; — *Cass.*, 17 mars 1835, Ozenne.

933. — Jugé de même à l'égard de la demande en révocation pour cause de séparation de corps, car ce n'est pas là un simple délai de procédure, mais une véritable prescription. — *Caen*, 22 avr. 1839 (t. 1er 1840, p. 590), Lefoulon. — V. SÉPARATION DE CORPS.

934. — Jugé, au contraire, que l'art. 2253, C. civ., d'après lequel la prescription ne court point entre époux, ne concerne que la prescription qui a pour effet d'acquérir ou de se libérer, et qu'en conséquence il ne s'applique point aux délais fixés par la loi pour intenter certaines demandes, notamment au cas prévu par l'art. 957, C. civ. — *Orléans*, 19 nov. 1842 (t. 1er 1843, p. 23), Jolly c. Nouvellon. — V. conf. Troplong, *Prescription*, t. 1er, nº 27.

935. — En admettant que la révocation puisse être exercée entre époux pour cause d'ingratitude, le délai pour former la demande court à partir des faits d'ingratitude. — *Douai*, 15 janv. 1828, Thuillier c. Ledein.

936. — Et ce délai n'est pas suspendu par une instance en séparation de corps intentée par l'époux donateur. — Même arrêt.

937. — Toutefois, quand la demande en révocation pour cause d'ingratitude a été jointe à la demande en séparation de corps, elle ne peut être écartée par la fin de non-recevoir tirée de la prescription annale. — *Rouen*, 25 juill. 1829, P...

938. — Le tuteur du donateur interdit pouvant exercer l'action en révocation, le donateur ne pourrait pas prétendre que le délai n'a pas couru pendant son interdiction. — Furgole, *Testam.*, chap. 11, sect. 1re, nº 178.

939. — Indépendamment de la prescription annale que le donataire peut opposer à l'action du donateur, il peut repousser encore cette action par un fin de non-recevoir tirée de la remise expresse ou tacite.

940. — La remise expresse est le pardon accordé avant l'expiration de l'année; c'est au donataire à prouver que le pardon a été accordé. — Ricard, art. 3e, nº 730; Rousseaud de Lacombe, vº *Donation*, part. 2e, sect. 3e, nº 1er; Pothier, *Donat. entre-vifs*, sect 3e, art. 3, § 5, et Introd. au tit. 15, *Cout. d'Orléans*, nº 118; Grenier, nº 215; Toullier, nº 335; Duranton, nº 561; Poujol, sur l'art. 957, nº 2; Vazeille, *Prescript.*, nº 724, sur l'art. 957, nº 1er.

941. — Il y a remise implicite, et le donateur est non-recevable à demander la révocation de la donation pour cause d'ingratitude, si, postérieurement aux faits allégués, il l'a exécutée volontairement et complétement. — *Cass.*, 4 janv. 1842 (t. 2 1842, p. 417), Creton c. Dallier.

942. — La remise du fait constitutif de l'ingratitude est irrévocable, et il n'y avait pas lieu d'appliquer à cet égard le principe des art. 272 et 273, C. civ., qui portent qu'en matière de séparation de corps une demande nouvelle fait revivre les faits antérieurs à la réconciliation. — Coin-Delisle, sur l'art. 958, nº 10. — V. *contrà* Poujol, sur l'art. 957, nº 2.

943. — La révocation ne peut être demandée par le donateur contre les héritiers du donataire. — C. civ., art. 957.

944. — D'où il résulte que la mort du donataire, avant toute demande, éteint l'action, comme elle l'éteignait dans l'ancien droit. — LL. 1, 7 et ult., C., *De rev. donat.*; L. 13, ff., *De injur.*; — Ricard, part. 3e, nº 704.

945. — Mais si la demande a été formée du vivant du donataire, comme cette demande rend en général les actions perpétuelles de temporaires qu'elles étaient, la procédure pourra être continuée contre les héritiers. — L. 139, ff., *De reg. jur.*; — Ricard, nos 705 et suiv.; Pothier, *Donat. entre-vifs*, sect. 3e, art. 3, § 4 *in fine*; Guilhon, nº 747; Duranton, t. 8, nº 562.

946. — Les héritiers du donateur ne peuvent pas intenter l'action en révocation contre le donataire, à moins que l'action n'ait été intentée par le donateur, ou qu'il ne soit décédé dans l'année du délit. — C. civ., art. 957.

947. — Il en doit être de même dans le cas où le donateur, décédé dans l'année du délit, n'aurait pas été mis dans la possibilité de connaître ce délit: *Odia restringenda.* — Ferrière, *Cout. de Paris*, préface sur le tit. 13; Furgole, *Testam.*, chap. 11, sect. 1re, nº 148. — V. *contrà* Delvincourt, t. 2, p. 79, note 3e; Vazeille, sur l'art. 857, nº 4.

948. — Si le donateur meurt seulement après l'année du délit, et que sa demande en révocation ait été formée en temps utile, les héritiers ont le droit de suivre l'instance. — Coin-Delisle, sur l'art. 957, nº 14.

649. — Les héritiers du donateur jouissent des mêmes délais que le donateur lui-même pour intenter l'action en révocation; et ainsi ils ont le délai d'une année à compter du jour où le délit leur est connu. — *Cass.*, 17 août 1831, Gaucher et Communier c. Nogé, confirmatif de *Rennes*, 25 fév. 1829; — Coin-Delisle, sur l'art. 957, nº 15; Duranton, t. 8, nº 562.

950. — En conséquence, le délai d'un an dans lequel l'action en révocation doit être intentée est opposable aux héritiers du donateur lui-même. — *Douai*, 15 janv. 1828, Thuillier c. Ledain.

951. — Ainsi, d'après ce qui précède, il faut distinguer si le délit est resté inconnu du vivant du donateur, ou si le donateur a pu le connaître. — Dans le premier cas, le délai courra du jour où les héritiers pourront avoir eu connaissance du délit (C. civ., art. 957). Dans le second cas, si le délit a été connu, ou au moins s'il a pu l'être, il ne faudra accorder que le reste de l'année utile. — Guilhon, nº 748; Duranton, t. 8, nº 562; Poujol, sur l'art. 957, nº 4; Vazeille, nº 3.

952. — L'héritier pouvant, dans les cas urgens, se faire autoriser à former la demande, sans prendre immédiatement qualité, il en résulte qu'il n'y a pas lieu à suspension en faveur des héritiers pendant les délais pour faire inventaire et pour délibérer. — Coin-Delisle, sur l'art. 957, no 16. — V. cependant Poujol, sur l'art. 957, no 4.

953. — L'injure grave faite à la mémoire du donateur, n'est pas, comme en matière testamentaire (C. civ., art. 1047), admise par l'art. 955 parmi les causes de révocation. — V. aussi Furgole, *Test.*, chap. 11, sect. 1re, no 70. — V. cependant Pothier, *Cout. d'Orléans*, Introd. au tit. 15, no 118.

954. — Les créanciers du donateur ne peuvent exercer, de leur chef, l'action en révocation pour cause d'ingratitude. — C. civ., art. 1166; — Duranton, nos 559 et suiv. — V. au surplus CRÉANCIER, no 65.

955. — Cependant le cessionnaire de l'action en révocation pourrait agir en vertu de cette cession, pourvu qu'elle ait eu lieu postérieurement au fait d'ingratitude. — Dumoulin, *loc. cit.*, § 43, gl. 1, no 53; Coin-Delisle, sur l'art. 957, no 19.

956. — Les créanciers du donateur pourraient aussi continuer les poursuites que celui-ci aurait commencées personnellement; car alors l'action en révocation ferait partie des droits ouverts au profit de la succession. — Duranton, t. 8, no 561, et t. 10, no 559.

§ 4. — *Effets de la révocation pour cause d'ingratitude.*

957. — La révocation pour cause d'ingratitude ne préjudicie ni aux aliénations faites par le donataire, ni aux hypothèques et autres charges réelles qu'il a pu imposer par l'objet de la donation, pourvu que le tout soit antérieur à l'inscription faite de l'extrait de la demande en révocation, en marge de la transcription prescrite par l'art. 939. — C. civ., art. 958. — V. aussi L. 7, Cod., *De revoc. don.*; — Pothier, *Donat.*, sect. 3e, art. 3, § 4; Toullier, t. 5, no 323.

958. — Les effets de la révocation pour cause d'ingratitude, quant à l'aliénation des biens donnés, diffèrent donc essentiellement de ceux qui résultent, soit de la clause de retour (V. RETOUR CONVENTIONNEL), soit de la survenance des enfans (V. *infrà* nos 1073 et suiv.), soit enfin de l'inexécution des conditions (V. *suprà* nos 851 et suiv.). — C'est qu'à la différence de ces trois derniers cas, l'ingratitude ne pouvait pas entrer dans les prévisions du donateur, et par conséquent des personnes avec lesquelles il traite. — Toullier, t. 5, nos 322 à 324; Duranton, no 559; Grenier, t. 1er, no 215; Delvincourt, t. 2, p. 285.

959. — Par le mot *aliénations* de l'art. 958, il faut entendre même les aliénations à titre gratuit. — Coin-Delisle, sur l'art. 958, no 2.

960. — Les baux authentiques faits sans fraude par le donataire doivent aussi être maintenus, puisque dans l'hypothèse la plus défavorable au donateur, c'est-à-dire dans le cas où le bail aurait été consenti à vil prix, le donateur aurait contre le donataire une action en indemnité, de même qu'il a une action en restitution, dans le cas d'aliénation des biens. — Coin-Delisle, sur l'art. 958, no 3. — V. cependant Dumoulin, *sur la cout. de Paris*, § 43, gl. 1, nos 104 et suiv.

961. — L'inscription exigée par l'art. 958 doit être faite en double, dans la forme des bordereaux. — C. civ., art. 2148. — V. HYPOTHÈQUE.

962. — Le donateur peut, pour prendre rang, faire inscrire la citation en conciliation; mais cette inscription n'aura d'effet qu'autant que par la suite donnée à la citation en conciliation, on pourra rétroactivement faire remonter la demande en révocation à cette citation. — Guilhon, no 750.

963. — Si la transcription de la donation n'a pas eu lieu, il est impossible de satisfaire au vœu de la loi qui exige que l'inscription de la demande soit faite en marge de la transcription. Pour y suppléer, il faut adopter le moyen proposé par Toullier (no 325) et Vazeille (sur l'art. 958, no 1er), et qui consiste à faire faire l'inscription de la demande sur le registre des transcriptions, sauf au conservateur à prendre les mesures nécessaires pour qu'en cas de transcription de la donation les mentions voulues par la loi soient accomplies. — V. en outre sur cette question Guilhon, no 751; Duranton, no 750; Poujol, no 6, sur l'art. 958.

964. — L'inscription de la demande n'est ordonnée que pour éviter l'erreur de la part des tiers. Mais, dans le cas où ils seraient de mauvaise foi, les aliénations et les hypothèques antérieures même à la demande devraient être annulées. — Dumoulin, § 43, gl. 1, no 59; Ricard, part. 3e, no 715; Furgole, no 157; Coin-Delisle, sur l'art. 958, no 8.

965. — Si, au lieu d'immeubles, ce sont des meubles qui forment l'objet de la donation, le donateur, en l'absence de disposition spéciale protectrice de son droit, pourra procéder, suivant les circonstances, soit à des saisies-arrêts, soit à une saisie-revendication, avec les autorisations voulues par la loi. — C. procéd., art. 558, 559, 826 et suiv.; — Guilhon, no 759; Coin-Delisle, sur l'art. 958, no 9.

966. — Lorsque la donation est révoquée pour cause d'ingratitude, le donataire est condamné à restituer la valeur des objets aliénés, eu égard au temps de la demande, et les fruits à compter du jour de cette demande. — C. civ., art. 958.

967. — Pour fixer les fruits à restituer, et pour établir le compte des dégradations et augmentations de la chose donnée, il faut se reporter aux principes généraux en matière de possession de bonne ou mauvaise foi, et spécialement aux art. 549 et 550, C. civ. — V. POSSESSION.

968. — Dans tous les cas, il n'y a pas lieu de distinguer si l'aliénation du bien donné a eu lieu avant ou depuis le délit d'ingratitude; il faut que le donateur retrouve toujours la représentation de la chose aliénée (C. civ., art. 958), et ce abstraction faite du plus ou moins d'avantage que le donataire aura pu retirer de cette aliénation. — Coin-Delisle, sur l'art. 958, no 11.

969. — Pour les difficultés que ces deux solutions faisaient naître dans l'ancien droit, V. Ricard, part. 2e, no 717; Ferrière, *sur Paris*, préf. du tit. 13, § 4, no 35; Pothier, *Donat.*, sect. 3e, art. 3, § 4, et *Cout. d'Orléans*, Introd. au tit. 15, no 116; Dumoulin, *loc. cit.*, no 57; Auroux, *sur Bourbonnais*, art. 225, no 32; Furgole, nos 160 et suiv.

970. — Dans l'ancien droit, on décidait : 1o que le donateur avait un droit sur la chose donnée en contre-échange de l'immeuble qui avait fait l'objet de la libéralité; — 2o que si l'aliénation avait eu lieu par vente, il avait un droit au prix. — Furgole, no 157; Pothier, *Donat.*, sect. 3e, art. 3, § 4.

971. — Ces deux questions doivent être aujourd'hui décidées par la négative; car la loi n'établit, au profit du donateur, de subrogation ni d'une chose à l'autre, ni du prix à la chose. — Coin-Delisle, sur l'art. 958, no 12.

ART. 4. — *Révocation pour cause de survenance d'enfans.*

§ 1er. — *Historique. — Dispositions générales.*

972. — La révocation des donations pour cause de survenance d'enfant tire son nom d'une loi de l'empereur Constance, en l'an 355, loi spéciale aux donations faites aux affranchis. — Cette constitution, insérée au Code de Justinien (L. 8, Cod., *De revoc. don.*), est ainsi conçue : « SI UNQUAM *libertis patronus, filios non habens, bona omnia vel partem aliquam facultatum fuerit donatione largitus, et postea susceperit liberos, totum quidquid largitus fuerat, revertatur in ejusdem donatoris arbitrio ac ditione mansurum.* »

973. — On peut consulter sur cette loi, le canon *quicumque*, C. 17, quest. 4. — Tiraqueau, in leg. *Si unquam*, gl. in vo *Libertis*, no 1 ad 74; ff., *De obseq. parent. et patron. præst.*, *De bonis libert.*, *Si quid in fraud. patron.*; Ricard, part. 3e, nos 562 et suiv.; Furgole, quest. 14, nos 34 à 40.

974. — Et sur les nombreuses controverses qu'elle a soulevées, lorsqu'on a voulu en généraliser l'application, V. plus particulièrement Papon, sur la loi *Si unquam*; Ricard, part 3e, ch. 3; Ferrière, *Sur Paris*, préf. du tit. 13, § 5, col. 1109 à 1146; Furgole, *Quest. sur les donat.*, quest. 11 à 20; Berriat Saint-Prix, *Mém. sur la révoc. des donat. par surven. d'enfans*, p. 11.

975. — L'ordonn. de 1731 (art. 39 à 45) a fait cesser la plupart de ces controverses. L'art. 39 portait : « Toutes donations entre-vifs faites par personnes qui n'avaient point d'enfans ou de descendans actuellement vivans dans le temps de la donation, de quelque valeur que lesdites donations puissent être, et à quelque titre qu'elles aient été faites, et encore qu'elles fussent mutuelles ou rémunératoires, même celles qui auraient été faites en faveur de mariage par autres que par les conjoints ou les ascendans, demeureront révoquées de plein droit par la survenance d'un enfant légitime du donateur, même d'un posthume, ou par la légitimation d'un enfant naturel par mariage subséquent, et non par aucune autre sorte de légitimation. »

976. — La loi du 17 niv. an II n'a point abrogé cet article. — *Cass.*, 29 messid. an XI, Crossard c. Provost.

977. — Lors des travaux préparatoires du Code civ., la section de législation proposa (art. 65 du

projet), non pas la révocation des donations pour survenance d'enfans, mais seulement la réduction, dans ce cas, à la quotité disponible. — V. les motifs donnés par Tronchet, Bigot-Préameneu, Treilhard (séance du 19 vent. an XI). — V. aussi Berriat Saint-Prix, *ubi suprà*, p. 16.

978. — Ces motifs ont été réfutés, et, en conséquence, l'article rejeté fut remplacé par les dispositions empruntées au droit établi par l'ordonnance de 1731 (suivant les expressions du procès-verbal du conseil d'état).

979. — De là il résulte que tout le système de l'ordonn. de 1731, en cette matière, est passé dans les art. 960 à 966, C. civ.; et que les points douteux peuvent, en conséquence, être éclairés par la jurisprudence ancienne.

980. — L'art. 960, presque littéralement copié sur l'art. 39 de l'ordonn. de 1731 porte : « Toutes donations entre-vifs faites par personnes qui n'avaient point d'enfans ou de descendans actuellement vivans dans le temps de la donation, de quelque valeur que ces donations puissent être, et à quelque titre qu'elles aient été faites, et encore qu'elles fussent mutuelles ou rémunératoires, même celles qui auraient été faites en faveur du mariage par autres que par les ascendans aux conjoints, ou par les conjoints l'un à l'autre, demeureront révoquées de plein droit par la survenance d'un enfant légitime du donateur, même d'un posthume, ou par la légitimation d'un enfant naturel par mariage subséquent, s'il est né depuis la donation. »

981. — Cet article et les suivans ont-ils été établis dans l'intérêt du donateur, ou spécialement dans l'intérêt des enfans?

982. — Suivant les lois romaines, on décidait, d'une manière générale, que la révocation des donations pour cause de survenance d'enfans n'avait pas lieu au profit des enfans, sans demande de la part du père donateur. — *Bruxelles*, 1er août 1810, Mascart c. Ratel.

983. — D'une autre part, en France, on a toujours regardé la survenance d'enfans comme révoquant la donation de plein droit; les auteurs enseignent même que les enfans peuvent revendiquer les choses données, quoique le donateur n'ait formé aucune demande : il est certain, disent-ils, que le donateur ou ses enfans doivent réclamer, mais il n'est pas nécessaire que la demande soit formée par le donateur. La survenance d'enfans donne ouverture à l'action; elle ne peut plus se prescrire que par trente ans; elle est *in bonis*. Les enfans la trouvent dans la succession de leur père. S'il ne l'a point exercée, ils peuvent eux-mêmes l'exercer tant que la prescription n'est point accomplie. — Enfin, soit dans les discussions du conseil d'état, soit dans l'exposé des motifs, les orateurs se sont attachés à répéter que cette révocation était établie dans l'intérêt des enfans. — V. aussi Berriat Saint-Prix, *ubi suprà*, p. 16 et suiv.

984. — Si l'on ne veut parler que de l'intérêt indirect que peut avoir l'enfant à ce que les biens donnés rentrent dans la fortune de son auteur où il pourra les trouver un jour, il faut admettre cette opinion. — Mais il n'en est plus de même, si l'on entendait par là donner à l'enfant un droit tel, que, du vivant du donateur, il pût exercer personnellement l'action en révocation, ou, après sa mort, faire juger la question de révocation non comme héritier, mais comme enfant du donateur. — Coin-Delisle, sur l'art. 960, nos 5 et 48.

985. — Ce qui prouve, en effet, que l'action en révocation est, dans le sens légal, introduite dans l'intérêt exclusif du donateur, c'est que les biens rentrent dans le patrimoine du donateur (C. civ., art. 963); qu'il peut en disposer de nouveau (art. 964); que la révocation persiste malgré le décès de l'enfant (art. 964). — Toullier, t. 5, no 302; Grenier, t. 1er, no 203; Coin-Delisle, sur l'art. 960, nos 5 et 48. — V. encore Furgole, quest. 16, nos 10 à 12.

986. — Jugé au contraire que la révocation des donations pour cause de survenance d'enfans est établie dans l'intérêt de l'enfant; — qu'ainsi, l'enfant qui demande à prouver qu'une vente faite avant sa naissance par son père est une donation déguisée dont la révocation doit être prononcée pour cause de survenance d'enfant, n'est pas non-recevable à faire cette preuve sous le prétexte que l'auteur de la dissimulation d'un acte ne pouvant être admis à opposer la fraude à laquelle il a volontairement participé, ses héritiers, qui le représentent, sont également non-recevables à l'alléguer. — *Cass.*, 6 nov. 1832, Avon; confirmatif de *Nîmes*, 26 nov. 1828. — V. aussi les motifs de l'arrêt de *Toulouse*, 9 janv. 1821, Darmenté c. Buzy.

987. — Nonobstant ces dernières décisions, nous pensons que si, sur la demande en révocation d'une donation déguisée sous la forme d'un contrat onéreux intentée par le donateur, un jugement avait déclaré que l'acte n'était pas une dona-

tion; il y aurait violation de la chose jugée, dans le cas où l'on admettrait les enfans à se prévaloir de leur prétendu droit personnel à l'action en révocation, pour soulever de nouveau la question de simulation. — V. conf. Coin-Delisle, sur l'art. 961, nº 48.

988. — ... Cela n'exclut pas l'action des enfans dans les cas où ils pourraient l'intenter, soit en leur qualité d'héritiers, soit même en vertu d'un droit personnel, par exemple, si, dans l'intérêt de leur réserve, ils proposent l'exception de simulation contre l'acte qu'ils prétendent frauduleux. — Coin-Delisle, sur l'art. 960, nº 48.

989. — On a décidé, en effet, dans ce dernier cas, qu'on ne peut leur opposer l'exception de chose jugée résultant de l'arrêt qui a rejeté la première demande. — *Cass.*, 5 juin 1821, Girault c. Laurendeau, et (par suite du renvoi), *Bourges*, 11 déc. 1821, mêmes parties; — Merlin, *Rép.*, vº *Chose jugée*, § 1er *bis*, nº 2; Toullier, t. 8, nº 526; Rolland de Villargues, *Rép.*, vº *Ratification*, nº 89.

990. — De la solution que nous admettons combinée avec le principe que la révocation s'opère de plein droit par la survenance d'enfans, il résulte encore qu'après la mort du donateur, les enfans n'ont pas l'option entre l'exercice de l'action en réduction et celui de l'action en révocation. — Coin-Delisle, sur l'art. 960, nº 48.

991. — La révocation ayant lieu de plein droit il s'ensuit que le donateur n'a pas besoin de former de demande pour exercer son droit, et qu'il peut agir directement par voie de revendication, lorsque la chose donnée est un corps certain. — Coin-Delisle, sur l'art. 960, nº 46.

992. — Les biens rentrant *de plano* dans la fortune du donateur par la survenance même des enfans, la question de savoir quelles personnes peuvent agir par suite de cette révocation relativement aux biens restitués ou qui doivent l'être, se décide d'après les principes généraux. — Ainsi auront le droit d'agir : 1º le propriétaire (c'est ici le donateur); 2º ses héritiers; 3º ses cessionnaires; 4º ses créanciers, soit par voie de saisie, soit comme exerçant ses droits. — Coin-Delisle, sur l'art. 960, nº 47, et sur l'art. 953, nº 16.

993. — Quant au cessionnaire, il faut remarquer qu'il ne peut y avoir de cession valable qu'autant que cette union aurait été faite postérieurement au fait qui donne lieu à la révocation, c'est-à-dire la survenance d'enfans; autrement il serait toujours facile de renoncer indirectement à l'action en révocation, puisqu'à l'aide de cessions successives, il serait possible de remonter jusqu'au donataire, et de faire évanouir ainsi d'une manière absolue le bénéfice de la révocation. — Coin-Delisle, sur l'art. 960, nº 49.

994. — Toute clause ou convention par laquelle le donateur aurait renoncé à la révocation de la donation pour survenance d'enfans doit être regardée comme nulle et ne peut produire aucun effet. — Ord. 1731, art. 44; — C. civ., art. 965.

995. — Cette renonciation ne serait pas valable alors même qu'elle aurait été faite indirectement. — Bourjon, *Donat. entre-vifs*, tit. 4, part. 6e, ch. 2, sect. 3e, nº 14, et Denisart, vº *Révocation de donation*, nº 6, qui cite une sentence du Châtelet du 10 sept. 1756.

996. — Dès-lors, dans le cas de donation déguisée sous la forme de contrat de vente moyennant le service d'une rente viagère au donateur, la révocation de cette donation peut être demandée par le donateur, encore bien que depuis la survenance d'enfans, il ait reçu le paiement des arrérages. — *Montpellier*, 12 juin 1834, de Meaux c. Randon.

997. — Le donateur ne pourrait pas renoncer au bénéfice de la révocation, même après le décès des enfans : ce serait un acte confirmatif de la donation proscrit par les art. 43, ord. et 963, C. civ. — Furgole, *ibid.*; Coin-Delisle, sur l'art. 965, nº 1er.

998. — Il y a cependant à cette prohibition une exception, lorsque le donateur, venant à se marier avec la personne à laquelle il a fait antérieurement une donation, renonce, dans son contrat de mariage, à la révocation pour cause de survenance d'enfans; ce qui, même dans ce cas, ne pourrait pas avoir lieu postérieurement au mariage. — Coin-Delisle, sur l'art. 960, nº 45 et sur l'art. 965, nº 4.

999. — « Le donataire, ses héritiers ou ayant-cause, *ou autres détenteurs* des choses données, ne peuvent opposer la prescription pour faire valoir la donation révoquée par la survenance d'enfans, qu'après une possession de trente années, qui ne commence à courir que du jour de la naissance *du dernier enfant* du donateur, même posthume; et ce, sans préjudice des interruptions *telles que de droit.* » — C. civ., art. 966; ord. 1731, art. 45.

1000. — Jugé, dès-lors, que la prescription de trente ans, et non celle de l'art. 1304, C. civ., est seule applicable à la révocation des donations pour cause de survenance d'enfans. — *Cass.*, 6 nov. 1832, Avon; — Toullier, t. 5, nº 320.

1001. — Les tiers qui détiendraient les choses données, même avec titre et bonne foi, ne pourraient pas, dans le cas de l'art. 966, opposer la prescription de dix et vingt ans : c'est une exception à l'art. 2265. — Coin-Delisle, sur l'art. 966, nº 3.

1002. — Avant l'ordonnance, c'était de la naissance du premier enfant que partait le délai de la prescription. — Ricard, part. 3, nº 660; Ferrière, *Préf. sur le tit. 13 de la Cout. de Paris*, § 5, *Quest.* 6e, nºs 18 et 19.

1003. — Le mot *interruptions* de l'art. 966 comprend évidemment les *suspensions*. — Furgole, sur l'art. 45, nº 3; Duranton, t. 8, nº 602; Poujol, sur l'art. 966, nº 3; Vazeille, sur l'art. 966, nº 3; Grenier, nº 207; Delvincourt, p. 292; Coin-Delisle, sur l'art. 966, nº 2.

§ 2. — *Quelles donations sont révoquées par survenance d'enfant.*

1004. — C'est un principe général, ainsi qu'on l'a vu (*suprà* nº 795), que la survenance d'enfans révoque toutes donations entre-vifs, de quelque nature qu'elles soient, soit à titre universel, soit à titre particulier. — Mais il faut pour cela qu'il y ait eu réellement libéralité.

1005. — Jugé, dès-lors, que les donations à titre onéreux sont affranchies de la révocation par survenance d'enfans prononcée par l'art. 960, C. civ. — *Cass.*, 2 avr. 1829, de Saint-Michel c. Ducos; — Pothier, *Introd. au tit. 15 de la Cout. d'Orléans*, nº 114; Coin-Delisle, sur l'art. 953, nº 11.

1006. — ... Qu'une donation ne peut être révoquée pour cause de survenance d'enfans en vertu des art. 953 et 960, C. civ., si de ses clauses et stipulations il résulte qu'elle est moins un acte de libéralité qu'un contrat commutatif. — *Cass.*, 25 (et non 24) mai 1835, Fournier c. Blanchon et Pierre Fournier; confirmatif de *Bordeaux*, 13 avr. 1835; *Bordeaux*, 10 avr. 1843 (t. 2 1843, p. 734), Lambert c. Matrat.

1007. — Mais jugé que la vente d'un immeuble faite moyennant une rente viagère dont le taux n'excède pas les revenus de l'immeuble, doit être considérée comme une donation déguisée et révoquée pour cause de survenance d'enfant. — *Montpellier*, 12 juin 1834, de Meaux c. Raudin.

1008. — Avant le Code, la donation des droits éventuels, tels que droits successifs, était valable et a pu être révoquée par la survenance d'enfant. — Une cour royale a pu décider qu'une telle donation, faite par un frère, au profit de son frère, en présence du père commun qui assigne, dans le même acte, des parts à ses enfans, constitue une donation de droits éventuels, et non une cession de biens. — *Cass.*, 17 nov. 1829, Dugon.

1009. — Les clauses de réversibilité stipulées dans des contrats de rente viagère, au profit de tiers qui n'ont fourni aucuns deniers, n'avaient point le caractère de donation révocable par survenance d'enfans, lorsqu'elles avaient été faites en vertu d'édits qui les autorisaient formellement. — *Paris*, 24 vent. an XII, Barbier de Villeneuve c. Barbier.

1010. — Le célibataire qui a fait une donation déguisée sous la forme d'un contrat onéreux, et qui s'est marié ensuite, peut être admis à prouver cette simulation et à demander la révocation de l'acte, dans l'intérêt des enfans survenus de son mariage. — *Toulouse*, 9 janv. 1821, Darmenté c. Buzy.

1011. — En pareil cas, et bien qu'il soit de règle que les parties contractantes ne soient pas recevables à arguer de simulation les actes qu'elles ont consentis (Danty, *Preuve par témoins*, chap. 7), le donateur est réputé agir moins dans son intérêt que dans celui de ses enfans. — Coin-Delisle, sur l'art. 953, nº 8.

1012. — La révocation a lieu, quelle que soit la qualité du donateur, quand même, par exemple, il s'agirait de la donation faite par un maître à son domestique.

1013. — Ainsi, la cour impériale de Bruxelles avait jugé qu'une donation rémunératoire, telle qu'une constitution de rente viagère, consentie au profit d'un ancien domestique, en reconnaissance de ses services n'est point sujette à la révocation pour cause de survenance d'enfans. — *Bruxelles*, 16 janv. 1812, Pillaen c. Vanswae. — Mais cet arrêt a été cassé par la cour suprême de Bruxelles, le 30 juin 1815, mêmes parties.

1014. — La révocation s'opère, quel que soit le sexe du donateur. — Furgole, sur l'art. 39; Bergier sur Ricard, part. 3, nº 598; Duranton, nº 284. — Les causes qui avaient donné naissance à la controverse sur ce point n'existent plus. — Lamoignon, *Arrêtés, tit. des Donat.*, art. 47; Lemaître, *sur cout. de Paris*, tit. 13, p. 390; Furgole, *Quest.* 20; Roussilhe, *Jurispr. des don.*, nº 550 *in fine*.

1015. — La révocation frappe même les donations faites en faveur du mariage. — C. civ., art. 960. — Ricard, part. 3e, nºs 606 et suiv.; de la Rouvière, *Tr. de la révoc. des donat. par la naiss. des enf.*, chap. 10; Cambolas, liv. 5, chap. 48; Furgole, quest., 11, nº 1 à 7.

1016. — ...Sauf les donations faites par les conjoints l'un à l'autre, ou par les ascendans aux conjoints. — C. civ., art. 960. — V. DONATION ENTRE ÉPOUX, DONATION PAR CONTRAT DE MARIAGE.

1017. — Jugé que les donations faites avant le Code civil par l'un des époux à l'autre, par contrat de mariage, pour avoir lieu même au cas où il y aurait des enfans, ne sont pas révoquées par la survenance d'enfans. — *Paris*, 1er juin 1811, Cerveau c. Larue.

1018. — L'institution contractuelle par laquelle les père et mère du futur époux donnent à leur future bru, dans le cas où leur future bru décéderait avant eux ou l'un d'eux sans enfans existans du futur mariage, l'universalité des biens meubles et immeubles présens et à venir qu'ils possèdent et posséderont au jour de leur décès, n'est pas révoquée par la survenance d'un enfant issu du second mariage du père du futur époux. — *Rouen*, 24 mai 1841 (t. 1er 1841, p. 749), Petit.

1019. — Nous croyons, contrairement à l'opinion de M. Coin-Delisle (sur l'art. 950, nº 41), que la donation faite en faveur du mariage par un père adoptif, n'est pas révoquée par la survenance d'enfant légitime.

1020. — Il en est de même des donations faites à l'enfant naturel, dans son contrat de mariage, par son père ou sa mère qui n'avait pas d'enfant légitime lors de la donation. — Pour l'opinion contraire, V. Coin-Delisle, sur l'art. 690, nº 40.

1021. — Les enfans d'un premier époux étant des tiers par rapport au nouveau conjoint, si celui-ci leur fait une donation par son contrat de mariage, cette donation serait révoquée par la survenance d'enfant né soit de ce mariage, soit d'un mariage contracté ultérieurement. — Furgole, sur l'art. 39; Poullain-Duparc, *Princ. du dr. franç.*, liv. 3, ch. 18, sect. 1re, nº 25; Dumoulin, *Tract. de don. in contract. matrim. fact.*, nº 25; Coin-Delisle, sur l'art. 690, nº 43.

1022. — La donation faite par contrat de mariage à titre de constitution de dot, par un père à son enfant naturel légalement reconnu, n'est pas révoquée par la survenance d'un enfant légitime né du mariage contracté ultérieurement par le donateur. — *Paris*, 29 déc. 1843 (t. 1er 1844, p. 182), Biscuit; *Cass.*, 10 juill. 1844 (t. 2 1844, p. 326), mêmes parties.

1023. — Une pareille donation ne tombe pas sous l'application de l'art. 960, C. civ., soit parce qu'elle constitue au profit de l'enfant naturel une anticipation sur ses droits futurs dans la succession de son père, et qu'il a droit de conserver pendant la vie de celui-ci. — Mêmes arrêts.

1024. — ...Soit parce qu'elle est de la part du père l'acquit d'une obligation naturelle, qui, ayant été volontairement acquittée, n'est point susceptible de répétition. — Mêmes arrêts.

1025. — En admettant que la donation entre-vifs d'un immeuble de la communauté faite à d'autres qu'à des enfans communs par la femme, même avec le concours de son mari, ne fût pas nulle, une semblable donation serait révoquée de plein droit par la survenance d'un enfant du deuxième mariage du mari donateur. — *Caen*, 8 mars 1843 (t. 2 1843, p. 823), Varin c. Dodman; *Riom*, 5 janv. 1844 (t. 2 1844, p. 464), Albert c. Bobat.

1026. — La donation de biens présens faite par l'un des conjoints à l'autre, dans leur contrat de mariage, n'est point révoquée par la naissance d'un enfant qu'après la dissolution de ce mariage sans enfans le donateur aurait eu d'un mariage postérieur.

1027. — Jugé, en conséquence, que la donation entre-vifs faite par un mari à sa femme dans le contrat de mariage, de tous les biens qu'il avait alors, n'a point été révoquée par la survenance d'un enfant que le donateur, devenu veuf, a eu d'un mariage postérieur. — *Cass.*, 29 messid. an XI, Crossard c. Prévost. — V. Duranton, t. 8, nº 532; Poujol, sur l'art. 960, nº 10; Coin-Delisle, sur l'art. 960 nº 14; Chabot, *Quest. trans.*, vº *Révocation des donations*, t. 1er, nº 3; Merlin, *Quest. de dr.*, vº *Révocation des donations*, § 1er; Toullier, t. 5, nº 310. — V. cependant Furgole et Prévost de La Janès, *Comment.* sur l'art. 30, ord. 1731; Grenier, t. 1er, nº 199; Delvincourt, t. 2, p. 289, notes; Guilhon, nº 790; Vazeille, sur l'art. 960, nº 16. — V. aussi Dumoulin, *loc. cit.*, nº 22, *ad.*

1028. — Si deux personnes dont l'une aurait

fait une donation à l'autre venaient à se marier, la donation se trouverait révoquée par la naissance de leur enfant. — Duranton, t. 8, n° 574, à la note ; Guilhon, n° 790, *in fine*. — Mais on pourrait éviter cette révocation en y renonçant par le contrat de mariage. — V. *suprà* n° 1016. — Coin-Delisle, n° 45, sur l'art. 960.

1029. — Une donation entre époux, passée sous l'ord. de 1731, n'était pas révoquée par survenance d'enfans. — *Paris*, 24 avr. 1821, N...

1030. — La même règle s'applique encore aujourd'hui aux donations faites entre époux pendant le mariage. — C. civ., art. 1094 et 1096. — V. DONATION ENTRE ÉPOUX.

1031. — Dans le cas de survenance d'enfant, la révocation de l'une des donations mutuelles entraîne la résolution de l'autre, car l'une était la condition de l'autre. — V. Grenier, n° 187 *bis* ; Toullier, n° 308 ; Coin-Delisle, sur l'art. 953, n° 13 ; Duranton, n° 590 ; Pothier, *Donat. entre-vifs*, sect. 3e, art. 2, 91, 8e alin. ; Poujol, sur l'art. 960, n° 14 ; Vazeille, sur l'art. 960, n° 14. — V. cependant Delvincourt, p. 287 ; Guilhon, n° 781.

1032. — La révocation, pour cette cause, aurait lieu même à l'égard des donations faites aux pauvres ou aux établissemens publics. — V. Poujol, n° 18, sur l'art. 960.

§ 3. — *Cas de révocation par survenance d'enfans.*

1033. — Le Code civ. (art. 960), de même que l'ord. de 1731, n'admet pour la révocation de la donation faite par celui qui n'avait ni enfans ni descendans alors vivans, que deux faits constitutifs de la survenance d'enfans : 1° la survenance d'un enfant légitime ; — 2° la légitimation par mariage subséquent d'un enfant naturel, s'il est né depuis la donation.

1034. — Le bénéfice de la révocation prévue par l'art. 960, C. civ., n'a lieu qu'au profit des personnes qui n'avaient pas d'enfans ou descendans vivans dans le temps de la donation. — *Rouen*, 24 mai 1840 (t. 1er 1841, p. 749), Petit.

1035. — Il est incontestable que, bien que le mot *enfans* soit au pluriel, il suffit que le donateur ait *un seul* enfant au moment de la donation pour que la libéralité ne soit pas révocable par la survenance d'un autre enfant. — L. 148, ff., *De verb. sig.* — V. Cujas, *Obs.*, lib. 20, cap. 5 ; Ricard, part. 3, n° 593 et suiv. ; Furgole, sur l'art. 39 ; Pothier, *Donat.*, sect. 3e, art. 2, § 2 ; Bourjon, 6e *part. des donat.*, ch. 2, sect. 1re, n° 1er ; Grenier, n° 182 ; Duranton, t. 8, n° 574, à la note.

1036. — Sous le Code civil, de même que sous la loi romaine, et sous le système de l'ordonnance, la donation reste irrévocable quand le donateur a un petit-fils, ou un arrière-petit-enfant. — C. civ., art. 960 ; — ord. de 1731, art. 39 : L. 220, § 3, ff., *de verb. signif.* — V. Furgole et Pothier, *loc. cit.*

1037. — La donation faite par un père à un fils unique ou bien à tous les enfans qu'il a, n'est pas révocable par la survenance d'autres enfans. — Cette solution incontestable sous le Code civ., faisait difficulté dans l'ancien droit. — Balde, *in leg.* 1, *De inoff. donat.* ; Godefroi, *in leg.* 5, *Cod.* ; Furgole, *Quest.* 13, n° 7 ; Arnaud de la Rouvière, *Tr. de la rev. des donat.*, chap. 13 ; Tiraqueau, *in v° Libertis*, n° 77 ; Bergier, sur le chap. 13 ; d'Arnaud de la Rouvière.

1038. — L'existence de l'enfant légitimé, au moment de la donation, a le même effet que celle de l'enfant légitime. — C. civ., art. 960. — V. encore art. 333.

1039. — L'art. 960, dans sa première partie, ne s'applique-t-il qu'aux enfans légitimes, ou bien comprend-il aussi les enfans naturels qu'aurait le donateur au moment de la libéralité ?

1040. — La jurisprudence ancienne n'y comprenait pas les bâtards. — Pothier, *Donat.*, sect. 3e, art. 2, § 2, 7e alin. ; Prevôt de la Janès, t. 2, p. 19, n° 465. — V. aussi arrêt du grand conseil 19 févr. 1544, cité par Dumoulin ; *Parlem. Paris*, 4 févr. 1606, cité par Ricard ; Dumoulin, *De donat in contr. matrim. factis*, n° 83 ; Ricard, nos 599 à 601.

1041. — Nous croyons que les motifs puisés dans les principes du droit ancien ont été trop modifiés par rapport aux enfans naturels, pour qu'on puisse s'en étayer ; et comme les sentimens d'affection paternelle étaient éveillés dans l'esprit du donateur au moment de la donation, nous pensons, contrairement à l'opinion de M. Coin-Delisle (sur l'art. 960, nos 17 et 18), que l'existence d'un enfant naturel suffirait pour empêcher le droit de révocation, en cas de survenance d'enfans. Nous ajouterons que le mot *légitime* énoncé dans la dernière disposition de l'art. 960 ne l'a pas été au commencement, et qu'il est difficile de ne pas voir dans ce rapprochement l'indication de la volonté du législateur. — LL. 17, § 4 et 77, § 1er, ff., *Ad. sen.-cons. Trebell.* — V. Guilhon, n° 763.

1042. — ... A plus forte raison, faut-il le décider ainsi, quand c'est le fils naturel lui-même qui est donataire. — Guilhon, *ibid.*

1043. — Les partisans de l'opinion contraire sont forcés d'en admettre la conséquence, et de déclarer la libéralité révocable, même dans ce cas. — Coin-Delisle, sur l'art. 960, n° 18.

1044. — Toutefois, ils sont obligés d'atténuer les effets de ce système, non seulement en faisant des exceptions pour les dons alimentaires (ce que l'ancien droit lui-même admettait. — *Parlem. Paris*, 13 fév. 1645, *au journ. des aud.*, liv. 4, chap. 18 ; — Soefve, cent. 1, chap. 76 ; Furgole, *Quest.* 18, nos 1er à 14) et pour les dispositions faites dans le cas de l'art. 761, C. civ. ; mais encore en donnant aux juges, à cet égard, un pouvoir d'appréciation tel que l'application de leur opinion n'est plus qu'une question de fait, au lieu de rester, ce qu'elle devrait être, une question de droit. — Coin-Delisle, sur l'art. 960, n° 18.

1045. — De ce que, d'une part, l'adoption n'est pas révoquée par la survenance d'enfans nés en mariage (C. civ., art. 348) ; de ce que, d'autre part, les enfans adoptifs ont sur la succession de l'adoptant les mêmes droits que ceux qu'y aurait l'enfant né en mariage, même quand il y aurait des enfans de cette dernière qualité nés depuis l'adoption (C. civ., art. 350), et que les donations faites à ces derniers sont toujours irrévocables, même en cas de survenance d'autres enfans ; — il y a lieu de conclure que l'existence, au moment de la donation, d'un enfant adoptif qui lui-même est donataire, a le même effet que *celle* d'un enfant légitime. — *Contrà* Coin-Delisle, sur l'art. 960, n° 20.

1046. — Toutefois, il ne faudrait pas étendre cette solution au cas de l'existence de l'enfant adoptif au moment de la donation, s'il n'était pas lui-même donataire. Dans ce cas, la survenance d'un enfant en mariage devrait révoquer la donation, à l'encontre de l'étranger donataire. — Coin-Delisle, sur l'art. 960, n° 19.

1047. — La donation faite pendant la mort civile du fils unique du donateur est révoquée par la naissance d'autres enfans, de même que si ce fils était mort naturellement. — Duranton, n° 578 ; Poujol, sur l'art. 960, n° 6 ; Coin-Delisle, sur l'art. 960, n° 24 ; Grenier, n° 184 *bis*. — *Contrà* Toullier (t. 5, n° 300), qui pense que c'est donner une extension arbitraire au mot VIVANS, qui ne doit s'entendre ici que de la vie naturelle. — Mais on répond qu'il a cessé de faire partie de la famille civile. — V. aussi les distinctions de Guilhon, n° 768.

1048. — L'enfant absent au moment de la donation et qui ne reparaît pas n'empêche pas la révocation, au cas de survenance d'autres enfans. — Coin-Delisle, sur l'art. 960, n° 26. — V. conf. implicit. Grenier, n° 183 ; Delvincourt, t. 2, p. 80 ; Vazeille, sur l'art. 960, n° 6.

1049. — Suivant M. Guilhon (n° 766), la révocation ne s'opérerait qu'autant que la révocation serait postérieure à la déclaration d'absence.

1050. — Le retour de l'enfant absent au moment de la donation n'opère pas révocation de cette donation. — C. civ., art. 960 ; ord. 1831, art. 39 ; — Toullier, nos 299 et 300 ; Coin-Delisle, sur l'art. 960, n° 27 ; Duranton, nos 579, 580 et 583.

1051. — M. Poujol (sur l'art. 960, nos 6 et 9) considère le retour de l'absent comme n'entraînant la révocation que dans le cas où l'absence aurait été déclarée en justice.

1052. — Enfin, quelques auteurs voient dans ce retour une espèce de renaissance qui opère révocation. — Vazeille, sur l'art. 960, n° 6 ; Delvincourt, t. 2, p. 80, note 9e ; Grenier, n° 183.

1053. — Ces auteurs décident de même dans le cas où le mort civilement serait rendu à la vie civile, soit par l'effet de la grace, soit par la justification après les délais accordés pour purger la contumace. — C'était aussi l'opinion des anciens auteurs.

1054. — Mais nous ne pouvons l'admettre sous le Code civil : il est, en effet, impossible d'entendre le mot *survenance* autrement qu'eu égard aux deux cas de naissance et de légitimation, car l'art. 962, C. civ., a pris soin d'en expliquer le sens, en prenant pour point de départ de la restitution des fruits dus par suite de la révocation pour survenance d'enfans, la notification de la *naissance* et de la *légitimation* ; ce qui est exclusif de tout autre fait à notifier, et par conséquent, du retour de l'absent, ou de la réintégration du mort civil dans ses droits.

1055. — Nous admettons, toutefois, que, lors de la donation, le père dont l'enfant est absent ou mort civilement pourra stipuler valablement que la donation sera révoquée au cas de retour ou de réintégration : mais ce serait là une convention qui devrait être exécutée comme toute autre, c'est-à-dire dans les limites exprimées par les parties, ce qui est tout différent de la révocation légale. — Toullier, t. 5, nos 299 et 300 ; Grenier, n° 183 ; Coin-Delisle, sur l'art. 960, n° 28.

1056. — Quant à la mort civile du donateur lui-même, elle a pour effet de mettre la donation à l'abri de la révocation, même pour le cas où des enfans surviendraient au donateur d'un mariage contracté depuis son retour à la vie civile. — Spécialement, la donation entre-vifs qu'un religieux a faite avant sa profession, n'est point révoquée par la naissance d'un enfant survenu au donateur marié depuis l'abolition des vœux monastiques. — *Liége*, 27 mai 1820, Delahamaide c. Guiffier. — V. cependant contre cette décision, une consultation de Merlin et Berlier, *Quest. de droit*, v° *Révocation de donat.*, § 3.

1057. — La donation est révoquée par la naissance d'un enfant, bien qu'il fût conçu au temps de la donation. — C. civ., art 961 ; ord. 1731, art. 40. — *Parlem. Bordeaux*, 17 août 1673, au *J. du Palais* ; *Parlem. Toulouse*, 8 sept. 1697 ; — Furgole, sur l'art. 40, ord. 1831.

1058. — Mais pour que la naissance d'un enfant posthume ou autre, né vivant, ait l'effet de révoquer une donation, il faut qu'il soit né viable. — *Bordeaux*, 8 fév. 1830, Merle c. Doret ; — Furgole, sur l'art. 39, ord. 1731 ; Coin-Delisle, sur l'art. 960, C. civ., n° 31.

1059. — Lorsqu'un ayeul fait une donation après la mort de son fils unique, cette donation se trouve révoquée par la naissance d'un enfant posthume de ce fils ; et ce bien que le Code civil se serve du mot *enfant*, sans ajouter descendant, parce que le mot *enfant* avait, dans l'ordonnance à laquelle il a été emprunté, le sens de descendant, suivant la loi 220, § 2, ff., *De verb. signif.* — Papon, sur la loi *Si unquàm* ; Tiraqueau, *In verb. filios non habens* ; A. de la Rouvière, ch. 5, *in fine* ; Furgole, sur l'art. 39 ; Pothier, *Donat.* sect. 3e, § 3 ; Coin-Delisle, sur l'art. 960, n° 32.

1060. — La survenance d'un enfant né d'un mariage déclaré nul révoque-t-elle la donation que son père ou sa mère a faite antérieurement à sa naissance ?

1061. — Pour résoudre cette question, il faut se rappeler que le mariage putatif produit les effets civils, tant à l'égard des enfans qu'à l'égard de l'époux ou des époux de bonne foi. — C. civ., art. 201. — D'où il résulte que, lorsque l'époux donateur est de bonne foi, la naissance de son enfant révoque la libéralité.

1062. — Mais, quand la donation a été faite par un époux de mauvaise foi, nous ne pensons pas que la donation soit révoquée, nonobstant la survenance d'un enfant pendant le mariage putatif. — Furgole, *Quest.* 17, nos 1er à 39 ; Pothier, *Cout. d'Orléans*, *introd. au tit.* 5, n° 106 ; Roussilhe, *Jurispr. des don.*, nos 546 à 548 ; Grenier, n° 191 ; Toullier, n° 302 ; Poujol, sur 960, n° 12 ; Coin-Delisle, sur l'art 960, n° 33.

1063. — Trois autres opinions ont été émises sur cette question : 1° la révocation a lieu au profit des enfans seulement qui appréhendent les biens du vivant même du donateur. — Delvincourt, t. 2, p. 80, note 9e.

1064. — ... 2° « Le meilleur moyen de concilier les droits des enfans sur les biens (dit M. Duranton, n° 586), ce serait de les leur réserver pour les exercer après la mort de leur père, en acceptant sa succession comme s'ils fussent nés d'un mariage légitime. » — Mais si le père ne peut, à cause de sa mauvaise foi, révoquer la donation, les enfans ne trouveront pas dans sa succeesion des biens qui n'y sont pas rentrés. — Coin-Delisle sur l'art. 960, n° 33.

1065. — ... 3° La révocation ayant été attachée à la légitimité de l'enfant, et étant inhérente à la personne du donateur, abstraction faite de sa bonne ou de sa mauvaise foi à l'égard du mariage, la donation se trouve révoquée, comme dans les cas ordinaires. — Guilhon, n° 773 ; Vazeille sur l'art. 960, n° 9. — Mais ce serait indirectement donner au père le droit d'invoquer à son profit les effets civils du mariage, ce que la loi refuse expressément. — Coin-Delisle, sur l'art. 960, n° 33.

1066. — Au reste, les enfans jouissant, dans ce cas, de tous les avantages de la légitimité, seront admis, lors de l'ouverture de la succession de leur père, à réclamer, s'il y a lieu, sur les biens donnés, la réserve à laquelle ils ont droit. — Pothier, Grenier, Toullier et Coin Delisle (*loc. cit.*)

1067. — Avant l'ord. de 1731, il était de jurisprudence que la légitimation par mariage subséquent révoquait la donation, même lorsque l'enfant légitimé était né auparavant. — Papon, sur la loi *Si unquam* ; Maynard, liv. 4, chap. 13, liv. 6, chap. 57 ; Brodeau sur Louet, *Lett.* D, somm. 52, nos 5 à 9 ; Ricard, part. 3, n° 599.

1068. — Cette jurisprudence était critiquée par Dumoulin (*In* 366 *consil. Decit*), par le motif que : « *Ne plus habeat luxuria quam castitas.* » — V. aussi Berault, sur *Normandie*, art. 440; Sœfve, 3e centurie, chap. 14.

1069. — Sous l'empire de l'ordonnance qui n'avait pas pris soin de faire de distinction à cause de l'époque de la naissance, la légitimation d'un enfant naturel par mariage subséquent, révoquait aussi les donations entre-vifs, même postérieures à la naissance de cet enfant. — *Cass.*, 28 frim. an XIII, Villers-Lafaye c. Lebrun. — V. Furgole, sur l'art. 39, et quest. 17; Pothier, *Donat.*, sect. 3e, art. 2, § 3.

1070. — Mais aujourd'hui, comme on l'a déjà vu, la légitimation d'un enfant naturel par mariage subséquent ne révoque les donations entre-vifs que dans le cas où l'enfant est né depuis la donation. — C. civ., art. 960. — Grenier, 1re part., no 193; Coin-Delisle, sur l'art. 960, no 35.

1071. — L'enfant conçu avant le mariage et né depuis, fût-ce même le lendemain de la célébration, naissant légitime, révoque la donation faite, soit avant sa conception, soit depuis, à moins qu'il ne soit désavoué. — C. civ., art. 314. — Coin-Delisle, sur l'art. 960, no 36.

1072. — L'adoption d'un enfant, postérieurement à une donation, ne révoque pas cette donation. — Delvincourt, t. 2, note 9, p. 80; Toullier, t. 5, no 303; Grenier, *Tr. de l'adopt.*, no 39; Duranton, t. 8, no 581; Coin-Delisle, sur l'art. 960, no 37.

§ 4. — *Effets de la révocation par survenance d'enfans.*

1073. — La révocation de la donation par survenance d'enfans a lieu de plein droit par le fait même de cette survenance. — C. civ., art. 960.

1074. — Cette révocation de plein droit a lieu lors même que le donataire serait entré en possession des biens donnés, et qu'il y aurait été laissé par le donateur depuis la survenance de l'enfant. — C. civ., art. 962; ord. 1731, art. 41.

1075. — Quant aux fruits, le donataire n'est tenu de restituer que ceux par lui perçus, de quelque nature qu'ils soient, depuis le jour de la naissance de l'enfant, ou depuis que sa légitimation par mariage subséquent lui a été notifiée par exploit ou autre acte en bonne forme; et cela quand même la demande pour rentrer dans les biens donnés n'aurait été formée que postérieurement à cette notification. — C. civ., art. 963; ord. 1731, art. 41.

1076. — Les fruits antérieurs à la naissance appartiennent sans distinction au donataire, quand même le donateur aurait conservé la possession de la chose donnée, pourvu qu'il ne s'en fût pas réservé l'usufruit. — Merlin, *Quest.*, vo *Révocation de donation*, § 2, Coin-Delisle, sur l'art. 962, no 3.

1077. — Jugé, en ce sens, que, lorsque la donation est révoquée pour cause de survenance d'enfans, le donataire est fondé à réclamer tous les fruits échus jusqu'à la révocation, encore qu'il n'ait jamais pris possession des biens donnés. — *Cass.*, 8 janv. 1816, Fabreguettes c. Vigourel. — Conf. Merlin, *Quest.*, vo *Révocation de donation*, § 2.

1078. — Mais, à l'inverse, la perception illégale et anticipée faite par le donataire en possession ne pourrait pas nuire au donateur. — Delvincourt, t. 2, p. 292.

1079. — Si la restitution a eu lieu avant toute notification, le droit aux fruits est perdu depuis le moment de la restitution. — Vazeille, sur l'art. 962, no 2; Coin-Delisle, sur l'art. 962, no 4.

1080. — Jusqu'à la notification prescrite par l'art. 962, le donataire acquiert les fruits du bien dont il est en possession. — Coin-Delisle, no 5, sur l'art. 962.

1081. — La notification pourrait-elle être remplacée par la connaissance personnelle qu'avait le donataire de la naissance ou de la légitimation de l'enfant? — Non, en thèse générale. — Pothier, *Donat.*, sect. 3e, art. 2, § 4; Toullier, t. 5, no 321; Grenier, t. 1er, p. 208; Delvincourt, t. 2, p. 293, note ; Coin-Delisle, sur l'art. 962, no 5.

1082. — Ainsi, le donataire n'est tenu de restituer les fruits perçus que du jour où la naissance de l'enfant lui a été notifiée, conformément à l'art. 962 du Code, lors même qu'il aurait, d'ailleurs, connu cet événement. — *Cass.*, 2 avr. 1829, De Saint-Michel c. Ducos.

1083. — Jugé, cependant, que la notification peut être suppléée par tout acte duquel il résulte *nécessairement* que le donataire a eu une connaissance *parfaite* de la naissance de l'enfant, notamment par la nomination du donataire à la tutelle de cet enfant. — *Cass.*, 6 nov. 1834, Avon.

1084. — La notification peut être faite soit par un exploit en bonne forme, ce qui implique l'idée que le donataire pourrait opposer les nullités de forme pour refuser la restitution des fruits, soit même par acte sous seing-privé, pourvu qu'il soit prouvé que le donataire a été informé du fait révocatoire. — Coin-Delisle, no 6, sur l'art. 962, no 6.

1085. — Les fruits sont dus du jour de la notification, quand même plus de trois ans se seraient écoulés entre la notification et la revendication, car cet acte extrajudiciaire n'est pas soumis à la péremption. — Furgole, sur l'art. 15; Coin-Delisle, sur l'art. 962, no 8.

1086. — Pour que les tiers détenteurs deviennent débiteurs des fruits, il est indispensable de leur faire une notification distincte. — Guilhon, no 798; Poujol, sur l'art. 962, no 9; Coin-Delisle, *ibid.*

1087. — Le donataire d'une rente viagère n'est pas tenu, en cas de révocation de la donation par survenance d'enfant, de restituer les arrérages qu'il a perçus. — *Cass.*, 2 avr. 1829, de Saint-Michel c. Ducos; — Coin-Delisle, sur l'art. 962, no 10.

1088. — Les biens compris dans la donation révoquée de plein droit rentrent dans le patrimoine du donateur libres de toutes charges et hypothèques du chef du donataire, sans qu'ils puissent demeurer affectés, même subsidiairement, à la restitution de la dot de la femme de ce donataire, de ses reprises ou autres conventions matrimoniales; ce qui doit avoir lieu quand même la donation aurait été faite en faveur du mariage du donateur et insérée dans le contrat, et que le donataire se serait obligé comme caution, par la donation, à l'exécution du contrat de mariage. — C. civ., art. 963.

1089. — Cette disposition est la reproduction presque littérale de l'art. 42, ord. 1731, sauf le mot *Douaire*, qui a été retranché dans l'énumération des droits de la femme.

1090. — La condition résolutoire effaçant les droits du donataire, et l'hypothèque légale de la femme ne pouvant grever que les biens du mari, cette hypothèque doit rester sans effet au moment de l'accomplissement du fait révocatoire. — C. civ., art. 1183, 2125.

1091. — L'art. 963 annule également l'hypothèque conventionnelle consentie subsidiairement, au profit de la femme du donataire, par le donateur, dans le contrat de mariage, pour le cas où les biens donnés rentreraient dans les mains du donateur par suite de la survenance d'un enfant; et cela malgré l'action en indemnité qu'aurait eue, dans ce cas, le donateur contre le donataire, pour le préjudice qu'il aurait éprouvé par suite de l'exercice du droit hypothécaire. Si cette hypothèque pouvait être maintenue nonobstant la révocation, ce serait autoriser, contrairement à l'art. 965, une renonciation au bénéfice de la révocation. — Coin-Delisle, sur l'art. 963, no 2.

1092. — Il en serait de même à l'égard de la convention par laquelle le donateur se serait porté caution de l'exécution du contrat de mariage. — Furgole, sur l'art. 42; Coin-Delisle, no 3, sur l'art. 963, no 3. — V. cependant Ricard, part. 3e. no 657.

1093. — ...Ou de l'hypothèque subsidiaire et du cautionnement consentis par acte séparé. — Coin-Delisle, sur l'art. 963, no 4.

1094. — Mais le cautionnement fourni par une personne autre que le donateur ne peut pas être considéré comme une libéralité sujette à révocation. — Coin-Delisle, sur l'art. 963, no 5; Vazeille, sur l'art. 963, no 2.

1095. — Les donations révoquées par survenance d'enfans ne peuvent revivre ou avoir de nouveau leur effet, ni par la mort de l'enfant du donateur ni par aucun acte confirmatif; et si le donateur veut donner les mêmes biens au même donataire, soit avant ou après la mort de l'enfant par la naissance duquel la donation avait été révoquée, il ne le pourra faire que par une nouvelle disposition. — C. civ., art. 964; ord. 1731, art. 43.

V. ACTE AUTHENTIQUE, ACTE SOUS SEING-PRIVÉ, AUBAINE, AYANT-CAUSE, DISPOSITION A TITRE GRATUIT, DON MUTUEL, DONATION A CAUSE DE MORT, DONATION ENTRE ÉPOUX, DONATION ONÉREUSE, ENREGISTREMENT.

DONATION PAR MANIÈRE D'AISANCE.

1. — C'est ainsi qu'on désignait, dans le comté de Bourgogne, les donations faites par les père et mère à leurs enfans en *avancement d'hoirie*. — Merlin, *Rép.*, vo *Donation*, sect. 9e.

2. — Quoique cette expression fût très répandue dans la Franche-Comté, elle ne devait pas être fort ancienne, car on ne la trouve pas dans la coutume.

3. — Le 19 décembre 1710, il a été jugé par le parlement de Besançon que la *donation par manière d'aisance* emportait translation de la propriété de la chose donnée et ne pouvait pas être restreinte à une simple jouissance. — V. Augeard, t. 2, p. 389 et suiv., Merlin, *ibid.*

DONATION MUTUELLE.

1. — C'est celle par laquelle deux personnes se donnent réciproquement l'une à l'autre par le même acte.

2. — Cette expression est presque toujours synonyme de *don mutuel*; cependant, ce dernier mot a dans certains cas un sens plus restreint. — V. DON MUTUEL. — V. aussi DONATION ENTRE ÉPOUX.

DONATION ONÉREUSE.

Table alphabétique.

DONATION ONÉREUSE. — 1. — C'est celle qui est faite sous des charges imposées par le donateur, soit à son profit, soit au profit d'un tiers qu'il indique.

2. — Comme c'est par le caractère qui domine dans un acte que cet acte doit être qualifié et classé, l'acte consenti dans l'intention de donner ne cesse pas d'être une donation par cela seul qu'une charge onéreuse pour le donataire aurait été imposée à son exécution. — *Cass.*, 3 (et non 9) août 1836, Delagrange c. Bazon; *Amiens*, 6 juin 1840 (t. 1er 1842, p. 455), Duquesnoy c. de Beauvais; *Paris*, 25 août 1845 (t. 1er 1846, p. 276), Lenucet-Lafriche c. Sautereau.

3. — Par conséquent, les donations entre-vifs, faites à titre onéreux, par exemple, à la charge de payer certaines dettes, peuvent être considérées comme des contrats de bienfaisance auxquels il est permis de renoncer. — *Grenoble*, 12 août 1828, Brochet c. héritiers Sibourg.

4. — L'acte est à titre onéreux, *do ut des*, *do ut facias*, si les charges imposées sont égales à l'avantage que le donataire retire de la libéralité. — C. civ., art. 1107. — Delvincourt, t. 2, p. 272; Toullier, t. 5, no 185.

5. — Jugé en ce sens que si l'acte qualifié de donation impose au donataire des charges qui équivalent à la valeur de l'objet donné, ce n'est plus un acte à titre lucratif, mais un acte à titre onéreux. — *Bordeaux*, 10 avr. 1843 (t. 2 1843, p. 734), Lambert c. Matrat.

6. — La question de savoir si un acte renferme une donation avec charges, ou bien une vente, est du domaine exclusif des cours royales. Leur décision à cet égard ne peut donner ouverture à cassation. — *Cass.*, 24 nov. 1825, Boisnard de la Fuye c. Lambert, confirm. d'*Agen*, 17 déc. 1821. — V. Conflans, *Jurisp. des succ.*, p. 361, no 23.

7. — On a jugé qu'on ne devait, pour la perception des droits d'enregistrement, faire aucune distinction entre les donations *à titre onéreux* et celles qui sont faites à titre purement gratuit. — *Cass.*, 28 janv. 1818, Enregist. c. Harnepont. — V. ENREGISTREMENT.

8. — M. Coin-Delisle (sur l'art. 948, no 9, note), sur cette expression *à titre onéreux*, renfermée dans le texte de l'arrêt qui précède, fait la remarque suivante: « Il n'y a point de donations *à titre onéreux*, mais des donations onéreuses ou avec charges (*donationes sub onere solvendi*), puisque ce qui excède la charge est nécessairement une libéralité qui advient gratuitement au donataire. Il ne peut y avoir de titre onéreux que là où la charge serait la cause du contrat, qui alors est commutatif. »

9. — Ricard (*Donat.*, part. 1re, nos 1101 et 1102) distinguait deux espèces de donations onéreuses : la première, celle où le donateur imposait une charge au profit d'un tiers désigné ; la seconde, celle dans laquelle les charges étaient créées au profit du donateur lui-même. Dans le premier cas il voyait une véritable donation ; dans le second cas, au contraire, c'était un contrat innommé, non assujéti aux formes et aux conséquences de la donation entre-vifs.

10. — Cette opinion était soutenable avant l'ordonnance de 1731, puisque l'ord. de Moulins, en prescrivant, dans son art. 58, l'insinuation des donations onéreuses, n'avait pas pris soin de les définir.

11. — Pourtant, la jurisprudence ancienne regardait, sans distinction, comme donations les libéralités avec charges, toutes les fois que les charges n'étaient pas égales à l'objet donné ; ce n'était que dans le cas contraire que le contrat était réputé commutatif. — *Parlement de Paris*, 18 avr. 1587 ; 2 mars 1738 ; 3 avr. 1716, (*Journ. des audiences*, t. 6, liv. 6, chap. 22). — V. Louet, lett. D., somm. 22 ; Denisart, vo *Conquêt*, no 20 ; Nouv. Denisart, *eod. verb.*, § 1er, no 17, vo *Donation*, § 1er, no 4-5o.

12. — Quoi qu'il en soit, aujourd'hui, en présence des art. 945 et 1121, C. civ., la distinction ne nous semble plus admissible, ces art. reconnaissant le caractère de donation entre-vifs aux dispositions restreintes par des charges, que ces charges profitent, soit au donateur, soit à des tiers. — Coin-Delisle, sur l'art. 894, no 17.

13. — Cependant Toullier (t. 5, no 185) a professé l'opinion de Ricard, même sous l'empire du Code civil ; et dans le cas de charges introduites au bénéfice du donateur, il ne reconnait de donation que lorsque la valeur de l'objet donné excède les charges d'une manière notable. Encore ne juge-t-il pas indispensables, pour ce cas, les formes des donations.

14. — Suivant l'opinion de Poujol (no 11, sur l'art. 931), l'acte où les conditions sont stipulées au profit d'un tiers ne constituerait une libéralité qu'autant qu'il n'aurait pas pour but la libération du donateur envers ce tiers.

15. — Ces distinctions nous semblent arbitraires : en effet, l'art. 1107 du C. civ., après avoir fixé le point de départ des principes généraux qui règlent les contrats, renvoie, pour l'application des dispositions spéciales à quelques contrats, aux titres qui leur sont relatifs. Or, si dans la première série se trouve l'art. 1121, qui ne parle que des charges imposées au profit d'un tiers ; il faut reconnaître aussi qu'au siége spécial de la matière, c'est-à-dire dans le titre 2, liv. 3, se lit l'art. 945, qui prévoit le cas d'une libéralité restreinte par des charges créées au bénéfice du donateur lui-même. Ces deux sortes de donations rentrent donc, sans distinction, dans un cas prévu par le législateur, et par conséquent on ne doit pas considérer l'une plus que l'autre comme un contrat innommé. — Coin-Delisle, no 17, sur l'art. 894.

16. — C'est conformément à cette doctrine qu'il a été jugé d'une manière générale, que la circonstance que le donataire a été chargé de payer une rente viagère au donateur et d'acquitter ses dettes, est insuffisante pour donner à la donation le caractère d'un contrat onéreux. — *Liége*, 12 prair. an XII, Horion c. Petit-Jean. — V. Toullier, t. 5, no 185.

17. — ... Qu'un acte qualifié donation entre-vifs irrévocable, et par lequel le donataire s'est soumis envers le donateur à payer une rente viagère, à la servir ou faire servir tant en santé qu'en maladie, à payer une somme à ses héritiers présomptifs parties dans l'acte, et enfin à payer diverses sommes après le décès du donateur, a pu être considéré comme une véritable donation entre-vifs et non comme une vente ; qu'en conséquence, cet acte a dû être annulé pour défaut d'insinuation. — *Cass.*, 20 messid. an XIII, Jamme ; *Colmar*, 16 juin 1810, Grancissen c. Schneider.

18. — ... Que la donation entre-vifs par un héritier à un étranger moyennant une rente viagère sur deux têtes et autres conditions onéreuses, n'est pas réputée vente dont le cohéritier ait droit de s'autoriser, en vertu des lois *Per diversas* et *Ab Anastasio*, pour écarter le donataire, en lui remboursant le prix y énoncé. — *Cass.*, 4 juin 1834, Menaud c. Parisot.

19. — ... Que la donation faite à charge d'une rente viagère conserve, nonobstant l'art. 1975, C. civ., tout son effet, malgré le décès du donateur dans les vingt jours. — *Cass.*, 18 juill. 1826, Coutal.

20. — ... Que l'acte par lequel une personne cède et transporte tous ses biens, à la charge d'être nourrie et entretenue, est une donation soumise aux formalités ordinaires. — *Bruxelles*, fév. 1807, Vandevelde c. Andrieux. — *Contra Angers*, 26 mars 1829, Durdan c. Baudri.

21. — ... Que l'acte par lequel le donataire s'est obligé à faire les grosses réparations dans le bâtiment qui lui est donné en nue-propriété, et à garantir certaines charges réelles qui peuvent éventuellement grever l'immeuble, n'en constitue pas moins une donation entre-vifs. — C. civ., art. 945. — L'aliénation ultérieure à titre onéreux de l'usufruit et des objets réservés lors de la donation ne change en rien le caractère de l'acte primitif. — *Cass.*, 27 juin 1838 (t. 2 1838, p. 342), Richard c. Compan.

22. — On cite contre cette doctrine des arrêts de Cassation des 22 nov. 1808 (Enregist. c. Liége), et 1er mars 1809 (Enregist. c. Diot). Mais le système de ces arrêts, qui, du reste, sont spéciaux en matière d'enregistrement, a été abandonné ; ainsi que cela résulte de l'arrêt de Cassation 28 janv. 1818 (Enregist. c. Harnepont), rapporté *suprà*, et motivé sur ce que les §§ 6 et 8 de l'art. 69, L. de frim. an VII, ne font aucune distinction entre les donations entre-vifs *à titre gratuit* et les donations entre-vifs *à titre onéreux*. — V. au surplus ENREGISTREMENT.

23. — Jugé toutefois qu'un acte de ratification par voie d'accord et de transaction, d'un pacte de famille précédemment arrêté, contenant une constitution de rente viagère par des enfans à leur père, ne peut être considéré comme une donation ; et que le mineur qui l'a signé sans y être autorisé, ne peut plus l'attaquer s'il s'est écoulé dix ans depuis sa majorité. — *Cass.*, 25 frim. an X, Lespinasse c. Dariet.

24. — Jugé, de même, que l'acte par lequel une veuve cède et abandonne tous ses biens à ses enfans, sous la condition qu'ils lui feront une pension, doit, alors même qu'il contient un avantage au profit des enfans, être regardé, non comme une donation sujette aux règles qui lui sont propres, mais comme un simple arrangement de famille pour lequel il n'est besoin d'aucune formalité. — *Cass.*, 2 mars 1808, Dumouchet ; 14 juill. 1807, Enregist. c. Mercier.

25. — ... Qu'un délaissement de tous biens meubles et immeubles, fait par un père à son fils, à la charge par ce dernier de le tenir quitte d'une somme qui lui est due et de payer ses dettes, d'après un état double fourni, signé par les parties et annexé à l'acte ; un tel délaissement ne saurait être considéré comme une donation : c'est un contrat à titre onéreux, qui ne rend le fils cessionnaire passible que des dettes détaillées dans l'état annexé ; — que, conséquemment, si l'acte a été transcrit sans qu'il existe d'inscription de la part du donataire d'une somme en argent, muni d'un titre hypothécaire antérieur, et si la charge de payer cette somme n'est comprise, ni dans l'acte de délaissement ni dans l'état des dettes annexé, le fils ne peut être contraint à l'acquitter. — *Riom*, 5 janv. 1815, Foucault c. Degain.

26. — La circonstance que la donation aurait été faite par le père à sa fille pour la décider à renoncer à un mariage arrêté et à une donation précédemment faite en vue du mariage, ne la fait pas participer du caractère des dispositions à titre onéreux, et dès-lors ne la dispense pas de l'acceptation. — *Grenoble*, 14 juill. 1836, Rey c. Martin. — V. à cet égard AUMONE DOTALE, nos 2 et suiv.

27. — Les donations onéreuses sont, comme les autres, révocables, s'il y a lieu, ou bien réductibles, si elles excèdent la quotité disponible. — Mais, par application de la maxime que nul ne doit s'enrichir aux dépens d'autrui, l'action en réduction ou en révocation ne peut s'exercer qu'eu égard à ce qui est véritablement donné, déduction faite des charges. — Coin-Delisle, no 15 sur l'art. 894, note.

28. — L'action révocatoire des créanciers autorisée par l'art. 1167, C. civ., recevable à l'égard des donations à titre gratuit, ne peut être admise pour les donations à titre onéreux si le donataire a été de bonne foi. — *Paris*, 31 janv. 1845 (t. 1er 1845, p. 420), Brune de Mons c. Guyard-Cherville.

V. DISPOSITION A TITRE GRATUIT, DONATION ENTREVIFS, ENREGISTREMENT.

DONATION RÉMUNÉRATOIRE.

Table alphabétique.

DONATION RÉMUNÉRATOIRE. — 1. — C'est celle qui a pour but de récompenser des services rendus au donateur ou aux siens.

2. — Le Code civil ne s'occupe des donations rémunératoires que dans trois articles : dans l'art. 909, où il permet exceptionnellement de faire cette espèce de libéralité au profit des médecins et ministres du culte, malgré l'incapacité dont les frappe cet article (V. DISPOSITION A TITRE GRATUIT, nos 412 et suiv.) ; dans l'art. 960, où il déclare que les donations même rémunératoires sont soumises à la révocation pour cause de survenance d'enfans (V. DONATION ENTRE-VIFS,) ; et enfin dans l'art. 1083 qui permet de disposer, pour sommes modiques, à titre de *récompense* des objets compris dans une institution contractuelle. — V. DONATION PAR CONTRAT DE MARIAGE, DONATION ENTRE ÉPOUX.

3. — Mais il a gardé un silence absolu sur le caractère, la forme et les effets de cette sorte de libéralités. De là sont nées les plus grandes incertitudes sur la question de savoir si l'on devait considérer les dons rémunératoires comme de véritables donations.

4. — Un point hors de controverse c'est que, lorsque le bénéfice de la donation n'excède pas la valeur appréciable du service rémunéré, et que, d'un autre côté, le bénéficiaire aurait eu une action en justice pour forcer le donateur à payer, ce n'est là qu'une simple dation en paiement. — V. L. 34, § 1er, ff., *De donat.* — Ricard, *Disp. condit.*, no 60 ; Domat, *Lois civ.*, liv. 1er, tit. 10, sect. 1re, no 31 ; Pothier, *Donat. entre-vifs*, sect. 2e, art. 3, § 1er, 8e alin. ; Furgole, Obs. sur l'art. 20 ; Grenier, no 188 ; Toullier, t. 5, no 186 ; Delvincourt, tit. 2, note 7, sur la page 79 ; Duranton, t. 8, no 567 ; Coin-Delisle, no 20, sur l'art. 894. — V. DATION EN PAIEMENT, no 9.

5. — En effet, puisqu'on se libère d'une dette, la disposition ne saurait plus être considérée comme gratuite : *donari videtur quod nullo jure cogente conceditur.* — L. 82, ff., *De reg. juris.*

6. — D'où la conséquence que, dans cette hypothèse, ce sont les principes des contrats et non ceux des donations qui doivent régir les actes par lesquels se manifeste cette rémunération.

7. — L'acte n'est pas assujéti aux formes de la donation, dans le cas où un débiteur donne à son créancier une somme ou une chose qu'il eût pu mettre à l'abri de ses poursuites, en invoquant la prescription. — V. Grenier, no 188 ; Coin-Delisle, no 21, sur l'art. 894.

8. — Si la dette acquittée à l'aide d'une donation est purement naturelle, l'acte de libéralité n'en est pas moins exempt des formes prescrites pour les donations, « de sorte, dit Ricard (*Dispos. condit.*, no 61), que celui qui en a reçu le paiement ne peut pas être obligé de rendre ce qu'il a touché, comme il le pourrait être, s'il avait reçu une chose qui ne lui aurait pas été absolument due. » — C. civ., art. 1235 ; — L. 13, ff., *De cond. indeb.* — Delvincourt, t. 2, p. 272. — V. cependant Grenier, no 188.

9. — Jugé, en conséquence, que l'acte par lequel des héritiers, pour récompenser des services rendus par une cuisinière à leur auteur, abandonnent à cette dernière une rente en grains, n'est point une donation assujétie aux formes de cette espèce d'actes, et qu'elle est une sorte de dation de paiement, l'acquittement d'une dette morale des héritiers. — *Colmar*, 10 déc. 1808, Arbogast c. Schmitt.

10. — ... Qu'un écrit sous signature privée dont l'auteur donne à un tiers une portion des biens, après son décès, en reconnaissance de services reçus, est un acte rémunératoire, et non une disposition gratuite soumise aux formalités des donations entre-vifs ; qu'en conséquence, l'héritier du disposant ne peut, après avoir ratifié ou exécuté

est écrit, l'attaquer de nullité pour vice de forme. — *Colmar*, 18 juill. 1809, Duvernois c. Gaguel. — V. Ricard, *Traité des donat.*, part. 3e, p. 514 et suiv.

11. — ... Qu'une donation rémunératoire, telle que la constitution d'une pension par un maître à son ancien domestique, pour ses services, n'est pas soumise à la formalité de l'acceptation par écrit; que le fait de l'acceptation peut être prouvé par témoins; et que la copie du titre, entre les mains du donataire, peut suppléer à l'original, lorsque, par des motifs étrangers à la donation, la copie seule a pu lui être remise. — *Bruxelles*, 11 juill. 1810, Deglimes c. de Gavres; *Bordeaux*, 21 mars 1833, Meusaire c. Donazon.

12. — ... Qu'on ne doit pas considérer comme donation l'engagement de payer à un domestique une pension viagère pour services reçus, et que ce n'est au contraire qu'une simple obligation qui est valable et régulière quoique consignée dans un acte fait sous seing-privé et non en double original. — *Paris*, 12 nov. 1810, de Monaco c. Latreille.

13. — ... Qu'il en est de même de l'acte par lequel un individu constitue une rente viagère à sa servante, sous la condition qu'elle restera à son service tant qu'il vivra. — *Cass.*, 13 vend. an XI, Gaullier c. Toussalin.

14. — ... Qu'on ne doit pas considérer comme donation l'acte de constitution de rente viagère, tant pour argent prêté que pour services rendus, encore bien que cet acte ne fasse mention ni de la somme prêtée ni de la nature des services. — *Rennes*, 22 janv. 1811, Lebreton de Gaubert c. Pitault.

15. — Jugé toutefois, mais peut être sous l'influence des principes de l'ancienne jurisprudence du Brabant, que l'on doit considérer comme donation rémunératoire proprement dite une rente ou pension viagère constituée par un maître en faveur de son domestique, en récompense de ses bons services. — *Bruxelles*, 26 nov. 1823, Crotheux c. de Limminghe.

16. — Que lorsqu'une pareille donation rémunératoire est faite à plusieurs par le même acte, l'acceptation de l'un des gratifiés, tant pour lui que pour ses *compagnons*, ne profite point à ces derniers et cela encore que les parts de chacun dans la rente viagère fussent, en cas de décès, reversibles entre les gratifiés jusqu'au dernier vivant. — Même arrêt.

17. — ... Qu'enfin les œuvres de loi ou des inscriptions hypothécaires ne peuvent suppléer au défaut d'acceptation expresse de la donation, s'il ne conste pas qu'elles aient eu lieu à la demande des gratifiés; et qu'il en est de même d'une condamnation volontaire requise par le porteur de l'acte. — Même arrêt.

18. — Jugé aussi qu'une donation rémunératoire, telle qu'une constitution de rente viagère à titre gratuit, consentie au profit d'un ancien domestique, en récompense de ses services, est sujette à la révocation pour cause de survenance d'enfans. — *Bruxelles*, 30 juin 1815, Pillaen c. Vanswae. — Cet arrêt a cassé celui de la cour impériale de Bruxelles du 16 janv. 1818 qui avait jugé la négative.

19. — Lorsque dans un acte sous seing-privé constitutif d'une rente, le bailleur de fonds a stipulé qu'après sa mort la même rente serait payable à sa domestique, en récompense de ses services, la remise du titre de la rente ne suffit pas pour constituer un don valable; en pareil cas, la possession du titre n'autorise pas à se prévaloir de la disposition de l'art. 1121, C. civ. — *Liége*, 30 juin 1832, Melin. — V. au surplus DON MANUEL.

20. — Il n'y a pas reconnaissance de dette, mais une pure libéralité, sujette à réduction, dans la clause par laquelle un testateur qui, pendant l'émigration de son frère, avait acheté ses biens, et reçu de lui une quittance depuis son retour, lègue aux enfans de ce frère une somme de..., comme indemnité à leur père, malgré sa quittance finale. Du moins, il faudrait que le légataire constatât par d'autres preuves l'existence d'une obligation civile ou naturelle. — *Cass.*, 27 juin 1833, Perrin.

21. — Pour peu que la chose donnée excède la valeur appréciable des services rendus, il y a évidemment donation. Néanmoins, il n'y a lieu de soumettre l'acte rémunératoire aux formalités des donations qu'autant que la valeur de la chose donnée excède *notablement* la dette susceptible d'être réclamée en justice ou l'obligation naturelle qu'il serait possible d'apprécier. — Furgole, sur l'art. 20 de l'ordonn.; Grenier, t. 1er, no 445; Toullier, t. 5, no 186; Delvincourt, t. 2, p. 287 et 288, notes; Coin-Delisle, no 22 sur l'art. 894. — V. cependant Pothier, *Tr. des donat. entre-vifs*, sect. 2e, art. 3, § 1er, 7e alin.; sect. 3e, art. 2, § 1er, 9e alin.; et art. 5, § 2, 10e et 11e alin.

22. — Si la rémunération porte sur des services non appréciables en argent, la disposition rémunératoire, par cela seul qu'elle contient une véritable libéralité, est, de même que les donations onéreuses, soumise aux règles ordinaires des donations. — Coin-Delisle, no 24, sur l'art. 894. — V. cependant Toullier, t. 5, no 186.

23. — En supposant la preuve des services rendus fournie par le donataire, l'acte rémunératoire ne serait donation qu'en ce qui aurait été donné au-delà de la valeur de ces services. — C. civ., art. 909. — V. Ricard, no 55; Toullier, t. 5, no 186; Coin-Delisle, no 6, sur l'art. 960, à la note.

24. — Mais, en général, quelles règles doit-on suivre quant à la preuve des services rendus?

25. — Sous l'ancienne jurisprudence, cette question a donné lieu aux plus graves difficultés. En général, on distinguait entre le cas où la donation était prohibée du donateur au donataire, et celui, au contraire, où elle était permise. — S'il s'agissait d'une donation prohibée, il fallait une preuve complète des services rendus et rémunérés : tellement que le serment même du donateur consigné dans l'acte de donation, n'aurait pas suffi. — Furgole, *Quest.*, 45; Tiraqueau, sur la loi *si unquam*, vis *Donatione, Largitus*, nos 80 à 95; d'Olive, liv. 4, ch. 7; Papon, liv. 5, édit. de 1598, p. 346 à 348.

26. — Si, au contraire, il s'agissait d'une donation rémunératoire permise entre le donateur et le donataire, on devait être moins exigeant quant à la preuve des services rendus. — Mêmes autorités.

27. — Nous admettons bien cette distinction; mais nous ne saurions admettre avec ces auteurs que l'énonciation générale émanant du donateur que la donation a été faite *ob merita*, pût suffire, même dans le cas où il s'agirait d'une donation non prohibée.

28. — Ainsi, quant au donateur lui-même, malgré le principe qui veut que les énonciations qui ont un rapport direct à la disposition fassent foi entre les parties contractantes, nous pensons que si, par suite d'une donation rémunératoire, le donataire voulait exercer une action en garantie contre le donateur, il ne pourrait fonder cette action sur la seule énonciation des services : il faudrait qu'il fît la preuve de ces services. — V. Ricard, *Disp. cond.*, ch. 3, no 58.

29. — Il y a lieu de décider de même, quant à l'exercice du droit de révocation par le donateur. Ce droit n'existant que pour la partie de la donation qui excéderait la somme des services rendus, si l'on se contentait de la simple énonciation du donateur, ce serait un moyen trop facile d'éluder la loi, en renonçant par avance à la révocation, malgré les termes de l'art. 965, C. civ. D'où il suit que l'action en révocation pourra être exercée par le donateur, malgré cette énonciation, pour toute la partie excédant la somme des services prouvés. — Coin-Delisle, no 6, sur l'art. 960, à la note.

30. — Quant aux héritiers du donateur, il ne suffirait pas, selon nous, que, même dans une donation permise, le donateur eût inséré l'énonciation générale de services rendus par le donataire, si l'acte rémunératoire devait préjudicier à leurs droits, contrairement aux dispositions de la loi, par exemple en excédant, au bénéfice du donataire, les limites de la quotité disponible. Le donataire ne pourrait faire considérer comme étant en dehors de la donation que la valeur représentative des services dont il aurait fait preuve. — V. Ricard, *loc. cit.*, nos 54 et suiv.

31. — Dans tous les cas, même les moins favorables, l'énumération dans l'acte, des services rendus servira de commencement de preuve par écrit, qui permettrait aux juges de compléter plus facilement la preuve. — Coin-Delisle, no 6, sur l'art. 960, à la note.

32. — Les donations rémunératoires sont révocables *pour cause d'ingratitude*. — *Paris*, 29 mars 1806, Dandlaw c. Meunier; *Cass.*, 17 août 1831, Gauché c. Nogé; — Pothier, sect. 3e, art. 3, § 3; Grenier, t. 1er, no 218.

33. — Toutefois, Toullier (t. 5, no 186) combat cette opinion, par le motif que ce serait une espèce d'ingratitude de la part du donateur que de prétendre, pour une injure récente, révoquer une ancienne libéralité qu'il n'avait faite que par reconnaissance.

34. — En cas d'atteinte portée à la quotité disponible, il y aurait lieu de réduire la donation rémunératoire comme toute autre.

35. — On ne peut exercer l'action en réduction ou en révocation qu'en proportion de ce qui fait véritablement l'objet de la libéralité, déduction faite de l'estimation des services rendus par le donataire. — Coin-Delisle, no 15, sur l'art. 894, note.

36. — Quand la donation est rémunératoire, la garantie est due par le donateur au donataire en cas d'éviction (*Besançon*, 2 juill. 1828, Damey c. Dantel; — Grenier, no 97); quand toutefois la donation a tenu lieu de paiement, suivant les distinctions établies ci-dessus. — Coin-Delisle, sur l'art. 938, no 11.

37. — Mais le donataire d'une pension rémunératoire ne peut exiger le paiement des années échues pendant que le donateur était privé, par une force majeure, de la jouissance de ses revenus. — *Bruxelles*, 11 juill. 1810, Deglimes c. de Gavres.

38. — La disposition universelle faite au profit du médecin incapable, aux termes de l'art. 909, C. civ., peut être maintenue en partie, à titre de disposition rémunératoire, et en proportion des facultés du disposant et de l'importance des services rendus. — *Paris*, 9 mai 1820, Ragey c. Jacquinot. — V. DISPOSITION A TITRE GRATUIT, nos 444 et suiv.

39. — Une donation rémunératoire faite en pays étranger ne peut avoir d'effet en France, si elle n'a été acceptée par le donataire. — *Paris*, 21 déc. 1812, Sainte-Marie c. Pépin.

40. — Un legs et une donation rémunératoire peuvent être cumulés. — *Paris*, 30 juill. 1814, Landon de Vernon c. Pinson. — V. au surplus LEGS RÉMUNÉRATOIRE.

V. DONATION DÉGUISÉE.

DONNER ACTE.

1. — *Donner acte*, c'est constater par jugement les aveux, déclarations et reconnaissances des parties.

2. — Ainsi, lorsqu'une partie veut se prévaloir de quelque aveu ou déclaration faite en justice par son adversaire, elle demande qu'il lui en soit donné acte. — V. AVEU, nos 181 et suiv., CONTRAT JUDICIAIRE, DÉSISTEMENT.

3. — C'est au tribunal qu'il appartient d'apprécier s'il y a lieu ou non de faire droit à cette demande.

4. — L'expression *donner acte* a remplacé l'ancienne locution *donner lettres*, qu'on employait au Châtelet.

DONNEUR.

1. — On appelle ainsi le prêteur à la grosse. — V. PRÊT A LA GROSSE.

2. — On appelle aussi *donneur* le propriétaire des marchandises confiées pour les vendre à pacotille. — V. PACOTILLE.

DONNEUR D'AVAL.

On appelle ainsi le tiers qui, étranger à la lettre de change se rend caution solidaire d'un ou de plusieurs obligés. — V. AVAL.

DONNEUR D'ORDRE.

C'est celui par ordre de qui est créée la lettre de change, qui n'est pas pour le compte du tireur. — V. LETTRE DE CHANGE.

DONNEUR DE VALEUR (Remittens).

C'est celui qui fournit au tireur la valeur de la lettre de change. V. LETTRE DE CHANGE.

DORER UNE FILLE.

1. — Se disait anciennement, dans quelques provinces, pour exprimer la donation de bijoux et joyaux faite à une fille par contrat de mariage.

2. — On se servait de ce mot *dorer*, parce qu'ordinairement les bijoux étaient d'*or*; il n'y avait que les personnes de qualité qui fissent usage des diamans.

3. — Dans d'autres provinces, au lieu du mot *dorer*, on employait le mot *enjoailler*.

4. — Tantôt c'était le futur époux qui promettait d'habiller et de *dorer* la future le jour de ses noces, tantôt c'était le père ou tout autre parent.

5. — Boucher-d'Argis dit que c'était particulièrement dans le ressort du parlement de Toulouse ou de celui de Metz que la clause du contrat de mariage dont il s'agit était en usage. Il affirme en avoir vu encore plusieurs exemples de son temps, c'est-à-dire dans la seconde moitié du dix-huitième siècle.

6. — En France, la force de l'habitude est telle qu'il ne serait peut-être pas impossible de retrouver, dans quelques contrats modernes, la promesse de *dorer une fille* : la routine y a maintenu des clauses plus extraordinaires que celle-là. — V. DONATION PAR CONTRAT DE MARIAGE, DONATION ENTRE ÉPOUX.

DOREURS. — DORURES.

1.—Doreurs et argenteurs, doreurs sur bois : — patentables de sixième classe.—Droit fixe basé sur population ; droit proportionnel du vingtième de la valeur locative de l'habitation et des lieux servant à l'exercice de la profession.

2. — Les établissemens des doreurs sur métaux peuvent occasionner les maladies des doreurs : tremblement, etc.; — mais ces inconvéniens sont restreints aux ouvriers seulement. On a donc cru devoir ranger lesdits établissemens dans la troisième classe des établissemens insalubres. — V. ÉTABLISSEMENS INSALUBRES (nomenclature).

3.—Doreurs sur tranches : — patentables de septième classe. — Droit fixe ; droit proportionnel du quarantième de la valeur locative de tous les locaux des patentables, mais seulement dans les communes de 20,000 ames et au-dessus.

4. — Quant aux doreurs sur cristaux et porcelaines, V. PEINTRE.

5. — Fabricans ou marchands de dorures et argenteurs sur métaux, en détail ; marchands de dorures pour passementeries : — patentables de quatrième classe. — Mêmes droits fixe, sauf la différence de classe, et proportionnel que les doreurs et argenteurs.

V. PATENTE.

DOSSIER.

Liasses de pièces de procédure et titres relatifs à une même affaire, à un procès. — Autrefois les pièces étaient réunies, non dans un dossier, dans une chemise, mais dans un sac.

DOT.

Table alphabétique.

DOT. — 1. — La dot est « le bien que la femme apporte au mari pour supporter les charges du mariage. » — C. civ., art. 1540.

2. — M. Benoît (*Tr. de la dot*, t. 1er, no 1er) critique cette définition : selon cet auteur, s'il fallait s'attacher au sens rigoureux des termes dans lesquels est conçue la définition du Code, il faudrait en conclure que la dot elle-même est destinée à soutenir les charges du mariage, tandis que les fruits dotaux seuls ont cette destination. On doit, suivant cet auteur, préférer la définition donnée par Domat (*Lois civ.*, liv. 1er, tit. 10, sect. 1re, no 1er), qui dit que la dot est le bien que la femme apporte au mari *pour en jouir* pendant le mariage.

3. — Mais la définition du Code civil paraît devoir être adoptée comme plus complète. S'il est vrai que généralement les charges du mariage doivent être supportées à l'aide de la consommation des fruits de la dot, il n'en est pas moins vrai que le fonds même de la dot doit aussi, en cas d'insuffisance des fruits, subvenir à ces nécessités. Sans doute, ce n'est qu'à la dernière extrémité et avec les précautions prescrites par la loi qu'on doit user de cette ressource; mais il suffit que telle soit la destination possible du fonds dotal pour que la définition la plus large soit adoptée.

—

CHAPITRE Ier. — *Ce qu'est la dot et quels biens sont dotaux.*

4. — La dot, objet du régime dotal, tire son origine de la législation romaine. Son introduction dans les mœurs et le droit de ce peuple eut pour cause, d'une part, le plus facile établissement des filles et la conservation de leur patrimoine après le mariage : *Reipublicæ interest mulieres dotes salvas habere propter quas nubere possint.* — L. 2, ff., *De jur. dot.*; L. ulti., ff., *Quæ in fraud. cred.*; L. 5, ff., *De doli mali except.*

5. — La dot n'existait qu'avec le mariage légitime : *Sine nuptiis quidem dos nulla intelligitur.* — L. 20, Cod., *De jur. dot.*; L. 3, ff., *De jur. dot.*; L. 39, *eod. tit.*

6. — Comme les noces se contractaient par le seul consentement, qui formait aussi le concubinat, la dot, qui ne pouvait être l'accessoire que de justes noces, servait à distinguer l'épouse (*uxor*) de la femme engagée seulement par le concubinat; et, comme dit Plaute (*Trinummus*, act. 3, scena 2, v. 64 et 65) :

Me germanam meam sororem in concubinatum tibi
Sic sine dote dedisse, magis quam in matrimonium.

7. — Suivant l'ancien droit romain, la constitution de dot avait lieu de trois manières : par la diction, par la tradition et par la promesse. — Ulp., *Fragm.*, tit. 6, § 1er.

8. — La constitution par la *diction* ne pouvait être faite que par ceux qui étaient obligés de doter : *Dotem dicere potest mulier quæ nuptura est, et debitor mulieris, si jussu ejus dicat. Item parens mulieris virilis sexus, per virilem sexum cognatione junctus, velut pater, avus paternus.* — *Fragm. vat.*, §§ 99 et 100.

9. — Après la *dictio*, la dot était mise sous la protection des dieux et déposée entre les mains des auspices. — Suetone, *Claude*, 26; Ginoulhiac, *Hist. du rég. dot.*, p. 69.

10. — La constitution par la *tradition* ou la *promesse* pouvait être faite par toute personne quelconque; on suivait, pour ce mode de constitution, les formes ordinaires des donations ou des contrats. — Ginoulhiac, *Hist. du rég. dot.*, p. 70.

11. — Les Romains reconnaissaient deux espèces de dot : la dot profectice et la dot adventice : la dot profectice était celle qui provenait des ascendans paternels. — L. 5, *in pr.*, ff., *De jure dot.*; Roussilhe, *Tr. de la dot*, t. 1er, no 3.

12. — La dot adventice, au contraire, était celle qui était constituée par un ascendant maternel, ou par un étranger, ou par la femme elle-même. — V., pour les caractères distinctifs de ces deux espèces de dot, Benoît, *De la dot*, t. 1er, no 2.

13. — Les droits du mari sur la dot variaient selon que la femme était ou n'était pas, au moment du mariage, sous la puissance paternelle. Dans le premier cas, la dot ne se confondait point avec les biens du mari, elle était considérée comme un pécule sur lequel le père conservait tous ses droits. — Ginoulhiac, p. 71.

14. — Dans le second cas, la dot était acquise au mari, et le constituant ne pouvait la revendiquer après la dissolution du mariage. — Ginoulhiac, p. 71.

15. — La loi *Julia de fundo dotali* fut portée. Elle conserva l'obligation de doter imposée au père et à l'aïeul paternel. — Ulpien, *Fragm.* 11; L. 19, ff., *De ritu nupt.*

16. — Telles étaient en général les dispositions de l'ancien droit romain sur la dot; mais la législation des empereurs abrogea les formalités de la constitution dotale. — L. 6, Cod., *De dotis promissione.*

17. — Elle interdit l'aliénation du fonds dotal sans le consentement de la femme et annula toute hypothèque consentie, même avec ce consentement. — Paul, *Sent.*, II, 22; Gaïus, II, 63, Inst. just., liv. 2, tit. 8.

18. — Justinien créa, pour la garantie de la dot, une hypothèque sur les biens du constituant. — L. 7, Cod., *De dotis promiss.*; L. unic., Cod., *De rei ux. act.*

19. — Le *dominium dotis* fut transféré du mari à la femme. — L. 29 et 30, Cod., *De jur. dot.* — Le mari ne fut plus que l'administrateur du bien dotal. — Ginoulhiac, p. 104 et 105.

20. — Les principes du droit romain sur la dot furent, sauf certaines modifications, introduits par la jurisprudence des parlemens, adoptée dans une partie de la France à laquelle on donnait le nom de *pays de droit écrit*, par opposition à l'autre partie, soumise au droit coutumier, dont la communauté formait la base en matière de conventions matrimoniales.

21. — Dans les pays de droit écrit, le principe de l'inaliénabilité du fonds dotal a été conservé; cependant une déclaration de Louis XIV, de 1664, avait abrogé la loi *Julia* dans le Lyonnais, le Forez et le Beaujolais.

22. — Nous avons dit, vo COMMUNAUTÉ, no 14, à la suite de quelle discussion les rédacteurs du Code civ., furent conduits à donner dans leur législation au régime dotal une place après le régime de la communauté.

23. — Nous avons en commençant donné de la dot une définition qui précise l'objet de cette institution.

24. — La dot est destinée à supporter les charges du mariage. Instituée par le contrat de mariage, dont les conventions ont un caractère d'immutabilité, elle ne peut être changée par une convention ultérieure : *functio dotis pacto mutari non potest.* — Paul, *Sent.*, liv. 1er, tit. 1er, § 7.

25. — Mais il ne saurait être contesté que lorsqu'une certaine nature de biens a été déterminée par le contrat de mariage pour constituer la dot, et par exemple les biens à échoir par succession, la quotité, le nombre de ces biens peut augmenter sans qu'il soit porté la plus légère atteinte à l'immutabilité des conventions matrimoniales.

26. — De ce que les fruits et revenus de la dot sont destinés à supporter les charges du mariage, il suit qu'on ne pourrait stipuler dans le contrat de mariage que les revenus ou fruits seraient capitalisés et feraient partie de la dot pour être avec elle restitués par le mari à la femme. — Roussilhe, t. 1er, no 66; Merlin, *Rép.*, vo *Dot*, § 5, no 3; Tessier, t. 1er, no 18, p. 88. — V. cependant en sens contraire Domat, *Lois civ.*, *De la dot*, sect. 1re, no 22.

27. — Mais il y aurait exception à cette règle si les revenus capitalisés pouvaient produire des intérêts suffisans pour subvenir aux charges du mariage. — Roussilhe, *De la dot*, t. 1er, p. 84; Merlin, *Rép.*, vo *Dot*, § 5, no 3; Duranton, t. 15, no 352; Delvincourt, t. 3, p. 322 et suiv.; Tessier, t. 1er, no 18, p. 89.

28. — La cause de la dot est perpétuelle; c'est-à-dire qu'elle est constituée avec cette intention qu'elle restera toujours entre les mains du mari pour subvenir aux charges du mariage : *dotis causa perpetua est, et cum voto ejus qui dat ità contrahitur, ut semper apud maritum sit.* — L. 1, ff., *De jur. dot.*

29. — Il suit de là que si une dot était constituée sous la condition qu'elle serait rendue avant la dissolution du mariage, il faudrait considérer cette condition, contraire à la destination légale de la dot et à sa nature, comme non écrite, et décider que le mari conserverait les biens constitués jusqu'à ce que le cas légal de la restitution fût arrivé. — Benoît, t. 1er, no 16.

30. — D'après l'art. 1541, C. civ., on considère comme bien dotal tout ce que la femme se constitue ou qui lui est donné par le contrat de mariage, s'il n'y a stipulation contraire. — C. civ., art. 1541.

31. — Dans l'ancienne jurisprudence, la question était controversée; ainsi, au parlement de Bordeaux il fallait, pour que les biens donnés fussent dotaux, qu'il eût été dit dans le contrat de mariage que la donation avait été faite *en faveur et contemplation du mariage, ou pour en supporter les charges*; c'est ce qu'atteste une déclaration des avocats de Bordeaux, du 10 sept. 1772 (Tessier, t. 1er, note 38e). C'est aussi ce qui a été jugé depuis par la cour royale de Bordeaux, 13 déc. 1832, N...

32. — Suivant la jurisprudence du même parlement, la clause d'un contrat de mariage portant que les époux *se prenaient avec leurs biens et droits* frappait de dotalité tous les biens que possédait la femme au moment du mariage. — *Bordeaux*, 11 fév. 1826, N...; 1er fév. 1827, N... — V. cependant *contrà*, *Bordeaux*, 21 juin 1830, N...

33. — Au parlement de Toulouse, on décidait qu'il n'y avait de dotal que ce qui était donné à la femme *pour supporter les charges du mariage.* — *Toulouse*, 11 juin 1830, Rullier.

34. — ...Et qu'on devrait réputer dotaux les biens que la future elle-même déclarait se constituer *en faveur et contemplation du mariage.* — *Agen*, 20 avr. 1841 (t. 2 1841, p. 456), Trémont.

35. — Au parlement du Dauphiné, la jurisprudence était plus large; tout ce qui était donné par contrat de mariage était dotal. — Guy-Pape, quest. 468.

36. — Il a même été jugé que, d'après l'ancien droit, les biens donnés par un père à sa fille dans un contrat de mariage, étaient réputés dotaux, quoique le contrat ne renfermât aucune clause de constitution de dot, ni de proclamation générale en faveur du mari, ni de réserve en paraphernaux. — *Grenoble*, 7 juill. 1810, Batili et Grand c. Bidreman.

37. — Au parlement de Paris on jugeait, au contraire, que les biens donnés par contrat de mariage, même avec la stipulation *en faveur et contemplation du mariage*, n'étaient pas dotaux et restaient paraphernaux à la femme. M. Maleville (t. 3, p. 344) cite, comme preuve de cette jurisprudence, l'arrêt rendu dans l'affaire du comte de Beaumont, dont le contrat de mariage portait : *En faveur et contemplation dudit mariage, les dames de Goos, mère et aïeule, donnent*, etc.

38. — Mais, depuis la promulgation du Code civil, il a été décidé aussi qu'un bien *donné et constitué* à la future pour la *supportation* des charges du mariage est dotal, et qu'il en est de même de celui qu'elle s'est constitué pour en jouir en commun avec son mari. — *Riom*, 1er juin 1809, Lacombe c. Simond; *Caen*, 19 mai 1842 (t. 1er 1843, p. 502), Chevret; *Toulouse*, 19 août 1848 (t. 1er 1854, p. 245), Ferré.

39. — Mais, d'après l'usance de Saintes, lorsque des biens avaient été, dans un contrat de mariage, déclarés de nature de propres, et non paraphernaux, ils ne pouvaient pas être regardés comme dotaux; dès-lors ils pouvaient être vendus par le mari avec le consentement de la femme. — *Poitiers*, 9 janv. 1828, Laplanche c. Jolly.

40. — Sous la coutume d'Auvergne, une femme qui se constituait en dot une somme d'argent, en déclarant que cette somme faisait tout son avoir, excluait par là de la *dotalité* les immeubles qui pouvaient plus tard lui advenir. — *Cass.*, 7 déc. 1830, Henri c. Jacques.

41. — De même, sous l'empire de la coutume de Navarre, et malgré l'influence du droit écrit dans cette province, lorsque la femme se mariait sans constitution de dot, et qu'au contraire la dot était apportée par le mari à la femme, héritière présomptive de ses père et mère, avec stipulation au

profit du mari du droit de coseigneurie sur les biens patrimoniaux de la femme, les biens recueillis par les époux n'étaient pas frappés de dotalité, et, par suite, restaient aliénables. — *Paris*, 11 mai 1843 (t. 2 1843, p. 102), caisse hypothéc. c. Delgue.

42. — Lorsque la femme se constituait une dot, on suivait, relativement à l'inaliénabilité de cette dot, les principes du droit romain. Mais quand la femme ne se constituait en dot ni ses biens présens, ni ses biens futurs, tout ce qu'elle possédait était paraphernal, et elle pouvait en disposer.

43. — Par une stipulation particulière à la Navarre, le mari pouvait, comme la femme, se constituer une dot, qui jouissait d'une partie des priviléges de la dotalité. — Quelquefois, les apports des deux époux avaient le caractère dotal; mais souvent les apports de l'un étaient dotaux, tandis que ceux de l'autre ne l'étaient pas. Par exemple, il arrivait fréquemment que la femme ne se constituait pas de dot, que tous ses biens étaient paraphernaux, et que le mari, au contraire, apportait une dot qui était touchée par les parens de la femme: c'est ce qui avait lieu surtout lorsque la femme était instituée héritière par son père et sa mère, et qu'au contraire le mari était un cadet de famille qui était réduit à une légitime. Les parens du mari ou son frère aîné lui constituaient une dot en argent; on remettait cet argent entre les mains du père et de la mère de la femme, et ceux-ci s'en servaient, soit pour leurs besoins, soit pour fournir des dots ou des légitimes à leurs autres enfans. — Le mari obtenait alors certains avantages en compensation de ceux qu'il apportait. Ainsi, la femme instituée héritière par son père et sa mère acquérait par le fait même de cette institution la propriété actuelle de la moitié de la fortune de ceux-ci; elle pouvait même avoir des droits plus étendus, si le contrat de mariage les lui accordait; mais, en tous cas, le mari qui avait ainsi versé sa dot dans la famille de sa femme devenait coseigneur avec celle-ci des biens qui lui étaient transmis par l'institution contractuelle. — On employait le mot *vincler* (du latin *vinculum*) pour exprimer l'engagement par lequel les parens se liaient lorsqu'en mariant leur fille ils l'instituaient ainsi héritière, et que leur gendre devenait coseigneur avec elle et avec eux-mêmes.

44. — Lorsque les époux ont déclaré, par leur contrat de mariage, adopter le régime dotal, et que la femme s'est constitué nommément quelque chose en dot, les autres biens possédés par la femme et qui n'ont pas fait l'objet de la constitution, ne sont point dotaux. — *Grenoble*, 7 fév. 1828, N...

45. — La promesse faite par un père et une mère, en dotant leur fille, de ne pas lui donner moins qu'à leurs autres enfans, constitue aujourd'hui, comme sous l'ancienne jurisprudence, une institution contractuelle qui donne à l'enfant un droit certain aux biens des Instituans. — C. civ., art. 1082. — Par suite, les biens que la fille à qui cette promesse a été faite, et qui est mariée sous le régime dotal, touche plus tard dans la succession de ses père et mère, sont frappés de dotalité, et se trouvent dès-lors inaliénables. — *Limoges*, 30 fév. 1844 (t. 1er 1846, p. 436), Vallès et Camus c. Cérès.

46. — On jugeait aussi que les biens situés en Saintonge et compris dans une institution contractuelle faite *en faveur du futur mariage*, dans un contrat de mariage passé sous l'empire de l'usance de Saintes, étaient dotaux. — *Poitiers*, 5 mai 1825, Dubut c. Delor et Bernard.

47. — Les biens que la femme avait dans l'enclave de l'ancienne coutume d'Auvergne, à l'époque des fiançailles, étaient frappés de dotalité, bien que le mariage conclu eût été passé dans le ressort de la coutume de Paris. — *Riom*, 19 janv. 1817, Biron c. Bressol.

48. — Lorsque, en pays de droit écrit, une femme s'était constitué ses biens en dot, et que, par son contrat de mariage, elle avait donné à son mari pouvoir de les vendre, la constitution ne pouvait être considérée comme purement dotale, et les biens étaient aliénables et pouvaient être hypothéqués. — *Bordeaux*, 30 juill. 1811, Aristoy c. Brocas.

49. — L'immeuble donné en paiement de la dot constituée en argent n'est pas dotal. — C. civ., art. 1553, n° 2. — En effet, dans ce cas, l'immeuble lui-même n'est pas l'objet constitué en dot, qui ne comprend réellement qu'une somme d'argent.

50. — Jugé, par application de ce principe, que l'immeuble donné à la femme en paiement de la dot constituée en argent peut être saisi pour l'exécution des obligations contractées par elle. — *Bordeaux*, 11 juill. 1839 (t. 2 1839, p. 648), caisse hypothécaire c. Daumy.

51. — De ce que la somme d'argent forme exclusivement l'objet donné en dot et de ce que les immeubles n'ont été qu'un moyen de réaliser le paiement de la dot, il suit qu'en cas de restitution, la femme a droit de refuser les immeubles et d'exiger sa dot en argent. — Tessier, t. 1er, n° 48, p. 252.

52. — Elle jouirait de ce droit même au cas où l'immeuble serait donné en paiement par un ascendant de la femme qui aurait constitué la dot en argent (Duranton, t. 15, n° 433); elle l'aurait aussi au cas où la constitution dotale comprendrait les biens à venir. — Duranton, *eod. loc.*

53. — Dans l'ancien droit et en pays de droit écrit, l'immeuble donné au mari par le contrat de mariage, en paiement d'une dot constituée en argent, n'était pas non plus dotal s'il y avait stipulation expresse au contrat de mariage. Il devenait un propre du mari, qui restait débiteur de la somme dotale. — *Toulouse*, 30 déc. 1811, Galin c. Delage.

54. — Mais jugé toutefois que, dans l'ancien droit, le bail d'immeubles en paiement de la dot constituée en argent ne transférait la propriété au mari que lorsqu'il avait été fait au mari seul, et qu'il en était autrement lorsqu'il avait été fait au mari et à la femme conjointement. — *Toulouse*, 5 juin 1809, Chaton.

55. — Suivant la jurisprudence du parlement de Bordeaux, l'immeuble donné en paiement de la dot constituée en argent n'était pas dotal, mais il devenait subsidiairement dotal en cas d'insolvabilité du mari. — *Bordeaux*, 9 janv. 1839 (t. 1er 1839, p. 385), Durand et de Bryas c. Rouhier.

56. — Depuis, il a été jugé qu'en pays de droit écrit, l'immeuble donné en paiement d'une dot stipulée en deniers avait le caractère et les effets d'un échange, en telle sorte que cet immeuble était réputé dotal. — *Cass.*, 23 août 1832, Prisonnier c. Noguez.

57. — Dans le ressort du parlement de Grenoble, les biens reçus par le mari en paiement de la dot de sa femme, mais donnés en paiement par d'autres que par les constituans de la dot, ne devenaient pas la propriété de la femme. En conséquence, le mari restait maître de disposer à volonté de ces biens, sauf à la femme ses répétitions contre son mari. — *Grenoble*, 23 avr. 1830, Martinon c. Bez.

58. — C'est par une conséquence du même principe posé (*suprà* n° 49) que lorsque, par suite d'une séparation de biens prononcée en justice, le mari, pour remplir sa femme de sa dot mobilière, lui abandonne des biens immeubles, ces biens n'acquièrent point le caractère de biens dotaux. — *Bordeaux*, 16 déc. 1840 (t. 1er 1841, p. 332), Cartier c. Bec; *Riom*, 8 avr. 1843 (t. 1er 1846, p. 255), Boryhaut; — Duranton, *Droit français*, t. 15, n° 436; Tessier, *Traité de la dot*, t. 1er, note 410e. — V. cependant en sens contraire *Rouen*, 26 juin 1824, Nourry-Vallée c. Vernay; *Cass.*, 31 janv. 1842 (t. 1er 1842, p. 276), Giraud et Gros c. Arluc.

59. — Jugé de même que les immeubles du mari, que la femme séparée de biens reçoit en exécution du jugement de séparation et en remplacement de ses immeubles dotaux aliénés, ne sont pas eux-mêmes dotaux, et, comme tels, inaliénables, lorsque les formalités voulues par la loi pour effectuer l'échange des immeubles dotaux n'ont point été observées. — *Bordeaux*, 5 fév. 1829, Périgny c. Broustet.

60. — L'immeuble reçu en échange du fonds dotal, dans le cas où l'échange est autorisé, est dotal. — C. civ., art. 1559. — L'excédant du prix, s'il y en a, l'est aussi, et il en est fait emploi comme tel au profit de la femme. — Même article.

61. — Le droit romain avait une disposition semblable (L. 27, ff., *De jur. dot.*), qui avait été adoptée par l'ancienne jurisprudence. — François Despeisses, *De la dot*, sect. 3e, n° 83; Lebrun, *De la communauté*, liv. 3, ch. 2, sect. 1re, dist. 1re, n° 6; Tessier, t. 1er, n° 51, p. 262.

62. — La dot ne pouvant être augmentée durant le mariage par l'effet d'une convention postérieure au contrat de mariage, c'est avec raison qu'on a décidé que, si l'immeuble reçu en échange était d'une valeur supérieure à celui de la femme, l'excédant n'était pas dotal. — Toullier, t. 14, n° 223; Tessier, n° 51, p. 263.

63. — L'immeuble reçu par la femme en échange de ses biens dotaux n'a jamais eu, si l'échange vient à être annulé, le caractère de bien dotal. — Par suite, si la femme a revendu cet immeuble, elle ne peut provoquer elle-même la nullité de la vente. Le propriétaire originaire en a seul le droit. — *Limoges*, 9 juill. 1845 (t. 1er 1846, p. 144), Ventadour c. Plos.

64. — Mais si la femme évincée de l'immeuble reçu par elle en échange, exerçait une action en garantie contre son copermutant et obtenait la restitution de l'immeuble donné par elle en contre-échange, cet immeuble rentrant ainsi entre ses mains, redevient dotal, car la raison en est que la clause résolutoire remet les choses au même état que s'il n'y avait jamais eu de contrat. — Tessier, t. 1er, n° 51, p. 263.

65. — On a jugé avec raison que lorsque les formalités prescrites par l'art. 1559 pour l'échange d'un immeuble dotal n'ont pas été accomplies, l'immeuble reçu en contre-échange par la femme n'est pas dotal, et qu'il ne pourrait le devenir par la ratification que donnerait la femme après la dissolution du mariage. — *Limoges*, 3 mai 1837 (t. 1er 1837, p. 412), Blondeau c. Labrousse.

66. — Pour apprécier le caractère de dotalité d'un immeuble acquis en France par une femme étrangère, on doit recourir aux dispositions du Code civil, et non aux lois de la nation à laquelle cette femme appartient. — *Paris*, 15 mars 1831, Bonar c. Hervas.

67. — Dès-lors c'est par une juste combinaison des principes que nous venons de poser, qu'on a décidé qu'on ne doit pas considérer comme dotal un immeuble acquis en France par une femme espagnole, postérieurement à son mariage, lorsque la constitution de dot de cette femme ne frappe pas les biens à venir, et que le contrat n'énonce point que l'acquisition ait eu pour but le remploi de deniers dotaux. — Même arrêt.

68. — L'immeuble donné par la femme en remplacement de l'immeuble dotal dont le mari a été évincé, est dotal. — Duranton, t. 15, n° 435.

69. — Lorsque la femme venant à la succession du constituant, a rapporté l'immeuble constitué en dot, cet immeuble en rentrant dans le lot attribué à la femme comme cohéritière, conserve son caractère de dotalité. — Tessier, t. 1er, n° 53, p. 268; Pothier, *cout. Orléans*, introd. au tit. 17, n° 95.

70. — Jugé de même que lorsque, par l'effet du partage, il est tombé au lot de la femme mariée sous le régime dotal un autre immeuble que celui qui lui avait été constitué en dot, et dont elle a fait le rapport à la succession du donateur, cet immeuble se trouve affecté du caractère de dotalité et d'inaliénabilité qui avait été conféré au premier. — *Montpellier*, 11 nov. 1836 (t. 1er 1837, p. 258), Fichon; — Guilhon, *Tr. des donat.*, t. 3, p. 232, n° 1228.

71. — Mais cette décision est vivement combattue par M. Tessier (*De la dot*, t. 1er, p. 269, n° 53). Cet auteur fait remarquer que ce n'est que par l'effet du partage et la qualité d'héritière que la femme se trouve saisie de l'immeuble dont il s'agit; que cet immeuble ne peut être substitué à l'immeuble constitué en dot que par une sorte de subrogation réelle, or, cette subrogation qui est une fiction devra être autorisée par la loi; or, aucune disposition n'admet la subrogation en matière de partage. L'immeuble originaire a sans doute été constitué en dot, mais il ne l'a été peut-être que sous la condition du rapport, et par conséquent sous une condition résolutoire de la dotalité pour le cas où il écheoirait par l'effet du partage à un autre héritier. Proposant à la suite de ces objections un mode propre à garantir les intérêts de la femme, M. Tessier exprime l'opinion que si l'immeuble ainsi abandonné à la femme à titre héréditaire est extra-dotal et par suite aliénable, la valeur de l'immeuble primitivement donné en dot y reposerait et que cette valeur serait elle-même frappée d'inaliénabilité; si donc les fonds attribués par le partage venaient à être vendus, le prix de vente jusqu'à concurrence de ladite valeur serait soumis à un emploi pour satisfaire à cette inaliénabilité, et il serait de plus à l'abri de toute exécution de la part des créanciers envers lesquels la femme aurait contracté des obligations.

72. — C'est dans le sens de l'opinion de M. Tessier qu'il a été jugé que la femme dont le contrat de mariage a affecté de dotalité tous les biens présens et à venir ne peut se prévaloir de cette dotalité pour s'opposer à la saisie, par un créancier de la succession de son père, des biens qui lui avaient été primitivement donnés par ce dernier, et qui sont restés dans son lot après le rapport par elle effectué à ladite succession. — *Rouen*, 3 nov. 1840 (t. 1er 1841, p. 265), Buisson c. Lange.

73. — Jugé que lorsqu'une femme s'est constitué en dot *l'immobilier* de la succession de son père, cette constitution ne frappe que la portion de l'immobilier afférente à la femme dans cette succession, et non les portions qui ont pu lui provenir indirectement par décès ou cession de ses cohéritiers. — *Rouen*, 18 juin 1845 (t. 1er 1846, p. 256), Hersent c. Bercile.

74. — Lorsque la moitié d'un immeuble a été constituée en dot à une femme, et que l'autre moitié lui a été attribuée par licitation, elle ne peut prétendre que cette moitié ait le caractère dotal en vertu de l'art. 883, C. civ.; cet immeuble est dotal par moitié et paraphernal par moitié. — *Limoges*, 22 juill. 1835, Grancoin c. Bonnet; — Tessier, t. 1er, no 54, p. 277 et suiv.; Duranton, t. 15, p. 422 et suiv.; Delvincourt, t. 3, p. 339.

75. — Mais, lorsqu'une dot se trouve confondue dans des biens indivis, et que le mari obtient dans le partage de ces biens, en payant une soulte, une portion qui excède la valeur de la dot, l'excédant est dotal et ne peut être échangé par le mari, à moins d'un avantage réel pour la femme. — *Limoges*, 22 avr. 1822, Lafond de Bessas c. Corbrio.

76. — L'accroissement qui par alluvion vient s'ajouter au fonds dotal est dotal : *incrementum alluvionis non novus ager, sed pars rei*. — Dumoulin, *Cout. de Paris*, art. 1er; glos. 5, no 115.

77. — Par le même principe de l'accession, les bâtimens construits sur le fonds dotal sont dotaux : *omne quod solo inædificatur solo cedit*. — Tessier, t. 1er, p. 285.

78. — Mais les acquisitions contiguës et par simple destination ne sont pas dotales quoique faites par la femme ou en son nom; on suit à cet égard la doctrine des auteurs en matière de communauté. — Pothier, *Communauté*, nos 192 et suiv.; Lebrun, *Communauté*, liv. 3, ch. 2, sect. 1re, dist. 7, nos 7 et 8; Roussilhe, *De la dot*, t. 2, no 546; Tessier, t. 1er, p. 286.

79. — Un gain de survie stipulé dans un contrat de mariage ne peut être considéré comme faisant partie de la constitution dotale. En conséquence il est aliénable et, par suite, sujet à saisie. — *Aix*, 19 janv. 1844 (t. 1er 1844, p. 771), Camet c. Magnand.

80. — L'immeuble acquis des deniers dotaux n'est pas dotal si la condition de l'emploi n'a été stipulée dans le contrat de mariage. — C. civ., art. 1553.

81. — Ces mots de l'art. 1553 : *si la condition de l'emploi n'a été stipulée par le contrat de mariage*, font allusion à l'usage où l'on était dans plusieurs provinces, et particulièrement dans les pays de droit écrit, de stipuler une condition d'emploi dans le contrat de mariage, lorsque la dot consistait en une somme d'argent et sans des garanties de sécurité suffisante. Cette condition d'emploi, encore d'un fréquent usage, se stipule ordinairement en achat d'immeubles francs d'hypothèques. — Tessier, t. 1er, p. 409; Duranton, t. 15, nos 485 et 486.

82. — Lorsqu'il y avait sous l'ancien droit une condition d'emploi stipulée au contrat de mariage, l'immeuble acquis des deniers dotaux était aussi frappé de dotalité. — Renusson, *Des propres*, ch. 6, sect. 7e, nos 19 et suiv.; Roussilhe, t. 1er, no 184; Tessier, t. 1er, no 48, p. 221.

83. — La clause d'emploi ne rend pas dotal de droit le fonds acquis par le mari, postérieurement au mariage; il faut qu'il déclare dans l'acte d'acquisition que le prix de l'immeuble provient des deniers constitués en dot à sa femme, et dont il fait ainsi l'emploi, conformément à son contrat de mariage. — Benoît, t. 1er, no 113.

84. — L'obligation, imposée au mari dans un contrat de mariage (passé avant le Code civil), de *reconnaître et assurer* la dot en cas d'aliénation, a pu être interprétée, au cas où la clause de remploi n'était pas formellement stipulée au contrat, comme ne devant pas réagir, dans l'intention des parties, contre les tiers acquéreurs des immeubles dotaux non encore employés, mais comme étant obligatoire à l'égard du mari seulement. — *Cass.*, 1er août 1844 (t. 2 1844, p. 506), Gondran.

85. — Par cela qu'une dot mobilière soumise à l'emploi n'a point été payée du vivant du père donateur, et qu'elle se confond avec la part qui revient à la femme dans la succession paternelle, elle n'en conserve pas moins sa qualité de dot, et le mari ne peut en exiger le paiement qu'en justifiant de l'emploi. — *Paris*, 23 mars 1844 (t. 1er 1844, p. 743), Grimberge de Villebrocke c. Baudens.

86. — Les immeubles qui auraient été recueillis dans la succession du père ne sauraient tenir lieu de l'emploi de la dot mobilière, surtout s'ils sont dotaux de leur chef. — Même arrêt.

87. — S'il a été stipulé une condition d'emploi de la somme constituée en dot, et que le constituant se libère par l'abandon d'un immeuble que les époux déclarent recevoir pour accomplir l'emploi ordonné, l'immeuble deviendra dotal et inaliénable. — Tessier, t. 1er, no 48, p. 258.

88. — Il est tout naturel que l'immeuble acquis par suite de la stipulation d'emploi ne soit dotal que jusqu'à concurrence de la somme appartenant à la femme. — Tessier, t. 1er, no 48; Toullier, t. 14, no 155.

89. — Les immeubles acquis par l'exécution de la clause d'emploi ne prennent pas la qualité de dotaux; ils sont aliénables sous la même condition de remploi (Tessier, t. 1er, p. 408; Duranton, t. 15, nos 185 et 486), mais par une raison différente.

90. — Lorsque la clause d'emploi a été insérée dans le contrat de mariage, le mari ne peut exercer son action en paiement qu'en offrant de se soumettre à l'emploi. (Toullier, t. 14, no 153.) Le débiteur peut opposer cette clause et s'en faire une exception, au moyen de laquelle le mari doit être repoussé dans sa demande en paiement. — *Cass.*, 9 nov. 1826, Duroux c. Chaumiel; *Bordeaux*, 19 avr. 1845 (t. 1er 1845, p. 968), Loche; *Paris*, 23 mars 1844 (t. 1er 1844, p. 743), Grimberghe; *Toulouse*, 23 avr. 1817, Caux c. Deltour; 26 mars 1811, Tessier, t. 1er, p. 432, Lacassagne c. Villeneuve-Flamarens.

91. — Il en était de même sous l'ancien droit; Salviat, p. 203 et 205; Roussilhe, t. 2, p. 354 et 355.

92. — L'exécution de la clause d'emploi de deniers dotaux oblige le mari, avant de les retirer, à acheter des immeubles pour assurer et remplacer les deniers. Une dation d'hypothèque ne peut suppléer à cette condition. — *Limoges*, 1er avr. 1822, Lenoble c. Géronilhe.

93. — Lorsque le contrat de mariage contient une stipulation d'emploi, la femme qui, par suite de la séparation de biens, reçoit, à la place de son mari, les capitaux de sa dot mobilière, est tenue de fournir un remploi valable, et le débiteur doit l'exiger. — *Rouen*, 12 août 1844 (t. 1er 1845, p. 737), Havas.

94. — Jugé que la femme mariée sous le régime dotal, qui a obtenu la séparation de biens contre son mari, mais à la condition de faire cet emploi de ses créances dotales, ne peut faire emploi en rentes sur l'état. — *Toulouse*, 19 mai 1824, Boyer Fonfrède.

95. — Jugé, cependant, que le placement en rente sur l'état, avec cette mention que la rente ne pourra être transférée sans autorisation de justice, constitue un emploi suffisant de la dot d'une femme mariée sous le régime dotal. — *Paris*, 16 mars 1839 (t. 1er 1839, p. 447), Alléon.

96. — Lorsqu'un père, en mariant sa fille sous le régime dotal, lui a constitué une dot, à charge d'emploi en immeubles, il conserve le droit d'exiger cet emploi, quoiqu'il ait payé à son gendre dans la gêne, et pour l'en tirer, le montant de la dot, sans que l'emploi ait eu lieu, en sorte qu'il peut former des saisies-arrêts entre les mains des débiteurs de son gendre. — *Paris*, 25 fév. 1826, Dreys c. Marlin.

97. — Le créancier d'une somme par lui prêtée sur un fonds dotal, en vertu d'autorisation judiciaire, est tenu d'en surveiller l'emploi. — *Aix*, 10 fév. 1832, Aillaud c. Jacomin.

98. — Le tiers détenteur de sommes dotales ne peut point exiger l'emploi de la part du mari, si celui-ci n'y a pas été assujéti par le contrat de mariage. — *Toulouse*, 2 janv. 1818, N...; 23 avr. 1817, Caux c. Deltaur.

99. — Décidé que la femme séparée de biens qui, pour ses reprises dotales, exerce l'action hypothécaire contre des tiers acquéreurs des biens de son mari, ne peut être tenue, sur leur demande, de fournir emploi. Le mari, les enfans, ou le père de la femme peuvent seuls le demander. — *Grenoble*, 29 mars 1828, Terpan c. Poncet; 22 juin 1827, Barret c. Robert.

100. — La condition imposée au mari, dans le contrat de mariage, de ne pouvoir toucher les capitaux dus par des tiers à sa femme qu'à la charge de les employer en fonds solvables, ou de donner caution, n'est pas réputée accomplie, et les débiteurs ne sont pas libérés, lorsque le mari a employé une partie des deniers reçus à payer le prix de la licitation d'un immeuble indivis entre lui et un tiers, et que, pour sûreté de l'autre portion, il a consenti une hypothèque sur ses biens personnels. — Au contraire, il faut, pour l'accomplissement de la clause et la libération des débiteurs, ou que le mari donne réellement caution, ou que le fonds sur lequel les deniers reçus sont employés devienne, par cet emploi, une propriété de la femme. — *Bordeaux*, 19 mars 1828, Sicard c. Vincent.

101. — M. Duranton (t. 15, no 429) et M. Benoît (t. 1er, no 110) sont d'avis que le consentement de la femme est toujours nécessaire lorsqu'il s'agit de faire emploi de ses deniers dotaux en achat d'immeubles, bien qu'aucune disposition législative ne le prescrive formellement pour la femme mariée sous le régime dotal. Ils appliquent à la femme mariée sous le régime dotal l'art. 1435, qui, pour le remploi en matière de communauté, exige le consentement de la femme.

102. — L'opinion contraire est soutenue par MM. Merlin et Toullier, qui, s'armant du silence du législateur au chapitre du régime dotal, soutiennent qu'on ne peut transporter du régime de la communauté au régime dotal une disposition qu'il eût été si facile au législateur d'écrire dans l'art. 1553.

103. — Mais il y a entre les situations prévues par les deux art. 1435 et 1553 une telle analogie, que c'est se conformer aux règles du droit et en même temps de l'équité que d'astreindre le mari à obtenir le consentement de la femme lorsqu'il veut faire emploi de ses deniers dotaux.

104. — Toutefois, il n'est pas nécessaire que l'acceptation de l'emploi par la femme résulte de l'acte même d'acquisition; elle peut avoir lieu postérieurement (Duranton, t. 15, no 431); cependant la femme ne pourrait accepter l'emploi après la dissolution du mariage. — Duranton, no 432.

105. — Le paiement fait sans l'assentiment de la femme étant irrégulier, il en résulterait que le débiteur de la dot qui se serait libéré sans exiger l'emploi pourrait, en cas d'insolvabilité du mari, être contraint par la femme ou ses héritiers à payer une seconde fois. — Benoît, t. 1er, no 112; Toullier, t. 14, no 154.

106. — Si l'acquéreur est garant de l'emploi, il ne l'est pas de la sûreté ou bonté de l'emploi. — Duranton, t. 15, no 485.

107. — Mais l'acquéreur n'est pas même responsable du défaut d'emploi, lorsque la femme qui a vendu le fonds dotal est séparée de biens. — Duranton, t. 15, no 488.

108. — La clause d'emploi des deniers dotaux ne peut être invoquée par les débiteurs de ces derniers; l'acquéreur seul de l'immeuble dotal est responsable du défaut d'emploi. — Duranton, t. 15, no 487.

109. — La femme mariée avant le Code civil et séparée de biens depuis ce Code peut exiger sa dot mobilière, sans être tenue d'en faire emploi ou de donner caution. — *Montpellier*, 26 nov. 1806, Dejean c. Verrière; *Toulouse*, 21 août 1811, Deffès c. Roubichon et Goffres; 26 janv. 1815, Leblanc c. Rouchès; 5 juin 1815, Dupuis Melgueil c. Labarthe Barthélemy; *Riom*, 5 fév. 1821, Maurin; *Cass.*, 25 janv. 1826, Chabas c. Vernet; *Grenoble*, 29 mars 1828, Terpan c. Poncet; *Riom*, 10 fév. 1830, Bariol; *Bordeaux*, 19 juin 1834, Massé c. Bouton; 8 avr. 1835, Clauzel c. Seignan; *Cass.*, 23 déc. 1839, Buisson c. Mutel Cavelan (t. 1er 1840, p. 63); *Nîmes*, 14 juill. 1840, Appoline Pradel c. Honoré Barthélemi (t. 2 1840, p. 548); *Rouen*, 7 juill. 1842, Banque de Rouen c. Roullaud (t. 2 1842, p. 376); *Cass.*, 11 avr. 1842, Baloffet; *Paris*, 25 fév. 1843, Salles c. caisse des consignations (t. 1er 1843, p. 630 et 631); — Merlin, *Quest. de dr.*, vo *Remploi*, § 10; Toullier, *Droit civil*, t. 14, nos 176 et suiv.; Duranton, t. 15, nos 545 et 488.

110. — Jugé, au contraire, que la femme mariée sous le régime dotal ne peut obtenir, par suite de sa séparation de corps et de biens, la libre disposition de sa dot mobilière, et que le mari n'est tenu de rendre la dot qu'à la charge par la femme d'en faire emploi. — *Montpellier*, 22 juin 1819, c. Romain; *Bordeaux*, 2 août 1813, Broussier c. Maisonneuve; *Grenoble*, 24 mars 1821, Luneau; *Nîmes*, 21 juin 1821, Marie Bassayet c. Auquier; *Aix*, 6 déc. 1822, Peyreferry Chabas; *Toulouse*, 17 mai 1827, Campagnole c. Thoulouse; *Agen*, 31 janv. 1832, Wanregementer c. Dauriac; *Limoges*, 1er sept. 1834, Cacatte c. Marcoul de Loule; *Caen*, 5 déc. 1836 (t. 1er 1837, p. 469), de Moloré c. Chapelain. — Duport-Lavillette, *Quest. de dr.*, t. 2, p. 554 *in fine*, et Tessier, *Tr. de la dot*, t. 1er, no 550.

111. — Toutefois, si le contrat de mariage contient une stipulation d'emploi pour une partie des sommes dotales, le détenteur des biens hypothéqués à la sûreté de ces sommes doit, même après la séparation de biens, et sous peine de payer deux fois, surveiller cet emploi. — Mais la nécessité de surveiller l'emploi n'existe pour le débiteur qu'autant que la stipulation d'emploi est expressément écrite au contrat de mariage. — *Cass.*, 23 déc. 1839 (t. 1er 1840, p. 63), Buisson c. Mutel-Cavelan; *Toulouse*, 2 janv. 1818, N...

112. — Lorsque la dot a été comptée au père du mari, avec stipulation de sa part qu'il ne serait tenu de la rendre qu'à la dissolution du mariage ou à son décès, sans intérêts, la femme, en cas de séparation judiciaire, peut, nonobstant cette clause, en exiger le remboursement, à la charge de faire emploi ou de donner caution. — *Nîmes*, 6 août 1833, Julien.

113. — Lorsqu'il a été stipulé dans un contrat de

mariage que les premières acquisitions d'immeubles qui seraient faites par les futurs serviraient d'emploi de la dot de la future, celle-ci ou ses héritiers ne peuvent prétendre que les premières acquisitions faites par le mari seul doivent leur tenir lieu de la dot au préjudice des créanciers hypothécaires du mari. — *Bourges*, 1er fév. 1831, Cropy c. Desnoyers.

114. — Le mari qui, par son contrat de mariage, s'est assujetti à employer la dot de sa femme en une acquisition déterminée, n'est pas tenu, après qu'il a satisfait à cette obligation, de faire un nouvel emploi en cas de revente de la chose au paiement de laquelle les deniers dotaux ont été consacrés. — En conséquence, il a le droit de retirer, sans conditions, ces fonds des mains de l'acquéreur; et il importerait peu qu'il eût reconnu, postérieurement au mariage, qu'il était tenu à un second emploi. — *Bordeaux*, 7 déc. 1841 (t. 1er 1842, p. 326), Roque.

115. — Lorsqu'une femme mariée sous le régime dotal, avec constitution de tous ses biens présens et à venir et stipulation d'emploi et de remploi, a reçu pendant le mariage un legs d'une somme déterminée, sous la condition d'un emploi réel en acquisition d'immeubles, le don fait par la légataire à l'un de ses enfans, par contrat de mariage, d'une somme à prendre sur ledit legs, constitue un emploi suffisant. — *Limoges*, 27 juin 1840 (t. 2 1840, p. 565), Faucher c. Guérin Lézé.

116. — Il n'y a pas emploi légal, imputable sur la dot, lorsqu'il a été stipulé que les deniers employés seraient pris sur les biens paraphernaux. — *Bordeaux*, 9 janv. 1839 (t. 1er 1839, p. 385), Durand et de Bryas c. Rouhier.

117. — Mais il y a emploi légal de la dot constituée sous l'ancien droit, lorsqu'on l'emploie à payer une donation entre-vifs faite même sous le Code civil par la mère à l'un de ses enfans. — *Bordeaux*, 9 janv. 1839 (t. 1er 1839, p. 385), Durand et de Bryas c. Rouhier.

118. — La clause portant qu'une dot constituée en argent sera employée par le mari en acquisitions d'immeubles de pareille valeur, lesquels demeureront affectés à l'hypothèque légale de la femme, a moins pour objet l'emploi de la dot, que d'en assurer la restitution par l'affectation d'immeubles. En conséquence, le mari ne peut offrir en paiement de la dot des immeubles par lui acquis durant le mariage, si, en les acquérant, il n'a ni déclaré en faire emploi en faveur de son épouse, ni indiqué que l'argent donné en paiement du prix provenait de la dot. — *Agen*, 31 janv. 1832, Wanregementer c. Dauriac.

119. — L'existence de droits et reprises à exercer par la femme mariée sous le régime dotal n'est pas une cause légitime qui autorise le mari à lui consentir une vente, alors que le contrat de mariage n'impose pas à ce dernier l'obligation de faire emploi des deniers dotaux, et que, d'ailleurs, la dot n'est pas devenue exigible par suite d'un jugement de séparation de biens. — *Bastia*, 2 mai 1842 (t. 2 1842, p. 505), Arrighi c. Roncajolo.

CHAPITRE II. — *De la constitution de la dot.*

120. — La constitution de dot est un contrat synallagmatique, à titre onéreux, par lequel la future donne l'administration et la jouissance de tout ou de partie de ses biens, pendant le mariage seulement, au futur, qui s'oblige de son côté à en supporter toutes les charges. — Toullier, t. 14, no 52.

121. — Lorsque des tiers interviennent au contrat comme donateurs, c'est alors un contrat de bienfaisance, par lequel les contractans donnent certains biens en propriété à la future, laquelle, en les acceptant comme dotaux, consent tacitement à en donner l'administration et la jouissance à son mari, pendant la durée du mariage, pour en supporter les charges. — Toullier, t. 14, no 53.

122. — La constitution de dot pouvait, sous l'ancien droit, se faire par acte sous seing-privé. — Merlin, *Rép.*, vo *Contr. de mar.*, § 1er, no 4, et vo *Convent. matr.*, § 1er; Prost de Royer, t. 7, p. 7. — On distinguait cependant le cas où la constitution était faite par la femme ou par ses père et mère, ou par des étrangers; dans le premier cas, la constitution de dot sous seing-privé était valable; dans le second, elle ne l'était pas (ordonn. de 1731, art. 1er; Furgole, sur cette même ordonn., p. 17 et 83; Merlin, *Quest.*, vo *Contr. de mar.*, § 2); mais cette constitution sous seing-privé ne faisait pas foi contre les tiers. — Tessier, t. 1er, no 9, p. 41, et les auteurs qu'il cite.

123. — La constitution de dot est toujours censée faite sous la condition que le mariage suivra; c'est la condition tacite de toutes les donations ou stipulations faites en faveur du mariage. C'est ce qui résulte de la disposition formelle de l'art. 1088, C. civ.; c'est aussi ce qu'expriment les lois romaines. — V. LL. 3 et 21, ff., *De jure dot.*

124. — On s'était cependant écarté de cette règle dans quelques provinces des pays de droit écrit; on y jugeait que la donation faite en ligne directe était valable, alors même que le mariage n'avait pas lieu. — V. Dolive, liv. 3, chap. 30; Brodeau, lett. R, sous 17; Lapeyrère, lett. D, no 61. — V. aussi Benoît, t. 1er, no 17.

125. — Aucun terme n'étant fixé pour la réalisation de la condition du mariage, cette condition n'est censée défaillie que lorsqu'il est certain qu'elle ne s'accomplira plus. — Duranton, t. 15, no 342; Benoit, *De la dot*, t. 1er, no 18; Toullier, t. 14, no 57.

126. — Mais on comprend que, par la certitude de l'accomplissement de la condition, nous n'entendons pas une certitude absolue, telle que celle, par exemple, qui résulterait de la mort de l'un des futurs. Mais la volonté exprimée par l'un des futurs contractans de ne pas contracter le mariage projeté autoriserait, à notre avis, le donateur à rétracter sa volonté de faire une libéralité: à défaut d'expression de cette volonté contraire, l'intention de gratifier les époux serait présumée persister, et le fait de la célébration du mariage réaliserait utilement la condition.

127. — Lorsque le mariage n'a pas suivi la constitution dotale, si le futur a reçu la dot, il doit la restituer sur-le-champ; il ne serait pas fondé à se prévaloir de la disposition de l'art. 1565, C. civ., qui porte que, si la dot consiste en une somme d'argent, la restitution n'en peut être exigée qu'un an après la dissolution du mariage; il devrait même restituer les fruits que les biens constitués auraient pu produire. — L. 7, § *Si fructus*, ff., *De jure dot.*; — Benoît, t. 1er, no 19.

128. — Si entre le contrat et la célébration du mariage la chose constituée venait à périr, la perte serait pour la femme, alors même qu'elle aurait été estimée par le contrat; bien que l'estimation constitue ici une véritable vente, cette vente est censée faite sous la condition que le mariage aura lieu. — L. 11, § 5, ff., *De jure dot.*

129. — La constitution de dot peut être faite en faveur d'une femme que le constituant et le futur ne connaissent pas encore. Lorsque, par exemple, un tiers s'engage à donner 10,000 fr. à titre de dot, à la femme que j'épouserai, la constitution sera valable, quelle que soit la femme à laquelle je m'unisse en mariage. — L. 108, ff., *De verb. oblig.*

130. — La dot peut être constituée à terme. — Tessier, t. 1er, no 14, p. 59. — Le délai, dans ce cas, ne commence à courir que du jour du mariage et non du jour où le contrat a été passé; s'il en était autrement, il pourrait arriver que la dot devînt exigible avant que le mariage eût été célébré, ce qui serait contraire au principe qu'il n'y a point de constitution de dot valable tant que le mariage n'a pas eu son exécution. — L. 48, ff., *De jure dot.* — V., en ce sens, Tessier, t. 1er, p. 55; Benoît, t. 1er, no 15.

131. — Lorsque la constitution porte qu'une somme sera payable après le décès des père et mère, cela doit être entendu en ce sens que moitié de la somme sera échue au décès de l'un, et moitié au décès de l'autre. — Rousseaud de Lacombe, vo *Dot*, part. 1re, no 3; Duport Lavillette, *Quest. de droit*, t. 2, p. 417 et suiv.; Tessier, t. 1er, no 13, p. 58.

132. — La constitution peut être aussi faite sous condition. — Pothier, *Pandectes*, liv. 3, tit. 3, sect. 2e, art. 3, § 3, no 22; Furgole, *Des testamens*, chap. 7, sect. 7e, no 79.

133. — ... Et même sous une condition potestative: ainsi, il peut être stipulé que le constituant paiera la dot quand il pourra, *cum potuerit*; quand cela lui sera commode, *cùm commodum erit*, ou même quand cela lui plaira, *cùm voluerit*. — Tessier, t. 1er, p. 62.

134. — La constitution de dot doit porter sur une chose certaine, elle serait nulle s'il n'était pas dit en quoi elle doit consister. — L. 1, Cod., *De dot. promiss.*; — Tessier, t. 1er, no 22, p. 100; Toullier, t. 14, no 69.

135. — Sous l'ancien droit écrit, la constitution de dot incertaine était cependant valable, si c'était le père qui l'eût faite, parce qu'il était obligé par la loi à doter sa fille; quelque vague que fût la promesse, elle était valable, car *ex jure et legibus certitudinem accipiebat*. — Tessier, t. 1er, no 22, p. 100.

136. — La constitution de dot était aussi valable lorsqu'elle était laissée à l'arbitrage d'un tiers, *arbitrio boni viri*. — Roussilhe, t. 1er, no 96; Merlin, *Rép.*, vo *Dot*, § 2, no 5; Tessier, t. 1er, no 22, p. 100.

137. — Nous pensons qu'il en pourrait être de même sous le Code civil, mais avec cette restriction, toutefois, que le tiers devrait avoir prononcé et fait connaître, par un acte passé dans la forme solennelle du contrat de mariage, le résultat de son arbitrage avant la célébration du mariage. Autrement, cet avis, tardivement exprimé, constituerait une violation des art. 1394, 1395 et 1543, C. civ.

138. — La dot ne peut être constituée ni augmentée pendant le mariage. — C. civ., art. 1543. — Il n'en était pas ainsi dans le droit romain : *Dotes constante matrimonio non solùm augentur, sed etiam fiant.* — Inst. *de donat.*, § 3.

139. — Il est difficile de concevoir la raison qui avait pu décider les législateurs romains, si soigneux de l'intérêt des tiers, à introduire une disposition qui pouvait leur être si funeste. Dans les provinces de droit écrit, elle fut généralement repoussée; ainsi, le parlement de Toulouse jugeait que l'augmentation de dot avait le même privilége que la dot, mais il fallait qu'il n'y eût point de créanciers antérieurs, et qu'il fût clairement démontré que le supplément de dot avait réellement été compté; si cette preuve n'était pas acquise ou qu'il vînt à s'élever quelque présomption de fraude, la femme n'était plus admise qu'au dernier rang des créanciers. — Catellan, liv. 4, ch. 55; Lapeyrère, édit. de 1706, Lett. D, no 164. — Le parlement de Provence rejetait toutes les reconnaissances qui excédaient les constitutions dotales; elles étaient considérées comme frauduleuses. — De Cormis, t. 2, col. 303e; Maximes du Palais, t. 1er, p. 156, maxime 15e. — Enfin, au parlement de Grenoble on décidait que tout contrat d'augmentation de dot survenu après le mariage était considéré comme nul. — Villers, *Jurisprud. de la cour de Grenoble*, p. 246.

140. — Toutefois, dans le Lyonnais, et sous l'empire des édits de 1606 et 1664, on avait agité la question de savoir si la dot pouvait être constituée après le mariage. Un arrêt de la cour de Cassation du 29 juin 1842 semble avoir préjugé que la question était restée indécise; cet arrêt a, en effet, jugé que : à supposer que dans le Lyonnais les contrats de mariage aient pu être faits valablement après le mariage, toujours est-il que la constitution dotale contenue dans un tel contrat n'a pu s'entendre que d'une constitution soumise aux dispositions des édits de 1606 et 1664, lesquels permettaient à la femme d'engager et aliéner sa dot. — *Cass.*, 29 juin 1842 (t. 2 1842, p. 670), de Sainneville c. Burel.

141. — La règle qui porte que la dot ne peut être augmentée ni constituée pendant le mariage ne doit cependant pas être prise d'une manière absolue, car alors elle se trouverait en opposition avec celle qui permet la constitution générale de biens présens et à venir. Il est vrai que, dans ce genre de constitution, il n'y a, au moment du contrat, de biens dotaux connus quant à leur individualité, que ceux qui sont actuellement livrés au mari; mais la détermination de l'origine de ces biens à venir est nettement précisée. Il est impossible que plus tard, et par l'effet de leur seule volonté ou par collusion avec des tiers, les époux dénaturent ou augmentent les chances d'éventualité des biens donnés.

142. — Si donc le contrat de mariage des époux contient la clause que tous les biens qui adviendront à la femme par donation seront dotaux, le caractère de la dotalité atteindra les immeubles objets d'une donation ultérieure faite au profit de la femme.

143. — Mais si une donation faite à la femme sous la condition que les biens donnés participeraient de la nature des biens dotaux, ne trouvait pas son point d'appui dans le contrat de mariage, la condition devrait être réputée non écrite, parce qu'elle serait contraire à l'art. 1543, C. civ. — Toullier, t. 14, no 63; Duranton, t. 14, no 72; Bellot des Minières, t. 4, p. 37 et suiv.; Tessier, t. 1er, p. 47; Benoît, t. 1er, nos 28 et 29.

144. — Toutefois, le donateur pourrait, en donnant l'immeuble, stipuler la condition de l'inaliénabilité; car cette condition, en elle-même, n'emporte pas toutes les conditions de la dotalité, et elle peut, si elle est restreinte dans certaines limites déterminées, n'être contraire ni aux lois ni aux bonnes mœurs. — Duranton, t. 15, no 360.

145. — Au reste, l'art. 1543, C. civ., en disant que la dot ne peut être augmentée pendant le mariage, ne doit pas être entendu en ce sens que la libéralité faite postérieurement au mariage à titre d'augmentation de dot soit nulle; il doit être compris de cette manière que la condition étant simplement réputée non écrite, les biens donnés ne seront pas dotaux. — Duranton, t. 15, no 360.

146. — De ce que l'art. 1543 décide que la dot ne peut être augmentée pendant le mariage, il ne faut pas conclure qu'une fois les conventions matrimoniales rédigées et signées, il ne soit plus possible de les modifier. Tant que la célébration n'a pas eu lieu, les parties ont le droit d'y faire tous les changemens qu'elles jugent convenables; mais alors ces changemens doivent être constatés par acte passé dans la même forme que le contrat de mariage. — C. civ., art. 1396. — V. ce que nous avons dit à ce sujet au mot CONTRAT DE MARIAGE.

147. — La constitution de dot doit être expresse: *Dotalia censeri nequeunt, nisi ea quæ nominatim et expressè vel data vel promissa fuerint.* — Perezius, *ad. Cod.*, liv. 5, tit. 12, nº 10; Furgole, *Quest.* 25, *sur les donations*; Roussilhe, t. 1er, nº 138; Merlin, *Quest.*, vº *Dot*, § 2; *Rép.*, vº *Paraphernal*, sect. 1re, § 2, nº 2.

148. — Le principe que la constitution doit être expresse recevait une exception, sous le droit ancien, dans le cas où la femme qui s'était constitué une somme en dot passait à de secondes noces, sans se faire de constitution; elle était alors réputée avoir voulu apporter en dot à son second mari la même somme qu'elle s'était constituée lors de son premier mariage (L. 30, ff., *De jur. dot.*; Faber, *Cod. de jur. dot.*, *def.* 18 et 37; Despeisses, sect. 2, nº 5; Roussilhe, t. 1er, nº 159), mais il ne fallait pas que les époux du second mariage eussent manifesté une intention contraire. — *Nîmes*, 30 déc. 1808, Villeserres c. Morin; *Toulouse*, 11 juin 1830, Ratier c. Journes et Bonnet.

149. — La constitution de dot peut résulter d'expressions autres que celles de *dot* et de *constitution*: *in stipulatione non est necessaria dotis adjectio.* — L. 23, ff., *De jur. dot.*; — C. civ., art. 1392.

150. — Ainsi, on a jugé que la dotalité plus ou moins parfaite n'est assujétie à aucune formule sacramentelle, et l'on doit la reconnaître dès qu'elle résulte d'une manière quelconque des dispositions du contrat de mariage; ainsi, la dotalité et l'inaliénabilité résultent de la clause du contrat de mariage portant: « Que les biens immeubles de la future resteront propres et dotaux dans sa ligne; que cependant il pourra en être vendu de son consentement jusqu'à concurrence d'une somme de 1,500 fr. sans remplacement. » — *Caen*, 4 juill. 1842 (t. 1er 1843, p. 43), Morand c. Dumesnil.

151. — ... Et que, dans un contrat de mariage, les termes de *dot* ou de *constitution* ne sont point sacramentels pour exprimer la dotalité; il suffit que cette qualité résulte des énonciations de l'acte. — *Rouen*, 3 août 1833, Lefebvre c. Ferrière.

152. — La déclaration en termes généraux qu'on adopte le régime dotal ne suffit pas pour rendre dotaux tous les biens de la femme; il faut de plus que les biens auxquels on veut imprimer le caractère de dotalité aient été *constitués en dot*. Mais les termes *constitués en dot* ne sont pas sacramentels, et peuvent être remplacés par des expressions équivalentes, pourvu qu'elles ne laissent aucun doute sur l'intention des parties. *Spécialement*, la clause du contrat de mariage par laquelle il a été stipulé « *Qu'il n'y aura pas de communauté entre les futurs époux, qu'ils adoptent le régime dotal, et que la future épouse apportera au futur époux ses droits indivis dans la succession de son père, tant mobiliers qu'immobiliers*, » implique suffisamment que l'intention de la femme a été de rendre dotaux les biens provenant de la succession de son père. — *Cass.*, 16 août 1843 (t. 1er 1844, p. 72), Dumesnil c. Mauger; *Rouen*, 26 mai 1842, [t. 2 1842, p. 47] (mêmes parties); *Bordeaux*, 3 août 1842 (t. 2 1842, p. 676), Gaussen.

153. — Sous l'empire du droit romain, le bien qu'une femme s'était constitué implicitement en dot était dotal, même à l'égard du tiers qui, le croyant paraphernal, en avait traité avec la femme. — *Cass.*, 17 flor. an XI, Lieutaud.

154. — Et l'on reconnaissait comme constitution de dot implicite la clause d'un contrat de mariage portant que les époux *se prenaient avec leurs biens et droits.* — *Bordeaux*, 7 juin 1834, N...; 1er fév. 1827, N...; *Montpellier*, 21 juin 1832, N...; *Bordeaux*, 14 fév. 1826, N...; 24 mar 1825, Chevalier c. Posbureau; *Poitiers*, 8 déc. 1824, Fortier c. Rijaut.

155. — De même, il y a constitution de dot implicite dans le cas où la femme déclare simplement *apporter* en mariage tels biens, ou même lorsqu'elle ne fait que promettre d'apporter ces biens. — Tessier, t. 1er, nº 9, p. 15.

156. — ... Et dans celui où la femme, après soumission expresse au régime dotal, déclare se réserver une portion quelconque de ses biens en *paraphernal*. La raison en est que si la femme n'eût pas eu l'intention de rendre ses biens dotaux, la réserve eût été inutile. — Tessier, t. 1er, nº 9, p. 15; Duranton, t. 15, nº 337.

157. — De même, la mention portée dans le contrat de mariage, à l'égard des biens y désignés, que le père de la fiancée a déclaré s'en départir en sa faveur pour *supportation* des charges du mariage, contient une véritable constitution dotale. — *Montpellier*, 24 janv. 1825, Aninat et Rouvier c. Calazel.

158. — De même encore, la constitution faite en termes généraux de tous les biens et droits échus à la constituante par le décès de ses père et mère, sous la réserve à titre de paraphernaux de certains objets déterminés, comprend tous les biens présens non expressément réservés, lors même que la constituante n'aurait pas reçu directement de ses père et mère certains des biens compris dans la constitution générale. En ce cas, l'erreur commise dans l'indication de l'origine de quelques uns des biens constitués en dot ne peut avoir l'effet de restreindre la clause générale concernant la dotalité, ni de donner plus d'étendue à la clause limitative concernant la paraphernalité. — *Riom*, 8 mars 1817, Julliard c. Lamothe.

159. — La simple déclaration que les époux entendent se soumettre au régime dotal n'emporte constitution de dotalité que pour les biens possédés par la femme à l'époque du mariage, et non pour les biens qui lui échoient postérieurement. — *Rouen*, 18 juin 1845 (t. 1er 1846, p. 256), Hersent c. Perelle.

160. — On décide ainsi que, lorsque dans son contrat de mariage, portant adoption du régime dotal, la future épouse s'est constitué en dot ses biens présens tels qu'ils sont désignés en l'acte, ceux à échoir, à l'égard desquels il n'y a pas eu de stipulation expresse, peuvent néanmoins être aussi considérés comme dotaux, si des termes de l'acte il résulte que l'intention évidente des parties a été que ces biens fussent en effet frappés de dotalité. — *Limoges*, 28 mars 1838 (t. 2 1838, p. 505), Mariel-Parot c. Nivet.

161. — Et encore, d'après le même principe, on décide que la clause par laquelle une femme a déclaré dans son contrat de mariage que *pour la recherche, exaction et acquittement de tous ses droits présens et avenir, elle constitue son mari son procureur général et spécial, avec pouvoir de les exiger, recevoir, traiter et transiger*, équivaut à une soumission expresse de la femme au régime dotal, pour tous ses biens. — *Grenoble*, 4 juill. 1818, Muraillat c. Claret; 27 fév. 1825, Perrin c. Serve; 28 mai 1825, Monnier; 12 juill. 1834, Pujet c. Primard.

162. — Les dots implicites produisent leur effet, même à l'égard du tiers de bonne foi à qui la femme autorisée par son mari a vendu ou hypothéqué les biens dotaux comme parapharnaux. — Toullier, t. 14, nº 50; Merlin, *Quest. de dr.*, t. 2, p. 421, 3e édit. « Tant pis pour lui, dit cet auteur, s'il se trompe dans l'interprétation du contrat qu'on lui présente; et s'il n'y voit pas la constitution dotale qui y est implicitement écrite; il ne peut accuser que sa propre imprudence des suites de l'erreur dans laquelle cette imprudence l'a entraîné. »

163. — Sous l'empire des lois romaines et dans l'ancien droit français, le père était tenu de doter sa fille. — L. 19, ff., *De ritu nuptiarum.* — V. Despeisses, tit. 5, sect. 1re; Bretonnier, *Quest. alph.*, vº *Dot*; Dupérier, *Quest. not.*, liv. 1er, p. 49; Roussilhe, *Traité de la dot*, p. 18, nº 5; Cambolas, liv. 3, ch. 7, nº 2; Serres, *Inst.*, p. 31. — Il n'en était pas ainsi en pays coutumier, l'obligation de doter n'y était pas admise; on y tenait, au contraire, pour maxime que: *ne dote qui ne veut*; — Roussilhe, nº 33.

164. — Lors de la discussion au conseil d'état (séance du 5 vend. an X), on y agita vivement la question de savoir si on obligerait le père à doter ses enfans; après de longs débats, il fut décidé que l'enfant n'aurait aucune action contre ses père et mère pour un établissement par mariage ou autrement. — C. civ., art. 204. — Le législateur moderne adopta ainsi la règle qui était suivie par le plus grand nombre; on évita par là de laisser les parens exposés à des actions qui auraient pu les gêner, les entraver dans la gestion de leur fortune et dans leurs spéculations, et on épargna aussi la tentation à certains pères de famille de dénaturer leur fortune immobilière et de la convertir en valeurs de portefeuille, pour se soustraire à la charge de doter leurs enfans.

165. — Mais les filles mariées avant la promulgation du Code civil, ont conservé l'action qu'elles avaient contre leur père en constitution de dot. — *Toulouse*, 22 frim. an XII, Morin.

166. — Jugé aussi que de ce que le Code civil refuse à l'enfant toute action contre ses père et mère pour son établissement par mariage, il n'en résulte pas que l'enfant qui, sous la législation précédente, s'était fait adjuger par arrêt une pension dotale et alimentaire, n'ait pu demander sous le Code la continuation de cette pension et transmettre ses droits à cet égard à ses héritiers. — *Cass.*, 28 oct. 1807, Dewasiers c. Pepin.

167. — Si les père et mère constituent conjointement une dot, sans distinguer la part de chacun, elle est censée constituée par portions égales. — *Riom*, 14 août 1820, Chelle.

168. — Il en serait de même si la dot avait été constituée par deux ascendans ou parens, ou par deux étrangers. — Duranton, t. 15, nº 365.

169. — Le Code, en décidant que la dot doit être supportée par moitié, dans le cas où elle est constituée conjointement par le père et la mère, n'a fait que consacrer un principe déjà adopté par l'ancienne jurisprudence; on jugeait même que cette règle devait être observée lorsqu'un bien propre au père ou à la mère était donné pour dot. — Renusson, *De la communauté*, ch. 13; Rousseaud de Lacombe, vº *Dot*, part. 1re, nº 2; Brodeau sur Louet, lett. R, nº 54; Catellan, t. 2, liv. 4, ch. 79.

170. — La dot est censée constituée *conjointement* lorsque les noms du père et de la mère sont employés dans la clause qui porte la constitution dotale: ainsi, par exemple, lorsqu'il est dit que tel et telle, père et mère de la future lui constituent une somme de 20,000 fr. — Toullier, t. 13, nº 84.

171. — Cependant la dot ne serait pas censée constituée par moitié par les père et mère si les constituans avaient déclaré qu'elle serait un avancement d'hoirie du prémourant. — *Cass.*, 11 juill. 1814, Durand c. Crusillat. — Dans ce cas, elle doit être prise sur la succession du prémourant. — Benoît, t. 1er, nº 50; Duranton, t. 15, nº 366.

172. — La dot n'est censée constituée par portions égales que lorsque les père et mère n'ont pas déterminé la part supportable par chacun d'eux. Si le contrat fixe la somme, c'est le contrat qu'il faut suivre; mais cette règle ne doit être observée que dans le cas où la dot est constituée conjointement par les père et mère. Si la dot était constituée seulement par le père, bien que les parts fussent déterminées, elles resteraient toutes les deux à sa charge. — V. arrêt de 1760, rapporté par Denisart, vº *Dot*; Roussilhe, t. 1er, nº 90; Benoît, t. 1er, nº 51. — On ne peut, en effet, admettre que le seul consentement du père, en quelque forme qu'il soit exprimé, puisse suffire pour obliger la mère.

173. — Il a cependant été jugé que la dot constituée par un père en faveur de sa fille, sous l'empire de l'ancienne législation, et dans un pays régi par le droit écrit, d'une somme fixe à prendre, pour une portion déterminée, en paiement de ses *droits paternels*, et pour une autre portion déterminée, en paiement de ses *droits maternels*, est imputable jusqu'à due concurrence sur les biens de la mère, lorsque celle-ci a été présente au contrat, et qu'elle l'a signé, quoiqu'elle n'ait rien stipulé à cet égard et alors d'ailleurs que cette imputation n'a rien d'excessif. — *Aix*, 10 juill. 1822, Magniol c. Carles et Brun.

174. — De même, l'avancement d'hoirie consistant en une pension annuelle constituée au profit d'un enfant par ses père et mère conjointement, est censé constitué par portions égales entre ces derniers, encore que tous les biens présens et à venir de la mère soient déclarés dotaux par son contrat de mariage, passé sous l'empire de la cout. d'Auvergne, qui ne permettait pas à la femme de disposer au-delà du quart de ses biens dotaux, pour le mariage de ses enfans. — *Riom*, 25 mars 1820, de la Maisonneuve c. de Courtille.

175. — Lorsque le père et la mère ne sont pas les seuls constituans, qu'un tiers s'est joint à eux pour participer à la constitution dotale, la dot se divise par tiers; c'est en vain que l'on voudrait soutenir que le mari et la femme lorsqu'ils sont communs en biens, sont censés ne former qu'une seule personne représentée par la communauté (V. Toullier, t. 6, nº 718); il faut décider, au contraire, que la dot est une dette personnelle à chacun d'eux en dehors de la communauté et qu'ils doivent acquitter sur leurs biens personnels. — Tessier, t. 1er, nº 33, p. 144.

176. — La fille dotée conjointement par le père et la mère a le droit de se faire payer même sur les biens dotaux de la mère; le mari, à cause de la jouissance qu'il a des biens, ne pourrait la renvoyer à se pourvoir sur les biens paraphernaux de la mère. — Toullier, t. 14, nº 87.

177. — Depuis le Code civ., des père et mère, en dotant conjointement et chacun pour moitié leurs enfans, ont pu leur imposer la condition alternative de laisser jouir le survivant des dotateurs de tous les biens du prédécédé, sans pouvoir lui demander compte ni partage, ou d'imputer en cas de partage la totalité de la dot sur la suc-

cession du prémourant. L'enfant doté sous cette condition n'est tenu d'imputer la dot sur la succession du père ou de la mère prédécédé que jusqu'à concurrence de ses droits dans cette même succession, et il peut retenir l'excédant de la dot à valoir sur la succession du survivant. — *Paris*, 11 janvier 1819, Scheneider c. Mareuse.

178. — Si la donation faite conjointement et *pro media* par les père et mère à leurs enfans a été payée en entier avec les deniers dotaux de la femme, celle-ci n'a aucune répétition à former contre le tiers détenteur du fonds dotal pour la portion payée à la décharge du mari ; elle n'a de recours à exercer que contre ce dernier. — *Bordeaux*, 9 janv. 1839 (t. 1er 1839, p. 385), Duraud et de Bryas c. Rouhier.

179. — Si la dot est constituée par le père seul pour droits paternels et maternels, la mère, quoique présente au contrat, n'est point engagée, et la dot demeure en entier à la charge du père. — C. civ., art. 1544, n° 2. — La raison en est qu'on n'a pas considéré comme suffisant le silence de la mère au contrat ; sa signature même ne la ferait pas considérer comme ayant consenti à supporter une partie de la dot ; il faut qu'elle parle au contrat.

180. — Il en était autrement aux parlemens de Bordeaux et de Toulouse ; la mère, par sa signature, était censée ratifier la constitution pour la moitié de son chef. — V. l'annotateur de Lapeyrère, lett. P, n° 119 ; Catelan, liv. 4, chap. 70 ; Serres, Inst. p. 188 ; Tessier, t. 1er, n° 28, p. 118 ; Toullier, t. 14, nos 83 et 86. — V. aussi *supra* n° 173.

181. — Une telle constitution ne serait pas plus efficace du chef de la mère, lors même que le père aurait déterminé la part qu'il veut donner de son chef et du sien. — Tessier, t. 1er, n° 28, p. 118. — V., en sens contraire, Duport-Lavillette, *Quest.*, t. 2, p. 496 et suiv.

182. — La dot constituée par la mère seule, du vivant du mari, est toute à la charge de la mère. Le mari n'est pas obligé; seulement il ne peut retenir la jouissance des biens compris dans la constitution. — Tessier, t. 1er, n° 29, p. 127.

183. — Quoique la fille dotée par ses père et mère ait des biens à elle propres dont ils jouissent, la dot est prise sur les biens des constituans, s'il n'y a stipulation contraire. — C. civ., art. 1546.

184. — Cet art. 1546 ne dit point dans quelle proportion la dot sera prise sur les biens des constituans ; mais comme en ce cas elle a été constituée conjointement, la constitution est réglée par l'art. 1544, qui porte que si le père et la mère constituent conjointement une dot, sans distinguer la part de chacun, elle sera censée constituée par portion égale. — Toullier, t. 14, n° 82.

185. — En cas d'insolvabilité du père ou de la mère, l'enfant doté ne peut recourir contre celui d'eux qui a des ressources pour payer, qu'autant que la solidarité est stipulée ; si elle ne l'a pas été, toute action dirigée contre l'un pour la part de l'autre est mal fondée. — Toullier, t. 14, n° 88.

186. — Si le survivant des père ou mère constitue une dot pour biens paternels et maternels, sans spécifier les portions, la dot se prend d'abord sur les droits du futur époux dans les biens du conjoint prédécédé, et le surplus sur les biens du constituant (C. civ., art. 1545). — On a supposé avec raison que le survivant avait d'abord eu la pensée de se libérer envers sa fille avant de lui faire une libéralité de son propre chef ; *nemo liberalis, nisi liberatus*. — Duranton, t. 15, n° 368. — Cet auteur pense que cette disposition de l'art. 1545 n'a lieu qu'en ce qui concerne la succession du conjoint prédécédé, et non à l'égard de ce que le survivant pourrait devoir à sa fille à un autre titre.

187. — Il en doit être de même, encore que le père ait payé la constitution dotale en entier. — *Cass.*, 17 déc. 1828, Renaud c. Bruneau.

188. — Cependant, sous l'empire du droit écrit, lorsque depuis le décès de sa femme le père avait constitué à sa fille une dot pour droits de légitime dans les successions de ses père et mère, la dot a dû être imputée sur les biens paternels et maternels *in æquis partibus*, sauf dans le cas où une grande disproportion dans les fortunes de ces derniers rendait plus équitable une imputation proportionnelle à l'importance respective des deux successions. — *Toulouse*, 19 janv. 1813, Durand.

189. — Si le père survivant a constitué une dot de 40,000 fr. à sa fille pour les droits qu'elle aurait à prétendre sur les biens maternels, serait-il obligé, si ces biens ne s'élevaient pas à cette somme, de fournir l'excédant de ses propres deniers, lors même qu'il n'aurait rien promis de son chef ?

190. — Pour la négative, on peut dire que le père n'a point manifesté l'intention de donner quelque chose *de suo* ; que s'il en eût eu la volonté, il l'aurait exprimée, et que, par cela seul qu'il n'a rien promis, c'est évidemment parce qu'il n'a rien voulu promettre; qu'on ne peut supposer une obligation tacite de sa part; qu'il faut, pour être valablement lié envers un tiers, l'expression formelle d'un consentement libre et éclairé; qu'ici rien n'annonce ce consentement, et qu'au contraire tout fait présumer qu'il n'a rien voulu donner; que s'il a fait une constitution à sa fille au-delà de la valeur réelle des droits qui lui revenaient dans la succession de sa mère, c'est parce qu'il n'a pas bien connu la consistance de la succession.

191. — Pour l'affirmative, on répond avec bien plus de raison qu'on ne peut raisonnablement supposer que le père, détenteur des biens de la succession, n'en connût pas la valeur ; qu'en sa qualité de tuteur légal de son enfant et d'administrateur de ses biens, il a dû, lors de son entrée en exercice de la tutelle, faire procéder à un inventaire des meubles et immeubles de la succession, ce qui exclut de sa part toute ignorance de leur valeur ; que s'il a connu les forces de la succession, il lui était facile de fixer la dot de sa fille, de manière à ce qu'elle n'excédât pas ses droits dans cette succession ; que s'il en a agi différemment, c'est nécessairement parce qu'il a voulu que, dans le cas où les droits de sa fille dans les biens de sa mère ne s'élèveraient pas à 40,000 fr., l'excédant en fût pris sur ses propres biens ; que s'il n'a pas eu l'intention de fournir cet excédant de ses deniers, il faut supposer qu'il a voulu induire son gendre en erreur sur le montant réel de la dot de sa fille, et qu'alors il est naturel de le contraindre à parfaire la somme promise, à titre de dommages-intérêts; que la loi 43, § unic., ff., *De adm. et peric. tutor*, le décide ainsi à l'égard de l'oncle curateur de sa nièce, et qu'il y a de plus puissans motifs encore de le décider pour le père ; qu'enfin, dans le doute, il faut toujours prononcer en faveur de la dot, suivant la maxime : *In ambiguis pro dotibus respondere meliùs est* (L. 70, ff., *De jur. dot*). — V. au reste, dans notre sens, Despeisses sect. 2e, n° 3; Rousseaud de Lacombe, v° *Dot*, sect. 2e, n° 1er; Toullier, t. 14, n° 89; Tessier, t. 1er, p. 134. — V. surtout Benoît, t. 1er, n° 57.

192. — Lorsque le père, débiteur de sa fille, lui constitue une dot, la somme constituée n'est point imputable sur sa dette; elle est considérée comme l'objet d'une libéralité du père à la fille. — Toullier, t. 14, p. 86 et suiv.

193. — Si le père, débiteur de la dot de sa fille, lui fait un legs d'une somme égale au montant de la constitution, sans exprimer que c'est pour lui tenir lieu du montant de la dot, la fille peut, après la mort du père, réclamer le legs et la dot. — Tessier, t. 1er, n° 36, p. 149.

194. — La constitution de dot peut frapper tous les biens présens et à venir, ou même un objet individuel. La constitution en termes généraux de tous les biens de la femme ne comprend pas les biens à venir. — *Nîmes*, 9 mars 1819, Mourgue c. Laune.

195. — Chez les Romains, la constitution de biens présens et à venir n'était pas connue. Il était bien permis à la femme de se constituer en dot tous ses biens, L. 4, Cod. *De jur. dot*; L. 7, ff., *eod*; mais cette constitution ne s'entendait que des biens présens. — V. Dupérier, *Quest. not.*, liv. 1er, quest. 5.

196. — En pays de droit civil, la faveur qui avait fait admettre la donation de biens présens et à venir dans les contrats de mariage avait aussi fait introduire depuis long-temps les constitutions générales ; mais alors comme aujourd'hui, pour que la constitution pût comprendre les biens à venir, il fallait que l'intention de la femme fût clairement manifestée; celle qui était faite en termes généraux ne comprenait pas les biens à venir. — Despeisses, part. 1re, sect. 2e, p. 266, n° 30; Catellan, liv. 4, ch. 56; Roussilhe, t. 1er, n° 141.

197. — Une femme qui, par son contrat de mariage passé en Dauphiné, s'était fait, du consentement de son père, une constitution générale de tous ses biens présens et à venir, les avait par cela même frappés d'un caractère de dotalité qui les rendait inaliénables. — *Cass.*, 4 août 1845 (t. 2 1845, p. 284), Catherine Couston.

198. — Les mots *biens à venir* ne sont pas sacramentels, et la constitution pourrait être générale, sans qu'ils fussent employés dans le contrat ; il suffirait seulement que les termes de l'acte ne laissassent aucun doute sur l'intention des contractans pour que le vœu de la loi fût rempli. — Benoît, *Tr. de la dot*, t. 1er, n° 64.

199. — C'est ainsi qu'on a jugé que, lorsque dans un contrat de mariage portant adoption du régime dotal, la future épouse s'est constitué en dot ses biens présens, tels qu'ils sont désignés en l'acte, ceux à échoir, à l'égard desquels il n'y a pas de stipulation expresse, peuvent néanmoins être aussi considérés comme dotaux, si des termes de l'acte il résulte que l'intention évidente des parties a été que ces biens fussent en effet frappés de dotalité. — *Limoges*, 28 mars 1838 (t. 2 1838 p. 505), Mauriel-Parot c. Nivet.

200. — Jugé de même que lorsque la constitution générale de biens présens et à venir n'était pas stipulée en termes exprès, elle pouvait s'induire de stipulations équipollentes. Par exemple, cette constitution peut s'induire de ce que les époux, après s'être constitué respectivement leurs droits et prétentions, déclarent ensuite que les droits et prétentions de la femme, échus et à échoir, ne peuvent excéder en valeur telle somme, et enfin, que l'époux est chargé de la procuration générale de la femme. — *Grenoble*, 5 juin 1832, Fiandin-Blety c. Berthet Fagot.

201. — Il y a constitution générale de dot dans la clause d'un contrat de mariage par lequel la mère, stipulant au nom de sa fille, future épouse, déclare que celle-ci sera tenue de se constituer tous ses biens présens et à venir. — *Montpellier*, 17 juill. 1822, Sablier c. Arsen.

202. — Lorsqu'une femme s'est constitué en dot tous ses biens présens et à venir, les biens par elle recueillis dans une succession collatérale ouverte depuis son mariage sont dotaux. — *Riom*, 20 juin 1817, Blanc c. Mirande.

203. — Encore bien qu'une femme se soit par son contrat de mariage constitué en dot tous ses biens présens et à venir, les biens qui ne lui sont échus que postérieurement à la dissolution du mariage ne peuvent être considérés comme dotaux, et dès-lors être affranchis des obligations qu'elle a contractées pendant le mariage. — *Rouen*, 29 juin 1843 (t. 2 1843, p. 279), Gardronnet c. Jourdeau.

204. — De même, la constitution en dot des biens présens et à venir de la femme ne comprend que les biens qui lui sont échus avant la dissolution du mariage. — C. civ., art. 1542. — Dès-lors, les obligations contractées pendant le mariage par une femme mariée sous le régime dotal, avec constitution en dot de tous ses biens présens et à venir, peuvent être exécutées sur les biens qui ne lui sont échus que depuis la dissolution du mariage. — *Cass.*, 7 déc. 1842 (t. 1er 1843, p. 323), Jourdeau c. Cardronnet; *Caen*, 26 juin 1835, Roque.

205. — Cependant M. Duranton (t. 15, n° 347) pense que, bien que la femme puisse se constituer ses biens à venir, elle ne pourra pas comprendre dans sa constitution les biens qu'elle pourrait recueillir de la succession de ses père et mère; ce serait stipuler sur une succession future contre la prohibition de l'art. 1130. — Nous ne saurions partager cette opinion. L'art. 1542, C. civ., en donnant à la femme la faculté de se constituer en dot tous ses biens à venir, n'a pas exclu les biens qui peuvent lui échoir par succession, et nous ne comprendrions pas comment on ferait pour la constitution de dot une exception aux règles applicables aux conventions matrimoniales, qui sont toujours arrêtées en vue des successions, soit des époux, soit de leurs auteurs, et de manière à influer sur le partage des biens de ces successions et les attributions qui doivent en être faites.

206. — Lorsqu'une femme s'est constitué en dot tous ses biens présens et à venir, un immeuble ne peut postérieurement lui être donné ou légué à titre de *paraphernal*. — *Nîmes*, 18 janv. 1830, Brigadet.

207. — La coutume de la Marche déclarait dotaux et inaliénables tous les biens présens et à venir de l'épouse; mais on a jugé que cette coutume n'était qu'un statut réel, étranger à la personne, et affectant seulement les biens situés dans son ressort. — *Paris*, 16 mai 1829, Moraux c. Chirat.

208. — Dans le dernier état de la jurisprudence du parlement de Paris, les lois romaines, prohibitives de l'aliénation de la dot, étaient considérées comme un *statut réel*, réglant le sort des biens, et non comme un *statut personnel*, réglant la capacité de la femme. — *Cass.*, 11 août 1825, Lavigne c. Poitevin.

209. — Comme toute espèce de contrat, la constitution de dot doit porter sur un objet certain et déterminé; celle qui ne désignerait ni l'objet ni la quantité ne serait considérée que comme une promesse vague de dot que la loi ne saurait admettre. — L. 1, C., *De dot. promiss.*; — Rousseaud de Lacombe, *Rec. de jur.*, p. 237; Roussilhe, t. 1er, p. 158.

210. — On exceptait autrefois de cette disposition la promesse de dot faite par le père; quelque vague qu'elle fût, le père était toujours censé avoir constitué une dot à sa fille, selon sa fortune et le

rang de l'époux qu'il lui donnait. La raison de cette exception était que le père étant obligé de doter sa fille, on devait ainsi expliquer sa promesse pour ne pas lui offrir un moyen d'éluder la loi. Il n'en saurait être de même chez nous, puisque le père n'est plus obligé de doter son enfant.

211. — On a jugé que l'acte sous seing-privé par lequel un père, en mariant sa fille, s'oblige à lui payer une somme déterminée à titre de dot, est valable et doit produire son effet, lors même qu'il n'y a pas eu de contrat de mariage. — *Metz*, 23 juill. 1823, Daimé.

212. — Bien que la constitution de dot soit nulle lorsqu'elle ne porte pas sur un objet certain et déterminé, il n'en est pas ainsi de la stipulation par laquelle une personne se serait engagée par le contrat à fournir une dot telle qu'il lui plairait de la donner. On peut appliquer à ce cas la décision de la loi romaine qui portait que le constituant était censé avoir promis une dot d'après la fixation d'un arbitre homme de bien : *si cum ea quæ tibi matrimonio copulata est nuberet, is cujus meministi, dotem tibi, non addita quantitate, sed quodcumque arbitratus fuisset pro ea daturum se rite promisit, et interpositæ stipulationis fidem non exhibet; competentibus actionibus usus ad repromissi emolumentum jure judiciorum pervenies. Videtur enim boni viri arbitrium stipulationi insertum esse.* — L. 3, C., *De dot. promiss.*

213. — La constitution de dot peut avoir pour objet une hérédité (L. 13, § 10, ff., *De hæred. pet.*), et même seulement la part qu'on aurait à y prétendre. — L. 16, C., *De jur. dot.* — C'est évidemment une solution qu'autorise l'art. 1542.

214. — Elle peut aussi n'avoir pour objet qu'un simple droit d'usufruit. — L. 66, ff., *De jur. dot.*; L. 7, ff., *eod.* — Dans ce dernier cas, le mari ou les héritiers ne sont obligés, à la dissolution du mariage, que de restituer le droit d'usufruit, et non les fruits perçus pendant le mariage. — L. 7, § 2; — C. civ., art. 1568.

215. — Que faudrait-il décider si, au moment d'une constitution de biens présens, la femme avait des immeubles grevés d'un usufruit, et que plus tard cet usufruit vînt se consolider à la propriété? Dans ce cas, l'usufruit ferait-il partie de la dot ou serait-il paraphernal à la femme? — Il est vrai qu'en règle générale tous les biens de la femme qui n'ont pas été constitués en dot sont paraphernaux; mais peut-on considérer comme paraphernal un usufruit qui n'est qu'un démembrement de la propriété? N'est-ce pas la chose même qui, diminuée d'une sorte de servitude attachée à la personne, a fait, sous le nom de nue-propriété, l'objet de la constitution de dot. L'extinction de l'usufruit a simplement réuni à la chose déjà constituée en dot un accroissement dont le germe était déjà dans les mains de la femme au moment du contrat de mariage. — L. 4, ff.; *De jur. dot.*; — Benoît, t. 1er, no 87; Proudhon, *De l'usuf.*, t. 4, nos 1923 et 2011, et t. 5, no 2683.

216. — Un droit éventuel peut être l'objet d'une constitution dotale, comme un droit pur et simple. — Duranton, t. 15, no 348.

217. — La constitution de dot peut être faite sous une alternative; ainsi, par exemple, si un père déclare constituer à sa fille une maison qu'il possède à Paris ou une somme de 60,000 fr., la dot ne consistera qu'en l'une de ces deux choses, dont la délivrance libérera entièrement le père de son obligation. — L. 46, § 1er, ff., *De jur. dot.*; — Benoît, t. 1er, no 68; Duranton, t. 15, no 355.

218. — Remarquons toutefois que, quoique le constituant puisse se libérer en payant l'une des choses constituées, il ne peut forcer la femme à recevoir une partie de l'une et une partie de l'autre; ainsi, dans l'exemple que nous avons donné, le père ne pourrait forcer sa fille à recevoir la moitié des 60,000 francs et la moitié de la maison; de même, si la femme avait l'option, elle ne pourrait exiger une partie des deux choses constituées (L. 8, ff., *De leg.*, 1o; C. civ., art. 1191), mais seulement l'une d'elles en totalité. — V. aussi Pothier, *Tr. des oblig.*, no 248.

219. — L'enfant à qui ses père et mère ont constitué en dot une part de leurs successions, ou bien une somme déterminée, à son choix, ne peut plus, lorsqu'il a opté pour cette dernière disposition, demander le partage en nature des biens des constituans. — *Bordeaux*, 16 janv. 1839 (t. 1er 1839, p. 382), Peytoureau c. Cabrol.

220. — Si l'une des deux choses constituées en dot n'était pas de nature à être l'objet d'une obligation, la constitution cesserait d'être alternative et ne porterait plus que sur la chose qui pouvait être constituée; si, par exemple, un père avait promis deux choses en dot à sa fille sous une alternative, et que l'une de ces choses appartînt déjà à cette dernière, la constitution n'aurait plus pour objet que la seconde chose promise. — L. 72, § 4, ff., *Solut. matr.*; C. civ., art. 1128. — La raison en est que la première n'étant pas, lors du contrat, susceptible de la constitution faite en faveur de la fille, *cum res sua nemini deberi possit*, il n'y aurait que l'autre qui lui serait due. — Benoît, t. 1er, no 70.

221. — Il pourrait arriver, dans l'intervalle de temps qui s'écoulerait du jour des conventions matrimoniales jusqu'à celui fixé pour le paiement, que l'une des choses constituées en dot vînt à périr; dans ce cas, la constitution alternative deviendrait pure et simple, et le constituant ne pourrait pas offrir de payer le prix de la chose périe. — L. 2, § 3, ff., *De eo quod certo loco*; L. 34, § 6, ff., *De contr. empt.*; L. 95, § 1er, ff., *Solut. matr.*; — C. civ., art. 1193.

222. — Si les deux choses constituées étaient péries, et que ce ne fût pas par la faute du constituant, il devrait payer le prix de celle qui aurait péri la dernière. — Mais si le choix avait été donné aux époux, dans ce cas, où l'une seulement des choses constituées serait périe, et alors, si c'était sans la faute du constituant, les époux pourraient exiger celle qui resterait; si le constituant était en faute, ils pourraient demander la chose qui resterait ou le prix de celle qui serait périe; ou les deux choses constituées en dot seraient péries, et alors, si le constituant était en faute à l'égard des deux ou même à l'égard de l'une d'elles seulement, les époux pourraient demander le prix de l'une ou de l'autre, à leur choix. Enfin, si les deux choses étaient péries sans la faute du constituant, et avant qu'il eût été mis en demeure, l'obligation serait éteinte. — C. civ., art. 1194, 1195 et 1302.

223. — Il ne faut pas confondre toutefois la constitution alternative avec la stipulation par laquelle le constituant promettrait, à titre de dot, une chose avec réserve d'en payer une autre à la place; ainsi, supposons que le constituant ait promis à titre de dot une somme de 10,000 fr. payable en argent ou en immeubles; dans ce cas, il n'y aurait pas constitution alternative, par la raison qu'il n'y a qu'une chose due par celui qui a promis la dot, c'est-à-dire les 10,000 fr.; celle que le constituant a la faculté de payer n'est pas due; elle n'est pas, comme dit Pothier (*Des obligations*, no 244), *in obligatione*, elle n'est qu'*in facultate solutionis*. — Benoît, *De la dot*, no 72.

224. — De cette distinction, il suit : 1o que le mari, lorsqu'il agit en paiement de la dot, ne peut demander que la chose promise, et non celle que le constituant pourrait payer à la place; — 2o que si la chose vient à périr, le constituant est entièrement libéré; — 3o enfin, que la dot de la femme est mobilière ou immobilière, selon que la chose promise consiste en meubles ou en immeubles. — Benoît, *De la dot*, no 73.

225. — La femme peut se constituer en dot une créance due par un tiers; dans ce cas, si le débiteur paraît au contrat et s'oblige envers le mari, il ne pourra être poursuivi en paiement avant la célébration du mariage. L'obligation demeurera suspendue jusqu'à ce qu'il devienne certain que le mariage n'aura pas lieu. — LL. 80 et 83, ff., *De jure dot.*

226. — Si le mari déclare expressément décharger la femme du paiement de la dot au moyen de l'obligation que contracte envers lui le tiers débiteur, il y aura novation de la créance, de telle sorte que si le débiteur délégué devient insolvable, le mari n'aura aucun recours contre la femme, à moins que le contrat n'en contienne une réserve expresse, ou que le délégué ne fût en faillite ouverte, ou tombé en déconfiture au moment de la délégation. — C. civ., art. 1275, 1276; — Benoît, t. 1er, no 74.

227. — La dot constituée aux futurs époux ou même au mari seul est toujours censée, à moins qu'il n'y ait sur ce point une disposition formelle, constituée à la femme, qui, seule, d'après le Code civil, peut être dotée. C'est l'opinion de Dumoulin, sur l'art. 78 de la coutume de Paris, et celle de Tessier, t. 1er, no 35, p. 148.

228. — La constitution de dot par contrat de mariage n'étant pas un acte de simple libéralité, mais présentant tous les caractères d'un contrat onéreux, ne peut être annulée sur la demande des créanciers qu'autant que les époux se sont rendus complices de la fraude du constituant. — *Paris*, 31 janv. 1845 (t. 1er 1845, p. 420), Brune de Mons c. Guyard.

229. — Il en était de même sous le droit ancien : « La révocation, dit Furgole, a lieu même pour constitution de dot; mais, si le mari a reçu la dot, on distingue s'il a connu la fraude ou non. » Au second cas les créanciers ne pourraient agir contre lui, parce qu'il est considéré comme créancier ou acheteur; mais au premier cas la révocation a lieu. — V. dans ce sens Dumoulin, liv. 2, tit. 10, sect. 1re; Merlin, *Rép.*, vo *Dot*, § 15, no 4; Toullier, t. 14, no 90.

Sect. 1re. — *De la garantie des biens constitués.*

230. — En règle générale, le donateur n'est pas tenu à la garantie des objets donnés, à moins qu'il ne s'y soit soumis; mais cette règle reçoit une exception en faveur de la constitution dotale; on a pensé avec raison que, bien qu'il y eût réellement libéralité dans cet acte, on ne devait cependant pas le considérer comme un contrat purement gratuit; celui qui se marie ne contracte, la plupart du temps, que sous la foi de la constitution de dot; il ne s'engage que parce qu'il compte sur son entière exécution, et, si on ne lui garantissait pas les objets donnés, rien ne serait plus facile que d'abuser de sa bonne foi, en composant la dot de biens qui n'appartiendraient pas au constituant; on a donc décidé que ceux qui constituent une dot sont tenus à la garantie des objets constitués. — C. civ., art. 1547.

231. — Le droit romain n'admettait pas la garantie dans tous les cas; il distinguait la constitution faite par le père ou par la femme de celle faite par un étranger. Si c'était le père ou la femme qui eût constitué la dot, le mari évincé de la chose dotale avait une action contre eux ou contre leurs héritiers; mais si c'était un étranger, il n'y avait point alors de garantie, parce qu'on considérait cette dernière constitution comme une véritable donation, tandis que dans le premier cas elle était regardée comme une obligation nécessaire de la part du père ou de la femme. — L. 1, Cod. *De jur. dot.*; — Burgundius, *De evict.*, ch. 19, p. 136.

232. — Sous l'ancien droit français, le constituant était aussi tenu à la garantie. — Roussilhe, t. 1er, no 228; Domat, *Lois civiles*, liv. 1er, tit. 9, sect. 3e, nos 24 et 25; Nouveau Denisart, vo *Dot*, § 4, no 11. — Bouvot (t. 2, quest. 6e, vo *Garant*) rapporte un arrêt du parlement de Dijon, rendu le 15 mars 1618, qui avait obligé la mère à garantir le mari de l'éviction d'un immeuble par elle constitué à sa fille, bien qu'elle ne fût que subsidiairement obligée par la loi à lui fournir une dot.

233. — Lorsque c'est la femme qui s'est fait elle-même sa constitution dotale, la garantie s'exerce sur ses paraphernaux. — L. 1, Cod., *De jur. dot.*; — Domat, *Lois civiles*, liv. 1er, tit. 9, sect. 3e, nos 14 et 16; Delvincourt, t. 3, p. 330; Tessier, t. 1er, no 45, p. 200; Duranton, t. 15, no 374.

234. — La garantie de la dot est due à la femme comme au mari; il n'y a pas lieu de restreindre la disposition de la loi à l'intérêt seulement du mari sous le prétexte que la femme tient la dot à titre de donation. — Duranton, t. 15, no 375.

235. — L'action en garantie peut être exercée pendant le mariage et même après le décès du mari si l'éviction n'a lieu qu'à cette époque. — Toullier, t. 14, no 92; Duranton, t. 15, no 377; Benoît, *Traité de la dot*, t. 1er, no 80. — Delvincourt (t. 3, p. 331, note 5e) est, il est vrai, d'une opinion contraire; il se fonde sur ce que, à l'égard de la femme, la constitution de dot est une véritable donation; mais à cela on répond qu'indépendamment de ce que la loi ne distingue point, on peut dire qu'en adoptant un pareil système, on soutiendrait implicitement que la constitution de dot n'a été faite qu'au mari et uniquement dans son intérêt, ce qui n'est pas, les biens dotaux étant destinés non seulement à supporter les charges du mariage, mais encore à assurer une existence à la femme et aux enfans après la mort du mari.

236. — Dans les pays de droit écrit et avant la publication du Code civil, le père présent au contrat de mariage était responsable de la dot que son fils non émancipé devait recevoir de son consentement. — *Toulouse*, 22 mars 1814, Dagieu c. Sainte-Gème; *Cass.*, 2 sept. 1806, Balastrou c. Thévenet; *Besançon*, 25 mai 1808, Bernier c. Friguet; *Nîmes*, 18 juill. 1820; N.. — Salviat, p. 212 et 213; Catelan, liv. 4, ch. 10, t. 2, p. 28; Vedel, sur Catelan, liv. 4, ch. 10, t. 2, no 24; Bonnemant, *Max. du palais*, t. 1er, p. 174; Dupérier et son annotateur, liv. 4, quest. 17e; Boucheul, *Cout. de Poitou*, quest. 17e; Roussilhe, *De la dot*, t. 1er, no 295; Duport-Lavillette, *Quest. de droit*, t. 3, p. 117.

237. — La présence de la mère au contrat de mariage ne la soumettait à aucune responsabilité. — Nouveau Denisart, vo *Dot*, § 21, nos 2 et 3; Albert, lett. D, chap. 51, p. 174; Soulatges, sur d'Olive, liv. 3, ch. 301; Roussilhe, no 298.

238. — Suivant quelques auteurs, il ne suffisait pas que le père eût été présent au contrat de mariage pour être responsable, il fallait sa présence

au paiement de la dot. — V. l'annotateur de Despeisses, t. 1er, sect. 3e, no 33, p. 516; Graverol, sur Laroche-Flavin, liv. 6, tit. 41, art. 6, p. 435; *Jurisprudence inédite de la cour de Toulouse*, vo *Dot*, art. 3; Merlin, *Rép.*, vis *Dot*, § 3, no 7, et *Puissance paternelle*, sect. 3e, § 8, no 10.

239. — Un arrêt de la cour de Toulouse du 1er mai 1812 (Despouy) a jugé que, lorsqu'aux termes du contrat de mariage la dot a été comptée au père et au fils conjointement, avec reconnaissance de leur part sur leurs biens présens et à venir, la présomption de droit est que la totalité de la dot est passée entre les mains du père, et que, en cas de séparation, le fils, seul maître de la dot de son épouse, est fondé à en demander la restitution.

240. — De même, le père est garant de la dot lorsqu'il l'a reçue conjointement avec son fils, en affectant ses biens au remboursement, et il n'est pas libéré en justifiant qu'il a payé la dot à son fils pendant le mariage. — *Pau*, 9 déc. 1820, Saint-Gès; — Duranton, t. 15, no 408.

241. — Les art. 1693, 1694 et 1695, C. civ., relatifs à la garantie des créances cédées sont applicables à la constitution de dot. — Duranton, t. 15, no 374.

242. — Les parties peuvent convenir que le constituant ne sera soumis à aucune garantie; mais, dans ce cas encore, il n'en resterait pas moins tenu de celle qui résulterait de son fait personnel; toute convention contraire serait nulle. — L. 1, § 7, ff., *Depos.*; — arg. C. civ., art. 1628.

243. — Il ne serait point dû de garantie au mari si la femme s'était fait une constitution générale de biens présens, car n'y ayant rien de déterminé dans cette constitution, la femme serait considérée comme ne s'étant constitué que ce qu'elle avait et non ce qui était sujet à éviction. — Duranton, t. 15, no 374.

244. — En quoi consiste la garantie due par le constituant? Comme il n'existe pas de prix dans la donation ni dans la constitution, c'est aux juges qu'il appartiendra de fixer la valeur de l'objet constitué, par exemple, au moyen d'une expertise, et de déterminer ainsi la somme à restituer aux époux. — Benoît, t. 1er, no 84.

245. — L'estimation de la chose constituée doit être faite selon sa valeur à l'époque du contrat, sauf les modifications dont il sera question.

246. — Si les choses constituées en dot avaient été mises à prix par le contrat, avec déclaration que l'estimation en emportait vente au mari, les époux évincés seraient obligés de s'en tenir à l'évaluation première et ne pourraient demander une nouvelle estimation par experts. — Toutes les fois que les choses constituées sont estimées avec déclaration que l'estimation en transfère la propriété au mari, il intervient entre les parties un véritable contrat de vente, et le prix étant ainsi déterminé, doit faire la loi des parties. — Benoît, t. 1er, no 84.

247. — Toullier (t. 14, no 94) a exprimé l'opinion contraire en se fondant sur l'art. 1633, C. civ.; mais l'espèce actuelle suppose d'autres circonstances que l'art. 1633; il n'y est pas question d'augmentation de valeur, mais d'une différence entre l'estimation et la valeur véritable de l'immeuble; or, le garant se prévaut de l'estimation acceptée par l'époux, et il le peut d'autant mieux que le constituant ayant la faculté de s'exonérer de toute garantie autre que celle résultant de son fait personnel, a pu vouloir, en diminuant l'estimation, amoindrir la responsabilité que lui imposait l'art. 1547, C. civ.

248. — Nous considérons tellement l'estimation contenue au contrat de mariage comme la loi acceptée par chacune des parties, que nous n'admettrions même pas, comme l'a fait M. Benoît, qu'on pût s'écarter de cette estimation dans le cas où cette estimation contractuelle présenterait avec l'estimation judiciaire une différence au moins de plus de sept douzièmes. La lésion dont il s'agit est, en effet, spéciale au contrat de vente proprement dit et ne peut être étendue aux stipulations d'un contrat de mariage qui, comme nous le disions tout-à-l'heure, a pu avoir en vue de diminuer la garantie.

249. — Si le constituant avait fait des améliorations sur le fonds constitué en dot et que le mari, en le restituant au propriétaire, eût reçu de lui le prix de ces améliorations, le constituant pourrait retenir, sur la somme par lui restituable, une somme égale à celle reçue par le mari pour prix de la plus-value du fond délaissé. — Pothier, *De la vente*, no 120; Benoît, t. 1er, no 86.

250. — Le mari peut demander au constituant la restitution des fruits qu'il a été obligé de rendre au propriétaire qui l'a évincé (C. civ., art. 1630, § 2). C'est, en effet, dans la perte de ces fruits, qu'est pour le mari, personnellement, l'éviction réelle, puisque lui seul les perçoit et en est propriétaire. — Benoît, t. 1er, no 87.

251. — Que faudrait-il décider si le mari et le propriétaire avaient traité sur la restitution de fruits, et que le mari, au lieu d'en payer la valeur entière, n'eût réellement compté qu'une somme de beaucoup inférieure à l'estimation de ces fruits? Dans ce cas, le constituant serait-il admis à demander que la garantie ne s'étendît pas au-delà de la somme payée, ou bien serait-il contraint à payer au mari la totalité de la liquidation? — Il semblerait, au premier aspect, que le propriétaire étant libre de gratifier le mari d'une partie des fruits qui lui sont dus, le bénéfice de cet abandon ne dût profiter qu'à lui seul et non au constituant. Cependant, le mari ne devant obtenir sa garantie qu'à raison de ce dont il est privé, il ne serait pas juste qu'il pût demander plus qu'il n'aurait réellement payé. — Benoît, t. 1er, no 88.

252. — Le mari évincé a aussi, comme au cas de vente, le droit de répéter contre le constituant les frais faits sur la demande en garantie et ceux faits par le propriétaire.

253. — Le mari évincé a enfin le droit de répéter contre le constituant les dommages-intérêts ainsi que les frais et loyaux-coûts du contrat (C. civ., art. 1630, no 4). Mais le constituant ne doit rembourser les frais et loyaux-coûts que jusqu'à concurrence de la constitution par lui faite; le contrat de mariage subsistant, en effet, quant aux autres conventions matrimoniales et aux libéralités qui pourraient avoir été faites aux époux par le même contrat, il ne serait pas juste de mettre à la charge du constituant des frais qu'il n'aurait pas occasionnés. — Benoît, t. 1er, no 91.

254. — A l'égard des dommages-intérêts que le mari peut exiger, ils ne doivent comprendre que ceux qu'il a soufferts par rapport à la chose même qui avait été constituée en dot, et non ceux que l'éviction lui occasionnerait d'ailleurs. — Benoît, t. 1er, no 91.

255. — M. Benoît (t. 1er, no 92) pense que si par quelque événement qu'on n'avait pu prévoir lors du contrat, il était survenu une augmentation considérable de valeur à la chose dotale, le constituant ne serait pas tenu, surtout s'il était de bonne foi, de payer la totalité de l'augmentation, et qu'on devrait réduire les dommages-intérêts dus pour cet accroissement à ce que les parties avaient pu prévoir au moment du contrat. — Cette opinion ne nous paraît pas admissible. Au lieu de s'appuyer sur une disposition de loi, elle est manifestement contraire à l'art. 1633, et elle a l'inconvénient de laisser les parties exposées à un arbitraire qui, pour le juge même, serait un embarras, puisque nulle règle précise ne pourrait le guider dans son appréciation.

256. — Comme dans toute espèce d'action en garantie, si la chose constituée a augmenté de prix, par les réparations ou améliorations faites par le mari, le constituant est tenu de lui faire rembourser, par celui qui l'évince, la valeur de ces réparations ou améliorations, ou d'en faire lui-même le remboursement au mari. — C. civ., art. 1634; — Benoît, t. 1er, no 93.

257. — Si, au contraire, à l'époque de l'éviction, la chose constituée se trouvait diminuée de valeur ou considérablement détériorée, soit par la négligence du mari, soit par des accidens de force majeure, le constituant n'en serait pas moins tenu de restituer la valeur entière de la chose constituée au moment du mariage. En effet, le mari était de bonne foi, et c'est sans connaître le vice de son titre qu'il a pu négliger l'entretien et la conservation de la chose. — L. 31, § 3, ff., *De petit. hered.*; — Benoît, t. 1er, no 94.

258. — Mais si le mari a tiré profit des dégradations par lui faites, le constituant a le droit de retenir sur le prix une somme égale à ce profit. — C. civ., art. 1632; — Benoît, t. 1er, no 95.

259. — Il pourrait arriver que le mari ne fût évincé que d'une partie de la chose constituée; dans ce cas, si la partie revendiquée était importante, le mari aurait le droit de demander la résiliation de la constitution, pour obtenir le prix entier de la chose constituée. Le mari ne pouvant plus retirer du surplus de la chose constituée qu'un produit minime, et ayant contracté, d'ailleurs, sous la foi que la chose constituée resterait constamment en sa possession, il doit lui être permis de restituer la partie de la chose qui lui resterait, pour réclamer la valeur entière des objets compris dans la constitution. On ne pourrait pas dire que ce serait là autoriser l'aliénation du fonds dotal, car le délaissement qui aurait eu lieu étant forcé pour une partie et ne laissant plus au mari qu'une portion presque nulle de l'immeuble constitué, ce ne serait pas aliéner la dot que de prendre, au moyen de l'abandon de ce qui n'aurait pas été évincé, des mesures pour en conserver l'intégrité en argent, l'intégrité en nature ne pouvant être conservée. — Benoît, t. 1er, no 97.

260. — Si lors du contrat on avait prévu l'éviction et qu'il eût été stipulé que, dans le cas où elle arriverait, le constituant s'obligerait de payer au mari une somme quelconque en sus de la valeur de l'objet constitué, cette clause devrait être exécutée; mais, alors, le constituant ne serait tenu à aucune indemnité envers le mari, parce que les parties seraient réputées avoir transigé par avance sur les dommages. — C. civ., art. 1152; — Benoît, t. 1er, no 98.

Sect. 2e. — *Des intérêts de la dot.*

261. — Les intérêts de la dot courent de plein droit du jour du mariage contre ceux qui l'ont promise, encore qu'il y ait terme pour le paiement s'il n'y a stipulation contraire. — C. civ., art. 1548.

262. — Le tribun Duveyrier, dans son rapport fait au tribunat sur le titre du contrat de mariage (Locré, t. 13, p. 381), motivait ainsi cette disposition: « En général, les intérêts d'une somme due ne sont légitimes que par le retard du paiement; mais la dot, sous quelque rapport qu'elle soit constituée, est inhérente au mariage pour lequel elle est promise et payée. Il est de la nature de cet engagement que les droits naissent et que les fruits commencent avec la cause qui le produit. »

263. — On ne pourrait pas considérer comme une convention contraire la reconnaissance faite par le mari, postérieurement au mariage, que suivant l'intention des parties contractantes, la dot constituée avec terme ne devait pas produire d'intérêts; cette convention doit être annulée comme contenant un changement aux conventions matrimoniales. — *Pau*, 9 janv. 1838 (t. 2 1838, p. 549), Vidalé c. Lasplagueres.

264. — Sous le droit ancien, on décidait que les intérêts de la dot couraient de plein droit du jour du mariage contre ceux qui l'avaient promise, encore qu'ils ne fussent pas tenus de doter. — *Cass.*, 2 niv. an XIV, Mathon c. Choumouroux; — Tessier t. 1er, note 285e.

265. — Mais on décidait aussi que lorsqu'il y avait terme pour le paiement, les intérêts ne commençaient à courir que du jour de l'échéance du terme. — *Turin*, 10 août 1811, Bal c. Bizel; — Henrys. t. 4, p. 662, no 11; Maximes du Palais, t. 1er, p. 173; Roussilhe, t. 1er, no 316; Catelan, liv. 4, chap. 42. — Et si le terme expirait avant la célébration du mariage, les intérêts couraient seulement du jour de la célébration. — Même arrêt; — Duranton, t. 15, no 330.

266. — Les intérêts d'une somme donnée par contrat de mariage, à titre de constitution dotale, mais dont le donateur s'est réservé l'usufruit, courent de plein droit du jour où cet usufruit a cessé, et non pas seulement du jour de la demande. — *Cass.*, 13 mars 1827, Florentin c. Dubourg.

267. — Toutes les clauses d'un contrat de mariage sont corrélatives; en cas d'obscurité ou d'insuffisance d'une disposition particulière, on doit s'arrêter bien moins à la lettre de cette disposition, que rechercher l'intention qui résulte de l'ensemble du contrat. — Ainsi, lorsqu'il a été constitué une dot mobilière par contrat de mariage, moitié pour biens paternels et moitié pour biens maternels, avec stipulation expresse que la dot du chef du père produira intérêt sans retenue, il doit en être de même à l'égard de la dot constituée du chef de la mère, bien que cette dot ne doive être payée qu'à terme éloigné, et qu'il n'y ait eu aucune stipulation concernant le mode de paiement de l'intérêt, en cas de retard. — *Riom*, 17 mai 1821, Godivel c. Bournet.

268. — Si la dot consiste en une créance à terme, sur un tiers, et que cette créance ne produise pas intérêts, le mari peut-il exiger que le constituant lui serve des intérêts? — Pour l'affirmative, on peut dire que, d'après les termes de l'art. 1548, C. civ., le constituant doit toujours les intérêts de la dot, à moins que le contraire ne soit formellement stipulé; que la loi ne fait aucune distinction et que la faveur de la dot doit faire présumer que le constituant, en donnant en dot une créance à terme ne portant point intérêts, n'a pas eu l'intention d'en priver le mari, et qu'il s'est tacitement obligé à y suppléer jusqu'à l'échéance de l'obligation; qu'enfin le mari ayant à supporter les charges toujours renaissantes du mariage, il ne faut pas que la dot demeure infructueuse dans ses mains pendant un temps qui peut être fort long. Cette opinion est particulièrement celle de Toullier (t. 14, no 97). — Mais à cela on répond que les

intérêts de la dot ne courent contre celui qui l'a constituée que lorsqu'il en reste débiteur ; qu'ici le constituant, en se dessaisissant du titre de la créance en faveur du mari, a pleinement satisfait à ses obligations ; que si le mari ne retire point d'intérêts pendant un certain temps, c'est une position qu'il a volontairement acceptée et dont il ne peut se plaindre ; qu'il était libre de refuser une dot sans fruits ; que, d'ailleurs, il doit être présumé avoir renoncé aux intérêts en acceptant une créance sur un tiers qui n'était pas, d'après son titre, débiteur d'intérêts, de même qu'il ne pourrait être admis à réclamer des fruits s'il avait accepté pour dot un immeuble en friche et qui ne pourrait produire de fruits qu'après de longs travaux. — Benoît, t. 1er, no 158 ; Delvincourt, t. 2, p. 502, aux notes ; Duranton, t. 15, no 382.

269. — Les intérêts de la dot sont les seuls que l'art. 1548, C. civ., fasse courir de plein droit ; les intérêts du trousseau ne doivent courir qu'à compter de la demande, à moins de stipulation particulière. — La dot et le trousseau ne sont pas de même nature, et n'ont point la même destination. —*Riom*, 20 juill. 1821, Omaly et Pradat c. Mayoux.

270. — Dans les pays de droit écrit, les intérêts de la dot produisaient eux-mêmes des intérêts à compter du jour de la demande en justice.—*Cass.*, 10 déc. 1817, Roca c. Escape.

271. — La dot dont le montant a été formé de capitaux de créances et des intérêts échus de ces créances, peut être déclarée en entier productive d'intérêts, malgré la disposition de l'art. 1154, C. civ. — *Cass.*, 7 juill. 1835, Des-Assis c. Chantagru.

272. — La nature des choses indique que quand la dot ne consiste qu'en meubles non productifs d'intérêts de leur nature, il n'en est pas dû de plein droit par le constituant ; et qu'il y aurait seulement lieu par le mari de demander, à raison du retard de la livraison des meubles donnés en dot, des dommages-intérêts dont l'appréciation serait abandonnée à l'arbitrage du juge. — Tessier, t. 1er, no 39, p. 166. — V., cependant en sens contraire, Merlin, *Rép.*, vo *Intérêts*, § 2.

273. — Mais, si indépendamment de la somme constituée en dot avec stipulation d'intérêts, la nourriture et l'entretien avaient été promis sous convention qu'ils tiendraient lieu des intérêts stipulés, ces intérêts seraient exigibles sans être soumis à aucune imputation. — Delvincourt, t. 3, p. 332, no 8 ; Roussilhe, t. 1er, no 230 ; Tessier, t. 1er, p. 165.

274. — Les intérêts cessent d'être dus quoique stipulés, si le père constituant a nourri la femme, ou du moins jusqu'à concurrence de la nourriture fournie. — L. 69, § 5, ff., *De jur. dot.* ; Despeisses, sect. 2e, no 20 ; Rousseaud de Lacombe, vo *Dot*, part. 2e, sect. 4e, no 2 ; Roussilhe, t. 1er, nos 230 et 318 ; Tessier, t. 1er, no 39, p. 165 ; Benoît, t. 1er, no 157.

275. — Lorsque, dans un contrat de mariage, le père de la future s'est obligé à loger, nourrir et entretenir les époux, et ceux-ci à rapporter leurs travaux dans la maison, le père, après incompatibilité survenue, ne peut point les contraindre à l'exécution de ces conventions. — Dès l'instant de la séparation, le gendre a le droit de réclamer, non seulement les intérêts, mais encore le remboursement des sommes qu'il a remises à son beau-père, ou qu'il a employées à l'acquittement de ses dettes. — *Riom*, 19 mars 1819, Monjou c. Vidaling.

276. — Lorsque la femme débitrice de la dot, a des biens dont les revenus ont été consommés dans le ménage commun, la présomption est que les intérêts de la dot par elle due ont été consommés en même temps que ces revenus. — *Grenoble*, 2 juin 1818, Voisin c. d'Audiffret.

277. — Les intérêts de la dot sont insaisissables comme la dot, dont ils sont un accessoire. — *Pau*, 24 mai 1833, Lacabanne c. Hubert.

278. — Dans les anciennes provinces de France régies par le droit écrit, le mari qui, pendant toute la durée du mariage, n'avait pas réclamé les intérêts de la dot de sa femme, n'était point réputé en avoir fait la remise, lorsque la dot n'avait pas été constituée par la femme, mais par son père. — *Cass.*, 10 déc. 1817, Roca c. Escape.

279. — Il en serait de même aujourd'hui. — *Cass.*, 12 germin. an X, Paul c. Marmejau ; 10 déc. 1817, Roca c. Escape ; *Paris*, 23 juin 1818, d'Arthel et de Forestier c. de Coubert ; — Tessier, t. 1er, nos 385 et suiv. ; Duranton, t. 15, no 383. — Toutefois la présomption de remise pourrait être admise dans le cas où ce serait la femme qui se serait elle-même constitué une somme productive d'intérêts, à moins que le mari n'eût fait des réserves à cet égard. — Duranton, *eod. loc.*

280. — Les intérêts de la dot sont prescriptibles par cinq ans. — *Limoges*, 26 janv. 1828 Peyrat c. Chabrol ; *Bordeaux*, 8 fév. 1828 ; Maguet-Chabannus c. Puydeau ; *Agen*, 18 nov. 1830 ; Deberuart c. Calabet ; — Tessier, t. 1er, p. 168 ; Benoît, t. 1er, no 159 ; Nouveau-Dunod, p. 249 ; Troplong, *Prescription*, no 1025.

281. — Sous l'ancien droit, la prescription des intérêts de la dot ne s'acquérait que par trente ans. — *Agen*, 18 nov. 1830 ; Deberuart c. Calabet ; — Salviat, p. 397 ; *Maximes du Pal.*, t. 1er, p. 244, Fromental, *Décisions de droit*, vo *Dot*, p. 252 ; Boniface, t. 4, p. 330.

282. — Les droits du mari sur les biens dotaux peuvent être, suivant les circonstances, ou ceux du propriétaire, ou ceux de l'administrateur, ou ceux de l'usufruitier.

CHAPITRE III. — *Des droits du mari sur les biens dotaux.*

Sect. 1re. — *Droits du mari comme propriétaire.*

283. — Le mari devient, dans divers cas, propriétaire de la dot ; ainsi en premier lieu, si elle consiste en objets mobiliers mis à prix par le contrat, sans déclaration que l'estimation n'en fait pas vente, la propriété lui en est transférée et il ne reste débiteur que du montant de l'estimation. — C. civ., art. 1551.

284. — Cette disposition est tirée du droit romain, « *Quoties*, porte la loi 5, Cod., *De Jur. dot. res. æstimata in dotem datur, maritus dominium consecutus.* » La loi 10, § 1er, *eod.* confirmait cette décision en déclarant que la dot se détériorait aux risques et périls du mari et qu'il profitait des accroissemens. Au reste, l'estimation était considérée comme une vente, et l'on accordait au mari l'action *ex empto*, pour demander la dot, lorsque la délivrance ne lui en avait pas été faite. — Ces principes avaient, au reste, été adoptés en pays de droit écrit. — V. Lapeyrère, lett. D., no 126, et Larocheflavin, liv. 6, tit. 41, art. 10 ; Nouveau Denisart, t. 7. p. 123.

285. — Par application du principe consacré par l'art. 1551, C. civ., il a été jugé que : 1o les meubles dotaux, quoique détaillés dans un état annexé au contrat, mais estimés, deviennent la propriété du mari, qui ne doit que la restitution du prix. — *Riom*, 10 juin 1815, Cournier c. Lieurade.

286. — ... 2o Que l'estimation faite par le contrat de mariage des meubles stipulés propres à la femme vaut vente, et le mari n'est tenu que du prix déterminé par le contrat. — *Paris*, 11 mai 1837 (t. 1er 1837, p. 491), Thiou.

287. — Dans le ressort du parlement de Grenoble, la femme qui s'était constitué un trousseau estimé, pouvait, après le mariage, le réclamer en nature et en reprendre en outre le prix. — *Grenoble*, 30 déc. 1818, Lacoste c. N...

288. — Mais jugé aussi que, d'après la jurisprudence du parlement de Toulouse, la femme qui s'était constitué en dot des linges et habits, sans que le contrat de mariage en renfermât une estimation expresse, ne pouvait pas se faire colloquer pour leur valeur dans la distribution du prix des biens de son mari. — *Pau*, 30 juin 1830, Gros c. Merillon.

289. — L'estimation donnée par contrat de mariage, pendant le cours du papier-monnaie, au trousseau et aux effets mobiliers de la future, équivaut à une vente faite au mari, et le montant de cette estimation doit être restitué en numéraire sans réduction. — *Cass.*, 13 juill. 1826, Allier c. N...

290. — La vente du mobilier estimé par le contrat est soumise à la condition de l'accomplissement du mariage. *Si nuptiæ fuerint secutæ.* — L. 10, § 4, ff., *De jur. dot.*

291. — Lorsque les époux ont exclu à la fois par leur contrat de mariage le régime dotal et la communauté, et qu'il a été constitué en dot à la femme des meubles estimés, avec déclaration que *l'estimation n'en conférait pas la propriété*, le mari n'est pas tenu à la restitution du prix de l'estimation, mais seulement à la restitution des meubles en nature, *tels qu'ils sont*, sauf le cas toutefois où ils auraient péri par sa faute ou sa négligence. — *Paris*, 12 mai 1813, Jumelin c. Félicité de Bonnaire.

292. — Le mari devient aussi propriétaire de la dot lorsqu'elle consiste en choses qui se consomment par l'usage, et il n'est tenu à la dissolution du mariage qu'à les rendre en pareille quantité, qualité et valeur. — L. 42, ff., *De jur. dot.*

293. — Ainsi, sous le régime dotal, le mari doit être considéré comme le propriétaire de la dot mobilière ; il a même un droit né et actuel sur les sommes constituées qui ne seraient payables qu'à terme. En conséquence il peut les céder et transporter avant l'échéance du terme. — *Agen*, 30 nov. 1843 (t. 1er 1844, p. 728), Barada c. Lasserre et Darrieux.

294. — L'estimation donnée à l'immeuble constitué en dot n'en transporte point la propriété au mari, s'il n'y en a déclaration expresse. — C. civ., art. 1552.

295. — Il en était de même sous le droit ancien. — L. 69, § 8, ff. *De jur. dot.* ; L. 5, C. *eod. tit.* ; — Catelan, liv. 4, chap. 32. — *Toulouse*, 19 avr. 1820, Garrigues c. Garnier. — Si cependant le mari devenait insolvable, l'immeuble devenait subsidiairement dotal. — Despeisses, sect. 3e, no 10 ; *Maximes du palais*, t. 1er, nos 193 et suiv.

296. — Toutefois, les lois romaines étaient constamment appliquées dans le ressort du parlement de Toulouse, en ce sens que l'estimation donnée à l'immeuble dotal valait vente, soit qu'il eût été constitué par la femme elle-même ou par un tiers. — *Cass.*, 3 janv. 1831, Daguzan c. Cezerac.

297. — Mais l'estimation de l'immeuble dotal dans le contrat de mariage ne transférait pas la propriété au mari lorsqu'il paraissait qu'elle n'avait eu lieu que pour servir à la fixation des droits de contrôle. — *Toulouse*, 19 avr. 1820, Garriguenne c. Verdier ; 11 juin 1830, Ratier c. Journés et Bonnet ; 5 fév. 1822, Vigouroux c. Samazeuilh.

298. — La femme dont l'immeuble a été estimé au contrat avec déclaration que l'estimation en opère vente au mari, a le privilége du vendeur. — Duranton, t. 15, no 419.

299. — L'immeuble estimé par contrat et transféré au mari ne peut être réclamé à la dissolution du mariage par la femme, comme elle ne peut être forcée à le reprendre, dans le même cas, au lieu du prix. — Toullier, t. 14, no 128. — Dans le droit ancien, on permettait à la femme, comme nous le disions tout à l'heure, de revendiquer le fonds en cas d'insolvabilité du mari, mais cela ne serait pas admis aujourd'hui. — Roussilhe, t. 1er, no 193.

300. — La constitution de dot immobilière, avec estimation et transfert de la propriété au mari opère une vente telle, que, s'il a été trompé, et que l'estimation ait été au-dessus de la valeur de la chose, il peut se faire restituer, pourvu toutefois que la lésion fût des sept douzièmes ; — tel était l'avis de Roussilhe (t. 1er, no 100) ; — une lésion quelconque ne suffirait pas, quoi qu'en pense Merlin (*Rép.*, vo *Dot*, § 9, no 1er).

301. — Alors même que la femme serait mineure, il n'y aurait pas lieu en sa faveur à l'action en rescision pour cause de lésion, si elle n'était pas des sept douzièmes. — Duranton, t. 15, no 424.

Sect. 2e. — *Des droits du mari comme administrateur des biens dotaux.*

302. — Le mari seul a l'administration des biens dotaux pendant le mariage ; il a seul le droit d'en poursuivre les débiteurs et détenteurs. — C. civ., art. 1549.

303. — Il était naturel, en effet, que le mari, en qualité de chef de la société conjugale, pût exercer exclusivement toutes les actions relatives au paiement de la dot ; chez les Romains, le même droit lui était accordé. — L. 11, Cod. *De jur. dot.* — V. aussi L. 3 et L. 41, Cod. *eod*, et L. 11, Cod. *de rei vindicat.*

304. — De l'art. 1549, C. civ., on a en général conclu qu'il pouvait aussi intenter les actions même immobilières qui se rattachent à ces biens. — Conf. Merlin, *Rép.*, vo *Puissance maritale*, sect. 2e, § 3, art. 3 ; Toullier, t. 12, no 390 ; Duranton, t. 15, no 393 ; Zachariæ, t. 2, § 535, note 9 ; Benoît, *Tr. de la dot*, t. 1er, no 105 ; Bellot des Minières, *Contr. de mariage*, t. 4, p. 64. — Ce principe, admis aussi par Tessier, *Tr. de la dot*, t. 1er, p. 136, mais dans le cas seulement où le mari agit dans son intérêt propre et comme usufruitier de la dot, est repoussé par Pigeau, *Procéd. civ.*, t. 1er, p. 285 ; Gubain, *Droits des femmes*, no 348.

305. — Jugé cependant qu'encore que le mari soit le seul administrateur de la dot, c'est à la femme, à qui elle a été promise, qu'il appartient d'exercer, avec son assistance, l'action en paiement. — *Turin*, 10 août 1811, Bal c. Bizel ; *Toulouse*, 1er pluv. an XII, Record.

306. — Jugé aussi que c'est contre la femme autorisée de son mari ou de justice, et non contre le mari seulement que doivent être intentées les actions des tiers réclamant le fonds dotal. — *Bordeaux*, 16 mars 1827, Gardet c. Monribot ; — Roussilhe, t. 1er, p. 259 et 473 ; Tessier, t. 2, p. 151, no 851, et Duranton, t. 15, no 397. — V. cependant en sens contraire Delvincourt, t. 3, p. 412, no 6.

307. — Mais jugé que la nullité résultant du défaut de qualité dans la personne du mari pour intenter seul et sans le concours de sa femme une ac-

tion relative aux immeubles de celles-ci est purement relative: elle peut être effacée par la ratification ultérieure de la femme, alors même que cette ratification n'interviendrait qu'en cause d'appel. — *Colmar*, 17 avr. 1817; Blech c. Rieff.

308. — Décidé toutefois avant le Code civil et sous la cout. de Namur, que le mari pouvait être seul assigné et condamné en délivrance d'un objet compris dans une succession échue à sa femme et léguée à un tiers. La signification de l'arrêt faite au mari rendait la femme non-recevable à former une tierce-opposition. — *Bruxelles*, 30 prair. an XIII, Linoy c. Lambert et Courtois.

309. — Mais jugé depuis avec raison que le mari a qualité pour intenter seul les actions mobilières appartenant à sa femme, ou pour défendre aux demandes de cette nature qui seraient dirigées contre elle. Ainsi il a qualité pour revendiquer des objets mobiliers qu'il soutient être une dépendance d'une succession échue à sa femme, ou pour défendre à une action tendant à distraire d'autres effets mobiliers de la même succession. — *Cass.*, 21 janv. 1846 (t. 1er 1846 p. 273), princesse de la Moskowa c. prince de la Moskowa.

310. — Le droit donné au mari de poursuivre les débiteurs et détenteurs de la dot est tellement exclusif qu'il rend la femme non-recevable, tant que dure le mariage, à exercer une action pour cet objet.

311. — On a même jugé que les poursuites contre les débiteurs de sommes dotales doivent être dirigées par le mari à peine de nullité, de telle sorte qu'une saisie faite à la requête de la femme est nulle encore que le mari ait paru dans l'acte de saisie pour l'autoriser. — *Limoges*, 4 fév. 1822, Frédon c. Chambol.

312. — Toullier (tom. 14, no 141) dit qu'on peut défendre cette décision rigoureuse par la lettre de l'art. 1549, qui ne dit pas seulement que le mari peut poursuivre seul les débiteurs et détenteurs de la dot, mais de plus qu'il en a seul le droit. Mais il ajoute que la femme pourrait, en vertu d'une procuration spéciale de son mari, exercer toutes les actions relatives à ses biens dotaux contre les débiteurs et détenteurs de la dot; d'où il conclut que les poursuites de la femme autorisées par le mari seraient valables, car entre une autorisation en justice et une procuration, il n'y a, dans ce cas, dit-il, aucune différence; les résultats sont les mêmes.

313. — Quoique le mari soit le seul administrateur de la dot et qu'à lui seul appartienne le droit d'en poursuivre les débiteurs et détenteurs, néanmoins les poursuites faites par la femme avec l'assistance de son mari sont valables, attendu qu'elle est censée dans ce cas avoir agi au nom et pour l'intérêt du mari. — *Turin*, 10 août 1811, Bal c. Bizel (dans ses motifs).

314. — Cette décision, qui est conforme à l'équité et aussi à l'état réel des faits, nous paraît devoir être suivie, et nous ne saurions nous ranger à l'opinion contraire adoptée par M. Duranton, t. 15, no 402. Il ne nous paraît pas qu'il y ait violation du principe de l'art. 1549, quand le mari agit simultanément avec sa femme, et si l'action est intentée au nom de la femme comme demanderesse principale, tandis que le mari n'est indiqué que comme assistant sa femme, tandis qu'il devrait être le principal acteur du litige, la présence du mari dans la cause nous paraît sauvegarder tous les intérêts et devoir faire admettre comme explication l'existence d'un mandat tacite donné par le mari à la femme.

315. — On ne peut stipuler dans le contrat de mariage que la femme aura l'administration des biens constitués en dot; la raison en est que le mari est par la nature des choses le chef de la société conjugale; en effet, dans toute association un seul doit commander, et le droit de commandement doit appartenir à celui à qui la nature a donné le plus de moyens pour bien gouverner. — Treilhard, *Discuss. au cons. d'état*, sur les art. 1387 et 1388; Locré, *Législ. civ.*, tom. 13, p. 166, Tessier, t. 1er, no 18, p. 86.

316. — Jugé au contraire que la clause d'un contrat de mariage soumis au régime dotal par laquelle la femme s'est reservé l'administration de sa dot, sous la condition de contribuer pour moitié aux charges du ménage, est licite. En conséquence, le mari ne peut s'immiscer dans cette gestion que du consentement de sa femme. — *Cass.*, 1er mars 1837 (t. 1er 1837, p. 208), Doguet.

317. — L'action du mari contre les débiteurs de la dot peut être exercée par lui alors même qu'il ne serait pas solvable et le débiteur ne serait pas recevable à demander emploi ou caution de la somme qu'il aurait à payer. — Cod. civ., art. 1550, L. 2, C. *Ne fidej vel mand. dentur*; — Despeisses, *De la dot*, sect. 2, no 15; Roussilhe, t. 2, no 650.

318. — Du principe que le mari a le droit de poursuivre les débiteurs de la dot, il résulte qu'il peut leur accorder des délais, sauf à rester responsable si pendant le répit qui leur est accordé les débiteurs devenaient insolvables. — Faber, liv. 5, tit. 9, dif. 2; Tessier, t. 2, p. 136.

319. — S'il avait été stipulé dans le contrat de mariage que le constituant ne pourrait être contraint au paiement de la dot, cette clause devrait s'entendre en ce sens que la dot ne deviendrait exigible qu'après son décès. — L. 11, ff., *De pact. dot.*; — Roussilhe, t. 1er, no 68; Merlin, *Répert.*, vo *Dot*, § 5 no 7. Tessier, t. 1er, no 20, p. 963.

320. — L'action en paiement de la dot a pour objet le recouvrement entier des sommes promises, ou la délivrance complète des choses constituées; on n'a jamais suivi parmi nous les dispositions des lois 17 et 18 ff. *Solut. matr.* et 84 *De jur. dot.*, qui ne permettent d'exercer l'action de la dot qu'à raison de ce que peut faire le constituant, sans se mettre à la gêne. Tous les biens de celui qui aurait promis la dot pourraient être saisis et vendus, faute de paiement, sans égard à l'état fâcheux où il pourrait être réduit par suite des exécutions dirigées contre lui. — V. Merlin, vo *Dot*, § 6.

321. — Les auteurs des pandectes françaises, qui s'appuient de l'opinion de Malleville, pensent que si le constituant était le père il serait fondé à retirer une partie des biens saisis pour se procurer les alimens auxquels il aurait droit. Nous ne partageons pas cette opinion. L'obligation de fournir des alimens se réduit à subvenir aux besoins de la personne qui les réclame, et peut être accomplie au moyen du paiement d'une pension annuelle, soit en nature soit en argent, et souvent même les tribunaux ordonnent que ces alimens seront consommés dans la maison même de celui qui les doit (V. C. civ., art. 210 et 211). D'un autre côté, en laissant un capital ou des immeubles à celui qui a droit à des alimens, il pourrait arriver qu'il les aliénât et qu'il en dissipât le prix, et il se trouverait encore dans la nécessité, par sa dissipation, de réclamer de nouveaux alimens: le gendre pourrait donc se trouver ainsi dans la situation d'accomplir deux fois son obligation.

322. — Il a été jugé que le mari à qui une dot en argent a été promise ne peut, pour en obtenir le paiement, faire vendre les immeubles que sa femme a recueillis dans la succession du constituant. — *Riom*, 11 fév. 1809, Andrieux.

323. — MM. Toullier (t. 14, no 148) et Benoît (t. 1er, no 114) ne partagent pas la doctrine consacrée par cet arrêt: ils se fondent sur ce que la loi ne fait exception en faveur de personne, lorsqu'il s'agit du paiement de la dot; la femme y est soumise comme tout autre, et les tribunaux excèdent leur pouvoir en créant une exception à son égard. — V. aussi en ce sens Duranton, t. 15, no 379.

324. — Le débiteur de la dot ne se libère valablement qu'autant qu'il délivre l'objet même qui a été constitué; le mari ne peut être contraint de recevoir autre chose en paiement, quoique la valeur de ce qui lui est offert soit égale ou plus considérable; ainsi, lorsqu'un fonds a été constitué en dot, c'est le fonds qu'il faut livrer et non sa valeur. On sent, en effet, que l'immeuble constitué en dot étant inaliénable, on violerait ouvertement la garantie que cette inaliénabilité assure à la femme, en laissant au constituant la faculté de donner et au mari celle de recevoir autre chose que ce qui a été constitué.

325. — Par application de ce principe, il a été jugé que le gendre ne peut être contraint par son beau-père à recevoir en immeuble la pension qui lui a été promise en argent. — *Riom*, 25 mars 1820, de la Maisonneuve c. de Courtille.

326. — Cependant, comme il n'y a aucun danger à courir pour la femme, lorsque la dot a été constituée en deniers, il est loisible au mari de recevoir, s'il le veut, des immeubles en paiement de la dot (C. civ., art. 1553, p. 42). Mais alors l'immeuble reçu par le mari n'est pas dotal. — *Cass.*, 23 avr. 1833, Chevillon c. Guiard.

327. — Jugé que, sous l'empire des lois romaines, le bail d'immeubles donnés en paiement de la dot constituée en argent ne transférait la propriété au mari que lorsqu'il avait été fait au mari seul; il en était autrement lorsqu'il avait été fait au mari et à la femme conjointement. — *Toulouse*, 28 avr. 1815, Doucède c. Nouguès.

328. — Le constituant actionné par le mari en paiement de la dot constituée en argent peut opposer la compensation si le mari est son débiteur, pourvu que la somme due au constituant soit liquide et certaine; cette compensation ne saurait être repoussée dès que la dot consiste en choses fongibles ou en deniers, puisque le mari en devient propriétaire du moment de la célébration du mariage. — Benoît, t. 1er, no 115.

329. — Jugé en ce sens que si, au lieu de se faire restituer les deniers constitués en dot par le banquier qui était détenteur de ces deniers, dès avant le mariage, pour le compte de la femme, le mari se fait au contraire ouvrir, à l'effet de se procurer les sommes qui lui sont nécessaires pour son commerce, un crédit chez ce banquier, celui-ci a pu valablement opérer la compensation des deniers dotaux avec les sommes dont le mari est devenu débiteur envers lui. — *Rouen*, 10 mai 1844 (t. 2 1844, p. 128), Lecerf, Chedeville c. syndic Roger.

330. — Jugé aussi que le mari pouvait opposer en compensation d'une dette qui lui est personnelle, ce qui est dû à sa femme par son créancier pour deniers dotaux. — *Grenoble*, 13 déc. 1823, Bizet c. Signoret.

331. — De même une pension promise à une fille dans son contrat de mariage, par les père ou mère de cette dernière, doit être compensée en entier avec les alimens et entretien qu'elle a reçus de sa famille, dans la maison paternelle, pendant tout le temps qu'elle y est restée. — *Agen*, 6 juin 1811. Beauchamp c. Pelleport et Brueilh.

332. — De ce que la compensation ne peut s'opérer qu'entre créances liquides, certaines et exigibles, il suit que la femme poursuivie en paiement de ce qu'elle doit à son mari ne peut opposer en compensation les créances qui résultent de ses droits et reprises, tant que le mariage n'est pas dissous ou que la séparation de biens n'a pas été prononcée. — *Nîmes*, 11 déc. 1809, Mazien c. Bardel et Jean Bonnet.

333. — Si le constituant est mort, l'action en paiement de la dot peut être dirigée contre ses héritiers; chacun d'eux est alors obligé à l'acquittement de la constitution dotale, pour sa part et portion virile, et hypothécairement pour le tout comme pour les autres dettes de la succession, sauf leur recours, soit contre leurs cohéritiers, soit contre les légataires universels, à raison de la part pour laquelle ils doivent y contribuer.

334. — Les avis n'étaient pas unanimes autrefois sur la durée de la prescription de l'action en paiement de la dot. Quelques auteurs anciens, se fondant sur la novelle 100 et sur l'authentique *quod locum*, Cod., *De dot. caut. non numer.*, soutenaient que cette action ne durait que dix ans; le parlement de Paris avait même consacré cette opinion par plusieurs arrêts, et notamment les 26 mai 1611, et 9 déc. 1614. — Louet, lett. D, ch. 19, et Brodeau, sur le même chap. — Mais, plus tard, on reconnut que c'était par une fausse interprétation de ces lois que cette doctrine avait été adoptée, et dès-lors la jurisprudence et le sentiment des auteurs devinrent unanimes sur ce point, que l'action en paiement de la dot ne se prescrivait que par trente ans. — Despeisses, part. 1re, sect. 2e, no 27; Catelan, liv. 4, art. 46; Roussilhe, t. 2, no 430.

335. — Sous le Code civil, en l'absence d'une disposition spéciale et particulière, on doit tenir que l'action du mari en paiement de la dot se prescrit par trente ans. — Toullier, t. 14, no 159; Benoît, t. 1er, no 122.

336. — La procuration donnée au mari par contrat de mariage, à l'effet de recevoir et de quittancer les sommes dues à la femme, est irrévocable comme toute autre convention matrimoniale. — *Nîmes*, 2 mai 1807, Foriel c. Dubesset.

337. — Le mari ayant seul pendant le mariage l'exercice des actions relatives aux biens dotaux, est le représentant légal de la femme, et il en résulte que ce qui est jugé avec lui est censé jugé avec la femme. — Duranton, t. 15, no 398.

338. — Le mari peut passer les baux à ferme ou à loyer, et ces baux sont obligatoires pour la femme (Benoît, t. 1er, no 126; Merlin, *Rép.* vo *Dot*, § 11, no 11); — mais il doit entretenir ceux faits par sa femme antérieurement au mariage. Il n'en était pas ainsi sous l'ancien droit; le mari jouissait du bénéfice de la loi *emptorem*, C., *Loc. cond.*, qui permettait à l'acquéreur d'expulser le fermier ou le locataire lorsqu'il n'avait point acheté sous l'obligation d'entretenir le bail. Ce droit établi en sa faveur, existait, que la dot fût estimée ou ne le fût pas; en cas d'estimation, il était considéré comme acquéreur; dans le cas contraire, il était assimilé à l'usufruitier, à qui la loi 59, ff., *De usufr.*, accordait aussi le droit d'expulser le fermier.

339. — Le mari a l'exercice des actions possessoires concernant les biens dotaux. — *Riom*, 10 juin 1817, Gardes c. Malafosse; *Cass.*, 23 mai 1838 (t. 2, 1838, p. 349), de Borda c. commune de Saint-Vincent; — Roussilhe, t. 1er, no 224; Merlin, *Rép.* vo *Puiss. maritale*, sect. 2, art. 3, § 3, no 1er; Tessier, t. 2, p. 136.

340. — De même, le mari a seul capacité pour former les actions relatives aux biens dotaux de sa femme, en sorte que la mise en cause de celle-

ci ne peut être demandée. — *Caen*, 18 fév. 1828, Pigeon de Saint-Pair c. de Mathan.

341. — Jugé cependant que la femme a droit d'intervenir sur l'appel dans une instance introduite par son mari seul, et concernant un droit de passage prétendu par un tiers sur un immeuble dotal. — *Riom*, 10 juin 1817, Gardes c. Malafosse.

342. — Le mari d'une femme soumise au régime dotal, qui est assigné en dommages-intérêts à raison de l'écroulement d'un mur bornant l'immeuble dotal de celle-ci, peut convenir que des arbitres statueront sur les dommages-intérêts, et leur donner mission de rechercher et replacer au besoin les limites de cet immeuble déterminées par d'anciens actes de bornage. — *Cass.*, 31 déc. 1834, Bret c. Evrard.

343. — L'action en répétition des arrérages de la dot de la femme, qu'exerce le mari, établit une créance spéciale, qui prend sa source dans le droit de son épouse, héritière, et en dehors de toute renonciation qu'il aurait signée. — *Paris*, 21 mai 1831, Forestier c. de Coubert.

344. — Le mari ne peut exercer l'action en bornage, si ce n'est à raison de sa jouissance et d'une manière provisoire. — Proudhon, *De l'usufruit*, t. 3, p. 218 et suiv.; nouveau Denisart, t. 3, p. 656; Tessier, t. 2, p. 147. — Le bornage ne peut devenir définitif que par l'intervention de la femme, *id. eod. loc.* — V. BORNAGE.

345. — De même le mari ne peut transiger sur les biens dotaux à moins qu'il ne s'agisse de sa jouissance et dans la limite de ce droit. — Tessier, t. 2, p. 147.

346. — Jugé cependant que le mari a le droit, en sa qualité et comme maître des biens dotaux de sa femme, de ratifier une vente dont celle-ci aurait, antérieurement à son mariage, demandé la nullité. — *Cass.*, 17 mars 1840 (t. 1er 1840, p. 421), Thomas c. Gaulbier.

347. — Lorsque la femme est mariée sous une constitution générale de dot, le mari a qualité pour intenter ou défendre, sans le concours de sa femme, une action en partage d'une succession qui lui est échue. L'art. 818, C. civ., n'a trait qu'au régime de la communauté. — *Aix*, 30 avr. 1841 (t. 2, 1841, p. 459), Roux c. Deydier; 9 janv. 1810, Michel c. N...; — Delvincourt, t. 2, p. 140 et t. 3, p. 103; Benoit, t. 1er, no 117.

348. — Jugé, au contraire, que le mari ne peut, seul et sans le concours de sa femme, demander en justice le partage des biens dotaux de celle-ci. — *Agen*, 24 fév. 1809, Breuil c. N...; — loi ult., Cod., *De fund. dotal.*; loi 78, ff., *De jure dot.*; loi 18, § 2, *Castrens. pecul.*; — Roussilhe, *De la Légitime*, t. 2, p. 168 et 218; *ibid.*, *De la dot*, t. 1er, p. 256 et 470; Lacombe, vo *Partage*, sect. 1re; Despeisses, t. 1er, p. 148, no 3; Chabot, t. 3, sur l'art. 818, C. civ.; Toullier, t. 14, nos 156, 157 et 215; Malpel, no 244; Bellot des Minières, t. 4, p. 137 et 412; Merlin, *Rép.*, vo *Succession*, chap. 6, sect. 2e, art. 2, no 13; Pigeau, t. 2, p. 705; *Pandectes françaises*, t. 3, p. 230; Vazeille, *Des successions*, p. 268, no 3; Duranton, t. 7, no 125; Proudhon, *De l'usufruit*, t. 3, no 1245; Tessier, *De la dot*, t. 2, no 838.

349. — Dans tous les cas, et en admettant que le mari ne puisse intenter une pareille action sans le concours de sa femme, ce droit de concours n'entraîne pas nécessairement pour la femme, qui se trouve déjà en instance avec son mari, le droit d'agir par action séparée, alors qu'il ne se manifeste aucune opposition d'intérêts entre elle et son mari, et bien moins encore lorsque leurs intérêts sont communs et identiques. En conséquence, tant que cette contrariété d'intérêts ne s'est pas produite, les tribunaux doivent refuser à la femme l'autorisation nécessaire pour ester en jugement séparément de son mari. — *Paris*, 14 juill. 1845 (t. 2 1845, p. 368), prince de la Moskowa c. princesse de la Moskowa.

350. — La question de savoir si le mari a seul et sans le concours de la femme le droit d'intenter une action en partage doit, selon nous, être résolue dans le sens des arrêts de la cour d'Aix que nous avons rapportés (*suprà* no 347). En effet, il ne nous paraît pas douteux que les auteurs du Code en employant ces mots, *débiteurs* et *détenteurs*, n'aient eu l'intention d'accorder exclusivement au mari l'exercice des actions réelles et personnelles; c'est, au reste, ce qu'a formellement jugé la cour de Caen, le 18 fév. 1818 (Pigeon de Saint-Pair c. de Maltran); comment concevoir d'ailleurs qu'on puisse poursuivre les détenteurs des biens dotaux sans exercer contre eux une action nulle. Si donc il est certain que le mari peut exercer toutes les actions réelles qui se rattachent à la dot, ce serait se mettre en contradiction évidente avec ce principe, que de lui refuser le droit de provoquer le partage des biens dont cette même dot faisait partie. Contre cette opinion on dit d'une part, que l'art. 818, C. civ., décide la question en disposant que le mari peut sans le concours de sa femme provoquer le partage des objets meubles et immeubles à elle échus qui tombent dans la communauté, mais qu'à l'égard des objets qui ne tombent pas en communauté, le mari ne peut en provoquer le partage *sans le concours de la femme*. Mais il est facile de voir qu'en appliquant l'art. 818 au régime dotal, on lui a donné une extension qu'il ne doit pas avoir; qu'ainsi que le dit la cour d'Aix dans son arrêt du 30 avr. 1841, les dispositions de cet article ont été tracées, alors qu'il était incertain encore si le régime dotal serait admis en France dans les conventions matrimoniales; que ce régime a été introduit dans notre législation bien postérieurement et sans aucune modification des règles qui le régissaient alors; que de là découlent la conséquence incontestable, qu'il n'a pu alors entrer dans l'intention du législateur que l'application de l'art. 818 fût faite aux époux mariés sous le régime dotal; d'autre part, on a dit que le partage était une véritable aliénation, un contrat d'échange qui, par conséquent, ne peut avoir lieu sans le concours de la femme; sur ce point on répond d'abord que le partage n'est nullement attributif mais simplement déclaratif de propriété; que le mari ne dispose de rien, parceque c'est le sort qui assigne à chaque héritier son lot et garantit à chacun l'égalité; que d'ailleurs, s'il était vrai que le partage fût un contrat d'échange, il faudrait dire que l'intervention de la justice serait nécessaire et qu'aucun partage où une femme dotale serait appelée ne pourrait être fait que judiciairement, ce qui est contraire à tout ce qui se pratique journellement sous nos yeux.

351. — Jugé que les femmes mariées sous le régime dotal peuvent, comme tous autres héritiers capables, procéder, avec l'autorisation de leur mari, à un partage amiable des biens à elle échus à titre successif. Un tel partage ne saurait, en l'absence de fraude, et lorsqu'il a lieu d'ailleurs en conformité des principes généraux du droit, être considéré comme une aliénation indirecte du bien dotal. — *Caen*, 9 mai 1839, (t. 1er, 1846, p. 429), Roland-Roger c. de Perronny.

352. — La faculté qu'a la femme dotale de procéder à l'amiable au partage des successions auxquelles elle a droit ne doit s'exercer que sous la condition de ne porter aucune atteinte à la dot; et le principe de l'inaliénabilité de la dot fait exception au principe d'après lequel (art. 883) chaque cohéritier est, en matière de partage, censé avoir succédé seul et immédiatement à tous les objets compris dans son lot.

353. — Dès lors la femme mariée sous le régime dotal qui a laissé à son cohéritier ses droits successifs dans une succession à laquelle elle était appelée peut, en cas d'insolvabilité du cessionnaire survenue avant le paiement du prix des droits cédés, demander la nullité de la cession. Et elle conserve ce droit, bien qu'elle n'ait pas pris, dans les six mois du partage, inscription sur les immeubles de la succession, le privilége de l'inaliénabilité de la dot étant indépendant du privilége du cohéritier, et n'ayant pas besoin, pour être conservé, de la formalité de l'inscription. — *Limoges*, 9 mars 1843, (t. 2, 1845, p. 781), Buffière c. syndics Lafargue.

354. — Le régime dotal sous lequel une femme est mariée ne la prive pas du droit de procéder au partage amiable des biens qui lui adviennent par voie de succession; une pareille opération ne peut pas être considérée comme une aliénation du fonds dotal. — *Cass.*, 29 janv. 1838, (t. 1er 1838, p. 448), Croze c. Jaussent.

355. — Quand une femme, mariée sous le régime dotal, a consommé, avec l'autorisation de son mari, le partage de ses biens dotaux qu'elle possédait indivisément avec son père et ses sœurs, il n'est plus permis aux époux de les soumettre à un nouveau partage; le premier est un acte irrévocable, tout autre est nul comme pouvant porter atteinte à des droits inaliénables. Un nouveau partage ne peut même pas être consenti, par le motif qu'il est survenu au père un enfant qui devra un jour avoir une portion dans les biens compris au premier partage. Il faudrait attendre, dans ce cas, le décès du père. — *Poitiers*, 8 déc. 1824, Forestier c. Rigaut.

356. — La nullité résultant de ce qu'une femme mariée en pays de droit écrit, ayant l'administration de ses droits paraphernaux, aurait figuré dans un partage sans l'assistance d'un curateur et l'avis du conseil de famille, a pu être invoquée même par le mari qui aurait aussi figuré au partage, si le contrat de mariage qui le rendait maître des actions de sa femme était postérieur à ce partage. — *Aix*, 4 août, Riquier c. Gourrier.

357. — Si le constituant se libère, le mari peut seul donner quittance valable de la dot. — *Paris*, 13 juin et 28 août 1838, (t. 1er 1839, p. 135); De Villeneuve c. Lafosse; — Despeisses, *De la dot*, part. 1re, sect. 2e, no 8; Benoît, t. 1er, no 118; Toullier, t. 14, no 158.

358. — C'était une question controversée autrefois que celle de savoir si le mari pouvait recevoir le remboursement des rentes que sa femme lui avait apportées en dot. La divergence d'opinion naissait de ce qu'en pays coutumier les rentes étaient considérées comme immeubles, tandis que en pays de droit écrit elles étaient classées parmi les meubles. Les auteurs qui les considéraient comme immeubles refusaient au mari le droit d'en recevoir le remboursement. — Lebrun, *De la communauté*, liv. 2, chap. 2, no 20. — Les auteurs des pays de droit écrit, au contraire, décidaient la question en faveur du mari, et lui donnaient plein pouvoir de passer quittance au débiteur de la rente, sans le concours de sa femme. — V. Roussilhe, no 256, et les arrêts qu'il cite. — Cependant il paraît que plus tard la jurisprudence devint unanime sur ce point (Bretonnier, sur la quest. 66 de Henrys). — Aujourd'hui il ne peut plus y avoir de doute sur ce point, le mari peut recevoir sans aucune distinction le remboursement de toute espèce de capitaux constitués en dot à la femme. — *Cass.*, 11 juillet 1843 (t. 2 1843, p. 219), Michel; — Benoît, t. 1er, no 125.

359. — La reconnaissance du mari qu'il a reçu les sommes constituées en dot à sa femme, fait foi à l'égard des tiers jusqu'à preuve du contraire. — *Paris*, 26 août 1820, Lanoux c. Vourzac; — Merlin, *Quest.*, vo *Dot*, § 11, no 5; Toullier, *Droit civil*, t. 14, p. 321; Tessier, *Traité de la dot*, t. 2, no 1013.

360. — Lorsque le contrat de mariage fait mention de la numération des sommes dotales en présence du notaire, les créanciers du mari ne sont recevables à attaquer la quittance de fraude et de simulation que par l'inscription de faux. — *Bruxelles*, 26 juill. 1817, Lacoste. — Telle devrait être, en effet, la voie rigoureuse imposée aux créanciers s'ils impugnaient la sincérité de la constatation faite par le notaire; mais l'inscription de faux ne serait pas obligatoire si les créanciers, tout en reconnaissant le fait de la numération, soutenaient que depuis la numération devant l'officier public, les fonds ont passé de nouveau dans les mains de celui que la quittance présente comme s'étant libéré.

361. — Mais la déclaration authentique du mari qu'il a reçu de sa femme une somme déterminée ne suffit point pour prouver l'apport à l'égard des créanciers du mari, même postérieurs à cette déclaration, si la numération réelle de la somme n'est point constatée. — *Toulouse*, 23 déc. 1818, Turben c. Cannes; *Nîmes*, 13 fév. 1810, Tesla; — Faber, *Code*, liv. 2, tit. 1er, p. 538; Catelan, liv. 4, chap. 55, p. 153; Julien, *Elém. de jur.*, p. 49, no 11; Serres, *Instit.*, p. 187.

362. — Lorsque, par une clause de son contrat de mariage, le mari a déclaré avoir reçu la dot promise à sa femme, ses héritiers à réserve, et particulièrement, un enfant naturel reconnu dans l'intervalle du contrat de mariage à la célébration peuvent être admis à prouver, sans recourir à l'inscription de faux, que cette déclaration est mensongère, qu'elle ne renferme qu'une libéralité du mari à la femme, réductible à la quotité disponible. — *Toulouse*, 15 mars 1834, De Labeaumelle c. Fauré.

363. — Au reste, il n'est pas nécessaire que les quittances du paiement de la dot soient données devant notaire; des quittances sous seing privé n'en sont pas moins valables quand il est constant qu'elles sont sincèrement véritables. — *Cass.*, 2 sept. 1806, Balastron c. Thévenet.

364. — Jugé encore dans ce sens que les sommes et effets mobiliers apportés par la femme à son mari sont suffisamment constatés par son contrat de mariage sous seing-privé, dont la date est devenue certaine antérieurement au Code civ., par le décès d'une des parties signataires; alors surtout qu'il n'est articulé aucun fait de fraude contre les stipulations de ce contrat, et que les droits de la femme ont été reconnus, soit par un jugement de séparation de biens prononcé contre son mari, soit par un acte de liquidation passé devant notaire. — *Cass.*, 1er fév. 1816, Magné c. Savary.

365. — Jugé cependant que, sous l'empire des anciennes ordonnances de Franche-Comté, les quittances dotales sous seing-privé ne pouvaient être opposées aux créanciers du mari, et qu'il en devrait être de même sous l'empire du Code civ. — *Besançon*, 10 mars 1812, Pochet.

366. — C'est dans le même ordre d'idées qu'il a été jugé que lorsqu'une dot en argent a été promise par contrat de mariage à la femme d'un

commerçant qui depuis est tombé en faillite, la preuve légale du paiement de cette dot peut, vis-à-vis de la masse, résulter d'une quittance sous seing-privé non suspecte. — *Rouen*, 1er fév. 1820, Petit-Grand c. Hazet.

367. — Le mari est non-recevable à arguer de simulation la reconnaissance de dot contenue dans son contrat de mariage. — *Toulouse*, 27 avr. 1826, Vieules. — « En effet, dit Merlin (*Quest.*, vo *Dot*, § 11, no 1er), le mari ne peut alléguer, à l'appui de sa réclamation, que de deux choses l'une : ou que c'est par pure libéralité envers sa femme, et pour lui faire une donation déguisée, qu'il a reconnu avoir reçu d'elle une dot qu'elle ne lui avait pas payée ; ou que c'est en fraude de ses propres créanciers qu'il a souscrit cette reconnaissance. — Or, comment serait-il écouté dans la première hypothèse ? Les donations que les époux se font par leur contrat de mariage sont irrévocables, et, comme la cour de Cassation l'a décidé par de nombreux arrêts, une donation qui est irrévocable de sa nature ne cesse pas de l'être parce qu'elle est déguisée sous les couleurs d'une quittance. — Et comment sa réclamation pourrait-elle être accueillie dans la seconde hypothèse ? Tout le monde sait que nul n'est recevable à se faire de son propre dol un moyen de nullité contre l'acte qu'il a fait au préjudice d'un tiers ; et c'est ce que présuppose évidemment la loi 4, Cod., *De revocat. his quæ in fraude credit. alien. sunt*, en déclarant que les héritiers d'un débiteur ne peuvent pas être admis à réclamer contre l'aliénation qu'il a faite en fraude de ses créanciers. »

368. — Jugé cependant que le mari qui a donné quittance de la dot de sa femme peut néanmoins, dans la liquidation des droits de cette dernière par suite d'une séparation de biens judiciaire, établir, à l'aide de présomptions appuyées sur un commencement de preuve par écrit, que cette dot ne lui a pas été payée. — *Amiens*, 20 déc. 1839 (t. 1er 1841, p. 552), Barrué.

369. — Lorsqu'un contrat de mariage renferme quittance de la dot, et que néanmoins on en exige le paiement, sous prétexte que la quittance n'est pas sérieuse, on doit s'en rapporter à la déclaration de la partie qui reconnaît de bonne foi n'avoir pas payé la dot, mais qui soutient en même temps que cette stipulation de dot était fictive et imaginaire pour le cas où le mari ferait de mauvaises affaires, ou pour assurer une reprise à la veuve en cas de survie. — *Rennes*, 26 nov. 1816, N....

370. — La clause d'un contrat de mariage portant que la célébration vaudra quittance par le mari de la dot constituée à la future dispense les constituans de rapporter d'autre preuve de leur libération. — *Amiens*, 14 juill. 1838 (t. 2 1838, p. 510), Levêque c. Pierrot.

Sect. 3e. — *Des droits du mari comme usufruitier des biens dotaux.*

371. — Le mari a seul l'administration des biens dotaux durant le mariage, et il en a seul la jouissance, c'est ce qui le faisait considérer dans le droit romain comme maître de la dot : *Dos est in bonis mariti* (LL. 21, § 4, ff., *Ad municip.* ; 7, § 3, ff., *De jure dotium*), mais ce n'était là qu'une fiction, car la propriété de la dot résidait réellement sur la tête de la femme : *eædem res* (dotales) *et ab initio uxoris fuerint, et naturaliter in ejus permanserint dominio. Non enim quod legum subtilitate transitus earum in patrimonium mariti videatur fieri : ideo rei veritas deleta vel confusa est.* — L. 30, Cod., *De jur. dot.*

372. — Aujourd'hui, et lorsque les biens constitués en dot n'ont pas été estimés, la femme en conserve la propriété, à la différence des biens qu'elle apporte sous un autre régime et qui tombent en communauté et dont le mari peut disposer. — C. civ., art. 1621.

373. — Selon Toullier (nos 131 et suiv.), les droits du mari sur les biens dotaux ne constituent point un droit d'usufruit ; cet auteur se fonde principalement sur ce que l'usufruit est un démembrement de la propriété, tandis que les droits du mari sur les biens dotaux sont purement mobiliers. — Proudhon (*De l'usufruit*, t. 1er, no 118) est d'une opinion diamétralement opposée : « Le droit de jouissance du mari, dit-il, qui résulte du fait du mariage, soit au profit de la communauté sur les biens des deux époux, suivant le régime communal, soit au profit du mari, seulement sur les biens de la femme, si les époux en se mariant ont adopté le régime dotal... est véritablement un droit d'usufruit... *puisque l'usufruit ne consiste que dans le droit de jouir de la chose d'autrui.* » — V. aussi en ce sens Tessier, t. 2, p. 177. — Quant à nous, nous sommes porté à considérer le mari comme ayant sur les biens dotaux une espèce d'usufruit qui doit être distingué de l'usufruit ordinaire à cause de sa nature et qui subit quelques modifications dérivant de son caractère particulier.

374. — Le mari a le droit de percevoir les fruits et les intérêts des biens dotaux et de recevoir le remboursement des capitaux. — C. civ., art. 1543. — Cette disposition est la conséquence nécessaire de la destination même de la dot et de la puissance du mari. — L. 7, ff., *De jur. dot.*

375. — Jugé, en conséquence, que pendent le mariage, et lorsqu'il n'existe pas de séparation de biens, les revenus de la dot doivent, sur l'ordre ouvert pour la distribution du prix des immeubles, être attribués aux créanciers du mari à l'exclusion de la femme. — *Bordeaux*, 6 juill. 1841 (t. 2 1841, p. 355), Reimonenq c. Pieck et Southard.

376. — Bien que le mari doive, d'après la nature de son droit, percevoir exclusivement les fruits et les intérêts des biens dotaux) C. civ., art. 1547, no 2), cependant, il peut être convenu par le contrat de mariage que la femme touchera annuellement, sur ses seules quittances, une partie de ses revenus pour son entretien et ses besoins personnels. — Art. 1549-3o.

377. — De ce que la femme en se constituant tous ses biens en dot, s'est réservé le droit de toucher, sur ses seules quittances, une partie de ses revenus et que le contrat ne dit pas sur quels biens doit porter cette réserve, il ne faut pas conclure qu'elle aura le droit de réclamer à son choix certains revenus, plutôt que d'autres, dont le recouvrement ou la réalisation serait plus difficile : les charges du ménage commun, l'éducation et l'entretien des enfans, doivent être préférés aux besoins personnels de la femme ; et cette dernière ne pourrait réclamer l'exécution de la clause stipulée en sa faveur qu'après que le mari aurait prélevé sur les revenus de la dot les sommes nécessaires pour faire face à ses diverses dépenses.

378. — Si malgré le droit de préférence que nous accordons au mari, la femme se présentait aux débiteurs du prix de ferme ou de loyer et qu'elle en reçût le montant sur la représentation de son contrat de mariage, ces débiteurs seraient-ils valablement libérés ? — Non, car, ces débiteurs ne devaient payer qu'à leur véritable créancier ou à celui qui avait charge de recevoir pour lui ; or, la femme n'avait pas cette autorisation ; et, d'ailleurs, qui pouvait garantir à ces débiteurs qu'elle n'avait pas exigé déjà d'autres personnes la somme qu'elle était en droit de percevoir sur ses seules quittances ? D'un autre côté, si le contrat ne portait qu'une quotité de revenus, comme le quart, le sixième, sans déterminer une somme fixe, les débiteurs ne pourraient pas non plus apprécier et fixer eux-même le montant de cette quotité ; et ils s'exposeraient par là à payer à la femme plus qu'elle n'aurait le droit d'exiger, et par suite à payer deux fois.

379. — Si, dans les biens dotaux, il se trouvait des capitaux placés à intérêts et que la somme que la femme aurait le droit d'exiger fût fixée par le contrat de mariage, celle-ci pourrait-elle exiger, et les débiteurs pourraient-ils payer valablement les intérêts de ces capitaux, jusqu'à concurrence de ce qui lui serait dû ? — Nous ne le pensons pas non plus ; il y aurait ici la même raison que dans le cas précédent ; c'est-à-dire que les débiteurs ne pourraient pas savoir si la femme ne se serait pas déjà prévalue sur d'autres débiteurs de la somme lui revenant ; et d'un autre côté, le mari devenant propriétaire de la dot qui consiste en argent ou en choses fongibles, les détenteurs des deniers dotaux se trouvent par cela seul les débiteurs exclusifs du mari et non ceux de la femme ; c'est donc au mari seul qu'ils devraient payer les intérêts des sommes placées entre leurs mains, à moins que la femme ne se présentât munie d'un mandat exprès ou d'une autorisation formelle de sa part.

380. — Les biens dotaux peuvent se trouver réduits de telle sorte que le prélèvement de la femme opéré, il ne reste plus au mari de quoi subvenir aux charges du ménage. Le mari aurait-il en ce cas le droit de faire réduire la réserve de la femme ? L'immutabilité des conventions matrimoniales doit faire résoudre cette question négativement ; mais à côté du droit pour la femme de toucher sur ses quittances la somme qu'elle s'est réservée, demeure pour le mari le droit de faire fixer par les tribunaux, attendu l'insuffisance de la dot et de ses ressources personnelles, la somme jusqu'à concurrence de laquelle la femme doit, sur sa réserve stipulée au contrat de mariage, subvenir aux charges du ménage. — C. civ., art. 205 et 207.

381. — Le mari a le droit de réclamer tous les fruits naturels et industriels des fonds constitués en dot. — L. 20, C. *De jur. dot.* — Ce droit naît le jour même où le mariage a été célébré. Si la constitution avait précédé la célébration, et que des fruits eussent été perçus par le mari, ils ne lui appartiendraient point, ils feraient partie de la dot. — L. 7, § 1er, ff., *De jur. dot.*

382. — Lorsqu'il a été constitué un troupeau en dot, le mari a le droit de profiter de tout le produit qui peut en résulter. On doit entendre ici par troupeau dans le sens légal, la réunion de plusieurs animaux de même espèce, assortis de manière à pouvoir se reproduire : ainsi, on ne considérerait pas comme un troupeau un nombre quelconque de vaches ou de jumens qui ne comprendrait pas les mâles suffisans pour sa reproduction.

383. — Le mari profite du laitage, des fumiers, et du croît du troupeau ; mais il est tenu de remplacer les têtes qui périssent, afin que le troupeau puisse s'entretenir et se conserver. — L. 10, ff., *De jur. dot.*

384. — L'art. 616, C. civ., impose à l'usufruitier l'obligation de remplacer les têtes des animaux qui ont péri *jusqu'à concurrence du croît*. Le mari peut-il se prévaloir rigoureusement de cette disposition, et ne remplacer les têtes mortes que par celles que le troupeau a produites ? — Nous ne le pensons pas. Le mari doit jouir en bon père de famille, et acheter avec le revenu de la dot les têtes de bétail nécessaires pour compléter le troupeau. — Benoît, t. 1er, no 138.

385. — De même, si le croît du troupeau ne produisait pas suffisamment de bêtes du même genre, et que le troupeau vînt à manquer de mâles ou de femelles, bien que le nombre de têtes fût complet ou même plus considérable, le mari serait tenu d'échanger ou d'acheter celles qui lui seraient nécessaires pour la reproduction du troupeau. — Benoît, *ibid.*

386. — La loi romaine va plus loin encore ; elle soumet l'usufruitier à remplacer non seulement les têtes mortes, mais encore les têtes inutiles. — LL. 68, *in fine* et 69, ff., *De usufr.* — On doit considérer comme têtes inutiles celles qui, par leur vieillesse, ne sont plus propres à la reproduction ; dans ce cas, portent les deux lois que nous venons de citer, l'usufruitier devient propriétaire des têtes remplacées, et il cesse de l'être quant à celles qu'il a remises en remplacement. — Benoît, *ibid.*

387. — Le mari a aussi le droit de profiter des cuirs des bêtes mortes ; mais si tout le troupeau venait à périr sans la faute du mari, comme il ne serait pas tenu de le remplacer, il n'aurait pas le droit de profiter des cuirs, qui appartiendraient à la femme. — C. civ., art. 616. — Benoît, t. 1er, no 139.

388. — Si la dot consiste en animaux rares, et qui soient destinés à être montrés au public comme objet de curiosité, l'usufruit du mari est dans le produit des recettes qui sont faites en les montrant ; mais il n'est pas tenu de remplacer les têtes qui viennent à périr, puisque ce n'est point comme troupeau que ces animaux ont été constitués en dot ; seulement il doit, avant que les animaux aient perdu de leur valeur, par leur âge ou par autre cause, les vendre et en remployer le prix dont les intérêts deviennent alors l'objet de son usufruit. — Benoît, t. 1er, no 141.

389. — Le mari ne doit percevoir les fruits de la première année, qu'à la charge par lui de tenir compte à la femme des frais de labour et de semence, et de la valeur des engrais employés dans les immeubles constitués. On ne regarde, en effet, comme fruits que ceux desquels on a déduit les frais faits pour les obtenir : *Fructus eos esse constat, qui deductâ impensâ supererunt.* — L. 7, *in pr.*, ff., *Solut matr.* — Duranton, t. 15, no 449 ; Benoît, t. 1er, no 45.

390. — Le mari ne pourrait pas, pour se dispenser de payer une partie des frais de labour et de semence, opposer que, dans les immeubles constitués, il en serait un ou plusieurs dont la récolte aurait manqué ; les dépenses seraient prises en totalité sur les autres fruits. — L. 8, § 1er, ff., *Solut. matr.*

391. — Le trésor découvert pendant la durée du mariage ne tombe pas dans les fruits dont le mari a le droit de jouir. — L. 7, § 12, ff., *Solut. matr.* ; Tessier, t. 2, p. 162. — Par conséquent, la moitié appartenant au maître de l'immeuble serait attribuée à la femme.

392. — Si la dot consiste en bois taillis ou même de haute futaie, le mari a aussi droit à leur coupe. — L. 7, § 12, ff., *Solut. matr.*

393. — S'il s'agit de bois taillis, le mari doit se conformer à l'aménagement établi par le constituant suivant l'ordre et la quotité des coupes, de manière à ne pas nuire aux produits que le bois doit donner ultérieurement. — Benoît, t. 1er, no 146.

394. — Le mari qui ne ferait pas faire en leur temps les coupes des bois dotaux ne serait pas, comme l'usufruitier, présumé y avoir renoncé. Le mari a des charges à supporter, des dépenses à faire, et la présomption doit être que s'il a laissé passer le temps des coupes sans les effectuer, c'est qu'il a été empêché par une circonstance indépendante de sa volonté de les effectuer. — Benoît, t. 1er, no 147.

395. — Si la dissolution du mariage survenait avant que l'époque de la coupe fût arrivée, le mari ou ses héritiers pourraient réclamer, sur les prix en provenant, une indemnité équivalente au temps qu'aurait duré le mariage. — Roussilhe, no 341; Proudhon, de l'usufruit, t. 5, nos 2735 et suiv.; Benoît, t. 1er, no 147.

396. — Lorsqu'il existe des bois de haute futaie dans les biens constitués, le mari a le droit d'en jouir, en se conformant aussi pour les coupes à l'usage des anciens propriétaires, soit que ces coupes se fussent périodiquement sur une certaine étendue de terrain, soit qu'elles se fassent d'une certaine quantité d'arbres pris indistinctement sur toute la surface de la forêt. — C. civ., art. 591.

397. — Proud'hon, en expliquant cet art. 591 en ce qui concerne l'usufruitier, décide que, si la forêt soumise a l'usufruit n'a pas été mise en coupe réglée par le précédent propriétaire, l'usufruitier ne peut pas le faire lui-même. Nous ne croyons pas qu'une pareille décision pût être portée à l'égard du mari; obligé de supporter les charges du mariage, il est juste que le mari ne conserve pas les biens dotaux sans produit dans ses mains. Il existe d'ailleurs une différence entre l'usufruitier et le mari qui jouit d'un bien dotal. L'usufruitier doit jouir comme jouissait le propriétaire, mais le mari a, dans son exploitation, une plus grande latitude.

398. — Mais, à part le produit des coupes, le mari n'a pas le droit de s'approprier aucun arbre de la forêt; et s'il arrivait que quelques-uns fussent abattus par le vent, ou coupés en délit et laissés sur place par les délinquans, le mari n'y aurait aucun droit comme fruits, et la valeur devrait en être restituée par lui à sa femme ou à ses héritiers. — L. 7, § 12, ff, *Solut. matr.*; — Roussilhe, no 337; Domat, liv. 1er, tit. 9, sect. 2, no 8; Benoît, t. 1er, no 149.

399. — Le mari a cependant le droit de prendre les arbres qui tombent d'eux-mêmes par vieillesse, parce qu'ils sont alors considérés comme fruits. — Renusson, *Traité du droit de garde*, liv. 2, tit. 4, no 61.

400. — Il a aussi la faculté de recueillir les produits annuels des futaies; il peut envoyer son bétail paître dans la forêt en temps permis; enfin il a le droit d'y chasser. — Benoît, t. 1er, no 149.

401. — Lorsque, parmi les biens dotaux, il existe une pépinière, le mari jouit aussi de ses produits, à la charge toutefois de remplacer les sujets qu'il en tire, et de se conformer à l'usage des lieux pour le remplacement. — C. civ., art. 590, *in fine*; — Benoît, t. 1er, no 150.

402. — Le mari peut prendre dans les bois des échalas pour les vignes, mais seulement pour l'entretien de celles qui font partie de la dot et non pour celles qu'il peut avoir en propre. Il peut aussi, lorsque des arbres fruitiers sont arrachés ou brisés par le vent, profiter des débris à la charge de remplacer chaque sujet abattu par de nouveaux plants. — C. civ., art. 594; — Benoît, *ibid.*

403. — Le produit des carrières appartient aussi au mari. — L. 8, ff, *Solut. matr.*

404. — Cependant on trouve des auteurs qui décident le contraire; ils se fondent sur ce que la pierre ne se reproduisant pas, les carrières ne peuvent être comptées dans les choses qui donnent des fruits: *Lapidicinæ non annumerantur fructibus*, dit Mornac, *ad leg.* 32, ff, *De jur. dot.*; — Roussilhe partage aussi cette opinion. — Toutefois, nous pensons que ces auteurs se sont écartés des vrais principes. D'abord, la L. 77, ff, *De verb. signif.*, range expressément les produits des carrières dans les fruits; et de plus, c'est ainsi que les considèrent les art. 598 et 1403, C. civ.

405. — Les pigeons des colombiers, les lapins de garennes, les ruches à miel, les poissons des étangs, nous paraissent aussi devoir être soumis à la jouissance du mari. Il est seulement tenu de veiller à l'entretien de ces objets, de manière à ce qu'à la dissolution du mariage ils soient dans le même état qu'au moment où il s'est mis en possession. — Benoît, t. 1er, no 152.

406. — Lorsque la dot a pour objet un fonds de commerce, et que les marchandises qui le composent ont été estimées par le contrat, sans déclaration que l'estimation n'en emporte pas vente, les droits du mari sont certains et déterminés, il devient propriétaire du fonds de commerce, et il n'est plus soumis qu'à la restitution du prix porté au contrat, à la dissolution du mariage.

407. — Si les objets du commerce sont rangés dans les choses fongibles, tels que vins, grains, huile, sucre, etc., la règle à observer est la même que pour les choses estimées par le contrat, c'est-à-dire que le mari en est propriétaire, à la charge par lui d'en rendre pareille quantité et qualité à la dissolution du mariage.

408. — Mais si les marchandises consistent en draperies, soieries, nouveautés, etc., qu'il n'ait point été stipulé d'estimation, et qu'il ait été seulement dit par le constituant qu'il donnait en dot son fonds de commerce à sa fille, le mari doit être considéré comme propriétaire des marchandises, non d'une manière absolue et indéfinie, de telle sorte, par exemple, qu'immédiatement après la célébration du mariage, il puisse vendre tout ce qui le compose et ne plus le faire valoir, mais de manière qu'après la dissolution du mariage, il soit obligé de rendre non des marchandises semblables à celles qui composaient le fonds de commerce, mais leur estimation.

409. — Si le fonds de commerce consistait en une auberge, un café, etc., le mari jouirait aussi des revenus de l'exploitation, mais en entretenant à ses frais l'établissement. — Benoît, t. 1er, no 162.

CHAPITRE IV. — *Des obligations du mari à l'égard des biens dotaux, et des charges auxquelles il est soumis à l'occasion de ces mêmes biens.*

Sect. 1re. — *Des obligations du mari à l'égard des biens dotaux.*

410. — Les obligations du mari à l'égard des biens dotaux, sont les mêmes que celles de l'usufruitier à l'égard des biens soumis à son usufruit. — C. civ., art. 1562.

411. — La première obligation à laquelle le mari est soumis, est de faire un inventaire des meubles et un état des immeubles constitués en dot. — C. civ., art. 660. — Le motif de cette décison est que le mari est intéressé à faire constater l'état du bien dont il va se mettre en possession, afin de pouvoir plus tard se garantir des recherches des héritiers de la femme, et en même temps pour pouvoir répéter les dépenses qu'il aura faites dans les biens dotaux. Cet inventaire et cet état sont aussi dans l'intérêt de la femme, puisqu'ils fixent invariablement l'objet de la réclamation qu'elle aura à former à la dissolution du mariage.

412. — Les frais de cet inventaire doivent être supportés par le mari dans l'intérêt duquel cette opération est presque exclusivement faite. — En effet, les droits de la femme ont paru à elle-même et à ceux qui l'ont assistée lors de son contrat de mariage suffisamment garantis par les termes de cet acte; elle aurait, d'ailleurs, contre son mari la présomption que les immeubles étaient en bon état; elle aurait, enfin, tous les moyens de preuve énoncés *infrà*, nos 414 et suiv. — On ne peut donc lui faire supporter les frais même partiellement. — Proudhon, *De l'usufruit*, t. 2, no 752; Toullier, t. 14, no 335. — V. *Contrà* Benoît, t. 1er, no 168.

413. — Dans l'ancien droit il était de principe que lorsque le mari venait s'établir dans la maison de la femme, sans faire inventaire, tout ce qui était dans la maison était censé appartenir à la femme. — *Grenoble*, 8 mars 1810, Cosse c. Bernard; — Benoît, t. 1er, no 169. — V. aussi *Parl. Grenoble*, 6 sept. 1781, rapporté par Villars, p. 257.

414. — Aujourd'hui, si le mari se mettait en possession des biens dotaux sans avoir fait procéder à l'inventaire ordonné, la femme ou ses héritiers pourraient être admis à prouver soit par titres, soit par témoins, soit par commune renommée, la valeur du mobilier. — C. civ., art. 1415 et 1504.

415. — Si le mari négligeait aussi de faire dresser l'état des immeubles constitués en dot, il serait censé les avoir reçus en bon état, et obligé de les rendre tels à la dissolution du mariage; mais la preuve contraire devrait être admise en cas de contestation, et elle pourrait résulter de la représentation des baux ou des témoignages. — Benoît, t. 1er, no 169.

416. — « La dignité du mariage, disait Duveyrier dans son rapport au tribunat, dispense le mari de fournir caution, pour la réception de la dot, s'il n'y a pas été assujetti par le contrat de mariage. » — C. civ., art. 1550.

417. — ... On décidait même, en droit romain, que la stipulation d'une caution dans ce cas était nulle. — L. 1 et 2, C. *De fidejuss. vel mandat. dotium dentur.*

418. — La jurisprudence des parlemens de Provence et de Dauphiné était conforme aux dispositions des lois romaines. — V. Expilly, plaid. 2; Basset, t. 2, liv. 4, tit. 8, chap. 2; *Max. du Palais*, t. 1er, max. 22, p. 169. — Cependant la jurisprudence du dernier de ces parlemens avait été longtemps contraire.

419. — Mais le parlement de Toulouse exigeait que le mari donnât caution ou que les deniers fussent placés. — Laroche Flavin, liv. 6, tit. 61, art. 1er.

420. — Le parlement de Bordeaux distinguait le cas où le mari était insolvable au moment de la constitution de celui où l'insolvabilité était survenue depuis; dans ce dernier cas, la caution était exigée. — Lapeyrère, lett. D, nos 128 et 135.

421. — Le mari n'est pas davantage tenu de fournir caution pour la réception des sommes échues à la femme par succession durant le mariage. — *Caen*, 27 juin 1825, Catois c. Cairon.

422. — De même, le mari ne peut être contraint de donner caution pour la sûreté des sommes dues à son épouse, lorsqu'il les touche soit comme maître de la dot, soit en vertu du mandat qui lui a été conféré dans le contrat du mariage, à moins que le bail de caution n'ait été convenu dans ce contrat, ou que le mari n'ait dissipé les biens qu'il possédait à l'époque du mariage. — *Nîmes*, 2 mai 1807, Foriel c. Dubesset.

423. — Le mari doit jouir en bon père de famille, c'est-à-dire apporter dans l'administration des biens dotaux tous les soins qu'il apporterait dans sa chose propre. — Tessier, t. 2, p. 182; Benoît, t. 1er, no 174.

424. — Il répond de toutes les pertes qui sont le résultat de son dol et de sa faute. — L. 17, *in. pr.* ff., *De jur. dot.*

425. — S'il est dû des servitudes au fonds dotal, le mari ne doit pas les laisser perdre; mais il n'a pas non plus le droit d'en grever lui-même le fonds dotal. — L. 5, ff., *De fundo dot.*

426. — Le mari est tenu à toutes les réparations d'entretien, et il est responsable des dégradations survenues par défaut de ces réparations. — Duranton, t. 15, no 392.

427. — Il doit aussi faire faire les grosses réparations, quoiqu'il n'y soit pas tenu; mais alors il a son recours contre la femme ou les héritiers pour s'en faire restituer le prix à la dissolution du mariage. — Domat, *Lois civiles*; Despeisses, *Titre de la dot*, sect. 3, no 75. — Il a même le droit de s'en faire rembourser de suite, si la femme a des biens paraphernaux. — Duranton, t. 15, no 462.

428. — Le mari est responsable de toute prescription acquise. — C. civ., art. 1562.

429. — Car, bien que le fonds total fût inaliénable sous le droit romain, il pouvait être prescrit durant le mariage lorsque la prescription avait commencé auparavant. — *Cass.*, 13 déc. 1830, Charmasson c. Iménie.

430. — La loi 16, ff., *De fundo dotali*, admettait une exception à cette règle lorsqu'il ne manquait que fort peu de jours lors de la célébration du mariage pour que la prescription fût accomplie.

431. — Une seconde exception à l'imprescriptibilité du fonds dotal a lieu lorsqu'il a été déclaré aliénable par le contrat de mariage; on sait qu'alors la propriété de l'immeuble constitué en dot, devenant incertaine pour la femme, cet immeuble pouvant passer, par l'autorisation de l'aliéner, dans le domaine d'un tiers, rien ne s'oppose plus à ce que la prescription puisse l'atteindre; il faut en dire autant lorsque par le contrat on estime le fonds dotal, avec déclaration expresse qu'on entend par cette estimation en transporter la propriété au mari.

432. — Les créances actives constituées en dot à la femme peuvent être prescrites; or, si le mari n'a pas fait ses diligences pour en opérer le recouvrement, et qu'il ait négligé d'interrompre la prescription, il en demeure responsable; mais pour que le mari puisse être recherché, à raison de la prescription d'une créance de la femme, il faut que cette créance ait été connue de lui. — Roussilhe, no 442; Benoît, t. 1er, no 182.

433. — Il suit de là qu'il faut, pour qu'on puisse imputer au mari la perte par la prescription de la créance, qu'elle ait été mentionnée dans le contrat de mariage et que la remise du titre ait été faite au mari. — L. 49, ff., *Solut. mat.*; — Dupérier, *Max. de droit*, t. 3, liv. 2, p. 131 et suiv.; Toullier, t. 12, nos 418 et 419.

434. — Jugé cependant qu'il ne peut être relevé de la responsabilité sous le prétexte qu'il ignorait l'existence des droits de sa femme, alors qu'il aurait eu le temps suffisant pour agir. — *Bordeaux*, 6 avril 1842 (t. 2 1842, p. 83), Carvalho c. Guichard.

435. — Le mari est responsable de l'insolvabilité du débiteur de la dot, arrivée après l'échéance du paiement qui devait en être fait, s'il a négligé d'exercer des poursuites contre le constituant. — L. 35, ff., *De jur. dot.*

436. — Ainsi jugé que le mari qui n'a pas pris les mesures nécessaires pour la conservation de la créance dotale de sa femme en devient personnellement responsable, et que l'arrêt qui déclare positivement que la perte de la créance est le résultat de la négligence du mari, échappe, par cette déclaration, à la censure de la cour de Cassation. — *Cass.*, 9 nov. 1830, Sachon c. Caron.

437. — Jugé néanmoins que le mari n'est point responsable du défaut de recouvrement des créances personnelles de sa femme, lorsqu'il est suffisamment prouvé que les poursuites qu'il aurait faites auraient été infructueuses... Et encore, que cette responsabilité n'a point lieu lorsque les titres de créance dépendant d'une succession échue en partie à la femme avaient été remis, en vertu d'un pacte de famille, à l'un des cohéritiers chargé d'en faire le recouvrement. — *Cass.*, 31 mars 1824, de Gouy d'Arsy c. Franconville.

438. — Le mari est responsable de la novation qu'il a faite de la créance que la femme s'était constitué en dot. — L. 35, ff., *De jur. dot.*

439. — Si le mari, après avoir laissé péricliter la dot de sa femme, reçoit en paiement un transport, sa responsabilité reste toujours la même sans pouvoir être subordonnée au sort et au résultat de cette cession. — *Aix*, 4 août 1829, Grassin c. Issaura.

Sect. 2e. — *Des charges auxquelles le mari est soumis à l'occasion des biens dotaux.*

440. — Le mari doit supporter toutes les charges annuelles qui sont censées dettes des fruits. — C. civ., art. 608.

441. — On met au premier rang de ces charges les contributions. — C. civ., art. 608; — L. 52, ff., *De usufr. et quemad.*

442. — On range en deuxième lieu, au nombre des charges annuelles qui doivent être acquittées par le mari, les pensions viagères et les rentes affectées sur les biens dotaux. Il est naturel, en effet, que la femme ayant des rentes à payer, les arrérages en soient acquittés sur le produit de ses biens dotaux, surtout lorsque la dot comprend les immeubles sur lesquels ces rentes ont été affectées. — Benoît, t. 1er, no 187.

443. — Mais si durant le mariage le mari néglige d'acquitter ces arrérages, le crédirentier n'en a pas moins action contre la femme pour obtenir son paiement. Si les fruits n'ont pas été employés par le mari à le désintéresser, il n'en a pas moins aussi pour gage le fonds même des biens dotaux de la femme, sauf à celle-ci à exercer son recours sur les biens personnels du mari. Si ce recours est infructueux, ce sera un malheur pour la femme; mais il est plus juste de le faire peser sur elle que sur le crédirentier, dont la position et les droits n'ont pu être changés par le mariage de sa débitrice.

444. — Indépendamment des charges annuelles et des contributions extraordinaires auxquelles le mari est assujéti, il est encore tenu de payer les dépens faits dans les procès qui concernent sa jouissance, et les autres condamnations auxquelles ces procès pourraient donner lieu. — C. civ., art. 613; — Benoît, t. 1er, no 188; Tessier, t. 2, no 189. — Pour les frais qui peuvent être à la charge de la femme personnellement, V. *infrà* nos 449 et suiv.

445. — Une condamnation aux dépens obtenue contre le mari dans un procès relatif aux biens dotaux n'autorise pas celui qui a obtenu ces dépens à saisir les biens de la femme, s'il n'a, au préalable, fait déclarer commune à la femme et exécutoire avec elle la condamnation de dépens. — *Nîmes*, 7 flor. an XI, Imbert c. Massot.

446. — Suivant la jurisprudence du parlement de Bordeaux, si le mari avait autorisé sa femme en une instance dans laquelle elle succombait avec dépens, les biens dotaux devaient être le gage desdits dépens, et le remboursement pouvait en être poursuivi, même pendant le mariage. — *Bordeaux*, 12 fév. 1830, Barrière c. Dubose.

447. — Le fonds dotal est soumis à l'hypothèque judiciaire pour sûreté des dépens occasionnés par l'exercice d'une action immobilière. — *Grenoble*, 31 mai 1809, Roger c. Boulu.

448. — Jugé, au contraire, que lorsqu'une femme, dotée en pays de droit écrit, a été condamnée au paiement de certaines sommes, le créancier ne peut prendre hypothèque que sur les biens extradotaux. — *Limoges*, 8 août 1809, Davy c. Dusaillant.

449. — Mais si le procès était relatif à une action en revendication, intentée par un tiers, le mari ne devrait supporter aucun frais, par la raison que le constituant étant tenu à la garantie des objets constitués, serait aussi garant des dépens auxquels le mari pourrait être condamné. — Arg. art. 1547, C. civ.

450. — Les frais d'une demande en séparation de corps intentée par une femme mariée sous le régime dotal, et rejetée, peuvent, alors qu'il n'existe pas d'autres biens, être pris sur les biens dotaux, et le paiement peut, *constante matrimonio*, être poursuivi contre le mari, usufruitier de la dot. — L'avoué qui en fait l'avance n'est pas non-recevable à en poursuivre le recouvrement contre le mari, parce qu'il aurait omis de l'actionner personnellement, pendant l'instance, en paiement d'une provision. — Peu importe aussi que les dépens aient été compensés. — *Nîmes*, 5 avr. 1838 (t. 2 1838, p. 286), David c. Talaron.

451. — La femme qui a succombé dans un procès contre son mari peut, durant le mariage, être poursuivie en paiement des frais de ce procès sur ses biens paraphernaux. — Le mari ne pourrait être condamné à les payer conjointement avec elle, hors le cas de la compensation autorisée par l'art. 131, C. procéd. civ. — *Cass.*, 8 mai 1824, Bosle c. Guges. — Quant à l'action sur ses biens dotaux, V. *infrà* nos 515 et suiv.

452. — Les frais d'un acte annulé parce qu'il contient aliénation des biens dotaux doivent être acquittés par la femme sur ses biens même non dotaux, lorsqu'elle s'est obligée solidairement avec son mari à en supporter les frais. — *Cass.*, 7 juin 1836, Perraut c. Dechavannes; *Lyon*, 3 janv. 1838 (t. 2 1838, p. 37), mêmes parties.

453. — Lorsque le mari a vendu les immeubles dotaux de sa femme, en vertu des pouvoirs à lui donnés par le contrat de mariage, le notaire qui a reçu l'acte de vente n'a point d'action contre la femme pour le paiement des frais de cet acte, mais seulement contre l'acquéreur ou contre le mari. — *Grenoble*, 27 mai 1841 (t. 1er 1842, p. 154), Bayle c. Bernard.

454. — Il a aussi été jugé qu'en admettant que le mari soit fondé à réclamer le coût du contrat de mariage, les honoraires du notaire et les frais de quittance par lui avancés, ce n'est pas contre la femme, qui ne s'est pas dotée, que doit être exercée cette répétition, mais plutôt contre ses père et mère, qui l'ont dotée. — *Cass.*, 1er juill. 1829, Lair c. Cozon.

455. — Une femme mariée sous le régime dotal, dans la province de Beaujolais, a pu être condamnée solidairement avec son mari à restituer les *fruits perçus par le mari*, ainsi que les sommes principales reçues en vertu d'un acte de cession rescindé pour cause de démence, auquel elle a été partie. — *Cass.*, 17 mai 1820, Apparcel c. Portier.

456. — Un arrêt du 11 août 1711, rapporté par Brillon (*Dictionn.*, vo *Fruit*, no 28), a aussi jugé qu'une femme devait être condamnée solidairement avec son mari à la restitution des fruits d'un bien de son beau-père saisi réellement, perçus par son mari, par la raison qu'elle avait été nourrie avec ces mêmes fruits.

457. — La dot n'est acquise au mari pour en percevoir les fruits qu'autant que les dettes ont été déduites des biens qui la composent. Il suit de là que le mari ne peut les retenir sans payer toutes les dettes de la femme ayant date certaine avant le mariage. — Benoît, t. 1er, nos 193 et suiv.

458. — Quoique les revenus de la dot appartiennent au mari et puissent être affectés au paiement de ses créanciers, tant que les époux ne sont pas séparés de biens, la femme a néanmoins le droit, si le mari tombe en déconfiture et se trouve dépouillé de ses biens par la vente qui en est faite, de réclamer ces revenus pour les employer à son entretien et à celui de ses enfans, en se faisant colloquer sur le prix de la vente pour le principal des sommes dotales qui lui sont dues. — *Pau*, 12 août 1825, Darampé c. Aguerret.

459. — Les créanciers d'une femme mariée sous le régime dotal n'ont d'action sur les revenus dotaux que déduction faite de ce qui est nécessaire aux besoins de la famille. — *Lyon*, 4 juin 1841 (t. 2 1841, p. 643), Pirony c. Martin. — V., au reste, sur le point de savoir si ces revenus sont inaliénables, *infrà* nos 550 et suiv.

CHAPITRE V. — *De l'inaliénabilité des biens dotaux.*

460. — La conservation de la dot des femmes intéresse à un haut degré les familles. Elle se rattache à l'ordre public; elle devait par conséquent éveiller l'attention du législateur : « *Dotium causa semper et ubique præcipua est : nam et publicè interest dotes mulieribus conservari.* » — L. 1, ff., *Solut. matr.*

461. — L'inaliénabilité de la dot est la conséquence de cette maxime; elle est le caractère distinctif du régime dotal. — Duveyrier, *Rapport au tribunat* (Locré, *Législation civ.*, t. 13, no 387).

462. — « Mais, comme l'observe avec raison M. Tessier (t. 1er, p. 4, no 5), si l'inaliénabilité du régime dotal forme le caractère distinctif du régime dotal, elle n'est pas de son essence, puisqu'un contrat de mariage, tout en établissant le régime dotal, peut cependant permettre l'aliénation de l'immeuble dotal. » — C. civ., art. 1557.

463. — La dot constituée sous le régime de la communauté n'est pas inaliénable. — *Toulouse*, 24 mars 1830, Delglat c. Guiraud.

464. — Chez les Romains, la première disposition qui prohiba l'aliénation des biens dotaux fut la loi *Julia*. Elle défendait au mari d'aliéner le fonds dotal situé en Italie sans le consentement de la femme, et de l'hypothéquer, lors même qu'elle y consentirait.

465. — Plus tard on reconnut le peu de garantie que présentait la seule nécessité du consentement de la femme. Aussi sans abroger la loi *Julia*, Justinien y fit deux additions importantes : par la première, il étendit la prohibition à tous les biens en quelque lieu qu'ils fussent situés; par la seconde, il défendit l'aliénation alors même que la femme y consentirait. — L. unic., *De rei uxor. act.*, § 15. — L'expérience avait appris que l'influence que le mari exerce sur la femme rendait en quelque sorte nulle la défense qui lui était faite d'aliéner le fonds dotal sans l'approbation de cette dernière : l'affection ou la violence pouvait arracher le consentement de la femme, et alors la loi était sans résultat utile.

466. — Cette prohibition fut, à quelques légères modifications près, adoptée par notre ancienne jurisprudence; tous les parlemens des pays de droit écrit observèrent le principe du droit romain. — V. pour *Aix*, *Maximes du Palais*, t. 1er, p. 177; pour *Toulouse*, Catellan, liv. 4, chap. 45; pour *Grenoble*, Basset, p. 187, édit. de 1686; pour *Dijon*, Raviot sur Périer, quest. 151, no 14. — V. aussi *Montpellier*, 22 nov. 1822, Deprade c. André.

467. — A la vérité, une déclaration de Louis XIV du 21 avr. 1664 permit aux maris d'aliéner la dot de leurs femmes; mais elle restreignit l'exécution de cette autorisation aux provinces du Lyonnais, Mâconnais, Forez et Beaujolais.

468. — La femme mariée sous l'empire du statut Lyonnais, qui permettait l'aliénation des immeubles dotaux, peut valablement aliéner les immeubles à elle échus même depuis le Code civil, bien que ce Code ait abrogé l'ancien statut. — L'abrogation dans ce cas ne peut modifier le régime matrimonial, qui continue d'être soumis à la loi du mariage. — *Cass.*, 11 août 1825, Lavigne c. Poitevin; *Paris*, 30 janv. 1838 (t. 1er 1838, p. 169), de Sainneville c. Gibert et Baignères; 2 mai 1843, de Maconnex c. Prunelle; 25 janv. 1843 (t. 1er 1843, p. 675), Sainneville; 16 mai 1843 (t. 2 1843, p. 180), Béraud.

469. — De même, lorsqu'une femme, à Lyon, déclarait se constituer en dot tous ses biens présens et à venir, cela devait s'entendre d'une dotalité telle qu'elle était admise par les lois du Lyonnais, une dotalité modifiée par l'édit de 1606 et la déclaration de 1664, qui permettaient que les biens dotaux fussent aliénés et hypothéqués. — *Paris*, 30 janv. 1838 (t. 1er 1838, p. 169), de Sainneville c. Gibert et Baignères.

470. — Jugé cependant que lorsqu'une femme, en se mariant sous l'empire du droit écrit, s'est constitué en dot tous ses biens présens et à venir, elle n'a pu aliéner l'immeuble qui lui est échu depuis la promulgation du Code dans un pays autrefois régi par l'édit de 1664, lequel permettait l'aliénation des biens dotaux. — *Montpellier*, 12 janv. 1809, Cavalier; *Lyon*, 5 juill. 1833, Crozier c. Gilly; *Cass.*, 16 mars 1829, Romey c. Allebert.

471. — La capacité de la femme mariée, quant à l'aliénation de ses biens dotaux, est régie par la loi sous l'empire de laquelle les époux ont contracté. — *Cass.*, 30 avr. 1811, Ginette c. Leduc; 3 sept. 1811, Morquier c. Cavalier; *Poitiers*, 11 déc. 1832, Dumoutet c. Dumonteil.

472. — Ainsi : 1o la vente faite par une femme qui s'est constitué en dot tous ses biens présens et à venir de ses droits mobiliers et immobiliers dans la succession de son père, ouverte sous le Code civil, doit être annulée comme contenant aliénation du fonds dotal. — *Cass.*, 4 août 1845 (t. 2 1845, p. 284), Faquin.

473. — ... 2° La femme dont tous les biens ont été déclarés dotaux par son contrat de mariage antérieur au Code civil, n'a pu, depuis ce Code, s'engager valablement pour son mari. — *Paris*, 1er juill. 1809, Germon c. Pichot.

474. — ... 3° Le Code civil ne pourrait, sans rétroactivité, modifier le droit d'aliéner ou hypothéquer les biens dotaux que les époux tiennent du statut matrimonial antérieur à sa publication. — *Cass.*, 22 juin 1842 (t. 2 1842, p. 670), de Sainneville c. Burel; *Bordeaux*, 2 août 1813, Broussier c. Maisonneuve.

475. — ... 4° La disposition d'une coutume qui déclarait dotaux et inaliénables les biens donnés à la future épouse par une institution contractuelle était, comme nous l'avons déjà dit, un statut réel qui n'avait d'empire que sur les immeubles situés dans son ressort. — Par suite, l'instituée, mariée sous l'empire de cette coutume, pouvait, après la mort de l'instituant, aliéner les meubles que ce dernier avait acquis dans le ressort et sous l'empire d'une autre coutume qui ne réputait pas dotaux inaliénables les biens donnés par institution contractuelle. — Dans ce cas, la loi de la situation des immeubles est celle qui était en vigueur au moment de l'acquisition faite par l'instituant, et non celle sous l'empire de laquelle les immeubles sont échus à l'instituée. — *Cass.*, 16 mai 1831, Chirat c. Morand; 5 juill. 1842 (t. 2 1842, p. 123), Courby.

476. — Sous l'empire de la coutume d'Auvergne, la prohibition d'aliéner le bien dotal ne s'entendait que de l'aliénation volontaire, et non de l'aliénation forcée résultant d'un partage exigé. L'aliénation pouvait avoir lieu, dans ce cas, avec autorisation du mari et sans formalités de justice. Elle ne pouvait être attaquée que pour lésion. — *Cass.*, 27 juill. 1829, Rochette c. L'Espinasse.

477. — Les rédacteurs du Code civil n'admirent pas d'abord l'inaliénabilité de la dot; le projet portait un article conçu en ces termes : « Les immeubles constitués en dot ne sont pas inaliénables. Toute convention contraire est nulle, sauf la stipulation du droit de retour et autres dispositions permises par le Code, etc. » — Mais lors de la discussion au conseil d'état, l'avis de Portalis et Cambacérès, qui plaidèrent la cause de la conservation de la dot, prévalut sur celui de Treilhard, qui s'étonnait que l'on songeât à frapper certains immeubles d'inaliénabilité, quand on avait aboli les substitutions (V. Fenet, *Travaux préparatoires, C. civ.*, t. 13, p. 573). Il fut décidé en conséquence que « les immeubles constitués en dot ne pouvaient être aliénés ni hypothéqués pendant le mariage, ni par le mari, ni par la femme, ni par les deux conjointement. » — C. civ., art. 1554.

478. — Mais que doit-on entendre par aliénation? — C'est, dit la loi 1, Cod., *De fundo dot.*, tout acte par lequel la propriété est transférée. On peut ajouter à cette définition, un peu trop générale, que tout ce qui tend à grever ou à diminuer le fonds dotal est aussi considéré comme aliénation. Ainsi, par exemple, celui qui laisse acquérir une servitude, ou qui laisse prescrire celle déjà acquise, est censé aliéner tout comme celui qui vend ou qui donne : *Alienationibus verbum etiam usucapionem continet; vix est enim ut non videatur alienare, qui patitur usucapi; eum quoque alienare dicitur qui non utendo amisit servitutes.* — L. 28, ff., *De verb. sig.*

479. — Aussi a-t-il été jugé : 1° que la femme mariée ne peut renoncer, au profit des créanciers de son mari, à l'hypothèque qu'elle a sur ses biens, à raison des sommes qui lui ont été constituées en dot. — *Cass.*, 28 juin 1810, de Germont c. Pichat.

480. — ... 2° Qu'elle ne peut donner main-levée de l'inscription prise sur les biens de son mari pour la sûreté de sa dot. — *Riom*, 26 prair. an X, Boy c. N...

481. — ... 3° Que la femme mariée sous le régime dotal ne peut transiger sur ses droits et actions immobiliers. — *Riom*, 10 juin 1830, N... c. N...; *Nîmes*, 30 nov. 1830, Mejean c. Rochette.

482. — ... 4° Que le mari dont la femme s'est constitué en dot ses droits légitimaires, ne peut consentir un acte qui ferait novation aux droits de sa femme, et priverait celle-ci du privilége de séparation des patrimoines. — *Grenoble*, 8 juin 1825, Mercier c. Bargemont.

483. — ... 5° Que la cession de la créance dotale, faite par une femme mariée sous le régime dotal, constitue la cession d'un droit immobilier dont l'aliénation est prohibée hors les cas prévus par les art. 1555 et suiv., C. civ. — *Cass.*, 26 mai 1836, Leplaideur c. Marion.

484. — Mais il a été jugé que la transaction faite à l'occasion d'un capital litigieux faisant partie de la dot mobilière d'une femme mariée sous le régime dotal, et le remboursement, selon la valeur vénale, qui en a été fait aux époux en conséquence de cette transaction, constituent des actes de pure administration, et non des actes d'aliénation de la dot. — *Cass.*, 10 janv. 1826, Grant-Devaux c. Boulard.

485. — Sous l'ancienne jurisprudence, quelques parlemens des pays de droit écrit jugeaient que tant que le fonds constitué en dot n'était pas en la possession du mari, il ne cessait pas d'être aliénable, et que l'inaliénabilité ne commençait que du jour de la tradition. — Villars, *Rec. de jurisp.*, v° *Dot.* — Cette jurisprudence paraît avoir été adoptée depuis le Code civil par quelques cours royales, qui ont décidé : 1° que dans le cas d'un contrat de mariage passé antérieurement au Code civil, en pays de droit écrit (ancien ressort du parlement de Dauphiné), le mari, maître, sous la jurisprudence existante à l'époque du mariage, des actions dotales de sa femme, a pu aliéner, même sous l'empire du Code civil, la part héréditaire échue à sa femme dans une succession immobilière; que cette aliénation doit être réputée valable alors même que la succession s'est ouverte seulement après la promulgation du Code. — *Grenoble*, 11 fév. 1837 (t. 2 1837, p. 488), Revol c. Laréal. — V. encore *Grenoble*, 20 thermid. an XI, Vacher; 31 mars 1819, Dussert; 10 août 1826, sous *Cass.*, 16 mars 1829, Romey c. Alléobert; 7 déc. 1832, Genevez c. Escolle.

486 — ... Que la femme qui s'est constitué en dot tous ses biens présens et à venir a pu transiger sur la quotité de ses droits héréditaires dans la succession paternelle. — *Limoges*, 5 juill. 1813, Josselin.

487. — ... Qu'un mari, sous le régime dotal, a qualité pour transiger sur le compte de tutelle dû à sa femme. — *Montpellier*, 20 janv. 1830, Pailloux c. Gualdy.

488. — ... A plus forte raison, que le mari peut aliéner les droits dotaux de sa femme dans une succession mobilière, lorsque le pouvoir de vendre lui a été donné par le contrat de mariage. — *Cass.*, 1er août 1835, Royannez c. Gil.

489. — ... Que le bien dotal, dont le mari avait la possession civile, est inaliénable. — *Grenoble*, 10 juin 1809, Sarrazin c. Léger.

490. — ... Décidé aussi que la femme mariée sous le régime dotal peut valablement transiger sur ses biens dotaux litigieux, toutes les fois que la transaction est faite loyalement, et dans le but d'éteindre un procès dont l'issue est incertaine et pourrait induire en des frais considérables. — *Limoges*, 10 mars 1836, S... c. Filloulaud.

491. — Enfin on a aussi jugé qu'une femme en puissance de mari, et sous l'empire de la coutume d'Auvergne, a pu transiger valablement sur une action relative à des immeubles qu'elle revendiquait comme dotaux, et céder une partie de ces immeubles pour avoir l'autre, surtout lorsque ce traité avait lieu entre elle et un héritier, et qu'un pareil acte ne blessait point le principe de l'inaliénabilité de la dot. — *Riom*, 6 juill. 1819, Gard c. Delorme.

492. — ... Et que la femme mariée sous le régime dotal peut transiger sur des droits héréditaires, incertains et indéterminés, qui lui compétent, sans que l'on puisse considérer une telle transaction comme une aliénation du fonds dotal. — *Paris*, 16 mai 1829, Moraux c. Chirat; *Cass.*, 16 mai 1831, mêmes parties.

493. — Toutefois, et malgré ces décisions, la jurisprudence contraire a prévalu. Ainsi la femme qui n'a que des biens dotaux ne peut les aliéner; en conséquence, elle ne peut, durant le mariage, consentir une vente de ses droits successifs relatifs à ces mêmes biens. — *Riom*, 14 avr. 1820, Chelle.

494. — Lorsque, sous l'empire du Code civil, il s'ouvre une succession composée d'immeubles, à laquelle a droit une femme qui s'est constitué en dot tous ses biens présens et à venir, l'action en revendication qui appartient à cette femme est, du jour de l'ouverture de la succession, réputée immeuble, et frappée de dotalité et d'inaliénabilité, encore que son contrat de mariage ait été passé en Dauphiné, sous l'empire du droit écrit, suivant lequel de tels droits pouvaient, comme meubles, être aliénés par le mari, avant toute tradition de biens, par l'effet d'un partage. — *Cass.*, 16 mars 1829, Romey c. Alleobert; 16 août 1841 (t. 2 1841, p. 559), Revol c. Maussan et Artaud.

495. — Dans l'ancienne jurisprudence, l'action en paiement de la légitime formait pour la fille, qui, en se mariant, se la constituait en dot, un fonds dotal proprement dit; conséquemment, en pays de droit écrit, il était défendu à son mari de renoncer à cette action moyennant une somme de deniers. — *Cass.*, 1er fruct. an IX, Tranchant c. Decurtil. — V. aussi, en ce sens, Barry, *Des successions*, liv. 16, tit. 8, n° 2, p. 272; Salviat, p. 341; Chabot, *Quest. trans.*, v° *Légitime*; Merlin, *Quest. de droit*, v° *Légitime*, § 8; Tessier, *Traité de la dot*, t. 2, n° 308. — Il en était de même suivant la jurisprudence du parlement de Bordeaux (V. arr. 20 mai 1738 et 13 août 1753); mais le parlement de Toulouse en avait adopté une contraire. — V. Laviguerie, *Arrêts inédits*, v° *Légitime*, art. 3; *Jurisprudence inédite de la cour de Toulouse*, p. 319 et suiv.

496. — En pays de droit écrit, et particulièrement dans le Roussillon, le mari dont la femme s'était constitué en dot tous les biens présens et à venir ne pouvait aliéner les biens indivis de celle-ci dans une succession immobilière à elle échue pendant le mariage. — *Cass.*, 26 janv. 1836 (t. 2 1837, p. 375), Villanova c. Sores.

497. — Le principe de l'inaliénabilité des biens dotaux s'étend-il à la dot mobilière? — Cette question, résolue depuis long-temps dans le sens de l'affirmative par une foule d'arrêts de cours royales et de cassation, est cependant encore regardée, par quelques jurisconsultes et par quelques cours, comme très douteuse. — On dit, pour appuyer le système de la négative hautement professé par Toullier (t. 14, nos 167 et suiv.) : 1° que, dans le droit romain, les lois prohibitives de l'aliénation (la loi *Julia De fund. dot.* et la loi unic., § 15, Cod., *De rei uxor. act.*) ne parlent que du *fonds dotal* et nullement des meubles dotaux. — ... 2° Que plusieurs habiles commentateurs de ces textes, entre autres Voët (*In Pandectas*, lib. 23, tit. 5, n° 4) et Finestres (*Tractatum de jur. dot.*, lib. 4, p. 221, n° 63), ont formellement proclamé l'aliénabilité des dots mobilières; que cette doctrine est aussi enseignée par Vinnius, *Inst.*, liv. 2, tit. 8, n° 1er, et liv. 2, tit. 11, n° 6; Pérézius, *Ad. Cod.*, liv. 5, tit. 23; Heineccius, *Elem. jur.*, p. 465; Godefroy, *Ad leg.* 32, ff., *De jur. dot.*; Brunemann, *Ad. Cod.*, liv. 5, tit. 13, n° 14; Baldus, *De dot.*, pars 7, priv. 1, n° 1 et suiv. — ... 3° Que le principe de l'inaliénabilité ne fut point admis en France dans les pays coutumiers et que, s'il fut reçu dans les pays de droit écrit, ce fut tel qu'il existait à Rome, c'est-à-dire, restreint aux immeubles dotaux; que ce point est établi par Serres, dans ses *Institutes du droit français*, p. 193, qui dit que : « Puisqu'il n'y a que l'aliénation du fonds dotal qui soit défendue par la loi, il s'ensuit que le mari est le maître absolu des sommes, actions et hypothèques dotales, et qu'il peut les aliéner comme il le trouve à propos; » que le savant Merlin lui-même (*Rép.*, v° *Dot*, § 8, n° 1er) atteste que, sur cette question, les parlemens n'étaient pas d'accord. — ... 4° Que sous la loi nouvelle aucune disposition n'a prohibé l'aliénation de la dot mobilière; que les art. 1554, 1557, 1558, 1560 et 1561, qui sont fondamentaux en cette matière, ne parlent que des immeubles dotaux et jamais des meubles dotaux. — ... 5° Qu'en principe, et d'après l'art. 1598, tout ce qui est dans le commerce peut être vendu lorsque des lois particulières n'en ont pas prohibé l'aliénation; or la loi *Julia* et la loi unic. au Cod. *De rei uxor. act.* ne déclarent inaliénable que le fonds dotal; que le Code civ. n'a pas une disposition plus étendue, d'où la conséquence que c'est des immeubles dotaux seulement dont ce Code a entendu prononcer l'inaliénabilité. — ... 6° Que toute personne peut contracter une obligation, si elle n'en est pas déclarée incapable par la loi (C. civ., art. 1123); que d'après l'art. 1124 les incapables de contracter sont les mineurs, les interdits, et les femmes mariées dans les cas exprimés par la loi. Or, les femmes mariées sous le régime dotal peuvent s'obliger avec l'autorisation de leur mari, sur leurs biens mobiliers dotaux, puisque aucun article du Code ne leur défend de s'obliger sur ces biens, et que l'art. 1554 ne contient de prohibition qu'à l'égard seulement des immeubles dotaux; que la jurisprudence même a consacré ce point en jugeant que l'obligation que la femme, mariée sous le régime dotal, a contractée avec l'autorisation de son mari, est valable. — *Montpellier*, 11 juill. 1826, Nombel c. Garay; *Rennes*, 14 nov. 1828, Cavelier c. Lucas. — A l'appui de ces raisonnemens, on peut invoquer l'autorité de Duranton, t. 15, nos 541 et suiv.; Coulon, *Dialogues ou Quest. de dr.*, t. 2, p. 206; Vazeille, *Du mariage*, t. 2, n° 320; Troplong, *Des hypot.*, t. 4, p. 124, n° 923; Zachariæ, t. 3, § 535, note 7.

498. — Jugé encore en ce sens que le mari, sous le régime dotal, peut aliéner la dot mobilière de sa femme; et que, spécialement, le mari, sous le régime dotal, peut céder, en paiement d'une dette qui lui est personnelle, une créance hypothécaire apportée en dot par sa femme. — *Paris*, 28 mars 1829, Marion c. Crepy; *Lyon*, 16 juill. 1840 (t. 2 1840, p. 631), Quiblier c. Gandin.

499. — ... Que les meubles dotaux de la femme

DOT, ch. 5.
DOT, ch. 5.

mariée sous le régime dotal et séparée de biens peuvent être saisis et vendus par le propriétaire pour assurer le paiement de ses loyers. — *Paris*, 2 juin 1831, Buisson c. Leroy.

500. — ...Que la clause insérée dans un contrat de mariage, contenant stipulation de régime dotal avec société d'acquêts, par laquelle la femme s'est réservé la faculté d'aliéner et d'hypothéquer les immeubles qu'elle pourrait acquérir par la suite, emporte nécessairement pour elle le droit d'aliéner sa dot mobilière, et de se désister, au profit des tiers, de son hypothèque légale. — *Lyon*, 3 juin 1829, Bidon c. Vincent.

501. — A l'appui du système contraire, celui de l'inaliénabilité, on répond d'abord que, dans les pays de droit écrit, c'était un principe constant que la femme ne pouvait, quoiqu'avec l'autorisation de son mari, aliéner sa dot mobilière, même indirectement, en contractant des obligations exécutoires sur les meubles ou deniers dotaux; que ce principe était fondé sur ce que le principal caractère du régime dotal était d'assurer la dot à la femme, ce qui ne pourrait arriver que par la prohibition de l'aliéner pendant le mariage. — V. en ce sens Henrys, t. 2, quest., 144, p. 1772 et suiv.; Dupuis sur Fréron, lett. M., n° 41; Automne, *Cout. de Bordeaux*, art. 53, p. 246, n° 50; Julien, *Elem de jurisp.*, p. 57, n° 18; Boucheul, *Cout. de Poitou*, art., 230, n° 52; — *Limoges*, 8 août 1809, Davy c. Dusaillant; *Riom*, 2 fév. 1810, Farges c. Dupie; *Bordeaux*, 2 août 1813, Broussier c. Maisonneuve; *Limoges*, 5 juill. 1816, Soudanas c. Malinvaud; *Cass.*, 1er fév. 1819, mêmes parties.

502. — On fait remarquer, en second lieu, qu'il résulte du procès-verbal de la discussion du Code civil, que les auteurs de ce Code ont voulu maintenir le régime dotal tel qu'il existait dans les pays de droit écrit, sauf les modifications qu'ils ont formellement exprimées, et qu'ils n'ont aucunement dérogé à la prohibition qui était faite à la femme mariée sous le régime dotal, d'aliéner par des obligations ou autrement sa dot mobilière.

503. — On ajoute que, si l'art. 1554 et les textes de droit romain n'ont prohibé l'aliénation qu'à l'égard des immeubles dotaux, c'est que d'après ces textes le mari seul était maître du mobilier, que lui seul en a la disposition, et qu'ainsi sous ce rapport, la femme se trouvant dans l'impuissance d'aliéner elle-même directement les meubles ou deniers dotaux, il était inutile de lui en interdire l'aliénation; qu'on ne peut pas plus conclure de l'art. 1554, C. civ., qu'on ne concluait de la disposition de la loi *Julia* et de la loi unic., *De rei uxor. act.*; que la femme ait le droit, pendant le mariage d'aliéner au profit de tierces personnes, par des obligations qui pourraient être arrachées à sa faiblesse, la créance qu'elle a contre son mari, puisque dans ce cas sa dot ne serait plus réellement garantie, et perdrait ainsi le caractère qui lui est imprimé par le régime dotal; que dès-lors pour le très grand nombre de femmes qui n'ont pour dot que du mobilier ou de l'argent, il n'y aurait pas réellement de régime dotal; qu'enfin, si le législateur avait entendu que la femme pouvait librement aliéner sa dot mobilière avec l'autorisation de son mari, il n'aurait pas dit dans les art. 1555 et 1556, à l'égard de tous les biens dotaux généralement, que la femme pourrait les donner pour l'établissement de ses enfans, avec l'autorisation de son mari ou de la justice; qu'il eût suffi de dire qu'elle pouvait, avec l'une ou l'autre autorisation, donner ses *immeubles* dotaux, puisque si elle avait le droit d'aliéner sa dot mobilière, elle avait, par une suite nécessaire, le droit de la donner.

504. — Ainsi, jugé que la femme mariée en pays de droit écrit qui, par son contrat de mariage, s'est soumise aux lois de ce pays et à qui il a été constitué une dot mobilière, n'a pu contracter des engagemens préjudiciables à sa dot, lorsque dans le cours du mariage elle a fixé son domicile dans le ressort de la coutume de Paris. — *Limoges*, 8 août 1809, Davy c. Dusaillant.

505. — Sous l'ancien droit, la femme mariée sous le régime dotal ne pouvait, par suite de la saisie générale des biens de son mari, s'obliger sur ses propres biens; mais les obligations qu'elle souscrivait pouvaient être poursuivies sur les biens qu'elle acquérait avec les deniers qu'elle avait empruntés. — *Nîmes*, 13 janv. 1813, Grégoire.

506. — Les jugemens rendus contre une femme pour obligation en fournitures à sa famille, ne peuvent être exécutés que sur ses biens paraphernaux, et ne peuvent affecter sa dot. — *Limoges*, 18 juin 1808, Landon c. Aventurier.

507. — Jugé en ce sens que la prohibition d'aliéner s'étend à la dot mobilière comme à la dot immobilière. — *Limoges*, 1er sept. 1834, Cacatte c. Marcoul de Loute; *Agen*, 31 janv. 1824, Tropania c. Dubos; *Angers*, 10 août 1839 (t. 1er 1843, p. 371), Mille c. Bruneau; *Cass.*, 16 août 1842 (t. 1er 1843, p. 372), Cusson c. Boulard; *Paris*, 13 fév. 1845 (t. 1er 1845, p. 298), Compagnie d'assurances générales et compagnie de l'Union c. Douin; *Cass.*, 28 juin 1810, de Gremont c. Pichat de Saint-Auban; *Limoges*, 5 juill. 1816, Soudanas c. Malinvaud; *Caen*, 5 déc. 1836 (t. 1er 1837, p. 469), de Molozé c. Chapelain; *Poitiers*, 15 déc. 1836 (t. 2 1837, p. 300), Labarthe c. Duhamel; 25 déc. 1836, N...; *Pau*, 11 avr. 1838, Clevin Barbe c. Guidot; *Angers*, 10 août 1839 (t. 1er 1840, p. 255), Mille c. Bruneau.

508. — La femme mariée sous le régime dotal ne peut pas, même avec l'autorisation de son mari, aliéner sa dot mobilière ou la compromettre par des engagemens contractés solidairement avec lui. — *Cass.*, 26 mai 1836, Leplaideur c. Marion; *Paris*, 26 août 1820, Lanoux c. de Vourzac; *Cass.*, 1er fév. 1819, Molinaud c. Soudanas.

509. — La dot constituée en deniers, sous l'empire de l'ancien droit, était inaliénable aussi bien que si elle avait été constituée en biens fonds. — Lorsque le paiement de cette dot avait été fait en biens immeubles, ces biens pouvaient être saisis et vendus, mais le prix ne pouvait en être saisi jusqu'à concurrence du montant de la dot. — *Bordeaux*, 11 juill. 1839 (t. 2 1839, p. 648), caisse hypothécaire c. Daumy.

510. — La femme, bien que sa dot soit mobilière, ne peut pas renoncer en faveur de ses créanciers à l'hypothèque qu'elle a pour ses biens dotaux. Ces créanciers ne peuvent pas même exiger d'elle qu'elle discute préalablement les biens non hypothéqués à leur créance, sous prétexte qu'ils sont plus que suffisans pour faire face à ses reprises. — *Agen*, 31 janv. 1824, Tropania c. Dubos.

511. — L'opinion de l'inaliénabilité compte aussi dans la doctrine de nombreux partisans. — Grenier, *des Hypothèques*, t. 1er, n° 34; Delvincourt, *Cours de droit civil*, t. 2, p. 110; Rolland de Villargues, *Rép. du Notariat*, v° *Régime dotal*, n° 101; Bellot des Minières, t. 4, p. 88; Tessier, t. 1er, p. 288; Roger, *De la saisie-arrêt*, n° 192; Benoît, *Traité de la Dot*, n° 206.

512. — Le principe de l'inaliénabilité de la dot mobilière s'étend même à la femme séparée de biens; ainsi il a été jugé: 1° que la femme mariée sous le régime dotal, qui a fait prononcer sa séparation de biens en justice, ne peut aliéner sa dot mobilière. — *Nîmes*, 21 juin 1821, Bassayet c. Auquier.

513. — ... 2° Que la faculté d'aliéner n'emporte pas celle d'obliger. Ainsi de ce que la femme séparée peut aliéner ses meubles, aux termes de l'art. 1449, il ne s'ensuit pas qu'elle puisse souscrire des obligations exécutoires sur ses meubles. — *Paris*, 7 août 1820, Goulay-Delabrière c. Bréard; *Grenoble*, 24 mars 1821, Luneau.

514. — ... 3° Que la renonciation par une femme, même séparée de biens, aux droits résultant pour elle d'un bordereau de collocation régulier et exécutoire relatif à une créance dotale, constitue, alors qu'elle n'est pas une simple régularisation de procédure, une aliénation de la dot mobilière, et que, conséquemment, elle doit être déclarée nulle. — *Cass.*, 23 déc. 1839 (t. 1er 1840, p. 63), Buisson c. Mutel Cavelan.

515. — ... 4° Que lorsque, dans le cours de l'instance introduite contre deux époux pour obtenir l'exécution d'une vente qu'ils ont consentie, la femme a fait prononcer sa séparation de biens, elle peut, même pour la première fois, en appel, opposer à la demande principale, par voie d'exception, la nullité de la vente, en ce qu'elle porte sur ses biens dotaux. — *Toulouse*, 23 juill. 1842 (t. 1er 1845, p. 294), Plantade c. Bernon.

516. — ... 5° Que la femme séparée de biens ne peut être autorisée par les tribunaux à aliéner sa dot pour le remboursement des frais exposés dans les procédures faites dans son intérêt. Le paiement de ces frais peut seulement être poursuivi sur les fruits ou intérêts de cette dot. — *Agen*, 11 mai 1833, Boutan et Ferrein c. Capuron.

517. — Jugé aussi que le paiement des dépens auxquels a été condamnée une femme mariée sous le régime dotal ne peut être poursuivi contre elle, même après la séparation de biens. — *Rouen*, 12 mars 1839 (t. 2 1839, p. 577), Bourgeois c. Dieutre.

518. — ... Et même que, dans les pays de droit écrit, la femme mariée, non séparée de biens, condamnée aux dépens dans une contestation relative à ses immeubles dotaux, ne pouvait être poursuivie en paiement sur ses immeubles dotaux. — *Toulouse*, 28 août 1828, Castagné c. Roques.

519. — Lorsque, après un jugement de séparation de corps qui a condamné la femme à rembourser diverses sommes à son mari, et a autorisé celui-ci à prendre inscription sur l'immeuble dotal, la femme a été autorisée par un second jugement à emprunter pour rembourser son mari, elle ne peut plus être reçue à demander la nullité de cette hypothèque et de cet emprunt comme contraires aux règles du régime dotal, et elle doit être repoussée par l'autorité de la chose jugée. — *Cass.*, 25 mai 1840 (t. 2 1840, p. 411), Pirony c. Martin.

520. — La femme mariée sous le régime dotal avec constitution générale de biens présens et à venir ne peut valablement s'obliger pendant le mariage. — *Montpellier*, 30 juill. 1840 (t. 1er 1841, p. 26), Bouby c. Sirven.

521. — Sur le point de savoir si une femme mariée sous une constitution générale de biens présens et à venir a qualité pour exercer le droit de surenchère, V. SURENCHÈRE.

522. — L'inaliénabilité de la dot de la femme ne s'étend pas au droit de présentation qui appartient aux notaires, avoués et autres officiers ministériels. — Tessier, t. 1er, p. 356. — C'est ce qu'on décidait aussi dans l'ancien droit relativement aux offices vénaux. — Despeisses, tit. *De l'achat*, sect. 1re, n° 2; Nouveau Denisart, t. 7, p. 119 et suiv.; Roussilhe, *De la dot*, t. 1er, p. 299. — V. OFFICE.

523. — Lorsque la femme est mariée sous le régime dotal et qu'elle n'a pas de biens extra-dotaux, à qui appartient ce qu'elle peut acquérir durant le mariage?

524. — On trouve dans le droit romain deux textes précis sur cette question; le premier est la loi *Quintus Mucius*, ff., *De donat. int. vir et uxor*; le second, la loi 6, au *C. eod.* — La première de ces lois dispose que, lorsqu'il s'agit de savoir d'où une femme tient quelque chose, il est plus convenable de présumer que c'est de son mari ou de ceux qui étaient sous sa puissance, afin d'écarter tout soupçon de gains illicites et déshonorans pour la femme. — La seconde décide que les choses déposées pendant le mariage au nom d'une femme appartiennent au mari.

525. — Il suit de là que, pour que la femme ait droit aux choses par elles acquises pendant le mariage, il faut qu'elle prouve avec quels deniers elle les a payées; et comme, lorsqu'elle est mariée sous une constitution générale, elle ne peut aliéner sa dot immobilière et que les sommes constituées appartiennent au mari, il en résulte qu'elle n'a réellement rien à elle et que par conséquent elle ne peut rien acquérir. — Il en est de même lorsque, mariée avec une constitution spéciale, elle n'a pas de biens paraphernaux: on sent, en effet, qu'admettre dans ces deux cas que la femme peut acquérir pour son propre compte, ce serait tolérer des gains illicites et honteux ou des donations déguisées que les lois réprouvent également.

526. — Le principe de la loi *Quintus Mucius* n'a pas cessé d'être applicable depuis la promulgation du Code civil. — Dès-lors, les acquisitions faites par la femme pendant le mariage contracté sous le régime dotal et sous l'empire des anciens principes sont présumées avoir été payées des deniers du mari, lorsqu'elle ne prouve pas d'où elles proviennent, encore bien que ces acquisitions aient été faites en présence et avec l'autorisation de ce dernier. — *Montpellier*, 29 mars 1841 (t. 2 1841, p. 717), Fau c. Jourda; *Riom*, 22 fév. 1809, Clavières c. Lafont; *Paris*, 21 mars 1810, Delagarde; *Grenoble*, 22 juill. 1811, Boussot c. Chaffange; *Cass.*, 11 janv. 1825, Jammarin c. Paret; *Toulouse*, 2 août 1825, Valette; 17 déc. 1831, Pailhac c. Cantegril; 9 janv. 1835, Courbin; — Chabrol, *Cout. d'Auvergne*, ch. 1er, art. 9, t. 1er, p. 31; Rousseaud de Lacombe, v° *Femme*, n° 2, p. 225; Boucheul, sur l'art. 229, Cout. de Poitou, t. 1er, p. 750; Domat, *Lois civiles*, tit. *Des dots*, sect. 4e, n° 7, p. 117; Despeisses, tit. *Du mariage*, sect. 3e, n° 8; Cochin, t. 6, p. 507; Roussilhe, *De la dot*, t. 1er, p. 221; Benoît, *De la dot*, t. 1er, p. 279; Tessier, t. 1er, p. 204, note 370e.

527. — Ces acquisitions immobilières, lorsque la femme ne peut pas prouver l'origine des fonds qui y ont été employés, sont présumées avoir été payées des deniers du mari, encore que l'aliénation des biens dotaux ait été permise par le contrat de mariage. — *Toulouse*, 16 déc. 1834, Dupuy c. Vianès.

528. — La femme qui s'est mariée sous le régime dotal, et s'est constitué en dot tous ses biens présens et à venir, n'est pas censée n'avoir acquis que pour la moitié les biens propres, dans lesquels elle est rentrée, par suite du droit de retrait lignager, lorsque le contrat d'acquisition est fait aux noms collectifs du mari et de la femme; et le mari ne peut être considéré comme propriétaire de l'autre moitié. — Au contraire, ces biens appartiennent en entier à la femme, sauf les indemnités et récompenses dues à la succession du mari, pour raison des sommes par lui payées pour le compte de sa femme. — *Paris*, 9 mai 1820, de Suffren c. Desisnard.

529. — Lorsque la femme s'est réservé par le contrat de mariage la faculté de vendre, aliéner, partager et échanger, avec l'autorisation de son mari, les immeubles acquis de ses deniers dotaux, on ne peut pas dire qu'elle n'ait pas capacité suffisante pour acquérir conjointement avec lui, et avec ces mêmes deniers, un immeuble, par le motif qu'elle s'est obligée solidairement avec son mari, vis-à-vis des tiers, au paiement du prix de cette acquisition. — *Cass.*, 1er juill. 1829, Lavie c. Cozon.

530. — Lorsque l'épouse mariée sous le régime dotal, avant le Code, a fait des placemens pendant le mariage, elle est censée les avoir faits des deniers du mari, lorsqu'elle ne peut leur assigner une autre origine; et c'est au mari que revient, après la mort de sa femme, le montant de ces placemens, comme c'est lui aussi qui doit supporter les pertes qui peuvent en résulter. — *Aix*, 21 mars 1832, Morand c. Martin.

531. — Jugé cependant que la présomption légale admise par le droit romain que le prix des acquisitions faites par la femme mariée était censé provenir du mari, à moins qu'il n'y eût preuve contraire, est abrogée. — *Pau*, 10 déc. 1832, Bordes c. Sontrat.

532. — ... Et que les acquisitions faites durant le mariage par la femme mariée sous le régime dotal, ne sont point présumées faites des deniers du mari, s'il n'y a pas constitution de dot générale. — *Grenoble*, 1er fév. 1812, Joubert c. Perrin, Taillet.

533. — Enfin, il était généralement admis que, si la femme avait un commerce séparé de celui de son mari, la présomption de droit cessait, et il était décidé, dans ce cas, que, la femme ayant eu personnellement les moyens d'acquérir, les fonds par elle acquis lui appartenaient. — V. en ce sens, *Toulouse*, 2 août 1815, Valette.

534. — Toutefois, il n'en était point ainsi lorsque la femme n'avait fait qu'aider son mari dans son propre négoce : les fruits de son économie et de son travail journalier dans les affaires domestiques devant tourner au profit de ce dernier, les acquisitions qui étaient dites en provenir étaient censées appartenir au mari, nonobstant toutes énonciations contraires. — V. les *Arrêts* de Catelan, liv. 4, chap. 5, et les *Observations* sur ces arrêts, par Vedel, son continuateur, liv. 4, chap. 5.

535. — En tous cas, l'aveu du mari suffit pour constater le droit de propriété de la femme.

536. — C'est ainsi qu'il a été décidé que, lorsqu'une obligation a été souscrite durant le mariage, au profit de la femme mariée dotalement, le mari, après la séparation prononcée, ne peut aliéner cette obligation, sous le prétexte que celle-ci n'en prouve point l'origine, lorsque, d'ailleurs, il a formellement reconnu le droit de propriété de sa femme. — *Grenoble*, 1er juill. 1830, Patton.

537. — Quelques auteurs, tout en reconnaissant le principe que la femme qui n'a pas de biens paraphernaux n'acquiert que pour son mari, pensent néanmoins qu'il doit être modifié en ce sens, que le prix de l'objet acquis doit être restitué au mari, comme provenant évidemment de ses deniers; mais que la chose achetée doit rester dans le patrimoine de la femme; ils se fondent sur la la loi 8, C., *Si quis alteri, vel sibi*, qui décide que celui qui achète une chose en son propre nom, quoiqu'avec les deniers d'autrui, devient propriétaire de la chose achetée : *qui aliena pecunia comparat, non ei cujus nummi fuerunt, sed sibi tàm actionem empti quàm dominium, si ei fuerit tradita possessio, quærit.* — Ils se fondent encore sur la loi 6, au même titre, qui dit positivement que, si la femme achète en son nom avec l'argent de son mari, et que la tradition de l'objet lui ait été faite, son mari n'aura d'action contre elle que seulement à raison du prix : *si quidem uxor tua nomine suo emit, eique res traditæ sunt, nec in te quicquam de his processit : non nisi de pretio adversus eam, in quantum tu pauperior et illa locupletior facta est, habes actionem.* — Nous n'adoptons pas cette opinion : remarquons en effet que, s'il est vrai, comme l'ont jugé deux arrêts rapportés par Denisart (vo *Femme*), que le produit même de l'industrie de la femme appartient au mari, il faut nécessairement décider qu'elle n'a pas le droit de retenir l'objet acquis, puisque la plus-value, lorsqu'il y en a une, n'est autre chose que le produit de cette même industrie.

538. — L'inaliénabilité de la dot ne souffre pas d'exception même en faveur de femme marchande publique. — *Cass.*, 19 déc. 1810, Martin. — Il en était de même sous l'ancien droit. — Merlin, *Rép.*, vis *Dot*, § 8, et *Puissance maritale*, sect. 2e, § 2, art. 2.

539. — Le mari, même fondé de pouvoirs de sa femme pour *exiger* et *acquitter*, ne pouvait, dans les pays de droit écrit, compromettre sur une contestation relative aux biens dotaux. — Il en est de même sous le Code civ. — *Nîmes*, 26 fév. 1812, Deleuze c. Gueton; *Toulouse*, 4 janv. 1817, Bourz c. Bardy; *Grenoble*, 20 juin 1819, Maurin c. Marchand; *Lyon*, 20 août 1828, Revel c. Michaud; *Toulouse*, 5 mars 1829, Peyssies c. Dambielle; *Bordeaux*, 21 mai 1832, N...; *Pau*, 26 mars 1836, Lafargue c. Faure; — Carré, *Lois de la compét.*, t. 2, p. 378; Mongalvy, *Tr. de l'arbitr.*, t. 2, no 283; Bellot, *Tr. du contrat de mariage*, t. 4, p. 465 et suiv.; Tessier, *Tr. de la dot*, t. 2, no 845; Toullier, *Droit civ.*, t. 12, no 398. — V. cependant, en sens contraire, *Riom*, 8 juin 1809, Laverie c. Dodin; *Toulouse*, 8 mai 1820, Valette c. Julien; 30 avr. 1824, Durieux c. Savez; *Cass.*, 31 déc. 1834, Caisse hypothéc. c. Duchu; *Bordeaux*, 3 déc. 1840 (t. 1er 1841, p. 317), Jailliard c. Marvaux.

540. — ... Comme aussi la femme ne peut, même avec l'autorisation de son mari, compromettre sur des engagemens contractés avec lui. — *Limoges*, 5 juill. 1816, Soudenas c. Malinvaud; *Cass.*, 1er fév. 1819, mêmes parties; *Paris*, 26 août 1820, Lanoux c. Vourzac; *Agen*, 15 janv. 1824, Girard c. Cassassoles; *Montpellier*, 15 nov. 1830, Boudet c. Béteille; *Grenoble*, 25 avr. 1831, Champion c. Eynard.

541. — Il n'importe qu'elle soit ou non séparée de biens. — *Rouen*, 25 juin 1818, Delamarre c. Turmielle; *Cass.*, 19 août 1819, mêmes parties; *Nîmes*, 21 juin 1821, Bassayet c. Auquiel; *Cass.*, 18 mai 1841 (t. 2 1841, p. 61), Sauvinc.

542. — Les créanciers au profit desquels elle s'est obligée ne peuvent, après qu'elle a obtenu la séparation de biens, exiger le paiement de leurs créances sur l'intérêt des sommes dotales dont elle a repris l'administration. — *Agen*, 15 janv. 1824, Girard c. Cassassoles.

543. — Le pouvoir donné au mari par la femme dans le contrat de mariage passé sous le régime dotal, d'aliéner, transiger et faire tout ce qui serait nécessaire pour le paiement des dettes, ne renfermait point le pouvoir de compromettre. — *Toulouse*, 1er pluv. an X, Recor c. Valette.

544. — La femme mariée sous le régime dotal ne peut valablement consentir une subrogation dans son hypothèque légale, bien que sa dot soit purement mobilière. — *Riom*, 26 prair. an X, Boy; *Paris*, 1er juill. 1809, Germon c. Pichat; *Cass.*, 28 juin 1810, mêmes parties; *Paris*, 26 août 1820, Lanoux c. Vourzac; *Rouen*, 18 août 1829, Doutlé c. Martin; *Paris*, 10 août 1831, Leplaideur c. Marion; *Grenoble*, 8 mars 1834, Monnier c. Bayle; — Tessier, t. 1er, note 530; Grenier, *Des hypothèques*, t. 2, p. 524; Persil, *Rég. hyp.*, t. 1er, p. 425.

545. — Jugé aussi qu'une femme mariée sous le régime dotal ne peut restreindre tacitement l'hypothèque légale qu'elle a sur les biens de son ex-tuteur, en la faisant porter, dans son inscription, sur quelques biens spécialement; — qu'on ne pourrait valablement donner main-levée de cette même inscription. — *Rouen*, 18 août 1829, Doutlé c. Martin.

546. — Enfin, jugé d'après le même principe qu'une femme mariée sous le régime dotal ne peut acquiescer valablement au jugement qui ordonne la main-levée d'une inscription conservatrice de sa dot. En conséquence, tant que le délai d'appel de ce jugement n'est pas expiré, le conservateur des hypothèques est fondé à refuser d'opérer la radiation ordonnée, nonobstant l'acquiescement de la femme, et malgré la production de certificats de non-opposition ou appel faite en vertu de l'art. 548. — *Rouen*, 8 fév. 1842 (t. 1er 1842, p. 608), Varry c. Guenet.

547. — Toutefois, la femme ne peut revenir contre les renonciations qu'elle a faites à son hypothèque toutes les fois que sa dot n'en éprouve pas de préjudice. — Troplong, *Hyp.*, t. 2, nos 597 et suiv.

548. — La ratification tacite par la femme dotale, depuis la dissolution du mariage, d'un partage intéressant sa dot, et fait en son absence par le mari, ne peut opérer ratification de la vente des biens dotaux à elle échus par ce partage, et aliénés par le mari, hors sa présence, malgré la clause du contrat qui, tout en autorisant l'aliénation, voulait qu'elle ne pût avoir lieu que par les deux époux *conjointement*. — *Cass.*, 12 août 1839 (t. 2 1839, p. 267), Delaloy c. Clapisson.

549. — Une femme mariée, bien que n'ayant pas la libre disposition de ses biens dotaux, a pu acquiescer valablement à un jugement qui en prononce l'adjudication forcée. — *Riom*, 3 avr. 1810, Minche c. Barbecot.

550. — Le principe de l'inaliénabilité de la dot a même été étendu jusqu'aux revenus du fonds qui ont été déclarés inaliénables comme le fonds lui-même. — *Cass.*, 24 août 1836 (t. 1er 1837, p. 137), Laurent c. Reverard.

551. — En conséquence, ces revenus ne peuvent, même après la dissolution du mariage, être saisis à la requête des créanciers de la femme pour raison des obligations par elle contractées pendant son existence; — alors même que, tout en stipulant dans son contrat de mariage le régime dotal pour tous ses immeubles présens et à venir, la femme se serait soumise au régime de la communauté. — *Cass.*, 24 août 1836 (t. 1er 1837, p. 147), Laurent c. Reverard.

552. — Les intérêts de la dot sont inaliénables comme la dot elle-même, et dès-lors ils ne peuvent, dans un ordre, être alloués aux créanciers personnels du mari. — *Montpellier*, 18 fév. 1828, Mazel c. Paulet.

553. — L'obligation souscrite par une femme séparée de biens et mariée sous le régime dotal pour une cause étrangère à l'administration de ses biens et à la destination donnée à sa dot par les art. 1555 et suiv., C. civ., ne peut être exécutée sur les intérêts de la dot mobilière. — *Pau*, 12 août 1824, Lucantis c. Dupleix; *Toulouse*, 19 déc. 1829, Comtagre c. Moulis.

554. — A plus forte raison les obligations contractées par une femme mariée sous le régime dotal, pendant le mariage et avant toute séparation de biens, ne peuvent être exécutées après la dissolution du mariage, ni sur les immeubles dotaux ni même sur les fruits de ces immeubles. — *Cass.*, 26 août 1828, Formel c. Husson.

555. — L'inaliénabilité de la dot s'applique même à la portion des revenus excédant les besoins du ménage. — En conséquence, ces revenus ne peuvent être saisis, après la séparation de biens, surtout pour obligations ou condamnations antérieures. — *Paris*, 30 juin 1834, Pigny c. Bourgois.

556. — Les revenus des immeubles dotaux ne peuvent pas non plus être saisis, même après la dissolution du mariage, pour les dettes contractées par la femme depuis sa séparation de biens prononcée. — *Cass.*, 1er déc. 1834, Mourellon c. Bouland.

557. — Les revenus de la femme mariée sous le régime dotal ne peuvent être saisis même par les créanciers porteurs d'obligations solidaires des deux époux, lorsque ces revenus n'excèdent pas la somme nécessaire pour subvenir aux besoins du ménage. — *Paris*, 10 janv. 1842 (t. 1er 1842, p. 115), Brigville c. Duplessis.

558. — Il a même été décidé que les engagemens, contractés par une femme mariée sous le régime dotal, ne peuvent être exécutés, après la dissolution du mariage, même sur la portion des revenus de la dot excédant les besoins du mariage. — *Agen*, 31 déc. 1834, Labarre c. Claverie.

559. — Lorsqu'un domaine du mari est pris à ferme par la femme séparée de biens pour un prix qu'elle doit retenir en paiement des intérêts de sa dot mobilière, les frais de ce domaine participent de la nature des intérêts de la dot qu'ils représentent et sont également insaisissables. — *Pau*, 12 août 1824, Lucantis c. Dupleix.

560. — Le mari qui a autorisé sa femme à accepter une succession ne contracte, par autorisation, aucun engagement personnel envers les créanciers de cette succession, qui ne peuvent saisir les fruits et revenus des biens dotaux. — *Cass.*, 16 nov. 1824, de Croy-Chanel c. Roussel de Belloy.

561. — Les fruits ou revenus des biens dotaux de la femme séparée de biens étant affectés aux besoins du ménage, ne peuvent être saisis par des créanciers envers lesquels elle s'est obligée avant la séparation de biens, pour une autre cause que les charges du ménage. — *Montpellier*, 11 juill. 1826, Nombel et Germain c. Gavoy.

562. — Mais jugé, au contraire, que les obligations d'une femme mariée sous le régime dotal, mais séparée de biens, peuvent être exécutées sur les revenus des biens dotaux. — *Grenoble*, 24 déc. 1823, Potallier c. Bontoux; *Cass.*, 28 mars 1827, Carpentier c. Laignel.

563. — L'antichrèse du bien dotal n'est point une aliénation prohibée par la loi. — *Rouen*, 28 août 1837 (t. 1er 1838, p. 43), Ribard c. Lefebvre. — V. ANTICHRÈSE.

564. — Le créancier hypothécaire qui a pour obligés solidaires le mari et la femme ne peut être primé par cette dernière sur les revenus de la dot, sous le prétexte que les revenus seraient nécessaires aux besoins du ménage. — *Bordeaux*, 6 juill. 1841 (t. 2 1841, p. 355), Reimonenq c. Pieck et Southard. — V. *contrà Bordeaux*, 2 mars 1833, Mazens c. Laloubie.

565. — Les fruits ou revenus des biens dotaux d'une femme ne sont pas, après la séparation de biens, aliénables, comme le fonds dotal lui-même, d'une manière absolue. — Mais on doit, eu égard à la destination légale de ces revenus, distinguer

entre les fruits nécessaires aux besoins du ménage et ceux qui excèdent ces besoins; par suite, déclarer inaliénable toute la portion de ces fruits indispensable à la subsistance de la famille, et ne soumettre que les fruits restans à l'action des créanciers porteurs d'une obligation consentie par la femme depuis la séparation. — En conséquence de cette distinction, s'il est reconnu que tous les revenus qui ont été frappés d'une saisie sont nécessaires pour subvenir aux dépenses du ménage, on doit les déclarer inaliénables, et décider que nulle saisie n'a pu les atteindre, ni les détourner de leur destination. — *Limoges*, 16 fév. 1839 (t. 1er 1839, p. 604), Ganet c. Mombelet.

566.—Décidé de même que les revenus du fonds dotal ne participent pas d'une manière absolue au caractère d'inaliénabilité de la dot; ces revenus, alors même qu'ils ne sont pas échus, peuvent être cédés, surtout temporairement, pour tout ce qui excède les besoins de la famille.—Dès-lors, l'arrêt qui déclare bon et valable un bail à antichrèse d'un immeuble dotal, alors même que la cession porte sur la totalité des fruits, mais en se fondant sur ce que cette cession est un acte de sage administration, et sur ce que les revenus qui en font l'objet ne sont pas nécessaires aux besoins de la famille, n'encourt pas la cassation.—*Cass.*, 30 juin 1839 (t. 1er 1839, p. 604), Ribard c. Lefebvre.

567. — Les revenus de l'immeuble ont pour destination spéciale les charges du mariage, et ne peuvent pas, par conséquent, être saisis par les créanciers de la femme, même postérieurs à sa séparation de biens, mais dont les obligations, par leur importance, ne sauraient être considérées comme des actes de pure administration. — Toutefois, il est juste et équitable de réserver à l'acquit de ces mêmes obligations, souscrites de bonne foi, la portion des revenus qui se trouverait excéder ce qui est nécessaire à l'entretien de la famille. — *Paris*, 14 fév. 1832, Buisson c. Charpentier.

568. — L'interdiction de saisir les revenus sur une femme séparée de biens ne peut être étendue au-delà des besoins des époux et de leur famille. — La question de savoir si tout ou partie des revenus dotaux est ou non nécessaire à la subsistance de la famille, et, dès-lors, jusqu'à quelles limites peuvent être étendus les effets de l'aliénation ou de la saisie, rentre dans l'appréciation absolue et exclusive des juges du fond. — *Cass.*, 6 janv. 1840 (t. 1er 1840, p. 26), Fouyeul c. Truchy-Grenier.

569. — En admettant que les revenus des biens dotaux puissent, dans certains cas et dans des circonstances exceptionnelles, être engagés dans un intérêt de sage administration, il est certain que l'aliénation, pour toute la vie de la femme, en échange d'une somme fixe remise immédiatement, des revenus d'une rente dotale, doit être considérée comme une aliénation définitive d'usufruit, et annulée par les tribunaux. — Il en est ainsi alors même que la femme conserverait encore des revenus importans, et bien qu'elle fût autorisée par son contrat de mariage à toucher sur ses quittances les deux tiers des revenus de ses biens dotaux. — *Paris*, 13 fév. 1845 (t. 1er 1845, p. 298), compagnie d'assurances générales et compagnie l'Union c. Douin.

570. — Toutefois, si le principe de l'inaliénabilité de la dot elle-même est, en même temps qu'une sauvegarde tutélaire contre l'abus de la puissance du mari, une garantie pour l'avenir de la femme et des enfans, il convient cependant de faire une importante distinction entre les obligations antérieures à la dissolution du mariage et celles qui n'ont été contractées que depuis. — A l'égard de celles-ci, elles sont incontestablement exécutoires sur les biens de la femme qui ont repris entre ses mains le caractère d'aliénabilité; mais relativement à celles qui ont été contractées par la femme pendant que le mariage subsistait, elles ne sauraient affecter le fonds dotal, autrement la femme aurait trop de facilité à aliéner indirectement la dot et à la détourner de la destination à laquelle le constituant avait intention de la faire servir. Cette faculté serait d'autant plus désastreuse que, d'un côté, l'aliénation se faisant dans l'avenir, la femme ne recevrait qu'un prix insignifiant de ses biens, et que de l'autre elle se porterait plus facilement à les aliéner, en ce qu'elle n'en éprouverait point le dessaisissement actuel et ne devrait les perdre qu'à une époque qui échappe communément à ses prévisions, l'époque de son décès, ou de celui de son mari. — V. conf. Bellot, *De la dot*, t. 4, p. 94; Benoît, t. 2, p. 445; Duranton, t. 15, p. 531, n° 582; Teissier, t. 1er, p. 320, n° 521. — V. *contrà* Rousseaud de Lacombe, v° *Dot*, p. 174; Faber; Despeisses; Delvincourt, t. 3, p. 340.

571. — A l'égard des dettes contractées par la femme pendant le mariage, on s'est demandé si elles pouvaient être exécutées sur les biens dotaux après la dissolution?—Pour l'affirmative, on a dit que ce serait une erreur de penser que la dotalité des biens de la femme existât encore après la dissolution du mariage; qu'autant vaudrait dire que ces biens sont encore inaliénables, puisque la dotalité ne va pas sans l'inaliénabité. Or, ce serait là, on ne peut le contester, une erreur manifeste. Si donc les biens dotaux de la femme perdent ce caractère par la dissolution de l'union conjugale, il faut en conclure que l'engagement contracté antérieurement par elle peut recevoir son exécution sur les biens devenus libres du moment où le mariage a été dissous; qu'il n'y a plus en effet, à cette époque, aucune différence entre les biens constitués en dot et les biens paraphernaux, ou pour mieux dire qu'il n'y a plus ni dot ni biens paraphernaux, que ce ne sont plus que des biens ordinaires, libres comme ceux de toute autre personne; que ce serait d'ailleurs une inconséquence d'autoriser l'exécution des engagemens de la femme sur les biens paraphernaux, et de la défendre sur les biens qui leur sont désormais semblables. — *Paris*, 13 mars 1821, Adde c. de la Houssay; *Toulouse*, 29 nov. 1834, Gros c. Gueyraud; *Cass.*, 7 juin 1836, de Chavannes c. Perrault, *Riom*, 2 fév. 1810, Farges c. Dupic; *Toulouse*, 26 juill. 1844 (t. 1er 1845, p. 317), Alciat; *Toulouse*, 18 nov. 1814, Jaurez c. Rivière; *Grenoble*, 19 nov. 1831, Durif c. Chenavas-Paule. — V. conf. Toullier, nos 333 et 346.

572.—Pour la négative, on répond que, lorsque le législateur a consacré le principe de l'inaliénabilité des biens dotaux, ce n'a été que dans le but de leur conservation; que ce but serait totalement manqué si les tribunaux permettaient l'exécution sur ces biens dotaux, après la dissolution du mariage, des obligations contractées par la femme durant son existence; que pour peu qu'on y réfléchisse, on aperçoit bientôt à quel funeste résultat conduirait une pareille doctrine si elle pouvait être accueillie; — que le mari, par l'influence qu'il peut exercer sur l'esprit de sa femme, à l'aide de l'obligation qu'il lui ferait consentir, et dont il recevrait le montant, dissiperait pendant le mariage tous les biens qui lui auraient été apportés à titre de dot, de telle sorte que ni la femme, ni les enfans ne pourraient espérer d'y trouver un moyen d'existence pour l'avenir; qu'ainsi la défense d'aliéner les biens dotaux ne serait plus qu'une précaution dérisoire, et que le but que le législateur se serait proposé, n'aurait pas été atteint; — que s'il est vrai que les biens dotaux cessent d'être inaliénables après la dissolution du mariage, il n'en est pas moins certain qu'il a été dans l'intention du législateur de les conserver intacts jusqu'alors, puisqu'il autorise l'action des époux eux-mêmes, en révocation des aliénations par eux consenties. — *Limoges*, 18 juin 1808, Laudon c. Avanturier; *Riom*, 2 fév. 1810, Forges c. Dupic; *Paris*, 19 mars 1824, Fischer c. Daguet; *Aix*, 24 août 1823, Faye c. Grue; *Cass.*, 26 août 1828, Formel c. Husson; *Grenoble*, 19 nov. 1831, Durif c. Chenèves; *Cass.*, 26 avr. 1833, Escomel c. Marcha; *Paris*, 12 juin 1833, Grelein c. Ledoux. — V. aussi en ce sens Tessier, t. 1er, p. 532; Duport-Lavillette, t. 2, p. 532 et suiv.; Benoît, t. 2, n° 250.

573. — L'acceptation pure et simple d'une succession par une femme mariée sous le régime dotal n'a pas pour effet de soumettre les biens dotaux de cette femme à l'action des créanciers. — *Cass.*, 3 janv. 1825, Bernard c. Lègues; 16 nov. 1824, Croychanel c. Roussel de Belloy; — Fouet de Conflans, *Jur. sur les succes.*, p. 146, n° 3.

574. — De même l'exécution des engagemens contractés par une femme mariée sous le régime dotal ne peut pas être poursuivie après son décès contre son héritier sur les biens dotaux par lui recueillis dans la succession. — *Toulouse*, 19 août 1843 (t. 1er, 1844, p. 245), Ferré c. Dupuy.

575. — Jugé cependant que les obligations contractées pendant le mariage par une femme mariée sous le régime dotal peuvent, après son décès, être exécutées sur les biens dotaux contre ses héritiers qui ont accepté purement et simplement sa succession. — *Caen*, 10 janv. 1842 (t. 1er 1843, p. 82), Binet c. Lecommandeur.

576. — L'effet légal d'un jugement de condamnation rendu contre une femme veuve est de conférer hypothèque même sur ses biens qui étaient pendant son mariage affectés du caractère de dotalité, encore bien que l'obligation cause de ce jugement ait été souscrite par la femme durant son mariage. — *Riom*, 2 juin 1840 (t. 2 1843, p. 326), Poncillon et Delair c. Chalmin; *Rouen*, 26 déc. 1843 (t. 2 1844, p. 15), Cacheux; *Cass.*, 4 mars 1845 (t. 1846), Enregistr. c. Petit et Cacheux c. syndics Cacheux.

577. — La condamnation aux frais prononcée contre une femme mariée sous le régime dotal, dans une poursuite criminelle, ne peut être exécutée sur ses biens dotaux, même après la dissolution du mariage. — *Montpellier*, 16 fév. 1842 (t. 2 1842, p. 297), Enregistrement c. Petit; *Caen*, 17 août 1839 (t. 1er 1840, p. 670), Dieu-Avant c. Travers.

578. — Mais les condamnations en dommages-intérêts prononcées contre le mari et la femme solidairement par suite des délits qu'ils ont commis conjointement, peuvent être exercées sur les biens dotaux. — *Nîmes*, 28 août 1827, Gaillard c. Tracol.

579. — Jugé aussi que le principe de l'inaliénabilité de la dot s'applique seulement aux obligations contractuelles, sans pouvoir s'étendre aux obligations résultant d'un délit. — Spécialement, on peut poursuivre sur le capital de la dot de la femme les dépens et dommages-intérêts auxquels elle a été condamnée par suite d'une séparation de corps prononcée contre elle pour fait d'adultère. — *Limoges*, 17 juin 1835, Cacatte c. Deloute.

580. — La séparation de corps prononcée entre les époux n'a pas pour objet de faire disparaître l'inaliénabilité de la dot. — *Grenoble*, 2 mars 1819, N...

581. — En conséquence, si la femme séparée de biens a été mariée sous le régime dotal, elle ne peut pas, même avec l'autorisation de son mari, aliéner le capital de sa dot, hors le cas prévu par l'art. 1558, C. civ., et sans la permission de la justice. — *Rouen*, 18 nov. 1825, Delabrière c. Beloncle; *Cass.*, 12 fév. 1828, mêmes parties.

582. — Jugé même que la vente d'un immeuble dotal faite par la femme séparée de biens, sans l'autorisation de son mari, est nulle, quoique l'aliénation ait été autorisée par le contrat de mariage, mais à la charge d'emploi, et que la femme ait donné elle-même quittance du prix. — *Riom*, 16 août 1824, Chomeil c. Duroux.

583. — L'obligation contractée, avec affectation hypothécaire sur ses biens dotaux, par la femme autorisée de son mari, est nulle, quoiqu'elle ait été séparée de biens; et la femme peut, sur l'exécution réclamée contre elle, même après le décès de son mari, proposer cette nullité. — *Nîmes*, 31 déc. 1832, Escomel c. Marcha.

584. — Sous l'empire de la coutume d'Auvergne, la dot mobilière était inaliénable, même de la part de la femme séparée de biens. Dès-lors on a dû réputer nul et de nul effet l'abandon qu'une femme séparée de biens a fait d'une partie de sa créance dotale au profit d'un créancier de son mari. — En vain, pour considérer comme valable un pareil abandon, les juges exciperaient-ils de l'avantage possible qu'il y avait pour la femme à toucher sans contestation une somme considérable, et à éviter toute prétention de priorité hypothécaire; en vain exciperaient-ils aussi de ce que les revenus de la femme excéderaient la somme dont elle aurait fait remise, enfin de ce que la convention aurait été exécutée et ratifiée par un long silence. — *Cass.*, 7 fév. 1843 (t. 1er 1843, p. 537), Cisterne c. Dupin.

585. — Les immeubles dotaux sont imprescriptibles durant le mariage, de quelque manière que la vente en ait été faite. — C. civ., art. 1561. — La prescription est une aliénation, et toute aliénation est défendue; d'autre part, la femme ne peut agir durant le mariage en révocation de ses biens dotaux aliénés, et il est de principe que la prescription ne court pas contre celui qui est dans l'impuissance d'agir. — Tessier, t. 2, p. 199 et 100. — Quant aux exceptions que cette imprescriptibilité peut recevoir, V. *infrà*, nos 592 et suiv.

586. — Ce principe reçoit plusieurs exceptions: la première, lorsque la prescription a commencé avant le mariage. — Art. 1561.

587. — Il en était de même dans le droit ancien. — L. 16, ff., *De fundo dotali*; — Despeisses, *De la dot*, sect. 3e, nos 29 et 88; Merlin, *Quest.*, v° *Prescription*, § 6, art. 3. — Cependant au parlement de Provence on décidait que la prescription ne courait pas durant le mariage, quoiqu'elle eût commencé auparavant. — V. l'*Annotateur* de Dupérier, liv. 1er, quest. 11e; Boniface, liv. 9, tit. 1er, chap. 7.

588. — La prescription court en deuxième lieu durant le mariage lorsque la femme est séparée de biens. — C. civ., art. 1561, n° 2. — Pour le droit ancien, qui était conforme, V. Roussilhe, t. 2, n° 431.

589. — Les immeubles dotaux sont prescriptibles durant le mariage lorsqu'ils ont été déclarés aliénables par le contrat. — C. civ., art. 1561.

590. — Les immeubles dotaux se prescrivent par dix et vingt ans lorsque l'acquéreur est de bonne foi, et par trente ans lorsqu'il a connu les

vices de son titre. — Duranton, t. 15, p. 604 ; Tessier, t. 2, p. 168.

591. — La prescription de cinq ans, admise dans le Roussillon, d'après la loi *Si quando* au Code, ne pouvait être opposée à la femme qui, étant mineure lors de son contrat de mariage, avait aliéné par cet acte tous ses droits successifs, et avait ensuite stipulé une constitution générale de dot. — *Montpellier*, 21 nov. 1822, Deprade c. André.

Sect. 1re. — *Exceptions au principe de l'inaliénabilité de la dot.*

592. — Le principe de l'inaliénabilité de la dot souffre plusieurs exceptions ; mais, pour ne rien laisser à l'arbitraire, le législateur a pris soin de les spécifier d'une manière précise ; il a corrigé en cela l'ancienne jurisprudence, sous laquelle une foule de divisions avait restreint ou étendu, selon le temps et les lieux, le nombre de ces exceptions.

593. — Mais le principe général demeurant toujours l'inaliénabilité de la dot, il suit de là qu'il ne souffre pas d'autres exceptions que celles posées aux art. 1555, 1556, 1557 et 1558, C. civ. — *Cass.*, 28 fév. 1834, Favre c. Goubié ; *Aix*, 6 janv. 1843 (t. 2 1844, p. 86), Mouton c. Compagnon et Winter.

594. — Ainsi, une femme mariée sous le régime dotal ne peut, même avec l'assistance de son mari, vendre sans formalités une rente moindre de 50 fr. et faisant partie de sa dot ; la loi du 24 mars 1806 ne contient aucune exception à la règle de l'inaliénabilité de sa dot. — *Cass.*, 1er avr. 1823, N...

595. — La première exception est celle qui est contenue dans le contrat de mariage et participe de l'immutabilité des conventions matrimoniales. L'aliénation n'est en ce cas soumise par la loi à aucune disposition spéciale pour les formalités qui doivent l'accompagner, les époux sont les maîtres de choisir le mode de vente qui leur convient. — La même liberté existe pour l'aliénation qui a pour objet l'établissement des enfans.

596. — Mais pour les autres exceptions au principe de l'inaliénabilité des biens dotaux, comme les circonstances qui les occasionnent sont accidentelles et ne se révèlent que pendant le mariage, l'autorisation de la justice est nécessaire, et l'aliénation ne peut intervenir qu'après trois affiches et aux enchères. — Code civ., art. 1558.

597. — Nous pouvons dire dès à présent que la demande de la femme peut se borner à hypothéquer seulement les biens et que les tribunaux investis du pouvoir d'en autoriser l'aliénation peuvent en permettre également l'hypothèque, lorsque ce mode de créer des ressources peut produire les résultats analogues à ceux qu'on demande à l'aliénation. — *Cass.*, 23 août 1842 (t. 2 1842, p. 281), Eyriès c. Gindre ; *Grenoble*, 9 nov. 1839 (t. 1er 1843, p. 602), Isnord ; *Aix*, 15 janv. 1841 (t. 1er 1842, p. 699), Peyrou c. Imbert ; *Cass.*, 1er déc. 1840 (t. 1er 1841, p. 130), Isnard c. Brisis ; *Bordeaux*, 1er août 1834, Dubreuilh c. Gourgues ; *Rouen*, 22 déc. 1837 (t. 1er 1841, p. 192), Gardel ; 11 janv. 1838 (*ibid.*), Gardel ; 14 fév. 1838 (*ibid.*), Isabelle ; *Lyon*, 4 juin 1841 (t. 2 1841, p. 613), Pirony c. Martin. — V. aussi Duranton, t. 15, no 507 ; Tessier, *Traité de la dot*, t. 1er, p. 443.

598. — Il existe cependant des décisions contraires. — Jugé que la femme mariée sous le régime dotal ne peut être autorisée à hypothéquer ses biens immeubles dans les cas où la loi laisse aux juges la faculté d'en permettre l'aliénation. — *Rouen*, 31 août 1836 (t. 1er 1841, p. 192), Carlier ; 12 janv. 1838 (t. 1er 1841, p. 192), Julienne.

599. — La décision résultant d'un jugement sur requête, et constatant que la femme mariée se trouve dans un des cas où la loi autorise l'aliénation ou l'hypothèque de l'immeuble dotal, est inattaquable à l'égard des tiers contractans ; en conséquence, la femme n'est pas recevable, après avoir consenti l'aliénation ou l'hypothèque, à établir que l'autorisation qu'elle a demandée et obtenue était contraire à la loi. — *Lyon*, 4 juin 1841 (t. 2 1841, p. 613), Pirony c. Martin ; *Cass.*, 25 mai 1840 (t. 2 1840, p. 411), mêmes parties ; 1er déc. 1840 (t. 1er 1841, p. 130), Isnard c. Brisis.

§ 1er. — *Aliénation en vertu de la réserve contenue au contrat de mariage. — Remploi.*

600. — La première exception est celle qui résulte de l'art. 1557, C. civ., portant que l'immeuble dotal peut être aliéné lorsque l'aliénation en a été permise par le contrat de mariage.

601. — La femme mineure peut-elle donner au mari majeur par leur contrat de mariage l'autorisation d'aliéner le fonds dotal ? — Ceux qui se prononcent pour la négative se fondent sur ce que la femme mineure ne peut conférer un droit qu'elle n'a pas elle-même, celui d'aliéner un immeuble. — *Riom*, 19 nov. 1809, Delvieu c. Saraille ; *Cass.*, 19 juill. 1820, Villers c. Lauré, *Riom*, 28 avril 1834, Didier c. Chomel ; *Caen*, 15 juill. 1836, Forfait-Belcourt c. Dumesnil-Dubuisson. — V. aussi Roussilhe, t. 1er, p. 239 ; Salviat, p. 203 et 204 ; Tessier, t. 1er, p. 383.

602. — Mais on répond avec avantage que la femme mineure, lorsqu'elle est assistée dans son contrat de mariage des personnes dont le consentement est nécessaire à la validité de son union, est habile à passer toutes les conventions, que comporte le mariage, et que la femme qui puise dans cette assistance la capacité de faire à son conjoint un avantage purement gratuit, une donation pure et simple, doit aussi bien pouvoir autoriser une aliénation à titre onéreux. — Duranton, t. 15, nos 476 et 478 ; Duport-Lavillette, t. 2, p. 128 à 130. — V. en ce sens *Riom*, 19 nov. 1808, Gannat c. Guyot ; *Agen*, 10 juill. 1811 ; Mazet c. Couzy ; *Nîmes*, 26 janv. 1825, Serayet c. Desmartin ; 16 déc. 1826, M...

603. — Bien que la femme mineure ait stipulé dans son contrat de mariage la faculté d'aliéner ses biens dotaux, elle ne peut, en vertu de cette clause, et tant qu'elle est en état de minorité, vendre ses biens sans formalités de justice. — Néanmoins, la quittance du prix donnée par la femme devenue majeure emporte ratification d'une semblable vente et rend cette femme non recevable dans son action en nullité. — *Riom*, 13 nov. 1840 (t. 1er 1843, p. 464), Franchon c. Celle.

604. — Sous la coutume d'Auvergne, le pouvoir indéfini donné au mari en contrat de mariage par sa femme mineure, assistée de son père, d'aliéner les biens dotaux, était nul. — *Cass.*, 7 juill. 1830, Delrieu c. Cantuel.

605. — Il faut que l'autorisation de vendre soit expressément stipulée ; une stipulation indirecte ou équivoque ne remplirait point l'intention du législateur et devrait s'interpréter en faveur de l'inaliénabilité. — Benoît, t. 1er, no 212.

606. — La femme mariée sous le régime dotal, qui s'est réservé par son contrat de mariage la faculté d'aliéner ses immeubles n'a pas la libre disposition de ses meubles dotaux. — En conséquence, la subrogation consentie par la femme de son hypothèque légale sur les biens de son mari, à raison de ses créances mobilières, est nulle. — *Cass.*, 2 janv. 1837 (t. 1er 1837, p. 587), Castel c. Lipsin ; *Amiens*, 18 avr. 1837 (t. 2 1837, p. 505), mêmes parties.

607. — La faculté de disposer embrasse toute espèce d'aliénation. — Tessier, t. 1er, p. 401 ; Merlin, *Rép.*, vo *Femme*, no 4.

608. — La réserve stipulée par le contrat de mariage, au profit de la femme mariée sous le régime dotal, du droit d'aliéner sa dot, soit mobilière, soit immobilière, ne lui donne pas celui de déléguer le prix provenant de la vente de ses immeubles dotaux en paiement de dettes postérieures au mariage, alors même que le contrat n'imposerait pas à la femme l'obligation de faire remploi ; mais aussi s'il y est exprimé que le mari, constitué mandataire de sa femme pour le recouvrement de ses droits et actions, devra, au fur et à mesure des recettes, lui en passer quittance et s'en charger comme de bien dotal. — C. civ., art. 1541 et 1549 ; — *Cass.*, 16 août 1337 (t. 2 1837, p. 305), Berne c. Bruyn.

609. — La permission d'aliéner l'immeuble dotal, contenue dans le contrat de mariage, ne peut être exécutée par le mari seul et sans le concours de la femme, car cette autorisation ne transporte pas la propriété du fonds dotal au mari comme le fait la mise à prix. La permission d'aliéner ne fait que lever l'inaliénabilité prononcée par l'art. 1554. — Toullier, t. 14, no 188 ; Duranton, t. 13, no 475.

610. — Jugé que la clause du contrat de mariage par laquelle la femme, après avoir stipulé le régime dotal et s'être réservé le droit de vendre ses immeubles dotaux avec le consentement du mari, constitue et nomme celui-ci mandataire général spécial et irrévocable, à la charge qu'au fur et à mesure des recettes, ce dernier hypothèquera le tout sur ses biens présens et à venir, constitue un mandat général qui n'embrasse que les actes d'administration. — Mais elle ne confère pas au mari le pouvoir d'aliéner seul les biens dotaux de la femme. — *Cass.*, 12 août 1839 (t. 2 1839, p. 267), Delaloy c. Clapisson.

611. — Le mari à qui la femme a donné, par son contrat de mariage, le pouvoir de vendre, céder, aliéner les immeubles dotaux à tels prix, charges et clauses qu'il avisera, sous la condition toutefois que les sommes reçues seraient hypothéquées sur ses biens, et, en cas de restitution de la dot, rendues dans les mêmes termes de leur réception, n'a pas la faculté d'aliéner à rente viagère un de ces immeubles. — En conséquence, si le mari décède sans laisser aucun immeuble, une pareille vente est nulle, et la femme qui l'a consentie solidairement n'est tenue d'aucune garantie, même sur ses biens paraphernaux. — *Riom*, 12 août 1844 (t. 1er 1846, p. 62), Girard c. Clavières.

612. — Le pouvoir donné au mari d'aliéner les biens dotaux est irrévocable, dit M. Tessier (t. 1er, p. 384), car il est de la nature de tout mandat formant une des conditions substantielles d'un contrat irrévocable d'être irrévocable comme un contrat.

613. — Mais ce pouvoir prend fin par la séparation de biens comme par la mort de la femme. La femme qui, par la séparation de biens, reprend l'administration de ses biens pour en jouir et les administrer, n'aurait plus qu'un droit illusoire si le mari conservait le pouvoir de les aliéner. Le mandat cesse donc, mais la femme n'a pas moins de pouvoir que le mari, elle conserve le droit d'aliéner. — V., dans ses motifs, *Bordeaux*, 30 juill. 1811, Aristage c. Brocas ; — Tessier, t. 1er, p. 385.

614. — Lorsque le contrat de mariage imprime le caractère de la dotalité aux deniers provenant du prix de la vente de l'immeuble dotal comme à toutes les autres sommes qui pourront échoir à la femme pendant le mariage, toutes ces sommes sans distinction sont inaliénables, soit pour le mari, soit pour la femme, soit pour tous les deux conjointement. — Ainsi, lors même que la femme se serait réservé la faculté d'aliéner ses biens et droits dotaux avec le consentement de son mari, elle pourrait bien transférer valablement la propriété de l'immeuble dotal à des tiers acquéreurs, mais non aliéner le prix déclaré dotal par le contrat de mariage, et par suite inaliénable. — En conséquence, est nulle la convention par laquelle les époux autorisent l'acquéreur de l'immeuble dotal à compenser avec son prix le montant d'une créance à laquelle cet immeuble avait été antérieurement hypothéqué. — *Cass.*, 29 mai 1839 (t. 2 1839, p. 102), Berne c. Bruyn.

615. — La condition de ne pouvoir aliéner les biens de la femme pendant le mariage, qu'à la charge d'un remploi, exclut la faculté de les hypothéquer. — L'interprétation, même erronée, de la clause qui renferme une telle stipulation ne pourrait donner ouverture à cassation. — *Cass.*, 22 nov. 1820, Rivière c. Rivière-Lanoé.

616. — Il est certain que la réserve insérée dans le contrat de mariage d'hypothéquer le bien dotal est licite et valable. — *Limoges*, 6 déc. 1844 (t. 1er 1846, p. 33), Poutard c. Branle.

617. — Mais la faculté réservée à une femme mariée de vendre, échanger ou aliéner ses immeubles dotaux, n'emporte pas celle de les hypothéquer. — *Aix*, 15 janv. 1841 (t. 1er 1842, p. 699), Peyrou et Béguin c. Imbert ; *Cass.*, 25 janv. 1830, Delaporte c. Dutour ; 22 juin 1836, Glise c. Descours ; 31 janv. 1837 (t. 1er 1837, p. 347), Bobée c. Dufau ; 16 août 1837 (t. 2 1837, p. 305), Berne c. Bruyn ; 29 mai 1839 (t. 2 1839, p. 102), Berne c. Bruyn ; *Lyon*, 10 juill. 1837 (t. 2 1857, p. 521), Cantel c. Bredoux ; *Caen*, 21 déc. 1837 (t. 1er 1838, p. 657), Bobée c. Dufau ; *Montpellier*, 21 déc. 1837 (t. 2 1838, p. 435), Mourret c. Méjanel ; *Cass.*, 14 fév. 1843 (t. 1er 1843, p. 608), Berne c. Bruyn ; *Paris*, 11 nov. 1812, L'Huillier c. Grignon ; *Rouen*, 31 août 1836, Cotier. — Depuis le Code, la femme mariée sous le régime dotal, avec la réserve du droit d'aliéner l'immeuble qui lui a été constitué en dot, a le droit d'hypothéquer ce même immeuble. — *Lyon*, 17 juill. 1834, Glize et Gillet c. Descours-Lepschely ; 17 fév. 1835, Escoffier c. Viller ; 21 nov. 1838 (t. 2 1839, p. 185), Charbonnet c. Cailleteau.

618. — La jurisprudence a été fixée en ce sens par l'arrêt rendu, sur les conclusions savantes de M. le procureur général Dupin, par la cour de Cassation, chambres réunies, le 29 mai 1839, et cité au numéro qui précède. On ne doit donc considérer que comme une décision sans force l'arrêt de la cour royale de Limoges (6 déc. 1844 [t. 1er 1846, p. 33], Poutard c. Branle), suivant lequel la faculté d'aliéner l'immeuble dotal implique celle de l'hypothéquer.

619. — Il peut arriver que le contrat de mariage permette seulement d'hypothéquer les biens dotaux, et non de les aliéner. L'autorisation doit alors être restreinte dans ses limites, et l'on ne doit pas en conclure qu'elle emporte le droit de vendre. — Benoît, t. 1er, no 216.

620. — La faculté que les époux mariés sous le régime dotal se sont réservée d'aliéner les immeubles dotaux leur confère en même temps capacité suffisante pour fixer irrévocablement, sauf le cas de fraude, le prix des aliénations. — *Caen*, 7 juill.

(t. 2 1845, p. 609), Costain c. Leprieur; 28 mai 1845 (t. 2 1845, p. 422), Coutances.

621. — Et c'est ce prix qui en détermine la vraie valeur lorsqu'on n'articule aucune fraude. — *Caen*, 28 mai 1845 (t. 2 1845, p. 422), Coutances.

622. — Lorsqu'en vertu de l'autorisation d'aliéner, les biens dotaux ont été vendus, le prix en provenant reste dotal, en ce sens que la femme ne peut l'aliéner par des engagemens souscrits par elle. Le mari peut profiter des deniers, mais il en reste débiteur envers la femme ou ses héritiers. — Benoit, t. 1er, no 215.

623. — La femme mariée sous le régime dotal, qui s'est réservé par son contrat de mariage la faculté d'aliéner le fonds dotal, peut se désister de son hypothèque légale sur les biens de son mari. — *Lyon*, 9 fév. 1835, Ceur c. Saint-Jean; — Tessier, t. 1er, p. 394.

624. — Lors même que l'aliénation de la dot de la femme, mariée sous le régime dotal, a été autorisée par le contrat de mariage, l'aliénation ou l'hypothèque consentie par la femme est nulle, si les conditions sous lesquelles cette aliénation avait été permise n'ont pas été remplies. — *Montpellier*, 17 nov. 1830, Boyer c. syndics de sa faillite.

625. — L'une des conditions les plus usitées est celle du remploi du prix de l'immeuble vendu en achat d'autres immeubles. Cette clause doit être rigoureusement accomplie dans les termes où elle est conçue.

626. — La condition de ne pouvoir aliéner les biens de la femme, pendant le mariage, qu'*à la charge d'un remplacement*, doit être exécutée abstraction faite du régime sous lequel le mariage a eu lieu. — *Cass.*, 22 nov. 1819, Rivière c. Lanoé.

627. — Lorsque, aux termes du contrat de la femme cohéritière, l'immeuble dotal était aliénable, mais à la charge de faire remploi, la licitation peut être validée, bien qu'elle ait été faite sans autorisation ni formalités de justice; mais il doit être formé un remplacement pour la portion afférente à la femme dans le prix de l'immeuble adjugé au cohéritier. — *Cass.*, 23 août 1830, Thibaudier.

628. — La licitation qui a eu lieu entre cohéritiers sans le concours des étrangers est une véritable vente; de telle sorte que, si, parmi les colicitans il se trouve une femme mariée sous le régime dotal, il doit être fait remploi de la portion à elle revenant dans le prix. — Dans le cas de revente par le colicitant adjudicataire, le remploi peut être exigé par le tiers acquéreur. — *Rouen*, 24 avr. 1828, Coutelier.

629. — L'adjudication aurait, à plus forte raison, le caractère d'une vente, si elle était faite au profit d'un étranger: celui-ci serait en droit d'exiger qu'il fût fait remploi du prix des biens dotaux aliénés, bien que le jugement d'adjudication ne l'eût point chargé de surveiller cet emploi. — *Paris*, 9 juill. 1828, Gardès c. Colin.

630. — Lorsque dans le contrat de mariage, contenant réserve aux époux du pouvoir d'aliéner et d'hypothéquer le bien dotal, la condition de remploi n'a été imposée qu'au cas d'aliénation, cette condition ne peut être étendue au cas d'hypothèque. — *Limoges*, 6 déc. 1844 (t. 1er 1846, p. 33), Poutard c. Branle.

631. — Lorsque l'aliénation des biens dotaux de la femme a été autorisée par le contrat de mariage, mais sans condition expresse de remploi, l'acquéreur, si le contrat d'acquisition est muet sur le remploi, ne peut refuser de se libérer au jour fixé, sous le prétexte que le remploi n'aurait pas eu lieu. On dirait en vain que le remploi est de l'essence du régime dotal. — *Rouen*, 21 mars 1829, Denise c. Leroy; — Duranton, t. 15, nos 484 et 486.

632. — De même, lorsqu'il est dit dans un contrat de mariage que la femme, en se constituant comme dotaux ses immeubles, a donné pouvoir à son mari de les vendre ou échanger contre d'autres, lesquels seront également dotaux, il n'en résulte pas pour le mari l'obligation de faire remploi du prix des immeubles vendus; la dernière clause doit être considérée comme s'appliquant seulement à l'échange et non à la vente. — *Grenoble*, 17 nov. 1835, Gautier c. Dubois.

633. — S'il n'y a pas de condition de remploi stipulée, l'immeuble acquis par le mari pour faire remploi du prix de vente de biens dotaux, alors même que le remploi serait accepté par la femme, ne serait pas dotal. — Tessier, t. 1er, no 48, p. 225.

634. — Lorsque la femme, avant la vente d'un bien dotal, avait aliéné elle-même un immeuble non dotal dont elle était en possession et qu'un acte d'une date postérieure constatait avoir été acquis en remploi du fonds dotal, elle n'est pas fondée à réclamer cet immeuble comme ayant nature de remploi, alors qu'il n'apparaît pas d'acte authentique, antérieur à la vente par elle consentie qui en ait transmis la propriété. — *Cass.*, 4 mars 1834, Lenoir-Dubreuil.

635. — La rente foncière donnée à l'épouse en paiement de sa dot constituée en argent a pu être remboursée au mari, sous charge de remploi, surtout lorsque par le titre primitif cette rente avait été stipulée rachetable. — *Riom*, 15 fév. 1811, Bachelerie c. Bourdillon.

636. — Lorsqu'une femme mariée sous le régime dotal se réserve *la faculté d'aliéner ses rentes moyennant remplacemens valables qui seront acceptés par elle pour lui demeurer dotaux*, dans ce mot *aliéner* ne se trouve pas compris le remboursement du capital de la rente, lequel remboursement peut, dès-lors, s'effectuer sans remploi. — *Cass.*, 11 juill. 1843 (t. 2 1843, p. 219), Michel.

637. — La responsabilité du mari qui a autorisé sa femme à aliéner ses immeubles ne s'étend pas au cas où elle était déjà précédemment autorisée par justice. En ce cas, il ne peut s'opposer à la délivrance du prix de vente entre les mains de la femme, sous prétexte qu'il serait garant du défaut d'emploi. — *Poitiers*, 28 fév. 1834, Maudineau. — D'ailleurs, le mari n'est responsable des sommes qu'il a autorisé sa femme à recevoir, qu'autant qu'il en a lui-même profité. — *Agen*, 31 janv. 1832, Wanregementer c. Dauriac.

638. — Lorsque le mari, autorisé par contrat de mariage à vendre l'immeuble dotal de sa femme, à charge de remploi ou d'hypothèque valable, a consommé cette aliénation, la vente est irrévocable. — *Grenoble*, 20 janv. 1832, Barge de Certeau c. Janon

639. — Lorsque l'autorisation d'aliéner ou d'hypothéquer n'a été donnée à la femme qu'à la condition de remplacer ou d'améliorer, l'aliénation ou l'hypothèque n'est valable, même à l'égard du tiers qui traite avec elle sur la foi de l'autorisation, qu'autant qu'il y a ultérieurement remplacement ou amélioration. — *Turin*, 25 janv. 1811, Godmar.

640. — L'hypothèque légale de la femme sur les biens de son mari ne suffit pas pour autoriser celui-ci à recevoir le prix provenant de la vente des meubles dotaux par lui consentie, sans en effectuer, par des acquisitions immobilières, le remploi dont son contrat de mariage lui impose l'obligation. — *Agen*, 28 mars 1832, Boudon c. Aunac.

641. — Lorsque l'aliénation d'un immeuble dotal a été permise par contrat de mariage à condition de remploi dans un délai déterminé, le défaut d'exécution de cette condition dans le délai prescrit n'emporte pas nullité de la vente; car, l'autorisation de vendre étant toujours subsistante, la femme peut toujours ratifier la vente ou en passer une nouvelle à l'acquéreur. — D'un autre côté, le délai pour faire le remploi n'ayant pas été stipulé sous peine de nullité de la vente, le remploi peut avoir lieu tant que dure le mariage. — En pareil cas, la femme est réputée avoir ratifié la vente en produisant à l'ordre ouvert sur le prix des biens vendus sur son mari, pour la valeur de son immeuble dotal, à la charge toutefois par l'acquéreur, en cas de collocation de la femme, de surveiller l'emploi des sommes qu'elle touchera. — *Nîmes*, 9 août 1842 (t. 1er 1844, p. 43), Perrin.

642. — Mais, lorsque des époux mariés sous le régime dotal ont stipulé la faculté d'aliéner les biens dotaux à la condition d'un remploi, ce remploi doit nécessairement être fourni, à peine de nullité de l'aliénation, avant la dissolution du mariage, ou avant la séparation de corps et de biens obtenue par la femme. — C'est au mari et, à son défaut, à l'acquéreur à fournir ce remploi. — *Rouen*, 19 mai 1840 (t. 2 1840, p. 403), Deschamps c. Delalande; *Cass.*, 22 nov. 1819, Rivière c. Lanoë; *Agen*, 28 mars 1832, Boudou c. Aunac; *Toulouse*, 21 août 1833, Gary c. Marmande; *Cass.*, 12 déc. 1833, Boudou c. Aunac; *Toulouse*, 22 déc. 1834, Danartigues c. Pellegry; *Rouen*, 5 juin 1837 (t. 1er 1838, p. 32), Massif c. Lepilleur; *Riom*, 26 juin 1839 (t. 2 1842, p. 385), Darrot et Arnaud c. Charbonnier; *Limoges*, 21 août 1840 (t. 2 1840, p. 763), Tauche-port c. Dumonteil et Leyman. — V. cependant *Grenoble*, 17 déc. 1835, Delaloy c. Clapisson; *Rouen*, 5 déc. 1840 (t. 1er 1841, p. 76), Chedeville c. Chéramy et Quesneville; — Duranton, t. 15, no 432.

643. — L'estimation des biens à donner en remploi doit se faire suivant leur valeur à l'époque des aliénations, et non suivant celle qu'ils peuvent avoir à la date de la demande en remploi. — *Caen*, 28 mai 1845 (t. 2 1845, p. 422), Coutances.

644. — Lorsque le contrat de mariage a permis l'aliénation des biens dotaux à la charge de remploi, il ne suffit pas d'une simple constitution d'hypothèque; en conséquence, l'acquéreur est fondé à refuser de payer son prix jusqu'à ce qu'il ait été fait un remploi en immeubles. — *Toulouse*, 7 août 1833, Lautard c. Journel. — V. aussi Duranton, t. 15, nos 485 et 486; Tessier, t. 1er, p. 409.

645. — Décidé, par application du même principe que l'acquisition de biens grevés d'une hypothèque légale, indivis entre des cohéritiers, et conséquemment soumis à une action en partage, moyennant un prix qui n'a été payé qu'en partie, et conséquemment sujet à l'action résolutoire, ne constitue pas un remploi utile et valable du prix de biens dotaux aliénés. — *Cass.*, 12 mai 1840 (t. 2 1840, p. 153), Carragou et Cune c. de Montlogis.

646. — Ainsi les époux ne peuvent substituer au remploi par hypothèque prescrit par le contrat de mariage un autre mode qui ne présenterait pas la même garantie, par exemple, un remploi par privilége sur le prix d'un office. — *Cass.*, 9 juin 1841 (t. 2 1841, p. 33), Soufron c. Catalogue.

647. — Cependant on a décidé que l'emploi était utilement fait par des prêts hypothécaires sur des actions du canal des deux mers. — *Toulouse*, 13 août 1812, Fajole c. Laroque.

648. — Lorsque la validité de l'aliénation du fonds dotal dépend de l'emploi du prix, c'est aux héritiers de la femme qui demandent la nullité, et non à l'acquéreur du fonds dotal, qu'incombe l'obligation de prouver l'emploi du prix de l'immeuble dotal. — *Cass.*, 15 nov. 1828, Fayard.

649. — Les frais de remploi sont à la charge du mari, la femme devant retrouver sa dot intacte. — *Caen*, 7 juill. 1845 (t. 2 1845, p. 609), Tosiain.

650. — Lorsque le contrat de mariage n'autorise l'aliénation des biens dotaux qu'à la condition d'un bon et valable remplacement, il s'entend d'un remplacement effectué en même temps que la vente, et non d'une simple promesse de remplacement. — *Rouen*, 3 août 1823, Lefebvre.

651. — Dans le droit ancien, il ne se faisait pas de remploi de coutume à coutume. — Le remploi des biens dotaux des femmes normandes ne pouvait avoir lieu qu'en biens situés dans l'enclave de cette coutume; et spécialement la femme mariée sous la coutume de Paris, qui possédait des biens en Normandie, ne peut, en cas d'aliénation de ces biens, réclamer, au préjudice d'un acquéreur de bonne foi, des biens acquis en remploi dans l'enclave d'une autre coutume. — *Cass.*, 4 mars 1834, Lenoir-Dubreuil c. Dagoret.

652. — Le prix de biens dotaux employé au paiement partiel d'un immeuble acquis personnellement par le mari avant l'aliénation du bien dotal ne peut être considéré comme remploi, encore bien qu'il ait été stipulé dans l'acte de vente du bien dotal, et avec le consentement de la femme, que, moyennant le versement du prix par l'acquéreur, celle-ci aurait son remploi sur l'immeuble acquis par le mari. — L'acceptation de la part de la femme d'un remploi de cette nature ne lui enlève pas le droit de contraindre l'acquéreur de ses biens dotaux à un remploi plus régulier. — *Bordeaux*, 12 janv. 1838 (t. 2 1840, p. 290), Rives.

653. — En cas de vente par expropriation d'un fonds dotal, si le jugement d'adjudication porte qu'il sera fait emploi de l'excédant du prix, après les dettes payées, on ne peut considérer comme un emploi valable l'acquisition faite par la femme, autorisée par son mari, d'un immeuble vendu beaucoup au-dessus de sa valeur réelle. — Sur la demande des époux, les juges doivent prononcer la nullité d'une pareille vente; il ne leur est pas permis de la maintenir, en réduisant le prix exorbitant qui avait été convenu au juste prix porté dans une estimation faite par experts. — *Riom*, 4 déc. 1818, Lacassagne c. Deldevès. — Il faut toutefois remarquer que cet arrêt est fondé en fait et sur la considération des moyens de séduction employés par le vendeur pour faire accepter au mari et à la femme, à titre d'emploi, une acquisition évidemment onéreuse.

654. — De même encore, le mari qui, sous l'empire de l'ancien droit, déclare, dans la vente d'un immeuble dotal, vouloir en employer le prix en un terrain qu'il se propose d'acheter d'une personne qu'il indique, et qu'il achète effectivement, en payant à compte une somme provenant de la vente de cet immeuble, ne doit pas être considéré comme ayant fait un emploi ou un échange au profit de la femme. — *Grenoble*, 4 fév. 1840 (t. 2 1840, p. 278), Morel c. Carra.

655. — Enfin on ne peut considérer comme un remploi valable la cession que fait un mari à sa femme, mariée sous le régime dotal, d'un immeuble à lui propre, pour tenir lieu à celle-ci du fonds dotal aliéné. — En pareil cas, la signification que la femme se fait à elle-même de son contrat d'acquisition suivant la forme prescrite par l'art. 2194, C. civ., est nulle et n'a point pour effet de purger l'hypothèque légale. — Cet immeuble ne peut plus être considéré, vis-à-vis de l'acquéreur, comme remplaçant les biens dotaux aliénés, alors surtout que, par suite de la déclaration faite par la femme après sa séparation de

biens qu'elle l'acceptait en paiement de partie de ses droits, il est devenu sa propriété personnelle. — *Rouen*, 3 mars 1841 (t. 1er 1842, p. 236), Marchand c. Pertuzon.

656. — Le mari qui a vendu les immeubles dotaux de sa femme, réputés inaliénables, peut lui céder en remploi de ses propres immeubles, avant même toute séparation de biens. — Les immeubles dont la propriété est ainsi transmise à la femme prennent tous les caractères de la dotalité, et deviennent inaliénables. — *Riom*, 9 nov. 1821, Laire-Seroux c. Chevogeon.

657. — Le mari est toujours maître de désigner ceux de ses immeubles qu'il entend donner en remplacement. — *Rouen*, 7 nov. 1840 (t. 1er 1841, p. 52), Roger c. Levieils.

658. — Le mari qui a aliéné ou remplacé la dot de sa femme ne peut, sous le prétexte que l'immeuble donné en remplacement dépasserait en valeur la somme des deniers dotaux employés, stipuler qu'il aliénera telle autre partie de la dot jusqu'à concurrence de cet excédant de valeur: une telle stipulation est nulle; le bénéfice résultant de la plus-value de l'immeuble acheté en remplacement étant définitivement et exclusivement acquis à la femme, du jour où le remploi a été par elle accepté. — Néanmoins, la nullité de cette clause ne peut entraîner la nullité du remplacement déjà fait par le même acte au profit de la femme. — *Rouen*, 7 nov. 1840 (t. 1er 1841, p. 52), Roger c. Levieils.

659. — Lorsqu'un domaine a été abandonné par un mari à sa femme, comme remploi de biens dotaux et de biens aliénables, la saisie pratiquée par les créanciers de la femme sur la totalité de ce domaine est valable jusqu'à concurrence de la portion représentant les biens qui étaient aliénables. — *Cass.*, 5 juill. 1842 (t. 2 1842, p. 123), Courby.

660. — La disposition de l'art. 1553, C. civ., qui veut que l'immeuble acquis des deniers dotaux ne soit dotal qu'autant que la condition de remploi a été stipulée dans le contrat de mariage, doit être entendue en ce sens, que, indépendamment de la convention matrimoniale qu'il énonce, il faut aussi que l'acte d'acquisition exprime que le prix de l'immeuble provient des deniers dotaux, dont l'emploi est ainsi fait en conformité du contrat de mariage. — Peu importe, d'ailleurs, que l'acquisition soit faite par le mari ou directement par la femme: la déclaration d'emploi est exigée dans les deux cas. — *Toulouse*, 13 août 1841 (t. 2 1841, p. 711), Arpajou c. Caze. — Cette doctrine est, au reste, conforme à l'opinion de MM. Benoît, *Tr. de la dot*, t. 1er, p. 136, no 113; Bellot de Minières, *Contrat de mariage*, p. 75; Rolland de Villargues, *Rép. du not.*, vo *Remploi entre époux*, no 90.

661. — Bien que le contrat signale le mari comme acquéreur d'un immeuble en son nom personnel, cependant l'acquisition peut être réputée faite par la femme seule et dans son seul intérêt, alors qu'il est dit dans l'acte que le prix a été payé à titre de remploi de ses deniers dotaux (remploi prescrit par le contrat de mariage), et que cette femme, intervenant elle-même à l'acte, a déclaré *accéder à l'emploi*, et *accepter les biens acquis en remploi*. — *Cass.*, 8 janv. 1844 (t. 1er 1844, p. 488), Trésor publ. c. Rogier.

662. — L'immeuble acquis en remploi d'un bien dotal prend ce dernier caractère; et, dans le cas où il est revendu, l'excédant du prix de revente sur celui d'acquisition appartient exclusivement à la femme, qui doit profiter des conséquences de l'augmentation de valeur, comme elle devrait souffrir celles d'une diminution. — *Pau*, 5 juin 1837 (t. 1er 1841, p. 186), Lafforgue.

663. — Lorsque l'immeuble acquis en remploi d'un propre a été payé pour partie seulement des deniers dotaux de la femme et pour autre partie des deniers du mari, celle-ci a sur l'immeuble, non pas un simple droit d'hypothèque, mais bien un droit de propriété dans la proportion de la somme payée par elle. — *Rouen*, 15 mars 1841 (t. 1er 1841, p. 801), Lanoë c. Cheramy.

664. — Lorsque, dans le contrat d'acquisition d'un immeuble, le mari a déclaré qu'une partie du prix provenait des deniers dotaux de sa femme, à laquelle cette acquisition devait, jusqu'à due concurrence, servir de remploi, et que la femme, présente à l'acte, a déclaré accepter le remploi, les héritiers du mari ne peuvent se prétendre seuls propriétaires de l'immeuble, sous le prétexte que l'acte, dans son commencement, énonce que le mari acquiert *pour lui, ses héritiers et ayant-cause*. — *Cass.*, 20 juin 1821, Aplot c. Guiry.

665. — Lorsque l'aliénation de l'immeuble dotal a été autorisée par le contrat de mariage des époux, mais à la charge de remploi, si le remploi n'a pas été régulièrement fait et accepté, la femme a, indépendamment du droit de demander la révocation de la vente, la faculté d'agir, *constante matrimonio*, par la voie hypothécaire sur les biens de son mari. — *Cass.*, 28 nov. 1838 (t. 2 1838, p. 553), Perrin c. Passié.

666. — L'autorisation donnée au mari, par contrat de mariage, d'aliéner les immeubles dotaux de sa femme, à la charge par lui d'en employer le prix en acquisition d'autres immeubles, ne le dispense pas de faire accepter formellement le remploi par sa femme. — *Cass.*, 15 mai 1839 (t. 2 1839, p. 341), Meunier c. Eurey.

667. — Lorsque le mari est autorisé par le contrat de mariage à aliéner les biens dotaux de sa femme, mais sous la condition de les remplacer, et à la charge, en outre, par les acquéreurs, de veiller au remploi, il faut, pour la validité de ce remploi, non-seulement que le mari déclare dans le contrat qu'il acquiesce pour son épouse, mais encore que celle-ci consente au remploi et l'accepte. — *Cass.*, 28 mars 1820, Bernard c. Viallevielle.

668. — La possession que la femme a eue des immeubles présentés pour tenir lieu de remploi, en vertu d'un bail que le mari lui en a passé depuis leur séparation de biens, ne peut être opposée à la femme comme une acceptation du remploi. — Même arrêt.

669. — Le remplacement qui doit être fourni par le mari et accepté par la femme, en cas d'aliénation du bien dotal autorisée par le contrat de mariage, est une condition de rigueur; et la vente faite sans remplacement doit être annulée sur la demande de la femme. — *Rouen*, 5 juin 1837 (t. 1er 1838, p. 32), Massif c. Lepilleur; *Cass.*, 25 avr. 1842 (t. 1er 1842, p. 594), mêmes parties; 22 nov. 1819, Rivière c. Lanoë; 8 mars 1827, Simon c. Fournier; *Agen*, 28 mars 1832, Boudou c. Aunac; *Toulouse*, 21 août 1833, Gary c. Marmande; *Cass.*, 12 déc. 1833, Boudou c. Aunac; *Toulouse*, 22 déc. 1834, Damartigue c. Pellegry.

670. — La nullité pourrait être demandée par la femme, bien qu'il n'eût été fixé aucun délai pour remplacer, et qu'au moment du décès du mari (ce qui faisait cesser la dotalité), le prix fût encore dû par l'acquéreur, et déposé à la disposition de la femme. — *Cass.*, 25 avr. 1842 (t. 1er 1842, p. 611), Lepilleur c. Marrif.

671. — Lorsque, dans son contrat de mariage, une femme mariée sous le régime dotal a autorisé son mari à vendre ses meubles, mais à charge d'emploi du prix, l'acquéreur des biens de la femme, après le décès de celle-ci, ne peut se refuser au paiement de son prix d'acquisition, qui lui est demandé par le mari, veuf et tuteur de ses enfans mineurs, sous prétexte que celui-ci ne justifierait pas de l'emploi qu'il veut faire du prix, ainsi que l'y oblige son contrat de mariage. Les effets de ce contrat ont cessé par la dissolution du mariage. — *Nîmes*, 12 juill. 1839 (t. 2 1839, p. 53), Chambon c. Lapierre.

672. — Dans le cas où le contrat de mariage autorise la vente du fonds dotal, mais à la charge par le mari d'en employer le prix à la libération des biens à lui donnés par le même contrat, l'inobservation de cette condition est, à l'égard de la femme, une cause de nullité de la vente. — *Grenoble*, 3 déc. 1824, Pise c. Beau.

673. — Lorsque les immeubles dotaux, stipulés aliénables à la charge du remploi, ont été aliénés par la femme, autorisée de son époux, mais que le remploi n'a point été opéré, la femme peut, après avoir fait prononcer sa séparation de biens, demander la nullité de la vente, encore que les acquéreurs déclarent tenir le prix à sa disposition et offrent de le verser si elle fait un remploi valable. — *Limoges*, 21 août 1840 (t. 2 1840, p. 763), Tauchepont c. Dumonteil et Leyman.

674. — Lorsque le mari a reçu, par le contrat de mariage, le pouvoir d'aliéner les immeubles dotaux, mais à la charge de les remplacer, la femme a, en cas de vente faite sans remplacement, un recours contre le tiers acquéreur, en remboursement du prix qu'il a imprudemment payé sans en surveiller l'emploi. — *Cass.*, 12 déc. 1833, Boudou c. Aunac; *Agen*, 28 mars 1832, Boudou c. Aunac; *Bordeaux*, 30 juill. 1833, Deschamps c. Binard; *Toulouse*, 21 août 1833, Gary c. Marmande; 22 déc. 1834, Damartigue c. Pellegry; *Rouen*, 5 juin 1837 (t. 1er 1838, p. 32), Massif c. Lepilleur; 19 mai 1840 (t. 2 1840, p. 403), Deschamps.

675. — L'acquéreur est responsable du remploi envers la femme, et, à défaut de l'avoir opéré, il doit lui payer le prix de vente qu'il a déjà payé au mari, sans discussion préalable des biens de ce dernier, à moins de réserve à cet égard dans le contrat de vente ou de mariage. La femme ne peut, en ce cas, recevoir le prix de ses biens dotaux qu'en donnant caution aux tiers acquéreurs, ou en effectuant le remploi. — *Agen*, 28 mars 1832, Boudou c. Aunac.

676. — La clause que le bien dotal pourra être aliéné avec le consentement du mari, mais avec remploi, impose au mari l'obligation de veiller au remploi. — En conséquence, si le remploi n'a pas été effectué, la prescription contre l'action que la femme prétendrait avoir pour demander la nullité de la vente est suspendue tant que dure le mariage, quand même la vente aurait été faite depuis la séparation de biens, parce que cette action réfléchirait contre le mari, garant du défaut de remploi. — *Cass.*, 18 mai 1830, Saint-Paul c. Tourneyssen.

677. — La stipulation, dans un contrat de mariage, que les immeubles dotaux de la femme ne pourront être aliénés par le mari qu'à la charge de remploi, est obligatoire pour les acquéreurs de ces immeubles. Dès-lors, en l'absence de remploi effectué, sinon immédiatement après la vente, au moins dans un délai convenable, et, dans tous les cas, avant la dissolution du mariage, la femme ou ses héritiers peuvent revendiquer entre les mains des acquéreurs les biens ainsi vendus. — *Grenoble*, 7 avr. 1840 (t. 2 1845, p. 394), Luc Giroud.

678. — La clause d'un contrat de mariage portant que, pour être valables, les aliénations des biens dotaux de la femme seront consenties et les remplois acceptés par elle, sans aucune formalité de justice, ne doit pas être entendue en ce sens que le consentement et l'acceptation de la femme suffisent pour dispenser de constater autrement la suffisance des emplois; l'acquéreur est toujours en droit de contester cette suffisance et de refuser son paiement jusqu'à plus ample justification. — *Bordeaux*, 18 janv. 1839 (t. 1er 1839, p. 382), Vieillemard c. Rousseau.

679. — Jugé, par application de ce principe, que dans le cas de vente d'un immeuble indivis entre plusieurs cohéritiers, au nombre desquels se trouve une femme mariée sous le régime dotal, avec faculté au mari d'aliéner, mais à la charge de faire remploi du prix, les acquéreurs, avant de payer la portion revenant à la femme, ont le droit d'exiger qu'il leur soit justifié d'un remplacement en biens-fonds. — *Paris*, 9 juill. 1828, Gardès et Meunier.

680. — L'acquéreur d'un bien dotal dont le contrat de mariage permettait l'aliénation au mari, mais à la charge de faire emploi, a intérêt et qualité pour exiger du mari, avant de se libérer de son prix, la justification d'un remploi suffisant, ou même pour critiquer l'utilité du remploi que le mari pourrait avoir fait. — *Aix*, 20 juin 1834, Noé c. Granier; — Toullier, t. 14, no 153; Benoît, *Traité de la dot*, t. 1er, p. 135, no 112.

681. — L'immeuble acquis par une femme en remploi de propres dotaux doit être libre de toutes charges; autrement l'acquéreur de ces propres peut ajourner le paiement de son prix jusqu'à la main-levée des charges existantes. — *Caen*, 8 janv. 1843 (t. 2 1845, p. 184), Deshayes c. Bardel.

682. — L'acquéreur d'un bien dotal dont le prix n'est exigible qu'à charge de remploi a droit de se refuser au paiement tant que la condition de remploi n'a pas été accomplie, même après le décès de la femme à laquelle ce bien appartenait, et alors que ses héritiers, étant mineurs, se trouvent ainsi dans l'impossibilité de ratifier la vente, soit par eux-mêmes, soit par leur tuteur. — *Cass.*, 25 avr. 1842 (t. 2 1842, p. 344), Saccarère c. Duffar.

683. — Le sous-acquéreur d'un immeuble dotal, aliénable seulement à charge de remploi, a son action en nullité des ventes, soit contre son vendeur immédiat, soit contre le vendeur primitif, et il peut appeler en cause la femme, propriétaire originaire de l'immeuble, pour en voir ordonner un bon et valable remplacement, dans le cas où les ventes seraient maintenues. — *Cass.*, 23 août 1830, Thibaudier c. Bourgeois.

684. — Jugé cependant que la clause de remploi de la dot mobilière, imposée au mari dans le contrat de mariage, ne donne pas aux tiers débiteurs le droit de surveiller l'emploi. — *Paris*, 4 juin 1831, de Vaufreland c. Roy.

685. — Lorsqu'une femme, après avoir vendu un immeuble dotal, à la charge d'un remploi en immeubles, se fait autoriser par justice à toucher le prix sans remplacement, et à l'employer à l'acquittement des arrérages d'une rente par elle dus, ou au remboursement de cette même rente, le tiers acquéreur ne peut se refuser à payer son prix, par le motif que cet emploi n'a pas été stipulé dans son contrat, et que d'ailleurs il est contraire aux règles sur l'inaliénabilité de la dot. — *Rouen*, 20 mars 1832, des Demaines c. Picard; *Grenoble*, 20 déc. 1832, Vassieux c. Rochas; *Paris*, 26 fév. 1833, Fricot c. Costé et Vaschalde. — V. cependant, en sens contraire, *Paris*, 9 juill. 1828, Gardès c. Colin; *Caen*, 12 mars 1831, Fallain-Lachaussée.

686. — Lorsqu'un immeuble dotal a été aliéné avec stipulation de remploi en immeubles, l'acquéreur ne peut exiger l'accomplissement rigou-

reux de cette condition, lorsqu'un jugement postérieur a ordonné qu'une partie du prix par lui dû serait employée à l'établissement des enfans du vendeur. — *Bordeaux*, 9 janv. 1835, Paris.

687. — L'acquéreur d'un bien dotal, dont la vente est annulée pour défaut de remploi, est tenu de restituer les fruits à partir du jour de la vente, lorsqu'il a su que le fonds était frappé de dotalité. — *Riom*, 26 juin 1839 (t. 2 1842, p. 385), Durrot et Arnaud c. Charbonnier.

688. — Jugé au contraire que l'acquéreur ne doit les fruits que du jour de la demande en nullité. — *Toulouse*, 21 août 1833, Gary c. Marmande; *Cass.*, 12 mai 1840 (t. 2 1840, p. 153), Arragon et Cure c. Montlogis; 27 avr. 1842 (t. 2 1842, p. 285), Chevany c. Chédeville.

689. — Le tiers qui a sciemment participé à la fraude pratiquée par le mari et la femme pour arriver à toucher sans remploi le prix de vente d'un immeuble dotal est responsable de ce prix envers la femme et ses héritiers. — En vain, pour se soustraire à cette responsabilité, exciperait-il soit de ce qu'il n'aurait personnellement recueilli aucun avantage de la fraude, soit de ce que la femme y aurait elle-même concouru, ce qui constituerait de sa part un délit des conséquences duquel elle serait responsable sur ses biens dotaux. — *Cass.*, 25 juill. 1842 (t. 2 1842, p. 220), Forestier c. Bathol-Choussy; *Lyon*, 21 déc. 1844 (t. 1er 1845, p. 418), mêmes parties.

§ 2. — *Aliénation pour l'établissement des enfans.*

690. — La femme peut, avec l'autorisation de son mari, ou, sur son refus, avec permission de justice, donner ses biens dotaux pour l'établissement des enfans qu'elle aurait d'un mariage ultérieur; mais si elle n'est autorisée que par justice, elle doit réserver la jouissance à son mari. — C. civ., art. 1555. — Elle peut aussi, avec l'autorisation de son mari, donner ses biens dotaux pour l'établissement de leurs enfans communs. — C. civ., art. 1556.

691. — L'ancienne jurisprudence des parlemens de droit écrit avait admis cette exception. — Catellan, liv. 4. chap. 4; Corier sur Guy-Pape, p. 223; Boniface, t. 1er, liv. 5, tit. 4, chap. 2; Lapeyrère, lettre D, nos 118 et 119; Louet, lett. D, § 40; Automne, part. 2, p. 244; Salviat, p. 202; Roussilhe, *Jurisprud. des donat.*, t. 1er, nos 67 et 69. — V. aussi *Grenoble*, 24 déc. 1817, Chuilon.

692. — La femme mariée sous la coutume de Normandie pouvait aliéner ou hypothéquer ses immeubles avec permission de justice et avis des parens pour l'établissement de ses enfans. — *Caen*, 7 mars 1845 (t. 1er 1846, p. 386), Barassin.

693. — Quelques uns d'entre ces parlemens avaient même jugé que la femme pouvait donner ses biens dotaux à des parens collatéraux et même à des étrangers; mais cette jurisprudence était combattue par de nombreux arrêts. L'annotateur de Dupérier dit même à cette occasion qu'il n'a point vu de question sur laquelle il soit intervenu tant d'arrêts contradictoires. Quoi qu'il en soit, un arrêt de la cour de Grenoble du 25 juin 1822 (Mille c. Gerard-Teissère) a jugé, conformément à la jurisprudence du parlement auquel elle a succédé, que la femme avait pu, avec le consentement de son mari, donner ses biens dotaux par contrat de mariage à des parens collatéraux. — Benoît, *De la dot*, t. 1er, no 220. — Mais un autre arrêt de la cour d'Agen, du 5 août 1808 (Gaches c. Saint-Orens), a décidé que sous l'ancienne jurisprudence et particulièrement sous celle du parlement de Toulouse, la donation faite par une femme de ses biens dotaux, conjointement avec son mari, était nulle par rapport à la femme et valable par rapport au mari.

694. — Jugé toutefois que, d'après la jurisprudence du parlement de Toulouse, la donation faite par la femme d'une somme faisant partie de sa dot et payable seulement après son décès et celui de son mari était valable quoiqu'elle fût consentie en faveur d'autres que de ses enfans, si d'ailleurs la donation renfermait des stipulations au profit de la donatrice. — *Toulouse*, 7 thermid. an XII, Maris c. Saint-Alary.

695. — Sous le Code, on a jugé qu'une donation entre-vifs de tous ses biens, faite par une femme mariée sous le régime dotal, doit être annulée à l'égard de ses biens dotaux, et maintenue à l'égard des biens non dotaux. — *Montpellier*, 21 janv. 1825, Aninat et Rouvier c. Calazel.

696. — La femme mariée sous le statut de l'ancienne cout. d'Auvergne ne peut, même sous le Code, aliéner sa dot pour l'établissement des enfans, hors le cas d'exception porté par la coutume. — *Riom*, 9 juin 1817, Devédrine.

697. — L'établissement dont parle l'art. 1556, C. civ., ne s'entend pas seulement d'un mariage, mais de toute espèce d'établissement. — *Cass.*, 9 avr. 1838 (t. 2 1838, p. 73), Hauchard et Dumont.

698. — « N'est-il pas permis de croire, disait M. l'avocat-général Nicod, lors de l'arrêt cité au numéro qui précède, que l'établissement d'un enfant ne consiste pas seulement à lui procurer un mariage, une profession, un état? N'est-ce pas aussi établir un enfant que de lui assurer un patrimoine avec lequel il aura son indépendance de fortune, son état de maison, son ménage à lui, son rang plus ou moins élevé, une existence qui ne se lie plus à celle de ses père et mère? L'actualité du bienfait n'est-elle pas là aussi, et la condition de l'enfant n'est-elle pas améliorée? »

699. — Aussi, la cour royale de Paris a-t-elle jugé, en disposant que la femme peut donner ses biens dotaux pour l'établissement des enfans communs, que l'art. 1556, C. civ., n'a pas entendu appliquer au mot *établissement* un sens restrictif. Ce mot doit au contraire être pris *latissimo sensu*, et s'entendre de tout ce qui promet à l'enfant une existence indépendante: ainsi, le fait même de pouvoir vivre de son revenu comme chef de famille peut constituer un établissement dans le sens de la loi. — *Paris*, 25 août 1845 (t. 1er 1846, p. 276), Lemuet-Lafriche c. Sautereard.

700. — Maintenir un jeune homme dans une école normale primaire assez long-temps pour qu'il puisse obtenir un brevet d'instituteur, c'est lui procurer un établissement, auquel la dot de la mère peut être employée. — *Bordeaux*, 22 juill. 1841 (t. 2 1841, p. 657), Dubois.

701. — Néanmoins, on ne doit pas comprendre comme *établissement* dans le sens légal celui dont l'objet serait de se livrer à des spéculations hasardeuses, ou à des entreprises qui ne présenteraient pas des conditions de stabilité et de durée. — Spécialement, la donation faite par une mère à son fils, à l'effet de contracter une société pour le commerce des vins, alors qu'il est stipulé que le fonds social sera fourni en entier par le donataire seul, et que la société pourra être dissoute au gré de l'un des associés, avant l'expiration du terme fixé, n'offre pas les garanties d'un emploi valable de la dot, et on ne retrouve dans une pareille association aucun des élémens de société et de conservation que la loi exige lorsqu'elle a permis d'aliéner le fonds dotal pour donner à l'enfant un établissement. — En conséquence, l'acquéreur des biens dotaux aliénés à charge de remploi peut à bon droit refuser de se dessaisir de son prix jusqu'à ce que des garanties plus rassurantes lui soient offertes. — *Bordeaux*, 31 août 1840 (t. 1er 1841, p. 354), Brown c. Dunoguès.

702. — L'exemption du service militaire peut-elle être considérée comme un établissement qui autorise l'aliénation ou l'hypothèque des immeubles dotaux pour acquitter le prix du remplacement? — On a dit que le remplacement était moins un établissement qu'un moyen d'arriver à un établissement, et on s'est refusé à y voir une cause légitime d'aliénation de la dot. — *Limoges*, 31 mai 1838 (t. 2 1838, p. 475), Fauchier c. Lacaud; — Tessier, *Tr. de la dot*, t. 1er, p. 449.

703. — Décidé de même que les tribunaux ne peuvent autoriser une femme à emprunter sur ses immeubles dotaux pour acquitter l'obligation qu'elle a contractée avec une compagnie d'assurances pour le remplacement d'un de ses enfans, alors que cette femme ne s'est pas, dans le principe, fait autoriser à contracter cette obligation. — *Rouen*, 7 janv. 1840 (t. 1er 1840, p. 496), Postel.

704. — M. Duranton (t. 15, no 495) s'exprime ainsi à propos de cette question: « Il y a quelque chose de meilleur à dire: un fils peut être le soutien de ses vieux parens, et il est alors aussi bien de leur intérêt que de celui de l'enfant lui-même qu'on lui procure les moyens de se dispenser du service militaire. » On abandonne ainsi l'art. 1556, C. civ., pour l'art. 1558. Sans doute on est porté à se laisser séduire par cette doctrine, puisqu'elle aurait pour résultat de permettre à des parens de garder auprès d'eux un fils, soutien de leur vieillesse. Nous ne nous étonnons donc pas qu'elle ait été adoptée.

705. — Ainsi, jugé que la vente des biens dotaux peut être autorisée pour opérer la libération du service militaire en faveur du fils lorsque les époux se trouvent dans un état d'indigence et d'infirmité tel, qu'ils ont besoin pour subsister de l'assistance de leur fils. — C. civ., art. 1558. — Toutefois, des précautions peuvent être ordonnées pour que le prix de la vente ne soit pas détourné de sa destination, par exemple, que la somme sera versée directement par l'acquéreur à la caisse de la compagnie d'assurance avec laquelle les parens ont traité. — *Caen*, 9 mai 1845 (t. 2 1845, p. 456), Lebourgeois.

706. — Mais indépendamment des circonstances d'espèces, et en termes généraux, l'art. 1558 est-il bien applicable? Se trouve-t-on dans le cas prévu par le paragraphe de cet article qui permet l'aliénation de l'immeuble dotal pour fournir des alimens à la famille dans les cas prévus par les art. 203, 205 et 206? — Il est permis d'en douter. — Toutefois la jurisprudence s'est généralement prononcée pour l'affirmative sur la question que nous examinons.

707. — Jugé, en effet, que la femme mariée sous le régime dotal peut, autorisée par un conseil de famille, donner ses biens dotaux, par conséquent emprunter, pour faire remplacer son fils dans le service militaire. — *Rouen*, 25 fév. 1828, Legras; 23 juin 1835, Jacquelein; *Montpellier*, 7 juin 1825, Teissier c. Dessalle.

708. — La femme mariée sous le régime dotal pouvant s'obliger sur ses biens dotaux pour l'établissement de ses enfans, l'obligation qu'elle a souscrite pour le remplacement militaire de son fils est valable et peut frapper ses immeubles dotaux. — *Grenoble*, 21 janv. 1835, Maumet c. Filleul; *Cass.*, 21 juin 1844 (t. 1er 1845, p. 277), Leprieur.

709. — La question est bien moins douteuse, alors que ce remplacement a pour but de conserver au fils une profession qu'il exerce déjà, et que, d'ailleurs, les immeubles dont l'aliénation est demandée n'atteignent pas la part héréditaire à laquelle il peut prétendre dans la succession de sa mère. — *Rouen*, 22 juin 1842 (t. 2 1842, p. 127), Leseur.

710. — Il semble même qu'il n'y a pas question si dans le contrat de mariage la femme s'est réservé la faculté *d'aliéner* ses biens dotaux. — *Nîmes*, 10 août 1837 (t. 2 1837, p. 520), Favier c. Vincent.

711. — Est valable la donation d'un bien dotal faite par la mère à ses enfans pour assurer leur établissement, pour faciliter le partage de leur propre patrimoine, et leur éviter des discussions ultérieures, lors de l'ouverture de la succession de la donatrice. — L'acquéreur auquel les enfans donataires ont vendu ce bien dotal ne peut se refuser à en payer le prix sous le prétexte de la dotalité. — *Bordeaux*, 30 avr. 1841 (t. 2 1841, p. 189), Cardonne c. Faure.

712. — L'art. 1556, C. civ., qui permet à la femme mariée sous le régime dotal de donner ses biens à ses enfans pour un établissement, contient implicitement la faculté de cautionner la dot de sa belle-fille avec hypothèque sur ses biens dotaux. — *Montpellier*, 7 juill. 1825, Teyssier; — Duranton, t. 15, no 492.

713. — La cour royale de Limoges, par arrêt du 6 janv. 1844 (t. 1er 1846, p. 31, Marévéry c. Chastagnac), a jugé le contraire; mais la cour de Cassation a repoussé cette interprétation rigoureuse.

714. — En effet, la cour suprême a décidé que le pouvoir de *donner* ses biens dotaux, avec l'autoirsation de son mari, conféré à la femme par l'art. 1556, C. civ., pour l'établissement de leurs enfans communs, peut s'exercer par tous les moyens directs ou indirects de nature à procurer ou à faciliter cet établissement; — et que spécialement une femme mariée sous le régime dotal a pu valablement renoncer à son hypothèque légale pour garantie d'une obligation par elle contractée dans le but de faciliter l'établissement d'un des enfans communs, alors surtout qu'il est constant que sans cette renonciation l'établissement n'aurait pas eu lieu. — *Cass.*, 1er avr. 1845 (t. 1er 1845, p. 555), Lebreton c. Rousselle et Dufour-Berthe.

715. — La faculté, pour la femme mariée sous le régime dotal, de donner ses biens dotaux pour l'établissement de ses enfans, ou de les aliéner, n'emporte pas le droit de les hypothéquer. — *Cass.*, 25 janv. 1830, Delaporte c. Dutour; 22 juin 1836, Glize c. Descours; *Bordeaux*, 11 août 1836 (t. 2 1837, p. 428), Fournier; *Lyon*, 10 juill. 1837 (t. 2 1837, p. 521), Castanet c. Bredoux; *Cass.*, 29 mai 1839 (t. 2 1839, p. 102), Berne c. Bruyn.

716. — Par le mot *enfans* il faut entendre aussi les petits enfans, surtout lorsque l'enfant du premier degré est décédé. — V. Tessier, t. 1er, p. 377, et les nombreuses autorités qu'il cite; Toullier, t. 14, no 195. — Mais voyez en sens contraire Benoît, t. 1er, no 225; et pour le droit ancien, Henrys, liv. 5, quest. 83, et l'art. 62 de l'ordonnance de 1735; Furgole, quest. 24 sur les donations; Vedel, sur Catelan, liv. 4, chap. 4, tit. 2; Fromental, vo *Dot*, p. 255; Serres, p. 191; Roussilhe, t. 1er, no 393. — Cependant il avait été rendu quelques arrêts contraires. — V. Tessier, t. 1er, p. 365.

717. — Lorsqu'il s'agit de l'établissement des enfans du premier lit, la donation ne peut porter que sur la nu-propriété des biens dotaux, puisque la jouissance en est réservée au mari. — C. civ., art. 1555.

718. — Il s'est élevé la question de savoir si, lors-

que les enfans ont des biens personnels, et que le mari refuse son autorisation, la justice peut, sans s'arrêter à ce refus, permettre la donation. — Au premier aspect, il semblerait que, l'usufruit des biens dont la femme voudrait disposer étant réservé au mari, personne n'aurait le droit de se plaindre, puisque la disposition ne nuirait à personne, et que d'ailleurs elle n'aurait pour objet que l'établissement des enfans, en faveur desquels la loi veille à la conservation de la dot; il paraîtrait même, d'après la rédaction de l'art 1555, que l'autorisation de la justice ne serait exigée que comme une simple formalité toujours nécessaire lorsqu'il s'agit de l'aliénation des biens dotaux, mais qui, dans aucun cas, ne peut être refusée, puisque la loi permet à la femme, sans aucune restriction, de donner ses biens dotaux pour l'établissement de ses enfans, pourvu que, dans le cas où le mari refuse son autorisation, l'usufruit lui soit réservé. Cependant il n'en doit pas être ainsi. D'abord, il ne faut pas perdre de vue le principe que la dot ne peut être aliénée que lorsqu'il y a urgence ou nécessité (L. 1, ff., *De fund. dot.*); cette nécessité, niée par le mari, doit encore être appréciée par la justice, qui peut, par conséquent, refuser son autorisation lorsqu'elle ne juge pas l'aliénation nécessaire; et dans le cas que nous examinons, si les biens personnels des enfans sont suffisans pour leur établissement, quoique la femme offre de réserver à son mari la jouissance de ceux dont elle veut disposer, l'autorisation de la justice peut être refusée parce qu'alors il n'y a pas nécessité. — Benoît, t. 1er, no 223.

719. — La femme mariée sous le régime dotal peut aliéner ses biens dotaux pour l'établissement de ses enfans, non seulement quant à sa part personnelle, mais encore quant à la part de son mari, sauf ses reprises sur les biens de ce dernier. — *Bordeaux*, 4 fév. 1830, Piston c. Dudon.

720. — La femme mariée sous le régime dotal peut aliéner ses biens dotaux pour l'établissement de ses enfans, sans qu'elle ait besoin de recourir à la justice : l'autorisation de son mari lui suffit. — *Caen*, 9 mai 1845 (t. 2 1845, p. 456), Lebourgeois; *Rouen*, 12 juin 1844 (t. 2 1844, p. 18), Tinel; *Caen*, 2 juin 1838 (t. 1er 1843, p. 424), Serrey.

721. — L'autorisation du mari doit être donnée dans l'acte même et non par acte postérieur. — L. 9, § ff., *De auct. et cons. tut. et curat.*; — Pothier, *Traité de la puissance maritale*, no 74; Merlin, vo *Autorisation maritale*; Benoît, t. 1er, no 224. — Lapeyrère, lett. D, no 100, rapporte un arrêt du parlement de Bordeaux du 28 mai 1651 qui l'avait jugé ainsi. La cour, dit l'arrêtiste, cassa la donation (qui avait cependant été ratifiée quatre jours après) sur les poursuites de la femme, et motiva sa décision sur ce que l'autorisation devait être insérée dans l'acte, pour habiliter la personne.

722. — Il a été décidé que la femme ne peut, à défaut de l'autorisation de son mari, être autorisée par la justice à donner ses biens dotaux pour l'établissement d'un de leurs enfans communs. — *Limoges*, 2 sept. 1835, Sarciron. — V. conf. Delvincourt, t. 3, p. 107; Bellot des Minières, *Contrat de mariage*, t. 4, p. 110 et suiv. — Mais V. Duranton, *Droit franç.*, t. 15, no 497. — V. aussi Benoît, *De la dot*, t. 1er, no 223, et Rolland de Villargues, *Rép. du not.*, t. 6, no 111.

723. — Mais jugé au contraire que les dispositions de l'art. 1555, C. civ., s'appliquent au cas prévu par l'art. 1556. Ainsi la femme mariée sous le régime dotal peut, sur le refus de son mari, obtenir de la justice l'autorisation d'aliéner ses immeubles dotaux (une futaie, par exemple) pour l'établissement d'un enfant commun. En pareil cas, le prix de la vente formant un capital dotal sur lequel le mari possède un droit de jouissance, les intérêts doivent en être servis par l'enfant à son père au taux légal. — *Rouen*, 24 déc. 1841 (t. 1er 1843, p. 424), B.

724. — La donation de biens dotaux faite par une mère à sa fille pour lui procurer un *établissement* ne peut être révoquée par le motif qu'elle n'a été suivie d'aucun établissement. — *Cass.*, 9 avr. 1838 (t. 2 1838, p. 73), Hauchard et Dumont.

725. — La femme demandant l'autorisation d'employer tout ou partie du prix de ses biens dotaux à l'établissement de son enfant n'a pas besoin de mettre en cause le débiteur de ce prix, ni de porter sa demande devant le tribunal de son domicile. Le tiers débiteur qui paie en vertu de l'autorisation se libère valablement. — *Bordeaux*, 22 juill. 1841 (t. 2 1841, p. 657), Dubois.

726. — L'acquéreur d'un bien dotal donné à un enfant pour son établissement n'a pas qualité pour s'enquérir du point de savoir si une charge hypothécaire qui pèse sur cet immeuble a pu ou non être régulièrement consentie par la femme donataire. Il lui suffit, pour payer régulièrement, que main-levée soit rapportée de cette charge, ou qu'il puisse en purger l'immeuble par lui acquis. — *Paris*, 25 août 1845 (t. 1er 1846, p. 276), Lemuet-Lafriche.

§ 3. — *Aliénation pour tirer de prison le mari ou la femme.*

727. — Le droit ancien autorisait aussi l'aliénation de la dot pour tirer de prison le mari ou la femme. — *Grenoble*, 17 mai 1826, N... — Catelan, liv. 4, chap. 1er; Boutaric, *Inst. publ.*, p. 220; Serres, *Inst.*, p. 191; Nouveau-Denisart, t. 7, p. 129, no 7; Roussilhe, *De la dot*, t. 1er, p. 483 et 484, et t. 2, p. 356 et suiv.

728. — Cependant, au parlement de Bordeaux, l'aliénation n'était permise que lorsque l'emprisonnement avait eu lieu pour cause criminelle et non pour dettes. — Lapeyrère, lett. R, no 106, lett. C, no 145; Tessier, t. 1er, p. 419. — V. *infrà* no 738.

729. — Lors de la discussion engagée au conseil d'état, le 4 brum. an XII, il a été bien entendu que l'autorisation ne serait accordée que dans le cas d'une nécessité impérieuse, comme le disait le consul Cambacérès, ou dans le cas où l'utilité de la femme l'exigerait.

730. — Aussi, l'autorisation d'aliéner la dot pour tirer de prison le mari ne peut-elle être accordée si la femme s'y oppose. La permission obtenue par le mari ne suffirait pas même pour valider l'aliénation. — Benoît, t. 1er, no 231; Toullier, t. 14, no 202.

731. — Et par suite, la femme mariée sous le régime dotal qui a obtenu séparation de biens, peut appeler d'un jugement qui l'autorisait à aliéner ses biens dotaux pour sortir son mari de prison, bien qu'il ait été rendu sur sa requête. — *Bordeaux*, 22 nov. 1832, Benquarel c. Casse.

732. — L'immeuble dotal ne peut être aliéné, même à l'effet de tirer le mari de prison, sans l'observation des formalités prescrites par l'art. 1558, C. civ., encore bien que le mariage soit antérieur au Code et qu'il ait été contracté sous une législation qui ne prescrivait aucune formalité. — *Grenoble*, 25 mars 1830, Milliat c. Pillon et Symard.

733. — L'emprunt irrégulièrement contracté par la femme autorisée par justice à engager ses biens dotaux pour tirer son mari de prison ne peut plus être régularisé par un acte ultérieur. — *Lyon*, 2 mai 1833, Dorieu c. Griat.

734. — Ainsi l'autorisation donnée par justice à la femme d'aliéner un bien dotal pour tirer son mari de prison ne peut plus produire d'effet lorsque le mari a été mis en liberté avant l'aliénation. — *Rouen*, 5 juin 1837 (t. 1er 1838, p. 32), Massif.

735. — La femme mariée sous le régime dotal peut être, pour tirer son mari de prison, autorisée aussi bien à hypothéquer qu'à aliéner ses biens dotaux. — *Bordeaux*, 1er août 1834, Dubreuilh.

736. — L'aliénation des biens dotaux ne peut être autorisée, pour tirer les époux de prison ou pour payer les dettes de la femme, qu'autant que les biens paraphernaux de cette dernière sont épuisés. — Tessier, t. 1er, p. 437; Chabrol, *sur la cout. d'Auvergne*, ch. 14, art. 7.

737. — La femme mariée sous le régime dotal peut, pour faire sortir son mari de prison, aliéner non seulement sa dot immobilière, mais encore sa dot mobilière. — *Bordeaux*, 22 nov. 1832, Benquarel c. Casse.

738. — Les tribunaux peuvent refuser l'autorisation d'aliéner l'immeuble dotal pour tirer le mari de prison lorsque la mise en liberté du mari et le paiement des dettes qui l'ont fait incarcérer ne peuvent procurer à la famille un avantage au moins égal au préjudice qu'elle éprouve par suite de l'aliénation du bien dotal. — *Caen*, 6 janv. 1845 (t. 1er 1845, p. 605), Berruyer.

739. — La loi qui permet l'aliénation du fonds dotal pour *tirer* le mari de prison ne fait aucune distinction entre l'origine des dettes et des causes qui ont fait mettre le mari en prison. — Toullier, t. 14, no 200; Benoît, t. 1er, no 228. — Sous l'ancien droit, les auteurs et les cours étaient divisés d'opinion. Faber, dans son Code, liv. 4, tit. 21, defin. 16, pense que la dot ne peut être aliénée que lorsque le mari est incarcéré pour crime ou délit; Lapeyrère (p. 381, no 106) est du même avis; Basset (tit. 3, liv, 4, ch. 5 et liv. 4, tit. 5, ch. 5) rapporte plusieurs arrêts rendus dans le même sens. — Despeisses (sect. 2e, no 33, tit. *De la dot*), et Fromental (vo *Dot*, p. 256) sont aussi de cette opinion. — Mais Boniface (t. 4, liv. 6, tit. 9, ch. 2) rapporte un arrêt du parlement de Toulouse qui valida une obligation contractée par la femme dont le mari était emprisonné pour dettes civiles, mais il en cite un autre (t. 2, liv. 4, tit. 20, chap. 7), qui accorda à la femme la restitution envers son obligation, et un troisième qui la refusa. Rousseaud de Lacombe (vo *Restitution*, sect. 2, no 6) rapporte aussi un arrêt du parlement de Paris du 6 sept. 1743, qui permit l'aliénation, sans distinguer si le mari était détenu pour crime ou pour dettes civiles; enfin, Catellan en cite plusieurs qui avaient jugé dans le même sens.

740. — L'aliénation d'un bien dotal consentie par la femme pour tirer son mari de prison est nulle, encore bien qu'elle ait été faite en vertu d'une autorisation de justice, si la créance pour laquelle le mari avait été incarcéré était simulée. Cette nullité est d'ordre public, et peut être demandée par la femme, alors même que'lle aurait connu la simulation de la créance, et qu'elle aurait concouru à tromper la justice. Elle peut être demandée, même contre les tiers de bonne foi. — *Paris*, 27 janv. 1845 (t. 1er 1845, p. 370), Pouget.

741. — L'arrêt qui, d'après les faits, l'examen des pièces et l'interrogatoire des parties, juge qu'une lettre de change souscrite par un négociant, dans laquelle aucune cause non commerciale n'est énoncée, et contenant supposition du lieu, est sérieuse et commerciale, et que dès-lors la femme dont le mari a été justement incarcéré en vertu de cet engagement, s'est trouvée placée dans l'exception prévue par l'art. 1558, C. civ., qui permet à la femme d'aliéner son bien dotal pour tirer le mari de prison, échappe à la censure de la cour de Cassation. — *Cass.*, 31 déc. 1839 (t. 1er 1840, p. 47), Gontier c. Fromage.

742. — L'immeuble peut être aliéné pour tirer le mari de prison, alors même qu'il pourrait user du bénéfice de la cession de biens; la loi ne distingue pas. — Duranton, t. 15, no 508; Delvincourt, t. 3, p. 336. — M. Toullier (t. 14, no 201) est d'une opinion contraire; il soutient que dans ce cas la permission doit être refusée; M. Benoît (*Traité de la dot*, t. 1er, no 229) partage l'avis de Toullier; c'est auss l'opinion de Faber (*Ad cod.*, liv. 4, tit. 21, déf. 16); de Fromental (vo *Dot*, p. 256); Pothier (*De la puissance maritale*, no 37) est aussi de cet avis. — Nous préférons cette dernière opinion, car il a été dans l'intention du législateur de ne permettre l'aliénation de la dot que dans le cas d'une nécessité impérieuse, ou lorsqu'elle était évidemment utile à la femme. — V. LL. 26 et 73, ff., *De jur. dot.*, et 21 ff., *De pact. dot.* — Or, si le législateur a permis l'aliénation de la dot pour tirer le mari de prison, ce n'a été que pour le cas où il ne pourrait pas, sans le secours de la femme, recouvrer sa liberté.

743. — La disposition de l'art. 1558, C. civ., qui permet l'aliénation (autorisée par justice) du fonds dotal pour tirer le mari ou la femme de prison, ne reçoit pas son application au cas où l'aliénation n'a pour cause que la crainte de voir la liberté du mari compromise par des engagemens commerciaux, alors même que ces engagemens auraient été suivis de décisions emportant contrainte par corps. — Une aliénation ainsi faite est nulle sans que les tiers qui ont contracté avec la femme puissent se mettre à l'abri sous l'autorisation de justice. — *Cass.*, 25 avr. 1842 (t. 1er 1842, p. 611), Martres c. Perramont; *Lyon*, 2 mai 1833, Dorien c. Griat; *Rouen*, 16 janv. 1838 (t. 1er 1841, p. 193), Nicolle; *Cass.*, 25 avr. 1842 (t. 1er 1842, p. 611), Lepilleur c. Massif. — Telle est aussi l'opinion des auteurs. — V. Pothier, *Puissance maritale*, no 38; Merlin, *Rép.*, vo *Dot*, p. 558; Duranton, t. 15, no 509; Tessier, *Traité de la dot*, t. 1er, p. 419; — Duranton, t. 15, no 509; Benoît, t. 1er, no 227; Toullier, t. 14, no 199. — Ce dernier auteur pense néanmoins que, si le mari était saisi et prêt à être conduit en prison, l'obligation de la femme souscrite en de pareilles conjonctures serait valable.

744. — Le créancier qui, sur la foi d'une permission de justice accordée à la femme d'aliéner ses immeubles dotaux pour tirer son mari de prison, et la promesse faite par elle de procéder à la vente, a donné main-levée de l'écrou, peut, à défaut par la femme d'exécuter son engagement, se faire autoriser à poursuivre lui-même la vente. — *Lyon*, 30 mars 1833, Benoît c. Seyvon.

745. — La permission d'aliéner les biens dotaux pouvait être donnée à Rome pour tirer de prison les père et mère de la femme (V. LL. 20 et 21, ff., *Solut. matr.*). Ces lois étaient suivies en France, mais seulement en ce qui concernait le père ou la mère du mari ou de la femme. — Rousseaud de Lacombe (vo *Autorisation*, sect. 2e, no 17) dit cependant qu'une femme avait été autorisée à aliéner sa dot pour retirer son fils de prison. Il est certain qu'aujourd'hui, et en présence des dispositions restrictives du Code civil, une pareille exception ne saurait être admise. — Toullier, t. 14, no 203; Benoît, t. 1er, no 230.

§ 4. — *Aliénation pour les alimens de la famille.*

746. — L'immeuble dotal peut être aliéné pour fournir des alimens à la famille. — C. civ., art. 1558, al. 3. — Cette disposition existait dans le droit romain. — L. 73, § 1, *De jure dot.*, ff., et LL. 20 et 21, *Solut. matrim.*; — Roussilhe, *De la dot*, t. 1er, no 418; Tessier, t. 1er, p. 417.

747. — Il a même été jugé depuis que l'immeuble dotal peut être hypothéqué pour payer les dépenses nécessaires à la nourriture et à l'entretien de la famille, et que dans ces dépenses on doit comprendre les fournitures de blé et de pain, les acquisitions de linge, hardes et habillemens, mais non les acquisitions de grains, récoltes et bestiaux, et les arrérages d'un bail à ferme. — *Rouen*, 26 août 1843 (t. 2 1844, p. 17), Marié.

748. — L'immeuble dotal peut encore être aliéné par la femme, avec permission de justice, pour acheter des objets de première nécessité, tels que linge, vêtemens et meubles indispensables, pour payer des alimens fournis, enfin pour acquitter les frais faits sur la demande formée à l'effet d'obtenir cette autorisation d'aliéner. — *Caen*, 27 janv. 1843 (t. 2 1844, p. 164), de Grimouville.

749. — Les biens dotaux peuvent encore être aliénés non seulement pour fournir des alimens à la famille dans les cas prévus par les art 203, 205 et 206; mais encore pour en fournir au mari et à la femme. — L. 73, § 1er, ff., *De jure dot.* — Despeisses, *Du dot*, sect. 2; Denisart, t. 7, p. 129, no 8; Duranton, t. 15, no 510; Tessier, t. 1er, p. 418.

750. — Aussi est-ce avec raison qu'on a jugé que l'autorisation d'aliéner l'immeuble dotal pour cause d'alimens s'applique aussi bien au cas où ces alimens devraient subvenir aux besoins du mari qu'aux cas où ils seraient destinés au surplus de la famille. — *Nîmes*, 24 août 1842 (t. 2 1843, p. 161), Privat c. Arribert.

751. — Les tribunaux peuvent autoriser l'aliénation de l'immeuble dotal, pour fournir des alimens aux époux, lorsqu'ils sont par leur âge et leurs infirmités hors d'état de se procurer d'autres ressources. — *Rouen*, 21 août 1820, Martin. — Jugé aussi que, sous l'empire du droit écrit, la femme mariée avec constitution générale de dot pouvait affecter sa dot au paiement du logement de son mari et d'elle-même lorsque le mari n'avait pas de biens. — *Aix*, 19 déc. 1809, Campon.

752. — C'est aux juges auxquels l'autorisation d'aliéner est demandée qu'il appartient d'apprécier si les parties justifient suffisamment de la nécessité de l'aliénation. Cette justification pourra résulter des poursuites dirigées soit actuellement soit antérieurement contre les époux. Elle pourra résulter de la démonstration qu'un événement récent, par exemple, une faillite aurait absorbé toutes les ressources des époux. L'état de leurs ressources antérieures comparé aux dépenses auxquelles ils ont été obligés de faire face pourra établir leur pénurie actuelle. M. Benoît, t. 1er, no 234, est d'avis que les parties devraient se munir d'un acte de notoriété délivré par le juge de paix du domicile des parens établissant leur pauvreté; mais cette voie ne nous paraît ni régulière ni légale; s'il s'agit d'une attestation délivrée par le juge de paix, cet acte est en dehors des fonctions de ce magistrat et ne vaudra dès-lors que comme certificat et ne formera pas une preuve régulière; s'il s'agit d'attestations émanées de diverses personnes et recueillies par le juge de paix, nous ne voyons pas encore dans quelles dispositions de la loi le juge de paix puisera ses attributions pour faire cette sorte d'enquête; nous comprendrions mieux que le tribunal, si ces documens écrits ne suffisent pas pour éclairer sa religion, donnât au juge de paix une commission rogatoire, en vertu de laquelle il procéderait régulièrement à la constatation du fait que le tribunal de première instance a intérêt à éclaircir.

753. — Mais on ne doit pas autoriser une femme mariée sous le régime dotal à emprunter sur ses biens dotaux pour payer des fournitures de blés, de bestiaux et d'engrais nécessaires à l'exploitation, mais faites avant toute autorisation, ou pour acheter d'autres fournitures du même genre. — *Caen*, 6 juill. 1842 (t. 1er 1843, p. 245), Vallée.

754. — L'expression *nourriture*, employée par l'art. 651 de la coutume de Normandie pour indiquer une des causes qui permettaient à la femme de vendre et hypothéquer ses immeubles, ne s'appliquait pas seulement aux alimens; elle devait être étendue aux vêtemens et aux frais de maladie. — *Caen*, 7 mars 1845 (t. 1er 1846, p. 386), Barassin. — Toullier, t. 2, no 613; Duranton, t. 2, no 408; Tessier, *Traité de la dot*, t. 1er, no 630.

755. — La vente de l'immeuble dotal faite par le mari et la femme, même sans l'autorisation de justice, doit être considérée comme à l'abri de l'action en révocation, lorsqu'il est établi que le prix a servi à payer des dettes de la femme antérieures au mariage, à donner des alimens à sa famille, et à payer les frais de procès qui la concernaient. — *Cass.*, 31 mars 1841 (t. 1er 1841, p. 522), Jean c. Favier.

§ 5. — *Aliénation pour le paiement des dettes antérieures au mariage.*

756. — Les biens dotaux peuvent encore être aliénés pour payer les dettes de la femme et de ceux qui ont constitué la dot, lorsque ces dettes ont une date antérieure au contrat de mariage. — C. civ., art. 1558, al. 4.

757. — Les lois 72 et 85, ff., *De jure dot.*, contiennent une disposition semblable que l'ancienne jurisprudence française avait complétement adoptée. Le parlement de Grenoble avait même décidé, le 13 juin 1738, qu'on rejetterait toutes les requêtes qui seraient présentées dans l'objet d'obtenir l'autorisation et qu'elles ne seraient pas passées en taxe, attendu qu'il n'y avait lieu à statuer, la loi permettant l'aliénation; — Benoît, t. 1er, no 236.

758. — Avant le Code civ. et d'après la jurisprudence du parlement de Toulouse, l'immeuble dotal pouvait être aliéné, *sans formalités de justice*, pour payer les dettes de la femme antérieures à la constitution de la dot. — *Toulouse*, 11 fruct. an IX, Lourmière c. Larroque; 9 messid. an XII, Jourda c. Capelle; 22 messid. an XIII, Verdier c. Baguëris; *Grenoble*, 14 juin 1808, Allegret c. Vical; *Nîmes*, 19 avr. 1831, Fortier c. Custe.

759. — Sous l'empire du droit romain, l'immeuble dotal pouvait être aliéné par le mari seul et sans formalités de justice, pour payer les dettes de la femme antérieures au mariage et hypothéquées sur l'immeuble dotal. — *Cass.*, 15 nov. 1820, Fayard C. Clopet.

760. — Jugé cependant, en sens contraire, que dans l'ancien droit les biens dotaux ne pouvaient être pendant le mariage, même pour payer les dettes de la femme, aliénés sans formalités de justice. — *Toulouse*, 1er mars 1819, Poujade; *Nîmes*, 1er déc. 1819, Rouveyrol c. Volle; *Cass.*, 29 brum. an V, Joannet c. Tissier; *Riom*, 26 avr. 1827, Berthonnet c. Roux; *Montpellier*, 7 janv. 1830, Faure c. Oline; *Nîmes*, 9 mars 1831, Pradier c. Boisset; 19 avril 1831, Fastier c. Custe.

761. — Sous la jurisprudence du parlement de Grenoble, l'aliénation du bien dotal pour payer les dettes antérieures au mariage n'était valable qu'autant que la portion du prix qui restait après l'acquittement des dettes n'était pas excessive. — *Grenoble*, 12 août 1828, Brochet c. Sibourg. — M. Benoît (t. 1er, no 239), rapporte cependant plusieurs arrêts du parlement de Grenoble qui attestent que le dernier état de la jurisprudence était qu'il suffisait que la vente des biens dotaux eût pour objet le paiement des dettes pour qu'elle fût régulièrement intervenue, qu'elle que fût d'ailleurs leur quotité.

762. — Aujourd'hui le Code civil a rendu commune à toutes les dettes qu'il indique la nécessité de l'autorisation de la justice. Si une vente de bien dotal avait lieu sans l'intervention de l'autorité judiciaire, elle devrait être annulée, quelle que fût la cause pour laquelle elle pourrait avoir été faite. — Benoit, t. 1er, no 239.

763. — Ainsi, la dot ne peut être aliénée pour acquitter les dettes de la femme, postérieures au contrat de mariage, lors même qu'elles seraient antérieures à la célébration. — *Montpellier*, 7 janv. 1830, Faure c. Oline. — Bellot, t. 4, p. 407; Toullier, no 340; Duranton, t. 15, no 514; Tessier, *Traité de la dot*, t. 1er, p. 424.

764. — Mais jugé que les héritiers de la femme peuvent, après la dissolution du mariage, demander la nullité de l'aliénation du fonds dotal par suite d'expropriation forcée en vertu d'hypothèques, bien que le prix provenant de l'aliénation ait servi à payer une dette de la femme, mais postérieure au contrat de mariage. — *Pau*, 5 mars 1833, Fourcade c. Tisnès.

765. — Cependant, la règle suivant laquelle les obligations de la femme ne peuvent être exécutées sur ses biens dotaux qu'autant qu'elles ont une date certaine antérieure au mariage, reçoit exception, quand il s'agit d'une obligation souscrite pour fait de commerce, par la femme qui était commerçante avant son mariage. — Ainsi, dans ce cas, les juges peuvent ordonner l'exécution de l'obligation, s'il est constant pour eux, d'après les circonstances de la cause, que la dette a réellement été contractée par la femme antérieurement au mariage, encore bien que cette antériorité ne soit pas légalement constatée. — *Cass.*, 17 mars 1830, De la Fontaine c. Harel.

766. — Jugé aussi que la femme dont tous les biens à venir ont été frappés de dotalité, et qui recueille un immeuble dans la succession de son père, peut être autorisée à hypothéquer cet immeuble pour satisfaire les créanciers du défunt lorsque les valeurs mobilières laissées par lui sont insuffisantes. — *Rouen*, 17 janv. 1837 (t. 1er 1841, p. 191), Sahet.

767. — Le créancier purement chirographaire d'une femme mariée sous le régime dotal, et dont le titre a date certaine antérieure au contrat de mariage, peut, tout aussi bien que le créancier hypothécaire, poursuivre l'expropriation des immeubles dotaux appartenant à sa débitrice. — *Montpellier*, 6 mars 1844 (t. 1er 1845, p. 144), Boyer. — Toullier, t. 14, no 207; Duranton, t. 15, no 512; Delvincourt, t. 3, p. 337, note 10; Tessier, *Traité de la dot*, t. 1er, no 639 et suiv.

768. — Quoiqu'en principe général la femme mariée sous le régime dotal ne puisse aliéner ses biens afin d'acquitter des dettes déjà existantes autres que celles contractées avant le mariage, les juges peuvent cependant l'autoriser à vendre ces biens pour payer des dettes que les époux se sont vus forcés de contracter pour des besoins de leur famille, comme frais de maladie et de remplacement militaire, avant d'avoir pu obtenir l'autorisation de justice. — *Caen*, 7 mars 1845 (t. 1er 1846, p. 386), Barassin.

769. — L'aliénation de biens dotaux peut être autorisée par justice pour payer les frais de la séparation de biens obtenue par la femme et la liquidation de ses droits. — *Caen*, 14 août 1837 (t. 1er 1838, p. 442), Roger; *Toulouse*, 20 mars 1833, Marion c. Boyer Fonfrède; *Caen*, 6 juill. 1842 (t. 1er 1843, p. 245), Vallée; 6 juill. 1842 (t. 1er 1843, p. 246), Henri.

770. — Elle peut être également ordonnée pour acquitter les frais occasionnés par l'exécution du jugement prononçant la séparation de corps, ainsi que ceux faits sur l'instance tendant à obtenir l'autorisation d'aliéner le fonds dotal. — *Caen*, 7 mars 1845 (t. 1er 1846, p. 386), Barassin.

771. — L'avoué d'une femme mariée sous le régime dotal et demanderesse en séparation de corps ou en séparation de biens qui, à défaut de provision, a fait l'avance des frais exposés sur l'une ou l'autre de ces demandes, peut, alors même qu'elles ont été rejetées, poursuivre le paiement de ses frais sur les biens et revenus dotaux, même pendant le mariage, et sans que le mari soit admis à se plaindre de ce qu'il serait ainsi porté atteinte à son droit de jouissance, sauf à restreindre l'exercice de son action à une certaine quotité de revenus annuels de la dot, le surplus devant être réservé pour l'acquittement des charges du mariage. — *Riom*, 29 avr. 1845 (t. 2 1845, p. 361), Beynaguet.

772. — L'autorisation judiciaire de vendre l'immeuble dotal, accordée à la femme séparée de biens, ne pouvant être donnée que dans les cas déterminés par la loi, l'adjudicataire ne se libère valablement que lorsqu'il paie les dettes qui ont motivé cette aliénation. Tous autres paiemens sont nuls. — *Cass.*, 9 janv. 1828, Sautel c. Lafont.

773. — L'excédant du produit de l'aliénation qui resterait libre dans les mains de l'époux serait dotal; emploi doit en être fait au profit de la femme. Remarquons toutefois que l'immeuble acquis avec cet excédant n'est pas dotal. — Tessier, t. 1er, p. 437.

§ 6. — *Aliénation pour les réparations de l'immeuble dotal.*

774. — L'aliénation des biens dotaux peut encore être permise, quand il est indispensable de faire de grosses réparations pour la conservation de l'immeuble dotal. — C. civ., art. 1558, no 5.

775. — Selon le droit romain, toutes les fois que l'aliénation était utile ou nécessaire à la femme, elle était tolérée. — L. 26, ff., *De jur. dot.*; L. 21, ff., *De part. dot.*; L. 1, ff., *De fund. dot.*

776. — Mais, d'après le Code, il faut que les grosses réparations à faire soient indispensables pour la conservation de l'immeuble dotal; il ne suffirait pas que la réparation à faire fût simplement utile, alors même qu'elle augmenterait de valeur l'immeuble dotal.

777. — D'un autre côté, l'autorisation de justice doit être demandée et obtenue, préalablement à l'exécution des travaux. La faculté d'aliéner l'immeuble dotal accordée par l'article précité ne peut être étendue à des constructions nouvelles. — *Rouen*, 17 mai 1844 (t. 2 1844, p. 129), Gateleaur.

778. — ... Lors même que ces constructions nouvelles seraient destinées à en augmenter la valeur,

et encore bien que ces constructions eussent pour résultat de procurer une plus-value à l'immeuble réparé. — C. civ., art. 1558.— En supposant même l'art. 1558, C. civ., applicable au cas de travaux ayant procuré une plus-value à l'immeuble dotal, du moins faut-il, pour autoriser l'expertise demandée à l'effet de faire constater cette plus-value, qu'il soit encore possible de reconnaître l'ancien état des lieux et de le comparer à celui créé par les travaux qu'il s'agit de payer. — *Rouen*, 12 mai 1842 (t. 1er 1843, p. 277), Berthelot.

779. — En supposant que la femme mariée sous le régime dotal pût être autorisée à faire un emprunt pour élever des constructions nouvelles sur ses propriétés, du moins faudrait-il toujours que les travaux que la femme demande à faire fussent tout-à-fait indispensables. — *Caen*, 6 juill. 1842 (t. 1er 1843, p. 245), Vallée.

780. — Jugé cependant que la faculté d'aliéner le fonds dotal accordée par l'art. 1558, C. civ., s'étend au cas de travaux d'augmentation, et jusqu'à concurrence de la plus-value donnée à l'immeuble, alors surtout que ces travaux ont été nécessités par une division de propriété.— *Rouen*, 15 avr. 1842 (t. 1er 1843, p. 276), Bertrand.

781. — Décidé aussi que lorsque par une construction à faire, le fonds dotal peut acquérir une grande valeur, l'aliénation de la dot ou son affectation hypothécaire peuvent être autorisées. — *Rouen*, 2 janv. 1832, Doulté.

§ 7. — *Aliénation pour cause d'indivision.*

782. — Lorsque l'immeuble dotal se trouve indivis avec des tiers et qu'il est reconnu impartageable, l'aliénation étant alors indispensable, sa licitation est permise par la loi. — C. civ., art. 1558 et suiv.

783. — Les mots *reconnu impartageable* de cet article ne doivent pas être entendus de manière qu'il faille s'abstenir d'autoriser la licitation, lorsque le partage ne peut s'opérer qu'avec de grandes difficultés ou une diminution considérable de valeur dans l'immeuble à partager. Au contraire, toutes les fois que par le partage l'héritage est exposé à subir une dépréciation ou que la jouissance de chaque portion serait trop gênante pour les propriétaires, on doit ordonner que l'objet indivis sera licité.

784. — S'il a été reconnu que l'immeuble ne pouvait se partager commodément; et s'il a en conséquence été licité et adjugé au mari, ce dernier peut-il disposer, comme de sa chose propre, de la partie qu'il aura acquise, ou bien tout l'immeuble sera-t-il dotal à la femme? — La loi 78, ff., *De jur. dot.*, § 4, répond à cette question : elle décide que, dans ce cas, il n'y a de dotal que la portion que la femme avait apportée en dot, mais qu'en cas de dissolution du mariage l'autre portion, qui n'était parvenue au mari qu'à cause de celle qu'il avait reçue en dot de sa femme, sera rendue par lui, c'est-à-dire qu'il ne pourra réclamer que le prix qu'il aura donné au copropriétaire pour la portion acquise.

785. — Cette disposition, qui avait passé dans notre ancienne jurisprudence (V. arrêt 28 juill. 1770, rapporté au 2e vol., *Supplém. du Journ. du palais*, p. 326, et un autre rendu le 24 mars 1779, rapporté par Laviguerie, *Arrêts inédits*, vo *Acquisition*, art. 2), a été confirmée par plusieurs cours royales. — V. *Toulouse*, 11 mars 1813, Aussenac c. Delmas; 27 janv. 1814, Castex; 25 avr. 1817, Cavaillès c. Rey; *Limoges*, 12 mars 1828, Guyard c. Lefebvre.

§ 8. — *Aliénation par échange.*

786. — Indépendamment de tous les cas dans lesquels la dot peut être aliénée et que nous venons de signaler, la loi permet encore d'échanger l'immeuble dotal. — LL. 26 et 27, ff., *De jur. dot.* — C. civ., art. 1559.

787. — Pour que l'échange ait lieu régulièrement, plusieurs conditions sont à observer : 1o que l'immeuble qui doit être reçu en échange soit de la même valeur que l'immeuble dotal, ou tout au moins que cette valeur ne soit pas au-dessous des quatre cinquièmes. On aperçoit facilement le motif de cette décision. Il ne fallait pas, en permettant l'échange du fonds dotal, ouvrir une voie aux aliénations indirectes, en prenant pour prétexte que la propriété d'un immeuble d'un prix bien inférieur à la valeur du fonds appartenant à la femme lui présenterait quelque utilité.

788. — 2o Que l'utilité en soit justifiée; celui qui n'offrirait qu'un léger avantage ne devrait pas être autorisé, ou s'il l'était, il pourrait plus tard être attaqué comme étant intervenu contre la disposition formelle de la loi. — Benoît, t. 1er, no 245.

789. — Lorsque la justice a autorisé l'échange et qu'il s'est effectué, l'immeuble reçu en échange devient dotal.—C. civ., art. 1559, no 2;—ff., 27, *De jur. dot.*

790. — La mineure assistée, dans son contrat de mariage, des parens dont le consentement était nécessaire pour la validité du mariage, a pu être autorisée à échanger les biens dotaux à charge de remploi. Dès-lors une pareille autorisation a eu pour effet de laisser les époux juges de l'utilité de l'échange et de les dispenser des formalités prescrites par l'art. 1559, C. civ. — *Pau*, 26 juin 1837 (t. 1er 1838, p. 150), Devert c. Bonnebaigt.

791. — Si, à défaut d'autorisation dans le contrat de mariage, l'échange avait eu lieu sans observer les formalités prescrites par l'art. 1559, l'immeuble acquis en échange ne serait point dotal. — *Agen*, 10 juill. 1833, Rodier c. Bertrand.

792. — La faculté d'aliéner l'immeuble dotal réservée au contrat de mariage emporte nécessairement la faculté de l'échanger. — *Cass.*, 25 avr. 1831, de Merloz c. de La Blanche; *Toulouse*, 31 déc. 1822, Darbou c. Miègeville. — V. en sens contraire *Toulouse*, 7 fév. 1832, Miègeville c. Pagès.

793. — Le tribunal compétent pour autoriser, dans les cas de l'art. 1558, C. civ., l'aliénation des immeubles dotaux appartenant à la femme séparée de corps qui a pris un domicile différent de celui de son mari, est le tribunal du nouveau domicile, et non pas celui du domicile du mari. — *Lyon*, 4 juin 1841 (t. 2 1841, p. 613), Pirony c. Martin; — Pothier, *Du contrat de mariage*, no 522; Toullier, t. 6, no 773; Duranton, t. 1er, no 617 — V. cependant en sens contraire Merlin, *Rép.*, vo *Domicile*, § 5.

794. — Le copermutant qui est évincé de la chose qu'il a reçue en échange a le choix de conclure à des dommages-intérêts ou de répéter sa chose (C. civ., art. 1705). Mais l'application de cette règle ne pourrait avoir lieu en faveur du mari qui ne pourrait pas à son gré répéter l'immeuble dotal ou demander des dommages-intérêts; car, en ne concluant qu'à des dommages-intérêts, il enfreindrait le principe de l'inaliénabilité, puisque par le fait il aliénerait véritablement le fonds dotal, ce qui ne lui est pas permis; il faudrait donc, si ce cas se présentait, décider, contre l'art. 1705, que le mari n'aurait pas l'option, et qu'il serait obligé de reprendre l'immeuble. — Benoît, t. 1er, no 247.

795. — La femme qui poursuit la revendication de ses biens dotaux indûment échangés, et qui se trouve dans l'impossibilité de rendre ceux qu'elle a reçus en échange, à raison de leur aliénation postérieure, doit payer à son coéchangiste la valeur de ces derniers. Mais le fonds dotal ne peut être assujéti qu'au remboursement du prix qui a profité à la dot, sauf à l'échangiste à poursuivre la répétition du surplus sur les biens paraphernaux. — *Limoges*, 9 juill. 1845 (t. 1er 1846, p. 144), Ventadour c. Plos; *Bordeaux*, 18 avr. 1833, Laville c. Dabroca; *Toulouse*, 22 déc. 1834, Danartigues c. Pellegry.— Tessier, *Tr. de la dot*, t. 2, p. 48 et 49.

796. — Lorsque, le jour même où un immeuble dotal est vendu, le prix en est employé à l'acquisition d'un autre immeuble, celui-ci ne peut être considéré comme acquis en contre-échange si les formalités prescrites pour l'échange des biens dotaux n'ont pas été observées, et, par suite, les acquéreurs du premier ne sont pas à l'abri de toute action révocatoire de la part des époux. — *Agen*, 10 juill. 1833, Rodier c. Bertrand.

797. — Le même arrêt décide cependant que, dans les pays de droit écrit, un immeuble acquis par le mari seul, et sans aucune formalité, en échange d'un immeuble dotal, était lui-même dotal, en tel sens qu'il n'a pas pu être valablement vendu sous le Code civil.

798. — L'échange de l'usufruit d'un bien dotal est valable. — *Grenoble*, 30 mars 1810, Begon.

799. — La nullité résultant de ce que l'échange d'un bien dotal n'a pas été accompli avec les formalités prescrites par l'art. 1559 est purement relative à la femme ou à ses héritiers, et ne peut être invoquée par un créancier de la femme. — *Rouen*, 26 juin 1824, Nourry c. Vernay; *Limoges*, 3 mai 1837 (t. 1er 1837, p. 412), Blondeau c. Labrousse; *Cass.*, 11 juin 1828, Bonnecarrère c. Soulié.

800. — Mais ce créancier a qualité pour rechercher si l'échange a été accompagné des formalités prescrites par l'art. 1559, et par suite si l'immeuble reçu par la femme en contre-échange est réellement dotal comme celui qu'il est destiné à remplacer. — *Limoges*, 3 mai 1837 (t. 1er 1837, p. 412), Blondeau c. Labrousse.

801. — De même, l'acheteur qui a traité volontairement avec le mari ou la femme de l'échange d'un fonds dotal, ne peut invoquer la nullité de cette aliénation : cette nullité ne peut être invoquée que par le mari, la femme ou ses héritiers. — *Cass.*, 11 déc. 1815, Mayssonnial c. Fressenon.

CHAPITRE VI. — *Du recours contre l'aliénation des biens dotaux.*

802. — L'aliénation des biens dotaux pouvant avoir lieu hors des cas déterminés par la loi, il fallait tracer des règles pour la révocation de ces aliénations. Ces règles peuvent, suivant les circonstances, s'appliquer à la femme, au mari ou à l'acquéreur.

Sect. 1re.—*Du recours accordé à la femme.*

803. — Si hors les cas d'exception prévus par la loi, la femme ou le mari, ou tous les deux conjointement, aliènent les immeubles dotaux, la femme ou ses héritiers peuvent faire révoquer l'aliénation. — C. civ., art. 1560.

804. — La loi, accordant à la femme le droit de faire révoquer l'aliénation de ses biens dotaux, ne distingue point le cas où elle les a aliénés elle-même, de celui où le mari, ou tous les deux conjointement, ont méconnu la prohibition : le motif de cette disposition se puise dans la facilité avec laquelle la femme peut être circonvenue ou entraînée par son mari; on suppose avec raison que, lorsqu'elle aliène sa dot, c'est par l'influence que le mari exerce sur elle.

805. — Bien que la femme ait la faculté de faire révoquer l'aliénation, elle ne peut cependant l'exercer qu'après la dissolution du mariage ou après la séparation de biens; et dans ce cas on ne peut lui opposer aucune prescription pendant la durée du mariage.— *Poitiers*, 24 mars 1825, Chevalier c. Pasbureau; *Bordeaux*, 22 nov. 1832, Beugnerel c. Casse.

806. — Jugé même que la prescription est suspendue pendant le mariage en faveur de la femme séparée de biens comme à l'égard de celle qui ne l'est pas, dans tous les cas aussi où l'action qu'elle intenterait serait de nature à réfléchir contre le mari. — *Cass.*, 24 juin 1817, Monjoussieu c. Sacaley; *Grenoble*, 31 août 1818, Faure c. Eymard.

807. — Sous l'ancien droit, la femme ne pouvait pas agir pendant le mariage pour la revendication de ses biens dotaux aliénés. — V. Despeisses, part. 1re, sect. 3e, no 29. — Il y avait bien quelques auteurs qui soutenaient le contraire. — V. Rousseaud de Lacombe, vo *Dot*, p. 228; max. du *Palais*, t. 1er, 26, p. 85; V. Basset, t. 2, liv. 4, tit. 3, chap. 4, p. 188, mais cette opinion n'avait pas prévalu; Benoît, t. 1er, no 253.

808. — Au parlement de Bordeaux, où la femme séparée de biens n'avait pas la faculté d'exercer des poursuites en revendication contre les tiers détenteurs des fonds dotaux, on tenait que nulle prescription ne pouvait courir contre elle, *constante matrimonio*, en faveur des tiers détenteurs. —V. Salviat, p. 503 et suiv. — C'est aussi ce qu'on jugeait au parlement de Normandie (V. Merlin, *Quest.*, vo *Prescription*, § 6, art. 5) et en Auvergne (V. Chabrol, *Cout. d'Auvergne*, t. 2, p. 760).— Mais la jurisprudence était différente au parlement de Paris (V. Roussilhe, *de la Dot*, t. 2, no 431), et partout où la femme était reçue à agir en révocation après sa séparation, comme à Toulouse, par exemple.—V. Tessier, *Traité de la Dot*, t. 2, no 797.

809. — Cependant on a jugé que la femme peut, pendant le mariage, faire révoquer l'aliénation de ses biens dotaux vendus par son mari seul, quand par une clause spéciale de son contrat de mariage elle s'est réservé la faculté de les aliéner elle-même. — *Grenoble*, 13 fév. 1824, Guillermet.

810. — L'action de la femme en révocation de l'aliénation dotale faite par son mari dans un acte de partage est recevable durant le mariage, lorsque la mise en cause de ses co-héritiers l'a obligée à se défendre à leur égard. — *Cass.*, 15 juin 1837 (t. 1er 1838, p. 610), Justamond c. Cauvin.

811. — Sous l'ancien droit, la femme ou ses héritiers ne pouvaient réclamer les biens dotaux vendus par le mari qu'après avoir renoncé à la société d'acquêts. — *Agen*, 6 mai 1813, Saint-Pol c. Bourgon.

812. — Le tiers détenteur contre lequel la femme exercerait son action révocatoire ne serait pas recevable à lui opposer l'ignorance où il était, au temps du contrat, que le fonds vendu fût dotal.— L. 42, ff., *De usurp. et usucap.*

813. — Lorsque l'aliénation du bien dotal n'a été permise au mari, par le contrat de mariage, qu'à la charge de reconnaissance pour ses propres biens, la femme peut, en cas d'insuffisance des biens du mari, exercer son recours contre l'acquéteur qui n'ignorait pas cette clause. — *Montpellier*, 13 mai 1831, Alary c. Guizard. — V. cependant, en sens contraire, *Paris*, 4 juin 1831, Vaufreland.

814. — Sous la coutume d'Auvergne, la femme ne pouvait attaquer la vente de ses immeubles dotaux qu'autant qu'il était résulté pour elle quelque préjudice de cette vente. — *Cass.*, 25 juin 1838 (t. 2 1838, p. 195), Lebras c. Fagheon et Pigon ; *Riom*, 27 juill. 1825, Delpeuch c. Denobode ; — Brodeau, art. 3, chap. 14, Cout. d'Auvergne.

815. — La fausse déclaration que fait une femme mariée sous le régime dotal, dans les actes d'aliénation ou d'obligation par elle souscrits, *qu'elle a le libre exercice de ses actions*, ne la rend pas non-recevable dans la demande en nullité de ces actes. — *Aix*, 24 août 1823, Faye c. Grue.

816. — Mais jugé qu'un acte de notoriété, obtenu à l'appui de la déclaration des époux qu'ils se sont mariés sans faire de contrat, suffit pour garantir les personnes qui ont traité avec le mari et la femme ou leurs ayant-cause de tout recours de la part de la femme, au cas où elle représenterait ultérieurement un contrat établissant qu'elle s'est mariée sous le régime dotal. — L'homologation de cet acte de notoriété peut être poursuivie en justice ; et si les époux, appelés pour y défendre, ne paraissent point, le jugement d'homologation peut être déclaré commun avec eux. — *Caen*, 19 avr. 1834, Perinel c. Villiers.

817. — L'action en nullité de la vente d'un immeuble dotal faite par la femme avec l'autorisation du mari se prescrit, non par trente ans, mais par dix ans à partir de la dissolution du mariage, dans les termes de l'art. 1304. — *Cass.*, 31 mars 1841 (t. 1er 1841, p. 522), Jean c. Favier ; — Delvincourt, t. 3, p. 344, note 12e, et p. 341, note 4e ; Duranton, t. 15, nos 526 et 529 ; Toullier, t. 14, nos 232 et 233 ; Tessier, *Tr. de la dot*, t. 2, p. 113, note 806e ; Bousquet, *Dict. des contrats et obligations*, t. 2, p. 303, vo *Dot*. — M. Benoît (*Tr. de la dot*, t. 1er, p. 362) soutient, au contraire, que, dans ce cas, la prescription trentenaire est seule admissible. — V. au reste, en ce sens, *Cass.*, 28 fév. 1825, Roux.

818. — Dans la jurisprudence du parlement de Bordeaux, lorsque la vente avait été faite par la femme, ou seule, ou conjointement avec son mari, la revendication devait être exercée dans les dix ans à partir du décès du mari, passé lequel délai les tiers détenteurs ne pouvaient plus être inquiétés. — Tessier, *loc. cit.* — Il en était de même dans le parlement de Toulouse. — Salviat, p. 503 et 438 ; Fromental, vo *Dot*, p. 259 ; Despeisses, tit. *De la dot*, sect. 3e, no 88, t. 1er, p. 537 ; *Parlement de Toulouse*, 9 juill. 1704, 31 août 1750, cités par Merlin, *Quest.*, vo *Prescription*, § 6, art. 4, t. 4, p. 82. — V. aussi *Limoges*, 26 mars 1819, Lougour c. Derignoux.

819. — Mais si l'aliénation était consentie par le *mari seul*, quel serait le délai de la prescription ? — Tessier distingue si le mari a vendu en son propre et privé nom comme propriétaire du fonds dotal, ou s'il a vendu comme mari. Dans le premier cas, dit-il, les tiers détenteurs prescriront par dix ans ou vingt ans, comme tous acquéreurs de bonne foi et à juste titre, suivant que la femme aura été présente ou absente ; dans le second cas, les acquéreurs du mari ayant connu le vice de leur titre d'acquisition ne pourront prescrire que par le laps de temps imposé aux acheteurs de mauvaise foi, c'est-à-dire par trente ans. — V. aussi Duranton, t. 15, p. 604. — Toullier (t. 15, no 232) pense, sans établir aucune distinction, que la vente du fonds dotal par le mari seul n'est prescriptible que par trente ans : « Car, dit-il, l'acquéreur ne peut invoquer la prescription de dix ou vingt ans, qui ne s'acquiert que par juste titre et bonne foi ; or, son titre est réprouvé par la loi, et il ne peut s'excuser sur ce qu'il ignorait que ce fonds était dotal. »

820. — Jugé de même, sous l'ancienne législation, et d'après la jurisprudence du parlement de Toulouse, que la durée de l'action qu'avait la femme pour attaquer la vente de son fonds dotal par elle consentie n'était que de dix ans. — *Nîmes*, 15 avr. 1823, Flandin c. Dupui ; — Julien, *sur les statuts de Provence*, t. 2, p. 506 ; Roussilhe, *Tr. de la dot*, p. 12, 13 et 34 ; Merlin, *Quest.*, vo *Prescription*.

821. — Lorsqu'un immeuble, dépendant d'une succession indivise, à laquelle avait droit une femme mariée sous le régime dotal, a été vendu par l'un des héritiers, et que plus tard il se trouve, par l'effet du partage, attribué à la femme, l'acquéreur, actionné en délaissement par celle-ci, ne peut opposer la prescription de dix ans. — *Bordeaux*, 23 janv. 1830, Grand c. Coiral.

822. — Le principe consacré par la loi 3, Cod., *Si quandò sine decreto minorum*, qu'un mineur n'avait que cinq années, à partir de sa majorité, pour demander la nullité de la vente de ses biens faite sans formalités, n'est pas applicable à la vente d'un bien dotal faite par contrat de mariage dans une province de droit écrit. — Pour qu'une pareille vente fût valable en Roussillon, il fallait que la femme mineure déclarât connaître ses droits et y renoncer. — *Cass.*, 8 juill. 1824, André c. Prade.

823. — La prescription de l'action qui appartient à la femme, pour faire annuler la vente de son fonds dotal, ne court point contre elle durant les dix années qui ont suivi la séparation de biens, dans le cas où son action aurait réfléchi contre son mari. — *Nîmes*, 7 mai 1829, Gas.

824. — Jugé, cependant, que l'immeuble dotal vendu par la femme séparée de biens, avec l'autorisation, mais sans la garantie de son mari, est prescriptible pendant le mariage, et la femme non-recevable à demander la nullité de la vente, surtout si dix années se sont écoulées depuis qu'elle l'a consentie. — *Nîmes*, 4 juin 1835, Briant c. Auzas.

825. — L'action de la femme en révocation de l'aliénation de ses biens dotaux n'est pas éteinte par la réception qu'elle aurait faite après la dissolution du mariage des intérêts ou d'une portion du prix de vente. — V., en ce sens, *Cass.*, 23 messid. an IV, Challier c. Bouriol.

826. — Il en était ainsi dans le droit ancien. — Legrand, *Cout. de Troyes*, tit. 2, art. 21, glose 4, no 66, p. 89 ; d'Olive, liv. 4, chap. 15, p. 447 ; Despeisses, tit. *des Restitutions*, sect. 2e, no 24, t. 1er, p. 816-817 ; tit. *De la dot*, sect. 3e, no 29, p. 507 ; Catelan, liv. 5, chap. 13, t. 2, p. 243 ; Rebuffe, *Tract. de restit.*, art. 2, glose *ult.*, no 5, t. 1er, p. 422 ; Faber, *Cod.*, liv. 5, tit. 15, p. 582 ; Rousseaud de Lacombe, vo *Dot*, sect. 6e, no 2, p. 179 ; Benoît, *De la dot*, t. 1er, p. 367 ; Merlin, *Rép.*, vo *Dot*, § 8, no 2. — V. cependant en sens cont. Bersanus, *De pupillis*, cap. 2, quæst. 35, nos 8-9, p. 189 ; Mascardus, *De probat.*, conclus. 1262, t. 4, p. 7, no 44 ; Tessier, *Tr. de la dot*, note 749.

827. — Il suffit que le mari ait garanti la vente du fonds dotal comme partie contractante pour que la prescription n'ait pu courir contre la femme à partir de la séparation de biens. — *Bordeaux*, 26 fév. 1835, Bonnefond.

828. — La ratification faite par la femme, pendant le mariage, de la vente de l'immeuble dotal, est nulle comme la vente elle-même. — *Cass.*, 28 fév. 1825, Poux c. Raynaud.

829. — Bien que la loi ait accordé à la femme un recours contre l'aliénation de ses biens dotaux, elle peut néanmoins la ratifier. — Tessier, t. 2, p. 43. — Mais la ratification ne peut avoir lieu *constante matrimonio* ; — Despeisses, *Du dot*, sect. 2e, no 21.

830. — La femme, même séparée de biens, ne peut ratifier la vente du fonds dotal. — *Bordeaux*, 26 fév. 1835, Bonnefond.

831. — Jugé, toutefois, que le transport fait par la femme, en vertu d'avis de parens et de décret du juge, du contrat de bail à rente de son fonds dotal consenti par le mari, a pour effet d'approuver et de ratifier ce contrat de rente. — *Riom*, 19 nov. 1808, Ganat c. Guyot.

832. — Mais la femme, qui peut disposer par testament de son bien dotal, peut valider de la même manière les aliénations qui en ont été faites. — *Bordeaux*, 20 déc. 1832, Masmontet c. Eymeric.

833. — La femme qui accepte un legs que lui fait son mari, sous la condition qu'elle n'attaquera pas la rente, ne peut plus se pourvoir en révocation. Il y aurait, en effet, dans la conduite de la femme, dans l'acceptation du legs fait par elle en connaissance de cause, une ratification qu'on voudrait à tort considérer comme une atteinte à l'inaliénabilité du fonds dotal. — Tessier, t. 2, p. 75 ; Roussilhe, *De la dot*, t. 1er, no 389 ; Despeisses, *Du dot*, sect. 3e, no 30. — V. *contrà* Benoît, t. 1er, no 262.

834. — Mais la femme mariée sous une société d'acquêts, qui a accepté la communauté au décès de son mari, n'est pas non recevable à exercer l'action en révocation de son fonds dotal aliéné. — Tessier, t. 2, p. 79.

835. — La femme marchande publique ne peut pas demander la nullité d'une hypothèque qu'elle a consentie pour sûreté d'une obligation relative à son négoce, alors même que l'immeuble hypothéqué serait dotal. — *Cass.*, 19 déc. 1810, Martin c. Castillon.

836. — Lorsqu'il a été stipulé dans un contrat de mariage que les biens dotaux de la femme ne pouvaient être aliénés qu'à la charge de remploi, la vente qui en a été faite par le mari sans remploi est si bien sujette à révocation de la part de la femme, lors de la dissolution du mariage ou de la séparation de biens, que même dans ce dernier cas l'offre faite par l'acquéreur de payer une seconde fois son prix ne peut pas paralyser l'action de la femme en délaissement de l'immeuble. — *Toulouse*, 22 déc. 1834, Darnatigues c. Pellegry.

837. — La femme séparée de biens dont les biens dotaux ont été saisis par un créancier de la succession dans laquelle elle les a recueillis ne peut demander la nullité de l'adjudication prononcée à la suite de cette saisie lorsqu'elle n'a proposé aucun moyen de nullité avant ladite adjudication. — En supposant que le silence gardé pendant l'expropriation pût être regardé comme un moyen d'échapper à la règle de l'inaliénabilité des biens dotaux, la femme ne pourrait plus s'en plaindre après dix ans écoulés depuis le jugement d'adjudication définitive ; dans ce cas la suspension de prescription admise par l'art. 2256 n'est point applicable. — *Rouen*, 14 nov. 1840 (t. 1er 1841, p. 265), Buisson c. Lange.

838. — L'énonciation contenue dans l'acte de vente d'un bien dotal indivis, qu'il serait fait emploi d'une certaine partie du prix au profit de la femme, et l'exécution donnée à cette clause, ne forment point obstacle à ce que la révocation de la vente soit demandée ultérieurement, s'il est établi en fait que le droit de propriété de la femme sur le bien vendu dépassait la somme employée. — *Rouen*, 15 mars 1841 (t. 1er 1841, p. 601), Lance.

839. — Si le mari et la femme avaient vendu conjointement le fonds dotal et qu'il eût été stipulé que la femme présente au contrat avait reçu une partie ou la totalité du prix de vente, les acquéreurs seraient-ils fondés à réclamer la restitution de ce qu'ils auraient payé, et la femme devrait-elle le restituer ? — Faber (*Cod.*, liv. 5, tit. 7, dif. 8) pense que non... Le prix entier est présumé avoir passé au mari, qui est le plus puissant. Cependant, s'il était démontré que la totalité ou partie du prix eût tourné au profit de la femme, on pourrait l'obliger à la restituer. — *Poitiers*, 24 mars 1825, Chevalier c. Porbureau ; — Despeisses, sect. 3e, no 29 ; Toullier, t. 14, no 234 ; Benoît, t. 1er, no 260.

840. — Au contraire, lorsque le contrat de vente porte que la femme en a reçu le prix, et que diverses circonstances de cette vente révèlent un concert frauduleux entre l'acquéreur et le mari, pour faire profiter celui-ci du prix de la vente, la femme ne peut être contrainte à la restitution de ce prix. — *Cass.*, 9 nov. 1826, Duroux c. Chaumeil.

841. — Avant la promulgation du Code civil, la femme qui vendait comme libres et paraphernaux ses immeubles dotaux était tenue de faire valoir cette vente, sinon de payer des dommages-intérêts. — Cette obligation, comme toute autre qu'elle aurait contractée, devait produire effet, et l'exécution pouvait en être poursuivie sur les biens libres de cette femme. — *Toulouse*, 4 mai 1832, Crozes c. Legardens.

842. — De même, depuis le Code, la femme mariée sous le régime dotal peut demander la nullité de l'aliénation d'un fonds dotal, nonobstant la promesse de garantie par elle donnée ; mais l'action en remboursement du prix ou en dommages-intérêts, par suite de cette garantie, peut être exercée sur ses biens libres ou paraphernaux. — *Grenoble*, 16 janv. 1828, Ciet c. Pion ; — Duranton, *Droit français*, t. 15, no 530 ; et Tessier, t. 2, p. 76. — V., en sens contraire, Bellot, t. 4, p. 206.

843. — Jugé cependant que, la vente du bien dotal étant pendant le mariage frappée d'une nullité absolue, la femme qui fait prononcer cette nullité n'est tenue d'aucune garantie sur ses biens paraphernaux alors même qu'elle en aurait pris l'engagement dans le contrat de vente. — *Limoges*, 10 fév. 1844 (t. 1er 1846, p. 61), Delapraderie c. Chaumont ; *Rouen*, 5 déc. 1840 (t. 1er 1841, p. 76), Chedeville c. Cheramy et Quesneville.

844. — En pareil cas, l'acquéreur évincé ne peut exiger de la femme le remboursement de ses frais d'acquisition. — Il n'a pas non plus le droit de conserver la possession de l'immeuble jusqu'à ce qu'il lui ait été tenu compte de la plus-value qu'il prétend lui avoir donnée. — *Rouen*, même arrêt.

845. — L'inaliénabilité de la dot est établie non-seulement dans l'intérêt des femmes, mais encore dans celui de leurs héritiers ; conséquemment ceux-ci ont le droit, comme l'aurait eu leur auteur, de faire annuler les obligations qui porteraient atteinte à cette inaliénabilité. — *Aix*, 24 août 1823, Faye c. Grue.

846. — La loi du 17 niv. an II n'a pas aboli l'art. 300, cout. de la Marche, qui déclarait nulle la vente du bien dotal de la femme, et cette nullité peut être invoquée par ses héritiers collatéraux. — *Bourges*, 24 fév. 1808, Hérault c. Camard.

847. — La démission de biens consentie par le père et par la mère en faveur de leurs enfans rend ceux-ci non-recevables à attaquer les aliénations de biens dotaux de la femme dont les époux se sont rendus garans l'un et l'autre. — Il en est de même alors que le remploi dû pour ces aliéna-

tions et accepté par la femme consistait seulement dans les biens de son mari, si ces biens avaient été compris dans le partage anticipé fait entre les enfans, à la condition par ceux-ci de supporter toutes les charges auxquelles les donateurs pouvaient être obligés. — *Cass.*, 16 nov. 1841 (t. 1er 1842, p. 687), Leroux c. Seugé. — C'est, au reste, ce que la Cour de cassation avait déjà jugé, le 12 août 1840 (t. 1er 1841, p. 460), à l'occasion d'une demande formée par les mêmes héritiers Leroux contre un autre tiers détenteur, le sieur Quinzac.

848. — Lorsqu'une transaction sur des biens dotaux a été exécutée par la femme qui l'a consentie, et après elle par ses héritiers, ceux-ci ne sont plus recevables à l'attaquer pour défaut de capacité. — *Cass.*, 20 avr. 1831, Popon c. Bergeron.

849. — L'enfant héritier de son père et de sa mère qui ont vendu le fonds dotal ne peut quereller la vente, d'après la maxime *quem de evictione tenet actio eumdem agentem repellit exceptio.* — *Grenoble*, 28 avr. 1818, Orjollet c. Fontanel; *Agen*, 6 mai 1813, Saint-Pol c. Bourgon. — Tessier, t. 2, p. 27. — Il en était de même sous le droit ancien. — Dupérier, liv. 1er, quest. 9; Domat, *Lois civiles*, liv. 1er, tit. 2, sect. 10, §§ 20 et 32; Pothier, *De la vente*, nº 167.

850. — Les créanciers de la femme peuvent en son nom exercer l'action en révocation de ses biens dotaux aliénés. — Tessier, t. 2, p. 80.

851. — Mais, dans le ressort du parlement de Grenoble, ce droit était contesté aux créanciers. — Chorier, sur Guy-Pape, liv. 4, sect. 2, art. 11. — *Parlem. Dauphiné*, 7 juin 1684. — V. aussi, en ce sens, *Nîmes*, 2 avr. 1832, Martin c. Broc.

852. — A l'égard des constructions ou plantations faites par l'acquéreur évincé sur le fonds dotal, il y a plusieurs distinctions à faire. Si le mari a consenti la vente du bien dotal comme étant sa chose propre, la femme doit rembourser à son choix à l'acquéreur ou la valeur des matériaux et le prix de la main-d'œuvre, ou une somme égale à celle dont le fonds dotal a augmenté de valeur. — Tessier, t. 2, p. 93.

853. — Si le mari a déclaré la dotalité du fonds vendu, la femme doit rembourser la valeur des matériaux et le prix de la main-d'œuvre, sans égard à l'augmentation de valeur du fonds aliéné. Il en est de même si c'est la femme qui a vendu lorsque la dotalité est déclarée dans le contrat. — *Bordeaux*, 18 avr. 1833, Laville c. Dubroca; — Tessier, t. 2, p. 95.

854. — Si c'est le mari qui a vendu le fonds dotal comme sien, l'acquéreur est fondé à lui réclamer l'augmentation de valeur résultant des constructions et de toute autre cause. — Tessier, t. 2, p. 96.

855. — Lorsque le mari a déclaré la dotalité du fonds vendu, l'acquéreur n'a rien à réclamer, à moins que la garantie n'ait été formellement stipulée par le contrat. — Tessier, t. 2, p. 96 et 97.

856. — Selon M. Toullier (t. 14, nº 284), l'acquéreur évincé par l'action révocatoire doit être remboursé du prix qu'il a payé, et il peut rester en possession jusqu'à ce qu'il ait été payé. Cet auteur ajoute qu'il doit être remboursé des loyaux coûts et autres frais accessoires.

857. — Mais si la femme avait vendu seule le fonds dotal, l'acquéreur ne pourrait réclamer le prix qu'il aurait payé, à moins que ce prix n'eût tourné au profit de la femme. — Toullier, *loc. cit.*

858. — Jugé même que l'acquéreur d'un bien dotal ne peut, en cas d'annulation de la vente, retenir la possession de l'immeuble jusqu'à remboursement des sommes qu'il a payées pour désintéresser les créanciers inscrits sur le fonds dotal même antérieurement à la constitution de dotalité; il doit rendre l'immeuble, sauf à en poursuivre la vente comme subrogé aux créanciers, et à se faire colloquer sur le prix. — *Limoges*, 21 août 1839 (t. 2 1839 p. 587), Giraud c. Michaud; 10 fév. 1844 (t. 1er 1846, p. 61), Delapraderie c. Chaumont. — V. dans ce sens, *Limoges*, 21 août 1839 (t. 2 1839, p. 587), Giraud c. Michaud; *Cass.*, 12 mai 1840 (t. 2 1840, p. 153), Arragon c. Montlogis.

859. — De même, l'acquéreur d'un immeuble dotal déclaré par contrat de mariage inaliénable, qui, avec son prix, a désintéressé des créanciers hypothécaires, ne peut, lorsque plus tard cette vente vient à être annulée sur la demande de la femme, exercer un droit de rétention sur cet immeuble pour se remplir de ce qui lui est dû tant pour les sommes par lui payées que pour améliorations faites à l'immeuble. — Il ne conserve, en pareil cas, que le droit de poursuivre son paiement contre la femme. — *Nîmes*, 16 nov. 1841 (t. 2 1842, p. 467), Duclos-Monteuil c. Oriol.

860. — Décidé aussi que la femme qui fait prononcer la révocation de la vente est tenue de rembourser au tiers détenteur ses impenses en améliorations, mais sans que ce remboursement puisse retarder sa mise en possession. — *Toulouse*, 22 déc. 1834, Darnaligues c. Pellegry.

861. — La restitution de fruits n'a lieu qu'autant que l'acquéreur connaissait les vices de son contrat (Tessier, t. 2, p. 90). Il n'en était pas de même dans le droit ancien; l'acquéreur n'était constitué en mauvaise foi que par l'interpellation judiciaire. — V. en ce sens Pothier, *Du dr. de propriété*, nos 341 et 342; Merlin, *Rép.*, vº *Fruits*, nº 4.

862. — L'acquéreur d'un immeuble dotal peut être condamné à rapporter les fruits de cet immeuble à partir du décès du mari par l'arrêt qui juge, en fait, qu'il a connu le vice de la vente. — *Cass.*, 25 avr. 1842 (t. 1er 1842, p. 611), Lepilleur c. Marrif. — Toutefois, la cour de Cassation a décidé, le 12 mai 1840 (t. 2 1840, p. 153, Arragon c. Montlogis), que l'acquéreur d'un immeuble dotal n'était tenu à la restitution des fruits que du jour de la demande en nullité, mais dans une espèce où il ne résultait pas des déclarations de l'arrêt attaqué que cet acquéreur eût possédé de mauvaise foi.

Sect. 2e. — *Recours accordé au mari.*

863. — Le mari peut aussi faire révoquer l'aliénation des biens dotaux pendant le mariage, en demeurant néanmoins sujet aux dommages-intérêts à l'égard de l'acheteur, s'il n'a pas déclaré dans le contrat que le bien vendu était dotal. — C. civ., art. 1560 et suiv.

864. — Le recours accordé au mari contre l'aliénation des biens dotaux fut, lors de la discussion au conseil d'état, l'objet d'une sérieuse discussion; on trouvait injuste et exorbitant de laisser au mari le droit de revenir contre son propre fait; mais il ne faut pas perdre de vue que c'est bien moins dans l'intérêt du mari que dans celui de la femme que ce principe a été adopté.

865. — Au reste, ce n'est point ici un droit nouveau; il a été puisé dans l'ancienne jurisprudence. — Boniface (t. 1er, liv. 6, tit. 3, ch. 1er) rapporte un arrêt qui l'avait ainsi jugé; Basset en cite également un (t. 2, liv. 4, tit. 3, ch. 4). — V. aussi Serres, *Instit.*, liv. 2, tit. 8, p. 192; Merlin, *Rép.*, vº *Dot*, § 8, nº 5.

866. — Une déclaration formelle de la dotalité n'est pas absolument nécessaire pour soustraire le mari aux dommages-intérêts à l'égard de l'acquéreur; des énonciations équivalentes suffiraient; c'est du moins ainsi que le jugeait le parlement de Provence. — V. *Maximes du palais*, p. 184, où l'auteur rapporte un arrêt du 15 juin 1780; Benoît, t. 1er, nº 267.

867. — La nullité de la vente des biens dotaux peut être poursuivie même durant le mariage, soit par la femme, soit par le mari, soit par tous deux ensemble. — *Rouen*, 3 août 1833, Lefebvre c. Ferrière; — Toullier, t. 14, nº 228; Tessier, t. 2, nº 761, et Zachariæ, t. 3, p. 582.

868. — Jugé aussi qu'en pays de droit écrit, le mari qui avait concouru à l'aliénation des biens dotaux, ou qui l'avait autorisée, était néanmoins recevable, comme sous le Code civil, à les revendiquer entre les mains des tiers détenteurs. — *Agen*, 10 juill. 1833, Rodier c. Bertrand.

869. — Le mari a droit de faire révoquer l'aliénation illégale de l'immeuble dotal sans distinguer le cas où cette aliénation a été consentie par lui concurremment avec sa femme, ou par celle-ci autorisée par la justice. — *Grenoble*, 4 août 1832, Grand c. Gauthier.

870. — Jugé néanmoins que le mari qui a garanti personnellement et solidairement l'aliénation du bien dotal de sa femme est non-recevable à demander ensuite la nullité de cette aliénation. — *Cass.*, 27 juill. 1829, Rochette c. l'Espinasse; *Toulouse*, 17 déc. 1818, mêmes parties.

871. — ...Et que le mari n'est pas recevable à demander la nullité de l'aliénation des biens dotaux quand il a profité du prix de cette aliénation. — *Agen*, 10 juill. 1833, Rodier c. Bertrand.

872. — Jugé encore que les héritiers du mari ne peuvent demander la nullité de la vente faite par lui sans le concours de sa femme, d'un immeuble faisant partie des biens dotaux de cette dernière, lorsqu'il est démontré que la vente a été faite pour éteindre les dettes dont le fonds dotal était grevé, et que d'ailleurs le mari s'est obligé personnellement à garantir l'acquéreur de toute éviction. — *Nîmes*, 20 juin 1809, Labrot c. Antelin.

873. — Le droit qui appartient au mari de faire révoquer, pendant le mariage, l'aliénation qu'il a faite du fonds dotal, ne peut plus être exercé par lui, s'il s'est écoulé trente ans depuis l'acte d'aliénation. — *Toulouse*, 28 juin 1819, Portes et Viguié c. Lauzeral.

874. — La vente du fonds dotal, quoique faite par le mari sous l'empire du Code civil, ne peut être attaquée pendant le mariage, ni par le mari ni par la femme qui n'a point fait prononcer la séparation de biens, lorsque les époux se sont mariés dans le ressort d'un parlement où la faculté de retraire le fonds dotal aliéné était interdite aux époux jusqu'à la dissolution du mariage, ou la séparation de biens. Cette prohibition avait lieu dans le ressort du parlement de Dauphiné. — *Grenoble*, 21 mai 1824, Vindret et Demary c. Moly.

875. — Le mari qui, pendant le mariage, poursuit la révocation de l'aliénation de l'immeuble dotal qu'il a lui-même vendu, est sujet aux dommages-intérêts de l'acheteur, quoiqu'il ait déclaré dans l'acte de vente que l'immeuble vendu était dotal, s'il a déclaré également, mais à tort, qu'il vendait en vertu de pouvoirs à lui donnés par son contrat de mariage. — *Grenoble*, 13 fév. 1834, Guillermet c. Lepine; — Benoît, t. 1er, nº 268.

876. — Le mari est tenu non seulement à la restitution du prix, mais encore à des dommages-intérêts, lorsqu'il n'a pas fait connaître à l'acquéreur la dotalité des biens vendus; dans le cas contraire, il n'y a lieu qu'à la restitution du prix. — Tessier, t. 2, p. 21.

877. — Remarquons toutefois qu'il est dû des dommages-intérêts dans le cas où le mari s'est rendu garant de la vente ou a promis de la faire ratifier. — Tessier, t. 2, p. 24.

878. — Le mari qui veut faire révoquer l'aliénation des biens dotaux n'est pas tenu de rembourser préalablement le prix dont il peut avoir profité. — *Agen*, 10 juill. 1833, Rodier c. Bertrand; — Delvincourt, t. 3, p. 114, notes; Tessier, t. 2, p. 19.

879. — Mais le mari qui veut faire révoquer l'aliénation des biens dotaux doit rembourser préalablement la valeur des améliorations qui y ont été faites. — Même arrêt.

880. — Toutefois l'acquéreur doit, s'il veut se faire tenir compte des améliorations par lui faites sur l'immeuble dotal, présenter un état desdites améliorations. — *Rouen*, 13 mars 1841 (t. 1er 1841, p. 601), Landé c. Cheramy; — Tessier, *Traité de la dot*, t. 1er, p. 284, et t. 2, p. 93, nº 779.

881. — Quand l'un des époux, et en particulier le mari, demande la révocation des biens dotaux, les tiers acquéreurs ne peuvent se prévaloir de ce qu'un jugement passé en force de chose jugée a rejeté une demande en séparation de biens, par le motif que la femme n'avait pas de biens dotaux. — *Agen*, 10 juill. 1833, Rodier c. Bertrand.

882. — Lorsque deux époux ont formé conjointement une demande en nullité de l'aliénation de l'immeuble dotal, et qu'ils ont déclaré agir *en leur meilleure qualité*, on a pu considérer, d'après ces expressions, que le mari agissait non seulement pour autoriser sa femme, mais encore de son propre chef. — *Cass.*, 15 juin 1837 (t. 1er 1838, p. 610), Justamond c. Cauvin.

883. — Doit être condamné à rembourser les frais de mutation, à titre de dommages-intérêts, le mari de la femme qui a fait déclarer la nullité d'un acte de vente consenti par elle en faveur d'un créancier de bonne foi de son mari, et qui ne se doutait pas qu'elle reviendrait contre cette vente par le sénatus-consulte velléien. — *Agen*, 26 juill. 1810, Gironde c. Chanut et Cahuzac.

884. — L'action en révocation du mari cesse par la séparation de biens. — Tessier, t. 2, p. 21.

885. — La vente faite par le mari des biens dotaux de sa femme, quoique frappée de nullité, peut être de sa part l'objet d'une garantie stipulée valablement; en conséquence, les enfans du mariage qui, en qualité d'héritiers de leur mère, sont devenus propriétaires des biens vendus, et qui sont en même temps garans de la vente faite par leur père, comme héritiers de ce dernier, ne peuvent demander la nullité de ladite vente sans être repoussés par la maxime *Quem de evictione tenet actio, eumdem agentem repellit exceptio.* — *Cass.*, 2 janv. 1838 (t. 1er 1838, p. 497), Pereyre c. Valla; *Toulouse*, 17 déc. 1828, Renaud c. Brumeau; *Cass.*, 3 août 1825, Monville c. Grimaud; *Grenoble*, 5 mars 1833, N... — V. aussi Lebrun, *De la communauté*, liv. 2, ch. 2, sect. 4e, nº 29, p. 239 et suiv.; Catelan, liv. 5, chap. 7, t. 2, p. 223 et suiv.; Laviguerie, *Arrêts inédits*, vº *Garantie*; Duport-Lavillette, *Quest. de dr.*, t. 3, p. 62 et suiv.; Bellot, t. 4, p. 200; Duranton, t. 15, nº 524; Tessier, *Tr. de la dot*, nº 524. — Mais V., en sens contraire, Dupérier et son annotateur, *Maximes de droit*, liv. 5, t. 1er, p. 525 et 526; Vedel sur Catellan, liv. 5, ch. 46 et 47, t. 2, p. 206; *Maximes du palais*, t. 1er, p. 183; Serres, *Instit.*, p. 192; Julien, *Élé-*

mens de jurisp., p. 303, no 14; Merlin., Rép., vo Dot, § 8, no 5.

Sect. 3e. — *De l'action en nullité quant à l'acquéreur.*

886. — Nous avons expliqué dans les deux articles qui précèdent quels sont contre l'acquéreur les effets de l'action en révocation de l'aliénation de l'immeuble dotal qui est exercée par la femme ou par le mari. Cette action peut-elle être exercée par l'acquéreur? — Sous l'ancien droit, cette question recevait une solution différente selon les hypothèses. Si l'acquéreur ne connaissait pas la dotalité de l'immeuble, il avait l'action révocatoire. Cette action ne lui était pas accordée s'il avait su qu'il achetait un bien dotal. — Faber, *Cod.*, lib. 4, tit. 33, *De act. empt.*, def. 3; Roussilhe, t. 1er, no 390; Nouveau Denisart, vo *Dot*, § 14, no 6.

887. — Mais aujourd'hui, suivant le Code civil, l'acquéreur, soit qu'il ait connu, soit qu'il ait ignoré la nature de l'immeuble vendu, est non-recevable à provoquer la nullité qui n'est établie que dans l'intérêt du mari, de la femme ou de ses héritiers. — *Grenoble*, 24 déc. 1828, Perrou c. Donna et Roussel; *Cass.*, 25 avr. 1831, de Merloz c. de La Blanche.

888. — L'acquéreur ne peut pas davantage demander la nullité quand il a acheté du mari et de la femme; c'est sa faute d'avoir acheté un fonds dotal, et cela, alors même que le fonds ne lui aurait pas été déclaré dotal. — Duranton, t. 15, no 528.

889. — L'acquéreur de l'immeuble dotal envers lequel il n'a été usé d'aucune dissimulation ne peut demander la nullité de la vente qui a été faite, sous prétexte que l'immeuble a été aliéné hors les cas prévus par la loi, et sans l'accomplissement des formalités voulues, ni exciper du trouble auquel il est exposé, à raison de la nature de son acquisition, pour demander qu'il lui soit fourni des sûretés avant de se dessaisir du prix. — *Caen*, 26 janv. 1824, Lerebour c. Dupucé.

890. — L'acquéreur ne peut opposer la nullité, surtout lorsque la femme a déclaré ratifier l'aliénation. Il n'y a lieu qu'à l'action résultant de l'art. 1653, C. civ. — *Riom*, 19 janv. 1817, Biron c. Bressol.

891. — Bien plus, l'adjudicataire de biens dotaux n'est pas recevable à demander la nullité de son adjudication, par le double motif de leur inaliénabilité et de l'ignorance où il était de leur dotalité, lorsque d'ailleurs il n'y a eu ni dol ni fraude de la part des intéressés à l'aliénation, et que l'acquéreur pouvait s'assurer de la nature des biens qui en étaient l'objet. — C. civ., art. 1554 et 1560. — Sa demande n'est pas admissible, sous prétexte qu'il est en péril d'éviction lorsque les formalités nécessaires à la vente ont été remplies, et que la femme et le mari y ont donné leur acquiescement. — L'acquéreur peut néanmoins demander que le remploi des biens dotaux aliénés soit fait en immeubles, et non par simple affectation hypothécaire sur les biens du mari. — Jusqu'à la justification de remploi, il doit être autorisé à retenir en ses mains le prix de ladite vente ou adjudication, si mieux il n'aime le consigner. — *Paris*, 26 fév. 1833, Ericot c. Costé.

892. — Une femme peut valablement renoncer aux avantages qui lui ont été faits par son mari dans leur contrat de mariage, bien que ces avantages ne soient qu'éventuels. — L'acquéreur auquel un mari vendeur a promis semblable renonciation ne peut pas demander la résolution de la vente, sous le prétexte que le vendeur ne peut pas remplir son engagement d'une manière utile. — Il peut néanmoins, et quoique la femme offre la renonciation, exiger que son vendeur lui fournisse caution. — *Toulouse*, 18 juin 1821, Delsol c. Chantal.

893. — L'individu majeur et libre qui a passé un compromis, relativement au partage de biens dotaux, avec des maris se portant fort pour leurs femmes, n'est pas recevable à demander la nullité du partage et du compromis. — Cette action n'appartient qu'aux femmes dont les biens sont l'objet du partage. — *Cass.*, 29 janv. 1838 (t. 1er 1838, p. 448), Croze c. Jaussent.

CHAPITRE VII. — *De la restitution de la dot.*

894. — La dot apportée au mari, pour l'aider à supporter les charges du mariage, doit être restituée dès que le mariage est dissous. Il est même une circonstance où la dot doit être rendue à la femme avant même que l'union des époux soit rompue; c'est celle où le désordre des affaires du mari donne lieu de craindre que ses biens ne soient plus suffisans pour remplir les droits et reprises de la femme; dans ce cas, cette dernière est autorisée à demander la séparation de biens et à rentrer dans la libre administration de sa dot. — C. civ., art. 1443. — V. à ce sujet, SÉPARATION DE BIENS.

Sect. 1re. — *De l'action en restitution de la dot.*

895. — La dot ayant dû être, en principe général, comptée au mari, c'est au mari lui-même ou à ses héritiers et représentans que la restitution en devra être demandée. — Il est cependant des circonstances particulières qui ont pu accompagner la constitution ou la numération de la dot et qui ont pu donner à la femme un autre débiteur, par exemple, le père du mari.

896. — La femme ou ses héritiers ne peuvent, après la dissolution du mariage, se mettre en possession des biens dotaux, si le mari ou ceux qui le représentent n'y consentent; en cas de refus de leur part, la demande en restitution de la dot doit être formée en justice, et ce n'est qu'après que le juge a prononcé qu'ils peuvent entrer en jouissance. — L. 9, Cod., *Solut. matr.*

897. — Le droit romain accordait cette action en restitution soit contre le père de l'époux, soit contre l'époux lui-même. Elle pouvait être exercée contre le père dans trois cas principaux: 1o lorsque la dot lui avait été comptée personnellement, son fils étant sous sa puissance; 2o lorsque la dot avait été comptée au fils lui-même par l'ordre de son père; 3o enfin lorsqu'elle avait été remise au fils, sans l'ordre du père; mais, dans ce dernier cas, le père n'était tenu de restituer la dot que jusqu'à concurrence de la valeur du pécule du fils, ou de ce dont il avait profité. — L. 22, § 12, ff., *Solut. matr.*

898. — La jurisprudence des parlemens de droit écrit, presque toute fondée sur le droit romain, adopta cette règle. — Ainsi le parlement de Provence décidait que le père, par sa seule présence au contrat de mariage de son fils non émancipé, répondait de la dot de sa belle-fille. — Il y avait même des auteurs, tels que Dupérier (liv. 4, quest. 17); Boniface (t. 1er, liv. 6, tit. 3, chap. 10), qui décidaient que le père était responsable de la dot, que son fils fût ou non émancipé, qu'il eût reçu la dot ou qu'il ne l'eût pas reçue, pourvu qu'il eût été présent au contrat; mais cette doctrine n'avait pas prévalu. — V. Decormis, t. 1er, col. 1367, chap. 3; Fromentel, p. 254; *Max. du Palais*, t. 1er; de Bezieux, liv. 5, chap. 2, §§ 13 et 14.

899. — Les parlemens de Toulouse et de Grenoble jugeaient comme le parlement de Provence. — V. Catelan, liv. 4, chap. 11; Graverol, p. 435; Albert, vo *Dot*, art. 9; Villars, *Jurisprudence de la cour de Grenoble*, p. 115. — Toutefois, suivant quelques auteurs, il ne suffisait pas que le père eût été présent au contrat de mariage pour être responsable; il fallait sa présence au paiement de la dot. — V. l'annotateur de Despeisses, tit. *De la dot*, sect. 3e, no 33; Gravezol, sur Larocheflavin, liv. 6, art. 4 et 6.

900. — Toutefois, le parlement de Paris avait une jurisprudence contraire. La question y était jugée, même pour le pays de droit écrit compris dans le ressort de ce parlement, sous l'influence du droit coutumier. — On décidait en conséquence que le père n'était point soumis à la restitution de la dot, quoiqu'il eût été présent au contrat, à moins qu'il ne s'y fût formellement obligé. — Roussilhe, t. 1er, no 297.

901. — La cour de Cassation, ainsi que plusieurs cours royales, ont pleinement confirmé ces principes de l'ancienne jurisprudence. — Ainsi il a été décidé que la présence et le consentement du père au contrat de mariage de son fils non émancipé, le rendait subsidiairement responsable de la dot et même de l'augment stipulé au profit de la bru. — *Cass.*, 2 sept. 1806, Balastron c. Thévenet; *Toulouse*, 22 mars 1814, Daglen c. Saint-Gême; *Nîmes*, 18 juil. 1820, N....

902. — Jugé aussi que lorsqu'aux termes du contrat de mariage, la dot a été comptée au père et au fils conjointement, avec reconnaissance de leur part sur leurs biens présens et à venir, la présomption de droit est que la totalité de la dot est passée entre les mains du père. En cas de séparation, le fils, seul maître de la dot de son épouse, est fondé à en demander la restitution. — *Toulouse*, 1er mai 1812, Despouy.

903. — Mais il n'existe de solidarité entre les beau-père et belle-mère, débiteurs de la dot, que lorsqu'ils se sont obligés, dans le contrat de mariage, à la restitution conjointement et solidairement. — *Limoges*, 17 déc. 1821, Reby c. Vernadal.

904. — Et bien que la dot ait été touchée par le père du futur, celui-ci en est responsable. — *Nîmes*, 12 juill. 1831, Latourfondue c. Giscard; — Tessier, *Traité de la dot*, t. 2, p. 255.

905. — Lorsqu'il a été stipulé dans le contrat de mariage que le père *surveillera l'emploi* de la dot comptée à son fils, cette clause ne le rend pas responsable de la somme constituée. — Benoît, t. 2, no 76.

906. — Jugé que le père qui a reçu la dot conjointement avec son fils, et qui a affecté ses biens au remboursement en faveur de sa belle-fille, n'est pas définitivement libéré par le paiement qu'il a fait à son fils, pendant le mariage, de la somme qu'il a touchée. — *Pau*, 9 déc. 1820, Saint-Gès.

Sect. 2e. — *A qui la dot doit être restituée.*

907. — La dot doit être, selon les cas, restituée: 1o à la femme ou à ses héritiers; 2o au constituant, par l'effet du droit de retour légal ou conventionnel.

§ 1er. — *De la restitution de la dot à la femme ou à ses héritiers.*

908. — La femme ou ses héritiers qui réclament la dot doivent prouver que le mari l'a reçue. — L. 1, Cod., *De dot. caut. non numer.*; — Despeisses, *De la dot*, sect. 3e, no 85; Roussilhe, t. 2, no 519.

909. — Cependant si le mariage a duré dix ans depuis l'échéance des termes pris pour le paiement de la dot, la femme ou ses héritiers peuvent la répéter contre le mari, sans être tenus de prouver qu'il l'a reçue, à moins qu'il ne justifie de diligences inutilement par lui faites pour s'en procurer le paiement. — C. civ., art. 1569.

910. — Il en était ainsi dans l'ancien droit. — Catelan, liv. 4, chap. 46; Roussilhe, t. 2, no 533; Bourjon, *Droit comm. de la France*, tit. 2, chap. 10, sect. 2e, dist. 1er, nos 23 et suiv. — Cependant, au parlement de Bordeaux on jugeait que le mari n'était responsable qu'après trente ans. — Salviat, p. 197; Tessier, t. 1er, no 38, p. 155; Merlin, *Rép.*, vo *Dot*, § 3, no 8; Nouveau Denisart, t. 7, p. 120.

911. — Sous l'ancien droit, et particulièrement dans le ressort du parlement de Paris, la présomption légale d'après laquelle le mari devenait responsable de la dot envers la femme ou ses héritiers, à moins qu'il ne justifiât de diligences inutilement faites pour en obtenir le recouvrement, était acquise à la femme par le laps de dix années courues depuis l'échéance des termes stipulés pour le paiement. — *Limoges*, 27 août 1838 (t. 1er 1839, p. 241), Tourtaud c. Robert; — Lebrun, *De la comm.*, liv. 3, chap. 2, sect. 1re, p. 389; Bourjon, *Dr. comm. de la France*, tit. 2, chap. 10, sect. 2e, nos 23 et suiv.; Roussilhe, *De la dot*, t. 2, no 533.

912. — On décidait aussi dans l'ancien droit que lorsque le contrat portait quittance et que la dot n'avait réellement pas été payée, on pouvait opposer l'exception *non numeratæ pecuniæ*; mais que si le mariage n'était dissous qu'après dix ans, on ne le pouvait plus. — L. 3, Cod., *De dot. caut. non numer.*, et l'authent. *Quod locum habet*, sur cette loi.

913. — La disposition de l'art. 1569, C. civ., d'après laquelle la femme peut, après la dissolution du mariage, répéter le montant de sa dot contre son mari sans prouver qu'il l'a reçue, lorsqu'il s'est écoulé dix ans depuis l'époque fixée pour le paiement, n'est pas applicable au cas où, avant l'expiration de ce délai, le mari est tombé en état de faillite, et s'est trouvé, par suite, dans l'impossibilité d'agir en paiement de la dot. — *Rouen*, 9 mai 1840 (t. 1er 1841, p. 506), Calvet.

914. — Le mari qui n'a point exigé aux échéances le paiement de la dot de sa femme, en est responsable, même avant l'expiration des dix années. — *Aix*, 4 août 1829, Gassin c. Issaurat.

915. — Si le mari, après avoir laissé péricliter la dot de sa femme, reçoit en paiement une cession, sa responsabilité reste toujours la même, sans pouvoir être subordonnée au sort et au résultat de cette cession. — Même arrêt.

916. — La présomption légale établie par l'art. 1569 contre le mari au profit de sa femme, qu'il a reçu la dot, cesse quand les termes pour le paiement de la dot n'étaient pas fixés, qu'elle n'était pas entièrement liquide, ou qu'une force majeure ne lui a pas permis d'en faire le recouvrement. — *Bourges*, 28 juill. 1819, Remigny c. de Chabrillant.

917. — Il n'est point responsable envers cette dernière, s'il prouve que le débiteur de la dot était insolvable à l'époque de son exigibilité. — *Riom*, 12 mars 1821, Espinasse; *Agen* (et non *Paris*), 9 juill. 1830, Garderes c. Faget.

918. — Le mari n'est pas présumé avoir reçu la dot, même après trente ans de mariage, lorsqu'avant ces trente ans la femme elle-même est devenue débitrice directe de cette dot. — *Grenoble*, 2 juin 1818, Voisin c. d'Audiffret.

919. — Mais le droit qu'a la femme mariée de ré-

— V. Despeisses, t. 1er, 1re partie, sect. 3e, no 95.

992. — Celui qui, en mariant son fils, s'oblige de le nourrir ainsi que son épouse et de lui compter à sa sortie 3,000 fr. ne peut se dispenser de payer cette somme à la veuve de son fils tant personnellement que comme tutrice de son enfant.— *Rennes*, 23 juill. 1819, Pasquier c. Sailland.

993. — Si la dot consiste en immeubles, ou en meubles non estimés par le contrat de mariage, ou bien mis à prix, avec déclaration que l'estimation n'en ôte pas la propriété à la femme, le mari ou ses héritiers peuvent être contraints de la restituer sans délais, après la dissolution du mariage. — C. civ., art. 1564.

994. — Sous le régime dotal avec société d'acquêts, lorsqu'il est procédé au partage des acquêts immobiliers, en présence des créanciers, la femme n'a pas le droit de réclamer une part d'immeubles pour se remplir de sa dot immobilière; il y a seulement lieu à licitation, afin qu'elle puisse prélever, avant tous partages, ses deniers dotaux. — *Agen*, 11 août 1832, Quillot c. Villeneuve.

995. — La femme n'est point obligée, à la dissolution du mariage, d'exécuter les conventions faites par le mari, lorsqu'elles soumettent le prix du bail à des chances, et que leur effet peut être de la priver tout à la fois et des fruits de ses immeubles dotaux et du prix de la location. — Particulièrement, le bail dont le loyer consisterait en une part dans les bénéfices éventuels d'une société de commerce n'est pas, à la dissolution du mariage, obligatoire pour la femme. — *Bordeaux*, 2 fév. 1832, Héliot c. Dussaut; *Angers*, 16 août 1820, Roulois c. Rocton.

996. — Jugé cependant que la femme ne peut faire annuler les baux qui ne sont pas frauduleux. — *Rennes*, 2 janv. 1808, Frangeul.

997. — Lorsque la dot consiste en choses dont la propriété n'a pas été transférée au mari, et qui ont subi des augmentations ou des diminutions, la femme supporte les pertes et profits des avantages. — L. 10, *in pr.*, § 1, ff., *De jur. dot.* — Ainsi, lorsque l'immeuble dotal s'est accru par alluvion, le mari doit le restituer avec ses augmentations.— Benoît, t. 2, no 153.

998. — De même, si un usufruit affecté sur un fonds que la femme s'était constitué en dot vient se réunir à la propriété, le mari jouira de cet usufruit, et sera tenu de le rendre avec le fonds; car, dans ce cas, l'usufruit est considéré comme l'accessoire de l'immeuble sur lequel il repose. — L. 4, ff., *De jur. dot.*

999. — Si les immeubles apportés en dot par la femme, et dont la propriété est restée sur sa tête, ont dépéri par l'usage et sans la faute du mari, il n'est tenu de rendre que ceux qui restent et dans l'état où ils se trouvent. — C. civ., art. 1566.

1000. — Sous l'ancienne jurisprudence, lorsque le trousseau de la femme n'avait pas été estimé dans le contrat, les effets étaient aussi rendus dans l'état où ils se trouvaient à la dissolution du mariage.—L. 1, ff., *De jur. dot.*—Expilly, dans ses arrêts, chap. 18; Bretonnier, sur le dix-huitième plaidoyer d'Henrys; Roussilhe, t. 1er, p. 169.

1001. — Mais si le trousseau avait été estimé, le mari était tenu de rendre et les objets qui le composaient et l'estimation portée au contrat. La raison qu'on en donnait c'est que, d'une part, le trousseau ayant été estimé, le mari en devait le prix, et que, d'autre part, étant tenu de fournir à l'entretien de sa femme, on ne pouvait lui enlever les nippes et hardes à son usage au moment de la dissolution du mariage.

1002.—Le Code civil a adopté d'autres principes. — Lorsque le trousseau a été estimé par le contrat de mariage, sans déclaration que la mise à prix n'en transfère pas la propriété au mari, ce dernier n'est tenu de restituer que le montant de l'estimation. Cependant la femme, à la dissolution du mariage, peut retirer les linges et hardes à son usage actuel, sauf à précompter leur valeur lorsque la restitution de sa dot lui est faite. — C. civ., art. 1566.

1003. — Lorsque la femme mariée sous le régime dotal exerce le droit qui lui est accordé, dans tous les cas, de retirer ses linges et hardes, sauf à en précompter la valeur, s'ils ont été constitués avec estimation, elle a le droit de demander qu'on lui complète le déficit dans la valeur donnée à ces objets. — Du moins, l'arrêt qui le décide ainsi, d'après la clause du contrat de mariage, que le mari se chargerait du trousseau de la femme, échappe à la censure de la cour de Cassation. — *Cass.*, 1er juill. 1835, Gambon c. Bethfort.

1004. — Lorsque la dot consiste en un usufruit, le mari n'est tenu de restituer que le droit d'usufruit et non les fruits perçus pendant le mariage. — C. civ., art. 1568. — L. 7, § 2, ff., *De jure dot.* — La convention qui dérogerait à cette disposition serait nulle, comme contraire à la destination de la dot. — L. 4, ff., *De pact. dot.*

1005. — Il pourrait arriver que le mari fût évincé de l'immeuble constitué en dot; dans ce cas, il est évident que l'objet formant la constitution dotale n'étant plus dans ses mains, il ne peut être tenu d'en faire la restitution; il ne serait pas même tenu d'en restituer le prix si l'immeuble avait été estimé par le contrat, avec déclaration que l'estimation en emportait vente au mari; c'est ce que décide expressément la loi 49, ff., *De solut. matr.*

1006. — Mais comme ceux qui constituent une dot sont tenus à la garantie des objets constitués (C. civ., art. 1547), si, par suite de son action contre le constituant, le mari obtient la valeur de l'immeuble constitué, il devra en faire la restitution à la dissolution du mariage. — L. 16 *in pr.*, ff., *De jur. dot.*

1007. — Cependant si le mari obtient, par suite de son action en garantie, une somme excédant celle à laquelle l'immeuble constitué en dot a été estimé par le contrat de mariage, il n'est pas tenu de rendre ce qui excède l'estimation : la raison en est que, par la mise à prix de l'immeuble constitué en dot, avec déclaration que l'estimation en emporte vente au mari, celui-ci en devient propriétaire, qu'il profite de tous les accroissemens et qu'il supporte toutes les pertes ou détériorations qui peuvent survenir. — L. 18, *in pr.*, Cod., *De jur. dot.*

1008. — Lorsque des usines ont été constituées en dot, la restitution doit embrasser tout ce qui a été apporté par la femme, soit en meubles, soit en immeubles. Le mari ou ses héritiers doivent rendre tout ce qui a été compris dans l'inventaire, s'il en existe un; s'il n'en a pas été fait, les usines sont censées avoir été livrées par le constituant avec tous les ustensiles qui en dépendent, en bon état et propres à être mises en jeu dès le jour même de la constitution. — Benoît, t. 2, no 173.

1009.— Lorsqu'une usine est constituée en dot, et qu'au moment de l'entrée en jouissance du mari il s'y trouve une certaine quantité de matières premières destinées à être mises en œuvre, le mari est tenu d'en restituer une pareille quantité à la dissolution du mariage, ces matières étant incontestablement dotales. — Benoît, t. 2, no 175.

1010. — Lorsque la dot consiste en un fonds de commerce mis à prix par le contrat, sans déclaration que l'estimation n'en fait pas vente, le mari en devient propriétaire. —Tessier, t. 2, p. 211.— Mais s'il n'y a pas mise à prix stipulée dans le contrat, le mari devra restituer la même quantité et qualité de marchandises ou leur valeur actuelle. — Tessier, t. 2, p. 213.

1011. — Si la valeur a baissé durant le mariage, le mari doit payer l'estimation de celles qu'il a reçues du constituant. — Benoît, t. 2, no 176.

1012. — De même, si le prix des marchandises avait augmenté, le mari ne serait pas tenu de se libérer par une quantité égale de marchandises, parce qu'alors, la valeur n'étant plus la même, il y aurait impossibilité de se conformer à la loi. — Benoît, *eod. loc.*

1013. — Cette décision devrait aussi être appliquée dans le cas où le fonds de commerce consisterait en marchandises qui peuvent passer de mode, telles que soieries, objets de goût, nouveautés, toiles et papiers peints, etc.

1014.—Nous avons dit (V. *suprà* nos 396 et s.) que le mari avait le droit de jouir des bois de haute-futaie faisant partie de la dot, en se conformant pour les coupes à l'usage des anciens propriétaires; mais nous avons dit aussi qu'il ne pourrait pas s'écarter de cet usage, et que, le produit des coupes excepté, il ne pouvait se prévaloir d'aucune pièce de bois, même de celles qui pourraient être abattues par le vent ou qui auraient été coupées en délit et laissées sur place par les délinquans.—Toutefois cela doit s'entendre en ce sens qu'il ne lui est pas permis de s'emparer de ces bois comme fruits; car il peut les prendre à la charge par lui d'en restituer la valeur à la femme ou à ses héritiers à la dissolution du mariage. —L. 7, § 12, ff., *Sol. matrimonio.*

1015. — C'est d'après ce principe qu'il a été jugé que la femme a droit à une indemnité pour la valeur des arbres de haute-futaie que le mari a abattus sur le fonds dotal au-delà des nécessités de son administration.— *Rouen*, 7 nov. 1840 (t. 1er 1841, p. 52), Roger c. Leviells.

Sect. 5e.—*De la répartition des fruits de la dot entre les époux à la dissolution du mariage.*

1016. — A la dissolution du mariage, les fruits des immeubles dotaux se partagent entre le mari et la femme ou leurs héritiers, à proportion du temps qu'il a duré pendant la dernière année. — L'année commence du jour où le mariage a été célébré. — C. civ., art. 1571.

1017. — Il en était de même dans le droit romain.— L. unic., Cod., *De rei. uxor. act.*, § 16.—On décidait cependant que si le mari n'était entré en jouissance du fonds dotal qu'après le mariage, on ne devait partir pour faire le compte des fruits que du jour où le fonds lui avait été livré. — L. 5, ff., *Solut. matr.*

1018. — Aujourd'hui cette décision ne serait pas suivie. — Toullier, t. 14, no 283.

1019. — Si le fonds constitué en dot avait été livré au mari avant la célébration, ce ne serait pas du jour de la délivrance qu'il faudrait faire commencer l'année, mais du jour de la célébration; car les fruits perçus avant le mariage n'appartiennent pas au mari; ils font partie de la dot et doivent être restitués à la dissolution du mariage.

1020. — *Fruits naturels et industriels.* — Pour procéder au compte, entre les époux ou leurs héritiers, des fruits naturels ou industriels qu'on obtient par la culture, il faut d'abord savoir que ce sont tous les fruits à percevoir dans l'année qui doivent être partagés, et que ces fruits sont acquis jour par jour aux époux, quoique ordinairement il n'y ait que les fruits civils qui puissent s'acquérir de cette manière.—Ainsi supposons, par exemple, que dans le domaine constitué en dot, il y ait plusieurs genres de récoltes, telles que foin, blé et vin; supposons encore que le mariage ait commencé le 1er janvier et qu'il ait été dissous le 1er septembre, après la perception du foin et du blé; il semblerait que, dans ce cas, le foin et le blé dussent appartenir au mari, sauf à la femme à se prévaloir de toute la vendange; mais il n'en doit pas être ainsi : on doit faire une masse de tous les fruits perçus dans l'année de la dissolution du mariage, et la diviser ensuite entre les époux à proportion du temps qu'il a duré pendant cette année. S'il en était autrement, le partage ne serait pas en rapport avec la durée du mariage, et la loi ne serait pas justement appliquée. — Benoît, t. 2, no 196.

1021. — Avant de procéder à la division des fruits on prélève les frais de culture, car les fruits ne sont comptés que déduction faite des dépenses qu'ils ont occasionnées : *fructus eos esse constat qui deducta impensa supererunt.* — L. 7 *in pr.*, ff., *Solut. matr.*

1022. — Si le domaine constitué en dot est affermé à moitié fruits, le partage ne porte que sur la moitié revenant au propriétaire; la part due au fermier est considérée comme frais de culture. — Benoît, t. 2, no 196.

1023. — Lorsque la loi dit que les fruits de la dernière année seront répartis entre le mari et la femme, il faut l'entendre ainsi que le partage embrassera les récoltes perçues pendant une révolution de douze mois. — Toutefois, il faut remarquer qu'il peut arriver une circonstance où cette règle ne devrait pas être rigoureusement observée : supposons, par exemple, que le mariage ait été célébré le 1er octobre, veille des vendanges, que le mari perçoive cette récolte et que la chaleur de la température accélérant la maturité du raisin, la seconde soit perçue avant le 1er octobre de l'année suivante, temps pendant lequel le mari décède; dans ce cas faudra-t-il comprendre dans le partage à opérer ces deux récoltes, ou bien la dernière appartiendra-t-elle exclusivement à la femme?—Il n'est pas douteux, selon nous, que le partage ne devra porter que sur la première vendange, bien que la seconde ait été perçue dans la révolution des douze mois. — Benoît, t. 2, no 197; Proudhon, *De l'usufruit*, t. 5, p. 525; Toullier, t. 14, no 298.—V. cependant en sens contraire Cujas, *Observ.* lib. 14, chap. 22 : — *adeo ut*, dit cet auteur, *si expleatur is annus in matrimonio, etiamsi bis in eo vendemiam collegerit, maritus omnem eum fructum lucraturus sit.*

1024. — Si un fonds avait été constitué en dot avec déclaration que l'estimation en emportait vente au mari, et que néanmoins il eût été stipulé qu'il serait facultatif à ce dernier de restituer l'immeuble ou l'estimation, à son choix, les fruits devraient-ils être divisés, si le mari optait pour la restitution de l'immeuble?—Nous croyons devoir nous décider pour l'affirmative. En laissant ainsi le choix au mari de rendre le fonds ou son estimation, on lui confère en quelque sorte le droit de décider si la dot consistera en immeubles ou en argent; et dès que l'option est faite par lui, pour la restitution du fonds, c'est comme si dès le principe on l'avait purement et simplement constitué en dot sans estimation; cas dans lequel il ne peut s'élever de doute sur la division des fruits.—Il faudrait décider la question de la même manière, si l'option étant laissée à la femme, elle se décidait à reprendre l'immeuble et non le prix.

1025. — A l'égard des fruits d'un moulin dotal ou d'une usine dotale, il faut que les parties continuent en commun l'exploitation pendant toute l'année, afin de connaître la quantité et la valeur de tous les produits et arriver ainsi à un partage égal de tous les fruits. — Toullier, t. 14, n° 294.

1026. — Cette règle tracée pour les usines s'applique aussi aux mines dotales.—Toullier, *loc. cit.*

1027. — Si pendant le mariage, il a été découvert une mine sur le fonds dotal et que le mari en ait obtenu la concession, la femme ne pourra répéter à la dissolution du mariage que la propriété de la surface du terrain et la redevance due en général au propriétaire; le mari restera seul maître de la mine. — L. 21 avr. 1810, art. 6, 18, 19 et 42. — Toullier, t. 14, n° 296; Proudhon, *Tr. des dr. d'usufruit*, t. 5, p. 525.

1028. — *Fruits civils.*— Il ne peut guère y avoir de difficultés sur les arrérages des rentes et les intérêts des sommes exigibles; le mari acquérant jour par jour la part qui lui en revient pendant la durée du mariage, il suffit de lui attribuer tous ceux échus au dernier jour du mariage.—Benoît, t. 2, n° 206.

1029. — La femme ou ses héritiers n'ont pas le droit de réclamer une part dans les intérêts ou les arrérages de rentes que le mari n'aurait pas exigés les années précédentes, en soutenant que ces intérêts se trouvant exigibles au moment de la dissolution du mariage, doivent faire partie des fruits de la dernière année. Une pareille prétention serait entièrement contraire au principe qui veut que tant que le mari supporte les charges du mariage, il jouisse des fruits de la dot. — Benoît, t. 2, n° 207.

1030. — Lorsque la femme se fait une constitution de biens ruraux susceptibles d'être affermés, le compte des fruits varie dans certains cas.

1031. — Ainsi : — 1° Supposons que le mari ait trouvé les immeubles libres et non affermés; dans ce cas, il entre en jouissance tout de suite et perçoit toutes les récoltes pendantes, sauf à tenir compte à la femme des frais de culture. S'il continue à jouir des biens sans les affermer, jusqu'à la dissolution du mariage, le compte des fruits se fait sur toute l'année et sur la totalité des fruits perçus, comme nous l'avons déjà expliqué ci-dessus, nos 1020 et suiv.

1032. — ... 2° Si le mari trouve en entrant des biens affermés et d'autres qui ne le soient pas, et que les choses restent ainsi jusqu'au moment où il échoit de faire le compte des fruits entre les époux, dans ce cas le mari n'aura pas le droit de prendre sa part plutôt sur le prix de ferme que sur les récoltes des biens non affermés; on devra faire les parts sur les deux espèces de fruits des biens constitués en dot, de manière que chacun ait une portion du prix de ferme et une portion des récoltes existantes ou perçues. Le mari ne serait pas fondé à exciper de la circonstance qu'il aurait employé ou dépensé les sommes payées par le fermier, pour ne laisser à la femme que des récoltes; il devrait, s'il avait perçu la portion du prix de ferme échue, rembourser en numéraire, à la femme, la part qui lui reviendrait. Par la même raison, la femme ne pourrait pas exiger toute sa part en argent ou en récoltes, les portions devant se former de l'un et de l'autre de ces produits.

1033. — ... 3° Si le mari a trouvé, lors de la célébration du mariage, tous les biens dotaux affermés et qu'il continue à l'expiration du bail de les laisser en ferme, les fermages lui seront acquis jour par jour, à raison de la durée du mariage.

Sect. 6e. — *Des répétitions que le mari peut exercer sur la dot.*

1034. — Le mari peut avoir plusieurs espèces de répétitions à exercer contre la femme ou ses héritiers; elles peuvent se rapporter : — 1° aux impenses faites dans les biens dotaux ; — 2° aux frais funéraires; — 3° aux choses soustraites par la femme durant le mariage.

§ 1er. — *Impenses faites dans les biens dotaux.*

1035. — Les impenses sont ou nécessaires, ou utiles, ou voluptuaires, c'est-à-dire de pure fantaisie.—L. 1 *in pr.*, ff., *De imp. in res dot. fact.*

1036. — Les impenses nécessaires sont celles dont l'urgence est telle que, si elles n'étaient pas faites, la chose serait exposée à périr ou à être détériorée. — L. 79 *in pr.*, ff., *De verb. sign.*

1037. — Les impenses voluptuaires ou d'agrément et de pure fantaisie sont celles qui sont faites pour l'ornement de la chose et qui n'en augmentent point le revenu. — *Ibid.*, § 2.

1038. — Les impenses utiles sont celles qui sont faites par le mari, pour l'amélioration de la chose dotale, mais qui ne sont pas nécessaires à sa conservation. — *Ibid.*, § 1er.

1039. — Il suit de cette division que toutes les impenses qui ont été faites pour la conservation de la chose dotale, ou qui en ont augmenté la valeur, doivent être remboursées au mari, tandis que celles qui n'ont eu pour objet que son embellissement restent à sa charge. A l'égard de ces dernières, on refuse toute action au mari pour en recouvrer la valeur, mais on l'autorise à enlever tous les objets qui peuvent être séparés de l'immeuble. Toutefois, si la femme veut garder ces objets, elle peut s'opposer à leur enlèvement en payant au mari la somme à laquelle ils sont estimés.—LL. 9, ff., *De imp. in res dot. fact.*; 79, ff., *De verb. sign.*

1040. — Cependant le mari ne peut pas enlever ces objets lorsqu'ils n'ont été placés dans l'immeuble dotal qu'en remplacement d'objets semblables. — Ainsi, par exemple, lorsque des chambranles de marbre, des balcons, des boiseries n'ont été faits que parce que ceux qui existaient antérieurement étaient entièrement dégradés et hors de service, il est certain alors que ces choses ne pourraient point être considérées comme ayant été placées dans l'immeuble pour son embellissement, puisque déjà ces embellissemens existaient.

1041. — Les impenses nécessaires à la charge du mari s'appliquent en général aux réparations, et quelquefois aux reconstructions.— On divise les réparations en grosses réparations et en réparations d'entretien; les grosses réparations sont celles des gros murs et des voûtes, le rétablissement des poutres et des couvertures entières, celui des digues et des murs de soutènement et de clôture, aussi en entier; toutes les autres réparations sont d'entretien.— C. civ., art. 606. — Cette disposition, insérée au titre de l'usufruit, doit s'appliquer naturellement au mari, qui n'est, la plupart du temps, qu'un véritable usufruitier. — Benoît, t. 2, n° 223.

1042.—Lorsque dans un domaine considérable, constitué en dot, le mari a reconstruit une maison fermière tombée de vétusté ou par accident, le mari peut-il répéter la dépense que cette reconstruction lui a occasionnée? —La loi romaine s'exprimait ainsi : *Plane si novam villam necessario extruxit vel veterem totam sine culpa sua collapsam restituerit, erit ejus impensæ petitio.* —L. 7, § 16, ff., *Solut. matr.*—Mais sous notre législation, nous ne pensons pas que cette solution dût être admise; d'abord, il est de principe que ni le propriétaire ni l'usufruitier ne sont tenus de reconstruire ce qui est tombé de vétusté, ou ce qui est détruit par cas fortuit (C. civ., art. 607); d'un autre côté, en admettant cette décision de la loi romaine, on s'écarterait entièrement de l'art. 606, qui détermine ce qui est grosses réparations.—Benoît, t. 2, n° 234.

1043. — Cependant jugé que lorsque le mari a fait des constructions sur la propriété dotale de son épouse, ses créanciers qui ont fait saisir les arbres abattus par lui sur le fonds dotal peuvent opposer à la femme qui les revendique la compensation du prix de ces arbres, jusqu'à concurrence de la valeur des améliorations dont elle doit la récompense.—*Caen*, 5 déc. 1826, Duverger c. Leprêtre.

1044. — Une femme, mariée sous le régime dotal, doit être tenue personnellement de payer les améliorations et réparations faites par son ordre, aux immeubles qu'elle a personnellement acquis durant le mariage. — *Paris*, 3 niv. an XIII, Penot c. Delagarde.

1045. — Jugé aussi que les ouvriers qui, par ordre du mari, ont travaillé aux réparations et constructions d'un immeuble appartenant en propre à la femme, ont, contre cette dernière, une action directe pour le remboursement de ce qui leur est dû, jusqu'à concurrence de la plus-value que ces réparations et constructions ont donnée à cet immeuble.—*Cass.*, 14 juin 1820, Croullebois c. Galand de Lisle.

1046.— Il est une circonstance où le mari ne pourrait pas répéter les impenses résultant de grosses réparations, c'est celles où elles auraient été occasionnées par le défaut de réparations d'entretien. — C. civ., art. 605.

1047. — Lorsque le mari entre en possession des biens constitués en dot et qu'il est obligé de faire plusieurs réparations d'entretien dont la cause est antérieure à la célébration du mariage, en doit-il être indemnisé? — Le mari n'étant tenu des réparations d'entretien qu'à cause de sa jouissance, il ne serait pas juste de mettre à sa charge des dépenses faites pour des réparations dont la cause serait antérieure à son usufruit; mais il faudrait que ces réparations à faire à l'immeuble dotal eussent été constatées d'une manière certaine. —Benoît, t. 2, p. 239.

1048.— Le mari qui a fait des impenses nécessaires dans le fonds dotal a le droit d'en retenir la possession jusqu'à ce qu'il en ait été remboursé: *Manebit igitur maritus in rerum detentione donec ei satisfiat.* — L. 5 *in pr.*, ff., *De imp. in res. dot. fact.*

§ 2. — *Répétition du mari relative aux frais funéraires.*

1049. — Le mari peut imputer sur la dot qu'il doit restituer, les frais funéraires de la femme, car, dit la loi romaine, il est juste que les femmes soient inhumées sur les biens qu'elles laissent à leur décès; d'où il suit que l'héritier seul de la femme doit supporter les dépenses faites pour son inhumation. — L. 16, ff., *De relig. et sumpt. fun.* — V. aussi LL. 18 et 19, ff., Cod., *eod. tit.* — V. aussi en ce sens, Roussilhe, t. 2, n° 559; Merlin, *Rép.*, v° *Dot*, § 3, n° 4; Tessier, t. 2, p. 193.

1050. — Devrait-on comprendre dans les frais funéraires, et le mari pourrait-il répéter la dépense faite pour élever un tombeau à la femme?— Nous ne le pensons pas. Il faut distinguer, en effet, la dépense nécessaire pour l'inhumation de celle qui a été faite par le mari par affection et pour donner à son épouse un dernier témoignage d'attachement. Dans le premier cas, la répétition en est autorisée; dans le second, elle ne l'est pas. — L. 14, § 7, ff., *De relig. et sumpt. fun.*; — Persil, *Rég. hyp.*, sur l'art. 2101; Benoît, t. 2, n° 261.

1051.— Le mari ne peut pas répéter les frais de dernière maladie, quelle que soit la durée de cette maladie; c'est là une des charges du mariage; elles doivent être toutes supportées pas le mari, à quelque époque qu'elles se présentent. — Benoît, t. 2, n° 260.

1052. — Dans le droit ancien, la jurisprudence des parlemens n'était pas uniforme sur ce point. — Dupérier (t. 2, p. 440) rapporte plusieurs arrêts du parlement de Provence qui avait autorisé le mari à en réclamer le remboursement aux héritiers de la femme; Boniface (t. 1er, liv. 6, tit. 3, ch. 9) en cite deux autres du 14 déc. 1645, 7 juin 1652, qui avaient admis le mari à répéter les frais de dernière maladie, lorsqu'ils excédaient les fruits de la dot. Au parlement de Bordeaux, on décidait que le mari pouvait les demander lorsque la maladie avait duré plus de six mois (Lapeyrère, *id.*, de 1706, lett. M, n° 22.—Chorier, sur Guy-Pape (p. 231) rapporte deux arrêts du parlement de Grenoble entièrement contradictoires; le premier, du mois de mars 1640, avait décidé qu'il n'était rien dû au mari pour les frais de la dernière maladie de la femme et que ce qu'il avait payé aux médecins et apothicaires n'était pas répétable sur la dot qu'il devait restituer; le deuxième, du 7 avr. 1645, avait jugé le contraire.

§ 3. — *Répétition du mari relative aux choses soustraites par la femme.*

1053. — La loi ne considère pas comme vol la soustraction commise par la femme au préjudice de son mari, mais elle accorde à ce dernier une action civile pour obtenir la restitution des choses soustraites. — C. pén., art. 380. — Il en était de même dans le droit romain.—Le mari avait, après la dissolution du mariage, le droit d'agir contre elle et d'imputer sur la dot qu'il devait restituer la valeur des objets que la femme avait soustraits pendant le mariage.

1054.— Mais pour que le mari ou ses héritiers puissent demander l'imputation de la valeur des choses soustraites par la femme, il faut que la soustraction soit prouvée d'une manière légale, car la simple allégation de la soustraction d'un objet appartenant au mari ne suffirait pas pour en autoriser l'imputation. Ces soustractions n'arrivent ordinairement que lorsque la femme abandonne le domicile conjugal pendant le mariage, ou lorsqu'après le décès du mari la femme commet des expilations dans sa succession. Dans le premier cas le mari doit faire constater, par information ou enquête, la fuite de la femme et la soustraction des effets qu'elle a emportés avec elle; dans le second, les héritiers du mari doivent remplir les mêmes formalités. Sans cette mesure préparatoire, le mari ou ses héritiers sont non-recevables dans l'exception de compensation dont ils veulent faire usage. — Benoît, t. 2, n° 263.

V. AUTORISATION DE FEMME MARIÉE, CONTRAT DE MARIAGE, DEUIL, ENREGISTREMENT, NOVATION, PAIEMENT, RETOUR CONVENTIONNEL, RETOUR LÉGAL, SÉPARATION DE BIENS, SÉPARATION DE CORPS, USUFRUIT, VENTE.

— V. Despeisses, t. 1er, 1re partie, sect. 3e, no 95.

992. — Celui qui, en mariant son fils, s'oblige de le nourrir ainsi que son épouse et de lui compter à sa sortie 3,000 fr. ne peut se dispenser de payer cette somme à la veuve de son fils tant personnellement que comme tutrice de son enfant. — *Rennes*, 23 juill. 1819, Pasquier c. Sailland.

993. — Si la dot consiste en immeubles, ou en meubles non estimés par le contrat de mariage, ou bien mis à prix, avec déclaration que l'estimation n'en ôte pas la propriété à la femme, le mari ou ses héritiers peuvent être contraints de la restituer sans délais, après la dissolution du mariage. — C. civ., art. 1564.

994. — Sous le régime dotal avec société d'acquêts, lorsqu'il est procédé au partage des acquêts immobiliers, en présence des créanciers, la femme n'a pas le droit de réclamer une part d'immeubles pour se remplir de sa dot immobilière; il y a seulement lieu à licitation, afin qu'elle puisse prélever, avant tous partages, ses deniers dotaux. — *Agen*, 11 août 1832, Quillot c. Villeneuve.

995. — La femme n'est point obligée, à la dissolution du mariage, d'exécuter les conventions faites par le mari, lorsqu'elles soumettent le prix du bail à des chances, et que leur effet peut être de la priver tout à la fois et des fruits de ses immeubles dotaux et du prix de la location. — Particulièrement, le bail dont le loyer consisterait en une part dans les bénéfices éventuels d'une société de commerce n'est pas, à la dissolution du mariage, obligatoire pour la femme. — *Bordeaux*, 2 fév. 1832, Hélliot c. Dussaut; *Angers*, 16 août 1820, Roulois c. Rocton.

996. — Jugé cependant que la femme ne peut faire annuler les baux qui ne sont pas frauduleux. — *Rennes*, 2 janv. 1808, Frangeul.

997. — Lorsque la dot consiste en choses dont la propriété n'a pas été transférée au mari, et qui ont subi des augmentations ou des diminutions, la femme supporte les pertes et profits des avantages. — L. 10, *in pr.*, § 1, ff., *De jur. dot.* — Ainsi, lorsque l'immeuble dotal s'est accru par alluvion, le mari doit le restituer avec ses augmentations. — Benoît, t. 2, no 153.

998. — De même, si un usufruit affecté sur un fonds que la femme s'était constitué en dot vient se réunir à la propriété, le mari jouira de cet usufruit, et sera tenu de le rendre avec le fonds; car, dans ce cas, l'usufruit est considéré comme l'accessoire de l'immeuble sur lequel il repose. — L. 4, ff., *De jur. dot.*

999. — Si les immeubles apportés en dot par la femme, et dont la propriété est restée sur sa tête, ont dépéri par l'usage et sans la faute du mari, il n'est tenu de rendre que ceux qui restent et dans l'état où ils se trouvent. — C. civ., art. 1566.

1000. — Sous l'ancienne jurisprudence, lorsque le trousseau de la femme n'avait pas été estimé dans le contrat, les effets étaient aussi rendus dans l'état où ils se trouvaient à la dissolution du mariage. — L. 1, ff., *De jur. dot.* — Expilly, dans ses arrêts, chap. 18; Bretonnier, sur le dix-huitième plaidoyer d'Henrys; Roussilhe, t. 1er, p. 169.

1001. — Mais si le trousseau avait été estimé, le mari était tenu de rendre et les objets qui le composaient et l'estimation portée au contrat. La raison qu'on en donnait c'est que, d'une part, le trousseau ayant été estimé, le mari en devait le prix; et que, d'autre part, étant tenu de fournir à l'entretien de sa femme, on ne pouvait lui enlever les nippes et hardes à son usage au moment de la dissolution du mariage.

1002. — Le Code civil a adopté d'autres principes. — Lorsque le trousseau a été estimé par le contrat de mariage, sans déclaration que la mise à prix n'en transfère pas la propriété au mari, ce dernier n'est tenu de restituer que le montant de l'estimation. Cependant la femme, à la dissolution du mariage, peut retirer les linges et hardes à son usage actuel, sauf à précompter leur valeur lorsque la restitution de sa dot lui est faite. — C. civ., art. 1566.

1003. — Lorsque la femme mariée sous le régime dotal exerce le droit qui lui est accordé, dans tous les cas, de retirer ses linges et hardes, sauf à en précompter la valeur, s'ils ont été constitués avec estimation, elle a le droit de demander qu'on lui complète le déficit dans la valeur donnée à ces objets. — Du moins, l'arrêt qui le décide ainsi, d'après la clause du contrat de mariage, que le mari se chargerait du trousseau de la femme, échappe à la censure de la cour de Cassation. — *Cass.*, 1er juill. 1835, Gambon c. Bethfort.

1004. — Lorsque la dot consiste en un usufruit, le mari n'est tenu de restituer que le droit d'usufruit et non les fruits perçus pendant le mariage. — C. civ., art. 1568. — L. 7, § 2, ff., *De jure dot.* — La convention qui dérogerait à cette disposition serait nulle, comme contraire à la destination de la dot. — L. 4, ff., *De pact. dot.*

1005. — Il pourrait arriver que le mari fût évincé de l'immeuble constitué en dot; dans ce cas, il est évident que l'objet formant la constitution dotale n'étant plus dans ses mains, il ne peut être tenu d'en faire la restitution; il ne serait pas même tenu d'en restituer le prix si l'immeuble avait été estimé par le contrat, avec déclaration que l'estimation en emportait vente au mari; c'est ce que décide expressément la loi 49, ff., *De solut. matr.*

1006. — Mais comme ceux qui constituent une dot sont tenus à la garantie des objets constitués (C. civ., art. 1547), si, par suite de son action contre le constituant, le mari obtient la valeur de l'immeuble constitué, il devra en faire la restitution à la dissolution du mariage. — L. 16 *in pr.*, ff., *De jur. dot.*

1007. — Cependant si le mari obtient, par suite de son action en garantie, une somme excédant celle à laquelle l'immeuble constitué en dot a été estimé par le contrat de mariage, il n'est pas tenu de rendre ce qui excède l'estimation : la raison en est que, par la mise à prix de l'immeuble constitué en dot, avec déclaration que l'estimation en emporte vente au mari, celui-ci en devient propriétaire, qu'il profite de tous les accroissemens et qu'il supporte toutes les pertes ou détériorations qui peuvent survenir. — L. 18, *in pr.*, Cod., *De jur. dot.*

1008. — Lorsque des usines ont été constituées en dot, la restitution doit embrasser tout ce qui a été apporté par la femme, soit en meubles, soit en immeubles. Le mari ou ses héritiers doivent rendre tout ce qui a été compris dans l'inventaire, s'il en existe un; s'il n'en a pas été fait, les usines sont censées avoir été livrées par le constituant avec tous les ustensiles qui en dépendent, en bon état et propres à être mises en jeu dès le jour même de la constitution. — Benoît, t. 2, no 173.

1009. — Lorsqu'une usine est constituée en dot, et qu'au moment de l'entrée en jouissance du mari il s'y trouve une certaine quantité de matières premières destinées à être mises en œuvre, le mari est tenu d'en restituer une pareille quantité à la dissolution du mariage, ces matières étant incontestablement dotales. — Benoît, t. 2, no 175.

1010. — Lorsque la dot consiste en un fonds de commerce mis à prix par le contrat, sans déclaration que l'estimation n'en fait pas vente, le mari en devient propriétaire. — Tessier, t. 2, p. 211. — Mais s'il n'y a pas mise à prix stipulée dans le contrat, le mari devra restituer la même quantité et qualité de marchandises ou leur valeur actuelle. — Tessier, t. 2, p. 213.

1011. — Si la valeur a baissé durant le mariage, le mari doit payer l'estimation de celles qu'il a reçues du constituant. — Benoît, t. 2, no 176.

1012. — De même, si le prix des marchandises avait augmenté, le mari ne serait pas tenu de se libérer par une quantité égale de marchandises, parce qu'alors, la valeur n'étant plus la même, il y aurait impossibilité de se conformer à la loi. — Benoît, *eod. loc.*

1013. — Cette décision devrait aussi être appliquée dans le cas où le fonds de commerce consisterait en marchandises qui peuvent passer de mode, telles que soieries, objets de goût, nouveautés, toiles et papiers peints, etc.

1014. — Nous avons dit (V. *suprà* nos 396 et s.) que le mari avait le droit de jouir des bois de haute-futaie faisant partie de la dot, en se conformant pour les coupes à l'usage des anciens propriétaires; mais nous avons dit aussi qu'il ne pourrait pas s'écarter de cet usage, et que, le produit des coupes excepté, il ne pouvait se prévaloir d'aucune pièce de bois, même de celles qui pourraient être abattues par le vent ou qui auraient été coupées en délit et laissées sur place par les délinquans. — Toutefois cela doit s'entendre en ce sens qu'il ne lui est pas permis de s'emparer de ces bois comme fruits; car il peut les prendre à la charge par lui d'en restituer la valeur à la femme ou à ses héritiers à la dissolution du mariage. — L. 7, § 12, ff., *Sol. matrimonio.*

1015. — C'est d'après ce principe qu'il a été jugé que la femme a droit à une indemnité pour la valeur des arbres de haute-futaie que le mari a abattus sur le fonds dotal au-delà des nécessités de son administration. — *Rouen*, 7 nov. 1840 (t. 1er 1841, p. 52), Roger c. Levieils.

Sect. 5e. — *De la répartition des fruits de la dot entre les époux à la dissolution du mariage.*

1016. — A la dissolution du mariage, les fruits des immeubles dotaux se partagent entre le mari et la femme ou leurs héritiers, à proportion du temps qu'il a duré pendant la dernière année. — L'année commence du jour où le mariage a été célébré. — C. civ., art. 1571.

1017. — Il en était de même dans le droit romain. — L. unic., Cod., *De rei. uxor. act.*, § 16. — On décidait cependant que si le mari n'était entré en jouissance du fonds dotal qu'après le mariage, on ne devait partir pour faire le compte des fruits que du jour où le fonds lui avait été livré. — L. 5, ff., *Solut. matr.*

1018. — Aujourd'hui cette décision ne serait pas suivie. — Toullier, t. 14, no 283.

1019. — Si le fonds constitué en dot avait été livré au mari avant la célébration, ce ne serait pas du jour de la délivrance qu'il faudrait faire commencer l'année, mais du jour de la célébration; car les fruits perçus avant le mariage n'appartiennent pas au mari; ils font partie de la dot et doivent être restitués à la dissolution du mariage.

1020. — *Fruits naturels et industriels.* — Pour procéder au compte, entre les époux ou leurs héritiers, des fruits naturels ou industriels qu'on obtient par la culture, il faut d'abord savoir que ce sont tous les fruits à percevoir dans l'année qui doivent être partagés, et que ces fruits sont acquis jour par jour aux époux, quoique ordinairement il n'y ait que les fruits civils qui puissent s'acquérir de cette manière. — Ainsi supposons, par exemple, que dans le domaine constitué en dot, il y ait plusieurs genres de récoltes, telles que foin, blé et vin; supposons encore que le mariage ait commencé le 1er janvier et qu'il ait été dissous le 1er septembre, après la perception du foin et du blé; il semblerait que, dans ce cas, le foin et le blé dussent appartenir au mari, sauf à la femme à se prévaloir de toute la vendange; mais il n'en doit pas être ainsi : on doit faire une masse de tous les fruits perçus dans l'année de la dissolution du mariage, et la diviser ensuite entre les époux à proportion du temps qu'il a duré pendant cette année. S'il en était autrement, le partage ne serait pas en rapport avec la durée du mariage, et la loi ne serait pas justement appliquée. — Benoît, t. 2, no 196.

1021. — Avant de procéder à la division des fruits on prélève les frais de culture, car les fruits ne sont comptés que déduction faite des dépenses qu'ils ont occasionnées : *fructus eos esse constat qui deducta impensa supererunt.* — L. 7 *in pr.*, ff., *Solut. matr.*

1022. — Si le domaine constitué en dot est affermé à moitié fruits, le partage ne porte que sur la moitié revenant au propriétaire; la part due au fermier est considérée comme frais de culture. — Benoît, t. 2, no 196.

1023. — Lorsque la loi dit que les fruits de la dernière année seront répartis entre le mari et la femme, il faut l'entendre ainsi que le partage embrassera les récoltes perçues pendant une révolution de douze mois. — Toutefois, il faut remarquer qu'il peut arriver une circonstance où cette règle ne devrait pas être rigoureusement observée : supposons, par exemple, que le mariage ait été célébré le 1er octobre, veille des vendanges, que le mari perçoive cette récolte et que la chaleur de la température accélérant la maturité du raisin, la seconde soit perçue avant le 1er octobre de l'année suivante, temps pendant lequel le mari décède; dans ce cas faudra-t-il comprendre dans le partage à opérer ces deux récoltes, ou bien la dernière appartiendra-t-elle exclusivement à la femme? — Il n'est pas douteux, selon nous, que le partage ne devra porter que sur la première vendange, bien que la seconde ait été perçue dans la révolution des douze mois. — Benoît, t. 2, no 197; Proudhon, *De l'usufruit*, t. 5, p. 525; Toullier, t. 14, no 298. — V. cependant en sens contraire Cujas, *Observ.* lib. 14, chap. 22 : — *adeo ut*, dit cet auteur, *si expleatur is annus in matrimonio, etiamsi bis in eo vendemiam collegerit, maritus omnem eum fructum lucraturus sit.*

1024. — Si un fonds avait été constitué en dot avec déclaration que l'estimation en emportait vente au mari, et que néanmoins il eût été stipulé qu'il serait facultatif à ce dernier de restituer l'immeuble ou l'estimation, à son choix, les fruits devraient-ils être divisés, si le mari optait pour la restitution de l'immeuble? — Nous croyons devoir nous décider pour l'affirmative. En laissant ainsi le choix au mari de rendre le fonds ou son estimation, on lui confère en quelque sorte le droit de décider si la dot consistera en immeubles ou en argent; et dès que l'option est faite par lui, pour la restitution du fonds, c'est comme si dès le principe on l'avait purement et simplement constitué en dot sans estimation; cas dans lequel il ne peut s'élever de doute sur la division des fruits.—Il faudrait décider la question de la même manière, si l'option étant laissée à la femme, elle se décidait à reprendre l'immeuble et non le prix.

1025. — A l'égard des fruits d'un moulin dotal ou d'une usine dotale, il faut que les parties continuent en commun l'exploitation pendant toute l'année, afin de connaître la quantité et la valeur de tous les produits et arriver ainsi à un partage égal de tous les fruits. — Toullier, t. 14, n° 294.

1026. — Cette règle tracée pour les usines s'applique aussi aux mines dotales.—Toullier, *loc. cit.*

1027. — Si pendant le mariage, il a été découvert une mine sur le fonds dotal et que le mari en ait obtenu la concession, la femme ne pourra répéter à la dissolution du mariage que la propriété de la surface du terrain et la redevance due en général au propriétaire; le mari restera seul maître de la mine. — L. 21 avr. 1810, art. 6, 18, 19 et 42. — Toullier, t. 14, n° 296; Proudhon, *Tr. des dr. d'usufruit*, t. 5, p. 525.

1028. — *Fruits civils.*— Il ne peut guère y avoir de difficultés sur les arrérages des rentes et les intérêts des sommes exigibles; le mari acquérant jour par jour la part qui lui en revient pendant la durée du mariage, il suffit de lui attribuer tous ceux échus au dernier jour du mariage.—Benoît, t. 2, n° 206.

1029. — La femme ou ses héritiers n'ont pas le droit de réclamer une part dans les intérêts ou les arrérages de rentes que le mari n'aurait pas exigés les années précédentes, en soutenant que ces intérêts se trouvant exigibles au moment de la dissolution du mariage, doivent faire partie des fruits de la dernière année. Une pareille prétention serait entièrement contraire au principe qui veut que tant que le mari supporte les charges du mariage, il jouisse des fruits de la dot. — Benoît, t. 2, n° 207.

1030. — Lorsque la femme se fait une constitution de biens ruraux susceptibles d'être affermés, le compte des fruits varie dans certains cas.

1031. — Ainsi : — 1° Supposons que le mari ait trouvé les immeubles libres et non affermés; dans ce cas, il entre en jouissance tout de suite et perçoit toutes les récoltes pendantes, sauf à tenir compte à la femme des frais de culture. S'il continue à jouir des biens sans les affermer, jusqu'à la dissolution du mariage, le compte des fruits se fait sur toute l'année et sur la totalité des fruits perçus, comme nous l'avons déjà expliqué ci-dessus, n°s 1020 et suiv.

1032. — ... 2° Si le mari trouve en entrant des biens affermés et d'autres qui ne le soient pas, et que les choses restent ainsi jusqu'au moment où il échoit de faire le compte des fruits entre les époux, dans ce cas le mari n'aura pas le droit de prendre sa part plutôt sur le prix de ferme que sur les récoltes des biens non affermés; on devra faire les parts sur les deux espèces de fruits des biens constitués en dot, de manière que chacun ait une portion du prix de ferme et une portion des récoltes existantes ou perçues. Le mari ne serait pas fondé à exciper de la circonstance qu'il aurait employé ou dépensé les sommes payées par le fermier, pour ne laisser à la femme que des récoltes; il devrait, s'il avait perçu la portion du prix de ferme échue, rembourser en numéraire, à la femme, la part qui lui reviendrait. Par la même raison, la femme ne pourrait pas exiger toute sa part en argent ou en récoltes, les portions devant se former de l'un et de l'autre de ces produits.

1033. — ... 3° Si le mari a trouvé, lors de la célébration du mariage, tous les biens dotaux affermés et qu'il continue à l'expiration du bail de les laisser en ferme, les fermages lui seront acquis jour par jour, à raison de la durée du mariage.

Sect. 6e. — *Des répétitions que le mari peut exercer sur la dot.*

1034. — Le mari peut avoir plusieurs espèces de répétitions à exercer contre la femme ou ses héritiers; elles peuvent se rapporter : — 1° aux impenses faites dans les biens dotaux ; — 2° aux frais funéraires; — 3° aux choses soustraites par la femme durant le mariage.

§ 1er. — *Impenses faites dans les biens dotaux.*

1035. — Les impenses sont ou nécessaires, ou utiles, ou voluptuaires, c'est-à-dire de pure fantaisie.—L. 1 *in pr.*, ff., *De imp. in res dot. fact.*

1036. — Les impenses nécessaires sont celles dont l'urgence est telle que, si elles n'étaient pas faites, la chose serait exposée à périr ou à être détériorée. — L. 79 *in pr.*, ff., *De verb. sign.*

1037. — Les impenses voluptuaires ou d'agrément et de pure fantaisie sont celles qui sont faites pour l'ornement de la chose et qui n'en augmentent point le revenu. — *Ibid.*, § 2.

1038. — Les impenses utiles sont celles qui sont faites par le mari, pour l'amélioration de la chose dotale, mais qui ne sont pas nécessaires à sa conservation. — *Ibid.*, § 1er.

1039. — Il suit de cette division que toutes les impenses qui ont été faites pour la conservation de la chose dotale, ou qui en ont augmenté la valeur, doivent être remboursées au mari, tandis que celles qui n'ont eu pour objet que son embellissement restent à sa charge. A l'égard de ces dernières on refuse toute action au mari pour en recouvrer la valeur, mais on l'autorise à enlever tous les objets qui peuvent être séparés de l'immeuble. Toutefois, si la femme veut garder ces objets, elle peut s'opposer à leur enlèvement en payant au mari la somme à laquelle ils sont estimés.—LL. 9, ff., *De imp. in res dot. fact.*; 79, ff., *De verb. sign.*

1040. — Cependant le mari ne peut pas enlever ces objets lorsqu'ils n'ont été placés dans l'immeuble dotal qu'en remplacement d'objets semblables. — Ainsi, par exemple, lorsque des chambranles de marbre, des balcons, des boiseries n'ont été faits que parce que ceux qui existaient antérieurement étaient entièrement dégradés et hors de service, il est certain alors que ces choses ne pourraient point être considérées comme ayant été placées dans l'immeuble pour son embellissement, puisque déjà ces embellissemens existaient.

1041. — Les impenses nécessaires à la charge du mari s'appliquent en général aux réparations, et quelquefois aux reconstructions.— On divise les réparations en grosses réparations et en réparations d'entretien; les grosses réparations sont celles des gros murs et des voûtes, le rétablissement des poutres et des couvertures entières, celui des digues et des murs de soutènement et de clôture, aussi en entier; toutes les autres réparations sont d'entretien.— C. civ., art. 606.. — Cette disposition, insérée au titre de l'usufruit, doit s'appliquer naturellement au mari, qui n'est, la plupart du temps, qu'un véritable usufruitier. — Benoît, t. 2, n° 223.

1042.—Lorsque dans un domaine considérable, constitué en dot, le mari a reconstruit une maison fermière tombée de vétusté ou par accident, le mari peut-il répéter la dépense que cette reconstruction lui a occasionnée? —La loi romaine s'exprimait ainsi : *Plane si novam villam necessario extruxit vel veterem totam sine culpa sua collapsam restituerit, erit ejus impensæ petitio.* —L. 7, § 16, ff., *Solut. matr.*— Mais sous notre législation, nous ne pensons pas que cette solution dût être admise; d'abord, il est de principe que ni le propriétaire ni l'usufruitier ne sont tenus de reconstruire ce qui est tombé de vétusté, ou ce qui est détruit par cas fortuit (C. civ., art. 607); d'un autre côté, en admettant cette décision de la loi romaine, on s'écarterait entièrement de l'art. 606, qui détermine ce qui est grosses réparations.—Benoît, t. 2, n° 234.

1043. — Cependant jugé que lorsque le mari a fait des constructions sur la propriété dotale de son épouse, ses créanciers qui ont fait saisir les arbres abattus par lui sur le fonds dotal peuvent opposer à la femme qui les revendique la compensation du prix de ces arbres, jusqu'à concurrence de la valeur des améliorations dont elle doit la récompense.—*Caen*, 5 déc. 1826, Duverger c. Leprêtre.

1044. — Une femme, mariée sous le régime dotal, doit être tenue personnellement de payer les améliorations et réparations faites par son ordre, aux immeubles qu'elle a personnellement acquis durant le mariage. — *Paris*, 3 niv. an XIII, Penot c. Delagarde.

1045. — Jugé aussi que les ouvriers qui, par ordre du mari, ont travaillé aux réparations et constructions d'un immeuble appartenant en propre à la femme, ont, contre cette dernière, une action directe pour le remboursement de ce qui leur est dû, jusqu'à concurrence de la plus-value que ces réparations et constructions ont donnée à cet immeuble.—*Cass.*, 14 juin 1820, Croullebois c. Galand de Lisle.

1046.—Il est une circonstance où le mari ne pourrait pas répéter les impenses résultant de grosses réparations, c'est celles où elles auraient été occasionnées par le défaut de réparations d'entretien. — C. civ., art. 605.

1047. — Lorsque le mari entre en possession des biens constitués en dot et qu'il est obligé de faire plusieurs réparations d'entretien dont la cause est antérieure à la célébration du mariage, en doit-il être indemnisé? —Le mari n'étant tenu des réparations d'entretien qu'à cause de sa jouissance, il ne serait pas juste de mettre à sa charge des dépenses faites pour des réparations dont la cause serait antérieure à son usufruit; mais il faudrait que ces réparations à faire à l'immeuble dotal eussent été constatées d'une manière certaine. — Benoît, t. 2, p. 239.

1048. — Le mari qui a fait des impenses nécessaires dans le fonds dotal a le droit d'en retenir la possession jusqu'à ce qu'il en ait été remboursé: *Manebit igitur maritus in rerum detentione donec ei satisfiat.* — L. 5 *in pr.*, ff., *De imp. in res. dot. fact.*

§ 2. — *Répétition du mari relative aux frais funéraires.*

1049. — Le mari peut imputer sur la dot qu'il doit restituer, les frais funéraires de la femme, car, dit la loi romaine, il est juste que les femmes soient inhumées sur les biens qu'elles laissent à leur décès; d'où il suit que l'héritier seul de la femme doit supporter les dépenses faites pour son inhumation. — L. 16, ff., *De relig. et sumpt. fun.* — V. aussi LL. 18 et 19, ff., Cod., *eod. tit.* — V. aussi en ce sens, Roussilhe, t. 2, n° 559; Merlin, *Rép.*, v° *Dot*, § 3, n° 4; Tessier, t. 2, p. 193.

1050. — Devrait-on comprendre dans les frais funéraires, et le mari pourrait-il répéter la dépense faite pour élever un tombeau à la femme?— Nous ne le pensons pas. Il faut distinguer, en effet, la dépense nécessaire pour l'inhumation de celle qui a été faite par le mari par affection et pour donner à son épouse un dernier témoignage d'attachement. Dans le premier cas, la répétition en est autorisée; dans le second, elle ne l'est pas. — L. 14, § 7, ff., *De relig. et sumpt. fun.*; — Persil, *Rég. hyp.*, sur l'art. 2101; Benoît, t. 2, n° 261.

1051. — Le mari ne peut pas répéter les frais de dernière maladie, quelle que soit la durée de cette maladie; c'est là une des charges du mariage; elles doivent être toutes supportées pas le mari, à quelque époque qu'elles se présentent. — Benoît, t. 2, n° 260.

1052. — Dans le droit ancien, la jurisprudence des parlemens n'était pas uniforme sur ce point. — Dupérier (t. 2, p. 440) rapporte plusieurs arrêts du parlement de Provence qui avait autorisé le mari à en réclamer le remboursement aux héritiers de la femme; Boniface (t. 1er, liv. 6, tit. 3, ch. 9) en cite deux autres du 14 déc. 1645, 7 juin 1652, qui avaient admis le mari à répéter les frais de dernière maladie, lorsqu'ils excédaient les fruits de la dot. Au parlement de Bordeaux, on décidait que le mari pouvait les demander lorsque la maladie avait duré plus de six mois (Lapeyrère, *id.*, de 1706, lett. M, n° 22.—Chorier, sur Guy-Pape (p. 231) rapporte deux arrêts du parlement de Grenoble entièrement contradictoires; le premier, du mois de mars 1640, avait décidé qu'il n'était rien dû au mari pour les frais de la dernière maladie de la femme et que ce qu'il avait payé aux médecins et apothicaires n'était pas répétable sur la dot qu'il devait restituer; le deuxième, du 7 avr. 1645, avait jugé le contraire.

§ 3. — *Répétition du mari relative aux choses soustraites par la femme.*

1053. — La loi ne considère pas comme vol la soustraction commise par la femme au préjudice de son mari, mais elle accorde à ce dernier une action civile pour obtenir la restitution des choses soustraites. — C. pén., art. 380. — Il en était de même dans le droit romain.—Le mari avait, après la dissolution du mariage, le droit d'agir contre elle et d'imputer sur la dot qu'il devait restituer la valeur des objets que la femme avait soustraits pendant le mariage.

1054.— Mais pour que le mari ou ses héritiers puissent demander l'imputation de la valeur des choses soustraites par la femme, il faut que la soustraction soit prouvée d'une manière légale, car la simple allégation de la soustraction d'un objet appartenant au mari ne suffirait pas pour en autoriser l'imputation. Ces soustractions n'arrivent ordinairement que lorsque la femme abandonne le domicile conjugal pendant le mariage, ou lorsqu'après le décès du mari la femme commet des expilations dans sa succession. Dans le premier cas le mari doit faire constater, par information ou enquête, la fuite de la femme et la soustraction des effets qu'elle a emportés avec elle; dans le second, les héritiers du mari doivent remplir les mêmes formalités. Sans cette mesure préparatoire, le mari ou ses héritiers sont non-recevables dans l'exception de compensation dont ils veulent faire usage. — Benoît, t. 2, n° 263.

V. AUTORISATION DE FEMME MARIÉE, CONTRAT DE MARIAGE, DEUIL, ENREGISTREMENT, NOVATION, PAIEMENT, RETOUR CONVENTIONNEL, RETOUR LÉGAL, SÉPARATION DE BIENS, SÉPARATION DE CORPS, USUFRUIT, VENTE.

DOTAL (Régime).

V. CONTRAT DE MARIAGE, DOT.

DOTATION.

1. — Affectation de valeurs territoriales ou pécuniaires pour subvenir aux besoins d'un service public, ou pour assurer le maintien de la dignité du titre nobiliaire dont un particulier était revêtu, ou enfin pour récompenser des services rendus à l'état.

2. — Les indications que nous venons de donner montrent à quelles destinations diverses les dotations étaient appliquées.

3. — La caisse d'amortissement, ainsi que nous l'avons expliqué au mot CAISSE D'AMORTISSEMENT, a eu sa dotation.

4. — Sans la constitution du 22 frim. an VIII, le sénat avait aussi sa dotation, qui, sous la restauration, a été réunie au domaine de la couronne. — V. SÉNAT.

5. — La liste civile a aussi une dotation mobilière. — V. LISTE CIVILE.

6. — Les titulaires des majorats avaient aussi la faculté de constituer, avec l'autorisation du chef de l'état, des dotations attachées à leurs majorats. — V. MAJORATS ET DOTATIONS.

7. — Des services éclatans rendus à l'état ont été rémunérés par des dotations que, de son propre mouvement, le chef de l'état a constituées sur son domaine extraordinaire. Les dotations assises sur des dépendances du domaine extraordinaire qui, par suite des événemens de 1814, se sont trouvées situées en pays étranger, ont été converties, par la loi du 26 juill. 1821, en pensions inscrites au grand livre de la dette publique. — V. DOMAINE DE LA COURONNE, MAJORATS ET DOTATIONS.

DOTATION DE LA COURONNE.

C'est l'ensemble des biens que le pouvoir législatif met entre les mains du roi au commencement de chaque règne pour servir à maintenir la splendeur de la couronne. — V. LISTE CIVILE.

DOUAIRE.

Table alphabétique.

DOUAIRE. — 1. — Le douaire consistait dans l'usufruit ou la propriété que les anciennes coutumes accordaient à la veuve et aux enfans d'une portion des héritages que le mari possédait au jour de la bénédiction nuptiale, et de ceux qui lui étaient échus en ligne directe durant le mariage, soit à titre de donation, legs ou succession.

2. — Lorsque le douaire résultait des dispositions des coutumes, il se nommait *douaire coutumier*. — Mais, au lieu de s'en rapporter aux dispositions des coutumes sous lesquelles ils se mariaient, les époux pouvaient eux-mêmes, par une clause expresse de leur contrat de mariage, déterminer le montant ou l'objet du douaire; dans ce cas, le douaire s'appelait *conventionnel* ou *préfix*.

3. — On présume que l'origine du douaire vient des anciennes lois des Francs, qui n'admettaient aux successions que les mâles. Une femme n'ayant pas de biens de son chef, il fallait que, sur les biens de son défunt mari, il lui fût donné de quoi subsister. Il paraît que dans les premiers temps on ne connaissait que le douaire fixé par la convention, et que ce ne fut qu'en 1214 que Philippe-Auguste introduisit un douaire ordinaire et réglé pour avoir lieu quand il n'y aurait pas de convention contraire.

4. — En pays de droit écrit le douaire coutumier ou légal était inconnu, mais les femmes y avaient d'autres droits analogues sous les noms d'augment de dot, bagues et joyaux, etc.

5. — La loi 17 niv. an II a prohibé et la nouvelle législation n'a pas reproduit l'institution du douaire. Si donc, depuis le Code civil, une libéralité semblable était stipulée, même sous ce nom, dans un contrat de mariage, elle serait régie par les dispositions du Code, relatives aux donations entre époux.

6. — Jugé que depuis le Code civil, on n'a pu stipuler valablement un douaire sans le déterminer, en se référant pour son réglement aux dispositions d'une coutume abrogée. — *Poitiers*, 16 mars 1826, Guérin.

§ 1er. — *Du douaire des femmes* (no 7).

§ 2. — *Du douaire des enfans* (no 54).

§ 3. — *Questions transitoires* (no 79).

§ 1er. — *Du douaire des femmes.*

7. — Les femmes qui contractaient mariage avaient seules droit au douaire; il leur était dû quand même le mariage aurait été déclaré nul dans la suite. — Merlin, *Rép.*, vo *Douaire*, sect. 1re, § 2, no 1er.

8. — En Normandie, cependant, le douaire se gagnait au coucher. — Cout. de Normandie, art. 367; — Denisart, vo *Douaire*, no 9.

9. — La coutume de Bourgogne n'accordait le douaire qu'à la femme commune en biens et elle le refusait à celle qui renonçait à la communauté.

10. — Les femmes ne pouvaient, sous la coutume de Paris, le réclamer qu'après la mort naturelle de leur mari. — Denisart fait observer (vo *Douaire*, no 11) que les rédacteurs de cette coutume avaient évité de se servir du terme de *mort*, et avaient employé les mots *trépas*, *décès*, dans la crainte que contre leur intention on n'abusât du mot *mort*. — Cependant, par quelques arrêts cités par Denisart, il avait été jugé que la mort civile donnait ouverture au douaire.

11. — Sous la coutume de Nivernais, la séparation de biens donnait ouverture au douaire de la femme, mais non ouverture au gain de survie. — *Bourges*, 23 messid. an X, Heurtant-Preey.

12. — Il n'en était pas ainsi sous la plupart des coutumes. — Aussi, en cas de séparation de biens, d'absence ou de mort civile du mari, la jurisprudence des anciens parlemens avait pendant un temps tempéré la rigueur de cette interprétation, qui ne donnait à la femme de droit qu'après la mort du mari, et lui accordait, pour en jouir jusqu'à l'ouverture du douaire, une pension qu'on appelait mi-douaire. Mais cette jurisprudence avait été abandonnée.

13. — Ce qui paraît devoir confirmer l'interprétation qui se rattache au décès du mari, c'est cette phrase devenue proverbiale, que *jamais mari ne paie douaire*. — Argou, *Instit. au droit français*, t. 2, p. 135.

14. — La quotité du douaire n'était point fixée uniformément par toutes les coutumes. Suivant les unes (Paris, Orléans), il consistait dans l'usufruit de la moitié des immeubles appartenant au mari; suivant les autres (Anjou, Maine, Amiens), dans l'usufruit du tiers de ces immeubles. Dans d'autres (Touraine), le douaire était fixé par relation à la dot que la femme apportait à son mari: c'était l'usufruit du tiers de la dot.

15. — Sous quelques coutumes, (par exemple, Paris, art. 147), les parties avaient la faculté de stipuler tel douaire que bon leur semblait, sans qu'il pût être augmenté ou diminué, si ce n'est pour satisfaire à l'édit des deuxièmes noces. D'autres coutumes (ainsi Tours, art. 330) permettaient de stipuler un douaire moindre que le coutumier, mais défendaient de l'excéder.

16. — L'abrogation des coutumes, la rareté actuelle des contestations sur cette matière rendant inutile de pousser plus loin cette énumération, nous nous bornerons à observer que le douaire, quelle que fût la quotité à laquelle il était fixé, ne devait point être considéré comme une véritable libéralité. On s'accordait généralement à le regarder comme une récompense des intérêts de la dot et des travaux de la femme, ou comme une suite de l'obligation que le mari était censé contracter en se mariant de pourvoir, après sa mort, à la subsistance de la femme qui lui survivait. Il participait donc à la fois de la donation et du contrat à titre onéreux. — V. en ce sens Merlin, *Rép.*, vo *Douaire*, sect. 1re, § 1er; Proudhon, *Tr. de l'usufruit*, t. 1er, no 252. — *Cass.*, 2 fév. 1842 (t. 1er 1842, p. 365), Henneguy c. de Villebranche.

17. — Les dettes immobilières dues par le mari avant le mariage diminuaient le douaire de plein droit; il n'en était pas de même des dettes mobilières, parce que l'actif mobilier n'augmentait pas le douaire. — Mais les dettes, de quelque nature qu'elles fussent, n'avaient pas d'influence sur le douaire préfix déterminé par le contrat de mariage; il suffisait alors que le mari laissât à son décès des biens suffisans pour payer ces dettes et pour fournir au douaire.

18. — Aussi Argou (*Instit. au Dr. français*) tenait-il pour certain que les dettes hypothécaires créées avant le mariage devaient, sans aucune distinction, être payées avant les conventions matrimoniales de la femme.

19. — Dès-lors, le jugement qui, sur une contestation élevée entre un douairier et des donataires postérieurs, déclare que ce douairier sera colloqué *intégralement* et suivant son rang de date, comme donataire, dans une contribution ouverte sur une indemnité de Saint-Domingue, ne viole aucune loi. — V. *Cass.*, 2 févr. 1842 (t. 1er 1842, p. 365), Henneguy c. de Villebranche.

20. — Certaines coutumes, comme celles de Paris (art. 261), de Chaumont (art. 130), laissaient à la femme le choix du douaire préfix ou du coutumier, mais il en était d'autres où le douaire préfix faisait cesser le douaire coutumier; par cela seul que la coutume ou le contrat de mariage ne réservait pas l'option à la femme, elle ne pouvait s'en prévaloir; les héritiers n'ayant pas la faculté de réduire la femme au douaire coutumier; quand il était inférieur, celle-ci ne pouvait avoir la faculté de le réclamer quand il était plus élevé.

21. — L'option du douaire préfix ou coutumier accomplie par la femme était obligatoire pour les enfans qui n'avaient le droit d'user de cette faculté de choisir qu'autant que la femme n'avait pas consommé son choix. — Ricard, *Cout. de Paris*, art. 262.

22. — Le douaire préfix se prenait comme le douaire coutumier exclusivement sur les biens propres du mari et jamais sur les biens de la communauté; autrement la moitié du douaire de la femme aurait été confondue en sa personne. — Argou, *Institutions au dr. français*, t. 2, p. 136.

23. — En conséquence, si des biens communs au mari et à la femme avaient été vendus, il y avait lieu d'opérer une séparation de masses, pour ne colloquer le douaire que sur la portion du prix appartenant au mari. — *Paris*, 6 juin 1815, Lemoine.

24. — Il devait être payé après la dot, mais par préférence aux indemnités dues à la femme à raison de ses propres aliénés de son consentement et des obligations contractées par elle solidairement avec son mari. — *Cass.*, 14 janv. 1839 (t. 1er 1839, p. 520), Dangé-Dorsay c. Creuzé de Lesser.

25. — Selon Argou (t. 1er, p. 137), lorsque la femme dotée d'un douaire préfix était en outre gratifiée par une donation mutuelle entre époux, il n'y avait aucune confusion entre les deux droits. Ainsi, la femme jouissait par usufruit, en vertu de son

don mutuel, de la part du mari dans la communauté, et elle exerçait son douaire préfix sur le surplus des biens du mari. — Coul. de Paris, art. 257.

26. — Cependant, la question de savoir si le douaire de la femme devait ou non être imputé sur la part d'enfant que l'époux, en cas de secondes noces, pouvait donner à son épouse, était controversée sous l'ancienne jurisprudence. — *Cass.*, 2 janv. 1833, Frécot c. Deschaleris.

27. — L'arrêt qui décide que le tuteur nommé à la femme interdite a pu simplement faire opter le conseil de famille entre ces deux libéralités, et, spécialement, pour la part d'enfant le moins prenant, ne viole aucune loi. — Même arrêt.

28. — Il y avait des coutumes où le douaire n'était que viager à la femme et s'éteignait après sa mort sans passer aux enfans. — Cout. Sens, 165.

29. — On pouvait stipuler que la femme aurait son douaire en toute propriété; c'était ce qu'on appelait *douaire sans retour*, parce que, dans ce cas, le douaire ne retournait pas à la succession du mari. Mais on comprend que cette stipulation, qui s'éloignait de la plupart des coutumes suivant lesquelles la douairière n'était qu'usufruitière, devait être formelle et claire, et que l'ambiguïté devait s'interpréter contre la femme.

30. — Il n'était pas permis de stipuler un douaire sans retour dans les coutumes qui ne permettaient pas au douaire préfix d'excéder le douaire coutumier; et les héritiers ou créanciers du mari avaient toujours le choix ou de laisser à la femme le douaire tel qu'il avait été stipulé ou de la réduire au douaire coutumier.

31. — Sous d'autres coutumes et notamment sous la cout. de Paris, art. 249, le fonds du douaire était la propriété exclusive des enfans, et la femme n'en avait que l'usufruit. — *Cass.*, 11 juill. 1827, Cardon c. Devouges.

32. — En conséquence, l'inscription prise par la femme, simple usufruitière, en son nom seul et sans aucune mention des enfans, mais pour la somme formant le fonds du douaire, a suffi pour conserver les droits de ces derniers. — Même arrêt. — V. aussi en ce sens *Cass.*, 18 avr. 1832, Bussières c. Esprit.

33. — Le douaire, quant à la nu-propriété et à l'usufruit, formait un tout indivisible. — *Paris*, 25 fév. 1831, Tricotel c. Villain.

34. — Jugé, au contraire, que l'inscription prise par la femme sur les immeubles du mari pour son douaire non ouvert ne conservait pas le fonds du douaire propre aux enfans. — *Cass.*, 4 frim. an XIV, Lemaigre Saint-Maurice.

35. — Une autre conséquence résultant de ce que la femme n'avait que l'usufruit du fonds du douaire, c'est que, lorsque les intérêts ordinaires de ce fonds étaient au dessous de la rente attribuée à la femme à titre de douaire, il n'y avait pas lieu d'autoriser la veuve douairière à prendre sur le fonds, chaque année, de quoi compléter sa rente, au préjudice des enfans propriétaires de ce fonds. — *Paris*, 6 juin 1815, Lemoine.

36. — L'assignat limitatif de l'hypothèque du douaire sur un immeuble désigné n'excluait pas l'action personnelle de la douairière contre les héritiers de son mari. — *Paris*, 6 messid. an II, Massot c. Faure.

37. — Dès-lors, l'acquéreur de l'immeuble, avec charge d'acquitter le douaire, était tenu d'indemniser l'héritier contre lequel la douairière avait dirigé des poursuites. — Même arrêt.

38. — Pour fixer la valeur des biens sujets au douaire, et déterminer la contribution des héritiers, on doit considérer la valeur de ces biens à l'époque où la douairière s'est mise en possession. — *Rennes*, 28 juill. 1813, Letournel.

39. — Il y avait des coutumes (Paris, art. 256) où la femme était saisie de plein droit de son douaire préfix ou coutumier par le décès du mari et par conséquent où elle gagnait les fruits à compter de ce moment. Il y en avait d'autres (Maine, art. 315) où sa jouissance ne commençait que du jour où elle avait formé contre les héritiers du mari sa demande en délivrance de douaire.

40. — Les arrérages d'un douaire n'étaient productifs d'intérêts que du jour de la demande. — *Rennes*, 3 juin 1813, N...

41. — On ne pouvait, pour le paiement de ces intérêts, acquérir une hypothèque sur les biens dépendant d'une succession bénéficiaire. — Même arrêt.

42. — Bien que le douaire consistât en usufruit d'immeubles, la femme devait en jouir sur sa simple caution juratoire tant qu'elle restait veuve; mais si elle se remariait, elle devait comme tout usufruitier donner bonne et valable caution.

43. — Le douaire ne constituait point au profit de la femme une créance purement alimentaire, et, comme telle, insaisissable et incessible de sa nature. Dès-lors, la femme a pu valablement, dans des obligations par elle contractées solidairement avec son mari, subroger ses créanciers dans son douaire. — *Bourges*, 4 juin 1825, Rollin et Oudot c. Blaque-Belair.

44. — Elle n'avait pendant le mariage, pour raison de son douaire, aucune action sur les revenus des biens du mari hypothéqués à la garantie de ce douaire, au préjudice des créanciers de celui-ci. — *Paris*, 30 juill. 1807, Hulot de Latour c. Caumard.

45. — Le douaire coutumier n'était point sujet au retranchement de l'édit des secondes noces. — *Metz*, 25 août 1812, Frantz. — V. cependant Argou, *Instit. au droit français*, t. 2, p. 126.

46. — Lorsque les héritiers du mari ont acquitté les droits de mutation de la succession, sans faire déduction de la somme représentant le fonds du douaire, il n'est dû sur ce douaire que l'excédant, s'il y en a, du droit dont il est passible. — *Cass.*, 2 juil. 1823, Enregistrement c. Barbier.

47. — Une pension alimentaire accordée par le mari à la femme, dans leur contrat de mariage, n'ôtait pas à celle-ci le droit de réclamer le douaire coutumier. — *Cass.*, 17 vent. an II, Hureau.

48. — Ce cumul n'était pas possible sous les coutumes qui, comme celles de Cambrai, de La Marche, de La Rochelle, etc., ne reconnaissaient pas de douaire coutumier; c'était seulement en vertu d'une stipulation formellement insérée au contrat de mariage que la femme pouvait, sous de semblables coutumes, réclamer un douaire.

49. — Lorsque le fonds du douaire n'était pas viager, le douaire appartenait aux enfans, soit que la femme eût survécu au mari, soit qu'elle eût prédécédé; et il ne leur appartenait qu'en vertu d'une disposition expresse des coutumes, autrement il finissait pas la mort de la douairière.

50. — Le douaire cessait d'abord par le trépas des femmes.

51. — L'absence prolongée de la femme pendant la dernière maladie de son mari lui faisait encourir la déchéance de son douaire. — *Rennes*, 18 juin 1814, Dubot du Grego c. Bonté.

52. — Le droit d'habitation accordé par un mari à sa femme, à titre de douaire préfix, ne cessait point lorsque la maison sur laquelle il était établi a été détruite, et qu'elle a été reconstruite par le mari. — *Besançon*, 17 janv. 1813, Crétin c. Boillon.

53. — Les décisions relatives au douaire des femmes normandes ont été rapportées sous le mot COUTUME DE NORMANDIE. — V. ce mot.

§ 2. — *Du douaire des enfans.*

54. — Lorsque la coutume avait déclaré le douaire propre aux enfans, ils n'en jouissaient qu'après la mort du père ou de la mère; et pour être capables de prendre le douaire, il fallait qu'ils renonçassent à la succession du père et qu'ils rapportassent ce qu'ils avaient reçu de lui, soit par contrat de mariage ou autrement.

55. — Généralement le douaire se partageait entre les enfans sans aucune prérogative d'aînesse. — Cout. Paris, art. 250. — Mais V. cout. Melun, art. 57.

56. — Sous la coutume de Paris, les qualités de douairier et d'héritier n'étaient pas incompatibles à l'égard des tiers donataires. L'enfant d'un premier mariage était créancier du douaire stipulé lors du contrat de ce premier mariage; et il n'en devait ni le rapport à la masse de la succession ni l'imputation sur la part héréditaire que la loi lui réservait. — *Riom*, 18 fév. 1814, Dayat c. Terreyre.

57. — Quand un homme avait été marié plusieurs fois, le douaire des enfans du premier lit était de la moitié des immeubles qu'il avait lors du premier mariage et de ceux qui lui étaient échus durant le mariage en ligne directe, et le douaire des enfans du deuxième lit était le quart des mêmes immeubles, ensemble la moitié de la portion appartenant au mari dans les acquêts faits durant le mariage, la moitié de tous les immeubles échus au mari par des successions collatérales depuis la célébration du premier mariage jusqu'au deuxième, la moitié de tous les acquêts par lui faits dans le même intervalle, et la moitié de ce qui lui était advenu en ligne directe depuis la dissolution du premier mariage jusqu'à la dissolution du second. Le douaire des autres mariages était aussi réglé dans la même proportion.

58. — Le douaire d'un enfant du premier lit devait être prélevé, et ce n'était que sur le surplus des biens que devait être réglée la part donnée à la seconde femme par son mari, sans que celle-ci pût être admise à opposer à l'enfant du premier lit la maxime du droit coutumier que l'on ne peut être héritier et douairier. — *Cass.*, 23 mars 1815, Beaufranchet c. Teyrère.

59. — Dans le cas d'un douaire préfix constitué sous la coutume de Paris, qui déclarait le *douaire propre aux enfans*, on ne pouvait, lorsque ces derniers, après la mort de leurs parens, venaient réclamer leur douaire et les intérêts échus depuis son ouverture, en vertu du contrat de mariage de leur mère, rejeter leur demande, sous le prétexte que n'étant pas nommés dans le contrat ils n'avaient pas de titre pour agir. Dans cette hypothèse, les enfans étaient saisis du douaire dès le moment où il s'ouvrait, sans avoir besoin de le demander en justice. — *Cass.*, 10 août 1824, Carray c. Bischon de Latour.

60. — Et dans le même cas, si le père, après avoir soumis par son contrat de mariage tous ses biens présens et à venir à l'hypothèque du douaire, avait aliéné pendant le mariage quelques uns de ces biens, les enfans pouvaient exercer l'action hypothécaire contre les tiers détenteurs, sans que ceux-ci pussent arguer contre cette action de la situation des biens qu'ils avaient acquis dans le territoire d'une coutume qui n'accordait pas d'hypothèque pour le douaire. — Même arrêt.

61. — Un douaire préfix, stipulé sous la coutume de la Rochelle et l'usance de Saintes, qui n'admettaient pas le douaire coutumier, ne pouvait être réglé d'après le droit commun des coutumes, et devait être restreint aux termes du contrat. — *Cass.*, 9 déc. 1835, Lange Comnène c. Beaurivier.

62. — Dès-lors, les enfans d'une femme au profit de laquelle avait été constitué un douaire viager n'étaient pas fondés à en réclamer la propriété, sous le prétexte que, d'après le droit commun des coutumes, le douaire préfix, aussi bien que le douaire coutumier, devait être considéré comme une propriété des enfans dont la femme n'avait que l'usufruit. — Même arrêt.

63. — Le douaire étant assuré aux enfans dès le jour du contrat de mariage, ou, à défaut de contrat, du jour de la célébration, les enfans douairiers n'étaient pas tenus des dettes contractées par leur père depuis le mariage, puisqu'elles auraient été une révocation indirecte des droits conférés aux douairiers.

64. — Quant aux dettes antérieures au mariage, ils n'en étaient pas tenus personnellement, puisqu'ils ne prenaient pas le douaire à titre d'héritiers ni à aucun autre titre universel, mais ils en étaient tenus hypothécairement, sauf leur recours contre les autres biens du père.

65. — La propriété du douaire, bien qu'assurée aux enfans depuis la célébration du mariage, n'était cependant pour eux qu'une propriété conditionnelle, et elle ne leur était incommutablement acquise qu'après le décès de leur père; car, pour obtenir le douaire, il fallait que les enfans survécussent au père, renonçassent à la succession et rapportassent les avantages qu'il leur avait faits.

66. — Le décret volontaire ou forcé, lorsqu'il était fait durant la vie du père, ne purgeait pas le douaire, parceque les enfans n'étaient pas en état de s'y opposer.

67. — Cependant, si le décret avait été poursuivi par un créancier antérieur au douaire, ou si des créanciers antérieurs au douaire avaient formé opposition à ce décret, ce décret était valable et purgeait le douaire dont l'existence ne pouvait priver les créanciers antérieurs de l'exercice de leurs droits pour avoir leur paiement.

68. — Si le prix était supérieur aux créances antérieures au douaire, les enfans pouvaient, après la mort de leur père, obliger les créanciers postérieurs, qui avaient touché portion du prix, à rapporter ce qui leur avait été payé. Aussi l'adjudicataire avait-il la prudence de ne payer les créanciers postérieurs qu'en exigeant d'eux l'action de restituer ce qu'ils recevaient dans le cas où le douaire aurait lieu.

69. — Pour éviter que l'expectative d'un douaire préfix ou coutumier nuisît aux droits des créanciers, même postérieurs, ce qui serait arrivé lorsque le débiteur aurait eu plus de biens que de dettes, on avait imaginé le tempérament suivant.

70. — Si le douaire était préfix en argent comptant ou en rentes, le créancier postérieur au mariage faisait vendre à la charge du douaire, et l'acquéreur conservait entre ses mains le fonds du douaire dont il payait l'intérêt aux créanciers durant le mariage, après la mort du mari, à la femme survivante; enfin il remettait le fonds aux enfans quand le douaire leur était pleinement acquis par la mort du père et de la mère.

71. — Si le douaire était coutumier, les créanciers postérieurs au mariage ne pouvaient faire vendre que la moitié par indivis des héritages sujets au douaire, parce que les enfans devaient avoir un jour la propriété de l'autre moitié, et non pas une simple hypothèque; et, en attendant que le douaire s'ouvrît, les créanciers avaient droit aux

fruits de la portion qu'ils ne pouvaient vendre.

72. — Il en était de même quand le douaire préfix consistait en un immeuble certain ou dans la portion d'un certain héritage.

73. — Le douaire affectait tellement les conquêts de la communauté, que les enfans conservaient le droit de le réclamer directement sur ces conquêts aliénés par leur père, dans le cas même où celui-ci, en vendant un autre immeuble, avait laissé dans les mains de l'acquéreur un fonds spécial pour le capital du douaire, et où ce capital avait péri par la négligence des enfans à le réclamer. — *Paris*, 28 mars 1825, Legendre c. Voyer d'Argenson.

74. — Mais, lorsque le père s'était réservé, dans son contrat de mariage la faculté d'aliéner les immeubles sujets au douaire préfix, à la charge de faire emploi du prix, l'exécution du remploi, tel qu'il avait été stipulé, suffisait pour affranchir l'acquéreur de la réclamation des enfans douairiers. — *Paris*, 2 frim. an XIII, Tournay c. Coutrier.

75. — Le douaire préfix, non ouvert, n'était pas purgé par les lettres de ratification obtenues sous l'empire de l'édit de 1771, en ce sens que l'hypothèque de ce douaire se convertit en simple action sur le prix, et que les acquéreurs subséquens ne fussent plus passibles de l'action hypothécaire, même dans le cas où ils n'avaient pas rempli les formalités pour purger. — Même arrêt. — V. aussi, en ce sens, *Cass.*, 10 août 1824, Carray c. Bischon de Latour.

76. — La prescription ne pouvait courir au préjudice des enfans douairiers qu'à compter du jour de l'ouverture du douaire. — *Cass.*, 10 août 1824, Carray c. Bischon de Latour. — V. Argou, *Instit. au dr. fr.*, t. 2, p. 147.

77. — L'extinction du douaire par l'effet du divorce prononcé ne rendait pas les enfans propriétaires du fonds recevables à en exiger le paiement immédiatement après le décès de leur père. Ils n'y avaient droit qu'au décès de leur mère. — *Paris*, 20 brum. an II, Lefèvre c. Prieur.

78. — Jusqu'à cette époque les arrérages dont la mère se trouvait privée en sa qualité de divorcée profitaient, non aux douairiers, mais à l'hérédité du père. — Même arrêt.

§ 3. — *Questions transitoires.*

79. — Dans les successions ouvertes depuis la publication des lois qui ont aboli le régime féodal, les veuves ont pu réclamer leur douaire coutumier dans les coutumes qui, après avoir, par une disposition indépendante de toute qualité féodale ou censuelle des biens, déclaré qu'il était dû un douaire à la veuve, le fixaient, par des dispositions subséquentes, à l'usufruit de la moitié des fiefs et à celui du tiers des censives. Alors le douaire doit être fixé au tiers et non à la moitié des biens ci-devant féodaux. — *Cass.*, 9 vent. an II, Bourdon.

80. — La loi du 17 niv. an II a anéanti pour l'avenir tous les avantages qui avaient lieu entre époux, par la seule force de la loi, et sans stipulation de leur part, tels, par exemple, que le douaire coutumier. — *Cass.*, 17 juin 1834, Morot c. Dulniau.

81. — Les douaires coutumiers et tous autres avantages matrimoniaux ou gains de survie, purement statuaires ou non conventionnels, n'existent donc plus pour les époux mariés depuis cette loi. — *Cass.*, 6 mars 1811, Leclerc.

82. — La saisine et l'hypothèque légale accordées à la femme par certaines coutumes pour la conservation et la revendication de son douaire ont été abolies par la loi du 17 niv. an II. — *Rennes*, 6 juill. 1820, Laporte c. Lavallée. — V. aussi, sur ce point, Proudhon, *Traité de l'usufruit*, t. 1er, nos 259 et suiv.

83. — Ainsi, la femme mariée sous l'empire du droit breton est non-recevable dans sa demande en revendication contre les tiers acquéreurs des propres de son mari, si elle n'avait pas fait transcrire ou inscrire son contrat de mariage au bureau des hypothèques, lors des aliénations. — Même arrêt.

84. — Doit être réputée nulle et sans effet la stipulation, insérée dans un contrat de mariage passé sous la loi du 17 niv. an II, que le douaire constitué à la femme sera propre aux enfans à naître. — *Cass.*, 10 nov. 1841 (t. 2 1843, p. 288), Bougade c. Drouilhet de Sigalas; *Paris*, 2 mars 1812, Rastignac c. d'Hautefort.

85. — Et la nullité d'une telle stipulation peut être proposée par les créanciers. — *Paris*, 2 mars 1812, de Rastignac c. d'Hautefort.

86. — Une stipulation de douaire faite par contrat de mariage, sous l'empire de la loi du 17 niv. an II, en faveur des enfans à naître du mariage est nulle, même à l'égard des créanciers du père qui a constitué ce douaire. — *Cass.*, 31 déc. 1817, Dumont. — V. aussi Merlin, *Quest. de dr.* v° *Douaire*, § 5.

87. — On n'a pu, sous la même loi, stipuler par contrat de mariage que le douaire de la femme serait propre aux enfans à naître, même alors que ces derniers étaient tous compris dans la disposition. — *Cass.*, 9 nov. 1841 (t. 2 1341, p. 573), de Bourgade c. Sigalas.

88. — La nullité d'une pareille stipulation a pu être invoquée, non pas seulement par les successibles, mais par tous ceux qui y avaient intérêt, notamment par l'acquéreur de l'immeuble sur lequel l'un des enfans avait pris inscription pour sûreté du douaire. — Même arrêt.

89. — Toutefois, cette loi n'a pu porter aucune atteinte aux douaires conventionnels constitués sous l'empire des coutumes anciennes, avant sa promulgation. — *Cass.*, 10 août 1824, Carray c. Bischon.

90. — Jugé aussi, contrairement aux arrêts de Cassation et de Paris précités (n° 84), que la stipulation d'un douaire avec condition qu'il sera réglé conformément à une ancienne coutume, doit être considérée comme valable alors que le contrat de mariage qui la renferme, bien que postérieur à la loi du 17 niv. an II, est antérieur à l'art. 1390, C. civ., qui prohibe ces sortes de stipulations. — *Cass.*, 23 mars 1841 (t. 1er 1841, p. 479), Mérillon c. de Celles.

91. — Mais la stipulation du douaire réglé par la coutume du Maine (et consistant dans l'usufruit du tiers des immeubles acquis ou recueillis par l'époux pendant le mariage) doit être considérée comme une donation de biens présens et à venir; et dès-lors, si elle est contenue dans un contrat de mariage postérieur à la promulgation du titre *des donations entre-vifs et des testamens*, elle tombe sous l'application de l'art. 1083, qui la rend caduque quant aux biens à venir, dans le cas où le donateur a disposé, à titre onéreux, de ceux de ces biens qui la composaient. — Même arrêt.

92. — Sous l'empire du Code civil, une femme ne peut, comme sous la coutume qui la régissait lors de son mariage, se faire envoyer, après le décès de son mari, en possession de la propriété de son lot à douaire, faute de paiement de ses reprises. Elle doit prendre la voie de l'expropriation forcée. — *Cass.*, 8 fév. 1815, N... c. N...

93. — Une femme, devenue veuve depuis la promulgation du Code civ., ne peut pas cumuler avec le don le douaire que lui accorde la coutume de Bretagne; mais l'option doit lui être déférée. — *Rennes*, 6 mars 1813, Jegoux.

94. — La faculté d'opter est suspendue par l'appel. — Même arrêt.

95. — La veuve, quelle que soit son option, doit compte des fruits qu'elle a perçus. — Même arrêt.

96. — Les enfans nés d'un mariage antérieur à la loi du 17 niv. an II, mais dont le père est décédé postérieurement à cette loi, et sous l'empire du Code civ., n'ont pas pu davantage réclamer le douaire coutumier. — *Bourges*, 2 janv. 1815, Simon c. Charbonneau.

97. Décidé au contraire que, dans le Nivernais, le douaire était acquis aux enfans du jour du mariage, et que, conséquemment, la loi du 17 niv. an II n'avait pu l'abolir à leur préjudice, bien qu'il ne se fût ouvert qu'après sa promulgation. — *Bourges*, 5 mai 1807, N... c. Desnoyers.

98. — Le droit de *fourmorture* établi par l'art. 39, cout. de Nivelles, au profit des enfans du premier lit, n'est autre chose qu'un réglement statutaire de succession aboli par les lois des 5 avr. 1791 et 17 niv. an II. En d'autres termes, les enfans du premier lit ne peuvent réclamer ce droit de fourmorture si leur père s'est remarié depuis la publication de ces lois. — *Bruxelles*, 12 déc. 1815, Detrau.

99. — Le douaire, même coutumier, est un droit hypothécaire qui a dû être inscrit, conformément à la loi du 11 brum. an VII. — *Cass.*, 9 sept. 1811, Banque territoriale c. Planche.

100. — Jugé, au contraire, que, sous l'empire de cette loi, le douaire ouvert après la séparation de biens n'a pas été assujéti à la formalité de l'inscription. — *Cass.*, 25 thermid. an XIII, de Lambre c. d'Héricy. — V. dans le même sens Proudhon, *De l'usufruit*, t. 1er, nos 270 et suiv.

101. — L'hypothèque non inscrite du douaire a été purgée par l'accomplissement, de la part des acquéreurs de l'immeuble hyppothéqué, des formalités prescrites à cet effet par les lois introductives de la publicité du système hypothécaire. — *Paris*, 10 déc. 1823, Garnier c. Mellié.

102. — Celui qui avait acquis avant la loi du 11 brum. an VII un immeuble affecté à un douaire et qui avait payé comptant l'intégralité de son prix, a pu, depuis la promulgation de cette loi, requérir en vertu de son contrat une inscription pour sa garantie éventuelle, et faire ordonner que le prix d'un autre immeuble de son vendeur resterait entre les mains d'un tiers. — *Paris*, 24 germin. an II, Daubusson c. Chanteclaire.

103. — L'arrêt qui décide que le douaire constitué par un mari à sa femme, dans leur contrat de mariage antérieur au Code civil, et conformément aux dispositions de la coutume, présente un avantage qui doit s'imputer sur la portion déclarée disposible par le Code, ne donne pas ouverture à cassation. — *Cass.*, 13 mai 1828, Gilly.

DOUANES.

Table alphabétique.

DOUANES. — 1. — Dans son sens le plus étendu, ce mot désigne les droits fiscaux perçus sur certaines marchandises à leur entrée ou à leur sortie des frontières.

2. — Dans une acception plus restreinte, le mot *douanes* ou *douane* se dit de l'administration dont les agens sont chargés de la perception des droits et de la surveillance à exercer aux frontières sur les marchandises dont l'imporation ou l'exportation sont prohibées d'une manière absolue.

3. — Enfin on donne encore le nom de *douane* au local dans lequel sont transportées les marchandises quand s'effectuent le paiement des droits et l'accomplissement des formalités exigées par la loi.

—

CHAPITRE Ier. — *Historique. — Notions générales.*

4. — La législation sur les douanes présente la plus grande analogie avec la législation sur les contributions indirectes, quant aux formalités imposées aux particuliers et quant aux modes de poursuite et de condamnation. Les droits de douane sont même une des branches les plus importantes de cette sorte d'impôts. Aussi est-il convenable de rapprocher, pour l'étude de cette matière, la législation des douanes de l'ensemble de lois qui a pour objets les impôts indirects.

5. — Toutefois, il ne faudrait pas croire que l'institution de la *douane* est une institution purement fiscale; elle n'est fiscale qu'accessoirement. Son objet principal est de protéger l'agriculture et l'industrie nationales en les soustrayant à une concurrence meurtrière dont le dernier résultat serait de mettre le pays pour certains produits complétement à la discrétion des pays voisins. A ce dernier point de vue, les questions qui se présentent aux législateurs se rattachent aux questions les plus élevées de l'*économie politique*.

6. — L'économie politique enseigne que la liberté absolue du commerce serait le système le plus propre à mettre les divers produits de l'industrie au prix le plus bas et par conséquent le plus accessible à toutes les fortunes. En effet, chaque contrée de la terre ayant des produits qui lui sont propres, le libre échange entre nations aurait pour effet de laisser chaque nation appliquée uniquement à l'industrie où elle excelle, et préviendrait ces sacrifices de temps et de capital qui ne sont pas en rapport avec le résultat de la production.

7. — Le système contraire, celui de la prohibition absolue de toutes importations de produits étrangers, amenant nécessairement des résultats tout différens, contrarie donc les lois de la production : aussi ce système n'a-t-il jamais été adopté par aucune nation.

8. — Mais si un système de prohibition absolue est à peu près impraticable, celui d'une liberté illimitée serait dangereux, surtout pour une nation pauvre et peu industrieuse; il la mettrait, en cas de guerre, à la discrétion complète des nations plus riches. Aussi, entre ces deux systèmes, est-il venu se placer un troisième dicté par un esprit de transaction; c'est le système dit de *protection*. Il favorise le développement des industries naissantes qu'une concurrence prématurée empêcherait de se développer; il conserve à chaque état la production exclusive des objets que les états voisins auraient, dans des circonstances données, intérêt de refuser à vendre.

9. — L'histoire de l'économie politique présente les plus grandes variations relativement aux systèmes de douanes. Le système *mercantile* ou de la *balance du commerce* prit faveur sous Charles-Quint; l'Espagne l'adopta avec enthousiasme; il se naturalisa facilement en Europe. Vendre beaucoup, acheter le moins possible, tel était son principe; augmenter chez soi la quantité du numéraire, tels étaient son résultat et son but. Ce système, qui reposait sur une fausse notion de la richesse, fut longtemps la préoccupation des hommes d'état de l'Europe et une des bases principales de leur politique.

10. — Vers le milieu du siècle dernier, le système de la *balance du commerce* fut fortement ébranlé par l'école des économistes dont Quesnay fut le chef. Mais d'un excès les économistes conduisaient à un autre. Forts des notions certaines qu'ils avaient acquises de la richesse, renfermés dans les abstractions, ils attaquaient avec force le système de l'école mercantile; ils ne voyaient pas jusqu'à quel point serait impraticable et dangereux l'établissement d'une doctrine dont le dernier mot se trouve dans cette formule : *Laissez faire, laissez passer*.

11. — Quoi qu'il en soit de la controverse qui s'est élevée entre l'école mercantile et celle des économistes, nous devons reconnaître qu'aucun des deux systèmes n'est applicable en Europe : l'un, contraire à la raison, contraire aux vérités les plus incontestables de l'économie politique, a fait son temps; l'autre, égoïste, imprévoyant, immole des industries nécessaires au pays, à la concurrence étrangère.

12. — En droit, nul doute qu'une nation puisse soumettre le commerce étranger à telles règles qu'il lui plaira. Une nation, en effet, a des intérêts propres à défendre. En vue de ces intérêts, elle peut, à ses risques, soit prohiber l'importation de produits étrangers, soit stipuler dans un traité un échange de services et d'obligations. — Ces principes n'ont jamais été contestés, et le système protecteur est celui qui nous régit, comme il régit tous les états de l'Europe, selon des principes plus ou moins libéraux.

13. — Autrefois, chaque province avait ses douanes particulières sous diverses dénominations, telles que *traite, issue foraine, transit et tonlieu, péage, comptablie*, etc., qui, loin de favoriser l'industrie, ne faisaient qu'entraver les communications et, par suite, les spéculations commerciales.

14. — On attribue à Philippe-le-Bel l'établissement un peu régulier des douanes en France; et, ce qui est digne de remarque, c'est que cette institution, à la fois commerciale et financière, est contemporaine, selon toute apparence, de l'invention de la lettre de change et de l'organisation de la gabelle comme mesure fiscale. Du reste, Philippe-le-Bel ne défendit pas l'importation des marchandises étrangères, mais seulement l'exportation des marchandises françaises, sauf les permissions qu'il accordait, ou plutôt qu'il vendait.

15. — Philippe-le-Long défendit également de rien laisser sortir sans payer finance. Deux commissaires furent délégués par la cour des comptes pour taxer les permissions. Bientôt on établit par un tarif un droit uniforme sous le nom de *haut-passage*. En 1324, Charles-le-Bel greva les transports d'un autre droit de *rêve* (recette) : il était payé par l'acheteur.

16. — A côté de ce système vinrent se placer deux institutions analogues qui avaient leur raison d'existence dans la nature même de la féodalité; nous voulons parler des traites intérieures. Chaque suzerain voulut, dans un intérêt à la fois fiscal et personnel, protéger les vassaux contre la concurrence des voisins. Chaque province avait donc ses tarifs, sa législation, son système particulier de douanes, connu sous le nom de *droits de traite*. De ce système il résultait qu'une marchandise expédiée d'une province à une autre était assujétie au paiment d'une multitude de droits.

17. — Ces droits, établis d'une manière toute arbitraire, perçus avec une rigueur extrême, étaient une source de calamités pour le commerce et de vexations pour les commerçans. Plusieurs fois, les seigneurs féodaux furent forcés de se départir de la rigueur de ce système, et de là naissaient pour quelques commerçans les saufs conduits, les priviléges, les monopoles.

18. — Sous le roi Jean fut établie une ligne de bureaux à l'intérieur pour la perception des droits de haut passage, de rêve et d'imposition foraine dans les domaines du roi.

19. — Nous ne parlons ici que des faits réguliers et législatifs : aussi passerons-nous sous le silence les taxes que les seigneurs ont plus d'une fois prélevées sur les marchandises qui traversaient leurs fiefs. Dans ces temps de barbarie, les seigneurs croyaient pouvoir se faire payer le rachat du pillage comme prix de leur protection féodale.

20. — Quand la féodalité se trouva affaiblie et la royauté fortifiée, le régime des douanes put avoir en France une certaine uniformité. Colbert, dans son tarif de 1667, imposa pour toute la France les matières premières à la sortie du royaume, et les marchandises fabriquées étrangères à leur entrée.

21. — Le même ministre, dit-on, conçut l'idée de supprimer les traites intérieures et d'assujétir la France à un régime unique de douanes. Ses successeurs voulurent y donner suite; mais le changement froissait trop d'intérêts et de préjugés pour s'accomplir à une époque de paix.

22. — Vers la fin du siècle dernier, tout le monde sentait le vice de ce système de douanes intérieures, et une réforme sur ce point était au nombre de celles signalées par Louis XVI aux états-généraux. — Un décret de l'assemblée constituante du 31 oct.-5 nov. 1790, se fondant sur l'intérêt de l'industrie et de l'agriculture, sur les difficultés d'opérer les perceptions des droits pour gêner la liberté individuelle, et surtout sur les entraves que ce système mettait à la reproduction et à l'accroissement des richesses nationales prononça l'abolition des douanes intérieures à partir du 1er déc. suivant (art. 1er), et leur remplacement par un tarif unique et uniforme dont les droits seraient perçus à toutes les entrées et sorties du royaume. — Art. 3, § 2.

23. — L'organisation d'un nouveau système de douanes fut la conséquence de ce décret : c'est ce travail qui fut accompli par la loi du 6-22 août 1791 dans laquelle il faut chercher aujourd'hui encore les principes de la matière.

24. — Depuis cette époque, la législation des douanes a été modifiée par d'autres lois nombreuses, par des arrêts, des ordonnances, etc. — La première loi qui apporta des changemens à celle de 1791 fut la loi du 4 germin. an II qui, avec celle des 14 fructid. an III et 9 flor. an VII, eut surtout pour but de régler la forme des procès-verbaux et la procédure à observer en matière de douanes.

25. — Jusqu'à la restauration, toutes les préoccupations du législateur parurent se porter sur les marchandises anglaises, dont l'introduction était prohibée de la manière la plus absolue. — Ce ne fut qu'en 1814 qu'une loi du 17 déc. 1814, tout en modifiant considérablement l'ancien tarif, posa les limites dans lesquelles l'autorité royale peut agir seule sous la responsabilité ministérielle.

26. — La loi de 1814, bientôt suivie de celles des 28 avr. 1816 et 21 avr. 1818, forme encore aujourd'hui avec elles et avec les lois de 1791 et de l'an II, la base de notre législation douanière. — Ce n'est pas que de nombreuses ordonnances n'aient été rendues dans l'intervalle et depuis sur la matière; mais rien de suivi, de complet n'a été fait. — Cependant, les enquêtes faites sous les auspices et par l'ordre du gouvernement dans ces dernières années, les modifications partielles apportées aux tarifs par quelques ordonnances et par la loi du 2 juill. 1836, le projet de loi présenté depuis peu témoignent de la sollicitude du gouvernement à ce sujet, et font espérer que nous ne tarderons point à avoir une législation plus homogène, plus complète, et mieux en harmonie avec les idées nouvelles et les besoins qu'ont fait naître et entretenus chez nous de longues années de paix.

27. — Les lois et ordonnances rendues en matière de douanes formeraient un grand nombre de volumes (plus de vingt, dit M. Trolley); nous n'entreprendrons donc point d'en donner la nomenclature, encore moins l'analyse; il nous suffira d'indiquer les principales, sauf à revenir, dans le cours de notre travail, sur toutes les dispositions en vigueur qui peuvent présenter quelque intérêt judiciaire. — Ces lois et ordonnances principales sont les lois des 23 avr.-1er mai 1791, 6-22 août 1791, 4 germin. an II, 9 flor. an VII, l'arrêté 25 vent. an VIII, les lois des 8 flor. an XI, 24 avr. 1806, 17 déc. 1814, 28 avr. 1816, 27 mars 1817, 21 avr. 1818, les ordonnances des 30 janv. 1822, 31 mai 1831, les lois des 7 fév. 1832, 2 et 5 juill. 1836, 17 juin 1840, 6 mai 1841.

28. — Les produits des douanes s'élèvent, suivant l'estimation contenue, pour l'exercice de 1846 au budget des recettes du 25 juill. 1845, à la somme totale de 160,223,000, savoir :

Droits de douane à l'importation :		
Marchandises		102,925,000
Sucres..	coloniaux... 42,602,000 étrangers... 7,650,000	50,252,000
Droits de douanes à l'exportation		1,244,000
Droits de navigation		2,916,000
Droits et produits divers de douanes		2,886,000
Total égal		160,223,000

29. — En principe, le régime des douanes ne peut, depuis l'établissement du gouvernement représentatif, être modifié que par une loi votée par les deux chambres et sanctionnée par le roi.

30. — Ce principe de droit constitutionnel, incontestable déjà sous l'empire de la charte de 1814, est encore plus certain aujourd'hui que l'art. 13 de la charte de 1830 n'accorde au chef de l'état le droit de faire par ordonnances que les réglemens nécessaires pour l'exécution des lois, et lui interdit tout acte qui aurait, en quoi que ce fût un caractère initial.

31. — Cependant, aux termes de la loi du 17 déc. 1814 (art. 34), des ordonnances royales peuvent provisoirement et en cas d'urgence : 1o prohiber l'entrée des marchandises de fabrication étrangère ou augmenter à leur importation les droits de douane; 2o diminuer les droits sur les matières premières nécessaires aux manufactures; 3o permettre ou suspendre l'exportation des produits du sol et de l'industrie nationale, et déterminer les droits auxquels ils seront assujétis; 4o limiter à certains bureaux de douane l'importation ou l'exportation de certaines marchandises prohibées à l'entrée ou à la sortie du royaume, en telle sorte que ladite importation ou exportation ne puisse s'en effectuer par aucun autre bureau.

32. — Mais les dispositions ordonnées et exécutées en vertu de cette loi, ne sont, ainsi qu'elle le dit elle-même, que provisoires, et doivent par suite être présentées en forme de projet de loi aux deux chambres avant la fin de leur session,

si elles sont assemblées, ou à la session la plus prochaine, si elles ne le sont pas. — Même loi, *ibid.*

33. — L'art. 37, L. 28 avr. 1816, porte encore que des ordonnances du roi, en maintenant les dispositions de la loi du 22 août 1791 et de celle du 19 vendém. an VI, qui exemptent de la formalité du passavant pour la circulation dans le rayon des frontières les bestiaux, poisson, pain, vin, cidre ou poiré, bière, viande fraîche ou salée, volaille, gibier, fruits, légumes, laitage, beurre, fromage et objets de jardinage, lorsqu'ils ne font pas route vers l'étranger, et dans tous les cas lorsqu'ils sont transportés, aux jours de marché, dans les villes de la frontière, pourront également : — 1º renouveler ou modifier toute autre disposition de réglemens actuellement en vigueur qui aurait pour objet de régler les formes et l'emploi des passavans ou d'exiger avant la délivrance de ces expéditions la justification de l'origine des marchandises de la classe de celles qui sont prohibées à l'entrée ou dont l'admission est réservée à certains bureaux ; — 2º déterminer, suivant la population des communes comprises dans le rayon des frontières, celles où il sera permis de recevoir en magasin et de réexpédier, pour le commerce en gros et en détail, les marchandises désignées par le paragraphe précédent, en soumettant à la vérification des préposés des douanes où seront reçues lesdites marchandises, les pièces justificatives de leur extraction légale, soit de l'étranger soit de l'intérieur ; — 3º régler le mode d'exécution des art. 41 du tit. 13 L. 22 août 1791, 1 et 2 L. 21 vent. an II, et 75 L. 30 avr. 1806, relatifs à l'établissement des fabriques dans le rayon des frontières, et étendre sur les magasins où seront reçus les produits de ces fabriques la surveillance nécessaire pour qu'elles ne puissent mettre en circulation avec des passavans aucune marchandise importée frauduleusement dans le royaume.

34. — Il est à remarquer que l'art. 34, L. 17 déc. 1814, n'exige pas que le vote de la loi qui doit suivre l'ordonnance royale ait lieu dans un délai fixé ; il suffit, pour mettre à couvert la responsabilité de l'administration, que la loi soit présentée dans le temps présent.

35. — Déjà l'art 6, L. 25-27 nov. 1814, avait autorisé le gouvernement à suspendre ou à modifier dans l'intervalle d'une session à l'autre, si les circonstances l'exigeaient, et sauf à présenter à la session suivante les motifs qui auraient déterminé la mesure, les effets de ladite loi du 25 nov. 1814 relative aux droits pour l'exportation des laines et des béliers mérinos et métis, et pour l'importation des laines venant de l'étranger.

36. — Jugé que l'ordonnance royale par laquelle le gouvernement, en vertu de l'art. 6, L. 25 nov. 1814, a suspendu ou modifié l'importation des laines étrangères dans l'intervalle d'une session des chambres à l'autre, conserve toute sa force après la session suivante, dans laquelle le gouvernement a exposé les motifs de cette mesure, encore bien qu'il n'y ait pas été statué par une loi dans cette session. — *Cass.*, 4 juill. 1827, Piot.

37. — Si l'ordonnance royale n'avait pas été convertie en loi dans le cours de la session ou à la session suivante, il faudrait décider qu'elle cesse d'être obligatoire dès l'expiration de cette session, et les tribunaux refuseraient sans doute d'en assurer l'exécution.

38. — On s'est demandé, sur l'art. 34 de la loi du 17 déc. 1814, si une ordonnance royale pourrait permettre provisoirement l'importation de marchandises prohibées. Nous ne pensons pas que l'intention du législateur ait été de vouloir attribuer ce droit au pouvoir exécutif ; et le doute est d'autant moins possible que la rédaction définitive du 1º de l'art. 34 tranche profondément avec celle du projet du gouvernement, qui accordait ce droit à l'administration. — V. conf. Trolley, *Cours de droit admin.*, nº 914.

39. — Une ordonnance royale pourrait-elle abaisser les droits d'importation qui frappent les matières autres que les matières premières ? Nous ne le pensons pas davantage et par des raisons semblables. Le 2º de l'article 34 s'applique donc restrictivement aux objets qu'il désigne. — Trolley.

40. — Une ordonnance royale pourrait-elle modifier le droit qui frappe une denrée étrangère non fabriquée ? — La rédaction de l'art. 34 devrait peut-être faire pencher pour la négative. Cependant la solution contraire ne peut plus guère être contestée depuis l'ordonnance du 2 sept. 1838 qui a d'une manière implicite reconnu que la question doit être résolue affirmativement.

41. — La loi du 3 juill. 1840 est venue modifier sur un point la loi du 17 déc. 1814 en restreignant relativement aux sucres coloniaux la faculté déléguée au pouvoir exécutif. D'après l'art. 2 de cette loi, le tarif auquel sont soumis les sucres provenant des colonies françaises ne peut être modifié que par une loi.

42. — Mais cet article 2 s'applique exclusivement aux sucres coloniaux français. Le tarif qui régit toutes les autres denrées coloniales et les sucres étrangers, quels qu'ils soient, demeure sous l'empire de la loi de 1814 et peut être modifié par une ordonnance royale. — Trolley, nº 913.

43. — Les ordonnances royales qui, en vertu de la délégation faite au gouvernement par l'art. 34 de la loi du 17 déc. 1814, statuent sur les droits et tarifs de douanes sont de véritables dispositions législatives provisoires. Or, la loi qui intervient pour confirmer ces ordonnances a pour effet de constater leur légalité et de leur imprimer un caractère définitif. — *Cass.*, 29 nov. 1842 (t. 1er 1843, p. 123), de Coninck.

44. — Une pareille loi étant purement déclarative ne se trouve nullement entachée de rétroactivité lorsqu'elle reconnaît définitivement force législative à ces ordonnances à partir de la date à laquelle elles ont été rendues. — Ainsi, l'ordonnance royale du 2 sept. 1838, qui est venue modifier la loi du 2 juill. 1836 quant à l'atténuation de droits que cette loi accordait aux produits naturels (le sucre excepté) apportés en droiture, par navires français, des îles de la Sonde ou des parties de l'Asie et de l'Australie situées au-delà des passages formés par lesdites îles, et qui a décidé que cette atténuation de droits ne s'appliquerait qu'aux produits naturels apportés des pays situés *au-delà de ces îles*, ayant été confirmée définitivement par la loi du 6 mai 1841 et déclarée exécutoire à partir de sa date (2 sept. 1838), ses dispositions doivent être appliquées aux expéditions postérieures à cette date sans qu'on puisse mettre sa légalité en question devant l'autorité judiciaire. — Même arrêt.

45. — L'art. 10, L. sur les douanes du 27 juill. 1822, en autorisant le roi, en termes généraux, à prescrire par ordonnance les moyens d'ordre et de police jugés nécessaires pour empêcher l'introduction frauduleuse des bestiaux étrangers, lui a conféré le droit d'assurer par une sanction pénale les mesures qu'il prescrirait à cet effet. — Il suit de là que l'ordonnance du 28 juill.-6 août 1822, en tant qu'elle prononce la peine du double droit (art. 4 et 9), est légale et obligatoire. — *Cass.*, 12 août 1835, Dubail ; même jour, Choffat.

46. — L'ordonnance du 10 sept. 1817, qui, en exécution de la loi du 16-19 déc. 1814 (rétablissant la franchise du port de la ville et du territoire de Marseille), règle provisoirement cette franchise, est légale et constitutionnelle. — *Cass.*, 9 mars 1835, Seguy.

47. — Mais une loi ne peut pas être modifiée par l'ordonnance royale rendue pour son exécution. — *Spécialement*, la loi de douanes du 7 juin 1820, qui soumet à un droit de 25 c. par hectolitre les grains introduits en France et venant *des pays de production*, n'a pu être restreinte dans son application par l'ordonnance du 23 août 1820, qui décide que la qualification de *pays de production* n'appartiendra qu'à certains ports qu'elle désigne. — *Cass.*, 16 janv. 1833, Barazer. — L'ordonnance du 23 oct. 1820, qui avait donné naissance à la question, a sans doute été rapportée par celle du 2 juin 1831, art. 3, qui a rendu applicable le *maximum* du droit permanent aux grains de *toute* provenance. Mais le principe consacré par cet arrêt conserve toujours le même intérêt.

48. — Les propriétaires ou fermiers de domaines qui sont scindés par la frontière de deux états par suite des délimitations du royaume opérées par les traités, et auxquels ces traités ont réservé le droit d'introduire en France, exemptes de tout droit de douane, les récoltes faites sur leurs propriétés sises à l'étranger, ne peuvent être soumis à des conditions ou à des formalités préalables pour l'exercice de cette faculté que par des ordonnances royales insérées au *Bulletin des lois*. — De simples circulaires de l'administration des douanes, alors même qu'elles auraient été écrites du consentement du ministre ou revêtues de son approbation, seraient insuffisantes pour les y assujétir, de tels actes n'étant pas obligatoires pour les tribunaux. — V. ord. 13 oct. 1814. — *Cass.*, 9 mars 1840 (t. 1er 1840, p. 691), Favier.

49. — L'arrêté par lequel le gouverneur d'une colonie, en exécution de l'art. 67, ord. 9 fév. 1827 (qui lui confère le pouvoir d'arrêter en conseil et de rendre exécutoires les réglemens d'administration et de police, ainsi que la décision et l'instruction réglementaires), et en vertu des ordres formels du gouvernement, prononce, pour la répression de la contrebande, une amende plus forte que celle établie par les ordonnances précédentes, ne peut présenter le caractère d'un excès de pouvoirs et doit recevoir son exécution. — *Cass.*, 30 avr. 1830, Roignan.

50. — L'arrêté par lequel le gouverneur, à l'île Bourbon, prononce, de l'avis du conseil privé, la peine de quinze jours d'emprisonnement contre ceux qui feraient la fraude du rhum, est légal et obligatoire provisoirement pendant une année. — *Cass.*, 18 sept. 1834, Kervegoune. — V. au surplus, sur le pouvoir des gouverneurs des colonies, COLONIES.

51. — D'après le sénatus-consulte organique du 28 flor. an XII, les tribunaux étaient obligés de se conformer aux décisions de l'empereur qui, dans des cas extraordinaires, autorisaient des saisies en deçà de la ligne des douanes. — *Cass.*, 28 déc. 1808, Deynoodt. — Mais cette solution est contraire aux principes constitutionnels qui nous régissent actuellement. — Merlin, *Rép.*, vº *Douanes*, § 18.

52. — Aux termes de la loi du 6-22 août 1791, tit. 13, art. 22, l'administration des douanes est privilégiée sur tous les autres créanciers des redevables pour les droits dus, à l'exception des frais de justice et autres privilégiés, et de ce qui est dû pour six mois de loyer.

53. — Néanmoins, les propriétaires des marchandises en nature, et qui sont encore sous balles et sous cordes, ont le droit de les revendiquer. — Même arrêt.

54. — Mais ce droit cesse si la revendication n'a pas été intentée avant la vente des objets, et le propriétaire ne pourrait demander à venir par préférence à la régie sur le prix provenu de cette vente. — *Cass.*, 17 oct. 1814, Buisson.

CHAPITRE II. — *Administration des douanes.*

55. — L'exécution des lois et réglemens relatifs aux douanes est confiée à une administration particulière ressortissant au ministère des finances, et désignée sous le nom d'*Administration des douanes*.

56. — L'organisation de cette branche de l'administration publique remonte aux lois du 22 avril-1er mai 1791, et du 6-22 août 1791. — Mais quelques modifications sont intervenues depuis, divers emplois ont été créés, d'autres supprimés. — Trolley, nº 1062.

57. — L'administration des douanes est dirigée et surveillée sous l'autorité du ministre des finances, par un directeur général nommé par le roi. — Ord. 17 déc. 1844, art. 26.

58. — Quatre administrateurs, placés chacun à la tête d'une division, forment, avec le directeur général et sous sa présidence, le conseil d'administration. — Ordonn. 17 déc. 1844, art. 26 et 39.

59. — Les attributions du directeur général et du conseil d'administration, réglées par les ord. des 27 nov. 1816 et 30 janv. 1822, ont reçu peu de modifications, par suite de celles des 15 janv. 1831 et 17 déc. 1844 : il faut donc se reporter encore et surtout aux premières.

60. — Le directeur général travaille seul avec le ministre des finances. Il peut seul correspondre avec les autorités militaires, administratives et judiciaires, et avec le commerce. Il a seul le droit de recevoir et d'ouvrir la correspondance. Tous les ordres de service sont donnés et signés par lui. — Ord. 27 nov. 1816, art. 3.

61. — Le conseil d'administration délibère : 1º sur la formation du budget de l'administration ; 2º sur toutes les affaires contentieuses ; — 3º sur les débets des receveurs et leur responsabilité en matière de crédits ; — 4º sur les contraintes à décerner contre les redevables, sur les demandes en remboursemens et droits, allocations de primes, etc. ; — 5º sur toutes les questions d'application des lois et réglemens ; — 6º sur les marchés, baux et adjudications donnant lieu à une dépense excédant 300 fr. ; — 7º sur les créations et déplacemens de bureaux ; — 8º sur les suppressions, divisions et créations d'emplois ; — 9º sur les nominations, dégradations, révocations, mises à la retraite et réadmissions d'employés. — Ord. 30 janv. 1822, art. 5.

62. — M. Trolley (nº 1066) fait remarquer sur le 2º de cet article qu'il ne doit pas être précisément pris à la lettre, et que les affaires contentieuses ne doivent faire l'objet d'un rapport au conseil d'administration qu'autant qu'elles présentent quelque difficulté sérieuse.

63. — Le directeur général et les administrateurs composent, avec un certain nombre d'employés, chefs ou sous-chefs de bureaux, commis principaux, commis d'ordre, et expéditionnaires l'administration centrale. Les travaux ont été répartis et organisés entre les divers bureaux par l'ordonn. du 17 déc. 1844.

64. — Outre le personnel *central*, l'administration compte un grand nombre de fonctionnaires et agens dont la réunion forme l'administration *locale*. — L'administration locale peut se diviser en service sédentaire, en service actif, et en employés supérieurs chargés de surveiller l'un et l'autre service. — Trolley, *Dr. adm.*, art. 1067.

65. — Dans le service sédentaire rentrent des receveurs principaux, de simples receveurs, des contrôleurs, vérificateurs, commis principaux et commis de première et de seconde classe. — Trolley, n° 1069.

66. — Le service actif se compose de brigades à pied et de brigades à cheval, de brigades de ligne, de brigades mobiles et ambulantes, et d'une marine de douane. — Trolley, n° 1070.

67. — Les employés supérieurs chargés de surveiller le service sédentaire et le service actif sont les directeurs divisionnaires, les inspecteurs et les sous-inspecteurs. — Trolley, n° 1068.

68. — Pour assurer partout l'action de l'état, les côtes et les frontières du royaume sont partagées en vingt-six divisions, dans chacune desquelles existent séparément et pour ne correspondre qu'avec l'administration centrale, les trois catégories d'employés dont nous venons de parler. — Ordonn. 30 janv. 1822, art. 8.

69. — Chaque division est placée sous la surveillance d'un directeur divisionnaire, d'inspecteurs au nombre de cent pour toute la France, et de sous-inspecteurs au nombre de quatre-vingt-cinq. — Même ordonnance.

70. — Les fonctions d'un directeur divisionnaires sont celles d'un intermédiaire entre l'état et les agens des services actifs et sédentaires. Il procure l'action en correspondant avec les employés de son ressort et en leur transmettant les actes de l'autorité supérieure. Il dirige et contrôle l'exécution des lois et réglemens. Il ordonnance les dépenses administratives, surveille la caisse des comptables, et visite dans ses tournées les bureaux et les brigades. Enfin, il pourvoit aux emplois du service actif et commissionne les hommes de peine. — Fasquel, *Lois des douanes*, n° 2325; Trolley, n° 1071.

71. — Les inspecteurs ont pour mission d'assister le directeur. Leurs fonctions sont à peu près les mêmes, sauf ce qui est relatif à l'ordonnancement des dépenses administratives et à quelques autres actes. Leur mission est principalement d'agir comme subordonnés du directeur. — Trolley, n° 1072.

72. — Enfin, les sous-inspecteurs ont des fonctions tout-à-fait semblables à celles des inspecteurs, mais ils n'agissent jamais qu'en second ordre. — Trolley, n° 1073.

73. — Chacune des vingt-six divisions dont nous venons de parler contient plusieurs bureaux, à chacun desquels est préposé un receveur principal ou particulier, selon l'importance du bureau, qui dirige, sous sa responsabilité, toutes les opérations qui rentrent dans les attributions du service sédentaire. — L. 1er–23 mai 1791, art. 8. — Trolley, n° 1074.

74. — Le travail dans chaque bureau s'exécute par deux employés adjoints au receveur. Ces employés sont, selon la nature de leurs fonctions, des contrôleurs de la recette et de la visite, des liquidateurs, des visiteurs, des receveurs aux déclarations, des gardes-magasins, etc.; et ils n'agissent jamais que comme commis. — *Ibid.*

75. — Le receveur est dans chaque bureau le fondé de pouvoir de la régie. Il la représente sur les lieux où il exerce et notamment dans tous les actes, baux, ventes, etc., qui sont faits au nom de la régie et dans l'intérêt de l'administration, ainsi que dans tous les procès qu'elle intente ou soutient devant les tribunaux. — Trolley, n° 1074.

76. — C'est également à la personne du receveur que doivent être signifiés tous les exploits adressés à la douane, comme c'est au bureau du receveur que l'administration des douanes élit domicile pour tous les exploits qui sont faits à sa requête; c'est, en un mot, et selon l'expression de M. Marie-Dumesnil (*Nouv. dict. de la législ. des douanes*, v° *Receveurs*, p. 548), la *douane personnifiée*. — Trolley, art. 1074.

77. — Tous les employés du service sédentaire ne peuvent être recrutés que parmi les surnuméraires; et nul ne peut être admis au surnumériat s'il n'a dix-huit ans au moins, vingt-quatre ans au plus, et s'il n'a obtenu un certificat de capacité délivré par le conseil d'examen. — Circ. du 9 sept. 1830. — V. aussi ord. 17 déc. 1844, art. 30.

78. — La régie des douanes a privilége et préférence à tous créanciers sur les effets mobiliers des comptables pour leurs débits. Pareil privilége s'exerce sur les immeubles qu'ils ont acquis depuis le commencement de leur gestion. — L. 22 août 1791, art. 22.

79. — Nous avons vu que le service actif se compose de préposés organisés en brigades. — Les brigades à pied ont des capitaines, des lieutenans, des brigadiers, des sous-brigadiers et des préposés; — les brigades à cheval, des brigadiers, des sous-brigadiers et des préposés; — la marine, des capitaines et des lieutenans de pataches ou de chaloupes, des patrons, des sous-patrons, des matelots et des mousses; — les brigades à cheval sont attachées à une capitainerie. — Trolley, n° 1070.

80. — Ces préposés doivent toujours être munis de leur commission et porter l'uniforme déterminé par les réglemens. De plus, ils ont le port d'armes et sont placés sous la sauvegarde spéciale de la loi, en ce sens que les mesures et les mauvais traitemens dont ils pourraient être l'objet dans l'exercice de leurs fonctions sont des délits correctionnels punis d'un emprisonnement et d'une amende de 500 fr. — L. 6-22 août 1791, tit. 13.

81. — Les préposés du service actif restent en dehors du service sédentaire. — Dans les brigades, il n'y a point de surnumérariat. — D'après la loi du 6-22 août 1791 (tit. 13, art. 12), l'âge d'admission est fixé à 20 ans. Cependant on reçoit les fils d'employés à 18 ans; mais jusqu'à 20 ans ils ne touchent que demi-solde. — Circ. 25 mai 1817; — Bourgat, *Code des douanes*, t. 1er, p. 21, note. — M. Trolley pense avec raison que les employés de moins de vingt ans ne peuvent remplir que des fonctions d'observation et de surveillance, et que les procès-verbaux qu'ils rédigeraient devraient être déclarés nuls; une circulaire ministérielle ne saurait, en effet, modifier la loi qui fixe à vingt ans le minimum d'âge des préposés.

82. — D'après la loi de 1791, aucun préposé ne peut être admis après trente ans, si ce n'est les employés des autres administrations et les militaires ayant servi pendant huit ans au moins, et n'ayant pas encore atteint leur quarantième année. — Trolley, n° 1078.

83. — Les brigades seraient affectées au service militaire si le territoire était envahi. — Elles sont d'avance portées sur un contrôle de guerre. — Chaque division forme une légion dont le directeur est colonel : les légions se divisent en légions du nord, du midi, de l'est, de l'ouest; — chaque inspection forme un bataillon commandé par l'inspecteur et les sous-inspecteurs divisionnaires; si l'effectif le permet, chaque contrôle forme une compagnie commandée par le capitaine. — Ord. 31 mai 1831, 11 mai et 9 sept. 1832. — Trolley, n° 1080.

84. — Le directeur général, les administrateurs et les directeurs dans les départemens sont nommés par le roi sur la proposition du ministre des finances. — Ord. 17 oct. 1844, art. 44.

85. — Les chefs de bureau de l'administration centrale, les inspecteurs, les receveurs principaux de 1re, 2e, 3e et 4e classe, sont nommés par le ministre des finances sur la proposition du directeur général. — Même ord., art. 45.

86. — Quant aux titulaires de tous les emplois inférieurs à ceux qui viennent d'être désignés, ils sont nommés par le directeur général, en vertu de la désignation du ministre des finances. — Même ord., art. 46.

87. — Les préposés ayant qualité pour faire certains actes authentiques, comme les procès-verbaux, sont astreints à la prestation de serment devant le tribunal civil dans le ressort duquel ils exercent. Il en est fait mention à la suite des commissions qu'on leur délivre. — L. 22 août 1791, tit. 13, art. 12.

88. — L'art. 12, loi 22 août 1791, tit. 9, veut qu'aucun préposé aux douanes ne soit admis au serment s'il ne rapporte un certificat de bonnes mœurs délivré par les officiers municipaux de son domicile, ou par les chefs du régiment où il a servi.

89. — Tout préposé entrant dans une brigade s'engage à quitter, pendant cinq ans, le rayon frontière pour le cas où il serait révoqué; à défaut par lui d'accomplir cette promesse, il est, un mois après une sommation de l'administration, poursuivi en police correctionnelle et puni comme vagabond, conformément aux art. 271 et 272, C. pén. — L. 21 avr. 1818, art. 40. — On a prétendu, mais à tort, que la loi de 1818 était, quant à cette disposition du moins, inconstitutionnelle. — M. Trolley (n° 1078) ne partage pas cette opinion.

CHAPITRE III. — *Police des douanes.*

90. — Dans le système de douanes qui nous régit actuellement, il faut distinguer la prohibition qui frappe l'importation en France des marchandises étrangères de celle qui frappe l'exportation à l'étranger des marchandises françaises. Dans le premier cas, l'importation est défendue quelquefois d'une manière absolue; le plus souvent elle est permise, mais à la charge d'acquitter certains droits. Les règles relatives à l'importation et à l'exportation seront dans ce travail l'objet de cinq sections différentes.

Sect. 1re. — *Prohibitions, jury d'examen, réexportation.*

§ 1er. — *Prohibitions à l'entrée. — Importation.*

91. — Les marchandises dont l'importation est prohibée d'une manière absolue sont en général toutes celles dont le gouvernement s'est réservé le monopole, telles, par exemple, que les tabacs, la poudre à feu, etc. — Du reste, l'énumération des marchandises frappées d'une prohibition absolue serait assez inutile, car la législation sur ce point est essentiellement variable.

92. — A l'égard des tabacs, toutefois, la prohibition absolue n'atteint pas les petites provisions de tabac de santé ou d'habitude dont les voyageurs sont porteurs, ou que des consommateurs reçoivent directement de l'étranger. Ces provisions sont admises sur l'autorisation du directeur, en acquittant les droits. — L. 7 juin 1820.

93. — La quantité de tabac que chaque consommateur peut introduire ainsi est réglée, et l'importation ne peut en avoir lieu que par les ports d'entrepôt réel et par les villes de Lille et de Strasbourg. — LL. 15 mars 1821 et 30 janv. 1822.

94. — Les cigares de la Havane et de l'Inde n'étant pas frappés d'une prohibition absolue, soit à l'entrée, soit à la consommation, l'introduction en fraude de ces cigares ne donne pas lieu à la confiscation du navire qui a servi au transport. — *Cass.*, 20 mai 1835, Casseboom.

95. — Les prohibitions absolues se fondent encore soit sur ce que la consommation du produit est défendue, soit sur un motif d'utilité publique. C'est ainsi que des armes de guerre ne peuvent être importées en France sans une permission du ministre de la guerre. — Ord. 24 juill. 1816.

96. — Outre la prohibition absolue, il en existe de moins rigoureuses et qui se bornent à subordonner l'entrée de certaines marchandises au paiement d'un droit de douane.

97. — Les marchandises soumises aux droits sont trop nombreuses pour que nous puissions en présenter ici la nomenclature. Le tarif des droits est lui-même variable comme les progrès de l'industrie. Nous nous bornerons donc à renvoyer au tarif des douanes que le gouvernement fait ordinairement publier à l'usage du commerce.

98. — Toute marchandise dont l'importation n'est pas libre doit être, à son entrée, l'objet d'une déclaration faite aux bureaux des douanes. Cette déclaration doit porter sur le nombre, le poids, la mesure, la valeur de la marchandise ainsi que sur son espèce. — LL. 22 août 1791, 4 germin. an II; 14 fructid. an III, 18 vend. an VI et 9 flor. an VII.

99. — Celui qui, voulant importer des fers étrangers, confond dans sa déclaration, sans les distinguer, des barres de fer d'une dimension différente, et par conséquent assujéties à des droits différens, fait une fausse déclaration et se rend passible de la peine portée par l'art. 21, tit. 2, L. 6-22 août 1791. — *Cass.*, 8 juill. 1822, Tillemann.

100. — La déclaration une fois faite, il ne peut plus, pour quelque motif que ce soit, y être rien changé, et sa vérité ou sa fausseté est jugée sur ce qui a été premièrement déclaré. Néanmoins si, dans le jour de la déclaration et avant la visite, les conducteurs ou propriétaires reconnaissent quelques erreurs dans les déclarations, ils peuvent les rectifier. — L. 22 août 1791, tit. 2, art 12.

101. — Mais il est à remarquer que la loi n'admet la rectification d'une déclaration fausse qu'autant que cette déclaration est relative au *poids*, au *nombre* ou à la *mesure* de la marchandise. — Il suit de là que la rectification n'est jamais permise quand la fausse déclaration est relative à l'*espèce* de la marchandise.

102. — Si la déclaration est reconnue fausse après vérification, il y a lieu à l'application des peines, qui varient selon la nature des marchandises qui sont l'objet de la fraude et l'importance de l'objet du délit. Si le nombre des colis a été exactement déclaré, mais qu'il y ait un excédant de marchandises, en poids, nombre ou mesure, cet excédant est passible d'un double droit, à moins qu'il n'excède pas un dixième. — L. 22 août 1791, tit. 2, art. 18.

103. — L'art. 18, tit. 2, L. 6-22 août 1791, qui dispense du paiement du double droit l'excédant

de la pesée sur la déclaration, lorsque cet excédant n'est que du dixième de la quantité déclarée, ne s'applique pas au cas où les marchandises ont été voiturées d'un lieu à un autre sous acquit-à-caution. En conséquence, l'excédant est, dans ce cas, soumis indéfiniment au double droit par l'art. 9, tit. 3, de la même loi. — *Cass.*, 6 germin. an VIII, Péemans.

104. — L'art. 9, L. 28 juill.-1er août 1792, qui dispense du double droit la double futaille, n'a aucune application à la seconde enveloppe du café. — *Cass.*, 6 germin. an VIII, Péemans.

105. — Si les marchandises déclarées au bureau de la douane ont une autre destination que le lieu où elles ont payé le droit d'entrée, il est délivré aux voituriers un *acquit de paiement*, et cet acquit sert à transporter les marchandises jusqu'à la destination déclarée. — Magnitot et Delamarre, *Dict. de dr. admin.*, vo *Douanes*.

106. — Les droits de douane sont perçus à toutes les entrées du royaume. Les marchandises ne peuvent être retirées des bureaux qu'après le paiement de ces droits. — LL. 6-22 août 1791, tit. 13, art. 3; 4 germ. an II, art. 2.

107. — Cependant le receveur peut autoriser l'enlèvement des marchandises aussitôt qu'elles ont subi la visite, si le consignataire a préalablement consigné les droits à percevoir, ou s'il a fourni une soumission cautionnée qui en garantisse le paiement. Le redevable, dans ce cas, est tenu de venir régler avec la douane dans un délai qui ne peut excéder vingt jours. — Décis. min. 8 vent. an IX.

108. — Dans ce cas, les deniers consignés ou la créance cautionnée sont aux risques de l'état. Mais si la somme consignée ne couvrait pas le montant des droits, le receveur qui aurait laissé enlever la marchandise devrait verser de ses deniers la portion de droits qu'il n'aurait pas exigée. — Circ. 26 août 1834.

109. — Les droits dus dans les bureaux de douanes sont perçus sur les quantités de marchandises constatées par la vérification. Ils sont acquittés comptant ou en effets de crédit, et non autrement. — L. 4 germ. an II.

110. — Un crédit est accordé par les receveurs, sous leur responsabilité, aux redevables de droits pour marchandises importées, lorsque ces droits s'élèvent à 600 fr. et plus. — L. 17 juill. 1791.

111. — Les billets à ordre souscrits par un particulier au profit de l'administration des douanes, dans la personne de son agent, pour paiement de droits sur marchandises, doivent avoir tous les effets des engagemens de commerce ordinaires. — Dès-lors, celui qui n'a signé ces billets que comme caution, n'est pas moins obligé solidairement avec le débiteur, sans pouvoir invoquer le bénéfice de discussion. — *Rennes*, 3 juill. 1810, Berthelot.

112. — Le receveur qui a fait crédit des droits de douanes est autorisé, en cas de refus de paiement ou de retard de la part des contribuables, à décerner une contrainte en tête de laquelle doit se trouver l'extrait du registre qui contient les soumissions des redevables. — L. 22 août 1791, tit. 13, art. 31.

113. — Les tribunaux ne peuvent suspendre l'exécution de la contrainte décernée par la régie des douanes contre les signataires de billets souscrits pour paiement de droits de douanes. — *Rennes*, 3 juill. 1810, Berthelot; — Merlin, *Rép.*, vo *Contrainte*, no 10; *Douanes*, § 3.

114. — Un négociant ne peut se dispenser d'acquitter les obligations qu'il a souscrites au profit de la régie des douanes, pour un impôt dû et exigible, lors même que, par l'effet d'une force majeure, il n'aurait pas pu recouvrer le montant de la taxe imposée sur ses marchandises. — *Cass.*, 2 juill. 1817, Bontoux; 1er mars 1820, Berlier.

115. — Les effets à l'usage des voyageurs, comme linge de corps, habits et objets de toilette qui ont été portés, sont exempts du droit d'entrée quand ils n'excèdent pas le nombre de six. — L. 1er août 1792.

116. — Cette exception comprend les habits de théâtre et les instrumens dont se servent les artistes ambulans, pourvu qu'il n'existe aucun doute sur la profession des voyageurs qui présentent ces objets en douane. — Déc. administ. 5 germ. an XIII.

117. — Mais les meubles neufs, les étoffes, les vins et les liqueurs ne sont pas compris dans l'exemption que prononce la circulaire du 1er août 1792. — Tarif officiel.

118. — Le commandant d'un sloop qui avait à son bord caché dans un lit et dans un sac, entre des voiles, une certaine quantité de vaisselle et d'étoffes de coton prohibées, ne peut pas être renvoyé de l'action de la régie sous le prétexte que ces marchandises sont des articles de ménage, et qu'elles paraissaient destinées au service du commandant. — *Cass.*, 25 germ. an XI, Vankerkhoven.

119. — Les vêtemens dont un individu ne s'est couvert, au moment de son entrée en France, que pour masquer une véritable importation de marchandises prohibées, ne peuvent pas être compris dans l'exception établie à la prohibition générale en faveur des habillemens à l'usage des voyageurs. — *Douai*, 16 août 1828 (sous *Cass.*, 9 janv. 1829), Messine.

120. — ...Ou du moins, l'arrêt par lequel une cour décide que les vêtemens dont un individu était couvert lors de son entrée en France constituaient de sa part une introduction frauduleuse de tissus prohibés, ne peut, par cette appréciation, donner ouverture à cassation. — *Cass.*, 9 janv. 1829, Messine.

121. — Les vêtemens neufs confectionnés, et les autres effets à l'usage des voyageurs, sont admis en payant 30 p. % de la valeur lorsqu'ils sont déclarés avant la visite, et que la douane reconnaît que ce sont des objets hors du commerce, destinés à l'usage personnel des déclarans. — Le reste de leur bagage est admis au même droit. — Ordonn. 2 juin 1834.

122. — Mais, dans aucun cas, la circonstance que des marchandises neuves de fabrique étrangère auraient été mises en vêtement ne les ferait pas échapper à la saisie pour importation en France, s'il était constaté que ces marchandises sont destinées au commerce et non à l'usage particulier d'une personne. — Cette question avait été ainsi résolue même avant l'ordonnance de 1834.

123. — Ainsi jugé que des étoffes neuves de fabrique étrangère n'échappent pas à la saisie pour importation en France, par cela seul qu'elles sont mises en vêtement. — *Cass.*, 20 prair. an XI, Chaignon.

124. — Le droit d'importation qui frappe les produits ou les denrées dont le commerce n'est ni absolument défendu ni permis sans limites est essentiellement variable. A l'égard des grains, il se détermine par le cours du marché. A la fin de chaque mois, le ministre de l'intérieur arrête le prix moyen des grains vendus dans les principaux marchés, et, d'après cet état transmis au receveur, la perception est effectuée. — L. des 5 avr. 1832 et 26 avr. 1833; Circ. 17 avr. 1832. — Ce système, dans lequel le droit d'importation est toujours de la différence qu'il y a entre le prix des grains étrangers et le prix des grains français, établit, pour notre agriculture, une sage protection.

125. — L'importation des grains ne peut être effectuée que par les seuls ports et bureaux que désignent les ordonnances du roi. — L. 2 déc. 1814.

126. — Les lois qui assujétissent à un droit d'entrée l'introduction en France des câbles, chaînes de fer pour la marine, agrès et apparaux de navires, toiles à voiles et pour matelas, laines, etc., sont absolues et générales, et s'appliquent aussi bien au cas où ces objets ont été employés au service du navire qui les a transportés qu'à celui où ils ont été introduits pour être revendus à titre de spéculation commerciale. — Ainsi, lorsque le congé rédigé au moment du départ du navire mentionne l'existence d'un vieux câble en fer, ainsi que d'une voile usée ou de matelas usés, si ces objets se trouvent, au retour, remplacés par un câble neuf, une voile neuve, et des matelas rembourrés de laine neuve, de production étrangère, il y a lieu à la perception des droits de douanes. — *Cass.*, 30 mai 1842 (t. 1er 1842, p. 755), Baudet; même jour (*ibid.*), Streitt.

127. — Lorsqu'il est reconnu que des marchandises déclarées à l'entrée sous la dénomination de toiles à chapeaux sont des toiles à doublures, écrues et teintes, soumises à un plus fort droit, le tribunal ne peut faire main-levée de la saisie, sous le prétexte que le droit réclamé par la régie des douanes équivaudrait à une prohibition. — *Cass.*, 18 janv. 1810, Steuier.

128. — Lorsque, parmi des objets de fabrique française déclarés à la douane, il s'en trouve plusieurs dont la nationalité n'est pas constante, le porteur ou conducteur de ces marchandises est réputé coupable d'introduction frauduleuse de marchandises prohibées. — *Cass.*, 27 juin 1828, Godat.

129. — La loi du 6 mai 1841, qui frappe d'un droit de 1 fr. 50 cent. par 100 kilogrammes le zinc à son importation *par navires étrangers*, et maintient le droit de 10 cent. par 100 kilogrammes pour l'importation par navires français, n'a en rien modifié le droit à percevoir à l'importation *par terre*, qui reste fixé, tel qu'il l'était par la loi du 2 juill. 1836, à 10 cent. par 100 kilogrammes. — *Cass.*, 25 juin 1844 (t. 2 1844, p. 111), Société de la Vieille-Montagne.

130. — En matière de douanes, les mots *importation par navires étrangers* ne comprennent pas toute espèce d'importation autre que l'importation par navires français, et notamment l'importation par terre. — Même arrêt.

131. — En droit, les marchandises prohibées sont saisissables à quelque distance qu'elles puissent être arrêtées dans l'intérieur, lorsqu'il est constaté par un procès-verbal en bonne forme : — 1o qu'elles ont franchi la limite du rayon; — 2o et qu'elles étaient, au moment de la saisie, dépourvues de l'expédition qui est nécessaire pour les transporter ou faire circuler dans le rayon des frontières. — *Cass.*, 11 fév. 1837 (t. 1er 1838, p. 98), Rasso.

132. — Un préfet peut ordonner le séquestre de marchandises étrangères introduites en France, bien qu'elles aient été saisies hors de la ligne des douanes; et dans ce cas c'est devant le conseil d'état que le pourvoi a dû être porté. — *Cons. d'ét.*, 1er juin 1807, Snoken.

§ 2. — *Marchandises anglaises.*

133. — Pendant vingt-cinq ans l'entrée de toute marchandise anglaise sur le territoire français a été prohibée de la manière la plus absolue. Deux motifs dictèrent successivement le régime tout exceptionnel auquel était assujéti le commerce avec la Grande-Bretagne. — Ce régime est aujourd'hui abrogé; cependant il est utile encore de l'étudier, car les monumens de la jurisprudence relatifs aux questions qu'il présentait sont encore des autorités pour les cas où l'importation d'une marchandise étrangère est absolument défendue.

134. — Renfermée dans d'étroites limites, l'Angleterre a naturellement, et par la force même des choses, donné à son industrie manufacturière et à ses expéditions maritimes un développement tel, qu'il écraserait toute industrie et tout autre commerce dans les contrées qui ouvriraient un libre écoulement à ses marchandises. De là, pour les nations, même les plus amies, la nécessité de protéger leurs propres sujets contre la concurrence anglaise.

135. — La révolution proscrivit donc, dans l'intérêt de l'industrie et du commerce français, toutes marchandises anglaises du sol de la république. Le décret du 18 vendém. an II punissait de la peine exorbitante de vingt ans de fers tous préposés des douanes qui en avaient permis l'importation ainsi que toutes personnes qui, directement ou indirectement, avaient importé, vendu ou acheté de ces marchandises. Tous affiches, placards ou enseignes conçus en langue anglaise ou indiquant des magasins de marchandises anglaises, ainsi que les journaux qui annonçaient la vente de ces marchandises furent pareillement proscrits et entraînaient pour leurs auteurs vingt ans de fers. Enfin toute personne qui avait porté des marchandises anglaises ou en avait fait usage était punie comme suspecte.

136. — La loi du 10 brum. an V tempéra cette rigueur; l'introduction des marchandises anglaises ne fut plus qu'un simple délit correctionnel. — L'art. 5 déterminait quelles marchandises la loi prohibait comme anglaises. L'art. 13 imposait à ceux qui voulaient importer tous autres objets non prohibés l'obligation de se munir d'un certificat attestant que ces marchandises provenaient de nations avec lesquelles la France n'était pas en guerre, à défaut de quoi les marchandises étaient réputées anglaises et saisies comme telles.

137. — D'après la loi du 10 brum. an V, les étoffes et draps de laine, de coton et de poils mélangés, importés de l'étranger, étaient réputés provenir des fabriques anglaises, quelle qu'en fût d'ailleurs l'origine. — *Cass.*, 27 fruct. an IX, N...

138. — La loi du 10 brum. an V réputait de fabrique anglaise les étoffes et draps laine, dont les casimirs sont une espèce. Un tribunal ne pouvait donc pas se dispenser de prononcer la confiscation d'une quantité de pièces de casimir saisies au moment de leur débarquement sur le territoire français. — *Cass.*, 25 brum. an VIII, N...

139. — Le prévenu qui avait importé des casimirs de l'étranger ne pouvait pas être renvoyé de la poursuite sous le prétexte qu'il les avait déclarés au premier bureau sous leur propre dénomination, conformément à l'art. 4, tit. 5, L. 22 août 1791. — *Cass.*, 18 niv. an IX, Timmermann.

140. — Les mousselinettes, indiennes, nankins et nankinettes étaient placés par l'art. 5, L. 10 brum. an V, au nombre des marchandises importées de l'étranger réputées provenir des fabriques anglaises. — *Cass.*, 10 frim. an XII, Vandenberg ; 28 therm. an VIII, Bonnafoud ; 10 frim. an XII, Vanderberg.

141. — La loi du 6 fructid. an IV, qui avait établi une exception en faveur des marchandises fabriquées dans le duché de Berg, n'était applicable qu'aux marchandises mélangées de fil et coton, et non à celles fabriquées entièrement en coton, telles que les nankinettes. — *Cass.*, 10 frim. an XII, Vanderberg.

142. — Cependant la simple analogie que des marchandises pouvaient avoir avec celles énoncées en l'art. 5, L. 10 brum. an V, ne suffisait pas pour les faire réputer provenir des fabriques ou du commerce anglais. — *Cass.*, 9 pluv. an VIII, Labbé.

143. — Les marchandises de l'espèce mentionnée en l'art. 5, L. 10 brum. an V, trouvées dans le rayon frontière et non déclarées conformément à l'art. 7 de la même loi, étaient réputées de fabrique anglaise et devaient être saisies. Une facture délivrée par un fabricant français ne pouvait pas suppléer à la déclaration ; et ce n'était pas le cas de l'expertise, qui n'était autorisée par les art. 13 et 14 de ladite loi que pour les marchandises autres que celles comprises en l'art. 5. — *Cass.*, 9 vendém. an VII, Richer.

144. — Les marchandises anglaises saisies en deçà de plus de deux mètres de la frontière étaient confiscables et ne se trouvaient point dans le cas de l'art. 9, L. 10 brum. an V, aux termes duquel la déclaration, dans l'étendue des trois lieues frontières de mer et de terre, devait être faite au bureau des douanes le plus voisin et l'entrepôt devait avoir lieu dans les magasins destinés à cet usage.

145. — Les marchandises qui, par leur nature, étaient légalement réputées d'origine anglaise, devaient être saisies dans les anciens états Romains réunis à la France, lorsqu'il n'était pas justifié que l'introduction fût antérieure à la réunion de ces pays à l'empire français. — *Cass.*, 24 août 1811, Barloccio.

146. — Ce n'est pas seulement au moment de leur importation que les marchandises anglaises ou réputées telles pouvaient être saisies ; elles étaient également saisissables après l'importation effectuée. — *Cass.*, 24 août 1811, Barloccio.

147. — Si les préposés aux douanes pouvaient faire des perquisitions dans les trois lieues frontières de terre et y saisir les marchandises provenant des fabriques ou du commerce anglais, ils pouvaient, à plus forte raison, les saisir dans lesdites trois lieues quand elles y circulaient sans expédition et qu'elles venaient du côté de l'étranger. — *Cass.*, 27 flor. an IX, N...

148. — Lorsque des marchandises de l'espèce de celles réputées anglaises par la loi du 10 brum. an V avaient été saisies dans le myriamètre limitrophe des frontières, sans que le propriétaire eût justifié d'un passavant, un tribunal ne pouvait pas, sans violer la loi, faire main-levée de la saisie. — *Cass.*, 16 thermid. an VIII, N... ; 14 germin. an XIII, Tourneseint.

149. — Lors même qu'il en aurait été produit un après la saisie, et surtout si ce passavant n'énonçait pas les qualité, quantité, nombre et mesure desdites marchandises. — *Cass.*, 5 messid. an VIII, Kottlat.

150. — Les dispositions de la loi du 10 brum. an V, sur la prohibition des marchandises anglaises ou réputées telles, étaient applicables, non seulement aux fabricans, négocians et marchands, mais encore à tous les citoyens. — *Cass.*, 28 brum. an XIII, Allain.

151. — La loi du 10 brum. an V, art. 17, comprenait la tentative d'introduction dans l'étendue de trois lieues en mer, comme celle d'août 1791 la présence dans l'étendue des deux lieues. — *Cass.*, 15 frim. an X, Lesecq.

152. — La loi du 10 brum. an V, en prohibant en général l'importation des marchandises anglaises, n'avait pas déterminé les cas particuliers où des marchandises prohibées seraient réputées être importées ; par conséquent, c'était d'après les autres lois existantes sur la matière que devaient se décider les questions relatives au fait de l'importation. — Ainsi, des marchandises reconnues anglaises, saisies dans les deux lieues des côtes sur un bâtiment au-dessous de cinquante tonneaux, devaient être considérées comme trouvées dans le cas d'importation prohibée, conformément à l'art. 2, tit. 5, L. 22 août 1791. — *Cass.*, 9 messid. an VIII, Lesecq ; 20 messid. an XI, mêmes parties.

153. — De même, les marchandises de l'espèce de celles mentionnées en l'art. 5, L. 10 brum. an V, étaient confiscables dans toute l'étendue de la république. — Ainsi, il n'y avait pas lieu d'accorder aux contrevenans la faculté de prouver par un toisé que la saisie n'avait pas été faite dans les trois lieues limitrophes. — *Cass.*, 11 niv. an VII, N...

154. — Néanmoins la présomption d'origine anglaise établie par l'art. 5, L. 10 brum. an V, n'avait lieu que pour les marchandises trouvées en état d'importation ; elle était inapplicable à celle qui n'avaient été vues pour la première fois qu'en deçà des trois lieues frontières. — *Cass.*, 22 pluv. an VIII, Descaussène ; 6 thermid. an VIII, Roussel ; 16 germin. an IX, Haune ; 26 thermid. an IX, Grégoire ; 7 brum. an XI, Martine.

155. — L'exception portée en l'art. 8, L. 10 brum. an V, à l'obligation de la déclaration et de la réexportation, s'appliquait aux sucres existant dans l'intérieur, et nullement à ceux saisis dans les trois lieues frontières. — *Cass.*, 8 germ. an VII, Dehavenne ; 16 pluv. an VII, Decop ; 8 pluv. an VII, Laporte.

156. — Il suffisait que des marchandises fussent comprises dans la disposition de l'art. 5, L. 7 brum. an V, et qu'il n'eût pas été justifié de leur nationalité, pour qu'elles fussent saisissables. — La régie n'était pas obligée de prouver qu'elles provenaient de l'étranger. — *Cass.*, 6 juin 1811, Florentini.

157. — La présomption que des marchandises de l'espèce de celles énoncées en l'art. 5, L. 10 brum. an V, saisies à l'importation, étaient d'origine anglaise, ne pouvait être détruite ni par des expertises ni par des enquêtes, mais seulement de la manière exigée par l'art. 13, même loi, c'est-à-dire par la production d'un certificat d'origine attestant que la marchandise ne provenait pas d'une nation avec laquelle la France était en guerre. — *Cass.*, 28 thermid. an VIII, Bonafaud ; 3 flor. an V, N... ; 16 pluv. an XI, Morel.

158. — C'est au moment de la saisie, et non pas postérieurement, que celui qui avait introduit des marchandises de l'espèce de celles réputées anglaises était admis à rapporter la preuve de leur origine. — Le tribunal ne pouvait donc l'acquitter de la prévention sur une production tardive d'un certificat d'origine. — *Cass.*, 29 frim. an VII, N... ; 8 prair. an X, Kers ; 5 brum. an XIII, Vits.

159. — Une déclaration au bureau des douanes de marchandises prohibées à l'entrée ou à la sortie, ne pouvait les exempter de la saisie, lorsqu'elle n'en faisait point connaître l'origine, quand même elle n'eût point été fausse. — Ainsi, des soies déclarées comme *provenant* de l'entrepôt de Gênes ne pouvaient être considérées comme déclarées sous leur propre dénomination dans le sens de la loi. — *Cass.*, 30 janv. 1809, Bruzo ; — Merlin, *Rép.*, v° *Déclaration au bureau des douanes*, n° 2.

160. — La loi du 30 avr. 1806, qui permettait d'importer dans le port de Gênes des marchandises prohibées, autres que celles provenant des manufactures anglaises, ne devait pas être entendue en ce sens que les marchandises pussent y être introduites sans être accompagnées de certificats d'origine. — *Cass.*, 19 nov. 1807, Chiralde.

161. — Tout objet de la nature de ceux énoncés en l'art. 5, L. 10 brum. an V, et particulièrement du basin, était censé importé de l'étranger dès qu'il était entré dans le cercle des douanes françaises, et devait être saisi, quand même il était venu directement des colonies françaises, s'il n'était accompagné d'aucun certificat d'origine. — *Cass.*, 16 brum. an X, Alusse.

162. — Etaient réputées anglaises toutes denrées coloniales étrangères non accompagnées d'un certificat d'origine délivré par le consul du gouvernement au port d'embarquement. — On ne pouvait considérer comme tel le port où le navire avait été primitivement chargé, lorsqu'il y avait eu débarquement et rembarquement dans un autre port, si rien n'attestait que les marchandises qui y avaient été prises étaient identiquement les mêmes que celles faisant l'objet du certificat délivré dans le premier. — *Cass.*, 19 mars 1807, Smitt.

163. — Un certificat d'origine était inefficace lorsqu'il y avait erreur dans le poids, la qualité, la quotité et la nature des marchandises saisies, comme en cas de fausse déclaration. — *Cass.*, 29 frim. an X, Klenck ; 17 flor. an XI, mêmes parties. — Merlin, *Quest.*, v° *Cassation*, § 1er.

164. — Il suffisait que des marchandises étrangères non accompagnées de certificat d'origine eussent atteint le bureau des douanes pour qu'elles fussent saisissables, sans qu'il fût nécessaire qu'elles l'eussent dépassé. — *Cass.*, 14 germin. an XIII, Tournesaint.

165. — Lorsqu'il était constaté que des toiles de coton, réputées marchandises anglaises, avaient été saisies à une demi-lieue de la frontière, venant de l'étranger, sans être accompagnées d'un certificat d'origine, et par des lieux autres que ceux désignés par la loi pour leur introduction, un tribunal ne pouvait, sans violer la loi, se dispenser de prononcer la confiscation et les autres peines encourues. — *Cass.*, 27 thermid. an IX, N...

166. — La faculté d'importer des sucres de l'étranger en payant des droits, introduite par la loi du 9 flor. an VII, tit. 1er, n'avait point dérogé à la défense portée par la loi du 10 brum. an V d'importer les marchandises provenant des fabriques ou du commerce anglais, et n'avait pu soustraire à la saisie des sucres trouvés dans le rayon frontière sans déclaration préalable à l'entrée et sans certificat d'origine. — *Cass.*, 18 thermid. an XI, Geraerts.

167. — La loi du 10 brum. an V n'avait fait aucune différence entre les sucres fins et les sucres communs, qui étaient toujours réputés provenir de fabrique anglaise dès qu'ils étaient en pains. — *Cass.*, 16 frim. an VIII, Delahaye.

168. — Les sucres raffinés, en pain ou en poudre, qui, à l'époque de la publication de la loi du 10 brum. an V, se trouvaient dans l'étendue des trois lieues frontières, étaient, comme tous les objets de fabrique anglaise, sujets à la déclaration et à l'entrepôt. La dispense de la déclaration et de réexportation portée en l'art. 8 ne s'appliquait qu'aux sucres qui se trouvaient dans l'intérieur. — *Cass.*, 8 pluv. an VII, Delhuvenne ; 16 pluv. an VII, Decock.

169. — Les sucres candis étaient compris dans la prohibition générale des sucres raffinés. — Ainsi, un tribunal ne pouvait pas faire main-levée d'une saisie de sucres candis non déclarés et trouvés dans les trois lieues frontières en état d'introduction flagrante. — *Cass.*, 7 frim. an VIII, N... ; 15 niv. an IX, Laporte ; 29 niv. an IX, Lamens.

170. — L'art. 15 (L. 10 brum. an V) et l'art. 1er (Décr. 4e jour complém. an XI), qui prononçaient certaines peines et permettaient l'arrestation des délinquans, ne s'appliquaient qu'aux détenteurs de marchandises prohibées à la consommation, ou qui, étant seulement prohibées à l'entrée, avaient été introduites frauduleusement, sans certificat d'origine. — *Cass.*, 27 nov. 1812, Hauttermann ; même jour, Pass.

171. — Le décret du 21 juin 1810, qui ordonnait que les marchandises anglaises saisies dans les ci-devant pays hollandais seraient rendues aux propriétaires moyennant le paiement d'un impôt, n'était applicable qu'aux territoires réunis à une époque récente, faisant présumer la bonne foi de l'introduction. — *Cass.*, 6 juin 1811, N...

172. — La loi du 19 pluv. an V modifia celle du 10 brum. an V, relativement au certificat d'origine. — La prohibition fut levée à l'égard des livres et des toiles de coton blanches de l'Inde destinées à l'impression. Enfin la présomption de fabrique anglaise ne frappa plus certains produits.

173. — Un arrêté du 3 fructid. an IX ordonna l'apposition d'une estampille sur les étoffes françaises qui auraient pu être confondues avec celles de même qualité fabriquées en Angleterre ; et, dès-lors, tout tissu des espèces désignées dans cet arrêté qui était saisi dépourvu de cette marque légale était réputé anglais.

174. — Des basins saisis sans être revêtus d'aucune marque de fabrique nationale, ni marqués d'aucune estampille, étaient réputés provenir de fabrique anglaise. — *Cass.*, 26 brum. an XII, Allain ; 16 brum. an X, Alusse.

175. — Dès qu'il était constaté que des toiles de coton blanches trouvées, même sans têtes de pièces, au domicile d'un fabricant, étaient dépourvues de toutes marques, elles étaient, par ce seul fait, légalement présumées provenir de fabrique anglaise et devaient être confisquées. — *Cass.*, 5 avr. 1811, Litschy.

176. — Jugé, au contraire, que les tissus de fil et de coton n'étaient pas du nombre des marchandises que la loi du 10 brum. an V réputait de fabrique anglaise, si elles n'étaient pas estampillées. — *Cass.*, 28 prair. an XI, Crespin.

177. — Pour compléter la législation de la république sur cette matière, il ne reste plus qu'à mentionner la loi du 29 niv. an VI, qui déclarait de bonne prise tout navire chargé en tout ou en partie de marchandises anglaises et capturé par un bâtiment français.

178. — La disposition de cette loi était évidemment contraire au principe que le *pavillon couvre la marchandise*. — Aussi fut-il jugé que le capteur devait fournir la preuve que les marchandises étaient sorties du territoire anglais, et qu'il ne pouvait jamais se prévaloir de la présomption établie par la loi du 10 brum. an V, laquelle loi réputait marchandises anglaises toutes celles qui ne se trouvaient pas dans les circonstances qu'elle déterminait. — *Cass.*, 11 vendém. an VIII, Furore c. Haroullet.

179. — Jugé encore que n'étaient point de bonne prise les étoffes non réellement d'origine anglaise, mais appelées anglaises à cause de leur nature. — *Cass.*, 6 prair. an VII, le Packet c. la Gageure.

180. — Par respect pour le principe de la non rétroactivité des lois, il fut ausssi jugé que l'on ne pouvait, sous la loi de nivôse an VI, déclarer de bonne prise un navire chargé de marchandises anglaises à une époque où cette loi n'avait pas été promulguée sur les côtes où il a été saisi. — *Cass.*, 3 flor. an VII, le Ferdinand-Henri c. l'Epervier.

181. — Les lois de la république n'étaient, du reste, pas empreintes d'un caractère plus particulièrement hostile contre l'Angleterre que contre toute autre nation. Si l'Angleterre avait été l'objet de mesuresparticulières, c'était uniquement parce que son industrie, plus développée que celle des autres nations, inspirait des craintes plus sérieuses. — Mais l'empire fit plus pour abattre l'ennemi qui trouvait des ressources toujours nouvelles dans son commerce; il pensa à ruiner le commerce même de l'Angleterre. Telle fut l'idée qui présida à la série de mesures qu'on appela du nom de *système continental.*

182. — Les décrets des 23 nov. et 17 déc. 1807 et du 11 janv. 1808 déclarèrent les îles Britanniques en état de blocus sur mer comme sur terre.— De plus, pour isoler l'Angleterre complétement du reste du monde, ils disposèrent que tout navire qui avait touché à l'Angleterre par quelque motif que ce fût, pouvait être saisi et consigné à son entrée en France ; que tout bâtiment, de quelque nation qu'il fût, était dénationalisé et avait perdu la garantie de son pavillon, s'il avait souffert la visite d'un vaisseau anglais, ou s'était soumis à un voyage en Angleterre ; ces vaisseaux étaient déclarés de bonne prise en tous lieux. — Enfin, des sanctions pénales sévères assuraient l'exécution de ces dispositions principales.

183. — La restauration fit cesser, par les traités de 1814 et 1815, toutes ces mesures que la guerre avait seule motivées. Elle restreignit à certaines marchandises la prohibition qui était absolue ; et en soumit d'autres à un tarif d'entrée plus ou moins élevé.

184. — L'art. 5, L. 10 brum. an V, est encore en vigueur, sauf les dérogations que des lois particulières peuvent y avoir apportées.—Une circulaire du 21 juill. 1817 le décide ainsi en ces termes : — « La loi du 10 brum an V, en frappant de prohibition absolue les marchandises étrangères dont la consommation était le plus nuisible à l'industrie française, a ordonné qu'elles seraient saisies dans tous les ports où elles arriveraient, même fortuitement, hors le cas de relâche forcée des bâtimens au-dessus de cent tonneaux. Les prohibitions que cette loi a établies ou renouvelées subsistent toujours ; mais par une conséquence nécessaire des traités de 1814 et 1815, elles ne peuvent plus rien avoir de spécial contre l'Angleterre, et elles rentrent dans la classe des prohibitions générales fondées sur la distinction de l'espèce des marchandises étrangères et non du pays d'où elles proviennent. »

§ 3. — *Prohibitions à la sortie. — Exportation.*

185. — Le transport à l'étranger de marchandises et de produits français s'appelle *exportation.* —Pour les exportations comme pour les importations, la liberté n'est pas absolue ; mais notre système de douanes, loin de restreindre les exportations, tend, au contraire, à les favoriser.

186. — Cependant, dans un intérêt public, la loi a prohibé la sortie du royaume de certains objets de première nécessité pour la nourriture, pour le commerce, ou pour la défense du pays. — D'autres fois, elle ne permet la sortie que sous certaines conditions ou par certains bureaux.

187. — Pendant la révolution, diverses lois ont défendu expressément et même sévèrement l'exportation des grains, grenailles et fourrages des bestiaux, de l'or et de l'argent, des armes de guerre, etc., etc. La plupart de ces prohibitions ont été levées. Les variations dont cette défense est susceptible et a été l'objet nous dispensent de les énumérer.

188. — Le riz était compris dans les dispositions de la loi du 7 vendém. an IV, qui prohibait l'exportation des grains et farines. — *Cass.*, 14 pluv. an XI, N... — La loi du 15 avr. 1832, art. 1er et 7, a aboli la prohibition à l'entrée et à la sortie des céréales. Elle détermine spécialement dans son art. 8 les droits à payer sur le riz.

189. — Une saisie de marchandises prohibées à la sortie, telles que des grains ou farines, sous la loi du 26 vent. an V, devait être déclarée valable lorsque ces marchandises avaient été trouvées à dix pas de la frontière, se dirigeant vers l'étranger et accompagnées de passavans surannés ou n'offrant point un caractère d'identité. — *Cass.*, 19 vent. an XII, Stevens.

190. — Sous la loi du 26 vent. an V, un tribunal criminel ne pouvait pas, en vertu de l'art. 19, tit. 6, L. 4 germin. an II, qui n'était applicable qu'en matière civile, faire main-levée d'une quantité de grains saisis par les préposés des douanes, en transport à l'extrême frontière et hors des limites permises. — *Cass.*, 6 brum. an VII, Boutaud.

191.—Aujourd'hui l'exportation des grains n'est pas absolument défendue; mais il peut être perçu un droit de sortie, qui se règle sur le cours du marché.—A cet effet, le ministre de l'intérieur arrête à la fin de chaque mois l'état des prix moyens des principaux marchés, et, d'après cet état remis au receveur, la perception du droit d'exportation est effectuée. — LL. 7 avr. 1832 et 26 avr. 1833. — Dans ce système, la liberté du commerce est conciliée avec le principe d'utilité, et les agriculteurs français sont dans le même position, soit qu'ils vendent leurs grains à l'intérieur, soit qu'ils les vendent au dehors.

192. — L'exportation des grains ne peut être effectuée que par les ports et bureaux spécialement désignés, et que rappelle le tarif des douanes. — Ord. 17 janv. et 23 août 1836.

193.— Lorsque l'exportation d'une denrée n'est point permise d'une manière générale et absolue, la loi, en désignant les ports et bureaux par lesquels seulement cette exportation peut être effectuée, maintient par cela même la prohibition de sortie par tous les autres lieux. — *Cass.*, 20 mars 1812, N...

194. — Les prohibitions absolues d'exporter, si fréquentes dans les lois de la république et de l'empire, ne frappent plus guère aujourd'hui que les matières premières dont la production est limitée et tout-à-fait insuffisante pour les besoins de la fabrique : tels sont les drilles.— Trolley, *Dr. admin.*, no 948.

195. — La loi des 3 et 9 avr. 1793 ne prohibe pas seulement la circulation des drilles, sans expédition, dans les trois lieues frontières : elle y prohibe aussi l'entrepôt de ces matières.—*Cass.*, 6 vendém. an VIII, Doppe Giller.

196. — La prohibition des drilles à la sortie a été expressément maintenue par la loi du 19 thermid. an IV. — *Cass.*, 6 vendém. an VIII, Doppe.

197. — L'art. 4, L. 14 fructid. an III, n'a été abrogé par l'art. 18, tit. 4, L. 9 flor. an VII, qu'en ce qui concerne les formalités des procès-verbaux; et il ne l'a pas été dans sa disposition finale qui prononce une amende de 500 fr. dans tous les cas d'exportation de marchandises prohibées. En conséquence, un tribunal n'a pas pu se dispenser d'appliquer cette peine à un individu convaincu d'avoir tenté d'exporter du numéraire. — *Cass.*, 12 prair. an X, Robert. — L'exportation des matières d'or et d'argent, monnayées ou non, était prohibée par la loi du 15 sept. 1792; mais cette prohibition a été levée par l'arrêté du 17 prair. an X.

198.— Dans un autre intérêt que tout le monde comprend, il est interdit aux particuliers d'exporter la poudre et les armes de guerre; il appartient au roi seul d'autoriser les manufactures royales à fournir des armes aux puissances étrangères. — LL. 6-22 août 1790; thermid. an IV; ord., 24 juill. 1816 et 19 juill. 1829.

199. — La loi du 21 avr. 1818, en déclarant que les monnaies de cuivre et de billon hors de cours seront, quant aux droits de douanes, assimilées à la mitraille, n'a pas entendu qu'elles devaient être préalablement et immédiatement dénaturées et réduites à l'état de mitraille. — *Cass.*, 20 août 1845 (t. 1er 1846, p. 112), Lavergne.

200. — L'ordonn. du 14 juill. 1836, qui a rangé le salpêtre dans la classe des objets prohibés, et en a interdit la sortie et la circulation sans autorisation dans l'étendue de deux myriamètres de la frontière, n'a pas dérogé à la législation antérieure en cette matière, en ce qui concerne la saisie des moyens de transport et la peine à prononcer contre le délinquant. — *Cass.*, 4 mars 1839 (t. 1er 1839, p. 533), Latagny; même jour (*ibid*), Laurencena.

201. — Il est perçu sur tous les produits et les denrées exportés un droit appelé *taxe de la balance* et qui a pour objet de constater tous les faits commerciaux. C'est moins un impôt qu'un moyen de suivre le mouvement du commerce; aussi le droit est-il très modéré, il est de 1/4 p. 0/0 de la valeur.—Trolley, no 947.

202. — Les marchandises qui sont expédiées par terre doivent être conduites au bureau le plus proche de la ligne intérieure. Après la déclaration du conducteur, la visite des employés et le paiement des droits, les marchandises sont conduites à l'étranger. Il est à remarquer que la visite des employés n'est que facultative.—L. 6-22 août 1791, tit. 1er et 2.

203. — Le capitaine d'un bateau qui, soit dans sa déclaration au bureau des douanes, soit avant la visite des commis, n'a point parlé de certains objets prohibés à l'exportation trouvés cachés dans son bateau, ne peut pas être renvoyé des poursuites de la régie des douanes sous le prétexte qu'il avait la faculté d'ajouter à sa déclaration jusqu'à ce qu'il eût pris ses passeports. — *Cass.*, 12 vendém. an IX, Schwargen. — Merlin (*Rép.*, vo *Déclaration au bureau des douanes*, no 2) s'exprime ainsi : « Remarquez que l'art. 12, tit. 2, L. 22 août 1791, n'admet la rectification dans le jour que relativement *au poids, au nombre, à la mesure ou à la valeur*, et qu'ainsi, la rectification n'est jamais admissible quant à l'espèce. »

204. — La loi du 25 vent. an VIII autorise le gouvernement à établir des bureaux de douanes à l'intérieur du royaume, dans les principaux centres du commerce; divers actes administratifs en ont successivement établi dans six des principales villes de France. — Fasquel, *Lois des douanes*, part. 1re, tit. 12, chap. 4.

205. — Les bureaux de douanes placés à l'intérieur du royaume sont autorisés à délivrer les actes nécessaires pour expédier directement des marchandises pour l'étranger avec acquittement de droits, sauf certaines garanties imposées aux expéditeurs pour prévenir les abus. — L. 25 vent. an VIII.

206. — Le négociant qui expédie des marchandises d'une douane intérieure pour l'étranger fournit la déclaration dans sa forme ordinaire. Il donne, sous les peines de la loi, toutes les indications de quantité, espèce, qualité et poids, nécessaires à la perception du droit.—Les objets déclarés à la douane sont soumis à la même vérification que si l'exportation avait lieu à la frontière. Les marchandises étant vérifiées, les colis sont plombés ; l'expédition remise par la douane indique le bureau ou le port par lequel la sortie doit s'effectuer.—Arr. 25 vent. an VIII.

207. — Arrivés au port ou bureau frontière, les colis sont attentivement examinés. Si les cordes et plombs apposés à la douane d'expédition sont reconnus pleins et entiers, et si le lieu où l'on présente les marchandises est bien celui désigné par l'expédition pour la sortie de France, les colis ne sont pas ouverts.—Arr. 25 vent. an VIII.

208. — Si le vérificateur, après avoir examiné le plombage dans toutes ses parties, a des doutes sur l'intégrité des cordes et plombs, ou s'il y a quelque indice particulier de fraude, il procède à la visite détaillée : sa vérification est constatée au portatif.—Circ. des 29 brum. an X et 19 sept. 1825.

209. — Quelquefois la loi accorde aux produits de nos fabriques une prime d'exportation.—Ordinairement cette prime n'est que la restitution des droits que les matières premières ont payés lors de leurs importations.—Trolley, no 947; Fasquel, part. 1re, tit. 12, chap. 5.

210. — Les conditions exigées et les formalités à remplir pour y avoir droit sont déterminées par diverses ordonnances. — V. notamment ord. 2 janv. 1817; 28 sept. 1818; 11 août 1819.—V. aussi L. 27 juill. 1822, art. 8.

211. — Les marchandises de prime ne peuvent être expédiées que par certains ports et par certains bureaux, déterminés par les réglemens d'administration. —Fasquel, part. 1re, tit. 12, chap. 6.

212. — Cependant le réglement des primes ne tarda pas à engendrer des abus. La loi du 21 avr. 1818, art. 17, prononça une amende contre ceux qui auraient employé des fraudes ou fait de fausses déclarations pour obtenir par surprise un surcroît à la prime réellement due.—La du loi 27 juill. 1822, art. 7, prévit de plus la fausse déclaration sur l'espèce, la valeur ou le poids d'une partie de l'expédition, et l'exagération de la taxe des pains de sucre. — Dans tous les cas, la prime entière dut être refusée.

213. — Sous l'empire de ces lois, il a été jugé que le seul fait matériel d'une déclaration supérieure à la valeur réelle des marchandises à exporter, ne suffisait pas pour constituer en contravention l'expéditeur ; et qu'il fallait, de plus, que la déclaration inexacte eût été faite dans le but de frustrer le trésor.— *Cass.*, 15 avr. 1829, Balguerie; 31 déc. 1833, Thoron.

214. — La jurisprudence admettait même les tribunaux à rechercher l'intention et à la prendre en considération. — Mêmes arrêts.

215. — Mais depuis il a été statué par la loi du 5 juill. 1836 que, quand la fausseté des déclarations faites pour obtenir une prime quelconque aurait été reconnue, soit quant à la valeur, soit quant à l'espèce ou au poids des marchandises, le déclarant serait passible d'une amende égale au riple de la somme que la fausse déclaration aurait pu faire allouer en sus de ce qui était réellement dû; et que la prime légale serait liquidée, pour ce qui aurait été exporté.

216. — Par application de cette loi, il a été jugé que le seul fait de l'exagération donnée à la valeur des marchandises déclarées pour l'exportation, constitue une contravention punissable, sans que les juges puissent l'excuser en raison de la bonne foi ou de l'absence d'intention de fraude. — *Cass.*, 13 janv. 1841 (t. 1er 1841, p. 116), Trouard.

217. — Il est à remarquer que la loi de 1836 punit les fausses déclarations faites pour obtenir une prime, tandis que celles de 1818 et 1822 n'atteignaient que les fraudes et les fausses déclarations tendant à obtenir la prime *par surprise*, expressions qui entraînent avec elles une idée de *mauvaise foi*. Ainsi, la jurisprudence a placé la question dans le système général adopté en matière de douanes, qui exclut toute exception de bonne foi.

218. — La déchéance de la prime n'est pas encourue par le seul fait d'une estimation de la part des experts, inférieure à la déclaration. Cette estimation ne peut pas avoir les effets d'une décision administrative. — *Cass.*, 31 déc. 1833, Thoron.

219. — Le certificat du raffineur et le certificat de sortie forment envers la douane la seule preuve légale des faits qui donnent droit à la prime d'exportation des sucres raffinés; en conséquence, et lors même qu'il serait reconnu que les sucres sont arrivés à leur destination, l'administration des douanes est fondée à refuser le paiement de la prime si le certificat de sortie n'est pas représenté. — *Cass.*, 28 fév. 1834, Soulié.

220. — Lorsqu'en vendant des sucres destinés à l'exportation, le raffineur s'est réservé la prime, c'est à lui, et non à l'acheteur, qu'incombe la charge de remplir toutes les formalités prescrites pour l'obtenir, et notamment celle de réclamer le certificat de sortie. — Dans ce cas, le capitaine du navire qui a traité avec les acheteurs et non avec les raffineurs, n'est pas responsable de ce que le certificat de sortie des sucres n'a pas été dressé par les préposés de douanes s'il n'y a ni faute ni imprudence de sa part, et si c'est tout à la fois par la négligence des raffineurs et par un fait de force majeure que l'exportation des sucres n'a pas été légalement constatée. — *Cass.*, 28 fév. 1834, Soulié.

§ 4. — *Jury d'examen.*

221. — La loi du 28 avr. 1816 avait créé un jury d'examen chargé de vérifier la nature des tissus saisis comme prohibés, dans les cas où il y aurait doute. La compétence du jury d'examen a été étendue par la loi du 27 juillet 1822.

222. — S'il s'élève des doutes, porte l'art. 19 de cette loi, lors de la vérification des marchandises, sur l'espèce, la qualité ou l'origine des produits, soit pour l'application des droits, soit pour la jouissance du privilége colonial, ces doutes sont soumis à des commissaires experts placés près du ministre du commerce. Des échantillons leur sont transmis par l'intermédiaire de l'administration, pour reconnaître la réalité des espèces et qualités déclarées.

223. — Avant la loi de 1816, aucune disposition ne réglait le mode à suivre pour arriver à la constatation exacte de l'origine, l'espèce ou la qualité des produits suspectés: aussi les tribunaux avaient-ils cru pouvoir recourir à la voie de l'expertise. — *Cass.*, 28 prair. an XI, Crespin.

224. — Jugé, depuis, que les commissaires experts établis par la loi du 27 juillet 1822 sont seuls compétens pour reconnaître l'espèce, l'origine et la qualité d'un produit arrêté par la douane. Les tribunaux ne peuvent dans aucun cas substituer leur propre appréciation à celle des experts. — *Cass.*, 30 janv. 1839 (t. 1er 1839, p. 257), Arragon.

225. — En conséquence, toutes les fois qu'il s'élève entre la régie et le commerce des difficultés sur l'espèce, l'origine ou la quantité des marchandises, les tribunaux sont tenus de renvoyer l'examen de ces difficultés à des commissaires experts spéciaux, sans pouvoir procéder eux-mêmes à cet examen. — Même arrêt.

226. — Il n'est pas permis aux juges de leur substituer un autre genre de preuve. — *Douai*, 26 avr. 1833; Bourgeois; — Mangin, *Proc. verb.*, n° 272.

227. — Cependant, s'il s'agit de liquides sujets à dépérissement dont les droits ne s'élèvent pas à plus de 300 fr., ou si, pour une quantité plus forte, le dépérissement est imminent, la vérification d'origine a lieu par deux experts que nomme le receveur. — Circ. 5 août 1825.

228. — La douane, en cas de doute sur la sincérité d'une déclaration faite par un importateur, doit procéder par voie conservatoire sans donner assignation; l'instance judiciaire ne pouvant être introduite qu'après que le droit de saisir est ressorti de la décision des experts du gouvernement. Si au contraire les employés ont la conviction qu'il y a fausse déclaration, ils constatent la contravention par un procès-verbal avec citation devant le tribunal, qui juge alors s'il y a lieu de recourir à l'expertise légale. — Lettre admin. du 31 janv. 1839.

229. — Les échantillons destinés à l'administration pour faire déterminer l'application des droits, doivent lui être adressés en double; l'un est ouvert, l'autre est scellé du cachet du déclarant et de celui du receveur. — Circ. du 10 juill. 1816. — S'il est question des marchandises dont il faut fixer l'assimilation, l'échantillon doit être assez fort pour que l'espèce puisse être aisément reconnue. Quand il s'agit de plantes, il faut y joindre les tiges, feuilles, fleurs et semences. — V. le tarif.

230. — L'expertise faite par le jury au vu d'échantillons des objets saisis, est régulière et ne saurait être invalidée par une soustraction opérée dans la partie entière des marchandises surabondamment soumise à son examen. La reconnaissance de l'intégrité des cachets garantit suffisamment la validité de l'expertise, et n'atténue en aucune manière l'identité légale des objets saisis avec les échantillons expertisés. — Circ. du 4 oct. 1816.

231. — Le jury procède hors la présence des parties, sans les entendre et même sans les appeler. — *Cass.*, 3 oct. 1817, Noblot.

232. — Ses décisions sont souveraines et irrévocables. — *Douai*, 27 déc. 1833, Beaufrère.

§ 5. — *Réexportation.*

233. — Il y a lieu de réexporter hors du royaume les denrées ou marchandises qui n'y ont été admises qu'au transit, ou qui après avoir été saisies, n'ont été vendues qu'à la charge, par l'acquéreur, de les réexporter, conformément à l'art. 67, L. 28 avr. 1816. — A diverses époques, la loi, en établissant de nouvelles prohibitions, a ordonné la réexportation dans un délai moral des marchandises faisant l'objet de ses dispositions, qui existaient dans le royaume. — V. notamment L. 28 avr. 1816, art. 59, et ord. 8 mai 1816.

234. — Nous parlerons, en nous occupant du transit, de la réexportation des marchandises admises à transiter. Quant aux marchandises frappées d'une prohibition absolue, et vendues après la saisie, à charge de les réexporter, la réexportation doit s'en effectuer dans le délai d'un mois pour les douanes de terre, et de trois mois pour les douanes maritimes. — Circ. 12 mars 1816 et 3 fév. 1825.

235. — La réexportation par mer doit s'effectuer par un des ports d'entrepôt réel, aux conditions imposées pour les expéditions d'entrepôt ou de transit. — *Ibid.*

236. — Si la réexportation a lieu par les frontières de terre, la douane prend tous les moyens propres à garantir que la sortie de la marchandise a eu lieu effectivement, et tous ceux qui peuvent empêcher la réimportation de ces marchandises en France. — Circ. 3 fév. 1825.

237. — Des marchandises vendues à charge de réexportation doivent être exportées directement et sans contour ni pas rétrograde; la saisie en est fondée par cela seul qu'elles sont trouvées en marche oblique et rétrograde. — *Cass.*, 18 vent. an VII, N....

238. — Celui qui, ayant à réexporter des marchandises anglaises, ne rapporte pas une preuve légale de la réexportation, demeure convaincu de les avoir retenues sur le territoire français. — *Cass.*, 17 thermid. an VIII, Lemercier; — Merlin, *Rép.*, v° *Acquit*, § 3.

239. — Celui qui n'a pas obéi à la sommation de réexporter, dans un certain délai, une marchandise prohibée, ne peut, après l'expiration du délai, et lorsque la douane a régulièrement vendu la marchandise, former utilement opposition à la délivrance de cette marchandise à l'acheteur. — *Bordeaux*, 24 août 1831, Monneyra.

240. — La faculté de réexporter des marchandises d'origine étrangère, accordée par l'art. 59, L. 28 avr. 1816, n'a pu être exercée qu'après une déclaration faite dans la forme prescrite, énonçant la quantité, la qualité et la valeur des marchandises à réexporter. — Spécialement, lorsqu'un individu a simplement déclaré au bureau de la mairie qu'il a acheté dans une vente une partie de mousselines, sans en énoncer la quantité, la qualité ni la valeur, et en ajoutant qu'il ne les croit pas soumises à ce qui est prescrit par la loi du 28 avr. 1816, cette déclaration ne peut pas le soustraire à l'application de la peine portée par l'art. 66, même loi, s'il est reconnu que les marchandises dont il s'agit sont réellement d'origine étrangère. — *Cass.*, 30 oct. 1817, Grombach.

Sect. 2e. — *Ligne des douanes.*

241. — Pour assurer la police des douanes, la loi a déterminé, le long des frontières, un espace intérieur, dans lequel les marchandises sont assujéties à une surveillance plus active, et sont même réputées en contravention, à défaut de certaines formalités. Cet espace, qu'on appelle *rayon frontière*, forme, dans son ensemble, la *ligne des douanes*.

§ 1er. — *Rayon frontière de terre.*

242. — L'étendue ou largeur du rayon frontière n'était d'abord que de deux lieues (L. 6-22 août 1791, tit. 13, art. 35, 41 et suiv.). Elle fut portée à trois lieues pour la surveillance de la circulation des drilles (L. 3 avr. 1793) et de l'introduction des marchandises anglaises (L. 10 brum. an V, art. 9). Elle est maintenant fixée, pour la circulation de toutes denrées ou marchandises, à deux myriamètres, c'est-à-dire environ quatre lieues. — L. 8 flor. an XI, art. 84.

243. — Ainsi, l'art. 84, L. 8 flor. an XI, ayant ordonné que les lois et réglemens sur la circulation dans le rayon frontière, dont l'étendue n'était originairement que d'un myriamètre, seraient exécutés dans les deux myriamètres desdites frontières de terre, un tribunal n'a pu décider que les dispositions de l'arrêté antérieur du 22 thermid. an X, bien que devenues communes à toutes les frontières du royaume, ne régissaient que les mouvemens effectués dans le premier myriamètre. — *Cass.*, 23 juill. 1838 (t. 2 1838, p. 368), Maillès.

244. — Toutefois, comme la mesure fixe de deux myriamètres n'offre pas sur toutes les parties de la frontière de terre les positions les plus convenables, ce rayon peut être étendu par le gouvernement sur une mesure variable, jusqu'à la distance de deux myriamètres et demi de l'extrême frontière. — L. 28 avr. 1816, art. 36.

245. — Lorsque des accidens de terrains ou autres difficultés locales empêchaient que la deuxième ligne de bureaux ne fût placée à la distance fixée, le gouvernement pouvait, avant cette loi, reculer le rayon frontière, selon qu'il lui semblait bon. — Arr. 9 thermid. an IV.

246. — En conséquence, une saisie était valable si, quoique faite hors des deux lieues frontières, elle l'avait été entre les deux lignes de bureaux. — *Cass.*, 23 brum. an VIII, Gérard.

247. — Les frontières naturelles sont le plus souvent marquées, soit par des fleuves ou tous autres cours d'eau, soit par des montagnes ou tous autres accidens de terrain; les frontières artificielles le sont par des poteaux et surtout par des fossés. — L'art. 43, L. 6-22 août 1791, tit. 13, portait: « La ligne (du rayon frontière) sera marquée par la désignation que chaque direction de département fera des territoires sur lesquels elle devra passer, et dont l'état sera imprimé et affiché dans tous les lieux de la frontière qu'enveloppera ladite ligne; il sera, en outre, planté sur cette ligne des poteaux à la distance de deux cents toises les uns des autres, et qui porteront cette inscription: *Territoire des deux lieues de l'étranger*. »

248. — Sous la loi du 28 pluv. an III, qui a suspendu l'exécution du tit. 13, L. 22 août 1791, concernant la plantation des poteaux pour déterminer le rayon frontière, un tribunal n'a pas pu se fonder sur le défaut de poteaux pour en induire qu'une saisie n'a pas été faite dans les trois lieues frontières. Le procès-verbal devait faire foi, sauf le mesurage, en cas de contestation de la partie saisie. — *Cass.*, 6 vendém. an VIII, Doppet Giller.

249. — La loi du 10 brum. an V ayant étendu jusqu'à l'espace de trois lieues, en ce qui concernait les marchandises anglaises ou réputées telles, les frontières de terre et de mer, qui n'avaient été fixées qu'à deux lieues par la loi du 22 août 1791, une saisie de sucres n'a pu être annulée sous le prétexte qu'ayant été trouvés au-delà des deux lieues frontières, ils avaient pénétré dans l'intérieur. — *Cass.*, 6 vent. an VII, N...; 15 frim. an X, Laurent.

250. — On comprendra facilement que pour assurer l'exécution des lois de douane le terrain compris dans le rayon-frontière doit être soumis à un régime particulier. Les agens des douanes ont à s'assurer que les marchandises mises en circulation dans le rayon frontière n'ont pas été importées en fraude, ou ne sont pas destinées à une exportation clandestine. A cet effet, toute marchandise transportée dans les deux myriamètres des frontières doit être accompagnée d'un passavant. — L. 22 août 1791, tit. 3, art. 15 et 16; arr. 22 thermid. an X, art. 4.

251. — On a vu que la disposition de la loi du 10 brum. an V qui réputait d'origine anglaise les tissus de coton avait été implicitement abrogée. La législation nouvelle a remplacé cette présomption légale par une autre. La simple circulation des tissus dans le rayon frontière, sans passavant ni acquit à caution, suffit pour les faire considérer comme étant en fraude, et la régie n'est point obligée d'établir qu'ils sont d'origine étrangère.

252. — Les marchandises prohibées à l'entrée sont réputées avoir été introduites en fraude, par cela seul qu'elles sont trouvées dans le rayon des frontières, sans être munies d'expéditions qui en légitiment le transport. — *Cass.*, 1er déc. 1826, Cornier.

253. — L'acquit de paiement des droits d'entrée tient lieu de passavant : cette expédition désigne la route à suivre, le bureau vers l'intérieur où l'acquit sera contrôlé, et le délai dans lequel la marchandise doit y être présentée. — L. 28 avr. 1816, art. 35.

254. — Tiennent également lieu de passavant 1o les acquits à caution de transit; — 2o les acquits de paiement de sortie délivrés par les douanes de l'intérieur; — 3o les expéditions délivrées pour des marchandises exportées avec primes. — Arr. 25 vent. an VIII; L. 17 déc. 1814; ord. 23 sept. 1818.

255. — Si des marchandises circulent dans les deux myriamètres, sans passavant ou avec une expédition irrégulière, elles sont saisies avec amende de 100 fr. — L. 22 août 1791, tit. 3, art. 15.

256. — L'expédition est irrégulière 1o s'il y a défaut d'identité entre les énonciations du passavant et les objets transportés; — 2o si les colis transportés ne sont pas de l'espèce annoncée; — 3o quand les numéros et les poids des colis sont différens de ceux énoncés au passavant, etc. — *Cass.*, 8 messid. an VIII, Kotilat.

257. — Celui qui a été trouvé dans le rayon frontière, conduisant des marchandises sujettes aux droits de douanes, en quantité supérieure à celle portée dans son passavant, ne peut pas être acquitté, sous le prétexte qu'il n'a eu ni l'intention, ni intérêt à faire une déclaration irrégulière, et qu'il a pu se tromper sur la valeur des kilogrammes. — *Cass.*, 3 août 1827, Jaurequiberry.

258. — L'exhibition tardive du passavant qui doit accompagner des grains circulant dans la distance de moins de trois kilomètres de la frontière n'excuse pas la contravention. — *Cass.*, 7 therm. an VIII, Cottenat, Erard et Farine.

259. — Lorsque le transport des marchandises dont l'exportation est prohibée a eu lieu sans passavant, la contravention ne peut être excusée par le seul motif que la direction des douanes était dans l'usage d'en refuser pour cet objet, si l'on ne prouve pas en fait que le passavant a été refusé, et si d'ailleurs le contrevenant a omis de se conformer à ce qui est prescrit par l'art. 6, tit. 3, L. 22 août 1791. — *Cass.*, 23 juill. 1838 (t. 2 1838, p. 368), Maillès.

260. — Parmi les marchandises prohibées ou spécialement tarifées, les unes ne peuvent jamais circuler de nuit dans le rayon frontière; d'autres ne le peuvent que munies d'un passavant ou d'un acquit à caution.

261. — Les peines que prononce la loi du 28 avr. 1816 sont encourues pour toutes marchandises prohibées absolument ou seulement tarifées dont le transport s'effectue de nuit, c'est-à-dire entre le coucher et le lever du soleil, sans que le passavant en porte la permission expresse. — Arr. 22 thermid. an X.

262. — La prohibition de laisser circuler pendant la nuit à la frontière des marchandises dont l'exportation est interdite, ne peut être considérée comme une simple recommandation, dénuée de sanction pénale, et entraîne la confiscation. — *Cass.*, 23 juill. 1838 (t. 2 1838, p. 368), Maillès.

263. — Une main-levée de marchandises prohibées ne peut pas être ordonnée lorsqu'elles ont été saisies la nuit, dans les deux lieues frontières, sans être accompagnées d'un passavant qui leur fût applicable ni d'un certificat d'origine. — *Cass.*, 22 frim. an VIII, Piaget.

264. — Ainsi, la confiscation des grains saisis en circulation dans la distance de moins de trois kilomètres de la frontière est encourue par le seul fait du transport pendant la nuit. — *Cass.*, 7 therm. an VIII, Cottenat.

265. — Le thé doit être réputé compris au nombre des denrées qualifiées *coloniales* par l'art. 35, L. 8 flor. an XI. — Dès-lors le transport qui en est fait de nuit, sans expédition de la douane, dans la distance d'un myriamètre des côtes et d'une rivière affluente à la mer, tombe sous la disposition pénale édictée par cet article. — *Cass.*, 1er mars 1841 (t. 1er 1841, p. 394), Baradat.

266. — Celui qui a frauduleusement introduit en France des marchandises tarifées au dessus de 20 fr. le quintal métrique est passible des peines portées par l'art. 41, L. 28 avr. 1816, et non par les lois des 6-22 août 1791 et 8 flor. an VI, sans qu'il soit besoin de rechercher si l'introduction a eu lieu de jour ou de nuit dans tel ou tel rayon de la frontière. — *Aix*, 11 juill., 1832, Dalmasès.

267. — Le rayon frontière a une police particulière, et ne peut pas être considéré comme faisant partie de l'intérieur dans le sens de la loi du 10 brum. an V. En conséquence, l'exception portée en l'art. 8 de ladite loi à l'obligation de la déclaration et de la réexportation en faveur des sucres raffinés en pains ou en poudre qui se trouvaient dans l'intérieur, lors de la promulgation de ladite loi, ne s'appliquait pas aux sucres trouvés dans l'étendue des trois lieues frontières, soit qu'ils y eussent été déposés avant cette loi, soit qu'ils y eussent été déposés postérieurement. — *Cass.*, 16 pluv. an VII, Decock.

268. — L'intérêt qui résulte pour le commerce et l'industrie de ne pas permettre l'exportation de certains produits a dicté des réglemens aux termes desquels certaines manufactures ne peuvent s'établir dans le rayon des frontières de terre à cause de la trop grande facilité que l'on aurait à tromper les agens de la douane. — L. 22 août 1791, art. 37 et suiv., et 1er vendem. an IV.

269. — Cette prohibition s'applique à tout magasin, entrepôt ou usine, qui, par sa position, est à portée de favoriser la fraude, et notamment aux ateliers de fabrication qui dépendent de cet établissement. — *Cass.*, 14 déc. 1832, Schreiber.

270. — Une autorisation particulière est même nécessaire pour y établir des moulins et autres usines. — L. 30 avril 1806. — Ceux qui existent peuvent être frappés d'interdiction par mesure administrative, lorsqu'ils servent à la contrebande des grains ou des farines. — L. 30 avr. 1806.

271. — Il est également défendu d'établir sans autorisation aucunes fabriques dans le rayon frontière, dans les villes ou villages dont la population n'est pas au moins de 2,000 habitans. — L. 6-22 août 1791, tit. 13, art. 41, et L. 28 avr. 1816, art. 37, no 3.

272. — Notre système de douanes n'est point applicable aux étrangers propriétaires de terres situées en France, à un demi-myriamètre des frontières du royaume. Ces étrangers jouissent de la faculté d'exporter, franches de tous droits, les denrées provenant desdites terres. — Ord. 13 oct. 1814, art. 1er. — Mais cette faculté ne leur est accordée qu'à la charge de réciprocité en faveur des Français propriétaires en pays étrangers.

273. — Le pacage des bestiaux dans la ligne du rayon frontière est soumis aussi à un régime particulier. A cet égard, on distingue trois sortes de pacage : celui qui a lieu au-delà des derniers bureaux de douanes vers l'étranger; celui des bestiaux envoyés de France à l'étranger, et celui des troupeaux envoyés de l'étranger en France. Les personnes qui veulent faire paître des bestiaux et bêtes de somme au-delà des bureaux du côté de l'étranger, doivent prendre au bureau des douanes le plus voisin un acquit à caution portant soumission de représenter les animaux au retour du pacage. — Arr. 25 messid. an VI, art. 2.

274. — L'acquit à caution valable pour un pacage déterminé et pour les têtes de bétail appartenant à un même troupeau, trace la route à tenir et les bureaux où le visa doit être apposé; il fixe la durée du pacage, et il exprime que si des pertes ont lieu pendant le pacage, elles sont aux risques des soumissionnaires. — Ord. 8 juill. 1834, art. 18; circ. 12 sept. suiv.

275. — Les Français qui possèdent des prairies dans le territoire limitrophe, à l'étranger, obtiennent la faculté d'y faire paître leurs troupeaux. — Ord. 8 juill. 1834, art. 18; circ. 15 juill. 1825, art. 7. — Ils déclarent au bureau le plus près du point par où la sortie doit s'effectuer, le nombre et l'espèce de bestiaux qu'ils se proposent d'envoyer au pacage; ils en donnent le signalement, indiquent la route à parcourir, le lieu du pacage, la

valeur des bestiaux, et le poids des toisons pour les bêtes à laine. — Même circ.

276. — Un acquit à caution est délivré par le receveur pour assurer la rentrée du troupeau en même nombre et espèce que ceux déclarés. Il exprime l'époque à laquelle les bêtes de somme ou bestiaux devront être ramenés en France. — *Id.*, art. 31.

277. — L'obligation pour les propriétaires de troupeaux de se faire délivrer un acquit à caution leur a été imposée par l'ordonnance du 28 juill. 1822. A cet effet, les propriétaires de troupeaux doivent avoir à la douane un compte ouvert sur lequel sont inscrits tous les bestiaux qu'ils possèdent.

278. — La disposition de l'art. 10, L. 27 juill. 1822 sur les douanes, qui défend d'avoir des bœufs ou des vaches non marqués, dans la demi-lieue de la frontière la plus rapprochée de l'étranger, doit s'entendre d'une demi-lieue à partir de l'extrême frontière, et non à partir du rayon des douanes. — *Cass.*, 8 juill. 1829, Boblier.

279. — Cette ordonnance du 28 juill. 1822, abolissant la disposition exceptionnelle de l'art. 17, tit. 3, L. 22 août 1791, relative à la circulation des marchandises et denrées dans le rayon frontière, a replacé les bestiaux sous l'empire des dispositions générales de la loi de 1791 (laquelle a été confirmée et non abrogée par celle du 19 vend. an VI, et par l'arrêté du 22 thermid. an X). — Dès-lors, la circulation des bestiaux mentionnés dans ladite ordonnance, sans acquit à caution, est passible des peines portées d'une manière générale par les art. 15 et 16, tit. 3, L. 6 22 août 1791. — *Cass.*, 9 juin 1841 (t. 2 1841, p. 86), Loichot.

280. — Aucune loi ne prohibe le pacage à l'étranger, et les propriétaires de bestiaux ne sont tenus qu'à justifier des excédans ou des manquans qui seraient constatés à leur charge au compte ouvert en exécution de l'ordonnance royale du 28 juill. 1822. En conséquence, lorsque les préposés des douanes ayant saisi un troupeau en pacage sur la frontière, au lieu de procéder par les voies ordinaires à la vérification dudit compte, ont aussitôt effectué la vente du troupeau, ils ont à s'imputer, en dispersant ainsi les objets saisis, d'avoir rendu impossible la vérification de leur identité; et le jugement qui, dans ces circonstances, a renvoyé le prévenu sur lequel la saisie a été opérée des poursuites de la régie à fin de confiscation et d'amende, n'encourt pas la cassation. — *Cass.*, 24 juin 1840 (t. 2 1840, p. 260), Avril.

281. — Les étrangers avoisinant la frontière ont la faculté de faire paître leurs troupeaux sur le territoire français. — Ord. 8 juill. 1834. — Celui qui amène des troupeaux étrangers au pacage en France est tenu d'en faire la déclaration au bureau le plus voisin du lieu d'entrée ou du pacage; il indique le jour et l'heure de l'entrée, la route à tenir, le délai pour le parcours, la valeur des bestiaux par espèces, et le poids des toisons des bêtes à laine. — Circ. 15 juill. 1825, art. 24.

282. — Un acquit à caution est délivré pour assurer le retour à l'étranger. Cette expédition est valable pour six mois. Des exceptions sont toutefois apportées à cette règle, lorsque les troupeaux peuvent rentrer chaque jour à la ferme. — Circ. 15 juill. 1825, art. 26.

§ 2. — *Rayon frontière de mer.*

283. — Le rayon frontière existe aussi bien sur les frontières de mer que sur les frontières de terre. La police des préposés de la douane s'exerce jusqu'à quatre lieues en mer au-delà des côtes. — L. 4 germin. an II. — Et l'on doit entendre par côtes maritimes les endroits baignés par les eaux de la mer à marée basse. — *Cass.*, 9 messid. an VII, Guelderland.

284. — Ainsi, d'après le traité du 8 prair. an III, entre les républiques française et batave, qui rendait libre à ces deux républiques la navigation notamment de l'Escaut, du Hondt et de toutes leurs branches jusqu'à la mer, on ne pouvait considérer comme côtes maritimes les rives de l'Escaut ou du Hondt, ni dispenser de la formalité de l'acquit à caution un transport de marchandises dans les deux lieues limitrophes de ces deux rives. — *Cass.*, 9 messid. an VII, Guelderland; 28 niv. an VIII, Desruelles.

285. — Il n'y a pas de seconde ligne pour les douanes maritimes. Toutefois, l'exercice des préposés est autorisé dans les deux lieues des côtes et des fleuves qui aboutissent à la mer, pour empêcher la circulation, pendant la nuit, des tissus de toute espèce, des fils de coton, des poissons salés, des tabacs et des denrées coloniales. Le transport de ces objets, pendant la nuit, est puni de la

confiscation et de 500 fr. d'amende. — L. 8 flor. an XI, art. 85.

286. — Le capitaine de tout navire arrivé dans l'étendue de deux myriamètres des côtes est tenu, lorsqu'il en est requis, de remettre une copie de son manifeste aux préposés des douanes se rendant à bord; ceux-ci en visitent l'original. — L. 4 germin. an II, tit. 2, art. 7 et 8; circ. fév. 1832.

287. — Le manifeste est un état qui exprime la nature de la cargaison avec les marques et numéros des caisses, balles, barils, boucauts, etc. — L. 4 germin. an II, tit. 2, art. 1er. — Il doit même comprendre les vivres et provisions du navire. — L. 6-22 août 1791, tit. 8, art. 2.

288. — Si le manifeste n'est point exhibé, le capitaine est tenu de payer une somme égale à la valeur des marchandises composant sa cargaison, plus une amende de 1,000 fr. — L. 4 germin. an II, tit. 2.

289. — D'après les art. 4 et 21, tit. 11 et 20, L. 6-22 août 1791, auxquels n'a point dérogé l'art. 2, tit. 2, L. 4 gemin. an II, lorsqu'un capitaine de navire est trouvé nanti de marchandises assujéties à des droits et non portées sur son manifeste, les préposés de la régie sont autorisés à les conserver comme un gage des condamnations personnelles prononcées contre le maître du navire, malgré les réclamations des tiers qui prétendent en être propriétaires. — *Cass.*, 11 flor. an IX, Timmermann; — Merlin, *Quest. de droit*, vo *Douanes*, § 5.

290. — Une chaîne-câble trouvée à bord d'un navire étranger, et que le procès-verbal dressé par les employés des douanes constate comme faisant partie de la cargaison, et comme non comprise dans le manifeste d'entrée du capitaine, ne peut être réputée dépendre du gréement du navire. En conséquence, est valable la saisie qui en est faite comme de chose importée frauduleusement. — *Cass.*, 2 déc. 1844 (t. 1er 1845, p. 207), Dooby.

291. — Outre l'exhibition du manifeste, qui doit être faite par tout capitaine de navire, déclaration doit être faite dans les trois jours de l'arrivée du bâtiment de toutes les marchandises qu'il contient. Cette déclaration est signée du propriétaire de la marchandise ou de celui qui le représente légalement. — L. 4 germin. an II; cir. 23 oct. 1810.

292. — La déclaration faite à la douane dans le délai légal, aux termes de l'ord. de fév. 1687, par le capitaine d'un navire, du nombre et de la qualité des marchandises composant sa cargaison, ne peut, sous aucun prétexte, être changée après coup par une déclaration additionnelle tardive. — *Cass.*, 29 sept. 1832, Momus.

293. — On doit considérer comme provisions de bord non sujettes à être portées au manifeste, mais seulement soumises à être déclarées sous leur propre dénomination, les choses nécessaires aux réparations que le navire peut exiger, par exemple, des caisses de clous destinés au doublage du vaisseau. — *Cass.*, 10 déc. 1821, Knudsen.

294. — Les préposés des douanes, les officiers de la marine militaire et du commerce sont autorisés à visiter tous les bâtimens au-dessous de cent tonneaux étant à l'ancre ou louvoyant dans les quatre lieues des côtes de France. Si ces bâtimens ont à bord des marchandises dont l'entrée ou la sortie est prohibée en France, ils sont confisqués, ainsi que leurs cargaisons, avec amende de 500 liv. contre les capitaines. — L. 4 germ. an II, tit. 2, art. 7; circ. 13 fév. 1832. — La loi, dans ce cas, présume une tentative de contrebande.

295. — L'art. 7, tit. 2, L. 4 germin. an II, qui autorise la visite de tous bâtimens au-dessous de cent tonneaux rencontrés dans les quatre lieues des côtes, n'est applicable qu'aux bâtimens saisis à l'ancre ou louvoyant en fraude sur mer, et n'a pas pu autoriser la confiscation d'un bateau saisi sur le lac Léman, sans qu'il y eût importation ou tentative d'introduction de marchandises prohibées sur le territoire français, et même sans qu'il fût établi jusqu'à quel point le bâtiment s'était approché du rivage. — *Cass.*, 9 flor. an X, Chatillon.

296. — L'administration des douanes n'a pas le droit de faire saisir un navire au-dessous de cent tonneaux, qui est venu directement au port avec des marchandises prohibées à l'entrée et dont le capitaine a fait au bureau de la douane, avant toute visite, la déclaration du chargement, sous sa propre dénomination. La saisie ne serait fondée qu'autant que le bâtiment aurait été trouvé à l'ancre ou louvoyant dans les quatre lieues des côtes de France. — *Cass.*, 10 juill. 1816, Graciet.

297. — Les lois dont il vient d'être parlé, relatives

à la visite de tout bâtiment qui se trouve dans le rayon de deux myriamètres, et à la présomption de fraude qui pèse sur les navires de moins de cent tonneaux par le seul fait de leur présence dans le rayon-frontière, sont applicables à tous les navires français. Mais on s'est demandé si elles sont applicables aux navires étrangers. L'affirmative paraît d'abord devoir être décidée par la double raison que les textes ne distinguent pas, et que la présence des navires étrangers peut faire craindre les mêmes dangers, peut-être même des dangers plus grands.

298. — Cependant, la question nous paraît devoir être résolue par une distinction. Le droit des gens européens admet, en vue de la sûreté des nations, que le territoire de chacune s'étend fictivement à une certaine distance en mer, et que les nations sont maîtresses des mers qui baignent leurs côtes jusqu'à la distance de la plus grande portée du canon. En admettant ce principe, nous déciderons que le navire étranger qui se trouve dans les *eaux de la France* est soumis aux mêmes lois que le navire français, mais que, au contraire, ces lois ne lui seront point applicables, si, quoique se trouvant dans le rayon de deux myriamètres, il n'est plus dans la partie de la mer dite *territoriale*. — Daviel, *Traité des cours d'eau*, nos 6 et 8.

299. — Toutefois, cette distinction ne devrait pas être faite, si, par suite de traités faits avec le pays dont le bâtiment porte le pavillon, il était accordé à la France un droit de police et de visite dans le rayon de deux myriamètres. — Trolley, *Droit admin.*, no 921.

300. — Si un navire entre dans un port par l'effet d'une relâche volontaire, le capitaine, qui doit être porteur d'un manifeste, en dépose copie à la douane dans les vingt-quatre heures, et il indique la destination ultérieure du bâtiment. — L. 22 août 1791.

301. — A défaut de satisfaire à cette obligation, le capitaine encourt une amende de 500 fr. pour sûreté de laquelle le bâtiment et les marchandises peuvent être retenues. — L. 22 août 1791.

302. — Un navire chargé de marchandises soumises aux droits ne peut rester plus de trois jours en relâche volontaire sans que les déclarations en détail ne soient fournies. — L. 22 août 1791; 4 germin. an II.

303. — *Relâche forcée.* — La force majeure fait nécessairement exception à toutes les règles. Le bâtiment qui entre, par détresse, fortune de mer, poursuite d'ennemi ou autre cas fortuit, dans un port autre que celui de sa destination, ne peut y être en contravention. La loi le dispense de la visite, et autorise même la vente des objets de nature périssable ou autres, quand elle est nécessaire pour payer les frais du radoub. — LL. 6-22 août 1791, tit. 6, art. 1er et suiv.; 4 germin. an II, tit. 2, art. 6 et 7.

304. — Mais, à l'égard des bâtimens qui sont chargés en tout ou en partie de marchandises anglaises, la relâche forcée n'établissait une exception à l'interdiction de l'entrée des ports français que pour ceux de plus de cent tonneaux. — L. 10 brum. an V, art. 2 et 3.

305. — En conséquence, un tribunal ne pouvait, sur le motif d'une relâche forcée, annuler la saisie d'un bâtiment de cinquante-cinq tonneaux. — *Cass.*, 24 niv. an VII, Goyau; 19 déc. 1807, Underouwn.

306. — L'exception de relâche forcée ne peut être appliquée à un bâtiment qui, quoique se trouvant par ce motif, soit à l'ancre, soit louvoyant en deçà des distances déterminées, profite de sa position pour opérer ou tenter des versemens frauduleux. — *Cass.*, 2 déc. 1824, Nervy.

307. — Mais le capitaine obligé à une relâche forcée doit se conformer à certains réglemens. Ainsi, il doit être porteur d'un manifeste régulier et dans les vingt-quatre heures justifier, par un rapport fait simultanément à la douane et aux tribunal de commerce, des causes qui l'ont obligé à relâcher. — L. 22 août 1791, tit. 6, art. 4.

308. — Il est tenu de fournir au receveur dans le même délai, sous peine de 500 fr. d'amende, une copie de son manifeste; cette copie tient lieu de la déclaration sommaire de son chargement. — Circul. 6 sept. 1833.

309. — Le capitaine d'un navire ne peut se prévaloir du cas de relâche forcée pour soustraire le chargement de son navire à la confiscation, qu'autant qu'il a dans les vingt-quatre heures de son abord fait la déclaration, tant des causes de la relâche que du chargement. — *Cass.*, 14 germin. an XI, Scarratti.

310. — Les vivres et provisions de bord ne faisant point partie du chargement d'un navire, le capitaine n'est pas tenu, en cas de relâche forcée dans un port, d'en faire la déclaration aux doua-

nes. — *Cass*, 2 juin 1845 (t. 2 1845, p. 470), Magnero.

311. — La constatation des circonstances de force majeure qui ont donné lieu à une relâche forcée dans le rayon de quatre lieues sujettes à la surveillance de l'administration des douanes, est faite dans les limites du pouvoir discrétionnaire des tribunaux, dont la décision, sous ce rapport, échappe à la censure de la cour de Cassation. — Ainsi, lorsqu'un navire n'a été trouvé ni surpris louvoyant ou à l'ancre dans la rade d'un port, que le capitaine n'y a jeté l'ancre qu'après avoir averti les employés du bateau stationnaire, et leur avoir annoncé les causes de la relâche à laquelle il avait été forcé par l'avarie survenue à son navire, et que d'ailleurs il ne s'élève contre lui aucun soupçon de fraude, il a pu être déclaré n'avoir relâché que par force majeure et n'être assujéti, dès-lors, à aucune surveillance de la part de l'administration des douanes. — *Cass.*, 17 (et non 16) déc. 1835, Loubatière.

312. — Un traité du 2 janv. 1768, entre la France et l'Espagne, accorde huit jours aux capitaines des navires espagnols pour rectifier les déclarations qu'ils ont faites à la douane à leur arrivée en France. Toutefois, cette faveur ne s'applique qu'aux marchandises qui se trouvent à bord de navires de cent tonneaux et plus, et qui ne sont pas prohibées d'une manière absolue à l'importation. — Lettre au directeur de Bayonne, 9 avr. 1836.

313. — La déclaration de relâche forcée, faite dans le délai légal par les marins espagnols chargés de marchandises de contrebande pour se garantir de condamnations, ne peut avoir d'effet qu'en faveur des navires qui sont entrés dans les ports français, et non lorsque cette relâche forcée n'est qu'un prétexte ou qu'ils ont été saisis louvoyant dans le rayon de deux myriamètres de la côte et avec une contenance de moins de cent tonneaux. — *Cass.*, 26 avr. 1830, F...

314. — Lorsque aucune déclaration régulière n'a constaté la cause de relâche forcée alléguée par un marin espagnol, et que les circonstances repoussent, il y a lieu de prononcer la confiscation des marchandises prohibées dont il est chargé. Les conventions entre la France et l'Espagne des 27 déc. 1774, 24 déc. 1786, art. 2, 2 janv. 1768, art. 4, soumettant les marchandises prohibées à la confiscation, lorsqu'elles n'ont pas été déclarées, hors seulement les cas de relâche forcée, loin de justifier leur introduction, la prohibent formellement. — *Cass.*, 21 juill. 1830, Mallas c. Douanes.

315. — Si la relâche forcée est justifiée, et que le navire ait besoin de réparation, le receveur peut permettre le débarquement de la cargaison et la mise en magasin des marchandises sous la double clé de la douane et du capitaine jusqu'au départ du bâtiment. — Circ. 6 sept. 1833.

§ 3. — *Bureaux.*

316. — De distance en distance, et selon les localités, la ligne des douanes est garnie d'un double rang de bureaux, situés l'un à l'extrême frontière, l'autre du côté de l'intérieur.

317. — Il y a deux espèces de bureaux, les uns d'*entrée*, les autres de *sortie*. — Toutes les marchandises ou denrées importées dans le royaume doivent être présentées et déclarées au premier bureau établi à l'extrême frontière (L. 6-22 août 1791, tit. 2, art. 1er). C'est le bureau d'*entrée*. — Celles au contraire qu'on veut exporter de France à l'étranger, doivent être directement conduites au premier bureau établi sur la ligne des douanes du côté de l'intérieur (*ibid.*, art. 3). C'est le bureau de *sortie*.

318. — Sur les frontières maritimes, les mêmes bureaux sont à la fois bureaux d'entrée et bureaux de sortie. Il n'y a donc là qu'une ligne de bureaux. — Trolley, *Droit adm.*, no 924.

319. — L'art. 1er, tit. 13, L. 6-22 août 1791, portant qu'il ne peut être établi ni supprimé aucun bureau des douanes sans un décret du corps législatif, doit être entendu en ce sens, non qu'il faut une loi pour établir ou supprimer un bureau sur une ligne de douanes déjà autorisée par une loi existante, mais qu'il faut une loi pour pouvoir transporter une ligne de douanes d'un département qui cesse d'être frontière dans un autre département qui commence à l'être. — Ainsi, le bureau des douanes établi dans la ville d'Anvers, sans décret du corps législatif, formait un vrai bureau de seconde ligne. — *Cass.*, 18 thermid. an XI, Geraerts.

320. — Il y a plus, dit Merlin (*Rép.*, vo *Douanes*, § 1er), le gouvernement peut seul et sans le concours du corps législatif transporter provisoirement une ligne de douanes d'un département

un autre, sauf à soumettre cette mesure à la sanction des chambres (V. L. 29 flor. an X, art. 1er) décr. 15 mess. an XIII et L. 17 déc. 1814, art. 34. Cette opinion n'a rien que de très conforme aux principes de notre gouvernement représentatif. Dans ce cas, comme dans tous ceux de cette nature, l'ordonnance royale est rendue sous la responsabilité du ministre.

321. — Dans le cas d'établissement d'un nouveau bureau, il est accordé un délai de deux mois aux propriétaires ou détenteurs de marchandises atteintes par la nouvelle ligne, pour en faire la déclaration. — L. 6-22 août 1791, tit. 13, art. 2. — Mais cette disposition ne concerne que les marchandises sujettes à déclaration et à la perception d'un droit. On ne peut donc s'en prévaloir pour exporter impunément pendant deux mois des marchandises dont la prohibition à la sortie est absolue. — *Cass.*, 18 déc. 1811, Vali.

322. — Le commerce devant connaître les lieux où se trouvent les établissemens de douane, l'administration est tenue de faire apposer des tableaux indiquant l'existence des bureaux. — Toute saisie faite pour avoir dépassé un bureau où l'on n'aurait pas apposé un tableau indicatif serait nulle. — *Cass.*, 16 fév. 1818, Cuvroi Raveistein.

323. — De même, en cas de destruction du bureau ou de l'écriteau, tant que l'administration ne l'aurait pas rétabli, les marchandises qui l'auraient dépassé ne pourraient pas être saisies pour défaut de déclaration. — Même arrêt.

324. — Lorsqu'il est constant qu'au moment de l'introduction le bureau des douanes n'était pas établi, ou du moins qu'aucun écriteau ne l'indiquait, le conducteur des marchandises qui s'est adressé à un inspecteur des douanes pour lui faire la déclaration prescrite n'est pas en contravention, encore bien que l'état de guerre n'ait pas permis à l'administration de réorganiser ses bureaux et de faire replacer les écriteaux. — Même arrêt.

325. — Tout le territoire compris entre les deux lignes de bureaux fait partie du rayon des douanes, quoique, à raison des difficultés de localités, la distance soit de plus de deux myriamètres. — Ainsi jugé sous l'empire des lois antérieures qui avaient fixé le rayon à une moindre étendue. — *Cass.*, 23 brum. an VIII, Arnoult; 8 vent. an VIII, Cornil; 1er prair. an X, Geraest; 18 mess. an XI, Geraest; 28 pluv. an XII, Vantilho. — V. aussi Merlin, *Quest.*, vo *Marchandises anglaises*, § 3. — Ce principe, déjà posé dans l'arrêté du 17 thermid. an IV, a été sanctionné par la loi du 28 avr. 1816, art. 36; en sorte que la question ne souffre pas la moindre difficulté.

326. — La ville dans laquelle est établi un bureau de seconde ligne fait dans toute son étendue, quelle que soit sa distance de l'extrême frontière, partie de la ligne qui circonscrit le territoire des douanes. — *Cass.*, 29 mai 1807, Jacob; 11 sept. 1807, Wolff; 4 oct. 1810, Silleyre; — Dujardin-Sailly, *Code des douanes*, B. 4; Merlin, *Rép.*, vo *Douanes*, § 8, no 1er. — V. aussi L. 28 avr. 1816, art. 36.

327. — Il reste à éclaircir une question grave relativement aux habitations dans lesquelles peuvent être établis les bureaux de douanes, et aux terrains sur lesquels peuvent être élevées les barrières, portes ou clôtures destinées à la garde des frontières. — Dans l'ancienne jurisprudence, de nombreux arrêts du conseil autorisaient les fermiers des traites à prendre tant à Paris que dans les autres villes du royaume les maisons qu'ils jugeraient propres à faire des bureaux de recettes, à l'exception néanmoins des maisons occupées par les propriétaires. — Trolley, *Droit adm.*, no 927.

328. — La loi du 31 oct.-5 nov. 1790, art. 4, obligea les municipalités à fournir aux préposés de la douane les maisons et emplacemens convenables pour établir des bureaux de recette. Les maisons désignées ne pouvaient être celles occupées par les propriétaires toutefois; et le prix de la location s'en fixait sur le pied des anciens baux ou d'après une estimation d'experts. Le même article voulut que des barrières-postes, bureaux, pussent être établis sur le terrain nécessaire en en payant au propriétaire, pour la nation, la valeur de gré à gré, et en cas de difficulté, sur le pied réglé par le directoire des départemens.

329. — Les arrêtés des 29 frim. et 9 prair. an VI renouvelèrent ces dispositions et en assurèrent l'exécution. Mais la loi du 3 mai 1841, relative à l'expropriation pour cause d'utilité publique, a apporté quelques modifications à ces lois. Conséquemment aujourd'hui c'est au préfet qu'il appartient de désigner le terrain à exproprier (art. 2 et 11); le tribunal prononce l'expropriation, et l'indemnité est liquidée par le jury. Quant à la déclaration d'utilité publique, qui est aujourd'hui le premier acte de l'expropriation, et qui ne peut avoir lieu que dans une loi, elle n'est pas nécessaire dans notre cas, car elle se trouve dans la loi même du 6 août 1791. — Trolley, *Droit adm.*, no 928.

330. — Quant aux lois de la république relatives aux maisons que les préposés de la douane demandent à occuper, comme locataires, elles n'ont été nullement modifiées en ce point par la loi du 3 mai 1841, qui ne règle que l'expropriation et ne s'occupe pas de la simple occupation. Ce point reste donc une affaire purement administrative. — Trolley, *Droit adm.*, no 929.

331. — Outre les bureaux d'entrée et de sortie, dont nous venons de nous occuper, il existe encore des bureaux de douanes dans l'intérieur. Les bureaux dont nous avons parlé en traitant de l'exportation ont pour objet de soustraire les marchandises que l'on exporte à une visite aux bureaux de sortie de la frontière.

332. — Il n'y a pas lieu de faire application du titre 5, L. 6-22 août 1791, relatif aux importations et exportations frauduleuses, au cas où un bateau venant du haut pays aurait, en pénétrant dans le port formé par le fleuve qu'il a descendu, dépassé le premier bureau de douanes établi sur la partie supérieure de ce fleuve, alors que ce bateau se trouve dans l'enceinte du port, et que son patron est encore dans le délai pour faire la déclaration de son chargement. — Dès-lors, la saisie pratiquée de ce bateau comme étant en contravention à la disposition de la loi précitée est nulle, et l'administration des douanes doit être condamnée aux dommages-intérêts prévus par l'art. 16, tit. 4, L. 9 flor. an X. — *Cass.*, 11 juill. 1842 (t. 21842, p. 410), Mercier.

§ 4. — *Acquit à caution.*

333. — L'acquit à caution est un acte d'administration par lequel des marchandises sujettes aux droits ou prohibées sont admises à l'entrepôt, au transit, ou à la circulation, moyennant une caution, à la charge d'acquitter les droits, de réexporter ou de réimporter, selon les conditions qui y sont réglées. — L. 6-22 août 1791, tit. 3. — On appelle aussi acquit à caution l'écrit qui constate cette sorte de contrat.

334. — La forme des acquits à caution varie selon que les marchandises sont admises à l'entrepôt, au transit ou à la circulation, ou selon qu'elles n'ont été admises qu'à la charge de les réexporter ou *vice versâ*. Elle varie aussi selon la nature des marchandises. Quoi qu'il en soit, la forme des acquits à caution est réglée par les lois et réglemens des douanes.

335. — Un acquit à caution est délivré pour assurer le retour en France ou le renvoi à l'étranger des chevaux et bêtes de sommes qui opèrent le transport entre les deux pays. Le délai dans lequel les chevaux doivent être réimportés ou réexportés est d'une année pour les voyageurs. A l'égard des chevaux de roulage, le délai est calculé sur la distance à parcourir. — L. 9 flor. an VII, tit. 11, art. 7; circ. 3 mars 1826.

336. — S'il s'agit de chevaux entiers sortant de France, la réimportation doit avoir lieu dans les deux mois de la sortie. — *Ibid.*

337. — Le propriétaire d'un terrain situé partie en France, partie en Belgique, et exploité par des chevaux entiers, ne peut, à la faveur d'un acquit à caution qui lui permet simplement de circuler sur la partie française de son terrain, passer en Belgique avec ses chevaux, les ramener en France, toujours pour la même exploitation, sans être soumis aux dispositions des art. 1er et 2, L. 22 août 1791, d'après lesquelles tous chevaux entiers étrangers importés en France doivent être conduits directement au premier bureau de la frontière, à peine de confiscation et d'amende. — *Cass.*, 13 déc. 1827, Capillon.

338. — La rentrée ou la sortie des chevaux et bêtes de somme n'a lieu que par les points où il existe un bureau. Les employés s'assurent de l'identité des animaux; après cette vérification, le receveur appose sur l'acquit à caution un certificat de passage et restitue la somme consignée. — Circ. 7 mars 1826, 23 mars 1827 et 8 avril 1829.

339. — Il y a contravention lorsqu'un individu qui entrait en France avec un cheval et porteur d'un acquit à caution a été saisi sur un chemin contournant le premier bureau, et sur les derrières de ce bureau, sans avoir fait viser son acquit à caution. — *Cass.*, 19 juill. 1831, Mirlaud.

340. — Lorsque celui qui a été trouvé pénétrant en France avec un cheval était muni d'un acquit à caution non visé à l'entrée, il n'y a pas lieu d'en prononcer la saisie, s'il est constaté que ce cheval est bien celui désigné en l'acquit à caution, et que le conducteur n'avait pu encore se rendre au premier bureau pour faire viser son acquit. — *Cass.*, 19 juill. 1831, Quinchon.

341. — En matière de douane, les porteurs d'acquits à caution ne sont pas soumis sous peine d'amende et de confiscation à l'obligation de les présenter au visa à tous les bureaux de passage qui se trouvent sur la route parcourue. — *Cass.*, 13 nov. 1843 (t. 1er 1844, p. 226), Soler.

342. — L'acquit à caution diffère en ce point du passavant, dont nous parlerons dans le paragraphe suivant. La différence vient sans doute de ce que l'acquit à caution est par lui-même une garantie plus sûre que le passavant.

343. — Il en serait de même encore que les porteurs d'acquit à caution s'y fussent obligés dans l'acte même. Cette décision repose sur ce que la confiscation et l'amende étant des peines légales ne sauraient être la sanction d'une convention particulière. — *Cass.*, 13 nov. 1843, (t. 1er 1844, p. 226), Soler.

344. — Les acquits à caution doivent être déchargés dans le délai fixé, ainsi qu'on le verra plus amplement quand nous parlerons du transit, du cabotage, etc.

345. — Le défaut de production de certificat de décharge dans le délai prescrit donne lieu à l'amende et au paiement de la valeur des marchandises, et la partie peut même être contrainte par corps au paiement de ces sommes. — *Cass.*, 14 vend. an XI, Pluvinet.

346. — La décharge d'un acquit à caution pour transporter des marchandises hors de France ne peut pas être remplacée par la production d'un jugement portant que les marchandises étaient dans un tel état de pourriture que l'exportation en était impossible, surtout si ce jugement n'émane pas du tribunal du lieu de la destination de ces marchandises. C'est par le bureau des douanes désigné dans l'acquit à caution qu'il faut faire constater l'impossibilité de l'exportation. — *Cass.*, 30 thermid. an X, Miramont.

347. — Lorsqu'il est reconnu que les marchandises introduites en France ne sont pas identiques avec celles énoncées sur les expéditions, les simples visas apposés dans les bureaux de passage sont insuffisans pour établir que la substitution n'a pas été faite sur le territoire étranger, et pour détruire la contravention. — *Cass.*, 8 nov. 1810, Reuli; — Dujardin-Sailly, *Code des douanes*, liv. D, no 171, p. 424.

§ 5. — *Passavant.*

348. — Le passavant est un permis en vertu duquel les marchandises et denrées existant sur le territoire du rayon frontière sont admises à circuler librement. — L. 6-22 août 1794, tit. 3, art. 16. — Cette formalité a été établie pour concilier la liberté du commerce, de l'industrie et de l'agriculture dans l'étendue de ce rayon, avec les rigueurs de la surveillance qui font peser une présomption de fraude sur la circulation opérée sans expédition.

349. — La loi du 12 pluv. an III avait remplacé les passavans par des acquits à caution. Il n'était plus délivré alors de permis de circuler sans que le maître donnât caution de représenter la marchandise ou la denrée sujette aux droits. Mais la gêne immense qui résultait de cette mesure pour les habitans força les législateurs à revenir au système de la loi de 1791, et bientôt les passavans remplacèrent à leur tour les acquits à caution. — L. 19 vendém. an VI.

350. — Mais la loi du 19 vendém. an VI n'a substitué les passavans aux acquits à caution que pour les marchandises dont l'exportation n'est pas absolument possible; pour les autres, comme les drilles, un simple passavant ne suffit pas, il faut un acquit à caution. — *Cass.*, 21 messid. an VIII, Sagols.

351. — En conséquence, un tribunal n'a pas pu faire main-levée d'une saisie de marchandises prohibées à la sortie, sur le motif que le conducteur était muni d'un passavant. — Même arrêt.

352. — A l'effet d'obtenir un passavant, tout individu venant de l'intérieur non muni d'un acquit de paiement délivré par une douane de l'intérieur ou d'une expédition délivrée pour des marchandises exportées avec prime, doit conduire ses marchandises au premier bureau-frontière; il y reçoit, après déclaration, un passavant si la marchandise reste dans la ligne, ou un acquit de paiement si elle doit passer à l'étranger. — L. 22 août 1791, tit. 3, art. 15.

353. — Les passavans ne peuvent être délivrés que dans les bureaux des douanes. Ainsi, est nul celui qui a été délivré par une administration municipale. — *Cass.*, 21 messid. an VII, Sagols.

354. — A plus forte raison le passavant ne

peut-il pas être suppléé par un simple permis délivré par l'agent de la commune. — *Cass.*, 16 prair. an VII, Kueni.

355. — Il ne peut être suppléé ni par des expertises, ni par des dépositions orales, au défaut de permis d'embarquer, d'acquit à caution ou de passavant, lorsqu'ils sont exigés par la loi. — *Cass.*, 28 thermid. an VIII, Bonnafaud.

356. — Lorsque l'obtention des passavans pour la mise en circulation des houblons dans la demi-lieue frontière est subordonnée à une double déclaration préalable à faire, en vertu d'un arrêté du préfet chargé de déterminer la forme et le mode des certificats d'origine à produire en pareil cas (L. 28 avr. 1816, art. 38, no 3) à la mairie et au bureau de la douane, le cultivateur qui n'a pas rempli ces formalités ne peut être renvoyé des poursuites sur le motif qu'il est impossible d'exiger l'accomplissement des déclarations prescrites par l'arrêté. — *Cass.*, 20 déc. 1839 (t. 2 1840, p. 235), Houvenaghel.

357. — Le passavant indique le lieu et l'heure du dépôt, celui de la destination, les qualités, quantités, poids, mesures, ou le nombre des marchandises ou denrées; il fixe en toutes lettres le temps nécessaire pour le transport et la route à parcourir; il porte l'obligation de le représenter aux préposés des bureaux qui se trouvent sur la ligne, pour y être visé, et, à toute réquisition, aux employés des différens postes. — Arr. 22 therm. an X, art. 6.

358. — Celui qui a pris un passavant pour importer du sel blanc se rend coupable de fraude en important du sel gris. — *Cass.*, 9 juin 1817, Seruys.

359. — Un passavant, pour être valable, doit être délivré dans le jour où s'effectue le transport. Une marchandise rencontrée vingt-quatre heures après la délivrance de l'expédition est réputée introduite frauduleusement. — L. 22 août 1791, tit. 12, art. 37 et suiv.

360. — L'obligation du passavant n'existe pas pour toute espèce de transport; il y a exception pour les consommateurs qui, pour leur usage, ont acheté ou transporté, de jour, à leur domicile, les jours de foires et de marchés, des coupons n'excédant pas cinq mètres d'étoffes de laine, huit mètres d'étoffes de soie, de toiles de coton ou autres; trois kilogrammes de café, etc. — Arr. 22 thermid. an X.

361. — Les bestiaux, poissons, pain, vin, cidre ou poiré, bière, viande fraîche ou salée, volaille, gibier, fruits, légumes, laitage, beurre, fromage, et tous les objets de jardinage, lorsqu'ils ne font pas route vers la frontière, ou lorsqu'ils se rendent, aux jours de foires et marchés, dans les villes sur la frontière, sont exceptés de ces formalités, et, par conséquent, dispensés du passavant. — *Ibid.*, art. 17; LL. 26 vent. an V, art. 3; 19 vendém. an VI, art. 4; arr. 22 thermid. an X, art. 9; L. 28 avr. 1816, art. 37.

362. — Cependant, quelques abus étant résultés de cette exemption, dont on profitait notamment pour introduire en fraude des fromages de pâte dure fabriqués à l'étranger, une ord. du 9 janv. 1818 assujétit les fromages de pâte dure à la formalité du passavant, dans la partie du rayon frontière située dans les départemens du Doubs, du Jura et de l'arrondissement de Nantua, et subordonna même la délivrance de ces passavans à certaines justifications destinées à constater l'origine et la quantité du fromage expédié.

363. — Lorsque, d'après un tarif d'octroi, les fromages d'origine française sont, à la différence des fromages étrangers, déclarés exempts de tout droit d'entrée, mais à la charge par les introducteurs de justifier de leur origine française par un certificat du maire de la commune où ils auront été fabriqués, si le fermier de l'octroi refuse d'ajouter foi aux certificats qui lui sont présentés, par le motif qu'ils ne sont pas légalisés par le préfet, le juge peut, sans que sa décision tombe sous la censure de la cour de Cassation, décider que la preuve d'origine française des fromages résulte des débats qui ont eu lieu devant lui, et de certaines annotations écrites en marge des certificats contestés. — *Cass.*, 31 janv. 1837 (t. 1er 1840, p. 270), Rochelin.

364. — La disposition de la loi du 26 vent. an V, qui défend de transporter sans passavant des grains ou farines dans la distance de vingt-cinq hectomètres des côtes maritimes, n'a été abrogée ni par celle du 21 prair. suivant, qui ne rend libre la circulation des grains que dans l'intérieur, ni par celle du 19 vendém. an VI, qui n'a dispensé dans tous les cas du passavant que les transports de bestiaux, poissons, etc. — *Cass.*, 21 flor. an XII, Letyrran; 27 vendém. an IX, Poupé; 7 brum. an IX, Syerens; 28 niv. an X, Vanderlic.

365. — L'exemption de passavant accordée aux *grains et graines* par les lois de 1791 et de l'an VI a cessé d'exister par l'effet de l'arrêté des consuls du 22 thermid an X, qui a assujéti toutes les marchandises et denrées au passavant pour la circulation dans le rayon des frontières. — Ainsi, les graines de colza ne peuvent, sans passavant, circuler dans le rayon des frontières. — Cette exemption n'a pas été reproduite par la loi du 28 avr. 1816. — *Cass.*, 20 janv. 1840 (t. 1er 1840, p. 217), Roquet.

366. — La disposition de la loi du 26 vent. an V qui excepte de la formalité du passavant dans la distance de cinq kilomètres en deçà de la frontière les grains portés au moulin, n'est applicable qu'à une quantité du poids de six myriagrammes. — *Cass.*, 8 messid. an VIII, Verhaegen.

367. — Sous la loi du 26 vent. an V, celui qui avait obtenu un passavant pour exporter une certaine quantité de sacs de grains de chacun tant de mesures était obligé de faire l'exportation dans le nombre de sacs déterminé, et non autrement. — *Cass.*, 31 juill. 1806, Isaac Poray.

368. — La loi du 19 vendém. an VI n'a dérogé à celle du 26 vent. an V, relativement au transport des grains et farines dans la distance des frontières réglée par cette dernière loi, que dans le cas où la sortie n'en serait pas prohibée. En conséquence, une saisie de grains circulant sans passavant dans le rayon déterminé n'a pas pu être annulée sous le prétexte qu'ils ne faisaient pas route vers la frontière. — *Cass.*, 25 germin. an IX, Syerens.

369. — Les mules, mulets et chevaux ne sont point compris dans la disposition qui exemple de la formalité du passavant les *bestiaux* circulant dans le rayon des douanes et ne faisant pas route vers la frontière. — *Cass.*, 17 juin 1806, Etchegaray; — Dujardin-Sailly, *C. des douanes*, B, 23.

370. — Cependant les chevaux servant à l'agriculture sont compris sous la dénomination générale de bestiaux, dans le sens de l'arrêté du décret du 1er brum. an VII. En conséquence, ils sont exemptés de la formalité du passavant pour circuler dans le rayon limitrophe de l'étranger, alors que, nés et élevés par le propriétaire de terres situées entre les bureaux de douanes et la frontière, ils sont employés à l'exploitation de sa ferme. — *Cass.*, 30 mai 1831, Dupont.

371. — Jugé également que la dispense de passavant ne s'étend pas aux chevaux, si ce n'est à ceux qui servent à l'exploitation des terres, et qui ne sont pas trouvés faisant route vers l'étranger. — *Cass.*, 18 juin 1839 (t. 2 1839, p. 406), Bonjour.

372. — Dans le cas où, un cheval ayant été saisi pour défaut de passavant, le contrevenant offrirait de prouver que ce cheval était depuis longtemps sa propriété, les juges ne sont pas nécessairement tenus d'admettre cette preuve, et ils peuvent la refuser en déclarant les faits inconcluans. — Même arrêt.

373. — Les ouvrages d'horlogerie sont soumis, pour la circulation dans les deux lieues limitrophes de l'étranger, aux mêmes formalités que les autres marchandises prohibées. La loi du 19 vendém. an VI, qui est la seule à suivre, n'a excepté de ces formalités les marchandises de fabrication d'aucun département de la république, comme l'avait fait la loi du 22 août 1791, tit. 3, art. 17. — *Cass.*, 9 pluv. an VII, Girod.

374. — Il y a contravention à l'art. 16, tit. 4, L. 9 flor. an VII, lorsqu'un individu a été trouvé porteur de plusieurs montres dans le cercle limitrophe de l'étranger, sans qu'il ait fait la déclaration ni justifié du passavant exigés par la loi. — *Cass.*, 16 thermid. an VIII, Nicolet.

375. — Lorsqu'il est constaté par un procès-verbal régulier que des toiles de coton ont été trouvées, sans passavant ni certificat d'origine, dans une voiture qui se dirigeait à l'intérieur par un chemin venant directement de l'étranger, et par des lieux autres que ceux désignés par la loi, pour leur introduction, la saisie doit en être validée. — *Cass.*, 28 pluv. an XII, Vantilho; — Merlin, *Quest.*, vo *Marchandises anglaises*, § 3.

Sect. 3e. — *Commerce extérieur.*

§ 1er. — *Commerce maritime.*

376. — Le commerce maritime, étant une des conditions de la prospérité du royaume et de l'existence d'une marine militaire, devait à ce double titre être l'objet de réglemens particuliers, et notre marine française l'objet de précautions spéciales. C'est ainsi qu'en principe et sauf exceptions, les navires étrangers ne peuvent être introduits dans le royaume pour y être vendus et nationalisés. Les avantages que la loi accorde aux bâtimens français leur sont refusés. — L. 13 mai 1791.

377. — Un des priviléges des navires français est de transporter exclusivement des marchandises ou denrées d'un port français dans un autre port du royaume. Ce transport est interdit aux navires étrangers sous peine de confiscation et de 3,000 f. d'amende. — L. 21 sept. 1793, art. 4.

378. — Un privilége de même nature consiste à reconnaître aux bâtimens français, et sous les mêmes peines pour les bâtimens étrangers, le droit d'opérer les transports de la métropole aux colonies et des colonies à la métropole. — *Ibid.*, art. 3.

379. — La loi du 7 juin 1820, qui ne soumet qu'à un droit de 25 centimes par hectolitre les graines importées en France par des navires venant des pays de production, est également applicable aux pays de production lointains ou rapprochés et aux navires français qui se livrent à la navigation de long cours comme à ceux qui ne se livrent qu'au cabotage. — *Cass.*, 19 mai 1834, Balguerie.

380. — Un navire ne jouit du privilége de la nationalité qu'autant qu'il a été construit en France ou dans les colonies françaises. Il faut de plus que ce navire appartienne à des Français, et que les officiers et les trois quarts du personnel de l'équipage soient Français. — L. 21 avr. 1791 et 27 vendém. an II.

381. — Lorsqu'il est constaté par le rôle d'équipage que le capitaine et le mousse d'un bâtiment sont seuls Français, le certificat d'un chargé de service maritime référant un ordre de l'administrateur en chef de la marine de n'employer dans la composition de divers équipages que des étrangers, est insuffisant pour prouver que la formation de cet équipage a été autorisée par le gouvernement. — *Cass.*, 23 messid. an VIII, Figuières.

382. — Il existe une condition particulière pour le cas où un navire en faveur duquel on réclame le bénéfice de la francisation est la propriété, en tout ou en partie, d'un Français résidant en pays étranger. La francisation ne peut être accordée à ce navire qu'autant que le Français propriétaire est l'associé d'une maison française, et n'a pas prêté serment de fidélité à l'état dans lequel il a fixé son domicile. — L. 27 vendém. an II, art. 12.

383. — Dans certains cas et par exception, un navire construit hors de France peut cependant être francisé. Cela a lieu 1o pour les bâtimens capturés déclarés de bonne prise; — 2o pour les bâtimens confisqués pour contravention aux lois; — 3o pour un bâtiment naufragé qui, vendu, a subi des réparations égalant le quadruple du prix de sa vente (LL. 21 sept. 1793 et 27 vendém. an II); — 4o pour les bâtimens qui, par suite de naufrage, ont été vendus au profit de la caisse des invalides de la marine (Décis. 28 mai 1825); cette décision toutefois n'est applicable qu'aux embarcations *éparses* trouvées en pleine mer (Lettre min. 6 juin 1834); — 5o pour les bâtimens achetés à l'étranger par des Français et qui, ayant été constamment employés pendant cinq ans à la pêche de la baleine et des poissons à lard, ont fait au moins deux voyages dans l'océan Pacifique et quatre voyages dans les mers du Nord. — Ord. 10 fév. 1819. — Fasquel, no 1090.

384. — Les propriétaires des bâtimens de trente tonneaux et au-dessus sont tenus d'indiquer le nom que portent ces navires et le port auquel ils appartiennent. Une amende de 3,000 fr. est encourue par les possesseurs ou capitaines qui changent ou effacent les indications. — L. 27 vendém. an II, art. 19. — Ces bâtimens sont en outre marqués d'un numéro. — *Ibid.*, art. 4.

385. — Jugé par le tribunal de Toulon, le 24 avr. 1833, que le défaut de marque et de numérotage d'un bâtiment au-dessus de trente tonneaux entraîne contre le capitaine l'amende prononcée par l'art. 19, L. vendém. an II; qu'il n'y a que les bâtimens au-dessous de ce tonnage qui en soient exempts, en vertu de l'art. 4, même loi. — Ce jugement est rapporté avec l'arrêt de Cassation du 17 (et non 16) déc. 1835, Loubatière.

386. — Le nom d'un bâtiment ne peut être changé sans l'autorisation d'un agent supérieur de la marine. Le receveur des douanes à qui cette autorisation est communiquée opère la substitution sur ses registres et délivre un nouvel acte. — Circ. 25 oct. 1826. — De même, si un propriétaire veut faire dépendre son navire d'un port autre que celui où il a été primitivement francisé, il doit remplir au port de nouvelle attache les formalités ordinaires de francisation. — Lettre administ. 10 vendém. an XI.

387. — L'acte de francisation est celui par lequel le navire qui réunit toutes les conditions exigées pour jouir des priviléges de la nationalité et arborer le pavillon français, reçoit la qualité de

DOUANES, ch. 3, sect. 3e.
DOUANES, ch. 3, sect. 3e.

Français. Cet acte est signé du ministre des finances; il est délivré par la douane du port où le bâtiment est francisé. — L. 27 vendém. an II; Arr. min. 30 juin 1829.

388. — Le capitaine d'un navire ne peut se mettre en mer sans être muni d'un congé qui le lui permette. Ce congé désigne le port où le capitaine doit se rendre, et contient une invitation aux autorités de lui accorder au besoin secours et assistance. Le congé ne doit pas être confondu avec l'acte de francisation qui appartient au navire, et constate sa nationalité. — L. 27 vendém. an II; arr. min. 30 juin 1829.

389. — La surveillance à laquelle sont soumis les vaisseaux étrangers relativement aux douanes, les mesures de police dont ils sont l'objet, sont en partie réglées par des traités de commerce, qui, tant qu'ils existent, doivent être exécutés conformément à l'esprit qui en a amené la conclusion. — L. 4 germin. an II, art. 1er.

390. — Il est toutefois des règles générales sans lesquelles cette surveillance serait inefficace dans les opérations du commerce maritime français ou étranger. — Ainsi, par exemple, les chargemens et déchargemens de navires ne peuvent avoir lieu que dans l'enceinte des ports où les bureaux des droits d'entrée ou de sortie sont établis, sauf le cas de force majeure. — L. 6-22 août 1791, tit. 13, art. 9.

391. — Cette prohibition comprend sous la dénomination de navires tous les bâtimens servant aux transports maritimes, et même les bateaux de cabotage. — *Cass.*, 29 janv. 1834, Valery.

392. — Les préposés de la régie ont le droit de visiter tous les bâtimens entrant dans les ports et rades du royaume ou en sortant, et même à l'embouchure et dans le cours des rivières. — L. 6-22 août 1791, tit. 13, art. 8. — Ils peuvent même visiter les vaisseaux et bâtimens de guerre. — *Ibid.*, art. 10.

393. — Les vaisseaux de guerre français n'étant pas visités à leur arrivée dans les ports de la Grande-Bretagne, la douane française, par réciprocité, s'abstient de monter à bord des vaisseaux anglais. — Circ. 13 juill. 1814.

394. — L'assistance du consul espagnol, pour la visite des bâtimens de sa nation par les employés des douanes françaises, n'est exigée que pour les visites dans les ports et non pour celles faites *en mer*. — Il en est de même de la visite faite à bord des mêmes bâtimens avec un nombre de préposés excédant celui de trois. — *Cass.*, 26 avr. 1830, Féljen.

395. — Le chargement d'un bâtiment, de quelque tonnage qu'il soit, ne peut avoir lieu qu'avec la permission de la douane et en présence des préposés, à peine de confiscation et d'amende. Un permis d'embarquement est délivré par le receveur. — L. 22 août 1791, tit. 2, art. 10; circ. 25 sept. 1838.

396. — Cette disposition ne s'applique qu'au capitaine qui s'éloigne du port, et non à celui qui y entre pour opérer son chargement ou son déchargement. — Ainsi les bâtimens nationaux venant de l'intérieur ne sont tenus de se munir d'autorisation d'aucune sorte pour pénétrer dans un port de mer établi sur le fleuve qu'ils ont descendu; on ne saurait, en effet, les considérer comme se mettant en mer ou sur une rivière y affluant dans le sens de l'art. 13, L. 22 août 1791, non plus que comme faisant route vers l'étranger, alors surtout que le chargement était à la consignation d'un négociant de la ville où le port est établi. — *Cass.*, 11 juill. 1842 (t. 2 1842, p. 410), Mercier.

397. — En supposant que des marchandises françaises transportées dans l'intérieur du royaume doivent être accompagnées d'un permis de chargement ou de déchargement pour voyager sur un fleuve aboutissant à la mer, l'omission de cette formalité ne saurait entraîner contre le propriétaire la condamnation aux peines prononcées par les art. 13, tit. 2, et 1er, tit. 5, L. 22 août 1791, pour introduction de marchandises étrangères. — *Cass.*, 25 août 1845 (t. 2 1845, p. 760), Malvezin.

398. — Si une marchandise doit être transportée d'un port à un autre, le propriétaire peut, au moyen d'un acquit à caution, n'avoir pas à supporter un droit d'exportation et d'importation. Au bureau de la destination l'acquit à caution doit être revêtu d'un certificat de décharge, et aucun autre acte ne peut remplacer ce certificat. — L. 22 août 1791, tit. 3, art. 6. — Le cabotage fera plus tard l'objet d'un paragraphe particulier.

399. — Si, à la vérification au départ, on reconnaît que la quantité représentée est inférieure d'un vingtième à celle qui a été déclarée, l'expéditeur court une amende de 500 fr., plus le paiement de la valeur des marchandises manquantes. — L. 8 flor. an X, art. 74.

§ 2. — *Des colonies.*

400. — Les navires français ou ceux nationalisés en vertu des lois, sont seuls autorisés à faire le commerce entre la France et ses colonies. — Acte de navig. 21 sept. 1793.

401. — Les propriétaires ou capitaines qui emploieraient des navires étrangers au commerce des colonies sont passibles de la peine de la confiscation des bâtimens et des cargaisons et de 3,000 fr. d'amende. — *Ibid.*

402. — Les transports de la métropole aux colonies, *et vice versâ*, ne peuvent s'effectuer que sur des bâtimens de soixante tonneaux au moins. — Circ. 28 oct. 1832. — De plus, la sortie des bâtimens destinés aux colonies françaises ne peut avoir lieu que par les ports d'entrepôt fictif énumérés dans les lois et réglemens.

403. — L'embarquement des objets destinés pour les colonies françaises n'a lieu qu'après déclaration et visite de la même manière que celles d'exportation ou de cabotage. — L. 17 juill. 1791, art. 16 et 35.

404. — De même, toutes les dispositions générales de douanes relatives aux manifestes, aux déclarations, au débarquement et à la vérification, sont applicables à l'importation des marchandises arrivant des colonies françaises. — *Ibid.*

405. — Les marchandises des colonies françaises expédiées à destination, ainsi que les denrées arrivant de ces pays, jouissent à l'importation d'une faveur spéciale, dite privilége colonial, lorsque les expéditeurs ou consignataires ont satisfait aux conditions sous lesquelles le privilége est accordé. — LL. 17 juill. 1791; 8 flor. an XI; 17 déc. 1814; 7 déc. 1815; 27 juill. 1822.

406. — Le privilége colonial consiste dans une modération de droits pour certaines denrées que la loi a énumérées. — L. 17 mai 1826.

407. — Les principales conditions auxquelles le privilége colonial est accordé aux denrées provenant des colonies sont : 1° que les denrées soient apportées par des navires de soixante tonneaux au moins; — 2° que ces navires n'aient pas fait escale à l'étranger; — 3° qu'il soit produit un certificat d'origine délivré par l'autorité supérieure, si les denrées viennent de Bourbon ou de Cayenne. — Fasquel, *Lois des douanes*, nos 1537 et suiv.

408. — L'admission des denrées coloniales étrangères avait été, sous le régime qui prohibait d'une manière absolue les marchandises anglaises, soumise à des formalités propres à assurer qu'elles ne provenaient pas du commerce anglais. — L. 30 vent. an XIII.

409. — Des dispositions spéciales régissent sous divers rapports la police des douanes dans les colonies françaises (notamment le Code de la Martinique, t. 2, p. 221 et suiv.). Les gouverneurs sont même investis de pouvoirs assez étendus pour faire, à cet égard, des réglemens obligatoires.

410. — La suspension prononcée par le roi, en 1765, de la 2e part., art. 3, tit. 1er, lettres-patentes oct. 1727, qui défendait aux navires étrangers de naviguer à une lieue autour des colonies françaises, n'a jamais été révoquée et continue de subsister. Toutefois, cette suspension ne porte aucune atteinte à la première disposition dudit art. 3, qui a conservé la même force et valeur. — *Cass.*, 3 juin 1829, Simon.

411. — La première disposition de l'art. 3, tit. 1er, lettres-patentes oct. 1727, qui défend aux navires étrangers, chargés de marchandises prohibées, d'aborder dans les ports, anses et rades des colonies françaises, sous peine de confiscation, s'applique au cas où un navire est rencontré en rade à un quart de lieue du rivage et se dirigeant sur la terre, au plus près du vent. — *Cass.*, 3 juin 1829, Simon.

412. — La lettre royale du 16 déc. 1765, en permettant aux navires étrangers de naviguer en deçà du rayon fixé par les lettres-patentes du mois d'oct. 1727 (une lieue de côtes), n'a point déterminé la distance à laquelle ils devaient se tenir éloignés des côtes des colonies françaises. En conséquence, les tribunaux peuvent, sans violer la foi due, jusqu'à inscription de faux, aux procès-verbaux des employés des douanes, se dispenser d'ordonner la confiscation d'un navire étranger rencontré à un quart de lieue des côtes, étant sous voile et faisant route, lorsque rien ne prouve qu'il voulait aborder. — *Bordeaux*, 19 janv. 1831, Simon.

413. — Le Code spécial publié à Cayenne en janv. 1820, ni aucun réglement en vigueur dans cette colonie, n'obligent les préposés des douanes à porter dans l'exercice de leurs fonctions un costume distinctif de leur caractère public; ainsi, l'individu qui, sans interpeller les préposés de la douane de faire connaître leur qualité, a fait enlever des marchandises de vive force, sans permis, et malgré leur opposition, ne peut pas être acquitté, sous le prétexte que ces préposés n'étaient revêtus d'aucun costume indiquant leur qualité. — *Cass.*, 29 janv. 1829, Cony.

414. — La disposition de l'art. 6, arrêté local 8 janv. 1828, établissant une pénalité contre tout caboteur de la Martinique convaincu de s'être rendu dans un port étranger sans s'être muni de congé et acte de francisation et sans avoir été, conséquemment, expédié en douane, est absolue, sans exception et s'applique aussi bien au bâtiment *sur lest* qui se trouve en contravention, qu'au bâtiment *chargé*. — *Cass.*, 30 avr. 1830, Roignan.

415. — L'envoi de marchandises prohibées, fait d'un point d'une colonie à un autre point de la même colonie par un fournisseur de la marine à un commis de marine de première classe, exclut toute idée de fraude et ne peut donner lieu à l'application d'une amende ni à la confiscation, lorsqu'il est constant que l'admission de pareilles marchandises a journellement lieu dans le commerce, en payant les droits établis à cet égard. — *Cass.*, 4 fév. 1829, Périolat.

416. — Du moment où des marchandises sont sorties de l'entrepôt réel, elles ne peuvent rentrer dans la colonie que comme marchandises placées dans la disposition des lois prohibitives, sous peine de confiscation. — *Cass.*, 20 mars 1827, Delluc.

417. — L'allégation d'un permis verbal ne pourrait pas suppléer le permis écrit exigé par la loi des douanes en vigueur dans la colonie pour débarquement des marchandises de bord à terre ou leur chargement de terre à bord. — Même arrêt.

418. — Parmi les îles voisines du continent et dépendant de la France, les unes sont soumises au même régime de douanes que le territoire continental, les autres en sont affranchies ou n'y sont soumises qu'avec certaines restrictions. — Fasquel, *Lois des douanes*, part. 1re, tit. 14, chap. 2.

419. — Le régime des douanes avait été supprimé, en Corse, par un décret du 12 juill. 1808; mais il y fut rétabli par un arrêté du gouverneur du 26 déc. 1815; et il a été réglementé par une ordonnance royale du 5 nov. 1816.

420. — Pendant cette suspension, le receveur des droits de navigation fut chargé de la liquidation de l'arriéré; et il avait seul qualité pour décerner des contraintes à raison de ce qui pouvait rester dû aux douanes de cette île. — *Cass.*, 28 mai 1811, Léonardi; 13 juill. 1813, Massuberti.

421. — La circulation et le dépôt des marchandises énumérées dans la loi du 28 avr. 1816, sont soumis aux mesures de police ordinaires sur les côtes et les frontières. Seulement, le rayon frontière ne s'étend en mer qu'à 5 kilomètres de la côte. — L. 17 mai 1826, art. 22.

422. — Est valable la saisie faite, en Corse, dans le rayon d'une lieue de la côte, et dans une commune ayant plus de deux mille habitans, de sacs contenant plus de 5 kilogrammes de café en grains non accompagnés d'expéditions de douanes, alors même que la saisie n'aurait pas été opérée par les préposés au moment de l'introduction du café dans la maison où ils ont été trouvés en dépôt, et qu'il existerait un bureau d'entrée des denrées coloniales dans la commune où cette saisie aurait été effectuée. — *Cass.*, 6 août 1836 (t. 1er 1837, p. 345), Muzio.

423. — Quant aux céréales de toute espèce, il résulte de l'art. 22, L. 17 mai 1826, combiné avec l'art. 1er, L. 26 juin 1835, et l'art. 1er, ord. 1er juill. même année, que la circulation et le dépôt en doivent, quelles que soient les dispositions du tarif à leur égard, donner lieu à l'application des art. 35, 36, 37, 38 et 39, tit. 13, L. 22 août 1791, des art. 4, 6, 7 et 8, arr. 10 août 1802, et des art. 38 et 39, L. 28 avr. 1816, mais seulement dans le rayon d'une lieue de la côte.

424. — Jugé, en conséquence, qu'en Corse, lorsque des céréales ont été saisies dans le rayon d'une lieue de la côte et sans qu'il ait été présenté d'expéditions de douanes, il y a lieu d'appliquer aux délinquans une amende égale à la valeur des marchandises saisies, et aussi la peine de l'emprisonnement. — *Cass.*, 29 déc. 1838 (t. 1er 1839, p. 635), Paldacci.

425. — Dans le cas d'infraction à la loi du 22 vent. an XII et au décr. 30 vent. an XIII, relatifs aux formalités pour l'admission des denrées coloniales étrangères dans les ports de France, les peines portées par la loi du 10 brum. an V, contre l'importation et la vente des marchandises anglaises, devaient être appliquées. — *Cass.*, 30 oct. 1807, Parodi.

426. — Une ord. du 8 juill. 1834 a admis que les produits naturels des îles de la Sonde et des par-

îles de l'Asie ou de l'Australie situées au-delà des passages formés par ces îles jouissent d'une remise du cinquième du droit d'entrée comme les colonies françaises, excepté celle qui concerne le sucre. — Cette ordonnance a été reproduite identiquement par la loi du 2 juill. 1836.

427. — L'art. 1er, L. 2 juill. 1836, qui accorde remise du cinquième des droits d'entrée aux produits *naturels* (le sucre excepté) qui seront importés en droiture, par un navire français, des îles de la Sonde, n'est applicable qu'aux produits *du crû* de ces îles, et non à toutes marchandises qui en sortent pour arriver en France, quel que soit d'ailleurs le sol qui les a produites. — *Cass.*, 10 mai 1841 (t. 2 1841, p. 71), Bulguerie.

428. — ...Non plus qu'aux produits dérivant d'autres provenances non privilégiées et qui auraient été chargées dans ces îles pour arriver en France. — En outre il n'est applicable qu'aux expéditions faites *en droiture* des îles de la Sonde ou des parties situées au-delà des passages formés par ces îles, c'est-à-dire, aux chargemens effectués dans cette zone, et non aux expéditions de navires qui, chargés hors de cette zone, y ont ensuite passé ou s'y sont arrêtés. — *Cass.*, 29 nov. 1842 (t. 1er 1843, p. 126), Marsand.

Sect. 4e. — *Entrepôt. — Transit. — Emprunt de territoire. — Cabotage.*

§ 1er. — *Entrepôt.*

429. — L'entrepôt proprement dit consiste dans le dépôt et le séjour de certaines marchandises en un lieu surveillé, où elles sont dispensées de l'acquittement des droits tant qu'elles ne sont pas livrées à la consommation, ou à la charge de les réexporter. — L. 8 flor. an XI, art. 14.

430. — Le système d'entrepôt est d'une immense utilité pour le commerce. Si toutes les marchandises entrées en France devaient acquitter immédiatement les droits, le commerce extérieur serait à peu près impossible, car ils grèveraient les commerçans d'avances considérables et dans le cas où les commerçans ne vendraient pas à l'intérieur, il arriverait qu'ils auraient eu à acquitter inutilement la double taxe d'importation et d'exportation. — Trolley, *Dr. adm.*, n° 954.

431. — Dans l'origine on reconnut certains ports de mer comme *ports-francs*. La ville, dans ce cas, était considérée comme un terrain neutre où les marchandises entraient et d'où elles sortaient sans acquitter aucun droit d'importation. Des lettres-patentes déclarèrent successivement ports-francs les principaux ports de mer du royaume. — Trolley, n° 955.

432. — Mais le système des ports-francs consacrait un privilége au profit de certaines villes, car de ce système il résultait que ce que les habitans de ces villes consommaient de produits étrangers n'était pas frappé du droit d'importation qui partout ailleurs eût été acquitté. D'un autre côté les villes souffraient de ce système, car il s'ensuivait que, leurs produits étant assimilés aux produits étrangers, ils ne pouvaient entrer dans le royaume que moyennant l'acquittement du droit d'importation. La loi du 28 juill. et 1er août 1791 et le décr. du 11 niv. an III abolirent les ports-francs.

433. — Le système des entrepôts qui fut substitué à celui des ports-francs, quoiqu'il n'ait reçu de développemens véritables que depuis l'abolition de ce dernier, n'était cependant pas inconnu dans l'ancienne administration. Colbert avait compris combien il était supérieur au système qui isolait une ville et la rendait fictivement étrangère au royaume. L'ordonnance de 1687 créa deux entrepôts; mais les réclamations aussi vives que mal fondées des traitans forcèrent de les supprimer l'année suivante. La loi du 8 flor. an XI reprit le système de Colbert, et créa des entrepôts. — Trolley, nos 956 et 957.

434. — Néanmoins, des considérations particulières avaient fait rétablir la franchise du port de Marseille (L. 16 déc. 1814), mais bientôt l'ord. 10 sept. 1817 substitua à la franchise du port un régime spécial d'entrepôt.

435. — Il résulte de l'art. 9 de cette ordonnance que les soumissions faites par les consignataires, pour les marchandises placées à l'entrepôt réel et spécial de Marseille, doivent être valablement cautionnées, comme l'art. 32, L. 8 flor. an XI, l'exige pour les marchandises placées en entrepôt fictif.

436. — L'entrepôt, dont le nom désigne également le lieu où le commerce est admis à déposer sans paiement immédiat de droits les marchandises qu'il se réserve de réexporter ou de vendre, est réel ou fictif.

437. — L'entrepôt est réel lorsque les denrées ou marchandises sont déposées dans un local dont la douane possède la surveillance exclusive et d'où elles ne peuvent pas être soustraites sans acquitter les droits. — L. 8 flor. an XI, tit. 3, sect. 3e.

438. — A défaut de local suffisant, et particulièrement pour certaines marchandises d'encombrement, on supplée à l'entrepôt réel par l'entrepôt fictif, qui consiste à laisser les marchandises sous la garde du commerçant, dans ses magasins particuliers, à la charge par lui de les représenter à toute réquisition. — L. 28 avr. 1816, art. 24; L. 8 flor. an XI, art. 15.

439. — Pour les formalités destinées à constater l'identité des marchandises entreposées, soit fictivement, soit réellement, la responsabilité des propriétaires ou de l'administration, les droits et les devoirs qui résultent de l'entrepôt, enfin toutes les questions auxquelles il peut donner naissance, V. ENTREPOT.

§ 2. — *Transit.*

440. — Le transit est une faveur qui permet à des denrées ou marchandises de traverser la France ou le rayon des douanes, ou de circuler en France, pour retourner à l'étranger, sans être pour cela soumises à l'acquittement des droits qui ne sont établis qu'à raison de la consommation. — Il a la plus parfaite analogie avec l'entrepôt. Dans l'un et l'autre cas, il y a une sorte d'emprunt du territoire français au profit d'une marchandise étrangère.

441. — La France, par sa position géographique, entre l'Océan et les plus riches contrées de l'Europe, est le principal intermédiaire entre le Nouveau-Monde et le continent. Aussi, le transit a-t il chez nous une grande importance, surtout celui qui s'effectue de nos ports de mer à la frontière. — Trolley, *Droit adm.*, n° 969.

442. — Il existe trois sortes de transit. Le transit s'effectue, soit d'un port de mer à une frontière de terre, soit d'une frontière à un port, soit enfin d'une frontière à une autre frontière. — Fasquel, *Lois des douanes*, n° 703.

443. — Les lois des 6-22 août 1791 et 8 flor. an XI avaient établi le transit en France, mais avaient exclu de ce bénéfice les marchandises prohibées absolument, afin d'éviter toute fraude. La loi du 9 fév. 1832 vint modifier la législation en ce point, et aujourd'hui toutes les marchandises peuvent transiter en France, sauf les réglemens de précaution spéciaux pour les marchandises prohibées. — Trolley, *Droit adm.*, n° 969.

444. — Jugé que, sous le régime de la loi de floréal an XI, les marchandises dont l'entrée est prohibée en France ne peuvent être admises à transiter. — *Cass.*, 17 flor. an XI, Frenck.

445. — Le transit a toujours existé dans la législation spéciale des douanes, tant ancienne que moderne. — *Cass.*, 30 août 1836 (t. 1er 1837, p. 511), Léon.

446. — Les marchandises prohibées à l'entrée ne peuvent transiter que lorsqu'elles sont introduites par les ports et bureaux désignés exclusivement pour leur admission. Toutefois, sont exceptées de la faculté de transiter à aucune condition les objets dont le tableau est joint à la loi de 1832. — L. 9 fév. 1832.

447. — De plus, les marchandises prohibées non exclues du transit doivent également sortir par des ports ou bureaux également déterminés. — L. 9 fév. 1832; ord. 8 juill. 1834.

448. — Les marchandises passibles de droits à l'entrée peuvent transiter par tous les ports d'entrepôt; il existe cependant des bureaux désignés pour leur admission. — L. 9 fév. 1832. — Toutefois, parmi les marchandises tarifées, il en est quelques unes auxquelles la faculté de transiter a été refusée. La nomenclature de ces objets se trouve dans les ordonnances des 8 juill. 1834 et 10 oct. 1835.

449. — La loi excepte encore de la faculté de transiter toutes les provenances coloniales. Cette prohibition se comprend. Notre système colonial veut que la colonie livre exclusivement les produits à la métropole. Permettre le transit de ces produits, ce serait permettre une fraude qu'ailleurs la loi réprime sévèrement. — Trolley, *Droit adm.*, n° 970.

450. — Toutes les marchandises qu'on se propose de faire transiter doivent être déclarées au premier bureau de douane à leur arrivée de l'étranger, avec mention de leur nature, espèce et qualité; de plus, elles doivent être désignées par leur nombre, mesure, poids et valeur. — L. 9 fév. 1832, art. 4.

451. — Les colis de marchandises prohibées sont l'objet d'une vérification par les agens de la douane. Cette vérification porte sur toutes les indications données par le porteur. — L. 9 fév. 1832.

452. — La vérification doit être faite de telle manière que les marchandises n'aient pas à en souffrir, et que le réemballage ne présente pas de trop grandes difficultés aux conducteurs. — Circ. 13 fév. 1832.

453. — Cependant, en cas d'indice de fraude, la douane a le droit d'exiger la rupture des liens et de se livrer à une vérification approfondie. — *Ibid.*

454. — L'excédant des colis sur la déclaration faite, et les énonciations fausses, quant à l'espèce ou à la qualité, entraînent la confiscation avec l'amende du triple de la valeur des marchandises. — L. 9 fév. 1832, art. 4.

455. — S'il ne s'agit que des marchandises tarifées, les fausses déclarations donnent lieu à l'application des peines prononcées dans les cas d'importation ordinaire. — L. 17 déc. 1814.

456. — Après la vérification, les marchandises sont réemballées avec soin; chaque colis est ensuite solidement cordé et revêtu du plomb de la douane. — L. 17 déc. 1814, art. 5.

457. — Le droit de transit est perçu au bureau d'expédition. L'acquit à caution indique si cette perception a été effectuée. — Circ. 9 therm. an VIII; L. 9 févr. 1832.

458. — A toutes les formalités qui doivent précéder l'expédition en transit, il faut ajouter celle qui consiste pour le soumissionnaire à s'engager à effectuer le transit dans un délai fixé et à garantir par une caution l'accomplissement de cette obligation. — Foucart, *Elém. de dr. public*, n° 177.

459. — Le délai dans lequel doit s'effectuer le transport des marchandises est fixé suivant les distances, les saisons et le mode de transport. On l'établit généralement à raison d'un jour par deux myriamètres et demi; vingt jours sont accordés ensuite pour rapporter l'acquit déchargé. — L. 17 déc. 1814; Circ. 28 mars 1833.

460. — Avant de permettre les expéditions en transit, le receveur s'assure de la solvabilité des soumissionnaires et de leurs cautions; il ne les admet à ce titre que dans la proportion de leurs facultés connues, en ayant égard aux acquits à caution dont l'objet n'est pas encore rempli et à tous les autres engagemens. — Circ. 20 déc. 1814.

461. — Si l'acquit à caution n'est pas rapporté déchargé au bureau de sortie dans le délai fixé, le soumissionnaire encourt une peine qui varie selon les cas. Ainsi, pour les marchandises prohibées absolument, cette peine consiste dans le paiement d'une peine égale à la valeur des marchandises, plus d'une amende du triple de cette valeur. — L. 9 fév. 1832, art. 6. — S'il s'agit seulement d'une marchandise tarifée, la peine consiste en une amende de 500 fr., plus le paiement du quadruple des droits d'entrée. — L. 17 déc. 1814, art. 5.

462. — De ce que l'administration des douanes n'aurait fait aucune poursuite contre un agent de l'expéditeur, surpris en flagrant délit de substitution de marchandises, il ne résulte point qu'elle se soit ainsi rendue non recevable à recourir contre la caution, à défaut de justification des certificats de décharge, sous le prétexte qu'elle se serait mise par son fait dans l'impossibilité de la subroger dans ses droits et actions. — *Cass.*, 17 mars 1835, Gavagnon.

463. — Le conducteur des marchandises expédiées en transit est tenu de présenter son expédition au bureau des douanes de seconde ligne, par lequel il entre dans le rayon frontière, s'il vient de l'intérieur, ou par lequel il sort de la ligne, s'il vient de l'étranger. Les employés de ce bureau examinent si le chargement est intact, et si les enveloppes, les cordes et les plombs n'ont subi aucune altération; ils le constatent par leur visa. — L. fév. 1832, art. 12.

464. — Lorsque des sucres expédiés en transit ont été, au départ, déclarés par l'expéditeur terrés blancs, et qu'à l'arrivée les caisses ne se trouvent contenir que des sucres terrés blonds ou dorés, bien que les lois de douanes n'aient imposé qu'un seul et même droit sur les sucres, sans distinction de couleur, cette différence établit une présomption de substitution, et par suite une contravention passible de la saisie. — *Cass.*, 19 nov. 1834, Frois.

465. — Un conducteur qui ne ferait pas viser son expédition ou qui aurait dépassé le bureau sans avoir requis et obtenu le visa, serait passible, avec le soumissionnaire de l'acquit à caution, d'une amende de 500 fr. — Circ. 10 juill. 1816.

466. — La sortie des marchandises doit s'effectuer par le bureau que désigne l'acquit à caution, à moins toutefois d'une autorisation spéciale obtenue durant le transit; et ces autorisations ne sont jamais accordées quand il s'agit d'objets

prohibés. Les employés de tout autre bureau que celui désigné ne peuvent, sous peine de destitution délivrer l'acte de décharge. — L. 9 fév. 1832, art. 6; circ. 7 et 13 mai 1815.

467. — La réexportation effective des marchandises à transiter s'effectue sous la surveillance des préposés de la douane. C'est ainsi que, si la réexportation a lieu par mer, ils doivent attester par deux certificats la mise à bord des colis, et le départ du navire pour l'étranger (Circul. 28 mars 1817 et 13 fév. 1832). — Et si la réexportation a lieu par terre, les marchandises doivent être escortées par les préposés de la douane jusqu'au point de l'extrême frontière, et ce passage effectif à l'étranger est attesté par l'acquit à caution. — Circul. 20 déc. 1814.

468. — Le transit, dans les cas où il n'est pas défendu, et quand il a été fait conformément aux prescriptions des lois et réglemens, est aux risques des soumissionnaires. Ceux-ci ne sont pas exemptés des obligations qui leur sont imposées en alléguant la perte des marchandises. Cependant s'ils justifient légalement de cette perte, ils n'acquittent que le droit d'entrée. — *Cass.*, 17 mars 1835, Cavagnon; 11 janv. 1839 (t. 1er 1839, p. 41), Blanchenay.

469. — Mais ce droit simple est toujours dû alors même que la perte a eu lieu par suite des mesures prises par le gouvernement pour réprimer une insurrection. — Spécialement, les soumissionnaires des marchandises qui ont péri dans l'incendie de la Guillotière lors des événemens de Lyon en 1834, et par suite de l'intervention du gouvernement à main armée, ne peuvent, par ce motif, se prétendre exempts du droit simple. — *Cass.*, 21 janv. 1839 (t. 1er, 1839 p. 41), Blanchenay.

470. — Le cas de perte totale ou partielle de la marchandise peut présenter quelques difficultés s'il s'agit de marchandises absolument prohibées. En effet, si l'on affranchit l'expéditeur du paiement de tout droit, il sera plus favorisé que s'il ne s'agissait que de marchandises tarifées; d'un autre côté, lui imposer toujours l'amende du quadruple, surtout dans le cas de perte par cas fortuit légalement constaté, c'est une rigueur bien grande. Et cependant la loi ne nous place que dans cette alternative, puisque évidemment la décision précédente ne peut s'appliquer qu'aux marchandises tarifées. Trolley (*Dr. adm.*, no 974) ne voit de solution à la question que par la remise de l'amende que l'administration pourra accorder.

§ 3. — *Emprunt du territoire étranger.*

471. — L'emprunt du territoire étranger a lieu dans les circonstances tout-à-fait opposées à celles qui ont fait accorder le droit de transit aux marchandises étrangères; ou plutôt il n'est autre chose lui-même qu'une espèce de transit. Les marchandises qu'on ne peut transporter d'un point de la France sur un autre sans les faire passer pour plus de facilité sur le territoire étranger, ne sont assujéties à aucun droit d'entrée ni de sortie. — L. 22 août 1791, tit. 3, art. 4.

472. — Mais ces marchandises ne sont dispensées du paiement du droit qu'autant que les formalités exigées par la loi ont été accomplies. — Même art.

473. — Les marchandises sujettes à des droits de sortie doivent être déclarées, vérifiées et expédiées par acquit à caution. — L. 22 août 1791, tit. 3, art. 2.

474. — Ces acquits à caution contiennent la soumission, s'il s'agit d'expédition par terre, de rapporter dans un délai, fixé suivant la distance des lieux, un certificat de l'arrivée ou du passage de la marchandise dans le bureau désigné, ou de payer le double des droits de sortie. — *Ibid.*

475. — Les expéditionnaires doivent donner pour cette soumission une caution solvable qui s'oblige solidairement avec eux à rapporter le certificat de décharge ou bien consigner les droits de sortie. — *Ibid.*

476. — Si la sortie des marchandises est prohibée d'une manière absolue, la destination en est également assurée par un acquit à caution. Mais ici l'expéditionnaire et la caution s'obligent solidairement à payer la valeur de ces marchandises, et une amende de 500 fr. pour le cas où ils ne rapporteraient pas, dans le délai fixé, l'acquit à caution valablement déchargé. — L. 22 août 1791, tit. 3, art. 4.

477. — A cet effet, l'estimation des marchandises est énoncée dans les soumissions. — Même article.

478. — Certaines marchandises ainsi expédiées doivent être plombées; ce sont les tissus, les métaux ouvrés quels qu'ils soient, et les marchandises prohibées à la sortie ou imposées à un droit équivalent à 10 p. % de la valeur. — L. 22 août 1791, tit. 3, art. 3.

479. — Les voituriers sont tenus de présenter les marchandises qu'ils transportent aux bureaux de passage et de destination; les agens de la douane s'assurent du nombre des colis; ils s'assurent aussi que le plombage est intact. — *Ibid.*

480. — Les certificats de décharge des acquits à caution ne peuvent être délivrés au bureau de destination que si les marchandises y sont présentées dans les délais fixés par les expéditions. Après ce délai, les droits d'entrée doivent être acquittés sans préjudice du double droit de sortie. — Art. 7.

481. — Cependant, si le retard provenait de circonstances fortuites, les voituriers seraient admis à en justifier par des certificats en bonne forme émanés des juges du lieu où le retard a eu lieu. Dans ce cas, les acquits à caution produisent leur effet, et les certificats de décharge peuvent être délivrés. — Art. 8.

482. — Toutes les règles précédentes ne sont applicables qu'aux marchandises expédiées par terre. Les expéditions par mer sont régies par des réglemens particuliers reposant toutefois sur les mêmes principes.

§ 4. — *Cabotage.*

483. — Le cabotage a la plus grande analogie avec l'emprunt du territoire. On appelle ainsi le transport par mer des marchandises d'un port du royaume dans un autre avec franchise des droits de sortie et d'entrée.

484. — Le cabotage ne peut avoir lieu que par des navires français; il est interdit aux navires étrangers, sous peine d'une amende et de la confiscation de la cargaison. — Acte de navigation du 21 sept. 1793, art. 3 et 4.

485. — Cependant, l'acte de navigation de la France n'a pu porter atteinte à des droits stipulés dans le traité de 1768 entre la France et l'Espagne. De l'art. 2 de cette convention il résulte que les navires des deux nations peuvent faire le cabotage chez l'une et chez l'autre. — Dujardin-Sailly, no 160.

486. — Les marchandises ne peuvent être expédiées d'un port français sur un autre qu'à la charge pour l'expéditionnaire de faire soumission de payer la valeur des marchandises avec amende de 600 francs, si le certificat de décharge n'est pas rapporté dans le délai fixé, et de donner du tout une caution solvable. — L. 4 germin. an II, tit. 7, art. 1er.

487. — La valeur des marchandises doit être déclarée comme pour les expéditions par terre, et toute fausse déclaration entraîne la confiscation de la valeur du déficit et une amende de 500 fr. — L. 8 flor. an XI, art. 74 et 75.

488. — La contravention résultant des inexactitudes que contient une déclaration ne peut être excusée, sous le prétexte que, tous les papiers ayant été remis à la douane, qui s'était chargée de rédiger elle-même la déclaration, elle aurait pu y trouver la rectification de ces inexactitudes. C'est au capitaine de faire connaître en temps utile ceux des papiers qui peuvent établir la régularité de sa situation, et il est non-recevable, après le délai, à rien ajouter à sa déclaration, alors qu'il l'a signée sans protestation. — *Cass.*, 29 sept. 1832, Momus.

489. — L'arrêté des consuls du 27 frim. an XI n'avait trait qu'aux déclarations à faire aux bureaux de la douane lors de la sortie d'un port pour aller dans un autre, et aux marchandises assujéties à des droits de sortie, et il ne s'appliquait point à des acquits à caution pour charger du blé dont il devait être rapporté certificat de décharge. — *Cass.*, 4 fév. 1807, Alotte. — L'art. 63, L. 21 avr. 1818, porte que « tout acquit à caution pour transporter des grains d'un port de France à un autre garantira l'arrivée à destination, sous peine d'en payer la valeur avec amende de 20 ou de 24 fr. par 100 kilogrammes, selon la nature des objets. » — Dujardin-Sailly, *Code des douanes*, *loc. cit.*, no 110.

490. — Si, pour quelque cause que ce soit, le navire fait relâche dans un port français, les acquits à caution doivent y être visés soit par la douane, soit par le poste qui y est établi, afin de constater la relâche, ses motifs et sa durée. — Ord. 4 juin 1811.

491. — Un permis d'embarquer apposé sur l'acquit à caution par un visiteur ne dispense pas de l'obligation de rapporter un certificat de décharge du bureau de l'extrême frontière, surtout si ce permis n'a pas été visé au bureau du lieu où le *passage* des marchandises était prescrit. — *Cass.*, 17 thermid. an VIII, Lemercier.

492. — La déclaration du capitaine, dûment vérifiée par les gens de l'équipage, n'est pas une formalité indispensable pour constater à l'égard de l'administration des douanes les avaries des marchandises et l'échouement du navire, articulés par les souscripteurs d'un acquit à caution. — La preuve des avaries et de l'échouement peut résulter d'un procès-verbal dressé par les agens des douanes, ou d'un rapport fait par des experts nommés par le juge de paix et assermentés. — *Cass.*, 2 avr. 1817, Demolière et Rochery.

493. — Les avaries qui donnent lieu à une restitution proportionnelle des droits de douanes sont régulièrement constatées par la déclaration du capitaine, vérifiée par les gens de son équipage, conformément à la loi du 22 août 1791 et à celle du 4 germin. an II, sans qu'il soit besoin de se conformer aux art. 242, 243 et 247, C. comm., qui ne s'appliquent qu'à la matière des assurances et qui n'ont point dérogé auxdites lois spéciales. — *Cass.*, 16 juin 1823, Morneau; 1er juin 1837 (t. 2 1837, p. 214), Giraudeau.

494. — A l'arrivée au port de destination, le navire est, de la part des préposés de la douane, l'objet d'une nouvelle visite, et si cette visite amène à reconnaître une quantité plus considérable de marchandises que celle portée sur l'expédition délivrée au bureau de départ, cet excédant est confisqué avec amende de 500 fr. — L. 8 flor. an XI, art. 76.

495. — Cependant, si l'excédant n'est que du vingtième de la quantité portée sur l'expédition, il n'y a lieu qu'à la perception des droits imposés sur les marchandises ou denrées de même nature venant de l'étranger. — Même art.

496. — La disposition de la loi du 8 flor. an XI, art. 74, sur les douanes, qui porte des peines contre les expéditeurs de marchandises d'un port français à un port français, à raison du déficit reconnu par les préposés, lors de la vérification *au départ*, sur la quantité de marchandises déclarée embarquée, entend par les mots *au départ* l'époque à laquelle le chargement est fait et déclaré complet par le chargeur lui-même, et non le départ effectif du navire. — *Cass.*, 30 mai 1827, Rebequi. — V. au surplus CABOTAGE.

CHAPITRE IV. — *Contraventions.*

Sect. 1re. — *Faits de fraude.*

497. — Nous n'entreprendrons pas d'énumérer ici tous les faits qui peuvent constituer des contraventions punissables. Ce serait nous exposer à répéter, sans utilité, les diverses règles que nous avons retracées sous les autres paragraphes. Nous nous renfermerons donc dans l'examen des principales difficultés que leur application a fait naître.

498. — En cette matière, la loi n'a pas spécialement prévu la tentative; mais la tentative constitue plus généralement une fraude qui ne saurait rester impunie. Ainsi la simple tentative d'introduction frauduleuse de marchandises prohibées, est punissable comme le délit lui-même. — *Cass.*, 1er déc. 1826, Cornier; 26 avr. 1828, Cornier.

499. — Il y a tentative d'introduction de marchandises en fraude, lorsque le saisi ne s'est arrêté à la barrière que sur la sommation des préposés des douanes, a répondu à leur interpellation n'avoir rien à déclarer, et lorsqu'enfin partie des marchandises était placée de manière à être cachée par le tablier de son cabriolet. — *Cass.*, 14 germin. an XIII, Tourneseint.

500. — L'individu trouvé porteur de marchandises de contrebande que des fraudeurs venaient d'abandonner en prenant la fuite doit être considéré comme complice du délit de contrebande, et ne peut être excusé par les tribunaux sous prétexte qu'il n'a porté ces marchandises qu'à une faible distance du lieu où elles avaient été jetées, qu'il n'a eu aucune intention coupable, et qu'enfin les véritables auteurs de la fraude sont signalés par le procès-verbal lui-même. — *Cass.*, 19 nov. 1841 (t. 1er 1842, p. 664), Beltzer.

501. — Les décisions des 14 mars et 26 avr. 1808, par lesquelles l'empereur ordonnait de saisir, même en deçà du rayon des douanes, les toiles de coton et mousselines venant des frontières de la Hollande et du Rhin, établissaient une présomption que toutes les marchandises qui seraient ainsi découvertes avaient été introduites en fraude, et cette présomption ne pouvait être détruite que par la preuve d'une introduction régulière. — *Cass.*, 20 déc. 1810, Bernheim.

§ 1er. — *Contrebande.*

502. — Presque toutes les infractions aux lois de

douane sont désignées par le terme générique de *contrebande*. Cependant cette dénomination s'applique plus particulièrement à l'introduction frauduleuse, opérée par terre, de marchandises prohibées ou de marchandises seulement tarifées, dans l'intention de les soustraire à l'acquittement des droits.

503. — La loi qui réprime la contrebande le fait plus ou moins sévèrement selon que cette infraction est commise avec plus ou moins d'audace, et menace plus ou moins l'état dans la personne des agens de la douane. Sur certaines frontières, des bandes organisées vont jusqu'à attaquer avec des armes ces agens. La contrebande, dans ce cas, est dite faite avec attroupement et port d'armes; elle constitue un crime justiciable des cours d'assises.

504. — D'après la loi du 13 flor. an XI (art. 3), la contrebande était réputée commise avec attroupement et port d'armes, lorsqu'elle avait été faite par trois personnes ou plus et que dans le nombre une ou plusieurs d'entr'elles étaient porteurs d'armes apparentes ou cachées.

505. — Dans ce cas, la peine était la mort. — Même loi, art. 4.

506. — Une juridiction spéciale avait même été instituée pour juger les faits de contrebande : c'étaient les cours prévôtales des douanes, créées par le décret du 18 oct. 1810, pour cesser d'exister à la paix générale.

507. — Cette sévérité fut singulièrement modifiée par la loi du 17 déc. 1814. — La contrebande n'entraîna plus qu'une amende et un emprisonnement, indépendamment de la confiscation des marchandises. — Déjà un *décret* du comte d'Artois, du 26-28 avr. 1814, avait supprimé les cours prévôtales des douanes. — V. COURS PRÉVOTALES DES DOUANES.

508. — Les délits commis envers ou par les préposés des douanes, tels que rébellion et prévarication, et ceux de contrebande avec attroupement et port d'armes, furent soumis aux dispositions du Code pénal ordinaire. — V. les art. 209 et suiv. de ce Code. — V. encore L. 17 déc. 1814, art. 22.

509. — Mais la contrebande ayant pris un nouvel essor, la loi du 28 avr. 1816, sans être plus sévère, en attribua le jugement aux cours prévôtales déjà instituées par la loi du 20 déc. 1815.

510. — L'abolition de cette juridiction a rendu à la répression son cours ordinaire en la soumettant aux règles du droit commun, et n'a rien changé aux pénalités, qui continuent d'être régies par la loi du 28 avr. 1816 (tit. 5) et par le Code pénal.

511. — Enfin, la contrebande faite sur les côtes maritimes, hors de l'enceinte des ports de commerce, a été assimilée à celle faite sur les côtes de terre. — L. 21 avr. 1818, art. 34.

512. — Toute importation prohibée et frauduleuse, tout fait de contrebande commis par des individus réunis en nombre supérieur à six hommes de pied, entraîne, contre tous ceux qui ont participé comme intéressés d'une manière quelconque à la fraude, les peines portées par les art. 48, 51 et 53, tit. 5, L. 28 avr. 1816. — *Cass.*, 3 août 1827, Roussel dit Marlot.

513. — Le fait que la contrebande a eu lieu à main armée est suffisamment constaté par l'existence de bâtons ferrés trouvés sur le terrain. — *Cons. d'état*, 20 fév. 1822, Amel.

514. — Sous l'empire de la loi 13 flor. an XI, il n'était pas nécessaire, pour constituer la contrebande avec attroupement et port d'armes, que tous les individus faisant partie de l'attroupement fussent chargés d'objets de contrebande; il suffisait que l'un d'entre eux en fût porteur. — *Cass.*, 18 flor. an XII, Schals. — On déciderait de même aujourd'hui, quoique la contrebande ne constitue qu'un délit correctionnel.

515. — Lorsqu'il est établi par un procès-verbal régulier que, pour éviter les poursuites des préposés des douanes qui l'avaient aperçu sur le territoire français, un contrebandier s'est jeté dans une rivière ayant son cours sur le territoire étranger, mais que, se trouvant en danger de périr, il s'est empressé de saisir la main des préposés des douanes qui l'ont ramené à terre, la contravention étant complète par son premier débarquement libre et volontaire, le tribunal ne peut le renvoyer des poursuites de la régie, sous le prétexte que la saisie a été faite sur le territoire étranger, et que le prévenu n'a été ramené sur le territoire français que par l'effet d'une force majeure. — *Cass.*, 3 juill. 1828, Jourdan; 25 juill. 1829 (ch. réunies), mêmes parties.

§ 2. — *Entrepôt frauduleux.*

516. — Il est un autre fait de fraude, auquel on donné improprement le nom d'*entrepôt frauduleux ou prohibé*; il consiste dans le dépôt clandestin de marchandises. Un tel dépôt, établi avec les circonstances que la loi détermine, fait supposer chez le dépositaire l'intention de se livrer à une exportation frauduleuse des marchandises, et constitue une contravention.

517. — Ainsi, dans l'étendue du rayon frontière, tout magasin ou entrepôt de marchandises manufacturées ou dont le droit d'entrée excède 12 fr. par quintal, ou enfin dont la sortie est prohibée ou assujétie à des droits par le nouveau tarif, est expressément défendu, à l'exception des lieux dont la population est d'au moins deux mille âmes. — LL. 6-22 août 1791, tit. 13, art. 37; 28 avr. 1816, art. 38, n° 4.

518. — Sous la loi du 26 vent. an V, les entrepôts de grains étaient défendus dans les cinq kilomètres des frontières de terre. — *Cass.*, 6 prair. an VIII, Vaucamp. — Cette loi prohibait d'une manière absolue l'exportation des grains et farines. — La loi du 2 déc. 1814 et plusieurs lois subséquentes suspendirent l'exportation lorsque le prix des grains s'éleverait à certain taux dans les départemens. La loi du 15 avr. 1832 a remplacé cette prohibition éventuelle par un tarif qui s'accroît dans la proportion de la hausse que subit le prix des céréales.

519. — D'après la loi du 26 vent. an V, l'introduction furtive de plusieurs sacs de grains, par des fraudeurs, dans un domicile situé dans les cinq kilomètres des frontières, pour échapper aux poursuites des douaniers, n'a pu être considérée comme une simple contravention aux lois prohibitives des entrepôts dans cette distance, mais bien comme un délit prévu par ladite loi et de la compétence de la police correctionnelle. — *Cass.*, 6 frim. an X, Hullen.

520. — L'art. 37, tit. 13, L. 6-22 août 1791, qui prohibe l'entrepôt de certaines marchandises dans le rayon frontière, s'applique aux liquides comme aux autres marchandises, encore bien que l'article qui suit ne parle que de celles qui seront en balles ou ballots. — *Cass.*, 18 nov. 1817, Castel.

521. — L'art. 84, L. 8 flor. an XI, qui a prescrit l'exécution, dans les deux myriamètres frontières, des réglemens antérieurs pour le transport et la circulation des marchandises, s'applique à la défense portée en l'art. 37, tit. 13, L. 6-22 août 1791, d'entreposer des marchandises dans les communes qui, dans les deux lieues frontières, n'ont pas plus de deux mille habitans, et par suite a étendu cette prohibition jusqu'à deux myriamètres. — *Cass.*, 8 thermid. an XIII, Gotz. — V. Merlin, *Rép.*, v° *Entrepôt*, n° 1er; Dujardin-Sailly, *C. des douanes*, liv. C, n° 14. — V. encore L. 28 avr. 1816, art. 36.

522. — Sont réputées en entrepôt frauduleux les marchandises trouvées en balles ou ballots, pour le transport desquelles il n'a pas été produit d'expédition délivrée dans le jour. — L. 6-22 août 1791, tit. 7, art. 38.

523. — Néanmoins, aucune loi n'exige, pour qu'il y ait entrepôt frauduleux, que les marchandises soient en caisses ou en ballots. — Ainsi, un amas de drilles pesant trente quintaux, trouvé dans le rayon frontière, sans acquit à caution justifiant sa destination pour l'intérieur, constitue un entrepôt frauduleux. — *Cass.*, 20 thermid. an XII, Valroff. — « Il est à observer, dit Dujardin-Sailly (liv. C, n° 37), que le rayon des frontières de terre ayant été étendu par les lois des 8 flor. an XI et 28 avr. 1816, il s'ensuit nécessairement que la loi du 3 avr. 1793 est également exécutoire dans toute la profondeur du territoire ajouté au rayon primitif.

524. — Une saisie de grains en entrepôt dans le rayon frontière ne peut être annulée sous prétexte que cet entrepôt a été formé pour alimenter les marchés ou les magasins d'une ville. — *Cass.*, 17 germin. an X, Tleman.

525. — Il suffit que des marchandises sujettes à un droit d'entrée de plus de 12 fr. par quintal autres que celles du cru du pays aient été saisies en balles ou ballots dans le rayon frontière sans passavant ou sans qu'il soit justifié du paiement des droits d'entrée, pour qu'il y ait entrepôt frauduleux. — *Cass.*, 5 fructid. an XI, Schult.

526. — La loi répute les marchandises en entrepôt, non seulement lorsqu'elles sont trouvées chez les commissionnaires ou autres individus qui n'en sont pas propriétaires, mais encore chez le propriétaire lui-même. — Même arrêt. — Merlin, *Rép.*, v° *Entrepôt*.

527. — Lorsqu'un procès-verbal constate que des marchandises en ballotins, sous cordes et emballage de carton, ont été saisies dans un village de moins de 2,000 ames, situé dans les deux lieues des frontières, sans justification d'une expédition délivrée au bureau des douanes, quoique le droit d'entrée excédât 12 fr. par quintal, elles doivent être réputées en entrepôt; en conséquence, un tribunal ne peut pas annuler la saisie sous le prétexte qu'il ne s'agit que de quelques livres de marchandises enveloppées dans du papier et attachées avec des ficelles. — *Cass.*, 13 messid. an VIII, Bernheim.

528. — Il y a une exception cependant à la prohibition ci-dessus pour les denrées qui sont du *cru* du pays, c'est-à-dire pour les produits des terres dépendant de la commune où est le dépôt. — LL. 6-22 août 1791, tit. 13, art. 28; 28 avr. 1816, art. 38.

529. — La loi n'ayant pas spécifié les caractères auxquels on reconnaîtrait les marchandises du cru du pays, il appartient aux tribunaux de déclarer, sans encourir la censure de la cour de Cassation, si telles ou telles marchandises doivent être comprises dans l'expression de la loi. — *Cass.*, 6 sept. 1834, Aubert.

530. — Ainsi, des sels provenant d'eaux extraites des puits d'un établissement, soumises sur le lieu même à l'action du feu, sans aucune immixtion de substances étrangères, ont pu être considérés comme marchandises du crû du pays. — Même arrêt.

531. — Les agens de la douane peuvent, pour rechercher les entrepôts frauduleux, pénétrer dans les maisons où ils présument que sont formés les dépôts illicites. Mais ils ne le peuvent que de jour. Ils sont assistés dans les visites par un officier public, et à son défaut, par un officier militaire. — L. 6-22 août 1791, tit. 13, art. 39.

532. — La peine applicable à l'entrepôt frauduleux consiste dans la confiscation des marchandises saisies dans les dépôts. De plus, le prévenu de cette contravention est passible d'une amende égale à la valeur des marchandises, mais qui ne peut jamais être moindre de 500 fr. L'amende n'est que de 100 fr., s'il s'agit seulement de marchandises sujettes à un droit de moins de 20 fr. par 100 kilog. — L. 6-22 août 1791, tit. 13.

Sect. 2e. — *Opposition aux exercices.*

533. — Les préposés des douanes ont été mis dès le principe sous la sauvegarde de la loi. Défense a été faite de les injurier ou maltraiter, et même de les troubler dans l'exercice de leurs fonctions, à peine de 500 fr. d'amende. — L. 6-22 août 1791, tit. 13, art. 14.

534. — La même peine a été reproduite dans la loi du 4 germin. an II (tit. 4, art. 2) contre toute personne qui s'opposerait à l'exercice des préposés des douanes, sans préjudice de peines plus graves, à raison des voies de fait qui auraient accompagné cette opposition.

535. — Enfin, est venu le Code pénal qui, par ses art. 209 et suiv., a puni la résistance ou l'attaque envers les préposés des douanes, dans l'exercice de leurs fonctions.

536. — Les commandans militaires, la gendarmerie, la garde nationale, doivent prêter main-forte aux préposés des douanes quand ils sont requis. Les préfets, sous-préfets et maires leur donnent également leur assistance. — L. 6-22 août 1791, tit. 13.

537. — L'art. 484, C. pén., n'a pas abrogé les dispositions spéciales de la législation des douanes, qui punissent de 500 fr. d'amende l'opposition à l'exercice des préposés. — *Cass.*, 1er déc. 1838 (t. 1er 1839, p. 322), Maussard.

538. — La loi du 4 germin. an II (tit. 4, art. 2) distingue deux espèces d'oppositions à l'exercice des fonctions des employés des douanes : l'une qui n'est qu'une opposition simple, sans voies de fait, est punie de 500 fr. d'amende; l'autre, accompagnée de voies de fait, rentre dans les dispositions du Code pénal relatives à la rébellion. — *Cass.*, 29 août 1838 (t. 2 1838, p. 531), Brisechoux.

539. — Il y a opposition simple dans le fait du propriétaire qui déclare protester et s'opposer aux opérations des employés des douanes venus chez lui, accompagnés du maire, pour procéder, conformément à une ordonnance, au recensement de ses bestiaux. — Même arrêt.

540. — Le trouble et l'opposition apportés, en matière de douanes, à l'exercice des employés, constituent une contravention punissable quand ils sont tels que les préposés n'ont pas été libres de vaquer à leurs fonctions. — *Cass.*, 15 avr. 1835, Gaspard.

541. — Les employés des douanes sont considérés comme étant dans l'exercice de leurs fonctions lorsqu'ils se trouvent soit en tournée, soit en observation, pour empêcher l'introduction des marchandises prohibées. — *Cass.*, 15 janv. 1807, Mugniez.

542. — Les préposés des douanes sont dans l'exercice de leurs fonctions non-seulement lors-

qu'ils procèdent aux visites et aux saisies, mais aussi lorsqu'ils s'acquittent d'un service de garde et de surveillance; les violences qui leur sont faites pendant ce service donnent lieu, indépendamment des peines portées par le Code pénal, à l'amende de 500 fr. déterminée par l'art. 14, tit. 13, L. 6-22 août 1791. — *Cass.*, 31 janv. 1840 (t. 1er 1841, p. 103), Menut.

543. — Le fait d'avoir espionné des employés des douanes placés en embuscade pour surveiller des fraudeurs, et de les avoir forcés, par suite, d'abandonner leur poste d'observation, constitue une opposition à l'exercice de leurs fonctions, dans le sens de la loi 6-22 août 1791, opposition punissable de l'amende de 500 fr. prononcée par l'art. 14, tit. 13, de la même loi. — *Cass.*, 11 déc. 1843 (t. 1er 1844, p. 420), Basile Vingt-deux.

544. — Jugé que la disposition de l'art. 14, tit. 13, L. 6-22 août 1791, portant la peine de 500 fr. d'amende contre toute personne qui injurierait les préposés des douanes dans l'exercice de leurs fonctions, n'a pas été abrogée par les lois subséquentes, et particulièrement par l'art. 224, C. pén. — *Cass.*, 26 août 1816, Broutin.

545. — Nous ne pouvons approuver cette doctrine. En admettant que la disposition de la loi de 1791 sur les injures n'ait pas été abrogée par la loi du 4 germ. an II, nous pensons qu'elle l'aurait été par l'art. 224, C. pén., et par l'art. 6, l. 25 mars 1822. Les injures, quoique adressées aux préposés des douanes, sont un délit du droit commun, et ne sauraient être confondues avec la contravention résultant de l'opposition à l'exercice des fonctions des douaniers, qui seule est spéciale à la matière des douanes.

546. — Pour constituer le délit d'injure prévu par la loi du 22 août 1791, il n'est pas nécessaire que l'injure ait constitué un empêchement à l'exercice des fonctions du préposé; il suffit qu'elle ait été commise lorsque le préposé était en exercice. — *Cass.*, 21 août 1837 (t. 2 1837, p. 393), Prévot.

Sect. 3e. — *Responsabilité des détenteurs, conducteurs et autres.*

547. — En matière de douanes, la jurisprudence semble avoir pris à tâche d'ajouter à la rigueur de la loi, en faisant résulter une contravention de la simple détention matérielle.

548. — Ainsi, les détenteurs de tissus étrangers sont, par ce seul fait, réputés en contravention, sans qu'il soit besoin de rapporter aucune autre preuve de leur culpabilité. — *Cass.*, 21 juill. 1827, Lefèvre; 28 juill. 1828, Gillet; 30 mai 1828, Bouvier.

549. — Tout entrepositaire ou détenteur d'objets de contrebande est passible des peines portées par les lois, bien qu'il prouve que ces objets ne sont pas sa propriété. — *Cass.*, 3 juill. 1841 (t. 2 1843, p. 402), Moret.

550. — Celui dans le logement duquel il a été trouvé des tissus de fabrique étrangère, ne peut pas être affranchi des peines portées par la loi, sous le prétexte que ces marchandises appartiennent non à lui, mais à son beau-frère, qu'il les a laissé déposer chez lui par complaisance, et qu'il ignorait qu'elles fussent prohibées. — *Cass.*, 28 avr. 1820, Boussin.

551. — Celui au domicile duquel des marchandises prohibées ont été saisies, en est, par cela même, détenteur, et les tribunaux ne peuvent se dispenser de le condamner aux peines portées par la loi, sous le prétexte qu'il ne connaissait pas la qualité des marchandises contenues dans les ballots déposés chez lui, et qu'il a fait connaître un individu comme en étant le véritable propriétaire. — *Cass.*, 11 déc. 1829, Guyon.

552. — Le maître chez lequel des tissus prohibés ont été trouvés dans une armoire, en est réputé détenteur et ne peut pas être acquitté sur la simple allégation que c'est à son insu qu'ils y ont été déposés par son domestique, encore bien que celui-ci convienne du fait. — *Cass.*, 14 sept. 1821, Paquin.

553. — Celui dans l'appartement duquel on a trouvé des marchandises anglaises cachées sous les matelas d'un lit, ne peut être excusé sous le prétexte qu'il n'en avait point connaissance et qu'elles avaient pu y être introduites à son insu. — *Cass.*, 7 flor. an XII, Napp.

554. — Lorsqu'il est établi que des marchandises prohibées à l'entrée ont été trouvées en balles ou ballots dans une bergerie attenante à l'habitation du prévenu, le tribunal ne peut se dispenser de le condamner à l'amende, sous prétexte que cette bergerie ne ferme pas habituellement à clé, et que les marchandises ont pu y être introduites par une personne étrangère. — *Cass.*, 15 nov. 1823, Etchénique.

DOUANES, ch. 4, sect. 3e.

555. — Celui au domicile duquel des tissus prohibés ont été saisis, n'est recevable à alléguer pour sa défense qu'ils ont été introduits chez lui à son insu, qu'autant qu'il en fournit la preuve. — *Cass.*, 18 nov. 1836, Bérard.

556. — Celui qui a reçu en nantissement des tissus prohibés en est réputé détenteur et ne peut pas être acquitté, sous le prétexte de la circonstance du nantissement, parce qu'il a dans tous les cas à s'imputer de ne les avoir pas vérifiés. — *Cass.*, 8 déc. 1820, Secretain.

557. — L'aubergiste dans la maison duquel il a été trouvé un ballot de tissus étrangers en est réputé détenteur et devient responsable de la fraude, quoiqu'il ait agi sans connaissance et sans intention, sauf son recours contre ceux de qui il peut les avoir reçus. — *Cass.*, 28 juill. 1820, Cadas; 6 mars 1824, Chaplain; 16 nov. 1826, Bérard; 28 juill. 1827, Gillet.

558. — En matière de douanes, ceux qui agissent pour le compte d'autrui sont passibles des condamnations à l'amende, comme ceux qui agissent pour leur propre compte. — Ainsi, le commissionnaire qui se présente au bureau de la douane, pour faire expédier en transit des marchandises venant de l'étranger, et qui produit un certificat d'origine contenant déclaration de l'espèce et de la quantité des marchandises à expédier, est personnellement responsable de l'inexactitude de cette déclaration, comme l'eussent été les propriétaires ou voituriers, s'ils s'y fussent présentés eux-mêmes. — *Cass.*, 28 juin 1814, Marcoz.

559. — Lorsqu'il est établi par le procès-verbal d'un commissaire de police, qu'un garçon de peine est entré en sa présence et a déposé dans le magasin du prévenu un ballot dans lequel se sont trouvées des marchandises prohibées provenant de fabrique anglaise, le tribunal ne peut, lorsque rien ne détruit cette preuve, se contenter de prononcer la confiscation des marchandises; il doit prononcer une peine contre le prévenu considéré, soit comme ayant agi pour son compte personnel, soit comme ayant coopéré, pour le compte d'autrui, à l'introduction de ces marchandises. — *Cass.*, 29 germin. an XII, Perrin.

560. — Celui qui a expédié des tissus prohibés est seul passible de la confiscation et de l'amende, sauf son recours contre les personnes qui l'ont induit en erreur sur l'origine des marchandises. — *Douai*, 27 déc. 1833, Beaufrère. — En effet, c'est lui qui en est le *détenteur*. La loi ne peut remonter jusqu'à l'origine des marchandises pour punir les précédens propriétaires.

561. — La responsabilité des voituriers qui conduisent des marchandises prohibées est réglée par les lois spéciales aux douanes, d'après lesquelles le détenteur des objets de la fraude est réputé complice, sans autre preuve de culpabilité. Il n'y a donc pas lieu à recourir aux principes du Code pénal. — *Cass.*, 19 août 1819, Messager. de Langres.

562. — Les propriétaires et conducteurs des voitures publiques sur lesquelles ont été trouvées des marchandises prohibées sont solidairement tenus de l'amende, soit que la saisie ait été faite à l'entrée du royaume, soit qu'elle l'ait été à l'intérieur, sauf leur recours contre le véritable auteur de la fraude. — *Cass.*, 19 nov. 1835, Oswin.

563. — Les voituriers ou conducteurs chargés de marchandises en fraude sont personnellement responsables de la contravention, et ne peuvent pas être affranchis de cette responsabilité sous le prétexte, soit de leur ignorance, soit de leur bonne foi. — *Cass.*, 11 juin 1813, Auriac; 27 mai 1818, Haffner; 22 mai 1818, Messager. de Calais; 9 juill. 1819, Messager. royales; 28 avr. 1820, Brimont; 21 juill. 1827, Lefèvre; 12 juin 1828, Leroux; 27 déc. 1833, Beaufrère.

564. — ...Ni sous le prétexte que les voituriers n'ont pas le droit d'ouvrir les paquets et ballots qui leur sont confiés. — *Cass.*, 19 août 1819, Messageries de Langres.

565. — D'après ce principe, le voiturier est responsable de la fraude, quoique sa voiture soit conduite par son fils mineur, et qu'il n'ait fait que la louer à un individu qui l'accompagnait dans le transport. — *Cass.*, 12 juin 1828, Leroux.

566. — Jugé cependant que l'entrepreneur d'une voiture publique sur laquelle sont saisies des marchandises prohibées doit, lorsqu'il a agi de bonne foi et qu'il a déclaré à l'administration des douanes le nom et le domicile du destinataire des marchandises saisies, être mis hors de cause, et que le propriétaire des marchandises est seul passible de l'amende et de la confiscation. — *Paris*, 8 mars 1842 (t. 2 1843, p. 439), Messageries royales.

567. — Les commissionnaires de roulage qui ont déclaré à l'administration des douanes le nom et le domicile du destinataire de marchandises

DOUANES, ch. 4, sect. 3e.

étrangères saisies dans leurs magasins doivent, comme tous autres dépositaires de bonne foi, être mis hors de cause. — *Paris*, 2 fév. et 3 mars 1843 (t. 2 1843, p. 438), Robillard.

568. — On ne pourrait qu'applaudir à ces décisions de la cour de Paris, si les lois de douanes n'avaient maintes fois proclamé un principe contraire, en décidant qu'en cette matière la bonne foi n'excuse pas. Ces deux décisions, du reste, sont contraires à la jurisprudence constante de la cour de cassation.

569. — Le conducteur d'une diligence sur laquelle des marchandises prohibées ont été saisies sans qu'elles fussent inscrites sur sa feuille, ne peut pas être déchargé de la responsabilité, sous le prétexte que sa voiture n'était pas en circulation, ni que sa feuille de départ ne lui avait pas encore été remise et n'était même pas arrêtée. — *Cass.*, 1er déc. 1826, Cornier.

570. — Cette responsabilité cesse lorsque le voiturier a inscrit sur sa feuille les objets transportés et qu'il a indiqué un expéditeur qui le reconnaît, tant verbalement que par écrit. — *Cass.*, 27 déc. 1833, Beaufrère.

571. — Au surplus, c'est au conducteur à prouver que les objets saisis en fraude étaient portés sur sa feuille de chargement. — *Cass.*, 24 juin 1835, Gaillat.

572. — Mais pour décharger de cette responsabilité le voiturier ou conducteur contre lequel il n'existe aucun soupçon de complicité, la jurisprudence exige qu'il fasse connaître un expéditeur ou propriétaire contre lequel l'action de la douane puisse être efficacement exercée. — *Cass.*, 22 mai 1818, Messageries de Calais; 9 juill. 1819, Messageries royales; 28 avr. 1820, Brimont; 6 mars 1824, Chaplain; 18 nov. 1826, Berard; 1er déc. 1826, Cornier; 21 juill. 1827, Lefèvre; 28 juill. 1827, Gillet; 3 août 1827, Toulouse; 26 avr. 1828, Cornier; 30 mai 1828, Bouvier; 12 juin 1828, Leroux.

573. — En effet, les agens de transport dont la bonne foi est prouvée, et qui font connaître les vrais auteurs de la fraude, ne peuvent pas être considérés comme détenteurs et doivent être acquittés. — *Cass.*, 21 nov. 1828, Crucq.

574. — La responsabilité de la saisie opérée dans une voiture publique de marchandises introduites en fraude n'atteint ni le conducteur de la voiture ni les autres préposés ou agens de l'administration de cette voiture, lorsqu'au moment de la saisie ils ont indiqué le voyageur qui les a fait charger, lequel a reconnu être le propriétaire des marchandises. — Il en est ainsi alors même qu'il serait jugé plus tard que le voyageur contre lequel les poursuites sont exercées n'est pas celui sur lequel la saisie a été opérée. — *Cass.*, 16 déc. 1842 (t. 2 1843, p. 259), Richen. — V. cependant *Cass.*, 27 mars 1817, Haffner.

575. — Mais l'énonciation vague d'un nom sur la feuille des transports, sans autre indication ou désignation de la personne à laquelle il s'applique, est insuffisante. — *Cass.*, 22 mai 1818, Messageries de Calais; 3 août 1827, Toulouse.

577. — De même l'entrepreneur de voitures n'est pas affranchi de la responsabilité si sa feuille ne mentionne qu'un destinataire qui a méconnu l'envoi et un expéditeur qui est resté inconnu à cause de l'insuffisance de la désignation. — *Cass.*, 9 juill. 1819, Messageries royales; 19 août 1819, Messageries de Langres; 28 avr. 1820, Brimont.

578. — ...Ou si, après avoir indiqué un faux destinataire, il a ensuite désigné un prétendu propriétaire qui aurait acheté les marchandises d'un inconnu et les aurait expédiées à un destinataire insolvable. — *Cass.*, 21 juill. 1827, Lefèvre.

579. — L'entrepreneur de voitures qui a imparfaitement désigné l'expéditeur sur sa feuille ne peut pas être acquitté si au lieu de le mettre en cause il s'est borné à l'appeler comme témoin. — *Cass.*, 3 août 1827, Toulouse.

580. — Lorsqu'un voyageur qui avait été reçu dans une auberge sans passeport, et qui avait indiqué un faux nom et un faux domicile, a disparu après la saisie des tissus prohibés qu'il avait déposés dans son sac de nuit, l'aubergiste ne peut pas être déchargé de sa responsabilité. — *Cass.*, 28 juill. 1827, Gillet.

581. — Nous ne pouvons nous empêcher de remarquer que dans la plupart des espèces que nous venons de retracer, la jurisprudence donne à la loi une interprétation qui ferait supposer qu'il lui faut absolument un coupable. On ne peut entendre par *détenteur* que celui qui a la chose en sa possession, soit pour son compte personnel, soit pour celui d'autrui, et qui est présumé en connaître la nature, ou qui, s'il ne la connaît pas, a commis une faute en s'en chargeant sans la vérifier. La défense d'excuser les contrevenans sur l'intention (L. 9 flor. an VII, tit. 4, art. 16) n'exclut pas leur

acquittement basé sur l'ignorance et le défaut de participation aux faits de la fraude.

582. — Le négociant désigné comme destinataire de marchandises introduites en fraude doit être admis à prouver soit par titres, soit par témoins, qu'il n'est pas le véritable destinataire. — *Paris*, 8 mars 1843 (t. 2 1843, p. 439), Messageries royales.

583. — L'adjudicataire d'une habitation aux colonies, sur laquelle des objets de contrebande ont été saisis, est passible de l'amende de 3,000 fr. prononcée par l'art. 4, décl. du roi de 1768, encore bien qu'il n'ait pas pris encore possession de cette habitation au moment de la saisie, sauf son recours contre qui de droit. — *Cass.*, 1er déc. 1829, Gérard.

584. — Mais l'amende encourue aux colonies par celui dans l'habitation duquel on a trouvé des marchandises prohibées doit être supportée par le locataire de cette habitation, et non par le propriétaire qui n'en a plus la disposition, et ne peut même, en raison de son absence, y exercer aucune surveillance. — *Cass.*, 19 janv. 1831, Périnon.

585. — Lorsqu'il est prouvé que les armateurs ont été pleinement étrangers à l'introduction des marchandises prohibées saisies sur le navire, et qu'elles appartiennent aux gens de l'équipage qui les ont apportées pour leur compte et pour leur usage personnel, l'arrêt qui refuse de condamner solidairement les armateurs à l'amende prononcée contre les délinquans ne viole aucune loi. — *Cass.*, 4 fév. 1813, Villigon.

CHAPITRE V. — *Saisies et procès-verbaux. — Préemption. — Primes pour arrestation et saisies.*

Sect. 1re. — *Visites et saisies.*

586. — Toute contravention aux lois de douanes doit être constatée par un procès-verbal régulier ; et la saisie de la chose qui est l'objet de la contravention ne peut avoir lieu qu'en se conformant aux formalités exigées par la loi.

587. — Les contraventions qui n'ont pas été constatées par un procès-verbal ne peuvent être l'objet d'aucune poursuite judiciaire. Il n'y a qu'une exception : c'est contre les personnes intéressées dans une entreprise de contrebande. — Dujardin-Sailly, liv. E, n° 53.

588. — La police judiciaire à l'effet de constater les contraventions aux lois de douanes, et dont la loi a investi l'administration des douanes, est en principe territoriale, c'est-à-dire qu'elle ne s'exerce que dans les limites du rayon frontière, sauf deux cas d'exception dont nous parlerons plus loin.

589. — A l'égard des contraventions aux lois de douane il faut distinguer le cas de flagrant délit de celui où le délit n'est pas considéré comme flagrant par la loi. — Le délit est flagrant quand la marchandise est en mouvement dans le rayon des douanes. Dans ce cas, les agens de la douane ont un pouvoir illimité pour constater les contraventions et saisir l'objet du délit. — L. 6-22 août 1791, tit. 5, art. 2 ; tit. 13, art. 35 ; — Trolley, n° 1015.

590. — Le délit est non flagrant, quand la fraude n'est pas patente, comme si le corps du délit avait été mis en sûreté dans une maison. Les agens de l'administration des douanes ne peuvent alors opérer de visite domiciliaire ni pratiquer de saisie qu'en se conformant aux prescriptions de la loi. — Trolley, n° 1015.

591. — Les préposés des douanes peuvent, dans l'étendue du rayon frontière, rechercher dans les maisons les marchandises de contrebande, pourvu toutefois qu'ils n'aient pas perdu de vue lesdites marchandises jusqu'au moment de leur introduction dans la maison ; toutes autres recherches à domicile leur sont interdites. — L. 6-22 août 1791, tit. 13, art. 36.

592. — Pour décider si une saisie a été faite dans le rayon frontière, la distance entre le lieu de la saisie et le territoire étranger ne peut se mesurer que sur un plan parfaitement horizontal et sans tenir aucun compte du plan incliné des montagnes. — *Cass.*, 28 juill. 1806, Peyronne. — Merlin (*Rép.*, v° *Douanes*, § 12) et Dujardin-Sailly, (*Code des douanes*) font remarquer que le but de la loi a été d'établir une ligne *parallèle* à la frontière ; aussi dit-elle que la mesure sera prise *la plus droite à vol d'oiseau.* C'est donc à tort qu'on a critiqué cet arrêt comme peu conforme à la lettre et aux motifs de la loi, qui ne parle que des *sinuosités des routes*, et n'a pu supposer que la fraude parviendrait à aplanir les collines comme elle sait éviter les détours des chemins.

593. — Un procès-verbal de saisie ne peut pas être annulé sous le prétexte que les préposés qui se sont introduits dans une maison pour y faire une recherche de marchandises les avaient perdues de vue, si c'est seulement momentanément, sans se livrer à aucune autre opération et par une circonstance indépendante de leur volonté. — *Cass.*, 23 oct. 1807, Fontana.

594. — La disposition de l'art. 35, tit. 13, L. 22 août 1791, qui autorise les préposés des douanes à suivre hors du rayon des deux lieues limitrophes de la frontière les marchandises prohibées qu'ils en ont vu sortir, s'applique aux marchandises que les préposés voient sortir de l'espace ajouté à ce rayon par la loi du 8 flor. an XI. — *Cass.*, 29 mai 1807, Jacob ; même jour, Moïse ; — Merlin, *Rép.*, v° *Douanes*, § 8, n° 2.

595. — Les préposés des douanes ne sont tenus de constater qu'ils ont suivi, sans les perdre de vue, les objets introduits en fraude que dans les cas où ils en opèrent la saisie, soit dans l'intérieur d'une maison, soit hors du rayon frontière ; hors ces deux cas, la saisie peut être régulièrement opérée dès qu'il est constaté que les objets saisis sont les mêmes qui ont été vus par les préposés au moment de l'introduction frauduleuse. — *Cass.*, 23 août 1836, Guyon.

596. — Lorsqu'il ne résulte pas du procès-verbal des préposés des douanes qui ont vu effectuer un débarquement de marchandises prohibées, qu'ils les aient vu introduire dans la maison où elles ont été saisies, le tribunal peut, sans faire une fausse application de la loi, prononcer la nullité de la saisie et ordonner la restitution des marchandises saisies. — *Cass.*, 2 déc. 1824, Nervy. — Mangin (*Traité des procès-verbaux*, p. 455, n° 260) fait dire à tort à cet arrêt que le procès-verbal est *nul* s'il ne mentionne pas que les préposés ont vu pénétrer les marchandises sur le territoire français, et qu'il les ont vu introduire dans la maison où ils les ont saisies ; tandis qu'il décide seulement que le procès-verbal ne forme pas une preuve irréfragable en l'absence de cette mention.

597. — Lorsque les employés de la régie ont vu emporter d'un sol étranger sur celui de la France des marchandises prohibées, et les ont suivies sans les perdre de vue jusque dans des maisons où une saisie a été pratiquée, il y a présomption que les marchandises faisant l'objet de cette saisie sont les mêmes que celles qu'ils y ont vu introduire ; et un tribunal ne peut, sur de simples conjectures, en faire main-levée aux habitans desdites maisons. — *Cass.*, 15 frim. an X, Aertsens.

598. — C'est au gouvernement et non aux tribunaux qu'il appartient de décider, en matière de douanes, si le lieu du délit est français ou étranger. — *Cass.*, 9 fructid. an VIII, Lançon.

599. — Le procès-verbal constatant la saisie d'objets prohibés et l'arrestation de fraudeurs qui avaient été poursuivis successivement et sans interruption par divers employés depuis leur entrée dans le rayon des douanes, prouve suffisamment le fait de contrebande, bien que ces employés n'aient point été présens à l'entrée, si ceux qui y ont assisté et n'avaient pu arriver à temps pour l'arrestation, ont concouru à la rédaction de ce procès-verbal. — *Cass.*, 14 août 1833, Clémence.

600. — Dans le cas de refus d'ouverture des portes, les agens de la douane ne peuvent les faire ouvrir qu'en présence d'un juge ou d'un officier municipal du lieu qui, dans tous les cas, devra être appelé pour assister au procès-verbal. — L. 6-22 août 1791, tit. 13, art. 36.

601. — Néanmoins la disposition qui exige cette assistance n'est pas prescrite à peine de nullité. — La présence d'un officier public n'a, en effet, pour but que de protéger la liberté individuelle des citoyens, et non de faire concourir ce fonctionnaire à la constatation du délit. — *Cass.*, 22 juill. 1808, Smagge ; 29 mars 1811, Picard ; 5 avr. 1811, Litschy ; 21 août 1828, Gastenea. — V. *contrà Cass.*, 12 prair. an X, Lumbretsch.

602. — En conséquence, un procès-verbal de saisie ne peut pas être annulé sous le prétexte qu'au lieu du juge de paix ou du commissaire de police, les préposés ont été assistés du maire de la commune. — *Cass.*, 5 avr. 1811, Litschy.

603. — ... Ni sous le prétexte qu'ils ont été assistés d'un officier municipal, autre que celui du lieu de la saisie. — *Cass.*, 22 juill. 1808, Smagge.

604. — Par la même raison, le procès-verbal fait avec l'assistance d'un sergent de ville n'est pas nul. — *Cass.*, 29 mars 1811, Picard.

605. — Lorsque le maire est absent, l'adjoint n'a pas besoin d'une délégation expresse de sa part pour pouvoir, en son lieu et place, assister les préposés des douanes dans une visite domiciliaire. — *Cass.*, 9 frim. an XIII, Schloesser ; — Merlin, *Rép.*, v° *Douanes*, § 11, n° 2 ; Dujardin-Sailly, *Code des douanes*, liv. B, n° 126. — V. encore L. 21 mars 1831, art. 5.

606. — Le procès-verbal serait même régulier, alors que, au lieu d'être assistés par l'adjoint à défaut du maire, les préposés l'auraient été par un membre du conseil municipal sur la délégation du maire. — *Cass.*, 28 août 1828, Gastenea ; — Mangin, *Procès-verbaux*, p. 426, n° 247.

607. — Lorsqu'une visite domiciliaire a été faite avec l'assistance d'un commissaire de police agissant hors de son arrondissement, mais d'après une autorisation expresse du préfet, l'autorité judiciaire ne peut, sans empiéter sur les pouvoirs de l'autorité administrative, annuler la saisie qui en a été la suite, comme faite en la présence d'un fonctionnaire sans caractère. — *Cass.*, 17 brum. an XIV, Vanderamvera ; — Merlin, *Rép.*, v° *Douanes*, § 11, n° 1er ; Dujardin-Sailly, liv. B, n° 126.

608. — Une visite domiciliaire n'est pas illégale et nulle, pour avoir été faite avec la seule assistance du commandant de la gendarmerie, désigné par l'administration départementale pour remplacer dans cette opération les officiers municipaux et le juge de paix qui ont refusé d'y concourir. — *Cass.*, 15 frim. an X, Aertsens.

609. — L'inviolabilité du domicile des citoyens ne permet pas d'y faire des visites pendant la nuit. Les diverses lois que nous avons énumérées consacrent formellement ce principe.

610. — Cependant, Dujardin-Sailly (livre B, n° 125) pense que, quand les préposés ont poursuivi la fraude, sans l'avoir perdue de vue, l'entrée des maisons où elle s'est réfugiée doit leur être ouverte aussi bien de nuit que de jour, parce que l'art. 36, tit. 13, L. 6-22 août 1791, ne fixe pas d'heure pour la saisie à domicile. Mais cette opinion, étant en opposition flagrante avec l'art. 76, constit. an VIII, qui contient une prohibition générale applicable aux douanes comme à toute autre matière, ne peut être suivie.

611. — La partie saisie n'est pas recevable à demander la nullité de la saisie pour avoir été opérée dans une maison dont l'entrée pouvait, aux termes des lois sur la matière, être interdite aux préposés des douanes, lorsque cette partie ne s'est point opposée à la visite et aux recherches des employés, et qu'au contraire elle y a assisté sans protestations ni réserves, et a signé le procès-verbal. — *Cass.*, 13 nov. 1839 (t. 2 1839, p. 531), Dorlencourt.

612. — Une visite domiciliaire n'est pas nulle pour avoir été faite sans l'assistance d'un juge ou d'un officier municipal, lorsque le juge et les officiers municipaux du lieu ont refusé d'obtempérer aux réquisitions des préposés. — *Cass.*, 5 janv. 1810, Aertsens ; — Mangin, *Procès-verbaux*, n° 247.

613. — Si le juge et l'officier municipal refusent d'assister au procès-verbal des préposés des douanes, sur la réquisition que ceux-ci leur ont faite, il suffit pour la régularité de leurs opérations que le procès-verbal contienne mention de la réquisition et du refus. — Art. 36, tit. 13, L. 6-22 août 1791, expliqué par l'art. 2, décr. 26 sept. 1809.

614. — Les préposés des douanes peuvent rechercher dans les maisons les dépôts qu'ils présument y avoir été établis frauduleusement. Mais ces visites ne peuvent être opérées que de jour. — L. 6-22 août 1791, tit. 13, art. 39.

615. — Les préposés des douanes se font assister, dans leur visite domiciliaire, par un officier public, et à défaut par un officier militaire. — L. 6-22 août 1791, tit. 13, art. 39.

616. — Dans ce cas, ils n'ont pas à déclarer qu'ils ont suivi à vue la marchandise ; ils la saisissent, quelle que soit la qualité du détenteur. — Arr. 6 déc. 1801.

617. — Nous avons annoncé qu'il existe deux exceptions au principe que l'autorité de l'administration des douanes est purement territoriale. La première consiste en ce que les marchandises introduites en fraude peuvent être saisies à l'intérieur, si les agens les ont vues franchir les limites du rayon frontière et les ont poursuivies sans interruption. — LL. 6-22 août 1791, tit. 13, art. 35 ; 28 avr. 1816, art. 39.

618. — Peuvent être saisies dans l'intérieur, en deçà de la ligne du myriamètre près des frontières, les marchandises prohibées venant de l'étranger par la route qui conduit de l'étranger dans l'intérieur, et trouvées dans la voiture même ou au moment de son déchargement, lorsque les préposés l'ont vue pénétrer et suivie sans interruption. — *Cass.*, 8 thermid. an VII, Zvinger.

619. — Mais si, ces deux circonstances s'étant trouvées réunies, les marchandises ont été introduites dans une maison au moment où la saisie allait être pratiquée, les agens de la douane peuvent-ils procéder à une visite domiciliaire ? — Oui, si

la marchandise est prohibée d'une manière absolue : les art. 88 et 89, L. 28 avr. 1816, ne laissent aucun doute à cet égard : Non, si la marchandise est seulement tarifée, car les articles ci-dessus ne sauraient s'y appliquer, et les art. 35 et 36, L. 6-22 août 1791, d'un autre côté, ne parlent des perquisitions à domicile que par exception, et supposent toujours qu'elles ont lieu dans les limites du rayon frontière. — M. Trolley (nº 1017) blâme avec raison cette distinction de la loi.

620. — La seconde exception consiste dans le droit qu'ont les agens de la douane de chercher à l'intérieur les tissus prohibés. — L. 28 avr. 1816, art. 60.

621. — Un droit analogue leur avait été conféré pour la recherche des marchandises anglaises dans les maisons qui pouvaient leur être signalées omme en contenant. — L. 10 brum. an V, art. 11; arr. 4e jour complém. an XI. — *Cass.*, 18 thermid. an XI, Géraerts ; — Merlin, *Quest.*, vº *Douanes*, § 3.

622. — Dès que le législateur s'est décidé à admettre le principe de la recherche des tissus étrangers dans l'intérieur du royaume, il lui a fallu poser des règles nouvelles soit pour ne point revenir à la présomption de droit établie par la loi du 10 brum. an V, soit pour ne pas étendre à l'intérieur la rigoureuse surveillance du rayon frontière : double système également impraticable.

623. — Tous les cotons filés, tissus et tricots de laine ou de coton, et généralement tous les tissus étrangers prohibés peuvent être recherchés dans l'intérieur du royaume; et ils peuvent être saisis, s'ils ne sont revêtus de la marque d'origine ou de fabrique indiquant qu'ils sont le produit d'une fabrique française. — L. 28 avr. 1816, art. 59.

624. — Tous les cotons filés, les tissus et les tricots sortant de fabrique française, doivent être revêtus de la marque de fabrique ou d'origine, s'ils sont de l'espèce de ceux dont l'importation est prohibée en France. — L. 28 avr. 1816, art. 59; 21 avr. 1818, art. 416.

625. — La marque de fabrique française a été réglée par l'ordonnance du 8 août 1816; et la loi du 21 avr. 1818 a complété la législation à cet égard en exigeant que la marque d'origine française fût apposée sur les tissus fabriqués en France avant la promulgation de cette ordonnance. — Dujardin-Sailly, p. 200.

626. — La nature des marchandises saisies ne suffit plus, quoique jointe au fait de l'importation, pour établir une présomption de fraude. Elles sont soumises par le ministre de l'intérieur (et actuellement du commerce) au jury assermenté, composé de cinq négocians notables, qui prononce sur leur nationalité. — L. 28 avr. 1816, art. 63.

627. — En autorisant la recherche dans tout le royaume des tissus de fabrique étrangère, la loi du 28 avr. 1816 a chargé les préposés des douanes de se transporter dans toutes les maisons et endroits du rayon frontière qui leur seraient indiqués comme recélant des marchandises de cette espèce. — L. 28 avr. 1816, art. 60.

628. — L'assistance d'un officier municipal ou d'un commissaire de police leur est nécessaire pour s'introduire dans les maisons, car la loi de 1816 l'exige en général, et non pas comme celle de 1791, seulement pour le cas de refus d'ouverture des portes.

629. — Les juges de paix, maires, officiers municipaux et commissaires de police ont également reçu la mission de faire, dans les villes de l'intérieur où il n'y a pas de bureaux de douanes, les recherches nécessaires pour découvrir les tissus prohibés. — L. 28 avr. 1816, art. 62.

630. — Dans les visites domiciliaires qu'ils font, les préposés des douanes n'ont pas, comme le procureur du roi (C. inst. crim., art. 32, 36, 37), le droit de saisir les papiers domestiques des citoyens pour parvenir à la découverte d'un fait de contrebande. — *Besançon*, 18 juill. 1828, Maire.

631. — ... Surtout hors le cas de flagrant délit. — *Nancy*, 16 juin 1830, Golzard.

632. — Jugé néanmoins qu'ils peuvent saisir les livres, cornets et papiers dont les fraudeurs sont porteurs. — *Besançon*, 6 juin 1836, Maire.

633. — Les poursuites d'office ordonnées aux procureurs du roi, par les art. 52 et 53, L. 28 avr. 1816, sur les douanes, n'autorisent point la saisie des papiers domestiques, ni la violation de la correspondance des citoyens. — *Besançon*, 18 juill. 1832, Maire.

634. — Les préposés des douanes peuvent encore faire des visites et pratiquer des saisies sur les bâtimens de mer pontés. — L. 9 flor. an VII, tit. 4, art. 8.

635. — Mais l'art. 8, tit. 4, L. 9 flor. an VII, qui prescrit les formalités à suivre lors des saisies faites sur un navire par les préposés des douanes, n'est applicable qu'à l'égard des saisies opérées sur les bâtimens de mer *pontés*, et lorsque le débarquement ne peut pas avoir lieu de suite; dès-lors, il doit être écarté, alors qu'il s'agit de bâtimens *non pontés*, dont le déchargement s'est opéré immédiatement et par les marins aux ordres du capitaine du navire lui-même. — *Cass.*, 21 juill. 1830, Mallus ; 7 fructid. an XI, Bernard.

636. — L'étranger prévenu de contrebande ne peut se faire un moyen de nullité de ce que, dans une visite de son bâtiment, faite en mer, les préposés des douanes n'auraient point été accompagnés d'un interprète pour traduire en sa langue le procès-verbal rédigé contre lui, alors, du reste, que la lecture et la sommation de le signer, seules formalités prescrites par la loi, lui en ont été faites. — *Cass.*, 26 avr. 1830, Felieu.

Sect. 2e. — *Procès-verbaux.*

§ 1er. — *Formalités des procès-verbaux.*

637. — La saisie des marchandises qui ont été l'objet d'une contravention aux lois des douanes doit être constatée par un procès-verbal régulier. L'omission ou l'inobservation des formalités prescrites par la loi entraîne la nullité de l'acte. — Fasquel, *Lois des douanes*, nº 1874.

638. — Ce qu'il y a de particulier aux contraventions aux lois de douanes, c'est qu'elles peuvent être constatées par des personnes étrangères à l'administration. Aux termes de la loi du 9 flor. an VII, tit. 4, art. 1er, « deux préposés de l'administration des douanes, ou autres citoyens français, suffisent pour constater une contravention aux lois relatives aux importation, exportation et circulation. »

639. — Ce concours de deux personnes n'est exigé que pour la saisie; il ne l'est point pour la poursuite des marchandises à vue. Une saisie ne pourrait donc pas être annulée si elle avait été faite par deux préposés, encore bien qu'avant la saisie un seul eût découvert la fraude et poursuivi à vue les marchandises jusqu'au lieu de la saisie. — *Cass.*, 23 août 1836, Guyon.

640. — La disposition qui exige le concours de deux employés ne concerne que les contraventions commises à l'importation ou à l'exportation, et ne peut pas être étendue aux saisies de tissus prohibés, faites en vertu de la loi du 28 avr. 1816. — Une saisie de cette nature ne pourrait donc pas être annulée sous le prétexte qu'elle n'aurait été faite que par un seul employé. — *Cass.*, 4 mai 1833, Lhabit.

641. — La loi du 6-22 août 1791, tit. 10, art. 1er, voulait que les préposés des douanes mentionnassent dans leurs procès-verbaux le lieu où ils avaient prêté serment. Cette disposition, implicitement abrogée par la loi du 14 fructid. an III, n'a pas été reproduite dans la loi du 9 flor. an VII, qui a, au contraire, abrogé par son article final le tit. 10 de la loi de 1791. — Un procès-verbal ne peut donc plus être annulé sous le prétexte qu'il ne mentionne pas le lieu où les rédacteurs ont prêté serment. — *Cass.*, 29 pluv. an VII, Liotaud; 5 vent. an VII, Souventin; 6 vendém. an VIII, Doppe; 14 vent. an VIII, Custine; 9 vendém. an IX, Géerts.

642. — Les rapports doivent énoncer les noms, qualités et demeures des préposés saisissans et de celui chargé des poursuites. — L. 9 flor. an VII, tit. 4, art. 3.

643. — D'après ce qui a été dit ci-dessus, il suffit d'énoncer dans le procès-verbal de la saisie les qualités et demeures de deux des préposés saisissans. — *Cass.*, 1er fév. 1810, Lecou.

644. — Il n'est pas nécessaire qu'un procès-verbal soit signé par tous les préposés qui ont concouru à la saisie : la signature de deux préposés suffit pour sa régularité. — *Cass.*, 22 vendém. an VII, Douanes. — Quoique rendue d'après la loi du 14 fructid. an III, cette décision conserve son application sous celle du 9 flor. an VII, qui contient une disposition analogue.

645. — Il suffit également qu'après avoir donné les noms et prénoms de chacun des préposés ayant concouru à la saisie, un procès-verbal présente dans une énumération collective les qualités et demeures de tous ces employés, sans qu'il soit de rigueur que les énonciations relatives à la qualité et à la demeure se trouvent à côté du nom de chacun des saisissans. — *Cass.*, 5 déc. 1834, Crussy.

646. — Les préposés des douanes qui ont désigné dans leurs procès-verbaux le lieu de leur résidence ne sont point obligés d'ajouter le nom de la commune dont ce lieu peut dépendre. — *Cass.*, 23 nov. 1810, Duck ; 12 janv. 1821, Delaunay; — Merlin, *Rép.*, vº *Procès-verbal*, § 3, nº 6.

647. — Le procès-verbal dans lequel les préposés des douanes ont énoncé le lieu où est établie la brigade dont ils font partie indique suffisamment leur demeure, dans le sens des lois de 1791 et de l'an VII, dont les dispositions ne doivent pas s'entendre d'un domicile proprement dit. — *Cass.*, 3 août 1827, Roussel ; — Mangin, *Traité des procès-verb.*, p. 434, nº 252.

648. — En matière de douanes, les procès-verbaux de contravention dressés par de simples citoyens doivent, à peine de nullité, être revêtus de leur signature, comme ceux dressés par les préposés des douanes eux-mêmes. — Cette formalité substantielle ne peut être suppléée par l'apposition d'une marque en présence de deux témoins. — Les simples particuliers étant, dans ce cas, munis des mêmes pouvoirs et revêtus du même caractère public que les préposés des douanes, les mêmes formalités doivent être observées dans leurs procès-verbaux, et ceux-ci font foi jusqu'à inscription de faux. — *Cass.*, 9 fév. 1844 (t. 1er 1844, p. 591), Vandolie ; — Mangin, *Des procès-verb.*, nº 250.

649. — Les rapports doivent énoncer la date et la cause de la saisie, la déclaration qui en aura été faite au prévenu, l'agent chargé des poursuites, le nom et la qualité du gardien, le lieu de la rédaction du rapport et l'heure de sa clôture. — L. 9 flor. an VII, tit. 4, art. 3.

650. — Les préposés ne sont tenus de déclarer la saisie au prévenu qu'autant qu'il est présent.

651. — Le procès-verbal qui énonce que le conducteur des marchandises saisies n'en a point fait la déclaration, conformément à l'art. 8, tit. 2, L. 6-22 août 1791, prouve que ce conducteur n'a point non plus produit de déclaration faite par ses commettans, et mentionne suffisamment les causes de la saisie. — *Cass.*, 24 juin 1835, Gaillat.

652. — Un procès-verbal de saisie n'est pas nul pour avoir été rédigé en deux contextes, lorsque la nature des opérations le nécessitait. Ainsi, n'est pas nul le procès-verbal dressé partie sur le lieu de la saisie et partie au bureau des douanes où il a fallu transporter les marchandises pour les peser et pour en faire le dépôt. Ce n'est là qu'un seul et même procès-verbal. — *Cass.*, 18 thermid. an XI, Corneille Geraerts.

653. — Lorsque la force des circonstances oblige les préposés des douanes à dresser leur procès-verbal en plusieurs contextes, il n'est pas nécessaire que chacun de ces contextes contienne l'accomplissement de toutes les formalités requises; il suffit que le second se réfère au premier, et que combinés l'un avec l'autre ils remplissent dans leur ensemble le vœu de la loi. — *Cass.*, 26 avr. 1830, Félieu ; 10 août 1833, Giacobini ; 17 fév. 1836, Poggioli.

654. — Le défaut d'interpellation au saisi de signer l'un des contextes du procès-verbal dressé contre lui n'opère point nullité, s'il est constant que ce contexte ne peut être d'aucune influence et ne tend qu'à constater l'ajournement du déchargement d'un navire. — *Cass.*, 9 juin 1817, Peruys.

655. — Le contrevenant qui n'est pas même dénommé dans un procès-verbal ne doit pas être requis de le signer. — *Cass.*, 26 brum. an VII, Cochet.

656. — L'heure de la clôture d'un procès-verbal est suffisamment indiquée en ces termes : *Ainsi fait et clos au domicile de N...; et lui avons sur-le-champ délivré copie du présent rapport, à six heures du soir.* — *Cass.*, 20 thermid. an XII, Valroff.

657. — Un procès-verbal n'a pas besoin, pour sa régularité, d'être écrit de la main des préposés qui le dressent. — *Cass.*, 8 oct. 1811, Liandoz.

658. — Une instruction récente de l'administration des douanes a décidé : 1º que le soin de rédiger les procès-verbaux de saisie appartient essentiellement aux saisissans ; 2º que les receveurs toutefois doivent prendre directement le soin de cette rédaction matérielle, mais seulement dans le cas d'incapacité des saisissans et d'absence des chefs de la partie active ; 3º enfin, que les receveurs sont responsables des vices de forme qui seraient ultérieurement relevés dans ces actes, sauf le cas où les procès-verbaux doivent être rédigés sur place.

659. — L'art. 8, tit. 10, L. 6-22 août 1791, qui exigeait, dans le cas de dépôt des marchandises saisies au bureau de la douane, que la signature du receveur dépositaire fût apposée au pied du procès-verbal de saisie, a été abrogé par la loi du 14 fructid. an III, art. 2. — *Cass.*, 7 brum. an VIII, Poot Vanderschuren. — Cette abrogation a été faite expressément par l'article final de la loi du 9 flor. an VII.

660. — Est nul le procès-verbal qui, dressé par plusieurs employés des douanes, porte simplement que les objets saisis ont été mis en fourrière sous la garde de quelques-uns d'entre eux, sans indiquer le nombre, le nom et les qualités des gardiens. — *Cass.*, 8 déc. 1835, Dominé.

§ 2. — *Transport des marchandises au plus prochain bureau.*

661. — Ceux qui procèdent à une saisie doivent faire conduire, autant que possible, dans le bureau de douane le plus prochain du lieu de l'arrestation les marchandises, voitures, chevaux et bateaux servant aux transports. Ils doivent rédiger de suite leur rapport. — L. 9 flor. an VII, art. 2.

662. — La loi du 4 germ. an II, tit. 6, art. 10 et 11, voulait d'une manière impérative et sans distinction que les marchandises saisies fussent transportées au bureau des douanes le plus prochain. — *Cass.*, 1er fructid. an VIII, Juillerat. — V. aussi L. 6-22 août 1791, tit. 10, art. 7.

663. — Mais déjà cette disposition avait été modifiée par l'art. 2, L. 14 fructid. an III, qui permit de s'écarter du bureau le plus prochain lorsque les circonstances l'exigeaient.

664. — Il est évident que la modification établie par cette loi n'avait pu être appliquée à des faits antérieurs à sa promulgation, quoique jugés sous son empire. — *Cass.*, 1er fructid. an VIII, Juillerat.

665. — Les préposés des douanes n'étant pas astreints, dans tous les cas, à conduire les marchandises saisies au bureau le plus voisin de la saisie, et la loi leur laissant la faculté de ne point suivre cette règle suivant les circonstances, une saisie ne peut pas être annulée sous le prétexte que les marchandises saisies n'ont pas été conduites au bureau le plus voisin. — *Cass.*, 23 brum. an VIII, Gérard Arnoult.

666. — L'obligation de transporter les marchandises saisies au bureau des douanes le plus voisin, et d'afficher le procès-verbal à la porte du bureau, en cas d'absence du délinquant, est inapplicable aux saisies faites hors de l'enceinte où sont placés les douaniers et leurs bureaux. — *Cass.*, 8 thermid. an VIII, Zvinger.

667. — La loi du 9 flor. an VII en n'imposant pas aux agens de la douane l'obligation de conduire les marchandises saisies au bureau le plus voisin, sous peine de nullité du procès-verbal de saisie, ainsi que le voulait la loi du 4 germ. an II, laisse par cela même les tribunaux juges des cas où les préposés de la douane ont pu ne pas conduire les marchandises au bureau le plus proche. — Ainsi, si pour plus de commodité et de sûreté l'objet saisi a été conduit à un bureau plus éloigné, la saisie peut être validée, pourvu que le procès-verbal mentionne les inconvéniens ou au moins l'utilité de déroger au vœu de la loi. — Dujardin-Sailly, liv. E, tit. 1er, ch. 1.

668. — Mais les marchandises saisies doivent toujours être conduites à un bureau de douanes. La loi du 9 flor., tit. 4, art. 2, est formelle à cet égard. — Cependant, s'il ne s'agissait que de marchandises tarifées, et que le saisi donnât une caution suffisante, les objets saisis pourraient lui être laissés. — L. 9 flor. an VII, tit. 4, art. 7.

669. — Un procès-verbal de saisie est nul si les préposés qui l'ont opérée, au lieu de faire transporter les marchandises au plus prochain bureau, les ont laissées au saisi sans caution. — *Cass.*, 1er fév. 1806, Vignes.

670. — A défaut de caution suffisante, les marchandises saisies doivent être transportées au bureau le plus prochain, soit que la saisie ait été faite dans une habitation, soit qu'elle l'ait été sur la voie publique. — *Cass.*, 29 déc. 1838 (t. 1er 1839, p. 635), Paldacci.

671. — Lorsque les objets saisis ont été transportés dans le bureau des douanes le plus prochain, le rapport doit y être rédigé de suite. — L. 9 flor. an VII, tit. 4, art. 2.

672. — Cette disposition doit être entendue en ce sens qu'il suffit de rédiger de suite le procès-verbal après le transport des marchandises au bureau le plus prochain. — *Cass.*, 28 thermid. an VIII, Bonnafaud.

673. — Un procès-verbal de saisie est censé fait de suite après le transport des marchandises au bureau des douanes, lorsque entre ce transport et sa rédaction il n'y a pas eu d'autre intervalle que celui nécessité par la fin du jour et l'impossibilité de procéder la nuit à la vérification et description des marchandises saisies. — *Cass.*, 28 thermid. an VIII, Bonnafaud; 7 mai 1830, Thiébault; 26 sept. 1833, Montauban; 27 déc. 1834, Zevaco.

674. — ... Surtout lorsque le retard provient du fait même du saisi. — *Cass.*, 28 thermid. an VIII, Bonnafaud.

675. — ... Ou lorsqu'il a été occasionné par les blessures que l'un des préposés avait reçues dans l'opération. — *Cass.*, 26 sept. 1833, Montauban.

676. — Les préposés de l'administration des douanes qui ont procédé à une saisie ne peuvent s'affranchir de l'obligation de rédiger de suite leur rapport, ainsi que le prescrit l'art. 2, L. 9 flor. an VII, qu'autant qu'il y a impossibilité résultant soit de la survenance de la nuit, soit d'une force majeure quelconque, telle, par exemple, que serait un empêchement apporté par le saisi lui-même. — Ces préposés violent également la loi lorsqu'ils divertissent à d'autres actes dans l'intervalle de la découverte de la contravention à la clôture du procès-verbal. — *Cass.*, 2 avr. 1845 (t. 1er 1845, p. 479), Coric.

677. — La loi ne prescrit de rédiger les rapports de suite qu'autant que les circonstances peuvent le permettre, et il ne peut résulter aucune nullité de ce que la rédaction aurait été interrompue par suite des réglemens sanitaires jusqu'au moment où les objets saisis, admis à la libre pratique, auraient pu être transportés au prochain bureau. — *Cass.*, 17 fév. 1836, Poggioli.

678. — Les préposés des douanes ont pu valablement rédiger un procès-verbal dans le lieu indiqué par la municipalité pour remplacer provisoirement le bureau. — Ce procès-verbal n'est pas nul pour ne faire qu'un avec le procès-verbal dressé au lieu où était le navire. — *Cass.*, 26 vent. an II, Lecat.

679. — Lorsque la saisie est pratiquée dans une maison, la description doit y être faite et le rapport y être rédigé. — L. 9 flor. an VII, tit. 4, art. 7.

680. — La loi du 28 avr. 1816, art. 61, sur la recherche des tissus prohibés dans l'intérieur du royaume, exige également qu'à moins d'empêchement le procès-verbal soit rédigé au domicile même de la partie chez laquelle la visite a été faite.

681. — Mais cette disposition n'est pas applicable au cas où la saisie a été pratiquée dans une auberge où le prévenu colportait des marchandises prohibées. — *Cass.*, 8 fév. 1821, Bloc.

682. — Une église ou édifice consacré au culte ne peut être assimilé à une maison habitée, en ce sens que le procès-verbal de saisie des marchandises qui s'y trouvent doive y être rédigé. — Peu importerait que cette église fût la propriété du saisi, qu'elle servît parfois d'entrepôt et même à l'habitation; si ces faits n'ont point été déclarés aux préposés des douanes, ils n'ont dû considérer l'édifice que comme un lieu public. — *Aix*, 17 août 1837 (t. 1er 1838, p. 10), Giudicelli.

683. — On ne peut considérer comme une maison un atelier de salaison, qui, d'après le décret de 1806 et l'ordonn. de 1816, doit être ouvert aux préposés à toute réquisition et n'avoir qu'une seule issue, lors même qu'il serait joint au domicile du propriétaire. Dans ce cas, le procès-verbal peut régulièrement être rédigé hors de l'atelier. — *Cass.*, 7 juin 1841 (t. 2 1841, p. 70), Duval.

684. — Le prévenu qui a consenti à suivre les préposés au bureau des douanes pour y assister à la rédaction du procès-verbal est non-recevable à se faire un moyen de nullité de ce que ce procès-verbal n'aurait pas été rédigé dans la maison où la saisie a été opérée. — *Cass.*, 15 juill. 1824, Guernache; 13 nov. 1839 (t. 2 1839, p. 531), Dorlencourt; — Mangin, *Tr. des procès-verbaux*, p. 458, n° 261.

685. — La saisie est valable, quoique les objets saisis aient été transportés dans un autre bureau que celui le plus voisin de l'arrestation, si ce transport a eu lieu par suite de force majeure, et spécialement pour obéir aux réglemens militaires. — Dans ce cas, la rédaction définitive du rapport peut être valablement faite au lieu du transport, bien qu'elle ait été commencée à celui de l'arrestation, surtout lorsque le premier contexte du procès-verbal, tout en indiquant le bureau où les objets saisis allaient être transportés, contenait sommation au prévenu de s'y trouver pour assister à la continuation du rapport. — *Aix*, 17 août 1837 (t. 1er 1838, p. 10), Giudicelli.

686. — De même, un procès-verbal de saisie ne peut pas être annulé pour n'avoir pas été dressé sur le lieu de la saisie, lorsqu'il est établi que ce sont les troubles, la résistance éprouvée, et l'intérêt de leur sûreté personnelle qui ont obligé les préposés des douanes à se retirer au plus prochain bureau pour y verbaliser. — *Cass.*, 15 frim. an X, Aertsens; 25 oct. 1807, Fontana; 5 janv. 1810, Aertsens; 30 mars 1831, Blois.

687. — Une saisie ne peut pas être déclarée nulle sous le prétexte que les marchandises n'ont pas été transportées au plus prochain bureau, s'il résulte du procès-verbal qu'il y avait plus de commodité et même plus de sûreté à les transporter dans un autre bureau. — *Cass.*, 28 niv. an VIII, Desruelles. — La dernière considération nous paraît seule déterminante.

688. — En effet, les préposés qui ont commencé chez un particulier une saisie de marchandises prohibées ne peuvent, malgré son opposition, transporter les marchandises saisies dans un bureau autre que le plus voisin, sous le prétexte de plus de commodité, surtout s'il ne reste à faire qu'une prisée. — *Cass.*, 3 déc. 1817, Gendarme. — Si l'on décidait autrement, le lieu de la saisie étant attributif de juridiction, les préposés se trouveraient libres de choisir le juge qui devrait prononcer sur le mérite de la saisie.

§ 3. — *Description des marchandises.*

689. — Les procès-verbaux de saisie doivent énoncer la date et la cause de la saisie; la déclaration qui en aura été faite au prévenu; les noms, qualités et demeures des saisissans et de celui chargé des poursuites; l'espèce, poids ou nombre des objets saisis; la présence de la partie à leur description, ou la sommation qui lui aura été faite d'y assister; le nom et la qualité du gardien; le lieu de la rédaction du rapport, et l'heure de sa clôture. — L. 9 flor. an VII, tit. 4, art. 3.

690. — Il suffit que la teneur du procès-verbal ne laisse aucun doute sur la cause de la saisie pour que l'art. 3 du tit. 4 de la loi du 9 flor. an VII, qui veut que cette cause soit énoncée à peine de nullité, soit réputée obéie; la loi n'ayant prescrit à cet égard aucune forme sacramentelle. — *Cass.*, 19 juin 1843 (t. 2 1843, p. 195), propriét. du *Phénix*.

691. — La description des marchandises saisies doit bien être faite dans le lieu même de la saisie; mais leur enlèvement et dépôt ne peuvent être constatés qu'au plus prochain bureau où elles sont transportées. — En conséquence, le procès-verbal ne peut pas être annulé sous le prétexte qu'il aurait dû être rédigé sur le lieu de la saisie dans son entier et même pour la partie relative à l'enlèvement et au dépôt des marchandises. — *Cass.*, 17 brum. an XIV, Vanderamvera.

692. — Le prévenu ne peut se faire un moyen de nullité de ce que les marchandises saisies n'auraient pas été pesées à son domicile, lorsqu'il est constaté que ce sont les violences exercées contre les employés et la rétention des marchandises qui en ont empêché la vérification dans ce domicile. — *Cass.*, 30 mars 1831, Blois.

693. — L'obligation imposée aux préposés des douanes de mentionner dans leurs rapports le poids des ballots saisis ne doit pas s'entendre du poids particulier de chaque ballot. — *Cass.*, 7 fructid. an X, Bernard.

694. — L'obligation de mentionner dans les procès-verbaux de saisie par leur poids les marchandises saisies ne concerne que celles qui sont de nature à être pesées, et non des pièces d'étoffe, dont il suffit d'énoncer le nombre, l'espèce et l'aunage. — *Cass.*, 17 germin., an X, N...; 7 niv. an XIII, Vancaneghem. — Dujardin-Sailly, liv. E, n° 11.

695. — Un procès-verbal de saisie ne peut pas être annulé, sous le prétexte que le poids des marchandises saisies n'a pas été légalement constaté, si l'évaluation en a été faite par les préposés, d'accord avec le saisi. — *Cass.*, 20 thermid. an XII, Walroff.

696. — Lorsque la saisie est pratiquée sur un bâtiment de mer ponté, si le déchargement ne peut avoir lieu de suite, les saisissans apposent les scellés sur les fermans et écoutilles du bâtiment. Le procès-verbal, qui se dresse au fur et à mesure du déchargement, fait mention du nombre des marques et des numéros des ballots, caisses et tonneaux. La description en détail n'est faite qu'au bureau, en présence de la partie ou après sommation d'y assister. — L. 9 flor. an VII, tit. 4, art. 8.

697. — L'obligation de mentionner les marques et numéros des balles de marchandises saisies ne concerne que celles faites sur des bâtimens de mer pontés dont le déchargement entier ne peut avoir lieu de suite. Elle est inapplicable aux saisies faites sur bâtimens non pontés ou lorsque l'entier déchargement a été de suite effectué. — *Cass.*, 3 vent. an X, Orban; 7 fructid. an X, Bernard; 13 vendém. an XI, Guerbesso; 6 flor. an XI, Gazino.

698. — Le procès-verbal de saisie à l'intérieur de tissus prohibés doit contenir la mention : 1° de la désignation des marchandises par poids, nombre et nature des pièces, ou par mètres s'il ne s'agit que de coupons, 2° du prélèvement qui sera fait d'échantillons sur chaque pièce ou coupon, 3° de la mise sous enveloppe desdits échantillons. L'intégrité des enveloppes est garantie par le triple cachet de l'officier public, des saisissans et de la partie, à moins qu'elle ne s'y refuse. — L. 28 avr. 1816, art. 61. — Le tout est alors transmis au directeur général des douanes pour être soumis au jury d'examen. — *Ibid.*

699. — Un procès-verbal de saisie ne peut pas être annulé sous le prétexte que l'adjoint au

maire qui a assisté à la saisie a apposé sur les marchandises son cachet personnel au lieu de celui de l'administration : il suffit pour la régularité du procès-verbal que l'identité des échantillons ait été garantie. — *Cass.*, 16 déc. 1830, Marc Le Duc. — Mangin, *Traité des procès-verbaux*, n° 270.

700. — La formalité du prélèvement des échantillons de la marchandise saisie, leur mise sous enveloppe et l'apposition du cachet de la douane sur cette enveloppe sont suffisamment remplacées par l'apposition du cachet sur les sacs qui renferment les objets saisis. — *Cass.*, 13 nov. 1839 (t. 2 1839, p. 531), Dorlencourt.

701. — On ne peut annuler une saisie de tissus sur le motif que l'officier public se serait retiré avant la fin des opérations et que des échantillons n'auraient pas été prélevés, mis sous enveloppe et cachetés, si d'ailleurs il a été offert par la régie de réparer avant le jugement l'omission de cette dernière formalité. — *Cass.*, 6 août 1836 (t. 1er 1837, p. 345), Muzio.

§ 4.— *Sommation au saisi d'assister à la description.*

702. — La partie saisie a le droit d'assister tant à la description des objets saisis qu'à la rédaction du procès-verbal. Il doit lui en être donné lecture et copie si elle est présente. En cas d'absence, cette formalité est remplacée par une affiche de la copie. — L. 9 flor. an VII, tit. 4, art. 3 et 7.

703— Ainsi, le procès-verbal doit mentionner la présence de la partie à la description ou la sommation qui lui a été faite d'y assister. — *Ibid.*, art. 3.

704. — C'est au conducteur et non au propriétaire vrai ou supposé des marchandises que doit être faite la sommation d'assister à leur description, sauf à ce dernier à intervenir, s'il y a lieu. — *Cass.*, 19 mars 1807, Smitt; 28 déc. 1835, Mamberti; 10 nov. 1836 (t. 1er 1837, p. 638), Fil.

705.— En conséquence, il suffit que la sommation ait été faite au conducteur des marchandises, lors même qu'il ne se trouverait plus sur les lieux et qu'il serait parti après avoir donné caution et fait élection de domicile. — *Cass.*, 19 mars 1807, Smitt.

706. — La sommation faite au prévenu qui s'est déclaré propriétaire des marchandises saisies, d'assister à leur description, remplit suffisamment le vœu de la loi, sans qu'il soit nécessaire de faire la même sommation à tous les prévenus. — *Cass.*, 27 déc. 1834, Zevaco.

707. — Le jugement qui déclare nul un procès-verbal de saisie, en matière de douanes, sur le motif que les préposés rédacteurs ont omis de déclarer au délinquant le bureau éloigné où ils conduisaient les objets saisis, et de lui faire sommation de s'y rendre pour assister à la rédaction du procès-verbal, ne viole aucune loi. — *Cass.*, 5 avr. 1828, Dupont-Moraine.

708. — Lorsque le procès-verbal est divisé en deux contextes, la sommation peut n'être faite que par le second. — *Cass.*, 10 nov. 1836 (t. 1er 1837, p. 638), Fil.

709. — La sommation une fois faite au prévenu d'assister à la description des marchandises saisies est valable pour toutes les vacations que cette opération pourra nécessiter, et n'a pas besoin d'être renouvelée à chacune d'elles. — *Cass.*, 10 nov. 1836 (t. 1er 1837, p. 638), Fil; 19 avr. 1837 (t. 2 1837, p. 108), mêmes parties.

710. — En conséquence, le prévenu ne peut se plaindre de ce que la copie affichée à la porte du bureau ne contiendrait pas l'annonce du renvoi au lendemain. — *Cass.*, 19 avr. 1837 (t. 2 1837, p. 108), Fil.

711. — La sommation à la partie d'assister à la description des marchandises saisies n'est pas nécessaire, lorsque le procès-verbal de saisie constate que cette partie a assisté à la levée des scellés, à la reconnaissance des marchandises, et à la lecture du procès-verbal. — *Cass.*, 10 nov. 1836 (t. 1er 1837, p. 638), Fil.

712. — C'est seulement lorsque le prévenu est présent à la clôture du rapport que les préposés sont obligés de lui en donner lecture, sauf à l'afficher de suite à la porte du bureau. — *Cass.*, 17 brum. an XIV, Vanderamvera.

713. — La disposition qui prescrit cette lecture ne concerne que les contraventions commises aux lois des douanes, à l'importation ou à l'exportation, et ne s'applique pas aux saisies faites dans l'intérieur, en vertu de la loi du 28 avr. 1816, qui, réglant seule les formalités à remplir dans la rédaction des procès-verbaux, n'exige pas cette lecture. — *Cass.*, 10 mars 1820, Guenuchot; 28 juin 1823, Guenuchot.

§ 5. — *Remise d'une copie du procès-verbal au saisi.*

714. — La remise d'une copie du procès-verbal au saisi est ordonnée dans l'intérêt sacré de sa défense. L'accomplissement de cette formalité doit être constaté dans le rapport. — L. 9 flor. an VII, tit. 4, art. 6.

715. — C'est par les rédacteurs du procès-verbal que doit être signée et délivrée la copie du procès-verbal au saisi. — *Cass.*, 2 oct. 1824, Rembert. — Mangin, *Tr. des procès-verb.*, p. 440.

716.— L'omission, sur la copie d'un procès-verbal de contravention aux lois de douanes, de la signature de deux des trois employés rédacteurs, ne peut être invoquée par le contrevenant comme opérant la nullité de ce procès-verbal, alors que l'original est revêtu du nombre de signatures exigé par la loi, et que l'omission reprochée à la copie provient d'un fait violent, indépendant de la volonté des employés, et auquel le contrevenant n'est pas resté étranger. — L. 9 flor. an VII, tit. 4, art. 1er, 10, 11. — Le supplément de procès-verbal dressé en pareil cas pour constater l'empêchement des employés rédacteurs ne fait avec le procès-verbal lui même qu'un seul et même acte dont les deux contextes sont suffisamment validés par une seule affirmation portant sur l'ensemble. — *Cass.*, 15 juill. 1844 (t. 2 1844, p. 242), Denaclare.

717. — La remise de la copie et sa constatation sont prescrites à peine de nullité. — *Cass.*, 6 niv. an XIII, Duchesne; 1er fév. 1806, Vignes. — Merlin, *Rép.*, v° *Procès-verbal*, § 3, n° 5.

718.— Il avait été décidé que le silence de la copie sur sa remise au saisi n'était pas suppléé par la régularité de l'original, et qu'il en résultait une nullité. — *Douai*, 29 oct. 1833, Delcourt.

719. — Mais cet arrêt a été cassé : jugé en effet qu'il n'est pas nécessaire que la remise au prévenu de la copie du procès-verbal de saisie soit mentionnée sur cette copie même ; il suffit qu'elle le soit sur l'original. — *Cass.*, 22 mai 1834, Delcourt.

720. — Un procès-verbal de saisie n'est pas nul par cela seul qu'il n'en a pas été remis copie au saisi, lorsque ce procès-verbal constate que le saisi en a entendu la lecture, a refusé de le signer, d'en recevoir copie, et s'est retiré immédiatement. — *Cass.*, 10 nov. 1836 (t. 1er 1837, p. 638), Fil.

721.— La loi ne veut pas l'impossible : lorsqu'un saisi refuse de recevoir la copie qui lui était destinée, on ne peut pas l'y contraindre. — Mais les préposés sont dès lors autorisés à procéder comme si la partie n'avait pas assisté à la rédaction du procès-verbal, c'est-à-dire à afficher la copie au bureau de la douane.

§ 6. — *Affiche de la copie.*

722. — Lorsque le prévenu n'est pas présent à la rédaction du procès-verbal, la copie qui lui était destinée doit être affichée dans le jour à la porte du bureau des douanes. — L. 9 flor. an VII, tit. 4, art. 6.

723. — Dès qu'il y a des prévenus absens, l'affiche est prescrite à peine de nullité. — *Cass.*, 6 niv. an XIII, Duchesne.

724. — Mais l'affiche d'une seule copie est suffisante, bien qu'il y ait plusieurs prévenus absens. — *Cass.*, 11 avr. 1831, Leroy.

725. — Quand le procès-verbal est fait en deux contextes, et que la sommation d'assister à la rédaction n'est contenue que dans le second, il suffit d'afficher, à la porte de la douane, la copie du second contexte. — *Cass.*, 10 nov. 1836 (t. 1er 1837, p. 638), Fil.

726. — La disposition de l'art. 6, tit. 4, L. 9 flor. an VII, d'après laquelle l'affiche d'une copie du procès-verbal, à la porte extérieure du bureau des douanes, vaut assignation pour le prévenu absent, ne concerne pas les personnes civilement responsables, qui doivent, au contraire, être assignées dans la forme ordinaire. — *Douai*, 31 août 1832, Lehoucq.

727. — Un procès-verbal de saisie n'est pas nul pour avoir été affiché après le coucher du soleil. — *Cass.*, 11 flor. an IX, Boeyre ; — Dujardin-Sailly (livre E, n° 6) cite, comme l'ayant ainsi décidé, un arrêt de Cassation du 11 flor. an XIII; mais il est à présumer que c'est le même que celui que nous indiquons ici. Ici, les mots de la loi, *dans le jour*, signifient le jour de la rédaction et non la lumière du jour.

728. — L'affiche est une interpellation suffisante, lorsque le délinquant est inconnu, n'a pas de domicile ou n'a qu'un domicile inconnu, parce que les préposés ne peuvent pas être obligés d'en faire la recherche et encore moins de se déplacer. — Mais lorsque le prévenu a un domicile connu, il semblerait naturel d'exiger que le procès-verbal lui fût notifié à personne ou domicile, soit par les saisissans, soit par d'autres préposés.

729. — Jugé en ce sens que la citation ne peut être donnée par affiche à la porte du bureau de douanes qu'autant que le contrevenant et son domicile sont également inconnus, et non lorsque le prévenu est simplement non présent à la rédaction du procès-verbal. — *Cass.*, 23 août 1830, Caire.

730.— Mais jugé depuis que cette disposition de la loi s'appliquait à tous les cas où le prévenu n'était pas présent à la rédaction alors même qu'il aurait son domicile dans la commune. — *Cass.*, 16 déc. 1833, Pellut. — Mangin, *Procès verb.*, p. 448, n° 255.

731. — Le refus de recevoir la copie est assimilé à l'absence. Les préposés sont donc autorisés à afficher la copie à la porte du bureau. — *Aix*, 19 avr. 1837 (t. 2 1837, p. 108), Fil.

732. — Lorsque après avoir assisté à toutes les recherches, le prévenu s'est retiré au moment de la rédaction du procès-verbal, il a dû être considéré comme absent, et dès lors la notification a pu lui en être faite par voie d'affiche. — *Cass.*, 5 avr. 1811, Litschy.

733. — Il en est de même lorsque, après avoir assisté à la rédaction du procès-verbal, le saisi s'est retiré sans le signer et sans qu'on ait pu lui en donner lecture et lui en remettre copie; il est censé avoir refusé de la recevoir, et dès-lors il suffit que cette copie ait été affichée à la porte du bureau. — *Cass.*, 27 déc. 1834, Zevaco.

734. — Lorsque, à raison de l'absence des prévenus, le procès-verbal est affiché à la porte du bureau, il n'est pas nécessaire que l'affiche soit constatée par un acte séparé. — *Cass.*, 13 prair. an IX, Segen.

735.— De même, l'affiche est suffisamment constatée par l'énonciation consignée au procès-verbal qu'elle sera faite. Il n'est pas nécessaire d'en dresser un acte particulier postérieurement à la rédaction et à la clôture de ce procès-verbal. — *Cass.*, 23 oct. 1807, Fontana. — Merlin, *Rép.*, v° *Procès-verbal*, § 3, n° 4.

§ 7. — *Saisie et main-levée sous caution.*

736.— En matières de douanes, la saisie de marchandises prohibées doit toujours être suivie de celle des moyens de transport. — *Cass.*, 4 mars 1839 (t. 1er 1839, p. 533), Latagny; même jour (*ibid.*), Laurencena. — Cela résulte de l'art. 2, tit. 4, de la loi du 9 flor. an VII, aux termes duquel les voitures, chevaux et bateaux servant aux transports des marchandises saisies doivent être conduits au bureau des douanes.

737.— D'après une décision ministérielle du 12 vent. an VII, l'administration des messageries, dites aujourd'hui royales, n'encourrait les peines portées par la loi qu'autant que les caisses, balles et ballots ne seraient pas énoncés sur les feuilles de chargement.

738.— Par suite, et d'après une circulaire du 30 juil. 1845, toutes les fois qu'il y a lieu de saisir soit pour fausse énonciation, soit pour défaut de formalités, à la circulation des objets inscrits sur la feuille de route, les frais de transport doivent être sur-le-champ payés au conducteur de la diligence qui en donnera quittance, et entrer dans les frais de saisie.

739.— Ce n'était qu'à l'égard des fermiers et régisseurs des messageries nationales, que la saisie des chevaux et voitures à eux appartenant était interdite. — *Cass.*, 17 brum. an XIV, Vanderamvera.

740. — Ainsi est valable la saisie des moyens de transport, lorsqu'il ne s'agit pas d'une voiture nationale, mais d'une diligence particulière. — Même arrêt.

741.— Lorsque des marchandises ont été saisies au débarquement pour fausse déclaration, il n'est pas nécessaire de renouveler la saisie, quoique le délit ait acquis par l'instruction un caractère plus fort de gravité. — *Cass.*, 10 déc. 1806, Brizoux.

742.— Les saisissans sont tenus d'offrir main-levée sous caution, ou au moyen de consignation, de la valeur des bâtimens, bateaux, voitures et équipages saisis pour autre cause que pour prohibition de marchandises dont la consommation est défendue. Le procès-verbal doit faire mention de cette offre, ainsi que de la réponse de la partie. — L. 9 flor. an VII, tit. 4, art. 5.

743.— Ainsi, lorsque la saisie est faite pour autre cause que pour prohibition des marchandises dont la consommation est défendue, les préposés sont tenus d'offrir main-levée sous caution des objets saisis, à peine de nullité. — *Cass.*, 25 juill. 1806, Beenken. — Cet arrêt parle en général des objets saisis : on verra bientôt la distinction qu'il y a à faire.

744. — Les procès-verbaux dressés par les employés des douanes, contributions indirectes et octrois, ne sont pas nuls, faute par les employés d'avoir offert main-levée des objets saisis, moyennant caution ou consignation de leur valeur, lors-

que c'est par le fait des contrevenans que cette offre n'a pu leur être faite. Elle peut être valablement faite jusqu'à la rédaction du procès-verbal. — *Cass.*, 12 nov. 1835, Duhomme.

745. — Les tribunaux ne peuvent jamais ordonner la main-levée d'une saisie d'objets dont l'entrée est prohibée. — *Cass.*, 10 août 1833, Giacobini.

746. — Lorsque les préposés des douanes saisissent des marchandises qui, nonobstant leur prohibition à l'entrée, sont néanmoins admissibles dans le commerce, ils doivent, à peine de nullité de leur procès-verbal, offrir au prévenu la main-levée sous caution des moyens de transport. — V. Dujardin Sailly, liv. E, nº 5; Carnot, *Inst. crim.*, t. 2, p. 101, nº 8; Merlin, *Rép.*, vº *Marchandises anglaises*, § 2. — V. encore *Cass.*, 28 nov. 1811, Janssens.

747. — Les employés ne sont tenus d'offrir au saisi la main-levée sous caution des moyens de transport que dans le cas de simples contraventions aux lois des douanes; cette offre est purement facultative pour eux lorsqu'il s'agit de marchandises prohibées à l'entrée du royaume dont la consommation est défendue. — *Cass.*, 10 nov. 1832, Verthe.

748. — L'obligation imposée aux préposés des douanes d'offrir la main-levée sous caution n'est applicable qu'aux saisies de bâtimens, bateaux, voitures, chevaux et équipages. Lorsque la saisie a pour objet des denrées ou marchandises, le procès-verbal ne peut pas être annulé sous le prétexte qu'ils ont omis d'en offrir la main-levée sous caution. — *Cass.*, 6 prair. an VIII, Vaucamp; *Douai*, 10 avr. 1835, Anoverberque; *Aix*, 19 avr. 1837 (t. 2 1837, p. 108), Fil.

749. — Lorsqu'il s'agit d'une introduction d'objets prohibés venant de l'étranger, les préposés des douanes ne sont pas obligés d'offrir au prévenu la remise sous caution des objets saisis. — *Cass.*, 9 juin 1817, Sernys.

750. — Dujardin-Sailly (livre E, nº 5) pense même que l'offre de main-levée des moyens de transport doit être faite dans tous les cas, et quoiqu'ils aient servi à introduire des marchandises dont la consommation est interdite. — Cependant l'art. 5, tit. 4, L. 9 flor. an VII, n'impose cette obligation qu'en cas de saisie *pour autre cause* que cette prohibition.

751. — Au surplus, le séquestre mis sur un navire, de l'autorité du gouvernement, ne dispense pas les douaniers de l'obligation qui leur est imposée d'offrir au prévenu main-levée sous caution des moyens de transport. — *Cass.*, 25 juill. 1806, Beenhen.

752. — Une autre disposition veut que, dans le cas de saisie au domicile du prévenu, les marchandises dont la consommation n'est pas prohibée, soient laissées au saisi, s'il donne caution solvable. — L. 9 flor. an VII, tit. 4, art. 7.

753. — Cette obligation n'est applicable qu'en cas de saisie dans une maison. — Lorsque, au contraire, la saisie a lieu sur des bâtimens, bateaux ou voitures qui sont saisis en même temps comme moyens de transport, il n'y a obligation d'offrir main-levée que de ces moyens de transport. — *Cass.*, 20 juill. 1831, Norbington.

754. — Lorsque la saisie est faite dans une maison, les préposés ne sont pas tenus d'offrir au prévenu de laisser sous caution les objets dont la consommation n'est pas défendue; c'est au prévenu lui-même à offrir la caution, s'il le juge convenable. — *Cass.*, 15 juill. 1824, Gamache.

755. — La caution exigée dans le cas d'une main-levée de saisie accordée par un jugement frappé d'un pourvoi en cassation doit être bonne et suffisante; et par ces mots *bonne et suffisante* on ne doit pas entendre que la partie soit assujétie à fournir un cautionnement en immeubles, mais une garantie suffisante, d'après la notoriété, comme en matière commerciale. — *Cass.*, 18 nov. 1839 (t. 2 1839, p. 533), Balguerie.

§ 8. — *Affirmation des procès-verbaux.*

756. — Les procès-verbaux et rapports doivent être affirmés par deux saisissans, au moins, devant le juge de paix ou l'un de ses suppléans. L'affirmation énonce qu'il en a été donné lecture aux affirmans. — L. 9 flor. an VII, tit. 4, art. 10.

757. — L'affirmation d'un procès-verbal est régulièrement faite par deux préposés quoique la saisie ait été pratiquée par un plus grand nombre, par exemple, par trois, ou par sept. — *Cass.*, 23 brum. an VIII, Arnoult; 9 vendém. an IX, Geerts; 5 janv. 1810, Aertsens; 1er fév. 1810, Lecou; — Merlin, *Quest.*, vº *Douanes*, § 12. — En effet, d'après la loi du 9 flor. an VII, tit. 4, art. 1er, deux préposés suffisent pour constater une contravention.

758. — Les signataires d'un procès-verbal de saisie faite à l'intérieur, en matière de douanes, ont tous qualité pour l'affirmer, et cette affirmation est valable, bien que parmi les préposés qui l'ont faite il ne s'en trouve pas deux de ceux qui ont vu la marchandise franchir le rayon de la frontière, et qui l'ont suivie sans interruption jusqu'au moment de la saisie ou de son introduction dans une maison. — *Cass.*, 4 mars 1841 (t. 1er 1842, p. 237), Sanier.

759. — Jugé, en matière de contributions indirectes, que ce n'est pas de l'affirmation qu'il doit être donné lecture à ceux qui affirment, mais du procès-verbal. — *Cass.*, 11 fév. 1808, Bichelaert.

760. — L'affirmation d'un procès-verbal est régulière quoiqu'elle constate seulement que les préposés ont déclaré leur procès-verbal véritable dans tout son contenu, sans énoncer expressément qu'ils l'ont affirmé. — *Cass.*, 15 flor. an XII, Desruelles; — Merlin, *Quest. de droit*, vº *Procès-verbal*, § 2.

761. — En effet, la loi n'a prescrit aucune formule sacramentelle pour constater la lecture du procès-verbal aux affirmans; dès-lors, cette lecture est suffisamment constatée par la mention suivante : *Lecture faite du procès-verbal, les préposés l'ont affirmé sincère et véritable, et l'ont signé, après lecture.* — *Cass.*, 11 oct. 1827, Putot; — Mangin, *Traité des procès-verbaux*, p. 451, nº 257; Bioche et Goujet, *Dict. de proc.*, vº *Douanes*, nº 24.

762. — L'affirmation des procès-verbaux et rapports est une formalité substantielle dont l'observation emporte nullité. — L. 9 flor. an VII, tit. 4, art. 11.

763. — Mais elle est inapplicable aux saisies de tissus prohibés faites dans l'intérieur; la loi du 28 avr. 1816, qui règle seule les formes des procès-verbaux en cette matière, ne les soumet point à la nécessité de l'affirmation. — *Cass.*, 8 fév. 1821, Bloc.

764. — Jugé, en matière de contributions indirectes, que l'affirmation est nulle si les préposés refusent, sur la réquisition qui leur est adressée, de la faire sous la religion du serment. — *Cass.*, 10 janv. 1810, Garabiglia.

765. — La loi n'exige pas la présence des contrevenans à l'affirmation des procès-verbaux de saisie. Il n'est donc pas nécessaire que sommation leur soit faite d'y assister. — *Cass.*, 15 frim. an X, Aertsens.

766. — C'est le juge du lieu du délit qui doit recevoir l'affirmation du procès-verbal.

767. — Mais aucune loi ne s'oppose à ce que l'affirmation soit faite devant le juge du lieu de la rédaction. — *Cass.*, 15 frim. an X, Aertsens.

768. — Il est à remarquer, au surplus, que, d'après l'art. 14, L. 27 mars 1817, le juge de paix du lieu où les marchandises ont été déposées a juridiction pour statuer sur la saisie.

769. — Ainsi, lorsque c'est par mesure de sûreté, ou à raison des circonstances, que les préposés ont fait conduire les marchandises dans un bureau autre que celui du lieu de la saisie, l'affirmation ne peut pas être annulée pour avoir été faite devant le juge du lieu où les marchandises sont déposées. — *Cass.*, 28 niv. an VIII, Desruelles; 15 flor. an XII, Desruelles; 29 déc. 1838 (t. 1er 1839, p. 635), Cecaldi.

770. — Lorsque la durée des opérations oblige les préposés des douanes à diviser leur rapport en deux ou plusieurs contextes, la loi n'exige pas qu'il y ait autant d'actes d'affirmation que d'actes particuliers, constatant ce qui a été fait dans chaque séance; il suffit que la formalité soit remplie après la clôture. — *Cass.*, 11 oct. 1827, Putot; — Mangin, *Traité des procès-verbaux*, p. 276, nº 152.

771. — Aux termes de la loi du 9 flor. an VII (tit. 4, art. 10), l'affirmation doit avoir lieu dans le délai donné pour comparaître. — Dujardin-Sailly (liv. E, art. 10, 554) pense cependant qu'on ne peut induire de là que dans les cas correctionnels ou criminels l'affirmation doive être retardée jusqu'au jour fixé pour la comparution. Selon cet auteur, l'article ne veut pas dire autre chose, si ce n'est que l'affirmation doit avoir lieu dans les vingt-quatre heures, car autrement l'arrêté du 4 complém. an XI, qui permet que dans certains cas dévolus aux tribunaux criminels, l'affirmation puisse avoir lieu dans les trois jours, serait sans objet.

772. — Jugé que le délai n'est que de vingt-quatre heures dans les affaires de la compétence du juge de paix. — *Cass.*, 3 vent. an X, Schowerts.

773. — Les jours fériés compris dans ce délai ne doivent pas être comptés. — Même arrêt.

774. — Un procès-verbal commencé le 2, clos le 3, est valablement affirmé le 4. — *Cass.*, 16 brum. an XIV, Vanderamvera.

775. — Un procès-verbal de saisie est régulièrement affirmé le jour de la clôture; il ne peut pas être annulé sous le prétexte que l'affirmation aurait dû être faite au jour et au moment indiqués pour la comparution devant le juge de paix. — *Cass.*, 18 germin. an XIII, Van Camp.

776. — Le délai de l'affirmation est de trois jours et non pas seulement de vingt-quatre heures, lorsqu'il s'agit d'introduction de marchandises prohibées. — *Cass.*, 17 janv. 1818, Molard.

§ 9. — *Citation.*

777. — La loi du 14 fruct. an III voulait que le rapport des préposés des douanes contînt sommation à la partie nommée ou inconnue de comparaître le lendemain matin devant le juge de paix de l'arrondissement. — Cette disposition, abrogée par l'art. 18, L. 9 flor. an VII, n'a pas été reproduite dans cette dernière loi.

778. — Mais la loi du 9 flor. an VII (tit. 4, art. 6) a prescrit aux préposés de citer par leur rapport, en matière civile, le prévenu à comparaître dans les vingt-quatre heures, devant le juge de paix de l'arrondissement. La loi investit ici les préposés du ministère des huissiers.

779. — Maintenant donc les préposés ne sont plus tenus de sommer la partie saisie de se trouver à l'affirmation de leur procès-verbal. — *Cass.*, 11 flor. an IX, Boeyre; 26 janv. 1810, Tesso.

780. — Les préposés des douanes n'étant plus obligés depuis la loi du 9 flor. an VII de sommer les délinquans à être présens à l'affirmation de leurs procès-verbaux devant le juge de paix, on ne peut annuler un procès-verbal sur le motif que la sommation qu'il contient est pour comparaître, non dans les vingt-quatre heures, mais *après la rédaction*. — *Cass.*, 4 flor. an X, Piens.

781. — Du reste, sous la loi du 14 fruct. an III, cette sommation n'était pas prescrite à peine de nullité. — *Cass.*, 22 vendém. an VII, Douanes.

782. — Il en est autrement de la citation prescrite par la loi du 9 flor. an VII (tit. 4, art. 6); elle est exigée même à peine de nullité.

783. — Ces deux formalités ont en effet un but différent : — La sommation avertissait le prévenu de comparaître à l'affirmation du procès-verbal; la citation au contraire a pour objet, d'après la loi de l'an VII, la comparution à l'audience où le jugement doit être rendu. — *Cass.*, 21 niv. an XIII, Saeys.

784. — L'art. 6, tit. 8, L. 9 flor. an VII, ne doit pas être entendu en ce sens qu'il exige un délai de vingt-quatre heures entre la clôture du procès-verbal et la comparution à l'audience. — Ainsi, lorsque le procès-verbal est clos à midi, l'assignation peut être donnée pour comparaître le lendemain à neuf heures du matin. — *Cass.*, 3 juin 1806, Gambarotta. — Dujardin-Sailly, liv. E, nos 11-22.

785. — La disposition de l'art. 6, tit. 4, L. 9 flor. an VII, qui veut que le procès-verbal contienne citation à comparaître devant le juge de paix dans les vingt-quatre heures, ne concerne que les affaires civiles de la compétence de ce magistrat, et n'est pas applicable aux matières de la compétence du tribunal de police correctionnelle. — *Cass.*, 6 niv. an VI, Sonnier; 18 niv. an VII, N.....; 17 brum. an VII, Verlaine; 24 vent. an VII, Hœlsberg; 8 germ. an VII, Laporte; 16 prair. an VII, Villaine; 11 flor. an X, Delilles; 17 flor. an X, Lurgens; 21 niv. an XIII, Saeys; 26 janv. 1810, Courbes; 1er fév. 1810, Lecou; 10 nov. 1836 (t. 1er 1837, p. 638), Fil; *Aix*, 19 avr. 1837 (t. 2 1837, p. 108), mêmes parties. — V. conf. Dujardin-Sailly, liv. E, nº 11, p. 506.

786. — Dans les affaires de la compétence du tribunal de police correctionnelle, la citation devant être faite par un acte distinct du procès-verbal, il en sera traité ci-après dans le chap. 6, sect. 2, § 2.

787. — Si, lors de la saisie, le prévenu n'a pu être arrêté, mais était connu et résidait dans le ressort du tribunal, la citation lui est donnée à domicile. — Si le prévenu réside hors du ressort, la citation est donnée non à son domicile, mais au procureur du roi dans le ressort duquel le prévenu est domicilié. — L. 28 avr. 1816, art. 45.

§ 10. — *Enregistrement des procès-verbaux.*

788. — D'après la disposition générale de la loi du 22 frim. an VII, les procès-verbaux et rapports doivent être enregistrés dans les quatre jours de leur date. — Le droit d'enregistrement est de 2 fr.

789. — Les rapports des employés des douanes sont dispensés de cette formalité, lorsqu'il n'y a pas de bureau d'enregistrement dans la commune du dépôt des marchandises, ni dans celle où est placé le tribunal qui doit connaître de l'affaire; mais, dans ce cas, le rapport doit être visé le jour de sa clôture ou le lendemain avant midi par le

juge de paix du lieu. — L. 9 flor. an VII, tit. 4, art. 9.

790. — Ce n'est que dans le cas d'un simple visa destiné à tenir lieu de l'enregistrement des procès-verbaux, que la loi du 9 flor. an VII, tit. 4, art. 9, fixe un délai de vingt-quatre heures; elle ne déroge point, par le cas d'enregistrement, au délai ordinaire de quatre jours accordé par la loi du 22 frim. an VII.—*Cass.*, 17 brum an XIV, Vanderamvera; 12 août 1835, Leuck. — V. Dujardin-Sailly, liv. E, no 9.

791.—Les jours fériés ne sont pas compris dans le délai fixé par la loi pour faire apposer sur un procès-verbal de saisie, en matière de douanes, le visa qui remplace l'enregistrement dans les lieux où il n'y a pas de bureau d'enregistrement.—*Cass.*, 3 vent. an X, Orban. — Dujardin-Sailly, liv. E, no 9.

792. — La citation donnée par le rapport ne fait avec ce rapport qu'un seul acte; elle ne donne par conséquent ouverture à aucun droit d'enregistrement. — L. 14 fév. 1834.

§ 11. — *Nullités.*

793.—Après avoir retracé dans les dix premiers articles de son tit. 4, les diverses formalités à suivre dans la rédaction des procès-verbaux, la L. 6 flor. an VII défend aux tribunaux d'admettre d'autres nullités que celles résultant de l'omission desdites formalités.

794. — Ainsi, jugé que de simples omissions dans un procès-verbal ne sont pas des nullités lorsque la loi ne les caractérise pas telles. —*Cass.*, 26 brum. an VII, Cochet; 26 fruct. an XI, Touja.

795. — Dujardin - Sailly (liv. E, no 11) décide avec raison que le prévenu d'une contravention aux lois de douanes ne peut se prévaloir de certaines omissions ou énonciations superflues qu'autant qu'il a intérêt à le faire; et qu'ainsi, par exemple, il ne pourrait demander la nullité d'un procès-verbal de saisie, par la raison que la saisie n'aurait pas été étendue à tous les objets saisissables. Mais il serait difficile de voir, ainsi que le veut cet auteur, comment cette doctrine peut se rattacher à la division si connue en droit, des *nullités absolues* et des *nullités relatives*.

796. — Une décision du ministre de la justice, du mois de flor. an VIII, veut que la nullité du procès-verbal n'entraîne pas nécessairement l'absolution des coupables, et que l'on supplée au procès-verbal annulé par des preuves autres que celles qui en résultaient ou par un nouveau procès-verbal. — Dujardin-Sailly (liv. E, no 11) blâme cette décision en ce que, si elle devait être suivie, cela ne conduirait à rien moins qu'à l'abrogation des délais et des formalités prescrits par la loi pour la confection des procès-verbaux, et comme garantie des droits des citoyens.

797. — Mais la nullité d'un procès-verbal n'entraîne pas pour cela la nullité de la saisie; et nous verrons plus loin que, la saisie demeurant valable, il y a lieu alors à prononcer contre le contrevenant la confiscation des marchandises saisies, sans que l'on puisse prononcer contre lui l'amende et les autres peines.

798. — Lorsqu'un individu arrêté pour fait de contrebande a été mis en liberté avant la clôture du procès-verbal, il n'y a pas nullité de ce procès-verbal si le prévenu, sommé de rester jusqu'à la fin des opérations, s'est néanmoins retiré et a mis ainsi les rédacteurs du procès-verbal dans l'impossibilité de lui en donner lecture, de l'interpeller de le signer, et de lui en laisser copie. — *Cass.*, 4 mars 1841 (t. 1er 1842, p. 237), Sanier.

799. — Les irrégularités commises relativement aux prévenus présens ne profitent pas aux prévenus absens à l'égard desquels toutes les formalités voulues ont été observées. — *Cass.*, 1er fév. 1810, Lecou.

800.— Lorsque des marchandises prohibées ont été introduites en France à l'aide de faux certificats, les auteurs de l'introduction ne peuvent pas opposer à la régie le défaut de saisie et de procès-verbal, dès que cette omission a été l'effet de la fraude par eux pratiquée. — *Cass.*, 19 déc. 1806, Brizoux.

801. — Après avoir annulé en la forme un procès-verbal de saisie de marchandises prétendues anglaises, un tribunal a pu ordonner la remise de ces marchandises au propriétaire, en l'assujétissant à les faire estampiller de marques de fabrique française, si le délai accordé à cet effet par une ordonnance de police n'était pas encore expiré. — *Cass.*, 7 brum. an XI, Menuet.

802. — Un procès-verbal de saisie ne peut pas être annulé sous le prétexte qu'il n'a pas été signifié au domicile de l'agent national à raison de l'absence des prévenus. — L'art. 11, L. 14 fructid. an III, ne prescrit cette signification que pour les jugemens. — *Cass.*, 7 brum. an VIII, Poot-Vanderschuren.

803. — Lorsqu'un procès-verbal de contravention, en matière de douanes, qui n'a été attaqué, sous le rapport de sa régularité et de la véracité de ses énonciations, ni en première instance, ni devant la cour royale, ni devant la cour de Cassation, vient à se perdre pendant l'instance portée devant une autre cour, par suite de cassation, le prévenu est non-recevable à alléguer pour la première fois des vices de forme; et la cour royale ne peut, sous le prétexte que ce procès-verbal n'est pas représenté, le considérer comme n'existant pas. — *Cass.*, 26 avr. 1828, Cornier.

Sect. 3e.—*Foi due aux procès-verbaux.*

804. — Les procès-verbaux et rapports rédigés en conformité de la loi du 9 flor. an VII, font foi jusqu'à inscription de faux, c'est-à-dire que la preuve qui en résulte ne peut pas être combattue par les preuves ordinaires, et qu'il faut recourir à la procédure lente et difficile qu'on appelle inscription de faux.

805. — Il a été fait une application littérale de ce principe dans diverses espèces. — V. notamment *Cass.*, 22 vend. an VII, Verhoeden; 26 brum. an VII, Cochet; 15 niv. an IX, Nicollet; 25 thermid. an IX, Lacombe: *Douai*, 2 avr. 1840 (t. 2 1840, p. 633), Delvallée; *Cass.*, 5 fév. 1845 (t. 1er 1845, p. 151), Coherardy.

806. — Jugé, en conséquence, que les procès-verbaux réguliers des préposés des douanes faisant foi jusqu'à inscription de faux, on ne peut, en l'absence de cette inscription, admettre la preuve testimoniale contre les faits qui y sont consignés. — *Cass.*, 22 juin 1842 (t. 2 1842, p. 280), Salomon.

807. — Lorsque, dans leurs réponses consignées au procès-verbal des employés des douanes, le capitaine et le subrécargue d'un bâtiment saisi ont formellement reconnu que ce bâtiment a été construit en pays étranger et ont signé leur déclaration, un tribunal ne peut pas rejeter la preuve qui en résulte sous le prétexte que ce fait n'est consigné que dans des déclarations illégales, surtout si, au lieu de s'inscrire en faux, les parties n'ont pas même rétracté leurs aveux.—*Cass.*, 23 messid. an VIII, Figuières.

808.— Lorsque après une décision de la chambre du conseil qui a déclaré n'y avoir lieu à suivre sur une prévention de contrebande avec attroupement et port d'armes, la douane poursuit directement, pour le fait de la contravention dégagée des circonstances aggravantes, le procès-verbal de ses préposés, qui ne pouvait faire preuve sur la prévention ci-dessus, n'en fait pas moins foi de la simple contravention jusqu'à inscription de faux. — *Cass.*, 19 avr. 1837 (t. 2 1837, p. 108), Fil.

809. — La convention passée le 24 déc. 1786, entre le roi de France et le roi d'Espagne, veut (art. 16) que les contrebandiers français arrêtés en Espagne, et réciproquement, soient rendus avec les preuves du délit, pour être jugés par les tribunaux de leur pays. — En conséquence, la cour de Casssation a fait une juste application de l'esprit de cette convention diplomatique en décidant que les procès-verbaux des préposés français font foi devant les tribunaux espagnols, comme ceux des préposés espagnols font foi devant les tribunaux français. — *Cass.*, 18 nov. 1826, Harguina.

810. — Mais il n'y a que les procès-verbaux réguliers en la forme qui puissent faire foi jusqu'à inscription de faux. — Le texte de l'art. 11, tit. 4, L. 9 flor. an VII, est assez précis à cet égard. — D'ailleurs, ce qui est nul ne peut produire aucun effet.

811. — Comme aussi l'art. 11, tit. 4, L. 9 flor. an VII, portant que les procès-verbaux des préposés des douanes feront foi jusqu'à inscription de faux, est inapplicable à des faits qui, par des lois postérieures, ont été érigés en crimes punis de peines afflictives et infamantes. — *Cass.*, 10 déc. 1812, Pelletier.

812. — Un procès-verbal qui ne constaterait que des faits contradictoires dont l'existence simultanée est impossible, ne saurait faire foi jusqu'à inscription de faux. — *Cass.*, 13 janv. 1817, Fische; — Merlin, *Quest.*, vo *Inscription de faux*, § 1er.

813. — Nous ajouterons qu'encore bien que la loi ait chargé les gendarmes, les gardes nationaux et les citoyens de constater les contraventions en matière de douanes, il n'y a encore que les procès-verbaux des officiers publics compétens qui aient un caractère suffisant d'authenticité.

814. — Lorsqu'il résulte d'un procès-verbal de contravention qu'un seul des trois gendarmes, qui l'ont rédigé, a reconnu les prévenus pour être les conducteurs de la fraude, ce témoignage unique étant insuffisant pour faire foi, le tribunal peut, sans violer la loi, admettre les prévenus à la preuve de leur alibi, et, cette preuve faite, prononcer leur acquittement. — *Cass.*, 4 juill. 1812, Barutaud; — Merlin, *Rép.*, vo *Procès-verbal*, § 3, no 2.

815. — Les procès-verbaux des préposés des douanes ne font foi jusqu'à inscription de faux qu'autant qu'ils constatent des délits ou contraventions commis au préjudice de l'état.—*Rennes*, 13 mars 1826, Botrelle.

816. — Les procès-verbaux des préposés des douanes ne font pas foi jusqu'à inscription de faux lorsque ces préposés ne les ont dressés que pour couvrir leur propre prévarication. — *Cass.*, 6 juin 1810, Lavatori; — Carnot, *Inst. crim.*, t. 1er, p. 164, no 20.

817. — Les préposés de la douane n'étant revêtus d'un caractère public que pour constater les contraventions aux lois de douanes, on en a tiré avec raison cette conséquence que leurs procès-verbaux ne font foi jusqu'à inscription de faux qu'en tant qu'ils constatent des faits de fraude, et non lorsqu'ils mentionnent d'autres faits. — Dujardin-Sailly, liv. E, no 27-1o.

818. — Jugé en conséquence que pour combattre les procès-verbaux des douaniers en tant qu'ils énoncent des excès et des voies de fait exercés sur leurs personnes, il n'est pas nécessaire de s'inscrire en faux. — *Cass.*, 12 juin 1807, N...; 11 déc. 1807, Geylen; 8 avr. 1813, Villers.

819. — Cependant, considérés comme simple opposition aux exercices, les faits constatés par les procès-verbaux des préposés doivent être crus jusqu'à inscription de faux, lorsqu'ils sont poursuivis par la voie civile. — *Cass.*, 15 avr. 1835, Gaspard; 29 août 1838 (t. 2 1838, p. 531), Brisechoux; *Douai*, 28 oct. 1833, Dupont.

820. — Les procès-verbaux des préposés des douanes ne font foi que des faits matériels qu'ils constatent. La même force n'est pas attachée aux inductions qui s'y trouvent énoncées, ni aux opinions des préposés. — *Cass.*, 26 nov. 1834, Boulot.

821.—Ainsi, lorsque dans un procès-verbal les préposés ont déclaré qu'ayant vu débarquer un matelot qui leur avait semblé porteur d'objets enlevés à bord d'un navire, ils l'ont arrêté et ont effectivement trouvé sur lui une boîte contenant de la poudre étrangère, le tribunal saisi de la demande en confiscation du navire a pu déclarer, sans violer la foi due au procès-verbal, qu'il n'était pas établi en fait que le navire eût servi au transport de la poudre saisie. — *Cass.*, 26 nov. 1834, Boulot.

822. — On peut, sans violer la foi due à un procès-verbal, admettre un prévenu à prouver l'ignorance où il était de l'introduction dans son bâtiment des marchandises qui y ont été saisies. — *Cass.*, 28 fév. 1839 (t. 2 1839, p. 393), Mallier.

823. — Lorsqu'un procès-verbal constate que les préposés ont vu introduire des marchandises dans une maison voisine de la frontière, la présomption que les marchandises qu'ils y ont saisies sont les mêmes que celles qu'ils poursuivaient, peut être attaquée et détruite par la preuve contraire, sans qu'il soit besoin de recourir à l'inscription de faux. — *Douai*, 9 fév. 1833, Castel. — Mangin (*Traité des procès-verbaux*, p. 468, no 266) dit, à l'occasion de cet arrêt, que si le procès-verbal fait foi de l'identité des marchandises, il ne prouve pas qu'elles ne soient point de provenance française.

824. — Mais la cour de Cassation repousse cette doctrine de la cour de Douai et rejette les moyens par lesquels Mangin la justifie. L'arrêt de la cour de Douai a été cassé le 12 août de la même année, par induction des art. 38 et 39, L. 28 avr. 1816, et, surtout, par la raison que, si les présomptions de de la loi peuvent être quelquefois détruites par la preuve contraire sans une inscription de faux préalable, ce n'est qu'autant que cette preuve présente un témoignage irrécusable. Or, dans l'espèce la preuve contraire n'avait été offerte que plusieurs jours après la saisie. — V. *Cass.*, 12 août 1833, Castel.

825. — Déjà la cour de Cassation avait jugé que lorsque les préposés ont vu introduire des marchandises prohibées dans des maisons situées dans la ligne des douanes, il y a présomption de droit que les marchandises trouvées dans lesdites maisons, par suite de visites domiciliaires, sont les mêmes qu'ils y ont vu introduire. Si cette pré-

somption peut être détruite par une preuve positive contraire, elle ne saurait l'être par d'autres présomptions non autorisées par la loi, et purement arbitraires. — *Cass.*, 5 janv. 1810, Aertsens.

826. — Cet arrêt de la cour de Cassation ne semble pas au premier abord en parfaite harmonie avec celui du 12 août 1833 que nous venons de citer; mais cette contradiction n'est qu'apparente. L'esprit de la loi, comme nous l'avons dit, n'est pas de rejeter toute preuve susceptible de détruire la présomption de la loi, mais seulement de n'admettre que celles qui sont directes, positives, et de rejeter toute preuve ou présomption qui aurait un caractère arbitraire ou indécis.

827. — Dans tous les cas, en présence des faits constatés comme dessus, la preuve de la non-identité des marchandises incombe à la partie saisie. — *Douai*, 9 fév. 1833, Castel.

828. — Il semble résulter d'un arrêt de la cour de Cassation que, lorsqu'un prévenu demande la nullité du procès-verbal sur le motif que la saisie a été faite hors le rayon des douanes, un tribunal excède ses pouvoirs en mettant à la charge de la régie la preuve que la saisie a été réellement pratiquée dans ce rayon, sous le prétexte que le prévenu a fait tout ce qui était en son pouvoir pour justifier son exception. — *Cass.*, 11 sept. 1807, Wolff.

829. — En matière de douanes, les juges ne peuvent renvoyer les contrevenans des poursuites, sous le prétexte que les procès-verbaux contiennent des erreurs en droit, alors que ces erreurs ne détruisent point les faits résultant de ces actes. — *Cass.*, 29 sept. 1832, Momus.

830. — La preuve de faits non contraires à ceux constatés par un procès-verbal des préposés des douanes peut être ordonnée, sans qu'il y ait violation de la foi qui est due à ce procès-verbal jusqu'à inscription de faux. — *Cass.*, 17 thermid. an VIII, Glauque; 30 mai 1831, Dupont.

831. — Un tribunal peut ordonner une preuve testimoniale, si les faits à prouver ne portent point contre la substance du procès-verbal des préposés, et sont étrangers à ceux qu'il constate. — *Cass.*, 19 juill. 1831, Quinchon.

832. — Ainsi, celui qui intervient pour réclamer des marchandises saisies sur des inconnus peut établir son droit de propriété par la preuve testimoniale, sans violer la foi due au procès-verbal qui conserve tous ses effets, sous le rapport de la contravention. — *Cass.*, 16 avr. 1825, Royer.

833. — Mais la preuve ne peut en aucune manière être admise pour démentir les faits constatés au procès-verbal. — *Cass.*, 28 fév. 1839 (t. 2 1839, p. 393), Mallin.

834. — C'est violer la foi due à un procès-verbal, en matière de douanes, que d'admettre, sans inscription de faux, la preuve testimoniale de la non-contravention. — *Cass.*, 9 vendém. an IX, Géerts.

835. — Les juges appelés à connaître de la validité de la saisie peuvent bien ordonner une expertise pour arriver à l'appréciation plus exacte de certains faits du procès-verbal; mais ils méconnaîtraient la foi qui lui est due jusqu'à inscription de faux, s'ils admettaient le résultat d'une expertise qui détruit les énonciations du procès-verbal portant sur les faits matériels, tels que le témoignage des sens, *de visu*, etc. — *Cass.*, 11 fév. 1837 (t. 1er 1838, p. 98), Rasso.

836. — Il y a lieu d'annuler le jugement qui a ordonné la preuve de faits déjà constatés par un procès-verbal, régulier et non argué de faux, ou contraires aux énonciations de ce procès-verbal. — *Cass.*, 14 avr. 1841 (t. 2 1841, p. 70), Doris.

837. — Le jugement portant que des témoins devront nécessairement être entendus pour constater une contravention dénoncée, en matière de douanes, ou pour établir l'innocence du prévenu, décide par là même que les procès-verbaux des préposés sont insuffisans pour prouver la fraude, et viole la foi due à ces procès-verbaux. — *Cass.*, 22 vendém. an VII, Coppens.

838. — Lorsque des préposés constatent dans leur procès-verbal qu'étant en observation sur la côte, près de l'embouchure des eaux d'un étang qui communique à la mer par un canal, ils ont aperçu et saisi deux bateaux arrêtés sur ladite embouchure, on doit tenir pour constant que ces bateaux ont été saisis dans le canal qui conduit les eaux de l'étang à la mer, et, par suite, hors de l'étang et dans les eaux affluentes à la mer, qui sont soumises à l'action de la douane. — En conséquence, le tribunal ne peut, sans violer la foi due jusqu'à inscription de faux à ce procès-verbal, annuler la saisie, sur le motif que les bateaux saisis n'indiquaient aucune disposition pour faire voile et n'étaient pas en contact avec les eaux de la mer, mais bien dans l'intérieur de l'étang, et, conséquemment, dans une propriété privée sur laquelle la douane n'a pas d'action. — *Cass.*, 4 mai 1836, Guaitella.

839. — Lorsqu'il est établi par un procès-verbal régulier que les préposés des douanes ont vu venir de la frontière et se diriger à l'intérieur quatre hommes porteurs de chacun une charge; qu'ils en ont saisi un, ainsi que les marchandises prohibées qu'il tentait d'introduire en fraude, et que les trois autres se sont enfuis abandonnant leur charge, le tribunal ne peut, sans violer la foi qui est due à ce procès-verbal jusqu'à inscription de faux, déclarer que la fraude n'a pas été commise par plus de deux personnes, ni condamner le prévenu à moins de trois mois d'emprisonnement. — *Cass.*, 16 juin 1827, Hahn; — Mangin, *Tr. des procès-verbaux*, p. 465, no 265.

840. — Lorsqu'il est constaté par un procès-verbal régulier que les préposés des douanes ont vu les prévenus, porteurs de ballots, venant de l'étranger et se dirigeant vers l'intérieur, le tribunal ne peut, sans violer la foi qui est due à ce procès-verbal jusqu'à inscription de faux, ordonner un toisé pour vérifier si le lieu où ils ont été vus se trouve compris dans la ligne des douanes. — D'ailleurs, il suffit que les prévenus aient été vus venant de l'étranger et effectuant un transport frauduleux, pour que la contravention soit constante, ce qui rendrait l'inscription de faux inadmissible. — *Cass.*, 3 mai 1811, Collin.

841. — Lorsqu'il est établi par un procès-verbal des préposés de douanes qu'un conducteur de denrées importées en France a été trouvé par eux dans un chemin qui n'était pas le plus direct pour venir de la frontière au premier bureau, ce conducteur ne peut pas être admis, autrement que par la voie de l'inscription de faux, à prouver qu'il était dans la route directe et la seule praticable. — *Cass.*, 30 juill. 1822, Prince; — Legraverend, t. 1er, ch. 18, sect. 1re, p. 604, note 2e.

842. — Lorsque le procès-verbal de saisie d'un cheval venant de l'étranger constate que le conducteur n'était muni d'aucun acquit-à-caution et qu'il avait dépassé le chemin qui conduit au premier bureau d'entrée, le tribunal ne peut, sans violer la foi due au procès-verbal jusqu'à inscription de faux, se dispenser de confirmer la saisie, par le motif que le bureau le plus proche n'était point dépassé lorsque le prévenu avait été rencontré. — *Cass.*, 19 juill. 1831, Solau.

843. — Lorsqu'il est établi par un procès-verbal des préposés des douanes qu'un conducteur de marchandises circulant dans le rayon frontière s'est écarté de la route tracée par son passavant, un tribunal ne peut autoriser la preuve par témoins de prétendus faits justificatifs tendant à détruire la foi due au procès-verbal sans que le prévenu se soit inscrit en faux contre cet acte. — *Cass.*, 7 niv. an XII, Soler; — Merlin, *Rép.*, vo *Procès-verbal*, § 3, no 8.

844. — Lorsqu'un procès-verbal constate qu'un individu non arrêté a été reconnu au nombre des fraudeurs qui ont été saisis chargés de tabacs étrangers, le tribunal correctionnel ne peut, avant faire droit, ordonner que l'identité de l'inculpé soit établie par enquête, si celui-ci n'a pas, dans le délai utile, attaqué le procès-verbal par la voie de l'inscription de faux. — *Douai*, 2 avr. 1840 (t. 2 1840, p. 683), Delvallée.

845. — Lorsqu'un procès-verbal régulier des employés des douanes constate la saisie d'un ballot contenant des effets prohibés au moment de la sortie qui s'en opérait furtivement du domicile d'un individu, le tribunal ne peut, sans violer la foi due à ce procès-verbal jusqu'à inscription de faux, renvoyer cet individu des poursuites dirigées contre lui, sous le prétexte qu'il n'est point prouvé que les objets saisis aient été trouvés chez lui, et alors surtout qu'il n'a prouvé ni offert de prouver que l'introduction en avait eu lieu par des personnes à lui étrangères ou par un fait indépendant de sa volonté. — *Cass.*, 21 déc. 1830, Lassichère; — Mangin, p. 466, no 265.

846. — Mais il importe aussi de remarquer que les procès-verbaux de saisies de tissus prohibés, régis par la loi du 28 avr. 1816, n'ont pas, comme ceux faits en exécution de la loi du 9 flor. an VII, force de preuve jusqu'à inscription de faux. — *Cass.*, 28 juin 1823, Guenuchot; 4 mai 1833, Lhabit.

847. — Lorsqu'il est constaté par un procès-verbal en bonne forme que des marchandises saisies portaient des signes extérieurs annonçant leur origine anglaise, un tribunal ne peut pas, pour détruire la preuve résultant de ce procès-verbal, se contenter de la représentation de certificats constatant que la partie saisie avait reçu antérieurement des marchandises françaises de même nature. — *Cass.*, 18 prair. an VIII, Guillemard.

848. — Lorsqu'un procès-verbal des préposés des douanes constate qu'un débarquement de marchandises prohibées a eu lieu sur la côte, sans qu'aucune expédition, permis ou congé, aient été représentés, le prévenu ne peut échapper à la contravention, en prouvant que les marchandises n'étaient ni prohibées d'une manière absolue, ni même sujettes au droit, mais sortaient de ses magasins. — Le jugement qui, dans ce cas, ordonne une expertise pour vérifier s'il y a identité entre les marchandises saisies et celles provenant de la fabrique du prévenu, doit être cassé comme violant la foi due au procès-verbal des préposés. — *Cass.*, 8 août 1837 (t. 2 1837, p. 445), Breschi.

849. — Les magistrats saisis de la connaissance d'une contravention résultant du fait de pacage, sans acquit-à-caution, au delà du bureau des douanes placé du côté de l'étranger, ne peuvent donc, en l'absence de toute inscription de faux contre le procès-verbal qui constate ce fait matériel, admettre la preuve contraire, et, par suite, renvoyer le contrevenant sous prétexte que le fait constaté n'aurait pas réellement existé. — *Cass.*, 5 fév. 1845 (t. 1er 1845, p. 151), Corardy.

850. — Lorsqu'il est établi par un procès-verbal qu'après avoir déclaré au prévenu la saisie des marchandises trouvées chez lui, les préposés des douanes ont dressé leur rapport sans divertir à d'autres actes, lui en ont délivré copie et lui ont fait lecture de l'original, un tribunal viole la foi due à ce procès-verbal, en décidant que la copie n'a pas été remise de suite. — *Cass.*, 11 fév. 1807, Arzonne; — Dujardin-Sailly, *Code des douanes*, liv. E, nos 11 et 41.

851. — Lorsqu'un tribunal correctionnel a autorisé une preuve par témoins contre un procès-verbal des préposés des douanes, faisant foi jusqu'à inscription de faux, le jugement définitif qui prononce ensuite la nullité de ce procès-verbal doit être cassé, encore bien qu'il ne soit pas expressément motivé sur les dépositions des témoins, si, d'ailleurs, il ne les a pas rejetées. — *Cass.*, 15 frim. an XIII, Indermans; — Dujardin-Sailly, *Code des douanes*, liv. E, no 34; Merlin, *Rép.*, vo *Procès-verbal*, § 2, no 7.

Sect. 4e. — *Inscription de faux.*

852. — L'inscription de faux est une voie extraordinaire que prend une partie à laquelle on oppose un acte, une signature, pour en neutraliser les effets, en les faisant déclarer faux ou falsifiés.

853. — Le faux prend la qualification de *principal* ou *incident* : il est *incident* quand on l'allègue et que la procédure propre à le constater est ordonnée dans le cours d'un procès engagé pour une cause quelconque, soit au civil, soit au criminel. — Dans ce cas, le faux n'est qu'un *incident* du procès, lequel forme le *principal* de l'instance qui se compose alors de la contestation *principale* sur le fond et de la contestation *incidente* sur le faux.

854. — *Principal*, lorsque la poursuite étant exercée directement, par action principale et indépendamment de toute autre contestation, il est la cause primordiale, unique du procès. — Il ne peut jamais être procédé sur le faux principal que par la voie criminelle.

855. — Il y a lieu au faux incident lorsque, la pièce seulement étant attaquée, l'auteur ou le complice en sont inconnus ou décédés ou ne sont pas soupçonnés de crime. — Au faux principal quand l'auteur ou le complice ayant agi criminellement est connu et vivant, et que la prescription n'est pas acquise. — Dans ce cas, la procédure est dirigée non contre la pièce, mais contre la personne dont on veut assurer le châtiment.

856. — Nous n'avons pas à nous occuper ici de ce crime, ni même de la procédure à suivre sur l'inscription de faux. Cette matière rentre dans les dispositions du Code d'instruction criminelle. La législation sur les douanes n'a dû prévoir que les préliminaires pour arriver à cette procédure. — Ce sont les seules dispositions que nous ayons à expliquer.

857. — Jugé, en effet, que les dispositions du Code de procédure civile sont inapplicables aux inscriptions de faux en matière de douanes. — *Cass.*, 4 juin 1817, Hébert.

§ 1er. — *Déclaration.*

858. — La partie qui veut s'inscrire en faux contre un rapport, doit en faire la déclaration par écrit, en personne ou par un fondé de pou-

voirs spécial passé devant notaire, au plus tard à l'audience indiquée par la sommation de comparaître devant le tribunal; elle doit, dans les trois jours suivans, faire au greffe du tribunal le dépôt des moyens de faux, et des noms et qualités des témoins qu'elle veut faire entendre; le tout à peine de déchéance de l'inscription de faux. — L. 9 flor. an VII, tit. 4, art. 12.

859. — La loi s'est bornée à prévoir le cas où la déclaration de s'inscrire en faux serait faite à l'audience; et elle a autorisé le juge à la recevoir lorsque la partie ne saurait ni écrire ni signer. — L. 9 flor. an VII, tit. 4, art. 12.

860. — Il semble résulter de ces dernières expressions que le juge ne serait point compétent, si le prévenu savait écrire ou signer. Cependant, l'instant de l'audience étant le dernier terme du délai, on est forcé de reconnaître, pour ne point priver la partie du bénéfice de cette disposition, que le juge est toujours compétent pour recevoir sa déclaration, soit qu'elle sache, soit qu'elle ne sache pas écrire.

861. — Mais, lorsque le prévenu qui s'inscrit en faux contre un procès-verbal des préposés des douanes, sait écrire et signer, il doit, à peine de nullité, signer sa déclaration. C'est seulement dans le cas où il ne le sait pas que la loi autorise le juge et le greffier à la recevoir et à la signer eux-mêmes. — *Cass.*, 6 juin 1811, Rousseau; 1er juin 1827, Poggioli; — Carnot, *Inst. crim.*, sur l'art. 158, no 4; Merlin, *Rép.*, vo *Inscription de faux*, § 5, no 1er.

862. — Il n'est pas de rigueur qu'une déclaration d'inscription de faux contre un procès-verbal des préposés des douanes, soit écrite en entier de la main du déclarant qui saurait écrire; il suffit qu'elle soit signée. — *Cass.*, 14 août 1807, Bouveret.

863. — Lorsque la déclaration n'est pas signée par le demandeur en inscription de faux, il ne suffit pas qu'il ait déclaré ne savoir écrire, s'il n'a pas ajouté qu'il ne savait pas signer; car de ce que quelqu'un ne sait pas écrire il ne s'ensuit nullement qu'il ne sache pas signer. — Même arrêt; — Dujardin-Sailly, *Code des douanes*, liv. E, no 27-4o.

864. — La loi n'ayant point imposé à celui qui veut s'inscrire en faux contre un procès-verbal des préposés des douanes, l'obligation de le faire en personne, un avoué établi près le tribunal saisi de l'affaire, a caractère pour faire cette déclaration au nom de la partie. — *Cass.*, 1er juin 1827, Poggioli; — Mangin, *Traité des procès-verbaux*, p. 130, no 53; Carnot, *Inst. crim.*, sur l'art. 450, no 1er, *Obs. add.*; Bioche et Goujet, *Dict. de proc.*, vo *Douanes*, no 57.

865. — Du reste, la partie n'est pas tenue d'attendre le jour de l'audience pour faire sa déclaration; et la loi n'a pas indiqué le lieu où elle devrait la faire, avant l'audience. Il est tout naturel, cependant, que ce soit au greffe du tribunal qui doit connaître de l'action principale, car le greffe remplace nécessairement l'audience, pour la réception de tous les actes judiciaires.

866. — L'obligation, pour le prévenu qui s'est inscrit en faux contre un procès-verbal de saisie, de déposer ses moyens de faux dans les trois jours, s'applique même au cas où le procès-verbal est en même temps argué par lui de nullité. — En d'autres termes, la procédure de faux n'est pas suspendue jusqu'au jugement de la nullité. — *Cass.*, 4 mars 1841 (t. 1er 1842, p. 287), Sanier.

867. — Lorsque le prévenu s'est borné à déclarer que, si tel fait qu'il allègue contre les énonciations d'un procès-verbal était dénié, il se pourvoirait contre le procès-verbal par la voie de l'inscription de faux, cette déclaration, non suivie d'inscription de faux, n'est qu'un projet ou une sorte de menace à laquelle les juges ne doivent point s'arrêter. — *Cass.*, 6 mars 1841 (t. 2 1843, p. 148), Chevalier.

§ 2. — *Délai.*

868. — Le délai pour faire la déclaration d'inscription de faux est le même que celui de la citation; il expire à l'audience indiquée par la sommation de comparaître. — L. 9 flor. an VII, tit. 4, art. 12.

869. — L'inscription de faux contre le procès-verbal des employés, faite postérieurement à l'audience pour laquelle le prévenu a été cité, doit être déclarée non recevable, bien que les débats de l'affaire aient été remis à une audience postérieure sur la demande du ministère public. — *Colmar*, 12 janv. 1831, Lemère.

870. — Celui qui veut s'inscrire en faux contre un procès-verbal des préposés des douanes n'y est plus recevable après le jour indiqué par la sommation de comparaître devant le tribunal compétent, lors même qu'il se serait laissé juger par défaut. — *Cass.*, 4 juin 1817, Hébert; 23 juin 1817, Parain; 9 mai 1838 (t. 1er 1838, p. 572), Jeux; 9 nov. 1840 (t. 2 1840, p. 569), Jeux. — V. *contrà*, *Cass.*, 23 août 1830, Caire.

871. — Dans l'espèce de l'arrêt du 9 mai 1838, le prévenu ne niait pas avoir eu connaissance de la sommation, et c'était volontairement qu'il n'avait pas comparu à la première audience; mais le dispositif n'en est pas moins explicite sur le point de droit.

872. — Mangin (*Tr. des proc.-verb.*, p. 126, no 51) pense que la voie de l'opposition doit produire ses ses effets ordinaires, qui sont de donner au défendeur un nouvel ajournement; il invoque encore l'art. 40, décr. 1er germin. an XIII; mais c'est à tort : car cet article est conçu dans les mêmes termes que l'art. 12, L. 9 flor. an VII, et la jurisprudence est conforme.

873. — La jurisprudence admet cependant une exception pour le cas où le prévenu a été empêché de se présenter par un fait de force majeure. — *Cass.*, 9 nov. 1840 (t. 2 1840, p. 569), Jeux.

874. — La circonstance que le prévenu absent aurait été cité par affiche n'est évidemment pas un cas de force majeure. Cependant l'équité voudrait que l'on considérât comme tel celui où le prévenu s'est trouvé, en raison de son absence, dans l'impossibilité absolue de se présenter.

875. — Jugé que le prévenu qui n'a pas fait la déclaration d'inscription de faux dans le délai déterminé par l'art. 13, tit. 4, L. 9 flor. an XI, ne peut être relevé de la déchéance sur le motif qu'il était absent lors de la remise de la citation. — *Cass.*, 28 août 1834, Castellini.

876. — Mais le prévenu n'est pas déchu de la faculté de s'inscrire en faux faute d'en avoir fait la déclaration à la première audience, si l'assignation qui lui avait été donnée a été annulée sur sa demande, pour vice de forme, et si sa déclaration a été faite au jour indiqué par une nouvelle citation régulièrement notifiée. — *Cass.*, 22 frim., an XIII, Lefebvre.

877. — Le jugement, qui admet une inscription de faux contre un procès-verbal en matière de douanes, n'est pas nul pour avoir été rendu avant l'enregistrement de l'acte par lequel la partie a déclaré s'inscrire en faux. — *Cass.*, 19 nov. 1807, Lemment.

§ 3. — *Moyens de faux; leur admission.*

878. — Les prévenus qui s'inscrivent en faux ne peuvent pas se pourvoir à l'effet de faire procéder sur l'inscription sans avoir déposé leurs moyens de faux, et sans en avoir fait préalablement reconnaître la pertinence par le jury saisi de l'action principale. La loi du 9 flor. an VII n'impose pas, il est vrai, en termes exprès cette dernière condition; mais il est impossible de contester ici l'application des règles générales.

879. — L'inscription de faux contre le procès-verbal de saisie n'est admissible qu'autant qu'elle tendrait à justifier les prévenus de la fraude ou des contraventions qui leur sont imputées. — *Cass.*, 1er oct. 1807, Wickman; *Aix*, 19 avr. 1837 (t. 2 1837, p. 108), Fil.

880. — L'inscription de faux est également inadmissible quand les moyens, en les supposant complètement justifiés, ne tendraient qu'à prouver l'existence d'un entrepôt prohibé, au lieu d'une introduction frauduleuse de marchandises constatées par le rapport. — *Aix*, 17 août 1837 (t. 1er 1838, p. 10), Giudicelli.

881. — La loi accordant trois jours francs au prévenu pour faire au greffe le dépôt de ses moyens de faux contre le procès-verbal dressé à sa charge, un tribunal ne peut pas, avant l'expiration de ce délai, écarter son inscription de faux sous le prétexte qu'une plainte en faux principal par lui portée devant le directeur du jury a été rejetée. — *Cass.*, 29 brum. an IX, Sponcy.

882. — L'inscription de faux formée par un seul des individus signalés comme coupables d'une même contravention profite à tous, lorsque le faux réside, non dans la désignation des contrevenans ou dans des points relatifs spécialement à chacun d'eux, mais dans la constatation même du fait qui avait constitué la contravention. — *Cass.*, 5 nov. 1835, Campi.

883. — Lorsqu'un arrêt définitif a admis l'inscription de faux contre un procès-verbal des préposés des douanes, le refus du conseil d'état d'autoriser les poursuites criminelles contre les rédacteurs de ce procès-verbal n'a d'autre effet que de mettre les préposés à l'abri des poursuites personnelles, et ne peut priver le prévenu d'un moyen de défense qu'il tient de la loi. — En conséquence, il y a lieu de suivre sur l'inscription de faux devant les tribunaux compétens, abstraction faite seulement des préposés, que l'ordonnance du conseil d'état a eu pour but unique de protéger. — *Bastia*, 5 mai 1836, Orsini. — V., dans le même sens, en matière forestière, *Cass.*, 11 déc. 1835, Courrége; même jour, Aspe.

§ 4. — *Compétence, sursis.*

884. — Le faux principal s'instruit dans les formes tracées au Code d'instruction criminelle, et est soumis à la décision du jury. Le faux incident, au contraire, s'instruit devant la juridiction saisie de l'instance principale, conformément à l'art. 459, C. inst. crim.

885. — La poursuite du faux, soit principal, soit incident, est nécessairement préjudicielle. Il y a donc lieu de surseoir, en ce cas, au jugement de la contravention. — Arr. 4 complém. an XI, art. 9.

886. — Sous la loi du 23 flor. an X, qui a attribué la connaissance de tout crime de faux à des tribunaux spéciaux (art. 2), une cour de justice criminelle était incompétente pour procéder à l'instruction et au jugement d'une inscription en faux régulièrement formée contre un procès-verbal dressé par les préposés des douanes. — *Cass.*, 11 nov. 1808, Collet.

887. — Sous le Code du 3 brum. an IV, une inscription de faux contre un procès-verbal des préposés des douanes, déclarée au moment du jugement définitif, n'autorisait pas un tribunal criminel à renvoyer devant le juge de paix, au lieu de statuer de suite sur le mérite de l'appel dont il était saisi, surtout lorsque ce n'était pas à la partie poursuivante que le faux était imputé. — *Cass.*, 9 frim. an VII, Geerts.

888. — Cette décision n'est plus susceptible d'application, même par analogie, depuis que la loi 9 flor. an VII, tit. 4, art. 12, ne permet plus de proposer l'inscription de faux postérieurement au jour indiqué pour la première audience.

889. — D'après le Code du 3 brum. an IV, lorsqu'un procès-verbal, en matière de douanes, donnait lieu à deux actions, l'une de la compétence du juge de paix, l'autre de celle du tribunal correctionnel, l'inscription de faux déclarée devant le juge de paix contre le procès-verbal n'obligeait pas le tribunal correctionnel à surseoir au jugement. — *Cass.*, 4 niv. an VII, Meunier.

890. — La forme de l'inscription de faux n'est plus la même. Mais la décision serait pareille si le prévenu qui n'aurait déposé ses moyens de faux qu'au greffe de la justice de paix, voulait s'en prévaloir devant le tribunal correctionnel. En effet, il n'y a pas d'indivisibilité; le procès-verbal pourrait être faux dans une partie sans, pour cela, cesser d'être vrai dans l'autre, et les formalités prescrites doivent être observées relativement à chaque juridiction.

891. — Il résulte de la loi du 4 germin. an II, tit. 13, art. 12 et de la loi du 9 flor. an VII, tit. 4, art. 12, que lorsque l'inscription de faux a lieu incidemment, la procédure se fait devant le juge de paix saisi de la contestation. L'art. 14 du Code de procédure en enlevant aux juges de paix la connaissance de la procédure de faux incident, n'a pas abrogé les lois ci-dessus citées; car les juges de paix statuent sur les contraventions aux lois de douanes en vertu d'attributions toutes spéciales, et les dernières lois ne sont relatives qu'aux procédures ordinaires. — Trolley, no 1049.

892. — Avant le Code de procédure civ., le juge de paix était seul compétent pour connaître de l'inscription de faux incident intentée contre un procès-verbal des préposés des douanes, et il ne pouvait en ordonner le renvoi devant le directeur du jury de l'arrondissement. — *Cass.*, 13 frim. an XII, Genson; 19 messid. an XIII, Genson.

893. — Merlin (*Rép.*, vo *Inscription de faux*, § 7) dit qu'il devait en être ainsi sous le Code 3 brum. an IV, qui, par son art. 536, n'ordonnait le renvoi devant la cour criminelle que dans le cas où *la partie qui avait argué de faux la pièce, soutenait que celui qui l'avait produite était l'auteur du faux*, ce qui ne s'appliquait point à la régie, parce que les procès-verbaux qu'elle produit sont l'œuvre de ses préposés et non d'elle-même. — *Cass.*, 9 frim. an VII, Geerts. — Mais le Code procéd. (art. 239), va beaucoup plus loin et veut que la poursuite soit renvoyée au criminel, toutes les fois qu'il y a des indices de faux ou de falsification, que les auteurs ou complices sont vivans et que la prescription n'est pas acquise. — V. C. inst. crim., art. 460.

894. — Jugé, en conséquence, que le juge de paix n'est pas compétent pour procéder à l'instruction et au jugement de l'inscription de faux formée devant lui contre un procès-verbal de douanes, lorsque les auteurs du faux pourraient être poursuivis criminellement. — *Cass.*, 5 nov. 1813, Campi.

895. — Lorsque l'inscription en faux porte sur le contenu en un procès-verbal des préposés des douanes, et sur ce qui y est énoncé par les préposés, elle constitue une prévention de faux principal qui oblige le tribunal correctionnel à surseoir au jugement de la contravention, jusqu'à ce que le faux ait été jugé par la cour compétente. — *Cass.*, 1er oct. 1807, Wickmann.

896. — Le tribunal correctionnel qui déclare pertinens et admissibles les moyens de faux présentés contre un procès-verbal des préposés des douanes, et qui ne déclare pas que les rédacteurs sont décédés, excède ses pouvoirs, en ordonnant qu'il sera procédé pardevant lui à l'examen de l'inscription de faux ; il est tenu de surseoir jusqu'à ce qu'il ait été procédé sur le faux, conformément aux dispositions de l'art. 460, C. inst. crim. — *Cass.*, 9 août 1822, Onimus. — Merlin, *Rép.*, vo *Inscription de faux*, § 7, no 1er, 4o.

897. — Lorsqu'un procès-verbal de contravention en matière de douanes est argué de faux, le tribunal correctionnel n'est autorisé qu'à statuer sur la simple admission de l'inscription en faux, et il commet un excès de pouvoir, en statuant définitivement, au lieu de surseoir au jugement de la contravention, et renvoyer l'affaire sur le faux devant les juges compétens. — *Cass.*, 11 août 1808, Josseau. — Dujardin-Sailly, *Code des douanes*, liv. E, no 27, p. 527.

898. — En matière de contravention aux lois sur les douanes un tribunal ne peut, en déclarant qu'une inscription en faux ne doit pas être admise, surseoir cependant au jugement de la contravention, sauf au ministère public à poursuivre par la voie criminelle ; il faudrait, pour autoriser le sursis, que la véracité du procès-verbal fût attaquée par la voie de l'inscription de faux. — *Cass.*, 9 vent. an XIII, Silvano. — Merlin, *Rép.*, vo *Procès-verbal*, § 8, no 9, et Dujardin-Sailly, liv. E, no 27.

899. — Lorsque la déclaration de s'inscrire en faux contre un procès-verbal des préposés des douanes n'a pas été faite dans le délai de la loi, le tribunal ne peut surseoir au jugement, sous le prétexte d'une inscription en faux principal formée par le prévenu. — *Cass.*, 4 juin 1817, Hébert. — D'Agard, *Tr. du cont. des contrib. indir.*, t. 2, p. 69, no 476.

900. — Aux termes de l'art. 10 de l'arrêté du 4e jour complémentaire an XI, lorsqu'une inscription de faux n'a pas été faite dans le délai et suivant les formes déterminées par la loi du 9 flor. an VII, il est, sans y avoir aucun égard, passé outre à l'instruction et au jugement de l'affaire.

901. — Il ne suffit pas que le prévenu ait déclaré s'inscrire en faux contre un procès-verbal des préposés des douanes, pour que le tribunal soit autorisé à surseoir au jugement de la contravention ; il faut encore que le prévenu ait fait le dépôt de ses moyens de faux, et que le tribunal les ait trouvés pertinens. — Ainsi, il y a lieu de casser le jugement qui, sur la simple déclaration du prévenu, a ordonné le sursis, quand bien même les moyens de faux auraient été effectivement déposés dans les trois jours. — *Cass.*, 1er déc. 1809, Cadoury.

902. — Lorsque, parmi les prévenus d'une même contravention aux lois de douanes, quelques uns seulement se sont inscrits en faux contre le procès-verbal des préposés, le tribunal saisi de la poursuite ne peut surseoir à statuer à l'égard de ceux qui n'ont fait aucune inscription de faux. — *Cass.*, 20 nov. 1807, Elser.

903. — Legraverend (t. 1er, p. 365) trouve cette décision conforme à la loi et à la justice. Mais, si les faits étaient communs à tous les prévenus, comme ils ne pourraient pas être vrais à l'égard des uns et faux à l'égard des autres, cet auteur conseille au ministère public d'exercer des poursuites en faux principal pour autoriser un sursis collectif. Néanmoins, s'il n'y avait pas d'élémens suffisans pour entamer la poursuite, le tribunal obligé de statuer à l'égard de tous, ne pourrait pas suppléer d'office un moyen de cette nature.

Sect. 5e. — *Préemption.*

904. — Le droit de préemption consiste dans la faculté accordée par la loi à l'administration des douanes, de retenir pour la valeur déclarée, et le dixième en sus, les marchandises dont les droits se perçoivent sur la valeur, lorsqu'elle présume que cette déclaration est fausse. — L. 6-22 août 1791, tit. 2, art. 23. — Le droit de préemption est donc, sinon une peine, du moins une atteinte portée à la propriété, et destinée à assurer la sincérité des déclarations faites aux agens de la douane.

905. — Le droit de préemption peut s'exercer pour le compte des employés ou pour celui du trésor public. Dans le premier cas, la préemption n'est déclarée qu'après avoir pris l'avis et réclamé le concours du receveur. Les marchandises qui en ont été l'objet sont, à la volonté des employés, vendues ou gardées par eux. Le bénéfice, s'il y en a, leur appartient en entier et se partage également. — Arr. 25 juin 1827.

906. — La valeur déclarée de la marchandise, augmentée du dixième doit être payée par les employés dans la quinzaine qui suit la notification de leur procès-verbal. — L. 4 flor. an IV.

907. — L'acte par lequel l'administration des douanes exerce le droit de préemption sur des marchandises importées ou exportées doit, à peine de nullité, être signé par le receveur du bureau où la retenue est exercée. — *Cass.*, 19 mars 1835, Galos.

908. — Cette nullité ne peut être couverte par un nouvel acte d'offres, signé par le receveur, mais signifié après l'expiration du délai déterminé par la loi. — Même arrêt.

909. — La préemption n'a pas lieu sur les marchandises qui ne paient que 1/4 p. % de leur valeur. — Circ. 6 sept. 1823.

910. — L'exercice du droit de préemption au profit de l'état, n'était pas reconnu avant la loi du 27 juill. 1822. Cette loi n'accorda même ce droit à l'état qu'à l'égard des laines importées dans le royaume. — Depuis, le droit de préemption relativement aux laines, a été consacré de nouveau en faveur de l'administration des douanes ou de ses agens par la loi du 17-23 mai 1826, dont l'art. 1er porte qu'il en sera fait usage de la manière réglée par la loi du 4 flor. an IV, si ce n'est qu'il devra être exercé dans le délai de dix jours.

911. — Lorsque la préemption a lieu pour le compte de l'état, le directeur des douanes ou l'inspecteur doit toujours être préalablement consulté. — Arr. min. 25 janv. 1827.

912. — Le droit de préemption s'exerce aussi bien à propos des fausses déclarations faites à la sortie des marchandises qu'à propos de celles faites à l'entrée. Cependant, comme la préemption n'existe qu'autant que le droit à acquitter est du quart de la valeur de la marchandise, il résulte qu'elle ne s'exerce guère qu'à propos des marchandises importées. — Fasquel, *L. et régl. des douanes*, no 944 *bis*.

913. — C'est seulement lorsque la fausse déclaration porte sur la valeur des marchandises que la loi permet à la régie de les retirer en payant le dixième en sus. Il y a lieu à la confiscation et à l'amende, lorsque la fausse déclaration porte sur leur qualité, et s'il y a contestation sur la qualité, les doutes sont résolus légalement par les experts institués par la loi du 27 juill. 1822. — *Cass.*, 5 août 1828, Faurie.

914. — Jugé que le privilége de la préemption établi en faveur de l'administration des douanes par les lois des 6-22 août 1791, 4 flor. an IV, 17 mai 1826, ne s'exerce que sur les marchandises dont les droits sont perçus proportionnellement à la valeur et non à celles mises en entrepôt *réel* qui, malgré la déclaration de valeur à laquelle elles sont soumises, ne sont néanmoins sujettes immédiatement ni nécessairement à la perception d'aucun droit. — *Cass.*, 14 avr. 1830, Durand.

915. — Le droit de préemption accordé à l'administration des douanes par la loi du 4 flor. an IV (23 avr. 1796) en cas de fausse déclaration de valeur s'applique aux marchandises expédiées en transit, et notamment aux laines étrangères introduites transitoirement en France. — *Cass.*, 30 août 1836 (t. 1er 1837, p. 512), Detroyat ; 30 août 1836 (t. 1er 1837, p. 511), Léon.

916. — Ces solutions, malgré le silence de la loi sur la préemption en cas de transit, nous paraissent fondées, car s'il n'était pas justifié de la sortie des marchandises en temps utile, la régie obligée de prendre pour base de leur valeur la déclaration faite au bureau, et privée des garanties de l'entrepôt, se trouverait frustrée dans la perception des droits.

917. — Le droit de préemption peut également s'exercer lorsque le propriétaire des marchandises demande une réduction des droits pour cause d'avaries. — L. 6-22 août 1791, tit. 2, art. 24.

918. — La loi du 21 avr. 1818 a créé pour les marchandises avariées un droit de préemption particulier. — Suivant cette loi complétée par le règlement du 25 juill. 1827, quand les marchandises avariées sont vendues publiquement, l'administration peut, dans les vingt-quatre heures de l'adjudication, déclarer qu'elle prend l'adjudication à son compte en payant au dernier enchérisseur 5 p. % en sus.

919. — Si le dernier enchérisseur refuse de souscrire à la préemption, des offres réelles lui sont faites, et le tribunal peut autoriser l'administration à opérer la revente des marchandises retenues. — Régl. 25 juin 1827.

Sect. 6e. — *Primes pour arrestation et saisie.*

920. — Certaines primes sont accordées par l'état aux employés de l'administration des douanes, dans le but utile d'exciter leur vigilance.

921. — Ainsi toute saisie de sel faite à l'importation sur les frontières de terre, quelle qu'en soit la quantité, donne lieu à une prime pour les saisissans de 10 cent. par kilogramme de sel. — Décis. minist. 14 juill. 1815.

922. — Les préposés des douanes ou tous autres individus qui arrêtent ou concourent à arrêter les colporteurs ou vendeurs reçoivent une prime de 15 fr. par chaque personne arrêtée, quel que soit le nombre des saisissans. — Ord. 31 déc. 1817, art. 1er.

923. — Il est payé aux préposés pour chaque arrestation d'individus autorisée par la loi, une somme de 15 fr. à prendre sur le sixième reservé du produit des saisies. — Décis. minist. 2 janv. 1835.

924. — Il y a plus : l'amende et le prix des effets confisqués sont répartis entre les préposés des douanes et autres saisissans, sauf la déduction d'un sixième réservé au trésor pour subvenir aux frais de procédure. — L. 15 août 1793, art. 5.

925. — Les cinq sixièmes qui restent à partager sont répartis ainsi : trois sixièmes appartiennent aux saisissans, et les deux autres sixièmes appartiennent aux employés supérieurs. — Arrêtés 9 fruct. an V ; 16 frim. an XI.

926. — Ne sont admis aux répartitions comme saisissans que ceux dont les noms se trouvent dans les rapports ou qui sont désignés comme tels par le commandant du détachement dans un état signé de lui. — Arrêté 9 fruct. an V, art. 25.

927. — Enfin le dénonciateur d'un délit de douane a droit aussi à une part du produit de la saisie : un tiers du produit net de la saisie lui est compté, pourvu toutefois qu'il se soit fait connaître au directeur ou à l'administration. — Arrêté 9 fruct. an V.

CHAPITRE VI. — *Poursuites.*

Sect. 1re. — *Action de la douane et du ministère public. — Contraintes. — Prescription des droits.*

928. — L'administration des douanes a, comme les autres administrations publiques chargées d'une gestion de deniers publics, le droit d'exercer en son nom toutes les actions concernant la matière placée dans ses attributions. — (V. l'art. 3, tit. 4, L. 9 flor. an VII, qui exige l'indication de l'agent chargé des poursuites, et l'art. 6 qui veut que la citation soit immédiatement délivrée.

929. — Cependant, en cas de saisie à l'intérieur, de tissus prohibés, le procureur du roi est chargé des poursuites (L. 28 avr. 1816, art. 95), ce qui a également lieu dans tous les cas de contrebande armée ou de rébellion qui prennent le caractère de délit contre l'ordre public.

§ 1er. — *Action de la douane.*

930. — L'action de l'administration des douanes ne peut avoir pour objet que le recouvrement des droits, ou la répression de la fraude ; elle doit rester étrangère à toute autre sorte de délits.

931. — Ainsi la régie des douanes est non-recevable à déférer à la cour de Cassation les arrêts rendus contre ses agens pour des faits qui leur sont personnels. — *Cass.*, 28 juill. 1807, N... — Dujardin-Sailly, *Code des douanes*, liv. E, no 65.

932. — On ne peut pas contester à la régie des douanes le droit de poursuivre, tant en première instance qu'en appel, devant les tribunaux correctionnels comme devant les tribunaux civils, les condamnations aux peines portées par la loi contre les fraudes constatées par ses agens. — *Cass.*, 26 vendém. an IX, Gérault.

933. — Bien que le ministère public soit spécialement chargé de requérir la confiscation des objets saisis pour contravention aux lois des douanes, aucune disposition n'interdit à la régie la faculté de la demander. — *Cass.*, 25 juill. 1806, Brenken ; 19 déc. 1806, Brizoux.

934. — En cas de nullité du procès-verbal, la régie a, comme le ministère public, le droit de poursuivre la confiscation des marchandises saisies. — *Cass.*, 1er germin. an IX, Latour.

935. — L'action de la régie des douanes en confiscation de marchandises saisies et en condamnation à l'amende est une action directe et principale qui ne peut être considérée comme l'action civile dérivant du délit de contrebande connexe au crime de rébellion avec attroupement ; en conséquence l'exercice de cette seconde action ne suspend point l'exercice de la première. — *Cass.*, 8 déc. 1838 (t. 2 1843, p. 300), Muraccioli.

936. — Lorsque, par le fait des agens de l'administration des douanes, le consignataire de la cargaison d'un navire a été privé de tout recours, soit contre le capitaine, soit contre les entrepositaires, la régie des douanes est non-recevable à requérir contre lui l'amende encourue. — *Cass.*, 22 mars 1831, Gauthier.

937. — Mais l'administration ne peut pas être responsable de la perte des marchandises qui n'est pas du fait de ses employés. — Même arrêt.

938. — Le ministère public ayant qualité pour représenter la régie dans les affaires de police correctionnelle, la régie est non-recevable à attaquer par tierce-opposition un jugement rendu sur les conclusions du ministère public. — *Cass.*, 16 messid. an XIII, Broschel.

939. — Lorsque les chambres du conseil et d'accusation ont décidé qu'il n'y avait pas lieu à suivre contre plusieurs individus signalés comme coupables de contrebande *avec attroupement et port d'armes*, la douane peut cependant citer ces mêmes individus pour le fait de contrebande dégagé des circonstances aggravantes qui en auraient fait un crime, et à l'égard desquelles seulement il y a chose jugée. — *Aix*, 19 avr. 1837 (t. 2 1837, p. 108), Fil.

940. — Mais le droit conféré aux cours d'assises pour statuer sur les dommages-intérêts respectivement prétendus, étant, en ce qui concerne la partie civile, restreint aux dommages-intérêts résultant des faits de l'accusation et ne pouvant être étendu à d'autres faits, la cour d'assises a pu refuser de prononcer la confiscation et l'amende demandée contre l'accusé à titre de dommages-intérêts par l'administration des douanes pour un fait de contrebande, alors que ce fait n'était compris ni dans l'arrêt de renvoi ni dans l'acte d'accusation. — *Cass.*, 17 déc. 1831, Berthelet.

941. — L'administration des douanes peut exercer contre l'affréteur et le chargeur d'un navire la poursuite relative à la confiscation tant du navire que de son chargement. L'action de la régie ne doit pas être restreinte au seul patron du navire. — *Cass.*, 26 mars 1834, Lalanne.

942. — Il ne résulte point des art. 65 et 66, L. 28 avr. 1816, qui, en cas de saisie à l'intérieur, de tissus prohibés, ordonnent l'envoi au ministère public du rapport et des autres pièces du procès, que l'administration des douanes soit non-recevable à exercer elle-même des poursuites et par conséquent à appeler d'un jugement qui l'a condamnée aux dépens. — *Cass.*, 29 mars 1828, Vanderschirck ; — Mangin, *Tr. de l'action publique*, t. 1er, p. 84, no 44. — D'ailleurs toute partie civile a le droit d'appeler d'un jugement qui la condamne aux *dépens*, c'est-à-dire à une réparation civile.

943. — L'administration des douanes n'a pas d'action contre les héritiers d'un contrebandier et ne peut les poursuivre en justice pour les faire condamner à l'amende par lui encourue. — *Cass.*, 28 messid. an VIII, Mitchell.

944. — Mais elle peut poursuivre contre eux la confiscation des objets de contrebande saisis sur lui. — *Cass.*, 9 prair. an IX, Beaussart.

945. — Jugé que l'administration des douanes qui, par erreur, au lieu d'actionner simultanément le conducteur et le propriétaire de la voiture, n'a mis en cause que le conducteur, n'est pas pour cela déchue du droit d'exercer, après la condamnation de celui-ci, son action solidaire contre le propriétaire. — *Cass.*, 19 nov. 1835, Oswin. — Cet arrêt fait une application du principe posé en l'art. 1204, C. civ. L'assignation donnée à un débiteur ne fait point présumer un abandon des droits à exercer contre l'autre.

946. — L'action de la douane est exercée par le receveur principal du bureau dans le ressort duquel la fraude s'est commise. Le receveur peut exercer cette action sans une autorisation spéciale; c'est un acte qui rentre dans les limites des pouvoirs que la loi lui a donnés. — LL. 6 août 1791, tit. 13, art. 31 et 32; 15 août 1793, art. 3; 4 germ. an II, tit. 6, art. 18; 9 flor. an VII, art. 15.

947. — L'action de l'administration des douanes, à raison des soustractions ou substitutions de marchandises en cours de transit, appartient au bureau de départ, et non pas au bureau du lieu du passage où ces contraventions ont été constatées. — *Cass.*, 17 mars 1835, Gavagnon.

§ 2. — *Action du ministère public.*

948. — L'instruction de toutes les affaires criminelles de douanes est faite à la requête du ministère public. L'instruction se fait sur les procès-verbaux des agens de la douane et autres renseignemens transmis par l'administration. — Fasquel, *Lois et régl. des douanes*, no 2028.

949. — De cette doctrine il résulte nécessairement que le ministère public n'intervient pas ici comme partie jointe, mais agit comme partie principale; il poursuit en son nom la répression du crime.

950. — Ainsi jugé que dans toutes les affaires de douanes de la compétence des tribunaux correctionnels, le ministère public est partie principale, et non pas partie jointe, et que par conséquent il a le droit de procéder par voie d'action, quoique l'instance ait été introduite par la régie. — *Cass.*, 21 nov. 1828, Crucq.

951. — Mangin (t. 1er, p. 87, no 46) dit que si le ministère public est partie principale dans les affaires de douanes, et seulement partie jointe dans les affaires des contributions indirectes, c'est parce que, dans celles-ci, les peines ont toujours le caractère de réparations civiles, tandis que dans celles-là, l'action ayant pour objet l'emprisonnement, l'amende et la confiscation, est purement pénale.

952. — Si l'administration des douanes s'est portée partie civile, l'agent qui la représente doit, au nom de l'administration, prendre des conclusions afin de faire prononcer la confiscation des marchandises saisies et le paiement des amendes. — C. d'inst. crim., art. 359.

953. — Il est à remarquer que cette doctrine de la cour de cassation, à savoir que l'amende ne peut être prononcée que sur les conclusions de l'administration, repose sur une autre doctrine déjà critiquée, et qui consiste à ne voir dans l'amende que la réparation civile du délit. En effet, si, ici encore, la cour de Cassation n'eût pas vu dans l'amende une sorte d'indemnité, mais une peine, c'est sur les conclusions du ministère public que l'amende eût dû être prononcée.

954. — Il a même été jugé que les officiers municipaux et les gendarmes qui ont procédé à une saisie dans l'intérieur de la France ont qualité à l'effet de poursuivre eux-mêmes en justice la confiscation des objets saisis. — *Cass.*, 8 therm. an VIII, Zvinger.

955. — Mais il est évident, au contraire, que ces officiers et agens sont sans qualité. Aucune disposition ne leur a conféré le droit de poursuivre en justice l'action de la douane, tandis qu'elle a été confiée au ministère public par l'art. 65, L. 28 avr. 1816.

956. — Le ministère public est étranger au recouvrement des droits de douanes. Il n'a pareillement aucune action dans la poursuite d'un grand nombre de contraventions qui sont de la compétence du juge de paix. C'est seulement lorsque la poursuite est portée à la police correctionnelle ou à la cour d'assises, que son intervention est nécessaire.

957. — Lorsqu'une opposition aux exercices a été accompagnée de violences et de voies de fait constituant la rébellion, bien qu'à raison de la connexité, la contravention devienne de la compétence du tribunal correctionnel, le ministère public n'est pas recevable à exercer l'action qui résulte de cette opposition, ni par conséquent à interjeter appel de la disposition du jugement relative à cette contravention. — *Cass.*, 8 déc. 1837 (t. 2 1837, p. 525), Boulanger ; 8 déc. 1837 (t. 1er 1840, p. 134), Cocdraulier.

958. — En matière de délit de contrebande, le ministère public a qualité pour procéder par voie d'action contre les entrepreneurs de la fraude, les assureurs et leurs complices. Il remplace à cet égard les prévôts des cours prévôtales. — *Cass.*, 8 fév. 1839 (t. 1er 1843, p. 603), Bourdon.

959. — L'action que le ministère public a le droit et le devoir, suivant l'art. 52 de la loi du 28 avril 1816, de diriger d'office contre tous entrepreneurs, assureurs et intéressés à la contrebande, n'est pas soumise, quant à son exercice, à la condition que les faits de contrebande auxquels ces individus auraient coopéré aient été constatés par des procès-verbaux et poursuivis antérieurement aux poursuites intentées contre eux. — *Cass.*, 9 mars 1843 (t. 2 1843, p. 634), Hartkopff.

960. — Si, en matière de douanes, toute poursuite ou perquisition suppose un procès-verbal préalable constatant le délit, ce principe n'est applicable qu'aux employés des douanes; il ne l'est point au ministère public quand, agissant de son chef, il requiert des perquisitions qu'il croit propres à amener la découverte des délits d'entreprises ou d'assurances de contrebande. — Lorsque la découverte de la vérité exige des perquisitions simultanées et sur divers points éloignés les uns des autres, le juge d'instruction peut commettre un ou plusieurs juges de paix pour procéder aux perquisitions de papiers, effets, et autres objets; ce droit de délégation n'est pas restreint au seul cas prévu par l'art. 83, C. instr. crim. — *Cass.*, 6 mars 1841 (t. 2 1843, p. 148), Chevalier.

§ 3. — *Contraintes.*

961. — Le receveur des douanes peut, préalablement à toute action judiciaire, décerner, contre ceux qui sont redevables à la régie, et ceux qui auraient omis de rapporter les certificats de décharge des acquits à caution, une contrainte immédiatement exécutoire. — L. 22 août 1971, tit. 13, art. 31.

962. — Le receveur doit fournir en tête de la contrainte un extrait des registres qui contient la soumission des redevables. — Même article.

963. — Les contraintes, pour quelque cause qu'elles soient décernées, sont visées sans frais par l'un des juges du tribunal de première instance et exécutées par toutes voies, même par corps, sous le cautionnement de l'administration. — L. 22 août 1791, tit. 13, art. 32.

964. — Depuis la loi du 4 germ. an II, qui a transféré des tribunaux de district aux juges de paix le droit de connaître en première instance des contraventions aux réglemens concernant les douanes, c'est aux juges de paix seuls qu'il appartient de viser les contraintes décernées par la régie. — *Cass.*, 7 fruct. an X, Beullens.

965. — Les juges ne peuvent, sous quelque prétexte que ce soit, refuser le visa de toutes les contraintes qui leur sont présentées, sous peine d'être responsables des objets pour lesquels elles auraient été décernées. — Même article.

966. — La contrainte doit être enregistrée, mais doit-elle l'être avant le visa sous peine d'amende contre l'huissier qui l'aurait signifiée? — On l'a quelquefois soutenu; mais l'opinion contraire est de beaucoup préférable, car jusqu'au visa la contrainte n'a aucun caractère, elle n'existe pas comme contrainte. C'est en ce sens que se prononce une circulaire du 22 févr. 1817.

967. — L'exécution des contraintes ne peut être suspendue par aucune opposition ou autre acte, si ce n'est quand elles sont décernées pour défaut de rapport des certificats de décharge des acquits à caution, et le juge ne peut accorder aucunes défenses ni surséances. — L. 22 août 1791, tit. 13, art. 33.

968. — Jugé que les tribunaux ne peuvent suspendre l'exécution de la contrainte décernée par la régie des douanes contre les signataires de billets souscrits pour paiement de droits. — *Rennes*, 3 juill. 1810, Berthelot.

969. — C'est au tribunal de première instance, et non au juge de paix, qu'appartient l'exécution des jugemens ou actes de ce magistrat, en matière de douanes, et spécialement d'une contrainte par lui visée. — *Bruxelles*, 18 (et non 12) août 1811, Vanhove.

§ 4. — *Prescription des droits et des réclamations.*

970. — L'administration des douanes est non recevable à former aucune demande en paiement de droits, même après que les droits auront dû être acquittés. — L. 22 août 1791, tit. 13, art. 25.

971. — Aucune personne n'est recevable à former contre l'administration des douanes une demande en restitution de droits et de marchandises, deux ans après l'époque que les réclamateurs donneraient au paiement des droits ou au dépôt des marchandises. — Même article.

972. — Se précriront également par deux ans les loyers et appointemens des préposés. — Même article.

973. — L'administration est, après deux ans, déchargée envers les redevables de la garde des registres des recettes et autres, sans pouvoir être tenue de les représenter, s'il y avait encore des instances subsistantes où le témoignage de ces registres fût invoqué. — Même article.

974. — Cependant, ces délais de prescription pouvant être interrompues soit par l'administration, soit par les parties, au moyen d'une contrainte décernée et signifiée, d'une demande en

justice, d'une promesse ou d'une convention. — Même article.

975. — Lorsque le gouvernement restitue aux propriétaires de marchandises séquestrées et vendues par lui le produit de la vente, la prescription de deux ans, appliquée par la loi du 22 août 1791 aux réclamations contre une indue perception de droits de douanes, court à partir du jour de la restitution des marchandises, et non à partir du jour de la vente. — Dans les mêmes circonstances, on doit appliquer, pour la perception des droits de douanes, le tarif qui était en vigueur lors de l'entrée des marchandises en France, et non celui qui existait lors de la vente. — *Cass.*, 29 janv. 1828, propriétaires du Leagle.

Sect. 2e. — *Compétence.*

976. — Les contraventions aux lois de douanes sont, selon la nature des faits, de la compétence des juges de paix, et sur appel, de celle des tribunaux civils, ou de celle des tribunaux correctionnels.

977. — La loi du 6-22 août 1791, tit. 11, art. 12, attribuait aux tribunaux de district la connaissance exclusive des fraudes et des contraventions aux lois de douanes et de tout ce qui pouvait avoir rapport aux droits qu'elles établissaient.

978. — Mais la loi du 4 germin. an II, tit. 6, art. 12 et 13, chargea le juge de paix d'entendre le saisissant sur le fait de la saisie, ou plutôt, pour parler d'une manière plus générale, de prononcer sur la validité de la saisie et sur ses conséquences ; car cette volonté du législateur ressort des art. 14 et suiv. — Trolley, no 1041.

979. — Enfin la loi du 14 fructid. an III, art 10, attribua au juge de paix la connaissance en première instance du refus de paiement des droits, du non-rapport des acquits à caution et de toutes autres affaires de douanes.

980. — Maintenu par la loi du 9 flor. an VII, tit. 4, art. 6, 13 et 14, cet état de choses subsiste encore. — Ainsi les juges de paix et, en cas d'appel, les tribunaux civils sont toujours la juridiction ordinaire en matière de douanes.

981. — C'est aux tribunaux et non à l'autorité administrative qu'il appartient de connaître des contestations relatives aux droits des douanes, lors même qu'il s'agirait de savoir si une ordonnance royale intervenue sur la matière doit avoir force de loi. — *Cass.*, 4 juill. 1827, Piot.

982. — Enfin les crimes ou délits communs qui accompagnent la fraude appartiennent, selon leur gravité, soit aux tribunaux correctionnels, soit aux cours d'assises.

983. — Lorsqu'un délit unique se compose de plusieurs faits accessoires dont les uns se sont passés sur le territoire français et les autres sur le territoire étranger, les tribunaux français sont compétens pour juger tous les prévenus, même ceux qui n'ont pris part qu'à ces derniers faits. — *Cass.*, 21 nov. 1806, Vercouter ;—Carnot, *C. inst. crim.*, t. 1er, p. 103, no 7; Dujardin-Sailly, *Code des douanes*, liv. F, no 4; Merlin, *Rép.*, vo *Contrebande*, no 4.

§ 1er. — *Juges de paix.*

984. — Les faits qui donnent lieu à des questions purement civiles sont tous ceux qui sont relatifs à la perception de droits, à la question de savoir s'ils sont dus, et à celle de savoir quel en est le *quantùm*. — Trolley, no 1048.

985. — Toutes ces questions sont, ainsi que nous l'avons vu, de la compétence des juges de paix, qui en connaissent en première instance.—Il faut encore y joindre l'infraction consistant dans le défaut de rapport des acquits à caution.— Décr. 14 fructid. an III, art. 10.

986. — Jugé par suite qu'un tribunal d'arrondissement ne pouvait prononcer comme juge de première instance sur la validité d'un emprisonnement ayant pour cause un certificat de décharge d'acquits à caution. — *Cass.*, 14 vendém. an XI, Pluvinet.

987.— Les juges de paix continuent à connaître des fraudes tentées dans les ports de commerce par des navires dont le manifeste a été fourni selon la loi, ainsi que de celles découvertes par suite des visites de douanes. — L. 21 avr. 1818, art. 35.

988. — Ils ont même le droit de prononcer l'amende de 500 fr. encourue par les maîtres ou capitaines des bâtimens de mer au-dessous du tonnage déterminé par les lois des 28 avr. 1816 et 27 mars 1817, qui aborderaient, hors le cas de relâche forcée, avec des marchandises désignées par l'art. 22, L. 28 avr. 1816.—L. 21 avr. 1818, art. 36.

989. — Les juges de paix sont compétens pour connaître des contestations qui s'élèvent entre l'administration des douanes et les propriétaires de marchandises entrées en France, sur la question de savoir d'après quel tarif les droits doivent être perçus. — *Cass.*, 29 janv. 1828, propriétaires de Léagle.

990. — Toutes saisies faites dans les bureaux de douanes des côtes et frontières, par suite de fausses déclarations, sont de la compétence exclusive du juge de paix, à la différence de cette contrebande directe et par voie de fait qui, aux frontières même, s'opère avec plus d'audace et de facilité. — *Cass.*, 3 janv. 1829, Cachot et Cassin.

991. — Les oppositions aux contraintes, en matière de douanes, ne peuvent être portées en première instance que devant le tribunal de paix. La loi du 22 frim. an VII, et les lois postérieures n'ont point dérogé aux dispositions de celle du 14 fruct. an III, sur cette attribution de compétence. — *Cass.*, 8 niv. an VI, Taillefer.

992. — C'est au juge de paix, et non au tribunal civil, qu'appartient la connaissance des contestations qui s'élèvent en matière de douanes, lors même qu'elles sont introduites par opposition à des contraintes. — *Cass.*, 8 nov. 1810, Pinel; — Merlin, *Rép.* vo *douanes*, § 5.

993. — Le juge de paix est compétent pour connaître de l'action en dommages-intérêts formée contre l'administration des douanes à raison de l'empêchement apporté par elle à une exportation, bien que cet empêchement ne soit que l'exécution d'un arrêté de l'autorité municipale. — Le juge de paix qui décide qu'un pareil arrêté n'était pas légalement obligatoire peut dès-lors juger que ce même arrêté n'a pu légitimer l'opposition des préposés des douanes, et que l'administration est en conséquence passible de dommages-intérêts.— *Cass.*, 25 août 1845 (t. 1er 1846, p. 185), Valery.

994. — Mais c'est aux tribunaux civils, et non aux juges de paix, qu'il appartient de connaître de la demande intentée par l'administration des douanes, à fin de main-levée d'une opposition formée par un propriétaire de marchandises prohibées qui ont été vendues pour être réexportées, dans le but d'empêcher la délivrance de ces marchandises à l'acquéreur; il ne s'agit pas là d'une contestation en matière de douanes proprement dite. *Bordeaux*, 24 août 1831, Monneyra; — Roger, *Saisie-arrêt*, no 505.

995. — Pour la compétence territoriale, on a égard à la situation du bureau où est déposé l'objet saisi. L'art. 14, L. 27 mars 1817, est ainsi conçu : « Le juge de paix dans l'arrondissement duquel l'objet saisi sera déposé connaîtra en première instance de la contravention. » Et l'art. 15 ajoute : « La même compétence a lieu pour les saisies faites dans les bureaux des côtes ou frontières par suite de déclaration. »

996. — Est compétent pour connaître d'une saisie en matière de douanes le tribunal dans l'arrondissement duquel est situé le bureau où des circonstances impérieuses ont forcé les préposés à conduire les marchandises et où le procès-verbal a été rédigé, encore bien que ce tribunal ne soit pas celui du lieu du délit. — *Cass.*, 29 niv. an IX, Van Deryrer; 27 flor. an IX, Friand; 15 flor. an XIII, Deruelles.

997. — Toutefois le dépôt des marchandises saisies, fait dans un bureau autre que le plus voisin par de simples raisons de commodité, ne peut avoir pour effet de distraire la partie saisie de ses juges naturels, et n'attribue pas juridiction au tribunal du lieu du dépôt. — *Cass.*, 3 déc. 1817, Gendarme.

998. — S'il n'y avait pas eu de saisie, mais seulement que le redevable se crût en droit de s'opposer à la contrainte ou demandât la restitution des sommes qu'il a payées, l'action serait portée devant le juge de paix du bureau où la somme a été ou a dû être payée. — Trolley, *Droit admin.*, ns 1050.

999. — Il est à remarquer, du reste, que le juge de paix, même saisi de la connaissance des contraventions aux simples faits de fraude, prononce comme juge civil, quoique par la nature du litige il semble qu'il dût siéger comme juge de simple police. — Trolley, no 1044.

1000. — Cette qualité en laquelle siége le juge de paix en matière de douane n'empêche pas qu'il ne puisse prononcer de véritables peines comme la confiscation et l'amende.—Trolley, no 1045.

1001. — Le tribunal de simple police est dans tous les cas incompétent pour connaître des contraventions aux lois sur les douanes; c'est devant le juge de paix ou devant le tribunal de police correctionnelle que la poursuite doit être exercée en premier degré. — *Cass.*, 19 juill. 1821, Marquis; 4 janv. 1823, navire *La Scholastique*.

1002. — Lorsque la contravention est de nature à être poursuivie, à raison d'une partie des marchandises saisies, devant la justice de paix, et à raison de l'autre partie devant le tribunal correctionnel, ce dernier tribunal est compétent pour connaître du tout.—*Cass.*, 10 déc. 1806, Brizoux;— Merlin, *Rép.*, vis *Appel*, sect. 2e, § 10, et *Douanes*, § 6.

1003. — Lorsque le tribunal d'appel a infirmé le jugement d'un juge de paix qui s'était déclaré incompétent, et a renvoyé l'affaire devant un autre juge de paix, la compétence ne peut plus être contestée, si le jugement de renvoi n'a point été attaqué et a reçu son exécution.—*Cass.*, 15 avr. 1835, Gaspard.

§ 2. — *Tribunaux correctionnels.*

1004. — Les délits, avons-nous dit, sont de la compétence du tribunal correctionnel. — Doivent être considérées comme délits en matière de douanes, toutes les infractions qui, outre l'amende, donnent lieu à des peines corporelles non infamantes. — LL. 17 déc. 1814, art. 30 et 31.; 28 avr. 1816, art. 41; 21 avr. 1818, art. 37.

1005. — Les tribunaux correctionnels sont encore appelés à juger les prévenus de toute importation prohibée ou frauduleuse, si, étant à cheval, ils sont au nombre de trois et plus, et si, étant à pied, ils sont en nombre supérieur à six. Ces délits, qui, d'après la loi du 28 avr. 1816, entraient dans la juridiction des cours prévôtales, ont été attribués aux tribunaux correctionnels après l'abolition de ces tribunaux d'exception. — L. 21 avr. 1818, art. 37.

1006. — Le versement frauduleux de marchandises de contrebande, opéré pendant la nuit dans un endroit ouvert par un navire qui reprend le large dès qu'il voit que sa manœuvre est découverte, avec la circonstance constatée au procès-verbal que les individus qui ont contribué au versement étaient au nombre de sept ou huit, est de la compétence des tribunaux correctionnels et non de la compétence des juges de paix. En cette matière, la compétence des juges de paix est restreinte par les art. 34, 35 et 37, L. 21 avr. 1818, à la connaissance des fraudes tentées dans les ports de commerce par des navires dont le manifeste a été fourni suivant la loi, ainsi que de celles découvertes par suite de visites de la douane. — *Cass.*, 14 juin 1836 (t. 1er 1837, p. 35), Robaglia.

1007. — L'art. 34, L. 21 avr. 1818, qui attribue aux tribunaux correctionnels la connaissance des faits de versement, opéré sur les côtes ou endroits non destinés au commerce, de marchandises prohibées ou d'objets tarifés à 20 fr. par cent kilogrammes, n'est point applicable au cas de simple tentative de fraude ou contrebande par mer; alors le juge de paix est seul compétent. — *Cass.*, 26 avr. 1830, Felieu.

1008. — Mais c'est devant le tribunal correctionnel, et non devant le juge de paix, que, d'après le même article de loi, doit être portée l'action de la douane lorsqu'il s'agit de la fraude commise sur une côte maritime, hors de l'enceinte des ports de commerce, par le versement de marchandises parmi lesquelles il s'en trouve payant au-dessus de 20 fr. par 100 kilogrammes. — *Aix*, 19 avr. 1837 (t. 2 1837, p. 108), Fil.

1009. — Le tribunal correctionnel est compétent pour connaître de la répression d'un fait d'introduction frauduleuse de marchandises tarifées à 20 fr. par quintal métrique, alors même que la régie des douanes ne poursuivrait qu'à fin de confiscation des marchandises et de condamnation à l'amende. — *Cass.*, 8 déc. 1838 (t. 2 1843, p. 300), Murraccioli.

1010. — Quoiqu'ils ne donnent pas lieu à des peines corporelles, certains délits rentrent encore dans la juridiction des tribunaux correctionnels.— Tels sont celui de l'exportation des grains quand la saisie est prohibée, ceux qui donnent lieu à des saisies d'armes et à toutes saisies effectuées à l'intérieur, sans distinction. — L. 26 vent. an V; ord. 24 juill. 1816; L. 28 avr. 1816, art. 65.

1011. — La juridiction civile formant le droit commun, en matière de douanes, les tribunaux correctionnels n'ont d'attribution que dans les cas où elle leur est conférée par des lois particulières.— Ainsi, c'est par la voie civile et non par la voie correctionnelle, que doit être poursuivie la condamnation à l'amende de 500 fr., pour opposition aux exercices, prononcée par l'art. 2, tit. 4, L. 4 germ. an II. — *Cass.*, 3 vent. an X, Miquet; 21 niv. an XIII, Sans; 26 août 1816, Broutin; 21 août 1837 (t. 2 1837, p. 393), Prévot; 1er déc. 1838 (t. 1er 1839, p. 322), Manshard; 29 août 1838 (t. 2 1838, p. 531), Brischoux; 10 janv. 1840 (t. 1er

1840, p. 750), Prévot; 30 mars 1841 (t. 2 1841, p. 170), Parodi.

1012. — Ainsi encore un tribunal correctionnel est incompétent pour connaître d'une saisie de grains circulant dans le rayon de deux myriamètres, mais à plus de cinq kilomètres des frontières. — *Cass.*, 6 fructid. an VIII, Moonen. — En effet, dans le rayon des cinq kilomètres les plus rapprochés des frontières, la fraude est plus imminente, et la connaissance en est attribuée à la police correctionnelle par la loi du 26 vent. an V, art. 6. — Mais la compétence, comme on le voit par cet arrêt, ne peut aller au-delà desdits cinq kilomètres.

1013. — Dans l'intérieur du royaume où il n'y avait point de cours prévôtales ni de tribunaux ordinaires des douanes, les tribunaux correctionnels étaient chargés de prononcer sur les introductions de tissus prohibés. — L. 28 avr. 1816, art. 65 et 66.

1014. — La loi du 10 brum. an V fut la première qui, modérant la rigueur des lois révolutionnaires, relativement aux marchandises anglaises, conféra aux tribunaux correctionnels la connaissance des contraventions à la prohibition du commerce anglais (V. art. 15). — Cet exemple fut suivi par celle du 26 vent. an V, sur l'exportation des grains ou farines (V. art 6).

1015. — L'attribution donnée aux tribunaux correctionnels par la loi du 10 brum. an V ne se bornait pas à la saisie des marchandises anglaises ou réputées telles : ils avaient encore le droit de connaître de la saisie de tous autres objets de fabrique étrangère importés sans certificats d'origine. — *Cass.*, 7 frim. an IX, Vantilho.

1016. — Le tribunal correctionnel était compétent pour connaître d'une saisie de marchandises anglaises opérée en mer, dans les deux lieues des côtes, sur un bâtiment au-dessous de cinquante tonneaux. — *Cass.*, 15 frim. an X, Laurent Lesecq.

1017. — Le tribunal correctionnel est compétent, à l'exclusion des juges de paix, pour connaître des saisies de marchandises prohibées comme fabriqués à l'étranger, soit qu'il s'agisse de saisies par suite de recherches, soit qu'il s'agisse de saisies faites dans les bureaux des côtes et frontières par suite de déclarations : il n'a été dérogé, sur ce point, aux dispositions de la loi du 28 avr. 1816, tit. 6, par aucune loi postérieure. — *Douai*, 18 avr. 1833, Odoux.

1018. — Les saisies de tissus prohibés faites par suite de fausses déclarations dans les bureaux des côtes et frontières sont, aux termes de la loi du 21 avr. 1818 (art. 42 et 43), de la compétence des tribunaux correctionnels et non de la justice de paix. — Même arrêt.

1019. — La loi du 9 flor. an VII, tit. 1er, art. 11, en restreignant à certains ports et à certains bureaux la faculté d'introduire des mousselines étrangères en France, n'a dérogé en aucune manière à l'art. 13, L. 10 brum. an V, à l'égard de la compétence, qui a continué d'appartenir aux tribunaux correctionnels. — *Cass.*, 17 frim. an IX, Spanon.

1020. — La loi du 9 flor. an VII, tit. 4, art. 2, dérogeant au droit commun, attribue juridiction au tribunal correctionnel dans le ressort duquel se trouve situé le bureau des douanes le plus voisin du lieu de l'arrestation, lorsque les préposés y ont conduit les marchandises saisies pour y dresser leur procès-verbal, encore bien que ce tribunal ne soit pas celui du lieu du délit. — *Cass.*, 29 niv. an IX, Van Deryrer.

1021. — La loi du 26 vent. an V, sur l'exportation des grains, ayant attribué textuellement et directement juridiction au tribunal correctionnel pour connaître des contraventions en matière de douanes, le directeur du jury n'avait pas, sous le Code du 3 brum. an IV, le droit de prononcer seul et préalablement sur la compétence de ce tribunal, comme il le pouvait lorsqu'il s'agissait de délits ordinaires de police correctionnelle. — *Cass.*, 22 vendém. an VII, Verhoeden.

1022. — Sous l'empire de l'acte de navigation du 21 sept. 1793 et de la loi du 27 vendém. an II, l'introduction dans un port français d'un navire anglais présenté à tort comme francisé, constituait une contravention de la compétence des tribunaux civils, et ne pouvait être considéré comme une introduction de marchandises anglaises dont la connaissance appartenait aux tribunaux correctionnels. — *Cass.*, 26 fév. 1806, Higgens.

1023. — Jugé que le tribunal correctionnel, saisi de la poursuite exercée par l'administration des douanes, est compétent pour connaître simultanément de l'action en garantie intentée par le prévenu contre les individus qui l'ont induit en erreur sur l'origine de ces tissus. — *Douai*, 27 déc. 1833, Beaufrère.

1024. — Lorsqu'une opposition aux exercices a été accompagnée de rébellion, elle rentre, à raison de la connexité, dans la compétence du tribunal de police correctionnelle. — *Cass.*, 8 déc. 1837 (t. 1er 1840, p. 134), Crocdraulier.

1025. — Elle ne peut pas être séparée du fait de rébellion pour être portée devant le juge de paix. — *Cass.*, 13 août 1836, Decq.

1026. — Néanmoins, le juge de paix saisi d'une action pour opposition à l'exercice des préposés des douanes, ne peut, alors que le ministère public n'a exercé aucune poursuite à raison des faits de violence qui auraient accompagné cette opposition, se déclarer d'office incompétent sous le prétexte que ces faits donnent à l'opposition un caractère criminel. — *Cass.*, 30 mars 1841 (t. 2 1841, p. 170), Parodi.

1027. — L'art. 6 de la convention intervenue le 24 déc. 1786, entre la France et l'Espagne, veut que les sujets de l'une ou l'autre nation qui se seront rendus coupables de délit de contrebande par mer soient jugés, s'ils sont arrêtés, et punis conformément à la loi de chaque pays. Mais ce n'est là, nous le pensons, qu'une faculté dont les tribunaux de chaque pays peuvent ne point user.

1028. — Jugé, en conséquence, qu'il n'y a nul excès de pouvoir dans le jugement d'un tribunal qui, ayant à statuer sur l'introduction faite par un Espagnol de marchandises prohibées en France, renvoie cet individu avec le procès-verbal constatant le délit, et les marchandises, pour être jugé par les juges de son pays, conformément à l'art. 6 de la convention passée avec l'Espagne le 24 déc. 1786. — *Cass.*, 2 déc. 1824, Belloqui.

1029. — L'art. 2 de la même convention veut que si la contrebande maritime a pour objet des marchandises absolument prohibées, ou dont le gouvernement s'est réservé le monopole, les fraudeurs ne soient pas jugés par les tribunaux du pays où ils ont commis la fraude, mais seulement renvoyés devant les tribunaux de leur nation, sauf au gouvernement du pays où ils ont été jugés à faire part de la punition des délinquans.

1030. — Il n'y a lieu d'ordonner le recours d'un fraudeur espagnol devant les autorités de sa nation, conformément à l'art. 2, convention du 24 déc. 1786, faisant partie des traités avec l'Espagne, connus sous le nom de *Pacte de famille*, qu'autant que le fait de contrebande à lui imputé aurait été pratiqué *dans un port*, et non lorsqu'il ne s'agit que d'une tentative de contrebande sur la côte et hors du port ; dans ce dernier cas, les tribunaux français sont compétens, et les lois françaises applicables. — *Cass.*, 26 avr. 1830, Felieu.

1031. — Lorsque, sur un procès-verbal des préposés des douanes, il y a eu tout à la fois poursuite de la régie devant le tribunal correctionnel en confiscation des marchandises saisies et en condamnation à l'amende, et poursuite du ministère public pour violences, voies de fait et introduction frauduleuse par une réunion de plus de six personnes, l'arrêt de la chambre d'accusation qui déclare n'y avoir lieu à suivre sur l'action du ministère public ne fait pas obstacle à ce que le tribunal correctionnel prononce sur l'action distincte de la régie des douanes. En pareil cas on ne peut prétendre qu'il y a chose jugée, en ce que la chambre du conseil a dû examiner si le fait qui lui était dénoncé constituait un crime, un délit, ou une contravention. — *Cass.*, 8 déc. 1838 (t. 2 1842, p. 300), Murraccioli.

§ 3. — *Juridictions exceptionnelles.*

1032. — D'après la législation qui régissait les tribunaux spéciaux, la contrebande rentrait dans leurs attributions, lorsqu'elle avait été pratiquée par des rassemblemens armés. — C'est notamment ce qui résultait formellement de l'art. 1er, L. 13-23 flor. an II, relative au jugement des contrebandiers, de l'art. 14, arrêté 16 frim. an XI, sur la répression de la contrebande, et de l'art. 27, L. 22 vent., 2 germin. an XII, sur les douanes.

1033. — L'art. 1er, L. 13-23 flor. an XI, était ainsi conçu : « Les tribunaux spéciaux établis par la loi du 28 pluv. an IX, connaîtront exclusivement du crime de contrebande avec attroupement et port d'armes. »

1034. — « Tout contrebandier, portait l'art. 14, arrêté 16 frim. an XI, qui, ayant fait résistance, aura tué ou blessé un militaire ou un préposé des douanes ; tout individu saisi les armes à la main, ou prévenu d'avoir à main armée importé ou exporté, ou protégé l'importation ou exportation en fraude de denrées ou marchandises, ensemble des fauteurs, complices et adhérens, et ceux qui auraient assuré les marchandises, seront considérés comme ayant fait partie d'un rassemblement armé, et conformément à la loi du 18 pluv. an IX, relative à l'établissement des tribunaux spéciaux, traduits devant un tribunal spécial qui sera tenu d'instruire et de juger, toute affaire cessante. »

1035. — D'après l'arrêté du 16 frim. an XI, une cour spéciale ne pouvait se déclarer incompétente pour connaître des délits de contrebande accompagnée de violences et voies de fait ayant donné lieu à des blessures. — *Cass.*, 20 fév. 1806, Wanholdouck.

1036. — Enfin, les contrebandiers à main armée devaient, aux termes de l'art. 27, L. 22 vent.-2 germin. an XII, continuer à être jugés par les tribunaux spéciaux.

1037. — D'après l'art. 1er, L. 19-29 pluv. an XIII, les violences et voies de fait exercées avec armes, ou par deux ou plusieurs personnes, même sans armes, contre la gendarmerie dans l'exercice de ses fonctions, et contre toute autre force armée agissant sur la réquisition d'une autorité compétente, devaient être jugées exclusivement par les cours de justice criminelle spéciales.

1038. — Jugé, sous l'empire de cette loi, que, lorsque des fraudeurs montés sur une chaloupe avaient, à force de rames, entraîné les douaniers sur le territoire étranger où ils avaient été arrêtés par la force armée garde-côtes du pays, on ne pouvait pas considérer cette force armée comme un rassemblement armé pour favoriser la contrebande; mais la conduite tenue par les fraudeurs constituait de leur part des violences et voies de fait contre une force armée agissant légalement dans l'exercice de ses fonctions, ce qui suffisait pour établir la compétence de la cour spéciale. — *Cass.*, 19 mai 1809, Vermeulin.

1039. — Les préposés des douanes sont exclusivement les agens de l'administration des douanes, et ne peuvent pas être considérés comme agens de la force armée. En conséquence, sous la loi du 19 pluv. an XIII, les violences et voies de fait exercées envers eux n'étaient point de la compétence des cours spéciales. — *Cass.*, 23 juin 1808, N...

1040. — Sous la loi du 18 pluv. an IX, une cour spéciale était compétente pour connaître de la validité d'une saisie de marchandises prohibées, accessoirement à un délit de contrebande à main armée. — *Cass.*, 2 vent. an XIII, N... ; — Merlin, *Rép.*, vo *Connexité*, § 6. — Une cour d'assises serait également compétente aujourd'hui, soit en vertu de l'art. 227, C. inst. crim., si une rébellion avait été commise pour faciliter ou consommer un délit de contrebande, soit en vertu de l'art. 336, si la régie demandait la validité de la saisie à titre de restitution et dommages-intérêts. Mais elle ne pourrait en connaître qu'en prononçant sur le délit de sa compétence.

1041. — Un décret impérial du 18 oct. 1810 organisa dans certains départemens des cours prévôtales des douanes chargées de juger la contrebande à main armée, les entreprises de contrebande et les crimes et délits des employés des douanes dans l'exercice de leurs fonctions (art. 5). Cette institution ne devait durer que jusqu'à la paix générale.

1042. — Le même décret avait établi des tribunaux spéciaux des douanes, à l'effet de statuer sur les affaires de police correctionnelle en matière de douanes. — Art. 7 et 9.

1043. — Sous le décret du 18 oct. 1810, les violences et voies de fait exercées contre les préposés des douanes dans l'exercice de leurs fonctions n'étaient de la compétence des cours prévôtales des douanes qu'autant qu'elles se rattachaient à des faits de fraude ou de contrebande. — *Cass.*, 30 oct. 1812, Joseph Piazza.

1044. — Sous le décret du 18 oct. 1810 qui, en instituant les cours prévôtales des douanes, leur avait attribué la connaissance des simples faits d'entreprise de contrebande ou de fraude qu'il classait au rang des crimes, ces cours étaient incompétentes pour connaître des faits de cette nature, commis antérieurement à la promulgation du décret précité. — *Cass.*, 23 oct. 1812, Solari. — Legraverend, t. 2, p. 32.

1045. — Sous le même décret, ceux qui, par voies de fait et violences, avaient forcé des préposés des douanes placés en embuscade à lever leur poste et à se retirer, étaient justiciables des tribunaux des douanes, encore bien qu'aucun fait de fraude ou de contrebande n'eût été matériellement constaté. — *Cass.*, 2 juill. 1812, Vender-Stéen.

1046. — La cour prévôtale des douanes était incompétente pour connaître d'une introduction de marchandises prohibées qu'elle reconnaissait ne pas présenter le caractère d'une entreprise de contrebande. — *Cass.*, 4 fév. 1813, Villigon.

1047. — Les préposés des douanes n'étaient du

reste justiciables de la cour prévôtale des douanes qu'à raison des crimes ou délits par eux commis dans l'exercice de leurs fonctions. — *Cass.*, 1er oct. 1812, Cristofani.

1048. — Ainsi les cours prévôtales des douanes étaient incompétentes pour juger des crimes commis par des employés des douanes en qualité d'auxiliaires des gendarmes, et comme chargés conjointement avec eux du maintien des lois relatives à la police générale. C'était aux tribunaux ordinaires qu'il appartenait d'en connaître. — *Cass.*, 24 déc. 1812, Mazetti.

1049. — Les cours prévôtales et les tribunaux ordinaires des douanes n'étaient compétens pour connaître des faits de violences et de mauvais traitemens commis envers les préposés des douanes, qu'autant que ces délits se rattachaient à des faits de contrebande ou de fraude compris dans leurs attributions exclusives. — *Cass.*, 26 mars 1812, Parchet.

1050. — Les violences et voies de fait exercées par des conducteurs de transport envers des préposés des douanes, qui les interpellaient de déclarer ce qu'ils transportaient, établissaient une présomption de fraude ou de tentative de fraude, qui en attribuait la connaissance à la cour prévôtale, encore bien qu'aucun fait de fraude n'eût été constaté. — *Cass.*, 23 juill. 1812, Simon.

1051. — Les cours prévôtales des douanes ne pouvaient connaître de crimes autres que ceux qui leur étaient nommément attribués qu'autant qu'ils avaient été commis par des personnes spécialement soumises à leur juridiction, ou que les faits se rattachant à ceux placés exclusivement dans leurs attributions, il s'établissait une connexité qui ne permettait pas de diviser l'instruction et le jugement. — Ainsi, une cour prévôtale des douanes ne pouvait connaître d'un faux commis par un simple particulier sur des expéditions de douanes, et qui ne se rattachait à aucun fait principal de sa compétence. — *Cass.*, 12 oct. 1811, Vitalis; — Merlin, *Rép.*, vo *Faux*, sect. 2e, § 6.

1052. — Les tribunaux des douanes ne pouvaient pas connaître de l'exécution de leurs jugemens. — *Bruxelles*, 28 juill. 1813, Thunissen.

1053. — Un des premiers actes du gouvernement royal fut de supprimer les cours prévôtales ainsi que les tribunaux ordinaires des douanes, et de renvoyer aux juges de droit commun les affaires portées devant les juridictions abolies. — Décr. du comte d'Artois 26 avr. 1814.

1054. — Mais ce gouvernement ne tarda pas à rétablir les cours prévôtales (L. 20 déc. 1815), et il leur attribua de nouveau la connaissance des délits de contrebande, de rébellion et de forfaiture de la part des préposés. — L. 28 avr. 1816, art. 48, 54 et 55.

1055. — Enfin, les cours prévotales ayant été une seconde fois supprimées, la loi du 21 avr. 1818, transporta aux tribunaux correctionnels la connaissance des délits de contrebande qui avait appartenu aux cours prévôtales.

1056. — Quant aux crimes de rébellion et de contrebande avec attroupemens et port d'armes, précédemment attribués aux cours spéciales, ils sont rentrés dans la juridiction des cours d'assises. Cela résulte de l'abolition même des cours prévôtales, quoique la loi n'ait rien dit relativement à la compétence de ces crimes. C'est en ce sens du moins que se prononce la circulaire du 14 mai 1818. De cette doctrine il résulte, ainsi que le fait remarquer Dujardin-Sailly (liv. E, no 79), que l'art. 54, L. 28 avr. 1816, est encore en vigueur, quoiqu'il eût pour objet de régler la juridiction des cours prévôtales.

1057. — De ce que nous venons de dire dans les deux numéros précédens il résulte que parmi les contraventions réputées faits de contrebande il faut reconnaître des crimes et des délits, et qu'il n'y a à appliquer ici que les règles de compétence ordinaire. — Dujardin-Sailly, *ibid.*

1058. — Bien que la loi du 14 fruct. an III attribue aux juges de paix la connaissance des faits de trouble ou opposition à l'exercice des préposés des douanes, s'il arrive que ces faits aient été accompagnés de violences qui leur impriment le caractère du crime ou délit de rébellion, ils doivent être, suivant les circonstances, déférés aux cours d'assises ou aux tribunaux correctionnels. — Dans ce cas, l'action du ministère public et l'action civile qui compètent à l'administration des douanes, se rattachant aux mêmes faits, peuvent être poursuivies en même temps et devant les premiers juges. — *Cass.*, 18 oct. 1842 (t. 1er 1843, p. 536), Maguero.

1059. — Par suite, la cour d'assises saisie du crime d'attaque avec violence contre deux préposés des douanes en fonctions, ne peut pas, après l'acquittement des accusés, et sur l'action civile de l'administration des douanes tendant à ce que ceux-ci soient condamnés à une amende de 500 fr. et aux frais pour trouble ou opposition à l'exercice des préposés, déclarer l'administration non recevable par le motif que l'opposition à l'exercice des employés est un fait distinct de ceux compris dans l'accusation. — Même arrêt.

Sect. 3e. — *Procédure, jugement, intervention.*

§ 1er. — *Moyens de preuve.*

1060. — Les moyens de preuve qui peuvent servir à déterminer la conviction du juge sont, en matière de douanes, de deux sortes. La preuve peut résulter, en effet, de procès-verbaux réguliers ou de déclarations de témoins. Nous nous sommes expliqués dans un paragraphe précédent sur la foi qui est due aux procès-verbaux; nous n'avons donc à nous occuper ici que de la preuve testimoniale.

1061. — En principe, la preuve des infractions ne peut être faite devant le juge de paix qu'au moyen de procès-verbaux réguliers. La preuve testimoniale ne peut être admise, quoiqu'elle puisse l'être pour les délits de douanes. L'ensemble de la législation repousserait un système contraire. — Dujardin-Sailly, liv. E, no 53.

1062. — Ainsi jugé qu'à défaut de procès-verbal de la contravention, il n'y a lieu ni à l'admission de la preuve testimoniale, ni à la condamnation du prévenu à l'amende. — *Cass.*, 5 avr. 1828, Dupont.

1063. — ... Et que l'opposition à l'exercice des employés ne peut être établi que par un procès-verbal régulier. — *Douai*, 6 avr. 1839 (t. 2 1839, p. 344), Beaussart.

1064. — Mais la preuve contraire, c'est-à-dire celle qui a pour objet de combattre un procès-verbal régulier, peut être faite par témoins. Toutefois, rappelons que, conformément à la doctrine que nous avons exposée en nous occupant de la foi qui est due aux procès-verbaux, cette preuve ne peut être admise que si le prévenu s'est préalablement et dans les délais de droit (nos 868 et suiv.) inscrit en faux.

1065. — Quant à la preuve du délit, elle se fait devant le tribunal de la même manière que pour les délits ordinaires, c'est-à-dire au moyen des procès-verbaux des rapports des officiers de police, et même par témoins. — C. inst. crim., art. 154.

1066. — Cependant, l'admission de la preuve testimoniale n'est pas sans difficulté. Un décr. du 8 mars 1811, art. 1er, l'autorisait implicitement en ordonnant la condamnation à l'amende, *de quelque manière* que la contravention fût constatée, ce qui comprend toute espèce de preuves.

1067. — Mais le décret du 8 mars 1811 est-il toujours en vigueur? — La jurisprudence est partagée. — V. pour l'affirmative *Cass.*, 22 nov. 1838 (t. 1er 1839, p. 309), Cuenot; *Cass.*, 8 fév. 1839 (t. 1er 1843, p. 603), Bourdon; 9 mars 1843 (t. 2 1843, p. 634), Hartkopff. — V. *contrà Douai*, 6 avr. 1839 (t. 2 1839, p. 344), Beaussart. — Mangin, *Tr. des procès-verb.*, p. 18, no 6. — Nous nous sommes prononcés déjà sur cette question.

1068. — Dans son arrêt de 1839, la cour de Douai s'était fondée sur ce que l'art. 58, L. 28 avr. 1816, qui maintenait implicitement le décret de 1811, ayant été abrogé par l'art. 38, L. 21 avr. 1818, le décret se trouvait ainsi lui-même abrogé; mais cette interprétation forçait le sens de la loi. — Aussi, la même cour a-t-elle dit au contraire, dans son arrêt de 1840, que le décret de 1811 avait reçu une nouvelle sanction des dispositions contenues dans le tit. 5, L. 28 avr. 1816.

1069. — Jugé, en conséquence, que la preuve des faits de fraude peut s'établir par toutes les voies que le droit commun autorise. — *Cass.*, 22 nov. 1838 (t. 1er 1839, p. 309), Cuenot; 8 fév. 1839 (t. 1er 1843, p. 603), Bourdon.

1070. — En matière de contrebande, l'administration des douanes peut suppléer à l'insuffisance de la preuve contenue en son procès-verbal par toute espèce de preuves, pourvu qu'elle les rapporte à l'audience où la cause est en état de recevoir jugement définitif. — *Aix*, 11 juill. 1832, Dalmasès.

1071. — La coopération à la contrebande peut être établie par tous genres de preuves autorisées par le droit commun, tels que papiers, livres, correspondances, etc. — *Cass.*, 9 mars 1843 (t. 2 1843, Hartkopff.

1072. — Même à l'égard de l'administration des douanes poursuivant directement et dans son intérêt des délits de contrebande, un procès-verbal régulier de saisie n'est pas tellement nécessaire qu'il ne puisse, aux termes de l'art. 1er du décret du 8 mars 1811 (lequel n'a pas été abrogé par les lois postérieures) et des art. 154 et suiv., C. inst. crim., être suppléé par tous les genres de preuves que le droit commun autorise. — Et dans ce cas la répression, loin d'être bornée à la confiscation des marchandises saisies, comporte l'application des autres peines soit d'emprisonnement, soit d'amende. — Seulement cette faculté de suppléer ainsi les procès-verbaux de saisie, ou d'en couvrir les irrégularités, n'affranchit pas les employés des douanes des conditions de temps et de lieu que leur imposent les art. 38 et 39, L. 28 avr. 1816, quand il s'agit non de marchandises prohibées, mais seulement de marchandises tarifées. — Même arrêt.

1073. — Ainsi le maintien de la saisie des objets introduits en fraude et l'application aux fraudeurs des peines soit d'emprisonnement, soit d'amende, ne dépendent pas uniquement de la régularité des procès-verbaux des préposés de la douane. — Même arrêt.

1074. — D'ailleurs, le procès-verbal fût-il la seule voie légale, lorsque, tout en constatant un fait matériel de fraude, il ne fait pas connaître le nom des inculpés, rien ne s'oppose à ce qu'il y soit suppléé par les voies ordinaires d'instruction, et notamment par la preuve testimoniale. — *Cass.*, 21 nov. 1834, Barbieux.

1075. — Les questions que nous venons d'examiner ne peuvent s'élever que dans les matières régies par l'ancienne législation des douanes. — Ainsi, la nécessité d'un procès-verbal ne s'applique pas aux saisies de tissus prohibés opérées dans l'intérieur en exécution de la loi du 28 avr. 1816, laquelle admet toute sorte de preuves. — Mangin, *Tr. des procès-verbaux*, p. 25, no 8.

1076. — ... Ni aux délits de participation à des faits de contrebande, soit comme assureur, soit comme intéressé, prévus par les art. 52 et 53, L. 28 avr. 1816 et par l'art. 37 de celle du 21 avr. 1818. — On peut les établir par tous les genres de preuves admis par l'art. 154, C. inst. crim. — *Cass.*, 26 août 1820, Roget.

1077. — L'administration des douanes ne peut, après avoir transigé avec des délinquans, les transformer en témoins, et les faire déposer en cette qualité contre un autre individu qui, selon eux, aurait participé au même délit. — Même arrêt. — Cette solution ne nous paraît pas devoir être acceptée; en effet la production de pareils témoins blesse sans doute ouvertement les convenances et fournit matière à de justes critiques; mais on ne trouve dans la loi aucune disposition qui la prohibe (C. inst. crim., art. 156 et 322); et il n'appartient pas aux tribunaux de créer arbitrairement des incapacités ou des exclusions. Il peut même se présenter des cas où les juges désireront entendre les complices, non pour ajouter une foi aveugle à leurs dépositions, mais pour chercher quelque trait de lumière dans une confrontation de ces témoins avec les prévenus qu'ils ont à juger. Ce serait donc à tort qu'on refuserait de les admettre en témoignage, sauf aux magistrats à avoir tel égard que de raison à leurs déclarations.

§ 2. — *Procédure. — Jugement.*

1078. — La forme de la citation varie selon que l'affaire est de la compétence du juge de paix ou du tribunal de police correctionnelle.

1079. — *Juge de paix.* — Dans le premiers cas, c'est-à-dire, si l'affaire est de la compétence du juge de paix, le procès-verbal doit, aux termes de l'art. 6, tit. 4, L. 9 flor. an VII, contenir citation à comparaître dans les vingt-quatre heures, devant le juge de paix.

1080. — Jugé que les dispositions de la loi du 9 flor. an VII sont inapplicables en matière de saisie de tissus prohibés. Alors les formes de la citation sont réglées par la loi du 28 avr. 1816, art. 45. — *Aix*, 19 avr. 1837 (t. 2 1837, p. 108), Fil.

1081. — Du reste, la loi du 28 avr. 1816 elle-même, n'étant relative qu'à la saisie des tissus prohibés, on est obligé de recourir pour la poursuite des autres contraventions aux règles générales du Code d'inst. crim.

1082. — La comparution des parties devant le juge de paix peut avoir lieu, non-seulement en vertu de la citation donnée sur la copie du procès-verbal de saisie, mais encore selon la nature du litige, en vertu d'une opposition à une contrainte décernée par la régie, ou en vertu d'une demande en restitution de droits payés. — Trolley, no 1048.

1083. — Au jour indiqué pour la comparution le juge entend la partie si elle est présente, et est tenu de rendre de suite son jugement. Si les circonstances de la saisie nécessitent un délai, le délai ne peut excéder trois jours, et dans ce cas, le jugement de renvoi autorise la vente provisoire des marchandises sujettes à dépérissement et des chevaux saisis comme ayant servi aux transports. — L. 9 flor. an VII, tit. IV, art. 13.

1084. — L'obligation imposée au juge de paix, de rendre son jugement à l'audience indiquée pour la comparution ou au plus tard dans les trois jours, n'a pour objet que d'assurer une prompte expédition des affaires, et n'est sanctionnée par aucune peine. Le tribunal ne peut donc sans déni de justice déclarer éteinte l'action de la régie, sous le prétexte qu'il s'est écoulé plus de trois jours depuis celui de la comparution. — *Cass.*, 5 mars 1812, Lupi; — Favard de Langlade, v° *Douanes*, § 1er, n° 8.

1085. — Décidé cependant qu'un jugement de justice de paix est nul lorsqu'il n'est pas rendu dans les trois jours qui ont suivi celui indiqué pour la comparution. — *Cass.*, 3 prair. an XI, Courtec.

1086. — Mais le jugement rendu avant l'expiration des délais de l'assignation est nul comme s'il avait été rendu sans assignation préalable. — *Cass.*, 14 niv. an VIII, Ponpen.

1087. — Au surplus, les art. 8, 9 et 10, C. procéd. civ., relatifs à la tenue et à la police des audiences, ainsi que la manière de comparaître, sont applicables au cas où le juge de paix connaît d'une affaire de douanes; il en est de même des art. 44 et 49 du même Code. — Dujardin-Sailly, liv. E, n° 39.

1088. — Les préposés des douanes ont reçu de la loi le droit de faire eux-mêmes, en cette matière, tous exploits ou autres actes de justice que les huissiers ont coutume de faire; ils peuvent néanmoins se servir de tel huissier que bon leur semble, notamment pour les ventes d'objets saisis, confisqués ou abandonnés. — L. 6-22 août 1791, tit. 13, art. 18.

1089. — La faculté d'employer tel huissier *que bon leur semble*, étant incompatible avec l'obligation de n'employer que celui de la justice de paix, il a été jugé que l'art. 16, C. procéd. civ., était inapplicable en cette matière. — *Cass.*, 1er déc. 1830, Cachot; 10 déc. 1830, Cattin.

1090. — Est illégale l'arrestation opérée par les agens de l'administration des douanes en vertu d'un prétendu jugement de condamnation, alors qu'ils ne sont porteurs ni de la grosse de ce jugement ni de l'ordre d'arrestation du condamné ni d'aucun mandément de justice. — *Douai*, 22 nov. 1839 (t. 2 1846, p. 126), Deleruc.

1091. — Lorsqu'un jugement est rendu par défaut, faute de comparution du prévenu, la partie condamnée peut former opposition dans les trois jours de la signification du jugement, en donnant assignation de comparaître devant le même tribunal dans les délais de droit. — C. procéd., art. 20.

1092. — Lorsque le prévenu fait défaut, le jugement doit être prononcé de suite. De ce que l'art. 12, tit. 4, L. 9 flor. an VII, lui accorde trois jours, à compter de celui où échoit l'assignation pour donner ses moyens de faux, il ne s'ensuit aucunement que, dans le cas où le prévenu ne comparaît pas sur l'assignation même, il doive être sursis pendant trois jours au jugement. — *Cass.*, 18 fruct. an IX, Molard.

1093. — Aucune loi ne fait exception, en matière de douanes, à la faculté qui appartient aux parties, d'après le droit commun, de former opposition aux jugemens des juges de paix, rendus par défaut. — *Cass.*, 1er fruct. an VIII, Juillerat; 14 vent. an IX, Coppens; 23 août 1830, Caire; 9 mai 1838 (t. 1er 1838, p. 572), Jeux.

1094. — De même et par identité de motifs, le jugement par défaut, du tribunal civil, qui statue sur un appel de justice de paix, en matière de douanes, peut être attaqué par la voie de l'opposition. De ce que le tribunal est tenu de prononcer dans les trois jours, il ne résulte point que cette voie soit interdite. — *Cass.*, 4 niv. an VIII, Laurant; 14 niv. an VIII, Pompon.

1095. — Les jugemens définitifs en matière de douanes doivent être signifiés. L'art. 11, L. 14 fruct. an III est ainsi conçu « Tous jugemens rendus sur une saisie seront signifiés, soit à la partie, soit au préposé indiqué par le rapport. Les significations à la partie seront faites à son domicile si elle en a un réel ou élu dans le lieu de l'établissement du bureau; sinon à celui du maire de sa commune. Les significations à l'administration des douanes seront faites au préposé. »

1096. — Les significations de jugemens peuvent être faites par les préposés des douanes concurremment avec les huissiers. Mais comme, à la différence des autres exploits, le droit de faire les significations n'a été attribué aux préposés de la douane que pour éviter les frais; il en résulte qu'ils ne peuvent réclamer pour les actes aucuns honoraires. — Lettre 10 juin 1809.

1097. — Il n'est pas nécessaire qu'un jugement du tribunal de paix prononçant la validité d'une saisie et la confiscation des marchandises, soit affiché. — *Cass.*, 7 brum. an VIII, Poot-Vanderschuren. — L'affiche n'est exigée que pour les citations quand le prévenu est absent.

1098. — *Tribunal correctionnel.* — Le tribunal correctionnel est saisi en matière de douanes de la même manière qu'il l'est quand il s'agit de tout autre délit. Il est donc saisi, soit par le renvoi qui lui en est fait conformément aux lois de douanes, soit par la citation donnée directement au prévenu et aux personnes civilement responsables du délit par la partie civile, et dans tous les cas par le procureur du roi. — C. inst. crim., art. 182.

1099. — La loi du 26 vent. an V sur l'exportation des grains n'avait point dérogé, par son art. 6, au mode et à la forme de la poursuite des affaires de douanes en matière criminelle, lesquels consistaient à déposer le procès-verbal au greffe. — *Cass.*, 22 vend. an VII, Verbœden.

1100. — Il est à remarquer que la partie civile en matière de douanes c'est l'administration même, et que la citation directe peut être faite dans le rapport même de saisie, comme nous l'avons dit pour les matières civiles, soit au moyen d'une copie du rapport délivrée au prévenu présent, soit au moyen de l'affiche de cette copie à la porte du bureau si le prévenu est absent. — Dujardin-Sailly, *Code des douanes*, liv. E, n° 47.

1101. — Il va de soi, ainsi que le fait remarquer M. Dujardin-Sailly (*ibid.*), que la citation devant le tribunal correctionnel ne lui attribue pas une juridiction qu'il n'aurait pas par la nature du délit, quoique l'art. 182 précité dise : « Le tribunal devrait donc se récuser s'il était incompétent. »

1102. — Les dispositions de la loi du 28 avr. 1816, qui prescrivent de citer directement les prévenus devant le tribunal correctionnel, en matière de douanes, au cas d'importation de tissus prohibés, ne dérogent point au droit qui appartient au ministère public de requérir, en cette matière comme en toute autre, une instruction préalable. — *Cass.*, 8 sept. 1824, Raymond.

1103. — Legraverend (t. 1er, p. 614, note 3e) prétend que cette doctrine est contraire à l'objet des lois spéciales, et émet un avis contraire; mais il n'y a rien d'inconciliable entre les dispositions de cette loi et une instruction préalable. — V. aussi Mangin, *Tr. de l'act. publ.*, t. 1er, p. 86, et n° 46, et *Tr. des proc.-verb.*, p. 24, n° 8.

1104. — Les assignations pour contraventions aux lois relatives aux importations et exportations, tant sur mer que sur terre, peuvent être faites tous les jours indistinctement, et même les jours fériés. — *Cass.*, 28 brum. an VIII, Gerard Arnoult. — V. aussi *Cass.*, 3 vent. an X, Orban.

1105. — En matière de douanes, l'assignation à comparaître dans le délai de la loi est valable. — *Cass.*, 2 messid. an II, Galichet.

1106. — En matière de contravention à la loi du 10 brum. an V, sur les douanes, l'assignation au prévenu qui n'avait pas son domicile réel ou un domicile élu dans le lieu de l'établissement du bureau était valablement signifiée au domicile du maire, et ne pouvait pas être annulée sous le prétexte que le domicile du contrevenant était connu. — *Cass.*, 18 fructid. an IX, Molard.

1107. — Sous le Code du 3 brum. an IV et la loi du 10 brum. an V, les citations en matière de douanes n'étaient pas soumises au visa du directeur du jury. — *Cass.*, 6 juin 1806, Colombani. — V. *contrà*, *Cass.*, 18 niv. an VII, N...

1108. — L'art. 45, L. 28 avr. 1816, statuant pour les cas où la citation n'a pas été donnée sur le procès-verbal de saisie, est ainsi conçu : « Le prévenu qui n'aurait pas été mis en état d'arrestation sera cité à comparaître en personne devant le tribunal correctionnel; citation sera donnée à son domicile, s'il réside dans le ressort du tribunal; et, dans le cas contraire, elle lui sera donnée au domicile du procureur du roi près le même tribunal. Il y aura trois jours au moins entre celui de la citation et celui indiqué pour la comparution. »

1109. — Le prévenu d'un délit de douanes peut, comme le prévenu d'un délit ordinaire, se faire représenter par un avoué, si le délit n'est pas de ceux qui entraînent la peine d'emprisonnement. Le tribunal peut néanmoins ordonner sa comparution en personne. — C. inst. crim., art. 185.

1110. — Si, au jour fixé, le prévenu ne comparaît pas, le tribunal est tenu néanmoins de rendre son jugement. — L. 28 avr. 1816, art. 46.

1111. — Si, le prévenu comparaissant, il y a lieu d'accorder une remise, elle ne peut excéder cinq jours, et, le cinquième jour, le tribunal prononce, partie présente ou absente. — L. 28 avr. 1816, art. 47.

1112. — Les dispositions des art. 190 et 193, C. inst. crim., relatives à l'instruction du procès devant le tribunal et aux suites de l'acquittement ou de la condamnation, sont, en ce qu'elles n'ont pas de spécial à certains délits, applicables en matière de douanes. — Dujardin-Sailly, liv. E, n° 54 et suiv.

1113. — Il en est de même des art. 194 à 197, relatifs aux condamnations qu'encourent le prévenu et autres personnes, indépendamment des peines particulières, et à la rédaction et à l'exécution du jugement.

1114. — Le texte de la loi pénale dont il est fait application au prévenu doit donc être lu à l'audience, conformément à l'art. 195. Cependant, en matière de douanes, le principe de la responsabilité civile ne constituant pas, quant à l'amende, une disposition pénale, la lecture à l'audience des articles de loi sur lesquels un arrêt en fonde l'application n'est pas exigée, à peine de nullité. — *Cass.*, 30 avr. 1830, Roignan.

1115. — Les jugemens rendus par défaut en matière de douanes sont, comme tous autres, susceptibles d'opposition. L'opposition doit être formée dans les cinq jours de la signification du jugement, et elle emporte de droit citation à la première audience. — C. inst. crim., art. 187 et 188.

1116. — Selon M. Dujardin-Sailly (liv. E, n° 63), on pourrait même soutenir que, si l'opposant gagnait sa cause par défaut, la partie adverse pourrait former une nouvelle opposition.

1117. — Dans les affaires correctionnelles, en matière de douanes, la signification des jugemens par défaut aux prévenus qui n'ont dans l'arrondissement ni domicile réel ni domicile élu, ne peut pas être faite, comme la citation introductive d'instance, au domicile du procureur du roi près le tribunal saisi de la contestation. — *Cass.*, 6 janv. 1836 (chambres réunies), Bardot. — V. *contrà* *Cass.*, 3 mai 1833, Bardot. — V. encore Magnitot et Delamarre, *Dict. du droit adm.*, v° *Douanes*, p. 277; Bioche et Goujet, *Dict. de procéd.*, v° *Douanes*, n° 99.

1118. — Dans les affaires qui doivent être soumises à la cour d'assises, les lois spéciales n'ont prescrit aucune formalité particulière, il y a donc lieu de se conformer en tout point aux dispositions générales recueillies dans le Code d'instruction criminelle, comme pour tout autre crime commun.

§ 3. — *Frais.*

1119. — L'administration des douanes est, comme toute administration publique, passible des frais de justice des instances dans lesquelles elle succombe. Mais il est à remarquer qu'il n'en est ainsi que dans les procès où elle a un intérêt matériel, et non dans les cas où l'action est intentée par le ministère public. — Décr. 18 juin 1811, art 158; circul. 11 sept. 1835.

1120. — Ainsi, lorsqu'un procès pour contravention en matière de douanes est poursuivi non par l'administration des douanes, mais à la requête du ministère public, l'administration ne peut être condamnée aux dépens, bien qu'il y ait rejet des poursuites. — *Cass.*, 28 juillet 1827, Gillet.

1121. — Dans les colonies, la régie des douanes doit, comme toute partie qui succombe, être condamnée aux dépens, spécialement, quand les saisies sont jugées mal fondées. — *Cass.*, 26 mars 1834, Lalande.

1122. — La condamnation contre l'administration des douanes aux quatre cinquièmes des frais d'appel, sans en faire la liquidation, ne peut pas être considérée comme comprenant les émolumens dus à l'avoué dont l'adversaire a employé le ministère. — En conséquence, l'administration est sans grief à cet égard, et ne peut demander la cassation de cette décision comme mettant à sa charge des frais dont elle n'est pas tenue. — *Cass.*, 18 oct. 1837 (t. 1er 1840, p. 91), Orsini.

§ 4. — *Intervention.*

1123. — La loi du 6-22 août 1791, tit. 12, art. 1er, permet aux tribunaux de recevoir comme intervenans les propriétaires des marchandises saisies soit sur voiture ou sur tiers-détenteurs, sauf aux tribunaux à rejeter leurs réclamations si elles ne sont pas fondées.

1124. — Si le propriétaire des marchandises saisies n'est pas intervenu, il ne peut, après le jugement qui en a prononcé la confiscation, les revendiquer, sauf son recours contre les auteurs de la fraude. — L. 6-22 août 1791, tit. 12, art. 5.

1125. — Jugé, en conséquence, que celui qui se

prétend propriétaire de marchandises saisies sur des inconnus pour contravention aux lois des douanes, est recevable à intervenir et à faire la justification de son droit de propriété.. — *Cass.*, 16 avr. 1825, Royer c. Douanes.

1126. — Lorsque des bestiaux ont été saisis à la requête de l'administration des douanes, et que le conducteur sur lequel la saisie a été opérée a été appelé devant le juge de paix pour en voir ordonner la confiscation et la vente, le propriétaire des bestiaux saisis peut intervenir dans l'instance et y défendre au fond. — *Cass.*, 24 juin 1840 (t. 2 1840, p. 260), Pascal Avril.

1127. — L'intervention du propriétaire des marchandises saisies peut être admise pour lui donner les moyens d'établir ou de défendre ses droits contre ceux sur qui la saisie a été opérée, mais non pour revendiquer les marchandises. — *Cass.*, 6 sept. 1834, Blum.

1128. — De ce que les objets saisis ne peuvent pas être revendiqués par les propriétaires, ni leur prix réclamé au préjudice d'une saisie déclarée valable, il ne résulte point que l'intervention des propriétaires pour réclamer les objets saisis soit non-recevable, sauf à être statué, ainsi que de droit, sur leur réclamation. — *Cass.*, 1er juin 1827, Poggioli.

1129. — Lorsqu'un capitaine de navire est trouvé nanti de marchandises assujéties à des droits, et non portées sur son manifeste, les préposés de la régie sont autorisés à les retenir comme gage des condamnations personnelles prononcées contre lui, malgré les réclamations des tiers qui prétendent en être propriétaires. — *Cass.*, 28 pluv. an XII, Timmermann. — Merlin, *Rép.*, vo *Douanes*, § 3; Dujardin-Sailly, *Code des douanes*, liv. B, nos 43 et 45, p. 149.

1130. — Un tribunal ne peut, sans violer la loi, admettre la revendication de marchandises saisies pour contravention en matière de douanes, et confisquées par jugement non attaqué par opposition ou appel dans les délais de la loi. — *Cass.*, 7 brum. an VII, Poot-Vander-Schuren.

1131. — De ce que l'instance en validité d'une saisie est valablement poursuivie contre les préposés à la conduite des marchandises saisies, il n'en résulte pas que le propriétaire de ces marchandises n'ait pas le droit d'intervenir dans l'instance pour demander des dommages intérêts; et si, sur l'appel qu'il interjette du jugement qui repousse sa demande, la cause est en état, relativement à la validité de la saisie, les juges peuvent par application de l'art. 473, C. procéd. civ., évoquer et prononcer en même temps sur la validité de la saisie et sur la demande en dommages-intérêts. — *Cass*, 13 nov. 1839 (t. 1er 1840, p. 136), Roubaud.

Sect. 4e. — *Voies de recours contre les jugemens et arrêts.*

§ 1er. — *Appel.*

1132. — Les règles de l'appel varient selon la juridiction qui a rendu le jugement. La législation des douanes n'a prévu que celui des jugemens émanés des justices de paix. Il faut donc se référer aux règles du droit commun, pour l'appel des jugemens rendus par les tribunaux correctionnels en matière de douanes.

1133. — *Jugement des juges de paix.* — La partie condamnée peut interjeter appel du jugement rendu par le juge de paix. Cet appel est porté devant le tribunal civil de première instance dans le ressort duquel est situé le tribunal de justice de paix où a été rendu le jugement. — L. 14 fructid. an III, art. 6.

1134. — La loi ajoute une dispense de citation préalable au bureau de paix (V. *ibid.*); mais cette disposition était complétement inutile.

1135. — L'appel des jugemens des juges de paix, en matière de douanes, doit être interjeté dans la huitaine de leur signification. Après ce délai, il n'est plus recevable. — L. 14 fructid. an III, art. 6.

1136. — En matière de douanes, le délai pour interjeter appel des jugemens des juges de paix n'est que de huit jours, à dater de leur signification. — *Cass.*, 1er déc. 1830, Cachot; 10 déc. 1830, Cattin.

1137. — Cette disposition s'applique à toutes les affaires relatives aux douanes dont la connaissance appartient aux juges de paix, et ne doit pas être restreinte aux cas seulement où il y a eu saisie. — *Cass.*, 23 fév. 1836, Comment.

1138. — La déclaration d'appel doit, en outre, contenir assignation à trois jours devant le tribunal civil. — L. 14 fructid. an III, art. 6.

1139. — Ce délai est augmenté d'un jour par chaque deux myriamètres de distance entre la commune où est établi le tribunal de paix et celle où siége le tribunal civil. — L. 9 flor. an VII, tit. 4, art. 14.

1140. — Un acte d'appel, donné avec assignation à trois jours, est valable, quoique l'appelant ne se soit présenté au tribunal d'appel qu'après ce délai. — *Cass.*, 26 vendém. an VIII, Geerts.

1141. — Le délai de trois jours fixé pour l'assignation sur l'appel d'un jugement de justice de paix, en matière de douanes, doit s'entendre de trois jours *francs*. — *Cass.*, 3 messid. an X, Daems; — Merlin, *Quest. de dr.*, vo *Appel*, § 10, art. 2.

1142. — Jugé, au contraire, que la citation est valablement donnée le 24 pour l'audience du 27. — *Cass.*, 1er messid. an VII, Homans.

1143. — De ces deux solutions, nous n'hésitons pas à adopter la première. L'art. 1033, C. procéd., dit expressément que le jour de la signification et celui de l'échéance ne doivent pas être comptés dans les citations. On objecterait vainement que l'appel en matière de douanes est soumis à des règles spéciales, car la manière de compter les délais n'a rien de particulier relativement aux douanes; et, dans le silence des lois spéciales, on ne peut qu'appliquer les règles ordinaires de procédure.

1144. — L'exploit d'appel d'un jugement de justice de paix, en matière de douanes, ne peut pas être annulé sous le prétexte qu'il ne contient pas les moyens d'appel. La loi du 14 fructid. an III, qui règle la forme de procéder en cette matière, n'exige que la déclaration d'appel, avec assignation à trois jours devant le tribunal civil. — *Cass.*, 19 frim. an VIII, Marin Adriaausens. — L'ord. de 1667, sous l'empire de laquelle a été rendue cette décision, exigeait impérativement que l'exploit d'appel contînt les *griefs de l'appelant.*

1145. — Aucune loi n'imposant aux préposés des douanes l'obligation de se conformer aux règles de la procédure civile pour les significations qu'ils sont autorisés à faire par la loi du 6-22 août 1791, tit. 13, art. 18, un exploit d'appel ne peut pas être annulé sous le prétexte qu'il ne fait pas mention des noms, surnoms et domicile des préposés exploitant, surtout s'ils rappellent leur procès-verbal de saisie qui contient ces indications. — *Cass.*, 7 brum. an VIII, Pollet.

1146. — Le tribunal civil saisi de l'appel doit prononcer dans la huitaine. — L. 14 fructid. an III, art. 6.

1147. — Quels jugemens sont susceptibles d'appel? — En cette matière la loi assure aux parties les deux degrés de juridiction. Ainsi les tribunaux de paix ne peuvent jamais statuer qu'à la charge d'appel. — *Cass.*, 2 therm. an X, Gismondi; 20 fruct. an X, Gismondi; 20 flor. an XI, Barthey.

1148. — Les lois qui ont attribué aux juges de paix la connaissance de certaines affaires, en matière de douanes, n'ayant point dérogé aux règles du droit commun sur la manière de procéder devant eux, il s'ensuit que l'appel n'est pas la voie légale pour se pourvoir contre les jugemens par défaut rendus en cette matière. — *Cass.*, 7 flor. an X, Chemin. — C'est par la voie de l'opposition qu'il faut d'abord se pourvoir.

1149. — Celui qui se prétend propriétaire de marchandises saisies sur un inconnu comme prohibées, ne peut se pourvoir par voie d'opposition contre le jugement par défaut qui a prononcé la validité de la saisie; il ne peut l'attaquer que par voie d'appel. — *Besançon*, 10 mai 1826, Guillemin; *Cass.*, 3 mars 1807, Geyssens.

1150. — La loi 27 vent. an VIII, faite en général pour les matières civiles ordinaires, ne contient aucune dérogation à la loi spécialement décrétée pour la matière des douanes. Ainsi la régie des douanes peut plaider et conclure sans le ministère d'un avoué. — *Cass.*, 1er germin. an X, N..., — Merlin, *Quest.*, vo *Avoué*, § 5; Favard, vo *Ajournement*; Carré, t. 1er, p. 203; — circul. min. de la justice, 16 vend. an X. — V. *contrà* Poncet, *Traité des jugemens*, t. 1er, p. 353.

1151. — Mais lorsque la régie des douanes renonce au mode d'instruction sur simple mémoire, indiqué par l'art. 17, tit. 6, L. 4 germin. an II, et qu'elle a recours à la voie de la plaidoirie, elle ne peut se présenter par ses agens à la barre des tribunaux, sans le ministère d'un avoué. — *Cass.*, 10 déc. 1821, Knudsen.

1152. — L'ordonnance du 21 août 1825, art. 162, concernant le gouvernement de l'île Bourbon et de ses dépendances, attribue au conseil privé le droit de juger, mais seulement sur appel des jugemens rendus en première instance, les contestations relatives aux douanes, art. 162.

1153. — Il y a nullité des décisions des commissions d'appel des colonies qui, en matière de douanes et de commerce étranger, prononcent sur des questions qui n'avaient point été jugées en premier ressort, alors surtout que ces questions leur ont été soumises par le ministère public dans des conclusions qui n'ont pas été signifiées au prévenu. — *Cass.*, 9 mars 1831, Havar.

1154. — *Jugemens des tribunaux correctionnels.* — L'appel, en cette matière, régi par les dispositions du Code du 3 brum. an IV, puis par les lois des 10 brum. an V et 11 prair. an VII, n'est actuellement soumis qu'aux règles du droit commun, tracées par le Code d'instruction criminelle. Nous n'aurons donc à nous occuper ici que de quelques solutions spécialement relatives à la matière des douanes.

1155. — La déclaration d'appel doit être faite dans les délais ordinaires, c'est-à-dire dix jours au plus tard après celui où le jugement a été prononcé. — Code d'inst. crim., art. 203.

1156. — La loi 9 flor. an VII, tit. 4, art. 14, a ajouté à ce délai un nouveau délai à raison des distances. Mais le délai d'un jour par chaque deux myriamètres de distance n'est applicable qu'aux appels de jugemens rendus en matière civile. Cela ressort du texte même de la loi.

1157. — Ainsi jugé qu'un prévenu de contravention aux lois des douanes n'est pas recevable à se plaindre de ce qu'il ne lui aurait pas été accordé, par la citation sur l'appel d'un jugement de police correctionnelle, un délai proportionnel à raison de la distance de son domicile élu à son domicile réel, si, d'ailleurs, on lui a accordé tous les délais de rigueur en matière correctionnelle. — *Cass.*, 19 mars 1807, Smitt; — Merlin, *Rép.*, vo *Douanes*, § 7.

1158. — La régie des douanes peut, sans le concours du ministère public, interjeter appel d'un jugement de police correctionnelle. — *Cass.*, 25 juill. 1806, Beenken; 19 déc. 1806, Brizoux; — Merlin, *Rép.*, vo *Appel*, sect. 2e, § 9, et Dujardin-Sailly, *Code des douanes*, liv. E, no 65. — Ce dernier auteur fait remarquer que, quoique l'art. 203, C. instr. crim., n'ait parlé que de l'administration forestière, le droit d'appel est nécessairement attribué, ne fût-ce que comme partie civile, à la régie des douanes, lorsqu'elle a figuré dans la cause de première instance. — Carnot, *Inst. crim.*, art. 203, no 12.

1159. — L'administration des douanes est même recevable à appeler, quoiqu'elle ait laissé le ministère public agir seul en première instance, parce qu'elle ne cesse point pour cela d'être partie en cause. — *Cass.*, 5 oct. 1832, Bruley.

1160. — Mais la régie n'a pas le droit d'appeler relativement à la peine d'emprisonnement que le prévenu pourrait avoir encourue. L'appel interjeté par elle seule, sans le concours du ministère public, n'autorise point le tribunal supérieur à prononcer cette peine contre le prévenu acquitté en première instance. — *Cass.*, 28 prair. an XI, Crespin; 23 fév. 1811, Favrot.

1161. — Le ministère public peut appeler de son chef d'un jugement rendu en matière de douanes, quoique la régie, partie poursuivante, ait laissé passer le délai sans appeler. L'action du ministère public ne serait arrêtée par l'acquiescement de la régie qu'autant qu'il aurait les caractères d'une transaction revêtue des formes légales. — *Cass.*, 21 nov. 1828, Crucq.

1162. — Le préposé des douanes qui est investi d'un pouvoir à l'effet de faire toutes les recherches et saisies de marchandises, faire les poursuites et suivre les opérations y relatives, a qualité suffisante pour interjeter appel des jugemens rendus sur les actions par lui introduites. — *Cass.*, 26 messid. an VIII, Lancel-Carré.

1163. — Bien que l'opposition aux exercices, qui constitue une contravention civile, rentre dans la juridiction correctionnelle, le ministère public n'est pas recevable à interjeter appel de la disposition du jugement relative à cette contravention quoiqu'elle se trouve liée par la connexité à un délit de rébellion. — *Cass.*, 8 déc. 1837 (t. 1er 1840, p. 134), Cocdraulier.

1164. — Un receveur principal des douanes a qualité suffisante pour interjeter appel des jugemens intervenus sur une saisie pratiquée dans son arrondissement et n'a besoin d'y être autorisé par aucun mandat préalable ou spécial. — *Cass.*, 17 frim. an VII, Douanes; 25 juill. 1806, Beenken.

1165. — Un premier commis de la recette des douanes a qualité pour faire une déclaration d'appel dans l'intérêt de la régie sans un pouvoir spécial. Ce n'est qu'autant qu'il serait désavoué que l'appel pourrait être jugé nul et sans effet. — *Cass.*, 6 juin 1811, Fiorentini; — Carnot, *Inst. crim.*, sur l'art. 202, no 10; Merlin, *Rép.*, vo *Appel*, sect. 2e, § 9, no 2.

1166. — On a agité la question de savoir si un lieutenant des douanes avait qualité pour interjeter appel au nom de l'administration sans un pouvoir spécial; mais les administrations publiques sont représentées par leurs agens, qui tiennent de leur grade un pouvoir suffisant, sans qu'il y ait de sa part à les investir d'une procuration spéciale à chaque affaire.

1167. — La procuration donnée à un préposé à l'effet *d'employer tous les moyens de défense sur les causes résultant d'une saisie* a paru suffisante. — *Cass.*, 2 germin. an VIII, Douanes.

1168. — Les affaires étant suivies au nom de l'administration des douanes, et non en celui de ses préposés, l'appel interjeté par le premier visiteur, agissant pour le receveur principal absent, ne peut pas être déclaré non-recevable sous le prétexte que ce visiteur est sans qualité comme n'ayant point figuré au procès. — *Cass.*, 7 prair. an VII, Steeber.

1169. — Sous le code du 3 brum. an IV, une requête d'appel fondée sur ce que le jugement attaqué avait méconnu les lois sur la matière des douanes contenait suffisamment les moyens de l'appel. — *Cass.*, 29 prair. an IX, Cadelagro. — La question ne présente plus un intérêt réel, puisque le Code d'inst. crim. n'exige pas, à peine de déchéance, comme celui de l'an IV, le dépôt d'une requête d'appel.

1170. — Le tribunal criminel saisi de l'appel d'un jugement correctionnel dans sa disposition relative à la forme d'une saisie et aux effets résultant des vices dont elle est arguée commet un excès de pouvoir en ordonnant une expertise que le tribunal correctionnel a refusé d'ordonner par une autre disposition sur laquelle il n'y a pas d'appel. — *Cass.*, 28 thermid. an VIII, Bonnafaud.

1171. — L'appel interjeté par la régie des douanes d'un jugement qui déclare nulle une saisie ne peut pas être écarté sous le prétexte qu'elle s'y est rendue non-recevable en concourant à une vérification des marchandises saisies, ordonnée par un jugement préparatoire. — *Cass.*, 5 brum. an VIII, Lancel-Carré.

1172. — La régie ayant le droit de soumettre à l'appréciation du jury d'examen, avant tout jugement, les échantillons des tissus saisis comme étant d'origine étrangère, l'appel par elle interjeté du jugement qui a déclaré la saisie faite à l'intérieur et non dans le rayon frontière ne met aucun obstacle à ce qu'elle soumette au jury d'examen la question d'extranéité desdites marchandises. — *Cass.*, 11 fév. 1841 (t. 2 1841, p. 391), Vuez.

1173. — La régie des douanes ayant qualité pour appeler en matière de police correctionnelle, la cour de justice criminelle saisie d'un appel indéfini par elle interjeté n'excède point ses pouvoirs en statuant sur la validité de saisie des objets introduits en fraude, par elle demandée en première instance, lors même que l'appel du ministère public ne porterait pas sur ce chef. — *Cass.*, 19 mars 1807, Smitt et Duchesne.

1174. — Mais lorsqu'un tribunal a ordonné qu'un Espagnol saisi introduisant des marchandises prohibées serait renvoyé devant les juges de son pays avec les marchandises pour y être jugé, et que sur l'appel du ministère public, fondé sur ce que le tribunal aurait dû ordonner la confiscation des marchandises, la cour décide qu'il n'y a lieu de statuer et annulle le jugement pour excès de pouvoir, cette cour excède elle-même les bornes de sa compétence en décidant une question qui ne faisait pas la matière de l'appel. — *Cass.*, 2 déc. 1824, Bellogui.

1175. — Le tribunal d'appel qui annule un procès-verbal de saisie doit se borner à prononcer la confiscation et ne peut renvoyer la cause devant un autre tribunal. — *Cass.*, 2 thermid. an VII, Douanes.

1176. — L'art. 6 de la loi du 11 prair. an VII, relative au jugement des prévenus de contravention à la loi du 10 brum. an V, prohibitive de l'importation et de la vente des marchandises anglaises, voulait qu'en cas d'appel, le tribunal criminel fût tenu de prononcer dans les dix jours à compter de celui où serait parvenue à son greffe la requête d'appel.

1177. — Jugé, sous l'empire de cette loi, qu'en fixant un délai pour le jugement des appels correctionnels en matière de douanes, elle n'avait eu pour objet que d'assurer une plus prompte expédition des affaires relatives à l'introduction des marchandises anglaises, et qu'il ne pouvait résulter de l'obligation qu'elle imposait aucune déchéance contre la partie appelante qui s'était d'ailleurs conformée à la loi en tout ce qui dépendait d'elle. — *Cass.*, 2 avr. 1807, Muzio; — Merlin, *Rép.*, v° *Douanes*, § 15.

1178. — La loi du 11 prair. an VII, spéciale au régime suivi alors quant aux marchandises anglaises, n'a point survécu à l'abrogation de cette législation. Aujourd'hui donc, les juges ne sont assujétis à d'autres règles, quant au délai dans lequel ils doivent juger les contraventions qui leur sont soumises, que celles consacrées par la loi commune.

§ 2. — *Pourvoi en cassation.*

1179. — Les jugemens rendus en matière de douanes ne sont pas seulement susceptibles d'appel, ils peuvent encore être l'objet d'un pourvoi en cassation, dans les mêmes cas où il y aurait ouverture en cassation dans les matières ordinaires.

1180. — Dans les matières civiles de douanes, le délai pour se pourvoir en cassation est de trois mois *francs*, c'est-à-dire, dans lesquels ne sont compris ni le jour de la signification du jugement à personne ou domicile, ni le jour de l'échéance. — L. 1er frim. an II, art. 1er.

1181. — Hors du continent, le délai est de six mois pour la Corse, d'un an pour les colonies occidentales, et de deux ans pour les colonies orientales. — Règlem. de 1738, art. 12, tit. 4, 1re part.

1182. — Le fait, de la part de l'administration des douanes, de payer le montant des condamnations contre elle prononcées, mais sous toutes réserves du pourvoi qu'elle a formé, et à la charge de caution, ne la rend pas non recevable à poursuivre l'effet de son pourvoi. — *Cass.*, 12 nov. 1839 (t. 1er 1840, p. 186), Damas-Lemoine.

1183. — Lorsqu'un jugement par défaut en matière de douanes a été rendu seulement le lendemain du jour indiqué par la citation, le prévenu est non-recevable à s'en faire un moyen de cassation contre le jugement intervenu sur son opposition, s'il n'a élevé aucune réclamation à ce sujet, soit devant la justice de paix, soit au tribunal civil qui a connu de son appel. — *Cass.*, 18 prair. an IX, Segen.

1184. — En matière de contravention aux lois des douanes, dans les colonies, la partie qui n'a pas formé opposition aux qualités d'un arrêt ne peut se faire un moyen de cassation de ce que le nom de l'une des parties n'y serait pas énoncé. — *Cass.*, 23 nov. 1832, Vandehuys.

1185. — Le pourvoi en matière de douanes produit un effet particulier; il est jusqu'à un certain point suspensif au profit de la régie. En effet, la régie qui se pourvoit contre un jugement ordonnant la restitution d'objets saisis peut n'en opérer la délivrance qu'à la charge pour le saisi de donner caution de la restitution. — Dujardin-Sailly, liv. E, n° 87.

1186. — Lorsque le jugement qui ordonne la main-levée d'une saisie, en matière de douanes, a été frappé d'un pourvoi en cassation, la remise des objets saisis ne peut être faite que sous caution. — *Cass.*, 10 août 1833, Giacobini.

1187. — L'instruction à la cour de Cassation se fait par écrit; les requêtes et mémoires sont déposés au greffe. Il doit y être joint l'original de la signification à partie ou à son domicile. — L. 2 brum. an IV, art. 16.

1188. — La requête n'est assujétie à aucune forme de rédaction. Il suffit qu'elle contienne la demande et les moyens sur lesquels on l'appuie, et qu'elle soit signée d'un avocat à la cour. — Dujardin-Sailly, liv. E, n° 87.

1189. — La procédure a lieu, du reste, dans cette matière comme dans les matières ordinaires.

1190. — Jugé que les employés des douanes sont dispensés pour se pourvoir en cassation de produire un pouvoir spécial de leur administration. — *Cass.*, 6 juin 1811, Fiorentini.

1191. — Il n'est pas nécessaire que l'administration consigne entre les mains du receveur de l'enregistrement le montant de l'amende encourue pour fol appel. — L. 2 brum. an IV, tit. 13, art. 17.

1192. — Les arrêts ou jugemens rendus sur appel en matière correctionnelle ou criminelle peuvent également être l'objet d'un pourvoi en Cassation, et le pourvoi doit être formé dans le délai de trois jours. — C. d'inst. crim., art. 378.

1193. — Le mot *francs*, sans l'addition de ceux-ci, *argent de France*, employé dans une condamnation pour contravention aux lois sur les douanes qui régissent la Martinique, ne doit s'entendre que des francs, monnaie ou argent de la colonie. En conséquence, l'arrêt qui contient cette expression ne peut pas être cassé, sous le prétexte qu'il y a une différence notable entre la monnaie de France et la monnaie coloniale. — *Cass.*, 20 mars 1827, Delluc.

1194. — Lorsque l'administration des douanes n'a pas usé du droit qu'elle avait de poursuivre des contrevenans devant la juridiction correctionnelle, ceux-ci ne peuvent exciper devant la cour de Cassation de l'incompétence des juges ordinaires, surtout s'ils n'ont fait aucune observation à cet égard, soit en première instance, soit en appel. — *Cass.*, 23 août 1836, Guyon.

1195. — La cour de Cassation peut, en matière de douanes, se livrer à l'appréciation des termes des procès-verbaux de saisie, et reconnaître, même contrairement à celle émanée des juges du fait, l'existence de la contravention (*sol. impl.*). Ainsi, lorsque le procès-verbal de saisie d'un bâtiment en mer constate que ce bâtiment se trouvait vers l'embouchure d'un étang communiquant avec la mer, la cour de Cassation peut, quelle que soit l'interprétation du juge du fait, décider qu'il résulte de ce procès-verbal que le bâtiment ne se trouvait pas dans les eaux de l'étang (où il était insaisissable), mais sur l'embouchure et dans les eaux de la mer, où il était soumis à l'action de la douane. — *Cass.*, 4 avr. 1842 (t. 1er 1842, p. 683), Guaitella et Castellini.

1196. — Il n'y a lieu maintenant à un réglement préalable de la compétence qu'en cas d'information judiciaire faite par le juge d'instruction; il faut alors une ordonnance de la chambre du conseil.

CHAPITRE VII. — *Peines et indemnités.*

Sect. 1re. — *Peines proprement dites.*

1197. — Les peines auxquelles peuvent donner lieu les contraventions aux lois de douanes sont de plusieurs sortes et peuvent être rangées en trois classes: elles sont ou pécuniaires, ou correctionnelles, ou bien afflictives et infamantes.

1198. — La plus générale des peines pécuniaires est la confiscation des objets de fraude. Cette peine s'applique à tous les délits, sans distinction, et c'est pourquoi la saisie des marchandises objet de la fraude est toujours le premier acte de procédure en matière de douanes. — L. 22 août 1791, tit. 5, art. 1er.

1199. — La confiscation ne porte pas seulement sur les marchandises objet de la fraude, elle frappe aussi les voitures, chevaux et équipages servant au transport. — Même article. — Nous nous occuperons de la confiscation dans une section particulière.

1200. — Le tribunal qui reconnaît l'existence de la contravention, ne peut, en se bornant à prononcer la confiscation, se dispenser d'appliquer les autres peines portées par la loi. — *Cass.*, 20 prair. an XI, Chaignon; 18 messid. an XII, Douanes; 19 mars 1807, Smitt.

1201. — La seconde peine pécuniaire est l'amende. L'amende est quelquefois fixe, d'autres fois proportionnée à la valeur des objets saisis.

1202. — L'amende est fixe quand elle est prononcée à l'occasion de l'importation frauduleuse de marchandises prohibées à l'entrée. Elle est alors de 500 fr.; et la condamnation frappe solidairement les propriétaires des marchandises, les maîtres de bâtimens, les voituriers, etc., sauf leur recours contre les marchands et propriétaires, lorsqu'ils ont été induits en erreur par l'énonciation des lettres de voiture, connaissemens ou chartes-parties. — L. 22 août 1791, tit. 5, art. 1er.

1203. — Les mêmes peines de la confiscation et de l'amende de 500 fr. s'appliquent également à toute tentative d'exportation par mer ou par terre de marchandises prohibées à la sortie. — L. 22 août 1791, tit. 5, art. 8.

1204. — Le décret du 3 mars 1811 avait fixé au triple de la valeur des objets saisis l'amende qui frappait le fait de l'importation des marchandises prohibées. Ce décret a été abrogé lui-même par la loi du 28 août 1816.

1205. — Le décret du 8 mars 1811, qui fixait au triple de la valeur des objets saisis l'amende encourue par les introducteurs de marchandises prohibées, abrogeait nécessairement toutes les dispositions des lois antérieures, qui avaient fixé l'amende à un taux différent, et spécialement l'art. 1er, tit. 5, L. 22 août 1791. — *Cass.*, 26 mars 1812, Dikker.

1206. — Mais l'amende fixe de 500 fr. n'a pas toujours lieu sans distinction; la loi du 28 avr. 1816, art. 41, est ainsi conçu: « Toute importation par terre d'objets prohibés et toute introduction frauduleuse d'objets tarifés dont le droit serait de 20 fr. par quintal métrique et au-dessus donneront lieu à l'arrestation des contrevenans et à leur traduction devant le tribunal correctionnel, qui, indépendamment de la confiscation, prononcera contre eux solidairement une amende de 500 fr., quand la valeur de l'objet n'excédera pas cette somme, et, dans le cas contraire, une amende égale à la valeur de l'objet. — L. 28 avr. 1816, art. 41.

1207. — Les contrevenans sont en outre condamnés à la peine d'emprisonnement. — L. 28 avr. 1816, art. 42.

1208. — L'estimation de la valeur des marchandises, qui doit servir de base à la fixation de l'amende, peut être arbitrée par les juges sans qu'ils soient obligés d'indiquer les bases de leur évaluation. — *Cass.*, 4 mars 1841 (t. 1er 1842, p. 237), Sanier.

1209. — L'importation frauduleuse par mer d'objets prohibés ou tarifés à 20 fr. par quintal métrique ou au-dessus est punie de la même manière. Tout versement opéré sur les côtes ou dans les endroits autres que ceux destinés au commerce de marchandises ci-dessus désignées donne lieu contre les fraudeurs aux peines dont il vient d'être parlé. — L. 21 avr. 1818, art. 34.

1210. — La disposition de la loi du 6-22 août 1791, portant qu'en cas de nullité des procès-verbaux la confiscation des marchandises saisies serait prononcée sans amende si elles étaient prohibées, ne s'applique point aux saisies faites dans l'intérieur en exécution de la loi du 28 avr. 1816. Il suffit que des tissus saisis soient reconnus de fabrique étrangère, et que le prévenu en soit détenteur, pour que le tribunal ne puisse se dispenser de le condamner à l'amende, indépendamment de la confiscation. — *Cass.*, 1er mai 1818, Kaiser; 12 janv. 1821, Delaunay.

1211. — Lorsque les marchandises saisies sont reconnues être de fabrique étrangère, et que le fait de la détention se trouve établi de quelque manière que ce soit, les tribunaux ne peuvent pas plus se dispenser de prononcer contre le demandeur la peine de l'amende que la confiscation des marchandises, malgré la nullité du procès-verbal. — *Cass.*, 8 fév. 1821, Bloc.

1212. — Les juges qui annulent un procès-verbal de saisie de marchandises prohibées opérée dans le rayon des douanes au moment de leur importation, ne peuvent pas condamner le délinquant à l'amende ni à l'emprisonnement; ils doivent se borner à ordonner la confiscation des marchandises, conformément à l'art. 23, tit. 10, L. 6-22 août 1791, qui n'a été abrogé par aucune loi postérieure. — *Cass.*, 14 avr. 1821, Gisler.

1213. — L'art. 30, tit. 2, L. 21 août 1791, qui réduisait à 50 livres, lorsqu'il s'agissait de marchandises exemptes de droits ou sujettes à des droits moindres de 3 livres, la peine encourue pour contravention aux dispositions qui exigent que les marchandises exportées par terre soient conduites au premier bureau de sortie par la route la plus directe, a été abrogé par l'art. 4, tit. 3, L. 4 germ. an II, qui, dans le cas de cette contravention, prononce, sans distinction ni exception aucune, une amende de 200 liv. et la confiscation. — *Cass.*, 20 janv. 1841 (t. 1er 1841, p. 360), Durthé.

1214. — L'amende est encore la peine qui réprime l'opposition à l'exercice des préposés des douanes. L'art. 2, tit. 4, L. 4 germin. an II, est ainsi conçu : « Toute personne qui s'opposera à l'exercice des préposés des douanes sera condamnée à une amende de 500 fr. — Dans le cas où il y aurait voie de fait, il en sera dressé un procès-verbal qui sera envoyé au procureur du roi pour poursuivre les auteurs et leur faire infliger les peines portées par le Code pénal contre ceux qui s'opposent avec violence à l'exercice des fonctions publiques. »

1215. — Il est à remarquer que, dans ces cas, l'amende n'est pas collective, mais individuelle, et que si, parmi plusieurs codélinquans, quelques-uns seulement s'opposent aux exercices, ils ont à supporter seuls l'amende de 500 fr. — Lett. 9 nov. 1811.

1216. — Jugé que les amendes prononcées pour les contraventions n'ont pas un caractère pénal, mais sont plutôt infligées à titre de réparation civile pour le préjudice causé à l'état. — *Cass.*, 5 sept. 1828, Erard; 18 mars 1842 (t. 1er 1842, p. 276), Thibault.

1217. — Il en est de même de l'amende prononcée pour trouble ou opposition à l'exercice des préposés des douanes. — *Cass.*, 18 octobre 1843 (t. 1er 1843, p. 536), Maguers.

1218. — En conséquence, bien que l'auteur d'une importation frauduleuse soit acquitté comme ayant agi sans discernement, il n'en doit pas moins être condamné à l'amende. — *Douai*, 9 avr. 1842 (t. 2 1842, p. 393), Lorthioir; 22 avr. 1842 (*loc. cit.*), Ballet; 18 mars 1842 (t. 1er 1842, p. 726), Thibault; *Cass.*, 14 mai 1842 (t. 1er 1844, p. 448), Mendibourne; 13 mars 1844 (t. 1er 1844, p. 448), Mendibourne.

1219. — De même, l'amende doit également être prononcée contre les personnes civilement responsables des faits commis par ces prévenus. — *Cass.*, 14 mai 1842 (t. 1er 1844, p. 448), Mendibourne; 13 mars 1844 (*loc. cit.*), Mendibourne; 5 sept. 1828, Erard.

1220. — En cette matière, les amendes et confiscations ne sont pas des peines proprement dites, mais des réparations de dommages ou des mesures tout à la fois politiques et civiles : en conséquence, lorsqu'un bâtiment a commis plusieurs sortes de contraventions, les tribunaux doivent appliquer à chacune d'elles et cumuler les confiscations et amendes que la loi prononce. — *Cass.*, 26 avr. 1830, Felieu.

1221. — L'amende peut être réclamée par l'administration des douanes concurremment à l'action publique intentée par le ministère public, et cumulée avec la peine portée par l'art. 231, C. pén. — *Cass.*, 17 déc. 1831, Berthelet.

1222. — L'amende pour contravention aux lois sur les douanes doit être cumulée avec la peine de la réclusion encourue par le contrebandier pour avoir exercé des violences graves envers les préposés dans l'exercice de leurs fonctions. — *Cass.*, 21 déc. 1821, Delsaux; — Mangin, *Traité de l'action publ.*, t. 2, p. 503, no 461.

1223. — Nous avons critiqué déjà (V. AMENDE [mat. crim.] nos 104 et suiv.) cette jurisprudence de la cour de Cassation; aux autorités que nous y avons citées nous devons joindre M. Trolley (*Cours de dr. admin.*, t. 2, no 1045), qui se prononce fortement dans le même sens que nous.

1224. — Aux termes de l'art. 83, L. 8 flor. an XI, tous négocians et commissionnaires qui sont convaincus d'avoir importé ou exporté en fraude des denrées ou marchandises, ou d'avoir, à la faveur de l'entrepôt et du transit, effectué des soustractions, substitutions ou versemens dans l'intérieur peuvent, indépendamment des peines portées par les lois, être privés par un arrêté spécial du gouvernement de la faculté de l'entrepôt et du transit, ainsi que de tout crédit de droits.

1225. — Les mêmes peines sont encourues par les négocians et commissionnaires qui prêtent leur nom pour soustraire aux effets de cette disposition ceux qui en auraient été atteints. — Même article.

1226. — Les peines correctionnelles consistent dans un emprisonnement de six mois à trois ans. — L. 28 avr. 1816, art. 51.

1227. — Cette peine frappe les faits de contrebande qui sont de la compétence des tribunaux correctionnels, sans préjudice des autres peines auxquelles elle est ajoutée, comme la confiscation des marchandises et des moyens de transport, et l'amende solidaire de 1,000 fr., si l'objet de la confiscation n'excède pas cette somme, ou du double de la valeur des objets confisqués, si cette valeur excède 1,000 fr. — Même art.

1228. — L'emprisonnement pour fait de contrebande par moins de trois personnes, réprimé par les art. 42 et 43, L. 28 avr. 1816, ne peut pas être réduit à trois jours, lorsque le poids des marchandises excède 5 kilogrammes. — *Cass.*, 16 juin 1827, Hann.

1229. — Le tribunal qui reconnaît un individu coupable d'avoir, avec trois autres individus, tenté d'introduire en fraude des sucres étrangers, ne peut réduire à un mois la peine d'emprisonnement par lui encourue, dont le minimum est de trois mois. — *Cass.*, 14 janv. 1830, Ithurralde.

1230. — Les peines afflictives et infamantes s'appliquent principalement aux crimes de contrebande avec attroupement et port d'armes. Nous avons vu (*suprà* nos 503 et suiv.) dans quel cas la contrebande était réputée telle.

1231. — L'art. 6, L. 13 flor. an XI, punissait de mort les contrebandiers avec attroupement et port d'armes ainsi que leurs complices, et étaient considérés comme complices des assureurs de la contrebande.

1232. — Cependant, l'article suivant laissait aux tribunaux la faculté de ne prononcer contre les contrebandiers que la peine de dix à quinze ans de fers, lorsque ceux-ci n'avaient pas fait usage de leurs armes.

1233. — Cette législation paraît devoir être appliquée aujourd'hui encore; du moins, cela peut s'induire de la circulaire du 11 janv. 1818, qui, en transportant implicitement aux cours d'assises la connaissance de ces crimes attribués auparavant à des tribunaux exceptionnels, n'a pu que maintenir les peines qui les frappaient. Néanmoins, Dujardin-Sailly, liv. F, no 4, exprime des doutes sérieux sur la valeur de ces dispositions de la loi de flor. an XI, et l'existence de peines dérogatoires au code spécial et qui lui sont antérieures, lui paraît incompatible avec un régime vraiment constitutionnel.

1234. — Sont encore punis de peines afflictives et infamantes ceux qui se sont rendus coupables de voies de fait graves contre les employés, ainsi que les employés eux-mêmes, s'ils les ont exercées hors le cas de légitime défense. — C. pén., art. 174, 186, 209 et 218.

1235. — Il en est de même, 1o des employés des douanes qui ont effectué des perceptions illégales ou bien accompli ou favorisé des importations ou des exportations frauduleuses (LL. 13 flor. an XI, et 21 avr. 1818); — 2o des comptables qui auraient détourné les deniers publics à eux confiés (L. 13 flor. an XI); — 3o enfin, de ceux qui se sont rendus coupables de faux ou d'altération des expéditions ou des marques de marchandises. — C. pén., art. 142 et 147.

1236. — La loi du 9 flor. an VII, tit. 4, art. 16, défend expressément aux juges d'excuser les contrevenans sur l'intention. Cette disposition ne doit pas être entendue de la même manière que celle de l'art. 65, C. pén., qui défend aux juges d'admettre des excuses qui ne sont pas formellement déclarées telles par la loi. En effet, dans les matières réglées par le Code pénal, l'excuse fait seulement abaisser la gravité de la peine ; ici la loi a voulu prévenir même les acquittemens. — Chauveau et Hélie, *Th. C. pén.*, t. 2, p. 149.

1237. — C'est en ce sens qu'il a été jugé que les tribunaux ne peuvent excuser les contrevenans sous le prétexte de leur bonne foi ou de leur intention. — *Cass.*, 13 messid. an VII, Bonnet; 16 prair. an VIII, Lauwers; 8 thermid. an VIII, Bernal; 16 thermid. an VIII, Nicolet; 17 thermid. an VIII, Gianque; 27 thermid. an IX, Lacombe; 17 germin. an X, Tieman; 30 oct. 1817, Gromback; 11 juin 1818, Singer; 19 juill. 1831, Mirland; 20 juill. 1831, Norrington; 28 fév. 1839 (t. 2 1839, p. 393), Mallien; 13 janv. 1841 (t. 1er 1841, p. 116), Thouard; 10 mai 1841, (t. 2e 1841 p. 71), Balguerie. — V. toutefois, en matière d'exportation avec prime, *Cass.*, 15 avr. 1829, Balguerie.

1238. — En matière de douanes, les juges ne peuvent s'abstenir de condamner les contrevenans en admettant des excuses tirées du défaut d'intention. — *Cass.*, 22 juin 1842 (t. 2 1842, p. 280), Salomon et Jaquet.

1239. — Il n'est pas de considération d'équité qui puisse autoriser les tribunaux à dispenser les contrevenans des peines prononcées par la loi. — *Cass.*, 27 juin 1828, Godat.

1240. — La négligence ou l'erreur des préposés des douanes n'est pas pour les tribunaux un motif d'excuser les contraventions à la loi, à l'exécution de laquelle un usage abusif ne saurait préjudicier. — *Cass.*, 4 oct. 1810, Silleyre.

1241. — L'existence du fait matériel de la contravention suffit pour obliger les juges à appliquer la peine qui y est attachée; ils ne peuvent, en considération du peu d'importance des objets de la fraude ou sous le prétexte que le contrevenant les destinait à son usage personnel, prononcer son renvoi des poursuites. — *Cass.*, 6 sept. 1821, Conty.

1242. — Les tribunaux ne peuvent de même acquitter les délinquans sous le prétexte de suspicion contre les rédacteurs du procès-verbal. — *Cass.*, 2 frim. an VIII, Billig.

1243. — Les tribunaux ne peuvent non plus acquitter un prévenu à l'aide d'une distinction entre les contrevenans et les délinquans. — *Cass.*, 2 vendém. an XI, Theys.

1244. — Celui dont la déclaration énoncée dans un passavant se trouve fausse, ne peut être excusé, sous le prétexte qu'il en avait fait une véritable, et que ce sont les préposés qui l'ont altérée en la consignant sur leur registre. — *Cass.*, 14 juin 1809, Sericano.

1245. — La cour de Cassation avait jugé que les peines encourues pour contravention aux lois sur les douanes ne peuvent pas être modérées, sous le prétexte que le prévenu est âgé de moins de seize ans, et qu'il a agi sans discernement ; et que l'art. 66, C. pén., était inapplicable aux matières régies par des lois spéciales. — *Cass.*, 15 avr. 1819, Fromel. — V. aussi *Cass.*, 15 niv. an IX, Nicollet. — V. Carnot, *C. pén.*, t. 1er, p. 276, no 6.

1246. — Cette décision de la cour suprême peut être justement critiquée. En effet, la loi du 9 flor. an VII, en écartant dans tout délit de douane la question d'intention, a voulu uniquement prévenir des acquittemens si fréquens qu'ils eussent rendu inefficaces les lois de douanes. Mais par cela même que cette disposition de la loi est contraire aux principes les plus certains du droit pénal, on ne peut l'étendre aux cas où le prévenu est par son âge dans des circonstances telles qu'il peut n'y avoir pas un délit dans l'acte qu'il a accompli. L'art. 484, C. pén., en renvoyant pour les matières spéciales aux lois qui les régissent n'empêche pas que pour ces matières on ne doive appliquer les principes généraux par lesquels se trouve caractérisée l'action criminelle. Or l'art. 66, C. pén., est un de ces principes. — V. en ce sens Carnot, *C. pén.*, sous l'art. 66, no 6.

1247. — Aussi la cour de Cassation est-elle revenue depuis sur sa première jurisprudence, et a-t-elle décidé que l'art. 66, C. pén., est, aussi bien que l'art. 64, applicable aux matières spéciales, et que, dès-lors, le mineur de seize ans prévenu d'un délit de douanes peut être acquitté comme ayant agi sans discernement. — *Cass.*, 14 mai 1842 (t. 1er 1844, p. 448), Mendibourne et Etchabbé. — V. aussi *Cass.*, 18 mars 1842 (t. 1er 1842, p. 726), Thibault.

Sect. 2e. — *Confiscation.*

1248. — Il ne suffirait pas de sévir contre les fraudeurs. Si le législateur eût laissé en leur pouvoir les objets de la fraude, cette possession les eût excités à la recommencer. Il était donc sage autant que moral d'en prononcer, dans tous les cas, la confiscation. Cette peine est même la seule répression possible, lorsque les fraudeurs sont parvenus à se soustraire eux-mêmes à la vindicte publique.

1249. — Ce serait aller directement contre le but de la loi que d'ordonner la réexportation des marchandises saisies en fraude, au lieu d'en prononcer la confiscation. — *Cass.*, 16 frim. an VIII, Delabaye.

1250. — La confiscation des marchandises saisies peut être valablement poursuivie contre les conducteurs de ces marchandises, lors même qu'ayant pris la fuite à l'approche des préposés, ils seraient restés nominativement inconnus. — *Cass.*, 7 août 1837 (t. 2 1837, p. 374), Poggioli.

1251. — La confiscation s'étend à toutes les marchandises objet de la fraude, et à tout ce que l'on peut considérer comme moyen de transport. — L. 22 août 1791, tit. 5, art. 1er.

1252. — Soit que l'importation ou l'exportation ait lieu par mer ou par terre, la loi du 4 germin. an II (tit. 2, art. 10) a ordonné la confiscation non seulement des marchandises dont l'entrée ou la sortie est prohibée, mais encore des bâtimens, voitures et animaux servant au transport. La loi du 28 avr. 1816 (art. 41) a pareillement ordonné la confiscation des objets de contrebande, ainsi que des moyens de transport.

1253. — En cas d'importation de marchandises prohibées, la confiscation doit comprendre non seulement les marchandises, mais encore les objets qui ont servi à leur transport. — *Cass.*, 4 nov. 1808, Douanes.

1254. — Lorsqu'il a été établi qu'un individu monté sur un cheval a été trouvé porteur de tissus prohibés, cachés sous ses vêtemens, le tribunal ne peut se dispenser de prononcer la confiscation de la monture, sous le prétexte que le prévenu aurait transporté les tissus indépendamment du cheval qui, le portant lui-même, n'était pas un moyen de transport sujet à confiscation. — *Cass.*, 25 oct. 1827, Geyer. — Ici, le cheval devait nécessairement être considéré comme un moyen de transport, soit parce qu'en fait il transportait réellement et le cavalier et les objets prohibés, soit parce qu'il était employé par le contrebandier pour lui faciliter l'exécution de la fraude à laquelle il se livrait.

1255. — Le cheval qui a servi à transporter des marchandises en fraude des lois sur les douanes, doit être confisqué comme les marchandises, encore bien qu'il n'appartienne pas au fraudeur, et qu'en le lui donnant à location le propriétaire ignorât qu'on l'emploierait à cet usage. — *Cass.*, 13 déc. 1810, Regnier; — Merlin, *Rép.*, vo *Confiscation*, § 2, no 3.

1256. — Les marchandises introduites en fraude par la frontière de terre doivent être confisquées comme celles introduites par mer, quoique l'art. 2, convent. 24 déc. 1786, ne parle que de ces dernières. — *Cass.*, 18 nov. 1826, Harguina.

1257. — En cas de saisie de tissus prohibés contenus dans une malle chargée sur une diligence, il y a lieu à la confiscation, non seulement des objets de contrebande, mais encore de la diligence et des chevaux, saisis comme moyen de transport. — *Cass.*, 1er déc. 1826, Cornier.

1258. — Lorsque des tissus prohibés ont été saisis dans une malle, sur une diligence prête à partir, le tribunal ne peut se dispenser de prononcer l'amende encourue et la confiscation de la voiture et des chevaux, sous le prétexte qu'elle n'était pas encore en circulation; une diligence chargée, attelée et prête à partir est évidemment un moyen de transport. — *Cass.*, 26 avr. 1828, Cornier.

1259. — La disposition de l'art. 29, tit. 2, L. 6-22 août 1791, qui exemptait de la confiscation les voitures et chevaux des messageries dites nationales, n'était applicable qu'aux messageries exploitées pour le compte de l'état, et ne peut pas être invoquée par l'administration des messageries royales, qui n'est qu'une entreprise privée. — *Cass.*, 1er déc. 1826 et 26 avr. 1828, Cormin.

1260. — Lorsque des montres ont été saisies dans la distance prohibée du territoire étranger, la confiscation doit comprendre les boîtes comme les mouvemens, s'il n'est justifié d'aucun certificat d'origine. — *Cass.*, 8 vendém. an IX, Douanes.

1261. — Les marchandises prohibées à la sortie, et spécialement des farines, saisies en circulation sans passavant dans la lieue frontière, ne peuvent pas être exemptées de la confiscation sous le prétexte qu'elles étaient importées et non exportées. — *Cass.*, 6 frim. an IX, Vanderhée.

1262. — Sous l'arrêté du 23 vent. an XI, il y avait lieu d'ordonner la confiscation non seulement du numéraire, mais même de l'argent ouvré saisi à l'exportation, ainsi que des moyens de transport. — *Cass.*, 10 déc. 1806, Bucaria.

1263. — Le propriétaire d'un navire qui a servi à faire la fraude est responsable sur cette propriété du fait du capitaine, et il n'y a point contradiction dans le jugement qui, en acquittant le propriétaire et déclarant le capitaine seul coupable, ordonne la confiscation du navire comme moyen de transport. — *Cass.*, 25 juill. 1806, Beenken.

1264. — L'introduction par mer de poudre étrangère entraîne-t-elle la confiscation du navire? — Cette question, qui s'était élevée devant le tribunal de Cherbourg, avait été résolue par lui dans le sens de la négative, sur le fondement que la loi du 13 fructid. an V, spéciale sur la matière, ne prononçait pas explicitement la confiscation des navires dans le cas d'introduction par mer des poudres étrangères, mais seulement des chevaux et des voitures lorsqu'il s'agissait d'introduction par terre : devant la cour de Cassation à laquelle ce jugement fut déféré, M. le conseiller Brière de Valigny présenta des observations qui appuyaient fortement la doctrine du tribunal de Cherbourg. — Mais la cour de Cassation, statuant sur d'autres moyens, ne se prononça point sur cette question. — V. cependant son arrêt du 26 nov. 1834 (Roblot et Leval), où sont indiqués le jugement du tribunal de Cherbourg et les observations de M. le conseiller rapporteur.

1265. — La confiscation des sels saisis pour contravention aux lois sur les douanes doit toujours entraîner celle du navire sur lequel ces sels ont été embarqués. — *Cass.*, 27 fév. et 31 mars 1808, Van Kamer; 15 avr. 1808, Douanes.

1266. — L'existence sur un navire d'une certaine quantité de marchandises prohibées ne donne pas lieu à la confiscation de la cargaison entière lorsqu'elles appartiennent à des propriétaires différens. — *Cass.*, 4 fév. 1813, Villigon.

1267. — Lorsqu'un navire séquestré, mais relâché sous caution de le représenter, a été remis en mer, malgré le séquestre, et qu'ensuite les marchandises qu'il avait servi à introduire viennent à être saisies comme prohibées, la confiscation peut en être prononcée en même temps que celle des marchandises, bien qu'il n'ait pas été compris dans la saisie. — *Cass.*, 19 mars 1807, Smitt; — Dujardin-Sailly, *Code des douanes*, liv. E, no 11.

1268. — La loi du 29 niv. an VI n'autorisait la confiscation des navires capturés en mer que lorsqu'ils étaient chargés de marchandises d'origine anglaise; et cette disposition ne s'entendait nullement des marchandises qui, par la loi du 10 brum. an V, étaient simplement réputées d'origine anglaise. — *Cass.*, 11 vend. an VIII, Jacobs.

1269. — L'ordonnance de 1687 sur les Fermes, qui prescrit la confiscation non seulement de la contrebande, mais encore de l'*équipage* qui aura servi à la conduire, n'a jamais été appliquée en France qu'aux voitures et bêtes de somme, et elle ne peut être étendue dans les colonies aux personnes non libres, aux esclaves que leurs maîtres emploient au transport de marchandises de contrebande, puisque les esclaves qui, même sous le Code noir, n'avaient pas perdu leur personnalité, ont été formellement rangés dans la classe des personnes par la loi organique du 24 avril 1833 et l'ordonnance royale du 4 août 1833, qui leur ont reconnu un état civil. — *Cass.*, 8 fév. 1839 (t. 2 1839, p. 219), Huc.

1270. — Lorsque la loi du 22 août 1791 était seule en vigueur, l'inobservation des formalités exigées pour la rédaction des procès-verbaux entraînait la nullité des procès-verbaux et des saisies. Néanmoins, si les marchandises saisies étaient de celles dites prohibées, la confiscation pouvait en être prononcée, mais alors sans amende. — Tit. 10, art. 23. — La loi du 9 flor. an VII maintint dans ce cas la nullité des procès-verbaux, mais aussi conserva aux saisies leur validité, sans distinction des objets sur lesquels elles portaient. Sous le régime de cette loi, la confiscation était encourue, et toujours sans amende. Enfin, la loi du 28 avril 1816, tit. 6, permit aux juges de condamner les contrevenans à la confiscation et à l'amende cumulativement, quand il s'agit de cotons filés de fabrique étrangère. — Dujardin-Sailly, liv. E, no 23.

1271. — La loi du 16 août 1793, art. 4, avait étendu aux marchandises prohibées à la sortie le principe que la loi du 22 août 1791 avait proclamé relativement aux marchandises prohibées à l'entrée, et dont nous avons suivi les modifications dans le no précédent.

1272. — En conséquence, la nullité du procès-verbal, pour vice de forme, peut bien exempter le délinquant des autres peines portées par la loi, mais elle ne dispense pas les tribunaux d'ordonner la confiscation des objets saisis. — *Cass.*, 22 vendém. an VII, Douanes; 19 messid. an VII, Vandelinch; 15 prair. an VIII, Simoski; 19 prair. an VIII, Douanes; 6 messid. an VIII, Chaigneau; 9 messid. an VIII, Pierre; 7 pluv. an IX, Peunemann; 1er germin. an IX, Latour; 9 flor. an IX, Duchesne; 26 prair. an IX, Goenin; 16 brum. an X, Husse; 3 vent. an X, Orban; 8 frim. an XI, Dubois; 8 avr. 1812, Cianti; 4 nov. 1808, Douanes; 2 déc. 1824, Nervy.

1273. — Le tribunal ne peut, en cas de nullité du procès-verbal, accorder la main-levée ni ordonner la restitution des marchandises prohibées faisant l'objet de la saisie. — *Cass.*, 19 messid. an VII, Vandelinck; 6 vendém. an VII, Giller.

1274. — Il ne peut d'ailleurs ordonner la restitution lorsque personne ne se présente pour la réclamer. — *Cass.*, 26 prair. an IX, Goenin.

1275. — ... Surtout si les délinquans sont inconnus. — *Cass.*, 22 vendém. an VIII, N...

1276. — Mais la confiscation des marchandises saisies ne peut être ordonnée, en cas de nullité du procès-verbal de saisie, que lorsqu'il est reconnu qu'elles sont de la nature de celles prohibées à l'entrée ou à la sortie. — *Cass.*, 29 oct. 1813, Samonatti.

1277. — Cette décision de la cour de Cassation nous paraît en un point susceptible de quelque critique : elle peut être vraie en ce qui concerne les marchandises prohibées à la sortie; mais pour les marchandises prohibées à l'entrée, cette décision nous paraît contraire aux dispositions de la loi du 9 flor. an VII, et bonne seulement si elle avait été rendue sous le régime de la loi du 22 août 1791.

1278. — Jugé que la confiscation prononcée par la loi du 6-22 août 1791 (tit. 10, art. 23) n'est applicable qu'aux marchandises prohibées à l'entrée, et ne peut concerner celles qui ont une libre circulation à l'intérieur. — *Cass.*, 26 thermid. an IX, Grégoire.

1279. — Un tribunal ne peut refuser d'ordonner la vérification de leur origine quand elle est requise. — *Cass.*, 9 flor. an IX, Duchesne.

1280. — Jugé que lorsqu'un bâtiment a effectué sur la côte un versement de marchandises prohibées, il y a lieu de prononcer la confiscation, tant du bâtiment que des marchandises sur son bord, et de celles qui ont été trouvées à terre par suite de ce versement, nonobstant la nullité du procès-verbal de saisie. — *Cass.*, 3 déc. 1824, Nervy.

1281. — Jugé toutefois que la confiscation doit être restreinte aux marchandises prohibées, et ne peut pas être étendue aux moyens de transport qui, par leur nature, ne sont pas un objet de délit. — *Cass.*, 5 avr. 1828, Dupont-Moraine. — Mangin, *Proc.-verb.*, p. 470, no 267.

1282. — Si, d'après la convention diplomatique du 24 déc. 1786, les sujets espagnols qui ont fait la contrebande en France dans les quatre lieues de la frontière, doivent être rendus pour la première fois avec les preuves du délit, pour être jugés par les tribunaux et suivant les lois du pays, il ne s'ensuit pas que les marchandises introduites en fraude doivent être, comme pièces à conviction, renvoyées en Espagne. — *Cass.*, 18 nov. 1826, Contributions indirectes c. Harguina.

1283. — Les objets de contrebande saisis en fraude en France sur des Espagnols ne sont pas au nombre des pièces de conviction qui, suivant le traité diplomatique du 24 déc. 1786, dit *pacte de famille*, doivent être livrés avec les prévenus par les autorités françaises aux tribunaux espagnols. Il y a lieu à la confiscation de ces objets par les tribunaux français. — *Cass.*, 22 fév. 1842 (t. 1er 1842, p. 668), Juanicotenia de Berra.

1284. — L'article final, L. 9 flor. an VII, qui porte qu'au moyen des dispositions énoncées dans *le présent titre*, le tit. 10, L. 6-2 août 1791, est abrogé, n'a entendu rapporter ledit tit. 10 qu'en ce qui concerne les formes des procès-verbaux et non en ce qui touche l'art. 23, lequel, en établissant une modification à l'effet de l'omission de quelqu'une de ces formes, se rapprochait de l'intention de la loi de frimaire. Quant au décret du 15 août 1793, il n'est rapporté par la loi de floréal ni expressément ni tacitement, et subsiste dans toute sa force.— V. notamment *Cass.*, 13 germin. an IX, Latour; — V. aussi *Cass.*, 11 flor. an IX, Boeyre.

Sect. 3e. — *Solidarité.— Responsabilité civile.*

1285. — La loi du 22 août 1791, appliquant aux délits de douanes un principe étendu depuis aux délits ordinaires par le Code pénal veut que, si le délit est l'œuvre de plusieurs personnes, chacun des délinquants soit responsable pour le tout des suites de la contravention. L'art. 22, tit. 13, est, en effet, ainsi conçu : « Les condamnations contre plusieurs personnes pour un même fait de fraude sera solidaire, tant pour la restitution du prix des marchandises confisquées dont la remise provisoire aurait été faite, que pour l'amende et les dépens.»

1286. — L'art. 20 de la même loi consacre la responsabilité civile des propriétaires des marchandises. Il s'exprime ainsi : « Les propriétaires des marchandises seront responsables civilement du fait de leurs facteurs, agens, serviteurs et domestiques, en ce qui concerne les droits, confiscations, amendes et dépens. »

1287. — Ces deux dispositions de la loi de 1791 ont été confirmées, la première par la loi du 4 germin. an IV, tit. 6, art. 22, la seconde par les art. 1er et 5, tit. 12, de la même loi de 1791.

1288. — Ainsi, est civilement responsable des actes des prévenus l'individu dont ceux-ci étaient, relativement à l'importation des marchandises, les facteurs ou les agens. — *Aix*, 19 avr. 1837 (t. 2 1837, p. 108), Fil.

1289. — Jugé même que l'action en responsabilité civile peut régulièrement être exercée contre la personne responsable, sans qu'il soit besoin de mettre en cause l'auteur du délit. — *Grenoble*, 13 mars 1834, Muretin.

1290. — La régie peut, au lieu de poursuivre le propriétaire désigné des marchandises saisies, se borner à mettre en cause l'individu préposé à leur conduite. — *Cass.*, 28 déc. 1835, Mamberti.

1291. — Bien que le propriétaire des marchandises se soit fait connaître, en réclamant leur restitution dès le jour du premier contexte du rapport, les poursuites ont pu être valablement continuées contre les conducteurs demeurés inconnus, sauf au propriétaire le droit d'intervention. — *Cass.*, 7 août 1837 (t. 2 1837, p. 374), Poggioli.

1292. — Bien plus, il a été jugé que les conducteurs devaient seuls être poursuivis, et qu'il n'y avait pas lieu de citer les propriétaires des marchandises saisies, encore bien qu'ils fussent intervenus et qu'ils se fussent déclarés propriétaires desdites marchandises. —*Cass.*, 29 déc. 1838 (t. 1er 1839, p. 635), Paldacci.

1293. — Mais la doctrine sur laquelle repose cette solution nous paraît contraire au principe du droit. Elle contredit formellement l'art. 1384 du Code civil, aux principes duquel nous ne sachions pas que des lois spéciales aient réellement dérogé. Aussi pensons-nous que cet arrêt n'est pas destiné à faire jurisprudence.

1294. — Le propriétaire du navire peut être condamné comme civilement responsable des contraventions commises par son capitaine dans une expédition faite par ses ordres, sous sa direction présumée et presque sous ses yeux, et alors que l'arrêt le déclare, lui, en contravention. Dans ce cas, il doit répondre de l'amende encourue, en matière de douanes surtout, où elle a le caractère, non d'une peine, mais de simples réparations civiles. — *Cass.*, 30 avr. 1830, Roignan.

1295. — Lorsque la contravention aux lois de douanes a été commise par un enfant mineur habitant avec son père, celui-ci est civilement responsable de l'amende encourue par son fils s'il a pu empêcher la fraude. — *Douai*, 9 avr. 1842 (t. 2 1842, p. 593), Lhortoir; 22 avr. 1842 (*ibid.*), Ballet.

1296. — En matière de douanes, l'amende n'étant point une peine, mais une réparation du dommage causé à l'état, le père est civilement responsable de l'amende encourue par son fils mineur, demeurant avec lui, tant qu'il ne prouve pas qu'il n'a pas pu empêcher le fait de contrebande dont il est déclaré convaincu.—*Cass.*, 6 juin 1811, Marchand; 30 mai 1828, Ruel; 5 sept. 1828, Erard.

1297.—Cette doctrine est vivement controversée. Les auteurs qui l'ont combattue voudraient que, dans l'espèce citée, le père ne fût responsable du fait de son enfant qu'autant que celui-ci pourrait être considéré comme l'agent du père. — Mangin, *Traité de l'act. publ.*, no 279 ; Hélie et Chauveau, *Th. C. pén.*, t. 1er, p. 252 ; Merlin, *Rép.*, vo *Contrebande*, no 6.

1298. — Est nul le jugement qui condamne pour importation de marchandises anglaises la femme du prévenu, quoiqu'il ne soit fait aucune mention d'elle ni même d'aucune femme dans le procès-verbal, et que rien n'indique qu'elle ait coopéré à l'importation des marchandises. — *Cass.*, 29 frim. an XIV, Boyé.

1299. — Dujardin-Sailly (*C. des douanes*, liv. F, 18) étend, à l'égard des marchandises et des moyens de transport non sujets par leur nature à la confiscation, le principe de la responsabilité civile, en les affectant spécialement au paiement des amendes.

1300. — Jugé, conformément à cette doctrine, que les effets saisis à raison d'omission dans le manifeste peuvent être retenus pour sûreté des condamnations prononcées contre le maître du navire, nonobstant la revendication exercée par les personnes à qui appartiennent les objets. — *Cass.*, 8 pluv. an XII, Timmermann et Vanlaer.

1301. — Les père et mère condamnés, comme civilement responsables, au paiement des amendes encourues par leurs enfans mineurs pour fait de contrebande, ne sont pas de plein droit contraignables par corps pour le recouvrement de ces amendes. — *Cass.*, 11 fév. 1843 (t. 2 1843, p. 466), Douanes c. Legrain.

1302. — La responsabilité civile existe même à l'égard de l'administration des douanes. L'art. 19, L. 22 août 1791, dit : « L'administration est responsable du fait de ses préposés, à raison de leurs fonctions. »

1303. — L'administration des douanes est responsable civilement du dommage causé par un de ses préposés qui, dans l'exercice de ses fonctions, a été la cause involontaire d'un homicide.—*Grenoble*, 13 mars 1834, Muretin.

1304. — L'administration des douanes n'est pas responsable du fait d'un de ses agens qui a autorisé par son silence un déplacement de marchandises dans les colonies, qui n'aurait pu être effectué qu'en vertu d'une permission écrite.—*Cass.*, 20 mars 1827, Delluc.

1305. — L'individu civilement responsable du dommage causé au trésor royal par les fausses déclarations du commis qu'il a accrédité comme son mandataire auprès de l'administration des douanes, ne peut exercer un recours contre cette administration sur le motif que ce commis aurait été condamné comme complice d'un employé des douanes, et solidairement avec lui aux restitutions civiles. — *Cass.*, 23 août 1845 (t. 1er 1846, p. 60), Jean Van Drunen.

Sect. 4e. — *Indemnité pour saisie mal fondée.*

1306. — Assimilée aux parties civiles, l'administration des douanes est tenue de réparer le dommage qu'elle a causé par une saisie inconsidérée. Mais, dans la crainte de compromettre trop gravement les finances, le législateur a fixé d'une manière invariable le taux de l'indemnité que les tribunaux doivent accorder aux saisis. Au moyen de cette précaution, l'arbitraire est moins à craindre ; mais la réparation n'est pas toujours proportionnée au préjudice.

1307. — Le principe de l'indemnité a été posé par la loi du 6-22 août 1791, tit. 13, art. 40, qui en a accordé une de 24 fr. au particulier chez lequel les préposés auraient fait une injuste recherche d'entrepôt frauduleux.

1308. — Mais cette indemnité de 24 fr. ne doit plus être accordée aujourd'hui. La loi du 22 août 1791 a été sur ce point implicitement abrogée par la loi du 28 avr. 1816. — Fusquel, *Lois et régl. des douanes*, no 109.

1309.—La loi du 14 fructid. an III étendit l'application de la loi de 1791 au propriétaire des marchandises, en cas de saisie mal fondée ; elle lui accorda une indemnité de un pour cent par mois de leur valeur, depuis l'époque de la retenue jusqu'à celle de la remise ou de l'offre qui lui en aurait été faite. — Art. 9.

1310. —La disposition de la loi du 14 fructid. an III a été reproduite dans l'art. 16, tit, 4, L. 9 flor. an VII, qui continue d'être en vigueur.

1311.— Adoptant le même système, la loi 28 avr. 1816 a accordé, outre cette indemnité, aux propriétaires de tissus saisis à tort, comme étant de fabrique étrangère, la valeur de tous les frais auxquels la saisie aurait donné lieu. La somme de ces frais est fixée par le jury d'examen dans le procès-verbal même de son expertise. —Art. 68.

1312. — Enfin, lorsque des tissus portant la marque de la fabrication française ont à tort été saisis comme étant d'origine étrangère, la loi du 21 avr. 1818 accorde au propriétaire de ces tissus 1o une indemnité de 6 % de leur valeur arbitrée par le jury ; 2o une seconde indemnité de 1 % par mois de ladite valeur, pour tout le temps que la marchandise aura été retenue sous le séquestre, si l'offre de main-levée n'est pas faite et signifiée dans le courant du premier mois. — Art. 45.

1313. — Jugé, sous l'empire de la loi du 9 flor. an VII, que, pour qu'il pût y avoir lieu à indemnité, il fallait nécessairement que les marchandises indûment saisies eussent été retenues. — *Cass.*, 8 pluv. an VII, Delhuvenne.

1314. — L'intérêt d'indemnité accordé par la loi s'applique à tous les cas, quel que soit le motif pour lequel la nullité de la saisie a été prononcée.—*Cass.*, 18 oct. 1837 (t. 1er 1840, p. 91), Orsini.

1315. — L'indemnité court depuis l'époque de la retenue des marchandises jusqu'à celle de la remise ou de l'offre qui en est faite. — *Cass.*, 18 oct. 1837 (t. 1er 1840, p. 91), Orsini.

1316. — Il ne faut pas confondre cette offre de remise avec l'offre de main-levée sous caution. — L'offre de la main-levée sous caution des objets sasis, faite par les préposés des douanes au moment de la saisie, n'affranchit pas l'administration de l'indemnité fixée par la loi. — *Cass.*, 15 mars 1836, Bonnet ; 12 nov. 1839 (t. 1er 1840, p. 136), Damas et Roubaud ; 24 juin 1840 (t. 2 1840, p. 260), Pascal Avril.

1317. — La déclaration contraire au procès-verbal, que les préposés n'ont pu offrir la main-levée sous caution des objets saisis, à cause de l'absence du prévenu, ne peut pas tenir lieu de l'offre elle-même, lorsqu'il est constant que le domicile de ce prévenu était connu des saisissans et de l'administration.—*Cass.*, 18 oct. 1837 (t. 1er 1840, p. 91), Orsini.

1318. — Aucune indemnité particulière ne peut être accordée, en sus, au saisi, à raison de la privation de ses marchandises, alors que rien ne constate qu'il y ait eu des dommages causés par la négligence, la faute ou la prévarication des préposés. — *Cass.*, 12 nov. 1839 (t. 1er 1840, p. 136), Roubaud.

1319. — Mais, lorsque l'administration des douanes s'est constituée dépositaire et séquestre des objets saisis, elle devient responsable du préjudice causé à la partie saisie, soit par le fait des préposés, soit par leur défaut de soins dans la garde de la chose. —*Douai*, 18 déc. 1839 (t. 2 1840, p. 682), Benssens.

1320. —L'indemnité accordée aux propriétaires en cas de saisie mal fondée étant réglée par la loi, un tribunal excède ses pouvoirs en allouant une indemnité plus forte. — *Cass.*, 29 déc. 1808, Bew.

1321.— L'administration ne peut, en cas de nullité d'une saisie par elle pratiquée, être condamnée, outre l'indemnité de 1 p. 100 par mois, à une autre indemnité en raison de la baisse survenue dans la valeur des marchandises.— *Cass.*, 16 vent. an IX, Belard ; 12 nov. 1839 (t. 1er 1840, p. 136), Damas-Lemoine.

1322. — La loi ayant fixé elle-même l'indemnité due au propriétaire, en cas de saisie mal fondée, d'un navire chargé de sel, pour contravention aux lois des douanes, un tribunal ne peut, sans violer la loi, condamner l'administration aux dommages-intérêts à donner par état ou à dire d'experts. — *Cass.*, 24 juin 1808, Rich.

1323.—Il ne peut de même être accordé aucuns dommages-intérêts à l'individu qui est acquitté après avoir été arrêté pour prétendue contravention aux lois sur les douanes.—*Cass.*, 30 août 1822, Pernelet et Dupin.

1324. — Lorsqu'il résulte des énonciations contenues tant dans un procès-verbal régulier que dans une reconnaissance du propriétaire, que des tulles saisis par les préposés des douanes étaient dépourvus de la marque d'origine, le tribunal correctionnel ne peut refuser de prononcer l'indemnité de 6 %, sur le motif qu'il ne résulte pas du procès-verbal qu'elles fussent dépourvues des marques de fabrication voulues par la loi.— *Cass.*, 19 août 1836, Giraud.

1325. — La jurisprudence que nous avons analysée, ne concerne que la privation des marchandises saisies, et n'ôte pas le droit au saisi de réclamer des dommages-intérêts pour les autres préjudices que peut lui avoir causés une saisie illégale. — *Cass.*, 15 mars 1836, Bonnet.

1326. — Ainsi l'allocation de l'indemnité de 1 % par mois ne fait point obstacle à ce qu'en cas de saisie d'une chaîne faisant partie de l'armement d'un navire, l'indemnité soit fixée d'après les règles du droit commun. — *Cass.*, 22 janv. 1835, Boyer.

1327. — C'est au seul propriétaire des marchandises indûment saisies qu'appartient l'indemnité de 1 °/o fixée par la loi. Le propriétaire du navire ou de la voiture a également droit à une indemnité proportionnée au temps durant lequel il en a été privé. — *Cass.*, 3 messid. an XI, Fierens.

1328. — La loi du 4 germin. an II, en établissant pour les douanes une forme de procéder plus courte et moins dispendieuse, n'a pas prohibé d'adjuger aux parties la restitution de leurs déboursés, ni une juste indemnité des frais de voyage et de séjour que les procès mal à propos intentés par la régie peuvent leur avoir occasionnés. — *Cass.*, 3 messid. an XI, Fierens.

1329. — Le préjudice résultant du long retard apporté par l'administration des douanes à exécuter un jugement prononçant la main-levée d'une saisie n'a pas pu entrer en considération dans la fixation de l'indemnité de 1 °/o par mois, accordée par la loi du 9 flor. an VII, en cas de saisie mal fondée, et peut devenir l'objet d'une demande nouvelle en dommages-intérêts, sans porter atteinte à la chose jugée par le jugement qui condamne la régie à ladite indemnité de 1 °/o par mois. — *Cass.*, 23 janv. 1824, Beuvain; — Legraverend, t. 1er, ch. 18, p. 614, note 1re; Bioche, v° *Douanes*, n° 94.

1330. — Le décret du 18 sept. 1811 veut que, dans les cas de saisie des moyens de transport ou bien d'objets qui ne pourraient être conservés sans courir le risque d'être détériorés, il soit procédé à la vente aux enchères de ces objets sur la permission du juge du paix le plus voisin, dans la huitaine de la date du procès-verbal. On comprend que, dans ce cas, si la saisie est mal fondée, les objets, indépendamment de toute autre indemnité, doivent être restitués en nature; mais alors sur quel pied sera fixée la valeur des objets? La jurisprudence est unanime pour reconnaître que ce doit être sur le pied du prix de vente.

1331. — Jugé qu'en cas de vente, par le domaine, des objets saisis, sur autorisation du juge de paix, si la saisie est annulée, la restitution doit consister uniquement dans le prix de vente, et non dans la valeur, arbitrairement fixée par le tribunal, des objets vendus, au moment de la saisie. — *Cass.*, 12 nov. 1839 (t. 1er 1840, p. 136), Damas-Lemoine.

1332. — La valeur des objets saisis, s'il y a eu vente, demeure invariablement fixée par le produit de cette vente, lorsque d'ailleurs cette vente a été accomplie avec les formalités voulues par la loi. — *Cass.*, 18 oct. 1837 (t. 1er 1840, p. 91), Orsini.

1333. — Cette base d'évaluation peut même être appliquée aux marchandises de même nature trouvées en déficit, et qui, pour cette raison, n'auraient pu être vendues. — Même arrêt.

1334. — Dans le même cas, l'indemnité, qui peut, suivant les circonstances, être due en sus du montant de la vente, n'est pas laissée à l'arbitration des tribunaux, mais doit être fixée d'après les bases déterminées par l'art. 16, L. 9 flor. an VII. — *Cass.*, 28 déc. 1835, Mamberti.

1335. — Jugé néanmoins que le saisi ne peut rien réclamer au-delà du produit de la vente, surtout si les faits de fraude et de dol par lui allégués devant les juges du fait, ont été repoussés comme non pertinens ni admissibles. — *Cass.*, 18 oct. 1837 (t. 1er 1840, p. 91), Orsini.

1336. — Les simples recherches dans l'intérieur du royaume, des tissus prohibés, ne peuvent donner lieu à aucune indemnité, ni particulièrement à celle de vingt-quatre livres portée par la L. 6-22 août 1791, tit. 13, art. 40, qui est inapplicable à la matière spécialement régie par celle du 28 avr. 1816. — *Cass.*, 31 juill. 1826, Tronttel.

1337. — Lorsque après avoir indûment exercé la préemption, l'administration des douanes se trouve dans l'impossibilité de restituer en nature les marchandises préemptées, le tribunal ne viole aucune loi en la condamnant à en payer le prix, d'après leur valeur à l'époque de la demande en restitution avec l'intérêt à raison de 6 °/o, et non d'après le montant de la préemption. Les dispositions de l'art. 16, tit. 4, L. 9 flor. an VII, sont inapplicables à ce cas, qui rentre dans les règles du droit commun. — *Cass.*, 8 juin 1836, Galos.

1338. — Quand un préposé des douanes a participé à un faux pour opérer la contrebande, l'action civile n'est pas nécessairement jointe à l'action publique, de manière que la cour d'assises soit seule compétente pour statuer sur l'une et l'autre action. — Ce préposé ayant participé à un faux dans l'exercice de ses fonctions, l'administration, responsable du fait de ses préposés, n'est pas tenue d'indemniser de la confiscation et de l'amende les parties intéressées qui ne sont pas coupables du faux. — *Cass.*, 4 nov. 1818, Parens et Amyot.

CHAPITRE VIII. — *Transaction.*

1339. — L'administration des douanes a été successivement autorisée à transiger par un arrêté du 14 fructid. an X, et par les ordonnances des 27 nov. 1816 et 30 janv. 1822. Cependant, un décret du 18 oct. 1810, tit. 5, interdisait les transactions sur certaines fraudes qu'il spécifiait.

1340. — Les transactions peuvent intervenir, soit avant, soit après le jugement du procès. — La faculté de *transiger* quand la peine est irrévocablement encourue peut être l'objet de quelques difficultés. Dans ce cas, en effet, il n'y aurait plus une transaction, mais une remise de peine. Or, dit-on, l'arrêté de fructidor ne parle que de transactions, et d'un autre côté le droit de grâce, c'est l'apanage exclusif de la royauté. Disons cependant que l'administration des douanes peut faire cette remise des peines, que cela résulte pour elle du droit de *transiger après le jugement*, et peut facilement se comprendre dans une matière où l'on ne tient pas compte de l'intention du délinquant. — V. en ce sens Trolley, *Dr. admin.*, n° 1061.

1341. — Les transactions ne peuvent être admises que par le conseil d'administration. Elles ne sont définitives que par l'approbation du directeur général, si les condamnations encourues n'excèdent pas 3,000 fr., et par l'approbation du ministre des finances, si elles sont au-dessus de 6,000 fr. — Ord. 27 nov. 1816, art. 9.

1342. — L'ordonnance du 30 janv. 1822 a abaissé de 6,000 fr. à 3,000 fr. la somme au-dessous ou au-dessus de laquelle l'approbation du ministre est exigée.

1343. — L'arrêté du 14 fructid. an X, qui a autorisé l'administration des douanes à transiger sur les procès relatifs aux contraventions commises en cette matière, n'impose aucune obligation, n'accorde aucun droit aux citoyens, et n'a pas eu besoin d'être insérée au bulletin des lois pour recevoir son exécution. — *Cass.*, 30 juin 1820, Cornil Pollet. — L'ordonnance du 27 nov. 1816, qui a remplacé l'arrêté du 14 fructid. an X, n'a pas non plus été insérée au *Bulletin des lois*; mais celle du 30 janv. 1822, dont l'art. 10 régit maintenant les transactions en matière de douanes, a été promulguée le 13 fév. suivant.

1344. — Tout arrangement ou transaction à propos de faits de fraude et de contrebande s'applique aussi bien aux peines corporelles encourues ou susceptibles de l'être qu'aux peines purement pécuniaires. Cette doctrine, si contraire à celle proclamée dans notre Code civil et notre Code d'instruction criminelle, serait inexplicable, si l'on ne devait voir l'état même dans l'administration des douanes. — M. Trolley (*Dr. admin.*, n° 1060) ajoute que, s'il en était autrement, l'arrêté de fructidor an X, qui permet de transiger, n'atteindrait pas son but.

1345. — Les transactions passées avec l'administration sur la réparation civile due à l'état, embrassent l'action publique, à moins d'une réserve contraire, en sorte que le délinquant ne peut plus être condamné par les tribunaux soit à l'amende, soit à l'emprisonnement. — *Pau*, 9 déc. 1833, Usandisanga; *Cass.*, 30 juin 1820, Pollet.

1346. — L'administration des douanes a le droit de transiger sur toutes les contraventions aux lois de la matière, et même sur celles qui sont de la compétence des tribunaux correctionnels. Cette transaction éteint toute action. — *Cass.*, 30 juin 1820, Pollet; *Pau*, 9 déc. 1833, Usandisanga; — Mangin, *Traité de l'act. publ.*, t. 1er, p. 84, n° 44.

1347. — Mais les transactions faites entre l'administration des douanes et des prévenus ou des condamnés pour faits de fraude ou de contrebande, n'éteignent point l'action publique à l'égard des autres individus, auteurs ou complices du même délit, et ne mettent point obstacle aux poursuites du ministère public. — *Cass.*, 26 août 1820, Boget. — V. conf. Mangin, *Traité de l'act. publ.*, t. 1er, p. 93, n° 49.

1348. — La première condition de tout arrangement avec un prévenu est pour lui celle du paiement des frais. — Circul. 1er juin 1818.

1349. — Dans les matières où la nature du délit entraîne l'arrestation du prévenu, la transaction n'est permise qu'autant que celui-ci fournit, indépendamment de la caution relative aux condamnations civiles, une autre caution pour assurer qu'au besoin il se constituera prisonnier. — Circul. 17 sept. 1822.

1350. — Une loi du 23 brum. an III autorise la commission des revenus nationaux à faire sur la confiscation et l'amende telle remise qu'elle jugerait convenable, lorsque la contravention ne serait motivée que sur l'omission d'une formalité, si les circonstances faisaient présumer qu'elle avait été involontaire (V. art. 1er). Ce droit, qui se lie à celui de transiger, a passé depuis dans les attributions de l'administration des douanes.

1351. — L'attribution à la commission des revenus nationaux de ce droit de remettre les peines en matière de douanes, était exclusif, et il n'appartenait nullement aux tribunaux de prononcer la remise sous la prétendue excuse de l'intention. — *Cass.*, 6 brum. an VII, Boutaud.

1352. — Il n'appartient de même qu'à l'administration des douanes d'apprécier les circonstances qui peuvent rendre les contraventions plus ou moins excusables, et de remettre ou modérer les peines encourues par les délinquans. — *Cass.*, 1er mars 1820, Berlier; 18 nov. 1826, Bérard; 21 juill. 1827, Lefèvre; 28 juill. 1827, Gillet; 30 mai 1828, Bouvier; 12 juin 1828, Leroux; 29 sept. 1832, Momus.

1353. — Et les tribunaux ne peuvent se livrer à cette appréciation. — *Cass.*, 30 juin 1820, Pollet.

V. CABOTAGE, CAPITAINE DE NAVIRE, CHOSE JUGÉE, COLONIES, COMMISSIONNAIRES DE TRANSPORT, CONSUL, CORSE, DÉCIME DE GUERRE, ENREGISTREMENT, GREFFE (droits de), TIMBRE.

DOUBLE ÉCRIT.

Table alphabétique.

DOUBLE ÉCRIT. — 1. — C'est un acte sous seing-privé, rédigé en plusieurs originaux, afin que chacune des parties en ait un pour lui servir de titre.

§ 1er. — *Nécessité des doubles originaux. — Historique.*

2. — La nécessité des doubles est fondée sur ce que, dans les conventions synallagmatiques, il ne doit pas être au pouvoir de l'une des parties de forcer l'autre à tenir l'engagement, tandis que celle-ci ne pourrait l'y contraindre ; ce qui arriverait si chaque partie n'avait pas entre ses mains un original de l'acte sous seing-privé. Voilà pourquoi l'art. 1325, C. civ., exige que l'acte soit fait en autant d'originaux qu'il y a de parties ayant un intérêt distinct. — Delvincourt, t. 2, p. 616, note 2 ; Duranton, t. 13, nº 144.

3. — La formalité des doubles, inconnue dans le droit romain, ne s'est introduite que fort tard en France. Un arrêt du parlement de Paris du 3 sept. 1680, dans une affaire Tallement, rejeta une demande en nullité d'une promesse de bail pour défaut de double. Mais, par un autre arrêt du 30 août 1736, la même cour proclama pour la première fois, à l'occasion d'une promesse d'achat, qu'il fallait, sous peine de nullité, que l'acte contenant la convention fût passé en double. — Brillon, vº *Bail*, nº 16 ; Merlin, *Quest. de dr.*, vº *Double écrit* ; Toullier, t. 8, nºs 310 et 311.

4. — Cette nouvelle jurisprudence, accueillie, non sans contestation, dans les parlemens de Bordeaux, de Rouen, et de Dijon, avait été rejetée par ceux de Douai et de Grenoble. — Merlin, *Quest. de dr.*, vº *Double écrit*, § 1er.

5. — Jugé que, sous la déclaration de 1733, une convention sous seing-privé devait, à peine de nullité, être rédigée en autant d'exemplaires qu'il y avait de parties ayant des intérêts différens. — *Paris*, 25 prair. an XI, Ficatier c. Testot.

6. — ... Qu'un acte synallagmatique non fait double est nul, quoique passé avant le Code civ. — *Paris*, 27 nov. 1811, Martin c. Ragon.

7. — Dans le ressort du parlement de Toulouse, la jurisprudence n'était point fixée. Deux arrêts de la cour de Cassation ont rejeté deux pourvois dirigés, l'un contre un arrêt de la cour d'appel de Toulouse qui avait déclaré nul, faute d'avoir été fait double, un acte du 25 déc. 1791 passé en Languedoc et contenant une convention synallagmatique ; l'autre contre un arrêt de la cour d'appel de Nîmes, qui avait déclaré valable, quoique non fait double, un acte synallagmatique passé sous seing-privé, dans la même province, le 14 nov. 1795 — *Cass.*, 8 sept. 1813, Capereau c. Roux ; 17 août 1814, Dupuy-Daubignac c. Aldebert ; — Merlin, *loc. cit.*

8. — Ces deux décisions, qui semblent à la première vue juger le pour et le contre, ne se contrarient réellement pas. La cour de Cassation a pu se prononcer ainsi en présence de l'incertitude de la jurisprudence de ce parlement sur la question à résoudre.

9. — En Belgique, la jurisprudence était la même que dans les parlemens de Grenoble et de Douai. Un arrêt de la cour de Cassation a jugé que la cour de Bruxelles n'avait violé aucune loi en déclarant valable et légalement prouvée, le 14 fruct. an X, une vente d'immeubles faite le 24 fruct. an VIII, par acte sous seing-privé non fait double. — *Cass.*, 27 niv. an XII, Guymont c. Delavault. — Merlin, *Rép.*, vº *Double écrit*, nº 7.

10. — Il résulte des arrêts précités que, pour toutes les conventions synallagmatiques constatées par actes antérieurs au Code civil, c'est par la jurisprudence du lieu où ces actes ont été passés que la question de nullité pour défaut de double ou de mention du double doit être résolue. — V. aussi Merlin, *Quest. de dr.*, vº *Double écrit*, § 1er; *Dict. not.*, vº *Double écrit*, nº 2 ; Rolland de Villargues, nouv. édit., vº *Double écrit*, nº 4.

11. — Comme on le voit, ce n'a pas été sans opposition que cette doctrine des doubles, qui a fait naître de graves difficultés, a fini par s'enraciner dans notre jurisprudence et par devenir un principe du Code. Les auteurs les plus recommandables l'avaient vivement combattue.

12. — Il est vrai que, telle qu'elle était alors formulée, la théorie des doubles avait une rigueur déraisonnable et que les principes sur lesquels elle était basée étaient loin d'être à l'abri de la critique. Si l'on croit M. de Lépine de Grainville (*Recueil d'arrêts*, p. 164), l'un des magistrats qui ont concouru à l'arrêt du parlement de Paris du 30 août 1736, la doctrine consacrée par cet arrêt aurait été fondée sur ce qu'*un acte est absolument indispensable pour établir qu'il y a eu convention entre les parties, et qu'il n'y a obligation que d'un côté, et par conséquent pas d'obligation, si l'une des parties saisies de l'acte est la seule qui puisse agir.* — Mais c'était confondre par ce raisonnement deux choses essentiellement distinctes : la *convention* qui est valable et obligatoire sans acte, avec la *preuve* de la convention ou l'acte qui sert à la constater. — V. ACTE. — De plus, une convention n'est pas nulle, parce que la preuve est plus difficile à l'une des parties qu'à l'autre. N'y a-t-il pas des conventions où (Domat, *Lois civ.*, tit. des *Convent. synallagm. en gén.*, sect. 5e, nº 7) l'engagement, le lien de droit lui-même n'est pas réciproque? Par exemple, les contrats passés entre majeurs et mineurs, les acquisitions faites sous la condition de rendre, *si emptori displicuerit*. C'est à celui qui contracte à s'imputer les risques qu'il court, s'il ne s'est pas réservé le même genre de preuve qu'il donnait à l'autre contractant? — Merlin, *Rép.*, vº *Double écrit*, nº 8, et *Quest. de dr.*, vº *Code*, § 1er; Toullier, t. 8, nºs 310 et suiv. ; Bonnier, *Tr. des preuves*, nº 561 ; Rolland de Villargues, *ibid.*, nºs 2 et 3.

13. — Cette jurisprudence avait été d'ailleurs poussée jusqu'à une rigueur déraisonnable. Ainsi, l'on avait jugé: 1º que l'exécution d'un acte non fait double ne suffisait pas pour en couvrir la nullité. — *Parlem. Paris*, 23 janv. 1767.

14. — ... 2º Qu'on pouvait même demander à prouver, pour faire prononcer ensuite la nullité de la convention, que l'acte n'avait pas été fait double, quoiqu'il mentionnât qu'il l'avait été. — *Parlem. Rouen*, 5 mars 1785.

15. — ... 3º Qu'enfin le dépôt chez une tierce personne ne couvrait pas la nullité du défaut de mention que l'acte avait été fait double. — Même arrêt.

16. — Tout en conservant la doctrine des doubles, les rédacteurs du Code civil l'ont considérablement modifiée, comme on pourra le voir *infrà* § 4. — Et même il paraît que si elle a été conservée dans le Code, ce fut par suite de la précipitation avec laquelle les rédacteurs du Code furent contraints de travailler, et qui les empêcha de soumettre à un examen approfondi chaque point de doctrine qui se présentait. — On peut dire, en effet, que c'est là une protection exorbitante accordée à des majeurs contre la possibilité d'une fraude, et qui peut donner elle-même lieu à des fraudes contre ceux qui, ignorant la loi, croiraient l'autre partie sérieusement engagée par sa signature sur un original unique. — Toullier, t. 8, nº 317 ; Duranton, t. 13, nº 144 ; Troplong, *De la Vente*, nº 32 ; Bonnier, *Tr. des preuves*, nº 562.

17. — Quoi qu'il en soit, plusieurs législations étrangères, qui ont modifié en beaucoup d'autres points les dispositions de notre Code civil, ont reproduit son système en cette matière. — Cod. hollandais, art. 1914 ; Cod. sarde, art. 1432. — Aujourd'hui d'ailleurs que cette théorie est beaucoup plus connue, elle donnera bien plus rarement lieu à des surprises. — Bonnier, *Tr. des preuves*, *ibid.*

18. — En Angleterre, la rédaction en double original n'est qu'une précaution dont l'omission ne peut compromettre la validité de l'écrit. — Blaxland, *Cod. res. angl.*, p. 493 ; Bonnier, *loc. cit.*, nº 560.

§ 2. — *Quels actes doivent être faits doubles.*

19. — L'art. 1325, C. civ., exige la formalité du double pour *les actes sous seing-privé, qui contiennent des conventions synallagmatiques*, c'est-à-dire, celles par lesquelles les contractans s'obligent réciproquement les uns envers les autres. — C. civ., art. 1102.

20. — La disposition de l'art. 1325 doit être restreinte aux conventions synallagmatiques *parfaites* ; c'est-à-dire, à celles où les parties contractantes concourent *simultanément*, et ont l'une contre l'autre une action *directe et principale*. — Delvincourt, t. 2, p. 614, note 1re ; Toullier, t. 8, nº 326 ; Duranton, t. 13, nº 146 ; *Dict. not.*, vº *Double écrit*, nº 3 ; Rolland de Villargues, nouv. édit., vº *Double écrit*, nº 8.

21. — Ainsi, les contrats synallagmatiques *imparfaits*, tels que le dépôt, le prêt à usage, le gage, ne sont pas rigoureusement assujétis à la formalité du double, quoiqu'ils renferment des obligations réciproques. Il suffit d'une reconnaissance du dépositaire, de l'emprunteur, du créancier gagiste, pour autoriser l'action en restitution de la chose déposée, prêtée ou donnée en gage. — Delvincourt, *ibid.* ; Duranton, t. 13, nº 150.

22. — Ainsi encore, la promesse d'acheter sans promesse de vendre, et *vice versâ*, n'est qu'une obligation unilatérale et qui n'a pas besoin d'être rédigée en double. — Duranton, t. 13, nº 147 ; Rolland de Villargues, *Rép.*, vº *Double écrit*, nº 9.

23. — Le mandat, bien qu'il produise des obligations réciproques, n'est pas assujéti à la formalité du double. — C. civ., art. 1985 ; — Toullier, t. 8, nº 326 ; Duranton, t. 13, nº 150.

24. — N'a pas besoin d'être fait double l'acte sous seing-privé par lequel un individu déclare à un autre que, dans une acquisition qu'il a faite, il n'a agi que comme son mandataire. — *Agen*, 8 prair. an XIII, Gallé c. Narbonne.

25. — On ne peut considérer comme renfermant des conventions synallagmatiques et par suite comme annulable pour n'être pas fait double, un acte par lequel un individu déclare qu'un immeuble acquis sous son nom appartient en partie à un tiers. — Un tel acte constate, non une donation ni une vente, mais une simple reconnaissance du droit de ce tiers. — *Metz*, 3 juill. 1812, Parent c. Renault.

26. — Jugé cependant que l'acquéreur qui, postérieurement au contrat de vente, déclare, par un acte sous seing-privé, qu'il a acquis pour le compte d'un tiers, n'est pas lié envers ce tiers, si l'acte qui contient cette déclaration n'est pas fait double. — *Poitiers*, 12 fructid. an XII, Gandillon et Dufresne c. Chesseboeuf.

27. — Un écrit par lequel une partie reconnaît que des biens en apparence achetés par elle l'ont été pour le compte d'un tiers, ne peut faire foi de ce fait qu'autant qu'il a été *fait double*. — *Rennes*, 21 janv. 1813, Olive c. Levesque.

28. — Du principe que l'art. 1325 ne s'applique qu'aux conventions synallagmatiques *parfaites* il suit que si une convention, quoique synallagmatique *parfaite* dans le principe, a cessé de l'être, *putà*, parce que l'une des parties a exécuté la convention, le double original n'est plus nécessaire. En effet, la nécessité du double n'a plus lieu pour celui vis-à-vis duquel la convention a été exécutée. D'ailleurs, celui qui a exécuté la convention ne peut demander la nullité de l'acte. — Toullier, t. 8, nºs 327 et suiv. ; Malleville, sur l'art. 1325 ; Duranton, t. 13, nº 146.

29. — Ainsi, un acte contenant reconnaissance d'une vente mobilière effectuée et la quittance des objets vendus ne peut être regardé comme un acte de vente et comme tel déclaré nul s'il n'a pas été fait double. — *Orléans*, 10 nov. 1819, Jousselin c. Ménard.

30. — Un acte de vente sous seing-privé, quoique non fait double, est valable, s'il porte que le prix de la vente a été payé. Dès-lors, le vendeur, qui se trouve avoir ainsi exécuté la vente, n'est point fondé à demander la nullité de l'acte. — *Montpellier*, 10 juin 1828, Lacroix c. Sénie.

31. — Lorsqu'un acte de vente sous seing-privé constate le paiement du prix, les obligations de l'acquéreur se trouvant complétement remplies, il n'est pas nécessaire que l'acte soit fait double, et il suffit d'un seul original pour que l'acquéreur puisse contraindre le vendeur à exécuter ses propres obligations. — *Bordeaux*, 30 janv. 1834, de Bacalan c. Lafargue.

32. — Toutefois, l'acte de vente avec réserve d'usufruit au profit du vendeur doit être fait double, quand bien même le prix aurait été payé comptant. — *Cass.*, 31 janv. 1837 (t. 1er 1837, p. 636), de Bacalan c. Lafargue ; *Agen*, 17 août 1837 (t. 2 1837, p. 571), mêmes parties.

33. — Mais, en général, un acte de vente doit, à peine de nullité, être fait double et en contenir la mention. — *Bruxelles*, 2 déc. 1807, Lang c. veuve Lauwers.

34. — Il suit du même principe que, lorsqu'une seule des parties s'engage envers l'autre à lui payer une somme ou à lui céder quelque chose, il serait fort inutile de faire l'écrit en double. Le double ne servirait à rien entre les mains de celui qui seul s'est obligé. — En conséquence, peuvent être faits en un seul original :

35. — ... 1º La renonciation d'un institué en faveur de son frère, pour s'en tenir à la qualité moins avantageuse d'héritier légitime. — *Paris*, 27 janv. 1806, Desorgues.

36. — ... 2º La déclaration faite par un particulier sur les registres de l'enregistrement, de payer une somme déterminée pour supplément de droits. — *Cass.*, 26 oct. 1808, Enregistrement c. Collin.

37. — ... 3º La quittance par laquelle un créancier consent à une diminution sur sa créance et accorde à son débiteur des délais pour payer. — *Paris*, 2 mai 1815, Borat c. Petit.

38. — ... 4º L'acte d'acquiescement à un jugement commercial par lequel le condamné qui l'a seul signé énonce qu'il promet de satisfaire à toutes les condamnations, autres néanmoins que la contrainte par corps, pour laquelle il est sursis d'un an. — *Riom*, 27 janv. 1821, Soulier c. Forestier.

39. — Mais doit être rédigé en double original l'acte par lequel, d'une part, le créancier consent à proroger le terme de l'obligation et à rayer une inscription hypothécaire qu'il avait prise, et, d'autre part, le débiteur offre le cautionnement de tierces personnes pour tenir lieu de la garantie hypothécaire à laquelle le créancier renonce. — *Bordeaux*, 10 déc. 1830, Peters c. Danet.

40. — La prorogation insérée au bas d'un bail sous seing-privé doit, à peine de nullité, énoncer qu'elle a été faite en double. — *Agen*, 17 janv. 1810, Fournier c. Hollier et Martin.

41. — Est synallagmatique, et non pas simplement unilatéral, l'acte sous seing-privé par lequel le locataire frappé d'une saisie-gagerie promet de laisser vendre son mobilier sans opposition, et consent, en outre, que ce bail soit tenu pour résilié s'il ne paie pas dans un délai fixé. Dès-lors, pour être valable et pour faire obstacle à la demande en nullité de la saisie-gagerie formée par le locataire, un pareil acte doit être fait en double original. — *Bordeaux*, 31 juill. 1839 (t. 1er 1840, p. 35), Deluze c. Levesque.

42. — Un arrêté de compte doit-il être fait double? ou, s'il s'agit d'un arrêté de compte ordinaire, c'est-à-dire, d'un acte par lequel l'une des parties, le rendant ou l'oyant, se trouvant débiteur envers l'autre, par la balance du compte, s'oblige à lui payer, dans un délai déterminé, l'excédant ou de la recette sur la dépense, ou de la dépense sur la recette. Car, il n'y a dans une pareille obligation qu'un engagement unilatéral. Mais il en serait différemment s'il s'agissait de régler des comptes respectifs que se devraient les uns aux autres des associés, par exemple, liés par un contrat synallagmatique parfait duquel naissait pour chacun d'eux contre les autres une action légitime. Il faudrait, dans ce dernier cas, appliquer l'art. 1325. — Toullier, t. 8, n° 331; Rolland de Villargues, *ibid.*, nos 20, 21 et 22; *Dict. not.*, *ibid.*, n° 9.

43. — Un arrêté de compte sous seing-privé, qui ne contient qu'une quittance ou décharge par le mandant ou mandataire, sans renfermer aucune obligation de la part de celui-ci, n'a pas besoin d'être en double original. — *Aix*, 12 juill. 1813, V... c. M...; *Orléans*, 24 fév. 1845 (t. 1er 1845, p. 529), Pétard c. Milet.

44. — Un simple arrêté de compte, étant un acte unilatéral, n'est pas nul pour défaut de rédaction en double original. — *Rennes*, 23 janv. 1815, Préfet de la Loire Inférieure c. N...; *Orléans*, 21 août 1840 (t. 2 1840, p. 543), Treshmitt c. Bouchet-Chevallier.

45. — L'acte doit être fait double, non seulement dans les contrats où chacune des parties s'oblige à faire ou à donner quelque chose qu'elle ne donne pas ou qu'elle ne fait pas actuellement, mais encore dans les conventions où l'une d'elles seulement s'oblige à faire ou à donner quelque chose dans un certain temps, quand l'autre, de son côté, renonce, pour cela, à certaines prétentions, à certains droits. Cette renonciation est un engagement de ne pas demander la chose à laquelle la partie a renoncé; c'est une obligation *de ne pas faire telle chose* qui, mise en balance avec l'obligation de l'autre partie, de faire ou de donner telle autre chose, donne parfaitement à la convention le caractère synallagmatique. Il en est de même des conventions par lesquelles chacune des parties renonce à certains droits, sans même s'obliger à rien payer ensuite. — Duranton, t. 13, n° 151.

46. — Dès-lors, un traité fait entre un mineur, devenu majeur, et son tuteur, par lequel le tuteur s'oblige à payer une somme déterminée, moyennant quoi le mineur renonce à toute répétition et réclamation pour faits de tutelle, doit, même pour être obligatoire envers le tuteur, être fait en double original, s'il est fait par acte sous seing-privé. — Duranton, t. 13, n° 153.

47. — *Quid* d'un simple arrêté de compte entre le tuteur et le mineur devenu majeur? — Bien que fait simple, l'acte, dans ce cas, serait valable comme reconnaissance de la part du tuteur. Mais il est plus prudent, pour ce dernier, de le faire en double original, et de remplir les conditions voulues par l'art. 472, afin que l'ex-mineur ne revienne pas sur les faits de la tutelle. — Duranton, t. 13, n° 153.

48. — Et cela est applicable, en général, à d'autres gestions (Duranton, t. 13, n° 153). En effet, jugé qu'un arrêté de compte non fait double, ni accompagné de la remise des pièces justificatives, entre un mandataire salarié ou non et son mandant, n'opère pas la décharge du comptable, et ne le dispense pas de rendre un nouveau compte. — *Paris*, 4 fév. 1811, Bourgoing c. Gatrez.

49. — Le cautionnement étant un contrat unilatéral accessoire à l'obligation principale, il n'est pas nécessaire (ainsi qu'on l'a vu v° CAUTIONNEMENT, nos 158 et suiv.), qu'il soit fait en double original. — Rolland de Villargues, v° *Double écrit*, n° 26.

50. — Jugé dans le même sens. — *Turin*, 6 mai 1806, Oreglia c. Baretta; 4 août 1806, Broglia et Porta c. Flandin; *Metz*, 12 mai 1818, de Filley c. Schnéider; *Rouen*, 5 mars 1824, Ameulant c. Cardon; *Grenoble*, 10 juin 1825, Bajat c. Barthellon; *Cass.*, 22 nov. 1825 (et non 1824), Morichon c. Charpentier.

51. — De même, le cautionnement sous seing-privé souscrit par le père commun en faveur des créanciers personnels de l'un de ses fils est valable et obligatoire pour celui-ci, quoiqu'il n'ait pas été fait double. — *Orléans*, 29 mai 1845 (t. 2 1845, p. 478), Pelissot c. Courtois.

52. — Jugé aussi que l'acte dans lequel plusieurs personnes se portent cautions, chacune pour une portion distincte de la dette, n'a pas besoin, à cause de cette division, d'être rédigé en autant d'originaux qu'il y a de cautions, si, du reste, celles-ci n'ont pas des intérêts opposés entre elles. — *Bordeaux*, 10 déc. 1830, Peters c. Danet.

53. — Toutefois doivent être faits doubles, à peine de nullité, comme renfermant une convention synallagmatique (Duranton, t. 13, n° 152): 1° l'acte sous seing-privé par lequel une partie se rend caution d'une dette, et s'oblige à la payer, sous la condition, acceptée par le créancier, *de ne pas exiger le paiement de la créance avant un terme convenu*. — *Cass.*, 14 mai 1817, Menot c. Martel. — V. CAUTIONNEMENT, n° 160.

54. — ... 2° L'acte par lequel un tiers s'engage, au bas d'une lettre missive, à payer au créancier les intérêts de son capital jusqu'au remboursement, sous la condition faite et acceptée de suspendre les poursuites pendant le délai convenu. — *Cass.*, 23 juill. 1818, Leconte c. Duez.

55. — ... 3° L'acte sous seing-privé par lequel un tiers s'oblige solidairement avec le débiteur au paiement d'une dette exigible, et le créancier accorde un délai pour le paiement. — *Bastia*, 11 juill. 1838 (t. 2 1843, p. 737), Filipini c. Massoni.

56. — Un compromis sous seing-privé doit, comme contenant une convention synallagmatique, être rédigé en autant d'originaux qu'il y a de parties ayant un intérêt distinct. — *Rennes*, 27 déc. 1825, Guernalec c. Dubodon; *Bourges*, 23 janv. 1824, Péra c. Angu et Guibert; *Cass.*, 1er mars 1830, Rivarès; — Duranton, t. 13, n° 145. — V. au surplus COMPROMIS, nos 205 et suiv.

57. — Toutefois, lorsque, dans un compromis fait sous seing-privé et en double original, les noms des anciens arbitres dont la mission a pris fin ayant été effacés, de nouveaux arbitres leur ont été substitués par un renvoi porté à la fin de l'acte, après les mots *fait double* et la signature des parties, la mention du fait double n'est pas exigée de nouveau pour ce renvoi; et, par suite, son omission ne saurait entraîner la nullité du compromis, surtout quand l'un des originaux se trouve entre les mains de l'une des parties sans rature, et avec la mention expresse qu'il a été fait double. — *Grenoble*, 1er juin 1831, Reynaud c. Vieux.

58. — De même, lorsqu'après une première prorogation de compromis faite en double original, les parties en ont souscrit une seconde, mais *seulement sur l'un des originaux restés entre les mains des arbitres*, cette dernière prorogation n'est pas nulle, de telle sorte que le jugement arbitral puisse être attaqué comme ayant été rendu sur compromis nul ou expiré. — *Florence*, 3 juin 1811, Palamidessi c. Lavagna; — Toullier, t. 8, n° 332.

59. — Les partages sous seing-privé sont aussi des actes synallagmatiques, soumis par conséquent à la formalité du double. — *Rennes*, 2 juill. 1821, Leclerc des Madrais c. Lecain; — Duranton, t. 13, n° 145.

60. — L'acte notarié, nul comme acte authentique, peut-il valoir comme acte sous seing-privé, sans qu'il soit besoin de la formalité du double, lorsque, d'ailleurs, il est revêtu de la signature de toutes les parties contractantes? — L'affirmative résulte de l'art. 68, L. 25 vent. an XI. D'ailleurs, l'acte est retenu dans un dépôt public et ne se trouve à la disposition d'aucune des parties. Cela suffit pour rendre inapplicable le motif de l'art. 1325. C'est ce qui résulte formellement de la discussion du Code civil au conseil d'état. — Toullier, t. 8, n° 325; Delvincourt, t. 2, p. 607, note 6e; Duranton, t. 13, n° 71; Berriat Saint-Prix, *Procéd.*, t. 1er, p. 92, note 90e; *Encyclop. du dr.*, v° *Acte notarié*, n° 38; Gagneraux, *Comm. sur la loi du 25 vent. an XI*, t. 2, art. 68, § 2, n° 12; Rolland de Villargues, *ibid.*, n° 37, et *Acte notarié*, n° 468.

61. — Jugé, en conséquence, ainsi qu'on l'a vu (v° ACTE NOTARIÉ, n° 593), qu'il n'est pas nécessaire que l'acte notarié ait été fait double. — *Bruxelles*, 17 juin 1812, Corbaert c. Meyts; *Paris*, 13 avr. 1813, Bertrand; *Colmar*, 12 déc. 1821, Kléber c. Hoffbauer; *Cass.*, 8 mai 1827, Monnet c. Bonfante; *Paris*, 28 août 1841 (t. 2 1841, p. 547), Guiffrez c. Ponchat.

62. — Toutefois, pour être dispensé de la formalité du double, il faut qu'il s'agisse réellement d'un acte notarié, c'est-à-dire d'un acte qui ait été reçu *par un notaire* et *soit resté en dépôt dans son étude*. Si l'acte qu'on rapporterait, quoique rédigé dans la forme notariale, ne portait pas la signature du notaire qui serait dit l'avoir reçu, si ce notaire ne l'avait point rédigé ou n'en avait point été le dépositaire; si, en un mot, il n'était pas constant que cet acte eût été reçu par un officier public, il pourrait être annulé comme non fait double. — Rolland de Villargues, *Rép. du notar.*, v° *Acte notarié*, nos 264 et 265 (anc. édit.)

63. — Ainsi, ont dû être faits doubles, bien que signés par les parties, alors qu'ils renfermaient des conventions synallagmatiques: 1° l'acte dressé par un notaire, mais qui ne l'a point signé et n'en a point été chargé. — *Paris*, 14 août 1815, Vaissier c. Tortoni.

64. — ... 2° L'acte qui n'a point été reçu ni signé par un notaire; il ne suffirait pas qu'en l'absence de celui-ci l'acte eût été rédigé par son clerc. — *Paris*, 17 déc. 1829, Poirier c. Morinet.

65. — De même, le contrat de vente reçu par un clerc, en l'absence du notaire, qui l'a ensuite signé et placé dans ses minutes, ne peut être considéré comme acte authentique, et ne vaut même comme acte privé, s'il renferme des obligations synallagmatiques, qu'autant qu'il a été fait double. — *Caen*, 5 janv. 1844 (t. 1er 1844, p. 668), Desrivière c. de Fauchecourt; *Cass.*, 16 avr. 1845 (t. 2 1845, p. 280), mêmes parties.

66. — En matière de commerce, il n'est pas nécessaire que les actes sous seing-privé contenant des conventions synallagmatiques soient faits en autant d'originaux qu'il y a de parties ayant un intérêt distinct. Il faut pour cela qu'une loi spéciale en ait disposé autrement. Ainsi, les sociétés en nom collectif ou en commandite doivent être constatées par des actes publics ou sous signature privée, en se conformant dans ce dernier cas à l'art. 1325, C. civ. — C. comm., art. 39. — L'art. 109 du même Code, qui permet de constater les ventes et achats par simples lettres et même par la preuve testimoniale, contient la règle générale en matière de commerce. — Delvincourt, *Inst. comm.*, t. 2, p. 293; Pardessus, *Dr. comm.*, t. 1er, n° 243; Toullier, t. 8, n° 342; *Dict. notar.*, *ibid.*, n° 14; Duranton, t. 13, n° 149; Rolland de Villargues, v° *Double écrit*, n° 35; Bonnier, *Tr. des preuves*, n° 566.

67. — Ainsi jugé qu'en matière de commerce, il n'est pas nécessaire que les actes sous seing-privé contenant des conventions synallagmatiques soient faits en autant d'originaux qu'il y a de parties ayant un intérêt distinct. — *Trèves*, 30 mai 1810, Klérick c. Kohlmann; *Bordeaux*, 19 juill. 1830, Auverny c. Ferguson.

68. — Jugé, toutefois, que la disposition de l'art. 1325, C. civ., s'applique à l'acte par lequel un commerçant déclare adhérer au traité passé entre son débiteur et d'autres créanciers, tous commerçans, et contenant en faveur de ce débiteur une remise de ses dettes. — *Lyon*, 18 déc. 1826, Liesching c. Tournier.

69. — Une police d'assurance a les caractères d'un contrat synallagmatique, lorsque le prix n'en est pas payé comptant. Dès-lors, et si elle est rédigée sous seing-privé, il doit en être fait, à peine de nullité, autant d'originaux qu'il y a de parties ayant un intérêt distinct. — *Aix*, 23 nov. 1813 (et non 1814), Marion c. N...; *Cass.*, 19 déc. 1816, Dallest et Masse c. Lenadier et Reimbaud. — V. conf. Boulay-Paty, t. 3, p. 252; E. Vincens, *Législation comm.*, t. 3, p. 207. — V., au surplus, ASSURANCE MARITIME, nos 452 et suiv.

70. — Toullier (t. 8, n° 343) est d'un avis contraire, par le motif que, dans l'art. 332, C. comm., le législateur ne fait point aux contrats d'assurance sous seing-privé l'application de l'art. 1325, C. civ., comme il l'a spécialement faite aux sociétés dans l'art. 39, C. comm.

71. — Si la prime avait été payée comptant à l'assureur, le double avis serait inutile. — Boulay-Paty, t. 3, p. 257. — V. aussi, au *Journal du palais*, la note sous *Cass.*, 19 déc. 1816, Dallest et Masse c. Lenadier et Reimbaud.

72. — Les actes de société en nom collectif ou en commandite rédigés sous seing-privé doivent l'être conformément à l'art. 1325, C. civ. — C. com., art. 39.

73. — Par la même raison, la disposition de l'art. 1375, C. civ., est applicable à un acte d'association en participation. En d'autres termes, une convention de cette nature n'est valable qu'autant que l'acte sous seing-privé qui la contient a été fait en autant d'originaux qu'il y a de parties ayant un intérêt distinct. — *Colmar*, 28 août 1816, Giovanolly c. Hartmann.

74. — Il ne suffit pas que l'on donne à un acte la forme d'une convention synallagmatique, pour

qu'il soit assujéti à la formalité du double. — Toullier, t. 8, n° 307. — *Cass.*, 7 juin 1793, Crosnier c. Vitallis.

75. — Réciproquement, il ne suffit pas de donner à une convention synallagmatique dans son principe la forme d'un billet pour la soustraire à la formalité des doubles; car, pour déterminer la nature d'un acte, il ne faut s'attacher ni à la dénomination, ni à la forme intrinsèque qu'on lui a donnée, mais à la substance même des dispositions qu'il renferme. — Toullier, t. 8, n° 308 et 330.

§ 3. — *Forme des doubles.*

76. — L'art. 1325 exige qu'il y ait autant d'originaux qu'il y a de parties ayant un intérêt *distinct.* — Il suffit toutefois, ajoute cet article, d'un seul original pour toutes les personnes ayant *le même intérêt.*

77. — Notez que l'art. 1325 exige qu'il y ait un double pour toutes les parties ayant un intérêt *distinct*, et non pas ayant un intérêt *particulier.* Ces expressions sont loin d'être synonymes. — Locré, sur l'art. 1325; Duranton, t. 13, n° 154; Rolland de Villargues, *Rép.*, v° *Double écrit*, n° 40.

78. — Sont considérés comme ayant le même intérêt, dans le sens de l'art. 1325 : 1° ceux qui contractent conjointement une obligation indivisible. — Rolland de Villargues, n° 42; *Dict. du notar.*, n° 18.

79. — Telle est l'obligation de livrer une certaine quantité de grains. — *Metz*, 6 mai 1817, Baum c. Périn.

80. —... 2° Les débiteurs solidaires. — Locré, sur l'art. 1325; *Dict. not.*, n° 18; Rolland de Villargues, n° 43.

81. —... 3° Les associés qui traitent avec un tiers. — Duranton, 13, n° 154; Rolland de Villargues, ibid., n° 44.

82. — Jugé qu'il n'est pas nécessaire, pour la validité d'un contrat de société en commandite, fait sous seing-privé, que l'acte soit rédigé en autant d'originaux qu'il y a d'individus signataires; — qu'il suffit, au contraire, qu'il y ait deux doubles, l'un pour les gérans, l'autre pour leurs associés commanditaires, surtout si, au moment de la mise en activité de l'entreprise, les deux doubles ont été déposés dans l'étude d'un notaire, où les parties ont pu s'en faire délivrer des expéditions. — *Cass.*, 20 déc. 1830, Thévenin c. Dufour.

83. — Jugé, cependant, que l'acte d'une société en commandite qui n'a pas été fait en autant d'originaux qu'il y avait de parties, ayant un intérêt distinct, et dont l'original a été déposé chez un notaire, n'est pas obligatoire pour la partie qui n'a eu aucune connaissance de ce dépôt, et n'a concouru en rien à l'exécution de l'acte social. — *Bordeaux*, 13 mars 1829, Lavignac c. Dufour.

84. —... 4° Des co-propriétaires d'une maison, par exemple, qui traitent avec un entrepreneur ou un architecte pour y faire des réparations ou constructions, ou qui la vendent à un tiers. — Duranton, t. 13, n° 154, Rolland de Villargues, n° 46.

85. — Ainsi, il suffit de deux originaux pour la validité d'un acte de vente sous seing-privé dans lequel figurent plusieurs vendeurs et plusieurs acquéreurs, si de part et d'autre il n'y a point d'intérêts distincts. — *Amiens*, 24 prair. an XIII, Vestu c. Blanchard.

86. — Toutefois, si les droits des co-vendeurs étaient de diverse nature, et que chacun d'eux n'eût garanti la vente que pour ce qui le concernait personnellement, il faudrait que chacun d'eux fût muni d'un double. — *Paris*, 25 prair. an XI, Ficatier, c. Testot.

87. — De même, l'art. 1325, C. civ., ne s'applique pas aux arrangemens de famille qui ont lieu entre les enfans ayant un même intérêt et le survivant de leurs père et mère. Dans ce cas, un seul original suffit pour tous les enfans. — *Cass.*, 2 mars 1808, Dumouchet.

88. — Lorsque l'inventaire et le partage des biens de la communauté sont faits par actes sous seing-privé, il suffit qu'ils soient rédigés en deux originaux, l'un pour l'époux survivant, et l'autre pour tous les héritiers du prédécédé collectivement. — *Bruxelles*, 29 janv. 1818, Luyckx.

89. — Est valable l'acte sous seing-privé qui, passé entre trois personnes, dont deux, le mari et la femme, ont un intérêt commun, a été rédigé seulement en double original. — *Bordeaux*, 18 mars 1828, Biot c. Jaumard.

90. — Le bail d'un droit de chasse, consenti par plusieurs propriétaires, représentés par un mandataire, est valable, encore qu'il n'ait pas été fait en autant de doubles qu'il y a d'intéressés. — *Rouen*, 9 nov. 1826, de Maupeou c. Enne.

91. — Un acte sous seing-privé contenant délégation en faveur d'un tiers qui l'accepte, doit être fait triple, à peine de nullité. — *Bruxelles*, 18 déc. 1817, Vandenbrouck c. Thielens.

92. — Chaque original doit contenir la mention du nombre des originaux qui ont été faits. — C. civ., art. 1325. — Cette disposition a été prescrite afin que la partie qui ne voudrait pas exécuter la convention, ne pût, en supprimant son original, demander la nullité de l'acte, sous prétexte qu'il n'aurait pas été fait en autant d'originaux qu'il y avait de parties ayant un intérêt distinct. — Duranton, t. 13, n° 160. — Nous verrons (*infrà*, n°s 102 et suiv.) quelles conséquences résultent du défaut de mention de double.

93. — C'est satisfaire à l'art. 1325, C. civ., que d'énoncer, dans un acte sous seing-privé, contenant des conventions synallagmatiques, qu'il est fait en autant *d'originaux qu'il y a de parties ayant un intérêt distinct.* — *Bordeaux*, 22 mai 1832, Chabrelie.

94. —...Ou bien qu'il a été fait en autant d'originaux qu'il y a eu de parties intéressées, sans indication du nombre. — *Cass.*, 4 juill. 1833, Rollond-Palle c. Palluat.

95. — Est-il nécessaire que chaque original soit signé par les deux parties contractantes? Non, car chaque double de l'acte n'est destiné qu'à servir de titre à celui qui en est saisi, contre celui qui l'a souscrit. Il est donc inutile que les deux signatures soient mises sur les deux doubles qui forment par leur réunion un tout parfait. — Toullier, t. 8, n° 344, (il cite un arrêt du parlement de Bretagne de 1738); Denisart, v° *Ecrit double*, n° 9; Merlin, *Rép.*, v° *Double écrit*, n° 6, Duranton, t. 13, n° 156; Rolland de Villargues, *Rép.*, v° *Double écrit*, n° 51. — Bien que cela se pratique dans l'usage, il est cependant plus prudent que les deux doubles soient signés des deux parties.

96. — Ainsi jugé que, dans les conventions synallagmatiques rédigées en double écrit, il suffit que chacune des parties ait sur son double la signature de l'autre, sans qu'il soit nécessaire que la sienne y soit apposée. — *Bruxelles*, 4 avr. 1829, Tielmans c. Devrocdé.

97. — Le même principe a été également consacré en faveur de la régie de l'enregistrement, relativement à la perception des droits.

98. — Ainsi jugé : — 1° qu'un acte de vente sous seing-privé, signé seulement de l'acquéreur fait preuve légale et suffisante de mutation de propriété. — *Cass.*, 13 oct. 1806, Enreg. c. Carrier.

99. —... 2° Qu'il y a preuve suffisante de mutation de propriété contre le vendeur, par la représentation d'un acte de vente qui n'est signé que de ce vendeur. — *Cass.*, 11 nov. 1822, Enreg. c. Poroste.

100. — Il n'est pas nécessaire que les deux doubles soient signés dans le même lieu. — Le même double peut aussi être signé dans des endroits différens. — Toullier, t. 8, n° 345; Rolland de Villargues, *ibid.*, n° 52.

101. — Enfin, il n'est pas nécessaire que la partie qui n'a pas écrit le double y appose un *approuvé* de l'écriture, ni un *bon* ou *approuvé* portant en toutes lettres la somme ou la quantité de la chose promise, ainsi que l'exige l'art. 1326, C. civ., lorsqu'il s'agit de billets ou promesses unilatérales. — Duranton, t. 13, n°s 157, 158 et 159.

§ 4. — *Effets du défaut de double ou de mention de double; — irrégularité réparée ou couverte; — non conformité des doubles.*

102. — L'art. 1325 porte que « les actes sous seing-privé qui contiennent des conventions synallagmatiques, *ne sont valables qu'autant qu'ils ont été faits en autant d'originaux*, qu'il y a de parties ayant un intérêt distinct. » — Puis il ajoute : « Chaque original doit contenir la *mention du nombre des originaux* qui en ont été faits. Néanmoins le *défaut de mention* que les originaux ont été faits doubles, triples, etc., *ne peut être opposé par celui qui a exécuté* de sa part la convention portée dans l'acte. »

103. — Ainsi, pour être valable, un acte de vente sous seing-privé doit être fait double et en contenir la mention. — *Bruxelles*, 2 déc. 1807, Lang c. Lauwers.

104. — A la différence de l'ancienne jurisprudence, l'art. 1325 n'annule pas la *convention.* — Il suit de là que si la convention peut être prouvée de toute autre manière admise par la loi, l'exécution en devra être ordonnée, si d'ailleurs la perfection n'en a pas été subordonnée à la rédaction de l'écrit. — Merlin, *Rép.*, v° *Double écrit*, n° 11, Toullier, t. 8, n°s 318 et suiv.; Delvincourt, t. 2, p. 615, note 3e; *Dict. not.*, v° *Double écrit*, n°s 25 et 27; Duranton, t. 13, n° 163; Bonnier, *Tr. des preuves*, n° 562; Rolland de Villargues, n°s 69, 70 et 73.

105. — Jugé en ce sens que les principes sur la forme des actes sous seings-privés qui contiennent des conventions synallagmatiques ne doivent point recevoir leur rigoureuse application, lorsque la preuve des conventions ne résulte pas uniquement des actes dont on excipe. — *Paris*, 14 déc. 1833, Comte c. Aulard.

106. — Jugé en conséquence que, bien qu'un acte constatant des conventions synallagmatiques n'ait pas été rédigé en autant d'originaux qu'il y a de parties contractantes, la nullité des conventions ne peut être prononcée, lorsque ces conventions sont constantes, *d'après l'aveu des parties.* — *Bruxelles*, 9 janv. 1813, Debuschée c. Blomme.

107. — ... Qu'on peut prouver une convention synallagmatique par la correspondance réciproque des parties et un ensemble de pièces qui leur sont communes, sans qu'il soit besoin de représenter un acte fait double. — *Cass.*, 14 frim. an XIV, Libert c. Maréchal.

108. — ... Que l'omission dans un acte de la signature d'une des parties contractantes n'entraîne pas la nullité de la convention qu'il renferme, lorsque cette convention est d'ailleurs prouvée par l'aveu des parties et par un ensemble de pièces qui leur sont communes. — *Colmar*, 10 juill. 1837 (t. 2 1837, p. 397), Geng c. Reffinger.

109. — Jugé cependant que le consentement nécessaire pour la validité d'une vente ne résulte pas suffisamment de simples lettres missives qu'il est au pouvoir de l'une des parties de supprimer à volonté. — *Poitiers*, 11 vent. an X, Musset c. Lozeau.

110. — Jugé aussi qu'en matière d'engagemens synallagmatiques, la preuve qui résulte d'une lettre missive ne peut être opposée à celui qui l'a écrite, lorsque de son côté il n'a pas entre ses mains la preuve écrite de l'acceptation des propositions par lui faites; — qu'ainsi, le fermier n'est lié par le consentement de la résiliation du bail qu'il a donné dans une lettre, qu'autant que le propriétaire a, de son côté, déclaré par écrit qu'il entendait souscrire à cette résiliation. — *Caen*, 26 janv. 1824, Mezaize c. Dupont.

111. — ... Que, lorsque les deux originaux signés, mais non datés, d'un écrit fait double et contenant une convention synallagmatique sont restés entre les mains de l'une des parties, ses héritiers peuvent se refuser à remettre à l'autre contractant le double qui lui appartient, *si la réalisation de la convention était subordonnée à l'accomplissement de certaines conditions préalables qui n'ont pas été exécutées*; — que du moins l'arrêt qui le décide ainsi ne peut violer aucune loi. — *Cass.*, 16 avr. 1828, Rémion c. Bidault.

112. — ... Que, lorsqu'un bail sous seing-privé n'a été fait qu'en un seul original, bien qu'il porte la mention de *fait double*, la nullité peut en être demandée, même par celle des parties qui reconnaît l'existence de la convention portée dans l'acte, et quoiqu'il ait été convenu qu'à cause de l'heure avancée, l'autre double serait ultérieurement rédigé et remis à la partie. — *Caen*, 20 nov. 1828, Paslat c. Achart.

113. — Lorsqu'il est reconnu entre les parties qu'il a existé une vente sous seing-privé, et que le vendeur soutient que cette vente n'a été que conditionnelle, celui-ci n'est pas obligé de rapporter son double de l'acte de vente pour le prouver, si l'acquéreur ne représente pas le sien à l'appui de la demande par lui formée de l'exécution de la vente qu'il prétend avoir été pure et simple. — Dans ce cas, si l'acquéreur est privé lui-même de la faculté de représenter son double par la faute d'un coacquéreur solidaire, pour lequel il s'était porté fort, et qui, néanmoins, a refusé de ratifier, il est fondé à demander des dommages-intérêts à ce dernier. — *Cass.*, 15 fév. 1821, de Saint-Mon c. Robée. — Conf. Rolland de Villargues, n° 78.

114. — Lorsque la preuve du contrat consiste uniquement dans un acte sous seing-privé, contenant des conventions synallagmatiques, nous venons de voir que cet acte doit non seulement avoir été fait double, mais encore en contenir la mention. — Or l'omission soit du double, soit de la mention du double peut se réparer de plusieurs manières :

115. —... 1° Par la notification de l'acceptation de la partie qui n'a point de double, ou par la notification avec copie, de l'acceptation de celui qui a gardé le double. — Toullier, t. 8, n° 325; nouveau Denisart, v° *Ecrit double*, n° 7; — arr. *Parlem. Paris*, 30 août 1777, Bracoignier.

116. —... 2° Par le dépôt de l'acte non fait double, chez un notaire, du consentement unanime des parties contractantes. — Toullier, t. 8, n° 325; Delvincourt, t. 2, p. 615, note 2e; Solon, n° 89.

117. — Ainsi jugé, que la nullité résultant de ce qu'un acte synallagmatique n'a pas été fait double, est couverte par sa remise dans les mains d'un tiers au moment même où il a été passé, par le dépôt qui en a été fait ensuite *chez un notaire*, et par la délivrance d'expéditions aux parties. — *Paris*, 27 janv. 1806, Desorgues.

118. —... Que le dépôt, entre les mains d'un notaire, du consentement de toutes les parties, d'un acte synallagmatique sous seing-privé portant qu'il a été fait autant d'originaux qu'il y avait de parties contractantes, supplée à l'existence réelle des doubles exigés par la loi. — *Cass.*, 25 fév. 1855, Caivimont c. Baritault.

119. —...Que la nullité tirée du défaut de double est également couverte par le dépôt de l'acte, fait du consentement de toutes les parties, dans l'étude d'un notaire, pour que chacun pût y recourir au besoin. — *Bordeaux*, 23 déc. 1843 (t. 2, 1844, p. 386), Charmant c. Laveaux.

120. — Que décider si le dépôt n'avait été effectué chez le notaire que par une seule des parties? — Il faut distinguer. — L'omission du double serait réparée, si le dépôt avait été notifié à l'autre partie contractante, ou si la partie qui a fait le dépôt y avait été autorisée expressément par la convention — Toullier, t. 8, nº 325.

121. — Ainsi, la nullité résultant de ce qu'un acte synallagmatique n'a pas été fait double est couverte par ces circonstances, qu'il a été remis dans les mains des tiers, au moment même où il est passé, du consentement des deux parties; que, depuis, il a été déposé par l'une d'elles dans l'étude d'un notaire et signifié avec l'acte de dépôt à la partie qui l'attaque. — *Paris*, 14 déc. 1833, Comte c. Aulard.

122. — Mais il en serait différemment, si le dépôt dont nous venons de parler n'avait pas été notifié à l'autre partie qui y serait restée étrangère. — *Bordeaux*, 18 mars 1829, Lavignac c. Dufour.

123. — *Quid*, du dépôt de l'acte non fait double, entre les mains d'un simple particulier? — Ce dépôt n'offrant pas les mêmes garanties, ne suffirait pas pour couvrir l'irrégularité résultant du défaut de double. — Delvincourt, t. 2, p. 615, note 2.

124. — Jugé en conséquence que la nullité d'un acte sous seing-privé résultant de ce que l'acte n'a pas été fait en autant d'originaux qu'il y a de parties ayant un intérêt distinct, n'est pas couverte par le dépôt de l'acte dans les mains d'un tiers, du consentement même de toutes les parties. — *Caen*, 24 avril 1822, Pottier c. Lasquier.

125. — Jugé au contraire qu'il n'y a pas nullité de ce que l'acte n'a pas été fait en double, lorsque du consentement des contractans, il a été déposé chez une tierce personne, pour que chacun d'eux pût y recourir au besoin. — *Grenoble*, 2 août 1839 (t. 2, 1840, p. 190), Bouvier c. Jullian.

126. — ... 3º Par l'exécution de la convention. L'art. 1325 porte que « le défaut de mention que les originaux ont été faits doubles, triples, etc., ne peut être opposé par celui qui a exécuté de sa part la convention portée dans l'acte. »

127. — Par suite, la partie qui a demandé et obtenu l'exécution d'une des clauses d'une transaction, ne peut exciper de ce que cette transaction ne porterait pas que les originaux ont été faits doubles. — *Rennes*, 25 janv. 1813, Favin c. Lefebvre.

128. — Le défaut de mention d'un nombre d'originaux de l'acte social égal à celui des parties, ayant un intérêt distinct, ne peut être opposé par la partie de la part de laquelle il y a eu exécution de l'acte. — *Bordeaux*, 21 juill. 1829, Durousseau c. Dufour.

129. — Lorsque la demande en concession d'une exploitation de mines a été formée le même jour qu'un traité qui avait fixé le mode de jouissance entre les pétitionnaires, on a pu regarder cette demande comme une exécution de ce traité dans le sens de l'art. 1338, C. civ., et, par suite, comme couvrant la nullité de cet acte, résultant de ce qu'il ne mentionnerait pas le nombre des originaux. — Il en doit être ainsi surtout lorsqu'il existe d'autres actes d'exécution. — *Cass.*, 4 juill. 1833, Rolland-Paill c. Palluat.

130. — Un vendeur peut être valablement déclaré non recevable à opposer le défaut de mention du nombre des originaux dans l'acte de vente, par cela que les juges reconnaissent par l'appréciation des circonstances de fait que l'acte a été exécuté de la part de l'opposant, bien qu'ils ne disent pas en quoi consiste cette exécution. — *Cass.*, 22 mai 1834, Mercier c. Petit.

131. — La nullité d'un acte sous seing-privé, par exemple, d'un compromis, résultant de ce qu'on n'y a pas inséré la mention du nombre d'originaux qui en ont été faits, ne peut être invoquée par la partie qui représente l'original qu'elle a entre les mains. — *Grenoble*, 8 avr. 1829, Engilberge c. Domeyne.

132. — De même, sous l'ancienne législation, l'exécution d'un acte synallagmatique couvrait la nullité qui pouvait résulter de ce que cet acte n'aurait pas contenu la mention qu'il avait été rédigé en autant d'originaux qu'il y avait de parties contractantes. — *Metz*, 11 fév. 1819, Heymann c. Studer.

133. — Lorsqu'un acte sous seing-privé contient la mention qu'il a été fait double, nul n'est admis à prouver que cet acte n'a été fait qu'en un seul original : c'est le cas d'appliquer la règle qui défend de recevoir aucune preuve par témoins, contre et outre le contenu aux actes. — *Bourges*, 30 mars 1831, Cotlin c. Pernin.

134. — Un tiers ne peut point se prévaloir de ce que l'acte sous seing-privé qu'on lui oppose ne contient pas la mention qu'il a été fait double. — *Paris*, 13 août 1823, Jouflet c. Colin.

135. — L'exécution de la convention couvre-t-elle non-seulement l'irrégularité résultant du défaut de mention de double, mais encore celle résultant de ce que l'acte n'a pas été fait double? — La question naît de ce que l'alinéa final de l'art. 1325 ne parle que du *défaut de mention de double*. Toutefois, nous pensons que l'acte qui ne contient pas la mention et l'acte non fait double sont *unum et idem* aux yeux de la loi, puisque tout ce qui n'est pas prouvé est, en droit, comme s'il n'existait pas, et que la loi veut que la preuve que l'acte a été fait double résulte de l'acte même. D'ailleurs, l'exécution est une fin de non-recevoir aussi forte à l'égard de l'une de ces irrégularités qu'à l'égard de l'autre. — C. civ., art. 1338. — Delvincourt, t. 2, p. 614, note 4ᵉ; Toullier, t. 8, nº 333; Duranton, t. 13, nº 161, *Dict. not. ibid.*, nº 31; Rolland de Villargues, *ibid.*, nºs 62-63; Solon, nº 89; Bonnier, *Tr. des preuves*, nº 562.

136. — Jugé, en ce sens, que la nullité d'un acte sous seing-privé résultant de ce que cet acte n'a pas été fait en autant d'originaux qu'il y a eu de parties contractantes, est couverte par l'exécution donnée à cet acte. — *Agen*, 13 janv. 1820, Contens c. Milhas; *Douai*, 19 févr. 1841 (t. 2 1841, p. 498), Queval.

137. — ... Que l'exécution des actes synallagmatiques, sous seing-privé, non faits doubles, couvre non-seulement le défaut de mention de leur nombre, mais encore le défaut de les avoir faits doubles. — *Bruxelles*, 22 avr. 1812, Vanlerberghe c. Vermeulen. — V. *infrà* nºs 149 et suiv.

138. — On a vu (*suprà* nº 55), que les compromis sous seings-privés devaient être faits doubles. Lorsqu'un compromis non fait double n'a été remis aux arbitres que par une seule des parties, cette remise doit-elle être considérée comme un fait d'exécution de la part même de l'autre partie? — Oui, en général. — Toullier, t. 8, nº 339. — Toutefois, il nous semble qu'il faudrait avoir égard aux circonstances. En tout cas, il n'y aurait plus de doute possible, si la remise du compromis avait été accompagnée de la remise des pièces par le compromettant absent, ou si ce dernier les avait déjà remises aux arbitres. — Toullier, *ibid.* — V. au surplus COMPROMIS, nºs 209 et suiv.

139. — Aussi de nombreux arrêts ont-ils décidé que la nullité résultant de ce que le compromis n'avait pas été fait double, ou ne contenait pas la mention du nombre de doubles, était couverte par la comparution des parties devant le tribunal arbitral, et en général par l'exécution volontaire du compromis. — V. à cet égard COMPROMIS, nºs 209 et suiv.

140. — Jugé également que l'irrégularité résultant de ce que l'acte de prorogation du délai d'un compromis n'a pas été fait double, est couverte par l'exécution que les parties ont donnée à cet acte. — *Grenoble*, 7 déc. 1824, Thermoz.

141. — La nullité d'un compromis sous seing-privé, résultant de ce qu'il n'a pas été fait en autant d'originaux qu'il y a de parties ayant un intérêt distinct, ne peut être proposée par celui qui a remis ses pièces aux arbitres et qui a comparu devant elles. — *Bordeaux*, 22 mai 1832, Chabrelie.

142. — Dans un bail sous seing-privé (ainsi qu'on l'a vu vº BAIL, nºs 200 et suiv.) il suffit d'un seul original pour le preneur et sa caution solidaire. — *Turin*, 6 mai 1806, Oreglia c. Barbetta; *Cass.*, 22 nov. 1825, Morichon c. Charpentier.

143. — En tout cas, la nullité résultant de ce qu'un contrat de bail n'a pas été fait en autant d'originaux qu'il y a de parties ayant un intérêt distinct, est couverte si le bail a reçu son exécution. — *Turin*, 6 mai 1806, Oreglia c. Barbetta. — Delvincourt, t. 2, p. 614, note 1re.

144. — La circonstance qu'une promesse de bail a été précédée ou suivie d'arrhes reçues par le propriétaire, rend ce dernier non recevable à en demander la nullité, sur le fondement qu'elle n'a pas été faite en double original. — *Paris*, 13 mars 1820, Morin c. Sarrazin.

145. — Lorsque le débiteur principal a volontairement exécuté l'obligation, les cautions, dont l'engagement n'est que l'accessoire du sien, ne sont pas recevables à demander la nullité de cette obligation par les motifs que l'acte qui la contient n'aurait pas été fait en double original. — *Bordeaux*, 10 déc. 1830, Peters c. Danet.

146. — En supposant que la répudiation par un héritier de sa qualité d'héritier testamentaire, pour s'en tenir à celle d'héritier légitime, soit un acte assujéti à la formalité du double, elle cesse de l'être lorsqu'elle a été exécutée librement par les parties pendant neuf années. — *Paris*, 27 janv. 1806, Desorgues.

147. — La nullité provenant de ce que l'un des originaux d'un acte de partage sous seing-privé n'est pas signé de tous les co-partageans est couverte par le laps de dix ans et par l'exécution que le partage a reçue du demandeur en nullité. — On doit considérer comme une exécution suffisante de la part du demandeur la cessation qu'il aurait faite depuis le partage du paiement d'une rente par lui due à la succession, et qu'il avait servie jusqu'à l'époque du partage. — *Rennes*, 2 juill. 1821, Leclerc des Madrais c. Lecain.

148. — En admettant que la mention portée sur un acte sous seing-privé synallagmatique qu'il a été fait double ait été ajoutée après coup, l'exécution de l'acte pendant dix ans couvre cette nullité, et s'oppose à ce qu'elle puisse être invoquée. — *Douai*, 12 janv. 1841 (t. 1er 1842, p. 37), Maillot c. Tarusselly.

149. — En supposant que l'art. 1325 fût applicable aux conventions synallagmatiques en matière commerciale (V. *suprà* nºs 66 et suiv.), la nullité résultant du défaut de double original ne pourrait être invoquée par la partie qui aurait volontairement exécuté la convention. — *Bordeaux*, 19 juill. 1830, Auverny c. Fergusson.

150. — Jugé au contraire que l'exécution ne peut couvrir la nullité qu'autant que, l'acte ayant été fait double, on aurait seulement omis d'en faire mention; mais qu'elle ne peut être invoquée quand les originaux n'ont pas été faits en nombre suffisant. — *Bruxelles*, 2 déc. 1807, Lang c. Lauwers; *Gênes*, 12 déc. 1811, Bonzi.

151. — ... Que lorsqu'un acte synallagmatique sous seing-privé, tel qu'un compromis, n'a pas été fait en autant d'originaux qu'il y avait de parties ayant un intérêt distinct, la nullité peut en être demandée, même par la partie qui l'a exécuté. — *Gênes*, 12 déc. 1810, Bonzi.

152. — L'approbation d'un acte non fait double résulte aussi bien de l'exécution partielle que de l'exécution entière. — *Bruxelles*, 22 avr. 1812, Vanlerberghe c. Vermeulen; — Toullier, t. 8, nº 334; Duranton, t. 13, nº 162.

153. — Mais il faut que cette exécution soit postérieure à l'acte, sans qu'on puisse l'induire des faits qui sont le résultat de l'acte lui-même. — *Bruxelles*, 2 déc. 1807, Lang c. Lauwers; — Toullier, t. 8, nº 335.

154. — Toutefois, si un acte de vente contenait la reconnaissance du vendeur qu'il a reçu une partie du prix, et que l'acte ne fût pas attaqué pour dol ou violence, il y aurait une présomption de plus de l'existence de la vente, qui, jointe à d'autres circonstances, suffirait, en général, pour faire ordonner l'exécution de l'acte, en le considérant comme commencement de preuve par écrit (C. civ., art. 1347 et 1353); et tout au moins pour déférer le serment supplétoire. — Toullier, t. 8, nº 337; Rolland de Villargues, t. 8, nº 66.

155. — Jugé cependant qu'un acte de vente sous seing privé, nul pour n'avoir point été rédigé en double original, ne fait point preuve que l'acquéreur ait versé le prix qui y est dit payé, et ne l'autorise pas, par conséquent, à en demander la restitution. — *Colmar*, 6 mars 1813, N...

156. — Dans le sens de l'art. 1325, on doit dire qu'il y a exécution de la part d'une partie, non seulement lorsqu'elle a rempli les obligations qui la concernaient, mais encore lorsqu'elle a concouru à l'exécution que l'autre partie a donnée à l'acte. — Ainsi un acquéreur paie son prix, il exécute l'obligation qui le concernait; le vendeur qui reçoit ce prix, concourt aussi à cette exécution, il exécute la vente, pour sa part, en recevant ce prix. — Toullier, t. 8, nº 341; Duranton, t. 13, nº 162; Rolland de Villargues, t. 13, nº 67.

157. — Il y a, au surplus, beaucoup de cas où l'un des contractans ne concourt point à l'exécution du contrat de la part de l'autre contractant; par exemple, dans les compromis, lorsqu'une des parties remet ses pièces à l'arbitre; dans les ventes même, lorsque l'acquéreur paie un créancier délégué.—Toullier, *ibid.*; Rolland de Villargues, *ibid.*, n° 68.

158. — C'est à la partie qui prétend que l'acte a été exécuté à justifier cette assertion, pour pouvoir profiter du bénéfice de l'exception portée en l'article 1325.— *Cass.*, 23 juill 1818, Leconte c. Duez.

159. — L'acte sous seing-privé non fait double, ou qui ne porte pas la mention du double, peut-il être considéré comme un commencement de preuve par écrit, suffisant pour faire admettre la preuve par témoins, et même de simples présomptions? — La question est controversée.

160.—Pour la négative, on dit : 1° que l'esprit du Code est de maintenir l'égalité de position et de moyens de preuve entre les contractans, et que cette égalité serait rompue, si la partie qui détient l'acte non fait double, pouvait corroborer cet acte par la preuve testimoniale ou par de simples présomptions, alors que l'autre partie se trouverait privée de cet avantage; —2° que le mot *non-valable*, dont se sert l'art. 1326, est constamment opposé au mot *nul* dans les dispositions de nos lois (C. civ., art. 48, p. 170), et qu'un acte *non-valable*, loin de rentrer dans les termes de l'act. 1347, ne peut tout au plus être présumé qu'un projet, qui ne prouve absolument rien, quant à la perfection du contrat; — 3° qu'admettre le système contraire, c'est détruire le système du législateur : la preuve morale étant complète par l'acte lui-même, la preuve testimoniale ne serait plus qu'un vain simulacre, dont l'admission, quoique bien superflue pour opérer la conviction des juges, aurait pour effet de rendre obligatoire à l'égard de l'une des parties seulement un engagement dont l'autre pourrait se jouer à son gré. — Solon, p. 142; Duranton, t. 13, n° 164; Bonnier, *Tr. des pr.*, n° 568.

161. — Jugé par suite qu'un acte nul pour n'avoir point été rédigé en double original ne peut servir comme commencement de preuve par écrit dans le cas où la loi exige un acte écrit, par exemple, en matière d'assurance. — *Aix*, 23 nov. 1813 (et nov. 1814), Marion c. N...

162.— ... Que, l'acte synallagmatique sous seing-privé et non fait double ne peut point servir de commencement de preuve par écrit pour faire admettre la preuve testimoniale relativement au fait dont il est l'objet. — *Amiens*, 15 juill. 1826, Legrand c. Picque; *Bastia*, 11 juill. 1838 (t. 2 1843, p. 737), Filipini c. Massoni; *Bordeaux*, 31 juill. 1839 (t. 1er 1840, p. 35), Deluze c. Lévesque.

163.— ...Que, l'acte synallagmatique qui ne mentionne pas qu'il ait été fait en autant d'originaux qu'il y a de parties ayant un intérêt distinct étant radicalement nul, il ne peut servir de commencement de preuve par écrit.—*Bourges*, 29 mars 1831, Simonin c. Tourange.

164. — Pour l'affirmative, on répond que le défaut de double est un vice qui affecte la forme de l'acte, et ne touche point à l'essence de la convention; que l'act. 1325, en déclarant *non valable* l acte qui n'a pas été fait double, ne l'a point déclaré de *nul effet et valeur*; que, malgré son irrégularité, un pareil acte rend évidemment vraisemblable la convention, et rentre par conséquent dans la définition donnée par l'art. 1347 du commencement de preuve par écrit; que cette décision doit être d'autant plus admise aujourd'hui qu'elle l'était même sous la jurisprudence du parlement de Paris qui déclarait *nulle* la convention, pour défaut de double. — Nouveau Denisart, v° *Commencement de preuve*; Merlin, *Répertoire*, v° *Double écrit*; Toullier, t. 8, nos 319 et suiv., et t. 9, n° 84; Delvincourt, t. 2, p. 615, note 3e; Troplong, *De la vente*, n° 33; Rolland de Villargues, n° 72.

165. — Jugé en conséquence que l'acte synallagmatique sous seing-privé non fait double vaut comme commencement de preuve par écrit, et peut être complété par la preuve testimoniale. — *Bordeaux*, 3 mars 1826. de Saint-Viance c. Lavelle; *Paris*, 14 déc. 1833, Comte c. Aulard; *Poitiers*, 8 janv. 1843 (t. 2 1843, p. 240), Grolleau; *Limoges*, 29 fév. 1844 (t. 1er 1845, p. 138), Roche c. Lecauty.

166. — ... Que la disposition qui en matière d'obligations réciproques, prescrit la pluralité des originaux de l'acte, n'attaque que la forme, et non la substance même de la stipulation; que, par conséquent, un acte sous seing-privé, bien que nul à ce titre, peut encore, suivant l'art. 1347, être considéré comme commencement de preuve par écrit et faire autoriser la preuve par témoins, ou faire admettre des présomptions, si elles sont graves, précises et concordantes. — *Grenoble*, 2 août 1839 (t. 2 1840, p. 190), Bouvier c. Jullian.

167. — Mais pour cela il faut que l'acte non fait double soit signé de la partie à laquelle on l'oppose. — *Besançon*, 12 juin 1828, Causeret c. Chaon.

168. — Lorsque l'une des parties prétend que la convention, quoique non constatée par acte double, a été pleinement arrêtée avant l'acte, elle est en droit de faire interroger l'autre sur ce fait, et de lui déférer le serment. — Duranton, t. 13, n° 163; Bonnier, *Tr. des preuves*, n° 564.

169. — Les juges peuvent même, pour compléter la demi-preuve résultant de l'acte non fait double ou ne portant pas la mention du double, déférer d'office le serment *supplétoire* à celui qui produit un pareil acte à l'appui de sa demande ou de son exception, car, dans ce cas, la *demande ou l'exception n'est pas totalement dénuée de preuves.* — Toullier, t. 8, n° 334; Rolland de Villargues, *ibid.*, n° 74; — Arg., *Cass.*, 29 prair. an XIII, Saint-Aubin c. Descornuis.

170. — Que décider si les deux doubles existent ainsi que la mention dans l'un et dans l'autre, mais avec des différences? — Il faut distinguer : les différences sont-elles essentielles et tout-à-fait inconciliables? — L'acte est nul. —Sinon, l'acte sera valable *in minori obligatione*, pour celle des deux obligations indiquées qui est la moins onéreuse.— Dumoulin, sur le § 4, L. 1, ff., *De verb. oblig.*, n° 37; — Delvincourt, t. 2, p. 615, note 4e; Rolland de Villargues, nos 75-76.

171. — Lorsqu'une clause se trouve omise dans l'un des doubles originaux d'un contrat synallagmatique sous seing-privé, l'original dans lequel la clause se trouve écrite fait commencement de preuve par écrit. — *Caen*, 1er mai 1812, Pynyot de Girondain c. Laloude.

172. — De même on peut considérer comme formant un commencement de preuve par écrit d'une des conditions d'un bail, une clause insérée de la main de l'une des parties sur son double, et qui ne se trouve pas sur le double de l'autre. — *Rennes*, 18 fév. 1813, Chopin c. Androuing.

V. aussi ASSURANCE TERRESTRE, AVENANT, CHARTE-PARTIE, CONNAISSEMENT, CONTRAT, ENREGISTREMENT, OBLIGATION, TIMBRE.

DOUBLE EMPLOI.

V. COMPTE, COMPTE DE TUTELLE, REDDITION DE COMPTE.

DOUBLE LIEN.

1. — C'est la relation qui existe entre ceux qui sont parens tout à la fois du côté du père et du côté de la mère; tels sont les frères germains et leurs enfans.

2. — Autrefois on appelait *droit* ou *privilége du double lien* l'avantage que certaines lois donnaient aux parens ainsi unis des deux côtés de se succéder les uns aux autres, en tout ou en partie, dans de certains degrés ou même à l'infini, en excluant de la succession les parens qui n'étaient joints que d'un côté seulement. — Merlin, *Rép.*, v° *Double lien.*

V. PARENTÉ, SUCCESSION.

DOUBLÉ D'OR ET D'ARGENT

V. PLAQUÉ.

DOUTE.

1. — Incertitude où l'on est sur la vérité d'un fait, d'une proposition, d'une assertion, etc.

2. — En matière civile il est de maxime que, dans le doute, il faut se décider contre celui qui ne prouve pas, et qui avait le pouvoir de prendre des précautions pour s'assurer l'objet de sa demande : *actore non probante, absolvitur reus.* —Merlin, *Rép.*, v° *Doute*; Toullier, *dr. civ.*, t. 8 n° 40.

3. — Dans le doute, la convention s'interprète contre celui qui a stipulé et en faveur de celui qui a contracté l'obligation (C. civ. art. 1162). — C'était à ce dernier de s'expliquer d'une manière claire et suffisamment étendue : *in cujus erat potestate legem apertius dicere.* — Merlin, *Rép.*, v° *Doute.* — V. INTERPRÉTATION DES CONVENTIONS.

4.— Par la même raison, dans le doute entre la cause du créancier et celle du débiteur, la cause de ce dernier est toujours la plus favorable. Ainsi la présomption est pour la moindre somme, pour le terme le plus éloigné : *in obscuris quod minimum est sequimur.* — L. 34, ff., *De reg. jur*; L. 83 et 109, ff., *de verbor. oblig.*; — Merlin, *ibid.*

5. — Dans la vente, tout pacte obscur ou ambigu s'interprète contre le vendeur.— C. civ., art. 1602. — V. VENTE.

6. — Dans le doute, si les dispositions d'une loi peuvent s'étendre à tel cas particulier, on doit se décider pour l'affirmative, quand c'est en matière favorable, et penser différemment dans les cas de rigueur : *favores ampliandi, odia restringenda.* Merlin, *Rép.*, v° *Doute.*

7.— Les juges qui sont dans le doute sur le sens d'une loi, n'en sont pas moins tenus de juger. — C. civ., art. 4. — V. DÉNI DE JUSTICE.

8. — En matière criminelle, le doute s'interprète en faveur de l'accusé. — L. 10, § 1, ff., *De reb. dub.*

V. PREUVE.

DOYEN.

1. — Ce mot se prend dans deux sens : tantôt il désigne le plus ancien membre d'une cour, d'une compagnie; tantôt il s'applique à celui des professeurs d'une faculté qui est chargé de l'administration et de la correspondance avec le recteur et le ministre. La charge du doyen dans ce dernier cas constitue le *décanat*, tandis que, dans le premier cas, cette position est désignée par le mot *doyenné.*

2. — Autrefois c'était le doyen des avocats qui était le représentant de l'ordre; mais depuis longtemps cette fonction appartient au bâtonnier. — V. AVOCAT, BATONNIER.

3. — Dans plusieurs compagnies, et notamment parmi les avoués de première instance de Paris et les avocats à la cour de Cassation, le doyen fait partie de la chambre, sans être soumis à l'élection; il en est autrement dans l'ordre des avocats. — V. AVOCAT, AVOUÉ, OFFICIER MINISTÉRIEL, PARLEMENT.

DRAGUEUR (Entrepreneur).

Entrepreneurs dragueurs;—patentables : — droit fixe de 50 fr.; et droit proportionnel du quinzième de la valeur locative de l'habitation seulement. — V. PATENTE.

DRAPEAU.

V. CONSUL.

DRAPS.

V. TISSUS.

DRILLES ET CHIFFONS.

1. — On désigne sous ce nom les chiffons de toile, de coton, de laine et de soie, les vieux papiers, rognures, vieux linges, vieux filets, vieux cordages, la charpie effilée, etc., qu'on emploie pour la fabrication du papier.—L. 12 pluv. an III; 19 thermid. an IV.—Circul. min. fin. 20 flor. an X; lettre dir. gén. 26 thermid. an XIII, et 15 août 1808.

2. — La loi du 3 avr. 1793, art. 1er, défend formellement, dans l'intérêt de nos papeteries l'exportation des drilles et chiffons. — V. aussi L. 12 pluv. an III.—Fasquel, *Résum. anal. des lois et réglem. de douanes*, 1re part., tit. 14, chap. 5.

3. — Il est défendu dans l'étendue des trois lieues frontières, soit de terre, soit de mer, de faire circuler des drilles ou chiffons, ou former aucun entrepôt, à moins qu'il ne soit justifié par un acquit à caution, de leur destination pour l'intérieur du royaume.—L. 2 avr. 1793, art. 2. — Le tout à peine de confiscation, et de 500 fr. d'amende et, au cas de circulation, de confiscation des moyens de transport.—L. 22 août 1791, art. 1er, tit. 5 et 15 août 1793, art. 3; 1er pluv. an XIII, art. 28.

4. — La destination des drilles et chiffons est assurée par un acquit à caution portant soumission, en cas de non-représentation des objets, de payer, à titre d'amende, le quadruple de leur valeur.—Décis. min. 18 fév. 1812; Circul. min. 24 du même mois et 9 mai 1824.

5. — Aucune loi n'exigeant, pour qu'il y ait entrepôt frauduleux, que les marchandises soient en caisses ou ballots, un amas de drilles pesant trente quintaux, trouvé dans le rayon frontière sans acquit à caution justifiant sa destination pour l'intérieur, constitue un entrepôt frauduleux. — *Cass.*, 20 thermid. an XII, Douanes c. Valzoff.

6. — L'expédition des drilles et chiffons d'un port de France pour un autre port doit être spécialement autorisée par le ministre de l'intérieur, transmise par le directeur de l'administration des douanes au receveur du bureau de départ. — Décis. min. 18 fév. 1812; circul. 24 fév. 1812; — Dujardin-Sailly, *Code des douanes*, liv. C, n° 36.

7.—Nul faisant métier de ramasser ou vendre des drilles et chiffons, n'en peut réunir plus de vingt-cinq kil., sans une déclaration préalable au bureau des douanes. — Circul. direct. gén. 20 oct. 1806; Lett. administ. des douanes, 31 déc. 1819; — Fasquel, *Résum. anal. des lois et réglem. de douanes*, n° 1308.

V. DOUANES.

DROGMAN.

Ou interprète; c'est l'organe officiel du consul dans tous ses rapports avec les autorités du pays. —V. CONSUL. —V. aussi AGENT DIPLOMATIQUE, CADI.

DROGUE, DROGUISTE.

1. — On appelle *drogues* les épices et autres marchandises qui viennent des pays éloignés, et qui servent à la médecine, à la teinture et aux arts. — En termes de médecine on nomme *drogue* tout médicament simple.

2. — Le droguiste est celui qui fait le commerce des drogues.

3. — Les droguistes ne peuvent faire le commerce des drogues propres à la médecine qu'en gros, et ils ne peuvent les débiter au poids médicinal. Il leur est d'ailleurs défendu de vendre aucune composition ou préparation pharmaceutique, sous peine de 500 fr. d'amende. — L. 21 germin. an XI, art. 33.

4. — La peine prononcée par cette loi est encourue par le seul fait de l'exposition en vente, sans preuve qu'il y ait eu vente effective; car sans cela la porte serait ouverte à la fraude, le vœu de la loi ne serait pas rempli et sa disposition serait éludée. — *Cass.*, 14 niv. an XIII, Lemosy; 13 fév. 1824, Delaherche.

5. — Cependant la cour royale de Paris s'est prononcée pour l'opinion contraire. — *Paris*, 23 sept. 1829, Bellefond. — Mais il est à remarquer que sa décision est uniquement motivée en fait.

6. — M. Laterrade (n° 127) pense aussi qu'il faut qu'il y ait vente pour que l'amende soit encourue; mais nous persistons à croire, avec la cour de Cassation, que cette manière d'interpréter la loi est contraire à son esprit.

7. — On doit entendre par préparation pharmaceutique une altération quelconque que l'on fait essuyer à diverses substances pour les rendre propres à être employées sur-le-champ d'après l'ordonnance du médecin, ou à entrer dans différentes compositions officinales. On prépare ainsi d'avance les corps que la préparation ne rend pas moins durables, et qui exigent une préparation trop longue pour être faite à mesure qu'ils sont ordonnés. — Merlin, *Rép.*, v° *Droguiste*.

8. — D'après cette définition, les droguistes ne peuvent vendre du quinquina en poudre, parce que c'est là, dans le sens de la loi, une préparation pharmaceutique qui exige la connaissance de l'art de la pharmacie. — *Cass.*, 9 sept. 1813, Folchi.

9. — Que doit-on entendre par *poids médicinal?* — Merlin pensait que par ces termes la loi défendait aux droguistes l'emploi de la livre connue sous le nom de *libra medica*, et que les pharmaciens divisaient en onces, gros, dragmes, grains, etc. — C'est ce que décida la cour de Cassation par l'arrêt précité du 9 sept. 1813.

10. — Mais cette distinction ne peut plus exister aujourd'hui, puisque les pharmaciens sont soumis, comme tout le monde, à l'emploi exclusif des quantités décimales.

11. — Nous pensons qu'il faut entendre par *poids médicinal* les poids indiqués en général dans *les ordonnances de médecin*. — Par conséquent la contravention du droguiste ne peut pas être basée sur la même quantité pour toutes les drogues, mais il faut adopter comme règle que le droguiste ne *vend plus en gros* toutes les fois qu'il descend au niveau des quantités en usage dans les ordonnances de médecin.

12. — Le droguiste qui vend des médicamens composés ou préparations pharmaceutiques n'encourt aucune peine, s'il a pour associé un pharmacien reçu par l'école de pharmacie qui surveille, sous sa responsabilité personnelle, la préparation et la livraison au public des préparations pharmaceutiques. — *Paris*, 19 août 1830, Payot.

13. — Mais si le pharmacien en titre n'était qu'un prête-nom, la cour qui reconnaîtrait l'existence de la contravention, ne pourrait pas se dispenser de la réprimer. — *Paris*, 16 fév. 1830, Varlet.

14. — Il y aurait contravention de la part du droguiste qui se bornerait à vendre des médicamens déposés chez lui par un pharmacien qui les aurait préparés. — *Cass.*, 11 août 1838 (t. 1er 1839, p. 17), Besson.

15. — Une ordonnance de police du 8 oct. 1810 contient un réglement sur la vente en gros et en détail des plantes médicinales. — Des dispositions particulières régissent la vente des poisons et substances vénéneuses. — V. ÉPICIER, HERBORISTE, PHARMACIEN, SUBSTANCES VÉNÉNEUSES.

16. — Les droguistes paient un droit de 4 fr. par an pour les visites que l'école de pharmacie fait dans leurs boutiques et magasins. — Arr. du gouvern. 25 thermid. an XI, art. 42.

17. — Cette taxe a été maintenue par une ordonnance du 23 juill. 1820, qui donne le tableau des substances qui doivent être considérées comme drogues.

18. — Les droguistes sont soumis à une patente de première, de seconde ou de troisième classe, selon qu'ils font le commerce en gros, demi-gros, ou détail. — L. 25 avr. 1844, tableau A. — Les herboristes-droguistes paient la patente de sixième classe. — V. PATENTE.

DROIT.

1. — De tous les mots de notre langue, c'est celui, peut-être, qui a le plus d'acceptions diverses.

2. — Tantôt le droit est dans un sens abstrait et général, ce qui est toujours bon et équitable.

3. — Ou bien il sert à exprimer la science même à laquelle les Romains ont donné le nom de *jurisprudence*, comme quand on dit les écoles *de droit*, l'étude *du droit*.

4. — Dans une autre acception il désigne l'ensemble des devoirs que l'homme doit remplir selon sa nature, son état, sa destination et ses relations. Sous ce point de vue il peut être considéré comme un objet de science et d'étude; — tel est le droit naturel, le droit des gens, le droit civil, public, privé, divin, etc.

5. — Il signifie aussi la collection des lois et préceptes particuliers à un peuple, le droit romain, le droit français, etc.

6. — Il désigne encore un avantage, une faculté accordés et régis par les lois, un pouvoir dont l'exercice nous appartient; le droit de propriété, de rétention, les droits de l'homme, les droits successifs, litigieux, etc., etc.

7. — Enfin, il est pris quelquefois comme synonime de taxe, redevance, salaire perçus soit dans l'intérêt public, soit dans un intérêt privé, le droit des pauvres, les droits d'octroi, le droit de sceau, d'enregistrement, de greffe, le droit de correspondance, de copie de pièces, de commission, etc.

8. — Ces diverses acceptions du mot *droit* et leurs nombreuses variétés peuvent être ramenées à trois ordres d'idées principaux, autour desquels elles viennent toutes se grouper naturellement: ainsi, *droit* peut être considéré comme synonyme: 1° de loi, législation, ensemble de préceptes, de dispositions obligatoires; — 2° de faculté, pouvoir, avantage reconnu par la loi; — 3° de taxe, imposition, salaire. — Nous examinerons séparément et sous trois mots distincts chacun de ces points de vue. — Quant à celles des acceptions du mot *droit* qui nécessiteraient un examen et des explications détaillées, elles n'en feront pas moins l'objet de mots spéciaux, qui viendront à leur ordre alphabétique.

DROIT (Loi, législation.)

Table alphabétique.

DROIT (LOI, LÉGISLATION). — 1. — Envisagé dans son sens propre, le droit est, d'après M. Serrigny (*Dr. publ. des Français*, p. 85), « le rapport de conformité des actions de l'homme avec la loi. » Il ne serait donc pas exact de dire, en ce sens, que droit est synonyme de loi. Celle-ci est la cause, le droit est l'effet; sans la loi, il n'y a point de droit, puisque le droit ne peut naître que de la loi.

2. — « La loi, dès-lors, sera une règle de conduite imposée aux hommes par un supérieur légitime, » et non pas, comme l'a dit Montesquieu (*Espr. des lois*, liv. 1er, ch. 1er), prenant l'effet pour la cause, *les rapports nécessaires qui dérivent de la nature des choses*. — Serrigny, t. 1er, p. 84 et 85.

3. — Cependant on confond souvent le droit avec la loi. Alors, le droit (*jus*, ordre impératif, *jussum*), est une règle généralement prescrite à laquelle est due obéissance. Il a pour fondement l'autorité, la raison, la justice. Il trace à l'homme la direction que doivent suivre ses actions; elles sont bonnes ou mauvaises, selon qu'elles suivent ou transgressent ses prescriptions. Vu sous cet aspect, il est la source de tous les autres droits; de lui procèdent les obligations, tous les avantages, toutes les facultés; il engendre tous les devoirs.

4. — C'est la réunion, l'ensemble des lois, la législation. On dit, dans ce sens, *droit romain*, *droit français*, pour désigner la législation romaine, la législation française. — Serrigny, t. 1er, p. 85.

5. — Le droit est naturel ou positif, divin ou humain.

6. — Le droit naturel ne peut être défini, comme l'a fait Justinien, d'après Ulpien (Instit., liv. 1er, tit. 2, *princip.*), celui qui est commun aux hommes et aux animaux : *Quod natura omnia animalia docuit*. L'idée de droit suppose, en effet, des préceptes qu'on peut suivre ou transgresser. Or, il n'y a de liberté d'agir que pour l'homme; la faculté de raisonner ses actes est son privilége exclusif. Le droit naturel paraît devoir être défini l'ensemble des préceptes que l'auteur de la nature prescrit à l'homme, et qui sont promulgués en lui par le développement de sa raison. — Marcadé, *Elém. de dr. civ.*, t. 1er, p. 23; Serrigny, t. 1er, p. 85 et 86; Duranton, *Dr. franç.*, t. 1er, p. 13.

7. — Dans son sens propre, indiqué par M. Serrigny, le droit naturel s'entendra du rapport de conformité des actions de l'homme aux lois naturelles. — Serrigny, *loc. cit.*, p. 86.

8. — Ainsi, le sentiment seul, avant toute loi, porte l'homme à vénérer les auteurs de ses jours, à chérir et à protéger ceux qui lui doivent la vie. Nulle loi humaine n'a pu ni faire naître ce sentiment, ni lui ajouter la moindre force. — Duranton, t. 1er, p. 15.

9. — D'où il résulte que le droit naturel serait, ainsi que l'enseignent quelques auteurs, universel, immuable et applicable à tous les hommes, sans distinction de nationalité, et de plus préexistant et obligatoire, indépendamment de toute promulgation. — Demante, *Programme, introduct.*; Demolombe, *Cours de dr. civ.*, t. 1er, p. 5.

10. — De ces caractères découlent de nombreuses conséquences pratiques. Ainsi, 1° le droit naturel précédant le droit positif, ses prescriptions seraient obligatoires par elles-mêmes; il suffirait que le droit positif ne les eût pas rejetées; 2° si la loi positive sanctionnait et promulguait une prescription de droit naturel, cette loi positive et nouvelle venue serait applicable aux cas antérieurs et indécis avant sa promulgation; 3° comme le droit naturel régit toute l'espèce humaine, il s'ensuit que l'étranger serait soumis aux lois positives consacrant des lois naturelles. — Demante, *Programme, introduct.*; Demolombe, *Cours de dr. civ.*, t. 1er, p. 5.

11. — Le droit naturel ainsi entendu serait, selon M. Demolombe (t. 1er, p. 6), l'antagoniste du droit positif.

12. — Il y a exagération évidente dans cette proposition. — Le droit positif doit avoir et a ordinairement pour but de fortifier les lois naturelles en ajoutant une sanction plus actuelle et plus saisissable à leurs infractions; les prescriptions de ces lois le plus souvent se confondent, et il serait en thèse générale plus vrai de dire que le droit positif est *l'auxiliaire* du droit naturel. — Serrigny, p. 89.

13. — C'est peut-être l'exagération de ces principes qui a porté de nos jours de nombreux auteurs à contester l'existence du droit naturel. — M. Oudot, dans ses *Essais de philosophie du droit* (76, p. 64), en donne une notion toute nouvelle. Le droit naturel ne peut être, suivant lui, que le droit de l'homme en société, mais considéré sous le point de vue de son plus grand perfectionnement possible : « C'est le type de la justice suprême, immuable, universelle, auquel l'homme aspire; comme il aspire à celui de la souveraine beauté dans les arts et la littérature. — Liberté pour tous, continue-t-il, de le concevoir à leur manière! Pour nous, si nous appliquons ici les idées philosophiques que nous avons préférées, nous trouvons dans le droit naturel l'idéal d'un droit social tendant, plus complétement que celui de nos jours, à la réalisation de l'égalité, au développement de la charité, au perfectionnement incessant des connaissances. »

14. — Au point de vue des personnes qu'il régit, le droit se divise en *droit national* et *droit des gens*.

15. — Le droit national est celui qu'un peuple, une nation, fait pour ses membres, pour les nationaux.

16. — On appelle *droit des gens* celui qu'une nation applique aux étrangers. — On peut le subdiviser en *droit international* et *droit des gens proprement dit*.

17. — Le *droit international* règle les rapports des nations entre elles, considérées comme personnes collectives.

18. — Le *droit des gens proprement dit* règle les rapports des membres d'une nation avec ceux d'une autre nation. — Oudot, *loc. cit.*, 84, p. 74.

19. — C'est en vertu des principes du droit des gens que de tous temps les peuples ont respecté la personne des ambassadeurs ou autres envoyés publics.

20. — Ce sont ces principes qui ont inspiré en France les dispositions de la loi du 13 vent. an II, par lesquelles il était interdit à toute autorité constituée de molester un agent des gouvernemens étrangers, et qui ont fait juger que le capitaine d'un vaisseau parlementaire ne pouvait être arrêté dans un port français sous aucun prétexte, et notamment sous celui d'une contravention de douanes. — *Cass.*, 29 thermid. an VIII, John Davidson. — V. aussi Merlin, *Rép.*, v° *Parlementaire (vaisseau)*.

21. — Le droit *positif* est celui qui émane de la volonté exprimée, manifestée, du législateur ; il est dit *divin* ou *humain* selon qu'on le considère comme procédant de Dieu ou des hommes.

22. — On donne le nom de *droit divin* à la réunion des lois, des préceptes qui, révélés aux hommes par Dieu même, se trouvent recueillis dans les livres sacrés.

23. — Le *droit humain*, pris par opposition au droit divin, est l'ouvrage des hommes. Il est essentiellement variable : l'autorité qui l'a établi peut toujours le changer ou modifier à son gré. — Dans cette classification rentrent toutes les lois qui nous régissent.

24. — Le droit positif se divise, quant à son objet, en droit *civil* ou *privé*, en droit *politique* et *public*.

25. — Le *Droit privé* a pour but immédiat l'intérêt particulier des individus, en un mot, *l'intérêt privé*. — Duranton, t. 1er, n° 25; Demolombe, t. 1er, n° 17. — Il comprend, notamment, les lois qui régissent les contrats, les donations et les testamens, les successions et les diverses manières d'acquérir ou de perdre la propriété. — Il diffère essentiellement du droit public en ce que les particuliers peuvent y déroger, car chacun est libre de renoncer à un droit qui ne concerne que lui. — Aucune convention ne saurait, au contraire, déroger au droit public.

26. — Le droit privé est *commun* ou *exorbitant*. — commun, quand il sert à tous, et est la règle ordinaire et générale à laquelle on recourt toutes les fois qu'aucune disposition n'y a apporté de dérogation ; — exorbitant ou spécial s'il se fonde sur des règles particulières données pour des cas prévus, des personnes désignées ou des événemens exceptionnels.

27. — Le *droit politique* a pour objet les rapports de peuple à gouvernement et de gouvernement à gouvernement ; il règle la nature, la forme, la constitution et les actes des pouvoirs politiques.

28. — Il comprend les lois qui ont pour objet l'organisation du corps politique, comme, par exemple, chez nous, la charte constitutionnelle, dans les droits qu'elle reconnaît aux Français considérés collectivement ou individuellement, les lois sur les élections, sur l'organisation des autorités constituées et leur démarcation, etc.

29. — C'est donc lui qui détermine la manière dont les Français concourent plus au moins immédiatement à l'exercice de la puissance publique.

30. — Parmi les différentes dispositions qui composent le droit politique, il est aisé de voir que les unes sont applicables à tous les Français, hommes ou femmes, majeurs ou mineurs, indistinctement, et que d'autres, au contraire, ne peuvent profiter qu'aux Français qui sont, de plus, investis du titre de citoyens : ce sont celles, notamment, qui sont relatives à l'exercice de la puissance publique.

31. — Ces dernières lois créent *les droits politiques proprement dits*. Ces droits sont définis et énumérés ainsi que les diverses manières de les acquérir et de les perdre aux mots CITOYEN FRANÇAIS et NATURALISATION, DROITS POLITIQUES. — V. ces mots.

32. — *Droit public*. — Le droit public et le droit politique sont souvent confondus. Toutefois ils doivent être distingués, car ils n'expriment pas indistinctement les mêmes idées.

33. — En effet, le droit public, pris dans un sens large, est comme le droit politique celui qui a pour objet direct et principal l'organisation de l'état et les rapports des gouvernans et des gouvernés ; celui dont le but immédiat est l'intérêt général, l'avantage de la masse des citoyens. Il comprend les lois protectrices de la morale ; celles qui ont pour objet la répression des atteintes portées au bon ordre, à la sûreté de l'état ou des citoyens. — Serrigny, t. 1er, p. 95.

34. — Dans une acception plus restreinte, il règle les rapports entre les individus et la puissance publique ; c'est lui qui établit et règle la puissance maritale, la puissance paternelle ; il embrasse les lois qui déterminent la qualité et l'état des personnes, qui assurent la paix, la bonne harmonie, et qui préviennent les difficultés des procès. — Duranton, t. 1er, n° 25, Demolombe ; t. 1er, p. 15 ; Serrigny, p. 95.

35. — Les principes consacrés par le droit public des Français sous un titre particulier de la Charte sont indiqués par le mot DROITS DE L'HOMME ET DU CITOYEN (déclaration des). — V. ce mot.

36. — Dans le même ordre d'idées, on reconnait encore le *droit constitutionnel* : par là on entend cette partie de la législation d'un peuple qui règle la forme de son gouvernement, l'étendue et les limites des pouvoirs mis à la tête de l'état. On voit qu'il se lie essentiellement au droit public et se confond avec lui dans ce que nous venons d'en dire. — Serrigny, t. 1er p. 95 et 96.

37. — Sont du domaine du droit constitutionnel proprement dit, les lois relatives aux élections, à l'éligibilité, à la constitution de la pairie, à l'établissement des impôts, à la jouissance des droits civiques, etc.

38. — Le *droit civil* comprenait à Rome l'ensemble et la réunion de toutes les lois, politiques, administratives, civiles, commerciales (Inst., L. 1er tit. 2, § 1er), il appartenait à tous les citoyens, mais à eux seuls. Les nations modernes ont en général attribué un autre sens à ces expressions. Aujourd'hui, et principalement en France, on entend par droit civil cette partie de la législation nationale qui règle les intérêts privés des citoyens abstraction faite de ceux réglés par les lois commerciales, maritimes, forestières, etc. ; il est même applicable aux étrangers, du moins en grande partie. — Demolombe, t. 1er, p. 14.

39. — Le *droit commercial* se compose de la réunion de toutes les règles qui ont trait à la validité et aux effets des échanges. — Pardessus, *Cours de dr. comm.* t. 1er, p. 1re.

40. — Il tire son origine de trois sources principales : 1° le Code de commerce, les lois ou réglemens analogues — 2° le droit commun en tout ce qui est applicable au commerce et qui n'a point été changé par des lois spéciales — 3° les usages du commerce dans les cas que les lois ou les réglemens n'ont point prévus. — Pardessus, t. 1er, p. 1re.

41. — Le *droit criminel* a pour objet la poursuite et la punition des crimes, délits et contraventions commis soit envers la société, soit envers les particuliers. — Le Sellyer, t. 1er, n° 2 ; Rauter, t. 1er, n° 1. — V. ACTION PUBLIQUE, CRIME, DÉLIT ET CONTRAVENTION. — Il prend le nom plus spécial de *droit pénal* quand il n'a trait qu'à la répression. — V. PEINES.

42. — Le *droit administratif* comprend cette partie du droit public qui règle les rapports des gouvernans et des gouvernés. Il entre dans les détails et dans les nombreuses applications des principes posés par le droit public ; c'est l'administration de la chose publique. — Serrigny, t. 1er, p. 96.

43. — Assurer l'exécution des services publics et la juste répartition de l'impôt ; protéger les communautés d'habitans, les établissemens publics religieux ou de bienfaisance ; prendre des mesures de police et de prévoyance ; déclarer l'utilité publique ; surveiller les transactions commerciales, contrôler les dépenses ; prononcer sur le contentieux qui peut surgir à l'occasion de l'administration ou des mesures indiquées par les lois, telles sont les attributions principales et récentes du droit administratif. — V. COMPÉTENCE ADMINISTRATIVE, CONSEIL D'ÉTAT, CONSEIL DE PRÉFECTURE, MINISTRE, PRÉFET.

44. — On donne le nom de *droit maritime* à l'ensemble des lois, règles et usages qui régissent la navigation, le commerce, les cas de guerre maritimes. — Merlin, *Rép.*, v° *Droit*, p. 419.

45. — S'il a pour objet l'intérêt de la nation il rentre dans le droit public ; il fait partie du droit des gens s'il s'adresse aux autres nations ; il appartient au droit privé quand il s'occupe de l'intérêt des particuliers. — V. ARMÉE, COMMERCE MARITIME, TRIBUNAUX MARITIMES.

46. — Le *droit canon* appelé quelquefois *droit canonique* tire son nom et sa source des canons des conciles ; il participe à la fois de la nature du droit divin et de celle du droit humain. — V. DROIT CANON.

47. — Par *droit écrit* on peut entendre *lato sensu* toutes les lois qui sont rédigées par écrit, à la différence des usages obligatoires, qui ne se sont établis et ne se conservent que par la tradition

48. — Mais, dans un sens spécial, on donnait en France ce nom au droit romain, qui, dans l'origine, était la seule loi écrite qui existât. De là, on appelait *pays de droit écrit* ceux où le droit romain était suivi comme loi.

49. — Par opposition au *droit écrit* on désignait sous le nom de *droit coutumier* celui qui consistait dans l'observation des coutumes, simples usages d'abord, que les peuples s'étaient accoutumés à suivre et qui, à la longue et insensiblement finirent par acquérir force de loi. — On appelait *pays coutumiers* ceux qui obéissaient aux coutumes. — V. COUTUMES.

50. — Dans le droit coutumier, et même dans le pays de droit écrit, le *droit féodal* tenait une place importante. — On désignait sous ce nom l'ensemble des règles qui déterminaient les rapports du seigneur avec tous ceux qui dépendaient de sa seigneurie. — V. BAIL A SENS, DROITS SEIGNEURIAUX, FÉODALITÉ. FIEF, JUSTICE SEIGNEURIALE.

51. — On distingue en France le droit *ancien*, *intermédiaire* et *nouveau*. — Le droit ancien est celui qui résultait des lois établies avant la révolution de 1789 ; — le droit nouveau est celui qui, établi par les Codes civil, de commerce, d'instruction criminelle, pénal, et par les lois postérieures nous régit actuellement ; — le droit intermédiaire est celui qui, fondé par les lois promulguées entre le droit ancien et le droit nouveau, a disparu depuis l'établissement de celui-ci.

52. — On dit qu'une disposition, un précepte de la loi est de *droit étroit* quand la lettre de la loi est prise dans sa plus grande rigueur. Une chose est donc de droit étroit lorsqu'elle doit être jugée selon le sens littéral de la loi et que celle-ci doit être rigoureusement restreinte au cas sur lequel elle porte ; — telles sont les lois pénales, les lois exceptionnelles, les lois fiscales, etc. etc.

DROIT (Faculté, pouvoir.)

Table alphabétique.

DROIT (FACULTÉ, POUVOIR). — 1. — Le mot *droit* peut servir à désigner la faculté que quelqu'un a de faire quelque chose, ou de jouir de quelque chose qui lui appartient en vertu de quelque titre. — Dans ce sens, au pluriel, le mot *droits* exprime un ensemble de facultés qui ont entre elles de la connexité. Ainsi, l'on dit qu'une personne *jouit de ses droits*. On dit encore : *les droits de la puissance paternelle, les droits de l'homme*, etc., — Rolland de Villargues. v° *Droits*.

2 — La loi se sert quelquefois de ces mots *droits incorporels*, par opposition aux choses corporelles, c'est-à-dire à celles qui, tombant sous nos sens, sont meubles ou immeubles par leur nature (V. notamment la rubrique du chap. 8, t. 6, liv. 3, C. civ.) : mais ces expressions manquent évidemment d'exactitude, car il ne peut y avoir de droits *corporels*. — Rolland de Villargues. v° *Droits incorporels* ; Troplong, *Prescription*, n° 877.

3. — Les droits sont accordés par la loi ou seulement garantis par elle.

4. — Quand la loi accorde un droit, elle est censée accorder tout ce qui est nécessaire pour en user. — L. 2, ff., *De jurisd.*

5. — Celui qui ne fait qu'user de son droit ne peut donc être en faute : *nullus videtur dolum facere, qui suo jure utitur.* — L. 55, ff., *De reg. jur.* — C'est ce que les anciens jurisconsultes français exprimaient par cette maxime : *nul n'attente, qui use de son droit.*

6. — ... Encore bien qu'il ait causé du tort à quelqu'un. — L. 151, ff., même titre. — Cependant, comme le fait observer avec beaucoup de raison

M. Rolland de Villargues (vo *Droit*), si l'acte par lequel on exerce son droit, pouvait, sous des rapports étrangers à ce droit, être l'occasion du mal d'autrui, il y aurait faute dans celui qui aurait sciemment négligé d'y parer ou d'en arrêter les suites autant qu'il l'aurait pu.

7. — C'est un principe constant que chacun peut renoncer à un droit établi en sa faveur : *est regula juris antiqui, omnes licentiam habere his quæ pro se introducta sunt renunciare.* — L. 29, Cod., *de pactis*. — Le législateur lui-même a, dans certains cas, rendu cette renonciation obligatoire; c'est ce qui a lieu, par exemple, dans le cas de cession judiciaire et de concordat.

8. — Il est aussi de principe que nul n'est censé ignorer son droit. — L. 8, ff., *De jur. et fact. ign.*

9. — ... Et que nul ne peut transférer à autrui plus de droit qu'il n'en a lui-même : *nemo plus juris ad alienum transferre potest quàm ipse habet.* — L. 54, ff., *De reg. jur.*

10. — Les droits peuvent être envisagés sous un triple rapport : de là trois divisions principales.

11. — ... 1o Sous le rapport de leur objet, les droits sont *mobiliers* ou *immobiliers*, suivant qu'ils ont pour objet des meubles ou des immeubles.

12. — ... 2o Sous le rapport des personnes contre qui ils peuvent être exercés, les droits sont *personnels* ou *réels*.

13. — *Les droits personnels* sont ceux qui ne peuvent s'exercer que contre ceux qui ont contracté l'obligation ou contre leurs héritiers.

14. — Les droits personnels sont dirigés principalement vers la personne; ils n'affectent ses biens qu'en vertu de la règle générale posée par l'art. 2092, C. civ., suivant laquelle quiconque s'est obligé personnellement est tenu de remplir son engagement sur tous ses biens mobiliers et immobiliers, présens et à venir. — V. ACTION, nos 95 et suiv.

15. — Dans un autre sens, on appelle aussi *droits personnels* ceux qui sont attachés exclusivement à la personne à laquelle ils sont accordés, ou qui, une fois parvenus dans ses mains, sont *incessibles* ou *intransmissibles* à ses héritiers. — Lebrun, *Successions*, liv. 2, ch. 2, sect. 2e, no 46; Denisart, vo *Créancier*; Merlin, *Quest. de droit*, vo *Hypothèques*, § 4, no 4; Toullier, t. 6, no 375; Grenier, *Hypothèques*, no 44; Proudhon, *Usufruit*, no 2341. — Tels sont les droits d'usage et d'habitation (C. civ., art. 631 et 634), le retrait successoral. — C. civ., art. 841, etc.

16. — Par une conséquence nécessaire, cette dernière espèce de droits a été exceptée formellement par la loi de la règle générale suivant laquelle les créanciers peuvent exercer tous les droits et actions de leur débiteur. — C. civ., art. 1166. — V. CRÉANCIER, nos 36 et suiv.

17. — *Les droits réels* sont ceux qui sont dirigés contre une chose ou dans une chose; à la différence des droits personnels, ces droits affectent spécialement les biens du débiteur, et ceux à qui ils sont acquis ont la faculté de les exercer, en quelques mains que ces biens soient passés. — V. ACTION, nos 126 et suiv.

18. — ... 3o Enfin, eu égard à la qualité qu'ils supposent chez celui qui en réclame la jouissance, les droits sont *civils* ou *politiques*.

19. — *Les droits civils* sont ceux qui, définis par les lois d'une nation, sont essentiellement attachés à la qualité de sujet de cette nation; par exemple, à la qualité de Français.

20. — *Les droits politiques* sont ceux qui sont attachés exclusivement à la qualité de *citoyen* : ils consistent dans la faculté de participer plus ou moins immédiatement, soit à l'exercice, soit à l'établissement de la puissance et des fonctions publiques. — V. DROITS CIVILS, DROITS POLITIQUES.

21. — Nous n'essaierons pas de donner une énumération complète de tous les droits qui peuvent appartenir à une personne. Cette énumération serait d'ailleurs sans aucune utilité. Nous nous contenterons de réunir dans cet article ceux qui ont une épithète ou surnom que l'on ne peut séparer du mot *droit*, sans détruire l'idée que ces deux mots présentent conjointement, et ceux dont la dénomination empruntée à la langue du droit ne présenterait pas à l'esprit un sens clair et précis.

22. — *Droits abusifs.* — On appelle ainsi ceux qui ont quelque chose de contraire à la raison, à l'équité et à la bienséance : tels étaient, par exemple, les droits en vertu desquels certains seigneurs prétendaient avoir la première nuit des nouvelles mariées. — Guyot, vis *Droits abusifs*; *Encycl. méth.*, mêmes mots.

23. — *Droit acquis.* — C'est celui qui est déjà acquis à une personne avant le fait ou l'acte qu'on lui oppose pour l'en dépouiller.

24. — Le droit qui est acquis à quelqu'un ne peut cesser de lui appartenir que par son propre fait : *Quod nostrum est sine facto nostro nobis auferri non potest.* — L. *stipulatio*, ff., *De jure dot.* — Le fait d'un tiers ne saurait lui nuire. — Rolland de Villargues et Guyot, vo *Droit*.

25. — Pour qu'un droit soit réputé acquis, il importe peu qu'il ait été soumis à une condition encore pendante, pourvu d'ailleurs que cette condition soit contenue dans un acte de sa nature irrévocable. — L'affaire n'en doit pas moins en effet être tenue pour consommée, puisqu'il est de principe que la condition une fois accomplie rétroagit au jour de l'obligation; en sorte que, par une fiction de droit, elle est considérée comme avenue dès l'origine. — Rolland de Villargues, *loc. cit.* — V. CHOSE JUGÉE, ENREGISTREMENT.

26. — Par opposition, on appelle *droit éventuel* celui qui ne consiste que dans une simple expectative, celui qui n'est pas encore devenu *nôtre*.

27. — Au point de vue de la rétroactivité des lois, il y a grande importance à distinguer les droits acquis d'avec les droits éventuels. — V. à cet égard LOI.

28. — On ne peut, même par contrat de mariage, aliéner les droits éventuels qu'on peut avoir à la succession d'un homme vivant. — C. civ., art. 791. — V. SUCCESSION FUTURE.

29. — Dans certains cas, le droit même éventuel peut être l'objet d'une action. — V. ACTION (Dr. fr).

30. — *Droits actifs et passifs.* — Ce sont ceux qui comprennent tout à la fois les biens et les charges, les créances et les dettes. Ces expressions ne s'emploient guère qu'à l'occasion d'une universalité de choses, de meubles ou d'immeubles, par exemple, d'une société, d'une communauté, d'une succession, etc. — Rolland de Villargues, vo *Droits actifs et passifs*.

31. *Droits, noms, raisons et actions.* — Ce sont tous les droits et toutes les prétentions d'une personne à une chose. — En particulier, *droit* signifie ici ce qui appartient au cédant en vertu de la loi ou d'un titre; *nom* signifie le titre ou la qualité en vertu de quoi l'on peut être fondé ou l'on peut agir, *raison* signifie toute prétention légitime; *action* se dit du droit d'exercer la demande. — Rolland de Villargues, vis *Droits*, *Noms*, *Raisons et actions*.

32. — *Droit bourgeois.* — On nommait ainsi à Paris et dans quelques autres lieux le droit qu'avaient les propriétaires de maisons de donner congé à leurs locataires, sans attendre l'expiration des baux, lorsqu'ils voulaient occuper leur maison eux-mêmes. — V. BAIL.

33. — *Droits domaniaux.* — Ce sont ceux qui appartiennent au domaine de l'état ou de la couronne. — V. ces mots.

34. — *Droits régaliens.* — Ce sont ceux qui, suivant les lois du royaume, ne peuvent appartenir qu'au roi. — Tel est le droit de battre monnaie et celui de faire la guerre ou la paix.

35. — *Droits seigneuriaux.* — On appelait ainsi les droits, priviléges, prééminences et prérogatives qui appartenaient aux seigneuries. — V. CHAMPART, DIRECTE, FIEF, RENTE SEIGNEURIALE, et surtout DROITS SEIGNEURIAUX.

36. — *Droits utiles.* — Ce sont ceux qui produisent quelque chose qui puisse servir aux besoins de la vie.

37. — Par opposition, on appelle *droits honorifiques* ceux qui consistent dans de simples honneurs dont jouissent certaines personnes privativement aux autres. — V. CÉRÉMONIES PUBLIQUES, PRÉSÉANCE.

38. — *Droits facultatifs ou de pure faculté.* — On appelle ainsi des droits dont il est libre au propriétaire d'user ou de ne pas user.

39. — En général les droits facultatifs sont imprescriptibles. — V. à cet égard PRESCRIPTION.

40. — *Droits litigieux.* — Ce sont ceux dont le sort dépend d'un procès. — V. ce mot.

41. — *Droits successifs.* — On appelle ainsi les droits qu'on a recueillis à titre de succession. — V. DROITS SUCCESSIFS.

42. — *Droit héréditaire* ou *droit de succession.* — C'est la faculté légale de succéder aux biens et aux charges d'une personne décédée, c'est-à-dire d'acquérir sur l'universalité des biens du défunt tous les droits qui lui appartenaient. — Toullier, t. 4, no 66.

43. — *Droit d'offrir.* — On désignait sous ce nom le droit en vertu duquel des créanciers postérieurs étaient autorisés à offrir à des créanciers antérieurs le paiement de ce qui leur était dû afin d'être subrogés par ce moyen à leurs hypothèques. — Rolland de Villargues et Merlin, vis *Droit d'offrir*.

44. — L'exercice de ce droit est-il encore compatible avec celui que l'art. 1236, C. civ., donne à tout créancier à qui l'on offre le paiement de la créance, moyennant subrogation, de le refuser? — V. à cet égard SUBROGATION.

45. — *Droit de présentation.* — On appelle ainsi le droit qui appartient à un notaire, à un avoué ou autre officier ministériel, de présenter son successeur à l'agrément du roi, d'après l'art. 91, L. 28 avr. 1816. — V. OFFICE.

46. — *Droit de recherche.* — C'est le droit qu'ont les préposés de l'enregistrement de demander la communication des actes qui se trouvent dans les dépôts publics. — V. ENREGISTREMENT.

47. — *Droit de rétention.* — C'est le droit de conserver entre ses mains une chose qui appartient à un autre. On peut donner pour exemple l'art. 867, C. civ., qui autorise le cohéritier qui fait le rapport en nature d'un immeuble à en retenir la possession jusqu'au remboursement effectif des sommes qui lui sont dues pour impenses ou améliorations. (V. RAPPORT A SUCCESSION), et l'art. 1673 qui permet à l'acheteur à réméré de retenir jusqu'au remboursement des impenses nécessaires ou d'amélioration la possession du fonds, objet du rachat. — V. COMMISSIONNAIRE, nos 128 et suiv., VENTE A RÉMÉRÉ.

48. — *Droit de retour.* — On appelle ainsi le droit en vertu duquel un donateur recouvre, par le décès du donataire, les choses qu'il lui avait données. On l'appelle aussi *reversion*.

49. — Le retour est légal (C. civ., art. 747) ou conventionnel (C. civ., art. 951). — V. RETOUR CONVENTIONNEL, RETOUR LÉGAL.

50. — *Droit de suite.* — C'est le droit que donne le privilége ou l'hypothèque de suivre l'immeuble qui en est grevé en quelques mains qu'il passe et de forcer le détenteur à le délaisser pour être vendu, si mieux il n'aime acquitter la dette. — V. HYPOTHÈQUE, PRIVILÉGE, TIERS DÉTENTEUR.

51. — *Droit de viduité.* — C'est le droit que la coutume de Normandie accordait au mari après le décès de sa femme de laquelle il avait eu un enfant né vif. Il existe en Angleterre au profit du mari un droit analogue nommé *droit de courtoisie*.

52. — Ce droit consistait, suivant les art. 382 et 383, Cout. de Normandie, dans la jouissance ou l'usufruit de tous les biens immeubles dont la femme mourait saisie. Il était accordé au mari au préjudice même des enfans de la femme de quelque mariage qu'ils fussent nés. — V. VIDUITÉ (droits de).

53. — *Droit de visite.* — C'est le droit qui appartient à une nation de faire visiter par les officiers de sa marine les navires marchands d'autres nations, afin de s'assurer si ces navires ne sont pas destinés à des opérations illicites. — V. VISITE DE NAVIRES.

54. — *Droit d'annexe.* — On donne encore le nom de *droit d'annexe* au pouvoir de vérification, admission ou rejet des bulles, brefs, constitutions ou expéditions venant de la cour de Rome. — Dans quelques parlemens, le droit d'annexe était autrefois connu sous le nom de *droit d'attache*. — V. BREF, BULLE.

DROIT (Imposition, taxe, etc.).

Table alphabétique.

DROIT (IMPOSITION, TAXE, SALAIRE). — 1. — Le mot *droit* se prend souvent dans l'acception d'imposition, redevance, salaire, taxe. C'est dans ce sens que l'on dit : *droits d'actes*, — impôts auxquels sont assujétis les actes. — V. ACTE, ENREGISTREMENT, TIMBRE.

2. — Considérés sous ce rapport, les droits sont établis soit dans l'intérêt de l'état, soit au profit de certaines administrations publiques ou de simples particuliers.

3. — Parmi les droits de la première espèce, il faut ranger notamment : les *droits de douane*. — V. DOUANE.

4.—... Les *droits de navigation.*—V. NAVIGATION.

5.—... Les *droits de bassin et avant-bassin.* — V. BASSIN.

6. — ... Les *droits de pilotage.* — V. PILOTAGE.

7. — ... Les *droits de tonnage.* — V. TONNAGE.

8. —... Les *droits de timbre*, établis sur les papiers destinés aux actes et aux écritures qui doivent être produits en justice, ainsi qu'aux affiches, avis, journaux, etc. — V. TIMBRE.

9. — ... Les *droits d'enregistrement*, qui comprennent les diverses redevances auxquelles donne lieu la formalité de l'enregistrement. — V. ENREGISTREMENT.

10. — Ces droits ont remplacé les *droits de centième denier.* — V. CENTIÈME DENIER.

11. — ... Les *droits de mutation*, établis sur toute transmission de propriété ou d'usufruit de meubles et d'immeubles, à titre gratuit ou onéreux. — V. ENREGISTREMENT.

12. — Les *droits d'hypothèques* perçus sur l'inscription prise sur les immeubles affectés à la garantie d'une créance. — V. HYPOTHÈQUE.

13. — ... Les *droits de transcription* perçus pour la formalité de la transcription hypothécaire. — V. TRANSCRIPTION.

14. — ... Les *droits de sceau* ou redevances à la charge de ceux qui forment des demandes en collation, confirmation, reconnaissance et vérification de titres de noblesse, en délivrance des lettres de naturalité ou dispenses soit d'âge, soit de parenté pour mariage. — V. SCEAU.

15.— ... Les *Droits de chancellerie de consulat.* — V. CONSUL.

16.—... Les *droits de greffe* qui sont perçus par la régie de l'enregistrement sur les actes des greffiers, et qui se composent des droits de mise au rôle, de rédaction et d'expédition. — V. GREFFE.

17.— ... Les *droits de mise au rôle* ou rétribution due pour la formation et la tenue des rôles, et pour l'inscription de chaque cause sur le rôle auquel elle appartient. — L. 21 vent. an VII, art. 3. — V. GREFFE.

18. — ... Les *droits d'expédition* ou la rétribution due aux greffiers pour l'expédition des jugemens ou actes qu'ils délivrent. — V. EXPÉDITION, GREFFE.

19. — ... Les *droits de rédaction* ou l'émolument du greffier pour les actes qu'il rédige ou qu'il transcrit. — V. GREFFE.

20.—... Les *droits de lazaret sanitaire.*—V. POLICE SANITAIRE.

21. — Une portion des droits de greffe est attribuée aux greffiers comme rémunération de leurs travaux. — V. GREFFE, GREFFIER.

22.—Autrefois, des droits importans étaient encore établis au profit de la royauté sur les biens appartenant soit à des étrangers morts sans enfans nés et demeurant en France, soit sur certains biens possédés par des régnicoles ou dépendant du domaine public; ces droits étaient connus sous le nom de *droits d'aubaine, droits de détraction, droits régaliens, droits seigneuriaux.*—V. AUBAINE, DOMAINE PUBLIC.

23.—Tous les droits perçus par le fisc dans l'intérêt de l'Etat, sont désignés sous la dénomination de DROITS FISCAUX.—V. AMENDE, ENREGISTREMENT, FISC.

24. — Les communes, les hospices, sont autorisés à percevoir des droits de diverse nature.

25. — Tels sont les droits d'*octroi*, ceux de *place* dans les halles et marchés (V. OCTROI, HALLES ET MARCHÉS), les *droits des pauvres* sur les recettes des spectacles publics. — V. DROIT DES PAUVRES, THÉATRE.

26. — Les droits autorisés au profit de simples individus, sont en général établis soit pour les indemniser de travaux d'utilité publique effectués par eux, soit comme rémunération de leurs peines et soins dans l'intérêt de tierces personnes.

27. — Dans la première de ces catégories il faut ranger les droits de péage sur les ponts, canaux ou chemins de fer construits par des particuliers. — V. CANAUX, CHEMINS DE FER, PÉAGE.

28. — Dans la seconde sont compris les émolumens fixés par les tarifs pour les différens actes du ministère des officiers publics et ministériels.— V. AVOUÉ, COMMISSAIRE-PRISEUR, COURTIER, GREFFIER, GARDE DU COMMERCE, FRAIS ET DÉPENS, HUISSIER, NOTAIRE

29. — Ces droits se divisent en plusieurs espèces et reçoivent une dénomination spéciale qui indique leur objet.

30. — Les principaux sont : 1° les *droits d'assistance*, accordés aux avoués, dans certains cas, pour leur présence à l'audience.

31. — ... 2° Les *droits de transport*, alloués quand un officier ministériel est obligé de se rendre, pour un acte de ses fonctions, dans un lieu autre que celui de son domicile.

32. — Des *droits de transport* sont également accordés en pareilles circonstances, aux juges et aux magistrats du ministère public.

33. — ... 3° Les *droits de consultation* accordés aux avoués pour un avis donné dans une affaire.

34.— ... 4° *Les droits de copie de pièces.*—V. COPIE DE PIÈCE (mat. civ.), nos 41 et suiv.

35. — ... 5° *Les droits de correspondance.*—V. CORRESPONDANCE (Droit).

36. — ... 6° *Les droits d'expédition* pour les copies d'actes délivrés par les notaires ou autres dépositaires publics.

37. — ... 7° *Les droits de recherche* alloués aux notaires ou aux greffiers pour les recherches qu'ils font dans les actes dont ils sont dépositaires. — V. GREFFE (droit de), HONORAIRES.

38. — On donne encore quelquefois le nom de *droit* à la rétribution que l'usage autorise, dans certains cas, à réclamer pour peines et soins, quoique cette rétribution ne soit tarifée par aucun réglement. — C'est ainsi qu'on appelle *droit de commission* le salaire que l'on alloue à un commissionnaire ou à un banquier pour les négociations faites par son entremise. — V. BANQUIER, COMMISSIONNAIRE, ESCOMPTE.

39. — Les divers droits dont il vient d'être parlé sont *fixes* ou *proportionnels.*

40. — On appelle *droits fixes* ceux qui sont déterminés d'une manière invariable.

41. — On nomme *droits proportionnels* ceux qui varient suivant la nature des actes et l'importance des objets sur lesquels ils sont perçus.

42. — On désigne sous la qualification de *droits en sus* ou *double droit* une sorte d'amende ou de peine qui se perçoit en sus du droit ordinaire en cas de retard ou d'inexactitude dans l'accomplissement des formalités prescrites.—V. DOUBLE DROIT.

43. — Enfin, on appelle *droit de titre* le droit exigible sur une déclaration ou énonciation destinée à constater l'existence d'une convention tarifée et à lui servir de titre. — Championnière et Rigaud, *Dict. des droits d'enreg.*, n° 844.—V. ENREGISTREMENT.

DROIT CANON, DROIT CANONIQUE.

1. — Expressions confondues par l'usage, et qui servent à désigner soit la science des canons et lois ecclésiastiques en général, soit le corps même ou le recueil de ces canons ou lois.

2. — Toutefois, et dans un sens plus exact, les commentateurs appellent droit canonique la science du droit ecclésiastique et sa matière en elle-même, et réservent la dénomination de droit canon pour exprimer la forme et les différentes collections qui composent ce même droit ecclésiastique.—Doujat, *Droit canonique*; l'abbé André, *Cours de dr. canon.*, v° *Droit canon, droit canonique.*

3. — Nous n'avons pas sans doute à nous occuper ici du droit canonique, qui n'est autre chose que l'ensemble des règles propres à diriger les chrétiens pour la vie spirituelle, et qui par conséquent sont en principe complétement en dehors de toute intervention de la puissance temporelle. — Lancelot, *Instit.*, liv. 1er, tit. 1er.

4. — Néanmoins, il importe d'observer que parmi les canons de l'église il en est qui, n'étant pas relatifs simplement au for intérieur, ont trait à la vie extérieure, tels sont les canons disciplinaires; dans ces cas, l'intervention de l'autorité temporelle est nécessaire, non pour les règles, mais pour autoriser leur exécution sur le territoire. — V. CANON D'ÉGLISE, LIBERTÉS DE L'ÉGLISE GALLICANE.

5. — Lors de l'avénement de Constantin à l'empire, l'église ne possédait aucune autre règle dans son gouvernement que celles qu'avaient données les apôtres aux prêtres et aux évêques, et qui se conservèrent long-temps par tradition jusqu'au troisième siècle, où elles furent rassemblées et publiées dans deux recueils intitulés : *Canons des apôtres* et *Constitutions apostoliques.*

6. — Diverses autres collections des lois canoniques suivirent celles que nous venons d'indiquer; mais au résumé ces divers recueils ne sont pas compris dans le *Corpus juris canonici*, et n'ont plus d'importance pratique.

7. — Or, le corps des lois canoniques renferme aujourd'hui six collections, savoir : décret de Gratien, les décrétales de Grégoire IX, le sexte de Boniface VIII, les clémentines, les extravagantes de Jean XXII, et les extravagantes communes.

8. — Le *décret de Gratien*, fait et publié en l'an 1151, sous le pontificat d'Eugène III, et appelé du nom de son auteur, moine de Saint-Benoît, contient toutes les constitutions ecclésiastiques publiées jusqu'alors.

9. — La seconde collection est celle des *Décrétales*, publiées dans le cours du treizième siècle par le pape Grégoire IX, qui rassembla en un seul corps les décrétales, c'est-à-dire les décisions des souverains pontifes sur les questions qui leur étaient proposées à décider. —V. DÉCRÉTALES.

10. — Grégoire IX avait défendu de faire désormais aucune compilation; cependant, les décisions rendues tant par lui que par ses successeurs s'étant multipliées, et les tribunaux et les écoles ne voulant point leur accorder d'authenticité, précisément à cause de la défense de Grégoire IX, Boniface VIII les fit réunir dans une collection nouvelle qui prit le nom de *Sexte*, parce qu'il voulut qu'elle fût jointe au recueil de décrétales de Grégoire IX, lequel était divisé en cinq livres. — Le sexte de Boniface VIII fut publié le 3 mars 1299.

11. — Nous avons vu déjà (v° CLÉMENTINES [recueil de]), que cette collection, préparée par Clément V et publiée par Jean XXII en 1317, contenait les constitutions du premier de ces pontifes, et les canons du concile de Vienne, qu'il avait présidé.

12.—A leur tour les constitutions de Jean XXII furent réunies et publiées dans le recueil connu sous le nom d'*Extravagantes de Jean XXII*, ainsi qualifié parce que les décisions y sont, à cause de leur peu d'étendue, rassemblées sans aucune distinction de livres.

13. — Enfin, une dernière collection est celle des *extravagantes communes*, comprenant diverses décisions des souverains pontifes depuis l'an 1261 jusqu'à l'an 1483, lesquelles portent ce nom d'extravagantes parce que, composées par des auteurs anonymes et n'ayant été ni confirmées par le Saint-Siége, ni envoyées aux universités, elles furent longtemps *vagantes extrà corpus juris canonici*, où elles n'ont pris place que plus tard.

14. — Depuis la publication des extravagantes communes, il n'y a plus eu que des *bullaires, quæ non clauduntur in corpore juris*, mais qui, néanmoins, ne laissent pas d'avoir la même autorité.— V. BULLE, BULLAIRE.

15. — Il n'est pas, du reste, nécessaire, du moment où l'authenticité en est constante, qu'une décision émanant soit du Saint-Siége, soit d'un concile, soit consignée dans le *corpus juri canonici* ou dans les bullaires pour avoir autorité.—V. CONCILE.

16. — Ainsi, on peut citer comme exemples les bulles et brefs des derniers pontifes, et, notamment, ceux relatifs au concordat et à sa publication. — V. CONCORDAT.

17. — On peut, au surplus, pour plus amples explications, consulter sur ces matières le *Dictionnaire de droit canonique de l'abbé André*, v° *Droit canon, droit canonique.*

DROITS CIVILS.

Table alphabétique.

DROITS CIVILS. — 1. — On appelle ainsi les facultés, les avantages qui ont été établis et sont réglés par la loi privée d'un pays, et dont la jouissance, attribut des nationaux, dans l'état civil, n'est accordée aux étrangers qu'en vertu de dispositions formelles.

2. — Les droits civils sont assez multipliés, et il serait difficile d'en faire une énumération complète. Les principaux sont les rapports de parenté et d'alliance, la faculté de contracter mariage, le droit de puissance paternelle ou maritale; les droits de paternité et de filiation ; la minorité ou la majorité; ceux qui résultent de l'adoption; ceux d'être nommé tuteur ou curateur, de voter dans le conseil de famille, etc.; le droit de recourir aux tribunaux français pour obtenir justice sans prestation de la caution *judicatum solvi*; la transmission des biens par succession, donation entre-vifs ou par testament, etc. — Toullier, t. 1er, no 253 ; Serrigny, *Tr. du dr. publ. des Français*, t. 1er, p. 168.

—

Sect. 1re. — *Jouissance des droits civils, manière de les acquérir.*

3. — Les droits civils sont essentiellement personnels, et ne peuvent être acquis ou perdus sans un acte de la volonté.

4. — Dans les contestations qui s'élèvent à cet égard, on doit adopter l'interprétation qui les conserve à un individu, de préférence à celle qui les lui fait perdre.

5. — En principe, les lois d'un peuple ne sont généralement faites que pour lui ; c'est ainsi que l'art. 8, C. civ., porte que « tout Français jouira des droits civils. »

6. — Cet article ne fait aucune distinction : les femmes comme les hommes, les mineurs comme les majeurs, les serviteurs à gages, les faillis, tous les Français enfin sont appelés à la jouissance des droits civils. — Demolombe, *Cours de C. civ.*, t. 1er, no 138.

7. — Jugé notamment que le failli déclaré tel ne tombe pas en état d'interdiction et ne perd pas ses droits civils ; il a donc capacité pour se livrer à de nouvelles affaires commerciales ou autres, pourvu que ce soit avec des moyens nouveaux d'industrie, etc. — *Cass.*, 6 juin 1831, Blondeau c. Charbonnier. — V. Pardessus, *Tr. commerc.*, t. 5, no 1313.

8. — Mais la *jouissance* ne doit pas être confondue avec l'*exercice* : la jouissance, c'est l'investiture, l'attribution des droits. — L'exercice, c'est seulement leur mise en œuvre, leur pratique. — Ainsi, tous les Français *jouissent* des droits civils, mais tous ne les *exercent* pas. — Demolombe, *loc. cit.*

9. — Après avoir établi cette distinction vraie en principe, M. Demolombe ajoute (*loc. cit.*) : « Il faut pourtant remarquer : 1o que les deux termes qui expriment cette distinction sont quelquefois confondus par la loi elle-même (V. not. art. 7, C. civ.); 2o qu'elle ne saurait s'appliquer à tous les droits civils, et que même c'est à l'égard du plus précieux peut-être et du plus important de ces droits qu'elle se trouve en défaut : ainsi, la faculté de tester, la faculté de se marier sont des droits civils à l'égard desquels on ne conçoit pas la *jouissance* distincte et séparée de l'exercice ; car ils sont essentiellement personnels et ne sauraient s'exercer par délégation. La jouissance alors sans l'exercice n'est donc qu'un droit purement nominal. »

10. — En tous cas, la jouissance et même l'exercice des droits civils sont indépendans de la qualité de citoyen, de laquelle dépendent les droits politiques et de cité, et qui ne s'acquiert et ne se conserve que conformément à la loi constitutionnelle. — C. civ., art. 7. — V. CITOYEN FRANÇAIS.

11. — La jouissance des droits civils se modifie suivant l'âge, le sexe et certaines conditions ou facultés. On peut, à cet égard, distinguer, parmi les Français, plusieurs classes.

12. — Les uns non seulement ont la jouissance des droits civils, mais peuvent eux-mêmes les exercer. Ce sont ceux qui au titre de Français réunissent celui de citoyen.

13. — D'autres, sans être citoyens, exercent cependant encore eux-mêmes les droits civils, tels sont les individus en état de domesticité, les faillis non réhabilités, les femmes en général.

14. — Enfin, il en est d'autres qui jouissent simplement des droits civils, sans les exercer, comme les interdits, les mineurs, les femmes mariées dans certains cas, les condamnés par contumace pendant les cinq ans qui leur sont accordés pour se représenter. — C. civ., art. 28.

15. — Les droits civils étant attachés à la qualité de Français, il est évident qu'on les acquiert ou qu'on les recouvre par les mêmes moyens que l'on acquiert ou recouvre cette qualité. — V. FRANÇAIS, NATURALISATION.

16. — Cependant, ces droits ne sont point exclusivement réservés à ceux qui sont investis de la qualité de Français. — Les étrangers peuvent aussi, dans certains cas, obtenir l'exercice de droits civils en tout ou en partie.

17. — On s'est demandé quels étaient en général les droits civils dont les étrangers pouvaient jouir en France. — Plusieurs systèmes ont été émis :

18. — Les uns distinguent les facultés qui dérivent du droit naturel ou des gens, de celles qui ne dérivent que du droit civil. Ils accordent l'exercice des premières à l'étranger, même en l'absence de toute concession spéciale, et ne lui refusent que les secondes. — Troplong, *Prescript.*, t. 1er, no 35 ; Coin-Delisle, *Comm. analyt.* sous l'art. 8, no 1er, et sous l'art. 11, no 5 ; Richelot, t. 1er, p. 146.

19. — Cette doctrine semble être celle de la cour de Cassation qui, en décidant qu'un Français ne peut être adopté par un étranger si la réciprocité n'est admise en faveur du Français dans le pays de cet étranger, se fonde sur ce que « l'adoption n'ayant d'autre principe que la loi civile qui l'institue, elle n'engendre qu'un droit purement civil auquel ne peuvent participer que ceux auxquels la loi accorde la jouissance des droits civils. — *Cass.*, 22 nov. 1825, Sander-Lotzbach c. Dugied.

20. — Zachariæ (t. 1er, p. 163) concède aux étrangers tous les droits civils, excepté seulement ceux qui seraient accordés aux Français à l'exclusion des étrangers.

21. — Quant à M. Demolombe (t. 1er, no 240), il pense, au contraire, qu'on ne peut accorder aux étrangers que les droits civils qui leur sont formellement concédés. — Or, cette concession résulterait suivant lui soit des traités, soit des lois françaises.

22. — Le premier cas est réglé par l'art. 11 du C. civ., ainsi conçu : « L'étranger jouit en France des mêmes droits civils que ceux qui sont ou seront accordés aux Français par les traités de la nation à laquelle cet étranger appartient. »

23. — Ce n'est pas, du reste, la réciprocité pure et simple que consacre cet article, mais la réciprocité *diplomatique*; ainsi un étranger ne serait pas fondé à invoquer l'exercice en France d'un droit civil sur le seul motif que les Français en jouissent dans son pays en l'absence de toute convention. — De même, un étranger pourrait jouir en France, en vertu de lois spéciales, de droits civils dont les Français ne jouiraient pas en pays étranger. — Demolombe, t. 1er, no 241.

24. — Les concessions de droits civils faites aux étrangers par la loi sont expresses ou tacites.

25. — Elles sont expresses dans le cas du décret du 16 janv. 1808, dont l'art. 3 autorise les étrangers à acquérir des actions de la Banque de France. — Dans celui du décret du 21 avr. 1810, dont l'art. 13 leur permet d'obtenir des concessions de mines ; — du décret du 5 fév. 1810 qui leur reconnaît le droit de propriété littéraire (art. 40); — de la loi du 5 juill. 1844 portant, art. 27, que les étrangers pourront obtenir en France des brevets d'invention. — Demolombe t. 1er, no 242.

26. — De même, la loi du 14 juill. 1819 a permis aux étrangers de succéder, disposer et recevoir en France de la même manière que les Français.

27. — La concession est tacite quand elle résulte comme conséquence nécessaire d'une faculté principale accordée par une loi, faculté dont les droits civils ne sont alors que le moyen d'exercice. — Ainsi, les art. 3, 14, et 15, C. civ., reconnaissent aux étrangers le droit d'être propriétaires en France, créanciers et débiteurs d'après la loi française; il résulte de là logiquement que tous les droits civils nécessaires pour valider aux yeux de la loi l'acquisition et la transmission des biens, la formation et l'extinction des dettes, pour autoriser la preuve des obligations etc., etc., appartiennent également aux étrangers. — Demolombe, t. 1er, no 243.

28. — Il est un cas encore où les étrangers sont admis à jouir des droits civils en France, c'est celui où ils ont été autorisés à y établir leur domicile : l'art. 13 du C. civil est ainsi conçu : « L'étranger qui a été admis par l'autorisation du roi, à établir son domicile en France y jouira de tous les droits civils tant qu'il continuera d'y résider. »

29. — L'étranger, en vertu de cet article, aurait donc pu, avant la loi du 14 juill. 1819, recevoir en France de la même manière que les Français; il peut adopter ou être adopté, si la loi de son pays ne s'y oppose point; assigner devant les tribunaux français; il est dispensé de fournir la caution *judicatum solvi*; il n'est plus soumis à la contrainte par corps que dans les mêmes cas que les Français ; il peut invoquer le bénéfice de cession, etc. — Demolombe, t. 1er, no 266. — V. CESSION DE BIENS.

30. — Les questions de savoir si l'étranger admis à résider en France peut exiger la caution *judicatum solvi* de ceux non autorisés, ou peut être tuteur, sont controversées. — V. sur ce point Demolombe, t. 1er, nos 266 et 267. — V. aussi CAUTION JUDICATUM SOLVI, TUTELLE.

31. — Sur le point de savoir si, en pareil cas, l'étranger acquiert en France un véritable domicile, V. ÉTRANGER.

32. — Selon Zachariæ (t. 1er, p. 162) les effets de l'autorisation accordée à l'étranger s'étendent à sa femme et à ses enfans en sa puissance. M. Demolombe (no 269) croit, au contraire, qu'ils lui sont personnels, sauf à lui à solliciter l'autorisation pour sa famille.

33. — Mais la concession des droits civils aux étrangers autorisés à établir leur domicile en France ne confère pas à ces étrangers la qualité d'habitans de la commune où ils sont fixés, propre à leur donner droit aux partages des biens communaux.

34. — Pour jouir de ces avantages, l'étranger doit s'établir réellement en France. — Ainsi, jugé que l'étranger qui a obtenu l'autorisation d'établir son domicile en France, pouvait être arrêté provisoirement, en vertu de la loi du 10 sept. 1807, si, au lieu de s'y établir réellement, il s'y était créé un domicile fictif pour se soustraire à la contrainte par corps. — *Douai*, 9 déc. 1829, Trudin-Roussel c. Creswell.

35. — Il doit aussi continuer d'y résider : toutefois, une absence momentanée, un voyage ne suffiraient pas pour lui faire perdre son domicile. — Demolombe, no 270.

36. — Enfin l'autorisation est essentiellement révocable; le gouvernement est le seul juge des motifs qui le pourraient déterminer à la retirer. — Avis cons. d'état, 20 prairial an XI. — Demolombe, t. 1er, no 270. — V. au surplus ÉTRANGER.

37. — Les Français naturalisés en pays étranger avec autorisation peuvent aussi posséder en France des propriétés, les transmettre et succéder. — Décr. 26 août 1811, art. 3. — V. FRANÇAIS.

38. — Les hommes de couleur qui habitent les colonies françaises, s'ils viennent résider ou établir leur domicile en France, peuvent également participer à l'exercice des droits civils en France

car, bien que ces colonies soient régies par des lois particulières, leurs habitans n'en ont pas moins le titre de Français, et ce titre doit produire en France tous ses effets.

Sect. 2e. — *Privation des droits civils.*

39. — La privation des droits civils résulte : 1° de la perte de la qualité de Français ; — 2° de certaines condamnations judiciaires.

§ 1er. — *Perte de la qualité de Français.*

40. — La jouissance des droits civils étant attachée à la qualité de Français, il est tout naturel que le changement d'état résultant de la perte de cette qualité entraîne également la perte de ladite jouissance.

41. — La qualité de Français se perd, d'après le Code civil, soit par le démembrement d'une partie du territoire français, soit par la naturalisation en pays étranger (C. civ., art. 17, 1°), par l'acceptation non autorisée par le roi de fonctions publiques conférées par un gouvernement étranger (art. 17, 2°), par tout établissement fait en pays étranger sans esprit de retour (art. 17, 3°), de la part d'une femme française par son mariage avec un étranger (art. 19), enfin par le fait d'avoir, sans autorisation du roi, pris du service militaire chez l'étranger, ou de s'être affilié à une corporation militaire étrangère (art. 21). — V. pour l'examen détaillé de ces propositions le mot FRANÇAIS.

42. — Les droits civils étant intimement liés à la qualité de régnicole, leur existence est toujours subordonnée à l'existence actuelle de cette qualité. Il n'y a donc ni enlèvement de droits acquis ni rétroactivité lorsque, la qualité venant à cesser par suite d'un fait légal (un traité politique), l'exercice d'un droit civil n'est refusé pour l'avenir que comme une conséquence de la perte de cette qualité. — *Douai*, 24 juin 1844 (t. 2 1844, p. 491), Zanna c. Declerc.

§ 2. — *Condamnations judiciaires.*

43. — Parmi les condamnations judiciaires qui modifiant l'état des condamnés les privent des droits civils, les unes entraînent une privation *totale*, les autres une privation *partielle* seulement.

44. — Quelquefois, la privation soit *totale* soit *partielle* peut être prononcée comme peine principale : le plus souvent, elle n'est que la suite, la conséquence légale d'une condamnation à une autre peine.

45. — Cette privation peut aussi être *temporaire* ou *perpétuelle*.

46. — Enfin elle enlève soit la jouissance même de certains droits, soit seulement leur exercice.

47. — Les cas dans lesquels la privation des droits civils est prononcée comme peine principale, totale et perpétuelle, sont ceux prévus par les art. 22, 26, 28 et 29 du décr. du 6 avr. 1809. Ces articles déclarent en effet *morts civilement* les Français qui, exerçant à l'étranger des fonctions publiques, ou étant au service d'une puissance militaire étrangère, n'auraient pas justifié de leur retour en France dans le délai de trois mois, à compter des premières hostilités, ou n'auraient pas obéi au décret de rappel, et ceux qui n'ayant pas de service militaire et n'exerçant à l'étranger aucune fonction, n'auraient pas répondu, dans le cas où ils y auraient été nominativement compris, au décret de rappel. Toutefois, la légalité et l'abrogation de ce décret sont l'objet de doutes sérieux. — V. FRANÇAIS.

48. — La privation partielle des droits civils est prononcée comme peine principale dans le cas de dégradation civique prévu par les art. 8 et 34, C. pén., et dans le cas de l'art. 42, C. pén. Cet article est ainsi conçu : « Les tribunaux jugeant correctionnellement peuvent, dans certains cas, interdire en tout ou en partie l'exercice des droits civiques, civils et de famille suivans : 1° de vote et d'élection ; — 2° d'éligibilité ; — 3° d'être appelé ou nommé aux fonctions de juré ou autres fonctions publiques, ou aux emplois de l'administration, ou d'exercer ces fonctions ou emplois ; — 4° de port d'armes ; — 5° de vote et de suffrage dans les délibérations de famille ; — 6° d'être tuteur, curateur, si ce n'est de ses enfans, et sur l'avis seulement de la famille ; — 7° d'être expert ou employé comme témoin dans les actes ; — 8° de témoignage en justice, autrement que pour y faire de simples déclarations. »

49. — Toutefois, il faut observer qu'aux termes de l'art. 43 du même Code, les tribunaux ne peuvent prononcer l'interdiction mentionnée dans l'article précédent, que quand elle est autorisée ou ordonnée par une disposition particulière de la loi.

50. — La privation totale des droits civils résulte de la condamnation à une autre peine, dans le cas où cette peine entraîne comme conséquence *la mort civile*. — V. MORT CIVILE.

51. — L'art. 28, C. pén. nous fournit l'exemple d'une privation de certains droits civils, seulement comme conséquence d'une condamnation à une autre peine. « La condamnation, dit cet article, à la peine des travaux forcés à temps, de la détention, de la réclusion et du bannissement, emportera la dégradation civique. » La dégradation civique consiste notamment dans l'incapacité d'être juré-expert, d'être employé comme témoin dans des actes, et de déposer en justice autrement que pour y donner de simples renseignemens, dans l'incapacité de faire partie d'aucun conseil de famille, et d'être tuteur, curateur, subrogé-tuteur ou conseil judiciaire, si ce n'est de ses propres enfans, et sur l'avis conforme de la famille, etc. (art. 34, même Code). — V. DÉGRADATION CIVIQUE.

52. — « Quiconque aura été condamné, ajoute l'art. 29 C. pén., à la peine des travaux forcés à temps, de la détention ou de la réclusion, sera, de plus, pendant la durée de sa peine, en état d'interdiction légale ; il lui sera nommé un tuteur et un subrogé-tuteur pour gérer et administrer ses biens, dans les formes prescrites pour la nomination des tuteurs et subrogés-tuteurs aux interdits. » Après l'expiration de la peine, le condamné rentre dans la jouissance de ses biens, de l'administration desquels le tuteur est tenu de lui rendre compte (art. 30).

53. — La *jouissance* des droits civils est perdue par la dégradation civique ou la privation de certains droits civils ou de famille prononcée en conformité de l'art. 42 C. pén. — L'*exercice* seul est suspendu ou perdu dans le cas de l'art. 29 C. pén. qui place les condamnés en état d'interdiction légale, et dans celui de l'art. 28 relatif aux condamnés par contumace.

54. — La privation partielle des droits civils, par suite de condamnation à une autre peine, commence, comme la mort civile, du jour où la condamnation est devenue irrévocable, et en cas de condamnation par contumace, du jour de l'exécution par effigie. — C. pén., art. 28, *in fin.*

55. — La position légale des condamnés en état d'interdiction légale conformément à l'art. 29 a soulevé d'assez graves difficultés ; à cet égard, plusieurs systèmes se partagent la doctrine et la jurisprudence.

56. — L'un, enseigné par MM. Toullier (t. 6, n° 3) et Chauveau et Hélie (*Th. C. pén.*, t. 1er, p. 211), veut que cette interdiction n'influe que sur l'administration des biens et n'attaque point la capacité du condamné qui, conservant dès-lors l'*exercice* comme la *jouissance* de ses droits civils, peut toujours s'obliger, aliéner, se marier, tester, etc.

57. — Selon un autre système, l'état d'interdiction légale n'aurait pas d'autres effets que l'interdiction générale, et priverait conséquemment le condamné de l'exercice des droits civils : il ne pourrait donc s'obliger, aliéner, tester, etc. Cette doctrine a pour partisans MM. Duranton (t. 8, n° 181) Boitard (*Leç. de dr. pén.*, p. 188). — V. aussi MM. Valette (sur Proudhon), t. 2, 554, et Demante t. 1er, p. 55.

58. — Une troisième doctrine distinguant entre les aliénations entre-vifs et les testamens, proscrit les premières et n'autorise que les secondes ; c'est dans ce sens que se prononcent MM. Zachariæ (t. 1er, p. 330) et Demolombe (t. 1er. n° 192. p. 210), dont l'opinion paraît du reste appuyée sur la jurisprudence.

59. — L'art. 2, tit. 4, part. 1re de la loi du 25 sept.-6 oct., réunissait dans un seul contexte la rédaction des art. 28 et 29 du Code pénal actuel, il ne pouvait donc alors s'élever aucune difficulté : il portait que « quiconque aurait été condamné à l'une des peines des fers, de la réclusion dans la maison de force, de la gêne ou de la détention, ne pourrait, pendant la durée de sa peine, *exercer par lui-même* aucun droit civil, qu'il serait pendant ce temps en *état d'interdiction légale*, et qu'il lui serait nommé un curateur pour gérer et administrer ses biens. »

60. — Aussi, sous l'empire du Code de 1791, avait-il été et devait-il, en tous cas, être jugé que le condamné qui rentrait dans les prévisions du susdit art. 2 était frappé de l'incapacité de vendre. — *Rouen*, 7 mai 1806. N...

61. — ... Qu'en conséquence les actes de vente revêtus de la signature du condamné n'étaient valables qu'autant qu'ils avaient une date certaine antérieure à l'arrêt de condamnation et que l'authenticité de la date ne pouvait être prouvée par témoins. — Même arrêt. — V. aussi dans le même sens, sous l'empire du Code pénal de 1810, *Nancy*, 5 juin 1828, Letoulat c. Lemoine.

62. — Le curateur du condamné ne pouvait pas même ratifier la vente sans autorisation du conseil de famille au préjudice des enfans mineurs du condamné. — Même arrêt.

63. — Le ministère public était même recevable à poursuivre d'office la nullité de la vente faite par le condamné en état d'interdiction légale, à titre d'exécution de la peine. — *Rouen*, 7 mai 1806, N...

64. — Mais le curateur n'aurait pas eu besoin de l'autorisation du conseil de famille pour appeler d'un jugement qui aurait, dans le cas où il s'agissait d'une demande en partage, condamné celui qu'il représentait. — *Besançon*, 10 thermid. an XIII, N...

65. — Jugé sous l'empire du Code pénal de 1810 et avant sa révision, en 1832, que l'état d'interdiction légale dans lequel était placé le condamné aux travaux forcés à temps ou à la réclusion emportait aussi, comme la privation des droits civils sous la loi du 25 sept. 1791, l'incapacité de vendre. — *Cass.*, 25 janv. 1825, Duchêne c. Lehardelay ; — *Nancy*, 5 juin 1828, Letoulat c. Lemoine.

66. — Le condamné ne pouvait même contracter d'aucune manière, d'après le principe consacré par l'art. 1124 C. civ. — *Cass.*, 25 janv. 1825, Duchêne c. Lehardelay.

67. — Les lettres de change que le condamné aurait souscrites étaient également nulles alors surtout qu'elles auraient contenu une donation déguisée. — *Rouen*, 27 nov. 1823, Launay c. Blin.

68. — Le curateur qui, sous le Code pénal de 1810, était nommé au condamné en état d'interdiction légale avait le droit de poursuivre les créances dues à ce condamné. — *Rennes*, 7 mars 1835, Bonfils c. Hervé.

69. — Il avait même, en sa qualité d'administrateur des biens de celui-ci, pouvoir de déroger à la convention particulière qui avait créé entre les contractans une juridiction exceptionnelle et de se soumettre à la juridiction commune. — Même arrêt.

70. — ... Ou de demander soit la nullité d'un testament, soit la révocation de donations déguisées préjudiciables à l'interdit. — *Paris*, 22 fév. 1812, Renoud c. Labbey.

71. — Les changemens introduits par la loi du 28 avr. 1832 à l'art. 29, C. pén., viennent encore à l'appui de la doctrine de MM. Zachariæ et Demolombe. — En effet, aujourd'hui, le condamné n'a plus seulement, comme avant 1832, un curateur ; il lui est donné un tuteur et un subrogé tuteur, ce qui établit entre lui et l'interdit pour cause de démence ou d'imbécillité, quant à l'incapacité générale de contracter, et par conséquent d'acquiescer, transiger, etc., une assimilation très significative. — V., encore en ce sens, Duvergier, *Vente*, t. 1er, n° 175, note 1re.

72. — Jugé que le condamné pourrait cependant, pendant la durée de sa peine, contracter valablement avec l'assistance de son tuteur. — *Paris*, 7 déc. (et non août) 1837 (t. 1er 1838, p. 279), Raissac c. Bourdin.

73. — Mais l'incapacité résultant de l'interdiction légale étant, à la différence de celle qui résulte de l'interdiction judiciaire, fondée sur des raison d'ordre public, il s'ensuit que, dans les cas où les actes faits par le condamné en état d'interdiction légale seraient entachés de nullité, cette nullité pourrait être invoquée non seulement par le condamné lui-même, mais encore par les tiers qui auraient contracté avec lui. — Zachariæ, *ubi suprà*, p. 330, note 1re ; Demolombe, t. 1er, n° 193. — V. cependant Toullier, *loc. cit.*

74. — Cette nullité pourrait même être déclarée d'office par les tribunaux. — *Paris*, 7 déc. 1837 (t. 1er 1838, p. 279), Raissac c. Bourdin.

75. — Cependant, dit M. Demolombe (*loc. cit.*), si le condamné avait trompé les tiers en leur dissimulant sa qualité, son dol devrait alors le rendre non recevable à demander la nullité. — V. aussi Valette sur Proudhon, t. 2, p. 557.

76. — L'état d'interdiction légale prononcé par l'art. 29, C. pén., rend-il aussi le condamné incapable de tester ? — M. Carnot (*Comment. sur le C. pén.*, art. 29, n° 5) enseigne l'affirmative. — Sous le Code pénal de 1791, cette solution n'était pas douteuse ; car l'art. 2, tit. 4, de la première partie de ce Code déclarait expressément que le condamné ne pourrait pendant la durée de sa peine *exercer lui-même aucun droit civil.* Mais cette disposition n'a été reproduite ni dans l'art. 29, C. pén. 1810, ni dans cet article modifié en 1832. L'art. 34 du Code pén. actuel, dans lequel sont énumérés les droits civils dont le condamné est privé, ne mentionne pas davantage la prohibition du droit de tester. Enfin, aucune autre disposition législa-

tive n'attache cette incapacité à l'état d'interdiction légale dont il s'agit. Or, aux termes de l'art. 902, C. civ., « toutes personnes peuvent disposer par testament, excepté celles que la loi en déclare incapables. » Remarquons aussi qu'il s'agit ici d'une clause pénale, et que par conséquent on doit la restreindre soigneusement dans ses termes. Ainsi, l'interdiction légale dont la loi frappe un condamné ne peut être, quant à la faculté de tester, assimilée à l'interdiction judiciaire pour cause de fureur, de démence ou d'imbécillité. Le silence des rédacteurs du Code pénal actuel sur ce point est la preuve la plus évidente que leur intention a été de supprimer l'incapacité produite par le Code de 1791. —V. en ce sens Merlin, *Quest. de droit*, v° *Testament*, § 3 (*bis*); Toullier, t. 1er, n° 295 et t. 6, n° 111; Duranton, t. 8, n° 181; Zachariæ, t. 1er, p. 330; *Rouen*, 28 déc. 1822, Loriot c. Biard; *Nîmes*, 16 juin 1835, Ledoux c. Aggalong. — V. aussi Demolombe, t. 1er, n° 192.

77. — Jugé cependant que le militaire qui, depuis le Code pénal de 1810, a été condamné à la peine des fers à temps, en vertu de la loi du 21 brum. an V, est incapable de tester. — *Paris*, 4 mai 1831, Ferré c. Pouilot. — Mais remarquons que cet arrêt n'a rien de contraire à l'opinion émise dans le numéro qui précède : il se fonde, en effet, sur ce que la peine des fers étant définie dans l'art. 2, tit. 4, C. pén. de 1791, doit produire tous les effets résultant *de cette loi*, ce qui exclut l'application de l'art. 29, C. pén. 1810, sur lequel seulement nous venons de voir qu'il pouvait y avoir doute.

78. — L'art. 31, C. pén., défend qu'il soit remis au condamné en état d'interdiction légale, pendant la durée de sa peine, aucune somme, aucune provision, aucune portion de ses revenus.

79. — Toutefois, M. Magnin (*Tr. des minorités*, t. 1er, n° 37, *in fin.*) pense que cette défense ne comprend pas celle de lui donner des alimens. La loi, dit-il, punit, mais elle n'étouffe pas les sentimens de la nature. Le tuteur devra obtenir à cet effet l'avis du conseil de famille.

80. — Il pourra même être remis par le tuteur, avec l'autorisation du conseil de famille, des secours à la femme et aux enfans du condamné, s'ils sont dans le besoin. — Duvergier, *Collect. des lois*, t. 32, p. 227, note 2e; Toullier, t. 1er, n° 295, *in fin.*

81. — L'art. 29, C. pén., exigeant que le tuteur et le subrogé-tuteur du condamné en état d'interdiction légale soient nommés dans les formes prescrites pour les nominations des tuteurs et subrogés-tuteurs aux interdits, c'est le juge de paix du domicile du condamné qui doit, aux termes des art. 406 et suiv., C. civ., présider et recevoir les délibérations du conseil de famille convoqué conformément à ces articles. — Magnin, *ubi suprà*, n° 37.

82. — Sous le Code pénal du 25 sept.-6 oct. 1791, tit. 4, art. 2 et 3, le curateur donné à un condamné aux fers à temps devait être nommé par le tribunal et non par le juge de paix du domicile du condamné. — *Agen*, 16 frim. an XIII, Deneis c. Duclas et Arrivets; *Rouen*, 12 mai 1808, Hermel c. Brossard.

83. — Il a été décidé aussi que le curateur chargé d'administrer les biens d'un individu condamné par contumace doit être nommé par les tribunaux et non par le conseil de famille. — *Caen*, 8 mars 1828, Jarri c. Letellier; — Magnin, n° 41.

84. — Le curateur a, comme le tuteur de l'interdit judiciairement, besoin d'une autorisation du conseil de famille pour introduire en justice une action immobilière. — *Bourges*, 25 janv. 1832, N... c. Lariche.

85. — Le Code du 3 brum. an IV ne prononçait contre les condamnés par contumace que la suspension des droits civils et le séquestre de leurs biens. — Il en est de même aujourd'hui des art. 465 et 471, C. inst. crim.

86. — Aussi a-t-il été jugé que celui qui, sous l'empire de ce Code, avait été condamné par contumace à la peine temporaire des fers n'était point frappé d'interdiction et d'incapacité de contracter. — *Cass.*, 15 mai 1820, Domaine c. Arvisenet.

87. — ... Que dès-lors les actes passés de bonne foi entre des tiers et lui ne pouvaient être attaqués par ses créanciers et notamment par le fisc, lorsqu'en fait aucun séquestre n'a été opposé sur ses biens. — Même arrêt.

88. — Avant la mise en activité du Code d'instruction criminelle, si, pendant la durée d'une instance, une partie était frappée d'un arrêt qui la condamnait par contumace à une peine n'emportant pas la mort civile, l'autre partie avait le droit de lui faire nommer un représentant, conformément à l'art. 112, C. civ. — *Cass.*, 20 fév. 1809, Jouglat c. Roillet. — V. aujourd'hui l'art. 471, C. inst. crim.

89. — L'individu qui a encouru une privation partielle des droits par suite de condamnations judiciaires peut être relevé de cette privation et rétabli dans l'exercice de ses droits par la réhabilitation (C. inst. crim., art. 633). Mais la réhabilitation ne peut jamais avoir lieu qu'après que le condamné a subi sa peine (*ibid.*, art. 634), et jamais en faveur du condamné pour récidive (*ibid.*). — V. RÉHABILITATION.

DROIT ÉCRIT.

1. — C'est le nom que l'on donnait au droit romain, en tant qu'on le considérait comme étant la loi d'une partie de la France, désignée sous la dénomination de *pays de droit écrit*, par opposition aux provinces soumises spécialement au droit coutumier, et qui s'appelaient *pays de coutumes*.

2. — La plus grande partie du midi de la France était régie par le droit romain, notamment le Lyonnais, la Provence, le Languedoc, la Guyenne, le Dauphiné, le Forez, une partie de l'Auvergne.

3. — Néanmoins, lorsque les ordonnances royales et les coutumes statuaient, il était défendu d'avoir recours au droit romain.

4. — « Li advocast ne soit si hardy d'alléguer droit escript là où les coutumes ont lieux. » — Ord. de Philippe-le-Hardy de 1271, rapportée par Grosley (*Rech. pour servir à l'hist. du dr. français*). — V. aussi ord. de Philippe-le-Bel de juillet 1302, art. 1er; bulle de 1220 du pape Honoré, *Cap.*, 28, X, *De privilegiis*; Dumoulin, *Ad consuet. parisiens.*, tit. 1er.

5. — Le droit romain a cessé, de même que les coutumes, d'avoir force obligatoire en France depuis la promulgation des Codes.

DROITS DE L'HOMME ET DU CITOYEN (Déclaration des).

1. — La reconnaissance des droits naturels et imprescriptibles de l'homme a été pour la première fois proclamée par les Américains qui en ont fait précéder les constitutions de plusieurs états.

2. — Des treize républiques qui se confédérèrent sous le nom d'Etat-Unis d'Amérique et qui proclamèrent leur indépendance en 1776, six seulement firent précéder leur constitution d'une déclaration des *Droits de l'homme en société*. Mais les législations constitutionnelles de ces peuples ne se rapportaient qu'à un mode d'organisation sociale, qu'à la forme d'organisation qu'ils avaient adoptée, et n'embrassaient pas l'ensemble des élémens constitutifs des lois; c'est ce dont on peut facilement se convaincre en lisant dans le recueil de Bonnin, intitulé (*Législation constitutionnelle*, p. 2 à 19) : 1° La déclaration des droits qui nous appartiennent à nous et à notre postérité et qui doivent être regardés comme le fondement et la base du gouvernement de la Virginie (1776); — 2° la déclaration des droits de l'état de Maryland (1776); — 3° la déclaration des droits et des principes fondamentaux de l'état de Delawore (1776); — 4° la déclaration des droits de l'état de Pensylvanie (1776); — 5° la déclaration des droits de la Caroline septentrionale (1776); — la déclaration des droits des habitans de la république de Massa-Chussetts (1780).

3. — Important en France cette conquête de la philosophie, faite par les Américains, quelques uns des fondateurs de la régénération sociale et politique de 1789, Mirabeau, Sieyès, Condorcet, Lafayette, Pétion, Thouret, Rabaut Saint-Etienne, Mounier, Target, Duport, Grégoire, Bouche, et d'autres plus tard, en 1793 Carnot et Robespierre, en l'an III Grégoire, proposèrent comme base de la constitution et des lois à donner à la France une *déclaration des droits* qui fut le germe des déclarations qui depuis ont servi de préambule aux constitutions du 3 sept. 1791 et du 5 fructid. de l'an III.

4. — L'assemblée nationale fit des vérités ainsi proclamées la base de ses immortels travaux, convaincue qu'elle était que les droits de l'homme et des citoyens doivent être sans cesse présens à tous les esprits, qu'ils sont tout à la fois la lumière et la force du législateur, car les lois ne sont que le résultat et l'expression des droits et des devoirs naturels, civils et politiques.

5. — La constitution du 3 sept. 1791 était précédée d'une déclaration des droits de l'homme et du citoyen qui, composée de dix-sept articles, avait été décrétée en août 1789.

6. — L'acte constitutionnel présenté au peuple français par la convention nationale avait développé en trente-cinq articles la déclaration des droits de l'homme et du citoyen. On sait que cette constitution n'a jamais été mise à exécution.

7. — Une déclaration des droits et des devoirs de l'homme et du citoyen, formant trente-un articles, précédait la constitution du 5 fructid. an III qui établissait le gouvernement directorial.

8. — Une constitution du 22 frim. an VIII suivit un autre plan, et la pluplart des droits que les législations antérieures avaient déclarés dans des préambules fondamentaux furent disséminés ou relégués à la fin dans les art. 76 et suivans, parmi les dispositions générales.

9. — La charte du 14 juin 1814, destinée à établir une sorte de transaction entre la révolution et la restauration, avait bien un préambule, mais qui était destiné à constater *l'octroi* par le pouvoir royal et de droit divin de garanties constitutionnelles, et non pas à déclarer les droits des citoyens.

10. — Le 2 juill. 1815, la chambre des représentans, délibérant sous le canon et les baïonnettes de l'invasion, constatait par une solennelle et courageuse déclaration, promulguée comme loi de l'état, l'indépendance nationale et la liberté civile.

11. — La charte de 1830, dont le préambule a été rédigé dans des termes qui constatent la souveraineté du peuple, consacrée sous le titre particulier de *droit public des Français*, les droits suivans : l'égalité devant la loi, la répartition proportionnelle des contributions, l'égale admission aux emplois civils et militaires, la liberté individuelle, la liberté des cultes, la liberté de la presse, la liberté d'enseignement, l'inviolabilité de la propriété, la publicité des débats en matière criminelle, le droit de ne pouvoir être distrait de sa juridiction naturelle, la responsabilité des ministres, le droit de pétition, la représentation nationale par des députés sans le concours desquels on ne peut ni établir un impôt, ni changer les lois existantes, ni en faire de nouvelles, etc.

DROIT D'INSISTANCE.

1. — On désignait ainsi, dans le ressort du parlement de Bordeaux, le droit qu'avait la femme de retenir les biens de son mari jusqu'au remboursement de ses biens dotaux. — V. Teissier, *De la dot*, t. 2, p. 350 et suiv.

2. — Suivant la jurisprudence de ce parlement, la femme ne jouissait de ce droit sur les biens de son mari qu'autant qu'il avait été stipulé dans son contrat de mariage. — *Bordeaux*, 26 mars 1831, Dubreuil c. Gros.

3. — Le droit d'insistance exercé par la femme devenue veuve sur les biens de son mari, avant l'émission du Code civil, empêchait toute prescription de courir contre elle relativement à ses reprises dotales. — *Toulouse*, 3 mars 1841, (t. 1er 1843, p. 572), Picou c. Bellegarde.

DROITS LITIGIEUX.

Table alphabétique.

DROITS LITIGIEUX. — 1. — Droits dont l'existence ou l'étendue sont contestées.

—

Sect. 1re. — *Des diverses espèces de droits litigieux.*

2. — On comprend, en général, sous la dénomination de *litigieux* tous les droits qui sont l'objet d'une contestation existante, et tous ceux qui n'étant pas reconnus par le débiteur ne peuvent être exercés sans essuyer un procès.

3. — Ces droits sont, comme tous les autres droits incorporels, dans le commerce, et peuvent faire la matière de conventions valables.

4. — Toutefois, leur nature particulière les a fait soumettre de tout temps à certaines règles spéciales.

5. — Ainsi, d'une part, l'acquisition de toute espèce de droits litigieux est interdite d'une manière absolue aux magistrats et aux officiers publics dans l'arrondissement où ils exercent leurs fonctions. — V. *infrà* nos 9 et suiv.

6. — Et, d'un autre côté, la personne contre laquelle un procès est entamé peut contraindre l'acquéreur du droit litigieux à le lui céder, moyennant le remboursement du prix de la cession. — V. *infrà* nos 68 et suiv.

7. — Mais, pour l'application de ces règles, il est quelquefois nécessaire de faire une distinction entre les droits qui sont, au moment même de la cession, l'objet d'une instance déjà existante, et ceux qui peuvent seulement donner naissance à un procès futur.

Sect. 2e. — *De la cession des droits litigieux.*

§ 1er. — *Personnes qui peuvent acquérir des droits litigieux.*

8. — Toutes les personnes capables de contracter peuvent, en général, acheter des droits litigieux, sauf à celui contre qui le droit a été cédé à exercer le retrait en remboursant le prix de la cession.

9. — Cependant, la crainte de voir certains fonctionnaires ou officiers ministériels abuser de leur autorité ou de leur expérience pour se rendre acquéreurs de procès avait engagé les rédacteurs des anciennes ordonnances à établir certaines prohibitions qui ont été reproduites par le Code. — V. ord. de 1356; de 1535, art. 23; de 1560, art. 54; de 1629, art 94.

10. — Ainsi, les juges, leurs suppléans, les magistrats remplissant le ministère public, les greffiers, les huissiers, avoués, défenseurs officieux et notaires ne peuvent devenir cessionnaires des procès, droits et actions litigieux qui sont de la compétence du tribunal dans le ressort duquel ils exercent leurs fonctions, à peine de nullité et des dépens, dommages et intérêts. — C. civ., art. 1597.

11. — Cette règle est tellement absolue, qu'elle doit s'appliquer même au cas où l'officier ministériel auquel une cession de droits litigieux a été faite démontre qu'il n'a pas acquis ces droits dans un esprit de lucre ou de chicane, mais dans le seul but de se garantir d'un préjudice qui le menaçait. — *Nîmes*, 25 mai 1840 (t. 2, 1840, p. 9), Mestre c. comm. des Herbas.

12. — Le même arrêt a décidé que la prohibition prononcée par cet article ne cesse pas d'exister, même dans les cas prévus par l'art. 1701 où la loi n'autorise plus le retrait de la cession, c'est-à-dire, lorsque la vente est faite : 1o à un cohéritier ou copropriétaire du droit cédé; 2o à un créancier en paiement de ce qui lui est dû; 3o à un possesseur de l'héritage sujet au droit litigieux, attendu que le texte de l'article 1597 ne souffre aucune exception, et que d'ailleurs, l'influence du cessionnaire n'est pas moins à craindre dans cette circonstance que dans tout autre. — Conf. Duranton, t. 16, no 142.

13. — Cependant quelques auteurs combattent ce système, par le motif que l'esprit de l'art. 1701 s'oppose à la nullité de la cession aussi bien qu'au retrait : si la cession, disent-ils, est pour le magistrat ou l'officier ministériel le seul moyen de rentrer dans ce qui leur est dû, d'éviter un procès, de conserver la possession paisible d'un héritage, ne serait-il pas injuste de la leur interdire et d'en prononcer la nullité? — Locré. *Jurisp. gén.*, t. 14, p. 255; Bioche et Goujet, *Dict. proc.*, vo *Litigieux*, no 14.

14. — Pour que l'incapacité existe, il faut que le cessionnaire exerce, au moment même de la vente, les fonctions qui le rendent incapable d'acquérir un droit litigieux.

15. — Par suite, un traité modificatif d'un précédent traité contenant cession d'un droit litigieux est valable, lors même que le cessionnaire est devenu avoué postérieurement à la cession, surtout lorsqu'à l'époque du traité il n'y a plus de litige sur le fond du droit cédé. — *Poitiers*, 4 août 1824, Lemet c. Bellanger.

16. — Le titre de *juge*, à l'époque de la promulgation du Code, était donné à tous les magistrats : nul doute donc que les conseillers des cours, comme les membres des tribunaux, ne se trouvent compris dans la prohibition de l'art. 1597, C. civ. — Duvergier, *Vente*, t. 1er, no 196; Troplong, *Vente*, t. 1er, no 198.

17. — Cet article est même applicable aux conseillers d'état, juges du contentieux en matière administrative. — Duvergier, *Vente*, no 196.

18. — ... Et aux juges de paix. — *Lyon*, 10 juill. 1839 (t. 2 1846), Berthet; — Duvergier, *loc. cit.*

19. — Il régit également : 1o les avocats qui ont remplacé les défenseurs officieux. — *Tribunal de Châtillon*, 30 juill. 1828, sous *Cass.*, 29 fév. 1832, Viandey c. Raillard Flajolet; — Duvergier, *Vente*, no 197; Rolland de Villargues, *Rép. notariat*, vo *Droits litigieux*, no 6.

20. — 2o ... Les agréés près les tribunaux de commerce, qui sont de véritables défenseurs officieux. — Duvergier, et Rolland de Villargues, *loc. cit.*; Bloche et Goujet, *Dict. de procéd.*, vo *Litigieux*, no 8.

21. — Toutefois, il faut remarquer que c'est seulement dans le ressort où ils exercent leurs fonctions que les fonctionnaires énumérés dans l'art. 1597, C. civ., sont incapables d'acheter des droits litigieux : hors du tribunal auquel ils appartiennent, leur influence et les inconvéniens qui en résultent ne sont plus, en effet, les mêmes.

22. — Il a donc été jugé qu'un avoué peut devenir cessionnaire de droits litigieux soumis à un tribunal autre que celui près duquel il exerce ses fonctions, bien que les deux tribunaux ressortissent de la même cour d'appel. — *Trèves*, 24 juin 1807 (et non 1809), Bresser c. Grebel.

23. — Un arrêt de la cour d'appel d'Amiens (et non de Paris) a cependant décidé le contraire le 11 prair. an XIII (Dangen c. Sabac). — Mais cet arrêt est, avec raison, critiqué par tous les auteurs qui se sont occupés de la matière. — Troplong, *Vente*, no 199; Delvincourt, t. 3, p. 128; Carré, *Compétence*, t. 1er, p. 165; Duranton, t. 16, no 144; Duvergier, *Vente*, t. 1er, no 198. — Ce dernier auteur fait remarquer que le tribunat avait proposé de rédiger ainsi la fin de l'article : « *qui sont de la compétence du tribunal d'appel dans le ressort duquel ils exercent leurs fonctions*; » mais la proposition ne fut pas adoptée.

24. — Il a été jugé, par application du même principe, qu'un huissier peut devenir cessionnaire de droits litigieux soumis à un tribunal autre que celui près duquel il exerce ses fonctions, bien que les tribunaux ressortissent de la même cour d'appel. — *Colmar*, 11 mars 1807, Hertzoy.

25. — Les magistrats, avocats, notaires, greffiers et huissiers attachés à une cour royale sont incapables dans le ressort de cette cour. Ils ne peuvent donc pas acheter des droits litigieux de la compétence d'un des tribunaux du ressort. — Troplong, *Vente*, no 198; Duranton, t. 16, no 144.

26. — M. Duvergier (*Vente*, no 198) admet cependant une exception à ce principe pour le cas où le litige n'est pas susceptible des deux degrés de juridiction. Mais cette exception n'est pas textuellement écrite dans la loi, et il nous semble que l'on peut, avec raison, redouter l'influence d'un président ou d'un conseiller de cour royale auprès d'un tribunal de son ressort.

27. — La cour de Cassation ayant juridiction sur la France entière, les magistrats, avocats, greffiers et même les huissiers près cette cour ne peuvent se rendre cessionnaires d'aucun procès. — Duranton, t. 16, no 144; Bioche et Goujet, *Dict. de procéd.*, vo *Litigieux*, no 11.

28. — La cession faite à un incapable sous le nom d'une personne interposée est nulle de la même manière que si elle avait été consentie ouvertement à son profit. L'influence de l'incapable, pour être secrète, n'en serait pas, en effet, moins dangereuse. — Duvergier, *Vente*, no 202; Troplong, *Vente*, no 202.

29. — C'est aussi ce qu'on décidait dans l'ancienne jurisprudence. — On peut voir dans Denisart (vo *Droits litigieux*) un arrêt du parlement d'Aix qui annula une cession de droits litigieux faite aux deux fils de M. de Corioles, président à mortier de ce parlement, fit défense à ce magistrat d'en accepter de semblables, et le condamna en 300 livres de dommages-intérêts et aux dépens. — V. aussi Rousseaud de Lacombe, vo *Transport*.

30. — Il a été jugé que les lois des 3 juin et 19 juill. 1791, portant abolition des retraits n'avaient pas aboli les lois *per diversas et ab Anastasio* dont les dispositions ont été renouvelées par les art. 841 et 1699, C. civ. — En conséquence, la cession de droits litigieux faite à un procureur *ad lites*, en mars 1793, a dû être réputée nulle. — *Cass.*, 28 janv. 1828, Boussiz c. Passol.

31. — Jugé qu'une cession de droits litigieux faite conjointement à deux personnes, dont l'une pouvait les acquérir, n'est nulle qu'à l'égard de l'incapable, si les objets cédés sont susceptibles d'être divisés. — *Poitiers*, 18 août 1810, Jousscrand c. Baudron et Estachon.

§ 2. — *Dans quels cas le droit est réputé litigieux.*

32. — Sous l'ancienne jurisprudence, on considérait comme litigieux tout droit *contesté* ou *contestable*, soit que le procès fût commencé, soit qu'il y eût seulement juste raison de le redouter. — Pothier, *Vents*, no 583; Denisart, vo *Vente*, no 1er.

33. — Aujourd'hui, l'art. 1700, C. civ., n'autorise le retrait de la cession que lorsqu'il y a *procès sur le fond du droit*.

34. — On s'est demandé si le mot *litigieux* avait la même signification dans l'art. 1597 que dans l'art. 1700, et dès-lors si la prohibition prononcée contre les personnes ci-dessus désignées par le premier de ces articles ne devait recevoir son application qu'autant qu'il y avait, en ce qui touche les droits et actions cédés, contestation *sur le fond du droit*.

35. — Pour l'affirmative, on peut dire que la disposition de l'art. 1700 est générale et se prévaloir de ces paroles de M. Faure au tribunat : « Pour qu'il ne puisse y avoir de doute sur ce que la loi entend par *droits litigieux*, le projet déclare que la chose est aussi litigieuse dès qu'il y a procès et contestation sur le fond du droit. » C'est, en effet, ce qui a été jugé par la cour d'appel de Rouen, le 27 (et non 2) juill. 1808, Lami c. Martel.

36. — Mais tous les auteurs repoussent cette terprétation par le motif que l'art. 1597 ne prohibe pas seulement l'acquisition des *droits litigieux*, mais bien celle des *procès, droits et actions litigieux* : or, disent-ils, la réunion de ces diverses expressions dénote l'intention manifeste d'interdire la cession de toute espèce de droits devant donner naissance à une contestation. — Duvergier, *Vente*, no 199; Troplong, *Vente*, no 200; Duranton,

t. 16, no 141; Delvincourt, t. 3, p. 128; Carré, *Compétence*, t. 1er, p. 165; Rolland de Villargues, vo *Droits litigieux*, no 8.—V. aussi en ce sens, *Rennes*, 14 déc. 1816, Ledo c. Desbois; *Lyon*, 10 juill. 1839 (t. 2 1846), Berthel c. Pouzols; *Besançon*, 12 mai 1806, Roussel c. Robel.

37.—Toutefois, il ne suffirait pas que celui contre qui on aurait cédé un droit prétendît qu'il est sujet à contestation pour que la cession fût déclarée nulle. « Les tribunaux, dit M. Duvergier (*Vente*, no 199), doivent apprécier les circonstances. Si la résistance du débiteur est une pure chicane imaginée pour différer l'exécution, ils maintiendront la vente ; si, au contraire, elle est sérieuse, ils l'annuleront. »

38.—Ainsi, la cour de Cassation a jugé qu'une créance claire et liquide, et non contestée en elle-même, n'est pas réputée litigieuse par cela seul qu'il s'est élevé des difficultés dans son exercice ; et qu'en conséquence, un débiteur saisi ne saurait opposer l'incapacité résultant de l'art. 1597, C. civ., à un notaire, par cela seul qu'il a acquis la créance en vertu de laquelle la saisie est faite, si d'ailleurs la créance n'est pas contestée en elle-même. — *Cass.*, 9 (et non 5) juin 1825 (et non 1826 ou 1829), Guerguigne-Vouvé c. de Guercy.

39. — « On sent, en effet, dit M. Troplong (no 201), qu'il n'y a rien de litigieux dans un droit qui n'est susceptible de contestation ni dans la forme, ni au fond, et dont il n'y a que le recouvrement qui éprouve des difficultés, soit par l'impossibilité dans laquelle se trouve le débiteur de payer, soit par suite d'une résistance inique et de mauvaise foi. »

40. — Delvincourt (t. 3, p. 128) pense que le droit ne peut être réputé litigieux que si la contestation commence immédiatement après la cession, et qu'il est évident que la cession a eu lieu en vue de la contestation. Mais Carré (*Compétence*, t. 1er, p. 166), critique avec raison cette opinion. « Nous croyons, dit-il, que la disposition de l'article est susceptible d'une application plus rigoureuse; que si, comme le dit M. Darreau au répertoire, vo *Droits litigieux*, no 3, il paraissait que les objets de la cession ne fussent ni clairs, ni liquides, et que ces objets portassent plutôt sur des quantités et des prétentions non avérées que sur des titres incontestables, on ne pourrait douter que ces droits, étant incertains, n'eussent été achetés comme droits litigieux. Cela peut se reconnaître encore plus particulièrement aux termes de la cession et au prix qu'on y a mis, comme si elle a été faite sans garantie et pour une somme vile ou médiocre. »

41. — Il a été jugé par application de ces principes : 1o que par cela seul que les héritiers sont en contestation avec la veuve du défunt, relativement aux soustractions dont elle est accusée et aux reprises qu'elle prétend exercer, tous les droits de chacun des héritiers sur les biens de la succession sont censés litigieux dans le sens de l'art. 1597, C. civ. — *Poitiers*, 18 août 1810, Jousserand c. Baudron et Estachon.

42. — ... 2o Que la vente que fait le demandeur en pétition d'hérédité d'un immeuble dépendant de la succession qu'il réclame, est une véritable cession de droits litigieux. Dès-lors, une vente de cette nature ne pouvait, sous l'empire des anciennes ordonnances, être faite au profit des juges, avocats et procureurs. — *Cass.*, 14 niv. an V, Delaplace c. Barairon.

43. — ... 3o Qu'un avoué ne peut acquérir les droits qui ne sont qu'un reliquat éventuel dépendant de la liquidation de comptes respectivement fournis. — *Rennes*, 27 avr. 1818, Loclech c. Gallois.

44. — Mais il a été jugé aussi avec raison qu'un huissier n'achète pas des droits litigieux en se rendant cessionnaire d'une créance résultant d'un jugement par défaut devenu inattaquable. — *Bordeaux*, 29 août 1829, Fayolle c. Lespinasse. — Le droit cesse, en effet, d'être litigieux du moment qu'il a été l'objet d'une décision passée en force de chose jugée. — Troplong, *Vente*, no 201.

45.—La cour d'appel de Bruxelles (30 janv. 1808, Toris c. Roelens) a même décidé qu'on ne peut considérer comme litigieuse dans le sens de la loi la créance dont la légitimité n'est pas déniée, mais dont le rang dans un ordre est seul contesté, et qu'en conséquence la prohibition de l'art. 1597 ne lui est pas applicable.

46.—Mais M. Troplong (*Vente*, t. 1er, p. 200) critique justement cette décision, en ce qu'elle a déclaré la vente valable sur le motif qu'il n'y avait pas procès sur *le fond du droit*, mais seulement sur *le rang et la priorité de la créance* : « Comme si, dit-il, la question de rang n'était pas » tellement importante qu'elle emporte souvent » le fond ; comme si un légiste cupide ne pouvait » pas, même à propos d'une priorité contestée, » vexer un pauvre créancier et le forcer à capitu- » ler sur le rang qui fait la valeur de son titre. »

47. — L'art. 1597 comprend-il dans sa disposition prohibitive la convention anciennement connue sous le nom de *pacte de quota litis*, et par laquelle le propriétaire d'une créance litigieuse en promet une portion à la personne qui se charge de lui en procurer le recouvrement. — M. Duvergier (no 201) se prononce pour la négative; aussi pense-t-il que, de la part des personnes dénommées plus haut, une pareille convention ne serait pas nulle ; mais il ajoute que les règles de la discipline intérieure interdisent de la manière la plus absolue ces sortes de transactions à tous les fonctionnaires qui sont déclarés incapables d'acheter des droits litigieux.

48.—M. Troplong, au contraire (*Tr. de la vente*, no 197), pense que le pacte *de quota litis* rentre dans les prévisions de l'art. 1597, et il a été jugé en ce sens que bien qu'une partie seulement d'une créance litigieuse soit cédée à un avocat et à un avoué, et que la cession ou abandon ne soit pas faite moyennant un prix, mais à la charge d'en opérer le recouvrement par les soins et démarches de ceux-ci, cette cession n'en est pas moins frappée de la nullité prononcée par l'art. 1597. — *Nancy*, 1er juin 1840 (t. 2 1846), Plante.

§ 3.—*Personnes qui peuvent demander la nullité de la cession faite à un incapable.*

49.—Les anciennes ordonnances ne se bornaient pas à prononcer la nullité des cessions de droits litigieux faites contrairement à leurs prohibitions; elles allaient jusqu'à priver le cédant et le cessionnaire des droits et actions ainsi cédés.—Ord. 1356; 1535, art. 23 ; 1560, art. 54 ; 1629, art. 94.

50. — La législation actuelle n'a pas reproduit ces dispositions rigoureuses, mais on tient, en général, pour constant que la nullité de la cession consentie au profit d'une personne déclarée par l'art. 1597 incapable d'acquérir des droits litigieux est absolue. Ce principe a été consacré par plusieurs arrêts. — V. *Cass.*, 14 niv. an V, Delaplace c. Barairon ; *Rennes*, 27 avr. 1818, Loclech c. Gallois ; *Amiens*, 11 prair. an XIII, Dangers c. Fabus.

51.—Jugé, en conséquence, qu'elle peut être opposée non seulement par celui contre lequel le droit litigieux a été cédé, mais encore par le cédant au cessionnaire.— *Cass.*, 14 niv. an V, Delaplace c. Barairon.

52.— Elle pourrait également être opposée par le cessionnaire au cédant. — Duvergier, *Vente*, no 200 ; Bioche et Goujet, *Dict. de proc.*, vo *Litigieux*, no 33.

53. — Jugé encore que dans le cas où un avoué a acquis des droits qui ne sont qu'un reliquat éventuel dépendant de la liquidation des comptes respectivement fournis, la partie non venderesse intéressée au réglement des comptes peut se prévaloir de la nullité de la cession.— *Rennes*, 27 avr. 1818, Loclech c. Gallois.

54. — M. Duranton (t. 16, no 145) combat ces solutions et enseigne que la nullité ne peut être prononcée que sur la demande du débiteur auquel peut nuire l'influence du cessionnaire.

55. — Quant à M. Troplong (*Vente*, no 196), il reconnaît bien au cédant le droit d'attaquer le traité par la raison qu'on ne saurait le contraindre à rester dans les lois d'une convention réprouvée par la probité, mais il ne s'explique pas d'une manière précise à l'égard du cessionnaire, il se borne à dire qu'il n'a pas d'action contre son cédant pour demander l'exécution du marché.

56.—Pour nous, nous pensons que la nullité est absolue et peut, par conséquent, être invoquée par toutes les parties qui y ont intérêt.

57. — La cour d'appel d'Amiens avait même jugé, le 11 prair. an XIII, (Dangers c. Fabus) que cette nullité pouvait être requise d'office par le ministère public. — V. conf. Duvergier, *Vente*, no 200.

58.—Mais l'opinion contraire a prévalu devant la cour de Cassation, le 29 fév. 1832 (Viandey c. Raillard-Flajolet), par le motif qu'en pareille matière la voie d'action est interdite au ministère public.

59.—Si le débiteur, au lieu de demander la nullité de la cession, préférait exercer le retrait en vertu des dispositions de l'art. 1699, C. civ. (V. *infrà*), il le pourrait sans aucun doute : ni le cédant ni le cessionnaire ne seraient recevables à se prévaloir de leur propre faute, pour opposer la nullité de la convention consentie par eux à celui-là même dans l'intérêt duquel la nullité a été spécialement introduite.—Duvergier, *Vente*, no 200.

60.—Le cessionnaire contre lequel la nullité de la cession est prononcée doit en outre être condamné aux dépens, et même à des dommages-intérêts, s'il y a lieu.—C. civ., art. 1597.

Sect. 3e. — *Du retrait litigieux.*

§ 1er. — *Dans quels cas il y a lieu au retrait.*

61. — Le droit romain défendait la vente des droits litigieux d'une manière absolue, et nonobstant la vente, le procès devait se continuer entre les mêmes parties « *tanquam si nihil factum sit, lite peragenda.* » — L. 22, *De litigiosis* (Constantin). — Pothier, *Pand.*, t. 3, p. 271.

62.—Mais ce droit n'a jamais été suivi en France. Les anciennes ordonnances se bornaient, pour mettre un frein à l'avidité des acheteurs de procès, à appliquer à ce genre de commerce les lois *Per diversas* et *ab Anastasio*, qui autorisaient généralement *le retrait* de toute cession de droits sujets à contestation. — Troplong, *Vente*, no 985 ; Duvergier, *Vente*, no 352.

63. — Aujourd'hui l'acquisition des droits litigieux n'est plus interdite d'une manière absolue qu'à certaines personnes, dont l'influence, comme nous l'avons expliqué *suprà* nos 9 et suiv., pourrait être redoutée auprès des tribunaux juges de la contestation. A l'égard de toutes autres personnes, la vente d'un droit litigieux est parfaitement valable, et produit entre les parties les mêmes effets, aussi bien qu'elle est soumise aux mêmes conditions d'existence qu'une cession ordinaire de créance.

64. — Seulement, celui qui traite à forfait d'une créance qu'il sait être litigieuse n'a, dans le cas où cette créance est déclarée ne pas exister, aucun recours à exercer contre les cédans. Du moins, un arrêt peut, par appréciation des actes, le décider ainsi sans violer aucune loi. — *Cass.*, 5 juill. 1837 (t. 2, 1837, p. 370), Sillac-Lapierre c. Boussairolles — conf., Duvergier, *Vente*, t. 1er, no 265 ; Troplong, *Vente*, t. 2, no 935 ; Duranton, t. 16, no 511. — V., au surplus, TRANSPORT-CESSION.

65. — Il est également constant que la cession de droits litigieux doit, comme tout transport quelconque, être signifiée au débiteur pour pouvoir produire son effet contre celui-ci. — Troplong, no 998.

66. — Toutefois, le même auteur ajoute que cette transition ne prive pas le débiteur du droit qu'il avait de procéder, dès l'origine du procès contre le demandeur en nom, tant que celui-ci ne s'est pas fait tirer des qualités.

67. — Et il a été en effet jugé que la cession, même notifiée, de droits accordés par un jugement de première instance, ne met pas obstacle à ce que la partie, continuant de procéder avec son adversaire originaire, signifie à celui-ci l'appel du jugement obtenu contre lui. — *Trèves*, 3 juin 1807, Gloëatzer c. Brener ; *Douai*, 5 mars, 1827, Godfrin c. Garnier. — V., au surplus, TRANSPORT-CESSION.

68. — Mais il existe entre les cessions ordinaires et les cessions de droits litigieux une différence importante en ce qui concerne le droit du débiteur cédé. La loi lui accorde en effet le droit de se faire tenir quitte par le cessionnaire du droit litigieux, en lui remboursant le prix réel de la cession avec les frais et loyaux coûts, et avec les intérêts à compter du jour où le cessionnaire a payé le prix de la cession à lui faite. — C. civ., art. 1699. — C'est ce qu'on appelle *retrait litigieux*.

69. — « Par cette disposition, dit fort bien M. Duvergier (*Vente*, t. 2, no 356), tous les intérêts sont satisfaits, un procès est étouffé, et la société entière y gagne. Le cédant qui a transmis son droit n'a nullement à s'enquérir de ce qu'il produit pour le cessionnaire. Le cessionnaire, tout défavorable qu'il est, n'a point à se plaindre. Enfin le débiteur cédé a été libre dans sa détermination, et a sans doute trouvé quelque avantage à exercer le retrait. »

70. — Les anciens auteurs n'étaient pas d'accord sur ce qu'on devait entendre par droits litigieux. — Ainsi Pothier (*De la vente*, no 584) enseignait que ces expressions comprenaient toutes les créances qui sont contestées ou *peuvent l'être*, en total ou en partie, par celui qu'on en prétend débiteur, soit que le procès soit déjà commencé, soit qu'il ne le soit pas encore, *mais qu'il y ait lieu de l'appréhender*.

71. — Au contraire, le président de Lamoignon (*Arrêtés*, t. 1er, p. 142, no 24) n'admettait le retrait que lorsqu'il y avait litige engagé, ce qui était également professé par Rousseaud de Lacombe (vo *Transport*, no 13), et par Mornac (sur les lois *Per diversas* et *ab Anastasio*.

72. — Les rédacteurs du Code ont adopté cette dernière opinion, et ils ont déclaré dans l'art. 1700 que la chose est censée litigieuse dès qu'il y a *procès et contestation sur le fond du droit*.

75. — Il ne suffit donc pas aujourd'hui, pour que le retrait puisse être exercé, qu'il y ait crainte ou possibilité d'une contestation sur le droit vendu, il faut que le procès soit commencé. — *Rennes*, 18 déc. 1811, Drouadaire c. Baudé; *Paris*, 7 juill. 1836, Greffuche c. Mille; —Troplong, *Vente*, nº 988; Duvergier, *Vente*, t. 2, nº 359; Duranton, t. 16, nº 532.

74. — C'est ce que la cour de Cassation a reconnu d'une manière formelle, en jugeant que l'exercice du retrait litigieux n'est autorisé que lorsqu'il y a, au moment même de la cession, procès et contestation sur le fond du droit. Sinon les art. 1699 et 1700, C. civ., ne peuvent recevoir leur application, encore bien qu'un procès puisse naître ultérieurement, et que la vente, faite aux risques et périls de l'acheteur, ait eu un caractère aléatoire. — *Cass.*, 20 mars 1843 (t. 2 1843, p. 194), de Périer c. Chabaud; 9 fév. 1841 (t. 1er 1841, p. 460), comm. du Colombier c. Porcheroy.

75. — Un litige né *depuis la cession* ne saurait donc autoriser la demande en retrait. — *Limoges*, 16 mai 1839 (t. 1er, 1840, p. 657), Redon c. Chazal.

76. — ... Et dès-lors le débiteur cédé ne peut, en créant lui-même le litige, se donner le droit d'exercer le retrait. — *Bordeaux*, 19 mars 1841 (t. 2 1843, p. 192), Chantecaille c. vº Lazare.

77. — Jugé que celui qui cède les droits qu'il peut avoir sur les héritages possédés par un tiers, en ajoutant que ce tiers ne les possède que par suite d'une usurpation, ne cède pas des droits litigieux. — *Paris*, 30 juin 1825, Soufflet c. Gollin; *Cass.*, 24 janv. 1827, mêmes parties.

78.—Une simple citation en conciliation ne peut faire considérer comme litigieux le droit ou la créance qu'elle a pour objet. — *Metz*, 6 mai 1817, Baum c. Perin et Valzer; *Paris*, 26 nov. 1835, Paris et Fèvre c. Manigot; — Duranton, *Droit franç.*, t. 16, nº 534; Troplong, *Vente*, nº 990; Duvergier, *Vente*, t. 2, nº 361. —Il serait singulier, en effet, qu'on vît le commencement d'un litige dans l'acte qui a pour but et qui peut avoir pour effet de le prévenir.

79. — Mais il a été jugé qu'un procès-verbal de non-conciliation suffit pour imprimer à un droit le caractère litigieux suffisant pour autoriser le retrait. — *Turin*, 29 mars 1811, habitans de Gambasca c. Donadio.

80. — Toutefois M. Duvergier (*Vente*, t. 2, nº 362) critique cette décision par le motif que le procès n'existe pas encore, lorsqu'il y a eu non conciliation des parties. Souvent, dit cet auteur, on ne refuse de se concilier que pour éluder l'exécution de ses engagemens, et lorsque la demande est portée devant les tribunaux, qu'il est démontré que la résistance est impossible, on n'en fait pas même le simulacre.—Ces observations nous semblent fort justes.

81 — A plus forte raison l'opposition signifiée par le premier cessionnaire d'une créance au débiteur cédé ne peut, alors qu'il n'y a pas été donné de suite, être réputée constituer un litige de nature à autoriser contre un second cessionnaire l'exercice du retrait litigieux. — *Cass.*, 25 juin 1838 (t. 2 1838, p. 216), Abeille c. Grassière.

82. — Jugé de même qu'une opposition non suivie de demande en validité ne peut constituer un litige dans le sens de l'art. 1699, C. civ. — *Orléans*, 7 déc. 1839 (t. 1er 1846, p. 127), Grassière c. Abeille.

83. — Dès qu'il y a contestation commencée, la faculté d'exercer la subrogation n'est pas pour cela acquise au débiteur. Il faut en outre que cette contestation porte sur le fond du droit, c'est-à-dire que le litige fasse planer des chances douteuses sur le droit considéré dans son principe même et dans son existence. — Troplong, *Vente*, t. 2, nº 989.

84. — L'art. 1700 est limitatif à cet égard. En conséquence, l'arrêt qui, en admettant le retrait, se borne à dire que la créance est litigieuse sans énoncer que le litige porte sur le fond du droit doit être cassé. — *Cass.*, 5 juill. 1819, Basserve c. Langlumé; — Duvergier, *Vente*, t. 2, nº 368; Troplong, *Vente*, t. 2, nº 986.

85. — Il a été jugé à cet égard que l'exception opposée par l'héritier bénéficiaire à un créancier de la succession, qu'il a rendu son compte et payé le reliquat, n'est pas une contestation sur le fond même du droit du créancier, dans le sens de l'art. 1700, C. civ., qui rend l'héritier fondé à exercer le retrait à l'égard du cessionnaire de cette créance. — *Cass.*, 27 juill. 1826, Rosset c. Raphael.

86. — MM. Troplong (*Vente*, t. 2, nº 992); Rolland de Villargues, *Rép. du notariat*, vº *Retrait des droits litigieux*, nº 12 et Duvergier (*Vente*, t. 2, nº 396) approuvent cette décision. « Le moyen proposé par l'héritier, dit ce dernier auteur, ne tendait pas à faire juger que le droit du créancier était éteint, mais seulement à repousser la condamnation, attendu l'absence de tout actif dans la succession. En supposant que cette défense eût été admise, le créancier n'en aurait pas moins conservé sa créance et le droit de l'exercer, si plus tard de nouvelles valeurs étaient advenues à la succession : le moyen présenté était donc une simple exception et non une défense au fond. »

87. — On doit également considérer comme ne portant pas *sur le fond du droit* les débats qui s'élèvent sur une simple question d'exécution.

88. — La cour royale de Rouen a cependant jugé, le 1er déc. 1826 (Payen c. Blin), qu'une créance doit être considérée comme litigieuse, dans le sens de l'art. 1700, C. civ., bien qu'elle ne soit pas contestée en elle-même, s'il existe un litige sur le mode de recouvrement dont elle est susceptible. — Mais cette décision est avec raison critiquée par MM. Troplong (*Vente*, t. 2, nº 994); et Duvergier (*Vente*, t. 2, nº 369).

89. — La cession de droits successifs ne saurait non plus être considérée comme litigieuse par cela seul qu'une demande en partage serait introduite au moment de la cession, si du reste la qualité d'héritier n'était pas contestée au cédant. — *Lyon*, 24 juill. 1828, Romanet c. Bœuf.

90. — Peu importe du reste que la liquidation puisse donner naissance ultérieurement à des difficultés plus ou moins graves. — *Amiens*, 11 janv. 1839 (t. 2 1839, p. 148), Desemery c. Maunier; — Duvergier, *Vente*, t. 2, nº 372; Troplong, *Vente*, t. 2, nº 991; Merlin, *Rép.*, vº *Droits litigieux*; Duranton, t. 16, nº 536.

91. — Déjà la cour de Cassation (19 août 1806, Jarnan c. Abrest) avait jugé qu'il n'y avait pas cession de droits litigieux dans le sens des lois *per diversas* et *ab Anastasio*, par cela seul que le copropriétaire d'un immeuble résistait, vis-à-vis du cessionnaire de son copropriétaire, au partage demandé; — qu'il fallait, pour que la cession eût ce caractère, que le litige l'eût précédée, ou que le droit cédé fût litigieux de sa nature, ce qui n'existe pas dans le cas où il ne s'agirait que d'un partage que rien ne pouvait empêcher.

92. — Jugé encore qu'un légataire ne peut exercer le retrait litigieux contre un cessionnaire de droits héréditaires, par cela seul qu'il y a procès sur la validité du testament, si d'ailleurs la qualité d'héritier n'est point contestée au cédant. — *Aix*, 26 août 1813, de Villevieille c. Favier.

93. — Enfin on ne doit pas considérer comme acquéreur d'un droit litigieux celui qui a acquis un fonds grevé d'une rente, sur le paiement de laquelle il y avait contestation. Dans ce cas, en effet, le litige ne porte pas sur le fond du droit cédé, puisque la cession a pour objet l'immeuble dont la propriété n'est pas contestée au vendeur. — *Rennes*, 24 juill. 1810, de Cornulier.

94. — Mais la cour de Cassation a jugé que la cession d'une créance peut donner lieu à l'exercice du retrait litigieux, bien que le titre originaire de la créance ne soit pas contesté, s'il y a contestation sur les droits résultant actuellement de ce titre. — Et, plus spécialement, il y a lieu à l'exercice du retrait litigieux, lorsqu'une créance résultant d'une sentence irrévocable a été cédée pendant qu'il y a procès pour savoir si la créance cédée a été compensée en tout ou en partie au moyen d'indemnités réclamées par le débiteur à son créancier. — *Cass.*, 29 avr. 1834, Decollet c. Douessey.

— 95. — « Ne faut-il pas, disait avec beaucoup de raison, lors de cet arrêt, M. le conseiller rapporteur devant la cour suprême, faire ici une distinction entre le titre et le droit qu'on prétend en faire résulter? Le titre n'est pas nécessaire à l'obligation; elle pourrait exister sans lui, il n'en est que la preuve. Le titre peut donc exister et l'obligation être éteinte; et quand cela est mis en question et fait la matière d'un procès, le fond du droit n'est-il pas nécessairement engagé? Le droit est *jus persequendi in judicio quod sibi debetur*. Ici le débiteur prétendu plaide précisément pour faire juger qu'il ne doit rien, ou qu'il doit moins qu'on lui demande : il conteste donc formellement le droit au fond... »

96. — Il a encore été jugé, conformément à ces principes, que l'action en supplément de légitime est un droit litigieux lorsqu'elle est contestée soit dans son admissibilité, soit au fond. — *Montpellier*, 16 juin 1840 (t. 2 1840, p. 346), Deltrieu c. Bosc.

97. — ...Et, au contraire, que le droit à la légitime ne peut être considéré comme droit litigieux alors que la discussion ne porte pas sur le fond du droit en lui-même, mais seulement sur la quotité des biens. — *Toulouse*, 7 mai 1840 (t. 2 1840, p. 89), Blanc c. Marty; — Rolland de Villargues, *Rép.*, vº *Retrait de droits litigieux*, n. 11.

98. — Le droit d'un vendeur, demandeur en rescision pour cause de lésion, doit être réputé litigieux, bien que l'acquéreur ait consenti à l'expertise, s'il n'a donné ce consentement que sous la condition expresse que certains objets ne seraient pas compris dans l'estimation. — *Cass.*, 13 fév. 1832, Fournier c. Capitan; — Troplong, *Vente*, t. 2, n. 994. — Ces réserves démontrent, en effet, que l'acquéreur est loin d'admettre qu'il y ait lésion.

99. — De même, en cas de cession, faite avec stipulation de garantie, d'une action en revendication de biens de mineurs originairement vendus sans les formalités d'usage, celui contre qui cette action était dirigée pouvait user du bénéfice des lois *per diversas* et *ab Anastasio*, et l'écarter en remboursant le prix de la cession. — *Paris*, 5 niv. an XIII, Gossionne c. Durfort.

100. — Lorsque la créance est originairement litigieuse dans le sens de l'art. 1700, elle reste telle, et le retrait peut être exercé tant que le procès n'est pas définitivement terminé.

101. — Ainsi, une créance est censée litigieuse alors même que, dans une instance à laquelle elle a donné lieu, le débiteur a fait des offres, si elles n'ont pas été acceptées avant la cession. — *Cass.*, 3 janv. 1820, Pons c. Fort.

102. — La demande en retrait est recevable tant que l'arrêt qui a décidé la contestation n'est pas passé en force de chose jugée, et que le pourvoi formé contre cet arrêt n'est pas définitivement jugé par la cour de Cassation. — *Cass.*, 5 mai, 1835, Massin c. Guérin.

103. — Mais jugé par la cour de Bordeaux que l'éventualité d'un pourvoi en Cassation ne rend pas litigieux un droit reconnu par une cour royale. — *Bordeaux*, 17 janv. 1839 (t. 2 1846, p. 153), Fernio c. Hastier.

104. — La cour de Cassation a jugé qu'un droit ne saurait être réputé litigieux, bien qu'il y ait procès, lorsque ce droit a été antérieurement reconnu par jugement passé en force de chose jugée. — *Cass.*, 4 mars 1823, Swan c. Lubbert.

105. — Cette décision est approuvée par MM. Rolland de Villargues (*Rép. du not.* vº *Retrait litigieux*, nº 9), et Duvergier (*Vente*, t. 2, nº 373). — « Il ne faut pas, dit ce dernier auteur, se méprendre sur la portée et les motifs de cette solution. Ce n'est pas parce que la prétention doit être évidemment repoussée que l'exercice du retrait est dénié : car le seul fait de l'existence du litige sur le fond du droit, quelle que soit d'ailleurs l'issue qu'il doive avoir, donne lieu à l'application de l'art. 1699. Dans l'hypothèse que j'examine, c'est la nature spéciale du moyen opposé à la demande qui ôte à la contestation le caractère de litige : on suppose qu'une première décision souveraine a mis fin à un procès et que cependant celui qui l'a perdu a recommencé la lutte : celui qui l'a gagné n'a pas à discuter le mérite d'une prétention évidemment proscrite; il l'écarte par une fin de non-recevoir invincible : l'exception de chose jugée. En d'autres termes, il dit : il n'y a plus de procès possible entre nous sur ce point. Si en effet, plus tard, on reconnaît qu'il y avait eu chose jugée et que, par conséquent, le procès était terminé avant la cession, il serait absurde d'admettre la subrogation, qui suppose l'existence d'un *litige*. »

106. — Tant que dure le procès le droit au fond doit toujours être considéré comme litigieux, quoiqu'au jour de la cession les parties ne plaident pas précisément sur le fond du droit, mais seulement sur la péremption de l'instance à laquelle il a donné lieu. — *Bordeaux*, 6 juill. 1838 (t. 2 1846), Maderau.

107. — Celui contre lequel on a cédé un droit litigieux peut en exercer le retrait bien que la cession n'ait été notifiée que par la décision qui a terminé le procès, si réellement elle a été faite pendant le litige durait encore. — Même arrêt.

108. — Si l'existence même de la créance est reconnue, mais qu'il y ait contestation sur la quotité de cette créance, doit-on décider qu'il y a litige *sur le fond du droit*? — On pourrait induire la négative d'un arrêt rendu en audience solennelle par la cour royale de Paris le 26 juin 1820 (Besserve c. Langlumé). Cependant le seul considérant de cet arrêt étant conçu en ces termes : « *Attendu que la créance n'était pas contestée quant au fond du droit*, on peut douter que la cour ait entendu rendre un arrêt de principe. Nous croyons, du reste, qu'en droit une contestation sur la quotité d'une créance constitue un véritable litige sur le fond du droit. Si, en effet, je réclame 100,000 fr. et que l'on prétende ne m'en donner que 50,000, il y a évidemment procès sur l'existence de ma créance jusqu'à concurrence de 50,000 fr. et toutes les raisons qui ont fait admettre le retrait litigieux peuvent être invoqués avec la plus grande force.

109. — Les nullités de procédure ne constituent point une contestation sur le fond du droit, bien qu'ultérieurement le droit puisse se trouver éteint par suite de la nullité de l'instance. Par exemple,

la veille du jour où s'accomplit une prescription trentenaire, le titulaire d'une créance forme une demande en justice, le défendeur soutient que l'exploit est nul en la forme, cette exception de nullité ne constitue pas un litige sur le fond du droit ; pour déterminer le caractère du procès il ne faut pas, en effet, rechercher ce qui pourra arriver plus tard, mais uniquement apprécier les élémens actuels de la contestation. — Duvergier, *Vente*, t. 2, nº 370.

110. — Il ne faut pas toutefois confondre la nullité de procédure avec les vices de forme dont pourrait être atteint le titre même constitutif du droit. Ainsi, le procès dans lequel on soutiendrait qu'une donation entre-vifs est nulle parce qu'elle n'a pas été faite par devant notaire, serait un procès sur le fond du droit, quoiqu'il roulât sur des questions relatives à la forme des actes.

111. — En définitive, c'est toujours à un point de vue unique qu'il faut se placer pour décider s'il y a ou non litige sur le fond du droit ; on doit se demander quel est le but, quel sera l'effet des moyens de défense opposés à la demande. — S'ils tendent à écarter la demande irrévocablement, le fond du droit est contesté ; s'ils ne peuvent, au contraire, la repousser que provisoirement en laissant au demandeur la faculté de la reprendre, de la porter devant d'autres juges ou d'en former une nouvelle, la contestation ne porte pas sur le fond du droit. — Duvergier, *Vente*, t. 2, nº 371.

112. — Les ventes de corps certains peuvent-elles, comme les cessions de droits incorporels, être l'objet d'une demande en retrait, lorsque la propriété du cédant est contestée au moment de la cession ? — Cette question divise les auteurs.

113. — Ainsi, d'une part, M. Troplong (*Vente*, t. 2, nº 1001) et M. Duvergier (*Vente*, t. 2, nº 379) se prononcent pour l'affirmative. — Du moment, disent-ils, qu'un corps certain, un immeuble, par exemple, est l'objet d'une contestation entre deux personnes, on comprendrait difficilement comment on établirait une différence entre la position respective des deux adversaires. Or, il est certain que si celui qui intente l'action en revendication cédait ses droits à un tiers, le retrait serait admissible ; il doit donc en être de même si c'est le détenteur de l'immeuble qui a vendu la propriété contestée ; le fait de la possession ne doit avoir aucune influence sur la nature du droit transmis.

114. — Au contraire, M. Rolland de Villargues (*Rép. du not.*, vº *Droits litigieux*, nº 6) et M. Delvincourt (t. 3, notes, p. 179) enseignent que l'art. 1699 ne s'applique qu'aux cessions de choses incorporelles, par le motif que cet article est restrictif du droit commun, qu'il ne saurait dès-lors être étendu par analogie, et qu'il résulte de la place qu'il occupe dans le Code, de la rubrique sous laquelle il est placé, qu'il ne régit que les transports de créances et autres droits incorporels.

115. — Cette dernière opinion, qui nous paraît préférable, a été sanctionnée par la jurisprudence. — Ainsi il a été jugé que 1º les art. 841 et 1699, C. civ., ne s'appliquent qu'à la cession de droits litigieux et indéterminés, et non à celle de *corps certains* et non contestés. — *Angers*, 8 avr. 1808, Fusil c. Villaye.

116. — ... 2º Que la subrogation aux cessions de droits litigieux, autorisée par l'art. 1699, C. civ., n'est pas applicable aux immeubles. — *Cass.*, 24 nov. 1818, comm. de Laroche-Canilhac c. Ipcher ; *Bordeaux*, 20 juin 1819, de Ponter c. Dublan de Lahet.

117. — ... 3º Qu'on ne peut assimiler à une cession de *droits litigieux*, dans le sens des art. 1699 et 1700, C. civ., la revente d'un immeuble acquis à réméré, faite pendant le cours de l'instance à fin de déchéance du réméré, instance exigée par l'ancienne jurisprudence pour que l'acquéreur devînt propriétaire incommutable. — *Paris*, 31 mai 1826, N.

118. — Jugé, dans tous les cas, sur le pourvoi dirigé contre l'arrêt qui précède, qu'il suffit qu'il soit déclaré en fait par un arrêt de cour royale, qu'à l'époque où le retrait a été exercé tout litige avait cessé au su du retrayant pour que celui-ci ne soit pas admissible à soutenir devant la cour de Cassation que son action en retrait devait être accueillie. — *Cass.*, 30 août 1831, Combe c. Leullier.

119. — Mais on doit considérer comme contenant une véritable cession de droits litigieux l'acte par lequel un individu vend, non pas un immeuble proprement dit, qu'il tient et qu'il peut livrer, mais les droits qu'il prétend avoir sur un immeuble qu'il ne détient pas et qu'il ne peut pas livrer, alors qu'au moment de cette cession il existait un procès relatif à la propriété de l'immeuble. — *Cass.*, 28 janv. 1836, Perès et Dupouy c. comm. de Tilhouse ; 17 mars 1840 (t. 1er 1840, p. 421), Thomas c. Gauthier.

120. — Quant à la convention par laquelle un tiers s'engage à faire les avances nécessaires pour poursuivre un procès, à condition qu'en cas de gain il aura part dans les sommes que la partie adverse sera condamnée à payer, elle ne contient pas transport des droits de celui à qui appartient l'objet contesté, et dès-lors elle ne constitue point une cession de droits litigieux. — *Bourges*, 19 janv. 1830, sous *Cass.*, 15 mai 1833, Frebaut c. Petot.

121. — Il résulte évidemment de plusieurs des arrêts qui précèdent, et il a été, au surplus, formellement jugé que la question de savoir si un droit est ou non litigieux, et si, dès-lors, il y a lieu à l'application de l'art. 1699, C. civ., n'est pas une pure décision de fait, mais une décision en droit, dont l'appréciation appartient à la cour de Cassation. — *Cass.*, 25 juin 1838 (t. 2 1838, p. 216), Abeille c. Grassière.

122. — La faculté de demander la subrogation s'applique, du reste, au cas où la cession du droit litigieux a eu lieu au moyen d'un échange, comme à celui où elle a été consentie moyennant un prix en argent. Les règles relatives à la vente sont, en effet, applicables en général à l'échange, et les motifs particuliers qui ont fait admettre le retrait subsistent avec une égale force dans ces deux hypothèses. — Duvergier, *Vente*, t. 2, nº 387 ; Troplong, *Vente*, t. 2, nº 1002.

123. — La cour de Cassation a implicitement consacré cette doctrine par un arrêt en date du 19 oct. 1814 (Georgon) ; il s'agissait, il est vrai, dans l'espèce, du retrait successoral admis par l'art. 841, C. civ. ; mais les principes sont identiques.

124. — Seulement, lorsque le prix de la cession n'a pas été stipulé en argent, le débiteur qui exerce le retrait n'est pas tenu de rendre au cessionnaire la chose par lui donnée en échange, il doit uniquement lui en payer la valeur. — Duvergier et Troplong, *ibid.*

125. — Mais si la transmission du droit litigieux s'est opéré *à titre gratuit*, le retrait ne peut plus avoir lieu ; il n'y a pas, en effet, dans ce cas, de prix remboursable, et d'ailleurs le cessionnaire doit être vu avec plus de faveur que celui qui achète un procès comme spéculation. — *Toulouse*, 13 déc. 1830, Labau c. Dupuy. — Duvergier, *Vente*, t. 2, nº 388 ; Troplong, *Vente*, nº 1009 ; Pothier, *Vente*, nº 592 ; Duranton, t. 16, nº 537.

126. — Mais la question est plus délicate lorsque l'acte qualifié donation est mélangé de certaines charges. — D'un côté M. Troplong, invoquant la loi 23, Cod., *Mandati vel contra*, soutient que pour que le retrait soit irrecevable il faut que la donation soit pure et simple. « Dans cette matière, dit-il, toute donation avec charge est une vente ; l'acte ne peut être scindé ; là où il y a un prix la loi du retrait doit recevoir son application. *Res litigiosa in totum donari potest, pro parte vendi non potest.* »

127. — Pothier (*Tr. de la Vente*, nº 613 et suiv. et *Tr. des Retraits*, nº 85) voulait que la donation fût réputée vente quand les charges imposées au donataire étaient extrinsèques à la chose donnée.

128. — M. Duvergier au contraire (*Vente*, t. 2, nº 388) professe, avec raison, selon nous, qu'il faut rechercher quel est le caractère légal du contrat et se décider d'après le résulat de cet examen. Les expressions dont se sont servies les parties, les circonstances où elles se trouvaient, les motifs qui les ont déterminées, leurs relations de parenté, d'affaire, d'affection, sont autant d'indices qui fourniront presque toujours aux magistrats la solution du problème. Dans les occasions rares du reste où leur esprit se trouvera suspendu entre des probabilités égales, ils devront se prononcer pour la vente en vertu de la maxime que les libéralités ne se présument pas facilement. Mais, s'ils sont convaincus qu'il y a eu réellement donation dans l'intention des parties, ils devront repousser la demande en subrogation.

129. — Et il a été jugé en ce sens que les cessions à titre gratuit de droit litigieux ne sont pas soumises au retrait, alors même que certaines charges auraient été stipulées, si elles ne font pas perdre à l'acte son caractère de libéralité. — *Toulouse*, 13 déc. 1830, Labau c. Dupuy.

130. — Jugé de même que la donation faite à rente viagère ne donne pas lieu au retrait alors que cette rente est modique : du moins l'arrêt qui le décide ainsi ne saurait être cassé. — *Cass.*, 4 juin 1834, Menaud c. Parisot.

131. — Jugé également que l'arrêt qui prononce qu'une cession faite par une mère à ses enfans, alors même qu'un litige existe à l'occasion des biens cédés, n'est qu'un acte de libéralité, une pure démission de biens, ne viole pas les dispositions de l'art. 1699, C. civ., relatives aux pactes de droits litigieux. — *Cass.*, 15 mars 1826, Halluin c. Buisson.

132. — Il est au surplus évident que si une vente était déguisée sous la forme d'une donation pour échapper au retrait, le débiteur pourrait, en prouvant la fraude et, en démontrant qu'il y a un prix stipulé, exercer le droit de retrait. — Duvergier, Troplong, Duranton, *loc. cit.*

§ 2. — *Par qui, de quelle manière et à quelle époque le retrait peut être exercé.*

133. — Le retrait ne peut être exercé que par celui contre lequel le droit cédé est réclamé. — *Paris*, 30 mai 1835, sous *Cass.*, 5 mai 1836, Guyonie c. Falampin.

134. — Et il a été jugé sur le pourvoi dirigé contre l'arrêt de Paris que le retrait ne saurait être réclamé contre le cessionnaire d'une créance par un tiers qui, se prétendant acquéreur de cette créance en vertu d'une cession antérieure, avait précédemment formé une demande contre le cédant, à l'effet de faire reconnaître l'existence du transport. — *Cass.*, 5 mai 1836, Guyonie c. Falampin.

135. — La demande en retrait doit être signifiée au cessionnaire par exploit d'huissier avec offre de rembourser le prix de la cession en capital et accessoires.

136. — Mais il n'est pas nécessaire que ces offres soient réalisées avant l'acceptation du cessionnaire, ou l'admission de la demande en justice ; ni l'ancienne jurisprudence ni le Code n'ont imposé formellement cette condition, et l'on ne saurait l'induire des termes de l'art. 1699, C. civ. — *Besançon*, 21 janv. 1809, Dambles et Domier c. Roussel ; *Cass.*, 8 frim. an XII, Tesson c. Havy ; — Merlin, *Rép.*, vº *Droits litigieux*, nº 1er ; Duranton, t. 7, nº 200 ; Duvergier, *Vente*, t. 2, nº 385 ; Salviat, *Jurispr. parlem. de Bordeaux*, vº *Cession de droits litigieux*, nº 1er. — V. SUCCESSION.

137. — Le principal motif qui a fait accorder au débiteur cédé la faculté de demander la subrogation étant le désir d'empêcher les procès, il en résulte que le retrait doit être nécessairement exercé avant la fin de la contestation. Le débiteur ne saurait donc défendre à la demande dirigée contre lui, et en même temps conclure subsidiairement à la subrogation pour le cas où il succomberait au fond. Le juge qui condamnerait le débiteur et l'autoriserait à se libérer en remboursant le montant de la cession, se mettrait en contradiction avec lui-même ; il déclarerait le droit certain et appliquerait la disposition faite pour le cas où il y a incertitude. — *Cass.*, 1er juin 1831, Bordenave et Fortisson c. Lano ; 8 mars 1832, Midoux c. Picot ; *Bordeaux*, 12 avr. 1832, Bordenave et Fortisson c. Lano ; *Bourges*, 19 fév. 1838 (t. 2 1838, p. 285), Masson c. Charpentier ; — Pothier, *Vente*, nº 598 ; Troplong, *Vente*, t. 2, nº 987 ; Duvergier, *Vente*, t. 2, nº 375.

138. — Mais il a été jugé que le retrait litigieux peut être exercé pour la première fois en appel, alors surtout que c'est seulement depuis l'instance ouverte devant la cour que celui qui l'exerce a eu connaissance des clauses et conditions de la cession. Cette action constitue en effet une simple défense à la demande principale. — *Bordeaux*, 12 avr. 1832, Bordenave et Fortisson c. Lano ; *Rouen*, 1er déc. 1826, Payen c. Blin ; *Paris*, 5 niv. an XIII, Gossionne c. Durfort.

139. — Il importerait même peu que la cession eût été connue du débiteur en première instance, et que devant les premiers juges il se fût borné à défendre au fond, ou à conclure subsidiairement à la subrogation. Une demande nouvelle peut être présentée pour la première fois devant la cour, si elle n'est en réalité qu'une défense à l'action principale. Le retrayant peut seulement être condamné aux dépens, s'il ne conclut au retrait qu'après l'instruction de la cause. — *Bourges*, 19 fév. 1838 (t. 2 1838, p. 285) Masson c. Charpentier ; *Metz*, 11 mai 1831, sous *Cass.*, 8 mars 1832, Midoux c. Picot ; *Grenoble*, 19 mai 1828, comm. de Champoléon c. d'Huynes ; *Caen*, 25 janv. 1833, sous *Cass.*, 29 avr. 1834, Decollet c. Douessey ; — Pothier, *Vente*, p. 598 ; Duvergier, *Vente*, t. 2, nº 376 ; Troplong, *Vente*, t. 2, nº 999.

140. — Jugé encore que le retrait litigieux n'étant qu'une défense à l'action principale, peut être demandé pour la première fois en appel. — *Cass.*, 28 janv. 1836, Perez et Dupouy c. comm. Tilhouse.

141. — ... Et que dès-lors il n'est pas besoin qu'il soit proposé *in limine litis*. — Même arrêt.

142. — Cependant, on pourrait induire de la conduite du débiteur, des conclusions par lui prises,

et spécialement du silence qu'il aurait gardé jusqu'à la veille du jugement définitif, qu'il a renoncé au droit qui lui appartenait originairement d'exercer le retrait. — Troplong, *loc. cit.*; Duvergier, *Vente*, t. 2, n° 377; Pothier, *Vente*, n° 598. — En effet, dit ce dernier auteur pour le cas où le retrait serait exercé à la veille du jugement, et dans la crainte d'un échec, « les choses alors ne seraient plus entières, et le débiteur ayant voulu soutenir le procès jusqu'au bout, ne pourrait user du bénéfice d'une disposition qui n'a été introduite que pour prévenir des débats ruineux. »

143. — Mais si le cessionnaire, pour prévenir la demande en subrogation, avait tenu secrète la cession, le débiteur serait recevable à user du bénéfice de l'art. 1699, même après l'arrêt définitif. Autrement, il dépendrait du cessionnaire de se soustraire aux sages dispositions de la loi, en dissimulant la vente, et en agissant sous le nom du cédant. — *Rouen*, 16 mars 1812, Quevremont-Lamotte c. Cruppevolle; *Cass.*, 3 janv. 1820, Pons c. Fort; — Duvergier, *Vente*, t. 2, n° 378; Pothier, *Vente*, n° 597; Troplong, *Vente*, t. 2, n° 988.

§ 3. — *Effets de la demande en retrait.*

144. — La demande en retrait une fois formée, produit des effets irrévocables tant vis-à-vis du cessionnaire qu'à l'égard du débiteur cédé.

145. — *Vis-à-vis du cessionnaire.* Il se trouve en quelque sorte dessaisi de la créance, et ne peut plus l'aliéner, ni la rétrocéder à son cédant. Une pareille rétrocession serait nulle, alors même qu'elle ne serait entachée ni de dol ni de fraude. — *Turin*, 19 mai (et non mars 1813), Alezzio c. Lonzo.

146. — *A l'égard du débiteur cédé.* — Il se trouve obligé à rembourser au cessionnaire le prix de la cession et les frais et loyaux coûts auxquels elle a donné lieu. — C. civ., art. 1699.

147. — Il doit, en outre, payer le droit de signification du transport et les frais de l'instance jusqu'à la demande en subrogation: en un mot, il doit rendre le cessionnaire complètement indemne. — Troplong, *Vente*, t. 2, n° 1000; Duvergier, *Vente*, t. 2, n° 381.

148. — Enfin, il est tenu d'acquitter les intérêts depuis le jour où le cessionnaire a payé le prix de la cession jusqu'à celui du remboursement. — C. civ., art. 1699.

149. — Selon M. Duvergier (*Vente*, t. 2, n° 383), la cession n'ayant d'effet à l'égard des tiers que du jour de la signification, le paiement n'est réputé avoir été fait par le cessionnaire que du jour où la signification a eu lieu. Autrement, dit cet auteur, en antidatant la cession, le cédant et le cessionnaire pourraient faire remonter à une époque éloignée le point de départ des intérêts au préjudice du débiteur. Cette observation nous paraît ne pas manquer de justesse, mais cependant nous la croyons trop absolue: si, en effet, la cession a été faite par acte authentique et le prix payé aux yeux du notaire, la simulation n'est plus présumable; et n'accorder les intérêts au cessionnaire que du jour de la signification ce serait, dans certains cas, par exemple, lorsque la cession a été faite dans un lieu éloigné du domicile du débiteur cédé, lui faire supporter une perte qui ne saurait équitablement être mise à sa charge. Il faut donc s'en tenir au texte de la loi qui veut que les intérêts soient remboursés à partir du jour où le prix de la cession a été payé et s'en rapporter à la prudence des tribunaux pour déterminer ce point de départ, toutes les fois qu'il n'est pas constaté par un acte ayant date certaine.

150. — Jugé, dans tous les cas, que le retrayant peut n'être tenu des intérêts de la somme qu'il doit rembourser qu'à partir du jour où la cession lui a été notifiée, alors que, de son côté, le cessionnaire n'est condamné à rendre les fruits qu'à compter de la même époque. — *Cass.*, 15 janv. 1840 (t. 2, 1843, p. 227), Rougeard c. Dunoday.

151. — Si le débiteur prétend que le prix indiqué dans l'acte de cession n'est pas le prix réel payé par le cessionnaire, il est recevable à prouver la simulation par tous les moyens possibles. Autrement, il dépendrait toujours des parties de rendre illusoire la sage disposition de la loi en déclarant que la cession a été faite moyennant une somme plus élevée que celle donnée par le cessionnaire. — Duvergier, *Vente*, t. 2, n° 386.

152. — Jugé que, lorsque le cessionnaire de droits litigieux et successifs, qui a *frauduleusement* dissimulé sa cession à la personne qui aurait eu le droit d'exercer le retrait, rétrocède ces mêmes droits à un tiers, si, sur la notification faite par celui ci, le retrait est demandé, les juges peuvent, sans qu'il y ait violation de l'art. 1699, décider, en se fondant sur la fraude, que le retrait doit être admis moyennant le remboursement au second cessionnaire du prix de la première cession seulement, encore que le taux de la seconde lui fût supérieur. — *Cass.*, 15 janv. 1840 (t. 2, 1843, p. 227), Rougeard c. Dunoday.

153. — ... Dans ce cas, le premier cessionnaire étant, eu égard à sa fraude, condamné à titre de dommages-intérêts, doit garantir le second du préjudice que lui fait éprouver le retrait, encore qu'il ait été sipulé dans la seconde cession qu'il n'y aurait pas de garantie. — Même arrêt.

154. Le cessionnaire de droits litigieux, qui, par sa dissimulation frauduleuse de la cession, a donné lieu à une procédure déclarée, par suite, frustratoire, doit être condamné à en supporter personnellement les frais, encore que l'instance eût été suivie par son cédant, sans que de son côté il y eût figuré. — Même arrêt.

155. — Le retrayant ne peut plus, après avoir formé sa demande en subrogation, opposer la prescription; le procès est, en effet, arrêté; il ne peut plus y avoir de jugement au fond, et, d'ailleurs, l'intention manifestée d'exercer le retrait emporte nécessairement renonciation à la prescription. — *Riom*, 18 juin 1819, Verny c. Traper.

§ 4. — *Exceptions opposables à la demande en retrait.*

156. — L'art. 1701 admet trois exceptions à la règle posée par l'art. 1699. Ces cas d'exception, disait M. Portalis, sont ceux où l'on ne rapporte la cession de quelque droit litigieux que pour se maintenir soi-même dans quelque droit acquis.

157. — Le premier cas est celui où la cession a été faite à un cohéritier ou copropriétaire du droit cédé. — C. civ., art. 1701.

158. — Toutefois, doit-on comprendre sous ces expressions non seulement la cession faite par un héritier à son cohéritier, par un propriétaire à son copropriétaire, mais encore celle faite par un tiers à l'un des cohéritiers ou copropriétaires contre lesquels il prétend avoir un droit à exercer? — M. Duranton (t. 16, n° 539) paraît admettre l'affirmative.

159. — Mais cette opinion est combattue avec avantage par MM. Troplong (*Vente*, t. 2, n° 1006), et Duvergier (*Vente*, t. 2, n° 392). — En effet, ou le cessionnaire a voulu agir dans l'intérêt de la communauté, ou bien il s'est préoccupé de son propre intérêt. Dans la première hypothèse, on se conforme à son intention en lui tenant compte de ce qu'il a déboursé; dans la seconde, il n'a fait qu'acheter un procès contre la succession, et sa qualité d'héritier, loin d'être une excuse, est un motif de plus pour autoriser la subrogation. Si la vente faite par un cohéritier à son cohéritier n'est pas soumise au retrait, c'est uniquement parce que le cessionnaire a cherché à sortir d'indivision, et non à acheter un procès. Du moment que la vente est faite par un tiers, ce motif n'existe plus et l'on rentre dans le droit commun.

160. — Ainsi, celui à qui on a cédé un droit litigieux sur un objet qu'il possède en commun avec plusieurs autres, peut être contraint par ses copropriétaires de rapporter à la masse le bénéfice de son acquisition, en lui remboursant le prix du transport. — *Cass.*, 8 frim. an XII, Tesson c. Havy.

161. — Lorsque plusieurs créances sur l'état appartenant à divers sont l'objet d'une liquidation faite en masse, chacun des créanciers doit être considéré comme *copropriétaire* dans le sens de l'art. 1701, C. civ., et, dès-lors, celui qui se rend cessionnaire des droits d'un des autres créanciers ne peut être soumis à l'exercice du retrait litigieux, bien qu'avant la cession il n'eût particulièrement aucun droit direct à la créance acquise. — *Cass.*, 25 juin 1838 (t. 2 1838, p. 216), Abeille c. Grassière.

162. — Jugé que chaque héritier, jusqu'au partage, est mandataire de ses cohéritiers, et que, dès-lors, l'exercice du retrait litigieux par plusieurs héritiers profite à ceux même qui n'y ont pas concouru. — *Cass.*, 18 juill. 1838 (t. 2 1838, p. 369), Delarfeux c. Raynaud.

163. — La seconde exception à l'art. 1699 a lieu quand la cession est faite à un créancier en paiement de ce qui lui est dû; le créancier n'est pas alors réputé avoir agi par esprit de vexation. Il ne fait que pourvoir à ses intérêts; sa position est aussi favorable que celle du débiteur cédé.

164. — Cette règle était déjà admise sous l'empire de l'ancienne jurisprudence. — Les lois *per diversas* et *ab Anastasio*, qui autorisaient ceux contre lesquels des droits litigieux étaient cédés à étouffer le procès en rendant au cessionnaire ce qu'il avait payé au cédant, ne s'appliquaient pas à la cession que le débiteur faisait à son créancier pour se libérer envers lui. — *Cass.*, 23 germin. an IX, Deslandes c. Remy.

165. — Jugé que, en matière de faillite, l'acquisition qui a lieu, par l'un des créanciers, des droits litigieux qui en dépendent, doit, *surtout s'il s'agit d'un des créanciers les plus forts*, être considérée comme faite en paiement de ce qui lui est du, ce créancier devant compenser tout ou partie de son prix avec une part proportionnelle de sa créance. Cette cession ne peut, en conséquence, donner lieu au retrait. — *Cass.*, 20 juill. 1837 (t. 2 1837, p. 221), Banquier c. Arbousset.

166. — Cependant, si la dette quoique sérieuse n'entrait que pour une faible partie dans le prix de la cession, et que le cessionnaire du droit litigieux payât une soulte considérable, les tribunaux pourraient décider qu'il y a en réalité vente, et admettre le retrait. — Duvergier, *Vente*, t. 2, n° 395; Duranton, t. 16, n° 540.

167. — A plus forte raison la demande en subrogation serait-elle fondée si la dette en paiement de laquelle aurait été abandonné le droit litigieux, avait été constituée précisément pour se placer dans l'exception et pour éluder la règle de l'art. 1699. — Duvergier, *Vente*, t. 2, n° 394.

168. — Il suffit, du reste, qu'une cour royale ait déclaré que la cession d'un droit litigieux *n'a eu* pour motif ni pour résultat l'acquit d'une dette, pour que son arrêt ne puisse pas être censuré comme violant l'art. 1701. — *Cass.*, 29 avr. 1834, Decollet c. Douessey.

169. — Le troisième cas d'exception se présente lorsque la cession est faite au possesseur de l'héritage litigieux. Dans ce cas, en effet, le motif de l'acquisition est le désir de conserver l'objet dont on a la possession plutôt que l'envie d'acheter un procès.

170. — Par suite de ce principe il a été jugé que le créancier possesseur à titre de gage qui, pendant l'instance liée pour le contraindre à la restitution, achète les droits de quelques-uns des copropriétaires du gage, n'est pas censé acheter des droits litigieux. Dans tous les cas, il se trouverait dans les exceptions portées par l'art. 1701, C. civ. On ne peut donc lui appliquer l'art. 1699. — *Grenoble*, 30 juin 1810, Trouilloud c. Rosset.

171. — Au reste, il est constant que les trois exceptions prévues par l'art. 1701 sont purement démonstratives. — *Nîmes*, 29 juin 1836 (dans ses motifs), sous *Cass.*, 20 juill. 1837 (t. 2 1837, p. 221), Banquier c. Arbousset.

172. — Une autre exception non prévue par l'art. 1701, mais indiquée par la raison et admise par tous les auteurs, c'est lorsque le droit litigieux se trouve cédé comme conséquence ou dépendance d'une autre chose non litigieuse qui a été vendue. — Par exemple, si l'on vend une terre et en même temps des créances sur le fermier de cette terre, il est évident que ce n'est pas le désir d'acheter les droits litigieux qui a décidé l'acquéreur de la terre, cette cession n'est que la conséquence de la vente de l'immeuble. — Pothier, *Vente*, n° 595; Duvergier, *Vente*, t. 2, n° 397; Troplong, *Vente*, t. 2, n° 1011.

173. — L'action en retrait est-elle admissible lorsqu'il s'agit d'une vente ordonnée ou autorisée par la justice et faite aux enchères? Cette question s'est présentée dans une espèce où il s'agissait de créances dépendantes d'une faillite vendues en vertu de l'autorisation du tribunal conformément à l'art. 583 du C. procéd. — La cour de Nîmes a repoussé l'action en retrait par le motif « que tout ce qui a lieu de l'ordre de la justice doit être réputé sérieux, sincère, permanent et sûr: qu'invités par le magistrat à se présenter aux enchères, les acquéreurs ne doivent pas avoir à redouter l'exercice du retrait litigieux, et que l'intérêt même qui a déterminé les juges à ordonner la vente serait gravement compromis si la crainte d'un retrait ultérieur en écartait les enchérisseurs. » — *Nîmes*, 29 juin 1836, sous *Cass.*, 20 juill. 1837 (t. 2 1837, p. 221), Banquier c. Arbousset.

174. — La cour de Cassation, saisie du pourvoi dirigé contre cet arrêt, a également jugé que l'action en retrait n'est pas admissible dans le cas où, s'agissant d'une faillite, la vente des droits litigieux a eu lieu en vertu de l'autorisation générale accordée par le tribunal, conformément à l'art. 563, C. comm., et après l'accomplissement de toutes les formalités nécessaires pour donner à l'adjudication la plus grande publicité. — *Cass.*, 20 juill. 1837 (t. 2 1837, p. 221), Banquier c. Arbousset. — Mais cette décision paraît avoir été déterminée plutôt par le motif qu'il s'agissait dans l'espèce d'une faillite, c'est-à-dire d'une matière régie par des dispositions spéciales, que par le fait qu'il y avait eu dans l'espèce vente aux enchères. — On ne pourrait donc en conclure que la cour a entendu maintenir en principe les cessions de droits litigieux par cela seul qu'elles ont eu lieu aux enchères et publiquement.

175. — ... Alors surtout que ces droits litigieux ont

été adjugés à forfait avec plusieurs autres créances moyennant un seul et même prix. — *Nîmes*, 29 juin 1836, sous *Cass.*, 20 juill. 1837 (t. 2 1837, p. 221), Banquier c. Arboussel.

176. — Il y encore exception à la faculté de retrait, dans le cas où la cession a eu lieu à titre gratuit. — V. *suprà* n°s 125 et suiv.

DROIT DES PAUVRES.

Table alphabétique.

DROIT DES PAUVRES. — 1. — Taxe établie au profit des indigens, et qui se perçoit sur les recettes des spectacles, concerts et lieux de réunion ou de fêtes, où le public est admis en payant.

2. — Cette sorte de contribution est ancienne en France. On voit par une ordonnance de Charles VI, du mois d'avr. 1407, que, dès cette époque, on avait pensé à faire tourner ainsi les plaisirs publics au soulagement des pauvres.

3. — La même idée se retrouve dans un acte du parlement du 27 janv. 1541, rendu à l'occasion des premières représentations des mystères de l'Ancien Testament, données à Paris par les confrères de la Passion. Nous empruntons ce document au *Répertoire des établissemens de bienfaisance*, de MM. Durieu et Roche, qui l'ont relevé sur des registres manuscrits faisant partie de la collection de M. Leber. « Sur lettres patentes portant permission, y est-il dit, à Charles-le-Roger et consorts, maîtres et entrepreneurs de jeu et mystère de l'Ancien Testament, faire jouer et représenter à l'année prochaine ledit jeu et mystère, suivant lesdites lettres, leur a été permis par la cour à la charge d'en user bien et dûment, sans y user d'aucunes frauldes, n'y interposer choses profanes, lascives ou ridicules ; que pour l'entrée du théâtre, ils ne prendront que deux sols de l'entrée de chascune personne, pour le louage de chascune loge durant le dit mystère que trente escus ; n'y sera procédé qu'à jour de festes non solennelles ; commenceront à une heure après midy, finiront à cinq, feront en sorte qu'il n'en suive scandalle ou tumulte ; et à cause que le peuple sera distraict du service divin et *que cela diminuera les aulmosnes ils bailleront aux pauvres la somme de mil livres sauf à ordonner de plus grande somme.* »

4. — Lorsque plus tard les spectacles devinrent permanens, on vit dans l'augmentation du prix des entrées un moyen facile d'arriver au même résultat.

5. — Une ordonnance du 25 fév. 1699, développée plus tard par une autre ordonnance du 30 août 1701, disposa à cet effet qu'il serait « levé au profit de l'hôpital général de Paris *un sixième en sus* des sommes qu'on payait alors aux opéras et comédies, pour être ledit sixième employé à la subsistance des pauvres. »

6. — Par une ordonnance du 5 fév. 1716, il fut encore disposé qu'un *neuvième* serait prélevé par augmentation du prix des places aux opéras, comédies et autres spectacles, pour les bâtimens des nouvelles salles de l'Hôtel-Dieu.

7. — Le principe qui servait de bases à ces dispositions devait trouver place dans notre droit nouveau. Dès 1790, l'assemblée nationale décida que les spectacles publics ne pourraient être autorisés qu'à charge d'une redevance envers les pauvres. — L. 16-24 août 1790, tit. 11, art. 4.

8. — Mais, à bien dire, c'est seulement à la loi du 7 frim. an V que remonte l'établissement de la taxe dont il s'agit, et qui ne devait d'abord être que temporaire.

9. — « Il sera, dit cette loi (art. 1er), perçu un décime par franc (deux sous pour livre) en sus du prix de chaque billet d'entrée, *pendant six mois*, dans tous les spectacles où se donnent des pièces de théâtre, des bals, des feux d'artifice, des concerts, des courses et exercices de chevaux, pour lesquels les spectateurs paient. — La même perception aura lieu sur le prix des places louées pour un temps déterminé. »

10. — « Le produit de la recette, ajoute l'art. 2, sera employé à secourir les indigens qui ne sont pas dans les hospices. »

11. — Après avoir été prorogée pour une nouvelle période de six mois par la loi du 2 flor. an V, la taxe ainsi établie au profit des indigens fut maintenue, encore pour six mois, par une autre loi du 8 therm. même année, qui, en outre, introduisit dans son application et dans son attribution des changemens notables.

12. — « Le droit d'un décime par franc (deux sous pour livre) établi par la loi du 7 frim. an V, et prorogé par celle du 2 floréal dernier, porte cette loi (art. 1er), continuera à être perçu jusqu'au 7 frim. de l'an VI, en sus du prix de chaque billet d'entrée et d'abonnement *dans tous les spectacles où se donnent des pièces de théâtre.* »

13. — « Le même droit d'un décime par franc (deux sous pour livre), établi et prorogé par les mêmes lois à l'entrée des *bals*, *feux d'artifice*, *des exercices de chevaux*, et *autres fêtes* où l'on est admis en payant, est porté au *quart de la recette*, jusqu'audit jour, 7 frim. prochain (*ibid.*, art. 2). »

14. — « Le produit des droits perçus en vertu des articles précédens sera consacré uniquement aux besoins des *hospices* et aux *secours à domicile*, dans les proportions qui seront déterminées par le bureau central (V. BUREAU CENTRAL) dans les communes où il y a plusieurs municipalités, et par l'administration municipale dans les autres, conformément à l'art. 7 de la loi du 7 frim. (*ibid.*, art. 3). »

15. — Plus tard, il fut disposé que cette répartition serait faite « par le préfet, sur l'avis du sous-préfet. » — Arrêté du gouvernement du 7 fructid. an VIII.

16. — Successivement prorogé par les lois des 2 frim. an VI, 19 fructid. même année, 6 complém. an VII, 7 fructid. an VIII, 9 fructid. an IX, 18 therm. an X et 10 therm. an XI, ainsi que par les décr. des 30 therm. an XII, 8 fructid. an XIII, 21 août 1806 et 24 nov. 1808, le droit des pauvres fut établi d'une manière permanente et prorogé indéfiniment par le décr. du 9 déc. 1809.

17. — « Les droits qui ont été perçus jusqu'à ce jour, porte ce dernier décret (art. 1er), en faveur des pauvres ou des hospices, en sus de chaque billet d'entrée et d'abonnement dans les spectacles, et sur la recette brute des bals, concerts, danses et fêtes publiques, continueront à être indéfiniment perçus, ainsi qu'ils l'ont été pendant le cours de cette année et des années antérieures, sous la responsabilité des receveurs et contrôleurs de ces établissemens. »

18. — Ces dispositions ont été annuellement consacrées par toutes nos lois de finances, depuis 1817, sauf quelques modifications relatives à leur appréciation et que nous aurons tout à l'heure occasion d'indiquer.

19. — Le caractère particulier de l'impôt dont il s'agit est, ainsi qu'on l'a vu, d'atteindre, dans leurs recettes, au profit des indigens, tous les lieux de réunion où le public est admis en payant.

20. — Deux classes en ont été faites ; la première comprenant les spectacles, proprement dits ; la seconde toutes les autres entreprises destinées aux plaisirs du public : l'une passible seulement du *dixième* du prix des billets, l'autre dont l'impôt s'élève au *quart* de la recette.

21. — La différence entre ces deux perceptions, disent à cet égard MM. Durieu et Roche (*Rép. des établissem. de bienfaisance*, v° *Spectacles*, n° 12), ne résulte pas seulement de la faveur due à l'art dramatique ; elle résulte aussi de ce que les établissemens assujétis au prélèvement du dixième donnent des représentations quotidiennes, ou du moins très fréquentes, qui durent toute l'année, tandis que celles des autres ne durent au plus qu'une saison. »

22. — Le décime par franc imposé aux établissemens de la première classe en sus du prix des billets, doit être perçu pour les loges louées, soit au jour, soit au mois, soit à l'année, non sur le prix ordinaire des places, mais sur le prix réel de la location de chaque place, le droit des indigens devant toujours être proportionné aux prix payés par les personnes admises au spectacle. — *Cons. d'état*, 24 fév. 1817, hospices de Bordeaux.

23. — Le quart de la recette, qui doit être prélevé à l'égard des établissemens de la seconde classe s'entend du quart de la recette *brute*, sans qu'il soit tenu aucun compte des frais qu'a pu faire l'entrepreneur. — L. 2 frim. et 19 frutid. an VI ; 6 complém. an VII.

24. — D'après la législation en vigueur et la jurisprudence, il faut ranger dans la première classe soumise seulement au prélèvement du dixième, les entreprises suivantes :

25. — ... Tous les spectacles où se donnent des pièces de théâtre. — LL. 7 frim. et 8 thermid. an V.

26. — ... Les établissemens où se jouent des pantomimes. — Décis. minist. 9 mai 1809.

27. — ... Les cirques qui donnent des scènes équestres et des représentations d'actions héroïques. — *Ibid.* — V. toutefois *infrà* n° 38.

28. — ... Et notamment l'établissement équestre de Franconi. — *Cons. d'état*, 24 mars 1820, hospices de Bordeaux.

29. — ... Les panoramas, théâtres pittoresques et mécaniques. — Arr. du gouvern. 10 thermid. an XI.

30. — ... Les spectacles de marionnettes. — *Cons. d'état*, 16 fév. 1832, hospices de Bordeaux.

31. — ... Les salles de curiosités et d'expériences physiques. — Décis. min., 9 mai 1809.

32. — ... Les concerts quotidiens. — L. 16 juill. 1840, art. 9.

33. — Sont rangés dans la seconde classe soumise au prélèvement du quart :

34. — ... Les bals publics. — L. 8 thermid an V.

35. — ... Sans aucune exception à l'égard des bals donnés dans les théâtres. — *Cons. d'état*, 24 fév. 1817, hospices de Bordeaux. (Inséré au *Bulletin des lois.*)

36. — ... Les feux d'artifice. — L. 8 thermid. an V.

37. — ... Les concerts *non quotidiens.* — L. 8 thermid. an V et 16 juill. 1840.

38. — ... Les courses et exercices de chevaux. — L. 8 thermid. an V. — V. néanmoins *suprà* n° 27.

39. — ... Les exercices de corde. — *Cons. d'état*, 29 oct. 1809, Ribié.

40 — ... Et généralement tous les lieux de réunion et de fêtes où l'on est admis en payant. — Lois annuelles des finances.

41. — La circonstance que tout ou partie du prix de chaque billet d'entrée sera employé en consommation ne donne lieu à aucune exception. « Le but de la loi, disait le ministre de l'intérieur dans une circulaire du 26 fructid. an X, est que le quart de la recette, c'est-à-dire le quart du prix des billets pris pour entrer, soit perçu en faveur des pauvres. Il ne s'agit point d'examiner si l'on consomme ou non dans l'intérieur, mais bien de constater le prix de chaque billet pris pour entrer et de percevoir le quart des pauvres sur la totalité de la recette qui en est résultée. — V. dans ce sens *Cons. d'état*, 6 juin 1844, Duchamp.

42. — Ainsi, les sommes perçues par l'entrepreneur comme prix des billets d'entrée ou comme rétributions pour la danse, ainsi que celles perçues, soit par voie d'abonnement ou de cachets, soit à titre de paiement des frais, doivent être comptées comme un produit de la recette des bals. — Même décision.

43. — Mais il ne faut pas considérer comme recette de bal la vente des objets de consommation à laquelle ne donnent pas droit les billets d'entrée. — *Ibid.*

44. — Les deux sortes de taxes ne sont, du reste, applicables qu'autant qu'elles peuvent frapper sur une recette réelle, et qu'il s'agit d'entreprises créées dans un but de spéculation. Hors de ces conditions, l'impôt ne peut être prélevé : il y a nécessairement lieu à exemption.

45. — Ainsi, en ce qui concerne la première classe, celle des spectacles, le décret précité du 9 déc. 1809 déclare formellement « les représentations gratuites et à bénéfice exemptes des droits sur l'augmentation mise au prix ordinaire des billets. »

46. — « Cette exception, dit toutefois le ministre de l'intérieur dans une instruction du 19 déc. 1809, n'est relative qu'aux artistes qui ont droit par leurs engagemens à ces représentations ou les

obtiennent lors de leur retraite, ou encore lorsqu'elles sont données à leur profit ou à celui de leurs veuves et de leurs enfans, à raison de la position dans laquelle ils se trouvent; elle n'a rien de commun avec les concerts et autres fêtes publiques que des particuliers donnent à leur profit et par esprit de spéculation personnelle. »

47. — On a tiré du même principe cette conséquence que les billets gratuits dans les spectacles, bals ou concerts ne sont pas passibles de la taxe. — *Cons. d'état*, 5 août 1831, Théâtre-Français.

48. — Mais pour qu'il y ait lieu, dans ce cas, à l'exemption, il faut que les billets soient complétement gratuits. L'exemption ne peut être étendue à tous autres billets délivrés avec des combinaisons tendant à en diminuer le prix, soit par la vente ailleurs qu'au bureau, soit en les faisant servir au paiement des frais. — Même ordonnance.

49. — Ainsi, notamment les billets prétendus délivrés gratuitement, et qui sont vendus ailleurs qu'au bureau sont passibles de la taxe. — *Cons. d'état*, 8 janv. 1831, Caruel Marido.

50. — Il doit en être de même des billets dits *d'auteur*, parce qu'ils représentent pour les auteurs une valeur qui leur tient lieu de droits, et dont ils tirent d'ordinaire profit. — Vivien et Blanc, *Législat. des théâtres*, no 160; Durieu et Roche, *Répert. des établissem. de bienfaisance*, vo *Spectacles*, no 22.

51. — Les coupons d'entrée, attribués quelquefois aux actionnaires de théâtres par leur acte social, et qui peuvent se vendre séparément de l'action à laquelle ils sont attachés, sont également passibles de la taxe, comme constituant de véritables abonnemens. — *Cons. d'état*, 14 sept. 1830, Ducis de Saint-Georges.

52. — En ce qui concerne les entreprises de la seconde classe, qui ne seraient pas non plus faites dans un but de spéculation, l'exemption se trouve consacrée par un décret du 24 nov. 1808, portant que : « les bals et concerts de réunion et de société où l'on n'entre que par abonnemens ne seront exemptés de la perception qu'autant qu'il sera constant que l'abonnement n'est point public, qu'ils ne sont point la chose d'un entrepreneur, et qu'il n'entre dans les réunions aucun objet de spéculation de la part des sociétaires et des abonnés. »

53. — C'est ce que le conseil d'état a jugé relativement aux réunions d'une société particulière, organisée pour se donner des bals et d'autres divertissemens, au moyen de cotisations faites entre les sociétaires. — *Cons. d'état*, 21 avr. 1836, bureau de bienfaisance de Saint-Quentin.

54. — Il avait précédemment également jugé qu'une messe en musique ne peut, sous aucun rapport, par assimilation à un concert, donner lieu au prélèvement de la taxe des pauvres sur le prix des chaises, alors même que le prix en serait augmenté, surtout si l'église ne cesse pas d'être ouverte au public gratuitement. — *Cons. d'état*, 25 nov. 1806, Bertin.

55. — Un arrêté du directoire exécutif, 29 frim. an V, dispose que les administrateurs et entrepreneurs de tous les spectacles et salles de bals, concerts, feux d'artifice, courses et exercices de chevaux, seront tenus de percevoir eux-mêmes le droit établi au profit des indigens.

56. — C'est donc sur les directeurs et entrepreneurs mêmes des entreprises, et d'après le relevé de leurs livres, que ces droits sont recouvrés par les administrations charitables.

57. — La perception du droit peut s'opérer de trois manières : par régie simple, par régie intéressée, ou par bail à ferme. — Durieu et Roche, *ubi suprà*, no 23.

58. — La régie simple est la perception du droit par un préposé sous la surveillance immédiate des administrations hospitalières. — *Ibid.*

59. — La régie intéressée consiste à traiter avec un régisseur, à la condition d'un prix fixe et d'une remise proportionnelle dans les produits excédant le prix principal et la somme allouée pour frais au régisseur. — *Ibid.*

60. — Enfin, la régie par bail à ferme est l'adjudication pure et simple, moyennant un prix convenu sur partage de bénéfice ou allocation de frais. — *Ibid.*

61. — Il suffit aux administrations charitables, pour la régie simple ou la régie intéressée, d'obtenir l'autorisation du préfet. — L. 7 frim. an V, art. 6; décr. 9 déc. 1809; ord. roy. du 31 oct. 1821, art. 15; circ. min. 12 sept. 1827.

62. — Ces administrations peuvent d'ailleurs, toujours avec l'autorisation du préfet, traiter directement avec les entrepreneurs et directeurs, par voie d'abonnement.

63. — Les traités qu'elles passent doivent avoir pour objet de leur procurer par l'abonnement l'équivalent en moyenne de ce qu'elles percevaient sur le produit des recettes de chaque fête ou spectacle. — Durieu et Roche, *ubi suprà*, no 24.

64. — Lorsqu'elles choisissent le mode de baux à ferme, elles doivent se conformer aux règles qui sont prescrites pour les baux en général. — V. ÉTABLISSEMENS DE BIENFAISANCE.

65. — Les poursuites nécessaires pour obtenir le paiement sont dirigées, dans tous les cas, par voie de contrainte, suivant le mode fixé par l'arrêté du 16 thermid. an VIII, et les autres lois et réglemens relatifs aux contributions directes et indirectes. — Décr. 8 fructid an XIII, art. 2.

66. — Les contraintes sont décernées par la régie ou le fermier, et rendues exécutoires par le préfet. — Durieu et Roche, *ubi suprà*, no 26.

67. — Il résulte de ces deux dernières solutions que les difficultés qui s'élèvent au sujet des poursuites doivent être portées, comme toutes celles relatives au recouvrement des contributions directes, devant le conseil de préfecture, et jugées d'après les mêmes règles. — *Cons. d'état*, 16 fév. 1832, hospices de Bordeaux. — V. CONTRIBUTIONS DIRECTES.

68. — Les décisions rendues par les conseils de préfecture en cette matière doivent, aux termes du décret précité du 8 fructid. an XIII, être exécutées provisoirement, sauf le recours au conseil d'état.

69. — En conséquence, dans le cas de contestations sur le mérite d'une contrainte décernée contre le directeur d'un théâtre, à fin de paiement du droit des pauvres, le juge des référés ne peut pas, tout en renvoyant les parties à se pourvoir au fond, ordonner par provision la discontinuation des poursuites. — *Paris*, 28 janv. 1832, Crosnier c. hospices; — Bioche, *Dict. de proc.*, vo *Référé*, no 95.

DROITS POLITIQUES ET CIVIQUES.

Table alphabétique.

DROITS POLITIQUES ET CIVIQUES. — 1. — On nomme ainsi les droits que les lois constitutionnelles attachent à la qualité de citoyen français. — On les appelle aussi *droits civiques*, du mot *civis*, citoyen.

—

§ 1er. — *Jouissance des droits politiques; comment ils s'acquièrent.*

2. — Les droits politiques ou civiques sont indépendans des droits civils. — C. civ., art. 7. — Les premiers font participer plus ou moins immédiatement ceux qui en jouissent, soit à l'exercice, soit à l'établissement de la puissance et des fonctions publiques : les seconds au contraire sont uniquement d'intérêt privé.

3. — De cette différence il résulte que la jouissance des droits politiques ne devait point être subordonnée aux mêmes règles que celle des droits civils.

4. — Pour exercer les droits politiques, il ne suffit pas, en effet, comme lorsqu'il s'agit seulement de droits civils, d'être investi de la qualité de *Français*, il faut de plus être *citoyen*.

5. — Personne ne peut devenir citoyen français s'il ne jouit des droits civils, tandis qu'on peut être Français sans jouir des droits politiques.

6. — La qualité de citoyen n'est pas le partage exclusif des individus qui ont toujours été Français ; elle peut appartenir aussi à ceux qui, originairement étrangers, sont devenus Français par la naturalisation.

7. — Les droits politiques dérivant de la qualité de citoyen, il en résulte que l'exercice s'en acquiert nécessairement par les mêmes modes qui donnent cette qualité ; nous avons vu au mot CITOYEN FRANÇAIS quels sont ces modes, nous ne pouvons qu'y renvoyer. — V. aussi NATURALISATION.

8. — L'exercice des droits politiques en France dépend tellement de la qualité de citoyen, que l'étranger, non revêtu de cette qualité, qui y aurait exercé les droits politiques, ne pourrait, si l'erreur qui couvrait son incapacité venait à être découverte, invoquer, pour les conserver, sa longue possession. Son incapacité est, en effet, d'ordre public et doit dès-lors reparaître immédiatement avec la découverte de l'erreur. La circonstance qu'il aurait été élu membre de la chambre des députés et qu'il aurait siégé à cette chambre pendant plusieurs sessions, ne saurait même le maintenir dans l'état politique dont il aurait ainsi joui par erreur. Car, aux termes de l'ordonnance du 14 juin 1814, il ne peut être admis à siéger à la chambre des députés qu'après avoir obtenu des *lettres de grande naturalisation*. Or, la chambre des députés, en l'admettant dans son sein, n'a pu le dispenser de l'obtention de ces lettres que, d'ailleurs, elle ne peut accorder que concurremment avec le pouvoir royal et la chambre des pairs. — On pourrait citer dans le sens de cette opinion la discussion qui a eu lieu à la chambre des députés à l'occasion de l'élection de M. Émile de Girardin en 1839. — V. *Moniteur* du 14 avr. 1839.

9. — La possession politique de l'étranger ne doit pas cependant, dans ce cas, demeurer absolument sans effet. Cet étranger peut avoir exercé en France des fonctions publiques ; les actes qu'il a faits peuvent être nombreux. Il serait alors par trop rigoureux de rendre les tiers victimes de l'erreur commune. Par une exception que la législation et la raison approuvent, ces actes sont validés. — V. discours de Hennequin à la chambre des députés, *Moniteur* du 14 avr. 1839.

10. — Toutefois, les incapacités en matière de droits politiques ne peuvent être suppléées ni étendues par voie d'interprétation.

11. — Ainsi, aucune loi n'interdisant l'exercice des droits politiques aux descendans des Français expatriés pour cause de religion, nés en pays étrangers et réintégrés par la loi du 15 déc. 1790, ces descendans doivent être considérés comme citoyens français et admis à exercer les droits politiques. La question s'était élevée à l'occasion de Benjamin Constant, né de religionnaires expatriés en Suisse et à qui l'on contestait le droit de siéger à la chambre des députés, dont il avait fait déjà partie dans des sessions précédentes, sans qu'aucune réclamation eût été élevée. Mais elle a été résolue dans le sens ci-dessus par la chambre des députés. — V. *Moniteur* des 28 mars, 17, 22 et 24 mai 1824. — Depuis, la chambre des députés a encore confirmé cette décision, en validant l'élection de MM. Roman et Odier. — V. *Moniteur* du 9 fév. 1828. — V. aussi sur ce point Legat, *Code des étrangers*, édit. de 1832, p. 19.

12. — De même, les habitans des colonies françaises qui ont établi leur domicile en France doivent être admis à la jouissance des droits politiques. Les contributions qu'ils paient dans ces colonies ne peuvent, il est vrai, servir à la formation du cens électoral. Mais la qualité de Français dont ils sont investis comme membres d'un pays français leur confère nécessairement en France les mêmes droits dont jouissent les Français qui habitent sur le territoire même de la France.

13. — Le législateur n'a énuméré nulle part les droits que l'on doit considérer comme politiques ; encore moins a-t-il établi nettement la séparation entre eux et les droits purement civils : il semble même les avoir confondus à dessein en comprenant dans la nomenclature des privations

qu'entraîne la *dégradation civique* (C. pén., art. 34) des droits purement civils ou de droit privé, alors que ce titre même de la peine semblait ne devoir s'appliquer qu'à des droits *civiques* ou de cité. — L'art. 42 du même code énumère également, sans établir entre eux aucune distinction, des droits politiques ou civiques et des droits civils. — Serrigny, *Traité de droit public*, t. 1er, p. 169.

14.—Les droits politiques ou civiques consistent notamment dans la faculté de voter et d'être élu dans les assemblées électorales, formées soit pour la nomination des députés, soit pour celle des membres du conseil général ou des conseils d'arrondissement, soit enfin pour la nomination des conseillers municipaux.

15. — Cependant la seule qualité de citoyen ne confère plus aujourd'hui cette faculté : d'autres conditions d'âge et de cens sont exigées. Il y a pourtant des citoyens qui peuvent, sans payer un cens déterminé, concourir aux élections; ce sont certains fonctionnaires publics, ainsi que d'autres citoyens qui sont légalement présumés offrir des garanties suffisantes de moralité et de capacité. — V. ÉLECTIONS DÉPARTEMENTALES ET D'ARRONDISSEMENT, ÉLECTIONS LÉGISLATIVES, ÉLECTIONS MUNICIPALES.

16. — ... Les droits politiques ou civiques consistent dans l'aptitude à être admis à tous les emplois ou fonctions publiques : par exemple, d'être nommé pair de France, ministre et conseiller d'état; conseiller, procureur général et avocat général près la cour de Cassation et les cours royales; juge, procureur du roi et substitut près les tribunaux de première instance; juge de paix et suppléant du juge de paix; préfet, sous-préfet et conseiller de préfecture; maire et adjoint de mairie, etc.

17. — ... Dans la faculté d'être juré. — V. JURY. — Demolombe, *Comment. du C. civ.*, t. 1er, no 140.

18. — ... Dans celle d'être notaire. — L. 25 vent. an XI, art. 1er. — V. NOTAIRE.

19. — ... Dans celle d'être témoin dans les actes notariés (L. 25 vent. an XI, art. 9; C. pén., art. 34), autres toutefois que les testamens. — C. civ., art. 980; — Demolombe, t. 1er, no 140. — V. TÉMOIN INSTRUMENTAIRE.

20. — ... Dans le droit de faire partie de la garde nationale. — Marcadé, *Elém. dr. civ. franç.*, sous l'art. 7, C. civ., no 1er. — V. GARDE NATIONALE.

§ 2. — *Perte, suspension, interdiction des droits politiques.*

21. — Les droits politiques se perdent de la même manière que la qualité de citoyen dont ils dérivent. — V. CITOYEN FRANÇAIS, nos 46 et suiv.

22. — Nous avons aussi au mot CITOYEN FRANÇAIS (nos 56 et suiv.) indiqué quelles étaient les causes qui suspendaient l'exercice des droits de citoyen.

23. — Il nous reste seulement à indiquer quelques dispositions du Code pénal qui autorisent à prononcer une interdiction temporaire, totale ou partielle des droits politiques.

24. — Ainsi, l'art. 42 de ce Code dispose que « les tribunaux jugeant correctionnellement pourront, dans certains cas, interdire en tout ou en partie l'exercice des droits civiques suivans : — 1o de vote et d'élection; — 2o d'éligibilité; — 3o d'être appelé ou nommé aux fonctions de *juré* ou autres fonctions publiques, ou aux emplois de l'administration, ou d'exercer ces fonctions ou emplois; d'être employé comme témoins dans les actes, etc. »

25. — Les art. 109 et suiv. interdisent aussi de l'exercice total ou partiel des droits politiques le condamné pour crimes et délits relatifs à cet exercice.

26. — Enfin, les art. 123, 185, 187, 401, 405, 406 et 410, C. pén., contiennent d'autres cas dans lesquels les tribunaux peuvent prononcer contre chacun des condamnés une interdiction plus ou moins étendue des droits politiques.

27. — Le condamné qui a perdu ainsi la jouissance totale ou partielle de ses droits politiques, ne peut être rétabli dans ces droits que par l'expiration du temps pour lequel l'interdiction a été prononcée, ou en obtenant sa réhabilitation. — V. RÉHABILITATION.

§ 3. — *Trouble apporté à l'exercice des droits politiques. — Répression.*

28. — Si les citoyens doivent être protégés par la loi, c'est surtout lorsqu'ils exercent les droits que la constitution leur assure; entraver la liberté des suffrages, c'est violer la constitution elle-même. La loi pénale doit réprimer une semblable violation; elle la place en effet au nombre des crimes et délits contre la *Charte constitutionnelle*. — V. CONSTITUTIONS FRANÇAISES.

29. — Aussi, lorsqu'un ou plusieurs citoyens ont été empêchés d'exercer leurs droits politiques, et que cet empêchement a été produit par un attroupement, par voies de fait ou par menaces, chacun des coupables doit être puni d'un emprisonnement de six mois au moins et de deux ans au plus, et de l'interdiction du droit de voter et d'être éligible pendant cinq ans au moins et dix ans au plus. — C. pén., art. 109.

30. — La simple tentative d'empêchement n'équivaudrait pas à un empêchement consommé, et ne serait conséquemment pas punissable. — Chauveau et Hélie, *Théor. du C. pén.* (2e édit.), t. 2, p. 209; Morin, *Dict. de dr. crim.*, vo *Elections*; Carnot, *Code pén.*, art. 109, no 2. — En effet, la tentative de délit n'est punissable, aux termes de l'art. 3, C. pén., que dans les cas déterminés par une disposition spéciale de la loi; or, ici, la loi est muette.

31. — Mais, lorsque l'empêchement a été commis par suite d'un plan concerté pour être exécuté, soit dans tout le royaume, soit dans un ou plusieurs départemens, soit dans un ou plusieurs arrondissemens communaux, le délit prend alors le caractère de crime, et la peine est le bannissement. — C. pén., art. 110.

32. — Du reste, dans ce dernier cas comme dans le précédent, il faut que l'empêchement ait produit son effet, qu'un ou plusieurs citoyens n'aient pu exercer leur droit, et, par l'un des trois moyens énumérés dans l'art. 109 : c'est-à-dire, par un attroupement, par des voies de fait ou par des menaces : car c'est le même acte; le même fait que prévoient l'un et l'autre article. — Chauveau et Hélie, p. 208.

33. — Si les attroupemens, les violences ou les menaces employés pour dominer les élections, constituaient des délits distincts, rien ne s'opposerait à ce qu'ils fussent en outre l'objet d'une poursuite séparée. — Chauveau et Hélie, p. 210. — V. notamment à cet égard la loi sur les attroupemens du 10 avril 1831.

34. — Pour que l'art. 110 soit applicable, il n'est pas nécessaire que le plan ait été concerté pour être exécuté à la fois *dans divers lieux*. Il suffit qu'il l'ait été pour être exécuté, même dans une seule assemblée électorale. C'est ce qui résulte de la discussion qui eut lieu sur cet article au conseil d'état.

35. — La loi du 8 oct. 1830 a mis au rang des délits politiques ceux mentionnés au chapitre dont font partie les art. 109 et suiv., et en a renvoyé par suite la connaissance aux cours d'assises.

36. — Jugé en conséquence que l'empêchement apporté par voies de fait à l'exercice des droits civiques d'un individu, constituant le délit prévu par l'art. 109, C. pén., a, d'après l'art. 7, L. 8 oct. 1830, le caractère de délit politique, et dès-lors appartient à la juridiction des cours d'assises, aux termes de l'art. 6, même loi. — *Cass.*, 23 juin 1836, Etchebarne; — De Grattier, *Comment. L. de la presse*, t. 2, p. 223, note 3e.

37. — Jugé également que l'expulsion d'un maire ou d'un adjoint de la mairie où il devait présider les élections municipales, constitue un délit politique de la compétence de la cour d'assises. — *Cass.*, 3 mai 1832, Sarrand. — V. cependant Parant, *L. de la presse*, p. 473.

38. — Selon Carnot (*C. pén.*, art. 109, no 5), les condamnés en vertu de l'art. 109 ne pouvaient être mis sous la surveillance de la haute police, car l'art. 49, qui pourrait être invoqué dans l'opinion contraire, ne parlant que des crimes et délits qui intéressent la sûreté intérieure et extérieure de l'état, ne s'applique qu'à ceux compris dans les deux sections du ch. 1, liv. 3, dont l'art. 109 ne fait pas partie.

39. — Quant à l'art. 463, relatif à l'admission des circonstances atténuantes, il est hors de doute qu'il pourrait être appliqué, si les tribunaux reconnaissaient l'existence de semblables circonstances.

40. — Les art. 111 et 112, C. pén., sont relatifs à la falsification des bulletins. — Le premier de ces articles est ainsi conçu : « Tout citoyen qui, étant chargé, dans un scrutin, du dépouillement des billets concernant les suffrages des citoyens, sera surpris falsifiant les billets, ou en soustrayant de la masse, ou y en ajoutant, ou inscrivant sur les billets des votans non lettrés des noms autres que ceux qui lui auraient été déclarés, sera puni de la dégradation civique. »

41. — L'art. 112 porte : « Toutes autres personnes coupables des faits énoncés dans l'article précédent, seront punies d'un emprisonnement de six mois au moins et de deux ans au plus, et de l'interdiction du droit de voter et d'être éligible pendant cinq ans au moins et dix ans au plus. »

42. — On devrait également voir une falsification dans le fait du président qui, en donnant lecture des bulletins, prononcerait frauduleusement des noms autres que ceux qui y seraient écrits. Cette fausse attestation est une altération du vote, que la loi a voulu punir aussi bien que la falsification matérielle du billet. — Chauveau et Hélie, p. 212.

43. — C'est par une exception aux règles du droit commun que les faits prévus par les art. 111 et 112 précités ne sont punis que dans le cas de surprise en flagrant délit. — Cette disposition, qui n'existait pas dans le projet du Code, a été proposée au conseil d'état par le consul Cambacérès, et adoptée à cause du danger qu'il pourrait y avoir à ouvrir une issue trop facile à de tardives et téméraires recherches pour des faits qui ne laissent plus de traces quand le scrutin est détruit. — « Combien, dans cette matière surtout, disait Berlier, les espérances trompées, les prétentions évanouies et l'amour-propre blessé ne feraient-ils pas naître d'accusations hasardées, s'il était permis de les recevoir après coup et hors le cas où le coupable est surpris, pour ainsi dire, en flagrant délit. »

44. — D'où il suit que le délit doit être constaté au moment même où il est commis, ou du moins avant la dissolution de l'assemblée élective. — Si les faits n'étaient découverts que graduellement et plusieurs mois après la tenue de cette assemblée, ils ne seraient point punissables. — *Cass.*, 28 fév. 1812, Aublin c. Brion; — Chauveau et Hélie, p. 214; Morin, *ubi suprà*; Bourguignon, *Jurispr.*, *C. crim.*, sous l'art. 111, C. pén., t. 3.

45. — Le fait de la falsification ne devant pas seulement s'apprécier d'après le résultat général de l'opération, mais d'après les actes particuliers qui pourraient vicier le résultat, peut par conséquent être poursuivi, même dans le cas où il n'aurait pas eu pour effet de priver un citoyen d'une élection qui lui était acquise. — Chauveau et Hélie, t. 1er, p. 214.

46. — Au surplus, il est hors de doute que, pour être punissables, les soustractions ou additions de bulletins doivent être faites volontairement : car il n'y a point de délit ni de crime quand il n'y a pas d'intention criminelle. — Mêmes auteurs.

47. — Il a été jugé aussi que le fait de la part d'un individu non inscrit sur les listes électorales d'avoir voté, en usant de la carte d'un électeur décédé, ne rentrait dans l'application d'aucune disposition pénale. — *Amiens*, 26 juin 1832, Guimier. — Cette doctrine a été combattue par M. Odilon-Barrot, dans deux consultations insérées dans la *Gazette des Tribunaux* les 17 déc. 1827 et 3 mars 1828, et par MM. Chauveau et Hélie (p. 213). — V. à cet égard ÉLECTIONS LÉGISLATIVES.

48. — Du reste, il est incontestable que si, pour se procurer la qualité d'électeur, un individu commettait un crime ou un délit, un *faux*, par exemple, il serait punissable à raison de ce fait spécial. — Duvergier, *loc. cit.*

49. — L'art. 113, C. pén., prévoit le dernier délit relatif à l'exercice des droits civiques. Il est ainsi conçu : « Tout citoyen qui aura, dans les élections, acheté ou vendu un suffrage à un prix quelconque, sera puni d'interdiction des droits de citoyen et de toute autre fonction ou emploi public pendant cinq ans au moins et dix ans au plus. — Seront en outre, le vendeur et l'acheteur du suffrage, condamnés chacun à une amende double de la valeur des choses reçues ou promises. »

50. — La loi ne parlant que de la vente d'un vote *à un prix quelconque*, il en résulte que, pour l'existence du délit, il n'est pas nécessaire que le prix du suffrage soit une somme d'argent; ainsi une place, une faveur promise pourrait être considérée comme le prix du vote : la condition du délit est que l'électeur ait fait trafic de son droit de suffrage. — Chauveau et Hélie, p. 216; Morin, *ubi suprà*.

51. — Dans ce cas, pour évaluer l'amende qui doit être *double de la valeur des choses reçues ou promises*, les juges arbitreront le bénéfice qu'auraient pu procurer aux votans les promesses qui lui auraient été faites. — Chauveau et Hélie, *ibid.*

52. — Les dispositions pénales qui garantissent le libre exercice des droits politiques doivent-elles aussi s'appliquer aux élections de la garde nationale? — MM. Chauveau et Hélie, (*loc. cit.*), fondent l'affirmative sur ce que ces élections ont également lieu en vertu de la Charte (art. 69). — V. aussi en ce sens Morin, *loc. cit.* — V. GARDE NATIONALE.

53. — V. au surplus, pour toutes les questions auxquelles peuvent donner lieu les art. 111 à 113 du Code pénal, ÉLECTIONS LÉGISLATIVES.

DROITS RÉUNIS.

1. — On donnait ce nom, sous l'empire de la loi du 5 vent. an XII, aux droits perçus sur les tabacs, les boissons et distilleries, les voitures publiques, les cartes et les matières d'or et d'argent. — L'administration chargée de la perception de ces droits prenait, selon la même loi (chap. 5, sect. 1re, art. 77), le titre de *Régie des droits réunis*.

2. — L'ordonnance du 17 mai 1814 a substitué le nom de *Contributions indirectes* à celui de *Droits réunis*, et décidé qu'à l'avenir la *Régie des droits réunis* prendrait le titre d'*Administration des contributions indirectes*.

V. BOISSONS, CARTES A JOUER, CONTRIBUTIONS INDIRECTES, ENREGISTREMENT, MATIÈRES D'OR ET D'ARGENT, TABACS, VOITURES PUBLIQUES.

DROITS SEIGNEURIAUX.

Table alphabétique.

DROITS SEIGNEURIAUX. — 1. — On désignait sous le nom générique de *droits seigneuriaux* tout ce qui était dû au seigneur à raison de cette qualité.

2. — L'origine des droits seigneuriaux, comme en général celle des institutions féodales, est enveloppée de ténèbres. Les historiens et jurisconsultes feudistes l'ont pour la plupart rapportés à une cause unique : le fief. — Ainsi, d'après cette idée, les droits seigneuriaux n'auraient été, dans l'origine, que des conditions mises à la création du fief servant.

3. — Mais M. Championnière, dans un ouvrage récent qui contient une étude approfondie des origines et du véritable caractère des institutions féodales (*De la propriété des eaux courantes, du droit des riverains et de la valeur actuelle des concessions féodales*, etc.), combat cette idée avec beaucoup de force. — Selon cet auteur, les historiens, dans leurs observations sur le régime féodal, ont perdu de vue une distinction fondamentale propre à jeter un grand jour sur les causes de l'antipathie profonde que ce régime a constamment inspirée aux populations.

4. — « Les institutions seigneuriales, dit-il (p. 96, no 48), renfermaient deux élémens plus profondément séparés à mesure qu'on remonte à leur origine, savoir : le fief et la justice; cette distinction s'exprimait dans la maxime célèbre écrite à chaque page dans les livres des coutumiers : *fief et justice n'ont rien de commun*. — Le seigneur justicier n'était pas le seigneur féodal, et si l'une et l'autre qualité se réunissaient parfois sur la même tête, elles y demeuraient distinctes dans le droit; leurs prérogatives conservaient le caractère propre à leur nature respective. Comme le seigneur féodal, le seigneur justicier a des droits sur la terre; c'est à lui que sont dus les services personnels, les corvées, les censives; c'est à lui que le titre de seigneur est réservé par excellence; tous ces droits sont utiles, productifs, presque tous gênans et vexatoires; enfin, tous les droits seigneuriaux contre lesquels les haines se sont élevées et qui, à juste titre, ont soulevé les plaintes et les réclamations, sont des droits de justice. — Au contraire, la fidélité, l'affection, le dévouement et la satisfaction réciproque caractérisent les droits des fiefs; c'est dans leurs élémens que se trouvent le lien généreux qui rattache le seigneur au vassal, sans empreinte de servitude, et ces obligations respectives qui n'excluent ni l'égalité, ni la liberté. — Les prérogatives des justiciers sont odieuses par elles-mêmes; le caractère personnel de celui qui les exerce peut seul en modifier la nature essentiellement tyrannique. Les droits du seigneur féodal n'ont rien de vexatoire, rien qu'un homme libre ne puisse volontairement consentir; l'abus de la convention a seul pu en altérer la nature primitive. »

5. — Après avoir ainsi caractérisé les deux classes de droits seigneuriaux, M. Championnière recherche l'origine des droits de justice, et il nous les montre dérivant primitivement de l'impôt romain, puis, prenant de grands accroissemens, à la faveur de l'anarchie des temps barbares, par les exactions et l'abus de la force.

6. — Il nous montre enfin (chap. 5) les seigneurs justiciers, lorsqu'ils étaient en même temps seigneurs de fiefs dans la circonscription du même territoire, s'efforçant d'intervertir leur titre et de transformer leurs droits de justice en droits de fief en les faisant comprendre dans les dénombremens de leurs droits féodaux, et cela afin de leur enlever le caractère odieux dont ils étaient entachés aux yeux des populations.

7. — Au surplus, ce n'est point ici le lieu de retracer l'histoire des justices seigneurales non plus que celle du fief, et de faire connaître les divers systèmes émis à ce sujet par les historiens et les jurisconsultes. — V. à cet égard FIEF, JUSTICES SEIGNEURIALES.

8. — Indépendamment de la division en droits de justice et droits de fief, les droits seigneuriaux se divisaient, sous un autre point de vue, en droits utiles et droits honorifiques.

9. — Les droits utiles étaient ceux qui, indépendamment de l'honneur qui les accompagnait quelquefois, renfermaient un profit pour le seigneur, tels que les lods et ventes. (V. BAIL A CENS), le relief, le quint. — V. FIEF, etc.

10. — Les droits honorifiques étaient ceux qui ne consistaient que dans des honneurs et des prérogatives qui n'étaient point un objet de lucre.

11. — Ainsi, notamment, les seigneurs hauts-justiciers avaient, dans les églises paroissiales bâties sur leur territoire le droit de banc permanent et de sépulture dans le chœur; le droit de litre et de ceinture funèbre au dedans et au dehors de l'église; le droit de se faire présenter l'eau bénite et le pain bénit, et le droit de préséance dans les processions. — Dunod, *Tr. des prescriptions*, chap. 11; Nouveau Denisart, vo *Droits honorifiques*; Guyot, *Rep.*, *eod. verb.*; Henrion de Pansey, *Dissert. féod.*, *eod. verb.*

12. — Toutefois, le seigneur haut-justicier le cédait sur tous ces droits au patron, sauf pour la ceinture funèbre au dehors de l'église, où le patron n'avait pas le droit d'en mettre. — Dunod, *loc. cit.*

13. — On appelait patron celui qui avait, par lui ou par ses auteurs, fondé, doté et construit une église. Il avait droit, à ce titre, à certains honneurs, charges et profits. — Merlin, *Rép.*, vo *Patronage*. — V. CHAPELLE, nos 43 et suiv.

14. — Les auteurs divisaient généralement en trois classes les droits seigneuriaux dérivant tant des fiefs que des censives : droits essentiels, naturels et accidentels. — Nouveau Denisart, vo *Droits seigneuriaux*, § 2e, no 3; Guyot, *Rép.*, vo *Droits seigneuriaux*; Henrion de Pansey, *eod. verb.*, § 2.

15. — Pour les fiefs, le seul droit essentiel, sans lequel le fief ne pouvait subsister, était la fidélité, c'est-à-dire le lien qui unissait le vassal à son seigneur. — La fidélité était distincte de la prestation de foi et hommage. Cette dernière n'était point essentielle, et le vassal pouvait en être affranchi sans que le fief cessât d'exister. — Mêmes auteurs. — V. aussi FIEF.

16. — Les droits naturels, c'est-à-dire ceux qui étaient toujours censés stipulés, à moins que le vassal n'en eût été expressément affranchi, étaient la prestation de foi et hommage, l'aveu ou dénombrement, le quint, le relief, le retrait féodal, etc. — Mêmes auteurs.

17. — A l'égard des censives, le droit essentiel était la redevance dont le fonds accensé devait nécessairement être grevé et qui portait ordinairement le nom de *cens*. — Les droits naturels étaient : les lods et ventes, la déclaration censuelle, etc. — V. BAIL A CENS.

18. — Quant aux droits accidentels, tant des fiefs que des censives, qui n'existaient qu'autant qu'ils avaient été formellement stipulés, c'étaient, par exemple, les rentes seigneuriales, les banalités, les corvées, etc. — Nouveau Denisart, vo *Droits seigneuriaux*, § 2; Henrion de Pansey, *eod. verb.*, § 2; Guyot, *eod. verb.*

19. — Il serait intéressant d'indiquer, parmi les droits seigneuriaux, lesquels étaient droits de justice, lesquels étaient droits de fief ou de seigneurie. Mais il est à peu près impossible d'établir, entre ces deux classes de droits, une ligne nettement séparative, d'une part, parce qu'on ne trouve pas dans les anciens auteurs des indications assez précises, d'autre part, parce que les mêmes droits étaient tantôt droits de justice et tantôt droits de fief.

20. — Il ne serait pas moins difficile de donner ici une nomenclature complète des droits seigneuriaux, nomenclature qui, d'ailleurs, ne présenterait qu'un médiocre intérêt. — Nous nous bornerons donc à indiquer les principaux et à expliquer sommairement en quoi ils consistaient.

21. — Déjà, au surplus, nous en avons fait connaître un certain nombre sur lesquels par conséquent il serait inutile de revenir ici. — V. à cet égard AUBAINE, BAIL A CENS, BANALITÉ, CHAMPART, CHEVAGE, CORVÉE, DÉTRACTION, DIME, etc.

22. — D'autres seront ultérieurement expliqués dans le cours de cet ouvrage. — Ainsi au mot FIEF nous ferons connaître les droits divers qui en dépendaient ordinairement : l'*aveu* ou le *dénombrement*, le *relief* et le *quint* (droits de mutation que le seigneur percevait sur les héritages inféodés), la *commise*, le *retrait féodal*, etc. — Nous ne parlerons donc point ici de ces droits.

23. — Un des principaux droits seigneuriaux, c'était le droit de chasse. « Qui a fief a droit de chasse, » disait Loisel, *Instit. coutumières*, règle 278.

24. — Cette maxime s'entendait en deux manières, savoir : que le propriétaire du fief avait le droit d'y chasser, et que le seigneur dominant avait les mêmes droits sur les fiefs qui relevaient de lui. — Loyseau, *Des seigneuries*, chap. 12, no 131; Lebret, *De la souveraineté*, liv. 2, chap. 6; ordonn. 1669, tit. *des chasses*, art. 26, 28.

25. — Le seigneur haut-justicier pouvait aussi chasser sur tous les fiefs qui étaient dans son territoire, quand même ces fiefs étaient tenus à foi et hommage d'autres seigneurs. — Dupin et Laboulaye, sur Loisel, *Instit. cout.*, règle 278. — V. CHASSE.

26. — Le droit de pêche dans les rivières non navigables était également un droit seigneurial. — Dans la plupart des pays de droit écrit et dans différentes coutumes, telles que les coutumes de Bourbonnais, Anjou, Tours, ce droit appartenait au seigneur haut-justicier à l'exclusion du seigneur de fief; au contraire, dans les coutumes qui n'avaient pas de pareilles dispositions, le droit de pêche était regardé comme un droit de fief dont le seigneur féodal devait jouir, quoique la justice appartînt à un autre seigneur. — Guyot, *Répert.*, vo *Pêche*.

27. — Quant aux fleuves et rivières navigables, le roi seul y avait le droit de pêche, à moins que quelque particulier n'eût titre ou possession valable pour jouir de ce droit. — Ord. 1669, tit. 27, art. 41. — V. PECHE.

28. — Les droits de péage n'avaient pas par eux-mêmes le caractère de droits seigneuriaux; en principe, le roi seul avait le droit d'en établir, et ils ne pouvaient être perçus qu'à son profit, ou à celui soit des engagistes du domaine, soit de ceux auxquels il avait été concédé à titre d'inféodation ou d'octroi. Les seigneurs haut-justiciers ne pouvaient à ce titre exiger aucun péage; il fallait qu'ils en jouissent en vertu d'une concession expresse, ou qu'ils eussent en leur faveur une possession tellement immémoriale, qu'elle pût faire présumer qu'il y avait eu originairement une concession du roi. — *Encyclop. méthod.*, vo *Péage*; Guyot, *Rép.*, *eod. verb.* — V. PÉAGE.

29. — A l'égard des redevances dont les héritages étaient grevés au profit des seigneurs, redevances qui variaient à l'infini dans leur nature et leur objet, pour savoir si elles avaient le caractère de droits seigneuriaux, il fallait examiner si elles étaient dues comme signe récognitif de la di-

recte, ou si au contraire elles ne constituaient que de simples rentes foncières. — V. BAIL A CENS, RENTE SEIGNEURIALE.

30. — Les droits seigneuriaux ont été supprimés par les lois révolutionnaires. — Mais cette suppression ne fut pas tout d'abord radicale et complète; il y eut à cet égard certaines phases qu'il importe d'indiquer.

31. — Par le décret du 4 août 1789, l'assemblée constituante, prononçant la suppression du régime féodal, décréta que, dans les droits et devoirs tant féodaux que censuels, ceux qui tenaient à la main-morte réelle ou personnelle et à la servitude personnelle, et ceux qui les représentaient, étaient abolis sans indemnité, et tous les autres déclarés rachetables, et que le prix et le mode du rachat seraient fixés ultérieurement. Ceux desdits droits qui n'étaient pas supprimés par le présent décret devaient continuer d'être perçus jusqu'au remboursement. — Art. 1er.

32. — Le même décret déclara aboli le droit exclusif des fuies et colombiers, le droit exclusif de la chasse et des garennes ouvertes, les dîmes de toute nature et les redevances qui en tenaient lieu. — Art. 2, 3 et 5.

33. — Le décret du 4 août 1789 n'avait fait, pour ainsi dire, que poser le principe de l'abolition du régime féodal. Ce principe fut développé par un autre décret du 15-28 mars 1790.

34. — Après avoir donné une énumération des droits qui sont supprimés sans indemnité, ce décret (tit. 3, art. 1er) déclare simplement rachetables, et par conséquent payables jusqu'au rachat effectué, tous les droits et devoirs féodaux ou censuels utiles qui sont le prix et la condition d'une concession primitive de fonds.

35. — Etaient présumés tels, sauf la preuve contraire : — 1° toutes les redevances seigneuriales annuelles en argent, grains, volailles, cire, denrées ou fruits de la terre, servis sous la dénomination de cens, censives, surcens, etc., qui ne se paient et ne sont dus que par le propriétaire ou possesseur d'un fonds, tant qu'il est propriétaire ou possesseur, et à raison de la durée de sa possession; — 2° tous les droits casuels qui, sous les noms de quint, requint, lods et ventes, etc., sont dus à cause des mutations survenues dans la propriété ou la possession de fonds, par le vendeur, l'acheteur, les donataires, les héritiers et tous autres ayant-cause du précédent propriétaire ou possesseur; — 3° les droits d'accapte, arrière-accapte et autres semblables, dus tant à la mutation du ci-devant seigneur qu'à celle des propriétaires ou possesseurs.

36. — Jugé que celui qui se refuse à l'acquit d'un droit qu'il prétend féodal, n'est point tenu de prouver que ce droit n'a point pour cause une concession primitive de fonds, et que c'est à son adversaire à prouver le contraire. — *Rennes*, 23 déc. 1815, N...

37. — Quant au mode et aux conditions du rachat des droits qui, au lieu d'être supprimés sans indemnité, étaient déclarés simplement rachetables, V. les décrets des 3 mai 1790, 13 avr. 1791 et 20 août 1792.

38. — Ce dernier décret porte notamment (tit. 3, art. 1er) « que les arrérages à échoir de cens, redevances, même de rentes foncières ci-devant perpétuelles se prescriront à l'avenir par cinq ans, à compter du jour de la publication du présent décret, s'ils n'ont été conservés par la reconnaissance du redevable, ou par des poursuites judiciaires. »

39. — ... (Art. 2) que néanmoins la prescription pour les droits corporels et incorporels appartenant à des particuliers est et demeurera suspendue depuis le 2 nov. 1789 jusqu'au 2 nov. 1794, sans qu'elle puisse être alléguée pour aucune partie du temps qui sera écoulé pendant le cours desdites cinq années, soit pour le fond desdits droits, pour les arrérages, conformément à ce qui a été décrété à l'égard des mêmes droits appartenant à la nation par le décret du 1er juill. 1791. — Le même article ajoute « qu'il en sera de même des redevables à l'égard desquels la prescription est et demeurera suspendue pendant le même temps. »

40. — Jugé que la loi du 20 août 1792 n'a eu pour objet que ceux des droits féodaux qui n'avaient pas encore été abolis sans indemnité et les autres prestations foncières qui étaient restées simplement rachetables; — qu'en conséquence, la suspension de prescription établie par l'art. 2, tit. 3 de ladite loi, uniquement relative aux droits féodaux et casuels non supprimés, n'est point applicable aux questions de suspension de prescription entre particuliers pour tous droits et actions quelconques, et spécialement pour les servitudes. — *Cass.*, 6 fév. 1839 (t. 1er 1839, p. 285), Declercq c. de Broys.

41. — Un autre décret du 25 août 1792, allant plus loin que n'avait été le décret du 15-28 mars 1790, déclara (art. 2 et 5) abolis sans indemnité tous les droits seigneuriaux, tant féodaux que censuels, conservés ou déclarés rachetables par les lois antérieures, quelles que fussent leur nature et leur dénomination, ainsi que tous les abonnemens, pensions et prestations quelconques qui les représentaient, à moins qu'ils ne fussent justifiés avoir pour cause une concession primitive de fonds, laquelle cause ne pourrait être établie qu'autant qu'elle se trouverait clairement énoncée dans l'acte primordial d'inféodation, d'accensement ou de bail à cens qui devrait être rapporté.

42. — Ce décret porte, en outre (art. 12), que tous les procès intentés et non décidés par jugement en dernier ressort, relativement à tous droits féodaux ou censuels, fixes et casuels, abolis sans indemnité, soit par les lois antérieures, soit par le présent décret, demeurent éteints, et que les dépens resteront compensés.

43. — Enfin, le décret du 17 juill. 1793, allant plus loin encore, déclara supprimés sans indemnité toutes les redevances ci-devant seigneuriales, droits féodaux, censuels, fixes et casuels, même ceux qu'avait épargnés le décret du 25 août 1792, n'exceptant de cette suppression que les rentes ou prestations purement foncières et non féodales.

44. — Ainsi a été supprimée comme féodale la redevance stipulée pour prix de l'aliénation du domaine direct, avec haute, moyenne et basse justice. — *Cass.*, 22 prair. an XII, comm. de Vaudoncourt c. Labarthe.

45. — Toute rente constituée pour concession ou rachat d'un droit féodal est nécessairement féodale, bien que la qualification de rente foncière lui ait été donnée dans l'acte. — *Bruxelles*, 10 mars 1830, syndicat d'amortissem. c. de Rodoan.

46. — Les princes d'Allemagne, et spécialement les anciens comtes de Montbéliard, étaient *souverains* à la fin du dernier siècle, et les biens dont ils jouissaient constituaient dès lors plutôt un *domaine public* qu'un *patrimoine de famille*. — Dès-lors les rentes censuelles stipulées pour prix d'aliénation de certains de ces biens ne peuvent être abolies comme *féodales* depuis la réunion du comté de Montbéliard à la France. — *Cass.*, 10 janv. 1842 (t. 1er 1842, p. 174), préfet du Doubs c. Boigeol.

47. — De même, les concessions faites par des souverains, en leur qualité de souverains, à titre onéreux, en faveur de particuliers non seigneurs, et de quelques siècles avant la publication des lois abolitives de la féodalité, ne peuvent être réputées entachées de féodalité. — *Cass.*, 10 avr. 1838 (t. 2 1838, p. 232), tenanc. arros. de Caramany c. tenanc. de Rivesaltes.

48. — Un acte de concession de la propriété d'un marais fait par le roi en 1786, à prix d'argent, a pu être déclaré, d'après les circonstances (et notamment en raison de ce qu'il n'était pas prouvé que les marais fissent à cette époque partie du domaine public, et, en outre, à défaut de représentation de l'acte d'inféodation), émaner de la puissance féodale, et ne pas constituer au profit des seigneurs le titre légitime exigé par les lois de 1792 et 1793, sans que l'arrêt qui le décide ainsi puisse tomber sous la censure de la cour de Cassation. — *Cass.*, 5 déc. 1836 (t. 1er 1837, p. 245), Lebœuf de Brasseuse c. Mayan.

49. — La stipulation d'une clause essentiellement féodale (par exemple, celle de droits de *lods et ventes*) contenue dans un contrat postérieur aux lois abolitives du droit féodal et ne présentant d'ailleurs aucune autre apparence de féodalité, n'a pas pour effet d'entraîner la nullité de ce contrat; elle doit seulement être considérée comme non écrite. — *Cass.*, 3 mai 1837 (t. 2 1837, p. 62), préfet de la Seine c. Pellagot.

50. — N'a pas été atteinte par les lois abolitives de la féodalité, la redevance stipulée payable en florins de seigneur, ou avec la condition que le bailleur s'engageait vis-à-vis du preneur, en cas de reconstruction de l'immeuble accensé, à lui faire voiturer les matériaux par corvées. — *Metz*, 19 fév. 1812, Goujeon c. Muller.

51. — La redevance annuelle et perpétuelle, stipulée pour prix du *droit d'herbage et de pâture*, cédé aux habitans d'une commune par le *monastère, seigneur du territoire* est *féodale*, et en conséquence s'est trouvée abolie par la loi du 17 juill. 1793. — *Cass.*, 2 mai 1832, préfet des Pyrénées-Orientales c. maire de Talan.

52. — Le droit de glandée et de haute-fleur, qui avait été anciennement réservé par les comtes de Hainaut avec la haute justice, était seigneurial; ainsi, la rente constituée pour concession ou pour rachat de ce droit, était essentiellement féodale, bien que qualifiée de *perpétuelle, foncière et irrédimible* dans l'acte de concession. — *Bruxelles*, 10 mars 1830, Synd. d'amortissement c. de Rodoan.

53. — Mais les héritages cédés avant l'abolition des droits seigneuriaux, pour le paiement d'arrérages de droits de cette nature, n'ont pas dû, depuis les lois abolitives de la féodalité, être restitués aux anciens propriétaires. — *Limoges*, 1er déc. 1819, Bazenerie c. Lacouret.

54. — Le droit de pêche qu'un seigneur s'était réservé, en cédant, à titre de bail à cens perpétuel, un canal recevant les eaux d'une rivière, a été supprimé par les lois abolitives de la féodalité. — *Cass.*, 10 mai 1825, Jacquinot de Pampelune c. Delmont.

55. — De même, les droits de pêche concédés à des particuliers sur des rivières navigables ou flottables ou non, par les anciens seigneurs, ont été abolis par les lois des 6 et 30 juill. 1793, comme droits féodaux. — *Rennes*, 12 août 1824, Forêts c. Marion.

56. — La loi du 14 flor. an X, qui a créé de nouveau ce droit exclusif de pêche, comme moyen de finance pour l'état, n'a pas eu pour effet de faire revivre les droits des anciens concessionnaires ou échangistes. — *Cass.*, 8 mai 1826, préfet de Seine-et-Marne c. Perrier.

57. — Les triages et partages accordés à titre féodaux aux seigneurs tréfonciers ont été annulés par l'art. 3, L. 28 août 1792, pour les bois, forêts, et autres biens domaniaux et seigneuriaux dans lesquels les communes avaient des droits d'usage. — L. 28 août 1792, art. 1er. — *Cass.*, 23 juin 1835, Gaumain c. comm. d'Appeville.

58. — Les lois abolitives de la féodalité n'ayant eu pour objet que d'affranchir les propriétés réelles des charges seigneuriales dont elles étaient grevées, elles n'ont pas atteint le droit d'usage dans une forêt communale dont un particulier jouissait, en sa qualité de garde-bourgeois, que lui avait conférée le seigneur du lieu. Il en est autrement de la redevance faisant le prix de ce droit d'usage. — *Cass.*, 25 (et non 26) août 1807, comm. de Lompues c. Pernety.

59. — Le droit qu'avaient autrefois les seigneurs de jouir exclusivement des cours d'eau émanait du régime féodal. — *Cass.*, 21 juill. 1834, Lombard de Quincieux c. Chazel.

60. — Etait également féodal en Alsace le droit de cours d'eau et par suite celui de construire des moulins sur des rivières non navigables. — *Cass.*, 12 niv. an XII, Anthès c. Ulsass.

61. — Jugé cependant que les lois qui ont aboli la féodalité, n'ont pas porté atteinte aux concessions faites, à titre onéreux, par les ci-devant seigneurs, du droit de cours d'eau des ruisseaux ou petites rivières coulant dans leurs seigneuries. — *Cass.*, 23 vent. an X, comm. de Greisembach c. Presseler.

62. — ... Que, sous l'empire de la législation féodale, même en Franche-Comté, pays de franc-alleu, la propriété des petites rivières non navigables appartenait aux seigneurs; que dès-lors la cession de cette propriété, faite anciennement par un seigneur, pour la construction d'usines, à un tiers non seigneur, et à titre onéreux, n'a pas été anéantie par les lois abolitives de la féodalité, et que le droit du cessionnaire ne s'est pas éteint avec celui du cédant. — *Cass.*, 19 juill. 1830, Buger c. Dormoy.

63. — Jugé, au contraire, que l'acte par lequel un seigneur a cédé à des tiers la propriété d'un moulin et des eaux servant à l'alimenter, a pu être annulé comme entaché de féodalité. — *Cass.*, 6 janv. 1824, Colvray c. Dejoux.

64. — ... Que, lorsqu'un seigneur a concédé, moyennant une rente, une usine mue par un cours d'eau qui lui appartient, en sa qualité de seigneur, il y a présomption que le droit de cours d'eau est entré pour partie dans la fixation de la rente; qu'en conséquence, depuis l'abolition du droit des anciens seigneurs sur les cours d'eau, le débiteur a pu demander une diminution proportionnelle de sa redevance. — *Colmar*, 8 fév. 1828, Keller c. Patocky.

65. — L'abolition des obligations attachées à la perception des droits de péage a profité aux particuliers que le seigneur péagiste avait chargés de les remplir à son lieu et place. — Ainsi, celui qui s'était obligé d'entretenir un pont à la décharge du ci-devant seigneur, a été libéré de son obligation par l'effet de la suppression du péage aux termes de la loi du 15 mars 1790, qui a déchargé le ci-devant seigneur de l'entretien du pont. — *Cass.*, 5 mai 1806, comm. de Montseurs c. Laporte-Veloché.

66. — Les droits de pontage ou de péage perçus par les communes pour l'entretien et la réparation des ponts, n'ont pas été supprimés comme ceux qui appartenaient aux seigneurs. — *Cass.*, 26 germin. an VII, Enregistr. c. Lallier.

67. — N'a pas été non plus aboli, comme féodal,

un droit de péage établi par un ci-devant seigneur, comme prix de location de magasins dans l'intérêt du commerce. — *Cass.*, 25 nov. 1791, Rambois c. Lacroix.

68. — D'après l'ancien droit commun de la France, l'exploitation des mines était un droit régalien, et non un attribut de la puissance féodale : cette exploitation n'appartenait, alors comme aujourd'hui, qu'à celui qui en avait obtenu la concession de l'autorité souveraine. — Or, cette règle était suivie sous la coutume d'Anjou, à l'égard des mines de charbon. Cout. Anjou, art. 61. — En conséquence, ne doit pas être considérée comme entachée de féodalité la rente consentie au profit d'un seigneur, pour cession de l'exploitation d'une mine de charbon, située en Anjou, qui lui avait été concédée par arrêt du conseil. — *Cass.*, 15 mai 1833, De Mouly c. de Foulion. — V. MINES.

69. — Les droits de courtage établis sur la vente de certaines denrées dans une localité ont été compris dans la suppression des droits féodaux, prononcée sans indemnité par l'art. 17 de la loi du 28 mars 1790. — En conséquence, cette suppression est retombée à la charge de celui qui était propriétaire des droits supprimés au moment de la promulgation de cette loi, et cela, en vertu de la règle : *Res perit domino*. — *Cass.*, 14 juill. 1840 (t. 2 1840, p. 465), de Hultz c. de Sers.

70. — Les droits d'usage appartenant à des communes sur des forêts seigneuriales n'avaient pas le caractère de droits féodaux. — *Cass.*, 11 juill. 1839 (t. 2 1839, p. 202), Teissier c. les communes de Giromagny et autres.

71. — Au surplus, la question de savoir si tel droit était féodal ou non, est une question de fait dont la solution échappe à la censure de la cour de Cassation. — Ainsi, une cour d'appel a pu décider, sans violer aucune loi, qu'une coutume n'était point allodiale, et qu'un droit d'avage ayant été transmis avec la directe constituait un droit féodal qui avait été atteint par les lois abolitives de la féodalité. — *Cass.*, 22 août 1810, préfet des Vosges c. commune de Liffiot-le-Grand.

72. — Une famille qui a joui pendant plus d'un siècle d'une chapelle latérale attenant à une église, peut en revendiquer la propriété lorsque d'ailleurs il n'y a jamais eu de bénéfices, prestations ou services religieux attachés au corps matériel de la chapelle ni aucun droit féodal possédé par les réclamans. — *Besançon*, 2 déc. 1820, N...

73. — Toute stipulation qui tend à maintenir un droit seigneurial supprimé, est nulle, lors même qu'elle est revêtue du titre de translation. — — *Bruxelles*, 20 janv., 1808, De Royer c. société Charbonnière.

74. — Dans un pays allodial, on doit considérer comme abolies sans indemnité, même les prestations non féodales de leur nature stipulées dans un contrat de bail à rente, qui contient de la part du bailleur la réserve de la jouissance de droits féodaux, après l'expiration du bail à rente. — *Cass.*, 27 juill. 1818, Kromenaker c. Schneider.

75. — Les lois abolitives de la féodalité qui défendaient expressément de donner aucune suite aux demandes en retrait féodal, n'ont pas empêché le cours de la péremption d'une instance relative aux droits abolis. — *Cass.*, 8 déc. 1819, De Louvigny c. Courtilloles.

76. — La loi du 25 août 1791 qui a éteint tous procès relatifs à des droits féodaux, est applicable aux contestations élevées avant la révolution, entre les seigneurs de deux fiefs, pour fait de chasse. — *Cass.*, 20 frim. an XIII, Patureau c. Deligondès.

77. — Jugé cependant que cette loi ne régit pas des demandes en indemnité fondées sur des causes antérieures à la suppression des droits féodaux. — *Cass.*, 8 vent. an XII, Polisse c. Grassin.

78. — Un notaire a pu, nonobstant la loi du 6 sept. 1792, faire exécuter un jugement antérieur à cette loi, qui avait condamné un simple particulier à lui payer les frais d'un acte contenant reconnaissance de droits féodaux. — *Cass.*, 7 frim. an XII, Papineau c. Drilhon.

79. — Les actions *venditi* et *ex empto* résultant d'une vente de droits féodaux antérieure aux lois de 1792 et de 1793 n'ont pas été supprimées par ces lois. — *Cass.*, 20 janv. 1806, Talleyrand-Périgord c. Guillet-Moidière.

80. — Ainsi l'acquéreur qui sous le régime féodal avait été évincé par jugement en dernier ressort de droits féodaux dont son vendeur s'était obligé à le faire jouir a pu néanmoins, depuis les lois abolitives de la féodalité, suivre sur l'action en garantie qu'il avait intentée auparavant contre son vendeur. — A cet égard il n'y a point de distinction à faire entre le cas où le jugement d'éviction aurait été exécuté de fait par la dépossession de l'acquéreur réellement opérée avant l'abolition des droits et celui où il serait jusqu'alors demeuré sans exécution. — *Cass.*, 13 mai 1806, Montagne c. Goyet.

81. — Les lois qui ont aboli généralement tous les droits féodaux ont en même temps et virtuellement anéanti toutes les transactions antérieures qui auraient pu être passées sur la quotité, le mode et l'étendue de la perception de ces droits pour l'avenir. — *Cass.*, 16 vent. an XII, compagnie de Schuylener c. Carondelet.

82. — Ne peut être cassé l'arrêt qui, par l'appréciation de titres produits devant la cour royale, reconnaît en fait que la permission accordée par un ci-devant seigneur de construire une tuilerie et de l'exploiter, moyennant une redevance annuelle, émane de la puissance féodale et déclare conséquemment cette rente supprimée comme entachée de féodalité. — *Cass.*, 5 mars 1827, préfet du Bas-Rhin c. Kœcher.

83. — Un arrêt ne peut être annulé comme ayant violé les lois abolitives de la féodalité : — 1° lorsque, d'après l'appréciation des actes de la cause, il déclare que des redevances de 5 sous par chaque feu, de 12 deniers par chaque mariage et autres de cette nature portées dans une transaction intervenue entre un ancien seigneur et des communes doivent être acquittées comme étant un prix de concession stipulé dans un contrat qui n'avait rien de féodal, par la raison que la plupart des communes contractantes ne relevaient point de la terre du seigneur; — 2° lorsqu'il considère comme n'étant pas entachée de féodalité la clause du même contrat qui soumettait à la justice de ce seigneur les poursuites à raison desdites redevances, lesquelles étaient foncières et relatives à un terrain situé dans le finage de la seigneurie. — *Cass.*, 15 juill. 1828, comm. de Vougeay c. Montmort.

84. — Jugé qu'il y a abus de la puissance féodale dans une sentence rendue par des seigneurs arbitres de deux communes qui attribue à l'une sur l'autre un droit de parcours, ou vaine pâture, sans cause connue; que cette sentence a été anéantie par les lois abolitives de la féodalité, encore bien qu'elle ait été rendue exécutoire par sentence et arrêts postérieurs; qu'on ne peut invoquer en sa faveur l'exception tirée de l'art. 1351, C. civ., sur l'autorité de la chose jugée; et enfin que le rejet de cette exception, dans cette espèce, est suffisamment motivé par l'arrêt qui déclare que le droit qui en résulte ne peut plus, depuis nos nouvelles lois, être maintenu par la justice. — *Cass.*, 2 avr. 1833, comm. d'Inaumont c. comm. d'Arnicourt.

85. — Les lois sur la féodalité en vigueur dans les pays réunis n'ont été abolies qu'à partir du jour de la publication des lois françaises. — *Cass.*, 8 janv. 1812, de Mercy-Dargenteau et de Gavres c. de Namur-Delzée.

V. FIEF, JUSTICES SEIGNEURIALES, RENTE SEIGNEURIALE.

DROITS SUCCESSIFS.

Table alphabétique.

DROITS SUCCESSIFS. — 1. — Ce sont ceux qu'on a recueillis à titre de succession.

2. — On verra v° *Succession* comment s'ouvrent ces droits et au profit de quelles personnes. — Nous ne les considérons ici que comme objet des contrats et principalement sous le rapport de la cession ou du transport qu'on peut en faire.

3. — Des droits successifs ne peuvent être l'objet d'un contrat qu'autant qu'ils sont ouverts. La loi d'accord avec la morale ne permet pas que l'on trafique de la succession d'un homme vivant.

4. — Suivant le droit romain, toutes conventions sur une succession future étaient interdites, même dans les contrats de mariage (LL. 15, et 19 *C. de pact.*), à moins qu'il n'y eût consentement de celui de la succession duquel il s'agissait. — L. 30, *ibid.*

5. — Notre ancien droit, moins sévère, autorisait ces sortes de conventions dans les contrats de mariage. — Pothier, *Oblig.*, n° 132.

6. — Mais aujourd'hui, d'après notre nouveau Code, on ne peut, même par contrat de mariage, aliéner les droits éventuels qu'on peut avoir à la succession d'un homme vivant. (C. civ. art. 791). — Et cela quand bien même celui de la succession duquel il s'agit y consentirait. — C. civ., art. 1130.

7. — Une cession de droits successifs échus et à échoir faite pour un seul et même prix, est nulle pour le tout. — *Metz*, 14 juill. 1825, Ducroq c. Pagnier; *Limoges*, 13 fév. 1828, Dupuy-Gorgeon c. Salié. — V. au surplus SUCCESSION FUTURE.

8. — Si par erreur on avait rendu l'hérédité d'un homme qu'on croyait faussement mort, le contrat serait nul et l'acquéreur, s'il avait payé le prix, serait fondé à le répéter *Condictione sine causa*. — Rolland de Villargues, *Rép.*, v° *Droits successifs* n° 4.

9. — La cession de droits successifs faite sans réserve, comprend tout ce qui fait partie de la succession; et l'hérédité est considérée comme immédiatement échue au cessionnaire et non au cédant.

10. — Cependant, la cession de droits successifs ne comprend ni le titre ni la qualité d'héritier. — Pothier, v° *Oblig.*, n° 132; Rolland de Villargues, n° 14.

11. — ... Ni les titres de noblesse, les papiers et portraits de famille. — Nouveau Denisart, v° *Cession de droits litigieux*, § 1er; Rolland de Villargues, n° 15.

12. — Des droits successifs ne peuvent être l'objet d'une cession ou d'un transport qu'autant qu'ils appartiennent bien certainement au cédant. — Cependant celui-ci pourrait n'avoir à une succession que des prétentions apparentes bien ou mal fondées. Or, la vente de ces prétentions aux risques et périls du cessionnaire pourrait être l'objet d'un contrat. En pareil cas, il s'agirait plutôt de droits à une succession que de droits successifs : *non hæreditas, sed incertum hæreditatis venit*. — LL. 10 et 11, ff, *De hæred. venit*; — Nouveau Denisart, v° *Cession de droits litigieux*, § 1er; Favard, *Rép.*, v° *Droits successifs*.

13. — A pu être considéré comme véritable cession, et non comme prêt, l'acte par lequel un cohéritier cède et transporte à son créancier, et pour sûreté de sa créance, pareille somme à prendre dans les valeurs héréditaires, alors que les juges déclarent que le contrat litigieux réunit toutes les conditions de la vente : *Res, pretium et consensus*, et que les parties ont eu l'intention de faire une cession, bien que conditionnelle. — *Cass.*, 8 mai 1844 (t. 2 1844, p. 143), Lépaux c. Fontenat.

14. — Un acte de vente ou de transport des droits successifs peut, malgré le nom qu'on lui a donné, ne constituer qu'un partage; c'est lorsqu'il a pour objet de faire cesser l'indivision entre cohéritiers. — C. civ., art. 888.

15. — Mais quand l'acte a-t-il pour objet de faire cesser l'indivision entre cohéritiers ? — Cette indivision doit elle cesser entre le cohéritier cédant et le cohéritier cessionnaire ou entre tous les cohéritiers ? — Telles sont les difficultés qui partagent la jurisprudence.

16. — ... Jugé que la cession de droits successifs faite par un héritier à l'un ou plusieurs de ses cohéritiers fait cesser l'indivision entre eux, et doit, dès-lors, être considérée comme un partage. — *Toulouse*, 23 janv. 1841 (t. 1er, 1842, p. 277), Daroles.

17. — ... Que la cession de tous droits successifs

faite par un héritier à un de ses cohéritiers constitue un partage, bien qu'elle ne fasse pas cesser l'indivision entre tous les cohéritiers. — *Cass.* 20 mars 1844 (t. 2 1844, p. 25), Cusin c. Thevenet.

18. —... Que la vente de droits successifs, même consentie par un seul cohéritier, doit être considérée comme un partage, la loi n'établissant aucune distinction entre le cas où l'acte fait cesser l'indivision entre tous les cohéritiers et celui où il ne la fait cesser qu'entre les contractans. — *Bourges*, 26 janv. 1844 (t. 2 1845, p. 795), Goussot c. Bureau; *Limoges*, 1er juill. 1844 (t. 1er 1846, p. 145), Chassagnard; *Montpellier*, 21 déc. 1844 (t. 2 1845, p. 795), Miquel.

19. — Jugé, au contraire, qu'une cession de droits successifs, faite par un héritier à son cohéritier, ne doit pas être considérés comme un partage. — *Pau*, 14 juin 1831, Mayet.

20. —... Que la vente de droits successifs consentie par un héritier à l'un de ses cohéritiers n'équivaut à un partage qu'autant qu'elle fait cesser complétement l'indivision entre tous les successibles; — qu'autrement elle ne constitue qu'une vente ordinaire; — et qu'un pareil acte ne perd pas sa nature par cela que le cohéritier à l'égard duquel l'indivision a continué d'exister aurait plus tard déclaré dans un acte notarié renoncer à la succession. — *Limoges*, 14 févr. 1845 (t. 1er, 1846, p. 307), Florand.

21. —... Qu'on ne doit pas réputer ayant pour objet de faire cesser l'indivision la vente des droits successifs faite par un cohéritier à son cohéritier, quand, dans la succession qui a été recueillie par eux, il y a d'autres cohéritiers qui n'ont pas concouru à cet acte. — *Agen*, 30 juin 1808, Duluc.

22. —... Qu'on ne saurait considérer comme partage, et sujette par conséquent à rescision pour lésion de plus du quart, une vente de droits successifs faite avant partage, et qui a pour objet d'attribuer à l'un des héritiers la totalité de la succession. — *Limoges*, 4 août 1810, Vittone.

23. —... Que la vente des droits successifs faite par un cohéritier à son cohéritier ne peut être assimilée à un partage ou à une licitation, et, par suite, donner lieu à la fiction de l'art. 883, qu'autant qu'elle a pour effet de faire cesser l'indivision entre tous les cohéritiers, et non pas seulement entre le cédant et le cessionnaire; — qu'en conséquence l'hypothèque légale de la femme du cédant continue à subsister sur les immeubles cédés; — qu'il en serait ainsi encore bien que, par suite de la mort du cessionnaire, la totalité de l'hérédité se soit trouvée réunie plus tard sur la tête d'un troisième héritier. — *Cass.*, 6 mai 1844 (t. 2 1844, p. 411), Legendre c. Courtois.

24. — Lorsque la vente ou cession de droits successifs ne constitue en réalité qu'un partage, elle peut, comme tel, être rescindée pour une lésion de plus du quart au préjudice d'un des cohéritiers, — C. civ., art. 887 et 888. — *Toulouse*, 23 janv. 1841 (t. 1er 1842, p. 271), Daroles; *Bourges*, 26 janv. 1844 (t. 2 1845, p. 795), Goussot c. Bureau; *Cass.*, 20 mars 1844 (t. 2 1844, p. 25), Cassin c. Thevenet; *Limoges*, 1er juill. 1844 (t. 1er 1846, p. 145), Chassagnard; *Montpellier*, 21 déc. 1844 (t. 2 1845, p. 795), Miquel.

25. — Avant le Code civil, et dans le ressort de l'ancien parlement de Toulouse, une vente de droits successifs présentant des stipulations purement aléatoires était sujette à rescision pour lésion du tiers au quart, comme premier acte passé entre co-successeurs. — *Nimes*, 31 déc. 1812, Bialès.

26. — Jugé en sens contraire dans le ressort de l'ancien parlement de Paris. — *Paris*, 30 flor. an XI, Didot.

27. — L'action en rescision pour cause de lésion de plus du quart est admissible contre une vente de droits successifs faite sans fraude par l'un des cohéritiers à ses autres cohéritiers, lorsque les acquéreurs n'ont pas *expressément* tout pris à leurs périls et risques; en conséquence, s'il n'a été rien stipulé sur la garantie, la rescision pour lésion est admissible. — *Toulouse*, 3 mars 1830, Savy.

28. — La cession de sa part dans des droits successifs faite par un héritier à son co-successible donne lieu à l'action rescisoire pour lésion de plus du quart, si elle n'est point faite aux risques et périls de l'acquéreur. — *Bordeaux*, 17 mai 1832, Desbordes.

29. — L'action en rescision pour cause de lésion peut être admise contre un acte par lequel un cohéritier a reçu certains immeubles, à titre de partage, et a vendu à son cohéritier le surplus de ses droits successifs, aux périls et risques de ce dernier. — *Cass.*, 22 août 1831, Sivignon.

30. — Lorsqu'un traité entre cohéritiers est un acte mixte, participant du caractère propre au partage et de celui qui est propre à la vente de droits successifs, l'arrêt qui apprécie le caractère dominant de ce traité, pour décider si l'action en rescision pour cause de lésion est ou non admissible, ne peut être soumis à la censure de la cour de Cassation.

31. — L'action en rescision pour cause de lésion de plus du quart n'est pas accordée contre la vente de droits successifs faite par un cohéritier à son cohéritier, quand même le vendeur n'aurait pas stipulé que la vente est faite aux risques et périls de l'acquéreur, lorsque cette vente a été faite sans le concours de tous les cohéritiers à l'acte qui la contient. — *Agen*, 30 juin 1808, Duluc.

32. — Lorsque la vente de droits successifs constitue un acte de partage, c'est d'après la nature de cet acte que doivent être déterminés les effets des priviléges et hypothèques qui peuvent en résulter. — *Bourges*, 26 janv. 1844 (t. 2 1845, p. 795), Goussot c. Bureau; *Montpellier*, 21 déc. 1844 (t. 2 1845, p. 795), Miquel.

33. — Ainsi la vente de droits successifs faite par un cohéritier à son cohéritier ne donne pas lieu au privilége de vendeur, mais à celui de copartageant. — Mêmes arrêts. — V. PRIVILÉGE.

34. — C'est dès-lors par une inscription prise dans les soixante jours (art. 2109, C. civ.) et non pas l'inscription prise d'office par le conservateur lors de la transcription de cession que se conserve ce privilége. — Mêmes arrêts.

35. — Et de ce que la transcription et l'inscription d'office n'ont pu conserver le privilége du cédant, elles n'ont pu davantage lui assurer les droits moins étendus de créancier hypothécaire si une inscription n'a été prise dans le délai fixé par l'art. 834, C. procéd. — *Bourges*, 26 janv. 1844 (t. 2 1845, p. 795), Goussot c. Bureau.

36. — Bien que, d'après le Code civil, la cession de ses droits successifs faite par un cohéritier à son cohéritier soit assimilée à un acte de partage, cette cession peut, dans l'intention des parties, ne constituer qu'une vente. — *Cass.*, 25 juin 1845 (t. 1er 1846, p. 211), Prothon c. Clément.

37. — Les juges du fond ont pu décider que la preuve de cette intention résultait de l'exécution donnée à l'acte par les parties, de la transcription opérée pour conserver le privilége du vendeur, de l'inscription prise à la suite de cette transcription et enfin de la qualification donnée à cette même inscription.

38. — Bien que l'art. 888, C. civ., répute partage l'acte, même qualifié vente, qui a fait cesser l'indivision entre cohéritiers, cependant on doit considérer comme vente et non comme partage la vente de droits successifs qu'un cohéritier a faite à un de ses cohéritiers aux risques et périls de ce dernier. — *Bordeaux*, 25 juin 1829, Carbonnière; *Nimes*, 19 août 1841 (t. 1er 1842, p. 141), Ménard.

39. — Lorsque la cession de droits successifs faite par un cohéritier à son cohéritier constitue une vente, elle n'est plus susceptible de résolution pour lésion de plus du quart; mais elle est résoluble faute de paiement du prix. — *Limoges*, 4 mars 1812, Massias c. Jean-Baptiste; *Bordeaux*, 25 juin 1827, Carbonnière c. Landat; *Pau*, 13 juin 1831, Mayet.

40. —... Ou à défaut d'exécution des conditions. — *Limoges*, 14 fév. 1845 (t. 1er 1846, p. 307), Florand.

41. — Dans ce cas, encore, elle est passible du droit d'enregistrement pour les ventes. — V. ENREGISTREMENT.

42. — Lorsqu'une cession de droits successifs consentie par un cohéritier à son cohéritier constitue une vente, elle ne donne ouverture qu'au privilége du vendeur et non à celui du copartageant. — *Nimes*, 19 août 1841 (t. 1er 1842, p. 141), Ménard; *Cass.*, 25 juin 1845 (t. 1er 1846, p. 211), Prothon c. Clément.

43. — La cession ou vente de droits successifs peut être faite dans la même forme que le transport ou la vente de tous autres droits. — V. TRANSPORT, VENTE.

44. — Cependant, il y a un autre mode particulier pour les droits successifs. Entre cohéritiers les droits successifs peuvent se transporter d'une manière *indirecte* : — 1° par la renonciation gratuite ou non que fait un héritier au profit d'un ou de plusieurs de ses cohéritiers : — 2° par celle qu'il fait, même au profit de tous, s'il reçoit le prix de sa renonciation. — C. civ., art. 780. — V. SUCCESSION.

45. — La cession de droits successifs faite dans la forme de transport ou vente par un héritier, doit être considérée comme une cession de droits incorporels. — Par conséquent, elle doit être signifiée aux tiers détenteurs des biens de la succession pour produire tous ses effets à leur égard. — *Cass.*, 23 juill. 1835, Calsat; *Pau*, 21 déc. 1844 (t. 2, 1845, p. 524, Lamothe c. Lemaison.

46. — Jugé également, que les lois qui veulent que le cessionnaire des droits incorporels ne soit saisi à l'égard des tiers que pour la signification du transport au débiteur, et qui valident le paiement fait au cédant avant cette signification, s'appliquent à une cession de droits *successifs* faite par un légitimaire sous l'empire d'une législation d'après laquelle l'héritier institué était saisi de l'universalité des biens. — *Cass.*, 18 nov. 1819, Estran.

47. — Par conséquent, l'héritier institué qui a payé au légitimaire le montant de ses droits avant la signification du transport qu'il en avait fait à un tiers, est valablement libéré. — *Cass.*, 18 nov. 1819, Estran.

48. — D'autres auteurs pensent, au contraire, que la signification n'est pas nécessaire par le motif que des droits successifs ne sont pas des droits sur un tiers qu'ils sont des droits sur une hérédité qui est quelque chose d'impersonnel, et que la succesion forme un être à part distinct des individus qui sont appelés à la recueillir. — Troplong, *Vente*, t. 2, n° 917; Duvergier, *Vente*, t. 2, n° 179.

49. — Jugé, en ce sens, que le cessionnaire de droits successifs est saisi des droits cédés du moment de l'acte de cession, même à l'égard des cohéritiers du cédant, sans qu'il soit nécessaire de signifier l'acte à ses cohéritiers. — *Cass.*, 16 juin 1829, Torchon; *Toulouse*, 24 nov. 1832, Bez.

50. —... Que, par suite, le cédant est sans qualité pour représenter le cessionnaire dans une instance relative aux droits cédés, et introduite même avant l'acte de cession, et que le cessionnaire, bien qu'il n'ait pas notifié cet acte aux cohéritiers, est recevable à former tierce-opposition au jugement rendu, après la cession, entre ces derniers et le cédant. — *Cass.*, 16 juin 1829, Torchon.

51. — En tout cas, le cessionnaire de droits successifs mobiliers, après fixation des parts, est valablement saisi, à l'égard des tiers, par la notification de son transport au dépositaire seul de ces valeurs, et ne peut être primé par un cessionnaire postérieur qui avait signifié son transport, non seulement au dépositaire des valeurs, mais encore aux cohéritiers du cédant. — *Cass.*, 8 mai 1844 (t. 2 1844, p. 143), Lepaux c. Fontenat.

52. — En cas de cession de droits successifs à un non successible, alors même qu'il est parent du défunt, ce cessionnaire peut être écarté du partage, soit par tous les cohéritiers, soit par un seul, en lui remboursant le prix de la cession. — C. civ., art. 841. — V. RETRAIT SUCCESSORAL.

53. — Le cohéritier qui se fait céder les droits d'un cohéritier sur la succession, n'est pas tenu de faire profiter ses autres cohéritiers du bénéfice de cette cession. — C'est ici le cas d'appliquer non les art. 841 et 1699, mais l'art. 1701, C. civ. — *Riom*, 21 janv. 1809, Santoire.

54. — L'héritier qui cède à un tiers ses droits indivis dans une succession n'est pas tenu de garantir son cessionnaire contre l'exercice du retrait successoral, — *Cass.*, 15 mai 1844 (t. 1er 1844, p. 736), Lachazée c. Lameloise.

55. — La donation, vente ou transport que fait de ses droits successifs un des cohéritiers, soit à tous ses cohéritiers, soit à quelques uns d'eux, emporte de sa part acceptation de la successiou. — C. civ., art. 780. — V. SUCCESSION.

56. — Le cédant demeure donc toujours, comme héritier, débiteur personnel des créanciers de la succession; et ceux-ci peuvent même, quand ils auraient connaissance de la cession, le poursuivre en paiement, sauf son recours contre son cessionnaire. — Rolland de Villargues, *Rép.*, v° *Droits successifs*, n° 37.

57. — Néanmoins, l'obligation personnelle du cédant n'empêche pas que le cessionnaire lui-même ne puisse être poursuivi.

58. — Ainsi jugé que l'acquéreur d'une quote-part entière et indivise d'une hérédité, qu'il ait transcrit ou non son contrat, admis au lieu et place de l'héritier vendeur, doit remplir toutes les obligations de ce dernier, et, par suite, a pu être tenu des dettes de l'hérédité, personnellement au prorota de son émolument et hypothécairement pour le tout, sauf son recours contre les cohéritiers, et cela encore bien qu'il n'ait acquis que la part de l'héritier dans une ligne. — *Cass.*, 12 août 1824, Laplanche.

59. — Une vente de droits successifs faite avec garantie de toutes dettes, charges et hypothèques, peut, comme toute autre vente ordinaire, être attaquée par la voie de rescision pour cause de cession. — *Limoges*, 19 nov. 1819, Legrand.

60.— Mais il en est autrement quand les risques et périls ont été laissés à la charge du cessionnaire, parce qu'alors il y a quelque chose d'aléatoire dans la convention. — *Paris*, 17 juin 1808, Levacher; *Limoges*, 19 nov. 1819, Legrand.

61. — De même une vente de biens successifs, faite sans fraude, aux périls et risques de l'acquéreur, et à la charge d'acquitter toutes les dettes connues et inconnues, n'est pas susceptible d'être rescindée pour lésion. — *Grenoble*, 9 févr. 1814, Navière.

62. — En tout cas un cohéritier acquéreur des droits successifs d'un de ses cohéritiers serait non-recevable à se plaindre s'il faisait résulter la lésion de la disproportion entre l'actif et le passif de la succession. — *Limoges*, 4 août 1810, Vittone.

63.— Toute vente de droits successifs peut être attaquée en rescision, quand elle a été faite hors des exceptions tracées par la loi, c'est-à-dire quand il y a eu fraude, ou qu'il n'y a pas risques et périls de la part de l'acheteur. — *Cass.*, 9 juill. 1839 (t. 2 1839, p. 69), Mathevet.

64.— Il y a fraude de la part de l'héritier cessionnaire, et par suite lieu à rescision d'une vente de droits successifs, lorsqu'il apparaît que la connaissance particulière et exclusive qu'il a eu des forces de la succession, lui a donné occasion d'obtenir des cohéritiers cédans la vente de leurs droits successifs à bas prix dont ils ne se seraient pas contentés s'ils avaient eu les mêmes notions que lui. — *Lyon*, 3 déc. 1828, Truche.

65. — Il y a encore fraude de nature à donner lieu à la rescision pour cause de lésion d'une vente de droits successifs, même faite aux risques et périls de l'acquéreur, lorsque le vendeur ignorait la valeur des droits cédés et le montant des dettes et charges, tandis que l'acquéreur les connaissait. — *Pau*, 8 août 1837 (t. 1er 1837, p. 517), Darricau.

66. — De même un acte de vente de droits successifs duquel il résulte que le vendeur n'a agi que dans l'ignorance de la valeur de ses droits et qualités, peut être annulé, alors surtout que cette erreur provient du fait de l'acheteur. — *Angers*, 22 mai 1817, Leroux c. Martineau.

67. — L'action en rescision pour cause de lésion est également recevable au sujet d'une vente de droits successifs, quoique déclarée faite aux risques et périls de l'acquéreur, lorsqu'il est certain, d'après les faits de la cause, qu'il n'y avait pour l'acquéreur aucuns risques à courir. — *Lyon*, 2 avr. 1819, Verguais; *Orléans*, 26 (et non 24) mai 1831, Carré; *Toulouse*, 6 déc. 1834, Bayonne; *Limoges*, 29 déc. 1838 (t. 1er 1839, p. 516), Couty; *Toulouse*, 23 janv. 1841 (t. 1, 1842, p. 291), Daroles; *Cass.*, 20 déc. 1844 (t. 2 1844, p. 25), Cusin c. Thevenot.

68. — Tel est le cas où l'acquéreur connaissait les forces et la valeur des droits cédés. — *Toulouse*, 23 janv. 1841 (t. 1er 1842, p. 271), Daroles.

69. — ... Ou bien encore, si l'acquéreur a connu l'inventaire et les forces de la succession, et s'il résulte des précautions qu'il a prises, qu'il n'a voulu courir aucune chance. — *Orléans*, 26 (et non 24) mai 1831, Carré.

70. — ... Ou encore si, depuis plusieurs années qu'était décédée la mère commune, l'acquéreur avait habité la maison, et géré les biens et affaires de tous les cohéritiers, ce qui le mettait à même de connaître parfaitement les forces de la succession, tandis que le vendeur, éloigné depuis long-temps du domicile de la défunte, et n'ayant aucun moyen d'appréciation, ignorait l'étendue des droits par lui cédés. — *Limoges*, 29 déc. 1838 (t. 1er 1839, p. 516), Couty.

71. — En tous cas, c'est là une appréciation de fait qui est exclusivement dans les attributions des juges du fond. — *Cass.*, 9 juill. 1839 (t. 2 1839, p 69), Mathevet.

72. — Ainsi, une cour royale a pu décider que le cessionnaire n'était soumis à aucune chance de périls, par cela que la succession était ouverte depuis près de dix ans, qu'il y avait eu inventaire, qu'un usufruit dont la succession était grevée pouvait être apprécié, et enfin que le cessionnaire connaissait les forces de l'hoirie. — Même arrêt.

73. — Jugé cependant que l'action en rescision contre une vente de droits successifs, faite sans fraude par un cohéritier à son cohéritier, aux risques et périls de celui-ci, n'est point admissible, alors même que, la succession se composant activement d'objets certains bien connus du cessionnaire, il semble que ce dernier n'ait point de risques à courir; que la vente a un caractère aléatoire, par cela que le cessionnaire s'est obligé de payer toutes les dettes héréditaires connues ou inconnues. — *Lyon*, 3 déc. 1828, Truche.

74. — L'existence des périls et risques à la charge du cessionnaire résulte suffisamment de cela seul que des dettes nouvelles peuvent se découvrir, qu'un tiers peut avoir des reprises à exercer et a notamment un droit d'usufruit sur les biens cédés, l'incertitude sur la durée de cette jouissance suffisant seule à former l'*aléa* que le législateur a eu en vue. — *Toulouse*, 9 déc. 1843 (t. 2 1844, p. 216), Goulesque.

75. — Lorsqu'une cession de droits successifs énonce qu'elle est faite aux périls et risques de l'acquéreur, celui-ci trouve dans cette déclaration même la seule preuve qu'il soit obligé de produire au cas où la cession est attaquée comme ne contenant ni périls ni risques pour lui. — Ainsi, c'est au demandeur en rescision qu'incombe la preuve de l'absence de risques. — Même arrêt.

76. — Il n'est pas nécessaire, pour qu'il y ait lieu à l'application de l'art. 889, C. civ., qui affranchit les ventes de droits successifs entre cohéritiers de l'action en rescision pour lésion de plus du quart, lorsqu'elles ont eu lieu sans fraude *aux risques et périls de l'acheteur*, que l'acte contienne en termes formels la clause *aux risques et périls de l'acheteur*. Il suffit qu'à cet égard la volonté des contractans résulte évidemment de l'acte, quels que soient les termes employés pour l'exprimer; et l'appréciation de cette volonté rentre dans les pouvoirs souverains de la cour royale. — *Cass.*, 3 juin 1840 (t. 2 1840, p. 540), Legendre.

77. — Un acquéreur de droits successifs n'est pas recevable à arguer de nullité les actes d'aliénations partielles qui auraient été faits par son cédant avant la cession, alors même qu'ils remonteraient à une époque antérieure à l'ouverture de la succession; il ne saurait avoir plus de droits que le cédant lui-même. — *Douai*, 14 fév. 1812, Grumiaux.

78. — Le cohéritier qui a cédé ses droits successifs à un autre cohéritier n'est plus recevable à demander la rescision de la cession, pour cause de dol et de fraude, après plus de dix ans révolus, sous prétexte qu'il n'a découvert le dol et la fraude que depuis moins de dix ans. — *Toulouse*, 30 août 1821, Vincent.

V. CONFUSION DE DETTES, CONTRAT ALÉATOIRE, ENREGISTREMENT, SUCCESSION, SUCCESSION FUTURE.

DUC.

1. — Le titre de duc n'était pas originairement un simple titre honorifique: il désignait évidemment une fonction très importante, ainsi que l'attestent les historiens qui témoignent que Charles-Martel porta le titre de duc des Français, *Dux Francorum*.

2. — Plus tard, le titre de duc désigna les gouverneurs des provinces, tandis que le titre de *comte* était donné aux gouverneurs des villes. Mais avec le temps chacun s'étant affermi dans son gouvernement et s'en étant fait un patrimoine parvint à s'y maintenir. — Denisart, v° *Pairie*, n° 9.

3. — Originairement, il n'y avait en France que les trois ducs de Bourgogne, de Normandie et de Guyenne; — successivement, et par suite de la réunion à la couronne des anciens duchés, divers marquisats, comtés, baronnies, et même vicomtés furent érigés en titre de duché et dignité de pairie, comme on peut le voir dans le *Traité des pairs de France*, imprimé dans les œuvres de Guy Coquille, t. 1er, p. 450 et suiv.

4. —. Les rois étaient souvent sollicités d'ériger les seigneuries de simples titres en honneur de duché, marquisat ou comté, à ce que nous apprend le même Coquille (t. 1er, p. 545).—Et afin de détourner l'importunité de pareilles sollicitations, Charles IX ordonna, par l'édit de juill. 1566, que confirma l'ordonnance de Blois par son art. 279, que telles seigneuries ainsi érigées seraient sujettes à retour et union à la couronne à faute d'hoir mâle.

5. — Le titre de duc fut, ainsi que les autres titres nobiliaires, aboli par le décret des 19-26 juin 1790 et par la constitution des 3-14 sept. 1791.

6.— Mais, par décret du 30 mars 1806, Napoléon érigea en duchés, grands-fiefs de l'empire: 1° la Dalmatie; — 2° l'Istrie; — 3° le Frioul; — 4° Cadore; — 5° Bellune; — 6° Conégliano; — 7° Trévise; — 8° Feltri; — 9° Bassano; — 10° Vicence; — 11° Padoue; — 12° Rovigo, — se réservant de donner l'investiture desdits fiefs pour être transmis héréditairement par ordre de primogéniture aux descendans mâles légitimes et naturels de ceux en faveur de qui il en aurait disposé.

7. — Le titre de duc et les autres titres de noblesse furent rétablis d'une manière générale par le décret du 1er mars 1808.

8. — Aux termes de l'art. 2 de ce décret, les fils aînés des grands dignitaires avaient de droit le titre de *duc de l'empire*, lorsque leur père aurait institué en leur faveur un majorat produisant 200,000 fr. de revenu. Ce titre et ce majorat devaient être transmissibles à leur descendance directe et légitime, naturelle ou adoptive, de mâle en mâle et par ordre de primogéniture.

9. — Les majorats attachés au titre de duc devaient avoir leur siége dans une maison d'habitation faisant partie du majorat. La maison d'habitation des ducs de l'empire étaient nécessairement situés dans l'enceinte de la ville de Paris et devaient porter l'inscription suivante: *Hôtel du duc de.....* — Décr. 3 mars 1810, art. 1er, 2 et 5.

10. — Le même décret autorise les ducs seuls à placer leurs armoiries sur les faces extérieures des édifices et bâtimens composant leurs hôtels. — Décr. 3 mars 1810, art. 9.

11. — Les décrets impériaux dérogeant aux lois des 19-23 juin 1790 et à la constitution des 3-14 sept. 1791, avaient institué une nouvelle noblesse que la Charte de 1814 confirma en rétablissant l'ancienne noblesse.

12.— Aujourd'hui, d'après l'art 62 de la Charte, le roi, faisant des nobles à volonté, peut conférer le titre de duc, sans aucune limitation. La collation de ces titres astreint les titulaires au paiement d'un droit de finance par l'entremise de la commission du sceau des titres.

V. LETTRES PATENTES, MAJORATS ET DOTATIONS, NOBLESSE.

DUCROIRE.

Double droit de commission accordé au commissionnaire lorsqu'il garantit à son commettant les cas fortuits ou la solvabilité de ceux avec qui il traite. — V. COMMISSIONNAIRE, nos 65 et suiv.

DUEL.

Table alphabétique.

—

§ 1er. — *Définition, historique et législation.*

DUEL. — 1. — Le duel est un combat singulier que se livrent volontairement deux personnes dans un intérêt privé.

2. — On ne saurait, dit M. Morin (*Dict. dr. crim.*, v° *Duel*), qualifier ainsi ces combats, si fréquens dans l'antiquité, que deux chefs ennemis se livraient pour vider une querelle publique.

3. — Le duel, dont on ne rencontre aucune trace dans l'antiquité, paraît venir des peuples du nord, chez lesquels il était en grande faveur, et qui en introduisirent l'usage en Allemagne, en France, partout enfin où ils ont fait pénétrer leurs armes. — Il doit son origine au combat judiciaire que, chez ces peuples, la justice ordonnait dans les cas douteux, et, à défaut d'autres preuves, comme